W9-BXF-067

Compact Oxford Italian Dictionary

Italian → English
English → Italian

Editors
Pat Bulhosen
Francesca Logi
Loredana Riu

OXFORD
UNIVERSITY PRESS

AURORA PUBLIC LIBRARY

OXFORD
UNIVERSITY PRESS
Great Clarendon Street, Oxford, OX2 6DP,
United Kingdom

Oxford University Press is a department of the University of Oxford.
It furthers the University's objective of excellence in research, scholarship, and education by publishing worldwide. Oxford is a registered trade mark of Oxford University Press in the UK and in certain other countries

© Oxford University Press 2013

Database right Oxford University Press (makers)

First Edition published in 2013

Impression: 1

All rights reserved. No part of this publication may be reproduced, stored in a retrieval system, or transmitted, in any form or by any means, without the prior permission in writing of Oxford University Press, or as expressly permitted by law, by licence or under terms agreed with the appropriate reprographics rights organization. Enquiries concerning reproduction outside the scope of the above should be sent to the Rights Department, Oxford University Press, at the address above

You must not circulate this work in any other form
and you must impose this same condition on any acquirer

British Library Cataloguing in Publication Data

Data available

ISBN 978–0–19–966313–2

Printed in Great Britain by Clays Ltd, St Ives plc

0832087287429971

Preface

This dictionary has been designed to meet the needs of students, tourists, and all those who require quick and reliable answers to their translation questions. It provides clear guidance on selecting the most appropriate translation, illustrative examples to help with construction and usage, and precise information on grammar and style.

Focusing on everyday, idiomatic Italian and English, both spoken and written, this easy-to-use dictionary offers up-to-the-minute coverage of a wide range of vocabulary. The most appropriate new English words and senses have been selected from those sourced for recent updates to Oxford's English dictionary range, which draws on the two-billion-word Oxford English Corpus. New Italian words and senses have been drawn from an exciting initiative, the Oxford Languages Tracker, which enables us to track the latest developments in Italian and other modern languages. Approximately 2,000 of the commonest words in each language have been marked with a 'key' symbol.

This dictionary also offers a wide range of supplementary materials such as an A–Z of Italian life and culture, a calendar of festive days in Italy, a practical guide to writing letters and emails in Italian, a guide to text messaging, a section on navigating online services in Italian, and a grammar summary. A *Phrasefinder* section enables you to communicate in commonly encountered situations such as travel, shopping, eating out, and organizing leisure activities.

Visit the Oxford Dictionaries site (www.oxforddictionaries.com) today to find free current English definitions and translations in French, German, Spanish, and Italian, as well as grammar guidance, puzzles and games, and our popular blog about words and language.

Oxford Language Dictionaries Online is our subscription site, which you can access for one year with the purchase of this book (details on the back cover).

Prefazione

Questo dizionario è stato creato per soddisfare le esigenze degli studenti, dei turisti e di tutti coloro che hanno bisogno di risposte rapide e sicure ai problemi di traduzione. Il lettore è guidato con chiarezza nella scelta del termine più appropriato, con esempi di uso della lingua e con indicazioni precise di grammatica e di stile.

Basandosi sull'uso idiomatico dell'inglese e dell'italiano contemporanei, scritto e parlato, questo dizionario di facile consultazione offre una trattazione aggiornata di un'ampia gamma di vocaboli. Neologismi e nuovi significati dei termini inglesi sono stati accuratamente selezionati tra quelli introdotti nei più recenti aggiornamenti dei dizionari inglesi pubblicati da Oxford University Press, che a loro volta attingono ai due miliardi di parole presenti nell'Oxford English Corpus. Neologismi e nuove accezioni di parole italiane sono stati individuate grazie ad un nuovo strumento, l'Oxford Languages Tracker, che permette di monitorare gli sviluppi più recenti dell'italiano e di altre lingue moderne. Circa 2.000 delle parole di uso più frequente in italiano e in inglese sono state segnalate con il simbolo di una 'chiave'.

Questo dizionario contiene anche un vasto repertorio di materiali supplementari: una sezione su aspetti della civiltà britannica e statunitense, le principali festività del Regno Unito e degli Stati Uniti, una guida pratica alla stesura di lettere ed e-mail in inglese, una guida agli SMS, una sezione sulla navigazione nei servizi online in lingua inglese e un compendio di grammatica. Una sezione Phrasefinder consente all'utente di comunicare in situazioni comuni come viaggiare, fare acquisti, mangiare al ristorante e organizzare attività per il tempo libero.

Visita oggi stesso il sito di Oxford Dictionaries (www.oxforddictionaries.com) per trovare gratuitamente definizioni di parole inglesi e traduzioni in francese, tedesco, spagnolo e italiano, così come indicazioni grammaticali, divertenti rompicapi e giochi, e il nostro frequentato blog sulla lingua e le parole.

Oxford Language Dictionaries Online è invece il nostro sito a cui si accede mediante abbonamento, ma tu avrai il diritto di consultarlo per un anno intero grazie all'acquisto di questo volume (tutti i dettagli sulla quarta di copertina).

Contents

Preface iii
Introduction. vi
Pronunciation of Italian viii
Abbreviations. x

Italian–English. 1

Italian traditions, festivals, and holidays . . . . . ▶2
A–Z of Italian life and culture . . . . . ▶6

Letter-writing. . . . . ▶54
Writing emails and SMS . . . . . ▶57
Phrasefinder. . . . . ▶63

English–Italian. 367

Summary of Italian grammar 829
Summary of English grammar. . . . 847
Italian verb tables. 861
English verb tables 864

Prefazione iv
Introduzione vi
Pronuncia inglese. ix
Abbreviazioni. x

Italiano–inglese. 1

Giorni festivi nei paesi anglofoni . . . . . ▶4
La vita e la cultura nel mondo anglofono dalla A alla Z . . . ▶30
Redazione di lettere . . . . . ▶54
Scrivere e-mail ed SMS . . . . . ▶57
Frasi utili . . . . . ▶63

Inglese–italiano. 367

Note sulla grammatica italiana . . . 829
Note sulla grammatica inglese . . . 847
Verbi italiani. 861
Verbi inglesi 864

Introduction / Introduzione

Here is some basic information on the way the entries in this dictionary are organized.

A swung dash ~ is used to replace the headword within the entry.

Compounds are listed in alphabetical order. Remember this when looking for a word. The entry 'password', for example, is entered alphabetically – at some distance from the entry 'pass'. Likewise 'paintbrush' and 'paintpot' will have 'painter', 'pain threshold' and 'painting' entered in between.

Indicators are provided to guide the user to the best translation for a specific sense of a word. Types of indicator are:

field labels (see the list on p x), which indicate a general area of usage (commercial, computing, photography etc);

sense indicators, e.g. **bore** *n* (*of gun*) calibro *m*; (*person*) seccatore, -trice *mf*;

typical subjects of verbs, e.g. **bond** *vt* ‹*glue*› attaccare;

typical objects of verbs, placed after the translation of the verb, e.g. **boost** *vt* stimolare ‹*sales*›; sollevare ‹*morale*›;

nouns that typically go together with certain adjectives, e.g. **rich** *a* ricco; ‹*food*› pesante.

A, **B**, etc mean that the same word is being translated as a different part of speech, e.g. **partition** **A** *n* ... **B** *vt* ...

Ecco le informazioni essenziali su come sono organizzate le voci nel dizionario.

Un trattino ondulato ~ è utilizzato al posto del lemma all'interno della voce.

I vocaboli composti sono in ordine alfabetico. È importante ricordarlo quando si cerca la parola che interessa. La voce 'password', ad esempio, essendo in ordine alfabetico, compare a una certa distanza dopo la voce 'pass'. Per la stessa ragione fra 'paintbrush' and 'paintpot' compaiono 'painter', 'pain threshold' e 'painting'.

Degli indicatori vengono forniti per indirizzare l'utente verso la traduzione corrispondente al senso voluto di una parola. I tipi di indicatori sono:

etichette semantiche (vedi la lista a p x), indicanti l'ambito specifico in cui la parola viene generalmente usata in quel senso (commercio, informatica, fotografia ecc);

indicatori di significato, es.: **redazione** *f* (*ufficio*) editorial office; (*di testi*) editing;

soggetti tipici di verbi, es.: **trovarsi** *vr* ‹*luogo*› be;

complementi oggetti tipici di verbi, collocati dopo la traduzione dello stesso verbo, es: **superare** *vt* overtake ‹*veicolo*›; pass ‹*esame*›;

sostantivi che ricorrono tipicamente con certi aggettivi, es.: **solare** *a* ‹*energia, raggi*› solar; ‹*crema*› sun.

A, **B**, ecc indicano che la stessa parola viene tradotta come una

A solid black square is used to identify phrasal verbs, e.g. ■ **strip down** *vt* ... Phrasal verbs are listed in alphabetical order directly after the main verb. So 'strip down' comes after 'strip' and before 'strip cartoon'.

English pronunciation is given for the Italian user in the International Phonetic Alphabet (see p ix).

Italian stress is shown by a ' placed in front of the stressed syllable in a word.

Square brackets are used around parts of an expression which can be omitted without altering the sense.

The ☞ symbol marks a word identified as being among the most frequently used words in English or Italian.

diversa parte del discorso, es. **calcolatore** **A** *a* ... **B** *m* ...

Un quadratino nero viene utilizzato per indicare i phrasal verbs, ad esempio: ■ **strip down** *vt* ... I phrasal verbs si trovano in ordine alfabetico immediatamente dopo il verbo principale. Così 'strip down' viene subito dopo 'strip' e subito prima di 'strip cartoon'.

La pronuncia inglese è data usando l'Alfabetico Fonetico Internazionale (vedi p ix).

L'accento tonico nelle parole italiane è indicato dal segno ' collocato davanti alla sillaba accentata.

Delle parentesi quadre racchiudono parti di espressioni che possono essere omesse senza alterazioni di senso.

Il simbolo ☞ contrassegna una parola identificata come una delle parole d'uso più frequente in inglese o in italiano.

Proprietary terms / Marche depositate

This dictionary includes some words which are, or are asserted to be, proprietary names or trademarks. Their inclusion does not imply that they have acquired for legal purposes a non-proprietary or general significance, nor is any other judgment implied concerning their legal status. In cases where the editor has some evidence that a word is used as a proprietary name or trademark this is indicated by the symbol ®, but no judgement concerning the legal status of such words is made or implied thereby.

Questo dizionario include alcune parole che sono o vengono considerate nomi di marche depositate. La loro presenza non implica che abbiano acquisito legalmente un significato generale, né si suggerisce alcun altro giudizio riguardo il loro stato giuridico. Qualora il redattore abbia trovato testimonianza dell'uso di una parola come marca depositata, questa è stata contrassegnata dal simbolo ®, ma nessun giudizio riguardo lo stato giuridico di tale parola viene espresso o suggerito in tal modo.

Pronunciation of Italian

Vowels

a is broad like *a* in *father*: **casa**.
e has two sounds: closed like *ey* in *they*: **sera**; open like *e* in *egg*: **sette**.
i is like *ee* in *feet*: **venire**.
o has two sounds: closed like *o* in *show*: **croma**; open like *o* in *dog*: **bocca**.
u is like *oo* in *moon*: **luna**.

When two or more vowels come together each vowel is pronounced separately: **buono**; **baia**.

Consonants

b, **d**, **f**, **l**, **m**, **n**, **p**, **t**, **v** are pronounced as in English. When these are double they are sounded distinctly: **bello**.

c before **a**, **o**, or **u** and before consonants is like *k* in *king*: **cane**.
before **e** or **i** is like *ch* in *church*: **cena**.
ch is also like *k* in *king*: **chiesa**.
g before **a**, **o**, or **u** is hard like *g* in *got*: **gufo**.
before **e** or **i** is like *j* in *jelly*: **gentile**.
gh is like *g* in *gun*: **ghiaccio**.
gl when followed by **a**, **e**, **o**, or **u** is like *gl* in *glass*: **gloria**.
gli is like *lli* in *million*: **figlio**.
gn is like *ni* in *onion*: **bagno**.
h is silent.
ng is like *ng* in *finger* (not *singer*): **ringraziare**.
r is pronounced distinctly.
s between two vowels is like *s* in *rose*: **riso**.
at the beginning of a word it is like *s* in *soap*: **sapone**.
sc before *e* or *i* is like *sh* in *shell*: **scienza**.
z sounds like *ts* within a word: **fazione**; like *dz* at the beginning: **zoo**.

The stress is shown by the sign ' printed before the stressed syllable.

Pronuncia inglese

Simboli fonetici

Vocali e dittonghi

æ	b*a*d	ʊ	p*u*t	aʊ	n*ow*
ɑ:	*ah*	u:	t*oo*	aʊə	fl*our*
e	w*e*t	ə	*a*go	ɔɪ	c*oi*n
ɪ	s*i*t	ɜ:	w*or*k	ɪə	h*ere*
i:	s*ee*	eɪ	m*a*de	eə	h*air*
ɒ	g*o*t	əʊ	h*o*me	ʊə	p*oor*
ɔ:	d*oor*	aɪ	f*i*ve		
ʌ	c*u*p	aɪə	f*ire*		

Consonanti

b	*b*oy	l	*l*eg	t	*t*en
d	*d*ay	m	*m*an	tʃ	*ch*ip
dʒ	p*a*ge	n	*n*ew	θ	*th*ree
f	*f*oot	ŋ	si*ng*	ð	*th*is
g	*g*o	p	*p*en	v	*v*erb
h	*h*e	r	*r*un	w	*w*et
j	*y*es	s	*s*peak	z	hi*s*
k	c*o*at	ʃ	*sh*ip	ʒ	plea*s*ure

Note:

ˈ precede la sillaba accentata.
La vocale nasale in parole quali *nuance* è indicata nella trascrizione fonetica come ɒ̃: nju:ɒ̃s.

Abbreviations / Abbreviazioni

adjective	**adj**	aggettivo
abbreviation	**abbr**	abbreviazione
administration	**Admin**	amministrazione
adverb	**adv**	avverbio
aeronautics	**Aeron**	aeronautica
American	**AmE**	americano
anatomy	**Anat**	anatomia
archaeology	**Archaeol**	archeologia
architecture	**Archit**	architettura
astrology, astronomy	**Astr**	astrologia, astronomia
attributive	**attrib**	attributo
automobiles	**Auto**	automobile
auxiliary	**aux**	ausiliario
biology	**Biol**	biologia
botany	**Bot**	botanica
British English	**BrE**	inglese britannico
Chemistry	**Chem**	chimica
commerce	**Comm**	commercio
computers	**Comput**	informatica
conjunction	**conj**	congiunzione
cooking	**Culin**	cucina
definite article	**def art**	articolo determinativo
	ecc	eccetera
economics	**Econ**	economia
electricity	**Electr**	elettricità
et cetera	**etc**	
feminine	**f**	femminile
figurative	**fig**	figurato
finance	**Fin**	finanza
formal	**fml**	formale
geography	**Geog**	geografia
geology	**Geol**	geologia
grammar	**Gram**	grammatica
humorous	**hum**	umoristico
indefinite article	**indef art**	articolo indeterminativo
familiar	**infml**	familiare
interjection	**int**	interiezione
interrogative	**inter**	interrogativo
invariable *(no plural form)*	**inv**	invariabile
journalism	**Journ**	giornalismo
law	**Jur**	legge/giuridico
literary	**liter**	letterario
masculine	**m**	maschile
mathematics	**Math**	matematica
mechanics	**Mech**	meccanica
medicine	**Med**	medicina
meteorology	**Metereol**	meteorologia
masculine or feminine	**mf**	maschile o femminile
military	**Mil**	militare
music	**Mus**	musica
noun	**n**	sostantivo
nautical	**Naut**	nautica
old use	**old**	antiquato
pejorative	**pej**	peggiorativo
personal	**pers**	personale
photography	**Phot**	fotografia
physics	**Phys**	fisica
plural	**pl**	plurale
politics	**Pol**	politica
possessive	**poss**	possessivo
past participle	**pp**	participio passato
prefix	**pref**	prefisso
preposition	**prep**	preposizione
present tense	**pres**	presente
pronoun	**pron**	pronome
psychology	**Psych**	psicologia
past tense	**pt**	tempo passato
	qcno	qualcuno
	qcsa	qualcosa
proprietary term	**®**	marca depositata
rail	**Rail**	ferrovia
reflexive	**refl**	riflessivo
religion	**Relig**	religione
relative pronoun	**rel pron**	pronome relativo
somebody	**sb**	
school	**Sch**	scuola
singular	**sg**	singolare
slang	**sl**	gergo
something	**sth**	
suffix	**suff**	suffisso
technical	**Techn**	tecnico
telephone	**Teleph**	telefono
theatrical	**Theat**	teatrale
television	**TV**	televisione
typography	**Typ**	tipografia
university	**Univ**	università
auxiliary verb	**v aux**	verbo ausiliare
intransitive verb	**vi**	verbo intransitivo
reflexive verb	**vr**	verbo riflessivo
transitive verb	**vt**	verbo transitivo
transitive and intransitive	**vt/i**	verbo transitivo e intransitivo
vulgar	**vulg**	volgare
cultural equivalent	**≈**	equivalenza culturale

Aa

a (**ad** *before vowel*) *prep* to; (stato in luogo, tempo, età) at; (con mese, città) in; (mezzo, modo) by; **dire qualcosa a qualcuno** tell somebody something; **alle tre** at three o'clock; **a vent'anni** at the age of twenty; **a Natale** at Christmas; **a dicembre** in December; **ero al cinema** I was at the cinema; **vivo a Londra** I live in London; **a due a due** two by two; **a piedi** on *or* by foot; **maglia a maniche lunghe** long-sleeved sweater; **casa a tre piani** house with three floors; **giocare a tennis** play tennis; **50 km all'ora** 50 km an hour; **2 euro al chilo** 2 euros a kilo; **al mattino/alla sera** in the morning/evening; **a venti chilometri/due ore da qui** twenty kilometres/two hours away

'abaco *m* abacus

a'bate *m* abbot

abbacchia'mento *m* infml dejection

abbacchi'ato *adj* infml dejected, downhearted

ab'bacchio *m* [young] lamb

■ **abbacchio alla romana** spring lamb

abbaci'nare *vt* dazzle, blind; fig deceive

abbagli'ante **A** *adj* dazzling

B *m* headlight, high beam AmE; **mettere gli abbaglianti** put the headlights on full beam

abbagli'are *vt* dazzle

ab'baglio *m* blunder; **prendere un ~** make a blunder

abbaia'mento *m* barking

abbai'are *vi* bark

abba'ino *m* dormer window; (mansarda) loft

abbando'nare *vt* abandon; leave ‹*luogo*›; give up ‹*piani ecc.*›; **~ il campo** Mil desert in the face of the enemy

abbando'narsi *vr* let oneself go; **~ a** give oneself up to ‹*ricordi ecc.*›

abbando'nato *adj* abandoned

abban'dono *m* abandoning; fig abandon; (stato) neglect

abbarbi'carsi *vr* **~ a** cling to

abbassa'mento *m* (di temperatura, acqua, prezzi) drop

abbas'sare *vt* lower; turn down ‹*radio, TV*›; **~ i fari** dip the headlights

abbas'sarsi *vr* stoop; ‹*sole ecc.*› sink; fig demean oneself

ab'basso **A** *adv* below

B *int* down with

abba'stanza *adv* enough; (alquanto) quite; **~ nuovo** newish; **ne ho ~!** I've had enough!, I'm fed up!

ab'battere *vt* demolish; shoot down ‹*aereo*›; put down ‹*animale*›; topple ‹*regime*›; fig (demoralizzare) dishearten

ab'battersi *vr* (cadere) fall; fig be discouraged; **~ a terra/al suolo** fall down

abbatti'mento *m* (morale) despondency

abbat'tuto *adj* despondent, down-in-the-mouth

abba'zia *f* abbey

abbelli'mento *m* embellishment

abbel'lire *vt* embellish

abbel'lirsi *vr* adorn oneself

abbeve'rare *vt* water

abbevera'toio *m* drinking trough

abbiccì *m inv* fig rudiments *pl*; **l'~ di** the ABC of

abbi'ente *adj* well-to-do

abbi'etto *adj* despicable, abject

abbiglia'mento *m* clothes *pl*; (industria) clothing industry, rag trade infml

■ **abbigliamento da bambino** children's wear; **abbigliamento da donna** ladies' wear; **abbigliamento per uomo** menswear; **abbigliamento sportivo** sportswear

abbigli'are *vt* dress

abbigli'arsi *vr* dress up

abbina'mento *m* combining

abbi'nare *vt* combine; match ‹*colori*›

abbindo'lare *vt* cheat

abbocca'mento *m* interview; (conversazione) talk

abboc'care *vi* bite; ‹*tubi*› join; fig swallow the bait

abboc'cato *adj* ‹*vino*› fairly sweet

abbof'farsi = **abbuffarsi**

abbona'mento *m* subscription; (ferroviario ecc.) season ticket; **fare l'~** take out a subscription

■ **abbonamento all'autobus** bus pass; **abbonamento mensile** monthly ticket; **abbonamento alla televisione** television licence

abbo'nare *vt* make a subscriber

abbo'narsi *vr* subscribe (**a** to); take out a season ticket (**a** for) ‹*teatro, stadio*›

abbo'nato, -a *mf* subscriber

abbon'dante *adj* abundant; ‹*quantità*› copious; ‹*nevicata*› heavy; ‹*vestiario*› roomy; **~ di** abounding in

abbondante'mente *adv* ‹*mangiare*› copiously

a

abbon'danza *f* abundance
abbon'dare *vi* abound
abbor'dabile *adj* ‹*persona*› approachable; ‹*prezzo*› reasonable
abbor'daggio *m* Mil boarding
abbor'dare *vt* board ‹*nave*›; approach ‹*persona*›; infml (attaccar bottone a) chat up; tackle ‹*compito ecc.*›
abbotto'nare *vt* button up
abbotto'nato *adj* fig tight-lipped
abbottona'tura *f* [row of] buttons; **con ~ da donna/uomo** ‹*giacca*› that buttons on the left/right
abboz'zare **A** *vt* sketch [out] ‹*disegno*›; draft ‹*documento*›; **~ un sorriso** give a little smile
B *vi* infml (rassegnarsi) resign oneself
ab'bozzo *m* (di disegno) sketch; (di documento) draft
abbracci'are *vt* embrace ‹*causa*›; hug, embrace ‹*persona*›; take up ‹*professione*›; fig include
ab'braccio *m* hug
abbrevi'are *vt* shorten; (ridurre) curtail; abbreviate ‹*parola*›
abbreviazi'one *f* abbreviation
abbron'zante *m* suntan lotion
abbron'zare *vt* bronze; tan ‹*pelle*›
abbron'zarsi *vr* get a tan
abbron'zato *adj* tanned
abbronza'tura *f* [sun]tan
abbrusto'lire *vt* toast; roast ‹*caffè ecc.*›
abbruti'mento *m* brutalization
abbru'tire *vt* brutalize; ‹*lavoro*› stultify
abbru'tirsi *vr* become brutalized
abbuf'farsi *vr* infml stuff oneself
abbuf'fata *f* infml blowout
abbuo'nare *vt* reduce; fig overlook ‹*mancanza, errore*›
abbu'ono *m* allowance; Sport handicap
abdi'care *vi* abdicate
abdicazi'one *f* abdication
aber'rante *adj* aberrant
aberrazi'one *f* aberration
abe'taia *f* wood of fir trees
a'bete *m* fir
abi'etto *adj* despicable
abiezi'one *f* degradation
abige'ato *m* Jur cattle stealing, rustling
'abile *adj* able; (idoneo) fit; (astuto) clever
abilità *f inv* ability; (idoneità) fitness; (astuzia) cleverness
abili'tante *adj* **corso ~** [officially recognized] training course
abili'tare *vt* qualify
abili'tato *adj* qualified
abilitazi'one *f* qualification; (titolo) diploma

key word

abil'mente *adv* ably; (con astuzia) cleverly
abis'sale *adj* abysmal
a'bisso *m* abyss
abi'tabile *adj* inhabitable
abitabilità *f inv* fitness for human habitation; **licenza di ~** *document certifying that a building is fit for human habitation*
abi'tacolo *m* Auto passenger compartment
abi'tante *mf* inhabitant
abi'tare *vi* live
abi'tato **A** *adj* inhabited
B *m* built-up area
abitazi'one *f* house; **crisi delle abitazioni** housing problem
abi'tino *m* Relig scapular
'abito *m* (da donna) dress; (da uomo) suit; **abiti** *pl* clothes
■ **abito da ballo** ball dress; **abito da cerimonia** formal dress; **abito da cocktail** cocktail dress; **abito mentale** mentality; **'abito scuro'** (su inviti) 'black tie'; **abito da sera** evening dress; **abito talare** cassock; **abito da uomo** suit
abitu'ale *adj* usual, habitual
abitual'mente *adv* usually
abitu'are *vt* accustom
abitu'arsi *vr* **~ a** get used to
abitu'ato *adj* **~ a** used to
abitudi'nario, -a **A** *adj* of fixed habits
B *mf* person of fixed habits
abi'tudine *f* habit; **d'~** usually; **per ~** out of habit; **avere l'~ di fare qualcosa** be in the habit of doing something; **abitudini** *pl* customs
abiu'rare *vt* renounce
abla'tivo *m* ablative
abluzi'oni *fpl* **fare le ~** wash
abnegazi'one *f* self-sacrifice
ab'norme *adj* abnormal
abo'lire *vt* abolish; repeal ‹*legge*›
abolizi'one *f* abolition; (di legge) repeal
abolizio'nismo *m* abolitionism
abolizio'nista *adj & nmf* abolitionist
abomi'nevole *adj* abominable
abo'rigeno, -a *adj & nmf* aboriginal
abor'rire *vt* abhor
abor'tire *vi* miscarry; (volontariamente) have an abortion; fig fail
abor'tista *adj* pro-choice
abor'tivo *adj* abortive
a'borto *m* miscarriage; (volontario) abortion
abrasi'one *f* abrasion
abra'sivo *adj & nm* abrasive
abro'gare *vt* repeal
abroga'tivo *adj* **referendum ~** referendum to repeal a law
abrogazi'one *f* repeal
abruz'zese **A** *adj* Abruzzi *attrib*
B *mf* person from the Abruzzi
C *m* Abruzzi dialect

'abside *f* apse
abu'lia *f* apathy
a'bulico *adj* apathetic
abu'sare *vi* ~ **di** abuse; over-indulge in ‹*alcol*›; (approfittare di) take advantage of; (violentare) rape
abusi'vismo *m* large-scale abuse
■ **abusivismo edilizio** building without planning permission
abu'sivo *adj* illegal
a'buso *m* abuse; **'ogni ~ sarà punito'** 'penalty for misuse'
■ **abuso di confidenza** breach of confidence; **abusi** *pl* **sessuali** sexual abuse
a.C. *abbr* (**avanti Cristo**) BC
a'cacia *f* acacia
'acaro *m* Zool mite
'acca *f* infml **non ho capito un'~** I understood damn all
acca'demia *f* academy
■ **Accademia di Belle Arti** Academy of Fine Arts; **accademia militare** military academy
acca'demico, -a **A** *adj* academic
B *mf* academician
acca'dere *vi* happen; **accada quel che accada** come what may
acca'duto *m* event
accalappia'cani *m inv* dog catcher
accalappi'are *vt* catch; fig allure
accal'care *vt* cram together
accal'carsi *vr* crowd
accal'darsi *vr* get overheated; (per fatica) get hot; fig get excited
accal'dato *adj* overheated; (per fatica) hot; fig excited
accalo'rarsi *vr* get excited
accampa'mento *m* camp
accam'pare *vt* fig put forth
accam'parsi *vr* camp
accani'mento *m* tenacity; (odio) rage
acca'nirsi *vr* persist; (infierire) rage
accanita'mente *adv* ‹*odiare*› fiercely; ‹*insistere*› persistently; ‹*lavorare*› assiduously
acca'nito *adj* persistent; ‹*odio*› fierce; ‹*fumatore*› inveterate; ‹*lavoratore*› assiduous
ac'canto *adv* near; **~ a** *prep* next to; **la ragazza della porta ~** the girl next door
accanto'nare *vt* set aside; Mil billet
accaparra'mento *m* hoarding; Comm cornering
accapar'rare *vt* hoard
accapar'rarsi *vr* grab; corner ‹*mercato*›
accaparra|'tore, -trice *mf* hoarder
accapigli'arsi *vr* scuffle; (litigare) squabble
accappa'toio *m* bathrobe; (per spiaggia) beach robe
accappo'nare *vt* **fare ~ la pelle a qualcuno** make somebody's flesh creep
accarez'zare *vt* caress, stroke; fig cherish
accartocci'are *vt* scrunch up
accartocci'arsi *vr* curl up
acca'sarsi *vr* get married
accasci'arsi *vr* flop down; fig lose heart
accata'stare *vt* pile up
accatti'vante *adj* beguiling
accatti'varsi *vr* **~ le simpatie/la stima/l'affetto di qualcuno** gain somebody's sympathy/respect/affection
accatto'naggio *m* begging
accat'tone, -a *mf* beggar
accaval'lare *vt* cross ‹*gambe*›
accaval'larsi *vr* pile up; fig overlap
acce'cante *adj* ‹*luce*› blinding
acce'care **A** *vt* blind
B *vi* go blind
ac'cedere *vi* access; **~ a** enter; (acconsentire) comply with; Comput access
accele'rare **A** *vi* accelerate
B *vt* speed up, accelerate; **~ il passo** quicken one's pace
accele'rata *f* sudden acceleration
accele'rato *adj* rapid
accelera'tore *m* accelerator
■ **acceleratore grafico** Comput graphics accelerator
accelerazi'one *f* acceleration
ac'cendere *vt* light; turn on, switch on ‹*luce, TV ecc.*›; fig inflame; **ha da ~?** have you got a light?
ac'cendersi *vr* catch fire; (illuminarsi) light up; fig become inflamed; ‹*TV, computer*› turn on, switch on
accendi'gas *m inv* gas lighter; (su cucina) automatic ignition
accen'dino *m* lighter
accendi'sigari *m inv* cigar lighter
accen'nare **A** *vt* indicate; hum ‹*melodia*›; give a hint of ‹*sorriso*›
B *vi* **~ a** beckon to; fig hint at; (far l'atto di) make as if to; **accenna a piovere** it looks like rain
ac'cenno *m* gesture; (con il capo) nod; fig hint
accensi'one *f* lighting; (di motore) ignition
accen'tare *vt* accent; (con accento tonico) stress
accentazi'one *f* accentuation
ac'cento *m* accent; (tonico) stress
■ **accento acuto** acute [accent]; **accento circonflesso** circumflex [accent]; **accento grave** grave [accent]
accentra'mento *m* centralizing
accen'trare *vt* centralize
accentra'tore *adj* ‹*persona*› who refuses to delegate; ‹*politica*› of centralization
accentu'are *vt* accentuate
accentu'arsi *vr* become more noticeable
accentu'ato *adj* marked
accerchia'mento *m* surrounding

a

accerchi'are *vt* surround
accerchi'ato *adj* surrounded
acceri'tabile *adj* ascertainable
accerta'mento *m* check; **accertamenti** *pl* **[medici]** tests
acceri'tare *vt* ascertain; (controllare) check; assess ‹*reddito*›
ac'ceso *adj* lighted; ‹*radio, TV ecc.*› on; ‹*colore*› bright
acces'sibile *adj* accessible; ‹*persona*› approachable; ‹*spesa*› reasonable
ac'cesso *m* access; Med (di rabbia) fit; **'vietato l'~'** 'no entry'; **'~ riservato a ...'** 'access restricted to ...'
■ **accesso diretto** Comput direct access; **accesso disabili** wheelchair access; **accesso a Internet** Comput Internet access; **accesso multiplo** Comput multi-access; **accesso remoto** Comput remote access
accessori'ato *adj* accessorized
acces'sorio **A** *adj* accessory; (secondario) of secondary importance
B *m* accessory; **accessori** *pl* (rifiniture) fittings
■ **accessori** *pl* **per il bagno** bathroom fittings; **accessori** *pl* **moda** fashion accessories
ac'cetta *f* hatchet
accet'tabile *adj* acceptable
accet'tare *vt* accept; (aderire a) agree to
accettazi'one *f* acceptance; (luogo) reception; **[banco] accettazione** check-in [desk]; **accettazione [bagagli]** check-in
ac'cetto *adj* agreeable; **essere bene ~** be very welcome
accezi'one *f* meaning
acchiap'pare *vt* catch
+acchiotto *suff* **lupacchiotto** *nm* wolf cub; (affettuoso) baby wolf; **orsacchiotto** *nm* teddy bear; **fessacchiotto** *nm* nitwit
ac'chito *m* **di primo ~** at first
acciac'care *vt* crush; fig prostrate
acciac'cato, -a *adj* **essere ~** ache all over
acci'acco *m* infirmity; *pl* **acciacchi** (afflizioni) aches and pains
acciaie'ria *f* steelworks
acci'aio *m* steel
■ **acciaio inossidabile** stainless steel
acciambel'larsi *vr* curl up
acciden'tale *adj* accidental
accidental'mente *adv* accidentally
acciden'tato *adj* ‹*terreno*› uneven
acci'dente *m* accident; Med stroke; **non capisce/non vede un ~** infml he doesn't understand/can't see a damn thing; **mandare un ~ a qualcuno** infml tell somebody to go to hell
acci'denti *int* infml damn!; **~ a te!** damn you!, blast you!
ac'cidia *f* sloth

accigli'arsi *vr* frown
accigli'ato *adj* frowning
ac'cingersi *vr* **~ a** be about to
+accio *suff* **erbaccia** *nf* weed; **donnaccia** *nf* tart; **faticaccia** *nf* hard slog; **lavoraccio** *nm* (lavoro faticoso) helluva job infml; (lavoro malfatto) botched job; **fattaccio** *nm* (hum) foul deed; **parolaccia** *nf* swear word; **avaraccio** *nm* skinflint
acciotto'lato *m* cobbled paving, cobblestones *pl*
acci'picchia *int* good Lord!
acciuf'fare *vt* catch
acci'uga *f* anchovy
accla'mare *vt* applaud; (eleggere) acclaim
acclamazi'one *f* applause
acclima'tare *vt* acclimatize
acclima'tarsi *vr* get acclimatized
acclimatazi'one *f* acclimatization
ac'cludere *vt* enclose
ac'cluso *adj* enclosed
accocco'larsi *vr* squat
acco'darsi *vr* tag along
accogli'ente *adj* welcoming; (confortevole) cosy
accogli'enza *f* welcome
ac'cogliere *vt* receive; (con piacere) welcome; (contenere) hold
accol'lare *vt* **~ qualcosa a qualcuno** fig saddle somebody with something
accol'larsi *vr* take on ‹*responsabilità, debiti, doveri*›
accol'lato *adj* ‹*maglia*› high necked
accoltel'lare *vt* knife
accoman'dante *mf* Jur sleeping partner
accomanda'tario, -a *mf* Jur general partner
accoman'dita *f* Jur limited partnership
■ **accomandita per azioni** limited partnership based on shares
accomia'tare *vt* dismiss
accomia'tarsi *vr* take one's leave (**da** of)
accomoda'mento *m* arrangement
accomo'dante *adj* accommodating
accomo'dare *vt* (riparare) mend; (disporre) arrange
accomo'darsi *vr* make oneself at home; **si accomodi!** come in!; (si sieda) take a seat!
accompagna'mento *m* accompaniment; (seguito) retinue
accompa'gnare *vt* accompany; **~ qualcuno a casa** see somebody home; **~ qualcuno alla porta** show somebody to the door; **~ qualcuno con lo sguardo** follow somebody with one's eyes
accompa'gnarsi *vr* ‹*cibi, colori ecc.*› go [well] together; **~ con** *o* **a qualcuno** accompany somebody
accompagna|'tore, -trice *mf* companion; (di comitiva) escort; Mus accompanist

■ ~ **turistico** tour guide
accomu'nare *vt* pool
acconci'are *vt* arrange
acconci'arsi *vr* do one's hair
acconcia'tura *f* hairstyle; (ornamento) headdress; **'acconciature'** 'ladies' hairdresser'
accondiscen'dente *adj* too obliging
accondiscen'denza *f excessive desire to please*
accondi'scendere *vi* ~ **a** condescend; comply with ‹*desiderio*›; (acconsentire) consent to
acconsen'tire *vi* consent
acconten'tare *vt* satisfy
acconten'tarsi *vr* be content (**di** with)
ac'conto *m* deposit; **in** ~ on account; **lasciare un** ~ leave a deposit
■ **acconto di dividendo** interim dividend
accop'pare *vt* infml bump off
accoppia'mento *m* coupling; (di animali) mating
accoppi'are *vt* couple; mate ‹*animali*›
accoppi'arsi *vr* pair off; ‹*animali*› mate
accoppi'ata *f* (scommessa) *bet placed on two horses for first and second place*; **sono una strana** ~ they make strange bedfellows; **accoppiata vincente** fig winning combination
accoppia'tore *m*
■ **accoppiatore acustico** Comput acoustic coupler
acco'rato *adj* sorrowful
accorci'are *vt* shorten
accorci'arsi *vr* get shorter
accor'dare *vt* concede; match ‹*colori ecc.*›; Mus tune
accor'darsi *vr* agree
accorda|'tore, -trice *mf* Mus tuner
ac'cordo *m* agreement; Mus chord; (armonia) harmony; **andare d'**~ get on well; **d'**~**!** agreed!; **essere d'**~ agree; **in** ~ **con** in collusion with; **prendere accordi con qualcuno** make arrangements with somebody
■ **accordo collettivo** joint agreement
ac'corgersi *vr* ~ **di** notice; (capire) realize
accorgi'mento *m* shrewdness; (espediente) device
accorpa'mento *m* amalgamation
accor'pare *vt* amalgamate
ac'correre *vi* hasten
accorta'mente *adv* astutely
accor'tezza *f* (previdenza) forethought
ac'corto *adj* shrewd; **mal** ~ incautious
accosta'mento *m* (di colori) combination
acco'stare *vt* draw close to; approach ‹*persona*›; put ajar ‹*porta ecc.*›
acco'starsi *vr* ~ **a** come near to
accovacci'arsi *vr* crouch, squat down
accovacci'ato *adj* squatting
accoz'zaglia *f* jumble; (di persone) mob
accoz'zare *vt* ~ **colori** mix colours that clash
accredi'tabile *adj* reliable
accredita'mento *m* credit
■ **accreditamento tramite bancogiro** Bank Giro Credit
accredi'tare *vt* confirm ‹*notizia*›; Comm credit
accredi'tato *adj* accredited; ‹*notizia*› reliable
ac'crescere *vt* increase
ac'crescersi *vr* grow larger
accresci'mento *m* increase
accresci'tivo *adj* augmentative
accucci'arsi *vr* ‹*cane*› lie down; ‹*persona*› crouch
accu'dire *vi* ~ **a** attend to
accumu'lare *vt* accumulate
accumu'larsi *vr* pile up, accumulate
accumula'tore *m* accumulator; Auto, Comput battery
accumulazi'one *f* accumulation
ac'cumulo *m* (di merce) build-up
accurata'mente *adv* carefully
accura'tezza *f* care
accu'rato *adj* careful
ac'cusa *f* accusation; Jur charge; **essere in stato di** ~ Jur have been charged; **mettere qualcuno sotto** ~ Jur charge somebody; **la Pubblica Accusa** Jur the public prosecutor
accu'sare *vt* accuse; Jur charge; complain of ‹*dolore*›; ~ **ricevuta di** Comm acknowledge receipt of
accusa'tivo *m* Gram accusative
accu'sato, -a *mf* accused
accusa'tore **A** *adj* accusing **B** *m* Jur prosecutor
a'cerbo *adj* sharp; (non maturo) unripe
'acero *m* maple
a'cerrimo *adj* implacable
ace'tato *m* acetate
a'ceto *m* vinegar
■ **aceto di vino** wine vinegar
ace'tone *m* nail polish remover
ace'tosa *f* Culin [edible] sorrel
aceto'sella *f* Bot sorrel
A.C.I. *nf abbr* (**Automobile Club d'Italia**) Italian Automobile Association, ≈ AAA AmE, ≈ RAC BrE
acidità *f inv* acidity
■ **acidità di stomaco** acid stomach
'acido **A** *adj* acid; ‹*persona*› sour **B** *m* acid
■ ~ **cloridrico** hydrochloric acid
a'cidulo *adj* slightly sour
'acino *m* berry; (chicco) grape
'acme *f* acme
'acne *f* acne
'acqua *f* water; **fare** ~ Naut leak; ~ **in bocca!** fig mum's the word!; **avere l'**~ **alla gola,**

a

essere con l'~ alla gola fig be pushed for time; **ho fatto un buco nell'~** fig I had no luck whatsoever; **in cattive acque** in deep water; **navigare in cattive acque** be in financial difficulties

■ **acqua calda** hot water; **acqua di Colonia** eau de Cologne; **acqua corrente** running water; **acqua dolce** fresh water; **acqua minerale** mineral water; **acqua minerale gassata** fizzy mineral water; **acqua naturale** still mineral water; **acqua potabile** drinking water; **acqua del rubinetto** tap water; **acqua salata** salt water; **acqua saponata** suds; **acqua tonica** tonic water

acqua'forte *f* etching

acqua'gym *f* aquarobics *sg*

ac'quaio *m* sink

acquama'rina *adj* aquamarine

acquapark *m inv* water park

acqua'plano *m* hydroplane

acqua'ragia *f* white spirit

acqua'rello *m* watercolour

ac'quario *m* aquarium, fish tank; Astr Aquarius

acquartie'rare *vt* Mil billet

acqua'santa *f* holy water

acquasanti'era *f* font

acqua'scivolo *m* water slide

acqua'scooter *m inv* water scooter

ac'quata *f* infml downpour

ac'quatico *adj* aquatic; **sport acquatico** water sport

acquat'tarsi *vr* crouch

acqua'vite *f* brandy

acquaz'zone *m* downpour

acque'dotto *m* aqueduct

'acqueo *adj* **vapore ~** steam, water vapour

acque'rello *m* watercolour

acquicol'tura *f* aquaculture

acquie'scente *adj* acquiescent

acquie'tare *vt* appease; calm ‹*dolore*›

acquie'tarsi *vr* calm down

acqui'rente *mf* purchaser

acqui'sire *vt* acquire

acqui'sito *adj* acquired

acquisizi'one *f* attainment

acqui'stare *vt* purchase; (ottenere) acquire; **~ in** ‹*prestigio, bellezza*› gain in

a'cquisto *m* purchase; **uscire per acquisti** go shopping; **fare acquisti** shop; **ufficio acquisti** purchasing department

■ **acquisto rateale** hire purchase, HP, installment plan AmE; **acquisto d'impulso** impulse buy; **acquisto a termine** Fin forward buying

acqui'trino *m* marsh

acquo'lina *f* **far venire l'~ in bocca a qualcuno** make somebody's mouth water; **ho l'~ in bocca** my mouth is watering

key word

a'cquoso *adj* watery

'acre *adj* acrid; (al gusto) sour; fig harsh

a'credine *f* acridity; (al gusto) sourness; fig harshness

acre'mente *adv* acridly

a'crilico *m* acrylic

a'critico *adj* acritical

a'crobata *mf* acrobat

acro'batico *adj* acrobatic

acroba'zia *f* acrobatics *pl* **fare ~** fig do acrobatics

a'cronimo *m* acronym

a'cropoli *f* acropolis

acu'ire *vt* sharpen

acu'irsi *vr* become more intense

a'culeo *m* sting; Bot prickle

a'cume *m* acumen

acumi'nato *adj* pointed

a'custica *f* acoustics *pl*

acustica'mente *adv* acoustically

a'custico *adj* acoustic

acuta'mente *adv* shrewdly

acu'tezza *f* acuteness; fig shrewdness; (di suoni) shrillness

acutiz'zare *vt* aggravate ‹*dolore*›

acutiz'zarsi *vr* become worse

a'cuto **A** *adj* sharp; ‹*suono*› shrill; ‹*freddo, odore*› intense; Gram, Math, Med acute

B *m* Mus high note

ad **A** *prep* (*before vowel*) = **a**

B *m* (*abbr* **amministratore delegato**) managing director

A.D. *abbr* Pol (**Alleanza Democratica**) Democratic Alliance

adagi'are *vt* lay down

adagi'arsi *vr* lie down

a'dagio **A** *adv* slowly

B *m* Mus adagio; (proverbio) adage

ada'mitico *adj* **in costume ~** in one's birthday suit, stark naked

adat'tabile *adj* adaptable

adattabilità *f inv* adaptability

adatta'mento *m* adaptation; **avere spirito di ~** be adaptable

■ **adattamento cinematografico** film adaptation, adaptation for the cinema

adat'tare *vt* adapt; (aggiustare) fit

adat'tarsi *vr* adapt

adatta'tore *m* adaptor

a'datto *adj* suitable (a for) (giusto) right

addebita'mento *m* debit

■ **addebitamento diretto** direct debit

addebi'tare *vt* debit; fig ascribe ‹*colpa*›

ad'debito *m* charge

addensa'mento *m* thickening; (di persone) gathering

adden'sare *vt* thicken

adden'sarsi *vr* thicken; (affollarsi) gather

adden'tare *vt* bite
adden'trarsi *vr* penetrate
ad'dentro *adv* deeply; **essere ~ in** be in on
addestra'mento *m* training
■ **addestramento iniziale** basic training
adde'strare *vt* train
adde'strarsi *vr* train
addestra|'tore, -trice *mf* trainer
ad'detto, -a **A** *adj* assigned
B *mf* employee; (diplomatico) attaché
■ **addetti** *pl* **ai lavori** persons involved in the work; **'vietato l'ingresso ai non addetti ai lavori'** 'staff only'; **addetto commerciale** salesman; **addetto culturale** cultural attaché; **addetto stampa** information officer, press officer; **addetto ai traslochi** removal man
addì *adv* **~ 15 settembre 2011** on 15th September 2011
addi'accio *m* **dormire all'~** sleep in the open
addi'etro *adv* (indietro) back; (nel passato) before
ad'dio *nm & int* goodbye
■ **addio al celibato** stag night, stag party; **addio al nubilato** hen night; **cena d'addio** farewell dinner
addirit'tura *adv* (perfino) even; (assolutamente) absolutely; **~!** really!
ad'dirsi *vr* **~ a** suit
addi'tare *vt* point at; (per identificare) point out; fig point to
addi'tivo *adj & nm* additive
addizio'nale **A** *adj* additional
B *f* (imposta) surtax
addizional'mente *adv* additionally
addizio'nare *vt* add [up]
addiziona'trice *f* adding machine
addizi'one *f* addition
addob'bare *vt* decorate
ad'dobbo *m* decoration
addol'cire *vt* sweeten; tone down ‹*colore*›; fig soften
addol'cirsi *vr* fig mellow
addolo'rare *vt* grieve
addolo'rarsi *vr* be upset (**per** by)
addolo'rato *adj* pained, distressed
ad'dome *m* abdomen
addomesti'care *vt* tame
addomestica'tore, -trice *mf* tamer
addomi'nale **A** *adj* abdominal
B *mpl* **addominali** abdominals
addormen'tare *vt* put to sleep
addormen'tarsi *vr* go to sleep
addormen'tato *adj* asleep; fig slow
addos'sare *vt* **~ a** (appoggiare) lean against; (attribuire) lay on
addos'sarsi *vr* (ammassarsi) crowd; shoulder ‹*responsabilità ecc.*›
ad'dosso *adv* on; **~ a** *prep* on; (molto vicino) right next to; **andare/venire ~ qualcuno** run into somebody; **mettere gli occhi ~ a qualcuno/qualcosa** hanker after somebody/something; **non mettermi le mani ~!** keep your hands off me!; **stare ~ a qualcuno** fig be on somebody's back; **farsela ~** infml (bisogni corporali) dirty oneself; (pipì) wet oneself
ad'durre *vt* produce ‹*prova, documento*›; give ‹*pretesto, esempio*›
adegua'mento *m* adjustment
adegu'are *vt* adjust
adegu'arsi *vr* conform
adeguata'mente *adv* suitably
adegua'tezza *f* suitability
adegu'ato *adj* suitable; **~ a** suited to, suitable for
a'dempiere *vt* fulfil
adempi'mento *m* fulfilment
adem'pire *vt* fulfil
ade'noidi *fpl* adenoids
a'depto, -a *mf* adherent
ade'rente **A** *adj* adhesive; ‹*vestito*› tight
B *mf* follower
ade'renza *f* adhesion; **aderenze** *pl* connections
ade'rire *vi* **~ a** stick to, adhere to; support ‹*sciopero, petizione*›; agree to ‹*richiesta*›
adesca'mento *m* Jur soliciting
ade'scare *vt* bait; fig entice
adesca'trice *f* fille de joie
adesi'one *f* adhesion; fig agreement
ade'sivo **A** *adj* adhesive
B *m* sticker; Auto bumper sticker
a'desso *adv* now; (poco fa) just now; (tra poco) any moment now; **da ~ in poi** from now on; **per ~** for the moment; **fino ~** up till now
adia'cente *adj* adjacent; **~ a** next to
adia'cenze *fpl* adjacent areas
adi'bire *vt* **~ a** put to use as
'adipe *m* adipose tissue
adi'poso *adj* adipose
adi'rarsi *vr* get irate
adi'rato *adj* irate
a'dire *vt* resort to; **~ le vie legali** take legal proceedings; **~ la successione** Jur take possession of an inheritance
'adito *m* **dare ~ a** give rise to
ADM *fpl abbr* (**Armi di Distruzione di Massa**) WMD
adocchi'are *vt* eye; (con desiderio) covet
adole'scente *adj & nmf* adolescent *attrib*
adole'scenza *f* adolescence
adolescenzi'ale *adj* adolescent
adombra'mento *m* darkening
adom'brare *vt* darken; fig veil
adom'brarsi *vr* (offendersi) take offence
adope'rare *vt* use
adope'rarsi *vr* take trouble
ado'rabile *adj* adorable

a

ado'rare *vt* adore
adorazi'one *f* adoration; **in ~** adoring
ador'nare *vt* adorn
a'dorno *adj* adorned (**di** with)
adot'tare *vt* adopt
adot'tivo *adj* adoptive
adozi'one *f* adoption
adrena'lina *f* adrenalin
adri'atico **A** *adj* Adriatic
B *m* **l'Adriatico** the Adriatic
adu'lare *vt* flatter
adula|'tore, -trice *mf* flatterer
adula'torio *adj* sycophantic
adulazi'one *f* flattery
a'dultera *f* adulteress
adulte'rare *vt* adulterate
adulte'rato *adj* adulterated
adulte'rino *adj* adulterous
adul'terio *m* adultery
a'dultero **A** *adj* adulterous
B *m* adulterer
a'dulto, -a *adj & nmf* adult; (maturo) mature
adu'nanza *f* assembly
adu'nare *vt* gather
adu'nata *f* Mil parade
a'dunco *adj* hooked
adunghi'are *vt* claw
ae'rare *vt* air ‹*stanza*›
aera'tore *m* ventilator
aerazi'one *f* ventilation
a'ereo **A** *adj* aerial; (dell'aviazione) air *attrib*
B *m* aeroplane, plane; **andare in ~** fly
■ **aereo da carico** cargo plane; **aereo da guerra** warplane; **aereo di linea** airliner; **aereo navetta** shuttle; **aereo a reazione** jet [plane]
ae'robica *f* aerobics *sg*
ae'robico *adj* aerobic
aerodi'namica *f* aerodynamics *sg*
aerodi'namico *adj* aerodynamic
aero'grafo *m* airbrush
aero'gramma *m* aerogramme
aero'linea *f* airline
aero'mobile *m* aircraft
aeromo'dello *m* model aircraft
aero'nautica *adj n* aeronautics *sg*; Mil Air Force
aero'nautico *adj* aeronautical
aerona'vale *adj* air and sea *attrib*
aero'plano *m* aeroplane
aero'porto *m* airport
aeroportu'ale *adj* airport *attrib*
aero'scalo *m* cargo and servicing area
aero'sol *m inv* aerosol
■ **apparecchio per aerosol** vaporizer
aerospazi'ale *adj* aerospace *attrib*
aero'statico *adj*
■ **pallone aerostatico** aerostat
ae'rostato *m* aerostat
aerostazi'one *f* air terminal
aerosti'ere *m* balloonist
aero'via *f* air corridor
A.F. *abbr* (**alta frequenza**) HF
'afa *f* sultriness
af'fabile *adj* affable
affabilità *f inv* affability
affaccen'darsi *vr* busy oneself (**a** with)
affacci'arsi *vr* show oneself; **~ alla finestra** appear at the window
affacen'dato *adj* busy
affa'mare *vt* starve [out]
affa'mato *adj* starving
affan'nare *vt* leave breathless
affan'narsi *vr* busy oneself; (agitarsi) get worked up
affan'nato *adj* breathless; **dal respiro ~** wheezy
af'fanno *m* breathlessness; fig worry; **essere in ~ per** be anxious about
affannosa'mente *adv* breathlessly
affan'noso *adj* exhausting; **respiro ~** heavy breathing
af'fare *m* matter; (occasione) bargain; Comm transaction, deal; **pensa agli affari tuoi** mind your own business; **non sono affari tuoi** infml it's none of your business; **fare affari d'oro** have a field day; **affari** *pl* business; **d'affari** ‹*uomo, cena, viaggio*› business; **affari** *pl* **esteri** foreign affairs; **ministro degli affari esteri** Foreign Secretary BrE, Secretary of State AmE
affa'rismo *m* derog wheeling and dealing
affa'rista *mf* wheeler-dealer
affasci'nante *adj* fascinating; ‹*persona, sorriso*› bewitching
affasci'nare *vt* bewitch; fig charm
affastel'lare *vt* tie up in bundles
affatica'mento *m* fatigue
affati'care *vt* tire; (sfinire) exhaust
affati'carsi *vr* tire oneself out; (affannarsi) strive
affati'cato *adj* fatigued, suffering from fatigue; **~ dal troppo lavoro** overworked
af'fatto *adv* completely; **non ... ~** not ... at all; **niente ~!** not at all!
affer'mare *vt* affirm; (sostenere) assert
affer'marsi *vr* establish oneself
affermativa'mente *adv* in the affirmative
afferma'tivo *adj* affirmative
affer'mato *adj* established
affermazi'one *f* assertion; (successo) achievement
affer'rare *vt* seize; catch ‹*oggetto*›; (capire) grasp; **~ al volo** fig be quick on the uptake
affer'rarsi *vr* **~ a** grasp at, clutch at
affet'tare *vt* slice; (ostentare) affect

affet'tato **A** *adj* sliced; ‹*sorriso, maniere*› affected
B *m* cold meat, sliced meat
affetta'trice *f* bacon slicer
affettazi'one *f* affectation
affet'tivo *adj* affective; **rapporto affettivo** emotional tie
af'fetto¹ *m* affection; **con ~** affectionately; **gli affetti familiari** family ties
af'fetto² *adj* **~ da** suffering from
affettuosa'mente *adv* affectionately
affettuosità *f inv* (gesto) affectionate gesture
affettu'oso *adj* affectionate
affezio'narsi *vr* **~ a** grow fond of
affezio'nato *adj* devoted, attached (**a** to)
affezi'one *f* affection; Med ailment
affian'care *vt* put side by side; Mil flank; fig support
affian'carsi *vr* come side by side; fig stand together, stand shoulder to shoulder; **~ a qualcuno** fig help somebody out
affiata'mento *m* harmony
affia'tarsi *vr* get on well together
affia'tato *adj* close-knit; **una coppia affiatata** a very close couple
affibbi'are *vt* **~ qualcosa a qualcuno** saddle somebody with something; **~ un pugno a qualcuno** let fly at somebody
affi'dabile *adj* reliable, dependable
affidabilità *f inv* reliability, dependability
affida'mento *m* Jur (dei minori) custody; **fare ~ su qualcuno** rely on somebody; **non dare ~ (a qualcuno)** not inspire confidence (in somebody)
affi'dare *vt* entrust
affi'darsi *vr* **~ a** rely on
affida'tario *adj* (famiglia) foster
af'fido *m* **un bambino in ~** a foster child
affievoli'mento *m* weakening
affievo'lirsi *vr* grow weak
af'figgere *vt* affix
affilacol'telli *m inv* knife sharpener
affi'lare *vt* sharpen
affili'are *vt* affiliate
affili'arsi *vt* become affiliated
affiliazi'one *f* affiliation
affi'nare *vt* sharpen; (perfezionare) refine
affinché *conj* so that, in order that
af'fine *adj* similar
affinità *f inv* affinity
affiora'mento *m* emergence; Naut surfacing
affio'rare *vi* emerge; fig come to light
affissi'one *f* bill posting; **'divieto di ~'** 'stick no bills'
af'fisso *m* bill; Gram affix
affitta'camere **A** *m inv* landlord
B *f inv* landlady
affit'tare *vt* (dare in affitto) let; (prendere in affitto) rent
■ **af'fittasi** to let, for rent
af'fitto *m* rent; **contratto d'~** lease; **dare in ~** let; **prendere in ~** rent
affittu'ario, -a *mf* Jur lessee
af'fliggere *vt* torment
af'fliggersi *vr* distress oneself
af'flitto *adj* distressed
afflizi'one *f* distress; fig affliction
afflosci'are *vt* **la pioggia ha afflosciato le foglie** the rain has made the leaves go all limp
afflosci'arsi *vr* become floppy; (accasciarsi) flop down
afflu'ente *adj & nm* tributary
afflu'enza *f* flow; (di gente) crowd
afflu'ire *vi* flow; fig pour in
af'flusso *m* influx
affoga'mento *m* drowning
affo'gare *vt & vi* drown; Culin poach; **~ in** fig be swamped with
affo'garsi *vr* (suicidarsi) drown oneself
affo'gato *adj* ‹*persona*› drowned; ‹*uova*› poached
■ **affogato al caffè** *ice cream with hot espresso poured over it*
affolla'mento *m* crowd
affol'lare *vt* crowd
affol'larsi *vr* crowd
affol'lato *adj* crowded
affonda'mento *m* sinking
affon'dare *vt & vi* sink
affon'darsi *vr* sink
affossa'mento *m* (avvallamento) pothole; fig burial
affran'care *vt* redeem ‹*bene*›; stamp ‹*lettera*›; free ‹*schiavo*›
affran'carsi *vr* free oneself
affran'cato *adj* ‹*lettera*› stamped; ‹*schiavo*› freed; **già ~** ‹*busta*› prepaid
affranca'trice *f* franking machine, franker
affranca'tura *f* stamping; (di spedizione) postage
■ **affrancatura a carico del destinatario** Freepost; **affrancatura per l'estero** postage abroad
af'franto *adj* prostrate with grief, grief-stricken; (esausto) worn out
affre'scare *vt* paint a fresco on
af'fresco *m* fresco
affret'tare *vt* speed up
affret'tarsi *vr* hurry
affrettata'mente *adv* hastily
affret'tato *adj* ‹*passo*› fast; ‹*decisione*› hasty; ‹*lavoro*› rushed
affron'tare *vt* face; confront ‹*nemico*›; meet ‹*spese*›
affron'tarsi *vr* clash

a

af'fronto *m* affront, insult; **fare un ~ a qualcuno** insult somebody
affumi'care *vt* fill with smoke; Culin smoke
affumi'cato *adj* ‹*prosciutto, formaggio*› smoked; ‹*lenti, vetro*› tinted
affuso'lare *vt* taper [off]
affuso'lato *adj* tapering
Af'ganistan *m* Afghanistan
af'gano *adj & nmf* Afghani, Afghan
AFI *nm abbr* (**Alfabeto Fonetico Internazionale**) IPA
aficio'nado, -a *mf* aficionado
'afide *m* aphid
'afono *adj* (rauco) hoarse
afo'risma *m* aphorism
a'foso *adj* sultry
'Africa *f* Africa
■ **Africa orientale** East Africa; **Africa nera** Black Africa; **Africa del Nord** North Africa
afri'cano, -a *adj & nmf* African
afri'kaans *m* Afrikaans
afroameri'cano, -a *adj & nmf* Afro-American
afroasi'atico *adj* Afro-Asian
afroca'ribico *adj* Afro-Caribbean
afrocu'bano *adj* Afro-Cuban
afrodi'siaco *adj & nm* aphrodisiac
a'genda *f* diary
■ **agenda elettronica** personal organizer, electronic organizer; **agenda da tavolo** desk diary
agen'dina *f* pocket diary
a'gente *m* agent; **agenti** *pl* **atmosferici** atmospheric agents
■ **agente di cambio** stockbroker; **agente di custodia** prison warder; **agente del fisco** assessor; **agente immobiliare** estate agent, realtor AmE; **agente marittimo** shipping agent; **agente di polizia** police officer; **agente segreto** secret agent; **agente teatrale** theatrical agent; (di compagnia) impresario; **agente di viaggio** travel agent
agen'zia *f* agency; (filiale) branch office; (di banca) branch
■ **agenzia di collocamento** employment exchange; **agenzia immobiliare** estate agency, realtor AmE; **agenzia matrimoniale** dating agency; **agenzia pubblicitaria** advertising agency; **agenzia di rating** credit rating agency; **agenzia di recupero crediti** debt collection agency; **agenzia di stampa** news agency, press agency; **agenzia di viaggi** travel agency
agevo'lare *vt* facilitate
agevolazi'one *f* facilitation
■ **agevolazioni** *pl* **fiscali** tax breaks
a'gevole *adj* easy; ‹*strada*› smooth
agevol'mente *adv* easily
agganci'are *vt* hook up; Rail couple

key word

agganci'arsi *vr* ‹*vestito*› hook up; **~ a** ‹*maglia*› catch on; ‹*rimorchio*› hook onto
ag'gancio *m* Aeron docking
ag'geggio *m* gadget
agget'tivo *m* adjective
agghiacci'ante *adj* terrifying
agghiacci'are *vt* fig **~ qualcuno** make somebody's blood run cold
agghiacci'arsi *vr* freeze
agghin'dare *vt* infml dress up
agghin'darsi *vr* infml doll oneself up
agghin'dato *adj* dressed up; ‹*sala*› decorated; fig ‹*stile*› stilted
aggiornabilità *f inv* Comput upgradability
aggiorna'mento *m* update; (azione) updating; **corso di ~** refresher course
aggior'nare *vt* (rinviare) postpone; (mettere a giorno) bring up to date, update
aggior'narsi *vr* get up to date
aggior'nato *adj* up-to-date; ‹*versione*› updated
aggio'taggio *m* Jur manipulation of the market
aggira'mento *m* Mil outflanking
aggi'rare *vt* surround; fig (ingannare) trick
aggi'rarsi *vr* hang about; **~ su** ‹*discorso ecc.*› be about; ‹*somma*› be around
aggiudi'care *vt* award; (all'asta) knock down
aggiudi'carsi *vr* win
aggi'ungere *vt* add
aggi'unta *f* addition; **in ~** in addition
aggiun'tare *vt* splice
aggiun'tivo *adj* supplementary
aggi'unto A *adj* added
B *adj & nm* (assistente) assistant
aggiu'stare *vt* mend; (sistemare) settle; infml (mettere a posto) fix; **ora l'aggiusto io** fig I'll sort him out
aggiu'starsi *vr* adapt; (mettersi in ordine) tidy oneself up; (decidere) sort things out; ‹*tempo*› clear up
aggiusta'tina *f* **dare un'~ a** neaten
agglomera'mento *m* conglomeration
agglome'rante *m* binder
agglome'rato *m* built-up area
aggrap'pare *vt* grasp
aggrap'parsi *vr* **~ a** cling to
aggrava'mento *m* worsening; (di pena) increase
aggra'vante Jur A *f* aggravation
B *adj* aggravating; **circostanza aggravante** aggravation
aggra'vare *vt* (peggiorare) make worse; increase ‹*pena*›; (appesantire) weigh down
aggra'varsi *vr* worsen
ag'gravio *m*
■ **aggravio fiscale** tax burden
aggrazi'ato *adj* graceful

aggre'dire *vt* attack
aggre'gare *vt* add; (associare a un gruppo ecc.) admit
aggre'garsi *vr* ~ **a** join
aggre'gato **A** *adj* associated
B *m* aggregate; (di case) block
aggregazi'one *f* (di persone) gathering
aggressi'one *f* aggression; (atto) attack
■ **aggressione a mano armata** armed assault
aggressività *f inv* aggressiveness
aggres'sivo *adj* aggressive
aggres'sore *m* aggressor
aggrin'zare, **aggrinzire** *vt* wrinkle
aggrin'zirsi *vr* wrinkle
aggrot'tare *vt* ~ **le ciglia/la fronte** frown
aggrovigli'are *vt* tangle
aggrovigli'arsi *vr* get entangled; fig get complicated
aggrovigli'ato *adj* entangled; fig confused
agguan'tare *vt* catch
agguan'tarsi *vr* ~ **a** grasp
aggu'ato *m* ambush; (tranello) trap; **stare in** ~ lie in wait; **tendere un** ~ **a qualcuno** set an ambush for somebody
agguer'rito *adj* fierce
agiata'mente *adv* comfortably
agia'tezza *f* comfort
agi'ato *adj* ‹*persona*› well off; ‹*vita*› comfortable
a'gibile *adj* ‹*palazzo*› fit for human habitation
agibilità *f inv* fitness for human habitation
'agile *adj* agile
agilità *f inv* agility
agil'mente *adv* agilely
'agio *m* ease; **mettersi a proprio** ~ make oneself at home
a'gire *vi* act; ‹*comportarsi*› behave; (funzionare) work; ~ **su** affect
agi'tare *vt* shake; wave ‹*mano*›; fig (turbare) trouble; '~ **prima dell'uso**' 'shake before using'
agi'tarsi *vr* toss about; (essere inquieto) be restless; ‹*mare*› get rough
agi'tato *adj* restless; ‹*mare*› rough
agita|'tore, **-trice** *mf* (persona) agitator
agitazi'one *f* agitation; **mettere in** ~ **qualcuno** send somebody into a flat spin
'agli = **a** + **gli**
'aglio *m* garlic
a'gnello *m* lamb
agno'lotti *mpl* ravioli *sg*
a'gnostico, **-a** *adj & nmf* agnostic
'ago *m* needle; **a 9 aghi** ‹*stampante*› 9 pin
■ **ago di pino** pine needle
ago'gnare *vt* (liter) yearn for, thirst for
ago'nia *f* agony
ago'nismo *m* competitiveness
ago'nistica *f* competition
ago'nistico *adj* competitive
agoniz'zante *adj* in one's death throes
agoniz'zare *vi* be on one's deathbed
agopun|'tore, **-trice** *mf* acupuncturist
agopun'tura *f* acupuncture
agorafo'bia *f* agoraphobia
ago'rafobo, **-a** *mf* agoraphobic
agostini'ano, **-a** *adj & nmf* Augustinian
a'gosto *m* August
a'graria *f* agriculture
a'grario **A** *adj* agricultural
B *m* landowner
a'greste *adj* rustic
a'gricolo *adj* agricultural
agricol'tore *m* farmer
agricol'tura *f* agriculture
■ **agricoltura biologica** organic farming
agri'foglio *m* holly
agrimen'sore *m* land surveyor
agritu'rismo *m* farm holidays, agrotourism
'agro¹ *adj* sour; **all'**~ Culin pickled
'agro² *m countryside around a town*
agroalimen'tare *adj* food *attrib*
agro'dolce *adj* bitter-sweet; Culin sweet-and-sour; **in** ~ sweet and sour
agrono'mia *f* agronomy
a'gronomo, **-a** *mf* agriculturalist
agropasto'rale *adj* based on farming
a'grume *m* citrus fruit; (pianta) citrus tree
agru'meto *m* citrus plantation
aguz'zare *vt* sharpen; ~ **le orecchie** prick up one's ears; ~ **la vista** look hard
aguz'zino *m* slave-driver; (carceriere) jailer
a'guzzo *adj* pointed
ah *int* ah!; **ah, davvero?** oh really?
ahi *int* ow!
ahimè *int* alas!
'ai = **a** + **i**
'aia *f* threshing floor
'Aia *f* **L'**~ The Hague
Aids *m* Aids
AIE *abbr* (**Associazione Italiana degli Editori**) *association of Italian publishers*
air bag *m inv* Auto air bag
ai'rone *m* heron
air terminal *m inv* air terminal
ai'tante *adj* sturdy
aiu'ola *f* flower bed
aiu'tante **A** *mf* assistant
B *m* Mil adjutant
■ **aiutante di campo** aide-de-camp
aiu'tare *vt* help
ai'uto *m* help, aid; (assistente) assistant; **dare un** ~ lend a hand; **venire in** ~ **a qualcuno** come to somebody's rescue; ~**!** help!; **aiuti** *pl* **alimentari** food aid
■ **aiuti** *pl* **umanitari** relief supplies; **aiuto chirurgo** assistant surgeon; **aiuto domestico**

a

mother's help; **aiuto infermiere** nursing auxiliary; **aiuto in linea** Comput on-line help

aiz'zare *vt* incite; ~ **contro** set on

al = a + il

'ala *f* wing; **fare** ~ make way; **avere le ali ai piedi** fig run like the wind; **tarpare le ali a qualcuno** fig clip somebody's wings
■ **ala destra/sinistra** (in calcio) right/left wing

ala'bastro *m* alabaster

a'lacre *adj* brisk

alam'bicco *m* alembic

a'lano *m* Great Dane

a'lare *m* firedog

A'laska *f* Alaska

'alba *f* dawn

alba'nese *adj & nmf* Albanian

Alba'nia *f* Albania

'albatro *m* albatross

albeggi'are *vi* dawn

albe'rare *vi* line with trees ‹*strada*›

albe'rato *adj* wooded; ‹*viale*› tree lined

albera'tura *f* Naut masts *pl*

albe'rello *m* sapling

alber'gare A *vt* ‹*edificio*› accommodate
B *vi* (liter) lodge

alberga|'tore, -trice *mf* hotel-keeper

alberghi'ero *adj* hotel *attrib*

al'bergo *m* hotel
■ **albergo diurno** *hotel where rooms are rented during the daytime*; **albergo a 3 stelle** 3 star hotel

'albero *m* tree; Naut mast; Mech shaft
■ **albero a camme** camshaft; **albero a foglie caduche** deciduous tree; **albero da frutto** fruit tree; **albero genealogico** family tree; **albero a gomiti** crankshaft; **albero della gomma** rubber tree; **albero maestro** Naut mainmast; **albero di Natale** Christmas tree; **albero di trasmissione** Mech transmission shaft, prop shaft

albi'cocca *f* apricot

albi'cocco *m* apricot (tree)

al'bino *m* albino

'albo *m* register; (libro ecc.) album; (per avvisi) notice board

album *m inv* album
■ **album da colorare** colouring book; **album da disegno** sketchbook

al'bume *m* albumen

albu'mina *f* albumin

alca'lino *adj* alkaline

'alce *m* elk

alchi'mia *f* alchemy

alchi'mista *m* alchemist

'alcol *m* alcohol; Med spirit; (liquori forti) spirits *pl*; **darsi all'**~ take to drink
■ **alcol denaturato** meths, surgical spirit; **alcol etilico** ethyl alcohol

alcolicità *f inv* alcohol content

al'colico A *adj* alcoholic
B *m* alcoholic drink

alco'lismo *m* alcoholism

alco'lista *mf* alcoholic

alcoliz'zato, -a *adj & nmf* alcoholic

alcol'test® *m inv* (prova) breath test, breath testing; (apparecchio) Breathalyzer®

al'cova *f* alcove

al'cun, al'cuno *adj & pron* any; **non ha** ~ **amico** he hasn't any friends, he has no friends; **alcuni** *pl* some, a few; **alcuni suoi amici** some of his friends

aldilà *m inv* next world, hereafter

alea'torio *adj* unpredictable; Jur aleatory

aleggi'are *vi* ‹*brezza*› blow gently; ‹*profumo*› waft

a'letta *f* Mech fin

alet'tone *m* Aeron aileron; Auto stabilizer

'alfa *f inv* alpha

alfa'betico *adj* alphabetical

alfabetizzazi'one *f*:
■ **alfabetizzazione della popolazione** teaching people to read and write; **tasso di alfabetizzazione** literacy rate

alfa'beto *m* alphabet
■ **Alfabeto Fonetico Internazionale** International Phonetic Alphabet; **alfabeto Morse** Morse code

alfanu'merico *adj* alphanumeric

alfi'ere *m* (negli scacchi) bishop

al'fine *adv* eventually, in the end

'alga *f* weed; **alghe** *pl* **marine** seaweed

'algebra *f* algebra

Al'geri *f* Algiers

Alge'ria *f* Algeria

alge'rino, -a *adj & nmf* Algerian

algocol'tura *f* seaweed farming

algo'ritmo *m* algorithm

ali'ante *m* glider

'alibi *m inv* alibi

a'lice *f* anchovy

alie'nabile *adj* Jur alienable

alie'nare *vt* alienate

alie'narsi *vr* become estranged; ~ **le simpatie di qualcuno** lose somebody's good will

alie'nato, -a A *adj* alienated
B *mf* lunatic

alienazi'one *f* alienation

ali'eno, -a A *mf* alien
B *adj* **è** ~ **da invidia** envy is foreign *or* alien to him

alimen'tare A *vt* feed; fig foment
B *adj* food *attrib*; ‹*abitudine*› dietary
C *m* **alimentari** *pl* foodstuffs

alimenta'tore *m* power unit
■ **alimentatore automatico di documenti** automatic paper feed

alimentazi'one *f* feeding; (cibo) food; (elettrica, a gas ecc.) supply

ali'mento *m* food; **alimenti** *pl* food; Jur alimony

a'liquota *f* share; (di imposta) rate

■ **aliquota minima** basic rate; **ad ~ zero** zero-rated

ali'scafo *m* hydrofoil

'alito *m* breath; **alito cattivo** bad breath

ali'tosi *f inv* halitosis

all. *abbr* (**allegato**) encl

'alla = **a** + **la A, B**

allaccia'mento *m* connection

allacci'are *vt* fasten ‹*cintura*›; lace up ‹*scarpe*›; do up ‹*vestito*›; (collegare) connect; form ‹*amicizia*›

allacci'arsi *vr* do up, fasten ‹*vestito, cintura*›

allaga'mento *m* flooding

alla'gare *vt* flood

alla'garsi *vr* to become flooded

allampa'nato *adj* lanky

allarga'mento *m* (di strada, ricerche) widening

allar'gare *vt* widen; open ‹*braccia, gambe*›; let out ‹*vestito ecc.*›; fig extend

allar'garsi *vr* to widen

allar'mante *adj* alarming

allar'mare *vt* alarm

allar'mato *adj* panicky, alarmed

al'larme *m* alarm; **dare l'~** raise the alarm; **mettere in ~ qualcuno** alarm somebody; **far scattare il campanello d'~** set the alarm bells ringing

■ **falso allarme** fig false alarm; **allarme aereo** air-raid siren; (suono) air-raid warning; **allarme antifumo** smoke alarm; **allarme antincendio** fire alarm; **allarme rosso** red alert

allar'mismo *m* alarmism

allar'mista *mf* alarmist

allatta'mento *m* (di animale) suckling; (di neonato) feeding

allat'tare *vt* suckle ‹*animale*›; feed ‹*neonato*›; **~ artificialmente** bottle feed

'alle = **a** + **le**

alle'anza *f* alliance

■ **Alleanza Democratica** Pol Democratic Alliance; **Alleanza Nazionale** Pol National Alliance

alle'are *vt* unite

alle'arsi *vr* form an alliance

alle'ato, -a **A** *adj* allied
B *mf* ally

alle'gare¹ *vt* Jur allege

alle'gare² *vt* (accludere) enclose; set on edge ‹*denti*›

alle'gato **A** *adj* enclosed; Comput attached
B *m* enclosure; Comput attachment; **in ~** attached, appended

allegazi'one *f* Jur allegation

alleggeri'mento *m* alleviation

allegge'rire *vt* lighten; fig alleviate

allegge'rirsi *vr* become lighter; (vestirsi leggero) put on lighter clothes

allego'ria *f* allegory

alle'gorico *adj* allegorical

allegra'mente *adv* breezily

alle'gria *f* gaiety

al'legro **A** *adj* cheerful; ‹*colore*› bright; (brillo) tipsy
B *m* Mus allegro

alle'luia *int* hallelujah

allena'mento *m* training

alle'nare *vt* train

alle'narsi *vr* train

allena|'tore, -trice *mf* trainer, coach

allen'tare *vt* loosen; fig relax

allen'tarsi *vr* become loose; Mech work loose

aller'gia *f* allergy

al'lergico *adj* allergic

aller'gologo, -a *mf* allergist

al'lerta *f* **stare ~** be alert, be on the alert; **essere in stato di ~** Mil be in a state of alert; **mettere in stato di ~** put on the alert

allesti'mento *m* preparation; **in ~** in preparation

■ **allestimento scenico** Theat set

alle'stire *vt* prepare; stage ‹*spettacolo*›; Naut fit out

allet'tante *adj* alluring; **poco ~** unattractive

allet'tare *vt* entice

allet'tato *adj* bed-bound, laid up

alleva'mento *m* breeding; (processo) bringing up; (luogo) farm; (per piante) nursery; **pollo di allevamento** battery chicken

■ **allevamento in batteria** battery farming; **allevamento a terra** free-range farming; **pollo/uova di allevamento a terra** free-range chicken/eggs

alle'vare *vt* bring up ‹*bambini*›; breed ‹*animali*›; grow ‹*piante*›

alleva|'tore, -trice *mf* breeder

allevia'mento *m* alleviation

allevi'are *vt* alleviate; fig lighten

alli'bito *adj* astounded; **rimanere ~** be astounded

allibra'tore *m* bookmaker

allie'tare *vt* gladden

allie'tarsi *vr* rejoice

alli'evo, -a **A** *mf* pupil
B *m* Mil cadet

alliga'tore *m* alligator

allinea'mento *m* alignment

alline'are *vt* line up; Typ align; Fin adjust

alline'arsi *vr* line up; fig fall into line; **~ con qualcuno** fig align oneself with somebody

alline'ato *adj* lined up; **i paesi non allineati** the non-aligned states

'allo = **a** + **lo**

a

allo'care *vt* allocate
al'locco¹ *m* tawny owl
al'locco², **-a** *mf* fig idiot
allocuzi'one *f* speech
al'lodola *f* [sky]lark
alloggi'are **A** *vt* ‹*persona*› put up; ‹*casa*› provide accommodation for; Mil billet
B *vi* put up, stay; Mil be billeted
al'loggio *m* (appartamento) flat, apartment AmE; Mil billet
■ **alloggio popolare** council flat
allontana'mento *m* removal
allonta'nare *vt* move away; (licenziare) dismiss; avert ‹*pericolo*›
allonta'narsi *vr* go away
allopa'tia *f* Med allopathy
al'lora *adv* then; (in quel tempo) at that time; (in tal caso) in that case; ~ ~ just then; **d'~ in poi** from then on; **e ~?** what now?; (e con ciò?) so what?; **fino ~** until then
allorché *conj* when, as soon as
al'loro *m* laurel; Culin bay; **dormire sugli allori** rest on one's laurels
'alluce *m* big toe
alluci'nante *adj* infml incredible; **sostanza allucinante** hallucinogen
alluci'nato, **-a** *mf person who suffers from hallucinations*
allucina'torio *adj* hallucinatory
allucinazi'one *f* hallucination
alluci'nogeno *adj* ‹*sostanza*› hallucinatory
al'ludere *vi* ~ **a** allude to
allu'minio *m* aluminium
allu'naggio *m* moon landing
allu'nare *vi* land on the moon
allun'gabile *adj* ‹*tavolo*› extending
allun'gare *vt* lengthen; stretch out ‹*mano*›; stretch ‹*gamba*›; extend ‹*tavolo*›; (diluire) dilute; **~ il collo** crane one's neck; **~ il muso** pull a long face; **~ il passo** quicken one's step; **~ le mani su qualcuno** touch somebody up; (picchiare) start fighting with somebody; **~ uno schiaffo a qualcuno** slap somebody
allun'garsi *vr* grow longer; (crescere) grow taller; (sdraiarsi) lie down, stretch out
allun'gato *adj* ‹*forma*› elongated
al'lungo *m* (nel calcio) pass; (nella corsa) spurt; (nel pugilato) lunge
allusi'one *f* allusion
allu'sivo *adj* allusive
alluvio'nale *adj* alluvial
alluvio'nato *adj* ‹*popolazione*› flooded out; ‹*territorio*› flooded
alluvi'one *f* flood
alma'nacco *m* almanac
■ **almanacco nobiliare** peerage
al'meno *adv* at least; **[se] ~ venisse il sole!** if only the sun would come out!
a'logena *f* halogen lamp
a'logeno **A** *m* halogen
B *adj* **lampada alogena** halogen lamp
a'lone *m* halo
alo'pecia *f* Med alopecia
'alpaca *m inv* alpaca
al'pestre *adj* Alpine
'Alpi *fpl* **le ~** the Alps
alpi'nismo *m* mountaineering
alpi'nista *mf* mountaineer
alpi'nistico *adj* mountaineering *attrib*
al'pino **A** *adj* Alpine
B *m* Mil; **gli alpini** the Alpine troops
al'quanto **A** *adj* a certain amount of
B *adv* rather
Al'sazia *f* Alsace
alt *int* stop; **intimare l'~** give the order to halt
alta'lena *f* swing; (tavola in bilico) see-saw
altale'nare *vi* fig vacillate
alta'mente *adv* highly
al'tare *m* altar
alta'rino *m* **scoprire gli altarini di qualcuno** reveal somebody's guilty secrets
alte'rabile *adj* which can be changed, alterable
alte'rare *vt* alter; adulterate ‹*vino*›; (falsificare) falsify
alte'rarsi *vr* be altered; ‹*cibo*› go bad; ‹*merci*› deteriorate; (arrabbiarsi) get angry
alte'rato *adj* ‹*suono*› distorted; ‹*viso*› careworn; ‹*cibo*› spoilt; ‹*vino*› adulterated; (arrabbiato) angry
alterazi'one *f* alteration; (di vino) adulteration
al'terco *m* altercation
alte'rigia *f* haughtiness
alter'nanza *f* alternation; (in agricoltura) rotation; Pol regular change in government
alter'nare *vt* alternate
alter'narsi *vr* alternate
alterna'tiva *f* alternative
alterna'tivo *adj* alternate; **medicina alternativa** alternative medicine
alter'nato *adj* alternating
alterna'tore *m* Electr alternator
al'terno *adj* alternate; **a giorni alterni** every other day
al'tero *adj* haughty
al'tezza *f* height; (profondità) depth; (suono) pitch; (di tessuto) width; (titolo) Highness; **essere all'~ di** be on a level with; fig be up to
■ **altezza libera di passaggio** headroom
altezzosa'mente *adv* haughtily
altezzosità *f inv* haughtiness
altez'zoso *adj* haughty
al'ticcio *adj* tipsy, merry

al'timetro *m* altimeter
altipi'ano *m* plateau
altiso'nante *adj* high-sounding
alti'tudine *f* altitude
'**alto** **A** *adj* high; (di statura) tall; (profondo) deep; ‹*suono*› high-pitched; ‹*tessuto*› wide; Geog northern; **a notte alta** in the middle of the night; **avere degli alti e bassi** have some ups and downs; **di ~ bordo** high-class; **di ~ rango** high-ranking; **ad alta definizione** high definition; **ad alta fedeltà** high-fidelity; **ad ~ livello** high-level; **a voce alta, ad alta voce** in a loud voice; ‹*leggere*› aloud; **essere in ~ mare** be on the high seas; fig be all at sea
■ **alta borghesia** *nf* gentry; **alta finanza** *nf* high finance; **alta frequenza** *nf* high frequency; **alta moda** *nf* high fashion; **alta pressione** *nf* (meteorologica) high pressure; **alta società** *nf* high society; **alta tensione** *nf* high voltage; **alto commissariato** *nm* High Commission; **alto medioevo** *nm* Dark Ages; **alto tradimento** *nm* high treason
B *adv* high; **in ~** ‹*essere*› at the top; ‹*guardare*› up; **mani in ~!** hands up!; **dall'~** from above; **guardare qualcuno dall'~ in basso** look down on somebody
altoate'sino *adj* South Tyrolean
alto'forno *m* blast furnace
altolà *int* halt there!
altolo'cato *adj* highly placed
altopar'lante *m* loudspeaker
altopi'ano *m* plateau
altret'tanto **A** *adj & pron* as much (*pl*) as many
B *adv* likewise; **buona fortuna! - grazie, ~** good luck! - thank you, the same to you
altri'menti *adv* otherwise
'**altro** **A** *adj* other; **un ~, un'altra** another; **l'altr'anno** last year; **l'~ ieri** the day before yesterday; **domani l'~** the day after tomorrow; **l'ho visto l'~ giorno** I saw him the other day
B *pron* other [one]; **un ~, un'altra** another [one]; **ne vuoi dell'~?** would you like some more?; **l'un l'~** one another; **nessun ~** nobody else; **gli altri** (la gente) other people
C *m* something else; **non fa ~ che lavorare** he does nothing but work; **desidera ~?** (in negozio) anything else?; **più che ~, sono stanco** I'm tired more than anything; **se non ~** at least; **senz'~** certainly; **tra l'~** what's more; **~ che!** absolutely!
altroché *adv* absolutely!
altroi'eri *m* **l'~** the day before yesterday
al'tronde d'~ *adv* on the other hand
al'trove *adv* elsewhere
al'trui **A** *adj* other people's
B *m* other people's belongings *pl*
altru'ismo *m* altruism
altru'ista *mf* altruist
al'tura *f* high ground; Naut deep sea
a'lunno, -a *mf* pupil
alve'are *m* hive
'**alveo** *m* bed
alzabandi'era *m inv* flag raising
alzacri'stallo *m* Auto window winder
al'zare *vt* lift, raise; (costruire) build; Naut hoist; **~ le spalle** shrug one's shoulders; **~ i tacchi** fig take to one's heels; **~ la voce** raise one's voice; **~ il volume** turn up the volume
al'zarsi *vr* (in piedi) stand up; (da letto) get up; ‹*vento, temperatura*› rise
al'zata *f* lifting; (aumento) rise; (da letto) getting up; Archit elevation
■ **alzata di spalle** shrug of the shoulders
alza'taccia *f* infml **fare un'~** get up at the crack of dawn
al'zato *adj* up
A.M. *abbr* (**aeronautica militare**) Air Force
a'mabile *adj* lovable; ‹*vino*› sweet
amabilità *f inv* kindness
amabil'mente *adv* kindly
a'maca *f* hammock
a'malgama *m* amalgam
amalga'mare *vt* amalgamate
amalga'marsi *vr* amalgamate
ama'nita *f* Bot Amanita
a'mante **A** *adj* **~ di** fond of
B *mf* fig lover
■ **amante degli animali** animal lover; **amante della lettura** book lover
C *m* lover
D *f* mistress
amara'mente *adv* bitterly
ama'ranto **A** *m* Bot Amaranthus; (colore) rich purple
B *adj* rich purple
a'mare *vt* love; be fond of ‹*musica, sport ecc.*›
amareggia'mento *m* bitterness
amareggi'are *vt* embitter
amareggi'arsi *vr* become embittered
amareggi'ato *adj* embittered
ama'rena *f* sour black cherry
ama'retto *m* macaroon
ama'rezza *f* bitterness; (dolore) sorrow
a'maro **A** *adj* bitter
B *m* bitterness; (liquore) bitters *pl*
ama'rognolo *adj* rather bitter
a'mato, -a **A** *adj* loved
B *mf* beloved
ama|'tore, -trice *mf* lover
a'mazzone *f* (in mitologia) Amazon; **all'~** side saddle
Amaz'zonia *f* Amazonia
amaz'zonico *adj* Amazonian
ambasce'ria *f* diplomatic mission
ambasci'ata *f* embassy; (messaggio) message
ambascia|'tore, -trice **A** *m* ambassador
B *f* ambassadress
ambe'due *adj & pron* both

a

ambi'destro *adj* ambidextrous
ambien'tale *adj* environmental
ambienta'lismo *m* environmentalism
ambienta'lista *adj & nmf* environmentalist
ambienta'mento *m* acclimatization
ambien'tare *vt* acclimatize; set ‹*storia, film ecc.*›
ambien'tarsi *vr* get acclimatized
ambi'ente *m* environment; (stanza) room
ambiguità *f inv* ambiguity; (di persona) shadiness
am'biguo *adj* ambiguous; ‹*persona*› shady
am'bire *vi* ~ **a** aspire to
am'bito¹ *adj* ‹*lavoro, incarico*› much sought-after
'ambito² *m* sphere
ambiva'lente *adj* ambivalent
ambiva'lenza *f* ambivalence
ambizi'one *f* ambition
ambizi'oso *adj* ambitious
amblio'pia *f* lazy eye
'ambo A *adj inv* both
B *m* (in tombola, lotto) double
'ambra *f* amber
am'brato *adj* amber
ambu'lante *adj* wandering; **venditore ambulante** hawker
ambu'lanza *f* ambulance
ambulatori'ale *adj* **essere trattato con intervento** ~ have day surgery
ambula'torio *m* (di medico) surgery; (di ospedale) out-patients' [department]
■ **ambulatorio dentistico** dental clinic
Am'burgo *f* Hamburg
a'meba *f* amoeba
a'mebico *adj* amoebic
'amen *int* amen; **e allora ~!** well, so be it!
amenità *f inv* (facezia) pleasantry
a'meno *adj* pleasant
amenor'rea *f* Med amenorrhoea
A'merica *f* America
■ **America centrale** Central America; **America Latina** Latin America; **America del Nord/Sud** North/South America
america'nata *f* derog (film) American rubbish
america'nismo *m* Americanism; (patriottismo) flag-waving
americaniz'zarsi *vr* become Americanized
ameri'cano, -a *adj & nmf* American
ame'rindio *adj* Native American
ame'tista *f* amethyst
ami'anto *m* asbestos
ami'chevole *adj* friendly
ami'cizia *f* friendship; **fare ~ con qualcuno** make friends with somebody; **amicizie** *pl* (amici) friends
a'mico, -a A *adj* ‹*parola, persona*› friendly
B *mf* friend
■ **amico del cuore** bosom friend; **amico d'infanzia** childhood friend; **amico intimo** close friend; **amico di penna** penfriend, pen pal
'amido *m* starch
ammac'care *vt* dent ‹*metallo*›; bruise ‹*frutto*›
ammac'carsi *vr* ‹*metallo*› get dented; ‹*frutto*› bruise
ammac'cato *adj* ‹*metallo*› dented; ‹*frutto*› bruised
ammacca'tura *f* dent; (livido) bruise
ammaestra'mento *m* training
ammae'strare *vt* (istruire) teach; train ‹*animale*›
ammae'strato *adj* trained
ammaestra|'tore, -trice *mf* trainer
ammainabandi'era *m inv* flag lowering
ammai'nare *vt* lower ‹*bandiera*›; furl ‹*vele*›
amma'larsi *vr* fall ill
amma'lato, -a A *adj* ill
B *mf* sick person; (paziente) patient
ammali'are *vt* bewitch
ammali'ato *adj* bewitched
ammalia|'tore, -trice A *adj* bewitching
B *m* enchanter
C *f* enchantress
am'manco *m* deficit
ammanet'tare *vt* handcuff
ammani'carsi *vr* fig acquire connections
ammani'cato *adj* **essere ~** have connections
ammanigli'arsi *vr* fig = **ammanicarsi**
ammanigli'ato *adj* fig = **ammanicato**
amman'sire *vt* tame, domesticate ‹*animali*›; fig pacify, placate
amman'sirsi *vr* ‹*animali*› become tame; fig calm down
amman'tarsi *vr* ‹*persona*› wrap oneself up in a cloak; **~ di** fig feign ‹*virtù*›
amma'raggio *m* splashdown
amma'rare *vi* put down on the sea; ‹*navicella spaziale*› splash down
ammassa'mento *m* Mil build-up
ammas'sare *vt* amass
ammas'sarsi *vr* crowd together
am'masso *m* mass; (mucchio) pile
ammat'tire *vi* go mad
ammazzacaffè *m inv* liqueur
ammazza'fame *m inv* stodge
ammaz'zare *vt* kill
ammaz'zarsi *vr* fig (suicidarsi) kill oneself; (rimanere ucciso) be killed
am'menda *f* amends *pl*; (multa) fine; **fare ~ di qualcosa** make amends for something
am'messo A pp di **ammettere**

B *conj* ~ **che** supposing that

am'mettere *vt* admit; (riconoscere) acknowledge; (supporre) suppose; **ammettiamo che ...** let's suppose [that]...

ammez'zato *m* (piano ammezzato) mezzanine

ammic'care *vi* wink

ammini'strare *vt* administer; (gestire) run

ammini'strarsi *vr* fig manage one's finances

amministra'tivo *adj* administrative

amministra|'tore, -trice *mf* administrator; (di azienda) manager; (di società) director

■ **amministratore aggiunto** associate director; **amministratore del condominio** property manager; **amministratore delegato** managing director; **amministratore unico** sole director

amministrazi'one *f* administration; **fatti di ordinaria** ~ fig routine matters

■ **amministrazione aziendale** (studi) business studies; **amministrazione comunale** local council; **amministrazione controllata** receivership; **amministrazione pubblica** civil service; **amministrazione regionale** regional council

ammino'acido *m* amino acid

ammi'rabile *adj* admirable

ammi'raglia *f* flagship

ammiragli'ato *m* admiralty

ammi'raglio *m* admiral

ammi'rare *vt* admire

ammi'rato *adj* **restare/essere** ~ be full of admiration

ammira|'tore, -trice *mf* admirer

ammirazi'one *f* admiration

ammis'sibile *adj* admissible

ammissibilità *f inv* acceptability

ammissi'one *f* admission; (approvazione) acknowledgement

ammobili'are *vt* furnish

ammobili'ato *adj* furnished; **stanza ammobiliata** furnished room

ammoderna'mento *m* modernization

ammoder'nare *vt* modernize

ammoder'narsi *vr* move with the times

am'modo **A** *adj* proper

B *adv* properly

ammogli'are *vt* marry off

ammogli'arsi *vr* get married

ammogli'ato **A** *adj* married

B *m* married man

am'mollo *m* **in** ~ soaking; **mettere in** ~ pre-soak

ammo'niaca *f* ammonia

ammoni'mento *m* warning; (di rimprovero) admonishment

ammo'nire *vt* warn; (rimproverare) admonish

ammoni'tore *adj* admonishing

ammonizi'one *f* Sport warning; (rimprovero) admonishment

ammon'tare **A** *vi* ~ **a** amount to

B *m* amount

ammonticchi'are *vt* heap up, pile up

ammonticchi'arsi *vr* pile up

ammor'bare *vt* (con odore) pollute; (con malattie) infect

ammorbi'dente *m* (per panni) softener

ammorbi'dire *vt* soften

ammorbi'dirsi *vr* soften

ammorta'mento *m* Comm amortization

ammor'tare *vt* pay off ‹*spesa*›; Comm amortize ‹*debito*›

ammortiz'zare *vt* Comm = **ammortare**; Mech damp

ammortizza'tore *m* shock absorber

ammosci'are *vt* make flabby

ammosci'arsi *vt* get flabby

ammucchi'are *vt* pile up

ammucchi'arsi *vr* pile up

ammucchi'ata *f* sl (orgia) orgy; **un'~ di** infml (ammasso) loads of

ammuf'fire *vi* go mouldy

ammuf'firsi *vr* go mouldy

ammuf'fito *adj* mouldy; fig stuffy

ammutina'mento *m* mutiny

ammuti'narsi *vr* mutiny

ammuti'nato **A** *adj* mutinous

B *m* mutineer

ammuto'lire *vi* be struck dumb

ammuto'lirsi *vr* fall silent

amne'sia *f* amnesia

amni'stia *f* amnesty

amnisti'are *vt* amnesty

'amo *m* hook; fig bait

amo'rale *adj* amoral

amoralità *f inv* amorality

a'more *m* love; **d'~** ‹*canzone, film*› love; **fare l'~** make love; **per l'amor di Dio/del cielo!** for heaven's sake!; **andare d'~ e d'accordo** get on like a house on fire; **amor proprio** self-respect; **amor cortese** courtly love; **è un ~** ‹*persona*› he's/she's a darling; **per ~ di** for the sake of; **amori** *pl* love affairs

amoreggi'are *vi* flirt

amo'revole *adj* loving

amorevol'mente *adv* lovingly

a'morfo *adj* shapeless; ‹*persona*› colourless, grey

amo'rino *m* cherub

amorosa'mente *adv* lovingly

amo'roso *adj* loving; ‹*sguardo ecc.*› amorous; ‹*lettera, relazione*› love *attrib*

am'pere *m inv* ampere; **da 15 ~** 15 amp

ampe'rometro *m* ammeter

ampia'mente *adv* widely

ampi'ezza *f* (di esperienza) breadth; (di stanza) spaciousness; (di gonna) fullness; (importanza) scale

a

■ **ampiezza di vedute** broadmindedness

'ampio *adj* ample; ‹*esperienza*› wide; ‹*stanza*› spacious; ‹*vestito*› loose; ‹*gonna, descrizione*› full; ‹*pantaloni*› baggy; **di ampie vedute** broad-minded

am'plesso *m* embrace

amplia'mento *m* (di cosa, porto) enlargement; (di strada, conoscenze) broadening

ampli'are *vt* broaden, widen ‹*strada, conoscenze*›; enlarge ‹*casa*›

ampli'arsi *vr* broaden, grow wider

amplifi'care *vt* amplify; fig magnify

amplifica'tore *m* amplifier

amplificazi'one *f* amplification

am'polla *f* cruet

ampol'loso *adj* pompous

ampu'tare *vt* amputate

amputazi'one *f* amputation

amu'leto *m* amulet

A.N. *abbr* Pol (**Alleanza Nazionale**) National Alliance (*right-wing party*)

anabbagli'ante **A** *adj* Auto dipped
B *m* **anabbaglianti** *pl* dipped headlights

anaboliz'zante *m* anabolic steroid

ana'cardio *m* (albero) cashew; (noce) cashew nut

ana'conda *f* Zool anaconda

anacro'nismo *m* anachronism

anacro'nistico *adj* anachronistic; **essere ~** be an anachronism

anae'robico *adj* anaerobic

anafi'lassi *f* anaphylaxis

anafi'lattico *adj* **shock ~** Med anaphylactic shock

a'nagrafe *f* (ufficio) registry office; (registro) register of births, marriages and deaths

ana'grafico *adj* **dati** *pl* **anagrafici** personal data

ana'gramma *m* anagram

anal'colico **A** *adj* non-alcoholic
B *m* soft drink, non-alcoholic drink

a'nale *adj* anal

analfa'beta *adj & nmf* illiterate

analfabe'tismo *m* illiteracy

anal'gesico *m* painkiller

a'nalisi *f inv* analysis; Med test; **in ultima ~** in the final analysis

■ **analisi grammaticale/del periodo/logica** parsing; **analisi di mercato** market research; **analisi del percorso critico** critical path analysis; **analisi del sangue** blood test

ana'lista *mf* analyst

■ **analista economico** economic analyst; **analista finanziario** business analyst

ana'litico *adj* analytical

analiz'zabile *adj* analysable

analiz'zare *vt* analyse; Med test, analyse

anal'lergico *adj* hypoallergenic

analoga'mente *adv* analogously

analo'gia *f* analogy

ana'logico *adj* analogue

analo'gismo *m* reasoning by analogy

a'nalogo *adj* analogous

an'amnesi *f inv* medical history

'ananas *m inv* pineapple

anar'chia *f* anarchy

a'narchico, -a **A** *adj* anarchic
B *mf* anarchist

anar'chismo *m* anarchism

A.N.A.S. *nf abbr* (**Azienda Nazionale Autonoma delle Strade**) *national road maintenance authority*

ana'tema *m* anathema

anato'mia *f* anatomy

ana'tomico *adj* anatomical; ‹*sedia*› contoured, ergonomic

'anatra *f* duck

■ **anatra selvatica** mallard

ana'troccolo *m* duckling

'anca *f* hip; (di animale) flank

ance'strale *adj* ancestral

'anche *conj* also, too, as well; (persino) even; **parla ~ francese** he also speaks French, he speaks French too, he speaks French as well; **~ se** even if

ancheggi'are *vi* wiggle one's hips

anchilo'sarsi *vr* fig stiffen up

anchilo'sato *adj* fig stiff

an'cora¹ *adv* still; (con negazione) yet; (di nuovo) again; (di più) some more; **~ una volta** once more; **non ~** not yet; **~ esistente** extant; **~ più bello** even more beautiful; **~ una birra** another beer, one more beer

'ancora² *f* anchor; **gettare l'~** drop anchor

■ **ancora di salvezza** fig last hope

anco'raggio *m* anchorage

anco'rare *vt* anchor

anco'rarsi *vr* anchor; drop anchor; **~ a** fig cling to

Andalu'sia *f* Andalusia

anda'luso, -a *adj & nmf* Andalusian

anda'mento *m* (del mercato, degli affari) trend

an'dante **A** *adj* (corrente) current; (di poco valore) cheap
B *m* Mus andante

an'dare **A** *vi* go; (funzionare) work; (essere di moda) be in; **~ via** (partire) leave; ‹*macchia*› come out; **~ a piedi** walk; **~ a sciare** go skiing; **~ [bene]** (confarsi) suit; ‹*taglia*› fit; **ti va bene alle tre?** does three o'clock suit you?; **non mi va di mangiare** I don't feel like eating; **~ di fretta** be in a hurry; **~ fiero di** be proud of; **~ di moda** be in fashion; **va per i 40 anni** he's nearly 40; **ma va' [là]!** come on!; **come va?** how are things?; **~ a male** go off; **~ a fuoco** go up in flames; **~ perduto** be lost; **va spedito [entro] stamattina** it must be sent this morning; **ne va del mio lavoro** my job is at stake; **come è**

andata a finire? how did it turn out?; **cosa vai dicendo?** what are you talking about?; **andarsene** go away; (morire) pass away
B *m* going; ~ **e venire** (andirivieni) comings and goings *pl*; **a lungo** ~ eventually; **a tutto** ~ at full speed; **con l'~ del tempo** with the passing of time

an'data *f* going; (viaggio) outward journey; **biglietto di sola andata/di andata e ritorno** single/return [ticket]

anda'tura *f* walk; (portamento) bearing; Naut tack; Sport pace

an'dazzo *m* infml turn of events; **prendere un brutto** ~ turn nasty

'Ande *fpl* **le** ~ the Andes

an'dino *adj* Andean

andirivi'eni *m inv* comings and goings *pl*

'andito *m* passage

An'dorra *f* Andorra

an'drone *m* entrance

andro'pausa *f* male menopause

a'neddoto *m* anecdote

ane'lare *vt* ~ **a** long for

a'nelito *m* longing

a'nello *m* ring; (di catena) link
■ **anello di fidanzamento** engagement ring; **anello d'oro** gold ring

ane'mia *f* anaemia

a'nemico *adj* anaemic

a'nemone *m* anemone

aneste'sia *f* anaesthesia; (sostanza) anaesthetic
■ **anestesia peridurale** epidural

aneste'sista *mf* anaesthetist

ane'stetico *adj & nm* anaesthetic

anestetiz'zare *vt* anaesthetize

a'neto *m* dill

anfeta'mina *f* amphetamine

an'fibi *mpl* (scarponi) army boots

an'fibio **A** *m* amphibian
B *adj* amphibious

anfite'atro *m* amphitheatre

'anfora *f* amphora

an'fratto *m* ravine

an'gelico *adj* angelic

'angelo *m* angel
■ **angelo custode** guardian angel

anghe'ria *f* harassment

an'gina *f inv*
■ **angina [pectoris]** angina [pectoris]

angi'ologo, -a *mf* Med angiologist

anglica'nesimo *m* Relig Anglicanism

angli'cano, -a *adj & nmf* Relig Anglican

angli'cismo *m* Anglicism

angliciz'zare *vt* anglicize

anglo+ *pref* Anglo+

angloameri'cano, -a *mf* Anglo-American

an'glofilo, -a *adj & nmf* Anglophile

an'glofono, -a *mf* English speaker

anglofran'cese *adj* Anglo-French

anglo'sassone *adj & nmf* Anglo-Saxon

An'gola *f* Angola

ango'lano, -a *adj & nmf* Angolan

ango'lare *adj* angular

angolazi'one *f* angle shot; fig point of view

angoli'era *f* (mobile) corner cupboard

'angolo *m* corner; Math angle; **dietro l'~** round the corner; **fare ~ con** ‹*negozio, casa*› be on the corner of
■ **angolo acuto** acute angle; **angolo [di] cottura** kitchenette; **angolo retto** right angle

ango'loso *adj* angular; ‹*carattere*› difficult to get on with

'angora *f*
■ **[lana d']angora** angora

an'goscia *f* anguish

angosci'are *vt* torment

angosci'arsi *vr* (preoccuparsi) worry oneself sick, torment oneself

angosci'ato *adj* agonized

angosci'oso *adj* (disperato) anguished; (che dà angoscia) distressing

angu'illa *f* eel

an'guria *f* watermelon

an'gustia *f* (ansia) anxiety; (penuria) poverty

angusti'are *vt* distress

angusti'arsi *vr* be distressed (**per** about)

angusti'ato *adj* distressed

an'gusto *adj* narrow

'anice *m* anise; Culin aniseed; (liquore) anisette

ani'cino *m* (biscotto) aniseed biscuit

ani'dride *f*:
■ **anidride carbonica** carbon dioxide; **anidride solforosa** sulphur dioxide

'anima *f* soul; **non c'era ~ viva** there was not a soul about; **all'~ !** good grief!; **mi fa dannare l'~ !** he'll be the death of me!; **l' ~ della festa** the life and soul of the party; **un'~ in pena** a soul in torment; **volere un bene dell'~ a qualcuno** love somebody to death; **la buon'~ della zia** my late aunt, God rest her soul
■ **anima gemella** soul mate

ani'male *adj & nm* animal
■ **animali** *pl* **domestici** pets; **animali** *pl* **selvatici** wild animals

anima'lesco *adj* animal

anima'lista *mf* animal rights activist

ani'mare *vt* give life to; (ravvivare) enliven; (incoraggiare) encourage

ani'marsi *vr* come to life; (accalorarsi) become animated

ani'mato *adj* animate; ‹*discussione*› animated; ‹*strada, paese*› lively

anima'tore, -trice *mf* leading spirit; Cinema animator

animazi'one *f* animation; **con ~** animatedly
■ **animazione elettronica** animatronics *sg*

ani'melle *fpl* (di agnello, vitello) sweet-bread

a

'animo *m* (mente) mind; (indole) disposition; (cuore) heart; **perdersi d'~** lose heart; **farsi ~** take heart
animosa'mente *adv* with animosity
animosità *f inv* animosity
ani'moso *adj* brave; (ostile) hostile
ani'setta *f* anisette
'anitra *f* duck
annacqua'mento *m* fig watering down, dilution
annac'quare *vt* anche fig water down
annac'quato *adj* watered down; ‹*colore, resoconto*› insipid
annaffi'are *vt* water
annaffia'toio *m* watering can
an'nali *mpl* annals; **restare negli ~** go down in history
anna'spare *vi* flounder
an'nata *f* year; (importo annuale) annual amount; ‹*di vino*› vintage
■ **vino d'annata** vintage wine
annebbia'mento *m* fog build-up; fig clouding
annebbi'are *vt* cloud ‹*vista, mente*›
annebbi'arsi *vr* get misty; (in città, su autostrada) get foggy; ‹*vista, mente*› grow dim
annega'mento *m* drowning
anne'gare *vt & vi* drown
anne'rire *vt & vi* blacken
anne'rirsi *vr* become black
an'nessi *mpl* (costruzioni) outbuildings; **tutti gli ~ e i connessi** all the appurtenances
annessi'one *f* (di nazione) annexation
an'nesso **A** pp di **annettere**
B *adj* attached; ‹*stato*› annexed
an'nettere *vt* add; (accludere) enclose; annex ‹*stato*›
annichi'lire *vt* annihilate
anni'darsi *vr* nest
annienta'mento *m* annihilation
annien'tare *vt* annihilate
annien'tarsi *vr* abase oneself
anniver'sario *adj & nm* anniversary
■ **anniversario di matrimonio** *o* **di nozze** wedding anniversary
'anno *m* year; **Buon Anno!** Happy New Year!; **quanti anni ha?** how old are you?; **Tommaso ha dieci anni** Thomas is ten [years old]; **gli anni '30** the '30s
■ **anno accademico** academic year; **anno bisestile** leap year; **anno civile** calendar year; **anno giudiziario** law year; **anno luce** light year; **anno nuovo** New Year; **anno sabbatico** Univ sabbatical; **anni verdi** *pl* salad days
anno'dare *vt* knot; do up ‹*cintura*›; fig form
anno'darsi *vr* become knotted
annoi'are *vt* bore; (recare fastidio) annoy
annoi'arsi *vr* get bored; (condizione) be bored
annoi'ato *adj* bored
an'noso *adj* ‹*questione*› age-old
anno'tare *vt* note down; annotate ‹*testo*›
annotazi'one *f* note
annove'rare *vt* number
annu'ale *adj* annual, yearly
annual'mente *adv* annually
annu'ario *m* yearbook
annu'ire *vi* nod; (acconsentire) agree
annulla'mento *m* annulment; (di appuntamento) cancellation
annul'lare *vt* annul; cancel ‹*appuntamento*›; (togliere efficacia a) undo; disallow ‹*gol*›; (distruggere) destroy
annul'larsi *vr* cancel each other out
an'nullo *m* (timbro) franking
annunci'are *vt* announce; (preannunciare) foretell
annuncia|'tore, -trice *mf* announcer
annunciazi'one *f* Annunciation
an'nuncio *m* announcement; (pubblicitario) advertisement, ad; (notizia) news
■ **annunci** *pl* **economici** classified advertisements; **annunci** *pl* **mortuari** obituaries, death notices; **annuncio personale** personal ad; **annuncio pubblicitario** advertisement
'annuo *adj* annual, yearly
annu'sare *vt* sniff
annu'sata *f* **dare un'~ a** have a sniff at
annuvola'mento *m* clouding over
annuvo'lare *vt* cloud
annuvo'larsi *vr* cloud over
'ano *m* anus
ano'dino *adj* anodyne
'anodo *m* anode
anoma'lia *f* anomaly
a'nomalo *adj* anomalous
a'nonima *f*:
■ **Anonima Alcolisti** Alcoholics Anonymous; **anonima sequestri** *Italian criminal organization specializing in kidnapping*
anoni'mato *m* **mantenere l'~** remain anonymous
anonimità *f inv* anonymity
a'nonimo, -a **A** *adj* anonymous
B *mf* unknown person; (pittore, scrittore) anonymous painter/writer
anores'sia *f* Med anorexia
ano'ressico, -a *mf* anorexic
anor'male **A** *adj* abnormal
B *mf* deviant, abnormal person
anormalità *f inv* abnormality
'ansa *f* handle; (di fiume) bend
ANSA *nf abbr* (**Agenzia Nazionale Stampa Associata**) *Italian press agency*
an'sante *adj* panting
an'sare *vi* pant
'ansia, ansietà *f inv* anxiety; **stare/essere**

in ~ per be anxious about
ansi'mante *adj* breathless
ansi'mare *vi* gasp for breath
ansio'litico *m* tranquillizer
ansi'oso *adj* anxious
'anta *f* (di finestra) shutter; (di armadio) door
antago'nismo *m* antagonism
antago'nista *mf* antagonist
antago'nistico *adj* antagonistic
an'tartico *adj & nm* Antarctic
An'tartide *f* Antarctica
ante'bellico *adj* pre-war
antece'dente **A** *adj* preceding
B *m* precedent
ante'fatto *m* prior event
ante'guerra **A** *adj* pre-war
B *m* pre-war period
ante'nato, -a *mf* ancestor
an'tenna *f* Radio, TV aerial; (di animale) antenna; Naut yard; **rizzare le antenne** fig prick up one's ears
■ **antenna parabolica** satellite dish; **antenna radar** radar scanner
ante'porre *vt* put before
ante'prima *f* preview; **vedere qualcosa in ~** have a sneak preview of something
■ **anteprima di stampa** Comput print preview
anteri'ore *adj* front *attrib*; (nel tempo) previous
anterior'mente *adv* (nel tempo) previously; (nello spazio) in front
antesi'gnano, -a *mf* fig forerunner
anti+ *pref* anti+
antiabor'tista **A** *mf* anti-abortionist
B *adj* anti-abortion *attrib*
anti'acido *m* antacid
antiade'rente *adj* ‹*padella*› non-stick
antia'ereo *adj* anti-aircraft *attrib*
antial'lergico *adj* hypoallergenic
antiapar'theid *adj inv* anti-apartheid
antia'tomico *adj* anti-nuclear; **rifugio antiatomico** fallout shelter
antibat'terico *adj* antibacterial
antibi'otico *adj & nm* antibiotic
antibloc'caggio *adj inv* anti-lock *attrib*
anti'caglia *f* (oggetto) piece of old junk
antical'care *m* softener
antica'mente *adv* in ancient times, long ago
anti'camera *f* ante-room; **fare ~** be kept waiting
antichità *f inv* antiquity; (oggetto) antique
antici'clone *m* anticyclone
antici'clonico *adj* ‹*area*› anti-cyclonic
antici'pare **A** *vt* advance; Comm pay in advance; (prevedere) anticipate; (prevenire) forestall
B *vi* be early
anticipata'mente *adv* in advance
antici'pato *adj* upfront; **pagamento anticipato** advance payment
anticipazi'one *f* anticipation; (notizia) advance news
an'ticipo *m* advance; (caparra) deposit; **in ~** early; (nel lavoro) ahead of schedule; **giocare d'~** Sport fig anticipate the next move
an'tico **A** *adj* ancient; ‹*mobile ecc.*› antique; (vecchio) old; **all'antica** old-fashioned
B *m* **gli antichi** the ancients
anticomu'nista *adj & nmf* anti-communist
anticoncezio'nale *adj & nm* contraceptive
anticonfor'mismo *m* unconventionality
anticonfor'mista *mf* nonconformist
anticonfor'mistico *adj* unconventional, nonconformist
anticonge'lante *adj & nm* anti-freeze
anticonsu'mismo *m* anti-consumerism
anti'corpo *m* antibody
anticostituzio'nale *adj* unconstitutional
anti'crimine *adj inv* ‹*squadra*› crime *attrib*
antidemo'cratico *adj* undemocratic
antidepres'sivo *m* antidepressant
antidiluvi'ano *adj* fig antediluvian
antidolo'rifico *m* painkiller
anti'doping *m inv* Sport dope test
an'tidoto *m* antidote
anti'droga *adj inv* ‹*compagna*› anti-drugs; ‹*squadra*› drug *attrib*
antie'stetico *adj* ugly
antie'tà *adj inv* anti-ageing
antifa'scismo *m* anti-fascism
antifa'scista *adj & nmf* anti-fascist
an'tifona *f* fig dull and repetitive speech; **capire l'~** take the hint; **sempre la stessa ~** always the same old story
anti'forfora *adj inv* dandruff *attrib*
anti'fumo *adj inv* anti-smoking
anti'furto **A** *m* anti-theft device; (allarme) alarm
■ **antifurto della macchina** car alarm
B *adj inv* ‹*sistema*› anti-theft
anti'gelo **A** *adj inv* anti-freeze
B *m* antifreeze; (parabrezza) defroster
an'tigene *m* antigen
antigi'enico *adj* unhygienic
anti'graffio *adj* scratch-resistant
anti-inflazi'one *adj inv* anti-inflation
An'tille *fpl* **le ~** the West Indies
an'tilope *f* antelope
anti'mafia *adj inv* anti-Mafia
antimilita'rista **A** *adj inv* anti-militaristic, anti-war
B *mf* anti-militarist
antin'cendio *adj inv* **allarme ~** fire alarm; **porta ~** fire door
anti'nebbia *adj inv* **[faro] ~** Auto fog lamp, fog light
antine'vralgico **A** *adj* pain-killing

a

B *m* pain-killer
antinfiamma'torio *adj & nm* anti-inflammatory
antinflazio'nistico *adj* anti-inflationary
antinquina'mento *adj inv* anti-pollution
antinucle'are *adj* anti-nuclear
antio'rario *adj* anti-clockwise, counter-clockwise AmE
antiparassi'tario *m* insecticide
antiparlamen'tare *adj* unparliamentary
antipasti'era *f* hors d'oeuvre dish
anti'pasto *m* hors d'oeuvre, starter
■ **antipasti** *pl* **caldi** hot starters; **antipasti** *pl* **freddi** cold starters; **antipasti** *pl* **misti** variety of starters
antipa'tia *f* antipathy
anti'patico *adj* unpleasant
an'tipodi *mpl* Antipodes; **essere agli ~** fig be poles apart
anti'polio **A** *f inv* (vaccino) polio vaccine; **fare l'~** have a polio injection
B *adj* ‹*siero, vaccino*› polio *attrib*
antipopo'lare *adj* anti-working-class
antiprobizio'nismo *m* anti-prohibitionism
antiproibizio'nista *adj & nmf* anti-prohibitionist
antiproi'ettile *adj inv* bullet-proof
antiquari'ato *m* antique trade; **pezzo d'antiquariato** antique
anti'quario, -a *mf* antique dealer
anti'quato *adj* antiquated
antiraz'zismo *m* anti-racism
antiraz'zista *adj* anti-racist
antiretrovi'rale *adj* antiretroviral
antireu'matico *adj & nm* anti-rheumatic
antiri'flesso *adj inv* anti-glare
anti'ruggine **A** *m inv* rust-inhibitor
B *adj* anti-rust
anti'rughe *adj inv* anti-wrinkle *attrib*
anti'scasso *adj inv* ‹*porta*› burglar-proof
antisci'opero *adj inv* anti-strike
anti'scippo *adj inv* theft-proof
anti'scivolo *adj inv* non-skid
antise'mita *adj* anti-Semitic
antisemi'tismo *m* anti-Semitism
anti'settico *adj & nm* antiseptic
antisinda'cale *adj* ‹*comportamento*› anti-trade-union
anti'sismico *adj* earthquake-proof
antisoci'ale *adj* anti-social
antiso'lare *adj & nm* suntan
antisommer'gibile **A** *adj inv* anti-submarine
B *m* submarine hunter
antista'minico *m* antihistamine
anti'stante *prep* **~ a** in front of
anti'tarlo *m inv* woodworm treatment
anti'tarmico *adj* mothproof
antiterro'rismo *m* counter-terrorism
antiterro'rista *adj* antiterrorist
antiterro'ristico *adj* antiterrorist
an'titesi *f inv* antithesis
antite'tanica *f* tetanus injection
antite'tanico *adj* tetanus *attrib*
anti'tetico *adj* antithetical
anti'trust *adj* antitrust
antitumo'rale *adj* which stops the growth of tumours
anti'urto *adj* shockproof
antivaio'losa *f* smallpox injection
anti'vipera *adj* **siero ~** snakebite antidote
antivi'rale *adj* anti-viral
anti'virus *m inv* Comput antivirus software
antolo'gia *f* anthology
an'tonimo *m* antonym
antono'masia *f* **per ~** *adj* ‹*poeta*› quintessential
antra'cite *f* anthracite; (colore) charcoal [grey]
'antro *m* cavern
antro'pofago *adj* man-eating, cannibalistic
antropolo'gia *f* anthropology
antropo'logico *adj* anthropological
antro'pologo, -a *mf* anthropologist
anu'lare *m* ring finger
An'versa *f* Antwerp
🔑 **'anzi** *conj* in fact; (o meglio) or better still; (al contrario) on the contrary
anzianità *f inv* old age; (di servizio) seniority
anzi'ano, -a **A** *adj* old, elderly; (di grado ecc.) senior
B *mf* elderly person
anziché *conj* rather than
anzi'tempo *adv* prematurely
anzi'tutto *adv* first of all
a'orta *f* aorta
A'pache *mf inv* Apache
apar'theid *f* apartheid
apar'titico *adj* unaligned
apa'tia *f* apathy
a'patico *adj* apathetic
'ape *f* bee
■ **ape regina** queen bee
aperi'tivo *m* aperitif
aperta'mente *adv* openly
🔑 **a'perto** *adj* open; **all'aria aperta** in the open air; **all'~** ‹*teatro*› open-air; ‹*piscina*› outdoor; **~ a tutti** open to all comers; **rimanere a bocca aperta** be dumbfounded
aper'tura *f* opening; (inizio) beginning; (ampiezza) spread; (di arco) span; Pol overtures *pl*; Phot aperture
■ **apertura alare** wing span; **apertura di credito** loan agreement; **apertura di credito presso un negozio** charge account; **apertura domenicale**

[dei negozi] Sunday trading; **apertura mentale** openness

api'ario *m* apiary

'apice *m* apex; **l'~ di** the acme of

apicol|'tore, -trice *mf* beekeeper

apicol'tura *f* beekeeping

a'plomb *m inv* (di un abito) hang; fig aplomb, self-assuredness

ap'nea *f*

■ **immersione in apnea** free diving

Apoca'lisse *f* **l'~** the Apocalypse

apoca'littico *adj* apocalyptic

a'pocrifo *adj* apocryphal

apo'geo *m* apogee

a'polide A *adj* stateless

B *mf* stateless person

apo'litico *adj* apolitical

A'pollo *m* Apollo

apolo'geta *mf* apologist (**di** for)

apolo'gia *f* apologia; (celebrazione) eulogy

■ **apologia di reato** *condoning of a criminal act*

apoples'sia *f* apoplexy

apo'plettico *adj* apoplectic

a'postolo *m* apostle

apostro'fare *vt* (mettere un apostrofo a) write with an apostrophe; reprimand ‹*persona*›

a'postrofo *m* apostrophe

apote'osi *f* apotheosis

app *f* app; **~ gratuita per iPad** free iPad app

appaga'mento *m* fulfilment

appa'gare *vt* satisfy

appa'garsi *vr* **~ di** be satisfied with

appa'gato *adj* sated

appai'are *vt* pair; mate ‹*animali*›

appallotto'lare *vt* roll into a ball

appallotto'larsi *vr* ‹*gatto*› curl up in a ball; ‹*farina*› become lumpy

appal'tare *vt* contract out; **~ a imprese esterne** outsource

appalta'tore *m* contractor

ap'palto *m* contract; **dare in ~** contract out; **~ a imprese esterne** outsourcing; **gara di ~** call for tenders

appan'naggio *m* (in denaro) annuity; fig prerogative

appan'nare *vt* mist ‹*vetro*›; dim ‹*vista*›

appan'narsi *vr* mist over; ‹*vista*› grow dim

appa'rato *m* apparatus; (apparecchiamento) array; (pompa) display

■ **apparato digerente** digestive system; **apparato scenico** set

apparecchi'are A *vt* prepare

B *vi* lay the table BrE, set the table

apparecchia'tura *f* (impianti) equipment

appa'recchio *m* apparatus; (congegno) device; (radio, TV ecc.) set; (aeroplano) aircraft; (telefono) phone

■ **apparecchio acustico** hearing aid

appa'rente *adj* apparent

apparente'mente *adv* apparently

appa'renza *f* appearance; **in ~** apparently

appa'rire *vi* appear; (sembrare) look

appari'scente *adj* striking; derog gaudy

apparizi'one *f* apparition

apparta'mento *m* flat, apartment AmE

■ **appartamento ammobiliato** furnished flat; **appartamento in multiproprietà** timeshare

appar'tarsi *vr* withdraw

appar'tato *adj* secluded

apparte'nente *adj* **~ a** belonging to

apparte'nenza *f* membership

apparte'nere *vi* belong

appassio'nante *adj* (storia, argomento) exciting

appassio'nare *vt* excite; (commuovere) move

appassio'narsi *vr* **~ a** become excited by

appassio'nato *adj* passionate; **~ di** (entusiastico) fond of

appas'sire *vi* wither

appas'sirsi *vr* fade

appas'sito *adj* faded

appel'larsi *vr* **~ a** appeal to

ap'pello *m* appeal; (chiamata per nome) roll call; (esami) exam session; **fare l'~** call the roll

ap'pena A *adv* just; (a fatica) hardly

B *conj* **[non] ~** as soon as, no sooner ... than; **~ prima di** just before

ap'pendere *vt* hang [up]

appendi'abiti *m inv* hat-stand, hallstand

appen'dice *f* appendix; **romanzo d'~** *novel serialized in a magazine or newspaper*

appendi'cite *f* appendicitis

Appen'nini *mpl* **gli ~** the Apennines

appen'ninico *adj* Apennine

appesan'tire *vt* weigh down

appesan'tirsi *vr* become heavy

ap'peso A pp di **appendere**

B *adj* hanging; (impiccato) hanged

appe'tito *m* appetite; **aver ~** be hungry; **buon ~!** enjoy your meal!

appeti'toso *adj* appetizing; fig tempting

appezza'mento *m* plot of land

appia'nare *vt* level; fig smooth over

appia'narsi *vr* improve

appiat'tire *vt* flatten

appiat'tirsi *vr* flatten oneself; fig level out

appic'care *vt* **~ il fuoco a** set fire to

appicci'care A *vt* stick; **~ a** fig (appioppare) palm off on

B *vi* be sticky

appicci'carsi *vr* stick; ‹*cose*› stick together; **~ a qualcuno** fig stick to somebody like glue

appiccica'ticcio *adj* sticky; fig clingy

appicci'cato *adj* **stare ~ a qualcuno** be all over somebody

appicci'coso *adj* sticky; fig clingy

a

appie'dato *adj* **sono ~** I don't have the car; **sono rimasto ~** I was stranded
appi'eno *adv* fully
appigli'arsi *vr* **~ a** get hold of; fig stick to
ap'piglio *m* fingerhold; (per piedi) foothold; fig pretext
appiop'pare *vt* **~ a** palm off on; infml (dare) give; **~ un ceffone a qualcuno** slap somebody
appiso'larsi *vr* doze off
applau'dire *vt & vi* applaud
ap'plauso *m* applause
appli'cabile *adj* applicable
appli'care *vt* apply; enforce ‹*legge ecc.*›
appli'carsi *vr* apply oneself
appli'cato **A** *mf* (impiegato) senior clerk **B** *adj* (nel ricamo) appliqué; **matematica applicata** applied mathematics *sg*
applica'tore *m* applicator
applicazi'one *f* **1** (di vernice, crema, cerotto) application **2** (di legge) enforcement **3** Comput app, application
■ **applicazioni** *pl* **tecniche** handicrafts
appoggi'are *vt* lean (**a** against); (mettere) put; (sostenere) back
appoggi'arsi *vr* **~ a** lean against; fig rely on
appoggi'ato *adj* leaning (**su** on, **contro**, **a** against)
ap'poggio *m* support; **appoggi** *pl* fig influential contacts
appollai'arsi *vr* fig perch
ap'porre *vt* affix
appor'tare *vt* bring; (causare) cause; **~ delle modifiche a qualcosa** modify something
ap'porto *m* contribution
apposita'mente *adv* (specialmente) especially; **fatto ~** purpose-made
ap'posito *adj* proper
apposizi'one *f* apposition
ap'posta *adv* on purpose; (espressamente) specially; **neanche a farlo ~!** what a coincidence!
apposta'mento *m* ambush; (caccia) lying in wait
appo'stare *vt* post ‹*soldati*›
appo'starsi *vr* lie in wait
ap'prendere *vt* understand; (imparare) learn
apprendi'mento *m* learning
■ **apprendimento assistito dal computer** computer-aided learning
appren'dista *mf* apprentice
apprendi'stato *m* apprenticeship
apprensi'one *f* apprehension; **essere in ~ per** be anxious about
appren'sivo *adj* apprehensive
ap'presso *adv & prep* (vicino) near; (dietro) behind; **come ~** as follows
appre'stare *vt* prepare
appre'starsi *vr* get ready
apprez'zabile *adj* appreciable
apprezza'mento *m* appreciation; (giudizio) opinion
apprez'zare *vt* appreciate
apprez'zato *adj* appreciated
ap'proccio *m* approach
appro'dare *vi* land; **~ a** fig come to; **non ~ a nulla** come to nothing
ap'prodo *m* landing; (luogo) landing-stage
approfit'tare *vi* take advantage (**di** of, profit (**di** by)
approfitta|'tore, -trice *mf* chancer
approfondi'mento *m* deepening; **di ~** ‹*corso*› advanced
approfon'dire *vt* broaden, widen ‹*indagine, conoscenze*›
approfon'dirsi *vr* ‹*divario*› widen
approfon'dito *adj* ‹*studio, ricerca*› in-depth
appron'tare *vt* get ready, prepare
appropri'arsi *vr* **~ a** (essere adatto a) suit; **~ di** take possession of; **~ indebitamente di** embezzle, misappropriate
appropri'ato *adj* appropriate
appropriazi'one *f* Jur appropriation
■ **appropriazione indebita** Jur embezzlement
approssi'mare *vt* **~ per eccesso/difetto** round up/down
approssi'marsi *vr* draw near
approssimativa'mente *adv* approximately
approssima'tivo *adj* approximate
approssimazi'one *f* approximation
appro'vare *vt* approve of; approve ‹*legge*›
approvazi'one *f* approval
approvvigiona'mento *m* supplying; **approvvigionamenti** *pl* provisions
approvvigio'nare *vt* supply
approvvigio'narsi *vr* stock up
appunta'mento *m* appointment; infml date; **fissare un ~**, **prendere un ~** make an appointment; **darsi ~** decide to meet
appun'tare *vt* (annotare) take notes; (fissare) fix; (con spillo) pin; (appuntire) sharpen
appun'tarsi *vr* **~ su** ‹*teoria*› be based on
appun'tato *m* (carabiniere) *lowest rank in the Carabinieri*
appuntel'larsi *vr* (sostenersi) support oneself
appun'tino *adv* meticulously
appun'tire *vt* sharpen
appun'tito *adj* ‹*matita*› sharp; ‹*mento*› pointed
ap'punto¹ *m* note; (piccola critica) niggle
ap'punto² *adv* exactly; **per l'~!** exactly!; **stavo ~ dicendo ...** I was just saying ...
appura'mento *m* verification
appu'rare *vt* verify

key word

a'pribile *adj* that can be opened; **tettuccio apribile** Auto sun roof
apribot'tiglie *m inv* bottle opener
a'prile *m* April
■ **primo d'aprile** April Fool's Day
aprio'ristico *adj* a priori
a'prire *vt* open; turn on ‹*luce, acqua ecc.*›; (con chiave) unlock; open up ‹*ferita ecc.*›; **~ le ostilità** Mil commence hostilities; **apriti cielo!** heavens above!
a'prirsi *vr* open; (spaccarsi) split; (confidarsi) confide (**con** in)
apri'scatole *f inv* tin opener BrE, can opener
APT *abbr* (**Azienda di Promozione Turistica**) Tourist Board
aqua'planing *m* **andare in ~** aquaplane
'aquila *f* eagle; **non è un'~!** fig he's no genius!
aqui'lino *adj* aquiline
aqui'lone *m* (giocattolo) kite
aqui'lotto *m* (piccolo dell'aquila) eaglet
AR 1 (*abbr* **andata e ritorno**) return [ticket] **2** (*abbr* **avviso di ricevimento**) return receipt for registered letters
ara'besco *m* arabesque; (hum) scribble
A'rabia *f* Arabia
■ **l'Arabia Saudita** Saudi Arabia
'arabo, -a **A** *adj* Arab; ‹*lingua*› Arabic
B *mf* Arab
C *m* (lingua) Arabic
arabo-israeli'ano *adj* Arab-Israeli
a'rachide *f* peanut
arago'nese *adj* Aragonese
ara'gosta *f* lobster
a'raldica *f* heraldry
a'raldico *m* heraldic
aran'ceto *m* orange grove
a'rancia *f* orange; **succo d'arancia** orange juice
aranci'ata *f* orangeade
a'rancio *m* orange (tree); (colore) orange
aranci'one *adj & nm* orange
a'rare *vt* plough
ara'tore *m* ploughman
a'ratro *m* plough
ara'tura *f* ploughing
a'razzo *m* tapestry
arbi'traggio *m* Comm arbitrage; Sport refereeing; Jur arbitration
arbi'trare *vt* arbitrate in; Sport referee
arbitrarietà *f inv* arbitrariness
arbi'trario *adj* arbitrary
arbi'trato *m* arbitration
ar'bitrio *m* will; **è un ~** it's very high-handed
'arbitro *m* arbiter; Sport (nel calcio, boxe) referee, ref infml; (nel baseball, tennis, cricket) umpire
arboricol'tura *f* arboriculture
ar'busto *m* shrub
'arca *f* ark; (cassa) chest
■ **l'~ di Noè** Noah's Ark
ar'caico *adj* archaic
arca'ismo *m* archaism
ar'cangelo *m* archangel
ar'cano **A** *adj* mysterious
B *m* mystery
ar'cata *f* arch; (serie di archi) arcade
archeolo'gia *f* archaeology
archeo'logico *adj* archaeological
arche'ologo, -a *mf* archaeologist
ar'chetipo *m* archetype
ar'chetto *m* Mus bow
architet'tare *vt* fig devise; **cosa state architettando?** fig what are you plotting?
archi'tetto *m* architect
■ **architetto d'interni** interior designer
architet'tonico *adj* architectural
architet'tura *f* anche Comput architecture
archi'trave *m* lintel
archivi'abile *adj* that can be filed
archivi'are *vt* file, archive; Jur close
archiviazi'one *f* filing; Jur (di caso) closing
■ **archiviazione dati** data storage
ar'chivio *m* archives *pl*; Comput file
archi'vista *mf* filing clerk
archi'vistica *f rules governing the keeping of archives and records*
ARCI *nf abbr* (**Associazione Ricreativa Culturale Italiana**) *Italian cultural and leisure association*
arci'duca *m* archduke
arcidu'chessa *f* archduchess
arci'ere *m* archer
ar'cigno *adj* grim
arci'one *m* saddle
arci'pelago *m* archipelago
arci'vescovo *m* archbishop
'arco *m* arch; Math arc; (arma) Mus bow; **nell'~ di una giornata/due mesi** in the space of a day/two months
■ **arco rampante** flying buttress; **arco temporale** time frame
arcoba'leno *m* rainbow
arcu'are *vt* bend; **~ la schiena** ‹*gatto*› arch its back
arcu'arsi *vr* bend
arcu'ato *adj* bent; ‹*schiena di gatto*› arched
ar'dente *adj* burning; fig ardent
■ **camera ardente** chapel of rest
ardente'mente *adv* ardently
'ardere *vt & vi* burn
■ **legna da ardere** firewood
ar'desia *f* slate
ardi'mento *m* boldness
ar'dire **A** *vi* dare
B *m* (coraggio) daring, boldness; (sfrontatezza) impudence

a

ar'dito *adj* daring; (coraggioso) bold; (sfacciato) impudent
ar'dore *m* (calore) heat; fig ardour
'arduo *adj* arduous; (ripido) steep
'area *f* area; (superficie) surface
■ **area fabbricabile** building land; **area di rigore** (in calcio) penalty area, penalty box; **area di servizio** service area; **area soggetta a vincoli ambientali** conservation area; **area [di sosta] per roulotte** trailer park AmE, caravan site; **area di sviluppo** growth area
a'rena *f* arena
are'naria *f* sandstone
are'narsi *vr* run aground; fig ‹*trattative*› reach deadlock; **mi sono arenato** I'm stuck
are'nile *m* stretch of sand
areo'plano *m* aeroplane
'argano *m* winch
argen'tato *adj* silver-plated
ar'genteo *adj* silvery
argente'ria *f* silver[ware]
argenti'ere *m* silversmith
argen'tina *f* (maglia) round-necked pullover
Argen'tina *f* Argentina
argen'tino¹ *adj* silvery
argen'tino², **-a** *adj & nmf* Argentinian
ar'gento *m* silver; **d'~** silver
■ **argento vivo** Chem quicksilver
ar'gilla *f* clay
argil'loso *adj* ‹*terreno*› clayey; (simile all'argilla) clay-like
argi'nare *vt* embank; fig hold in check, contain
'argine *m* embankment; (diga) dike; **fare ~ a** fig hold in check, contain
argomen'tare *vi* argue
🔑 **argo'mento** *m* argument; (motivo) reason; (soggetto) subject
argu'ire *vt* deduce
arguta'mente *adv* (con astuzia) shrewdly; (con facezia) wittily
ar'guto *adj* witty; (astuto) shrewd
ar'guzia *f* wit; (battuta) witticism; (astuzia) shrewdness
🔑 **'aria** *f* air; (aspetto) appearance; Mus tune; Auto choke; **avere l'~...** look ...; **mandare all'~ qualcosa** fig ruin something; **andare all'~** fig fall through; **a tenuta d'~** draughtproof; **avere la testa per ~** fig be absent-minded, have one's head in the clouds; **che ~ tirava?** fig what was the atmosphere like?; **cambiare ~** fig have a change of scene; **cambia ~ !** (hum) get out of here!
■ **corrente d'aria** draught; **aria-aria** *adj inv* Mil air-to-air; **aria condizionata** air conditioning; **aria-terra** *adj inv* air-to-ground
ari'ano *adj* Aryan
arida'mente *adv* without emotion

🔑 key word

aridità *f inv* aridity
'arido *adj* arid
arieggi'are *vt* air; **~ una stanza** give a room an airing
arieggi'ato *adj* airy
ari'ete *m* ram; (strumento) battering ram; **Ariete** Astr Aries
ari'etta *f* (brezza) breeze
a'ringa *f* herring
ari'oso *adj* ‹*locale*› light and airy
'arista *f* chine of pork
aristo'cratico, **-a** **A** *adj* aristocratic **B** *mf* aristocrat
aristocra'zia *f* aristocracy
arit'metica *f* arithmetic
arit'metico *adj* arithmetical
arlec'chino *m* Harlequin; fig buffoon
🔑 **'arma** *f* weapon; (forze armate) [armed] forces; **armi** *pl* arms; **chiamare alle armi** call up; **sotto le armi** in the army; **alle prime armi** fig inexperienced, fledgling; **prendere/deporre le armi** take up arms/put down one's arms; **passare qualcuno per le armi** execute somebody; **confrontarsi ad armi pari** compete on an equal footing
■ **arma bianca** knife; **arma a doppio taglio** fig double-edged sword; **arma da fuoco** firearm; **arma di distruzione di massa** weapon of mass destruction; **arma impropria** makeshift weapon; **arma segreta** fig secret weapon; **armi** *pl* **nucleari** nuclear weapons
armadi'etto *m* locker, cupboard; (in aereo) overhead locker
■ **armadietto del bagno** bathroom cabinet; **armadietto dei medicinali** medicine cabinet
arma'dillo *m* armadillo
ar'madio *m* cupboard; (guardaroba) wardrobe
■ **armadio a muro** fitted cupboard
armamen'tario *m* tools *pl*; fig paraphernalia
arma'mento *m* armament, weaponry; Naut fitting out
🔑 **ar'mare** *vt* arm; (equipaggiare) fit out; Archit reinforce
ar'marsi *vr* arm oneself (**di** with)
ar'mata *f* army; (flotta) fleet
ar'mato *adj* armed; **rapina a mano armata** armed robbery
arma'tore *m* shipowner
arma'tura *f* framework; (impalcatura) scaffolding; (di guerriero) armour
armeggi'are *vi* fig manoeuvre
Ar'menia *f* Armenia
ar'meno, **-a** *adj & nmf* Armenian
arme'ria *f* Mil armoury
armi'stizio *m* armistice
armo'nia *f* harmony
ar'monica *f*
■ **armonica [a bocca]** mouth organ
ar'monico *adj* harmonic

armoniosa'mente *adv* harmoniously
armoni'oso *adj* harmonious
armoniz'zare **A** *vt* harmonize
B *vi* match
armoniz'zarsi *vr* ‹*colori*› go together, match
ar'nese *m* tool; (oggetto) thing; (congegno) gadget; **male in ~** in bad condition
'arnia *f* beehive
a'roma *m* aroma; **aromi** *pl* herbs; **aromi** *pl* **naturali/artificiali** natural/artificial flavourings
aromatera'pia *f* aromatherapy
aro'matico *adj* aromatic
aromatiz'zare *vt* flavour
'arpa *f* harp
ar'peggio *m* arpeggio
ar'pia *f* harpy
arpi'one *m* hook; (pesca) harpoon
ar'pista *mf* harpist
arrabat'tarsi *vr* do all one can
arrabbi'arsi *vr* get angry
arrabbi'ato *adj* angry
arrabbia'tura *f* rage; **prendersi un'~** fly into a rage
arraf'fare *vt* grab
arraf'fone *mf* infml thief
arrampi'carsi *vr* climb [up]; **~ sugli specchi** fig clutch at straws
arrampi'cata *f* climb
arrampica|'tore, -trice *mf* climber
■ **arrampicatore sociale** social climber
arran'care *vi* limp, hobble; fig struggle, limp along
arrangia'mento *m* arrangement
arrangi'are *vt* arrange
arrangi'arsi *vr* manage; **~ alla meglio** get by; **ar'rangiati!** get on with it!
arrangia|'tore, -trice *mf* Mus arranger
arra'parsi *vr* vulg get randy
arre'care *vt* bring; (causare) cause
arreda'mento *m* interior decoration; (l'arredare) furnishing; (mobili ecc.) furnishings *pl*
arre'dare *vt* furnish
arreda|'tore, -trice *mf* interior designer
ar'redo *m* furnishings *pl*
arrem'baggio *m* **lanciarsi all'~** fig stampede
ar'rendersi *vr* surrender; **~ all'evidenza dei fatti** face facts
arren'devole *adj* ‹*persona*› yielding
arrendevo'lezza *f* softness
arre'stare *vt* arrest; (fermare) stop
arre'starsi *vr* halt
ar'resto *m* stop; Jur arrest; **la dichiaro in [stato d'] ~** you are under arrest
■ **mandato di arresto** warrant; **arresto cardiaco** heart failure, cardiac arrest; **arresti** *pl* **domiciliari** Jur house arrest
arretra'mento *m* withdrawal
arre'trare **A** *vt* withdraw; pull back ‹*giocatore*›
B *vi* withdraw
arre'trato **A** *adj* (paese ecc.) backward; Mil (posizione) rear; **numero arretrato** (di rivista) back number; **del lavoro ~** a backlog of work
B *m* (di stipendio) back pay; **essere in ~** be behind schedule; **arretrati** *pl* arrears
■ **arretrati** *pl* **di paga** back pay
arricchi'mento *m* enrichment
arric'chire *vt* enrich
arric'chirsi *vr* get rich
arric'chito, -a *mf* nouveau riche
arricciaca'pelli *m inv* tongs
arricci'are *vt* curl; **~ il naso** turn up one's nose
ar'ridere *vi* **~ a qualcuno** ‹*sorte*› smile on somebody
ar'ringa *f* Jur closing address
arrin'gare *vt* harangue
arrischi'arsi *vr* dare
arrischi'ato *adj* risky; (imprudente) rash
arri'vare *vi* arrive; **~ a** (raggiungere) reach; (ridursi) be reduced to
arri'vato, -a **A** *adj* successful; **ben ~!** welcome!
B *mf* successful person; **il primo/secondo ~** (in gare) the first/second to finish
arrive'derci *int* goodbye; **~ a domani** see you tomorrow
arri'vismo *m* social climbing; (nel lavoro) careerism
arri'vista *mf* social climber; (nel lavoro) careerist
ar'rivo *m* arrival; Sport finish; **~ previsto per le ore ...** expected time of arrival ...
arro'gante *adj* arrogant
arro'ganza *f* arrogance
arro'garsi *vr* **~ il diritto di fare qualcosa** take it upon oneself to do something; **~ il merito** take the credit
arrossa'mento *m* reddening
arros'sare *vt* make red, redden ‹*occhi*›
arros'sarsi *vr* go red
arros'sire *vi* blush, go red
arro'stire *vt* roast; toast ‹*pane*›; (ai ferri) grill
arro'stirsi *vr* fig broil
ar'rosto *adj & nm* roast; **molto fumo e poco ~** fig all show and no substance
■ **arrosto d'agnello** roast lamb
arro'tare *vt* sharpen; infml (investire) run over
arro'tino *m* knife sharpener
arroto'lare *vt* roll up
arroton'dare *vt* round; Math ecc. round off; **~ lo stipendio** supplement one's income
arroton'darsi *vr* become round; ‹*persona*› get plump

a

arrovel'larsi *vr* ~ **il cervello** rack one's brains
arroven'tare *vt* make red-hot
arroven'tarsi *vr* become red-hot
arroven'tato *adj* red-hot; fig ‹*discorso*› fiery
arruf'fare *vt* ruffle; fig confuse
arruf'farsi *vr* become ruffled
arruf'fato *adj* ‹*capelli*› dishevelled, tousled
arruffia'narsi *vr* ~ **[con] qualcuno** fig butter somebody up
arruggi'nire *vt* rust
arruggi'nirsi *vr* go rusty; fig (fisicamente) stiffen up; ‹*conoscenze*› go rusty
arruggi'nito *adj* rusty
arruola'mento *m* enlistment
arruo'lare *vt & vi* enlist
arruo'larsi *vr* enlist
arse'nale *m* arsenal; (cantiere) [naval] dockyard
ar'senico *m* arsenic
'arso **A** pp di **ardere**
B *adj* burnt; (arido) dry
ar'sura *f* burning heat; (sete) parching thirst
art déco *f* art deco
'arte *f* art; (abilità) craftsmanship; **senza ~ né parte** incapable; **nome d'arte** professional name
■ **arte drammatica** dramatics; **le belle arti** *pl* the fine arts; **arti** *pl* **figurative** figurative arts; **arti** *pl* **dello spettacolo** performing arts
arte'fare *vt* adulterate ‹*vino*›; disguise ‹*voce*›
arte'fatto *adj* fake; ‹*vino*› adulterated
ar'tefice **A** *m* craftsman; fig author
B *f* craftswoman
ar'teria *f* artery
■ **arteria [stradale]** arterial road
arterio'sclerosi *f* arteriosclerosis, hardening of the arteries
arterioscle'rotico *adj* senile
arteri'oso *adj* Anat arterial
'artico *adj* Arctic
'Artico *m* **l'~** the Arctic
artico'lare **A** *adj* articular
B *vt* articulate; (suddividere) divide
artico'larsi *vr* fig ~ **in** consist of
artico'lato *adj* Auto articulated; fig well-constructed
articolazi'one *f* Anat articulation
ar'ticolo *m* article; **articoli** *pl* **per la casa** household goods; **articoli** *pl* **per la cucina** kitchenware; **articoli** *pl* **di marca** brand name goods; **articoli** *pl* **da regalo** gifts; **articoli** *pl* **da spiaggia** beach gear; **articoli** *pl* **sportivi** sports gear; **negozio di articoli sportivi** sports shop; **articoli** *pl* **vari** sundries
■ **articolo civetta** Comm loss leader; **articolo determinativo** Gram definite article; **articolo di fondo** leader, leading article; **articolo indeterminativo** Gram indefinite article; **articolo di prima pagina** Journ cover story; **articolo principale** Journ lead story
'Artide *f* **l'~** the Arctic [region]
artifici'ale *adj* artificial
artifici'ere *m* Mil explosives expert, bomb disposal expert
arti'ficio *m* artifice; (affettazione) affectation
artificiosità *f inv* artificiality
artifici'oso *adj* artful; (affettato) affected
artigi'ana *f* craftswoman
artigia'nale *adj* made by hand; (hum) amateurish
artigianal'mente *adv* with craftsmanship; (hum) amateurishly
artigia'nato *m* craftsmanship; (ceto) craftsmen *pl*
artigi'ano *m* craftsman
artigli'ato *adj* with claws
artigli'ere *m* artilleryman
artiglie'ria *f* artillery
■ **artiglieria antiaerea** flak
ar'tiglio *m* claw; fig clutch; **sfoderare gli artigli** fig show one's claws
ar'tista *mf* artist
artistica'mente *adv* artistically
ar'tistico *adj* artistic
arti'stoide *adj* arty
art nouveau *f* art nouveau
'arto *m* limb
ar'trite *f* arthritis
ar'tritico, -a *mf* arthritic
ar'trosi *f* rheumatism
arzigogo'lato *adj* fantastic, bizarre
ar'zillo *adj* sprightly
a'scella *f* armpit
ascen'dente **A** *adj* ascending
B *m* (antenato) ancestor; (influenza) ascendancy; Astr ascendant
ascen'denza *f* ancestry
a'scendere *vi* ascend
ascensi'one *f* ascent; **l'Ascensione** the Ascension
ascen'sore *m* (in una costruzione) lift, elevator AmE; Comput scroll box
a'scesa *f* ascent; (al trono) accession; (al potere) rise
a'scesi *f* asceticism
a'scesso *m* abscess
a'sceta *mf* ascetic
a'scetico *adj* ascetic
'ascia *f* axe
asciugabianche'ria *m inv* (stenditoio) clothes horse; (macchina) tumble drier
asciugaca'pelli *m inv* hair dryer, hairdrier
asciuga'mano *m* towel

key word

■ **asciugamano di carta** paper towel

asciu'gare *vt* dry; ~ **le stoviglie** do the drying up

asciu'garsi *vr* dry oneself; (diventare asciutto) dry up; ~ **le mani** dry one's hands

asciuga'trice *f* tumble dryer

asci'utto *adj* dry; (magro) wiry; ‹*risposta*› curt; **essere all'~** fig be hard up

ascol'tare **A** *vt* listen to
B *vi* listen

ascolta|'tore, -trice *mf* listener

a'scolto *m* listening; **dare ~ a** listen to; **essere in ~** Radio be listening; **mettersi in ~** Radio tune in; **prestare ~** listen

a'scrivere *vt* (attribuire) ascribe; ~ **a** (annoverare) number among

asessu'ato *adj* asexual

a'settico *adj* aseptic

asfal'tare *vt* asphalt

asfal'tato *adj* tarmac

a'sfalto *m* asphalt

asfis'sia *f* asphyxia

asfissi'ante *adj* ‹*caldo*› oppressive; fig ‹*persona*› annoying

asfissi'are *vt* asphyxiate; fig annoy

'Asia *f* Asia

■ **Asia Minore** Asia Minor

asi'ago *m full-fat white cheese*

asi'atico, -a *adj & nmf* Asian

a'silo *m* shelter; (d'infanzia) nursery school

■ **asilo infantile** day nursery; **asilo nido** day nursery; **asilo politico** political asylum

asim'metrico *adj* asymmetric[al]

a'sincrono *adj* asynchronous

'asino *m* donkey; fig (persona stupida) ass; Sch dunce; **qui casca l'~!** fig that's where it falls down!

'asma *f* asthma

a'smatico *adj* asthmatic

asoci'ale *adj* asocial

'asola *f* buttonhole

a'sparagi *mpl* asparagus *sg*

aspara'gina *f* Bot asparagus fern

a'sparago *m* asparagus

a'spergere *vt* ~ **con/di** sprinkle with

asperità *f inv* harshness; (di terreno) roughness

asper'sorio *m* aspergillum, holy-water sprinkler

aspet'tare **A** *vt* wait for; (prevedere) expect; ~ **un bambino** be expecting [a baby]; **fare ~ qualcuno** keep somebody waiting
B *vi* wait

aspet'tarsi *vr* expect

aspetta'tiva *f* expectation; (nel lavoro) leave of absence; **all'altezza delle aspettative** up to expectations; **inferiore alle aspettative** not up to expectations

■ **aspettativa per malattia** sick leave; **aspettativa per maternità** maternity leave

a'spetto¹ *m* look; (di problema) aspect; **di bell'~** good-looking

a'spetto² *m*

■ **sala d'aspetto** waiting room

'aspic *m* aspic

aspi'rante **A** *adj* aspiring; ‹*pompa*› suction *attrib*
B *mf* (a un posto) applicant; (al trono) aspirant; **gli aspiranti al titolo** the contenders for the title

aspira'polvere *m inv* vacuum cleaner; **passare l'~** vacuum, hoover

aspi'rare **A** *vt* inhale; Mech suck in; (con elettrodomestici) vacuum, hoover
B *vi* ~ **a** aspire to

aspi'rato *adj* aspirate

aspira'tore *m* extractor fan

aspirazi'one *f* inhalation; Mech suction; (ambizione) ambition

aspi'rina® *f* aspirin

aspor'tare *vt* take away

a'sporto *m* **da ~** take-away

aspra'mente *adv* (duramente) severely

a'sprezza *f* (al gusto) sourness; (di clima) severity; (di carattere, parole, suono) harshness; (di odore) pungency; (di litigio) bitterness

a'sprigno *adj* slightly sour

'aspro *adj* ‹*al gusto*› sour; ‹*clima*› severe; ‹*suono, parole*› harsh; ‹*odore*› pungent; ‹*litigio*› bitter

assaggi'are *vt* taste

assaggia|'tore, -trice *mf* taster

assag'gini *mpl* Culin samples

as'saggio *m* tasting; (piccola quantità) taste; fig (campione) sample

as'sai *adv* very; (moltissimo) very much; (abbastanza) enough

assa'lire *vt* attack

assali|'tore, -trice *mf* assailant

assal'tare *vt* Mil attack, charge; hold up ‹*banca, treno*›

assalta'tore *m* hold-up man

as'salto *m* attack; **d'~** ‹*giornalismo*› aggressive; **prendere d'~** storm ‹*città*›; fig mob ‹*persona*›; hold up ‹*banca*›

assapo'rare *vt* savour

assas'sina *f* murderess

assassi'nare *vt* murder, assassinate; fig murder

assas'sinio *m* murder, assassination

assas'sino **A** *adj* murderous
B *m* murderer

'asse **A** *f* board
B *m* Techn axle; Math axis

■ **asse da stiro** ironing board

assecon'dare *vt* satisfy; (favorire) support; ~ **i capricci di qualcuno** indulge somebody's every whim; ~ **i desideri di qualcuno** comply with somebody's wishes

assedi'are *vt* besiege

a

assedi'ato *adj* besieged
as'sedio *m* siege
assegna'mento *m* allotment; **fare ~ su** rely on
asse'gnare *vt* allot; award ‹*premio*›
assegna'tario, -a *mf* recipient
assegnazi'one *f* (di alloggio, denaro, borsa di studio) allocation; (di premio) award
as'segno *m* allowance; (bancario) cheque; **contro ~** cash on delivery; **pagare con un ~** pay by cheque
■ **assegno circolare** bank draft; **assegni familiari** *pl* family allowance; **assegno post-datato** post-dated cheque; **assegno sbarrato** crossed cheque; **assegno non trasferibile** cheque made out to "account payee only"; **assegno turistico** traveller's cheque; **assegno a vuoto** bad cheque, dud cheque
assem'blaggio *m* assemblage
assem'blare *vt* assemble
assem'blea *f* assembly; (adunanza) gathering
■ **assemblea generale annuale** Annual General Meeting, AGM
assembra'mento *m* gathering
assem'brare *vt* gather
assen'nato *adj* sensible
as'senso *m* assent
assen'tarsi *vr* go away; (da stanza) leave the room
as'sente **A** *adj* absent; (distratto) absent-minded
B *mf* absentee
assente'ismo *m* absenteeism
assente'ista *mf* frequent absentee
assen'tire *vi* acquiesce (**a** in)
as'senza *f* absence; (mancanza) lack
■ **assenza di gravità** zero gravity; **assenze** *pl* **ingiustificate** (a scuola) truancy
asse'rire *vi* assert
asserragli'arsi *vr* barricade oneself
asser'tivo *adj* assertive
asser|'tore, -trice *mf* supporter
asservi'mento *m* subservience
asser'vire *vt* fig enslave
asser'virsi *vr* fig be subservient
asserzi'one *f* assertion
assesso'rato *m* [council] department
asses'sore *m* councillor
assesta'mento *m* settlement
asse'stare *vt* arrange; **~ un colpo** deal a blow
asse'starsi *vr* settle oneself
asse'stato *adj* **ben ~** well-judged
asse'tato *adj* parched
as'setto *m* order; Naut, Aeron trim; **in ~ di guerra** on a war footing; **cambiare l'~ territoriale dell'Europa** change the map of Europe

key word

assi'cella *f* lath
assicu'rabile *adj* insurable
assicu'rare *vt* assure; Comm insure; register ‹*posta*›; (fissare) secure; (accertare) ensure
assicu'rarsi *vr* (con contratto) insure oneself; (legarsi) fasten oneself; **~ che** make sure that
assicu'rata *f* registered letter
assicura'tivo *adj* insurance *attrib*
assicu'rato *adj* insured; **lettera assicurata** registered letter
assicura|'tore, -trice **A** *mf* insurance agent
B *adj* insurance; **società assicuratrice** insurance company
assicurazi'one *f* assurance; (contratto) insurance; **fare un'~** take out insurance
■ **assicurazione multirischi** blanket cover; **assicurazione sanitaria** medical insurance; **assicurazione di viaggio** travel insurance
assidera'mento *m* exposure
asside'rarsi *vr* infml be frozen; Med be suffering from exposure
asside'rato *adj* Med suffering from exposure; infml frozen
assidua'mente *adv* assiduously
assiduità *f inv* assiduity
as'siduo *adj* assiduous; ‹*cliente*› regular
assi'eme *adj* [together] with
assil'lante *adj* ‹*persona, pensiero*› nagging
assil'lare *vt* pester
assil'larsi *vr* torment oneself
as'sillo *m* worry
assimi'lare *vt* assimilate
assimilazi'one *f* assimilation
assi'oma *m* axiom
assio'matico *adj* axiomatic
As'siria *f* Assyria
as'sise *fpl* assizes; **Corte d'Assise** Court of Assize[s]
assi'stente *mf* assistant
■ **assistente sociale** social worker; **assistente sociosanitario** care worker; **assistente universitario** assistant lecturer; **assistente di volo** flight attendant
assi'stenza *f* assistance; (presenza) presence
■ **assistenza alla clientela** customer care; **assistenza medica** medical care; **assistenza ospedaliera** hospital treatment; **assistenza sanitaria** health care; **assistenza sociale** social work
assistenzi'ale *adj* welfare
assistenzia'lismo *m abuse of the welfare state*
as'sistere **A** *vt* assist; (curare) nurse
B *vi* **~ a** (essere presente) be present at; watch ‹*spettacolo ecc.*›
assi'stito *adj* **~ da computer** computer-aided
'asso *m* ace; **piantare in ~** leave in the lurch
■ **asso nella manica** trump card

associ'are *vt* join; (collegare) associate
associ'arsi *vr* join forces; Comm enter into partnership; ~ **a** join; subscribe to ‹*giornale ecc.*›
associ'ato, -a **A** *adj* associate **B** *mf* partner
associazi'one *f* association
■ **associazione di categoria** trade-union; **associazione per delinquere** criminal organization; **Associazione Europea di Libero Scambio** European Free Trade Association; **associazione in partecipazione** Comm joint venture
associazio'nismo *m* Pol excessive tendency to form associations; Psych associationism
asso'dare *vt* ascertain ‹*verità*›
assogget'tare *vt* subject
assogget'tarsi *vr* submit
asso'lato *adj* sunny
assol'dare *vt* recruit
as'solo *m* Mus solo
as'solto pp di **assolvere**
assoluta'mente *adv* absolutely
assolu'tismo *m* absolutism
assolu'tista *mf* absolutist
assolu'tistico *adj* absolutist
asso'luto *adj* absolute
assolu'torio *adj* **formula assolutoria** acquittal
assoluzi'one *f* acquittal; Relig absolution
as'solvere *vt* perform ‹*compito*›; Jur acquit; Relig absolve
assolvi'mento *m* performance
assomigli'are *vi* ~ **a** be like, resemble
assomigli'arsi *vr* resemble each other
assom'marsi *vr* combine; ~ **a qualcosa** add to something
asso'nanza *f* assonance
asson'nato *adj* drowsy
asso'pirsi *vr* doze off
assor'bente *adj* & *nm* absorbent
■ **assorbente igienico** sanitary towel
assor'bire *vt* absorb
assor'dante *adj* deafening
assor'dare *vt* deafen
assorti'mento *m* assortment
assor'tire *vt* match ‹*colori*›
assor'tito *adj* assorted; ‹*colori, persone*› matched
as'sorto *adj* engrossed
assottiglia'mento *m* thinning; (aguzzamento) sharpening
assottigli'are *vt* make thin; (aguzzare) sharpen; (ridurre) reduce
assottigli'arsi *vr* grow thin; ‹*finanze*› be whittled away
assue'fare *vt* accustom
assue'farsi *vr* ~ **a** get used to
assue'fatto *adj* (a caffe, aspirina) immune to the effects; (a droga) addicted
assuefazi'one *f* (a caffè, aspirina) immunity to the effects; (a droga) addiction
as'sumere *vt* assume; take on ‹*impiegato*›; ~ **informazioni** make inquiries
as'sunto **A** pp di **assumere** **B** *m* task
assunzi'one *f* (di impiegato) employment; Relig **l'Assunzione** Assumption
assurdità *f inv* absurdity; **dire delle** ~ talk nonsense
as'surdo *adj* absurd
'asta *f* pole; Mech bar; Comm auction; **a mezz'**~ at half mast
■ **asta di livello [dell'olio]** Auto dipstick
a'stemio *adj* abstemious
aste'nersi *vr* abstain (**da** from)
astensi'one *f* abstention
astensio'nismo *m* persistent abstention
astensio'nista *mf* persistent abstainer
astensio'nistico *adj* **tendenza astensionistica** tendency to abstain
aste'nuto, -a *mf* abstainer
aste'risco *m* (simbolo) asterisk; (tasto) star key, asterisk key
aste'roide *m* asteroid
'astice *m* crayfish
asti'cella *f* stick; (in salto in alto) bar
astig'matico *adj* astigmatic
astigma'tismo *m* astigmatism
asti'nenza *f* abstinence; **crisi di astinenza** withdrawal symptoms
'astio *m* rancour; **avere** ~ **contro qualcuno** bear somebody a grudge
asti'oso *adj* resentful
a'stragalo *m* ankle bone
'astrakan *m* astrakhan
astrat'tezza *f* abstractness
astrat'tismo *m* abstractionism
a'stratto *adj* abstract
astrin'gente *adj* & *nm* astringent
+astro *suff* **giovinastro** *nm* lout; **giallastro** *adj* yellowish; **dolciastro** *adj* sweetish
'astro *m* star
astro'fisica *f* astrophysics *sg*
astro'fisico, -a **A** *adj* astrophysical **B** *mf* astrophysicist
astrolo'gia *f* astrology
astro'logico *adj* astrological
a'strologo, -a *mf* astrologer
astro'nauta *mf* astronaut
astro'nautica *f* astronautics *sg*
astro'nave *f* spaceship
astrono'mia *f* astronomy
astro'nomico *adj* anche fig astronomic, astronomical
a'stronomo *m* astronomer
astrusità *f inv* abstruseness

a

a'struso *adj* abstruse
a'stuccio *m* case
a'stuto *adj* shrewd; (furbo) cunning
a'stuzia *f* shrewdness; (azione) trick
a'tavico *adj* atavistic
ate'ismo *m* atheism
ate'lier *m inv* (di alta moda) atelier; (di artista) [artist's] studio
A'tene *f* Athens
ate'neo *m* university
ateni'ese *adj & nmf* Athenian
'ateo, -a *adj & nmf* atheist
a'tipico *adj* atypical
at'lante *m* atlas; **i monti dell'Atlante** the Atlas Mountains
at'lantico *adj* Atlantic; **l'[Oceano] Atlantico** the Atlantic [Ocean]
at'leta *mf* athlete
a'tletica *f* athletics *sg*
■ **atletica leggera** track and field events; **atletica pesante** *weight-lifting, boxing, wrestling, etc*
a'tletico *adj* athletic
atle'tismo *m* athleticism
atmo'sfera *f* atmosphere
atmo'sferico *adj* atmospheric
a'tollo *m* atoll
a'tomica *f* atom bomb
a'tomico *adj* atomic
atomiz'zare *vt* atomize
atomizza'tore *m* atomizer
'atomo *m* atom
'atono *adj* unstressed
'atrio *m* entrance hall, lobby
a'troce *adj* atrocious; ‹*terrible*› dreadful
atroce'mente *adv* atrociously
atrocità *f inv* atrocity
atro'fia *f* atrophy
atrofiz'zare *vt* atrophy
atrofiz'zarsi *vr* Med fig atrophy
attac'cabile *adj* attachable
attaccabot'toni *mf inv* [crashing] bore
attacca'brighe *mf inv* troublemaker
attacca'mento *m* attachment
attac'cante **A** *adj* attacking
B *m* Sport forward
attacca'panni *m inv* coat hanger; (a muro) clothes hook
attac'care **A** *vt* attach; (legare) tie; (appendere) hang; (cucire) sew on; (contagiare) pass on; (assalire) attack; (iniziare) start
B *vi* stick; (diffondersi) catch on
attac'carsi *vr* cling; (affezionarsi) become attached; (litigare) quarrel
attacca'ticcio *adj* sticky; fig clinging and tiresome
attac'cato *adj* stuck
attacca'tura *f* junction
■ **attaccatura dei capelli** hairline
attac'chino *m* billposter
at'tacco *m* attack; (punto d'unione) junction; (accesso) fit
■ **attacco aereo** air attack; **attacco cardiaco** heart attack; **attacco epilettico** epileptic fit
attanagli'are *vt* fig (tormentare) haunt
attar'darsi *vr* stay late; (indugiare) linger
attec'chire *vi* take; (moda ecc.) catch on
atteggia'mento *m* attitude
atteggi'are *vt* assume
atteggi'arsi *vr* ~ **a** pose as
attem'pato *adj* elderly
atten'darsi *vr* camp, pitch camp
atten'dente *m* Mil batman
at'tendere **A** *vt* wait for
B *vi* ~ **a** attend to
at'tendersi *vr* expect
atten'dibile *adj* reliable
attendibilità *f inv* reliability
atte'nersi *vr* ~ **a** stick to
attenta'mente *adv* attentively
atten'tare *vi* ~ **a** make an attempt on
atten'tato *m* act of violence; (contro politico ecc.) assassination attempt; ~ **alla vita di** attempted murder of
■ **attentato dinamitardo** bombing; **attentato suicida** suicide attack
attenta|'tore, -trice *mf* attacker; (a scopo politico) terrorist
at'tento *adj* attentive; (accurato) careful; ~**!** look out!; **stare** ~ pay attention; **'attenti al cane'** 'beware of the dog'
attenu'ante *f* extenuating circumstance
attenu'are *vt* attenuate; (minimizzare) minimize; subdue ‹*colori ecc.*›; calm ‹*dolore*›; soften ‹*colpo*›
attenu'arsi *vr* diminish
attenuazi'one *f* lessening
attenzi'one *f* attention; (cura) care; **fare** ~ be careful; ~**!** watch out!; ~**, prego** your attention, please; **coprire di attenzioni** lavish attention on
atter'raggio *m* landing
■ **atterraggio di fortuna** emergency landing
atter'rare **A** *vt* knock down
B *vi* land
atter'rire *vt* terrorize
atter'rirsi *vr* be terrified
at'tesa *f* waiting; (aspettativa) expectation; **in** ~ **di** waiting for
at'teso pp di **attendere**
atte'stabile *adj* certifiable
atte'stare *vt* state; (certificare) certify
atte'stato *m* certificate
attestazi'one *f* certificate; (dichiarazione) declaration
'Attica *f* Attica
'attico¹ *m* (lingua) Attic

---

key word

'attico² *m* (appartamento) penthouse
at'tiguo *adj* adjacent
attil'lato *adj* ‹*vestito*› close-fitting
'attimo *m* second; **un ~!** just a sec!; **in un ~** in double quick time; **non ho avuto un ~ di respiro** I haven't had time to draw breath
atti'nente *adj* **~ a** pertaining to
at'tingere *vt* draw; fig obtain
atti'rare *vt* attract
atti'rarsi *vr* draw ‹*attenzione*›; incur ‹*odio*›
attitudi'nale *m*
■ **test attitudinale** aptitude test
atti'tudine *f* (disposizione) aptitude; (atteggiamento) attitude
atti'vare *vt* activate
attivazi'one *f* setting in motion, turning on; Phys, Chem activation
atti'vismo *m* activism
atti'vista *mf* activist
attività *f inv* activity; Comm assets *pl*
■ **attività fisse** *pl* fixed assets; **attività liquide** *pl* Comm liquid assets
at'tivo **A** *adj* active; Comm productive **B** *m* assets *pl*
attiz'zare *vt* poke; fig stir up
attizza'toio *m* poker
'atto *m* act; (azione) action; Comm, Jur deed; (certificato) certificate; **fare ~ di presenza** put in an appearance; **mettere in ~** put into action; **atti** *pl* (di società ecc.) proceedings; **atti** *pl* **di libidine violenta** indecent assault; **atti** *pl* **osceni** gross indecency
■ **atto di vendita** bill of sale
+attolo *suff* **vermiciattolo** *nm* slimy individual
at'tonito *adj* astonished
attorcigli'are *vt* twist
attorcigli'arsi *vr* get twisted
at'tore *m* actor
attorni'are *vt* surround
attorni'arsi *vr* **~ di** surround oneself with
at'torno **A** *adv* around, about **B** *prep* **~ a** around, about
attrac'care *vt & vi* dock
attra'ente *adj* attractive
at'trarre *vt* attract
at'trarsi *vr* be attracted to each other
attrat'tiva *f* charm, attraction
attraversa'mento *m* (di strada) crossing
■ **attraversamento pedonale** pedestrian crossing, crosswalk AmE
attraver'sare *vt* cross; (passare) go through
attra'verso *prep* through; (obliquamente) across
attrazi'one *f* attraction; **attrazioni** *pl* **turistiche** tourist attractions
attrez'zare *vt* equip; Naut rig
attrez'zarsi *vr* kit oneself out
attrezza'tura *f* equipment; Naut rigging
■ **attrezzatura da campeggio** camping equipment
at'trezzo *m* tool; **attrezzi** *pl* equipment; Sport appliances *pl*
attribu'ibile *adj* attributable
attribu'ire *vt* attribute
attribu'irsi *vr* ascribe to oneself; **~ il merito di** claim credit for
attri'buto *m* attribute
attribuzi'one *f* attribution
at'trice *f* actress
at'trito *m* friction
attrup'pare *vt* assemble
attrup'parsi *vr* gather
attu'abile *adj* feasible
attuabilità *f inv* viability
attu'ale *adj* present; (di attualità) topical; (effettivo) actual
attualità *f inv* topicality; (avvenimento) news; **programma di attualità** current affairs programme
attualiz'zare *vt* update
attual'mente *adv* at present
attu'are *vt* carry out
attu'ario, -a *mf* actuary
attu'arsi *vr* be realized
attua'tore *m* Techn actuator
attuazi'one *f* carrying out
attuti'mento *m* (di colpo) softening; (di suoni) muffling
attu'tire *vt* deaden; **~ il colpo** soften the blow
au'dace *adj* daring, bold; (insolente) audacious
au'dacia *f* daring, boldness; (insolenza) audacity
audiapprendi'mento *m* audio-based learning
'audience *f inv* (telespettatori) audience
'audio *m* audio
audiocas'setta *f* audio cassette
audio'leso *adj* hearing-impaired
audio'libro *m* audiobook, talking book
audio'metrico *adj* Med aural
audiovi'sivo *adj* audiovisual
'auditing *m* auditing
audi'torio *m* auditorium
audizi'one *f* audition; Jur hearing
'auge *m* height; **essere in ~** be popular
augu'rare *vt* wish
augu'rarsi *vr* hope
au'gurio *m* wish; (presagio) omen; **auguri!** all the best!; (a Natale) Happy Christmas!; **tanti auguri** best wishes
au'gusto *adj* august
'aula *f* classroom; Univ lecture hall; (sala) hall; **silenzio in ~!** silence in court!
■ **aula bunker** (in tribunale) secure courtroom; **aula magna** Univ great hall; **aula del tribunale** courtroom

a

aumen'tare *vt & vi* increase; **~ di peso** gain weight
au'mento *m* increase; (di stipendio) [pay] rise
■ **aumento di prezzo** price increase
'aureo *adj* golden
au'reola *f* halo
au'rora *f* dawn
■ **aurora boreale** aurora borealis, Northern Lights
auscul'tare *vt* Med auscultate
ausili'are *adj & nmf* auxiliary
auspi'cabile *adj* **è ~ che ...** it is to be hoped that ...
auspi'care *vt* hope for
au'spicio *m* omen; **auspici** *pl* (protezione) auspices; **è di buon ~** it is a good omen
austerità *f inv* austerity
au'stero *adj* austere
Austra'lasia *f* Australasia
au'strale *adj* southern
Au'stralia *f* Australia
australi'ano, -a *adj & nmf* Australian
'Austria *f* Austria
au'striaco, -a *adj & nmf* Austrian
austroun'garico *adj* Austro-Hungarian
autar'chia *f* autarchy
au'tarchico *adj* autarchic
aut aut *m inv* either-or (*choice*)
autenti'care *vt* authenticate
autenti'cato *adj* certified
autenticità *f inv* authenticity
au'tentico *adj* authentic; (vero) true
au'tismo *m* autism
au'tista *m* driver
au'tistico *adj* autistic
'auto *f inv* car; **viaggiare in ~** travel by car
■ **auto blindata** armour-plated car; **auto elettrica** electric car; **auto ibrida** hybrid car; **auto a quattro ruote motrici** four-wheel drive car; **auto sportiva** sports car; **auto a trazione anteriore** front-wheel drive car; **auto usata** second-hand car
auto+ *pref* self+
autoabbron'zante A *m* self-tan
B *adj* self-tanning
autoaccesso'rista *mf* car accessory supplier
autoade'sivo A *adj* self-adhesive
B *m* sticker
autoaffermazi'one *f* self-assertion
autoambu'lanza *f* ambulance
autoa'nalisi *f* self-analysis
autoartico'lato *m* articulated lorry
autobiogra'fia *f* autobiography
autobio'grafico *adj* autobiographical
auto'blinda *f* armoured car
auto'bomba *f* car-bomb
auto'botte *f* tanker
'autobus *m inv* bus
auto'carro *m* lorry
autocertificazi'one *f* self-certification
autoci'sterna *f* tanker
auto'clave *f* (contenitore ad alta pressione) autoclave; (idraulica) surge tank
autocombusti'one *f* spontaneous combustion
autocommiserazi'one *f* self-pity
autocompiaci'mento *m* smugness, self-satisfaction
autocompiaci'uto *adj* smug, self-satisfied
autoconcessio'nario *m* car dealer
autocon'trollo *m* self-control
au'tocrate *m* autocrat
auto'cratico *adj* autocratic
auto'critica *f* self-criticism
au'toctono *adj* native, aboriginal
autode'nuncia *f* spontaneous confession
autodeterminazi'one *f* self-determination
autodi'datta A *adj* self-taught
B *mf* self-educated person, autodidact
autodi'fesa *f* self-defence
autodisci'plina *f* self-discipline
autodi'struggersi *vr* self-destruct, auto-destruct
autodistrut'tivo *adj* self-destructive
autodistruzione *f* self-destruction
autoferrotranvi'ario *adj* public transport *attrib*
autoferrotranvi'eri *mpl* public transport workers
autoffi'cina *f* garage
autofinanzia'mento *m* self-financing
autofinanzi'arsi *vr* be self-financing; ‹*persona*› use one's own finance
autogesti'one *f* self-management
autoge'stirsi *vr* ‹*operai, studenti*› be self-managing
autoge'stito *adj* self-managed
auto'gol *m inv* Sport own goal
autogo'verno *m* home rule, self-rule
au'tografo *adj & nm* autograph
auto'grill *m inv* motorway café
autogrù *f inv* breakdown truck, recovery vehicle
autogui'dato *adj* homing *attrib*
autoim'mune *adj* autoimmune
autoiro'nia *f* self-mockery
autola'vaggio *m* car wash
autolesi'one *f* self-inflicted wound
autolesio'nismo *m* self-harm; fig self-destruction
autolesio'nistico *adj* self-destructive
auto'linea *f* bus line
au'toma *m* robot
automatica'mente *adv* automatically

auto'matico **A** *adj* automatic; **auto con cambio** ~ automatic
B *m* (bottone) press stud; (fucile) automatic
automatiz'zare *vt* automate
automatizzazi'one *f* automation
automazi'one *f* automation
auto'mezzo *m* motor vehicle; **uscita automezzi** motor vehicles exit
auto'mobile *f* [motor] car
■ **automobile da corsa** racing car
automobi'lina *f* toy car
automobi'lismo *m* motoring
automobi'lista *mf* motorist
automobi'listico *adj* ‹*industria*› automobile *attrib*
automodel'lismo *m* model car making; (collezione) model car collecting
automu'nito *adj* owning a car
autono'leggio *m* car rental
autonoma'mente *adv* autonomously
autono'mia *f* autonomy; Auto range; (di laptop, cellulare) battery life
au'tonomo *adj* autonomous
auto'parco *m* (insieme di auto) fleet of cars
autopat'tuglia *f* patrol car
auto'pista *f* [fairground] race track
auto'pompa *f* fire engine
auto'psia *f* autopsy
autopunizi'one *f* self-punishment
auto'radio *f inv* car radio; (veicolo) radio car
au|'tore, -trice *mf* author; (di pitture) painter; (di furto ecc.) perpetrator; **quadro d'~** genuine master
autoreg'gente *f* (calza) hold-up, stay-up
autoregolamentazi'one *f* self-regulation
autore'parto *m* Mil mechanized unit
auto'revole *adj* authoritative; (che ha influenza) influential
autorevo'lezza *f* authority
autoriduzi'one *f protest which takes the form of paying less than the requisite amount*
autori'messa *f* garage
autoriparazi'oni *fpl* '~' 'car repairs', 'auto repairs'
autorità *f inv* authority
autori'tario *adj* autocratic
autorita'rismo *m* authoritarianism
autori'tratto *m* self-portrait
autoriz'zare *vt* authorize
autorizzazi'one *f* authorization
auto'scatto *m* Phot automatic shutter release
auto'scontro *m inv* bumper car
autoscu'ola *f* driving school
autosno'dato *m* articulated bus
autosoc'corso *m* breakdown service; (veicolo) breakdown van, breakdown truck
auto'starter *m inv* Auto self-starter
auto'stop *m* hitch-hiking, hitching; **fare l'~** hitch-hike, hitch
autostop'pista *mf* hitch-hiker
auto'strada *f* motorway, highway AmE
■ **autostrada dell'informazione** information superhighway; **autostrada a pedaggio** toll motorway; **Autostrada del Sole** Highway of the Sun (*connecting Milan and Napoli*)
autostra'dale *adj* motorway *attrib*, highway *attrib* AmE
autosuffici'ente *adj* self-sufficient
autosuffici'enza *f* self-sufficiency
autosuggesti'one *f* autosuggestion
autotrasporta|'tore, -trice *mf* haulier, carrier
autotra'sporto *m* road haulage
auto'treno *m* articulated lorry, road train
autove'icolo *m* motor vehicle
auto'velox® *m inv* speed camera
autovet'tura *f* motor vehicle
autun'nale *adj* autumnal; (giornata, vestiti) autumn *attrib*
au'tunno *m* autumn
aval'lare *vt* endorse, back ‹*cambiale*›; fig endorse
a'vallo *m* endorsement
avam'braccio *m* forearm
avam'posto *m* Mil forward position
a'vana **A** *m inv* (sigaro) Havana [cigar]; (colore) tobacco, dark brown
B *adj inv* (colore) tobacco-coloured, dark brown
A'vana *f* Havana
avangu'ardia *f* vanguard; fig avant-garde; **essere all'~** be in the forefront; Techn be at the leading edge; **d'~** avant-garde
avansco'perta *f* reconnaissance; **andare in ~** reconnoitre
avanspet'tacolo *m* **da ~** in poor taste
a'vanti **A** *adv* (in avanti) forward; (davanti) in front; (prima) before; **~!** (entrate) come in!; (suvvia) come on!; **'~'** (su semaforo) 'cross now', 'walk' AmE; **~ diritto** straight ahead; **più ~** further on; **va' ~!** go ahead!; **andare ~** (precedere) go ahead; ‹*orologio*› be fast; **~ e indietro** backwards and forwards
B *adj* (precedente) before
C *prep* **~ a** before; (in presenza di) in the presence of
avanti'eri *adv* the day before yesterday
avan'treno *m* front axle assembly
avanza'mento *m* progress; (promozione) promotion
avan'zare **A** *vi* advance; (progredire) progress; (essere d'avanzo) be left [over]
B *vt* advance; (superare) surpass; (promuovere) promote
avan'zarsi *vr* advance; (avvicinarsi) approach
avan'zata *f* advance

a

avan'zato *adj* advanced; (nella notte) late; **in età avanzata** elderly

a'vanzo *m* remainder; Comm surplus; **avanzi** *pl* (rovine) remains; (di cibo) left-overs; **ce n'è d'~** there is more than enough

■ **avanzo di galera** jailbird

ava'raccio *m* Scrooge

ava'ria *f* (di motore) engine failure

avari'arsi *vr* spoil

avari'ato *adj* ‹*frutta, verdura*› rotten; ‹*carne*› tainted

ava'rizia *f* avarice

a'varo, -a **A** *adj* stingy

B *mf* miser

a'vena *f* oats *pl*

a'vere **A** *vt* have; (ottenere) get; (indossare) wear; (provare) feel; **ho trent'anni** I'm thirty; **ha avuto il posto** he got the job; **~ fame/freddo** be hungry/cold; **ho mal di denti** I've got toothache; **cos'ha a che fare con lui?** what has it got to do with him?; **~ da fare** be busy; **~ luogo** take place; **che hai?** what's the matter with you?; **nei hai per molto?** will you be long?; **quanti ne abbiamo oggi?** what date is it today?; **avercela con qualcuno** have it in for somebody

B *v aux* have; **non l'ho visto** I haven't seen him; **lo hai visto?** have you seen him?; **l'ho visto ieri** I saw him yesterday

C *m* **averi** *pl* wealth *sg*

avia|'tore, -trice *mf* aviator

aviazi'one *f* aviation; Mil Air Force

avicol'tura *m* poultry farming

avida'mente *adv* avidly

avidità *f inv* avidness

'avido *adj* avid

avi'ere *m* aircraft[s]man

avio'getto *m* jet [plane]

avio'linea *f* airline

aviotraspor'tato *adj* airborne

avitami'nosi *f* vitamin deficiency

a'vito *adj* ancestral

'avo, -a *mf* ancestor

avo'cado *m inv* avocado

a'vorio *m* ivory

a'vulso *adj* **~ dal contesto** fig taken out of context

Avv. *abbr* (**avvocato**) lawyer

avva'lersi *vr* avail oneself (**di** of)

avvalla'mento *m* depression

avvalo'rare *vt* bear out ‹*tesi*›; endorse ‹*documento*›; (accrescere) enhance

avvam'pare *vi* flare up; (arrossire) blush

avvantaggi'are *vt* favour

avvantaggi'arsi *vr* **~ di** benefit from; (approfittare) take advantage of

avve'dersi *vr* (accorgersi) notice; (capire) realize

avve'duto *adj* shrewd

avvelena'mento *m* poisoning

avvele'nare *vt* poison

avvele'narsi *vr* poison oneself

avvele'nato *adj* poisoned

avve'nente *adj* attractive

avve'nenza *f* attraction, charm

avveni'mento *m* event

avve'nire **A** *vi* happen; (aver luogo) take place

B *m* future

avveni'rismo *m* excessive confidence in the future

avveni'ristico *adj* futuristic

avven'tarsi *vr* fling oneself

avventata'mente *adv* recklessly

avven'tato *adj* ‹*decisione*› rash

avven'tizio *adj* (personale) temporary; (guadagno) casual

av'vento *m* advent; Relig Advent

avven'tore *m* regular customer

avven'tura *f* adventure; (amorosa) affair; **d'~** ‹*film*› adventure *attrib*

avventu'rarsi *vr* venture

avventuri'ero, -a **A** *m* adventurer

B *f* adventuress

avventu'rismo *m* adventurism

avventu'ristico *adj* adventurist

avventu'roso *adj* adventurous

avve'rabile *adj* ‹*previsione*› that may come true

avve'rarsi *vr* come true

av'verbio *m* adverb

avver'sare *vt* oppose

avver'sario, -a **A** *adj* opposing

B *mf* opponent

avversi'one *f* aversion

avversità *f inv inv* adversity

av'verso *adj* (sfavorevole) adverse; (contrario) averse

avver'tenza *f* (cura) care; (avvertimento) warning; (avviso) notice; (premessa) foreword; **avvertenze** *pl* (istruzioni) instructions

avver'tibile *adj* (disagio) perceptible

avverti'mento *m* warning

avver'tire *vt* warn; (informare) inform; (sentire) feel

avvertita'mente *adv* deliberately

avvez'zare *vt* accustom

avvez'zarsi *vr* accustom oneself

av'vezzo *adj* **~ a** used to

avvia'mento *m* starting; Comm goodwill

avvi'are *vt* start

avvi'arsi *vr* set out

avvi'ato *adj* under way; **bene ~** thriving

avvicenda'mento *m* (in agricoltura) rotation; (nel lavoro) replacement; (delle stagioni) change

avvicen'dare *vt* rotate

---

key word

avvicen'darsi *vr* take turns, alternate
avvicina'mento *m* approach
avvici'nare *vt* bring near; approach ‹*persona*›
avvici'narsi *vr* come nearer, approach; **avvicinarsi a** come nearer to, approach
avvi'lente *adj* demoralizing; (umiliante) humiliating
avvili'mento *m* despondency; (degradazione) degradation
avvi'lire *vt* dishearten; (degradare) degrade
avvi'lirsi *vr* lose heart; (degradarsi) degrade oneself
avvi'lito *adj* disheartened; (degradato) degraded
avvilup'pare *vt* envelop
avvilup'parsi *vr* wrap oneself up; (aggrovigliarsi) get entangled
avvinaz'zato *adj* drunk
avvin'cente *adj* ‹*libro ecc.*› enthralling
av'vincere *vt* enthral
avvinghi'are *vt* clutch
avvinghi'arsi *vr* cling
av'vio *m* start-up; **dare l'~ a qualcosa** get something under way; **prendere l'~** get under way
avvi'saglia *f* (di malattia) first sign
avvi'sare *vt* inform; (mettere in guardia) warn
av'viso *m* notice; (annuncio) announcement; (avvertimento) warning; (pubblicitario) advertisement; **a mio ~** in my opinion
■ **avviso di accreditamento** advice slip; **avviso a cura del ministero della salute** government health warning; **avviso di chiamata in linea** call waiting; **avviso di garanzia** Jur *notification that one is to be the subject of a legal enquiry*
avvista'mento *m* sighting
avvi'stare *vt* catch sight of; **~ terra** make landfall
avvi'tare *vt* screw in; screw down ‹*coperchio*›
avvi'tarsi *vr* ‹*aereo*› go into a spin
avvi'tata *f* (di aereo) spin
avviz'zire *vi* wither
avviz'zito *adj* withered
avvo'cato *m* lawyer; fig advocate
■ **avvocato del diavolo** devil's advocate
avvoca'tura *f* legal profession; (insieme di avvocati) lawyers
av'volgere *vt* wrap [up]
av'volgersi *vr* wrap oneself up
avvol'gibile *m* roller blind
avvolgi'mento *m* winding
av'volto *adj* **~ in** wrapped in
avvol'toio *m* vulture
aza'lea *f* azalea
Azerbaigi'an *m* Azerbaijan
azerbaigi'ano, -a *adj & nmf* Azerbaijani
azi'enda *f* business, firm
■ **azienda agricola** farm; **azienda elettrica** electricity board; **azienda a partecipazioni statali** *enterprise in which the government has a shareholding*; **azienda di soggiorno** tourist bureau
azien'dale *adj* ‹*politica, dirigente*› company *attrib*; ‹*giornale*› in-house
azienda'listico *adj* company *attrib*
azio'nabile *adj* which can be operated
aziona'mento *m* operation
azio'nare *vt* operate
azio'nario *adj* share *attrib*; **mercato ~** share market
azi'one *f* action; Fin share; **d'~** ‹*romanzo, film*› action packed; **ad ~ ritardata** delayed action
■ **azione sindacale** industrial action
azio'nista *mf* shareholder
a'zoto *m* nitrogen
az'teco, -a *adj & nmf* Aztec
azzan'nare *vt* seize with its teeth; sink its teeth into ‹*gamba*›
azzar'dare *vt* risk
azzar'darsi *vr* dare
azzar'dato *adj* risky; (precipitoso) rash
az'zardo *m* hazard
■ **gioco d'azzardo** (singolo gioco) game of chance; (il giocare) gambling
azzec'care *vt* hit; fig (indovinare) guess
azzera'mento *m* setting to zero; fig
■ **corso di azzeramento** remedial classes *pl*
azze'rare *vt* reset
azzi'mato *adj* dapper
'azzimo *adj* unleavened
azzit'tire *vt* silence, hush
azzit'tirsi *vr* go quiet, fall silent
azzop'pare *vt* lame
Az'zorre *fpl* **le ~** the Azores
azzuf'farsi *vr* come to blows
azzur'rato *adj* ‹*lenti*› blue-tinted
az'zurro *adj & nm* blue; **principe azzurro** Prince Charming; **gli azzurri** *the Italian national team*
azzur'rognolo *adj* bluish

b

Bb

babà *m inv* ~ **al rum** rum baba
bab'beo A *adj* foolish
B *m* idiot
🔑 **'babbo** *m* infml dad, daddy
■ **Babbo Natale** Father Christmas
bab'buccia *f* slipper
babbu'ino *m* baboon
ba'bordo *m* Naut port side
baby boom *m* baby boom
baby'sitter *mf inv* baby-sitter; **fare il/la ~** babysit, do baby-sitting
ba'cato *adj* worm-eaten; **avere il cervello ~** have a slate loose
'bacca *f* berry
baccalà *m inv* dried salted cod
bac'cano *m* din
bac'cello *m* pod
bac'chetta *f* rod; (magica) wand; (di direttore d'orchestra) baton; (di tamburo) drumstick
ba'checa *f* showcase; (in ufficio) notice board
■ **bacheca elettronica** Comput bulletin board
bacia'mano *m* kiss on the hand; **fare il ~ a qualcuno** kiss somebody's hand
🔑 **baci'are** *vt* kiss
baci'arsi *vr* kiss [each other]
ba'cillo *m* bacillus
baci'nella *f* basin; (contenuto) basinful
ba'cino *m* basin; Anat pelvis; (di porto) dock; (di minerali) field
■ **bacino carbonifero** coalfield; **bacino d'utenza** catchment area
🔑 **'bacio** *m* kiss; **bacio sulla bocca** kiss on the lips
backgammon *m* backgammon
'baco *m* worm
■ **baco da seta** silkworm
'bacon *m* bacon
ba'cucco *adj* **un vecchio ~** a senile old man
'bada *f* **tenere qualcuno a ~** keep somebody at bay
🔑 **ba'dare** *vi* take care (**a** of); (fare attenzione) look out; **bada ai fatti tuoi!** mind your own business!
ba'dia *f* abbey
ba'dile *m* shovel
'badminton *m* badminton
'baffi *mpl* moustache *sg*; (di animale) whiskers; **mi fa un baffo** I don't give a damn; **ridere sotto i ~** laugh up one's sleeve
baf'futo *adj* moustached

🔑 key word

ba'gagli *mpl* luggage, baggage; **ritiro ~** baggage claim
bagagli'aio *m* Rail luggage van, baggage car AmE; Auto boot
ba'gaglio *m* luggage, baggage; Mil kit; **un ~** a piece of luggage
■ **bagaglio a mano** hand luggage, hand baggage; **bagaglio in eccesso, bagaglio eccedente** excess baggage
baga'rino *m* ticket tout
baga'tella *f* trifle; Mus bagatelle
baggia'nata *f* piece of nonsense; **non dire baggianate** don't talk nonsense
Bagh'dad *f* Baghdad
bagli'ore *m* glare; (improvviso) flash; fig (di speranza) glimmer
bagna'cauda *f vegetables (especially raw) in an oil, garlic and anchovy sauce, typical of Piedmont*
ba'gnante *mf* bather
🔑 **ba'gnare** *vt* wet; (inzuppare) soak; (immergere) dip; (innaffiare) water; ‹*mare, lago*› wash; ‹*fiume*› flow through
ba'gnarsi *vr* get wet; (al mare ecc.) swim, bathe; **'vietato ~'** 'no bathing'
bagnasci'uga *m inv* edge of the water, waterline
ba'gnato *adj* wet; **~ fradicio** soaked
ba'gnino, -a *mf* life guard
🔑 **'bagno** *m* bath; (stanza) bathroom; (gabinetto) toilet; (al mare) swim, bathe; **bagni** *pl* (stabilimento) lido; **fare il ~** have a bath; (nel mare ecc.) [have a] swim, bathe; **andare in ~** go to the bathroom, go to the toilet; **mettere a ~** soak; **con ~** ‹*camera*› en suite
■ **bagno oculare** eyebath; **bagno rivelatore** Phot developing bath; **bagno di sangue** bloodbath; **bagno di sviluppo** Phot developing bath; **bagno turco** Turkish bath
bagnoma'ria *m* **cuocere a ~** cook in a double saucepan
bagnoschi'uma *m inv* bubble bath, foam bath
ba'guette *f inv* French loaf, baguette
Ba'hamas *fpl* **le ~** the Bahamas
Bah'rain *m* Bahrain
'baia *f* bay
baio'netta *f* bayonet
'baita *f* mountain chalet
bala'ustra, balau'strata *f* balustrade
balbet'tare *vt & vi* stammer; ‹*bambino*› babble

balbet'tio *m* stammering; (di bambino) babble
bal'buzie *f* stutter
balbuzi'ente **A** *adj* stuttering
B *mf* stutterer
Bal'cani *mpl* Balkans
bal'canico *adj* Balkan
balco'nata *f* Theat balcony, dress circle
balcon'cino *m*
■ **reggiseno a balconcino** underwired bra
bal'cone *m* balcony
baldac'chino *m* canopy; **letto a ~** four-poster bed
bal'danza *f* boldness
baldan'zoso *adj* bold
bal'doria *f* revelry; **far ~** have a riotous time
Bale'ari *fpl* **le [isole] ~** the Balearics, the Balearic Islands
ba'lena *f* whale
bale'nare *vi* lighten; fig flash; **mi è balenata un'idea** I've just had an idea
bale'niera *f* whaler
ba'leno *m* **in un ~** in a flash
balenot'tera *f*
■ **balenottera azzurra** blue whale
ba'lera *f* dance hall
ba'lestra *f* crossbow
ba'lia¹ *f* **in ~ di** at the mercy of
'balia² *f* wet nurse
ba'listico *adj* ballistic; **perito balistico** ballistics expert
'balla *f* bale; infml (frottola) tall story
bal'labile *adj* **essere ~** be good for dancing to
bal'lare *vi* dance; **andare a ~** go dancing
bal'lata *f* ballad
balla'toio *m* (nelle scale) landing
balle'rino, -a **A** *mf* dancer; (classico) ballet dancer
B *f* (classica) ballet dancer, ballerina
bal'letto *m* ballet
bal'lista *mf* infml bullshitter
'ballo *m* dance; (il ballare) dancing; **sala da ballo** ballroom; **essere in ~** ‹*lavoro, vita*› be at stake; ‹*persona*› be committed; **tirare qualcuno in ~** involve somebody
■ **ballo liscio** ballroom dancing; **ballo in maschera** masked ball
ballonzo'lare *vi* skip about
ballot'taggio *m* second count [of votes]
balne'are *adj* bathing *attrib*; **stagione balneare** swimming season; **stazione balneare** seaside resort
balneazi'one *f*
■ **'divieto di balneazione'** 'no bathing'
ba'lordo *adj* foolish; (stordito) stunned; **tempo ~** nasty weather
bal'samico *adj* ‹*aria*› balmy; (aceto) balsamic
'balsamo *m* balsam; (per capelli) conditioner; (lenimento) remedy
'baltico *adj* Baltic; **il [mar] Baltico** the Baltic [Sea]
balu'ardo *m* bulwark
'balza *f* crag; (di abito) flounce
bal'zano *adj* (idea) weird
bal'zare *vi* bounce; (saltare) jump; **~ in piedi** leap to one's feet
'balzo *m* bounce; (salto) jump; **prendere la palla al ~** fig seize an opportunity
bam'bagia *f* cotton wool; **vivere nella ~** fig be in clover
bam'bina *f* little girl; (piccola) baby; **ha avuto una ~** she had a [baby] girl
bambi'naia *f* nursemaid, nanny
bambi'nata *f* childish thing to do/say
bam'bino *m* child; (appena nato) baby; **avere un ~** have a baby; (maschio) have a [baby] boy; **bambini** *pl* children, kids; (piccoli) babies
■ **bambino prodigio** child prodigy
bambi'none, -a *mf* derog big *or* overgrown child
bam'boccio *m* chubby child; (sciocco) simpleton; (fantoccio) rag doll
'bambola *f* doll
bambo'lotto *m* male doll
bambù *m inv* bamboo
ba'nale *adj* banal
banalità *f inv* banality
banaliz'zare *vt* trivialize
ba'nana *f* banana
ba'nano *m* banana (tree)
'banca *f* bank
■ **banca d'affari** merchant bank, investment bank; **banca dati** databank; **banca etica** ethical bank; **Banca Europea per la Ricostruzione e lo Sviluppo** European Bank for Reconstruction and Development; **banca degli occhi** eye bank; **banca del sangue** blood bank; **banca dello sperma** sperm bank
banca'rella *f* stall
bancarel'lista *mf* stallholder
ban'cario, -a **A** *adj* banking *attrib*; **trasferimento ~** bank transfer
B *mf* bank employee
banca'rotta *f* bankruptcy; **fare ~** go bankrupt
banchet'tare *vi* banquet
ban'chetto *m* banquet
banchi'ere *m* banker
ban'china *f* Naut quay; (in stazione) platform; (di strada) path
■ **banchina spartitraffico** central reservation, median strip AmE; **banchina non transitabile** soft verge
ban'chisa *f* floe
'banco *m* (di scuola) desk; (di negozio) counter; (di officina) bench; (di gioco, banca) bank; (di mercato) stall; (degli imputati) dock; **sotto ~** under the counter; **medicinale da banco** over the counter medicine
■ **banco dei formaggi** (in supermercato) cheese

b

counter; (in mercato) cheese stall; **banco di ghiaccio** ice floe; **banco informazioni** information desk; **banco di nebbia** fog bank; **banco di sabbia** sandbank

'bancomat® *m inv* (sportello) cash dispenser, cash machine, cashpoint; (carta) bank card, cash card

ban'cone *m* counter; (in bar) bar

banco'nota *f* banknote, bill AmE; **banconote** *pl* paper currency

'banda *f* band; (di delinquenti) gang

■ **banda d'atterraggio** Aeron landing strip; **banda larga** Comput broadband; **banda passante** bandwidth; **banda rumorosa** rumble strip

ban'dana *f* bandanna

banderu'ola *f* weathercock; Naut pennant

bandi'era *f* flag; **cambiare ~** change sides, switch allegiances

bandie'rina *f* (nel calcio) corner flag

bandie'rine *fpl* bunting

ban'dire *vt* banish; (pubblicare) publish; fig dispense with ‹*formalità, complimenti*›

ban'dista *mf* bandsman

bandi'tismo *m* banditry

ban'dito *m* bandit

bandi'tore *m* (di aste) auctioneer

'bando *m* proclamation

■ **bando di concorso** job advertisement (*published in an official gazette for a job for which a competitive examination has to be sat*)

bang *m inv* wham

■ **bang sonico** sonic boom

Bangla'desh *m* Bangladesh

bar *m inv* bar

'bara *f* coffin

ba'racca *f* hut; (catapecchia) hovel; **mandare avanti la ~** keep the ship afloat

barac'cato, -a **A** *adj* living in a shanty town **B** *mf* shanty town dweller

barac'chino *m* (di gelati, giornali) kiosk; Radio CB radio

barac'cone *m* (roulotte) circus caravan; (in luna park) booth; fig (organizzazione) lumbering great dinosaur of an organization

barac'copoli *f inv* shanty town

bara'onda *f* chaos; **non fare ~** don't make a mess

ba'rare *vi* cheat

'baratro *m* chasm

barat'tare *vt* barter

ba'ratto *m* barter

ba'rattolo *m* jar; (di latta) tin

'barba *f* beard; infml (noia) bore; **farsi la ~** shave; **in ~ a** in spite of; **è una ~** (noia) it's boring

barbabi'etola *f* beetroot; **barbabietole** *pl* beetroot

■ **barbabietola da zucchero** sugar beet

Bar'bados *fpl* **le ~** Barbados

barbagi'anni *m inv* barn owl

bar'barico *adj* barbaric

bar'barie *f inv* barbarity

barba'rismo *m* barbarism

'barbaro **A** *adj* barbarous **B** *m* barbarian

'barbecue *m inv* barbecue, BBQ

bar'betta *f* Naut painter

barbi'ere *m* barber; (negozio) barber's

bar'biglio *m* barb

barbi'turico *m* barbiturate

bar'bone, -a **A** *m* (vagabondo) vagrant; (cane) poodle **B** *f* bag lady

bar'boso *adj* infml boring

barbu'gliare *vi* mumble

bar'buto *adj* bearded

'barca *f* boat; **una ~ di** fig a lot of

■ **barca a motore** motor boat; **barca da pesca** fishing boat; **barca a remi** rowing boat, rowboat AmE; **barca di salvataggio** lifeboat; **barca a vela** sailing boat, sailboat AmE

barcai'olo *m* boatman

barcame'narsi *vr* manage

barca'rola *f* Mus barcarole

Barcel'lona *f* Barcelona

barcol'lare *vi* stagger

barcol'loni *adv* **camminare ~** stagger

bar'cone *m* barge; (di ponte) pontoon

bar'dare *vt* harness

bar'darsi *vr* (hum) dress up

barda'tura *f* (per cavallo) harness

ba'rella *f* stretcher

barelli'ere *m* stretcher-bearer

'Barents *m*

■ **mare di Barents** Barents Sea

ba'rese *adj* from Bari

bari'centro *m* centre of gravity

ba'rile *m* barrel

bari'lotto *m* fig tub of lard

ba'rista **A** *m* barman **B** *f* barmaid

ba'ritono *m* baritone

bar'lume *m* glimmer; **un ~ di speranza** a glimmer of hope

'barman *m inv* barman

'baro *m* card sharp

ba'rocco *adj & nm* baroque

ba'rometro *m* barometer

baro'nale *adj* baronial

ba'rone *m* baron; **i baroni** fig the top brass

baro'nessa *f* baroness

'barra *f* bar; (lineetta) oblique; Naut tiller

■ **barra delle applicazioni** Comput task bar; **barre** *pl* **laterali antintrusione** Auto side impact bars; **barra dei menu** Comput menu bar; **barra di navigazione** navigation bar; **barra retroversa**

---

key word

backslash; **barra di rimorchio** tow bar; **barra di scorrimento** Comput scroll bar; **barra spaziatrice** space bar; **barra di stato** Comput status bar; **barra degli strumenti** Comput tool bar; **barra di titolo** Comput title bar

bar'rage *m inv* Sport jump-off

bar'rare *vt* block off ‹*strada*›

barri'care *vt* barricade

barri'cata *f* barricade

barri'era *f* barrier; (stradale) road block; Geol reef

■ **barriera corallina** coral reef; **barriera linguistica** language barrier; **barriera razziale** colour bar; **barriera del suono** sound barrier

bar'rire *vi* trumpet

bar'rito *m* trumpeting

ba'ruffa *f* scuffle; **far ~** quarrel

barzel'letta *f* joke; **~ sporca** *o* **spinta** dirty joke

basa'mento *m* base; Geol bedrock

ba'sare *vt* base

ba'sarsi *vr* **~ su** be based on; **mi baso su ciò che ho visto** I'm going on [the basis of] what I saw

'basco, -a **A** *adj & mf* Basque
B *m* (copricapo) beret

'base *f* basis; (fondamento) foundation; Mil base; Pol rank and file; **a ~ di** containing; **in ~ a** on the basis of

■ **base di controllo** ground control; **base [di] dati** database; **base d'intesa** common ground; **base logica** logical basis; **base navale** naval base

'baseball *m* baseball

ba'setta *f* sideburn

basi'lare *adj* basic

ba'silica *f* basilica

Basili'cata *f* Basilicata

ba'silico *m* basil

ba'sista *m* grass roots politician; (di un crimine) mastermind

'basket *m* basketball

bas'sezza *f* lowness; (di statura) shortness; (viltà) vileness

bas'sista *mf* bassist

'basso **A** *adj* low; (di statura) short; ‹*acqua*› shallow; ‹*televisione*› quiet; (vile) despicable; **parlare a bassa voce** speak quietly, speak in a low voice; **la bassa Italia** southern Italy
B *m* lower part; Mus bass [guitar]; **guardare in ~** look down

basso'fondo *m* (*pl* **bassifondi**) shallows; **bassifondi** *pl* (quartieri poveri) slums

bassorili'evo *m* bas-relief

bas'sotto *m* dachshund

ba'stardo, -a **A** *adj* bastard; (di animale) mongrel
B *mf* bastard; (animale) mongrel

ba'stare *vi* be enough; (durare) last; **basta!** that's enough!, that'll do!; **basta che** (purché) provided that; **basta così** that's enough; **basta così?** is that enough?, will that do?; (in negozio) will there be anything else?; **basta andare alla posta** you only have to go to the post office; **basta che tu lo faccia bene** make sure you do it well

Basti'an con'trario *m* contrary old so-and-so

basti'mento *m* ship; (carico) cargo

basti'one *m* bastion

basto'nare *vt* beat

basto'nata *f* **dare una ~ a** beat with a stick

baston'cino *m* (da sci) ski pole

■ **bastoncino di pesce** fish finger, fish stick AmE

ba'stone *m* stick; (da golf) club; (da passeggio) walking stick

■ **bastone da hockey** hockey stick

ba'tosta *f* blow

bat'tage *m inv*

■ **battage pubblicitario** media hype

bat'taglia *f* battle; (lotta) fight

battagli'are *vi* battle; fig fight

bat'taglio *m* (di campana) clapper; (di porta) knocker

battagli'one *m* battalion

bat'tello *m* boat; (motonave) steamer

bat'tente *m* (di porta) wing; (di finestra) shutter; (battaglio) knocker

'battere **A** *vt* beat; hit, knock ‹*testa, spalla*›; (percorrere) scour; thresh ‹*grano*›; break ‹*record*›
B *vi* (bussare, urtare) knock; ‹*cuore*› beat; ‹*ali ecc.*› flap; Tennis serve; **~ a macchina** type; **~ gli occhi** blink; **~ il piede** tap one's foot; **~ le mani** clap [one's hands]; **~ le ore** strike the hours

bat'teri *mpl* bacteria

batte'ria *f* battery; Mus drums *pl*; Sport (eliminatoria) heat

■ **batteria a bottone** button battery

bat'terico *adj* bacterial

bat'terio *m* bacterium

batteriolo'gia *f* bacteriology

batterio'logico *adj* bacteriological

batte'rista *mf* drummer

'battersi *vr* fight

bat'tesimo *m* baptism, christening

battez'zare *vt* baptize, christen

battiba'leno *m* **in un ~** in a flash

batti'becco *m* squabble

batticu'ore *m* palpitation; **mi venne il ~** I was scared

bat'tigia *f* water's edge

batti'mano *m* applause

batti'panni *m inv* carpet beater

batti'scopa *m inv* skirting board

batti'stero *m* baptistery

batti'strada *m inv* outrider; (di pneumatico) tread; Sport pacesetter

battitap'peto *m inv* carpet sweeper

b

'battito *m* (alle tempie) throbbing; (di orologio) ticking; (della pioggia) beating
■ **battito cardiaco** heartbeat
batti|'tore, -trice *mf* Sport batsman
bat'tuta *f* beat; (colpo) knock; (spiritosaggine) wisecrack; (osservazione) remark; Mus bar; Tennis service; Theat cue; (dattilografia) stroke
■ **battuta d'arresto** setback
ba'tuffolo *m* flock
ba'ule *m* trunk
bau'xite *f* bauxite
'bava *f* dribble; (di cane ecc.) slobber; **aver la ~ alla bocca** foam at the mouth
bava'glino *m* bib
ba'vaglio *m* gag
bava'rese *f ice-cream cake with milk, eggs and cream*
'bavero *m* collar
ba'zar *m inv* bazaar
ba'zooka *m inv* bazooka
baz'zecola *f* trifle
bazzi'care *vt & vi* haunt
baz'zotto *adj* soft-boiled
be'arsi *vr* delight (**di** in)
beata'mente *adv* blissfully
beatifi'care *vt* beatify
beati'tudine *f* bliss
be'ato *adj* blissful; Relig blessed; **~ te!** lucky you!
beauty-'case *m inv* toilet bag
bebè *m inv* baby
bec'caccia *f* woodcock
bec'care *vt* peck; fig catch
bec'carsi *vr* (litigare) quarrel
bec'cata *f* beakful; (colpo) peck
beccheggi'are *vi* pitch
bec'chime *m* birdseed
bec'chino *m* gravedigger
'becco *m* beak; (di caffettiera ecc.) spout; **chiudi il ~** infml shut your trap; **non ha il ~ di un quattrino** infml he's skint; **restare a ~ asciutto** infml end up with nothing
■ **becco Bunsen** Bunsen [burner]; **becco a gas** gas burner
bec'cuccio *m* spout
'beeper *m inv* beeper
be'fana *f legendary old woman who brings presents to children on Twelfth Night*; (giorno) Twelfth Night; (donna brutta) old witch
'beffa *f* hoax; **farsi beffe di qualcuno** mock somebody
bef'fardo *adj* derisory; ‹*persona*› mocking
bef'fare *vt* mock
bef'farsi *vr* **~ di** make fun of
beffeggi'are *vt* taunt
'bega *f* quarrel; **è una bella ~** it's really annoying

key word

be'gonia *f* begonia
beh *int* well
'beige *adj inv & nm* beige
Bei'rut *f* Beirut
be'lare *vi* bleat
be'lato *m* bleating
'belga *adj & nmf* Belgian
'Belgio *m* Belgium
Bel'grado *f* Belgrade
Be'lize *m* Belize
'bella *f* (in carte, Sport) decider; (innamorata) sweetheart
■ **bella di giorno** Bot morning glory; **bella di notte** fig lady of the night
bel'lezza *f* beauty; **che ~!** how lovely!; **per ~** (per decorazione) for decoration; **chiudere/finire in ~** end on a high note; **la ~ di tre mesi/500 euro** all of three months/500 euros
belli'cismo *m* warmongering
belli'cistico *adj* warmongering
'bellico *adj* war *attrib*; **periodo ~** wartime
bellicosità *f inv* belligerence
belli'coso *adj* warlike
bellige'rante *adj & nmf* belligerent
bellige'ranza *f* belligerence
bellim'busto *m* dandy
'bello **A** *adj* nice; (di aspetto) beautiful; ‹*uomo*› handsome; (moralmente) good; **cosa fai di ~ stasera?** what are you up to tonight?; **oggi fa ~** it's a nice day today; **una bella cifra** a lot; **un bel piatto di pasta** a big plate of pasta; **nel bel mezzo** right in the middle; **un bel niente** absolutely nothing; **bell'e fatto** over and done with; **bell'amico sei!** fine friend you are!; **questa è bella!** that's a good one!; **bel voto** good mark; **il bel mondo** the beautiful people; **le belle arti** the fine arts
B *m* (bellezza) beauty; (innamorato) sweetheart; **sul più ~** at the crucial moment; **il ~ è che ...** the funny thing is that ...
beltà *f inv* (liter) beauty
'belva *f* wild beast
be'molle *m* Mus flat
ben ▶ **bene**
benché *conj* though, although
'benda *f* bandage; (per occhi) blindfold
ben'dare *vt* bandage; blindfold ‹*occhi*›
bendi'sposto *adj* **essere ~ verso** be well-disposed towards
'bene **A** *adv* well; **ben ~** thoroughly; **~!** good!; **star ~** (di salute) be well; ‹*vestito, stile*› suit; (finanziariamente) be well off; **non sta ~** (non è educato) it's not nice; **sta/va ~!** all right!; **ti sta ~!** [it] serves you right!; **ti auguro ~** I wish you well; **voler ~ a** love; **di ~ in meglio** better and better; **fare ~** (aver ragione) do the right thing; **fare ~ a** ‹*cibo*›

be good for; **una persona per ~** a good person; **per ~** (fare) properly; **è ben difficile** it's very difficult; **ben cotto** well done; **come tu ben sai** as you well know; **lo credo ~!** I can well believe it!
B *m* good; **per il tuo ~** for your own good; **beni** *pl* (averi) property *sg*; **un ~ di famiglia** a family heirloom; Fin assets
■ **beni ambientali** *pl* environment; **beni di consumo** *pl* consumer products, consumer goods; **beni culturali** *pl* cultural heritage; **beni immobili** *pl* real estate, realty AmE; **beni mobili** *pl* movables

benedet'tino *adj & nm* Benedictine

bene'detto *adj* blessed

bene'dire *vt* bless; **mandare qualcuno a farsi ~** infml tell somebody to get lost

benedizi'one *f* blessing

benedu'cato *adj* well-mannered

benefat|'tore, -trice *mf* benefactor; benefactress

benefi'care *vt* help

benefi'cenza *f* charity

benefici'are *vi* **~ di** profit by

benefici'ario, -a *adj & nmf* beneficiary

bene'ficio *m* benefit; **con ~ di inventario** with reservations
■ **beneficio accessorio** perquisite

be'nefico *adj* beneficial; (di beneficenza) charitable

'Benelux *m* Benelux

beneme'renza *f* benevolence

bene'merito *adj* worthy

bene'placito *m* consent, approval

be'nessere *m* well-being

bene'stante **A** *adj* well off
B *mf* well-off person

bene'stare *m* consent

benevo'lenza *f* benevolence

be'nevolo *adj* benevolent

ben'fatto *adj* well-made

Ben'gala *m* Bengal

ben'godi *m* **il paese di ~** a land of plenty

benia'mino *m* favourite

be'nigno *adj* kindly; Med benign

Be'nin *m* Benin

beninfor'mato **A** *adj* well-informed
B *npl* **i beninformati** those in the know

benintenzio'nato, -a **A** *adj* well-meaning
B *mf* well-meaning person

benin'teso *adv* needless to say, of course; **~ che ...** of course, ...

be'nissimo *int* fine

benpen'sante *adj & nmf* self-righteous

benser'vito *m* **dare il ~ a qualcuno** give somebody the sack

bensì *conj* but rather

benve'nuto *adj & nm* welcome; **benvenuta!** welcome!

ben'visto *adj* **essere ~ (da qualcuno)** go down well (with somebody)

benvo'lere *vt* **farsi ~ da qualcuno** win somebody's affection; **prendere a ~ qualcuno** take a liking to somebody; **essere benvoluto da tutti** be well-liked by everyone

ben'zene *m* benzene

ben'zina *f* petrol, gas AmE; **far ~** get petrol
■ **benzina avio** aviation fuel; **benzina con piombo** leaded petrol; **benzina senza piombo** *o* **verde** lead-free petrol, unleaded petrol; **benzina super** four-star petrol, premium gas AmE

benzi'naio, -a *mf* petrol station attendant, gas station attendant AmE

be'one, -a *mf* infml boozer

'berbero, -a *adj & nmf* Berber

'bere **A** *vt* drink; (assorbire) absorb; fig swallow; **~ una tazza di tè** have a cup of tea
B *m* drinking; **da ~ e da mangiare** food and drink

berga'motto *m* bergamot

'Bering *m* **il mare di ~** the Bering Sea; **lo stretto di ~** the Bering Straits

ber'lina *f* Auto saloon; **mettere alla ~ qualcuno** ridicule somebody

berli'nese **A** *mf* Berliner
B *adj* Berlin *attrib*

Ber'lino *m* Berlin
■ **Berlino Est** East Berlin

ber'muda *fpl* (pantaloni) Bermuda shorts

Ber'muda *fpl* **le ~** the Bermudas

'Berna *f* Berne

ber'noccolo *m* bump; (disposizione) flair

ber'retto *m* beret, cap
■ **berretto a pompon** bobble hat

bersagli'are *vt* fig bombard

ber'saglio *m* target

bescia'mella *f* béchamel, white sauce

be'stemmia *f* swear word; (maledizione) oath; (sproposito) blasphemy

bestemmi'are *vi* swear

'bestia *f* animal; (persona brutale) beast; (persona sciocca) fool; **andare in ~** infml blow one's top; **lavorare come una ~** slave away
■ **bestia nera** fig pet hate

besti'ale *adj* bestial; ‹*espressione, violenza*› brutal; infml ‹*freddo, fame*› terrible; **fa un caldo/freddo ~** it's dreadfully hot/cold

bestialità *f inv* bestiality; fig nonsense

besti'ame *m* livestock

betabloc'cante *m* beta blocker

Be'tlemme *f* Bethlehem

betoni'era *f* concrete mixer

'bettola *f* fig dive

be'tulla *f* birch
■ **betulla bianca** silver birch

be'vanda *f* drink

b

■ **bevanda alcolica** alcoholic drink
bevi|'tore, -trice *mf* drinker
be'vuta *f* drink
be'vuto pp di **bere**
Bhu'tan *m* Bhutan
bi+ *pref* bi+
bi'ada *f* fodder
bianche'ria *f* linen
■ **biancheria per la casa** household linen; **biancheria intima** underwear; (da donna) lingerie; **biancheria da letto** bed linen
bian'chetto *m* correction fluid
bi'anco, -a **A** *adj* white; ‹*foglio*› blank; **voce bianca** treble voice
B *mf* white
C *m* white; **mangiare in ~** eat bland food; **andare in ~** infml not score; **in ~ e nero** (film, fotografia) black and white, monochrome; **passare una notte in ~** have a sleepless night
■ **bianco sporco** off white; **bianco d'uovo** egg white
biancomangi'are *m* blancmange
bian'core *m* (bianchezza) whiteness
bianco'segno *m* Jur *blank document bearing a signature*
bianco'spino *m* hawthorn
biasci'care *vt* (mangiare) eat noisily; (parlare) mumble
biasi'mare *vt* blame
biasi'mevole *adj* blameworthy
bi'asimo *m* blame
'Bibbia *f* Bible
bibe'ron *m inv* [baby's] bottle
'bibita *f* [soft] drink
■ **bibita alcolica** alcopop; **bibita gasata** fizzy drink
'biblico *adj* biblical
bibliogra'fia *f* bibliography
biblio'grafico *adj* bibliographical
biblio'teca *f* library; (mobile) bookcase
bibliote'cario, -a *mf* librarian
bicame'rale *adj* two-chamber *attrib*, bicameral
bicarbo'nato *m* bicarbonate
■ **bicarbonato di sodio** bicarbonate of soda
bicchie'rata *f* glassful
bicchi'ere *m* glass
bicchie'rino *m* infml tipple
bicente'nario *m* bicentenary
'bici *f* infml bike
bici'cletta *f* bicycle, bike; **andare in ~** cycle, go by bike; (saper portare la bicicletta) ride a bicycle
■ **bicicletta da corsa** racer
bi'cipite *m* biceps
bi'cocca *f* hovel
bico'lore *adj* two-coloured

key word

bidè *m inv* bidet
bi'dello, -a *mf* janitor, [school] caretaker
bidirezio'nale *adj* bidirectional
bido'nare *vt* con, swindle; **farsi ~** be conned
bido'nata *f* infml swindle
bi'done *m* bin; infml (truffa) swindle; **fare un ~ a qualcuno** infml stand somebody up
■ **bidone dell'immondizia, bidone della spazzatura** rubbish bin, trash can AmE
bidon'ville *f inv* shanty town
bi'eco *adj* callous
bi'ella *f* connecting rod
Bielo'russia *f* Belarus
bielo'russo, -a *adj & nmf* Belorussian
bien'nale *adj* biennial
bi'ennio *m* two-year period
bi'erre *fpl* (Brigate Rosse) Red Brigades
bi'etola *f* beet
bifo'cale *adj* bifocal
bi'folco, -a *mf* fig boor
bifor'carsi *vr* fork
biforcazi'one *f* fork
bifor'cuto *adj* forked
biga'mia *f* bigamy
'bigamo, -a **A** *adj* bigamous
B *mf* bigamist
big bang *m* big bang
bighello'nare *vi* loaf around
bighel'lone *m* loafer
bigiotte'ria *f* costume jewellery; (negozio) jeweller's
bigliet'taio *m* booking clerk; (sui treni) ticket collector
bigliette'ria *f* ticket office; Theat box office
■ **biglietteria automatica** ticket vending machine
bigli'etto *m* ticket; (lettera breve) note; (cartoncino) card; (di banca) banknote
■ **biglietto di sola andata** single [ticket]; **biglietto di andata e ritorno** return [ticket]; **biglietto di auguri** card; **biglietto chilometrico** *ticket allowing travel up to a maximum specified distance*; **biglietto collettivo** group ticket; **biglietto elettronico** e-ticket; **biglietto giornaliero** day pass; **biglietto d'ingresso** entrance ticket; **biglietto d'invito** invitation card; **biglietto della lotteria** lottery ticket; **biglietto da visita** business card
bigliet'tone *m* infml (soldi) big one
bignè *m inv* puff
■ **bignè alla crema** cream puff
bigo'dino *m* roller
bi'gotto *m* religionist
bi'kini *m inv* bikini
bi'lancia *f* scales *pl*; (di orologio) Comm balance; **Bilancia** Astr Libra
■ **bilancia commerciale** balance of trade; **bilancia da cucina** kitchen scales; **bilancia dei pagamenti** balance of payments; **bilancia**

pesapersone scales
bilanci'are *vt* balance; fig weigh
bilancia'tura *f*
■ **bilanciatura gomme** wheel balancing
bilanci'ere *m* (in sollevamento pesi) bar bell; (di orologio) balance wheel
bi'lancio *m* budget; Comm balance [sheet]; **fare il ~** balance the books; fig take stock; **chiudere il ~ in attivo/passivo** to end the financial year in profit/with a loss
■ **bilancio patrimoniale** balance sheet; **bilancio preventivo** budget
bilate'rale *adj* bilateral
'bile *f* bile; fig rage
bili'ardo *m* billiards *sg*
'bilico *m* equilibrium; **in ~** in the balance
bi'lingue *adj* bilingual
bilingu'ismo *m* bilingualism
bili'one *m* billion
bili'oso *adj* bilious
bilo'cale **A** *adj* two-room
B *m* two-room flat
'bimbo, -a *mf* child
■ **~ in fasce** babe in arms
bimen'sile *adj* fortnightly BrE, twice monthly
bime'strale *adj* bimonthly
bi'mestre *m* two months
bi'nario *m* track; (piattaforma) platform
bi'nocolo *m* binoculars *pl*
bi'nomio *m* binomial
bio+ *pref* bio+
bioagricol'tore *m* organic farmer
bioagricol'tura *f* organic farming
bio'chimica *f* biochemistry
bio'chimico, -a **A** *mf* biochemist
B *adj* biochemical
biocompa'tibile *adj* biocompatible
biodegra'dabile *adj* biodegradable
biodiversità *f inv* biodiversity
bio'etica *f* bioethics *sg*
bio'fisica *f* biophysics *sg*
bio'gas *m* biogas
biogra'fia *f* biography
bio'grafico *adj* biographical
bi'ografo, -a *mf* biographer
bioingegne'ria *f* bioengineering
biolo'gia *f* biology
biologica'mente *adv* biologically
bio'logico *adj* biological; ‹*agricoltura*› organic
bi'ologo, -a *mf* biologist
bi'onda *f* blonde
■ **bionda ossigenata** peroxide blonde; **bionda platinata** platinum blonde
♂ **bi'ondo** **A** *adj* blond
B *m* fair colour; (uomo) fair-haired man
■ **biondo cenere** ash blond; **biondo platino** platinum blonde
bi'onico *adj* bionic
bio'psia *f* biopsy
bio'ritmo *m* biorhythm
bio'sfera *f* biosphere
bi'ossido *m* dioxide
■ **biossido di carbonio** carbon dioxide
biotecnolo'gia *f* biotechnology
bioterro'rismo *m* bioterrorism
bip *m inv* blip
bipar'titico *adj* bipartisan
biparti'tismo *m* two-party system
bipar'tito **A** *adj* bipartite, two-party *attrib*
B *m* two-party coalition
bipartizi'one *f* division into two parts
bipo'lare *adj* Electr bipolar; Pol dominated by two large parties
bipola'rismo *m* Pol *system in which the numerous parties line up behind two main parties*
bipolarizazzi'one *f* Pol *tendency towards 'bipolarism'*
bi'posto *adj inv & m inv* two-seater
'birba *f*, **birbante** *m* rascal, rogue
birbo'nata *f* trick
bir'bone *adj* wicked
birdie *m inv* (golf) birdie
biri'chino, -a **A** *adj* naughty
B *mf* little devil
bi'rillo *m* skittle; (di segnaletica stradale) traffic cone
Bir'mania *f* Burma
bir'mano, -a *adj & nmf* Burmese
'birra *f* beer; **a tutta ~** fig flat out
■ **birra chiara** lager; **birra grande** ≈ pint; **birra piccola** ≈ half-pint; **birra scura** dark beer, brown ale BrE
birre'ria *f* beer-house; (fabbrica) brewery
bis *m inv* encore
bi'saccia *f* haversack
bi'sbetica *f* shrew
bi'sbetico *adj* bad-tempered
bisbigli'are *vt & vi* whisper
bi'sboccia *f* **fare ~** make merry
'bisca *f* gambling house
Bi'scaglia *f* **il golfo di ~** the Bay of Biscay
'biscia *f* snake
biscotti'era *f* biscuit barrel, biscuit tin
bi'scotto *m* biscuit
■ **biscotto per cani** dog biscuit
bisessu'ale *adj & nmf* bisexual
bise'stile *adj* **anno ~** leap year
bisettima'nale *adj* twice weekly
biset'trice *f* bisector
bisezi'one *f* bisection
bisil'labico *adj* two syllable *attrib*, bisyllabic
bi'slacco *adj* peculiar
bi'slungo *adj* oblong
bi'snonno, -a **A** *m* great-grandfather

B *f* great-grandmother

biso'gnare *vi* **bisogna agire subito** we must act at once; **bisogna farlo** it is necessary to do it; **non bisogna scongelarlo** you don't need to defrost it

bi'sogno *m* need; (povertà) poverty; **aver ~ di** need

biso'gnoso *adj* needy; (povero) poor; **~ di** in need of

bi'sonte *m* bison

bi'stecca *f* steak

■ **bistecca di cavallo** horsemeat steak; **bistecca ai ferri** grilled steak; **bistecca alla fiorentina** large grilled beef steak

bi'sticci *mpl* bickering

bisticci'are *vi* quarrel

bi'sticcio *m* quarrel; (gioco di parole) pun

bistrat'tare *vt* mistreat

bistrò *m inv* bistro

'bisturi *m inv* scalpel

bi'sunto *adj* very greasy

bit *m inv* bit

bito'nale *adj* two-tone

bi'torzolo *m* lump

'bitter *m inv* bitter aperitif

bi'tume *m* bitumen

bivac'care *vi* bivouac

bi'vacco *m* bivouac

'bivio *m* crossroads; (di strada) fork

bizan'tino *adj* Byzantine

'bizza *f* tantrum; **fare le bizze** ‹*bambini*› play up

bizzar'ria *f* eccentricity

biz'zarro *adj* bizarre

biz'zeffe *adv* **a ~** galore

black'jack *m* blackjack

blan'dire *vt* soothe; (allettare) flatter

'blando *adj* mild

bla'sfemo *adj* blasphemous

bla'sone *m* coat of arms

blate'rare *vi* blather; **~ di qualcosa** burble on about something

'blatta *f* cockroach

'bleso *adj* lisping

blin'dare *vt* armour-plate

blin'dato *adj* armoured

'blinker *m inv* blinker

'blister *m inv* blister pack

blitz *m inv* blitz

bloc'care *vt* block; (isolare) cut off; Mil blockade; Comm freeze; stop ‹*assegno*›; **~ l'accesso a** seal off

bloc'carsi *vr* Mech jam

blocca'sterzo *m* steering lock

bloc'cato *adj* blocked

bloc'chetto *m*:

■ **blocchetto per appunti** memo pad; **blocchetto di biglietti** book of tickets

'blocco *m* block; Mil blockade; (dei fitti) restriction; (di carta) pad; (unione) coalition; **in ~** Comm in bulk

■ **blocco chiamate** Teleph call barring; **blocco per appunti** notepad; **blocco psicologico** mental block; **blocco stradale** road block

block-'notes *m inv* memo pad

blog *m inv* blog

blog'gare *vi* blog

'blogger *mf* blogger

blogos'fera *f* blogosphere

blu *adj & nm* blue

blu'astro *adj* bluish

blue chip *f inv* Fin blue chip

blue-'jeans *mpl* jeans

bluff *m inv* (carte, fig) bluff

bluf'fare *vi* (carte, fig) bluff

'blusa *f* blouse

'boa **A** *m* boa [constrictor]; (sciarpa) [feather] boa

B *f* Naut buoy

bo'ato *m* rumbling

bo'bina *f* spool; (di film) reel; Electr coil

bobi'nare *vt* spool

'bocca *f* mouth; **a ~ aperta** fig dumbfounded; **in ~ al lupo!** infml break a leg!; **fare la respirazione ~ a ~ a qualcuno** give somebody mouth to mouth resuscitation, give somebody the kiss of life; **essere di ~ buona** eat anything; fig be easily satisfied; **essere sulla ~ di tutti** be the talk of the town

■ **bocca del camino** chimney breast; **bocca di leone** snapdragon

boccac'cesco *adj* licentious

boc'caccia *f* grimace; **far boccacce** make faces

boc'caglio *m* nozzle

boc'cale *m* jug; (da birra) mug

bocca'porto *m* Naut hatch

bocca'scena *m inv* proscenium

boc'cata *f* (di fumo) puff; **prendere una ~ d'aria** get a breath of fresh air

boc'cetta *f* small bottle

boccheggi'are *vi* gasp

boc'chino *m* cigarette holder; (di pipa) Mus mouthpiece

'boccia *f* (palla) bowl; **bocce** *pl* (gioco) bowls *sg*; **giocare a bocce** play bowls

bocci'are *vt* (agli esami) fail; (respingere) reject; (alle bocce) hit; **essere bocciato** fail; (ripetere) repeat a year

boccia'tura *f* failure

bocci'olo *m* bud

'boccolo *m* ringlet

boccon'cino *m* morsel

boc'cone *m* mouthful; (piccolo pasto) snack

boc'coni *adv* face down[wards]

Bo'emia *f* Bohemia

bo'emo, -a *adj & nmf* Bohemian
bo'ero, -a *mf* Afrikaner
bofonchi'are *vi* grumble
boh *int* dunno
'boia *m* executioner; **fa un freddo ~** infml it's brass monkey weather; **ho un sonno ~** infml I can't keep my eyes open
boi'ata *f* infml rubbish
boicot'taggio *m* boycotting
boicot'tare *vt* boycott
bo'lero *m* bolero
'bolgia *f* (caos) bedlam
'bolide *m* meteor; **passare come un ~** shoot past [like a rocket]
Bo'livia *f* Bolivia
bolivi'ano, -a *adj & nmf* Bolivian
'bolla *f* bubble; (vescica, in tappezzeria) blister; **finire in una ~ di sapone** go up in smoke; **~ immobiliare** property bubble
■ **bolla di accompagnamento** packing list; **bolla d'aria** (in acqua) air bubble; **bolla di consegna** packing list; **bolla speculativa** speculative bubble
bol'lare *vt* stamp; fig brand
bol'lato *adj* fig branded; **carta bollata** *paper with stamp showing payment of duty*
bol'lente *adj* boiling [hot]
bol'letta *f* bill; **essere in ~** be hard up
bollet'tino *m* bulletin; Comm list
■ **bollettino d'informazione** fact sheet; **bollettino meteorologico** weather report; **bollettino ufficiale** gazette
bolli'latte *m* milk pan
bol'lino *m* stamp
bol'lire *vt & vi* boil
bol'lito *m* boiled meat
bolli'tore *m* boiler; (per l'acqua) kettle
bolli'tura *f* boiling
'bollo *m* stamp; Auto tax disc
bol'lore *m* boil; (caldo) intense heat; fig ardour
Bo'logna *f* Bologna
bolo'gnese *mf* person from Bologna; **spaghetti alla ~** spaghetti bolognese
'bomba *f* bomb; **a prova di ~** bomb-proof; **tornare a ~** get back to the point
■ **bomba atomica** nuclear bomb; **bomba intelligente** smart bomb; **bomba a mano** hand grenade; **bomba molotov** petrol bomb; **bomba ad orologeria** time bomb; **bomba sporca** dirty bomb
bombarda'mento *m* shelling; (con aerei) bombing; fig bombardment
■ **bombardamento aereo** air raid
bombar'dare *vt* shell; (con aerei) bomb; fig bombard; **~ a tappeto** carpet-bomb
bombardi'ere *m* bomber
bom'bato *adj* domed
'bomber *m inv* bomber jacket
bom'betta *f* bowler [hat]
'bombo *m* bumblebee
'bombola *f* cylinder
■ **bombola di gas** gas bottle, gas cylinder
bombo'letta *f* spray can
bombo'lone *m* doughnut
bomboni'era *f wedding keepsake*
bo'naccia *f* Naut calm
bonacci'one, -a **A** *mf* good-natured person
B *adj* good-natured
bo'nario *adj* kindly
bo'nifica *f* land reclamation
bonifi'care *vt* reclaim
bo'nifico *m*
■ **bonifico [bancario]** [credit] transfer
bontà *f inv* goodness; (gentilezza) kindness
'bonus-'malus *m inv* Auto *car insurance policy with no claims bonus clause*
'boogie *m* boogie
'book'maker *m inv* bookmaker
'boomerang *m inv* boomerang
boot *m* Comput boot-up; **eseguire il ~** boot up
'bora *f cold north-east wind in the upper Adriatic*
borbot'tare *vi* mumble; (stomaco) rumble
borbot'tio *m* mumbling; (di stomaco) rumbling
'borchia *f* stud
borchi'ato *adj* studded
bor'dare *vt* border
bor'data *f* Naut broadside
borda'tura *f* border
bor'deaux **A** *m inv* (vino) claret, Bordeaux
B *adj inv* (colore) claret
bor'dello *m* brothel; fig bedlam; (disordine) mess
bor'dino *m* narrow border
'bordo *m* border; (estremità) edge; **a ~** Aeron, Naut on board; **d'alto ~** ‹*prostituta*› high-class
■ **bordo d'attacco** Aeron leading edge
bor'dura *f* border
bor'gata *f* hamlet
bor'ghese *adj* bourgeois; ‹*abito*› civilian; **in ~** in civilian dress; ‹*poliziotto*› in plain clothes
borghe'sia *f* middle classes *pl*
'borgo *m* village; (quartiere) district
'boria *f* conceit
bori'oso *adj* conceited
bor'lotto *m*
■ **[fagiolo] borlotto** pinto bean
'Borneo *m* Borneo
boro'talco *m* talcum powder
bor'raccia *f* flask
'borsa *f* bag; (borsetta) handbag
■ **borsa dell'acqua calda** hot-water bottle; **borsa frigo** cool box; **borsa della spesa** shopping

bag; **borsa di studio** scholarship; **borsa termica** cool bag; **borsa da viaggio** travel bag

b

'Borsa *f*
■ Borsa [valori] Stock Exchange
borsai'olo *m* pickpocket
bor'seggio *m* pickpocketing
borsel'lino *m* purse
bor'sello *m* (portamonete) purse; (borsetto) man's handbag
bor'setta *f* handbag
bor'setto *m* man's handbag
bor'sino *m* Fin dealing room
bor'sista *mf* Fin speculator; Sch scholarship holder
bor'sone *m* carryall
bo'scaglia *f* woodlands *pl*
boscai'olo *m* woodman; (guardaboschi) forester
bo'schetto *m* grove
🔑 **'bosco** *m* wood
bo'scoso *adj* wooded
'Bosnia *f* Bosnia
bos'niaco, -a *adj & nmf* Bosnian
Bosnia-Erzego'vina *f* Bosnia-Herzegovina
boss *m inv*
■ **boss mafioso** Mafia boss
'bosso *m* boxwood
'bossolo *m* cartridge case
Bot *nm abbr* (**Buoni Ordinari Del Tesoro**) T-bills
bo'tanica *f* botany
bo'tanico **A** *adj* botanical
B *m* botanist
'botola *f* trapdoor
Bot'swana *m* Botswana
'botta *f* blow; (rumore) bang; **fare a botte** come to blows
■ **botta e risposta** fig thrust and counter-thrust
botta'trice *f* monkfish
'botte *f* barrel
bot'tega *f* shop; (di artigiano) workshop
botte'gaio, -a *mf* shopkeeper
botte'ghino *m* Theatr box office; (del lotto) lottery shop
🔑 **bot'tiglia** *f* bottle; **in ~** bottled
bottiglie'ria *f* wine shop
bot'tino *m* loot; Mil booty
'botto *m* bang; **di ~** all of a sudden
bot'tone *m* button; Bot bud
■ **bottone di carica** winder
botu'lino *m* botulin
botu'lismo *m* botulism
bour'bon *m inv* bourbon
bo'vini *mpl* cattle
bo'vino *adj* bovine
■ **carne bovina** beef
'bowling *m* bowling, tenpin bowling BrE

box *m inv* (per cavalli) loose box; (recinto per bambini) play pen
'boxe *f* boxing
'boxer *mpl* jockey shorts
'bozza *f* draft; Typ proof; (bernoccolo) bump
■ **bozza in colonna** galley [proof]; **bozza definitiva** page proof; **bozza impaginata** page proof; **bozza di stampa** page proof
boz'zetto *m* sketch
'bozzolo *m* cocoon
BR *fpl abbr* (**Brigate Rosse**) Red Brigades
brac'care *vt* hunt
brac'cetto *m* **a ~** arm in arm
bracci'ale *m* bracelet; (fascia) armband
braccia'letto *m* bracelet; (di orologio) watch strap
■ **braccialetto identificativo** identity bracelet
bracci'ante *m* day labourer
bracci'ata *f* (nel nuoto) stroke
🔑 **'braccio** *m* (*pl nf* **braccia**) arm ((di fiume) *pl* **bracci**) arm
■ **braccio di ferro** arm wrestling
bracci'olo *m* (di sedia) arm[rest]; (da nuoto) armband
'bracco *m* hound
bracconi'ere *m* poacher
'brace *f* embers *pl*; **alla ~** char-grilled
'brache *fpl* infml (pantaloni) britches; **calare le ~** fig chicken out
braci'ere *m* brazier
braci'ola *f* chop
■ **braciola di maiale** pork chop
'brado *adj* **allo stato ~** in the wild
braille *m* Braille
brain-'storming *m inv* brainstorming
'brama *f* longing
bra'mare *vt* long for
bra'mino *m* Brahmin
bramo'sia *f* yearning
'branca *f* branch
'branchia *f* gill
'branco *m* (di cani) pack; derog (di persone) gang
branco'lare *vi* grope
'branda *f* camp bed
bran'dello *m* scrap; **a brandelli** in tatters
bran'dina *f* cot
bran'dire *vt* brandish
'brandy *m inv* brandy
'brano *m* piece; (di libro) passage
bran'zino *m* sea bass
bra'sare *vt* braise
bra'sato *m braised beef with herbs*
Bra'sile *m* Brazil
brasili'ano, -a *adj & nmf* Brazilian
bra'vata *f* bragging
🔑 **'bravo** *adj* good; (abile) clever; (coraggioso) brave; **~!** well done!
bra'vura *f* skill

'breccia *f* breach; **sulla ~** fig very successful, at the top
brecci'ame *m* loose chipping *pl*
bre'saola *f dried, salted beef sliced thinly and eaten cold*
Bre'tagna *f* Brittany
bre'tella *f* shoulder strap; (strada) link road; Mech brace; **bretelle** *pl* (di calzoni) braces, suspenders AmE
'bretone *adj & nmf* Breton
'breve *adj* brief, short; **in ~** briefly; **tra ~** shortly
brevet'tare *vt* patent
bre'vetto *m* patent; (attestato) licence
brevità *f inv* shortness
'brezza *f* breeze
bricco'nata *f* dirty trick
bric'cone *m* blackguard; (hum) rascal
'briciola *f* crumb; fig grain
'briciolo *m* fragment; **non hai un ~ di cervello!** you don't have an ounce of common sense!
bridge *m inv* (carte) bridge
'briga *f* (fastidio) trouble; (lite) quarrel; **attaccar ~** pick a quarrel; **prendersi la ~ di fare qualcosa** go to the trouble of doing something
brigadi'ere *m* (dei carabinieri) sergeant
brigan'taggio *m* highway robbery
bri'gante *m* bandit; (hum) rogue
bri'gare *vi* to intrigue
bri'gata *f* brigade; (gruppo) group
briga'tista *mf* Pol member of the Red Brigades
'briglia *f* rein; **a ~ sciolta** at full gallop; fig at breakneck speed
bril'lante **A** *adj* brilliant; (scintillante) sparkling
B *m* diamond
brillan'tina *f* brilliantine
bril'lare *vi* shine; ‹*metallo*› glitter; (scintillare) sparkle
'brillo *adj* tipsy
'brina *f* hoar frost
brin'dare *vi* toast; **~ a qualcuno** drink a toast to somebody
'brindisi *m inv* toast
'brio *m* vivacity
bri'oche *f inv* croissant
bri'oso *adj* vivacious
'briscola *f* (seme) trumps
bri'tannico *adj* British
'brivido *m* shiver; (di paura ecc.) shudder; (di emozione) thrill; **avere i brividi** have the shivers; **dare i brividi a qualcuno** give somebody the shivers
brizzo'lato *adj* ‹*capelli, barba*› greying
'brocca *f* jug
broc'cato *m* brocade
'broccoli *mpl* broccoli *sg*
bro'daglia *f* derog dishwater
'brodo *m* broth; (per cucinare) stock
■ **brodo di manzo** beef tea; **brodo di pollo** chicken broth; (per cucinare) chicken stock; **brodo ristretto** consommé; **brodo vegetale** clear broth; (per cucinare) vegetable stock
'broglio *m*
■ **broglio elettorale** gerrymandering
'broker *mf inv* broker
■ **broker d'assicurazioni** insurance broker
'bromo *m* Chem bromine
bro'muro *m* bromide
bronchi'ale *adj* bronchial
bron'chite *f* bronchitis
bron'chitico *adj* chesty
'broncio *m* sulk; **fare il ~** sulk
bronto'lare *vi* grumble; ‹*tuono ecc.*› rumble; **~ contro qualcuno/qualcosa** grumble *or* grouch about somebody/something
bronto'lio *m* grumbling; (di tuono, stomaco) rumbling
bronto'lone, -a *mf* grumbler
'bronzo *m* bronze; **una faccia di ~** infml a brass neck
bros'sura *f*
■ **edizione in brossura** paperback
browser *m* Comput browser
bru'care *vt* ‹*pecora*› graze
bruciacchi'are *vt* scorch
bruci'ante *adj* burning
brucia'pelo *adv* **a ~** point-blank
bruci'are **A** *vt* burn; (scottare) scald; (incendiare) set fire to
B *vi* burn; (scottare) scald
bruci'arsi *vr* burn oneself
bruci'ato *adj* burnt; fig burnt-out
brucia'tore *m* burner
brucia'tura *f* burn
bruci'ore *m* burning sensation
'bruco *m* caterpillar
'brufolo *m* spot, pimple
brufo'loso *adj* spotty, pimply
brughi'era *f* heath
bruli'care *vi* swarm
bruli'chio *m* swarming
'brullo *adj* bare
'bruma *f* mist
Bru'nei *m* Brunei
'bruno *adj* brown; ‹*occhi, capelli*› dark
brusca'mente *adv* (di colpo) suddenly; (in tono brusco) sharply
bru'schetta *f toasted bread rubbed with garlic and sprinkled with olive oil*
'brusco *adj* sharp; (persona) brusque, abrupt; (improvviso) sudden
bru'sio *m* buzzing
bru'tale *adj* brutal

brutalità *f inv* brutality
brutaliz'zare *vt* brutalize
'bruto *adj & nm* brute
brut'tezza *f* ugliness
'brutto *adj* ugly; ‹*tempo, tipo, situazione, affare*› nasty; (cattivo) bad
■ **brutta copia** rough copy; ~ **tiro** dirty trick
brut'tura *f* ugly thing
bub'bone *m* Med swelling
'buca *f* hole; (avvallamento) hollow
■ **buca delle lettere** letter box
buca'neve *m inv* snowdrop
bucani'ere *m* buccaneer
bu'care **A** *vt* make a hole in; (pungere) prick; punch ‹*biglietti*›
B *vi* have a puncture
'Bucarest *f* Bucharest
bu'carsi *vr* prick oneself; (con droga) shoot up
buca'tini *mpl pasta similar to spaghetti but thicker and hollow*
bu'cato *m* washing; **fare il** ~ do the washing
'buccia *f* peel, skin; **bucce** *pl* (di frutta) parings
■ **buccia di banana** banana skin
bucherel'lare *vt* riddle
bucherel'lato *adj* pitted
'buco *m* hole
■ **buco della serratura** keyhole
bu'colica *f* bucolic
bu'colico *m* bucolic
'Budda *m* Buddha
bud'dista *mf* Buddhist
bu'dello *m* (*pl nf* **budella**) bowel
'budget *m inv* budget
■ **budget provvisorio** mini budget
budge'tario *adj* budgetary
bu'dino *m* pudding
'bue *m* (*pl* **buoi**) ox
'bufalo *m* buffalo
bu'fera *f* storm; (di neve) blizzard
bufferiz'zato *adj* Comput buffered
buf'fet *m inv* snack bar; (mobile) sideboard; (pasto) buffet
buf'fetto *m* cuff
'buffo **A** *adj* funny; Theat comic
B *m* funny thing
buffo'nata *f* (scherzo) joke
buf'fone *m* buffoon; **fare il** ~ play the fool
bu'gia *f* lie; ~ **pietosa** white lie
bugi'ardo, -a **A** *adj* lying
B *mf* liar
bugi'gattolo *m* cubby-hole
'buio **A** *adj* dark
B *m* darkness; **al** ~ in the dark; ~ **pesto** pitch dark
'bulbo *m* bulb; (dell'occhio) eyeball

Bulga'ria *f* Bulgaria
'bulgaro, -a *adj & nmf* Bulgarian
buli'mia *f* bulimia
bu'limico *mf* bulimic
'bullo *m* bully
bul'lone *m* bolt
'bunker *m inv* bunker
buona'fede *f* good faith
buo'nanima *f* **la** ~ **di mio zio** my late uncle, God rest his soul
buona'notte *int* good night
buona'sera *int* good evening
buonco'stume *f* Vice Squad
buondì *int* good day!
buon'giorno *int* good morning; (di pomeriggio) good afternoon
buon'grado *m* **di** ~ willingly
buongu'staio, -a *mf* gourmet, foodie infml
buon'gusto *m* good taste
bu'ono **A** *adj* good; (momento) right; **dar** ~ (convalidare) accept; **alla buona** easy-going; ‹*cena*› informal; **buona fortuna!** good luck!; **buona notte/sera** good night/evening; **buon compleanno/Natale!** happy birthday/merry Christmas!; **buon viaggio!** have a good trip!; **buon appetito!** enjoy your meal!; ~ **senso** common sense; **di buon'ora** early; **a buon mercato** cheap; **una buona volta** once and for all; **buona parte di** the best part of; **tre ore buone** three good hours
B *m* good; (in film) goody; (tagliando) voucher; (titolo) bond; **con le buone** gently
■ **buono acquisto** gift token; **buono sconto** money-off coupon
C *mf* **buono, -a a nulla** dead loss
buontem'pone, -a *mf* happy-go-lucky person
buonu'more *m* good temper
buonu'scita *f* retirement bonus; (di dirigente) golden handshake
buratti'naio *m* puppeteer
burat'tino *m* puppet
'burbero *adj* surly; (nei modi) rough
bu'rino, -a *mf* hick
Bur'kina 'Faso *m* Burkina (Faso)
'burla *f* joke; **fare una** ~ **a** play a trick on; **per** ~ for fun
bur'lare *vt* make a fool of
bur'larsi *vr* ~ **di** make fun of
bu'rocrate *m* bureaucrat
burocra'tese *m* gobbledygook
buro'cratico *adj* bureaucratic
burocra'zia *f* bureaucracy
bu'rotica *f* office automation
bur'rasca *f* storm
burra'scoso *adj* stormy
'burro *m* butter
■ **burro di arachidi** peanut butter
bur'rone *m* ravine
Bu'rundi *m* Burundi

key word

bus *m inv* Comput bus
■ **bus locale** local bus
bu'scare *vt* catch; **buscarle** infml get a hiding
bu'scarsi *vr* catch
bus'sare *vt* knock
'bussola *f* compass; **perdere la ~** lose one's bearings
'busta *f* envelope; (astuccio) case
■ **busta affrancata** business reply envelope; **busta a finestra** window envelope; **busta imbottita** Jiffy bag®, padded envelope; **busta paga** pay packet
busta'rella *f* bribe
bu'stina *f* (di tè) tea bag; (per medicine) sachet
'busto *m* bust; (indumento) girdle; **a mezzo ~** half-length
bu'tano *m* Calor gas®
buttafu'ori *m inv* bouncer
but'tare *vt* throw; **~ giù** (demolire) knock down; (inghiottire) gulp down; scribble down ‹*scritto*›; infml put on ‹*pasta*›; (scoraggiare) dishearten; **~ via** throw away
but'tarsi *vr* throw oneself; (saltare) jump
butte'rato *adj* pitted
buz'zurro *m* infml yokel
byte *m inv* Comput byte

b
c

Cc

c.a. *abbr* (**cortese attenzione**) attn.
caba'ret *m inv* cabaret
cabaret'tistico *adj* cabaret *attrib*
ca'bina *f* Naut Aeron cabin; (al mare) beach hut; (di funivia) [cable] car
■ **cabina elettorale** polling booth; **cabina di pilotaggio** cockpit; (di aereo di linea) flight deck; **cabina di prova** fitting room; **cabina telefonica** telephone box BrE, phone booth
cabi'nato *m* cabin cruiser
ca'blaggio *m* Electr wiring
ca'blato *adj* ‹*messaggio*› cable *attrib*
cablo'gramma *m* cablegram
cabo'taggio *m* Naut coastal navigation
cabrio'let *m inv* Auto convertible
ca'cao *m* cocoa
ca'care *vi* vulg have a crap
caca'tua *m inv* cockatoo
'cacca *f* infml poo, number two
'cacchio *m* infml hell; **ma che ~ fai/dici?** infml what the hell are you doing/saying?
'caccia **A** *f* hunt; (con fucile) shooting; (inseguimento) chase; (selvaggina) game
B *m inv* Aeron fighter; Naut destroyer; **andare a ~** go hunting
■ **caccia alla balena** whaling; **caccia grossa** big game; **caccia all'uomo** manhunt; **caccia alla volpe** fox hunting
cacciabombardi'ere *m* Aeron fighter-bomber
cacciagi'one *f* game
cacci'are **A** *vt* hunt; (mandar via) chase away; (scacciare) drive out; (ficcare) shove; **caccia [fuori] i soldi!** infml out with the money!; **~ un urlo** infml let out a yell
B *vi* go hunting
cacci'arsi *vr* (nascondersi) hide; (andare a finire) get to; **~ nei guai** get into trouble
caccia'tora *f* **alla ~** Culin chasseur
caccia|'tore, -trice *mf* hunter
■ **cacciatore di dote** gold digger; **cacciatore di frodo** poacher; **cacciatore di taglie** bounty hunter; **cacciatore di teste** Comm head-hunter
cacciatorpedini'ere *m inv* destroyer
caccia'vite *m inv* screwdriver
cacci'ucco *m*
■ **cacciucco alla livornese** *soup of seafood, tomato and wine served with bread*
cache-'sexe *m inv* thong
ca'chet *m inv* Med capsule; (colorante) colour rinse; (stile) cachet
'cachi **A** *m inv* persimmon
B *adj inv* (colore) khaki
'cacio *m* (formaggio) cheese
caci'otta *f creamy, fairly soft cheese*
'caco *m* persimmon
cacofo'nia *f* cacophony
'cactus *m inv* cactus
cada'uno *adj* each
ca'davere *m* corpse
cada'verico *adj* fig deathly pale
ca'dente *adj* falling; ‹*casa*› crumbling
ca'denza *f* cadence; (ritmo) rhythm; Mus cadenza
caden'zare *vt* give rhythm to
caden'zato *adj* measured
ca'dere *vi* fall; ‹*capelli ecc.*› fall out; (capitombolare) tumble; ‹*vestito ecc.*› hang; **far ~** (di mano) drop; **~ dal pero** infml be flabbergasted; **~ dal sonno** feel very sleepy; **lasciar ~** drop; **~ dalle nuvole** fig be taken aback; **~ dalla finestra** fall out of

the window
ca'detto *m* cadet
ca'duta *f* fall; fig downfall
■ **caduta dei capelli** hair loss; **caduta libera** free fall; **caduta massi** rockfall; (avviso) falling rocks
ca'duto *m* **i caduti** the dead; **monumento ai caduti** war memorial
caffè *m inv* coffee; (locale) café
■ **caffè corretto** espresso with a dash of liqueur; **caffè lungo** weak black coffee; **caffè macchiato** coffee with a dash of milk; **caffè ristretto** extra strong espresso coffee; **caffè solubile** instant coffee
caffe'ina *f* caffeine
caffel'latte *m inv* white coffee
caffette'ria *f* coffee bar
caffetti'era *f* coffee pot
■ **caffettiera a stantuffo** cafetière
cafo'naggine *f* boorishness
cafo'nata *f* boorishness
ca'fone, -a *mf* boor
cafone'ria *f* (comportamento) boorishness; **è stata una ~** it was boorish
ca'gare *vi* vulg crap; **va' a ~!** go and get stuffed!
cagio'nare *vt* cause
cagio'nevole *adj* delicate
cagli'are *vi* curdle
cagli'arsi *vr* curdle
cagli'ata *f* curd cheese
caglia'tura *f* curdling
'cagna *f* bitch
ca'gnara *f* infml din
ca'gnesco *adj* **guardare qualcuno in ~** scowl at somebody
ca'gnetto *m* lapdog
C.A.I. *nm abbr* (**Club Alpino Italiano**) *Italian mountain sports association*
cai'mano *m* cayman
'caio *m* so-and-so
'Cairo *m* **il ~** Cairo
'cala *f* creek
cala'brese *adj & nmf* Calabrian
Ca'labria *f* Calabria
cala'brone *m* hornet
cala'maio *m* ink pot
calama'retto *m* small squid
cala'mari *mpl* squid *sg*
cala'maro *m* squid
cala'mita *f* magnet
calamità *f inv* calamity; **~** *pl* **naturali** natural disasters
calami'tare *vt* draw ‹*attenzione*›
ca'lante *adj* waning
ca'lare **A** *vi* come down; ‹*vento*› drop; (diminuire) fall; (tramontare) set; **~ di peso** lose weight; **~ di tono** fig drag
B *vt* (abbassare) lower; (nei lavori a maglia) decrease
C *m* (di luna) waning
ca'larsi *vr* lower oneself
ca'lata *f* (invasione) invasion
'calca *f* throng
cal'cagno *m* (*pl f* **calcagna**) heel; **stare alle calcagna di qualcuno** fig follow somebody around
cal'care¹ *m* limestone
cal'care² *vt* tread; (premere) press [down]; **~ la mano** fig exaggerate; **~ le orme di qualcuno** fig follow in somebody's footsteps; **~ le scene** fig tread the boards
'calce¹ *f* lime
■ **calce viva** quicklime
'calce² *m* **in ~** at the foot of the page
calce'struzzo *m* concrete
cal'cetto *m* Sport five-a-side [football]; (da tavolo) table football
calci'are *vt* kick
calcia'tore *m* footballer
calcifi'carsi *vr* calcify
calcificazi'one *f* calcification
cal'cina *f* mortar
calci'naccio *m* (pezzo di intonaco) flake of plaster; (pezzo di muro) piece of rubble
'calcio¹ *m* kick; Sport football; (di arma da fuoco) butt; **dare un ~ a** kick; **giocare a ~** play football
■ **calcio d'angolo** corner [kick]; **calcio di punizione** free kick; **calcio di rigore** penalty [kick]
'calcio² *m* Chem calcium
calcio-mer'cato *m inv* transfer market
calcioscom'messe *mpl* **1** (scommesse clandestine) illegal football pools **2** (combine) match fixing
'calco *m* (con carta) tracing; (arte) cast
calco'lare *vt* calculate; (considerare) consider
calco'lato *adj* calculated
calcola'tore **A** *adj* calculating
B *m* calculator; (macchina elettronica) computer
■ **calcolatore digitale** (calcolatrice) calculator
calcola'trice *f* calculating machine
'calcolo *m* calculation; Med stone; **per ~** fig out of self-interest; **mi sono fatto i calcoli** fig I've weighed up the pros and cons
■ **calcolo approssimativo** guesstimate; **calcolo biliare** gallstone; **calcolo renale** kidney stone
cal'daia *f* boiler
■ **caldaia ad accumulo** storage heater
caldar'rosta *f* roast chestnut
caldeggi'are *vt* support
'caldo **A** *adj* warm; (molto caldo) hot; ‹*situazione, zona*› dangerous; ‹*notizie*› latest; **non gli fa né ~ né freddo** fig he doesn't give a damn; **ondata di ~** heatwave; **tavola calda** snack bar
B *m* heat; **avere ~** be warm, be hot; **fa ~**

it's warm, it's hot
caleido'scopio *m* kaleidoscope
calen'dario *m* calendar
■ **calendario sportivo** sporting calendar
ca'lesse *m* gig
cali'brare *vt* calibrate
cali'brato *adj* calibrated; fig balanced; **taglie** *pl* **calibrate** clothes for non-standard sizes
'calibro *m* calibre; (strumento) callipers *pl*; **di grosso** ~ ‹*persona*› top *attrib*
'calice *m* goblet; Relig chalice
californi'ano, -a *adj & nmf* Californian
ca'ligine *m* fog; (industriale) smog
call-girl *f inv* call girl
calligra'fia *f* handwriting; (arte) calligraphy
calli'grafico *adj* **perizia calligrafica** handwriting analysis
cal'ligrafo, -a *mf* calligrapher
cal'lista *mf* chiropodist
'callo *m* corn; **fare il** ~ **a** become hardened to
cal'loso *adj* callous
'calma *f* calm; **mantenere la** ~ keep calm; **prendersela con** ~ fig take it easy; **fare qualcosa con** ~ take one's time doing something
cal'mante **A** *adj* calming
B *m* sedative
cal'mare *vt* calm [down]; (lenire) soothe
cal'marsi *vr* calm down; ‹*vento*› drop; ‹*dolore*› die down
calmie'rare *vt* control the prices of
calmi'ere *m* price control
'calmo *adj* calm
'calo *m* Comm fall; (di volume) shrinkage; (di peso) loss; **in** ~ dwindling
ca'lore *m* heat; (moderato) warmth; **in** ~ (di animale) on heat
calo'ria *f* calorie
ca'lorico *adj* calorific
calo'rifero *m* radiator
calorosa'mente *adv* warmly
calorosità *f inv* fig warmth
calo'roso *adj* warm
ca'lotta *f*:
■ **calotta cranica** skullcap; **calotta glaciale** ice cap; **calotta polare** polar ice cap
calpe'stare *vt* trample [down]; fig trample on ‹*diritti, sentimenti*›; **'vietato** ~ **l'erba'** 'keep off the grass'
calpe'stio *m* (passi) footsteps *pl*; (rumore) stamping
ca'lunnia *f* slander
calunni'are *vt* slander
calunni'oso *adj* slanderous
ca'lura *f* heat
cal'vario *m* Calvary; fig trial
calvi'nismo *m* Calvinism
calvi'nista *mf* Calvinist
cal'vizie *f* baldness
'calvo *adj* bald
'calza *f* (da reggicalze) stocking; (da uomo) sock
■ **calza della befana** ≈ Christmas stocking
calza'maglia *f* tights *pl*; (per danza) leotard
cal'zante *adj* fig fitting
cal'zare **A** *vt* (indossare) wear; (mettersi) put on
B *vi* fit; ~ **a pennello** ‹*indumenti*› fit like a glove
calza'scarpe *m inv* shoehorn
calza'tura *f* footwear; **calzature** *pl* footwear *sg*
calzaturi'ficio *m* shoe factory
cal'zetta *f* ankle sock; **è una mezza** ~ fig he's no use
calzet'tone *m* knee-length woollen sock
cal'zino *m* sock
calzo'laio *m* shoe mender
calzole'ria *f* (negozio) shoe shop
calzon'cini *mpl* shorts
■ **calzoncini da bagno** swimming trunks
cal'zone *m* Culin *folded pizza with tomato, mozzarella etc inside*
cal'zoni *mpl* trousers, pants AmE
■ **calzoni alla cavallerizza** jodhpurs
camale'onte *m* chameleon
cambi'ale *f* Comm bill of exchange
cambia'mento *m* change
■ **cambiamento climatico** climate change
cambi'are **A** *vt* change; move ‹*casa*›; (fare cambio di) exchange; ~ **canale** TV switch over; ~ **rotta** Naut alter course; ~ **l'aria in una stanza** air a room; ~ **sesso** have a sex change
B *vi* change; (fare cambio) exchange
cambi'arsi *vr* change
cambiava'lute *m* bureau de change
'cambio *m* change; Comm (scambio) exchange; Mech gear; **dare il** ~ **a qualcuno** relieve somebody; **in** ~ **di** in exchange for
■ **cambio della guardia** changeover; **cambio dell'olio** oil change
Cam'bogia *f* Cambodia
cambogi'ano *adj & nmf* Cambodian
cam'busa *f* pantry
ca'melia *f* camellia
'camera *f* room; (mobili) [bedroom] suite; **Camera** Pol, Comm Chamber
■ **camera ammobiliata** bedsit; **camera ardente** chapel of rest; **camera d'aria** inner tube; **camera blindata** strong room; **Camera di Commercio** Chamber of Commerce; **Camera dei Comuni** House of Commons; **Camera dei Deputati** ≈ House of Commons; **Camera dei Lord** House of Lords; **Camera dei Rappresentanti** House of Representatives; **camera doppia** double room; **camera a gas** gas chamber; **camera da letto** bedroom; **camera a due letti** twin room; **camera matrimoniale** double room; **camera oscura** darkroom; **camera degli ospiti** guest room; **camera singola** single room
came'rata¹ *f* (dormitorio) dormitory; Mil barrack room

came'rata² *mf* mate
camera'tesco *adj* comradely
camera'tismo *m* comradeship
cameri'era *f* maid; (di ristorante) waitress; (in albergo) chambermaid
C **cameri'ere** *m* manservant; (di ristorante) waiter
came'rino *m* dressing room
came'ristico *adj* Mus chamber
'Camerun *m* il ~ Cameroon
'camice *m* overall
camice'ria *f* shirt shop
cami'cetta *f* blouse
ca'micia *f* shirt; **essere nato con la ~** fig be born lucky
■ **uovo in camicia** poached egg; **camicia di forza** strait-jacket; **camicia nera** Blackshirt; **camicia da notte** nightdress; (da uomo) nightshirt
camici'aio *m* (venditore) shirt seller; (sarto) shirt maker
camici'ola *f* vest
cami'netto *m* fireplace
■ **caminetto alimentato a carbone** coal fire
ca'mino *m* chimney; (focolare) fireplace, hearth
'camion *m inv* lorry BrE, truck
■ **camion della nettezza urbana** dust-cart BrE, garbage truck AmE
camion'cino *m* van
camio'netta *f* jeep
camio'nista *mf* lorry driver BrE, truck driver
'camma *f* cam; **albero a camme** Auto camshaft
cam'mello A *m* camel; (tessuto) camel-hair
B *adj inv* (colore) camel
cam'meo *m* cameo
cammi'nare *vi* walk; ‹*auto, orologio*› go; **~ avanti e indietro** pace up and down
cammi'nata *f* walk; **fare una ~** go for a walk
cam'mino *m* way; **essere in ~** be on the way; **mettersi in ~** set out; **cammin facendo** on the way
camo'milla *f* camomile; (bevanda) camomile tea
camo'millarsi *vr sl* **camomillati!** don't get your knickers in a twist!, cool it!
Ca'morra *f local mafia*
camor'rista *mf member of the 'Camorra'*
ca'moscio *m* chamois; (pelle) suede
cam'pagna *f* country; (paesaggio) countryside; Comm, Mil campaign; **in ~** in the country
■ **campagna elettorale** election campaign; **campagna promozionale** promotional campaign, marketing campaign; **campagna pubblicitaria** advertising campaign
campa'gnola *f* Auto cross-country vehicle

campa'gnolo, -a A *adj* rustic
B *m* countryman
C *f* countrywoman
cam'pale *adj* field *attrib*; **giornata campale** fig strenuous day
cam'pana *f* bell; (di vetro) bell jar; **a ~** bell shaped; **essere sordo come una ~** be as deaf as a doorpost; **sentire anche l'altra ~** fig hear the other side of the story; **vivere sotto una ~ di vetro** fig be mollycoddled; **campane** *pl* **eoliche** wind chimes; **campane** *pl* **a morto** death knell
campa'naccio *m* cowbell
campa'naro *m* bell-ringer
campa'nella *f* (di tenda) curtain ring
campa'nello *m* doorbell; (cicalino) buzzer
Cam'pania *f* Campania
campa'nile *m* bell tower
campani'lismo *m* parochialism
campani'lista *mf* person with a parochial outlook
campani'listico *adj* parochial
cam'panula *f* Bot campanula
cam'pare *vi* live; (a stento) get by; **tirare a ~** fig live from day to day
cam'pato *adj* **~ in aria** unfounded
campeggi'are *vi* camp; (spiccare) stand out; **'vietato ~'** 'no camping'
campeggia|'tore, -trice *mf* camper
cam'peggio *m* camping; (terreno) campsite; **andare in ~** go camping; **fare ~ libero** camp in the wild
■ **campeggio per roulotte** caravan site
'camper *m inv* camper (van)
cam'pestre *adj* rural
Campi'doglio *m* Capitol
'camping *m inv* campsite
campiona'mento *m* sampling
campio'nario A *m* [set of] samples
B *adj* **fiera campionaria** trade fair
campio'nato *m* championship
■ **Campionato Mondiale di Calcio** World Cup
campiona'tura *f* (di merce) range of samples; (in statistica) sampling
■ **campionatura casuale** random sample
campi'one *m* champion; Comm sample; (esemplare) specimen; **indagine ~** (in statistica) sample
■ **campione gratuito** free sample; **'campione senza valore'** 'sample, no commercial value'
campio'nessa *f* ladies' champion
'campo *m* field; (accampamento) camp; Mil encampment; **abbandonare il ~** Mil desert in the face of the enemy; fig throw in the towel; **a tutto ~** fig wide-ranging; **avere ~ libero** fig have a free hand; **non avere ~** ‹*cellulare*› to be out of range; **giocare a tutto ~** Sport cover the entire pitch
■ **campo d'aviazione** airfield; **campo base** base camp; **campo di battaglia** battlefield; **campo da calcio** football pitch; **campo di**

key word

concentramento concentration camp; **campo in erba** grass court; **campo da golf** golf course; **campo di grano** cornfield; **campo da hockey** hockey field; **campo di mais** cornfield; **campo di prigionia** prison camp; **campo profughi** refugee camp; **campo sportivo** sports ground; **campo di sterminio** death camp; **campo in superficie dura** hard court; **campo da tennis** tennis court

campo'santo *m* cemetery

'campus *m inv* (di università) campus

camuf'fare *vt* disguise

camuf'farsi *vr* disguise oneself

ca'muso *adj* **naso ~** snub nose

'Canada *m* Canada

cana'dese *adj & nmf* Canadian

ca'naglia *f* scoundrel; (plebaglia) rabble

ca'nale *m* channel; (artificiale) canal

■ **Canal Grande** Gran Canal; **canale della Manica** English Channel; **canale di scolo** dyke

canaliz'zare *vt* channel ‹*acque, energie*›

canalizzazi'one *f* channelling; (rete) pipes *pl*

'canapa *f* hemp

■ **canapa indiana** (droga) cannabis

Ca'narie *fpl* **le ~** the Canaries

cana'rino *m* canary

ca'nasta *f* (gioco) canasta

cancel'labile *adj* erasable; ‹*impegno, incontro*› which can be cancelled

cancel'lare *vt* cross out; (con la gomma) rub out; fig wipe out; (annullare) cancel; Comput delete, erase

cancel'larsi *vr* be erased, be wiped out

cancel'lata *f* railings *pl*

cancel'lato *adj* cancelled

cancella'tura *f* erasure

cancellazi'one *f* cancellation; Comput deletion; **~ del debito** (ai paesi poveri) debt relief

cancelle'ria *f* chancellery; (articoli per scrivere) stationery

cancel'letto *m* hash sign

cancelli'ere *m* chancellor; (di tribunale) clerk

cancel'lino *m* duster

can'cello *m* gate

cance'rogeno **A** *m* carcinogen
B *adj* carcinogenic

cance'roso *adj* cancerous

can'crena *f* gangrene; **andare in ~** become gangrenous

cancre'noso *adj* gangrenous

'cancro *m* cancer; **Cancro** Astr Cancer; **tropico del Cancro** Tropic of Cancer

candeggi'are *vt* bleach

candeg'gina *f* bleach

can'deggio *m* bleaching

can'dela *f* candle; Auto spark plug; **a lume di ~** by candlelight; ‹*cena*› candlelit; **il gioco non vale la ~** the game is not worth the candle

■ **candela magica** sparkler

cande'labro *m* candelabra

cande'letta *f* Med pessary

candeli'ere *m* candlestick

cande'line *fpl* candles

cande'lotto *m* (di dinamite) stick

■ **candelotto lacrimogeno** tear gas grenade

candida'mente *adv* innocently

candi'dare *vt* put forward as a candidate

candi'darsi *vr* stand as a candidate

candi'dato, -a *mf* candidate

candida'tura *f* Pol candidacy; (per lavoro) application

'candido *adj* snow-white; (sincero) candid; (puro) pure

can'dito **A** *adj* candied
B *m* piece of candied fruit

can'dore *m* whiteness; fig innocence

'cane *m* dog; (di arma da fuoco) cock; **un tempo da cani** foul weather; **fa un freddo ~** it's bitterly cold; **non c'era un ~** fig there wasn't a soul about; **solo come un ~** fig all on one's own; **essere come ~ e gatto** fig fight like cat and dog; **essere un ~** ‹*attore, cantante*› be appalling, be a dog sl; **fatto da cani** fig ‹*lavoro*› botched; **mangiare da cani** fig eat very badly; **figlio di un ~** infml son of a bitch

■ **cane da caccia** hunting dog; **cane per ciechi** guide dog; **cane da corsa** greyhound; **cane da guardia** guard dog; **cane lupo** Alsatian; **cane poliziotto** police dog; **cane da salotto** lapdog; **cane sciolto** fig maverick

ca'nestro *m* basket; **fare ~** score a basket

'canfora *f* camphor

cangi'ante *adj* iridescent; **seta ~** shot silk

can'guro *m* kangaroo

ca'nicola *f* scorching heat

ca'nile *m* kennel; (di allevamento) kennels *pl*

■ **canile municipale** dog pound

ca'nino *adj & nm* canine

ca'nizie *m* white hair

'canna *f* reed; (da zucchero) cane; (di fucile) barrel; (bastone) stick; (di bicicletta) crossbar; (asta) rod; infml (hashish) joint; **povero in ~** destitute

■ **canna fumaria** flue; **canna da pesca** fishing rod; **canna da zucchero** sugar cane

'cannabis *f* cannabis

can'nella *f* cinnamon

cannel'loni *mpl*

■ **cannelloni al forno** *rolls of pasta stuffed with meat and baked in the oven*

can'neto *m* bed of reeds

can'nibale *m* cannibal

canniba'lismo *m* cannibalism

cannocchi'ale *m* telescope

can'nolo *m* pastry roll

■ **cannolo siciliano** *cylindrical pastry filled with ricotta and candied fruit*

canno'nata *f* cannon shot; **è una ~** fig it's brilliant
cannon'cino *m* (dolce) cream horn
can'none *m* cannon; fig ace
cannoneggia'mento *m* cannonade
cannoni'era *f* gunboat
cannoni'ere *m* (soldato) gunner; (calciatore) top goal scorer
can'nuccia *f* [drinking] straw; (di pipa) stem
ca'noa *f* canoe
cano'ismo *m* canoeing
'canone *m* canon; (del telefono) standing charge; (affitto) rent; **equo canone** rent set by law
ca'nonica *f* manse
ca'nonico *m* canon
canoniz'zare *vt* canonize
canonizzazi'one *f* canonization
ca'noro *adj* melodious
ca'notta *f* (estiva) vest top, singlet
canot'taggio *m* canoeing; (voga) rowing
canotti'era *f* vest, singlet
canotti'ere *m* oarsman
ca'notto *m* [rubber] dinghy
cano'vaccio *m* (trama) plot; (straccio) duster; (per ricamo) canvas
can'tante *mf* singer
■ **cantante lirico** opera singer
can'tare *vt & vi* sing; **~ vittoria** fig crow; **fare ~ qualcuno** sl make somebody talk; **me le ha cantate** infml he told me off
canta'storie *mf inv* storyteller
can'tata *f* Mus cantata
can'tato *adj* sung
cantau|'tore, -trice *mf* singer-songwriter
canticchi'are *vt* sing softly; (a bocca chiusa) hum
'cantico *m* hymn
canti'ere *m* yard; Naut shipyard; (di edificio) construction site
■ **cantiere navale** naval dockyard; (per piccole imbarcazioni) boatyard
cantie'ristica *f* construction
canti'lena *f* singsong; (ninna-nanna) lullaby
can'tina *f* cellar; (per vini) wine cellar; (osteria) wine shop
'canto¹ *m* singing; (canzone) song; Relig chant; (poesia) poem
■ **canto di Natale** *o* **natalizio** Christmas carol; **canto degli uccelli** birdsong
'canto² *m* (angolo) corner; (lato) side; **dal ~ mio** for my part; **d'altro ~** on the other hand
canto'nale *adj* cantonal
canto'nata *f* **prendere una ~** fig drop a clanger
can'tone *m* canton; (angolo) corner
can'tore *m* chorister
can'tuccio *m* nook; **stare in un ~** fig hold oneself aloof
ca'nuto *adj* (liter) white-haired
canzo'nare *vt* tease
canzona'torio *adj* teasing
canzona'tura *f* teasing
can'zone *f* song
■ **canzone d'amore** love song
canzo'netta *f* infml pop song
canzoni'ere *m* songbook
'caos *m* chaos
ca'otico *adj* chaotic
cap. *abbr* (**capitolo**) chap, chapter
C.A.P. *nm abbr* (**Codice di Avviamento Postale**) post code, zip code AmE
ca'pace *adj* able; (esperto) skilled; ‹*stadio, contenitore*› big; **~ di** (disposto a) capable of; **è ~ di cantare?** can he sing?
capacità *f inv* ability; (attitudine) skill; (capienza) capacity
■ **capacità d'assorbimento** absorbency; **capacità di credito** creditworthiness; **capacità di memorizzazione** retentiveness; **capacità produttiva** production capacity; **capacità di resistenza** staying power
capaci'tarsi *vr* **~ di** (rendersi conto) understand; (accorgersi) realize
ca'panna *f* hut
capan'nello *m* knot of people; **fare ~ intorno a qualcuno/qualcosa** gather round somebody/something
ca'panno *m*:
■ **capanno degli attrezzi** garden shed; **capanno da spiaggia** beach hut, cabana
capan'none *m* shed; Aeron hangar
caparbietà *f inv* obstinacy
ca'parbio *adj* obstinate
ca'parra *f* deposit
capa'tina *f* short visit; **fare una ~ in città/da qualcuno** pop into town/in on somebody
ca'pello *m* hair; **non torcere un ~ a qualcuno** fig not lay a finger on somebody; **capelli** *pl* (capigliatura) hair *sg*; **avere i capelli a spazzola** have a crew cut; **spaccare il ~ in quattro** split hairs; **averne fin sopra i capelli** fig be fed up to the back teeth; **mettersi le mani nei capelli** fig tear one's hair out; **capelli** *pl* **d'angelo** vermicelli
capel'lone *m* long-haired type, hippie
capel'luto *adj* hairy; **cuoio capelluto** scalp
ca'pestro *m* noose; **contratto capestro** strait-jacket of a contract
capez'zale *m* bolster; fig bedside
ca'pezzolo *m* nipple
capi'ente *adj* capacious
capi'enza *f* capacity
capiglia'tura *f* hair
capil'lare *adj* capillary
ca'pire *vt* understand; **non capisco** I don't understand; **~ male** misunderstand;

si capisce! naturally!; **sì, ho capito** yes, I see

capi'tale **A** *adj* Jur capital; (principale) main
B *f* (città) capital
C *m* Comm capital
■ **capitale di avviamento** start-up capital; **capitale azionario** Fin equity capital, share capital; **capitale di investimento** investment capital; **capitale di rischio** venture capital; **capitale sociale** Fin share capital

capita'lismo *m* capitalism

capita'lista *mf* capitalist

capita'listico *adj* capitalist

capitaliz'zare *vt* capitalize

capitalizzazi'one *f* capitalization

capita'nare *vt* lead ‹*rivolta*›; Sport captain

capitane'ria *f*
■ **capitaneria di porto** port authorities *pl*

capi'tano *m* captain
■ **capitano di lungo corso** Naut captain

capi'tare *vi* (giungere per caso) come; (accadere) happen

'capite pro ~ *adv* per capita

capi'tello *m* Archit *capital*

capito'lare *vi* capitulate

capitolazi'one *f* capitulation

ca'pitolo *m* chapter

capi'tombolo *m* headlong fall; **fare un ~** tumble down

'capo *m* head; (chi comanda) boss infml; (di vestiario) item; Geog cape; (in tribù) chief; (parte estrema) top; **a ~** (in dettato) new paragraph; **da ~** over again; **giramento di ~** dizziness; **mal di ~** headache; **in ~ a un mese** within a month; **non ha né ~ né coda** ‹*discorso, ragionamento*› I can't make head nor tail of it
■ **capo d'abbigliamento** item of clothing; **capo d'accusa** Jur charge, count; **capo di bestiame** head of cattle; **Capo di Buona Speranza** Cape of Good Hope; **capo reparto** head of department; **il Capo Verde** Cape Verde

capo'banda *m* Mus band-master; (di delinquenti) ringleader

capocameri'ere, -a **A** *m* head waiter
B *f* head waitress

ca'pocchia *f*
■ **capocchia di spillo** pinhead

ca'poccia *m* infml (testa) nut

capocci'one, -a *mf* infml brainbox

capo'classe *mf* ≈ form captain

capocor'data *mf* (alpinista) leader

capocu'oco, -a *mf* head cook

capo'danno *m* New Year's Day

capofa'miglia *m* head of the family

capoffi'cina *m* head mechanic

capo'fitto *m* **a ~** headlong

capo'giro *m* giddiness

capo'gruppo *m* group leader

capola'voro *m* masterpiece

capo'linea *m* terminus

capo'lino *m* **fare ~** peep in

capo'lista *mf* Sport league leaders *pl*; Pol *candidate whose name appears first on the list*

capolu'ogo *m* main town

capo'mafia *m* Mafia boss

capo'mastro *m* master builder

capo'rale *m* lance corporal

capore'parto *mf* department head, head of department

capo'sala *f inv* Med ward sister

capo'saldo *m* stronghold

capo'scalo *m* airline manager

capo'squadra *m inv* foreman; Sport team captain

capostazi'one *m inv* stationmaster

capo'stipite *mf* (di famiglia) progenitor; (di esemplare) archetype

capo'tavola *mf* (persona) head of the table; **sedere a ~** sit at the head of the table

capo'treno *m* guard

ca'potta *f* top

capot'tare *vi* somersault

capouf'ficio *mf* department head

capo'verso *m* first line; Jur paragraph

capo'volgere *vt* overturn; fig reverse

capo'volgersi *vr* overturn; ‹*barca*› capsize; fig be reversed

capovolgi'mento *m* turnaround

capo'volto **A** pp di **capovolgere**
B *adj* upside down

'cappa *f* cloak; (di camino) cowl; (di cucina) hood

cappa'santa *f* Culin scallop

cap'pella *f* chapel
■ **la Cappella Sistina** the Sistine Chapel

cappel'lano *m* chaplain

cappel'letti *mpl small filled pasta parcels*

cappelli'era *f* (per cappelli) hatbox; (in aereo) overhead locker

cappel'lino *m*
■ **cappellino di carta** party hat

cap'pello *m* hat; **tanto di ~!** I take my hat off to you!
■ **cappello a cilindro** top hat; **cappello da cow boy** Stetson, cowboy hat; **cappello di feltro** homburg; **cappello di paglia** straw hat; **cappello da sole** sun hat

'cappero *m* caper; **capperi!** infml gosh!

'cappio *m* noose; **avere il ~ al collo** fig have a millstone round one's neck; ‹*marito*› be henpecked

cap'pone *m* capon

cap'potto *m* [over] coat

cappuc'cino *m* (frate) Capuchin [friar]; (bevanda) white coffee

cap'puccio *m* hood; (di penna stilografica) cap

'capra *f* goat; **salvare ~ e cavoli** fig run with the hare and hunt with the hounds

ca'pretto *m* kid

ca'priccio *m* whim; (bizzarria) freak; **fare i capricci** have tantrums
capricci'oso *adj* capricious; ‹*bambino*› naughty
Capri'corno *m* Astr Capricorn
capri'foglio *m* honeysuckle
ca'prino *m* goat's cheese
capri'ola *f* somersault
capriolo *m* roe (deer)
'capro *m* (billy) goat
■ **capro espiatorio** scapegoat
ca'prone *m* (billy) goat
'capsula *f* capsule; (di proiettile) cap; (di dente) crown
cap'tare *vt* Radio, TV pick up; catch ‹*attenzione*›
C.A.R. *nm abbr* (**Centro Addestramento Reclute**) basic training camp
cara'bina *f* carbine
carabiniere *m* carabiniere; **carabini'eri** *pl* *Italian police force (which is a branch of the army)*
ca'raffa *f* carafe
Ca'raibi *mpl* (zona) Caribbean *sg*; (isole) Caribbean Islands; **il mar dei ~** the Caribbean [Sea]
Cara'ibico *adj* Caribbean
cara'mella *f* sweet
■ **caramella alla menta** mint
cara'mello *m* caramel
ca'rato *m* carat
ca'rattere *m* character; (caratteristica) characteristic; **di buon ~** good-natured; **in ~ con** (intonato) in keeping with; **è una persona di ~** (deciso) he's got character
■ **carattere jolly** Comput wild card; **carattere tipografico** typeface
caratte'rino *m* difficult nature
caratte'rista **A** *m* character actor
B *f* character actress
caratte'ristico, -a **A** *adj* characteristic; (pittoresco) quaint
B *f* characteristic
caratteriz'zare *vt* characterize
caratterizzazi'one *f* characterization
cara'tura *f* carats; Comm part ownership
'caravan *m inv* caravan
carboi'drato *m* carbohydrate
car'bonchio *m* anthrax
carbon'cino *m* (per disegno) charcoal
car'bone *m* coal; **stare sui carboni ardenti** fig be on tenterhooks
■ **carbone fossile** anthracite
carbo'nifero *adj* Carboniferous
car'bonio *m* carbon
■ **carbonio 14** carbon-14
carboniz'zare *vt* burn to a cinder, burn to a crisp; **é morto carbonizzato** he was burned to death
carboniz'zato *adj* charred
carbu'rante *m* fuel
carbu'rare **A** *vt* carburize
B *vi* fig be firing on all four cylinders; **il motore carbura male** the mixture is wrong
carbura'tore *m* carburettor
carburazi'one *f* carburation
car'cassa *f* carcass; fig old wreck
carce'rario *adj* prison *attrib*
carce'rato, -a *mf* prisoner
carcerazione *f* imprisonment
'carcere *m* prison; (punizione) imprisonment
■ **carcere di massima sicurezza** maximum security prison
carceri'ere, -a *mf* gaoler
carci'noma *m* carcinoma
carcio'fino *m* baby artichoke
carci'ofo *m* artichoke
cardel'lino *m* goldfinch
car'diaco *adj* cardiac; **disturbo ~** heart disease
'cardigan *m inv* cardigan
cardi'nale *adj & nm* cardinal
'cardine *m* hinge
cardiochi'rurgo *m* heart surgeon
cardiolo'gia *f* cardiology
cardi'ologo *m* heart specialist
cardio'patico *mf* person suffering from a heart complaint
cardio'tonico *m* heart stimulant
cardiovasco'lare *adj* cardiovascular
'cardo *m* thistle
ca'rena *f* Naut bottom
care'naggio *m*
■ **bacino di carenaggio** dry dock
ca'rente *adj* **~ di** lacking in
ca'renza *f* lack; (scarsità) scarcity
care'stia *f* famine; (mancanza) dearth
ca'rezza *f* stroke; (di madre, amante) caress; **fare una ~ a** stroke; (madre, amante) caress
carez'zare *vt* stroke; ‹*madre, amante*› caress
carez'zevole *adj* fig sweet
'cargo *m inv* (nave) cargo boat, freighter; (aereo) cargo plane, freight plane
cari'are *vt* decay
cari'arsi *vi* decay
cari'ato *adj* decayed
'carica *f* office; Mil, Electr charge; fig drive; **dotato di una forte ~ di simpatia** really likeable
■ **carica esplosiva** payload
caricabatte'ria *m inv* battery charger
cari'care *vt* load ‹*camion, software*›; Mil, Electr charge; wind up ‹*orologio*›; Comput upload ‹*programma*›
cari'carsi *vr* Electr charge [up]; **~ di lavoro** take on too much work

cari'cato *adj* fig affected (esagerato)
carica'tore *m* (per proiettile) magazine; (per diapositive) carousel
carica'tura *f* caricature
caricatu'rale *adj* grotesque
caricatu'rista *mf* caricaturist
'carico **A** *adj* loaded (**di** with); ‹*colore*› strong; ‹*orologio*› wound [up]; ‹*batteria*› charged
B *m* load; (di nave) cargo; (il caricare) loading; **avere un ~ di lavoro** have a heavy workload; **testimone a ~** Jur witness for the prosecution; **a ~ di** Comm to be charged to; ‹*persona*› dependent on
■ **carico utile** payload
'carie *f* [tooth] decay
caril'lon *m inv* musical box
carino *adj* pretty, nice-looking; (piacevole) agreeable
ca'risma *m* charisma
cari'smatico *adj* charismatic
carità *f inv* charity; **per ~!** (come rifiuto) God forbid!
carita'tevole *adj* charitable
car'linga *f* fuselage
car'lino *m* pug
carnagi'one *f* complexion
car'naio *m* fig shambles
car'nale *adj* carnal; **cugino ~** first cousin
'carne *f* flesh; (alimento) meat; **di ~** meaty
■ **carne macinata** mince, ground beef AmE; **carne di maiale** pork; **carne di manzo** beef; **carne di vitella** veal
car'nefice *m* executioner
carnefi'cina *f* slaughter
carne'vale *m* carnival
carneva'lesco *adj* carnival
car'nivoro **A** *m* carnivore
B *adj* carnivorous
car'noso *adj* fleshy
'caro, -a **A** *adj* dear; **cari saluti** kind regards
B *mf* infml darling, dear; **i miei cari** my nearest and dearest
ca'rogna *f* carcass; fig bastard
caro'sello *m* merry-go-round
ca'rota *f* carrot
caro'vana *f* caravan; (di veicoli) convoy
caro'vita *m* high cost of living
'carpa *f* carp
car'paccio *m finely sliced raw beef with oil, lemon and slivers of Parmesan*
Car'pazi *mpl* **i ~** the Carpathians
carpenti'ere *m* carpenter
car'pire *vt* seize; (con difficoltà) extort
car'pone, car'poni *adv* on all fours; **camminare ~** crawl
car'rabile *adj* suitable for vehicles; **passo ~** = **passo carraio**
car'raio *adj* **passo ~** *entrance to driveway, garage etc where parking is forbidden*
carreggi'ata *f* roadway; **doppia carreggiata** dual carriageway, divided highway AmE; **rimettersi in ~** fig straighten oneself out
carrel'lata *f* TV pan; fig (di notizie) round-up
car'rello *m* trolley; (di macchina da scrivere) carriage; Aeron undercarriage; Cinema, TV dolly
■ **carrello d'atterraggio** Aeron landing gear; **carrello dei dolci** dessert trolley; **carrello portabagagli** luggage trolley, baggage cart AmE; **carrello della spesa** shopping trolley
car'retta *f* (veicolo vecchio) old banger; **tirare la ~** fig plod along
car'retto *m* cart
carri'era *f* career; **di gran ~** at full speed; **fare ~** get on
carrie'rismo *m* careerism
carrie'rista *mf* **è un ~** his career is all that matters
carri'ola *f* wheelbarrow
'carro *m* cart
■ **carro armato** tank; **carro attrezzi** breakdown vehicle, tow truck, wrecker AmE; **carro funebre** hearse; **carro merci** truck
car'rozza *f* carriage; Rail coach, car
■ **carrozza bagagliaio** Rail guard's van; **carrozza belvedere** Rail observation car; **carrozza cuccette** sleeping car; **carrozza fumatori** Rail smoker; **carrozza letti** Rail sleeping car; **carrozza ristorante** Rail restaurant car, buffet car
carroz'zella *f* (per bambini) pram; (per invalidi) wheelchair
carrozze'ria *f* bodywork; (officina) body shop
carrozzi'ere *m* panel beater
carroz'zina *f* pram; (pieghevole) pushchair, stroller AmE
carroz'zone *m* (di circo) caravan; fig (organizzazione) slow-moving great monster of an organization
car'ruba *f* carob
car'rubo *m* carob
car'rucola *f* pulley
carta *f* paper; (da gioco) card; (statuto) charter; Geog map
■ **carta di addebito** charge card; **carta d'argento** senior citizens' railcard; **carta assegni** cheque card; **carta assorbente** blotting paper; **carta carbone** carbon paper; **carta di credito** credit card; **carta crespata** crepe paper; **carta di debito** debit card; **carta fedeltà** loyalty card; **carta geografica** map; **carta d'identità** identity card; **carta igienica** toilet paper; **carta d'imbarco** boarding pass, boarding card; **carta intelligente** smart card; **carta da lettere** writing paper; **carta millimetrata** graph paper; **carta da pacchi** wrapping paper; **carta da parati** wallpaper; **carta da regali** gift wrap; **carta di riso** rice paper; **carta SIM** SIM card; **carta smerigliata** emery paper; **carta stagnola**

silver paper, silver foil; Culin aluminium foil; **carta straccia** waste paper; **carta stradale** road map; **carta termica** thermal paper; **carta topografica** ≈ Ordnance Survey Map; **carta velina** tissue paper; **carta verde** Auto green card; **carta vetrata** sandpaper; **carta dei vini** wine list

car'taccia *f* waste paper

car'taceo *adj* paper *attrib*

carta'modello *m* pattern

cartamo'neta *f* paper money

carta'pecora *f* vellum

carta'pesta *f* papier mâché

cartave'trare *vt* sand [down]

car'teggio *m* correspondence

car'tella *f* (per documenti ecc.) briefcase; (di cartoncino) folder; (di scolaro) satchel, school bag

■ **cartella clinica** medical record

cartel'lina *f* document wallet, folder

cartel'lino *m* (etichetta) label; (dei prezzi) price tag; (di presenza) time card; **timbrare il ~** clock in; (all'uscita) clock out

car'tello *m* sign; (pubblicitario) poster; (stradale) road sign; (di protesta) placard; Comm (di droga) cartel

cartel'lone *m* poster; Theat bill

■ **cartellone pubblicitario** billboard

cartello'nista *mf* poster designer

cartello'nistica *f* poster designing

carti'era *f* paper mill

carti'lagine *f* cartilage

car'tina *f* (geografica) map; (per sigarette) cigarette paper

■ **cartina di tornasole** litmus paper

car'toccio *m* paper bag; **al ~** Culin baked in foil

cartogra'fia *f* cartography

car'tografo *m* cartographer

carto'laio, -a *mf* stationer

cartole'ria *f* stationer's [shop]

cartolibre'ria *f* stationer's and book shop

carto'lina *f* postcard

■ **cartolina postale** postcard; **cartolina [precetto]** call-up papers

carto'mante *mf* fortune-teller

carton'cino *m* (materiale) card; (biglietto) card

car'tone *m* cardboard; (arte) cartoon

■ **cartone animato** [animated] cartoon; **cartone ondulato** corrugated cardboard; **cartone di uova** egg box

car'tuccia *f* cartridge; **mezza ~** fig weakling

■ **cartuccia d'inchiostro** ink cartridge

'casa *f* house; (abitazione propria) home; (ditta) firm; **amico di ~** family friend; **andare a ~** go home; **uscire di ~** leave the house; **essere di ~** be like one of the family; **fatto in ~** home-made; **~ per ~** house-to-house

■ **casa d'aste** auction house; **casa di correzione** ≈ reform school; **casa di cura** nursing home; **casa del custode** gatehouse; **casa famiglia** care home; **casa madre** Comm parent company; **casa di mode** fashion house; **casa in multiproprietà** timeshare; **casa popolare** council house; **casa rifugio** women's refuge; **casa di riposo** old people's home, retirement home; **casa dello studente** hall of residence; **casa per le vacanze** holiday home

ca'sacca *f* military coat; (giacca) jacket

ca'saccio *adv* **a ~** at random; **sparare a ~ su qualcuno/qualcosa** take a potshot at somebody/something

ca'sale *m* (gruppo di case) hamlet; (casolare) farmhouse

casa'linga *f* housewife

casa'lingo **A** *adj* domestic; (fatto in casa) home-made; (amante della casa) home-loving; (semplice) homely

B *m* **casalinghi** *pl* household goods

casa'nova *m inv* (donnaiolo) Casanova

ca'sata *f* family

ca'sato *m* family name

ca'scante *adj* falling; (floscio) flabby

ca'scare *vi* fall [down]

ca'scata *f* (di acqua) waterfall

casca|'tore, -trice **A** *m* stuntman

B *f* stuntwoman

cas'chetto *m*

■ **[capelli a] caschetto** bob

ca'scina *f* farm building

casci'nale *f* farmhouse

'casco *m* crash helmet; (asciugacapelli) (hair) drier

■ **casco di banane** bunch of bananas; **Caschi blu** *pl* Mil Blue Helmets, Blue Berets

caseggi'ato *m* block of flats BrE, apartment block

casei'ficio *m* dairy

ca'sella *f* pigeon-hole

■ **casella postale** post office box, PO box; (elettronica) mailbox

casel'lante *mf* (per treni) signalman; (in autostrada) toll collector

casel'lario *m* (mobile) filing cabinet; (di documenti) file

■ **casellario giudiziario** record of convictions; **avere il ~ giudiziario vuoto** have no criminal record

ca'sello *m* (di autostrada) [motorway] toll booth

case'reccio *adj* home-made

ca'serma *f* barracks *pl*; **da ~** ‹*linguaggio*› barrack room *attrib*

■ **caserma dei carabinieri** military police station; **caserma dei pompieri, caserma dei vigili del fuoco** fire station

caser'mone *m* derog barracks *pl*

cash and carry *m inv* cash-and-carry

casi'nista *mf* infml muddler

ca'sino *m* infml (bordello) brothel; fig *sl* (confusione) racket; (disordine) mess; **un ~**

key word

di loads of; **è un ~** (complicato) it's too complicated

casinò *m inv* casino

ca'sistica *f* (classificazione) record of occurrences

'caso *m* chance; (fatto, circostanza) Med, Gram case; **a ~** at random; **~ mai** if need be; **far ~ a** pay attention to; **non far ~ a** take no account of; **per ~** by chance

■ **caso [giudiziario]** [legal] case, court case; **caso urgente** Med emergency case

caso'lare *m* farmhouse

'caspita *int* good gracious

'cassa *f* till; (di legno) crate; Comm cash; (luogo di pagamento) cash desk; (mobile) chest; (istituto bancario) bank

■ **cassa automatica prelievi** cash dispenser, automatic teller; **cassa comune** kitty; **cassa continua** cash machine; **cassa da morto** coffin; **cassa di risparmio** savings bank; **cassa toracica** ribcage

cassa'forte *f* safe

cassa'panca *f* linen chest

cas'sata *f* ice-cream cake

cas'sero *m* Naut quarterdeck

casseru'ola *f* saucepan

cas'setta *f* case; (per registratore) cassette; **far buona ~** Theatr be good box-office

■ **cassetta degli attrezzi** toolbox; **cassetta delle lettere** postbox, letterbox; **cassetta delle offerte** charity box; **cassetta portapane** bread bin; **cassetta portavalori** cash box; **cassetta del pronto soccorso** first-aid kit; **cassetta di sicurezza** strong-box, safe-deposit box

cas'setto *m* drawer; (di fotocopiatrice ecc.) tray

■ **cassetto di inserimento [dei] fogli** paper feed tray

casset'tone *m* chest of drawers

cassi'ere, -a *mf* cashier; (di supermercato) checkout assistant, checkout operator; (di banca) teller

cassinte'grato, -a *mf* person who has been laid off

cas'sone *m* (cassa) chest; (per acqua) cofferdam

casso'netto *m* rubbish bin, wheelie bin, trash can AmE

'casta *f* caste

ca'stagna *f* chestnut; **prendere qualcuno in ~** fig catch somebody in the act

■ **castagna d'India** horse chestnut

casta'gnaccio *m tart made with chestnut flour*

casta'gneto *m* chestnut grove

ca'stagno *m* chestnut (tree)

casta'gnola *f* (petardo) firecracker

ca'stano *adj* chestnut; ‹*occhi, capelli*› brown

ca'stello *m* castle; (impalcatura) scaffold

■ **castello incantato** enchanted castle; **castello di sabbia** sandcastle

casti'gare *vt* punish

casti'gato *adj* (casto) chaste; ‹*abito, atteggiamento*› prim and proper

ca'stigo *m* punishment

castità *f inv* chastity

'casto *adj* chaste

ca'storo *m* beaver

ca'strante *adj* fig frustrating

ca'strare *vt* castrate

ca'strato *adj* castrated; (inibito) inhibited; (cantante) castrato

castrazi'one *f* gelding

ca'strone *m* gelding

castrone'ria *f* infml rubbish

'casual *m inv* casual wear

casu'ale *adj* chance *attrib*

casual'mente *adv* by chance

ca'supola *f* little house

cata'clisma *m* fig upheaval

cata'comba *f* catacomb

cata'falco *m* catafalque

cata'fascio *m* **andare a ~** go to rack and ruin

cata'litico *adj* **marmitta catalitica** Auto catalytic converter

cataliz'zare *vt* fig heighten

cataliz'zato *adj* Auto fitted with a catalytic converter

catalizza'tore **A** *adj* Phys catalysing; **centro ~** fig catalyst

B *m* Auto catalytic converter; fig catalyst

catalo'gabile *adj* which can be listed

catalo'gare *vt* catalogue

catalogazi'one *f* cataloguing

cata'logna *f type of chicory with large leaves*

ca'talogo *m* catalogue

catama'rano *m* (da diporto) catamaran

cata'pecchia *f* hovel; infml dump

cata'pulta *f* catapult

catapul'tare *vt* (scaraventare fuori) eject

catapul'tarsi *vr* (precipitarsi) dive

catarifran'gente *m* reflector

ca'tarro *m* catarrh

catar'roso *adj* ‹*voce*› catarrhal

ca'tarsi *f inv* catharsis

ca'tartico *adj* cathartic

ca'tasta *f* pile

cata'stale *adj* **registro ~** land registry; **rendita ~** revenue from landed property

ca'tasto *m* land register

ca'tastrofe *f* catastrophe

cata'strofico *adj* catastrophic

catastro'fismo *m* catastrophe theory

catch *m* all-in wrestling

cate'chismo *m* catechism

catego'ria *f* category

cate'gorico *adj* categorical

categoriz'zare *vt* categorize
ca'tena *f* chain
■ **catena montuosa** mountain range; **catene da neve** *pl* [snow] chains
cate'naccio *m* bolt
cate'nella *f* (collana) chain; (di orologio) watch chain; **tirare la ~** (del gabinetto) flush, pull the plug
cate'nina *f* chain
cate'ratta *f* cataract
ca'terva *f* **una ~ di** heaps of, loads of
ca'tetere *m* catheter
'catgut *m inv* catgut
cati'nella *f* basin; **piovere a catinelle** bucket down
ca'tino *m* basin
ca'todico *adj* cathode; **raggi catodici** cathode rays
ca'torcio *m* infml old wreck
catra'mare *vt* tar
ca'trame *m* tar
'cattedra *f* (tavolo di insegnante) desk; (di università) chair
catte'drale *f* cathedral
catte'dratico, -a **A** *mf* professor
B *adj* ‹*pedante*› pedantic; ‹*insegnamento*› university *attrib*
catti'veria *f* wickedness; (azione) wicked action; **fare una ~ a qualcuno** be nasty to somebody
cattività *f inv* captivity
cat'tivo *adj* bad; ‹*bambino*› naughty
cattocomu'nista *mf* Catholic-communist
cattoli'cesimo *m* Catholicism
cat'tolico, -a *adj & nmf* [Roman] Catholic
cat'tura *f* capture
cattu'rare *vt* capture
cau'casico, -a *mf* Caucasian
'Caucaso *m* **il ~** the Caucasus
caucciù *m inv* rubber
'causa *f* cause; Jur lawsuit; **far ~ a qualcuno** sue somebody
■ **causa di forza maggiore** circumstances beyond one's control; (in assicurazione) act of God
cau'sale *adj* causal
cau'sare *vt* cause
'caustico *adj* caustic
cauta'mente *adv* cautiously
cau'tela *f* caution
caute'lare *vt* protect
caute'larsi *vr* take precautions
cauteriz'zare *vt* cauterize
cauterizzazi'one *f* cauterization
'cauto *adj* cautious
cauzi'one *f* security; (per libertà provvisoria) bail; (deposito) deposit

cav. *abbr* (**cavaliere**) Kt, Knight
'cava *f* quarry; fig mine
caval'care *vt* ride; (stare a cavalcioni) sit astride
caval'cata *f* ride; (corteo) cavalcade
cavalca'via *m* flyover
cavalci'oni **a ~** *adv* astride
cavali'ere *m* rider; (titolo) knight; (accompagnatore) escort; (al ballo) partner
cavalle'resco *adj* chivalrous
cavalle'ria *f* chivalry; Mil cavalry
cavalle'rizzo, -a **A** *m* horseman
B *f* horsewoman
caval'letta *f* grasshopper
caval'letto *m* trestle; (di macchina fotografica) tripod; (di pittore) easel
caval'lina *f* (ginnastica) horse; (gioco) leapfrog; **correre la ~** fig pursue a life of pleasure
caval'lino *adj* equine
ca'vallo *m* horse; (misura di potenza) horsepower; (scacchi) knight; (dei pantaloni) crotch; **a ~** on horseback; **andare a ~** go horse riding
■ **cavallo di battaglia** war horse; **cavallo a dondolo** rocking horse; **cavallo da tiro** carthorse; **cavallo di Troia** Trojan horse
caval'lona *f* derog ungainly female
caval'lone *m* (ondata) roller
caval'luccio *m*
■ **cavalluccio marino** sea horse
ca'vare *vt* take out; (di dosso) take off; **cavarsela** get away with it; **se la cava bene** he's/she's doing all right
cavasti'vali *m inv* bootjack
cava'tappi *m inv* corkscrew
ca'veau *m inv* (di banca) vault
ca'verna *f* cave
caver'nicolo, -a *mf* cave dweller
caver'noso *adj* ‹*voce*› deep
ca'vetto *m* Electr lead
ca'vezza *f* halter; **mettere la ~ al collo a qualcuno** put somebody on a tight rein
'cavia *f* guinea pig
cavi'ale *m* caviar
ca'viglia *f* ankle
cavil'lare *vi* quibble
ca'villo *m* quibble
cavil'loso *adj* pettifogging
cavità *f inv* cavity
'cavo **A** *adj* hollow
B *m* cavity; (di metallo) cable; Naut rope
■ **televisione via cavo** cable TV; **cavo di collegamento** [connecting] cable; **cavo seriale** serial cable; **cavo di spiegamento** ripcord
cavo'lata *f* infml rubbish; **non dire cavolate** infml don't talk rubbish; **non fare cavolate** infml don't act like an idiot
cavo'letto *m*
■ **cavoletto di Bruxelles** Brussels sprout

cavolfi'ore *m* cauliflower
'cavolo *m* cabbage; **~!** infml sugar!; **non ho capito un ~** infml I understood bugger all; **che ~ succede?** what the heck is going on?
■ **cavolo cappuccio** spring cabbage
caz'zata *f* vulg shit; **non dire cazzate** don't talk shit; **non fare cazzate** don't fuck things up
'cazzo **A** *vulg nm* prick
B *int* fuck!; **non capisce un ~** he doesn't understand a fucking thing; **non me ne importa un ~!** I don't give a fuck!; **sono cazzi miei!** it's my fucking business!
caz'zotto *m* punch; **prendere qualcuno a cazzotti** beat somebody up
cazzu'ola *f* trowel
CB *nf abbr* (**banda cittadina**) CB
cc *abbr* (**centimetri cubi**) cc
c/c *abbr* (**conto corrente**) c/a
ccn *nf abbr* (**copia carbone nascosta**) bcc
CCT *nm abbr* (**Certificato di Credito del Tesoro**) T-bill
CD *m inv* CD
CD-ROM *m inv* CD-ROM
ce **A** *pers pron* (a noi) us; **ce lo ha dato** he gave it to us
B *adv* there; **ce ne sono molti** there are many; **ce ne vuole!** it takes some doing!
cec'chino *m* sniper; Pol *MP who votes against his own party*
'cece *m* chickpea
Ce'cenia *f* Chechnya
cecità *f inv* blindness
'ceco, -a *adj & nmf* Czech; **la Repubblica Ceca** the Czech Republic
Cecoslo'vacchia *f* Hist Czechoslovakia
'cedere **A** *vi* (arrendersi) surrender; (concedere) yield; (sprofondare) subside
B *vt* give up; make over ‹*proprietà ecc.*›
ce'devole *adj* ‹*terreno ecc.*› soft; fig yielding
ce'diglia *f* cedilla
cedi'mento *m* (di terreno) subsidence
'cedola *f* coupon
cedo'lino *m* (dello stipendio) wage slip
'cedro *m* (albero) cedar; (frutto) citron
C.E.E. *nf abbr* (**Comunità Economica Europea**) EEC, EC
cefa'lea *f* headache
ce'falo *m* mullet
'ceffo *m* (muso) snout; derog (persona) mug
cef'fone *m* slap
ce'lare *vt* conceal
ce'larsi *vr* conceal oneself
ce'lato *adj* concealed
cele'brare *vt* celebrate, observe ‹*festività*›
celebra'tivo *adj* celebratory
celebrazi'one *f* celebration
'celebre *adj* famous
celebrità *f inv* celebrity
'celere **A** *adj* swift; **corso ~** crash course
B *f* (polizia) flying squad
celerità *f inv* speed; **con ~** speedily
ce'leste **A** *adj* (divino) heavenly
B *adj & nm* (colore) pale blue
celesti'ale *adj* celestial
celi'bato *m* state of being single
'celibe **A** *adj* single
B *m* bachelor
'cella *f* cell
■ **cella frigorifera** cold store; **cella di isolamento** solitary confinement
+cello *suff* **monticello** *nm* mound; **praticello** *nm* small meadow
'cellofan *m inv* cellophane; Culin cling film
cellofa'nare *vt* wrap in cling film
'cellula *f* cell
■ **cellula fotoelettrica** electronic eye
cellu'lare *m* (telefono) mobile (phone), cell phone; **furgone ~** police van; **telefono ~** mobile (phone)
cellu'lite *f* cellulite
cellu'litico *adj* full of cellulite
cellu'loide *adj* celluloid; **il mondo della ~** fig the celluloid world
cellu'losa *f* cellulose
'Celsius *adj inv* Celsius
'celta *m* Celt
'celtico *adj* Celtic
'cembalo *m* Mus cembalo, harpsichord
cemen'tare *vt* cement
cementifi'care *vt* turn into a cement jungle
cementificazi'one *f* turning into a cement jungle
cementi'ficio *m* cement factory
ce'mento *m* cement
■ **cemento armato** reinforced concrete
'cena *f* dinner; (leggera) supper; (festa) dinner party
ce'nacolo *m* circle
ce'nare *vi* have dinner; **~ fuori** eat out
'cencio *m* rag; (per spolverare) duster; **bianco come un ~** white as a sheet
cenci'oso *adj* in rags
'cenere *f* ash; (di carbone ecc.) cinders *pl*; **le Ceneri** *pl* Ash Wednesday
Cene'rentola *f* Cinderella
ce'netta *f* (cena semplice) informal dinner; (cena intima) romantic dinner
'cenno *m* sign; (col capo) nod; (con la mano) wave; (allusione) hint; (breve resoconto) mention; **far ~ di sì** nod
ce'none *m* **il ~ di Capodanno/Natale** *special New Year's Eve/Christmas Eve dinner*
ceno'tafio *m* cenotaph
censi'mento *m* census
cen'sire *vt* take a census of
CENSIS *nm abbr* (**Centro Studi Investimenti Sociali**) *national opinion*

research institute
cen'sore *m* censor
cen'sura *f* censorship
censu'rare *vt* censor
centelli'nare *vt* sip; fig measure out carefully
cente'nario, -a **A** *adj & mf* centenarian
B *m* (commemorazione) centenary
centen'nale *adj* centennial
centesimo **A** *adj* hundredth
B *m* hundredth; (di dollaro, euro) cent; **non avere un ~** be penniless
cen'tigrado *adj* centigrade
cen'tilitro *m* centilitre
cen'timetro *m* centimetre
centi'naia *fpl* hundreds
🔑 **centi'naio** *m* hundred
🔑 **'cento** *adj & nm* a *or* one hundred; **per ~** per cent
centodi'eci *m* a *or* one hundred and ten; **~ e lode** Univ ≈ first class honours
centome'trista *mf* Sport one hundred metres runner
cento'mila *m* a *or* one hundred thousand
🔑 **cen'trale** **A** *adj* central
B *f* (di azienda ecc.) head office
■ **centrale atomica** atomic power station; **centrale elettrica** power station, power plant; **centrale idroelettrica** hydroelectric power station; **centrale nucleare** nuclear power station; **centrale operativa** (di polizia) operations room; **centrale telefonica** [telephone] exchange
centra'lina *f* Teleph switchboard; (apparecchiatura) junction box
centrali'nista *mf* (switchboard/telephone) operator
centra'lino *m* Teleph exchange; (di albergo ecc.) switchboard
centra'lismo *m* centralism
centraliz'zare *vt* centralize
cen'trare *vt* **~ qualcosa** hit something in the centre; (fissare nel centro) centre; fig hit on the head ‹*idea*›
cen'trato *adj* ‹*tiro, colpo*› well aimed; fig ‹*osservazione*› right on target
centrat'tacco *m* Sport centre forward
cen'trifuga *f* spin drier
■ **centrifuga [asciugaverdure]** shaker; **centrifuga elettrica** juice extractor
centrifu'gare *vt* Techn centrifuge; ‹*lavatrice*› spin
cen'trino *m* doily
cen'trismo *m* Pol centrism
cen'trista *adj* Pol centrist
🔑 **'centro** *m* centre; **in ~** ‹*essere*› in town; ‹*andare*› into town
■ **centro di accoglienza** detention centre; **centro di attrazione** focal point; **centro benessere** wellness centre; **centro città** city centre, midtown AmE; **centro commerciale** shopping centre, mall; **centro di costi** Comm cost centre; **centro culturale** arts centre; **centro di gravità** centre of gravity; **centro di identificazione ed espulsione** immigration removal centre; **centro di informazioni turistiche** tourist information office; **centro operativo** Mil operations room; **centro polisportivo** sports centre; **centro di riabilitazione** halfway house; **centro sociale** community centre; **centro sportivo** leisure centre; **centro storico** old town
centrocam'pista *m* Sport midfield player, midfielder
centro'campo *m* midfield
centro'destra *m inv* Pol centre right
centromedi'ano *m* Sport centre half
centrosi'nistra *m inv* Pol centre left
centro'tavola *m inv* centre-piece
centupli'care *vt* fig multiply
'ceppo *m* (di albero) stump; (da ardere) log; fig (gruppo) stock
'cera *f* wax; (aspetto) look
■ **cera d'api** beeswax; **cera per auto** car wax; **cera per il pavimento** floor polish
cera'lacca *f* sealing wax
ce'ramica *f* (arte) ceramics *sg*; (materia) pottery; (oggetto) piece of pottery
cera'mista *mf* ceramicist
ce'rata *f* (giacca) waxed jacket
ce'rato *adj* ‹*tela*› waxed
cerbi'atto *m* fawn
cerbot'tana *f* blowpipe
'cerca *f* **andare in ~ di** look for
cercaper'sone *m inv* beeper; **chiamare con il ~** beep
🔑 **cer'care** **A** *vt* look for
B *vi* **~ di** try to
cerca|'tore, -trice *mf*
■ **cercatore d'oro** gold seeker
'cerchia *f* circle
■ **cerchia familiare** family circle
cerchi'are *vt* circle, draw a circle around ‹*parola*›
cerchi'ato *adj* ‹*occhi*› black ringed
cerchi'etto *m* (per capelli) hairband
'cerchio *m* circle; (giocattolo) hoop
cerchi'one *m* alloy wheel
cere'ale *m* cereal
cerea'licolo *adj* grain *attrib*, cereal *attrib*
cere'brale *adj* cerebral
'cereo *adj* waxen
ce'retta *f* depilatory wax; **fare la ~** wax
cer'foglio *m* chervil
🔑 **ceri'monia** *f* ceremony
■ **cerimonia inaugurale** induction ceremony; **cerimonia nuziale** marriage ceremony; **cerimonia di premiazione** awards ceremony
cerimoni'ale *m* ceremonial

🔑 key word

cerimoni'ere *m* master of ceremonies
cerimoni'oso *adj* ceremonious
ce'rino *m* [wax] match
cerni'era *f* hinge; (di borsa) clasp
■ **cerniera lampo** zip, zipper AmE
'cernita *f* selection
'cero *m* candle
ce'rone *m* greasepaint
ce'rotto *m* [sticking] plaster
■ **cerotto callifugo** corn plaster; **cerotto [transdermico] alla nicotina** nicotine patch
certa'mente *adv* certainly
cer'tezza *f* certainty
certifi'care *vt* certify
certifi'cato *m* certificate
■ **certificato medico** doctor's note, sick note; **certificato di morte** death certificate
certificazi'one *f* certification
■ **certificazione di bilancio** Fin auditors' report
'certo **A** *adj* certain; ‹*notizia*› definite; (indeterminativo) some; **sono ~ di riuscire** I am certain to succeed; **a una certa età** at a certain age; **certi giorni** some days; **un ~ signor Giardini** a Mr Giardini; **una certa Anna** somebody called Anna; **certa gente** derog some people; **ho certi dolori!** I'm in such pain!; **certi** *pron pl* some; (alcune persone) some people
B *adv* of course; **sapere per ~** know for certain, know for sure; **di ~** surely; **~ che ...** surely ...
cer'tosa *f* Carthusian monastery
certo'sino *m* Carthusian [monk]; **pazienza certosina** exceptional patience
cer'tuni *pron* some
ce'rume *m* earwax
cer'vello *m* brain; **avere un ~ da gallina** be a bird-brain
cervel'lone, -a *mf* (hum) brainbox
cervel'lotico *adj* (macchinoso) over-elaborate
cervi'cale *adj* cervical
cer'vice *f* cervix
'cervo *m* deer
ce'sareo *adj* Med Caesarean; **parto cesareo** Caesarean
cesel'lare *vt* chisel
cesel'lato *adj* chiselled
cesella'tura *f* chiselling
ce'sello *m* chisel
ce'soie *fpl* shears
'cespite *m* source of income
ce'spuglio *m* bush
cespugli'oso *adj* ‹*terreno*› bushy
ces'sare **A** *vi* stop, cease
B *vt* stop
ces'sate *m*
■ **cessate il fuoco** ceasefire
ces'sato *adj* **~ allarme/pericolo** all clear
cessazi'one *f* cessation
■ **cessazione d'esercizio** closing down
cessi'one *f* handover
'cesso *nm sl* (gabinetto) bog, john AmE; fig (locale, luogo) dump
'cesta *f* [large] basket
ce'stello *m* (di lavatrice) drum
cesti'nare *vt* throw away; bin ‹*lettera*›; turn down ‹*proposta*›
ce'stino *m* [small] basket; (per la carta straccia) waste-paper basket; Comput recycle bin, trash can AmE
'cesto *m* basket
■ **cesto della biancheria** linen basket
ce'sura *f* caesura
ce'taceo *m* cetacean
'ceto *m* [social] class
'cetra *f* lyre
cetrio'lino *m* gherkin
cetri'olo *m* cucumber
cfr *abbr* (**confronta**) cf
C.G.I.L. *nf abbr* (**Confederazione Generale Italiana del Lavoro**) *trades union organization*
'Chad *m* Chad
cha'let *m inv* chalet
cham'pagne *m inv* champagne
'chance *f inv* chance
chape'ron *m inv* chaperone
char'lotte *f inv ice-cream cake with fresh cream, biscuits and fruit*
'charter *m inv* charter plane; **volo charter** charter flight
chat'tare *vi* chat
che **A** *rel pron* (persona: soggetto) who; (persona: oggetto) whom; (cosa, animale) which; **questa è la casa ~ ho comprato** this is the house [that] I've bought; **il ~ mi sorprende** which surprises me; **dal ~ deduco ~ ...** from which I gather that ...; **avere di ~ vivere** have enough to live on; **grazie! - non c'è di ~!** thank you - don't mention it; **il giorno ~ ti ho visto** infml the day I saw you
B *inter adj* what; (esclamativo: con aggettivo) how; (con nome) what a; **~ macchina prendiamo, la tua o la mia?** which car are we taking, yours or mine?; **~ bello!** how nice!; **~ idea!** what an idea!; **~ bella giornata!** what a lovely day!
C *inter pron* what; **a ~ pensi?** what are you thinking about?
D *conj* that; (con comparazioni) than; **credo ~ abbia ragione** I think [that] he is right; **era così commosso ~ non riusciva a parlare** he was so moved, [that] he couldn't speak; **aspetto ~ telefoni** I'm waiting for him to phone; **è da un po' ~ non lo vedo** it's been a while since I saw him; **mi piace più Roma ~ Milano** I like Rome better than Milan; **~ ti piaccia o no** whether you like it or not; **~ io sappia** as far as I know
'checca *f* infml queen

checché *pron* whatever
check-'in *m inv* check-in; **fare il ~** check in
check-'up *m inv* Med check-up; **fare un ~** have a check-up
cheese'burger *m inv* cheeseburger
'chef *m inv* chef
'chela *f* nipper
chemiotera'pia *f* chemotherapy, chemo infml
chemisi'er *m inv* chemise
chero'sene *m* paraffin
cheru'bino *m* cherub
che'tare *vt* quieten
che'tarsi *vr* quieten down
cheti'chella alla ~ *adv* silently
'cheto *adj* quiet
chi **A** *rel pron* whoever; (coloro che) people who; **ho trovato ~ ti può aiutare** I found somebody who can help you; **c'è ~ dice che ...** some people say that ...; **senti ~ parla!** look who's talking!
B *inter pron* (soggetto) who; (oggetto, con preposizione) whom; (possessivo) **di ~** whose; **~ sei?** who are you?; **~ hai incontrato?** who did you meet?, whom did you meet? fml; **di ~ sono questi libri?** whose books are these?; **con ~ parli?** who are you talking to?, to whom are you talking? fml; **a ~ lo dici!** tell me about it!
chi'acchiera *f* chat; (pettegolezzo) gossip; **chiacchiere** *pl* chit-chat; **far quattro chiacchiere** have a chat
chiacchie'rare *vi* chat; (far pettegolezzi) gossip
chiacchie'rato *adj* **essere ~** ‹*persona*› be the subject of gossip
chi'acchiere *fpl* (dolci) *sweet pastries fried and sprinkled with icing sugar*
chiacchie'rone, -a **A** *adj* talkative
B *mf* chatterbox
chia'mare *vt* call; (far venire) send for; **come ti chiami?** what's your name?; **mi chiamo Roberto** my name is Robert; **~ alle armi** call up; **mandare a ~** send for; **~ a rapporto** debrief
chia'marsi *vr* be called
chia'mata *f* call; Mil call-up
■ **chiamata a carico del destinatario** reverse charge call, transferred charge call; **chiamata interurbana** long-distance call; **chiamata in teleselezione** direct dialling, toll call AmE; **chiamata urbana** local call
chi'appa *f* infml buttock, cheek
chiara'mente *adv* clearly
chia'rezza *f* clarity; (limpidezza) clearness
chiarifi'care *vt* clarify
chiarifica'tore *adj* clarificatory
chiarificazi'one *f* clarification
chiari'mento *m* clarification
chia'rire *vt* make clear; (spiegare) clear up
chia'rirsi *vr* become clear
chi'aro *adj* clear; (luminoso) bright; ‹*colore*› light; ‹*capelli*› fair
chia'rore *m* glimmer
chiaro'scuro *m* (tecnica) chiaroscuro
chiaroveg'gente **A** *adj* clear-sighted
B *mf* clairvoyant
chi'asso *m* din
chiassosa'mente *adv* (rumorosamente) rowdily; (vistosamente) gaudily
chias'soso *adj* (rumoroso) rowdy; (vistoso) gaudy
chi'atta *f* canal boat, canal barge
chi'ave *f* key; **chiudere a ~** lock
■ **chiave dell'accensione** ignition key; **chiave di basso** Mus bass clef; **chiave inglese** monkey-wrench; **chiave [inglese] a rullino** adjustable spanner; **chiave USB ▶ chiavetta USB**
chia'vetta *f* (in tubi) key
■ **chiavetta USB** USB key
chiavi'stello *m* latch
chi'azza *f* stain
■ **chiazza di petrolio** oil slick
chiaz'zare *vt* stain
chiaz'zato *adj* dappled
chic *adj inv* chic
chicches'sia *pron* anybody
chicchirichì *m inv* cock-a-doodle-doo
'chicco *m* grain; (di caffe) bean; (d'uva) grape
■ **chicco di caffè** coffee bean; **chicco di grandine** hailstone; **chicco d'orzo** barleycorn
chi'edere *vt* ask; (per avere) ask for; (esigere) demand; **~ notizie di** ask after
chi'edersi *vr* wonder
chieri'chetto *m* altar boy
chi'erico *m* cleric
chi'esa *f* church
■ **Chiesa anglicana** Church of England
chi'esto pp di **chiedere**
chif'fon *m* chiffon
'chiglia *f* keel
chi'gnon *m inv* bun
'chilo *m* kilo
chilo'grammo *m* kilogram[me]
chilo'hertz *m inv* kilohertz
chilome'traggio *m* Auto ≈ mileage
chilo'metrico *adj* in kilometres; fig endless
chi'lometro *m* kilometre
'chilowatt *m inv* kilowatt
chilowat'tora *m inv* kilowatt hour
chi'mera *f* fig illusion
'chimica *f* chemistry
■ **chimica organica** organic chemistry
'chimico, -a **A** *adj* chemical
B *mf* chemist
chi'mono *m* kimono
'china *f* (declivio) slope; **inchiostro di ~** Indian ink
chi'nare *vt* lower

chi'narsi *vr* stoop
chincaglie'rie *fpl* knick-knacks
chinesitera'pia *f* physiotherapy
chi'nino *m* quinine
'chino *adj* bent
chi'notto *m sparkling soft drink*
chintz *m* chintz
chi'occia *f* sitting hen
chi'occiola *f* snail; Comput at sign, @
■ **scala a chiocciola** spiral staircase
chio'dato *adj* **pneumatici chiodati** snow tyres; **scarpe chiodate** shoes with crampons
chi'odo *m* nail; (idea fissa) obsession
■ **chiodo di garofano** clove
chi'oma *f* [head of] hair; (fogliame) foliage
chi'osco *m* kiosk; (per giornali) news-stand
chi'ostro *m* cloister
chip *m inv*
■ **chip [di silicio]** chip
'chipset *m inv* chipset
chiro'mante *mf* fortune teller, palmist
chiroman'zia *f* palmistry
chiro'pratico, -a *mf* chiropractor
chirur'gia *f* surgery
■ **chirurgia endoscopica** keyhole surgery; **chirurgia estetica** cosmetic surgery
chirurgica'mente *adv* surgically
chi'rurgico *adj* surgical
chi'rurgo *m* surgeon
chissà *adv* who knows; **~ quando arriverà** I wonder when he will arrive
chi'tarra *f* guitar
■ **chitarra acustica** acoustic guitar; **chitarra basso** bass guitar
chitar'rista *mf* guitarist
chi'udere **A** *vt* shut, close; (con chiave) lock; turn off, switch off ‹*luce ecc.*›; turn off ‹*acqua*›; (per sempre) close down ‹*negozio, fabbrica ecc.*›; (recingere) enclose; **chiudi il becco!** shut up!
B *vi* shut, close; (con chiave) lock up
chi'udersi *vr* shut; ‹*tempo*› cloud over; ‹*ferita*› heal over; fig withdraw into oneself
chi'unque **A** *pron* anyone, anybody
B *rel pron* whoever
chi'usa *f* enclosure; (di canale) lock; (conclusione) close
chi'uso **A** pp di **chiudere**
B *adj* closed, shut; ‹*tempo*› overcast; ‹*persona*› reserved; **'~ per turno'** 'closing day'
chiu'sura *f* closing; (sistema) lock; (allacciatura) fastener; **'~ settimanale il lunedì'** 'closed on Mondays'
■ **chiusura centralizzata** Auto central locking; **chiusura lampo** zip, zipper AmE
ci **A** *pron* (personale) us; (riflessivo) ourselves; (reciproco) each other; (a ciò, di ciò ecc.) about it; **non ci disturbare** don't disturb us; **aspettateci** wait for us; **ci ha detto tutto** he told us everything; **ci consideriamo ...** we consider ourselves ...; **ci laviamo le mani** we wash our hands; **ci odiamo** we hate each other; **non ci penso mai** I never think about it; **pensaci!** think about it!
B *adv* (qui) here; (lì) there; (moto per luogo) through it; **ci siamo** here we are; **ci siete?** are you there?; **ci siamo passati tutti** we all went through it; **c'è** there is; **ci vuole pazienza** it takes patience; **non ci vedo/sento** I can't see/hear
C.ia *abbr* (**compagnia**) Co.
cia'batta *f* slipper
ciabat'tare *vi* shuffle
ciabat'tino *m* cobbler
ci'ac *m inv* Cinema; **~, si gira!** action!
ci'alda *f* wafer
cial'trone *m* (mascalzone) scoundrel; (fannullone) wastrel
ciam'bella *f* Culin ring-shaped cake; (salvagente) lifebelt; (gonfiabile) rubber ring
ci'ance *fpl* yapping
cianci'are *vi* gossip
cianfru'saglie *fpl* knick-knacks
cia'notico *adj* ‹*viso*› puce
cia'nuro *m* cyanide
ci'ao *int* infml (all'arrivo) hello!, hi!; (alla partenza) bye-bye!, cheerio!
ciar'lare *vi* chat
ciarla'tano *m* charlatan
ciarli'ero *adj* (loquace) talkative
cia'scuno **A** *adj* each
B *pron* everyone, everybody; (distributivo) each [one]; **per ~** each
ci'aspole *fpl* snowshoes
ci'bare *vt* feed
ci'barie *fpl* provisions
ci'barsi *vr* eat; **~ di** live on
ciber'netica *f* cybernetics *sg*
ciber'netico *adj* cybernetic
ciber'spazio *m* cyberspace
'cibo *m* food; **non toccare ~** leave one's food untouched; **non ha toccato ~ da ieri** he hasn't had a bite to eat since yesterday
■ **cibo per animali** pet food; **cibi** *pl* **precotti** ready meals
ci'cala *f* cicada
cica'lino *m* buzzer
cica'trice *f* scar
cicatriz'zante *m* ointment
cicatriz'zare *vi* heal [up]
cicatriz'zarsi *vr* heal [up]
cicatrizzazi'one *f* healing
'cicca *f* cigarette end; infml (sigaretta) fag; infml (gomma) [chewing] gum
cic'chetto *m* infml (bicchierino) nip; (rimprovero) telling-off
'ciccia *f* infml fat, flab
cicci'one, -a *mf* infml fatty, fatso
cice'rone *m* guide
cicla'mino *m* cyclamen

ciclica'mente *adv* cyclically
'ciclico *adj* cyclical
ci'clismo *m* cycling
ci'clista *mf* cyclist
'ciclo *m* cycle; (di malattia) course
■ **ciclo economico** business cycle
ciclo'cross *m inv* cyclo-cross
ciclomo'tore *m* moped
ci'clone *m* cyclone
ci'clonico *adj* cyclonic
ciclosti'lare *vt* duplicate
ciclosti'lato A *m* duplicate [copy]
B *adj* duplicate
ci'cogna *f* stork
ci'coria *f* chicory
ci'cuta *f* hemlock
C.I.E. *nm abbr* (**centro di identificazione ed espulsione**) immigration removal centre
ci'eco, -a A *adj* blind
B *mf* blind man; blind woman; **i parzialmente ciechi** the partially sighted
ciel'lino *mf* Pol *member of the Comunione e Liberazione movement*
ci'elo *m* sky; Relig heaven; **al settimo ~** in seventh heaven; **santo ~!** good heavens!
'cifra *f* figure; (somma) sum; (monogramma) monogram; (codice) code; **una ~** sl like crazy
ci'frare *vt* embroider with a monogram; (codificare) code
ci'frato *adj* monogrammed; (codificato) coded
'ciglio *m* (bordo) edge; (degli occhi) eyelash; **ciglia** *pl* eyelashes
'cigno *m* swan
cigo'lante *adj* squeaky
cigo'lare *vt* squeak
cigo'lio *m* squeak
'Cile *m* Chile
ci'lecca *f* **far ~** miss
ci'leno, -a *adj & nmf* Chilean
cili'egia *f* cherry
cili'egio *m* cherry (tree)
cilin'drata *f* cubic capacity, c.c.; **macchina di grossa ~** high-powered car
ci'lindro *m* cylinder; (cappello) top hat, topper
'cima *f* top; fig (persona) genius; **in ~ a** at the top of; **da ~ a fondo** from top to bottom
■ **cima alla genovese** *baked veal stuffed with chicken and chopped vegetables, served cold*; **cime di rapa** *pl* turnip greens
ci'melio *m* relic; **cimeli** *pl* memorabilia
cimen'tare *vt* put to the test
cimen'tarsi *vr* (provare) try one's hand; **~ in** (arrischiarsi) venture into
'cimice *f* bug; (puntina) drawing pin, thumbtack AmE; (microspia) bug
cimini'era *f* chimney; Naut funnel
cimi'tero *m* cemetery
■ **cimitero delle macchine** breaker's yard
ci'mosa *f* selvage, selvedge
ci'murro *m* distemper
'Cina *f* China
cincial'legra *f* great tit
cincia'rella *f* blue tit
cincillà *m inv* chinchilla
cin cin *int* cheers!
cincischi'are *vi* fiddle
cincischi'arsi *vr* mess around
'cine *m* infml cinema
cine'asta *mf* film maker
Cinecittà *f inv* (stabilimento) *film complex in the suburbs of Rome*
cine'club *m inv* film club
ci'nefilo, -a *mf* cinemagoer, film buff
cinegior'nale *m* newsreel
'cinema *m inv* cinema, movie theater AmE
■ **cinema d'essai** arts cinema
cine'matica *f* kinematics *sg*
cinematogra'fare *vt* film
cinematogra'fia *f* cinematography
cinemato'grafico *adj* film *attrib*
cinema'tografo *m* cinema
cine'presa *f* cine camera
ci'nereo *adj* ashen
ci'nese *adj & nmf* Chinese
cinese'rie *fpl* chinoiserie
cine'teca *f* (raccolta) film collection
ci'netica *f* kinetics *sg*
ci'netico *adj* kinetic
'cingere *vt* (circondare) surround
'cinghia *f* strap; (cintura) belt
■ **cinghia del ventilatore** fan belt; **cinghia della ventola** fan belt
cinghi'ale *m* wild boar; **pelle di cinghiale** pigskin
cinghi'ata *f* lash
cingo'lato A *adj* (mezzi) caterpillar *attrib*
B *m* caterpillar
'cingolo *m* Mech belt
cinguet'tare *vi* twitter
cinguet'tio *m* **1** (di uccelli) twittering
2 Comput tweet
cinica'mente *adv* cynically
'cinico *adj* cynical
ci'niglia *f* (tessuto) chenille
ci'nismo *m* cynicism
ci'nofilo *adj* ‹*unità*› dog-loving
cin'quanta *adj & nm* fifty
cinquanten'nale *m* fiftieth anniversary
cinquan'tenne *adj & nmf* fifty year-old
cinquan'tesimo *adj & nm* fiftieth
cinquan'tina *f* **una ~ di** about fifty
'cinque *adj & nm* five
cinquecen'tesco *adj* sixteenth century
cinque'cento A *adj* five hundred

B *m* il **Cinquecento** the sixteenth century
cinque'mila *adj & nm* five thousand
cin'quina *f* (in tombola) five in a row
'cinta *f* (di pantaloni) belt; **muro di cinta** [boundary] wall
cin'tare *vt* enclose
'cintola *f* (di pantaloni) belt
cin'tura *f* belt
■ **cintura nera** black belt; **cintura di salvataggio** lifebelt; **cintura di sicurezza** Aeron, Auto seat belt
cintu'rato *m* Auto radial tyre
cintu'rino *m*
■ **cinturino [dell'orologio]** watch strap; (di metallo) bracelet
ciò *pron* this; that; ~ **che** what; ~ **nondimeno** nevertheless
ci'occa *f* lock
ciocco'lata *f* chocolate; (bevanda) [hot] chocolate
■ **cioccolata in polvere** drinking chocolate
cioccola'tino *m* chocolate
ciocco'lato *m* chocolate
■ **cioccolato fondente** plain chocolate, dark chocolate; **cioccolato al latte** milk chocolate; **cioccolato da pasticceria** cooking chocolate
cioè *adv* that is
ciondo'lare *vi* dangle
ciondo'lio *m* dangling
ci'ondolo *m* pendant
ciondo'loni *adv* fig hanging about
cionono'stante *adv* nonetheless
ci'otola *f* bowl
ci'ottolo *m* pebble; **ciottoli** *pl* (in spiaggia) shingle
ci'piglio *m* frown; **con** ~ with a frown
ci'polla *f* onion; (bulbo) bulb
cipol'lotto *m* green onion
ci'presso *m* cypress
'cipria *f* [face] powder
cipri'ota *adj & nmf* Cypriot
'Cipro *m* Cyprus
'circa *adv & prep* about
cir'cense *adj* circus *attrib*
'circo *m* circus
circo'lare **A** *adj* circular
B *f* circular; (di metropolitana) circle line
C *vi* circulate
circola'torio *adj* Med circulatory
circolazi'one *f* circulation; (traffico) traffic
'circolo *m* circle; (società) club
■ **circolo del golf** golf club; **Circolo polare antartico** Antarctic Circle; **Circolo polare artico** Arctic Circle; **circolo sociale** social club; **circolo virtuoso** virtuous circle
circon'cidere *vt* circumcise
circoncisi'one *f* circumcision
circon'dare *vt* surround
circon'dario *m* (amministrativo) administrative district; (vicinato) neighbourhood
circon'darsi *vr* ~ **di** surround oneself with
circonfe'renza *f* circumference
■ **circonferenza del collo** collar size; **circonferenza dei fianchi** hip measurement; **circonferenza [della] vita** waist measurement
circon'flesso *adj* **e con l'accento** ~ circumflex e
circonvallazi'one *f* ring road
circo'scritto **A** pp di **circoscrivere**
B *adj* limited
circo'scrivere *vt* circumscribe
circoscrizio'nale *adj* area
circoscrizi'one *f* area
■ **circoscrizione elettorale** constituency
circo'spetto *adj* wary
circospezi'one *f* **con** ~ warily
circo'stante *adj* surrounding
circo'stanza *f* circumstance; (occasione) occasion
circostanzi'ato *adj* circumstantial
circu'ire *vt* (ingannare) trick
circuite'ria *f* circuitry
cir'cuito *m* circuit
circumnavi'gare *vt* circumnavigate
circumnavigazi'one *f* circumnavigation
ci'rillico *adj* Cyrillic
cir'ripede *m* barnacle
cir'rosi *f* cirrhosis
Cisgior'dania *f* West Bank
C.I.S.L. *nf abbr* (**Confederazione Italiana Sindacati Lavoratori**) *trades union organization*
C.I.S.N.A.L. *nf abbr* (**Confederazione Italiana Sindacati Nazionali dei Lavoratori**) *trades union organization*
'cispa *f* (nell'occhio) sleep
ci'sposo *adj* bleary eyed
'ciste *f inv* cyst
ci'sterna *f* cistern; (serbatoio) tank
'cisti *f inv* cyst
cisti'fellea *f* gall bladder
ci'stite *f* cystitis
C.I.T. *nm abbr* (**Compagnia Italiana Turismo**) *Italian tourist organization*
ci'tare *vt* (riportare brani ecc.) quote; (come esempio) cite; Jur summons
citazi'one *f* quotation; Jur summons *sg*
citofo'nare *vt* buzz
ci'tofono *m* entry phone; (in ufficio, su aereo ecc.) intercom
cito'logico *adj* cytological
'citrico *adj* citric
ci'trullo *mf* infml dimwit
città *f inv* town; (grande) city
■ **Città del Capo** Cape Town; **città dormitorio** dormitory town; **città fantasma** ghost town; **città giardino** garden city; **città stato** city state; **Città del Vaticano** Vatican City
citta'della *f* citadel

citta'dina *f* town
cittadi'nanza *f* citizenship; (popolazione) citizens *pl*
citta'dino, -a *mf* citizen; (abitante di città) city dweller
ciucci'are *vt* infml suck
ci'uccio *m* infml dummy
ci'uco *m* ass
ci'uffo *m* tuft
ci'urma *f* Naut crew
ciur'maglia *f* (gentaglia) rabble
ci'vetta *f* owl; fig (donna) flirt; **[auto] civetta** unmarked police car
civet'tare *vi* flirt
civette'ria *f* flirtatiousness, coquettishness
civettu'olo *adj* flirtatious, coquettish
'civico *adj* civic
ci'vile **A** *adj* civil
B *m* civilian
civi'lista *mf* (avvocato) specialist in civil law
civiliz'zare *vt* civilize
civiliz'zarsi *vr* become civilized
civiliz'zato *adj* ‹*paese*› civilized
civilizzazi'one *f* civilization
civil'mente *adv* civilly
civiltà *f inv* civilization; (cortesia) civility
ci'vismo *m* public spirit
cl *abbr* (**centilitro**) centilitre(s)
CL *nf abbr* (**Comunione e Liberazione**) *young Catholics association*
'clacson *m inv* horn
clacso'nare *vi* beep the horn, hoot
cla'more *m* clamour; **fare ~** cause a sensation
clamorosa'mente *adv* ‹*sbagliare*› sensationally
clamo'roso *adj* noisy; ‹*sbaglio*› sensational
clan *m inv* clan; fig clique
clandestina'mente *adv* secretly
clandestinità *f inv* secrecy; **vivere nella ~** live underground
clande'stino *adj* clandestine; **movimento ~** underground movement; **passeggero ~** stowaway
claque *f inv* claque
clarinet'tista *mf* clarinettist
clari'netto *m* clarinet
'classe *f* class; (aula) classroom; **di prima ~** first-class
■ **classe economica** economy class; **classe operaia** working class; **classe turistica** tourist class
classicheggi'ante *adj* classical
classi'cismo *m* classicism
classi'cista *mf* classicist
'classico **A** *adj* classical; (tipico) classic
B *m* classic

classifica *f* classification; Sport league
■ **classifica dei singoli** singles charts
classifi'cabile *adj* classifiable
classifi'care *vt* classify
classifi'carsi *vr* be placed
classifica'tore *m* (cartella) folder; (mobile) filing cabinet
classificazi'one *f* classification
clas'sista **A** *adj* class-conscious
B *mf* class-conscious person
claudi'cante *adj* lame
'clausola *f* clause
■ **clausola penale** Jur, Comm penalty clause; **clausola di recesso** Jur, Comm escape clause
claustrofo'bia *f* claustrophobia
claustro'fobico *adj* claustrophobic
clau'sura *f* Relig cloistered life; **di ~** ‹*suora*› cloistered; **essere in ~** fig shut oneself up; **vivere in ~** fig live like a hermit
'clava *f* club
clavicemba'lista *mf* harpsichord player
clavi'cembalo *m* harpsichord
cla'vicola *f* collar-bone
clavi'cordo *m* clavichord
cle'mente *adj* merciful; ‹*tempo*› mild
cle'menza *f* mercy, clemency
clep'tomane *mf* kleptomaniac
cleptoma'nia *f* kleptomania
cleri'cale *adj* clerical
'clero *m* clergy
cles'sidra *f* hourglass
clic *m inv* Comput click; **fare ~ su** click on; **fare doppio ~** double-click
clic'care *vi* Comput click; **~ su** click on
cliché *m inv* cliché
click ▸ **clic**
cli'ente *mf* client; (di negozio) customer
clien'tela *f* customers *pl*, clientele; (di avvocato) clientele
cliente'lare *adj* Pol nepotistic
cliente'lismo *m* nepotism
'clima *m* climate
clima'terio *m* climacteric
climatica'mente *adv* climatically
cli'matico *adj* climatic; **stazione climatica** health resort
climatizza'tore *m* air conditioner
climatizzazi'one *f* air conditioning
'clinica *f* clinic
■ **clinica di allergologia** allergy clinic; **clinica odontoiatrica** dental clinic; **clinica ostetrica** maternity hospital; **clinica psichiatrica** mental hospital
'clinico **A** *adj* clinical
B *m* clinician
clip *f inv* paper clip; (di orecchino) clip
cli'stere *m* Med enema
clo'aca *f* sewer

'cloche *f inv* cloche hat
clo'nare *vt* clone
clonazi'one *f* cloning
'clone *m* clone
clo'rato *adj* chlorate
'cloro *m* chlorine
cloro'filla *f* chlorophyll
clorofluorocar'buro *m* chlorofluorocarbon, CFC
cloro'formio *m* chloroform
clou *adj inv* **momenti** ~ highlights
club *m inv* club
■ **club per i giovani** youth club; **club sportivo** sports club
club-'sandwich *m inv* club sandwich
cm *abbr* (**centimetro**) cm
CNR *nm abbr* (**Consiglio Nazionale delle Ricerche**) national research council
Co. *abbr* (**compagnia**) Co
coabi'tare *vi* live together
coabitazi'one *f* (di razze) coexistence
coadiu|'tore, -trice *mf* (in ufficio) assistant
coadiu'vare *vt* cooperate with
coagu'lante *m* coagulant
coagu'lare *vt* coagulate
coagu'larsi *vr* coagulate
coagulazi'one *f* coagulation
coalizi'one *f* coalition
coaliz'zare *vt* fig unite
coaliz'zarsi *vr* unite
co'atto *adj* Jur compulsory
co'balto *m* cobalt; (colore) cobalt blue
COBAS *mpl abbr* (**Comitati di Base**) *independent trade unions*
'cobra *m inv* cobra
'Coca® *f* Coke®
Coca 'cola® *f* Coca Cola
coca'ina *f* cocaine
cocai'nomane *mf* cocaine addict
coc'carda *f* rosette
cocchi'ere *m* coachman
'cocchio *m* coach
'coccige *m* coccyx
cocci'nella *f* ladybird
'coccio *m* earthenware; (frammento) fragment
cocciu'taggine *f* stubbornness
cocciuta'mente *adv* stubbornly
cocci'uto *adj* stubborn
'cocco *m* coconut palm; infml love; **noce di** ~ coconut
coccodè *m inv* cluck
cocco'drillo *m* crocodile
cocco'lare *vt* cuddle
co'cente *adj* ‹*sole*› burning; ‹*lacrime, delusione*› bitter
'cocker *m inv*
■ **cocker [spaniel]** cocker spaniel
'cocktail *m inv* (ricevimento) cocktail party
co.co.'co. *nmf abbr* **1** (**collaboratore coordinato e continuativo**) freelancer on a fixed-term contract **2** (**collaborazione coordinata e continuativa**) fixed-term freelance contract
co'comero *m* watermelon
co.co.pro. *nf abbr* (**collaborazione coordinata a progetto**) *type of freelance work for a planned activity and a fixed period on a client's behalf*
co'cuzzolo *m* top; (di testa, cappello) crown
'coda *f* tail; (di abito) train; (fila) queue; (di traffico) tailback; **fare la** ~ queue [up], stand in line AmE
■ **coda di cavallo** (acconciatura) pony tail; **coda dell'occhio** corner of one's eye; **coda di paglia** guilty conscience
co'dardo, -a **A** *adj* cowardly
B *mf* coward
co'dazzo *m* train
code'ina *f* codeine
co'desto *adj* that
'codice *m* code; **in** ~ ‹*messaggio*› coded, in code; **mettere in** ~ encode
■ **codice di avviamento postale** postal code, zip code AmE; **codice a barre** bar-code; **codice civile** civil code; **codice fiscale** National Insurance number BrE, tax code; **codice penale** penal code; **codice PIN** PIN; **codice della strada** highway code
codi'cillo *m* codicil
co'difica *f* coding
codifi'care *vt* encode; codify ‹*legge*›
codifica|'tore, -trice *mf* Comput encoder
codificazi'one *f* encoding; (di legge) codification
co'dini *mpl* bunches
coeffici'ente *m* coefficient
coercizi'one *f* coercion
coe'rente *adj* consistent
coe'renza *f* consistency
coesi'one *f* cohesion
coe'sistere *vi* coexist
coe'sivo *adj* cohesive
coe'taneo, -a *adj & nmf* contemporary
cofa'netto *m* casket
'cofano *m* (forziere) chest; Auto bonnet, hood AmE
cofirma'tario, -a *mf* cosignatory
coge'stire *vt* co-manage
cogi'tare *vi* ponder
'cogliere *vt* pick; (sorprendere) catch; (afferrare) seize; (colpire) hit; ~ **la palla al balzo** seize the opportunity; ~ **di sorpresa** take by surprise
co'glione *m* vulg ball; (sciocco) dickhead; **rompere i coglioni a qualcuno** get on somebody's tits
'Cognac *m* cognac
co'gnato, -a **A** *m* brother-in-law
B *f* sister-in-law

c

cognizi'one *f* knowledge; **con ~ di causa** on an informed basis

co'gnome *m* surname, second name
■ **cognome da ragazza/da nubile** maiden name

cogu'aro *m* cougar

'coi = **con** + **i**

coiben'tare *vt* to insulate

coi'bente *adj* insulating

coinci'denza *f* coincidence; (di treno ecc.) connection

coin'cidere *vi* coincide

coinqui'lino *m* flatmate

cointesta'tario *m* Fin joint account-holder

coin'volgere *vt* involve

coinvolgi'mento *m* involvement

coin'volto *adj* involved

'coito *m* coitus

col = **con** + **il**

colà *adv* there

cola'brodo *m inv* strainer; **ridotto a un ~** infml full of holes

cola'pasta *m inv* colander

co'lare **A** *vt* strain; (versare lentamente) drip
B *vi* (gocciolare) drip; (perdere) leak; **~ a picco** Naut sink

co'lata *f* (di metallo) casting; (di lava) flow

colazi'one *f* (del mattino) breakfast; (di mezzogiorno) lunch; **far ~** have breakfast/lunch
■ **prima colazione** breakfast; **colazione di lavoro** working lunch; **colazione al sacco** packed lunch

col'bacco *m* fur hat

co'lei *pron f* the one

co'lera *m* cholera

coleste'rolo *m* cholesterol

colf *f inv abbr* (**collaboratrice familiare**) home help

colibrì *m inv* humming bird

'colica *f* colic

co'lino *m* [tea] strainer

'colla *f* glue; (di farina) paste
■ **colla di pesce** gelatine

collabo'rare *vi* collaborate; **~ con** ‹*polizia*› co-operate with; **~ a** ‹*rivista*› contribute to

collabora|'tore, -trice *mf* collaborator; (di rivista) contributor
■ **collaboratrice familiare** domestic help

collaborazi'one *f* collaboration; (con polizia) co-operation

collaborazio'nista *mf* collaborator

col'lage *m inv* collage

col'lana *f* necklace; (serie) series
■ **collana di perle** pearl necklace

col'lant *mpl* tights
■ **collant velati** sheer tights

col'lante *adj* adhesive

col'lare *m* collar

colla'rino *m* dog collar

col'lasso *m* collapse
■ **collasso cardiaco** syncope; **collasso renale** kidney failure

collate'rale *adj* collateral

collau'dare *vt* test

collauda|'tore, -trice *mf* tester

col'laudo *m* test

collazio'nare *vt* collate

'colle *m* hill; (passo) pass

col'lega *mf* colleague

colle'gabile *adj* compatible (**a** with)

collega'mento *m* connection; Mil liaison; Radio ecc. link
■ **collegamento dati** data link; **collegamento ipertestuale** hyperlink; **collegamento in rete** networking

colle'gare *vt* connect

colle'garsi *vr* TV, Radio link up (**a** with); Comput (a una rete ecc.) go on line (**a** to)

collegi'ale **A** *mf* boarder
B *adj* ‹*responsabilità, decisione*› collective

col'legio *m* (convitto) boarding school
■ **collegio elettorale** constituency

'collera *f* anger; **andare in ~** get angry

col'lerico *adj* irascible

col'letta *f* collection

collettività *f inv* community

collet'tivo **A** *adj* collective; ‹*interesse*› general; **biglietto ~** group ticket
B *m* (studentesco, femminista) collective

col'letto *m* collar

collet'tore *m* (di fognatura) main sewer

collezio'nare *vt* collect

collezi'one *f* collection
■ **collezione invernale** winter collection

collezio'nismo *m* collecting

collezio'nista *mf* collector
■ **collezionista di francobolli** stamp collector

colli'mare *vi* coincide

col'lina *f* hill

colli'nare *adj* hill *attrib*

colli'netta *f* knoll

colli'noso *adj* ‹*terreno*› hilly

col'lirio *m* eyewash

collisi'one *f* collision

'collo *m* neck; (pacco) package; **a ~ alto** high necked; **a rotta di ~** at breakneck speed
■ **collo del piede** instep

colloca'mento *m* placing; (impiego) employment

collo'care *vt* place

collo'carsi *vr* take one's place

collocazi'one *f* placing

colloqui'ale *adj* ‹*termine*› colloquial; ‹*tono*› informal

col'loquio *m* conversation; (di lavoro, udienza ecc.) interview; (esame) oral [exam]

col'loso *adj* glutinous

---

key word

col'lottola *f* nape
collusi'one *f* collusion
colluttazi'one *f* scuffle
col'mare *vt* fill; bridge ‹*divario*›; **~ qualcuno di gentilezze** overwhelm somebody with kindness
'colmo **A** *adj* full; **un cucchiaio ~** a heaped spoonful
B *m* top; fig height; **al ~ della disperazione** in the depths of despair; **questo è il ~!** (con indignazione) this is the last straw!; (con stupore) I don't believe it!; **per ~ di sfortuna** to crown it all
+colo *suff* **poetucolo** second rate poet
co'lomba *f* dove
■ **colomba pasquale** *dove-shaped cake with candied fruit eaten at Easter*
colom'baccio *m* wood pigeon
colom'baia *f* dovecote
Co'lombia *f* Colombia
colombi'ano *adj & nmf* Colombian
co'lombo *m* pigeon; **colombi** *pl* (innamorati) lovebirds
co'lonia *f* colony; (per bambini) holiday camp, summer camp
Co'lonia *f* Cologne; **[acqua di] colonia** [eau de] Cologne
coloni'ale *adj* colonial
colonia'lista *mf* colonialist
co'lonico *adj* ‹*terreno, casa*› farm *attrib*
coloniz'zare *vt* colonize
colonizza|'tore, -trice *mf* colonizer
colonizzazi'one *f* colonization
co'lonna *f* column; (di auto) tailback
■ **colonna sonora** soundtrack; **colonna vertebrale** spine
colon'nato *m* colonnade
colon'nello *m* colonel
colon'nina *f* (distributore) petrol pump, gas pump AmE
co'lono *m* tenant farmer
colo'rante *m* colouring
■ **colorante alimentare** food colouring
colo'rare *vt* colour; colour in ‹*disegno*›
co'lore *m* colour; (carte) suit; **a colori** in colour; **di ~** coloured; **farne di tutti i colori** get up to all sorts of mischief; **passarne di tutti i colori** go through hell; **diventare di tutti i colori** fig turn scarlet
■ **colore a olio** oil paint; **colore primario** primary colour
colori'ficio *m* paint and dyes shop
colo'rito **A** *adj* coloured; ‹*viso*› rosy; ‹*racconto, linguaggio*› colourful
B *m* complexion
co'loro *pron pl* the ones
colos'sale *adj* colossal
Colos'seo *m* Coliseum
co'losso *m* colossus
'colpa *f* fault; (biasimo) blame; (colpevolezza) guilt; (peccato) sin; **dare la ~ a** blame; **essere in ~** be at fault; **per ~ di** because of; **è ~ mia** it's my fault
col'pevole **A** *adj* guilty
B *mf* culprit
col'pire *vt* hit, strike; fig strike; **~ nel segno** hit the nail on the head
'colpo *m* blow; (di arma da fuoco) shot; (urto) knock; (emozione) shock; Med, Sport stroke; (furto) robbery; **di ~** suddenly; **far ~** make a strong impression; **far venire un ~ a qualcuno** fig give somebody a fright; **perdere colpi** ‹*motore*› keep missing; **a ~ d'occhio** at a glance; **a ~ sicuro** for certain
■ **colpo d'aria** chill; **colpo basso** blow below the belt; **colpo di frusta** Med whiplash injury; **colpo di grazia** kiss of death; **colpo da maestro** master stroke; **colpo di scena** sensational development; **colpo di sole** sunstroke; **colpi di sole** *pl* (su capelli) highlights; **colpo di Stato** coup [d'état]; **colpo di telefono** ring, call; **dare un ~ di telefono a qualcuno** give somebody a ring *or* call; **colpo di testa** [sudden] impulse; **colpo di vento** gust of wind
col'poso *adj* **omicidio ~** manslaughter
coltel'lata *f* stab
coltelle'ria *f* cutlery shop
col'tello *m* knife; **avere il ~ dalla parte del manico** have the upper hand
■ **coltello per il pane** bread knife; **coltello a serramanico** jackknife
colti'vare *vt* cultivate
coltiva|'tore, -trice *mf* farmer
coltivazi'one *f* farming; (di piante) growing
■ **coltivazione intensiva** intensive farming
'colto **A** pp di **cogliere**
B *adj* cultured
'coltre *f* blanket
col'tura *f* cultivation
■ **coltura alternata** crop rotation
co'lui *pron m* the one
'colza *f* Bot (oilseed) rape
'coma *m inv* coma; **in ~** in a coma; **in ~ irreversibile** brain dead
comanda'mento *m* commandment
coman'dante *m* commander; Naut, Aeron captain
coman'dare **A** *vt* command; Mech control; **~ a qualcuno di fare qualcosa** order somebody to do something
B *vi* be in charge
co'mando *m* command; (di macchina) control
co'mare *f* (pettegola) gossip
coma'toso *adj* Med comatose
combaci'are *vi* fit together; ‹*testimonianze*› concur
combat'tente **A** *adj* fighting
B *m* combatant
■ **ex combattente** ex-serviceman; **combattente per la libertà** freedom fighter

c

com'battere *vt & vi* fight
combatti'mento *m* fight; Mil battle; **fuori ~** ‹*pugilato*› knocked out
combat'tuto *adj* ‹*gara*› hard fought; (tormentato) torn; ‹*discussione*› heated
combi'nare *vt & vi* arrange; (mettere insieme) combine; infml (fare) do; **cosa stai combinando?** what are you up to?
combi'narsi *vr* combine; (mettersi d'accordo) come to an agreement
combinazi'one *f* combination; (caso) coincidence; **per ~** by chance
com'briccola *f* gang
combu'stibile **A** *adj* combustible
B *m* fuel
combusti'one *f* combustion
com'butta *f* gang; **in ~** in league
'come **A** *adv* like; (in qualità di) as; (interrogativo, esclamativo) how; **questo vestito è ~ il tuo** this dress is like yours; **~?** pardon?; **~ stai?** how are you?; **~ va?** how are things?; **~ mai?** how come?; **~?** what?; **non sa ~ fare** he doesn't know what to do; **~ sta bene!** how well he looks!; **~ no!** that will be right!; **~ tu sai** as you know; **fa' ~ vuoi** do as you like; **~ se** as if
B *conj* (non appena) as soon as
come'done *m* blackhead
co'meta *f* comet
'comfort *m inv* comfort; **con tutti i ~** with all mod cons
'comico **A** *adj* comical; ‹*teatro, attore*› comic
B *m* funny side; (attore) comic actor, comedian
C *f* comedienne; (attrice) comic actress, comedienne; (a torte in faccia) slapstick sketch
co'mignolo *m* chimney pot
cominci'are *vt & vi* begin, start; **a ~ da oggi** from today; **per ~** to begin with; **cominciamo bene!** we're off to a fine start!
comi'tato *m* committee
■ **comitato consultivo** advisory committee; **comitato direttivo** steering committee; **comitato esecutivo** executive committee; **comitato di gestione** management committee
comi'tiva *f* party, group
co'mizio *m* meeting
■ **comizio elettorale** election rally
'comma *m* (capoverso) paragraph
com'mando *m inv* commando
com'media *f* comedy; (opera teatrale) play; fig sham
■ **commedia musicale** musical
commedi'ante **A** *m* comic actor; fig derog phoney
B *f* comic actress; fig derog phoney
commedi'ografo, -a *mf* playwright
commemo'rare *vt* commemorate
commemorazi'one *f* commemoration
■ **commemorazione dei defunti** (2 novembre) All Soul's Day
commenda'tore *m* commander
commen'sale *mf* fellow diner
commen'tare *vt* comment on; (annotare) annotate
commen'tario *m* commentary
commenta|'tore, -trice *mf* commentator
com'mento *m* comment; TV, Radio commentary
■ **commento musicale** music
commerci'ale *adj* commercial; ‹*relazioni, trattative*› trade; ‹*attività*›; business; **centro commerciale** shopping centre
commerci'alista *mf* business consultant; (contabile) accountant, certified public accountant AmE
commercializ'zare *vt* market; derog commercialize
commercializzazi'one *f* marketing; derog commercialization
■ **commercializzazione di massa** mass-marketing
commerci'ante *mf* trader, merchant; (negoziante) shopkeeper
■ **commerciante all'ingrosso** wholesaler; **commerciante di oggetti d'arte** art dealer
commerci'are *vi* **~ in** deal in
com'mercio *m* commerce; (internazionale) trade; (affari) business; **in ~** (prodotto) on sale
■ **commercio al dettaglio** *o* **al minuto** retail trade; **commercio all'ingrosso** wholesale trade
com'messo, -a **A** pp di **commettere**
B *mf* shop assistant; **commessi** *pl* counter staff
■ **commesso viaggiatore** commercial traveller
C *f* (ordine) order
comme'stibile **A** *adj* edible
B *m* **commestibili** *pl* groceries
com'mettere *vt* commit; make ‹*sbaglio*›; **~ un reato** commit an offence
commi'ato *m* leave; **prendere ~ da** take leave of
commise'rare *vt* commiserate
commise'rarsi *vr* feel sorry for oneself
commissari'ato *m* (di polizia) police station
commis'sario *m* ≈ [police] superintendent; (membro di commissione) commissioner; Sport steward; Comm commission agent
■ **commissario di bordo** purser; **commissario capo** chief superintendent; **commissario d'esame** examiner; **commissario di gara** race official, steward; **commissario tecnico** (della nazionale) national team manager
commissi'one *f* (incarico) errand; (comitato, percentuale) commission; Comm (di merce) order; **commissioni** *pl* (acquisti) **fare commissioni** go shopping
■ **commissione d'esame** board of examiners; **Commissione Europea** European

Commission; **commissione d'inchiesta** court of inquiry

commit'tente *mf* purchaser

com'mosso **A** pp di **commuovere** **B** *adj* moved

commo'vente *adj* moving

commozi'one *f* emotion
■ **commozione cerebrale** concussion

commu'overe *vt* touch, move

commu'oversi *vr* be touched

commu'tare *vt* change; Jur commute

commuta'tore *m* Electr commutator

commutazi'one *f* (di pena) commutation

comò *m inv* chest of drawers

comoda'mente *adv* comfortably

como'dino *m* bedside table

comodità *f inv* comfort; (convenienza) convenience

'comodo **A** *adj* comfortable; (conveniente) convenient; (spazioso) roomy; (facile) easy; **stia ~!** don't get up!; **far ~** be useful **B** *m* comfort; **fare il proprio ~** do as one pleases; **prendila con ~!** take it easy!

Co'more *fpl* **le (isole) ~** Comoros

'compact disc *m inv* compact disc

compae'sano, -a **A** *m* fellow countryman **B** *f* fellow countrywoman

com'pagine *f* (squadra) team

compa'gnia *f* company; (gruppo) party; **fare ~ a qualcuno** keep somebody company; **essere di ~** be sociable
■ **compagnia aerea** airline; **compagnia di bandiera** (aerea) national airline; **compagnia low cost** budget airline, no frills airline

com'pagno, -a *mf* companion; Comm, Sport (in coppia) partner; Pol comrade
■ **compagno di classe** classmate; **compagno di scuola** schoolmate, school friend; **compagno di squadra** team-mate; **compagno di viaggio** fellow traveller

compa'rabile *adj* comparable

compa'rare *vt* compare

compara'tivo *adj & nm* comparative

comparazi'one *f* comparison

com'pare *m* sidekick

compa'rire *vi* appear; (spiccare) stand out; **~ in giudizio** appear in court

com'parso, -a **A** pp di **comparire** **B** *f* appearance; Cinema extra; Theat walk-on

compartecipazi'one *f* sharing; (quota) share

comparti'mento *m* compartment; (amministrativo) department

compas'sato *adj* calm and collected

compassi'one *f* compassion; **aver ~ per** feel pity for; **far ~** arouse pity

compassio'nevole *adj* compassionate

com'passo *m* [pair of] compasses *pl*

compa'tibile *adj* (conciliabile) compatible; (scusabile) excusable

compatibilità *f inv* compatibility

compatibil'mente *adv* **~ con i miei impegni** if my commitments allow

compati'mento *m* **un'aria di ~** air of condescension

compa'tire *vt* pity; (scusare) make allowances for

compatri'ota *mf* compatriot

compat'tezza *f* (di materia) compactness; fig (di partito) solidarity

com'patto *adj* compact; (denso) dense; (solido) solid; fig united

compendi'are *vt* (fare un sunto) summarize

com'pendio *m* outline; (sunto) synopsis; (libro) compendium

compene'trare *vt* pervade

compen'sare *vt* compensate; (supplire) make up for

compen'sarsi *vr* balance each other out

compen'sato *m* (legno) plywood

compensazi'one *f* compensation

com'penso *m* compensation; (retribuzione) remuneration; **in compenso** (in cambio) in return; (d'altra parte) on the other hand; (invece) instead

'compera *f* purchase; **far compere** do some shopping

compe'rare *vt* buy

compe'tente *adj* competent; ‹*ufficio*› appropriate

compe'tenza *f* competence; (responsabilità) responsibility; **competenze** *pl* (onorari) fees

com'petere *vi* compete; **~ a** ‹*compito*› be the responsibility of

competitività *f inv* competitiveness

competi'tivo *adj* ‹*prezzo, carattere*› competitive

competi|'tore, -trice *mf* competitor

competizi'one *f* competition

compia'cente *adj* obliging

compia'cenza *f* obligingness; **avere la ~ di ...** be so obliging as to ...

compia'cere *vt & vi* please

compia'cersi *vr* (congratularsi) congratulate; **~ di** (degnarsi) condescend to

compiaci'mento *m* satisfaction; derog smugness

compiaci'uto *adj* satisfied; ‹*aria, sorriso*› smug

compi'angere *vt* pity; (per lutto ecc.) sympathize with

'compiere *vt* (concludere) complete; commit ‹*delitto*›; **~ gli anni** have one's birthday

'compiersi *vr* end; (avverarsi) come true

compi'lare *vt* compile; fill in ‹*modulo*›

compila|'tore, -trice *mf* compiler

compilazi'one *f* compilation

compi'mento *m* completion; **portare a ~ qualcosa** conclude something

com'pire *vt* = **compiere**

compi'tare *vt* spell
🔑 **'compito¹** *m* task; (dovere) duty; Sch homework; **fare i compiti** do one's homework
com'pito² *adj* polite
compiu'tezza *f* completeness
C **compi'uto** *adj* **avere 30 anni compiuti** be over 30
comple'anno *m* birthday
complemen'tare *adj* complementary; (secondario) subsidiary
comple'mento *m* complement; Mil draft
■ **complemento oggetto** Gram direct object
comples'sato *adj* hung up
complessità *f inv* complexity
complessiva'mente *adv* on the whole; (in totale) altogether
comples'sivo *adj* comprehensive; (totale) total
🔑 **com'plesso** **A** *adj* complex; (difficile) complicated
B *m* complex, hang up infml; Psych complex; (di cantanti ecc.) group; (di circostanze, fattori) combination; **in ~** on the whole; (in totale) altogether
■ **complesso di inferiorità** inferiority complex
completa'mente *adv* completely
completa'mento *m* completion
🔑 **comple'tare** *vt* complete
comple'tezza *f* completeness
🔑 **com'pleto** **A** *adj* complete; (pieno) full [up]; **al ~** ‹*teatro*› sold out; ‹*albergo*› full; '~' 'no vacancies'; **la famiglia al ~** the whole family
B *m* (vestito) suit; (insieme di cose) set
🔑 **compli'care** *vt* complicate
compli'carsi *vr* become complicated
compli'cato *adj* complicated
complicazi'one *f* complication; **salvo complicazioni** all being well
'complice **A** *mf* accomplice
B *adj* ‹*sguardo*› knowing
complicità *f inv* complicity
complimen'tare *vt* compliment
complimen'tarsi *vr* **~ con** congratulate
🔑 **compli'mento** *m* compliment; **complimenti** *pl* (ossequi) regards; (congratulazioni) congratulations; **fare complimenti** stand on ceremony
complot'tare *vi* plot
com'plotto *m* plot
compo'nente **A** *adj & nm* component
B *mf* member
componen'tistica *f* (per auto, elettronica) accessories *pl*
compo'nibile *adj* ‹*cucina*› fitted; ‹*mobili*› modular
componi'mento *m* composition; (letterario) work

🔑 key word

🔑 **com'porre** *vt* compose; (sistemare) put in order; Typ set; lay out ‹*salma*›; settle ‹*lite*›
com'porsi *vr* **~ di** be made up of
comportamen'tale *adj* behavioural
comporta'mento *m* behaviour
🔑 **compor'tare** *vt* (implicare) involve
compor'tarsi *vr* behave
com'posito *adj* Chem, Phot composite
composi|'tore, -trice *mf* composer; Typ compositor
composizi'one *f* composition
■ **composizione floreale** flower arrangement
'compost *m inv* compost
com'posta *f* stewed fruit; (concime) compost
compo'stabile *adj* compostable
compo'staggio *m* composting
compo'stezza *f* composure
com'posto **A** pp di **comporre**
B *adj* ‹*parola*› compound; **essere ~ da** consist of, comprise; **stai ~!** sit properly!
C *m* Chem compound; Culin mixture
🔑 **com'prare** *vt* buy; fig (corrompere) buy off, bribe
compra|'tore, -trice *mf* buyer
compra'vendita *f* buying and selling; **atto di ~** deed of sale
🔑 **com'prendere** *vt* understand; (includere) comprise
compren'donio *m* **essere duro di ~** be slow on the uptake
compren'sibile *adj* understandable
comprensibil'mente *adv* understandably
comprensi'one *f* understanding
compren'sivo *adj* understanding; (che include) inclusive
com'preso **A** pp di **comprendere**
B *adj* included; **tutto ~** ‹*prezzo*› all-in; **da lunedì a venerdì ~** Monday to Friday inclusive
com'pressa *f* compress; (pastiglia) tablet
compressi'one *f* compression
■ **compressione dati** Comput data compression
com'presso **A** pp di **comprimere**
B *adj* compressed
compres'sore *m* (rullo) steamroller
compri'mario, -a **A** *m* Theat supporting actor
B *f* supporting actress
com'primere *vt* press; (reprimere) repress; Comput compress
compro'messo **A** pp di **compromettere**
B *m* compromise; (contratto) *preliminary but binding agreement*
compromet'tente *adj* compromising
compro'mettere *vt* compromise
comproprietà *f inv* multiple ownership
comproprie'tario, -a *mf* joint owner
compro'vare *vt* prove
com'punto *adj* contrite
compunzi'one *f* compunction

compu'tare *vt* calculate; (addebitare) estimate
com'puter *m inv* computer
■ **computer da casa** home computer
computeriz'zare *vt* computerize
computeriz'zato *adj* computerized
computerizzazi'one *f* computerization
computiste'ria *f* book-keeping
'computo *m* calculation
comu'nale *adj* municipal
co'mune **A** *adj* common; ‹*parti*› communal, common; ‹*amico*› mutual; (ordinario) ordinary
B *m* municipality; **in ~** shared; **fuori del ~** out of the ordinary; **avere qualcosa in ~** have something in common
C *f* collective farm; commune
comu'nella *f* **fare ~** form a clique
comune'mente *adv* commonly
comuni'cante *adj* interconnecting
comuni'care *vt* communicate; pass on ‹*malattia*›; Relig administer Communion to
comuni'carsi *vr* receive Communion
comunica'tiva *f* communicativeness
comunica'tivo *adj* communicative
comuni'cato *m* communiqué
■ **comunicato commerciale** Radio commercial; **comunicato stampa** press release
comunicazi'one *f* communication; Teleph [phone] call; **avere la ~** get through; **dare la ~ a qualcuno** put somebody through
■ **comunicazione dati** Comput data communications
comuni'one *f* communion; Relig [Holy] Communion
comu'nismo *m* communism
comu'nista *adj & nmf* communist
comunità *f inv* community
■ **Comunità [Economica] Europea** European [Economic] Community; **Comunità degli Stati Indipendenti** Commonwealth of Independent States; **comunità terapeutica** rehabilitation centre
co'munque **A** *conj* however
B *adv* anyhow
con *prep* with; (mezzo) by; **~ facilità** easily; **~ mia grande gioia** to my great delight; **è gentile ~ tutti** he is kind to everyone; **col treno** by train; **~ questo tempo** in this weather
co'nato *m*
■ **conato di vomito** retching
'conca *f* basin; (valle) dell
concate'nare *vt* link together
concate'narsi *vr* ‹*idee*› be connected
concatenazi'one *f* connection
'concavo *adj* concave
con'cedere *vt* grant; award ‹*premio*›; (ammettere) admit
con'cedersi *vr* allow oneself ‹*pausa*›; treat oneself to ‹*lusso, vacanza*›
concentra'mento *m* concentration
concen'trare *vt* concentrate
concen'trarsi *vr* concentrate
concen'trato **A** *adj* concentrated
B *m* concentrate
■ **concentrato di pomodoro** tomato pureé
concentrazi'one *f* concentration
con'centrico *adj* concentric
concepi'mento *m* conception
conce'pire *vt* conceive ‹*bambino*›; (capire) understand; (figurarsi) conceive of; devise ‹*piano ecc.*›
con'cernere *vt* concern
concer'tare *vt* Mus harmonize; (organizzare) arrange
concer'tarsi *vr* agree
concer'tista *mf* concert performer
con'certo *m* concert; (composizione) concerto
■ **concerto rock** rock concert
concessio'nario *m* agent
concessi'one *f* concession
con'cesso pp di **concedere**
con'cetto *m* concept; (opinione) opinion
concet'toso *adj* cerebral
concezi'one *f* conception; (idea) concept
con'chiglia *f* [sea] shell
■ **conchiglia del pellegrino** scallop shell; **conchiglia di san Giacomo** scallop shell
'concia *f* tanning; (di tabacco) curing
conci'are *vt* tan; cure ‹*tabacco*›; **~ qualcuno per le feste** give somebody a good hiding
conci'arsi *vr* (sporcarsi) get dirty; (vestirsi male) dress badly
conci'ato *adj* ‹*pelle, cuoio*› tanned; **essere ~ come un barbone** look like something the cat dragged in
concili'abile *adj* compatible
concili'abolo *m* private meeting
concili'ante *adj* conciliatory
concili'are *vt* reconcile; pay ‹*contravvenzione*›; (favorire) induce
concili'arsi *vr* go together; (mettersi d'accordo) become reconciled
conciliazi'one *f* reconciliation; Jur settlement
con'cilio *m* Relig council; (riunione) assembly
conci'maia *f* dunghill
conci'mare *vt* feed ‹*pianta*›
con'cime *m* manure; (chimico) fertilizer
concisi'one *f* conciseness
con'ciso *adj* concise
conci'tato *adj* excited
concitta'dino, -a *mf* fellow citizen
concla'mato *adj* Med full blown
con'clave *m* conclave
con'cludere *vt* conclude; (finire con successo) successfully complete
con'cludersi *vr* come to an end
conclusi'one *f* conclusion; **in ~** (insomma) in short

conclu'sivo *adj* conclusive
con'cluso pp di **concludere**
concomi'tante *adj* contributory
concomi'tanza *f* (di circostanze, fatti) combination; **in ~ con** combined with, in conjunction with
concor'danza *f* agreement
concor'dare **A** *vt* agree [on]; Gram make agree
B *vi* (sul prezzo) agree
concor'dato *m* agreement; Jur, Comm composition
con'corde *adj* in agreement; (unanime) unanimous
con'cordia *f* concord
concor'rente **A** *adj* concurrent; (rivale) competing
B *mf* Comm, Sport competitor; (candidato) candidate; (a quiz, concorso di bellezza) contestant
concor'renza *f* competition
■ **concorrenza sleale** unfair competition
concorrenzi'ale *adj* competitive
con'correre *vi* (contribuire) combine; (andare insieme) go together; (competere) compete
con'corso **A** pp di **concorrere**
B *m* competition; **fuori ~** not in the official competition
■ **concorso di bellezza** beauty contest; **concorso di circostanze** combination of circumstances; **concorso di colpa** contributory negligence; **concorso ippico** showjumping event; **concorso a premi** prize-winning competition; **concorso in reato** Jur complicity; **concorso per titoli** *competition in which exam results are not the sole criterion*
concreta'mente *adv* concretely
concre'tare, concretiz'zare *vt* put into concrete form
con'creto *adj* concrete; **in ~** in concrete terms
concu'bina *f* concubine
concussi'one *f* acceptance of a bribe
con'danna *f* sentence; **pronunziare una ~** hand down a sentence
■ **condanna a morte** death sentence; **condanna penale** prison sentence
condan'nare *vt* (disapprovare) condemn; Jur sentence
condan'nato, -a **A** *adj* (destinato) forced
B *mf* prisoner
con'densa *f* condensation
conden'sare *vt* condense
conden'sarsi *vr* condense
condensa'tore *m* Electr condenser
condensazi'one *f* condensation
condi'mento *m* seasoning; (salsa) dressing
■ **condimento per insalata** salad dressing
con'dire *vt* flavour; dress ‹*insalata*›
condiscen'dente *adj* indulgent; derog condescending; (arrendevole) compliant
condiscen'denza *f* indulgence; derog condescension; (arrendevolezza) compliance
con'dito *adj* Culin seasoned
condi'videre *vt* share
condivisi'one *f* sharing; **~ delle risorse** resource sharing
condizio'nale **A** *adj & nm* conditional
B *f* Jur suspended sentence
condiziona'mento *m* Psych conditioning
condizio'nare *vt* condition
condizionata'mente *adv* conditionally
condizio'nato *adj* conditional (**da** on); **aria condizionata** air conditioning
condiziona'tore *m* air conditioner
condizi'one *f* condition; **a ~ che** on condition that; **condizioni** *pl* **di credito** credit terms
■ **condizione imprescindibile** precondition
condogli'anze *fpl* condolences; **fare le ~ a** offer one's condolences to
'condom *m inv* condom
condomini'ale *adj* ‹*spese*› common; ‹*riunione*› tenants' *attrib*
con'dominio *m* joint ownership; (edificio) condominium
condo'mino, -a *mf* joint owner
condo'nare *vt* remit
con'dono *m* remission
con'dotta *f* conduct; (circoscrizione di medico) country practice; (di gara ecc.) management; (tubazione) pipe
con'dotto **A** pp di **condurre**
■ **medico condotto** country doctor
B *m* pipe; Anat duct
■ **condotto dell'aria** air duct; **condotto sotterraneo** culvert
condu'cente *m* driver
■ **conducente di autobus** bus driver
con'durre *vt* lead; drive ‹*veicoli*›; (accompagnare) take; conduct ‹*gas, elettricità ecc.*›; (gestire) run; **~ a termine** complete; **~ delle indagini** carry out an investigation
con'dursi *vr* behave
condut'tore *adj*
■ **filo conduttore** leitmotif
condut'tore *adj* **-trice** **A** *mf* TV presenter; (di veicolo) driver
B *m* Electr conductor
condut'tura *f* duct
■ **conduttura del gas** gas main
conduzi'one *f* conduction
confabu'lare *vi* have a confab
confa'cente *adj* suitable
con'farsi *vr* **confarsi a** suit
confederazi'one *f* confederation
■ **Confederazione elvetica** Swiss Confederation
confe'renza *f* (discorso) lecture; (congresso) conference
■ **conferenza stampa** press conference, news

key word

conference
conferenzi'ere, -a *mf* lecturer, speaker
confe'rire **A** *vt* (donare) confer
B *vi* (consultarsi) confer
con'ferma *f* confirmation; **dare ~** confirm
confer'mare *vt* confirm
confes'sare *vt* confess
confes'sarsi *vr* confess
confessio'nale **A** *adj* ‹*segreto*› of the confession
B *m* confessional
confessi'one *f* confession
confes'sore *m* confessor
con'fetto *m* (di mandorla) sugared almond
confet'tura *f* jam
confezionare *vt* tailor ‹*vestito*›; package ‹*prodotto*›; **~ sottovuoto** vacuum-pack
confezio'nato *adj* ‹*vestiti*› off-the-peg; ‹*gelato*› wrapped
confezi'one *f* manufacture; (di abiti) making; (di pacchi) packaging; **di ~** ‹*abiti*› off-the-peg; **confezioni** *pl* clothes
■ **confezione economica** economy pack, economy size; **confezione famiglia** family size; **confezione multipla** multipack; **confezione regalo** gift set; **confezione da sei** (di bottiglie, lattine) six-pack
confic'care *vt* thrust
confic'carsi *vr* lodge
confic'cato *adj* **~ in** lodged in, embedded in
confi'dare **A** *vt* confide
B *vi* **~ in** trust
confi'darsi *vr* **~ con** confide in
confi'dente **A** *adj* confident
B *mf* confidant; (informatore) informer
confi'denza *f* confidence; (familiarità) familiarity; **prendersi delle confidenze** take liberties
confidenzi'ale *adj* confidential; ‹*tono*› familiar; **in via ~** confidentially
configu'rare *vt* Comput configure
configurazi'one *f* configuration
confi'nante *adj* neighbouring
confi'nare **A** *vt* (relegare) confine
B *vi* **~ con** border on
confi'narsi *vr* (ritirarsi) withdraw
confi'nato **A** *adj* confined
B *m* prisoner
CONFIN'DUSTRIA *f abbr* (**Confederazione generale dell'Industria italiana**) ≈ CBI
con'fine *m* border; (tra terreni) boundary
con'fino *m* political exile
con'fisca *f* (di proprietà) confiscation
confi'scare *vt* confiscate
conflagrazi'one *f* conflagration
con'flitto *m* conflict
■ **conflitto aereo** air war
conflittu'ale *adj* adversarial
conflittualità *f inv* adversarial nature
conflu'enza *f* confluence; (di strade) junction
conflu'ire *vi* ‹*fiumi*› flow together; ‹*strade*› meet
con'fondere *vt* confuse; (imbarazzare) embarrass
con'fondersi *vr* (mescolarsi) mingle; (sbagliarsi) be mistaken
confor'mare *vt* standardize (**a** in line with)
confor'marsi *vr* conform
conformazi'one *f* conformity (**a** with); (del terreno) nature
con'forme *adj* standard
conforme'mente *adv* accordingly
confor'mismo *m* conformity
confor'mista *mf* conformist
conformità *f inv* (a norma) conformity (**a** with); **in ~ a** in accordance with, in conformity with
confor'tante *adj* comforting
confor'tare *vt* comfort
confor'tevole *adj* (comodo) comfortable
con'forto *m* comfort; **a ~ di** ‹*una tesi*› in support of; **conforti** *pl* **religiosi** last rites
confra'telli *mpl* brethren
confra'ternita *f* brotherhood
confron'tare *vt* compare
con'fronto *m* comparison; **in ~ a** by comparison with; **nei tuoi confronti** towards you; **senza ~** far and away, by far
■ **confronto diretto** head to head
confusio'nario *adj* ‹*persona*› muddle-headed
confusi'one *f* confusion; (baccano) racket; (disordine) mess; (imbarazzo) embarrassment
con'fuso **A** pp di **confondere**
B *adj* confused; (indistinto) indistinct; (imbarazzato) embarrassed
confu'tare *vt* confute
conge'dare *vt* dismiss; Mil discharge
conge'darsi *vr* take one's leave
con'gedo *m* leave; **essere in ~** be on leave
■ **congedo malattia** sick leave; **congedo [di] maternità** maternity leave; **congedo [di] paternità** paternity leave
conge'gnare *vt* devise; (mettere insieme) assemble
con'gegno *m* device
congela'mento *m* freezing; Med frostbite
■ **congelamento dei prezzi** price freeze
conge'lare *vt* freeze
conge'lato *adj* ‹*cibo*› deep-frozen
congela'tore *m* freezer
congeni'ale *adj* congenial
con'genito *adj* congenital
congestio'nare *vt* congest
congestio'nato *adj* ‹*traffico*› congested; ‹*viso*› flushed
congesti'one *f* congestion
conget'tura *f* conjecture
congi'ungere *vt* join ‹*mani*›; combine ‹*sforzi*›

congi'ungersi *vr* join, connect
congiunti'vite *f* conjunctivitis
congiun'tivo *m* subjunctive
congi'unto **A** pp di **congiungere**
B *adj* joined; ‹*azione*› joint; ‹*forze, sforzo*› combined
C *m* relative
congiun'tura *f* junction; (situazione) situation
congiuntu'rale *adj* economic
congiunzi'one *f* Gram conjunction
congi'ura *f* conspiracy
congiu'rare *vi* conspire
conglome'rato *m* conglomerate; fig conglomeration; (da costruzione) concrete
'Congo *m* Congo
congo'lese *adj* & *nmf* Congolese
congratu'larsi *vr* ~ **con qualcuno per** congratulate somebody on
congratulazi'oni *fpl* congratulations
con'grega *f* band
congre'gare *vt* gather
congre'garsi *vr* congregate
congregazi'one *f* congregation
congres'sista *mf* convention participant
con'gresso *m* congress, convention; (americano) Congress
■ **Congresso Nazionale Africano** African National Congress
'congrua *f* stipend
'congruo *adj* proper; (giusto) fair
conguagli'are *vt* balance
congu'aglio *m* balance
coni'are *vt* coin
conia'tura *f* coinage
coniazi'one *f* coinage
'conico *adj* conical
co'nifera *f* conifer
co'niglia *f* female rabbit, doe
conigli'era *f* rabbit hutch
conigli'etta *f* bunny girl
conigli'etto *m* bunny
co'niglio *m* rabbit
coniu'gale *adj* marital; ‹*vita*› married
coniu'gare *vt* conjugate
coniu'garsi *vr* get married; Gram conjugate
coniu'gato *adj* (sposato) married
coniugazi'one *f* conjugation
'coniuge *mf* spouse
connazio'nale *mf* compatriot
connessi'one *f* connection
■ **connessione a banda larga** broadband connection
con'nesso pp di **connettere**
con'nettere **A** *vt* connect
B *vi* think rationally
con'nettersi *vr* Comput (a Internet) log on (a to)

connet'tore *m* connector
conni'vente *adj* conniving
conno'tare *vt* connote
conno'tato *m* distinguishing feature; **connotati** *pl* description; **rispondere ai connotati** fit the description; **cambiare i connotati a qualcuno** (hum) re-arrange somebody's face
con'nubio *m* fig union
'cono *m* cone
cono'scente *mf* acquaintance
cono'scenza *f* knowledge; (persona) acquaintance; (sensi) consciousness; **perdere** ~ lose consciousness; **riprendere** ~ regain consciousness, come to
■ **conoscenza di lavoro** business contact
co'noscere *vt* know; (essere a conoscenza di) be acquainted with; (fare la conoscenza di) meet; ~ **qualcosa a fondo** know something inside out
conosci|'tore, -trice *mf* connoisseur
conosci'uto **A** pp di **conoscere**
B *adj* well-known
con'quista *f* conquest
conqui'stare *vt* conquer; fig win
conquista'tore *m* conqueror; fig ladykiller
consa'crare *vt* consecrate; ordain ‹*sacerdote*›; (dedicare) dedicate
consa'crarsi *vr* devote oneself
consa'crato *adj* ‹*suolo*› hallowed
consacrazi'one *f* consecration
consangu'ineo, -a *mf* blood relation
consa'pevole *adj* conscious
consapevo'lezza *f* consciousness
consapevol'mente *adv* consciously
conscia'mente *adv* consciously
'conscio *adj* conscious
consecu'tivo *adj* consecutive; (seguente) next
con'segna *f* delivery; (merce) consignment; (custodia) care; (di prigioniero) handover; Mil (ordine) orders *pl*; Mil (punizione) confinement to barracks; **pagamento alla** ~ cash on delivery
■ **consegna della posta** mail delivery
conse'gnare *vt* deliver; Mil confine to barracks; hand over ‹*prigioniero, chiavi*›
consegna'tario *m* consignee
consegu'ente *adj* consequent
consegu'enza *f* consequence; **di** ~ (perciò) consequently; ‹*agire, comportarsi*› accordingly
consegui'mento *m* achievement
consegu'ire **A** *vt* achieve
B *vi* follow
con'senso *m* consent; (della popolazione) consensus
consensu'ale *adj* consensus-based
consen'tire **A** *vi* consent
B *vt* allow

consenzi'ente *adj* consenting
con'serto *adj* **a braccia conserte** with one's arms folded
con'serva *f* preserve; (di frutta) jam; (di agrumi) marmalade
■ **conserva di pomodoro** tomato sauce
conser'vare *vt* preserve; (mantenere) keep; **~ in frigo** keep refrigerated; **~ in luogo asciutto** keep dry
conser'varsi *vr* keep; **~ in salute** keep well
conserva|'tore, -trice *adj & nmf* Pol conservative; **partito conservatore** Conservative Party, Tory Party BrE
conserva'torio *m* conservatory, school of music
conservato'rismo *m* conservatism
conservazi'one *f* preservation; **a lunga ~** long-life
con'sesso *m* assembly
conside'rare *vt* consider; (stimare) regard
conside'rato *adj* (stimato) esteemed
considerazi'one *f* consideration; (osservazione, riflessione) remark; (stima) respect
conside'revole *adj* considerable
consigli'abile *adj* advisable
consigli'are *vt* advise; (raccomandare) recommend
consigli'arsi *vr* **~ con qualcuno** ask somebody's advice
consigli'ere, -a *mf* adviser; (membro di un consiglio) councillor
■ **consigliere d'amministrazione** board member; **consigliere delegato** managing director
con'siglio *m* advice; (ente) council; **un ~** a piece of advice
■ **consiglio d'amministrazione** board of directors; **consiglio di guerra** war cabinet; **consiglio d'istituto** parent-teacher association; **consiglio dei ministri** Cabinet; **consiglio scolastico** education committee; **Consiglio di Sicurezza** (dell'ONU) Security Council; **Consiglio Superiore della Magistratura** *body responsible for ensuring the independence of the judiciary*
con'simile *adj* similar
consi'stente *adj* substantial; (spesso) thick; fig ‹*argomento*› solid
consi'stenza *f* consistency; (spessore) thickness; fig (di argomento) solidity
con'sistere *vi* **~ in** consist of
consoci'arsi *vr* go into partnership
consoci'ata *f* (azienda) subsidiary
consociati'vismo *m excessive tendency to form associations*
consoci'ato *m* associate
con'socio, -a *mf* fellow member
conso'lante *adj* consoling
conso'lare¹ *adj* consular
conso'lare² *vt* console
conso'larsi *vr* console oneself
conso'lato *m* consulate
consolazi'one *f* consolation
'console¹ *m* consul
con'sole² *f inv* (tastiera) console
■ **console per videogiochi** games console
consolida'mento *m* consolidation
consoli'dare *vt* consolidate
consoli'darsi *vr* consolidate
consommé *m inv* consommé
conso'nante *f* consonant
conso'nanza *f* consonance
'consono *adj* appropriate (**a** to, suitable (**a** for)
con'sorte *mf* consort
con'sorzio *m* consortium
con'stare *vi* **~ di** consist of; (risultare) appear; **a quanto mi consta** as far as I know; **mi consta che ...** seemingly ...
consta'tare *vt* ascertain
constatazi'one *f* statement of fact
consu'eto **A** *adj* usual
B *m* **più del ~** more than usual
consuetudi'nario *adj* ‹*diritto*› common; ‹*persona*› set in one's ways
consue'tudine *f* habit; (usanza) custom
consu'lente *mf* consultant
■ **consulente aziendale** management consultant; (azienda) management consultancy; **consulente matrimoniale** marriage guidance counsellor
consu'lenza *f* consultancy
consul'tare *vt* consult
consul'tarsi *vr* **~ con** consult with
consultazi'one *f* consultation
consul'tivo *adj* consultative
con'sulto *m* consultation
consul'torio *m free clinic providing treatment for sexual problems and advice*
consu'mare *vt* (usare) consume; wear out ‹*abito, scarpe*›; consummate ‹*matrimonio*›; commit ‹*delitto*›
consu'marsi *vr* consume; ‹*abito, scarpe*› wear out; (struggersi) pine; **'da ~ preferibilmente entro il ...'** best before ...
consu'mato *adj* ‹*politico*› consummate; ‹*scarpe, tappeto*› worn [out]
consuma|'tore, -trice *mf* consumer
consumazi'one *f* consumption; (bibita) drink; (spuntino) snack; (di matrimonio) consummation; (di delitto) commission
consu'mismo *m* consumerism
consu'mista *mf* consumerist
con'sumo *m* consumption; (uso) use; **generi di ~** consumer goods
■ **consumo [di carburante]** [fuel] consumption
consun'tivo *m* **fare il ~ di** fig take stock of
■ **bilancio consuntivo** balance sheet
con'sunto *adj* well-worn
conta'balle *mf* infml storyteller
con'tabile **A** *adj* book-keeping
B *mf* accountant

contabilità *f inv* accounting; (ufficio) accounts department; **tenere la ~** keep the accounts
■ **contabilità di gestione** management accounts; **contabilità in partita doppia** double entry book-keeping

c

contachi'lometri *m inv* mileometer, odometer AmE

🔑 **conta'dino, -a** *mf* farm worker, agricultural labourer; (proprietario) farmer; (medievale) peasant

contagi'are *vt* infect; **la sua allegria contagia tutti** his cheerfulness is very contagious

contagi'ato *adj* infected

con'tagio *m* contagion

contagi'oso *adj* contagious

conta'giri *m inv* rev counter

conta'gocce *m inv* dropper; **dare qualcosa col ~** fig dole something out in dribs and drabs

contami'nare *vt* contaminate

contaminazi'one *f* contamination
■ **contaminazione incrociata** cross-contamination

contami'nuti *m inv* timer

con'tante *m* cash; **pagare in contanti** pay cash

🔑 **con'tare** **A** *vt* count; (tenere conto di) take into account; **devi ~ un'ora per il viaggio** you have to allow an hour for the journey
B *vi* count; **~ di fare qualcosa** plan to do something

conta'scatti *m inv* Teleph time unit counter

con'tato *adj* ‹*giorni, ore*› numbered

conta'tore *m* meter
■ **contatore del gas** gas meter

contat'tare *vt* contact

🔑 **con'tatto** *m* contact; **essere in ~ con** be in touch *or* contact with; **mettersi in ~ con** contact, get in touch with

🔑 **'conte** *m* count, earl BrE

con'tea *f* county

conteggi'are **A** *vt* count
B *vi* calculate

con'teggio *m* calculation
■ **conteggio alla rovescia** countdown

con'tegno *m* behaviour; (atteggiamento) attitude; **darsi un ~** pull oneself together

conte'gnoso *adj* dignified

contem'plare *vt* contemplate; (fissare) gaze at

contempla'tivo *adj* contemplative

contemplazi'one *f* contemplation

con'tempo *m* **nel ~** in the meantime

contemporanea'mente *adv* at the same time

contempo'raneo, -a *adj & nmf* contemporary

conten'dente *mf* competitor

con'tendere **A** *vi* compete; (litigare) quarrel
B *vt* dispute

con'tendersi *vr* **~ qualcosa** compete for something

🔑 **conte'nere** *vt* contain; (reprimere) repress

conte'nersi *vr* contain oneself

conteni'tore *m* container

conten'tabile *adj* **facilmente ~** easy to please

conten'tare *vt* please

conten'tarsi *vr* **~ di** be content with

conten'tezza *f* happiness

conten'tino *m* placebo

🔑 **con'tento** *adj* glad; (soddisfatto) happy

conte'nuto *m* contents *pl*; (di libro, testo) content

contenzi'oso **A** *adj* contentious
B *m* dispute; (ufficio) legal department

con'tesa *f* disagreement; Sport contest

con'teso **A** pp di **contendere**
B *adj* contested

con'tessa *f* countess

conte'stare *vt* contest; Jur give notification of ‹*contravvenzione*›; **~ un reato a qualcuno** charge somebody with an offence

contesta|'tore, -trice **A** *mf person who is anti authority*
B *adj* anti-authority

contestazi'one *f* (disputa) dispute; (protesta) protest; (di contravvenzione) notification

con'testo *m* context

con'tiguo *adj* adjacent

continen'tale *adj* continental

🔑 **conti'nente** *m* continent

conti'nenza *f* continence

contin'gente *m* contingent; (quota) quota

contin'genza *f* contingency

continua'mente *adv* (senza interruzione) continuously; (frequentemente) continually

🔑 **continu'are** *vt & vi* continue; (riprendere) resume; **~ gli studi** stay on at school

continua'tivo *adj* on-going, continuous

continuazi'one *f* continuation

continuità *f inv* continuity

🔑 **con'tinuo** *adj* (senza interruzione) continuous; (molto frequente) continual; **di ~** continuously; (frequentemente) continually; **corrente continua** direct current

con'tinuum *m inv* continuum

🔑 **'conto** *m* calculation; (in banca, negozio) account; (di ristorante ecc.) bill, check AmE; (stima) consideration; **a conti fatti** all things considered; **ad ogni buon ~** in any case; **di poco/nessun ~** of little/no importance; **in fin dei conti** when all's said and done; **per ~ di** on behalf of; **per ~ mio** (a mio parere) in my opinion; (da solo) on my own; **per ~ terzi** for a third party; **sul ~ di qualcuno** ‹*voci, informazioni*› about somebody; **far ~ di** (supporre) suppose; (proporsi) intend; **far ~ su** rely on; **fare i propri conti** do one's accounts; **fare i conti con qualcuno** fig sort somebody out; **fare i conti in tasca a qualcuno** estimate how much somebody is worth; **fare i conti senza l'oste** forget the most important thing; **render ~ a qualcuno di qualcosa** be accountable to somebody for something; **rendersi ~ di qualcosa** realize something; **starsene per ~ proprio** be on one's own; **tener ~ di qualcosa** take something into account; **tenere da ~ qualcosa** look after something

■ **conto in banca** bank account; **conto congiunto** joint account; **conto corrente** current account, checking account AmE; **conto [corrente] comune** joint account; **conto corrente postale** Giro account; **conto profitti e perdite** profit and loss account; **conto alla rovescia** countdown; **conto spese** expense account

con'torcere *vt* twist

con'torcersi *vr* twist about

contor'nare *vt* surround

con'torno *m* contour; Culin vegetables *pl*

contorsi'one *f* contortion

contorsio'nista *mf* contortionist

con'torto **A** pp di **contorcere**
B *adj* twisted

contrabban'dare *vt* smuggle

contrabbandi'ere, -a *mf* smuggler

contrab'bando *m* contraband

contrabbas'sista *mf* double bass player

contrab'basso *m* double bass

contraccambi'are *vt* return

contrac'cambio *m* return

contraccet'tivo *m* contraceptive

contraccezi'one *f* contraception

contrac'colpo *m* rebound; (di arma da fuoco) recoil; fig repercussion

con'trada *f* (rione) district

contrad'detto pp di **contraddire**

contrad'dire *vt* contradict

contraddi'stinguere *vt* differentiate, distinguish

contraddi'stinto **A** pp di **contraddistinguere**
B *adj* **~ da** distinguished by

contraddit'torio *adj* contradictory

contraddizi'one *f* contradiction

contra'ente *mf* contracting party

contra'ereo *adj* anti-aircraft

contraf'fare *vt* disguise

contraf'fatto **A** pp di **contraffare**
B *adj* disguised

contraffazi'one *f* disguising

contraf'forte *m* buttress

con'tralto **A** *m* counter-tenor
B *f* contralto

contrap'peso *m* counterbalance

contrap'porre *vt* (confrontare) compare; **~ A a B** counter B with A

contrap'porsi *vr* be in opposition; **~ a** contrast with; (opporsi a) be opposed to

contrap'punto *m* Mus counterpoint

contraria'mente *adv* **~ a** contrary to; **~ a me** unlike me

contrari'are *vt* oppose; (infastidire) annoy

contrari'arsi *vr* get annoyed

contrarietà *f inv* adversity; (ostacolo) set-back

con'trario **A** *adj* contrary, opposite; ‹*direzione*› opposite; ‹*esito, vento*› unfavourable
B *m* contrary, opposite; **al ~** on the contrary

con'trarre *vt* contract

contrasse'gnare *vt* mark

contras'segno *m* mark; **[in] ~** ‹*spedizione*› cash on delivery, COD

■ **contrassegno IVA** VAT receipt

contra'stante *adj* contrasting

contra'stare **A** *vt* oppose; (contestare) contest
B *vi* contrast; ‹*colori*› clash

con'trasto *m* contrast; (di colori) clash; (litigio) dispute

contrattac'care *vt* counter-attack

contrat'tacco *m* counter-attack

contrat'tare *vt & vi* negotiate; (mercanteggiare) bargain

contrattazi'one *f* contravention; (salariale) bargaining

■ **contrattazione di azioni** share dealing

contrat'tempo *m* hitch

con'tratto **A** pp di **contrarre**
B *m* contract

■ **contratto di lavoro** employment contract; **contratto a termine** fixed-term contract; **contratti a termine** *pl* Fin futures

contrattu'ale *adj* contractual

contravve'nire *vi* contravene a law

contrazi'one *f* contraction; (di prezzi) reduction

contribu'ente *mf* contributor; (del fisco) taxpayer

contribu'ire *vi* contribute

contribu'tivo *adj* contributory

contri'buto *m* contribution; **contributi** *pl* **pensionistici** pension contributions

con'trito *adj* contrite

'contro **A** *prep* against; **~ di me** against me
B *m* **il pro e il ~** the pros and cons *pl*

contro'battere *vt* counter

controbilanci'are *vt* counterbalance

controcor'rente **A** *adj* ‹*idee, persona*› nonconformist
B *adv* upriver; fig upstream; **andare ~** fig swim against the tide

controcul'tura *f* counterculture

contro'curva *f* second bend

contro'esodo *m massive return from holiday*

controfa'gotto *m* double bassoon
controffen'siva *f* counter-offensive
controfi'gura *f* stand-in
controfi'letto *m* sirloin
contro'firma *f* countersignature
controfir'mare *vt* countersign
controindicazi'one *f* Med contraindication
controinterroga'torio *m* cross-examination
control'labile *adj* ‹*emozione*› controllable; Tech *which can be monitored*
control'lare *vt* control; (verificare) check
control'larsi *vr* control oneself
control'lato *adj* controlled
con'troller *m inv* Fin controller
con'trollo *m* control; (verifica) check; Med check-up; **perdere il ~ di** lose control of
■ **controllo degli armamenti** arms control; **controllo automatico della velocità** automatic speed check; **controllo bagagli** baggage control; **controllo biglietti** ticket inspection; **controllo dei cambi** exchange control; **controllo del credito** credit control; **controllo medico** check-up; **controllo delle nascite** birth control; **controllo ortografico** Comput spellchecker; **fare il ~ ortografico** spellcheck; **controllo passaporti** passport control; **controllo [di] qualità** quality control
control'lore *m* controller; (sui treni ecc.) [ticket] inspector
■ **controllore di volo** air-traffic controller
contro'luce *f* **in ~** against the light
contro'mano *adv* on the wrong side of the road, in the wrong direction
contromi'sura *f* countermeasure
contropar'tita *f* compensation; **in ~** in return
contropi'ede *m* Sport breakaway; **prendere in ~** fig catch off guard
controprodu'cente *adj* counter-productive
contro'prova *f* cross-check; **fare la ~ di qualcosa** cross-check something
con'trordine *m* counter order; **salvo contrordini** unless I/you hear to the contrary
contro'senso *m* contradiction in terms
controspio'naggio *m* counter-espionage
controten'denza *f* countertrend
controva'lore *m* equivalent
contro'vento *adv* against the wind
contro'versia *f* controversy; Jur dispute
contro'verso *adj* controversial
contro'voglia *adv* unwillingly
contu'mace *adj* Jur in default, absent
contu'macia *f* default; **in ~** in one's absence
contun'dente *adj* ‹*corpo, arma*› blunt
contur'bante *adj* perturbing
contur'bare *vt* perturb
contusi'one *f* bruise
con'tuso *m person suffering from cuts and bruises*
convale'scente *adj & nmf* convalescent
convale'scenza *f* convalescence; **essere in ~** be convalescing
con'valida *f* ratification; (di nomina) confirmation; (di biglietto) validation
convali'dare *vt* ratify; confirm ‹*nomina*›; validate ‹*atto, biglietto*›
con'vegno *m* meeting; (congresso) convention, congress
conve'nevole *adj* suitable
conve'nevoli *mpl* pleasantries
conveni'ente *adj* convenient; (vantaggioso) advantageous; ‹*prezzo*› attractive
conveni'enza *f* convenience; (interesse) advantage; (di prezzo) attractiveness
conve'nire **A** *vi* agree; (riunirsi) gather; (essere opportuno) be convenient; **ci conviene andare** it's better to go; **non mi conviene stancarmi** I'd better not tire myself out
B *vt* agree [on]
conven'ticola *f* clique
con'vento *m* (di suore) convent; (di frati) monastery
conve'nuto *adj* agreed
convenzio'nale *adj* conventional
convenzio'nato *adj* ‹*prezzo*› controlled
convenzi'one *f* convention
conver'gente *adj* converging
conver'genza *f* convergence
con'vergere *vi* converge
con'versa *f* lay sister
conver'sare *vi* converse
conversa|'tore, -trice *mf* conversationalist
conversazi'one *f* conversation
conversi'one *f* conversion
con'verso pp di **convergere**
conver'tibile *f* Auto convertible
conver'tire *vt* convert
conver'tirsi *vr* convert
conver'tito, -a **A** *adj* converted
B *mf* convert
converti'tore *m* converter
con'vesso *adj* convex
convezi'one *f* convection
convin'cente *adj* convincing
con'vincere *vt* convince
con'vinto *adj* convinced
convinzi'one *f* conviction
convi'tato *m* guest
con'vitto *m* boarding school
convi'vente **A** *m* common-law husband
B *f* common-law wife
convi'venza *f* cohabitation
con'vivere *vi* live together

convivi'ale *adj* convivial
convo'care *vt* summon; Jur summons; convene ‹*riunione*›
convocazi'one *f* summoning; Jur summoning; (atto) summons; (riunione) meeting
convogli'are *vt* convey; ‹*navi*› convoy
con'voglio *m* convoy; (ferroviario) train
convo'lare *vi* ~ **a giuste nozze** (hum) tie the knot
convulsa'mente *adv* convulsively
convulsi'one *f* convulsion; fig fit
convul'sivo *adj* Med convulsive; ‹*riso*› hysterical
coope'rante *mf* aid worker
coope'rare *vi* co-operate
coopera'tiva *f* co-operative
cooperazi'one *f* co-operation
coordina'mento *m* co-ordination
coordi'nare *vt* co-ordinate
coordi'nata *f* Math co-ordinate; **coordinate** *pl* (su mappa) grid reference; **coordinate** *pl* **bancarie** bank details
coordi'nato **A** *adj* co-ordinated
B *m* (intimo) lingerie set
coordina|'tore, -trice *mf* co-ordinator
coordinazi'one *f* co-ordination
■ **coordinazione occhio-mano** hand-eye coordination
co'perchio *m* lid; (copertura) cover
co'perta *f* blanket; (copertura) cover; Naut deck
■ **coperta elettrica** electric blanket
coper'tina *f* cover; (foderina di libro) dust jacket
co'perto **A** pp di **coprire**
B *adj* covered; (vestito) wrapped up; ‹*cielo*› overcast; ‹*piscina*› indoor
C *m* (a tavola) place; (prezzo del coperto) cover charge; **al** ~ under cover
coper'tone *m* tarpaulin; (gomma) tyre
coper'tura *f* cover; (azione) covering; (di strada) surfacing; (di malefatta) cover-up
■ **copertura globale** blanket coverage
'copia *f* copy; **bella/brutta** ~ fair/rough copy; **essere la** ~ **spiccicata di qualcuno** be the spitting image of somebody
■ **copia su carta** hard copy; **copia pirata** pirate copy; **copia di riserva** Comput backup copy
'copia e in'colla *m inv* Comput copy and paste; **fare un** ~ copy and paste
copi'are *vt* copy
copia'trice *f* copier
copi'lota *mf* co-pilot; (di auto) co-driver
copi'one *m* Cinema, TV script
copi'oso *adj* copious
'coppa *f* (calice) goblet; (bicchiere) glass; (per gelato ecc.) dish; Sport cup
■ **coppa [di] gelato** ice-cream (*served in a dish*); **coppa del mondo** World Cup
cop'petta *f* (di ceramica, vetro) bowl; (di gelato) small tub
'coppia *f* couple; (in carte, voga) pair; ~ **di fatto** de facto couple
co'prente *adj* (cipria, vernice) thick; ‹*collant*› opaque
copri'capo *m* head covering
coprifu'oco *m* curfew
copri'letto *m* bedspread
copri'mozzo *m* hub cap
copriobiet'tivo *m* lens cap
copripiu'mino *m* duvet cover
co'prire *vt* cover; drown [out] ‹*suono*›; hold ‹*carica*›
co'prirsi *vr* (vestirsi) cover oneself up; (vestirsi pesante) dress warmly; fig cover up; (proteggersi) cover oneself; ‹*cielo*› become overcast
copritei'era *m* tea cosy
co-protago'nista *mf* Cinema co-star
'coque **alla** ~ *adj* ‹*uovo*› soft-boiled
co'raggio *m* bravery, courage; (sfacciataggine) nerve; ~! chin up!
coraggiosa'mente *adv* bravely, courageously
coraggi'oso *adj* brave, courageous
co'rale *adj* choral
co'rallo *m* coral
co'rano *m* Koran
co'razza *f* armour; (di animali) shell
coraz'zata *f* battleship
coraz'zato *adj* ‹*nave*› armour-plated
corazza'tura *f* armour plating
corazzi'ere *m* cuirassier
corbelle'ria *of* piece of nonsense; **dire corbellerie** talk nonsense
'corda *f* cord; (spago, Mus) string; (fune) rope; (cavo) cable; **essere giù di** ~ be down; **dare** ~ **a qualcuno** encourage somebody; **tagliare la** ~ cut and run; **tenere qualcuno sulla** ~ keep somebody on tenterhooks; **corde** *pl* **vocali** vocal cords
■ **corda per il bucato** washing line
cor'data *f* roped party
cordi'ale **A** *adj* cordial; **cordiali saluti** best wishes
B *m* (bevanda) cordial
cordialità *f inv* cordiality; ~ *pl* (saluti) best wishes
'cordless *m inv* Teleph cordless (phone)
cor'doglio *m* grief; (lutto) mourning
cor'done *m* cord; (schieramento) cordon
■ **cordone ombelicale** umbilical cord; **cordone sanitario** cordon sanitaire
Corea *f* Korea
■ **Corea del Nord** North Korea; **Corea del Sud** South Korea
core'ano, -a *adj & nmf* Korean
coreogra'fare *vt* choreograph
coreogra'fia *f* choreography; **fare la** ~ **di** choreograph
core'ografo, -a *mf* choreographer

Corfù *f inv* Corfu
cori'aceo *adj* tough
cori'andoli *mpl* (di carta) confetti *sg*
cori'andolo *m* (spezia) coriander
cori'care *vt* put to bed
cori'carsi *vr* go to bed
Co'rinto *f* Corinth
co'rista *mf* **1** (in chiesa) choir member **2** (di accompagnamento) backing singer
'corna = **corno**
cor'nacchia *f* crow
corna'musa *f* bagpipes *pl*
'cornea *f* cornea
'corner *m inv* corner; **salvarsi in ~** fig have a lucky escape
cor'netta *f* Mus cornet; (del telefono) receiver
cor'netto *m* (brioche) croissant
■ **cornetto acustico** ear trumpet
cor'nice *f* frame
■ **cornice a giorno** clip frame; **cornice digitale** digital frame
cornici'one *m* cornice
cornifi'care *vt* infml cheat on
'corno *m* (*pl f* **corna**) horn; **fare le corna a qualcuno** infml cheat on somebody; **fare le corna** (per scongiuro) ≈touch wood; **un ~!** you must be joking!; (per niente) nonsense!
■ **corno da caccia** French horn
Corno'vaglia *f* Cornwall
cornu'copia *f* cornucopia
cor'nuto **A** *adj* horned
B *m* infml (marito tradito) cuckold; (insulto) bastard
'coro *m* chorus; Relig choir
co'rolla *f* corolla
corol'lario *m* corollary
co'rona *f* crown; (di fiori) wreath; (rosario) rosary
corona'mento *m* (di sogno) fulfilment; (di carriera) crowning achievement
coro'nare *vt* fulfil ‹*sogno*›
coro'nario *adj* ‹*arteria*› coronary
cor'petto *m* bodice
'corpo *m* body; Mil (diplomatico) corps *inv*; **[a] ~ a ~** Mil hand to hand; **lottare [a] ~ a ~** have a punch-up, slug it out; **dare ~ a qualcosa** give substance to something; **buttarsi a ~ morto in qualcosa** throw oneself desperately into something; **andare di ~** move one's bowels
■ **corpo di ballo** corps de ballet; **corpo estraneo** foreign body; **corpo insegnante** teaching staff; **corpo del reato** murder weapon
corpo'rale *adj* corporal
corporati'vismo *m* corporatism
corpora'tura *f* build
corporazi'one *f* corporation
cor'poreo *adj* bodily
cor'poso *adj* full-bodied
corpu'lento *adj* stout
'corpus *m inv* corpus
cor'puscolo *m* corpuscle
corre'dare *vt* (di note) supply (**di** with); **corredato di curriculum** accompanied by a CV
corre'dino *m* (per neonato) layette
cor'redo *m* (nuziale) trousseau; (di informazioni ecc.) set
correggere *vt* correct; lace ‹*bevanda*›; **~ le bozze** proof-read
corre'lare *vt* correlate
cor'rente **A** *adj* running; (in vigore) current; (frequente) everyday; ‹*inglese ecc.*› fluent
B *f* current; (d'aria) draught; **essere al ~ di qualcosa** be aware of something; **tenersi al ~** keep up to date (**di** with)
■ **corrente continua** direct current; **corrente trasversale** cross current
corrente'mente *adv* ‹*parlare*› fluently; (comunemente) commonly
'correre **A** *vi* run; (affrettarsi) hurry; Sport race; ‹*notizie*› circulate; **lascia ~!** let it go!; **~ dietro a** run after; **tra loro non corre buon sangue** there is bad blood between them
B *vt* run; **~ un pericolo** run a risk; **corre voce che ...** there's a rumour that ...
correspon'sabile *mf* person jointly responsible
corresponsi'one *f* payment
corretta'mente *adv* correctly; ‹*sedersi, mangiare*› properly; ‹*trattare, fare qualcosa*› right
corret'tivo *m* corrective
cor'retto **A** pp di **correggere**
B *adj* correct; ‹*caffè*› with a drop of alcohol
corret|'tore, -trice **A** *mf*
■ **correttore di bozze** proof-reader
B *m*
■ **correttore grammaticale** Comput grammar checker; **correttore ortografico** Comput spellchecker
correzi'one *f* correction
■ **correzione di bozze** proof-reading; **correzione errori** Comput error correction
cor'rida *f* bullfight
corri'doio *m* corridor; Aeron aisle
corri|'dore, -trice *mf* (automobilistico) driver; (ciclista) cyclist; (a piedi) runner
corri'era *f* coach, bus
corri'ere *m* courier; (posta) mail; (spedizioniere) carrier
■ **corriere della droga** drug mule
corri'mano *m* hand rail
corrispet'tivo *m* amount due
corrispon'dente **A** *adj* corresponding
B *mf* correspondent
■ **corrispondente estero** foreign correspondent
corrispon'denza *f* correspondence; **tenersi in ~ con** correspond with; **per ~**

key word

‹*fare un corso*› by correspondence; **corso per corrispondenza** correspondence course; **vendite per corrispondenza** mail-order [shopping]

corri'spondere *vi* correspond; ‹*stanza*›; communicate; ~ **a** (contraccambiare) return

corri'sposto *adj* ‹*amore*› reciprocated

corrobo'rare *vt* strengthen; fig corroborate

cor'rodere *vt* corrode

cor'rodersi *vr* corrode

cor'rompere *vt* corrupt; (con denaro) bribe

corrosi'one *f* corrosion

corro'sivo *adj* corrosive

cor'roso pp di **corrodere**

cor'rotto **A** pp di **corrompere**
B *adj* corrupt

corrucci'arsi *vr* be vexed

corrucci'ato *adj* vexed

corru'gare *vt* wrinkle; ~ **la fronte** knit one's brows

corrut'tela *f* depravity

corruzi'one *f* corruption; (con denaro) bribery

'corsa *f* running; (rapida) dash; Sport race; (di treno ecc.) journey; **di** ~ at a run; **di gran** ~ in a great hurry; **fare una** ~ (sbrigarsi) run, hurry
■ **corsa agli armamenti** arms race; **corsa ciclistica** cycle race; **corsa ippica** horse race; **corsa all'oro** gold rush; **corsa a ostacoli** obstacle race; **corsa piana** flat racing; **corsa semplice** one way [ticket]

cor'sia *f* gangway; (di ospedale) ward; Aut lane; (di supermercato) aisle
■ **corsia autobus** bus lane; **corsia d'emergenza** Aut hard shoulder; **corsia a scorrimento veloce** express lane; **corsia di sorpasso** fast lane, outside lane

'Corsica *f* Corsica

cor'sivo *m* italics *pl*; **in** ~ in italics

'corso **A** pp di **correre**
B *m* course; (strada) main street; Comm circulation; (in borsa) price, quotation; **essere in** ~ be under way; **lavori in** ~ work in progress; **nel** ~ **di** during; **avere** ~ **legale** be legal tender
■ **corso d'acqua** waterway; **corso per corrispondenza** correspondence course; **corso di formazione** training course; **corso di formazione professionale** vocational course; **corso full immersion** immersion course; **corso del giorno** current daily price; **corso di laurea** degree course; **corso serale** evening class; **corsi** *pl* **di studio a distanza** distance learning

'corte *f* [court] yard; Jur (regale) court; **fare la** ~ **a qualcuno** court somebody
■ **corte d'appello** court of appeal; **corte d'assise** crown court; **Corte di cassazione** supreme court of appeal; **Corte dei conti** National Audit Office; **Corte europea per i diritti dell'uomo** European Court of Human Rights; **Corte europea di giustizia** European Court of Justice; **corte di giustizia** court of law

cor'teccia *f* bark

corteggia'mento *m* courtship

corteggi'are *vt* court

corteggia'tore *m* admirer

cor'teo *m* procession
■ **corteo di auto** motorcade; **corteo funebre** funeral cortège; **corteo nuziale** bridal party

cor'tese *adj* courteous

corte'sia *f* courtesy; **per** ~ please

cortigi'ano, -a **A** *mf* courtier
B *f* courtesan

cor'tile *m* courtyard

cor'tina *f* curtain; (schermo) screen

'corto *adj* short; **per farla corta** to cut a long story short; **a** ~ **di** short of, hard up for
■ **corto circuito** *nm* short [circuit]

cortome'traggio *m* Cinema short

cor'vino *adj* jet-black

'corvo *m* raven

'cosa **A** *f* thing; (faccenda) matter
B *inter, rel pron* what; **[che]** ~ what; **nessuna** ~ nothing; **ogni** ~ everything; **per prima** ~ first of all; **tante cose** [so] many things; (augurio) all the best; ~**?** what?; ~ **hai detto?** what did you say?; **le cose le vanno bene** she's doing all right

'cosca *f* clan

'coscia *f* thigh; Culin leg; **cosce** *pl* **di rana** frogs' legs

cosci'ente *adj* conscious

cosci'enza *f* conscience; (consapevolezza) consciousness; **mettersi la** ~ **a posto** salve one's conscience

coscienziosa'mente *adv* conscientiously

coscienzi'oso *adj* conscientious

cosci'otto *m* leg

co'scritto *m* conscript

coscrizi'one *f* conscription

così **A** *adv* so; (in questo modo) like this, like that; (perciò) therefore; **le cose stanno** ~ that's how things stand; **fermo** ~**!** hold it!; **proprio** ~**!** exactly!; **basta** ~**!** that will do!; **ah, è** ~**?** it's like that, is it?; ~ ~ so-so; **e** ~ **via** and so on; **per** ~ **dire** so to speak; **più di** ~ any more; **una** ~ **cara ragazza!** such a nice girl!; **è stato** ~ **generoso da aiutarti** he was kind enough to help you
B *conj* (allora) so
C *adj inv* (tale) like that, such; **una ragazza** ~ a girl like that, such a girl

cosicché *conj* and so

cosid'detto *adj* so-called

co'smesi *f* beauty treatment

co'smetico **A** *adj* cosmetic
B *m* **cosmetici** *pl* cosmetics; (trucchi) make-up

'cosmico *adj* cosmic

'cosmo *m* cosmos

cosmo'nauta *mf* cosmonaut

cosmopo'lita *adj* cosmopolitan

co'spargere *vt* sprinkle; (disseminare) scatter; ~ **il pavimento di cera** spread wax on the floor
co'spetto *m* **al ~ di** in the presence of
co'spicuo *adj* conspicuous; ‹*somma ecc.*› considerable
cospi'rare *vi* conspire, plot
cospira|'tore, -trice *mf* conspirator, plotter
cospirazi'one *f* conspiracy, plot
🔑 **'costa** *f* coast, coastline; Anat rib; **sotto ~** inshore
■ **Costa d'Avorio** Ivory Coast; **Costa Azzurra** Côte d'Azur; **Costa Smeralda** Emerald coast (*in Sardinia*)
costà *adv* there
co'stante *adj & nf* constant
co'stanza *f* constancy
🔑 **co'stare** *vi* cost; **quanto costa?** how much is it?; **costi quel che costi** whatever the cost
'Costa 'Rica *m* Costa Rica
co'stata *f* chop
■ **costata [di manzo]** rib steak
co'stato *m* ribs *pl*
costeggi'are *vt* (per mare) coast; (per terra) skirt
co'stei *pers pron* (soggetto) she; (complemento) her
costellazi'one *f* constellation
coster'nato *adj* dismayed
costernazi'one *f* consternation
costi'era *f* stretch of coast
costi'ero *adj* coastal
co'stine *fpl* (di maiale) spare ribs
'costing *m inv* costing
costi'pato *adj* (stitico) constipated; **essere ~** (raffreddato) have a bad cold
costipazi'one *f* (stitichezza) constipation; (raffreddore) bad cold
🔑 **costitu'ire** *vt* constitute; (essere) be; (formare) form; (nominare) appoint
costitu'irsi *vr* ‹*criminale*› give oneself up
costituzio'nale *adj* constitutional
costituzional'mente *adv* Pol constitutionally
costituzi'one *f* constitution; (formazione) formation
🔑 **'costo** *m* cost; **a nessun ~** on no account; **a ~ di perdere la salute** at the cost of one's health; **sotto ~** at less than cost price; **costi** *pl* **di gestione** administration costs; **costi** *pl* **spedizione** freight charges
■ **costo del denaro** Fin cost of money; **costo unitario** unit cost; **costo della vita** cost of living
'costola *f* rib; (di libro) spine; **stare alle costole di qualcuno** follow somebody around
costo'letta *f* cutlet

🔑 key word

co'storo *pron* (soggetto) they; (complemento) them
co'stoso *adj* costly
co'stretto pp di **costringere**
🔑 **co'stringere** *vt* force, compel
costrit'tivo *adj* coercive
costrizi'one *f* compulsion
🔑 **costru'ire** *vt* build, construct
costrut'tivo *adj* constructive
🔑 **costruzi'one** *f* building, construction; (edificio) building
🔑 **co'stui** *pers pron* (soggetto) he; (complemento) him
co'stume *m* (usanza) custom; (indumento) costume; **costumi** *pl* (morale) morals
■ **costume da bagno** swimsuit; (da uomo) swimming trunks; **costume intero** one-piece; **costume tradizionale** traditional costume
costu'mista *mf* wardrobe assistant
cote'chino *m* spiced pork sausage
co'tenna *f* pigskin; (della pancetta) rind
■ **cotenna arrostita** crackling
co'togna *f* quince
coto'letta *f* cutlet
■ **cotoletta alla milanese** veal cutlet in breadcrumbs
coto'nato *adj* ‹*capelli*› back-combed
co'tone *m* cotton
■ **cotone idrofilo** cotton wool, absorbent cotton AmE
cotoni'ficio *m* cotton mill
'cotta *f* Relig surplice; infml (innamoramento) crush; **prendere una ~ per qualcuno** infml have a crush on somebody
'cottimo *m* piece-work
'cotto **A** pp di **cuocere**
B *adj* done; infml (innamorato) in love; (sbronzo) drunk; **ben ~** well cooked; ‹*carne*› underdone; **troppo ~** overcooked; ‹*carne*› overdone
cotton fi'oc® *m inv* cotton bud
cot'tura *f* cooking
'country *m inv* country and western
cou'pon *m inv* coupon
cou'scous *m inv* couscous
co'vare *vt* hatch; sicken for ‹*malattia*›; harbour ‹*rancore*›
co'vata *f* brood
'covo *m* den
co'vone *m* sheaf
cow-'boy *m inv* cowboy
'cozza *f* mussel
■ **cozze alla marinara** *pl* moules marinière
coz'zare *vi* **~ contro** bump into
'cozzo *m* fig clash
C.P. *abbr* (**Casella Postale**) PO Box
crac *m inv* crack; (di tessuto) rip
crack *m* (droga) crack
Cra'covia *f* Cracow
'crafen *m inv* cream doughnut

'crampo *m* cramp
'cranio *m* skull
cra'tere *m* crater
cra'vatta *f* tie; (a farfalla) bow-tie
cre'anza *vt* manners *pl*; **mala ~** bad manners
cre'are *vt* create; **~ assuefazione** be habit-forming
creatività *f inv* creativity
crea'tivo *adj* creative
cre'ato *m* creation
crea|'tore, -trice *mf* creator; **andare al ~** go to meet one's maker
crea'tura *f* creature; (bambino) baby; **povera ~!** poor thing!
creazi'one *f* creation
cre'dente *mf* believer
cre'denza *f* belief; Comm credit; (mobile) sideboard
credenzi'ali *fpl* credentials
'credere **A** *vt* believe; (pensare) think
B *vi* **~ in** believe in; **credo di sì** I think so; **non ti credo** I don't believe you; **non posso crederci!** I can't believe it!
'credersi *vr* think oneself to be; **si crede uno scrittore** he flatters himself he is a writer
cre'dibile *adj* credible, believable
credibilità *f inv* credibility
credi'tizio *adj* credit (*attrib*)
'credito *m* credit; (stima) esteem; **comprare a ~** buy on credit; **dare ~ a qualcosa** give credence to something; **fare ~** give credit
■ **credito all'esportazione** export credit; **credito inesigibile** bad debt
credi|'tore, -trice *mf* creditor
'credo *m inv* credo
credulità *f inv* credulity
'credulo *adj* credulous
credu'lone, -a *mf* simpleton
'crema *f* cream; (di uova e latte) custard
■ **crema base per il trucco** vanishing cream; **crema depilatoria** depilatory [cream]; **crema detergente** cleansing cream; **crema idratante** moisturizer; **crema per le mani** hand cream; **crema pasticciera** confectioner's custard; **crema per la pelle** skin cream; **crema protettiva** barrier cream; **crema solare** suntan lotion; **crema per il viso** face cream
cremagli'era *f* ratchet
cre'mare *vt* cremate
crema'torio *m* crematorium
cremazi'one *f* cremation
crème cara'mel *f* crème caramel
creme'ria *f* dairy (*also selling ice cream and cakes*)
Crem'lino *m* Kremlin
cre'moso *adj* creamy
cren *m* horseradish
'crepa *f* crack
cre'paccio *m* cleft; (di ghiacciaio) crevasse
crepacu'ore *m* heartbreak
crepa'pelle a **~** *adv* fit to burst
cre'pare *vi* crack; infml (morire) kick the bucket; **~ dal ridere** laugh fit to burst
crepa'tura *f* crevice
crêpe *f inv* pancake
crepi'tare *vi* crackle
crepi'tio *m* crackling
cre'puscolo *m* twilight
cre'scendo *m* crescendo
cre'scenza *f creamy white cheese*
'crescere **A** *vi* grow; (aumentare) increase, grow
B *vt* (allevare) bring up; (aumentare) increase
cresci'one *m* watercress
'crescita *f* growth; (aumento) increase, growth
cresci'uto pp di **crescere**
'cresima *f* confirmation
cresi'mare *vt* confirm
cre'spato *adj* crinkly
cre'spella *f* pancake
'crespo **A** *adj* ‹*capelli*› frizzy
B *m* crêpe
'cresta *f* crest; (cima) peak; **abbassare la ~** become less cocky; **alzare la ~** become cocky; **sulla ~ dell'onda** on the crest of a wave
'creta *f* clay
'Creta *f* Crete
cre'tese *adj & nmf* Cretan
creti'nata *f* something stupid; **dire cretinate** talk nonsense
cre'tino, -a **A** *adj* stupid
B *mf* idiot
C.R.I. *abbr* (**Croce Rossa Italiana**) Italian Red Cross
'cribbio *int* gosh!, golly!
cric *m inv* jack
'cricca *f* gang
'cricco *m* jack
cri'ceto *m* hamster
'cricket *m* cricket
crimi'nale *adj & nmf* criminal
criminalità *f inv* crime
■ **criminalità organizzata** organized crime
'crimine *m* crime
criminolo'gia *f* criminology
crimi'nologo, -a *mf* criminologist
crimi'noso *adj* criminal
'crine *m* horsehair
crini'era *f* mane
crino'lina *f* crinoline
crioge'nia *f* cryogenics *sg*
'cripta *f* crypt
crip'tare *vt* encrypt
crisan'temo *m* chrysanthemum
'crisi *f inv* crisis; Med fit; **essere in ~ di astinenza** be having withdrawal symptoms,

be cold turkey infml
■ **crisi di nervi** hysterics; **crisi del settimo anno** seven-year itch
cristal'lino **A** *adj* crystal clear
B *m* crystalline lens
cristalliz'zare *vt* crystallize
cristalliz'zarsi *vr* crystallize; fig ‹*parola, espressione*› become part of the language
cri'stallo *m* crystal
cristia'nesimo *m* Christianity
cristianità *f inv* Christendom
cristi'ano, -a *adj & nmf* Christian
'Cristo *m* Christ; **avanti** ~ BC; **dopo** ~ AD; **un povero cristo** a poor beggar
cri'terio *m* criterion; (buon senso) [common] sense
'critica *f* criticism; (recensione) review; **fare la** ~ **di** review ‹*film, libro*›
■ **critica letteraria** literary criticism
criti'care *vt* criticize
'critico **A** *adj* critical
B *m* critic
■ **critico letterario** literary critic
criti'cone, -a *mf* fault finder
crittazi'one *f*
■ **crittazione [dei] dati** Comput data encryption
crivel'lare *vt* riddle (**di** with)
cri'vello *m* sieve
cro'ato, -a *adj & nmf* Croatian, Croat
Cro'azia *f* Croatia
croc'cante **A** *adj* crisp
B *m type of crunchy nut biscuit*
croc'chetta *f* croquette
'crocchia *f* bun
'crocchio *m* cluster
'croce *f* cross; **a occhio e** ~ roughly; **fare testa e** ~ toss a coin; **fare** *o* **mettere una** ~ **sopra qualcosa** fig forget about something; **mettere in** ~ (criticare) crucify; (tormentare) nag non-stop
■ **Croce Rossa** Red Cross
croceros'sina *f* Red Cross nurse
croce'via *m inv* crossroads *sg*
croci'ata *f* crusade
croci'ato **A** *adj* cruciform
B *m* crusader
cro'cicchio *m* crossroads *sg*
croci'era *f* cruise; **velocità di** ~ cruising speed
croci'figgere *vt* crucify
crocifissi'one *f* crucifixion
croci'fisso **A** pp di **crocifiggere**
B *adj* crucified
C *m* crucifix
crogio'larsi *vr* bask
crogi'olo *m* crucible; fig melting pot
crogiu'olo = **crogiolo**
crois'sant *m inv* croissant

crol'lare *vi* collapse; ‹*prezzi*› slump
'crollo *m* collapse; (dei prezzi) slump
'croma *f* quaver
cro'mato *adj* chromium-plated
'cromo *m* chrome
cromo'soma *m* chromosome
'cronaca *f* chronicle; (di giornale) news; TV, Radio commentary; **fatto di** ~ news item
■ **cronaca mondana** gossip column; **cronaca nera** crime news
'cronico *adj* chronic
cro'nista *mf* reporter; (di partita) commentator
croni'storia *f* chronicle
cro'nografo *m* chronograph
cronolo'gia *f* chronology
cronologica'mente *adv* chronologically
crono'logico *adj* chronological
cronome'traggio *m* timing
cronome'trare *vt* time
cronome'trista *mf* Sport timekeeper
cro'nometro *m* chronometer; Sport stopwatch
cross *m* (corsa campestre) cross-country; (motocross) motocross
cros'sista *mf* scrambler; (a piedi) cross-country runner
'crosta *f* crust; (di formaggio) rind; (di ferita) scab; (quadro) daub
cro'staceo *m* shellfish
cro'stata *f* tart
■ **crostata di frutta** fruit tart; **crostata di mele** apple pie
cro'stino *m* crouton; **crostini** *pl pieces of toasted bread served as a starter*
croupi'er *mf inv* croupier
crucci'are *vt* torment
crucci'arsi *vr* torment oneself
'cruccio *m* torment
cruci'ale *adj* crucial
cruci'verba *m inv* crossword [puzzle]
cru'dele *adj* cruel
crudel'mente *adv* cruelly
crudeltà *f inv* cruelty
'crudo *adj* raw; ‹*linguaggio*› crude
cru'ento *adj* bloody
crumi'raggio *m* strike-breaking
cru'miro *m* blackleg, scab
'crusca *f* bran
cru'scotto *m* dashboard
C.S.I. *nf abbr* (**Comunità degli Stati Indipendenti**) CIS
c.t. *abbr* (**commissario tecnico**) Sport team manager
'Cuba *f* Cuba
cu'bano, -a *adj & nmf* Cuban
cu'betto *m*
■ **cubetto di ghiaccio** ice cube
'cubico *adj* cubic
cu'bismo *m* cubism

cu'bista *adj & nmf* cubist
cubi'tale *adj* **a caratteri cubitali** in enormous letters
'cubo *m* cube
cuc'cagna *f* abundance; (baldoria) merry-making; **paese della ~** land of plenty
cuc'cetta *f* (su un treno) couchette; Naut berth
cucchiai'ata *f* spoonful
cucchia'ino *m* teaspoon; (contenuto) teaspoonful
cucchi'aio *m* spoon; **un ~** a spoonful (**di** of); **al ~** ‹*dolce*› creamy
■ **cucchiaio di legno** wooden spoon; **cucchiaio da minestra** soup spoon; **cucchiaio da tavola** tablespoon; (contenuto) tablespoonful
cucchiai'one *m* serving spoon
'cuccia *f* basket; (in giardino) kennel; **[fa' la] ~!** down!
cuccio'lata *f* litter
'cucciolo *m* puppy
cu'cina *f* kitchen; (il cucinare) cooking; (cibo) food; (apparecchio) cooker; **far da ~** cook; **libro di ~** cookery book
■ **cucina casalinga** home cooking; **cucina componibile** fitted kitchen; **cucina a gas** gas cooker
cuci'nare *vt* cook
cuci'nino *m* kitchenette
cu'cire *vt* sew; **macchina da ~** sewing machine; **cucilo a macchina** do it on the machine
cu'cito *m* sewing
cuci'tura *f* seam
cucù *m inv* cuckoo; **~!** peekaboo!
'cuculo *m* cuckoo
'cuffia *f* bonnet; (ricevitore) headphones *pl*
■ **cuffia da bagno** bathing cap; **cuffia con microfono** (per telefonino) headset
cu'gino, -a *mf* cousin
'cui *pron rel* (persona: con prep) who[m]; (cose, animali: con prep) which; (tra articolo e nome) whose; **la persona con ~ ho parlato** the person I spoke to, the person to whom I spoke fml; **la ditta per ~ lavoro** the company I work for, the company for which I work; **l'amico il ~ libro è stato pubblicato** the friend whose book was published; **in ~** (dove) where; (quando) that; **per ~** (perciò) so; **la città in ~ vivo** the city I live in, the city where I live; **il giorno in ~ l'ho visto** the day [that] I saw him
cu'latta *f* breech
culi'naria *f* cookery
culi'nario *adj* culinary
'culla *f* cradle
cul'lare *vt* rock; fig cherish ‹*sogno, speranza*›
cul'larsi *vr* **~ nella speranza di** (liter) cherish the fond hope that
culmi'nante *adj* culminating
culmi'nare *vi* culminate
'culmine *m* peak
'culo *m* vulg arse; (fortuna) luck; **prendere qualcuno per il ~** take the piss out of somebody
'culto *m* cult; Relig religion; (adorazione) worship
cul'tura *f* culture
■ **cultura generale** general knowledge; **cultura di massa** mass culture
cultu'rale *adj* cultural
cultu'rismo *m* body-building
cultu'rista *mf* body-builder
cu'mino *m*
■ **cumino nero** cumin
cumula'tivo *adj* cumulative; ‹*prezzo*› all-in, all-inclusive; **biglietto ~** group ticket
'cumulo *m* pile; (mucchio) heap; (nuvola) cumulus
'cuneo *m* wedge
cu'netta *f* gutter
cu'nicolo *m* tunnel
cu'ocere **A** *vt* cook; fire ‹*ceramica*› **B** *vi* cook; ‹*ceramica*› fire
cu'oco, -a *mf* cook
cu'oia *fpl* **tirare le ~** infml kick the bucket
cu'oio *m* leather
■ **cuoio capelluto** scalp
cu'ore *m* heart; **cuori** *pl* (carte) hearts; **di [buon] ~** ‹*persona*› kind-hearted; **di tutto ~** wholeheartedly; **ti ringrazio di tutto ~** many thanks; **nel profondo del ~** in one's heart of hearts; **nel ~ della notte** in the middle of the night; **senza ~** heartless; **mettersi il ~ in pace** come to terms with it; **parlare a ~ aperto** have a heart-to-heart (**con** with); **stare a ~ a qualcuno** be very important to somebody
■ **cuore tenero** (persona) softy
cupa'mente *adv* darkly
cupi'digia *f* greed
Cu'pido *m* Cupid
'cupo *adj* gloomy; ‹*voce*› deep
'cupola *f* dome; **a ~** domed
'cura *f* care; (amministrazione) management; Med treatment; **aver ~ di** look after; **a ~ di** ‹*libro*› edited by; **in ~** under treatment; **fare delle cure termali** take the waters
■ **cura dimagrante** diet; **cura della fertilità** fertility treatment
cu'rabile *adj* curable
cu'rante *adj* **medico ~** GP, doctor
cu'rare *vt* take care of, look after; Med treat; (guarire) cure; edit ‹*testo*›
cu'rarsi *vr* take care of oneself, look after oneself; **~ dei fatti propri** mind one's own business
cu'rato *m* parish priest
cura|'tore, -trice *mf* trustee; (di testo) editor
■ **curatore fallimentare** official receiver
'curcuma *f* turmeric
curcu'mina *f* turmeric

'curdo, -a A *mf* Kurd
B *adj* Kurdish
'curia *f* curia
curio'saggine *f* nosiness
curio'sare *vi* be curious; (mettere il naso) pry (**in** into); (nei negozi) look around
curiosità *f inv* curiosity
curi'oso A *adj* curious; (strano) odd, curious
B *m* busybody
'curling *m inv* Sport curling
cur'ricolo *m* curriculum
cur'riculum *m inv* curriculum
'curry *m inv* curry
■ **curry in polvere** curry powder
cur'sore *m* Comput cursor
'curva *f* curve; (stradale) bend
■ **curva a gomito** dog-leg; **curva di apprendimento** learning curve
cur'vare *vt & vi* bend, curve
cur'varsi *vr* bend, curve
'curvo *adj* curved; (piegato) bent
cusci'netto *m* pad; Mech bearing
■ **cuscinetto puntaspilli** pincushion; **cuscinetto a sfere** ball bearing
cu'scino *m* cushion; (guanciale) pillow
■ **cuscino gonfiabile** air cushion
cu'scus *m inv* couscous
'cuspide *f* spire
cu'stode *m* caretaker; (di abitazione) concierge; (di fabbrica) guard; (di museo) custodian
■ **~ giudiziario** official receiver
cu'stodia *f* care; Jur custody; (astuccio) case; **ottenere la ~ di** get custody of
■ **custodia cautelare** remand
custo'dire *vt* keep; (badare) look after
cu'taneo *adj* skin *attrib*
'cute *f* skin
cu'ticola *f* cuticle
'cutter *m inv* cutter
CV *abbr* (**cavallo vapore**) hp
cyber'spazio *m* cyberspace
cyberterro'rismo *m* cyberterrorism
cy'clette® *f inv* exercise bicycle

Dd

da *prep* from; (con verbo passivo) by; (moto a luogo) to; (moto per luogo) through; (stato in luogo) at; (temporale) since; (continuativo) for; (causale) with; (in qualità di) as; (con caratteristica) with; (come) like; **da Roma a Milano** from Rome to Milan; **staccare un quadro dalla parete** take a picture off the wall; **i bambini dai 5 ai 10 anni** children between 5 and 10; **vedere qualcosa da vicino/lontano** see something from up close/from a distance; **amato da tutti** loved by everybody; **scritto da** written by; **andare dal panettiere** go to the baker's; **passo da te più tardi** I'll come over to your place later; **passiamo da qui** let's go this way; **un appuntamento dal dentista** an appointment at the dentist's; **il treno passa da Venezia** the train goes through Venice; **dall'anno scorso** since last year; **vivo qui da due anni** I've been living here for two years; **da domani** from tomorrow; **piangere dal dolore** cry with pain; **ho molto da fare** I have a lot to do; **occhiali da sole** sunglasses; **qualcosa da mangiare** something to eat; **un uomo dai capelli scuri** a man with dark hair; **è un oggetto da poco** it's not worth much; **da solo** alone; **l'ho fatto da solo** I did it by myself; **si è fatto da sé** he is a self-made man; **vive da re** he lives like a king; **non è da lui** it's not like him
dab'bene *adj* honest
dac'capo *adv* again; (dall'inizio) from the beginning
dacché *conj* since
dada'ismo *m* (arte) Dadaism
dada'ista *adj & nmf* Dadaist
'dado *m* dice; Culin stock cube; Techn nut
■ **dado ad alette** wing nut
daf'fare *m* work
'dagli = **da + gli**
dai¹ = **da + i**
dai² *int* come on!; **~, non fare così!** come on, don't be like that!; **~, sbrigati!** come on, get a move on!
'daino *m* deer; (pelle) buckskin
dal = **da + il**
'dalia *f* dahlia
'dalla = **da + la A, B**
'dalle = **da + le**
'dallo = **da + lo**
'dalmata *m* (cane) Dalmatian
Dal'mazia *f* Dalmatia
dal'tonico *adj* colour-blind

key word

'dama *f* lady; (nei balli) partner; (gioco) draughts
■ **dama di compagnia** lady's companion; **dama di corte** lady-in-waiting
dama'scato *adj* damask
da'masco *m* (tessuto) damask
dame'rino *m* (bellimbusto) dandy
dami'gella *f* (di sposa) bridesmaid
damigi'ana *f* demijohn
dam'meno *adv* **non essere** ~ be no less good (**di** than)
DAMS *nm abbr* (**Discipline delle Arti, della Musica e dello Spettacolo**) (corso di laurea) *degree in fine art, music and drama*
da'naro = **denaro**
dana'roso *adj* infml (ricco) loaded
da'nese **A** *adj* Danish
B *mf* Dane
C *m* (lingua) Danish
Dani'marca *f* Denmark
dan'nare *vt* damn; **far** ~ **qualcuno** drive somebody mad
dan'narsi *vr* fig wear oneself out; ~ **l'anima (a fare qualcosa)** wear oneself out (doing something)
dan'nato, -a **A** *adj* damned, damn infml
B *mf* damned person; **lavorare/studiare come un** ~ fig work/study like mad
dannazi'one *f* damnation
danneggia'mento *m* damage
danneggi'are *vt* damage; (nuocere) harm
danneggi'ato *adj* Jur injured
'danno *m* damage; (a persona) harm; **danni** *pl* damage; **danni collaterali** collateral damage; **danni** *pl* **alla struttura portante** structural damage
dan'noso *adj* harmful
dan'tesco *adj* Dantean, Dantesque
danubi'ano *adj* Danubian
Da'nubio *m* Danube
'danza *f* dance; (il danzare) dancing
■ ~ **folcloristica** country dancing
dan'zante *adj* **serata** ~ dance
dan'zare *vi* dance
danza|'tore, -trice *mf* dancer
■ **danzatrice del ventre** belly dancer
dapper'tutto *adv* everywhere
dap'poco *adj* worthless
dap'prima *adv* at first
Darda'nelli *mpl* i ~ the Dardanelles
'dardo *m* dart
'dare **A** *vt* give; sit ‹*esame*›; have ‹*festa*›; ~ **qualcosa a qualcuno** give somebody something; ~ **da mangiare a qualcuno** give somebody something to eat; ~ **fuoco a qualcosa** set fire to something; ~ **il benvenuto a qualcuno** welcome somebody; ~ **la buonanotte a qualcuno** say good night to somebody; ~ **del tu/del lei a qualcuno** address somebody as "tu/lei"; ~ **del cretino a qualcuno** call somebody an idiot; ~ **qualcosa per scontato** take something for granted; ~ **fastidio a** annoy; ~ **cosa danno alla TV stasera?** what's on TV tonight?; **darle a qualcuno** (picchiare) give somebody a walloping
B *vi* ~ **nell'occhio** be conspicuous; ~ **alla testa** go to one's head; ~ **su** ‹*finestra, casa*› look on to; ~ **sui** *o* **ai nervi a qualcuno** get on somebody's nerves
C *m* Comm debit
'darsena *f* dock
'darsi *vr* (scambiarsi) give each other; ~ **da fare** get down to it; **si è dato tanto da fare!** he went to so much trouble!; ~ **a** (cominciare) take up; ~ **al bere** take to drink; ~ **per** ‹*malato*› pretend to be; ~ **per vinto** give up; **può** ~ maybe
darwini'ano *adj* Darwinian
darwi'nista *mf* Darwinist
'data *f* date; **di lunga** ~ old established
■ **data di emissione** date of issue; **data di nascita** date of birth; **data di scadenza** expiry date; (su alimenti) best before date
data'base *m inv* database
■ **database relazionale** relational database
da'tabile *adj* datable
da'tare *vt* date; **a** ~ **da** as from
da'tario *m* (su orologio) calendar
da'tato *adj* dated
da'tivo *m* dative
'dato **A** *adj* given; (dedito) addicted; ~ **che** seeing that, given that
B *m* datum; **dati** *pl* data
■ **dato di fatto** well established fact; **dati sensibili** sensitive data
da'tore *m* giver
■ **datore di lavoro** employer
'dattero *m* date
dattilogra'fare *vt & vi* type; ~ **a tastiera cieca** touch-type
dattilogra'fia *f* typing
■ **dattilografia a tastiera cieca** touch-typing
datti'lografo, -a *mf* typist
dattilo'scritto *adj* ‹*copia*› typewritten, typed
dat'torno *adv* **togliersi** ~ clear off
da'vanti **A** *adv* before; (dirimpetto) opposite; (di fronte) in front
B *adj inv* front
C *m* front; ~ **di dietro** ‹*maglia*› back-to-front; ~ **a** *prep* before, in front of; **passare** ~ **a** pass, go past
davan'zale *m* window sill
dav'vero *adv* really; **per** ~ in earnest; **dici** ~? honestly?
dazi'ario *adj* excise
'dazio *m* duty; (ufficio) customs *pl*
■ **dazi doganali** *pl* customs duties; **dazio**

d'importazione import duty
d.C. *abbr* (**dopo Cristo**) AD
D.C. *nf abbr* (**Democrazia Cristiana**) Christian Democratic Party
D.D.T. *m* (insetticida) DDT
'dea *f* goddess
deambula'torio *adj* ambulatory
debel'lare *vt* defeat
debili'tante *adj* weakening
debili'tare *vt* weaken
debili'tarsi *vr* become debilitated
debilitazi'one *f* debilitation
debita'mente *adv* duly
'debito A *adj* due; **a tempo ~** in due course
B *m* debt
■ **debito pubblico** national debt
debi|'tore, -trice *mf* debtor
'debole A *adj* weak; ‹*luce*› dim; ‹*suono*› faint
B *m* weak point; **avere un ~ per qualcuno** have a soft spot for somebody; **avere un ~ per qualcosa** have a weakness for something
debo'lezza *f* weakness
debor'dare *vi* overflow
debosci'ato *adj* debauched
debrai'ata *f* Auto declutching
debut'tante A *adj* beginner
B *mf* beginner; (attore) actor/actress making his/her debut
debut'tare *vi* make one's debut
de'butto *m* début
'decade *f* period of ten days
deca'dente *adj* decadent
decaden'tismo *m* decadence
deca'denza *f* decline; Jur loss
deca'dere *vi* lapse
decadi'mento *m* (delle arti) decline
deca'duto *adj* ‹*persona*› impoverished; ‹*decreto, norma*› no longer in force
decaffei'nato A *adj* decaffeinated
B *m* decaffeinated coffee, decaf infml
deca'grammo *m* decagram
decal'care *vt* trace
decalcifi'carsi *vr* become brittle
decalcificazi'one *f* (condizione) brittle bones
decalcoma'nia *f* transfer
de'calitro *m* decalitre
de'calogo *m* fig rule book
de'cametro *m* decametre
de'cano *m* dean
decan'tare *vt* (lodare) praise
decapi'tare *vt* decapitate; behead ‹*condannato*›
decapitazi'one *f* decapitation; beheading
decappot'tabile *adj* convertible
decappot'tare *vt* take down the hood of

'decathlon *m inv* decathlon
de'cedere *vi* (morire) die
dece'duto *adj* deceased
decele'rare *vt & vi* slow down, decelerate
decelerazi'one *f* deceleration
decen'nale A *adj* ten-yearly
B *m* (anniversario) tenth anniversary
de'cenne *adj* ‹*bambino*› ten year-old
de'cennio *m* decade
de'cente *adj* decent
decente'mente *adv* decently
decentraliz'zare *vt* decentralize
decentra'mento *m* decentralization
decen'trare *vt* decentralize
de'cenza *f* decency
de'cesso *m* death, decease fml; **atto di ~** death certificate
'decibel *m inv* decibel
de'cidere *vt* decide; settle ‹*questione*›
de'cidersi *vr* make up one's mind
deci'frabile *adj* decipherable
deci'frare *vt* decipher; (documenti cifrati) decode
decifrazi'one *f* deciphering
de'cigrado *m* tenth of a degree
deci'grammo *m* decigram
de'cilitro *m* decilitre
deci'male *adj* decimal
deci'mare *vt* decimate
de'cimetro *m* decimetre
'decimo *adj & nm* tenth
de'cina *f* Math ten; **una ~ di** (circa dieci) about ten
decisa'mente *adv* definitely, decidedly
decisio'nale *adj* decision-making
decisi'one *f* decision; **prendere una ~** make *or* take a decision; **con ~** decisively
decisio'nismo *m tendency to make decisions without consulting others*
decisio'nista *mf person who does not consult others before making decisions*
deci'sivo *adj* decisive
de'ciso A pp di **decidere**
B *adj* decided
decla'mare *vt & vi* declaim
declama'torio *adj* ‹*stile*› declamatory
declas'sare *vt* downgrade
decli'nabile *adj* Gram declinable; ‹*offerta*› that can be refused
decli'nare A *vt* decline; turn down, refuse ‹*invito*›; **~ ogni responsabilità** disclaim all responsibility
B *vi* go down; (tramontare) set
declinazi'one *f* Gram declension
de'clino *m* decline; **in ~** ‹*popolarità*› on the decline
de'clivio *m* downward slope
dé'co *adj inv* Art Deco
de'coder *m inv* TV set-top box

deco'difica *f* decoding
decodifi'care *vt* decode
decodifica'tore *m* TV descrambler
decodificazi'one *f* decoding
decol'lare *vi* take off
décolle'té **A** *adj inv* low cut
B *m inv* low neckline
de'collo *m* take-off
decolonizzazi'one *f* decolonization
decolo'rante *m* bleach
decolo'rare *vt* bleach
decolorazi'one *f* bleaching
decom'porre *vt* decompose
decom'porsi *vr* decompose
decomposizi'one *f* decomposition
decompressi'one *f* decompression
decom'primere *vt* decompress
deconcen'trarsi *vr* become distracted
deconge'lare *vt* defrost
decongestio'nare *vt* Med fig relieve congestion in
decontami'nare *vt* Techn decontaminate
decontaminazi'one *f* decontamination
decontrazi'one *f* relaxation
deco'rare *vt* decorate
decora'tivo *adj* decorative
deco'rato *adj* (ornato) decorated
decora|'tore, -trice *mf* decorator
decorazi'one *f* decoration
■ **decorazione floreale** flower arranging
de'coro *m* decorum
decorosa'mente *adv* decorously
deco'roso *adj* dignified
decor'renza *f* ~ **dal ...** with effect from ..., effective ...
de'correre *vi* pass; **a ~ da** with effect from
de'corso **A** pp di **decorrere**
B *m* passing; Med course
decre'mento *m* decrease
de'crepito *adj* decrepit
decre'scente *adj* decreasing
de'crescere *vi* decrease; ‹*prezzi*› go down; ‹*acque*› subside
decre'tare *vt* decree; **~ lo stato d'emergenza** declare a state of emergency
de'creto *m* decree
■ **decreto ingiuntivo** decree; **decreto legge** *decree which has the force of law*; **decreto legislativo** *decree requiring the approval of Parliament*
decre'tone *m* Pol portmanteau bill
de'cubito *m*
■ **piaghe da decubito** bedsores
decur'tare *vt* reduce
decurtazi'one *f* reduction
'dedalo *m* maze
'dedica *f* dedication
dedi'care *vt* dedicate
dedi'carsi *vr* dedicate oneself
'dedito *adj* **~ a** given to; (assorto) engrossed in; addicted to ‹*vizi*›
dedizi'one *f* dedication
de'dotto **A** pp di **dedurre**
B *adj* deduced
dedu'cibile *adj* ‹*tassa*› allowable
de'durre *vt* deduce; (sottrarre) deduct
dedut'tivo *adj* deductive
deduzi'one *f* deduction
défail'lance *f inv* (cedimento) collapse
defal'care *vt* deduct
defalcazi'one *f* deduction
defe'care *vi* defecate
defecazi'one *f* defecation
defene'strare *vt* fig remove from office
defe'rente *adj* deferential
defe'renza *f* deference
deferi'mento *m* referral
defe'rire *vt* Jur remit
defezio'nare *vi* (abbandonare) defect
defezi'one *f* defection
defezio'nista *mf* defector
defici'ente **A** *adj* (mancante) deficient; Med mentally deficient
B *mf* mental defective; derog half-wit
defici'enza *f* deficiency; (lacuna) gap; Med mental deficiency
'deficit *m inv* deficit, shortfall; **essere in ~** be in deficit
defici'tario *adj* ‹*bilancio*› deficit *attrib*; ‹*sviluppo*› insufficient
defi'larsi *vr* (scomparire) slip away; **~ da qualcosa** sneak away from something
défi'lé *m inv* fashion show
defi'nibile *adj* definable; **~ dall'utente** Comput user-definable
defi'nire *vt* define; (risolvere) settle
definitiva'mente *adv* for good
defini'tivo *adj* definitive
defi'nito *adj* definite
definizi'one *f* definition; (soluzione) settlement
defiscaliz'zare *vt* abolish the tax on
defiscalizzazi'one *f* abolition of tax
defla'grare *vt* (esplodere) explode
deflagrazi'one *f* (esplosione) explosion
deflazio'nare *vt* deflate
deflazi'one *f* deflation
deflazio'nistico *adj* deflationary
deflet'tore *m* Auto quarter light
deflu'ire *vi* ‹*liquidi*› flow away; ‹*persone*› stream out
de'flusso *m* (di marea) ebb
defogli'ante **A** *adj* defoliating
B *m* defoliant
deforestazi'one *f* deforestation
defor'mante *adj* **artrite ~** acute arthritis
defor'mare *vt* deform ‹*arto*›; fig distort
defor'marsi *vr* lose its shape

d

defor'mato *adj* warped
deformazi'one *f* (di fatti) distortion; **è una ~ professionale** put it down to the job
de'forme *adj* deformed
deformità *f inv* deformity
deframmen'tare *vt* defragment; infml defrag
defrau'dare *vt* defraud
de'funto, -a *adj & nmf* deceased
degene'rare *vi* degenerate
degenera'tivo *adj* ‹*processo*› degenerative
degene'rato *adj* degenerate
degenerazi'one *f* degeneration
de'genere *adj* degenerate
de'gente **A** *adj* bedridden **B** *mf* patient
de'genza *f* confinement
■ **degenza ospedaliera** stay in hospital
'degli = **di + gli**
deglu'tire *vt* swallow
deglutizi'one *f* swallowing
de'gnare *vt* **~ qualcuno/qualcosa di uno sguardo** deign *or* condescend to look at somebody/something
de'gnarsi *vr* deign, condescend
🔑 **'degno** *adj* worthy; (meritevole) deserving
■ **degno di lode** praiseworthy; **degno di nota** noteworthy
degrada'mento *m* degradation
degra'dante *adj* demeaning
degra'dare *vt* degrade
degra'darsi *vr* lower oneself; ‹*città*› fall into a state of disrepair
degradazi'one *f* degradation
de'grado *m* deterioration
■ **degrado ambientale** environmental damage; **degrado urbano** urban blight, urban decay
degu'stare *vt* taste
degustazi'one *f* tasting
■ **degustazione di vini** wine tasting
'dei = **di + i**
deindiciz'zare *vt* de-index
déjà vu *m inv* déjà vu
del = **di + il**
dela|'tore, -trice *mf* [police] informer
delazi'one *f* informing
'delega *f* proxy; **legge ~** *law that does not require Parliamentary approval*
dele'gante *mf* Jur representative
dele'gare *vt* delegate
dele'gato *m* delegate
delegazi'one *f* delegation
delegitti'mare *vt* delegitimize
dele'terio *adj* harmful
del'fino *m* dolphin; (stile di nuoto) butterfly [stroke]; **nuotare a ~** do the butterfly
de'libera *f* by-law

delibe'rante *adj* ‹*organo*› decision making
delibe'rare *vt & vi* deliberate; **~ su/in** rule on/in
deliberata'mente *adv* deliberately
delibe'rato *adj* (intenzionale) deliberate
delicata'mente *adv* delicately
delica'tezza *f* delicacy; (fragilità) frailty; (tatto) tact
deli'cato *adj* delicate; ‹*salute*› frail; ‹*suono, colore*› soft
delimi'tare *vt* define
delimita'tivo *adj* defining
delimitazi'one *f* definition
deline'are *vt* outline
deline'arsi *vr* be outlined; fig take shape
deline'ato *adj* outlined
delineazi'one *f* outline
🔑 **delinqu'ente** *mf* delinquent
■ **delinquente minorile** young offender; **delinquente recidivo** habitual offender
delinqu'enza *f* delinquency
■ **delinquenza minorile** juvenile crime
delinquenzi'ale *adj* criminal
de'linquere *vi* commit a criminal act; **associazione per ~** conspiracy [to commit a crime]; **istigazione a ~** incitement to crime
de'liquio *m* **cadere in ~** swoon
deli'rante *adj* Med delirious; (assurdo) insane; (sfrenato) frenzied
deli'rare *vi* be delirious
de'lirio *m* delirium; fig frenzy; **mandare/andare in ~** fig send/go into a frenzy
🔑 **de'litto** *m* crime
■ **delitto passionale** crime of passion
delittu'oso *adj* criminal
de'lizia *f* delight
delizi'are *vt* delight
delizi'arsi *vr* **~ di** delight in
delizi'oso *adj* delightful; (cibo) delicious
'della = **di + la A, B**
'delle = **di + le**
'dello = **di + lo**
'delta *m inv* delta
delta'plano *m* hang-glider; **fare ~** go hang-gliding
deluci'dare *vt* fig clarify
delucidazi'one *f* clarification
delu'dente *adj* disappointing
🔑 **de'ludere** *vt* disappoint
delusi'one *f* disappointment
de'luso *adj* disappointed; **essere ~ di qualcosa/qualcuno** be disillusioned with something/somebody
dema'gogico *adj* popularity-seeking, demagogic
dema'gogo *m* demagogue
deman'dare *vt* entrust

🔑 key word

demani'ale *adj* ‹*proprietà*› government *attrib*
de'manio *m* government property
demar'care *vt* demarcate
demarcazi'one *f* demarcation; **linea di ~** demarcation line
de'mente *adj* demented
de'menza *f* dementia
■ **demenza senile** senile dementia
demenzi'ale *adj* (assurdo) zany
de'merito *m* **nota di ~** demerit mark
demilitariz'zare *vt* demilitarize
demilitarizzazi'one *f* demilitarization
demistifi'care *vt* debunk
demistifica|'tore, -trice *mf* debunker
demistifica'torio *adj* debunking
demistificazi'one *f* debunking
demitiz'zare *vt* demythologize
demitizzazi'one *f* demythologization
democratica'mente *adv* democratically
demo'cratico *adj* democratic
democratiz'zare *vt* democratize
democra'zia *f* democracy
democristi'ano, -a *adj & nmf* Christian Democrat
'demodisk *m inv* Comput demo disk
demogra'fia *f* demography
demo'grafico *adj* demographic; **incremento ~** increase in population
demo'lire *vt* demolish
demo'lito *adj* demolished
demolizi'one *f* demolition
'demone *m* demon
demo'niaco *adj* demonic
de'monio *m* demon
demoniz'zare *vt* demonize
demonizzazi'one *f* demonization
demoraliz'zante *adj* demoralizing
demoraliz'zare *vt* demoralize
demoraliz'zarsi *vr* become demoralized
demoraliz'zato *adj* demoralized
de'mordere *vi* give up
demoti'vare *vt* demotivate
demoti'varsi *vr* become demotivated
demoti'vato *adj* demotivated
demotivazi'one *f* demotivation
de'nari *mpl* (nelle carte) diamonds
de'naro *m* money
■ **denaro virtuale** e-cash
denatu'rato *adj* **alcol ~** methylated spirits
denazionaliz'zare *vt* denationalize
deni'grare *vt* denigrate
denigra|'tore, -trice **A** *adj* denigrating **B** *mf* denigrator
denigra'torio *adj* denigratory
denigrazi'one *f* denigration
denomi'nare *vt* name
denomi'narsi *vr* be named
denomina'tivo *adj* denominative
denomina'tore *m* denominator
denominazi'one *f* denomination
■ **denominazione di origine controllata** *mark guaranteeing the quality of a wine*
deno'tare *vt* denote
denotazi'one *f* denotation
densa'mente *adv* densely
densità *f inv* density
■ **ad alta/bassa densità di popolazione** densely/sparsely populated
'denso *adj* thick, dense
den'tale *adj* dental
den'tario *adj* dental
den'tata *f* bite
den'tato *adj* ‹*lama*› serrated
denta'tura *f* teeth *pl*; Techn serration
'dente *m* tooth; (di forchetta) prong; (di montagna) jagged peak; **al ~** Culin just slightly firm; **lavarsi i denti** brush one's teeth
■ **dente del giudizio** wisdom tooth; **dente da latte** milk tooth; **dente di leone** Bot dandelion
'dentice *m* dentex (*type of sea bream*)
denti'era *f* dentures *pl*, false teeth *pl*; **mettersi la ~** put one's false teeth in
denti'fricio *m* toothpaste
den'tista *mf* dentist
'dentro **A** *adv* in, inside; (in casa) indoors; **da ~** from within; **qui ~** in here; **metter ~** infml (in prigione) lock up, put inside
B *prep* in, inside; (di tempo) within, by
C *m* inside
denuclearizz'zare *vt* denuclearize
denuclearizz'zato *adj* nuclear-free, denuclearized
denuclearizzazi'one *f* denuclearization
denu'dare *vt* bare
denu'darsi *vr* strip
de'nuncia *f* denunciation; (alla polizia) reporting; **fare una ~** draw up a report
■ **denuncia dei redditi** income tax return
denunci'are *vt* denounce; (accusare) report
de'nunzia = **denuncia**
denu'trito *adj* underfed
denutrizi'one *f* malnutrition
deodo'rante *adj & nm* deodorant
■ **deodorante antitraspirante** antiperspirant; **deodorante per ambienti** air freshener; **deodorante a sfera** roll-on
deodo'rare *vt* deodorize
deontolo'gia *f* (etica professionale) code of conduct
depenaliz'zare *vt* decriminalize
depenalizzazi'one *f* decriminalization
dépen'dance *f inv* outbuilding
depe'ribile *adj* perishable
deperi'mento *m* wasting away; (di merci) deterioration
depe'rire *vi* waste away

depe'rito *adj* wasted
depi'lare *vt* depilate
depi'larsi *vr* shave ‹*gambe*›; pluck ‹*sopracciglia*›
depila'tore **A** *adj* depilatory
B *m* (apparecchio) hair remover
depila'torio *m* depilatory
depilazi'one *f* hair removal
■ **depilazione diatermica** electrolysis
depi'staggio *m* fig diversionary manoeuvre
depi'stare *vt* fig throw off the track
dépli'ant *m inv* brochure, leaflet
deplo'rabile *adj* deplorable
deplo'rare *vt* deplore; (dolersi di) grieve over
deplo'revole *adj* deplorable
depoliticiz'zare *vt* depoliticize
de'porre *vt* put down; lay down ‹*armi*›; lay ‹*uova*›; (togliere da una carica) depose; (testimoniare) testify
depor'tare *vt* deport
depor'tato, -a *mf* deportee
deportazi'one *f* deportation
deposi'tante *mf* Fin depositor
deposi'tare *vt* Fin deposit; (lasciare in custodia) leave; (in magazzino) store
deposi'tario, -a *mf* (di segreto) repository
deposi'tarsi *vr* settle
de'posito *m* deposit; (luogo) warehouse; Mil depot
■ **deposito d'armi** arms dump; **deposito bagagli** left luggage office, baggage checkroom AmE; **deposito bagagli automatico** left luggage lockers; **deposito bancario** deposit account; **deposito bancario vincolato** fixed term deposit account
deposizi'one *f* deposition; (da una carica) removal
de'posto *adj* deposed
depotenzi'are *vt* weaken
depra'vare *vt* deprave
depra'vato *adj* depraved
depravazi'one *f* depravity
depre'cabile *adj* appalling
depre'care *vt* deprecate
depre'dare *vt* plunder
depressio'nario *adj* **area depressionaria** Metereol area of low pressure
depressi'one *f* depression; **area di depressione** Metereol area of low pressure; Econ depressed area
depres'sivo *adj* depressive
de'presso **A** pp di **deprimere**
B *adj* depressed
depressiriz'zare *vt* depressurize
depressurizzazi'one *f* depressurization
deprezza'mento *m* depreciation
deprez'zare *vt* depreciate
deprez'zarsi *vr* depreciate

depri'mente *adj* depressing
de'primere *vt* depress
de'primersi *vr* get depressed
deprivazi'one *f* deprivation
depu'rare *vt* purify
depu'rarsi *vr* be purified
depura'tore *m* purifier
depurazi'one *f* purification; (di detriti) effluent
depu'tare *vt* delegate
depu'tato, -a *mf* ≈ Member of Parliament, MP
deputazi'one *f* deputation
dequalifi'care *vt* disqualify
dequalifi'carsi *vr* disqualify oneself
dequalificazi'one *f* disqualification
deraglia'mento *m* derailment
deragli'are *vi* go off the lines; **far ~** derail
deraglia'tore *m* derailleur gears *pl*
dera'pare *vi* Auto skid; ‹*sciatore*› side-slip
derattiz'zare *vt* clear of rats
derattizzazi'one *f* rodent control
'derby *m inv* Sport local derby
deregolamen'tare *vt* Comm deregulate
deregolamentazi'one *f* deregulation
dere'litto *adj* derelict
deresponsabiliz'zare *vt* deprive of responsibility
deresponsabiliz'zarsi *vr* abdicate responsibility
deresponsabilizzazi'one *f* depriving of responsibility
dere'tano *m* backside, bottom
de'ridere *vt* deride
derisi'one *f* derision
deri'sorio *adj* derisory
de'riva *f* drift; **andare alla ~** drift
deri'vabile *adj* derivable
deri'vare **A** *vi* **~ da** (provenire) derive from
B *vt* derive; (sviare) divert
deri'vata *f* Math derivative
deri'vato **A** *adj* derived
B *m* by-product
derivazi'one *f* derivation; (di fiume) diversion
derma'tite *f* dermatitis
dermatolo'gia *f* dermatology
dermato'logico *adj* dermatological
derma'tologo, -a *mf* dermatologist
derma'tosi *f* dermatosis
dermoprotet'tivo *adj* ‹*crema*› skin *attrib*; ‹*azione*› protective
'deroga *f* dispensation
dero'gare *vi* **~ a** depart from
deroga'torio *adj* derogatory
der'rata *f* merchandise
■ **derrate alimentari** *pl* foodstuffs
deru'bare *vt* rob
deru'bato *adj* robbed

desaliniz'zare *vt* desalinate
desalinizzazi'one *f* desalination
desapare'cido *mf* (*pl* ~**s**) disappeared man/woman, desaparecido
descolarizzazi'one *f* deschooling
descrit'tivo *adj* descriptive
de'scritto pp di **descrivere**
de'scrivere *vt* describe
descri'vibile *adj* describable
descrizi'one *f* description
desensibiliz'zare *vt* desensitize
desensibilizzazi'one *f* desensitization
de'sertico *adj* desert
de'serto **A** *adj* uninhabited
B *m* desert
deside'rabile *adj* desirable
deside'rare *vt* wish; (volere) want; (intensamente) long for; (bramare) desire; **desidera?** what would you like?, can I help you?; **lasciare a ~** leave a lot to be desired
deside'rato *adj* intended
desi'derio *m* wish; (brama) desire; (intenso) longing
deside'roso *adj* desirous; (bramoso) longing
desi'gnare *vt* appoint, designate; (fissare) fix
desi'gnato *adj* designate *attrib*
designazi'one *f* appointment
de'signer *mf inv* designer
desi'nare **A** *vi* dine
B *m* dinner
desi'nenza *f* ending
de'sistere *vi* ~ **da** desist from
'desktop 'publishing *m inv* desktop publishing, DTP
deso'lante *adj* distressing
deso'lare *vt* distress
deso'lato *adj* desolate; (spiacente) sorry; **siamo desolati di dovervi comunicare che ...** (in lettere) we are sorry to have to inform you that ...
desolazi'one *f* desolation
'despota *m* despot
desqua'marsi *vr* flake off
desquamazi'one *f* flaking off
destabiliz'zante *adj* destabilizing
destabiliz'zare *vt* destabilize
destabilizzazi'one *f* destabilization
de'stare *vt* waken; fig awaken
de'starsi *vr* waken; fig awaken
desti'nare *vt* destine; (nominare) appoint; (assegnare) assign; (indirizzare) address
destina'tario *m* (di lettera, pacco) addressee
desti'nato *adj* **essere ~ a fare qualcosa** be destined *or* fated to do something
destinazi'one *f* destination; fig purpose; **con ~ Parigi** ‹*aereo, treno*› destined for Paris
de'stino *m* destiny; (fato) fate
destitu'ire *vt* dismiss
destitu'ito *adj* **~ di** devoid of
destituzi'one *f* dismissal
'desto *adj* (liter) awake
'destra *f* (parte) right; (mano) right hand; **prendere a ~** turn right; **a ~** ‹*essere*› on the right; ‹*andare*› to the right; **la prima a ~** the first on the right; **sulla ~** on the right-hand side; **di ~** Pol right wing; **la ~** Pol the Right
destreggi'are *vi* manoeuvre
destreggi'arsi *vr* manoeuvre
de'strezza *f* dexterity; (abilità) skill
'destro *adj* right; (abile) skilful
de'stroide *adj* Pol right-wing
destruttu'rato *adj* (incoerente) unstructured
desu'eto *adj* obsolete
de'sumere *vt* (congetturare) infer; (ricavare) obtain
desu'mibile *adj* inferable
detas'sare *vt* abolish the tax on
detassazi'one *f* abolition of tax
detei'nato *adj* tannin free
dete'nere *vt* hold; ‹*polizia*› detain
deten'tivo *adj* **pena detentiva** custodial sentence
deten'tore, -trice *mf* holder
■ **detentore del titolo** title-holder
dete'nuto, -a *mf* prisoner
detenzi'one *f* detention
deter'gente **A** *adj* cleaning; ‹*latte, crema*› cleansing
B *m* detergent; (per la pelle) cleanser
deteriora'mento *m* deterioration
deterio'rare *vt* cause to deteriorate ‹*cibo, relazione*›
deterio'rarsi *vr* deteriorate
determi'nabile *adj* determinable
determinabilità *f inv* determinability
determi'nante *adj* decisive
determi'nare *vt* determine
determi'narsi *vr* ~ **a** resolve to
determina'tezza *f* determination
determina'tivo *adj* ‹*articolo*› definite; **pronome ~** determiner
determi'nato *adj* (risoluto) determined; (particolare) specific; (stabilito) certain
determinazi'one *f* determination; (decisione) decision
determi'nismo *m* determinism
deter'rente *adj & nm* deterrent
deter'sivo *m* detergent
■ **detersivo biologico** biological powder; **detersivo per bucato** washing powder; **detersivo per i piatti** washing-up liquid, dishwashing liquid AmE
dete'stare *vt* detest, hate
dete'starsi *vr* hate oneself
deto'nare *vi* detonate
detona'tore *m* detonator

d

detonazi'one *f* detonation
detra'ibile *adj* deductible
de'trarre *vt* deduct (**da** from)
de'tratto **A** pp di **detrarre**
B *adj* deducted
detrat|'tore, -trice *mf* detractor
detrazi'one *f* deduction; (da tasse) tax allowance
detri'mento *m* detriment; **a ~ di** to the detriment of
de'trito *m* debris; **detriti** *pl* (di fiume) detritus
■ **detrito di falda** scree
detroniz'zare *vt* dethrone
'detta *f* **a ~ di** according to
dettagli'ante *mf* Comm retailer
dettagli'are *vt* detail
dettagliata'mente *adv* in detail
det'taglio *m* detail; **al ~** Comm retail
det'tame *m* dictate; **i dettami della moda** the dictates of fashion
det'tare *vt* dictate; **~ legge** fig lay down the law
det'tato *m* Sch dictation
detta'tura *f* dictation
'detto **A** *adj* said; (chiamato) called; (soprannominato) nicknamed; **~ fatto** no sooner said than done
B *m* **~ [popolare]** saying
detur'pare *vt* disfigure
deturpazi'one *f* disfigurement
deumidifi'care *vt* dehumidify
deumidifica'tore *m* dehumidifier
deumidificazi'one *f* dehumidification
devalutazi'one *f* devaluation
deva'stante *adj* devastating
deva'stare *vt* devastate
deva'stato *adj* devastated
devasta|'tore, -trice **A** *adj* destructive; fig devastating
B *mf* destroyer
devastazi'one *f* devastation; fig ravages *pl*
devi'ante *adj* deviant
devi'anza *f* deviance
devi'are **A** *vi* deviate
B *vt* divert
devi'ato *adj* ‹*mente*› warped
deviazi'one *f* deviation; (stradale) diversion; **fare una ~** Auto make a detour
devitaliz'zare *vt* kill the nerve of, devitalize fml
devitalizzazi'one *f* killing of the nerve, devitalization fml
devo'luto **A** pp di **devolvere**
B *adj* devolved
devoluzi'one *f* devolution
de'volvere *vt* devolve; **~ qualcosa in beneficenza** give something to charity
devota'mente *adv* devoutly
de'voto *adj* devout; (affezionato) devoted
devozi'one *f* devotion
dg *abbr* (**decigrammi**) decigrams
di *prep* of; (partitivo) some; (scritto da) by; ‹*parlare, pensare ecc.*› about; (con causa, mezzo) with; (con provenienza) from; (in comparazioni) than; (con infinito) to; **la casa di mio padre/dei miei genitori** my father's house/my parents' house; **compra del pane** buy some bread; **hai del pane?** do you have any bread?; **un film di guerra** a war film; **piangere di dolore** cry with pain; **coperto di neve** covered with snow; **sono di Genova** I'm from Genoa; **uscire di casa** leave one's house; **mi è uscito di mente** it slipped my mind; **più alto di te** taller than you; **è ora di partire** it's time to go; **crede di aver ragione** he thinks he's right; **dire di sì** say yes; **di domenica** on Sundays; **di sera** in the evening; **una pausa di un'ora** an hour's break; **un corso di due mesi** a two-month course
dia'bete *m* diabetes
dia'betico, -a *adj & nmf* diabetic
diabolica'mente *adv* devilishly
dia'bolico *adj* diabolic[al]
di'acono *m* deacon
dia'critico *adj* diacritic
dia'dema *m* diadem; (di donna) tiara
di'afano *adj* diaphanous
dia'framma *m* diaphragm; (divisione) screen
di'agnosi *f inv* diagnosis
■ **diagnosi precoce** early detection, early diagnosis
dia'gnostica *f* Med diagnostics *sg*
diagnosti'care *vt* diagnose
dia'gnostici *mpl* Comput diagnostics *sg*
dia'gnostico *adj* diagnostic
diago'nale *adj & nf* diagonal
diagonal'mente *adv* diagonally
dia'gramma *m* diagram
■ **diagramma a barre** bar chart; **diagramma di flusso** flow chart
dialet'tale *adj* dialect *attrib*; **poesia ~** poetry in dialect
dialettaleggi'ante *adj* dialect *attrib*
dia'lettica *f* dialectics *sg*
dia'lettico *adj* dialectic
dia'letto *m* dialect
di'alisi *f* dialysis
dialo'gante *adj* **unità ~** Comput interactive terminal
dialo'gare **A** *vt* write the dialogue for ‹*scena*›
B *vi* **~ con** converse with
dialo'gato *adj* in dialogue
dialo'ghista *mf* (scrittore) dialogue writer
di'alogo *m* dialogue
dia'mante *m* diamond
diaman'tifero *adj* diamond bearing

diametral'mente *adv* diametrically
di'ametro *m* diameter
di'amine *int* **che ~...** what on earth ...
di'apason *m inv* (per accordatura) tuning fork
diaposi'tiva *f* slide
di'aria *f* daily allowance
di'ario *m* diary
■ **diario di bordo** logbook; **diario di classe** class register
dia'rista *mf* (scrittore) diarist
diar'rea *f* diarrhoea
di'aspora *f* Diaspora
dia'triba *f* diatribe
diavole'ria *f* (azione) devilment; (marchingegno) weird contraption
diavo'letto *m* imp; hum (bambino) little devil
di'avolo *m* devil; **va' al ~!** infml go to hell!; **che ~ fai?** infml what the hell are you doing?
di'battere *vt* debate
di'battersi *vr* struggle
dibattimen'tale *adj* Jur of the hearing
dibatti'mento *m* (discussione) debate; Jur hearing
di'battito *m* debate; (meno formale) discussion
dica'stero *m* office
di'cembre *m* December
dice'ria *f* rumour
dichia'rare *vt* state; (ufficialmente) declare; **~ colpevole** Jur convict; **niente da ~?** anything to declare?
dichia'rarsi *vr* (in amore) declare one's love; **~ soddisfatto** declare oneself satisfied; **si dichiara innocente** he says he's innocent; **~ a favore di qualcosa** declare oneself in favour of something; **si dichiara che ...** (in documenti) it is hereby declared that ...; **~ vinto** acknowledge defeat
dichia'rato *adj* avowed
dichiarazi'one *f* statement; (documento, di guerra, d'amore) declaration; **fare una ~** (ufficialmente) make a statement
■ **dichiarazione dei diritti** Pol bill of rights; **dichiarazione doganale** customs declaration; **dichiarazione dei redditi** [income] tax return
dician'nove *adj & nm* nineteen
dicianno'venne *adj & nmf* nineteen year-old
dicianno'vesimo *adj & nm* nineteenth
dicias'sette *adj & nm* seventeen
diciasset'tenne *adj & nmf* seventeen year-old
diciasset'tesimo *adj & nm* seventeenth
diciot'tenne *adj & nmf* eighteen year-old
diciot'tesimo *adj & nm* eighteenth
dici'otto *adj & nm* eighteen; Univ pass mark
dici'tura *f* wording
dicoto'mia *f* dichotomy
didasca'lia *f* (di film) subtitle; (di illustrazione) caption; Theat stage direction
dida'scalico *adj* ‹*letteratura*› didactic
di'dattica *f* didactics *sg*
didattica'mente *adv* didactically
di'dattico *adj* didactic; ‹*televisione*› educational
di'dentro *adv* inside
didi'etro **A** *adv* behind
B *m* (hum) hindquarters *pl*
di'eci *adj & nm* ten
dieci'mila *adj & nm* ten thousand
die'cina = **decina**
di'eresi *f* diaeresis
'diesel *adj & m inv* diesel
di'esis *m inv* sharp
di'eta *f* diet; **a ~** on a diet
■ **dieta mediterranea** Mediterranean diet
die'tetica *f* dietetics *sg*
die'tetico *adj* diet
die'tista *mf* dietician
die'tologo *mf* dietician
di'etro **A** *adv* behind
B *prep* behind; (dopo) after
C *adj* back; ‹*zampe*› hind
D *m* back; **le stanze di ~** the back rooms; **le zampe di ~** the hind legs
dietro'front *m inv* about-turn; fig U-turn; **~!** about turn!
dietrolo'gia *f obsessive search for supposedly hidden motives behind events or behind people's actions and words*
di'fatti *adv* in fact
di'fendere *vt* defend
di'fendersi *vr* defend oneself; infml (cavarsela) get by
difen'dibile *adj* defendable, defensible
difen'siva *f* **stare sulla ~** be on the defensive
difen'sivo *adj* defensive
difen'sore **A** *adj* **avvocato ~** defence counsel
B *m* defender
■ **difensore civico** ombudsman
di'fesa *f* defence; **prendere le difese di qualcuno** come to somebody's defence
■ **difesa civile** Civil Defence
di'feso **A** pp di **difendere**
B *adj* defended; (luogo) sheltered
difet'tare *vi* be defective; **~ di** lack
difet'tivo *adj* defective
di'fetto *m* defect; (morale) fault, flaw; (mancanza) lack; (in tessuto, abito) flaw; **essere in ~** be at fault; **far ~** be lacking
■ **difetto di pronuncia** speech impediment
difet'toso *adj* defective; ‹*abito*› flawed
diffa'mare *vt* (con parole) slander; (per iscritto) libel
diffama|'tore, -trice *mf* slanderer; (per iscritto) libeller
diffama'torio *adj* slanderous; (per iscritto) libellous
diffamazi'one *f* slander; (scritta) libel

diffe'rente *adj* different
differente'mente *adv* differently
🔑 **diffe'renza** *f* difference; **a ~ di** unlike; **non fare ~** make no distinction (**fra** between)
■ **differenza di fuso orario** time difference
differenzi'abile *adj* differentiable
differenzi'ale *adj & nm* differential
differenzi'are *vt* differentiate
differenzi'arsi *vr* **~ da** differ from
differenzi'ato *adj* differentiated
differenziazi'one *f* differentiation
diffe'ribile *adj* postponable
diffe'rire **A** *vt* postpone
B *vi* be different
diffe'rita *f* **in ~** TV pre-recorded
🔑 **dif'ficile** **A** *adj* difficult; (duro) hard; (improbabile) unlikely
B *m* difficulty
difficil'mente *adv* with difficulty
🔑 **difficoltà** *f inv* difficulty; **trovarsi in ~** be in trouble; **mettere qualcuno in ~** put somebody on the spot
■ **difficoltà d'apprendimento** special needs; **bambini con ~ d'apprendimento** children with special needs
dif'fida *f* warning
diffi'dare **A** *vi* **~ di** distrust
B *vt* warn
diffi'dente *adj* mistrustful
diffi'denza *f* mistrust
🔑 **dif'fondere** *vt* spread; diffuse ‹*calore, luce ecc.*›
dif'fondersi *vr* spread
difformità *f inv* deformation; (di opinioni) difference of opinion
diffusa'mente *adv* at length
diffusi'one *f* diffusion; (di giornale) circulation
dif'fuso **A** pp di **diffondere**
B *adj* common; ‹*malattia*› widespread; ‹*luce*› diffuse
diffu'sore *m* (per asciugacapelli) diffuser
difi'lato *adv* straight; (subito) straightaway
di'fronte *adj inv & adv* opposite; **~ all'ingresso** in front of the entrance; (dall'altro lato della strada) opposite the entrance
difte'rite *f* diphtheria
'diga *f* dam; (argine) dike
dige'rente *adj* alimentary
dige'ribile *adj* digestible
digeribilità *f inv* digestibility
dige'rire *vt* digest; infml stomach
digesti'one *f* digestion
dige'stivo **A** *adj* digestive
B *m* digestive; (dopo cena) liqueur
Digi'one *f* Dijon
digi'tale **A** *adj* digital; (delle dita) finger *attrib*
B *f* (fiore) foxglove
digitaliz'zare *vt* digitalize
digitalizzazi'one *f* digitalizing
digi'tare *vt* key in ‹*dati*›
digiu'nare *vi* fast
digi'uno **A** *adj* **essere ~** have an empty stomach
B *m* fast; **a ~** ‹*bere ecc.*› on an empty stomach
dignità *f inv* dignity
digni'tario *m* dignitary
dignitosa'mente *adv* with dignity
digni'toso *adj* dignified
DIGOS *nf abbr* (**Divisione Investigazioni Generali e Operazioni Speciali**) ≈ riot police
digressi'one *f* digression
digri'gnare *vi* **~ i denti** grind one's teeth
digros'sare *vt* fig impart basic concepts to
dik'tat *m inv* (trattato) diktat
dila'gare *vi* flood; fig spread
dilani'are *vt* tear to pieces
dilapi'dare *vt* squander
dilapidazi'one *f* squandering
dila'tare *vt* dilate
dila'tarsi *vr* dilate; ‹*legno*› swell; ‹*metallo, gas*› expand
dila'tato *adj* dilated; ‹*legno*› swollen; ‹*metallo, gas*› expanded
dilatazi'one *f* dilation; (di legno) swelling; (di metallo, gas) expansion
dilazio'nabile *adj* postponable
dilazio'nare *vt* delay
dilazi'one *f* delay
dileggi'are *vt* mock
dilegu'are *vt* disperse
dilegu'arsi *vr* disappear
di'lemma *m* dilemma
dilet'tante *mf* amateur
dilettan'tesco *adj* amateurish
dilettan'tismo *m* amateurism
dilettan'tistico *adj* amateurish
dilet'tare *vt* delight
dilet'tarsi *vr* **~ di** delight in
dilet'tevole *adj* delightful
di'letto, -a **A** *adj* beloved
B *m* (piacere) delight
C *mf* (persona) beloved
dili'gente *adj* diligent; ‹*lavoro*› accurate
dili'genza *f* diligence
dilu'ente *m* Techn diluent; (per vernici) thinner
dilu'ire *vt* dilute
diluizi'one *f* dilution
dilun'gare *vt* prolong
dilun'garsi *vr* **~ su** dwell on ‹*argomento*›
diluvi'are *vi* pour [down]
di'luvio *m* downpour; fig flood
■ **il ~ universale** the Flood

🔑 key word

dima'grante *adj* slimming, diet
dimagri'mento *m* loss of weight
dima'grire *vi* lose weight
dima'grirsi *vr* lose weight
dime'nare *vt* wave; wag ‹*coda*›
dime'narsi *vr* be agitated
dimensio'nare *vt* fig get into proportion
dimensi'one *f* dimension; (misura) size
dimenti'canza *f* forgetfulness; (svista) oversight; **per ~** accidentally
dimenti'care *vt* forget; **l'ho dimenticato a casa** I left it at home
dimenti'carsi *vr* **~[di]** forget
dimentica'toio *m* **andare/finire nel ~** (hum) fall into oblivion
di'mentico *adj* **~ di** (che non ricorda) forgetful of; (non curante) oblivious of
dimessa'mente *adv* modestly
di'messo **A** pp di **dimettere**
B *adj* humble; (trasandato) shabby; ‹*voce*› low
dimesti'chezza *f* familiarity
di'mettere *vt* dismiss; (da ospedale ecc.) discharge
di'mettersi *vr* resign
dimez'zare *vt* halve
diminu'ire *vt & vi* diminish; (in maglia) decrease
diminu'ito *adj* Mus diminished
diminu'tivo *adj & nm* diminutive
diminuzi'one *f* decrease; (riduzione) reduction; **in ~** dwindling
dimissio'nario **A** *adj* outgoing
B *mf* outgoing chairman/president etc
dimissi'oni *fpl* resignation *sg*; **dare le ~** resign
di'mora *f* residence
dimo'rare *vi* reside
dimo'strabile *adj* demonstrable
dimostrabilità *f inv* demonstrability
dimo'strante *mf* demonstrator
dimo'strare *vt* demonstrate; (provare) prove; (mostrare) show
dimo'strarsi *vr* prove [to be]
dimostra'tivo *adj* demonstrative
dimostrazi'one *f* demonstration; Math proof
di'namica *f* dynamics *sg*; **~ dei fatti** sequence of events
di'namico *adj* dynamic
dina'mismo *m* dynamism
dinami'tardo **A** *adj* **attentato ~** bomb attack
B *mf* bomber
dina'mite *f* dynamite
'dinamo *f inv* dynamo
di'nanzi **A** *adv* in front
B *prep* **~ a** in front of
'dinaro *m* (moneta) dinar
dina'stia *f* dynasty
di'nastico *adj* dynastic
din'don *m inv* ding-dong
'dingo *m* (cane) dingo
dini'ego *m* denial
dinocco'lato *adj* lanky
dino'sauro *m* dinosaur
din'torni *mpl* outskirts; **nei ~ di** in the vicinity of
din'torno *adv* around
'dio *m* (*pl* **dei**) god; **Dio** God; **Dio mio!** my God!
dioce'sano *adj* diocesan
di'ocesi *f inv* diocese
dioni'siaco *adj* Dionysian
dios'sina *f* dioxin
diot'tria *f* dioptre
dipa'nare *vt* wind into a ball; fig unravel
diparti'mento *m* department
dipen'dente **A** *adj* depending
B *mf* employee
dipen'denza *f* dependence; (edificio) annexe
di'pendere *vi* **~ da** depend on; (provenire) derive from; **dipende** it depends
di'pingere *vt* paint; (descrivere) describe
di'pinto **A** pp di **dipingere**
B *adj* painted
C *m* painting
di'ploma *m* diploma
diplo'mare *vt* graduate
diplo'marsi *vr* graduate
diplomatica'mente *adv* diplomatically
diplo'matico **A** *adj* diplomatic
B *m* diplomat; (pasticcino) millefeuille (*with alcohol*)
diplo'mato **A** *mf person with school qualification*
B *adj* qualified
diploma'zia *f* diplomacy
di'porto *m* **imbarcazione da ~** pleasure craft
dirada'mento *f* thinning out
dira'dare *vt* thin out; make less frequent ‹*visite*›
dira'darsi *vr* thin out; ‹*nebbia*› clear
dira'mare *vt* issue
dira'marsi *vr* branch out
diramazi'one *f* (di strada, fiume) fork; (di albero, impresa) branch; (di ordine) issuing
'dire **A** *vt* say; (raccontare, riferire) tell; **~ quello che si pensa** speak one's mind; **voler ~** mean; **volevo ben ~!** I wondered!; **~ di sì/no** say yes/no; **si dice che ...** rumour has it that ...; **come si dice "casa" in inglese?** what's the English for "casa"?; **questo nome mi dice qualcosa** the name rings a bell; **che ne dici di...?** how about...?; **non c'è che ~** there's no disputing that; **e ~ che ...** to think that ...; **a dir poco/tanto** at least/most
B *vi* **~ bene/male di** speak highly/ill of

d

somebody; **dica pure** (in negozio) how can I help you?; **dici sul serio?** are you serious?; **per modo di ~** as it were

di'retta *f* TV live broadcast; **in ~** live

diretta'mente *adv* directly

diret'tissima *f* (strada) main route; **per ~** Jur ‹*processare*› without going through the normal procedures

d

diret'tissimo *m* fast train

diret'tiva *f* directive; **direttive** *pl* (indicazioni) guidelines

diret'tivo **A** *adj* (dirigente) management *attrib*, managerial
B *m* Pol executive

di'retto **A** pp di **dirigere**
B *adj* direct; **il mio ~ superiore** my immediate superior; **~ a** (inteso) meant for; **essere ~ a** be heading for; **in diretta** ‹*trasmissione*› live
C *m* (treno) through train

diret'tore *m* manager; (più in alto nella gerarchia) director; (di scuola) headmaster
■ **direttore amministrativo** company secretary; **direttore artistico** artistic director; **direttore del carcere** prison governor; **direttore di filiale** branch manager; **direttore di gara** referee; **direttore generale** managing director, chief executive officer; **direttore di giornale** newspaper editor; **direttore d'istituto** Univ department head; **direttore d'orchestra** conductor; **direttore del personale** personnel manager/director; **direttore di produzione** production manager/director; **direttore spirituale** spiritual advisor; **direttore sportivo** team manager; **direttore tecnico** Sport manager; **direttore di zona** area manager, regional director

diret'trice *f* manageress; (di scuola) headmistress; (indirizzo) guiding principle

direzio'nale *adj* directional

direzio'nare *vt* direct

direzi'one *f* direction; (di società) management; Sch headmaster's/headmistress's office (*primary school*); **in ~ nord** (traffico) northbound; **'tutte le direzioni'** Auto 'all routes'

diri'gente **A** *adj* ruling
B *mf* executive
■ **dirigente d'azienda** company director; **dirigente di partito** Pol party leader

diri'genza *f* (gestione) management; (i dirigenti) top management; Pol leadership
■ **dirigenza aziendale** business management

dirigenzi'ale *adj* management *attrib*, managerial

di'rigere *vt* direct; conduct ‹*orchestra*›; run ‹*impresa*›

di'rigersi *vr* **~ verso** head for

diri'gibile *m* airship

dirim'petto **A** *adv* opposite
B *prep* **~ a** facing

di'ritto¹ **A** *adj* straight; (destro) right
B *adv* straight; **andare ~** go straight on; **sempre ~** straight ahead, straight on
C *m* right side; Tennis forehand; **fare un ~** (a maglia) knit one

di'ritto² *m* right; Jur law
■ **diritti degli animali** *pl* animal rights; **diritti d'autore** *pl* royalties; **diritti civili** *pl* civil rights; **diritti di prelievo** *pl* Fin drawing rights; **diritti umani** *pl* human rights; **diritto civile** civil law; **diritto commerciale** commercial law; **diritto penale** criminal law; **diritto di voto** right to vote, suffrage

dirit'tura *f* straight line; fig honesty
■ **~ d'arrivo** Sport fig home straight

diroc'cato *adj* tumbledown

dirom'pente *adj* anche fig explosive

dirotta'mento *m* hijacking

dirot'tare **A** *vt* re-route ‹*treno, aereo*›; (illegalmente) hijack; divert ‹*traffico*›
B *vi* alter course

dirotta|'tore, -trice *mf* hijacker; (solo di aereo) skyjacker

di'rotto *adj* ‹*pioggia*› pouring; ‹*pianto*› uncontrollable; **piovere a ~** rain heavily

di'rupo *m* precipice

di'sabile **A** *adj* disabled
B *mf* disabled person

disabili'tare *vt* disable

disabi'tato *adj* uninhabited

disabitu'arsi *vr* **~ a** get out of the habit of

disac'cordo *m* disagreement

disadatta'mento *m* maladjustment

disadat'tato, -a **A** *adj* maladjusted
B *mf* misfit

disa'dorno *adj* unadorned

disaffezi'one *f* disaffection

disa'gevole *adj* (scomodo) uncomfortable; (difficile) inconvenient

disagi'ato *adj* poor; ‹*vita*› hard; (scomodo) uncomfortable

di'sagio *m* discomfort; (difficoltà) inconvenience; (imbarazzo) embarrassment, uneasiness; **sentirsi a ~** feel uncomfortable; **disagi** *pl* (privazioni) hardships
■ **disagio sociale** social distress

di'samina *f* close examination

disamora'mento *m* estrangement

disanco'rare *vt* Fin de-link

disappro'vare *vt* disapprove of

disapprovazi'one *f* disapproval

disap'punto *m* disappointment; **con suo grande ~** [much] to his chagrin

disarcio'nare *vt* unseat

disar'mante *adj* fig disarming

disar'mare *vt & vi* disarm

disar'mato *adj* disarmed; fig defenceless

di'sarmo *m* disarmament

disartico'lato *adj* fig disjointed

disa'strato, -a A *adj* devastated
B *mf* victim (*of flood, earthquake etc*)
di'sastro *m* disaster; (infml (grande confusione) mess; (infml (persona) disaster area
■ **disastro aereo** air crash
disastrosa'mente *adv* disastrously
disa'stroso *adj* disastrous
disat'tento *adj* inattentive
disattenzi'one *f* inattention; (svista) oversight
disatti'vare *vt* de-activate
disa'vanzo *m* deficit
disavve'duto *adj* thoughtless
disavven'tura *f* misadventure
disavver'tenza *f* inadvertence
di'sbrigo *m* dispatch
di'scapito *m* **a ~ di** to the detriment of
di'scarica *f* scrap yard
di'scarico *m* (di merce) unloading; **prova a ~** evidence for the defence; **testimone a ~** witness for the defence
discen'dente A *adj* descending
B *mf* descendant
discen'denza *f* descent; (discendenti) descendants *pl*
di'scendere A *vi* (dal treno) get off; (da cavallo) dismount; (sbarcare) land; **~ da** (trarre origine da) be a descendant of
B *vt* descend
discen'sore *m* (attrezzo) karabiner
di'scepolo, -a *mf* disciple
di'scernere *vt* discern
discerni'mento *m* discernment
di'scesa *f* descent; (pendio) slope; **~ in picchiata** (di aereo) nosedive; **essere in ~** ‹*strada*› go downhill
■ **discesa libera** (in sci) downhill race
disce'sista *mf* (sciatore) downhill skier
di'sceso pp di **discendere**
di'schetto *m* Comput diskette
dischi'udere *vt* open; (svelare) disclose
dischi'udersi *vr* open up
di'scinto *adj* scantily dressed
disci'ogliere *vt* ‹*acido*› dissolve; ‹*neve*› thaw; (fondersi) melt
disci'olto pp di **disciogliere**
disci'plina *f* discipline
discipli'nare A *adj* disciplinary
B *vt* discipline
discipli'nato *adj* disciplined
disc-'jockey *m inv* disc jockey, DJ
'disco *m* disc; Sport discus; Mus record; **ernia del disco** slipped disc
■ **disco a 33 giri** LP; **disco a 45 giri** single; **disco fisso** Comput fixed disk, hard disk; **disco dei freni** brake disc; **disco master** Comput master disk; **disco rigido** Comput hard disk; **disco volante** flying saucer
discogra'fia *f* (insieme di incisioni) discography; (industria) record industry
disco'grafico A *adj* ‹*industria*› record *attrib*, recording; ‹*mercato, raccolta*› record *attrib*; **casa discografica** record company, recording company
B *mf* record producer
'discolo A *mf* rascal
B *adj* unruly
di'scolpa *f* clearing; **a sua ~ si deve dire che ...** in his defence it must be said that ...
discol'pare *vt* clear
discol'parsi *vr* clear oneself
discon'nettere *vt* disconnect
disco'noscere *vt* deny; disown ‹*figlio*›
discontinuità *f inv* (nel lavoro) irregularity; (di stile) unevenness
discon'tinuo *adj* intermittent; fig ‹*impegno, rendimento*› uneven
discopa'tia *f* disc problems *pl*
discor'dante *adj* discordant
discor'danza *f* discordance; **essere in ~** clash
discor'dare *vi* ‹*opinioni*› conflict
di'scorde *adj* clashing
di'scordia *f* discord; (dissenso) dissension
di'scorrere *vi* talk (**di** about)
discor'sivo *adj* colloquial
di'scorso A pp di **discorrere**
B *m* speech; (conversazione) talk
■ **discorso indiretto** indirect speech; **discorso di ringraziamento** vote of thanks
di'scosto A *adj* distant
B *adv* far away; **stare ~** stand apart
disco'teca *f* disco; (raccolta) record library
discote'caro *mf* derog disco freak
di'scount *m inv* discount store
discredi'tare *vt* discredit
di'scredito *m* discredit
discre'pante *adj* contradictory
discre'panza *f* discrepancy
di'screto *adj* discreet; (moderato) moderate; (abbastanza buono) fairly good
discrezionalità *f inv* discretion
discrezi'one *f* discretion; (giudizio) judgement; **a ~ di** at the discretion of
discrimi'nante A *adj* extenuating
B *f* Jur extenuating circumstances *pl*
discrimi'nare *vt* discriminate
discrimina'tivo *adj* ‹*provvedimento*› discriminatory
discrimina'torio *adj* ‹*atteggiamento*› discriminatory
discriminazi'one *f* discrimination
■ **discriminazione in base all'età** age discrimination; **discriminazione sessuale** sexual discrimination
discussi'one *f* discussion; (alterco) argument; **messa in ~** questioning
di'scusso A pp di **discutere**
B *adj* controversial
di'scutere A *vt* discuss; (formale) debate;

d

(litigare) argue
B *vi* ~ **su qualcosa** discuss something
discu'tibile *adj* debatable; ‹*gusto*› questionable
disde'gnare *vt* disdain
di'sdegno *m* disdain
disde'gnoso *adj* disdainful
di'sdetta *f* retraction; (sfortuna) bad luck; Comm cancellation
di'sdetto pp di **disdire**
disdi'cevole *adj* unbecoming
di'sdire *vt* retract; (annullare) cancel
disedu'care *vt* have a bad effect on
diseduca'tivo *adj* bad for children
dise'gnare *vt* draw; (progettare) design
disegna|'tore, -trice *mf* designer
■ **disegnatore di moda** fashion designer
di'segno *m* drawing; (progetto, linea) design
■ **disegno di legge** bill; **disegno in scala** scale drawing; **disegno tecnico** technical drawing; **disegno dal vero** life drawing
diser'bante **A** *m* herbicide, weed killer
B *adj* herbicidal, weed-killing
diser'bare *vt* weed
disere'dare *vt* disinherit
disere'dato **A** *adj* dispossessed
B *mf* **i diseredati** the dispossessed
diser'tare *vt & vi* desert; ~ **la scuola** stay away from school
diser'tore *m* deserter
diserzi'one *f* desertion
disfaci'mento *m* decay; fig decline; **in** ~ decaying; fig in decline
di'sfare *vt* undo; strip ‹*letto*›; (smantellare) take down; (annientare) defeat; ~ **le valigie** unpack [one's bags]
di'sfarsi *vr* fall to pieces; (sciogliersi) melt; ~ **di** (liberarsi di) get rid of; ~ **in lacrime** dissolve into tears
di'sfatta *f* defeat
disfat'tismo *m* defeatism
disfat'tista *adj & nmf* defeatist
di'sfatto *adj* fig worn out
disfunzio'nale *adj* dysfunctional
disfunzi'one *f* disorder
disge'lare *vt & vi* thaw
disge'larsi *vr* thaw
di'sgelo *m* thaw
disgi'ungere *vt* disconnect
disgi'unto *adj* ‹*firme*› separate
di'sgrazia *f* misfortune; (incidente) accident; (sfavore) disgrace
disgraziata'mente *adv* unfortunately
disgrazi'ato, -a **A** *adj* unfortunate
B *mf* wretch
disgrega'mento *m* disintegration
disgre'gare *vt* break up
disgre'garsi *vr* disintegrate
disgrega'tivo *adj* disintegrating
disgrega'tore *adj* disintegrating
disgregazi'one *f* (di società) break-up
disgu'ido *m*
■ **disguido postale** mistake in delivery
disgu'stare *vt* disgust
disgu'starsi *vr* ~ **di** be disgusted by
di'sgusto *m* disgust
disgustosa'mente *adv* disgustingly; ~ **dolce** nauseatingly sweet
disgu'stoso *adj* disgusting
disidra'tante *adj* dehydrating
disidra'tare *vt* dehydrate
disidra'tarsi *vr* become dehydrated
disidra'tato *adj* dehydrated
disidratazi'one *f* dehydration
disil'ludere *vt* disenchant, disillusion
disil'ludersi *vr* become disenchanted, become disillusioned
disillusi'one *f* disenchantment, disillusionment
disil'luso *adj* disenchanted, disillusioned
disimbal'laggio *m* unpacking
disimbal'lare *vt* unpack
disimpa'rare *vt* forget
disimpe'gnare *vt* release; (compiere) fulfil; redeem ‹*oggetto dato in pegno*›
disimpe'gnarsi *vr* disengage oneself; (cavarsela) manage
disim'pegno *m* (locale) vestibule; (disinteresse) lack of interest
disimpi'ego *m* re-allocation; (di truppe) reassignment
disincagli'are *vt* Naut refloat
disincagli'arsi *vr* Naut float off
disincan'tato *adj* (disilluso) disillusioned, disenchanted
disincar'nato *adj* disembodied
disincenti'vante *adj* demotivating
disincenti'vare *vt* demotivate
disincen'tivo *m* disincentive
disincroci'are *vt* uncross
disinfe'stare *vt* disinfest
disinfestazi'one *f* disinfestation
disinfet'tante *adj & nm* disinfectant
disinfet'tare *vt* disinfect
disinfezi'one *f* disinfection
disinfiam'marsi *vr* become less inflamed
disinflazio'nare *vt* disinflate
disinflazi'one *f* disinflation
disinflazio'nistico *adj* disinflationary
disinfor'mato *adj* uninformed
disinformazi'one *f* lack of information; (informazione erronea) misinformation
disingan'nare *vt* disabuse
disin'ganno *m* disillusion
disini'birsi *vr* lose one's inhibitions
disini'bito *adj* uninhibited

disinne'scare *vt* defuse
disin'nesco *m* (di bomba) bomb disposal
disinne'stare *vt* disengage
disinne'starsi *vr* disengage
disin'nesto *m* disengagement
disinquina'mento *m* cleaning up
disinqui'nare *vt* clean up
disinse'rire *vt* disconnect
disinse'rito *adj* disconnected
disinte'grare *vt* disintegrate
disinte'grarsi *vr* disintegrate
disintegrazi'one *f* disintegration
disinteressa'mento *m* lack of interest
disinteres'sarsi *vr* ~ **di** take no interest in
disinteressata'mente *adv* without interest; (senza secondo fine) disinterestedly
disinteres'sato *adj* uninterested; (senza secondo fine) disinterested
disinte'resse *m* indifference; (oggettività) disinterestedness
disintossi'care *vt* detoxify
disintossi'carsi *vr* come off drugs; ‹*alcolizzato*› dry out, detox
disintossicazi'one *f* giving up alcohol/drugs, detox; **programma di** ~ detox programme
disinvolta'mente *adv* in a relaxed way
disin'volto *adj* relaxed
disinvol'tura *f* confidence
disi'stima *f* lack of respect
disles'sia *f* dyslexia
di'slessico *adj* dyslexic
disli'vello *m* difference in height; fig inequality
disloca'mento *m* Mil posting
dislo'care *vt* Mil post
dismenor'rea *f* dysmenorrhoea
dismi'sura *f* excess; **a** ~ excessively
disobbedi'ente *adj* disobedient
disobbe'dire *vt* disobey
disoccu'pato, -a **A** *adj* unemployed
B *mf* unemployed person
disoccupazi'one *f* unemployment
disonestà *f inv* dishonesty
diso'nesto *adj* dishonest
disono'rare *vt* dishonour
disono'rato *adj* dishonoured
diso'nore *m* dishonour
di'sopra **A** *adv* above
B *adj* upper
C *m* top
disordi'nare *vt* disarrange
disordinata'mente *adv* untidily
disordi'nato *adj* untidy; (sregolato) immoderate
di'sordine *m* disorder, untidiness; (sregolatezza) debauchery
disores'sia *f* eating disorder
disor'ganico *adj* inconsistent
disorganiz'zare *vt* disorganize
disorganiz'zato *adj* disorganized
disorganizzazi'one *f* disorganization
disorienta'mento *m* disorientation
disorien'tare *vt* disorientate
disorien'tarsi *vr* lose one's bearings
disorien'tato *adj* fig bewildered
disos'sare *vt* bone
disos'sato *adj* boned
di'sotto **A** *adv* below
B *adj* lower
C *m* bottom
di'spaccio *m* dispatch
dispa'rato *adj* disparate
'dispari *adj* odd, uneven
dispa'rire *vi* disappear
disparità *f inv* disparity
di'sparte *adv* **in** ~ apart; **stare in** ~ stand aside
di'spendio *m* expenditure; derog waste
dispendiosa'mente *adv* extravagantly
dispendi'oso *adj* expensive
di'spensa *f* pantry; (distribuzione) distribution; (mobile) cupboard; Jur exemption; Relig dispensation; (pubblicazione periodica) number
dispen'sare *vt* distribute; (esentare) exonerate
dispen'sario *m* dispensary
di'spenser *m inv* display rack; (confezione) dispenser
dispe'rare *vi* despair (**di** of)
dispe'rarsi *vr* despair
disperata'mente *adv* ‹*piangere*› desperately; ‹*studiare*› like mad
dispe'rato *adj* desperate; ‹*tentativo*› last-ditch
disperazi'one *f* despair
di'sperdere *vt* scatter; disperse
di'sperdersi *vr* scatter; disperse
dispersi'one *f* dispersion; (di truppe) dispersal
disper'sivo *adj* disorganized
di'sperso **A** pp di **disperdere**
B *adj* scattered; (smarrito) lost
C *m* missing soldier
di'spetto *m* spite; **a** ~ **di** in spite of; **fare un** ~ **a qualcuno** spite somebody
dispet'toso *adj* spiteful
dispia'cere **A** *m* upset; (rammarico) regret; (dolore) sorrow; (preoccupazione) worry
B *vi* **mi dispiace** I'm sorry; **non mi dispiace** I don't dislike it; **se non ti dispiace** if you don't mind
dispiaci'uto *adj* sorry
dispie'gare *vt* unfold
dispie'garsi *vr* unfurl
dispo'nibile *adj* available; (gentile) helpful
disponibilità *f inv* availability; (gentilezza) helpfulness

d

■ **disponibilità correnti** *pl* Fin current assets

di'sporre A *vt* arrange
B *vi* dispose; (stabilire) order; ~ **di** have at one's disposal

di'sporsi *vr* (in fila) line up

disposi'tivo *m* device
■ **dispositivo di emergenza** emergency button/handle; **dispositivo di puntamento** Comput pointing device

disposizi'one *f* disposition; (ordine) order; (libera disponibilità) disposal

di'sposto A pp di **disporre**
B *adj* ready; (incline) disposed; **essere ben ~ verso** be favourably disposed towards

dispotica'mente *adv* despotically

di'spotico *adj* despotic

dispo'tismo *m* despotism

dispregia'tivo *adj* disparaging

disprez'zabile *adj* despicable

disprez'zare *vt* despise

di'sprezzo *m* contempt

'disputa *f* dispute

dispu'tare *vi* dispute; (gareggiare) compete

dispu'tarsi *vr* ~ **qualcosa** contend for something

disqui'sire *vi* discourse

disquisizi'one *f* disquisition

dissa'crante *adj* debunking

dissa'crare *vt* debunk

dissacra|'tore, -trice *mf* debunker

dissacra'torio *adj* debunking

dissacrazi'one *f* debunking

dissangua'mento *m* loss of blood; fig impoverishment

dissangu'are *vt* bleed; fig bleed dry

dissangu'arsi *vr* bleed; fig become impoverished

dissangu'ato *adj* bloodless; fig impoverished

dissa'pore *m* disagreement

dissec'care *vt* dry up

dissec'carsi *vr* dry up

dissemi'nare *vt* disseminate; (notizie) spread

dissen'nato *adj* ‹*politica*› senseless

dis'senso *m* dissent; (disaccordo) disagreement

dissente'ria *f* dysentery

dissen'tire *vi* disagree (**da** with)

dissepelli'mento *m* exhumation

dissepel'lire *vt* exhume ‹*cadavere*›; disinter ‹*rovine*›; fig unearth

dissertazi'one *f* dissertation

disser'vizio *m* poor service

disse'stare *vt* upset; Comm damage

disse'stato *adj* ‹*strada*› uneven; ‹*azienda*› shaky

dis'sesto *m* ruin

disse'tante *adj* thirst-quenching

disse'tare *vt* ~ **qualcuno** quench somebody's thirst

disse'tarsi *vr* quench one's thirst

dissezio'nare *vr* dissect

dissezi'one *f* dissection

dissi'dente *adj & nmf* dissident

dissi'denza *f* dissidence

dis'sidio *m* disagreement

dis'simile *adj* unlike, dissimilar

dissimu'lare *vt* conceal

dissimu'lato *adj* concealed

dissimula|'tore, -trice *mf* dissembler

dissimulazi'one *f* concealment

dissi'pare *vt* dissipate; (sperperare) squander

dissi'parsi *vr* ‹*nebbia*› clear; ‹*dubbio*› disappear

dissipa'tezza *f* dissipation

dissi'pato *adj* dissipated

dissipa'tore *m*
■ **dissipatore termico** heat sink

dissipazi'one *f* squandering

dissoci'abile *adj* separable

dissoci'are *vt* dissociate

dissoci'arsi *vr* dissociate oneself

dissoci'ato, -a A *adj* Pol dissenting
B *mf* Pol dissenter

dissociazi'one *f* Pol dissociation

dissoda'mento *m* tillage

disso'dare *vt* till

dis'solto pp di **dissolvere**

disso'lubile *adj* dissoluble

dissolu'tezza *f* dissoluteness

dissolu'tivo *adj* divisive

disso'luto *adj* dissolute

dissol'venza *f* (di immagine) fade-out, dissolve

dis'solvere *vt* dissolve; (disperdere) dispel

dis'solversi *vr* dissolve; (disperdersi) clear

disso'nante *adj* dissonant

disso'nanza *f* dissonance

dissotterra'mento *m* disinterment

dissotter'rare *vt* disinter ‹*bara*›; fig resurrect ‹*rancore*›

dissua'dere *vt* dissuade

dissuasi'one *f* dissuasion

dissua'sivo *adj* dissuasive

distacca'mento *m* Mil detachment

distac'care *vt* detach; Sport leave behind

distac'carsi *vr* be detached

distac'cato *adj* ‹*tono, voce*› expressionless

di'stacco *m* detachment; (separazione) separation; Sport lead

di'stante A *adj* far away; fig ‹*person*› detached
B *adv* far away

di'stanza *f* distance

distanzia'mento *m* spacing [out]; Sport outdistancing

distanzi'are *vt* space out; Sport outdistance
di'stare *vi* be distant; **quanto dista?** how far is it?; **Roma dista 20 chilometri da qui** Rome is 20 kilometres away, Rome is 20 kilometres from here
di'stendere *vt* stretch out ‹*parte del corpo*›; (spiegare) spread; (deporre) lay
di'stendersi *vr* stretch; (sdraiarsi) lie down; (rilassarsi) relax
distensi'one *f* stretching; (rilassamento) relaxation; Pol détente
disten'sivo *adj* relaxing
di'stesa *f* expanse
di'steso pp di **distendere**
distil'lare *vt & vi* distil
distil'lato **A** *adj* distilled
B *m* distillate
distillazi'one *f* distillation
distille'ria *f* distillery
di'stinguersi *vr* (per bravura ecc.) distinguish oneself; **si distingue dagli altri per ...** it is distinguished from the others by ...
distin'guibile *adj* distinguishable
di'stinguo *m inv* distinction
di'stinta *f* Comm list
■ **distinta di pagamento** receipt; **distinta di versamento** paying-in slip
distinta'mente *adv* (separatamente) individually, separately; (chiaramente) clearly; (in modo elegante) in a distinguished way; **vi saluto ~** Yours truly
distin'tivo **A** *adj* distinctive
B *m* badge
di'stinto **A** pp di **distinguersi**
B *adj* distinct; (signorile) distinguished; **distinti saluti** Yours faithfully
distinzi'one *f* distinction
di'stogliere *vt* **~ da** (allontanare) remove from; (dissuadere) dissuade from
di'stolto pp di **distogliere**
di'storcere *vt* twist; distort ‹*suono*›
di'storcersi *vr* sprain ‹*caviglia*›
distorsi'one *f* Med sprain; (alterazione) distortion
di'storto *adj* warped; ‹*suono*› distorted
di'strarre *vt* distract; (divertire) amuse
di'strarsi *vr* (deconcentrarsi) be distracted; (svagarsi) amuse oneself; **non ti distrarre!** pay attention!
distratta'mente *adv* absently
di'stratto **A** pp di **distrarre**
B *adj* absent-minded; (disattento) inattentive
distrazi'one *f* absent-mindedness; (errore) inattention; (svago) amusement; **errore di ~** absent-minded mistake
di'stretto *m* district
distrettu'ale *adj* district *attrib*
distribu'ire *vt* distribute; (disporre) arrange; deal ‹*carte*›
distribu'tore *m* distributor; (di benzina) petrol pump, gas pump AmE; (automatico) slot machine
■ **distributore automatico di biglietti** ticket machine; **distributore di bevande** drinks dispenser; **distributore di monete** change machine
distribuzi'one *f* distribution
distri'care *vt* disentangle
distri'carsi *vr* fig get out of it
distro'fia *f*
■ **distrofia muscolare** muscular dystrophy
di'strofico *adj* dystrophic
di'struggere *vt* destroy
di'struggersi *vr* **si distrugge col bere** he is destroying himself with drink; **la macchina si è distrutta** the car has been written off
distruttività *f inv* destructiveness
distrut'tivo *adj* destructive; ‹*critica*› negative
di'strutto **A** pp di **distruggere**
B *adj* destroyed; **un uomo ~** a broken man
distrut'tore *m*
■ **distruttore di documenti** paper shredder
distruzi'one *f* destruction
distur'bare *vt* disturb; (sconvolgere) upset
distur'barsi *vr* trouble oneself; **non si disturbi** please don't trouble yourself
distur'bato *adj* Med ‹*mente*› disordered; ‹*intestino*› upset
di'sturbo *m* bother; (indisposizione) trouble; Med problem; Radio, TV interference; **disturbi** *pl* Radio, TV static
■ **disturbo da deficit dell'attenzione** attention deficit disorder; **disturbi di stomaco** *pl* stomach trouble
disubbidi'ente *adj* disobedient
disubbidi'enza *f* disobedience
disubbi'dire *vi* **~ a** disobey
disuguagli'anza *f* disparity; (eterogeneità) irregularity
disugu'ale *adj* unequal; (eterogeneo) irregular
disumanità *f inv* inhumanity
disu'mano *adj* inhuman
disuni'one *f* disunity
disu'nire *vt* divide
di'suso *m* **cadere in ~** fall into disuse
di'tale *m* thimble
di'tata *f* poke; (impronta) finger mark
'dito *m* (*pl nf* **dita**) finger; (di vino, acqua) finger
■ **dito del piede** toe
'ditta *f* firm
■ **ditta di vendita per corrispondenza** mail order firm
dit'tafono *m* Dictaphone
ditta'tore *m* dictator
dittatori'ale *adj* dictatorial

d

ditta'tura *f* dictatorship
dit'tongo *m* diphthong
diu'retico *adj* diuretic
di'urno *adj* daytime; **spettacolo ~** matinée
'diva *f* diva
diva'gare *vi* digress
divagazi'one *f* digression
■ **divagazione sul tema** digression
divam'pare *vi* burst into flames; fig spread like wildfire
di'vano *m* settee, sofa
■ **divano letto** sofa bed
divari'care *vt* open
divari'carsi *vr* splay
divari'cata *f* splits *pl*
divari'cato *adj* ‹*gambe, braccia*› splayed
di'vario *m* discrepancy; **un ~ di opinioni** a difference of opinion
di'vellere *vt* (sradicare) uproot
di'velto pp di **divellere**
dive'nire *vi* = **diventare**
diven'tare *vi* become; (lentamente) grow; (rapidamente) turn
dive'nuto pp di **divenire**
di'verbio *m* squabble
diver'gente *adj* divergent
diver'genza *f* divergence
■ **divergenza di opinioni** difference of opinion
di'vergere *vi* diverge
diversa'mente *adv* (altrimenti) otherwise; (in modo diverso) differently
■ **diversamente abile** differently abled
di'versi *adj & pron* (parecchi) several
diversifi'care *vt* diversify
diversifi'carsi *vr* differ; be different
diversifi'cato *adj* broad-based
diversificazi'one *f* diversification
diversi'one *f* diversion
diversità *f inv* diversity; **ci sono molte ~** there are many differences
diver'sivo **A** *adj* diversionary
B *m* diversion
di'verso *adj* different
diver'tente *adj* amusing
diver'ticolo *m* diverticulum
diverti'mento *m* fun, amusement; **buon ~!** enjoy yourself!, have fun!
diver'tire *vt* amuse
diver'tirsi *vr* enjoy oneself, have fun
diver'tito *adj* amused
divi'dendo *m* dividend
di'videre *vt* divide; (condividere) share
di'vidersi *vr* (separarsi) separate
divi'eto *m* prohibition; **'~ di pesca'** 'fishing prohibited'; **'~ di sosta'** 'no parking'
divina'mente *adv* divinely

divinco'larsi *vr* wriggle
divinità *f inv* divinity
di'vino *adj* divine
di'visa *f* uniform; Fin currency
divi'sibile *adj* divisible
divisi'one *f* division
divisio'nismo *m* (in arte) pointillism
di'vismo *m* worship; (atteggiamento) superstar mentality
di'viso **A** pp di **dividere**
B *adj* divided
divi'sore *m* divisor
divi'sorio *adj* dividing; **muro ~** partition wall
'divo, -a *mf* star
divo'rare *vt* devour
divo'rarsi *vr* **~ da** be consumed with
divorzi'are *vi* divorce
divorzi'ato, -a *mf* divorcee
di'vorzio *m* divorce
divul'gare *vt* divulge; (rendere popolare) popularize
divul'garsi *vr* spread
divulga'tivo *adj* popular
divulgazi'one *f* spread; (di cultura, scienza) popularization
dizio'nario *m* dictionary
■ **dizionario dei sinonimi** thesaurus
dizi'one *f* diction
DJ *m inv* DJ
DNA *m inv* DNA
do *m* Mus (chiave, nota) C
D.O.C. *abbr* (**Denominazione di Origine Controllata**) *mark guaranteeing the quality of a wine*
'doccia *f* shower; (grondaia) gutter; **fare la ~** have a shower, shower
doccia'tura *f* Med douche
do'cente **A** *adj* teaching
B *mf* teacher; (di università) lecturer
do'cenza *f* university teacher's qualification
D.O.C.G. *abbr* (**Denominazione di Origine Controllata e Garantita**) *mark guaranteeing the high quality of a wine*
'docile *adj* docile
docilità *f inv* docility
documen'tare *vt* document
documen'tario *adj & nm* documentary
documen'tarsi *vr* gather information (su about)
documen'tato *adj* well documented; ‹*persona*› well-informed
documentazi'one *f* documentation
docu'mento *m* document; **documenti** *pl* papers
■ **documento d'identità** ID
dodeca'fonico *adj* Mus dodecaphonic

Dodecan'neso *m* **il ~** the Dodecanese
dodi'cenne *adj & nmf* twelve year-old
dodi'cesimo *adj & nm* twelfth
'**dodici** *adj & nm* twelve
do'gana *f* customs *pl*; (dazio) duty
■ **dogana merci** customs for freight; **dogana passeggeri** passenger customs
doga'nale *adj* customs *attrib*
dogani'ere *m* customs officer
'**doglie** *fpl* labour pains
'**dogma** *m* dogma
dog'matico *adj* dogmatic
dogma'tismo *m* dogmatism
'**dolce** **A** *adj* sweet; ‹*clima*› mild; ‹*voce, consonante*› soft; ‹*acqua*› fresh
B *m* (portata) dessert; (torta) cake; **non mangio dolci** I don't eat sweet things; **dolci** *pl* **della casa** (in menu) home-made cakes
dolce'mente *adv* sweetly
dolce'vita *adj inv* (maglione) roll-neck
dol'cezza *f* sweetness; (di clima) mildness
dolci'ario *adj* confectionery
dolci'astro *adj* sweetish
dolcifi'cante **A** *m* sweetener
B *adj* sweetening
dolcifica'tore *m* (per acqua) softener
dolci'umi *mpl* sweets
do'lente *adj* painful; (spiacente) sorry; **punto ~** sore point
do'lere *vi* ache, hurt; (dispiacere) regret
do'lersi *vr* regret; (protestare) complain; **~ di** be sorry for
'**dollaro** *m* dollar
'**dolly** *m inv* Cinema, TV dolly
'**dolmen** *m inv* dolmen
'**dolo** *m* Jur malice; (truffa) fraud
Dolo'miti *fpl* **le ~** the Dolomites
dolo'mitico *adj* Dolomite, of the Dolomites
dolo'rante *adj* aching
do'lore *m* pain; (morale) sorrow; **avere dei dolori** be in pain
■ **dolori post-partum** *pl* after-pains
dolorosa'mente *adv* painfully
dolo'roso *adj* painful
do'loso *adj* malicious
do'manda *f* question; (richiesta) request; (scritta) application; Comm demand; **~ e offerta** supply and demand; **fare una ~ (a qualcuno)** ask (somebody) a question
■ **domanda di impiego** job application; **domanda riconvenzionale** counterclaim; **domanda trabocchetto** trick question
doman'dare *vt* ask; (esigere) demand; **~ qualcosa a qualcuno** ask somebody for something
doman'darsi *vr* wonder
do'mani **A** *adv* tomorrow; **~ sera** tomorrow evening; **a ~** see you tomorrow
B *m* **il ~** the future
do'mare *vt* tame; fig control ‹*emozioni*›
doma'tore, -trice *mf* tamer
■ **domatore di cavalli** horsebreaker
domat'tina *adv* tomorrow morning
doma'tura *f* (di cavallo) breaking
do'menica *f* Sunday; **di ~** on Sundays
■ **Domenica delle Palme** Palm Sunday
domeni'cale *adj* Sunday *attrib*
domeni'cano *adj* Dominican
do'mestico, -a **A** *adj* domestic; **le pareti domestiche** one's own four walls
B *m* servant
C *f* maid
domicili'are *adj* **arresti domiciliari** Jur house arrest; **perquisizione domiciliare** Jur house search
domicili'arsi *vr* settle
domi'cilio *m* domicile; (abitazione) home; **recapitiamo a ~** we do home deliveries
domi'nante *adj* ‹*nazione, colore*› dominant; ‹*caratteri*› chief; ‹*opinione*› prevailing; ‹*motivo*› main
domi'nanza *f* Biol, Zool dominance
domi'nare **A** *vt* dominate; (controllare) control
B *vi* rule over; (prevalere) be dominant
domi'narsi *vr* control oneself
domina'tore, -trice **A** *adj* domineering
B *mf* ruler
dominazi'one *f* domination
Domi'nica *f* Dominica
domini'cano *adj* **la Repubblica Dominicana** the Dominican Republic
do'minio *m* control; Pol dominion; (ambito) field; **di ~ pubblico** common knowledge
'**domino** *m* (gioco) dominoes
don *m inv* (ecclesiastico) Father
do'nare **A** *vt* give; donate ‹*sangue, organo*›
B *vi* **~ a** (giovare esteticamente) suit
do'narsi *vr* dedicate oneself
dona'tore, -trice *mf* donor
■ **donatore di organi** organ donor; **donatore del seme** sperm donor
donazi'one *f* donation
dondo'lare **A** *vt* swing; (cullare) rock
B *vi* sway
dondo'larsi *vr* swing
dondo'lio *m* rocking
'**dondolo** *m* swing; **cavallo/sedia a ~** rocking horse/chair
dongio'vanni *m inv* Romeo, Don Juan
'**donna** *f* woman; **fare la prima ~** act like a prima donna; **'donne'** 'ladies'
■ **donna d'affari** businesswoman; **donna delle pulizie** cleaner; **donna di servizio** domestic help; **donna di vita** (prostituta) lady of the night
don'naccia *f* derog hussy
donnai'olo *m* womanizer
donnicci'ola *f* fig old woman

d

'donnola *f* weasel
'dono *m* gift
'doping *m inv* Sport drug-taking; **fa uso di ~** he takes drugs; **essere positivo al ~** test positive for doping
'dopo **A** *prep* after; (a partire da) since
B *adv* after; afterwards; (più tardi) later; (in seguito) later on; **~ di me** after me
dopo'barba *m inv* aftershave
dopo'cena *m inv* evening
dopodiché *adv* after which
dopodo'mani *adv* the day after tomorrow
dopogu'erra *m inv* post-war period
dopola'voro *m inv* working man's club
dopo'pranzo *m inv* afternoon
dopo'sci *adj & m inv* après-ski
doposcu'ola *m inv* after-school activities *pl*
dopo-'shampoo **A** *m inv* conditioner
B *adj inv* conditioning
dopo'sole **A** *m inv* aftersun cream
B *adj inv* aftersun
dopo'tutto *adv* after all
doppi'aggio *m* dubbing
doppia'mente *adv* (in misura doppia) doubly
doppi'are *vt* Naut double; Sport lap; Cinema dub
doppia|'tore, -trice *mf* sound dubber
doppi'etta *f* (fucile) double-barrelled shotgun; Auto double-declutch; (in calcio) two goals; (in pugilato) one-two
doppi'ezza *f* duplicity
'doppio **A** *adj & adv* double
■ **doppia nazionalità** dual nationality; **doppi vetri** double glazing; **doppio clic** Comput double click; **fare un ~ su** double-click on; **doppio fallo** Tennis double fault; **doppio gioco** double-dealing; **doppio mento** double chin; **doppio senso** double entendre
B *m* double, twice the quantity; Tennis doubles *pl*
■ **doppio misto** Tennis mixed doubles
doppio'fondo *m* Naut double hull; (in valigia) false bottom
doppiogio'chista *mf* double-dealer
doppi'one *m* duplicate
doppio'petto *adj* double-breasted
dop'pista *mf* Tennis doubles player
do'rare *vt* gild; Culin brown
do'rato *adj* gilt; (color oro) golden
dora'tura *f* gilding
'dorico *adj* Archit Doric
do'rifora *f* Colorado beetle
dormicchi'are *vi* doze
dormigli'one, -a *mf* sleepyhead; fig lazybones
dor'mire *vi* sleep; (essere addormentato) be asleep; fig be asleep; **andare a ~** go to bed; **~ come un ghiro** sleep like a log; **~ in piedi** fig be half asleep; (essere stanco) be dead tired; **dormirci sopra** sleep on it
dor'mita *f* good sleep; **fare una bella ~** have a good sleep
dormi'tina *f* nap
dormi'torio *m* dormitory
■ **dormitorio pubblico** night shelter
dormi'veglia *m* **essere nel ~** be half asleep
dor'sale **A** *adj* dorsal
B *f* (di monte) ridge
dor'sista *mf* backstroke swimmer
'dorso *m* back; (di libro) spine; (di monte) crest; (nel nuoto) backstroke; **a ~ di cavallo** on horseback
do'saggio *m* dosage; fig weighing; **sbagliare il ~** get the amount wrong
do'sare *vt* dose; fig measure; **~ le parole** weigh one's words
do'sato *adj* measured
dosa'tore *m* measuring jug
'dose *f* dose; **~ eccessiva** overdose; **in buona ~** fig in good measure
dos'sier *m inv* (raccolta di dati, fascicolo) file
'dosso *m* (dorso) back; (su strada) bump; **levarsi di ~ gli abiti** take off one's clothes
■ **dosso di rallentamento** road hump, speed hump
do'tare *vt* endow; (di accessori) equip
do'tato *adj* ‹*persona*› gifted; (fornito) equipped
dotazi'one *f* (attrezzatura) equipment; (mezzi finanziari) endowment; **avere qualcosa in ~** be equipped with something
'dote *f* dowry; (qualità) gift
dott. *abbr* (**dottore**) Dr
'dotto **A** *adj* learned
B *m* scholar; Anat duct
dotto'rale *adj* doctoral; derog pedantic
dotto'rando, -a *mf* postgraduate student
dotto'rato *m* doctorate
dot'tor|e, dottor'essa *mf* doctor
dot'trina *f* doctrine
dott.ssa *abbr* (**dottoressa**) Dr.
double-'face *adj inv* reversible
'dove *adv* where; **di ~ sei?** where do you come from; **fin ~?** how far?; **per ~?** which way?
do'vere **A** *vi* (obbligo) have to, must; **devo andare** I have to go, I must go; **devo venire anch'io?** do I have to come too?; **avresti dovuto dirmelo** you should have told me, you ought to have told me; **devo sedermi un attimo** I must sit down for a minute, I need to sit down for a minute; **dev'essere successo qualcosa** something must have happened; **come si deve** properly
B *vt* (essere debitore di, derivare) owe; **essere dovuto a** be due to
C *m* duty; **per ~** out of duty; **rivolgersi a chi di ~** apply to the appropriate authorities
dove'roso *adj* right and proper
do'vizia *f* **con ~ di particolari** in great detail

do'vunque **A** *adv* (dappertutto) everywhere; (in qualsiasi luogo) anywhere
B *conj* wherever
dovuta'mente *adv* duly
do'vuto *adj* due; (debito) proper; **essere ~ a** be attributable to; **ha fatto più del ~** he did more than he had to
Down sindrome di ~ *nf* Med Down's syndrome
doz'zina *f* **una ~ di uova** a dozen eggs; **mezza ~ di uova** half a dozen eggs
dozzi'nale *adj* cheap
'draga *f* (scavatrice) dredger
draga'mine *f* minesweeper
dra'gare *vt* dredge
'drago *m* dragon
'dramma *m* drama; **fare un ~ di qualcosa** fig make a drama out of something
drammatica'mente *adv* dramatically
drammaticità *f inv* dramatic force
dram'matico *adj* dramatic
drammatiz'zare *vt* dramatize
drammatizzazi'one *f* dramatization
drammatur'gia *f* (genere) drama
dramma'turgo *m* playwright
dram'mone *m* (film) tear-jerker, weepy
drappeggi'are *vt* drape
drap'peggio *m* drapery
drap'pello *m* Mil squad; (gruppo) band
'drappo *m* (tessuto) cloth
drastica'mente *adv* drastically
'drastico *adj* drastic
dre'naggio *m* drainage
■ **drenaggio di capitali** transfer of capital; **drenaggio fiscale** fiscal drag
dre'nare *vt* drain
'Dresda *f* Dresden
dres'sage *m inv* (gara) dressage
drib'blare *vt* (in calcio) dribble; fig dodge
'dribbling *m inv* (in calcio) dribble
'dritta *f* (mano destra) right hand; Naut starboard; (informazione) pointer; tip; **a ~ e a manca** (dappertutto) left, right and centre
dritta'mente *adv* (furbescamente) craftily
'dritto, -a **A** *adj* = **diritto**[1]
B *mf* infml crafty so-and-so
drive *m inv* Comput drive
drive-'in *m inv* drive-in
driz'zare *vt* straighten; (rizzare) prick up
driz'zarsi *vr* straighten [up]; (alzarsi) raise; **mi sono drizzati i capelli** fig my hair stood on end
'droga *f* drug
■ **droga leggera** soft drug; **droga di passaggio** gateway drug; **droga pesante** hard drug
dro'gare *vt* drug
dro'garsi *vr* take drugs
drogato, -a **A** *adj* drugged
B *mf* drug addict
droghe'ria *f* grocery
droghi'ere, -a *mf* grocer
drome'dario *m* dromedary
'druso *mf* Druse
dua'lismo *m* dualism; (contrasto) conflict
'dubbio **A** *adj* doubtful; (ambiguo) dubious
B *m* doubt; (sospetto) suspicion; **mettere in ~** doubt; **essere fuori ~** be beyond doubt; **essere in ~** be doubtful
dubbiosa'mente *adv* doubtfully
dubbi'oso, dubi'tante *adj* doubtful
dubi'tare *vi* doubt; **~ di** doubt; (diffidare) mistrust; **dubito che venga** I doubt whether he'll come
dubita'tivo *adj* (ambiguo) ambiguous
Du'blino *f* Dublin
'duca *m* duke
du'cale *adj* ducal
'duce *m* (nel fascismo) Duce
du'chessa *f* duchess
'due *adj & nm* two
duecen'tesco *adj* thirteenth-century
duecen'tesimo *m* two hundredth
due'cento *adj & nm* two hundred
duel'lante *mf* dueller
duel'lare *vi* duel
du'ello *m* duel
due'mila *adj & nm* two thousand
due'pezzi *m inv* (bikini) bikini; (vestito) two-piece suit
du'etto *m* duo; Mus duet
'dumping *m inv* Fin dumping
'duna *f* dune
dune 'buggy *m inv* beach buggy
'dunque *conj* therefore; (allora) well [then]; **arrivare al ~** get down to the nitty-gritty
'duo *m inv* duo; Mus duet
duodeci'male *adj* duodecimal
duode'nale *adj* **ulcera ~** duodenal ulcer
duo'deno *m* duodenum
du'omo *m* cathedral
'duplex *m* Teleph party line
dupli'care *vt* duplicate
dupli'cato *m* duplicate
duplicazi'one *f* duplication
'duplice *adj* double; **in ~** in duplicate
duplicità *f inv* duplicity
dura'mente *adv* ‹*lavorare*› hard; ‹*rimproverare*› harshly
du'rante *prep* during
du'rare **A** *vi* last; ‹*cibo*› keep; (resistere) hold out; **così non può ~** this can't go on any longer; **~ in carica** remain in office; **finché dura** as long as it lasts
B *vt* **~ fatica** sweat blood
du'rata *f* duration
■ **durata del collegamento** on-line time; **durata di conservazione** shelf life; **durata della vita** life span

d

dura'turo *adj* lasting
du'revole *adj* ‹*pace*› lasting, enduring
du'rezza *f* hardness; (di carne) toughness; (di voce, padre) harshness
🔑 **'duro, -a** **A** *adj* hard; ‹*persona, carne*› tough; ‹*voce*› harsh; ‹*pane*› stale; **tieni ~!** (resistere) hang in there!; **~ d'orecchio** hard of hearing
B *mf* (persona) tough person, toughie infml
du'rone *m* hardened skin
'duttile *adj* ‹*materiale*› ductile; ‹*carattere, persona*› malleable
duttilità *f inv* (di materiale) ductility; (di individuo) malleability
'duty free *m inv* duty-free shop
DVD **A** *m inv* (disco) DVD
B *m inv* (lettore) DVD player

d
e

Ee

🔑 **e** *conj* and
eba'nista *mf* cabinet-maker
'ebano *m* ebony
🔑 **eb'bene** *conj* well [then]
eb'brezza *f* inebriation; (euforia) elation; **guida in stato di ~** drink-driving; **l'~ della velocità** the thrill of speed
'ebbro *adj* inebriated; **~ di gioia** delirious with joy
'ebete *adj* stupid
ebollizi'one *f* boiling
'ebook *m* e-book
e'braico *adj & nm* Hebrew
ebra'ismo *m* Judaism
e'breo, -a **A** *adj* Jewish
B *m* Jew
C *f* Jewess
'Ebridi *fpl* **le ~** the Hebrides
eca'tombe *f* **fare un'~** wreak havoc
ecc *abbr* (**eccetera**) etc
ecce'dente *adj* ‹*peso, bagaglio*› excess
ecce'denza *f* excess; (d'avanzo) surplus; **avere qualcosa in ~** have an excess of something; **bagagli in ~** excess baggage
■ **eccedenza di cassa** surplus; **eccedenza di peso** excess weight
ec'cedere **A** *vt* exceed
B *vi* go too far; **~ nel bere** drink to excess; **~ nel mangiare** overeat
eccel'lente *adj* excellent
🔑 **eccel'lenza** *f* excellence; (titolo) Excellency; **per ~** par excellence
ec'cellere *vi* excel (**in** at)
eccentricità *f inv* eccentricity
ec'centrico, -a *adj & nmf* eccentric
ecce'pire *vt* object to
eccessiva'mente *adv* excessively
ecces'sivo *adj* excessive
ec'cesso *m* excess; **andare agli eccessi** go to extremes; **dare in eccessi** fly into a temper; **all'~** to excess
■ **eccesso di personale** over-manning; **eccesso di peso** excess weight; **eccesso di velocità** speeding
🔑 **ec'cetera** *adv* et cetera
ec'cetto *prep* except; **~ che** (a meno che) unless
eccettu'are *vt* except
🔑 **eccezio'nale** *adj* exceptional; **in via [del tutto] ~** as an exception
eccezional'mente *adv* exceptionally; (contrariamente alla regola) as an exception
eccezi'one *f* exception; Jur objection; **a ~ di** with the exception of; **d'~** exceptional
ec'chimosi *f inv* bruising
ecci *int* atishoo
ec'cidio *m* massacre
ecci'tabile *adj* ‹*persona, carattere*› excitable
eccita'mento *m* excitement
ecci'tante **A** *adj* exciting; ‹*sostanza*› stimulant
B *m* stimulant
ecci'tare *vt* excite; (sessualmente) excite, arouse
ecci'tarsi *vr* get excited; (sessualmente) become aroused *or* excited
ecci'tato *adj* excited; (sessualmente) excited, aroused; **~ da** flushed with
eccitazi'one *f* excitement; (sessuale) arousal, excitement
ecclesi'astico **A** *adj* ecclesiastical
B *m* priest
🔑 **'ecco** *adv* (qui) here; (là) there; **~!** (con approvazione) that's right!; **~ qua!** (dando qualcosa) here you are!; **~ la tua borsa** here is your bag; **~ mio figlio** there is my son; **eccomi** here I am; **~ fatto** there we are; **~ perché** this is why; **~ tutto** that is all
ec'come *adv & int* and how!

🔑 key word

ECG *abbr* (**elettrocardiogramma**) ECG
echeggi'are *vi* echo
e'clettico *adj* eclectic
eclet'tismo *m* eclecticism
eclis'sare *vt* fig eclipse
eclis'sarsi *vr* (sparire) disappear
e'clissi *f inv* eclipse
■ **eclissi di sole** solar eclipse
'eco *mf* (*pl m* **echi**) echo; **ha suscitato una vasta ~** it caused a great stir
eco+ *pref* eco+; **eco-guerrigliero** eco-warrior
ecocompa'tibile *adj* environmental
ecogra'fia *f* scan
ecolo'gia *f* ecology
eco'logico *adj* ecological; ‹*prodotto*› environmentally friendly, eco-friendly
e'cologo, -a *mf* ecologist
e commerci'ale *f* ampersand
econo'mia *f* economy; (scienza) economics *sg*; **fare ~** economize (**di** on); **[fatto] in ~** [done] on the cheap; **senza ~** unstintingly; **fare qualcosa senza ~** spare no expense doing something
■ **economia aziendale** business administration; **economia domestica** Sch home economics; **economia di mercato** market economy; **economia di libero mercato** free market; **economia mista** mixed economy; **economia sommersa** black economy
economicità *f inv* economy
eco'nomico *adj* economic; (a buon prezzo) cheap; (con pochi costi) economical; **difficoltà economiche** financial difficulties; **classe economica** economy class; **edizione economica** paperback
econo'mie *fpl* (risparmi) savings
econo'mista *mf* economist
economiz'zare **A** *vt* save ‹*tempo, denaro*›
B *vi* economize (**su** on)
economizza'tore *m* Auto fuel economizer
e'conomo, -a **A** *adj* thrifty
B *mf* (di collegio) bursar
ecosi'stema *m* ecosystem
ecososte'nibile *adj* environmentally-friendly, eco-friendly
eco'tassa *f* carbon tax
ecoterro'rismo *m* ecoterrorism
ecotu'rismo *m* ecotourism
é'cru *adj inv* fawn
Ecua'dor *m* Ecuador
ecuadori'ano, -a *adj & nmf* Ecuadorian
ecu'menico *adj* ecumenical
ec'zema *m* eczema
ed *conj* ▶ **e**
e'dema *m* oedema
'Eden *m* Eden
'edera *f* ivy
e'dicola *f* [newspaper] kiosk
edifi'cabile *adj* ‹*area, terreno*› *classified as suitable for development*
edifi'cante *adj* edifying
edifi'care *vt* build; (indurre al bene) edify
edi'ficio *m* building; fig structure
e'dile **A** *adj* building *attrib*
B *m* **edili** *pl* construction workers
edi'lizia *f* building trade
edi'lizio *adj* building *attrib*
Edim'burgo *f* Edinburgh
E'dipo *m* Oedipus; **complesso di ~** Oedipus complex
edi'tare *vt* edit
'editing *m* editing
'edito *adj* published
edi|'tore, -trice **A** *adj* publishing
B *mf* publisher; (curatore) editor
edito'ria *f* publishing
■ **editoria elettronica** desktop publishing, electronic publishing; **editoria telematica** online publishing
editori'ale **A** *adj* publishing
B *m* (articolo) editorial, leader
e'ditto *m* edict
edizi'one *f* edition; (di manifestazione) performance; **in ~ italiana** ‹*film*› dubbed into Italian
■ **edizione ridotta** abridgement, abridged version; **edizione della sera** (di telegiornale) evening news
edo'nismo *m* hedonism
edo'nistico *adj* hedonistic
educagi'oco *m* edutainment
edu'canda *f* [convent school] boarder; fig prim and proper girl
edu'care *vt* educate; (allevare) bring up
educa'tivo *adj* educational
edu'cato *adj* polite
educa|'tore, -trice *mf* educator
educazione *f* education; (di bambini) upbringing; (buone maniere) [good] manners *pl*; **bella ~!** what manners!
■ **educazione alla cittadinanza** education for citizenship; **educazione fisica** physical education; **educazione sessuale** sex education
edulco'rare *vt* **~ la pillola** sweeten the pill
EED *abbr* (**elaborazione elettronica [dei] dati**) EDP
e'felide *f* freckle
effemi'nato *adj* effeminate
effe'rato *adj* brutal
efferve'scente *adj* effervescent; (frizzante) fizzy; ‹*aspirina®*› soluble
effettiva'mente *adv* **è troppo tardi - ~** it's too late - so it is
effet'tivo **A** *adj* actual; (efficace) effective; ‹*personale*› permanent; Mil regular
B *m* (somma totale) sum total
ef'fetto *m* effect; (impressione) impression; (cambiale) bill; **fare ~** ‹*medicina*› take effect; **fare ~ su** have an effect on, affect; **in effetti** in fact; (a tutti gli effetti) to all intents and

purposes; **ad effetto** ‹*frase*› catchy; **la vista del sangue mi fa ~** I can't stand the sight of blood; **tiro con ~** spin
■ **effetto boomerang** boomerang effect; **effetto domino** domino effect; **effetto di luce** trick of the light; **effetti personali** *pl* personal belongings, personal effects fml; **effetto ritardato** delayed effect; **effetto serra** greenhouse effect; **effetto sonoro** sound effect; **effetto speciale** Cinema, TV special effect

e

effettu'are *vt* effect; carry out ‹*controllo, sondaggio*›
effettu'arsi *vr* take place; **'si effettua dal ... al ...'** this service is available from ... till ...
effi'cace *adj* effective
effi'cacia *f* effectiveness
effici'ente *adj* efficient
effici'enza *f* efficiency; **in piena ~** in full swing
ef'figie *f* effigy
ef'fimero *adj* ephemeral
ef'flusso *m* outflow
ef'fluvio *m* stink
ef'fondersi *vr* **~ in ringraziamenti** thank somebody profusely
effrazi'one *f*
■ **effrazione con scasso** Jur breaking and entering
effusi'one *f* effusion
'Egadi *fpl* **le [isole] ~** the Egadi Islands
egemo'nia *f* hegemony
E'geo *m* **l'~** the Aegean [Sea]
e'gida *f* **sotto l'~ di** under the aegis of
E'gitto *m* Egypt
egizi'ano, -a *adj & nmf* Egyptian
e'gizio, -a *adj & nmf* ancient Egyptian
🔑 **'egli** *pers pron* he; **~ stesso** he himself
ego'centrico, -a A *adj* egocentric
B *mf* egocentric person
egocen'trismo *m* egocentricity
ego'ismo *m* selfishness
ego'ista A *adj* selfish
B *mf* selfish person
egoistica'mente *adv* selfishly
ego'istico *adj* selfish
Egr. *abbr* (**egregio**) **~ Sig.** (su busta) Mr
e'gregio *adj* distinguished; **Egregio Signore** Dear Sir
eguali'tario *adj & nm* egalitarian
🔑 **eh** *int* huh!
🔑 **'ehi** *int* hey!
ehilà *int* hi!
ehm *int* um
eiacu'lare *vi* ejaculate
eiaculazi'one *f* ejaculation
eiet'tabile *adj* ‹*sedile*› ejector
eiezi'one *f* Aeron ejection

🔑 key word

'Eire *f* Eire
elabo'rare *vt* elaborate; process ‹*dati*›
elabo'rato A *adj* elaborate
B *m* (tabulato) preprinted form
elabora'tore *m*
■ **elaboratore [di testi]** word processor
elaborazione *f* elaboration; (di dati) processing
■ **elaborazione [dei] dati** data processing; **elaborazione elettronica [dei] dati** electronic data processing; **elaborazione sequenziale** Comput batch processing; **elaborazione [di] testi** word processing
elar'gire *vt* lavish
elasticità *f inv* elasticity
■ **elasticità mentale** mental agility; **elasticità di movimento** litheness
elasticiz'zato *adj* ‹*stoffa*› elasticated
e'lastico A *adj* elastic; ‹*tessuto*› stretch; ‹*passo*› springy; ‹*orario, mente*› flexible; ‹*persona*› easy-going; ‹*morale*› lax; **collant** *pl* **elastici** support tights
B *m* elastic; (fascia) rubber band
'Elba *f* Elba
eldo'rado *m* eldorado
ele'fante *m* elephant; **avere una memoria da ~** have a memory like an elephant; **fare passi da ~** thump about
■ **~ marino** sea elephant
elefan'tesco *adj* elephantine
elefan'tessa *f* cow[-elephant]
elefan'tiaco *adj* (enorme) elephantine
🔑 **ele'gante** *adj* elegant
elegante'mente *adv* elegantly
ele'ganza *f* elegance
🔑 **e'leggere** *vt* elect
eleg'gibile *adj* eligible
ele'gia *f* elegy
elemen'tare *adj* elementary; **scuola ~** primary school
🔑 **ele'mento** *m* element; (componente) part; **trovarsi nel proprio ~** be in one's element; **elementi** *pl* (fatti) data; (rudimenti) elements
ele'mosina *f* charity; **chiedere l'~** beg; **vivere d'~** live on charity; **fare l'~** give money to beggars
elemosi'nare *vt & vi* beg
elen'care *vt* list
e'lenco *m* list
■ **elenco [degli] abbonati** Teleph telephone directory; **elenco telefonico** telephone directory
elet'tivo *adj* ‹*carica*› elective
e'letto, -a A pp di **eleggere**
B *adj* chosen
C *mf* (nominato) elected member; **per pochi eletti** fig for the chosen few
eletto'rale *adj* electoral
elettora'lismo *m* electioneering
eletto'rato *m* electorate
elet'tore, -trice *mf* voter

elet'trauto *m* electrics garage
elettri'cista *m* electrician
elettricità *f inv* electricity; **togliere l'~** cut the electricity off; **è mancata l'~** there was a power cut
✓ **e'lettrico** *adj* electric
elettriz'zante *adj* ‹*notizia, gara*› electrifying
elettriz'zare *vt* fig electrify
elettriz'zato *adj* fig electrified
elettro+ *pref* electro+
elettrocardio'gramma *m* electrocardiogram, ECG
elettrocuzi'one *f* electrocution
e'lettrodo *m* electrode
elettrodo'mestico *m* [electrical] household appliance
elettroencefalo'gramma *m* electroencephalogram
elettroesecuzi'one *f* electrocution
elet'trogeno *adj* **gruppo ~** generator
elet'trolisi *f* electrolysis
elettromo'tore *m* electric motor
elettromo'trice *f* electric train
elet'trone *m* electron
elet'tronico, -a **A** *adj* electronic **B** *f* electronics *sg*
elettroshocktera'pia *f* electroshock therapy, electroshock treatment, EST
elettro'tecnica *f* electrical engineering
elettro'tecnico *m* electrical engineer
elettro'treno *m* electric train
✓ **ele'vare** *vt* raise; (promuovere) promote; (erigere) erect; fig (migliorare) better; **~ al quadrato/cubo** square/cube
ele'varsi *vr* rise; ‹*edificio*› stand
ele'vato *adj* high; fig (sentimento) lofty; **~ al cubo/al quadrato** cubed/squared; **~ a dieci** raised to the power of ten
eleva'tore *m* fork-lift truck
elevazi'one *f* elevation
elezi'one *f* election; **elezioni** *pl* **amministrative** local council elections; **elezioni** *pl* **politiche** general election
eliambu'lanza *f* air ambulance
'elica *f* Naut screw, propeller; Aeron propeller; (del ventilatore) blade
eli'cottero *m* helicopter
elimi'nabile *adj* which can be eliminated
elimi'nare *vt* eliminate
elimina'toria *f* Sport [preliminary] heat
eliminazi'one *f* elimination
'elio *m* (gas) helium
eli'porto *m* heliport
elisabetti'ano *adj & nmf* Elizabethan
é'lite *f inv* élite
eli'tista *adj* élitist
'ella *pers pron* (liter) she; **~ stessa** she herself
el'lenico *adj* Hellenic
elle'nistico *adj* Hellenistic
ellepì *m inv* LP
+ellino *suff* **campanellino** *nm* [small] bell; **fiorellino** *nm* [little] flower; **gonnellina** *nf* short skirt
el'lisse *f* ellipse
el'lissi *f inv* ellipsis
el'littico *adj* elliptical
+ello *suff* **finestrella** *nf* little window; **pecorella** *nf* woolly sheep; **saltello** *nm* skip
el'metto *m* helmet
elogi'are *vt* praise
elogia'tivo *adj* laudatory
e'logio *m* praise; (discorso, scritto) eulogy; **degno di ~** laudable, praiseworthy; **ti faccio i miei elogi per** congratulations on
■ **~ funebre** funeral oration
elo'quente *adj* eloquent; fig tell-tale
elo'quenza *f* eloquence
El Salva'dor *m* El Salvador; **nel Salvador** in El Salvador
e'ludere *vt* elude; evade ‹*sorveglianza, controllo*›
elusi'one *f*
■ **elusione fiscale** tax avoidance
elu'sivo *adj* elusive
el'vetico *adj* Swiss; **Confederazione Elvetica** Swiss Confederation
emaci'ato *adj* emaciated
e-mail *f inv* email; **mandare per ~** email, send by email; **indirizzo ~** email address
ema'nare **A** *vt* give off; pass ‹*legge*› **B** *vi* emanate
emanazi'one *f* giving off; (di legge) enactment
emanci'pare *vt* emancipate
emanci'parsi *vr* become emancipated
emanci'pato *adj* emancipated
emancipazi'one *f* emancipation
emargi'nato *m* marginalized person
emarginazi'one *f* marginalization
ema'toma *m* haematoma
em'bargo *m* embargo
■ **embargo sulle armi** arms embargo
em'blema *m* emblem
emble'matico *adj* emblematic
embo'lia *f* embolism
'embolo *m* embolus
embrio'nale *adj* Biol fig embryonic; **allo stato ~** ‹*progetto, idea*› embryonic
embri'one *m* embryo
emenda'mento *m* amendment
emen'dare *vt* amend
emen'darsi *vr* reform
emer'gente *adj* emergent
emer'genza *f* emergency; **in caso di ~** in an emergency; **di ~** (di riserva) stand-by; **uscita d'~** emergency exit
■ **emergenza sanitaria** ambulance

e

e'mergere *vi* emerge; ‹*sottomarino*› surface; (distinguersi) stand out
e'merito *adj* ‹*professore*› emeritus; **un ~ imbecille** a prize idiot
e'merso pp di **emergere**
e'messo pp di **emettere**
e'metico *adj* emetic
e'mettere *vt* emit; give out ‹*luce, suono*›; let out ‹*grido*›; (mettere in circolazione) issue
emi'crania *f* migraine
emi'grare *vi* emigrate
emi'grato, -a *mf* immigrant
emigrazi'one *f* emigration
emi'nente *adj* eminent
emi'nenza *f* eminence; **Sua Eminenza** His/Your Eminence
■ **eminenza grigia** éminence grise
emi'rato *m* emirate; **Emirati** *pl* **Arabi Uniti** United Arab Emirates
e'miro *m* emir
emi'sfero *m* hemisphere
emis'sario *m* emissary; (fiume) effluent
emissi'one *f* emission; (di denaro, francobolli) issue; (trasmissione) broadcast; **'~ del biglietto'** 'take your ticket here'; **a emissioni zero** carbon neutral; **a basse emissioni** low carbon; **emissioni di CO2** carbon emissions
emit'tente **A** *adj* issuing; (trasmittente) broadcasting
B *f* Radio transmitter
'emmental *m* Emmenthal
emofi'lia *f* haemophilia
emofi'liaco, -a *mf* haemophiliac
emoglo'bina *f* haemoglobin
emorra'gia *f* haemorrhage; **avere un'~** haemorrhage
emor'roidi *fpl* haemorrhoids, piles
emo'statico *adj* haemostatic
emotiva'mente *adv* emotionally
emotività *f inv* emotional make-up
emo'tivo *adj* emotional; **con turbe emotive** emotionally disturbed
emozio'nante *adj* exciting; (commovente) moving
emozio'nare *vt* excite; (commuovere) move
emozio'narsi *vr* become excited; (commuoversi) be moved
emozio'nato *adj* excited; (commosso) moved
emozi'one *f* emotion; (agitazione) excitement
empietà *f inv* impiety
'empio *adj* impious; (spietato) pitiless; (malvagio) wicked
em'pirico *adj* empirical
empi'rismo *m* empiricism
empi'rista *mf* empiricist
em'porio *m* emporium; (negozio) general store

emù *m inv* emu
emu'lare *vt* emulate
emulazi'one *f* emulation
■ **emulazione di terminale** terminal emulation
emulsio'nare *vt* emulsify
emulsio'narsi *vr* emulsify
emulsi'one *f* emulsion
ena'lotto *m weekly lottery*
encefa'lite *f*
■ **encefalite spongiforme bovina** Bovine Spongiform Encephalopathy, BSE
encefalo'gramma *m* encephalogram
en'ciclica *f* encyclical
enciclope'dia *f* encyclopaedia
enciclo'pedico *adj* ‹*mente, cultura, dizionario*› encyclopaedic
encomi'are *vt* commend
en'comio *m* commendation
ende'mia *f* (situazione) endemic
en'demico *adj* endemic
endocrinolo'gia *f* endocrinology
endo'vena **A** *f* intravenous injection
B *adv* intravenously
endove'noso *adj* intravenous; **per via endovenosa** intravenously
ener'getico *adj* ‹*risorse, crisi*› energy *attrib*; ‹*alimento*› energy-giving
ener'gia *f* energy; **pieno di ~** full of energy
■ **energia alternativa** alternative energy; **energia atomica** atomic energy; **energia elettrica** electricity; **energia eolica** wind power; **energia idroelettrica** hydroelectricity; **energia nucleare** nuclear energy, nuclear power; **energia rinnovabile** renewable energy; **energia solare** solar energy, solar power
energica'mente *adv* energetically
e'nergico *adj* energetic; (efficace) strong
ener'gumeno *m* Neanderthal
'enfasi *f* emphasis
en'fatico *adj* emphatic
enfatiz'zare *vt* emphasize
enfi'sema *m* emphysema
e'nigma *m* enigma
enig'matico *adj* enigmatic
enig'mistica *f* puzzles *pl*
E.N.I.T. *nm abbr* (**Ente Nazionale Italiano per il Turismo**) Italian State Tourist Office
en'nesimo *adj* Math nth; infml umpteenth; **all'ennesima potenza** Math fig to the nth power/degree
eno'logico *adj* wine (*attrib*)
e'norme *adj* enormous, great big infml; **è un'ingiustizia ~** it's enormously unfair
enorme'mente *adv* massively
enormità *f inv* enormity; (assurdità) absurdity
eno'teca *f* wine-tasting shop
eno'tera *f* evening primrose

en pas'sant *adv* in passing
'ente *m* board; (società) company; (in filosofia) being
ente'rite *f* enteritis
entero'clisma *m* Med enema
entità *f inv* (filosofia) entity; (gravità) seriousness; (dimensione) extent
entomolo'gia *f* entomology
entou'rage *m inv* entourage
en'trambi *adj & pron* both
en'trare *vi* go in, enter; **~ in** go into; (stare in, trovar posto in) fit into; (arruolarsi) join; **entrarci** (avere a che fare) have to do with; **tu che c'entri?** what has got to do with you?; **da che parte si entra?** how do you get in?; **fallo ~** (in ufficio, dal medico ecc.) show him in; **'vietato ~'** 'no entry'
en'trata *f* entry, entrance; (*pl* **entrate**) Comm takings; (reddito) income *sg*
■ **entrata libera** admission free; **entrata di servizio** tradesman's entrance
entre'côte *f inv* beef entrecôte
'entro *prep* (tempo) within; **~ oggi** by the end of today
entro'bordo *m* (motore) inboard motor; (motoscafo) speedboat
entro'terra *m inv* hinterland
entusia'smante *adj* fascinating, exciting
entusia'smare *vt* arouse enthusiasm in
entusia'smarsi *vr* be enthusiastic (**per** about)
entusi'asmo *m* enthusiasm
entusi'asta **A** *adj* enthusiastic **B** *mf* enthusiast
entusi'astico *adj* enthusiastic
enucle'are *vt* define
enume'rare *vt* enumerate
enumerazi'one *f* enumeration
enunci'are *vt* enunciate
enunciazi'one *f* enunciation
E'olie *fpl* **le ~** the Aeolian Islands
epa'tite *f* hepatitis
ep'eira *f* garden spider
epi'centro *m* epicentre
'epico *adj* epic
epide'mia *f* epidemic
epi'dermide *f* epidermis
epidu'rale *adj* Med (anestesia) epidural
Epifa'nia *f* Epiphany
epi'gramma *m* epigram
epiles'sia *f* epilepsy
epi'lettico, -a *adj & nmf* epileptic
e'pilogo *m* epilogue
episco'pato *m* episcopacy
epi'sodico *adj* episodic; **caso ~** one-off case
epi'sodio *m* episode
e'pistola *f* epistle
episto'lare *adj* epistolary
episto'lario *m* correspondence, letters *pl*
epi'taffio *m* epitaph
e'piteto *m* epithet
'epoca *f* age; (periodo) period; **a quell'~** in those days; **un avvenimento che ha fatto ~** an epoch-making event; **auto d'epoca** vintage car; **mobile d'epoca** period furniture
e'ponimo *adj* eponymous
epo'pea *f* epic
ep'pure *conj* [and] yet
E.P.T. *abbr* (**Ente Provinciale per il Turismo**) *Italian local tourist board*
epu'rare *vt* purge; purify ‹*acqua*›
epura'tore *m* water purifier
epurazi'one *f* purging; (di acqua) purification
■ **epurazione etnica** ethnic cleansing
equalizza'tore *m* equalizer
e'quanime *adj* level-headed; (imparziale) impartial
equa'tore *m* equator
equatori'ale *adj* equatorial
equazi'one *f* equation
e'questre *adj* equestrian; **circo ~** circus
equidi'stante *adj* equidistant
equi'latero *adj* equilateral
equili'brare *vt* balance
equili'brato *adj* (persona) well-balanced
equi'librio *m* balance; (buon senso) common sense; (di bilancia) equilibrium
equili'brismo *m* **fare ~** do a balancing act
equili'brista *mf* tightrope walker
e'quino *adj* horse *attrib*
equi'nozio *m* equinox
equipaggia'mento *m* equipment
equipaggi'are *vt* equip; (di persone) man
equi'paggio *m* crew; Aeron cabin crew
■ **equipaggio di volo** aircrew
equipa'rare *vt* make equal
equipa'rato *adj* equal
é'quipe *f inv* team
equità *f inv* equity
equitazione *f* riding, horse riding, horseback riding AmE
equiva'lente *adj & nm* equivalent
equiva'lenza *f* equivalence
equiva'lere *vi* **~ a** be equivalent to
equivo'care *vi* misunderstand
e'quivoco **A** *adj* equivocal; (sospetto) suspicious; **un tipo ~** a shady character **B** *m* misunderstanding; **a scanso di equivoci** to avoid any misunderstandings; **giocare sull'~** equivocate
'equo *adj* fair, just
equosoli'dale *adj* fair trade *attrib*
'era *f* era
■ **era glaciale** Ice Age
'erba *f* grass; (medicinale) herb; **in ~** ‹*atleta,*

e

attore› budding
■ **erba cipollina** chives
er'baccia *f* weed
er'baceo *adj* herbaceous
erbi'cida *m* weedkiller
er'bivoro A *adj* herbivorous
B *m* herbivore
erbo'rista *mf* herbalist
erboriste'ria *f* herbalist's shop
er'boso *adj* grassy
Erco'lano *f* Herculaneum
'Ercole *m* Hercules
er'culeo *adj* ‹*forza*› Herculean
e'rede A *m* heir
B *f* heiress
eredità *f inv* inheritance; Biol heredity
eredi'tare *vt* inherit
ereditarietà *f inv* heredity
eredi'tario *adj* hereditary
ereditiʼera *f* heiress
+erello *suff* **furterello** *nm* petty theft; **pioggerella** *nf* drizzle
ere'mita *m* hermit
'eremo *m* isolated place; fig retreat
ere'sia *f* heresy
e'retico, -a A *adj* heretical
B *mf* heretic
e'retto A pp di **erigere**
B *adj* erect
erezi'one *f* erection; (costruzione) building
ergasto'lano, -a *mf prisoner serving a life sentence* lifer infml
er'gastolo *m* life sentence; (luogo) prison
ergono'mia *f* ergonomics *sg*
ergo'nomico *adj* ergonomic
ergotera'pia *f* occupational therapy
ergotera'pista *mf* occupational therapist
'erica *f* heather
e'rigere *vt* erect; fig (fondare) found
eri'tema *m* (cutaneo) inflammation; (solare) sunburn
■ **eritema da pannolini** nappy rash
Eri'trea *f* Eritrea
eri'treo, -a *adj & nmf* Eritrean
ermafro'dito *adj & nm* hermaphrodite
ermel'lino *m* ermine
ermetica'mente *adv* hermetically
er'metico *adj* hermetic; (a tenuta d'aria) airtight
'ernia *f* hernia
e'rodere *vi* erode
e'roe *m* hero
ero'gare *vt* distribute; (fornire) supply
erogazi'one *f* supply
e'rogeno *adj* erogenous
eroica'mente *adv* heroically
e'roico *adj* heroic
ero'ina *f* heroine; (droga) heroin
eroi'nomane *mf* heroin addict
ero'ismo *m* heroism
'eros *m* Eros
erosi'one *f* erosion
e'rotico *adj* erotic
ero'tismo *m* eroticism
'erpice *m* harrow
er'rante *adj* wandering
er'rare *vi* (vagare) wander; (sbagliare) be mistaken
er'rato *adj* (sbagliato) mistaken; **se non vado ~** if I'm not mistaken
'erre *f*
■ **erre moscia** burr
erronea'mente *adv* mistakenly
er'rore *m* error, mistake; (di stampa) misprint; **essere in ~** be wrong
■ **errore giudiziario** miscarriage of justice; **errore di stampa** printing error, typo
'erta *f* **stare all'~** be on the alert
eru'dirsi *vr* get educated
eru'dito *adj* learned
erut'tare A *vt* ‹*vulcano*› erupt
B *vi* (ruttare) belch
eruzi'one *f* eruption; Med rash
Es *m* Psych **l'~** the id
es. *abbr* (**esempio**) eg
esacer'bare *vt* exacerbate
esage'rare A *vt* exaggerate; **~ le cose** exaggerate things, go over the top
B *vi* exaggerate; (nel comportamento) go over the top; **~ nel mangiare** eat too much
esagerata'mente *adv* excessively
esage'rato A *adj* exaggerated; ‹*prezzo*› exorbitant
B *m* **è un ~** he exaggerates
esagerazi'one *f* exaggeration; **è costato un'~** it cost the earth; **senza ~** with no exaggeration
esago'nale *adj* hexagonal
e'sagono *m* hexagon
esa'lare A *vt* give off; **~ l'ultimo respiro** breathe one's last
B *vi* emanate
esalazi'one *f* emission; **esalazioni** *pl* fumes
esal'tare *vt* exalt; (entusiasmare) elate
esal'tarsi *vr* (entusiasmarsi) get excited (**per** about)
esal'tato A *adj* (fanatico) fanatical
B *m* fanatic
esaltazi'one *f* exaltation; (in discorso) fervour
e'same *m* examination, exam; **dare un ~** take *or* sit an exam; **prendere in ~** examine
■ **esame di ammissione** Sch entrance examination; **esame di coscienza** soul-searching; **esame di guida** driving test; **esami di maturità** ≈ A levels; **esame orale** Sch, Univ viva; **esame del sangue** blood test; **esame**

della vista eye test
esami'nando, -a *mf* examinee
esami'nare *vt* examine
esamina|'tore, -trice *mf* examiner
e'sangue *adj* bloodless
e'sanime *adj* lifeless
esaspe'rante *adj* exasperating
esaspe'rare *vt* exasperate
esaspe'rarsi *vr* get exasperated
esasperazi'one *f* exasperation
esatta'mente *adv* exactly
esat'tezza *f* exactness; (precisione) precision; (di risposta, risultato) accuracy
e'satto *adj* exact; (risposta, risultato) correct; ‹*orologio*› right; **hai l'ora esatta?** do you have the right time?; **sono le due esatte** it's two o'clock exactly
esat'tore *m* collector
■ **esattore dei crediti** Fin debt collector; **esattore delle imposte** tax collector, tax man
esau'dire *vt* grant; fulfil ‹*speranze*›
esauri'ente *adj* exhaustive
esauri'mento *m* exhaustion; **'fino ad ~ delle scorte'** 'subject to availability'
■ **esaurimento nervoso** nervous breakdown
esau'rire *vt* exhaust
esau'rirsi *vr* exhaust oneself; ‹*merci ecc.*› run out
esau'rito *adj* exhausted; ‹*merci*› sold out; ‹*libro*› out of print; **fare il tutto ~** ‹*spettacolo*› play to a full house; **'tutto ~'** 'sold out'
esazi'one *f* collection
■ **esazione crediti** debt collection
'esca *f* bait
escande'scenza *f* outburst; **dare in escandescenze** lose one's temper
escava'tore *m* excavator
escava'trice *f* excavator
escla'mare *vi* exclaim
esclama'tivo *adj* exclamatory
esclamazi'one *f* exclamation
e'scludere *vt* exclude; rule out ‹*possibilità, ipotesi*›
esclusi'one *f* exclusion; **senza ~ di colpi** ‹*attacco*› all-out
esclu'siva *f* exclusive right, sole right; **in ~** exclusive
esclusiva'mente *adv* exclusively
esclusi'vista *mf* exclusive agent
esclu'sivo *adj* exclusive
e'scluso **A** pp di **escludere**
B *adj* **non è ~ che ci sia** it's not out of the question that he'll be there; **esclusi i presenti** with the exception of those present; **esclusi sabati e festivi** except Saturdays and Sundays/holidays
C *m* outcast
escogi'tare *vt* contrive
escoriazi'one *f* graze
'escort *f* high-class call girl
escre'mento *m* excrement; **escrementi** *pl* excrement
escursi'one *f* (gita) excursion; (camminata) hike; (scorreria) raid
■ **escursione termica** temperature range
escursio'nismo *m* hiking
ese'crabile *adj* abominable
ese'crare *vt* abhor
esecu'tivo *adj & nm* executive
esecu|'tore, -trice *mf* executor; Mus performer
esecuzi'one *f* execution; Mis performance
■ **esecuzione capitale** capital punishment
esegu'ibile *m* Comput executable file
esegu'ire *vt* carry out; Jur execute; Mus perform
e'sempio *m* example; **ad** *o* **per ~** for example; **dare l'~ a qualcuno** set somebody an example; **fare un ~** give an example
esem'plare **A** *adj* exemplary
B *m* specimen; (di libro) copy
esemplifi'care *vt* exemplify
esen'tare *vt* exempt
esen'tarsi *vr* free oneself
esen'tasse *adj* tax-free
e'sente *adj* exempt
■ **esente da imposta** duty-free; **esente da IVA** VAT exempt
e'sequie *fpl* funeral rites
eser'cente *mf* shopkeeper
eserci'tare *vt* exercise; (addestrare) train; (fare uso di) exert; (professione) practise
eserci'tarsi *vr* practise; **~ nella danza** practise dancing
eserci'tato *adj* ‹*occhio*› practised; **tenere la memoria esercitata** give one's memory some exercise
esercitazi'one *f* exercise; Mil drill; (di musica, chimica) practical class
e'sercito *m* army
■ **Esercito della Salvezza** Salvation Army
eser'cizio *m* exercise; (pratica) practice; Comm financial year; (azienda) business; **essere fuori ~** be out of practice; **nell'~ delle proprie funzioni** in the line of duty
■ **esercizio finanziario** financial year; **esercizio fiscale** fiscal year, tax year; **esercizi a terra** *pl* floor exercises; **esercizio tributario** fiscal year, tax year
esi'bire *vt* show off; produce ‹*documenti*›
esi'birsi *vr* Theat perform; fig show off
esibizi'one *f* Theat performance; (di documenti) production
■ **esibizione in volo** Aeron air display
esibizio'nismo *m* showing off
esibizio'nista *mf* exhibitionist
esi'gente *adj* exacting; (pignolo) fastidious
esi'genza *f* demand; (bisogno) need

e'sigere *vt* demand; (riscuotere) collect
e'siguo *adj* meagre
esila'rante *adj* exhilarating
esila'rare *vt* exhilarate
'esile *adj* slender; ‹*voce*› thin
esili'are *vt* exile
esili'arsi *vr* go into exile
esili'ato, -a A *adj* exiled
B *mf* exile
e
e'silio *m* exile
e'simere *vt* release
e'simersi *vr* ~ **da** get out of
e'simio *adj* distinguished
esi'stente *adj* existing
esi'stenza *f* existence
esistenzi'ale *adj* existential
esistenzia'lismo *m* existentialism
e'sistere *vi* exist
esi'tante *adj* hesitating; ‹*voce*› faltering
esi'tare *vi* hesitate
esitazi'one *f* hesitation
'esito *m* result; **avere buon** ~ be a success
'esodo *m* exodus; **l'**~ **estivo, il grande** ~ (per le vacanze) the summer *or* holiday exodus
e'sofago *m* oesophagus
esone'rare *vt* exempt
e'sonero *m* exemption
esorbi'tante *adj* exorbitant
esorbi'tare *vi* ~ **da** exceed
eso'cismo *m* exorcism
eso'cista *mf* exorcist
esorciz'zare *vt* exorcise
esordi'ente *mf* person making his/her debut
e'sordio *m* opening; (di attore) debut
eso'dire *vi* debut
eso'tare *vt* (pregare) beg; (incitare) urge
eso'terico *adj* esoteric
e'sotico *adj* exotic
espa'drillas *fpl* espadrilles
e'spandere *vt* expand
e'spandersi *vr* expand; (diffondersi) extend
espan'dibile *adj* Comput upgradeable
espandibilità *f inv* Comput upgradeability
espansi'one *f* expansion; **in** ~ expanding
espansio'nista *mf* expansionist
espansio'nistico *adj* expansionist
espan'sivo *adj* expansive; ‹*persona*› friendly
espatri'are *vi* leave one's country
espatri'ato, -a *mf* expatriate, expat infml
e'spatrio *m* expatriation
espedi'ente *m* expedient; **vivere di espedienti** live by one's wits
e'spellere *vt* expel; send off ‹*calciatore*›
esperi'enza *f* experience; **per** ~ ‹*sapere, parlare*› from experience; **non ha** ~ he doesn't have any experience
esperi'mento *m* experiment
e'sperto, -a *adj & nmf* expert
■ **esperto di computer** computer expert
espi'are *vt* atone for
espia'torio *adj* expiatory
espi'rare *vt & vi* breathe out
espirazi'one *f* exhalation; (scadenza) expiry
espli'care *vt* carry on
esplicita'mente *adv* explicitly
e'splicito *adj* explicit
e'splodere A *vi* explode
B *vt* ‹*arma*› fire
esplo'rare *vt* explore
esplora|'tore, -trice *mf* explorer; **giovane** ~ boy scout; **giovane esploratrice** girl guide
esplorazi'one *f* exploration
esplosi'one *f* explosion
esplo'sivo *adj & nm* explosive
espo'nente *m* exponent; **2 all'**~ superscript 2
esponenzi'ale *adj* exponential
e'sporre *vt* expose; display ‹*merci*›; (spiegare) expound; exhibit ‹*quadri ecc.*›
e'sporsi *vr* (compromettersi) compromise oneself; (al sole) expose oneself; (alle critiche) lay oneself open
espor'tare *vt* Comm, Comput export
esporta|'tore, -trice *mf* exporter
esportazi'one *f* export
espo'simetro *m* light meter
esposi|'tore, -trice A *mf* exhibitor
B *m* display rack
esposizi'one *f* (mostra) exhibition; (in vetrina) display; (spiegazione ecc.) exposition; (posizione, fotografia) exposure; **con** ~ **a nord/sud** north-/south-facing
■ **esposizione a radiazioni** radiation exposure
e'sposto A pp di **esporre**
B *adj* exposed; ‹*merce*› on show; ‹*spiegato*› set out; ~ **a nord/sud** north-/south-facing
C *m* submission
espressa'mente *adv* expressly; **non l'ha detto** ~ he didn't put it in so many words
espressi'one *f* expression
espressio'nismo *m* expressionism
espressio'nista *adj & nmf* expressionist
espressio'nistico *adj* expressionistic
espres'sivo *adj* expressive
e'spresso A pp di **esprimere**
B *adj* express
C *m* (lettera) special delivery; (treno) express train; (caffè) espresso; **per** ~ ‹*spedire*› [by] express [post]; **piatto** ~ meal made to order
e'sprimere *vt* express
e'sprimersi *vr* express oneself
espropri'are *vt* dispossess
espropriazi'one *f* Jur expropriation

e'sproprio *m* expropriation
espulsi'one *f* expulsion
e'spulso pp di **espellere**
esqui'mese *adj & nmf* Eskimo
es'senza *f* essence
essenzi'ale **A** *adj* essential
B *m* important thing; **l'~** (di teoria ecc.) the bare bones; **l'~ è ...** (la cosa più importante) the main thing is ...
essenzial'mente *adj* essentially
🔑 **'essere** **A** *vi* be; **c'è** there is; **ci sono** there are; **ci sono!** (ho capito) I've got it!; **ci siamo!** (siamo arrivati) here we are at last!; **non ce n'è più** there's none left; **c'è di che essere contenti** there's a lot to be happy about; **che ora è? - sono le dieci** what time is it? - it's ten o'clock; **chi è? - sono io** who is it? - it's me; **è stato detto che** it has been said that; **siamo in due** there are two of us; **questa camicia è da lavare** this shirt is to be washed; **non è da te** it's not like you; **~ di** belong to; (provenire da) be from; **~ per** (favorevole) be in favour of; **se fossi in te, ...** if I were you, ...; **sarà!** if you say so!; **come sarebbe a dire?** what are you getting at?
B *v aux* have; (in passivi) be; **siamo arrivati** we have arrived; **ci sono stato ieri** I was there yesterday; **sono nato a Torino** I was born in Turin; **è riconosciuto come...** he is recognized as ...
C *m* being; **~ umano** human being; **~ vivente** living creature
essic'care *vt* dry
essic'cato *adj* dried; ‹*noce di cocco*› desiccated
🔑 **'esso, -a** *pers pron* he, she; (cosa, animale) it
est *m* east; **l'Est europeo** Eastern Europe
'estasi *f* ecstasy; **andare in ~ per** go into raptures over
estasi'are *vt* enrapture
estasi'arsi *vr* go into raptures
🔑 **e'state** *f* summer
e'statico *adj* ecstatic
estempo'raneo *adj* impromptu
🔑 **e'stendere** *vt* extend
e'stendersi *vr* spread; (allungarsi) stretch
estensi'one *f* extension; (ampiezza) expanse; Mus range
■ **estensione del file** Comput file extension
esten'sivo *adj* extensive
estenu'ante *adj* exhausting
estenu'are *vt* exhaust
estenu'arsi *vr* exhaust oneself
'estere *m* ester
esteri'ore *adj & nm* exterior
esteriorità *f inv* outward appearance; **badare all'~** judge by appearances
esterioriz'zare *vt* externalize
esterior'mente *adv* externally; (di persone) outwardly
esterna'mente *adv* on the outside
ester'nare *vt* express, show
🔑 **e'sterno, -a** **A** *adj* external; (scala) outside; **per uso ~** for external use only
B *m* Archit exterior; (in film) location shot
C *mf* day pupil
🔑 **'estero** **A** *adj* foreign
B *m* foreign countries *pl*; **all'~** abroad; **ministero degli esteri** ≈ Foreign Office BrE, State Department AmE
esterofi'lia *f* xenophilia
este'rofilo *adj* xenophile
esterre'fatto *adj* horrified
e'steso **A** pp di **estendere**
B *adj* extensive; (diffuso) widespread; **per ~** ‹*scrivere*› in full
e'steta *mf* aesthete
e'stetica *f* aesthetics *sg*
estetica'mente *adv* aesthetically
esteticità *f inv* aestheticism
e'stetico *adj* aesthetic; ‹*chirurgia, chirurgo*› plastic
este'tismo *m* (dottrina, carattere) aestheticism
este'tista *mf* beautician
estima'tore, -trice *mf* fan
'estimo *m* estimate
e'stinguere *vt* extinguish; close ‹*conto*›
e'stinguersi *vr* die out
e'stinto, -a **A** pp di **estinguere**
B *mf* deceased
estin'tore *m* [fire] extinguisher
estinzi'one *f* extinction; (di incendio) putting out
estir'pare *vt* uproot; extract ‹*dente*›; fig eradicate ‹*crimine, malattia*›
estirpazi'one *f* eradication; (di dente) extraction
e'stivo *adj* summer *attrib*
'estone *adj & nm* Estonian
E'stonia *f* Estonia
e'storcere *vt* extort
estorsi'one *f* extortion
e'storto pp di **estorcere**
estradizi'one *f* extradition
estra'gone *m* tarragon
estra'ibile *adj* removable
🔑 **e'straneo, -a** **A** *adj* extraneous; (straniero) foreign
B *mf* stranger
estrani'are *vt* estrange
estrani'arsi *vr* become estranged
estrapo'lare *vt* extrapolate
e'strarre *vt* extract; (sorteggiare) draw
e'stratto **A** pp di **estrarre**
B *m* extract; (brano) excerpt; (documento) abstract
■ **estratto conto** statement [of account], bank statement
estrazi'one *f* extraction; (a sorte) draw
■ **estrazione a premi** prize draw
estrema'mente *adv* extremely

e

estre'mismo *m* extremism
estre'mista *mf* extremist
estremità **A** *f inv* extremity; (di una corda) end
B *pl* Anat extremities
e'stremo **A** *adj* extreme; (ultimo) last; **misure estreme** drastic measures; **fare un ~ tentativo** make one last try; **l'Estremo Oriente** the Far East; **~ saluto** Mil military funeral; **l'estrema unzione** last rites
B *m* (limite) extreme; **all'~** in the extreme; **passare da un ~ all'altro** go from one extreme to the other; **estremi** *pl* (di documento) main points; (di reato) essential elements; **essere agli estremi** be at the end of one's tether; **andare agli estremi** go to extremes; **essere all'~ delle forze** have no strength left
'estro *m* (disposizione artistica) talent; (ispirazione) inspiration; (capriccio) whim
e'strogeno *m* oestrogen
estro'mettere *vt* expel
estromissi'one *f* ejection
e'stroso *adj* talented; (capriccioso) unpredictable
estro'verso **A** *adj* extroverted
B *m* extrovert
estu'ario *m* estuary
esube'rante *adj* exuberant
esube'ranza *f* exuberance
e'subero *m*
■ **esubero cassa integrazione** voluntary redundancy
esu'lare *vt* **~ da** be beyond the scope of
'esule *mf* exile
esul'tante *adj* exultant
esul'tanza *f* exultation
esul'tare *vi* rejoice
esu'mare *vt* exhume
età *f inv* age; **raggiungere la maggiore ~** come of age; **un uomo di mezz'~** a middle-aged man; **avere la stessa ~** be the same age; **che ~ gli daresti?** how old would you say he was?; **fin dalla più tenera ~** from his/her etc earliest years; **in ~ avanzata** of advanced years; **è senza ~** it's hard to tell his age
■ **età del bronzo** Bronze Age; **età della pensione** retirement age
e'tano *m* ethane
eta'nolo *m* ethanol
'etere *m* ether
■ **etere etilico** ether
e'tereo *adj* ethereal
eterna'mente *adv* eternally
eternità *f inv* eternity; **è un'~ che non la vedo** I haven't seen her for ages
e'terno *adj* eternal; ‹*questione, problema*› age-old; fig ‹*discorso, conferenza*› never-ending; **in ~** infml for ever; **giurare amore ~** swear undying love; **un ~ bambino** a child
etero'geneo *adj* diverse, heterogeneous
eterosessu'ale *adj & nmf* heterosexual
eterosessualità *f inv* heterosexuality
'etica *f* ethics *sg*
eti'chetta¹ *f* label; (con il prezzo) price tag
eti'chetta² *f* (cerimoniale) etiquette
etichet'tare *vt* label
etichetta'trice *f* labelling machine
etichetta'tura *f* (operazione) labelling
'etico *adj* ethical
eti'lometro *m* Breathalyzer®
etimolo'gia *f* etymology
e'tiope *adj & nmf* Ethiopian
Eti'opia *f* Ethiopia
eti'opico *adj* Ethiopian
'Etna *m* Etna
et'nia *f* ethnic group
'etnico *adj* ethnic
etnolo'gia *f* ethnology
e'trusco *adj & nmf* Etruscan
'ettaro *m* hectare
+ettino *suff* **cosettina** *nf* small thing; **è una cosettina da niente** it's nothing
+etto *suff* **cameretta** *nf* little bedroom; **scherzetto** *nf* prank; **piccoletto** *nm* derog shorty
'etto, etto'grammo *m* hundred grams, quarter pound
et'tolitro *m* hectolitre
euca'lipto *m* eucalyptus
eucari'stia *f* Eucharist
eufe'mismo *m* euphemism
eufe'mistico *adj* euphemistic
eufo'ria *f* elation; Med euphoria
eu'forico *adj* elated; Med euphoric
euge'netica *f* eugenics *sg*
eu'nuco *m* eunuch
Eur'asia *f* Eurasia
eurasi'atico *adj* Eurasian
'EURATOM *nf abbr* (**Comunità Europea dell'Energia Atomica**) EURATOM
'euro *m inv* Fin euro
euro+ *pref* Euro+
eurobbligazi'one *f* Eurobond
euro'cheque *m inv* Eurocheque
Euro'city *m inv* Rail international intercity
eurodepu'tato *m* Euro MP, MEP
eurodi'visa *f* Eurocurrency
euro'dollaro *m* Eurodollar
Eu'ropa *f* Europe
europe'ismo *m* Europeanism
euro'peo, -a *adj & nmf* European
euro'scettico *m* Euro-sceptic
Euro'zona *f* Eurozone
eutana'sia *f* euthanasia
evacu'are *vt* evacuate
evacuazi'one *f* evacuation

e'vadere A *vt* evade; (sbrigare) deal with B *vi* ~ **da** escape from
evane'scente *adj* vanishing
evan'gelico *adj* evangelical
evange'lista *m* evangelist
evan'gelo = **vangelo**
evapo'rare *vi* evaporate
evaporazi'one *f* evaporation
evasi'one *f* escape; (fiscale) evasion; fig escapism
evasiva'mente *adv* evasively
eva'sivo *adj* evasive
e'vaso, -a A pp di **evadere**
B *mf* fugitive
eva'sore *m*
■ **evasore fiscale** tax evader
eveni'enza *f* eventuality; **in ogni** ~ if need be
e'vento *m* event
eventu'ale *adj* possible
eventualità *f inv* eventuality; **in ogni** ~ at all events; **nell'**~ **che** in the event that
eventual'mente *adv* if necessary
ever'sivo *adj* subversive
evi'dente *adj* evident
evidente'mente *adv* evidently
evi'denza *f* evidence; **mettere in** ~ emphasize; **mettersi in** ~ make oneself conspicuous; **arrendersi all'**~ face the facts
evidenzi'are *vt* highlight
evidenzia'tore *m* (penna) highlighter
evi'rare *vt* emasculate
evi'tare *vt* avoid; (risparmiare) spare
'evo *m* age
evo'care *vt* evoke
evolu'tivo *adj* evolutionary
evo'luto A pp di **evolvere**
B *adj* evolved; (progredito) progressive; ‹*civiltà, nazione*› advanced; **una donna evoluta** a modern woman
evoluzi'one *f* evolution; (di ginnasta, aereo) circle
e'volvere *vt* develop
e'volversi *vr* evolve
ev'viva *int* hurray; ~ **il Papa!** long live the Pope!; **gridare** ~ cheer; ~ **la modestia!** what modesty!
ex *prep* ex, former; **ex moglie** ex-wife
ex 'aequo *adv* **arrivare** ~ come in joint first
ex-Jugo'slavia *f* ex-Yugoslavia
ex-jugo'slavo *adj & nmf* ex-Yugoslav
ex 'libris *m inv* bookplate
ex'ploit *m inv* feat, exploit
'extra A *adj inv* extra; ‹*qualità*› first-class
B *m inv* extra
extracomuni'tario, -a A *adj* non-EC, non-EU
B *mf immigrant from outside the EU*
extraconiu'gale *adj* extramarital
extraeuro'peo *adj* non-European
extraparlamen'tare *adj* extra-parliamentary
extrasco'lastico *adj* extra-curricular
extrasensori'ale *adj* extrasensory
extrater'restre *mf* extra-terrestrial
extrauniversi'tario *adj* extramural
ex 'voto *m inv* ex-voto

Ff

fa¹ *m inv* Mus (chiave, nota) F
fa² *adv* ago; **due mesi** ~ two months ago
fabbi'sogno *m* requirements *pl*, needs *pl*
■ **fabbisogno dello Stato** government spending estimates
'fabbrica *f* factory
fabbri'cabile *adj* ‹*area, terreno*› that can be built on
fabbri'cante *m* manufacturer
■ **fabbricante d'armi** arms manufacturer
fabbri'care *vt* build; (produrre) manufacture; fig (inventare) fabricate
fabbri'cato *m* building
fabbricazi'one *f* manufacturing; (costruzione) building
'fabbro *m* blacksmith
fac'cenda *f* matter; **faccende** *pl* **domestiche** housework *sg*
faccendi'ere *m* wheeler-dealer
fac'chino *m* porter
'faccia *f* face; (di foglio) side; ~ **a** ~ face to face; ~ **tosta** cheek; **voltar** ~ change sides; **di** ~ (palazzo) opposite; **alla** ~ **di** infml (a dispetto di) in spite of; **alla** ~**!** (stupore) bloody hell!
facci'ata *f* façade; (di foglio) side; fig (esteriorità) outward appearance
fa'cente *mf*

■ **facente funzioni** deputy
fa'ceto *adj* facetious; **tra il serio e il ~** half joking
fa'cezia *f* (battuta) witticism
fa'chiro *m* fakir
🔑 **'facile** *adj* easy; (affabile) easy-going; **essere ~ alle critiche** be quick to criticize; **essere ~ al riso** laugh a lot; **~ a farsi** easy to do; **è ~ che piova** it's likely to rain
facilità *f inv* ease; (disposizione) aptitude; **avere ~ di parola** express oneself well
■ **facilità d'uso** ease of use, user-friendliness
facili'tare *vt* facilitate
facilitazi'one *f* facility; **facilitazioni** *pl* Fin special terms; **facilitazioni** *pl* **di pagamento** easy terms; **facilitazioni** *pl* **creditizie** credit facilities
facil'mente *adv* (con facilità) easily; (probabilmente) probably
faci'lone *adj* slapdash
facilone'ria *f* slapdash attitude
facino'roso *adj* violent
facoltà *f inv* faculty; (potere) power; **essere nel pieno possesso delle proprie ~** be compos mentis
facolta'tivo *adj* optional; **fermata facoltativa** request stop
facol'toso *adj* wealthy
fac'simile *m* facsimile
fac'totum **A** *m inv* man Friday
B *f inv* girl Friday
'faggio *m* beech
fagi'ano *m* pheasant
fagio'lino *m* French bean
fagi'olo *m* bean; **a ~** ‹*arrivare, capitare*› at the right time
■ **fagiolo borlotto** borlotti bean; **fagiolo bianco di Spagna** runner bean, haricot bean
fagoci'tare *vt* gobble up ‹*società*›
fa'gotto *m* bundle; Mus bassoon
Fahren'heit *adj* Fahrenheit
'faida *f* feud
fai da te *m* do-it-yourself, DIY
fa'ina *f* weasel
fa'lange *f* (dito) Mil phalanx
fal'cata *f* stride
'falce *f* scythe
■ **falce e martello** (simbolo) the hammer and sickle
fal'cetto *m* sickle
falci'are *vt* cut; fig mow down
falci'ata *f* (quantità d'erba) swathe
falcia'trice *f* [lawn]mower
'falco *m* hawk
fal'cone *m* falcon
'falda *f* stratum; (di neve) flake; (di cappello) brim; (di cappotto, frac) coat-tails; (pendio) slope
■ **falda freatica** water table
fale'gname *m* carpenter
falegname'ria *f* carpentry
fa'lena *f* moth
'Falkland *fpl* **le [isole] ~** the Falklands
'falla *f* leak
fal'lace *adj* deceptive
'fallico *adj* phallic
fallimen'tare *adj* disastrous; Jur bankruptcy
falli'mento *m* Comm bankruptcy; fig failure
fal'lire **A** *vi* Comm go bankrupt; fig fail
B *vt* miss ‹*colpo*›
fal'lito **A** *adj* unsuccessful
B *adj & nm* bankrupt
'fallo *m* fault; (errore) mistake; Sport foul; (imperfezione) flaw; **senza ~** without fail; **cogliere in ~** catch red-handed; **mettere un piede in ~** slip
■ **fallo di mano** (in calcio) handball
falò *m inv* bonfire
fal'sare *vt* alter; (falsificare) falsify
falsa'riga *f* **sulla ~ di** along the same lines as
fal'sario, -a *mf* forger; (di documenti) counterfeiter
fal'setto *m* falsetto
falsifi'care *vt* fake; (contraffare) forge
falsificazi'one *f* (di documenti) falsification
falsità *f inv* falseness
🔑 **'falso** **A** *adj* false; (sbagliato) wrong; ‹*opera d'arte ecc.*› fake; ‹*gioielli, oro*› imitation; **essere un ~ magro** be fatter than one looks
B *m* forgery; **giurare il ~** commit perjury
■ **falso in atto pubblico** forgery of a legal document
'fama *f* fame; (reputazione) reputation
🔑 **'fame** *f* hunger; **aver ~** be hungry; **fare la ~** barely scrape a living; **da ~** ‹*stipendio*› miserly; **avere una ~ da lupo** be ravenous
fa'melico *adj* ravenous
famige'rato *adj* infamous
🔑 **fa'miglia** *f* family
■ **famiglia affidataria** foster family, foster home
famili'are **A** *adj* family *attrib*; (ben noto) familiar; (senza cerimonie) informal
B *m* relative, relation
familiarità *f inv* familiarity; (informalità) informality
familiariz'zarsi *vr* familiarize oneself
🔑 **fa'moso** *adj* famous
fa'nale *m* lamp; Auto ecc. light
■ **fanali posteriori** *pl* Auto rear lights
fana'lino *m*
■ **fanalino di coda** Auto tail light; **essere il ~ di coda** fig bring up the rear, be the back marker
fa'natico, -a **A** *adj* fanatical; **essere ~ di calcio/cinema** be a football/cinema fanatic
B *mf* fanatic
fana'tismo *m* fanaticism
fanciul'lezza *f* childhood

fanci'ullo, -a *mf* literary young boy; young girl
fan'donia *f* lie; **fandonie!** nonsense!
fan'fara *f* fanfare; (complesso) brass band
fanfaro'nata *f* brag; **fanfaronate** *pl* bragging
fanfa'rone, -a *mf* braggart
fan'ghiglia *f* mud
'fango *m* mud
fan'goso *adj* muddy
fannul'lone, -a *mf* idler
fantasci'enza *f* science fiction
fanta'sia *f* fantasy; (immaginazione) imagination; (capriccio) fancy; (di tessuto) pattern; **fantasie** *pl* (sciocchezze) moonshine
fantasi'oso *adj* ‹*stilista, ragazzo*› imaginative; ‹*resoconto*› improbable, fanciful
fan'tasma *m* ghost; **essere il ~ di se stesso** be a shadow of one's former self; **città fantasma** ghost town; **governo fantasma** shadow cabinet
fantasti'care *vi* day-dream, fantasize
fantastiche'ria *f* day-dream, fantasy
fan'tastico *adj* fantastic; ‹*racconto*› fantasy *attrib*
'fante *m* infantryman; (nelle carte) jack
fante'ria *m* infantry
fan'tino *m* jockey
fan'toccio *m* puppet
fanto'matico *adj* (inafferrabile) phantom *attrib*; (immaginario) mythical
fara'butto *m* trickster
fara'ona *f* (uccello) guinea fowl
'farcia *f* stuffing; (di torta) filling
far'cire *vt* stuff; fill ‹*torta*›
far'cito *adj* stuffed; ‹*dolce*› filled
fard *m inv* blusher
far'dello *m* bundle; fig burden
'fare **A** *vt* do; make ‹*dolce, letto, ecc.*›; (recitare la parte di) play; (trascorrere) spend; **~ una pausa/un sogno** have a break/a dream; **~ colpo su** impress; **~ paura a** frighten; **~ piacere a** please; **farla finita** put an end to it; **~ l'insegnante** be a teacher; **~ lo scemo** play the idiot; **~ una settimana al mare** spend a week at the seaside; **3 più 3 fa 6** 3 and 3 makes 6; **quanto fa? - fanno 50 euro** how much is it? - it's 50 euros; **far ~ qualcosa a qualcuno** get somebody to do something; (costringere) make somebody do something; **~ vedere** show; **fammi parlare** let me speak; **niente a che ~ con** nothing to do with; **non c'è niente da ~** (per problema) there is nothing we/you etc can do; **fa caldo/buio** it's warm/dark; **non fa niente** it doesn't matter; **strada facendo** on the way; **farcela** (riuscire) manage
B *vi* **fai in modo di venire** try and come; **~ da** act as; **~ per** make as if to; **~ presto** be quick; **non fa per me** it's not for me
C *m* (comportamento) manner; **sul far del giorno** at daybreak
fa'retto *m* spot[light]
far'falla *f* butterfly
farfal'lino *m* (cravatta) bow tie
farfugli'are *vt* mutter
fa'rina *f* flour
■ **farina di ceci** chickpea flour, gram flour; **farina gialla** maize flour; **farina integrale** wholemeal flour; **farina lattea** powdered milk for babies; **farina d'ossa** bonemeal
fari'nacei *mpl* starchy food *sg*
fa'ringe *f* pharynx
farin'gite *f* pharyngitis
fari'noso *adj* ‹*neve*› powdery; ‹*mela*› soft; ‹*patata*› floury
farma'ceutico *adj* pharmaceutical; **industria farmaceutica** pharmaceuticals industry
farma'cia *f* pharmacy; (negozio) chemist's [shop]
■ **farmacia di turno** duty pharmacy
farma'cista *mf* chemist, pharmacist
'farmaco *m* drug; **essere sotto farmaci** be on medication
'faro *m* Auto headlight; Aeron beacon; (costruzione) lighthouse; **abbassare i fari** dip one's headlights; **accendere i fari** switch on one's lights
■ **fari antinebbia** *pl* fog lamps; **fari posteriori** *pl* rear lights
farragi'noso *adj* confused
'farsa *f* farce
far'sesco *adj* farcical
'farsi *vr* (diventare) get; sl (drogarsi) shoot up; **~ avanti** come forward; **~ i fatti propri** mind one's own business; **~ la barba** shave; **~ la villa** infml buy a villa; **~ il ragazzo** infml find a boyfriend; **~ due risate** have a laugh; **~ male** hurt oneself; **~ un nome** make a name for oneself; **farsela sotto** infml wet oneself
Far 'west *m* Wild West
fa'scetta *f* strip; (per capelli) hair band; (di giornale) wrapper
'fascia *f* band; (zona) area; (ufficiale) sash; (benda) bandage; (di smoking) cummerbund; (in statistica) bracket; **le fasce deboli** the underprivileged
■ **fascia per capelli** hair band; **fascia elastica** crepe bandage; (ventriera) girdle; **fascia d'età** age bracket, age group; **fascia d'ozono** ozone layer; **fascia di reddito** income bracket
fasci'are *vt* bandage; cling to ‹*fianchi*›
fasci'arsi *vr* bandage; **~ la testa prima di rompersela** worry about something that might never happen
fascia'tura *f* dressing; (azione) bandaging
fascicola|'tore, -trice *mf* sorter
fa'scicolo *m* file; (di rivista) issue; (libretto) booklet
fa'scina *f* faggot

f

'fascino *m* fascination
fasci'noso *adj* charming
'fascio *m* bundle; (di fiori) bunch
■ **fascio di luce** beam of light
fa'scismo *m* fascism
fa'scista *adj & nmf* fascist
'fase *f* phase; **il motore è fuori ~** the timing is wrong; **sono fuori ~** I'm not firing on all four cylinders; **essere in ~ di miglioramento** be on the mend, be recovering; **essere in ~ di espansione** be expanding
fast 'food *m inv* fast food; (ristorante) fast food restaurant
fa'stidio *m* nuisance; (scomodo) inconvenience; **fastidi** *pl* (preoccupazioni) worries; (disturbi) troubles; **dar ~ a qualcuno** bother somebody
fastidi'oso *adj* tiresome
'fasto *m* pomp
fa'stoso *adj* sumptuous
fa'sullo *adj* bogus
'fata *f* fairy
fa'tale *adj* fatal; (inevitabile) fated; **donna fatale** femme fatale
fata'lismo *m* fatalism
fata'lista **A** *mf* fatalist
B *adj* fatalistic
fatalità *f inv* fate; (caso sfortunato) misfortune
fatal'mente *adv* inevitably
fa'tato *adj* ‹*anello, bacchetta*› magic
fa'tica *f* effort; (lavoro faticoso) hard work; (stanchezza, di metalli) fatigue; **a ~** with great difficulty; **è ~ sprecata** it's a waste of time; **fare ~ a fare qualcosa** find it difficult to do something; **senza [nessuna] ~** without [any] effort; **fare ~ a finire qualcosa** struggle to finish something; **uomo di ~** odd-job man
fati'caccia *f* pain
fati'care *vi* toil; **~ a** (stentare) find it difficult to
fati'cata *f* effort; (sfacchinata) grind
fati'coso *adj* tiring; (difficile) difficult
fati'scente *adj* crumbling
'fato *m* fate
fat'taccio *nm hum* foul deed
fat'tezze *fpl* features
fat'tibile *adj* feasible
fatti'specie *f* **nella ~** in this case
'fatto **A** (pp di **fare**) **ormai è fatta!** what's done is done
B *adj* made; **~ a mano/in casa** handmade/home-made; **essere ben ~** ‹*persona*› have a nice figure; **un uomo ~** a grown man
C *m* fact; (azione) action; (avvenimento) event; (faccenda) business, matter; **sa il ~ suo** he knows his business; **le ho detto il ~ suo** I told her what I thought of her; **di ~** in fact; **in ~ di** as regards; **~ sta che** the fact remains that; **mettere di fronte al ~ compiuto** present with a fait accompli
fat'tore *m* (causa) Math factor; (di fattoria) farm manager
■ **fattore di protezione solare** protection factor
fatto'ria *f* farm; (casa) farmhouse
fatto'rino *m* messenger [boy]
■ **fattorino d'albergo** bellboy
fattucchi'era *f* witch
fat'tura *f* (stile) cut; (lavorazione) workmanship; Comm invoice
■ **fattura di acquisto** purchase invoice; **fattura pro-forma** pro forma [invoice]; **fattura di vendita** sales invoice
fattu'rare *vt* invoice; (adulterare) adulterate
fattu'rato *m* turnover, sales *pl*
fatturazi'one *f* invoicing, billing
'fatuo *adj* fatuous
'fauci *fpl* (di leone) maw *sg*, jaws *pl*
'fauna *f* fauna
'fausto *adj* propitious
fau'tore *m* supporter
'fava *f* broad bean
fa'vella *f* speech
fa'villa *f* spark
'favo *m* honeycomb
'favola *f* fable; (fiaba) story; (oggetto di pettegolezzi) laughing stock; **è una ~!** (meraviglia) it's divine!
favo'loso *adj* fabulous
fa'vore *m* favour; **essere a ~ di** be in favour of; **per ~** please; **di ~** ‹*condizioni, trattamento*› preferential; **col ~ delle tenebre** under cover of darkness
favoreggia'mento *m* Jur aiding and abetting
favo'revole *adj* favourable
favorevol'mente *adv* favourably
favo'rire *vt* favour; (promuovere) promote; **vuol ~?** (a cena, pranzo) will you have some?; (entrare) will you come in?; **favorisca alla cassa** please pay at the cash desk; **favorisca i documenti** your papers please
favo'rito, -a *adj & nmf* favourite
fax *m inv* fax; **inviare via ~** fax, send by fax
■ **fax a carta comune** plain paper fax
fa'xare *vt* fax
fazi'one *f* faction
faziosità *f inv* bias
fazi'oso *m* sectarian
fazzolet'tino *m*
■ **fazzolettino [di carta]** [paper] tissue
fazzo'letto *m* handkerchief, hanky; (da testa) headscarf
feb'braio *m* February
'febbre *f* fever; **avere la ~** have o run a temperature
■ **febbre da fieno** hay fever
febbrici'tante *adj* fevered

key word

feb'brile *adj* feverish
febbril'mente *adv* feverishly
'feccia *f* dregs *pl*
'fecola *f* potato flour
fecon'dare *vt* fertilize
feconda'tore *m* fertilizer
fecondazi'one *f* fertilization
■ **fecondazione artificiale** artificial insemination; **fecondazione in vitro** in vitro fertilization, IVF
fe'condo *adj* fertile
'fede *f* faith; (fiducia) trust; (anello) wedding ring; **in buona/mala ~** in good/bad faith; **prestar ~ a** believe; **tener ~ alla parola** keep one's word; **aver ~ in qualcuno** have faith in somebody, believe in somebody; **degno di ~** reliable; **in ~** Yours faithfully
fe'dele A *adj* faithful
B *mf* believer, worshipper; (seguace) follower; **i fedeli** the faithful
fedel'mente *adv* faithfully
fedeltà *f inv* faithfulness; **alta ~** high fidelity
'federa *f* pillowcase
fede'rale *adj* federal
federa'lismo *m* federalism
federa'lista *adj* federalist
fede'rato *adj* federate
federazi'one *f* federation
fe'difrago, -a A *adj* faithless; hum two-timing
B *m* faithless wretch; hum two-timer
fe'dina *f* **avere la ~ penale sporca/pulita** have a/no criminal record
fega'telli *mpl* (di maiale) pork liver
fega'tino *m* **fegatini** *pl* **di pollo** chicken livers
'fegato *m* liver; fig guts *pl*; **mangiarsi il ~, rodersi il ~** be consumed with rage
'felce *f* fern
fe'lice *adj* happy; (fortunato) lucky; **~ come una Pasqua** blissfully happy
felice'mente *adv* happily; (con successo) successfully
felicità *f inv* happiness
felici'tarsi *vr* **~ con** congratulate
felicitazi'oni *fpl* congratulations
fe'lino *adj* feline
'felpa *f* (indumento) sweatshirt; (stoffa) felt
fel'pato *adj* brushed; ‹*passo*› stealthy
'feltro *m* felt; (cappello) felt hat
'femmina *f* female
femmi'nile A *adj* feminine; ‹*rivista, abbigliamento*› women's; ‹*sesso*› female
B *m* feminine
femminilità *f inv* femininity
femmi'nismo *m* feminism
'femore *m* femur
'fendere *vt* split
fendi'nebbia *m inv* fog lamp
fendi'tura *f* split; (in roccia) crack
fe'nice *f* phoenix
feni'cottero *m* flamingo
fenome'nale *adj* phenomenal
fe'nomeno *m* phenomenon
'feretro *m* coffin
feri'ale *adj* weekday; **giorno ~** weekday
'ferie *fpl* holidays; (di università, tribunale ecc.) vacation *sg*; **andare in ~** go on holiday; **prendere le ~** go on holiday; **prendere delle ~** take time off; **prendere un giorno di ~** take a day off
feri'mento *m* wounding
fe'rire *vt* wound; (in incidente) injure; fig hurt
fe'rirsi *vr* injure oneself
fe'rita *f* wound
■ **ferita d'arma da fuoco** gunshot wound
fe'rito A *adj* wounded
B *m* wounded person; Mil casualty; **~ grave** seriously injured person; **i feriti** the injured
feri'toia *f* loophole; **feritoie** *pl* **per le schede di espansione** Comput expansion slots
'ferma *f* Mil period of service
fermacal'zoni *m inv* cycle clip
fermaca'pelli *m inv* hair slide
ferma'carte *m inv* paperweight
ferma'coda *m inv* (di stoffa) scrunchie
fermacra'vatta *m inv* tiepin
ferma'fogli *m inv* bulldog clip
fer'maglio *m* clasp; (spilla) brooch; (per capelli) hair slide
ferma'mente *adv* firmly
ferma'porta *m inv* doorstop
fer'mare A *vt* stop; (fissare) fix; Jur detain
B *vi* stop
fer'marsi *vr* stop
fer'mata *f* stop; **'~ prenotata'** 'bus stopping'; **senza fermate** ‹*tragitto*› non-stop
■ **fermata dell'autobus** bus stop; **fermata obbligatoria** compulsory stop; **fermata a richiesta** request stop
fermen'tare *vi* ferment
fermentazi'one *f* fermentation
fer'mento *m* ferment; (lievito) yeast; **essere in ~** be in/get into a tizzy
fer'mezza *f* firmness
'fermo A *adj* still; ‹*veicolo*› stationary; (stabile) steady; ‹*orologio*› not working; **~!** don't move!; **~ restando che ...** it being understood that ...; **'~ per manutenzione'** 'closed for repairs'
B *m* Jur detention; Mech catch; **in stato di ~** in custody
■ **fermo immagine** TV freeze frame; **fermo posta** poste restante, general delivery AmE
fer'net® *m inv bitter digestive liqueur*
fe'roce *adj* fierce, ferocious; ‹*bestia*› wild; ‹*freddo, dolore*› unbearable
feroce'mente *adv* fiercely, ferociously

f

fe'rocia *f* ferocity
fer'raglia *f* scrap iron
ferra'gosto *m* 15 August (*bank holiday in Italy*); (periodo) August holidays *pl*
ferra'menta *fpl* ironmongery *sg*; **negozio di ~** ironmonger's
fer'rare *vt* shoe ‹*cavallo*›
fer'rato *adj* **~ in** (preparato in) well up in
'ferreo *adj* iron
'ferro *m* iron; (attrezzo) tool; (di chirurgo) instrument; **di ~** ‹*memoria*› excellent; ‹*alibi*› cast-iron; **salute di ~** iron constitution; **ai ferri** ‹*bistecca*› grilled; **essere ai ferri corti** be at daggers drawn; **mettere il paese a ~ e fuoco** put a country to the sword; **i ferri del mestiere** the tools of the trade
■ **ferro battuto** wrought iron; **ferro da calza** knitting needle; **ferro di cavallo** horseshoe; **ferro da stiro** iron; **ferro a vapore** steam iron
fer'roso *adj* ferrous
ferro'vecchio *m* scrap merchant
ferro'via *f* railway, railroad AmE; **Ferrovie** *pl* **dello Stato** Italian State Railways
ferrovi'ario *adj* railway *attrib*, railroad AmE *attrib*
ferrovi'ere *m* railwayman, railroad worker AmE
'fertile *adj* fertile
fertilità *f inv* fertility
fertiliz'zante *m* fertilizer
fertilizzazi'one *f* fertilization
fer'vente *adj* blazing; fig fervent
fervente'mente *adv* fervently
'fervere *vi* ‹*preparativi*›; be well under way
fervida'mente *adv* fervently
'fervido *adj* fervent; **fervidi auguri** best wishes
fer'vore *m* fervour; (di discussione) heat
'fesa *f* (carne) rump
fesse'ria *f* **dire/fare una ~** infml say/do something stupid
'fesso **A** pp di **fendere**
B *adj* cracked; infml (sciocco) foolish
C *m* infml (idiota) fool; **far ~ qualcuno** infml con somebody
fes'sura *f* crack; (per gettone ecc.) slot
■ **fessura [per la scheda] di espansione** Comput expansion slot
'festa *f* feast; (giorno festivo) holiday; (compleanno) birthday; (ricevimento) party; fig joy; **fare ~ a qualcuno** welcome somebody; **essere in ~** be on holiday; **far ~** celebrate; **della ~** ‹*vestito, tovaglia*› best; **conciare qualcuno per le feste** give somebody a sound thrashing; **le feste** (Natale, Capodanno ecc.) the holidays
■ **festa di addio al celibato** stag night, stag party; **festa di addio al nubilato** hen party; **festa di compleanno** birthday party; **festa della mamma** Mother's Day, Mothering Sunday; **festa mascherata** fancy dress party; **festa nazionale** public holiday, legal holiday AmE; **festa del papà** Father's Day
festai'olo, -a **A** *adj* festive
B *mf* party animal
festeggia'mento *m* celebration; (manifestazione) festivity; **festeggiamenti** *pl* celebrations
festeggi'are *vt* celebrate; (accogliere festosamente) give a hearty welcome to
fe'stino *m* party
'festival *m inv* festival
■ **festival cinematografico** film festival
festività *fpl* festivities
fe'stivo *adj* holiday; (lieto) festive; **festivi** *pl* public holidays
fe'stone *m* (nel cucito) scallop, scollop; (di carta) paper chain
fe'stoso *adj* merry
fe'tente **A** *adj* evil smelling; fig revolting
B *mf* infml bastard
fe'ticcio *m* fetish
'feto *m foetus*
fe'tore *m* stench
'fetta *f* slice; **a fette** sliced
■ **fetta biscottata** rusk
fet'tina *f* thin slice
fet'tuccia *f* tape; (con nome) name tape
fettuc'cine *fpl ribbon-shaped pasta*
feu'dale *adj* feudal
'feudo *m* feud
fez *m inv* fez
FFSS *abbr* (**Ferrovie dello Stato**) Italian State Railways
fi'aba *f* fairy-tale
fia'besco *adj* fairy-tale *attrib*
fi'acca *f* weariness; (indolenza) laziness; **battere la ~** be sluggish
fiac'care *vt* weaken
fi'acco *adj* weak; (indolente) slack; (stanco) weary; ‹*partita*› dull
fi'accola *f* torch
fiacco'lata *f* torchlight procession
fi'ala *f* phial
fia'letta *f* phial
■ **fialetta puzzolente** stink bomb
fi'amma *f* flame; Naut pennant; **in fiamme** in flames; **andare in fiamme** go up in flames; **dare alle fiamme** commit to the flames; **alla ~** Culin flambé; **le Fiamme Gialle** *body responsible for border control and investigating fraud*
■ **fiamma ossidrica** blowtorch
fiam'mante *adj* flaming; **nuovo ~** brand new
fiam'mata *f* blaze
fiammeggi'are **A** *vi* blaze
B *vt* singe ‹*pollo*›

fiam'mifero *m* match
fiam'mingo, -a A *adj & nm* Flemish
B *mf* Fleming
fian'cata *f* wing
fiancheggi'are *vt* border; fig support
fi'anco *m* side; (di persona) hip; (di animale) flank; Mil wing; **al mio ~** by my side; **~ a ~** ‹*lavorare*› side by side
Fi'andre *fpl* **le ~** Flanders
fia'schetta *f* hip flask
fiaschette'ria *f* wine shop
fi'asco *m* flask; fig fiasco; **fare ~** be a fiasco
fia'tare *vi* breathe; (parlare) breathe a word
fi'ato *m* breath; (vigore) stamina; **strumenti a ~** wind instruments; **avere il ~ corto** be short of breath; **senza ~** breathlessly; **tutto d'un ~** ‹*bere, leggere*› all in one go
'fibbia *f* buckle
'fibra *f* fibre; **fibre** *pl* (alimentari) roughage
■ **fibre artificiali** *pl* man-made fibres; **fibra ottica** optical fibre; **a fibre ottiche** ‹*cavo*› fibre optic; **fibra sintetica** man-made fibre, synthetic fibre; **fibra di vetro** fibreglass
fi'broma *m* fibroid
fi'broso *adj* fibrous
ficca'naso *mf inv* nosey parker
fic'care *vt* thrust; drive ‹*chiodo ecc.*›; infml (mettere) shove
fic'carsi *vr* thrust oneself; (nascondersi) hide; **~ nei guai** get oneself into trouble
'fiche *f inv* (gettone) chip
'fico¹ *m* (albero) fig tree; (frutto) fig; **non me ne importa un ~ [secco]** infml I don't give a damn; **non capisce un ~ [secco]** infml he doesn't understand a bloody thing; **non vale un ~ [secco]** infml it's totally worthless
■ **fico d'India** prickly pear
'fico², -a A *mf* infml cool sort
B *adj* cool
fidanza'mento *m* engagement; **rompere il ~** break off one's engagement, break it off
fidan'zarsi *vr* get engaged
fidan'zata *f* (ufficiale) fiancée; (innamorata) girlfriend
fidan'zato *m* (ufficiale) fiancé; (innamorato) boyfriend
fi'darsi *vr* **~ di** trust
fi'dato *adj* trustworthy
'fido A *adj* ‹*compagno*› loyal
B *m* devoted follower; Comm credit
fi'ducia *f* confidence; **degno di ~** trustworthy; **persona di ~** reliable person; **di ~** ‹*fornitore, banca*› regular, usual; **avere ~ in se stessi** believe in oneself; **incarico di ~** important job
fiduci'ario, -a A *adj* ‹*rapporto, transazione*› based on trust
B *mf* trustee
fiduci'oso *adj* hopeful
fi'ele *m* bile; fig bitterness; **amaro come il ~** bitter as gall
fienagi'one *f* haymaking
fie'nile *m* barn
fi'eno *m* hay
fi'era *f* fair
■ **fiera commerciale** trade fair; **fiera del libro** book fair
fie'rezza *f* (dignità) pride
fi'ero *adj* proud
fi'evole *adj* faint; ‹*luce*› dim
'fifa *f* infml jitters; **aver ~** have the jitters
fi'fone, -a *mf* infml chicken, yellow-belly
FIGC *nf abbr* (**Federazione Italiana Gioco Calcio**) Italian Football Association
Figi *fpl* **le isole ~** Fiji
'figli *mpl* children
'figlia *f* daughter
■ **figlia unica** only child
figli'are *vi* ‹*animale*› calve
figli'astra *f* stepdaughter
figli'astro *m* stepson
'figlio *m* son; (generico) child; **è ~ d'arte** he was born in a trunk
■ **figlio adottivo** adopted child; **figlio di papà** spoilt brat; **figlio di puttana** vulg son of a bitch; **figlio unico** only child
figli'occia *f* god-daughter
figli'occio *m* godson
figli'ola *f* girl
figlio'lanza *f* offspring
figli'olo *m* boy; **figlioli** *pl* children
'figo, -a *adj* ▶ **fico²**
fi'gura *f* figure; (aspetto esteriore) shape; (illustrazione) illustration; (in carte da gioco) picture [card]; **far bella/brutta ~** make a good/bad impression; **mi hai fatto fare una brutta ~** you made me look a fool; **che ~!** how embarrassing!
■ **figura paterna** father figure; **figura retorica** figure of speech
figu'raccia *f* bad impression
figu'rare A *vt* represent; (simboleggiare) symbolize; (immaginare) imagine
B *vi* (far figura) cut a fine figure; (in lista) appear, figure; **~ in testa al cartellone** Theat get top billing
figu'rarsi *vr* (immaginarsi) imagine; **figurati!** imagine that!; **posso? - [ma] figurati!** may I? - of course!; **grazie - figurati!** thank you - don't mention it!
figura'tivo *adj* figurative
figu'rina *f* (da raccolta) cigarette card; (statuetta) figurine
figuri'nista *mf* dress designer
figu'rino *m* fashion sketch
fi'guro *m* **un losco ~** a shady character
figu'rone *m* **fare un ~** make an excellent impression
fil *m*
■ **fil di ferro** wire
'fila *f* line; (di soldati ecc.) file; (di oggetti) row; (coda) queue; **di ~** in succession; **fare la ~**

f

queue [up], stand in line AmE; **in ~ indiana** single file

fila'mento *m* filament

fi'lanca® *f* type of synthetic stretch fabric

fi'lante *adj* ‹*formaggio*› stringy; **stella ~** (di carta) streamer

filantro'pia *f* philanthropy

filan'tropico *adj* philanthropic

fi'lantropo, -a *mf* philanthropist

fi'lare **A** *vt* spin; Naut pay out
B *vi* (andarsene) run away; ‹*liquido*› trickle; ‹*ragionamento*› hang together; **fila!** infml scram!; **~ con** infml (amoreggiare) go out with; **~ dritto** toe the line
C *m* (di viti, alberi) row

filar'monica *f* (orchestra) orchestra

filar'monico *adj* philharmonic

fila'strocca *f* rigmarole; (per bambini) nursery rhyme

filate'lia *f* philately, stamp collecting

fila'telico, -a *mf* philatelist

fi'lato **A** *adj* spun; (ininterrotto) running; (continuato) uninterrupted; **di ~** (subito) immediately; **andare dritto ~ a** go straight to
B *m* yarn

fila|'tore, -trice *mf* spinner

fila'tura *f* spinning; (filanda) spinning mill

file *m inv* Comput file

filetta'tura *f* (di vite) thread

fi'letto *m* (bordo) border; ‹*di vite*› thread; Culin fillet
■ **filetto ai ferri** grilled fillet of beef

fili'ale **A** *adj* filial
B *f* Comm branch

filibusti'ere *m* rascal

fili'forme *adj* stringy

fili'grana *f* filigree; (su carta) watermark

fi'lippica *f* invective

filip'pino, -a *adj & nmf* Filipino

film *m inv* film
■ **film catastrofico** disaster movie; **film comico** comedy; **film drammatico** drama; **film di fantascienza** science fiction film; **film giallo** thriller; **film a lungometraggio** feature film; **film dell'orrore** horror film; **film poliziesco** detective film; **film verità** docudrama

fil'mare *vt* film

fil'mato **A** *adj* filmed
B *m* short film

fil'mina *f* film strip

fil'mino *m* home movie

'filo *m* thread; (tessile) yarn; (metallico) wire; (di lama) edge; (venatura) grain; (di perle) string; (d'erba) blade; (di luce) ray; **un ~ di** (poco) a drop of; **con un ~ di voce** in a whisper; **per ~ e per segno** in detail; **fare il ~ a qualcuno** fancy somebody; **perdere il ~** lose the thread; **essere appeso a un ~** be hanging by a thread; **essere sul ~ del rasoio** be on a knife-edge; **un ~ d'aria** a breath of air; **un ~ di speranza** a glimmer of hope
■ **filo interdentale** dental floss; **filo a piombo** plumb line; **filo spinato** barbed wire

filo+ *pref* philo+

filoameri'cano *adj* pro-American

'filobus *m inv* trolleybus

filocomu'nista *adj* pro-communist

filodiffusi'one *f* rediffusion

filodram'matica *f* amateur dramatic society

filolo'gia *f* philology

filo'logico *adj* philological

fi'lologo, -a *mf* philologist

filon'cino *m* ≈ French stick

fi'lone *m* vein; (di pane) long loaf, Vienna loaf

fi'loso *adj* stringy

filoso'fia *f* philosophy

fi'losofo, -a *mf* philosopher

fil'traggio *m* filtering

fil'trare *vt* filter

'filtro *m* filter
■ **filtro chiamate** Teleph call screening; **filtro dell'olio** oil filter

'filza *f* string

fin ▶ **fino**[1]

fi'nale **A** *adj* final
B *m* end; **~ a sorpresa** surprise ending
C *f* Sport final

fina'lista *mf* finalist

finalità *f inv* finality; (scopo) aim

final'mente *adv* at last; (in ultimo) finally

fi'nanza *f* finance; **Guardia di ~** *body of police officers responsible for border control and for investigating fraud*; **intendenza di ~** inland revenue office

finanzia'mento *m* funding

finanzi'are *vt* fund, finance

finanzi'aria *f* investment company; (holding) holding company; Jur finance bill

finanzi'ario *adj* financial

finanzia|'tore, -trice *mf* backer

finanzi'ere *m* financier; (guardia di finanza) customs officer

finché *conj* until; (per tutto il tempo che) as long as

'fine **A** *adj* fine; (sottile) thin; ‹*udito, vista*› keen; (raffinato) refined
B *f* end; **alla ~** in the end; **alla fin ~** after all; **in fin dei conti** when all's said and done; **che ~ ha fatto Anna?** what became of Anna?; **che ~ hanno fatto le chiavi?** where have the keys got to?; **senza ~** endless
C *m* aim; **andare a buon ~** be successful; **te lo dico a fin di bene** I'm telling you for your own good
■ **fine settimana** weekend

fi'nestra *f* window
■ **finestra a battenti** casement window

fine'strella *f* Comput box
■ **finestrella di aiuto** help window; **finestrella di dialogo** dialog box, dialogue box BrE; **finestrella di messaggio** message box
fine'strino *m* Rail, Auto window
fi'nezza *f* fineness; (sottigliezza) thinness; (raffinatezza) refinement
'fingere *vt* pretend; feign ‹*affetto ecc.*›
'fingersi *vr* pretend to be
fini'menti *mpl* finishing touches; (per cavallo) harness *sg*
fini'mondo *m* end of the world; fig pandemonium
fi'nire *vt* finish, end; (smettere) stop; (diventare, andare a finire) end up; **finiscila!** stop it!
fi'nito *adj* finished; (abile) accomplished
fini'tura *f* finish
finlan'dese **A** *adj* Finnish
B *mf* Finn
C *m* (lingua) Finnish
Fin'landia *f* Finland
'fino¹ *prep* ~ a till, until; (spazio) as far as; ~ **all'ultimo** to the last; ~ **alla nausea** ‹*ripetere, leggere*› ad nauseam; **fin da** (tempo) since; (spazio) from; **fin dall'inizio** from the beginning; **fin qui** as far as here; **fin troppo** too much; ~ **a che punto** how far
'fino² *adj* fine; (acuto) subtle; (puro) pure
fi'nocchio *m* fennel; infml (omosessuale) poof
fi'nora *adv* so far, up till now
'finta *f* pretence, sham; Sport feint; **far** ~ **di** pretend to; **far** ~ **di niente** act as if nothing had happened; **per** ~ (per scherzo) for a laugh
'finto, -a **A** pp di **fingere**
B *adj* false; (artificiale) artificial; **finta pelle** fake leather; **fare il** ~ **tonto** act dumb
finzi'one *f* pretence
fi'occo *m* bow; (di neve) flake; (nappa) tassel; Naut jib; **coi fiocchi** fig excellent; **fiocchi** *pl* **di avena** oatmeal; (cotti) porridge; **fiocchi** *pl* **di granoturco** cornflakes; **fiocchi** *pl* **di latte** cottage cheese
■ **fiocco di neve** snowflake
fi'ocina *f* harpoon
fi'oco *adj* weak; ‹*luce*› dim
fi'onda *f* catapult
fio'raio, -a *mf* florist
fiorda'liso *m* cornflower
fi'ordo *m* fiord
fi'ore *m* flower; **a fior d'acqua** on the surface of the water; **a fiori** flowery; **in** ~ flowering; **fior di** (abbondanza) a lot of; **il fior** ~ **di** the cream of; **ha i nervi a fior di pelle** his nerves are on edge; **nel** ~ **degli anni** in one's prime; **è il suo** ~ **all'occhiello** that's a feather in his cap; **suo figlio è il suo** ~ **all'occhiello** his son is his pride and joy
■ **fiori d'arancio** *pl* orange blossom; **fiore di campo** wild flower; **fior di latte** (formaggio) soft cheese; **fiore selvatico** wild flower; **fiori di zucca fritti** *pl* fried pumpkin flowers
fio'rente *adj* ‹*industria*› booming
fioren'tina *f* (bistecca) T-bone steak
fioren'tino *adj* Florentine
fio'retto *m* (scherma) foil; Relig act of mortification
fi'ori *mpl* (nelle carte) clubs
fiori'era *f* container
fio'rino *m*
■ **fiorino olandese** guilder
fio'rire *vi* flower; ‹*albero*› blossom; fig flourish
fio'rista *mf* florist; (negozio) florist's
fiori'tura *f* flowering; (di albero) blossoming; (insieme di fiori) flowers *pl*
fio'rone *m* (fico) early fig
fi'otto *m* (di sangue) spurt; **scorrere a flotti** pour out; **piove a fiotti** the rain is pouring down
Fi'renze *f* Florence
'firma *f* signature; (nome) name
firma'mento *m* firmament
fir'mare *vt* sign
firma'tario, -a *mf* signatory
fir'mato *adj* ‹*quadro, lettera*› signed; ‹*abito, borsa*› designer *attrib*
fisar'monica *f* accordion
fi'scale *adj* fiscal
fisca'lista *mf* tax consultant
fiscaliz'zare *vt* finance with government funds
fischi'are **A** *vi* whistle; **mi fischiano le orecchie** I've got a ringing noise in my ears; fig my ears are burning
B *vt* whistle; (in segno di disapprovazione) boo
fischi'ata *f* whistle
fischiet'tare *vt* whistle
fischiet'tio *m* whistling
fischi'etto *m* whistle
'fischio *m* whistle; **fischi** *pl* Theat booing; **prendere fischi per fiaschi** get hold of the wrong end of the stick
'fisco *m* Inland Revenue BrE, IRS AmE; (tasse) taxation; **il** ~ the taxman
'fisica *f* physics *sg*
■ **fisica atomica** atomic physics; **fisica nucleare** nuclear physics
fisica'mente *adv* physically
'fisico, -a **A** *adj* physical
B *mf* physicist
■ **fisico nucleare** atomic scientist
C *m* physique
'fisima *f* whim
fisiolo'gia *f* physiology
fisio'logico *adj* physiological
fisi'ologo, -a *mf* physiologist
fisiono'mia *f* features *pl*, face; (di paesaggio) appearance
fisiotera'pia *f* physiotherapy
fisiotera'pista *mf* physiotherapist, physio infml

f

fissa'mente *adv* fixedly; (permanentemente) steadily

fis'sare *vt* fix, fasten; (guardare fissamente) stare at; arrange ‹*appuntamento, ora*›

fis'sarsi *vr* (stabilirsi) settle; (fissare lo sguardo) stare; ~ **su** (ostinarsi) set one's mind on; ~ **di fare qualcosa** become obsessed with doing something

fissa'tivo *m* Phot fixative

fis'sato, -a A *adj* (persona) obsessed; (al muro) fixed; (prezzo) agreed
B *m* (persona) person with an obsession

f

fissa'tore *m* hair spray

fissazi'one *f* fixation; (ossessione) obsession

'fisso A *adj* fixed; **un lavoro** ~ a regular job; **senza fissa dimora** of no fixed abode; **avere una ragazza fissa** have a steady girlfriend
B *adv* fixedly; **guardare** ~ **negli occhi qualcuno** stare at somebody; ‹*innamorato*› gaze into somebody's eyes

fitotera'pia *f* herbalism; (per piante) plant health

'fitta *f* sharp pain

fit'tavolo *m* tenant

fit'tizio *adj* fictitious

'fitto¹ A *adj* thick; ~ **di** full of
B *m* depth

'fitto² *m* (affitto) rent; **dare a** ~ let; **prendere a** ~ rent; (noleggiare) hire

fiu'mana *f* swollen river; fig stream

fi'ume A *m* river; fig stream
B *adj inv* ‹*discussione*› endless, never-ending; **romanzo** ~ roman-fleuve

fiu'tare *vt* smell; ‹*animale*› scent; snort ‹*cocaina*›

fi'uto *m* [sense of] smell; fig nose

'flaccido *adj* flabby

fla'cone *m* bottle

flagel'lare *vt* flog

flagellazi'one *f* flagellation

fla'gello *m* scourge

fla'grante *adj* flagrant; **in** ~ in the act

fla'menco *m* flamenco

flan *m inv* baked custard

fla'nella *f* flannel

'flangia *f* (su ruota) flange

flash *m inv* Phot flash; Journ newsflash

flau'tista *mf* flautist

'flauto *m* flute
■ **flauto diritto** recorder; **flauto traverso** flute

'flebile *adj* feeble

fle'bite *f* phlebitis

flebo'clisi *f* drip

'flemma *f* calm; Med phlegm

flem'matico *adj* phlegmatic

fles'sibile *adj* flexible

flessibilità *f inv* flexibility

flessi'one *f* (del busto in avanti) forward bend; (a terra) sit-up; (delle ginocchia) knee bend; (di vendite, produzione) drop, fall

fles'sivo *adj* Gram inflected

'flesso A pp di **flettere**
B *adj* Gram inflected

flessu'oso *adj* supple

'flettere *vt* bend

flip-'flop *m inv* flip flop

flir'tare *vi* flirt

F.lli *abbr* (**fratelli**) Bros.

'floppy disk *m inv* floppy disk

'flora *f* flora

'florido *adj* flourishing

floroviva'istica *f* ‹*attività*› growing under glass

'floscio *adj* limp; (flaccido) flabby

'flotta *f* fleet

flot'tiglia *f* flotilla

flu'ente *adj* fluent

fluidità *f inv* fluidity; (nel parlare) fluency

'fluido *m* fluid

flu'ire *vi* flow

fluore'scente *adj* fluorescent

fluore'scenza *f* fluorescence

flu'oro *m* fluorine

fluo'ruro *m* fluoride

'flusso *m* flow; Med flux; (del mare) flood tide
■ **flusso e riflusso** ebb and flow; **flusso di cassa** cash flow

'flutti *mpl* billows

fluttu'ante *adj* fluctuating

fluttu'are *vi* ‹*prezzi*› fluctuate; ‹*moneta*› float

fluttuazi'one *f* fluctuation; (di moneta) floating

fluvi'ale *adj* river *attrib*

fo'bia *f* phobia

'fobico *adj* phobic

'foca *f* seal

fo'caccia *f* (pane) flat bread; (dolce) ≈ raisin bread

fo'cale *adj* ‹*distanza, punto*› focal

focaliz'zare *vt* get into focus ‹*fotografia*›; focus ‹*attenzione*›; define ‹*problema*›

'foce *f* mouth

fo'chista *m* stoker

foco'laio *m* Med focus; fig centre

foco'lare *m* hearth; (caminetto) fireplace; Techn furnace

fo'coso *adj* fiery

'fodera *f* lining; (di libro) dust jacket; (di poltrona ecc.) loose cover

fode'rare *vt* line; cover ‹*libro*›

fode'rato *adj* lined; ‹*libro*› covered

'foga *f* impetuosity

'foggia *f* fashion; ‹*maniera*› manner; (forma) shape

foggi'are *vt* mould

---

key word

'foglia *f* leaf; (di metallo) foil; **mangiare la ~** catch on
■ **foglia di alloro** bay leaf
fogli'ame *m* foliage
fogliet'tino *m*
■ **fogliettino igienico** (per pannolini) nappy liner
fogli'etto *m* (pezzetto di carta) piece of paper
'foglio *m* sheet; (pagina) leaf; (di domanda, iscrizione) form
■ **foglio di carta** sheet of paper; **foglio elettronico** Comput spreadsheet; **foglio illustrativo** instruction leaflet; **foglio protocollo** foolscap; **foglio rosa** provisional driving licence; **foglio di via** expulsion order
'fogna *f* sewer
fogna'tura *f* sewerage
fohn *m inv* hair dryer
fo'lata *f* gust
fol'clore *m* folklore
folclo'ristico *adj* folk; (bizzarro) weird
folgo'rante *adj* ‹*idea*› brilliant
folgo'rare **A** *vi* (splendere) shine
B *vt* (con un fulmine) strike
folgo'rato *adj* fig thunderstruck
folgorazi'one *f* (da fulmine, elettrica) electrocution; fig (idea) brainwave
'folgore *f* thunderbolt
'folio **in ~** *adj* folio
'folla *f* crowd
'folle *adj* mad; ‹*velocità*› breakneck; **in ~** Auto in neutral; **andare in ~** Auto coast
folleggi'are *vi* paint the town red
folle'mente *adv* madly
fol'letto *m* elf
fol'lia *f* madness; **alla ~** ‹*amare*› to distraction; **costare una ~** cost the earth; **fare una ~** go mad; **farei follie per lei** I'd do anything for her
'folto *adj* thick
fomen'tare *vt* stir up
fond'ale *m* Theat backcloth
■ **fondale marino** sea bed
fonda'menta *fpl* foundations
fondamen'tale *adj* fundamental
fondamenta'lismo *m* fundamentalism
fondamenta'lista *mf* fundamentalist
fonda'mento *m* (di principio, teoria) foundation; **privo di ~** groundless, without foundation
fon'dant *m inv* fondant
fon'dare *vt* establish; base ‹*ragionamento, accusa*›
fon'darsi *vr* be based (**su** on)
fon'dato *adj* ‹*ragionamento*› well-founded; **~ su** based on
fondazi'one *f* establishment; **fondazioni** *pl* (di edificio) foundations
fon'delli *mpl* **prendere qualcuno per i ~** infml pull somebody's leg
fon'dente *adj* ‹*cioccolato*› dark
'fondere **A** *vt* melt; fuse ‹*metallo*›
B *vi* melt; ‹*metallo*› fuse; ‹*colori*› blend
fonde'ria *f* foundry
'fondersi *vr* melt; Comm merge
'fondo **A** *adj* deep; **è notte fonda** it's the middle of the night
B *m* bottom; (fine) end; (sfondo) background; (indole) nature; (somma di denaro) fund; (feccia) dregs *pl*; (terreno) land; **[sci di] ~** cross-country skiing; **andare a ~** ‹*nave*› sink; **in ~** after all; **in ~ a** at the end/bottom of; **in ~ in ~** deep down; **fino in ~** right to the end; ‹*capire*› thoroughly; **andare fino in ~ a qualcosa** get to the bottom of something; **dar ~ a** use up; **a doppio ~** false bottomed; **toccare il ~** touch bottom; fig hit rock bottom; **senza ~** bottomless; **fondi** *pl* (denaro) funds; (di caffè) grounds; **fondi** *pl* **di magazzino** old stock; **fondi** *pl* **neri** slush fund; **fondi** *pl* **sovrani** sovereign wealth funds
■ **articolo di fondo** (in giornale) editorial; **fondo fiduciario** trust fund; **fondo [comune] di investimento** investment trust; **Fondo Monetario Internazionale** International Monetary Fund; **fondo pensione** pension fund; **fondo per la ricostruzione** disaster fund; **fondo sopravvenienze passive** contingency fund; **fondo stradale** road surface
fondo'tinta *m inv* foundation [cream]
fon'due *f* (di formaggio) fondue
fon'duta *f* fondue
fo'nema *m* phoneme
fo'netica *f* phonetics *sg*
fo'netico *adj* phonetic
fonolo'gia *f* phonology
fon'tana *f* fountain; (di farina) well
fonta'nella *f* drinking fountain; Anat fontanelle
'fonte **A** *f* spring; fig source
B *m* font
fon'tina *f soft mature cheese often used in cooking*
'football *m*
■ **football americano** American football
foraggi'are *vt* fodder
fo'raggio *m* forage
fo'rare **A** *vt* pierce: punch ‹*biglietto*›
B *vi* puncture
fo'rarsi *vr* ‹*gomma, pallone*› go soft
fora'tura *f* puncture
'forbici *fpl* scissors; **un paio di ~** a pair of scissors
■ **forbici da siepe** garden shears; **forbici a zigzag** pinking shears, pinking scissors
forbi'cina *f* earwig; **forbicine** *pl* (per le unghie) nail scissors
for'bito *adj* erudite
'forca *f* fork; (patibolo) gallows *pl*
for'cella *f* fork; (per capelli) hairpin

f

for'chetta *f* fork; **essere una buona ~** enjoy one's food
forchet'tata *f* (quantità) forkful
forchet'tone *m* carving fork
for'cina *f* hairpin
'forcipe *m* forceps *pl*
for'cone *m* pitchfork
fo'rense *adj* forensic
fo'resta *f* forest
■ **foresta equatoriale** rain forest; **Foresta Nera** Black Forest
fore'stale *adj* forest *attrib*; **la Forestale** *branch of the police with responsibility for national forests*
foreste'ria *f* guest rooms *pl*
foresti'ero, -a **A** *adj* foreign
B *mf* foreigner
for'fait *m inv* fixed price; **dare ~** (abbandonare) give up; **prezzo [a] forfait** all-in price; **contratto [a] forfait** lump sum contract
forfe'tario *adj* flat rate
'forfora *f* dandruff
'forgia *f* forge
forgi'are *vt* forge
'forma *f* form; (sagoma) shape; Culin mould; (per scarpe) shoe tree; (di calzolaio) last; **essere in ~** be in good form; **in (gran) ~** (very) fit, on (top) form; **a ~ di** in the shape of; **sotto ~ di** in the form of; **forme** *pl* (del corpo) curves; (convenzioni) appearances
formag'gera *f* [covered] cheese board
formag'gino *m* processed cheese
for'maggio *m* cheese
■ **formaggio erborinato** blue cheese
for'male *adj* formal
forma'lina *f* formalin
forma'lismo *m* formalism
forma'lista *mf* formalist
formalità *f inv* formality
formaliz'zare *vt* formalize
formaliz'zarsi *vr* stand on ceremony, be formal
formal'mente *adv* formally
'forma 'mentis *f inv* way of thinking, mindset
for'mare *vt* form; dial ‹*numero di telefono*›
for'marsi *vr* form; (svilupparsi) develop
for'mato *m* size; (di libro, dischetto) format
■ **formato famiglia** economy pack, economy size; **formato tessera** ‹*fotografia*› passport size
format'tare *vt* format
formattazi'one *f* formatting
formazi'one *f* formation; Sport line-up; **in ~** in the process of being formed
■ **formazione professionale** vocational training; **formazione professionale postlaurea** graduate training scheme
for'mella *f* tile
for'mica[1] *f* ant
'formica®[2] *f* Formica
formi'caio *m* anthill
formichi'ere *m* anteater
formico'lare *vi* ‹*braccio ecc.*› tingle; **~ di** be swarming with; **mi formicola la mano** I have pins and needles in my hand
formico'lio *m* swarming; (di braccio ecc.) pins and needles *pl*
formi'dabile *adj* (tremendo) formidable; (eccezionale) tremendous
for'mina *f* mould
for'moso *adj* curvy
'formula *f* formula; **assolvere con ~ piena** acquit
■ **formula di cortesia** polite form of address
formu'lare *vt* formulate; (esprimere) express
formulazi'one *f* formulation
for'nace *f* furnace; (per laterizi) kiln
for'naio, -a *mf* baker; (negozio) bakery
fornel'letto *m*:
■ **fornelletto da campeggio** camping stove; **fornelletto a gas** gas stove
for'nello *m* stove; (di pipa) bowl
■ **fornello da campeggio** camping stove
fornicazi'one *f* fornication
for'nire *vt* supply (**di** with); **~ qualcosa a qualcuno** supply somebody with something
for'nirsi *vr* **~ di** provide oneself with
forni'tore *m* supplier
■ **fornitore di servizi [Internet]** [Internet] service provider
forni'tura *f* supply; **forniture** *pl* **per ufficio** office supplies
'forno *m* oven; (panetteria) bakery; **al ~** roast; **da ~** ‹*stoviglie*› ovenproof
■ **forno autopulente** self-cleaning oven; **forno crematorio** cremator; **forno elettrico** electric oven; **forno a gas** gas oven; **forno a microonde** microwave [oven]
'foro *m* hole; (romano) forum; (tribunale) [law] court
'forse *adv* perhaps, maybe; **essere in ~** be in doubt
forsen'nato, -a **A** *adj* mad
B *mf* madman; madwoman
'forte **A** *adj* strong; ‹*colore*› bright; ‹*suono*› loud; (resistente) tough; ‹*spesa*› considerable; ‹*dolore*› severe; ‹*pioggia*› heavy; infml (simpatico) great; ‹*taglia*› large; **essere ~ in qualcosa** be good at something
B *adv* strongly; ‹*parlare*› loudly; (velocemente) fast; ‹*piovere*› heavily
C *m* (fortezza) fort; (specialità) strong point
for'tezza *f* fortress; (forza morale) fortitude
fortifi'care *vt* fortify
fortifi'cato *adj* ‹*città*› walled
for'tino *m* Mil blockhouse
for'tissimo *adj* ‹*caffè, liquore*› extra strong

for'tuito *adj* fortuitous; **incontro** ~ chance encounter

for'tuna *f* fortune; (successo) success; (buona sorte) luck; **atterraggio di** ~ forced landing; **aver** ~ be lucky; **buona** ~! good luck!; **di** ~ makeshift; **per** ~ luckily; **hai una** ~ **sfacciata!** infml you lucky blighter!

fortu'nale *m* storm

fortunata'mente *adv* fortunately

fortu'nato *adj* lucky, fortunate; ‹*impresa*› successful

fortu'noso *adj* ‹*giornata*› eventful

fo'runcolo *m* pimple; (grosso) boil

forunco'loso *adj* spotty

'forza *f* strength; (potenza) power; (fisica) force; **di** ~ by force; **a** ~ **di** by dint of; **con** ~ hard; ~! come on!; **in** ~ **di** under, in accordance with; ~ **maggiore** circumstances beyond one's control; **la** ~ **pubblica** the police; **le forze armate** the armed forces; **per** ~ against one's will; (naturalmente) of course; **farsi** ~ bear up; **mare** ~ **8** force 8 gale; **bella** ~! infml big deal!; **che** ~! (che simpatico, divertente) cool eh?

■ **forza di gravità** [force of] gravity; **forza lavoro** workforce; **forze** *pl* **di mercato** market forces; **forza di volontà** willpower

for'zare *vt* force; (scassare) break open; (sforzare) strain

for'zato **A** *adj* forced; ‹*sorriso*› strained **B** *m* convict

forza'tura *f* (di cassaforte) forcing; **sostenere che ... è una** ~ to maintain that ... is forcing things

forzi'ere *m* coffer

for'zuto *adj* strong

fo'schia *f* haze, mist

'fosco *adj* dark

fo'sfato *m* phosphate

'fosforo *m* phosphorus

'fossa *f* pit; (tomba) grave

■ **fossa biologica** cesspool; **fossa comune** mass grave; **fossa dell'orchestra** orchestra pit

fos'sato *m* (di fortificazione) moat

fos'setta *f* (di guancia) dimple

'fossile *m* fossil

'fosso *m* ditch; Mil trench

'foto *f inv* infml photo; **fare delle** ~ take some photos

foto'camera *f* camera

■ **fotocamera digitale** digital camera; infml digicam

foto'cellula *f* photocell

fotocomposi'tore, -trice *mf* filmsetter

fotocomposizi'one *f* filmsetting, photocomposition

foto'copia *f* photocopy

fotocopi'are *vt* photocopy

fotocopia'trice *f* photocopier

foto'finish *m inv* photo finish

foto'gallery *f* photogallery

foto'genico *adj* photogenic

fotogiorna'lista *mf* photojournalist

fotogra'fare *vt* photograph

fotogra'fia *f* (arte) photography; (immagine) photograph; **fare fotografie** take photographs

■ **fotografia aerea** aerial photography

foto'grafico *adj* photographic; **macchina fotografica** camera

fo'tografo, -a *mf* photographer; (negozio) photographer's

foto'gramma *m* frame

fotoincisi'one *f* photo engraving

fotomo'dello, -a *mf* [photographer's] model

fotomon'taggio *m* photomontage

foto'ottica *f* camera shop and optician's

fotorepor'tage *m inv* photo essay

fotore'porter *mf inv* newspaper photographer; (di rivista) magazine photographer

fotori'tocco *m* retouching, image manipulation

fotoro'manzo *m* photo story

foto'sintesi *f* photosynthesis

'fottere *vt* sl (rubare) nick; sl (imbrogliare) screw; vulg fuck, screw

'fottersene *vr* vulg not give a fuck; **va' a farti** ~! vulg fuck off!

fot'tuto *adj* sl (maledetto) bloody

fou'lard *m inv* scarf

'foxhound *m inv* foxhound

fox-'terrier *m inv* fox terrier

fo'yer *m inv* foyer

fra *prep* (in mezzo a due) between; (in un insieme) among; (tempo, distanza) in; **detto** ~ **noi** between you and me; ~ **sé e sé** to oneself; ~ **l'altro** what's more; ~ **breve** soon; ~ **quindici giorni** in two weeks' time; ~ **tutti, siamo in venti** there are twenty of us altogether

fracas'sare *vt* smash

fracas'sarsi *vr* shatter

fracas'sato *adj* smashed

fra'casso *m* din; (di cose che cadono) crash

fracas'sone, -a *mf* clumsy person

'fradicio *adj* (bagnato) soaked; **ubriaco** ~ blind drunk

'fragile *adj* fragile; fig frail

fragilità *f inv* fragility; fig frailty

'fragola *f* strawberry

fra'gore *m* uproar; (di cose rotte) clatter; (di tuono) rumble

frago'roso *adj* uproarious; ‹*tuono*› rumbling; ‹*suono*› clanging

fra'grante *adj* fragrant

fra'granza *f* fragrance

frain'tendere *vt* misunderstand

frain'tendersi *vr* be at cross purposes

frain'teso pp di **fraintendere**

f

frammen'tario *adj* fragmentary
fram'mento *m* fragment
fram'misto *adj* ~ **di** interspersed with
'frana *f* landslide; infml (persona) walking disaster area
fra'nare *vi* slide down
franca'mente *adv* frankly
france'scano *adj & nm* Franciscan
fran'cese A *adj* French
B *m* Frenchman; (lingua) French
C *f* Frenchwoman
france'sina *f* (scarpa) brogue
fran'chezza *f* frankness; **in tutta** ~ in all honesty
fran'chigia *f*
■ **franchigia bagaglio** (per aereo) baggage allowance
'Francia *f* France
'franco¹ *adj* frank; Comm free; **farla franca** get away with something; **parlare** ~ speak frankly
■ **franco a bordo** free on board; **franco domicilio** delivered free of charge; **franco fabbrica** ex-works; **franco di porto** carriage free, carriage paid
'franco² *m* (moneta) franc
franco'bollo *m* stamp
franco-cana'dese *adj & nmf* French Canadian
fran'cofono *adj* Francophone, French-speaking
Franco'forte *f* Frankfurt
fran'gente *m* (onda) breaker; (scoglio) reef; fig (momento difficile) crisis; **in quel** ~ in the circumstances
fran'getta *f* fringe
'frangia *f* fringe
frangi'flutti *m inv* bulwark
frangi'vento *m* windbreak
fra'noso *adj* subject to landslides
fran'toio *m* olive press
frantu'mare *vt* shatter
frantu'marsi *vr* shatter
fran'tumi *mpl* splinters; **in** ~ smashed; **andare in** ~ be smashed to smithereens
frappé *m inv* milkshake
frap'porre *vt* interpose
frap'porsi *vr* intervene
fra'sario *m* vocabulary; (libro) phrase book
'frasca *f* [leafy] branch; **saltare di palo in** ~ jump from subject to subject
'frase *f* sentence; (espressione) phrase
■ **frase fatta** cliché
fraseolo'gia *f* phrases *pl*
'frassino *m* ash [tree]
frastagli'are *vt* make jagged
frastagl'iato *adj* jagged
frastor'nare *vt* daze
frastor'nato *adj* dazed
frastu'ono *m* racket
'frate *m* friar; (monaco) monk
fratel'lanza *f* brotherhood
fratel'lastro *m* step brother, half-brother
fratel'lino *m* little brother
fra'tello *m* brother; **fratelli** *pl* (fratello e sorella) brother and sister; Relig brethren
■ **fratello gemello** twin brother; **fratello di sangue** blood brother
fraternità *f inv* brotherhood
fraterniz'zare *vi* fraternize
fra'terno *adj* brotherly
fratri'cida A *adj* fratricidal
B *m* fratricide
frat'taglie *fpl* (di pollo ecc.) giblets
frat'tanto *adv* in the meantime
frat'tura *f* fracture
frattu'rare *vt* break
frattu'rarsi *vr* break
fraudo'lento *adj* fraudulent
frazi'one *f* fraction; (borgata) hamlet; (paese) *administrative division of a municipality*
'freccia *f* arrow; Auto indicator
frecci'ata *f* (osservazione pungente) cutting remark
fredda'mente *adv* coldly
fred'dare *vt* cool; fig (con sguardo, battuta) cut down; (uccidere) kill
fred'dezza *f* coldness
'freddo *adj & nm* cold; **aver** ~ be cold; **fa** ~ it's cold; **a** ~ ‹*sparare*› in cold blood; ‹*lavare*› in cold water
freddo'loso *adj* sensitive to cold, chilly
fred'dura *f* pun
fre'gare *vt* rub; infml (truffare) cheat; infml (rubare) swipe; **fregarsene** infml not give a damn; **me ne frego!** I don't give a damn!; **chi se ne frega!** what the heck!
fre'garsi *vr* rub ‹*occhi, mani*›
fre'gata *f* rub; (nave) frigate
frega'tura *f* infml (truffa) swindle; (delusione) let-down
'fregio *m* Archit frieze; (ornamento) decoration
'fregola *f* rutting; **avere la** ~ **di fare qualcosa** infml have a craze for doing something
fre'mente *adj* quivering
'fremere *vi* quiver
'fremito *m* quiver
fre'nare A *vt* brake; fig restrain; hold back ‹*lacrime, impazienza*›
B *vi* brake
fre'narsi *vr* check oneself
fre'nata *f* **fare una** ~ **brusca** hit the brakes
frene'sia *f* frenzy; (desiderio smodato) craze
frenetica'mente *adv* frantically
fre'netico *adj* frantic
'freno *m* brake; fig check; **togliere il** ~ release the brake; **usare il** ~ apply the

brake; **tenere a ~** restrain; **tenere a ~ la lingua** hold one's tongue; **porre un ~ a** fig rein in; **freni** *pl* **a disco** disc brakes
■ **freno a mano** handbrake; **freno a pedale** footbrake

frequen'tare *vt* frequent; attend ‹*scuola ecc.*›; mix with ‹*persone*›; **non ci frequentiamo più** we don't see each other any more

fre'quente *adj* frequent; **di ~** frequently

fre'quenza *f* frequency; (assiduità) attendance

'fresa *f* mill

fre'sare *vt* mill

fre'schezza *f* freshness; (di temperatura) coolness

'fresco A *adj* fresh; ‹*temperatura*› cool; **~ di studi** fresh out of school; **stai ~!** infml you're for it!; **se ti vede stai ~** infml you're done for if he sees you
B *m* coolness; **far ~** be cool; **mettere/tenere in ~** put/keep in a cool place; **al ~** infml (in prigione) inside

fre'scura *f* cool

'fresia *f* freesia

'fretta *f* hurry, haste; **aver ~** be in a hurry; **mettere ~ a qualcuno** hurry somebody; **in ~ e furia** in a great hurry; **andarsene in ~** rush away; **senza [nessuna] ~** at your/his etc leisure

frettolosa'mente *adv* hurriedly

fretto'loso *adj* ‹*persona*› hasty; ‹*lavoro*› rushed, hurried

fri'abile *adj* crumbly

fricas'sea *f stewed meat served with an egg and lemon sauce*

'friggere A *vt* fry; **vai a farti ~!** get lost!
B *vi* sizzle; **~ di impazienza** be on tenterhooks

friggi'trice *f* electric chip pan

frigidità *f inv* frigidity

'frigido *adj* frigid

fri'gnare *vi* whine

fri'gnone, -a *mf* whiner

'frigo *m inv* fridge

frigo'bar *m inv* minibar

frigocongela'tore *m* fridge-freezer

frigo'rifero A *adj* refrigerating; ‹*camion*› refrigerated
B *m* refrigerator

fringu'ello *m* chaffinch

'frisbee® *m inv* frisbee

frit'tata *f* omelette

frit'tella *f* fritter; infml (macchia d'unto) grease stain

'fritto A pp di **friggere**
B *adj* fried; **essere ~** be done for
C *m* fried food
■ **fritto misto** mixed fried fish/vegetables

frit'tura *f* (pietanza) fried dish
■ **frittura di pesce** variety of fried fish

frivo'lezza *f* frivolity

'frivolo *adj* frivolous

frizio'nare *vt* rub

frizi'one *f* friction; Mech clutch; (di pelle) rub

friz'zante *adj* fizzy; ‹*vino*› sparkling; ‹*aria*› bracing

'frizzo *m* gibe

fro'dare *vt* defraud

'frode *f* fraud; **con la ~** Jur under false pretences
■ **frode fiscale** tax evasion

frol'lino *m* (biscotto) ≈ shortbread biscuit

'frollo *adj* tender; ‹*selvaggina*› high; ‹*persona*› spineless; **pasta frolla** short[crust] pastry

'fronda *f* [leafy] branch; fig rebellion

fron'doso *adj* leafy

fron'tale *adj* frontal; ‹*scontro*› head-on

'fronte A *f* forehead; (di edificio) front; **di ~** opposite; **di ~ a** opposite, facing; (a paragone) compared with
B *m* Mil, Pol front; **far ~ a** face

fronteggi'are *vt* face

fronte'spizio *m* title page

fronti'era *f* frontier, border

fron'tone *m* pediment

'fronzolo *m* frill

'frotta *f* swarm; (di animali) flock

'frottola *f* fib; **frottole** *pl* nonsense *sg*

fru'gale *adj* frugal

fru'gare A *vi* rummage
B *vt* search

fru'ire *vi* **~ di** make use of, take advantage of

frul'lare A *vt* Culin whisk
B *vi* ‹*ali*› whirr

frul'lato *m*
■ **frullato di frutta** *fruit drink with milk and crushed ice*

frulla'tore *m* [electric] mixer

frul'lino *m* whisk

fru'mento *m* wheat

frusci'are *vi* rustle

fru'scio *m* rustle; (radio, giradischi) ground noise; (di acque) murmur

'frusta *f* whip; (frullino) whisk

fru'stare *vt* whip

fru'stata *f* lash

fru'stino *m* riding crop

fru'strare *vt* frustrate

fru'strato *adj* frustrated

frustrazi'one *f* frustration

'frutta *f* fruit; **negozio di ~ e verdura** greengrocer's
■ **frutta esotica** exotic fruit, tropical fruit; **frutta fresca di stagione** seasonal fruit; **frutta secca** nuts *pl*

frut'tare A *vi* bear fruit; Comm give a return
B *vt* yield

frut'teto *m* orchard

frutticol'tore *m* fruit farmer

frutticol'tura *f* fruit farming, fruit growing

frutti'era *f* fruit bowl

frut'tifero *adj* ‹*albero*› fruit-bearing; Fin ‹*deposito*› interest-bearing
frutti'vendolo, -a *mf* greengrocer
'frutto *m* anche fig fruit; Fin yield; **frutti di bosco** *pl* mixed berries; **frutti di mare** *pl* seafood *sg*
■ **frutto della passione** passion fruit
fruttu'oso *adj* profitable
FS *abbr* (**Ferrovie dello Stato**) Italian State Railways
f.to *abbr* (**firmato**) signed
fu *adj* (defunto) late; **il fu signor Rossi** the late Mr Rossi
fuci'lare *vt* shoot, execute by firing squad
fuci'llata *f* shot
fucilazi'one *f* execution [by firing squad]
fu'cile *m* rifle
■ **fucile ad aria compressa** air rifle; **fucile a canne mozze** sawn-off shotgun
fu'cina *f* forge
'fuco *m* kelp
'fucsia *f* fuchsia
'fuga *f* escape; (perdita) leak; (di ciclisti) breakaway; Mus fugue; **darsi alla ~** take to flight; **mettere qualcuno in ~** put somebody to flight
■ **fuga di cervelli** brain drain; **fuga di gradini** flight of steps; **fuga di notizie** leak; **fuga romantica** elopement
fu'gace *adj* fleeting
fug'gevole *adj* short-lived
fuggi'asco, -a *mf* fugitive
fuggi'fuggi *m* stampede
fug'gire *vi* flee; ‹*innamorati*› elope; fig fly
fuggi'tivo, -a *mf* fugitive
'fulcro *m* fulcrum
ful'gore *m* splendour
fu'liggine *f* soot
fuliggi'noso *adj* sooty
full *m inv* (nel poker) full house
fulmi'nante *adj* (sguardo) withering; **è morto di leucemia ~** he died very soon after contracting leukaemia
fulmi'nare *vt* strike by lightning; (con sguardo) look daggers at; (con scarica elettrica) electrocute
fulmi'narsi *vr* burn out
fulmi'nato *adj* **rimanere ~** electrocute oneself
'fulmine *m* lightning; **colpo di ~** fig love at first sight; **un ~ a ciel sereno** a bolt from the blue
ful'mineo *adj* rapid; ‹*sguardo*› withering
'fulvo *adj* tawny
fumai'olo *m* funnel; (di casa) chimney
fu'mante *adj* ‹*minestra, tazza*› steaming
fu'mare *vt & vi* smoke; (in ebollizione) steam; **'vietato ~'** 'no smoking'
fu'mario *adj* (canna) flue
fu'mata *f* (segnale) smoke signal
fuma'tore, -trice *mf* smoker; **non fumatori** ‹*scompartimento*› non-smoker, non-smoking
fu'metto *m* comic strip; **fumetti** *pl* comics
'fumo *m* smoke; (vapore) steam; fig hot air; **andare in ~** vanish; **vendere ~** put on an act; **cercava di vendere ~** it was all hot air; **fumi** *pl* (industriali) fumes; **sotto i fumi dell'alcol** under the influence of alcohol
■ **fumo passivo** passive smoking
fu'mogeno *adj* **cortina fumogena** smoke screen
fu'moso *adj* ‹*ambiente*› smoky; ‹*discorso*› vague
funambo'lesco *adj* acrobatic
fu'nambolo, -a *mf* tightrope walker
'fune *f* rope; (cavo) cable
'funebre *adj* funeral; (cupo) gloomy
fune'rale *m* funeral
fu'nereo *adj* ‹*aria*› funereal
fu'nesto *adj* sad
'fungere *vi* **~ da** act as
'fungo *m* mushroom; Bot, Med fungus; **funghi** *pl* Bot fungi
■ **fungo atomico** mushroom cloud; **fungo commestibile** edible mushroom
funico'lare *f* funicular [railway]
funi'via *f* cableway
funzio'nale *adj* functional
funzionalità *f inv* functionality
funziona'mento *m* functioning
funzio'nare *vi* work, function; **~ da** (fungere da) act as
funzio'nario *m* official
■ **funzionario statale** civil servant
funzi'one *f* function; (carica) office; Relig service; **entrare in ~** take up office; **mettere in ~** ‹*motore*› start up; **vivere in ~ di** live for
fu'oco *m* fire; (fisica, fotografia) focus; **far ~** fire; **dar ~ a** set fire to; **andare a ~** go up in flames; **prendere ~** catch fire; **a ~ vivo** ‹*cuocere*› on a high heat; **a ~ lento** ‹*cuocere*› on a low heat; **'vietato accendere fuochi'** 'no campfires'; **fuochi** *pl* **d'artificio** fireworks
■ **fuoco amico** friendly fire; **fuoco di paglia** nine-days' wonder; **fuochi** *pl* **pirotecnici** pyrotechnics
fuorché *prep* except
fu'ori A *adv* out; (all'esterno) outside; (all'aperto) outdoors; **~!** infml get out!; **~ i soldi!** fork up!; **andare di ~** (traboccare) spill over; **essere ~ di sé** be beside oneself; **essere in ~** (sporgere) stick out; **far ~** infml get rid of; **~ commercio** not for sale; **~ luogo** (inopportuno) out of place; **~ mano** out of the way; **~ moda** old-fashioned; **~ pasto** between meals; **~ pericolo** out of danger; **~ programma** unscheduled;

~ **questione** out of the question; ~ **uso** out of use
B *m* outside
fuori'bordo *m* speedboat (*with outboard motor*); powerboat
fuori'campo *adj inv* Cinema <*voce*> off-screen
fuori'classe *mf inv* champion
fuoricombatti'mento *m* knockout
fuorigi'oco *nm & adv* offside
fuori'legge *mf* outlaw
fuori'pista *m inv* (sci) off-piste skiing
fuori'serie **A** *adj* custom-made
B *f* Auto custom-built model
fuori'strada *m inv* off-road vehicle, off-roader
fuoriu'scita *f* (perdita) leak
fuoriu'scito, -a *mf* exile
fuorvi'are **A** *vt* lead astray
B *vi* go astray
furbacchi'one *m* crafty old devil
fur'bastro, -a *mf* crafty devil
furbe'ria *f* cunning
fur'besco *adj* sly, cunning
fur'bizia *f* cunning
'furbo *adj* sly, cunning; (intelligente) clever; (astuto) shrewd; **bravo ~!** nice one!; **fare il ~** try to be clever
fu'rente *adj* furious
fu'retto *m* ferret
fur'fante *m* scoundrel
furgon'cino *m* delivery van
fur'gone *m* van
■ **furgone postale** mail van
'furia *f* fury; (fretta) haste; **a ~ di** by dint of; **andare su tutte le furie** fly into a rage
furi'bondo *adj* furious
furi'ere *m* Mil quartermaster
furiosa'mente *adv* furiously
furi'oso *adj* furious; <*litigio*> violent
fu'rore *m* fury; (veemenza) frenzy; **far ~** be all the rage
furoreggi'are *vi* be a great success
furtiva'mente *adv* covertly, stealthily
fur'tivo *adj* furtive, stealthy
'furto *m* theft; **commettere un ~** steal; **è un ~!** fig it's daylight robbery!
■ **furto d'auto** car theft; **furto di minore entità** petty theft; **furto con scasso** burglary
'fusa *fpl* **fare le ~** purr
fu'scello *m* (di legno) twig; (di paglia) straw; **sei un ~** you're as light as a feather
fu'seaux *mpl* leggings
fu'sibile *m* fuse
fu'silli *mpl* pasta twirls
fusi'one *f* fusion; Comm merger
■ **fusione fredda** Phys cold fusion
'fuso **A** pp di **fondere**
B *adj* melted
C *m* spindle; **a ~** spindle-shaped
■ **fuso orario** time zone
fusoli'era *f* fuselage
fu'stagno *m* corduroy
fu'stella *f* (talloncino) *part of packaging on prescribed medicine returned by the pharmacist to claim a refund*
fusti'gare *vt* flog; fig castigate
fu'stino *m* (di detersivo) box
'fusto *m* stem; (tronco) trunk; (recipiente di metallo) drum; (di legno) barrel
■ **fusto del letto** bedstead
'futile *adj* futile
futilità *f inv* futility
futu'rismo *m* futurism
futu'rista *mf* futurist
fu'turo *adj & nm* future; **predire il ~** tell fortunes, foretell
■ **futuro anteriore** Gram future perfect

Gg

gabardine *f* (tessuto) gabardine
gab'bare *vt* cheat
gab'barsi *vr* **~ di** make fun of
'gabbia *f* cage; (da imballaggio) crate
■ **gabbia dell'ascensore** lift cage; **gabbia degli imputati** dock; **gabbia toracica** rib cage
gabbi'ano *m* [sea]gull
■ **gabbiano comune** common gull
gabi'netto *m* (di medico) consulting room; Pol cabinet; (toilette) toilet; (laboratorio) laboratory; **andare al ~** go to the toilet; **gabinetti** *pl* **pubblici** public convenience
'Gabon *m* Gabon
ga'elico *m* Gaelic
'gaffa *f* boathook
'gaffe *f inv* blunder
gagli'ardo *adj* vigorous

gai'ezza *f* gaiety
'gaio *adj* cheerful
'gala *f* gala
ga'lante *adj* gallant
galante'ria *f* gallantry
galantu'omo *m* (*pl* **galantuomini**) gentleman
ga'lassia *f* galaxy
gala'teo *m* [good] manners *pl*; (trattato) book of etiquette
gale'otto *m* (rematore) galley slave; (condannato) convict
ga'lera *f* (nave) galley; infml slammer
'galla *f* Bot gall; **a ~** afloat; **venire a ~** surface
galleggi'ante **A** *adj* floating
B *m* craft; (boa) float
galleggi'are *vi* float
galle'ria *f* (traforo) tunnel; (d'arte) gallery; Theat circle; (arcata) arcade; **prima ~** dress circle
■ **galleria aerodinamica** wind tunnel; **galleria d'arte** art gallery
'Galles *m* Wales
gal'lese **A** *adj* Welsh
B *m* Welshman; (lingua) Welsh
C *f* Welshwoman
gal'letta *f* cracker
gal'letto *m* cockerel; **fare il ~** show off, impress the girls
'gallico *adj* Gallic
gal'lina *f* hen
galli'nella *f*
■ **gallinella d'acqua** moorhen
gal'lismo *m* machismo
'gallo *m* cock
■ **gallo cedrone** capercaillie
gal'lone *m* stripe; (misura) gallon
galop'pante *adj* galloping
galop'pare *vi* gallop
galop'pino *m* **fare da ~ a qualcuno** infml be somebody's gopher
ga'loppo *m* gallop; **al ~** at a gallop
galvaniz'zare *vt* galvanize
'gamba *f* leg; (di lettera) stem; **darsela a gambe** take to one's heels; **essere in ~** (essere forte) be strong; (capace) be smart
gam'bale *m* (di stivale) bootleg
gamba'letto *m* pop sock
gambe'retti *mpl* shrimps
■ **gamberetti in salsa rosa** prawn cocktail
'gambero *m* prawn; (di fiume) crayfish
gambe'roni *mpl* king prawns
'Gambia *f* the Gambia
gambiz'zare *vt* kneecap
'gambo *m* stem; (di pianta) stalk
ga'mella *f* billy
game 'point *m inv* game point

ga'mete *m* gamete
'gamma *f* Mus scale; fig range
■ **gamma d'onda** waveband; **gamma di prezzi** price range; **gamma di prodotti** product range
ga'nascia *f* jaw; **ganasce** *pl* **del freno** brake shoes
'gancio *m* hook
'Gange *m* Ganges
'ganghero *m* **uscire dai gangheri** fig get into a temper
'gangster *m inv* gangster
'gara *f* competition; (di velocità) race; **fare a ~** compete
■ **gara d'appalto** call for tenders; **gara a cronometro** time trial
ga'rage *m inv* garage
gara'gista *mf* garage owner
ga'rante *mf* guarantor
garan'tire *vt* guarantee; (rendersi garante) vouch for; (assicurare) assure
garan'tirsi *vr* **~ contro, ~ da** guard against, insure against
garan'tismo *m* protection of civil liberties
garan'tito *adj* guaranteed
garan'zia *f* guarantee; **in ~** under guarantee
■ **garanzia collaterale** collateral; **garanzia di rimborso** money-back guarantee; **garanzia a vita** lifetime guarantee
gar'bare *vi* like; **non mi garba** I don't like it
gar'bato *adj* courteous
'garbo *m* courtesy; (grazia) grace; **con ~** graciously
gar'buglio *m* muddle
gar'denia *f* gardenia
gareggi'are *vi* compete
garga'nella *f* **a ~** from the bottle
garga'rismo *m* gargle; **fare i gargarismi** gargle
ga'ritta *f* sentry box
ga'rofano *m* carnation; **chiodo di ~** clove
gar'retto *m* shank
gar'rire *vi* chirp
gar'rotta *f* garrotte
'garrulo *adj* garrulous
'garza *f* gauze
gar'zone *m* boy
■ **garzone di stalla** stable boy
gas *m inv* gas; **dare ~** Auto accelerate; **a ~** gas-fired; **a tutto ~** flat out
■ **gas asfissiante** poisonous gas; **gas esilarante** laughing gas; **gas lacrimogeno** tear gas; **gas nobile** inert gas; **gas propellente** propellant; **gas di scarico** *pl* exhaust fumes; **gas serra** greenhouse gas
gas'dotto *m* natural gas pipeline
ga'solio *m* diesel oil
■ **gasolio invernale** diesel containing anti-freeze

key word

ga'sometro *m* gasometer
gas'sare *vt* aerate; (uccidere col gas) gas
gas'sato *adj* gassy
gas'soso, -a *adj* gaseous
'gastrico *adj* gastric
ga'strite *f* gastritis
gastroente'rite *f* gastroenteritis
gastrono'mia *f* gastronomy
gastro'nomico *adj* gastronomic[al]
ga'stronomo, -a *mf* gourmet
'gatta *f* **una ~ da pelare** a headache
gatta'buia *nf hum* clink
gatta'iola *f* cat flap
gat'tile *m* cattery
gat'tino, -a *mf* kitten
'gatto, -a *mf* cat; **c'erano solo quattro gatti** there were only a few people
■ **gatto delle nevi** snowmobile; **gatto a nove code** cat-o'-nine-tails; **gatto selvatico** wildcat
gat'toni *adv* on all fours
gat'tuccio *m* dogfish
gau'dente *adj* pleasure-loving
'gaudio *m* joy
ga'vetta *f* mess tin; **fare la ~** rise through the ranks
gay *adj inv* gay
Gaza *f* **la striscia di ~** the Gaza strip
ga'zebo *m inv* gazebo
'gazza *f* magpie
gaz'zarra *f* racket; **fare ~** make a racket
gaz'zella *f* gazelle; Auto police car
gaz'zetta *f* gazette
■ **Gazzetta Ufficiale** official journal
gazzet'tino *m* (titolo) title page; (rubrica) page
gaz'zosa *f* clear lemonade
GB *abbr* (**Gran Bretagna**) GB
'geco *m* gecko
ge'lare *vt & vi* freeze; **far ~ il sangue** make somebody's blood run cold
ge'lata *f* frost
gela'taio, -a A *mf* ice-cream seller
B *m* (negozio) ice-cream shop
gelate'ria *f* ice-cream parlour
gelati'era *f* ice-cream maker
gela'tina *f* gelatine; (dolce) jelly
■ **gelatina di frutta** fruit jelly
gelati'noso *adj* gelatinous
ge'lato A *adj* frozen
B *m* ice-cream
■ **gelato alla vaniglia** vanilla ice-cream
'gelido *adj* freezing
'gelo *m* (freddo intenso) freezing cold; (brina) frost; fig chill
ge'lone *m* chilblain
gelosa'mente *adv* jealously
gelo'sia *f* jealousy
ge'loso *adj* jealous
'gelso *m* mulberry (tree)
gelso'mino *m* jasmine
gemel'laggio *m* twinning
gemel'lare A *vt* twin
B *adj* twin
ge'mello, -a *adj & nmf* twin; **gemelli** *pl* (di polsino) cuff-link; **Gemelli** *pl* Astr Gemini *sg*
■ **gemelli** *pl* **monozigoti** identical twins
'gemere *vi* groan
'gemito *m* groan
'gemma *f* gem; Bot bud
gemmolo'gia *f* gemmology
gen'darme *m* gendarme
'gene *m* gene
genealo'gia *f* genealogy
genea'logico *adj* genealogical
gene'rale¹ *adj* general; **in ~** (tutto sommato) in general, on the whole; **parlando in ~** generally speaking
gene'rale² *m* Mil general
■ **generale di divisione** major-general
generalità *f inv* (qualità) generality, general nature; (maggior parte) majority; **~** *pl* (dati) particulars *pl*
generaliz'zare *vt* generalize
generalizzazi'one *f* generalization
general'mente *adv* generally
gene'rare *vt* give birth to; (causare) breed; Techn generate
genera'tore *m* Techn generator
generazio'nale *adj* generation *attrib*
generazi'one *f* generation; **di ~ in ~** from generation to generation
'genere *m* kind; Biol genus; Gram gender; (letterario, artistico) genre; (prodotto) product; **cose del ~** such things; **il ~ umano** mankind; **in ~** generally; **generi** *pl* **alimentari** provisions; **generi** *pl* **di prima necessità** essentials
generica'mente *adv* generically
ge'nerico *adj* generic; **medico ~** general practitioner
'genero *m* son-in-law
generosa'mente *adv* generously
generosità *f inv* generosity
gene'roso *adj* generous
'genesi *f* genesis
genetica'mente *adv* genetically; **~ modificato** genetically modified
ge'netico, -a A *adj* genetic
B *f* genetics *sg*
gene'tista *mf* geneticist
gen'giva *f* gum
geni'ale *adj* ingenious; (congeniale) congenial
geni'ere *m* Mil sapper
'genio *m* genius; **andare a ~ a qualcuno** be to one's taste
■ **genio civile** civil engineering; **genio incompreso** misunderstood genius; **genio [militare]** Engineers

g

geni'tale A *adj* genital
B *m* **genitali** *pl* genitals
geni'tore *m* parent
gen'naio *m* January
geno'cidio *m* genocide
ge'noma *m* genome
geno'teca *f* gene library
'Genova *f* Genoa
geno'vese *adj* Genoese
gen'taglia *f* rabble
'gente *f* people *pl*
gen'tile *adj* kind; **Gentile Signore** (in lettere) Dear Sir
genti'lezza *f* kindness; **per ~** (per favore) please
gentil'mente *adv* kindly
gentilu'omo (*pl* **gentiluomini**) *m* gentleman
genu'flettersi *vr* kneel down
genuina'mente *adv* genuinely
genu'ino *adj* genuine; ‹*cibo, prodotto*› natural
genzi'ana *f* gentian
geo'fisica *f* geophysics *sg*
geo'fisico, -a *mf* geophysician
geogra'fia *f* geography
geo'grafico *adj* geographical
ge'ografo, -a *mf* geographer
geolo'gia *f* geology
geo'logico *adj* geological
ge'ologo, -a *mf* geologist
ge'ometra *mf* surveyor
geome'tria *f* geometry
geometrica'mente *adv* geometrically
geo'metrico *adj* geometric[al]
geopo'litico *adj* geopolitical
Ge'orgia *f* Georgia
geo'termico *adj* geothermal, geothermic
ge'ranio *m* geranium
gerar'chia *f* hierarchy
gerarchica'mente *adv* hierarchically
ge'rarchico *adj* hierarchic[al]
ger'billo *m* gerbil
ge'rente A *m* manager
B *f* manageress
'gergo *m* jargon; (dei giovani) slang
■ **gergo burocratico** bureaucratic jargon
geri'atra[1] *mf* geriatrician
geria'tria[2] *f* geriatrics *sg*
geri'atrico *adj* geriatric
'gerla *f* wicker basket
Ger'mania *f* Germany
■ **Germania [dell']Est** East Germany; **Germania [dell']Ovest** West Germany
ger'manico *adj* Germanic
'germe *m* germ; fig (principio) seed
■ **germe di grano** wheat germ

germogli'are *vi* sprout
ger'moglio *m* sprout; **in ~** Bot sprouting; **germogli** *pl* **di soia** bean sprouts
gero'glifico *m* hieroglyph; **geroglifici** *pl* hieroglyphics
geron'tologo, -a *mf* gerontologist
ge'rundio *m* gerund
Gerusa'lemme *f* Jerusalem
ges'setto *m* chalk
'gesso *m* chalk; Med (scultura) plaster
ge'staccio *m* ≈ V-sign
gestazi'one *f* gestation
gestico'lare *vi* gesticulate
gestio'nale *adj* management *attrib*
gesti'one *f* management
■ **gestione aziendale** business management; **gestione dei dati** Comput data management; **gestione disco** Comput disk management; **gestione dell'energia** energy resource management; **gestione del flusso di cassa** cash flow management; **gestione patrimoniale** financial management
ge'stire *vi* manage; **~ male** mishandle
ge'stirsi *vr* budget one's time and money
'gesto *m* gesture (*pl f* **gesta**) (azione) deed
ge'store *m* manager
Gesù *m inv* Jesus
■ **Gesù bambino** baby Jesus
gesu'ita *m* Jesuit
gesu'itico *adj* Jesuit *attrib*
get'tare *vt* throw; (scagliare) fling; (emettere) spout; Techn fig cast; **~ via** throw away
get'tarsi *vr* throw oneself; **~ in** ‹*fiume*› flow into
get'tata *f* throw; Techn casting
'gettito *m*
■ **gettito fiscale** tax revenue
'getto *m* throw; (di liquidi, gas) jet; **a ~ continuo** in a continuous stream; **di ~** straight off
getto'nato *adj* ‹*canzone*› popular
get'tone *m* token; (per giochi) counter; **a ~** coin operated
gettoni'era *f* coin box
'geyser *m inv* geyser
'Ghana *m* Ghana
ghe'pardo *m* cheetah
'gheppio *m* kestrel
gher'mire *vt* grasp
'ghette *fpl* (per neonato) leggings
ghettiz'zare *vt* ghettoize
'ghetto *m* ghetto
ghiacci'aia *f* icebox
ghiacci'aio *m* glacier
ghiacci'are *vt & vi* freeze
ghiacci'ato *adj* frozen; (freddissimo) ice-cold
ghi'accio *m* ice; Auto black ice
■ **ghiaccio secco** dry ice
ghiacci'olo *m* icicle; (gelato) ice lolly

ghi'aia *f* gravel
ghiai'oso *adj* gritty
ghi'anda *f* acorn
ghian'daia *f* jay
ghi'andola *f* gland
■ **ghiandola pituitaria** pituitary gland; **ghiandola sudoripara** sweat gland; **ghiandola surrenale** adrenal gland
ghigliot'tina *f* guillotine
ghi'gnare *vi* sneer
'ghigno *m* sneer
ghi'otto *adj* greedy, gluttonous; (appetitoso) appetizing
ghiot'tone, -a *mf* glutton
ghiottone'ria *f* (caratteristica) gluttony; (cibo) tasty morsel
ghiri'goro *m* flourish
ghir'landa *f* (corona) wreath; (di fiori) garland
'ghiro *m* dormouse; **dormire come un ~** sleep like a log
'ghisa *f* cast iron
già *adv* already; (un tempo) formerly; **~!** indeed!; **~ da ieri** since yesterday
gi'acca *f* jacket
■ **giacca a vento** windcheater
giacché *conj* since
giac'cone *m* jacket
gia'cenza *f* **giacenze** *pl* **di magazzino** unsold stock
gia'cere *vi* lie
giaci'mento *m* deposit
■ **giacimento di petrolio** oil deposit
gia'cinto *m* hyacinth
gi'ada *f* jade
giaggi'olo *m* iris
giagu'aro *m* jaguar
gial'lastro *adj* yellowish
gi'allo *adj & nm* yellow; **[libro] giallo** crime novel; **[film] giallo** thriller
■ **giallo dell'uovo** egg yolk
Gia'maica *f* Jamaica
giamai'cano, -a *adj & nmf* Jamaican
gian'duia *m inv soft hazelnut chocolate typical of Piedmont*
Giap'pone *m* Japan
giappo'nese *adj & nmf* Japanese
gi'ara *f* jar
giardi'naggio *m* gardening
giardini'ere, -a A *mf* gardener
■ **giardiniera di verdure** *diced, mixed vegetables, cooked and pickled*
giar'dino *m* garden
■ **giardino d'infanzia** kindergarten; **giardino pensile** roof garden; **giardini** *pl* **pubblici** park; **giardino zoologico** zoo
giarretti'era *f* garter
Gi'ava *f* Java
giavel'lotto *m* javelin
Gi'buti *f* Djibouti
gi'gante *m* giant
gigan'tesco *adj* gigantic
gigantogra'fia *f* blow-up
'giglio *m* lily
gilè *m inv* waistcoat
gin *m inv* gin
gin'cana *f* gymkhana
ginecolo'gia *f* gynaecology
gineco'logico *adj* gynaecological
gine'cologo, -a *mf* gynaecologist
gi'nepro *m* juniper
gi'nestra *f* broom
Gi'nevra *f* Geneva
gingil'larsi *vr* fiddle; (perder tempo) potter
gin'gillo *m* plaything; (ninnolo) knick-knack
gin'nasio *m* (scuola) grammar school
gin'nasta *mf* gymnast
gin'nastica *f* gymnastics *sg*; (esercizi) exercises *pl*
■ **ginnastica ritmica** eurhythmics
ginocchi'ata *f* **prendere una ~** bang one's knee
ginocchi'era *f* knee pad
gi'nocchio *m* (*pl m* **ginocchi** *o f* **ginocchia**) knee; **in ~** on one's knees, kneeling; **mettersi in ~** kneel down; (per supplicare) go down on one's knees; **al ~** ‹*gonna*› knee-length
ginocchi'oni *adv* kneeling
gio'care *vt & vi* play; (giocherellare) toy; (d'azzardo) gamble; (puntare) stake; (ingannare) trick; **~ a calcio/a pallavolo** play football/volleyball; **~ d'astuzia** be crafty; **~ d'azzardo** gamble; **~ in Borsa** speculate on the Stock Exchange; **~ in casa** Sport fig play at home
gio'carsi *vr* **~ la carriera** throw one's career away
gioca|'tore, -trice *mf* player; (d'azzardo) gambler
gio'cattolo *m* toy
giocherel'lare *vi* toy; (nervosamente) fiddle
giocherel'lone *adj* skittish
gi'oco *m* game; (di bambini) Techn play; (d'azzardo) gambling; (scherzo) joke; (insieme di pezzi ecc.) set; **essere in ~** be at stake; **fare il doppio ~ con qualcuno** double-cross somebody; **è un ~ da ragazzi** infml it's a cinch
■ **gioco elettronico** computer game; **giochi** *pl* **della gioventù** nation-wide sports tournament for children; **gioco dell'oca** snakes and ladders; **Giochi** *pl* **Olimpici** Olympic Games; **giochi** *pl* **online** on-line gaming; **gioco di parole** play on words; **gioco di pazienza** game of manual skill; **gioco di prestigio** conjuring trick; **gioco di società** board game
giocoli'ere *m* juggler
gio'coso *adj* playful

g

gi'ogo *m* yoke
gi'oia *f* joy; (gioiello) jewel; (appellativo) sweetie
gioielle'ria *f* jeweller's [shop]
gioi'elli *mpl* jewellery
gioielli'ere, -a *mf* jeweller; (negozio) jeweller's
gioi'ello *m* jewel
gioiosa'mente *adv* joyfully
gioi'oso *adj* joyful
gio'ire *vi* ~ **per** rejoice at
Gior'dania *f* Jordan
gior'dano, -a *adj & nmf* Jordanian
giorna'laio, -a *mf* newsagent, news dealer
gior'nale *m* [news]paper; (diario) journal
■ **giornale di bordo** logbook; **giornale gratuito** freebie; **giornale del mattino** morning paper; **giornale radio** radio news; **giornale della sera** evening paper
giornali'ero **A** *adj* daily
B *m* (per sciare) day pass
giorna'lino *m* comic
giorna'lismo *m* journalism
giorna'lista *mf* journalist
giornal'mente *adv* daily
gior'nata *f* day; **buona ~!** have a good day!; **in ~** today; **a ~** ‹*essere pagato*› on a day-to-day basis; **vivere alla ~** live from day to day
■ **giornata lavorativa** working day
gi'orno *m* day; **al ~** per day; **al ~ d'oggi** nowadays; **di ~** by day; **in pieno ~** in broad daylight; **un ~ sì, un ~ no** every other day; **~ per ~** day by day
■ **giorno di chiusura** closing day; **giorno delle elezioni** polling day; **giorno fatidico** (importante) D-Day; **giorno feriale** weekday; **giorno festivo** public holiday; **giorno del giudizio** Judgement Day; **giorno dei morti** All Souls' day; **giorno di paga** pay day
gi'ostra *f* merry-go-round
gio'strarsi *vr* manage
giova'mento *m* **trarre ~ da** derive benefit from
gi'ovane **A** *adj* young; (giovanile) youthful
B *m* youth; young man; **giovani** *pl* young people
C *f* girl, young woman
giova'nile *adj* youthful; ‹*scritto*› early
giova'notto *m* young man
gio'vare *vi* ~ **a** be useful to; (far bene a) be good for
gio'varsi *vr* ~ **di** avail oneself of
Gi'ove *m* Jupiter, Jove
giovedì *m inv* Thursday; **di ~** on Thursdays
■ **giovedì grasso** *last Thursday before Lent*; **giovedì santo** Maundy Thursday
gioventù *f inv* youth; (i giovani) young people *pl*; **~ bruciata** young drop-outs *pl*

giovi'ale *adj* jovial
giovi'nezza *f* youth
gi'rabile *adj* ‹*assegno*› endorsable
gira'dischi *m inv* record player
gi'raffa *f* giraffe; Cinema boom
gira'mondo *mf inv* globetrotter; **da ~** globetrotting
gi'randola *f* (fuoco d'artificio) Catherine wheel; (giocattolo) windmill; (banderuola) weathercock
gi'rare **A** *vt* turn; (andare intorno, visitare) go round; Comm endorse; Cinema shoot
B *vi* turn; ‹*aerei, uccelli*› circle; (andare in giro) wander; **~ sotto...** Comput run under ...; **mi gira la testa** I feel dizzy; **far ~ la testa a qualcuno** make somebody's head spin; **far ~ le scatole a qualcuno** infml drive somebody round the twist; **~ al largo** steer clear
girar'rosto *m* spit
gi'rarsi *vr* turn [round]
gira'sole *m* sunflower
gi'rata *f* turn; Comm endorsement; (in macchina ecc.) ride; **fare una ~** (a piedi) go for a walk; (in macchina) go for a ride
gira'volta *f* spin; fig U-turn
gi'rello *m* (per bambini) baby walker; Culin topside
gi'revole *adj* revolving; **ponte ~** swing bridge
gi'rino *m* tadpole
'giro *m* turn; (circolo) circle; (percorso) round; (viaggio) tour; (passeggiata) short walk; (in macchina) drive; (in bicicletta) ride; (circolazione di denaro) circulation; **andare a fare un ~** (a piedi) go for a stroll; (in macchina) go for a drive; (in bicicletta) go for a cycle ride; **fare il ~ di** go round; **nel ~ di un mese/anno** within a month/year; **prendere in ~ qualcuno** pull somebody's leg; **sentir dire in ~ qualcosa** hear something on the grapevine; **a ~ di posta** by return mail
■ **giro d'affari** Comm turnover; **giro in barca** boat trip; **giro guidato** guided tour; **giro [della] manica** armhole; **giri** *pl* **al minuto** revs per minute, rpm; **giro d'onore** lap of honour; **giri** *pl* **di parole** beating about the bush; **giro di pista** lap; **giro di prova** trial lap; **giro turistico** sightseeing tour; **giro vita** waist measurement; **giro di vite** fig clampdown
giro'collo *m* choker; **a ~** round-neck
gi'rone *m* round
■ **girone di andata** first half of the season; **girone di ritorno** second half of the season
gironzo'lare *vi* wander about
giro'tondo *m* ring-a-ring o' roses
girova'gare *vi* wander about
gi'rovago *m* wanderer
'gita *f* trip; **andare in ~** go on a trip
■ **gita didattica** field trip; **gita organizzata** package tour; **gita in pullman** coach trip; **gita scolastica** school trip
gi'tano, -a *mf* gipsy

g

key word

gi'tante *mf* tripper

✓ **giù** *adv* down; (sotto) below; (dabbasso) downstairs; **a testa in ~** (a capofitto) headlong; **essere ~** (di morale) be down, be depressed; (di salute) be run down; **~ di corda** down; **~ di lì, su per ~** more or less; **non andare ~ a qualcuno** stick in somebody's craw

gi'ubba *f* jacket; Mil tunic

giub'botto *m* bomber jacket, jerkin

■ **giubbotto antiproiettile** bulletproof vest; **giubbotto di pelle** leather jacket; **giubbotto di salvataggio** life jacket

gi'ubilo *m* rejoicing

✓ **giudi'care** *vt* judge; (ritenere) consider

gi'udice *m* judge

■ **giudice conciliatore** Justice of the Peace, JP; **giudice di gara** umpire; **giudice di linea** linesman; **giudice di pace** Justice of the Peace, JP

giudizi'ario *adj* legal, judicial

✓ **giu'dizio** *m* judgement; (opinione) opinion; (senno) wisdom; (processo) trial; (sentenza) sentence; **mettere ~** become wise

■ **giudizio universale** Last Judgement

giudizi'oso *adj* sensible

✓ **gi'ugno** *m* June

giugu'lare *f* jugular

giul'lare *m* jester

giu'menta *f* mare

giun'chiglia *f* jonquil

gi'unco *m* reed

✓ **gi'ungere** **A** *vi* arrive; **~ a** (riuscire) succeed in; **mi giunge nuovo** it's news to me
B *vt* (unire) join

gi'ungla *f* jungle

■ **giungla d'asfalto** concrete jungle

✓ **gi'unta** *f* addition; **per ~** in addition

■ **giunta comunale** district council; **giunta [militare]** [military] junta

gi'unto **A** pp di **giungere**
B *m* Mech joint

■ **giunto sferico** ball-and-socket joint

giun'tura *f* joint

giuo'care, giuoco = **giocare, gioco**

giura'mento *m* oath; **sotto ~** under oath; **prestare ~** take the oath

■ **giuramento d'Ippocrate** Hippocratic oath

✓ **giu'rare** *vt & vi* swear

giu'rato, -a **A** *adj* sworn
B *mf* juror

giu'ria *f* jury

giu'ridico *adj* legal

giurisdizi'one *f* jurisdiction

giurispru'denza *f* jurisprudence

giu'rista *mf* jurist

giu'stezza *f* justness

✓ **giustifi'care** *vt* justify

giustifi'carsi *vr* justify oneself; **~ di** *o* **per qualcosa** give an explanation for something

giustificazi'one *f* justification

✓ **giu'stizia** *f* justice; **farsi ~ da sé** take the law into one's own hands

giustizi'are *vt* execute

giustizi'ere *m* executioner

✓ **gi'usto** **A** *adj* just, fair; (adatto) right; (esatto) exact
B *m* (uomo retto) just man; (cosa giusta) right
C *adv* exactly; **~ ora** just now

glaci'ale *adj* glacial

gladia'tore *m* gladiator

gla'diolo *m* gladiolus

'glassa *f* Culin icing

glau'coma *m* glaucoma

✓ **gli** **A** (def art) *m pl*, the; ▶ **il**
B *pers pron* (a lui) [to] him; (a esso) [to] it; (a loro) [to] them; **non ~ credo** I don't believe him/them

glice'mia *f* glycaemia

glice'rina *f* glycerine

'glicine *m* wisteria

gli'elo *pron* (a lui) to him; (a lei) to her; (a loro) to them; (a Lei, forma di cortesia) to you; **~ prestai** I lent it to him/her etc; **gliel'ho chiesto** I've asked him/her etc

glie'ne *pron* (di ciò) of it; **~ ho dato un po'** I gave him/her/them/you some [of it]; **~ ho parlato** I've talked to him/her etc about it

glis'sare *vi* avoid the issue; **~ su qualcosa** skate over something

glo'bale *adj* global; fig overall

globalizzazi'one *f* globalization

global'mente *adv* globally

'globo *m* globe

■ **globo oculare** eyeball; **globo terrestre** globe

'globulo *m* globule; Med corpuscle

■ **globulo bianco** white cell, white corpuscle; **globulo rosso** red cell, red corpuscle

✓ **'gloria** *f* glory

glori'arsi *vr* **~ di** be proud of

glorifi'care *vt* glorify

gloriosa'mente *adv* gloriously

glori'oso *adj* glorious

'glossa *f* gloss

glos'sario *m* glossary

glottolo'gia *f* linguistics *sg*

glu'cosio *m* glucose

glutam'mato *m*

■ **glutammato di sodio** monosodium glutamate

'gluteo *m* buttock

'gnocchi *mpl* (di patate) *small flour and potato dumplings*

'gnomo *m* gnome

'gnorri *m* **fare lo ~** play dumb

'goal *m inv* goal; **fare un ~** score *or* get a goal

'gobba *f* hump

'gobbo, -a **A** *adj* hunchbacked
B *mf* hunchback

goc'cetto *m* pick-me-up

g

'goccia *f* drop; (di sudore) bead; **è stata l'ultima ~** it was the last straw
■ **goccia di pioggia** raindrop; **goccia di rugiada** dewdrop
goccio'lare *vi* drip
goccio'lio *m* dripping
go'dere *vi* sl (sessualmente) come; **~ di qualcosa** enjoy something, make the most of something
go'dersi *vr* **~ qualcosa** enjoy something; **godersela** have a good time
godi'mento *m* enjoyment
gof'faggine *f* awkwardness
goffa'mente *adv* awkwardly
'goffo *adj* awkward
go-'kart *m inv* go-kart
'gola *f* throat; (ingordigia) gluttony; Geog gorge; (di camino) flue; **avere mal di ~** have a sore throat; **far ~ a qualcuno** tempt somebody
go'letta *f* schooner
golf *m inv* jersey; Sport golf
gol'fino *m* jumper
'golfo *m* gulf
goli'ardico *adj* student *attrib*
golosità *f inv* greediness; (cibo) tasty morsel
go'loso *adj* greedy
'golpe *m inv* coup
go'mena *f* painter
gomi'tata *f* nudge; **dare una ~ a qualcuno** elbow somebody
'gomito *m* elbow; **alzare il ~** infml (bere) raise one's elbow; **~ a ~** (lavorare) side by side
go'mitolo *m* ball
'gomma *f* rubber; (colla) gum; (pneumatico) tyre; **avere una ~ a terra** have a flat
■ **gomma arabica** gum arabic; **gomma da masticare** chewing gum; **gomma di scorta** spare tyre
gommapi'uma® *f* foam rubber
gom'mino *m* rubber tip
gom'mista *m* tyre specialist
gom'mone *m* [rubber] dinghy
gom'moso *adj* chewy
'gondola *f* gondola
gondoli'ere *m* gondolier
gonfa'lone *m* banner
gonfi'abile *adj* inflatable
gonfi'are **A** *vi* swell
B *vt* blow up; pump up ‹*pneumatico*›; (esagerare) exaggerate
gonfi'arsi *vr* swell; ‹*acque*› rise
'gonfio *adj* swollen; ‹*pneumatico*› inflated
gonfi'ore *m* swelling
gongo'lante *adj* overjoyed
gongo'lare *vi* be overjoyed
goni'ometro *m* protractor

'gonna *f* skirt
■ **gonna pantalone** culottes *pl*; **gonna a pieghe** pleated skirt; **gonna a portafoglio** wrap-around skirt
gonor'rea *f* gonorrhoea
'gonzo *m* simpleton
gorgheggi'are *vi* warble
gor'gheggio *m* warble
'gorgo *m* whirlpool
gorgogli'ante *adj* burbling, gurgling
gorgogli'are *vi* gurgle
gor'goglio *m* burble
gorgon'zola *f strong, soft blue cheese*
go'rilla *m inv* gorilla; (guardia del corpo) bodyguard, minder
'gota *f* cheek
'gotico *adj* & *nm* Gothic
'gotta *f* gout
gover'nante *f* housekeeper
gover'nare *vt* govern; (dominare) rule; (dirigere) manage; (curare) look after
governa'tivo *adj* government
governa'tore *m* governor
go'verno *m* government; (dominio) rule; **al ~** in power
■ **governo ombra** shadow cabinet
'gozzo *m* (di animale) crop; Med goitre; infml throat
gozzovigli'are *vi* eat, drink and be merry
gr, **GR** *nm abbr* (**giornale radio**) radio news
gracchi'are *vi* caw; fig ‹*persona*› screech
'gracchio *m* caw
graci'dare *vi* croak
'gracile *adj* delicate
gra'dasso *m* braggart
gradata'mente *adv* gradually
gradazi'one *f* gradation
■ **gradazione alcolica** alcohol content; **a bassa gradazione alcolica** ‹*birra*› low alcohol
gra'devole *adj* agreeable
gradevol'mente *adv* pleasantly, agreeably
gradi'ente *m* gradient
gradi'mento *m* liking; **indice di ~** Radio, TV popularity rating; **non è di mio ~** it's not to my liking
gradi'nata *f* flight of steps; (di stadio, teatro) tiers *pl*
gra'dino *m* step
gra'dire *vt* like; (desiderare) wish
gra'dito *adj* pleasant; (bene accetto) welcome
'grado *m* degree; (rango) rank; **di buon ~** willingly; **essere in ~ di fare qualcosa** be in a position to do something; (essere capace a) be able to do something; **per gradi** ‹*procedere*› by degrees
gradu'ale *adj* gradual
gradual'mente *adv* gradually
gradu'are *vt* graduate

gradu'ato **A** *adj* graded; (provvisto di scala graduata) graduated
B *m* Mil *non-commissioned officer*
gradua'toria *f* list
graduazi'one *f* graduation
'graffa *f* clip; (segno grafico) brace
graf'fetta *f* staple
graffi'are *vt* scratch
graffia'tura *f* scratch
'graffio *m* scratch
gra'fia *f* [hand]writing; (ortografia) spelling
'grafica *f* graphics *sg*; (disciplina) graphics *sg*, graphic design
■ **grafica pubblicitaria** commercial art
grafica'mente *adv* in graphics, graphically
'grafico **A** *adj* graphic
B *m* graph; (persona) graphic designer
■ **grafico a torta** pie chart
gra'fite *f* graphite
gra'fologo, -a *mf* graphologist
gra'migna *f* weed
gram'matica *f* grammar
grammati'cale *adj* grammatical
grammatical'mente *adv* grammatically
gram'matico *m* grammarian
'grammo *m* gram[me]
gram'mofono *m* gramophone
gran ▶ **grande**
gran'turco *m* corn
'grana *f* grain; (formaggio) Parmesan; infml (seccatura) trouble; infml (soldi) readies *pl*
gra'naio *m* barn
gra'nata *f* Mil grenade; (frutto) pomegranate
granati'ere *m* Mil grenadier
gra'nato *m* garnet
Gran Bre'tagna *f* Great Britain
gran'cassa *f* bass drum
gran'cevola *f* spiny spider crab
'granchio *m* crab; fig (errore) blunder; **prendere un ~** make a blunder
grandango'lare *m* wide-angle lens
gran'dangolo *m* wide-angle lens
'grande **A** (*a volte* **gran**) *adj* (ampio) large; (grosso) big; (alto) tall; (largo) wide; fig (senso morale) great; (grandioso) grand; (adulto) grown-up; **~ e grosso** beefy; **ho una gran fame** I'm very hungry; **fa un gran caldo** it's very hot; **in ~** on a large scale; **in gran parte** to a great extent; **non è un gran che** it is nothing much; **di gran carriera** hotfoot; **un gran ballo** a grand ball; **alla ~** sl in a big way
B *mf* (persona adulta) grown-up; (persona eminente) great man/woman
grandeggi'are *vi* **~ su** tower over; (darsi arie) show off
gran'dezza *f* greatness; (ampiezza) largeness; (larghezza) width, breadth; (dimensione) size; (fasto) grandeur; (prodigalità) lavishness; **a ~ naturale** life-size
grandi'nare *vi* hail; **grandina** it's hailing
'grandine *f* hail
grandiosità *f inv* grandeur
grandi'oso *adj* grand
gran'duca *m* grand duke
grandu'cato *m* grand duchy
grandu'chessa *f* grand duchess
gra'nello *m* grain; (di frutta) pip
gra'nita *f crushed ice drink*
gra'nito *m* granite
'grano *m* grain; (frumento) wheat
■ **grano di pepe** peppercorn; **grano saraceno** buckwheat
grano'turco *m* corn
'granulo *m* granule
'grappa *f very strong, clear spirit distilled from grapes*; (morsa) cramp
'grappolo *m* bunch
■ **grappolo d'uva** bunch of grapes
gras'setto *m* bold [type]
gras'sezza *f* fatness; (untuosità) greasiness
'grasso **A** *adj* fat; ‹*cibo*› fatty; (unto) greasy; ‹*terreno*› rich; (grossolano) coarse
B *m* fat; (sostanza) grease; **a basso contenuto di grassi** low-fat; **senza grassi** non-fat, fat-free
gras'soccio *adj* plump
gras'sone, -a *mf* dumpling
'grata *f* grating
gra'tella *f* Culin grill
gra'ticcio *m* (per piante) trellis; (stuoia) rush matting
gra'ticola *f* Culin grill
gra'tifica *f* bonus
gratificazi'one *f* satisfaction
gra'tin *m inv* gratin
■ **gratin di patate** *potatoes with grated cheese*
grati'nare *vt* cook au gratin
grati'nato *adj* au gratin
'gratis *adv* free
grati'tudine *f* gratitude
'grato *adj* grateful; (gradito) pleasant
gratta'capo *m* trouble
grattaci'elo *m* skyscraper
'gratta e 'vinci *m inv* scratch card
grat'tare **A** *vt* scratch; (raschiare) scrape; (grattugiare) grate; infml (rubare) pinch
B *vi* grate
grat'tarsi *vr* scratch oneself
grat'tugia *f* grater
grattugi'are *vt* grate
gratuita'mente *adv* free [of charge]
gra'tuito *adj* free [of charge]; (ingiustificato) gratuitous
gra'vare **A** *vt* burden
B *vi* **~ su** weigh on
'grave *adj* (pesante) heavy; (serio) serious; (difficile) hard; ‹*voce, suono*› low; (fonetica) grave; **essere ~** (gravemente ammalato) be seriously ill
grave'mente *adv* seriously, gravely

g

gravi'danza *f* pregnancy
■ **gravidanza extrauterina** ectopic pregnancy; **gravidanza indesiderata** unwanted pregnancy
'gravido *adj* pregnant
gravità *f inv* seriousness; Phys gravity
gravi'tare *vi* gravitate
gra'voso *adj* onerous
🔑 **'grazia** *f* grace; (favore) favour; Jur pardon; **entrare nelle grazie di qualcuno** get into somebody's good books; **ministero di ~ e giustizia** Ministry of Justice
grazi'are *vt* pardon
'grazie *int* thank you!, thanks!; **~ mille!** many thanks!, thanks a lot!; **~ a Dio/al cielo!** thank God/goodness!; **~ a** thanks to
grazi'oso *adj* charming; (carino) pretty
'Grecia *f* Greece
🔑 **'greco, -a** *adj & nmf* Greek
■ **greco antico** (lingua) classical Greek
gre'gario A *adj* gregarious
B *m* (ciclismo) supporting rider
'gregge *m* flock
'greggio A *adj* raw
B *m* (petrolio) crude [oil]
grembi'ale, grembi'ule *m* apron
'grembo *m* lap; (utero) womb; fig bosom
gre'mire *vt* pack
gre'mirsi *vr* become crowded (**di** with)
gre'mito *adj* packed
'gretto *adj* stingy; (di vedute ristrette) narrow-minded
'greve *adj* heavy
'grezzo *adj* = **greggio**
🔑 **gri'dare** A *vi* shout; (di dolore) scream; ‹*animale*› cry
B *vt* shout; **~ qualcosa ai quattro venti** shout something from the rooftops
🔑 **'grido** *m* (*pl m* **gridi** *o pl f* **grida**) shout, cry; (di animale) cry; **all'ultimo ~** the latest fashion; **scrittore di ~** celebrated writer
■ **grido d'aiuto** cry for help; **grido di battaglia** battle cry
🔑 **'grigio** *adj & nm* grey
■ **grigio perla** pearl grey
'griglia *f* grill; **alla ~** grilled; **cuocere alla ~** grill
grigli'ata *f* barbecue
■ **grigliata mista** mixed grill; **grigliata di pesce** grilled fish
gril'letto *m* trigger
'grillo *m* cricket; fig (capriccio) whim
grimal'dello *m* picklock
'grinfia *f* fig clutch
'grinta *f* grit
grin'toso *adj* determined
'grinza *f* wrinkle; (di stoffa) crease; **non fare una ~** fig ‹*ragionamento*› be flawless
grip'pare *vi* Mech seize up

gri'sou *m* firedamp
gris'sino *m* bread stick
'grizzly *m inv* grizzly
groenlan'dese A *adj* of Greenland
B *mf* Greenlander
Groen'landia *f* Greenland
'groggy *adj inv* punch-drunk
'gronda *f* eaves *pl*
gron'daia *f* gutter
gron'dare *vi* pour; (essere bagnato fradicio) be dripping wet
'groppa *f* back
'groppo *m* knot; **avere un ~ alla gola** have a lump in one's throat
gros'sezza *f* size; (spessore) thickness
gros'sista *mf* wholesaler
🔑 **'grosso** A *adj* big, large; (spesso) thick; (grossolano) coarse; (grave) serious
B *m* big part; (massa) bulk; **farla grossa** do a stupid thing
grossolanità *f inv* (qualità) coarseness; (di errore) grossness; (gesto) boorishness
grosso'lano *adj* coarse; ‹*errore*› gross; ‹*comportamento*› boorish
grosso'modo *adv* roughly
'grotta *f* cave, grotto
grot'tesco *adj & nm* grotesque
grovi'era *mf* Gruyère
gro'viglio *m* tangle; fig muddle
gru *f inv* (uccello, edilizia) crane
'gruccia *f* (stampella) crutch; (per vestito) hanger
■ **gruccia appendiabiti** clothes hanger
grufo'lare *vi* root
gru'gnire *vi* grunt
gru'gnito *m* grunt
'grugno *m* snout
'grullo *adj* silly
'grumo *m* clot; (di farina ecc.) lump
gru'moso *adj* lumpy
grunge *m inv* grunge
🔑 **'gruppo** *m* group; (comitiva) party
■ **gruppo d'azione** action group; **gruppo pop** pop group; **gruppo sanguigno** blood group; **gruppo di sostegno** support group; **gruppo di utenti** user group
gruvi'era *mf* = **groviera**
'gruzzolo *m* nest egg
🔑 **guada'gnare** *vt* earn; gain ‹*tempo, forza ecc.*›
guada'gnarsi *vr* **~ da vivere** earn a living
gua'dagno *m* gain; (profitto) profit; (entrate) earnings *pl*; **guadagni** *pl* **illeciti** ill-gotten gains
gu'ado *m* ford; **passare a ~** ford
gu'aina *f* sheath; (busto) girdle
🔑 **gu'aio** *m* trouble; **che ~!** that's just brilliant!; **essere nei guai** be in a fix; **guai a te se lo tocchi!** don't you dare touch it!
gua'ire *vi* yelp

🔑 key word

gua'ito *m* yelp; **guaiti** *pl* yelping
gu'ancia *f* cheek
guanci'ale *m* pillow
gu'anto *m* glove
■ **guanto da forno** oven glove; **guanto di spugna** face cloth
guan'tone *m* mitt; **guantoni** *pl* **[da boxe]** boxing gloves
guarda'boschi *m inv* forester
guarda'caccia *m inv* gamekeeper
guarda'coste *m inv* coastguard
guarda'linee *m inv* Sport linesman
guarda'macchine *mf* car park attendant
guarda'parco *m inv* park ranger
guar'dare **A** *vt* look at; (osservare) watch; (badare a) look after; ‹*finestra*› look out on; ~ **la televisione** watch television
B *vi* look; (essere orientato verso) face; ~ **in su** look up
guarda'roba *m inv* wardrobe; (di locale pubblico) cloakroom
guardarobi'ere, -a *mf* cloakroom attendant
guar'darsi *vr* look at oneself; ~ **da** beware of; (astenersi) refrain from
gu'ardia *f* guard; (poliziotto) policeman; (vigilanza) watch; **essere di** ~ be on guard; ‹*medico*› be on duty; **fare la** ~ **a** keep guard over; **mettere in** ~ **qualcuno** warn somebody; **stare in** ~ be on one's guard
■ **guardia carceraria** prison warder, prison officer; **guardia del corpo** bodyguard, minder; **Guardia di finanza** *body of police officers responsible for border control and for investigating fraud*; **guardia forestale** forest ranger; **guardia medica** duty doctor
guardi'ano, -a *mf* caretaker
■ **guardiano notturno** night watchman; **guardiano dello zoo** zoo keeper
guar'dingo *adj* cautious
guardi'ola *f* gatekeeper's lodge
guarigi'one *f* recovery
gua'rire **A** *vt* cure
B *vi* recover; ‹*ferita*› heal [up]
gua'rito *adj* cured
guari|'tore, -trice *mf* healer
guarnigi'one *f* garrison
guar'nire *vt* trim; Culin garnish
guarnizi'one *f* trimming; Culin garnish; Mech gasket
■ **guarnizione del freno** brake lining
guasta'feste *mf inv* spoilsport
gua'stare *vt* spoil; (rovinare) ruin; break ‹*meccanismo*›
gua'starsi *vr* spoil; (andare a male) go bad; ‹*tempo*› change for the worse; ‹*meccanismo*› break down
gu'asto **A** *adj* broken; ‹*ascensore, telefono*› out of order; ‹*auto*› broken down; ‹*cibo, dente*› bad
B *m* breakdown; (danno) damage; **ho un** ~ **alla macchina** my car's not working
■ **guasto al motore** engine failure
Guate'mala *m* Guatemala
guazza'buglio *m* muddle
guaz'zare *vi* wallow
gu'ercio *adj* cross-eyed
gu'erra *f* war; (tecnica bellica) warfare; **la grande** ~ the Great War, World War I
■ **guerra batteriologica** germ warfare; **guerra biologica** biological warfare; **guerra civile** civil war; **guerra fredda** Cold War; **guerra del Golfo** Gulf War; **guerra lampo** blitzkrieg; **guerra mondiale** world war; **prima guerra mondiale** World War I, WW1; **seconda guerra mondiale** World War II, WW2; **guerra dei prezzi** price war; **guerra di secessione** American Civil War
guerrafon'daio, -a *mf* warmonger
guerreggi'are *vi* wage war
guer'resco *adj* (di guerra) war; (bellicoso) warlike
guerri'ero *m* warrior
guer'riglia *f* guerrilla warfare
guerrigli'ero, -a *mf* guerrilla
'gufo *m* owl
'guglia *f* spire
gu'ida *f* guide; (direzione) guidance; (comando) leadership; (elenco) directory; Auto driving; (tappeto) runner; **chi era alla** ~**?** who was driving?; **essere alla** ~ **di** fig be the head of; **fare da** ~ be a guide (**a** to)
■ **guida commerciale** trade directory; **guida a destra** right-hand drive; **guida a sinistra** left-hand drive; **guida telefonica** phone book, telephone directory; **guida turistica** tourist guide
gui'dare *vt* guide; Auto drive; steer ‹*nave*›; ~ **a passo d'uomo** drive at walking speed
guida|'tore, -trice *mf* driver
■ **guidatore della domenica** Sunday driver
Gui'nea *f* Guinea
Gui'nea-Bis'sau *f* Guinea-Bissau
Gui'nea Equato'riale *f* Equatorial Guinea
guin'zaglio *m* leash
gu'isa *f* **a** ~ **di** like
guiz'zare *vi* dart; ‹*luce*› flash
gu'izzo *m* dart; (di luce) flash
'gulag *m inv* Gulag
'gulasch *m inv* goulash
'guru *m inv* high priest
'guscio *m* shell; (di cellulare) fascia
gu'stare **A** *vt* taste
B *vi* like
'gusto *m* taste; (piacere) liking; **mangiare di** ~ eat heartily; **prenderci** ~ come to enjoy it, develop a taste for it; **al** ~ **di pistacchio** pistachio flavoured; **buon** ~ good taste
gu'stoso *adj* tasty; fig delightful
guttu'rale *adj* guttural
Gu'yana *f* Guyana

g

Hh

'habitat *m inv* habitat
habitué *mf inv* regular [customer]
'hacker *mf inv* Comput hacker
Ha'iti *f* Haiti
haiti'ano, -a *adj & nmf* Haitian
'halal *adj* halal
hall *f inv* foyer; (di stazione) concourse
ham'burger *m inv* hamburger
■ **hamburger vegetariano** veggie burger
'handicap *m inv* handicap
handicap'pare *vt* handicap
handicap'pato, -a A *adj* disabled
B *mf* disabled person
■ **handicappato mentale** person with learning difficulties
'hangar *m inv* hangar
'hard[-core] *adj* hard core
hard 'disk *m inv* hard disk
hard 'rock *m* hard rock
'hardware *m inv* Comput hardware
'harem *m inv* harem
'hashish *m* hashish
hawa'iano, -a *adj & nmf* Hawaiian
'Hawaii *fpl* **le ~** Hawaii
'heavy metal *m* Mus heavy metal
henné *m* henna
'herpes *m inv* herpes; (su labbra) cold sore
■ **herpes zoster** shingles
'hi-fi *m inv* hi-fi
high 'tech *f* high tech
'Himalaia *m* Himalayas *pl*
'hinterland *m inv* hinterland
'hippy *adj & mf inv* hippy
'hit parade *f* hit parade, charts *pl*
HIV *m* HIV
'hockey *m* hockey
■ **hockey su ghiaccio** ice hockey; **hockey su prato** field hockey
'holding *f inv* holding company
hollywoo'diano *adj* Hollywood
Hong 'Kong *f* Hong Kong
'hostess *f inv* (air) stewardess
hot 'dog *m inv* hot dog
'hotel *m inv* hotel
'humus *m* humus

Ii

i *def art mpl* the; ▶ **il**
i'ato *m* hiatus
i'berico *adj* Iberian
iber'nare *vi* hibernate
ibernazi'one *f* hibernation
i'bisco *m* hibiscus
ibri'dare *vt* interbreed
ibridazi'one *f* interbreeding
'ibrido *adj & nm* hybrid
'iceberg *m inv* iceberg; **la punta dell'~** fig the tip of the iceberg
i'cona *f* icon
iconiz'zare *vt* iconize
icono'clasta *adj & nmf* iconoclast
icono'clastico *adj* iconoclastic

id'dio *m* God
i'dea *f* idea; (opinione) opinion; (ideale) ideal; (indizio) inkling; (piccola quantità) hint; (intenzione) intention; **cambiare ~** change one's mind; **neanche per ~!** not on your life!; **chiarirsi le idee** get one's ideas straight; **dare l'~ di ...** give the impression that ...; **essere dell'~ che ...** be of the opinion that ...; **non ne ho ~!** I've no idea!
■ **idea fissa** obsession
ide'ale *adj & nm* ideal
idea'lista *mf* idealist
idealiz'zare *vt* idealize
ide'are *vt* conceive
idea|'tore, -trice *mf* originator
'idem *adv* the same
identica'mente *adv* identically

key word

i'dentico *adj* identical
identifi'cabile *adj* identifiable
identifi'care *vt* identify
identifica'tivo *m*
■ **identificativo del chiamante** caller identification
identificazi'one *f* identification
identi'kit® *m inv* identikit
■ **identikit elettronico** e-fit
identità *f inv* identity
ideo'gramma *m* ideogram
ideolo'gia *f* ideology
ideologica'mente *adv* ideologically
ideo'logico *adj* ideological
idillica'mente *adv* idyllically
i'dillico *adj* idyllic
i'dillio *m* idyll
idi'oma *m* language
idio'matico *adj* idiomatic; **espressione idiomatica** idiom, idiomatic expression
idiosincra'sia *f* fig aversion; Med allergy
idi'ota **A** *adj* idiotic
B *mf* idiot
idio'zia *f* idiocy; **dire/fare un'~** do/say something stupid; **dire idiozie** talk nonsense; **non fare idiozie!** don't act daft!
idola'trare *vt* worship
idoleggi'are *vt* idolize
'idolo *m* idol
idoneità *f inv* suitability; Mil fitness; **esame di ~** qualifying examination
i'doneo *adj* **~ a** suitable for; Mil fit for
i'drante *m* hydrant; (tubo) hose; (usato dalla polizia) water cannon
idra'tante *adj* ‹*crema*› moisturizing
idra'tare *vt* hydrate; ‹*cosmetico*› moisturize
idratazi'one *f* moisturizing
i'draulico **A** *adj* hydraulic
B *m* plumber
'idrico *adj* water *attrib*
idrocar'buro *m* hydrocarbon
idroelettricità *f inv* hydroelectricity
idroe'lettrico *adj* hydroelectric
i'drofilo *adj* **cotone ~** cotton wool, absorbent cotton AmE
idrofo'bia *f* rabies *sg*
i'drofobo *adj* rabid; fig furious
i'drofugo *adj* water-repellent
i'drogeno *m* hydrogen
idrogra'fia *f* hydrography
i'drolisi *f* hydrolysis
idromas'saggio *m* (sistema) whirlpool bath; **vasca con ~** jacuzzi®
idro'mele *m* mead
idrorepel'lente *adj & nm* water-repellent
idroso'lubile *adj* water-soluble
idrotera'pia *f* hydrotherapy
idrovo'lante *m* seaplane
i'druro *m* hydride
i'ella *f* infml bad luck; **portare ~** be bad luck
iel'lato *adj* infml jinxed, plagued by bad luck
i'ena *f* hyena
i'eri *adv* yesterday; **~ l'altro, l'altro ~** the day before yesterday; **il giornale di ~** yesterday's paper; **~ mattina** yesterday morning
ietta|'tore, -trice *mf* jinx
ietta'tura *f* (sfortuna) bad luck
igi'ene *f* hygiene; **ufficio d'~** ≈ Public Health Service
■ **igiene mentale** mental health; **igiene personale** personal hygiene; **igiene pubblica** public health
igienica'mente *adv* hygienically
igi'enico *adj* hygienic
igie'nista *mf* hygienist
ig'loo *m inv* igloo
i'gname *m* yam
i'gnaro *adj* unaware
i'gnifugo *adj* flame-retardant, fire-retardant
i'gnobile *adj* despicable
ignobil'mente *adv* despicably
igno'minia *f* disgrace
igno'rante **A** *adj* ignorant
B *mf* ignoramus
igno'ranza *f* ignorance; **~ crassa** crass ignorance
igno'rare *vt* (non sapere) be unaware of; (trascurare) ignore; **essere ignorato** go unheeded
i'gnoto *adj* unknown
igu'ana *f* iguana
il *def art m* the; **il latte fa bene** milk is good for you; **il signor Magnetti** Mr Magnetti; **il dottor Piazza** Doctor Piazza; **ha il naso grosso** he's got a big nose; **ha gli occhi azzurri** he's got blue eyes; **mettiti il cappello** put your hat on; **il lunedì** on Mondays; **il 2010** 2010; **costa 5 euro il chilo** it costs 5 euros a kilo
'ilare *adj* merry
ilarità *f inv* hilarity
i'leo *m* hip bone
illangui'dire *vi* grow weak
illazi'one *f* inference
illecita'mente *adv* illicitly
il'lecito *adj* illicit
ille'gale *adj* illegal
illegalità *f inv* illegality
illegal'mente *adv* illegally
illeg'gibile *adj* illegible; ‹*libro*› unreadable
illegittimità *f inv* illegitimacy
ille'gittimo *adj* illegitimate
il'leso *adj* unhurt, uninjured
illette'rato, -a *adj & nmf* illiterate
illi'bato *adj* chaste
illimitata'mente *adv* indefinitely
illimi'tato *adj* unlimited

illivi'dire A *vt* bruise
B *vi* (per rabbia) turn livid
illogica'mente *adv* illogically
il'logico *adj* illogical
il'ludere *vt* deceive
il'ludersi *vr* deceive oneself
illumi'nare *vt* light up; fig enlighten; ~ **a giorno** floodlight
illumi'narsi *vr* light up
illuminazi'one *f* lighting; fig enlightenment
■ **illuminazione a gas** gas lighting; **illuminazione al neon** strip lighting
Illumi'nismo *m* Enlightenment
illusi'one *f* illusion; **farsi illusioni** delude oneself
■ **illusione ottica** optical illusion
illusio'nismo *m* conjuring
illusio'nista *mf* conjurer
il'luso, -a A pp di **illudere**
B *adj* deluded
C *mf* day-dreamer
illu'sorio *adj* illusory
illu'strare *vt* illustrate
illustra'tivo *adj* illustrative
illustra|'tore, -trice *mf* illustrator
illustrazi'one *f* illustration
■ **illustrazione a colori/in bianco e nero** colour/black and white illustration
il'lustre *adj* distinguished
imbacuc'care *vt* wrap up
imbacuc'carsi *vr* wrap up
imbacuc'cato *adj* wrapped up
imbal'laggio *m* packing
imbal'lare *vt* pack; Auto race
imballa|'tore, -trice *mf* packer
imbalsa'mare *vt* embalm; stuff ‹*animale*›
imbalsa'mato *adj* embalmed; ‹*animale*› stuffed
imbambo'lato *adj* vacant
imban'dito *adj* ‹*tavola*› covered with food
imbaraz'zante *adj* embarrassing
imbaraz'zare *vt* embarrass; (ostacolare) encumber
imbaraz'zato *adj* embarrassed
imba'razzo *m* embarrassment; (ostacolo) hindrance; **trarre qualcuno d'** ~ help somebody out of a difficulty; **avere l'** ~ **della scelta** be spoilt for choice
■ **imbarazzo di stomaco** indigestion
imbarba'rire *vt* barbarize
imbarba'rirsi *vr* become barbarized
imbarca'dero *m* landing stage
imbar'care *vt* embark; infml (rimorchiare) score; ~ **acqua** ship water
imbar'carsi *vr* go on board; fig embark (**in** on)
imbarcazi'one *f* boat
■ **imbarcazione da pesca** fishing boat; **imbarcazione di salvataggio** lifeboat
im'barco *m* boarding; (banchina) landing stage; **'~ immediato'** 'now boarding'
imbastar'dire *vt* debase
imbastar'dirsi *vr* become debased
imba'stire *vt* tack, baste; fig sketch
imbasti'tura *f* tacking, basting
im'battersi *vr* ~ **in** run into
imbat'tibile *adj* unbeatable
imbat'tuto *adj* unbeaten
imbavagli'are *vt* gag
imbec'cata *f* Theat prompt
imbe'cille A *adj* stupid
B *mf* Med imbecile
imbellet'tarsi *vr* hum doll oneself up
imbel'lire *vt* embellish
im'berbe *adj* beardless; fig inexperienced
imbestia'lire *vi* fly into a rage; **far** ~ **qualcuno** drive somebody crazy
imbestia'lirsi *vr* fly into a rage
imbestia'lito *adj* enraged
im'bevere *vt* imbue (**di** with)
im'beversi *vr* absorb
imbe'vibile *adj* undrinkable
imbe'vuto *adj* ~ **di** ‹*acqua*› soaked in; ‹*nozioni*› imbued with
imbian'care A *vt* whiten
B *vi* turn white
imbian'chino *m* [house] painter
imbion'dire A *vt* bleach
B *vi* become bleached
imbion'dirsi *vr* become bleached
imbizzar'rire *vr* become restless; (arrabbiarsi) become angry
imbizzar'rirsi *vi* become restless; (arrabbiarsi) become angry
imboc'care *vt* feed; (entrare) enter; fig prompt
imbocca'tura *f* opening; (ingresso) entrance; Mus (di strumento) mouthpiece
im'bocco *m* entrance
imboni'mento *m* spiel
imboni'tore *m* clever talker
imborghe'sire *vi* become middle class
imborghe'sirsi *vr* become middle class
imbo'scare *vt* hide
imbo'scarsi *vr* Mil shirk military service
imbo'scata *f* ambush
imbo'scato *m* draft dodger
imbottiglia'mento *m* traffic jam
imbottigli'are *vt* bottle
imbottigli'arsi *vr* get snarled up in a traffic jam
imbottigli'ato *adj* (vino, acqua) bottled; ‹*auto*› stuck in a traffic jam, snarled up; **nave imbottigliata** ship in a bottle
imbot'tire *vt* stuff; pad ‹*giacca*›; Culin fill
imbot'tirsi *vr* ~ **di** fig (di pasticche) stuff oneself with

key word

imbot'tita *f* quilt
imbot'tito *adj* ‹*spalle*› padded; ‹*cuscino*› stuffed; ‹*panino*› filled
imbotti'tura *f* stuffing; (di giacca) padding; Culin filling
imbraca'tura *f* harness
imbracci'are *vt* shoulder ‹*fucile*›; grasp ‹*scudo*›
imbra'nato *adj* clumsy
imbrat'tare *vt* mark
imbrat'tarsi *vr* dirty oneself
imbrigli'are *vt* bridle ‹*cavallo*›; dam ‹*acque*›
imbroc'care *vt* hit; **imbroccarla giusta** hit the nail on the head
imbrogli'are *vt* muddle; (raggirare) cheat; ~ **le carte** fig confuse the issue
imbrogli'arsi *vr* get tangled; (confondersi) get confused
im'broglio *m* tangle; (pasticcio) mess; (inganno) trick
imbrogli'one, -a *mf* cheat
imbronci'are *vi* sulk
imbronci'arsi *vr* sulk
imbronci'ato *adj* sulky
imbru'nire *vi* get dark; **all'~** at dusk
imbrut'tire **A** *vt* make ugly **B** *vi* become ugly
imbu'care *vt* post, mail; (nel biliardo) pot
imbu'cato *adj* infml **è ~** he only got the job because of who he knows
imbufa'lirsi *vr* hit the roof
imbur'rare *vt* butter
im'buto *m* funnel
i'mene *m* hymen
imi'tare *vt* imitate
imita|'tore, -trice *mf* imitator, impersonator
imitazi'one *f* imitation; **'diffidare delle imitazioni'** 'beware of imitations'
immaco'lato *adj* spotless, immaculate; **l'immacolata Concezione** the Immaculate Conception
immagazzi'nare *vt* store
immagi'nare *vt* imagine; (supporre) suppose; (formula di cortesia) **s'immagini!** don't mention it!
immagi'nario *adj* imaginary
immaginazi'one *f* imagination; **è frutto della tua ~** it's a figment of your imagination
im'magine *f* image; (rappresentazione, idea) picture
■ **immagine aziendale** corporate image; **immagine della marca** brand image; **immagine speculare** mirror image
immagi'noso *adj* full of imagery
immalinco'nire *vt* sadden
immalinco'nirsi *vr* grow melancholy
imman'cabile *adj* unfailing
immancabil'mente *adv* without fail
im'mane *adj* huge; (orribile) terrible
imma'nente *adj* immanent
immangi'abile *adj* inedible
immatrico'lare *vt* register
immatrico'larsi *vr* ‹*studente*› matriculate
immatrico'lato *adj* registered
immatricolazi'one *f* registration; (di studente) matriculation
immaturità *f inv* immaturity
imma'turo *adj* unripe; ‹*persona*› immature; (precoce) premature
immedesi'marsi *vr* **~ in** identify oneself with
immedesimazi'one *f* identification
immediata'mente *adv* immediately
immedia'tezza *f* immediacy
immedi'ato *adj* immediate; **nell'~ futuro** in the immediate future
immemo'rabile *adj* immemorial
im'memore *adj* oblivious
immensa'mente *adv* enormously
immensità *f inv* immensity
im'menso *adj* immense
immensu'rabile *adj* immeasurable
im'mergere *vt* immerse
im'mergersi *vr* plunge; ‹*sommergibile*› dive; **~ in** immerse oneself in
immeritata'mente *adv* undeservedly
immeri'tato *adj* undeserved
immeri'tevole *adj* undeserving
immersi'one *f* immersion; (di sommergibile, palombaro) dive
■ **immersione [subacquea]** skin diving, scuba diving
im'merso pp di **immergere**
im'mettere *vt* introduce
im'mettersi *vr* introduce oneself
immi'grante *adj & nmf* immigrant
immi'grare *vi* immigrate
immi'grato, -a *mf* immigrant
immigrazi'one *f* immigration
■ **immigrazione interna** migration
immi'nente *adj* imminent
immi'nenza *f* imminence
immischi'are *vt* involve
immischi'arsi *vr* **~ in** meddle in
immi'scibile *adj* immiscible
immis'sario *m* tributary
immissi'one *f* insertion; Techn intake; (introduzione) introduction
■ **immissione [di] dati** data entry
im'mobile *adj* motionless
im'mobili *mpl* real estate
immobili'are *adj* **società ~** building society, savings and loan AmE
immobilità *f inv* immobility
immobiliz'zare *vt* immobilize; Comm tie up
immobiliz'zato *adj* immobilized

i

■ **immobilizzato a letto** confined to bed
immobilizza'tore *m*
■ **immobilizzatore elettronico** Auto immobilizer
immobilizzazi'one *f* immobilization; Fin fixed asset; **spese d'~** capital expenditure
immoderata'mente *adv* immoderately
immode'rato *adj* immoderate
immo'destia *f* immodesty
immo'desto *adj* immodest
immo'lare *vt* sacrifice
immo'larsi *vr* sacrifice oneself
immondez'zaio *m* rubbish tip
immon'dizia *f* filth; (spazzatura) rubbish
im'mondo *adj* filthy
immo'rale *adj* immoral
immoral'mente *adv* immorally
immorta'lare *vt* immortalize
immor'tale *adj* immortal
immortalità *f inv* immortality
immoti'vato *adj* unjustified, unmotivated
im'moto *adj* motionless
im'mune *adj* exempt; Med immune
immunità *f inv* immunity
■ **immunità diplomatica** diplomatic immunity; **immunità parlamentare** parliamentary privilege
immuniz'zare *vt* immunize
immunizzazi'one *f* immunization
immunodefici'enza *f* immunodeficiency
immunodepres'sivo *adj & nm* immunodepressant
immunolo'gia *f* immunology
immuno'logico *adj* immunological
immuso'nirsi *vr* sulk
immuso'nito *adj* sulky
immu'tabile *adj* unchangeable
immu'tato *adj* unchanging
impacchet'tare *vt* wrap up
impacci'are *vt* hamper; (disturbare) inconvenience; (imbarazzare) embarrass
impacciata'mente *adv* awkwardly
impacci'ato *adj* embarrassed; (goffo) awkward
im'paccio *m* embarrassment; (ostacolo) hindrance; (situazione difficile) awkward situation; **trarsi d'~** get out of an awkward situation
im'pacco *m* compress
impadro'nirsi *vr* **~ di** take possession of; fig (imparare) master
impa'gabile *adj* priceless
impagi'nare *vt* paginate
impaginazi'one *f* pagination
impagli'are *vt* stuff ‹*animale*›
impa'lare *vt* impale
impa'lato *adj* fig stiff
impalca'tura *f* scaffolding; fig structure

key word

impal'lare *vt* snooker
impalli'dire *vi* turn pale; fig (perdere d'importanza) pale into insignificance
impalli'nare *vt* riddle with bullets
impal'pabile *adj* impalpable; ‹*tessuto*› gossamer-like
impa'nare *vt* Culin bread
impa'nato *adj* breaded
impanta'narsi *vr* get bogged down
impape'rarsi *vr* falter, stammer
impappi'narsi *vr* falter, stammer
impa'rare *vt* learn; **~ a proprie spese** learn to one's cost
impara'ticcio *m* half-baked
impareggi'abile *adj* incomparable
imparen'tarsi *vr* **~ con** become related to
imparen'tato *adj* related
'impari *adj* unequal; (dispari) odd
impar'tire *vt* impart
imparzi'ale *adj* impartial
imparzialità *f inv* impartiality
im'passe *f inv* impasse
impas'sibile *adj* impassive; **con aria ~** impassively
impa'stare *vt* Culin knead; blend ‹*colori*›
impasta'tura *f* kneading
impastic'carsi *vr* pop pills
impasticci'are *vt* make a mess of
im'pasto *m* Culin dough; (miscuglio) mixture
im'patto *m* impact
■ **impatto ambientale** environmental impact
impau'rire *vt* frighten
impau'rirsi *vr* get frightened
im'pavido *adj* fearless
impazi'ente *adj* impatient; **~ di fare qualcosa** eager to do something
impazien'tirsi *vr* lose patience
impazi'enza *f* impatience
impaz'zata *f* **all'~** at breakneck speed
impaz'zire *vi* go mad; ‹*maionese*› separate; **far ~ qualcuno** drive somebody mad; **~ per** be crazy about; **da ~** ‹*mal di testa*› blinding
impaz'zito *adj* crazed
impec'cabile *adj* impeccable
impeccabil'mente *adv* impeccably
impedi'mento *m* hindrance; (ostacolo) obstacle
impe'dire *vt* (impacciare) hinder; (ostruire) obstruct; **~ di** prevent from; **~ a qualcuno di fare qualcosa** prevent somebody [from] doing something
impe'gnare *vt* (dare in pegno) pawn; (vincolare) bind; (prenotare) reserve; (assorbire) take up
impe'gnarsi *vr* apply oneself; **~ a fare qualcosa** commit oneself to doing something
impegna'tiva *f* referral
impegna'tivo *adj* binding; ‹*lavoro*› demanding

impe'gnato *adj* committed
im'pegno *m* engagement; Comm commitment; (zelo) care; **con ~** with dedication; **ho un ~** I'm doing something
impego'larsi *vr* **~ in** become enmeshed in
impel'lente *adj* pressing
impene'trabile *adj* impenetrable
impen'narsi *vr* ‹*cavallo*› rear; fig bristle
impen'nata *f* (di prezzi) sharp rise; (di cavallo) rearing; (di moto) wheelie; (di aereo) climb
impen'sabile *adj* unthinkable
impen'sato *adj* unexpected
impensie'rire *vt* worry
impensie'rirsi *vr* worry
impe'rante *adj* prevailing
impe'rare *vi* reign
impera'tivo *adj & nm* imperative
impera|'tore, -trice **A** *m* emperor **B** *f* empress
imperceт'tibile *adj* imperceptible
impercettibil'mente *adv* imperceptibly
imperdo'nabile *adj* unforgivable
imperfetta'mente *adv* imperfectly
imper'fetto *adj & nm* imperfect
imperfezi'one *f* imperfection
imperi'ale *adj* imperial
imperia'lismo *m* imperialism
imperia'lista *adj & nmf* imperialist
imperia'listico *adj* imperialistic
imperi'oso *adj* imperious; (impellente) urgent
imperi'turo *adj* immortal
impe'rizia *f* lack of skill
imper'lare *vt* bead
imperma'lire *vt* offend
imperma'lirsi *vr* take offence
imperme'abile **A** *adj* ‹*orologio*› waterproof; ‹*terreno*› impermeable **B** *m* raincoat
imperni'are *vt* pivot; (fondare) base
imperni'arsi *vr* **~ su** be based on
im'pero *m* empire; (potere) rule; **stile ~** empire style
imperscru'tabile *adj* inscrutable
imperso'nale *adj* impersonal
imperso'nare *vt* personify; (interpretare) act [the part of]
imper'territo *adj* undaunted, undeterred
imperti'nente *adj* impertinent
imperti'nenza *f* impertinence
impertur'babile *adj* imperturbable
impertur'bato *adj* unperturbed
imperver'sare *vi* rage
im'pervio *adj* inaccessible
'impeto *m* impetus; (impulso) impulse; (slancio) transport
impet'tito *adj* stiff
impetuosa'mente *adv* impetuously
impetu'oso *adj* impetuous; ‹*vento*› blustering
impiallacci'are *vt* veneer
impiallacci'ato *adj* veneered
impian'tare *vt* install; set up ‹*azienda*›
impi'anto *m* plant; (sistema) system; (operazione) installation; Med implant
■ **impianto di amplificazione** public address system, PA system; **impianto audio** sound system; **impianto elettrico** electrical system; **impianti** *pl* **fissi** fixtures and fittings; **impianto radio** Auto car stereo system; **impianto di rilavorazione [di scorie nucleari]** reprocessing plant; **impianto di riscaldamento** heating system; **impianto stereo** hi-fi
impia'strare *vt* plaster; (sporcare) dirty
impia'strarsi *vr* get dirty; **~ le mani** get one's hands dirty
impi'astro *m* poultice; ‹*persona noiosa*› bore; (pasticcione) cack-handed person
impiccagi'one *f* hanging
impic'care *vt* hang
impic'carsi *vr* hang oneself
impic'cato, -a **A** *m* hanged man **B** *f* hanged woman
impicci'arsi *vr* meddle
im'piccio *m* hindrance; (seccatura) bother
impicci'one, -a *mf* nosey parker
impie'gare *vt* employ; (usare) use; spend ‹*tempo, denaro*›; Fin invest; **l'autobus ha impiegato un'ora** it took the bus an hour
impie'garsi *vr* get [oneself] a job
impiega'tizio *adj* clerical
impie'gato, -a *mf* employee; (di ufficio) office worker
■ **impiegato di banca** bank clerk; **impiegato di concetto** administrative employee; **impiegato in prova** probationer; **impiegato statale** civil servant
impi'ego *m* employment; (posto) job; Fin investment; **pubblico impiego** public sector; **impiego fisso** permanent job; **impieghi** *pl* **saltuari** odd jobs, casual employment
■ **impiego temporaneo** temporary job
impieto'sire *vt* move to pity
impieto'sirsi *vr* be moved to pity
impie'toso *adj* pitiless
impie'trito *adj* petrified
impigli'are *vt* entangle
impigli'arsi *vr* get entangled
impi'grire *vt* make lazy
impi'grirsi *vr* get lazy
impi'lare *vt* stack
impingu'are *vt* fig fill
impiom'bare *vt* seal ‹*cassa, porta*›
impla'cabile *adj* implacable
implemen'tare *vt* implement
impli'care *vt* implicate; (sottintendere) imply
impli'carsi *vr* become involved
implicazi'one *f* implication

implicita'mente *adv* implicitly
im'plicito *adj* implicit
implo'rante *adj* imploring
implo'rare *vt* implore
implorazi'one *f* entreaty
implosi'one *f* implosion
impolli'nare *vt* pollinate
impollinazi'one *f* pollination
impoltro'nire *vt* make lazy
impoltro'nirsi *vr* become lazy
impolve'rare *vt* cover with dust
impolve'rarsi *vr* get covered with dust
impolve'rato *adj* dusty
impoma'tare *vt* put brilliantine on ‹*capelli*›
impoma'tarsi *vr* put brilliantine on
imponde'rabile *adj* imponderable; ‹*causa, eveto*› unpredictable

i

impo'nente *adj* imposing
impo'nenza *f* impressiveness
impo'nibile **A** *adj* taxable
B *m* taxable income
impopo'lare *adj* unpopular
impopolarità *f inv* unpopularity
imporpo'rarsi *vr* turn red
im'porre *vt* impose; (ordinare) order
im'porsi *vr* assert oneself; (aver successo) be successful; **~ di** (prefiggersi di) set oneself the task of
impor'tante **A** *adj* important
B *m* important thing
impor'tanza *f* importance; **di vitale ~** crucially important
impor'tare **A** *vt* Comm, Comput import; (comportare) cause
B *vi* matter; (essere necessario) be necessary; **non importa!** it doesn't matter!; **non me ne importa niente!** I couldn't care less!
importa|'tore, -trice **A** *adj* importing
B *mf* importer
importazi'one *f* importation; (merce importata) import
import-'export *m inv* import-export
im'porto *m* amount
importu'nare *vt* pester; **~ qualcuno per qualcosa** pester somebody for something
impor'tuno *adj* troublesome; (inopportuno) untimely
imposizi'one *f* imposition; (imposta) tax
imposses'sarsi *vr* **~ di** seize
impos'sibile **A** *adj* impossible
B *m* **fare l'~** do absolutely all one can
impossibilità *f inv* impossibility
im'posta¹ *f* tax
■ **imposta fondiaria** land tax; **imposta patrimoniale** property tax; **imposta sul reddito** income tax; **imposta sui redditi di capitale** capital gains tax; **imposta sulle società** corporation tax; **imposta supplementare** surtax; **imposta sul valore aggiunto** value added tax
im'posta² *f* (di finestra) shutter
impo'stare *vt* (progettare) plan; (basare) base; Mus pitch; (imbucare) post, mail; set out ‹*domanda, problema*›
impostazi'one *f* planning; (di voce) pitching; **impostazioni** *pl* Comput, Teleph settings
im'posto pp di **imporre**
impo'store, -a *mf* impostor
impo'stura *f* imposture
impo'tente *adj* powerless; Med impotent
impo'tenza *f* powerlessness; Med impotence
impoveri'mento *m* impoverishment
impove'rire *vt* impoverish
impove'rirsi *vr* become poor; ‹*risorse*› become depleted; ‹*linguaggio*› become impoverished
imprati'cabile *adj* impracticable; ‹*strada*› impassable
impraticabilità *f inv* **per ~ del terreno/delle strade** because of the state of the pitch/roads
imprati'chire *vt* train
imprati'chirsi *vr* **~ in, ~ a** get practice in
impre'care *vi* curse
imprecazi'one *f* curse
impreci'sabile *adj* indeterminable
impreci'sato *adj* indeterminate
imprecisi'one *f* inaccuracy
impre'ciso *adj* inaccurate
impre'gnare *vt* impregnate; (imbevere) soak; fig imbue
impre'gnarsi *vr* become impregnated with
imprendi|'tore, -trice *mf* entrepreneur
imprenditori'ale *adj* entrepreneurial
imprepa'rato *adj* unprepared
im'presa *f* undertaking; (gesta) exploit; ‹*azienda*› firm
■ **impresa edile** property developer; **impresa familiare** family business; **impresa di pompe funebri** undertakers, funeral directors; **impresa pubblica** state-owned company; **impresa di traslochi** removals firm BrE
impre'sario *m* impresario; (appaltatore) contractor
■ **impresario di pompe funebri** undertaker, funeral director, mortician AmE; **impresario teatrale** theatre manager
imprescin'dibile *adj* inescapable
impressio'nabile *adj* impressionable
impressio'nante *adj* impressive; (spaventoso) frightening
impressio'nare *vt* impress; (spaventare) frighten; expose ‹*foto*›
impressio'narsi *vr* be affected; (spaventarsi) be frightened
impressi'one *f* impression; (sensazione)

sensation; (impronta) mark; **far ~ a qualcuno** upset somebody; **dare l'~ di essere ...** give the impression of being ...

impressio'nismo *m* Impressionism

impressio'nista *adj & nmf* impressionist

impressio'nistico *adj* impressionistic

im'presso **A** pp di **imprimere**
B *adj* printed

impre'stare *vt* lend

impreve'dibile *adj* unforeseeable; ‹*persona*› unpredictable

imprevedibil'mente *adv* unexpectedly

imprevi'dente *adj* improvident

impre'visto **A** *adj* unforeseen
B *m* unforeseen event; **salvo imprevisti** all being well

imprigiona'mento *m* imprisonment

imprigio'nare *vt* imprison

im'primere *vt* impress; (stampare) print; (comunicare) impart; **rimanere impresso a qualcuno** stick in somebody's mind

impro'babile *adj* unlikely, improbable; **è ~ che ci sia** he is unlikely to be there

improbabilità *f inv* improbability

improdut'tivo *adj* unproductive

im'pronta *f* impression; (di dito) print; fig mark
■ **impronta digitale** fingerprint; **impronta ecologica** ecological footprint; **impronte** *pl* **genetiche** genetic fingerprinting; **impronta del piede** footprint

impron'tato *adj* **~ all'ironia** tinged with irony

impronunci'abile *adj* unpronounceable

impro'perio *m* insult; **improperi** *pl* abuse *sg*

impropo'nibile *adj* unrealistic

im'proprio *adj* improper

improro'gabile *adj* which cannot be extended

improvvisa'mente *adv* suddenly

improvvi'sare *vt & vi* improvise

improvvi'sarsi *vr* turn oneself into a

improvvi'sata *f* surprise

improvvi'sato *adj* ‹*discorso*› unrehearsed

improvvisazi'one *f* improvisation

improv'viso *adj* unexpected, sudden; **all'~** unexpectedly, suddenly

impru'dente *adj* imprudent

imprudente'mente *adv* imprudently

impru'denza *f* imprudence

impu'dente *adj* impudent

impudente'mente *adv* impudently

impu'denza *f* impudence

impu'dico *adj* immodest

impu'gnare *vt* grasp; Jur contest

impugna'tura *f* grip; (manico) handle
■ **impugnatura a due mani** two-handed grip

impulsiva'mente *adv* impulsively

impulsività *f inv* impulsiveness

impul'sivo *adj* impulsive

im'pulso *m* impulse; **agire d'~** act on impulse

impune'mente *adv* with impunity

impunità *f inv* impunity

impu'nito *adj* unpunished

impun'tarsi *vr* fig dig one's heels in

impun'tura *f* stitching

impuntu'rare *vt* backstitch

impurità *f inv* impurity

im'puro *adj* impure

impu'tabile *adj* attributable (**a** to); Jur indictable

impu'tare *vt* attribute; Jur charge

impu'tato, -a *mf* accused

imputazi'one *f* charge
■ **imputazione di omicidio** murder charge

imputri'dire *vi* putrefy

imputri'dito *adj* putrefied

in *prep* in; (moto a luogo) to; (su) on; (dentro) within; (mezzo) by; (con materiale) made of; **essere in casa/ufficio** be at home/at the office; **in mano/tasca** in one's hand/pocket; **in fondo alla strada/borsa** at the bottom of the street/bag; **andare in Francia/campagna** go to France/the country; **salire in treno** get on the train; **versa la birra nel bicchiere** pour the beer into the glass; **in alto** up there; **in giornata** within the day; **nel 2011** in 2011; **una borsa in pelle** a bag made of leather, a leather bag; **in macchina** ‹*viaggiare, venire*› by car; **in contanti** [in] cash; **in vacanza** on holiday; **di giorno in giorno** from day to day; **se fossi in te** if I were you; **siamo in sette** there are seven of us

inabbor'dabile *adj* unapproachable

i'nabile *adj* incapable; (fisicamente) unfit

inabilità *f inv* incapacity

inabi'tabile *adj* uninhabitable

inacces'sibile *adj* inaccessible; ‹*persona*› unapproachable

inaccet'tabile *adj* unacceptable

inaccettabilità *f inv* unacceptability

inacer'barsi *vr* grow bitter

inacer'bire *vt* embitter; exacerbate ‹*rapporto*›

inaci'dire *vt* turn sour

inaci'dirsi *vr* go sour; ‹*persona*› become embittered

ina'datto *adj* unsuitable

inadegua'tezza *f* inadequacy

inadegu'ato *adj* inadequate

inadempi'ente *mf* defaulter

inadempi'enza *f* non-fulfilment (**a** of)
■ **inadempienza contrattuale** breach of contract

inadempi'mento *m* non-fulfilment

inaffer'rabile *adj* elusive

inaffi'dabile *adj* untrustworthy

inaffon'dabile *adj* unsinkable

ina'lare *vt* inhale

inala'tore *m* inhaler
inalazi'one *f* inhalation
inalbe'rare *vt* hoist
inalbe'rarsi *vr* ‹*cavallo*› rear [up]; (adirarsi) lose one's temper
inalie'nabile *adj* inalienable
inalte'rabile *adj* unchanging; ‹*colore*› fast
inalte'rato *adj* unchanged
inami'dare *vt* starch
inami'dato *adj* starched
inammis'sibile *adj* inadmissible
inamo'vibile *adj* ‹*disco ecc.*› non-removable
inanel'lato *adj* bejewelled
inani'mato *adj* inanimate; (senza vita) lifeless
inappa'gabile *adj* unsatisfiable
inappaga'mento *m* non-fulfilment
inappa'gato *adj* unfulfilled
inappel'labile *adj* final
inappe'tenza *f* lack of appetite
inappli'cabile *adj* inapplicable
inappropri'ato *adj* inapt
inappun'tabile *adj* faultless
inar'care *vt* arch; raise ‹*sopracciglia*›
inar'carsi *vr* ‹*legno*› warp; ‹*ripiano*› sag; (linea) curve
inari'dire *vt* parch; empty of feelings ‹*persona*›
inari'dirsi *vr* dry up; ‹*persona*› become empty of feelings
inarre'stabile *adj* unstoppable
inartico'lato *adj* inarticulate
inascol'tato *adj* unheard
inaspettata'mente *adv* unexpectedly
inaspet'tato *adj* unexpected
inaspri'mento *m* (di carattere) embitterment; (di conflitto) worsening
ina'sprire *vt* embitter
ina'sprirsi *vr* become embittered
inattac'cabile *adj* unassailable; (irreprensibile) irreproachable
inatten'dibile *adj* unreliable
inat'teso *adj* unexpected
inattività *f inv* inactivity
inat'tivo *adj* inactive
inattu'abile *adj* impracticable
inau'dito *adj* unheard of
inaugu'rale *adj* inaugural; **cerimonia ~** official opening; **viaggio ~** maiden voyage
inaugu'rare *vt* inaugurate, open ‹*mostra*›; unveil ‹*statua*›; christen ‹*lavastoviglie ecc.*›
inaugurazi'one *f* inauguration; (di mostra) opening; (di statua) unveiling
inavve'duto *adj* inadvertent; (sbadato) careless
inavver'tenza *f* inadvertence

inavvertita'mente *adv* inadvertently
inavvici'nabile *adj* unapproachable
in'breeding *m inv* inbreeding
'inca *adj & nmf* (*pl* **inca** *o* **incas**) Inca
incagli'are **A** *vi* ground
B *vt* hinder
incagli'arsi *vr* run aground
in'caglio *m* running aground; fig obstacle
incalco'labile *adj* incalculable
incal'lirsi *vr* grow callous; (abituarsi) become hardened
incal'lito *adj* callous; (abituato) hardened
incal'zante *adj* ‹*ritmo*› driving; ‹*richiesta*› urgent; ‹*crisi*› imminent
incal'zare *vt* pursue; fig press
incame'rare *vt* appropriate
incammi'nare *vt* get going; fig (guidare) set off
incammi'narsi *vr* set out
incanala'mento *m* canalization; fig channelling
incana'lare *vt* canalize; fig channel
incana'larsi *vr* converge on
incancel'labile *adj* indelible
incande'scente *adj* incandescent; ‹*discussione*› burning
incande'scenza *f* incandescence
incan'tare *vt* enchant
incan'tarsi *vr* stand spellbound; (incepparsi) jam
incanta|'tore, -trice *mf* enchanter; enchantress
■ **incantatore di serpenti** snake charmer
incan'tesimo *m* spell
incan'tevole *adj* enchanting
in'canto *m* spell; fig delight; (asta) auction; **come per ~** as if by magic
incanu'tire *vt* turn white
incanu'tito *adj* white
inca'pace *adj* incapable; **~ d'intendere e di volere** Jur unfit to plead
incapacità *f inv* incapability
incapo'nirsi *vr* be set
incap'pare *vi* **~ in** run into
incappucci'arsi *vr* wrap up
incapretta'mento *m method of trussing up a victim by the ankles*
incapricci'arsi *vr* **~ di** take a fancy to
incapsu'lare *vt* seal; crown ‹*dente*›
incarce'rare *vt* imprison
incarcerazi'one *f* imprisonment
incari'care *vt* charge
incari'carsi *vr* take upon oneself; **me ne incarico io** I will see to it
incari'cato, -a **A** *adj* in charge
B *mf* representative
■ **incaricato d'affari** chargé d'affaires
in'carico *m* charge; **per ~ di** on behalf of
incar'nare *vt* embody

incar'narsi *vr* become incarnate
incarnazi'one *f* incarnation
incarta'mento *m* documents *pl*
incartapeco'rito *adj* shrivelled up
incar'tare *vt* wrap [in paper]
incasel'lare *vt* pigeonhole
incasi'nato *adj* infml ‹*vita*› screwed up; ‹*stanza*› messed up
incas'sare *vt* pack; Mech embed; (incastonare) set; (riscuotere) cash; take ‹*colpo*›
incas'sato *adj* set; ‹*fiume*› deeply embanked
in'casso *m* collection; (introito) takings *pl*
incasto'nare *vt* set
incasto'nato *adj* embedded; ‹*anello*› inset (**di** with)
incastona'tura *f* setting
inca'strare *vt* fit in; infml (in situazione) corner
inca'strarsi *vr* fit, interlock
in'castro *m* joint; **a ~** ‹*pezzi*› interlocking
■ **incastro a coda di rondine** dovetail joint
incate'nare *vt* chain
incatra'mare *vt* tar
incatti'vire *vt* turn nasty
incauta'mente *adv* imprudently
in'cauto *adj* imprudent
inca'vare *vt* hollow out
inca'vato *adj* hollow
incava'tura *f* hollow
'incavo *m* hollow; (scanalatura) groove
incavo'larsi *vr* infml get shirty
incavo'lato *adj* infml shirty
in'cedere fml **A** *vi* advance solemnly
B *m* solemn gait
incendi'are *vt* set fire to; fig inflame
incendi'ario, -a **A** *adj* incendiary; fig ‹*discorso*› inflammatory; fig ‹*bellezza*› sultry
B *mf* arsonist
incendi'arsi *vr* catch fire
in'cendio *m* fire
■ **incendio doloso** arson; **incendi** *pl* **dolosi** cases of arson
inceneri'mento *m* incineration; (cremazione) cremation
incene'rire *vt* burn to ashes; (cremare) cremate
incene'rirsi *vr* be burnt to ashes
inceneri'tore *m* incinerator
in'censo *m* incense
incensu'rabile *adj* irreproachable
incensu'rato *adj* blameless; **essere ~** Jur have a clean record
incenti'vare *vt* motivate
incen'tivo *m* incentive
■ **incentivo fiscale** tax incentive
incen'trarsi *vr* **~ su** centre on
incep'pare *vt* block; fig hamper
incep'parsi *vr* jam
ince'rata *f* oilcloth
incerot'tato *adj* with a plaster on
incer'tezza *f* uncertainty
in'certo **A** *adj* uncertain, unsure
B *m* uncertainty; **sono gli incerti del mestiere** that's the way it goes in this business
incespi'care *vi* (inciampare) stumble
inces'sante *adj* unceasing
incessante'mente *adv* incessantly
in'cesto *m* incest
incestu'oso *adj* incestuous
in'cetta *f* buying up; **fare ~ di** stockpile
inchi'esta *f* investigation; **fare un'~** conduct an inquiry
■ **inchiesta giudiziaria** criminal investigation; **inchiesta parlamentare** parliamentary inquiry
inchi'nare *vt* bow
inchi'narsi *vr* bow
in'chino *m* bow; (di donna) curtsy
inchio'dare *vt* nail; nail down ‹*coperchio*›; **~ a letto** ‹*malattia*› confine to bed
inchi'ostro *m* ink
■ **inchiostro di china** Indian ink; **inchiostro simpatico** invisible ink; **inchiostro di stampa** newsprint
inciam'pare *vi* stumble; **~ in** trip over; (imbattersi) run into
inci'ampo *m* hindrance
inciden'tale *adj* incidental
inci'dente *m* (episodio) incident; (infortunio) accident
■ **incidente aereo** plane crash; **incidente d'auto** car accident; **incidente sul lavoro** industrial accident; **incidente stradale** road accident
inci'denza *f* incidence
in'cidere **A** *vt* cut; (arte) engrave; (registrare) record
B *vi* **~ su** (gravare) weigh upon
in'cinta *adj* pregnant
incipi'ente *adj* incipient
incipri'are *vt* powder
incipri'arsi *vr* powder one's face
in'circa *adv* **all'~** more or less
incisi'one *f* incision; (arte) engraving; (acquaforte) etching; (registrazione) recording
inci'sivo **A** *adj* incisive
B *m* (dente) incisor
in'ciso *m* **per ~** incidentally
inci'sore *m* engraver
incita'mento *m* incitement
inci'tare *vt* incite
inci'vile *adj* uncivilized; (maleducato) impolite
inciviltà *f inv* barbarism; (maleducazione) rudeness
inclassifi'cabile *adv* unclassifiable
incle'mente *adj* harsh
incle'menza *f* harshness
incli'nabile *adj* reclining
incli'nare **A** *vt* tilt

B *vi* ~ **a** be inclined to
incli'narsi *vr* (torre) lean; (aereo) tilt
incli'nato *adj* tilted; ‹*terreno*› sloping
inclinazi'one *f* slope, inclination
in'cline *adj* inclined
in'cludere *vt* include; (allegare) enclose
inclusi'one *f* inclusion
inclu'sivo *adj* inclusive
in'cluso **A** pp di **includere**
B *adj* included; (compreso) inclusive; (allegato) enclosed
incoe'rente *adj* (contraddittorio) inconsistent
incoerente'mente *adv* inconsistently
incoe'renza *f* inconsistency
in'cognita *f* unknown quantity
in'cognito **A** *adj* unknown
B *m* **in** ~ incognito
incol'lare *vt* stick; (con colla liquida) glue; Comput paste
incol'larsi *vr* stick to; ~ **a qualcuno** stick close to somebody
incolla'tura *f* (nell'ippica) neck
incolle'rirsi *vr* lose one's temper
incolle'rito *adj* enraged
incol'mabile *adj* ‹*differenza*› unbridgeable; ‹*vuoto*› unfillable
incolon'nare *vt* line up
inco'lore *adj* colourless
incol'pare *vt* blame
in'colto *adj* uncultivated; ‹*persona*› uneducated
in'colume *adj* unhurt
incom'bente *adj* impending
incom'benza *f* task
in'combere *vi* ~ **su** hang over; ~ **a** (spettare) be incumbent on
incombu'stibile *adj* non-combustible
incominci'are *vt & vi* begin, start
incommensu'rabile *adj* immeasurable
incomo'dare *vt* inconvenience
incomo'darsi *vr* trouble
in'comodo **A** *adj* uncomfortable; (inopportuno) inconvenient
B *m* inconvenience; **fare il terzo** ~ play gooseberry
incompa'rabile *adj* incomparable
incompa'tibile *adj* incompatible
incompatibilità *f inv* incompatibility
■ **incompatibilità di carattere** incompatibility
incompe'tente *adj* incompetent
incompe'tenza *f* incompetence
incompi'uto *adj* unfinished
incom'pleto *adj* incomplete
incompren'sibile *adj* incomprehensible, unintelligible
incomprensibil'mente *adv* incomprehensibly

incomprensi'one *f* lack of understanding; (malinteso) misunderstanding
incom'preso *adj* misunderstood
inconce'pibile *adj* inconceivable
inconcili'abile *adj* irreconcilable
inconclu'dente *adj* inconclusive; ‹*persona*› ineffectual
incondizionata'mente *adv* unconditionally
incondizio'nato *adj* unconditional
inconfes'sabile *adj* unmentionable
inconfon'dibile *adj* unmistakable
inconfondibil'mente *adv* unmistakably
inconfu'tabile *adj* irrefutable
inconfutabil'mente *adv* irrefutably
incongru'ente *adj* inconsistent
incongru'enza *f* incongruity
in'congruo *adj* inadequate
inconsa'pevole *adj* unaware; (inconscio) unconscious
inconsapevol'mente *adv* unwittingly
inconscia'mente *adv* unconsciously
in'conscio *adj & nm* Psych unconscious
inconsegu'ente *adj* **essere** ~ be a non sequitur
inconside'rabile *adj* negligible
inconside'rato *adj* inconsiderate
inconsi'stente *adj* insubstantial; ‹*notizia ecc.*› unfounded
inconsi'stenza *f* (di ragionamento, prove) flimsiness
inconso'labile *adj* inconsolable
inconsu'eto *adj* unusual
incon'sulto *adj* rash
incontami'nato *adj* uncontaminated
inconte'nibile *adj* irrepressible
inconten'tabile *adj* insatiable; (esigente) hard to please
inconte'stabile *adj* indisputable
inconte'stato *adj* unchallenged
inconti'nente *adj* incontinent
inconti'nenza *f* incontinence
incon'trare *vt* meet; encounter, meet with ‹*difficoltà*›
incon'trario **all'**~ *adv* the other way around; (in modo sbagliato) the wrong way around
incon'trarsi *vr* meet; ~ **con qualcuno** meet somebody
incontra'stabile *adj* incontrovertible
incontra'stato *adj* undisputed
in'contro **A** *m* meeting; (casuale) encounter; (di calcio, rugby) match; (di tennis) game; (di pugilato) fight
■ **incontro al vertice** summit meeting
B *prep* ~ **a** towards; **andare** ~ **a qualcuno** go to meet somebody; fig meet somebody half way
incontrol'labile *adj* uncontrollable
incontrollata'mente *adv* uncontrollably

key word

inconveni'ente *m* drawback
incoraggia'mento *m* encouragement
incoraggi'ante *adj* encouraging
incoraggi'are *vt* encourage
incor'nare *vt* gore
incornici'are *vt* frame
incornicia'tura *f* framing
incoro'nare *vt* crown
incoronazi'one *f* coronation
incorpo'rare *vt* incorporate; (mescolare) blend
incorpo'rarsi *vr* blend; ‹*territori*› merge
incorreg'gibile *adj* incorrigible
in'correre *vt* ~ **in** incur; ~ **nel pericolo di ...** run the risk of ...
incorrut'tibile *adj* incorruptible
incosci'ente **A** *adj* unconscious; (irresponsabile) reckless
B *mf* irresponsible person
incosci'enza *f* unconsciousness; (irresponsabilità) recklessness
inco'stante *adj* changeable; ‹*persona*› fickle
inco'stanza *f* changeableness; (di persona) fickleness
incostituzio'nale *adj* unconstitutional
incostituzionalità *f inv* unconstitutionality
incre'dibile *adj* incredible, unbelievable
incredibil'mente *adv* incredibly, unbelievably
incredulità *f inv* incredulity
in'credulo *adj* incredulous
incremen'tale *adj* Comput, Math incremental
incremen'tare *vt* increase; (intensificare) step up
incre'mento *m* increase
■ **incremento demografico** population growth; **incremento produttivo** increase in production
incresci'oso *adj* regrettable
incre'spare *vt* ruffle; wrinkle ‹*tessuto*›; make frizzy ‹*capelli*›; ~ **la fronte** frown
incre'sparsi *vr* ‹*acqua*› ripple; ‹*tessuto*› wrinkle; ‹*capelli*› go frizzy
incrimi'nabile *adj* indictable
incrimi'nante *adj* incriminating
incrimi'nare *vt* indict; fig incriminate
incriminazi'one *f* indictment
incri'nare *vt* crack; fig affect ‹*amicizia*›
incri'narsi *vr* crack; ‹*amicizia*› be affected
incrina'tura *f* crack
incroci'are **A** *vt* cross
B *vi* Naut, Aeron cruise
incroci'arsi *vr* cross; ‹*razze*› interbreed
incroci'ato *adj* crossover
incrocia'tore *m* cruiser
in'crocio *m* crossing; (di strade) crossroads *sg*
incrol'labile *adj* indestructible
incro'stare *vt* encrust
incrostazi'one *f* encrustation
incuba'trice *f* incubator
incubazi'one *f* incubation
'incubo *m* nightmare; **da** ~ nightmarish
in'cudine *f* anvil
incul'care *vt* inculcate
incune'are *vt* wedge
incune'arsi *vr* slot in
incune'ato *adj* Med impacted
incu'pirsi *vr* fig darken
incu'rabile *adj* incurable
incu'rante *adj* careless
in'curia *f* negligence
incurio'sire *vt* make curious
incurio'sirsi *vr* become curious
incursi'one *f* raid
■ **incursione aerea** air raid, air strike
incurva'mento *m* bending
incur'vare *vt* bend
incur'varsi *vr* bend
incurva'tura *f* bending
in'cusso pp di **incutere**
incusto'dito *adj* unguarded
in'cutere *vt* arouse; ~ **spavento a qualcuno** strike fear into somebody
'indaco *m* indigo
indaffa'rato *adj* busy
inda'gare *vt & vi* investigate
indaga'tore *adj* ‹*sguardo*› enquiring
in'dagine *f* research; (giudiziaria) investigation
■ **indagine demoscopica** public opinion poll; **indagine di mercato** market survey
indebi'tare *vt* get into debt
indebi'tarsi *vr* get into debt
in'debito *adj* undue
indeboli'mento *m* weakening
indebo'lire *vt* weaken
indebo'lirsi *vr* weaken
inde'cente *adj* indecent
indecente'mente *adv* indecently
inde'cenza *f* indecency; (vergogna) disgrace
indeci'frabile *adj* indecipherable
indecisi'one *f* indecision
inde'ciso *adj* undecided
indecli'nabile *adj* indeclinable
indeco'roso *adj* indecorous
inde'fesso *adj* tireless
indefi'nibile *adj* indefinable
indefi'nito *adj* indefinite
indefor'mabile *adj* crush-proof
in'degno *adj* unworthy
inde'lebile *adj* indelible
indelebil'mente *adv* indelibly
indelicata'mente *adv* indiscreetly
indelica'tezza *f* indelicacy; (azione) tactless act
indeli'cato *adj* indiscreet; (grossolano) indelicate
indemagli'abile *adj* ladder-proof

indemoni'ato *adj* possessed
in'denne *adj* uninjured; (da malattia) unaffected
inden'nità *f inv* allowance; (per danni) compensation
■ **indennità di accompagnamento** mobility allowance; **indennità di contingenza** cost-of-living allowance; **indennità di disoccupazione** job seeker's allowance; **indennità di fine rapporto** severance payment; **indennità di malattia** sick pay; **indennità parlamentare** MP's salary; **indennità di trasferimento** relocation allowance; **indennità di trasferta** travel allowance
indenniz'zare *vt* compensate
inden'nizzo *m* compensation
indero'gabile *adj* binding
indescri'vibile *adj* indescribable
indescrivibil'mente *adv* indescribably
indeside'rabile *adj* undesirable
indeside'rato *adj* ‹*figlio, ospite*› unwanted
indetermi'nabile *adj* indeterminable
indetermina'tezza *f* vagueness
indetermina'tivo *adj* indefinite
indetermi'nato *adj* indeterminate
'India *f* India
indi'ano, -a *adj & nmf* Indian; **in fila indiana** in single file
■ **indiano d'America** American Indian
indiavo'lato *adj* possessed; (vivace) wild
indi'care *vt* show, indicate; (col dito) point at; (far notare) point out; (consigliare) advise
indicativa'mente *adv* as an idea; **può dirmi quanto costa ~?** can you give me an idea of the price?
indica'tivo **A** *adj* indicative; ‹*prezzo, cifra*› rough
B *m* Gram indicative
indica'tore *m* indicator; Techn gauge; (prontuario) directory
■ **indicatore di direzione** indicator light; **indicatore economico** economic indicator; **indicatore [del livello] dell'olio** oil gauge; **indicatore di velocità** speedometer
indicazi'one *f* indication; (istruzione) direction
■ **indicazione stradale** road sign
'indice *m* (dito) forefinger; (lancetta) pointer; (di libro, statistica) index; fig (segno) sign
■ **indice di ascolto** audience rating; **indice azionario** share index; **indice di gradimento** popularity rating; **indice di massa corporea** body mass index; **indice di mortalità** death rate; **indice di natalità** birth rate
indi'cibile *adj* inexpressible
indiciz'zare *vt* index-link
indiciz'zato *adj* index-linked
indicizzazi'one *f* indexing
indietreggi'are *vi* draw back; Mil withdraw

indi'etro *adv* back, behind; **all' ~** backwards; **essere ~** be behind; (mentalmente) be backward; (con pagamenti) be in arrears; (di orologio) be slow; **fare marcia ~** reverse; **rimandare ~** send back; **rimanere ~** be left behind; **torna ~!** come back!
indifen'dibile *adj* indefensible
indi'feso *adj* undefended; (inerme) helpless
indiffe'rente *adj* indifferent; **mi è ~** it's all the same to me
indifferente'mente *adv* (senza fare distinzioni) without distinction; (con indifferenza) indifferently; **funziona ~ con i due programmi** it works equally well with either program
indiffe'renza *f* indifference
in'digeno, -a **A** *adj* indigenous
B *mf* native
indi'gente *adj* needy, poverty-stricken
indi'genza *f* poverty
indigesti'one *f* indigestion
indi'gesto *adj* indigestible
indi'gnare *vt* make indignant
indi'gnarsi *vr* be indignant
indi'gnato *adj* indignant
indignazi'one *f* indignation
indimenti'cabile *adj* unforgettable
'indio, -a **A** *adj* Indian
B *mf* (*mpl* **indii** *o* **indios**) Indian
indipen'dente *adj* independent; ‹*economicamente*› self-supporting
indipendente'mente *adv* independently; **~ da** regardless of
indipen'denza *f* independence
in'dire *vt* announce
indiretta'mente *adv* indirectly
indi'retto *adj* indirect
indiriz'zare *vt* address; (mandare) send; (dirigere) direct
indiriz'zario *m* mailing list
indiriz'zarsi *vr* direct one's steps
indi'rizzo *m* address; (direzione) direction
■ **indirizzo di consegna** delivery address; **'indirizzo del destinatario'** 'addressee'; **indirizzo di memoria** Comput memory address; **'indirizzo del mittente'** 'sender's address'; **indirizzo di posta elettronica** email address
indisci'plina *f* lack of discipline
indiscipli'nato *adj* undisciplined
indi'screto *adj* indiscreet; **in modo ~** indiscreetly
indiscrezi'one *f* indiscretion
indiscriminata'mente *adv* indiscriminately
indiscrimi'nato *adj* indiscriminate
indi'scusso *adj* unquestioned
indiscu'tibile *adj* unquestionable
indiscutibil'mente *adv* unquestionably
indispen'sabile *adj* essential; ‹*persona*› indispensable

key word

indispet'tire *vt* irritate
indispet'tirsi *vr* get irritated
indi'sporre *vt* anger
indisposizi'one *f* indisposition
indi'sposto **A** pp di **indisporre**
B *adj* indisposed
indisso'lubile *adj* indissoluble
indissolubil'mente *adv* indissolubly
indistin'guibile *adj* indiscernible
indistinta'mente *adv* without exception
indi'stinto *adj* indistinct
indistrut'tibile *adj* indestructible
indistur'bato *adj* undisturbed
in'divia *f* endive
individu'abile *adj* detectable
individu'ale *adj* individual
individua'lista *mf* individualist
individua'listico *adj* individualistic
individualità *f inv* individuality
individu'are *vt* individualize; (localizzare) locate; (riconoscere) single out
indi'viduo *m* individual
indivi'sibile *adj* indivisible
indivisibilità *f inv* indivisibility
indi'viso *adj* undivided
indizi'are *vt* throw suspicion on
indizi'ario *adj* circumstantial
indizi'ato, -a **A** *adj* suspected
B *mf* suspect
in'dizio *m* sign; Jur circumstantial evidence
Indo'cina *f* Indo-China
indoeuro'peo *adj* Indo-European
'indole *f* nature
indo'lente *adj* indolent
indo'lenza *f* indolence
indolenzi'mento *m* stiffness, ache
indolen'zire *vt* stiffen up
indolen'zirsi *vr* stiffen up, go stiff
indolen'zito *adj* stiff
indo'lore *adj* painless
indo'mabile *adj* untameable
indo'mani *m* **l'~** the following day
in'domito *adj* untamed
Indo'nesia *f* Indonesia
indonesi'ano, -a *adj & nmf* Indonesian
indo'rare *vt* gild; **~ la pillola** sugar the pill
indos'sare *vt* wear; (mettere addosso) put on
indossa|'tore, -trice **A** *m* [male] model
B *f* model
in'dotto pp di **indurre**
indottri'nare *vt* indoctrinate
indovi'nare *vt* guess; (predire) foretell
indovi'nato *adj* successful; (scelta) well-chosen
indovi'nello *m* riddle
indo'vino, -a *mf* fortune-teller
indù *adj inv & mf inv* Hindu
indubbia'mente *adv* undoubtedly
in'dubbio *adj* undoubted
indubi'tabile *adj* indubitable
indubitabil'mente *adv* indubitably
indugi'are *vi* linger
indugi'arsi *vr* linger
in'dugio *m* delay
indu'ismo *m* Hinduism
indul'gente *adj* indulgent
indul'genza *f* indulgence
in'dulgere *vi* **~ a** indulge in
in'dulto **A** pp di **indulgere**
B *m* Jur pardon
indu'mento *m* garment; **indumenti** *pl* clothes
■ **indumenti intimi** *pl* underwear
induri'mento *m* hardening
indu'rire *vt* harden
indu'rirsi *vr* harden
in'durre *vt* induce; **~ qualcuno a fare** induce somebody to do; **~ in tentazione** lead into temptation
in'dustria *f* industry
■ **industria dell'abbigliamento** clothing industry; infml rag trade; **industria leggera** light industry; **industria pesante** heavy industry; **industria dello spettacolo** show business, entertainment industry; infml showbiz; **industria terziaria** service industry; **industria tessile** textile industry, textiles
industri'ale **A** *adj* industrial; **zona ~** industrial estate
B *mf* industrialist
industrializ'zare *vt* industrialize
industrializ'zato *adj* industrialized
industrializzazi'one *f* industrialization
industrial'mente *adv* industrially
industri'arsi *vr* **~ per guadagnare qualcosa** set to and earn some money
industriosa'mente *adv* industriously
industri'oso *adj* industrious
indut'tivo *adj* inductive
indut'tore *m* inductor
induzi'one *f* induction
inebe'tire *vt* daze
inebe'tito *adj* stunned
inebri'ante *adj* intoxicating, exciting
inebri'are *vt* intoxicate
inebri'arsi *vr* become inebriated
inecce'pibile *adj* unexceptionable
i'nedia *f* starvation
i'nedito *adj* unpublished
inedu'cato *adj* impolite
ineff'fabile *adj* inexpressible
ineffi'cace *adj* ineffective
ineffici'ente *adj* inefficient
ineffici'enza *f* inefficiency
ineguagli'abile *adj* incomparable
ineguagli'anza *f* inequality
ineguagli'ato *adj* unequalled

inegu'ale *adj* unequal; ‹*superficie*› uneven
inelut'tabile *adj* inescapable
inenar'rabile *adj* indescribable
inequivo'cabile *adj* unequivocal
inequivocabil'mente *adv* unequivocally
ine'rente *adj* ~ **a** inherent in
inerente'mente *adv* ~ **a** concerning
i'nerme *adj* unarmed; fig defenceless
inerpi'carsi *vr* ~ **su** clamber up
i'nerte *adj* inactive; Phys inert
i'nerzia *f* inactivity; Phys inertia
inesat'tezza *f* inaccuracy
ine'satto *adj* inaccurate; (erroneo) incorrect; (non riscosso) uncollected
inesau'ribile *adj* inexhaustible
inesi'stente *adj* non-existent
inesi'stenza *f* non-existence
ineso'rabile *adj* inexorable
inesorabil'mente *adv* inexorably
inesperi'enza *f* inexperience
ine'sperto *adj* inexperienced
inespli'cabile *adj* inexplicable
inesplicabil'mente *adv* inexplicably
inesplo'rato *adj* undiscovered
ine'sploso *adj* unexploded
inespres'sivo *adj* expressionless
inespri'mibile *adj* inexpressible
inespu'gnabile *adj* impregnable
ineste'tismo *m* blemish
inesti'mabile *adj* inestimable
inestin'guibile *adj* ‹*sete*› insatiable; ‹*odio*› undying
inestir'pabile *adj* impossible to eradicate
inestri'cabile *adj* inextricable
inestricabil'mente *adv* inextricably
inetti'tudine *f* ineptitude
i'netto *adj* inept; ~ **a** unsuited to
ine'vaso *adj* ‹*pratiche, corrispondenza*› pending
inevi'tabile *adj* inevitable
inevitabil'mente *adv* inevitably
in ex'tremis *adv* ‹*segnare un gol*› in the nick of time; (prima di morire) in extremis
i'nezia *f* trifle
infagot'tare *vt* wrap up
infagot'tarsi *vr* wrap [oneself] up
infal'libile *adj* infallible
infa'mante *adj* defamatory
infa'mare *vt* defame
infama'torio *adj* defamatory
in'fame *adj* infamous; infml (orrendo) awful, shocking
in'famia *f* infamy
infan'gare *vt* cover with mud; fig sully
infan'garsi *vr* get muddy
infanti'cida *mf* infanticide
infanti'cidio *m* infanticide
infan'tile *adj* ‹*letteratura, abbigliamento*› children's *attrib*; ‹*ingenuità*› childlike; derog childish
in'fanzia *f* childhood; (bambini) children *pl*; **prima** ~ infancy
infar'cire *vt* stuff (**di** with)
infari'nare *vt* flour; ~ **di** sprinkle with
infarina'tura *f* fig smattering
in'farto *m* heart attack
infasti'dire *vt* irritate
infasti'dirsi *vr* get irritated
infati'cabile *adj* untiring
infaticabil'mente *adv* tirelessly
in'fatti *conj* as a matter of fact; (veramente) indeed
infatu'arsi *vr* ~ **di** become infatuated with
infatu'ato *adj* infatuated
infatuazi'one *f* infatuation
in'fausto *adj* ill-omened
infecondità *f inv* infertility
infe'condo *adj* infertile
infe'dele *adj* unfaithful
infedeltà *f inv* unfaithfulness
infe'lice *adj* unhappy; (inappropriato) unfortunate; (cattivo) bad
infelicità *f inv* unhappiness
infel'trire *vi* matt
infel'trirsi *vr* matt
infel'trito *adj* matted
inferi'ore **A** *adj* (più basso) lower; ‹*qualità*› inferior
B *mf* inferior
inferiorità *f inv* inferiority
infe'rire *vt* infer; strike ‹*colpo*›
inferme'ria *f* infirmary; (di nave, scuola) sickbay
infermi'ere, -a **A** *m* [male] nurse
B *f* nurse
infermità *f inv* sickness
■ **infermità mentale** mental illness
in'fermo, -a **A** *adj* sick
B *mf* invalid
infer'nale *adj* infernal; (spaventoso) hellish
in'ferno *m* hell; **va' all'~!** go to hell!
infero'cirsi *vr* become fierce
inferri'ata *f* grating
infervo'rare *vt* arouse enthusiasm in
infervo'rarsi *vr* get excited
infe'stare *vt* infest
infe'stato *adj* infested; ~ **dai fantasmi** haunted
infestazi'one *f* infestation
infet'tare *vt* infect
infet'tarsi *vr* become infected
infet'tivo *adj* infectious
in'fetto *adj* infected
infezi'one *f* infection
infiac'chire *vt & vi* weaken

infiac'chirsi *vr* weaken
infiam'mabile *adj* [in]flammable
infiam'mare *vt* set on fire; Med fig inflame
infiam'marsi *vr* catch fire; Med become inflamed
infiammazi'one *f* Med inflammation
infia'scare *vt* bottle
infici'are *vt* Jur invalidate
in'fido *adj* treacherous
infie'rire *vi* (imperversare) rage; **~ su** attack furiously
in'figgere *vt* drive
in'figgersi *vr* **~ in** penetrate
infi'lare *vt* thread; (mettere) insert; (indossare) put on
infi'larsi *vr* slip on ‹*vestito*›; **~ in** (introdursi) slip into
infil'trarsi *vr* infiltrate
infil'trato, -a *mf* infiltrator
infiltrazi'one *f* infiltration; (d'acqua) seepage; Med (iniezione) injection
infil'zare *vt* pierce; (infilare) string; (conficcare) stick
'infimo *adj* lowest
in'fine *adv* finally; (insomma) in short
infin'gardo *adj* slothful
infinità *f inv* infinity; **un'~ di** masses of
infinita'mente *adv* infinitely
infinitesi'male *adj* infinitesimal
infi'nito **A** *adj* infinite; Gram infinitive
B *m* infinite; Gram infinitive; Math infinity; **all'~** endlessly
infinocchi'are *vt* infml hoodwink
infiocchet'tare *vt* tie up with ribbons
infiore'scenza *f* inflorescence
infischi'arsi *vr* **~ di** not care about; **me ne infischio** infml I couldn't care less
in'fisso **A** pp di **infiggere**
B *m* fixture; (di porta, finestra) frame
infit'tire *vt & vi* thicken
infit'tirsi *vr* thicken
inflazi'one *f* inflation
■ **inflazione galoppante** galloping inflation; **inflazione strisciante** creeping inflation
inflazio'nistico *adj* inflationary
infles'sibile *adj* inflexible
inflessibilità *f inv* inflexibility
inflessi'one *f* inflection, inflexion
in'fliggere *vt* inflict
in'flitto pp di **infliggere**
influ'ente *adj* influential
influ'enza *f* influence; Med influenza; **prendere l'~** catch the flu
■ **influenza A** swine flu; **influenza aviaria** *o* **dei polli** bird flu; **influenza gastrointestinale** gastric flu
influen'zabile *adj* ‹*mente, opinione*› impressionable
influen'zare *vt* influence
influen'zato *adj* **essere ~** (con febbre) have the flu
influ'ire *vi* **~ su** influence
in'flusso *m* influence
info'carsi *vr* catch fire; ‹*viso*› go red; ‹*discussione*› become heated
info'gnarsi *vr* infml get into a mess
infol'tire *vt & vi* thicken
infon'dato *adj* unfounded
in'fondere *vt* instil
infor'care *vt* fork ‹*fieno*›; get on ‹*bici*›; put on ‹*occhiali*›
inforca'tura *f* crotch
infor'male *adj* informal
infor'mare *vt* inform
infor'marsi *vr* inquire (**di** about)
infor'matica *f* information technology
infor'matico *adj* computer *attrib*
informa'tivo *adj* informative
infor'mato *adj* informed; **male ~** ill-informed
informa|'tore, -trice *mf* (di polizia) informer
■ **informatore medico scientifico** representative of a pharmaceutical company
informazi'one *f* information; **un'~** a piece of information; **informazioni** *pl* information; **servizio informazioni** enquiries
■ **informazione genetica** genetic code; **informazione riservata** confidential information; **informazioni** *pl* **sbagliate** misinformation; **informazioni** *pl* **sulla viabilità** travel news
in'forme *adj* shapeless
infor'nare *vt* put into the oven
infortu'narsi *vr* have an accident
infortu'nato, -a **A** *adj* injured
B *mf* injured person; **gli infortunati** the injured
infor'tunio *m* accident
■ **infortunio sul lavoro** industrial accident
infortu'nistica *f* study of industrial accidents
infos'sarsi *vr* sink; ‹*guance, occhi*› become hollow
infos'sato *adj* sunken, hollow
infradici'are *vt* drench
infradici'arsi *vr* get drenched; (diventare marcio) rot
infra'dito *mpl* (scarpe) flip-flops
in'frangere *vt* break; (in mille pezzi) shatter
in'frangersi *vr* break; (in mille pezzi) shatter
infran'gibile *adj* unbreakable
in'franto **A** pp di **infrangere**
B *adj* shattered; fig ‹*cuore*› broken
infra'rosso *adj* infra-red
infrasettima'nale *adj* midweek
infrastrut'tura *f* infrastructure
infrazi'one *f* offence

i

■ **infrazione al codice della strada** traffic offence
infredda'tura *f* cold
infreddo'lirsi *vr* feel cold
infreddo'lito *adj* cold
infre'quente *adj* infrequent
infruttu'oso *adj* fruitless
infuo'care *vt* make red-hot
infuo'cato *adj* burning
infu'ori *adv* **all'~** outwards; **all'~ di** except; **denti ~** buck teeth
infuri'are *vi* rage
infuri'arsi *vr* fly into a rage
infuri'ato *adj* blustering
infusi'one *f* infusion
in'fuso **A** pp di **infondere**
B *m* infusion
Ing. *abbr* (**ingegnere**)
ingabbi'are *vt* cage; fig (mettere in prigione) jail
ingaggi'are *vt* engage; sign up ‹*calciatori ecc.*›; begin ‹*lotta, battaglia*›
in'gaggio *m* engagement; (di calciatore) signing [up]
ingan'nare *vt* deceive; (essere infedele a) be unfaithful to; **~ l'attesa** kill time
ingan'narsi *vr* deceive oneself; **se non m'inganno** if I am not mistaken
ingan'nevole *adj* deceptive
in'ganno *m* deceit; (frode) fraud; **trarre in ~** deceive
ingarbugli'are *vt* entangle; (confondere) confuse
ingarbugli'arsi *vr* get entangled; (confondersi) become confused
ingarbu'gliato *adj* confused
inge'gnarsi *vr* do one's best; **~ per vivere** try to scrape a living
inge'gnere *m* engineer
■ **ingegnere aeronautico** aeronautical engineer; **ingegnere civile** civil engineer; **ingegnere edile** structural engineer; **ingegnere meccanico** mechanical engineer; **ingegnere minerario** mining engineer; **ingegnere navale** marine engineer
ingegne'ria *f* engineering
■ **ingegneria aeronautica** aeronautical engineering; **ingegneria civile** civil engineering; **ingegneria edile** structural engineering; **ingegneria genetica** genetic engineering; **ingegneria meccanica** mechanical engineering
in'gegno *m* brains *pl*; (genio) genius; (abilità) ingenuity
ingegnosa'mente *adv* ingeniously
ingegnosità *f inv* ingenuity
inge'gnoso *adj* ingenious
ingelo'sire *vt* make jealous
ingelo'sirsi *vr* become jealous
in'gente *adj* huge

ingenua'mente *adv* artlessly
ingenuità *f inv* ingenuousness
in'genuo *adj* ingenuous; (credulone) naïve
inge'renza *f* interference
inge'rire *vt* swallow
inges'sare *vt* put in plaster
inges'sato *adj* in plaster, in a cast; fig (rigidamente formale) stilted, stiff
ingessa'tura *f* plaster, plaster cast
Inghil'terra *f* England
inghiot'tire *vt* swallow
in'ghippo *m* trick
ingial'lire *vi* turn yellow
ingial'lirsi *vr* turn yellow
ingial'lito *adj* yellowed
ingigan'tire **A** *vt* magnify; blow up out of proportion ‹*problema*›
B *vi* take on gigantic proportions
ingigan'tirsi *vr* take on gigantic proportions
inginocchi'arsi *vr* kneel [down]
inginocchi'ato *adj* kneeling
inginocchia'toio *m* prie-dieu
ingioiel'larsi *vr* put on one's jewels
ingioiel'lato *adj* bejewelled
ingiù *adv* down; **all'~** downwards; **a testa ~** head downwards
ingi'ungere *vt* order
ingiunzi'one *f* injunction, court order
■ **~ di pagamento** final demand
ingi'uria *f* insult; (torto) wrong; (danno) damage
ingiuri'are *vt* insult; (fare un torto a) wrong
ingiuri'oso *adj* insulting
ingiusta'mente *adv* unjustly
ingiustifi'cabile *adj* unjustifiable; ‹*comportamento*› indefensible
ingiustifi'cato *adj* unjustified
ingiu'stizia *f* injustice
ingi'usto *adj* unjust
in'glese **A** *adj* English
B *m* Englishman; (lingua) English; **gli inglesi** the English
C *f* Englishwoman
inglori'oso *adj* inglorious
ingob'bire *vi* become stooped
ingoi'are *vt* swallow
ingol'fare *vt* flood ‹*motore*›
ingol'farsi *vr* fig get involved; ‹*motore*› flood
ingol'lare *vt* gulp down
ingom'brante *adj* cumbersome
ingom'brare *vt* clutter up; fig cram ‹*mente*›
in'gombro *m* encumbrance; **essere d'~** be in the way
ingor'digia *f* greed
in'gordo *adj* greedy
ingor'gare *vt* block
ingor'garsi *vr* be blocked [up]

key word

in'gorgo *m* blockage; (del traffico) jam
ingoz'zare *vt* gobble up; (nutrire eccessivamente) stuff; fatten ‹*animali*›
ingoz'zarsi *vr* stuff oneself (**di** with)
ingra'naggio *m* gear; fig mechanism
ingra'nare **A** *vt* engage
B *vi* be in gear
ingrandi'mento *m* enlargement
ingran'dire *vt* enlarge; (esagerare) magnify
ingran'dirsi *vr* become larger; (aumentare) increase
ingrandi'tore *m* Phot enlarger
ingras'saggio *m* greasing, lubrication
ingras'sare **A** *vt* fatten [up]; Mech lubricate, grease
B *vi* put on weight
ingras'sarsi *vr* put on weight
in'grasso *m* **mettere all'~** force-feed
ingrati'tudine *f* ingratitude
in'grato *adj* ungrateful; (sgradevole) thankless
ingrazi'arsi *vr* ingratiate oneself with
ingredi'ente *m* ingredient
in'gresso *m* entrance; (accesso) admittance; (sala) hall; Comput input
■ **ingresso gratuito** *o* **libero** admission free; **'vietato l'~'** 'no entry', 'no admittance'; **ingresso degli artisti** stage door; **ingresso principale** main entrance; **ingresso di servizio** tradesmen's entrance; **ingresso/uscita** Comput input/output; **ingresso video** Techn video input
ingros'sare **A** *vt* make big; (gonfiare) swell
B *vi* grow big; (gonfiare) swell
ingros'sarsi *vr* grow big; (gonfiare) swell
in'grosso **all'~** *adv* wholesale; (pressappoco) roughly
inguai'arsi *vr* get into trouble
inguai'nare *vt* sheathe
ingual'cibile *adj* crease-resistant
ingua'ribile *adj* incurable
inguaribil'mente *adv* incurably
'inguine *m* groin
ingurgi'tare *vt* gulp down
ini'bire *vt* inhibit; (vietare) forbid
ini'bito *adj* inhibited
inibi'tore *m* suppressant
inibizi'one *f* inhibition; (divieto) prohibition
iniet'tare *vt* inject
iniet'tarsi *vr* **~ di sangue** ‹*occhi*› become bloodshot
iniezi'one *f* injection
■ **iniezione endovenosa** intravenous injection; **iniezione intramuscolare** intramuscular injection
inimic'arsi *vr* **~ qualcuno** make an enemy of somebody
inimi'cizia *f* enmity
inimi'tabile *adj* inimitable
inimmagi'nabile *adj* unimaginable
ininfiam'mabile *adj* non-flammable
inintelli'gibile *adj* unintelligible
ininterrotta'mente *adv* continuously
ininter'rotto *adj* continuous
iniquità *f inv* iniquity
i'niquo *adj* iniquitous
inizi'ale *adj & nf* initial
inizial'mente *adv* initially
inizi'are **A** *vt* begin; (avviare) open; **~ a fare qualcosa** begin doing something; **~ qualcuno a qualcosa** initiate somebody in something
B *vi* begin
inizia'tiva *f* initiative; **prendere l'~** take the initiative
■ **iniziativa privata** private enterprise
inizi'ato, -a *mf* initiated
inizia|'tore, -trice *mf* initiator
iniziazi'one *f* initiation
i'nizio *m* beginning, start; **dare ~ a** start; **avere ~** get under way
innaffi'are *vt* water
innaffia'toio *m* watering can
innal'zare *vt* raise; (erigere) erect
innal'zarsi *vr* rise
innamo'rarsi *vr* fall in love (**di** with)
innamo'rato, -a **A** *adj* in love
B *mf* sweetheart
in'nanzi **A** *adv* (stato in luogo) in front; (di tempo) ahead; (avanti) forward; (prima) before; **d'ora ~** from now on
B *prep* (prima) before; **~ a** in front of; **~ tutto** = **innanzitutto**
innanzi'tutto *adv* (soprattutto) above all; (per prima cosa) first of all
in'nato *adj* innate
innatu'rale *adj* unnatural
inne'gabile *adj* undeniable
innegabil'mente *adv* undeniably
inneggi'are *vi* **~ a** praise
innervo'sire *vt* make nervous
innervo'sirsi *vr* get irritated
inne'scare *vt* prime
in'nesco *m* primer
inne'stare *vt* graft; Mech engage; (inserire) insert
in'nesto *m* graft; Mech clutch; Electr connection
inneva'mento *m* snowfall
■ **innevamento artificiale** snow making
inne'vato *adj* covered in snow
'inno *m* hymn
■ **inno nazionale** national anthem
inno'cente *adj* innocent; Jur not guilty
innocente'mente *adv* innocently
inno'cenza *f* innocence
in'nocuo *adj* innocuous
inno'vare *vt* update
innova'tivo *adj* innovative

innova'tore *adj* trail-blazing
innovazi'one *f* innovation
innume'revole *adj* innumerable
+ino *suff* **fratellino** *nm* little brother; **sorellina** *nf* little sister; **freddino** *adj* (piuttosto freddo) chilly; **bellino** *adj* (abbastanza bello) pretty; **benino** *adv* (così così) not bad; **pochino** *adv* (troppo poco) not enough; **un pochino** a little bit
inocu'lare *vt* inoculate
ino'doro *adj* odourless
inoffen'sivo *adj* inoffensive, harmless; ‹*animale*› harmless
inol'trare *vt* forward
inol'trarsi *vr* advance
inol'trato *adj* late
i'noltre *adv* besides
i'noltro *m* forwarding
inon'dare *vt* flood
inondazi'one *f* flood
inope'roso *adj* idle
inopi'nabile *adj* unimaginable
inoppor'tuno *adj* untimely
inor'ganico *adj* inorganic
inorgo'glire *vt* make proud
inorgo'glirsi *vr* become proud
inorri'dire **A** *vt* horrify
B *vi* be horrified
inospi'tale *adj* inhospitable
inosser'vato *adj* unobserved; (non rispettato) disregarded; **passare ~** go unnoticed
inossi'dabile *adj* stainless
'inox *adj inv* ‹*acciaio*› stainless; ‹*pentole*› stainless steel *attrib*
'input *m inv*
■ **input dati** data input
inqua'drare *vt* frame; fig set
inqua'drarsi *vr* **~ in** fit into
inquadra'tura *f* framing
inqualifi'cabile *adj* unspeakable
inquie'tante *adj* unnerving
inquie'tare *vt* worry
inquie'tarsi *vr* get worried; (impazientirsi) get cross
inqui'eto *adj* restless; (preoccupato) worried
inquie'tudine *f* anxiety
inqui'lino, -a *mf* tenant
inquina'mento *m* pollution
■ **inquinamento acustico** noise pollution; **inquinamento atmosferico** air pollution; **inquinamento luminoso** light pollution; **inquinamento delle prove** Jur tampering with the evidence
inqui'nare *vt* pollute
inqui'nato *adj* polluted
inqui'rente *adj* Jur ‹*magistrato*› examining; ‹*commissione*› of investigation
inqui'sire *vt & vi* investigate

inqui'sito **A** *adj* under investigation
B *m* person under investigation
inquisi|'tore, -trice **A** *adj* inquiring
B *mf* inquisitor
inquisi'torio *adj* questioning
inquisizi'one *f* inquisition
insabbi'are *vt* bury
insabbi'arsi *vr* run aground
insa'lata *f* salad
■ **insalata belga** Belgian endive; **insalata di mare** seafood salad; **insalata mista** mixed salad; **insalata di riso** rice salad; **insalata russa** Russian salad
insalati'era *f* salad bowl
insa'lubre *adj* unhealthy
insa'nabile *adj* incurable
insangui'nare *vt* stain with blood
insangui'nato *adj* blood-stained
insapo'nare *vt* soap
insapo'narsi *vr* soap oneself
insapo'nata *f* soaping
insa'pore *adj* tasteless
insapo'rire *vt* flavour
insa'puta *f* **all'~ di** unknown to
in'saturo *adj* unsaturated
insazi'abile *adj* insatiable
inscato'lare *vt* can
inscatola'trice *f* canning machine
insce'nare *vt* stage
inscin'dibile *adj* inseparable
in'scrivere *vt* Math inscribe
insec'chire *vt & vi* wither
insedia'mento *m* installation
insedi'are *vt* install
insedi'arsi *vr* install oneself
in'segna *f* sign; (bandiera) flag; (decorazione) decoration; (emblema) insignia *pl*; (stemma) symbol
■ **insegna luminosa** neon sign
insegna'mento *m* teaching
inse'gnante **A** *adj* teaching
B *mf* teacher
■ **insegnante di matematica** maths teacher; **insegnante di sostegno** tutor; **insegnante tirocinante** student teacher
inse'gnare *vt & vi* teach; **~ qualcosa a qualcuno** teach somebody something
insegui'mento *m* pursuit
insegu'ire *vt* pursue
insegui|'tore, -trice *mf* pursuer
inselvati'chire **A** *vt* make wild
B *vi* grow wild
inselvati'chirsi *vr* grow wild
insemi'nare *vt* inseminate
inseminazi'one *f* insemination
■ **inseminazione artificiale** artificial insemination
insena'tura *f* inlet
insensata'mente *adv* senselessly
insen'sato *adj* senseless; (folle) crazy

insen'sibile *adj* fig insensitive; **avere le gambe insensibili** have no feeling in one's legs
insensibilità *f inv* lack of feeling; fig insensitivity
insepa'rabile *adj* inseparable
inseri'mento *m* insertion
inse'rire *vt* insert, place ‹*annuncio*›; Electr connect
inse'rirsi *vr* ~ **in** get into
inseri'tore *m*
■ **inseritore fogli (singoli)** (single) sheet feed
in'serto *m* file; (in un giornale) supplement; (in un film ecc.) insert
inservi'ente *mf* attendant
inserzi'one *f* insertion; (avviso) advertisement; **inserzioni** *pl* classified ads
inserzio'nista *mf* advertiser
insetti'cida *m* insecticide
insetti'fugo *m* insect repellent
in'setto *m* insect
insicu'rezza *f* insecurity
insi'curo *adj* insecure
in'sidia *f* trick; (tranello) snare
insidi'are *vt & vi* lay a trap for
insidi'oso *adj* insidious
insi'eme **A** *adv* together; (contemporaneamente) at the same time
B *prep* ~ a [together] with
C *m* whole; (completo) outfit; Theat ensemble; Math set; **nell'**~ as a whole; **tutto** ~ (in una volta) at one go
insie'mistica *f* set theory
in'signe *adj* renowned
insignifi'cante *adj* insignificant
insi'gnire *vt* decorate
insin'cero *adj* insincere
insinda'cabile *adj* final
insinu'ante *adj* insinuating
insinu'are *vt* insinuate
insinu'arsi *vr* penetrate; ~ **in** fig creep into
insinuazi'one *f* insinuation
in'sipido *adj* insipid
insi'stente *adj* insistent
insistente'mente *adv* repeatedly
insi'stenza *f* insistence
in'sistere *vi* insist; (perseverare) persevere
'insito *adj* inherent
insoddisfa'cente *adj* unsatisfactory
insoddi'sfatto *adj* unsatisfied; (scontento) dissatisfied
insoddisfazi'one *f* dissatisfaction
insoffe'rente *adj* intolerant
insoffe'renza *f* intolerance
insolazi'one *f* sunstroke
inso'lente *adj* rude, insolent
insolente'mente *adv* insolently
inso'lenza *f* rudeness, insolence; (commento) insolent remark
insolita'mente *adv* unusually
in'solito *adj* unusual
inso'lubile *adj* insoluble
inso'luto *adj* unsolved; (non pagato) unpaid
insol'vente *adj* Jur insolvent
insol'venza *f* insolvency
insol'vibile *adj* insolvent
in'somma *adv* in short; ~! well!
inson'dabile *adj* unfathomable
in'sonne *adj* sleepless
in'sonnia *f* insomnia
insonno'lito *adj* sleepy
insonoriz'zare *vt* soundproof
insonoriz'zato *adj* soundproofed
insoppor'tabile *adj* unbearable
insoppri'mibile *adj* unsuppressible
insor'genza *f* onset
in'sorgere *vi* revolt, rise up; ‹*problema*› arise
insormon'tabile *adj* ‹*ostacolo, difficoltà*› insurmountable
in'sorto **A** pp di **insorgere**
B *adj* rebellious
C *m* rebel
insospet'tabile *adj* unsuspected
insospet'tire **A** *vt* make suspicious
B *vi* become suspicious
insospet'tirsi *vr* becomes suspicious
insoste'nibile *adj* untenable; (insopportabile) unbearable
insostitu'ibile *adj* irreplaceable
insoz'zare *vt* dirty
inspe'rabile *adj* hopeless; (insperato) unhoped-for
inspe'rato *adj* unhoped-for
inspie'gabile *adj* inexplicable
inspiegabil'mente *adv* inexplicably
inspi'rare *vt* breathe in
in'stabile *adj* unstable; (variabile) unsettled
instabilità *f inv* instability; (di tempo) changeability
instal'lare *vt* install
instal'larsi *vr* (in casa, lavoro) settle in
installa|'tore, -trice *mf* fitter
installazi'one *f* installation; **installazioni** *pl* **di bordo** on-board equipment
instan'cabile *adj* untiring
instancabil'mente *adv* tirelessly
instau'rare *vt* found
instau'rarsi *vr* become established
instaurazi'one *f* foundation
instra'dare *vt* direct
insù all'~ *adv* upwards; **naso all'**~ turned-up nose
insubordi'nato *adj* insubordinate
insubordinazi'one *f* insubordination
insuc'cesso *m* failure
insudici'are *vt* dirty

insudici'arsi *vr* get dirty
insuffici'ente A *adj* insufficient; (inadeguato) inadequate
B *m* Sch fail
insufficiente'mente *adv* insufficiently
insuffici'enza *f* insufficiency; (inadeguatezza) inadequacy; Sch fail
■ **insufficienza cardiaca** cardiac insufficiency; **insufficienza di prove** lack of evidence
insu'lare *adj* insular
insu'lina *f* insulin
in'sulso *adj* insipid; (sciocco) silly
insul'tare *vt* insult
in'sulto *m* insult; **coprire qualcuno di insulti** heap abuse on somebody
insupe'rabile *adj* insuperable; (eccezionale) incomparable
insurrezi'one *f* insurrection
insussi'stente *adj* groundless
intac'cabile *adj* subject to corrosion; fig open to criticism
intac'care *vt* nick; (corrodere) corrode; draw on ‹*capitale*›; (danneggiare) damage
intagli'are *vt* carve
in'taglio *m* carving
intan'gibile *adj* untouchable
in'tanto *adv* meanwhile; (per ora) for the moment; (avversativo) but; ~ **che** while
intarsi'are *vt* inlay
intarsi'ato *adj* ~ **di** inset with
in'tarsio *m* inlay
intasa'mento *m* (ostruzione) blockage; (ingorgo) traffic jam
inta'sare *vt* block, clog
inta'sarsi *vr* become blocked
inta'sato *adj* blocked
inta'scare *vt* pocket
in'tatto *adj* intact
intavo'lare *vt* start
inte'gerrimo *adj* of integrity
inte'grale *adj* whole; **edizione** ~ unabridged edition; **pane** ~ wholemeal bread; **versione** ~ (di film) uncut version; (di romanzo) unabridged version
integra'lista *mf* fundamentalist
integral'mente *adv* fully
inte'grante *adj* integral
inte'grare *vt* integrate; (aggiungere) supplement
inte'grarsi *vr* integrate
integra'tivo *adj* supplementary, additional; **esame** ~ *test taken by pupil wishing to transfer from arts to a scientific stream etc*
integra'tore *m*
■ **integratore alimentare** dietary supplement
integrazi'one *f* integration
integrità *f inv* integrity
'integro *adj* complete; (retto) upright
intelaia'tura *f* framework
intellet'tivo *adj* intellectual
intel'letto *m* intellect
intellettu'ale *adj & nmf* intellectual
intellettual'mente *adv* intellectually
intelli'gente *adj* intelligent
intelligente'mente *adv* intelligently
intelli'genza *f* intelligence
■ **intelligenza artificiale** artificial intelligence
intelli'ghenzia *f* intelligentsia
intelli'gibile *adj* intelligible
intelligibil'mente *adv* intelligibly
intempe'rante *adj* intemperate
intempe'ranza *f* intemperance; **intemperanze** *pl* excesses
intem'perie *fpl* bad weather
intempe'stivo *adj* untimely
inten'dente *m* superintendent
inten'denza *f*
■ **intendenza di finanza** inland revenue office
in'tendere *vt* (comprendere) understand; (udire) hear; (avere intenzione) intend; (significare) mean; **[siamo] intesi?** is that clear?
in'tendersi *vr* (capirsi) understand each other; ~ **di** (essere esperto in) have a good knowledge of; **intendersela con** infml (avere una relazione con) have it off with
intendi'mento *m* understanding; (intenzione) intention
intendi|'tore, -trice *mf* connoisseur; **intenditori** *pl* cognoscenti
intene'rire *vt* soften; (commuovere) touch
intene'rirsi *vr* be touched
intensa'mente *adv* intensely
intensifi'care *vt* intensify
intensifi'carsi *vr* intensify
intensità *f inv* intensity
intensiva'mente *adv* intensively
inten'sivo *adj* intensive
■ **terapia intensiva** intensive care
in'tenso *adj* intense
inten'tare *vt* start up; ~ **causa contro qualcuno** bring *or* institute proceedings against somebody
inten'tato *adj* **non lasciare nulla di** ~ try everything
in'tento A *adj* engrossed (**a** in)
B *m* purpose
intenzio'nale *adj* intentional
intenzio'nato *adj* **essere** ~ **a fare qualcosa** have the intention of doing something
intenzi'one *f* intention; **senza** ~ unintentionally; **avere** ~ **di fare qualcosa** intend to do something, have the intention of doing something
intera'gire *vi* interact

key word

intera'mente *adv* completely, entirely
interat'tivo *adj* interactive
interazi'one *f* interaction
interca'lare **A** *m* stock phrase
B *vt* insert ‹*esclamazione*›
intercambi'abile *adj* interchangeable
interca'pedine *f* cavity
inter'cedere *vi* intercede
intercessi'one *f* intercession
intercet'tare *vt* intercept; tap ‹*telefono*›
intercettazi'one *f* interception
■ **intercettazione telefonica** telephone tapping
inter'city *m inv* inter-city
intercomuni'cante *adj* [inter] communicating
interconfessio'nale *adj* interdenominational
intercon'nettere *vt* interconnect
intercontinen'tale *adj* intercontinental
inter'correre *vi* ‹*tempo*› elapse; (esistere) exist
interco'stale *adj* intercostal
interden'tale *adj* between the teeth; **filo ~** dental floss
inter'detto **A** pp di **interdire**
B *adj* astonished; (proibito) forbidden; **rimanere ~** be taken aback; **lasciare qualcuno ~** astonish somebody, dumbfound somebody
C *m* Relig interdict
interdipartimen'tale *adj* interdepartmental
interdipen'dente *adj* interdependent
interdipen'denza *f* interdependence
inter'dire *vt* ban; (nel calcio) intercept; Jur deprive of civil rights; Relig interdict; **~ a qualcuno di fare qualcosa** forbid somebody to do something
interdiscipli'nare *adj* interdisciplinary
interdizi'one *f* ban; (nel calcio) interception; Relig interdict
■ **interdizione giudiziale** *appointment of a legal guardian to a person of unsound mind*; **interdizione legale** *legally imposed ban*; **interdizione dai pubblici uffici** *ban on taking public office*
interessa'mento *m* interest
interes'sante *adj* interesting; **essere in stato ~** be pregnant
interes'sare **A** *vt* interest; (riguardare) concern
B *vi* **~ a** interest; **non mi interessa** I'm not interested; (non mi importa) I don't care, it doesn't matter to me
interes'sarsi *vr* **~ a** take an interest in; **~ di** take care of
interes'sato *adj* (attento) interested; derog self-interested; **diretto ~** person concerned
inte'resse *m* interest; **fare qualcosa per ~** do something out of self-interest; **essere nell'~ di qualcuno** be in somebody's interest; **un ~ del 4%** 4% interest
■ **interesse attivo** interest charge; **interesse maturato** accrued interest; **interesse privato in atti di ufficio** abuse of public office; **interesse a tasso variabile** floating rate interest
interes'senza *f* Econ profit-sharing
inter'faccia *f* interface
■ **interfaccia grafica** graphics interface; **interfaccia uomo/macchina** man/machine interface; **interfaccia utente** user interface
interfacci'are *vt* interface
interfacci'arsi *vr* interface
interfe'renza *f* interference
interfe'rire *vi* interfere
inter'fono *m* intercom
interga'lattico *adj* intergalactic
interiet'tivo *adj* interjectory
interiezi'one *f* interjection
'interim *m inv* (incarico) temporary appointment; (periodo) interim; **ad ~** on a temporary basis; ‹*presidente*› acting
interi'ora *fpl* entrails
interi'ore *adj* inner
interioriz'zare *vt* internalize
interior'mente *adv* (nella parte interiore) internally; (emotivamente) inwardly
inter'linea *f* line spacing; Typ leading
■ **interlinea doppia** double spacing
interline'are **A** *vt* space out
B *adj* line *attrib*
interlocu|'tore, -trice *mf* speaker, interlocutor fml; **il mio ~** the person I am/was speaking to
inter'ludio *m* interlude
intermedi'ario, -a *adj & nmf* intermediary; Econ middleman
intermediazi'one *f* (intervento) mediation
inter'medio *adj* in-between
inter'mezzo *m* Theat, Mus intermezzo
intermi'nabile *adj* interminable
interministeri'ale *adj* interdepartmental
intermissi'one *f* intermission
intermit'tente *adj* intermittent; ‹*vulcano*› dormant
intermit'tenza *f* **a ~** intermittent
interna'mente *adv* internally
interna'mento *m* internment; (in manicomio) committal
inter'nare *vt* intern; (in manicomio) commit [to a mental institution]
inter'nato, -a **A** *adj* interned
B *mf* internee
C *m* boarding school
internazio'nale *adj* international
internazional'mente *adv* internationally
'Internet *f* Internet; **in ~** on the Internet; **via ~** through the Internet
■ **Internet point** Internet kiosk
inter'nista *mf* internist

in'terno **A** *adj* internal; Geog inland; (interiore) inner; ‹*politica*› national; **alunno ~** boarder
B *m* interior; (di condominio) flat; Teleph extension; Cinema interior shot; **all'~** inside; **ministero degli interni** Ministry of the Interior, ≈ Home Office

in'tero **A** *adj* whole, entire; Math whole; (intatto) intact; (completo) complete; **per ~** in full
B *m* (totalità) whole

interparlamen'tare *adj* inter-parliamentary

interpar'titico *adj* cross-party

interpel'lanza *f* parliamentary question

interpel'lare *vt* consult

interpel'lato, -a *mf* person being questioned

interperso'nale *adj* interpersonal

interplane'tario *adj* interplanetary

interpo'lare *vt* interpolate

inter'porre *vt* interpose; use ‹*influenza*›; **~ ostacoli** a put obstacles in the way of

inter'porsi *vr* intervene; **~ tra** come between

inter'posto *adj* **per interposta persona** through a third party

interpre'tare *vt* interpret; Mus perform; **~ male** misinterpret

interpretari'ato *m* interpreting

interpretazi'one *f* interpretation; Mus performance

in'terprete *mf* interpreter; Mus performer

interpunzi'one *f* punctuation

inter'rare *vt* (seppellire) bury; (riempire) fill in; lay underground ‹*cavo, tubo*›; plant ‹*pianta, seme*›

inter'rato *m* basement

interregio'nale *m long-distance train, stopping at most stations*

interro'gante *mf* questioner

interro'gare *vt* question; Sch examine

interrogativa'mente *adv* ‹*guardare*› inquiringly

interroga'tivo **A** *adj* interrogative; (sguardo) questioning; **punto ~** question mark
B *m* question

interro'gato *adj* ‹*studente*› examinee; Jur person questioned

interroga'torio *adj & nm* questioning

interrogazi'one *f* question; Sch oral [test]
■ **interrogazione ciclica** polling; **interrogazione parlamentare** parliamentary question

inter'rompere *vt* interrupt; (sospendere) stop; cut off ‹*collegamento*›

inter'rompersi *vr* break off

interrut'tore *m* switch
■ **interruttore a reostato** dimmer

interruzi'one *f* interruption; **senza ~** non-stop
■ **interruzione della corrente** power cut; **interruzione di gravidanza** termination of pregnancy

interscambi'abile *adj* interchangeable

inter'scambio *m* import-export trade

interse'care *vt* intersect

interse'carsi *vr* intersect

intersezi'one *f* intersection

inter'stizio *m* interstice

interur'bana *f* long-distance call

interur'bano *adj* inter-city; **telefonata interurbana** long-distance call

interval'lare *vt* space out

inter'vallo *m* interval; (spazio) space; (in ufficio) tea/coffee break; TV, Sch break; **fare un ~** have a break; **a intervalli regolari** at regular intervals
■ **intervallo del pranzo** lunch hour, lunch break; **intervallo pubblicitario** commercial break

interve'nire *vi* intervene; Med (operare) operate; **~ a** take part in

inter'vento *m* intervention; (presenza) presence; (chirurgico) operation; **pronto ~** emergency services; **un ~ a cuore aperto** open-heart surgery

inter'vista *f* interview
■ **intervista esclusiva** exclusive interview

intervi'stare *vt* interview

intervi'stato, -a *mf* interviewee

intervista|'tore, -trice *mf* interviewer

in'tesa *f* understanding; **d'~** ‹*cenno*› of acknowledgement

in'teso, -a **A** pp di **intendere**
B *adj* **resta ~ che ...** needless to say, ...; **~** a meant to; **[siamo] intesi!** agreed!
C *f* understanding

in'tessere *vt* weave together

inte'stare *vt* head; write one's name and address at the top of ‹*lettera*›; Comm register

inte'starsi *vr* **~ a fare qualcosa** take it into one's head to do something

intesta'tario, -a *mf* holder

intestazi'one *f* heading; (su carta da lettere) letterhead

intesti'nale *adj* intestinal

inte'stino **A** *adj* ‹*lotte*› internal
B *m* intestine
■ **intestino crasso** large intestine; **intestino tenue** small intestine

intiepi'dire *vt* (scaldare) warm; cool ‹*passione, desiderio*›

intiepi'dirsi *vr* cool [down]; (scaldarsi) warm [up]; ‹*fede*› wane

intima'mente *adv* ‹*conoscere*› intimately

inti'mare *vt* order; **~ l'alt** give the order to halt; **~ l'alt a qualcuno** order somebody to stop

intimazi'one *f* order
■ **intimazione di sfratto** eviction notice
intimida'torio *adj* threatening, intimidating
intimidazi'one *f* intimidation
intimi'dire *vt* intimidate
intimi'dirsi *vr* be overwhelmed with shyness
intimità *f inv* intimacy, togetherness
'intimo **A** *adj* intimate; (interno) innermost; ‹*amico*› close
B *m* (amico) close friend; (dell'animo) heart
intimo'rire *vt* frighten
intimo'rirsi *vr* get frightened
intimo'rito *adj* frightened
in'tingere *vt* dip
in'tingolo *m* sauce; (pietanza) stew
intiriz'zire *vt* numb
intiriz'zirsi *vr* grow numb
intiriz'zito *adj* **essere ~** (dal freddo) be perished
intito'lare *vt* entitle; (dedicare) dedicate
intito'larsi *vr* be called
intolle'rabile *adj* intolerable
intolle'rante *adj* intolerant
intona'care *vt* plaster
intonaca'tore *m* plasterer
in'tonaco *m* plaster
■ **intonaco a pinocchino** pebble-dash
into'nare *vt* start to sing; tune ‹*strumento*›; (accordare) match ‹*colori*›
into'narsi *vr* match
into'nato *adj* ‹*persona*› able to sing in tune; ‹*voce, strumento*› in tune; ‹*colore*› matching
intonazi'one *f* (inflessione) intonation; ‹*ironica*› tone; (cantando) ability to sing in tune
in'tonso *adj* ‹*libro*› untouched
inton'tire **A** *vt* ‹*botta*› stun, daze; ‹*gas*› make dizzy; fig stun
B *vi* go gaga
inton'tito *adj* dazed; fig stunned; ‹*con l'età*› gaga
intop'pare *vi* **~ in** run into
in'toppo *m* **c'è un ~** something's come up
in'torno **A** *adv* around
B *prep* **~ a** around; (circa) about; **~ al mondo** round-the-world
intorpi'dire *vt* numb
intorpi'dirsi *vr* become numb
intorpi'dito *adj* torpid
intossi'care *vt* poison
intossi'carsi *vr* be poisoned
intossicazi'one *f* poisoning
■ **intossicazione alimentare** food poisoning
intra-azien'dale *adj* in-house
intradu'cibile *adj* untranslatable
intralci'are *vt* hamper
in'tralcio *m* hitch; **essere d'~ (a qualcuno/qualcosa)** be a hindrance (to somebody/something)
intrallaz'zare *vi* intrigue
intral'lazzo *m* racket
intramon'tabile *adj* timeless
intramusco'lare *adj* intramuscular
'intranet *f inv* intranet
intransi'gente *adj* intransigent, uncompromising
intransi'genza *f* intransigence
intransi'tivo *adj* intransitive
intrappolato *adj* **rimanere ~** be trapped
intrapren'dente *adj* enterprising
intrapren'denza *f* initiative
intra'prendere *vt* undertake
intrat'tabile *adj* very difficult
intratte'nere *vt* entertain
intratte'nersi *vr* linger
intratteni'mento *m* entertainment
intrave'dere *vt* catch a glimpse of; (presagire) foresee
intrecci'are *vt* interweave; plait ‹*capelli, corda*›; **~ le mani** clasp one's hands
intrecci'arsi *vr* intertwine; (aggrovigliarsi) become tangled
in'treccio *m* (trama) plot; (di nastri, strade) tangle
in'trepido *adj* intrepid
intri'cato *adj* tangled
intri'gante **A** *adj* intriguing
B *mf* schemer
intri'gare **A** *vt* entangle; (incuriosire) intrigue
B *vi* be intriguing
intri'garsi *vr* become entangled; (immischiarsi) meddle
in'trigo *m* plot; **intrighi** *pl* plotting; (di corte) intrigues
intrinseca'mente *adv* intrinsically
in'trinseco *adj* intrinsic
in'triso *adj* **~ di** soaked with; fig imbued with
intri'stire *vt* sadden
intri'stirsi *vr* grow sad
intro'durre *vt* introduce; (inserire) insert; **~ a** (iniziare a) introduce to
intro'dursi *vr* get in; **~ in** get into
introdut'tivo *adj* ‹*pagine, discorso*› introductory
introduzi'one *f* introduction
in'troito *m* income, revenue; (incasso) takings *pl*
intro'mettere *vt* introduce
intro'mettersi *vr* interfere; (interporsi) intervene
intromissi'one *f* intervention
introspet'tivo *adj* introspective
intro'vabile *adj* unobtainable

i

intro'verso, -a A *adj* introverted
B *mf* introvert
intrufo'larsi *vr* sneak in
in'truglio *m* concoction
intrusi'one *f* intrusion
in'truso, -a *mf* intruder
intu'ibile *adj* deducible
intu'ire *vt* perceive
intuitiva'mente *adv* intuitively
intui'tivo *adj* intuitive
in'tuito *m* intuition
intuizi'one *f* intuition
inu'mano *adj* inhuman
inu'mare *vt* inter
inumi'dire *vt* dampen; moisten ‹*labbra*›
inumi'dirsi *vr* become damp
i'nutile *adj* useless; (superfluo) unnecessary
inutilità *f inv* uselessness
inutiliz'zabile *adj* unusable
inutiliz'zato *adj* unused
inutil'mente *adv* fruitlessly
inva'dente *adj* intrusive
in'vadere *vt* invade; (affollare) overrun
inva'ghirsi *vr* ~ **di** take a fancy to
invali'cabile *adj* impassable; **'limite ~'** Mil 'no access beyond this point'
invali'dare *vt* invalidate
invalidità *f inv* disability; Jur invalidity
in'valido, -a A *adj* invalid; (handicappato) disabled
B *mf* disabled person; **gli invalidi** the disabled
■ **invalido di guerra** disabled ex-serviceman; **invalido del lavoro** industrial accident victim
in'vano *adv* in vain
invari'abile *adj* invariable
invariabil'mente *adv* invariably
invari'ato *adj* unchanged
invasi'one *f* invasion
in'vaso pp di **invadere**
inva'sore A *adj* invading
B *m* invader
invecchia'mento *m* (di vino) maturation
invecchi'are *vt & vi* age
in'vece *adv* instead; (anzi) but; ~ **di** instead of
inve'ire *vi* ~ **contro** inveigh against
invele'nito *adj* embittered
inven'dibile *adj* unsaleable
inven'duto *adj* unsold
inven'tare *vt* invent
inventari'are *vt* make an inventory of
inven'tario *m* inventory
inven'tato *adj* made-up
inven'tiva *f* inventiveness
inven'tivo *adj* inventive
inven'tore, -trice *mf* inventor

invenzi'one *f* invention
inver'nale *adj* wintry; **sport** *pl* **invernali** winter sports
in'verno *m* winter
invero'simile *adj* improbable
inverosimil'mente *adv* incredibly
inversa'mente *adv* inversely; ~ **proporzionale** in inverse proportion
inversi'one *f* inversion; Mech reversal; **fare un'~ a U** do a U-turn
■ **inversione di fondo** Comput reverse video; **inversione di tendenza** turnaround
in'verso A *adj* inverse; (opposto) opposite
B *m* opposite
inverte'brato *adj & nm* invertebrate
inver'tire *vt* reverse; (capovolgere) turn upside-down
inver'tito, -a *mf* homosexual
investi'gare *vt* investigate
investiga'tore, -trice *mf* investigator
■ **investigatore privato** private investigator, private eye
investigazi'one *f* investigation
investi'mento *m* investment; (incidente) crash
inve'stire *vt* invest; (urtare) collide with; (travolgere) run over; ~ **qualcuno di** invest somebody with
investi'tura *f* investiture
invete'rato *adj* inveterate
invet'tiva *f* invective
invi'are *vt* send
invi'ato, -a *mf* envoy; (di giornale) correspondent
■ **inviato di pace** peace envoy
in'vidia *f* envy
invidi'are *vt* envy
invidi'oso *adj* envious
invigo'rire *vt* invigorate
invigo'rirsi *vr* become strong
invin'cibile *adj* invincible
in'vio *m* dispatch; Comput enter
invio'labile *adj* inviolable
invipe'rirsi *vr* get nasty
invipe'rito *adj* furious
invischi'arsi *vr* get involved (**in** in)
invi'sibile *adj* invisible
invisibilità *f* invisibility
invi'tante *adj* ‹*piatto, profumo*› enticing
invi'tare *vt* invite
invi'tato, -a *mf* guest
in'vito *m* invitation
invo'care *vt* invoke; (implorare) beg
invocazi'one *f* invocation
invogli'are *vt* tempt; (indurre) induce
invogli'arsi *vr* ~ **di** take a fancy to
involga'rire *vt* vulgarize
involontaria'mente *adv* involuntarily
involon'tario *adj* involuntary

involˈtini *mpl* stuffed rolls (*of meat, pastry*)
inˈvolto *m* parcel; (fagotto) bundle
inˈvolucro *m* wrapping
invoˈluto *adj* involved
invulneˈrabile *adj* invulnerable
inzaccheˈrare *vt* splash with mud
inzupˈpare *vt* soak; (intingere) dip
inzupˈparsi *vr* get soaked
ˈio **A** *pers pron* I; **sono io** it's me; **l'ho fatto io [stesso]** I did it myself
B *m* **l'io** the ego
iˈodio *m* iodine
iˈone *m* ion
iˈonico *adj* Ionic
lˈonio *m* **lo ~** the Ionian [Sea]
ionoˈsfera *f* ionosphere
iˈosa a **~** *adv* in abundance
iperattività *f inv* hyperactivity
iperatˈtivo *adj* hyperactive
iˈperbole *f* hyperbole
iperˈcritico *adj* hypercritical
ipermerˈcato *m* hypermarket
iperˈmetrope *adj* long-sighted
ipersenˈsibile *adj* hypersensitive
ipertensiˈone *f* high blood pressure
iperˈtesto *m* Comput hypertext
iperteˈstuale *adj*
■ **collegamento ipertestuale** hyperlink
iperventiˈlare *vi* hyperventilate
ipˈnosi *f* hypnosis
ipnoteraˈpia *f* hypnotherapy
ipˈnotico *adj* hypnotic
ipnoˈtismo *m* hypnotism
ipnotizˈzare *vt* hypnotize
ipoallerˈgenico *adj* hypoallergenic
ipocaˈlorico *adj* low calorie
ipoˈcentro *m* focus
ipoconˈdria *f* hypochondria
ipoconˈdriaco, -a *adj & nmf* hypochondriac
ipocriˈsia *f* hypocrisy
iˈpocrita **A** *adj* hypocritical
B *mf* hypocrite
ipocritaˈmente *adv* hypocritically
ipoˈdermico *adj* hypodermic
iˈpofisi *f inv* pituitary gland
ipoˈteca *f* mortgage
ipoteˈcabile *adj* mortgageable
ipoteˈcare *vt* mortgage
ipoteˈcario *adj* mortgage *attrib*
ipoteˈnusa *f* hypotenuse
ipoˈtermia *f* hypothermia
iˈpotesi *f inv* hypothesis; (caso, eventualità) eventuality; **nella migliore delle ~** at best; **nella peggiore delle ~** if the worst comes to the worst
ipoˈtetico *adj* hypothetical
ipotizˈzare *vt* hypothesize
ˈippico, -a **A** *adj* horse *attrib*
B *f* riding
ippocaˈstano *m* horse chestnut
ipˈpodromo *m* racecourse
ippoˈpotamo *m* hippopotamus
ˈipsilon *f inv* [the letter] y
ˈira *f* anger
iraˈscibile *adj* irascible
iˈrato *adj* irate
ˈiride *f* Anat iris; (arcobaleno) rainbow
ˈiris *m inv* Bot iris
Irˈlanda *f* Ireland
■ **Irlanda del Nord** Northern Ireland
irlanˈdese **A** *adj* Irish
B *m* Irishman; (lingua) Irish
C *f* Irishwoman
iroˈnia *f* irony
iˈronico *adj* ironic[al]
irradiˈare *vt & vi* radiate
irradiaziˈone *f* radiation
irraggiunˈgibile *adj* unattainable
irragioˈnevole *adj* unreasonable; ‹*speranza, timore*› irrational; (assurdo) absurd
irrancˈdire *vi* go rancid
irrazioˈnale *adj* irrational
irrazionalità *adj* irrationality
irrazionalˈmente *adv* irrationally
irreˈale *adj* unreal
irreaˈlistico *adj* unrealistic
irrealizˈzabile *adj* unattainable
irrealtà *f inv* unreality
irrecupeˈrabile *adj* irrecoverable
irrecuˈsabile *adj* incontrovertible
irrediˈmibile *adj* irredeemable
irrefreˈnabile *adj* uncontrollable
irrefuˈtabile *adj* irrefutable
irregoˈlare *adj* irregular
irregolarità *f inv* irregularity; (di terreno) unevenness; Sport foul
irregolarˈmente *adv* ‹*frequentare*› irregularly; ‹*comportarsi*› erratically; ‹*disporre*› unevenly
irremoˈvibile *adj* fig adamant
irrepaˈrabile *adj* irreparable
irrepeˈribile *adj* ‹*persona*› not to be found; **sarò ~** I'm not going to be contactable
irrepreˈsibile *adj* irreproachable
irrepriˈmibile *adj* irrepressible
irrequiˈeto *adj* restless
irresiˈstibile *adj* irresistible
irresistibilˈmente *adv* irresistibly
irresoˈluto *adj* irresolute
irrespoˈnsabile *adj* irresponsible
irresponsabilità *f inv* irresponsibility
irrestrinˈgibile *adj* pre-shrunk
irreˈtire *vt* seduce
irreverˈsibile *adj* irreversible

irreversibil'mente *adv* irrevocably
irrevo'cabile *adj* irrevocable
irrevocabil'mente *adv* irreversibly
irricono'scibile *adj* unrecognizable
irridu'cibile *adj* irreducible
irri'gare *vt* irrigate; ‹*fiume*› flow through
irrigazi'one *f* irrigation
irrigidi'mento *m* (di muscoli) stiffening; (di disciplina) tightening
irrigi'dire *vt* stiffen up
irrigi'dirsi *vr* stiffen up
irrile'vante *adj* unimportant
irrimedi'abile *adj* irreparable
irrimediabil'mente *adv* irreparably
irripe'tibile *adj* unrepeatable
irri'solto *adj* unresolved
irri'sorio *adj* derisive; (insignificante) derisory
irri'tabile *adj* irritable
irri'tante *adj* aggravating, annoying
irri'tare *vt* irritate, annoy
irri'tarsi *vr* get annoyed
irri'tato *adj* irritated, annoyed; ‹*gola*› sore
irritazi'one *f* irritation
irrive'renza *f* (qualità) irreverence; (azione) irreverent action
irrobu'stire *vt* fortify
irrobu'stirsi *vr* get stronger
ir'rompere *vi* burst (**in** into)
irro'rare *vt* sprinkle
irrorazi'one *f* (di piante) crop spraying
irru'ente *adj* impetuous
irruvi'dire *vt* roughen
irruvi'dirsi *vr* become rough
irruzi'one *f* raid; fig eruption; **fare ~ in** burst into
ir'suto *adj* shaggy
'irto *adj* bristly
i'scritto, -a **A** pp di **iscrivere**
B *adj* registered
C *mf* member; **per ~** in writing
i'scrivere *vt* register
i'scriversi *vr* **~ a** register at, enrol at ‹*scuola*›; join ‹*circolo ecc.*›
iscrizi'one *f* registration; (epigrafe) inscription
i'slamico *adj* Islamic
isla'mismo *m* Islam
isla'mista *mf* Islamist
I'slanda *f* Iceland
islan'dese **A** *adj* Icelandic
B *mf* Icelander
'ismi *mpl* isms
i'sobara *f* isobar
'isola *f* island; **le isole britanniche** the British Isles; **l'~ di Man** Isle of Man
■ **isola deserta** desert island; **isola ecologica** recycling centre; **isola pedonale** traffic island; **isola spartitraffico** traffic island
iso'lano, -a **A** *adj* insular
B *mf* islander
iso'lante **A** *adj* insulating
B *m* insulator
iso'lare *vt* isolate; Mech, Electr insulate; (acusticamente) soundproof
iso'lato **A** *adj* isolated
B *m* (di appartamenti) block
isolazio'nismo *m* isolationism
iso'metrico *adj* isometric
i'soscele *adj* isosceles
is'panico *adj* Hispanic
ispessi'mento *m* thickening
ispes'sire *vt* thicken
ispes'sirsi *vr* thicken
ispetto'rato *m* inspectorate
ispet'tore *m* inspector
■ **ispettore capo** chief inspector; **ispettore di polizia** police inspector; **ispettore scolastico** inspector of schools; **ispettore delle tasse** tax inspector; **ispettore di zona** Comm area manager
ispezio'nare *vt* inspect
ispezi'one *f* inspection; (di nave) boarding
'ispido *adj* bristly
ispi'rare *vt* inspire; suggest ‹*idea, soluzione*›
ispi'rarsi *vr* **~** a be based on
ispi'rato *adj* inspired
ispirazi'one *f* inspiration; (idea) idea
Isra'ele *m* Israel
israeli'ano, -a *adj* & *nmf* Israeli
is'sare *vt* hoist
ist. *abbr* (**istituto**) dept.
istan'taneo, -a **A** *adj* instantaneous
B *f* snapshot
i'stante *m* instant; **all'~** instantly
i'stanza *f* petition
■ **istanza di divorzio** petition for divorce
isterecto'mia *f* hysterectomy
i'sterico *adj* hysterical; **attacco ~** hysterics *pl*
iste'rismo *m* hysteria
■ **isterismo di massa** mass hysteria
isti'gare *vt* instigate; **~ qualcuno al male** incite somebody to evil
istiga|'tore, -trice *mf* instigator
istigazi'one *f* instigation; **~ a delinquere** incitement to crime
istintiva'mente *adv* instinctively
istin'tivo *adj* instinctive
i'stinto *m* instinct; **d'~** instinctively
■ **istinto di conservazione** instinct of self-preservation; **istinto materno** maternal instinct
istitu'ire *vt* institute; (fondare) found; initiate ‹*manifestazione*›
isti'tuto *m* institute; Sch secondary school; Univ department
■ **istituto di bellezza** beauty salon; **istituto**

key word

commerciale business college; **istituto di credito** bank; **istituto per l'infanzia** children's home; **istituto tecnico professionale** technical college

istitu|'tore, -trice *mf* (insegnante) tutor; (fondatore) founder

istituzio'nale *adj* institutional

istituzionaliz'zare *vt* institutionalize

istituzionaliz'zarsi *vr* become an institution

istituzionalizzazi'one *f* institutionalization

istituzi'one *f* institution; **le istituzioni** state institutions

'istmo *m* isthmus

isto'gramma *m* bar chart

istolo'gia *f* histology

istra'dare *vt* divert; fig guide (**a** towards)

'istrice *m* porcupine

istri'one *m* clown; Theat sl ham

istru'ire *vt* instruct; (addestrare) train; (informare) inform; Jur prepare

istru'ito *adj* well-educated

istrut'tivo *adj* instructive, enlightening

istrut|'tore, -trice *mf* instructor

■ **giudice istruttore** examining magistrate; **istruttore di guida** driving instructor; **istruttore di nuoto** swimming instructor

istrut'toria *f* Jur investigation

istruzi'one *f* instruction; Sch education; **ministero della pubblica istruzione** Department of Education

■ **istruzioni** *pl* **per l'uso** instructions for use

istupi'dire *vt* stupefy

I'talia *f* Italy

itali'ano, -a *adj & nmf* Italian

italoameri'cano *adj* Italian-American

itine'rante *adj* wandering; ‹*mostra*› touring; ‹*spettacolo*› travelling

itine'rario *m* route, itinerary

■ **itinerario turistico** tourist route

itte'rizia *f* jaundice

'ittico *adj* fishing *attrib*

i'uta *f* jute

I.V.A. *nf abbr* (**imposta sul valore aggiunto**) VAT; ~ **compresa** inclusive of VAT, VAT inclusive

'ivi *adv* (linguaggio burocratico) therein

Jj

ja'bot *m inv* jabot

jack *m inv* jack

ja'cquard *adj inv* (nella maglia) jacquard

'jais *m* jet

'jam-session *f inv* jam session

jazz *m* jazz

jaz'zista *mf* jazz player

jeep® *f inv* jeep®

'jersey *m* jersey

jet *m inv* jet

■ **jet privato** private jet

jet-'set *m* jet set

'jingle *m inv* jingle

'jodel *m inv* yodel

'jogging *m* jogging

joint 'venture *f inv* Comm joint venture

'jolly **A** *m inv* (carta da gioco) joker

B *adj* Comput

■ **carattere jolly** wild card [character]

'joystick *m inv* joystick

Jugo'slavia *f* Hist Yugoslavia

jugo'slavo, -a *adj & nmf* Hist Yugoslavian

ju'jitsu *m* ju-jitsu

juke'box *m inv* juke box

jumbo-jet *m inv* jumbo jet

junghi'ano, -a *adj & nmf* Jungian

'junior **A** *adj inv* junior

B *m* (*pl* **juniores**) junior

'juta *f* jute

Kk

kafki'ano *adj* Kafkaesque
ka'jal *m inv* kohl
'kaki A *adj inv* khaki
B *m inv* persimmon
ka'pok *m* kapok
ka'putt *adj inv* kaput
kara'kiri *m* **fare** ~ commit hara-kiri
kara'oke *m inv* karaoke; **apparecchio per** ~ karaoke machine
kara'te *m* karate
kart *m inv* go-kart
kar'tismo *m* go-karting; **fare del** ~ go go-karting
ka'sher *adj inv* kosher
'Kashmir *m* Kashmir
ka'yak *m inv* kayak
Ka'zakistan *m* Kazakhstan
KB Comput *abbr* (**kilobyte**) K, KB
Kbyte Comput *abbr* (**kilobyte**) kbyte
ke'bab *m inv* kebab
'Kenya *m* Kenya
ker'messe *f inv* fair; fig rowdy celebration
kero'sene *m* paraffin
'ketchup *m* ketchup
kg *abbr* (**chilogrammo**) kg
kib'butz *m inv* kibbutz
'killer *mf inv* assassin, hit man
'kilo *m* kilo
kilt *m inv* kilt
ki'mono *m inv* kimono
kinesitera'pia *f* physiotherapy
Kir'ghizistan *m* Kyrgyzstan
kit *m inv*:
■ **kit di aggiornamento** upgrade kit; **kit multimediale** multimedia kit
kitsch *adj inv* kitschy
'kiwi *m inv* kiwi
'kleenex® *m inv* Kleenex
km *abbr* (**chilometro**) km
km/h *abbr* (**chilometri all'ora**) kph
kmq *abbr* (**chilometro quadrato**) km²
ko'ala *m inv* koala
koso'varo, -a *adj & nmf* Kosovan
'Kosovo *m* Kosovo
'krapfen *m inv* doughnut
'kripton *m* krypton
'Kurdistan *m* Kurdistan
kuwaiti'ano *m* Kuwaiti
kW *abbr* (**kilowatt**) kW
K-'way® *m inv* cagoule
kWh *abbr* (**kilowatt all'ora**) kWh

Ll

l' *def art mf* (*before vowel*) the; ▶ **il**
la A *def art f* the; ▶ **il**
B *pron* (oggetto, riferito a persona) her; (riferito a cosa, animale) it; (forma di cortesia) you
C *m inv* Mus (chiave, nota) A
là *adv* there; **di là** (in quel luogo) in there; (da quella parte) that way; **eccolo là!** there he is!; **farsi più in là** (far largo) make way; **là dentro** in there; **là fuori** out there; **[ma] va' là!** come off it!; **più in là** (nel tempo) later on; (nello spazio) further on
'labbro *m* (*pl nf* **labbra**) lip; **pendere dalle labbra di qualcuno** hang on somebody's every word
■ **labbro leporino** harelip
labi'ale *adj & nf* labial
'labile *adj* fleeting
labiolet'tura *f* lip-reading
labi'rinto *m* labyrinth; (di sentieri ecc.) maze
labora'torio *m* laboratory; (di negozio, officina ecc.) workshop
■ **laboratorio linguistico** language lab
laboriosa'mente *adv* laboriously
labori'oso *adj* (operoso) industrious; (faticoso) laborious
labra'dor *m inv* Labrador

key word

labu'rista **A** *adj* Labour
B *mf* member of the Labour Party
'lacca *f* lacquer; (per capelli) hairspray
lac'care *vt* lacquer
lacchè *m inv* lackey
'laccio *m* noose; (lazo) lasso; (trappola) snare; (stringa) lace
■ **laccio emostatico** tourniquet
lace'rante *adj* ‹*grido*› ear-splitting
lace'rare *vt* tear; lacerate ‹*carne*›
lace'rarsi *vr* tear
lacerazi'one *f* laceration
'lacero *adj* torn; (cencioso) ragged
la'conico *adj* laconic
✓ **'lacrima** *f* tear; (goccia) drop
lacri'male *adj* ‹*condotto, ghiandola*› tear *attrib*
lacri'mare *vi* weep
lacri'mevole *adj* tear-jerking
lacri'mogeno *adj* **gas ~** tear gas
lacri'moso *adj* tearful
la'cuna *f* gap
lacu'noso *adj* ‹*preparazione, resoconto*› incomplete
la'custre *adj* lake *attrib*
lad'dove *conj* whereas
✓ **'ladro, -a** **A** *adj* thieving
B *mf* thief; **al ~!** stop thief!
ladro'cinio *m* theft
la'druncolo *m* petty thief
'lager *m inv* concentration camp
✓ **laggiù** *adv* down there; (lontano) over there
'lagna *f* infml (persona) moaning Minnie; (film) bore
la'gnanza *f* complaint
la'gnarsi *vr* moan, whinge; (protestare) complain (**di** about)
la'gnoso *adj* ‹*persona*› moaning, whining; ‹*film*› weepy
✓ **'lago** *m* lake
■ **lago di Garda** Lake Garda; **lago di sangue** pool of blood
la'guna *f* lagoon
lagu'nare *adj* lagoon *attrib*
laiciz'zare *vt* laicize
'laico, -a **A** *adj* lay; ‹*vita*› secular
B *m* layman
C *f* laywoman
'lama **A** *f* blade; **a doppia ~** ‹*rasoio*› twin blade
B *m inv* (animale) llama
lambic'carsi *vr* **~ il cervello** rack one's brains
lam'bire *vt* lap
lamé *m inv* lamé
la'mella *f* (di fungo) lamella; (di metallo, plastica) sheet
✓ **lamen'tare** *vt* lament
lamen'tarsi *vr* moan; **~ di** (lagnarsi) complain about
lamen'tela *f* complaint
lamen'tevole *adj* mournful; (pietoso) pitiful
la'mento *m* moan
la'metta *f*
■ **lametta [da barba]** razor blade
lami'era *f* sheet metal
■ **lamiera ondulata** corrugated iron
'lamina *f* foil
■ **lamina d'oro** gold leaf
lami'nare *vt* laminate
lami'naria *f* kelp
lami'nato **A** *adj* laminated
B *m* laminate; (tessuto) lamé
'lampada *f* lamp
■ **lampada abbronzante** sunlamp; **lampada alogena** halogen lamp; **lampada da comodino** beside lamp; **lampada a gas** gas lamp; **lampada a olio** oil lamp; **lampada a pila** torch; **lampada da soffitto** overhead light; **lampada da tavolo** table lamp
lampa'dario *m* chandelier
lampa'dato *m* sl sun-bed freak
lampa'dina *f* light bulb
lam'pante *adj* clear
lam'para *f light used when fishing at night*
lampeg'giante *adj* flashing
lampeggi'are *vi* flash
lampeggia'tore *m* Auto indicator
lampi'one *m* street lamp
'lampo *m* flash of lightning; (luce) flash; **lampi** *pl* lightning *sg*
■ **cerniera lampo** zip [fastener], zipper AmE; **lampo di genio** stroke of genius; **lampo al magnesio** magnesium flash
lam'pone *m* raspberry
'lana *f* wool; **di ~** woollen
■ **lana d'acciaio** steel wool; **lana grossa** double knitting [wool]; **lana merino** botany wool; **lana vergine** new wool; **lana di vetro** glass wool
lan'cetta *f* pointer; (di orologio) hand
■ **lancetta dei minuti** minute hand; **lancetta delle ore** hour hand; **lancetta dei secondi** second hand
'lancia *f* (arma) spear, lance; Naut launch
■ **lancia di salvataggio** lifeboat
lanciafi'amme *m inv* flame thrower
lancia'missili *m inv* missile launcher
lancia'palle *adj inv* **macchina ~** ball launcher for tennis practice
lancia'razzi **A** *adj inv* **pistola lanciarazzi** Very pistol
B *m inv* rocket launcher
✓ **lanci'are** *vt* throw; (da un aereo) drop; launch ‹*missile, prodotto, attacco*›; give ‹*grido*›; Comput run ‹*file*›; **~ uno sguardo a** glance at; **~ in alto** throw up
lanci'arsi *vr* fling oneself; (intraprendere) launch out
lanci'nante *adj* piercing

I

'lancio *m* throwing; (da aereo) drop; (di missile, prodotto) launch; Comput (di file) running
■ **lancio del disco** discus [throwing]; **lancio del giavellotto** javelin [throwing]; **lancio col paracadute** (di persona) parachute jump; (di pacco) airdrop, parachute drop; **lancio del peso** putting the shot, shot put
'landa *f* moor
languida'mente *adv* languidly
'languido *adj* languid; (debole) feeble
langu'ore *m* languor; (spossatezza) listlessness
■ **languore di stomaco** hunger pangs *pl*
lani'ero *adj* wool; **industria laniera** wool industry
lani'ficio *m* woollen mill
lano'lina *f* lanolin
la'noso *adj* woolly
lan'terna *f* lantern; (faro) lighthouse
la'nugine *f* down
'Laos *m* Laos
lapalissi'ano *adj* obvious
laparosco'pia *f* laparoscopy
lapi'dare *vt* stone; fig demolish
lapi'dario *adj* (conciso) terse; **arte lapidaria** stone carving
'lapide *f* tombstone; (commemorativa) memorial tablet
'lapis *m inv* pencil
lapi'slazzuli *m inv* lapis lazuli
'lappa *f* Bot burr
Lap'ponia *f* Lapland
'lapsus *m inv* lapse, error
■ **lapsus freudiano** Freudian slip
'laptop *m inv* laptop
lardel'lare *vt* Culin lard
'lardo *m* lard
larga'mente *adv* (ampiamente) widely
largheggi'are *vi* ~ **in** be free with
lar'ghezza *f* width; (di spalle) breadth; fig liberality
■ **larghezza di vedute** broad-mindedness
'largo **A** *adj* wide; (ampio) broad; ‹*abito*› loose; (liberale) liberal; (abbondante) generous; **stare alla larga** keep away; ~ **di manica** fig generous; ~ **di spalle/vedute** broad-shouldered/-minded; **a gambe larghe** with one's legs wide apart; **di larghe vedute** broad-minded
B *m* width; **andare al** ~ Naut go out to sea; **fare** ~ make room; **farsi** ~ make one's way; **al** ~ **di** off the coast of
'larice *m* larch
la'ringe *f* larynx
larin'gite *f* laryngitis
'larva *f* larva; (persona emaciata) shadow
■ **larva di pidocchio** nit
la'sagne *fpl* lasagne

'lasca *f* roach
lasciapas'sare *m inv* pass
lasci'are *vt* leave; (rinunciare) give up; (rimetterci) lose; (smettere di tenere) let go [of]; (concedere) let; ~ **a desiderare** leave a lot to be desired; ~ **di fare qualcosa** (smettere) stop doing something; **lascia perdere!** forget it!; **lascialo venire, lascia che venga** let him come
lasci'arsi *vr* (reciproco) leave each other, split up; ~ **andare** let oneself go
'lascito *m* legacy
la'scivo *adj* lascivious
'laser *adj & m inv* **[raggio]** ~ laser [beam]
lasertera'pia *f* laser treatment
lassa'tivo *adj & nm* laxative
las'sismo *m* laxity
'lasso *m*
■ **lasso di tempo** period of time
lassù *adv* up there
'lastra *f* slab; (di ghiaccio) sheet; (di metallo, Phot) plate; (radiografia) X-ray [plate]
■ **lastra di pietra** paving slab, paving stone; **lastra di vetro** plate glass
lastri'care *vt* pave
lastri'cato *m* pavement
'lastrico *m* paving; **sul** ~ on one's beam ends
la'tente *adj* latent
late'rale *adj* side *attrib*; Med, Techn ecc. lateral; **via** ~ side street
lateral'mente *adv* sideways
late'rizi *mpl* bricks
'latice *m* latex
latifon'dista *m* big landowner
lati'fondo *m* large estate
lati'nismo *m* Latinism
la'tino *adj & nm* Latin
latino-ameri'cano, -a *adj & nmf* Latin American
lati'tante **A** *adj* in hiding
B *mf* fugitive [from justice]
lati'tanza *f* **darsi alla** ~ go into hiding
lati'tudine *f* latitude
'lato **A** *adj* (ampio) broad; **in senso** ~ broadly speaking
B *m* side; (aspetto) aspect; **a** ~ **di** beside; **dal** ~ **mio** (punto di vista) for my part; **d'altro** ~ fig on the other hand
■ **lato B** B side; infml backside, bottom
la'tore, -trice *mf* Comm bearer
la'trare *vi* bark
la'trato *m* barking
la'trina *f* latrine
'latta *f* tin, can
lat'taio, -a **A** *m* milkman
B *f* milkwoman
lat'tante **A** *adj* breast-fed
B *mf* suckling
'latte *m* milk
■ **latte acido** sour milk; **latte condensato**

condensed milk, evaporated milk; **latte detergente** cleansing milk; **latte di gallina** eggnog; **latte intero** whole milk, full-cream milk; **latte a lunga conservazione** long-life milk; **latte materno** mother's milk, breast milk; **latte parzialmente scremato** semi-skimmed milk; **latte in polvere** powdered milk; **latte scremato** skimmed milk; **latte di soia** soya milk

lat'teo *adj* milky; **dieta lattea** milk diet; **la Via Lattea** the Milky Way

latte'ria *f* dairy

'lattice *m* latex

latti'cello *m* buttermilk

latti'cini *mpl* dairy products

latti'era *f* milk jug

lattigi'noso *adj* milky

lat'tina *f* can, tin can

lat'tosio *m* lactose

lat'tuga *f* lettuce

■ **lattuga romana** cos lettuce

'laudano *m* laudanum

'laurea *f* degree; **prendere la ~** graduate

■ **laurea breve** *degree that takes less than the standard period of time*; **laurea in Lettere** arts degree; **laurea specialistica** *Italian degree similar to a master's degree*; **laurea triennale**
▶ **laurea breve**

laure'ando, -a *mf* final-year student

laure'are *vt* confer a degree on

laure'arsi *vr* graduate

laure'ato, -a *adj & nmf* graduate

'lauro *m* laurel

'lauto *adj* lavish; **~ guadagno** handsome profit

'lava *f* lava

la'vabile *adj* washable

■ **lavabile in lavastoviglie** dishwasher safe

la'vabo *m* wash-basin

lavacri'stallo *m* windscreen wiper

la'vaggio *m* washing

■ **lavaggio automatico** (per auto) car wash; **lavaggio del cervello** brainwashing; **lavaggio a secco** dry-cleaning

la'vagna *f* slate; Sch blackboard

■ **lavagna a fogli mobili** flip chart; **lavagna luminosa** overhead projector, OHP

lava'macchine *mf inv* car washer

la'vanda *f* wash; Bot lavender; **gli hanno fatto la ~ gastrica** he had his stomach pumped

lavan'daia *f* washerwoman

lavande'ria *f* laundry

■ **lavanderia automatica** launderette

lavan'dino *m* sink; hum (persona) bottomless pit

lavapi'atti *mf inv* dishwasher

la'vare *vt* wash; **~ i piatti** wash up; **~ a secco** dry-clean; **~ a mano** wash by hand; **~ i panni** do the washing

la'varsi *vr* wash, have a wash; **~ i denti** brush one's teeth; **~ le mani/il viso** wash one's hands/face; **~ la testa** *o* **i capelli** wash one's hair

lava'secco *mf inv* dry-cleaner's

lavasto'viglie *f inv* dishwasher

la'vata *f* wash; **darsi una ~** have a wash

■ **lavata di capo** fig scolding

lava'tivo, -a *mf* idler

lava'trice *f* washing machine

lava'vetri *m inv* squeegee

la'vello *m* kitchen sink

'lavico *adj* formed by lava

la'vina *f* snowslide

lavo'rante *mf* worker

lavo'rare **A** *vi* work; **~ di fantasia** (sognare) day-dream

B *vt* work; knead ‹*pasta ecc.*›; till ‹*la terra*›; **~ a maglia** knit; **~ troppo** overwork

lavora'tivo *adj* working; **giorno ~** workday; **settimana lavorativa** working week

lavo'rato *adj* ‹*pietra, legno*› carved; ‹*cuoio*› tooled; ‹*metallo*› wrought; ‹*maglione*› patterned; ‹*terra*› cultivated

lavora|'tore, -trice **A** *mf* worker

■ **lavora|tore a domicilio** outworker, homeworker

B *adj* working

lavorazi'one *f* manufacture; (di terra) working; (del terreno) cultivation

■ **lavorazione [artigianale]** workmanship; **lavorazione del metallo** metalwork; **lavorazione in serie** mass production

lavo'rio *m* intense activity

la'voro *m* work; (faticoso, sociale) labour; (impiego) job; Theat play; **andare al ~** go to work; **essere senza ~** be out of work; **mettersi al ~ (su qualcosa)** set to work (on something); **ministero dei lavori pubblici** Department of Public Works; **lavori** *pl* **di casa** housework; **lavori** *pl* **in corso** roadworks; **lavori** *pl* **forzati** hard labour *sg*; **lavori** *pl* **stradali** roadworks

■ **lavoro atipico** *employment relationship not conforming to the usual model of full-time, continuous employment with a single employer over a long time span*; **lavoro a domicilio** home working; **lavoro di gruppo** Sch working in groups, group work; **lavoro interinale** temping; **lavoro a maglia** knitting; **lavoro nero** moonlighting; **lavoro part time** part-time job; **lavoro straordinario** overtime; **lavoro teatrale** play; **lavoro a tempo pieno** full-time job

lazza'rone *m* rascal

le **A** *def art fpl* the; ▶ **il**

B *pers pron* (oggetto) them; (a lei) her; **le hai parlato?** did you talk to her?; (forma di cortesia) you

'leader **A** *m inv* leader

■ **leader della marca** brand leader

B *adj inv* leading; **prodotto ~** market leader

le'ale *adj* loyal
leal'mente *adv* loyally
lealtà *f inv* loyalty
'leasing *m inv* lease purchase, leasing
'lebbra *f* leprosy
lecca 'lecca *m inv* lollipop
leccapi'edi *mf inv* derog bootlicker
lec'care *vt* lick; fig suck up to
lec'carsi *vr* lick; fig (agghindarsi) doll oneself up; **da ~ i baffi** mouth-watering
lec'cata *f* lick
lec'cato *adj* ‹*persona*› dressed to kill
'leccio *m* holm oak
leccor'nia *f* delicacy
lecita'mente *adv* lawfully
'lecito *adj* lawful; (permesso) permissible
'ledere *vt* damage; Med injure
'lega *f* league; (di metalli) alloy; **far ~ con qualcuno** take up with somebody
■ **lega doganale** customs union; **Lega Nord** Northern League
le'gaccio *m* string; (delle scarpe) shoelace
le'gale **A** *adj* legal
B *m* lawyer
legalità *f inv* legality
legaliz'zare *vt* authenticate; (rendere legale) legalize
legalizzazi'one *f* legalization
legal'mente *adv* legally
Legam'biente *f Italian association for environmental protection*
le'game *m* tie; (amoroso) liaison; (connessione) link
■ **legame di parentela** family relationship; **legame di sangue** blood relationship; **legame sentimentale** emotional relationship
lega'mento *m* Med ligament
le'gare **A** *vt* tie; tie up ‹*persona*›; tie together ‹*due cose*›; (unire, rilegare) bind; alloy ‹*metalli*›; (connettere) connect; **legarsela al dito** fig bear a grudge
B *vi* (far lega) get on well
le'garsi *vr* bind oneself; **~ a qualcuno** become attached to somebody
lega'tario, -a *mf* legatee
le'gato *m* legacy; Relig legate
lega'tura *f* tying; (di libro) binding
legazi'one *f* legation
le'genda *f* legend
'legge *f* law; (parlamentare) act; **a norma di ~** by law
■ **legge marziale** martial law
leg'genda *f* legend; (didascalia) caption
■ **leggenda metropolitana** urban myth
leggen'dario *adj* legendary
'leggere *vt & vi* read; **~ male** (sbagliato) misread
legge'rezza *f* lightness; (frivolezza) frivolity; (incostanza) fickleness

legger'mente *adv* slightly
leg'gero *adj* light; ‹*bevanda*› weak; (lieve) slight; (frivolo) frivolous; (incostante) fickle; **~ come una piuma** [as] light as a feather; **alla leggera** lightly
leggi'adro *adj* (liter) graceful
leg'gibile *adj* ‹*scrittura*› legible; ‹*stile*› readable
leg'gio *m* lectern; Mus music stand
legife'rare *vi* legislate
legio'nario *m* legionary
legi'one *f* legion
legisla'tivo *adj* legislative
legisla'tore *m* legislator
legisla'tura *f* legislature
legislazi'one *f* legislation
legittima'mente *adv* legitimately
legittimità *f inv* legitimacy
le'gittimo *adj* legitimate; (giusto) proper; **legittima difesa** self-defence
'legna *f* firewood
le'gnaia *f* woodshed
le'gname *m* timber
le'gnata *f* blow with a stick
'legno *m* wood; **di ~** wooden; **legni** *pl* Mus woodwind
■ **legno compensato** plywood
le'gnoso *adj* woody; (di legno) wooden; ‹*gambe*› stiff; ‹*movimento*› wooden
le'gume *m* pod
'lei *pers pron* (soggetto) she; (oggetto, con prep) her; (forma di cortesia) you; **lo ha fatto ~ stessa** she did it herself
'lembo *m* edge; (di terra) strip
'lemma *m* headword
'lemming *m inv* lemming
'lena *f* vigour
'lendine *m* nit
le'nire *vt* soothe
lenta'mente *adv* slowly
'lente *f* lens
■ **lente a contatto** contact lens; **mettersi le lenti a contatto** put in one's contact lenses; **lente a contatto morbida** soft lens; **lente a contatto rigida** hard lens; **lente d'ingrandimento** magnifying glass; **lente semi-rigida** gas-permeable lens
len'tezza *f* slowness
len'ticchia *f* lentil
len'tiggine *f* freckle
'lento *adj* slow; (allentato) slack; ‹*abito*› loose
'lenza *f* fishing line
len'zuolo *m* sheet; **le lenzuola** the sheets
■ **lenzuolo con gli angoli** fitted sheet; **lenzuolo funebre** shroud
leon'cino *m* lion cub
le'one *m* lion; Astr Leo
■ **leone marino** sea lion
leo'nessa *f* lioness

---

key word

leo'pardo *m* leopard
lepo'rino *adj* **labbro ~** harelip
'lepre *f* hare
le'protto *m* leveret
'lercio *adj* filthy
lerci'ume *m* filth
'lesbica *f* lesbian
'lesbico *adj* lesbian
lesi'nare A *vt* grudge
B *vi* be stingy
lesio'nare *vt* damage
lesi'one *f* lesion; (danno) damage
■ **lesione cerebrale** brain damage; **lesione interna** internal injury; **lesioni personali** *pl* grievous bodily harm, GBH
'leso A pp di **ledere**
B *adj* injured; **lesa maestà** high treason
les'sare *vt* boil
lessi'cale *adj* lexical
'lessico *m* vocabulary
lessicogra'fia *f* lexicography
lessi'cografo, -a *mf* lexicographer
'lesso A *adj* boiled
B *m* boiled meat
'lesto *adj* quick; ‹*mente*› sharp
■ **lesto di mano** light-fingered
le'tale *adj* lethal
leta'maio *m* dunghill; fig pigsty
le'tame *m* dung
le'targico *adj* lethargic
le'targo *m* lethargy; (di animali) hibernation
le'tizia *f* joy
'lettera *f* letter; **alla ~** literally; **eseguire qualcosa alla ~** carry out something to the letter; **lettere** *pl* (letteratura) literature *sg*; Univ Arts; **dottore in lettere** BA, Bachelor of Arts
■ **lettera d'accompagnamento** covering letter; **lettera d'amore** love letter; **lettera assicurata** registered letter; **lettera di cambio** bill of exchange; **lettera di credito** letter of credit; **lettera maiuscola** capital [letter]; **lettera minuscola** small letter; **lettera di presentazione** letter of introduction; **lettera raccomandata** recorded delivery letter; **lettera di scuse** letter of apology; **lettera di trasporto aereo** air waybill
lette'rale *adj* literal
letteral'mente *adv* literally
lette'rario *adj* literary
lette'rato A *adj* well read
B *m* scholar; **letterati** *pl* literati
lettera'tura *f* literature
■ **letteratura pulp** pulp fiction
letti'era *f* (per gatto) litter
let'tiga *f* stretcher
let'tino *m* cot; Med couch
■ **lettino [pieghevole]** camp bed
'letto *m* bed; **andare a ~** go to bed; **[ri]fare il ~** make the bed
■ **letto a castello** bunk bed; **letto di fiume** river bed; **letti gemelli** *pl* twin beds; **letto matrimoniale** double bed; **letto a una piazza** single bed; **letto a due piazze** double bed; **letto singolo** single bed
Let'tonia *f* Latvia
letto'rato *m* (corso) tutorial
let|'tore, -trice A *mf* reader; Univ language assistant
B *m* Comput disk drive
■ **lettore di CD** CD player, CD system; **lettore [di] CD-ROM** CD-ROM drive; **lettore di codice a barre** barcode reader, scanner; **lettore di compact disc** compact disc player; **lettore di disco** disk drive; **lettore di floppy** floppy [disk] drive; **lettore di minidisc** minidisc player; **lettore [di] MP3** MP3 player
let'tura *f* reading
leuce'mia *f* leukaemia
'leva *f* lever; Mil call-up; **nuove leve** *pl* new blood, young blood; **far ~** lever
■ **leva del cambio** gear lever; **leva di comando** control lever
le'vante *m* East; (vento) east wind
leva'punti *m inv* staple remover
le'vare *vt* (alzare) raise; (togliere) take away; (rimuovere) take off; (estrarre) pull out, lift, abolish ‹*divieto, tassa*›; **~ di mezzo qualcosa** get something out of the way
le'varsi *vr* move (**da** away from); ‹*vento*› get up; ‹*sole*› rise; **~ di mezzo** get out of the way
le'vata *f* rising; (di posta) collection
leva'taccia *f* **fare una ~** get up at the crack of dawn
leva'toio *adj* **ponte ~** drawbridge
leva'trice *f* midwife
leva'tura *f* intelligence
levi'gare *vt* smooth; (con carta vetro) rub down
levi'gato *adj* ‹*superficie*› polished; ‹*pelle*› smooth
leviga'trice *f* sander
levi'tare *vi* levitate
levitazi'one *f* levitation
Le'vitico *m* Leviticus
levri'ero *m* greyhound
■ **levriero afgano** Afghan hound
lezi'one *f* lesson; Univ lecture; fig lesson
■ **lezione di guida** driving lesson; **lezione di italiano** Italian lesson, Italian class
lezi'oso *adj* ‹*stile, modi*› affected
'lezzo *m* stench
li *pers pron mpl* them
lì *adv* there; **fin lì** as far as there; **giù di lì** thereabouts; **lì per lì** there and then; **la cosa è finita lì** that was the end of it
li'ana *f* liana
liba'nese *adj & nmf* Lebanese
'Libano *m* Lebanon
'libbra *f* (peso) pound
li'beccio *m* south-west wind

li'bello *m* libel
li'bellula *f* dragonfly
libe'rale **A** *adj* liberal; (generoso) generous
B *mf* liberal
libera'lismo *m*
■ **liberalismo [economico]** economic liberalism
liberalità *f inv* generosity
liberal'mente *adv* liberally
libe'rare *vt* free, release ‹*prigioniero*›; vacate ‹*stanza*›; (salvare) rescue
libe'rarsi *vr* ‹*stanza*› become vacant; Teleph become free; (da impegno) get out of it; **~ di** get rid of
libera|'tore, -trice **A** *adj* liberating
B *mf* liberator
libera'torio *adj* liberating
■ **pagamento liberatorio** full and final payment
liberazi'one *f* liberation; **la Liberazione** (ricorrenza) Liberation Day
■ **liberazione della donna** women's liberation, women's lib
Li'beria *f* Liberia
libe'rismo *m* free trade
'libero *adj* free; ‹*strada*› clear; **~ come l'aria** free as a bird
■ **libero arbitrio** *nm* free will; **libero docente** *nm* qualified university lecturer; **libero professionista** *nm* self-employed person
libertà *f inv* freedom; (di prigioniero) release; **~** *pl* (confidenze) liberties; **prendersi la ~ di fare qualcosa** take the liberty of doing something
■ **libertà di espressione** freedom of speech; **libertà di parola** free speech; **libertà di pensiero** freedom of thought; **libertà provvisoria** Jur bail; **libertà di stampa** freedom of the press; **libertà vigilata** probation
liber'tino, -a **A** *adj* dissolute, libertine
B *mf* libertine
'liberty *nm & adj inv* Art Nouveau
'Libia *f* Libya
'libico, -a *adj & nmf* Libyan
li'bidine *f* lust
libidi'noso *adj* lustful
li'bido *f* libido
li'braio *m* bookseller
libre'ria *f* (negozio) bookshop; (mobile) bookcase; (biblioteca) library
li'bretto *m* booklet; Mus libretto
■ **libretto degli assegni** cheque book; **libretto di circolazione** logbook; **libretto d'istruzioni** instruction booklet; **libretto di risparmio** savings account; (documento) passbook, savings book; **libretto universitario** *book held by students which records details of their exam performances*
'libro *m* book
■ **libro bianco** White Paper; **libro dei canti** hymn book; **libro contabile** account book; **libro di esercizi** workbook; **libro giallo** crime novel; **libro mastro** Comm ledger; **libro paga** payroll; **libro di ricette** cookbook, recipe book; **libri** *pl* **sociali** company's books; **libro tascabile** paperback; **libro di testo** course book
li'cantropo *m* werewolf
lice'ale **A** *mf* secondary school student
B *adj* secondary school *attrib*
li'cenza *f* licence; (permesso) permission; Mil leave; Sch school-leaving certificate; **essere in ~** be on leave
■ **licenza di caccia** hunting licence; **licenza di esportazione** export licence; **licenza matrimoniale** marriage licence; **licenza di pesca** fishing licence; **licenza poetica** poetic licence; **licenza di porto d'armi** gun licence
licenzia'mento *m* dismissal, lay-off
licenzi'are *vt* dismiss, sack infml; (conferire un diploma) grant a school-leaving certificate to
licenzi'arsi *vr* (da un impiego) resign; (accomiatarsi) take one's leave
licenzi'oso *adj* licentious
li'ceo *m* secondary school, high school
■ **liceo classico** *secondary school with an emphasis on humanities*; **liceo scientifico** *secondary school with an emphasis on sciences*
li'chene *m* lichen
'lido *m* beach
'Liechtenstein *m* Liechtenstein
lieta'mente *adv* happily
li'eto *adj* glad; ‹*evento*› happy; **molto ~!** pleased to meet you!
■ **lieto fine** happy ending
li'eve *adj* light; (debole) faint; (trascurabile) slight
lievi'tare **A** *vi* rise
B *vt* leaven
li'evito *m* yeast
■ **lievito in polvere** baking powder
lift *m inv* lift boy
'lifting *m inv* face-lift
'ligio *adj* **essere ~ al dovere** have a sense of duty
li'gnaggio *m* lineage
'ligneo *adj* wooden
'lilla *m* (colore) lilac
lillà *m inv* Bot lilac
'lima *f* file
limacci'oso *adj* slimy
li'manda *f* dab
li'mare *vt* file
lima'tura *f* (atto) filing; (residui) filings *pl*
'limbo *m* limbo
li'metta *f* **limetta [da unghie]** nail file; (di carta) emery board
limi'tare **A** *m* threshold
B *vt* limit
limi'tarsi *vr* **~ a fare qualcosa** restrict oneself to doing something; **~ in qualcosa** cut down on something

limitata'mente *adv* to a limited extent
limita'tivo *adj* limiting
limi'tato *adj* limited
limitazi'one *f* limitation
'limite **A** *adj* ‹*caso*› extreme
B *m* limit; (confine) boundary; **entro certi limiti** within certain limits
■ **limite di credito** credit limit, credit ceiling; **limite di sopportazione** breaking point; **'limite di sosta'** 'restricted parking'; **limite di tempo** time limit; **limite di velocità** speed limit; **rispettare il ~ di velocità** keep to the speed limit
li'mitrofo *adj* neighbouring
'limo *m* slime
limo'nata *f* (bibita) lemonade; (succo) lemon juice
■ **limonata amara** bitter lemon
li'mone *m* lemon; (albero) lemon tree
'limpido *adj* clear; ‹*occhi*› limpid
'lince *f* lynx
linci'are *vt* lynch
'lindo *adj* neat; (pulito) clean
'linea *f* line; (di autobus, aereo) route; (di metropolitana) line; (di abito) cut; (di auto, mobile) design; (fisico) figure; **in ~ d'aria** as the crow flies; **è caduta la ~** I've been cut off; **in ~ di massima** as a rule; **a grandi linee** in outline; **mantenere la ~** keep one's figure; **in ~** Comput on-line; **in prima ~** in the front line; **mettersi in ~** line up
■ **nave di linea** liner; **volo di linea** scheduled flight; **linea aerea** airline; **linea d'arrivo** Sport finishing line; **linea commutata** Teleph switched line; **linea di confine** boundary; **linea continua** unbroken line; **linea dedicata** dedicated line; **linea di demarcazione** border line; **linea ferroviaria** railway line; **linea di fondo** baseline; **linea d'immersione** water line; **linea laterale** Sport touch line; **linee della mano** *pl* lines of the hand; **linea di marea** tidemark; **linea mediana** Sport halfway line; **linea di partenza** Sport starting line; **linea principale** Rail main line; **linea punteggiata** dotted line; **linea secondaria** Rail branch line; **linea di tiro** line of fire; **linea tratteggiata** broken line
linea'menti *mpl* features
line'are *adj* linear; ‹*discorso*› to the point; ‹*ragionamento*› consistent
line'etta *f* (tratto lungo) dash; (d'unione) hyphen
'linfa *f* Anat lymph; Bot sap
■ **linfa vitale** fig life blood
lin'fatico *adj* Anat lymphatic
linfoghi'andola *f* lymph gland
linfo'nodo *m* lymph node
linge'rie *f* lingerie
lin'gotto *m* ingot
'lingua *f* tongue; (linguaggio) language; **avere la ~ lunga** fig have a big mouth
■ **lingua d'arrivo** target language; **lingua moderna** modern language; **lingua morta** dead language; **lingua di partenza** source language; **lingua straniera** foreign language
lingu'accia *f* (persona) backbiter; **fare le linguacce** put one's tongue out (**a** at)
lingu'aggio *m* language
■ **linguaggio infantile** baby talk; **linguaggio per la marcatura di ipertesti** Comput hypertext markup language; **linguaggio dei segni** sign language
lingu'etta *f* (di scarpa) tongue; (di busta) flap; Mus reed; (da tirare) tab
lingu'ista *mf* linguist
lingu'istica *f* linguistics *sg*
lingu'istico *adj* linguistic
link *m* Comput link
lin'kare *vt* Comput link ‹*siti Web*›
'lino *m* Bot flax; (tessuto) linen
li'noleum *m* linoleum
liofiliz'zare *vt* freeze-dry
liofiliz'zato *adj* freeze dried
li'pide *m* lipid
liposuzi'one *f* liposuction
li'quame *m* slurry
lique'fare *vt* liquefy; (sciogliere) melt
lique'farsi *vr* liquefy; (sciogliersi) melt
liqui'dare *vt* liquidate; settle ‹*conto*›; pay off ‹*debiti*›; clear ‹*merce*›; infml (uccidere) get rid of
liquida'tore *m* liquidator
liquidazi'one *f* liquidation; (di conti) settling; (di merce) clearance sale
■ **liquidazione totale [per cessata attività]** closing down sale
'liquido *adj & nm* liquid
■ **liquido dei freni** brake fluid; **liquido scongelante** Auto de-icer; **liquido tergicristallo** screen wash
liqui'gas® *m inv* Calor gas®
liqui'rizia *f* liquorice
li'quore *m* liqueur; **liquori** *pl* (superalcolici) liquors
'lira *f* (ex moneta italiana) lira; (moneta di vari paesi) pound; Mus lyre
■ **lira sterlina** pound sterling
'lirico, -a **A** *adj* lyrical; ‹*poesia*› lyric; ‹*cantante*› (musica) opera *attrib*
B *f* lyric poetry; Mus opera
li'rismo *m* lyricism
'lisca *f* fish bone; **avere la ~** infml (nel parlare) have a lisp
lisci'are *vt* smooth; (accarezzare) stroke
'liscio *adj* smooth; ‹*capelli*› straight; ‹*liquore*› neat, straight; ‹*acqua minerale*› still; **passarla liscia** get away with it
li'seuse *f inv* bed jacket
'liso *adj* worn [out]
'lista *f* list; (striscia) strip; **fare una ~** make out a list
■ **lista di attesa** waiting list; **in ~ di attesa** on the waiting list; Aeron on stand-by; **lista**

elettorale list of candidates; **lista degli invitati** guest list; **lista nera** blacklist; **lista di nozze** wedding list; **lista della spesa** shopping list; **lista dei vini** wine list

li'stare *vt* edge; Comput list

li'stino *m* list

■ **listino di borsa** Stock Exchange list; **listino dei cambi** exchange rates *pl*; **listino [dei] prezzi** price list

Lit. *abbr* (**lire italiane**) Italian lire

lita'nia *f* litany

'litchi *m inv* lychee

'lite *f* quarrel; (baruffa) row; Jur lawsuit

liti'gante *mf* Jur litigant

liti'gare *vi* quarrel; Jur litigate

li'tigio *m* quarrel

litigi'oso *adj* quarrelsome

'litio *m* lithium

litogra'fia *f* (procedimento) lithography; (stampa) lithograph

li'tografo, -a *mf* lithographer

lito'rale **A** *adj* coastal

B *m* coast

lito'raneo *adj* coastal

'litro *m* litre

Litu'ania *f* Lithuania

litu'ano, -a *adj & nmf* Lithuanian

litur'gia *f* liturgy

li'turgico *adj* liturgical

li'uto *m* lute

li'vella *f* level

■ **livella a bolla d'aria** spirit level

livella'mento *m* levelling out, levelling off

livel'lare *vt* level

livel'larsi *vr* level out

livella'tore *adj* levelling

livella'trice *f* bulldozer

li'vello *m* level; **passaggio a ~** level crossing; **sotto/sul ~ del mare** below/above sea level; **ad alto ~** ‹*conferenza, trattative*› top-level, high-level; **a più livelli** multilevel

■ **livello di guardia** danger level; **livello di magazzino** stock level; **livello occupazionale** level of employment

'livido **A** *adj* livid; (per il freddo) blue; (per una botta) black and blue

■ **livido di rabbia** livid

B *m* bruise

li'vore *m* spite

Li'vorno *f* Leghorn

li'vrea *f* livery

'lizza *f* lists *pl*; **essere in ~ per qualcosa** be in the running for something

lo **A** *def art m before s + consonant, gn, ps, z*, the; ▶ **il**

B *pron* (riferito a persona) him; (riferito a cosa) it; **non lo so** I don't know

'lobbia *f* Homburg [hat]

lob'bismo *m* lobbying

lob'bista *mf* lobbyist

'lobby *f inv* lobby

lo'belia *f* lobelia

'lobo *m* lobe

loboto'mia *f* lobotomy

lo'cale **A** *adj* local

B *m* (stanza) room; (treno) local train; **locali** *pl* (edifici) premises

■ **locale notturno** nightclub

località *f inv* locality

■ **località balneare** seaside resort; **località turistica** tourist resort; **località di villeggiatura** holiday resort

localiz'zare *vt* localize; (reperire) locate

localiz'zarsi *vr* **~ in** be located in

localiz'zato *adj* localized

localizzazi'one *f* localization; (reperimento) location

local'mente *adv* locally

lo'canda *f* inn

locandi'ere, -a *mf* innkeeper

locan'dina *f* bill, poster

loca'tario, -a *mf* tenant

■ **locatario residente** sitting tenant

loca'tivo *adj* Gram locative; Jur rental

loca|'tore, -trice **A** *m* landlord

B *f* landlady

locazi'one *f* tenancy

locomo'tiva *f* locomotive

■ **locomotiva a vapore** steam engine

locomo'tore *m* locomotive, engine

locomozi'one *f* locomotion; **mezzi di locomozione** means of transport

'loculo *m* burial niche

lo'custa *f* locust

locuzi'one *f* expression

lo'dare *vt* praise

'lode *f* praise; **degno di ~** praiseworthy; **laurea con ~** first-class degree

'loden *m inv* (cappotto) loden [coat]; (stoffa) loden

lo'devole *adj* praiseworthy

'lodola *f* lark

loga'ritmo *m* logarithm

'loggia *f* loggia; (massonica) lodge

loggi'one *m* gallery, gods *pl*

'logica *f* logic

logica'mente *adv* (in modo logico) logically; (ovviamente) of course

logicità *f inv* logic

'logico *adj* logical

lo'gistica *f* logistics

lo'gistico *adj* logistic[al]

'logo *m inv* logo

logope'dia *f* speech therapy

logope'dista *mf* speech therapist

logo'rante *adj* ‹*attesa, esperienza*› wearing

logo'rare *vt* wear out; (sciupare) waste

key word

logo'rarsi *vr* wear out; ‹*persona*›; wear oneself out
logo'rio *m* wear and tear; (stress) stress
'logoro *adj* worn-out
logor'roico *adj* loquacious
lom'baggine *f* lumbago
Lombar'dia *f* Lombardy
lom'bardo *adj* Lombardy *attrib*
lom'bare *adj* lumbar
lom'bata *f* loin
■ **lombata di manzo** sirloin
'lombo *m* Anat loin
lom'brico *m* earthworm
londi'nese **A** *adj* London *attrib*
B *mf* Londoner
'Londra *f* London
long-'drink *m inv* long drink
longevità *f inv* longevity
lon'gevo *adj* long-lived
longhe'rone *m* strut
longi'lineo *adj* rangy
longitudi'nale *adj* lengthwise
longitudinal'mente *adv* lengthwise
longi'tudine *f* longitude
long 'playing *m inv* LP, long-playing record
lontana'mente *adv* distantly; (vagamente) vaguely; **neanche ~** not for a moment
lonta'nanza *f* distance; (separazione) separation; **in ~** in the distance
lon'tano **A** *adj* far; (distante) distant; (nel tempo) far off, distant; ‹*parente*› distant; (vago) vague; (assente) absent; **più ~** further; **è ~ un paio di chilometri** it is a couple of kilometres away
B *adv* far [away]; **da ~** from a distance; **tenersi ~ da** keep away from; **andare ~** (allontanarsi) go away; (avere successo) go far
'lontra *f* otter
'lonza *f* (lombata) loin
lo'quace *adj* talkative
'lordo *adj* dirty; ‹*somma, peso*› gross; **al ~ di imposte** pre-tax
'loro¹ *pers pron pl* (soggetto) they; (oggetto) them; (forma di cortesia) you; **sta a ~** it is up to them
'loro² **A** (**il ~** *m* **la ~** *f* **i ~** *mpl* **le ~** *fpl*) *poss adj* their; (forma de cortesia) your; **un ~ amico** a friend of theirs; (forma di cortesia) a friend of yours
B *poss pron* theirs; (forma di cortesia) yours; **i ~** (famiglia) their folk
lo'sanga *f* lozenge; **a losanghe** diamond shaped
losca'mente *adv* suspiciously
'losco *adj* suspicious
'loto *m* lotus
'lotta *f* fight, struggle; (contrasto) conflict; Sport wrestling
■ **lotta di classe** class struggle; **lotta libera** all-in wrestling
lot'tare *vi* fight, struggle; Sport fig wrestle
lotta'tore, -trice *mf* wrestler
lotte'ria *f* lottery
■ **Lotteria di Stato** National Lottery
lottiz'zare *vt* divide up ‹*terreno*›; fig parcel out
lottizzazi'one *f* (di terreno) division into lots; fig parcelling out
'lotto *m* [state] lottery; (porzione) lot; (di terreno) plot
lozi'one *f* lotion
■ **lozione idratante** moisturizer; **lozione solare** suntan lotion
lubrifi'cante **A** *adj* lubricating
B *m* lubricant
lubrifi'care *vt* lubricate
luc'chetto *m* padlock
lucci'cante *adj* sparkling
lucci'care *vi* sparkle
lucci'chio *m* sparkle
lucci'cone *m* **far venire i lucciconi** bring tears to the eyes
'luccio *m* pike
'lucciola *f* glow-worm; infml (prostituta) lady of the night
'luce *f* light; **accendere/spegnere la ~** switch the light on/off; **far ~ su** fig shed light on; **dare alla ~** give birth to; **venire alla ~** come to light
■ **luci** *pl* **di arresto** Auto stop lights; **luci** *pl* **d'atterraggio** landing lights; **luci** *pl* **d'emergenza** Auto hazard [warning] lights, hazards; **luce della luna** moonlight; **luci** *pl* **di posizione** Auto sidelights; **luci** *pl* **posteriori** Auto rear lights; **luci** *pl* **di retromarcia** Auto reversing lights; **luce del sole** sunlight; **luce stroboscopica** strobe
lu'cente *adj* shining
lucen'tezza *f* shine
lucer'nario *m* skylight
lu'certola *f* lizard
lucida'labbra *m inv* lip gloss
luci'dare *vt* polish
lucida'trice *f* [floor] polisher
'lucido **A** *adj* shiny; ‹*pavimento, scarpe*› polished; (chiaro) clear; ‹*persona, mente*› lucid; ‹*occhi*› watery
B *m* shine
■ **lucido [da scarpe]** [shoe] polish
lucra'tivo *adj* lucrative
'lucro *m* lucre; **senza fini di ~** non-profit-making, not-for-profit AmE
luculli'ano *adj* ‹*pranzo*› lavish
ludo'teca *f* playroom
'luglio *m* July
'lugubre *adj* gloomy
'lui *pers pron* (soggetto) he; (oggetto, con prep) him; **lo ha fatto ~ stesso** he did it himself
lu'maca *f* (mollusco) snail; fig slowcoach

'lume *m* lamp; (luce) light; **a ~ di candela** by candlelight; **perdere il ~ della ragione** be beside oneself with rage
lumi'nare *mf* luminary
lumi'narie *fpl* illuminations
lumine'scente *adj* luminescent
lumine'scenza *f* luminescence
lu'mino *m* (da cimitero) grave lamp
■ **lumino da notte** night light
luminosa'mente *adv* luminously
luminosità *f inv* brightness
lumi'noso *adj* luminous; ‹*stanza, cielo ecc.*› bright; **idea luminosa** brain wave
🔑 **'luna** *f* moon; **chiaro di ~** moonlight; **avere la ~ storta** be in a bad mood
■ **luna di miele** honeymoon; **luna piena** full moon
'luna park *m inv* fairground
lu'nare *adj* lunar
lu'naria *f* moonstone
lu'nario *m* almanac; **sbarcare il ~** make [both] ends meet
lu'natico *adj* moody
lunedì *m inv* Monday; **di ~** on Mondays
lu'netta *f* half-moon [shape]
lun'gaggine *f* slowness
lunga'mente *adv* at great length
lun'ghezza *f* length; **di ~ media** medium length
■ **lunghezza d'onda** wavelength
'lungi *adv* **ero [ben] ~ dall'immaginare che...** I never dreamt for a moment that...
lungimi'rante *adj* far-seeing
lungimi'ranza *f* far-sightedness
🔑 **'lungo** **A** *adj* long; (diluito) weak; (lento) slow; **a ~ andare** in the long run; **saperla lunga** be shrewd; **andare per le lunghe** drag on; **di gran lunga** by far; **di lunga data** long-term
B *m* length
C *prep* (durante) throughout; (per la lunghezza di) along
lungofi'ume *m* riverside
lungo'lago *m* lakeside
lungo'mare *m inv* seafront
lungome'traggio *m* feature film

lu'notto *m* rear window
■ **lunotto termico** heated rear window
'lunula *f* half-moon
🔑 **lu'ogo** *m* place; (punto preciso) spot; (passo d'autore) passage; **aver ~** take place; **dar ~ a** give rise to; **fuori ~** out of place; **del ~** ‹*usanze*› local
■ **luogo comune** cliché; **luogo di nascita** birthplace; **luogo natale** birthplace; **luogo pubblico** public place; **luogo di villeggiatura** holiday resort
luogote'nente *m* Mil lieutenant
'lupa *f* she-wolf
lu'para *f* sawn-off shotgun
lu'petto *m* Cub [Scout]
🔑 **'lupo** *m* wolf
■ **lupo mannaro** werewolf
'luppolo *m* hop
'lurido *adj* filthy
luri'dume *m* filth
lu'singa *f* flattery
lusin'gare *vt* flatter
lusin'garsi *vr* flatter oneself; (illudersi) fool oneself
lusinghi'ero *adj* flattering
lus'sare *vt* dislocate
lus'sarsi *vr* dislocate
lussazi'one *f* dislocation
Lussem'burgo *m* Luxembourg
🔑 **'lusso** *m* luxury; **di ~** luxury *attrib*
lussuosa'mente *adv* luxuriously
lussu'oso *adj* luxurious
lussureggi'ante *adj* luxuriant
lus'suria *f* lust
lussuri'oso *adj* dissolute
lu'strare *vt* polish
lu'strino *m* sequin
'lustro **A** *adj* shiny
B *m* sheen; fig prestige; (quinquennio) five-year period
lute'rano *adj & nmf* Lutheran
'lutto *m* mourning; **parato a ~** draped in black
■ **lutto stretto** deep mourning
luttu'oso *adj* mournful

Mm

m *abbr* (**metro**) m

ma *conj* but; (eppure) yet; **ma!** (dubbio) I don't know; (indignazione) really!; **ma davvero?** really?; **ma va'?** really?; **ma sì!** why not!; (certo che sì) of course!

'macabro *adj* macabre

macché *int* of course not!

macche'roni *mpl* macaroni *sg*

macche'ronico *adj* ‹*italiano*› broken

'macchia¹ *f* stain; (di diverso colore) spot; (piccola) speck; **senza ~** spotless; **spargersi a ~ d'olio** spread rapidly

■ **macchia di colore** splash of colour; **macchia d'inchiostro** ink stain; **macchia di sangue** bloodstain

'macchia² *f* (boscaglia) scrub; **darsi alla ~** take to the woods

macchi'are *vt* stain

macchi'arsi *vr* stain

macchi'ato **A** *adj* ‹*caffè*› with a dash of milk; ‹*pelo*› spotted; **~ di** (sporco) stained with; **~ d'inchiostro** ink stained, inky
B *m* (caffè) espresso with a dash of milk

macchi'etta *f* spot; (persona) real character

'macchina *f* machine; (motore) engine; (automobile) car; **in ~** by car; **giro in ~** drive; **cimitero delle macchine** scrapyard

■ **macchina del caffè** coffee maker; **macchina da cucire** sewing machine; **macchina per l'espresso** coffee machine; **macchina fotografica** camera; **macchina fototessere** photo booth; **macchina obliteratrice** ticket-stamping machine; **macchina da presa** cine camera; **macchina da scrivere** typewriter; **macchina sverniciante** paint stripper; **macchina utensile** machine tool; **macchina della verità** lie detector

macchinal'mente *adv* mechanically

macchi'nare *vt* plot

macchi'nario *m* machinery

macchinazi'oni *fpl* machinations, scheming

macchi'netta *f* (per i denti) brace; (per il caffè) espresso coffee maker; (accendino) lighter

macchi'nista *m* Rail engine driver; Naut engineer; Theat stagehand

macchi'noso *adj* complicated

mace'donia *f* fruit salad

Mace'donia *f* Macedonia

macel'laio, -a *mf* butcher

macel'lare *vt* slaughter

macellazi'one *f* slaughtering

macelle'ria *f* butcher's [shop]

ma'cello *m* (mattatoio) slaughterhouse; fig shambles *sg*; **andare al ~** fig go to the slaughter; **mandare al ~** fig send to his/her death

mace'rare *vt* macerate; fig distress

mace'rarsi *vr* be consumed

macerazi'one *f* maceration

ma'cerie *fpl* rubble *sg*; (rottami) debris *sg*

'macero *m* pulping; (stabilimento) pulping mill

Mach *m inv* Mach

ma'chete *m inv* machete

machia'vellico *adj* Machiavellian

ma'chismo *m* machismo

'macho *adj* macho

ma'cigno *m* boulder

maci'lento *adj* emaciated

'macina *f* millstone

macinacaffè *m inv* coffee mill

macina'pepe *m inv* pepper mill

maci'nare *vt* mill

maci'nato **A** *adj* ground
B *m* (carne) mince

maci'nino *m* mill; hum (macchina) old banger

maciul'lare *vt* (stritolare) crush

'macro *f inv* Comput macro

macrobi'otica *f*

■ **negozio di macrobiotica** health food shop

macrobi'otico *adj* macrobiotic

macro'clima *m* macroclimate

macro'cosmo *m* macrocosm

macrofotogra'fia *f* macrophotography

macro'scopico *adj* macroscopic

macu'lato *adj* spotted

Madaga'scar *m* Madagascar

madami'gella *f* young lady

'madia *f cupboard with a covered trough on top for making bread*

'madido *adj* **~ di** damp with ‹*sudore*›

Ma'donna *f* Our Lady

mador'nale *adj* gross

'madre *f* mother

■ **madre biologica** birth mother; **madre single** single mother

madre'lingua *adj inv* **inglese ~** English native speaker

madre'patria *f* native land

madre'perla *f* mother-of-pearl

ma'drepora *f* madrepore

madri'gale *m* madrigal

ma'drina *f* godmother

maestà *f inv* majesty
maestosa'mente *adv* majestically
maestosità *f inv* majesty
mae'stoso *adj* majestic
ma'estra *f* teacher; Sch primary school teacher
■ **maestra d'asilo** kindergarten teacher; **maestra di canto** singing teacher; **maestra di piano** piano teacher; **maestra di sci** ski instructor
mae'strale *m* north-west wind
mae'stranza *f* workers *pl*
mae'stria *f* mastery
ma'estro A *m* teacher; Sch primary school teacher; Mus maestro; (esperto) master; **colpo da ~** master stroke
■ **maestro d'asilo** kindergarten teacher; **maestro di canto** singing teacher; **maestro di cerimonie** master of ceremonies; **maestro di piano** piano teacher; **maestro di sci** ski instructor
B *adj* (principale) main; (di grande abilità) skilful
'mafia *f* Mafia
mafi'oso A *adj* of the Mafia
B *m* member of the Mafia, Mafioso
'maga *f* sorceress, magician
ma'gagna *f* fault
ma'gari A *adv* (forse) maybe
B *int* I wish!
C *conj* (per esprimere desiderio) if only; (anche se) even if
magazzini'ere *m* storeman, warehouseman
magaz'zino *m* (deposito) warehouse; (in negozio) stockroom; (emporio) shop; **grande ~** department store
■ **magazzini** *pl* **portuali** naval stores
Magg. *abbr* (**maggiore**) Maj
mag'gese *m* field lying fallow
'maggio *m* May
maggio'lino *m* May bug
maggio'rana *f* marjoram
maggio'ranza *f* majority
maggio'rare *vt* increase
maggior'domo *m* butler
maggi'ore A *adj* (di dimensioni, numero) bigger, larger; (superlativo) biggest, largest; (di età) older; (superlativo) oldest; (di importanza, Mus) major; (superlativo) greatest; **la maggior parte di** most; **la maggior parte del tempo** most of the time
B *pron* (di dimensioni) the bigger, the larger; (superlativo) the biggest, the largest; (di età) the older; (superlativo) the oldest; (di importanza) the major; (superlativo) the greatest
C *m* Mil major; Aeron squadron leader
maggio'renne A *adj* of age
B *mf* adult
maggiori'tario *adj* (della maggioranza) majority; ‹*sistema*› first-past-the-post *attrib*
maggior'mente *adv* [all] the more; (più di tutto) most
'Magi *mpl* **i re ~** the Magi
ma'gia *f* magic; (trucco) magic trick
magica'mente *adv* magically
'magico *adj* magic
magi'stero *m* (insegnamento) teaching; (maestria) skill; **facoltà di ~** arts faculty
magi'strale *adj* masterly; **istituto ~** teacher training college
magistral'mente *adv* in a masterly fashion
magi'strato *m* magistrate
magistra'tura *f* magistrature; **la ~** the Bench
'maglia *f* stitch; (lavoro ai ferri) knitting; (tessuto) jersey; (di rete) mesh; (indumento intimo) vest; (esterno) top; (di calciatore) shirt; **fare la ~** knit
■ **maglia con cappuccio** infml hoody; **maglia diritta** knit; **maglia rosa** (ciclismo) yellow jersey; **maglia rovescia** purl
magli'aia *f* knitter
maglie'ria *f* knitwear
magli'etta *f*
■ **maglietta [a maniche corte]** tee shirt
magli'ficio *m* knitwear factory
ma'glina *f* (tessuto) jersey
'maglio *m* mallet
magli'one *m* sweater, jumper
■ **maglione dolcevita** polo neck [jumper]; **maglione a girocollo** crew neck [sweater]; **maglione a V** V-neck [sweater]
'magma *m* magma
ma'gnaccia *m inv* infml pimp
ma'gnanimo *adj* magnanimous
ma'gnate *m* magnate
ma'gnesia *f* magnesia
ma'gnesio *m* magnesium
ma'gnete *m* magnet
magnetica'mente *adv* magnetically
ma'gnetico *adj* magnetic
magne'tismo *m* magnetism
magne'tofono *m* tape recorder
magnifica'mente *adv* magnificently
magnifi'cenza *f* magnificence; (generosità) munificence
ma'gnifico *adj* magnificent; (generoso) munificent
magni'tudine *f* Astr magnitude
'magno *adj* **aula magna** main hall
ma'gnolia *f* magnolia
'magnum *f inv* (bottiglia, pistola) magnum
'mago *m* magician
ma'gone *m* **avere il ~** be down; **mi è venuto il ~** I've got a lump in my throat

m

key word

'magra *f* low water
ma'grezza *f* thinness
'magro *adj* thin; ‹*carne*› lean; (scarso) meagre; **magra consolazione** cold comfort
'mai *adv* never; (inter, talvolta) ever; **caso ~** if anything; **caso ~ tornasse** in case he comes back; **come ~?** why?; **cosa ~?** what on earth?; **~ più** never again; **più che ~** more than ever; **quando ~?** whenever?; **quasi ~** hardly ever
mai'ale *m* pig; (carne) pork
■ **maiale arrosto** roast pork
maia'lino *m* piglet
'mailing *m* direct mail, mailing
mai'olica *f* majolica
maio'nese *f* mayonnaise
'mais *m* maize
mai'uscola *f* capital [letter]; **bloc maiusc** (tasto) caps lock
mai'uscolo *adj* capital
mai'zena® *f* cornflour
mal ▶ **male**
'mala *nf sl* **la ~** the underworld
malac'corto *adj* unwise
mala'fede *f* bad faith
malaf'fare *m*
■ **gente di malaffare** shady characters *pl*
mala'lingua *f* backbiter
mala'mente *adv* ‹*ridotto*› badly; ‹*rispondere*› rudely
malan'dato *adj* in bad shape; (di salute) in poor health
ma'lanimo *m* ill will
ma'lanno *m* misfortune; (malattia) illness; **prendersi un ~** catch something
mala'pena *adv* **a ~** hardly
ma'laria *f* malaria
mala'ticcio *adj* sickly
ma'lato, -a **A** *adj* ill, sick; ‹*pianta*› diseased
B *mf* sick person
■ **malato di Aids** AIDS sufferer; **malato di cancro** cancer patient; **malato di mente** mentally ill person
malat'tia *f* disease, illness; **ho preso due giorni di ~** I had two days off sick; **essere in ~** be on sick leave
■ **malattia nervosa** nervous disease; **malattia venerea** venereal disease, VD
malaugurata'mente *adv* unfortunately
malaugu'rato *adj* ill-omened
malau'gurio *m* bad *or* ill omen
mala'vita *f* underworld
malavi'toso, -a *mf* gangster
mala'voglia *f* unwillingness; **di ~** unwillingly
Ma'lawi *m* Malawi
malcapi'tato *adj* wretched
malce'lato *adj* ill-concealed
mal'concio *adj* battered
malcon'tento *m* discontent
malco'stume *m* immorality
mal'destro *adj* awkward; (inesperto) inexperienced
maldi'cente *adj* slanderous
maldi'cenza *f* slander
maldi'sposto *adj* ill-disposed
Mal'dive *fpl* Maldives
'male **A** *adv* badly; **funzionare ~** not work properly; **star ~** be ill; **star ~ a qualcuno** ‹*vestito ecc.*› not suit somebody; **rimanerci ~** be hurt; **ho dormito ~** I didn't sleep well; **non c'è ~!** not bad at all!
B *m* evil; (dolore) pain, ache; (malattia) illness; (danno) harm; **distinguere il bene dal ~** know right from wrong; **andare a ~** go off; **aver ~ a** have a pain in; **dove hai ~?** where does it hurt?, where is the pain?; **far ~ a qualcuno** (provocare dolore) hurt somebody; ‹*cibo*› be bad for somebody; **le cipolle mi fanno ~** onions don't agree with me; **mi fa ~ la schiena** my back is hurting; **farsi ~ alla schiena** hurt one's back
■ **mal d'aereo** airsickness; **mal d'aria** airsickness; **soffrire il mal d'aria** be airsick; **mal d'auto** carsickness; **mal di denti** toothache; **mal di gola** sore throat; **mal di mare** seasickness; **avere il mal di mare** be seasick; **mal d'orecchi** earache; **mal di pancia** lit stomach ache; fig, fam trouble; **mal di schiena** backache; **mal di testa** headache
maledetta'mente *adv* flipping
male'detto *adj* cursed; (orribile) awful
male'dire *vt* curse
maledizi'one *f* curse; **~!** damn!
maleducata'mente *adv* rudely
maledu'cato *adj* ill-mannered
maleducazi'one *f* rudeness
male'fatta *f* misdeed
male'ficio *m* witchcraft
ma'lefico *adj* ‹*azione*› evil; (nocivo) harmful
maleodo'rante *adj* foul-smelling
ma'lese *adj & nmf* Malaysian
Ma'lesia *f* Malaysia
ma'lessere *m* indisposition; fig uneasiness
ma'levolo *adj* malevolent
malfa'mato *adj* of ill repute
mal'fatto *adj* badly done; (malformato) ill-shaped
malfat'tore *m* wrongdoer
mal'fermo *adj* unsteady; ‹*salute*› poor
malfor'mato *adj* misshapen
malformazi'one *f* malformation
mal'gascio, -a *adj & nmf* Malagasy
malgo'verno *m* misgovernment
mal'grado **A** *prep* in spite of
B *conj* although
'Mali *m* Mali
ma'lia *f* spell
maligna'mente *adv* maliciously
mali'gnare *vi* malign

malignità *f inv* malice; Med malignancy
ma'ligno *adj* malicious; (perfido) evil; Med malignant
malinco'nia *f* melancholy
malinconica'mente *adv* melancholically
malin'conico *adj* melancholy
malincu'ore **a ~** *adv* unwillingly, reluctantly
malinfor'mato *adj* misinformed
malintenzio'nato, -a *mf* miscreant
malin'teso **A** *adj* mistaken
B *m* misunderstanding
ma'lizia *f* malice; (astuzia) cunning; (espediente) trick
maliziosa'mente *adv* mischievously, naughtily
maliziosità *f inv* naughtiness
malizi'oso *adj* (birichino) mischievous, naughty
malle'abile *adj* malleable
mal'leolo *m* Anat malleolus
malleva'dore *m* guarantor
'mallo *m* husk
mal'loppo *m* infml loot
malme'nare *vt* ill-treat
mal'messo *adj* (vestito male) shabbily dressed; ‹*casa*› poorly furnished; fig (senza soldi) hard up
malnu'trito *adj* undernourished
malnutrizi'one *f* malnutrition
'malo *adj* **in ~ modo** badly
ma'locchio *m* evil eye
ma'lora *f* ruin; **della ~** awful; **andare in ~** go to ruin
ma'lore *m* illness; **essere colto da ~** be suddenly taken ill
malri'dotto *adj* ‹*persona*› in a sorry state; (auto, casa) dilapidated, in a sorry state
mal'sano *adj* unhealthy
malsi'curo *adj* unsafe; (incerto) uncertain
'malta *f* mortar
mal'tempo *m* bad weather
mal'tese *adj & nmf* Maltese
'malto *m* malt
mal'tosio *m* maltose
maltratta'mento *m* ill-treatment
maltrat'tare *vt* ill-treat
malu'more *m* bad mood; **di ~** in a bad mood
'malva *adj inv* mauve
mal'vagio *adj* wicked
malvagità *f inv* wickedness
malva'sia *f type of dessert wine*
malversazi'one *f* embezzlement
mal'visto *adj* unpopular (**da** with)
malvi'vente *m* criminal
malvolenti'eri *adv* unwillingly
malvo'lere *vt* **farsi ~** make oneself unpopular; **prendere qualcuno a ~** take a dislike to somebody
'mamma *f* mummy, mum; **~ mia!** good gracious!
mam'mario *adj* mammary
mam'mella *f* breast
mam'mifero *m* mammal
mam'mismo *m* (del figlio) dependency on the mother figure; (della madre) excessive motherliness
mammogra'fia *f* mammograph
'mammola *f* violet
mammo'letta *f* shrinking violet
mam'mone *m* mummy's boy
mam'mut *m inv* mammoth
ma'nata *f* handful; (colpo) slap
'manca *f* ▶ **manco**
manca'mento *m* **avere un ~** faint
man'cante *adj* missing
man'canza *f* lack; (assenza) absence; (insufficienza) shortage; (fallo) fault; (imperfezione) defect; **in ~ d'altro** failing all else; **sento la sua ~** I miss him
■ **mancanza di tatto** lack of tact, indelicacy
man'care **A** *vi* be lacking; (essere assente) be missing; (venir meno) fail; (morire) pass away; **~ di** be lacking in; **~ a** fail to keep ‹*promessa*›; **mi manca casa** I miss home; **mi manchi** I miss you; **mi è mancato il tempo** I didn't have [the] time; **mi mancano 10 euro** I'm 10 euros short; **quanto manca alla partenza?** how long before we leave?; **~è mancata la corrente** there was a power failure; **sentirsi ~** feel faint; **sentirsi ~ il respiro** be unable to breathe [properly]
B *vt* miss ‹*bersaglio*›; **è mancato poco che cadesse** he nearly fell
man'cato *adj* ‹*appuntamento*› missed; ‹*tentativo*› unsuccessful; ‹*occasione*› wasted
'manche *f inv* heat
man'chevole *adj* defective
'mancia *f* tip
■ **~ competente** reward
manci'ata *f* handful
man'cino *adj* left-handed
'manco, -a **A** *adj* left
B *f* left hand
C *adv* (nemmeno) not even
man'dante *mf* (di delitto) instigator; Jur principal
manda'rancio *m* clementine
man'dare *vt* send; (emettere) give off; utter ‹*suono*›; **~ a chiamare** send for; **~ avanti la casa** run the house; **~ giù** (ingoiare) swallow
manda'rino *m* Bot mandarin
man'data *f* consignment; (di serratura) turn; **chiudere a doppia ~** double lock
manda'tario *m* Jur agent
man'dato *m* (incarico) mandate; Jur warrant

m

■ **mandato di comparizione [in giudizio]** subpoena; **mandato di pagamento** money order; **mandato di perquisizione** search warrant

man'dibola *f* jaw

mando'lino *m* mandolin

'mandorla *f* almond; **a ~** ‹*occhi*› almond shaped

■ **mandorla amara** bitter almond

mandor'lato *m* nut brittle (*type of nougat*)

'mandorlo *m* almond [tree]

man'dragola *f* mandrake

'mandria *f* herd

mandri'ano *m* cowherd

man'drillo *m* (scimmia) mandrill; (attrezzo) mandrel; fig fam goat

maneg'gevole *adj* easy to handle

maneggi'are *vt* handle

ma'neggio *m* handling; (intrigo) plot; (scuola di equitazione) riding school

ma'nesco *adj* quick to hit out

ma'netta *f* lever; **a tutta ~** flat out; **manette** *pl* handcuffs

man'forte *m* **dare ~ a qualcuno** support somebody

manga'nello *m* truncheon

manga'nese *m* manganese

mange'reccio *adj* edible

mangiacas'sette *m inv* cassette player

mangia'dischi® *m inv* portable record player

mangia'fumo *adj inv* **candela ~** air-purifying candle

mangia'nastri *m inv* cassette player

mangi'are **A** *vt & vi* eat; (consumare) eat up; (corrodere) eat away; take ‹*scacchi, carte ecc.*›; **dar da ~ al gatto/cane** feed the cat/dog
B *m* eating; (cibo) food; (pasto) meal

mangi'arsi *vr* **~ le parole** mumble; **~ le unghie** bite one's nails

mangia'soldi *adj inv* **macchinetta ~** one-armed bandit

mangi'ata *f* big meal; **farsi una bella ~ di...** feast on...

mangia'toia *f* manger

mangia|'tore, -trice *mf* eater

■ **mangiatore di fuoco** fire-eater; **mangiatrice di uomini** maneater

man'gime *m* fodder

■ **mangime per i polli** chicken feed

mangi'one, -a *mf* infml glutton

mangiucchi'are *vt* nibble

'mango *m* mango

man'grovia *f* mangrove

man'gusta *f* mongoose

ma'nia *f* mania

■ **mania di grandezza** delusions of grandeur; **mania di persecuzione** persecution complex

mania'cale *adj* manic

ma'niaco, -a **A** *adj* maniacal
B *mf* maniac

■ **maniaco sessuale** sex maniac

ma'niaco-depres'sivo *adj & nmf* manic-depressive

'manica *f* sleeve; infml (gruppo) band; **a maniche lunghe** long-sleeved; **senza maniche** sleeveless; **essere in maniche di camicia** be in shirt sleeves; **essere di ~ larga** be generous; **essere di ~ stretta** be strict

■ **manica a vento** wind sock

'Manica *f* **la ~** the [English] Channel

manica'retto *m* tasty dish

maniche'ismo *m* Manicheism

mani'chetta *f* hose

mani'chino *m* (da sarto, vetrina) dummy

'manico *m* handle; Mus neck

■ **manico di scopa** broom handle

mani'comio *m* mental home; infml (confusione) tip

mani'cotto *m* muff; Mech sleeve

mani'cure **A** *f* manicure
B *mf inv* (persona) manicurist

mani'era *f* manner; **in ~ che** so that

manie'rato *adj* affected; ‹*stile*› mannered

manie'rismo *m* mannerism

mani'ero *m* manor

manifat'tura *f* manufacture; (fabbrica) factory

manifatturi'ero *adj* manufacturing

manifesta'mente *adv* demonstrably, manifestly

manife'stante *mf* demonstrator

manife'stare **A** *vt* show; (esprimere) express
B *vi* demonstrate

manifes'tarsi *vr* show oneself

manifestazi'one *f* show; (espressione) expression; (sintomo) manifestation; (dimostrazione pubblica) demonstration

mani'festo **A** *adj* evident
B *m* poster; (dichiarazione pubblica) manifesto

ma'niglia *f* handle; (sostegno, in autobus ecc.) strap

manipo'lare *vt* handle; (massaggiare) massage; (alterare) adulterate; fig manipulate

manipola|'tore, '-trice **A** *mf* manipulator
B *adj* manipulative

manipolazi'one *f* handling; (massaggio) massage; (alterazione) adulteration; fig manipulation

mani'scalco *m* smith

'manna *f*

■ **manna dal cielo** manna from heaven

man'naia *f* (scure) axe; (da macellaio) cleaver

man'naro *adj* **lupo ~** werewolf

'mano *f* hand; (strato di vernice ecc.) coat; **alla ~** informal; **fuori ~** out of the way; **man ~** little by little; **man ~ che** as; **sotto ~** to hand; **di seconda ~** second-hand; **a mani vuote** empty-handed; **a ~** ‹*scritto, ricamato, fatto*› by hand; ‹*trapano ecc.*›

m

hand-held; **dare una ~ a qualcuno** give *or* lend somebody a hand; **ha le mani di pastafrolla** he is a butterfingers

mano'dopera *f* labour

ma'nometro *m* manometer, pressure gauge

mano'mettere *vt* tamper with; (violare) violate

ma'nopola *f* (di apparecchio) knob; (guanto) mitten; (su pullman) handle

mano'scritto **A** *adj* handwritten
B *m* manuscript

mano'vale *m* labourer

mano'vella *f* handle; Techn crank
■ **manovella alzacristalli** winder

ma'novra *f* manoeuvre; Rail shunting; **fare le manovre** Auto manoeuvre; **manovre** *pl* **di corridoio** lobbying

mano'vrabile *adj* manoeuvrable; fig ‹*persona*› easy to manipulate

mano'vrare **A** *vt* (azionare) operate; fig manipulate ‹*persona*›
B *vi* manoeuvre

manro'vescio *m* slap

man'sarda *f* attic

mansio'nario *m* job description

mansi'one *f* task; (dovere) duty

mansu'eto *adj* meek; ‹*animale*› docile

'manta *f* Zool manta

m

mante'cato **A** *m* soft ice cream
B *adj* creamy

man'tella *f* cape

man'tello *m* cloak; (soprabito, di animale) coat; (di neve) mantle

mante'nere *vt* (conservare) keep; (in buono stato, sostentare) maintain

mante'nersi *vr* **~ in forma** keep fit

manteni'mento *m* maintenance
■ **mantenimento dell'ordine pubblico** policing; **mantenimento della pace** Mil, Pol peacekeeping

mante'nuta *f* kept woman

'mantice *m* bellows *pl*; (di automobile) hood, top

'mantide *f* mantis

man'tiglia *f* mantilla

'manto *m* cloak; (coltre) mantle

'Mantova *f* Mantua

manto'vana *f* (di tende) pelmet

manu'ale *adj* & *nm* manual
■ **manuale di conversazione** phrase book; **manuale d'uso** user manual

manual'mente *adv* manually

ma'nubrio *m* handle; (di bicicletta) handlebars *pl*; (per ginnastica) dumb-bell

manu'fatto *adj* manufactured

manutenzi'one *f* maintenance; **un giardino che richiede poca ~** a low-maintenance garden

'manzo *m* steer; (carne) beef

maomet'tano *adj* & *nm* Muslim

Mao'metto *m* Mohammed, Muhammad

ma'ori *adj inv* & *m inv* Maori

'mappa *f* map

mappa'mondo *m* globe

mar ▶ **mare**

mara'chella *f* prank

maragià *m inv* maharajah

maran'tacea *f* Bot arrowroot

mara'schino *m* maraschino (*sweet liqueur*)

ma'rasma *m* fig decline

mara'tona *f* marathon

marato'neta *mf* marathon runner

'marca *f* mark; Comm brand; (fabbricazione) make; (scontrino) ticket; **di ~** branded
■ **marca da bollo** *stamp showing that the necessary duties have been paid*

mar'care *vt* mark; Sport score

marcata'mente *adv* markedly

mar'cato *adj* ‹*tratto, accento*› strong, marked

marca'tore *m* (chi segna un gol) scorer; (chi marca un avversario) marker; (pennarello) marker pen

'Marche *fpl* Marches

mar'chese, -a **A** *m* marquis
B *f* marchioness

mar'chetta *f* (assicurativa) National Insurance stamp; **fare marchette** infml be on the game

marchi'are *vt* brand

'marchio *m* brand; (caratteristica) mark
■ **marchio depositato** registered trademark; **marchio di fabbrica** trademark, TM; **marchio registrato** registered trademark

'marcia *f* march; Auto gear; Sport walk; **mettere in ~** put into gear; **mettersi in ~** start off; **cambiare ~** change gear
■ **marcia a senso unico alternato** temporary one way system in operation; **marcia forzata** forced march; **marcia funebre** funeral march; **marcia indietro** reverse gear; **fare ~ indietro** reverse; fig back-pedal; **marcia nuziale** wedding march

marcia'longa *f* (di sci) cross-country skiing race; (a piedi) long-distance race

marciapi'ede *m* pavement, sidewalk AmE; (di stazione) platform

marci'are *vi* march; (funzionare) go, work

marcia|'tore, -trice *mf* walker

'marcio **A** *adj* rotten
B *m* rotten part; fig corruption

mar'cire *vi* go bad, rot

mar'cita *f* water meadow

'marco *m* (moneta) mark

marco'nista *mf* radio operator

'mare *m* sea; (luogo di mare) seaside; **sul ~** ‹*casa*› at the seaside; ‹*città*› on the sea; **andare al ~** go to the sea; **in alto ~** on the

high seas; **d'alto ~** ocean-going; **essere in alto ~** fig not know which way to turn
■ **mare Adriatico** Adriatic Sea; **mar Cinese** China Sea; **mar Ionio** Ionian Sea; **mare d'Irlanda** Irish Sea; **mar Mediterraneo** Mediterranean; **mar Morto** Dead Sea; **mar Nero** Black Sea; **mare del Nord** North Sea; **mar Tirreno** Tyrrhenian Sea

ma'rea *f* tide; **una ~ di** hundreds of; **alta/bassa marea** high/low tide
■ **marea montante** flood tide

mareggi'ata *f* [sea] storm

mare'moto *m* tidal wave, seaquake

maresci'allo *m* (ufficiale) marshal; (sottufficiale) warrant officer

ma'retta *f* choppiness; fig tension

marga'rina *f* margarine

marghe'rita *f* marguerite
■ **margherita settembrina** Michaelmas daisy

margheri'tina *f* daisy

margi'nale *adj* marginal

marginaliz'zare *vt* marginalize

marginal'mente *adv* marginally

'margine *m* margin; (orlo) brink; (bordo) border
■ **margine di errore** margin of error; **margine di sicurezza** safety margin; **margine di vendita** mark-up

mari'ano *adj* Relig Marian

ma'rina *f* navy; (costa) seashore; (quadro) seascape
■ **marina mercantile** merchant navy; **marina militare** navy

mari'naio *m* sailor
■ **marinaio d'acqua dolce** landlubber

mari'nare *vt* marinate; **~ la scuola** play truant

mari'naro *adj* seafaring

mari'nata *f* marinade

mari'nato *adj* Culin marinated

ma'rino *adj* sea *attrib*, marine

mario'netta *f* puppet

mari'tare *vt* marry

mari'tarsi *vr* get married

ma'rito *m* husband

mari'tozzo *m* currant bun

ma'rittimo *adj* maritime

mar'maglia *f* rabble

marmel'lata *f* jam; (di agrumi) marmalade

mar'mitta *f* pot; Auto silencer
■ **marmitta catalitica** catalytic converter

'marmo *m* marble *attrib*

mar'mocchio *m* infml brat

mar'moreo *adj* marble

marmoriz'zato *adj* marbled

mar'motta *f* marmot

maroc'chino *adj & nmf* Moroccan

Ma'rocco *m* Morocco

ma'roso *m* breaker

mar'rone **A** *adj* brown
B *m* brown; (castagna) chestnut; **marroni** *pl* **canditi** marrons glacés

'Marshall *fpl* **le isole ~** Marshall Islands

mar'sina *f* tails *pl*

marsupi'ale *m* marsupial

mar'supio *m* (borsa) bumbag

'Marte *m* Mars

martedì *m inv* Tuesday; **di ~** on Tuesdays
■ **martedì grasso** Shrove Tuesday

martel'lante *adj* ‹*mal di testa*› pounding, throbbing; **hanno fatto una pubblicità ~** they hyped the product, they bombarded the market with publicity

martel'lare **A** *vt* hammer
B *vi* throb

martel'lata *f* hammer blow

martel'letto *m* (di giudice) gavel; (di pianoforte) hammer; (di medico) percussion hammer

martel'lio *m* hammering

mar'tello *m* hammer; (di battente) knocker
■ **~ pneumatico** pneumatic drill

marti'netto *m* Mech jack

mar'tin pesca'tore *m inv* kingfisher

'martire *mf* martyr

mar'tirio *m* martyrdom

'martora *f* marten

martori'are *vt* torment

mar'xismo *m* Marxism

mar'xista *adj & nmf* Marxist

marza'pane *m* marzipan

marzi'ale *adj* martial

marzi'ano, -a *adj & nmf* Martian

'marzo *m* March

mascal'zone *m* rascal

ma'scara *m inv* mascara

mascar'pone *m full-fat cream cheese often used for desserts*

ma'scella *f* jaw

'maschera *f* mask; (costume) fancy dress; Cinema, Theat usher *m*, usherette *f*; (nella commedia dell'arte) stock character
■ **maschera antigas** gas mask; **maschera di bellezza** face pack; **maschera mortuaria** death mask; **maschera ad ossigeno** oxygen mask

maschera'mento *m* masking; Mil camouflage

masche'rare *vt* mask; fig camouflage

masche'rarsi *vr* put on a mask; **~ da** dress up as

masche'rata *f* masquerade

maschi'accio *m* (ragazza) tomboy

ma'schile **A** *adj* masculine; ‹*sesso*› male
B *m* masculine [gender]

maschilismo *m* male chauvinism

maschi'lista **A** *adj* sexist
B *m* male chauvinist

'maschio **A** *adj* male; (virile) manly
B *m* male; (figlio) son
■ **maschio dominante** alpha male

masco'lino *adj* masculine

ma'scotte *f inv* mascot
maso'chismo *m* masochism
maso'chista *adj & nmf* masochist
'massa *f* mass; Electr earth, ground AmE; **una ~ [di gente]** a crowd [of people]
massa'crante *adj* gruelling
massa'crare *vt* massacre
mas'sacro *m* massacre; fig mess
massaggi'are *vt* massage
massaggia|'tore, -trice A *m* masseur
B *f* masseuse
mas'saggio *m* massage
■ **massaggio cardiaco** heart massage
mas'saia *f* housewife
mas'sello A *m* (metallo) ingot
B *adj* ‹*legno*› solid
masse'rizie *fpl* household effects
massiccia'mente *adv* on a big scale
massicci'ata *f* hard core
mas'siccio A *adj* massive; ‹*oro ecc.*› solid; ‹*corporatura*› heavy
B *m* massif
massifi'care *vt* de-individualize ‹*società*›
massificazi'one *f* de-individualization
'massima *f* maxim; (temperatura) maximum
massi'male *m* (assicurazione) limit of indemnity
massimiz'zare *vt* maximize
massimizzazi'one *f* maximization
'massimo A *adj* greatest; ‹*quantità*› maximum, greatest
B *m* **il ~** the maximum; **al ~** at [the] most, as a maximum
■ **massimo storico** all-time high
'masso *m* rock
mas'sone *m* [Free]mason
massone'ria *f* Freemasonry
mastecto'mia *f* mastectomy
ma'stello *m wooden box for the grape or olive harvest*
masteriz'zare *vt* ‹*CD, DVD*› burn
masterizza'tore *m*
■ **masterizzatore di CD/DVD** CD/DVD burner
masti'care *vt* chew; (borbottare) mumble
'mastice *m* mastic, filler; (per vetri) putty
ma'stino *m* mastiff
masto'dontico *adj* gigantic
ma'stoide *m* mastoid
'mastro *m* master; **libro ~** ledger
mastur'barsi *vr* masturbate
masturbazi'one *f* masturbation
ma'tassa *f* skein
match 'point *m inv* Tennis match point
matelassé *m inv* quilting
mate'matica *f* mathematics *sg*, maths *sg*, math AmE
■ **matematica pura** pure mathematics

mate'matico, -a A *adj* mathematical
B *mf* mathematician
materas'sino *m* small mattress
■ **materassino gonfiabile** air bed, lilo®
mate'rasso *m* mattress
■ **materasso ad acqua** water bed; **materasso di gommapiuma** foam mattress; **materasso a molle** spring mattress
ma'teria *f* matter; (materiale) material; (di studio) subject
■ **materia grigia** grey matter; **materia oscura** dark matter; **materia prima** raw material
materi'ale A *adj* material; (grossolano) coarse
B *m* material
■ **materiale da costruzione** building material; **materiale pubblicitario** publicity material; **materiale di scarto** waste material
materia'lismo *m* materialism
materia'lista A *adj* materialistic; **non ~** unworldly
B *mf* materialist
materializ'zarsi *vr* materialize
material'mente *adv* physically
materna'mente *adv* maternally
maternità *f inv* motherhood; **è alla prima ~** it's her first baby; **ospedale di maternità** maternity hospital
ma'terno *adj* maternal; **lingua materna** mother tongue
ma'tita *f* pencil; **matite** *pl* **colorate** coloured pencils
■ **matita emostatica** styptic pencil; **matita per gli occhi** eyeliner pencil
matriar'cale *adj* matriarchal
ma'trice *f* matrix; (origini) roots *pl*; Comm counterfoil
■ **matrice attiva** Comput active matrix; **matrice passiva** Comput passive matrix
ma'tricola *f* (registro) register; Univ fresher; **numero di ~** (di studente) matriculation number
ma'trigna *f* stepmother
matrimoni'ale *adj* matrimonial; **vita ~** married life
matri'monio *m* marriage; (cerimonia) wedding
■ **matrimonio in bianco** white wedding; **matrimonio civile** civil wedding; **matrimonio di convenienza** marriage of convenience; **matrimonio di fatto** common-law marriage; **matrimonio gay** gay marriage; **matrimonio omosessuale** gay marriage
ma'trona *f* matron
'matta *f* (nelle carte) joker
mattacchi'one, -a *mf* rascal
mat'tanza *f* (di tonni) tuna fishing; fig killings *pl*
matta'toio *m* slaughterhouse
matta'tore *m* (artista) star performer
matte'rello *m* rolling pin

mat'tina *f* morning; **la ~, alla ~** in the morning; **domani ~** tomorrow morning; **ieri ~** yesterday morning
matti'nata *f* morning; Theat matinée
mattini'ero *adj* **essere ~** be an early riser
mat'tino *m* morning
'matto, -a **A** *adj* mad, crazy; Med insane; (falso) false; (opaco) matt; **avere una voglia matta di...** be dying for...
■ **matto da legare** barking mad
B *m* madman
C *f* madwoman
mat'tone *m* brick; (libro) bore
matto'nella *f* tile
■ **mattonella grezza** quarry tile
mattu'tino *adj* morning *attrib*
matu'rare *vt* ripen; Fin mature
maturazi'one *f* ripening; Fin maturity; fig (di idea ecc.) gestation; **arrivare a ~** ‹*frutta*› ripen; ‹*polizza*› mature
maturità *f inv* maturity; Sch school-leaving certificate
ma'turo *adj* mature; ‹*frutto*› ripe
ma'tusa *m* old fogey
Mauri'tania *sf* Mauritania
Mau'rizio *f* **[isola di] ~** Mauritius
mauso'leo *m* mausoleum
maxi'schermo *m* wide screen
'mayday *m inv* Radio Mayday
'mazza *f* club; (martello) hammer; (da baseball, cricket) bat
■ **mazza da golf** golf club
maz'zata *f* blow
maz'zetta *f* (di banconote) bundle; (tangente) bribe
'mazzo *m* bunch; (carte da gioco) pack
Mb *nm abbr* (**megabyte**) Comput Mb
me *pers pron* me; **me lo ha dato** he gave it to me; **secondo me** in my opinion; **fai come me** do as I do; **è più veloce di me** he is faster than me *or* faster than I am
me'andro *m* meander
'Mecca *f* **la ~** Mecca
mec'canica *f* mechanics *sg*
■ **meccanica quantistica** quantum mechanics
meccanica'mente *adv* mechanically
mec'canico **A** *adj* mechanical
B *m* mechanic
mecca'nismo *m* mechanism
meccanizza'zione *f* mechanization
meccanogra'fia *f* data processing
meccano'grafico *adj* data processing *attrib*
mece'nate *mf* patron
mèche *fpl* highlights; **farsi [fare] le ~** have highlights put in, have one's hair streaked
me'daglia *f* medal
■ **medaglia d'oro** (premio) gold medal; (atleta) gold medallist; **medaglia al valore** medal for valour
medagli'ere *m* medal collection
medagli'one *m* medallion; (gioiello) locket; **medaglioni** *pl* **di vitello** Culin medallions of veal
me'desimo *adj* same
'media *f* average; Sch average mark; Math mean; **essere nella ~** be in the mid-range
medi'ano **A** *adj* middle
B *m* (calcio) half-back
■ **mediano di mischia** scrum half
medi'ante *prep* by
medi'are *vt* act as intermediary in
media|'tore, -trice *mf* mediator; Comm middleman
■ **mediatore d'affari** business agent; **mediatore culturale** *voluntary or professional worker who helps immigrants integrate into Italian daily life*
mediazi'one *f* mediation
medica'mento *m* medicine
medi'care *vt* treat; dress ‹*ferita*›
medi'cato *adj* ‹*shampoo*› medicated
medicazi'one *f* medication; (di ferita) dressing
me'diceo *adj* from the period of the Medici, Medicean
medi'cina *f* medicine
■ **medicina alternativa** alternative medicine, complementary medicine; **medicina del lavoro** occupational health; **medicina legale** forensic medicine, forensic science; **medicina popolare** folk medicine
medici'nale **A** *adj* medicinal
B *m* medicine
'medico **A** *adj* medical
B *m* doctor
■ **medico di base** general practitioner, GP; **medico di famiglia** family doctor; **medico generico** general practitioner, GP; **medico legale** forensic scientist; **medico di turno** duty doctor
medie'vale *adj* medieval
'medio **A** *adj* average; ‹*punto*› middle; ‹*statura*› medium; **scuola media** secondary school
B *m* (dito) middle finger
■ **Medio Oriente** Middle East
medi'ocre *adj* mediocre; (scadente) poor
mediocre'mente *adv* indifferently
medio'evo *m* Middle Ages *pl*
mediorien'tale *adj* Middle Eastern
medita'bondo *adj* meditative
medi'tare **A** *vt* meditate; (progettare) plan; (considerare attentamente) think over
B *vi* meditate
medita'tivo *adj* meditative
meditazi'one *f* meditation
mediter'raneo *adj* Mediterranean; **il [mar] Mediterraneo** the Mediterranean [Sea]
me'dusa *f* jellyfish
'megabyte *m inv* Comput megabyte

me'gafono *m* megaphone
megaga'lattico *adj* gigantic
mega'lite *m* megalith
mega'lomane *mf* megalomaniac
me'gera *f* hag
'meglio A *adv* better; **tanto ~, ~ così** so much the better
B *adj* better; (superlativo) best
C *mf* best
D *f* **avere la ~ su** have the better of; **fare qualcosa alla [bell'e] ~** do something as best one can
E *m* **fare del proprio ~** do one's best; **fare qualcosa il ~ possibile** make an excellent job of something; **al ~** to the best of one's ability; **per il ~** for the best
'mela *f* apple; **succo di ~** apple juice
■ **mela cotogna** quince
mela'grana *f* pomegranate
mé'lange A *m inv* flecked wool
B *adj inv* ‹*lana*› flecked
mela'nina *f* melanin
melan'zana *f* aubergine, eggplant AmE; **melanzane** *pl* **alla parmigiana** *baked layers of aubergine, tomato and cheese*
me'lassa *f* molasses *sg*
me'lenso *adj* ‹*persona, film*› dull
me'leto *m* apple orchard
mel'lifluo *adj* ‹*parole*› honeyed; ‹*voce*› sugary
'melma *f* slime
mel'moso *adj* slimy
'melo *m* apple [tree]
melo'dia *f* melody
me'lodico *adj* melodic
melodi'oso *adj* melodious
melo'dramma *m* melodrama
melodrammatica'mente *adv* melodramatically
melodram'matico *adj* melodramatic
melo'grano *m* pomegranate tree
me'lone *m* melon
mem'brana *f* membrane
'membro *m* member (*pl nf* **membra**) Anat limb
memo'rabile *adj* memorable
'memore *adj* mindful; (riconoscente) grateful
me'moria *f* memory; (oggetto ricordo) souvenir; **imparare a ~** learn by heart; **memorie** *pl* (biografiche) memoirs
■ **memoria cache** Comput cache memory; **memoria collettiva** folk memory; **memoria dinamica** Comput RAM; **memoria di massa** Comput mass storage; **memoria permanente** Comput non-volatile memory; **memoria di sola lettura** Comput read-only memory, ROM; **memoria a tampone** Comput buffer [memory]; **memoria volatile** Comput volatile memory
memori'ale *m* memorial

memoriz'zare *vt* memorize; Comput save, store
mena'dito **a ~** *adv* perfectly
me'nare *vt* lead; infml (picchiare) hit; **~ la coda** ‹*cane*› wag its tail; **~ qualcuno per il naso** pull somebody's leg
mendi'cante *mf* beggar, panhandler AmE infml
mendi'care *vt & vi* beg
menefre'ghista *adj* devil-may-care
mene'strello *m* minstrel
me'ningi *fpl* **spremersi le ~** rack one's brains
menin'gite *f* meningitis
me'nisco *m* meniscus
'meno A *adv* less; (superlativo) least; (in operazioni, con temperatura) minus; **~ di** less than; **di ~** less; **~ moderno** less modern; **il ~ moderno di tutti** the least modern of all; **far qualcosa alla ~ peggio** do something as best one can; **fare a ~ di qualcosa** do without something; **non posso fare a ~ di ridere** I can't help laughing; **~ male!** thank goodness!; **sempre ~** less and less; **venir ~** (svenire) faint; **venir ~ a qualcuno** ‹*coraggio*› fail somebody; **sono le tre ~ un quarto** it's a quarter to three; **che tu venga o ~** whether you're coming or not; **quanto ~** at least
B *adj inv* less; (con nomi plurali) fewer
C *m* least; Math minus sign; **il ~ possibile** as little as possible; **per lo ~** at least
D *prep* except [for]
E *conj* **a ~ che** unless
meno'mare *vt* ‹*incidente*› maim
meno'mato A *adj* disabled
B *mf* disabled person
meno'pausa *f* menopause
'mensa *f* table; Mil mess; Sch, Univ canteen
men'sile A *adj* monthly
B *m* (stipendio) [monthly] salary; (rivista) monthly
mensilità *f inv* monthly salary
mensil'mente *adv* monthly
'mensola *f* bracket; (scaffale) shelf
'menta *f* mint; **al gusto di ~** mint flavoured
■ **menta piperita** peppermint; **menta verde** spearmint
men'tale *adj* mental
mentalità *f inv* mentality
■ **mentalità ristretta** bigotry
'mente *f* mind; **a ~ fredda** in cold blood; **cosa ti è saltato in ~?** what possessed you?; **venire in ~ a qualcuno** occur to somebody
men'tina *f* mint
men'tire *vi* lie
'mento *m* chin
men'tolo *m* menthol; **al ~** mentholated
'mentre *conj* (temporale) while; (invece) whereas
me'nu *m inv* menu
■ **menu a discesa** Comput pull-down menu;

m

menu fisso set menu; **menu a tendina** Comput pull-down menu, drop-down menu; **menu turistico** tourist menu

menzio'nare *vt* mention

menzi'one *f* mention

■ **menzione speciale** special mention

men'zogna *f* lie

mera'viglia *f* wonder; **a ~** marvellously; **che ~!** how wonderful!; **con mia grande ~** much to my amazement; **mi fa ~ che...** I am surprised that...

meravigli'are *vt* surprise

meravigli'arsi *vr* **~ di** be surprised at

meravigliosa'mente *adv* marvellously

meravigli'oso *adj* marvellous, wonderful

mer'cante *m* merchant

■ **mercante d'arte** art dealer; **mercante di schiavi** slave trader

mercanteggi'are *vi* trade; (sul prezzo) bargain

mercan'tile **A** *adj* mercantile
B *m* merchant ship

mercan'zia *f* merchandise, goods *pl*

merca'tino *m* (di quartiere) local street market; Fin unlisted securities market

mer'cato *m* market; Fin market[place]; **a buon ~** ‹*comprare*› cheaply; ‹*articolo*› cheap

■ **mercato all'aperto** street market; **mercato aperto** Econ open market; **mercato azionario** Fin equity market, share market; **mercato dei cambi** foreign exchange market; **Mercato Comune [Europeo]** [European] Common Market; **mercato coperto** covered market, indoor market; **mercato dell'eurovaluta** Eurocurrency market; **mercato immobiliare** property market; **mercato del lavoro** job market; **mercato libero** free market; **mercato di massa** mass market; **mercato nero** black market; **mercato del pesce** fish market; **mercato di prova** test market; **mercato al rialzo** Fin bull market; **mercato al ribasso** Fin bear market; **mercato specializzato** niche market; **mercato unico** Single Market

'merce *f* goods *pl*, merchandise; **la ~ venduta non si cambia senza lo scontrino** goods will not be exchanged without a receipt

■ **merce in conto vendita** sale or return goods; **merce deperibile** perishable goods

mercé *f* **alla ~ di** at the mercy of

merce'nario *adj & nm* mercenary

merceolo'gia *f* study of commodities

merce'ria *f* haberdashery; (negozio) haberdasher's

mercifi'care *vt* commercialize

mercificazi'one *f* commercialization

mercoledì *m inv* Wednesday; **di ~** on Wednesdays

■ **mercoledì delle Ceneri** Ash Wednesday

mer'curio *m* mercury

me'renda *f* afternoon snack; **far ~** have an afternoon snack

meridi'ana *f* sundial

meridi'ano **A** *adj* midday
B *m* meridian

meridio'nale **A** *adj* southern
B *mf* southerner

meridi'one *m* south

me'ringa *f* meringue

merin'gata *f* meringue pie

meri'tare *vt* deserve

meri'tato *adj* deserved

meri'tevole *adj* deserving

'merito *m* merit; (valore) worth; **in ~ a** as to; **per ~ di** thanks to

merito'cratico *adj* meritocratic

meri'torio *adj* meritorious

merla'tura *f* battlements *pl*

merlet'taia *f* lacemaker

mer'letto *m* lace

'merlo *m* blackbird; **bravo ~!** you fool!

mer'luzzo *m* cod

'mero *adj* mere

mesca'lina *f* mescaline

'mescere *vt* pour out

meschine'ria *f* meanness

me'schino **A** *adj* wretched; (gretto) mean
B *m* wretch

'mescita *f* wine shop

mescola'mento *m* mixing

mesco'lanza *f* mixture

mesco'lare *vt* mix; shuffle ‹*carte*›; (confondere) mix up; blend ‹*tè, tabacco ecc.*›

mesco'larsi *vr* mix; (immischiarsi) meddle

mesco'lata *f* (a carte) shuffle; Culin stir

'mese *m* month

■ **mese civile** calendar month

me'setto *m* **un ~** about a month, a month or so

'messa¹ *f* Mass

■ **messa nera** black mass; **messa da requiem** requiem mass; **messa solenne** High Mass

'messa² *f* (il mettere) putting

■ **messa in moto** Auto starting; **messa in piega** (di capelli) set; **farsi fare la ~ in piega** have one's hair set; **messa a punto** adjustment; **messa in scena** production; fig production number; **messa a terra** earthing, grounding AmE

messagge'ria *f*

■ **messaggeria elettronica** Comput messaging

messag'gero *m* messenger

messag'giare *vi* Teleph text

messag'gino *m* text message

mes'saggio *m* message

■ **messaggio di errore** Comput error message; **messaggio di testo** Teleph text message

mes'sale *m* missal

'messe *f* harvest

Mes'sia *m* Messiah
messi'cano, -a *adj & nmf* Mexican
'Messico *m* Mexico
messin'scena *f* staging; fig act
'messo A pp di **mettere**
B *m* messenger
mesti'ere *m* trade; ‹*lavoro*› job; **essere del ~** be an expert, know one's trade
'mesto *adj* sad
'mestola *f* (di cuoco) ladle; (di muratore) trowel
mestru'ale *adj* menstrual
mestruazi'one *f* menstruation; **mestruazioni** *pl* period
'meta *f* destination; fig aim
metà *f inv* half; (centro) middle; **a ~ prezzo** half price; **a ~ strada** halfway; **a ~ serata** halfway through the evening; **fare a ~ con qualcuno** go halves with somebody, go fifty-fifty with somebody; **fare [a] ~ e ~** go fifty-fifty, go halves
metabo'lismo *m* metabolism
meta'carpo *m* metacarpus
meta'done *m* methadone
meta'fisica *n* metaphysics *sg*
meta'fisico *adj* metaphysical
me'tafora *f* metaphor
metaforica'mente *adv* metaphorically
meta'forico *adj* metaphorical
me'tallico *adj* metallic
metalliz'zato *adj* ‹*grigio*› metallic
me'tallo *m* metal
■ **metallo vile** base metal
metal'loide *m* metalloid
metallur'gia *f* metallurgy
metal'lurgico *adj* metallurgical
metalmec'canico A *adj* engineering
B *m* engineering worker
meta'morfosi *f* metamorphosis
me'tano *m* methane
metano'dotto *m* methane pipeline
meta'nolo *m* methanol
me'tastasi *f inv* metastasis
meta'tarso *m* metatarsus
me'teora *f* meteor
meteo'rite *m* meteorite
meteorolo'gia *f* meteorology
meteoro'logico *adj* meteorological
meteo'rologo *m* meteorologist
me'ticcio, -a *mf* person of mixed race
meticolosa'mente *adv* meticulously
metico'loso *adj* meticulous
me'tile *m* methyl
me'todico *adj* methodical
meto'dista *adj & nmf* Methodist
'metodo *m* method
metodolo'gia *f* methodology
metodo'logico *adj* methodological

me'traggio *m* length (*in metres*); **vendere a ~** sell by the metre
'metrica *f* metrics
'metrico *adj* metric; (in poesia) metrical
'metro¹ *m* metre; (nastro) tape measure
■ **metro cubo** cubic metre; **metro quadrato** square metre
'metro² *f inv* infml underground, subway AmE
me'tronomo *m* metronome
metro'notte *mf inv* night security guard
me'tropoli *f inv* metropolis
metropoli'tana *f* underground, subway AmE
metropoli'tano *adj* metropolitan
'mettere *vt* put; (indossare) put on; infml (installare) put in; **~ al mondo** bring into the world; **~ da parte** set aside; **~ fiducia** inspire trust; **~ qualcosa in chiaro** make something clear; **~ in mostra** display; **~ a posto** tidy up; **~ in vendita** put up for sale; **~ su** set up ‹*casa, azienda*›; **metter su famiglia** start a family; **ci ho messo un'ora** it took me an hour; **mettiamo che...** let's suppose that...
'mettersi *vr* (indossare) put on; (diventare) turn out; **~ a** start to; **~ con qualcuno** infml (formare una coppia) start to go out with somebody; **~ a letto** go to bed; **~ a sedere** sit down; **~ in viaggio** set out
metti'foglio *m* feeder
'mezza *f* **è la ~** it's half past twelve; **sono le quattro e ~** it's half past four
mezza'dria *f* sharecropping
mezza'luna *f* half moon; (simbolo islamico) crescent; (coltello) two-handled chopping knife; **a ~** half-moon *attrib*
mezza'manica *f* **a ~** ‹*maglia*› short-sleeved; **mezzemaniche** *pl* derog lowest grade of clerks, pen-pushers
mezza'nino *m* mezzanine
mez'zano, -a *adj* middle
mezza'notte *f* midnight; **aspettare la ~** see in the New Year
mezz'asta **a ~** *adv* at half mast
mezze'ria *f* centre line
'mezzo A *adj* half; **di mezza età** middle aged; **~ bicchiere** half a glass; **una mezza idea** a vague idea; **siamo mezzi morti** we're half dead; **sono le quattro e ~** it's half past four
■ **mezza cartuccia** *nf* runt; **mezza dozzina** *nf* half-dozen; **mezza età** *nf* midlife; **mezza giornata** *nf* half day; **mezzo guanto** *nm* mitt; **mezzo litro** *nm* half a litre; **mezz'ora** *nf* half an hour; **mezza pensione** *nf* half board; **mezza stagione** *nf* demi-season; **una giacca di ~ stagione** a spring/autumn jacket; **mezza verità** *nf* half-truth
B *adv* (a metà) half; **~ addormentato** half asleep; **~ morto** half-dead; **~ morto di paura** petrified; **~ e ~** (così così) so so

C *m* (metà) half; (centro) middle; (per raggiungere un fine) means *sg*; **uno e ~** one and a half; **tre anni e ~** three and a half years; **in ~ a** in the middle of; **il giusto ~** the happy medium; **levare di ~** clear away; **per ~ di** by means of; **a ~ posta** by mail; **via di ~** fig halfway house; (soluzione) middle way; **mezzi** *pl* (denaro) means *pl*; **mezzi** *pl* **di comunicazione di massa** mass media; **mezzi** *pl* **pubblici** public transport; **mezzi** *pl* **di trasporto** [means of] transport

mezzo'busto *m* (statua) bust; TV talking head; **a ~** ‹*foto, ritratto*› half-length

mezzo'fondo *m* middle-distance running

mezzogi'orno *m* midday, noon; (sud) South; **il Mezzogiorno** Southern Italy
■ **mezzogiorno in punto** high noon

mezzo'sangue *mf* cross-breed

mezzo'servizio *m* **lavorare a ~** do part-time cleaning work

mi **A** *pers pron* me; *refl*, myself; **mi ha dato un libro** he gave me a book; **non mi parla** he doesn't talk to me; **mi lavo le mani** I wash my hands; **eccomi** here I am
B *m* Mus (chiave, nota) E

'mia ▶ **mio**

miago'lare *vi* miaow

miago'lio *m* miaowing

mi'ao *m* miaow

'mica¹ *f* mica

'mica² *adv* infml (per caso) by any chance; **hai ~ visto Paolo?** have you seen Paul, by any chance?; **non è ~ bello** it is not at all nice; **~ male** not bad

'miccia *f* fuse

micidi'ale *adj* deadly

'micio *m* pussy cat

mi'cosi *f* athlete's foot

mi'cotico *adj* fungal

microbiolo'gia *f* microbiology

'microbo *m* microbe

microchirur'gia *f* microsurgery

micro'clima *m* microclimate

microcom'puter *m inv* microcomputer

micro'cosmo *m* microcosm

micro'fiche *f inv* microfiche

micro'film *m inv* microfilm

micro'fisica *f* microphysics *sg*

mi'crofono *m* microphone
■ **microfono con la clip** clip-on microphone; **microfono spia** bugging device, bug; **microfono a stelo** boom microphone

microfotogra'fia *f* Phot micrograph; (tecnica) micrography

microinfor'matica *f* microcomputing

micro'onda *f* microwave

microorga'nismo *m* microorganism

microproces'sore *m* microprocessor

micro'scheda *f* microfiche

micro'scopico *adj* microscopic

micro'scopio *m* microscope; **passare qualcosa al ~** fig examine something in microscopic detail

microse'condo *m* microsecond

micro'solco *m* (disco) long-playing record

micro'spia *f* bug

mi'dollo Anat *m* (*pl nf* **midolla**) marrow; **fino al ~** ‹*bagnato*› through and through; ‹*corrotto*› to the core
■ **midollo osseo** bone marrow; **midollo spinale** spinal cord

'mie ▶ **mio**

mi'ei ▶ **mio**

mi'ele *m* honey
■ **miele d'acacia** acacia honey

mi'etere *vt* reap

mietitrebbia'trice *f* combine harvester

mieti'trice *f* harvester

mieti'tura *f* harvest

migli'aia *fpl* thousands

migli'aio *m* (*pl nf* **migliaia**) thousand; **a migliaia** in thousands

'miglio *m* Bot millet (misura: *pl f* **miglia**) mile
■ **miglia aeree** *pl* BrE Air Miles AmE, frequent flyer miles; **miglio nautico** nautical mile; **miglia all'ora** *pl* miles per hour, mph; **miglio terrestre** mile

migliora'mento *m* improvement

miglio'rare *vt & vi* improve

migli'ore **A** *adj* better; (superlativo) the best; **~ amico** best friend; **i migliori auguri** best wishes
B *mf* **il/la ~** the best

miglio'ria *f* improvement

mi'gnatta *f* leech

'mignolo *m* little finger, pinkie infml; (del piede) little toe

mi'gnon *adj inv* (bottiglie) miniature

mi'grante *mf* (persona) migrant

mi'grare *vi* migrate

migra'tore *adj* migratory

migra'torio *adj* migratory

migrazi'one *f* migration

'mila ▶ **mille**

mila'nese *adj & nmf* Milanese

Mi'lano *f* Milan

miliar'dario, -a **A** *m* millionaire; (pluri-miliardario) billionaire
B *f* millionairess; billionairess

mili'ardo *m* billion

mili'are *adj* **pietra ~** milestone

milio'nario, -a **A** *m* millionaire
B *f* millionairess

mili'one *m* million

milio'nesimo *adj & nm* millionth

mili'tante *adj & nmf* militant

mili'tanza *f* militancy

mili'tare **A** *vi* **~ in** be a member of ‹*un partito ecc.*›
B *adj* military

m

C *m* soldier; **fare il ~** do one's military service
■ **militare di carriera** regular [soldier]; **militare di leva** National Serviceman
milita'rismo *m* militarism
milita'rista *adj* militaristic
militariz'zare *vt* militarize
militas'solto *adj* having done National Service
'milite *m* soldier
milite'sente *adj* exempt from National Service
mi'lizia *f* militia
millanta|'tore, -trice *mf* boaster
'mille *adj & nm* (*pl* **mila**) a *or* one thousand; **due/tre mila** two/three thousand; **~ grazie!** thanks a lot!; **millenovecentonovantaquattro** *nm* nineteen ninety-four
mille'foglie *m inv* Culin vanilla slice
mil'lennio *m* millennium
millepi'edi *m inv* centipede
mil'lesimo *adj & nm* thousandth
milli'bar *m inv* millibar
milli'grammo *m* milligram
mil'lilitro *m* millilitre
mil'limetro *m* millimetre
'milza *f* spleen
mi'mare **A** *vt* mimic ‹*persona*›
B *vi* mime
mi'metico *adj* **tuta** *f* **mimetica** camouflage; **animale ~** animal which has the ability to camouflage itself; **vernice mimetica** camouflage paint
mime'tismo *m* ability to camouflage itself
■ **mimetismo politico** chameleon-like political traits
mimetiz'zare *vt* camouflage
mimetiz'zarsi *vr* camouflage oneself
'mimica *f* mime
■ **mimica facciale** facial expressions *pl*
'mimico *adj* mimic
'mimo *m* mime
mi'mosa *f* mimosa
'mina *f* mine; (di matita) lead
mi'naccia *f* threat; **avere una ~ di aborto** come close to having a miscarriage
■ **minaccia di morte** death threat
minacci'are *vt* threaten
minacciosa'mente *adv* threateningly, menacingly
minacci'oso *adj* threatening; ‹*onde*› menacing
mi'nare *vt* mine; fig undermine
mina'reto *m* minaret
mina'tore *m* miner
mina'torio *adj* threatening
mine'rale *adj & nm* mineral
mineralo'gia *f* mineralogy

mine'rario *adj* mining *attrib*
mi'nestra *f* soup
■ **minestra in brodo** noodle soup; **minestra di verdure** vegetable soup
mine'strone *m* minestrone (*vegetable soup*); infml (insieme confuso) hotchpotch
mingher'lino *adj* skinny
'mini **A** *f inv* (gonna) mini
B *adj inv* mini
mini+ *pref* mini+
miniapparta'mento *m* studio flat BrE, studio apartment
minia'tura *f* miniature
miniaturiz'zato *adj* miniaturized
mini'bus *m inv* minibus
mini'disc *m inv* minidisc
mini'disco *m* minidisc
mini'era *f* mine; **una ~ di notizie** a mine of information; **è una ~ di idee** he's full of ideas
■ **miniera a cielo aperto** opencast mine; **miniera d'oro** gold mine
mini'golf *m* minigolf, miniature golf
mini'gonna *f* miniskirt, mini
'minima *f* (atmosferica) minimum temperature; Med diastolic blood-pressure level; Mus minim
minima'lista *mf* minimalist
minima'mente *adv* minimally
mini'market *m inv* minimarket
minimiz'zare *vt* minimize, downplay
'minimo **A** *adj* least, slightest; (il più basso) lowest; ‹*salario, quantità ecc.*› minimum
B *m* minimum; **girare al ~** Auto idle; **toccare il ~ storico** be at an all-time low; **come ~** at least, as a minimum
mini'moto *f inv* pocket bike
'minio *m* red lead
ministeri'ale *adj* (di ministero) ministerial; (di governo) government
mini'stero *m* ministry; (governo) government
■ **ministero dell'Ambiente e della Tutela del Territorio** Department of Natural Resources AmE, Department for Environment, Food, and Rural Affairs BrE; **ministero degli [affari] Esteri** Foreign Office BrE, State Department AmE; **ministero della Difesa** Ministry of Defence BrE, Department of Defense AmE; **ministero di Grazia e Giustizia** Justice Department AmE; **ministero degli Interni** Ministry of the Interior, Home Office; **ministero dell'Istruzione** Department for Education and Skills BrE; **ministero del Lavoro e delle Politiche Sociali** Department for Work and Pensions; **ministero per le Politiche Agricole e Forestali** Department for Environment, Food, and Rural Affairs BrE; **ministero della Salute** Department of Health
mi'nistro *m* minister
■ **ministro della Difesa** Defence Minister BrE,

Defense Secretary AmE; **ministro degli Esteri** Foreign Secretary BrE, Secretary of State AmE, foreign minister; **ministro di Grazia e Giustizia** Attorney General; **ministro dell'Interno** Home Secretary BrE, Secretary of the Interior AmE; **ministro del Lavoro** Secretary of State for Work and Pensions BrE, Secretary of Labor AmE; **ministro del Tesoro** Chancellor of the Exchequer BrE, Secretary of the Treasury AmE

mini'tower *m* Comput minitower

mino'ranza *f* minority

■ **minoranza etnica** ethnic minority

mino'rato, -a A *adj* disabled

B *mf* disabled person

Mi'norca *f* Menorca

mi'nore A *adj* ‹*gruppo, numero*› smaller; (superlativo) smallest; ‹*distanza*› shorter; (superlativo) shortest; ‹*prezzo*› lower; (superlativo) lowest; (di età) younger; (superlativo) youngest; (di importanza) minor; (superlativo) least important

B *mf* younger; (superlativo) youngest; Jur minor; **il ~ dei mali** the lesser of two evils; **i minori di 14 anni** children under 14

mino'renne A *adj* under age

B *mf* minor

minori'tario *adj* minority *attrib*

minu'etto *m* minuet

mi'nuscolo, -a A *adj* tiny, minuscule

B *f* small letter

mi'nuta *f* rough copy

minuta'mente *adv* ‹*esaminato*› in minute detail, minutely; ‹*lavorato, tritato*› finely

mi'nuto¹ *adj* minute; (persona) delicate; (ricerca) detailed; ‹*pioggia, neve*› fine; **al ~** Comm retail

mi'nuto² *m* ‹*di timpo*› minute; **spaccare il ~** be dead on time; **minuti** *pl* **di recupero** Sport injury time

mi'nuzia *f* trifle; **minuzie** *pl* minutiae

minuziosa'mente *adv* minutely

minuzi'oso *adj* minute, detailed; ‹*persona*› meticulous

'mio A (**il mio** *m* **la mia** *f* **i miei** *mpl* **le mie** *fpl*) *poss adj* my; **questa macchina è mia** this car is mine; **~ padre** my father; **un ~ amico** a friend of mine

B *poss pron* mine; **i miei** (genitori ecc.) my folks

'miope *adj* short-sighted

mio'pia *f* short-sightedness

'mira *f* aim; (bersaglio) target; **prendere la ~** take aim; **prendere di ~ qualcuno** fig have it in for somebody

mi'rabile *adj* admirable

miraco'lato *adj* ‹*malato*› miraculously cured

mi'racolo *m* miracle

miracolosa'mente *adv* miraculously

miraco'loso *adj* miraculous

mi'raggio *m* mirage

mi'rare *vi* [take] aim; **~ alto** aim high

mi'rarsi *vr* (guardarsi) look at oneself

mi'riade *f* myriad

mi'rino *m* sight; Phot viewfinder

'mirra *f* myrrh

mir'tillo *m* blueberry

'mirto *m* myrtle

mi'santropo, -a *mf* misanthropist

mi'scela *f* mixture; ‹*di caffè, tabacco ecc.*› blend

misce'lare *vt* mix

miscela'tore *m* ‹*apparecchio*› blender; (di acqua) mixer tap

miscel'lanea *f* miscellany

'mischia *f* scuffle; (nel rugby) scrum

mischi'are *vt* mix; shuffle ‹*carte da gioco*›

mischi'arsi *vr* mix; (immischiarsi) interfere

misco'noscere *vt* not appreciate

miscre'dente *mf* heretic

mi'scuglio *m* mixture; fig medley

mise'rabile *adj* wretched

misera'mente *adv* ‹*finire*› miserably; ‹*vivere*› in abject poverty; ‹*vestito*› shabbily

mi'seria *f* poverty; (infelicità) misery; **guadagnare una ~** earn a pittance; **miserie** *pl* (disgrazie) misfortunes; **porca ~!** infml hell!

miseri'cordia *f* mercy

misericordi'oso *adj* merciful

'misero *adj* (miserabile) wretched; (povero) poor; (scarso) paltry

mi'sfatto *m* misdeed

mi'sogino *m* misogynist

mis'saggio *m* mixing

'missile *m* missile

■ **missile cruise** cruise missile; **missile terra-aria** surface-to-air missile

missi'listico *adj* missile *attrib*

missio'nario, -a *mf* missionary

missi'one *f* mission

■ **missione di pace** peace mission

misteriosa'mente *adv* mysteriously

misteri'oso *adj* mysterious

mi'stero *m* mystery

'mistica *f* mysticism

misti'cismo *m* mysticism

'mistico A *adj* mystic[al]

B *m* mystic

mistifi'care *vt* distort ‹*verità*›

mistificazi'one *f* (della verità) distortion

'misto A *adj* mixed; **scuola mista** mixed *or* co-educational school

B *m* mixture; (di oggetti) miscellany

■ **misto lana** wool mixture; **misto lana/cotone** wool/cotton mix

mi'sura *f* measure; (dimensione) measurement; (taglia) size; (limite) limit; **su ~** ‹*abiti*› made to measure; ‹*mobile*› custom-made; **a ~**

m

‹*andare, calzare*› perfectly; **a ~ che** as; **nella ~ in cui** insofar as
■ **misura di capacità** unit of capacity; **misura di lunghezza** unit of length; **misura profilattica** prophylactic; **misura di sicurezza** safety measure; **misure antidiscriminatorie** *pl* positive discrimination

misu'rare *vt* measure; try on ‹*indumenti*›; (limitare) limit

misu'rarsi *vr* **~ con** (gareggiare) compete with

misu'rato *adj* measured

misu'rino *m* measuring spoon

'mite *adj* mild; ‹*prezzo*› moderate

'mitico *adj* mythical

miti'gare *vt* mitigate

miti'garsi *vr* calm down; ‹*clima*› become mild

'mitilo *m* mussel

mitiz'zare *vt* mythicize

'mito *m* myth

mitolo'gia *f* mythology

mito'logico *adj* mythological

mi'tomane *mf* compulsive liar

'mitra **A** *f* Relig mitre
B *m inv* Mil machine-gun

mitragli'are *vt* machine-gun; **~ di domande** fire questions at

mitraglia'trice *f* machine-gun

mitt. *abbr* (**mittente**) sender

mitteleuro'peo *adj* Central European

mit'tente *mf* sender

'mixer *m inv* mixer

mne'monico *adj* mnemonic; **frase mnemonica** mnemonic

mo' *m* **a mo' di** by way of ‹*esempio, consolazione*›

'mobile¹ *adj* mobile; ‹*volubile*› fickle; (che si può muovere) movable; **beni** *pl* **mobili** movable personal estate; **squadra mobile** flying squad

'mobile² *m* piece of furniture; **mobili** *pl* furniture *sg*
■ **mobile bar** drinks cabinet; **mobili** *pl* **da giardino** garden furniture; **mobili** *pl* **in stile** reproduction furniture

mo'bilia *f* furniture

mobili'are *adj* ‹*capitale*› movable; ‹*credito*› medium-term; ‹*mercato*› share (*attrib*); **patrimonio mobiliare** non-property assets

mobili'ere *m* furniture dealer

mobili'ficio *m* furniture factory

mo'bilio *m* furniture

mobili'tà *f inv* mobility; **~ sostenibile** sustainable mobility
■ **mobilità del lavoro** labour mobility; **mobilità sociale** social mobility

mobili'tare *vt* mobilize

mobilitazi'one *f* mobilization

'moca *m inv* mocha

mocas'sino *m* moccasin

mocci'coso, -a **A** *adj* snotty
B *mf* snotty nosed kid; brat

'moccolo *m* (di candela) candle end; (moccio) snot

'moda *f* fashion; **di ~** in fashion; **andare di ~** be in fashion; **alla ~** ‹*musica, vestiti*› up to date; **fuori ~** unfashionable

mo'dale *adj* ‹*verbo*› modal

modalità *f inv* formality
■ **modalità d'uso** instruction

modana'tura *f* moulding

mo'della *f* model

model'lante *adj* ‹*gel per capelli*› styling

model'lare *vt* model

model'lino *m* model

model'lismo *m* model-making; (collezionismo) collecting models

model'lista *mf* model maker; (moda) [fashion] designer

mo'dello *m* model; ‹*stampo*› mould; (di carta) pattern; (modulo) form; (moda) male model
■ **modello CUD** P45; **modello in scala** scale model

'modem *m inv* modem; **mandare per ~** modem, send by modem

'modem-fax *m* fax-modem

mode'rare *vt* moderate; (diminuire) reduce

mode'rarsi *vr* control oneself

moderata'mente *adv* moderately

mode'rato *adj* moderate

modera|'tore, -trice **A** *mf* (in tavola rotonda) moderator
B *adj* moderating

moderazi'one *f* moderation

moderna'mente *adv* (in modo moderno) in a modern style

modernari'ato *m collecting 20th century art and products*

moder'nismo *m* modernism

modernità *f inv* modernity

moderniz'zare *vt* modernize

modernizzazi'one *f* modernization

mo'derno *adj* modern

mo'destia *f* modesty

mo'desto *adj* modest

'modico *adj* reasonable

mo'difica *f* modification

modifi'care *vt* modify

modifi'cato *adj* modified
■ **modificato geneticamente** genetically modified

modifica'tore *m* modifier

modificazi'one *f* modification

mo'dista *f* milliner

'modo *m* way; (garbo) manners *pl*; (occasione) chance; Gram mood; **ad ogni ~** anyhow; **di ~ che** so that; **fare in ~ di** try to; **in che**

key word

~ (inter) how; **in qualche ~** somehow; **in questo ~** like this; **in ~ ottimistico/pessimistico/anormale** optimistically/pessimistically/abnormally
■ **modo di dire** idiom; **per ~ di dire** so to speak

modu'lare *vt* modulate

modula'tore *m* modulator
■ **modulatore di frequenza** frequency modulator

modulazi'one *f* modulation
■ **modulazione di frequenza** frequency modulation

'modulo *m* form; ‹*lunare, di comando*› module
■ **modulo continuo** continuous paper; **modulo di domanda** application form; **modulo di iscrizione** enrolment form; **modulo di ordinazione** order form; **modulo di richiesta** claim form

'modus ope'randi *m inv* modus operandi

'modus vi'vendi *m inv* modus vivendi

mof'fetta *f* skunk

'mogano *m* mahogany

'mogio *adj* dejected

'moglie *f* wife

moi'cano *adj* **taglio [di capelli] alla moicana** Mohican [haircut]

mo'ine *fpl* **fare le ~** behave in an affected way

'mola *f* millstone; Mech grindstone

mo'lare *m* molar

mo'lato *adj* ‹*vetro*› cut

mola'trice *f* Mech grinder

Mol'davia *f* Moldavia

'mole *f* mass; (dimensione) size

mo'lecola *f* molecule

moleco'lare *adj* molecular

mole'stare *vt* bother; (più forte) molest

molesta|'tore, -trice *mf* molester

mo'lestia *f* nuisance; **molestie** *pl* **sessuali** sexual harassment *sg*

mo'lesto *adj* bothersome

Mo'lise *m* Molise

'molla *f* spring; **molle** *pl* tongs; **prendere qualcuno con le molle** handle somebody with kid gloves

mol'lare **A** *vt* let go; infml (lasciare) leave; infml give ‹*ceffone*›; Naut cast off
B *vi* cease; **mollala!** infml stop that!

'molle *adj* soft; (bagnato) wet

molleggi'are **A** *vi* be springy
B *vt* spring

molleggi'arsi *vr* bend at the knees

molleggi'ato *adj* bouncy, springy

mol'leggio *m* (di auto) suspension; (di letto) springs *pl*; (esercizio) knee bends *pl*

mol'letta *f* (per capelli) hairgrip, barrette AmE; **mollette** *pl* (per ghiaccio ecc.) tongs
■ **molletta da bucato** clothes peg

mollet'tone *m* (per tavolo) padded table cloth

mol'lezza *f* softness; **mollezze** *pl* fig luxury

mol'lica *f* crumb

mol'liccio *adj* squidgy

mol'lusco *m* mollusc

'molo *m* pier; (banchina) dock

'molotov *adj inv* **bottiglia ~** Molotov cocktail

mol'teplice *adj* manifold; (numeroso) numerous

molteplicità *f inv* multiplicity

mol'tiplica *f* (di bicicletta) gear ratio, gear wheel

moltipli'care *vt* multiply

moltipli'carsi *vr* multiply

moltiplica'tore *m* multiplier

moltiplica'trice *f* calculating machine

moltiplicazi'one *f* multiplication

molti'tudine *f* multitude

'molto **A** *adj* a lot of; (con negazione e interrogazione) much, a lot of; (con nomi plurali) many, a lot of; **non ~ tempo** not much time, not a lot of time; **molte grazie** thank you very much
B *adv* very; (con verbi) a lot; (con avverbi) much; **~ stupido** very stupid; **~ bene, grazie** very well, thank you; **mangiare ~** eat a lot; **~ più veloce** much faster; **non mangiare ~** not eat a lot, not eat much
C *pron* a lot; (molto tempo) a lot of time; (con negazione e interrogazione) much, a lot; (plurale) many; **non ne ho ~** I don't have much, I don't have a lot; **non ne ho molti** I don't have many, I don't have a lot; **non ci metterò ~** I won't be long; **fra non ~** before long; **molti** (persone) a lot of people; **eravamo in molti** there were a lot of us

momentanea'mente *adv* momentarily; **è ~ assente** he's not here at the moment

momen'taneo *adj* momentary

mo'mento *m* moment; **a momenti** (a volte) sometimes; (fra un momento) in a moment; **dal ~ che** since; **per il ~** for the time being; **al ~** at the moment; **da un ~ all'altro** ‹*cambiare idea ecc.*› from one moment to the next; ‹*aspettare l'arrivo di qualcuno ecc.*› at any moment

'monaca *f* nun

'monaco *m* monk

'Monaco *f* (di Baviera) Munich; **Principato di ~** Monaco

mo'narca *m* monarch

monar'chia *f* monarchy

mo'narchico, -a **A** *adj* monarchic
B *mf* monarchist

mona'stero *m* (di monaci) monastery; (di monache) convent

mo'nastico *adj* monastic

monche'rino *m* stump

'monco *adj* maimed; fig (troncato) truncated; **~ di un braccio** one-armed

mon'dana *f* lady of the night
mondanità *f inv* (gente) beau monde; ~ *pl* pleasures of the world
mon'dano *adj* worldly; **vita mondana** social life
mon'dare *vt* (sbucciare) peel; shell ‹*piselli*›; (pulire) clean
mondi'ale *adj* world *attrib*; ‹*scala*› worldwide; infml (fantastico) fantastic; **di fama** ~ world-famous
mondi'ali *mpl* World Cup
mondial'mente *adv* ‹*operare*› worldwide; ~ **noto** world-famous
mon'dina *f* seasonal worker in the rice fields
'mondo *m* world; **il bel** ~ fashionable society; **un** ~ (molto) a lot; **non è la fine del** ~ it's not the end of the world; **è la fine del** ~ infml (fantastico) it's out of this world; ~ **cane!** infml damn!
■ **mondo accademico** academia; **mondo del lavoro** world of work; **mondo dei sogni** never-never land; **mondo dello spettacolo** show biz
mondovisi'one *f* **in** ~ transmitted worldwide
monelle'ria *f* prank
mo'nello, -a *mf* urchin
mo'neta *f* coin; (denaro) money; (denaro spicciolo) [small] change
■ **moneta estera** foreign currency; **moneta [a corso] legale** legal tender; **moneta unica** single currency
mone'tario *adj* monetary
mongolfi'era *f* hot air balloon
Mon'golia *f* Mongolia
'mongolo *adj* Mongol
mo'nile *m* jewel
'monito *m* warning
'monitor *m inv* monitor
monito'raggio *m* monitoring
moni'tore *m* monitor
mono'albero *adj inv* single camshaft *attrib*
mono'blocco **A** *m* Auto cylinder block **B** *adj inv* ‹*cucina*› fitted
mo'nocolo *m* monocle
monoco'lore *adj* Pol one-party
monocro'matico *adj* monochrome
mono'dose *adj inv* individually packaged
monoga'mia *f* monogamy
mo'nogamo *adj* monogamous
monogra'fia *f* monograph
mono'gramma *m* monogram
mono'kini *m inv* monokini
mono'lingue *adj* monolingual
mono'lito *m* monolith
monolo'cale *m* studio flat BrE, studio apartment

mo'nologo *m* monologue
monoma'nia *f* monomania
mononucle'osi *f inv*
■ **mononucleosi infettiva** glandular fever
monoparen'tale *adj* single-parent *attrib*
mono'pattino *m* [child's] scooter
mono'petto *adj* single-breasted
mono'plano *m* monoplane
mono'polio *m* monopoly
■ **monopolio di Stato** state monopoly
monopoliz'zare *vt* monopolize
mono'posto *m* single-seater
mono'reddito *adj* single-income *attrib*
monosac'caride *m* monosaccharide
mono'sci *m inv* monoski
monosil'labico *adj* monosyllabic
mono'sillabo **A** *m* monosyllable **B** *adj* monosyllabic
mo'nossido *m*
■ **monossido di carbonio** carbon monoxide
monote'istico *adj* monotheistic
monotona'mente *adv* monotonously
monoto'nia *f* monotony
mo'notono *adj* monotonous
mono'uso *adj* disposable
monou'tente *adj inv* single-user *attrib*
monovo'lume *f* people carrier, multi-purpose vehicle
monsi'gnore *m* Monsignor
mon'sone *m* monsoon
'monta *f* Zool covering; (modo di cavalcare) riding style; **stallone da** ~ stud horse
monta'carichi *m inv* hoist
mon'taggio *m* Mech assembly; Cinema editing; **scatola di** ~ assembly kit; **catena di** ~ production line
mon'tagna *f* mountain; (zona) mountains *pl*
■ **Montagne** *pl* **Rocciose** Rocky Mountains; **montagne** *pl* **russe** roller coaster, big dipper
monta'gnoso *adj* mountainous
monta'naro, -a *mf* highlander
mon'tano *adj* mountain *attrib*
mon'tante *m* (di finestra, porta) upright; Fin total amount; (nel pugilato) upper cut
mon'tare *vt & vi* mount; get on ‹*veicolo*›; (aumentare) rise; Mech assemble; frame ‹*quadro*›; Culin whip; edit ‹*film*›; (a cavallo) ride; fig blow up
mon'tarsi *vr* ~ **la testa** get big-headed
monta'scale *m inv* stairlift
mon'tato, -a *mf* infml poser
monta|'tore, -trice *mf* assembler
monta'tura *f* Mech assembling; (di occhiali) frame; (di gioiello) mounting; fig exaggeration
'monte *m* mountain; **a** ~ up stream; **andare a** ~ be ruined; **mandare a** ~ **qualcosa** ruin something
■ **Monte Bianco** Mont Blanc; **monte di pietà** pawnshop

m

key word

Monte'negro *m* Montenegro
monte'premi *m inv* jackpot
mont'gomery *m inv* duffel coat
mon'tone *m* ram; **carne di ~** mutton
montu'oso *adj* mountainous
monumen'tale *adj* monumental
monu'mento *m* monument
■ **monumento ai caduti** war memorial; **monumento commemorativo** memorial; **monumento nazionale** national monument
mo'plen® *m* moulded plastic
mo'quette *f* (tappeto) fitted carpet
'mora *f* (di gelso) mulberry; (di rovo) blackberry
mo'rale A *adj* moral
B *f* morals *pl*; (di storia) moral
C *m* morale
mora'lista *mf* moralist
mora'listico *adj* moralistic
moralità *f inv* morality; (condotta) morals *pl*
moraliz'zare *vt & vi* moralize
moral'mente *adv* morally
mora'toria *f* moratorium
morbida'mente *adv* softly
morbi'dezza *f* softness
'morbido *adj* soft
mor'billo *m* measles *sg*
'morbo *m* disease
■ **morbo di Alzheimer** Alzheimer's disease; **morbo di Creutzfeldt Jakob** Creutzfeldt-Jakob disease, CJD; **morbo della mucca pazza** mad cow disease
morbosa'mente *adv* morbidly
morbosità *f inv* (qualità) morbidity
mor'boso *adj* morbid
'morchia *f* sludge
mor'dace *adj* cutting
mor'dente *adj* biting
'mordere *vt* bite; (corrodere) bite into
mordicchi'are *vt* gnaw
'mordi e 'fuggi *adj* ‹*vacanza*› very short
mo'rello A *m* black horse
B *adj* blackish
mo'rena *f* moraine
mo'rente *adj* dying
mo'resco *adj* Moorish
mor'fina *f* morphine
morfi'nomane *mf* morphine addict
morfolo'gia *f* morphology
morfo'logico *adj* morphological
mori'bondo *adj* dying; ‹*istituzione*› moribund
morige'rato *adj* moderate
mo'rire *vi* die; fig die out; **fa un freddo da ~** it's freezing cold, it's perishing; **~ di noia** be bored to death; **c'era da ~ dal ridere** it was hilariously funny; **morir di fame** starve to death; fig starve
mor'mone *mf* Mormon
mormo'rare *vt & vi* murmur; ‹*brontolare*› mutter
mormo'rio *m* murmuring; (lamentela) grumbling
'moro A *adj* dark
B *m* Moor
morosità *f inv* default
mo'roso *adj* in arrears
'morra *f game for two players where each shouts a number at the same time as showing a number of fingers*
'morsa *f* vice; fig grip
'morse *adj* **alfabeto ~** Morse code
mor'setto *m* clamp; (stringinaso) nose clip
■ **morsetto per batteria** battery lead connection
morsi'care *vt* bite
morsica'tura *f* [snake] bite
'morso *m* bite; (di cibo, briglia) bit; **i morsi della fame** hunger pangs
morta'della *f* mortadella (*type of salted pork*)
mor'taio *m* mortar
mor'tale *adj* mortal; (simile a morte) deadly; **di una noia ~** deadly
mortalità *f inv* mortality
mortal'mente *adv* ‹*ferito*› fatally; ‹*offeso*› mortally; ‹*annoiato*› to death; **~ stanco** infml dead tired
morta'retto *m* firecracker
'morte *f* death; **non è la ~ di nessuno** it's not the end of the world; **lo odia a ~** infml she can't stand the sight of him; **annoiarsi a ~** infml be bored to death
■ **~ cerebrale** brain death
mortifi'cante *adj* mortifying
mortifi'care *vt* mortify
mortifi'carsi *vr* be mortified
mortifi'cato *adj* mortified
mortificazi'one *f* mortification
'morto, -a A pp di **morire**
B *adj* dead; **~ di freddo** frozen to death; **stanco ~** dead tired
C *m* dead man
D *f* dead woman
mor'torio *m* funeral
mo'saico *m* mosaic
'mosca *f* fly; (barba) goatee; **cadere come le mosche** be dropping like flies; **essere una ~ bianca** be a rarity; **non si sentiva volare una ~** you could have heard a pin drop
■ **mosca cieca** blind man's buff
'Mosca *f* Moscow
mo'scato A *adj* muscat; **noce moscata** nutmeg
B *m* muscatel
mosce'rino *m* midge; infml (persona) midget
mo'schea *f* mosque
moschetti'ere *m* musketeer
mo'schetto *m* musket

m

moschet'tone *m* (in alpinismo) snap link; (gancio) spring clip
moschi'cida **A** *adj inv* **carta ~** fly paper
B *m* fly spray
'moscio *adj* limp; **avere l'erre moscia** not be able to say one's r's properly
mo'scone *m* bluebottle; (barca) pedalo
Mosè *m inv* Moses
'mossa *f* movement; (passo) move
'mosso **A** pp di **muovere**
B *adj* ‹*mere*› rough; ‹*capelli*› wavy; ‹*fotografia*› blurred
mo'starda *f* mustard
■ **mostarda di Cremona** *preserve made from candied fruit in grape must or sugar with mustard*
'mostra *f* show; (d'arte) exhibition; **far ~ di** pretend; **in ~** on show; **mettersi in ~** make oneself conspicuous; **far ~ di sé** show off; **far bella ~ di sé** look impressive
■ **mostra dell'artigianato** craft fair
'mostra-mer'cato *f* trade fair
mo'strare *vt* show; (indicare) point out; (spiegare) explain; **~ di** (sembrare) seem; (fingere) pretend
mo'strarsi *vr* show oneself; (apparire) appear
mo'strina *f* flash
'mostro *m* monster; fig (persona) genius
■ **mostro sacro** fig sacred cow
mostruosa'mente *adv* tremendously
mostru'oso *adj* monstrous; (incredibile) enormous
mo'tel *m inv* motel
moti'vare *vt* cause; Jur justify
moti'vato *adj* ‹*persona*› motivated; ‹*azione*› justified
motivazi'one *f* motivation; (giustificazione) justification
mo'tivo *m* reason; (movente) motive; (in musica, letteratura) theme; (disegno) pattern, motif; **senza ~** for no reason; (senza giustificazione) unjustifiably
■ **motivo cachemire** paisley; **motivo a scacchi** chequered pattern
'moto **A** *m* motion; (esercizio) exercise; (gesto) movement; (sommossa) rising; **mettere in ~** start ‹*motore*›
■ **moto ondoso** swell; **moto perpetuo** perpetual motion
B *f inv* (motocicletta) motor bike
moto'carro *m* three-wheeler
motoci'cletta *f* motorcycle, motorbike
■ **motocicletta da corsa** racing motorbike, racer
motoci'clismo *m* motorcycling
motoci'clista *mf* motorcyclist, biker
moto'cross *m* motocross, scrambling
motocros'sista *mf* scrambler
moto'lancia *f* motor launch
moto'nautica *f* speedboat racing
moto'nave *f* motor vessel
mo'tore **A** *adj* motor *attrib*
B *m* motor, engine; **con ~ turbo** turbocharged
■ **motore diesel** diesel engine; **motore a iniezione** fuel injection engine; **motore raffreddato ad aria** air-cooled engine; **motore a reazione** jet [engine]; **motore di ricerca** Comput search engine; **motore a scoppio** internal combustion engine
moto'retta *f* motor scooter
moto'rino *m* moped
■ **motorino d'avviamento** starter motor
mo'torio *adj* motor *attrib*
moto'rista *mf*
■ **motorista di bordo** flight engineer
motoriz'zare *vt* motorize
motoriz'zato *adj* Mil motorized
motorizzazi'one *f* (ufficio) vehicle licensing office
moto'scafo *m* motor boat
moto'sega *f* chain saw
motove'detta *f* patrol vessel, patrol boat
mo'trice *f* engine
'motto *m* motto; (facezia) witticism; (massima) saying
'mountain bike *f inv* mountain bike
mouse *m inv* Comput mouse
mousse *f inv* Culin mousse
■ **mousse al cioccolato** chocolate mousse
mo'vente *m* motive
mo'venze *fpl* movements
mo'vida *f* night life
movimen'tare *vt* enliven
movimen'tato *adj* lively
movi'mento *m* movement; **essere sempre in ~** be always on the go
■ **movimento passeggeri e merci** passenger and freight traffic
Mozam'bico *m* Mozambique
mozi'one *f* motion
■ **mozione d'ordine** point of order
mozzafi'ato *adj inv* nail-biting
moz'zare *vt* cut off; dock ‹*coda*›; **~ il fiato a qualcuno** take somebody's breath away
mozza'rella *f* mozzarella (*mild, white cheese*)
■ **mozzarella di bufala** buffalo mozzarella
mozzi'cone *m* (di sigaretta) stub
'mozzo **A** *m* Mech hub; Naut ship's boy
B *adj* ‹*coda*› truncated; ‹*testa*› severed
ms *abbr* (**manoscritto**) MS
'mucca *f* cow; **morbo della ~ pazza** mad cow disease
'mucchio *m* heap, pile; **un ~ di** fig lots of
mucil'lagine *f* Bot mucilage
'muco *m* mucus
'muffa *f* mould; **fare la ~** go mouldy
muf'fire *vi* go mouldy

m

key word

muf'fola *f* mitt
mu'flone *m* Zool mouflon
mugghi'are *vi* ‹*vento, mare*› roar
mug'gire *vi* ‹*mucca*› moo, low; ‹*toro*› bellow
mug'gito *m* moo; (di toro) bellow; (azione) mooing; bellowing
mu'ghetto *m* lily of the valley
mugo'lare *vi* whine; ‹*persona*› moan
mugo'lio *m* whining
mugu'gnare *vt* infml mumble
mulatti'era *f* mule track
mu'latto, -a *mf* mulatto
mu'leta *f inv* muleta
muli'ebre *adj* (liter) feminine
muli'nare *vi* spin
muli'nello *m* (d'acqua) whirlpool; (di vento) eddy; (giocattolo) windmill
mu'lino *m* mill
■ **mulino a vento** windmill
'mulo *m* mule
'multa *f* fine
■ **multa per divieto di sosta** parking ticket
mul'tare *vt* fine
multico'lore *adj* multicoloured
multicultu'rale *adj* multicultural
multi'etnico *adj* multi-ethnic
multifo'cale *adj* ‹*lente*› varifocal
■ **occhiali multifocali** varifocals
multifunzio'nale *adj* multifunction[al]
multilate'rale *adj* multilateral
multi'lingue *adj* multilingual
multi'media *mpl* multimedia
multimedi'ale *adj* multimedia *attrib*
multimedialità *f inv* multimedia
multimiliar'dario, -a *mf* multimillionaire
multinazio'nale *adj & nf* multinational
'multiplo *adj & nm* multiple
multiproprietà *nf nv* time-share; **una casa in ~** a time-share
multiraz'ziale *adj* multiracial
multi'sala *adj inv* **cinema ~** multiplex [cinema]
multi'tasking *m* Comput multitasking
multi'uso *adj* ‹*utensile*› all-purpose
'mummia *f* mummy; fig (persona) old fogey
mummifi'care *vt* mummify
'mungere *vt* milk
mungi'tura *f* milking
munici'pale *adj* municipal
municipalità *f inv* town council
muni'cipio *m* town hall
munifi'cenza *f* munificence, bounty
mu'nifico *adj* munificent
mu'nire *vt* fortify; **~ di** (provvedere) supply with; **munitevi di un carrello/cestino** please take a trolley/basket
munizi'oni *fpl* ammunition *sg*
'munto pp di **mungere**
mu'overe *vt* move; (suscitare) arouse
mu'oversi *vr* move; **muoviti!** hurry up!, come on!
'mura *fpl* (cinta di città) walls
mu'raglia *f* wall
mu'rale *adj* mural; ‹*pittura*› wall *attrib*
mur'are *vt* wall up
mu'rario *adj* masonry *attrib*; **cinta muraria** walls *pl*; **opera muraria** masonry
mura'tore *m* bricklayer; (con pietre) mason; (operaio edile) builder
mura'tura *f* (di pietra) masonry, stonework; (di mattoni) brickwork
mu'rena *f* moray eel
'muro *m* wall; (di nebbia) bank; **a ~** ‹*armadio*› built-in
■ **muro divisorio** partition wall; **muro di gomma** fig wall of indifference; **fare ~ di gomma** stonewall; **muro a intercapedine** cavity wall; **Muro del pianto** Wailing Wall; **muro portante** load-bearing wall; **muro del suono** sound barrier
'musa *f* anche fig muse
muschi'ato *adj* musky
'muschio *m* musk; Bot moss
musco'lare *adj* muscular
muscola'tura *f* muscles *pl*
'muscolo *m* muscle
musco'loso *adj* muscular
mu'seo *m* museum
museru'ola *f* muzzle
'musica *f* music
■ **musica gospel** gospel music; **musica folk** folk [music]
'musical *m inv* musical
musi'cale *adj* musical
musi'care *vt* set to music
musicas'setta *f* cassette
musi'cista *mf* musician
musicolo'gia *f* musicology
'muso *m* muzzle; derog (di persona) mug; (di aeroplano) nose; **fare il ~** sulk
mu'sone, -a *adj & nmf* sulker
'mussola *f* muslin
mussul'mano, -a *adj & nmf* Muslim, Moslem
'muta *f* (cambio) change; (di penne) moult; (di cani) pack; (per immersione subacquea) wetsuit
muta'mento *m* change
mu'tande *fpl* pants
mutan'dine *fpl* panties
■ **mutandine da bagno** bathing trunks; (da donna) bikini bottom
mutan'doni *mpl* (da uomo) long johns; (da donna) bloomers
mu'tante *mf* mutant
mu'tare *vt* change
mutazi'one *f* mutation

mu'tevole *adj* changeable
muti'lare *vt* mutilate
muti'lato, -a A *adj* disabled
B *mf* disabled person
■ **mutilato di guerra** disabled ex-serviceman; **mutilato del lavoro** person disabled at work
mutilazi'one *f* mutilation
mu'tismo *m* dumbness; fig obstinate silence
🔑 **'muto** *adj* dumb; (silenzioso) silent; (fonetica) mute offensive
'mutua *f*
■ **[cassa] mutua** sickness benefit fund
mutu'abile *adj* ‹*farmaco*› prescribable on the NHS
mutu'are *vt* borrow ‹*teoria, parola*›
mutua'tario, -a *mf* Fin borrower
mutu'ato, -a *mf* NHS patient
'mutuo¹ *adj* mutual
'mutuo² *m* loan; (per la casa) mortgage; **fare un ~** take out a mortgage; **società di mutuo soccorso** friendly society
■ **mutuo ipotecario** mortgage

Nn

na'babbo *m* nabob; **vivere da ~** live in the lap of luxury
'nacchera *f* castanet
na'dir *m* nadir
'nafta *f* naphtha; (per motori) diesel oil; **a ~** ‹*bruciatore*› oil-burning
'naia *f* cobra; sl (servizio militare) national service
'nailon *m* nylon
Na'mibia *f* Namibia
na'nismo *m* dwarfism
'nanna *f* sl (infantile) bye-byes; **andare a ~** go bye-byes; **fare la ~** sleep
'nano, -a *adj & nmf* dwarf
nanoparti'cella *f* nanoparticle
nanose'condo *m* nanosecond
'napalm *m* napalm
napole'tana *f* (caffettiera) Neapolitan coffee maker
napole'tano, -a *adj & nmf* Neapolitan
'Napoli *f* Naples
'nappa *f* tassel; (pelle) soft leather
narci'sismo *m* narcissism
narci'sista *adj & nmf* narcissist
nar'ciso *m* narcissus
nar'cosi *f* general anaesthesia
nar'cotici *f* Drug Squad
nar'cotico *adj & nm* narcotic
na'rice *f* nostril
nar'rare *vt* tell
narra'tivo, -a A *adj* narrative
B *f* fiction
narra'tore, -trice *mf* narrator
narrazi'one *f* narration; (racconto) story
na'sale *adj* nasal
na'scente *adj* budding
🔑 **'nascere** *vi* (venire al mondo) be born; (germogliare) sprout; (sorgere) rise; **~ da** fig arise from
🔑 **'nascita** *f* birth
nasci'turo *m* unborn child
🔑 **na'scondere** *vt* hide
na'scondersi *vr* hide
nascon'diglio *m* hiding place
nascon'dino *m* hide-and-seek
na'scosto A pp di **nascondere**
B *adj* hidden; **di ~** secretly; **ascoltare di ~** listen in on ‹*conversazione*›
na'sello *m* (pesce) hake
🔑 **'naso** *m* nose
na'sone *m* big nose, hooter infml
'nassa *f* lobster pot
'nastro *m* ribbon; (di registratore ecc.) tape
■ **nastro adesivo** adhesive tape, sticky tape; **nastro isolante** insulating tape; **nastro magnetico** magnetic tape, mag tape infml; **nastro trasportatore** conveyor belt
🔑 **na'tale** *adj* ‹*giorno, paese*› of one's birth
🔑 **Na'tale** *m* Christmas
na'tali *mpl* parentage
natalità *f inv* [number of] births, birth rate
nata'lizio *adj* ‹*del Natale*› Christmas *attrib*
na'tante A *adj* floating
B *m* craft
'natica *f* buttock
na'tio *adj* native
Natività *f inv* Nativity
na'tivo, -a *adj & nmf* native
'nato A pp di **nascere**
B *adj* born; **uno scrittore ~** a born writer; **nata Rossi** née Rossi
'NATO *f* Nato, NATO

m
n

🔑 key word

na'tura *f* nature; **pagare in ~** pay in kind; **di ~ politica** of a political nature
■ **natura morta** still life
natu'rale *adj* natural; **al ~** ‹*alimento*› plain, natural; **~!** naturally, of course
natura'lezza *f* naturalness
naturaliz'zare *vt* naturalize
natural'mente *adv* (ovviamente) naturally, of course
natu'rista *mf* naturalist
natu'ristico *adj* naturist
naufra'gare *vi* be wrecked; ‹*persona*› be shipwrecked
nau'fragio *m* shipwreck; fig wreck
'naufrago, -a *mf* survivor
'nausea *f* nausea; **avere la ~** feel sick
nausea'bondo *adj* nauseating
nause'are *vt* nauseate
'nautica *f* navigation
'nautico *adj* nautical
na'vale *adj* naval
na'vata *f* (centrale) nave; (laterale) aisle
'nave *f* ship
■ **nave ammiraglia** flagship; **nave da carico** cargo boat; **nave cisterna** tanker; **nave da crociera** cruise liner; **nave fattoria** factory ship; **nave da guerra** warship; **nave di linea** liner; **nave passeggeri** passenger ship; **nave portacontainer** container ship; **nave spaziale** spaceship; **nave traghetto** ferry
na'vetta *f* shuttle
navi'cella *f*
■ **navicella spaziale** spacecraft
navi'gabile *adj* navigable
navi'gare *vi* sail; **~ in Internet** surf the Net, browse
naviga|'tore, -trice *mf* navigator; (in Internet) surfer
■ **navigatore solitario** lone yachtsman; **navigatore spaziale** spaceman
navigazi'one *f* navigation; **della ~** navigational
na'viglio *m* fleet; (canale) canal
nazifa'scismo *m* Nazi fascism
nazifa'scista *mf* Nazi fascist
nazio'nale **A** *adj* national
B *f* Sport national team
naziona'lismo *m* nationalism
naziona'lista *mf* nationalist
nazionalità *f inv* nationality
nazionaliz'zare *vt* nationalize
nazi'one *f* nation; **Nazioni** *pl* **Unite** United Nations
na'zista *adj & nmf* Nazi
N.B. *abbr* (**nota bene**) NB
n.d.r. *abbr* (**nota del redattore**) editor's note
'n'drangheta *f* Calabrian Mafia
n.d.t. *abbr* (**nota del traduttore**) translator's note
ne **A** *pron* (di lui) about him; (di lei) about her; (di loro) about them; (di ciò) about it; (da ciò) from that; (di un insieme) of it; (di un gruppo) of them; **ne sono contento** I'm happy about it; **non ne conosco nessuno** I don't know any of them; **ne ho** I have some; **non ne ho più** I don't have any left
B *adv* from there; **ne vengo ora** I've just come from there; **me ne vado** I'm off; **ne va della mia reputazione** my reputation is at stake
NE *abbr* (**nord-est**) NE
né *conj* **né... né...** neither... nor...; **non ne ho il tempo né la voglia** I don't have either the time or the inclination; **né tu né io vogliamo andare** neither you nor I want to go; **né l'uno né l'altro** neither [of them/us]
ne'anche **A** *adv* (neppure) not even; (senza neppure) without even
B *conj* (e neppure) neither...nor; **io non parlo inglese e lui ~** I don't speak English, neither does he *or* and he doesn't either
'nebbia *f* mist; (in città, autostrada) fog
nebbi'oso *adj* misty; (in città, autostrada) foggy
nebuliz'zare *vt* atomize
nebulizza'tore *m* atomizer; (per il naso) nasal spray
nebulizzazi'one *f* atomizing; **fare delle nebulizzazioni** take nasal sprays
nebulosità *f inv* vagueness
nebu'loso *adj* hazy; ‹*teoria*› nebulous; ‹*discorso*› woolly
necessaria'mente *adv* necessarily
neces'sario **A** *adj* necessary
B *m* **fare il ~** do the necessary, do the needful
necessità *f inv* necessity; (bisogno) need
necessi'tare *vi* **~ di** need; (essere necessario) be necessary
necro'logio *m* obituary
ne'cropoli *f inv* necropolis
ne'crosi *f* necrosis
ne'fando *adj* wicked
ne'fasto *adj* ill-omened
ne'frite *f* nephritis
nefrolo'gia *f* nephrology
ne'frologo, -a *mf* nephrologist
ne'gabile *adj* deniable
ne'gare *vt* deny; (rifiutare) refuse; **essere negato per qualcosa** be no good at something
nega'tiva *f* negative
nega'tivo *adj* negative
negazi'one *f* negation; (diniego) denial; Gram negative
ne'gletto *adj* neglected
'negli = **in** + **gli**
negli'gente *adj* negligent
negli'genza *f* negligence
negozi'abile *adj* negotiable

negozi'ante *mf* dealer; (bottegaio) shopkeeper
negozi'are **A** *vt* negotiate
B *vi* ~ **in** trade in, deal in
negozi'ati *mpl* negotiations
ne'gozio *m* shop
■ **negozio di abbigliamento** clothes shop; **negozio di alimentari** grocer's; **negozio di antiquariato** antique shop; **negozio duty free** duty-free shop; **negozio di ferramenta** hardware shop; **negozio giuridico** legal transaction; **negozio di souvenir** gift shop
'negro, -a **A** *adj* offensive Negro, black
B *mf* offensive Negro, black person; (scrittore) ghost writer; **come un** ~ offensive ‹*lavorare*› like a slave
negro'mante *mf* necromancer
'nei = **in** + **i**
nel = **in** + **il**
'nella = **in, la A, B**
'nelle = **in** + **le**
'nello = **in** + **lo**
'nembo *m* nimbus
'nemesi *f* nemesis
ne'mico, -a **A** *adj* hostile
B *mf* enemy
nem'meno *conj* not even
'nenia *f* dirge; (per bambini) lullaby; (piagnucolio) wail
'neo *m* mole; (applicato) beauty spot
neo+ *pref* neo+
neo'classico *adj* neoclassical
neocolonia'lismo *m* neocolonialism
neofa'scismo *m* neofascism
neola'tino *adj* Romance
neolaure'ato, -a *mf* recent graduate
neo'litico *adj* Neolithic
neolo'gismo *m* neologism
'neon *m* neon
neo'nato, -a **A** *adj* new born
B *mf* newborn baby
neona'zismo *m* neo-Nazism
neona'zista *adj & nmf* neo-Nazi
neozelan'dese **A** *adj* New Zealand *attrib*
B *mf* New Zealander
'Nepal *m* Nepal
nep'pure *conj* not even
ne'rastro *adj* blackish
'nerbo *m* (forza) strength; fig backbone; **senza** ~ effete
nerbo'ruto *adj* brawny
ne'retto *m* Typ bold [type]
'nero **A** *adj* black; infml (arrabbiato) fuming
B *m* black; **l'ho visto** ~ **su bianco** I've seen it in black and white; **mettere** ~ **su bianco** put in writing
■ **nero pieno** Typ solid; **nero di seppia** sepia
nerva'tura *f* nerves *pl*; Bot veining; (di libro) band
ner'vetti *mpl chopped beef and veal with onions*
ner'vino *adj* ‹*gas*› nerve *attrib*
'nervo *m* nerve; Bot vein; **avere i nervi** be bad-tempered; **dare ai** *o* **sui nervi a qualcuno** get on somebody's nerves
nervo'sismo *m* nerviness
ner'voso *adj* nervous, edgy; (irritabile) bad-tempered; **avere il** ~ be irritable; **esaurimento** ~ nervous breakdown
'nespola *f* medlar
'nespolo *m* medlar tree
'nesso *m* link, connection
nes'suno **A** *adj* no, not... any; (qualche) any; **non ho nessun problema** I don't have any problems, I have no problems; **non ha nessun valore** it hasn't any value, it has no value; **da nessuna parte** nowhere; **non lo trovo da nessuna parte** I can't find it anywhere; **in nessun modo** on no account; **per nessun motivo** for no reason; **nessuna notizia?** any news?
B *pron* nobody, no one, not... anybody, not... anyone; (qualcuno) anybody, anyone; **hai delle domande? - nessuna** do you have any questions? - none; ~ **di voi** none of you; ~ **dei due** (di voi due) neither of you; **non ho visto** ~ **dei tuoi amici** I haven't seen any of your friends; **c'è** ~**?** is anybody there?
'nesting *m inv* Comput nesting
net *m inv* Tennis net cord
net'tare *vt* clean
'nettare *m* nectar
netta'rina *f* nectarine
net'tezza *f* cleanliness
■ **nettezza urbana** cleansing department
'netto *adj* clean; (chiaro) clear; Comm net; **di** ~ just like that
Net'tuno *m* Neptune
nettur'bino *m* dustman
'network *m inv* network
■ **network televisivo** network television
'neuro *f* neurological clinic
neuro+ *pref* neuro+
neurochirur'gia *f* brain surgery
neurochi'rurgo *m* brain surgeon
neurolo'gia *f* neurology
neuro'logico *adj* neurological
neuropsichi'atra *mf* neuropsychiatrist
neuropsichia'tria *f* neuropsychiatry
neu'trale *adj & nm* neutral
neutralità *f inv* neutrality
neutraliz'zare *vt* neutralize
'neutro **A** *adj* neutral; Gram neuter
B *m* Gram neuter
neu'trone *m* neutron
ne'vaio *m* snow-field
'neve *f* snow
nevi'care *vi* snow; **nevica** it is snowing
nevi'cata *f* snowfall

ne'vischio *m* sleet
ne'voso *adj* snowy
nevral'gia *f* neuralgia
ne'vralgico *adj* neuralgic; **punto nevralgico** nerve centre; (di questione ecc.) crucial point
nevraste'nia *f* neurasthenia
nevra'stenico *adj* neurasthenic; (irritabile) hot tempered
ne'vrite *f* neuritis
ne'vrosi *f inv* neurosis
ne'vrotico *adj* neurotic
'nibbio *m* kite
Nica'ragua *m* Nicaragua
nicara'guense *adj & nmf* Nicaraguan
'nicchia *f* niche
nicchi'are *vi* shilly-shally
'nichel *m* nickel
nichi'lista **A** *mf* nihilist
B *adj* nihilistic
nico'tina *f* nicotine
nidi'ace *m* nestling
nidi'ata *f* brood
nidifi'care *vi* nest
nidifi'cato *adj* Comput nested
nidificazi'one *f* Zool nesting
'nido *m* nest; (giardino d'infanzia) crèche; **a ~ d'ape** ‹*tessuto*› honeycomb *attrib*
■ **nido di uccello** bird's nest; **nido di vipere** fig nest of vipers
ni'ente **A** *pron* nothing, not... anything; (qualcosa) anything; **non ho fatto ~ di male** I didn't do anything wrong, I did nothing wrong; **nient'altro?** anything else?; **grazie! - di ~!** thank you! - don't mention it!; **non serve a ~** it is no use; **vuoi ~?** do you want anything?; **dal ~** ‹*venire su*› from nothing; **da ~** (poco importante) minor; (di poco valore) worthless
B *adj inv* infml **~ pesci oggi** no fish today; **non ho ~ fame** I'm not the slightest bit hungry
C *adv* **non fa ~** (non importa) it doesn't matter; **per ~** at all; ‹*litigare*› over nothing; **~ affatto!** no way!
D *m* **un bel ~** absolutely nothing, damn all infml; **basta un ~ per spaventarlo** it doesn't take much to scare him
E *inter* **"cos'è successo?" – "~... mi hanno rubato l'auto"** infml "what happened?" – "well, er... I had my car stolen"
nientedi'meno, niente'meno **A** *adv* **~ che** no less than
B *int* fancy that!
'Niger *m* Niger
Ni'geria *f* Nigeria
night *m inv* night club
'Nilo *m* Nile
'ninfa *f* nymph
nin'fea *f* water lily
nin'fomane *f* nymphomaniac; **da ~** nymphomaniac
ninna'nanna *f* lullaby
'ninnolo *m* plaything; (fronzolo) knick-knack
ni'pote **A** *m* (di zii) nephew; (di nonni) grandson, grandchild; **nipoti** *pl* (collettivo) grandchildren, nephews and nieces
B *f* (di zii) niece; (di nonni) granddaughter, grandchild
nip'ponico *adj* Japanese
'nisba *pron* sl (niente) zilch
'nitido *adj* neat; (chiaro) clear
ni'trato *m* nitrate
'nitrico *adj* nitric
ni'trire *vi* neigh
ni'trito *m* (di cavallo) neigh; Chem nitrite
nitro+ *pref* nitro+
nitroglice'rina *f* nitroglycerine
'niveo *adj* snow-white
N.N. *abbr* (**numeri**) Nos
no **A** *adv* no; **credo di no** I don't think so; **perché no?** why not?; **io no** not me; **sì o no?** yes or no?; **ha detto così, no?** he said so, didn't he?; **fa freddo, no?** it's cold, isn't it?; **se no** otherwise
B *m* no; (nelle votazioni) nay
NO *abbr* (**nord-ovest**) NW
nobil'donna *f* noblewoman
'nobile **A** *adj* noble; **metallo ~** noble metal; **di animo ~** noble-minded
B *m* noble, nobleman
C *f* noble, noblewoman
nobili'are *adj* noble
nobiltà *f inv* nobility
nobilu'omo *m* nobleman
'nocca *f* knuckle
nocci'ola *f* hazelnut
noccio'line [americane] *fpl* peanuts
'nocciolo *m* stone; Phys core; fig heart; **il ~ della questione** the heart of the matter
nocci'olo *m* (albero) hazel
'noce **A** *f* walnut
■ **noce moscata** nutmeg; **noce pecan** pecan; **noce di vitello** veal with mushrooms
B *m* (legno) walnut; (albero) walnut [tree]
noce'pesca *f* nectarine
no'cino *m* walnut liqueur
no'civo *adj* harmful
no'dino *m* veal chop
'nodo *m* knot; fig lump; Comput node; **fare il ~ della cravatta** do up one's tie
■ **nodo alla gola** lump in the throat; **nodo della questione** crux of the matter; **nodo ferroviario** railway junction; **nodo piano** reef knot; **nodo scorsoio** slip knot
no'doso *adj* knotty
'nodulo *m* nodule
Noè *m inv* Noah
no-'global *adj* anti-globalization
'noi *pers pron* (soggetto) we; (oggetto, con prep)

us; **chi è? - siamo ~** who is it? - it's us; **~ due** the two of us

'noia *f* boredom; (fastidio) bother; (persona) bore; **dar ~** annoy

noi'altri *pers pron* we

noi'oso *adj* boring; (fastidioso) tiresome

noleggi'are *vt* hire; (dare a noleggio) hire out; charter ‹*nave, aereo*›

no'leggio *m* hire; (di nave, aereo) charter
- **noleggio barche/biciclette/sci** boat/cycle/ski hire

'nolo *m* hire; Naut freight; **a ~** for hire

'nomade **A** *adj* nomadic
B *mf* nomad

'nome *m* name; Gram noun; **a ~ di** ‹*da parte di*› on behalf of; **di ~** by name; **farsi un ~** make a name for oneself; **nel ~ di...** in the name of....
- **nome d'arte** professional name; **nome di battaglia** nom de guerre; **nome di battesimo** first name, Christian name, given name; **nome in codice** code name; **nome depositato** trade name; **nome di dominio** Comput domain name; **nome per esteso** full name; **nome di famiglia** surname, family name; **nome del file** filename; **nome proprio** proper name, proper noun; **nome da ragazza** maiden name; **nome da sposata** married name; **nome utente** username

no'mea *f* reputation

nomencla'tura *f* nomenclature

no'mignolo *m* nickname

'nomina *f* appointment; **di prima ~** newly appointed

nomi'nale *adj* nominal; Gram noun *attrib*

nomi'nare *vt* name; (menzionare) mention; (eleggere) appoint

nomina'tivo **A** *adj* nominative; Comm registered
B *m* nominative; (nome) name; **caso ~** nominative case

non *adv* not; **~ ti amo** I do not *or* don't love you; **~ c'è di che** not at all; **~ più** no longer

nonché *conj* (tanto meno) let alone; (e anche) as well as

nonconfor'mista *adj & mf inv* nonconformist

nonconformità *f inv* non-compliance

noncu'rante *adj* nonchalant; (negligente) indifferent

noncu'ranza *f* nonchalance; (negligenza) indifference

nondi'meno *conj* nevertheless

'nonna *f* grandmother, grandma infml, gran infml

'nonno *m* grandfather, grandpa infml; **nonni** *pl* grandparents

non'nulla *m inv* trifle

'nono *adj & nm* ninth

nono'stante **A** *prep* in spite of
B *conj* although

non stop *adj inv & adv* non-stop

nontiscordardimé *m inv* forget-me-not

nonvio'lento *adj* nonviolent

nonvio'lenza *f* non-violence

no 'profit *adj* non profit

nor'cino *m* pig butcher

nord *m* north; **del ~** northern

nord-'est *m* north-east; **a ~** north-easterly; **del ~** north-eastern; **vento di ~** north-easterly [wind]

'nordico *adj* northern

nor'dista *adj & nmf* Yankee

nordocciden'tale *adj* north-western

nordorien'tale *adj* northeastern

nord-'ovest *m* north-west; **a ~** north-westerly; **del ~** north-western; **vento di ~** north-westerly [wind]

'norma *f* norm; (regola) rule; (per l'uso) instruction; **a ~ di legge** according to law; **è buona ~** it's advisable; **di ~** as a rule, normally

nor'male **A** *adj* normal
B *m* **fuori del ~** out of the ordinary; **superiore al ~** above average

normalità *f inv* normality; **rientrare nella ~** be quite normal

normaliz'zare *vt* normalize

normal'mente *adv* normally

Norman'dia *f* Normandy

nor'manno *adj* from Normandy; (storico) Norman

norma'tiva *f* regulations *pl*, laws *pl*

norma'tivo *adj* normative, prescriptive

nor'mografo *m* stencil

nor'reno *adj* Norse

norve'gese *adj & nmf* Norwegian

Nor'vegia *f* Norway

noso'comio *nm fml* hospital

nossi'gnore *adv* (assolutamente no) no way

nostal'gia *f* (di casa, patria) homesickness; (del passato) nostalgia; **aver ~** be homesick; **aver ~ di qualcuno** miss somebody

no'stalgico, -a **A** *adj* nostalgic
B *mf* reactionary

nostra ▶ **nostro**

no'strale *adj* local

no'strano *adj* local; (fatto in casa) home-made

'nostre ▶ **nostro**

'nostri ▶ **nostro**

'nostro **A** (**il nostro** *m* **la nostra** *f* **i nostri** *mpl* **le nostre** *fpl*) *poss adj* our; **quella macchina è nostra** that car is ours; **~ padre** our father; **un ~ amico** a friend of ours
B *poss pron* ours

no'stromo *m* bo's'n, boatswain

'nota *f* (segno) sign; (comunicazione, commento, Mus) note; (conto) bill; (lista) list; **degno di**

~ noteworthy; **prendere ~** take note; **una ~ di colore** a touch of colour; **mettere in ~ qualcosa** add something to the list
■ **nota di accredito** Comm credit note; **note** *pl* **caratteristiche** distinguishing marks; **nota spese** expense account

no'tabile *adj & nm* notable

no'taio *m* notary

no'tare *vt* (segnare) mark; (annotare) note down; (osservare) notice; **far ~ qualcosa** point something out; **farsi ~** get oneself noticed; **nota bene che...** please note that...

notazi'one *f* marking; (annotazione) notation

'notebook *m inv* Comput notebook (PC)

'notes *m inv* notepad

no'tevole *adj* (degno di nota) remarkable; (grande) considerable

no'tifica *f* notification

notifi'care *vt* notify; Comm advise; **~ un ordine di comparizione [in giudizio]** subpoena

notificazi'one *f* notification

no'tizia *f* **una ~** a piece of news, some news; (informazione) a piece of information, some information; **le notizie** the news *sg*; **per avere ~ di** ‹*telefonare*› for news of; **non ha più dato notizie di sé** he hasn't been in touch since
■ **notizia di attualità** news item

notizi'ario *m* news *sg*

'noto *adj* well-known; **rendere ~** (far sapere) announce

notorietà *f inv* fame; **raggiungere la ~** become famous

no'torio *adj* well-known; derog notorious

not'tambulo *m* night-bird

not'tata *f* night; **far ~** stay up all night

'notte *f* night; **di ~** at night; **a ~ fatta** when night had fallen; **la ~** (durante la notte) at night; **buona ~** good night; **fermarsi per la ~** stay overnight; **peggio che andar di ~** worse than ever; **prima ~ di nozze** wedding night
■ **notte bianca** (notte insonne) sleepless night; (manifestazione) all-night cultural festival, Light Night BrE

notte'tempo *adv* at night-time

not'turno *adj* nocturnal; ‹*servizio ecc.*› night *attrib*; **in notturna** ‹*partita*› under floodlights

'notula *f* (conto) fee note

no'vanta *adj & nm* ninety

novan'tenne *adj & nmf* ninety year old

novan'tesimo *adj & nm* ninetieth

novan'tina *f* about ninety

'nove *adj & nm* nine; **prova del ~** Math casting out nines

nove'cento *adj & nm* nine hundred; **il Novecento** the twentieth century; **stile ~** twentieth-century

no'vella *f* short story

novelli'ere *m* short-story writer

novel'lino, -a **A** *adj* inexperienced
B *mf* novice, beginner

no'vello *adj* new
■ **patate novelle** new potatoes

no'vembre *m* November

nove'mila *adj & nm* nine thousand

no'vena *f* novena

novi'lunio *m* new moon

novità *f inv* novelty; (notizie) news *sg*; **l'ultima ~** (moda) the latest fashion

novizi'ato *m* Relig novitiate; (tirocinio) apprenticeship

nozi'one *f* notion; **perdere la ~ del tempo** lose track of time; **non avere la ~ del tempo** have no sense of time; **nozioni** *pl* rudiments; **poche nozioni di inglese** very basic English

nozio'nismo *m* accumulation of facts

'nozze *fpl* marriage *sg*; (cerimonia) wedding *sg*; **andare a ~** (godersela) have a field day
■ **nozze d'argento** silver wedding [anniversary]; **nozze di diamante** diamond wedding [anniversary]; **nozze d'oro** golden wedding [anniversary]

'nube *f* cloud
■ **nube di mistero** shroud of mystery; **nube tossica** toxic cloud

nubi'fragio *m* cloudburst

'nubile **A** *adj* unmarried
B *f* unmarried woman

'nuca *f* nape

nucle'are *adj* nuclear

'nucleo *m* nucleus; (unità) unit
■ **nucleo familiare** family unit

nu'dismo *m* nudism

nu'dista *mf* nudist

nudità *f inv* nudity, nakedness

'nudo *adj* naked; ‹*spoglio, terra*› bare; **a occhio ~** to the naked eye; **verità nuda e cruda** naked truth; **a piedi nudi** barefoot

'nugolo *m* large number

'nulla **A** *pron* = **niente**
B *m* **da ~** worthless; **per ~** for nothing

nulla'osta *m inv* permit

nullate'nente *m* **i nullatenenti** the have-nots

nullità *f inv* (persona) nonentity

'nullo *adj* Jur null and void

'nume *m* numen

nume'rabile *adj* countable

nume'rale *adj & nm* numeral

nume'rare *vt* number

numera'tore *m* Math numerator

numerazi'one *f* numbering

nu'merico *adj* numerical

'numero *m* number; (romano, arabo) numeral; (di scarpe ecc.) size; **fare** *o* **comporre il ~** dial [the number]; **dare i numeri** infml be off one's head; **avere tutti i numeri per** have what it takes to; **~ civico** street number
■ **numero arretrato** back issue; **numero**

cardinale cardinal [number]; **numero di conto** account number; **numero decimale** decimal; **numero di fax** fax number; **numero intero** whole number; **numero ordinale** ordinal [number]; **numero d'ordine** Comm order number; **numero di previdenza sociale** National Insurance number; **numero di protocollo** reference number; **numero di scarpa** shoe size; **numero di telefono** phone number; **numero uno** number one; **numero verde** ≈ Freephone number®, toll-free number AmE; **numero di volo** flight number

nume'roso *adj* numerous

numi'smatico *adj* numismatic

'nunzio *m* nuncio

nu'ocere *vi* ~ **a** harm

nu'ora *f* daughter-in-law

nuo'tare *vi* swim; fig wallow; ~ **come un pesce** swim like a fish; ~ **nell'oro** be stinking rich, be rolling in it

nuo'tata *f* swim; **fare una** ~ have a swim

nuota|'tore, -trice *mf* swimmer

nu'oto *m* swimming; **stili** *mpl* **di** ~ swimming strokes

nu'ova *f* piece of news; **buone nuove** good news; **nessuna** ~, **buona** ~ no news is good news

Nu'ova Cale'donia *f* New Caledonia

Nu'ova Gui'nea *f* New Guinea

nuova'mente *adv* again

Nu'ova Ze'landa *f* New Zealand

nu'ovo *adj* new; **di** ~ again; **uscire di** ~ go/come back out, go/come out again; **mi risulta** ~ that's news to me; ~ **di pacca** *o* **zecca** brand new; **rimettere a** ~ give a new lease of life to; ~ **del mestiere** new to the job; **il** ~ **anno** [the] New Year

■ **nuova linfa** *nf* new blood; **nuovo stile** *nm* new look; **Nuovo Testamento** *nm* New Testament

'nursery *f* nursery

nutri'ente *adj* nourishing

nutri'mento *m* nourishment

nu'trire **A** *vt* feed ‹*animale, malato, pianta*›; harbour ‹*sentimenti*›; cherish ‹*sogno*›
B *vi* (essere nutriente) be nourishing

nu'trirsi *vr* eat; ~ **di** fig live on

nutri'tivo *adj* nourishing, nutritional

nutrizi'one *f* nutrition

'nuvola *f* cloud; **avere la testa fra le nuvole** have one's head in the clouds; **vivere fra le nuvole** live in cloud cuckoo land; **cadere dalle nuvole** be astounded

nuvo'loso *adj* cloudy

nuzi'ale *adj* nuptial; ‹*vestito, anello ecc.*› wedding *attrib*; **pranzo** ~ wedding breakfast

N° *abbr* (**numero**) No.

n
o

Oo

o *conj* or; **o l'uno o l'altro** one or the other; either; **o... o...** either...or...

O *abbr* (**ovest**) W

'oasi *f inv* oasis

obbedi'ente = **ubbidiente**

obbedi'enza = **ubbidienza**

obbe'dire = **ubbidire**

obbli'gare *vt* force, oblige

obbli'garsi *vr* ~ **a** undertake to

obbli'gato *adj* obliged

obbligatoria'mente *adv* **fare qualcosa** ~ be obliged to do something; **bisogna** ~ **farlo** you absolutely have to do it

obbliga'torio *adj* compulsory

obbligazi'one *f* obligation; Fin bond

■ **obbligazione a premio** premium bond

'obbligo *m* obligation; (dovere) duty; **avere obblighi verso** be under an obligation to; **d'**~ obligatory

ob'brobrio *m* disgrace

obbrobri'oso *adj* disgraceful

obe'lisco *m* obelisk

obe'rare *vt* overburden

obesità *f inv* obesity

o'beso *adj* obese

obiet'tare *vt & vi* object; ~ **su** object to

obiettiva'mente *adv* objectively

obiettività *f inv* objectivity

obiet'tivo **A** *adj* objective
B *m* objective; (scopo) object

obiet'tore *m* objector

■ **obiettore di coscienza** conscientious objector

obiezi'one *f* objection; **fare** ~ **di coscienza** be a conscientious objector

obi'torio *m* mortuary

o'blio *m* oblivion

o'bliquo *adj* oblique; fig underhand

oblite'rare *vt* obliterate

oblò *m inv* porthole
ob'lungo *adj* oblong
'oboe *m* oboe
obsole'scenza *f* obsolescence
obso'leto *adj* obsolete
'oca *f* (*pl* **oche**) goose; (donna) silly girl
occasio'nale *adj* occasional
occasional'mente *adv* occasionally
occasi'one *f* occasion; (buon affare) bargain; (motivo) cause; (opportunità) chance; **d'~** second-hand
occhi'aia *f* eye socket; **occhiaie** *pl* shadows under the eyes
occhi'ali *mpl* glasses, spectacles
■ **occhiali multifocali** varifocals; **occhiali scuri** dark glasses; **occhiali da sole** sunglasses; **occhiali da sole avvolgenti** wraparound sunglasses; **occhiali da vista** glasses, spectacles
occhia'luto *adj* wearing glasses
occhi'ata *f* look; **dare un'~ a** have a look at
occhieggi'are **A** *vt* ogle
B *vi* (far capolino) peep
occhi'ello *m* buttonhole; (asola) eyelet
'occhio *m* eye; **~!** watch out!; **~ ai falsi** beware of imitations; **a quattr'occhi** in private; **abbassare gli occhi** look down, lower one's eyes; **sollevare gli occhi** look up, raise one's eyes; **tenere d'~ qualcuno** keep an eye on somebody; **perdere d'~** lose sight of; **a ~ [e croce]** roughly; **chiudere un ~ (su qualcosa)** turn a blind eye (to something); **dare nell'~** attract attention; **pagare** *o* **spendere un ~ [della testa]** pay an arm and a leg; **saltare agli occhi** be blindingly obvious
■ **occhio di falco** eagle eye; **occhio nero** (pesto) black eye; **occhio di pernice** (callo) corn
occhio'lino *m* **fare l'~ a qualcuno** wink at somebody, give somebody a wink
occiden'tale **A** *adj* western
B *mf* westerner
occidentaliz'zare *vt* westernize
occidentaliz'zarsi *vr* become westernized
occi'dente *m* west; (paesi capitalisti) West
oc'cludere *vt* obstruct
occlusi'one *f* occlusion
occor'rente **A** *adj* necessary
B *m* the necessary
occor'renza *f* need; **all'~** if need be
oc'correre *vi* be necessary; **non occorre farlo** there is no need to do it
occulta'mento *m*
■ **occultamento di prove** concealment of evidence
occul'tare *vt* hide
occul'tismo *m* occult
oc'culto *adj* hidden; (magico) occult
occu'pante *mf* occupier; (abusivo) squatter
occu'pare *vt* occupy; spend ‹*tempo*›; take up ‹*spazio*›; (dar lavoro a) employ
occu'parsi *vr* occupy oneself; (trovare lavoro) find a job; **~ di** (badare) look after; **occupati dei fatti tuoi!** mind your own business!
occu'pato *adj* engaged; ‹*persona*› busy; ‹*posto*› taken; **casa occupata** (alloggio abusivo) squat
occupazi'one *f* occupation; Comm employment; (passatempo) pastime; **trovarsi un'~** (interesse) find oneself something to do
o'ceano *m* ocean
■ **oceano Atlantico** Atlantic [Ocean]; **oceano Indiano** Indian Ocean; **oceano Pacifico** Pacific [Ocean]
'ocra *f* ochre
'OCSE *nf abbr* (**Organizzazione per la Cooperazione e lo Sviluppo Economico**) OECD
ocu'lare *adj* ocular; ‹*testimone, bagno*› eye *attrib*
ocula'tezza *f* care
ocu'lato *adj* ‹*scelta, persona*› prudent
ocu'lista *mf* ophthalmologist
od *conj* (davanti alla vocale o) or
'ode *f* ode
odi'are *vt* hate; **~ a morte** to loathe
odi'erno *adj* of today; (attuale) present
'odio *m* hatred; **avere in ~** hate
odi'oso *adj* hateful
odis'sea *f* odyssey
o'dometro *m* Auto milometer, odometer AmE
odo'rare **A** *vt* smell; (profumare) perfume
B *vi* **~ di** smell of
odo'rato *m* sense of smell
o'dore *m* smell; (profumo) scent; **c'è ~ di...** there's a smell of...; **avere un buon/cattivo ~** smell nice/awful; **sentire ~ di** smell; **odori** *pl* Culin herbs
odo'roso *adj* fragrant
of'fendere *vt* offend; (ferire) injure
of'fendersi *vr* take offence
offen'siva *f* Mil fig offensive
offen'sivo *adj* offensive
offen'sore *m* offender
offe'rente *mf* offerer; (in aste) bidder; **il miglior ~** the highest bidder
of'ferta *f* offer; (donazione) donation; Comm supply; (nelle aste) bid; (di appalto) tender; **in ~ speciale** on special offer; **"offerte d'impiego"** "situations vacant"
■ **offerta pubblica di acquisto** takeover bid
of'ferto pp di **offrire**
offer'torio *m* offertory
of'fesa *f* offence
of'feso **A** pp di **offendere**
B *adj* offended
offi'ciare *vt* officiate
offi'cina *f* workshop

■ **officina [meccanica]** garage

officinale *adj* ‹*pianta*› medicinal

🔑 **of'frire** *vt* offer

of'frirsi *vr* offer oneself; ‹*occasione*› present itself; **~ di fare qualcosa** offer to do something

'offset *m inv* offset printing

off'shore *m inv* (motoscafo) speedboat

offu'scare *vt* darken; fig dull ‹*memoria, bellezza*›; blur ‹*vista*›

offu'scarsi *vr* darken; fig ‹*memoria, bellezza*› fade away; ‹*vista*› become blurred

of'talmico *adj* ophthalmic

ogget'tistica *f manufacture and selling of household and gift items*; (oggetti) household and gift items; **negozio di ~** gift shop

oggettività *f inv* objectivity

ogget'tivo *adj* objective

🔑 **og'getto** *m* object; (argomento) subject

■ **oggetto sessuale** sex object; **oggetti** *pl* **smarriti** lost property, lost and found AmE

🔑 **'oggi** *adv & nm* today; (al giorno d'oggi) nowadays; **da ~ in poi** from today on; **~ [a] otto** a week today; **dall'~ al domani** overnight; **il giornale di ~** today's paper; **al giorno d'~** these days, nowadays

🔑 **oggigi'orno** *adv* nowadays

o'giva *f* Mil warhead

'ogni *adj inv* every; (qualsiasi) any; **~ tre giorni** every three days; **ad ~ costo** at any cost; **ad ~ modo** anyway; **~ ben di Dio** all sorts of good things; **~ cosa** everything; **~ tanto** now and then; **~ volta che** every time, whenever

O

🔑 **o'gnuno** *pron* everyone, everybody; **~ di voi** each of you

ohibò *int* oh dear!

ohimè *int* oh dear!

o'kay *m* **dare l'~ a qualcuno/qualcosa** give somebody/something the OK

'ola *f inv* Mexican wave

O'landa *f* Holland

olan'dese **A** *adj* Dutch

B *m* Dutchman; (lingua) Dutch; (formaggio) Edam

C *f* Dutchwoman

ole'andro *m* oleander

ole'ato *adj* oiled; **carta oleata** greaseproof paper

oleo'dotto *m* oil pipeline

ole'oso *adj* oily

ol'fatto *m* sense of smell

oli'are *vt* oil

olia'tore *m* oilcan

oli'era *f* cruet

olim'piadi *fpl* Olympic games, Olympics

o'limpico *adj* Olympic

olimpi'onico *adj* ‹*primato, squadra*› Olympic; **costume ~** Olympic swimming costume

+olino *suff* **bestiolina** *nf* (affettuoso) little creature; **macchiolina** *nf* spot; **pesciolino** *nm* little fish; **risolino** *nm* giggle; **sassolino** *nm* pebble; **strisciolina** *nf* thin strip; **magrolino** *adj* skinny

🔑 **'olio** *m* oil; **sott'~** in oil; **colori a ~** oils; **quadro a ~** oil painting

■ **olio [di semi] di arachidi** groundnut oil; **olio essenziale** essential oil; **olio extravergine di oliva** extra-virgin olive oil; **olio di fegato di merluzzo** cod-liver oil; **olio di gomito** elbow grease; **olio lubrificante** lubricating oil; **olio di mais** corn oil; **olio minerale** mineral oil; **olio [del] motore** engine oil; **olio d'oliva** olive oil; **olio di semi** vegetable oil; **olio [di semi] di lino** linseed oil; **olio solare** suntan oil; **olio [di semi] di vinaccioli** grapeseed oil

🔑 **o'liva** *f* olive

oli'vastro *adj* olive

oli'veto *m* olive grove

oli'vetta *f* toggle

o'livo *m* olive tree

'olmo *m* elm

olo'causto *m* holocaust; **l'Olocausto** the Holocaust

o'lografo *adj* holograph

olo'gramma *m* hologram

oltraggi'are *vt* offend

ol'traggio *m* offence

■ **oltraggio al pudore** Jur gross indecency

oltraggi'oso *adj* offensive

ol'tranza *f* **ad ~** to the bitter end

🔑 **'oltre** **A** *adv* (di luogo) further; (di tempo) longer

B *prep* (nello spazio) beyond; (di tempo) later than; (più di) more than; (in aggiunta) besides; **~ a** (eccetto) except, apart from; **per ~ due settimane** for more than two weeks; **una settimana e ~** a week and more

oltrecon'fine *adj* cross-border

oltre'mare *adv* overseas

oltre'modo *adv* extremely

oltrepas'sare *vt* go beyond; (eccedere) exceed; **oltrepassi il semaforo** go past the traffic lights; **~ il limite di velocità** break the speed limit; **'non ~'** 'no trespassing'

OM *abbr* Radio (**onde medie**) MW

omacci'one *m* bruiser

o'maggi *mpl* (saluti) respects

o'maggio *m* homage; (dono) gift; **in ~ con** free with

'Oman *m* Oman

ombeli'cale *adj* umbilical; **cordone ~** umbilical cord

ombe'lico *m* navel

🔑 **'ombra** *f* (zona) shade; (immagine oscura) shadow; **all'~** in the shade

ombreggi'are *vt* shade

ombreggia'ture *fpl* shading
om'brello *m* umbrella
ombrel'lone *m* beach umbrella
om'bretto *m* eye-shadow
om'broso *adj* shady; ‹*cavallo*› skittish; ‹*persona*› touchy
ome'lette *f inv* omelette
ome'lia *f* Relig sermon
omeopa'tia *f* homeopathy
omeo'patico **A** *adj* homeopathic
B *m* homeopath
omertà *f inv* conspiracy of silence
o'messo pp di **omettere**
o'mettere *vt* omit
'OMG *nm abbr* (**Organismo Modificato Geneticamente**) GMO
omi'cida **A** *adj* murderous, homicidal
B *mf* murderer
omi'cidio *m* murder
■ **omicidio colposo** manslaughter; **omicidio di massa** mass murder; **omicidio volontario** Jur culpable homicide
omissi'one *f* omission
'omnibus *m inv* omnibus
omofo'bia *f* homophobia
omogeneiz'zare *vt* homogenize
omogeneiz'zato *adj* homogenized
omo'geneo *adj* homogeneous
o'mografo *m* homograph
omolo'gare *vt* approve; **fare ~ un testamento** prove a will
omologazi'one *f* probate
o'monimo, -a **A** *mf* namesake
B *m* (parola) homonym
C *adj* of the same name
omosessu'ale *adj & nmf* homosexual
omosessualità *f inv* homosexuality
'OMS *nf abbr* (**Organizzazione Mondiale della Sanità**) WHO
On. *abbr* (**onorevole**) MP, Hon.
'oncia *f* ounce
■ **oncia fluida** fluid ounce
'onda *f* wave; **andare in ~** TV, Radio go on the air; **seguire l'~** go with the crowd; **onde** *pl* **corte** short wave; **onde** *pl* **lunghe** long wave
■ **onda di maremoto** tidal wave; **onde** *pl* **medie** medium wave; **onde** *pl* **radio** radio waves; **onda d'urto** shock wave
on'data *f* wave; **a ondate** in waves
■ **ondata di freddo** cold snap
'onde *conj fml* so that
ondeggi'are *vi* wave; ‹*barca*› roll
ondu'lato *adj* wavy
ondula'torio *adj* undulating
ondulazi'one *f* undulation; (di capelli) wave
+one *suff* **cucchiaione** *nm* big spoon; **gattone** *nm* fat cat; **bacione** *nm* smacker; **bacioni** *pl* (in lettera) love and kisses; **omone** *nm* big guy; **nasone** *nm* big nose; **nebbione** *nm* dense fog, pea-souper infml; **simpaticone** *nm* very friendly person; **lumacone** *nm* slowcoach; **testone** *nm* mule; **facilone** *nm pej* overly casual sort of person; **grassone** *nm pej* fat slob; **pigrone** *nm* lazy-bones *sg*; **chiacchierone** *nm* chatterbox; **criticone** *nm* nit-picker; **pasticcione** *nm* bungler
'onere *m* burden
oner'oso *adj* onerous
onestà *f inv* honesty; (rettitudine) integrity, honesty
o'nesto *adj* honest; (giusto) just
'ONG *nf abbr* (**organizzazione non governativa**) non-governmental organization, NGO
'onice *f* onyx
o'nirico *adj* dream *attrib*
o'nisco *m* slater
ONLUS *nf abbr* (**organizzazione non lucrativa di utilità sociale**) non-profit organization
onnipo'tente *adj* omnipotent
onnipre'sente *adj* ubiquitous; Rel omnipresent
onnisci'ente *adj* omniscient
ono'mastico *m* name day
onomato'pea *f* onomatopoeia
onomato'peico *adj* onomatopoeic
ono'rabile *adj* honourable
ono'rare *vt* (fare onore a) be a credit to; honour ‹*promessa*›
ono'rario **A** *adj* honorary
B *m* fee
ono'rarsi *vr* **~ di** be proud of
ono'rato *adj* ‹*famiglia, professione*› respectable; **considerarsi ~ da qualcosa** consider oneself honoured by something; **l'onorata società** *nf* the Mafia
o'nore *m* honour; **in ~ di** ‹*festa, ricevimento*› in honour of; **fare ~ a** do justice to ‹*pranzo*›; **farsi ~ in** excel in; **a onor del vero** to tell the truth; **fare gli onori di casa** do the honours
ono'revole **A** *adj* honourable
B *mf* Member of Parliament
onorifi'cenza *f* honour; (decerazione) decoration
ono'rifico *adj* honorary
'onta *f* shame
on'tano *m* alder
'O.N.U. *nf abbr* (**Organizzazione delle Nazioni Unite**) UN
opacità *f inv* opaqueness, opacity
o'paco *adj* opaque; ‹*colori ecc.*› dull; ‹*fotografia, rossetto*› matt
o'pale *f* opal
'OPEC *f inv* OPEC
'opera *f* (lavaro) work; (azione) deed; Mus opera; (teatro) opera house; (ente) institution; **mettere in ~** put into effect; **mettersi all'~** get to work
■ **opera d'arte** work of art; **opera lirica** opera;

opere *pl* **pubbliche** public works

ope'rabile *adj* operable

ope'raio, -a A *adj* working
B *mf* worker
■ **operaio edile** building worker; **operaio specializzato** skilled worker

ope'rare A *vt* Med operate on; **~ qualcuno al cuore** operate on somebody's heart; **farsi ~** have an operation
B *vi* operate; (agire) work

opera'tivo, opera'torio *adj* operating *attrib*

opera|'tore, -trice *mf* operator; TV cameraman
■ **operatore ecologico** refuse collector; **operatore sanitario** health worker; **operatore turistico** tour operator

operazi'one *f* operation; Comm transaction
■ **operazione antidroga** anti-drug operation; **operazioni** *pl* **di soccorso** rescue operations; **operazione d'urgenza** emergency operation

ope'retta *f* operetta

ope'roso *adj* industrious

opini'one *f* opinion; **rimanere della propria ~** still feel the same way
■ **opinione pubblica** public opinion, vox pop

oplà *int* oops

o'possum *m inv* possum

'oppio *m* opium

oppo'nente A *adj* opposing
B *mf* opponent

op'porre *vt* oppose; (obiettare) object; **~ resistenza** offer resistance

op'porsi *vr* **~ a** oppose

opportu'nismo *m* expediency

opportu'nista *mf* opportunist

opportunità *f inv* opportunity; (l'essere opportuno) timeliness; **avere il senso dell'~** have a sense of what is appropriate

oppor'tuno *adj* opportune; (adeguato) appropriate; **ritenere ~ fare qualcosa** think it appropriate to do something; **il momento ~** the right moment

opposi'tore *m* opposer

opposizi'one *f* opposition; **d'~** ‹*giornale, partito*› opposition *attrib*; **in ~** in opposition

op'posto A pp di **opporre**
B *adj* opposite; ‹*opinioni*› opposing
C *m* opposite; **all'~** on the contrary

oppressi'one *f* oppression

oppres'sivo *adj* oppressive

op'presso A pp di **opprimere**
B *adj* oppressed

oppres'sore *m* oppressor

oppri'mente *adj* oppressive

op'primere *vt* oppress; (gravare) weigh down

op'pure *conj* otherwise, or [else]; **lunedì ~ martedì** Monday or Tuesday

ops *int* oops

op'tare *vi* **~ per** opt for

'optional *m inv* optional extra

opu'lento *adj* opulent

opu'lenza *f* opulence

o'puscolo *m* booklet; (pubblicitario) brochure

opzio'nale *adj* optional

opzi'one *f* option

'ora¹ *f* time; (unità) hour; **di buon'~** early; **che ~ è?, che ore sono?** what time is it?; **a che ~?** at what time?; **mezz'~** half an hour; **a ore** ‹*lavorare, pagare*› by the hour; **50 km all'~** 50 km an hour; **è ~ di finirla!** that's enough now!; **a un'~ di macchina** one hour by car; **non vedo l'~ di vederti** I can't wait to see you; **fare le ore piccole** stay up until the small hours
■ **~ d'arrivo** arrival time; **~ di cena** dinner time; **l'ora esatta** Teleph speaking clock; **ora legale** daylight saving time; **ora locale** local time; **ora di pranzo** dinner time; **ora di punta, ore di punta** *pl* peak time; (per il traffico) rush hour; **ora solare** Greenwich Mean Time, GMT; **ora zero** Mil fig zero hour

ora² A *adv* now; (tra poco) presently; **~ come ~** just now, at the moment; **d'~ in poi** from now on; **per ~** for the time being, for now
B *conj* (dunque) now [then]; **~ che ci penso, ...** now that I [come to] think about it...

o'racolo *m* oracle

'orafo *m* goldsmith

o'rale *adj & nm* oral; **per via ~** by mouth

ora'mai = **ormai**

o'rario A *adj* ‹*tariffa*› hourly; ‹*segnale*› time *attrib*; ‹*velocità*› per hour; **in senso ~** clockwise
B *m* time; (tabella dell'orario) timetable, schedule AmE; **essere in ~** be on time; **partire in ~** leave on time; **lavorare fuori ~** work outside normal hours
■ **orario di apertura** opening hours *pl*; **orario di chiusura** closing time; **orario estivo** summer timetable; **orario ferroviario** railway timetable, railroad schedule AmE; **orario flessibile** flexitime; **orario invernale** winter timetable; **orario di lavoro** working hours *pl*; **orario degli spettacoli** performance times *pl*; **orario di sportello** banking hours *pl*; **orario d'ufficio** business hours *pl*; **orario di visita** visiting hours *pl*, visiting time; (del medico) consulting hours *pl*; **orario di volo** flight time

o'rata *f* gilt-head

ora|'tore, -trice *mf* orator; (conferenziere) speaker

ora'torio, -a A *adj* oratorical
B *m* Mus oratorio
C *mf* oratory

orazi'one *f* Relig prayer

'orbita *f* orbit; Anat eye socket

'Orcadi *fpl* Orkneys

or'chestra *f* orchestra; (parte del teatro) pit

■ **orchestra da camera** chamber orchestra; **orchestra sinfonica** symphony orchestra

orche'strale **A** *adj* orchestral
B *mf* member of an/the orchestra

orche'strare *vt* orchestrate

orchi'dea *f* orchid

'orco *m* ogre

'orda *f* horde

or'digno *m* device; (arnese) tool
■ **ordigno esplosivo** explosive device; **ordigno incendiario** incendiary device, firebomb

ordi'nale *adj & nm* ordinal

ordina'mento *m* order; (leggi) rules *pl*

ordi'nanza *f* (del sindaco) bylaw; **d'~** ‹*soldato*› on duty

ordi'nare *vt* (sistemare) arrange; (comandare) order; (prescrivere) prescribe; Relig ordain

ordi'nario **A** *adj* ordinary; ‹*grossolano*› common; (professore) with a permanent position; **di ordinaria amministrazione** routine
B *m* ordinary; Univ professor; **fuori dell'~** out of the ordinary

ordi'nato *adj* (in ordine) tidy

ordinazi'one *f* order; **fare un'~** place an order

'ordine *m* order; (di avvocati, medici) association; **mettere in ~** put in order; tidy up ‹*appartamento ecc.*›; **di prim'~** first-class; **di terz'~** ‹*film, albergo*› third-rate; **di ~ pratico/economico** ‹*problema*› of a practical/economic nature; **fino a nuovo ~** until further notice; **parola d'ordine** password
■ **ordine di acquisto** Comm purchase order; **ordine del giorno** agenda; **ordine di pagamento** banker's order; **ordine permanente** Fin standing order; **ordine pubblico** law and order; **ordini** *pl* **sacri** Holy Orders

or'dire *vt* (tramare) plot

orecchi'ette *fpl* small pasta shells

orec'chino *m* earring; **orecchini** *pl* **con le clip** clip-ons

o'recchio *m* (*pl nf* **orecchie**) ear; **avere ~** have a good ear; **esser duro d'~** be hard of hearing; **mi è giunto all'~ che...** I've heard that...; **parlare all'~ a qualcuno** whisper in somebody's ear; **suonare a ~** play by ear

orecchi'oni *mpl* Med mumps *sg*

o'refice *m* jeweller

orefice'ria *f* (arte) goldsmith's art; (negozio) goldsmith's [shop]

'orfano, -a **A** *adj* orphan
B *mf* orphan

orfano'trofio *m* orphanage

orga'netto *m* barrel organ; (a bocca) mouth organ; (fisarmonica) accordion

or'ganico **A** *adj* organic
B *m* personnel

orga'nino *m* hurdy-gurdy

orga'nismo *m* organism; (corpo umano) body

orga'nista *mf* organist

organiz'zare *vt* organize

organiz'zarsi *vr* get organized

organizza'tivo *adj* organizational

organizza|'tore, -trice *mf* organizer

organizzazi'one *f* organization
■ **organizzazione del servizio d'ordine** policing; **organizzazione studentesca** student union; **organizzazione umanitaria** relief agency, aid agency

'organo *m* organ

or'gasmo *m* orgasm; fig agitation

'orgia *f* orgy

or'goglio *m* pride

orgogli'oso *adj* proud

orien'tale *adj* eastern; (cinese ecc.) oriental

orienta'mento *m* orientation; **perdere l'~** lose one's bearings; **senso dell'~** sense of direction
■ **orientamento professionale** careers guidance; **orientamento scolastico** educational guidance

orien'tare *vt* orientate

orien'tarsi *vr* find one's bearings; (tendere) tend

ori'ente *m* east
■ **l'Estremo Oriente** the Far East; **il Medio Oriente** the Middle East

orien'teering *m inv* orienteering

o'rigano *m* oregano

origi'nale **A** *adj* original; (eccentrico) odd
B *m* original

originalità *f inv* originality

origi'nare *vt & vi* originate

origi'nario *adj* (nativo) native

o'rigine *f* origin; **in ~** originally; **aver ~ da** originate from; **dare ~ a** give rise to

origli'are *vi* eavesdrop

o'rina *f* urine

ori'nale *m* chamber pot

ori'nare *vi* urinate

ori'undo *adj* native

orizzon'tale *adj* horizontal

orizzon'tare = **orientare**

oriz'zonte *m* horizon

or'lare *vt* hem

orla'tura *f* hem

'orlo *m* edge; (di vestito ecc.) hem

'orma *f* track; (di piede) footprint; (impronta) mark

or'mai *adv* by now; (passato) by then; (quasi) almost

ormeggi'are *vt* moor

or'meggio *m* mooring

ormo'nale *adj* hormonal

or'mone *m* hormone

ornamen'tale *adj* ornamental

orna'mento *m* ornament; **d'~** ‹*oggetto*› ornamental

or'nare *vt* decorate

or'narsi *vr* deck oneself

or'nato *adj* ‹*stile*› ornate
ornitolo'gia *f* ornithology
orni'tologo, -a *mf* ornithologist
ornito'rinco *m* platypus
🔑 **'oro** *m* gold; **d'~** gold; fig golden; **una persona d'~** a wonderful person
■ **oro nero** black gold
orologe'ria *f* watchmaking
orologi'aio, -a *mf* clockmaker, watchmaker
🔑 **oro'logio** *m* (da polso, tasca) watch; (da tavolo, muro ecc.) clock
■ **orologio biologico** biological clock; **orologio a carica automatica** self-winding watch; **orologio a cucù** cuckoo clock; **orologio digitale** digital clock; **orologio a pendolo** grandfather clock; **orologio da polso** wristwatch; **orologio al quarzo** quartz watch; **orologio a sveglia** alarm clock
o'roscopo *m* horoscope
or'rendo *adj* awful, dreadful
or'ribile *adj* horrible
orribil'mente *adv* horribly
orripi'lante *adj* horrifying
🔑 **or'rore** *m* horror; **avere qualcosa in ~** hate something; **~!** heck!; **film/romanzo dell'~** horror film/story
orsacchi'otto *m* teddy bear
or'setto *m*
■ **orsetto lavatore** raccoon
'orso *m* bear; (persona scontrosa) hermit
■ **orso bianco** polar bear; **orso bruno** brown bear
orsù *int* come now!
or'taggio *m* vegetable
or'tensia *f* hydrangea
or'tica *f* nettle; **buttare qualcosa alle ortiche** fig fam chuck in
orti'caria *f* nettle rash
orticol'tura *f* horticulture
🔑 **'orto** *m* vegetable plot
orto'dontico *adj* orthodontic
ortodon'zia *f* orthodontics *sg*
ortodos'sia *f* conformity
orto'dosso *adj* orthodox
ortofrut'ticolo *adj* **mercato ~** fruit and vegetable market
ortofrutticol'tore *m* market gardener, truck farmer AmE
ortofrutticol'tura *f* market gardening
ortogo'nale *adj* perpendicular
ortogra'fia *f* spelling
orto'grafico *adj* spelling *attrib*
orto'lano *m* market gardener, truck farmer AmE; (negozio) greengrocer's
ortope'dia *f* orthopaedics *sg*
orto'pedico **A** *adj* orthopaedic
B *m* orthopaedic specialist
orzai'olo *m* sty
or'zata *f* barley water

'orzo *m* barley
■ **orzo perlato** pearl barley
osan'nato *adj* (esaltato) praised to the skies
🔑 **o'sare** *vt & vi* dare; (avere audacia) be daring
oscenità *f inv* obscenity
o'sceno *adj* obscene
oscil'lare *vi* swing; ‹*prezzi ecc.*› fluctuate; Tech oscillate; fig (essere indeciso) vacillate
oscillazi'one *f* swinging; (di prezzi) fluctuation; Tech oscillation
oscura'mento *m* darkening; fig (di vista, mente) dimming; (totale) black-out
oscu'rare *vt* darken; fig obscure
oscu'rarsi *vr* get dark
oscurità *f inv* darkness; (incomprensibilità) obscurity; **uscire dall'~** fig emerge from obscurity; **morire nell'~** fig die in obscurity
🔑 **o'scuro** *adj* dark; (triste) gloomy; (incomprensibile) obscure
o'smosi *f inv* osmosis
🔑 **ospe'dale** *m* hospital
■ **ospedale universitario** teaching hospital
ospedali'ero *adj* hospital *attrib*
ospi'tale *adj* hospitable
ospitalità *f inv* hospitality; **non voglio abusare della tua ~** I don't want to outstay my welcome
ospi'tare *vt* give hospitality to
🔑 **'ospite** **A** *m* (chi ospita) host; (chi viene ospitato) guest
B *f* hostess; guest
o'spizio *m* (per anziani) [old people's] home
ossa'tura *f* bone structure; (di romanzo) structure, framework
'osseo *adj* bone *attrib*
osse'quente *adj* deferential; **~ alla legge** law-abiding
ossequi'are *vt* pay one's respects to
os'sequio *m* homage; **ossequi** *pl* respects
ossequi'oso *adj* obsequious
osser'vabile *adj* observable
osser'vante *adj* ‹*cattolico*› practising
osser'vanza *f* observance
🔑 **osser'vare** *vt* observe; (notare) notice; keep ‹*ordine, silenzio*›
osserva|'tore, -trice *mf* observer
osserva'torio *m* Astr observatory; Mil observation post
osservazi'one *f* observation; (rimprovero) reproach
ossessio'nante *adj* haunting; ‹*persona*› nagging
ossessio'nare *vt* obsess; (infastidire) nag
ossessi'one *f* obsession; (assillo) pain in the neck
osses'sivo *adj* obsessive; ‹*paura*› neurotic
os'sesso *adj* obsessed
🔑 **os'sia** *conj* that is
ossi'dabile *adj* liable to tarnish

ossi'dante *adj* tarnishing
ossi'dare *vt* oxidize
ossi'darsi *vr* oxidize
'ossido *m* oxide
■ **ossido di carbonio** carbon monoxide; **ossido di zinco** zinc oxide
os'sidrico *adj* **fiamma ossidrica** blowlamp
ossige'nare *vt* oxygenate; (decolorare) bleach
ossige'narsi *vr* put back on its feet ‹*azienda*›; **~ i capelli** dye one's hair blonde
os'sigeno *m* oxygen
'osso *m* Anat (*pl nf* **ossa**) bone; (di frutto) stone; **senz'~** boneless
■ **osso mascellare** jawbone
osso'buco *m* marrowbone
os'suto *adj* bony
ostaco'lare *vt* hinder, obstruct
ostaco'lista *mf* hurdler
o'stacolo *m* obstacle; Sport hurdle
o'staggio *m* hostage; **prendere in ~** take hostage
o'stello *m*
■ **ostello della gioventù** youth hostel
osten'tare *vt* show off; **~ indifferenza** pretend to be indifferent
ostentata'mente *adv* ostentatiously
ostentazi'one *f* ostentation
osteopo'rosi *f inv* osteoporosis
oste'ria *f* inn
oste'tricia *f* obstetrics *sg*
o'stetrico, -a **A** *adj* obstetric
B *mf* obstetrician
'ostia *f* host; (cialda) wafer
'ostico *adj* tough
o'stile *adj* hostile
ostilità *f inv* hostility
osti'narsi *vr* **~** persist (**a** in)
osti'nato *adj* obstinate
ostinazi'one *f* obstinacy
ostra'cismo *m* ostracism
'ostrica *f* oyster
ostro'goto *m* **parlare ~** talk double Dutch
ostru'ire *vt* obstruct
ostruzi'one *f* obstruction
ostruzio'nismo *m* obstructionism; Sport obstruction
■ **ostruzionismo sindacale** work-to-rule
oto'rino *m* ear, nose and throat *attrib*
otorinolaringoi'atra *mf* ear, nose and throat specialist
'otre *m* leather bottle
ottago'nale *adj* octagonal
ot'tagono *m* octagon
ot'tanta *adj & nm* eighty
ottan'tenne *adj & nmf* eighty year-old
ottan'ttesimo *adj & nm* eightieth
ottan'tina *f* about eighty
ot'tava *f* octave
ot'tavo *adj & nm* eighth
otte'nere *vt* obtain; (più comune) get; (conseguire) achieve
ot'tetto *m* Mus octet
'ottico, -a **A** *adj* optic[al]
B *mf* optician
C *f* (scienza) optics *sg*; (di lenti ecc.) optics *pl*
otti'male *adj* optimum
ottima'mente *adv* very well
otti'mismo *m* optimism
otti'mista *mf* optimist
otti'mistico *adj* optimistic
ottimiz'zare *vt* optimize
'ottimo **A** *adj* very good
B *m* optimum; **essere all'~ della forma** be on top form
+otto *suff* **bassotto** *adj* (piuttosto basso) quite short; **contadinotto** *nm* derog (sempliciotto) country bumpkin; **paesotto** *nm* hamlet; **leprotto** *nm* leveret; (affettuoso) baby hare; **pienotto** *adj* ‹*viso*› chubby
'otto *adj & nm* eight
ot'tobre *m* October
otto'cento *adj & nm* eight hundred; **l'Ottocento** the nineteenth century
ot'tone *m* brass; **gli ottoni** Mus the brass
ottuage'nario, -a *adj & nmf* octogenarian
ot'tundere *vt* blunt
ottu'rare *vt* block; fill ‹*dente*›
ottu'rarsi *vr* clog
ottura'tore *m* Phot shutter
otturazi'one *f* stopping; (di dente) filling
ot'tuso **A** pp di **ottundere**
B *adj* obtuse
ouver'ture *f inv* overture
o'vaia *f* ovary
o'vale *adj & nm* oval
o'vatta *f* cotton wool, absorbent cotton AmE
ovat'tato *adj* ‹*suono, passi*› muffled
ovazi'one *f* ovation
'ove *adv* (liter) where
over'dose *f inv* overdose
'overdrive *m inv* Auto overdrive
'ovest *m* west
o'vile *m* sheep-fold, pen
o'vino *adj* sheep *attrib*
ovoi'dale *adj* egg-shaped
ovo'via *f two-seater cable car*
ovulazi'one *f* ovulation
o'vunque = **dovunque**
ov'vero *conj* or; (cioè) that is
ovvia'mente *adv* obviously
ovvi'are *vi* **~ a qualcosa** counter something
'ovvio *adj* obvious
ozi'are *vi* laze around
'ozio *m* idleness; **stare in ~** idle about
ozi'oso *adj* idle; ‹*questione*› pointless
o'zono *m* ozone; **buco nell'~** hole in the ozone layer

Pp

pa'care *vt* calm
paca'tezza *f* calm[ness]
pa'cato *adj* calm
'pacca *f* slap
pac'chetto *m* packet; (postale) parcel, package; (di sigarette) pack, packet
■ **pacchetto informativo** information pack; **pacchetto integrato** Comput integrated package; **pacchetto software** software package
'pacchia *f* infml (situazione) bed of roses
pacchia'nata *f* **è una ~** it's so garish
pacchi'ano *adj* garish
🔑 **'pacco** *m* parcel; (involto) bundle; **disfare un ~** unwrap a parcel; **fare un ~** make up a parcel; **pacchi postali** *pl* parcels, packages
■ **pacco bomba** parcel bomb; **pacco regalo** gift-wrapped package; **le faccio un ~ regalo?** would you like it gift-wrapped?; **pacco umanitario** aid package
paccot'tiglia *f* (roba scadente) junk, rubbish
🔑 **'pace** *f* peace; **darsi ~** forget it; **fare ~ con qualcuno** make it up with somebody; **lasciare in ~ qualcuno** leave somebody in peace; **mettere ~ fra** pacify, make [the] peace between; **andate in ~** Relig peace be with you; **in tempo di ~** in peacetime; **del tempo di ~** peacetime *attrib*; **di ~** ‹*milizia*› peacekeeping; **firmare la ~** sign a peace treaty; **per amor di ~** for a quiet life
pace-'maker *m* (apparecchio) pacemaker
pachi'derma *m* (animale) pachyderm; fig thick-skinned person
pachi'stano, -a *nmf* & *adj* Pakistani
paci'ere *m* peacemaker
pacifi'care *vt* reconcile; (mettere pace) pacify
pacificazi'one *f* reconciliation
pa'cifico **A** *adj* pacific; (calmo) peaceful; **è ~ che...** (comunemente accettato) it is clear that...
B *m* **il Pacifico** the Pacific
paci'fismo *m* pacifism
paci'fista *adj* & *nmf* pacifist
pacioc'cone, -a *mf* infml chubby chops
paci'ugo *m* (poltiglia) mush
pa'dano *adj* **pianura padana** Po Valley
pa'della *f* frying pan; (per malati) bedpan; **cuocere in ~** fry; **della ~ alla brace** out of the frying pan into the fire
padel'lata *f* **una ~ di** a frying-panful of
padigli'one *m* pavilion
■ **padiglione auricolare** auricle
'Padova *f* Padua
🔑 **'padre** *m* father; **padri** *pl* (antenati) forefathers; **i padri della chiesa** the Church Fathers; **di ~ in figlio** from father to son
■ **padre adottivo** (marito della madre) stepfather; **padre di famiglia** father, paterfamilias; **sono ~ di famiglia** I have a family to look after; **padre spirituale** spiritual father
padre'nostro *m* **il ~** the Lord's Prayer
padre'terno *m* God Almighty
pa'drino *m* godfather; **~ e madrina** godparents
padro'nale *adj* principal
padro'nanza *f* mastery
■ **padronanza di sé** self-control
🔑 **pa'drone, -a** *mf* master; mistress; (datore di lavoro) boss; (proprietario) owner
■ **padrone di casa** (di inquilini) landlord; landlady; (in ricevimento) master of the house; lady of the house
padroneggi'are *vt* master
padro'nesco *adj* domineering
padro'nissimo *adj* **essere ~ di fare qualcosa** be quite at liberty to do something
pae'saggio *m* scenery; (pittura) landscape
■ **paesaggio marino** seascape; **paesaggio montano** mountain landscape
paesag'gista *mf* landscape architect
paesag'gistico *adj* landscape *attrib*
pae'sano, -a **A** *adj* country *attrib*
B *mf* villager
🔑 **pa'ese** *m* (nazione) country; (territorio) land; (villaggio) village; **il Bel Paese** Italy; **va' a quel ~!** get lost!; **il mio ~ natio** where I was born; **Paesi Bassi** *pl* Netherlands; **paesi dell'est** *pl* Eastern Bloc countries
paf'futo *adj* plump
pag. *abbr* (**pagina**) p.
'paga *f* pay, wages *pl*
pa'gabile *adj* payable
pa'gaia *f* paddle
paga'mento *m* payment; **a ~** (parcheggio) which you have to pay to use.
■ **pagamento anticipato** Comm advance payment; **pagamento alla consegna** cash on delivery, COD; **pagamento pedaggio** toll
paga'nesimo *m* paganism
pa'gano, -a *adj* & *nmf* pagan

pa'gante *mf* payer

pa'gare *vt & vi* pay; **~ da bere a qualcuno** buy somebody a drink; **pagato in anticipo** prepaid, paid in advance; **te la faccio ~** you'll pay for this; **quanto pagherei per poter venire!** what I wouldn't give to be able to come!

pa'gella *f* [school] report

pagg. *abbr* (**pagine**) pp

pag'gio *m* pageboy

'pagina *f* page; **prima ~** Journ front page; **~ economica** financial news, financial pages; **pagine gialle** *pl* Yellow Pages

■ **pagina mastra** master page; **pagina web** Comput web page

pagi'none *m* centrefold

'paglia *f* straw

■ **paglia e fieno** Culin *mixture of ordinary and green tagliatelle*

pagliac'cesco *adj* farcical

pagliac'cetto *m* (per bambini) rompers *pl*; (da donna) camiknickers

pagliac'ciata *f* farce

pagli'accio *m* clown; **fare il ~** act *or* play the clown

pagli'aio *m* haystack

paglie'riccio *m* straw mattress

pagli'etta *f* (cappello) boater; (per pentole) steel wool

pagli'uzza *f* wisp of straw; (di metallo) particle

pa'gnotta *f* [round] loaf

'pago *adj* satisfied

pa'goda *f* pagoda

pa'guro *m* hermit crab

pail'lard *f inv* slice of grilled veal

pail'lette *f inv* sequin

'paio *m* (*pl nf* **paia**) pair; **un ~** (circa due) a couple; **un ~ di** ‹*scarpe, forbici*› a pair of; **è un altro ~ di maniche** fig that's a different kettle of fish

pai'olo *m* copper pot

'Pakistan *m* Pakistan

paki'stano, -a *adj & nmf* Pakistani

'pala *f* shovel; (di remo, elica) blade; (di ruota) paddle; (di mulino) blade, vane

■ **pala d'altare** altar piece; **pala da fornaio** shovel; **pala meccanica** mechanical digger

pala'dino *m* paladin; fig champion

pala'fitta *f* pile dwelling

palan'drana *f* (abito largo) big long coat

pala'sport *m inv* indoor sports arena

pa'late *fpl* **a ~** ‹*fare soldi*› hand over fist

pa'lato *m* palate

palaz'zetto *m*

■ **palazzetto dello sport** indoor sports arena

palaz'zina *f* villa

pa'lazzo *m* palace; (edificio) building

■ **~ comunale** town hall; **Palazzo Ducale** Doge's Palace; **palazzo delle esposizioni** exhibition centre; **palazzo di giustizia** law courts *pl*, courthouse; **palazzo dello sport** indoor sports arena

'palco *m* (pedana) platform; Theat box; (palcoscenico) stage

palco'scenico *m* stage

paleogra'fia *f* palaeography

paleo'grafico *adj* palaeographical

pale'ografo, -a *mf* palaeographer

paleo'litico *adj* Palaeolithic

pale'sare *vt* disclose

pale'sarsi *vr* reveal oneself

pa'lese *adj* evident

Pale'stina *f* Palestine

palesti'nese *adj & nmf* Palestinian

pa'lestra *f* gymnasium, gym; (ginnastica) gymnastics *pl*

pa'letta *f* spade; (per focolare) shovel

■ **paletta [della spazzatura]** dustpan

palet'tata *f* shovelful

pa'letto *m* peg

palin'sesto *m* (documento) palimpsest; TV programme schedule

'palio *m* (premio) prize; **il Palio** *horse race held at Siena and other towns*

palis'sandro *m* rosewood

paliz'zata *f* fence

'palla *f* ball; (proiettile) bullet; infml (bugia) porky pie; **prendere la ~ al balzo** seize an opportunity; **essere una ~** sl be a drag; **che palle!** vulg this is a pain in the arse!, what a drag!

■ **palla da biliardo** billiard ball; **palla medica** medicine ball; **palla di neve** snowball; **palla al piede** fig millstone round one's neck

pallaca'nestro *f* basketball

palla-'goal *f* **hanno avuto molte palle-goal** they had a lot of goal-scoring opportunities

palla'mano *f* handball

pallanuo'tista *mf* water polo player

pallanu'oto *f* water polo

pallavo'lista *mf* volleyball player

palla'volo *f* volleyball

palleggi'are *vi* (calcio) practise ball control; Tennis knock up

pal'leggio *m* Sport warm-up

'pallet *m inv* pallet

pallet'toni *mpl* buckshot

pallia'tivo *m* palliative

'pallido *adj* pale; **non ne ho la più pallida idea** I don't have the faintest *or* foggiest idea

pal'lina *f* (di vetro) marble

pal'lino *m* **avere il ~ del calcio** be crazy about football, be football crazy

pallon'cino *m* balloon; (lanterna) Chinese lantern; infml (etilometro) Breathalyzer®

pal'lone *m* ball; (calcio) football; (aerostato) balloon; **essere/andare nel ~** be/become confused

p

■ **pallone da calcio** football; **pallone gonfiato: è un ~ gonfiato** he's so puffed-up; **pallone sonda** weather balloon

pallo'netto *m* lob

pal'lore *m* pallor

pal'loso *adj* sl boring

pal'lottola *f* pellet; (proiettile) bullet

■ **pallottola dum-dum** dumdum bullet

pallottoli'ere *m* abacus

'palma *f* Bot palm

■ **palma da cocco** coconut palm; **palma da datteri** date palm

palmarès *m inv* (di festival) award winners *pl*; fig (i migliori) top names *pl*

pal'mato *adj* ‹*piede*› webbed

pal'mento *m* **mangiava a quattro palmenti** he was really tucking in

pal'meto *m* palm grove

palmi'pede *m* web-footed animal

'palmo *m* Anat palm; (misura) hand's breadth; **restare con un ~ di naso** feel disappointed

'palo *m* pole; (di sostegno) stake; (in calcio) goalpost; **fare il ~** ‹*ladro*› keep a lookout

■ **palo d'arrivo** (in ippica) finishing post; **palo della luce** lamp post; **palo di partenza** (in ippica) starting post

palom'baro *m* diver

pa'lombo *m* dogfish

pal'pare *vt* feel

pal'pata *f* **dare una ~ a qualcosa** give something a feel

'palpebra *f* eyelid

palpeggi'are *vt* feel

palpi'tare *vi* throb; (fremere) quiver

palpitazi'one *f* palpitation; **avere le palpitazioni** have palpitations

'palpito *m* throb; (del cuore) beat

paltò *m inv* overcoat

pa'lude *f* marsh, swamp

palu'doso *adj* marshy

pa'lustre *adj* marshy; ‹*piante, uccelli*› marsh *attrib*

'pampas *fpl* pampas

pam'phlet *m inv* pamphlet

pamphlet'tista *mf* pamphleteer

'pampino *m* vine leaf

pan *m* ▶ **pane**

pana'cea *f* panacea

pa'nache *m inv* **far ~** (in ippica) fall

'Panama *m* Panama; **il canale di ~** the Panama Canal

'panca *f* bench; (in chiesa) pew

pancarré *m* sliced bread

pan'cetta *f* Culin bacon; (addome) paunch

■ **pancetta affumicata** smoked bacon

pan'chetto *m* [foot]stool

pan'china *f* garden seat; (in calcio) bench

'pancia *f* belly, tummy infml; (di bottiglia, vaso) body; **di ~** infml gut-level; **mal di ~** stomach ache; **a ~ piena/vuota** on a full/empty stomach; **metter su ~** develop a paunch; **a ~ in giù** lying face down

panci'ata *f* **prendere una ~** (in tuffo) do a belly flop

panci'era *f* corset

panci'olle *adv* **stare in ~** lounge about

panci'one *m* (persona) pot belly

panci'otto *m* waistcoat

panci'uto *adj* pot-bellied

'pancreas *m inv* pancreas

pancre'atico *adj* pancreatic

'panda *m inv* panda

pande'monio *m* pandemonium

pan'dolce *m Christmas cake similar to panettone*

pan'doro *m kind of sponge cake traditionally eaten at Christmas time*

'pane *m* bread; (pagnotta) loaf; (di burro) block

■ **pane casereccio** home-made bread; **pane a cassetta** sliced bread; **pan grattato** breadcrumbs *pl*; **pane integrale** wholemeal bread, granary bread; **pane nero** black bread; **pane di segale** rye bread; **pan di Spagna** sponge cake; **pane tostato** toast

'panel *m inv* (gruppo) panel

panette'ria *f* bakery; (negozio) baker's [shop]

panetti'ere, -a *mf* baker

panet'tone *m dome-shaped cake with sultanas and candied fruit eaten at Christmas*

'panfilo *m* yacht

pan'forte *m nougat-like spicy delicacy from Siena*

'panico *m* panic; **farsi prendere dal ~** panic

pani'ere *m* basket; (cesta) hamper

pani'ficio *m* bakery; (negozio) baker's [shop]

pani'naro, -a *mf* preppie

pa'nino *m* [bread] roll

■ **panino imbottito** filled roll; **panino al prosciutto** ham roll

panino'teca *f* sandwich bar

'panna *f* cream

■ **panna cotta** *kind of creme caramel*; **panna da cucina** [single] cream; **panna montata** whipped cream

'panne *f inv* Mech; **in ~** broken down; **restare in ~** break down

panneggi'ato *adj* draped

pan'neggio *m* drapery

pan'nello *m* panel

■ **pannello di controllo** control panel; **pannello fotovoltaico** solar panel, solar module; **pannello solare** solar panel

'panno *m* cloth; (di tavolo da gioco) baize; **panni** *pl* (abiti) clothes; **mettersi nei panni di qualcuno** fig put oneself in somebody's shoes

pan'nocchia *f* (di granturco) cob
panno'lenci® *m inv* brightly coloured felt
panno'lino *m* (per bambini) nappy; (da donna) sanitary towel
pano'rama *m* panorama; fig overview
pano'ramica *f* (rassegna) overview
pano'ramico *adj* panoramic
panpe'pato *m type of gingerbread*
pantacol'lant *mpl* leggings
pantagru'elico *adj* ‹*pranzo*› gargantuan
pantalon'cini *mpl* shorts
■ **pantaloncini da ciclista** cycling shorts; **pantaloncini corti** shorts
panta'loni *mpl* trousers, pants AmE
■ **pantaloni da sci** ski pants; **pantaloni della tuta** sweat pants; **pantaloni a tubo** drainpipe trousers; **pantaloni a zampa d'elefante** bell-bottoms, flares
pan'tano *m* bog
panta'noso *adj* marshy
pan'tera *f* panther; (auto della polizia) high-speed police car
■ **pantera nera** black panther
pan'tofola *f* slipper
pantofo'laio, -a *mf* fig stay-at-home
panto'mima *f* pantomime; fig act
pan'zana *f* fib
'panzer *m inv* Mil tank
pao'nazzo *adj* purple
♂ **'papa** *m* Pope; **a ogni morte di ~** fig once in a blue moon
♂ **papà** *m inv* dad, daddy
pa'paia *f* pawpaw, papaya
pa'pale *adj* papal
papa'lina *f* skull-cap
papa'razzo *m* paparazzo
pa'pato *m* papacy
pa'pavero *m* poppy
'papera *f* (errore) slip of the tongue
'papero *m* gosling
'papi *m* infml daddy
pa'pilla *f*
■ **papilla gustativa** taste bud
papil'lon *m inv* bow tie
pa'piro *m* papyrus
'pappa *f* (per bambini) baby food; **trovare la ~ pronta** fig have everything ready and waiting
pappagal'lino *m* budgerigar, budgie
pappa'gallo *m* parrot
pappa'gorgia *f* double chin
pappa'molle *mf* wimp
pappar'delle *fpl strips of pasta with a meat sauce*
pap'parsi *vr* infml tuck away
pap'pone *m* sl (mangione) pig; (sfruttatore) pimp
'paprica *f* paprika
Pap test *m inv* smear test, cervical smear
'Papua Nu'ova Gui'nea *f* Papua New Guinea
'para *f* **suole di ~** crepe soles
parà *m inv* para
pa'rabola *f* parable; (curva) parabola
para'bolico *adj* parabolic
para'brezza *m inv* windscreen, windshield AmE
paracadu'tare *vt* parachute
paracadu'tarsi *vr* parachute
paraca'dute *m inv* parachute
paracadu'tismo *m* parachuting
■ **paracadutismo ascensionale** parascending
paracadu'tista *mf* parachutist
para'carro *m* roadside post
para'digma *m* Gram paradigm
paradi'siaco *adj* heavenly
para'diso *m* paradise
■ **paradiso fiscale** tax haven; **paradiso terrestre** Eden, earthly paradise
parados'sale *adj* paradoxical
para'dosso *m* paradox
para'fango *m* mudguard
parafarma'cia *f* over-the-counter products
paraf'fina *f* paraffin
parafra'sare *vt* paraphrase
pa'rafrasi *f inv* paraphrase
para'fulmine *m* lightning conductor
parafu'oco *m inv* fireguard
pa'raggi *mpl* neighbourhood *sg*
parago'nabile *adj* comparable (**a** to)
parago'nare *vt* compare
parago'narsi *vr* compare oneself
para'gone *m* comparison; **a ~ di** in comparison with; **non c'è ~!** there's no comparison!
paragra'fare *vt* paragraph
pa'ragrafo *m* paragraph
paraguai'ano, -a *adj & nmf* Paraguayan
Paragu'ay *m* Paraguay
pa'ralisi *f inv* paralysis
para'litico, -a *adj & nmf* paralytic
paraliz'zante *adj* crippling
paraliz'zare *vt* paralyse
paraliz'zato *adj* (dalla paura) transfixed
paral'lela *f* parallel line; **è una ~ di...** ‹*strada*› it runs parallel to...; **parallele** *pl* parallel bars
parallela'mente *adv* in parallel
paralle'lismo *m* parallelism
paral'lelo *adj & nm* parallel; **fare un ~ tra** draw a parallel between
parallelo'gramma *m* parallelogram
para'lume *m* lampshade
para'medico *m* paramedic
para'mento *m* hangings *pl*
pa'rametro *m* parameter

paramili'tare *adj* paramilitary
pa'ranco *m* block and tackle
para'noia *f* paranoia
para'noico, -a *adj & nmf* paranoid
paranor'male *adj & nm* paranormal
para'occhi *mpl* blinkers
parao'recchie *m* earmuffs
parapen'dio *m* paragliding
para'petto *m* parapet
para'piglia *m* turmoil
para'plegico, -a *adj & nmf* paraplegic
pa'rare **A** *vt* (addobbare) adorn; (riparare) shield; save ‹*tiro, pallone*›; ward off, parry ‹*schiaffo, pugno*›
B *vi* (mirare) lead up to
pa'rarsi *vr* (abbigliarsi) dress up; (da pioggia, pugni) protect oneself; **~ dinanzi a qualcuno** appear in front of somebody
parasco'lastico *adj* ‹*attività*› extracurricular
para'sole *m inv* parasol
paras'sita **A** *adj* parasitic
B *m* parasite
parassi'tario *adj* anche fig parasitic
parassi'tismo *m* parasitism
parasta'tale *adj* government-controlled
para'stinchi *m inv* shin pad, shin guard
pa'rata *f* parade; (in calcio) save; (in scherma, pugilato) parry
■ **parata aerea** fly-past
para'tia *f* bulkhead
parauniversi'tario *adj* at university level
para'urti *m inv* Auto bumper, fender AmE
■ **paraurti** *pl* **tubolari rigidi** bull bars
para'vento *m* screen
par'boiled *adj* **riso ~** parboiled rice
par'cella *f* bill
parcheggi'are *vt* anche fig park; **~ in doppia fila** double-park
parcheggia|'tore, -trice *mf* parking attendant
■ **parcheggiatore abusivo** *person who illegally earns money by looking after parked cars*
par'cheggio *m* parking; (posteggio) car park, parking lot AmE
■ **parcheggio carta** Comput paper park; **parcheggio custodito** car park with attendant; **parcheggio incustodito** unattended car park; **parcheggio a pagamento** paying car park; **parcheggio sotterraneo** underground car park, underground parking garage AmE
par'chimetro *m* parking meter
'parco¹ *adj* sparing; (moderato) moderate; **essere ~ nel mangiare** eat sparingly
'parco² *m* park
■ **parco di divertimenti** fun fair; **parco fotovoltaico** solar farm; **parco giochi** playground; **parco macchine** Auto fleet of cars; **parco naturale** wildlife park; **parco nazionale** national park; **parco regionale** [regional] wildlife park
par'cometro *m* (pay-and-display) ticket machine
pa'recchio **A** *adj* quite a lot of; **parecchi** *pl* several, quite a lot of
B *pron* quite a lot; **parecchi** *pl* several, quite a lot
C *adv* rather; (parecchio tempo) quite a time
pareggi'are **A** *vt* level; (eguagliare) equal; Comm balance; **~ il bilancio** balance the scales
B *vi* draw; **hanno pareggiato nel secondo tempo** they equalized in the second half
pa'reggio *m* Comm balance; Sport draw; **il gol del ~** the equalizer
paren'tado *m* relatives *pl*; (vincolo di sangue) relationship
pa'rente *mf* relative, relation
■ **parente acquisito** relation by marriage; **parente alla lontana** distant relation; **parente stretto** close relation
paren'tela *f* relatives *pl*; (vincolo di sangue) relationship; **grado di ~** degree of kinship
pa'rentesi *f inv* parenthesis; (segno grafico) bracket; fig (pausa) break; **aprire una ~** fig digress; **~ *pl* graffe** curly brackets; **~ *pl* quadre** square brackets; **tra ~ quadre** in square brackets; **~ *pl* tonde** round brackets; **fra ~,...** (a proposito) by the way,...
pa'reo *m* (copricostume) sarong; **a ~** ‹*gonna*› wrap-around
pa'rere¹ *m* opinion; **a mio ~** in my opinion; **essere del ~ che** be of the opinion that
pa'rere² *vi* seem; (pensare) think; **che te ne pare?** what do you think of it?; **pare di sì** it seems so; **mi pare che...** I think that...; **non mi par vero** I can't believe it; **mi pareva bene!** I thought as much!
pa'rete *f* wall; (in alpinismo) face
■ **parete divisoria** partition wall
'pargolo *f* (liter) child
'pari **A** *adj inv* equal; ‹*numero*› even; **andare di ~ passo** keep pace; **essere ~** be even *or* quits; **arrivare ~** draw; **~ ~** ‹*copiare, ripetere*› word for word; **fare ~ o dispari** toss a coin
B *mf inv* equal, peer; **ragazza alla ~** au pair [girl]; **lavorare alla ~** work [as an] au pair; **mettersi in ~ con qualcosa** catch up with something
C *m* (titolo nobiliare) peer
'paria *m inv* pariah
parifi'cato *adj* ‹*scuola*› state-recognized
Pa'rigi *f* Paris
pari'gino, -a *adj & nmf* Parisian
pa'riglia *f* pair; **rendere la ~ a qualcuno** give somebody tit for tat
parità *f inv* equality; Tennis deuce; **a ~ di condizioni/voti** if all circumstances/the

votes are equal; **finire in ~** ‹*partita*› end in a draw
■ **parità dei diritti** equal rights; **parità monetaria** monetary parity; **parità dei sessi** sexual equality, equality of the sexes

pari'tario *adj* parity *attrib*

'parka *m inv* parka

parlamen'tare A *adj* parliamentary
B *mf* Member of Parliament
C *vi* negotiate

parla'mento *m* Parliament; **il Parlamento europeo** the European Parliament

par'lante *adj* ‹*bambola, pappagallo*› talking

parlan'tina *f* **avere la ~** be a chatterbox

par'lare *vt & vi* speak, talk; speak ‹*inglese, italiano*›; (confessare) talk; **~ bene/male di qualcuno** speak well/ill of somebody; **~ da solo** speak to oneself; **chi parla?** Teleph who's speaking?; **senti chi parla!** look who's talking!; **non parliamone più** let's forget about it; **non se ne parla memmeno!** don't even mention it!; **~ a braccio** speak off the top of one's head; **far ~ qualcuno** make somebody talk

par'lato *adj* ‹*lingua*› spoken

parla|'tore, -trice *mf* speaker

parla'torio *m* parlour; (in prigione) visiting room

parlot'tare *vi* mutter

parlot'tio *m* muttering

parlucchi'are *vt* speak a little, have a smattering of ‹*lingua*›

parmigi'ano *m* Parmesan

paro'dia *f* parody, send-up; **fare la ~ di qualcuno** take somebody off

parodi'are *vt* parody, mimic

paro'distico *adj* ‹*tono*› parodying; **programma ~** take-off show

pa'rola *f* word; (facoltà) speech; **è una ~!** it is easier said than done!; **parole** *pl* (di canzone) words, lyrics; **rivolgere la ~ a** address; **passare ~** spread the word; **non fare ~ di qualcosa con nessuno** not breathe a word of something to anybody; **ti credo sulla ~** I'll take your word for it; **togliere la ~ di bocca a qualcuno** take the words [right] out of somebody's mouth; **voler sempre l'ultima ~** always want to have the last word; **dire due parole a qualcuno** have a word *or* chat with somebody; **di poche parole** ‹*persona*› of few words; **dare a qualcuno la propria ~** give somebody one's word; **~ per ~** word for word; **in parole povere** crudely speaking
■ **parola chiave** *inv* keyword; **parole** *pl* **incrociate** crossword [puzzle]; **parola di moda** buzzword; **parola d'onore** word of honour; **parola d'ordine** password

paro'laccia *f* swear word

paro'liere *m* lyricist

paro'lina *f* **dire due paroline a qualcuno** have a word *or* chat with somebody

paro'loni *mpl* mumbo jumbo

paros'sismo *m* paroxysm

paros'sistico *adj* Med paroxysmal

par'quet *m inv* (pavimento) parquet flooring

parri'cida *mf* parricide

parri'cidio *m* parricide

par'rocchia *f* parish

parrocchi'ale *adj* parish (*attrib*)

parrocchi'ano, -a *mf* parishioner

'parroco *m* parish priest

par'rucca *f* wig

parrucchi'ere, -a *mf* hairdresser

parruc'chino *m* toupée, hairpiece

parsi'monia *f* thrift

parsimoni'oso *adj* thrifty

'parso pp di **parere**[2]

'parte *f* part; (lato) side; (partito) party; (porzione) share; (fazione) group; **a ~** apart from; **in ~** in part; **la maggior ~ di** the majority of; **d'altra ~** on the other hand; **da ~** aside; (in disparte) to one side; **farsi da ~** stand aside; **da ~ di** from; (per conto di) on behalf of; **è gentile da ~ tua** it is kind of you; **fare una brutta ~ a qualcuno** behave badly towards somebody; **da che ~ è...?** whereabouts is...?; **da una parte..., dall'altra...** on the one hand..., on the other hand...; **dall'altra ~ di** on the other side of; **da nessuna ~** nowhere; **da qualche ~** somewhere; **da qualche altra ~** somewhere else, elsewhere; **da tutte le parti** (essere) everywhere; **da questa ~** (in questa direzione) this way; **da queste parti** hereabouts; **da un anno a questa ~** for about a year now; **mettere qualcosa da ~** put something aside; **essere dalla ~ di qualcuno** be on somebody's side; **prendere le parti di qualcuno** take somebody's side; **dalla ~ della ragione/del torto** in the right/the wrong; **essere ~ in causa** be involved; **fare ~ di** (appartenere a) be a member of; **fare la propria ~** do one's share *or* bit; **mettere qualcuno a ~ di qualcosa** inform somebody of something; **prendere ~ a qualcosa** take part in something
■ **parte civile** plaintiff; **parte del discorso** part of speech

parteci'pante *mf* participant

parteci'pare *vi* **~ a** participate in, take part in; (condividere) share in

partecipazi'one *f* participation; (annuncio) announcement; Fin shareholding; (presenza) presence; **con la ~ [straordinaria] di...** featuring...
■ **partecipazione statale** (quota) state interest

par'tecipe *adj* participating

parteggi'are *vi* **~ per** side with

par'tenza *f* departure; Sport start; **in ~ per** leaving for; **falsa ~** false start

parti'cella *f* particle

parti'cina *f* bit part

parti'cipio *m* participle
■ **participio passato** past participle; **participio**

p

presente present participle

partico'lare A *adj* particular; (privato) private; (speciale) special, particular
B *m* detail, particular; **fin nei minimi particolari** down to the smallest detail; **in ~** (particolarmente) in particular

particolareggi'ato *adj* detailed

particolarità *f inv* particularity; (dettaglio) detail

particolar'mente *adv* particularly

partigi'ano, -a *adj & nmf* partisan

par'tire *vi* leave; (aver inizio) start; infml (rompersi) break; **a ~ da** [beginning] from; **~ molto bene** get off to a flying start; **~ in quarta** go off at half cock; **è partito** infml (ubriaco) he's away

par'tita *f* game; (incontro) match; Comm lot; (contabilità) entry; **dare ~ vinta a qualcuno** fig give in to somebody
■ **partita amichevole** friendly [match]; **partita di calcio** football match; **partita a carte** game of cards; **partita doppia** Comm double-entry book keeping; **partita di ritorno** Sport return match, rematch; **partita semplice** Comm single-entry book keeping

parti'tario *m* Comm ledger
■ **partitario vendite** sales ledger

par'tito *m* party; (scelta) choice; (occasione di matrimonio) match; **per ~ preso** out of sheer pig-headedness
■ **partito di governo** governing party; **partito di maggioranza** majority party; **partito politico** political party

partitocra'zia *f concentration of power in the hands of political parties to the detriment of parliamentary democracy*

partizi'one *f* (divisione) division; Comput (di disco) partition

'partner *mf inv* (in affari, coppia) partner

'parto *m* childbirth; **un ~ facile** an easy birth *or* labour; **dolori del ~** *pl* labour pains; **morire di ~** die in childbirth
■ **parto cesareo** Caesarean; **parto in acqua** water birth; **parto indolore** natural childbirth; **parto pilotato** induction, induced labour; **parto prematuro** premature birth

partori'ente *f* woman in labour

parto'rire *vt* anche fig give birth to

part-'time A *adj* part-time
B *m* **chiedere il ~** ask to work part-time

pa'rure *f inv* (di gioielli) set of jewellery; (di biancheria intima) set of matching lingerie

par'venza *f* appearance

parzi'ale *adj* partial

parzialità *f inv* partiality; **fare ~ per qualcuno** be biased towards somebody

parzial'mente *adv* partially; (con parzialità) with bias; **~ cieco** partially sighted; **~ scremato** semi-skimmed

'pascere A *vi* ‹*mucche*› graze
B *vt* graze on ‹*erba*›

pasci'uto *adj* **ben ~** plump

pasco'lare *vt* graze

'pascolo *m* pasture

'Pasqua *f* Easter; **l'isola di ~** Easter Island

pa'squale *adj* Easter *attrib*

pa'squetta *f* (lunedì di Pasqua) Easter Monday

'passa *adv* **e ~** (e oltre) plus

pas'sabile *adj* passable

pas'saggio *m* passage; (traversata) crossing; Sport pass; (su veicolo) lift, ride; **essere di ~** be passing through; **è stato un ~ obbligato** fig it was something essential, it had to be done
■ **passaggio a livello** level crossing, grade crossing AmE; **passaggio pedonale** pedestrian crossing, crosswalk AmE; **passaggio di proprietà** transfer of ownership, conveyancy

passamane'ria *f* braid

passamon'tagna *m inv* balaclava

pas'sante A *mf* passer-by
B *m* (di cintura) loop
C *adj* Tennis passing

passa'porto *m* anche fig passport
■ **passaporto europeo** European passport, Europassport

pas'sare A *vi* pass; (attraversare) pass through; (far visita) call; (andare) go; (essere approvato) be passed; **~ davanti a qualcuno** go in front of somebody; **~ alla storia** go down in history; **~ di moda** go out of fashion; **mi è passato di mente** it slipped my mind; **~ sopra a qualcosa** pass over something; **~ per un genio/idiota** be taken for a genius/an idiot; **farsi ~ per qualcuno** pass oneself off as somebody; **passo!** (nelle carte) pass!; (per radio) over!
B *vt* (far scorrere) pass over; (sopportare) go through; (al telefono) put through; Culin strain; pass ‹*esame, visita*›; **~ in rivista** review; **~ qualcosa a qualcuno** pass something to somebody; **le passo il signor Rossi** Teleph I'll put you through to Mr Rossi; **~ qualcosa su qualcosa** ‹*crema, cera ecc.*› give something a coat of something; **~ il limite** go over the limit; **passarsela bene** be well off; **come te la passi?** how are you doing?
C *m* **col ~ del tempo** with the passing *or* passage of time

pas'sata *f* (di vernice) coat; (spolverata) dusting; (occhiata) look; Culin purée

passa'tempo *m* pastime

pas'sato A *adj* past; **l'anno ~** last year; **sono le tre passate** it's past *or* after three o'clock
B *m* past; Culin purée; Gram past tense; **in ~** in the past; **la musica del ~** the music of yesteryear
■ **passato di moda** old-fashioned; **passato prossimo** present perfect; **passato remoto**

[simple] past; **passato di verdure** cream of vegetable soup

passaver'dure *m inv* food mill

passavi'vande *m inv* serving hatch

passeg'gero, -a **A** *adj* passing
B *mf* passenger
■ **passeggero in transito** transit passenger

passeggi'are *vi* walk, stroll

passeg'giata *f* walk, stroll; (luogo) public walk; (in bicicletta) ride; **fare una ~** go for a walk

passeggia'trice *f* streetwalker

passeg'gino *m* pushchair, stroller AmE

pas'seggio *m* walk; (luogo) promenade; **andare a ~** go for a walk; **scarpe da ~** walking shoes

passe-par'tout *m inv* master key

passe'rella *f* gangway; Aeron boarding bridge; (per sfilate) catwalk

'passero *m* sparrow

passe'rotto *m* (passero) sparrow

pas'sibile *adj* **~ di** liable to

passio'nale *adj* passionate; **delitto ~** crime of passion

passi'one *f* passion; **avere la ~ del gioco** have a passion for gambling

passiva'mente *adv* passively

passività *f inv* (inerzia) passiveness, passivity; Fin liabilities *pl*; **~** *pl* **correnti** current liabilities

pas'sivo **A** *adj* passive
B *m* passive; Fin liabilities *pl*; **in ~** ‹*azienda*› in deficit; ‹*bilancio*› debit, in deficit

'passo *m* step; (orma) footprint; (andatura) pace, step; (di libro) passage; (valico) pass; **a due passi da qui** a stone's throw away; **a ~ d'uomo** at walking pace; **di buon ~** at a spanking pace, at a cracking pace; **a passi felpati** stealthily; **di questo ~** at this rate; **~ ~** step by step; **fare due passi** go for a stroll; **allungare il ~** quicken one's pace, step out; **tornare sui propri passi** retrace one's steps; **fare un ~ avanti** anche fig take a step forward; **fare un ~ falso** fig make a wrong move; **di pari ~** fig hand in hand; **stare al ~ con i tempi** keep up with the times, keep abreast of the times; **tenere il ~** keep up
■ **passo carrabile, passo carraio** driveway; **passo dell'oca** goose-step

'pasta *f* (impasto per pane ecc.) dough; (per dolci, pasticcino) pastry; (pastasciutta) pasta; (massa molle) paste; fig nature; **sono fatti della stessa ~** they're birds of a feather
■ **pasta e fagioli** *very thick soup with blended borlotti beans and small pasta*; **pasta al forno** *pasta baked in white sauce with grated cheese*; **pasta frolla** shortcrust pastry; **pasta al ragù** pasta with Bolognese sauce

pastasci'utta *f* pasta

pa'stella *f* batter

pa'stello *m* pastel

pa'sticca *f* pastille; infml (pastiglia) pill

pasticce'ria *f* cake shop, patisserie; (pasticcini) pastries *pl*; (arte) confectionery

pasticci'are **A** *vi* make a mess
B *vt* make a mess of

pasticci'ere, -a *mf* confectioner

pastic'cino *m* little cake

pa'sticcio *m* Culin pie; (lavoro disordinato) mess; **mettersi nei pasticci** get into trouble

pasticci'one, -a **A** *mf* bungler
B *adj* bungling

pasti'ficio *m* pasta factory

pa'stiglia *f* Med pill, tablet; (di menta) sweet
■ **pastiglia dei freni** Auto brake pad; **pastiglia per la gola** throat pastille; **pastiglia per la tosse** cough sweet

pa'stina *f* small pasta shape
■ **pastina in brodo** noodle soup

'pasto *m* meal; **fuori ~** between meals; **dare qualcosa in ~ a** fig serve something up on a platter to ‹*pubblico, stampa*›
■ **pasto pronto** TV dinner

pa'stora *f* shepherdess

pasto'rale *adj* pastoral

pa'store *m* shepherd; Relig pastor, vicar
■ **pastore scozzese** collie; **pastore tedesco** German shepherd, Alsatian

pasto'rizio *adj* sheep farming *attrib*

pastoriz'zare *vt* pasteurize

pastoriz'zato *adj* pasteurized

pastorizzazi'one *f* pasteurization

pa'stoso *adj* doughy; fig mellow

pa'strocchio *m* mess

pa'stura *f* pasture; (per pesci) bait

pa'tacca *f* (macchia) stain; fig (oggetto senza valore) piece of junk

pa'tata *f* potato
■ **patata americana** sweet potato; **patate** *pl* **arrosto** roast potatoes; **patate** *pl* **al cartoccio** jacket potatoes; **patate** *pl* **fritte** chips BrE, French fries; **patate** *pl* **in insalata** potato salad; **patate** *pl* **lesse** boiled potatoes

pata'tine *fpl* [potato] crisps, [potato] chips AmE

pata'trac *m inv* (crollo) crash

'patchwork *m inv* patchwork

pâté *m inv* pâté
■ **pâté di fegato** liver pâté

pa'tella *f* limpet

pa'tema *m* anxiety

pa'tente *f* licence; **prendere la ~** get one's driving licence
■ **patente di guida** driving licence, driver's license AmE

pater'nale *f* scolding

paterna'lismo *m* paternalism

paterna'lista *m* paternalist

paterna'listico *adj* paternalistic

paternità *f inv* paternity

pa'terno *adj* paternal; ‹*affetto ecc.*› fatherly

pa'tetico *adj* pathetic; **cadere nel ~** become over-sentimental
'pathos *m* pathos
pa'tibolo *m* gallows *sg*
pati'mento *m* suffering
'patina *f* patina; (sulla lingua) coating
'patio *m* patio garden
pa'tire *vt & vi* suffer
pa'tito, -a A *adj* suffering
B *mf* fanatic
■ **patito della musica** music lover
patolo'gia *f* pathology
■ **patologia da radiazioni** radiation sickness; **patologia da sforzo ripetuto** repetitive strain injury, RSI
pato'logico *adj* pathological
pa'tologo, -a *mf* pathologist
'patria *f* native land; **amor di ~** love of one's country
patri'arca *m* patriarch
patriar'cale *adj* patriarchal
patriar'cato *m* patriarchy
pa'trigno *m* stepfather
patrimoni'ale A *adj* property *attrib*
B *f* wealth tax
patri'monio *m* estate
patri'ota *mf* patriot
patri'ottico *adj* patriotic
patriot'tismo *m* patriotism
pa'trizio, -a *adj & nmf* patrician
patroci'nante *adj* sponsoring
patroci'nare *vt* support
patro'cinio *m* support; **sotto il ~ di** under the sponsorship of; Jur defended by
■ **patrocinio gratuito** legal aid
patro'nato *m* patronage
pa'trono *m* Relig patron saint; Jur counsel
'patta¹ *f* (di tasca) flap
'patta² *f* (pareggio) draw
patteggia'mento *m* bargaining
patteggi'are *vt & vi* negotiate
patti'naggio *m* skating
■ **pattinaggio artistico** figure skating; **pattinaggio su ghiaccio** ice skating; **pattinaggio a rotelle** roller-skating
patti'nare *vi* skate; (auto) skid
pattina|'tore, -trice *mf* skater
'pattino *m* skate; Aeron skid
■ **pattino da ghiaccio** ice skate; **pattino a rotelle** roller skate
'patto *m* deal; Pol pact; **a ~ che** on condition that; **scendere a patti, venire a patti** reach a compromise
pat'tuglia *f* patrol; **essere di ~** be on patrol
■ **pattuglia stradale** highway patrol AmE, ≈ patrol car; police motorbike
pattu'ire *vt* negotiate
pat'tume *m* rubbish
pattumi'era *f* dustbin, trash can AmE

pa'ura *f* fear; (spavento) fright; **aver ~** be afraid; **mettere ~ a** frighten; **per ~ di** for fear of; **da ~** sl (libro, film) brilliant
pau'roso *adj* (che fa paura) frightening; (che ha paura) fearful; infml (enorme) awesome
'pausa *f* pause; (nel lavoro) break; **fare una ~** pause; (nel lavoro) have a break
■ **pausa [per il] caffè** coffee break; **pausa [per il] pranzo** lunch break, lunch hour
pavida'mente *adv* timidly
'pavido A *adj* cowardly
B *m* coward
pavimen'tare *vt* pave ‹*strada*›
pavimentazi'one *f* paving
pavi'mento *m* floor
pa'vone *m* peacock
pavoneggi'arsi *vr* strut
pay tv *f inv* pay TV
pazien'tare *vi* be patient
pazi'ente *adj & nmf* patient
paziente'mente *adv* patiently
pazi'enza *f* patience; **~!** never mind!; **perdere la ~** lose one's patience
'pazza *f* madwoman
pazza'mente *adv* madly
pazzerel'lone, -a *mf* madcap
paz'zesco *adj* foolish; (esagerato) crazy
paz'zia *f* madness; (azione) [act of] folly
'pazzo A *adj* mad; fig crazy; **sei ~?** you must be crazy!, are you crazy?; **essere ~ di/per** be crazy about; **~ di gioia** mad with joy; **da pazzi** infml crackpot; **darsi alla pazza gioia** live it up
B *m* madman
paz'zoide *adj* infml whacky
P.C.I. *nm abbr* (**Partito Comunista Italiano**) Italian Communist Party
PD, pd *nm abbr* (**Partito Democratico**) Democratic Party
PdL *nm abbr* (**Popolo della Libertà**) *Italian political party*
'pecan *m inv* pecan
'pecca *f* fault; **senza ~** flawless
peccami'noso *adj* sinful
pec'care *vi* sin; **~ di** be guilty of ‹*ingratitudine*›
pec'cato *m* sin; **~ che...** it's a pity that...; **[che] ~!** [what a] pity!
■ **peccato di gioventù** youthful folly
pecca|'tore, -trice *mf* sinner
'pece *f* pitch; **nero come la ~** black as pitch
pechi'nese *m* Pekingese
Pe'chino *f* Peking
'pecora *f* sheep
■ **pecora nera** black sheep
peco'raio *m* shepherd
peco'rella *f* **cielo a pecorelle** sky full of fluffy white clouds
■ **pecorella smarrita** lost sheep
peco'rino *m* (formaggio) sheep's milk cheese

peculi'are *adj* ~ **di** peculiar to
peculiarità *f inv* peculiarity
pecuni'ario *adj* money *attrib*
pe'daggio *m* toll
pedago'gia *f* pedagogy
peda'gogico *adj* pedagogical
peda'gogo, -a *mf* pedagogue
peda'lare *vi* pedal
peda'lata *f* push on the pedals
pe'dale *m* pedal
■ **pedale dell'acceleratore** gas pedal; **pedale del freno** brake pedal
pedalò *m inv* pedalo
pe'dana *f* footrest; Sport springboard
pe'dante *adj* pedantic
pedante'ria *f* pedantry
pedan'tesco *adj* pedantic
pe'data *f* (calcio) kick; (impronta) footprint
pede'rasta *m* pederast
pe'destre *adj* pedestrian
pedi'atra *mf* paediatrician
pedia'tria *f* paediatrics *sg*
pedi'atrico *adj* paediatric
pedi'cure **A** *mf inv* chiropodist, podiatrist AmE
B *m* (cura dei piedi) pedicure
pedi'gree *m inv* pedigree
pedi'luvio *m* footbath
pe'dina *f* (alla dama) piece; fig pawn
pedina'mento *m* shadowing
pedi'nare *vt* shadow
pedofi'lia *f* paedophilia
pe'dofilo, -a *mf* paedophile
pedo'nale *adj* pedestrian
pe'done, -a *mf* pedestrian
'pedule *fpl* hiking boots
'peeling *m inv* exfoliation treatment
'peggio **A** *adv* worse; ~ **per te!** too bad!, tough!; **tanto** ~ too bad; ~ **di così** any worse; **la persona** ~ **vestita** the worst dressed person
B *adj* worse; **niente di** ~ nothing worse; **stare** ~ **di** be worse off than
C *m* **il** ~ **è che...** the worst of it is that...; **pensare al** ~ think the worst
D *f* **alla** ~ at worst; **avere la** ~ get the worst of it; **alla meno** ~ as best I can
peggiora'mento *m* worsening
peggio'rare **A** *vt* make worse, worsen
B *vi* get worse, worsen
peggiora'tivo *adj* pejorative
peggi'ore **A** *adj* worse; (superlativo) worst; **nella** ~ **delle ipotesi** if the worst comes to the worst
B *mf* **il/la** ~ the worst
'pegno *m* pledge; (nei giochi di società) forfeit; fig token; **dare qualcosa in** ~ pawn something; **in** ~ **d'amicizia** as a token of friendship
pelan'drone *m* slob
pe'lare *vt* (spennare) pluck; (spellare) skin; (sbucciare) peel; infml (spillare denaro) fleece
pe'larsi *vr* infml lose one's hair
pe'lati *mpl* (pomodori) peeled tomatoes
pe'lato *adj* (calvo) bald
pel'lame *m* skins *pl*
'pelle *f* skin; (cuoio) leather; (buccia) peel; **avere la** ~ **d'oca** have goose-flesh; **non stare più nella** ~ be beside oneself; **salvare la** ~ save one's skin; **lasciarci la** ~ buy it; **essere** ~ **e ossa** be all skin and bones; **avere la** ~ **dura** be tough; **borsa di pelle** leather bag
■ **pelle scamosciata** suede
pellegri'naggio *m* pilgrimage
pelle'grino, -a *mf* pilgrim
pelle'rossa *mf* Red Indian
pellette'ria *f* leather goods *pl*
pelli'cano *m* pelican
pellicce'ria *f* furrier's [shop]
pel'liccia *f* fur; (indumento) fur [coat]
pellicci'aio, -a *mf* furrier
pel'licola *f* Phot, Cinema film
■ **pellicola a colori** colour film; **pellicola trasparente** Culin cling film
'pelo *m* hair; (di animale) coat; (di lana) pile; **per un** ~ by the skin of one's teeth; **cavarsela per un** ~ have a narrow escape; **cercare il** ~ **nell'uovo** nitpick
pe'loso *adj* hairy
'peltro *m* pewter
pe'luche *m*:
■ **giocattolo di peluche** soft toy; **orsetto di peluche** teddy bear
pe'luria *f* down
'pelvico *adj* pelvic
'pena *f* (punizione) punishment; (sofferenza) pain; (dispiacere) sorrow; (disturbo) trouble; **a mala** ~ hardly; **mi fa** ~ I pity him; **vale la** ~ **andare** it is worth [while] going; **pene** *pl* **dell'inferno** hellfire
■ **pena di morte** death sentence
pe'nale *adj* criminal; **diritto** ~ criminal law
pena'lista *mf* criminal lawyer
penalità *f inv* penalty
penaliz'zare *vt* penalize
penalizzazi'one *f* (penalità) penalty
pe'nare *vi* suffer; (faticare) find it difficult
pen'daglio *m* pendant
pen'dant *m inv* **fare** ~ **[con]** match
pen'dente **A** *adj* hanging; Comm outstanding
B *m* (ciondolo) pendant; **pendenti** *pl* drop earrings
pen'denza *f* slope; Comm outstanding account
'pendere *vi* hang; (superficie) slope; (essere inclinato) lean
pen'dio *m* slope; **in** ~ sloping
'pendola *f* grandfather clock

pendo'lare **A** *adj* pendulum
B *mf* commuter
pendo'lino *m* (treno) *special, first class only, fast train*
'pendolo *m* pendulum; **orologio a ~** grandfather clock
'pene *m* penis
pene'trante *adj* penetrating; (freddo) biting
pene'trare **A** *vt & vi* penetrate; (trafiggere) pierce
B *vt* (odore) get into
C *vi* (entrare furtivamente) steal in
penetrazi'one *f* penetration
penicil'lina *f* penicillin
pe'nisola *f* peninsula
peni'tente *adj & nmf* penitent
peni'tenza *f* penitence; (punizione) penance; (in gioco) forfeit
penitenzi'ario *m* penitentiary
'penna *f* (da scrivere) pen; (di uccello) feather
■ **penna a feltro** felt-tip pen; **penna ottica** light pen; **penna a sfera** ball-point [pen]; **penna stilografica** fountain pen; **penna USB** pen drive
pen'nacchio *m* plume
penna'rello *m* felt-tip pen
'penne *fpl* pasta quills
pennel'lare *vt* paint
pennel'lata *f* brushstroke
pen'nello *m* brush; **a ~** (a perfezione) perfectly
■ **~ da barba** shaving brush
pen'nino *m* nib
pen'none *m* (di bandiera) flagpole
pen'nuto *adj* feathered
pe'nombra *f* half-light
pe'noso *adj* infml (pessimo) painful
pen'sabile *adj* **non è ~** it's unthinkable
pen'sare **A** *vi* think; **penso di sì** I think so; **~ a** think of; remember to (*fill up with gas etc*); **pensa ai fatti tuoi!** mind your own business!; **ci penso io** I'll take care of it; **~ di fare qualcosa** think of doing something; **a pensarci bene** on second thoughts; **~ tra sé e sé** think to oneself; **pensarci su** think it over
B *vt* think
pen'sata *f* idea
pensa'tore, -trice *mf* thinker
pensi'ero *m* thought; (mente) mind; (preoccupazione) worry; **stare in ~ per** be anxious about; **levarsi il ~** to get something out of the way
pensie'roso *adj* pensive
'pensile **A** *adj* hanging; **giardino ~** roof garden
B *m* (mobile) wall unit
pensi'lina *f* (di fermata d'autobus) bus shelter
pensio'nante *mf* boarder; (ospite pagante) lodger

pensio'nato, -a **A** *mf* pensioner
B *m* (per anziani) [old folks'] home; (per studenti) hostel
pensi'one *f* pension; (albergo) boarding house; (vitto e alloggio) board and lodging; (da lavoro) retirement; **andare in ~** retire; **essere in ~** be retired; **mezza ~** half board
■ **pensione di anzianità** old-age pension; **pensione completa** full board; **pensione di invalidità** disability pension
pen'soso *adj* pensive
pen'tagono *m* pentagon; **il Pentagono** the Pentagon
pen'tathlon *m inv* pentathlon
Pente'coste *f* Whitsun, Whit Sunday
penti'mento *m* repentance
pen'tirsi *vr* **~ di** repent of; (rammaricarsi) regret
penti'tismo *m* turning informant
pen'tito *m* terrorist or Mafioso turned informant
'pentola *f* saucepan; (contenuto) potful
■ **pentola a pressione** pressure cooker
pento'lino *f* saucepan
pe'nultimo *adj* last but one, penultimate
pe'nuria *f* shortage
penzo'lare *vi* dangle
penzo'loni *adv* dangling
pe'onia *f* peony
pepai'ola *f* pepper pot
pe'pare *vt* pepper
pe'pato *adj* peppery
'pepe *m* pepper; **grano di ~** peppercorn
■ **pepe di Caienna** cayenne pepper; **pepe in grani** whole peppercorns; **pepe macinato** ground pepper; **pepe nero** black pepper
pepero'nata *f dish of stewed peppers and tomatoes*
peperon'cino *m* chilli pepper
pepe'rone *m* [sweet] pepper; **rosso come un ~** red as a beetroot; **peperoni** *pl* **ripieni** stuffed peppers
■ **peperone rosso** red pepper; **peperone verde** green pepper
pepi'era *f* pepper pot; (macinino) pepper mill
pe'pita *f* nugget
'peptico *adj* peptic
'per *prep* for; (attraverso) through; (stato in luogo) in, on; (distributivo) per; (mezzo, entro) by; (causa) with; (in qualità di) as; **mi è passato ~ la mente** it crossed my mind; **~ strada** on the street; **~ la fine del mese** by the end of the month; **in fila ~ due** in double file; **l'ho sentito ~ telefono** I spoke to him on the phone; **~ iscritto** in writing; **~ caso** by chance; **~ esempio** for example; **ho aspettato ~ ore** I've been waiting for hours; **~ tutta la durata del viaggio** for the entire journey; **~ tempo** in time; **~ sempre** forever; **~ scherzo** as a joke; **gridare ~ il dolore** scream with pain; **vendere ~ 10 milioni** sell for 10 million; **uno ~ volta**

one at a time; **uno ~ uno** one by one; **venti ~ cento** twenty per cent; **~ fare qualcosa** [in order to] do something; **stare ~** be about to; **è troppo bello ~ essere vero** it's too good to be true

'pera *f* pear; **farsi una ~** sl (di eroina) shoot up

perbe'nismo *m* prissiness

perbe'nista *adj inv* prissy

per'calle *m* gingham

per'cento *adv* per cent

percentu'ale *f* percentage

perce'pibile *adj* perceivable; (somma) payable

perce'pire *vt* perceive; (riscuotere) cash

percet'tibile *adj* perceptible

percettibil'mente *adv* perceptibly

percezi'one *f* perception

perché **A** *conj* (in interrogazioni) why; (per il fatto che) because; (affinché) so that; **~ non vieni?** why don't you come?; **dimmi ~** tell me why; **~ no/sì!** because!; **è troppo difficile ~ lo possa capire** it's too difficult for him to understand

B *m inv* reason [why]; **senza un ~** without any reason

perciò *conj* so

per'correre *vt* cover ‹*distanza*›; (viaggiare) travel

percor'ribile *adj* (strada) drivable, passable

percorribilità *f inv*

■ **percorribilità delle strade** road conditions *pl*

per'corso **A** pp di **percorrere**

B *m* (tragitto) course, route; (distanza) distance; (viaggio) journey

■ **percorso ecologico** nature trail; **percorso di guerra** assault course; **percorso a ostacoli** obstacle course; **percorso vascolare** cardiovascular circuit

per'cossa *f* blow; **percosse** *pl* Jur assault and battery

per'cosso pp di **percuotere**

percu'otere *vt* strike

percussi'one *f* percussion; **strumenti a ~** percussion instruments

percussio'nista *mf* percussionist

per'dente *mf* loser

'perdere **A** *vt* lose; (sprecare) waste; (non prendere) miss; fig (vizio) ruin; **~ tempo** waste time; **lascia ~!** forget it!; **~ di vista** lose touch [with each other]

B *vi* lose; (recipiente) leak; **a ~** (vuoto) non-returnable; **non avere niente da ~** have nothing to lose

'perdersi *vr* get lost; (reciproco) lose touch

perdifi'ato **a ~** *adv* ‹*gridare*› at the top of one's voice

perdigi'orno *mf inv* idler

'perdita *f* loss; (spreco) waste; (falla) leak; **a ~ d'occhio** as far as the eye can see; **chiudere in ~** (azienda) show a loss

■ **perdita di gas** gas leak; **perdita di sangue** loss of blood, bleeding; **perdita di tempo** waste of time

perdi'tempo *m* time-waster

perdizi'one *f* perdition

perdo'nare **A** *vt* forgive; (scusare) excuse; **mi perdoni se interrompo** sorry to interrupt, excuse me for interrupting; **per farsi ~** as an apology

B *vi* **~ a qualcuno** forgive somebody; **un male che non perdona** an incurable disease

per'dono *m* forgiveness; Jur pardon; **chiedere ~** ask for forgiveness; (scusarsi) apologize

perdu'rare *vi* last; (perseverare) persist

perduta'mente *adv* hopelessly

per'duto **A** pp di **perdere**

B *adj* lost; (rovinato) ruined

pe'renne *adj* everlasting; Bot perennial; **nevi perenni** perpetual snow

perenne'mente *adv* perpetually

peren'torio *adj* peremptory

per'fetto **A** *adj* perfect

B *m* Gram perfect [tense]

perfezio'nare *vt* perfect; (migliorare) improve

perfezio'narsi *vr* improve oneself; (specializzarsi) specialize

perfezi'one *f* perfection; **alla ~** to perfection

perfezio'nismo *m* perfectionism

perfezio'nista *mf* perfectionist

per'fidia *f* wickedness; (atto) wicked act

'perfido *adj* treacherous; (malvagio) perverse

per'fino *adv* even

perfo'rare *vt* pierce; punch ‹*schede*›; Mech drill

perfora'tore *m* (apparecchio) punch

■ **perforatore di schede** card punch

perfora|'tore, -trice *mf* punch-card operator

perforazi'one *f* perforation; (di schede) punching

per'formance *f inv* Theat performance

perga'mena *f* parchment

'pergola *f* pergola

pergo'lato *m* bower

periar'trite *f* periarthritis

perico'lante *adj* precarious; ‹*azienda*› shaky

pe'ricolo *m* danger; (rischio) risk; **mettere in ~** endanger; **essere fuori ~** be out of danger

■ **pericolo pubblico** danger to society; **pericolo di valanghe** danger of avalanches

pericolosa'mente *adv* dangerously

pericolosità *f inv* danger

perico'loso *adj* dangerous

peridu'rale *f* epidural

perife'ria *f* periphery; (di città) outskirts *pl*; fig fringes *pl*

peri'ferica *f* peripheral; ‹*strada*› ring road
■ **periferica di input** Comput input device
peri'ferico *adj* peripheral; ‹*quartiere*› outlying
pe'rifrasi *f inv* circumlocution
perime'trale *adj* ‹*muro*› perimeter *attrib*
pe'rimetro *m* perimeter
peri'odico **A** *m* periodical
B *adj* periodical; ‹*vento, mal di testa*› Math recurring
pe'riodo *m* period; Gram sentence
■ **periodo nero** bad patch; **periodo di prova** trial period; **periodo di ripensamento** cooling-off period; **periodo di riposo** breathing space; **periodo di transizione** transitional period, interim; **periodo di validità** period of validity
peripe'zie *fpl* misadventures
pe'rire *vi* perish
peri'scopio *m* periscope
pe'rito, -a **A** *adj* skilled
B *mf* expert
■ **perito agrario** agriculturalist; **perito di assicurazione** Comm loss adjuster; **perito edile** chartered surveyor; **perito elettronico** electronics engineer
perito'nite *f* peritonitis
pe'rizia *f* skill; (valutazione) survey
■ **perizia medico-legale** forensic tests
peri'zoma *m inv* loincloth
'perla *f* pearl
■ **perla coltivata** cultured pearl
per'lina *f* bead
perli'nato *m* matchboard
perlo'meno *adv* at least
perlu'strare *vt* patrol
perlustrazi'one *f* patrol; **andare in ~** go on patrol
perma'loso *adj* touchy
perma'nente **A** *adj* permanent
B *f* perm; **farsi [fare] la ~** have a perm
perma'nenza *f* permanence; (soggiorno) stay; **in ~** permanently
■ **permanenza in carica** tenure
perma'nere *vi* remain
perme'are *vt* permeate
perme'ato *adj* **~ di** fig permeated with
per'messo **A** pp di **permettere**
B *m* permission; (autorizzazione) permit, licence; Mil leave; **[è] ~?, con ~** (posso entrare?) may I come in?; (posso passare?) excuse me
■ **permesso di lavoro** work permit; **permesso di soggiorno** residence permit
per'mettere *vt* allow, permit; **potersi ~ qualcosa** (finanziariamente) be able to afford something
per'mettersi *vr* **~ di fare qualcosa** allow oneself to do something; **come si permette?** how dare you?

permis'sivo *adj* permissive
permutazi'one *f* exchange; Math permutation
per'nacchia *f* infml raspberry infml
per'nice *f* partridge
pernici'oso *adj* pernicious
'perno *m* pivot
pernot'tare *vi* stay overnight
'pero *m* pear tree
però *conj* but; (tuttavia) however
'perone *m* Anat fibula
pero'rare *vt* plead
perpendico'lare *adj & nf* perpendicular
perpe'trare *vt* perpetrate
per'petua *f* (di prete) priest's housekeeper
perpetu'are *vt* perpetuate
per'petuo *adj* perpetual
perplessità *f inv* perplexity; (dubbio) doubt
per'plesso *adj* perplexed, puzzled
perqui'sire *vt* search
perquisizi'one *f* search
■ **perquisizione domiciliare** search of the premises
persecu|'tore, -trice *mf* persecutor
persecuzi'one *f* persecution
persegu'ire *vt* pursue
persegui'tare *vt* persecute
persegui'tato, -a *mf* victim of persecution
perseve'rante *adj* persevering
perseve'ranza *f* perseverance
perseve'rare *vi* persevere
'Persia *f* Persia
persi'ana *f* shutter
■ **persiana avvolgibile** roller shutter
persi'ano, -a *adj & nmf* Persian
'persico *adj* Persian
per'sino = **perfino**
persi'stente *adj* persistent; ‹*dubbio*› nagging
persi'stenza *f* persistence
per'sistere *vi* persist; **~ nel fare qualcosa** persist in doing something
'perso **A** pp di **perdere**
B *adj* lost; **a tempo ~** in one's spare time
per'sona *f* person; (un tale) somebody; **di ~, in ~** in person, personally; **per ~** per person, a head; **per interposta ~** through an intermediary; **curare la propria ~** look after oneself, look after number one; **persone** *pl* people
■ **persona a carico** dependant; **persona di colore** black person; **persona giuridica** legal person; **persona di servizio** domestic
perso'naggio *m* (persona di riguardo) personality; Theat ecc. character
perso'nale **A** *adj* personal
B *m* staff; (aspetto) build
■ **personale di terra** ground crew
personalità *f inv* personality

key word

personaliz'zare *vt* customize ‹*auto ecc.*›; personalize ‹*penna ecc.*›
personifi'care *vt* personify
personificazi'one *f* personification
perspi'cace *adj* shrewd
perspi'cacia *f* shrewdness
persua'dere *vt* convince; impress ‹*critici*›; ~ **qualcuno a fare qualcosa** persuade somebody to do something
persuasi'one *f* persuasion; **fare opera di ~ su qualcuno** try to persuade somebody
persuasività *f inv* persuasiveness
persua'sivo *adj* persuasive
persu'aso pp di **persuadere**
persua'sore *m* persuader
per'tanto *conj* therefore
'pertica *f* pole
perti'nace *adj* pertinacious
perti'nente *adj* relevant
per'tosse *f* whooping cough
per'tugio *m* opening
pertur'bare *vt* perturb
perturbazi'one *f* disturbance
■ **perturbazione atmosferica** atmospheric disturbance
Perù *m inv* Peru
peruvi'ano, -a *adj* & *nmf* Peruvian
per'vadere *vt* pervade
perva'sivo *adj* pervasive
per'vaso pp di **pervadere**
perven'ire *vi* reach; **far ~ qualcosa a qualcuno** send something to somebody
perversa'mente *adv* perversely
perversi'one *f* perversion
perversità *f inv* perversity
per'verso *adj* perverse
perver'tire *vt* pervert
perver'tirsi *vr* (gusti, costumi) become debased
perver'tito **A** *adj* perverted
B *m* pervert
pervi'cace *adj* obstinate
pervicace'mente *adv* obstinately
pervi'cacia *f* obstinacy
per'vinca¹ *m* (colore) blue with a touch of purple
per'vinca² *f* Bot periwinkle
p.es. *abbr* (**per esempio**) e.g.
'pesa *f* weighing; (bilancia) weighing machine; (per veicoli) weighbridge
pe'sante **A** *adj* heavy; ‹*stomaco*› overfull; ‹*accusa, ingiuria*› serious; (noioso) boring; **andarci ~ con qualcuno** be heavy-handed with somebody
B *adv* ‹*vestirsi*› warmly
pesante'mente *adv* ‹*cadere*› heavily; ‹*insultare*› seriously
pesan'tezza *f* heaviness
pesaper'sone *m inv* scales
pe'sare **A** *vt* weigh; ~ **le parole** weigh one's words
B *vi* weigh; (essere pesante) be heavy; ~ **su** fig lie heavy on
pe'sarsi *vr* weigh oneself
'pesca¹ *f* (frutto) peach
'pesca² *f* fishing; **andare a ~** go fishing
■ **pesca di beneficenza** lucky dip; **pesca con la lenza** angling; **pesca subacquea** underwater fishing
pe'scare *vt* (andare a pesca di) fish for; (prendere) catch; infml (trovare) dig up, find; **guai se ti pesco!** there will be trouble if I catch you!
pesca'tore *m* fisherman
■ **pescatore di frodo** poacher; **pescatore di perle** pearl diver
'pesce *m* fish; **non sapere che pesci pigliare** fig not know which way to turn; **prendere qualcuno a pesci in faccia** fig treat somebody like dirt; **sentirsi un ~ fuor d'acqua** feel like a fish out of water
■ **pesce d'aprile!** April Fool!; **pesce in carpione** soused fish; **pesce al cartoccio** fish baked in foil; **pesce gatto** catfish; **pesce grosso** fig big fish; **pesce persico** perch; **pesce piccolo** fig small fry; **pesce rosso** goldfish; **pesce spada** swordfish
pesce'cane *m* shark
pesche'reccio *m* fishing boat
pesche'ria *f* fishmonger's [shop]
peschi'era *f* fish pond
'Pesci *mpl* Astr Pisces
pescio'lino *m*
■ **pesciolino d'acqua dolce** minnow
pesci'vendolo *m* fishmonger
'pesco *m* peach tree
pe'scoso *adj* teeming with fish
pe'seta *f* peseta
pe'sista *m* (in sollevamento pesi) weight-lifter; (in lancio del peso) shot-putter
'peso *m* weight; **essere di ~ per qualcuno** be a burden to somebody; **alzare di ~** lift up in one go; **avere un ~ sullo stomaco** have a lead weight on one's stomach; **di poco ~** (senza importanza) not very important; **non dare ~ a qualcosa** not attach any importance to something
■ **peso massimo** (nel pugilato) heavy weight; **peso medio** (nel pugilato) middleweight; **peso morto** dead weight; **peso netto** net weight; **peso piuma** (nel pugilato) featherweight; **peso specifico** specific gravity; **peso welter** (nel pugilato) welterweight
pessi'mismo *m* pessimism
pessi'mista **A** *mf* pessimist
B *adj* pessimistic
pessimistica'mente *adv* pessimistically
'pessimo *adj* very bad
pe'staggio *m* beating-up
pe'stare *vt* tread on; (picchiare) beat; crush ‹*aglio, prezzemolo, uva*›; ~ **i piedi [per terra]**

stamp one's feet [on the ground]; **~ un piede a qualcuno** tread on somebody's foot

pe'stata *f* bash; **dare una ~ a un piede a qualcuno** tread on somebody's foot

'peste *f* plague; (persona) pest; **dire ~ e corna di qualcuno** tear somebody to bits
■ **peste bubbonica** bubonic plague

pe'stello *m* pestle

pesti'cida *m* pesticide

pe'stifero *adj* (fastidioso) pestilential

pesti'lenza *f* pestilence; (fetore) stench, stink

pestilenzi'ale *adj* ‹*odore, aria*› noxious

'pesto **A** *adj* ground; **occhio pesto** black eye
B *m* basil and garlic sauce

'petalo *m* petal

pe'tardo *m* banger

petizi'one *f* petition; **fare una ~** draw up a petition

petro'dollaro *m* petrodollar

petrol'chimico *adj* petrochemical

petroli'era *f* [oil] tanker

petroli'ere *m* oilman

petro'lifero *adj* oil-bearing

🔑 **pe'trolio** *m* oil

pettego'lare *vi* gossip

pettego'lezzo *m* piece of gossip; **pettegolezzi** *pl* gossip *sg*; **far pettegolezzi** gossip

pet'tegolo, -a **A** *adj* gossipy
B *mf* gossip

petti'nare *vt* comb

petti'narsi *vr* comb one's hair

pettina'tura *f* combing; (acconciatura) hairstyle; **~ a caschetto** bob

'pettine *m* comb

'petting *m* petting

petti'nino *m* (fermaglio) comb

petti'rosso *m* robin [redbreast]

🔑 **'petto** *m* chest; (seno) breast; **a doppio ~** double-breasted; **prendere qualcosa/qualcuno di ~** face up to something/somebody; **petti** *pl* **di pollo** chicken breasts

petto'rale **A** *m* Sport number; **pettorali** pecs
B *adj* pectoral

petto'rina *f* (di salopette) bib

petto'ruto *adj* ‹*donna*› full-breasted; ‹*uomo*› broad-chested

petu'lante *adj* impertinent

petu'lanza *f* impertinence

pe'tunia *f* petunia

'pezza *f* cloth; (toppa) patch; (rotolo di tessuto) roll; **trattare qualcuno come una ~ da piedi** walk all over somebody
■ **pezza d'appoggio** voucher; **pezza giustificativa** voucher

pez'zato *adj* ‹*cavallo, mucca*› piebald

pez'zente *mf* tramp; (avaro) miser

🔑 **'pezzo** *m* piece; (parte) part; Mus piece; **un bel ~ d'uomo** a fine figure of a man; **un ~** (di tempo) some time; (di spazio) a long way; **al ~** ‹*costare*› each; **essere a pezzi** (stanco) be shattered; **fare a pezzi** tear to shreds; **andare in mille pezzi** break into a thousand pieces; **cadere a pezzi** fall to pieces, fall to bits
■ **pezzo forte** centre-piece; **pezzi** *pl* **grossi** top brass; **pezzo grosso** bigwig, big shot; **pezzi** *pl* **grossi** top brass; **pezzo di imbecille** stupid idiot; **pezzo di ricambio** spare [part]

pezzu'ola *f* scrap of material

photo'fit® *m inv* Photofit

pia'cente *adj* attractive

🔑 **pia'cere** **A** *m* pleasure; (favore) favour; **a ~** as much as one likes; **per ~!** please!; **~ [di conoscerla]!** (nelle presentazioni) pleased to meet you!; **con ~** with pleasure; **fare un ~ a qualcuno** do somebody a favour
B *vi* **la Scozia mi piace** I like Scotland; **mi piacciono i dolci** I like sweets; **mi piacerebbe venire** I'd like to come; **faccio come mi pare e piace** I do as I please; **ti piace?** do you like it?; **lo spettacolo è piaciuto** the show was a success

pia'cevole *adj* pleasant

piacevol'mente *adv* agreeably

piaci'mento *m* **a ~** as much as you like

pia'dina *f unleavened focaccia bread*

pi'aga *f* sore; fig scourge; fig (persona noiosa) pain; fig (ricordo doloroso) wound

pia'gato *adj* covered with sores

piagni'steo *m* whining

piagnuco'lare *vi* whimper

piagnuco'lio *m* whimpering

piagnuco'loso *adj* maudlin

pi'alla *f* plane

pial'lare *vt* plane

pialla'tura *f* planing

pi'ana *f* (pianura) plane

pianeggi'ante *adj* level

piane'rottolo *m* landing

pia'neta *m* planet

🔑 **pi'angere** **A** *vi* cry; (disperatamente) weep; **mi piange il cuore** my heart bleeds; **mettersi a ~ come una fontana** turn the waterworks on; **~ sul latte versato** cry over spilt milk
B *vt* (lamentare) lament; (per un lutto) mourn; **~ la morte di qualcuno** mourn somebody's death

pianifi'care *vt* plan

pianificazi'one *f* planning
■ **pianificazione aziendale** corporate planning; **pianificazione familiare** family planning; **pianificazione territoriale** town and country planning

pia'nista *mf* Mus pianist

🔑 **pi'ano** **A** *adj* flat; (a livello) flush; (regolare) smooth; (facile) easy; **i 400 metri piani** the 400 metres flat race
B *adv* slowly; (con cautela) gently; (sottovoce)

quietly; **andarci ~** go carefully
C *m* plain; (di edificio) floor, storey; (livello) plane; (progetto) plan; Mus piano; **di primo ~** first-rate; **primo ~** Phot close-up; **in primo ~** in the foreground; **essere/mettersi in primo ~** fig take/occupy centre stage; **secondo ~** middle distance
■ **piano d'azione** action plan; **piano bar** piano bar; **piano d'emergenza** contingency plan; **piano di incentivi** incentive scheme; **piano di lavoro** work surface; (programma) work schedule; **piano di pensionamento** pension plan, pension scheme; **piano regolatore** town plan; **piano di sopra** upstairs; **piano di sotto** downstairs; **piano di studi** syllabus; **piano superiore** upper floor

piano'forte *m* piano
■ **pianoforte a coda** grand [piano]; **pianoforte verticale** upright [piano]

pia'nola® *f* pianola

piano'terra *m inv* ground floor, first floor AmE

pi'anta *f* plant; (del piede) sole; (disegno) plan; (di città) map; **di sana ~** (totalmente) entirely; **in ~ stabile** permanently
■ **pianta da appartamento** house plant; **pianta stradale** road map

piantagi'one *f* plantation

pianta'grane *mf* infml **è un/una ~** he's/she's bolshy

pian'tare *vt* plant; (conficcare) drive; pitch ‹*tenda*›; infml (abbandonare) dump; **piantala!** infml stop it!; **piantato in** ‹*spina, chiodo*› embedded in; **~ baracca e burattini** drop everything; (per sempre) chuck everything in

pian'tarsi *vr* plant oneself; infml (lasciarsi) leave each other

pianta'tore, -trice *mf* planter

pianter'reno *m* ground floor, first floor AmE

pi'anto **A** pp di **piangere**
B *m* crying; (disperato) weeping; (lacrime) tears *pl*

pianto'nare *vt* guard

pian'tone *m* guard; **stare di ~** stand guard; **mettere di ~** put on guard
■ **piantone dello sterzo** Auto steering column

pia'nura *f* plain
■ **pianura padana** Po valley

pi'astra *f* plate; (lastra) slab; Culin griddle
■ **piastra elettronica** circuit board; **piastra madre** Comput motherboard; **piastra di registrazione** cassette deck

pia'strella *f* tile

pia'strina *f* Mil identity disc; Med platelet; Comput chip
■ **piastrina di riconoscimento** identity tag; **piastrina di silicio** silicon chip

piatta'forma *f* platform
■ **piattaforma di lancio** launch pad; **piattaforma petrolifera** oil platform, offshore rig; **piattaforma rivendicativa** *o* **sindacale** union claims *pl*

piat'tino *m* (di tazzina) saucer; (piatto piccolo) side plate

pi'atto **A** *adj* flat; (monotono) dull
B *m* plate; (da portata, vivanda) dish; (portata) course; (parte piatta) flat; (di giradischi) turntable; (di bilancia) pan; **piatti** *pl* Mus cymbals; **lavare i piatti** do the dishes, do the washing-up; **piatti** *pl* **da asporto** takeaway, carry-out AmE; **piatti** *pl* **caldi** hot dishes; **piatti** *pl* **di carne** meat dishes
■ **piatto fondo** soup plate; **piatto del giorno** dish of the day; **piatto piano** [ordinary] plate; **piatto di portata** serving dish, server; **piatto pronto** ready meal; **piatto unico** complete meal

piaz'z[u]ola *f*:
■ **piazz[u]ola di partenza** (nel golf) tee; **piazz[u]ola di sosta** pull-in

pi'azza *f* square; Comm market; **letto a una ~** single bed; **letto a due piazze** double bed; **far ~ pulita** make a clean sweep; **mettere qualcosa in ~** fig make something public; **scendere in ~** fig take to the streets
■ **piazza d'armi** parade ground; **piazza del mercato** market square; **Piazza San Pietro** St Peter's Square

piazza'forte *f* stronghold

piaz'zale *m* large square

piazza'mento *m* (in classifica) placing

piaz'zare *vt* place

piaz'zarsi *vr* Sport be placed; **~ secondo** come second, be placed second

piaz'zato *adj* ‹*cavallo*› placed; **ben ~** (robusto) well-built

piaz'zista **A** *m* salesman
B *f* saleswoman

pic'cante *adj* hot; (pungente) sharp; (salace) spicy

pic'carsi *vr* (risentirsi) take offence; **~ di** (vantarsi di) claim to

pic'cata *f veal in sour lemon sauce*

'picche *fpl* (in carte) spades

picchet'taggio *m* picketing

picchet'tare *vt* stake; ‹*scioperanti*› picket

pic'chetto *m* picket

picchi'are **A** *vt* hit; **~ la testa (contro qualcosa)** bang *or* hit one's head (against something)
B *vi* (bussare) knock; Aeron nosedive; **~ in testa** (motore) knock

picchi'arsi *vr* **~ il petto** beat one's breast

picchi'ata *f* beating; Aeron nosedive; **scendere in ~** nosedive

picchi'ato *adj* (matto) touched

picchia'tore *m* goon

picchiet'tare *vt* tap; (punteggiare) spot

picchiet'tato *adj* spotted

picchiet'tio *m* tapping

'picchio *m* woodpecker

pic'cino **A** *adj* tiny; (gretto) mean; (di poca importanza) petty

B *m* little one, child

piccion'cini *mpl* infml lovebirds; **fare i ~** get all lovey-dovey

picci'one *m* pigeon; **prendere due piccioni con una fava** kill two birds with one stone

■ **piccione viaggiatore** carrier pigeon

'picco *m* peak; **a ~** vertically; **colare a ~** sink

picco'lezza *f* (di persona, ambiente) smallness; (grettezza) meanness; (inezia) trifle

🔑 **'piccolo, -a** **A** *adj* small, little; ‹*vacanza, pausa*› little, short; (di statura) short; (gretto) petty

B *mf* child, little one; **da ~** as a child; **in ~** in miniature; **nel mio ~** in my own small way

pic'cone *m* pickaxe

■ **piccone da ghiaccio** ice pick

pic'cozza *f* ice axe

pic'nic *m inv* picnic

pi'docchio *m* louse

pidocchi'oso **A** *adj* flea-bitten; infml (avaro) stingy

B *m* infml miser

piè *m inv* **a ~ di pagina** at the foot of the page; **saltare a ~ pari** skip; **ad ogni ~ sospinto** all the time, endlessly

🔑 **pi'ede** *m* foot; (di armadio, letto) leg; **a piedi** on foot; **andare a piedi** walk; **a piedi nudi** barefoot; **avere i piedi piatti** have flat feet, be flat-footed; **a ~ libero** free; **in piedi** standing; **alzarsi in piedi** stand up; **in punta di piedi** on tiptoe; **ai piedi di** ‹*montagna*› at the foot of; **avere qualcuno ai propri piedi** have somebody at one's feet; **essere sul ~ di guerra** be ready for action; (nazione) be on a war footing; **prendere ~** fig gain ground; ‹*moda*› catch on; **partire col ~ sbagliato** get off on the wrong foot; **mettere in piedi** (allestire) set up; **togliti dai piedi!** get out of the way!

■ **piede di insalata** head of lettuce; **piede di porco** (strumento) jemmy

pie'dino *m* **fare ~ a qualcuno** infml play footsie with somebody

piedi'stallo *m* pedestal

pi'ega *f* (piegatura) fold; (di gonna) pleat; (di pantaloni) crease; (grinza) wrinkle; (andamento) turn; **a pieghe** with pleats, pleated; **non fare una ~** (ragionamento) be flawless; (persona) not bat an eyelid; **prendere una brutta ~** get into bad ways

🔑 **pie'gare** **A** *vt* fold; (flettere) bend

B *vi* bend

pie'garsi *vr* bend; **~ a** fig yield to

piega'tura *f* folding; (piega) fold

pieghet'tare *vt* pleat

pieghet'tato *adj* pleated

pie'ghevole **A** *adj* pliable; (tavolo) folding

B *m* leaflet

Pie'monte *m* Piedmont

piemon'tese *adj & nmf* Piedmontese

pi'ena *f* (di fiume) flood; (folla) crowd

🔑 **pi'eno** **A** *adj* full; (massiccio) solid; **in piena estate** in the middle of summer; **a pieni voti** (diplomarsi) ≈ with A grades, with first class honours

B *m* (colmo) height; (carico) full load; **in ~** (completamente) fully; **fare il ~** (di benzina) fill up; **nel ~ delle forze** in top physical form

pie'none *m* **c'era il ~** the place was packed

'piercing *m inv* body piercing

■ **piercing all'ombelico** navel ring; **piercing nella lingua** tongue stud

🔑 **pietà** *f inv* pity; (misericordia) mercy; **senza ~** (persona) pitiless; (spietatamente) pitilessly; **avere ~ di qualcuno** take pity on somebody; **far ~** (far pena) be pitiful; infml (essere orrendo) be useless

pie'tanza *f* dish

pie'toso *adj* pitiful, merciful; infml (pessimo) terrible

🔑 **pi'etra** *f* stone

■ **pietra dura** semi-precious stone; **pietra preziosa** precious stone; **pietra dello scandalo** cause of the scandal

pie'traia *f* scree

pie'trame *m* stones *pl*

pietrifi'care *vt* petrify

pie'trina *f* (di accendino) flint

pie'troso *adj* stony

'piffero *m* fife

pigi'ama *m* pyjamas *pl*, pajamas AmE

'pigia 'pigia *m inv* crowd, crush

pigi'are *vt* press

pigia'trice *f* wine press

pigi'one *f* rent; **dare a ~** let, rent out; **prendere a ~** rent

🔑 **pigli'are** *vt* infml (afferrare) catch

'piglio *m* air

pig'mento *m* pigment

pig'meo, -a *adj & nmf* pygmy

'pigna *f* cone

■ **pigna di abete** fir cone

pi'gnolo *adj* pedantic

pignora'mento *m* Jur distraint

pigno'rare *vt* Jur distrain upon

pigo'lare *vi* chirp

pigo'lio *m* chirping

pigra'mente *adv* lazily

pi'grizia *f* laziness

'pigro *adj* lazy; (intelletto) slow

PIL *abbr* (**prodotto interno lordo**) GDP

'pila *f* pile; Electr battery; infml (lampadina tascabile) torch; (vasca) basin; **a pile** battery operated, battery powered

pi'lastro *m* pillar

'pillola *f* pill; **prendere la ~** be on the pill

■ **pillola del giorno dopo** morning-after pill

pi'lone *m* pylon; (di ponte) pier

pi'lota **A** *mf* pilot; Auto driver

■ **pilota automatico** automatic pilot; **pilota di caccia** fighter pilot
B *adj inv* **progetto** ~ pilot project

pilo'taggio *m* flying; **cabina di** ~ flight deck

pilo'tare *vt* pilot; drive ‹*auto*›

pinaco'teca *f* art gallery

'Pinco Pal'lino *m* so-and-so

pi'neta *f* pine-wood

ping-'pong *m* table tennis, ping-pong infml

'pingue *adj* fat

pingu'edine *f* fatness

pingu'ino *m* penguin; (gelato) choc ice on a stick

'pinna *f* fin; (per nuotare) flipper

pin'nacolo *m* pinnacle

'pino *m* pine tree
■ **pino marittimo** cluster pine, maritime pine

pi'nolo *m* pine kernel

'pinta *f* pint

pin-'up *f inv* pin-up [girl]

'pinza *f* pliers *pl*; Med forceps *pl*; **prendere qualcosa con le pinze** fig treat something cautiously

pin'zare *vt* (con pinzatrice) staple

pinza'trice *f* stapler

pin'zette *fpl* tweezers

pinzi'monio *m sauce for crudités*

'pio *adj* pious; (benefico) charitable

piogge'rella *f* drizzle

✓ **pi'oggia** *f* rain; fig (di pietre, insulti) hail, shower; **sotto la** ~ in the rain
■ **pioggia acida** acid rain; **pioggia radioattiva** radioactive fallout

pi'olo *m* (di scala) rung

✓ **piom'bare** **A** *vi* fall heavily; ~ **su** fall upon; ~ **all'improvviso nella stanza** suddenly burst into the room
B *vt* ~ **qualcuno nella disperazione** plunge somebody into despair

piom'bino *m* (sigillo) [lead] seal; (da pesca) sinker; (in tende) weight

pi'ombo *m* lead; (sigillo) [lead] seal; **a** ~ plumb; **senza** ~ (benzina) lead-free; **avere un sonno di** ~ be a very heavy sleeper; **andare con i piedi di** ~ tread carefully; **anni di** ~ *years when terrorism was at its height*

pioni'ere, -a *mf* pioneer

pi'oppo *m* poplar

pior'rea *f* pyorrhoea

pio'vano *adj* **acqua piovana** rainwater

✓ **pi'overe** *vi* rain; ~ it's raining; ~ **addosso a qualcuno** (guai, debiti) rain down on somebody; **[su questo] non ci piove** infml that's for sure

pioviggi'nare *vi* drizzle

pio'voso *adj* rainy

pi'ovra *f* octopus

pio'vuto *adj* ~ **dal cielo** fallen into one's lap

'pipa *f* pipe

pipe'rito *adj* **menta piperita** peppermint

pipì *f inv* **fare [la]** ~ pee, piddle; **andare a fare [la]** ~ go for a pee

pipi'strello *m* bat

piqué *m inv* piqué

'pira *f* pyre

pi'ramide *f* pyramid

pi'ranha *m inv* piranha

pi'rata **A** *m* pirate
■ **pirata dell'aria** skyjacker; **pirata della strada** hit-and-run driver; (prepotente) road hog
B *adj inv* pirate

pirate'ria *f* piracy
■ **pirateria informatica** software piracy

pi'rite *f* pyrite

piro'etta *f* pirouette

pi'rofila *f* (tegame) oven-proof dish

pi'rofilo *adj* heat-resistant

pi'romane *mf* pyromaniac

piroma'nia *f* pyromania

pi'roscafo *m* steamer
■ **piroscafo di linea** liner

'piscia *f* vulg piss

pisci'are *vi* vulg piss

pisci'ata *f* vulg piss

pi'scina *f* [swimming] pool
■ **piscina coperta** indoor [swimming] pool; **piscina gonfiabile** [inflatable] paddling pool; **piscina olimpionica** Olympic [swimming] pool; **piscina per il parto** birthing pool; **piscina scoperta** outdoor [swimming] pool, lido

pi'sello *m* pea; infml (pene) willie; **piselli** *pl* **odorosi** sweet peas

piso'lino *m* nap; **fare un** ~ have a nap

'pista *f* track; Aeron runway, tarmac; (orma) footprint; (sci) slope, piste
■ **pista d'atterraggio** runway; **pista da ballo** dance floor; **pista ciclabile** cycle track; **pista da fondo** cross-country ski track; **pista di pattinaggio** ice rink; **pista per principianti** nursery slope; **pista da sci** ski slope, ski run, piste; **pista per slitte** toboggan run

pi'stacchio *m* pistachio

pi'stola *f* pistol; (per spruzzare) spray gun
■ **pistola a capsule** cap gun; **pistola a spruzzo** paint spray; **pistola a tamburo** revolver

pisto'lero *m* gunslinger

pi'stone *m* piston

'pitbull *m inv* pit bull (terrier)

pi'tocco *m* miser

pi'tone *m* python

pitto'gramma *m* pictogram

✓ **pit'tore, -trice** *mf* painter

pitto'resco *adj* picturesque

pit'torico *adj* pictorial

pit'tura *f* painting; **pitture** *pl* **di guerra** warpaint
■ **pittura a guazzo** poster paint; **pittura rupestre** cave painting

pittu'rare *vt* paint

pituiˈtario *adj* pituitary

più A *adv* more; (superlativo) most; Math plus; ~ **importante** more important; **il ~ importante** the most important; ~ **caro/grande** dearer/bigger; **il ~ caro/grande** the dearest/biggest; **di ~** more; **una coperta in ~** an extra blanket; **non ho ~ soldi** I don't have any more money; **non vive ~ a Milano** he no longer lives in Milan; ~ **o meno** more or less; **il ~ lentamente possible** as slowly as possible; **al ~ presto** as soon as possible; **per di ~** what's more; **mai ~!** never again!; ~ **di** more than; **sempre ~** more and more
B *adj* more; (superlativo) most; ~ **tempo** more time; **la classe con ~ alunni** the class with most pupils; ~ **volte** several times
C *m* most; Math plus sign; **il ~ è fatto** the worst is over; **parlare del ~ e del meno** make small talk; **i ~** the majority

piuccheperˈfetto *m* pluperfect

piˈuma *f* feather

piuˈmaggio *m* plumage

piuˈmato *adj* plumed

piuˈmino *m* (di cigni) down; (copriletto) eiderdown; (per cipria) powder-puff; (per spolverare) feather duster; (giacca) down jacket

piuˈmone® *m* duvet, continental quilt

piutˈtosto *adv* rather; (invece) instead

ˈpiva *f* **con le pive nel sacco** empty-handed

piˈvello *m* infml greenhorn

piˈvot *m inv* (in pallacanestro) centre

ˈpizza *f* pizza; Cinema reel; infml (noia) bore
■ **pizza margherita** *tomato and mozzarella pizza*; **pizza marinara** *pizza with tomato, oregano, garlic and anchovies*; **pizza napoletana** *pizza with tomato, mozzarella and anchovies*; **pizza quattro stagioni** *pizza with tomato, mozzarella, ham, mushrooms and artichokes*

pizzaiˈola alla ~ *adj* with tomatoes, garlic, and oregano

pizzeˈria *f* pizza restaurant, pizzeria

pizˈzetta *f* small pizza

pizˈzetto *m* (barba) goatee

pizziˈcare A *vt* pinch; (pungere) sting; (di sapore) taste sharp; infml (sorprendere) catch; Mus pluck
B *vi* scratch; ‹*cibo*› be spicy

ˈpizzico, pizziˈcotto *m* pinch

ˈpizzo *m* lace; (di montagna) peak

plaˈcare *vt* placate; assuage ‹*fame, dolore*›

plaˈcarsi *vr* calm down

ˈplacca *f* plate; (commemorativa, dentale) plaque; Med patch
■ **placca batterica** plaque

placˈcare *vt* plate

placˈcato *adj* ~ **d'argento** silver-plated; ~ **d'oro** gold-plated

placcaˈtura *f* plating

plaˈcebo *m inv* placebo; **effetto ~** placebo effect

plaˈcenta *f* placenta, afterbirth

ˈplacido *adj* placid

plaˈfond *m inv* Comm ceiling

plafoniˈera *f* ceiling light

plagiˈare *vt* plagiarize; pressure ‹*persona*›

ˈplagio *m* plagiarism

plaid *m inv* tartan rug

plaˈnare *vi* glide

ˈplancia *f* Naut bridge; (passerella) gangplank

ˈplancton *m* plankton

planeˈtario A *adj* planetary
B *m* planetarium

plaˈsmare *vt* mould

ˈplastica *f* (materia) plastic; Med plastic surgery; (arte) plastic art; **sacchetto di ~** plastic bag

ˈplastico A *adj* plastic; (rappresentazione) three-dimensional
B *m* plastic model

ˈplatano *m* plane tree

plaˈtea *f* stalls *pl* (pubblico) audience

ˈplatino *m* platinum

plaˈtonico *adj* platonic

plauˈsibile *adj* plausible; **poco ~** implausible

plausibilità *f inv* plausibility

ˈplauso *m* (consenso) approval

playˈback *m* **cantare in ~** mime

playˈboy *m inv* playboy

playˈmaker *m inv* Sport playmaker

p.le *abbr* (**piazzale**) Sq

pleˈbaglia *f* derog mob

ˈplebe *f* common people

pleˈbeo, -a *adj & nmf* plebeian

plebiˈscito *m* plebiscite

pleˈnario *adj* plenary

pleniˈlunio *m* full moon

ˈplettro *m* plectrum

pleuˈrite *f* pleurisy

ˈplico *m* packet; **in ~ a parte** under separate cover

plissé *adj inv* plissé; (gonna) accordion pleated

plop *m inv* plop; **fare ~** plop

ploˈtone *m* platoon; (di ciclisti) group
■ **plotone d'esecuzione** firing squad

ˈplotter *m inv* Comput plotter
■ **plotter da tavolo** flatbed plotter

ˈplumbeo *adj* leaden

plum-ˈcake *m inv* fruit cake

pluˈrale *adj & nm* plural; **al ~** in the plural

pluralità *f inv* (maggioranza) majority

pluridisciplˈinare *adj* multidisciplinary

plurienˈnale *adj* ~ **esperienza** many years' experience

plurigemelˈlare *adj* (parto) multiple

pluriparˈtitico *adj* Pol multi-party

Plu'tone *m* Pluto
plu'tonio *m* plutonium
pluvi'ale *adj* rain *attrib*
pluvi'ometro *m* rain gauge
pneu'matico **A** *adj* pneumatic
B *m* tyre
■ **pneumatico radiale** radial [tyre]
pneu'monia *f* pneumonia
PNL *abbr* (**prodotto nazionale lordo**) GNP
Po *m* Po
po' ▶ **poco**
po'chette *f inv* clutch bag
po'chino *m* **un ~** a little bit
'poco **A** *adj* little; (tempo) short; (con nomi plurali) few
B *pron* little; (poco tempo) a short time; (plurale) few
C *m* little; **un po'** a little [bit]; **un po' di** a little, some; (con nomi plurali) a few; **a ~ a ~** little by little; **fra ~** soon; **per ~** (a poco prezzo) cheap; (quasi) nearly; **~ fa** a little while ago; **sono arrivato da ~** I have just arrived; **un bel po'** quite a lot; **un bel po' di più/meno** quite a lot more/less; **un ~ di buono** a shady character
D *adv* (con verbi) not much; (con avverbi, aggettivi) not very; **parla ~** he doesn't speak much; **lo conosco ~** I don't know him very well; **~ spesso** not very often
po'dere *m* farm
pode'roso *adj* powerful
'podio *m* dais; Mus podium
po'dismo *m* walking
po'dista *mf* walker
po'ema *m* poem
■ **poema epico** epic [poem]; **poema sinfonico** symphonic poem
poe'sia *f* poetry; (componimento) poem
po'eta *m* poet
poe'tessa *f* poetess
po'etico *adj* poetic
poggiapi'edi *m inv* footrest
poggi'are **A** *vt* lean; (posare) place
B *vi* **~ su** be based on
poggia'testa *m inv* head-rest
'poggio *m* hillock
poggi'olo *m* balcony
'poi **A** *adv* (dopo) then; (più tardi) later [on]; (finalmente) finally; **d'ora in ~** from now on; **questa ~!** well!
B *m* **pensare al ~** think of the future
poiché *conj* since
pois *m inv* **a ~** polka-dot
'poker *m* poker
po'lacco, -a **A** *adj* Polish
B *mf* Pole
C *m* (lingua) Polish
po'lare *adj* polar
polarità *f inv* polarity
polariz'zare *vt* polarize
pola'roid® *f inv* instant camera
'polca *f* polka
po'lemica *f* controversy
polemica'mente *adv* controversially
polemiciz'zare *vi* engage in controversy
po'lemico *adj* controversial
po'lenta *f cornmeal porridge*
poli'clinico *m* general hospital
policro'mia *f* polychromy
po'licromo *adj* polychrome
poli'estere *m* polyester
polieti'lene *m* polyethylene
poliga'mia *f* polygamy
poli'gamico *adj* polygamous
po'ligamo *adj* polygamous
poli'glotta *mf* polyglot
po'ligono *m* polygon; (di tiro) rifle range
po'limero *m* polymer
Poli'nesia *f* Polynesia
polinesi'ano *adj & nmf* Polynesian
'polio[mie'lite] *f* polio[myelitis]
'polipo *m* polyp
polisti'rolo *m* polystyrene
poli'tecnico *m* polytechnic
po'litica *f* politics *sg*; (linea di condotta) policy; **fare ~** be in politics; **darsi alla ~** go into politics
■ **politica energetica** energy policy; **politica estera** foreign policy; **politica monetaria** monetary policy
politica'mente *adv* politically; **~ corretto** politically correct, pc
politi'chese *m* political jargon
politiciz'zare *vt* politicize
po'litico, -a **A** *adj* political
B *mf* politician
poliva'lente *adj* all-purpose
poli'zia *f* police, police force
■ **polizia giudiziaria** Criminal Investigation Department, CID; **polizia scientifica** forensics; **polizia stradale** traffic police
polizi'esco *adj* police *attrib*; (romanzo, film) detective *attrib*
polizi'otto **A** *m* policeman
■ **poliziotto in borghese** plain clothes policeman; **poliziotto privato** private detective
B *adj* police *attrib*
'polizza *f* policy
■ **polizza di assicurazione** insurance policy
pol'laio *m* chicken run; infml (luogo chiassoso) mad house
pol'lame *m* poultry
polla'strella *f* spring chicken; fig fam bird
polla'strello *m* spring chicken
pol'lastro *m* cockerel
polle'ria *f* poultry butcher, poulterer
'pollice *m* thumb; (unità di misura) inch

p

'polline *m* pollen; **allergia al ~** hay fever
polli'vendolo, -a *mf* poulterer
'pollo *m* chicken; infml (semplicione) simpleton; **far ridere i polli** be ridiculous
■ **pollo allevato a terra** free-range chicken; **pollo arrosto** roast chicken; **pollo di batteria** battery chicken; **pollo alla cacciatora** chicken chasseur
polmo'nare *adj* pulmonary
pol'mone *m* lung
■ **polmone d'acciaio** iron lung
polmo'nite *f* pneumonia
'polo *m* pole; Sport polo; (maglietta) polo top; Pol party; (conservatori) Italian Conservatives
■ **polo magnetico** magnetic pole; **polo nord** North Pole; **polo sud** South Pole
Po'lonia *f* Poland
'polpa *f* pulp
pol'paccio *m* calf
polpa'strello *m* fingertip
pol'petta *f* meatball
polpet'tone *m* meat loaf
■ **polpettone sentimentale** infml hokum
'polpo *m* octopus
pol'poso *adj* fleshy
pol'sino *m* cuff
'polso *m* pulse; Anat wrist; fig authority; **avere ~** be strict; **essere privo di ~** be soft
pol'tiglia *f* mush
pol'trire *vi* lie around
pol'trona *f* armchair; Theat seat in the stalls
pol'trone *adj* lazy
'polvere *f* dust; (sostanza polverizzata) powder; **in ~** powdered; **sapone in ~** soap powder
■ **polvere da sparo** gun powder
polveri'era *f* gunpowder magazine; fig tinderbox
polve'rina *f* (medicina) powder
polveriz'zare *vt* pulverize; (nebulizzare) atomize; smash, shatter ‹*record*›; **~ qualcuno** pulverize somebody
polve'rone *m* cloud of dust
polve'roso *adj* dusty
po'mata *f* ointment, cream
■ **pomata cicatrizzante** healing cream for cuts
pomel'lato *adj* dappled
po'mello *m* knob; (guancia) cheek
pomeridi'ano *adj* afternoon *attrib*; **alle tre pomeridiane** at three in the afternoon, at three p.m.
pome'riggio *m* afternoon; **buon ~!** have a good afternoon!; **oggi ~** this afternoon; **questo ~** this afternoon
'pomice *f* pumice
pomici'are *vi* infml snog, neck
pomici'ata *f* infml snogging, necking
'pomo *m* (oggetto) knob
■ **pomo d'Adamo** Adam's apple
pomo'doro *m* tomato
'pompa *f* pump; (sfarzo) pomp
■ **pompa della benzina** petrol pump, gas pump AmE; **pompe** *pl* **funebri** (funzione) funeral
pom'pare *vt* pump; (gonfiare d'aria) pump up; fig (esagerare) exaggerate; **~ fuori** pump out
pompei'ano, -a *adj* & *nmf* Pompeian
pom'pelmo *m* grapefruit
pompi'ere *m* fireman; **i pompieri** the fire brigade
pom'pon *m inv* pompom
pom'poso *adj* pompous
'poncho *m inv* poncho
ponde'rare *vt* ponder
ponde'roso *adj* ponderous
po'nente *m* west
'ponte *m* bridge; Naut deck; (impalcatura) scaffolding; **fare il ~** fig make a long weekend of it; **governo ~** interim government; **legge ~** interim *or* bridging law
■ **ponte aereo** airlift; **ponte auto** car deck; **ponte di coperta** main deck; **ponte levatoio** drawbridge; **ponte radio** radio link; **ponte dei Sospiri** Bridge of Sighs; **ponte di volo** flight deck
pon'tefice *m* pontiff
pontifi'care *vi* pontificate
pontifi'cato *m* pontificate
ponti'ficio *adj* papal
pon'tile *m* jetty
'pony *m inv* pony
■ **pony express** express delivery service
pool *m inv* Comm consortium; (di giornalisti) team; (di esperti) pool, team
■ **~ genico** gene pool
pop'corn *m inv* popcorn
'popelin *m* poplin
popò¹ *f inv* infml pooh
popò² *m inv* infml bot, bum
popo'lano *adj* of the [common] people
popo'lare **A** *adj* popular; (comune) common **B** *vt* populate; **essere popolato da** (pieno di) be full of
popolarità *f inv* popularity
popo'larsi *vr* get crowded
popolazi'one *f* population
'popolo *m* people
popo'loso *adj* populous
'poppa *f* Naut stern; (mammella) breast; **a ~** astern
pop'pare *vt* suck
pop'pata *f* (pasto) feed
poppa'toio *m* feeding bottle
popu'lista *mf* populist
por'caio *f* anche fig pigsty; **fare un ~** infml make a mess
por'cata *f* load of rubbish; **porcate** *pl* infml (cibo) junk food; **fare una ~ a qualcuno** play

p

key word

a dirty trick on somebody
porcel'lana *f* porcelain, china
■ **porcellana fine** bone china
porcel'lino *m* piglet
■ **porcellino d'India** guinea pig
porche'ria *f* dirt; fig (cosa orrenda) piece of filth; infml (robaccia) rubbish
por'chetta *f* roast sucking pig
por'cile *m* pigsty
por'cino **A** *adj* pig *attrib*
B *m* (fungo) cep (*edible mushroom*)
'porco *m* pig; (carne) pork
porco'spino *m* porcupine
'porfido *m* porphyry
'porgere *vt* give; (offrire) offer; ~ **orecchio** lend an ear; **porgo distinti saluti** (in lettera) I remain, yours sincerely
'porno *adj inv* porn
pornogra'fia *f* pornography
porno'grafico *adj* pornographic
'poro *m* pore
po'roso *adj* porous
'porpora *f* purple
'porre *vt* put; (collocare) place; (supporre) suppose; ask ‹*domanda*›; present ‹*candidatura*›; ~ **una domanda a qualcuno** ask somebody a question; **poniamo [il caso] che...** let us suppose that...; ~ **fine** *o* **termine a** put an end to
'porro *m* Bot leek; (verruca) wart
'porsi *vr* put oneself; ~ **a sedere** sit down; ~ **in cammino** set out
'porta *f* door; Sport goal; (di città) gate; Comput port; ~ **a** ~ door-to-door; **mettere alla** ~ show somebody the door; **a porte chiuse** (riunione, processo) behind closed doors, in camera; **essere alle porte** (vicino) be on the doorstep
■ **porta a due battenti** double door[s]; **porta d'ingresso** front door; **porta parallela** Comput parallel port; **porta seriale** Comput serial port; **porta di servizio** tradesman's entrance; **porta di sicurezza** emergency exit; **porta per la stampante** Comput printer port; **porta a vento** swing door
portaba'gagli *m inv* (facchino) porter; (di treno ecc.) luggage rack; Auto boot, trunk AmE; (sul tetto di un'auto) roof rack
portabandi'era *mf inv* standard-bearer
portabici'clette *m inv* cycle rack
portabot'tiglie *m inv* bottle rack, wine rack
porta'burro *m inv* butter dish
porta'cenere *m inv* ashtray
portachi'avi *m inv* key ring
porta'cipria *m inv* compact
portacon'tainer *m inv* container truck
portadocu'menti *m inv* document wallet
porta'erei *f inv* aircraft carrier
portafi'nestra *f* French window
porta'foglio *m* wallet; (per documenti) portfolio; (ministero) ministry; **a** ~ ‹*gonna*› wrap-over
portafor'tuna **A** *m inv* lucky charm
B *adj inv* lucky
portagi'oie *m inv* jewellery box
por'tale *m* door; Comput portal
portama'tite *m inv* pencil case
porta'mento *m* carriage; (condotta) behaviour
porta'mina *m inv* propelling pencil
portamo'nete *m inv* purse
por'tante *adj* bearing *attrib*
portan'tina *f* sedan chair
portaom'brelli *m inv* umbrella stand
porta'pacchi *m inv* roof rack; (su bicicletta) luggage rack
porta'penne *m inv* pencil case
por'tare *vt* (verso chi parla) bring; (lontano da chi parla) take; (sorreggere) Math carry; (condurre) lead; (indossare) wear; (avere) bear; ~ **a spasso il cane** take the dog for a walk; ~ **a termine** bring to a close; ~ **avanti** carry on; ~ **bene/male** bring good/bad luck; ~ **bene/male gli anni** look young/old for one's age; ~ **fortuna** be lucky; ~ **rancore** bear a grudge; ~ **via** take away
portari'viste *m inv* magazine rack
por'tarsi *vr* (trasferirsi) move; (comportarsi) behave
porta'sci *m inv* ski rack
portasciuga'mano *m* towel rail
portasiga'rette *m inv* cigarette case
porta'spilli *m inv* pin-cushion
por'tata *f* (di pranzo) course; Auto carrying capacity; (di arma) range; fig (abilità) capability; **a** ~ **di mano** within reach; **alla** ~ **di tutti** accessible to all; (finanziariamente) within everybody's reach; **di grande** ~ (scoperta) with far-reaching consequences
por'tatile **A** *adj*, portable
B *m* Comput laptop
por'tato *adj* (indumento) worn; (dotato) gifted; **essere** ~ **per qualcosa** have a gift for something; **essere** ~ **a** (tendere a) be inclined to
porta|'tore, -trice *mf* bearer; **al** ~ to the bearer
■ **portatore di handicap** disabled person
portatovagli'olo *m* napkin ring
portau'ovo *m inv* egg cup
porta'voce *mf inv* spokesperson
por'tello *m* hatch
■ **portello di sicurezza** escape hatch
por'tento *m* marvel; (persona dotata) prodigy
porten'toso *adj* wonderful
port'folio *m inv* (di fotografie ecc.) portfolio
porti'cato *m* portico
'portico *m* portico
porti'era *f* door; (tendaggio) door curtain

porti'ere *m* porter, doorman; Sport goalkeeper
■ **portiere di notte** night porter
porti'naio, -a *mf* caretaker, concierge
portine'ria *f* concierge's room; (di ospedale) porter's lodge
🔑 **'porto** A pp di **porgere**
B *m* harbour; (complesso) port; (vino) port [wine]; (spesa di trasporto) carriage; **andare in ~** succeed
■ **porto d'armi** gun licence; **porto container** container port; **porto fluviale** river port; **porto franco** free port; **porto marittimo** seaport
Porto'gallo *m* Portugal
porto'ghese *adj & nmf* Portuguese
por'tone *m* main door
portori'cano, -a *adj & nmf* Puerto Rican
Porto'rico *m* Puerto Rico
portu'ale *m* dock worker, docker
porzi'one *f* portion
'posa *f* laying; (riposo) rest; Phot exposure; (atteggiamento) pose; **mettersi in ~** pose; **senza ~** without rest
🔑 **po'sare** A *vt* put; (giù) put [down]
B *vi* (poggiare) rest; (per un ritratto) pose
po'sarsi *vr* alight; (sostare) rest; Aeron land
po'sata *f* piece of cutlery; **posate** *pl* cutlery *sg*, flatware *sg* AmE
po'sato *adj* sedate
po'scritto *m* postscript
posi'tivo *adj* positive
posizio'nare *vt* position
🔑 **posizi'one** *f* position; **farsi una ~** get ahead; **prendere ~** take a stand
posolo'gia *f* dosage
po'sporre *vt* place after; (posticipare) postpone
po'sposto pp di **posporre**
🔑 **posse'dere** *vt* possess, own
possedi'mento *m* possession
posses'sivo *adj* possessive
pos'sesso *m* possession, ownership; (bene) possession; **entrare in ~ di** come into possession of; **essere in ~ di** be in possession of; **prendere ~ di** take possession of
posses'sore *m* owner
🔑 **pos'sibile** A *adj* possible; **il più presto ~** as soon as possible
B *m* **fare [tutto] il ~** do one's best
🔑 **possibilità** A *f inv* possibility; (occasione) chance; **avere la ~ di fare qualcosa** have the chance *or* opportunity to do something
B *fpl* (mezzi) means
possi'dente *mf* land owner
'posso ▶ **potere**
🔑 **'posta** *f* post, mail; (ufficio postale) post office; (al gioco) stake; **spese di ~** postage; **per ~** by post, by mail; **la ~ in gioco è...** fig what's at stake is...; **a bella ~** on purpose; **Poste e Telecomunicazioni** [Italian] Post Office
■ **posta aerea** airmail; **posta centrale** main post office, central post office; **posta del cuore** agony column; **posta elettronica** electronic mail, e-mail; **spedire per ~ elettronica** email; **posta elettronica vocale** voicemail; **posta in arrivo** inbox; **posta prioritaria** first-class mail
posta'giro *m* postal giro
po'stale *adj* postal
po'stare *vt* Comput (in un blog, su un social network) post
postazi'one *f* position; Mil emplacement
post'bellico *adj* post-war
postda'tare *vt* post-date ‹*assegno*›
posteggi'are *vt & vi* park
posteggia|'tore, -trice *mf* parking attendant
po'steggio *m* car park, parking lot AmE; (di taxi) taxi rank
'posteri *mpl* descendants
posteri'ore A *adj* back *attrib*, rear *attrib*; (nel tempo) later
B *m* infml posterior; behind
posterità *f inv* posterity
po'sticcio A *adj* artificial; (baffi, barba) false
B *m* hair-piece
postici'pare *vt* postpone
po'stilla *f* note; Jur rider
🔑 **po'stino** *m* postman, mailman AmE
postmo'derno *adj* postmodern
'posto A pp di **porre**
B *m* place; (spazio) room; (impiego) job; Mil post; (sedile) seat; **a/fuori ~** in/out of place; **prendere ~** take up room; **sul ~** on-site; **essere a ~** ‹*casa, libri*› be tidy; **non grazie, sono a ~** no thanks, I'm all right; **mettere a ~** tidy ‹*stanza*›; **fare ~ a** make room for; **al ~ di** (invece di) in place of, instead of
■ **posto di blocco** checkpoint; **posto di guardia** guard post; **posto di guida** driving seat; **posto di lavoro** job; Comput workstation; **posti** *pl* **in piedi** standing room; **posto di polizia** police station; **posti** *pl* **a sedere** seating, seats
post-'partum *adj* post-natal
'postumo A *adj* posthumous
B *m* after-effect; **postumi** *pl* **della sbornia** hangover
po'tabile *adj* drinkable; **acqua ~** drinking water; **non ~** undrinkable
po'tare *vt* prune
po'tassa *f* potash
po'tassio *m* potassium
🔑 **po'tente** *adj* powerful; (efficace) potent
🔑 **po'tenza** *f* power; (efficacia) potency
■ **potenza mondiale** world power; **potenza nucleare** nuclear power
potenzi'ale *adj & nm* potential
🔑 **po'tere** A *m* power; **al ~** in power
■ **potere d'acquisto** purchasing power,

p

🔑 key word

spending power; **il quarto potere** the fourth estate
B *vi* can, be able to; **posso entrare?** can I come in?; (formale) may I come in?; **mi spiace, non posso venire alla festa** I'm sorry, I can't come to the party *or* I won't be able to come to the party; **posso fare qualche cosa?** can I do something?; **che tu possa essere felice!** may you be happy!; **non ne posso più** (sono stanco) I can't go on; (sono stufo) I can't take any more; **può darsi** perhaps; **può darsi che sia vero** perhaps it's true; **potrebbe aver ragione** he could be right, he might be right; **avresti potuto telefonare** you could have phoned, you might have phoned; **spero di poter venire** I hope to be able to come; **senza poter telefonare** without being able to phone; **spero che potremo incontrarci presto** I hope we can meet soon

potestà *f inv* power

pot-pour'ri *m inv* medley

'povero, -a **A** *adj* poor; (semplice) plain; **~ di** (paese, terreno) lacking in; **in parole povere** in a few words
B *f* poor woman
C *m* poor man; **i poveri** the poor

povertà *f inv* poverty

pozi'one *f* potion

'pozza *f* pool

poz'zanghera *f* puddle

'pozzo *m* well; (minerario) pit
■ **pozzo petrolifero** oil well; **pozzo di petrolio** oil well; **pozzo di ventilazione** air shaft

pp. *abbr* (**pagine**) pp

PP.TT. *abbr* (**Poste e Telecomunicazioni**) [Italian] Post Office

PR *fpl abbr* PR

'Praga *f* Prague

prag'matico *adj* pragmatic

prali'nato *adj* (mandorla, gelato) praline-coated

pram'matica *f* **essere di ~** be customary

pranotera'pia *f* laying on of hands

pran'zare *vi* dine; (a mezzogiorno) lunch

'pranzo *m* dinner; (a mezzogiorno) lunch
■ **pranzo di lavoro** business lunch, working lunch; **pranzo della mensa scolastica** school lunch; **pranzo di nozze** wedding breakfast

'prassi *f* standard procedure

prate'ria *f* grassland, prairie

'pratica *f* practice; (esperienza) experience; (documentazione) file; **avere ~ di qualcosa** be familiar with something, have experience of something; **mettere qualcosa in ~** put something into practice; **far ~** gain experience; **fare le pratiche per** gather the necessary papers for

prati'cabile *adj* practicable; (strada) passable

pratica'mente *adv* practically

prati'cante *mf* apprentice; Relig [regular] churchgoer

prati'care *vt* practise; (frequentare) associate with; (fare) make

praticità *f inv* practicality

'pratico *adj* practical; (esperto) experienced, knowledgeable; (comodo) convenient; **essere ~ di qualcosa** know about something; **all'atto ~** in practice

'prato *m* meadow; (di giardino) lawn
■ **prato all'inglese** lawn

preaccensi'one *f* Auto pre-ignition

pre'ambolo *m* preamble

preannunci'are *vt* give advance notice of

prean'nuncio *m* advance notice

preavvi'sare *vt* forewarn

preav'viso *m* warning

precari'cato *adj* preloaded

precarietà *f inv* frailty

pre'cario *adj* precarious

precauzi'one *f* precaution; (cautela) care

prece'dente **A** *adj* previous
B *m* precedent; **avere dei precedenti penali** have a police record; **senza precedenti** (successo) unprecedented

precedente'mente *adv* previously

prece'denza *f* precedence; (di veicoli) right of way; **dare la ~ a** give priority to; Auto give way to; **avere la ~** have priority; Auto have right of way; **~ assoluta** top priority

pre'cedere *vt* precede

pre'cetto *m* precept

precet'tore, -trice *mf* tutor

precipi'tare **A** *vt* **~ le cose** precipitate events; **~ qualcuno nella disperazione** cast somebody into a state of despair
B *vi* fall headlong; (situazione, eventi) come to a head

precipi'tarsi *vr* (gettarsi) throw oneself; (affrettarsi) rush; **~ a fare qualcosa** rush to do something

precipitazi'one *f* (fretta) haste; (atmosferica) precipitation

precipi'toso *adj* hasty; (avventato) reckless; (caduta) headlong

preci'pizio *m* precipice; **a ~** headlong

preci'sabile *adj* specifiable

precisa'mente *adv* precisely

preci'sare *vt* specify; (spiegare) clarify; **ci tengo a ~ che...** I want to make the point that...

precisazi'one *f* clarification

precisi'one *f* precision

pre'ciso *adj* precise; (calcolo, risposta) accurate; (ore) sharp; (identico) identical

pre'cludere *vt* preclude

pre'cludersi *vr* **~ ogni possibilità** preclude every possibility

pre'cluso pp di **precludere**

pre'coce *adj* precocious; (prematuro) premature

precocità *f inv* precociousness

precon'cetto A *adj* preconceived
B *m* prejudice
preconfezio'nato *adj* pre-packed
preconfigu'rato *adj* preconfigured
pre'correre *vt* (anticipare) anticipate; **~ i tempi** be ahead of one's time
precorri|'tore, -trice *mf* precursor, forerunner
pre'cotto *adj* ready-cooked
■ **precotto e surgelato** cook-chill
precur'sore *m* forerunner, precursor
'preda *f* prey; (bottino) booty; **essere in ~ al panico** be panic-stricken; **in ~ alle fiamme** engulfed in flames
pre'dare *vt* plunder
preda'tore *m* predator
predeces'sore *mf* predecessor
pre'della *f* platform
predel'lino *m* step
predesti'nare *vt* predestine
predesti'nato *adj* predestined, preordained
predestinazi'one *f* predestination
predetermi'nare *vt* predetermine
predetermi'nato *adj* predetermined, preordained
pre'detto pp di **predire**
'predica *f* sermon; fig lecture
predi'care *vt* preach
predi'cato *m* predicate
predige'rito *adj* predigested
predi'letto, -a A pp di **prediligere**
B *adj* favourite
C *mf* pet infml
predilezi'one *f* predilection; **avere una ~ per** have a predilection for, be partial to
predi'ligere *vt* prefer
prediposizi'one *f* predisposition; (al disegno ecc.) bent (**a** for)
pre'dire *vt* foretell
predi'sporre *vt* arrange; **~ qualcuno a qualcosa** Med predispose somebody to something; (preparare) prepare somebody for something
predi'sporsi *vr* **~ a** prepare oneself for
predi'sposto, -a A pp di **predisporre**
B *adj* arranged
■ **predisposto per la TV via cavo** cable-ready
predizi'one *f* prediction
predomi'nante *adj* predominant
predomi'nare *vi* predominate
predo'minio *m* predominance
pre'done *m* robber
prefabbri'cato A *adj* prefabricated
B *m* prefabricated building
prefazi'one *f* preface
prefe'renza *f* preference; **di ~** preferably
preferenzi'ale *adj* preferential; **corsia ~** bus and taxi lane

prefe'ribile *adj* preferable
preferibil'mente *adv* preferably
prefe'rire *vt* prefer
prefe'rito, -a *adj & nmf* favourite
pre'fetto *m* prefect
prefet'tura *f* prefecture
pre'figgere *vt* decide in advance, pre-arrange ‹*termine*›
pre'figgersi *vr* **~ uno scopo** set oneself an objective
prefigu'rare *vt* (anticipare) foreshadow
prefinanzia'mento *m* bridging loan
prefis'sare *vt* pre-arrange ‹*data, appuntamento*›
pre'fisso A pp di **prefiggere**
B *m* prefix; Teleph [dialling] code
pre'gare A *vi* Relig pray
B *vt* Relig pray to; (supplicare) beg; **farsi ~** need persuading; **~ qualcuno di fare qualcosa** ask somebody to do something; **si prega di...** please...; **si prega di non...** please do not...; **si prega di non fumare** please refrain from smoking
pre'gevole *adj* valuable
preghi'era *f* prayer; (richiesta) request
pregi'arsi *vr* **si pregia di non essere mai in ritardo** he prides himself on never being late
pre'giato *adj* esteemed; (prezioso) valuable
'pregio *m* esteem; (valore) value; (di persona) good point; **di ~** valuable
pregiudi'care *vt* prejudice; (danneggiare) harm
pregiudi'cato A *adj* prejudiced
B *m* Jur previous offender
pregiu'dizio *m* prejudice; (danno) detriment
pre'gnante *adj* (parola) pregnant, pregnant with meaning
'pregno *adj* (parola) pregnant; (pieno) full; **~ di** (umidità) saturated with; (significato) pregnant with
'prego *int* (non c'è di che) don't mention it!; (per favore) please; **~?** I beg your pardon?; **posso? - ~** may I? - please do
pregu'stare *vt* look forward to
preinstal'lato *adj* pre-installed
prei'storia *f* prehistory
prei'storico *adj* prehistoric
pre'lato *m* prelate
prela'vaggio *m* pre-wash
preleva'mento *m* withdrawal
prele'vare *vt* withdraw ‹*soldi*›; collect ‹*merci*›; Med take
preli'evo *m* (di soldi) withdrawal
■ **prelievo di sangue** blood sample
prelimi'nare A *adj* preliminary
B *m* **preliminari** *pl* preliminaries
pre'ludere *vi* **~ a** herald
pre'ludio *m* prelude
prema'man A *m inv* maternity dress
B *adj* maternity *attrib*

prematrimoni'ale *adj* premarital
prematura'mente *adv* prematurely
prema'turo, -a **A** *adj* premature
B *mf* premature baby
premedi'tare *vt* premeditate
premeditazi'one *f* premeditation; **con ~** (omicidio) premeditated
'premere **A** *vt* press; Comput hit ‹*tasto*›
B *vi* **~ a** (importare) matter to; **mi preme sapere** I need to know; **~ su** press on; push ‹*pulsante*›; fig (fare pressione su) put pressure on, pressure; **~ per ottenere qualcosa** push for something
pre'messa *f* introduction; **senza tante premesse** without further ado
pre'messo (pp di **premettere**) **~ che** bearing in mind that
pre'mettere *vt* (mettere prima) put before; **premetto che...** I want to make it clear first that...; **~ un'introduzione a un libro** put an introduction at the beginning of a book
premi'are *vt* give a prize to; (ricompensare) reward
premi'ato *adj* award-winning
premiazi'one *f* prize giving
premi'nente *adj* pre-eminent
premi'nenza *f* pre-eminence
'premio *m* prize; (ricompensa) reward; (di produzione ecc.) bonus; Fin premium
■ **premio di assicurazione** insurance premium; **premio di consolazione** consolation prize; (ridicolo) booby prize; **premio di ingaggio** Sport signing fee; **premio di produzione** productivity bonus
premoni'tore *adj* ‹*sogno, segno*› premonitory
premonizi'one *f* premonition
premu'nire *vt* fortify
premu'nirsi *vr* take protective measures; **~ di** provide oneself with; **~ contro** protect oneself against
pre'mura *f* (fretta) hurry; (cura) care; **far ~ a qualcuno** hurry somebody up
premu'roso *adj* thoughtful
prena'tale *adj* antenatal
'prendere **A** *vt* take; (afferrare) seize; catch ‹*treno, malattia, ladro, pesce*›; have ‹*cibo, bevanda*›; (far pagare) charge; ‹*assumere*› take on; (ottenere) get; (occupare) take up; (guadagnare) earn; **~ informazioni** make inquiries; **~ in giro qualcuno** pull somebody's leg; **~ a calci/pugni** kick/punch; **che ti prende?** what's got into you?; **quanto prende?** what do you charge?; **~ una persona per un'altra** mistake a person for somebody else; **passare a ~ qualcuno** collect somebody, pick somebody up
B *vi* (voltare) turn; (attecchire) take root; (rapprendersi) set; ‹*fuoco*› catch, take; **~ a destra/sinistra** turn right/left; **~ a fare qualcosa** start doing something; **la colla non ha preso** the glue didn't take
'prendersi *vr* **~ a pugni** come to blows; **~ cura di** take care of ‹*ammalato*›; **prendersela** take it to heart; **si prende troppo sul serio** he takes himself too seriously
prendi'sole *m* sundress
preno'tare *vt* book, reserve
preno'tarsi *vr* **~ per** put one's name down for
preno'tato *adj* booked, reserved
prenotazi'one *f* booking, reservation
■ **prenotazione di gruppo** group booking
'prensile *adj* prehensile
preoccu'pante *adj* alarming
preoccu'pare *vt* worry
preoccu'parsi *vr* **~** worry (**di** about); **~ di fare qualcosa** take the trouble to do something
preoccu'pato *adj* worried; (apprensivo) concerned
preoccupazi'one *f* worry; (apprensione) concern
preopera'torio *adj* preoperative
prepa'gato, -a **A** *adj* prepaid
B *m* Teleph pay-as-you-go
prepa'rare *vt* prepare; study for ‹*esame*›; **~ da mangiare** prepare a meal
prepa'rarsi *vr* get ready
prepara'tivi *mpl* preparations
prepa'rato *m* (prodotto) preparation
prepara'torio *adj* preparatory
preparazi'one *f* preparation; (competenza) knowledge
prepensiona'mento *m* early retirement
preponde'rante *adj* predominant, preponderant
preponde'ranza *f* preponderance, prevalence
pre'porre *vt* place before
preposizi'one *f* preposition
pre'posto **A** pp di **preporre**
B *adj* **~ a** (addetto a) in charge of
prepo'tente **A** *adj* overbearing
B *mf* bully; **fare il/la ~ con qualcuno** bully somebody
prepo'tenza *f* high-handedness
preprogram'mato *adj* Comput preprogrammed
pre'puzio *m* foreskin, prepuce
preroga'tiva *f* prerogative
'presa *f* taking; (conquista) capture; (stretta) hold; (di cemento ecc.) setting; Electr socket; (di gas, acqua) inlet, connection; (pizzico) pinch; **essere alle prese con** be struggling *or* grappling with; **a ~ rapida** ‹*cemento, colla*› quick setting; **fare ~ su qualcuno** influence somebody
■ **macchina da presa** cine camera; **presa d'aria** air vent; **presa in giro** leg-pull; **presa multipla** adaptor; **presa scart** Scart connector
pre'sagio *m* omen

presa'gire *vt* foretell
presa'lario *m* maintenance grant
'presbite *adj* long-sighted
presbiteri'ano, -a *adj & nmf* Presbyterian
presbi'terio *m* presbytery
pre'scelto *adj* selected
pre'scindere *vi* ~ **da** leave aside; **a ~ da** apart from
presco'lare *adj* pre-school; **in età ~** pre-school
pre'scritto pp di **prescrivere**
pre'scrivere *vt* prescribe
prescrizi'one *f* prescription; (norma) rule; **cadere in ~** cease to be valid as a result of the statute of limitations
preselezi'one *f* preliminary selection; (per il traffico) advance lane markings; Sport [qualifying] heats *pl*
presen'tare *vt* present; (far conoscere) introduce; show ‹*documento*›; (inoltrare) submit
presen'tarsi *vr* present oneself; (farsi conoscere) introduce oneself; (a ufficio) attend; (alla polizia ecc.) report; (come candidato) stand, run (**a** for); ‹*occasione*› occur; **~ bene/male** ‹*persona*› make a good/ bad impression; ‹*situazione*› look good/bad
presenta|'tore, -trice *mf* presenter; (di notiziario) announcer
■ **presentatore di talk show** chat show host
presentazi'one *f* presentation; (per conoscersi) introduction; **fare le presentazioni** do the introductions; **dietro ~ di ricetta medica** on doctor's prescription only
pre'sente **A** *adj* present; (attuale) current; (questo) this; **aver ~** remember
B *m* present; **i presenti** those present
C *f* **allegato alla ~** (in lettera) enclosed
presenti'mento *m* foreboding
pre'senza *f* presence; (aspetto) appearance; **in ~ di, alla ~ di** in the presence of; **di bella ~** personable
■ **presenza di spirito** presence of mind
presenzi'are *vi* ~ **a** attend
pre'sepe, pre'sepio *m* crib
preser'vare *vt* preserve; (proteggere) protect (**da** from)
preserva'tivo *m* condom
preservazi'one *f* preservation
'preside **A** *m* headmaster; Univ dean
B *f* headmistress; Univ dean
presi'dente **A** *m* chairman; Pol president
B *f* chairwoman; Pol president
■ **presidente del consiglio [dei ministri]** Prime Minister; **presidente della repubblica** President of the Republic
presiden'tessa *f* chairwoman
presi'denza *f* presidency; (di assemblea) chairmanship

key word

presidenzi'ale *adj* presidential
presidi'are *vt* garrison
pre'sidio *m* garrison
presi'edere *vt* preside over
'preso pp di **prendere**
'pressa *f* Mech press
press-'agent *mf inv* publicist, press agent
pres'sante *adj* urgent
pressap'poco *adv* about
pres'sare *vt* press
pressi'one *f* pressure; **far ~ su** put pressure on; **essere sotto ~** fig be under pressure; **esercitare pressioni su qualcuno** put pressure on somebody; **a/di alta ~** high pressure
■ **pressione fiscale** tax burden; **pressione [delle] gomme** tyre pressure; **pressione del sangue** blood pressure
'presso **A** *prep* near; (a casa di) with; (negli indirizzi) care of, c/o; ‹*lavorare*› for; **richiedere qualcosa ~ una società** request something from a company
B *mpl* **pressi: nei pressi di...** in the neighbourhood *or* vicinity of...
pressoché *adv* almost
pressuriz'zare *vt* pressurize
pressuriz'zato *adj* pressurized
prestabi'lire *vt* arrange in advance
prestabi'lito *adj* agreed, predetermined
prestam'pato **A** *adj* printed
B *m* (modulo) form
pre'stante *adj* good-looking
pre'stanza *f* good looks *pl*
pre'stare *vt* lend; **~ attenzione** pay attention; **~ aiuto** lend a hand; **~ ascolto** lend an ear; **~ fede a** give credence to; **~ giuramento** take the oath; **farsi ~** borrow (**da** from)
pre'starsi *vr* ‹*frase*› lend itself; ‹*persona*› offer
prestazi'one *f* performance; **prestazioni** *pl* (servizi) services
prestigia|'tore, -trice *mf* conjuror, conjurer
pre'stigio *m* prestige; **gioco di ~** conjuring trick
prestigi'oso *m* prestigious
'prestito *m* loan; **dare in ~** lend; **prendere in ~** borrow
■ **prestito bancario** bank loan; **prestito con garanzia collaterale** collateral loan
'presto *adv* soon; (di buon'ora) early; (in fretta) quickly; **a ~** see you soon; **al più ~** as soon as possible; **~ o tardi** sooner or later; **far ~** be quick
pre'sumere *vt* presume; (credere) think
presu'mibile *adj* **è ~ che...** presumably, ...
pre'sunto *adj* ‹*colpevole*› presumed
presuntu'oso **A** *adj* presumptuous
B *mf* presumptuous person
presunzi'one *f* presumption

presup'porre *vt* suppose; (richiedere) presuppose
presupposizi'one *f* presupposition
presup'posto *m* essential requirement
prêt-à-por'ter *m* ready-to-wear clothing
'prete *m* priest
preten'dente **A** *mf* pretender
B *m* (corteggiatore) suitor
pre'tendere **A** *vt* (sostenere) claim; (esigere) demand
B *vi* ~ **a** claim to; ~ **di** (esigere) demand to
pretensi'one *f* pretension
pretenzi'oso *adj* pretentious
preterintenzio'nale *adj* **omicidio** ~ manslaughter
pre'terito *m* preterite
pre'tesa *f* pretension; (esigenza) claim; **senza pretese** unpretentious
pre'teso pp di **pretendere**
pre'testo *m* pretext
pre'tore *m* magistrate
pretta'mente *adv* decidedly
'pretto *adj* pure
pre'tura *f* magistrate's court
preva'lente *adj* prevalent
prevalente'mente *adv* primarily, predominantly
preva'lenza *f* prevalence
preva'lere *vi* prevail
pre'valso pp di **prevalere**
preve'dere *vt* foresee; forecast <*tempo*>; (legge ecc.) provide for
preve'nire *vt* precede; (evitare) prevent; (avvertire) forewarn
preventi'vare *vt* estimate; (aspettarsi) budget for
preven'tivo **A** *adj* preventive; **bilancio** ~ budget
B *m* Comm estimate
preve'nuto *adj* forewarned; (maldisposto) prejudiced
prevenzi'one *f* prevention; (preconcetto) prejudice
previ'dente *adj* provident
previ'denza *f* foresight
■ **previdenza integrativa** supplementary social security, supplementary welfare AmE; **previdenza sociale** social security, welfare AmE
previdenzi'ale *adj* provident
'previo *adj* ~ **pagamento** on payment
previsi'one *f* forecast; **in** ~ **di** in anticipation of; **previsioni** *pl* **del tempo** weather forecast
pre'visto **A** pp di **prevedere**
B *adj* foreseen
C *m* **più/meno/prima del** ~ more/less/earlier than expected
prezi'oso *adj* precious
prez'zemolo *m* parsley
'prezzo *m* price; **[a] metà** ~ half price; **a** ~ **ribassato** at a reduced price; **non aver** ~ fig be priceless
■ **prezzo d'acquisto** purchase price; **prezzo di costo** cost price; **prezzo al dettaglio** retail price; **prezzo di fabbrica** factory price; **prezzo di favore** special price; **prezzo all'ingrosso** wholesale price; **prezzo intero** full price; **prezzo di listino** list price; **prezzo di mercato** market price; **prezzo al minuto** retail price; **prezzo d'offerta** offer price; **prezzo politico** subsidized price; **prezzo di riferimento** benchmark price; **prezzo scontato** sale price; **prezzo sorvegliato** controlled price; **prezzo stracciato** slashed price, drastically reduced price; **prezzo trattabile** price negotiable; **prezzo unitario** unit price; **prezzo di vendita** selling price
prigi'one *f* prison; (pena) imprisonment; **mettere in** ~ imprison, put in prison
prigio'nia *f* imprisonment
prigioni'ero, -a **A** *adj* imprisoned
B *mf* prisoner; **tenere** ~ **qualcuno** keep somebody prisoner
■ **prigioniero di guerra** prisoner of war, POW; **prigioniero politico** political prisoner
'prima **A** *adv* before; (più presto) earlier; (in anticipo) beforehand; (in primo luogo) first; **finiamo questo,** ~ let's finish this first; **puoi venire** ~**?** (di giorni) can't you come any sooner?; (di ore) can't you come any earlier?; ~ **o poi** sooner or later; **quanto** ~ as soon as possible
B *prep* ~ **di** before; ~ **di mangiare** before eating; ~ **d'ora** before now
C *conj* ~ **che** before; ~ **che posso** as soon as I can; ~ **possibile** ASAP
D *f* first class; Theat first night; Auto first [gear]
■ **prima elementare** first grade
pri'mario *adj* primary; (principale) principal
pri'mate *m* primate
prima'tista *mf* record holder
pri'mato *m* supremacy; Sport record
prima'vera *f* spring
■ **primavera araba** Arab Spring
primave'rile *adj* spring *attrib*
primeggi'are *vi* excel
primi'tivo *adj* primitive; (originario) original
pri'mizie *fpl* early produce *sg*
'primo **A** *adj* first; (fondamentale) principal; (in importanza) main; (precedente di due) former; (iniziale) early; (migliore) best
B *m* first; **il** ~ **d'aprile** April the first, April Fools' Day; **primi** *pl* **tempi** (i primi giorni) the beginning; **in un** ~ **tempo** at first
■ **prima colazione** *nf* breakfast; **prima copia** *nf* master copy; **prima linea** *nf* Mil front line; **prima serata** *nf* prime time; **in prima serata trasmetteremo...** in the early evening slot we're bringing you...
primo'genito, -a *adj* & *nmf* first-born
primogeni'tura *f* primogeniture; **vendere la** ~ sell one's birthright

primordi'ale *adj* primordial
'primula *f* primrose
princi'pale **A** *adj* main
B *m* head, boss infml
princi'pato *m* principality
■ **il Principato di Monaco** Monaco
'principe *m* prince; **da ~** princely
■ **principe ereditario** crown prince; **principe del foro** *famous lawyer*
princi'pesco *adj* princely
princi'pessa *f* princess
principi'ante *mf* beginner
principi'are *vt & vi* begin, start
prin'cipio *m* beginning; (concetto) principle; (causa) cause; **per ~** on principle; **una questione di ~** a matter of principle
■ **principio attivo** active ingredient
pri'ore *m* prior
pri'ori, a priori **A** *adv* ‹*decidere*› a priori; **farsi a ~ un'opinione di** prejudge
B *adj* a priori
priorità *f inv* priority
priori'tario *adj* having priority; ‹*obiettivo*› priority *attrib*; **la nostra scelta prioritaria** our decision, which must take priority
'prisma *m* prism
'privacy *f* privacy
pri'vare *vt* deprive
pri'varsi *vr* deprive oneself
privatiz'zare *vt* privatize
privatizzazi'one *f* privatization
pri'vato, -a **A** *adj* private
B *mf* private citizen; **in ~** in private; **ritirarsi a vita privata** withdraw from public life
privazi'one *f* deprivation
privilegi'are *vt* privilege; (considerare più importante) favour
privi'legio *m* privilege; **avere il ~ di** have the privilege of; **questo dizionario ha il ~ della chiarezza** this dictionary has the merit of clarity
'privo *adj* **~ di** devoid of; (mancante) lacking in
pro **A** *prep* for
B *m* advantage; **a che ~?** what's the point?; **il ~ e il contro** the pros and cons
pro'babile *adj* probable
probabilità *f inv* probability; **avere buone ~** have a fighting chance; **~ di riuscita** chances of success
probabil'mente *adv* probably
pro'bante *adj* convincing
probi'otico *adj* probiotic
probità *f inv* probity
pro'blema *m* problem; **non c'è ~** no problem
proble'matico *adj* problematic
pro'boscide *f* trunk
procacci'are *vt* obtain

procacci'arsi *vr* obtain
pro'cace *adj* ‹*ragazza*› provocative
pro'cedere *vi* (in percorso, discorso) go on, proceed fml; (iniziare) start; **il lavoro procede bene** the work is going well; **~ contro** Jur start legal proceedings against
procedi'mento *m* process; Jur proceedings *pl*
■ **procedimento giudiziario** legal proceedings
proce'dura *f* procedure
■ **procedura civile** civil proceedings *pl*; **procedura fallimentare** bankruptcy proceedings *pl*
procedu'rale *adj* procedural
proces'sare *vt* Jur try
processi'one *f* procession
pro'cesso *m* process; Jur trial; **essere sotto ~** be on trial; **mettere sotto ~** put on trial
■ **processo di pace** peace process
proces'sore *m* Comput processor
processu'ale *adj* trial *attrib*
pro'cinto *m* **essere in ~ di** be about to
proci'one *m* raccoon
pro'clama *m* proclamation
procla'mare *vt* proclaim
proclamazi'one *f* proclamation
procrasti'nare *vt* (liter) postpone
procre'are *vt* procreate
procreazi'one *f* procreation
pro'cura *f* power of attorney; **per ~** by proxy
■ **Procura [della Repubblica]** Public Prosecutor's office
procu'rare *vt & vi* procure; (causare) cause; (cercare) try
procura'tore *m* attorney
■ **Procuratore Generale** Attorney General; **procuratore legale** lawyer; **procuratore della repubblica** public prosecutor
'prode *adj* brave
pro'dezza *f* bravery
prodi'gare *vt* lavish
prodi'garsi *vr* do one's best
pro'digio *m* prodigy
prodigi'oso *adj* prodigious
'prodigo *adj* prodigal
prodi'torio *adj* treasonable
pro'dotto **A** pp di **produrre**
B *m* product
■ **prodotti** *pl* **agricoli** farm produce *sg*; **prodotto artigianalmente** *adj* made by craftsmen; **prodotti** *pl* **di bellezza** cosmetics; **prodotto derivato** by-product; **prodotto in fabbrica** *adj* factory-made; **prodotto finito** end product, finished product; **prodotto interno lordo** gross domestic product; **prodotto nazionale lordo** gross national product
pro'durre *vt* produce
pro'dursi *vr* ‹*attore*› play; (accadere) happen, occur

produttività *f inv* productivity
produt'tivo *adj* productive; **poco ~** unproductive
produt|'tore, -trice **A** *adj* producing
■ **produttore di petrolio** oil-producing
B *mf* producer
produzi'one *f* production
■ **produzione in serie** mass production
Prof. *abbr* (**professore**) Prof
profa'nare *vt* desecrate
profanazi'one *f* desecration
pro'fano **A** *adj* profane
B *m* **i profani** *pl* the uninitiated
profe'rire *vt* utter
Prof.essa *abbr* (**Professoressa**) Prof
profes'sare *vt* profess; practise ‹*professione*›
professio'nale *adj* professional; **istituto ~** training college
professionalità *f inv* professionalism
professi'one *f* profession; **libera professione** profession
professio'nismo *m* professionalism
professio'nista *mf* professional
professo'rale *adj* professorial
profes'sor|e, -essa *mf* Sch teacher; Univ lecturer; (titolare di cattedra) professor
pro'feta *m* prophet
pro'fetico *adj* prophetic
profetiz'zare *vt* prophesy
profe'zia *f* prophecy
pro'ficuo *adj* profitable
profi'lare *vt* outline; (ornare) border; Aeron streamline
profi'larsi *vr* stand out
profi'lattico **A** *adj* prophylactic
B *m* condom
pro'filo *m* profile; (breve studio) outline; **di ~** in profile
■ **profilo genetico** genetic profiling
profite'roles *mpl* profiteroles
profit'tare *vi* **~ di** (avvantaggiarsi) profit by; (approfittare) take advantage of
pro'fitto *m* profit; (vantaggio) advantage; **mettere qualcosa a ~** turn something to one's advantage; **trarre ~ da** (vantaggio) derive benefit from
profonda'mente *adv* deeply, profoundly
profondità *f inv* depth; (del pensiero ecc.) depth, profundity; **in ~** in depth; **passaggio in ~** Sport deep pass [down the field]
■ **profondità di campo** Phot depth of field
pro'fondo *adj* deep; ‹*pensiero ecc.*› profound; ‹*cultura*› great
pro 'forma **A** *adj* routine; **fattura ~** pro forma [invoice]
B *adv* as a formality
C *m* formality
'profugo, -a *mf* refugee
profu'mare **A** *vi* smell good; **~ di** smell of
B *vt* perfume
profu'marsi *vr* put on perfume
profumata'mente *adv* **pagare ~** pay through the nose
profu'mato *adj* ‹*fiore*› fragrant; ‹*fazzoletto ecc.*› scented
profume'ria *f* perfumery
pro'fumo *m* perfume, scent
profusi'one *f* profusion; **a ~** in profusion
pro'fuso *adj* profuse
pro'genie *f* progeny
progeni|'tore, -trice *mf* ancestor
proget'tare *vt* plan; plan, design ‹*costruzione*›
progettazione *f* planning, design
■ **progettazione assistita da computer** computer-aided design, CAD
proget'tista *mf* designer
pro'getto *m* plan; (di lavoro importante) project
■ **progetto di legge** bill; **progetto pilota** pilot scheme
'prognosi *f inv* prognosis; **in ~ riservata** on the danger list
pro'gramma *m* programme; Comput program; **avere qualcosa in ~** have something planned, have something on; **programmi** *pl* **televisivi del mattino** breakfast TV
■ **programma antivirus** Comput antivirus program, antivirus software; **programma assemblatore** Comput assembler; **programma aziendale** business plan; **programma per la gestione dei file** Comput file manager; **programma di grafica** Comput graphics program; **programma politico** manifesto; **programma scolastico** syllabus; **programma di setup** Comput set-up program; **programma di utilità** Comput utility
program'mare *vt* programme; Comput program
program'mato *adj* (sviluppo) planned
programma|'tore, -trice *mf* [computer] programmer
programmazi'one *f* programming
progre'dire *vi* [make] progress
progres'sione *f* progression
progres'sista *mf* progressive
progres'sivo *adj* progressive
pro'gresso *m* progress; **fare progressi** make progress
proi'bire *vt* forbid
proibi'tivo *adj* prohibitive
proi'bito *adj* forbidden; **è ~ fumare qui** it's no smoking here
proibizi'one *f* prohibition
proibizio'nismo *m* prohibition
proiet'tare *vt* project; show ‹*film*›
proi'ettile *m* bullet
proiet'tore *m* projector; Auto headlight
■ **proiettore per diapositive** slide projector
proiezi'one *f* projection
■ **proiezione di diapositive** slide show

'prole *f* offspring
proletari'ato *m* proletariat
prole'tario *adj & nm* proletarian
prolife'rare *vi* proliferate
pro'lifico *adj* prolific
prolissità *f inv* prolixity, diffuseness
pro'lisso *adj* verbose, prolix
pro 'loco *f* tourist office (*in small towns*)
'prologo *m* prologue
pro'lunga *f* extension
prolunga'mento *m* extension
prolun'gare *vt* extend ‹*contratto, scadenza, strada*›; prolong ‹*vita*›; lengthen ‹*vita, strada*›
prolun'garsi *vr* continue, go on; **~ su** (dilungarsi) dwell upon
prome'moria *m* memo; (per se stessi) reminder; note; (formale) memorandum
pro'messa *f* promise; **era già una ~ del...** he was already a promising new talent in...
pro'messo **A** pp di **promettere**
B *adj* ‹*terra*› promised
■ **promesso sposo, promessa sposa** *nm,f* betrothed
promet'tente *adj* promising
pro'mettere *vt & vi* promise
promi'nente *adj* prominent
promi'nenza *f* prominence
promiscuità *f inv* promiscuity
pro'miscuo *adj* promiscuous
promon'torio *m* promontory
pro'mosso **A** pp di **promuovere**
B *adj* Sch who has gone up a year; Univ who has passed an exam
promo|'tore, -trice *mf* promoter
promozio'nale *adj* promotional; **vendita ~** special offer
promozi'one *f* promotion
promul'gare *vt* promulgate
promulgazi'one *f* promulgation
promu'overe *vt* promote; Sch move up a class; **essere promosso** Sch, Univ pass one's exams
proni'pote **A** *m* (di bisnonno) great-grandson; (di prozio) great-nephew; **pronipoti** *pl* great-grandchildren
B *f* (di bisnonno) great-granddaughter; (di prozio) great-niece
pro'nome *m* pronoun
pronomi'nale *adj* pronominal
pronosti'care *vt* forecast, predict
pronostica|'tore, -trice *mf* forecaster
pro'nostico *m* forecast
pron'tezza *f* readiness; (rapidità) quickness; **con ~ di spirito** quick-wittedly
■ **prontezza di riflessi** quick reflexes *pl*
'pronto *adj* ready; (rapido) quick; **~!** Teleph hello!; **tenersi ~ (per qualcosa)** be ready (for something); **pronti, via!** (in gare) ready! steady! go!; **a pronta cassa** cash on delivery
■ **pronto intervento** *nm* emergency service; **pronto soccorso** *nm* first aid; (in ospedale) accident and emergency, A&E
prontu'ario *m* handbook
pro'nuncia *f* pronunciation
pronunci'are *vt* pronounce; (dire) utter; deliver ‹*discorso*›
pronunci'arsi *vr* (su un argomento) give one's opinion; **~ a favore/contro qualcosa** pronounce oneself in favour of/against something
pronunci'ato *adj* pronounced; (prominente) prominent
pro'nunzia = **pronuncia**
pronunzi'are = **pronunciare**
propa'ganda *f* propaganda
■ **propaganda elettorale** electioneering; **propaganda di partito** party political propaganda
propa'gare *vt* propagate
propa'garsi *vr* spread
propagazi'one *f* propagation
prope'deutico *adj* introductory
propel'lente *m* propellant
pro'pendere *vi* **~ per** be in favour of
propensi'one *f* inclination, propensity
pro'penso **A** pp di **propendere**
B *adj* **essere ~ a fare qualcosa** be inclined to do something
propi'nare *vt* administer
pro'pizio *adj* favourable
proponi'mento *m* resolution
pro'porre *vt* propose; (suggerire) suggest
pro'porsi *vr* set oneself ‹*obiettivo, meta*›; **~ di** intend to
proporzio'nale *adj* proportional
proporzio'nare *vt* proportion
proporzio'nato *adj* proportioned
proporzi'one *f* proportion
pro'posito *m* intention; **ho fatto il ~ di...** I have made the decision to...; **a ~** by the way; **a ~ di** with regard to; **di ~** (apposta) on purpose; **capitare a ~, giungere a ~** come at just the right time; **propositi** *pl* **per l'anno nuovo** New Year's resolutions
proposizi'one *f* clause; (frase) sentence
pro'posta *f* proposal, suggestion
■ **proposta di legge** bill; **proposta di matrimonio** [marriage] proposal
pro'posto pp di **proporre**
propria'mente *adv* **~ detto** in the strict sense of the word
proprietà *f inv* property; (diritto) ownership; (correttezza) propriety; **essere di ~ di qualcuno** be somebody's property
■ **proprietà collettiva** collective ownership; **proprietà immobiliare** property; **proprietà di linguaggio** correct use of language; **proprietà**

privata private property

proprie'taria *f* owner; (di casa affittata) landlady

proprie'tario *m* owner; (di casa affittata) landlord

'**proprio** **A** *adj* one's [own]; (caratteristico) typical; (appropriato) proper
B *adv* just; (veramente) really; **non ~** not really, not exactly; (affatto) not... at all
C *pron* one's own
D *m* one's own; **lavorare in ~** be one's own boss; **mettersi in ~** set up on one's own

propu'gnare *vt* support

propulsi'one *f* propulsion; **a ~ atomica** atomic
■ **propulsione a getto** jet propulsion

propul'sore *m* propeller

'**prora** *f* Naut prow

'**proroga** *f* extension

proro'gabile *adj* extendable

proro'gare *vt* extend

pro'rompere *vi* burst out

'**prosa** *f* prose

pro'saico *adj* prosaic

pro'sciogliere *vt* release; Jur acquit

prosciogli'mento *m* release

pro'sciolto pp di **prosciogliere**

prosciu'gare *vt* dry up; (bonificare) reclaim

prosciu'garsi *vr* dry up

prosci'utto *m* ham
■ **prosciutto cotto** cooked ham; **prosciutto crudo** type of dry-cured ham, Parma ham

pro'scritto, -a **A** pp di **proscrivere**
B *mf* exile

pro'scrivere *vt* exile, banish

proscrizi'one *f* exile, banishment

prosecuzi'one *f* continuation

prosegui'mento *m* continuation; **buon ~!** (viaggio) have a good journey!; (festa) enjoy the rest of the party!

prosegu'ire **A** *vt* continue
B *vi* go on, continue

pro'selito *m* convert

prospe'rare *vi* prosper

prosperità *f inv* prosperity

'**prospero** *adj* prosperous; (favorevole) favourable

prospe'roso *adj* flourishing; (ragazza) buxom

prospet'tare *vt* show

prospet'tarsi *vr* seem

prospet'tiva *f* perspective; (panorama) view; fig prospect

pro'spetto *m* (vista) view; (facciata) façade; (tabella) table

prospici'ente *adj* facing

prossima'mente *adv* soon

prossimità *f inv* proximity; **in ~ di** near

'**prossimo, -a** **A** *adj* near; (seguente) next; (molto vicino) close; **l'anno ~** next year; **~ venturo** next; **essere ~ a fare qualcosa** be about to do something
B *mf* neighbour

'**prostata** *f* prostate

prostitu'irsi *vr* prostitute oneself

prosti'tuta *f* prostitute

prostituzi'one *f* prostitution

pro'strare *vt* prostrate

pro'strarsi *vr* prostrate oneself

pro'strato *adj* prostrate

protago'nista *mf* protagonist; **ruolo/attore non ~** supporting role/actor

pro'teggere *vt* protect; (favorire) favour; **~ da sovrascrittura** write-protect

pro'teico *adj* protein *attrib*; **molto ~** rich in protein

prote'ina *f* protein

pro'tendere *vt* stretch out

pro'tendersi *vr* (in avanti) lean out

pro'teso pp di **protendere**

pro'testa *f* protest; (dichiarazione) protestation

prote'stante *adj & nmf* Protestant

prote'stare *vt & vi* protest

prote'starsi *vr* **~ innocente** protest one's innocence

protet'tivo *adj* protective

pro'tetto, -a **A** pp di **proteggere**
B *adj* protected; **non ~** unprotected
■ **protetto da password** password-protected

protetto'rato *m* protectorate

protet|'tore, -trice **A** *mf* protector; (sostenitore) patron
B *m* (di prostituta) pimp

protezi'one *f* protection
■ **protezione aerea** air cover; **protezione dell'ambiente** environmental protection; **protezione antivirus** virus protection; **protezione civile** civil defence

protocol'lare **A** *adj* (visita) protocol
B *vt* register

proto'collo *m* protocol; (registro) register; **carta ~** official stamped paper
■ **protocollo di gestione remota della posta elettronica** IMAP; **protocollo Internet** Internet protocol; **protocollo per il trasferimento di file** file transfer protocol; **protocollo per il trasferimento di ipertesti** hypertext transfer protocol

pro'totipo *m* prototype

pro'trarre *vt* protract; (differire) postpone

pro'trarsi *vr* go on, continue

pro'tratto pp di **protrarre**

protube'rante *adj* protuberant

protube'ranza *f* protuberance

'**prova** *f* test; (dimostrazione) proof; (tentativo) try, attempt; (di abito) fitting; Sport heat; Theat rehearsal; (bozza) proof; **prove** *pl* evidence; **fino a ~ contraria** until I'm told otherwise; **in ~** (assumere) for a trial period; **mettere alla ~** put to the test; **a ~ di bomba**

bombproof; **a ~ di ladro** burglar-proof
■ **prova del fuoco** fig acid test; **prova generale** dress rehearsal; **prova medico-legale** forensic evidence

pro'vare *vt* test; (dimostrare) prove; (tentare) try; try on ‹*abiti ecc.*›; (sentire) feel; Theat rehearse; **prova!** just try!

pro'varsi *vr* try

proveni'enza *f* origin

prove'nire *vi* **~ da** come from

pro'vento *m* proceeds *pl*

prove'nuto pp di **provenire**

pro'verbio *m* proverb

pro'vetta *f* test-tube; **bambino in ~** test-tube baby

pro'vetto *adj* skilled

pro'vincia *f* province

provinci'ale *adj* provincial; **strada ~** B road, secondary road

pro'vino *m* specimen; Cinema screen test

provo'cante *adj* provocative

provo'care *vt* provoke; (causare) cause

provoca|'tore, -trice *mf* trouble-maker

provoca'torio *adj* provocative, confrontational

provocazi'one *f* provocation

provo'lone *m type of cheese with a slightly smoked flavour*

provve'dere *vi* **~ a** provide for

provvedi'mento *m* measure; (previdenza) precaution
■ **provvedimento disciplinare** disciplinary measure

provvedito'rato *m*
■ **provveditorato agli studi** education department

provvedi'tore *m*
■ **provveditore agli studi** director of education

provvi'denza *f* providence

provvidenzi'ale *adj* providential

provvigi'one *f* Comm commission; **lavorare a ~** work on commission

provvi'sorio *adj* provisional; **in via provvisoria** provisionally, for the time being

prov'vista *f* supply

pro'zia *f* great-aunt

pro'zio *m* great-uncle

'prua *f* Naut prow

pru'dente *adj* prudent

pru'denza *f* prudence; **per ~** as a precaution

prudenzi'ale *adj* prudential

'prudere *vi* itch

'prugna *f* plum
■ **prugna secca** prune; **prugna selvatica** damson

'prugno *m* plum tree

'prugnolo *m* sloe

prurigi'noso *adj* itchy

pru'rito *m* itch

P.S. *abbr* (**Pubblica Sicurezza**) police

pseu'donimo *m* pseudonym

psica'nalisi *f* psychoanalysis

psicana'lista *mf* psychoanalyst

psicanaliz'zare *vt* psychoanalyse

'psiche *f* psyche

psiche'delico *adj* psychedelic

psichi'atra *mf* psychiatrist

psichia'tria *f* psychiatry

psichi'atrico *adj* psychiatric

'psichico *adj* mental

psico'farmaco *m* drug that affects the mind

psicolo'gia *f* psychology

psico'logico *adj* psychological

psi'cologo, -a *mf* psychologist

psico'patico, -a **A** *adj* psychopathic
B *mf* psychopath

psicopedago'gia *f* educational psychology

psi'cosi *f inv* psychosis

psicoso'matico *adj* psychosomatic

psicotera'peuta *mf* psychotherapist

psicotera'pista *mf* psychotherapist

psi'cotico, -a *adj & nmf* psychotic

PT *abbr* (**Posta e Telegrafi**) PO

puàh *int* yuck!

pub *m inv* pub

pubbli'care *vt* publish

pubblicazi'one *f* publication; **pubblicazioni** *pl* (di matrimonio) banns
■ **pubblicazione periodica** periodical

pubbli'cista *mf* Journ correspondent

pubblicità *f inv* publicity, advertising; (annuncio) advertisement, advert; **fare ~ a qualcosa** advertise something; **piccola ~** small advertisements

pubblici'tario *adj* advertising

'pubblico **A** *adj* public; **scuola pubblica** state school
B *m* public; (spettatori) audience; **in ~** in public; **grande ~** general public; **Pubblica Sicurezza** police
■ **pubblico ministero** public prosecutor; **pubblico ufficiale** civil servant

'pube *m* pubis

pubertà *f inv* puberty

pu'dico *adj* modest

pu'dore *m* modesty

pue'rile *adj* children's; derog childish

'puerpera *f* new mother

puerpe'rale *adj* of childbirth, puerperal fml; ‹*depressione*› postnatal

puer'perio *m* post-natal period

pugi'lato *m* boxing

'pugile *m* boxer

'Puglia *f* Apulia

pugli'ese *adj & nmf* Apulian

pugna'lare *vt* stab
pugna'lata *f* stab
pu'gnale *m* dagger
'pugno *m* fist; (colpo) punch; (manciata) fistful; fig (numero limitato) handful; **dare un ~ a** punch; **di proprio ~** ‹*scrivere*› in one's own hand; **fare a pugni** ‹*colori*› clash; **tenere in ~** ‹*situazione*› have under control; have in the palm of one's hand ‹*persona*›; **un ~ in un occhio** fig an eyesore
■ **pugno di ferro** iron fist
'pula *f* sl **la ~** the fuzz
'pulce *f* flea; (microfono) bug; **mettere la ~ nell'orecchio a qualcuno** sow a doubt in somebody's mind
pul'cino *m* chick; (nel calcio) junior
pu'ledra *f* filly
pu'ledro *m* foal, colt
pu'leggia *f* pulley
pu'lire *vt* clean; **~ a secco** dry-clean; **far ~ qualcosa** have something cleaned
puliscipi'edi *m inv* boot scraper
pu'lito *adj* clean
puli'tura *f* cleaning
puli'zia *f* (il pulire) cleaning; (l'essere pulito) cleanliness; **pulizie** *pl* housework; **fare le pulizie** do the cleaning
■ **pulizia personale** personal hygiene
'pullman *m inv* coach, bus; (urbano) bus; **gita in ~** coach trip
pull'over *m* pullover
pul'mino *m* minibus
'pulpito *m* pulpit
pul'sante *m* button; Electr push-button
■ **pulsante di accensione** on/off switch; **pulsante di alimentazione** power switch
pul'sare *vi* pulsate
pulsazi'one *f* pulsation
pul'viscolo *m* dust
'puma *m inv* puma
'punching 'bag *f inv* punchbag
pun'gente *adj* prickly; ‹*insetto*› stinging; ‹*odore ecc.*› sharp
'pungere *vt* prick; ‹*insetto*› sting; **~ qualcuno sul vivo** cut somebody to the quick
pungersi *vr* prick oneself; **~ un dito** prick one's finger
pungigli'one *m* sting
pungo'lare *vt* goad
pu'nire *vt* punish
puni'tivo *adj* punitive
punizi'one *f* punishment; Sport penalty; (in calcio) free kick
■ **punizione corporale** corporal punishment
'punta *f* point; (estremità) tip; (di monte) peak, top; (un po) pinch; Sport forward; **doppie punte** (di capelli) split ends; **di ~** ‹*ore*› peak; ‹*personaggio*› leading
pun'tare **A** *vt* point; (spingere con forza) push; (scommettere) bet; infml (appuntare) fasten
B *vi* **~ su** fig rely on; (scommettere) bet on; **~ verso** (dirigersi) head for; **~ a** aspire to; **punta e clicca** Comput point and click
punta'spilli *m inv* pincushion
pun'tata *f* (di una storia) instalment; (televisiva) episode; (al gioco) stake, bet; (breve visita) flying visit; **a puntate** serialized, in instalments; **fare una ~ a/in** pop over to ‹*luogo*›
punteggia'tura *f* punctuation
pun'teggio *m* score
puntel'lare *vt* prop
pun'tello *m* prop
punteru'olo *m* awl
pun'tiglio *m* spite; (ostinazione) obstinacy
puntigli'oso *adj* punctilious, pernickety derog
pun'tina *f* (da disegno) drawing pin, thumb tack AmE; (di giradischi) stylus
■ **puntina da disegno** drawing pin, thumb tack AmE
pun'tine *fpl* Aut; **~ [platinate]** points
pun'tino *m* dot; **a ~** perfectly; ‹*cotto*› to a T; **puntini** *pl* **[di sospensione]** suspension points
'punto *m* point; (in cucito, Med) stitch; (in punteggiatura) full stop; **in che ~?** where, exactly?; **di ~ in bianco** all of a sudden; **essere sul ~ di fare qualcosa** be on the point of doing something, be about to do something; **in ~** sharp; **mettere a ~** put right; fig fine-tune; tune up ‹*motore*›; **messa a ~** fine tuning; **due punti** colon; **punti** *pl* **cardinali** points of the compass
■ **punto cieco** blind spot; **punto di congelamento** freezing point; **punto croce** cross-stitch; **punto debole** weak spot; **punto di domanda** question mark; **punto di ebollizione** boiling point; **punto esclamativo** exclamation mark; **punto di fuga** vanishing point; **punto di fusione** melting point; **punto d'incontro** meeting point; **punto di infiammabilità** flashpoint; **punto interrogativo** question mark; **punto morto** fig stand-off; **punto nero** (comedone) blackhead; **punto di pareggio** Fin break-even point; **punto di partenza** starting point; **punto di riferimento** landmark; (per la qualità) benchmark; **punto di rottura** breaking point; **punto a smerlo** blanket stitch; **punto [di] vendita** point of sale, outlet; **pubblicità al ~ [di] vendita** point-of-sale publicity; **punto e virgola** semicolon; **punto di vista** point of view
puntu'ale *adj* punctual; **essere ~** be punctual, be on time
puntualità *f inv* punctuality
puntualiz'zare *vt* make clear, clarify
puntual'mente *adv* punctually, on time; (come al solito) as usual
pun'tura *f* (di insetto) sting; (di ago ecc.) prick; Med puncture; (iniezione) injection; (fitta)

stabbing pain
■ **puntura d'ape** bee sting; **puntura d'insetto** insect bite; **puntura di spillo** pinprick; **puntura di zanzara** mosquito bite

punzecchi'are *vt* prick; fig tease

punzo'nare *vt* Techn punch, stamp

pun'zone *m* punch

può ▶ **potere**; ~ **darsi** maybe, perhaps

'pupa *f* doll

pu'pazzo *m* puppet
■ **pupazzo di neve** snowman

pup'illa *f* Anat pupil

pu'pillo, -a *mf* Jur ward; (di professore) favourite

purché *conj* provided

'pure A *adv* too, also; (concessivo) **fate ~!** please do!; **io ~** me too; **è venuto ~ lui** he came too, he also came
B *conj* (tuttavia) yet; (anche se) even if; **pur di** just to

purè *m inv* purée
■ **purè di patate** mashed potatoes, creamed potatoes

pu'rezza *f* purity

'purga *f* purge

pur'gante *m* laxative

pur'gare *vt* purge

purga'torio *m* purgatory

purifi'care *vt* purify

purificazi'one *f* purification

pu'rista *mf* purist

puri'tano, -a *adj & nmf* Puritan

'puro *adj* pure; ‹*vino ecc.*› undiluted; **per ~ caso** by sheer chance, purely by chance
■ **puro cotone** *nm* pure cotton, 100% cotton; **pura lana vergine** *nf* pure new wool; **pura seta** *nf* pure silk

puro'sangue *adj & nm* thoroughbred

pur'troppo *adv* unfortunately

'pus *m* pus

'pustola *f* pimple

puti'ferio *m* uproar

putre'fare *vi* putrefy

putre'farsi *vr* putrefy

putre'fatto *adj* rotten

putrefazi'one *f* putrefaction

'putrido *adj* putrid

putt *m inv* putt

put'tana *f* vulg whore

'puzza *f* stink; **avere la ~ sotto il naso** be sniffy

puz'zare *vi* anche fig stink; **~ di bruciato** fig smell fishy; **~ d'imbroglio** stink; **~ di corruzione** stink of corruption; **questa storia mi puzza** the story stinks

'puzzo *m* stink

'puzzola *f* polecat

puzzo'lente *adj* stinking

puz'zone *m* infml bastard

p.zza *abbr* (**piazza**) sq.

Qq

Qatar *m* Qatar

QI *abbr* (**quoziente di intelligenza**) IQ

qua *adv* here; **da un anno in ~** for the last year; **da quando in ~?** since when?; **di ~** this way; **di ~ di** on this side of; **~ dentro** in here; **~ sotto** under here; **~ vicino** near here; **~ e là** here and there

'quacchero, -a *mf* Quaker

qua'derno *m* exercise book; (per appunti) notebook
■ **quaderno a quadretti** maths exercise book; **quaderno a righe** lined exercise book

quadrango'lare *adj* ‹*forma*› quadrangular; **incontro ~** Sport four-sided tournament

qua'drangolo *m* quadrangle

qua'drante *m* quadrant; (di orologio) dial

qua'drare A *vt* square; (contabilità) balance
B *vi* fit in

qua'drato A *adj* square; (equilibrato) level-headed
B *m* square; (nel pugilato) ring; **al ~** squared

quadra'tura *f* Math squaring; (di bilancio) balancing

quadret'tare *vt* divide into small squares

quadret'tato *adj* squared; ‹*carta*› graph (*attrib*); ‹*tessuto*› check, checked

qua'dretto *m* square; (piccolo quadro) small picture; **a quadretti** ‹*tessuto*› check

quadricro'mia *f* four-colour printing

quadrien'nale *adj* (che dura quattro anni) four-year; (ogni quattro anni) four-yearly

quadri'foglio *m* four-leaf clover

qua'driglia *f* square dance
quadri'latero *m* quadrilateral
quadri'mestre *m* (periodo) four-month period; Sch term
quadrimo'tore *m* four-engined plane
quadri'nomio *m* Math quadrinomial
quadripar'tito **A** *adj* four-party
B *m* (politica) four-party government
quadri'plegico *adj* quadriplegic
'quadro *m* picture, painting; (quadrato) square; fig (scena) sight; (tabella) table; Theat scene; (dirigente) executive; **fare il ~ della situazione** outline the situation; **fuori ~** Cinema, TV out of shot; **quadri** *pl* (carte) diamonds; **a quadri** ‹*tessuto, giacca, motivo*› check, checked
■ **quadro clinico** case history; **quadro di comando** control panel; **quadri** *pl* **direttivi** senior management; **quadro di distribuzione** Electr switchboard; **quadri** *pl* **intermedi** middle management; **quadro degli interruttori** switch panel; **quadro degli strumenti** instrument panel
qua'drupede *m* quadruped
quadrupli'care *vt* quadruple
quadrupli'carsi *vr* quadruple
qua'druplice *adj* quadruple
'quadruplo *adj & nm* quadruple
quaggiù *adv* down here
'quaglia *f* quail
'qualche *adj* (alcuni) a few, some; (un certo) some; (in interrogazioni) any; **ho ~ problema** I have a few problems, I have some problems; **~ tempo fa** some time ago; **hai ~ libro italiano?** have you any Italian books?; **posso prendere ~ libro?** can I take some books?; **in ~ modo** somehow; **in ~ posto** somewhere; **~ volta** sometimes; **~ cosa** = **qualcosa**
qualche'duno *pron* somebody, someone
qual'cosa *pron* something; (in interrogazioni) anything; **qualcos'altro** something else; **vuoi qualcos'altro?** would you like anything else?; **~ di strano** something strange; **vuoi ~ da mangiare?** would you like something to eat?; **vuoi ~ da bere?** would you like a drink?, would you like something to drink?
qual'cuno *pron* someone, somebody; (in interrogazioni) anyone, anybody; (alcuni) some; (in interrogazioni) any; **c'è ~?** is anybody in?; **qualcun altro** someone else, somebody else; **c'è qualcun altro che aspetta?** is anybody else waiting?; **ho letto ~ dei suoi libri** I've read some of his books; **conosci ~ dei suoi amici?** do you know any of his friends?
'quale **A** *adj* which; (indeterminato) what; (come) as, like; **~ macchina è la tua?** which car is yours?; **~ motivo avrà di parlare così?** what reason would he have to speak like that?; **~ onore!** what an honour!; **città quali Venezia** towns like Venice; **~ che sia la tua opinione** whatever you may think
B *pron* (inter) which [one]; **~ preferisci?** which [one] do you prefer?
C *pron rel* **il/la ~** (persona) who; (animale, cosa) that, which; (oggetto: con prep) whom; (oggetto: animale, cosa) which; **ho incontrato tua madre, la ~ mi ha detto...** I met your mother who told me...; **l'ufficio nel ~ lavoro** the office in which I work; **l'uomo con il ~ parlavo** the man to whom I was speaking
D *adv* (come) as
qua'lifica *f* qualification; (titolo) title
qualifi'cabile *adj* qualifiable
qualifi'care *vt* qualify; (definire) define
qualifi'carsi *vr* be placed
qualifica'tivo *adj* qualifying
qualifi'cato *adj* ‹*operaio*› semi-skilled
qualificazi'one *f* qualification
qualità *f inv* quality; (specie) kind; **in ~ di** in one's capacity as; **di prima ~** high quality; **di ottima/cattiva ~** top/poor quality
qualitativa'mente *adv* qualitatively
qualita'tivo *adj* qualitative
qua'lora *conj* in case
qual'siasi, qua'lunque *adj* any; (non importa quale) whatever; (ordinario) ordinary; **dammi una penna ~** give me any pen [whatsoever]; **farei ~ cosa** I would do anything; **~ cosa io faccia** whatever I do; **~ persona** anyone, anybody; **in ~ caso** in any case; **uno ~** any one, whichever; **l'uomo qualunque** the man in the street; **vivo in una casa ~** I live in an ordinary house
qualunqu'ismo *m* lack of political views
qualunqu'ista *mf* (menefreghista) person with no political views
'quando *conj & adv* when; **da ~ ti ho visto** since I saw you; **da ~ esci con lui?** how long have you been going out with him?; **da ~ in qua?** since when?; **~... ~...** sometimes..., sometimes...; **continua ad insistere ~ sa di avere torto** he keeps on insisting even when he knows he's wrong
quantifi'cabile *adj* quantifiable
quantifi'care *vt* quantify
quantità *f inv* quantity, amount; **una ~ di** (gran numero) a great deal of
quantitativa'mente *adv* quantitatively
quantita'tivo **A** *m* amount
B *adj* quantitative
'quanto **A** *adj inter* how much; (con nomi plurali) how many; (in esclamazione) what a lot of; (tempo) how long; **quanti anni hai?** how old are you?
B *adj* (rel) as much...as; (tempo) as long as; (con nomi plurali) as many... as; **prendi ~ denaro ti serve** take as much money as you need; **prendi quanti libri vuoi** take as many books as you like; **e quant'altro** and whatever, and so on
C *pron* (inter) how much; (quanto tempo) how

q

long; (plurale) how many; **quanti ne abbiamo oggi?** what date is it today?
D *pron* (rel) as much as; (quanto tempo) as long as; (plurale) as many as; **prendine ~/ quanti ne vuoi** take as much/as many as you like; **stai ~ vuoi** stay as long as you like; **questo è ~** that's it
E *adv* (inter) how much; (quanto tempo) how long; **~ sei alto?** how tall are you?; **~ hai aspettato?** how long did you wait for?; **~ costa?** how much is it?; **~ mi dispiace!** I'm so sorry!; **quant'è bello!** how nice!
F *adv rel* as much as; **lavoro ~ posso** I work as much as I can; **è tanto intelligente ~ bello** he's as intelligent as he's good-looking; **in ~** (in qualità di) as; (poiché) since; **~ a** as for; **in ~ a me** as far as I'm concerned; **per ~** however; **per ~ ne sappia** as far as I know; **per ~ mi riguarda** as far as I'm concerned; **per ~ mi sia simpatico** much as I like him; **~ prima** (al più presto) as soon as possible

quan'tunque *conj* although

qua'ranta *adj & nm* forty

quaran'tena *f* quarantine

quaran'tenne **A** *adj* forty year-old; (sulla quarantina) in his/her forties
B *mf* forty year-old; (sulla quarantina) person in his/her forties

quaran'tennio *m* period of forty years

quaran'tesimo *adj & nm* fortieth

quaran'tina *f* **una ~** about forty

qua'resima *f* Lent

quar'tetto *m* quartet

quarti'ere *m* district, area; Mil quarters *pl*; **quartieri** *pl* **alti** smart districts; **quartieri** *pl* **bassi** poor areas
■ **quartiere cinese** Chinatown; **quartiere dormitorio** dormitory town; **quartiere generale** headquarters; **quartiere a luci rosse** red light area; **quartiere residenziale** residential area

quar'tino *m* (strumento musicale) *instrument similar to a clarinet*; Typ quarto; (di vino) quarter litre

'quarto **A** *adj* fourth
B *m* fourth; (quarta parte) quarter; **le sette e un ~** [a] quarter past seven, [a] quarter after seven AmE; **a tre quarti** (giacca, maniche) three-quarter length; **quarti** *pl* **di finale** quarter-finals
■ **quarto d'ora** quarter of an hour
C *f* (marcia) fourth [gear]

quarto'genito, -a *mf* fourth child

quar'tultimo, -a *adj & nmf* fourth last

'quarzo *m* quartz; **al ~** quartz
■ **quarzo rosa** rose quartz

'quasi **A** *adv* almost, nearly; **~ mai** hardly ever
B *conj* (come se) as if; **~ ~ sto a casa** I'm tempted to stay home

quassù *adv* up here

qua'terna *f* (lotto, tombola) set of four winning numbers

quater'nario *m* (era) Quaternary

'quatto *adj* crouching; (silenzioso) silent; **starsene ~ ~** keep very quiet

quattordi'cenne *adj & nmf* fourteen year-old

quattordi'cesimo *adj & nm* fourteenth

quat'tordici *adj & nm* fourteen

quat'trini *mpl* money *sg*, dosh *sg* infml

'quattro *adj & nm* four; **dirne ~ a qualcuno** give somebody a piece of one's mind; **farsi in ~ (per qualcuno/per fare qualcosa)** go to a lot of trouble (for somebody/to do something); **in ~ e quattr'otto** in a flash; **a ~ tempi** Auto four-stroke
■ **~ per ~** *f inv* Auto four-wheel drive [vehicle], four-by-four

quat'trocchi *adv* **a ~** in private

quattrocen'tesco *adj* fifteenth-century

quattro'cento *adj & nm* four hundred; **il Quattrocento** the fifteenth century

quattro'mila *adj & nm* four thousand

Qué'bec *m* Quebec

'quello **A** *adj* that *pl*, those; **quell'albero** that tree; **quegli alberi** those trees; **quel cane** that dog; **quei cani** those dogs
B *pron* that [one] *pl*, those [ones]; **~ lì** that one over there; **~ che** the one that; (ciò che) what; **quelli che** the ones that, those that; **~ a destra** the one on the right

'quercia *f* oak; **di ~** oak

que'rela *f* [legal] action

quere'lante *mf* plaintiff

quere'lare *vt* bring an action against

quere'lato, -a *mf* defendant

que'sito *m* question

questio'nare *vi* dispute

questio'nario *m* questionnaire

quest'ione *f* question; (faccenda) matter; (litigio) quarrel; **in ~** in doubt; **è fuori ~** it's out of the question; **è ~ di vita o di morte** it's a matter of life and death; **mettere qualcosa in ~** cast doubt on something; **una ~ personale** a personal matter

'questo **A** *adj* this *pl*, these
B *pron* this [one] *pl*, these [ones]; **~ qui, ~ qua** this one here; **~ è quello che ha detto** that's what he said; **per ~** for this *or* that reason; **quest'oggi** today

que'store *m* chief of police

'questua *f* collection

que'stura *f* police headquarters

qui **A** *adv* here; **da ~ in poi, da ~ in avanti** from now on; **di ~ a una settimana** in a week's time; **fin ~** (di tempo) up till now, until now; **~ dentro** in here; **~ sotto** under here; **~ vicino** *adv* near here
B *m* **~ pro quo** misunderstanding

quie'scenza *f* (di vuicano) dormancy; (pensione) retirement; **trattamento di**

quiescenza retirement package
quie'tanza *f* receipt
quie'tare *vt* calm
quie'tarsi *vr* calm down
qui'ete *f* quiet; **disturbo della ~ pubblica** breach of the peace; **stato di ~** Phys state of rest
qui'eto *adj* quiet
'quindi **A** *adv* then
B *conj* therefore
quindi'cenne *adj & nmf* fifteen year-old
quindi'cesimo *adj & nm* fifteenth
'quindici *adj & nm* fifteen; **~ giorni** a fortnight BrE, two weeks *pl*
quindi'cina *f* **una ~** about fifteen; **una ~ di giorni** a fortnight BrE, two weeks *pl*
quindici'nale **A** *adj* fortnightly BrE, twice-monthly
B *m* fortnightly magazine BrE, twice-monthly magazine
quinquen'nale *adj* (che dura cinque anni) five-year; (ogni cinque anni) five-yearly
quin'quennio *m* [period of] five years
'quinta *f* Auto fifth [gear], overdrive
quin'tale *m* a hundred kilograms
'quinte *fpl* Theat wings
quintes'senza *f* quintessence
quin'tetto *m* quintet
'quinto *adj & nm* fifth
quintupli'care *vt* quintuple
'quintuplo *adj* quintuple
qui'squilia *f* trifle; **perdersi in quisquilie** get bogged down in details
quiz *m inv*:
■ **[gioco a] quiz** quiz game; **quiz radiofonico** radio quiz
'quota *f* quota; (rata) instalment; (altitudine) height; Aeron altitude, height; (ippica) odds *pl*; **perdere/prendere ~** lose/gain altitude *or* height; **da alta ~** high-flying
■ **quota fissa** fixed amount; **quota non imponibile** personal allowance; **quota di iscrizione** entry fee; (di club) membership fee; **quota di mercato** market share; **quota zero** sea level
quo'tare *vt* Comm quote
quo'tato *adj* quoted; **essere ~ in Borsa** be quoted on the Stock Exchange
quotazi'one *f* quotation
■ **quotazione d'acquisto** buying rate; **quotazione ufficiale** (in Borsa) official quotation; **quotazione di vendita** selling rate
quotidiana'mente *adv* daily
quotidi'ano **A** *adj* daily; (ordinario) everyday
B *m* daily [paper]
'quoto *m* Math quotient
quozi'ente *m* quotient
■ **quoziente d'intelligenza** intelligence quotient, IQ; **quoziente di purezza** purity

Rr

ra'barbaro *m* rhubarb
'rabbia *f* rage; (ira) anger; Med rabies *sg*; **che ~!** what a nuisance!; **mi fa ~** it makes me angry
'rabbico *adj* ‹*virus*› rabies *attrib*
rab'bino *m* rabbi
rabbiosa'mente *adv* furiously
rabbi'oso *adj* hot-tempered; Med rabid; (violento) violent
rabboc'care *vt* top up ‹*fiasco*›
rabbo'nire *vt* pacify
rabbo'nirsi *vr* calm down
rabbrivi'dire *vi* shudder; (di freddo) shiver
rabbuf'fare *vt* reprimand; ruffle ‹*capelli*›
rab'buffo *m* reprimand
rabbui'arsi *vr* get dark; ‹*viso*› darken
rabdo'mante *mf* water diviner
rabdoman'zia *f* water divining
raccapez'zare *vt* put together
raccapez'zarsi *vr* see one's way ahead
raccapricci'ante *adj* horrifying
raccatta'palle **A** *m inv* ball boy
B *f inv* ball girl
raccat'tare *vt* pick up
rac'chetta *f* racket
■ **racchetta da neve** snowshoe; **racchetta da ping pong** table-tennis bat; **racchetta da sci** ski stick, ski pole; **racchetta da tennis** tennis racket
'racchio *adj* infml ugly
racchi'udere *vt* contain
rac'cogliere *vt* pick; (da terra) pick up; (mietere) harvest; (collezionare) collect; (radunare) gather; win ‹*voti ecc.*›; (dare asilo a) take in
rac'cogliersi *vr* gather; (concentrarsi) collect one's thoughts

raccogli'mento *m* concentration
raccogli|'tore, -trice *mf* collector
■ **raccoglitore a fogli mobili** ring binder
rac'colta *f* collection; (di scritti) compilation; (del grano ecc.) harvesting; (adunata) gathering; **chiamare a ~** call *or* gather together
■ **raccolta differenziata** separate waste collection; **raccolta di fondi** fund-raising
rac'colto, -a **A** pp di **raccogliere**
B *adj* (rannicchiato) hunched; (intimo) cosy; (concentrato) engrossed
C *m* (mietitura) harvest
raccoman'dabile *adj* advisable; **poco ~** ‹*persona*› shady
🔑 **raccoman'dare** *vt* recommend; (affidare) entrust
raccoman'darsi *vr* (implorare) beg
raccoman'data *f* letter sent by recorded delivery, certified mail AmE; **per ~** by recorded delivery
■ **raccomandata con ricevuta di ritorno** *letter sent by recorded delivery with acknowledgement of receipt*
raccoman'data-e'spresso *f express recorded delivery service*
raccomandazi'one *f* recommendation
raccomo'dare *vt* repair
🔑 **raccon'tare** *vt* tell
rac'conto *m* story
■ **racconto dell'orrore** horror story
raccorci'are *vt* shorten
raccorci'arsi *vr* become shorter; ‹*giorni*› draw in
raccor'dare *vt* join
rac'cordo *m* connection; (stradale) feeder
■ **raccordo anulare** ring road; **raccordo autostradale** motorway junction BrE, intersection; **raccordo ferroviario** siding; **raccordo a gomito** elbow
ra'chitico *adj* rickety; (poco sviluppato) stunted
racimo'lare *vt* scrape together
'racket *m inv* racket
'rada *f* Naut roads *pl*
'radar *m* radar; **uomo ~** air traffic controller
radden'sare *vt* thicken
radden'sarsi *vr* thicken
raddob'bare *vt* refit
rad'dobbo *m* refit
raddol'cire *vt* sweeten; fig soften
raddol'cirsi *vr* become milder; ‹*carattere*› mellow
raddoppia'mento *m* doubling
raddoppi'are *vt* double; increase twofold
rad'doppio *m* doubling, twofold increase; (equitazione) gallop; (biliardo) double
raddriz'zabile *adj* which can be straightened
raddriz'zare *vt* straighten

raddrizza'tore *m* (di corrente) rectifier
ra'dente *adj* grazing, shaving; **tiro ~** Mil grazing fire; Sport low shot just skimming the surface; **volo ~** Aeron hedge-hopping
'radere *vt* shave; graze ‹*muro*›; **~ al suolo** raze [to the ground]
'radersi *vr* shave
radi'ale *adj* radial
radi'ante **A** *adj* radiant
B *m* Math radian
radi'are *vt* strike off; **~ dall'albo** strike off ‹*medico*›; debar ‹*avvocato*›
radia'tore *m* radiator
radiazi'one *f* radiation
■ **radiazione nucleare** nuclear radiation
'radica *f* briar
radi'cale **A** *adj* radical
B *m* Gram root; Pol radical
radical'mente *adv* radically
radi'carsi *vr* **~ in** be rooted in
radi'cato *adj* deep-seated
ra'dicchio *m* chicory
ra'dice *f* root; **mettere [le] radici** ‹*pianta*› take root; fig put down roots
■ **radice quadrata** square root
🔑 **'radio** **A** *f inv* radio; **via ~** by radio; **contatto ~** radio contact; **ponte ~** radio link
■ **radio pirata** pirate radio; **radio portatile** portable radio; **radio ricevente** receiver; **radio [a] transistor** transistor radio; **radio trasmittente** transmitter
B *m* Chem radium
radioama|'tore, -trice *mf* radio ham
radioascolta|'tore, -trice *mf* listener
radioassi'stito *adj* radio-assisted
radioattività *f inv* radioactivity
radioat'tivo *adj* radioactive
radiobiolo'gia *f* radiobiology
radio'bussola *f* radio compass
radiocoman'dare *vt* operate by remote control
radiocoman'dato *adj* remote-controlled, radio-controlled
radio'cronaca *f* radio commentary; **fare la ~ di** commentate on
radiocro'nista *mf* radio reporter
radiodiffusi'one *f* broadcasting
radio'faro *m* radio beacon
radio'fonico *adj* radio *attrib*
radiofre'quenza *f* radio frequency
radiogoni'ometro *m* direction finder, radiogoniometer
radiogra'fare *vt* X-ray
radiogra'fia *f* X-ray [photograph]; (radiologia) radiography; **fare una ~** ‹*paziente*› have an X-ray; ‹*dottore*› take an X-ray
radio'lina *f* transistor
radiolocaliz'zare *vt* locate by radar

r

🔑 key word

radiolo'gia *f* radiology
radi'ologo, -a *mf* radiologist
radio'onda *f* radio wave
radioregistra'tore *m*
■ **radioregistratore portatile** portable radio cassette recorder
radiosco'pia *f* Med radioscopy
radio'scopico *adj* radioscopic
radi'oso *adj* radiant
radio'spia *f* bug
radio'sveglia *f* radio alarm, clock radio
radio'taxi *m inv* radio taxi
radiote'lefono *m* radio-telephone; (privato) cordless [phone]
radiotelevi'sivo *adj* broadcasting *attrib*
radiotera'pia *f* radiotherapy
radiotra'smettere *vt* radio
radiotrasmetti'tore *m* radio
radiotrasmit'tente *f* radio station
'rado *adj* sparse; (non frequente) rare; **di ~** seldom
radu'nare *vt* gather [together]
radu'narsi *vr* gather [together]
radu'nata *f* gathering
■ **radunata sediziosa** seditious assembly
ra'duno *m* meeting; Sport rally
ra'dura *f* clearing
'rafano *m* horseradish
raffazzo'nato *adj* ‹*discorso, lavoro*› botched
raf'fermo *adj* stale
'raffica *f* gust; (di armi da fuoco) burst; (di domande, insulti) barrage
raffigu'rare *vt* represent
raffigurazi'one *f* representation
raffi'nare *vt* refine
raffinata'mente *adv* elegantly
raffina'tezza *f* refinement
raffi'nato *adj* refined
raffine'ria *f* refinery
■ **raffineria di petrolio** oil refinery
rafforza'mento *m* reinforcement; (di muscolatura, carattere) strengthening
raffor'zare *vt* reinforce
rafforza'tivo **A** *adj* Gram intensifying **B** *m* Gram intensifier
raffredda'mento *m* (processo) cooling; **di ~** cooling
■ **raffreddamento ad acqua** water cooling; **raffreddamento ad aria** air cooling
raffred'dare *vt* cool
raffred'darsi *vr* get cold; (prendere un raffreddore) catch a cold; ‹*sentimento, passione*› cool [off]
raffred'dato *adj* **essere ~** ‹*persona*› have a cold
raffred'dore *m* cold; **avere il ~** have a cold
■ **raffreddore da fieno** hay fever
raf'fronto *m* comparison
'rafia *f* raffia
Rag. *abbr* = **ragioniere**
♂ **ra'gazza** *f* girl; (fidanzata) girlfriend; **nome da ragazza** maiden name
■ **ragazza copertina** cover girl; **ragazza madre** unmarried mother; **ragazza alla pari** au pair [girl]; **ragazza squillo** call girl
ragaz'zata *f* prank
♂ **ra'gazzo** *m* boy; (fidanzato) boyfriend; **da ~** (da giovane) as a boy
■ **ragazzo padre** unmarried father; **ragazzo di strada** guttersnipe; **ragazzo di vita** rent boy
ragge'lare *vt* fig freeze
ragge'larsi *vr* fig turn to ice
raggi'ante *adj* radiant
raggi'era *f* (di ruota) spokes *pl*; **a ~** with a pattern like spokes radiating from a centre
♂ **'raggio** *m* ray; Math radius; (di ruota) spoke; **a raggi infrarossi** infrared
■ **raggio d'azione** range; **raggio laser** laser beam; **raggio di luna** moonbeam; **raggio di sole** ray of sunshine, sunbeam; **raggio di speranza** ray of hope; **raggio ultravioletto** ultraviolet ray; **raggi** *pl* **X** X-rays
raggi'rare *vt* trick, deceive
rag'giro *m* trick, con trick
♂ **raggi'ungere** *vt* reach; (conseguire) achieve
raggiun'gibile *adj* ‹*luogo*› within reach
raggiungi'mento *m* attainment
raggomito'lare *vt* wind
raggomito'larsi *vr* curl up
raggranel'lare *vt* scrape together
raggrin'zire *vt* wrinkle
raggrin'zirsi *vr* wrinkle
raggru'mare *vt* curdle ‹*latte*›
raggru'marsi *vr* ‹*latte*› curdle
raggruppa'mento *m* (gruppo) group; (azione) grouping; Comm groupage
raggrup'pare *vt* group together
ragguagli'are *vt* compare; (informare) inform
raggu'aglio *m* comparison; (informazione) information
ragguar'devole *adj* considerable
'ragia *f* resin; **acqua ~** turpentine
ragià *m inv* rajah
ragiona'mento *m* reasoning; (discussione) discussion
■ **ragionamento per assurdo** reductio ad absurdum
ragio'nare *vi* reason; (discutere) discuss
ragio'nato *adj* ‹*argomento*› reasoned; ‹*cruciverba*› cryptic
♂ **ragi'one** *f* reason; (ciò che è giusto) right; **a ~ o a torto** rightly or wrongly; **aver ~** be right; **perdere la ~** go out of one's mind; **a ragion veduta** after due consideration; **prenderle/darle di santa ~** get/give a good walloping
■ **ragion d'essere** raison d'être; **ragione di scambio** terms of trade; **ragione sociale** company name; **ragion di Stato** reasons of State

ragione'ria *f* accountancy; (scuola) *secondary school which provides training in accountancy*
ragio'nevole *adj* reasonable
ragionevol'mente *adv* reasonably
ragioni'ere, -a *mf* accountant
ra'glan *adj inv* ‹*manica*› raglan
ragli'are *vi* bray
'raglio *m* bray
ragna'tela *f* cobweb, web, spider web
'ragno *m* spider
ragù *m inv* meat sauce
RAI *nf abbr* (**Radio Audizioni Italiane**) Italian public broadcasting company
'raid *m inv* raid
'raion® *m* rayon®
ra'lenti *m* **al ~** in slow motion
rallegra'menti *mpl* congratulations
ralle'grare *vt* gladden
ralle'grarsi *vr* rejoice; **~ con qualcuno** congratulate somebody
rallenta'mento *m* slowing down
rallen'tare *vt & vi* slow down; (allentare) slacken
rallen'tarsi *vr* slow down
rallenta'tore *m* (su strada) speed bump; **al ~** in slow motion
'rally *m inv* rally
RAM *f inv* RAM
ramai'olo *m* ladle
raman'zina *f* reprimand
ra'mare *vt* stake ‹*pianta*›
ra'marro *m* (animale) type of lizard
ra'mato *adj* ‹*capelli*› copper-coloured, coppery
'rame *m* copper; **color ~** copper-coloured
ramifi'care *vi* ‹*pianta*› put out branches
ramifi'carsi *vr* ‹*pianta*› put out branches; ‹*strada, fiume ecc.*› branch; ‹*teoria*› ramify, branch
ramificazi'one *f* ramification
ra'mino *m* rummy
rammari'carsi *vr* **~ di** regret; (lamentarsi) complain (**di** about)
ram'marico *m* regret
rammen'dare *vt* darn
ram'mendo *m* darning
rammen'tare *vt* remember; **~ qualcosa a qualcuno** (richiamare alla memoria) remind somebody of something
rammen'tarsi *vr* remember
rammol'lire *vt* soften
rammol'lirsi *vr* go soft
rammol'lito, -a *mf* wimp
🔑 **'ramo** *m* branch
ramo'scello *m* twig
'rampa *f* (di scale) flight
■ **rampa d'accesso** slip road; **rampa di carico** loading ramp; **rampa di lancio** launch pad
ram'pante *adj* ‹*leone, cavallo*› rampant; **giovane ~** yuppie
rampi'cante **A** *adj* climbing
B *m* Bot creeper
ram'pino *m* hook; fig pretext
ram'pollo *m* (hum) brat; (discendente) descendant
ram'pone *m* harpoon; (per scarpe) crampon
'rana *f* frog; (nel nuoto) breaststroke; **uomo ~** frogman
ranch *m inv* ranch
'rancido *adj* rancid
'rancio *m* rations *pl*
🔑 **ran'core** *m* rancour, resentment; **serbare ~ verso qualcuno** bear somebody a grudge
'randa *f* mainsail
ran'dagio *adj* stray
randel'lata *f* blow with a club
ran'dello *m* club
'rango *m* rank
rannicchi'arsi *vr* huddle up
rannuvola'mento *m* clouding over
rannuvo'larsi *vr* cloud over
ra'nocchio *m* frog
ranto'lare *vi* wheeze
'rantolo *m* wheeze; (di moribondo) death rattle
ra'nuncolo *m* buttercup
'rapa *f* turnip
ra'pace *adj* rapacious; ‹*uccello*› predatory
rapa'nello *m* radish
ra'pare *vt* crop
ra'parsi *vr* infml have one's head shaved
'rapida *f* rapids *pl*
rapida'mente *adv* quickly, rapidly
rapidità *f inv* speed
🔑 **'rapido** **A** *adj* fast, quick; ‹*guarigione, sviluppo*› rapid
B *m* (treno) express [train]
rapi'mento *m* (crimine) kidnapping
ra'pina *f* robbery, hold-up infml
■ **rapina a mano armata** armed robbery; **rapina in banca** bank robbery
rapi'nare *vt* rob
rapina'tore *m* robber
■ **rapinatore di banca** bank robber
ra'pire *vt* abduct; (per riscatto) kidnap; fig (estasiare) ravish
ra'pito, -a **A** *adj* abducted; (per riscatto) kidnapped; (estasiato) rapt
B *mf* kidnap victim
rapi'tore, -trice *mf* kidnapper
rappacifi'care *vt* pacify
rappacifi'carsi *vr* be reconciled, make it up
rappacificazi'one *f* reconciliation
'rapper *mf inv* Mus rapper

rappez'zare *vt* patch up
rappor'tare *vt* reproduce ‹*disegno*›; (confrontare) compare
rap'porto *m* report; (connessione) relation; (legame) relationship; Math, Techn ratio; **rapporti** *pl* relations, relationship; **essere in buoni rapporti** be on good terms
■ **rapporti** *pl* **d'affari** business relations; **rapporto di amicizia** friendship; **avere un ~ di amicizia con qualcuno** be friends with somebody; **rapporto di lavoro** working relationship; **rapporto di parentela** family relationship; **aver un ~ di parentela con qualcuno** be related to somebody; **rapporti** *pl* **prematrimoniali** premarital sex; **rapporto prezzo-prestazioni** price/performance ratio; **rapporto prezzo-qualità** value for money; **rapporti** *pl* **sessuali** sexual intercourse; **rapporto di trasmissione** Auto gear
rap'prendersi *vr* set; ‹*latte*› curdle
rappre'saglia *f* reprisal
rappresen'tante *mf* representative
■ **rappresentante di classe** class representative; **rappresentante di commercio** sales representative, [sales] rep infml; **rappresentante sindacale** trade union representative
rappresen'tanza *f* delegation; Comm agency; **spese di ~** entertainment expenses; **di ~** ‹*appartamento, macchina*› company *attrib*
■ **rappresentanza esclusiva** sole agency; **rappresentanza legale** legal representation; **rappresentanza proporzionale** proportional representation, PR
rappresen'tare *vt* represent; Theat perform
rappresenta'tiva *f* representatives *pl*
rappresenta'tivo *adj* representative
rappresentazi'one *f* representation; (spettacolo) performance
rap'preso pp di **rapprendersi**
rapso'dia *f* rhapsody
'raptus *m inv* fit of madness
rara'mente *adv* rarely, seldom
rare'fare *vt* rarefy
rare'farsi *vr* rarefy
rare'fatto *adj* rarefied
rarità *f inv* rarity
'raro *adj* rare
ra'sare *vt* shave; trim ‹*siepe ecc.*›
ra'sarsi *vr* shave
ra'sato *adj* shaved
rasa'tura *f* shaving
raschia'mento *m* Med curettage
raschi'are *vt* scrape; (togliere) scrape off
raschi'arsi *vr* **~ la gola** clear one's throat
rasen'tare *vt* go close to
ra'sente *prep* very close to
'raso **A** pp di **radere**
B *adj* smooth; (colmo) full to the brim; ‹*barba*› close-cropped; **~ terra** close to the ground; **un cucchiaio ~** a level spoonful
C *m* satin
ra'soio *m* razor
■ **rasoio elettrico** electric shaver; **rasoio a mano libera** cut-throat razor
'raspa *f* rasp
'raspo *m* (di uva) small bunch
ras'segna *f* review; (mostra) exhibition; (musicale, cinematografica) festival; **passare in ~** review; Mil inspect
rasse'gnare *vt* present
rasse'gnarsi *vr* resign oneself
rassegnata'mente *adv* with resignation
rasse'gnato *adj* ‹*persona, aria, tono*› resigned
rassegnazi'one *f* resignation
rassere'nare *vt* clear; fig cheer up
rassere'narsi *vr* become clear; fig cheer up
rasset'tare *vt* tidy up; (riparare) mend
rassicu'rante *adj* ‹*persona, parole, presenza*› reassuring
rassicu'rare *vt* reassure
rassicurazi'one *f* reassurance
rasso'dare *vt* harden; fig strengthen
rassomigli'ante *adj* similar
rassomigli'anza *f* resemblance
rassomigli'are *vi* **~ a** resemble
rastrella'mento *m* (di fieno) raking; (perlustrazione) combing
rastrel'lare *vt* rake; (perlustrare) comb
rastrelli'era *f* rack; (per biciclette) bicycle rack; (scolapiatti) [plate] rack
ra'strello *m* rake
'rata *f* instalment; (di mutuo) mortgage repayment; **pagare a rate** pay by instalments; **comprare qualcosa a rate** buy something on hire purchase, buy something on the installment plan AmE
rate'ale *adj* by instalments; **pagamento rateale** payment by instalments; **vendita rateale** hire purchase
rate'are, rateiz'zare *vt* divide into instalments
ra'tifica *f* Jur ratification
ratifi'care *vt* Jur ratify
'ratto¹ *m* (rapimento) abduction
'ratto² *m* (raditore) rat
■ **ratto comune** black rat
rattop'pare *vt* patch
rat'toppo *m* patch
rattrap'pire *vt* make stiff
rattrap'pirsi *vr* become stiff
rattri'stare *vt* sadden
rattri'starsi *vr* become sad
rau'cedine *f* hoarseness
'rauco *adj* hoarse
rava'nello *m* radish
ravi'oli *mpl* ravioli *sg*
ravve'dersi *vr* mend one's ways

ravvi'are *vt* tidy ‹*capelli, stanza*›
ravvicina'mento *m* (tra persone) reconciliation; Pol rapprochement
ravvici'nare *vt* bring closer; (riconciliare) reconcile
ravvici'narsi *vr* be reconciled
ravvi'sare *vt* recognize
ravvi'vare *vt* revive; fig brighten up
ravvi'varsi *vr* revive
rav'volgere *vt* roll up
rav'volgersi *vr* wrap oneself up
'rayon® *m* rayon
razio'cinio *m* rational thought; (buon senso) common sense
razio'nale *adj* rational
razionalità *f inv* (raziocinio) rationality; (di ambiente) functional nature
razionaliz'zare *vt* rationalize ‹*programmi, metodi, spazio*›
razional'mente *adv* (con raziocinio) rationally
raziona'mento *m* rationing
razio'nare *vt* ration
razi'one *f* ration
'razza *f* race; (di cani ecc.) breed; (genere) kind; **che ~ di idiota!** infml what an idiot!
raz'zia *f* raid
razzi'ale *adj* racial
raz'zismo *m* racism
raz'zista *adj & nmf* racist
'razzo *m* rocket
■ **razzo da segnalazione** flare
razzo'lare *vi* ‹*polli*› scratch about
re *m inv* king; Mus (chiave, nota) D; **Re** *pl* **Magi** Wise Men
rea'gente *adj & nm* reactant
rea'gire *vi* react
re'ale *adj* real; (di re) royal
rea'lismo *m* realism
rea'lista *mf* realist; (fautore del re) royalist
realistica'mente *adv* realistically
rea'listico *adj* realistic
realiz'zabile *adj* feasible
realiz'zare *vt* (attuare) carry out, realize; Comm make; score ‹*gol, canestro*›; (rendersi conto di) realize
realiz'zarsi *vr* come true; (nel lavoro ecc.) fulfil oneself
realiz'zato *adj* ‹*persona*› fulfilled
realizzazi'one *f* realization; (di sogno, persona) fulfilment
■ **realizzazione scenica** production
rea'lizzo *m* (vendita) proceeds *pl*; (riscossione) yield
real'mente *adv* really
realtà *f inv* reality; **in ~** in reality; (a dire il vero) actually
■ **realtà virtuale** virtual reality

re'ame *m* realm
re'ato *m* crime, criminal offence; **reati** *pl* **informatici** computer crime
■ **reato minore** minor offence
reattività *f inv* reactivity; (a farmaco) reaction
reat'tivo *adj* reactive
reat'tore *m* reactor; Aeron jet [aircraft]
■ **reattore nucleare** atomic reactor
reazio'nario, -a *adj & nmf* reactionary
reazi'one *f* reaction; **a ~** ‹*motore, aereo*› jet
■ **reazione a catena** chain reaction; **reazione chimica** chemical reaction
'rebus *m inv* rebus; (enigma) puzzle
recapi'tare *vt* deliver
re'capito *m* address; (consegna) delivery; **in caso di mancato ~...** if undelivered...
■ **recapito a domicilio** home delivery; **recapito telefonico** contact telephone number
re'care *vt* bear; (produrre) cause
re'carsi *vr* go
re'cedere *vi* recede; fig give up
recensi'one *f* review
recen'sire *vt* review
recen'sore *m* reviewer
re'cente *adj* recent; **di ~** recently
recente'mente *adv* recently
re'ception *f inv* reception [desk]
re'ceptionist *mf* receptionist
recessi'one *f* recession; **~a w** double-dip recession
reces'sivo *adj* Biol recessive; Econ recessionary
re'cesso *m* recess
re'cidere *vt* cut off
reci'diva *f* Jur recidivism; Med relapse; **furto con ~** repeat offence of theft
recidività *f inv* recidivism
reci'divo, -a **A** *adj* Med recurrent
B *mf* repeat offender, persistent offender, recidivist fml; **è ~** fig he's lapsed back into his old ways
recin'tare *vt* close off
re'cinto *m* enclosure; (per animali) pen; (per bambini) playpen
■ **recinto delle grida** Fin [trading] floor; **recinto del peso** (ippica) weigh-in room
recinzi'one *f* (azione) enclosure; (muro) wall; (rete) wire fence; (cancellata) railings *pl*
recipi'ente *m* container
re'ciproco *adj* reciprocal
re'ciso **A** pp di **recidere**
B *adj* (risoluto) definite
'recita *f* performance
■ **recita scolastica** school play
'recital *m inv* recital
reci'tare **A** *vt* recite; Theat act; play ‹*ruolo*›
B *vi* act; **~ a soggetto** improvise
recitazi'one *f* recitation; Theat acting; **scuola di ~** drama school
recla'mare **A** *vi* protest

B *vt* claim

ré'clame *f inv* advertising; (avviso pubblicitario) advertisement

reclamiz'zare *vt* advertise

re'clamo *m* complaint; **ufficio reclami** complaints department

recli'nabile *adj* reclining; **sedile ~** reclining seat

recli'nare *vt* tilt ‹*sedile*›; lean ‹*capo*›

reclusi'one *f* imprisonment

re'cluso, -a **A** *adj* secluded
B *mf* prisoner

'recluta *f* recruit

recluta'mento *m* recruitment

reclu'tare *vt* recruit

re'condito *adj* secluded; (intimo) secret

'record **A** *m inv* record; **a tempo di ~** in record time
B *adj inv* ‹*cifra*› record *attrib*

recrimi'nare *vi* recriminate

recriminazi'one *f* recrimination

recrude'scenza *f* Med fresh outbreak; fig (di violenza) renewed outbreak; (di criminalità) upsurge

recupe'rare **A** *vt* recover; rehabilitate ‹*tossicodipendente*›; make up ‹*ore di assenza*›; **~ il tempo perduto** make up for lost time
B *vi* catch up

re'cupero *m* recovery; (di tossicodipendenti) rehabilitation; (salvataggio) rescue; **corso di ~** additional classes *pl*; **materiali di ~** recycled material; (che possono essere recuperati) recyclable material; **[minuti di] ~** Sport injury time; **partita di ~** rematch
■ **recupero crediti** debt collection; **recupero [dei] dati** data recovery

redargu'ire *vt* rebuke

re'datto pp di **redigere**

redat|'tore, -trice *mf* editor; (di testo) writer
■ **redattore capo** editor in chief

redazi'one *f* (ufficio) editorial office; (di testi) editing

redditività *f inv* earning power

reddi'tizio *adj* profitable

'reddito *m* income; **a basso ~** ‹*famiglia*› low income
■ **imposta sul reddito** income tax; **reddito complessivo** gross income; **reddito imponibile** taxable income; **reddito non imponibile** non-taxable income; **reddito da lavoro** earned income; **redditi** *pl* **occasionali** casual earnings; **reddito pubblico** government revenue

re'dento pp di **redimere**

reden'tore *m* redeemer

redenzi'one *f* redemption

re'digere *vt* write; draw up ‹*documento*›

re'dimere *vt* redeem

re'dimersi *vr* redeem oneself

redi'mibile *adj* ‹*titoli*› redeemable

'redine *f* rein

redin'gote *f inv* frock coat; **abito a ~** fitted button-through dress

'redini *fpl* reins

redi'vivo *adj* restored to life

'reduce **A** *adj* **~ da** back from
B *mf* survivor

refe'rendum *m inv* referendum

refe'renza *f* reference

referenzi'ato *adj* with references

re'ferto *m* report
■ **referto medico** medical report

refet'torio *m* refectory

reflazio'nare *vt* Econ reflate

reflazi'one *f* Econ reflation

'reflex *m inv* reflex camera

'refluo *m* effluent

refrat'tario *adj* refractory; **essere ~ a** fig be insensitive to ‹*sentimenti*›; **sono ~ alla matematica** maths are a closed book to me

refrige'rante *adj* cooling *attrib*

refrige'rare *vt* refrigerate

refrigerazi'one *f* refrigeration

refur'tiva *f* stolen goods *pl*

re'fuso *m* Typ literal, typo

rega'lare *vt* give

re'gale *adj* regal

re'galo *m* present, gift; **articoli da ~** gifts
■ **confezione regalo** gift set

re'gata *f* regatta

'reggae *m inv* Mus reggae

reg'gente *mf* regent

reg'genza *f* regency

'reggere **A** *vt* (sorreggere) bear; (tenere in mano) hold; (dirigere) run; (governare) govern; Gram take
B *vi* (resistere) hold out; (durare) last; fig stand

'reggersi *vr* stand

'reggia *f* royal palace

reggi'calze *m inv* suspender belt

reggi'mento *m* regiment; fig (molte persone) army

reggi'petto, reggi'seno *m* bra

re'gia *f* Cinema direction; Theat production

re'gime *m* regime; (dieta) diet; (di fiume) rate of flow; **a ~ torrentizio** in spate; **a pieno ~** ‹*funzionare*› at full speed
■ **regime alimentare** diet; **regime fiscale** tax system; **regime di giri** (di motore) revs per minute, rpm; **regime militare** military regime; **regime monetario aureo** gold standard; **regime di vita** lifestyle

re'gina *f* queen; **ape ~** queen bee
■ **regina madre** queen mother

'regio *adj* royal

regio'nale *adj* regional

regiona'lismo *m* (parola) regionalism

r

regional'mente *adv* regionally
regi'one *f* region
re'gista *mf* Cinema, TV director; Theat producer
regi'strare *vt* register; Comm enter; (incidere su nastro) tape, record; (su disco) record
registra'tore *m* recorder; (magnetofono) tape recorder
■ **registratore di cassa** cash register; **registratore a cassette** tape recorder, cassette recorder; **registratore di volo** flight recorder
registrazi'one *f* registration; Comm entry; (di programma) recording; **sala di ~** recording studio
■ **registrazione [dei] dati** data capture
re'gistro *m* register; (ufficio) registry
■ **registro di bordo** log; **registro di cassa** ledger; **registro di classe** class register; **registro linguistico** register
re'gnare *vi* reign
🔑 **'regno** *m* kingdom; (sovranità) reign
■ **regno animale** animal kingdom; **Regno Unito** United Kingdom; **regno vegetale** plant kingdom
🔑 **'regola** *f* rule; **essere in ~** be in order; ‹*persona*› have one's papers in order; **a ~ d'arte** in a workmanlike fashion
rego'labile *adj* ‹*velocità. luminosità*› adjustable
regola'mento *m* regulation; Comm settlement
■ **regolamento di conti** settling of scores
🔑 **rego'lare** **A** *adj* regular
B *vt* regulate; (ridurre, moderare) limit; (sistemare) settle
regolarità *f inv* regularity
regolariz'zare *vt* settle ‹*debito*›; regularize ‹*situazione*›
rego'larsi *vr* (agire) act; (moderarsi) control oneself
rego'lata *f* **darsi una ~** pull oneself together
regola'tore, -trice **A** *adj* **piano ~** urban development plan
B *mf* regulator
'regolo *m* ruler
■ **regolo calcolatore** slide rule
regre'dire *vi* Biol, Psych regress
regressi'one *f* regression
regres'sivo *adj* regressive
re'gresso *m* decline
reincar'narsi *vr* **~ in...** be reincarnated as...
reincarnazi'one *f* reincarnation
reinseri'mento *m* (di persona) reintegration
reinse'rirsi *vr* (in ambiente) reintegrate
reinstal'lare *vt* reinstall
reinte'grare *vt* restore
reinven'tare *vt* reinvent
reinvesti'mento *m* reinvestment
reinve'stire *vt* reinvest ‹*soldi*›

reite'rare *vt* reiterate
reiterazi'one *f* reiteration
re'lais *m inv* relay
relativa'mente *adv* relatively; **~ a** as regards
relatività *f inv* relativity
rela'tivo *adj* relative
rela'tore, -trice *mf* (in una conferenza) speaker; (di tesi) supervisor
re'lax *m* relaxation
🔑 **relazi'one** *f* relation; (di lavoro ecc.) relationship; (rapporto amoroso) [love] affair; (resoconto) report; **pubbliche relazioni** *pl* public relations
■ **relazione extraconiugale** extramarital relationship; **relazioni** *pl* **industriali** industrial relations
rele'gare *vt* relegate
relegazi'one *f* relegation
religi'one *f* religion
religi'oso, -a **A** *adj* religious
B *m* monk
C *f* nun
re'liquia *f* relic
reliqui'ario *m* reliquary
re'litto *m* wreck
re'mainder *m inv* (libro) remainder
re'make *m inv* remake
re'mare *vi* row
rema'tore, -trice *mf* rower
remini'scenza *f* reminiscence
remissi'one *f* remission; (sottomissione) submissiveness
■ **remissione del debito** remission of debt; **remissione di querela** withdrawal of an action
remissiva'mente *adv* submissively
remis'sivo *adj* submissive
re'mix *m inv* Mus remix
'remo *m* oar
'remora *f* **senza remore** without hesitation
re'moto *adj* remote
remo'vibile *adj* removable
remune'rare *vt* remunerate
remunera'tivo *adj* remunerative
remunerazi'one *f* remuneration
re'nale *adj* renal, kidney *attrib*
🔑 **'rendere** *vt* (restituire) return; (esprimere) render; (fruttare) yield; (far diventare) make
'rendersi *vr* become; **~ conto di qualcosa** realize something; **~ utile** make oneself useful
rendi'conto *m* report
rendi'mento *m* rendering; (produzione) yield
'rendita *f* income; (dello Stato) revenue; **vivere di ~** fig rest on one's laurels
■ **rendita vitalizia** life annuity
'rene *m* kidney
■ **rene artificiale** kidney machine

r

🔑 key word

'reni *fpl* (schiena) back

reni'tente **A** *adj* **essere ~ a** ‹*consigli di qualcuno*› be loath to accept; refuse to obey ‹*legge*›
■ **renitente alla leva** *person who fails to report for military service after being called up*
B *m* draft dodger AmE

'renna *f* reindeer (*pl inv*); (pelle) buckskin

'Reno *m* Rhine

'reo, -a **A** *adj* guilty
B *mf* criminal
■ **reo confesso** self-confessed criminal

Rep. *abbr* (**repubblica**) Rep.

re'parto *m* department; Mil unit; **reparti** *pl* **d'assalto** Mil assault troops
■ **reparto d'attacco** Sport attack; **reparto difensivo** Sport defence; **reparto grandi ustionati** Med burns unit; **reparto di massima sicurezza** secure unit; **reparto maternità** obstetrics [department]; **reparto radiologia** X-ray unit

repel'lente *adj* repulsive

repen'taglio *m* **mettere a ~** risk

repentina'mente *adv* suddenly

repen'tino *adj* sudden

repe'ribile *adj* available; **non è ~** (perduto) it's not to be found

reperibilità *f inv* availability

repe'rire *vt* trace ‹*fondi*›

re'perto *m*:
■ **reperto archeologico** find; **reperto giudiziario** exhibit

reper'torio *m* repertory; (elenco) index; **immagini** *pl* **di ~** archive footage

re'play *m inv* [instant] replay

'replica *f* reply; (obiezione) objection; (copia) replica; Theat repeat performance

repli'care *vt* reply; Theat repeat

repor'tage *m inv* report

repressi'one *f* repression

repres'sivo *adj* repressive

re'presso pp di **reprimere**

re'primere *vt* repress

re'pubblica *f* republic
■ **Repubblica Ceca** Czech Republic; **Repubblica Centrafricana** Central African Republic; **Repubblica Dominicana** Dominican Republic; **Repubblica d'Irlanda** Republic of Ireland, Irish Republic; **repubblica parlamentare** parliamentary republic; **Repubblica Popolare cinese** People's Republic of China; **repubblica presidenziale** presidential-style republic; **Repubblica Slovacca** Slovakia

repubbli'cano, -a *adj & nmf* republican

repu'tare *vt* consider

repu'tarsi *vr* consider oneself

reputazi'one *f* reputation

'requiem *m inv* requiem

requi'sire *vt* requisition

requi'sito *m* requirement
■ **requisiti di sistema** Comput system requirements

requisi'toria *f* (arringa) closing speech

requisizi'one *f* requisition

'resa *f* surrender; Comm rendering
■ **resa dei conti** rendering of accounts; **resa incondizionata** unconditional surrender

re'scindere *vt* cancel

'residence *m inv* residential hotel

resi'dente *adj & nmf* resident

resi'denza *f* residence; (soggiorno) stay
■ **residenza protetta** sheltered accommodation

residenzi'ale *adj* residential; **zona ~** residential district

re'siduo **A** *adj* residual
B *m* remainder; **residui** *pl* **industriali** industrial waste

'resina *f* resin

resi'stente *adj* resistant
■ **resistente all'acqua** water resistant

resi'stenza *f* resistance; (fisica) stamina; Electr resistor; **la Resistenza** the Resistance
■ **resistenza passiva** passive resistance; **resistenza a pubblico ufficiale** resisting arrest

re'sistere *vi* **~ [a]** resist; (a colpi, scosse) stand up to; **~ alla pioggia/al vento** be rain/wind-resistant

'reso pp di **rendere**

reso'conto *m* report
■ **resoconto annuale** annual report

respin'gente *m* Rail buffer

re'spingere *vt* repel; (rifiutare) reject; (bocciare) fail

respingi'mento *m* repatriation

re'spinto pp di **respingere**

respi'rare *vt & vi* breathe

respira'tore *m* respirator
■ **respiratore artificiale** life support machine; **respiratore [a tubo]** snorkel

respira'torio *adj* respiratory

respirazi'one *f* breathing; Med respiration
■ **respirazione artificiale** artificial respiration; **respirazione assistita** life support; **respirazione bocca a bocca** mouth-to-mouth resuscitation, kiss of life

re'spiro *m* breath; (il respirare) breathing; fig respite
■ **respiro di sollievo** sigh of relief

respon'sabile **A** *adj* responsible (**di** for); Jur liable
B *mf* person responsible
■ **responsabile della gestione del portafoglio fondi di investimento** investment manager; **responsabile della produzione** production manager; **responsabile delle risorse umane** human resources manager

responsabilità *f inv* responsibility; Jur liability
■ **responsabilità civile** Jur civil liability; **responsabilità limitata** limited liability; **responsabilità penale** criminal liability

r

responsabiliz'zare *vt* give responsibility to ‹*dipendente*›; give a sense of responsibility to ‹*gente*›
responsabil'mente *adv* responsibly
re'sponso *m* response
'ressa *f* crowd
re'stante **A** *adj* remaining
B *m* remainder
re'stare = **rimanere**
restau'rare *vt* restore
restaura|'tore, -trice *mf* restorer
restaurazi'one *f* restoration
re'stauro *m* (riparazione) repair
re'stio *adj* restive; **~ a** reluctant to
restitu'ibile *adj* returnable
restitu'ire *vt* return; (reintegrare) restore
restituzi'one *f* return; Jur restitution
'resto *m* rest, remainder; (saldo) balance; (denaro) change; **resti** *pl* (avanzi) remains; **del ~** besides
re'stringere *vt* contract; take in ‹*vestiti*›; (limitare) restrict; shrink ‹*stoffa*›
re'stringersi *vr* contract; (farsi più vicini) close up; ‹*stoffa*› shrink
restringi'mento *m* (di tessuto) shrinkage
■ **restringimento del campo visivo** Med tunnel vision
restrit'tivo *adj* restrictive
restrizi'one *f* restriction
resurrezi'one *f* resurrection
resusci'tare **A** *vt* revive; resuscitate ‹*moribondo*›
B *vi* ‹*Cristo*› rise again; fig revive
re'taggio *m* legacy
re'tata *f* round-up
'rete *f* net; (sistema) network; (televisiva) channel; (in calcio, hockey) goal; fig trap; (per la spesa) string bag; **la Rete** (Internet) the net, the web
■ **rete commutata pubblica** Teleph switched public network; **rete di distribuzione** Comm distribution network; **rete fissa** Teleph fixed telephone network; **rete locale** Comput local [area] network, LAN; **rete mobile** Teleph mobile telephone network; **rete di protezione** (per acrobata) safety net; **rete sociale** social network; **rete stradale** road network; **rete telematica** communications network; **rete televisiva** television channel; **rete televisiva satellitare** satellite channel; **rete televisiva via cavo** cable company
reti'cente *adj* reticent
reti'cenza *f* reticence
retico'lato *m* grid; (rete metallica) wire netting
re'ticolo *m* network
■ **reticolo geografico** grid
'retina *f* Anat retina
re'tina *f* (per capelli) hair net

re'tino *m* net
retorica'mente *adv* rhetorically
re'torico, -a **A** *adj* rhetorical; **domanda retorica** rhetorical question; **figura retorica** figure of speech
B *f* rhetoric
re'trattile *adj* ‹*punta*› retractable
retribu'ire *vt* remunerate
retribu'tivo *adj* salary *attrib*
retribuzi'one *f* remuneration
'retro **A** *adv* behind; **vedi ~** see over
B *m inv* back
■ **retro di copertina** outside back cover
retroat'tivo *adj* retroactive
retrobot'tega *m inv* back shop
retro'cedere **A** *vi* retreat
B *vt* Mil demote; Sport relegate
retrocessi'one *f* Sport relegation
retroda'tare *vt* backdate, predate
retro'fit *m inv* Auto retrofitted catalytic converter
re'trogrado *adj* retrograde; fig old-fashioned; Pol reactionary
retrogu'ardia *f* Mil rearguard
retro'gusto *m* after-taste
retro'marcia *f* reverse [gear]
retro'scena *m inv* Theat backstage; **i ~** fig the real story
retrospettiva'mente *adv* retrospectively
retrospet'tivo *adj* retrospective
retro'stante *adj* **il palazzo ~** the building behind
retro'via *f* Mil area behind the front lines
retro'virus *m inv* retrovirus
retrovi'sore *m* rear-view mirror
'retta¹ *f* Math straight line; (di collegio, pensionato) fee
'retta² *f* **dar ~ a qualcuno** take somebody's advice
rettango'lare *adj* rectangular
ret'tangolo **A** *adj* right-angled
B *m* rectangle
ret'tifica *f* rectification
rettifi'care *vt* rectify
'rettile *m* reptile
retti'lineo **A** *adj* rectilinear; (retto) upright
B *m* Sport back straight
retti'tudine *f* rectitude
'retto **A** pp di **reggere**
B *adj* straight; fig upright; (giusto) correct; **angolo ~** right angle
C *m* rectum
ret'tore *m* Relig rector; Univ chancellor
reu'matico *adj* rheumatic
reuma'tismi *mpl* rheumatism
reve'rendo *adj* reverend
rever'sibile *adj* reversible
revisio'nare *vt* revise; Comm audit; Auto overhaul

r

revisi'one *f* revision; Comm audit; Auto overhaul
revisio'nismo *m* Pol revisionism
revisio'nista *adj* ‹*politica*› revisionist
revi'sore *m* (di conti) auditor; (di bozze) proofreader; (di traduzioni) reviser
re'vival *m inv* revival
'revoca *f* repeal
revo'care *vt* repeal
revolve'rata *f* revolver shot
rhythm and blues *m* rhythm and blues, R & B
riabbas'sare *vt* lower again
riabbas'sarsi *vr* ‹*acque*› recede; ‹*temperatura*› fall again
riabbotto'nare *vt* button up again
riabbracci'are *vt* (abbracciare di nuovo) embrace again; fig (rivedere) see again
riabili'tare *vt* rehabilitate
riabilitazi'one *f* rehabilitation; **centro di ~** rehabilitation centre
riabitu'are *vt* **~ qualcuno a qualcosa** reaccustom somebody to something, get somebody used to something again
riabitu'arsi *vr* **~ a qualcosa** get used to something again, reaccustom oneself to something
riac'cendere *vt* switch on again ‹*luce, TV*›; rekindle, revive ‹*interesse, passione*›; rekindle ‹*fuoco*›
riac'cendersi *vr* ‹*luce*› come back on; ‹*interesse, passione*› rekindle, revive
riaccensi'one *f* **la continua ~** continual switching on and off
riaccer'tare *vt* reassess
riacqui'stare *vt* buy back; regain ‹*libertà, prestigio*›; recover ‹*vista, udito*›
riacutiz'zarsi *vr* get worse again
riadatta'mento *m* readjustment
riadat'tare *vt* convert ‹*stanza*›; alter ‹*indumento*›
riadat'tarsi *vr* readjust
riaddormen'tare *vt* get [back] to sleep again
riaddormen'tarsi *vr* fall asleep again
riadope'rare *vt* reuse
riaffacci'arsi *vr* (alla finestra) appear again; ‹*idea*› surface again
riaffer'mare *vt* reaffirm, reassert
riaffon'dare *vi* sink again
riaffron'tare *vt* deal with again ‹*situazione*›; take up again ‹*argomento*›
riagganci'are **A** *vt* replace ‹*ricevitore*›; **~ la cornetta** hang up
B *vi* hang up
riaggre'garsi *vr* regroup
riallac'ciare *vt* refasten; reconnect ‹*corrente*›; renew ‹*amicizia*›
riallar'gare *vt* widen again ‹*tunnel, strada*›
riallinea'mento *m* realignment
rialline'are *vt* realign
rialloggi'are *vt* rehouse
rial'zare **A** *vt* raise
B *vi* rise
rial'zarsi *vr* get up again
rial'zato *adj* **piano ~** mezzanine
ri'alzo *m* rise; **al ~** Fin bullish
■ **rialzo dei prezzi** price rise
ria'mare *vt* **~ qualcuno** reciprocate somebody's love, love somebody back
riamma'larsi *vr* fall ill again
riam'mettere *vt* readmit ‹*socio, studente*›
rian'dare *vi* return
riani'mare *vt* Med resuscitate; (ridare forza a) revive; (ridare coraggio a) cheer up
riani'marsi *vr* regain consciousness; (riprendere forza) revive; (riprendere coraggio) cheer up
rianimazi'one *f* intensive care [unit]; **sala di rianimazione** intensive care unit
rianno'dare *vt* retie ‹*filo*›; renew ‹*rapporti*›
riaper'tura *f* reopening
riappa'rire *vi* reappear
riap'pendere *vt* replace ‹*cornetta*›; **~ [il telefono]** hang up
riappiso'larsi *vr* doze off again
riappropri'arsi *vr* **~ di** take back
ria'prire *vt* reopen
ria'prirsi *vr* reopen
ri'armo *m* rearmament
ri'arso *adj* parched
riascol'tare *vt* listen to again
riasse'gnare *vt* reallocate
riassicu'rare *vt* reinsure
riassicurazi'one *f* reinsurance
riassorbi'mento *m* reabsorption
riassor'bire *vt* reabsorb
rias'sumere *vt* re-employ, take on again ‹*impiegato*›; ‹*ricapitolare*› resume
riassu'mibile *adj* (riepilogabile) which can be summarized, summarizable
riassun'tivo *adj* summarizing
rias'sunto **A** pp di **riassumere**
B *m* summary
riattac'care **A** *vt* **~ il telefono** hang up
B *vi* (al telefono) hang up
riatti'vare *vt* reactivate ‹*processo*›; reintroduce, bring back ‹*servizio*›; start up again, restart ‹*congegno*›; stimulate ‹*circolazione sanguigna*›
ria'vere *vt* get back; regain ‹*salute, vista*›
ria'versi *vr* recover
riavvicina'mento *m* (tra persone) reconciliation; (tra paesi) rapprochement
riavvici'nare *vt* fig reconcile ‹*paesi, persone*›
riavvici'narsi *vr* (riconciliarsi) be reconciled, make it up infml

r

riav'volgere *vt* rewind
riba'dire *vt* (confermare) reaffirm
ri'balta *f* flap; Theat footlights *pl*; fig limelight
ribal'tabile *adj* tip-up
ribal'tare *vt & vi* tip over; Naut capsize
ribal'tarsi *vr* tip over; Naut capsize
ribas'sare **A** *vt* lower
B *vi* fall
ribas'sato *adj* reduced
ri'basso *m* fall; (sconto) discount
ri'battere **A** *vt* (a macchina) retype; (controbattere) deny
B *vi* answer back
ribattez'zare *vt* rename
ribel'larsi *vr* rebel
ri'belle **A** *adj* rebellious
B *mf* rebel
ribelli'one *f* rebellion
'ribes *m inv* (rosso) redcurrant; (nero) blackcurrant
ribol'lire *vi* (fermentare) ferment; fig seethe
ri'brezzo *m* disgust; **far ~ a** disgust
ribut'tante *adj* repugnant
ribut'tare *vt* (buttare di nuovo) throw back
rica'dere *vi* fall back; (nel peccato ecc.) lapse; (pendere) hang [down]; **~ su** (riversarsi) fall on
rica'duta *f* relapse; **avere una ~** to have a relapse
rical'care *vt* trace
ricalci'trante *adj* recalcitrant
ricalco'lare *vt* recalculate
rica'mare *vt* embroider
rica'mato *adj* embroidered
ri'cambi *mpl* spare parts
ricambi'are *vt* return; reciprocate ‹*sentimento*›; **~ qualcosa a qualcuno** repay somebody for something
ri'cambio *m* replacement; Biol metabolism; **pezzo di ricambio** spare [part]
ri'camo *m* embroidery
ricandi'dare *vt* (a elezioni) put forward as a candidate again
ricandi'darsi *vr* (a elezioni) stand again
ricapito'lare *vt* sum up; **ricapitoliamo** let's recap
ricapitolazi'one *f* summary, recap infml
ri'carica *f* (di sveglia) winder; (di batteria) recharging; (di penna) refill; (di fucile) reloading; Teleph top-up card
ricari'cabile *adj* rechargeable
ricari'care *vt* reload ‹*macchina fotografica, fucile, camion*›; recharge ‹*batteria*›; Comput reboot; rewind ‹*orologio*›; top up ‹*cellulare*›
ricat'tare *vt* blackmail
ricatta|'tore, -trice *mf* blackmailer
ricatta'torio *adj* blackmail *attrib*
ri'catto *m* blackmail
■ **ricatto morale** moral blackmail, emotional blackmail
rica'vare *vt* get; (ottenere) obtain; (dedurre) draw
rica'vato *m* proceeds *pl*
ri'cavo *m* proceeds *pl*
ricca'mente *adv* lavishly
ric'chezza *f* wealth; fig richness; **ricchezze** *pl* riches
'riccio **A** *adj* curly
B *m* curl; (animale) hedgehog
■ **riccio di mare** sea urchin
'ricciolo *m* curl
riccio'luto *adj* curly
ricci'uto *adj* ‹*barba*› curly; ‹*persona*› curly-haired
'ricco, -a **A** *adj* rich
■ **ricco sfondato** infml filthy rich
B *mf* rich person; **i ricchi** the rich
ri'cerca *f* search; (indagine) investigation; (scientifica) research; Sch project
■ **ricerca avanzata** Comput advanced search; **ricerca sul campo** field work; **ricerca di mercato** market research; **ricerca operativa** operational research
ricer'care *vt* search for; (fare ricerche su) research
ricer'cata *f* wanted woman
ricercata'mente *adv* ‹*vestire*› with refinement; ‹*parlare*› in a refined way
ricerca'tezza *f* refinement
ricer'cato **A** *adj* sought-after; (raffinato) refined
B *m* (dalla polizia) wanted man
ricerca|'tore, -trice *mf* researcher
ricetrasmit'tente *f* transceiver, two-way radio
ri'cetta *f* Culin recipe; Med prescription
ricet'tacolo *m* receptacle
ricet'tario *m* (di cucina) recipe book; (di medico) prescription pad
ricetta|'tore, -trice *mf* receiver of stolen goods, fence infml
ricettazi'one *f* receiving [stolen goods]
rice'vente **A** *adj* ‹*apparecchio, stazione*› receiving
B *mf* receiver
ri'cevere *vt* receive; (dare il benvenuto) welcome; (di albergo) accommodate
ricevi'mento *m* receiving; (accoglienza) welcome; (trattenimento) reception
ricevi'tore *m* receiver
■ **ricevitore delle imposte** tax man; **ricevitore del lotto** lottery ticket agent
ricevito'ria *f*:
■ **ricevitoria delle imposte** ≈ Inland Revenue; **ricevitoria del lotto** *agency authorized to sell lottery tickets*
rice'vuta *f* receipt
■ **ricevuta d'acquisto** proof of purchase; **ricevuta doganale** docket; **ricevuta fiscale** tax receipt;

ricevuta di ritorno acknowledgement of receipt; **ricevuta di versamento** receipt (*given for bills etc paid at the Post Office*)
rice'vuto *int* roger
ricezi'one *f* Radio, TV reception
richia'mare *vt* (al telefono) call back; (far tornare) recall; (rimproverare) rebuke; (attirare) draw; ~ **alla mente** call to mind
richi'amo *m* recall; (attrazione) call
richie'dente *mf* applicant
richi'edere *vt* ask for; (di nuovo) ask again for; ~ **a qualcuno di fare qualcosa** ask *or* request somebody to do something
richi'esta *f* request; Comm demand
■ **richiesta di indennizzo** claim for damages
richi'esto *adj* sought-after
ri'chiudere *vt* shut again, close again
ri'chiudersi *vr* ‹*ferita*› heal; ‹*porta*› shut again, close again
rici'clabile *adj* recyclable
rici'claggio *m* recycling; (di denaro) laundering
rici'clare *vt* recycle ‹*carta, vetro*›; launder ‹*denaro sporco*›
rici'clarsi *vr* retrain; (cambiare lavoro) change one's line of work
rici'clato *adj* recycled
'ricino *m*
■ **olio di ricino** castor oil
ricogni'tore *m* reconnaissance plane
ricognizi'one *f* Mil reconnaissance
ricolle'gare *vt* (collegare di nuovo) reconnect
ricolle'garsi *vr* ~ **a** ‹*evento, fatto*› relate to, tie up with
ricol'mare *vt* fill to the brim
ri'colmo *adj* full
ricominci'are *vt & vi* start again; ~ **da capo** start all over again
ricompa'rire *vi* reappear
ricom'parsa *f* reappearance
ricom'pensa *f* reward
ricompen'sare *vt* reward
ricom'porre *vt* (riscrivere) rewrite; (ricostruire) reform; Teleph redial; Typ reset
ricom'porsi *vr* regain one's composure
ricomposizi'one *f* Teleph
■ **ricomposizione automatica dell'ultimo numero** redial facility
riconcili'are *vt* reconcile
riconcili'arsi *vr* be reconciled
riconciliazi'one *f* reconciliation
riconfer'mare *vt* reappoint
ricongi'ungere *vt* reunite
ricongi'ungersi *vr* become reunited
ricongiungi'mento *m* reunion
ricono'scente *adj* grateful
ricono'scenza *f* gratitude
rico'noscere *vt* recognize; (ammettere) acknowledge
ricono'scibile *adj* recognizable
riconosci'mento *m* recognition; (ammissione) acknowledgement; (per la polizia) identification
■ **riconoscimento vocale** Comput voice recognition
riconosci'uto *adj* recognized
ricon'quista *f* reconquest
riconqui'stare *vt* Mil reconquer
ricon'segna *f* return
riconse'gnare *vt* return
riconside'rare *vt* rethink
ricontrol'lare *vt* double-check
riconversi'one *f* Econ restructuring
ricopi'are *vt* copy again
rico'prire *vt* re-cover; (rivestire) coat; (di insulti) shower (**di** with); hold ‹*carica*›; ~ **qualcuno di attenzioni** lavish attention on somebody
ricor'dare *vt* remember; (richiamare alla memoria) recall; (far ricordare) remind; (rassomigliare) look like
ricor'darsi *vr* ~ **[di]** remember; ~ **di fare qualcosa** remember to do something
ri'cordo *m* memory; (oggetto) memento; (di viaggio) souvenir; **ricordi** *pl* (memorie) memoirs
■ ~ **di famiglia** family heirloom
ricor'reggere *vt* correct again
ricor'rente *adj* recurrent
ricor'renza *f* recurrence; (anniversario) anniversary
ri'correre *vi* recur; (accadere) occur; ‹*data*› fall; ~ **a** have recourse to; (rivolgersi a) turn to
ri'corso **A** pp di **ricorrere**
B *m* recourse; Jur appeal
ricostitu'ente *m* tonic
ricostitu'ire *vt* re-establish
ricostru'ire *vt* reconstruct
ricostruzi'one *f* reconstruction
ricove'rare *vt* give shelter to; ~ **in ospedale** admit to hospital, hospitalize
ricove'rato, -a *mf* hospital patient
ri'covero *m* shelter; (ospizio) home
ricre'are *vt* recreate; (ristorare) restore
ricre'arsi *vr* amuse oneself
ricrea'tivo *adj* recreational
ricreazi'one *f* recreation; Sch break, playtime
ri'credersi *vr* change one's mind
ri'crescere *vi* grow again
ricu'cire *vt* sew up; stitch up ‹*ferita*›
ricupe'rare, ri'cupero = **recuperare, recupero**
ri'curvo *adj* bent
ricu'sare *vt* refuse
ridacchi'are *vi* giggle
ri'dare *vt* give back, return
rida'rella *f* giggles *pl*
ridefi'nire *vt* redefine
ri'dente *adj* (piacevole) pleasant

r

'ridere *vi* laugh; **~ di** (deridere) laugh at
ride'stare *vt* reawaken ‹*ricordo, sentimento*›
ri'detto pp di **ridire**
ridicoliz'zare *vt* ridicule
ri'dicolo *adj* ridiculous
ridimensiona'mento *m* restructuring
ridimensio'nare *vt* restructure ‹*azienda*›; fig get into perspective
ridi'pingere *vt* repaint
ri'dire *vt* repeat; **trova sempre da ~** he's always finding fault; **hai qualcosa da ~?** do you have something to say?; **se non hai niente da ~, ...** if you've no objection...
ridi'scendere *vi* go back down
ridistribu'ire *vt* redistribute
ridistribuzi'one *f* redistribution
ridon'dante *adj* redundant
ri'dosso a ~ di *adv* behind
ri'dotto **A** pp di **ridurre**
B *adj* reduced; **essere ~ male** be worn out
C *m* Theat foyer
ri'durre *vt* reduce
ri'dursi *vr* diminish; **~ a fare qualcosa** be reduced to doing something; **~ a** ‹*problema*› come down to
ridut'tivo *adj* reductive
ridut'tore *m* Electr adaptor
riduzi'one *f* reduction; (per cinema, teatro) adaptation
■ **riduzione cinematografica** film adaptation; **riduzione della pena** reduced sentence; **riduzione di prezzo** price cut; **riduzione teatrale** adaptation for the theatre
riedifi'care *vt* rebuild
rieducazi'one *f* (di malato) rehabilitation
rie'leggere *vt* re-elect
rielezi'one *f* re-election
rie'mergere *vi* resurface
riem'pire *vt* fill [up]; fill in ‹*moduli ecc.*›
riem'pirsi *vr* fill [up]
riempi'tivo **A** *adj* filling
B *m* filler
rien'tranza *f* recess
rien'trare *vi* go/come back in; (tornare) return; (piegare indentro) recede; **~ in** (far parte) fall within
ri'entro *m* return; (di astronave) re-entry; **grande ~** mass return home after the holidays
riepilo'gare *vt* recapitulate
rie'pilogo *m* summing-up
rie'same *m* reassessment
riesami'nare *vt* reappraise
ri'essere *vi* **ci risiamo!** here we go again!
riesu'mare *vt* exhume
rievo'care *vt* (commemorare) commemorate; recall ‹*passato*›
rievocazi'one *f* (commemorazione) commemoration; (ricordo) recollection
rifaci'mento *m* remake
ri'fare *vt* do again; (creare) make again; (riparare) repair; (imitare) imitate; make ‹*letto*›
ri'farsi *vr* (rimettersi) recover; (vendicarsi) get even; **~ una vita/carriera** make a new life/career for oneself; **~ il trucco** touch up one's make-up; **~ di** make up for
ri'fatto pp di **rifare**
riferi'mento *m* reference
rife'rire **A** *vt* report; **~ a** attribute to
B *vi* make a report
rife'rirsi *vr* **~ a** refer to
rifi'lare *vt* (tagliare a filo) trim; infml (affibbiare) saddle
rifi'nire *vt* finish off
rifini'tura *f* finish
rifio'rire *vi* blossom again; fig flourish again
rifiu'tare *vt* refuse; **~ di fare qualcosa** refuse to do something
rifi'uto *m* refusal; **acque** *pl* **di ~** waste water; **rifiuti** *pl* (immondizie) rubbish; **rifiuti** *pl* **industriali** industrial waste; **rifiuti** *pl* **urbani** urban *or* municipal waste
riflessi'one *f* reflection; (osservazione) remark
rifles'sivo *adj* thoughtful; Gram reflexive
ri'flesso **A** pp di **riflettere**
B *m* (luce) reflection; Med reflex; **per ~** indirectly
ri'flettere **A** *vt* reflect
B *vi* think (**su** about)
ri'flettersi *vr* be reflected
riflet'tore *m* reflector; (proiettore) search light
ri'flusso *m* ebb
rifocil'lare *vt* restore
rifocil'larsi *vr* (liter, hum) take some refreshment
rifondazi'one *f* refounding
■ **Rifondazione Comunista** *diehard Communist party*
ri'fondere *vt* (rimborsare) refund
ri'forma *f* reform; Relig reformation; Mil exemption on medical grounds
rifor'mare *vt* re-form; (migliorare) reform; Mil declare unfit for military service
rifor'mato *adj* ‹*chiesa*› Reformed; ‹*recluta, soldato*› unfit for military service
riforma|'tore, -trice *mf* reformer
riforma'torio *m* reformatory
riformat'tare *vt* Comput reformat
rifor'mista *adj & nmf* reformist
riformu'lare *vt* recast
riforni'mento *m* supply; (scorta) stock; (di combustibile) refuelling; **stazione di ~** petrol station
rifor'nire *vt* restock; **~ di** provide with

rifor'nirsi *vr* restock, stock up (**di** with)
ri'frangere *vt* refract
ri'fratto pp di **rifrangere**
rifrazi'one *f* refraction
rifug'gire **A** *vt* shun ‹*gloria, celebrità*›
B *vi* escape again; ~ **da** fig shun
rifugi'arsi *vr* take refuge
rifugi'ato, -a *mf* refugee
ri'fugio *m* shelter; (nascondiglio) hideaway, safe house
■ **rifugio antiaereo** bomb shelter; **rifugio antiatomico** fallout shelter
'riga *f* line; (fila) row; (striscia) stripe; (scriminatura) parting; (regolo) rule; **a righe** (stoffa) striped; ‹*quaderno*› ruled; **mettersi in** ~ line up
ri'gaglie *fpl* (interiora) giblets
ri'gagnolo *m* rivulet
ri'gare **A** *vt* rule ‹*foglio*›
B *vi* ~ **dritto** behave well
riga'toni *mpl small ridged pasta tubes*
rigatti'ere *m* junk dealer
rigene'rante *adj* regenerative
rigene'rare *vt* regenerate
riget'tare *vt* (gettare indietro) throw back; (respingere) reject; (vomitare) throw up
ri'getto *m* rejection
ri'ghello *m* ruler
rigida'mente *adv* rigidly
rigidità *f inv* rigidity; (di clima) severity; (severità) strictness
■ **rigidità cadaverica** rigor mortis
'rigido *adj* rigid; (freddo) severe; (severo) strict
rigi'rare **A** *vt* turn again; (ripercorrere) go round; fig twist ‹*argomentazione*›
B *vi* walk about
rigi'rarsi *vr* turn round; (nel letto) turn over
'rigo *m* line; Mus staff
ri'goglio *m* bloom
rigogliosa'mente *adv* luxuriantly
rigogli'oso *adj* luxuriant
rigonfia'mento *m* swelling
rigonfi'are *vt* reinflate
ri'gonfio *adj* swollen
ri'gore *m* rigours *pl*; **a rigor di logica** strictly speaking; **calcio di** ~ penalty [kick]; **area di** ~ penalty area; **essere di** ~ be compulsory
rigorosa'mente *adv* ‹*giudicare*› severely; (seguire istruzioni) exactly; **vestito** ~ **in giacca e cravatta** wearing the obligatory jacket and tie
rigo'roso *adj* (severo) strict; (scrupoloso) rigorous
rigover'nare *vt* wash up
riguada'gnare *vt* regain, win back ‹*stima*›; win more ‹*tempo, punti*›
riguar'dare *vt* look at again; (considerare) regard; (concernere) concern; **per quanto riguarda...** with regard to...
riguar'darsi *vr* take care of oneself
rigu'ardo *m* care; (considerazione) consideration; **nei riguardi di** towards; ~ **a** with regard to
rigurgi'tante *adj* ~ **di** swarming with
rigurgi'tare **A** *vt* regurgitate
B *vi* ~ **di** fig be swarming with
ri'gurgito *m* regurgitation; fig (di xenofobia, nazionalismo ecc.) resurgence
rilanci'are **A** *vt* throw back ‹*palla*›; (di nuovo) throw again; increase ‹*offerta*›; revive ‹*moda*›; relaunch ‹*prodotto*›
B *vi* (a carte) raise the stakes; **rilancio di dieci** I'll raise you ten
ri'lancio *m* (di offerta) increase; (di prodotto) re-launch
rilasci'are *vt* (concedere) grant; (liberare) release; issue ‹*documento*›
rilasci'arsi *vr* relax
ri'lascio *m* release; (di documento) issue
rilassa'mento *m* relaxation
■ **rilassamento cutaneo** sagging of the skin
rilas'sare *vt* relax
rilas'sarsi *vr* relax
rilas'sato *adj* relaxed
rile'gare *vt* bind ‹*libro*›
rile'gato *adj* bound
rilega|'tore, -trice *mf* bookbinder
rilega'tura *f* binding
ri'leggere *vt* reread
ri'lento a ~ *adv* slowly
rileva'mento *m* survey; Comm buyout
■ **rilevamento dirigenti** management buyout, MBO
rile'vante *adj* considerable
rile'vanza *f* significance
rile'vare *vt* (trarre) get; (mettere in evidenza) point out; (notare) notice; (topografia) survey; Comm take over; Mil relieve
rilevazi'one *f* (statistica) survey
rili'evo *m* relief; Geog elevation; (topografia) survey; (importanza) importance; (osservazione) remark; **mettere in** ~ **qualcosa** point something out
rilut'tante *adj* reluctant
rilut'tanza *f* reluctance, unwillingness
'rima *f* rhyme; **far** ~ **con qualcosa** rhyme with something; **rispondere a qualcuno per le rime** give somebody as good as one gets
■ **rima alternata** alternate rhyme; **rima baciata** rhyming couplet
riman'dare *vt* (posporre) postpone; (mandare indietro) send back; (mandare di nuovo) send again; (far ridare un esame) make resit an examination
ri'mando *m* return; (in un libro) cross-reference
rimaneggia'mento *m* rejig
rimaneggi'are *vt* rejig, recast

r

rima'nente A *adj* remaining
B *m* remainder
rima'nenza *f* remainder; **rimanenze** *pl* remnants; **rimanenze** *pl* **di magazzino** unsold stock
rima'nere *vi* stay, remain; (essere d'avanzo) be left; (venirsi a trovare) be; (restare stupito) be astonished; (restare d'accordo) agree; ~ **senza parole** be speechless
rimangi'are *vt* (mangiare di nuovo) have again, eat again
rimangi'arsi *vr* ~ **la parola** break one's promise
rimar'care *vt* remark
rimar'chevole *adj* remarkable
ri'mare *vt & vi* rhyme
rimargi'nare *vt* heal
rimargi'narsi *vr* heal
ri'masto pp di **rimanere**
rima'sugli *mpl* (di cibo) leftovers
rimbal'zare *vi* rebound; (proiettile) ricochet; **far** ~ bounce
rim'balzo *m* rebound; (di proiettile) ricochet
rimbam'bire A *vi* be in one's dotage
B *vt* stun
rimbam'bito *adj* in one's dotage
rimbec'care *vi* retort
rimbecil'lire *vt* make brain-dead
rimbecil'lito *adj* (stupido) brain-dead; (frastornato) stunned
rimboc'care *vt* turn up; roll up ‹*maniche*›; tuck in ‹*coperte*›; ~ **le coperte a qualcuno** tuck somebody into bed
rimboc'carsi *vr* ~ **le maniche** roll up one's sleeves
rimbom'bare *vi* boom, resound
rim'bombo *m* boom
rimbor'sabile *adj* reclaimable
rimbor'sare *vt* reimburse, repay
rim'borso *m* reimbursement, repayment
■ **rimborso d'imposta** tax rebate; **rimborso spese** reimbursement of expenses
rimboschi'mento *m* reafforestation BrE, reforestation
rim'brotto *m* reproach
rimedi'abile *adj* ‹*errore*› which can be remedied
rimedi'are *vi* ~ **a** remedy; make up for ‹*errore*›; (procurare) scrape up
ri'medio *m* remedy
rimesco'lare *vt* mix [up]; shuffle ‹*carte*›; (rivangare) rake up; **mi fa** ~ **il sangue** it makes my blood boil
rimesco'lio *m* (turbamento) shock
ri'messa *f* (per veicoli) garage; (per aerei) hangar; (per autobus) depot; (di denaro) remittance; (di merci) consignment
■ **rimessa laterale** Sport throw-in

ri'messo pp di **rimettere**
rime'stare *vt* stir well
ri'mettere *vt* (a posto) put back; (restituire) return; (affidare) entrust; (perdonare) remit; (rimandare) put off; (vomitare) bring up; ~ **in gioco** (nel calcio) throw in; ~ **in moto** restart; **rimetterci** infml (perdere) lose [out]
ri'mettersi *vr* (ristabilirsi) recover; ‹*tempo*› clear up; ~ **a** start again
'rimmel® *m inv* mascara
rimoder'nare *vt* modernize
ri'monta *f* Sport recovery
rimon'tare A *vt* (risalire) go up; Mech reassemble
B *vi* remount; ~ **a** (risalire) go back to
rimorchi'are *vt* tow; infml pick up ‹*ragazza*›
rimorchia'tore *m* tug[boat]
ri'morchio *m* tow; (veicolo) trailer
ri'mordere *vt* **mi rimorde la coscienza** fig it's preying on my conscience
ri'morso *m* remorse
rimo'stranza *f* complaint
rimo'vibile *adj* removable
rimozi'one *f* removal; (da un incarico) dismissal
■ **rimozione forzata** *illegally parked vehicles removed at owner's expense*
rim'pallo *m* bounce
rim'pasto *m* Pol reshuffle
rimpatri'are A *vt* repatriate
B *vi* return home
rimpatri'ata *f* reunion
rim'patrio *m* repatriation
rim'piangere *vt* regret
rimpi'anto A pp di **rimpiangere**
B *m* regret
rimpiat'tino *m* hide-and-seek
rimpiaz'zare *vt* replace
rimpi'azzo *m* replacement
rimpiccioli'mento *m* shrinkage
rimpiccio'lire A *vt* make smaller
B *vi* become smaller
rimpinz'are *vt* ~ **di** stuff with
rimpinz'arsi *vr* stuff oneself
rimpol'pare *vt* (ingrassare) fatten up; fig pad out ‹*scritto*›
rimprove'rare *vt* reproach; ~ **qualcosa a qualcuno** reproach somebody for something
rim'provero *m* reproach
rimugi'nare *vt* literary rummage; fig ~ **su** brood over
rimune'rare *vt* remunerate
rimunera'tivo *adj* remunerative
rimunerazi'one *f* remuneration
rimu'overe *vt* remove
ri'nascere *vi* be reborn, be born again
rinascimen'tale *adj* Renaissance
Rinasci'mento *m* Renaissance

ri'nascita *f* rebirth
rincal'zare *vt* (sostenere) support; (rimboccare) tuck in
rin'calzo *m* support; **rincalzi** *pl* Mil reserves
rincantucci'arsi *vr* hide oneself away in a corner
rinca'rare **A** *vt* increase the price of
B *vi* become more expensive
rin'caro *m* price increase
rincar'tare *vt* rewrap
rinca'sare *vi* return home
rinchi'udere *vt* shut up
rinchi'udersi *vr* shut oneself up
rincon'trare *vt* meet again
rincon'trarsi *vr* meet [each other] again
rin'correre *vt* run after
rin'corsa *f* run-up
rin'corso pp di **rincorrere**
rin'crescere *vi* **mi rincresce di non...** I'm sorry *or* I regret that I can't...; **se non ti rincresce** if you don't mind; **rincresce vedere...** it's sad to see...
rincresci'mento *m* regret
rincresci'uto pp di **rincrescere**
rincreti'nire **A** *vt* make brain-dead
B *vi* go brain-dead
rincu'lare *vi* ‹*arma*› recoil; ‹*cavallo*› shy
rin'culo *m* recoil
rincuo'rare *vt* encourage
rincuo'rarsi *vr* take heart
rinfacci'are *vt* **~ qualcosa a qualcuno** throw something in somebody's face
rinfode'rare *vt* sheathe
rinfor'zare *vt* strengthen; (rendere più saldo) reinforce
rinfor'zarsi *vr* become stronger
rin'forzo *m* reinforcement; fig support; **rinforzi** *pl* Mil reinforcements
rinfran'care *vt* reassure
rinfre'scante *adj* cooling
rinfre'scare **A** *vt* cool; (rinnovare) freshen up
B *vi* get cooler
rinfre'scarsi *vr* freshen [oneself] up
rin'fresco *m* light refreshment; (ricevimento) party
rin'fusa *f* **alla ~** at random
ringalluz'zire **A** *vt* make cocky
B *vi* get cocky
ringhi'are *vi* snarl
ringhi'era *f* railing; (di scala) banisters *pl*
ringhi'oso *adj* snarling
ringiova'nire **A** *vt* rejuvenate ‹*pelle, persona*›; ‹*vestito*› make look younger
B *vi* become young again; (sembrare) look young again
ringrazia'mento *m* thanks *pl*
✓ **ringrazi'are** *vt* thank
rinne'gare *vt* disown
rinne'gato, -a *mf* renegade
rinno'vabile *adj* renewable; ‹*risorsa, foresta*› sustainable
rinnova'mento *m* renewal; (di edifici) renovation
rinno'vare *vt* renew; renovate ‹*edifici*›
rinno'varsi *vr* be renewed; (ripetersi) recur, happen again
rin'novo *m* renewal
rinoce'ronte *m* rhinoceros
rino'mato *adj* renowned
rinsal'dare *vt* consolidate
rinsa'vire *vi* come to one's senses
rinsec'chire *vi* shrivel up
rinsec'chito *adj* shrivelled up
rinta'narsi *vr* hide oneself away; ‹*animale*› retreat into its den
rintoc'care *vi* ‹*compana*› toll; ‹*orologio*› strike
rin'tocco *m* toll; (di orologio) stroke
rinton'tire *vt* anche fig stun
rinton'tito *adj* (stordito) dazed
rintracci'are *vt* trace
rintro'nare **A** *vt* stun
B *vi* boom
rintuz'zare *vt* blunt; (ribattere) retort; (reprimere) repress
ri'nuncia *f* renunciation
✓ **rinunci'are** *vi* **~ a** renounce, give up
rinuncia'tario *adj* defeatist
ri'nunzia, rinunzi'are = **rinuncia, rinunciare**
rinveni'mento *m* (di reperti) discovery; (di refurtiva) recovery
rinve'nire **A** *vt* find
B *vi* (riprendere i sensi) come round; (ridiventare fresco) revive
rinvi'are *vt* put off; (mandare indietro) return; (in libro) refer; **~ a giudizio** indict
rinvigo'rire *vt* strengthen
rin'vio *m* Sport goal kick; (in libro) cross-reference; (di appuntamento) postponement; (di merce) return
■ **rinvio a giudizio** indictment
rioccu'pare *vt* reoccupy
rio'nale *adj* local
ri'one *m* district
riordina'mento *m* reorganization
riordi'nare *vt* tidy [up]; (ordinare di nuovo) reorder
riorganiz'zare *vt* reorganize
riorganizzazi'one *f* reorganization
R.I.P. *abbr* (**riposi in pace**) RIP
ripa'gare *vt* repay
✓ **ripa'rare** **A** *vt* (proteggere) shelter, protect; (aggiustare) repair; (porre rimedio) remedy
B *vi* **~ a** make up for
ripa'rarsi *vr* take shelter
ripa'rato *adj* ‹*luogo*› sheltered
riparazi'one *f* repair; fig reparation

r

ripar'lare *vi* **ne riparliamo stasera** we'll talk about it again tonight
ri'paro *m* shelter; (rimedio) remedy
ripar'tire **A** *vt* (dividere) divide
B *vi* leave again
ripartizi'one *f* division
ripas'sare **A** *vt* recross; (rivedere) revise
B *vi* pass again
ripas'sata *f* (spolverata) quick dust; (stirata) quick iron; (di vernice) second coat; infml (rimprovero) telling-off; **dar una ~ a** (lezione) revise
ri'passo *m* (di lezione) revision
ripensa'mento *m* second thoughts *pl*
ripen'sare *vi* **~ a** think back to; **ripensarci** (cambiare idea) change one's mind; **ripensaci!** think again!
riper'correre *vt* (con la memoria) go back over; trace ‹*storia*›; **~ la strada fatta** go back the way one came
riper'cosso pp di **ripercuotere**
ripercu'otere *vt* strike again
ripercu'otersi *vr* ‹*suono*› reverberate; **~ su qualcosa** fig (avere conseguenze) impact on something
ripercussi'one *f* repercussion
ripe'scare *vt* (recuperare) fish out; (ritrovare) find again
ripe'tente *mf student who is repeating a year*
ri'petere *vt* repeat
ri'petersi *vr* ‹*evento*› recur; ‹*persona*› repeat oneself
ripeti'tore *m* TV relay
ripetizi'one *f* repetition; (di lezione) revision; (lezione privata) private lesson
ripetuta'mente *adv* repeatedly
ri'piano *m* (di scaffale) shelf; (terreno pianeggiante) terrace
ripi'cca *f* spite; **fare qualcosa per ~** do something out of spite
ri'picco = **ripicca**
ripida'mente *adv* steeply
'ripido *adj* steep
ripie'gare **A** *vt* refold; (abbassare) lower
B *vi* (indietreggiare) retreat
ripie'garsi *vr* bend; ‹*sedile*› fold
ripi'ego *m* expedient; (via d'uscita) way out
ripi'eno **A** *adj* full; Culin stuffed
B *m* filling; Culin stuffing
ripiom'bare *vi* (per terra) fall down again; **~ nella disperazione** sink back into despair
ripopo'lare *vt* repopulate
ripopo'larsi *vr* be repopulated
ri'porre *vt* put back; (mettere da parte) put away; (collocare) place; repeat ‹*domanda*›
ripor'tare *vt* (restituire) bring/take back; (riferire) report; (subire) suffer; Math carry; win ‹*vittoria*›; transfer ‹*disegno*›
ripor'tarsi *vr* go back; (riferirsi) refer
ri'porto *m* (su abito, scarpa) appliqué; **~ di 4** Math carry 4; **cane da ~** gun dog, retriever; **nascondere la calvizie con un ~** comb one's hair over a bald spot
ripo'sante *adj* restful
ripo'sare **A** *vi* rest
B *vt* put back
ripo'sarsi *vr* rest
ripo'sato *adj* ‹*mente*› fresh; ‹*viso*› rested
ri'poso *m* rest; **andare a ~** retire; **~!** Mil at ease!; **giorno di ~** day off
ripo'stiglio *m* cupboard
ri'posto pp di **riporre**
rip'pare *vt* ‹*CD, DVD*› to rip
ri'prendere *vt* take again; (prendere indietro) take back; (riconquistare) recapture; (ricuperare) recover; (ricominciare) resume; (rimproverare) reprimand; take in ‹*cucitura*›; Cinema shoot
ri'prendersi *vr* recover; (correggersi) correct oneself
ri'presa *f* resumption; (ricupero) recovery; Theat revival; Cinema shot; Auto acceleration; Mus repeat; **riprese** *pl* Cinema filming
■ **ripresa aerea** bird's-eye view
ripresen'tare *vt* resubmit ‹*domanda, certificato*›; reintroduce ‹*problema, persona*›
ripresen'tarsi *vr* (a ufficio) go/come back again; (come candidato) stand again, run again; ‹*occasione*› arise again; ‹*problema*› come up again, reappear; (a esame) resit
ri'preso pp di **riprendere**
ripristi'nare *vt* restore
ripro'dotto pp di **riprodurre**
ripro'durre *vt* reproduce
ripro'dursi *vr* Biol reproduce; ‹*fenomeno*› happen again, recur
riprodut'tivo *adj* reproductive
riproduzi'one *f* reproduction
■ **'riproduzione vietata'** 'copyright'
ripro'mettersi *vr* (intendere) intend
ripro'porre *vt* put forward again
ripro'porsi *vr* **~ di fare qualcosa** intend to do something; (come candidato) stand again; ‹*problema*› come up again, reappear
ri'prova *f* confirmation; **a ~ di** as confirmation of
ripro'vare *vt & vi* retry
riprovazi'one *f*
■ **riprovazione generale** outcry
ripro'vevole *adj* reprehensible
ripubbli'care *vt* republish
ripudi'are *vt* repudiate
ripu'gnante *adj* repugnant
ripu'gnanza *f* disgust
ripu'gnare *vi* **~ a** disgust
ripu'lire *vt* clean [up]; fig polish

ripu'lita *f* quick clean; **darsi una ~** have a wash and brush-up
ripulsi'one *f* repulsion
ripul'sivo *adj* repulsive
ri'quadro *m* square; (pannello) panel
riqualifi'care *vt* reskill ‹*lavoratori*›
riqualifica'zione *f* retraining
ri'sacca *f* undertow
ri'saia *f* rice field, paddy field
risa'lire **A** *vt* go back up
B *vi* **~ a** (nel tempo) date back to; (individuare) trace ‹*colpevole*›
risa'lita *f* ascent; **impianto di ~** ski lift
risal'tare *vi* (emergere) stand out
ri'salto *m* prominence; (rilievo) relief
risana'mento *m* reclamation, redevelopment
risa'nare *vt* heal; (bonificare) reclaim; redevelop ‹*area, quartiere*›
risa'puto *adj* well-known
risar'cibile *adj* refundable
risarci'mento *m* compensation
risar'cire *vt* indemnify; **mi hanno risarcito i danni** they compensated me for the damage
ri'sata *f* laugh
riscalda'mento *m* heating
■ **riscaldamento autonomo** central heating (*for one flat*); **riscaldamento centralizzato** *central heating system for whole block of flats*
riscal'dare *vt* heat; warm ‹*persona*›
riscal'darsi *vr* warm up
riscat'tabile *adj* redeemable
riscat'tare *vt* ransom
riscat'tarsi *vr* redeem oneself
ri'scatto *m* ransom; (morale) redemption
rischia'rare *vt* light up; brighten ‹*colore*›
rischia'rarsi *vr* light up; ‹*cielo*› clear up
rischi'are **A** *vt* risk
B *vi* run the risk; **~ inutilmente** take needless risks
'rischio *m* risk; **a ~** ‹*soggetti*› at risk; **a basso ~** low risk *attrib*
rischi'oso *adj* risky
risciac'quare *vt* rinse
risci'acquo *m* rinse
risciò *m inv* rickshaw
riscon'trare *vt* (confrontare) compare; (verificare) verify; (rilevare) find
ri'scontro *m* comparison; (verifica) verification; Comm (risposta) reply
risco'prire *vt* rediscover
ri'scossa *f* revolt; (riconquista) recovery
riscossi'one *f* collection
ri'scosso pp di **riscuotere**
ri'scrivere *vt* (scrivere di nuovo) rewrite; (rispondere) write back
riscri'vibile *adj* rewritable
riscu'otere *vt* shake; (percepire) draw; (ottenere) gain; cash ‹*assegno*›
riscu'otersi *vr* rouse oneself
risen'tire **A** *vt* hear again; (provare) feel
B *vi* **~ di** feel the effect of
risen'tirsi *vr* (offendersi) take offence
risentita'mente *adv* resentfully
risen'tito *adj* resentful
ri'serbo *m* reserve; **mantenere il ~** remain tight-lipped
ri'serva *f* reserve; (di caccia, pesca) preserve; Sport substitute, reserve; **di ~** spare; **senza riserve** wholeheartedly ‹*accettare, appoggiare*›
■ **riserva di caccia** game reserve; **riserva indiana** Indian reservation; **riserva naturale** wildlife reserve
riser'vare *vt* reserve; (prenotare) book; (per occasione) keep
riser'varsi *vr* (ripromettersi) plan for oneself ‹*cambiamento*›; **mi riservo la sorpresa** I want it to be a surprise
riserva'tezza *f* reserve
riser'vato *adj* reserved; (confidenziale) classified; **'~ ai clienti dell'albergo'** 'for hotel guests only'; **'~ carico'** 'loading only'
ri'sguardo *m* endpaper
risi'edere *vi* **~ a** reside in
'risma *f* ream; fig kind
'riso¹ **A** pp di **ridere**
B *m* (*pl nf* **risa**) laughter; (singolo) laugh
'riso² *m* (cereale) rice
■ **riso integrale** brown rice
riso'lino *m* giggle
risolle'vare *vt* raise again; raise ‹*il morale*›; raise again, bring up again ‹*problema, questione*›; increase, improve ‹*le sorti*›
risolle'varsi *vr* (da terra) rise again; fig pick up
ri'solto pp di **risolvere**
risoluta'mente *adv* energetically
risolu'tezza *f* determination
risolu'tivo *adj* (determinante) decisive; **scelta risolutiva** solution
riso'luto *adj* resolute, determined
risoluzi'one *f* resolution
ri'solvere *vt* resolve; Math solve
ri'solversi *vr* (decidersi) decide; **~ in** turn into
riso'nanza *f* resonance; **aver ~** fig arouse great interest
■ **risonanza magnetica** magnetic resonance, magnetic resonance imaging
riso'nare *vi* resound; (rimbombare) echo
ri'sorgere *vi* rise again
risorgi'mento *m* revival; **il Risorgimento** the Risorgimento
ri'sorsa *f* resource; (espediente) resort; **risorse** *pl* **energetiche** energy resources; **risorse** *pl* **naturali** natural resources; **risorse** *pl* **umane** human resources
ri'sorto pp di **risorgere**
ri'sotto *m* risotto

■ **risotto alla marinara** seafood risotto; **risotto alla milanese** risotto with saffron

ri'sparmi *mpl* (soldi) savings

risparmi'are *vt* save; (salvare) spare

risparmia|'tore, -trice *mf* saver

ri'sparmio *m* saving

■ **risparmio di carburante** fuel economy; **risparmio energetico** energy saving

rispecchi'are *vt* reflect

rispe'dire *vr* send back, return

rispet'tabile *adj* respectable

rispettabilità *f inv* respectability

rispet'tare *vt* respect; **farsi ~** command respect

rispet'tivo *adj* respective

ri'spetto *m* respect; **~ a** as regards; (a paragone di) compared to

rispettosa'mente *adv* respectfully

rispet'toso *adj* respectful

risplen'dente *adj* shining

ri'splendere *vi* shine

rispon'dente *adj* **~ a** in keeping with

rispon'denza *f* correspondence

ri'spondere *vi* answer; (rimbeccare) answer back; (obbedire) respond; **~ a** reply to; **~ di** (rendersi responsabile) answer for

rispo'sare *vt* remarry

rispo'sarsi *vr* remarry

ri'sposta *f* answer, reply; (reazione) response; **senza ~** unanswered ‹*domanda, lettera*›

ri'sposto pp di **rispondere**

rispun'tare *vi* ‹*persona, sole*› reappear

'rissa *f* brawl

ris'soso *adj* pugnacious

ristabi'lire *vt* re-establish

ristabi'lirsi *vr* (in salute) recover

rista'gnare *vi* stagnate; (sangue) coagulate

ri'stagno *m* stagnation

ri'stampa *f* reprint; (azione) reprinting

ristam'pare *vt* reprint

risto'rante *m* restaurant

risto'rare *vt* refresh

risto'rarsi *vr* literary take some refreshment; (riposarsi) take a rest

ristora|'tore, -trice **A** *mf* (proprietario di ristorante) restaurateur; (fornitore) caterer **B** *adj* refreshing

ri'storo *m* refreshment; (sollievo) relief; **servizio di ~** refreshments *pl*

ristret'tezza *f* narrowness; (povertà) poverty; **vivere in ristrettezze** live in straitened circumstances

ri'stretto **A** pp di **restringere** **B** *adj* narrow; (condensato) condensed; (limitato) restricted; **di idee ristrette** narrow-minded

ristruttu'rante *adj* ‹*cosmetico*› conditioning

ristruttu'rare *vt* Comm restructure; renovate ‹*casa*›; repair ‹*capelli*›

ristrutturazi'one *f* Comm restructuring; (di casa) renovation

risucchi'are *vt* suck in

ri'succhio *m* whirlpool; (di corrente) undertow

risul'tare *vi* result; (riuscire) turn out

risul'tato *m* result; **risultati** *pl* **parziali** (di elezioni) preliminary results; (di partite) half-time results

risuo'nare **A** *vt* play again ‹*pezzo musicale*›; ring again ‹*campanello*› **B** *vi* ‹*grida, parola*› echo; Phys resonate

risurrezi'one, risusci'tare = **resurrezione, resuscitare**

risvegli'are *vt* reawaken ‹*interesse*›

risvegli'arsi *vr* wake up; ‹*natura*› awake; ‹*desiderio*› be aroused

ri'sveglio *m* waking up; (dell'interesse) revival; (del desiderio) arousal

ri'svolto *m* (di giacca) lapel; (di pantaloni) turn-up, cuff AmE; (di manica) cuff; (di tasca) flap; (di libro) inside flap

ritagli'are *vt* cut out

ri'taglio *m* cutting; (di stoffa) scrap

ritar'dare **A** *vi* be late; ‹*orologio*› be slow **B** *vt* delay; slow down ‹*progresso*›; (differire) postpone

ritarda'tario, -a *mf* latecomer

ritar'dato **A** pp di **ritardare** **B** *adj* delayed; **a scoppio ~** delayed action *attrib*; Psych retarded offensive

ri'tardo *m* delay; **essere in ~** be late; ‹*volo*› be delayed

ri'tegno *m* reserve

ritem'prare *vt* restore

rite'nere *vt* retain; deduct ‹*somma*›; (credere) believe

riten'tare *vt* try again

rite'nuta *f* (sul salario) deduction

■ **ritenuta d'acconto** *tax deducted in advance from payments made to self-employed people*; **ritenuta diretta** taxation at source; **ritenuta alla fonte** taxation at source, deduction at source

ritenzi'one *f* Med retention

riti'rare *vt* throw back ‹*palla*›; (prelevare) withdraw; (riscuotere) draw; collect ‹*pacco*›

riti'rarsi *vr* withdraw; ‹*stoffa*› shrink; (da attività) retire; ‹*marea*› recede

riti'rata *f* retreat; (WC) toilet

ri'tiro *m* withdrawal; Relig retreat; (da attività) retirement

■ **ritiro bagagli** baggage reclaim

'ritmica *f* rhythmic gymnastics

ritmica'mente *adv* rhythmically

'ritmico *adj* rhythmic[al]

'ritmo *m* rhythm; **a ~ serrato** at a cracking pace

'rito *m* rite; **di ~** customary

■ **rito funebre** funeral service

ritoc'care *vt* (correggere) touch up
ri'tocco *m* alteration; **ritocchi** *pl* Phot retouching
ri'torcersi *vr* ~ **contro qualcuno** boomerang on somebody
ritor'nare *vi* return; (andare/venire indietro) go/come back; (ricorrere) recur; (ridiventare) become again
ritor'nello *m* refrain
ri'torno *m* return
ritorsi'one *f* retaliation
ri'torto *adj* ‹*filo, cavo*› twisted
ritra'durre *vt* (tradurre di nuovo) retranslate
ri'trarre *vt* (ritirare) withdraw; (distogliere) turn away; (rappresentare) portray
ritra'smettere *vt* TV show again, re-broadcast
ritrat'tabile *adj* ‹*accusa*› which can be withdrawn
ritrat'tare *vt* retract, withdraw ‹*dichiarazione*›
ritrattazi'one *f* withdrawal, retraction
ritrat'tista *mf* portrait painter
ri'tratto **A** pp di **ritrarre**
B *m* portrait
ritrazi'one *f* retraction
ritrosa'mente *adv* shyly
ritro'sia *f* shyness
ri'troso *adj* (timido) shy; **a** ~ backwards; ~ **a** reluctant to
ritrova'mento *m* (azione) finding; (cosa) find
ritro'vare *vt* find [again]; regain ‹*salute*›
ritro'varsi *vr* meet; (di nuovo) meet again; (capitare) find oneself; (raccapezzarsi) see one's way
ritro'vato *m* discovery
ri'trovo *m* meeting place
■ **ritrovo notturno** night club
'ritto *adj* upright; (diritto) straight
ritu'ale *adj & nm* ritual
ritual'mente *adv* ritually
riunifi'care *vt* reunify
riunifi'carsi *vr* be reunited
riunificazi'one *f* reunification
riuni'one *f* meeting; (dopo separazione) reunion
■ **riunione del corpo insegnante** staff meeting; **riunione dei genitori (degli alunni)** parents' evening
riu'nire *vt* (unire) join together; (radunare) gather
riu'nirsi *vr* be reunited; (adunarsi) meet
riu'sare *vt* reuse
riu'scire *vi* (aver successo) succeed; (in matematica ecc.) be good (**in** at); (aver esito) turn out; **le è riuscito simpatico** she found him likeable
riu'scita *f* (esito) result; (successo) success
ri'uso *m* reuse
riutiliz'zare *vt* reuse
'riva *f* (di mare, lago) shore; (di fiume) bank; **in** ~ **al mare** on the seashore
rivacci'nare *vt* revaccinate
ri'vale *mf* rival
rivaleggi'are *vi* compete (**con** with)
rivalità *f inv* rivalry
ri'valsa *f* revenge; **prendersi una** ~ **su qualcuno** take revenge on somebody
rivalu'tare *vt* reappraise
rivalutazi'one *f* revaluation
rivan'gare *vt* dig up again
rive'dere *vt* see again; revise ‹*lezione*›; review ‹*accordo*›; ‹*verificare*› check
rive'dibile *adj* ‹*accordo*› reviewable; ‹*recluta*› temporarily unfit
rive'lare *vt* reveal
rive'larsi *vr* (dimostrarsi) turn out
rivela'tore **A** *adj* revealing
B *m* Techn detector
■ **rivelatore di mine** mine detector
rivelazi'one *f* revelation
ri'vendere *vt* resell
rivendi'care *vt* claim
rivendicazi'one *f* claim
ri'vendita *f* (negozio) shop
■ **rivendita autorizzata** authorized retailer
rivendi|'tore, -trice *mf* retailer
■ **rivenditore autorizzato** authorized retailer
riverbe'rare *vt* reflect ‹*luce*›
ri'verbero *m* reverberation; (bagliore) glare
rive'renza *f* reverence; (inchino) curtsy; (di uomo) bow
rive'rire *vt* respect; (ossequiare) pay one's respects to
rivernici'are *vt* repaint; (con smalto) revarnish
river'sare *vt* pour
river'sarsi *vr* ‹*fiume*› flow
rivesti'mento *m* covering
rive'stire *vt* (rifornire di abiti) clothe; (ricoprire) cover; (internamente) line; hold ‹*carica*›
rive'stirsi *vr* get dressed again
rive'stito *adj* ~ **di** covered with
rivi'era *f* coast; (in corsa a ostacoli) water jump; **la** ~ **ligure** the Italian Riviera
ri'vincita *f* Sport return match; (vendetta) revenge
rivis'suto pp di **rivivere**
ri'vista *f* review; (pubblicazione) magazine; Theat revue; **passare in** ~ review
■ **rivista patinata** glossy magazine
rivitaliz'zare *vt* revitalize
rivitalizzazi'one *f* revitalization
ri'vivere **A** *vi* come to life again; (riprendere le forze) revive
B *vt* relive
'rivo *m* stream

r

rivo'lere *vt* (volere di nuovo) want again; (volere indietro) want back
🔑 **ri'volgere** *vt* turn; (indirizzare) address
ri'volgersi *vr* turn round; ~ **a** (indirizzarsi) turn to
rivolgi'mento *m* upheaval
ri'volta *f* revolt
rivol'tante *adj* revolting, disgusting
rivol'tare *vt* turn [over]; (mettendo l'interno verso l'esterno) turn inside out; (sconvolgere) upset
rivol'tarsi *vr* (ribellarsi) revolt
rivol'tella *f* revolver
ri'volto pp di **rivolgere**
rivol'toso, -a *mf* rebel, insurgent
rivoluzio'nare *vt* revolutionize
rivoluzio'nario, -a *adj & nmf* revolutionary
🔑 **rivoluzi'one** *f* revolution; fig (disordine) chaos
■ **rivoluzione francese** French Revolution; **rivoluzione industriale** Industrial Revolution
riz'zare *vt* raise; (innalzare) erect; prick up ‹*orecchie*›
riz'zarsi *vr* stand up; ‹*capelli*› stand on end; ‹*orecchie*› prick up
'roaming *m* Teleph
■ **roaming internazionale** roaming
'roast-beef *m inv* roast beef
🔑 **'roba** *f* stuff; (personale) belongings *pl*, stuff; (faccenda) thing; sl (droga) drugs *pl*; ~ **da matti!** absolute madness!
■ **roba da bere** drink; **roba da lavare** washing; **roba da mangiare** food, things to eat; **roba da stirare** ironing
ro'baccia *f* rubbish
robi'vecchi *m inv* second-hand dealer
ro'bot *m inv* robot; (da cucina) food processor
ro'botica *f* robotics *sg*
ro'botico *adj* robotic
robotiz'zato *adj* robotic, robotized
robu'stezza *f* sturdiness, robustness; (forza) strength
🔑 **ro'busto** *adj* sturdy, robust; (forte) strong
rocambo'lesco *adj* incredible
'rocca *f* fortress
rocca'forte *f* stronghold
rocchetti'era *f* winder
roc'chetto *m* reel
'roccia *f* rock; (sport) rock-climbing
rock *m* rock [music]
■ **rock acrobatico** rock 'n' roll
'roco *adj* throaty
ro'daggio *m* running in
'Rodano *m* Rhone
ro'dare *vt* run in
ro'deo *m* rodeo

🔑 key word

'rodere *vt* gnaw; (corrodere) corrode
'rodersi *vr* ~ **da** (logorarsi) be consumed with
rodi'tore *m* rodent
rodo'dendro *m* rhododendron
'rogito *m* Jur deed
'rogna *f* scabies *sg*; fig nuisance
ro'gnone *m* Culin kidney
ro'gnoso *adj* scabby
'rogo *m* (supplizio) stake; (per cadaveri) pyre
rol'lare **A** *vt* roll ‹*sigaretta*›
B *vi* ‹*aereo, nave*› roll
rom *adj inv & mf inv* (zingaro) Roma, Romany
ROM *f inv* Comput ROM
'Roma *f* Rome
Roma'nia *f* Romania
ro'manico *adj* Romanesque
🔑 **ro'mano, -a** *adj & nmf* Roman
romantica'mente *adv* romantically
romanti'cismo *m* romanticism
ro'mantico *adj* romantic
ro'manza *f* romance
roman'zare *vt* fictionalize
roman'zato *adj* romanticized, fictionalized
roman'zesco *adj* fictional; (stravagante) wild, unrealistic
roman'zetto *m*
■ **romanzetto rosa** novelette
romanzi'ere *m* novelist
ro'manzo **A** *adj* Romance
B *m* novel; (storia incredibile romantica) romance
■ **romanzo d'appendice** serial story; **romanzo giallo** thriller; **romanzo sceneggiato** novel adapted for television/radio
rom'bare *vi* rumble
'rombo *m* rumble; Math rhombus; (pesce) turbot
romboi'dale *adj* rhomboid, diamond-shaped
🔑 **'rompere** *vt* break; break off ‹*relazione*›; **non ~ [le scatole]!** infml (seccare) don't be a pain [in the neck]!
'rompersi *vr* break; ~ **una gamba** break one's leg
rompi'capo *m* nuisance; (indovinello) puzzle
rompi'collo *m* daredevil; **a ~** at breakneck speed
rompighi'accio *m* ice-breaker
rompi'mento *m* infml pain
rompi'scatole *mf inv* infml pain
'ronda *f* rounds *pl*
ron'della *f* Mech washer
'rondine *f* swallow
ron'done *m* swift
ron'fare *vi* (russare) snore; (fare le fusa) purr
ron'zare *vi* buzz; ~ **attorno a qualcuno** fig hang about somebody

ron'zino *m* jade
ron'zio *m* buzz
'rosa **A** *f* rose
■ **rosa rampicante** rambler, rambling rose; **rosa selvatica** wild rose; **rosa dei venti** wind rose
B *adj & nm* (colore) pink
ro'saio *m* rose bush
ro'sario *m* rosary
ro'sato **A** *adj* rosy
B *m* (vino) rosé
'rosbif = **roast-beef**
rosé *m inv* rosé
'roseo *adj* pink
ro'seto *m* rose garden
ro'setta *f* (coccarda) rosette; Mech washer
rosicchi'are *vt* nibble; (rodere) gnaw
rosma'rino *m* rosemary
'roso pp di **rodere**
roso'lare *vt* brown
roso'lato *adj* sauté
roso'lia *f* German measles *sg*
ro'sone *m* rosette; (apertura) rose window
'rospo *m* toad
ros'setto *m* lipstick
'rosso *adj & nm* red; **diventare ~** go red; **ha i capelli rossi** she's a redhead; **passare col ~** go through a red light, jump a red light
■ **rosso mattone** *adj* brick red; **rosso sangue** *adj* blood red; **rosso scarlatto** *adj* scarlet; **rosso d'uovo** [egg] yolk; **rosso vermiglio** *adj* vermilion
ros'sore *m* redness; (della pelle) flush
rosticce'ria *f shop selling cooked meat and other prepared food*
'rostro *m* rostrum; (becco) bill
ro'tabile *adj* **strada ~** carriageway
ro'taia *f* rail; (solco) rut
ro'tante *adj* rotating
ro'tare *vt & vi* rotate
rota'tiva *f* rotary press
rota'torio *adj* rotary
rotazi'one *f* rotation; (di personale) turnover
■ **rotazione delle colture** crop rotation
rote'are *vt & vi* roll
ro'tella *f* small wheel; (di mobile) castor
roto'calco *m* (sistema) rotogravure; ‹*rivista*› illustrated magazine
roto'lare *vt & vi* roll
roto'larsi *vr* roll [about]
roto'lio *m* rolling
'rotolo *m* roll; (di pergamena) scroll; **andare a rotoli** go to rack and ruin
■ **rotolo di carta igienica** toilet roll
roto'loni *adv* **cadere ~** tumble
ro'tonda *f* roundabout, traffic circle AmE
rotondità *f inv* (qualità) roundness; **~** *pl* (curve femminili) curves *pl*, curvaceousness
ro'tondo, -a **A** *adj* round
B *f* (spiazzo) terrace
ro'tore *m* rotor
'rotta¹ *f* Naut, Aeron course; **far ~ per** set a course for; **fuori ~** off course; **in ~ di collisione** on a collision course
'rotta² *f* **a ~ di collo** at breakneck speed; **essere in ~ con** be on bad terms with
rotta'maio *m* junkyard
rot'tame *m* scrap; fig wreck
'rotto **A** pp di **rompere**
B *adj* broken; (stracciato) torn
rot'tura *f* break; **che ~ di scatole!** infml what a pain!
'rotula *f* kneecap
rou'lette *f inv* roulette
■ **roulette russa** Russian roulette
rou'lotte *f inv* caravan, trailer AmE
rou'tine *f inv* routine; **di ~** ‹*operazioni, controlli*› routine
ro'vente *adj* scorching
'rovere *m* (legno) oak
rovescia'mento *m* overthrow
rovesci'are *vt* (buttare a terra) knock over; (sottosopra) turn upside down; (rivoltare) turn inside out; spill ‹*liquido*›; overthrow ‹*governo*›; reverse ‹*situazione*›
rovesci'arsi *vr* (capovolgersi) overturn; (riversarsi) pour
ro'vescio **A** *adj* (contrario) reverse; **alla rovescia** (capovolto) upside down; (con l'interno all'esterno) inside out
B *m* reverse; (nella maglia) purl; (di pioggia) downpour; Tennis backhand
ro'vina *f* ruin; (crollo) collapse; **in ~** in ruins
rovi'nare **A** *vt* ruin; (guastare) spoil
B *vi* crash
rovi'narsi *vr* be ruined; ‹*persona*› ruin oneself
rovi'nato *adj* ruined
rovi'noso *adj* ruinous
rovi'stare *vt* ransack
'rovo *m* bramble
rozza'mente *adv* crudely
roz'zezza *f* indelicacy
'rozzo *adj* rough
R.R. *abbr* (**ricevuta di ritorno**) acknowledgement of receipt
R.U. *abbr* (**Regno Unito**) UK
'ruba *f* **andare a ~** sell like hot cakes
rubacchi'are *vt* pilfer
rubacu'ori *m inv* heart-throb
ru'bare *vt* steal
rubi'condo *adj* ruddy
rubi'netto *m* tap, faucet AmE
ru'bino *m* ruby
ru'bizzo *adj* spry
'rublo *m* rouble
ru'brica *f* (in giornale) column; (in programma televisivo) TV report; (quaderno con indice) address book

■ **rubrica degli annunci personali** personal column; **rubrica dei cuori solitari** lonely hearts' column; **rubrica sportiva** sports column; **rubrica degli spettacoli** listings; **rubrica telefonica** telephone and address book

'rucola *f* rocket

'rude *adj* rough

'rudere *m* ruin

ru'dezza *f* bluntness

rudimen'tale *adj* rudimentary

rudi'menti *mpl* rudiments

ruffi'ana *f* procuress

ruffi'ano *m* pimp; (adulatore) bootlicker

'ruga *f* wrinkle

'ruggine *f* rust; **fare la ~** go rusty

ruggi'noso *adj* rusty

rug'gire *vi* roar

rug'gito *m* roar

rugi'ada *f* dew

ru'goso *adj* wrinkled

rul'lare *vi* roll; Aeron taxi

rul'lino *m* film

rul'lio *m* rolling; Aeron taxiing

'rullo *m* roll; Techn roller

rum *m inv* rum

ru'meno, -a *adj & nmf* Romanian

rumi'nante *m* ruminant

rumi'nare *vt* ruminate

🔑 **ru'more** *m* noise; fig rumour

rumoreggi'are *vi* rumble

rumorosa'mente *adv* noisily

rumo'roso *adj* noisy; (sonoro) loud

ru'olo *m* roll; Theat role; **di ~** on the staff

■ **ruolo delle imposte** tax notice; **ruolo primario/secondario** major/minor role

🔑 **ru'ota** *f* wheel; **andare a ~ libera** free-wheel; **fare la ~** do a cartwheel

■ **ruota dentata** cogwheel; **ruota di scorta** spare wheel; **ruota di stampa** (di stampante) print wheel; **ruota del timone** helm

'rupe *f* cliff

ru'pestre *adj* ‹*pittura*› rock *attrib*

ru'pia *f* rupee

ru'rale *adj* rural

ru'scello *m* stream

'ruspa *f* bulldozer

ru'spante *adj* free-range

rus'sare *vi* snore

'Russia *f* Russia

🔑 **'russo, -a** **A** *adj & mf* Russian
B *m* (lingua) Russian

'rustico *adj* rural; ‹*carattere*› rough

'ruta *f* Bot rue

rut'tare *vi* belch, burp

rut'tino *m* (di bambino) burp

'rutto *m* belch, burp

'ruvido *adj* coarse

ruzzo'lare *vi* tumble down

ruzzo'lone *m* tumble; **cadere ruzzoloni** tumble down, tumble [helter-skelter]

'Rwanda *f* Rwanda

Ss

S. 1 *abbr* (**santo, santa**) St. **2** *abbr* (**sud**) south

🔑 **'sabato** *m* Saturday; **di ~** on Saturdays

sab'batico *adj* sabbatical; **anno ~** sabbatical [year]

🔑 **'sabbia** *f* sand; **sabbie** *pl* **mobili** quicksand

sabbi'are *vt* sandblast

sabbia'tura *f* (di vetro, metallo) sandblasting; (terapeutica) sand bath

sabbi'oso *adj* sandy

sabo'taggio *m* sabotage

sabo'tare *vt* sabotage

sabota|'tore, -trice *mf* saboteur

'sacca *f* bag

■ **sacca di resistenza** pocket of resistance; **sacca da viaggio** travelling-bag, duffel bag

sacca'rina *f* saccharin

sac'cente **A** *adj* conceited
B *mf* know-all, know-it-all AmE

saccente'ria *f* conceit

saccheggi'are *vt* sack; (hum) plunder ‹*frigo*›

saccheggia|'tore, -trice *mf* plunderer

sac'cheggio *m* sack

sac'chetto *m* bag

■ **sacchetto di plastica** plastic bag; **sacchetto per la spazzatura** bin liner, bin bag

🔑 **'sacco** *m* sack; Anat sac; (contenuto) sackful; **mettere nel ~** fig swindle; **un ~** (moltissimo) a lot; **un ~ di** (gran quantità) lots of; **un ~ di soldi** shedloads of money infml

■ **sacco a pelo** sleeping bag; **sacco postale** mailbag

saccope'lista *mf* backpacker
sacer'dote *m* priest
sacer'dozio *m* priesthood
sacra'mento *m* sacrament
sacrifi'cale *adj* sacrificial
sacrifi'care *vt* sacrifice
sacrifi'carsi *vr* sacrifice oneself
sacrifi'cato *adj* sacrificed; (non valorizzato) wasted
sacri'ficio *m* sacrifice
sacri'legio *m* sacrilege
sa'crilego *adj* sacrilegious
'sacro A *adj* sacred; **la Sacra Bibbia** the Holy Bible
B *m* Anat sacrum
sacro'santo *adj* sacrosanct; (verità) gospel *attrib*; (diritto) sacred
'sadico, -a A *adj* sadistic
B *mf* sadist
sa'dismo *m* sadism
sa'etta *f* arrow; (fulmine) thunderbolt; **correre come una ~** run like the wind
sa'fari *m inv* safari
'saga *f* saga
sa'gace *adj* shrewd
sa'gacia *f* sagacity
sag'gezza *f* wisdom
saggia'mente *adv* sagely
saggi'are *vt* test
'saggio¹ *m* (scritto) essay; (prova) proof; (di metallo) assay; (campione) sample; (esempio) example
'saggio² A *adj* wise
B *m* (persona) sage
sag'gista *mf* essayist
sag'gistica *f* non-fiction
Sagit'tario *m* Astr Sagittarius
'sago = **sagù**
'sagoma *f* shape; (profilo) outline; (in falegnameria) template; **che ~!** infml what a character!
sago'mare *vt* make according to a template
'sagra *f* festival
sa'grato *m* churchyard
sagre'stano *m* sacristan
sagre'stia *f* sacristy
sagù *m inv* sago
Sa'hara *m* Sahara
'sala *f* hall; (salotto) living room; (per riunioni ecc.) room; (di cinema) cinema
■ **sala arrivi** arrivals lounge; **sala d'aspetto** waiting room; **sala d'attesa** waiting room; **sala da ballo** ballroom; **sala di comando** control room; **sala conferenze** conference hall; **sala giochi** amusement arcade, games room; **sala d'imbarco** departure lounge; **sala di lettura** reading room; **sala macchine** engine room; **sala operatoria** operating theatre BrE, operating room AmE; **sala parto** delivery room; **sala da pranzo** dining room; **sala professori** staff room, common room; **sala di regia** Radio, TV control room; **sala di ricevimento** function room; **sala riunioni** conference room; **sala da tè** tea shop
sa'lace *adj* salacious
sa'lame *m* salami
salame'lecchi *mpl* **fare ~** bow and scrape; **prendi quello che vuoi senza tanti ~** don't stand on ceremony, take what you want
sala'moia *f* brine
sa'lare *vt* salt
salari'ato *m* wage earner
sa'lario *m* wages *pl*
salas'sare *vt* Med bleed; fig bleed dry
sa'lasso *m* bleeding; **essere un ~** fig cost a fortune
sala'tini *mpl* savouries (*eaten with aperitifs*)
sa'lato *adj* salty; (costoso) dear; **acqua salata** salt water
sal'ciccia = **salsiccia**
sal'dare *vt* weld; set ‹*osso*›; pay off ‹*debito*›; settle ‹*conto*›; **~ a stagno** solder
sal'darsi *vr* ‹*osso*› knit; ‹*ferita*› heal
saldat'rice *f* soldering iron
salda'tura *f* soldering; (giunzione) join
'saldo A *adj* firm, unshaken; (resistente) strong; **~ come una roccia** solid as a rock; **essere ~ nei propri principi** stick to one's principles
B *m* (pagamento) settlement; Comm balance; ‹*di conto corrente*› bank balance; **saldi** *pl* sale; **i saldi di fine stagione** the end of season sales; **in ~** ‹*essere*› on sale; ‹*comprato*› in a sale
■ **saldo iniziale** opening balance
'sale *m* salt; **non ha ~ in zucca** infml he hasn't got an ounce of common sense; **restare di ~** be struck dumb [with astonishment]; **sali** *pl* Med smelling salts; **sali da bagno** *pl* bath salts
■ **sale da cucina** cooking salt; **sale fino** table salt; **sale grosso** cooking salt; **sale marino** sea salt; **sali e tabacchi** *pl* (negozio) tobacconist's shop
'salice *m* willow
■ **salice piangente** weeping willow
sali'ente *adj* outstanding; **i punti salienti** the main points, the highlights
sali'era *f* salt cellar
sa'lina *f* salt works *sg*
salinità *f inv* saltiness
sa'lino *adj* saline
sa'lire A *vi* go/come up; (levarsi) rise; (su treno ecc.) get on; (in macchina) get in
B *vt* go/come up ‹*scale*›
sa'lita *f* climb; (aumento) rise; **in ~** uphill
sa'liva *f* saliva
sali'vare A *vt* salivate
B *adj* ‹*ghiandola*› salivary
'salma *f* corpse

sal'mastro **A** *adj* brackish
B *m* salt air
salmì *m inv* **in ~** *marinated and slowly cooked in the marinade*
salmi'strare *vt* Culin cure
'salmo *m* psalm
sal'mone *nm & adj inv* salmon
■ **salmone affumicato** smoked salmon
salmo'nella *f* salmonella
sa'lone *m* (salotto) living room; (di parrucchiere) salon
■ **salone dell'automobile** motor show; **salone di bellezza** beauty parlour; **salone del libro** book fair
salo'pette *f inv* dungarees *pl*
salotti'ero *adj* derog mundane; **discorso ~** small talk
salot'tino *m* bower
sa'lotto *m* drawing room; (soggiorno) sitting room; (mobili) [three-piece] suite; **fare ~** chat
■ **salotto letterario** literary salon
sal'pare **A** *vi* sail
B *vt* **~ l'ancora** weigh anchor
'salsa *f* sauce; Mus salsa
■ **salsa di pomodoro** tomato sauce; **salsa di rafano** horseradish sauce; **salsa di soia** soy sauce; **salsa tartara** tartar sauce
sal'sedine *f* saltiness
sal'siccia *f* sausage
salsi'era *f* sauce boat, gravy boat
sal'tare **A** *vi* jump; (venir via) come off; (balzare) leap; (esplodere) blow up; **saltar fuori** spring from nowhere; ‹*oggetto cercato*› turn up; **è saltato fuori che ...** it emerged that ...; **~ fuori con ...** come out with ...; **salta agli occhi** (è evidente) it hits you; **~ in aria** blow up; **~ in mente** spring to mind
B *vt* jump [over]; skip ‹*pasti, lezioni*›; Culin sauté
sal'tato *adj* Culin sautéed
saltel'lare *vi* hop; (di gioia) skip
saltim'banco *m* acrobat
saltim'bocca *m inv slice of veal rolled with ham and sage and shallow-fried*
'salto *m* jump; (balzo) leap; (dislivello) drop; fig (omissione, lacuna) gap; **fare un ~ da** (visitare) drop in on; **in un ~** fig in a jiffy; **fare i salti mortali** fig go to great lengths; **fare quattro salti** infml go dancing; **fare un ~ nel buio** fig take a leap in the dark
■ **salto in alto** high jump; **salto con l'asta** pole-vault; **salto con l'elastico** bungee jump; **salto con la corda** skipping; **salto in lungo** long jump; **salto pagina** Comput page down; **salto di qualità** quality leap
saltuaria'mente *adv* occasionally, from time to time
saltu'ario *adj* desultory
■ **lavoro saltuario** casual work
sa'lubre *adj* healthy

salume'ria *f* delicatessen
sa'lumi *mpl* cold cuts
salumi'ere *m person who sells cold meat*
salu'tare **A** *vt* greet; (congedandosi) say goodbye to; (portare i saluti a) give one's regards to; Mil salute; **ti saluto!** infml cheerio!
B *adj* healthy
salu'tarsi *vr* (all'arrivo) greet each other; (in partenza) say goodbye to each other
sa'lute *f* health; **godere di ottima ~** be in the best of health, enjoy excellent health; **in ~** in good health; **~!** (dopo uno starnuto) bless you!; (a un brindisi) cheers!
■ **salute di ferro** iron constitution
salu'tista *mf* health fanatic; (dell'Esercito della Salvezza) Salvationist
sa'luto *m* greeting; (di addio) goodbye; Mil salute; **saluti** *pl* (ossequi) regards
'salva *f* salvo; **sparare a salve** shoot blanks; **a salve** ‹*pistola*› loaded with blank cartridges
salvacon'dotto *m* safe conduct
salvada'naio *m* money box
salva'gente *m* lifebelt; (a giubbotto) life jacket; (ciambella) rubber ring; (spartitraffico) traffic island
salvaguar'dare *vt* protect, safeguard
salvaguar'darsi *vr* protect oneself
salvagu'ardia *f* safeguard
sal'vare *vt* save; (proteggere) protect; **~ la faccia** save face; **~ la pelle** save one's skin
sal'varsi *vr* save oneself
salva'schermo *m* Comput screen saver
salva'slip *m inv* panty liner
salva'taggio *m* **1** rescue; Naut salvage; Comput saving; **battello di salvataggio** lifeboat **2** Econ bailout
salva|'tore, -trice *mf* saviour
salva'vita *m inv* Electr circuit breaker
'salve ▶ **salva**
sal'vezza *f* safety; Relig salvation
■ **ancora di salvezza** fig salvation
'salvia *f* sage
salvi'etta *f* serviette
'salvo **A** *adj* safe
B *m* **trarre in ~** rescue
C *prep* except [for]
D *conj* **~ che** (a meno che) unless; (eccetto che) except that
samari'tano, -a *adj & nmf* Samaritan; **un buon ~** a good Samaritan
'samba *f* samba
sam'buca *f* sambuca
sam'buco *m* elder
Sa'moa *fpl*
■ **Samoa Occidentali** Western Samoa
san *m* (*before proper names starting with a consonant*) saint; ▶ **santo**
sa'nabile *adj* curable
sa'nare *vt* heal; (bonificare) reclaim; **~ il bilancio** balance the books

S

key word

sana'toria *f decree legitimizing a situation which is in principle illegal*
sana'torio *m* sanatorium
san'cire *vt* sanction
'sandalo *m* sandal; Bot sandalwood
sandi'nista *adj & nmf* Sandinista
'sandwich *m inv* sandwich
■ **uomo sandwich** sandwich man
san'gallo *m* (tessuto) broderie anglaise
san'gria *f* sangria
'sangue *m* blood; **a ~ freddo** in cold blood; **al ~** Culin rare; **appena al ~** Culin medium-rare; **farsi cattivo ~ per** worry about; **iniettato di ~** ‹*occhio*› bloodshot; **all'ultimo ~** ‹*lotta*› to the death; **di ~ blu** blue-blooded; **perdere ~ dal naso** have a nose bleed; **sudare ~** sweat blood
■ **sangue freddo** composure
sangue'misto *m* mixed-race
sangu'igno *adj* blood *attrib*
sangui'naccio *m* Culin black pudding
sangui'nante *adj* bleeding
sangui'nare *vi* bleed
sangui'nario *adj* bloodthirsty
sangui'noso *adj* bloody
sangui'suga *f* leech
sanità *f inv* soundness; (salute) health; **ministero della ~** Department of Health
■ **sanità di costumi** morality; **sanità mentale** sanity, mental health
sani'tario **A** *adj* sanitary; **servizio ~** health service
B *m* doctor
San Ma'rino *m* San Marino
'sano *adj* sound; (salutare) healthy; **~ come un pesce** as fit as a fiddle
■ **sano di mente** sane
'sansa *f* husk
San Sil'vestro *m* New Year's Eve
santifi'care *vt* sanctify
santità *f inv* sainthood
'santo, -a **A** *adj* holy; (con nome proprio) saint; **Sant'Antonio** St Anthony; **San Francesco d'Assisi** St Francis of Assisi; **di santa ragione** badly
B *mf* saint
■ **santo patrono, santa patrona** patron saint
san'tone *m* guru
santo'reggia *f* Bot savory
santu'ario *m* sanctuary
san Valen'tino *m* St Valentine's Day; **giorno di ~** Valentine's Day
sanzio'nare *vt* sanction
sanzi'one *f* sanction
■ **sanzione amministrativa** administrative sanction; **sanzione penale** legal sanction
sa'pere **A** *vt* know; (essere capace di) be able to; (venire a sapere) hear; **saperla lunga** know a thing or two; **non lo so** I don't know; **non so che farci** there's nothing I can do about it; **~ a memoria** know by heart; **~ il fatto proprio** know what one is talking about; **per quanto ne sappia** insofar as I know
B *vi* **~ di** know about; (aver sapore di) taste of; (aver odore di) smell of; **saperci fare** know how to go about it; **saperci fare con i bambini** be good with children
C *m* knowledge
sapi'ente **A** *adj* wise; (esperto) expert
B *m* sage
sapiente'mente *adv* wisely; (abilmente) skilfully
sapien'tone *m* smart alec[k]
sapi'enza *f* wisdom
sa'pone *m* soap; **bolla di ~** soap bubble; **finire in una bolla di ~** fig come to nothing
■ **sapone da barba** shaving soap; **sapone da bucato** washing soap
sapo'netta *f* bar of soap
sapo'noso *adj* soapy
sa'pore *m* taste; **sentire ~ di** detect a hint of
saporita'mente *adv* ‹*condire*› skilfully; ‹*mangiare*› appreciatively; ‹*dormire*› soundly
sapo'rito *adj* tasty
sapu'tello, -a *adj & nm* sl know-all, know-it-all AmE
sara'banda *f* fig uproar
sara'ceno, -a *adj & nmf* Saracen; **grano ~** buckwheat
saraci'nesca *f* roller shutter; (di chiusa) sluice gate
'sarago *m* white bream
sar'casmo *m* sarcasm
sarcastica'mente *adv* sarcastically
sar'castico *adj* sarcastic
sar'cofago *m* sarcophagus
Sar'degna *f* Sardinia
sar'dina *f* sardine
'sardo, -a *adj & nmf* Sardinian
sar'donico *adj* sardonic
SARS *f* SARS
sarti'ame *m* rigging
'sarto, -a **A** *m* tailor
B *f* dressmaker
sarto'ria *f* (da uomo) tailor's; (da donna) dressmaker's; (arte) couture
s.a.s. *abbr* (**società in accomandita semplice**) limited partnership
sas'saia *f* stony ground
sassai'ola *f* hail of stones
sas'sata *f* blow with a stone; **una ~ ha rotto il vetro** a stone broke the window; **prendere a sassate** throw stones at, stone
'sasso *m* stone; (ciottolo) pebble; **sono rimasto di ~** I was struck dumb [with astonishment]
sassofo'nista *mf* saxophonist
sas'sofono *m* saxophone
'sassone *mf* Saxon; **genitivo ~** Saxon genitive

sas'soso *adj* stony
'Satana *m* Satan
sa'tanico *adj* satanic
sa'tellite *adj inv & nm* satellite; **città ~** satellite town
sati'nare *vt* glaze; polish ‹*metallo*›
sati'nato *adj* glazed; ‹*metallo*› polished
'satira *f* satire
sa'tirico *adj* satirical
satol'lare *vt* (hum) stuff
sa'tollo *adj* (hum) replete, full
satu'rare *vt* saturate
saturazi'one *f* saturation
satur'nismo *m* lead poisoning
Sa'turno *m* Saturn
'saturo *adj* saturated; (pieno) full
S.A.U.B. *nf abbr* (**Struttura Amministrativa Unificata di Base**) *Italian national health service*
'sauna *f* sauna
sa'vana *f* savannah
savoi'ardo *m* (biscotto) sponge finger
savoir-'faire *m inv* expertise, know-how
sazi'are *vt* satiate
sazi'arsi *vr* **~ di** fig weary of, grow tired of
sazietà *f inv* **mangiare a ~** eat one's fill
'sazio *adj* satiated
sbaciucchi'are *vt* smother with kisses
sbaciucchi'arsi *vr* kiss and cuddle
sbada'taggine *f* carelessness; **è stata una ~** it was careless
sbadata'mente *adv* carelessly
sba'dato *adj* careless
sbadigli'are *vi* yawn
sba'diglio *m* yawn
sba'fare *vt* sponge
sba'fata *f* infml nosh; **farsi una ~** infml have a nosh-up
'sbaffo *m* smear
'sbafo *m* sponging; **a ~** (gratis) without paying
S
sbagli'are A *vi* make a mistake; (aver torto) be wrong
B *vt* make a mistake in; **~ strada** go the wrong way; **~ numero** get the number wrong; Teleph dial a wrong number; **sbagliando s'impara** practice makes perfect
sbagli'arsi *vr* make a mistake; **ti sbagli** you're mistaken, you're wrong; **~ di grosso** be totally wrong
sbagli'ato *adj* wrong
'sbaglio *m* mistake; **per ~** by mistake
sbale'strare *vt* fig disconcert
sbale'strato *adj* disconcerted
sbal'lare A *vt* unpack; infml screw up ‹*conti*›
B *vi* infml go crazy
sbal'lato *adj* (squilibrato) unbalanced

key word

'sballo *m* infml scream; (per droga) trip; **da ~** sl terrific
sballot'tare *vt* toss about
sbalordi'mento *m* amazement
sbalor'dire A *vt* stun
B *vi* be stunned
sbalordi'tivo *adj* amazing
sbalor'dito *adj* stunned; **restare ~** be stunned
sbal'zare A *vt* throw; (da una carica) dismiss
B *vi* bounce; (saltare) leap
'sbalzo *m* bounce; (sussulto) jolt; (di temperatura) sudden change; **a sbalzi** in spurts; **a ~** (a rilievo) embossed
sban'care *vt* bankrupt; excavate ‹*terreno*›; **~ il banco** break the bank
sbanda'mento *m* Auto skid; Naut list; fig going off the rails
sban'dare *vi* Auto skid; Naut list
sban'darsi *vr* (disperdersi) disperse
sban'data *f* skid; Naut list; **prendere una ~ per** get a crush on
sban'dato, -a A *adj* mixed-up
B *mf* mixed-up person
sbandie'rare *vt* wave; fig display
sbarac'care *vt & vi* clear up
sbaragli'are *vt* rout
sba'raglio *m* rout; **mettere allo ~** rout
sbaraz'zare *vt* clear
sbaraz'zarsi *vr* **~ di** get rid of
sbaraz'zino, -a A *adj* mischievous
B *mf* scamp
sbar'bare *vt* shave
sbar'barsi *vr* shave
sbarba'tello, -a *adj & nmf* novice
sbar'care *vt & vi* disembark; **~ il lunario** make ends meet
'sbarco *m* landing; (di merci) unloading
'sbarra *f* bar; (di passaggio a livello) barrier
■ **sbarra spaziatrice** space bar
sbarra'mento *m* barricade
sbar'rare *vt* bar; (ostruire) block; cross ‹*assegno*›; (spalancare) open wide
sbar'retta *f* oblique
sbatacchi'are *vt/i sl* bang, slam
'sbattere A *vt* bang; slam, bang ‹*porta*›; (urtare) knock; Culin beat; flap ‹*ali*›; shake ‹*tappeto*›; **~ le palpebre** blink
B *vi* bang; ‹*porta*› slam, bang; **~ contro** knock against; **andare a ~ contro** run into
sbat'tersi *vr* sl rush around; **sbattersene di qualcosa** not give a toss about something
sbat'tuto *adj* tossed; Culin beaten; fig run down
sba'vare *vi* dribble; ‹*colore*› smear
sbava'tura *f* smear; **senza sbavature** fig faultless
sbec'care *vt* chip
sbec'cato *adj* chipped
sbeffeggi'are *vt* mock

sbelli'carsi *vr* ~ **dalle risa** split one's sides [with laughter]
sben'dare *vt* unbandage
'sberla *f* slap
sbevaz'zare *vi* infml tipple
sbia'dire *vt & vi* fade
sbia'dirsi *vr* fade
sbia'dito *adj* faded; fig colourless
sbianca'mento *m* whitening; ~ **denti** teeth whitening
sbian'cante *m* whitener
sbian'care *vt & vi* whiten
sbian'carsi *vr* whiten
sbi'eco *adj* slanting; **di** ~ on the slant; ‹*guardare*› sidelong; **guardare qualcuno di** ~ look askance at somebody; **tagliare di** ~ cut on the bias
sbigot'tire **A** *vt* dismay
B *vi* be dismayed
sbigot'tirsi *vr* be dismayed
sbigot'tito *adj* dismayed
sbilanci'are **A** *vt* unbalance
B *vi* (perdere l'equilibrio) overbalance
sbilanci'arsi *vr* lose one's balance
sbi'lancio *m* lack of balance; Comm deficit
sbirci'are *vt* cast sidelong glances at
sbirci'ata *f* furtive glance
sbircia'tina *f* **dare una** ~ **a** sneak a glance at
'sbirro *m* derog cop
sbizzar'rirsi *vr* satisfy one's whims
sbloc'care *vt* unblock; Mech release; decontrol ‹*prezzi*›
'sbobba *f* infml pigswill
sboc'care *vi* ~ **in** ‹*fiume*› flow into; ‹*strada*› lead to; ‹*folla*› pour into
sboc'cato *adj* foul-mouthed
sbocci'are *vi* blossom
'sbocco *m* flowing; (foce) mouth; Comm outlet
sbolo'gnare *vt* infml get rid of
'sbornia *f* **prendere una** ~ get drunk; **smaltire la** ~ sober up
sbor'sare *vt* pay out
sbot'tare *vi* burst out
sbotto'nare *vt* unbutton
sbotto'narsi *vr* infml (confidarsi) open up; ~ **la camicia** unbutton one's shirt
sboz'zare *vt* draft; sketch out ‹*dipinto*›
sbra'carsi *vr* put on something more comfortable; ~ **dalle risate** infml kill oneself laughing
sbracci'arsi *vr* wave one's arms
sbracci'ato *adj* bare-armed; ‹*abito*› sleeveless
sbrai'tare *vi* bawl
sbra'nare *vt* tear to shreds *or* pieces
sbra'narsi *vr* tear each other to shreds
sbrat'tare *vt* clean up
sbrec'cato *adj* chipped
sbricio'lare *vt* crumble
sbricio'larsi *vr* crumble
sbri'gare *vt* expedite; (occuparsi di) attend to
sbri'garsi *vr* hurry up, be quick
sbriga'tivo *adj* hurried, quick
sbrigli'ato *adj* ‹*fantasia*› unbridled
sbri'nare *vt* defrost; Auto de-ice
sbrina'tore *m* Auto de-icer; (di frigo) defrost button
sbrindel'lare *vt* tear to shreds
sbrindel'lato *adj* in rags
sbrodo'lare *vt* stain
sbrodo'lone, -a *mf* messy eater
sbrogli'are *vt* disentangle
'sbronza *f* infml **prendersi una** ~ get drunk, get hammered infml
sbron'zarsi *vr* get drunk, get hammered infml
'sbronzo *adj* (ubriaco) drunk, hammered infml
sbruffo'nata *f* boast
sbruf'fone, -a *mf* boaster
sbu'care *vi* come out
sbucci'are *vt* peel; shell ‹*piselli*›
sbucci'arsi *vr* graze oneself
sbuccia'tore *m* parer
sbuccia'tura *f* graze
sbudel'lare *vt* gut ‹*pesce*›; draw ‹*pollo*›; disembowel ‹*persona*›
sbudel'larsi *vr* ~ **dal ridere** die laughing
sbuf'fare *vi* snort; (per impazienza) fume
'sbuffo *m* puff; **a** ~ ‹*maniche*› puff *attrib*
sbugiar'dare *vt* show to be a liar
sbuz'zare *vt* infml gut ‹*pesce*›; draw ‹*pollo*›; disembowel ‹*persona*›
'scabbia *f* scabies *sg*
'scabro *adj* rough; ‹*terreno*› uneven; ‹*stile*› bald
sca'broso *adj* rough; ‹*terreno*› uneven; fig ‹*questione*› difficult; ‹*scena*› offensive
scacchi'era *f* chessboard
scacciapensi'eri *m inv* Mus Jew's harp
scacci'are *vt* chase away
'scacco *m* check; **scacchi** *pl* (gioco) chess; (pezzi) chessmen; **dare** ~ **matto a** checkmate; **a scacchi** ‹*tessuto*› checked; **subire uno** ~ fig suffer a humiliating defeat
sca'dente *adj* shoddy, low quality
sca'denza *f* (di contratto) expiry; (di progetto, candidatura) deadline; Comm maturity; **a breve/lunga** ~ short/long term
scaden'zario *m* schedule
sca'dere *vi* expire; ‹*valore*› decline; ‹*debito*› be due
sca'duto *adj* ‹*biglietto*› out-of-date
sca'fandro *m* diving suit
scaffala'tura *f* shelves *pl*, shelving
scaf'fale *m* shelf; (libreria) bookshelf
sca'fista *mf person who ferries illegal immigrants to Italy by boat for a high fee*
'scafo *m* hull

scagio'nare *vt* exonerate
'scaglia *f* scale; (di sapone) flake; (scheggia) chip
scagli'are *vt* fling
scagli'arsi *vr* fling oneself; ~ **contro** fig rail against
scaglio'nare *vt* space out
scagli'one *m* group; **a scaglioni** in groups
■ **scaglione di reddito** tax bracket
sca'gnozzo *m* henchman
🔑 **'scala** *f* staircase; (portatile) ladder; Mus (misura) scale; **scale** *pl* stairs; **in** ~ to scale; **su larga** ~ large-scale *attrib*
■ **scala allungabile** extension ladder; **scala antincendio** fire escape; **scala Beaufort** Beaufort scale; **scala a chiocciola** spiral staircase; **scala mobile** escalator; (dei salari) cost of living index; **scala Richter** Richter scale; **scala di servizio** backstairs; **scala di sicurezza** fire escape
sca'lare **A** *adj* scalar
B *vt* climb; layer ‹*capelli*›; (detrarre) deduct
sca'lata *f* climb; (dell'Everest ecc.) ascent; **fare delle scalate** go climbing
scala|'tore, -trice *mf* climber
scalca'gnato *adj* down at heel
scalci'are *vi* kick
scalci'nato *adj* shabby
scalda'acqua *m inv* water heater
scalda'bagno *m* water heater
scalda'muscoli *m inv* leg warmer
scal'dare *vt* heat
scal'darsi *vr* warm up; (eccitarsi) get excited
sca'leno *adj* scalene
sca'leo *m* step-ladder
scal'fire *vt* scratch
scalfit'tura *f* scratch
scali'nata *f* flight of steps
■ **scalinata di piazza di Spagna** Spanish Steps
sca'lino *m* step; (di scala a pioli) rung
scalma'narsi *vr* rush about; (nel parlare) get worked up
scalma'nato *adj* worked up; **è** ~ (vivace) he can't sit still
'scalmo *m* rowlock
'scalo *m* slipway; Naut port of call; **fare** ~ **a** call at; Aeron land at; **senza** ~ non-stop
■ **scalo merci** freight depot, goods yard; **scalo passeggeri** stopover
sca'logna *f* infml bad luck
scalo'gnato *adj* infml unlucky
sca'logno *m* Bot scallion
scalop'pina *f* escalope
scal'pare *vt* scalp
scalpel'lare *vt* chisel
scalpel'lino *m* stone-cutter
scal'pello *m* chisel
scalpi'tare *vi* paw the ground; fig champ at the bit

🔑 key word

scalpi'tio *m* pawing of the ground
'scalpo *m* scalp
scal'pore *m* noise; **far** ~ fig cause a sensation
scal'trezza *f* shrewdness
scal'trirsi *vr* get shrewder
'scaltro *adj* shrewd
scal'zare *vt* bare the roots of ‹*albero*›; fig undermine; (da una carica) oust
'scalzo *adj* & *adv* barefoot
scambi'are *vt* exchange; ~ **qualcuno per qualcun altro** mistake somebody for somebody else
scambi'arsi *vr* exchange; ~ **i saluti** exchange greetings
scambi'evole *adj* reciprocal
🔑 **'scambio** *m* exchange; Comm trade
■ **libero scambio** free trade; **scambio di persona** mistaken identity
scamici'ato *f* pinafore [dress]
sca'morza *f* soft cheese
scamosci'ato *adj* suede *attrib*
scampa'gnata *f* trip to the country
scampa'nato *adj* ‹*gonna*› flared
scampanel'lata *f* [loud] ring
scampanel'lio *m* ringing
scampa'nio *m* peal, pealing
scam'pare *vt* save; (evitare) escape; **scamparla bella** have a lucky escape
scam'pato **A** *adj* **lo** ~ **pericolo** the escape from danger
B *mf* survivor
'scampo *m* escape; (crostaceo) scampi; **non c'è** ~ there's no way out
'scampolo *m* remnant
scanala'tura *f* groove
scandagli'are *vt* sound
scanda'lismo *m* muckraking
scanda'listico *adj* sensational; ‹*giornale*› sensationalist
scandaliz'zare *vt* scandalize
scandaliz'zarsi *vr* be scandalized
'scandalo *m* scandal
scanda'loso *adj* scandalous; ‹*somma ecc.*› scandalous; ‹*fortuna*› outrageous
Scandi'navia *f* Scandinavia
scan'dinavo, -a *adj* & *nmf* Scandinavian
scan'dire *vt* scan ‹*verso*›; pronounce clearly ‹*parole*›; ~ **il tempo** beat time
scandi'tore *m* scanner
scan'nare *vt* slaughter
scan'nello *m* lectern
'scanner *m inv* scanner
■ **scanner manuale** Comput handheld scanner; **scanner piatto** flatbed scanner
scanneriz'zare *vt* Comput scan
scansafa'tiche *mf inv* lazybones *sg*

scan'sare *vt* shift; (evitare) avoid
scan'sarsi *vr* get out of the way
scan'sia *f* shelves *pl*
scansi'one *f* Comput scanning
'scanso *m* **a ~ di** in order to avoid; **a ~ di equivoci** to avoid any misunderstanding
scanti'nato *m* basement
scanto'nare *vi* turn the corner; (svignarsela) sneak off
scanzo'nato *adj* easy-going
scapacci'one *m* smack
scape'strato *adj* dissolute
scapigli'ato *adj* dishevelled
'scapito *m* loss; **a ~ di** to the detriment of
'scapola *f* shoulder blade
'scapolo *m* bachelor
scappa'mento *m* Auto exhaust
scap'pare *vi* escape; (andarsene) dash [off]; (sfuggire) slip; **mi scappa da ridere!** I want to burst out laughing; **mi scappa la pipì** I'm bursting, I need a pee; **mi ha fatto ~ la pazienza** he tried my patience a bit too far; **lasciarsi ~ l'occasione** let the opportunity slip; **scappar via** run off *or* away
scap'pata *f* infml short visit
scappa'tella *f* escapade; (infedeltà) fling
scappa'toia *f* way out
scappel'lotto *m* cuff
scara'beo¹ *m* scarab beetle
scara'beo®² *m* Scrabble®
scarabocchi'are *vt* scribble
scara'bocchio *m* scribble
scara'faggio *m* cockroach
scara'mantico *adj* ‹*gesto*› to ward off the evil eye
scaraman'zia *f* superstition
scara'mazzo *adj* ‹*perla*› baroque
scara'muccia *f* skirmish
scaraven'tare *vt* hurl
scarcas'sato *adj* infml (macchina) beat-up
scarce'rare *vt* release [from prison]
scardi'nare *vt* unhinge
'scarica *f* discharge; (di arma da fuoco) volley; fig shower; **una ~ di botte** a hail of blows
scaricaba'rili *m* **fare a ~** blame each other
scari'care *vt* discharge; Comput download; unload ‹*arma, merci, auto*›; fig unburden
scari'carsi *vr* ‹*fiume*› flow; ‹*orologio, batteria*› run down; fig unwind
scarica'tore *m* loader; (di porto) docker
'scarico **A** *adj* unloaded; (vuoto) empty; ‹*orologio*› run-down; ‹*batteria*› flat; fig untroubled
B *m* unloading; (di rifiuti) dumping; (di acqua) draining; (di sostanze inquinanti) discharge; (luogo) [rubbish] dump; Auto exhaust; (idraulico) drain; (tubo) waste pipe
■ **'divieto di scarico'** 'no dumping'; **tubo di scarico** waste pipe
scarlat'tina *f* scarlet fever
scar'latto *adj* scarlet
scarmigli'ato *adj* ruffled
sca'rnire *vt* fig simplify
'scarno *adj* thin; fig ‹*stile*› bare
scaro'gna, scarognato = **scalogna, scalognato**
sca'rola *f* curly endive
'scarpa *f* shoe; infml (persona) dead loss; **fare le scarpe a qualcuno** fig double-cross somebody; **scarpe** *pl* **basse** flat shoes, flats; **scarpe** *pl* **da danza** ballet shoes; **scarpe** *pl* **da ginnastica** trainers, gym shoes; **scarpe** *pl* **col tacco** high heels; **scarpe** *pl* **col tacco a spillo** stilettos; **scarpe** *pl* **con la zeppa** platform shoes
scar'pata *f* slope; (burrone) escarpment
scarpi'era *f* shoe rack
scarpi'nare *vi* hike
scarpon'cino *m* ankle boot
■ **scarponcino Clark®** desert boot
scar'pone *m* boot
■ **scarpone da alpinismo** climbing boot; **scarponi da sci** *pl* ski boots; **scarponi da trekking** *pl* walking boots
scarroz'zare *vt & vi* drive around
scarroz'zata *f* infml trip
scarruf'fato *adj* ruffled
scarseggi'are *vi* be scarce; **~ di** (mancare) be short of
scar'sezza *f* scarcity, shortage
scarsità *f inv* shortage
'scarso *adj* scarce; (manchevole) short
scartabel'lare *vt* skim through
scarta'mento *m* Rail gauge
■ **scartamento ridotto** narrow gauge
scar'tare **A** *vt* discard; unwrap ‹*pacco*›; (respingere) reject
B *vi* (deviare) swerve
scartave'trare *vt* sand
'scarto *m* scrap; (in carte) discard; (deviazione) swerve; (distacco) gap
scartocci'are *vt* unwrap
scar'toffie *fpl* bumf, bumph
scas'sare *vt* break
scas'sato *adj* infml clapped out
scassi'nare *vt* force open; pick ‹*serratura*›
scassina'tore, -trice *mf* burglar
'scasso *m* (furto) house-breaking
scata'fascio = **catafascio**
scate'nare *vt* fig stir up ‹*folla*›; arouse ‹*sentimenti*›
scate'narsi *vr* break out; fig ‹*temporale*› break; infml (darsi alla pazza gioia) go crazy, go wild; infml (infiammarsi) get excited
scate'nato *adj* crazy, wild; **pazzo ~** infml off his head
'scatola *f* box; (di latta) can, tin BrE; **in ~** ‹*cibo*› canned, tinned BrE; **rompere le scatole a qualcuno** infml get on somebody's nerves;

a ~ **chiusa** ‹*comprare*› sight unseen
■ **scatola del cambio** gearbox; **scatola nera** Aeron black box
scato'lame *m* (cibo) canned food
scato'letta *f* small box; (di cibo) tin
scato'logico *adj* scatological
scat'tante *adj* zippy
scat'tare *vi* go off; (balzare) spring up; (adirarsi) lose one's temper; take ‹*foto*›
'scatto *m* (balzo) spring; (d'ira) outburst; (di telefono) unit; (dispositivo) release; **a scatti** jerkily; **di ~** suddenly
scatu'rire *vi* spring
scaval'care *vt* jump over ‹*muretto*›; climb over ‹*muro*›; fig (superare) overtake
sca'vare *vt* dig ‹*buca*›; dig up ‹*tesoro*›; excavate ‹*città sepolta*›
scava'trice *f* excavator
scavezza'collo *m* daredevil
'scavo *m* excavation
scazzot'tare *vt* infml beat up
scazzot'tata *f* infml punch-up; **prendersi una ~** get beaten up
'scegliere *vt* choose, select
sce'icco *m* sheikh
scelle'rato *adj* wicked
'scelta *f* choice; (di articoli) range; **... a ~** (in menù) choice of ...; **prendine uno a ~** take your choice *or* pick; **di prima ~** top grade, choice; ‹*albergo*› first-rate; **di seconda ~** second grade; derog second-rate
■ **scelta multipla** multiple choice
'scelto **A** pp di **scegliere**
B *adj* select; ‹*merce ecc.*› choice
■ **tiratore scelto** marksman
sce'mare *vt & vi* diminish
sce'menza *f* silliness; (azione) silly thing to do/say; **non diciamo scemenze!** let's not be silly!
'scemo **A** *adj* idiotic
B *m* idiot
scempi'aggine *f* foolish thing to do/say
'scempio *m* havoc; fig (di paesaggio) ruination; **fare ~ di** play havoc with
'scena *f* scene; (palcoscenico) stage; **entrare in ~** Theat go/come on [stage]; fig come on the scene; **fare ~** make an impression; **fare una ~** make a scene; **fare scene** make a fuss; **andare in ~** ‹*Theat: spettacolo*› be staged, be put on; **fare ~ muta** not open one's mouth; **scomparire dalla ~** fig vanish from the scene; **mettere in ~** produce, stage; **messa in ~** production, staging; fig set-up
sce'nario *m* scenery
sce'nata *f* row, scene
'scendere **A** *vi* go/come down; (da treno, autobus) get off; (da macchina) get out; ‹*strada*› slope; ‹*notte, prezzi*› fall
B *vt* go/come down ‹*scale*›

key word

scendi'letto *m* bedside rug
sceneggi'are *vt* dramatize
sceneggi'ato *m* television serial
sceneggia'tura *f* screenplay
'scenico *adj* scenic
scenogra'fia *f* set design
sce'nografo, -a *mf* set designer
sce'riffo *m* sheriff
scervel'larsi *vr* rack one's brains
scervel'lato *adj* brainless
'sceso pp di **scendere**
scespi'riano *adj* Shakespearean
scetti'cismo *m* scepticism
'scettico, -a **A** *adj* sceptical
B *mf* sceptic
'scettro *m* sceptre
'scheda *f* card
■ **scheda audio** Comput sound card; **scheda elettorale** ballot paper; **scheda di espansione** Comput expansion card; **scheda grafica** Comput graphics card; **scheda madre** Comput motherboard; **scheda magnetica** card key; **scheda perforata** punch card; **scheda di rete** Comput network card; **scheda sonora** Comput sound card; **scheda telefonica** phonecard; **scheda di valutazione scolastica** report card, school report; **scheda video** Comput video card
sche'dare *vt* file
sche'dario *m* file; (mobile) filing cabinet
sche'dato, -a **A** *adj* with a police record
B *mf* person with a police record
sche'dina *f* pools coupon; **giocare la ~** do the pools
'scheggia *f* fragment; (di legno) splinter
scheggi'are *vt* splinter
scheggi'arsi *vr* chip; ‹*legno*› splinter
sche'letrico *adj* skeletal
'scheletro *m* skeleton; **essere ridotto ad uno ~** be all skin and bones
'schema *m* diagram; (abbozzo) outline; **uscire dagli schemi** break with tradition
schematica'mente *adv* schematically
sche'matico *adj* schematic
schematiz'zare *vt* present schematically
'scherma *f* fencing
scher'maglia *f* skirmish
scher'mirsi *vr* protect oneself
'schermo *m* screen; **sul grande ~** on the big screen; **farsi ~ con** shield oneself with
■ **schermo panoramico** wide screen; **schermo al plasma** plasma screen; **schermo a sfioramento** Comput touch screen
scher'nire *vt* mock
'scherno *m* mockery
scher'zare *vi* joke; (giocare) play; **c'è poco da ~!** it's nothing to laugh about!
'scherzo *m* joke; (trucco) trick; (effetto) play; Mus scherzo; **fare uno ~ a qualcuno** play a joke on somebody; **giocare brutti scherzi**

(a qualcuno) ‹*memoria, vista*› play tricks (on somebody); **per ~** for fun; **scherzi a parte** joking apart, seriously; **stare allo ~** take a joke
■ **scherzo di natura** freak of nature

scher'zoso *adj* playful

schiaccia'noci *m inv* nutcrackers *pl*

schiacci'ante *adj* damning; ‹*vittoria*› crushing

schiacci'are *vt* crush; (in tennis ecc.) smash; press ‹*pulsante*›; crack ‹*noce*›; **~ un pisolino** grab forty winks

schiacci'arsi *vr* get crushed

schiaccia'sassi *f inv* steamroller

schiaf'fare *vt* infml shove

schiaffeggi'are *vt* slap

schi'affo *m* slap; **dare uno ~ a** slap; **avere una faccia da schiaffi** have the kind of face you'd love to take a swipe at
■ **schiaffo morale** slap in the face

schiamaz'zare *vi* make a racket; ‹*galline*› cackle

schia'mazzo *m* din; **schiamazzi** *pl* **notturni** disturbing the peace

schian'tare **A** *vt* break
B *vi* **schianto dalla fatica** I'm wiped out

schian'tarsi *vr* crash

schi'anto *m* crash; infml knock-out; (divertente) scream

schia'rire **A** *vt* clear; (sbiadire) fade
B *vi* brighten up

schia'rirsi *vr* brighten up; **~ la gola** clear one's throat; **~ le idee** get things clear in one's head; (dopo aver bevuto) clear one's head

schia'rita *f* sunny interval

schiat'tare *vi* burst; **~ di invidia** be green with envy

schia'vista *mf* slave-driver

schiavitù *f inv* slavery

schi'avo, -a *mf* slave

schi'ena *f* back
■ **mal di schiena** backache

schie'nale *m* (di sedia) back

schi'era *f* Mil rank; (moltitudine) crowd

schiera'mento *m* lining up; Mil battle line
■ **schieramento di forze** rallying of the troops

schie'rare *vt* draw up; rally ‹*forze*›

schie'rarsi *vr* draw up; ‹*forze*› rally; **~ dalla parte di qualcuno, ~ con qualcuno** rally [in support] to somebody; **~ contro qualcuno** rally in opposition to somebody

schiet'tezza *f* frankness

schi'etto *adj* frank; (puro) pure

schi'fezza *f* **è una ~** it's disgusting; ‹*film, libro*› it's rubbish

schifil'toso *adj* fussy

'schifo *m* disgust; **fare ~** be disgusting; **è uno ~!** it's disgusting!

schi'foso *adj* disgusting, yucky infml; (di cattiva qualità) rubbishy

schioc'care **A** *vt* crack ‹*frusta*›; snap, click ‹*dita*›; click ‹*lingua*›
B *vi* crack

schi'occo *m* (di frusta) crack; (di bacio) smack; (di dita, lingua) click

schioppet'tata *f* shot

schi'oppo *m* infml rifle; **a un tiro di ~** fig a stone's throw away

schiri'bizzo *m* infml fancy; **se mi salta lo ~ ...** if it takes my fancy ...

schi'udere *vt* open

schi'udersi *vr* open

schi'uma *f* foam; (di sapone) lather; (di bucato) suds; (feccia) scum
■ **schiuma da barba** shaving foam

schiu'mare **A** *vt* skim
B *vi* foam

schiuma'rola *f* Culin skimmer

schiu'mogeno *adj* foaming

schiu'moso *adj* ‹*birra, crema*› frothy, foamy; ‹*liquido*› scummy

schi'uso pp di **schiudere**

schi'vare *vt* avoid

'schivo *adj* bashful

schizofre'nia *f* schizophrenia

schizo'frenico, -a *adj & nmf* schizophrenic

schiz'zare **A** *vt* squirt; (inzaccherare) splash; (abbozzare) sketch; **~ qualcuno/qualcosa di qualcosa** splatter somebody/something with something
B *vi* spurt; **~ via** fig scurry away

schiz'zato, -a *adj & nmf* infml loony

schizzi'noso *adj* squeamish

'schizzo *m* squirt; (di fango) splash; (abbozzo) sketch

sci *m inv* ski; (sport) skiing
■ **sci d'acqua, sci acquatico** water-skiing; **sci acrobatico** hot dogging; **sci di fondo** cross-country skiing

'scia *f* wake; (di fumo ecc.) trail; **sulla ~ di qualcuno** following in somebody's footsteps

sci'abola *f* sabre

sciabor'dare *vt & vi* lap

sciabor'dio *m* lapping

sciacal'laggio *m* profiteering

scia'callo *m* jackal; fig profiteer

sciac'quare *vt* rinse

sciac'quarsi *vr* rinse oneself

sci'acquo *m* mouthwash

scia'gura *f* disaster

sciagu'rato *adj* unfortunate; (scellerato) wicked

scialac'quare *vt* squander

scialacqua|'tore, -trice *mf* squanderer

scia'lare *vi* spend money like water

sci'albo *adj* pale; fig dull

sci'alle *m* shawl

scia'luppa *f* dinghy
■ **scialuppa di salvataggio** lifeboat

sciaman'nato *adj* good-for-nothing
scia'mano *n* shaman
scia'mare *vi* swarm
sci'ame *m* swarm; **a sciami** in swarms
sci'ampo *m* shampoo
scian'cato *adj* lame
sci'are *vi* ski; **andare a ~** go skiing
sci'arpa *f* scarf
sci'atica *f* Med sciatica
scia|'tore, -trice *mf* skier
sciatte'ria *f* slovenliness
sci'atto *adj* slovenly; ‹*stile*› careless
sciat'tone, -a *mf* slovenly person
'scibile *m* knowledge; **lo ~ umano** the sum of human knowledge
scic'coso *adj* infml snazzy
scienti'fico *adj* scientific
sci'enza *f* science; (sapere) knowledge; **avere la ~ infusa** be naturally talented; **scienze** *pl* **sociali** social science
scienzi'ato, -a *mf* scientist
sci'ita *adj & nmf* Shiite
scilingu'agnolo *m* fig; **avere lo ~** be a chatterbox
'scimmia *f* monkey
scimmiot'tare *vt* ape
scimpanzé *m inv* chimpanzee, chimp
scimu'nito *adj* idiotic
'scindere *vt* separate; **~ in** break down into
'scindersi *vr* divide; **~ in** divide into
scin'tilla *f* spark
scintil'lante *adj* sparkling
scintil'lare *vi* sparkle
scintil'lio *m* sparkle
sciò *int* shoo!
scioc'cante *adj* shocking
scioc'care *vt* shock
scioc'chezza *f* foolishness; (assurdità) foolish thing; **sciocchezze!** nonsense!
sci'occo *adj* foolish
sci'ogliere *vt* untie; undo, untie ‹*nodo*›; (liberare) release; (liquefare) melt; dissolve ‹*contratto, qualcosa nell'acqua*›; loosen up ‹*muscoli*›
sci'ogliersi *vr* ‹*nodo*› come undone; (liquefarsi) melt; ‹*contratto*› be dissolved; ‹*pastiglia*› dissolve
sciogli'lingua *m inv* tongue-twister
scio'lina *f* ski wax
sciol'tezza *f* agility; (disinvoltura) ease
sci'olto **A** pp di **sciogliere**
B *adj* loose; (agile) agile; (disinvolto) easy; **versi** *pl* **sciolti** blank verse
sciope'rante *mf* striker
sciope'rare *vi* go on strike, strike
sci'opero *m* strike, industrial action; **in ~** on strike
■ **sciopero bianco** work-to-rule; **sciopero generale** general strike; **sciopero a singhiozzo** on-off strike
sciori'nare *vt* fig show off
sciovi'nismo *m* chauvinism
sciovi'nista *mf* Pol chauvinist
sciovi'nistico *adj* Pol chauvinistic
sci'pito *adj* insipid
scip'pare *vt* infml snatch; **~ qualcuno** snatch somebody's bag/bracelet etc
scippa|'tore, -trice *mf* bag-snatcher
'scippo *m* bag snatching
sci'rocco *m* sirocco
scirop'pato *adj* ‹*frutta*› in syrup
sci'roppo *m* syrup
scirop'poso *adj* syrupy
'scisma *m* schism
scissi'one *f* division
scissio'nista *adj* breakaway *attrib*
'scisso pp di **scindere**
sciupacchi'are *vt* spoil
sciupacchi'ato *adj* spoilt
sciu'pare *vt* spoil; (sperperare) waste
sciu'parsi *vr* get spoiled; (deperire) wear oneself out
sciu'pio *m* waste
scivo'lare *vi* slide; (involontariamente) slip
'scivolo *m* slide; Techn chute
scivo'lone *m* fall; fig (errore) blunder
scivo'loso *adj* slippery
scle'rosi *f* sclerosis
■ **sclerosi multipla, sclerosi a placche** multiple sclerosis, MS
scoc'care **A** *vt* fire ‹*freccia*›; strike ‹*ore*›
B *vi* ‹*scintilla*› shoot out; **sono scoccate le cinque** five o'clock has just struck
scocci'are *vt* infml (dare noia a) bother
scocci'arsi *vr* infml be bored; **mi sono scocciato di aspettare** I'm fed up with waiting
scocci'ato *adj* infml fed up
scoccia|'tore, -trice *mf* nuisance
scoccia'tura *f* infml nuisance
sco'della *f* bowl
scodel'lare *vt* dish out, dish up
scodinzo'lare *vi* wag its tail
scogli'era *f* cliff; (a fior d'acqua) reef
'scoglio *m* rock; fig (ostacolo) stumbling block
scoglio'nato *adj* vulg pissed off
scoi'attolo *m* squirrel
scola'pasta *m inv* colander
scolapi'atti *m inv* dish drainer
sco'lara *f* schoolgirl
sco'lare¹ **A** *vt* drain; strain ‹*pasta, verdura*›
B *vi* drip
sco'lare² *adj* school *attrib*; **in età ~** ‹*bambino*› school-age
scola'resca *f* pupils *pl*

S

key word

sco'laro *m* schoolboy
sco'lastico *adj* school *attrib*; **gita scolastica** school trip
scoli'osi *f* curvature of the spine
scollacci'ato *adj* low-cut
scol'lare *vt* cut away the neck of ‹*abito*›; (staccare) unstick
scol'lato *adj* ‹*abito*› low-necked
scolla'tura *f* neckline; **~ profonda** plunging neckline
scolle'gare *vt* disconnect
'scollo *m* neckline
■ **scollo a V** V-neck
'scolo *m* drainage
scolo'rare *vt* fade
scolori'mento *m* fading
scolo'rire *vt* fade
scolo'rirsi *vr* fade
scolo'rito *adj* faded
scol'pire *vt* carve; (imprimere) engrave
scombi'nare *vt* upset
scombusso'lare *vt* muddle up
scom'messa *f* bet
scom'messo pp di **scommettere**
scom'mettere *vt* bet; **ci puoi ~!** you bet!
scomo'dare *vt* trouble
scomo'darsi *vr* trouble
scomodità *f inv* discomfort
'scomodo **A** *adj* uncomfortable
B *m* **essere di ~ a qualcuno** be a trouble to somebody
scompagi'nare *vt* mess up
scompa'gnare *vt* split
scompa'gnato *adj* odd
scompa'rire *vi* disappear; (morire) pass away
scom'parsa *f* disappearance; (morte) death, passing
scom'parso, -a **A** pp di **scomparire**
B *adj* missing; (morto) departed
C *mf* missing person; (morto) departed
scomparti'mento *m* compartment
scom'parto *f* compartment
■ **scomparto freezer** freezer compartment
scompen'sare *vt* throw off balance
scom'penso *m* imbalance
■ **scompenso cardiaco** cardiac insufficiency
scompigli'are *vt* disarrange
scom'piglio *m* confusion
scompisci'arsi *vr* infml **~ [dalle risa]** split one's sides laughing, wet oneself infml
scom'porre *vt* break down; ruffle ‹*capelli*›; fig (turbare) upset
scom'porsi *vr* lose one's composure
scomposizi'one *f* breaking down
scom'posto **A** pp di **scomporre**
B *adj* (sguaiato) unseemly; (disordinato) untidy
sco'munica *f* excommunication
scomuni'care *vt* excommunicate
sconcer'tante *adj* disconcerting; (che rende perplesso) bewildering, baffling
sconcer'tare *vt* disconcert; (rendere perplesso) bewilder; baffle
sconcer'tato *adj* disconcerted; (perplesso) bewildered, baffled
scon'cezza *f* indecency
'sconcio **A** *adj* indecent
B *m* **è uno ~ che ...** it's a disgrace that ...
sconclusio'nato *adj* incoherent
scon'dito *adj* unseasoned; (insalata) with no dressing
sconfes'sare *vt* disown
scon'figgere *vt* defeat
sconfi'nare *vi* cross the border; (in proprietà privata) trespass
sconfi'nato *adj* unlimited
scon'fitta *f* defeat; **subire una ~** be defeated, suffer defeat
scon'fitto pp di **sconfiggere**
sconfor'tante *adj* disheartening, discouraging
scon'forto *m* discouragement; **farsi prendere dallo ~** get discouraged, get disheartened
sconge'lare *vt* thaw out ‹*cibo*›; defrost ‹*frigo*›
scongiu'rare *vt* beseech; (evitare) avert
scongi'uro *m* **fare gli scongiuri** ≈ touch wood, knock on wood AmE
scon'nesso **A** pp di **sconnettere**
B *adj* fig incoherent
scon'nettere *vt* disconnect
sconosci'uto, -a **A** *adj* unknown
B *mf* stranger
sconquas'sare *vt* smash; (sconvolgere) upset
sconsa'crare *vt* deconsecrate
sconsiderata'mente *adv* inconsiderately
sconsidera'tezza *f* lack of consideration, thoughtlessness
conside'rato *adj* inconsiderate, thoughtless
sconsigli'abile *adj* not advisable
sconsigli'are *vt* advise against
sconso'lato *adj* disconsolate
scon'tare *vt* discount; (dedurre) deduct; (pagare) pay off; serve ‹*pena*›; **~ la propria colpa** pay for one's sins
scon'tato *adj* discounted; (ovvio) expected; **~ del 10%** with 10% discount; **era ~** it was to be expected; **dare qualcosa per ~** take something for granted
scon'tento **A** *adj* displeased
B *m* discontent
'sconto *m* discount; **fare uno ~** give a discount
■ **sconto commerciale** trade discount
scon'trarsi *vr* clash; (urtare) collide
scon'trino *m* ticket; (di cassa) receipt; **'munirsi dello ~ alla cassa'** *sign reminding*

S

customers that payment must be made at the cash desk beforehand

'scontro *m* clash; (urto) collision
■ **scontro automobilistico** car crash; **scontro di civiltà** clash of civilizations; **scontro frontale** head-on collision; **scontro a fuoco** shoot-out

scontrosità *f inv* surliness

scon'troso *adj* surly

sconveni'ente *adj* unprofitable; (scorretto) unseemly

sconvol'gente *adj* (sorpendente) mind-blowing; (inquietante) upsetting

scon'volgere *vt* upset; (mettere in disordine) disarrange

sconvolgi'mento *m* upheaval

scon'volto **A** pp di **sconvolgere**
B *adj* distraught, upset

'scooter *m inv* scooter

'scopa *f* broom; (gioco di carte) *type of card game*

sco'pare *vt* sweep; vulg shag

sco'pata *f* sweep; vulg shag; **dare una ~ per terra** give the floor a sweep

scoperchi'are *vt* take the lid off ‹*pentola*›; take the roof off ‹*casa*›

sco'perta *f* discovery

sco'perto **A** pp di **scoprire**
B *adj* uncovered; (senza riparo) exposed; (conto) overdrawn; (spoglio) bare

'scopo *m* aim; **a ~ di** for the sake of; **allo ~ di** in order to

sco'pone *m* (gioco di carte) *type of card game*

scoppi'are *vi* burst; fig break out

scoppiet'tare *vi* crackle

'scoppio *m* burst; (di guerra) outbreak; (esplosione) explosion; **a ~ ritardato** ‹*bomba*› delayed action; **ha reagito a ~ ritardato** he did a double take

sco'prire *vt* discover; (togliere la copertura a) uncover; unveil ‹*statua*›; **~ gli altarini** infml reveal his/her etc guilty secrets

scoraggia'mento *m* discouragement

scoraggi'ante *adj* discouraging

scoraggi'are *vt* discourage

scoraggi'arsi *vr* lose heart

scor'butico *adj* Med suffering from scurvy; fig (scontroso) disagreeable

scor'buto *m* Med scurvy

scorci'are *vt* shorten

scorcia'toia *f* short cut

'scorcio *m* (di cielo) patch; (in arte) foreshortening; **di ~** (vedere) from an angle
■ **scorcio panoramico** panoramic view; **scorcio del secolo** end of the century

scor'dare *vt* forget; **~ qualcosa a casa** leave something at home

scor'darsi *vr* forget; **~ di qualcosa** forget something

scor'dato *adj* Mus out of tune

scorda'tura *f* Mus going out of tune

sco'reggia *f* infml fart

scoreggi'are *vi* infml fart

'scorfano *m* scorpion fish

'scorgere *vt* make out; (notare) notice

'scoria *f* waste; (di carbone) slag; **scorie** *pl* **nucleari** nuclear waste

scor'nare *vt* fig humiliate

scor'narsi *vr* fig come a cropper

scor'nato *adj* fig hangdog

'scorno *m* humiliation

scorpacci'ata *f* bellyful; **fare una ~ di** stuff oneself with

scorpi'one *m* scorpion; Astr Scorpio

scorraz'zare *vi* run about

'scorrere **A** *vt* (dare un'occhiata) glance through
B *vi* run; (scivolare) slide; (fluire) flow; Comput scroll; (attorno a un oggetto) wrap

scorre'ria *f* raid

scorret'tezza *f* (mancanza di educazione) bad manners *pl*

scor'retto *adj* incorrect; (sconveniente) improper

scor'revole *adj* **porta ~** sliding door

scorri'banda *f* raid; fig excursion

scorri'mento *m* Comput scrolling; (attorno a un oggetto) wrapping

'scorsa *f* glance; **dare una ~ a** glance through

'scorso **A** pp di **scorrere**
B *adj* last; **l'anno ~** last year

scor'soio *adj* **nodo ~** noose

'scorta *f* escort; (provvista) supply

scor'tare *vt* escort

scortecci'are *vt* debark ‹*albero*›; strip ‹*muro*›

scor'tese *adj* rude

scorte'sia *f* rudeness

scorti'care *vt* skin

scortica'tura *f* graze

'scorto pp di **scorgere**

'scorza *f* peel; (crosta) crust; (corteccia) bark; fig exterior
■ **scorza d'arancia** orange peel

scorzo'nera *f* salsify

sco'sceso *adj* steep

'scossa *f* shake; Electr fig shock; **prendere la ~** get an electric shock
■ **scossa elettrica** electric shock; **scossa sismica** earth tremor

'scosso **A** pp di **scuotere**
B *adj* shaken; (sconvolto) upset

scos'sone *m* jolt

sco'stante *adj* off-putting

sco'stare *vt* push away

sco'starsi *vr* stand aside

scostu'mato *adj* dissolute; (maleducato) ill-mannered

scotch® *m* Scotch tape
scoten'nare *vt* skin ‹*maiale*›; scalp ‹*persona*›
scot'tante *adj* ‹*argomento*› burning; fig ‹*notizia*› sensational
scot'tare **A** *vt* burn; (con liquido, vapore) scald; Culin blanch
B *vi* ‹*bevanda, cibo*› be too hot; ‹*sole, pentola*› be very hot
scot'tarsi *vr* burn oneself; (con liquido, vapore) scald oneself; (al sole) get sunburnt; fig get one's fingers burnt
scot'tato *adj* Culin blanched
scotta'tura *f* burn; (da liquido) scald; fig painful experience
■ **scottatura solare** sunburn
'Scottex® *m* paper towel
'scotto¹ *adj* overcooked
'scotto² *m* score; **pagare lo ~ di qualcosa** pay for something
scout **A** *adj inv* scout *attrib*
B *mf inv* scout
scou'tismo *m* scout movement
sco'vare *vt* (scoprire) discover
scovo'lino *m* bottle brush; (per pipa) pipe cleaner
'Scozia *f* Scotland
scoz'zese **A** *adj* Scottish
B *mf* Scot
'scrambler *m inv* Radio, Teleph scrambler
screan'zato *adj* rude
credi'tare *vt* discredit
scre'mare *vt* skim
screpo'lare *vt* chap
screpo'larsi *vr* get chapped; ‹*intonaco*› crack
screpo'lato *adj* chapped; ‹*intonaco*› cracked
screpola'tura *f* crack
screzi'ato *adj* speckled
'screzio *m* disagreement
scribacchi'are *vt* scribble
scribac'chino, -a *mf* scribbler; ‹*impiegato*› pen pusher
scricchio'lante *adj* creaky
scricchio'lare *vi* creak
scricchio'lio *m* creaking
'scricciolo *m* wren; fig delicate-looking creature
'scrigno *m* casket
scrimina'tura *f* parting
scriteri'ato *adj* empty-headed
'scritta *f* writing; (su muro) graffiti
'scritto **A** pp di **scrivere**
B *adj* written; **~ col computer** word-processed; **~ a macchina** typed; **~ a mano** handwritten
C *m* writing; (lettera) letter
scrit'toio *m* writing desk
scrit|'tore, -trice *mf* writer
scrit'tura *f* writing; Relig scripture; (calligrafia) handwriting; **scritture** *pl* **contabili** account books
■ **scrittura privata** Jur *legal document drawn up by an individual*
scrittu'rare *vt* engage
scriva'nia *f* desk
scri'vente *mf* writer
'scrivere *vt* write; (descrivere) write about; **~ a macchina** type
scroc'care *vt* infml
scrocchi'are *vi* crack
'scrocco¹ *m* infml **a ~** without paying; **vivere a ~** sponge off other people
'scrocco² *m*:
■ **coltello a scrocco** pocket knife; **serratura a scrocco** spring lock
scroc'cone, -a *mf* infml sponger
'scrofa *f* sow
scrol'lare *vt* shake; **~ le spalle** shrug one's shoulders; **~ la testa** shake one's head
scrol'larsi *vr* shake oneself; **~ qualcosa di dosso** shake something off
'scrolling *m* Comput scrolling
scrosci'ante *adj* pouring; ‹*applauso*› thunderous
scrosci'are *vi* roar; ‹*pioggia*›; pelt down
'scroscio *m* roar; (di pioggia) pelting; **uno ~ di applausi** thunderous applause; **piovere a ~** lash down
scro'stare *vt* scrape
scro'starsi *vr* flake
scro'stato *adj* flaky
'scroto *m* scrotum
'scrupolo *m* scruple; (diligenza) care; **senza scrupoli** unscrupulous, without scruples; **farsi scrupoli per qualcosa** have scruples about something
scrupo'loso *adj* scrupulous
scru'tare *vt* scan; (indagare) search
scruta'tore *m* (di voti) returning officer
scruti'nare *vt* scrutinize
scru'tinio *m* (di voti) poll; Sch assessment of progress; **scrutini** *pl* Sch *meeting of teachers to discuss pupils' work and assign marks*
■ **scrutinio segreto** secret ballot
scu'cire *vt* unstitch; **scuci i soldi!** fig fam cough up [the money]!
scu'cirsi *vr* come unstitched; fig (parlare) talk; **non si scuce** he won't talk
scuci'tura *f* unstitching
scude'ria *f* stable; **scuderie** *pl* mews
scu'detto *m* Sport championship shield; (campionato) national championship
scudi'ero *m* squire
scudisci'ata *f* whipping
'scudo *m* shield; **farsi ~ con qualcosa** shield oneself with something
scuffi'are *vi* capsize
scu'gnizzo *m* street urchin

sculacci'are *vt* spank
sculacci'ata *f* spanking; **prendere a sculacciate** spank
sculacci'one *m* spanking
sculet'tare *vi* wiggle one's hips
scul|'tore, -trice **A** *m* sculptor
B *f* sculptress
scul'tura *f* sculpture
scu'ola *f* school
■ **scuola allievi ufficiali** cadet school; **scuola per bambini con difficoltà d'apprendimento** special school; **scuola elementare** primary school, grade school AmE; **scuola guida** driving school; **scuola materna** day nursery; **scuola media** secondary school; **scuola media inferiore** secondary school (10-13); junior high school AmE; **scuola media superiore** secondary school (13-18); **scuola dell'obbligo** compulsory education; **scuola privata** private school, public school BrE; **scuola di sci** ski school; **scuola serale** evening school; **scuola statale** state school; **scuola superiore** high school
scu'otere *vt* shake
scu'otersi *vr* (destarsi) rouse oneself; **~ qualcosa di dosso** fig shake something off
'scure *f* axe
scu'rire *vt & vi* darken
'scuro **A** *adj* dark
B *m* darkness; (imposta) shutter
scur'rile *adj* scurrilous
'scusa *f* excuse; (giustificazione) apology; (pretesto) pretext; **chiedere ~** apologize; **chiedo ~!** [I'm] sorry!
scu'sare *vt* excuse
scu'sarsi *vr* apologize (**di** for); **[mi] scusi!** excuse me!; (chiedendo perdono) [I'm] sorry!
sdebi'tarsi *vr* repay the kindness
sde'gnare *vt* despise; (fare arrabbiare) enrage
sde'gnarsi *vr* become angry
sde'gnato *adj* indignant
'sdegno *m* disdain; (ira) indignation
sde'gnoso *adj* disdainful
sden'tato *adj* toothless
sdipa'nare *vt* wind
sdogana'mento *m* customs clearance
sdoga'nare *vt* clear through customs
sdolci'nato *adj* sentimental, schmaltzy
sdoppia'mento *m* splitting
■ **sdoppiamento della personalità** split personality
sdoppi'are *vt* halve
sdrai'arsi *vr* lie down
'sdraio *f* **[sedia a] ~** deckchair
sdrammatiz'zare **A** *vt* take the heat out of
B *vi* take the heat out of the situation
sdruccio'lare *vi* slither
sdruccio'levole *adj* slippery
sdruccio'lone *m* slip
se **A** *conj* if; (interrogativo) whether, if; **se mai** (caso mai) if need be; **se mai telefonasse,...** should he call,..., if he calls,...; **se no** otherwise, or else; **se non altro** at least, if nothing else; **se pure** (sebbene) even though; (anche se) even if; **non so se sia vero** I don't know whether it's true, I don't know if it's true; **come se** as if; **se lo avessi saputo prima!** if only I had known before!; **e se andassimo fuori a cena?** how about going out for dinner?
B *m inv* if; **non voglio né se né ma** I don't want any ifs or buts
SE *abbr* (**sud-est**) SE
sé *pers pron* oneself; (lui) himself; (lei) herself; (esso, essa) itself; (loro) themselves; **l'ha fatto da sé** he did it himself; **ha preso i soldi con sé** he took the money with him; **si sono tenuti le notizie per sé** they kept the news to themselves
se'baceo *adj* sebaceous
seb'bene *conj* although
'sebo *m* sebum
sec. *abbr* (**secolo**) c.
'secca *f* shallows *pl*; **in ~** (nave) grounded
sec'cante *adj* annoying
sec'care **A** *vt* dry; (importunare) annoy
B *vi* dry up
sec'carsi *vr* dry up; (irritarsi) get annoyed
secca|'tore, -trice *mf* nuisance
secca'tura *f* bother; **dare una ~ a qualcuno** trouble somebody, bother somebody; **non voglio seccature!** I don't want the bother!
secchi'ata *f* bucketful
secchi'ello *m* bucket
■ **secchiello del ghiaccio** ice bucket
'secchio *m* bucket
■ **secchio della spazzatura** rubbish bin, trash can AmE
sec'chione, -a *mf* infml dweeb
'secco, -a **A** *adj* dry; (disseccato) dried; (magro) thin; (brusco) curt; (preciso) sharp; **restare a ~** be left penniless; **restarci ~** infml (morire di colpo) be killed on the spot; **frutta secca** dried fruit; (in guscio) nuts *pl*
B *m* (siccità) drought; **lavare a ~** dry-clean
secessi'one *f* secession
■ **guerra di secessione** War of Secession
seco'lare *adj* age-old; (laico) secular
'secolo *m* century; (epoca) age; **è un ~ che non lo vedo** infml I haven't seen him for ages *o* yonks
se'conda **A** *f* Sch, Rail second class; Auto second [gear]
B *prep* **a ~ di** according to
secon'dario *adj* Jur collateral; **effetto ~** side effect
se'condo **A** *adj* second
B *m* second, sec infml; (secondo piatto) main

course; **un ~!** just a second!
C *prep* according to; **~ me** in my opinion
secondo'genito, -a *adj & nm* second-born
secrezi'one *f* secretion
'sedano *m* celery
■ **sedano rapa** celeriac
se'dare *vt* put down, suppress ‹*rivolta*›; fig soothe
seda'tivo *adj & nm* sedative; **somministrare sedativi a** sedate
🔑 **'sede** *f* seat; (centro) centre; Relig see; Comm head office; **in ~ di esami** during the exams; **in separata ~** in private
■ **sede centrale** head office; **sede sociale** registered office
seden'tario *adj* sedentary
🔑 **se'dere** **A** *vi* sit
B *m* (deretano) bottom
se'dersi *vr* sit down
🔑 **'sedia** *f* chair
■ **sedia a dondolo** rocking chair; **sedia elettrica** electric chair; **sedia da giardino** garden seat; **sedia girevole** swivel chair; **sedia a rotelle** wheelchair; **sedia a sdraio** deckchair
sedi'cenne *adj & nmf* sixteen year-old
sedi'cente *adj* self-styled
sedi'cesimo, -a *adj & nm* sixteenth
'sedici *adj & nm* sixteen
se'dile *m* seat
sedimen'tare *vi* leave a sediment
sedi'mento *m* sediment
sedizi'one *f* sedition
sedizi'oso *adj* seditious
se'dotto pp di **sedurre**
sedu'cente *adj* seductive; (allettante) enticing
se'durre *vt* seduce
se'duta *f* session; (di posa) sitting; **~ stante** *adv* here and now
se'duto *adj* sitting
sedut'tore, -trice **A** *m* charmer
B *f* temptress
seduzi'one *f* seduction
seg. *abbr* (**seguente**) foll.
🔑 **'sega** *f* saw; vulg wank; **mezza ~** vulg tosser; **non capire una ~** understand damn all
■ **sega circolare** circular saw; **sega a mano** handsaw; **sega a nastro** band saw
'segale *f* rye
■ **pane di segale** rye bread
sega'ligno *adj* wiry
se'gare *vt* saw
sega'trice *f* saw
■ **segatrice a nastro** band saw
sega'tura *f* sawdust
'seggio *m* seat
■ **seggio elettorale** polling station
seg'giola *f* chair
seggio'lino *m* seat; (da bambino) child seat
■ **seggiolino per auto** car seat; **seggiolino regolabile** adjustable seat
seggio'lone *m* (per bambini) high chair
seggio'via *f* chair lift
seghe'ria *f* sawmill
se'ghetto *m* hacksaw
segmen'tare *vt* segment
seg'mento *m* segment
segna'carte *m* bookmark
segna'lare *vt* signal; (annunciare) announce; (indicare) point out
segna'larsi *vr* distinguish oneself
segnalazi'one *f* signals *pl*; (di candidato) recommendation
■ **segnalazione stradale** road signs *pl*
se'gnale *m* signal; (stradale) sign
■ **segnale acustico** beep; **segnale d'allarme** alarm; (in treno) communication cord BrE, emergency brake; fig warning sign; **segnale digitale** Comput digital signal; **segnale di libero** Teleph dialling tone; **segnale orario** time signal, speaking clock
segna'letica *f* signals *pl*; **'~ in rifacimento'** 'road signs being repainted'
■ **segnaletica orizzontale** painted road markings *pl*; **segnaletica stradale** road signs *pl*
segna'letico *adj* **dati segnaletici** description; **foto segnaletica** *photograph used for identification purposes*
segna'libro *m* bookmark
segna'punti *m inv* pegboard
🔑 **se'gnare** *vt* mark; (prendere nota) note; (indicare) indicate; Sport score; **~ la fine di qualcosa** sound the death knell for something; **~ il passo** mark time
se'gnarsi *vr* cross oneself
se'gnato *adj* marked
🔑 **'segno** *m* sign; (traccia, limite) mark; (bersaglio) target; **far ~** (col capo) nod; (con la mano) beckon; **fare ~ di no** (con la testa) shake one's head; **fare ~ di sì** (con la testa) nod [one's head]; **lasciare il ~** leave a mark; **non dare segni di vita** give no sign of life; **oltrepassare il ~** fig overstep the mark
■ **segno della croce** sign of the cross; **segno premonitore** early warning; **segno di sottolineatura** underscore; **segno più** plus sign; **segno zodiacale** sign of the Zodiac, birth sign, star sign
segre'gare *vt* segregate
segre'garsi *vr* cut oneself off
segre'gato *adj* in isolation
segregazi'one *f* segregation
segregazio'nistico *adj* segregated
segretari'ato *m* secretariat
segre'tario, -a *mf* secretary; **fare da ~ a qualcuno** be somebody's secretary; **segretaria tuttofare** girl Friday
■ **segretario bilingue** bilingual secretary; **segretario comunale** town clerk; **segretario di direzione** executive secretary; **segretario personale** personal assistant, PA; **Segretario di Stato** Secretary of State

segrete'ria *f* (ufficio) administrative office; (segretariato) secretariat
■ **segreteria studenti** Univ admissions office; **segreteria telefonica** answering machine, answerphone
segre'tezza *f* secrecy
se'greto *adj & nm* secret; **in ~** in secret
segu'ace *mf* follower; **avere molti seguaci** have a large following
segu'ente *adj* following, next
se'gugio *m* bloodhound
segu'ire *vt & vi* follow; (continuare) continue; **~ con lo sguardo** follow with one's eyes; **~ le orme di qualcuno** follow in somebody's footsteps; **~ un corso** take a course; **~ on Twitter** follow on Twitter
segui'tare *vt & vi* continue
'seguito *m* retinue; (sequela) series; (continuazione) continuation; **di ~** in succession; **in ~** later on; **in ~ a** following; (a causa di) owing to; **al ~** in his/her wake; **fare ~ a** Comm follow up
'sei *adj & nm* six
sei'cento *adj & nm* six hundred; **il Seicento** the seventeenth century
sei'mila *adj & nm* six thousand
'selce *f* flint
sel'ciato *m* paving
se'lenio *m* selenium
selettività *f inv* selectivity
selet'tivo *adj* selective; **memoria selettiva** selective memory
selet'tore *m* selector
selezio'nare *vt* select; **'~ il numero'** 'dial [the number]'
selezi'one *f* selection
■ **selezione naturale** natural selection
self-con'trol *m* self-control
self-'service *adj & m inv* self-service
'sella *f* saddle
sel'lare *vt* saddle
seltz *m inv* soda water
'selva *f* forest; fig (di errori, capelli) mass; (di ammiratori) horde
selvag'gina *f* game
sel'vaggio, -a **A** *adj* wild; (primitivo) savage **B** *mf* savage
sel'vatico *adj* wild
selvicol'tura *f* forestry
se'maforo *m* traffic lights *pl*
se'mantica *f* semantics *sg*
se'mantico *adj* semantic
sembi'anza *f* semblance; **sembianze** *pl* (di persona) appearance
sem'brare *vi* seem; (assomigliare) look like; **che te ne sembra?** what do you think?; **mi sembra che ...** I think ...; **sembra che vada bene** it's fine, seemingly *or* apparently
'seme *m* seed; (di mela) pip; (di carte) suit; (sperma) semen
■ **seme della discordia** seeds *pl* of discord
se'mente *f* seed
seme'strale *adj* ‹*corso*› six-month; ‹*pagamento*› six-monthly, half-yearly
se'mestre *m* six months; Univ term, semester AmE
semia'perto *adj* half open
semi'asse *m* axle
semiauto'matico *adj* semi-automatic
semi'breve *f* Mus semibreve
semi'cerchio *m* semicircle
semicirco'lare *adj* semicircular
semicirconfe'renza *f* semicircle
semicondut'tore *adj & nm* semiconductor
semicon'vitto *m*
■ **scuola a semiconvitto** *school for day boarders*
semicosci'ente *adj* semi-conscious; half-conscious
semi'croma *f* Mus semiquaver
semifi'nale *f* semi-final
semifina'lista *mf* semifinalist
semi'freddo *m cold dessert resembling ice cream*
semilavo'rato **A** *adj* semi-finished **B** *m* **semilavorati** *pl* semi-finished goods
semi'minima *f* Mus crotchet
'semina *f* sowing
semi'nare *vt* sow; infml shake off ‹*inseguitori*›; **~ zizzania** cause trouble
semi'nario *m* seminar; Relig seminary
semina'rista *m* seminarist
seminfermità *f inv* partial disability
■ **seminfermità mentale** diminished responsibility
seminter'rato *m* basement
semi'nudo *adj* half-naked
semioscurità *f inv* semi-darkness
semiprezi'oso *adj* semi-precious
semi'secco *adj* medium-dry
semi'serio *adj* semi-serious
se'mitico *adj* Semitic
semi'tono *m* Mus semitone
sem'mai **A** *conj* in case **B** *adv* **è lui, ~, che ...** if anyone, it's him who...
'semola *f* bran
semo'lato *adj* ‹*zucchero*› caster *attrib*
semo'lino *m* semolina
'semplice *adj* simple; **in parole semplici** in plain words
semplice'mente *adv* simply
semplici'otto, -a *mf* simpleton
sempli'cistico *adj* simplistic
semplicità *f inv* simplicity
semplifi'care *vt* simplify
'sempre *adv* always; (ancora) still; **di ~** ever;

S

key word

per ~ for ever; **~ più** more and more; **pur ~** still, nevertheless

sempre'verde *adj & nm* evergreen

'senape *f* mustard

se'nato *m* senate

sena|'tore, -trice *mf* senator

'Senegal *m* Senegal

se'nile *adj* senile

senilità *f inv* senility

'senior **A** *adj* senior
B *mf* (*pl* **seniores**); Sport senior

'senno *m* sense; **giudicare col ~ del poi** use hindsight

sennò *adv* otherwise, or else

sennonché *conj* but, except that; (fuorché) but, except

'seno *m* (petto) breast; Math sine; **in ~ a** in the bosom of

sen'sale *m* broker

sen'sato *adj* sensible

sensazio'nale *adj* sensational

sensaziona'listico *adj* sensationalist

sensazi'one *f* sensation; **fare ~** ‹*notizia, scoperta*› cause a sensation

sen'sibile *adj* sensitive; (percepibile) perceptible; (notevole) considerable; **mondo ~** tangible world

sensibilità *f inv* sensitivity

sensibiliz'zare *vt* make more aware (**a**

sensibil'mente *adv* appreciably

sensi'tivo **A** *adj* sensory
B *mf* sensitive person; (medium) medium

'senso *m* sense; (significato) meaning; (direzione) direction; **far ~ a qualcuno** make somebody shudder; **in ~ orario/antiorario** clockwise/anticlockwise; **ai sensi della legge** in accordance with the law; **non ha ~** it doesn't make sense; **avere il ~ degli affari** have good business sense; **di buon ~** ‹*persona*› sensible; **senza ~** meaningless; **in un certo ~ ...** in a sense *o* way ...; **perdere i sensi** lose consciousness; **a ~** ‹*ripetere, tradurre*› in general terms; **in ~ opposto** in the opposite direction; **a ~ unico** ‹*strada*› one-way; **a doppio ~ [di marcia]** ‹*strada*› two-way; **a doppio ~** ‹*parola, espressione*› with a double meaning
■ **senso dell'umorismo** sense of humour; **'senso vietato'** 'no entry'

sen'sore *m* sensor

sensu'ale *adj* sensual

sensualità *f inv* sensuality

sen'tenza *f* sentence; (massima) saying; **pronunciare una ~** hand down a sentence; **pronunciare la ~** pronounce sentence

sentenzi'are *vi* pass judgement

senti'ero *m* path
■ **sentiero luminoso di avvicinamento** Aeron approach lights

sentimen'tale *adj* sentimental

sentimenta'lista *mf* sentimentalist

sentimental'mente *adv* sentimentally

senti'mento *m* feeling; **essere fuori di ~** be out of one's mind

sen'tina *f* Naut bilge

senti'nella *f* sentry; **essere di ~** be on guard

sen'tire **A** *vt* feel; (udire) hear; (ascoltare) listen to; (gustare) taste; (odorare) smell
B *vi* feel; (udire) hear; **~ caldo/freddo** feel hot/cold

sen'tirsi *vr* feel; **~ di fare qualcosa** feel like doing something; **~ bene/male** feel well/ill; **sentirsela di fare qualcosa** feel up to doing something

sen'tito *adj* (sincero) sincere; **per ~ dire** by hearsay

sen'tore *m* inkling

'senza *prep* without; **~ ombrello** without an umbrella; **~ correre** without running; **senz'altro** certainly; **~ un soldo** penniless; **'~ conservanti'** 'no preservatives'; **fare ~** do without

senza'tetto *m inv* **i ~** the homeless

'sepalo *m* sepal

sepa'rare *vt* separate

sepa'rarsi *vr* separate; ‹*prendere commiato*› part; **~ da** be separated from

separata'mente *adv* separately

separa'tista *mf* separatist

sepa'rato *adj* separate

separazi'one *f* separation
■ **separazione consensuale** separation by mutual consent; **separazione legale** legal separation

sepol'crale *adj* (liter) sepulchral

se'polcro *m* sepulchre

se'polto **A** pp di **seppellire**
B *adj* buried; **morto e ~** fig dead and buried

sepol'tura *f* burial; **dare ~ a qualcuno** bury somebody

seppel'lire *vt* bury

seppel'lirsi *vr* fig cut oneself off

'seppia **A** *f* cuttle fish
B *adj inv* sepia

sep'pure *conj* even if

se'quela *f* series, succession; (di insulti) string

se'quenza *f* sequence

sequenzi'ale *adj* sequential

seque'strare *vt* (rapire) kidnap; (confiscare) confiscate; Jur impound

sequestra|'tore, -trice *mf* kidnapper

se'questro *m* Jur impounding; (di persona) kidnap[ping]

se'quoia *f* sequoia

'sera *f* evening, night; **di ~, la ~** in the evening; **da ~** ‹*abito*› evening *attrib*; **alle 8 di ~** at 8 o'clock in the evening, at 8 o'clock at night; **buona ~!** good evening!; **dalla mattina alla ~** from morning to night; **ieri ~** yesterday evening, last night; **questa ~**

this evening, tonight
se'rale *adj* evening *attrib*
seral'mente *adv* every evening, every night
se'rata *f* evening; (ricevimento) party
■ **serata danzante** dance; **serata di gala** gala night
ser'bare *vt* keep; harbour ‹*odio*›; cherish ‹*speranza*›
serba'toio *m* tank
■ **serbatoio d'acqua** water tank; **serbatoio della benzina** petrol tank, gas tank AmE
'Serbia *f* Serbia
'serbo¹, -a A *adj & mf* Serbian
B *m* (lingua) Serbian
'serbo² *m* **mettere in ~** put aside
serbo-cro'ato *mf* Serbo-Croat
sere'nata *f* serenade
serenità *f inv* serenity
se'reno *adj* serene; ‹*cielo*› clear; **un fulmine a ciel ~** infml a bolt from the blue
ser'gente *m* sergeant
'serial *m inv*
■ **serial [televisivo]** television serial
seri'ale *adj* serial
seria'mente *adv* seriously
'serico *adj* silk
'serie *f inv* series; (complesso) set; Sport division; **fuori ~** custom-built; **produzione in ~** mass production
■ **serie A** (di calcio) Premier League; **serie B** (di calcio) First Division; **di ~ B** fig second-rate; **serie numerica** numerical series
serietà *f inv* seriousness
'serio *adj* serious; (degno di fiducia) reliable; **sul ~** seriously; (davvero) really
ser'mone *m* sermon
seroto'nina *f* serotonin
'serpe *f* (liter) viper
serpeggi'ante *adj* ‹*strada*› twisting, winding
serpeggi'are *vi* ‹*strada*› twist, wind; fig (diffondersi) spread
ser'pente *m* snake
■ **serpente a sonagli** rattlesnake; **serpente velenoso** poisonous snake
serpen'tina *f* **a ~** twisting and turning, winding; **fare una ~** weave
'serra *f* greenhouse
■ **effetto serra** greenhouse effect
ser'raglio *m* harem
ser'randa *f* shutter
ser'rare *vt* shut; (stringere) tighten; (incalzare) press on
ser'rata *f* lockout
serra'tura *f* lock
'server *m inv* server
■ **server di posta** mail server; **server web** web server

ser'vibile *adj* usable
ser'vile *adj* servile
servi'lismo *m* servility
ser'vire A *vt* serve; (al ristorante) wait on
B *vi* serve; (essere utile) be of use; **non serve** it's no good; **'~ freddo'** 'serve chilled'
ser'virsi *vr* (di cibo) help oneself; **~ da** buy from; **~ di** use
servi|'tore, -trice *mf* retainer
servitù *f inv* servitude; (personale di servizio) servants *pl*
servizi'evole *adj* obliging
ser'vizio *m* service; (da caffè ecc.) set; (di cronaca, sportivo) report; (in tennis) serve; **servizi** *pl* bathroom; **essere di ~** be on duty; **fare ~** ‹*autobus ecc.*› run; **fuori ~** ‹*bus*› not in service; ‹*ascensore*› out of order; **servizi** *pl* (terziario) services; **servizi** *pl* **bancari a domicilio** home banking; **servizi** *pl* **bancari via telefono** telephone banking; **servizi** *pl* **igienici** toilet block; **servizi** *pl* **di pronto intervento** emergency services; **servizi** *pl* **pubblici** (bagni) public toilets; **servizi** *pl* **sociali** welfare services
■ **donna di servizio** maid; **servizio bus navetta** courtesy bus; **servizio compreso** service charge included; **servizio escluso** not including service charge; **area di servizio** service station; **servizio in camera** room service; **servizio civile** *civilian duties done instead of national service*; **servizio filmato** film report; **servizio di linea** passenger service; **servizio militare** military service; **servizio pubblico** utility company; **servizio al tavolo** waiter service; **servizio da tavola** dinnerware; **servizio traghetto** passenger ferry
'servo, -a *mf* servant
servo'freno *m* servo brake
servo'sterzo *m* power steering
'sesamo *m* sesame
ses'santa *adj & nm* sixty
sessan'tenne *adj & nmf* sixty year-old
sessan'tesimo *adj & nm* sixtieth
sessan'tina *f* **una ~ di** about sixty
Sessan'totto *m protest movement of 1968*
sessi'one *f* session
ses'sista *adj* sexist
'sesso *m* sex; **fare ~** have sex
■ **sesso forte** stronger sex; **gentil sesso** fair sex; **sesso sicuro** safe sex
sessu'ale *adj* sexual
sessualità *f inv* sexuality
'sesto¹ *adj & nm* sixth
sesto² *m* **rimettere in ~** put back on its feet ‹*azienda*›; restore ‹*vestito*›; recondition ‹*motore, auto*›
set *m inv* set
'seta *f* silk; **di ~** silk *attrib*
setacci'are *vt* sieve
se'taccio *m* sieve; **passare qualcosa al ~** fig go through something with a fine-tooth comb

S

key word

'sete *f* thirst; **avere ~** be thirsty
■ **sete di sangue** blood lust
'setola *f* bristle
'setta *f* sect
set'tanta *adj & nm* seventy
settan'tenne *adj & nmf* seventy year-old
settan'tesimo *adj & nm* seventieth
settan'tina *f* **una ~ di** about seventy
set'tario *adj* sectarian
'sette *adj & nm* seven
sette'cento *adj & nm* seven hundred; **il Settecento** the eighteenth century
set'tembre *m* September
settentrio'nale **A** *adj* northern
B *mf* northerner
settentri'one *m* north
'setter *m inv* setter
'settico *adj* septic
setti'mana *f* week; **alla ~** per week; **a metà ~** midweek, half-way through the week
■ **settimana corta** five-day week; **settimana lavorativa** working week
settima'nale *adj & nm* weekly
setti'mino, -a **A** *adj born two months premature*
B *mf baby born two months premature*
'settimo *adj & nm* seventh
set'tore *m* sector
settori'ale *adj* sector-based
severità *f inv* severity
se'vero *adj* severe; (rigoroso) strict
se'vizia *f* torture; **sevizie** *pl* torture *sg*
sevizi'are *vt* torture
Sey'chelles *fpl* Seychelles
sezio'nare *vt* divide; Med dissect
sezi'one *f* section; (reparto) department; Med dissection
sfaccen'dare *vi* bustle about
sfaccen'dato *adj* idle
sfaccet'tare *vt* cut
sfaccet'tato *adj* cut; fig many-sided, multifaceted
sfaccetta'tura *f* cutting; fig facet
sfacchi'nare *vi* toil
sfacchi'nata *f* drudgery
sfaccia'taggine *f* cheek
sfacciata'mente *adv* cheekily
sfacci'ato *adj* cheeky, fresh AmE
sfa'celo *m* ruin; **in ~** in ruins
sfagio'lare *vi* infml **non mi sfagiola** it's/he's/she's not my cup of tea
sfal'darsi *vr* flake off
sfal'sare *vt* stagger; **~ il tiro** shoot wide
sfa'mare *vt* feed
sfa'marsi *vt* satisfy one's hunger, eat one's fill
sfarfal'lio *m* (di schermo, luce) flicker
'sfarzo *m* pomp
sfar'zoso *adj* sumptuous
sfa'sato *adj* infml confused; ‹*motore*› which needs tuning; **sentirsi ~** infml be out of sync[h]
sfasci'are *vt* unbandage; (fracassare) smash
sfasci'arsi *vr* fall to pieces
sfasci'ato *adj* beat-up
'sfascio *m* ruin; **andare allo ~** go to rack and ruin
sfa'tare *vt* explode
sfati'cato *adj* lazy
'sfatto *adj* unmade
sfavil'lante *adj* sparkling
sfavil'lare *vi* sparkle
sfavo'revole *adj* unfavourable
sfavo'rire *vt* disadvantage, put at a disadvantage
sfeb'brare *vi* **comincia a ~** his temperature is starting to come down
'sfera *f* sphere
■ **sfera affettiva** area of feelings and emotions; **sfera celeste** celestial sphere; **sfera di cristallo** crystal ball; **sfera di influenza** sphere of influence
'sferico *adj* spherical
sfer'rare *vt* unshoe ‹*cavallo*›; give ‹*calcio, pugno*›
sferruz'zare *vi* knit
sfer'zare *vt* whip
sfer'zata *f* whip; fig telling-off
sfian'cante *adj* wearing
sfian'care *vt* wear out
sfian'carsi *vr* wear oneself out
sfiata'toio *m* blowhole
sfi'brare *vt* exhaust
sfi'brato *adj* exhausted
'sfida *f* challenge
sfi'dare *vt* challenge
sfi'ducia *f* mistrust
sfiduci'ato *adj* discouraged
'sfiga *f* sl bloody bad luck; **avere ~** be bloody unlucky
sfi'gato, -a sl **A** *adj* bloody unlucky
B *mf* unlucky beggar
sfigu'rare **A** *vt* disfigure
B *vi* (far cattiva figura) look out of place
sfilacci'are *vt* fray
sfilacci'arsi *vr* fray
sfi'lare **A** *vt* unthread; (togliere di dosso) take off
B *vi* ‹*truppe*› march past; (in parata) parade
sfi'larsi *vr* come unthreaded; ‹*collant*› ladder; take off ‹*pantaloni*›
sfi'lata *f* parade; (sfilza) series
■ **sfilata di moda** fashion show
sfila'tino *m long, thin loaf*
'sfilza *f* string
'sfinge *f* sphinx
sfi'nire *vt* wear out
sfi'nito *adj* worn out

sfio'rare *vt* skim; touch on ‹*argomento*›
sfio'rire *vi* wither; ‹*bellezza*› fade
sfis'sare *vt* cancel
'sfitto *adj* vacant
'sfizio *m* whim, fancy; **togliersi uno ~** satisfy a whim
sfizi'oso *adj* nifty
sfo'cato *adj* out of focus
sfoci'are *vi* **~ in** flow into
sfode'rare *vt* draw ‹*pistola, spada*›; fig show off ‹*cultura*›; **~ un sorriso** smile insincerely
sfode'rato *adj* ‹*giacca*› unlined
sfo'gare *vt* vent
sfo'garsi *vr* give vent to one's feelings
sfoggi'are *vt & vi* show off
'sfoggio *m* show, display; **fare ~ di** show off
'sfoglia *f* sheet of pastry
■ **pasta sfoglia** puff pastry
sfogli'are *vt* leaf through
sfogli'ata¹ *f flaky pastry with filling*
sfogli'ata² *f* **dare una ~ a** ‹*libro, giornale*› flick through
'sfogo *m* outlet; fig outburst; Med rash; **dare ~ a** give vent to
sfolgo'rante *adj* blazing
sfolgo'rare *vi* blaze
sfolla'gente *m* truncheon, billy AmE
sfol'lare **A** *vt* clear
B *vi* Mil be evacuated
sfol'lato, -a *mf* evacuee
sfol'tire *vt* thin [out]; **farsi ~ i capelli** have one's hair thinned
sfon'dare **A** *vt* break down
B *vi* (aver successo) make a name for oneself
'sfondo *m* background; **un'aggressione a ~ politico/razziale** a politically/racially motivated attack
sfon'done *m* infml blunder
sfor'mare *vt* pull out of shape ‹*tasche*›
sfor'marsi *vi* lose its shape; ‹*persona*› lose one's figure
sfor'mato *m* Culin flan
sfor'nito *adj* **~ di** ‹*negozio*› out of
sfor'tuna *f* bad luck
sfortunata'mente *adv* unfortunately, unluckily
sfortu'nato *adj* unlucky
sfor'zare *vt* force
sfor'zarsi *vr* try hard
sfor'zato *adj* forced
🔑 **'sforzo** *m* effort; (tensione) stress
'sfottere *vt* sl tease
sfracel'larsi *vr* smash; **~ al suolo** crash to the ground
sfrangi'ato *adj* fringed
sfrat'tare *vt* evict
'sfratto *m* eviction
sfrecci'are *vi* flash past
sfrega'mento *m* crackling
sfre'gare *vt* rub
sfregi'are *vt* slash
sfregi'ato, -a **A** *adj* scarred
B *mf* scarface
'sfregio *m* slash
sfre'narsi *vr* run wild
sfre'nato *adj* wild
sfrigo'lio *m* crackling
sfron'dare *vt* prune
sfron'tato *adj* shameless, brazen
sfrutta'mento *m* exploitation
🔑 **sfrut'tare** *vt* exploit; take advantage of, make the most of ‹*occasione*›
sfug'gente *adj* elusive; ‹*mento*› receding
🔑 **sfug'gire** **A** *vi* escape; **~ a** escape [from]; **mi sfugge** it escapes me; **mi è sfuggito [di mente]** it [completely] slipped my mind; **mi è sfuggito di mano** I lost hold of it; **lasciarsi ~ un'occasione** let an opportunity slip; **mi è sfuggito un rutto** I just came out with a belch; **gli è sfuggito un colpo dal fucile** the rifle just went off in his hands
B *vt* avoid
sfug'gita *f* **di ~** in passing
sfu'mare **A** *vi* (svanire) vanish; ‹*colore*› shade off
B *vt* soften ‹*colore*›
sfuma'tura *f* shade
sfuri'ata *f* outburst [of anger]
sga'bello *m* stool
sgabuz'zino *m* cupboard
sgam'bato *adj* ‹*costume da bagno*› high-cut
sgambet'tare *vi* kick one's legs; (camminare) trot
sgam'betto *m* **fare lo ~ a qualcuno** trip somebody up
sganasci'arsi *vr* **~ dalle risa** roar with laughter
sganci'are *vt* unhook; Rail uncouple; drop ‹*bombe*›; infml cough up ‹*denaro*›
sganci'arsi *vr* become unhooked; fig get away
sganghe'rato *adj* ramshackle
sgar'bato *adj* rude
'sgarbo *m* discourtesy; **fare uno ~ a qualcuno** be rude to somebody; **ricevere uno ~** be treated rudely
sgargi'ante *adj* garish
sgar'rare *vi* be wrong; (da regola) stray from the straight and narrow
'sgarro *m* mistake, slip
sga'sato *adj* flat
sgattaio'lare *vi* sneak away; **~ via** decamp
sge'lare *vt & vi* thaw
'sghembo *adj* slanting; **a ~** obliquely
sghiacci'are *vt* defrost; thaw out ‹*carne*›
sghignaz'zare *vi* laugh scornfully
sghiri'bizzo *m* whim, fancy

S

🔑 key word

sgob'bare *vi* slog; ‹*fam: studente*› swot
sgob'bone, -a *mf* slogger; infml (studente) swot
sgoccio'lare *vi* drip
'sgocciolo *m* dripping
sgo'larsi *vr* shout oneself hoarse
sgombe[e]'rare *vt* clear [out]
'sgombro A *adj* clear
B *m* (trasloco) removal; (pesce) mackerel
sgomen'tare *vt* dismay
sgomen'tarsi *vr* be dismayed
sgo'mento *m* dismay
sgomi'nare *vt* defeat
sgom'mare *vi* make the tyres screech
sgom'mata *f* screech of tyres
sgonfi'are *vt* deflate
sgonfi'arsi *vr* go down
'sgonfio *adj* flat
'sgorbio *m* scrawl; fig (vista sgradevole) sight
sgor'gare A *vi* gush [out]
B *vt* flush out, unblock ‹*lavandino*›
sgoz'zare *vt* ~ **qualcuno** cut somebody's throat
sgra'devole *adj* disagreeable
sgra'dito *adj* unwelcome
sgraffi'are *vt* scratch
'sgraffio *m* scratch
sgrammaticata'mente *adv* ungrammatically
sgrammati'cato *adj* ungrammatical
sgra'nare *vt* shell ‹*piselli*›; open wide ‹*occhi*›
sgra'nato *adj* grainy; ‹*fagioli*› shelled; ‹*occhi*› wide open
sgran'chire *vt* stretch
sgran'chirsi *vr* stretch
sgranocchi'are *vt* munch
sgras'sare *vt* remove the grease from
'sgravio *m* relief
■ **sgravio fiscale** tax relief
sgrazi'ato *adj* ungainly
sgreto'lare *vt* crumble
sgreto'larsi *vr* crumble
sgri'dare *vt* scold
sgri'data *f* scolding
sgron'dare *vt* drain
sgros'sare *vt* rough-hew ‹*marmo*›; fig polish
sguai'ato *adj* coarse
sgual'cire *vt* crumple
sgual'drina *f* slut
sgu'ardo *m* look; (breve) glance; **dare uno** ~ **a** glance at ‹*giornale, testo*›
■ **sguardo di insieme** overview
sguar'nito *adj* unadorned; (privo di difesa) undefended
'sguattero, -a *mf* skivvy
sguaz'zare *vi* splash; (nel fango) wallow
'sguincio *m* sidelong glance
sguinzagli'are *vt* unleash
sgusci'are A *vt* shell
B *vi* (sfuggire) slip away; ~ **fuori** slip out
'shaker *m inv* shaker
shake'rare *vt* shake
'shampoo *m inv* shampoo; ~ **e messa in piega** shampoo and set
'shopper *m inv* carrier bag
'shuttle *m inv* [space] shuttle
si¹ *pers pron* (riflessivo) oneself; (lui) himself; (lei) herself; (esso, essa) itself; (loro) themselves; (reciproco) each other; (tra più di due) one another; (impersonale) you, one fml; **lavarsi** wash [oneself]; **si è lavata** she washed [herself]; **lavarsi le mani** wash one's hands; **si è lavata le mani** she washed her hands; **si è mangiato un pollo intero** he ate an entire chicken by himself; **incontrarsi** meet each other; **la gente si aiuta a vicenda** people help one another; **si potrebbe pensare che ...** you might think that ..., one might think that ... fml; **non si sa mai** you never know, one never knows; **queste cose si dimenticano facilmente** these things are easily forgotten
si² *m* Mus (chiave, nota) B
sì *adv* yes; **credo di sì** I believe so; **penso di sì** I think so; **ha detto di sì** she said yes; **sì?** really?; **sì che mi piace!** yes I do like it!
sia¹ ▶ **essere**
sia² *conj* ~... ~... (entrambi) both...and...; (o l'uno o l'altro) either...or...; ~ **che venga,** ~ **che non venga** whether he comes or not; **scegli** ~ **questo** ~ **quello** choose either this one or that one; **voglio** ~ **questo che quello** I want both this one and that one; **verranno** ~ **Giuseppe** ~ **Giacomo** both Giuseppe and Giacomo are coming
sia'mese *adj* Siamese
Si'beria *f* Siberia
sibi'lare *vi* hiss
sibil'lino *adj* sibylline
'sibilo *m* hiss
si'cario *m* hired killer
sicché *conj* (perciò) so [that]; (allora) then
siccità *f inv* drought
sic'come *conj* as
Si'cilia *f* Sicily
sicili'ano, -a *adj & nmf* Sicilian
sico'moro *m* sycamore
si'cura *f* safety catch; (di portiera) childproof lock
sicura'mente *adv* definitely; ~ **sarà arrivato** he must have arrived by now
sicu'rezza *f* (certezza) certainty; (salvezza) safety; (personale di sorveglianza e protezione) security, security guards; **chiamare la** ~ call security; **di** ~ ‹*dispositivo*› safety *attrib*; **di massima** ~ top security
■ **uscita di sicurezza** emergency exit
si'curo A *adj* (non pericoloso) safe; (certo) sure;

‹*saldo*› steady; Comm sound
B *adv* certainly
C *m* safety; **al ~** safe; **andare sul ~** play [it] safe; **di ~** definitely; **di ~ sarà arrivato** he must have arrived; **~!** sure!

'sidecar *m inv* sidecar
siderur'gia *f* iron and steel industry
side'rurgico *adj* iron and steel *attrib*
'sidro *m* cider
si'epe *f* hedge
si'ero *m* serum
sieronega'tivo, -a **A** *adj* HIV negative
B *mf* person who is HIV negative
sieroposi'tivo, -a **A** *adj* HIV positive
B *mf* person who is HIV positive
Si'erra Le'one *f* Sierra Leone
si'esta *f* afternoon nap, siesta; **fare la ~** have an afternoon nap
si'fone *m* siphon
Sig. *abbr* (**signore**) Mr
Sig.a *abbr* (**signora**) Mrs, Ms
siga'retta *f* cigarette; **pantaloni** *pl* **a ~** drainpipes
'sigaro *m* cigar
Sigg. *abbr* (**signori**) Messrs
sigil'lare *vt* seal
si'gillo *m* seal
'sigla *f* initials *pl*
■ **sigla musicale** signature tune
si'glare *vt* initial
Sig.na *abbr* (**signorina**) Miss, Ms
signifi'care *vt* mean
significa'tivo *adj* significant
signifi'cato *m* meaning
si'gnora *f* lady; (davanti a nome proprio) Mrs; (non sposata) Miss; (in lettere ufficiali) Dear Madam; **la ~ Rossi** Mrs Rossi; **il signor Vené e ~** Mr and Mrs Vené
si'gnore *m* gentleman; Relig lord; (davanti a nome proprio) Mr; **il signor Rossi** Mr Rossi
signo'rile *adj* gentlemanly; (di lusso) luxury
signo'rina *f* young lady; (seguito da nome proprio) Miss; **la ~ Rossi** Miss Rossi
silenzia'tore *m* silencer
si'lenzio *m* silence
■ **silenzio di tomba** deathly hush
silenzi'oso *adj* silent
'silfide *f* sylph
silhou'ette *f inv* silhouette, outline; **che ~!** you're so slim!
si'licio *m*
■ **piastrina di silicio** silicon chip
sili'cone *m* silicone
'sillaba *f* syllable
silla'bario *m* primer
sillaba'tore *m* Comput hyphenation program
sillo'gismo *m* syllogism
silu'rare *vt* torpedo
si'luro *m* torpedo
simbi'osi *f* symbiosis; **vivere in ~** need each other, have a symbiotic relationship
simboleggi'are *vt* symbolize
sim'bolico *adj* symbolic[al]
simbo'lismo *m* symbolism
simbo'lista *mf* symbolist
'simbolo *m* symbol
similarità *f inv* similarity
'simile **A** *adj* similar; (tale) such; **è ~ a...** it's like..., it's similar to...; **qualcosa di ~** something similar
B *m* (il prossimo) fellow human being, fellow man
simili'tudine *f* Gram simile
simil'mente *adv* similarly
simil'pelle *f* Leatherette®
simme'tria *f* symmetry
sim'metrico *adj* symmetric[al]
simpa'tia *f* liking; (compenetrazione) sympathy; **prendere qualcuno in ~** take a liking to somebody; **provare ~ per** like
sim'patico *adj* nice
■ **inchiostro simpatico** invisible ink
simpatiz'zante *mf* well-wisher
simpatiz'zare *vt* **~ con** take a liking to; **~ per qualcosa/qualcuno** lean towards something/somebody
sim'posio *m* symposium
simu'lare *vt* simulate; feign ‹*amicizia, interesse*›
simula'tore *m* simulator
simulazi'one *f* simulation
■ **simulazione di reato** Jur *making of false accusations*
simul'tanea *f* **in ~** simultaneously
simul'taneo *adj* simultaneous
sina'goga *f* synagogue
sincera'mente *adv* sincerely; (a dire il vero) honestly
since'rarsi *vr* make sure
sincerità *f inv* sincerity
sin'cero *adj* sincere
'sincope *f* syncopation; Med fainting fit
sincron'ia *f* sync[h]
sincro'nismo *m* synchronism
sincroniz'zare *vt* synchronize
sincroniz'zato *adj* synchronized; **essere ben ~ con** be in sync[h] with
sincronizzazi'one *f* synchronization
'sincrono *adj* synchronous
sinda'cabile *adj* arguable
sinda'cale *adj* [trade] union *attrib*, [labour] union AmE
sindaca'lista *mf* trade unionist, labor union member AmE
sinda'care *vt* inspect
sinda'cato *m* [trade] union, [labour] union AmE; (associazione) syndicate

S

key word

■ **sindacato di categoria** trade union

'sindaco *m* mayor

'sindrome *f* syndrome

■ **sindrome da colon irritabile** irritable bowel syndrome; **sindrome di Down** Down's syndrome; **sindrome da edifici malsani** sick building syndrome; **sindrome premestruale** premenstrual syndrome, PMS; **sindrome respiratoria acuta severa** severe acute respiratory syndrome, SARS

sinfo'nia *f* symphony

sin'fonico *adj* symphonic

Singa'pore *f* Singapore

singhioz'zare *vi* (di pianto) sob

singhi'ozzo *m* hiccup; (di pianto) sob; **avere il ~** have the hiccups

'single *mf inv* single

singo'lare **A** *adj* singular; (strano) peculiar
B *m* Gram singular

singolar'mente *adv* individually; (stranamente) peculiarly

'singolo **A** *adj* single
B *m* individual; Mus single; Tennis singles *pl*; **un ~ di successo** a hit single

si'nistra *f* left; **a ~** on the left; **girare a ~** turn to the left; **la seconda a ~** the second on the left; **con la guida a ~** ‹*auto*› with left-hand drive; **la ~** Pol the left; **di ~** Pol left wing

sini'strare *vt* injure; damage ‹*casa*›

sini'strato *adj* injured; ‹*casa*› damaged

si'nistro **A** *adj* left, left-hand; (avverso) sinister
B *m* accident

sini'strorso, -a *mf* derog leftie

'sino *prep* = **fino**[1]

si'nonimo **A** *adj* synonymous
B *m* synonym

sin'tassi *f* syntax

sin'tattico *adj* syntactic[al]

'sintesi *f* synthesis; (riassunto) summary

sin'tetico *adj* synthetic; (conciso) summary

sintetiz'zare *vt* summarize

sintetizza'tore *m* synthesizer

sinto'matico *adj* symptomatic

'sintomo *m* symptom

sinto'nia *f* tuning; **in ~** on the same wavelength; **in ~ con** in harmony with, in tune with

sintonizza'tore *m* tuner

sinu'oso *adj* ‹*strada*› winding

sinu'site *f* sinusitis

sio'nismo *m* Zionism

sio'nista *adj* & *nmf* Zionist

si'pario *m* curtain

si'rena *f* siren; (di nave) hooter

'Siria *f* Syria

siri'ano, -a *adj* & *nmf* Syrian

si'ringa *f* syringe

'sismico *adj* seismic

si'smografo *m* seismograph

sismolo'gia *f* seismology

si'stema *m* system; **non è ~!** that's no way to behave!

■ **sistema di amplificazione sonora** induction loop; **sistema di gestione banca dati** database management system, DBMS; **sistema immunitario** immune system; **Sistema Monetario Europeo** European Monetary System; **sistema nervoso** nervous system; **sistema operativo** Comput operating system; **sistema solare** solar system; **sistema di vita** way of life

siste'mare *vt* (mettere) put; tidy up ‹*casa, camera*›; (risolvere) sort out; (procurare lavoro a) fix up with a job; (trovare alloggio a) find accommodation for; (sposare) marry off; infml (punire) sort out

siste'marsi *vr* settle down; (trovare un lavoro) find a job; (trovare alloggio) find accommodation; (sposarsi) marry

sistematica'mente *adv* systematically

siste'matico *adj* systematic

sistemazi'one *f* arrangement; (di questione) settlement; ‹*lavoro*› job; (alloggio) accommodation; (matrimonio) marriage

siste'mista *mf* Comput systems engineer

'sistole *f* systole

'sit-in *m inv* sit-in

'sito *m* site

■ **sito web** Comput web site

situ'are *vt* place

situazi'one *f* situation; **essere all'altezza della ~** be equal to the situation, be up to the situation

'skai *m* Leatherette®

'skateboard *m inv* skateboard

sketch *m inv* sketch

ski-'lift *m* ski tow

'skipper *mf inv* skipper

slab'brare *vt* stretch out of shape ‹*maglia, tasca*›

slab'brato *adj* ‹*maglia, tasca*› shapeless

slacci'are *vt* unfasten; unlace ‹*scarpe*›

'slalom *m inv* slalom; **a ~** slalom *attrib*

slanci'arsi *vr* hurl oneself

slanci'ato *adj* slender

'slancio *m* impetus; (impulso) impulse; **agire di ~** act on impulse

sla'vato *adj* ‹*carnagione, capelli*› fair

'slavo *adj* Slav

sle'ale *adj* disloyal; **concorrenza ~** unfair competition

slealtà *f inv* disloyalty

sle'gare *vt* untie

sle'garsi *vr* untie oneself

slip *mpl* underpants

'slitta *f* sledge; (trainata) sleigh

slitta'mento *m* (di macchina) skid; fig (di riunione) postponement

slit'tare *vi* Auto skid; ‹*riunione*› be put off
slit'tata *f* skid
slit'tino *m* toboggan
'slogan *m inv* slogan, rallying cry
slo'gare *vt* dislocate
slo'garsi *vr* ~ **una caviglia** sprain one's ankle
slo'gato *adj* sprained
sloga'tura *f* sprain
sloggi'are **A** *vt* dislodge
B *vi* move out
slot *m*
■ **slot di espansione** Comput expansion slot
slot-ma'chine *f inv* slot machine, one-armed bandit
Slo'vacchia *f* Slovakia
slo'vacco, -a *adj & nmf* Slovak
Slo'venia *f* Slovenia
smacchi'are *vt* clean
smacchia'tore *m* stain remover
'smacco *m* humiliating defeat
smagli'ante *adj* dazzling
smagli'arsi *vr* ‹*calza*› ladder BrE, run
smaglia'tura *f* ladder BrE, run
smagnetiz'zare *vt* demagnetize
smagnetiz'zatore *m* demagnetizer
sma'grito *adj* thinner
smalizi'ato *adj* cunning
smal'tare *vt* enamel; glaze ‹*ceramica*›; varnish ‹*unghie*›
smal'tato *adj* enamelled; ‹*ceramica*› glazed; ‹*unghie*› varnished
smalta'tura *f* enamelling; (di ceramica) glazing
smalti'mento *m* disposal; (di merce) selling off; (di grassi) burning off
■ **smaltimento [dei] rifiuti** waste disposal
smal'tire *vt* burn off; (rifiuti) dispose of, treat; (merce) sell off; fig get through ‹*corrispondenza*›; ~ **la sbornia** sober up
'smalto *m* enamel; (di ceramica) glaze; (per le unghie) nail varnish, nail polish
smance'ria *f* **fare smancerie** be overly polite
smance'roso *adj* simpering
'smania *f* fidgets *pl*; (desiderio) longing; **avere la ~ di** have a craving for
smani'are *vi* have the fidgets; ~ **per** long for
smani'oso *adj* restless
smantella'mento *m* dismantling
smantel'lare *vt* dismantle
smarri'mento *m* loss; (psicologico) bewilderment
smar'rire *vt* lose; (temporaneamente) mislay
smar'rirsi *vr* get lost; (turbarsi) be bewildered
smar'rito *adj* lost; ‹*sguardo*› bewildered, lost
'smartphone *m* smartphone

smasche'rare *vt* unmask
smasche'rarsi *vr* fig reveal oneself
SME *nm abbr* (**Sistema Monetario Europeo**) EMS
smem'brare *vt* dismember
smemo'rato, -a **A** *adj* forgetful
B *mf* scatterbrain
smen'tire *vt* deny
smen'tita *f* denial
sme'raldo *nm & adj inv* emerald
smerci'are *vt* sell off
'smercio *m* sale
smerigli'ato *adj* emery
■ **vetro smerigliato** frosted glass
sme'riglio *m* emery
smer'lare *vt* scallop
'smerlo *m* scallop
'smesso **A** pp di **smettere**
B *adj* ‹*abiti*› cast-off
'smettere *vt* stop; stop wearing ‹*abiti*›; **smettila!** stop it!
smidol'lato *adj* spineless
smilitariz'zare *vt* demilitarize
'smilzo *adj* thin
sminu'ire *vt* diminish
sminu'irsi *vr* fig belittle oneself
sminuz'zare *vt* crumble; fig (analizzare) analyse in detail
smista'mento *m* clearing; (postale) sorting; **stazione di ~** shunting yard, marshalling yard
■ **smistamento rifiuti** sorting of waste
smi'stare *vt* sort; Mil post; Rail marshal
smisu'rato *adj* boundless; (esorbitante) excessive
smitiz'zare *vt* demythologize
smobili'tare *vt* demobilize
smobilitazi'one *f* demobilization
smo'dato *adj* immoderate
smog *m* smog
'smoking *m inv* dinner jacket, tuxedo AmE
smon'tabile *adj* jointed
smon'taggio *m* disassembly
smon'tare **A** *vt* take to pieces; (scoraggiare) dishearten; take down ‹*tenda*›
B *vi* (da veicolo) get off; (da cavallo) dismount; (dal servizio) go off duty
smon'tarsi *vr* lose heart
'smorfia *f* grimace; (moina) simper; **fare smorfie** make faces
smorfi'oso *adj* affected
'smorto *adj* pale; ‹*colore*› dull
smor'zare *vt* dim ‹*luce*›; tone down ‹*colori*›; deaden ‹*suoni*›; quench ‹*sete*›
smor'zata *f* Sport drop shot
'smosso pp di **smuovere**
smotta'mento *m* landslide
SMS *nm abbr* SMS message, text message; **mandare un ~ a qualcuno** text somebody

S

key word

'smunto *adj* emaciated
smu'overe *vt* shift; (commuovere) move
smu'oversi *vr* move; (commuoversi) be moved
smus'sare *vt* round off; fig (attenuare) tone down
smus'sarsi *vr* go blunt
smussa'tura *f* bevel
snack bar *m inv* snack bar
snatu'rato *adj* inhuman
snazionaliz'zare *vt* denationalize
S.N.C. *abbr* (**società in nome collettivo**)
snel'lire *vt* slim down
snel'lirsi *vr* slim [down]
'snello *adj* slim
sner'vante *adj* enervating
sner'vare *vt* enervate
sner'varsi *vr* get exhausted
sni'dare *vt* drive out
snif'fare *vt* snort
snob'bare *vt* snub
sno'bismo *m* snobbery
snoccio'lare *vt* stone; fig blurt out
snoccio'lato *adj* ‹*olive*› pitted, with the stones removed
sno'dabile *adj* jointed
sno'dare *vt* untie; (sciogliere) loosen
sno'darsi *vr* come untied; ‹*strada*› wind
sno'dato *adj* ‹*persona*› double-jointed; ‹*dita*› flexible
'snodo *m* coupling
■ **snodo ferroviario** coupling
'snowboard *m inv* snowboard; **fare ~** snowboard
SO *abbr* (**sud-ovest**) SW
soap 'opera *f inv* soap [opera]
so'ave *adj* gentle
sobbal'zare *vi* jerk; (trasalire) start
sob'balzo *m* jerk; (trasalimento) start
sobbar'carsi *vr* **~ a** undertake
sobbol'lire *vi* simmer
sob'borgo *m* suburb
sobil'lare *vt* stir up
sobilla|'tore, -trice *m* instigator
sobrietà *f inv* sobriety
'sobrio *adj* sober
soc'chiudere *vt* half-close
socchi'uso **A** pp di **socchiudere**
B *adj* ‹*occhi*› half-closed; ‹*porta*› ajar
soc'combere *vi* succumb
soc'correre *vt* assist
soccorri'tore, -trice *mf* rescue worker
soc'corso **A** pp di **soccorrere**
B *m* assistance, help; **venire in ~** come to help, come to the rescue; **venire in ~ a qualcuno** come to somebody's rescue; **soccorsi** *pl* help; (persone) rescuers; (dopo disastro) relief workers
■ **soccorso alpino** mountain rescue; **soccorso disastri** disaster relief; **soccorso stradale** breakdown service, wrecking service AmE
socialdemo'cratico, -a **A** *adj* Social Democratic
B *mf* Social Democrat
socialdemocra'zia *f* Social Democracy
soci'ale *adj* social
socia'lismo *m* Socialism
socia'lista *adj & nmf* Socialist
socializ'zare *vi* socialize
società *f inv* society; Comm company
■ **società in accomandita semplice** limited partnership; **società per azioni** public limited company, plc; **società dei consumi** consumer society; **società in nome collettivo** commercial partnership; **società fiduciaria** trust company; **società a responsabilità limitata** limited liability company; **società di telecomunicazioni** communications company
soci'evole *adj* sociable
'socio, -a *mf* member; Comm partner
socioeco'nomico *adj* socio-economic
soci'ologa *f* sociologist
sociolo'gia *f* sociology
socio'logico *adj* sociological
soci'ologo *m* sociologist
'soda *f* soda
■ **soda da bucato** washing soda
soda'lizio *m* association, society
soddisfa'cente *adj* satisfactory
soddi'sfare *vt & vi* satisfy; meet ‹*richiesta*›; make amends for ‹*offesa*›
soddi'sfatto **A** pp di **soddisfare**
B *adj* satisfied
soddisfazi'one *f* satisfaction
'sodo **A** *adj* hard; fig firm; ‹*uovo*› hard-boiled
B *adv* hard; **dormire ~** sleep soundly
C *m* **venire al ~** get to the point
sofà *m inv* sofa
soffe'rente *adj* (malato) ill
soffe'renza *f* suffering
soffer'marsi *vr* pause; **~ su** dwell on
sof'ferto pp di **soffrire**
soffi'are **A** *vt* blow; reveal ‹*segreto*›; (rubare) pinch infml
B *vi* blow
soffi'ata *f* **datti una ~ al naso** blow your nose; **fare una ~ a qualcuno** fig sl tip somebody off, give somebody a tip-off
'soffice *adj* soft
soffi'etto *m* bellows; **a ~** ‹*borsa*› expanding
■ **soffietto editoriale** blurb
'soffio *m* puff; Med murmur
sof'fitta *f* attic
sof'fitto *m* ceiling
soffoca'mento *m* suffocation
soffo'cante *adj* suffocating

S

soffo'care *vt & vi* choke; fig stifle
sof'friggere *vt* fry lightly
sof'frire *vt & vi* suffer; (sopportare) bear; ~ **di** suffer from; ~ **di [mal di] cuore** suffer from *or* have a heart condition; ~ **la fame/il freddo** be hungry/cold
sof'fritto **A** pp di **soffriggere**
B *m* fried ingredients *pl*
sof'fuso *adj* ‹*luce*› soft, suffused
sofisti'care **A** *vt* (adulterare) adulterate
B *vi* (sottilizzare) quibble
sofisti'cato *adj* sophisticated
soft *adj* soft
'softcopy *f* Comput soft copy
'soft-core **A** *m* soft-core, soft porn
B *adj* **pornografia** ~ soft porn
'software *m inv* software; **dei** ~ software packages
■ **software di accesso** access software; **software applicativo** application software; **software di autoapprendimento** tutorial package, tutorial software; **software di comunicazione** communications software, comms software; **software didattico** educational software; **software di gestione errori** error correction software; **software di OCR** OCR software; **software di sistema** system software
softwa'rista *m* Comput software engineer
soggettiva'mente *adv* subjectively
sogget'tivo *adj* subjective
sog'getto **A** *m* subject; **cattivo** ~ bad sort
B *adj* subject; **essere** ~ **a** be subject to
soggezi'one *f* subjection; (rispetto) awe
sogghi'gnare *vi* sneer
sog'ghigno *m* sneer
soggio'gare *vt* subdue
soggior'nare *vi* stay
soggi'orno *m* stay; (stanza) living room
■ **permesso di soggiorno** residence permit
soggi'ungere *vt* add
'soglia *f* threshold; **alle soglie di qualcosa** on the threshold of something
■ **soglia del dolore** pain threshold; **soglia di povertà** poverty line
'sogliola *f* sole
■ **sogliola limanda** lemon sole
so'gnare *vt & vi* dream; ~ **a occhi aperti** daydream
so'gnarsi *vr* dream; **non te lo sogni neppure!** forget it!, don't even think of it!
sogna|'tore, -trice *mf* dreamer
'sogno *m* dream; **fare un** ~ have a dream; **neanche per** ~**!** not on your life!; **essere un** ~ (bellissimo) be a dream; **una casa da** ~ a dream house; **il mio** ~ **nel cassetto** my secret dream
'soia *f* soya
sol *m* Mus (chiave, nota) G

key word

so'laio *m* attic
sola'mente *adv* only
so'lare *adj* ‹*energia, raggi*› solar; ‹*crema*› sun *attrib*
so'larium *m inv* solarium
sol'care *vt* plough
'solco *m* furrow; (di ruota) track; (di nave) wake; (di disco) groove
solda'tessa *f* servicewoman
sol'dato *m* soldier
■ **soldato semplice** private
'soldo *m* **non ha un** ~ he hasn't got a penny to his name; **senza un** ~ penniless; **al** ~ **di** in the pay of; **soldi** *pl* (denaro) money *sg*; **fare [i] soldi** make money; **prelevare dei soldi** withdraw money; **da quattro soldi** cheapo, nickel-and-dime AmE
'sole *m* sun; (luce del sole) sun[light]; **al** ~ in the sun; **prendere il** ~ sunbathe
sole'cismo *m* solecism
soleggi'ato *adj* sunny
so'lenne *adj* solemn
solennità *f inv* solemnity
so'lere *vi* be in the habit of; **come si suol dire** as they say
so'letta *f* insole
sol'fato *m* sulphate
sol'feggio *m* sol-fa
sol'furo *m* sulphide
soli'dale *adj* in agreement
solidarietà *f inv* solidarity
solidifi'care *vt & vi* solidify
solidifi'carsi *vr* solidify
solidità *f inv* solidity; (di colori) fastness
'solido **A** *adj* solid; (robusto) sturdy; ‹*colore*› fast; **in** ~ *Jur* jointly and severally
B *m* solid
soli'loquio *m* soliloquy
so'lista **A** *adj* solo
B *mf* soloist
solita'mente *adv* usually
soli'tario **A** *adj* solitary; (isolato) lonely
B *m* (brillante) solitaire; (gioco di carte) patience, solitaire
'solito **A** *adj* usual; **essere** ~ **fare qualcosa** be in the habit of doing something
B *m* the usual; **di** ~ usually
soli'tudine *f* solitude
solleci'tare *vt* speed up; urge ‹*persona*›
sollecitazi'one *f* (richiesta) request; (preghiera) entreaty
sol'lecito **A** *adj* prompt
B *m* reminder
solleci'tudine *f* promptness; (interessamento) concern; **con la massima** ~ Comm as soon as possible
solle'one *m* noonday sun; (periodo) dog days of summer
solleti'care *vt* tickle

S

sol'letico *m* tickling; **fare il ~ a qualcuno** tickle somebody; **soffrire il ~** be ticklish
solleva'mento *m*
■ **sollevamento pesi** weightlifting
solle'vare *vt* lift; (elevare) raise; (confortare) comfort; **~ una questione** raise a question; **~ qualcuno da un incarico** relieve somebody of a responsibility
solle'varsi *vr* rise; (riaversi) recover
solle'vato *adj* relieved
solli'evo *m* relief; **che ~!** what a relief!
'**solo**, **-a** **A** *adj* alone; (isolato) lonely; (unico) only; Mus solo; **da ~** by myself/yourself/himself etc
B *mf* **il ~, la sola** the only one
C *m* Mus solo
D *adv* only; **~ il sabato/la domenica** Saturdays/Sundays only, only on Saturdays/Sundays
sol'stizio *m* solstice
sol'tanto *adv* only
so'lubile *adj* soluble; ‹*caffè*› instant
soluzi'one *f* solution; Comm payment; **senza ~ di continuità** without interruption; **in un'unica ~** Comm as a lump sum
■ **soluzione salina per lenti** soaking solution
sol'vente **A** *m* solvent
■ **solvente per lo smalto** nail varnish remover; **solvente per unghie** nail polish remover
B *adj* solvent
■ **reparto solvente** pay ward
solvibilità *f inv* Fin solvency
'**soma** *f* load
■ **bestia da soma** beast of burden
'**somalo**, **-a** *adj* & *nmf* Somali
so'maro *m* ass, donkey; Sch dunce
so'matico *adj* somatic; **tratti somatici** physical features
somatiz'zare *vt* react psychosomatically to
som'brero *m* sombrero
somigli'ante *adj* similar
somigli'anza *f* resemblance
somigli'are *vi* **~ a** look like, resemble
somigli'arsi *vr* be alike; **chi si somiglia si piglia** birds of a feather flock together
'**somma** *f* sum; Math addition
som'mare *vt* add; (totalizzare) add up
sommaria'mente *adv* summarily
som'mario *adj* & *nm* summary
som'mato *adj* **tutto ~** all things considered
somme'lier *m inv* wine waiter
som'mergere *vt* submerge
sommer'gibile *m* submarine
som'merso **A** pp di **sommergere**
B *m* Econ black economy
som'messo *adj* soft
sommini'strare *vt* administer
somministrazi'one *f* administration; **~ per via orale** to be taken orally
sommità *f inv* summit
'**sommo** **A** *adj* highest; fig supreme
B *m* summit
som'mossa *f* rising
sommozza'tore *m* frogman
so'naglio *m* bell
'**sonar** *m* sonar
so'nata *f* sonata; fig fam beating
'**sonda** *f* Mech drill; (spaziale) Med probe
son'daggio *m* drilling; (spaziale) Med probe; (indagine) survey
■ **sondaggio d'opinione** opinion poll
son'dare *vt* sound; (investigare) probe
so'netto *m* sonnet
sonnambu'lismo *m* sleepwalking
son'nambulo, **-a** *mf* sleepwalker
sonnecchi'are *vi* doze
son'nifero *m* sleeping pill
'**sonno** *m* sleep; **aver ~** be sleepy; **morire di ~** be dead tired, be dead on one's feet; **morto di ~** infml (stupido) zombie; **perdere il ~** anche fig lose sleep
■ **sonno eterno** Relig eternal rest
sonno'lenza *f* sleepiness
'**sono** ▶ **essere**
sonoriz'zare *vt* add a soundtrack to
so'noro **A** *adj* resonant; (rumoroso) loud; ‹*onde, scheda*› sound *attrib*
B *m* Tech (di film) soundtrack
sontu'oso *adj* sumptuous
sopo'rifero *adj* soporific
sop'palco *m* platform
■ **soppalco abitabile** loft conversion
soppe'rire *vi* **~ a qualcosa** provide for something
soppe'sare *vt* weigh up ‹*situazione*›
soppi'atto **di ~** *adv* furtively
soppor'tare *vt* support; (tollerare) stand; bear ‹*dolore*›
sopportazi'one *f* patience
soppressi'one *f* removal; (di legge) abolition; ‹*di diritti, pubblicazione*› suppression; (annullamento) cancellation
sop'presso pp di **sopprimere**
sop'primere *vt* get rid of: abolish ‹*legge*›; suppress ‹*diritti, pubblicazione*›; (annullare) cancel
'**sopra** **A** *adv* on top; (più in alto) higher [up]; (al piano superiore) upstairs; (in testo) above; **mettilo lì ~** put it up there; **di ~** upstairs; **dormirci ~** fig sleep on it; **pensarci ~** think about it; **vedi ~** see above
B *prep* **~ [a]** on; (senza contatto, oltre) over; (riguardo a) about; **è ~ al tavolo, è ~ il tavolo** it's on the table; **il quadro è appeso ~ al camino** the picture is hanging over the fireplace; **il ponte passa ~ all'autostrada** the bridge crosses over the motorway; **è caduto ~ il tetto** it fell on the roof; **l'uno ~ l'altro** one on top of the other; (senza contatto) one above the other; **abita ~ di me** he lives upstairs from me; **i bambini ~ i**

S

dieci anni children over ten; **20° ~ lo zero** 20 above zero; **~ il livello del mare** above sea level; **rifletti ~ quello che è successo** think about what happened; **prendere ~ di sé la responsabilità di qualcosa** assume responsibility for something; **scaricare la colpa ~ qualcuno** put the blame on somebody; **non ha nessuno ~ di sé** he has nobody above him; **al di ~ di** over; **al di ~ di ogni sospetto** beyond suspicion
C *m* **il [di] ~** the top

so'prabito *m* overcoat

soprac'ciglio *m* (*pl nf* **sopracciglia**) eyebrow

sopracco'perta *f* (di letto) bedspread

sopraccoper'tina *f* book jacket, dust jacket

soprad'detto *adj* above-mentioned

sopraele'vare *vt* raise

sopraele'vata *f* elevated railway

sopraele'vato *adj* raised

sopraf'fare *vt* overwhelm

sopraf'fatto pp di **sopraffare**

sopraffazi'one *f* abuse of power

sopraf'fino *adj* excellent; ‹*gusto, udito*› highly refined

sopraggi'ungere *vi* ‹*persona*› turn up; (accadere) happen; **è sopraggiunta la pioggia** and then it started to rain

soprallu'ogo *m* inspection

sopram'mobile *m* ornament

soprannatu'rale *adj & nm* supernatural

sopran'nome *m* nickname

soprannomi'nare *vt* nickname

sopran'numero *adv* **sono in ~** there are too many of them; **ce ne sono 15 in ~** there are 15 too many of them, there are 15 of them too many

so'prano *mf* soprano

soprappensi'ero *adv* lost in thought

sopras'salto *m* **di ~** with a start

soprasse'dere *vi* **~ a** postpone

sopra't'tassa *f* surtax
■ **soprattassa postale** excess postage

sopra't'tetto *m* fly sheet

sopra't'tutto *adv* above all

sopravvalu'tare *vt* overvalue; overestimate ‹*forze*›

sopravvalutazi'one *f* overvaluation; (di forze) overestimation

sopravve'nire *vi* turn up; (accadere) happen

soprav'vento *m* fig upper hand; **prendere il ~** take the upper hand

sopravvis'suto, -a **A** pp di **sopravvivere**
B *adj* surviving
C *mf* survivor

sopravvi'venza *f* survival

soprav'vivere *vi* survive; **~ a** outlive

key word

‹*persona*›

soprinten'dente *mf* supervisor; (di museo ecc.) keeper

soprinten'denza *f* supervision; (ente) board

so'pruso *m* abuse of power

soq'quadro *m* **mettere a ~** turn upside down

sor'betto *m* sorbet

sor'bire *vt* sip; fig put up with

'sorcio *m* mouse; **far vedere i sorci verdi a qualcuno** give somebody a rough time

'sordido *adj* sordid; (avaro) stingy

sor'dina *f* mute; **in ~** fig on the quiet

sordità *f inv* deafness

'sordo, -a **A** *adj* deaf; ‹*rumore, dolore*› dull
B *mf* deaf person

sordo'muto, -a **A** *adj* deaf and dumb
B *mf* deaf mute dated or offensive

so'rella *f* sister
■ **sorella gemella** twin sister

sorel'lastra *f* stepsister, half-sister

sor'gente *f* spring; (fonte) source
■ **programma sorgente** Comput source program

'sorgere *vi* rise; fig arise

sormon'tare *vt* surmount

sorni'one *adj* sly

sorpas'sare *vt* surpass; (eccedere) exceed; overtake, pass AmE ‹*veicolo*›

sorpas'sato *adj* old-fashioned

sor'passo *m* overtaking, passing AmE

sorpren'dente *adj* surprising; (straordinario) remarkable

sorprendente'mente *adv* surprisingly

sor'prendere *vt* surprise; (cogliere in flagrante) catch

sor'prendersi *vr* be surprised; **~ a fare qualcosa** catch oneself doing something; **non c'è da ~** it's hardly surprising

sor'presa *f* surprise; **di ~** by surprise; **provare ~** feel surprised

sor'preso pp di **sorprendere**

sor'reggere *vt* support; (tenere) hold up

sor'reggersi *vr* support oneself

sor'retto pp di **sorreggere**

sorri'dente *adj* smiling

sor'ridere *vi* smile; **la fortuna mi ha sorriso** fortune smiled on me

sor'riso **A** pp di **sorridere**
B *m* smile

sorseggi'are *vt* sip

'sorso *m* sip; (piccola quantità) drop

'sorta *f* sort; **di ~** whatever; **ogni ~ di** all sorts of

'sorte *f* fate; (caso imprevisto) chance; **tirare a ~** draw lots; **per buona ~** (liter) by good fortune

sorteggi'are *vt* draw lots for

sor'teggio *m* draw

sorti'legio *m* witchcraft

sor'tire **A** *vi* come out
B *vt* bring about ‹*effetto*›
sor'tita *f* Mil sortie; (battuta) witticism
'sorto pp di **sorgere**
sorvegli'ante *mf* keeper; (controllore) overseer
sorvegli'anza *f* watch; Mil ecc. surveillance
■ **sorveglianza tramite braccialetto elettronico** electronic tagging
sorvegli'are *vt* watch over; (controllare) oversee; ‹*polizia*› watch, keep under surveillance
sorvegli'ato, -a **A** *adj* under surveillance
B *mf* ~ **speciale** person kept under special surveillance
sorvo'lare *vt* fly over; fig skip
SOS *m* SOS
'sosia *m inv* double
so'spendere *vt* hang; (interrompere) stop; (privare di una carica) suspend
sospensi'one *f* suspension
■ **sospensione condizionale [della pena]** suspended sentence
sospen'sorio *m* Sport jockstrap
so'speso **A** pp di **sospendere**
B *adj* ‹*impiegato, alunno*› suspended; ~ **a** hanging from; ~ **a un filo** fig hanging by a thread
C *m* **in** ~ pending; (emozionato) in suspense
sospet'tare *vt* suspect
so'spetto **A** *adj* suspicious
B *m* suspicion; (persona) suspect; **al di sopra di ogni** ~ above suspicion
sospet'toso *adj* suspicious
so'spingere *vt* drive
so'spinto pp di **sospingere**
sospi'rare **A** *vi* sigh
B *vt* long for
so'spiro *m* sigh
'sosta *f* stop, stop-off; (pausa) pause; **senza** ~ non-stop; **'~ autorizzata ...'** 'parking permitted for ...'
■ **'divieto di sosta'** 'no parking'
sostan'tivo *m* noun
so'stanza *f* substance; **sostanze** *pl* (patrimonio) property *sg*; **in** ~ to sum up; **la** ~ **della questione** the nub of the matter
sostanzi'oso *adj* substantial; ‹*cibo*› nourishing; **poco** ~ insubstantial
so'stare *vi* stop; (fare una pausa) pause
so'stegno *m* support
■ **sostegno morale** moral support
soste'nere *vt* support; (sopportare) bear; (resistere) withstand; (affermare) maintain; (nutrire) sustain: sit ‹*esame*›; ~ **le spese** meet the costs; ~ **delle spese** incur expenditure; ~ **una carica** hold a position; ~ **una parte** play a role
soste'nersi *vr* support oneself
soste'nibile *adj* ‹*sviluppo, crescita*› sustainable
sosteni|'tore, -trice *mf* supporter
sostenta'mento *m* maintenance
soste'nuto **A** *adj* ‹*stile*› formal; ‹*velocità*› high; ‹*mercato, prezzi*› steady
B *m* **fare il** ~ be stand-offish
sostitu'ire *vt* substitute (**a** for, replace (**con** with)
sostitu'irsi *vr* ~ **a** replace
sosti'tuto, -a **A** *mf* replacement, stand-in
B *m* (surrogato) substitute
sostituzi'one *f* substitution
sotta'ceto *adj* pickled; **sottaceti** *pl* pickles
sot'tacqua *adv* underwater
sot'tana *f* petticoat; (di prete) cassock
sotter'fugio *m* subterfuge; **di** ~ secretly
sotter'raneo **A** *adj* underground
B *m* cellar
sotter'rare *vt* bury
sottigli'ezza *f* slimness; fig subtlety
sot'tile *adj* thin; ‹*udito, odorato*› keen; ‹*osservazione, distinzione*› subtle
sotti'letta® *f* cheese slice
sottiliz'zare *vi* split hairs
sottin'tendere *vt* imply
sottin'teso **A** pp di **sottintendere**
B *m* allusion; **senza sottintesi** openly
C *adj* implied
'sotto **A** *adv* below; (più in basso) lower [down]; (al di sotto) underneath; (al piano di sotto) downstairs; **è lì** ~ it's underneath; ~ ~ deep down; (di nascosto) on the quiet; **di** ~ downstairs; **mettersi** ~ fig get down to it; **mettere** ~ infml (investire) knock down; **fatti** ~! infml get stuck in!
B *prep* ~ **[a]** under; (al di sotto di) under[neath]; **il fiume passa** ~ **un ponte** the river passes under[neath] a bridge; **è** ~ **il tavolo, è** ~ **al tavolo** it's under[neath] the table; **abita** ~ **di me** he lives downstairs from me; **i bambini** ~ **i dieci anni** children under ten; **20°** ~ **zero** 20 below zero; ~ **il livello del mare** below sea level; ~ **la pioggia** in the rain; ~ **Elisabetta I** under Elizabeth I; ~ **calmante** under sedation; ~ **chiave** under lock and key; ~ **condizione che ...** on condition that ...; ~ **giuramento** under oath; ~ **sorveglianza** under surveillance; ~ **Natale/gli esami** around Christmas/exam time; **al di** ~ **di** under; **andare** ~ **i 50 all'ora** do less than 50km an hour
C *m* **il [di]** ~ the bottom
sotto'banco *adv* ‹*vendere, comprare*› under the counter
sottobicchi'ere *m* coaster
sotto'bosco *m* undergrowth
sotto'braccio *adv* arm in arm
sottoccu'pato *adj* underemployed
sottochi'ave *adv* under lock and key
sotto'costo *adj & adv* at less than cost price

S

sottodi'rectory *f* Comput subdirectory
sottoe'sporre *vt* underexpose
sotto'fondo *m* background
sotto'gamba *adv* **prendere qualcosa ~** take something lightly
sotto'gonna *f* underskirt
sottoindi'cato *adj* undermentioned
sottoinsi'eme *m* Math subset
sottoline'are *vt* underline; fig underline ‹*importanza*›; emphasize ‹*forma degli occhi ecc.*›
sot'tolio *adv* in oil
sotto'mano *adv* within reach
sottoma'rino *adj & nm* submarine
sotto'messo **A** pp di **sottomettere** **B** *adj* (remissivo) submissive
sotto'mettere *vt* submit; subdue ‹*popolo*›
sotto'mettersi *vr* submit
sottomissi'one *f* submission
sottopa'gare *vt* underpay
sottopas'saggio *m* underpass; (pedonale) subway
sottopi'atto *m* place mat, table mat
sotto'porre *vt* submit; (costringere) subject
sotto'porsi *vr* submit oneself; **~ a** undergo
sotto'posto pp di **sottoporre**
sottoproletari'ato *m* underclass
sotto'scala *m* cupboard under the stairs
sotto'scritto **A** pp di **sottoscrivere** **B** *m* undersigned
sotto'scrivere *vt* sign; (approvare) sanction, subscribe to
sottoscrizi'one *f* (petizione) petition; (approvazione) sanction; (raccolta di denaro) appeal
sottosegre'tario *m* undersecretary
sotto'sopra *adv* upside-down
sotto'stante *adj* **la strada ~** the road below
sottosu'olo *m* subsoil
sottosvilup'pato *adj* underdeveloped
sottosvi'luppo *m* underdevelopment
sottote'nente *m* second lieutenant; Naut sub lieutenant
sotto'terra *adv* underground
sottotito'lato *adj* subtitled
sotto'titolo *m* (di film, programma) subtitle; (in libro, giornale) subheading
sottovalu'tare *vt* underestimate
sotto'vento *adv* downwind
sotto'veste *f* slip
sotto'voce *adv* in a low voice
sottovu'oto *adj* vacuum-packed
sotto'zero *adj inv* sub-zero
sot'trarre *vt* remove; embezzle ‹*fondi*›; Math subtract
sot'trarsi *vr* **~ a** escape from; avoid ‹*responsabilità*›

sot'tratto pp di **sottrarre**
sottrazi'one *f* removal; (di fondi) embezzlement; Math subtraction
sottuffici'ale *m* non-commissioned officer; Naut petty officer
sou'brette *f* showgirl
soufflé *m inv* soufflé
souve'nir *m inv* souvenir
■ **negozio di souvenir** souvenir shop
so'vente *adv* (liter) often
soverchie'ria *f* bullying; **fare soverchierie a** bully
so'vietico, -a *adj & nmf* Soviet
sovrabbon'danza *f* overabundance
sovraccari'care *vt* overload
sovrac'carico **A** *adj* overloaded (**di** with) **B** *m* overload
sovraffati'carsi *vr* overexert oneself
sovraffolla'mento *m* overcrowding
sovralimen'tare *vt* overfeed
sovrannatu'rale *adj & nm* = **soprannaturale**
sovrannazio'nale *adj* supranational
so'vrano, -a **A** *adj* sovereign; fig supreme **B** *mf* sovereign
sovrappopo'lato *adj* overpopulated
sovrap'porre *vt* superimpose
sovrap'porsi *vr* overlap
sovrapposizi'one *f* superimposition
sovrapro'fitto *m* excess profits
sovra'stare *vt* dominate; fig ‹*pericolo*› hang over
sovrastrut'tura *f* superstructure
sovratensi'one *f* Electr overload, overvoltage
sovrecci'tarsi *vr* get overexcited
sovrecci'tato *adj* overexcited
sovresposizi'one *f* Phot overexposure
sovrimpressi'one *f* Phot double exposure
sovrinten'dente, sovrinten'denza = **soprintendente, soprintendenza**
sovru'mano *adj* superhuman
sovvenzio'nare *vt* subsidize
sovvenzio'nato **A** (pp di **sovvenzionare**) subsidized **B** *adj* **~ dallo Stato** state-funded
sovvenzi'one *f* subsidy
sovver'sivo, -a *adj & nmf* subversive
sovver'tire *vt* subvert
'sozzo *adj* filthy
SP *nf abbr* (**strada provinciale**) secondary road
S.p.A. *abbr* (**società per azioni**) plc
spac'care *vt* split; chop ‹*legna*›; **~ il minuto** keep perfect time; **~ il muso a qualcuno** *sl* smash somebody's face in; **o la va o la spacca** it's all or nothing; **un sole che spacca le pietre** a sun hot enough to fry an egg
spac'carsi *vr* split

spacca'tura *f* split
spacci'are *vt* deal in, push ‹*droga*›; **~ qualcosa per qualcosa** pass something off as something; **essere spacciato** be done for, be a goner
spacci'arsi *vr* **~ per** pass oneself off as
spaccia|'tore, -trice *mf* (di droga) dealer, pusher; (di denaro falso) distributor of forged bank notes
'spaccio *m* (di droga) dealing; (negozio) shop
'spacco *m* split
spacco'nate *fpl* blustering
spac'cone, -a *mf* boaster
'spada *f* sword
spadac'cino *m* swordsman
spadroneggi'are *vi* act the boss
spae'sato *adj* disorientated
spa'ghetti *mpl* spaghetti *sg*
■ **spaghetti in bianco** *spaghetti with butter, oil and cheese*; **spaghetti alla carbonara** *spaghetti with egg, cheese and diced bacon*; **spaghetti al sugo** *spaghetti with a sauce*
spa'ghetto *m* infml (spavento) fright
'Spagna *f* Spain
spagno'letta *f* spool
spa'gnolo, -a **A** *adj* Spanish
B *mf* Spaniard
C *m* (lingua) Spanish
'spago *m* string; infml (spavento) fright; **dare ~ a qualcuno** encourage somebody
spai'ato *adj* odd
spalan'care *vt* open wide
spalan'carsi *vr* open wide
spalan'cato *adj* wide open
spa'lare *vt* shovel
'spalla *f* shoulder; (di comico) straight man; **spalle** *pl* (schiena) back; **alzata di spalle** shrug [of the shoulders]; **alle spalle di** behind; **alle spalle di qualcuno** ‹*ridere*› behind somebody's back; **avere qualcuno/qualcosa alle spalle** have somebody/something behind one; **di ~** ‹*violino ecc.*› second; **vivere alle spalle di qualcuno** live off somebody; **con le spalle al muro** anche fig with one's back to the wall; **voltare le spalle** turn one's back
spal'lata *f* push with the shoulder; (alzata di spalle) shrug [of the shoulders]
spalleggi'are *vt* back up
spal'letta *f* parapet
spalli'era *f* back; (di letto) headboard; (ginnastica) wall bars *pl*
spal'lina *f* strap; (imbottitura) shoulder pad; **senza spalline** strapless
spal'mare *vt* spread
spal'marsi *vr* cover oneself
spa'nato *adj* ‹*vite*› threadless
spanci'ata *f* belly flop
'spandere *vt* spread; (versare) spill; **spendere e ~** spend and spend
'spandersi *vr* spread
spandighi'aia *m inv* gritter
'spaniel *m inv* spaniel
spappo'lare *vt* crush
spa'rare *vt & vi* shoot; **spararle grosse** talk big; **~ fandonie** talk nonsense
spa'rarsi *vr* shoot oneself; **si è sparato un colpo alla tempia** he shot himself in the temple
spa'rata *f* infml tall story
spa'rato *m* (della camicia) dicky
spara'toria *f* shooting
■ **sparatoria da auto in corsa** drive-by shooting
sparecchi'are *vt* clear
spa'reggio *m* Comm deficit; Sport play-off
'spargere *vt* scatter; (diffondere) spread; shed ‹*lacrime, sangue*›
'spargersi *vr* spread
spargi'mento *m* scattering; (di lacrime, sangue) shedding
■ **spargimento di sangue** bloodshed
spa'rire *vi* disappear; **sparisci!** get lost!, scram!
sparizi'one *f* disappearance
spar'lare *vi* **~ di** run down
'sparo *m* shot
■ **sparo d'avvertimento** warning shot
sparpagli'are *vt* scatter
sparpagli'arsi *vr* scatter
sparpagli'ato *adj* far-flung
'sparso **A** pp di **spargere**
B *adj* scattered; (sciolto) loose
sparti'neve *m inv* snowplough
spar'tire *vt* share out; (separare) separate
spar'tirsi *vr* share
spar'tito *m* Mus score
sparti'traffico *m inv* traffic island; (di autostrada) central reservation, median strip AmE
spartizi'one *f* division
spa'ruto *adj* gaunt; ‹*gruppo*› small; ‹*peli, capelli*› sparse
sparvi'ero *m* sparrow-hawk
spasi'mante *m* (hum) admirer
spasi'mare *vi* suffer agonies; **~ per** be madly in love with
'spasimo *m* spasm
spa'smodico *adj* spasmodic
spas'sarsi *vr* amuse oneself; **spas'sarsela** have a good time
spassio'nato *adj* ‹*osservatore*› dispassionate, impartial
'spasso *m* fun; **essere uno ~** be hilarious; **andare a ~** go for a walk; **essere a ~** be out of work
spas'soso *adj* hilarious
'spastico *adj* spastic offensive
'spatola *f* spatula
spau'racchio *m* scarecrow; fig bugbear
spau'rire *vt* frighten
spa'valdo *adj* defiant

spaventa'passeri *m inv* scarecrow
spaven'tare *vt* frighten, scare
spaven'tarsi *vr* be frightened, be scared
spa'vento *m* fright; **brutto da fare ~** incredibly ugly
spaven'toso *adj* frightening; infml (enorme) incredible
spazi'ale *adj* spatial; (cosmico) space *attrib*
spazi'are **A** *vt* space out
B *vi* range
spazien'tirsi *vr* lose [one's] patience
'spazio *m* space
■ **spazio aereo** airspace; **spazio indietro** Comput backspace; **spazio di tempo** period of time; **spazio vitale** elbow room; **spazio web** web space
spazi'oso *adj* spacious
spazio-tempo'rale *adj* spatio-temporal
spazzaca'mino *m* chimney sweep
spazza'neve *m inv* (anche sci) snowplough
spaz'zare *vt* sweep; **~ via** sweep away; infml (mangiare) devour
spazza'trice *f* sweeper
spazza'tura *f* (immondizia) rubbish
spaz'zino *m* road sweeper; (netturbino) dustman, refuse collector
'spazzola *f* brush; (di tergicristallo) blade; **capelli a ~** crew cut
spazzo'lare *vt* brush
spazzo'larsi *vr* **~ i capelli** brush one's hair
spazzo'lino *m* small brush
■ **spazzolino da denti** toothbrush; **spazzolino per le unghie** nail brush
spazzo'lone *m* scrubbing brush
'speaker *m inv* Radio, TV announcer
specchi'arsi *vr* look at oneself in a/the mirror; (riflettersi) be mirrored; **~ in qualcuno** model oneself on somebody
specchi'ato *adj* **di specchiata onestà** of spotless integrity
specchi'etto *m* small mirror
■ **specchietto laterale** wing mirror; **specchietto retrovisore** driving mirror; rear-view mirror
'specchio *m* mirror
■ **specchio unilaterale** two-way mirror
speci'ale **A** *adj* special
B *m* TV special [programme]
specia'lista *mf* specialist
specialità *f inv* speciality, specialty
specializ'zare *vt* specialize
specializ'zarsi *vr* specialize
specializ'zato *adj* ‹*operaio*› skilled; **siamo specializzati in ...** we specialize in ...
special'mente... *adv* especially
'specie *f* (scientifico) species; (tipo) kind; **fare ~ a** surprise; **in ~** especially
■ **specie a rischio** endangered species
specifi'care *vt* specify

specificata'mente *adv* specifically
spe'cifico *adj* specific
speci'oso *adj* specious
specu'lare¹ *vi* speculate; **~ su** (indagare) speculate on; Fin speculate in
specu'lare² *adj* mirror *attrib*
specula'tivo *adj* speculative
specula'tore *m* speculator
speculazi'one *f* speculation
spe'dire *vt* send; **~ per posta** mail, post BrE; **~ qualcuno all'altro mondo** send somebody to meet his/her maker
spe'dito **A** pp di **spedire**
B *adj* quick; ‹*parlata*› fluent
spedizi'one *f* (di lettere ecc.) dispatch; Comm consignment, shipment; ‹*scientifica*› expedition
spedizioni'ere *m* Comm freight forwarder
'spegnere *vt* put out; turn off, switch off ‹*motore, luce, televisione*›; turn off ‹*gas*›; quench, slake ‹*sete*›
'spegnersi *vr* go out; (morire) pass away
spegni'mento *m* standby
spelacchi'ato *adj* ‹*tappeto*› threadbare; ‹*cane*› mangy
spe'lare *vt* remove the fur of ‹*coniglio*›
spe'larsi *vr* ‹*cane, tappeto*› moult
speleolo'gia *f* potholing, speleology
spel'lare *vt* skin; fig fleece
spel'larsi *vr* ‹*serpente*› shed its skin; (per il sole) peel; **mi sono spellato un ginocchio** I grazed *or* skinned my knee
spe'lonca *f* cave; fig dingy hole
spendacci'one, -a *mf* spendthrift
'spendere *vt* spend; **~ fiato** waste one's breath
spen'nare *vt* pluck; infml fleece ‹*cliente*›
spennel'lare **A** *vt* brush
B *vi* paint
spensierata'mente *adv* blithely
spensiera'tezza *f* light-heartedness
spensie'rato *adj* light-hearted, carefree
'spento **A** pp di **spegnere**
B *adj* off; ‹*gas*› out; (smorto) dull; ‹*vulcano*› extinct
spenzo'lare *vt* dangle
spe'ranza *f* hope; **pieno di ~** hopeful; **senza ~** hopeless
spe'rare **A** *vt* hope for; (aspettarsi) expect
B *vi* **~ in** trust in; **spero di sì** I hope so
'sperdersi *vr* get lost
sper'duto *adj* lost; (isolato) secluded
spergiu'rare *vi* commit perjury
spergi'uro, -a **A** *mf* perjurer
B *m* perjury
sperico'lato *adj* swashbuckling
sperimen'tale *adj* experimental
sperimen'tare *vt* experiment with; test ‹*resistenza, capacità, teoria*›

S

sperimen'tato *adj* ‹*metodo*› tried and tested

sperimentazi'one *f* experimentation; ~ **sugli animali** animal testing

'sperma *m* sperm

spermi'cida **A** *adj* spermicidal
B *m* spermicide

spero'nare *vt* ram

spe'rone *m* spur

sperpe'rare *vt* squander

'sperpero *m* waste, squandering

spersonaliz'zare *vt* depersonalize

spersonaliz'zarsi *vr* become depersonalized

spersonalizzazi'one *f* depersonalization

'spesa *f* expense; (acquisto) purchase; **andare a far spese** go shopping; **darsi a spese folli** go on a shopping spree; **fare la** ~ do the shopping; **fare le spese di** pay for; **a proprie spese** at one's own expense; **spese** *pl* **di amministrazione** handling charge; **spese** *pl* **bancarie** bank charges; **spese** *pl* **di capitale** capital expenditure; **spese** *pl* **a carico del destinatario** carriage forward; **spese** *pl* **di esercizio** business expenses; **spese** *pl* **extra** out-of-pocket expenses; **spese** *pl* **di gestione** operating costs; **spese** *pl* **di movimentazione** handling charge; **spese** *pl* **di spedizione** shipping costs; **spese** *pl* **di viaggio** travel expenses

spe'sare *vt* pay expenses for

spe'sato *adj* all expenses paid; ~ **dalla ditta** paid for by the company, on the company

'speso pp di **spendere**

'spesso¹ *adj* thick

'spesso² *adv* often

spes'sore *m* thickness; fig (consistenza) substance

spet'tabile *adj* (*comm abbr* **Spett.**) **Spettabile ditta Rossi** Messrs Rossi

spettaco'lare *adj* spectacular

spet'tacolo *m* spectacle; (rappresentazione) show; **dare** ~ **di sé** make a spectacle *or* an exhibition of oneself; **il mondo dello** ~ show business
■ **spettacolo di burattini** Punch and Judy show; **spettacolo di varietà** variety show

spettaco'loso *adj* spectacular

spet'tanza *f* concern

spet'tare *vi* ~ **a** be up to; ‹*diritto*› be due to

spetta|'tore, -trice *mf* spectator; **spettatori** *pl* (di cinema ecc.) audience *sg*

spettego'lare *vi* gossip

spetti'nare *vt* ~ **qualcuno** ruffle somebody's hair

spetti'narsi *vr* ruffle one's hair

spet'trale *adj* ghostly

'spettro *m* ghost; fig (della fame) spectre; Phys spectrum; **ad ampio** ~ ‹*medicina*› broad-spectrum

spezi'are *vt* add spices to, spice

spezi'ato *adj* spicy

'spezie *fpl* spices

spez'zare *vt* break

spez'zarsi *vr* break

spezza'tino *m* stew

spez'zato **A** *adj* broken
B *m* coordinated jacket and trousers

spezzet'tare *vt* break into small pieces

spez'zone *m* Cinema clip, footage *no pl*; (bomba) cluster bomb

'spia *f* spy; (della polizia) informer; (di porta) peep-hole; **fare la** ~ sneak
■ **spia di accensione** power-on light; **spia di attività dell'hard disk** Comput hard disk activity light; **spia della benzina** petrol gauge; **spia luminosa** warning light; **spia dell'olio** oil [warning] light

spiacci'care *vt* squash

spia'cente *adj* sorry

spia'cevole *adj* unpleasant

spi'aggia *f* beach

spiag'giare *vi* ‹*balena*› strand, beach

spiag'giarsi *vr* strand oneself, beach oneself

spia'nare *vt* level; (rendere liscio) smooth; roll out ‹*pasta*›; raze to the ground ‹*edificio*›

spia'nata *f* flat ground

spi'ano *m* **a tutto** ~ flat out

spian'tato *adj* fig penniless

spi'are *vt* spy on; wait for ‹*occasione ecc.*›

spiattel'lare *vt* blurt out; shove ‹*oggetto*›

spiaz'zare *vt* wrong-foot

spi'azzo *m* (radura) clearing

spic'care **A** *vt* ~ **un salto** jump; ~ **il volo** take flight
B *vi* stand out

spic'cato *adj* marked

'spicchio *m* (di agrumi) segment; (di aglio) clove

spicci'arsi *vr* hurry up

spiccia'tivo *adj* speedy

'spiccio *adj* no-nonsense

'spiccioli *mpl* change

'spicciolo *adj* (comune) banal; ‹*denaro*› in change

'spicco *m* relief; **fare** ~ stand out; **di** ~ high-profile

'spider *mf inv* open-top sports car

spie'dino *m* kebab

spi'edo *m* spit; **allo** ~ on a spit, spit-roasted

spiega'mento *m* deployment

spie'gare *vt* explain; open out ‹*cartina*›; unfurl ‹*vele*›

spie'garsi *vr* explain oneself; ‹*vele, bandiere*› unfurl; **non so se mi spiego** need I say more?; **mi sono spiegato?** (minaccia) do I make myself clear?; **non riesco a spiegarmi come ...** I can't understand how ...

spie'gato *adj* ‹*ali*› outspread; **a sirene spiegate** with sirens blaring; **a voce spiegata** at the top of one's voice; **a vele spiegate** under full sail, with all sails in the wind

🔑 **spiegazi'one** *f* explanation; **venire a una ~ con qualcuno** sort things out with somebody

spiegaz'zare *vt* crumple

spiegaz'zato *adj* crumpled

spieta'tezza *f* ruthlessness

spie'tato *adj* ruthless

spiffe'rare **A** *vt* blurt out
B *vi* ‹*vento*› whistle

'spiffero *m* (corrente d'aria) draught

'spiga *f* spike; Bot ear

spi'gato *adj* herringbone

spigli'ato *adj* self-possessed

'spigola *f* sea bass

spigo'lare *vt* glean

'spigolo *m* edge; (angolo) corner

'spilla *f* (gioiello) brooch
■ **spilla da balia** safety pin; **spilla di sicurezza** safety pin

spil'lare *vt* tap

'spillo *m* pin
■ **spillo di sicurezza** safety pin

spil'lone *m* hatpin

spilluzzi'care *vt* pick at

spi'lorcio, -a **A** *adj* stingy
B *m* miser, skinflint

spilun'gone, -a *mf* beanpole

'spina *f* thorn; (di pesce) bone; Electr plug; **a ~ di pesce** ‹*tessuto, disegno*› herringbone; ‹*parcheggio*› in two angled rows; **stare sulle spine** be on tenterhooks; **una ~ nel fianco** a thorn in one's side
■ **spina dorsale** spine

spi'naci *mpl* spinach

spi'nale *adj* spinal

spi'nato **A** *adj* ‹*filo*› barbed
B *m* (tessuto) herringbone

spi'nello *m* infml (droga) joint

S 🔑 **'spingere** *vt* push; fig drive

'spingersi *vr* (andare) proceed

spin'naker *m* spinnaker

spi'noso *adj* thorny

spi'notto *m* Electr plug

'spinta *f* push; (violenta) thrust; fig spur; **dare una ~ a qualcosa/qualcuno** give somebody/something a push; **farsi largo a spinte** push one's way through

spinta'rella *f* infml (raccomandazione) **ha ottenuto il lavoro grazie alla ~ dello zio** his uncle got him the job by pulling a few strings

'spinto **A** pp di **spingere**
B *adj* ‹*barzelletta, spettacolo*› risqué

spin'tone *m* shove

spio'naggio *m* espionage, spying

spi'one, -a *mf* tell-tale

spio'vente **A** *adj* ‹*tetto*› sloping
B *m* slope

spi'overe *vi* (liter) stop raining; (ricadere) fall; (scorrere) flow down

'spira *f* coil

spi'raglio *m* small opening; (soffio d'aria) breath of air; (raggio di luce) gleam of light

spi'rale **A** *adj* spiral
B *m* spiral; (negli orologi) hairspring; (anticoncezionale) coil; **a ~** spiral-shaped

spi'rare *vi* (soffiare) blow; (morire) pass away

spiri'tato *adj* possessed; ‹*espressione*› wild

spiri'tismo *m* spiritualism

spiri'tista *mf* spiritualist

spiri'tistico *adj* spiritualist

🔑 **'spirito** *m* spirit; (arguzia) wit; (intelletto) mind; **fare dello ~** be witty; **persona di ~** witty person; **sotto ~** in brandy
■ **spirito civico** community spirit; **spirito di contraddizione** contrariness; **Spirito Santo** Holy Spirit, Holy Ghost

spirito'saggine *f* witticism

spiri'toso *adj* witty

spiritu'ale *adj* spiritual

spiritual'mente *adv* spiritually

splen'dente *adj* shining; **denti bianchi splendenti** gleaming white teeth

'splendere *vi* shine

🔑 **'splendido** *adj* splendid

splen'dore *m* splendour

'spocchia *f* conceit

spocchi'oso *adj* conceited

spode'stare *vt* dispossess; depose ‹*re*›

spoetiz'zare *vt* disenchant

'spoglia *f* (di animale) skin; **spoglie** *pl* (salma) mortal remains; (bottino) spoils; **sotto false spoglie** under false pretences

🔑 **spogli'are** *vt* strip; (svestire) undress; (fare lo spoglio di) go through; **~ qualcuno di un diritto** divest somebody of a right

spogliarel'lista *f* strip-tease artist, stripper

spoglia'rello *m* strip-tease

spogli'arsi *vr* strip, undress

spoglia'toio *m* (in piscina, palestra) locker room; Sport changing room; (guardaroba) cloakroom, checkroom AmE

'spoglio **A** *adj* undressed; ‹*albero, muro*› bare; **~ di** (privo) stripped of
B *m* (scrutinio) perusal

'spoiler *m inv* Auto spoiler

'spola *f* shuttle; **fare la ~** shuttle

spo'letta *f* spool

spolmo'narsi *vr* shout oneself hoarse

spol'pare *vt* take the flesh off; fig fleece

spolve'rare *vt* dust; infml devour ‹*cibo*›

'sponda *f* (di mare, lago) shore; (di fiume) bank; (bordo) edge

🔑 key word

■ **sponda posteriore ribaltabile** Auto tailgate
sponsoriz'zare *vt* sponsor
sponsorizzazi'one *f* sponsorship
spontaneità *f inv* spontaneity
spon'taneo *adj* spontaneous
'spooling *m inv* Comput spooling
spopola'mento *m* depopulation
spopo'lare A *vt* depopulate
B *vi* (avere successo) draw the crowds
spopo'larsi *vr* become depopulated
'spora *f* spore
sporadica'mente *adv* sporadically
spo'radico *adj* sporadic
sporcacci'one, -a *mf* dirty pig
spor'care *vt* dirty; (macchiare) soil
spor'carsi *vr* get dirty
spor'cizia *f* dirt
'sporco A *adj* dirty; (macchiato) soiled; **avere la coscienza sporca** have a guilty conscience
B *m* dirt
spor'gente *adj* jutting, protruding; **ha i denti sporgenti** infml she has goofy teeth
spor'genza *f* projection
'sporgere A *vt* stretch out; **~ querela contro** take legal action against
B *vi* jut out
'sporgersi *vr* lean out
sport *m inv* sport; **fare qualcosa per ~** do something for fun
■ **sport estremi** *pl* extreme sports; **sport invernali** *pl* winter sports
'sporta *f* shopping bag
spor'tello *m* door; (di banca ecc.) window
■ **sportello automatico** cash dispenser, cash point, cash machine, hole in the wall; **sportello della biglietteria** ticket window; **sportello pacchi** parcels counter
spor'tivo, -a A *adj* sports *attrib*; ‹*persona*› sporty
B *m* sportsman
C *f* sportswoman
'sporto pp di **sporgere**
'sposa *f* bride; **dare in ~** give in marriage, give away; **prendere in ~** marry
sposa'lizio *m* wedding
spo'sare *vt* marry; fig espouse
spo'sarsi *vr* get married; ‹*vino*› go (**con** with)
spo'sato *adj* married
spo'sini *mpl* newly-weds
'sposo *m* bridegroom; **sposi** *pl* **[novelli]** newly-weds
spossa'tezza *f* exhaustion
spos'sato *adj* exhausted, worn out
sposses'sato *adj* dispossessed
sposta'mento *m* displacement
■ **spostamento d'aria** airflow
spo'stare *vt* move; (differire) postpone; (cambiare) change
spo'starsi *vr* move
spo'stato, -a A *adj* ill-adjusted
B *mf* (disadattato) misfit
spot *m inv*
■ **spot [pubblicitario]** commercial
S.P.R. *abbr* (**si prega rispondere**) RSVP
'spranga *f* bar
spran'gare *vt* bar
'sprazzo *m* (di colore) splash; (di luce) flash; fig glimmer
spre'care *vt* waste
'spreco *m* waste
spre'cone *adj* spendthrift
spre'gevole *adj* despicable
spregia'tivo *adj* pejorative
'spregio *m* contempt; **fare uno ~ a qualcuno** offend somebody
spregiudi'cato *adj* unprejudiced; derog unscrupulous
'spremere *vt* squeeze
'spremersi *vr* **~ le meningi** rack one's brains
spremi'aglio *m inv* garlic press
spremia'grumi *m inv* lemon squeezer
spremili'moni *m inv* lemon squeezer
spre'muta *f* juice
■ **spremuta d'arancia** fresh orange [juice], freshly squeezed orange juice
spre'tato *m* former priest
sprez'zante *adj* contemptuous
sprigio'nare *vt* emit
sprigio'narsi *vr* burst out
sprint *m* sprint; **fare uno ~** put on a spurt
spriz'zare *vt & vi* spurt; be bursting with ‹*salute, gioia*›
sprofon'dare *vi* sink; (crollare) collapse
sprofon'darsi *vr* **~ in** sink into; fig be engrossed in
spron *m* ▶ **sprone**
spro'nare *vt* spur on
'sprone *m* spur; (sartoria) yoke; **a spron battuto** instantly; **andare a spron battuto** go hell for leather
sproporzio'nato *adj* disproportionate
sproporzi'one *f* disproportion
sproposi'tato *adj* full of blunders; (enorme) huge
spro'posito *m* blunder; (eccesso) excessive amount; **a ~** inopportunely
sprovve'duto *adj* unprepared; **~ di** lacking in
sprov'visto *adj* **~ di** out of; lacking in ‹*fantasia, pazienza*›; **alla sprovvista** unexpectedly
spruz'zare *vt* sprinkle; (vaporizzare) spray; (inzaccherare) spatter
spruzza'tore *m* spray
'spruzzo *m* spray; (di fango) splash
spudorata'mente *adv* shamelessly
spudora'tezza *f* shamelessness

spudo'rato *adj* shameless
'spugna *f* sponge; (tessuto) towelling
spu'gnoso *adj* spongy
'spuma *f* foam; (schiuma) froth; Culin mousse
spu'mante *m* sparkling wine, spumante
spumeggi'ante *adj* bubbly; ‹*mare*› foaming
spumeggi'are *vi* ‹*champagne*› bubble; ‹*birra*› foam
'spunta *f*
■ **segno di spunta** tick
spun'tare A *vt* (rompere la punta di) break the point of; trim ‹*capelli*›; ‹*lista, elenco*› check off; **spuntarla** fig win
B *vi* ‹*pianta*› sprout; ‹*capelli*› begin to grow; (sorgere) rise; (apparire) appear
spun'tarsi *vr* get blunt
spun'tata *f* trim
spun'tino *m* snack
'spunto *m* cue; fig starting point; **dare ~ a** give rise to
spur'gare *vt* purge
spur'garsi *vr* Med expectorate
'spurio *adj* spurious
spu'tacchio *m* spittle
spu'tare *vt & vi* spit; spit out ‹*cibo*›; **~ sentenze** pass judgement; **~ l'osso** *sl* spit it out
'sputo *m* spit
'squadra *f* (gruppo) team, squad; (di polizia ecc.) squad; (da disegno) square; **lavoro di squadra** teamwork
■ **squadra del buoncostume** Vice Squad; **squadra mobile** Flying Squad; **squadra narcotici** Drug Squad; **squadra di soccorso** rescue team
squa'drare *vt* square; (guardare) look up and down
squa'driglia *f*, **squadriglione** *m* squadron
squa'drone *m* squadron
squagli'are *vt* melt
squagli'arsi *vr* melt; **squagliarsela** infml (svignarsela) steal out
squa'lifica *f* disqualification
squalifi'care *vt* disqualify
'squallido *adj* squalid
squal'lore *m* squalor
'squalo *m* shark
'squama *f* scale; (di pelle) flake
squa'mare *vt* scale
squa'marsi *vr* ‹*pelle*› flake off
squa'moso *adj* scaly; ‹*pelle*› flaky
squarcia'gola **a ~** *adv* at the top of one's voice
squarci'are *vt* rip
'squarcio *m* rip; (di ferita, in nave) gash; (di cielo) patch
squar'tare *vt* quarter; dismember ‹*animale*›
squarta'tore *m* **Jack lo ~** Jack the Ripper
squash *m inv* squash
squas'sare *vt* shake
squattri'nato *adj* penniless
squaw *f inv* offensive squaw
squili'brare *vt* unbalance
squili'brato, -a A *adj* unbalanced
B *mf* lunatic
squi'librio *m* imbalance
squil'lante *adj* shrill
squil'lare *vi* ‹*campana*› peal; ‹*tromba*› blare; ‹*telefono*› ring
'squillo *m* blare; Teleph ring
squinter'nato *adj* anche fig crazy
squisi'tezza *f* refinement
squi'sito *adj* exquisite; infml (pietanza) yummy
squit'tire *vi* fig ‹*pappagallo*› squawk; ‹*topo*› squeak
sradi'care *vt* uproot; eradicate ‹*vizio, male*›
sragio'nare *vi* rave
sregola'tezza *f* dissipation
srego'lato *adj* inordinate; (dissoluto) dissolute
s.r.l. *abbr* (**società a responsabilità limitata**) Ltd
sroto'lare *vt* uncoil
ss *abbr* (**seguenti**) following
SS 1 *abbr* (**strada statale**) national road
2 *abbr* (**Santissimo**) Most Holy
sst *int* sh!
'stabile A *adj* stable; (permanente) lasting; ‹*saldo*› steady
■ **compagnia stabile** Theat repertory company
B *m* (edificio) building
stabili'mento *m* factory; (industriale) plant; (edificio) establishment
■ **stabilimento balneare** lido
stabi'lire *vt* establish; (decidere) decide
stabi'lirsi *vr* settle
stabilità *f inv* stability
stabi'lito *adj* established
stabiliz'zare *vt* stabilize
stabiliz'zarsi *vr* stabilize
stabilizza'tore *m* stabilizer
stacano'vista *mf* workaholic
stac'care A *vt* detach; pronounce clearly ‹*parole*›; (separare) separate; turn off ‹*corrente*›; **~ gli occhi da** take one's eyes off
B *vi* infml (finire di lavorare) knock off
stac'carsi *vr* come off; **~ da** break away from ‹*partito, famiglia*›; **si stacca alle cinque** knocking off time is five o'clock
staccata'mente *adv* staccato
stac'cato *adj* Mus staccato
staccio'nata *f* fence
'stacco *m* gap

'stadio *m* stadium, sports ground
'staffa *f* stirrup; **perdere le staffe** fig fly off the handle
staf'fetta *f* Sport relay [race]; Mil dispatch rider
staffet'tista *mf* Sport relay runner
stagio'nale *adj* seasonal
stagio'nare *vt* season ‹*legno*›; mature ‹*formaggio*›
stagio'nato *adj* ‹*legno*› seasoned; ‹*formaggio*› matured
stagiona'tura *f* (di legno) seasoning; (di formaggio) maturation, maturing
stagi'one *f* season; **di ~** in season; **fuori ~** out of season
■ **alta/bassa stagione** high/ low season; **stagione lirica** opera season; **stagione delle piogge** rainy season
stagli'arsi *vr* stand out
sta'gnante *adj* stagnant
sta'gnare **A** *vt* (saldare) solder; (chiudere ermeticamente) seal
B *vi* ‹*acqua*› stagnate
'stagno **A** *adj* (a tenuta d'acqua) watertight
B *m* (acqua ferma) pond; (metallo) tin
sta'gnola *f* tinfoil
stalag'mite *f* stalagmite
stalat'tite *f* stalactite
'stalla *f* stable; (per buoi) cowshed
stalli'ere *m* groom
stal'lone *m* stallion
sta'mani, **stamat'tina** *adv* this morning
stam'becco *m* ibex
stam'berga *f* hovel
'stampa *f* Typ printing; (giornali, giornalisti) press; (riproduzione) print; **stampe** (postale) printed matter
■ **stampa fronte retro** two-sided printing, duplex printing; **stampa scandalistica** gutter press, tabloid press
stam'pante *f* printer
■ **stampante ad aghi** dot matrix printer; **stampante a getto d'inchiostro** inkjet printer; **stampante laser** laser printer; **stampante a matrice di punti** dot matrix printer; **stampante seriale** serial printer; **stampante termica** thermal printer
stam'pare *vt* print
stampa'tello *m* block letters *pl*, block capitals *pl*
stam'pato **A** *adj* printed
B *m* leaflet; Comput hard copy, printout; (modulo) print; **stampati** (pubblicità) promotional literature
stam'pella *f* crutch
stampigli'are *vt* stamp
stampiglia'tura *f* stamping; (dicitura) stamp
stam'pino *m* stencil
'stampo *m* mould; **di vecchio ~** ‹*persona*› of the old school
sta'nare *vt* drive out
stan'care *vt* tire; (annoiare) bore
stan'carsi *vr* get tired
stan'chezza *f* tiredness
'stanco *adj* tired; **~ di** (stufo) fed up with; **~ morto** dead tired, knackered infml
stand *m inv* stand
'standard *adj & m inv* standard
standardiz'zare *vt* standardize
standardizzazi'one *f* standardization
'stand-by *adj inv* stand-by
'stanga *f* bar; (persona) beanpole
stan'gare *vt* infml fail ‹*studente*›; (con le tasse ecc.) clobber
stan'gata *f* fig blow; infml (nel calcio) big kick; **prendere una ~** infml (agli esami, economica) come a cropper
stan'ghetta *f* (di occhiali) leg
sta'notte *f* tonight; (la notte scorsa) last night
'stante *prep* on account of; **a sé ~** separate
stan'tio *adj* stale
stan'tuffo *m* piston
'stanza *f* room; (metrica) stanza
■ **stanza dei giochi** games room; **stanza da pranzo** dining room
stanzia'mento *m* allocation
stanzi'are *vt* allocate
stan'zino *m* walk-in cupboard
stap'pare *vt* uncork
star *f inv* (del cinema, dello sport) star
'stare *vi* (rimanere) stay; (abitare) live; (con gerundio) be; **sto solo cinque minuti** I'll stay only five minutes; **sto in piazza Peyron** I live in Peyron Square; **sta dormendo** he's sleeping; **~ a** (attenersi) keep to; (spettare) be up to; **~ bene** (economicamente) be well off; (di salute) be well; (addirsi) suit; **sta bene!** that's fine!; **~ dietro a** (seguire) follow; (sorvegliare) keep an eye on; (corteggiare) run after; **~ in piedi** stand; **~ per** be about to; **~ sempre a fare qualcosa** be always doing something; **ben ti sta!** it serves you right!; **come stai/sta?** how are you?; **lasciar ~** leave alone; **starci** (essere contenuto) go into; (essere d'accordo) agree; **il 3 nel 12 ci sta 4 volte** 3 into 12 goes 4; **non sa ~ agli scherzi** he can't take a joke; **~ su** (con la schiena) sit up straight; **~ sulle proprie** keep oneself to oneself
'starna *f* partridge
starnaz'zare *vi* quack; fig shriek
starnu'tire *vi* sneeze
star'nuto *m* sneeze
'starsene *vr* (rimanere) stay
'starter *m inv* choke
sta'sera *adv* this evening, tonight
'stasi *f* stasis
sta'tale **A** *adj* state *attrib*
B *mf* state employee, civil servant
C *f* (strada) main road, trunk road

'statico *adj* static
sta'tista *m* statesman
sta'tistica *f* statistics *sg*
sta'tistico *adj* statistical
'Stati U'niti [d'America] *mpl* **gli ~ ~** the United States [of America]
🔑 **'stato** **A** pp di **essere, stare**
B *m* state; (posizione sociale) position; Jur status; **lo Stato** Pol the state
■ **stato d'animo** frame of mind; **stato di attesa** Comput wait state; **stato canaglia** rogue state; **stato civile** marital status; **stato cuscinetto** buffer state; **Stato Maggiore** Mil General Staff; **stato di salute** state of health
stato-nazi'one *m* nation-state
🔑 **'statua** *f* statue
■ **statua di cera** waxwork
statu'ario *adj* statuesque
statuni'tense **A** *adj* United States *attrib*, US *attrib*
B *mf* citizen of the United States, US citizen
sta'tura *f* height; **di alta ~** tall; **di bassa ~** short; **di media ~** of average height
■ **statura morale** moral stature
sta'tuto *m* statute
🔑 **sta'volta** *adv* this time
stazio'nario *adj* stationary
🔑 **stazi'one** *f* station; (città) resort
■ **stazione degli autobus** bus station; **stazione balneare** seaside resort; **stazione climatica** health resort; **stazione ferroviaria** railway station BrE, train station; **stazione marittima** ferry terminal; **stazione master** Comput master station; **stazione multimediale** Comput multimedia station; **stazione dei pullman** coach station BrE, bus station; **stazione radiofonica** radio station; **stazione di servizio** petrol station BrE, service station; **stazione slave** Comput slave station; **stazione spaziale** space station; **stazione termale** spa, health resort
'stecca *f* stick; (di ombrello) rib; (da biliardo) cue; Med splint; (di sigarette) carton; (di reggiseno) stiffener; **fare una ~** Mus fluff a note
stec'cato *m* fence
stec'chino *m* cocktail stick
stec'chito *adj* skinny; (rigido) stiff; (morto) stone cold dead
'stele *f* stele
🔑 **'stella** *f* star; **salire alle stelle** ‹*prezzi*› rise sky-high, rocket
■ **stella alpina** edelweiss; **stella cadente** shooting star; **stella del cinema** movie star; **stella cometa** comet; **stella filante** streamer; **stella di mare** starfish; **stella polare** Pole Star, North Star
stel'lare *adj* star *attrib*; ‹*grandezza*› stellar
stel'lato *adj* starry

🔑 key word

stel'lina *f* starlet
'stelo *m* stem
■ **lampada a stelo** standard lamp BrE, floor lamp
'stemma *m* coat of arms
stempe'rare *vt* dilute
stempi'ato *adj* bald at the temples
sten'dardo *m* standard
🔑 **'stendere** *vt* spread out; (appendere) hang out; (distendere) stretch [out]; (scrivere) write down
'stendersi *vr* stretch out
stendibianche'ria *m inv* clothes horse
stendi'toio *m* clothes horse
stenodattilogra'fia *f* shorthand typing
stenodatti'lografo, -a *mf* shorthand typist
stenogra'fare *vt* take down in shorthand
stenogra'fia *f* shorthand
sten'tare *vi* **~ a** find it hard to
sten'tato *adj* laboured
'stento *m* (fatica) effort; **a ~** with difficulty; **stenti** *pl* hardships, privations
'step *m inv* step aerobics *sg*
'steppa *f* steppe
'sterco *m* dung
stereo, stereo'fonico *adj* stereo[phonic]
stereo'scopico *adj* stereoscopic
stereoti'pato *adj* stereotyped; ‹*sorriso*› insincere
stere'otipo *m* stereotype
'sterile *adj* sterile; ‹*terreno*› barren
sterilità *f inv* sterility
steriliz'zare *vt* sterilize
sterilizzazi'one *f* sterilization
ster'lina *f* pound
■ **lira sterlina** [pound] sterling
stermi'nare *vt* exterminate
stermi'nato *adj* immense
ster'minio *m* extermination
'sterno *m* breastbone
sternu'tire, ster'nuto = **starnutire, starnuto**
ste'roide *m* steroid
ster'paglia *f* brushwood
ster'rare *vt* excavate; dig up ‹*strada*›
ster'rato **A** *adj* ‹*strada*› dug up
B *m* excavation; (di strada) digging up
ster'zare *vi* steer
'sterzo *m* steering; (volante) steering wheel
'steso pp di **stendere**
🔑 **'stesso** **A** *adj* same; **io ~** myself; **tu ~** yourself; **me ~** myself; **se ~** himself; **in quel momento ~** at that very moment; **è stato ricevuto dalla stessa regina** (in persona) he was received by the Queen herself; **tuo fratello ~ dice che hai torto** even your brother says you're wrong; **l'ho visto coi miei stessi occhi** I saw it with my own eyes; **con le mie stesse mani** with my own hands;

è venuto il giorno ~ he came the same day, he came that very day; **lo farò oggi** ~ I'll do it straight away today
B *pron* **lo** ~ the same one; (la stessa cosa) the same; **fa lo** ~ it's all the same; **ci vado lo** ~ I'll go just the same

ste'sura *f* drawing up; (documento) draft

steto'scopio *m* stethoscope

'steward *m inv* steward, air steward

stick *m inv*:
■ **colla a stick** glue stick; **deodorante in stick** stick deodorant

stiepi'dire *vt* warm

'stigma *m* stigma

'stigmate *fpl* stigmata

sti'lare *vt* draw up

'stile *m* style; **in grande** ~ in style; **essere nello** ~ **di qualcuno** be typical of somebody, be just like somebody
■ **stile libero** (nel nuoto) freestyle, crawl; **stile di vita** life style

sti'lista *mf* [fashion] designer; (parrucchiere) stylist

stiliz'zato *adj* stylized

'stilla *f* drop

stil'lare *vi* ooze

stilo'grafica *f* fountain pen

stilo'grafico *adj* **penna stilografica** fountain pen

'stima *f* esteem; (valutazione) estimate

sti'mare *vt* esteem; (valutare) estimate; (ritenere) consider

sti'marsi *vr* consider oneself

sti'mato *adj* well thought of

stimo'lante **A** *adj* stimulating
B *m* stimulant

stimo'lare *vt* stimulate; (incitare) incite

'stimolo *m* stimulus; (fitta) pang

'stinco *m* shin; **non è uno** ~ **di santo** infml he's no saint

'stingere *vt & vi* fade

'stingersi *vr* fade

'stinto pp di **stingere**

sti'pare *vt* cram

sti'parsi *vr* crowd together

stipendi'are *vt* pay a salary to

stipendi'ato **A** *adj* salaried
B *m* salaried worker

sti'pendio *m* salary
■ **stipendio base** basic salary; **stipendio iniziale** starting salary

'stipite *m* doorpost

stipu'lare *vt* stipulate

stipulazi'one *f* stipulation; (accordo) agreement

stira'mento *m* sprain

sti'rare *vt* iron; (distendere) stretch

sti'rarsi *vr* (distendersi) stretch; pull ‹*muscolo*›

stira'tura *f* ironing

'stiro *m*
■ **ferro da stiro** iron

'stirpe *f* stock

stiti'chezza *f* constipation

'stitico *adj* constipated

'stiva *f* Naut hold

sti'vale *m* boot; **lo Stivale** (Italia) Italy; **stivali** *pl* **di gomma** Wellington boots, Wellingtons; **poeta dei miei stivali!** infml poet my eye!, poet my foot!

stiva'letto *m* ankle boot

stiva'lone *m* high boot; **stivaloni** *pl* **da caccia** hunting boots; **stivaloni** *pl* **di gomma** waders

sti'vare *vt* load

'stizza *f* anger

stiz'zire *vt* irritate

stiz'zirsi *vr* become irritated

stiz'zito *adj* irritated

stiz'zoso *adj* peevish

stocca'fisso *m* stockfish

stoc'cata *f* stab; (battuta pungente) gibe

Stoc'colma *f* Stockholm

stock *m inv* Comm stock

'stock-car *m inv* stock car

'stoffa *f* material; fig stuff; **avere** ~ have what it takes

stoi'cismo *m* stoicism

'stoico *adj & nm* stoic

sto'ino *m* doormat

'stola *f* stole

'stolido *adj* stolid

'stolto *adj* foolish

stoma'chevole *adj* revolting

'stomaco *m* stomach
■ **mal di stomaco** stomach ache

stoma'tite *f* stomatitis

sto'nare **A** *vt & vi* sing/play out of tune
B *vi* (non intonarsi) clash

sto'nato *adj* out of tune; (discordante) clashing; (confuso) bewildered

stona'tura *f* false note; (discordanza) clash

stop *m inv* (segnale stadale) stop sign; (in telegramma) stop

stop'pare *vt* stop

'stopper *m* Sport full back

'stoppia *f* stubble

stop'pino *m* wick

stop'poso *adj* tough

'storcere *vt* twist

'storcersi *vr* twist

stor'dire *vt* stun; (intontire) daze

stor'dirsi *vr* dull one's senses

stor'dito *adj* stunned; (intontito) dazed; (sventato) heedless

'storia *f* history; (racconto, bugia) story; (pretesto) excuse; **senza storie!** no fuss!; **fare [delle] storie** make a fuss
■ **storia d'amore** love story; **storia di vita vissuta**

human interest story

🔑 **'storico** A *adj* historical; (di importanza storica) historic
B *m* historian

stori'ella *f* infml little story

storiogra'fia *f* historiography

stori'ografo *m* historiographer

stori'one *m* sturgeon

'stormo *m* flock

stor'nare *vt* avert; transfer ‹*somma*›

'storno *m* starling

storpi'are *vt* cripple; mangle ‹*parole*›

storpia'tura *f* deformation

'storpio, -a offensive A *adj* crippled offensive
B *mf* cripple offensive

'storta *f* (distorsione) sprain; **prendere una ~ alla caviglia** sprain one's ankle

'storto A pp di **storcere**
B *adj* crooked; (ritorto) twisted; ‹*gambe*› bandy; fig wrong

stor'tura *f* deformity; **~ mentale** twisted way of thinking

sto'viglie *fpl* crockery *sg*, flatware AmE

'strabico *adj* cross-eyed; **essere ~** be cross-eyed, [have a] squint

strabili'ante *adj* astonishing

strabili'are *vt* astonish

stra'bismo *m* squint

straboc'care *vi* overflow

strabuz'zare *vt* **~ gli occhi** goggle; **ha strabuzzato gli occhi** his eyes popped out of his head

straca'narsi *vr* infml work like a slave, slave away

stra'carico *adj* overloaded

strac'chino *m soft cheese from Lombardy*

stracci'are *vt* tear; infml (vincere) thrash

straccia'tella *f* vanilla ice cream with chocolate chips

stracci'ato *adj* torn; ‹*persona*› in rags; ‹*prezzi*› slashed; **a un prezzo ~** at a knock-down price, dirt cheap

'straccio A *adj* torn
B *m* rag; (strofinaccio) cloth; **essere ridotto ad uno ~** feel like a wet rag

stracci'one *m* tramp

stracci'vendolo *m* ragman

stracol'larsi *vr* sprain

stra'cotto A *adj* overdone; infml (innamorato) head over heels
B *m* stew

🔑 **'strada** *f* road; (di città) street; fig (cammino) way; **essere fuori ~** be on the wrong track; **fare ~** lead the way; **tener la macchina in ~** keep the car on the road; (parcheggiare) keep the car on the street; **su ~** ‹*trasportare*› by road; **farsi ~** (aver successo) make one's way [in the world]
■ **strada d'accesso** approach road; **strada camionabile** road for heavy vehicles; **strada maestra** main road; **strada pedonale** pedestrianized street; **strada principale** main road; **strada privata** private road; **strada secondaria** secondary road; **strada a senso unico** one-way street; **strada senza uscita** dead end, cul-de-sac; **strada di terra battuta** dirt track

🔑 **stra'dale** A *adj* road *attrib*
B *f* **la Stradale** infml traffic police

stra'dario *m* street plan

stra'dina *f* little street; (in campagna) little road

strafalci'one *m* blunder

stra'fare *vi* overdo it, overdo things

stra'foro di ~ *adv* on the sly

strafot'tente *adj* arrogant

strafot'tenza *f* arrogance

'strage *f* slaughter

stra'grande *adj* vast

stralci'are *vt* remove

'stralcio *m* removal; (parte) extract

stralu'nare *vt* **~ gli occhi** open one's eyes wide

stralu'nato *adj* ‹*occhi*› staring; ‹*persona*› distraught

stramaz'zare *vi* fall heavily; **~ al suolo** crash to the ground

strambe'ria *f* oddity

'strambo *adj* strange

strampa'lato *adj* odd

stra'nezza *f* strangeness

strango'lare *vt* strangle

🔑 **strani'ero, -a** A *adj* foreign
B *mf* foreigner

🔑 **'strano** *adj* strange; **~ ma vero** surprisingly enough, funnily enough

straordinaria'mente *adv* extraordinarily

🔑 **straordi'nario** *adj* extraordinary; (notevole) remarkable; ‹*edizione*› special
■ **lavoro straordinario** overtime; **treno straordinario** special [train]

strapaz'zare *vt* ill-treat; scramble ‹*uova*›

strapaz'zarsi *vr* tire oneself out

stra'pazzo *m* strain; **da ~** fig worthless

strapi'eno *adj* overflowing

strapi'ombo *m* projection; **a ~** sheer

strapo'tere *m* overwhelming power

strappa'lacrime *adj inv* weepy

🔑 **strap'pare** *vt* tear; (per distruggere) tear up; pull out ‹*dente, capelli*›; (sradicare) pull up; (estorcere) wring

strap'parsi *vr* get torn; (allontanarsi) tear oneself away; **~ i capelli** fig be tearing one's hair out

'strappo *m* tear; (strattone) jerk; infml (passaggio) lift; **fare uno ~ alla regola** make an exception to the rule
■ **strappo muscolare** muscle strain

strapun'tino *m* folding seat

S

🔑 key word

strari'pare *vi* flood
strasci'care *vt* trail; shuffle ‹*piedi*›; drawl ‹*parole*›
'strascico *m* train; fig after-effect
strasci'coni a ~ *adv* dragging one's feet
straseco'lare *vi* be amazed
strass *m inv* rhinestone
strata'gemma *m* stratagem
stra'tega *mf* strategist
strate'gia *f* strategy
stra'tegico *adj* strategic; **mossa strategica** strategic move
stratifi'care *vt* stratify
stratigra'fia *f* Geol stratigraphy
'strato *m* layer; (di vernice ecc.) coat, layer; (roccioso, sociale) stratum
■ **strato di nuvole** cloud layer
strato'sfera *f* stratosphere
strato'sferico *adj* stratospheric; fig sky-high
stravac'carsi *vr* infml slouch
stravac'cato *adj* infml slouching
strava'gante *adj* extravagant; (eccentrico) eccentric
strava'ganza *f* extravagance; (eccentricità) eccentricity
stra'vecchio *adj* ancient
strave'dere *vt* ~ **per** worship
stravizi'are *vi* indulge oneself
stra'vizio *m* excess
stra'volgere *vt* twist; (turbare) upset
stravolgi'mento *m* twisting
stra'volto *adj* distraught; infml (stanco) done in
strazi'ante *adj* heart-rending; ‹*dolore*› agonizing
strazi'are *vt* grate on ‹*orecchie*›; break ‹*cuore*›
'strazio *m* agony; **essere uno** ~ be agony; **che** ~! infml it's awful!; **fare** ~ **di qualcosa** ‹*fam: attore, cantante*› murder something
'streamer *m inv* Comput streamer
'strega *f* witch
stre'gare *vt* bewitch
stre'gone *m* wizard
stregone'ria *f* witchcraft
'stregua *f* **alla** ~ **di** in the same way as; **alla stessa** ~ ‹*giudicare*› by the same yardstick; **a questa** ~ at this rate
stre'mare *vt* exhaust
stre'mato *adj* exhausted
'stremo **A** *adj* extreme
B *m* **ridotto allo** ~ at the end of one's tether
'strenna *f* present
'strenuo *adj* strenuous
strepi'tare *vi* make a din
strepi'tio *m* din, uproar
strepi'toso *adj* noisy; fig resounding
strepto'cocco *m* Med streptococcus
streptomi'cina *f* Med streptomycin
stress *m* stress
stres'sante *adj* ‹*lavoro, situazione*› stressful
stres'sare *vt* put under stress, be stressful for
stres'sarsi *vr* get stressed
stres'sato *adj* stressed [out]
'stretta *f* grasp, squeeze; (dolore) pang; **essere alle strette** be in dire straits; **mettere alle strette qualcuno** have somebody's back up against the wall; **provare una** ~ **al cuore** feel a pang
■ **stretta creditizia** credit crunch; **stretta di mano** handshake
stret'tezza *f* narrowness; **stret'tezze** *pl* (difficoltà finanziarie) financial difficulties
'stretto **A** pp di **stringere**
B *adj* narrow; (serrato) tight; (vicino) close; ‹*dialetto*› broad; (rigoroso) strict; **lo** ~ **necessario** the bare minimum
C *m* Geog strait
■ **stretto di Messina** Straits of Messina
stret'toia *f* bottleneck; infml (difficoltà) tight spot
stri'ato *adj* striped
stria'tura *f* streak
stri'dente *adj* strident
'stridere *vi* squeak; fig clash
stri'dore *m* screech
'stridulo *adj* shrill
strigli'are *vt* groom
strigli'ata *f* grooming; fig dressing down
stril'lare *vi & vt* scream
'strillo *m* scream
stril'lone *m* newspaper seller
strimin'zito *adj* skimpy; (magro) skinny
strimpel'lare *vt* strum
stri'nare *vt* singe, scorch
'stringa *f* lace; Comput string
strin'gato *adj* fig terse
'stringere **A** *vt* press; (serrare) squeeze; (tenere stretto) hold tight; take in ‹*abito*›; (comprimere) be tight; (restringere) tighten; ~ **la mano a** shake hands with
B *vi* (premere) press
'stringersi *vr* (accostarsi) draw close (**a** to); (avvicinarsi) squeeze up
strip'pata *f* infml nosh-up; **farsi una** ~ have a nosh-up
strip-'tease *m* striptease
'striscia *f* strip; (riga) stripe; **a strisce** striped; **strisce** *pl* **di mezzeria** Auto lane markings; **strisce** *pl* **[pedonali]** zebra crossing *sg*, crosswalk AmE
strisci'are **A** *vi* crawl; (sfiorare) graze
B *vt* drag ‹*piedi*›
strisci'arsi *vr* ~ **a** rub against
strisci'ata *f* scratch

'striscio *m* graze; Med smear; **colpire di ~** graze
strisci'one *m* banner
strito'lare *vt* grind
strizzacer'velli *mf* sl shrink
striz'zare *vt* squeeze; (torcere) wring [out]; **~ l'occhio** wink
'strofa *f* strophe
strofi'naccio *m* cloth; (per spolverare) duster
■ **strofinaccio da cucina** tea towel; **strofinaccio per i piatti** dish towel
strofi'nare *vt* rub
strofi'nio *m* rubbing
strom'bare *vt* splay
strombaz'zare **A** *vt* boast about **B** *vi* hoot
strombaz'zata *f* (di clacson) hoot
stron'care *vt* cut off; (reprimere) crush; (criticare) tear to shreds
stron'zate *fpl* vulg crap
'stronzo *m* vulg shit
stropicci'are *vt* rub; crumple ‹*vestito*›
stropicci'ata *f* rub
stro'piccio *m* rubbing
stroppi'are *vt* **il troppo stroppia** enough is as good as a feast
stroz'zare *vt* strangle
strozza'tura *f* strangling; (di strada) narrowing
strozzi'naggio *m* loan sharking
stroz'zino *m* derog usurer; (truffatore) shark
struc'cante *m* make-up remover
struc'carsi *vr* remove one's make-up
strug'gente *adj* all-consuming
'struggersi *vr* (liter) pine [away]; **~ di invidia/desiderio** be consumed with envy/desire
struggi'mento *m* yearning
strumen'tale *adj* instrumental
strumentaliz'zare *vt* make use of
strumen'tario *m* instruments *pl*
strumentazi'one *f* instrumentation
strumen'tista *m* instrumentalist
stru'mento *m* instrument; (arnese) tool
■ **strumento a corda/fiato** string/wind instrument; **strumento musicale** musical instrument; **strumento a percussione** percussion instrument
strusci'are *vt* rub
strusci'arsi *vr* ‹*gatto*› rub itself; ‹*due innamorati*› caress each other; **~ intorno a qualcuno** infml suck up to somebody
'strutto *m* lard
strut'tura *f* structure
struttu'rale *adj* structural
struttura'lismo *m* structuralism
struttural'mente *adv* structurally

key word

struttu'rare *vt* structure
strutturazi'one *f* structuring
'struzzo *m* ostrich
stuc'care *vt* plaster; (per decorazione) stucco; put putty in ‹*vetri*›
stucca'tore *m* plasterer; (decorativo) stucco worker
stucca'tura *f* plastering; (decorativo) stucco work
stuc'chevole *adj* nauseating
'stucco *m* plaster; (decorativo) stucco; (per vetro) putty; **rimanere di ~** be thunderstruck
stu'dente, studen'tessa *mf* student; (di scuola) schoolboy; schoolgirl
studen'tesco *adj* student; (di scolaro) school *attrib*
studi'are *vt* study
studi'arsi *vr* **~ di** try to
'studio *m* studying; (stanza, ricerca) study; (di artista, TV ecc.) studio; (di professionista) office
■ **studio cinematografico** film studio; **studio dentistico** dental surgery
studi'oso, -a **A** *adj* studious **B** *mf* scholar
'stufa *f* stove
■ **stufa elettrica** electric fire; **stufa a gas** gas fire; **stufa a legna** wood-burning stove; **stufa a pellet** pellet stove
stu'fare *vt* Culin stew; (dare fastidio) bore
stu'farsi *vr* get bored
stu'fato *m* stew
'stufo *adj* bored; **essere ~ di** be bored with, be fed up with
stu'oia *f* mat
stu'olo *m* crowd
stupefa'cente **A** *adj* amazing **B** *m* drug
stupe'fare *vt* stun
stu'pendo *adj* stupendous; **~ !** brilliant!
stupi'daggine *f* (azione) stupid thing; (cosa da poco) nothing; **non dire stupidaggini!** don't talk stupid!
stupi'data *f* stupid thing
stupidità *f inv* stupidity
'stupido *adj* stupid
stu'pire **A** *vt* astonish **B** *vi* be astonished
stu'pirsi *vr* be astonished
stu'pore *m* amazement
stu'prare *vt* rape
stupra'tore *m* rapist
'stupro *m* rape
sturabot'tiglie *m inv* corkscrew
sturalavan'dini *m inv* plunger
stu'rare *vt* uncork; unblock ‹*lavandino*›
stuzzica'denti *m inv* toothpick
stuzzi'care *vt* prod [at]; pick ‹*denti*›; poke ‹*fuoco*›; (molestare) tease; whet ‹*appetito*›
stuzzi'chino *m* Culin appetizer

S

su **A** *prep* on; (senza contatto) over; (riguardo a) about; (circa, intorno a) about, around; **le chiavi sono sul tavolo** the keys are on the table; **il quadro è appeso sul camino** the picture is hanging over the fireplace; **un libro sull'antico Egitto** a book on *or* about Ancient Egypt; **sarò lì sulle cinque** I'll be there about five, I'll be there around five; **è durato sulle tre ore** it lasted for about three hours; **costa sui 75 euro** it costs about 75 euros; **decidere sul momento** decide at the time; **su commissione** on commission; **su due piedi** on the spot; **su misura** made to measure; **uno su dieci** one out of ten; **stare sulle proprie** keep oneself to oneself; **sul mare** ‹*casa*› by the sea
B *adv* (sopra) up; (al piano di sopra) upstairs; (addosso) on; **andare su** go up; (al piano di sopra) go upstairs; **ho su il cappotto** I've got my coat on; **in su** ‹*guardare*› up; **dalla vita in su** from the waist up; **su!** come on!
sua'dente *adj* persuasive
sub *mf inv* skin-diver
sub+ *pref* sub+
su'bacqueo, -a **A** *adj* underwater
B *mf* skin-diver
subaffit'tare *vt* sublet
subaf'fitto *m* sublet; **in ~** sublet
suba'gente *m* subagent
subal'terno *adj & nm* subordinate
subappal'tare *vt* subcontract
subappalta|'tore, -trice *mf* subcontractor
subap'palto *m* subcontract; **in ~** subcontracted; **dare in ~** subcontract; **prendere in ~** take on a subcontract basis
sub'buglio *m* turmoil
sub'conscio *adj & nm* subconscious
subconti'nente *m* subcontinent
subcosci'ente *adj & nm* subconscious
subdi'rectory *f* Comput subdirectory
subdola'mente *adv* deviously
'subdolo *adj* devious, underhand
suben'trare *vi* ‹*circostanze*› come up; **~ a** take the place of
su'bentro *m* changeover
subequatori'ale *adj* subequatorial
su'bire *vt* undergo; (patire) suffer
subis'sare *vt* fig **~ di** overwhelm with
subi'taneo *adj* sudden
'subito *adv* at once, immediately, right away; **~ dopo** straight after; **vengo ~** I'll be right there
subli'mare *vt* sublimate
su'blime *adj* sublime
sublimi'nale *adj* subliminal
sublingu'ale *adj* sublingual
sublo'care *vt* sublease
subloca'tario *m* sub-lessor
sublocazi'one *f* sublease
subnor'male *adj* subnormal
subodo'rare *vt* suspect
subordi'nare *vt* subordinate
subordi'nato, -a *adj & nmf* subordinate
su'bordine *m* **in ~** second in order of importance
subrou'tine *f* Comput subroutine
subsi'denza *f* Geol subsidence
sub'strato *m* substratum, substrate
subto'tale *m* subtotal
subtropi'cale *adj* subtropical
subu'mano *adj* subhuman
subur'bano *adj* suburban
suc'cedere *vi* (accadere) happen; **~ a** (in carica) succeed; (venire dopo) follow; **~ al trono** succeed to the throne
suc'cedersi *vr* happen one after the other; **si sono succeduti molti ...** there was a series of ...
successi'one *f* succession; **in ~** in succession
successiva'mente *adv* subsequently
succes'sivo *adj* successive; ‹*mese, giorno*› following
suc'cesso **A** pp di **succedere**
B *m* success; (esito) outcome; (disco ecc.) hit
succes'sone *m* huge success
succes'sore *m* successor
succhi'are *vt* suck [up]; **~ il sangue a qualcuno** fig bleed somebody dry
succhi'ello *m* gimlet
succinta'mente *adv* succinctly
suc'cinto *adj* (conciso) concise; ‹*abito*› scanty
'succo *m* juice; fig essence
■ **succo d'arancia** orange juice; **succo di frutta** fruit juice; **succo di limone** lemon juice
suc'coso *adj* juicy
'succube *m* **essere ~ di qualcuno** be totally dominated by somebody
succu'lento *adj* succulent
succur'sale *f* branch [office]
sud *m* south; **del ~** southern; **a ~ di** [to the] south of
Sud'africa *m* South Africa
sudafri'cano *adj & nmf* South African
Suda'merica *f* South America
sudameri'cano, -a *adj & nmf* South American
Su'dan *m* **il ~** the Sudan
suda'nese *adj & nmf* Sudanese
su'dare *vi* sweat, perspire; (faticare) sweat blood; **~ freddo** be in a cold sweat; **~ sangue** sweat blood; **mi fa ~ freddo** it brings me out in a cold sweat; **~ sette camicie** sweat blood
su'data *f* anche fig sweat
suda'ticcio *adj* sweaty
su'dato *adj* sweaty; ‹*vittoria*› hard-won; ‹*pane*› hard-earned
sud'detto *adj* above-mentioned

'suddito, -a *mf* subject
suddi'videre *vt* subdivide
suddivisi'one *f* subdivision
su'd-est *m* south-east
'sudicio *adj* dirty, filthy
sudici'ume *m* dirt, filth
sudocciden'tale *adj* south-western
su'doku *m inv* sudoku, sudoku puzzle
sudorazi'one *f* perspiring
su'dore *m* sweat, perspiration; fig sweat; **in un bagno di ~** bathed in sweat; **con il ~ della fronte** fig by the sweat of one's brow
■ **sudore freddo** cold sweat
sudo'riparo *adj* sweat *attrib*
su'd-ovest *m* south-west
'sue ▶ **suo**
suffici'ente **A** *adj* sufficient; (presuntuoso) conceited
B *m* bare essentials *pl*; Sch pass mark
suffici'enza *f* sufficiency; (presunzione) conceit; Sch pass; **a ~** enough; **prendere la ~** get the pass mark
suf'fisso *m* suffix
sufflè *m inv* Culin soufflé
suffra'getta *f* suffragette
suf'fragio *m* (voto) vote; **in ~ di qualcuno** in homage to
■ **suffragio universale** universal suffrage
suffu'migio *m* inhalation
suggel'lare *vt* seal
suggeri'mento *m* suggestion
sugge'rire *vt* suggest; Theat prompt
suggeri'tore, -trice *mf* Theat prompter
suggestio'nabile *adj* suggestible
suggestio'nare *vt* influence
suggestio'nato *adj* influenced
suggesti'one *f* influence
sugge'stivo *adj* charming; ‹*musica ecc.*› evocative
'sughero *m* cork
'sugli = **su + gli**
'sugo *m* (di frutta) juice; (di carne) gravy; (salsa) sauce; (sostanza) substance
'sui = **su + i**
sui'cida **A** *adj* suicidal
B *mf* suicide
suici'darsi *vr* commit suicide
sui'cidio *m* anche fig suicide; **commettere ~** commit suicide; **tentato ~** attempted suicide
su'ino **A** *adj* **carne suina** pork
B *m* swine
su'ite *f inv* suite
sul = **su + il**
sulfa'midico *m* sulphonamide, sulpha drug
sul'fureo *adj* sulphuric
'sulla = **su + la A, B**
'sulle = **su + le**
'sullo = **su + lo**
sul'tana *f* (persona) sultana
sulta'nina *adj* **uva ~** sultana
sul'tano *m* sultan
'sunto *m* summary
'suo, -a **A** *poss adj* **il ~, i suoi, la sua, le sue** (di lui) his; (di lei) her; (di cosa o animale) its; (forma di cortesia) your; **questa macchina è sua** this car is his/hers; **~ padre** his/her/your father; **un ~ amico** a friend of his/hers/yours
B *poss pron* **il ~, i suoi, la sua, le sue** (di lui) his; (di lei) hers; (di cosa o animale) its; (forma di cortesia) yours; **i suoi** his/her folk[s]
su'ocera *f* mother-in-law
su'ocero *m* father-in-law
su'oi ▶ **suo**
su'ola *f* sole; **suole** *pl* **di para** crepe soles
su'olo *m* ground; (terreno) soil
■ **suolo pubblico** public land
suo'nare **A** *vt* Mus play; ring ‹*campanello*›; sound ‹*allarme, clacson*›; ‹*orologio*› strike ‹*ore*›; **~ il clacson** sound the horn, hoot the horn; infml (imbrogliare) do
B *vi* ‹*campanello, telefono, sveglia*› ring; ‹*clacson*› hoot; ‹*sirena*› go [off]; ‹*giradischi*› play
suo'nato *adj* infml bonkers
suona|'tore, -trice *mf* player
suone'ria *f* alarm; (di cellulare) ringtone
su'ono *m* sound
su'ora *f* nun; **Suor Maria** Sister Maria
'super *f* 4-star [petrol], premium [gas] AmE
super+ *pref* super+
supe'rabile *adj* surmountable
superal'colico **A** *m* spirit
B *adj* **bevande superalcoliche** spirits
supera'mento *m* (di timidezza) overcoming; (di esame) success (**di** in)
supe'rare *vt* surpass; (eccedere) exceed; (vincere) overcome; overtake, pass AmE ‹*veicolo*›; pass ‹*esame*›; **~ la barriera del suono** break the sound barrier; **~ se stessi** surpass oneself; **ha superato la trentina** he's over thirty
su'perbia *f* haughtiness
su'perbo *adj* haughty; (magnifico) superb
super'donna *f* superwoman
superdo'tato *adj* highly gifted, super-talented
superfici'ale **A** *adj* superficial
B *mf* superficial person
superficialità *f inv* superficiality
super'ficie *f* surface; (area) area; **in ~** on the surface; fig ‹*esaminare*› superficially
su'perfluo *adj* superfluous
Super-'Io *m* Psych superego
superi'ora *f* superior; Relig mother superior
superi'ore **A** *adj* superior; (di grado) senior;

S

key word

(più elevato) higher; (sovrastante) upper; (al di sopra) above
B *m* superior
superiorità *f inv* superiority
superla'tivo *adj & nm* superlative
supermer'cato *m* supermarket
supermo'della *f* supermodel
super'nova *f* Astr supernova
superpetroli'era *f* Naut supertanker
superpo'tenza *f* superpower
super'sonico *adj* supersonic
su'perstite **A** *adj* surviving
B *mf* survivor
superstizi'one *f* superstition
superstizi'oso *adj* superstitious
super'strada *f* toll-free motorway
■ **superstrada informatica** information superhighway
superu'omo *m* superman
superu'tente *m* Comput superuser
supervalu'tare *vt* overvalue
supervalutazi'one *f* overvaluation
supervisi'one *f* supervision
supervi'sore *m* supervisor
su'pino *adj* supine
suppel'lettili *fpl* furnishings
suppergiù *adv* about
supplemen'tare *adj* additional, supplementary
supple'mento *m* supplement
■ **supplemento illustrato** colour supplement; **supplemento rapido** express train supplement
sup'plente **A** *adj* temporary
B *mf* Sch supply teacher
sup'plenza *f* temporary post
'supplica *f* plea; (domanda) petition
suppli'care *vt* beg
suppli'chevole *adj* imploring
sup'plire **A** *vt* replace
B *vi* ~ **a** (compensare) make up for
sup'plizio *m* torture
sup'porre *vt* suppose
suppor'tare *vt* Comput support
sup'porto *m* support
■ **supporto di sistema** Comput system support
supposizi'one *f* supposition
sup'posta *f* suppository
sup'posto pp di **supporre**
suppu'rare *vi* fester
suppurazi'one *f* suppuration; **andare in** ~ fester
suprema'zia *f* supremacy
su'premo *adj* supreme
surclas'sare *vt* outclass
surf *m inv* surfboard; (sport) surfboarding
sur'fista *mf* surfer
surge'lare *vt* deep-freeze
surge'lato **A** *adj* frozen
B *m* **surgelati** *pl* frozen food *sg*
Suri'name *m* Surinam
'surplus *m* sur'plus
surre'ale *adj* surreal
surrea'lismo *m* surrealism
surrea'lista *mf* surrealist
surrea'listico *adj* surrealist
surre'nale *adj* adrenal
surriscal'dare *vt* overheat
surriscal'darsi *vr* overheat
surro'gato *m* substitute
suscet'tibile *adj* touchy
suscettibilità *f inv* touchiness
susci'tare *vt* stir up; arouse ‹*ammirazione ecc.*›
su'sina *f* plum
■ **susina selvatica** damson
su'sino *m* plum tree
su'spense *f* suspense
sussegu'ente *adj* subsequent
sussegu'irsi *vr* follow one after the other
sussidi'are *vt* subsidize
sussidi'ario *adj* subsidiary
sus'sidio *m* subsidy; (aiuto) aid
■ **sussidio didattico** study aid; **sussidio di disoccupazione** unemployment benefit; **sussidio di malattia** sickness benefit
sussi'ego *m* haughtiness; **con** ~ haughtily
sussi'stenza *f* subsistence
sus'sistere *vi* subsist; (essere valido) hold good
sussul'tare *vi* start; **far** ~ **qualcuno** give somebody a start
sus'sulto *m* start
sussur'rare *vt & vi* whisper; **si sussurra che ...** it is rumoured that ...
sussur'rio *m* murmur
sus'surro *m* whisper
su'tura *f* suture
sutu'rare *vt* suture
suv, SUV *m inv* SUV
suv'via *int* come on!
sva'gare *vt* amuse
sva'garsi *vr* amuse oneself
'svago *m* relaxation; (divertimento) amusement; **prendersi un po' di** ~ have a break
svaligi'are *vt* rob; burgle ‹*casa*›
svalu'tare *vt* devalue; fig underestimate
svalu'tarsi *vr* lose value
svalutazi'one *f* devaluation
svam'pito, -a *mf* airhead
sva'nire *vi* vanish
sva'nito, -a **A** *adj* ‹*persona*› absent-minded; ‹*sapore, sogno*› faded
B *mf* absent-minded person
svantaggi'ato *adj* at a disadvantage; ‹*bambino, paese*› disadvantaged
svan'taggio *m* disadvantage; **essere in** ~ Sport be losing; **in** ~ **di tre punti** three points down; **in** ~ **rispetto a qualcuno** at a disadvantage compared with somebody

svantaggi'oso *adj* disadvantageous
svapo'rare *vi* evaporate
svari'ato *adj* varied
svari'one *m* blunder
sva'sare *vt* splay; flare ‹*gonna*›
sva'sato *adj* ‹*gonna*› flared
svasa'tura *f* flare
'svastica *f* swastika
sve'dese **A** *adj & nm* (lingua) Swedish **B** *mf* Swede
'sveglia *f* ‹*orologio*› alarm [clock]; **~!** get up!; **mettere la ~** set the alarm [clock]
■ **sveglia automatica** alarm call; **sveglia telefonica** wake-up call
🔑 **svegli'are** *vt* wake up; fig awaken; **~ l'appetito a qualcuno** whet somebody's appetite
svegli'arsi *vr* wake up
'sveglio *adj* awake; (di mente) alert, sharp
sve'lare *vt* reveal
svel'tezza *f* speed; fig quick-wittedness
svel'tire *vt* quicken
svel'tirsi *vr* ‹*persona*› liven up
🔑 **'svelto** *adj* quick; (slanciato) svelte; **alla svelta** quickly; **a passo ~** quickly
sve'narsi *vr* slash one's wrists; fig reduce oneself to poverty
'svendere *vt* undersell
'svendita *f* [clearance] sale
sve'nevole *adj* sentimental
sveni'mento *m* fainting fit
sve'nire *vi* faint; **da ~** incredibly
sven'tare *vt* foil
sven'tato **A** *adj* thoughtless **B** *mf* thoughtless person
'sventola *f* slap
■ **orecchie a sventola** protruding ears, jug handle ears infml
svento'lare *vt & vi* wave
svento'larsi *vr* fan oneself
svento'lio *m* flutter
sventra'mento *m* disembowelment; (di pollo) gutting; fig (di edificio) demolition ‹*edificio*›
sven'trare *vt* disembowel; gut ‹*pollo*›; fig demolish ‹*edificio*›
sven'tura *f* misfortune
sventu'rato *adj* unfortunate
sve'nuto pp di **svenire**
svergi'nare *vt* deflower
svergo'gnato *adj* shameless
sver'nare *vi* winter
svernici'ante *m* paint stripper
svernici'are *vt* strip
sve'stire *vt* undress
sve'stirsi *vr* undress, get undressed
svet'tare *vi* ‹*albero, torre*› stand out; **~ verso il cielo** stretch skywards

🔑 key word

'Svezia *f* Sweden
svezza'mento *m* weaning
svez'zare *vt* wean
svi'are *vt* divert; (corrompere) lead astray
svi'arsi *vr* fig go astray
svico'lare *vi* turn down a side street; fig (dalla questione ecc.) evade the issue; fig (da una persona) dodge out of the way
svi'gnarsela *vr* slip away
svigo'rire *vt* emasculate
svili'mento *m* debasement
svi'lire *vt* debase
🔑 **svilup'pare** *vt* develop
svilup'parsi *vr* develop
sviluppa'tore, -trice *mf* developer
■ **sviluppatore web** web developer
🔑 **svi'luppo** *m* development
■ **paese in via di sviluppo** developing country
svinco'lare *vt* release; clear ‹*merce*›; redeem ‹*deposito*›
svinco'larsi *vr* free oneself
'svincolo *m* clearance; (di autostrada) exit; **~ di un deposito cauzionale** redemption of a deposit
svioli'nata *f* fawning
svisce'rare *vt* gut; fig dissect
svisce'rato *adj* ‹*amore*› passionate; (ossequioso) obsequious
'svista *f* oversight
svi'tare *vt* unscrew
svi'tato *adj* infml (matto) cracked, nutty
'svizzera *f* hamburger
'Svizzera *f* Switzerland
🔑 **'svizzero, -a** *adj & nmf* Swiss
svoglia'taggine *f* laziness; (riluttanza) unwillingness
svogli'atamente *adv* half-heartedly; (senza energia) listlessly
svoglia'tezza *f* half-heartedness; (mancanza di energia) listlessness
svogli'ato *adj* half-hearted; (senza energic) listless
svolaz'zante *adj* ‹*capelli*› wind-swept
svolaz'zare *vi* flutter
svolaz'zio *m* flutter
🔑 **'svolgere** *vt* unwind; unwrap ‹*pacco*›; (risolvere) solve; (portare a termine) carry out; (sviluppare) develop
'svolgersi *vr* (accadere) take place
svolgi'mento *m* course; (sviluppo) development
'svolta *f* turning; fig turning point
svol'tare *vi* turn
'svolto pp di **svolgere**
svuo'tare *vt* empty [out]; fig (di significato) deprive
'Swaziland *m* Swaziland
swing *m* Mus swing
switch *m* Comput switch

S

Tt

T *abbr* (**tabaccheria**) tobacconist's
tabac'caio, -a *mf* tobacconist
tabacche'ria *f* tobacconist's (*which also sells stamps, postcards etc*)
ta'bacco *m* tobacco; **tabacchi** *pl* cigarettes and tobacco
taba'gismo *m* nicotine addiction
ta'bella *f* table; (lista) list
■ **tabella di conversione** conversion table; **tabella di marcia** fig schedule; **tabella dei prezzi** price list; **tabella retributiva** salary scale
tabel'lina *f* Math multiplication table
tabel'lone *m* wall chart
■ **tabellone degli arrivi** arrivals board; **tabellone del canestro** backboard; **tabellone delle partenze** departures board; **tabellone segnapunti** scoreboard
taber'nacolo *m* tabernacle
'tablet *m* tablet, tablet PC
tabù *adj & m inv* taboo
tabu'lare *vt* tabulate
tabu'lato *m* Comput [data] printout
tabula'tore *m* tabulator
tabulazi'one *f* tabulation
TAC *nf abbr* (**tomografia assiale computerizzata**) CAT scan
'tacca *f* notch; **di mezza ~** ‹*attore*› (giornalista) second-rate
taccagne'ria *f* penny-pinching
tac'cagno *adj* infml stingy
taccheggia|'tore, -trice *mf* shoplifter
tac'cheggio *m* shoplifting
tac'chetto *m* Sport stud
tac'chino *m* turkey
tacci'are *vt* **~ qualcuno di qualcosa** accuse somebody of something
'tacco *m* heel; **alzare i tacchi** take to one's heels; **scarpe senza ~** flat shoes, flats; **colpo di ~** back-heel
■ **tacchi a spillo** *pl* stiletto heels, stilettos
taccu'ino *m* notebook
ta'cere **A** *vi* be silent
B *vt* say nothing about; **mettere a ~ qualcosa** ‹*scandalo*› hush something up; **mettere a ~ qualcuno** silence somebody
tachicar'dia *f* tachycardia
ta'chigrafo *m* tachograph
ta'chimetro *m* speedometer
tacita'mente *adv* tacitly; (in silenzio) silently
'tacito *adj* tacit, unspoken; (silenzioso) silent
taci'turno *adj* taciturn
ta'fano *m* horsefly
taffe'ruglio *m* scuffle
taffettà *m inv* taffeta
tag *m inv* Comput tag
tag'gare *vt* Comput to tag
'taglia *f* (riscatto) ransom; (ricompensa) reward; (statura) height; (di abiti) size; **per taglie forti** outsize, OS
■ **taglia unica** one size
taglia'carte *m inv* paperknife
'taglia e in'colla *m inv* cut and paste; **fare un ~** cut and paste
taglia'erba *m inv* lawnmower
tagliafu'oco **A** *adj inv* **porta ~** fire door; **striscia ~** fire break
B *m* (in bosco) fire break
tagli'ando *m* coupon; **fare il ~** put one's car in for its MOT
■ **tagliando di controllo** manufacturer's sticker; (da raccogliere) token; **tagliando controllo bagaglio** baggage claim sticker; **tagliando di garanzia** warranty
taglia'pasta **A** *adj inv* **rotella ~** pastry cutter
B *m inv* pastry cutter
tagliapa'tate *m inv* potato cutter
tagli'are **A** *vt* cut; (attraversare) cut across; cut off ‹*telefono, elettricità*›; carve ‹*carne*›; mow ‹*erba*›; **farsi ~ i capelli** have a haircut, have one's hair cut; **~ i viveri a qualcuno** stop somebody's allowance
B *vi* cut
tagli'arsi *vr* cut oneself; **~ il dito** cut one's finger; **~ i capelli** have a haircut, have one's hair cut
taglia'sigari *m inv* cigar cutter
tagli'ata *f* finely-cut beef fillet; **dare una ~ a qualcosa** give something a cut, cut something
tagli'ato *adj* (a pezzi) jointed; **essere ~ per qualcosa** fig be cut out for something
taglia'unghie *m inv* nail clippers *pl*
taglieggi'are *vt* extort money from
tagli'ente **A** *adj* sharp
B *m* cutting edge
tagli'ere *m* chopping board
■ **~ per il pane** breadboard
taglie'rina *f* (per carta) guillotine; (per foto) trimmer; (per metallo, vetro) cutter
'taglio *m* cut; (di stoffa) length; (di capelli) hair cut; (parte tagliente) cutting edge; **di ~** edgeways; **a doppio ~** fig double-edged;

dacci un ~! infml put a sock in it!
■ **taglio e cucito** dressmaking; **taglio di carne** cut of meat; **taglio cesareo** Caesarean section; **taglio di personale** personnel cut; **taglio dei prezzi** price cutting; **taglio alla spesa** spending cut

tagli'ola *f* trap

taglio'lini *mpl thin soup noodles*

tagli'one *m*
■ **legge del taglione** an eye for an eye and a tooth for a tooth

tagliuz'zare *vt* cut into small pieces

tail'leur *m inv* [lady's] suit

Tai'wan *f* Taiwan

ta'lare *adj* **prendere la veste ~** take holy orders

talassotera'pia *f therapy based on seawater*

'talco *m* talcum powder, talc

'tale **A** *adj* such a; (con nomi plurali) such; **c'è un ~ disordine** there is such a mess; **non accetto tali scuse** I won't accept such excuses; **è un ~ bugiardo!** he's such a liar!; **il rumore era ~ che non si sentiva nulla** there was so much noise you couldn't hear yourself think; **il ~ giorno** on such and such a day; **vai il tal giorno alla tal ora** go on such a day at such a time; **quel tal signore** that gentleman; **~ padre ~ figlio** like father like son; **~ quale** just like
B *pron* **un ~** someone; **quel ~** that man; **il tal dei tali** such and such a person

ta'lea *f* cutting

tale'bano *adj & nm* Taliban

ta'lento *m* talent

'talent scout *mf inv* talent scout

tali'smano *m* talisman

tallo'nare *vt* be hot on the heels of

tallon'cino *m* coupon
■ **talloncino del prezzo** price tag

tal'lone *m* heel
■ **tallone di Achille** fig Achilles' heel; **tallone aureo** Econ gold standard

tal'mente *adv* so

ta'lora *adj* = **talvolta**

'talpa *f* mole

tal'volta *adv* sometimes

tamburel'lare *vi* (con le dita) drum; (pioggia) beat, drum

tambu'rello *m* tambourine

tambu'rino *m* drummer

tam'buro *m* drum
■ **tamburo del freno** brake drum

tame'rice *f* tamarisk

'tamia *m inv* chipmunk

Ta'migi *m* Thames

tampona'mento *m* Auto collision; (di ferita) dressing; (di falla) plugging
■ **tamponamento a catena** pile-up

tampo'nare *vt* (urtare) crash into; plug ‹*falla*›; dress ‹*ferita*›

tam'pone *m* swab; (per timbri) pad; (per mestruazioni) tampon; (per treni) Comput buffer

tam'tam *m inv* bush telegraph

TAN *abbr* (**tasso annuale nominale**) Fin nominal interest rate

'tana *f* den

'tandem *m inv* tandem; **in ~** (lavorare) in tandem

'tanfo *m* stench

'tanga *m inv* tanga

tan'gente **A** *adj* tangent
B *f* tangent; (somma) bribe

tangen'topoli *f widespread corruption in Italy in the early 90s*

tangenzi'ale *f* orbital road

tan'gibile *adj* tangible

tangibil'mente *adv* tangibly

'tango *m inv* tango

'tanica *f* (contenitore) jerry can; (serbatoio di nave) tank
■ **tanica di benzina** petrol can

tan'nino *m* tannin

tan'tino **un ~** *adv* a little [bit]

'tanto **A** *adj* [so] much; (con nomi plurali) [so] many, [such] a lot of; **~ tempo** [such] a long time; **non ha tanta pazienza** he doesn't have much patience; **~ tempo quanto ti serve** as much time as you need; **tanti amici quanti parenti** as many friends as relatives
B *pron* much; (plurale) many; (tanto tempo) much time; **è un uomo come tanti** he's just an ordinary man; **tanti** (molte persone) many people; **non ci vuole così ~** it doesn't take that long; **~ quanto** as much as; **tanti quanti** as many as
C *conj* (comunque) anyway, in any case
D *adv* (così) so; (con verbi) so much; **è ~ debole che non sta in piedi** he's so weak that he can't stand; **è ~ ingenuo da crederle** he's naive enough to believe her; **di ~ in ~** every now and then; **~ l'uno come l'altro** both; **~ quanto** as much as; **non è ~ intelligente quanto suo padre** he's not as intelligent as his father; **tre volte ~** three times as much; **una volta ~** once in a while; **~ meglio così!** so much the better!; **tant'è** so much so; **~ vale che andiamo a casa** we might as well go home; **~ per cambiare** for a change

Tan'zania *f* Tanzania

tapi'oca *f* tapioca

ta'piro *m* tapir

ta'pis rou'lant *m inv* conveyor belt

'tappa *f* (parte di viaggio) stage; **fare ~ a** break one's journey in

tappa'buchi *m inv* stopgap

tap'pare *vt* plug; cork ‹*bottiglia*›; **~ la bocca a qualcuno** infml shut somebody up

tappa'rella *f* infml roller blind; **tirar su la ~** pull the blind up

tap'parsi *vr* ~ **gli occhi** cover one's eyes; ~ **il naso** hold one's nose; ~ **le orecchie** put one's fingers in one's ears

tappe'tino *m* mat; Comput mouse mat
■ **tappetino antiscivolo** [anti-slip] safety bath mat; **tappetino da bagno** bath mat

tap'peto *m* carpet; (piccolo) rug; **andare al** ~ (pugilato) hit the canvas; **mandare qualcuno al** ~ knock somebody down; **bombardamento a** ~ carpet bombing
■ **tappeto erboso** lawn; **tappeto persiano** Persian carpet; **tappeto stradale** road surface; **tappeto verde** (tavolo) card table; **tappeto volante** magic carpet

tappez'zare *vt* paper ‹*pareti*›; (con manifesti) cover

tappezze'ria *f* tapestry; (di carta) wallpaper; (arte) upholstery; **fare da** ~ fig be a wallflower

tappezzi'ere *m* upholsterer; (imbianchino) decorator

'tappo *m* plug; (di sughero) cork; (di metallo, per penna) top; infml (persona piccola) dwarf
■ **tappo di bottiglia** bottle top; **tappo a corona** crown cap; **tappi per le orecchie** *pl* earplugs; **tappo salvagocce** anti-drip top; **tappo di scarico [della coppa]** sump drain plug; **tappo a strappo** ring pull; **tappo di sughero** cork; **tappo a vite** screw top

'tara *f* (difetto) flaw; (ereditaria) hereditary defect; (peso) tare

taran'tella *f* tarantella

ta'rantola *f* tarantula

ta'rare *vt* Techn calibrate; Comm discount

ta'rato *adj* Comm discounted; Techn calibrated; Med with a hereditary defect; infml crazy

tarchi'ato *adj* stocky

tar'dare **A** *vi* be late
B *vt* delay

'tardi *adv* late; **al più** ~ at the latest; **più** ~ later [on]; **sul** ~ late in the day; **far** ~ (essere in ritardo) be late; (con gli amici) stay up late; **a più** ~ see you later; **svegliarsi troppo** ~ oversleep

tardiva'mente *adv* late

tar'divo *adj* late; (bambino) intellectually challenged

'tardo *adj* slow; (pomeriggio, mattinata) late

'targa *f* plate; Auto number plate

tar'gato *adj* **un'auto targata...** a car with the registration number...

targ'hetta *f* (su porta) nameplate; (sulla valigia) name tag
■ **targhetta di circolazione** number plate; **targhetta commemorativa** memorial plaque; **targhetta stradale** street sign

ta'riffa *f* rate, tariff; **a** ~ **ridotta** Teleph off-peak
■ **tariffa aerea** airfare; **tariffa doganale** customs tariff; **tariffa ferroviaria** [rail] fares; **tariffa interna** inland postage; **tariffa ore di punta** peak rate; **tariffa professionale** [professional] fee; **tariffa telefonica** telephone charges; **tariffa unica** flat rate

tarif'fario **A** *adj* tariff (*adv*)
B *m* price list

tar'larsi *vr* get worm-eaten

tar'lato *adj* worm-eaten

'tarlo *m* woodworm

'tarma *f* moth

tar'marsi *vr* get moth-eaten

tarmi'cida *m* moth-repellent

ta'rocco *m* tarot; **tarocchi** *pl* tarot

tar'pare *vt* clip

tartagli'are *vi* stutter

'tartaro *adj & nm* tartar; **salsa tartara** tartar[e] sauce

tarta'ruga *f* **1** Zool tortoise; (di mare) turtle; (per pettine ecc.) tortoiseshell **2** infml (addominali) six pack

tartas'sare *vt* (angariare) harass

tar'tina *f* canapé

tar'tufo *m* truffle

'tasca *f* pocket; (in borsa) compartment; **da** ~ pocket *attrib*; **avere le tasche piene di qualcosa** infml have had a bellyful of something; **se ne è stato con le mani in** ~ fig he didn't lift a finger [to help]
■ **tasca a battente** flap pocket; **tasca del nero** (di polpo, seppia) ink sac; **tasca da pasticciere** icing bag; **tasca tagliata** slit pocket; **tasca a toppa** patch pocket

ta'scabile **A** *adj* pocket *attrib*
B *m* paperback

tasca'pane *m inv* haversack

ta'schino *m* breast pocket

'tassa *f* tax; (d'iscrizione ecc.) fee; (doganale) duty
■ **tassa di circolazione** road tax; **tassa di esportazione** export duty; **tassa d'iscrizione** registration fee; **tassa di soggiorno** tourist tax, visitors' tax; **tasse** *pl* **scholastiche** school fees; **tasse** *pl* **universitarie** tuition fees

tas'sabile *adj* taxable

tas'sametro *m* meter

tas'sare *vt* tax

tassativa'mente *adv* without fail

tassa'tivo *adj* strict

tassazi'one *f* taxation

tas'sello *m* wedge; (di stoffa) gusset; (per legno, parete) Rawlplug

tassì *m inv* taxi

tas'sista *mf* taxi driver

'tasso¹ *m* Bot yew; (animale) badger

'tasso² *Comm* rate
■ **tasso agevolato** cut rate; **prestito a** ~ **agevolato** soft loan; **tasso base** base rate; **tasso base di interesse** base lending rate; **tasso di cambio** exchange rate; **tasso di crescita** growth rate; **tasso di disoccupazione** unemployment rate; **tasso d'inquinamento** pollution level; **tasso di interesse** interest

rate; **tasso di mortalità** death rate; **tasso di sconto** discount rate

ta'stare *vt* feel; **~ il terreno** fig test the water *or* ground

tasti'era *f* keyboard

■ **tastiera numerica** Comput numeric keypad; **telefono a tastiera** touch-tone telephone

tastie'rino *m*

■ **tastierino numerico** numeric keypad

tastie'rista *mf* keyboarder

'tasto *m* key; (tatto) touch

■ **tasto Alt** Alt key; **tasto di cancellazione** delete key; **tasto control** Comput control key; **tasto cursore** Comput cursor key; **tasto delicato** fig touchy subject; **tasto eject** eject button; **tasto escape** escape key; **tasto funzione** Comput function key; **tasto numerico** Comput numeric[al] key; **tasto di ritorno a margine** return key; **tasto tabulatore** tab [key]

ta'stoni *adv* **a ~** gropingly; **camminare a ~** grope around; **cercare qualcosa a ~** grope for something

'tattica *f* tactics *pl*

'tattico *adj* tactical

'tattile *adj* tactile

'tatto *m* (senso) touch; (accortezza) tact; **aver ~** be tactful

tatu'aggio *m* tattoo

tatu'are *vt* tattoo

tautolo'gia *f* tautology

tauto'logico *adj* tautological

'tavola *f* table; (illustrazione) plate; (asse) plank; **saper stare a ~** have good table manners; **calmo come una ~** (mare) like a mill pond

■ **tavola calda** snack bar; **tavola fredda** salad bar; **tavola periodica degli elementi** periodic table; **tavola pitagorica** multiplication table; **tavola rotonda** fig round table; **tavola a vela** sailboard; **fare ~ a vela** sailboard, windsurf

tavo'lato *m* (pavimento) wooden flooring

tavo'letta *f* bar; (medicinale) tablet; **andare a ~** Auto drive flat out

■ **tavoletta di cioccolata** chocolate bar; **tavoletta grafica** Comput digitizing tablet

tavo'lino *m* [small] table; (da salotto) coffee table

'tavolo *m* table

■ **tavolo anatomico** mortuary table, slab infml; **tavolo da biliardo** pool table; **tavolo da cucina** kitchen table; **tavolo da gioco** card table; **tavolo operatorio** Med operating table; **tavolo da pranzo** dining table

tavo'lozza *f* palette

'taxi *m inv* taxi

'tazza *f* cup; (del water) bowl

■ **tazza da caffè/tè** coffee cup/teacup

taz'zina *f*

■ **tazzina da caffè** espresso coffee cup

TBC *nf abbr* (**tubercolosi**) TB

T.C.I. *abbr* (**Touring Club Italiano**) *association promoting tourism nationally and internationally*

te *pers pron* you; **te l'ho dato** I gave it to you

tè *m inv* tea

■ **tè al latte** tea with milk; **tè al limone** lemon tea

TEAM *nf abbr* (**Tessera Europea di Assicurazione Malattia**) EHIC

tea'trale *adj* theatre *attrib*; (affettato) theatrical

te'atro *m* theatre

■ **teatro all'aperto** open-air theatre; **teatro lirico** opera [house]; **teatro neorealista** kitchen sink drama; **teatro di posa** Cinema set; **teatro tenda** *marquee for fashions shows, concerts etc.*

'techno *f inv* techno (music)

'tecnico, -a A *adj* technical
B *mf* technician

■ **tecnico elettronico** electronics engineer; **tecnico informatico** computer engineer; **tecnico delle luci** Cinema, TV gaffer; **tecnico delle riparazioni** repairman; **tecnico del suono** sound technician
C *f* technique

tec'nigrafo *m* drawing board

tec'nocrate *mf* technocrat

tec'nofobo *adj* technophobe

tecnolo'gia *f* technology

tecno'logico *adj* technological

te'desco, -a *adj & nmf* German

'tedio *m* tedium

tedi'oso *adj* tedious

'TEE *nm abbr* (**treno espresso transeuropeo**) Trans Europe Express [train]

te'game *m* saucepan; **uova al ~** fried eggs

'teglia *f* baking tin

'tegola *f* tile; fig blow

tei'era *f* teapot

te'ina *f* theine

tek *m* teak

tel. *abbr* (**telefono**) tel.

'tela *f* cloth; (per quadri, vele) canvas; Theat curtain

■ **tela cerata** oilcloth; **tela indiana** cheesecloth; **tela di iuta** hessian; **tela di lino** linen; **tela rigida** buckram

te'laio *m* (di bicicletta, finestra) frame; Auto chassis; (per tessere) loom

'tele *f* infml telly, TV

tele'camera *f* television camera

telecoman'dato *adj* remote-controlled, remote control *attrib*

teleco'mando *m* remote control

'Telecom I'talia *f* Italian State telephone company

telecomunicazi'oni *fpl* telecommunications, telecomms

teleconfe'renza *f* teleconference

key word

tele'cronaca *f* [television] commentary; **fare la ~ di** commentate on
■ **telecronaca diretta** live [television] coverage; **telecronaca registrata** recording
telecro'nista *mf* television commentator
tele'ferica *f* cableway
tele'film *m inv* film [made] for television
■ **telefilm a episodi** series
telefo'nare *vt & vi* [tele]phone, ring
telefo'nata *f* call, [tele]phone call; **fare una ~** make a phone call
■ **telefonata anonima** nuisance call; **telefonata a carico del destinatario** reverse charge [phone] call; **fare una ~ a carico [del destinatario]** reverse the charges; **telefonata interurbana** long-distance call; **telefonata di lavoro** business call; **telefonata in teleselezione** ≈ STD call; **telefonata urbana** local call
telefonica'mente *adv* by [tele]phone
tele'fonico *adj* [tele]phone *attrib*
telefo'nino *m* mobile [phone]
telefo'nista *mf* operator
te'lefono *m* telephone, phone; **numero di ~** telephone number
■ **telefono amico** the Samaritans; **telefono azzurro** children in need help line; **telefono cellulare** cell [tele]phone, mobile; **telefono cordless** cordless [phone]; **telefono interno** intercom; **telefono a monete** pay phone; **telefono pubblico** public telephone; **telefono rosso** Mil, Pol hotline; **telefono satellitare** satellite phone; **telefono a scatti** *telephone with call charges based on time units*; **telefono a scheda** cardphone; **telefono a tastiera** push-button phone
tele'genico *adj* telegenic
telegior'nale *m* television news
telegra'fare *vt* telegraph
telegra'fia *f* telegraphy
telegrafica'mente *adv* (con telegrafo) by telegram
tele'grafico *adj* telegraphic; (risposta) monosyllabic; **sii ~** keep it brief
te'legrafo *m* telegraph
tele'gramma *m* telegram
telela'voro *m* teleworking
tele'matica *f* data communications, telematics *sg*
teleno'vela *f* soap opera
teleobiet'tivo *m* telephoto lens
telepa'tia *f* telepathy
tele'patico *adj* telepathic
tele'quiz *m inv* TV quiz programme
teleradiotra'smettere *vt* simulcast
telero'manzo *m* television serial
tele'schermo *m* television screen
tele'scopio *m* telescope
telescri'vente *f* telex [machine]
teleselet'tivo *adj* direct dialling
teleselezi'one *f* subscriber trunk dialling, STD; **chiamare in ~** call direct, dial direct
■ **teleselezione internazionale** international direct dialling
telespetta|'tore, -trice *mf* viewer; **i telespettatori** the viewing public
tele'text *m* Teletext
'telethon *m inv* telethon
Tele'video *m* Teletext, Ceefax
televisi'one *f* television; **guardare la ~** watch television; **alla ~** on television
■ **televisione ad alta definizione** high-definition television; **televisione in bianco e nero** black and white television; **televisione via cavo** cable TV; **televisione a circuito chiuso** closed-circuit television, CCTV; **televisione a colori** colour television; **televisione satellitare** satellite television
televi'sivo *adj* television, TV *attrib*; **apparecchio ~** television set; **operatore ~** television cameraman
televi'sore *m* television [set], TV [set]
■ **televisore portatile** portable [TV], portable [television set]; **televisore con schermo panoramico** wide-screen TV
tele'voto *m* phone voting, phone vote
'telex **A** *m inv* telex
B *adj inv* telex *attrib*
tel'lurico *adj* telluric
'telo *m* [piece of] cloth
■ **telo da bagno** beach towel; **telo di salvataggio** rescue blanket
'tema *m* theme; Sch essay
te'matica *f* main theme
teme'rario *adj* reckless
te'mere **A** *vt* be afraid of
B *vi* be afraid
tem'paccio *m* filthy weather
'tempera *f* tempera; (pittura) painting in tempera
temperama'tite *m inv* pencil sharpener
tempera'mento *m* temperament
tempe'rare *vt* temper; sharpen ‹*matita*›
tempe'rato *adj* temperate
tempera'tura *f* temperature
■ **temperatura ambiente** room temperature
tempe'rino *m* penknife
tem'pesta *f* storm
■ **tempesta magnetica** magnetic storm; **tempesta di neve** snowstorm; **tempesta di sabbia** sandstorm
tempe'stare *vt* **~ qualcuno di colpi** rain blows on somebody; **~ qualcuno di domande** bombard somebody with questions
tempe'stato *adj* (anello, diadema) encrusted (**di** with)
tempestiva'mente *adv* quickly, in a short space of time
tempe'stivo *adj* timely, well-timed
tempe'stoso *adj* stormy

'tempia *f* Anat temple
'tempio *m* Relig temple
tem'pismo *m* timing
🔑 **'tempo** *m* time; (atmosferico) weather; Mus tempo; Gram tense; (di film) part; (di partita) half; **a suo ~** in due course; **~ fa** some time ago; **per molto ~, per tanto ~** for a long time; **tanto ~ fa** a long time ago; **un ~** once; **ha fatto il suo ~** it's out of date; **a ~ indeterminato** (contratto) permanent; **primo tempo** (di film, partita) first half
■ **tempo di accesso** Comput access time; **tempo di cottura** cooking time; **tempo di esposizione** Phot exposure time; **tempo libero** free time, leisure time; **tempo limite di accettazione** latest check-in time; **tempo di pace** peacetime; **tempo reale** Comput real time; **in tempo reale** real-time *attrib*; **tempo supplementare** extra time; Sport extra time, overtime AmE; **andare ai tempi supplementari** Sport go into extra time
tempo'rale **A** *adj* temporal
B *m* [thunder]storm
temporanea'mente *adv* temporarily
tempo'raneo *adj* temporary
temporeggi'are *vi* play for time
tem'prare *vt* form
te'nace *adj* tenacious, strong-willed
tenace'mente *adv* tenaciously
te'nacia *f* tenacity
te'naglia *f* pincers *pl*
'tenda *f* curtain; (per campeggio) tent; (tendone) awning; **tirare le tende** draw the curtains
■ **tenda della doccia** shower curtain; **tenda a igloo** dome tent; **tenda a ossigeno** oxygen tent
ten'denza *f* tendency
■ **tendenza al rialzo/ribasso** Fin bull/bear market
tendenzial'mente *adv* by nature
tendenzi'oso *adj* tendentious
🔑 **'tendere** **A** *vt* (allargare) stretch [out]; (tirare) tighten; (porgere) hold out; fig lay ‹*trappola*›
B *vi* **~ a** aim at; (essere portato a) tend to
'tendersi *vr* tauten
'tendine *m* tendon
■ **tendine d'Achille** Achilles tendon; **tendine del garretto** hamstring; **tendine del ginocchio** hamstring
ten'done *m* awning; (di circo) tent
■ **tendone del circo** big top
ten'dopoli *f inv* tent city
'tenebre *fpl* darkness
tene'broso **A** *adj* gloomy
B *m* **bel ~** dark and handsome man
🔑 **te'nente** *m* lieutenant
■ **tenente colonnello** wing commander
tenera'mente *adv* tenderly
🔑 **te'nere** **A** *vt* hold; (mantenere) keep; (gestire) run; (prendere) take; (seguire) follow; (considerare) consider
B *vi* hold; **~ stretto** hold tight; **~ a qualcosa** (oggetto) be fond of something; **tengo alla sua presenza** I very much want him to be there; **~ per** (squadra) support
🔑 **tene'rezza** *f* tenderness
🔑 **'tenero** *adj* tender
tene'rone, -a *mf* softie
te'nersi *vr* hold on (**a** to); (in una condizione) keep oneself; **~ indietro** stand back
'tenia *f* tapeworm
'tennis *m* tennis
■ **tennis da tavolo** table tennis
ten'nista *mf* tennis player
te'nore *m* standard; Mus tenor; **a ~ di legge** by law
■ **tenore di vita** standard of living
tensi'one *f* tension; Electr voltage; **mettere sotto ~** energize; **in ~** under stress
■ **alta tensione** high voltage; **tensione premestruale** premenstrual tension, PMT
ten'tacolo *m* tentacle
🔑 **ten'tare** *vt* attempt; (sperimentare) try; (indurre in tentazione) tempt; **~ la strada di** make a foray *or* venture into
🔑 **tenta'tivo** *m* attempt
ten'tato *adj* **~ suicidio** suicide attempt
tentazi'one *f* temptation
tentenna'mento *m* wavering; **ha avuto dei tentennamenti** he wavered a bit
tenten'nare *vi* waver
ten'toni *adv* **cercare qualcosa a ~** grope for something
'tenue *adj* fine; (debole) weak; (esiguo) small; (leggero) slight
te'nuta *f* (capacità) capacity; Sport; (resistenza) stamina; (possedimento) estate; (divisa) uniform; (abbigliamento) clothes *pl*; **a ~ d'aria** airtight
■ **tenuta di strada** road holding
teolo'gia *f* theology
teo'logico *adj* theological
te'ologo *m* theologian
teo'rema *m* theorem
teo'ria *f* theory
■ **teoria del complotto** conspiracy theory
teorica'mente *adv* theoretically
te'orico *adj* theoretical
te'pore *m* warmth
'teppa *f* mob
tep'pismo *m* hooliganism
tep'pista *m* hooligan, yob infml
te'quila *f inv* tequila
tera'peutico *adj* therapeutic
tera'pia *f* therapy; **in ~** in therapy
■ **terapia genica** gene therapy; **terapia di gruppo** group therapy; **terapia intensiva** critical care; **terapia ormonale sostitutiva** hormone replacement therapy, HRT; **terapia**

t

🔑 key word

d'urto shock treatment

tergicri'stallo *m* windscreen wiper, windshield wiper AmE

tergilu'notto *m* rear windscreen wiper

tergiver'sante *adj* equivocating, pussyfooting infml

tergiver'sare *vi* equivocate, pussyfoot around infml

'tergo *m* **a ~** behind; **segue a ~** please turn over, PTO

teri'lene® *m* Terylene®

'terital® *m* Terylene®

ter'male *adj* thermal; **stazione ~** spa

'terme *fpl* thermal baths

'termico *adj* thermal; **borsa termica** cool bag

'terminal *m inv* air terminal

termi'nale *adj & nm* terminal; **malato ~** terminally ill person

termina'lista *mf* computer operator

termi'nare *vt & vi* end, finish

terminazi'one *f* (fine) termination; Gram ending

■ **terminazione nervosa** nerve ending

'termine *m* (limite) limit; (fine) end; (condizione, parola) term; (scadenza) deadline; **ai termini della legge...** under the terms of act...; **contratto a ~** fixed-term contract

■ **termine di paragone** Gram term of comparison; **termine ultimo** final deadline

terminolo'gia *f* terminology

'termite *f* termite

termoco'perta *f* electric blanket

termogra'fia *f* thermal imaging

ter'mometro *m* thermometer

'termos *m inv* thermos®

termosi'fone *m* radiator; (sistema) central heating

ter'mostato *m* thermostat

termotera'pia *f* Med heat treatment

termovalorizza'tore *m* waste-to-energy plant

termoventila'tore *m* fan heater

'terra *f* earth; (regione) land; (terreno) ground; (argilla) clay; (cosmetico) bronzing powder; **a ~** (sulla costa) ashore; (installazioni) onshore; **essere a ~** (gomma) be flat; fig be at rock bottom; **per ~** on the ground; (su pavimento) on the floor; **sotto ~** underground; **far ~ bruciata** carry out a scorched earth policy

■ **terra promessa** Promised Land; **Terra Santa** Holy Land; **terra di Siena** sienna

terra'cotta *f* terracotta; **vasellame di ~** earthenware

terra'ferma *f* dry land

Terra'nova *f* Newfoundland

terrapi'eno *m* embankment

ter'razza *f*, **ter'razzo** *m* balcony

terremo'tato, -a **A** *adj* (zona) affected by an earthquake

B *mf* earthquake victim

terre'moto *m* earthquake

ter'reno **A** *adj* earthly

B *m* ground; (suolo) soil; (proprietà terriera) land; **perdere/guadagnare ~** lose/gain ground

■ **terreno alluvionale** alluvial soil; **terreno di bonifica** reclaimed land; **terreno boschivo** woodland; **terreno edificabile** building land; **terreno di gioco** playing field; **terreno di scontro** battlefield

ter'restre *adj* terrestrial; (superficie, diametro) of the earth; **esercito ~** land forces *pl*

ter'ribile *adj* terrible

terribil'mente *adv* terribly

ter'riccio *m* potting compost

'terrier *m inv* terrier

terri'ero *adj* (proprietario) land *attrib*; (aristocrazia) landed; **proprietà** *pl* **terriere** landed property

terrifi'cante *adj* terrifying

territori'ale *adj* territorial; **acque territoriali** territorial waters

terri'torio *m* territory

ter'rone, -a *mf* derog bloody Southerner

ter'rore *m* terror

terro'rismo *m* terrorism

terro'rista *mf* terrorist

terroriz'zare *vt* terrorize

'terso *adj* clear

'terza *f* (marcia) third [gear]

ter'zetto *m* trio

terzi'ario **A** *adj* tertiary

B *m* service sector, tertiary sector

'terzo **A** *adj* third; **di terz'ordine** (locale, servizio) third-rate; **fare il ~ grado a qualcuno** give somebody the third degree; **la terza età** the third age; **il ~ mondo** the Third World

■ **terzo settore** voluntary sector

B *m* third; **terzi** *pl* Jur third party

terzo'genito, -a *mf* third-born

ter'zultimo, -a *adj & n* third from last

'tesa *f* brim

'teschio *m* skull

'tesi *f inv* thesis

'teso **A** pp di **tendere**

B *adj* taut; fig tense

tesore'ria *f* treasury

tesori'ere *m* treasurer

te'soro *m* treasure; (tesoreria) treasury; **ministro del Tesoro** Finance Minister; Chancellor of the Exchequer BrE

'tessera *f* card; (abbonamento all'autobus) season ticket; (di club) membership card

■ **tessera magnetica** swipe card; **tessera dei trasporti pubblici** travel card; **tessera di sconto** discount card

'tessere *vt* weave; hatch ‹*complotto*›; **~ le lodi di qualcosa** sing the praises of something

t

tesse'rino *m* travel card
'tessile A *adj* textile
B *m* **tessili** *pl* textiles; (operai) textile workers
tessi|'tore, -trice *mf* weaver
tessi'tura *f* weaving
tes'suto A pp di **tessere**
B *adj* woven; ~ **a mano** hand-woven
C *m* fabric, material; Anat tissue
■ **tessuto sintetico** synthetic material; **tessuto di spugna** terry towelling
'test *m inv* test; **test genetici** *pl* genetic testing
■ **test alcolimetrico** alcohol test; **test del DNA** DNA test
'testa *f* head; (cervello) brain; **essere in ~ a** be ahead of; **in ~** Sport in the lead; **~ o croce?** heads or tails?; **fare a ~ o croce** spin a coin, toss a coin; **andare a ~ alta** hold one's head up
■ **testa di rapa** infml pinhead; **testa di sbarco** beachhead; **testa di serie** (squadra) seeded team; **testa del treno** front of the train
testa-'coda *m inv* **fare un ~** spin right round
testa'mento *m* will
■ **testamento biologico** living will; **Antico Testamento** Relig Old Testament; **Nuovo Testamento** Relig New Testament
testar'daggine *f* stubbornness
testarda'mente *adv* stubbornly
te'stardo *adj* stubborn
te'stare *vt* test
te'stata *f* head; (intestazione) heading; (colpo) [head]butt
■ **testata nucleare** nuclear warhead
'teste *mf* witness
'tester *m inv* tester
te'sticolo *m* testicle
testi'mone *mf* witness; **essere ~ di qualcosa** witness something
■ **testimone di Geova** Jehovah's Witness; **testimone oculare** eye witness
testi'monial *mf inv celebrity who endorses a product*
testimoni'anza *f* testimony; **falsa ~** Jur perjury
testimoni'are A *vt* testify to
B *vi* testify, give evidence
te'stina *f* head; (di stampante) printhead
■ **testina di cancellazione** Comput erase head; **testina di lettura** Comput read head; **testina rotante** (di macchina da scrivere) golf ball; **testina di vitello** Culin calf's head
'testo *m* text; **far ~** be authoritative; **con ~ a fronte** (traduzione) with the original text on the opposite page
te'stone, -a *mf* blockhead
testoste'rone *m* testosterone
testu'ale *adj* textual

'tetano *m* tetanus
te'traggine *f* bleakness
tetra'pak® *m inv* tetrapak
'tetro *adj* bleak
tetta'rella *f* teat
'tetto *m* roof; **abbandono del ~ coniugale** Jur desertion
■ **tetto apribile** (di auto) sun[shine] roof; **tetto a terrazza** flat roof
tet'toia *f* roofing
tet'tuccio *m*
■ **tettuccio apribile** sun-roof
teu'tonico *adj* Teutonic
'Tevere *m* Tiber
TFR *nm abbr* (**trattamento di fine rapporto**) severance pay
tg, TG *nm abbr* (**telegiornale**) (television) news
ti *pers pron* you; (riflessivo) yourself; **ti ha dato un libro** he gave you a book; **lavati le mani** wash your hands; **eccoti!** here you are!; **sbrigati!** hurry up!
ti'ara *f* tiara
'Tibet *m* Tibet
tic *m inv* tic
ticchet'tare *vi* tick
ticchet'tio *m* ticking
'ticchio *m* tic; (ghiribizzo) whim
'ticket *m inv* (per farmaco, analisi) prescription charges (*amount paid by National Health patients*)
tie-break *m inv* tie break[er]
tiepida'mente *adv* half-heartedly
ti'epido *adj* lukewarm; fig half-hearted
ti'fare *vi* **~ per** be a fan of
'tifo *m* Med typhus; **fare il ~ per** (appoggiare) be a fan of
tifoi'dea *f* typhoid
ti'fone *m* typhoon
ti'foso, -a *mf* fan
tight *m inv* morning dress
'tiglio *m* lime
'tigna *f* ringworm
ti'grato *adj* **gatto ~** tabby [cat]
'tigre *f* tiger
'tilde *mf* tilde
tim'ballo *m* Culin pie
tim'brare *vt* stamp; **~ il cartellino** (all'entrata) clock in; (all'uscita) clock out
'timbro *m* stamp; (di voce) tone
■ **timbro a secco** embossing stamp
time out *m inv* Sport time out
'timer *m inv* timer
timida'mente *adv* timidly, shyly
timi'dezza *f* timidity, shyness
'timido *adj* timid, shy
'timo *m* thyme
ti'mone *m* rudder
■ **timone di direzione** (di aereo) rudder; **timone**

di quota (di aereo) elevator
timoni'ere *m* helmsman
timo'rato *adj* ~ **di Dio** God-fearing
ti'more *m* fear; (soggezione) awe
'Timor 'Est *m* East Timor
timo'roso *adj* timorous
'timpano *m* eardrum; Mus kettledrum; **timpani** *pl* Mus timpani, kettledrums; **rompere i timpani a qualcuno** fig shatter somebody's eardrums
ti'nello *m* dining room
'tingere *vt* dye; (macchiare) stain
'tingersi *vr* (viso, cielo) be tinged (**di** with); ~ **i capelli** have one's hair dyed; (da solo) dye one's hair
'tino *m*, **ti'nozza** *f* tub
'tinta *f* dye; (colore) colour; **in** ~ **unita** plain, self-coloured
tinta'rella *f* infml suntan
tintin'nare *vi* tinkle
'tinto pp di **tingere**
tinto'ria *f* (negozio) cleaner's
tin'tura *f* dyeing; (colorante) dye
■ **tintura di iodio** iodine
tipica'mente *adv* typically
'tipico *adj* typical
'tipo *m* type; infml (individuo) chap, guy
tipogra'fia *f* printer's; (arte) typography
tipo'grafico *adj* typographic[al]
ti'pografo *m* printer
tip tap *m* tap dancing
ti'raggio *m* draught
tiranneggi'are *vt* tyrannize
tiran'nia *f* tyranny
ti'ranno, -a A *adj* tyrannical
B *mf* tyrant
tiranno'sauro *m* tyrannosaurus
ti'rante *m* rope
tirapi'edi *m inv* derog hanger-on
tira'pugni *m inv* knuckle-duster
ti'rare A *vt* pull; (gettare) throw; (nel calcio) kick; (tracciare) draw; (stampare) print; infml land ‹*calci, pugni*›
B *vi* pull; (vento) blow; (abito) be tight; (sparare) fire; ~ **avanti** fig get by; ~ **su** bring up ‹*figli*›; (da terra) pick up; **tirar su [col naso]** sniffle
ti'rarsi *vr* ~ **indietro** fig back out, pull out
tiras'segno *m* target shooting; (alla fiera) rifle range
ti'rata *f* (strattone) pull, tug; **in una** ~ in one go; **dare a qualcuno una** ~ **d'orecchi** fig give somebody a telling off
tira'tore *m* shot
■ **tiratore scelto** marksman
tira'tura *f* printing; (di giornali) circulation; (di libri) [print] run
tirchie'ria *f* meanness
'tirchio *adj* mean
tiri'tera *f* spiel
'tiro *m* (lancio) throw; (azione) throwing; (sparo) shot; (azione) shooting; (scherzo) trick; **cavallo da** ~ draught horse
■ **tiro con l'arco** archery; **tiro al bersaglio** target practice; **tiro alla fune** tug of war; **tiro al piattello** clay pigeon shooting; **tiro in porta** shot at goal; **tiro a segno** rifle range
tiroci'nante *mf* trainee
tiro'cinio *m* training
ti'roide *f* thyroid
Tir'reno *m* **il [mar]** ~ the Tyrrhenian Sea
ti'sana *f* herb[al] tea
'tisi *f* consumption
ti'tanio *m* titanium
tito'lare A *adj* permanent
B *mf* (proprietario) owner; (calcio) regular player; Jur (di diritto) holder
'titolo *m* title; (accademico) qualification; Comm security; **a** ~ **di** as; **a** ~ **di favore** as a favour; **titoli** *pl* (di giornale, telegiornale) headlines
■ **titoli di coda** closing credits; **titolo di credito** credit instrument; **titolo mondiale** world title; **titolo obbligazionario** bond; **titoli delle principali notizie** *pl* news headlines; **titolo in sovrimpressione** superimposed title; **titolo di Stato** government security; **titoli di studio** *pl* qualifications; **titoli di testa** *pl* Cinema, TV opening credits; **titolo a tutta pagina** banner headline
titu'bante *adj* hesitant
titu'banza *f* hesitation
titu'bare *vi* hesitate
tivù *f inv* infml TV, telly
'tizio, -a A *m* so-and-so; **un** ~ some man
B *f* **una tizia** some woman
tiz'zone *m* brand
toc'cante *adj* touching
toc'care A *vt* touch; touch on ‹*argomento*›; (tastare) feel; (riguardare) concern
B *vi* ~ **a** (capitare) happen to; **mi tocca aspettare** I'll have to wait; **tocca a te** it's your turn; (a pagare da bere) it's your round; **'non** ~**'** 'please do not touch'
tocca'sana *m inv* panacea
toc'cato *adj* infml (matto) touched
'tocco A *m* touch; (di pennello, orologio) stroke; (di pane ecc.) chunk; **il** ~ **finale** the finishing touches
B *adj* infml crazy, touched
toc 'toc *m inv* knock, knock
'toga *f* toga; (accademica, di magistrato) gown
'togliere *vt* take off ‹*coperta*›; Math (da scuola) take away; quench ‹*sete*›; take out, remove ‹*tonsille, dente ecc.*›; ~ **qualcosa di mano a qualcuno** take something away from somebody; ~ **qualcuno dai guai** get somebody out of trouble; **ciò non toglie che...** nevertheless..., the fact remains that...; **farsi** ~ **le tonsille** have one's tonsils

t

[taken] out
'togliersi *vr* take off ‹*abito*›; **~ la vita** take one's [own] life; **~ di mezzo** get out of the way; **togliti dai piedi!** get out of the way!
'Togo *m* Togo
toi'lette *f inv* toilet; (mobile) dressing table
to'letta *f* toilet; (mobile) dressing table
tolle'rante *adj* tolerant
tolle'ranza *f* tolerance; **casa di ~** brothel
tolle'rare *vt* tolerate
'tolto pp di **togliere**
to'maia *f* upper
'tomba *f* grave
tom'bino *m* manhole cover
'tombola *f* bingo; (caduta) tumble
to'mino *m* goat cheese
'tomo *m* tome
tomogra'fia *f* Med tomography
■ **tomografia assiale computerizzata** computerized axial tomography, CAT
'tonaca *f* habit
to'nale *adj* tonal
tonalità *f inv* Mus tonality
to'nante *adj* booming
'tondo A *adj* (cifra) round
B *m* circle
'toner *m inv* toner
'tonfo *m* thud; (in acqua) splash
'Tonga *f* Tonga
'tonica *f* Mus keynote
'tonico A *adj* (sillaba) stressed; (muscoli) well toned
B *m* tonic
tonifi'care *vt* tone up ‹*muscoli*›
ton'nara *f* tuna-fishing net
ton'nato *adj* **vitello ~** *veal with a tuna and mayonnaise sauce*
tonnel'laggio *m* tonnage
tonnel'lata *f* ton
■ **tonnellata corta americana** short ton, net ton
'tonno *m* tuna [fish]
'tono *m* tone
ton'sille *fpl* tonsils
tonsil'lite *f* tonsillitis
'tonto *adj* infml thick
top *m inv* (indumento) sun-top
to'pazio *m* topaz
'topless *m inv* **in ~** topless
top 'model *f inv* supermodel, top model
'topo *m* mouse
■ **topo di albergo/appartamento** *thief in a hotel/block of flats*; **topo di biblioteca** bookworm; **topo domestico** domestic mouse
topogra'fia *f* topography
topo'grafico *adj* topographic[al]
to'ponimo *m* place name

key word

topo'ragno *m* shrew
'toppa *f* (rattoppo) patch; (serratura) keyhole
to'race *m* chest
to'racico *adj* thoracic; **gabbia toracica** rib cage
'torba *f* peat
'torbido *adj* cloudy; fig troubled
'torcere *vt* twist; wring [out] ‹*biancheria*›
'torcersi *vr* twist
'torchio *m* press
'torcia *f* torch
■ **torcia elettrica** torch
torci'collo *m* stiff neck
'tordo *m* thrush
to'rero *m* bullfighter
To'rino *f* Turin
tor'menta *f* snowstorm
tormen'tare *vt* torment
tormen'tato *adj* tormented
tor'mento *m* torment
tormen'tone *m* (frase) catchphrase; (argomento) *constantly repeated topic*; (canzone) *catchy song that is constantly played on the radio*
torna'conto *m* benefit
tor'nado *m* tornado
tor'nante *m* hairpin bend
tor'nare *vi* return, go/come back; (ridiventare) become again; ‹*conto*› add up; **~ a sorridere** smile again; **~ su** go back up
tor'neo *m* tournament
'tornio *m* lathe
'torno *m* **togliersi di ~** get out of the way
'toro *m* bull; Astr Taurus
tor'pedine *f* torpedo
torpedini'era *f* torpedo boat
tor'pore *m* torpor
'torre *f* tower; (scacchi) castle
■ **torre d'avorio** ivory tower; **torre di controllo** control tower; **torre di osservazione** observation tower; **torre pendente, torre di Pisa** Leaning Tower of Pisa
torrefazi'one *f* roasting; (negozio) coffee retailer
tor'rente *m* torrent, mountain stream; fig (di lacrime) flood; fig (di parole) torrent
torrenzi'ale *adj* torrential; **in regime ~** in spate
tor'retta *f* turret
'torrido *adj* torrid, sweltering
torri'one *m* keep
tor'rone *m* nougat
torsi'one *f* twisting; (in ginnastica) twist
'torso *m* torso; (di mela, pera) core; **a ~ nudo** bare chested
'torsolo *m* core
'torta *f* cake; (crostata) tart
■ **torta di compleanno** birthday cake; **torta di mele** apple tart; **torta nuziale** wedding cake;

torta pasqualina spinach pie
torti'era *f* cake tin
tor'tino *m* pie
'**torto** **A** pp di **torcere**
B *adj* twisted
C *m* wrong; (colpa) fault; **aver ~** be wrong; **a ~** wrongly; **far ~ a qualcuno** wrong somebody; fig not do somebody justice; **non hai tutti i torti** you're not altogether wrong
'**tortora** *f* turtle dove
tortuosa'mente *adv* tortuously
tortu'oso *adj* winding; (ambiguo) tortuous
tor'tura *f* torture
tortu'rare *vt* torture
'**torvo** *adj* (sguardo) menacing
tosa'erba *m inv* lawnmower
to'sare *vt* shear
tosasi'epi *m inv* hedge trimmer
tosa'tura *f* shearing
To'scana *f* Tuscany
to'scano, -a *adj & nmf* Tuscan
'**tosse** *f* cough
'**tossico** **A** *adj* toxic
B *m* poison
tossicodipen'denza *f* drug addiction, drug habit
tossi'comane *mf* drug addict, drug user
tos'sire *vi* cough
tosta'pane *m inv* toaster
■ **tostapane a espulsione automatica** pop-up toaster
to'stare *vt* toast ‹*pane*›; roast ‹*caffè*›
'**tosto** **A** *adv* (subito) soon
B *adj* infml cool; **faccia tosta** cheek
tot **A** *adj inv* **una cifra ~** such and such a figure
B *m* **un ~** so much
to'tale *adj & nm* total
■ **totale complessivo** grand total; **totale parziale** subtotal
totalità *f inv* entirety; **la ~ dei presenti** all those present
totali'tario *adj* totalitarian
totaliz'zare *vt* total; score ‹*punti*›
totalizza'tore *m* (per scommesse) totalizer, tote
total'mente *adv* totally
'**totano** *m* squid
'**totem** *m inv* totem pole
toto'calcio *m* [football] pools *pl*
'**touche** *f inv* touch line
tou'pet *m inv* toupee
tournée *f inv* tour
to'vaglia *f* tablecloth
tovagli'etta *f*
■ **tovaglietta [all'americana]** place mat
tovagli'olo *m* napkin
■ **tovagliolo di carta** paper napkin
'**tozzo** *adj* squat
■ **tozzo di pane** stale piece of bread
tra = **fra**
trabal'lante *adj* staggering; (sedia) rickety, wonky
trabal'lare *vi* stagger; (veicolo) jolt
tra'biccolo *m* infml contraption; (auto) jalopy
traboc'care *vi* overflow
traboc'chetto *m* trap
traca'gnotto *adj* dumpy
tracan'nare *vt* gulp down
'**traccia** *f* track; (orma) footstep; (striscia) trail; (residuo) trace; fig sign
tracci'are *vt* trace; sketch out ‹*schema*›; draw ‹*linea*›
tracci'ato *m* (schema) layout
■ **tracciato di gara** circuit
tra'chea *f* windpipe, trachea
tra'colla *f* shoulder strap; **borsa a ~** shoulder bag
tra'collo *m* collapse
tradi'mento *m* betrayal; Pol treason; **alto ~** high treason
tra'dire *vt* betray; be unfaithful to ‹*moglie, marito*›
tradi|'tore, -trice *mf* traitor
tradizio'nale *adj* traditional
tradiziona'lista *mf* traditionalist
tradizional'mente *adv* traditionally
tradizi'one *f* tradition
tra'dotto pp di **tradurre**
tra'durre *vt* translate
tradut|'tore, -trice *mf* translator
■ **traduttore elettronico** electronic phrase book
traduzi'one *f* translation
■ **traduzione consecutiva** consecutive interpreting; **traduzione simultanea** simultaneous interpreting
tra'ente *mf* Comm drawer
trafe'lato *adj* breathless
traffi'cante *mf* dealer, trafficker
■ **trafficante d'armi** arms dealer; **trafficante di droga** drug dealer
traffi'care *vi* (affaccendarsi) busy oneself; **~ in** derog traffic in
'**traffico** *m* traffic; Comm trade
■ **traffico aereo** air traffic; **traffico della droga** drug trafficking; **traffico ferroviario** rail traffic; **traffico di stupefacenti** drug trafficking
traffi'cone, -a *mf* infml wheeler dealer
tra'figgere *vt* penetrate, pierce; fig pierce
tra'fila *f* fig rigmarole
trafi'letto *m* minor news item
trafo'rare *vt* bore, drill
tra'foro *m* boring, drilling; (galleria) tunnel; **lavoro di ~** fretwork
trafu'gare *vt* steal
tra'gedia *f* tragedy
traghet'tare *vt* ferry
tra'ghetto *m* ferrying; (nave) ferry

t

tragica'mente *adv* tragically
'tragico A *adj* tragic
B *m* (autore) tragedian
tra'gitto *m* journey; (per mare) crossing
tragu'ardo *m* finishing post; (meta) goal
traiet'toria *f* trajectory
trai'nare *vt* drag; (rimorchiare) tow
tralasci'are *vt* interrupt; (omettere) leave out; ~ **di fare qualcosa** fail to do something, omit to do something
'tralcio *m* Bot shoot
tra'liccio *m* (tela) ticking; (graticcio) trellis
tra'lice **in** ~ *adv* (tagliare) on the slant; (guardare) sideways
tralu'cente *adj* shining
tram *m inv* tram, streetcar AmE
'trama *f* weft; (di film ecc.) plot
traman'dare *vt* hand down
tra'mare *vt* weave; (macchinare) plot
tram'busto *m* turmoil
trame'stio *m* bustle
tramez'zino *m* sandwich
tra'mezzo *m* partition
'tramite A *prep* through
B *m* link; **con il** ~ **di** by means of; **fare da** ~ act as go-between
tramon'tana *f* north wind
tramon'tare *vi* set; (declinare) decline
tra'monto *m* sunset; (declino) decline
tramor'tire A *vt* stun
B *vi* faint
trampoli'ere *m* wader
trampo'lino *m* springboard; (per lo sci) ski jump
■ **trampolino di lancio** fig launch pad
'trampolo *m* stilt
tramu'tare *vt* transform
trance *f inv* trance; **essere in** ~ be in a trance
'trancia *f* shears *pl*; (fetta) slice
tra'nello *m* trap
trangugi'are *vt* gulp down
'tranne *prep* except
tranquilla'mente *adv* peacefully
tranquil'lante *m* tranquillizer
tranquillità *f inv* calm; (di spirito) tranquillity
tranquilliz'zare *vt* reassure
tran'quillo *adj* quiet; (pacifico) peaceful; (coscienza) easy; **stai** ~ **!** (non preoccuparti) don't worry!
transa'tlantico A *adj* transatlantic
B *m* ocean liner
tran'satto pp di **transigere**
transazi'one *f* Comm transaction; Jur settlement
tran'senna *f* (barriera) barrier
transessu'ale *mf* transsexual
tran'setto *m* transept
'transfert *m inv* Psych transference
tran'sigere *vi* Jur reach a settlement; (cedere) compromise
tran'sistor *m inv* infml transistor [radio]
transi'tabile *adj* passable
transi'tare *vi* pass
transi'tivo *adj* transitive
'transito *m* transit; **'divieto di** ~**'** 'no thoroughfare'; **diritto di** ~ right of way
■ **'transito alterno'** 'temporary one-way system'
transi'torio *adj* transitory
transizi'one *f* transition; **di** ~ transitional
tran'tran *m* infml routine
tranvi'ere *m* tram driver, streetcar driver AmE
'trapano *m* drill
■ **trapano elettrico** electric drill
trapas'sare A *vt* pierce, penetrate
B *vi* (morire) pass away
trapas'sato *m* pluperfect
tra'passo *m* passage
trape'lare *vi anche* fig leak out
tra'pezio *m* trapeze; Math trapezium
trapian'tare *vt* transplant
trapi'anto *m* transplant
■ **trapianto di cuore** heart transplant
'trappola *f* trap
tra'punta *f* quilt
'trarre *vt* draw; (ricavare) obtain; ~ **in inganno** deceive
trasa'lire *vi* start
trasan'dato *adj* shabby
trasbor'dare A *vt* transfer; Naut trans-ship
B *vi* change
tra'sbordo *m* trans-shipment
trascenden'tale *adj* transcendental
tra'scendere A *vt* transcend
B *vi* (eccedere) go too far
trasci'nare *vt* drag; fig (entusiasmo) carry away; ~ **e rilasciare** Comput drag and drop
trasci'narsi *vr* drag oneself; (camminare piano) dawdle
tra'scorrere A *vt* spend
B *vi* pass
tra'scritto pp di **trascrivere**
tra'scrivere *vt* transcribe
trascrizi'one *f* transcription
trascu'rabile *adj* negligible
trascu'rare *vt* neglect; (non tenere conto di) disregard
trascurata'mente *adv* carelessly
trascura'tezza *f* negligence
trascu'rato *adj* negligent; (curato male) neglected; (nel vestire) slovenly
traseco'lato *adj* amazed
trasferi'mento *m* transfer; (trasloco) move
■ **trasferimento automatico** direct debit;

t

key word

trasferimento bancario bank transfer

trasfe'rire *vt* transfer

trasfe'rirsi *vr* move

tra'sferta *f* transfer; (indennità) subsistence allowance; Sport away match; **in ~** (impiegato) on secondment; **giocare in ~** play away

trasfigu'rare *vt* transfigure

trasfor'mare *vt* transform; (in rugby) convert

trasfor'marsi *vr* be transformed; **~ in** turn into

trasforma'tore *m* transformer

trasformazi'one *f* transformation; (in rugby) conversion

trasfor'mista *mf* (artista) quick-change artist

trasfusi'one *f* transfusion

trasgre'dire *vt* disobey; Jur infringe

trasgredi'trice *f* transgressor

trasgressi'one *f* infringement; (di ordine) failure to obey

trasgres'sivo *adj* intended to shock

trasgres'sore *m* transgressor

tra'slato *adj* metaphorical

traslitte'rare *vt* transliterate

traslo'care **A** *vt* move
B *vi* move [house]

traslo'carsi *vr* move [house]

tra'sloco *m* move; **compagnia di ~** removal company

tra'smesso pp di **trasmettere**

tra'smettere *vt* pass on; TV, Radio broadcast; Techn, Med transmit

trasmetti'tore *m* transmitter

trasmis'sibile *adj* transmissible

trasmissi'one *f* transmission; TV, Radio programme
■ **trasmissione dati** data transmission; **trasmissione via fax** fax transmission; **trasmissione radiofonica** radio programme; **trasmissione remota** remote transmission; **trasmissione televisiva** television programme

trasmit'tente **A** *m* transmitter
B *f* broadcasting station

traso'gnare *vi* day-dream

traso'gnato *adj* dreamy

traspa'rente *adj* transparent

traspa'renza *f* transparency; **in ~** against the light

traspa'rire *vi* show [through]

traspi'rare *vi* perspire; fig transpire

traspirazi'one *f* perspiration

tra'sporre *vt* transpose

traspor'tare *vt* transport; **lasciarsi ~ da** get carried away by; **~ con ponte aereo** airlift

traspor'tato *adj* transported; **~ dall'aria** airborne

trasporta'tore *m* conveyor; (società) transport company, road haulier

tra'sporto *m* transport; fig (passione) passion; **ministro dei trasporti** Ministry of Transport
■ **trasporto aereo** air freight; **trasporto ferroviario** rail transport; **trasporto pesante** heavy goods transport; **trasporti pubblici** *pl* public transport; **trasporto stradale** road transport, road haulage

trastul'lare *vt* amuse

trastul'larsi *vr* amuse oneself; (perdere tempo) fool around

trasu'dare **A** *vt* ooze [with]
B *vi* ooze

trasver'sale *adj* transverse; **strada ~** cross street

trasversal'mente *adv* widthways

trasvo'lare **A** *vt* fly over
B *vi* **~ su** fig skim over

trasvo'lata *f* crossing [by air]

'tratta *f* (traffico illegale) trade; Comm draft
■ **tratta bancaria** Fin banker's draft; **tratta delle bianche** white slave trade; **tratta documentaria** documentary bill

trat'tabile *adj* or nearest offer, o.n.o.

tratta'mento *m* treatment
■ **trattamento automatico delle informazioni** electronic data processing, EDP; **trattamento di bellezza** beauty treatment; **trattamento di fine rapporto** severance pay; **trattamento dell'immagine** image processing; **trattamento di riguardo** special treatment

trat'tante *adj* conditioning

trat'tare **A** *vt* treat; (commerciare in) deal in; (negoziare) negotiate
B *vi* **~ di** deal with

trat'tario *m* Comm drawee

trat'tarsi *vr* **di che si tratta?** what's it about?; **si tratta di...** it's about...

tratta'tive *fpl* negotiations; **il tavolo delle ~** the negotiating table

trat'tato *m* treaty; (opera scritta) treatise
■ **trattato di pace** peace treaty

tratteggi'are *vt* outline; (descrivere) sketch

tratte'nere *vt* (far restare) keep; hold ‹*respiro, in questura*›; hold back ‹*lacrime, riso*›; (frenare) restrain; (da paga) withhold; **sono stato trattenuto** (ritardato) I got held up

tratte'nersi *vr* restrain oneself; (fermarsi) stay; **~ su** (indugiare) dwell on

tratteni'mento *m* entertainment; (ricevimento) party

tratte'nuta *f* deduction

trat'tino *m* dash; (in parole composte) hyphen

'tratto **A** pp di **trarre**
B *m* (di spazio, tempo) stretch; (di penna) stroke; (linea) line; (brano) passage; **tratti** *pl* (lineamenti) features; **a tratti** at intervals; **ad un ~** suddenly

trat'tore *m* tractor

tratto'ria *f* restaurant

t

'trauma *m* trauma
trau'matico *adj* traumatic
traumatiz'zante *adj* traumatic
traumatiz'zare *vt* traumatize
tra'vaglio *m* labour; (angoscia) anguish
trava'sare *vt* decant
tra'vaso *m* decanting
trava'tura *f* beams *pl*
'trave *f* beam
■ **trave a sbalzo** cantilever
tra'veggole *fpl* **avere le ~** be seeing things
'travellers cheque *m inv* traveller's cheque
tra'versa *f* (nel calcio) crossbar; **è una ~ di via Roma** it's off via Roma, it crosses via Roma
traver'sare *vt* cross
traver'sata *f* crossing
traver'sie *fpl* misfortunes
traver'sina *f* Rail sleeper
tra'verso **A** *adj* crosswise
B *adv* **di ~** crossways; **andare di ~** (cibo) go down the wrong way; **camminare di ~** not walk in a straight line; **guardare qualcuno di ~** look askance at somebody; **sapere per vie traverse** infml find out indirectly
traver'sone *m* (in calcio) cross
travesti'mento *m* disguise
trave'stire *vt* disguise
trave'stirsi *vr* disguise oneself
travesti'tismo *m* transvestism, cross-dressing
trave'stito **A** *adj* disguised
B *m* transvestite
travi'are *vt* lead astray
travisa'mento *m* distortion
travi'sare *vt* distort
travol'gente *adj* overwhelming
tra'volgere *vt* sweep away; (sopraffare) overwhelm
tra'volto pp di **travolgere**
trazi'one *f* traction
■ **trazione anteriore/posteriore** front-/rear-wheel drive
tre *adj & nm* three
tre'alberi *m inv* three-masted ship, three master
trebbi'are *vt* thresh
trebbia'trice *f* threshing machine
'treccia *f* plait, braid; (in maglia) cable; **a trecce** cable *attrib*
tre'cento *adj & nm* three hundred; **il Trecento** the fourteenth century
tredi'cesima *f extra month's salary paid as a Christmas bonus*
tredi'cesimo, -a *adj & nm* thirteenth
'tredici *adj & nm* thirteen
'tregua *f* truce; fig respite
'trekking *m* trekking
tre'mante *adj* trembling, quivering; (per il freddo) shivering
tre'mare *vi* tremble, quiver; (di freddo) shiver
trema'rella *f* infml jitters *pl*
tremenda'mente *adv* terribly, tremendously
tre'mendo *adj* terrible, tremendous; **ho una fame tremenda** I'm terribly hungry
tremen'tina *f* turpentine
tre'mila *adj & nm* three thousand
'tremito *m* tremble, quiver; (per il freddo) shiver
tremo'lare *vi* shake; (luce) flicker
tre'more *m* trembling
'tremulo *adj* tremulous
tre'nino *m* miniature railway
'treno *m* train
■ **treno merci** freight train, goods train; **treno navetta** shuttle; **treno passeggeri** passenger train; **treno postale** mail train; **treno straordinario** special train
'trenta *adj & nm* thirty
■ **trenta e lode** Univ first-class honours
trentatré 'giri *m inv* LP
tren'tenne *adj & nmf* thirty year-old
tren'tesimo *adj & nm* thirtieth
tren'tina *f* **una ~ di** about thirty
trepi'dare *vi* be anxious
'trepido *adj* anxious
treppi'ede *m* tripod
'tresca *f* intrigue; (amorosa) affair
'trespolo *m* perch
triango'lare *adj* triangular
tri'angolo *m* triangle
■ **triangolo delle Bermude** Bermuda Triangle; **triangolo equilatero** equilateral triangle; **triangolo isoscele** isosceles triangle; **triangolo rettangolo** right-angled triangle; **triangolo di segnalazione** warning triangle
tri'bale *adj* tribal
tribo'lare *vi* (soffrire) suffer; (fare fatica) go to a lot of trouble
tribolazi'one *f* suffering
tri'bordo *m* starboard
tribù *f inv* tribe
tri'buna *f* podium, dais; (per uditori) gallery; Sport stand
■ **tribuna coperta** stand; **tribuna riservata al pubblico** public gallery; **tribuna della stampa** press gallery
tribu'nale *m* court
■ **tribunale fallimentare** bankruptcy court; **tribunale minorile** juvenile court; **tribunale penale internazionale** international criminal court, ICC
tribu'tare *vt* bestow, confer

tribu'tario *adj* tax *attrib*
tri'buto *m* tribute; (tassa) tax
tri'checo *m* walrus
tri'ciclo *m* tricycle
trico'lore **A** *adj* three-coloured
B *m* (bandiera) Italian flag
tri'dente *m* trident
tridimensio'nale *adj* three-dimensional
trien'nale *adj* (ogni tre anni) three-yearly; (lungo tre anni) three-year
tri'ennio *m* three-year period
tri'fase *adj* three-phase
tri'foglio *m* clover
trifo'lato *adj sliced thinly and cooked with olive oil, parsley and garlic*
tri'gemino *adj* **parto ~** birth of triplets
'triglia *f* mullet
trigonome'tria *f* trigonometry, trig infml
tri'lingue *adj* trilingual
tril'lare *vi* trill
'trillo *m* trill
trilo'gia *f* trilogy
trime'strale *adj* quarterly
tri'mestre *m* quarter
'trina *f* lace
trin'cea *f* trench
trince'rare *vt* entrench
trincia'pollo *m inv* poultry shears *pl*
trinci'are *vt* cut up
trincia'trice *f*
■ **trinciatrice di documenti** document shredder
Trini'dad e To'bago *m* Trinidad and Tobago
Trinità *f inv* Trinity
'trio *m* trio
trion'fale *adj* triumphal
trionfal'mente *adv* triumphantly
trion'fante *adj* triumphant
trion'fare *vi* triumph (**su** over)
tri'onfo *m* triumph
tri'pletta *f* Sport hat trick
tripli'care *vt* triple
'triplice *adj* triple; **in ~ [copia]** in triplicate
'triplo **A** *adj* treble, triple; **una somma tripla del previsto** an amount three times as much as forecast
B *m* **il ~ (di)** three times as much (as)
'trippa *f* tripe; infml (pancia) belly
tripudi'are *vi* rejoice
tri'pudio *m* jubilation
tris *m* (gioco) noughts and crosses, tick-tack-toe AmE
'triste *adj* sad; (luogo) gloomy
tri'stezza *f* sadness; (di luogo) gloominess
'tristo *adj* nasty
trita'carne *m inv* mincer
tritaghi'accio *m inv* ice crusher
tri'tare *vt* mince
trita'tutto *m inv* (elettrico) [food] processor
'trito *adj* **~ e ritrito** well-worn, trite
tri'tolo *m* TNT
tri'tone *m* (mitologia) Triton; Zool newt
'trittico *m* triptych
trit'tongo *m* triphthong
tritu'rare *vt* chop finely
triumvi'rato *m* triumvirate
tri'vella *f* drill
trivel'lare *vt* drill
trivi'ale *adj* vulgar
tro'feo *m* trophy
troglo'dita *mf* (preistoria) cave-dweller; fig Neanderthal
'trogolo *m* (per maiali) trough
'troia *f* sow; vulg bitch; (sessuale) whore
'tromba *f* trumpet; Auto horn; (delle scale) well; **partire in ~** dive in head first
■ **tromba d'aria** whirlwind; **tromba di Eustachio** Eustachian tube; **tromba di Falloppio** Fallopian tube; **tromba delle scale** stairwell
trom'bare **A** *vt* vulg bonk; infml (in esame) fail
B *vi* vulg bonk
trom'betta *m* toy trumpet
trombetti'ere *m* bugler
trombet'tista *mf* trumpet player
trom'bone *m* trombone
trom'bosi *f* thrombosis
■ **trombosi coronarica** coronary thrombosis; **trombosi venosa profonda** deep-vein thrombosis, DVT
tron'care *vt* sever; truncate ‹*parola*›
tron'chese *m* wire cutters *pl*
tronche'sino *m* (per le unghie) nail clippers *pl*
tron'chetto *m*
■ **tronchetto natalizio** Yule log
'tronco **A** *adj* truncated; **licenziare in ~** fire on the spot
B *m* trunk; (di strada) section
■ **tronco d'albero** tree trunk; **tronco di cono** truncated cone
tron'cone *m* stump
troneggi'are *vi* **~ su** tower over
'trono *m* throne
tropi'cale *adj* tropical
'tropici *mpl* Tropics
'tropico *m* tropic
■ **tropico del Cancro** Tropic of Cancer; **tropico del Capricorno** Tropic of Capricorn
'troppo **A** *adj* too much; (con nomi plurali) too many
B *pron* too much; (plurale) too many; (troppo tempo) too long; **troppi** (troppa gente) too many people; **me ne hai dato ~** you gave me too much
C *adv* too; (con verbi) too much; **~ stanco** too tired; **ho mangiato ~** I ate too much; **hai fame? - non ~** are you hungry? - not very; **sentirsi di ~** feel unwanted

t

'trota *f* trout
■ **trota di mare** sea trout; **trota salmonata** salmon trout
trot'tare *vi* trot
trotterel'lare *vi* trot along; (bambino) toddle
'tratto *m* trot; **andare al ~** trot
'trottola *f* [spinning] top; (movimento) spin
troupe *f inv*
■ **troupe televisiva** camera crew
trousse *f inv* (per trucco) make-up bag
🔑 **tro'vare** *vt* find; (scoprire) find out; (incontrare) meet; (ritenere) think; **andare a ~** go to see
trova'robe *mf* (persona) props *sg*
tro'varsi *vr* find oneself; (luogo) be; (sentirsi) feel
tro'vata *f* bright idea
■ **trovata pubblicitaria** advertising gimmick, publicity stunt
trova'tello, -a *mf* foundling
truc'care *vt* make up; cook ‹*libri contabili*›; soup up ‹*motore*›; rig ‹*partita, elezioni*›
truc'carsi *vr* put one's make-up on
truc'cato *adj* made-up; (libri contabili) cooked; (partita, elezioni) rigged; (motore) souped up
trucca|'tore, -trice *mf* make-up artist
🔑 **'trucco** *m* (cosmetici) make-up; (imbroglio) trick; **trucchi** *pl* **del mestiere** tricks of the trade
'truce *adj* fierce; (delitto) savage
truci'dare *vt* slay
trucio'lato *m* chipboard
'truciolo *m* shaving
trucu'lento *adj* (delitto) savage; (film) violent
'truffa *f* fraud
truf'fare *vt* defraud
truffa|'tore, -trice *mf* fraudster
'trullo *m traditional house with a conical roof found in Apulia*
🔑 **'truppa** *f* troops *pl* (gruppo) group; **truppe** *pl* **d'assalto** assault troops; **truppe** *pl* **di terra** ground troops
T-shirt *f inv* tee shirt, T-shirt
tsu'nami *m* tsunami
🔑 **tu** *pers pron* you; **sei tu?** is that you?; **l'hai fatto tu?** did you do it yourself?; **a tu per tu** in private; **darsi del tu** use the familiar **tu** to each other
'tua ▶ **tuo**
'tuba *f* Mus tuba; (cappello) top hat
tu'bare *vi* coo; (innamorati) bill and coo
tuba'tura *f* piping
tubazi'one *f* piping; **tubazioni** *pl* piping *sg*, pipes
tuberco'lina *f* tuberculin
tuberco'losi *f* tuberculosis
'tubero *m* tuber
tube'rosa *f* tuberose
tu'betto *m* tube
■ **tubetto di colore** tube of paint
tu'bino *m* (vestito) shift; (cappello) bowler; derby AmE
'tubo *m* pipe; Anat canal; **non ho capito un ~** infml I understood zilch
■ **tubo digerente** alimentary canal; **tubo a raggi catodici** cathode ray tube; **tubo di scappamento** exhaust [pipe]; **tubo di scarico** waste pipe
tubo'lare *adj* tubular
'tue ▶ **tuo**
tuf'fare *vt* plunge
tuf'farsi *vr* dive; **'vietato ~'** 'no diving'
tuffa|'tore, -trice *mf* diver
'tuffo *m* dive; (bagno) dip; **ho avuto un ~ al cuore** my heart leapt into my mouth
■ **tuffo di testa** dive
'tufo *m* tufa
tu'gurio *m* hovel
tuli'pano *m* tulip
'tulle *m* tulle
tume'fatto *adj* swollen
tumefazi'one *f* swelling
'tumido *adj* swollen
tu'more *m* tumour
■ **tumore benigno** benign tumour; **tumore del collo dell'utero** cervical cancer; **tumore maligno** malignant tumour
tumulazi'one *f* burial
'tumulo *m* (di pietre) cairn
tu'multo *m* turmoil; (sommossa) riot
tumultu'oso *adj* tumultuous
tung'steno *m* tungsten
'tunica *f* tunic
Tuni'sia *f* Tunisia
tuni'sino *adj & nmf* Tunisian
'tunnel *m inv* tunnel
■ **tunnel sotto la Manica** Channel Tunnel
🔑 **'tuo** **A** (**il ~** *m* **la tua** *f* **i tuoi** *mpl* **le tue** *fpl*) *poss adj* your; **è tua questa macchina?** is this car yours?; **un ~ amico** a friend of yours; **~ padre** your father
B *poss pron* yours; **i tuoi** your folk
tu'oi ▶ **tuo**
tuo'nare *vi* thunder
tu'ono *m* thunder
tu'orlo *m* yolk
tu'racciolo *m* stopper; (di sughero) cork
tu'rare *vt* block; cork ‹*bottiglia*›
tu'rarsi *vr* become blocked; **~ le orecchie** stick one's fingers in one's ears; **~ il naso** hold one's nose
'turba *f* (folla) rabble
■ **turba psichica** mental illness
turba'mento *m* disturbance; (sconvolgimento) upsetting
■ **turbamento della quiete pubblica** breach of the peace
tur'bante *m* turban
tur'bare *vt* upset

t

🔑 key word

tur'barsi *vr* get upset
tur'bato *adj* upset
tur'bina *f* turbine
turbi'nare *vi* whirl
'turbine *m* whirl
■ **turbine di polvere** dust storm; **turbine di vento** whirlwind
'turbo *m inv* turbo
turbocompres'sore *m* Tech turbocharger
turbo'lento *adj* turbulent
turbo'lenza *f* turbulence
turboreat'tore *m* turbo-jet
tur'chese *adj & nmf* turquoise
Tur'chia *f* Turkey
tur'chino *adj & nm* deep blue
'turco, -a A *adj* Turkish
B *mf* Turk; **fumare come un ~** smoke like a chimney; **bestemmiare come un ~** swear like a trooper
C *m* (lingua) Turkish; fig double Dutch
'turgido *adj* turgid
tu'rismo *m* tourism
tu'rista *mf* tourist
tu'ristico *adj* tourist *attrib*
tur'nista *mf* shift worker
'turno *m* turn; **a ~** in turn; **fare a ~** take turns; **fare i turni** work shifts; **di ~** on duty
■ **turno eliminatorio** heat; **turno di giorno** day shift; **turno di guardia** guard duty; **turno di lavoro** shift; **turno di notte** night shift; **del turno di notte** night shift *attrib*; **fare il turno di notte** be on night shift
'turpe *adj* base
turpi'loquio *m* foul language
'tuta *f* overalls *pl*; Sport tracksuit
■ **tuta da ginnastica** tracksuit; **tuta da lavoro** overalls *pl*; **tuta mimetica** camouflage; **tuta da sci** ski suit; **tuta spaziale** spacesuit; **tuta subacquea** wetsuit
tu'tela *f* Jur guardianship; (protezione) protection
■ **tutela dell'ambiente** environmental protection
tute'lare *vt* protect
tu'tina *f* sleepsuit; (da danza) leotard
tu'tore, -trice *mf* guardian
'tutta *f* **mettercela ~ per fare qualcosa** go flat out for something
tutta'via *conj* nevertheless, still
'tutto A *adj* whole; (con nomi plurali) all; (ogni) every; **tutta la classe** the whole class, all the class; **tutti gli alunni** all the pupils; **a tutta velocità** at full speed; **ho aspettato ~ il giorno** I waited all day [long]; **vestito di ~ punto** all kitted out; **in ~ il mondo** all over the world; **noi tutti** all of us; **era tutta contenta** she was delighted; **tutti e due** both; **tutti e tre** all three
B *pron* all; (tutta la gente) everybody; (tutte le cose) everything; (qualunque cosa) anything; **c'è ancora del dolce? - no, l'ho mangiato ~** is there still some cake? - no, I ate it all; **le finestre sono pulite, le ho lavate tutte** the windows are clean, I washed them all; **raccontami ~** tell me everything; **lo sanno tutti** everybody knows; **è capace di ~** he's capable of anything; **~ compreso** all in; **del ~** quite; **in ~** altogether
C *adv* completely; **tutt'a un tratto** all at once; **tutt'altro** not at all; **tutt'altro che** anything but
D *m* whole; **tentare il ~ per ~** go for broke; **~ compreso** all-inclusive; **~ esaurito** Theat full house
tutto'fare *adj inv & mf inv* **[impiegato] ~** general handyman
tut'tora *adv* still
tutù *m inv* tutu; (lungo) ballet dress
tv *f inv* TV
■ **tv via cavo** cable TV; **tv digitale** digital (television); **tv interattiva** interactive TV
tweed *m inv* tweed
tweet *m* (su Twitter) tweet
twittare *vt & vi* (postare su Twitter) to tweet

Uu

ubbidi'ente *adj* obedient
ubbidiente'mente *adv* obediently
ubbidi'enza *f* obedience
ubbi'dire *vi* **~ (a)** obey
ubi'cato *adj* located
ubicazi'one *f* location
ubiquità *f inv* **non ho il dono dell'~** I can't be in two places at once
ubria'care *vt* get drunk
ubria'carsi *vr* get drunk; **~ di** fig become intoxicated with
ubria'chezza *f* drunkenness; **in stato di ~** inebriated; **in stato di ~ molesta** drunk and disorderly
ubri'aco, -a A *adj* drunk
■ **ubriaco fradicio** dead *or* blind drunk

B *mf* drunk

ubria'cone **A** *m* drunkard

B *adj* **un marito ~** a drunkard of a husband

uccelli'era *f* aviary

uccel'lino *m* baby bird

uc'cello *m* bird; vulg (pene) cock

■ **uccello acquatico** water fowl; **uccello da cacciagione** game bird; **uccello del malaugurio** bird of ill omen; **uccello notturno** night *or* nocturnal bird; **uccello del paradiso** bird of paradise; **uccello di passo** bird of passage; **uccello rapace** bird of prey

uc'cidere *vt* kill

uc'cidersi *vr* kill oneself; (morire) be killed

+uccio *suff* **boccuccia** *nf* pretty little mouth; **calduccio** *nm* cosy warmth; **c'è un bel calduccio** it's nice and cosy; **tesoruccio** *nm* sweetie; **avvocatuccio** *nm* derog small town lawyer; **cosuccia** *nf* trifle; **è una cosuccia da niente** it's nothing; **doloruccio** *nm* twinge; **vestituccio** *nm* derog skimpy little dress

uccisi'one *f* killing

uc'ciso pp di **uccidere**

ucci'sore *m* killer

U'craina *f* **l' ~** the Ukraine

u'craino, -a *adj & nmf* Ukrainian

u'dente *adj* **i non udenti** the hearing-impaired

u'dibile *adj* audible

udi'enza *f* audience; (colloquio) interview; Jur hearing

■ **udienza a porte chiuse** hearing in camera

u'dire *vt* hear

udi'tivo *adj* auditory

u'dito *m* hearing

udi|'tore, -trice *mf* listener; Sch unregistered student (*allowed to sit in on lectures*)

udi'torio *m* audience

UE *abbr* (**Unione Europea**) EU

uff *int* phew!

'uffa *int* (con impazienza) come on!; (con tono seccato) damn!

uffici'ale **A** *adj* official

B *m* officer; (funzionario) official; **pubblico ~** public official

■ **ufficiale dell'esercito** army officer; **ufficiale giudiziario** clerk of the court; **ufficiale sanitario** health officer; **ufficiale dello Stato civile** registrar

ufficialità *f inv* official status

ufficializ'zare *vt* make official, officialize

official'mente *adv* officially

uf'ficio *m* office; (dovere) duty; (reparto) department; **andare in ~** go to the office

■ **ufficio acquisti** purchasing department; **ufficio cambi** bureau de change, exchange bureau; **ufficio di collocamento** employment office, jobcentre BrE; **Ufficio Dazi e Dogana** Customs and Excise; **ufficio funebre** Relig funeral service; **ufficio delle imposte** tax office; **ufficio informazioni** information office; **ufficio di informazioni turistiche** tourist information office *or* centre; **ufficio oggetti smarriti** lost property office, lost and found AmE; **ufficio del personale** personnel department; **ufficio postale** post office; **ufficio prenotazioni** advance booking office; **ufficio della redazione** newspaper office; **ufficio del turismo** tourist office; **ufficio turistico** tourist office

ufficiosa'mente *adv* unofficially

uffici'oso *adj* unofficial, off the record

'ufo¹ *m inv* UFO

'ufo² **a ~** *adv* without paying

ufolo'gia *f* ufology

U'ganda *f* Uganda

ugan'dese *adj & nmf* Ugandan

uggiosità *f inv* dullness

uggi'oso *adj* boring

uguagli'anza *f* equality

uguagli'are *vt* make equal; (essere uguale) equal; (livellare) level

uguagli'arsi *vr* **~ a** compare oneself to

ugu'ale **A** *adj* equal; (lo stesso) the same; (simile) like; **due più due è ~ a quattro** two plus two equals four

B *m* Math equals sign; **che non ha ~** unequalled

ugual'mente *adv* equally; (malgrado tutto) all the same

'ulcera *f* ulcer

■ **ulcera gastrica** gastric ulcer; **ulcera peptica** peptic ulcer

uli'veto *m* olive grove

u'livo *m* olive [tree]

'ulna *f* Anat ulna

ulteri'ore *adj* further

ulterior'mente *adv* further

ultima'mente *adv* lately

ulti'mare *vt* complete

ulti'matum *m inv* ultimatum

ulti'missime *fpl* Journ stop press, latest news *sg*

'ultimo **A** *adj* last; (notizie ecc.) latest; (più lontano) farthest; fig ultimate; ‹*prezzo*› rock-bottom; **l' ~ piano** the top floor

B *m* last; **fino all' ~** to the last; **per ~** at the end

ultimo'genito, -a *mf* last-born

ultrà *mf inv* Sport fanatical supporter

ultraleg'gero *m* (aereo) microlight

ultrapi'atto *adj* ultra-thin

ultrapo'tente *adj* extra-strong

ultra'rapido *adj* extra-fast

ultraresi'stente *adj* extra-strong

ultrasen'sibile *adj* ultra-sensitive

ultrasessan'tenne *m* **gli ultrasessantenni** the over 60s

u

key word

ultra'sonico *adj* ultrasonic
ultrasu'ono *m* ultrasound
ultrater'reno *adj* ‹*vita*› after death
ultravio'letto *adj* ultraviolet
ulu'lare *vi* howl
ulu'lato *m* howling; **gli ululati** the howls, the howling
umana'mente *adv* ‹*trattare*› humanely; **~ impossibile** not humanly possible
uma'nesimo *m* humanism
uma'nista *mf* humanist
umanità *f inv* humanity
umani'tario *adj* humanitarian
u'mano *adj* human; (benevolo) humane
'Umbria *f* Umbria
'umbro, -a *adj & nmf* Umbrian
umet'tare *vt* moisten
umidifica'tore *m* humidifier
umidità *f inv* dampness; (di clima) humidity
'umido **A** *adj* damp; ‹*clima*› humid; ‹*mani, occhi*› moist
B *m* **1** (clima) dampness; **in ~** Culin stewed **2** Ecol organic waste
'umile *adj* humble
umili'ante *adj* humiliating
umili'are *vt* humiliate
umili'arsi *vr* humble oneself
umiliazi'one *f* humiliation
umil'mente *adv* humbly
umiltà *f inv* humility
u'more *m* humour; (stato d'animo) mood; **di cattivo/buon ~** in a bad/good mood
umo'rismo *m* humour
umo'rista *mf* humorist
umoristica'mente *adv* humorously
umo'ristico *adj* humorous
un ▶ **uno**
un' ▶ **uno**
'una ▶ **uno**
u'nanime *adj* unanimous
unanime'mente *adv* unanimously
unanimità *f inv* unanimity; **all' ~** unanimously
unci'nare *vt* hook
unci'nato *adj* hooked; ‹*parentesi*› angle *attrib*
unci'netto *m* crochet hook
un'cino *m* hook
undi'cenne *adj & nmf* eleven year-old
undi'cesimo *adj & nm* eleventh
'undici *adj & nm* eleven
'ungere *vt* grease; (sporcare) get greasy; Relig anoint; (blandire) flatter
'ungersi *vr* (con olio solare) oil oneself; **~ le mani** get one's hands greasy
unghe'rese **A** *adj & mf* Hungarian
B *m* (lingua) Hungarian
Unghe'ria *f* Hungary
'unghia *f* nail; (di animale) claw; **cadere sotto le unghie di qualcuno** fall into somebody's clutches
■ **unghia fessa** cloven hoof
unghi'ata *f* (graffio) scratch
ungu'ento *m* ointment
unica'mente *adv* only
unicellu'lare *adj* single-cell, unicellular
unicità *f inv* uniqueness
'unico *adj* only; (singolo) single; (incomparabile) unique
uni'corno *m* unicorn
unidimensio'nale *adj* one-dimensional
unidirezio'nale *adj* unidirectional
unifamili'are *adj* one-family
unifi'care *vt* unify
unificazi'one *f* unification
unifor'mare *vt* level
unifor'marsi *vr* conform (**a** to)
uni'forme **A** *adj* uniform
B *f* uniform
■ **uniforme di gala** Mil mess dress
uniformità *f inv* uniformity
unilate'rale *adj* unilateral
unilateral'mente *adv* unilaterally
uninomi'nale *adj* Pol single-candidate
uni'one *f* union; (armonia) unity; **Unione economica e monetaria** Economic and Monetary Union
■ **unione di fatto** registered partnership; **Unione Europea** European Union; **Unione Monetaria Europea** European Monetary Union; **unione sindacale** trade union, labour union AmE; **Unione Sovietica** Soviet Union
unio'nista *mf* Pol Unionist
u'nire *vt* unite; (collegare) join; blend ‹*colori ecc.*›
u'nirsi *vr* unite; (collegarsi) join
'unisex *adj inv* unisex
u'nisono *m* **all'~** in unison
unità *f inv* unity; Math, Mil (reparto ecc.) unit; Comput drive
■ **unità di archivio dati** data storage device; **unità di backup a nastro** Comput tape backup drive; **unità centrale di elaborazione** Comput central processing unit, CPU; **unità floppy disk** Comput floppy disk drive; **unità di inizializzazione** Comput boot drive; **unità di memoria di massa** Comput mass storage device; **unità di misura** unit of measurement; **unità a nastro magnetico** Comput tape drive; **unità periferica** Comput peripheral; **unità di produzione** factory unit; **unità sociosanitaria locale** local health centre; **unità di visualizzazione** Comput visual display unit, VDU
uni'tario *adj* unitary; **prezzo ~** unit price
u'nito *adj* united; ‹*tinta*› plain; ‹*comunità*› tight-knit
univer'sale *adj* universal
universaliz'zare *vt* universalize

universal'mente *adv* universally

🔑 **università** *f inv* university

universi'tario, -a **A** *adj* university *attrib*
B *mf* (docente) university lecturer; (studente) undergraduate

uni'verso *m* universe

u'nivoco *adj* unambiguous

🔑 **'uno, -a** **A** *art indef* a; (davanti a vocale o h muta) an; **un esempio** an example
B *pron* one; **a ~ a ~** one by one; **~ alla volta** one at a time; **l'~ e l'altro** both [of them]; **né l'~ né l'altro** neither [of them]; **~ di noi** one of us; **~ fa quello che può** you do what you can
C *adj* a, one
D *m* (numerale) one; (un tale) some man
E *f* some woman

'unto **A** pp di **ungere**
B *adj* greasy
C *m* grease

untu'oso *adj* greasy

unzi'one *f*
■ **l'Estrema Unzione** Extreme Unction, last rites

🔑 **u'omo** *m* (*pl* **uomini**) man; **'uomini'** (bagni) 'gents', 'men's room'
■ **uomo d'affari** business man; **uomo di colore** black man; **uomo di fiducia** right-hand man; **uomo di mondo** man of the world; **uomo-oggetto** toy boy; **uomo delle pulizie** cleaner; **uomo sandwich** sandwich man; **uomo di Stato** statesman; **uomo della strada** man on the street

🔑 **u'ovo** *m* (*pl f* **uova**) egg; **uova** *pl* **al bacon** bacon and eggs
■ **uovo barzotto** *o* **bazzotto** soft-boiled egg; **uovo in camicia** poached egg; **uovo di Colombo** obvious simple solution; **uovo all'occhio di bue** fried egg; **uovo all'ostrica** raw egg; **uovo di Pasqua** Easter egg; **uova al prosciutto** *pl* ham and eggs; **uovo sodo** hard-boiled egg; **uovo strapazzato** scrambled egg; **uovo al tegamino** fried egg

upgra'dabile *adj* upgradeable

'upupa *f* hoopoe

ura'gano *m* hurricane

u'ranio *m* uranium

U'rano *m* Uranus

urba'nesimo *m* urbanization

urba'nista *mf* town planner

urba'nistica *f* town planning

urba'nistico *adj* urban

urbaniz'zare *vt* urbanize

urbanizzazi'one *f* urbanization

ur'bano *adj* urban; (cortese) urbane

u'rea *f* urea

u'retra *f* Anat urethra

🔑 **ur'gente** *adj* urgent

urgente'mente *adv* urgently

ur'genza *f* urgency; **in caso d'~** in an emergency; **d'~** ‹*misura, chiamata*› emergency *attrib*; **operare d'~** perform an emergency operation on

'urgere *vi* be urgent

u'rina *f* urine

uri'nare *vi* urinate

🔑 **ur'lare** *vi* shout, yell; ‹*cane, vento*› howl

'urlo *m* (*pl m* **urli** *o pl f* **urla**) shout; (di cane, vento) howling

'urna *f* urn; (elettorale) ballot box; **andare alle urne** go to the polls

urrà *int* hurrah!

URSS *nf abbr* (**Unione delle Repubbliche Socialiste Sovietiche**) USSR

ur'tare *vt* knock against; (scontrarsi) bump into; fig irritate

ur'tarsi *vr* collide; fig clash

'urto *m* knock; (scontro) crash; (contrasto) conflict; fig clash; **d'~** ‹*misure, terapia*› shock

Uru'guay *m* Uruguay

U.S.A. *mpl* US[A] *sg*

usa e getta *adj inv* ‹*rasoio, siringa*› throw-away, disposable

u'sanza *f* custom; (moda) fashion

🔑 **u'sare** **A** *vt* use; (impiegare) employ; (esercitare) exercise; **~ fare qualcosa** be in the habit of doing something
B *vi* (essere di moda) be fashionable; **non si usa più** it is out of fashion; ‹*attrezzatura, espressione*› it's not used any more

u'sato **A** *adj* used; (non nuovo) second-hand
B *m* second-hand goods *pl*; **dell'~** second-hand; **fuori dell'~** unusual

u'sbeco, -a *adj & nmf* Uzbek

u'scente *adj* ‹*presidente*› outgoing

usci'ere *m* usher

'uscio *m* door

🔑 **u'scire** *vi* come out; (andare fuori) go out; (sfuggire) get out; (essere sorteggiato) come up; ‹*giornale*› come out; **~ da** Comput exit from, quit; **~ di strada** leave the road

🔑 **u'scita** *f* exit, way out; (spesa) outlay; (di autostrada) junction; (battuta) witty remark; (in ginnastica artistica) dismount; **uscite** *pl* Fin outgoings; **essere in libera ~** be off duty
■ **uscita di servizio** back door; **uscita di sicurezza** emergency exit, fire exit

usi'gnolo *m* nightingale

🔑 **'uso** *m* use; (abitudine) custom; (usanza) usage; **fuori ~** out of use; **per ~ esterno** ‹*medicina*› for external use only
■ **uso e dosi** use and dosage

us'saro *m* hussar

U.S.S.L. *nf abbr* (**Unità Socio-Sanitaria Locale**) local health centre

ustio'narsi *vr* burn oneself

ustio'nato, -a **A** *mf* burns case
B *adj* burnt

u

🔑 key word

usti'one *f* burn; **ustioni di primo grado** first-degree burns
usu'ale *adj* usual
usual'mente *adv* usually
usucapi'one *f* Jur usucaption
usufru'ire *vi* ~ **di** take advantage of, make use of
usu'frutto *m* Jur use, usufruct fml
usufruttu'ario, -a *mf* user, usufructuary fml
u'sura *f* usury
usu'raio *m* usurer
usur'pare *vt* usurp
usurpa|'tore, -trice *mf* usurper
u'tensile *m* tool; Culin utensil; **cassetta degli utensili** tool box; **utensili** *pl* **da cucina** kitchen utensils
u'tente *mf* user
■ **utente finale** end user; **utenti della strada** *pl* road users
u'tenza *f* use; (utenti) users *pl*
■ **utenza finale** end users *pl*
ute'rino *adj* uterine
'utero *m* womb
'utile A *adj* useful
B *m* Comm profit; **unire l'~ al dilettevole** combine business with pleasure
■ **utile su cambi** foreign exchange gain; **utile sul capitale investito** return on investment
utilità *f inv* usefulness, utility; Comput utility
utili'tario, -a A *adj* utilitarian
B *f* Auto small car
utilita'ristico *adj* utilitarian
u'tility *m* utility
utiliz'zare *vt* utilize
utilizzazi'one *f* utilization
uti'lizzo *m* use
util'mente *adv* usefully
Uto'pia *f* Utopia
uto'pista *mf* Utopian
uto'pistico *adj* Utopian
'uva *f* grapes *pl*; **chicco d'uva** grape
■ **uva bianca** white grapes; **uva nera** black grapes; **uva passa** raisins *pl*; **uva sultanina** currants *pl*; **uva da tavola** [eating] grapes; **uva da vino** wine grapes
UVA *mpl abbr* (**ultravioletto prossimo**) UV
u'vetta *f* raisins *pl*
uxori'cida A *m* wife killer, uxoricide fml
B *f* husband killer
Uzbeki'stan *m* Uzbekistan

Vv

va' ▶ **andare**
va'cante *adj* vacant
va'canza *f* holiday, vacation AmE; **[giorno di]** ~ holiday; (posto vacante) vacancy; **vacanze** *pl* holidays, vacation AmE; Univ vacation, vac infml; **essere in** ~ be on holiday/vacation; **prendersi una** ~ take a holiday/vacation; **andare in** ~ go on holiday/vacation; **è** ~ it's a holiday
■ **vacanza avventura** adventure holiday; **vacanze** *pl* **estive** summer holidays/vacation; **vacanze** *pl* **di Natale** Christmas holidays/vacation; **vacanze** *pl* **di Pasqua** Easter holidays/vacation; **vacanze** *pl* **scolastiche** school holidays/vacation
vacan'ziere, -a *mf* vacationer AmE, holidaymaker BrE
'vacca *f* cow
■ **vacca da latte** dairy cow
vac'caro, -a *f* cowherd
vacci'nare *vt* vaccinate; **farsi** ~ get vaccinated
vaccinazi'one *f* vaccination
vac'cino *m* vaccine
vacil'lante *adj* tottering; ‹*oggetto*› wobbly; ‹*luce*› flickering; fig wavering, faltering
vacil'lare *vi* totter; ‹*oggetto*› wobble; ‹*luce*› flicker; fig waver
'vacuo A *adj* (vano) vain; fig empty
B *m* vacuum
'vado ▶ **andare**
vaffan'culo *int* vulg fuck off!
vagabon'daggio *m* Jur vagrancy
vagabon'dare *vi* wander
vaga'bondo A *adj* ‹*cane*› stray
B *mf* tramp
vaga'mente *adv* vaguely
va'gante *adj* wandering; **mina** ~ floating mine; **proiettile** ~ stray bullet
va'gare *vi* wander
vagheggi'are *vt* long for
va'ghezza *f* vagueness
va'gina *f* vagina
vagi'nale *adj* vaginal

va'gire *vi* whimper
va'gito *m* whimper
'vaglia *m inv* money order
■ **vaglia bancario** bank draft; **vaglia cambiario** promissory note; **vaglia internazionale** international money order; **vaglia postale** postal order
vagli'are *vt* sift; fig weigh
'vaglio *m* sieve
'vago *adj* vague
vagon'cino *m* (di funivia) car
■ **vagoncino a piattaforma** flat[bed] wagon
va'gone *m* (per passeggeri) carriage, car; (per merci) truck, wagon
■ **vagone bagagliaio** luggage van, baggage car AmE; **vagone ferroviario** railway carriage BrE, railroad car AmE; **vagone frigorifero** refrigerator van; **vagone letto** sleeper; **vagone postale** mail coach; **vagone ristorante** restaurant car, dining car
vai'olo *m* smallpox
va'langa *f* avalanche
val'chiria *f* Valkyrie
val'dese *adj & nmf* Waldensian
va'lente *adj* skilful
va'lenza *f* Chem valency; fig (valore) value
va'lere **A** *vi* be worth; (contare) count; ‹*regola*› apply (**per** to); (essere valido) be valid; **far ~ i propri diritti** assert one's rights; **farsi ~** assert oneself; **non vale!** that's not fair!; **tanto vale che me ne vada** I might as well go
B *vt* **~ qualcosa a qualcuno** (procurare) earn somebody something; **valerne la pena** be worth it; **vale la pena di vederlo** it's worth seeing; **valersi di** avail oneself of
valeri'ana *f* valerian
va'levole *adj* valid
'valgo *adj* **ginocchia** *pl* **valghe** knock knees
■ **alluce valgo** hallux valgus
vali'care *vt* cross
'valico *m* pass
valida'mente *adv* validly; (efficacemente) efficiently; ‹*contribuire*› effectively
validità *f inv* validity; **con ~ illimitata** valid indefinitely
'valido *adj* valid; (efficace) efficient; ‹*contributo*› valuable
valige'ria *f* (fabbrica) leather factory; (negozio) leather goods shop
vali'getta *f* small case; (per attrezzi) box
■ **valigetta del pronto soccorso** first aid kit; **valigetta ventiquattrore** overnight bag
va'ligia *f* suitcase; **fare le valigie** pack; fig pack one's bags
■ **valigia diplomatica** diplomatic bag
val'lata *f* valley
'valle *f* valley; **a ~** downstream
val'letta *f* TV assistant
val'letto *m* valet; TV assistant
'vallo *m* wall; **il ~ Adriano** Hadrian's Wall
val'lone¹ *m* (valle) deep valley
val'lone², **-a** *adj & nmf* Walloon
va'lore *m* value, worth; (merito) merit; (coraggio) valour; **valori** *pl* Comm securities; **di ~** (oggetto) valuable; **oggetti di ~** valuables; **di grande ~** of great value; ‹*medico, scienziato*› top *attrib*; **senza ~** worthless; **a ~ aggiunto** value-added
■ **valore bollato** revenue stamp; **valore contabile** book value; **valore effettivo** real value; **valore di mercato** market value, street value; **valore mobiliare** security; **valore nominale** nominal value; **valore di realizzo** break-up value; **valore di riscatto** surrender value
valoriz'zare *vt* (mettere in valore) use to advantage; (aumentare di valore) increase the value of; (migliorare l'aspetto di) enhance
valoriz'zarsi *vr* **il paese ha bisogno di ~ migliorando...** the country needs to enhance the value of its assets by improving...
valorosa'mente *adv* courageously
valo'roso *adj* courageous
'valso pp di **valere**
va'luta *f* currency
■ **valuta a corso legale** legal tender; **valuta estera** foreign currency
valu'tare *vt* value; weigh up ‹*situazione*›
valu'tario *adj* ‹*mercato, norme*› currency *attrib*
valuta'tivo *adj* for evaluation, evaluative
valutazi'one *f* valuation
'valva *f* valve
'valvola *f* valve; Electr fuse
■ **valvola a farfalla** butterfly valve; **valvola pneumatica** air valve; **valvola di sicurezza** anche fig safety valve
'valzer *m inv* waltz
vamp *f inv* vamp
vam'pata *f* blaze; (di calore) blast; (al viso) flush
vam'piro *m* vampire; fig bloodsucker
va'nadio *m* vanadium
vanaglori'oso *adj* vainglorious
vana'mente *adv* (inutilmente) in vain; (con vanità) vainly
van'dalico *adj* **atto ~** act of vandalism
vanda'lismo *m* vandalism
vandaliz'zare *vt* vandalize
vandalizzazi'one *f* vandalizing
'vandalo, **-a** *mf* vandal
vaneggia'mento *m* delirium
vaneggi'are *vi* rave
va'nesio *adj* conceited
'vanga *f* spade
van'gare *vt* dig
van'gata *f* (quantità) spadeful; (azione) blow with a spade

V

key word

van'gelo *m* Gospel; infml; (verità) gospel [truth]
vanifi'care *vt* nullify
va'niglia *f* vanilla
vanigli'ato *adj* ‹*zucchero*› vanilla *attrib*
vanil'lina *f* vanillin
vanità *f inv* vanity
vanitosa'mente *adv* vainly
vani'toso *adj* vain
'**vano** **A** *adj* vain
B *m* (stanza) room; (spazio vuoto) hollow
■ **vano doccia** shower room; **vano portabagagli** Auto boot, trunk AmE
van'taggio *m* advantage; Sport lead; Tennis advantage; **trarre ~ da qualcosa** derive benefit from something
vantaggiosa'mente *adv* advantageously
vantaggi'oso *adj* advantageous
van'tare *vt* praise; (possedere) boast
van'tarsi *vr* boast
vante'ria *f* boasting; **vanterie** *pl* boasting
'**vanto** *m* boast
'**vanvera** *f* **a ~** at random; **parlare a ~** talk nonsense
va'pore *m* steam; (di benzina, cascata) vapour; **a ~** steam *attrib*; **al ~** Culin steamed; **battello a ~** steamboat
■ **vapore acqueo** steam, water vapour
vapo'retto *m* ferry
vapori'era *f* steam engine
vaporiz'zare *vt* vaporize
vaporizza'tore *m* spray
vapo'roso *adj* ‹*vestito*› filmy; **capelli vaporosi** *pl* big hair
va'rano *m* monitor [lizard]
va'rare *vt* launch
var'care *vt* cross
'**varco** *m* passage; **aspettare al ~** lie in wait
vare'china *f* bleach
vari'abile **A** *adj* changeable, variable
B *f* Math variable
variabilità *f inv* changeableness, variability
varia'mente *adu* variously
vari'ante *f* variant
vari'are *vt & vi* vary; **~ di umore** change one's mood
vari'ato *adj* varied
variazi'one *f* variation
va'rice *f* varicose vein
vari'cella *f* chickenpox
vari'coso *adj* varicose
varie'gato *adj* variegated
varietà **A** *f inv* variety
B *m inv* variety show
'**vario** *adj* varied; (al pl, parecchi) various; **varie** *pl* (molti) several; **varie ed eventuali** any other business
vario'pinto *adj* multicoloured
'**varo** *m* launch
Var'savia *f* Warsaw
va'saio *m* potter
'**vasca** *f* tub; (piscina) pool; (lunghezza) length
■ **vasca da bagno** bath; **vasca con idromassaggio** whirlpool bath; **vasca di sviluppo** Phot developing tank
va'scello *m* vessel; **capitano di ~** captain
va'schetta *f* tub; Phot tray
■ **vaschetta per il ghiaccio** ice tray
vasco'lare *adj* Anat, Bot vascular
vasecto'mia *f* vasectomy
vase'lina *f* Vaseline®
vasel'lame *m* china
■ **vasellame d'oro/d'argento** gold/silver plate
va'setto *m* small pot; (per marmellata) jam jar
'**vaso** *m* pot; (da fiori) vase; Anat vessel; (per cibi) jar
■ **vaso da notte** chamber pot; **vaso sanguigno** blood vessel
vasocostrit'tore *adj* vasoconstrictor
vasodilata'tore *adj* vasodilator
vas'sallo *m* vassal
vas'soio *m* tray
vastità *f inv* vastness
'**vasto** *adj* vast; **di vaste vedute** broad-minded
Vati'cano *m* Vatican
vati'cinio *m* prophecy
vattela'pesca *adv* infml God knows
'**vattene!** go away!; ▶ **andare**
VCR *abbr* (**videoregistratore**) VCR
ve *pers pron* you; **ve l'ho dato** I gave it to you
'**vecchia** *f* old woman
vecchi'aia *f* old age
'**vecchio, -a** **A** *adj* old
B *mf* old man; old woman; **i vecchi** old people; **~ mio** old man
'**veccia** *f* vetch
'**vece** *f* **in ~ di** in place of; **fare le veci di qualcuno** take somebody's place
ve'dente *adj* **i non vedenti** the visually impaired
ve'dere **A** *vt* see; see, watch ‹*film, partita*›; **farsi ~** show one's face; **non si vede** ‹*macchia, imperfezione*› it doesn't show; **non veder l'ora di andare** be raring to go; **non poter ~ qualcuno** not be able to stand the sight of somebody; **vederci doppio** have double vision; **ne ho viste di tutti i colori** fig I've really seen life; **da ~** ‹*film, spettacolo*› not to be missed; **questo è da ~!** that remains to be seen!; **chi si vede!** infml look who it is!
B *vi* see
ve'dersi *vr* see oneself; (reciproco) see each other; **vedersela brutta** have a narrow escape
ve'detta *f* (luogo) lookout; Naut patrol vessel
'**vedova** *f* widow
■ **vedova nera** Zool black widow [spider]
'**vedovo** *m* widower

ve'duta *f* view
vee'mente *adj* vehement
ve'gano *adj & nmf* vegan
vege'tale *adj & nm* vegetable
vegeta'lismo *m* veganism
vege'tare *vi* vegetate
vegetaria'nismo *m* vegetarianism
vegetari'ano, -a *adj & nmf* vegetarian
vegeta'tivo *adj* vegetative
vegetazi'one *f* vegetation
'vegeto *adj* ▶ **vivo**
veg'gente *mf* clairvoyant
'veglia *f* watch; **fare la ~** keep watch
■ **veglia funebre** vigil
vegli'are *vi* be awake; **~ su** watch over
vegli'one *m*
■ **veglione di capodanno** New Year's Eve celebration
veico'lare **A** *vt* carry ‹*malattia*›
B *adj* ‹*traffico*› vehicular
ve'icolo *m* vehicle
■ **veicolo pesante** heavy goods vehicle, HGV; **veicolo spaziale** spacecraft
'vela *f* sail; Sport sailing; **andare a gonfie vele** fig go beautifully; ‹*affari*› be booming; **far ~** set sail
■ **vela di taglio** mainsail
ve'lare *vt* veil; fig (nascondere) hide
ve'larsi *vr* ‹*vista*› mist over; ‹*voce*› go husky
velata'mente *adv* indirectly
ve'lato *adj* veiled; ‹*occhi*› misty; ‹*collant*› sheer
vela'tura *f* sails *pl*
'velcro® *m* Velcro®
veleggi'are *vi* sail
ve'leno *m* poison
velenosa'mente *adv* ‹*rispondere*› venomously
vele'noso *adj* poisonous; ‹*frase*› venomous
ve'letta *f* (di cappello) veil
'velico *adj* ‹*circolo*› sailing *attrib*; **superficie velica** sail area
veli'ero *m* sailing ship
ve'lina *f young female assistant on some entertainment programmes who dances around and looks pretty*
■ **(carta) velina** tissue paper; (copia) carbon copy
ve'lista **A** *m* yachtsman
B *f* yachtswoman
ve'livolo *m* aircraft
velleità *f inv* foolish ambition
vellei'tario *adj* unrealistic
'vello *m* fleece
vellu'tato *adj* velvety
vel'luto *m* velvet
■ **velluto a coste** corduroy
'velo *m* veil; (di zucchero, cipria) dusting; (tessuto) voile

key word

ve'loce *adj* fast
veloce'mente *adv* quickly
velo'cipede *m* penny-farthing
velo'cista *mf* Sport sprinter
velocità *f inv* speed; Auto (marcia) gear; **a due ~** fig two-tier
■ **velocità di clock** Comput clock speed; **velocità di crociera** cruising speed; **velocità di stampa** print speed
velociz'zare *vt* speed up
ve'lodromo *m* cycle track
'vena *f* vein; **essere in ~ di** be in the mood for
■ **vena poetica** poetic mood
ve'nale *adj* venal; ‹*persona*› mercenary, venal
ve'nato *adj* grainy
vena'torio *adj* hunting *attrib*
vena'tura *f* (di legno) grain; (di foglia, marmo) vein
ven'demmia *f* grape harvest
vendemmi'are *vt* harvest
vendemmia|'tore, -trice *mf* grape picker
'vendere *vt* sell; **'vendesi'** 'for sale'
'vendersi *vr* sell oneself
ven'detta *f* revenge
■ **vendetta trasversale** vendetta
vendi'care *vt* avenge
vendi'carsi *vr* take revenge, get one's revenge; **~ di qualcuno** take one's vengeance on somebody; **~ di qualcosa** take revenge for something
vendicativa'mente *adv* vindictively
vendica'tivo *adj* vindictive
vendica|'tore, -trice *mf* avenger
'vendita *f* sale; **in ~** on sale
■ **vendita all'asta** sale by auction; **vendita di beneficenza** bring and buy sale; **vendita per corrispondenza** mail-order; **azienda di ~ per corrispondenza** mail-order company; **catalogo di ~ per corrispondenza** mail-order catalogue; **vendita al dettaglio** retailing; **vendite** *pl* **al dettaglio** retail sales; **vendita all'ingrosso** wholesaling; **vendita al minuto** retailing; **vendita porta a porta** door-to-door selling; **vendita a rate** hire purchase, installment plan AmE
vendi|'tore, -trice *mf* seller
■ **venditore ambulante** hawker, pedlar; **venditore al dettaglio** retailer; **venditore all'ingrosso** wholesaler; **venditore al mercato** market trader; **venditore al minuto** retailer
ven'duto *adj* ‹*merce*› sold; fig ‹*arbitro*› bent; **arbitro ~!** whose side are you on, ref!
vene'rabile, vene'rando *adj* venerable
vene'rare *vt* revere
venerazi'one *f* reverence
venerdì *m inv* Friday; **di ~** on Fridays
■ **Venerdì Santo** Good Friday
'Venere *f* Venus
ve'nereo *adj* venereal
'veneto *adj* from the Veneto

'Veneto *m* Veneto
Ve'nezia *f* Venice
venezi'ano, -a **A** *adj & mf* Venetian
B *f* (persiana) Venetian blind; Culin sweet bun
Venezu'ela *m* Venezuela
venezue'lano, -a *adj & nmf* Venezuelan
'vengo ▶ **venire**
veni'ale *adj* venial
ve'nire *vi* come; (riuscire) turn out; (costare) cost; (in passivi) be; **quanto viene?** how much is it?; **viene prodotto in serie** it's mass-produced; **~ a sapere** learn; **~ in mente** occur; **mi è venuto un dubbio** I've just had a doubt; **gli è venuta la febbre** he's got a temperature; **~ meno** (svenire) faint; **~ meno a un contratto** go back on a contract, renege on a contract; **~ via** come away; (staccarsi) come off; **mi viene da piangere** I feel like crying; **vieni a prendermi** come and pick me up; **vieni a trovarmi** come and see me; **nei giorni a ~** in [the] days to come
ve'noso *adj* venous
ven'taglio *m* fan
ven'tata *f* gust [of wind]; fig breath
ven'tenne *adj & nmf* twenty year-old
ven'tesimo *adj & nm* twentieth
'venti *adj & nm* twenty
venti'lare *vt* ventilate, air; **~ un'idea** give an idea an airing; **poco ventilato** ‹*stanza*› airless
ventila'tore *m* fan
ventilazi'one *f* ventilation
ven'tina *f* **una ~** (circa venti) about twenty
ventiquat'trore **A** *f inv* (valigetta) overnight bag
B *adv* **~ su ventiquattro** ‹*lavorare*› round-the-clock; ‹*aperto*› 24 hours
'vento *m* wind; **c'è molto ~** it's very windy; **farsi ~** fan oneself
■ **vento contrario** headwind; **vento di prua** headwind; **vento di traverso** crosswind
'ventola *f* fan
vento'lina *f* fan
■ **ventolina di raffreddamento** Comput cooling fan
ven'tosa *f* sucker, suction pad
ven'toso *adj* windy
'ventre *m* stomach; fig (di terra) bowels *pl*; **basso ~** lower abdomen
ventrico'lare *adj* Med ventricular
ven'tricolo *m* ventricle
ven'triloquo *m* ventriloquist
ventu'nesimo *adj & nm* twenty-first
ven'tuno *adj & nm* twenty-one
ven'tura *f* fortune; **andare alla ~** trust to luck
ven'turo *adj* next
ve'nuta *f* coming; **~ meno a** breaking
'vera *f* (anello) wedding ring
vera'mente *adv* really
ve'randa *f* veranda
ver'bale **A** *adj* verbal
B *m* (di riunione) minutes *pl*
■ **verbale di contravvenzione** fine
verbal'mente *adv* verbally
ver'bena *f* verbena
'verbo *m* verb; **il Verbo** Relig the Word
■ **verbo ausiliare** auxiliary [verb]; **verbo modale** modal auxiliary; **verbo riflessivo** reflexive verb
ver'boso *adj* verbose
ver'dastro *adj* greenish
'verde **A** *adj* green; **~ d'invidia** green with envy
B *m* green; (vegetazione) greenery; (semaforo) green light; **essere al ~** be broke
■ **verde bottiglia** bottle green; **verde oliva** olive green; **verde pisello** pea green; **verde pubblico** public parks *pl*
verdeggi'ante *adj* (liter) verdant
verde'mare *adj & m inv* sea-green
verde'rame *m* verdigris
ver'detto *m* verdict
■ **verdetto di assoluzione** not guilty verdict; **verdetto di condanna** guilty verdict
ver'done *m* greenfinch
ver'dura *f* vegetables *pl*; **una ~** a vegetable; **verdure** *pl* **miste** mixed vegetables
'verga *f* rod
ver'gato *adj* lined
vergi'nale *adj* virginal
'vergine **A** *f* virgin; Astr Virgo
B *adj* virgin; ‹*cassetta*› blank
verginità *f inv* virginity
ver'gogna *f* shame; (timidezza) shyness
vergo'gnarsi *vr* feel ashamed; (essere timido) feel shy
vergognosa'mente *adv* shamefully
vergo'gnoso *adj* ashamed; (timido) shy; (disonorevole) shameful
veridicità *f inv* veracity
ve'rifica *f* check
■ **verifica dei bilanci** audit; **verifica di cassa** cash check
verifi'cabile *adj* verifiable
verifi'care *vt* check; verify ‹*teoria*›
verifi'carsi *vr* come true
verifica'tore, -trice *mf* checker
ve'rismo *m* realism
verità *f inv* truth
veriti'ero *adj* truthful
'verme *m* worm
■ **verme solitario** tapeworm
vermi'celli *mpl* vermicelli *sg* (*pasta thinner than spaghetti*)
ver'mifugo **A** *adj* vermifugal
B *m* vermifuge
ver'miglio *adj & nm* vermilion
'vermut *m inv* vermouth

ver'nacolo *m* vernacular
ver'nice *f* paint; (trasparente) varnish; (pelle) patent leather; fig veneer; **'~ fresca'** 'wet paint'
■ **vernice a spirito** spirit varnish
vernici'are *vt* paint; (con vernice trasparente) varnish
vernicia'tura *f* painting; (con vernice trasparente) varnishing; (strato) paintwork; fig veneer
vernis'sage *m inv* vernissage
'vero A *adj* true; (autentico) real; (perfetto) perfect; **è ~?** is that so?; **~ e proprio** full-blown; **sei stanca, ~?** you're tired, aren't you; **non ti piace, ~?** you don't like it, do you?
■ **vero cuoio** real leather
B *m* truth; (realtà) life
verosimigli'anza *f* plausibility
vero'simile *adj* probable, likely
verosimil'mente *adv* probably
ver'ruca *f* wart; (sotto la planta del piede) verruca
versa'mento *m* (pagamento) payment; (in banca) deposit
ver'sante *m* slope
ver'sare A *vt* pour; (spargere) shed; (rovesciare) spill; pay ‹*denaro*›; (in banca) pay in
B *vi* (trovarsi) be
ver'sarsi *vr* spill; (sfociare) flow
ver'satile *adj* versatile
versatilità *f inv* versatility
ver'sato *adj* (pratico) versed
ver'setto *m* verse
versifica|'tore, -trice *mf* versifier
versi'one *f* version; (traduzione) translation
■ **'versione integrale'** (libro) 'unabridged version'; (film) 'uncut'; **versione originale** original version; **'versione ridotta'** 'abridged version'; **versione teatrale** dramatization
'verso¹ *m* verse; (grido) cry; (gesto) gesture; (senso) direction; (modo) manner; **fare il ~ a qualcuno** ape somebody; **non c'è ~ di** there is no way of; **versi** *pl* **sciolti** blank verse
'verso² *prep* towards; (nei pressi di) round about; **~ dove?** which way?
'vertebra *f* vertebra
verte'brale *adj* vertebral
verte'brato *m* vertebrate
ver'tenza *f* dispute
■ **vertenza sindacale** industrial dispute
'vertere *vi* **~ su** focus on
verti'cale A *adj* vertical; (in parole crociate) down
B *m* vertical
C *f* handstand; **fare la ~** do a handstand
vertical'mente *adv* vertically

'vertice *m* summit; Math vertex; **conferenza al ~** summit conference; **incontro al ~** summit meeting
ver'tigine *f* dizziness; Med vertigo; **vertigini** *pl* giddy spells; **avere le vertigini** feel dizzy
vertiginosa'mente *adv* dizzily
vertigi'noso *adj* dizzy; ‹*velocità*› breakneck; ‹*prezzi*› sky-high; ‹*scollatura*› plunging
'vescia *f* puffball
ve'scica *f* bladder; (sulla pelle) blister
'vescovo *m* bishop
'vespa *f* wasp
Vespa® *f* scooter, Vespa®
vespasi'ano *m* urinal
'vespro *m* vespers *pl*
ves'sare *vt fml* oppress
ves'sillo *m* standard
ve'staglia *f* dressing gown, robe AmE
'veste *f* dress; (rivestimento) covering; **in ~ di** in the capacity of; **in ~ ufficiale** in an official capacity
■ **veste da camera** dressing gown, robe AmE; **veste editoriale** layout; **veste tipografica** typographical design
vesti'ario *m* clothing
ve'stibolo *m* hall
ve'stigio *m* (*pl m* **vestigi**, *pl f* **vestigia**) trace
ve'stire *vt* dress
ve'stirsi *vr* get dressed; **~ da** dress up as a
ve'stito A *adj* dressed
B *m* (da uomo) suit; (da donna) dress; **vestiti** *pl* clothes
■ **vestito da sposa** wedding dress; **vestito da uomo** suit
vete'rano, -a *adj & nmf* veteran
veteri'nario, -a A *adj* veterinary
B *m* veterinary surgeon
C *f* veterinary science
'veto *m inv* veto
ve'traio *m* glazier
ve'trato, -a A *adj* glazed
B *f* big window; (in chiesa) stained-glass window; (porta) glass door
vetre'ria *f* glass works
ve'trina *f* [shop] window; (mobile) display cabinet
vetri'nista *mf* window dresser
ve'trino *m* (di microscopio) slide
vetri'olo *m* vitriol
'vetro *m* glass; (di finestra, porta) pane
■ **~ di sicurezza** safety glass
vetro'resina *f* fibreglass
ve'troso *adj* vitreous
'vetta *f* peak
vet'tore *m* vector
vetto'vaglie *fpl* provisions
vet'tura *f* coach; (ferroviaria) coach, carriage; Auto car

V

■ **vettura di cortesia** courtesy car; **vettura d'epoca** vintage car

vettu'rino *m* coachman

vezzeggi'are *vt* fondle

vezzeggia'tivo *m* pet name

'vezzo *m* habit; (attrattiva) charm; **vezzi** *pl* (moine) affectation

vez'zoso *adj* charming; derog affected

VF *abbr* (**Vigili del Fuoco**) fire brigade, fire department AmE

vi A *pers pron* you; (riflessivo) yourselves; (reciproco) each other; (tra più persone) one another; **vi ho dato un libro** I gave you a book; **lavatevi le mani** wash your hands; **eccovi!** here you are!
B *adv* = **ci**

via¹ *f* street, road; fig way; Anat tract; **in ~ di** in the course of; **per ~ di** on account of; **per ~ aerea** by airmail
■ **Via Lattea** Astr Milky Way; **via di mezzo** halfway house; **via respiratoria** Anat airway; **via d'uscita** let-out

via² A *adv* away; (fuori) out; **andar ~** go away; ‹*macchia*› come off, come out; **e cosi ~** and so on; **e ~ dicendo** and whatnot; **~ ~ che** as
B *int* **~!** go away!; Sport go!; (andiamo) come on!; **~, non ci credo** come off it *or* come on, I don't believe it
C *m* starting signal

viabilità *f inv* road conditions *pl*; (rete) road network; (norme) road and traffic laws *pl*

via'card *f inv* motorway card

vi'ado *m* (*pl* **viados**) rent boy

via'dotto *m* viaduct

viaggi'are *vi* travel; **il treno viaggia con 20 minuti di ritardo** the train is 20 minutes late

viaggia|'tore, trice *mf* traveller

vi'aggio *m* journey; (breve) trip; **buon ~!** safe journey!, have a good trip!; **fare un ~** go on a journey; **essere in ~** be under way; **mettersi in ~** get under way
■ **viaggio d'affari** business trip; **viaggio di lavoro** working trip; **viaggio di nozze** honeymoon; **viaggio organizzato** package tour

vi'ale *m* avenue; (privato) drive

via'letto *m* path

via'vai *m* coming and going

vi'brante *adj* vibrant

vi'brare *vi* vibrate; (fremere) quiver

vibra'tore *m* vibrator

vibra'torio *adj* vibratory

vibrazi'one *f* vibration

vi'cario *m* vicar

'vice *mf* deputy

vice+ *pref* vice+

vicecoman'dante *m* Mil second in command

vicedirett|'tore, -trice A *m* assistant manager
B *f* assistant manageress

vi'cenda *f* event; **a ~** (fra due) each other; (a turno) in turn[s]

vicendevol'mente *adv* each other

vice'preside *mf* vice-principal

vicepresi'dente *m* vice-president; Comm vice-chairman, vice-president AmE

vicepresi'denza *f* vice-presidency; Sch deputy head's office

vicerè *m inv* viceroy

viceret'tore *m* vice-chancellor

vice'versa *adv* vice versa

vi'chingo, -a *adj & nmf* Viking

vi'cina *f* neighbour

vici'nanza *f* nearness; *pl* **vicinanze** (paraggi) neighbourhood

vici'nato *m* neighbourhood; (vicini) neighbours *pl*

vi'cino, -a A *adj* near; (accanto) next
B *adv* near, close
C *prep* **~ a** near [to]
D *mf* neighbour
■ **vicino di casa** next-door neighbour

vicissi'tudine *f* vicissitude

'vicolo *m* alley
■ **vicolo cieco** anche fig blind alley

'video *m* (musicale) video; (schermo) screen
■ **video interattivo** interactive video

video'camera *f* camcorder

videocas'setta *f* video, video cassette

videoci'tofono *m* video entry phone, videophone

video'clip *m inv* video clip

videoconfe'renza *f* videoconference

video'disco *m* videodisc

videofo'nino® *n* videophone, camera phone

videogi'oco *m* video game

video'leso, -a A *adj* visually impaired
B *mf* visually impaired person

videoregistra'tore *m* video recorder

videoscrit'tura *f* word processing

videosorvegli'anza *f* video surveillance

video'teca *f* video library

video'tel® *m* Videotex®

videote'lefono *m* view phone

videotermi'nale *m* visual display unit, VDU

vidi'mare *vt* authenticate

vi'eni ▶ **venire**

Vi'enna *f* Vienna

vien'nese *adj & nmf* Viennese

vie'tare *vt* forbid; **~ qualcosa a qualcuno** forbid somebody something

vie'tato *adj* forbidden; **sosta vietata** no parking; **~ fumare** no smoking; **~ ai minori di 18 anni** ‹*film*› for over 18s only, X-rated

Vi'etnam *m* Vietnam

vietna'mita *adj & nmf* Vietnamese

vi'gente *adj* in force
'vigere *vi* be in force
vigi'lante *adj* vigilant
vigi'lanza *f* vigilance; (sorveglianza, a scuola) supervision; (di polizia) surveillance
■ **vigilanza notturna** night security guards *pl*; **vigilanza urbana** traffic police (*in towns*)
vigi'lare **A** *vt* keep an eye on
B *vi* keep watch
vigi'lato, -a **A** *adj* under surveillance
B *mf* person under police surveillance
■ **vigilato speciale** person under special police surveillance
'vigile **A** *adj* watchful
B *m* ~ **[urbano]** traffic policeman
■ **vigile del fuoco** fireman, firefighter; **vigili del fuoco** *pl* firemen, fire brigade, fire service; **vigili urbani** *pl* traffic police (*in towns*)
vi'gilia *f* eve; Relig fast
■ **vigilia di Natale** Christmas Eve
vigliacca'mente *adv* in a cowardly way
vigliacche'ria *f* cowardice
vigli'acco, -a **A** *adj* cowardly
B *mf* coward
'vigna *f*, **vi'gneto** *m* vineyard
vi'gnetta *f* cartoon
vignet'tista *m* cartoonist
vi'gogna *f* (tessuto) vicuña
vi'gore *m* vigour; **entrare in** ~ come into force; **essere in** ~ be in force
vigorosa'mente *adv* energetically
vigo'roso *adj* vigorous
'vile *adj* cowardly; (abietto) vile
vili'pendio *m* scorn, contempt
'villa *f* villa
vil'laggio *m* village
■ **villaggio olimpico** Olympic village; **villaggio residenziale** commuter town; **villaggio satellite** satellite village; **villaggio turistico** holiday village
villa'nia *f* rudeness
vil'lano **A** *adj* rude
B *m* boor; (contadino) peasant
villeggi'ante *mf* holidaymaker
villeggi'are *vi* spend one's holidays
villeggia'tura *f* holiday[s] *pl*
vil'letta *f* small detached house
■ **villetta bifamiliare** semi-detached house; **villette a schiera** *pl* terraced houses
vil'lino *m* detached house
vil'loso *adj* hairy
vil'mente *adv* in a cowardly way; (in modo spregevole) contemptibly
viltà *f inv* cowardice
'vimine *m* wicker; **sedia di vimini** wicker chair
vi'naio, -a *mf* wine merchant
'vincere *vt* win; (sconfiggere) beat; (superare) overcome
'vincita *f* win; (somma vinta) winnings *pl*
vinci|'tore, -trice **A** *mf* winner; (di battaglia) victor, winner
B *adj* winning, victorious
vinco'lante *adj* binding
vinco'lare *vt* bind; Comm tie up
vinco'lato *adj* non-redeemable; **deposito** ~ fixed deposit, term deposit
'vincolo *m* bond
vi'nicolo *adj* wine *attrib*
vi'nile *m* vinyl
vi'nilico *adj* vinyl
vinil'pelle® *m* Leatherette®
'vino *m* wine
■ **vino d'annata** vintage wine; **vino bianco** white wine; **vino della casa** house wine; **vino da dessert** dessert wine; **vino nuovo** new wine; **vino rosato** rosé [wine]; **vino rosé** rosé [wine]; **vino rosso** red wine; **vino spumante** sparkling wine; **vino da taglio** blending wine; **vino da tavola** table wine
vin'santo *m dessert wine from Tuscany*
'vintage *adj* vintage; **moda** ~ vintage fashion
'vinto pp di **vincere**
vi'ola *f* Bot violet; Mus viola
■ **viola del pensiero** Bot pansy
vio'laceo *adj* purplish; ‹*labbra*› blue
vio'lare *vt* violate
violazi'one *f* violation
■ **violazione di contratto** breach of contract; **violazione di domicilio** breaking and entering
violen'tare *vt* rape
violente'mente *adv* violently
vio'lento *adj* violent
vio'lenza *f* violence
■ **violenza carnale** rape
vio'letto, -a **A** *adj & nm* (colore) violet
B *f* violet
violi'nista *mf* violinist
vio'lino *m* violin
violon'cello *m* cello
vi'ottolo *m* path
'vipera *f* viper
vi'raggio *m* Phot toning; Naut, Aeron turn
vi'rale *adj* viral; **video** ~ viral video
vi'rare *vi* turn; ‹*nave*› put about; **virare di bordo** change course
vi'rata *f* (di aereo) turning; (di nave) coming about; (nel nuoto) turn; fig change of direction
'virgola *f* comma; Math [decimal] point; **punto e virgola** semicolon; **quattro** ~ **due (4,2)** (decimali) four point two (4.2)
virgo'lette *fpl* inverted commas, quotation marks
vi'rile *adj* virile; (da uomo) manly
virilità *f inv* virility; manliness
viril'mente *adv* in a manly way

vi'rologo *m* virologist
virtù *f inv* virtue; **in ~ di** ‹*legge*› under
virtu'ale *adj* virtual
virtual'mente *adv* virtually
virtuo'sismo *m* bravura
virtu'oso **A** *adj* virtuous
B *m* virtuoso
viru'lento *adj* virulent
'virus *m* virus
visa'gista *mf* beautician
visce'rale *adj* visceral; ‹*odio*› deep-seated; ‹*reazione*› gut
'viscere **A** *m* internal organ
B *fpl* guts
'vischio *m* mistletoe
vischi'oso *adj* viscous; (appiccicoso) sticky
'viscido *adj* slimy
vi'sconte *m* viscount
viscon'tessa *f* viscountess
vi'scoso *adj* viscous
vi'sibile *adj* visible
visi'bilio *m* profusion; **andare in ~** go into ecstasies
visibilità *f inv* visibility; **scarsa ~** poor visibility
visi'era *f* (di elmo) visor; (di berretto) peak
visio'nare *vt* examine; Cinema screen
visio'nario, -a *adj & nmf* visionary
visi'one *f* vision; **prima visione** Cinema first showing; **seconda ~** re-release, second showing
■ **visione notturna** night vision
'visita *f* visit; (breve) call; Med examination; **fare ~ a qualcuno** pay somebody a visit
■ **visita di controllo** Med check-up; **visita di cortesia** courtesy visit; **visita doganale** customs inspection; **visita a domicilio** home visit, call-out, house call; **visita fiscale** tax inspection; **visita guidata** guided tour; **visita lampo** flying visit; **visita di leva** medical examination (*for military service*)
visi'tare *vt* visit; (brevemente) call on; Med examine
visita|'tore, -trice *mf* visitor
visiva'mente *adv* visually
vi'sivo *adj* visual
'viso *m* face
■ **viso pallido** paleface
vi'sone *m* mink
'vispo *adj* lively
vis'suto **A** pp di **vivere**
B *adj* experienced
'vista *f* sight; (veduta) view; **a ~ d'occhio** ‹*crescere*› visibly; ‹*estendersi*› as far as the eye can see; **in ~ di** in view of; **perdere di ~ qualcuno** lose sight of somebody; fig lose touch with somebody; **a prima ~** at first sight
■ **vista sul mare** sea view
'visto **A** pp di **vedere**
B *m* visa
■ **visto di entrata** *o* **di ingresso** entry visa, entry permit; **visto d'uscita** exit visa
C *conj* **~ che...** seeing that...
vistosa'mente *adv* conspicuously
vi'stoso *adj* showy; (notevole) considerable
visu'ale *adj* visual
visualiz'zare *vt* visualize; Comput display
visualizza'tore *m* Comput display, VDU
■ **visualizzatore a cristalli liquidi** Comput liquid crystal display
visualizzazi'one *f* Comput display
'vita *f* life; (durata della vita) lifetime; Anat waist; **a ~** for life; **essere in fin di ~** be at death's door; **essere in ~** be alive; **fare la bella ~** lead the good life; **costo della ~** cost of living
■ **vita eterna** eternal life; **vita media** Biol life expectancy; **vita mondana** high life; **fare ~ mondana** lead the high life; **vita notturna** night life; **vita terrena** Relig life on earth
vi'taccia *f* slog
vi'tale *adj* vital
vitalità *f inv* vitality
vita'lizio **A** *adj* life *attrib*
B *m* [life] annuity
vita'mina *f* vitamin
vita'minico *adj* vitamin-enriched
vitaminiz'zato *adj* vitamin-enriched
'vite *f* Mech screw; Bot vine; **giro di ~** fig clampdown
■ **vite canadese** Virginia creeper; **vite di coda** Aeron tailspin; **vite perpetua** endless screw
vi'tella *f* (animale) calf; (carne) veal
vi'tello *m* calf; (carne) veal; (pelle) calfskin
■ **vitello di latte** milk-fed veal; **vitello tonnato** *sliced veal with tuna, anchovy, oil and lemon sauce*
vi'ticcio *m* tendril
viticol'tore *m* wine grower
viticol'tura *f* wine growing
vi'tino *m* narrow waist
■ **vitino di vespa** slender little waist
'vitreo *adj* vitreous; ‹*sguardo*› glassy
'vittima *f* victim
'vitto *m* food; (pasti) board
■ **vitto e alloggio** board and lodging
vit'toria *f* victory
vittori'ano *adj* Victorian
vittoriosa'mente *adv* victoriously, triumphantly
vittori'oso *adj* victorious
vitupe'rare *vt* vituperate
vitu'perio *m* insult
vi'uzza *f* narrow lane
'viva *int* hurrah!; **~ la Regina!** long live the Queen!
vi'vace *adj* vivacious; ‹*mente*› lively; ‹*colore*› bright
vivace'mente *adv* vivaciously

vivacità *f inv* vivacity; (di mente) liveliness; (di colore) brightness
vivaciz'zare *vt* liven up
vi'vaio *m* nursery; (per pesci) pond; fig breeding ground
viva'mente *adv* ‹*ringraziare*› warmly
vi'vanda *f* food; (piatto) dish
vi'vente **A** *adj* living
B *mpl* **i viventi** the living
'vivere **A** *vi* live; **~ di** live on; **vive** Typ stet
B *vt* (passare) go through
C *m* life; **modo di vivere** way of life
'viveri *mpl* provisions
vivida'mente *adv* vividly
'vivido *adj* vivid
vi'viparo *adj* viviparous
vivisezio'nare *vt* vivisect
vivisezi'one *f* vivisection
'vivo **A** *adj* alive; (vivente) living; (vivace) lively; ‹*colore*› bright; **farsi ~** keep in touch; (arrivare) turn up
B *m* **colpire qualcuno sul ~** cut somebody to the quick; **dal ~** (trasmissione) live; ‹*disegnare*› from life; **i vivi** the living
■ **vivo e vegeto** alive and kicking
vizi'are *vt* spoil ‹*bambino ecc.*›; (guastare) vitiate
vizi'ato *adj* spoilt; ‹*aria*› stale
'vizio *m* vice; (cattiva abitudine) bad habit; (difetto) flaw
■ **vizio capitale** deadly sin; **vizio di forma** legal technicality; **vizio procedurale** procedural error
vizi'oso *adj* dissolute; (difettoso) faulty; **circolo ~** vicious circle
'vizzo *adj* ‹*pelle*› wrinkled; ‹*pianta*› withered
V.le *abbr* (**viale**) Ave
vocabo'lario *m* dictionary; (lessico) vocabulary
vo'cabolo *m* word
vo'cale **A** *adj* vocal
B *f* vowel
vo'calico *adj* ‹*corde*› vocal; ‹*suono*› vowel *attrib*
vocazi'one *f* vocation
'voce *f* voice; (diceria) rumour; (di bilancio, dizionario) entry
■ **voce bianca** Mus treble voice; **voce fuori campo** voice-over
voci'are **A** *vi* (spettegolare) gossip
B *m* buzz of conversation
vocife'rare *vi* shout; **si vocifera che...** it is rumoured that...
'vodka *f inv* vodka
'voga *f* rowing; (lena) enthusiasm; (moda) vogue; **essere in ~** be in vogue
vo'gare *vi* row; **~ a bratto** scull; **~ di coppia** scull

voga'tore *m* oarsman; (attrezzo) rowing machine
'voglia *f* desire; (volontà) will; (della pelle) birthmark; **aver ~ di fare qualcosa** feel like doing something; **morire dalla ~ di qualcosa** be dying for something; **di buona ~** willingly
'voglio ▶ **volere**
vogli'oso *adj* ‹*occhi, persona*› covetous; **essere ~ di qualcosa** want something
'voi *pers pron* you; **siete ~?** is that you?; **l'avete fatto ~?** did you do it yourselves?
voia'ltri *pers pron* you
vo'lano *m* shuttlecock; Mech flywheel
vo'lant *m inv* valance
vo'lante **A** *adj* flying; ‹*foglio*› loose
B *m* steering wheel
volanti'nare *vi* hand out leaflets
volan'tino *m* leaflet
vo'lare *vi* fly
vo'lata *f* Sport final sprint; **di ~** in a rush
vo'latile **A** *adj* ‹*liquido*› volatile
B *m* bird
volatiliz'zarsi *vr* vanish
vol-au-'vent *m inv* vol-au-vent
vo'lée *f inv* Tennis volley
vo'lente *adj* **~ o nolente** whether you like it or not
volente'roso *adj* willing
volenti'eri *adv* willingly; **~!** with pleasure!
vo'lere **A** *vt* want; (chiedere di) ask for; (aver bisogno di) need; **non voglio** I don't want to; **vuole che lo faccia io** he wants me to do it; **fai come vuoi** do as you like; **se tuo padre vuole, ti porto al cinema** if your father agrees, I'll take you to the cinema; **questa pianta vuole molte cure** this plant needs a lot of care; **vorrei un caffè** I'd like a coffee; **la leggenda vuole che...** legend has it that...; **la vuoi smettere?** will you stop that!; **senza ~** without meaning to; **voler bene/male a qualcuno** love/have something against somebody; **voler dire** mean; **ci vuole il latte** we need milk; **ci vuole tempo/pazienza** it takes time/patience; **volerne a** have a grudge against; **vuoi... vuoi...** either... or...
B *m* will; **voleri** *pl* wishes
vol'gare *adj* vulgar; (popolare) common
volgarità *f inv* vulgarity; **dire ~** use vulgar language, be vulgar
volgariz'zare *vt* popularize
volgarizzazi'one *f* popularization
volgar'mente *adv* (grossolanamente) vulgarly; (comunemente) commonly, popularly
'volgere *vt & vi* turn
'volgersi *vr* turn [round]; **~ a** (dedicarsi) take up
'volgo *m* common people
voli'era *f* aviary
voli'tivo *adj* strong-minded

'volo *m* flight; **al ~** ‹*fare qualcosa*› quickly; ‹*prendere qualcosa*› in mid-air; **alzarsi in ~** ‹*uccello*› take off; **in ~** airborne
■ **volo di andata** outward flight; **volo charter** charter flight; **volo diretto** direct flight; **volo di linea** scheduled flight; **volo nazionale** domestic flight; **volo di ritorno** return flight; **volo strumentale** flying on instruments; **volo a vela** gliding

volontà *f inv* will; (desiderio) wish; **a ~** ‹*mangiare*› as much as you like

volontaria'mente *adv* voluntarily

volon'tario **A** *adj* voluntary
B *m* volunteer

volonte'roso *adj* willing

'volpe *f* fox

vol'pino **A** *adj* ‹*astuzia*› fox-like
B *m* (cane) Pomeranian

volt *m inv* volt

'volta *f* time; (turno) turn; (curva) bend; Archit vault; **4 volte 4** 4 times 4; **a volte, qualche ~** sometimes; **c'era una ~...** once upon a time there was...; **una ~** once; **due volte** twice; **tre/quattro volte** three/four times; **una ~ per tutte** once and for all; **una ~ ogni tanto** every so often; **uno alla ~** one at a time; **alla ~ di** in the direction of
■ **volta a botte** barrel vault; **volta celeste** vault of heaven; **volta cranica** cranial vault; **volta a crociera** groin vault; **volta a vela** ribbed vault; **volta a ventaglio** fan vault

volta'faccia *m inv* volte-face

voltagab'bana *mf inv* turncoat

vol'taggio *m* voltage

vol'tare *vt & vi* turn; (rigirare) turn round; (rivoltare) turn over; **~ pagina** fig turn over a new leaf

vol'tarsi *vr* turn [round]

volta'stomaco *m* nausea; fig disgust

volteggi'are *vi* circle; (ginnastica) vault

'volto **A** pp di **volgere**
B *m* face; **ha mostrato il suo vero ~** he revealed his true colours

vol'tura *f* (catastale) transfer of property
■ **~ di contratto** transfer of contract

vo'lubile *adj* fickle

volubil'mente *adv* in a fickle way, inconstantly

vo'lume *m* volume
■ **volume di gioco** Sport possession

volumi'noso *adj* voluminous

vo'luta *f* (spirale) spiral; (di capitello) volute

voluta'mente *adv* deliberately

vo'luto *adj* deliberate, intended

voluttà *f inv* voluptuousness

voluttu'ario *adj* non-essential; **beni** *pl* **voluttuari** non-essentials

voluttu'oso *adj* voluptuous

vomi'tare *vt* vomit, be sick

vomi'tevole *adj* nauseating

'vomito *m* vomit

'vongola *f* clam

vo'race *adj* voracious

vorace'mente *adv* voraciously

vo'ragine *f* abyss

vor'rei ▸ **volere**

'vortice *m* whirl; (gorgo) whirlpool; (di vento) whirlwind

vorticosa'mente *adv* in whirls

'vostro **A** (**il ~** *m* **la vostra** *f* **i vostri** *mpl* **le vostre** *fpl*) *poss adj* your; **è vostra questa macchina?** is this car yours?; **un ~ amico** a friend of yours; **~ padre** your father
B *poss pron* yours; **i vostri** your folks

vo'tante *mf* voter

vo'tare *vi* vote

votazi'one *f* voting; Sch marks *pl*
■ **votazione di fiducia** Pol fig vote of confidence; **votazione per alzata di mano** show of hands; **votazione a scrutinio segreto** secret ballot

'voto *m* vote; Sch mark; Relig vow
■ **voto decisivo** casting vote; **voto per alzata di mano** show of hands

vs. *abbr* Comm (**vostro**) yours

vudù *m inv* voodoo

vul'canico *adj* volcanic

vul'cano *m* volcano
■ **vulcano intermittente** dormant volcano; **vulcano spento** extinct volcano

vulne'rabile *adj* vulnerable

vulnerabilità *f inv* vulnerability

'vulva *f* vulva

vuo'tare *vt* empty

vuo'tarsi *vr* empty

vu'oto **A** *adj* empty; (non occupato) vacant; **~ di** (sprovvisto) devoid of
B *m* empty space; Phys vacuum; fig void; **assegno a ~** dud cheque; **sotto ~** ‹*prodotto*› vacuum-packed
■ **vuoto d'aria** air pocket; **vuoto a perdere** no deposit; **vuoto a rendere** ‹*bottiglia*› returnable

Ww

W *abbr* (**viva**) long live
'wafer *m inv* (biscotto) wafer
wagon-'lit *m inv* sleeping car
walkie-'talkie *m inv* walkie-talkie
'water *m inv* toilet, loo infml
watt *m inv* watt
wat'tora *m inv* Phys watt-hour
WC *m* WC
'web *m inv* Web
'webcam *f inv* webcam
web'master *m inv* webmaster
wee'kend *m inv* weekend
'welter *adj & m inv* (in pugilato) welterweight
'western A *adj inv* cowboy *attrib*
B *m inv* Cinema western
'whisky *m inv* whisky
■ **whisky di malto** malt [whisky]
wi-'fi *m* wi-fi; **rete ~** wi-fi network
wind'surf *m inv* (tavola) windsurf; (sport) windsurfing; **fare ~** windsurf
windsur'fista *mf* sailboarder, windsurfer
'würstel *m inv* frankfurter

Xx

xenofo'bia *f* xenophobia
xe'nofobo, -a A *adj* xenophobic
B *mf* xenophobe
'xeres *m inv* sherry
xero'copia *f* xerox
xeroco'piare *vt* photocopy
xerocopia'trice *f* photocopier
xilofo'nista *mf* xylophone player
xi'lofono *m* xylophone

Yy

yacht *m inv* yacht
yak *m inv* Zool yak
'yankee *mf inv* Yank
'Yemen *m* Yemen
yeme'nita *mf* Yemeni
yen *m inv* yen
'yeti *m* yeti
'yiddish *adj inv & nm* Yiddish
'yoga A *m* yoga
B *adj inv* yoga *attrib*
'yogurt *m inv* yoghurt
yogurti'era *f* yoghurt maker
'yorkshire *m inv* (cane) Yorkshire terrier
yo-'yo® *m inv* yo-yo®
yup'pismo *m* yuppiedom

key word

Zz

zaba[gl]ione *m* zabaglione (*dessert made from eggs, wine or marsala and sugar*)
'zacchera *f* (schizzo) splash of mud
zaf'fata *f* whiff; (di fumo) cloud
zaffe'rano *m* saffron
zaf'firo *m* sapphire
'zagara *f* orange blossom
'zaino *m* rucksack
Za'ire *m* Zaire
'Zambia *m* Zambia
'zampa *f* leg; **a quattro zampe** (animale) four-legged; (carponi) on all fours; **zampe** *pl* **di gallina** fig crow's feet; **zampe** *pl* **posteriori** hind legs
zam'pata *f* paw; **dare una ~ a** hit with its paw
zampet'tare *vi* scamper
zam'petto *m* Culin knuckle
zampil'lante *adj* spurting
zampil'lare *vi* spurt
zam'pillo *m* spurt
zam'pino *m* paw; **mettere lo ~ in** fig have a hand in
zam'pogna *f* bagpipe
zampo'gnaro *m* piper
zam'pone *fpl stuffed pigs trotter with lentils*
'zangola *f* churn
'zanna *f* fang; (di elefante) tusk
zan'zara *f* mosquito
zanzari'era *f* (velo) mosquito net; (su finestra) insect screen
'zappa *f* hoe; **darsi la ~ sui piedi** fig shoot oneself in the foot
zap'pare *vt* hoe
zap'pata *f* **dare una ~ a** hit with a hoe
zappet'tare *vt* hoe
'zapping *m inv* channel-hopping BrE, channel-surfing AmE; **fare lo ~** channel-hop BrE, channel-surf AmE
zar *m inv* tzar
za'rina *f* tzarina
za'rista *adj & nmf* tzarist
'zattera *f* raft
zatte'roni *mpl* (scarpe) wedge shoes
za'vorra *f* ballast; fig dead wood
zavor'rare *vt* load with ballast
'zazzera *f* mop of hair
'zebra *f* zebra; **zebre** *pl* (passaggio pedonale) zebra crossing, crosswalk AmE
ze'brato *adj* ‹*tessuto*› with black and white stripes
'zecca¹ *f* mint; **nuovo di ~** brand new
'zecca² *f* (parassita) tick
zec'chino *m* sequin; **oro ~** pure gold
ze'lante *adj* zealous
'zelo *m* zeal
'zenit *m* zenith
'zenzero *m* ginger
'zeppa *f* wedge
'zeppo *adj* packed full; **pieno ~ di** crammed *or* packed with
zer'bino *m* doormat
'zero *m* zero, nought; (in calcio) nil; Tennis love; **due a ~** (in partite) two nil; **ricominciare da ~** fig start again from scratch; **sparare a ~ su qualcuno** fig lay into somebody; **avere il morale sotto ~** fig be down in the dumps
'zeta *f* zed, zee AmE
♂ **'zia** *f* aunt
zibel'lino *m* sable
zi'gano, -a *adj & nmf* gypsy
'zigolo *m* Zool bunting
'zigomo *m* cheekbone
zigri'nato *adj* ‹*pelle*› grained; ‹*metallo*› milled
zig'zag *m inv* zigzag; **andare a ~** zigzag
Zim'babwe *m* Zimbabwe
zim'bello *m* decoy; (oggetto di scherno) laughing stock
'zinco *m* zinc
zinga'resco *adj* gypsy *attrib*
'zingaro, -a *mf* gypsy
♂ **'zio** *m* uncle
'zippo *m* sl lighter
zi'tella *f* spinster; derog old maid
zitel'lona *f* derog old maid
zit'tire **A** *vi* fall silent
B *vt* silence
♂ **'zitto** *adj* silent; **sta' ~!** keep quiet!
ziz'zania *f* (discordia) discord; **seminare ~** cause trouble
'zoccola *f* vulg whore
'zoccolo *m* clog; (di cavallo) hoof; (di terra) clump; (di parete) skirting board, baseboard AmE; (di colonna) base
■ **zoccolo duro** Pol hard core; **zoccolo fesso** cloven foot, cloven hoof
zodia'cale *adj* of the zodiac; **segno ~** sign of the zodiac, birth sign
zo'diaco *m* zodiac
zolfa'nello *m* match
'zolfo *m* sulphur

'zolla *f* clod
zol'letta *f* sugar cube, sugar lump
'zombi *mf inv* fig zombie
zom'pare *vi* sl bonk
🔑 **'zona** *f* zone; (area) area
■ **zona calda** fig hot spot; **zona denuclearizzata** nuclear-free zone; **zona di depressione** area of low pressure; **zona disastrata** disaster area; **zona disco** area for parking discs only; **zona erogena** erogenous zone; **zona di esclusione aerea** air exclusion zone; **zona euro** Eurozone; **zona giorno** living area; **zona industriale** industrial estate; **zona notte** sleeping area; **zona d'ombra** fig twilight zone; **zona pedonale** pedestrian precinct; **zona a traffico limitato** restricted traffic area; **zona verde** green belt
zonizzazi'one *f* zoning
'zonzo *adv* **andare a ~** stroll about
'zoo *m inv* zoo
zoolo'gia *f* zoology
zoo'logico *adj* zoological
zo'ologo, -a *mf* zoologist
zoosa'fari *m inv* safari park
zootec'nia *f* animal husbandry
zoo'tecnico *adj* ‹*progresso*› in animal husbandry; **patrimonio ~** livestock
zoppi'cante *adj* limping; fig shaky
zoppi'care *vi* limp; (essere debole) be shaky
'zoppo, -a **A** *adj* lame
B *mf* cripple offensive
'zotico *adj* uncouth
zoti'cone *m* boor
zu'ava *f* **calzoni** *pl* **alla ~** plus fours
'zucca *f* marrow; infml (testa) head; infml (persona) thickie; **cos'hai in quella ~?** haven't you got anything between your ears?
zuc'cata *f* **prendere una ~** infml hit one's head
zucche'rare *vt* sugar
zucche'rato *adj* sugared; **non ~** ‹*succo d'arancia ecc.*› unsweetened
zuccheri'era *f* sugar bowl
zuccheri'ficio *m* sugar refinery
zucche'rino **A** *adj* sugary
B *m* sugar cube, sugar lump; fig sweetener; **essere uno ~** fig ‹*persona*› be a softy; ‹*cosa*› be a cinch
'zucchero *m* sugar
■ **zucchero di canna** cane sugar; **zucchero filato** candyfloss; **zucchero greggio** brown sugar; **zucchero vanigliato** vanilla sugar; **zucchero a velo** icing sugar, confectioners' sugar AmE
zucche'roso *adj* fig honeyed
zuc'chetto *m* (cappello) beanie
zuc'china *f* courgette, zucchini AmE
zuc'chino *m* courgette, zucchini AmE
zuc'cone *m* infml blockhead
zuc'cotto *m dessert made with sponge, cream, chocolate and candied fruit*
'zuffa *f* scuffle
zufo'lare *vt & vi* whistle
'zufolo *m* penny whistle
zu'mare *vi* zoom
zu'mata *f* zoom
'zuppa *f* soup
■ **zuppa inglese** trifle
zup'petta *f* **fare ~ [con]** dunk
zuppi'era *f* soup tureen
'zuppo *adj* soaked

🔑 key word

Contents

Italian traditions, festivals, and holidays ..... ▶2

Giorni festivi nei paesi anglofoni ..... ▶4

A–Z of Italian life and culture ..... ▶6

La vita e la cultura nel mondo anglofono dalla A alla Z ..... ▶30

Letter-writing/Redazione di lettere ..... ▶54

Writing e-mails and SMS/Scrivere e-mail ed SMS ..... ▶57

Phrasefinder/Frasi utili ..... ▶63

Italian traditions, festivals, and holidays

1 January

Capodanno (New Year's Day).
A public holiday often spent getting over the excesses of New Year's Eve.

6 January

Epifania (Twelfth Night).
A public holiday and religious festival celebrating the adoration of Jesus by the three kings. By popular tradition it is also the day when Befana, a legendary old woman on a broomstick, brings children gifts: they are supposed to hang up their stockings the night before and in the morning should find them full of sweets, cakes, and little presents or, if they have been naughty, coal (though nowadays it is usually a sugary substitute).

14 February

San Valentino (St Valentine's Day).
As in other countries, this day is for lovers, marked by flowers, chocolates, and candlelit dinners.

8 March

Festa delle donne (Women's Day).
Since the 1970s, Women's Day has been celebrated with sprays of mimosa and discussions on women's issues.

19 March

Festa del papà (Father's Day).
St Joseph's Day is the day on which Italian fathers are celebrated.

1 April

Pesce d'aprile.
This is April Fool's Day, when it is traditional to play jokes and tricks on people. Children have fun trying to stick a little paper fish (*pesciolino*) onto people's backs without their noticing, and then calling, '*Il pesce d'aprile!*' (literally, 'April fish').

25 April

Anniversario della Liberazione (Anniversary of the Liberation).
A public holiday, this is a day of official ceremonies. It commemorates the day in 1945 when Italy was liberated from Nazi German occupation by invading Allied forces.

1 May

Festa del lavoro (International Labour Day) is a public holiday. This is a civil festival celebrating the workers of the world.

2 June

Festa della Repubblica is a public holiday, a civil festival to commemorate the referendum of 2 June 1946 which led to the proclamation of the Italian Republic.

15 August

L'Assunzione (Feast of the Assumption) is a public holiday – a religious festival that celebrates the Assumption of the Virgin Mary to heaven. Also known as *ferragosto*, it marks the peak of the summer holidays. The factories in the north are closed, as are many shops, except for those in tourist areas.

1 November

I Santi/Ognissanti (All Saints' Day).
Public holiday and religious festival celebrating all the saints. Typically, cakes made with nuts and raisins, which vary from region to region, are eaten during this festival. People go to the cemetery to take flowers for their dead loved ones, although the Festival of the Dead (I Morti) is the following day, 2 November, which is not a public holiday.

8 December

L'immacolata Concezione (Feast of the Immaculate Conception).
Public holiday and religious festival that celebrates the purity of the Virgin Mary.

24 December

La vigilia di Natale (Christmas Eve) is not a public holiday, although the schools are usually closed. Families get together, and often a large dinner is prepared. Afterwards people open their Christmas presents from under the tree. The faithful go to midnight Mass.

25 December

Natale (Christmas Day) is a public holiday and one of the most important religious festivals for Italians. Families who did not open their presents the night before do so on Christmas morning. Children who believe in Father Christmas think that he has come down the chimney to bring their presents during the night. Families get together to eat a big dinner, typically including a capon and ending with *panettone* (a dome-shaped cake with sultanas and candied fruit) and a glass of spumante, Italian sparkling wine.

26 December

Santo Stefano (St Stephen's Day).
A public and religious holiday during which Christmas celebrations continue.

31 December

San Silvestro (New Year's Eve).
The celebration of the end of the old year and beginning of the new. It is a working day for many people, although students are on holiday, but in the evening there is usually a big meal and a party, either at home or in a restaurant. Typical dishes are lentils (which are said to bring wealth) and *cotechino* (a large pork sausage), and a great deal of champagne and spumante is drunk. On the stroke of midnight, fireworks are set off. In days gone by, it was traditional to throw crockery and other belongings out of the window to mark the rejection of the old in readiness for the New Year, but this no longer happens, to avoid damage to cars and injury to passers-by.

Movable holidays

Giovedì grasso (the Thursday before Lent).
Fancy dress parties are held and people traditionally eat pancakes and fried pastries.

Martedì grasso (Shrove Tuesday).
In some regions schools are closed.

Mercoledì delle ceneri (Ash Wednesday) is a religious occasion that marks the beginning of Lent. Some people fast on this day.

Venerdì santo (Good Friday).
A religious occasion. It is not a public holiday, though some schools are closed.

Pasqua (Easter) is the most important Catholic festival, celebrating the resurrection of Christ. A popular saying goes: *'Natale con i tuoi, Pasqua con chi vuoi'* (Christmas with your family, Easter with whoever you want), and in fact Italians often take the opportunity of the holiday period to go away on holiday. Those who stay at home cook a big meal, usually of lamb because of its symbolic meaning. A *colomba* (dove-shaped cake) is the traditional Easter cake.

Pasquetta (Easter Monday) is a public holiday when people often go out for the day, to the sea, the mountains, or the countryside.

L'Ascensione (Ascension).
A religious festival celebrating the ascension of Christ to heaven. It falls on the Thursday forty days after Easter.

Pentecoste (Whitsun) is a religious festival celebrating the descent of the holy spirit to the apostles. It falls fifty days after Easter.

Festa della Mamma (Mothers' Day) is on the second Sunday in May. Cards are sent and sometimes a present: perfume, chocolates, or flowers, especially roses.

Festival dei Due Mondi or Festival di Spoleto (in the province of Perugia) takes place each year from late June to mid-July. It hosts dance, theatre, opera, and music events, to which the biggest world names are invited.

Festival di Sanremo This Ligurian tourist resort has hosted the festival of Italian music every year since 1951. After a period of decline in the 1970s, the festival has recently regained its popularity. Established singers take part, but it is also often the launch pad for new talent.

Giorni festivi nei paesi anglofoni

1 gennaio

New Year's Day (Capodanno).
Giorno festivo, generalmente trascorso a riprendersi dai festeggiamenti della notte precedente.

2 gennaio

Giorno festivo in Scozia.

6 gennaio

Epiphany o **Twelfth Night** (Epifania).
Non ci sono particolari tradizioni legate a questa giornata, ma molti in questo giorno disfano l'albero di Natale e mettono via le decorazioni natalizie.

25 gennaio

Burns Night.
Ricorrenza della nascita del poeta scozzese Robert Burns (XVIII secolo).
Gli scozzesi festeggiano con una cena detta *Burns Supper* il cui piatto forte si chiama *haggis* (intestino di pecora farcito con una miscela di avena, frattaglie, cipolle e spezie). Tradizionalmente, durante la cena accompagnata dal suono delle cornamuse, si beve whisky e si leggono ad alta voce brani delle poesie di Robert Burns.

2 febbraio

Groundhog Day.
Giorno in cui, secondo la tradizione statunitense, la marmotta (*groundhog*) esce dalla sua tana sotterranea alla fine del letargo. Se c'è il sole e la marmotta vede la propria ombra si nasconderà nella tana e ci saranno altre sei settimane di cattivo tempo. Se non vede la propria ombra, si crede che la primavera comincerà presto.

14 febbraio

St Valentine's Day (San Valentino).
Nel giorno di San Valentino gli innamorati si scambiano fiori e regali. Esiste inoltre la tradizione di inviare un biglietto anonimo alla persona per cui si prova una tenera simpatia.

1 marzo

St David's Day.
Giorno di festa nazionale in Galles, di cui San Davide è il santo protettore.

17 marzo

St Patrick's Day.
La festa di San Patrizio, patrono d'Irlanda, viene celebrata dagli irlandesi in tutto il mondo con musica, canti e grandi bevute.

1 aprile

April Fools' Day (Pesce d'Aprile).
Giornata in cui si fanno numerosi scherzi: le vittime di tali scherzi sono dette *April Fools*.

23 aprile

St George's Day.
San Giorgio è il patrono d'Inghilterra.

1 luglio

Canada Day.
Festa nazionale che commemora l'unificazione delle colonie britanniche nordamericane del 1º luglio 1867.

4 luglio

Independence Day.
In questo giorno di festa nazionale negli Stati Uniti si celebra l'approvazione della Dichiarazione d'Indipendenza (1776) con parate, spettacoli di fuochi artificiali e picnic. In moltissime case viene esposta la bandiera americana.

12 ottobre

Columbus Day.
Giorno festivo negli Stati Uniti, ricorrenza della scoperta dell'America da parte di Cristoforo Colombo nel 1492.

31 ottobre

Hallowe'en (vigilia d'Ognissanti).
La notte della vigilia d'Ognissanti in cui, secondo un'antica credenza anglosassone,

è possibile vedere i fantasmi. Oggi è festeggiata per lo più dai bambini, che ricavano lanterne dalle zucche svuotate, si mascherano e fanno il giro del vicinato per chiedere dolci e regalini con il *trick or treat* ('dolcetto o scherzetto').

5 novembre

Bonfire Night/Guy Fawkes Night.
In Gran Bretagna si festeggia il fallimento della Congiura delle Polveri per far saltare in aria il Parlamento nel 1605. Ovunque si organizzano spettacoli di fuochi d'artificio e falò in cui viene bruciato un pupazzo rudimentale detto *guy* che rappresenta Guy Fawkes, uno dei cospiratori.

11 novembre

Remembrance Day,
Veteran's Day negli USA.
Giornata in cui si commemorano i caduti di tutte le guerre e la firma dell'armistizio (1918) che mise fine alla prima guerra mondiale.

In Gran Bretagna la ricorrenza è anche nota come Poppy Day (giorno del papavero), per l'usanza di portare un papavero rosso di stoffa o carta sul petto (dai campi di papaveri in cui morirono migliaia di soldati sui fronti francese e belga).

30 novembre

St Andrew's Day.
Sant'Andrea è il patrono della Scozia.

25 dicembre

Christmas Day (giorno di Natale).
Giorno festivo. Per tradizione i familiari si scambiano i doni intorno all'albero la mattina di Natale e i bambini spesso trovano, al risveglio, una calza (*Christmas stocking*) piena di dolci e regalini lasciata da Father Christmas, anche chiamato Santa Claus.

26 dicembre

Boxing Day in Gran Bretagna,
St Stephen's Day in Irlanda.
Giorno festivo.

31 dicembre

New Year's Eve (la notte di San Silvestro).
In Scozia si chiama **Hogmanay** ed è tradizione andare a trovare amici e vicini di casa per augurare loro pace e prosperità portando in dono un pezzo di carbone o del whisky o qualcosa da mangiare.

A–Z of Italian life and culture

Accademia della Crusca An academy for the study of the Italian language, founded in Florence in 1583, with the original aim of establishing the supremacy of the literary dialect in Florence – or of separating the 'flour' of pure language from the 'bran' (*crusca* – hence its name) of vulgarity. From 1612 it published the *Vocabolario degli accademici della Crusca* (Dictionary of the Members of the Accademia della Crusca), which became a model for similar works on the major European languages, and was printed in various editions until 1923. With only one interruption, from 1783 to 1811, the Academy has continued its work down to the present day. Currently based in the Villa di Castello near Florence, it is a centre for linguistic, philological, and lexicographical research. Unlike the French Académie Française or the Spanish Real Academia, however, it does not have the last word on what is correct or incorrect in Italian.

acqua alta An exceptionally high tide that sometimes affects the lagoon of Venice during the winter months. It is caused by particular wind conditions, but exacerbated by human interference with the environment. When the level of the lagoon rises, peaking sometimes at 1.4 metres (4.6 feet) and over, many of the streets and piazzas of Venice disappear under centimetres of water. Sirens are sounded three or four hours before the *acqua alta* reaches full height, and footbridges are put up to allow pedestrians to continue to use the busiest routes.

agriturismo A holiday based on a farm. It was originally intended that the holiday-makers would help with work on the farm in some capacity, but nowadays this virtually never happens. The word *agriturismo* is also used for the venue – the farmhouse, often renovated and refurbished specially for tourists. This type of holiday offers activities such as walking, horse-riding, etc. Locally-produced food and the open-air lifestyle are the main attractions. It is becoming much more popular and more expensive than it was at first.

Alto Adige The northern part of the Trentino-Alto Adige region, consisting of the province of Bolzano (called Südtirol [South Tirol] in German), ceded to Italy after the First World War. The majority of the population are German-speaking and of German descent. Since 1948 it has had a degree of autonomy, reinforced in 1972; place names are shown in Italian and German and holders of public offices have to pass an exam to show they are bilingual. Teaching in schools, however, is in German only for those of German descent, or Italian only for those of Italian descent. In future, this system is to be replaced by genuine bilingualism.

anno scolastico The Italian school year usually begins in mid-September and ends at the beginning of June (except for students who are taking exams). As well as a few days' holiday for the various civil and religious festivals, there are about ten days' holiday over Christmas, New Year, and Twelfth Night, plus a few days at Easter. *See also* SCUOLA.

aperitivo It is an Italian tradition to have an aperitif, which may or may not be alcoholic and is served with a few peanuts, olives, or other appetizers, before lunch or dinner. Many bars have their own, homemade *aperitivo*, based on liqueurs and fruit juices. Taking time for a pre-meal drink also provides a chance to catch up with friends.

ASL – Azienda Sanitaria Locale The Servizio Nazionale di Assistenza Sanitaria (or National Health Service) provides care for citizens through these local health authorities.

autoricarica A mobile phone scheme available in Italy where customers are rewarded by having their accounts re-credited according to either how long they have spent on incoming (or outgoing) calls, or how many text messages they have received (or sent).

autostrade Italy has a network of motorways – toll roads with two or more lanes on each carriageway. The tolls paid for using motorways finance their construction, management, and maintenance. The tariff depends on the vehicle in which you are travelling and the stretch of motorway concerned, the relative costs of construction and maintenance being taken into account (e.g. mountain stretches can be more expensive). Usually you take a ticket from the booth when joining the motorway and hand it in for payment at the other end. Alternatively you use an electronic toll collection (Telepass). The maximum speed limit for cars is 130 km/h (80 mph), or up to 150 km/h (94 mph) on some stretches.

Azzurri A popular name for the Italian national team in sports such as football, rugby, and hockey, from the blue shirts worn by the players.

Banca d'Italia The Italian central bank, founded in 1893. Since 1926 it has had a monopoly on the issue of currency, and supervisory jurisdiction over the Italian banking system. It also acts as the state treasury. Its central offices are located in the Via Nazionale in Rome. In the media, Via Nazionale is often used to mean the Bank of Italy.

Bancomat This is the name of the system of automatic cash withdrawal, of the actual cash machine, and of the card itself. The same card is often used as both a credit card and a bancomat card, so when you pay with the card in a shop you can use it as a credit card, or – by keying in your PIN on a special keypad – as a debit card.

bandiera arancione The orange flag is the mark of environmental quality awarded by the Italian Touring Club in inland areas. The criteria for the awarding of the orange flag are the development of cultural heritage, protection of the environment, standards of hospitality, and quality both of restoration and of local products.

bandiera blu The blue flag is an award given to beaches and ports in the member countries of the FEE (Federation for Environmental Education). The criteria that have to be met are, for beaches, the quality of the water and the coast, safety measures and services, and the promotion of environmental education. For ports, it is the quality of the water in the harbour, safety and disposal services, and environmental information.

bar A real institution of Italian life and culture, the bar is the place where you can have snacks, sandwiches, coffees, soft and alcoholic drinks, etc. Usually drinks are taken standing at the bar. In many bars there are also tables where you can sit and read the newspapers. Bars also play an important role in the lives of sports fans, as they meet there to watch football matches or other events on the television.

bel canto A style of singing, still practised today, that combines a light, bright quality of voice with the ability to sustain a beautifully clear and even tone through complicated passages. It emerged in Italy in the 15th and 16th centuries and was at its height in the early 19th century, when the composers Rossini, Bellini, and Donizetti exploited it to the full in their operas.

Biennale di Venezia An international show for the visual arts, cinema, architecture, dance, music, and theatre. The visual arts section still takes place every two years and often welcomes avant-garde artists. *See also* MOSTRA INTERNAZIONALE D'ARTE CINEMATOGRAFICA.

Bocconi With its headquarters in Milan, the Bocconi commercial university is an extremely prestigious private university, with only one faculty – economics.

caffè Coffee is a favourite Italian drink. Outside the home it can be drunk quickly standing at a bar counter, or in a more leisurely fashion while chatting at a table. In bars or restaurants you can order *un caffè* (normal), *ristretto* or *lungo* (weaker or stronger), *macchiato* (hot or cold, with a drop of milk), or *corretto* (with a drop of spirits). Also on offer are decaff and hot malt drinks (*caffè d'orzo*).

calcio Football is the sport that Italians love most, and of course it is a sport in which Italian teams have always excelled. The national league is divided into Serie A, Serie B, and Serie C. Some of the most famous Italian teams are Juventus, Milan, Inter (also based in Milan), Roma, and Lazio. *See also* AZZURRI.

Camera dei Deputati The legislative assembly that, along with the SENATO, makes up the Italian Parliament. It is composed of 630 deputies, elected by universal direct suffrage by citizens over 18 years of age.

Camicie rosse ▸ I MILLE

Camorra An organized-crime network operating in Naples and the Campania. The Camorra is not a single organization but made up of groups (families) who often fight for control of criminal activities. Emerging in the 1500s, it has for centuries practised blackmail and extortion on small businesses in Naples. After the Second World War, and particularly from the 1980s, it began to control drugs and arms trafficking, prostitution, and the allocation of public contracts, developing political links and assuming ever greater control of the Naples area.

Canton Ticino This is the only canton of the Swiss Confederation which has Italian as its official language. It is also the only Swiss region located south of the Alps. The history, culture, and language of this area are intermingled with those of the neighbouring Italian regions.

Capitoline One of the SEVEN HILLS OF ROME, the Capitoline was the acropolis and religious centre of the ancient city, and is now the headquarters of the City of Rome. The Piazza del Campidoglio at its top was designed by Michelangelo; the square is flanked by three palazzi now housing the Capitoline Museums. In the centre of the piazza stands a statue of Roman emperor, Marcus Aurelius, on horseback.

Caporetto A First World War battle in which Italian troops were heavily defeated. On 24 October 1917, Austrian and German troops launched a major offensive on the Italian front, breaking through near the small town of Caporetto (now Kobarid in Slovenia). The Italians retreated in disorder with very heavy losses. The name Caporetto entered the language as a byword for a total defeat or failure.

Capri An island close to the southern entrance to the Bay of Naples, and favourite tourist destination. Capri is chiefly famous for its romantic setting, for the Blue Grotto – a sea cave with a low entrance, which gets its name from the colour of the light filtered through the water, and for the remains of Roman villas built by the Emperor Tiberius, who made Capri his headquarters from AD 27–37.

carabinieri A corps of the Italian army that has the task of guaranteeing the safety of citizens and their property and ensuring that state laws are observed. As well as being a military police force and responsible for public safety, the *carabinieri* also function as judiciary police. *See also* POLIZIA DI STATO.

Carnevale This is the period before Lent running from Twelfth Night to Ash Wednesday. It is celebrated with fancy dress parties, confetti, and streamers, especially during the weekend running from '*giovedì grasso*' (the last Thursday) to '*martedì grasso*' (Shrove Tuesday), which is the final day. The Venice Carnival is one of the most famous, with its open-air shows and fancy-dress balls, and the Viareggio Carnival, with its parade of gigantic paper-pulp floats depicting caricatures of popular characters, is also well known.

carta d'identità An identity document issued to all citizens aged 15 and over. It is valid for foreign travel within the countries of the European Union, and for trips to some other countries with which there is an agreement. It is renewed every ten years at the town hall. An electronic card, the same size as a credit card, is gradually substituting the old paper identity cards.

Cassa integrazione or Cassa integrazione guadagni The benefit system for employees who are temporarily laid off because of a crisis in the company they work for. It is run by the INPS, which undertakes to pay a maximum of 80 per cent of normal salary for a period of one or two years.

Cattolica The 'Catholic university' is a prestigious private institute with humanities and science faculties, spread over five different campuses in Milan, Rome, Brescia, Cremona, and Piacenza.

Cavaliere – short for *Cavaliere al merito del lavoro* (Knight for services to industry) – is an official title, conferred since 1901 on those who make a major contribution to economic development. However, it is not uncommon for successful entrepreneurs to give their surnames the prefix *cavaliere* unofficially. Another frequently encountered title is that of *commendatore*, in common use over the past few decades as an honorific for any wealthy person.

Cavallino rampante The 'prancing horse' symbol of Ferrari. Enzo Ferrari adopted the symbol from a coat of arms belonging to a First World War flying ace. He first used it on the Alfa Romeo cars in his racing stable, then on the cars he began to produce himself in 1947 in Maranello (near Modena). Today it is synonymous with Ferrari both as a car-maker and as a Formula 1 team.

Cinecittà A complex of all of the different cinematographic studios set up on the outskirts of Rome in 1937. It includes a large number of film studios as well as studios for soundtracking.

CNR The Consiglio Nazionale delle Ricerche (National Research Council) is a national public body which carries out and promotes research activities for the scientific, technological, economic, and social development of the country.

codice civile e penale The civil and penal codes. The Italian codes, like those of other continental European countries, were modelled on the Code Napoléon, the French civil code first introduced in 1804. These superseded the common law, restructuring it on the enlightened principles of the French Revolution. The unified Italian state, founded in 1861, brought together the codes of the various states that made it up to constitute the civil code, the code of civil procedure, and the code of criminal procedure (on the French model) in 1865, and the criminal code in 1889. The new codes drawn up in the 20th century followed the same lines, with some modifications.

codice fiscale A combination of letters and numbers, based on the holder's particulars, which identifies every citizen or resident of Italy for tax purposes and other dealings with the authorities. It is indispensable if a person wishes to work, open a bank account, use the health service, etc. In current usage the term *codice fiscale* (tax code) also refers to the plastic card, similar in size to a credit card, issued to everybody by the Ministry of the Economy and Finance and bearing the holder's code and personal details.

Colosseo The name given in the Middle Ages to the 'colossal' Flavian Amphitheatre, the most famous monument of Ancient Rome, which was begun by Vespasian in about 75 AD and inaugurated by Titus in 80 AD. It is oval in shape and up to 50,000 spectators could attend the bloody battles between gladiators and beasts that were staged there.

comuni Each province is subdivided into municipalities (*comuni*), each of which is run by a council and municipal committee headed by a *sindaco* (mayor). The functions of the *comuni* are mainly administrative.

confederazioni sindacali The three large Italian trade union organizations that represent workers in all categories and sectors: the formerly Communist-oriented CGIL (Confederazione generale italiana del lavoro); the Christian-oriented CISL (Confederazione italiana sindacati lavoratori) and the social-democrat-oriented UIL (Unione italiana del lavoro). During the 1970s and 1980s they formed an alliance and collaborated to play a central role in politics and in the Italian economy. However, recent transformations in the economy and the labour market have reduced their unity of action, and their role has been partly reshaped by the rise of autonomous sectoral unions.

Consiglio dei ministri A body composed of ministers and headed by the PRESIDENTE DEL CONSIGLIO: it forms the government.

consultorio familiare Social-health service set up in the mid-1970s. It provides health education (including preventive medicine) in the fields of gynaecology and paediatrics, as well as advice and support for people with mental health or legal problems.

Corte Costituzionale The constitutional court, in operation since 1955, which has the duty of ensuring that laws passed by parliament do not conflict with the *costituzione* and of ruling on conflicts between the powers of the state and those of the regions. It is made up partly of magistrates and partly of jurists chosen by the parliament and the PRESIDENTE DELLA REPUBBLICA. It is based in Rome, in the Palazzo della Consulta (the Consulta being a former papal institution) next door to the QUIRINALE, and is often referred to as La Consulta.

costituzione The constitution of the Italian Republic, which came into force on 1 January 1948. It was drawn up by a constituent assembly, elected by the people, and based on the principles of liberty, equality, and democracy. A constitutional court (*corte costituzionale*) ensures that any individual laws passed by parliament conform to the constitution.

denominazione di origine controllata (*DOC*) The state-certified mark of quality awarded to Italian wines that possess certain verified characteristics, such as origin within a defined zone of production, derivation from particular types of vines and soils, ratio between the quantity of grapes used and quantity of wine obtained, and methods used in production. *DOC* wines that have become particularly famous for their special qualities are now certified as *DOCG* (*denominazione di origine controllata e garantita*), a mark based on even stricter standards of verification. *See also* VINO.

Divina Commedia The most celebrated and important work in Italian literature, written by Dante Alighieri between 1306 and 1321. *The Divine Comedy* is divided into three parts, *Inferno* (Hell), *Purgatorio* (Purgatory), and *Paradiso* (Heaven), each containing thirty-three cantos (plus one introductory canto to make 100). It describes a journey through the Christian afterlife and is probably best known and loved for its retelling of the stories of the characters Dante discovers in the three realms. Part of Dante's purpose was to prove that the Italian language could be used for serious works of literature. In his writing, he blended the language of court with the most expressive elements of his native Tuscan and other dialects, helping to lay the foundations of modern Italian.

Dolce Vita, La A film, whose title literally means 'The Sweet Life', made by the director Federico Fellini and released in 1960. It depicted the emptiness and squalor of high society in Rome. Its title very quickly became a cliché for a worldly Italian lifestyle that perhaps never even existed, and it ended up as banal slogan for a lazy life of pleasure.

dottore Traditionally, the legally recognized title in Italy for a person who receives a degree after completing a university course lasting at least four years. Today this is also the name for a specialist degree. It is widely used both in writing (on letters or on business cards) or as a form of address to refer formally to all graduates, not simply graduates in medicine. There is a saying in Italy that 'no one ever denies being doctor', meaning that anyone – with or without a degree – is happy to accept *dottore* as a term of deference from waiters, parking attendants, and so on. *See also* LAUREA.

enoteca A place where good local wines are offered for sale and often for tasting. In many *enoteche* you can also eat while tasting the wines.

extracomunitari The Italian term used to refer to immigrants from Third World countries (black Africa, the Arab countries of North Africa, the Philippines, Sri Lanka, and China) or European countries that are not yet members of the European Union (such as Albania). Though the term may seem purely bureaucratic, *extracomunitario* (literally, 'outside the community') is a discriminatory word in common speech reflecting deep-seated prejudices; it is used with mistrust or fear, sometimes with scorn or hostility, as a label for poor immigrants, exploited as underpaid labour, often staying illegally without a residence permit, and involved in illegal trafficking or criminal activities.

FAI The Fondo per l'Ambiente Italiano (Fund for the Italian Environment), set up in 1975 with the aim of contributing to the protection, conservation, and use of Italy's artistic and environmental heritage. It has acquired, mostly through donations, many important buildings and sites (villas, palaces, castles, parks, and gardens) that it has subsequently restored and opened to the public.

farmaci Following a change in the law, it is now possible to buy over-the-counter medicines in the "health corner" of supermarkets, where a pharmacist must be present by law. They can also be bought from the so-called *parafarmacie*, which are similar to traditional pharmacies except that a doctor's prescription is not necessary.

Farnesina A term used in the media to refer to the Italian Ministry of Foreign Affairs which, since 1959, has been housed in the Palazzo della Farnesina, a vast building constructed in a functional style between 1938 and the 1950s outside the historic centre of Rome.

Fascism A movement, based on an ultra-conservative, anti-socialist, nationalist, racist, and authoritarian ideology, which controlled Italy from 1922 to 1943. The name comes from the *fasces*, an axe with its handle encased in a bundle of rods, which was a symbol of power and unity in Roman times. The Fascists, led by Benito Mussolini (known as *il duce*, the leader), were both a political party and a paramilitary organization. They ruled dictatorially, intimidating, imprisoning, and sometimes murdering, their political opponents. Under the Fascist regime Italian armies conquered Abyssinia, Lybia and Albania, but military failures during World War II, in which Italy was initially allied with Germany and Japan, led to the Fascists' downfall.

Fiamme Gialle The nickname (literally meaning 'Yellow Flames') for the *Guardia di finanza*, an Italian police force organized along military lines, which specializes in combating economic, financial, and fiscal crime (fraud, tax evasion, and money laundering) and guarding Italy's land and sea borders (against smuggling, drug trafficking, and illegal immigration). It was set up in 1881 and its members wear uniforms with yellow insignia, hence the nickname.

foglio rosa This is the provisional driving licence, which can be applied for before passing the theory test and is valid for six months.

Fratelli d'Italia The name by which Italy's national anthem is commonly known. Its official name is the *Inno di Mameli* (Mameli's hymn), after its author, the poet and patriot Goffredo Mameli, who died in 1849, aged 22, fighting with Garibaldi for the defence of the Roman Republic (*see* I MILLE). It was adopted as the national anthem in 1946. The common name comes from the opening lines of the first verse: *Fratelli d'Italia, l'Italia s'è desta, / dell'elmo di Scipio s'è cinta la testa* (Brothers of Italy, Italy has awoken / It has circled its head with the helmet of Scipio). All Italians know the tune (composed by Mameli's friend, the choirmaster Michele Novaro), but very few know the rest of the words (it has five verses) by heart.

Gazzetta dello Sport This is the sports daily, printed on its characteristic pink paper. It was founded in Milan in 1896 and is the most widely read sports newspaper in Italy. It organizes the GIRO D'ITALIA.

Gazzetta Ufficiale The official newspaper of the Italian state, which publishes approved laws, decrees, and various official announcements.

gelato Made with milk, sugar, eggs, and various other ingredients, this is an Italian speciality. The hand-made variety, bought in *gelaterie*, can be served in a dish or in a cone. There are dozens of flavours to choose from.

giornali Among the main Italian dailies are *Repubblica* and *Corriere della Sera*. The daily financial paper is *il Sole 24 ore*. The weekly magazines *L'Espresso* and *Panorama* deal with current affairs, politics, and culture. As well as Italian versions of international titles, the weekly magazines *Grazia*, *A*, and *Donna Moderna* cater for women. *Famiglia Cristiana* is the Catholic weekly. Of the gossip magazines, *Novella 2000* and *Chi* are the most popular.

Giro d'Italia Like the Tour de France, one of the most famous cycling races in the world. It takes place from mid-May to the beginning of June. The route changes every year, but the last stage always ends in Milan. The winner is awarded the pink jersey. *See also* GAZZETTA DELLO SPORT.

gondola A low narrow boat with a raised curved prow, used on the canals of Venice. The gondola is propelled by a *gondoliere* (gondolier) using a single oar that pivots on a small post attached to the starboard side. The gondoliers usually dress in traditional striped tops and a straw hat. A 17th-century *doge* (*see* VENETIAN REPUBLIC) ordered that all gondolas should be painted black, so as not to glorify worldly wealth. They remain black, but are now used almost exclusively for tourists.

Herculaneum ▸ VESUVIUS

Informagiovani As the name suggests, this is a service of information and guidance for young people. Promoted by local bodies, the various centres (and their web sites) provide information about all areas of interest to young people: courses and training, jobs, culture, politics, voluntary work, travel, etc. The first centres opened in Turin and Milan in the early 1980s; now there are about 600 centres throughout Italy. In addition to supplying information, they carry out a role of 'listening' to young people and also promote projects created by young people for young people.

INPS – Istituto Nazionale per la Previdenza Sociale (National Institute of Social Security). This is the major public body in Italy that pays workers' old-age pensions after receiving contributions from them during their working lives. It also manages the various kinds of assistance provided by the welfare state, such as the *cassa integrazione*, sickness, maternity, unemployment, and invalidity benefit.

Internet The World Wide Web is much used in Italy, as elsewhere. All major Italian newspapers and television stations have their own websites, as do councils, museums, etc. The suffix for Italian sites is '.it'.

laghi The north of Italy is the area with the highest concentration of lakes, which includes the three largest and most famous: Lake Garda (the largest of all), Lake Maggiore, and Lake Como. The area's mild climate and abundant greenery have always held a great attraction for both Italians and foreigners. Some lakes are equipped for water sports; others offer luxurious hotels and health farms.

laurea The title, meaning 'graduate', was traditionally awarded in Italy to people who completed a course of study at a university, usually lasting four years. Recently a *laurea triennale* (or *breve*) was introduced; this 'three-year' or 'short degree' gives immediate access to the labour market. In contrast the *laurea specialistica*, 'specialist degree', requires a further two years of study and entitles the holder to be known as *dottore*.

Leaning Tower of Pisa The eight-storey bell tower of the cathedral of Pisa. Building work began in 1183, but the tower started to lean noticeably to the north, as the ground beneath it was unstable. Work continued on and off on the tower for the next 200 years, and by 1360 it was complete – it was now leaning to the south, however. Over the centuries, the problem worsened. Finally, in the late 1990s, engineers removed rock and soil from under the north side of the tower and succeeded in reducing the angle of tilt from 10 per cent to 5 per cent. The tower is now said to be safe for the next 300 years.

Liberazione The effective end of the Second World War in Italy in late April 1945, when a general uprising staged by the *Resistenza* in the northern cities (Turin, Milan, and Genoa) led to the surrender or retreat of German troops before the arrival of the victorious Anglo-American forces. It is celebrated by the *Festa della Liberazione* (Liberation Day holiday) on 25 April each year.

liceo A type of secondary school, similar to a grammar school, which aims to form students' characters, pass on theoretical rather than applied knowledge, and develop the capacity for independent judgement and criticism. These aims are fully embodied in the more traditional type of *liceo*, the *liceo classico*, focused on the study of ancient languages (Latin and Greek). In the *liceo scientifico*, a more recent type, mathematics and the sciences are strongly represented in the curriculum along with Latin and philosophy, the latter being trademark subjects of *liceo* teaching whatever the school's specialism, whether science, modern languages, or art, etc.

Lotto The lottery game first appeared in Italy in Genoa during the 16th century, and during the following century spread to the other Italian states. From the 19th century it has been run directly by the state, and since 1871 there have been weekly draws in ten cities (known as *ruote*). Over the centuries a popular myth has grown up that the interpretation of dreams can help in the selection of winning numbers. The principles, a mixture of esotericism and cabbalism, are set out in the book of *Smorfia* (a corruption of Morpheus, the name of the Greek and Roman god of sleep and dreams). This ancient game still has great potential, as the development of recent variants such as the hugely popular Superenalotto has shown.

Mafia Since the Second World War, the Sicilian Mafia (also called *Cosa Nostra*) has expanded and developed substantially, creating an alternative power that is partly complementary to that of the state. Starting from illegal activities such as extortion and usury, it then assumed control of the building trade and the award of public contracts, and finally took over the traffic in illegal drugs, which brought in enormous profits. The Mafia has a vertical structure (a strict hierarchy of 'families'), but it is distinguished from other criminal organizations above all by its close relationships and complicity with political authorities.

Mani pulite The name (meaning 'clean hands') given to the landmark judicial inquiry, which, beginning in 1992 in Milan, brought to light the system of *tangenti* (payments on the side) and corruption in which the governing parties were involved. It resulted in their dissolution and the end of the so-called 'first republic' (*prima repubblica*).

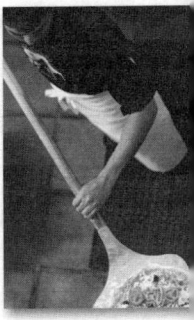

manifesti funebri Small posters printed by the family of someone who has died, announcing the death, saying a few words about the deceased, and giving the date and time of the funeral. These are put up on special boards – or indeed on any available surface – to inform local people of what has happened and to ensure a large attendance at the funeral.

maturità Traditional and colloquial term for "*esame di stato*". This is the exam that students take at the end of the five years of secondary school, between the ages of 18 and 19. It consists of three written tests (one of which is Italian language) and one oral. Marks (the minimum is 60 out of 100) depend on both the result of the tests and the number of credits gained by the student over the previous three years. The diploma is a requirement for university entrance and, depending on the type of secondary school attended, it can be in science, classics, arts, or technology, etc.

mercato Every Italian town and city has its own market, either open-air or covered, where fruit, vegetables, cheeses, cooked meats, and a range of other produce is sold. There is also a weekly market where it is possible to buy clothes, bags, household goods, and other items. The prices are cheaper than in the shops, and people often haggle over the goods displayed on the stalls.

Mezzogiorno A term referring to southern Italy, including Sicily and Sardinia, which is less economically developed than the north. The name literally means 'midday', i.e. the southern part of the country where the sun shines at noon.

I Mille In 1860, soldier Giuseppe Garibaldi (1807–82) set sail from Genoa with two ships and just over 1,000 volunteers, known as the *Camicie rosse* (Red Shirts). Garibaldi and his followers managed to wrest Sicily and Naples from Bourbon hands, territory which he then handed over to King Victor Emmanuel II of Sardinia-Piedmont. In the following year, Victor Emmanuel was declared king of the newly unified Italy. The original 1,000 volunteers remained a symbol of the most notable event of the Italian RISORGIMENTO, and are commemorated in street names in many Italian cities.

Mole Antonelliana The Mole Antonelliana, an extremely unusual monument (167 m – 548 ft – high), is the symbol of Turin. Destined to be a synagogue, the building was begun in 1863 but, following financial problems and arguments about its stability, it was not finished until 1889. Subsequently acquired by the city, it is now the home of the New Museum of the Cinema. A glass lift provides access to the steeple.

Montecitorio A palace, built between 1650 and 1697, to house papal courts. It is situated in a piazza of the same name in the centre of Rome. Since 1871 it has been home to the lower house of the Italian parliament, the *Camera dei deputati* (Chamber of Deputies). The term Montecitorio is used in the media to refer to the Chamber itself.

Monza A small city north of Milan, best known as the site of Autodromo nazionale, the motor-racing circuit where the Italian Grand Prix is held.

Mostra Internazionale d'Arte Cinematografica Also known as the Venice Film Festival, this is the film section of the BIENNALE DI VENEZIA. It was started in the 1930s and takes place every year at the end of August at the Palazzo del Cinema on the Venice Lido. One of the largest film festivals in Europe (and indeed the world), it attracts films, actors, directors, and other technicians from around the world. The festival winners are awarded the Golden Lion.

negozi The hours of opening for shops vary according to the type of shop and where it is located. In general, food shops open at about 8 a.m. and close at 7.30 p.m. with a lunch break from 12.30 to 3.30 p.m. Clothes shops, bookshops, etc. open from 9 a.m. until 12.30 or 1 p.m. and then again from 3.30 to 7.30 p.m. In summer the lunch break is longer and shops stay open until 8.00 p.m. Some supermarkets and department stores in the big cities are open all day. Weekly closing also varies according to the type of shop. Some shops close for two to three weeks in August, after the summer sales, then reopen with the new autumn-season stock.

Nordest The northeast, the area comprising the regions Veneto, Trentino, and Friuli, where a highly successful model of industrial development was applied during the 1990s. This led to the rapid emergence of many small and medium-sized companies, producing mainly textiles, footwear, and mechanical goods, and to strong export growth. Since then, however, the 'northeastern model' has been discussed mainly in terms of its downsides (damage to the environment, absence of general social development, lack of professional training for workers).

Normale The Scuola Normale Superiore di Pisa was set up in the early 1800s as a branch of the Paris Ecole Normale. Today, it is an extremely prestigious institute offering first degree courses and research doctorates in science and the humanities.

onomastico This is the feast day of the saint whose name a person bears. Although less important than his or her birthday, a saint's day is sometimes celebrated with a card or a small gift.

oratorio In Italy there are thousand of *oratorios* (usually buildings with courtyards and playing fields attached to Catholic parishes), which are used by pupils – on afternoons when they are not in school – as meeting places and for recreation (typically for ball games, but also for many other sporting or theatrical activities, etc.) and educational purposes. They are supervised by priests or their lay assistants. Created in the 19th century to rescue poor boys from immorality and crime, they have become a typical feature of young people's lives at all social levels in Italy.

Padania A term used by the political party Lega Nord (the Northern League) to refer to the whole of northern Italy, roughly the area falling within the basin of the River Po and the Venetian regions, supposed to be inhabited by a population of Celtic rather than Latin origin. According to its more extreme proponents, Padania should aim to secede from the rest of Italy (dominated by a 'corrupt' Rome), and especially from the uncivilized and backward south. But, for critics and opponents of the League, Padania is a meaningless term, because it does not correspond to a unified area that can be defined geographically, historically, or linguistically – and because the idea that the Padanians are direct descendants of the ancient Celts is mythical nonsense.

Palazzo Chigi The seat of the Italian government since 1961. The Palazzo Chigi, built in the 16th and 17th centuries, is situated in Piazza Colonna in the heart of Rome near the MONTECITORIO palace. In the media, the term Palazzo Chigi means the Italian government or PRESIDENTE DELLA REPUBBLICA.

Palio di Siena A popular event that takes place every year in Siena on 2 July and 16 August. The *contrade*, or districts of the city, fight for the *palio*, a banner, in a frantic race on horseback around the medieval Piazza del Campo. It has deep historical roots but is still passionately followed by the Sienese and is a huge attraction for tourists from all over the world. There is a spectacular historical procession in brightly coloured Renaissance costumes before the race.

Papal States Areas of central Italy owned and governed by the Pope from the early Middle Ages until the 19th century, including Latium, Umbria, Marche, and the city of Rome itself. The process of transferring these areas to secular government began with the conquest of Italy by Napoleon Bonaparte, but was not completed until 1870, when the Pope was forced to relinquish control of Rome, enabling it to become the capital of a united Italy.

parchi nazionali In Italy there are about twenty national parks covering 5 per cent of the territory. Controlled by the Ministry of the Environment, their objective is the protection and development of large areas that are of particular importance in terms of environment and landscape. The best-known are 'Gran Paradiso', the national parks in Abruzzi, Lazio, and Molise, and the National Park of the Maddalena Archipelago. The marine parks, which aim to protect stretches of sea, coast, and sometimes whole islands and archipelagos, are becoming increasingly important.

partiti politici While political parties have always been numerous in Italy, particularly at a local level, nationally there has been a gradual polarization between the centreright – whose main party is the Popolo della Libertà (PdL, formed by a merger of Forza Italia and Alleanza Nazionale) – and the centreleft, dominated by the Partito Democratico (PD, the result of a merger between the Unione dei Democratici di Sinistra and la Margherita). The other three most important political parties in Italy are Italia dei Valori (IdV, founded by Antonio di Pietro, the judge who led the *mani pulite* inquiry), the Lega Nord (sometimes known as just Lega), and the Unione di Centro (UDC).

pasta The basic ingredient of many Italian dishes, which is made by mixing flour from durum (hard) wheat with water, and sometimes adding other ingredients such as beaten egg or cooked spinach. Fresh pasta is soft and can be moulded into a variety of different forms, such as flat sheets (lasagne), long thin sticks (spaghetti), tubes (macaroni, cannelloni), or small square pillow shapes (ravioli). Commercially made pasta is dried after shaping until hard. In this form it will keep for a long time. Pasta is also a healthy food as it contains very little fat.

patente a punti Following reform of the Italian highway code, each driving licence is now given an initial value of twenty points, which are reduced if traffic offences are committed. For example, for the more serious offences (overtaking on a bend, drink driving, or driving while under the effect of drugs), ten points are deducted; passing a red light costs you six points, while parking in an area reserved for public transport costs two points. Once the number of infringements committed has reduced the initial number of points to zero, the licence is withdrawn and the driving test has to be retaken. Drivers with the worst records are required to undergo courses of 're-education'. The points system is also applied to foreign citizens who are passing though Italy: the penalties are totted up and filed in a special register.

permesso di soggiorno Foreigners who enter Italy with a passport and visa, especially for work or study, have to apply for this residence permit from the state police – that is from a *questura* or a *commissariato* (police headquarters or local police station) – within eight days of arrival. The permit is valid for between three months and two years, depending on the circumstances, and is renewable. It entitles the holder to be issued with an identity card (*carta d'identità*) and a tax code (*codice fiscale*). *See also* POLIZIA DI STATO.

Piazza Affari A term commonly used in the media to refer to the Milan stock exchange. The stock exchange came into existence in 1808 and is now housed in the Palazzo della Borsa (built between 1928 and 1931), situated in the centre of the city in the Piazza degli Affari.

Pinocchio The hero of the children's book, *Le Avventure di Pinocchio* (The Adventures of Pinocchio) by Carlo Collodi (1826–90), Pinocchio is a wooden puppet whose nose grows whenever he tells a lie. After various tribulations, accompanied by such famous characters as Geppetto (the puppetmaker), the Blue Fairy, the Fire-Eater, Lucignolo, and the whale, etc., Pinocchio is turned into a real boy. Adapted over and over for television, the cinema, and as a cartoon, the story has also been reinterpreted from a sociological and psychoanalytical point of view.

pizza Now a 'global food', pizza was for centuries a speciality of the city of Naples, and many people still think that it cannot be properly appreciated elsewhere. Pizze (flattened pieces of bread dough) were eaten in Naples in the late Middle Ages with garlic and lard, cheese and basil, or small fish. The modern pizza, with tomato, appeared in the late 1700s. The first pizzeria was opened in Naples in 1830 (before that, pizza was sold and eaten in the street). In 1889 the *pizzaiolo* (pizza-maker) Raffaele Esposito made a pizza topped with tomato, ricotta, and some leaves of basil (thus red, white, and green, the colours of the Italian flag) for Queen Margherita, the wife of Umberto I. Since then, this, the most widespread type of pizza, has been known as *pizza margherita*.

politecnico A scientific and technological university that includes faculties of engineering and architecture among its specializations. There are three in Italy. The oldest and most famous are those of Turin (1859) and Milan (1863); the latest is in Bari.

polizia di stato The name, meaning 'state police', of the Italian civil police force. The force was organized along military lines from 1919 to 1981 and called the Corpo delle Guardie di Pubblica Sicurezza (PS), Guards of Public Safety. It had headquarters (*questure*) in the capital city of each province, and police stations (*commissariati*) in city districts and minor centres. The reform of 1981 demilitarized and democratized it, and many of its officers and staff are now women. It continues to assist the CARABINIERI (who cover a wider area) in the task of maintaining law and order.

Pompeii ▸VESUVIUS

Ponte Vecchio The ancient bridge in Florence that spans the River Arno. It carries a roadway lined with goldsmiths' and jewellers' shops.

popular music In Italy the popular and classical traditions of vocal music tend to merge. The repertoires of star singers such as Luciano Pavarotti and Andrea Bocelli include popular Italian, especially Neapolitan songs, alongside operatic arias. Italian pop singers are less well known abroad. Singers such as Mina, Laura Pausini and Eros Ramazzotti tend to specialize in romantic songs. Italy does, however, have its share of rock, hip-hop, etc, artists and groups.

Premio Strega The most famous literary prize in Italy, instituted in 1947 and sponsored by a wealthy liquor manufacturer (producer of the Strega liqueur). Previous winners have included Edoardo De Filippo, Pierpaolo Pasolini, and Umberto Eco. The prize is awarded annually, in July, in the 16th-century Ninfeo (a garden with monumental fountain) of the Villa Giulia in Rome.

presepio (or *presepe*) A 'crib', a representation of the Nativity and the Adoration of the Magi in the form of wood or terracotta statues against a painted landscape. Cribs first appeared in Tuscany in the 13th and 14th centuries, but it was in Naples in the 17th and 18th centuries, during the baroque and rococo periods, that churches began to display magnificent examples. Scenes of everyday life were reproduced down to the smallest detail. During the 19th century, families began to build their own cribs for the Christmas season, with terracotta, plaster, or papier-mâché figurines. In recent decades this custom has become a little less common with the introduction of the Christmas tree from northern Europe.

Presidente del Consiglio This is the title of the Italian prime minister, the head of the government and of the CONSIGLIO DEI MINISTRI. Nominated by the PRESIDENTE DELLA REPUBBLICA, he proposes the ministers. He controls and is responsible for government policy.

Presidente della Repubblica The head of state who represents the nation. He/she is elected by parliament and remains in office for seven years. As Italy is a parliamentary republic, the duties of the president are: to enact laws, to dissolve parliament and call new elections when necessary, to nominate the prime minister and ratify his choice of the ministers, and to grant pardons. He/she also chairs the body which oversees the appointment of judges.

Prima repubblica The name (meaning 'first republic') given to the political system that collapsed in 1992–93 in the wake of scandals revealed by the *mani pulite* (Clean Hands) inquiry and the weakening of the opposing ideological positions associated with the Cold War. The big governing parties of those days – especially the Christian Democrats and the Socialist Party – disbanded, and new parties emerged; these are still active today (*see also* PARTITI POLITICI).

provincia In Italy's system of local government, each province is made up of neighbouring municipalities, the most important of which acts as the provincial capital. Each province is served by a provincial council, a committee, and a president.

quadrilatero della moda The 'fashion quadrilateral' is an area in the centre of Milan defined by the Via Montenapoleone, Via della Spiga, Via Manzoni, and Via Sant'Andrea, where the biggest names in Italian fashion, such as Armani, Trussardi, Coveri, Versace, Prada, Missoni, and Dolce & Gabbana, have their boutiques and showrooms.

questura Provincial headquarters of the police force. Thefts are reported to the *questura* and passports renewed there.

Quirinale A 16th-century building on the hill of the same name in Rome, now the residence of the PRESIDENTE DELLA REPUBBLICA. It was formerly the summer residence of the popes and then of the kings of Italy.

RAI The state radio and television company. There are three television channels, RAI 1, RAI 2, and RAI 3, and three radio stations, Radio 1, Radio 2, and Radio 3, which tend to be supportive of the government. More RAI theme channels have been introduced with digital terrestrial television.

reality Reality television has become as popular in Italy as in other countries. Most Italian shows follow the same formats used elsewhere. Italy has its own version of 'Big Brother' (*Il Grande Fratello*), of 'Survivor' (*L'isola dei Famosi*) and various talent shows such as *X Factor* and *Ballando con le stelle* (*Strictly Come Dancing*).

regione Italy is subdivided into twenty regions, five of which have a certain amount of political autonomy. Each region is subdivided in its turn into provinces (*see* PROVINCIA) and municipalities. The regions can issue legislative standards. They also have administrative duties which can be delegated to the provinces and the municipalities. Each region is served by a council, a committee, and a regional president.

repubblica The Italian republic was founded after the Second World War, based on the results of the referendum of 2 June 1946, which abolished the monarchy in favour of a republican form of government. The COSTITUZIONE published in 1948 established its parliamentary character.

Resistenza On 8 September 1943, Italy, which had been allied to Hitler's Germany, surrendered to British and US forces. The Germans reacted immediately by invading the greater part of the peninsula, which was not yet occupied by allied forces, and by imposing a harshly oppressive regime on their former ally. Soldiers from the disbanded army and antifascist civilians organized themselves into groups of partisans to fight the Germans and their Fascist collaborators behind the lines, leading to the Liberation in 1945. The ideals of liberty and democracy that inspired the partisans and their unity of action in spite of differing political views were the foundation of the new post-war Italian republic. For this reason, the Resistance still carries considerable political weight in present-day Italy.

Risorgimento The name, meaning 'the Resurgence', given to the historical period marked by the struggles for Italian independence and unification. After its beginnings in 1820–21 and 1831 and the uprisings of 1848–49, its principal events were the three wars of independence against Austria-Hungary (1848–49, 1859, and 1866) and the expedition of Garibaldi and I MILLE (the 1,000) in 1860. The moderate monarchical movement prevailed against the republican and revolutionary tendency of Giuseppe Mazzini, so that the House of Savoy (under Victor Emmanuel II) obtained the Italian crown in 1861. Rome became the capital city in 1871 (*see also* PAPAL STATES).

riviera The Italian word *riviera* means a 'coastal region'. It has been borrowed by many other languages and come to mean an area with a warm climate, fashionable resorts, and beaches for holidaymakers. The Italian, or Ligurian, Riviera is the stretch of coastline that begins at the French border and extends as far as the border with Tuscany. The main city and port in the region is Genoa – popular holiday towns include San Remo, Alassio, Portofino, and Rapallo.

sagra A popular festival with a fair and market, which takes place in many villages once a year, sometimes more frequently. *Sagre* usually have a theme such as wine, sausages, fish, or truffles – depending on what the local speciality is.

St Peter's The largest Christian church in the world, situated in the VATICANO in Rome. The Basilica of St Peter's is not a cathedral; its importance lies in its closeness to the papal residence and its use for most papal ceremonies, as well as in its size and architectural magnificence. The present building was designed by Bramante – various other famous artists participated, including Michelangelo, who designed the dome – and it was constructed between 1506 and 1615.

San Marino The republic of San Marino forms an enclave within Italian territory, but is an independent sovereign state completely surrounded by Italian soil, lying between Emilia-Romagna and the Marche, not far from the Adriatic coast. At just over 60 sq. km (23 sq. miles) in area, it is one of the smallest states in the world.

santo patrono In Italy the worship of saints is widespread. The patron saint of a town or community is considered to be its protector. His or her saint's day is a religious holiday on which schools, offices, and most shops are closed. It is celebrated with a special mass and processions. In towns and cities, illuminations are put up and there are stalls and sometimes a fair, in a mixture of the sacred and the secular.

Scala, La The Teatro alla Scala, the Milan opera house, is one of the most famous opera houses in the world. Built in 1776–78, it has recently undergone a programme of restoration, during which the Teatro degli Arcimboldi, outside the city, staged its productions.

scuola The Italian system provides for primary schools, middle schools, and secondary schools. Primary school lasts for five years from the age of six, middle school lasts for three years, and secondary school for five. Primary and middle schools all follow the same curriculum but there are a number of different types of secondary schools: scientific, classical, linguistic, and artistic grammar schools, various technical and commercial institutes, and schools for training nursery school teachers (*see also* LICEO).

Senato The upper house of the Italian Parliament. Three hundred and fifteen senators are elected by universal suffrage by citizens over 25 years of age. Senators must be at least 40 years old. These 315 seats are elected on a regional basis, i.e. they are split between the regions in proportion to population. The elected senators are joined by ex-heads of state and life senators (*senatori a vita*). These are nominated by the PRESIDENTE DELLA REPUBBLICA from people who have given exceptional service to the country in the scientific, social, artistic, or literary fields.

settimana bianca A winter holiday spent with family or schoolfriends in a ski resort.

Seven Hills of Rome A group of seven small hills lying east of the River Tiber. According to tradition, the ancient city of Rome was founded by Romulus on the Palatine hill. The city gradually spread to cover the other six, the CAPITOLINE, Quirinal (QUIRINALE), Viminal (VIMINALE), Esquiline, Caelian, and Aventine hills. The hills are no longer a prominent geographical feature in modern Rome, but some are still associated with districts that have a distinctive character. The Capitoline hill, for instance, remains a seat of government, just as it was in Roman times.

sindaco The mayor is the head of local government and holds power for five years. He chairs and represents the council and municipal committee.

Sistine Chapel A chapel in the Vatican, built by Pope Sixtus IV. In 1505, Pope Julius II commissioned Michelangelo to decorate the ceiling with a series of scenes from the book of Genesis. Michelangelo also painted his vision of the *Last Judgement* on the east wall.

spaghetti western A low-budget western made in Europe by an Italian director or production company, often in English and with an American star, usually featuring lots of explicit violence. The best and most famous of these films are *A Fistful of Dollars*, *For a Few Dollars More*, and *The Good, the Bad and the Ugly*, directed by Sergio Leone.

spumante A sparkling white wine, sometimes seen as the poor relation of French champagne but also often greatly prized. It can be dry or sweet and always features on Italian Christmas, New Year, and party menus.

stabilimento balneare A stretch of beach equipped with parasols, loungers, showers, huts, perhaps a swimming-pool, and a bar. There is a charge for using it. These beach clubs vary from large and crowded to very chic and exclusive, and from fairly basic to luxurious. Many of them organize sports tournaments, card games, beauty contests, and dances.

stellone A big star, *stellone d'Italia* or *stellone italico* (star of Italy) which, since the RISORGIMENTO, has been associated with the personification of Italy (a woman with a star on her forehead or in her crown). Representing a beacon of hope in times of difficulty, it became part of the coat of arms of the unified kingdom and was then incorporated into the emblem of the

Republic. Today it is mainly used ironically or polemically to criticize the tendency of Italians – a sign both of their vitality and of their happy-go-lucky attitude and fatalism – to trust to good luck rather than to hard work to get them through times of national crisis.

tabaccaio The tobacconist sells cigarettes and tobacco and is also the only shop apart from the post office where you can buy revenue stamps and postage stamps. It also sells bus tickets and other products. Sometimes there is also a bar. Its sign features a white 'T' on a black background.

Tangentopoli A name ('kick-back city') widely used in the Italian media to refer first to Milan, where the judiciary investigated a series of episodes of corruption, and then extended to mean the whole system of illicit financing used by the governing parties, unmasked by the famous *mani pulite* inquiry in 1992–93.

Telecom Italia One of the largest telephone companies supplying both land lines and mobile phones.

terrone A pejorative, racist term typically applied by northern Italians to southern Italians, and usually accompanied by equally disparaging adjectives such as 'ignorant', 'filthy', and 'uncivilized'. The word derives from *terra* (earth, land), depicting the typical southerner as an agricultural labourer. It became widespread in the 1960s and 1970s when large-scale immigration from the south to the industrial northwest took place. In present-day Italy, racist insults are mainly reserved for despised foreign immigrants (*extracomunitari*), while the term *terrone* is less widely used and has even acquired a jocular tone (the more so since it is used by southerners themselves). The pejorative sense has, however, been given a new lease of life in the anti-southern polemics of the Northern League (*see* PARTITI POLITICI).

trattoria A trattoria used to be distinguishable from a restaurant because it was simpler, often family-run, and less expensive. Nowadays it is merely a 'typical' local restaurant, serving traditional local dishes in a country-style setting. It can also be very sophisticated, and sometimes quite expensive.

triangolo industriale A name for the industrial zone of northwestern Italy, a triangle with the cities of Milan, Turin, and Genoa at its corners, where modern industry began to develop at the end of the 19th century. It has been the major productive centre in Italy, attracting large-scale internal immigration from the south, especially between the 1950s and 1970s. The subsequent decline of heavy industry has transformed the industrial triangle into an area where small and medium-sized enterprises and the tertiary sector now predominate. Other models of strong development have emerged elsewhere, particularly in the areas around Venice (*see* NORDEST).

Tricolore The Italian national flag: green, white, and red in vertical bands of equal width. It was designed at the end of 1700s and adopted as the flag of the republic after the Second World War.

Uffizi A vast art gallery in Florence, famous for its collection of works by Italian Renaissance painters such as Botticelli, Piero della Francesca, Leonardo, and Raphael. The building containing the gallery was built in the late 15th century to house government administration – hence its name, which means 'offices'.

Ultima cena *The Last Supper*, one of Leonardo da Vinci's most famous works, painted on the wall of the refectory of the monastery of St Maria delle Grazie in Milan. Leonardo was experimenting with a new technique for fresco (painting directly onto fresh plaster), which was not altogether successful. As a result, the painting has deteriorated badly over the centuries and been restored several times.

Valle dei Templi An archaeological zone in the province of Agrigento that provides the most glorious evidence of Ancient Greek civilization in Sicily. The remains of many temples are to be found on a ridge (not a valley as the name suggests), among the almond trees. Built in the Doric style in the 5th century BC, the temples were burnt down by the Carthaginians, restored by the Romans in the 1st century AD, then half-destroyed by earthquakes and plundered over the following centuries, so that the only one that now remains intact is the magnificent Tempio della Concordia.

Vaticano The Vatican (also called Vatican City) has been an independent state within the city of Rome and the seat of the Pope since 1929. The Vatican Palace, which surrounds ST PETER'S, is the Pope's residence and houses artistic treasures such as the SISTINE CHAPEL and Raphael's frescos, as well as museums.

Venetian Republic For over a thousand years, from 697 to 1797, the island city of Venice and the mainland territory surrounding it formed an independent republic ruled by an elected chief magistrate (the *doge*) and a council of ten (the *dieci*). From the time of the Crusades to the late 15th century, Venice was the major power in the eastern Mediterranean and became enormously wealthy thanks to its trade with the Muslim world and Asia. From the 16th century, however, its power began to wane. It lost its independence when conquered by Napoleon, and eventually became part of Italy in 1866.

Vespa A motor scooter designed by aeronautical engineer, Corradino D'Ascanio, for the Piaggio company just after World War II. D'Ascanio's brief was to design a vehicle that would be affordable, easy to drive, carry a passenger, and not get the driver's clothes dirty – hence the trademark upswept mudguard behind the handlebars. The Vespa is particularly associated with the 1950s and 1960s in Italy, but it remains a popular means of transport to this day.

Vesuvius An active volcano, near Naples, that has erupted many times, most notably in AD 79, when it overwhelmed the ancient Roman cities of Pompeii and Herculaneum. The explosion buried the area under volcanic ash, preserving many of the buildings, as well as the bodies of those who did not flee, virtually intact. The towns were only rediscovered in the 18th century; excavations have revealed a stunning record of daily life in Roman times.

vigile urbano This policeman is responsible for controlling traffic and levying fines for traffic offences, for environmental protection, and for ensuring that municipal regulations and town laws are observed. He also deals with social problems, such as abandoned children, and the monitoring of refugees' and travellers' camps.

Viminale A media name for the Italian Ministry of Internal Affairs (or Home Office), which since 1961 has been housed in the Palazzo del Viminale, a vast Renaissance-style building erected in the early 20th century on the Viminal hill in Rome (*see* SEVEN HILLS OF ROME).

vino Wine is produced in every region of Italy, and the Italian wine-making tradition dates back 4,000 years to prehistoric times. Italy produces some white wine, but is mainly renowned for its red wines. The most internationally famous of these is Chianti, produced in Tuscany. Other famous varieties include Valpolicella, Barolo, Marsala, and Soave. High-quality Italian wines are labelled *DOC* (*denominazione di origine controllata*) or *DOCG* (*denominazione di origine controllata e garantita*).

Vita e cultura nel mondo anglofono dalla A alla Z

ABC 1. American Broadcasting Company Una delle principali reti televisive statunitensi, attualmente di proprietà della Walt Disney.
2. Australian Broadcasting Corporation Rete radiotelevisiva statale australiana.

ACT – American College Test Esame che gli studenti nordamericani devono superare per l'ammissione all'università. Generalmente ha luogo al termine della HIGH SCHOOL e copre alcune delle principali materie, come ad es. inglese e matematica.

Advance Australia Fair Inno nazionale australiano.

A level ▸EXAMINATIONS

Alliance Party ▸NORTHERN IRELAND

American Dream Il sogno americano è la convinzione che negli Stati Uniti chiunque sia disposto a lavorare sodo possa migliorare la propria posizione economica e sociale. Per gli immigrati e le minoranze il concetto significa anche libertà e uguaglianza di diritti.

American Football Il football americano è un gioco simile al rugby. Si gioca con una palla ovale e le due squadre in campo sono composte da undici giocatori ciascuna. È uno sport spettacolare ma molto violento e i giocatori indossano pertanto caschi e imbottiture protettive. L'evento principale della stagione è il Super Bowl, la finale di campionato della National Football League.

American Indian ▸NATIVE AMERICAN

Anglican Church ▸CHURCH OF ENGLAND

Anzac Soldato dell'Australian and New Zealand Army Corps. Questo contingente partecipò alla prima e alla seconda guerra mondiale e viene ricordato in particolare per l'eroismo con cui si distinse durante la disastrosa campagna di Gallipoli (in Turchia), nel 1915–16. Il valore degli *Anzacs* giocò un ruolo importante nel consolidare il sentimento di coscienza nazionale in Australia e Nuova Zelanda; viene commemorato annualmente il 25 aprile, l'Anzac Day.

April Fool's Day ▸GIORNI FESTIVI NEI PAESI ANGLOFONI

Armistice Day ▸POPPY DAY

A/S Level ▸EXAMINATIONS

Australia Day Festa nazionale australiana celebrata il primo lunedì dopo il 26 gennaio. Commemora l'arrivo dei primi coloni britannici nell'allora Port Jackson, oggi la baia di Sydney, nel 1788.

Australian Rules Gioco australiano simile al rugby, giocato in un campo ovale da squadre di 18 giocatori che si disputano un pallone ovale. È lo sport invernale più popolare in gran parte dell'Australia.

Authorized Version Traduzione inglese della Bibbia pubblicata per la prima volta nel 1611. Realizzata da un gruppo di eruditi e commissionata da Giacomo I d'Inghilterra, per cui è anche chiamata la Bibbia di re Giacomo (*King James Bible*). Dal XVII al XX secolo è stata l'unica versione della Bibbia autorizzata per l'uso nell'ambito della Chiesa Anglicana (CHURCH OF ENGLAND). Il testo ha profondamente influenzato la letteratura e la lingua inglese.

bank holiday Termine che nel Regno Unito indica alcuni giorni festivi, nei quali si ha la chiusura di banche, poste, uffici e scuole. Cade sempre di lunedì.

barrister ▸LAWYER

baseball È lo sport nazionale degli Stati Uniti. Il torneo annuale più importante è la *World Series*.

B & B ▸BED AND BREAKFAST

BBC – British Broadcasting Corporation Uno dei principali enti radiotelevisivi britannici. Non è finanziato dalla pubblicità commerciale ma attraverso un canone di abbonamento che chiunque abbia la televisione deve pagare. Ha l'obbligo di fornire un servizio di informazione imparziale.

bed and breakfast I *bed & breakfast* o *B&B* sono piccole pensioni o case di privati che offrono camera e colazione a prezzi generalmente abbastanza convenienti.

Big Apple Significa letteralmente 'la grande mela' ed è l'appellativo di New York.

Bill of Rights I primi dieci emendamenti alla Costituzione degli Stati Uniti d'America. Tra i diritti che essi garantiscono ai cittadini statunitensi ci sono la libertà di culto, di parola, di stampa e vari diritti nel caso una persona venga accusata di un qualche reato. Il celebre Quinto Emendamento (*Fifth Amendment*) stabilisce tra l'altro che nessuno è obbligato a deporre contro se stesso. Il Secondo Emendamento tutela invece il diritto di portare armi.

Bonfire Night ▸GIORNI FESTIVI NEI PAESI ANGLOFONI

Boxing Day ▸GIORNI FESTIVI NEI PAESI ANGLOFONI

British Isles Le Isole Britanniche comprendono la Gran Bretagna (GREAT BRITAIN), l'Irlanda – sia l'Irlanda del Nord (NORTHERN IRELAND) che la Repubblica d'Irlanda (Republic of Ireland) – e le isole più piccole quali le Shetlands, l'Isola di Man (Isle of Man), e le Isole Anglo-Normanne o del Canale (CHANNEL ISLANDS).

Broadway Strada nel quartiere newyorkese di Manhattan, celebre per i numerosi teatri. Il termine Broadway si usa infatti anche per indicare il teatro e il mondo dello spettacolo americano in generale. Prima della nascita dell'industria cinematografica era il luogo principale dove attori e artisti potevano esibirsi e diventare famosi.

Buckingham Palace Residenza ufficiale del sovrano britannico a Londra. Il cambio della guardia, accompagnato dalla banda del reggimento, ha luogo quasi tutte le mattine davanti al palazzo reale.

Burns Night ▸GIORNI FESTIVI NEI PAESI ANGLOFONI

Cabinet È il Gabinetto del governo britannico, equivalente al nostro Consiglio dei Ministri. Formato da una ventina di ministri nominati dal Primo Ministro, ciascuno dei quali è responsabile di un settore specifico. Il Cabinet al completo si riunisce regolarmente per discutere e decidere la politica del governo. Il leader del principale partito all'opposizione nomina lo Shadow Cabinet, un Gabinetto ombra omologo al governo.

Canada Situato a nord degli Stati Uniti e secondo al mondo per superficie, il Canada è uno stato federale costituito da dieci province e tre territori. Storicamente legato alla Gran Bretagna ed appartenente al Commonwealth, è una monarchia costituzionale (il capo dello stato è la regina Elisabetta II) e democrazia parlamentare, con Parlamento a Ottawa, la capitale. Le lingue ufficiali sono l'inglese e il francese; quanto alla religione circa il 42% della popolazione canadese è cattolica, mentre il 23% è protestante. Florida nazione industriale, il Canada è molto ricco di risorse naturali; possiede oltre il 60% dei laghi mondiali: i Grandi Laghi (Superiore, Michigan, Huron, Erie e Ontario) si trovano al confine con gli Stati Uniti, come pure le spettacolari Cascate del Niagara; vanta inoltre ampie foreste da legname e catene montuose (tra cui le Montagne Rocciose canadesi). Una istituzione tipica del paese è infine la Royal Canadian Mounted Police, le leggendarie Giubbe Rosse che vantano la reputazione di acciuffare immancabilmente il loro uomo.

Capitol Il Campidoglio è la sede del Congresso degli Stati Uniti d'America (CONGRESS) situata sul Capitol Hill, nella città di Washington. The Capitol indica anche il Congresso stesso.

CBS – Columbia Broadcasting System Uno dei tre principali enti radiotelevisivi nazionali degli Stati Uniti.

Central Park Vasto parco nel quartiere di Manhattan a New York, caro ai newyorkesi in quanto costituisce un'oasi di verde in una zona fortemente urbanizzata.

Channel Islands Le Isole Anglo-Normanne (o Isole del Canale) sono un arcipelago situato nella Manica, vicino alla costa francese. Non fanno parte del Regno Unito ma sono dipendenze autonome della corona britannica. Jersey e Guernsey sono le isole più grandi.

Christmas Day ▸ GIORNI FESTIVI NEI PAESI ANGLOFONI

Church of England Il termine Chiesa d'Inghilterra indica la Chiesa Anglicana, chiesa protestante ufficiale in Inghilterra. Fu creata nel 1534 da Enrico VIII, il quale con l'Atto di supremazia (Act of Supremacy) si sostituì al Papa come capo della chiesa in Inghilterra. Ancora oggi il sovrano è il governatore supremo della Chiesa Anglicana; i vescovi e gli arcivescovi sono nominati dalla Corona su proposta del Primo Ministro. Il capo spirituale è invece l'Arcivescovo di Canterbury. L'Inghilterra è suddivisa in 44 diocesi e da 13.000 parrocchie (*parishes*), ciascuna con a capo un parroco (*vicar*). Nel 1992, il Sinodo Generale (General Synod) ha approvato l'ordinazione di sacerdoti donna. Fuori dall'Inghilterra si hanno altre comunioni anglicane: la Chiesa Episcopale in Scozia e negli Stati Uniti (Episcopalian Church), la Chiesa d'Irlanda (Church of Ireland), la Chiesa gallese (Church of Wales).

City Zona nel centro di Londra dove un tempo si trovava l'antica città. Oggi la City è il centro finanziario della capitale britannica e qui hanno la propria sede centrale banche e istituti finanziari; molto spesso il termine indica proprio tali istituzioni finanziarie.

Civil War 1. (negli Stati Uniti) La Guerra di Secessione (1861–65), combattuta tra gli stati del nord e quelli del sud, scoppiata principalmente per la questione della schiavitù. Gli stati del sud, la cui economia agricola dipendeva dalla manodopera fornita dagli schiavi neri, nel 1861 costituirono la Confederazione degli Stati d'America separandosi così dall'Unione. Il conflitto tra sudisti e nordisti ebbe inizio il 12 aprile 1861 e il 9 aprile 1865 gli stati della Confederazione si arresero. La conclusione della guerra segnò l'abolizione della schiavitù; il 13° emendamento della Costituzione e successivamente il 14° (del 1868) e il 15° (del 1870) garantirono ai neri gli stessi diritti dei cittadini bianchi, almeno sulla carta. **2. (in Inghilterra)** Conflitto tra la Corona e il Parlamento (1642–51). Da un lato erano schierati i Royalists o Cavaliers (i monarchici sostenitori di Carlo I Stuart) e dall'altro le forze parlamentari, le cosiddette Teste rotonde (Roundheads) per il taglio corto dei capelli, capeggiate da Oliver Cromwell. Molti dei fattori all'origine della guerra civile avevano a che vedere con i problemi religiosi ed economici dell'epoca. Il Parlamento si opponeva a concedere fondi a Carlo I per finanziare il suo assolutismo; il tentativo del sovrano di arrestare alcuni parlamentari portò infine allo scoppio della guerra. Sconfitto nelle battaglie di Marston Moor (1644) e di Naseby (1645), il re si arrese all'esercito scozzese un anno più tardi. Processato e condannato a morte da una commissione parlamentare sotto Cromwell, fu decapitato nel 1649. L'Inghilterra si dette un ordinamento repubblicano e Cromwell la governò per anni con pieni poteri, sciogliendo in varie occasioni il Parlamento. La monarchia fu restaurata nel 1660, due anni dopo la morte di Cromwell, quando il figlio di Carlo I, Carlo II, salì al trono.

CNN – Cable News Network Emittente televisiva statunitense che trasmette programmi di informazione via satellite 24 ore su 24.

Cockney Una persona nata e cresciuta nei quartieri popolari della zona est (EAST END) londinese. È anche il nome del dialetto tipico della zona, caratterizzato dalla sostituzione di parole con altre che vi fanno rima, ad esempio '*apples and pears*' significa '*stairs*' e '*trouble and strife*' sta per '*wife*'.

common law Sistema giuridico anglosassone basato sulla consuetudine e sulle sentenze delle corti di giustizia (rispettivamente diritto consuetudinario e giurisprudenza) e non sulle leggi create dal Parlamento e quindi sulla codificazione del diritto. Si ricorre alla *common law* soltanto per quelle questioni su cui il diritto scritto (*statute law*) non si pronuncia.

Commonwealth Il Commonwealth, fondato nel 1931, è l'insieme delle ex colonie e possedimenti dell'ex impero britannico. I paesi membri, oggi per lo più stati indipendenti (a parte alcuni quali Gibilterra, Bermuda e le Isole Falkland o Malvine), sono legati da rapporti economici e culturali. I vari capi di stato si incontrano con scadenza biennale (the Commonwealth Conference) e progetti educativi internazionali vengono promossi regolarmente. Ogni quattro anni, inoltre, si tengono i Commonwealth Games, manifestazioni sportive cui partecipano atleti dei vari paesi.

community college Istituto statunitense che offre corsi biennali indirizzati alla comunità locale, per lo più di carattere pratico.

comprehensive school Tipo di scuola secondaria britannica per studenti dagli 11 ai 18 anni, di tutti i livelli di rendimento. Le *comprehensive schools* vennero istituite negli anni Sessanta allo scopo di creare un sistema educativo più ugualitario, contrapposto al sistema selettivo operante all'epoca. *Vedi anche* GRAMMAR SCHOOL.

Congress L'organo legislativo nazionale degli Stati Uniti. Si riunisce al Campidoglio (CAPITOL) ed è formato da due Camere: il Senato (SENATE) e la Camera dei Rappresentanti (HOUSE OF REPRESENTATIVES). Si rinnova ogni due anni e ha il compito di redigere e approvare le leggi. Ogni nuova legge deve essere approvata prima dalle due Camere e poi dal Presidente (PRESIDENT).

Conservative Party Uno dei maggiori partiti politici britannici. È un partito di centrodestra che appoggia il sistema capitalista, la libera impresa e la privatizzazione dell'industria e dei servizi pubblici. Il Partito Conservatore nacque intorno al 1830–40 dall'evoluzione del Partito Tory, nome col quale ancora oggi viene spesso indicato.

constituency Una delle ripartizioni in cui sono suddivisi Regno Unito, Canada, e Australia a fini elettorali.

Constitution La Costituzione americana, redatta dopo l'indipendenza dalla Gran Bretagna e ratificata nel 1789 dai rappresentanti di ciascuna delle tredici ex colonie che formavano gli Stati Uniti d'America, inclusi alcuni dei padri fondatori della nazione (FOUNDING FATHERS). La Costituzione stabiliva la suddivisione dei tre poteri dello stato: quello legislativo affidato al Congresso (CONGRESS), quello esecutivo al Presidente (PRESIDENT) e quello giudiziario alle Corti federali con al vertice la Corte Suprema di giustizia (SUPREME COURT). La spartizione dei poteri tra diversi organi dello Stato si ispirava alle idee degli Illuministi francesi e aveva lo scopo di garantire maggiore democrazia. Il testo della Costituzione resta essenzialmente in vigore ancora oggi. Dal 1789 ci sono stati tuttavia 27 emendamenti, di cui i primi dieci prendono il nome di BILL OF RIGHTS.

council Ai fini amministrativi la Gran Bretagna è suddivisa in varie aree. Le più grandi sono le COUNTIES, e in Scozia le *regions*, ripartite a loro volta in *districts*. I *parish councils*, e i *community councils* in Scozia e Galles, rappresentano le ripartizioni amministrative più piccole. A capo delle varie unità vi sono i consigli (*councils*). Tali autorità locali hanno poteri conferiti dal governo centrale e sono formate da consiglieri (*councillors*) eletti dai cittadini nelle elezioni amministrative (*local elections*). I *councils* sono responsabili dell'educazione, dei servizi sociali, di polizia e vigili del fuoco, degli alloggi popolari, delle biblioteche, e di altri servizi a livello locale.

county Principale unità amministrativa in Inghilterra, suddivisa a sua volta in *districts*. I confini delle contee hanno spesso radici storiche e risalgono a molti anni fa. Tuttavia, negli ultimi decenni sia l'estensione che i nomi delle *counties* sono cambiati, e il termine stesso è meno usato. Anche negli Stati Uniti la maggior parte degli stati è suddivisa in contee, per un totale di circa 3.000.

courts Negli Stati Uniti la giustizia è amministrata nei vari stati tramite organi giudiziari indipendenti, ma esistono anche tribunali federali che si occupano tra le altre cose di controversie tra stati e tra cittadini di stati diversi. La Corte Suprema (SUPREME COURT) è un tribunale federale. Nella maggior parte degli stati esistono sia tribunali civili che penali e anche una sorta di corti d'appello. Un tipico procedimento penale viene giudicato in un tribunale distrettuale, dove il procuratore distrettuale (*district attorney*) sostiene l'accusa. Il giudice indossa la toga nera mentre gli avvocati (*counsels*) indossano abbigliamento normale. In Inghilterra e in Galles i tribunali locali sono detti *magistrates' courts* e si occupano di cause civili e reati minori. I reati più gravi competono alle *crown courts*, dove i *barristers* (avvocati abilitati ad esercitare in corti di livello superiore) sostengono l'accusa e la difesa. Il tribunale di ultima istanza è la Camera dei Lords (HOUSE OF LORDS). In Scozia, dove esiste un sistema giuridico diverso, le cause per reati minori sono giudicate dalle *magistrates' courts* o da tribunali di polizia. I reati più gravi vengono giudicati dallo *sheriff* (il giudice di grado più alto in un distretto). I tribunali di massimo livello sono la High Court of Justiciary e la Court of Session, rispettivamente per le cause penali e civili. Nelle aule dei tribunali d'Inghilterra, Galles e Scozia sia giudici che avvocati portano toga e parrucca.

Cup final ▸FOOTBALL

degree Diploma di laurea assegnato alla fine di un corso universitario. Esistono due livelli di laurea e due qualifiche corrispondenti: *bachelor's degree* e *master's degree*; il livello ancora superiore è il *doctorate*, che equivale al dottorato di ricerca. Una laurea di primo livello in lettere e filosofia o altre discipline umanistiche si chiama *Bachelor of Arts* (*BA* e negli Stati Uniti anche *AB*); una laurea di secondo livello in discipline scientifiche è un *Master of Sciences* (*MSc*, in America detto anche *ScM*); il *doctorate* è il *PhD*. *BA*, *MSc*, ecc. indicano il titolo ma anche il titolare della qualifica, ad es. Patricia Ramsay, *MA* (*Master of Arts*).

Democratic Party Fondato nel 1792, è uno dei due principali partiti politici statunitensi. L'altro è il Partito Repubblicano (REPUBLICAN PARTY). Il Partito Democratico è considerato fautore di una politica più liberale, particolarmente rispetto alle questioni sociali. Per questo motivo ha l'appoggio dei sindacati e delle minoranze.

devolution Nel Regno Unito il termine *devolution* indica il trasferimento di alcune competenze del governo centrale a enti regionali della Scozia, del Galles, dell'Irlanda del Nord e di altre regioni periferiche dello stato britannico. Dopo la vittoria del partito laburista nelle elezioni del 1997, il processo di decentramento fu attuato con il riconoscimento del Parlamento Scozzese, dell'Assemblea dell'Irlanda del Nord e di quella gallese. *Vedi anche* SCOTLAND, NORTHERN IRELAND, WALES.

District Attorney ▸COURTS

Dow Jones Averages Detto anche Dow Jones Index (indice Dow Jones), indica il prezzo medio espresso in punti delle trenta azioni industriali principali quotate alla Borsa di New York ogni giorno di transazioni. Viene utilizzato per prevedere le tendenze generali del mercato azionario statunitense.

Downing Street Strada nel centro di Londra, nel quartiere di Westminster. Al numero 10 si trova la residenza ufficiale del Primo Ministro (Prime Minister) britannico e al numero 11 quella del Chancellor of the Exchequer (il Cancelliere dello Scacchiere, equivalente del Ministro delle Finanze e del Tesoro). Le espressioni 'Downing Street' e 'Number 10' sono spesso usate dalla stampa per indicare il Primo Ministro.

driving Nel Regno Unito, in Australia, in Nuova Zelanda e in Sudafrica si ha la guida a sinistra, ossia i veicoli procedono sul lato sinistro della strada. Negli Stati Uniti e in Canada si ha invece la guida a destra, come in Italia e nel resto d'Europa.

East End Quartieri nella zona est di Londra, tradizionalmente abitati dalla classe operaia e sede della zona del porto londinese (Docklands), oggi quasi completamente chiuso alle navi. La zona portuale dei Docklands negli ultimi anni è stata profondamente riurbanizzata e adesso ospita complessi residenziali di lusso e numerose strutture commerciali, quali l'imponente grattacielo di Canary Wharf, sedi di quotidiani e istituti finanziari. La zona è collegata al resto di Londra tramite il servizio ferroviario dei DLR (Docklands Light Railway).

East Side A New York, è la zona a est di Central Park, tradizionalmente più ricca e moderna del West Side, la parte ovest della città.

Edinburgh Festival La più importante manifestazione culturale britannica, istituita nel 1947. Si tiene annualmente nella capitale scozzese ad agosto, per tre settimane. Il festival offre spettacoli di musica, teatro, danza, cabaret e attira ogni anno moltissimi visitatori. Un settore sempre molto interessante è quello del cosiddetto the Edinburgh Fringe, ossia degli eventi fuori dal programma ufficiale.

education Negli Stati Uniti l'insegnamento primario e secondario è fornito gratuitamente dal governo federale. A cinque anni i bambini iniziano a frequentare il *kindergarten* che insieme ai successivi cinque o sei anni di scuola costituisce le elementari (ELEMENTARY SCHOOL). Seguono poi due anni di *junior high school* o tre anni di *middle school* e infine gli ultimi anni di educazione superiore nella HIGH SCHOOL che termina intorno ai 18 anni. Dopodiché l'educazione non è più gratuita, ma i vari stati in qualche modo la sussidiano. Circa il 45% degli americani continua gli studi dopo le superiori e oltre il 20% consegue un diploma presso istituti o università. Nel Regno Unito la scuola obbligatoria va dai 5 ai 16 anni. I bambini iniziano frequentando l'*infant school* e poi la *primary school* (educazione elementare). A partire dagli 11 anni ha inizio la scuola secondaria, e si tratta nella maggioranza dei casi di una COMPREHENSIVE SCHOOL. Un numero ridotto di ragazzi frequenta le più selettive GRAMMAR SCHOOLS. Dopo i 16 anni alcuni alunni lasciano la scuola, mentre altri proseguono gli studi in istituti a carattere più professionale quali i *colleges of further education* o per preparare gli *A levels*. Se desiderano accedere all'università gli studenti devono pagarsi sia le tasse universitarie che le spese di vitto e alloggio, per cui molti devono chiedere prestiti in banca. Nel complesso la maggioranza dei ragazzi frequenta la scuola pubblica e soltanto una minoranza è iscritta alle INDEPENDENT SCHOOLS che sono a pagamento.

elections Negli Stati Uniti si indicono elezioni per la carica di Presidente (PRESIDENT), per i seggi nelle due Camere del Congresso (CONGRESS) e per cariche a livello statale e locale. I candidati si presentano per il Partito Repubblicano (REPUBLICAN PARTY) o per il Partito Democratico (DEMOCRATIC PARTY). I candidati indipendenti possono presentarsi avendo fatto una petizione con le firme dei propri sostenitori. Le elezioni presidenziali hanno luogo ogni quattro anni. I partiti selezionano i propri candidati nelle elezioni primarie (PRIMARY) indette nei singoli stati. La selezione finale dei candidati alla presidenza e vicepresidenza si effettua in occasione della *party convention*, il congresso che ciascun partito tiene nei mesi di luglio e agosto. Il presidente viene eletto a novembre col sistema dell'ELECTORAL COLLEGES. Nel Regno Unito, le elezioni politiche (*general elections*) vengono indette per legge ogni cinque anni. Tuttavia il Primo Ministro può indire elezioni anticipate se ritiene di avere buone probabilità di vittoria. Nel Regno Unito ci sono 659 CONSTITUENCIES, ciascuna delle quali elegge un rappresentante in Parlamento (MP). Il sistema elettorale è il *first-past-the-post system*, vale a dire quello della maggioranza relativa. Il leader del partito che ottiene il maggior numero di seggi diventa Primo Ministro e forma il nuovo governo.

electoral college Sistema adottato negli Stati Uniti per l'elezione del Presidente e del Vicepresidente. In ciascuno stato gli elettori eleggono dei delegati (*electors*), i quali formano l'assemblea dell'*electoral college* e a loro volta si impegnano a votare per un determinato candidato. Tutti i voti di uno stato vanno a un candidato. Bastano 270 voti (*electoral college votes*) per vincere le elezioni, il che significa che il Presidente può essere eletto anche senza ottenere la maggioranza del voto popolare.

elementary school Negli Stati Uniti è una scuola elementare per bambini tra i 6 e i 12 anni. Detta anche *grade school*.

England L'Inghilterra è il più esteso e popolato dei paesi che costituiscono il Regno Unito. Nel corso dei secoli affermò il predominio militare, politico ed economico sulla Scozia, il Galles e gli altri paesi che formano le Isole Britanniche (BRITISH ISLES). Tale processo è oggi parzialmente invertito (*vedi* DEVOLUTION) e Scozia, Galles e Irlanda del Nord hanno organi legislativi distinti con poteri più o meno autonomi. L'Inghilterra è invece governata esclusivamente dal Parlamento Britannico.

examinations In Inghilterra, Galles e Irlanda del Nord al termine del quinto anno di scuola secondaria si sostengono gli esami del *General Certificate of Secondary Education* (*GCSE*), in varie combinazioni di materie. I ragazzi che proseguono gli studi sostengono, in un numero minore di materie, gli esami dell'*Advanced Supplementary* (*A/S*) *Level* alla fine del sesto anno, e poi gli esami dell'*Advanced Level* (*A Level*) l'ultimo anno delle superiori. Per l'accesso all'università è necessario passare almeno due *A levels*. I ragazzi che invece preferiscono compiere studi presso scuole professionali e istituti tecnici sostengono gli esami per le *General National Vocational Qualifications* (*GNVQs*). In Scozia, invece, si sostengono gli esami dello *Standard Grade* al termine del quarto anno di superiori e gli *Higher* e *Advanced Higher* per accedere all'università. Negli Stati Uniti il sistema scolastico non prevede esami ufficiali. Gli alunni conseguono un diploma di scuola secondaria al termine della HIGH SCHOOL, per cui ci si basa principalmente sui voti assegnati dai professori delle varie materie. Per l'accesso ad alcuni istituti universitari è richiesto il *College Test* (*vedi* ACT), un esame in inglese, matematica o scienze. *Vedi anche* EDUCATION.

Fifth Amendment ▸ BILL OF RIGHTS

Flower of Scotland Inno nazionale scozzese.

football Il calcio è lo sport più popolare del Regno Unito. Molte delle squadre più celebri sono a Londra (Arsenal, Chelsea, Tottenham Hotspur) e in città dell'Inghilterra centrale e del nord (Manchester United, Newcastle United, Aston Villa). Le squadre scozzesi giocano in campionati separati; le squadre principali (Celtic e Rangers) hanno sede a Glasgow. Negli Stati Uniti il calcio si chiama *soccer* in quanto per football si intende football americano.

Founding Fathers I padri fondatori che nel 1787 contribuirono a fondare gli Stati Uniti d'America in occasione della *Federal Constitution Convention*, durante la quale venne redatta la costituzione americana (CONSTITUTION). I più noti sono George Washington, Thomas Jefferson e Benjamin Franklin.

fraternity Associazione studentesca maschile presso molte università americane. Il nome delle varie *fraternities* è formato da due o tre lettere dell'alfabeto greco, ad es. '*Lambda Delta Chi*'. Di solito i soci di una *fraternity* dividono gli alloggi della *fraternity house*. Alcune confraternite si occupano di opere di beneficenza, mentre altre approfondiscono argomenti di carattere accademico. Le *fraternities* sono state spesso criticate perché considerate istituzioni elitarie e discriminatorie, ma attualmente sono più accettate: oggi che l'istruzione è sempre più cara, il loro carattere comunitario aiuta a ridurre il costo della vita degli studenti. *Vedi anche* SORORITY.

FTSE-100 (pronunciato *Footsie one hundred*) La media del valore dei 100 principali titoli che compaiono nel listino della Borsa di Londra, pubblicato giornalmente sul quotidiano finanziario, *the Financial Times*. Fornisce importanti indicazioni sulla situazione economica in Gran Bretagna.

further education In Gran Bretagna il termine indica qualunque tipo di istruzione per studenti oltre i 16 anni di età (la fine della scuola dell'obbligo) ad esclusione dell'educazione universitaria, nel qual caso si parla di *higher education*. Negli Stati Uniti, invece, *further education* si usa spesso anche per riferirsi all'istruzione universitaria.

gap year In Gran Bretagna il *gap year* è l'anno di intervallo che molti studenti si prendono tra la fine delle superiori e l'università. Molti studenti utilizzano questo periodo sabbatico per fare esperienza nel mondo del lavoro e mettere da parte qualche risparmio, altri invece ne approfittano per viaggiare all'estero e conoscere il mondo.

GCSE ▸ EXAMINATIONS

Gettysburg Address Il discorso tenuto da Abraham Lincoln nel 1863, per l'inaugurazione del cimitero per i caduti nella battaglia di Gettysburg durante la Guerra di Secessione (CIVIL WAR). Contiene la storica definizione di democrazia come 'governo di popolo, dal popolo e per il popolo'.

GNVQ ▸ EXAMINATIONS

God Save the Queen Inno nazionale britannico. Non si sa chi ne compose il testo o la musica, ma si cantava già nel XVIII secolo.

grade school ▸ ELEMENTARY SCHOOL

grammar school In alcune zone dell'Inghilterra e del Galles è un tipo di scuola secondaria (*secondary school*) a cui accedono alunni che hanno superato una prova d'ammissione. Dal 1965 la maggior parte delle le *grammar schools* sono state sostituite dalle COMPREHENSIVE SCHOOLS.

Grand National In Gran Bretagna, la corsa di cavalli a ostacoli più importante, tenuta annualmente a Aintree, presso Liverpool. È un evento di portata nazionale che attira puntualmente un forte interesse. Sono molte le persone che puntano sui cavalli solo in occasione di questa corsa.

Great Britain La Gran Bretagna è la più grande delle Isole Britanniche (BRITISH ISLES). Include l'Inghilterra, la Scozia e il Galles. Spesso si usa erroneamente il termine '*Britain*' per indicare il Regno Unito (UNITED KINGDOM) o l'Inghilterra.

green card Negli Stati Uniti è un documento ufficiale che concede a qualsiasi persona priva della cittadinanza americana il permesso di risiedere e lavorare a tempo indeterminato negli Stati Uniti. Nel Regno Unito, invece, è un documento che i conducenti o proprietari di autoveicoli devono richiedere alla propria compagnia di assicurazione per convalidare la polizza in occasione di viaggi all'estero.

Greyhound bus Veicolo della più grande compagnia di pulmann statunitense (The Greyhound Lines Company) che collegando le maggiori città copre tutto il paese. È il mezzo di trasporto più usato dai giovani e dai turisti con budget limitato per percorrere grandi distanze.

Groundhog Day ▸ GIORNI FESTIVI NEI PAESI ANGLOFONI

gun control Il controllo sulle armi da fuoco è al momento un tema molto controverso negli Stati Uniti. Molti ritengono che il porto d'armi dovrebbe essere vietato ai comuni cittadini, dato il gran numero di omicidi e altri reati commessi. Altri sostengono invece che l'abolizione del porto d'armi contravverrebbe alla Costituzione (CONSTITUTION), la quale con il '*right to bear arms*' ne sancisce il diritto. La NATIONAL RIFLE ASSOCIATION si oppone a ogni legge al riguardo. Nel 1993 il congresso ha tuttavia approvato la Brady Bill che limita la vendita e l'uso di alcuni tipi di arma.

Gunpowder Plot ▸ BONFIRE NIGHT

Guy Fawkes' Night ▸ BONFIRE NIGHT

haka Il rituale urlo di guerra dei Maori neozelandesi, cantato battendo energicamente i piedi per terra e muovendo le braccia. La nazionale neozelandese di rugby esegue l'*haka* prima di ogni partita.

Halloween ▸ GIORNI FESTIVI NEI PAESI ANGLOFONI

high school Negli Stati Uniti indica la scuola secondaria, generalmente per alunni di età compresa tra i 14 e i 18 anni. In Gran Bretagna, il termine si ritrova solo nel nome di alcune scuole.

holidays ▸ GIORNI FESTIVI NEI PAESI ANGLOFONI

homecoming Incontro annuale degli ex studenti di istituti universitari o HIGH SCHOOLS statunitensi. In genere ha luogo in autunno quando i vecchi studenti fanno una rimpatriata e partecipano a varie attività, tra cui una partita di football americano, la *homecoming parade* e la *homecoming dance*. In questa occasione viene anche eletta la *homecoming queen*.

House of Commons La Camera dei Comuni è la camera bassa del Parlamento britannico HOUSES OF PARLIAMENT. I deputati eletti si chiamano MPS (*members of Parliament*). La Camera dei Comuni è anche la camera bassa del Parlamento canadese, con 308 membri, eletti per cinque anni a suffragio diretto.

House of Lords La Camera dei Lord è la camera alta del Parlamento britannico (HOUSES OF PARLIAMENT). La sua funzione è discutere e poi approvare alcuni disegni di legge della HOUSE OF COMMONS o suggerire dei cambiamenti. La Camera dei Lord ha anche la funzione nel sistema giudiziario come corte di ultima istanza. I Lord sono per la maggioranza nominati (non eletti), e fino al 1999 un certo numero di cariche erano ereditarie. Sono state proposte alcune riforme per far sì che una percentuale di loro siano eletti direttamente dal popolo.

House of Representatives La camera bassa del Congresso degli Stati Uniti (CONGRESS). È costituita da 435 rappresentanti (REPRESENTATIVES) eletti ogni due anni; a ciascuno stato spetta un numero di rappresentanti proporzionale alla propria popolazione. La House of Representatives è incaricata dell'approvazione di ogni nuova legge.

Houses of Parliament Sono le due camere del Parlamento britannico, la Camera dei Comuni (HOUSE OF COMMONS) e la Camera dei Lord (HOUSE OF LORDS). Il termine indica anche la sede del Parlamento, il Palazzo di Westminster situato in riva al Tamigi nel centro di Londra.

Inauguration Day Negli Stati Uniti è il giorno in cui il neoeletto Presidente assume ufficialmente il potere. La cerimonia di insediamento ha sempre luogo il 20 gennaio, a Washington DC.

Independence Day ▸ GIORNI FESTIVI NEI PAESI ANGLOFONI

independent school Tipo di scuola britannica privata che si autofinanzia tramite il pagamento di quote da parte dei genitori degli alunni, anziché ricevere finanziamenti statali. Le PUBLIC SCHOOLS e le PREPARATORY SCHOOLS rientrano in questa categoria.

infant school ▸ EDUCATION

IRA (Irish Republican Army) L'IRA (Esercito Repubblicano Irlandese) è un'organizzazione paramilitare clandestina il cui obiettivo è l'unificazione della Repubblica d'Irlanda e dell'Irlanda del Nord. Nel 1970, come reazione a una politica considerata repressiva nei confronti delle minoranze cattoliche dell'Irlanda del Nord, una fazione dell'IRA (Provisional IRA) portò avanti atti terroristici in Irlanda del Nord e in Inghilterra. Nel 1998, l'accordo del Venerdì Santo (Good Friday Agreement) ha dato inizio a un periodo di relativa pace tra le comunità contrapposte dell'Irlanda del Nord. *Vedi anche* SINN FEIN.

ITV – Independent Television Gruppo di enti televisivi privati che offrono una programmazione diversificata in 15 diverse zone del Regno Unito.

Ivy League Il gruppo delle più antiche e rinomate università statunitensi, situate nel nordest del paese: Harvard, Yale, Columbia University, Cornell University, Dartmouth College, Brown University, Princeton University e la University of Pennsylvania. Il nome deriva dall'edera che cresce sugli antichi edifici universitari.

junior high school ▸EDUCATION

junior school Scuola statale britannica per alunni di età compresa tra i 7 e gli 11 anni.

King James Bible ▸AUTHORIZED VERSION

kirk In scozzese significa chiesa. 'The Kirk' indica the Church of Scotland (la Chiesa Episcopale scozzese).

kiwi Uccello privo di ali e coda originario della Nuova Zelanda. Il termine Kiwis viene anche usato per indicare i neozelandesi e le squadre sportive di questo paese.

Labor Day Festa del Lavoro. Negli Stati Uniti questa festività in onore dei lavoratori viene celebrata a livello nazionale il primo lunedì di settembre.

Labor Party In Australia è uno dei principali partiti politici. Rappresenta il centro-sinistra moderato.

Labour Party In Gran Bretagna il Partito Laburista è uno dei maggiori partiti politici. Andò per la prima volta al potere nel 1924, con l'obiettivo di farsi portavoce degli interessi dei lavoratori e dei sindacati. Negli ultimi anni il partito ha abbandonato alcune posizioni della sinistra storica, ad es. riguardo alla privatizzazione dell'industria e dei servizi pubblici. I suoi leader preferiscono oggi il termine 'New Labour'.

lawyer Termine generico per avvocato. Nel Regno Unito esistono il *solicitor* e il *barrister*. Il primo offre consulenza legale ai cittadini riguardo a questioni minori (è una figura tra l'avvocato e il notaio). Il secondo rappresenta i clienti davanti a corti di livello più alto; quando un *barrister* è ammesso ad esercitare l'avvocatura si dice che '*has been called to the Bar*'. Negli Stati Uniti non esiste questa distinzione. Sia nel Regno Unito che negli Stati Uniti si usa il termine *counsel* per indicare un avvocato o un gruppo di avvocati che presentano una causa in tribunale.

Liberal Democratic Party Il Partito Liberaldemocratico, familiarmente abbreviato in 'Lib Dems'. È per importanza il terzo partito della Gran Bretagna. Si è costituito nel 1988 dalla fusione del Partito Liberale (Liberal Party) e del Partito Socialdemocratico (Social Democratic Party).

Liberal Party Importante partito australiano, fautore di una politica essenzialmente conservatrice.

L-plates Nel Regno Unito è un cartello di plastica bianco, con la lettera 'L' in rosso. Va applicato sul davanti e sul retro di un veicolo per segnalare che il conducente si sta preparando all'esame di guida.

mayor Negli Stati Uniti il sindaco di una città viene eletto dagli abitanti. In Inghilterra e Galles è il capo del consiglio comunale (*council*), tradizionalmente eletto dagli altri consiglieri (*councillors*), ma ha prevalentemente incarichi di rappresentanza nelle cerimonie ufficiali, senza reale autorità politica. Talvolta ha il titolo di *lord mayor* (in Scozia *provost* o *lord provost*). Recentemente in alcune grandi città è stata creata la figura di un *mayor* eletto dal popolo.

member of Parliament ▸MP

Memorial Day Festività statunitense che commemora gli americani caduti in guerra. Generalmente ricorre l'ultimo lunedì di maggio.

middle school ▸EDUCATION

midterms (*midterm elections*) Negli Stati Uniti sono le elezioni per la Camera dei Rappresentanti (HOUSE OF REPRESENTATIVES) indette a metà del mandato presidenziale.

Mormon La Chiesa di Gesù Cristo dei Santi degli Ultimi Giorni (Church of Jesus Christ of Latter-Day Saints) conta oggi circa 10 milioni di fedeli, meglio conosciuti come Mormoni. Fu fondata negli Stati Uniti nel 1830 da Joseph Smith. Successivamente, sotto la guida di Brigham Young, i membri si spostarono nella parte ovest del paese, dove fondarono Salt Lake City nello stato dello Utah, i cui abitanti sono ancora oggi Mormoni. Hanno regole morali molto rigide e non bevono né alcolici né caffè.

Morris dancing Una danza folkloristica originaria del Regno Unito, eseguita solitamente da gruppi di soli uomini (*Morris men*) disposti in file. I danzatori, che indossano una camicia bianca, un cappello di paglia e pantaloni con campanelli applicati, agitano bastoni o fazzoletti.

Mother's Day (Mothering Sunday) ▸GIORNI FESTIVI NEI PAESI ANGLOFONI

motorways La Gran Bretagna ha un'ampia rete di autostrade a tre corsie, segnalate dalla lettera 'M' seguita da un numero. Il limite di velocità sulla motorway è di 70 miglia all'ora, che equivale a 112 km/h. A differenza dell'Italia non si deve in genere pagare il pedaggio. Attualmente una sola *motorway* è a pagamento.

MP (*member of Parliament*) Un membro della Camera dei Comuni che rappresenta una delle 659 'CONSTITUENCIES' in cui è suddiviso il Regno Unito. *Vedi anche* HOUSE OF COMMONS.

National Guard Un corpo militare statunitense la cui origine risale all'epoca coloniale, composto di volontari reclutati in ciascuno stato. In caso di catastrofi naturali o di emergenze civili può passare sotto il comando federale. Oggi la National Guard è considerata parte dell'esercito nazionale.

National Health Service (NHS) È il servizio di assistenza sanitaria britannico, finanziato in gran parte dal governo, per cui l'assistenza è per lo più gratuita. I medicinali prescritti e le cure dentistiche sono a pagamento, eccetto per alcune categorie di persone, quali i bambini e i pensionati.

National Insurance È il servizio di previdenza sociale in Gran Bretagna. Lavoratori e datori di lavoro versano dei contributi fiscali (*National Insurance contributions*) da cui dipendono i diversi servizi che offre lo stato, quali la pensione, l'assistenza sanitaria, i sussidi di disoccupazione. Chiunque lavori o faccia domanda per i sussidi deve richiedere un numero di identificazione (*National Insurance number*).

National Lottery È regolata dalla National Lottery Commission, ente pubblico non governativo che dipende dal Ministero della Cultura, Media e Spettacolo. Parte dei proventi viene destinata a iniziative culturali e sportive, alla conservazione del patrimonio culturale e ambientale e a organizzazioni no-profit.

National Party Importante partito politico neozelandese, fautore di una politica fondamentalmente conservatrice.

National Rifle Association (NRA) Una organizzazione statunitense favorevole al possesso di armi da fuoco da usare nella caccia, gli sport e la legittima difesa. Secondo i suoi 3,4 milioni di iscritti il diritto di ogni cittadino a possedere armi è garantito dalla Costituzione americana (CONSTITUTION).

National Trust Una fondazione britannica senza scopo di lucro finalizzata alla conservazione dei luoghi di interesse storico e del patrimonio ambientale. Finanziato da donazioni e sovvenzioni private, il National Trust è il maggiore proprietario terriero del Regno Unito. Nel corso degli anni ha acquisito enormi estensioni di terreni (circa 248.000 ettari) e di coste (circa 960 km), come pure edifici, borghi e giardini, molti dei quali vengono aperti al pubblico in certi periodi dell'anno. In Scozia esiste una fondazione analoga ma indipendente, il National Trust for Scotland.

Native American È il termine più ampiamente accettato per indicare i popoli indigeni di tutto il continente americano. Secondo il Bureau of Indian Affairs, l'organizzazione governativa statunitense che si occupa delle questioni indiane, esistono circa 562 tribù per un totale di 1,9 milioni di persone. Circa un milione di indiani vive nelle riserve e di questi il 49% è disoccupato. Molte riserve aprono case da gioco grazie all'autonomia di cui godono.

NBC – National Broadcasting Company Il primo ente radiofonico istituito negli Stati Uniti (1926). Il primo canale televisivo della NBC cominciò a trasmettere nel 1940.

Newspapers Negli Stati Uniti il 95% della popolazione legge la stampa locale. Esiste un unico quotidiano nazionale, *USA Today*, gli altri sono locali. I quotidiani di alcune grandi città, quali il *New York Times*, il *Los Angeles Times*, e il *Washington Post*, sono comunque diffusi in tutto il paese. Anche l'*International Herald Tribune*, pubblicato fuori dagli Stati Uniti, viene letto da molti americani all'estero. Il *Wall Street Journal*, che pubblica il DOW JONES AVERAGE, è il quotidiano di economia e finanza più importante degli Stati Uniti. La stampa americana è nel complesso piuttosto conservatrice, in modo da garantirsi una più alta distribuzione. Nel Regno Unito i quotidiani escono in due formati: quello grande dei *broadsheets* e quello più piccolo e compatto dei *tabloids*. Fino a poco tempo fa i quotidiani nazionali più seri erano tutti *broadsheets*. Il *Daily Telegraph* e il *Financial Times* (stampato sull'inconfondibile carta color salmone) hanno conservato questo formato, ma recentemente il *Times*, l'*Independent* e il *Guardian* hanno ridotto il formato. Del gruppo dei popolarissimi quotidiani più sensazionalistici (tutti in formato tabloid), fanno parte il *Sun*, il *Mirror*, l'*Express* e il *Mail*. Questi giornali sono notti per labitudine di dare risalto all'aspeto umano e spesso puramente scandalistico delle notizie. Sia negli Stati Uniti che nel Regno Unito i quotidiani che escono il sabato o la domenica hanno un gran numero di supplementi di sport, viaggi, cultura ecc.

Northern Ireland È una provincia del Regno Unito, situata nella parte nordorientale dell'Irlanda. Rimase a far parte del Regno Unito, con autonomia limitata, quando, nel 1920, il resto dell'isola divenne indipendente. La vita in Irlanda del Nord è stata a lungo dominata dal conflitto tra la maggioranza protestante che vuole restare vincolata al Regno Unito e la minoranza cattolica che vorrebbe unirsi alla Repubblica d'Irlanda. Gli anni dal 1969 al 1998 sono stati anni di sanguinosa violenza, sia in Irlanda nel Nord sia nei territori della Gran Bretagna; mentre i cattolici erano impegnati nella campagna per i diritti civili, organizzazioni paramilitari di ambo le parti hanno portato avanti assassinii, rapresaglie e atti terroristici. Durante gran parte di questo periodo la provincia è tornata sotto il diretto governo britannico e truppe britanniche vi erano stanziate stabilmente. L'accordo del Venerdì Santo (Good Friday Agreement) del 1998 ha messo fine alla violenza e la semiautonomia è stata restaurata sulla base di un accordo sulla spartizione del potere. Il Parlamento dell'Irlanda del Nord è stato tuttavia sospeso più volte, in quanto la cooperazione tra i partiti non è sempre attuabile. I singoli partiti sono spesso divisi in fazioni. Il Partito Democratico Unionista (Democratic Unionist Party) e il più moderato Partito Unionista dell'Ulster (Ulster Unionist Party) rappresentano la comunità protestante, mentre SINN FEIN e i più moderati Partito Social-democratico e laburista (SDLP, Social Democratic and Labour Party) rappresentano i cattolici. Il piccolo Partito dell'Alleanza (Alliance Party) si oppone invece alla divisione religiosa. *Vedi anche* IRA.

Number Ten ▸ DOWNING STREET

NVQ ▸ EXAMINATIONS

Old Glory ▸ STARS AND STRIPES

Open University (OU) Università a distanza britannica fondata nel 1969.

Oxbridge Termine che indica nel loro insieme le università più antiche e prestigiose del Regno Unito: Oxford e Cambridge.

Pancake Day ▸ SHROVE TUESDAY

Parliament Il Parlamento britannico è l'organo legislativo del Regno Unito ed è suddiviso in due Camere: la Camera dei Comuni (HOUSE OF COMMONS) e la Camera dei Lord (HOUSE OF LORDS). Il Parlamento canadese è costituito dal Senato (SENATE) e dalla Camera dei Comuni. *Vedi anche* MP.

PBS – Public Broadcasting Service Servizio radiotelevisivo statunitense, finanziato dal governo e rinomato per i programmi di qualità. È costituito dall'associazione di emittenti locali che trasmettono senza scopo di lucro e senza pubblicità.

Peace Corps Agenzia federale statunitense fondata nel 1961. I Corpi di Pace, composti da volontari, operano principalmente nei paesi in via di sviluppo in settori quali l'insegnamento, la sanità, l'agricoltura e l'ambiente.

Pentagon L'edificio a pianta ottagonale situato a Washington dove hanno sede gli uffici centrali del ministero della Difesa e delle forze armate americani. Talvolta la stampa utilizza il termine per riferirsi allo Stato Maggiore.

Pledge of Allegiance Giuramento di fedeltà che i cittadini degli Stati Uniti prestano alla bandiera e alla patria. In molte scuole gli studenti lo ripetono tutte le mattine davanti alla bandiera tenendo una mano sul petto.

Poppy Day ▸ GIORNI FESTIVI NEI PAESI ANGLOFONI

preparatory school Negli Stati Uniti è un tipo di scuola secondaria in cui viene offerta una speciale preparazione preuniversitaria. In Gran Bretagna, dov'è anche detta *prep school*, è una scuola privata per alunni dai 7 ai 13 anni. Generalmente non è un istituto misto e in molte *preparatory schools* parte degli alunni stanno a convitto. La maggioranza degli alunni prosegue poi gli studi in una scuola privata (PUBLIC SCHOOL).

President Negli Stati Uniti il Presidente può restare in carica per un massimo di due mandati (*terms*) ciascuno di durata quadriennale. Poiché il paese è una repubblica federale di tipo presidenziale, egli è il capo dello stato e allo stesso tempo il capo del governo. È responsabile della politica estera e il comandante in capo delle forze armate.

President's Day ▸ GIORNI FESTIVI NEI PAESI ANGLOFONI

primary (primary election) Negli Stati Uniti le elezioni primarie (*primaries*) vengono indette per selezionare i candidati prima delle elezioni principali, specialmente nel caso delle presidenziali. I candidati alla carica di presidente (PRESIDENT) vengono eletti dopo una serie di primarie a livello statale. *Vedi anche* ELECTIONS.

primary school ▸ EDUCATION

Provost ▸ MAYOR

pub (*public house*) Letteralmente 'casa aperta al pubblico', il *pub* è il tipico locale dove in Gran Bretagna e Irlanda si va per bere birra e altre bevande, alcoliche e non. Le origini dei *pub* risalgono all'epoca dei Romani. Alla fine del XIV secolo chiunque producesse e vendesse birra (*ale*) doveva esporre un cartello e le caratteristiche insegne colorate contraddistinguono i *pub* ancora oggi. Il *pub* è spesso al centro della vita sociale e culturale del quartiere o del paese.

public access channel Negli Stati Uniti è un canale televisivo riservato a programmi di persone e organizzazioni che operano senza fini di lucro.

public house ▸ PUB

public school In Gran Bretagna sono, al contrario di quanto farebbe pensare il nome, scuole private a pagamento, per alunni tra i 13 e i 18 anni. Spesso si tratta di scuole miste e nella maggior parte di esse gli allievi sono a convitto. In Scozia e negli Stati Uniti il termine *public school* indica invece una scuola statale. *Vedi anche* PREPARATORY SCHOOL.

Remembrance Sunday ▸ POPPY DAY

Representative Un membro della Camera dei Rappresentanti (HOUSE OF REPRESENTATIVES) americana.

Republican Party Uno dei maggiori partiti politici statunitensi. Sebbene sia stato fondato nel 1854 da chi appoggiava l'abolizione della schiavitù, viene considerato più conservatore del Partito Democratico (DEMOCRATIC PARTY), l'altro principale partito americano.

rugby Il gioco della palla ovale, originario della Gran Bretagna. Esistono due varianti di questo sport, il rugby a 13 (*rugby league*) con squadre composte di 13 giocatori e il rugby a 15 (*rugby union*) con 15 giocatori. Il *rugby league* è stato fin dagli inizi giocato a livello professionale, mentre il *rugby union* lo è divenuto nel 1995.

SAT Negli Stati Uniti indica lo *Scholastic Aptitude Test*, una prova attitudinale sostenuta generalmente l'ultimo anno della HIGH SCHOOL. È necessario superare il *SAT* per accedere alla maggior parte delle università. In Inghilterra e Galles indica invece lo *Standard Assessment Test* o *Task*, una prova sostenuta a 7, 11 e 14 anni dagli alunni di tutte le scuole allo scopo di valutarne i progressi.

Scotland La parte più settentrionale del Regno Unito, la cui popolazione è concentrata in una cintura centrale intorno alle due città principali, Glasgow e Edimburgo, la capitale. La Scozia è particolarmente rinomata per la bellezza delle montagne, dei laghi (in scozzese '*loch*') e delle Highlands, la zona a nordest di Edimburgo. Fino al secolo XVI la Scozia era frequentemente in guerra con l'Inghilterra. Nel 1603, re Giacomo IV (James) di Scozia diventò anche re d'Inghilterra (regnandovi come James I) e l'unione dei due paesi venne portata a termine nel 1707 quando il Parlamento scozzese si sciolse. La Scozia tuttavia conserva molte delle proprie istituzioni. Il sistema scolastico, ad esempio, è diverso dal resto del Regno Unito. Tra gli scozzesi ci sono sempre stati coloro che pensano che la Scozia dovrebbe essere completamente indipendente. Reinstaurato nel 1999 (*vedi* DEVOLUTION), lo Scottish Parliament ha sede a Edimburgo. A differenza dell'Assemblea gallese, esso ha pieni poteri sul piano legislativo e esecutivo riguardo alle questioni scozzesi, mentre ha autorità limitata relativamente al sistema fiscale. *Vedi anche* WALES.

SDLP ▸ **NORTHERN IRELAND**

Senate Negli Stati Uniti il Senato è la camera alta del Congresso (CONGRESS). È formato da 100 senatori (*senators*), due per ciascuno stato, eletti con mandato di sei anni. Le nuove leggi devono essere approvate sia dal Senato che dalla Camera dei Rappresentanti (HOUSE OF REPRESENTATIVES). Il Parlamento canadese è costituito dal Senato e dalla Camera dei Comuni (HOUSE OF COMMONS).

Shadow Cabinet ▸ **CABINET**

Shrove Tuesday ▸ **GIORNI FESTIVI NEI PAESI ANGLOFONI**

Sinn Fein Partito politico irlandese fondato nel 1905 con l'obiettivo di unificare le 32 contee dell'Irlanda nella Repubblica d'Irlanda creata nel 1949. Viene considerato l'ala politica dell'IRA, anche se nega qualunque legame con l'organizzazione paramilitare.

Smithsonian Institution Rinomato istituto statunitense che raccoglie vari musei e centri di ricerca. Situato a Washington DC, è familiarmente soprannominato '*the nation's attic*', la soffitta della nazione.

social security number Un numero di identificazione che negli Stati Uniti tutti devono avere. Inizialmente veniva richiesto per poter lavorare ed essere coperti dalla sicurezza sociale. Tuttavia nel 1987 il governo ha deciso di assegnarlo anche ai bambini. Attualmente viene usato in molte occasioni diverse: compare sugli assegni, sulla patente, ed è il numero con cui vengono identificati gli alunni degli istituti superiori.

sorority Una delle associazioni studentesche femminili presenti in molti istituti universitari. *Vedi anche* FRATERNITY.

Speaker La persona che presiede i dibattiti nella Camera dei Comuni (HOUSE OF COMMONS), eletta dai deputati (MPS) dei vari partiti.

Speaker of the House Negli Stati Uniti è la persona incaricata di presiedere la maggior parte delle attività della Camera dei Rappresentanti (HOUSE OF REPRESENTATIVES). È responsabile di mantenere l'ordine durante i dibattiti, di nominare i comitati e di presentar loro le proposte di legge. È un rappresentante del partito di maggioranza alla Camera dal quale viene eletto. È la persona che segue al vicepresidente nella successione per la presidenza.

Stars and Stripes La bandiera degli Stati Uniti. Le cinquanta stelle (*stars*) rappresentano i cinquanta stati e le tredici strisce (*stripes*) orizzontali rappresentano le prime tredici colonie che formarono gli Stati Uniti all'epoca dell'indipendenza. Viene anche chiamata Old Glory o STAR-SPANGLED BANNER.

Star-Spangled Banner Uno dei nomi con cui si indica la bandiera degli Stati Uniti. È anche il titolo dell'inno nazionale statunitense, composto nel 1814 ma adottato come tale soltanto nel 1931.

state school In Gran Bretagna indica una scuola statale che è finanziata direttamente o indirettamente dallo stato e offre istruzione gratuita. La maggior parte dei ragazzi frequenta questo tipo di scuole.

State of the Union Address Tradizionale discorso che il Presidente degli Stati Uniti (PRESIDENT) tiene annualmente al Congresso (CONGRESS) per metterlo al corrente della 'situazione dell'Unione', come previsto dalla

Costituzione (CONSTITUTION). Il discorso è l'occasione per parlare dei progressi del governo, dei suoi progetti e della politica per il futuro. Viene trasmesso in diretta alla televisione.

Statue of Liberty La celebre statua situata sulla Liberty Island nella baia di New York. Donata dal popolo francese come omaggio al popolo americano, raffigura una donna che innalza la fiaccola della libertà. È ormai l'inconfondibile simbolo di New York e dell'America.

summer camp Negli Stati Uniti indica il campeggio estivo cui moltissimi ragazzi si recano per socializzare e praticare attività ricreative e sportive all'aria aperta; tra queste il nuoto, il canottaggio, l'arrampicata e i corsi di sopravvivenza.

Super Bowl ▸ AMERICAN FOOTBALL

Supreme Court È l'organo più importante del sistema giudiziario statunitense, composto da nove giudici, nominati a vita dal Presidente (PRESIDENT) con l'approvazione del Congresso (CONGRESS). La Corte Suprema decide riguardo alla costituzionalità delle leggi e ha inoltre la facoltà di impedire l'approvazione delle leggi, tanto federali quanto statali o locali. È anche la corte di ultima istanza, che riesamina i casi già passati davanti ai tribunali di grado inferiore. Le sentenze della Corte Suprema costituiscono giurisprudenza, vale a dire possono essere usate come precedenti in altri processi.

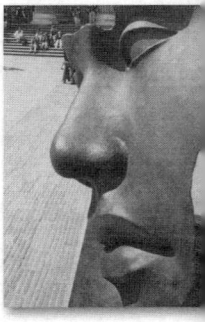

tabloid ▸ NEWSPAPERS

Teamsters Teamsters Union è il più grosso sindacato degli Stati Uniti, con circa 1 milione e mezzo di iscritti. Sebbene inizialmente rappresentasse i camionisti (*teamsters*), oggi ne fanno parte lavoratori di molti altri settori.

Thanksgiving ▸ GIORNI FESTIVI NEI PAESI ANGLOFONI

TOEFL (*Test of English as a Foreign Language*) Un esame che valuta il livello di conoscenza dell'inglese degli studenti che fanno domanda d'iscrizione in un'università americana ma non sono di madrelingua inglese.

Tory ▸ CONSERVATIVE PARTY

trick or treat ▸ HALLOWEEN

Uncle Sam Personaggio immaginario che rappresenta gli Stati Uniti, il suo governo e i suoi cittadini. Nell'iconografia è tradizionalmente rappresentato con la barba bianca, vestito dei colori nazionali bianco, rosso e azzurro, con un gran cappello a cilindro con le stelle della bandiera statunitense. Spesso utilizzato quando si fa appello al patriottismo americano.

Union Jack o Union Flag Il nome della bandiera del Regno Unito. È formata da tre croci: quella di San Giorgio (St George), patrono d'Inghilterra, quella di Sant'Andrea (St Andrew), patrono di Scozia, e quella di San Patrizio (St Patrick), patrono d'Irlanda. Il Galles e San David suo patrono non vi sono rappresentati.

United Kingdom Il Regno Unito di Gran Bretagna e Irlanda del Nord (United Kingdom of Great Britain and Northern Ireland) comprende l'Inghilterra, la Scozia, il Galles e l'Irlanda del Nord. Fa parte del COMMONWEALTH e dell'Unione Europea.

Veterans Day ▸GIORNI FESTIVI NEI PAESI ANGLOFONI

Wales Parte del Regno Unito confinante con l'Inghilterra centro-occidentale. La maggior parte dei centri abitati sono situati sulla costa (l'interno del paese è montuoso e poco popolato), in particolare lungo la costa meridionale, intorno alle due maggiori città, Cardiff, la capitale, e Swansea. Nel nord del Galles il sentimento nazionalistico è più sentito e la lingua gallese (WELSH) è maggiormente diffusa. L'occupazione inglese del Galles ebbe inizio poco dopo la conquista normanna del 1066. Nel XVI secolo il Galles fu integrato all'Inghilterra ai fini legali, amministrativi e parlamentari. Nel 1999, in seguito al processo di decentramento (DEVOLUTION) è stata istituita l'Assemblea Nazionale del Galles, anche detta Assemblea Gallese (Welsh Assembly). Relativamente agli affari gallesi ha poteri legislativi secondari limitati.

Wall Street Via di Manhattan, a New York, dove hanno sede la Borsa e molti altri istituti finanziari. Quando si parla di Wall Street ci si riferisce spesso a tali istituti.

Weddings Nei paesi anglosassoni il matrimonio tradizionale si svolge in chiesa. La sposa (*bride*) indossa l'abito bianco ed ha al seguito una o più damigelle d'onore (*bridesmaids*). Il padre accompagna la sposa all'altare, mentre lo sposo (*bridegroom*) è affiancato dal *best man*, un parente o amico. Gli sposi si scambiano gli anelli (*wedding rings* o *bands*). Nel caso di matrimonio civile la cerimonia si svolge in comune. Dopo la cerimonia ha luogo il rinfresco nuziale (*wedding reception*) durante il quale il padre della sposa e il *best man* tengono un discorso. Alla fine del rinfresco gli sposi vanno in luna di miele (*honeymoon*). La sera prima del matrimonio, religioso o civile, è tradizione che il promesso sposo esca con gli amici per dare l'addio al celibato (la serata è detta *stag night* o negli Stati Uniti *bachelor party*). Oggi anche la sposa festeggia con le amiche l'addio al nubilato (*hen night*, e negli Stati Uniti *bachelorette party*). Negli Stati Uniti un'amica o una parente della sposa (di solito la damigella d'onore) organizza anche la cosiddetta *shower*, una festicciola in occasione della quale si danno alla sposa dei regali.

Welfare Negli Stati Uniti il termine *welfare* e *welfare programs* indicano le diverse misure di sicurezza sociale prese dal governo per garantire il benessere dei cittadini, in particolare in caso di povertà, malattia, disoccupazione. Fanno parte di questo sistema Medicare, Medicaid e i buoni per l'acquisto di viveri (*food stamps*).

Welsh È il gallese (*Cymraeg*), lingua di origine celtica, come il bretone e il cornico. È la lingua madre del 20% della popolazione gallese e negli ultimi quarant'anni ha vissuto una certa rinascita. In Galles oggi è usata insieme all'inglese in certi contesti ufficiali ed è materia obbligatoria nella maggior parte delle scuole.

Westminster Un quartiere del centro di Londra dove sono situati alcuni dei principali edifici governativi, quali il Parlamento (HOUSES OF PARLIAMENT) e la residenza del Primo Ministro in DOWNING STREET, ed anche l'Abbazia di Westminster (Westminster Abbey). Oggi la stampa usa il termine 'Westminster' per indicare il Parlamento britannico.

West Side ▸EAST SIDE

whip Nella Camera dei Comuni britannica (HOUSE OF COMMONS), *whips* sono i deputati (MPS) incaricati di far rispettare la disciplina parlamentare ai colleghi del proprio partito, di assicurarsi che siano presenti alle sessioni e che votino. Negli Stati Uniti sono membri del Congresso (CONGRESS) con simili responsabilità.

Whitehall Una via nel centro di Londra dove hanno sede vari uffici governativi. La stampa usa il termine per indicare il governo e l'amministrazione statale.

White House La Casa Bianca, situata a Washington, è la residenza ufficiale del Presidente degli Stati Uniti. La stampa usa il termine per indicare il Presidente e i suoi collaboratori.

World Series ▸BASEBALL

Yankee Termine spregiativo con cui durante la Guerra di Secessione i sudisti chiamavano i nordisti. Oggi è usato in tutto il mondo per indicare gli americani in generale. Negli Stati Uniti del sud ha ancora il significato originario, mentre in quelli del nord è utilizzato per indicare gli oriundi del New England.

yearbook Negli Stati Uniti è l'album che annualmente viene pubblicato per gli studenti dell'ultimo anno della HIGH SCHOOL. Contiene un profilo di ciascuno studente con notizie sulle sue attività accademiche, sportive e ricreative, accompagnato da una fotografie e da una dedica.

Letter-writing / Redazione di lettere

Invito (informale)

- *La data si può anche scrivere nei modi seguenti:* April 10, 10 April, 10th April. *Il nome del mese è in maiuscolo.*
- *In alto a destra si indica il nome e l'indirizzo del mittente, e sotto si scrive la data.*

35 Winchester Drive
Stoke Gifford
Bristol
BS34 8PD

April 22nd 2013

Dear Luca,

Is there any chance of your coming to stay with us in the summer holidays? Roy and Debbie would be delighted if you could (as well as David and me, of course). We hope to go to North Wales at the end of July/beginning of August, and you'd be very welcome to come too. It's really beautiful up there. We'll probably take tents - I hope that's OK by you.

Let me know as soon as possible if you can manage it.

All best wishes

Rachel Hemmings

Invito (formale)

Invito a un matrimonio e al rinfresco

Mr and Mrs Peter Thompson
request the pleasure of your company
at the marriage of their daughter
Hannah Louise
to
Steven David Warner
at St Mary's Church, Little Bourton
on Saturday 22nd July 2013 at 2 p.m.
And afterwards at the Golden Cross Hotel, Billing

23 Santers Lane
Little Bourton
Northampton
NN6 1AZ

R.S.V.P

Accepting an invitation (formal)

CARLO E BEATRICE BUOZZI

ringraziano calorosamente per il gentile invito e sono lieti di poter partecipare.

Invitation (informal)

Cara Claudia

È un po' che non ci sentiamo ma spero che tutto vada bene, sia con Andrea che con l'università. Il 7 agosto è il mio compleanno e pensavo di fare una festa. Che ne dici ❶ *di venire qui a Napoli? Naturalmente sei invitata a casa mia per qualche giorno e ne approfitteremo per fare un po' di chiacchiere e un po' di mare. Fammi sapere al più presto! Spero tanto che tu venga, da sola o accompagnata, se tu e Andrea state ancora insieme. Il mio indirizzo email è grazia@hotmail.com.*

Un bacione ❷ *e a prestissimo,*

Grazia

- *Invitations to parties are usually made in person or on the phone, unless it's a really formal occasion.*

❶ *For a letter to a friend you use the 'tu' form.*

❷ *This affectionate ending is used with close friends or relatives. Other informal endings are* Baci *or* Un abbraccio.

Accepting an invitation (informal)

24 aprile 2013

Cara Grazia

Quanto tempo! Scusa se non mi sono fatta più viva ma tra gli esami e altre storie il tempo è volato. Certo che vengo giù a Napoli. L'ultimo esame lo dovrei avere a fine luglio e non ho ancora programmato niente per le vacanze, tanto più che adesso sono sola (mollata da Andrea due mesi fa, ma senza troppi drammi). Ora che ci siamo rimesse in contatto prometto di non sparire e non vedo l'ora di rivederti di persona. Torno a studiare.

Un abbraccio,

Claudia

- *In informal letters you write the date at the top but not your address.*
- *In replies to informal invitations you also use only the Christian name, the 'tu' form and an affectionate ending.*

Writing e-mails and SMS / Scrivere e-mail ed SMS

Sending an e-mail

The illustration shows a typical interface for sending e-mail.

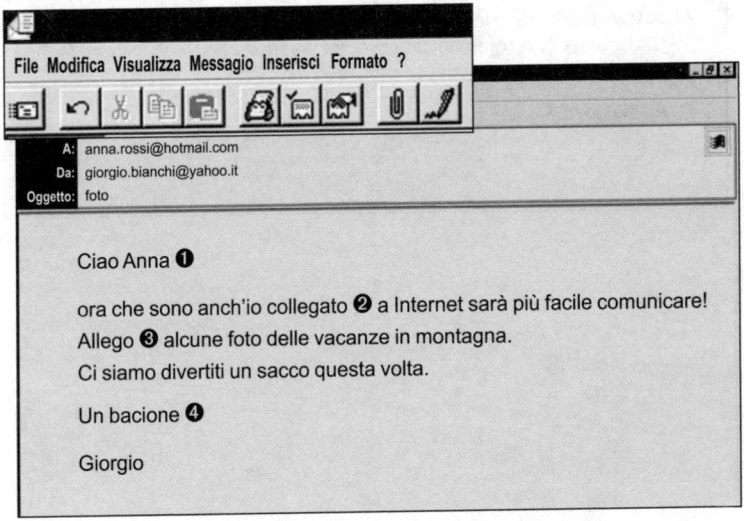

❶ *The beginning changes according to how formal it is. You can use* caro/cara *or leave it out.*

❷ Collegata *if the person writing is a girl or woman.*

❸ Allegare *means to enclose and also to attach in e-mails.*

❹ *In more formal e-mails you can end with* 'Distinti saluti' *like in letters.*

E-mail

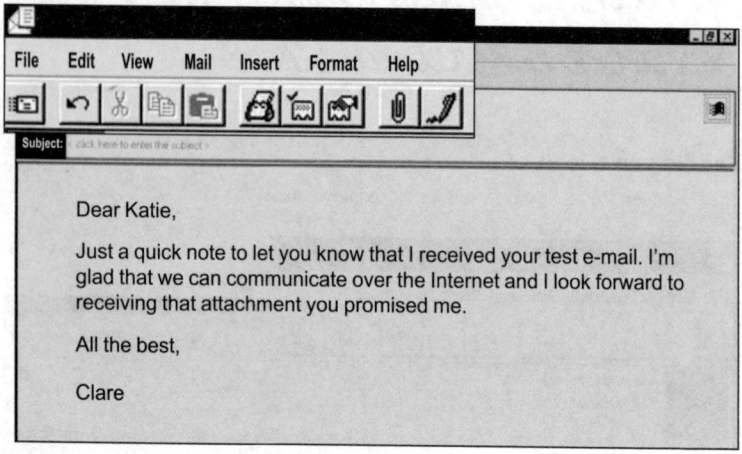
File Edit View Mail Insert Format Help
Subject:
Dear Katie,
Just a quick note to let you know that I received your test e-mail. I'm glad that we can communicate over the Internet and I look forward to receiving that attachment you promised me.
All the best,
Clare

Booking train tickets online

Acquista il tuo biglietto online con ***Europtrains***

Biglietti | Orari | Mappe, destinazioni e itinerari

Partenza
Seleziona la stazione ▼ **Tutte le stazioni**

Arrivo
Seleziona la stazione ▼ **Tutte le stazioni**

Andata Giu ▼ 17 ▼ 2013 ▼ **Ore** Qualunque ▼
calendario

Ritorno
(non selezionare per viaggio di sola andata)
Giu ▼ 18 ▼ 2013 ▼ **Ore** Qualunque ▼
calendario

Le date del mio viaggio sono flessibili ☐

Numero di passeggeri	Adulti	Bambini	Studenti	Ultrasessantenni
	▼	▼	▼	▼

Prima classe ☐
Seconda classe ☐

RICERCA

Offerte speciali

Risparmia il 25%
quando prenoti online a partire dal 1 luglio 2010

•

Milano-Bruxelles solo andata a metà prezzo

Clicca qui per saperne di più

•

Milano–Londra andata e ritorno a soli € 50,00

Clicca qui per maggiori dettagli

•

Studenti: come risparmiare viaggiando con la pass card

Telefona per scoprire tutti i vantaggi e le condizioni.

Area clienti

Nome utente
Password

Ricorda la mia password ☐
Hai scordato la password?
Registrati ora!

Altre opzioni

In viaggio per lavoro
Viaggiare in gruppo
Assistenza per disabili
Treno e bici

Cambiare una prenotazione
Cancellare una prenotazione
Ricevere i biglietti a domicilio

Altre offerte speciali
Abbonamenti
Hotels
Assicurazione

mappa del sito | chi siamo | FAQ | contatti

Comprare i biglietti su Internet

Buy tickets online with ***Europtrains***

Tickets | Timetables | Maps, destinations & route planner

From
Select station ▼ **See all stations**

To
Select station ▼ **See all stations**

Departure date
June ▼ 17 ▼ 2013 ▼
Calendar

Time
Anytime ▼

Return date
(leave blank for one-way travel)
June ▼ 18 ▼ 2013 ▼
Calendar

Time
Anytime ▼

Flexible dates? ☐

Number of passengers: Adults ▼ Children ▼ Students ▼ Seniors ▼

First class ☐
Second classe ☐

SEARCH

Special offer

Save 25%
when you book online from 1st July 2010 onwards

•

London to Brussels one way half-price

To find out more, click here

•

London to Milan round trip from just €50

Click here for details

•

Students: buy your pass card and save money on travel

Call for details.

Conditions apply

My account

Username
Password

Remember my password ☐
Forgotten your password?
Register here

More options

Business travellers
Group travellers
Travelling with a wheelchair
Travelling with a bicycle

Changing a reservation
Cancelling a reservation
Receiving your tickets

More special offers
Rail passes
Hotels
Travel Insurance

site map | about us | FAQ | contact us

SMS (electronic text-messaging)

The basic principles governing Italian SMS abbreviations are similar to those governing English SMS. Certain words or syllables can be represented by letters or numbers that sound the same but take up less space. The word 'sei', for example, can be replaced by '6', and the word 'che' shortened to 'ke'. Another way of shortening words and phrases is simply to omit certain letters, especially vowels. For example, 'comunque' becomes 'cmq' and 'ci vediamo dopo' becomes 'cvd'.

As in English, 'faccine' (emoticons) are very popular, and some of the more established ones are included in the table below.

Glossary of Italian SMS abbreviations

Abbreviation	*Full word*
"xxx"	tanti baci
+o-	più o meno
6 la +	sei la migliore
6 sxme	sei speciale per me
amò	amore
ap	a presto
axitivo	aperitivo
ba	bacio
cel	cellulare
cmq	comunque
cvd	ci vediamo dopo
dom	domani
dx	destra
ke	che
-male	meno male
midi	mi dispiace
MMT+	mi manchi tantissimo
msg	messaggio
Nm	numero
Nn	non
qlc	qualcuno
qls	qualcosa
risp	rispondimi
sx	sinistra
t tel + trd	ti telefono + tardi
tat	ti amo tanto
tel	telefono
tipe	ti penso
to	ti odio
ttp	torno tra un pò
tu6	tu sei

Abbreviation	*Full word*
tvb	ti voglio bene
tvtb	ti voglio tanto bene
vng dp	vengo dopo
x	per
x fv	per favore
x me	per me
xdere	perdere
xh	per ora
xké	perché

*Emoticons**	
:-)	sorriso
:-(	tristezza
:-D	risata
;-)	strizzare l'occhio
:-*	baciare
!(	occhio nero
:-/	scettico
:'(	piangere
#:-o	traumatizzato
:-i	penso
:-o	sorpreso
:-q	nauseato
:-P	linguaccia
$)	felice di aver vinto la lotteria
:*)	pagliaccio
***<:-)**	Babbo Natale

*NB: the '**-**' which depicts the nose is often omitted or replaced by an '**o**' e.g. **:)** or **:o)**

SMS (messaggi elettronici)

Poiché lo spazio per gli SMS è limitato (solitamente 160 caratteri al massimo), anche in inglese quando si scrive un messaggino si ricorre a molte abbreviazioni. Spesso si accorciano le parole eliminando alcune lettere, ad esempio 'please' è in genere abbreviato con 'pls'. Un altro metodo consiste nel sostituire alcune parole o suoni con numeri o lettere. Un tipico esempio è l'uso di '2' invece della parola 'to' e della lettera 'U' al posto di 'you'.

Anche gli 'emoticons' (le faccine) sono popolari e alcuni dei più usati si trovano nel glossario qui sotto.

Glossario di abbreviazioni SMS inglesi

Abbreviazione	*Senso*
afaik	as far as I know
atb	all the best
b4	before
bbl	be back late(r)
brb	be right back
btw	by the way
cu	see you
cul8r	see you later
f2f	face to face
fwiw	for what it's worth
fyi	for your information
gr8	great
h8	hate
hand	have a nice day
hth	hope this helps
ic	I see
imho	in my humble opinion
imo	in my opinion
iow	in other words
jk	just kidding
lol	laughing out loud/lots of luck
msg	message
myob	mind your own business
ne1	anyone
no1	no one
oic	oh I see
otoh	on the other hand
pls	please
ppl	people
r	are
rofl	rolling on the floor, laughing

Abbreviazione	*Senso*
ruok	are you OK?
som1	someone
thkq	thank you
tx	thanks
ur	you are
wan2	want to
wot	what
xlnt	excellent
2moro	tomorrow

*Faccina**	
:-)	happy face
:-(	sad face
:-D	laughing
;-)	winking
:-*	big kiss!
!(	black eye
:-/	sceptical
:'(	crying
#:-o	traumatized
:-i	I'm thinking
:-o	surprised
:-q	feeling sick
:-P	tongue sticking out
$)	I've just won the lottery
:*)	clown
@}-,-'--	a rose

*NB: il '-' che rappresenta il naso è spesso sostituito con '**o**' ad es. **:)** o **:o)**

Phrasefinder / Frasi utili

Key phrases	▶63	Frasi chiave
Going Places	▶64	In viaggio
Keeping in touch	▶69	Comunicazioni
Food and Drink	▶73	Mangiare e bere
Places to stay	▶77	Dove alloggiare
Shopping	▶78	Spese
Sport and leisure	▶80	Sport e tempo libero
Good timing	▶80	L'Ora giusta
Health and Beauty	▶81	Salute e bellezza
Weights and measures	▶84	Pesi e misure

Key phrases / Frasi chiave

yes, please	sì, grazie
no, thank you	no, grazie
sorry!	scusa
excuse me	mi scusi
you're welcome	prego
I'm sorry, I don't understand	scusi, non capisco
Meeting people	**Incontri**
hello/goodbye	ciao/arrivederci
how do you do?	come sta?
how are you?	come stai?
nice to meet you	piacere
Asking questions	**Fare domande**
do you speak English/Italian?	parli inglese/italiano?
what's your name?	come ti chiami?
where are you from?	di dove sei?
where is…?	dov'è…?
can I have…?	posso avere…?
would you like…?	vuoi…?
do you mind if…?	le dispiace se…?

About you	Presentarsi
my name is…	mi chiamo…
I'm English/Italian/American	sono inglese/italiano/-a/americano/-a
I don't speak Italian/English very well	non parlo molto bene l'italiano/l'inglese
I'm here on holiday	sono qui in vacanza
I live near York/Pisa	abito vicino a York/Pisa

Emergencies	Emergenze
can you help me, please?	mi può aiutare, per favore?
I'm lost	mi sono perso/-a
I'm ill	sto male
call an ambulance	chiami un'ambulanza
watch out!	attenzione!

Reading signs	Segnali e cartelli
no entry	vietato l'ingresso
no smoking	vietato fumare
fire exit	uscita di sicurezza
for sale	in vendita/vendesi
push	spingere
pull	tirare
press	premere

Going Places / In viaggio

By rail and underground	In treno e sul metrò
where can I buy a ticket?	dove si fanno i biglietti?
what time is the next train to Milan/New York?	a che ora è il prossimo treno per Milano/New York?
do I have to change?	devo cambiare?
can I take my bike on the train?	posso portare la bicicletta sul treno?
which platform for the train to Bath/Florence?	da quale binario parte il treno per Bath/Firenze?
a single/return, (*Amer*) round trip to Baltimore/Turin, please	un biglietto di sola andata/di andata e ritorno per Baltimora/Torino, per favore
I'd like an all-day ticket	vorrei un biglietto giornaliero
I'd like to reserve a seat	vorrei prenotare un posto
is there a student/senior citizen discount?	c'è uno sconto per studenti/anziani?
is this the train for Rome/Manchester?	è questo il treno per Roma/Manchester?

what time does the train arrive in Naples/London?	a che ora arriva il treno a Napoli/Londra?
have I missed the train?	ho perso il treno?
which line do I need to take for the Colosseum/London Eye?	che linea si prende per il Colosseo/ London Eye?

YOU WILL HEAR:	SENTIRAI:
il treno è in arrivo sul binario 2	the train is arriving at platform 2
c'è un treno per Roma alle 10	there's a train to Rome at 10 o'clock
il treno è in ritardo/orario	the train is delayed/on time
la prossima fermata è...	the next stop is...
il suo biglietto non è valido	your ticket isn't valid

MORE USEFUL WORDS:	ALTRE PAROLE UTILI:
underground station, (*Amer*) subway station	stazione di metropolitana
timetable	orario
connection	coincidenza
express train	treno espresso
local train	treno locale
high-speed train	treno ad alta velocità

DID YOU KNOW...?	LO SAPEVI...?
In an Italian train station, before you get on the train you must validate your ticket, i.e. have it stamped in the special yellow machine on the platform to make it valid for your journey. You risk a fine if you forget to do this.	Dall'aeroporto di Heathrow è possibile raggiungere il centro di Londra in meno di venti minuti grazie all'Heathrow Express.

At the airport / All'aeroporto

when's the next flight to Paris/Rome?	quand'è il prossimo volo per Parigi/ Roma?
what time do I have to check in?	a che ora si fa il check-in?
where do I check in?	dov'è il check-in?
I'd like to confirm my flight	vorrei confermare il mio volo
I'd like a window seat/an aisle seat	vorrei un posto accanto al finestrino/ di corridoio
I want to change/cancel my reservation	vorrei cambiare/annullare la mia prenotazione
can I carry this in my hand luggage, (*Amer*) carry-on luggage?	posso portare questo nel bagaglio a mano?
my luggage hasn't arrived	il mio bagaglio non è arrivato

YOU WILL HEAR:	SENTIRAI:
il volo BA7057 è in ritardo/cancellato	flight BA7057 is delayed/cancelled
presentarsi all'uscita 29	please go to gate 29
la sua carta d'imbarco, per favore	your boarding card, please

MORE USEFUL WORDS:	ALTRE PAROLE UTILI:
arrivals	arrivi
departures	partenze
baggage claim	ritiro bagagli

Asking how to get there / Chiedere e dare indicazioni

how do I get to the airport?	come si arriva all'aeroporto?
how long will it take to get there?	quanto ci vuole per arrivarci?
how far is it from here?	quanto dista da qui?
which bus do I take for the cathedral?	quale autobus devo prendere per andare al duomo?
where does this bus go?	dove va questo autobus?
does this bus/train go to...?	questo autobus/treno va a...?
where should I get off?	pùo dirmi dove devo scendere?
how much is it to the town centre?	quant'è la tariffa per il centro?
what time is the last bus?	che ora è l'ultimo autobus?
where's the nearest underground station, (*Amer*) subway station?	dov'è la metropolitana più vicina?
is this the turning for...?	si svolta qui per...?
can you call me a taxi?	può chiamarmi un taxi, per favore?

YOU WILL HEAR:	SENTIRAI:
prenda la prima a destra	take the first turning on the right
dopo il semaforo/la chiesa svolti a sinistra	turn left at the traffic lights/just past the church

Disabled travellers / Viaggiatori disabili

I'm disabled	sono disabile
is there wheelchair access?	c'è l'accesso per sedia a rotelle?
are guide dogs permitted?	sono ammessi i cani guida per non vedenti?

On the road / Sulla strada

where's the nearest petrol station, (*Amer*) gas station?	dov'è la stazione di servizio più vicina?
what's the best way to get there?	qual è la strada migliore per arrivarci?
I've got a puncture, (*Amer*) flat tire	ho bucato
I'd like to hire, (*Amer*) rent a bike/car	vorrei noleggiare una bicicletta/ una macchina
where can I park around here?	c'è un parcheggio qui vicino?
there's been an accident	c'è stato un incidente
my car's broken down	ho la macchina in panne
the car won't start	la macchina non parte
where's the nearest garage?	dov'è l'officina più vicina?
pump number six, please	pompa numero sei, grazie
fill it up, please	il pieno, per favore
can I wash my car here?	c'è l'autolavaggio?
can I park here?	posso parcheggiare qui?
there's a problem with the brakes/lights	i freni/fari hanno qualcosa che non va
the clutch/gearstick isn't working	la frizione/leva del cambio non funziona
take the third exit off the roundabout, (*Amer*) traffic circle	alla rotatoria prenda la terza uscita
turn right at the next junction	al prossimo incrocio svolti a destra
slow down	rallenta
I can't drink – I'm driving	non posso bere, devo guidare
can I buy a road map here?	vendete cartine stradali?

YOU WILL HEAR:	SENTIRAI:
favorisca la patente	can I see your driving licence?
deve compilare la denuncia di sinistro	you need to fill out an accident report
questa strada è a senso unico	this road is one-way
qui non si può parcheggiare	you can't park here

MORE USEFUL WORDS:	ALTRE PAROLE UTILI:
diesel	gasolio
unleaded	senza piombo/verde
motorway, (*Amer*) expressway	autostrada
toll	pedaggio
satnav, (*Amer*) GPS	navigatore satellitare
speed camera	autovelox
roundabout	rotatoria
crossroads	crocevia
dual carriageway, (*Amer*) divided highway	strada a due carreggiate
exit	uscita
traffic lights	semaforo
driver	conducente

DID YOU KNOW...?	LO SAPEVI...?
In Italy, all drivers are required to wear a reflective vest and to use a reflective triangle warning sign if they need to stop at the roadside.	Il pedaggio per circolare e sostare in auto nel centro di Londra, nei giorni lavorativi, si può pagare presso le stazioni di servizio o le edicole.

COMMON ITALIAN ROAD SIGNS

Alt polizia	Stop for police check
Consentito ai soli mezzi autorizzati	Authorized vehicles only
Passo carrabile	No blocking of passageway
Lavori in corso	Roadworks ahead
Zona pedonale	Pedestrian zone
Rallentare	Slow down
Zona rimozione	Tow-away zone
ZTL (Zona traffico limitato)	Traffic restricted area
Postazione fissa di misuratore della velocità	Speed cameras ahead
Passaggio a livello	Train crossing

SEGNALI STRADALI COMUNI NEI PAESI ANGLOFONI

Cattle	Animali domestici vaganti
Contraflow	Doppio senso di circolazione
Ford	Guado
Get in lane	Immettersi in corsia
Give way	Dare precedenza
Keep clear	Lasciare libero il passaggio
No overtaking, (*Amer*) Do not pass	Divieto di sorpasso
Pedestrians crossing	Attraversamento pedonale
Red route – no stopping	Divieto di sosta e fermata
Reduce speed now	Rallentare
Stop	Stop

Keeping in touch / Comunicazioni

On the phone	Al telefono
where can I buy a phone card?	dove si comprano le schede telefoniche?
may I use your phone?	posso usare il telefono?
do you have a mobile, (*Amer*) cell phone?	hai il cellulare?
what is your phone number?	qual è il tuo numero di telefono?
what is the area code for Venice/Sheffield?	qual è il prefisso di Venezia/Sheffield?
I want to make a phone call	vorrei fare una telefonata
I'd like to reverse the charges, (*Amer*) call collect	vorrei fare una telefonata a carico del destinatario
the line's engaged/busy	è occupato
there's no answer	non risponde nessuno
hello, this is Natalie	pronto, sono Natalie
is Riccardo there, please?	c'è Riccardo, per favore?
who's calling?	chi parla?
sorry, wrong number	ha sbagliato numero
just a moment, please	un attimo, prego
would you like to hold?	vuole attendere in linea?
it's a business/personal call	è una chiamata di lavoro/personale
I'll put you through to him/her	le passo la comunicazione
s/he cannot come to the phone at the moment	in questo momento non può venire al telefono
please tell him/her I called	gli/le dica che ho chiamato
I'd like to leave a message for him/her	vorrei lasciare un messaggio

I'll try again later	riproverò più tardi
please tell him/her that Maria called	gli/le dica che ha chiamato Maria
can he/she ring me back?	mi può richiamare?
my home number is…	il mio numero è...
my business number is…	il mio numero al lavoro è...
my fax number is…	il mio numero di fax è...
we were cut off	è caduta la linea
I'll call you later	ti chiamo più tardi
I need to top up my phone	mi serve una ricarica per il cellulare
the battery's run out	ho la batteria scarica
I'm running low on credit	sto esaurendo il credito
send me a text	mandami un sms/messaggino
there's no signal here	non c'è campo
you're breaking up	la linea è molto disturbata
could you speak a little louder?	puoi parlare più forte?

YOU WILL HEAR:	SENTIRAI:
pronto?	hello
chiamami sul cellulare	call me on my mobile, (*Amer*) cell phone
vuole lasciare un messaggio?	would you like to leave a message?

MORE USEFUL WORDS:	ALTRE PAROLE UTILI:
text message	SMS/messaggino
top-up card	ricarica
phone box, (*Amer*) phone booth	cabina telefonica
dial	comporre il numero
directory enquiries	elenco abbonati

Writing Corrispondenza

what's your address?	qual è il tuo indirizzo?
where is the nearest post office?	dov'è l'ufficio postale più vicino?
could I have a stamp for the UK/Italy, please?	mi dà un francobollo per la Gran Bretagna/l'Italia, per favore?
I'd like to send a parcel	vorrei spedire un pacco
where is the nearest postbox, (*Amer*) mailbox?	dov'è la buca delle lettere più vicina?
dear Isabella/Fred	cara Isabella/caro Fred

dear Sir or Madam	gentili Signori
yours sincerely	distinti saluti
yours faithfully	cordialmente
best wishes	cari saluti

YOU WILL HEAR:	SENTIRAI:
vuole spedirla per posta prioritaria?	would you like to send it first class?
c'è qualcosa di valore?	is it valuable?

MORE USEFUL WORDS:	ALTRE PAROLE UTILI:
letter	lettera
postcode, (*Amer*) ZIP code	codice di avviamento postale/CAP
airmail	posta aerea
postcard	cartolina
fragile	fragile
urgent	urgente
registered post, (*Amer*) mail	raccomandata

On line Internet

are you on the Internet?	siete su Internet?
what's your e-mail address?	qual è il tuo indirizzo email?
I'll e-mail it to you on Tuesday	te lo mando per email martedì
I looked it up on the Internet	l'ho cercato su Internet
the information is on their website	le informazioni si trovano sul sito web
my e-mail address is anna dot rossi at rapido dot com	il mio indirizzo email è: anna punto rossi chiocciola rapido punto com
can I check my e-mail here?	posso controllare l'email qui?
I have broadband/dial-up	ho la linea veloce/connessione dial-up
do you have wireless internet access?	avete accesso internet wireless?
I'll send you the file as an attachment	ti mando il file in allegato

YOU WILL SEE:	VEDRAI:
ricerca	search
fare doppio click sull'icona	double-click on the icon
apri l'applicazione	open (up) the application
scarica il file	download file

MORE USEFUL WORDS:	ALTRE PAROLE UTILI:
subject (*of an email*)	oggetto
password	password
social networking site	sito di social network
search engine	motore di ricerca
mouse	mouse
keyboard	tastiera

Meeting up — Appuntamenti

what shall we do this evening?	cosa facciamo stasera?
do you want to go out tonight?	ti va di uscire stasera?
where shall we meet?	dove ci diamo appuntamento?
I'll see you outside the café at 6 o'clock	ci vediamo davanti al bar alle 6
see you later	a più tardi
I can't today, I'm busy	oggi non posso, sono impegnato
I'm sorry, I've got something planned	mi dispiace, ho già altri programmi
let's meet for a coffee in town	troviamoci al centro per un caffè
would you like to see a show/film, (*Amer*) movie?	ti va di andare a teatro/al cinema?
what about next week instead?	che ne dici se facciamo la prossima settimana?
shall we go for something to eat?	andiamo a mangiare qualcosa?

YOU WILL HEAR:	SENTIRAI:
piacere	nice to meet you
posso offrirti qualcosa da bere?	can I buy you a drink?

MORE USEFUL WORDS:	ALTRE PAROLE UTILI:
bar	bar
bar (*serving counter in a bar/pub*)	banco
meal	pasto
snack	spuntino
date	appuntamento
cigarette	sigaretta

Food and Drink / Mangiare e bere

Booking a table / Prenotare un ristorante

can you recommend a good restaurant?	può consigliarmi un buon ristorante?
I'd like to reserve a table for four	vorrei prenotare un tavolo per quattro
a reservation for tomorrow evening at eight o'clock	una prenotazione per domani sera alle otto
I booked a table for two	ho prenotato un tavolo per due

Ordering / Per Ordinare

could we see the menu/wine list, please?	possiamo avere il menù/la carta dei vini, per favore?
do you have a vegetarian menu?	avete un menù vegetariano?
could we have some more bread?	possiamo avere dell'altro pane?
could I have the bill, (*Amer*) check?	il conto, per favore
what would you recommend?	che cosa consiglia?
I'd like a black/white coffee	vorrei un caffè/un caffè macchiato

YOU WILL HEAR:	IL CAMERIERE CHIEDE...
Volete ordinare?	Are you ready to order?
Prendete un antipasto?	Would you like a starter?
Che cosa prendete come secondo?	What will you have for the main course?
Posso consigliare...	I can recommend...
Altro?	Anything else?
Buon appetito!	Enjoy your meal!
Il servizio non è compreso	Service is not included.

The menu Il menu

starters	antipasti
melon	melone
omelette	frittata
soup	zuppa
salad	insalata

antipasti	starters
antipasto di mare	seafood starter
antipasto di terra	assorted hams etc
prosciutto crudo	cured ham
zuppa	soup

fish	pesce
cod	merluzzo
hake	nasello
halibut	ippoglosso
herring	aringa
monk fish	squadro
mussels	cozze
oysters	ostriche
plaice	platessa
prawns	gamberi
red mullet	triglie
salmon	salmone
seafood	frutti di mare
sea bass	spigola
shrimp	gamberetti
sole	sogliola
squid	calamari
trout	trota
tuna	tonno
turbot	rombo

pesce	fish
acciughe	anchovies
calamari	squid
cozze	mussels
dentice	sea bream
frutti di mare	seafood
gamberetti	shrimp
gamberi	prawns
merluzzo	cod
nasello	hake
ostriche	oysters
pesce spada	swordfish
platessa	plaice
rombo	turbot
salmone	salmon
sogliola	sole
spigola	sea bass
tonno	tuna
triglie	red mullet
trota	trout

meat	carne
beef	manzo
chicken	pollo
duck	anatra
goose	oca
hare	lepre
lamb	agnello
liver	fegato
pork	maiale
rabbit	coniglio
steak	bistecca
veal	vitello
wild boar	cinghiale

carne	meat
agnello	lamb
anatra	duck
bistecca	steak
cinghiale	wild boar
coniglio	rabbit
fegato	liver
lepre	hare
maiale	pork
manzo	beef
oca	goose
pollo	chicken
vitello	veal

vegetables	verdure
artichokes	carciofi
asparagus	asparagi
aubergines	melanzane
beans	fagioli
cabbage	cavolo
carrots	carote
cauliflower	cavolfiore
celery	sedano
courgettes	zucchini
green beans	fagiolini
mushrooms	funghi
onions	cipolle
peas	piselli
peppers	peperoni
potatoes	patate
salad	insalata

verdure	vegetables
asparagi	asparagus
carciofi	artichokes
carote	carrots
cavolfiore	cauliflower
cavolo	cabbage
cipolle	onions
fagioli	beans
fagiolini	green beans
funghi	mushrooms
insalata	salad
melanzane	aubergines
patate	potatoes
peperoni	peppers
piselli	peas
sedano	celery
zucchini	courgettes

the way it's cooked	cottura
boiled	lesso
fried	fritto
grilled	alla griglia
griddled	alla piastra
puree	purè
roast	arrosto
stewed	in umido
rare	al sangue
medium	cotta al punto giusto
well done	ben cotta

cottura	the way it's cooked
al forno	cooked in the oven
al pomodoro	in tomato sauce
al ragù	in a meat sauce
al sangue	rare
alla griglia	grilled
arrosto	roast
ben cotta	well done
cotta al punto giusto	medium
fritto	fried
in umido	stewed
lesso	boiled

desserts	dolci
cream	panna
fruit	frutta
ice cream	gelato
pie	torta
tart	crostata

dolci	desserts
crostata	tart
frutta	fruit
gelato	ice cream
panna	cream
torta	pie

sundries	contorni, salse, ecc.
bread	pane
butter	burro
cheese	formaggio
herbs	erbe
mayonnaise	maionese
mustard	senape
olive oil	olio d'oliva
pepper	pepe
rice	riso
salt	sale
sauce	salsa
seasoning	condimento
vinegar	aceto

contorni, salse, ecc.	sundries
aceto	vinegar
burro	butter
condimento	seasoning
erbe	herbs
formaggio	cheese
maionese	mayonnaise
olio d'oliva	olive oil
pane	bread
pepe	pepper
riso	rice
sale	salt
salsa	sauce
senape	mustard

drinks	bevande
beer	birra
bottle	bottiglia
carbonated	gassato
coffee	caffè
decaffeinated coffee	decaffeinato
espresso	espresso
half-bottle	mezza bottiglia
liqueur	liquore
mineral water	acqua minerale
red wine	vino rosso
soft drinks	bibite analcoliche
sparkling wine	spumante
still	naturale
table wine	vino da tavola
white wine	vino bianco
wine	vino

bevande	drinks
acqua minerale	mineral water
bibite analcoliche	soft drinks
birra	beer
bottiglia	bottle
caffè	coffee
decaffeinato	decaffeinated coffee
espresso	espresso
gassato	carbonated
liquore	liqueur
mezza bottiglia	half-bottle
naturale	still
spumante	sparkling wine
vino	wine
vino bianco	white wine
vino da tavola	table wine
vino rosso	red wine

Places to stay / Dove alloggiare

Camping	In campeggio
can we pitch our tent here?	possiamo montare la tenda qui?
can we park our caravan here?	possiamo parcheggiare la roulotte qui?
what are the facilities like?	che attrezzature ci sono?
how much is it per night?	quant'è a notte?
where do we park the car?	dov'è il parcheggio?
we're looking for a campsite	stiamo cercando un campeggio
this is a list of local campsites	questo è l'elenco dei campeggi della zona
we go on a camping holiday every year	andiamo in campeggio tutti gli anni

At the hotel	In albergo
I'd like a double/single room with bath	vorrei una camera doppia/singola con bagno
we have a reservation in the name of Morris	abbiamo prenotato a nome Morris
we'll be staying three nights, from Friday to Sunday	ci fermiamo tre notti, da venerdì a domenica
how much does the room cost?	quant'è la camera?
I'd like to see the room, please	vorrei vedere la camera, per favore
what time is breakfast?	a che ora è la colazione?
can I leave this in your safe?	posso lasciare questo nella cassaforte?
bed and breakfast	camera e prima colazione
we'd like to stay another night	vorremmo fermarci un'altra notte
please call me at 7:30	mi chiami alle 7:30, per favore
are there any messages for me?	ci sono messaggi per me?

Hostels	Ostelli
could you tell me where the youth hostel is?	mi sa dire dov'è l'ostello della gioventù?
what time does the hostel close?	a che ora chiude l'ostello?
I'm staying in a hostel	alloggio in un ostello
the hostel we're staying in is great value	l'ostello in cui alloggiamo è molto conveniente
I know a really good hostel in Dublin	conosco un ottimo ostello a Dublino
I'd like to go backpacking in Australia	mi piacerebbe girare l'Australia con zaino e sacco a pelo

Rooms to let	In affitto
I'm looking for a room with a reasonable rent	vorrei affittare una camera a prezzo modico
I'd like to rent an apartment for a few weeks	vorrei affittare un appartamento per qualche settimana
where do I find out about rooms to let?	dove posso informarmi su camere in affitto?
what's the weekly rent?	quant'è l'affitto alla settimana?
I'm staying with friends at the moment	al momento alloggio presso amici
I rent an apartment on the outskirts of town	affitto un appartamento in periferia
the room's fine—I'll take it	la camera mi piace, la prendo
the deposit is one month's rent in advance	la caparra è di un mese d'affitto

Shopping / Spese

At the bank	In banca
I'd like to change some money	vorrei cambiare dei soldi
I want to change some euros into pounds	vorrei cambiare degli euro in sterline
do you take Eurocheques?	accettate Eurochèque?
what's the exchange rate today?	quant'è il tasso di cambio oggi?
I prefer traveller's cheques, (*Amer*) traveler's checks to cash	preferisco i traveller's cheque al contante
I'd like to transfer some money from my account	vorrei fare un bonifico
I'll get some money from the cash machine	prenderò dei soldi dal bancomat®
I'm with another bank	ho il conto in un'altra banca

Finding the right shop	Il negozio giusto
where's the main shopping district?	dov'è la zona commerciale principale?
where's a good place to buy sunglasses/shoes?	qual è il posto migliore per comprare occhiali da sole/scarpe?
where can I buy batteries/postcards?	dove posso comprare pile/cartoline?
where's the nearest chemist/bookshop?	dov'è la farmacia/libreria più vicina?
is there a good food shop around here?	c'è un buon negozio di generi alimentari qui vicino?

what time do the shops open/close?	a che ora aprono/chiudono i negozi?
where can I hire a car?	dove posso noleggiare una macchina?
where did you get those?	dove le/li hai comprate/-i?
I'm looking for presents for my family	sto cercando dei regalini per la mia famiglia
we'll do all our shopping on Saturday	faremo la spesa sabato
I love shopping	adoro fare spese

Are you being served? Nei negozi

how much does that cost?	quanto costa quello?
can I try it on?	posso provarlo?
can you keep it for me?	me lo mette da parte?
could you wrap it for me, please?	me lo incarta, per favore?
can I pay by credit card/cheque, (*Amer*) check?	posso pagare con la carta di credito/ un assegno?
do you have this in another colour, (*Amer*) color?	c'è in altri colori?
could I have a bag, please?	mi dà un sacchetto, per favore?
I'm just looking	sto solo dando un'occhiata
I'll think about it	ci devo pensare
I'd like a receipt, please	mi dà lo scontrino, per favore?
I need a bigger/smaller size	mi serve la taglia più grande/piccola
I take a size 10/a medium	porto la 42/la media
it doesn't suit me	non mi sta bene
I'm sorry, I don't have any change/ anything smaller	mi dispiace, non ho spiccioli/biglietti più piccoli
that's all, thank you	nient'altro, grazie

Changing things Cambiare un acquisto

can I have a refund?	rimborsate i soldi?
can you mend it for me?	può ripararlo?
can I speak to the manager?	posso parlare con il direttore?
it doesn't work	non funziona
I'd like to change it, please	vorrei cambiarlo, per favore
I bought this here yesterday	l'ho comprato qui ieri

Sport and leisure / Sport e tempo libero

Keeping fit	Tenersi in forma
where can we play tennis/badminton?	dove si può giocare a tennis/ badminton?
I'm looking for a swimming pool/ golf course	sto cercando una piscina/un campo da golf
is there a hotel gym?	c'è una palestra in albergo?
are there any yoga/pilates classes here?	ci sono corsi di yoga/pilates?
I would like to go cycling/riding	mi piacerebbe andare in bici/a cavallo
I love swimming/football	mi piace nuotare/il calcio
where can I get tickets for the match, (*Amer*) game on Saturday?	dove si comprano i biglietti per la partita di sabato?

Going out	Uscire
what's on at the theatre/cinema?	cosa danno a teatro/al cinema?
how much are the tickets?	quanto costano i biglietti?
what time does the concert/ performance start?	a che ora inizia il concerto/lo spettacolo?
I'd like to book tickets for tonight	vorrei prenotare dei biglietti per stasera
we'd like to go to a club	vorremmo andare in qualche locale

Good timing / L'Ora giusta

Telling the time	Dire l'ora
could you tell me the time?	mi dica che ore sono?
what time is it?	che ora è?
it's 2 o'clock	sono le due
at about 8 o'clock	verso le otto
at 9 o'clock tomorrow	domani mattina alle nove
from 10 o'clock onwards	dalle dieci in poi
at 8 a.m./p.m.	alle otto di mattina/di sera
at 5 o'clock in the morning/afternoon	alle cinque del mattino/di sera
it's five past/quarter past/half past one	è l'una e cinque/e un quarto/e mezza
it's twenty-five to/quarter to/five to one	è l'una meno venticinque/meno un quarto/meno cinque
a quarter/three quarters of an hour	un quarto/tre quarti d'ora

Public holidays and special days	Festività
Bank holiday	festa civile
Bank holiday Monday	festa civile che cade di lunedì
long weekend	ponte
New Year's Day (Jan 1)	Capodanno (1 gennaio)
Epiphany (Jan 6)	Epifania (la Befana: 6 gennaio)
St Valentine's Day (Feb 14)	San Valentino (14 febbraio)
Shrove Tuesday/Pancake Day	martedì grasso
Ash Wednesday	mercoledì delle Ceneri
St Joseph's Day (Mar 19)	San Giuseppe (19 marzo)
Mother's Day	Festa della mamma
Palm Sunday	domenica delle Palme
Maundy Thursday	giovedì grasso
Good Friday	venerdì santo
Easter Day	Pasqua
Easter Monday	lunedì dell'Angelo (pasquetta)
Anniversary of the liberation of Italy in 1945	anniversario della Liberazione (25 aprile)
May Day (May 1)	Festa del lavoro (1 maggio)
Father's Day	Festa del papà
Independence Day (Jul 4)	anniversario dell'Indipendenza (4 luglio)
Assumption (Aug 15)	Assunzione (ferragosto: 15 agosto)
Halloween (Oct 31)	vigilia d'Ognissanti
All Saints' Day (Nov 1)	Ognissanti (1 novembre)
Thanksgiving	giorno del Ringraziamento
Christmas Eve (Dec 24)	vigilia di Natale (24 dicembre)
Christmas Day (Dec 25)	Natale (25 dicembre)
Boxing Day (Dec 26)	Santo Stefano (26 dicembre)
New Year's Eve (Dec 31)	San Silvestro (31 dicembre)

Health and Beauty / Salute e bellezza

At the doctor's	Dal medico
can I see a doctor?	potrei vedere un medico?
I don't feel well	non mi sento bene
it hurts here	mi fa male qui
I have a migraine/stomachache	ho l'emicrania/il mal di stomaco
are there any side effects?	ci sono effetti collaterali?
I have a sore ankle/wrist/knee	mi fa male la caviglia/il polso/il ginocchio

YOU WILL HEAR:	SENTIRAI:
deve prendere un appuntamento	you need to make an appointment
si accomodi	please take a seat
ha la Tessera Europea di Assicurazione Malattia (TEAM)?	do you have a European Health Insurance Card (EHIC)?
ha l'assistenza medica?	do you have Health Insurance?
devo misurarle la pressione	I need to take your blood pressure

MORE USEFUL WORDS:	ALTRE PAROLE UTILI:
nurse	infermiere/a
antibiotics	antibiotici
medicine	medicina
infection	infezione
treatment	cura
rest	riposo

At the pharmacy / In farmacia

can I have some painkillers?	mi dà un antidolorifico/analgesico?
I have asthma/hay fever/eczema	soffro d'asma/di rinite allergica/d'eczema
I've been stung by a wasp/bee	mi ha punto una vespa/un'ape
I've got a cold/cough/the flu	ho il raffreddore/la tosse/l'influenza
I need something for diarrhoea/stomachache	vorrei qualcosa per la diarrea/il mal di stomaco
I'm pregnant	sono incinta

YOU WILL HEAR:	SENTIRAI
ha già preso questo farmaco?	have you taken this medicine before?
le sue medicine sono pronte tra dieci minuti	your prescription will be ready in ten minutes
da assumere durante i pasti/tre volte al giorno?	take at mealtimes/three times a day?
è allergico/-a a qualcosa?	are you allergic to anything?
sta prendendo qualche altro farmaco?	are you taking any other medication?

MORE USEFUL WORDS:	ALTRE PAROLE UTILI:
plasters, (*Amer*) Band-Aid™	cerotti
insect repellent	insettifugo
contraception	anticoncezionali
sun cream	solare
aftersun	doposole
dosage	dosi

At the hairdresser's/ beauty salon — Dal parrucchiere/ dall'estetista

I'd like a cut and blow dry	taglio e asciugatura spazzola e phon
just a trim please	solo una spuntatina, per favore
a grade 3 back and sides	9 mm sia sui lati che dietro
I'd like my hair washed first please	mi faccia lo shampoo prima, per favore
can I have a manicure/pedicure/facial?	fate la manicure/pedicure/pulizia del viso?
how much is a head/back massage?	quant'è il massaggio alla testa/schiena?
can I see a price list?	potrei vedere il listino prezzi?
do you offer reflexology/aromatherapy treatments?	fate riflessologia/aromaterapia?

YOU WILL HEAR:	SENTIRAI:
vuole l'asciugatura a spazzola e phon?	would you like your hair blow-dried?
da che lato porta la riga?	where is your parting?
le faccio un taglio scalato?	would you like your hair layered?

MORE USEFUL WORDS:	ALTRE PAROLE UTILI:
dry/greasy/fine/flyaway/frizzy hair	capelli secchi/grassi/sottili/sfibrati/ crespi
highlights	colpi di sole
extensions	allungamento capelli/extensions
sunbed	lettino solare
leg/arm/bikini wax	ceretta gambe/braccia/inguine

Weights & measures / Pesi e misure

Length/Lunghezza

inches/pollici	0.39	3.9	7.8	11.7	15.6	19.7	39
cm/centimetri	1	10	20	30	40	50	100

Distance/Distanze

miles/miglia	0.62	6.2	12.4	18.6	24.9	31	62
km/chilometri	1	10	20	30	40	50	100

Weight/Pesi

pounds/libbre	2.2	22	44	66	88	110	220
kg/chilogrammi	1	10	20	30	40	50	100

Capacity/Capacità

gallons/galloni	0.22	2.2	4.4	6.6	8.8	11	22
litres/litri	1	10	20	30	40	50	100

Temperature/Temperatura

°C	0	5	10	15	20	25	30	37	38	40
°F	32	41	50	59	68	77	86	98.4	100	104

Clothing and shoe sizes/Taglie e numeri di scarpe

Women's clothing sizes/Abbigliamento femminile

UK	8	10	12	14	16	18
US	6	8	10	12	14	16
Continent	36	38	40	42	44	46

Men's clothing sizes/Abbigliamento maschile

UK/US	36	38	40	42	44	46
Continent	46	48	50	52	54	56

Men's and women's shoes/Scarpe da uomo e da donna

UK women	4	5	6	7	7.5	8			
UK men			6	7	8	9	10	11	
US	6.5	7.5	8.5	9.5	10.5	11.5	12.5	13.5	14.5
Continent	37	38	39	40	41	42	43	44	45

Aa

a¹, A /eɪ/ (letter) a, A *f inv*; Mus la *m inv*

a² /ə/; *accentato* /eɪ/, (*before a vowel* **an**) *indef art* un *m*, una *f*; (before s + consonant, *gn, ps, z*) uno; (before *nf* starting with vowel) un'; (each) a; **I am a lawyer** sono avvocato; **a tiger is a feline** la tigre è un felino; **a knife and fork** un coltello e una forchetta; **a Mr Smith is looking for you** un certo signor Smith ti sta cercando; **£2 a kilo/a head** due sterline al chilo/a testa

A & E *n abbr* BrE (**Accident and Emergency**) pronto soccorso *m*

A2 *n* ‹*exam/course*› *esame* (*m*) *sostenuto al termine del secondo anno del biennio di preparazione agli A-Level*

A4 *adj* A4

AA *n abbr* **1** BrE (**Automobile Association**) ≈ A.C.I. *m* **2** (**Alcoholics Anonymous**)

AAA *n abbr* AmE (**American Automobile Association**) ≈ A.C.I. *m*

aback /ə'bæk/ *adv* **be taken ~** essere preso in contropiede

abacus /'æbəkəs/ *n* (*pl* **-cuses**) abaco *m*

abandon /ə'bændən/ **A** *vt* abbandonare; (give up) rinunciare a
B *n* abbandono *m*

abandoned /ə'bændnd/ *adj* abbandonato; ‹*behaviour*› dissoluto

abandonment /ə'bændnmənt/ *n* (of strike, plan etc) rinuncia *f*

abashed /ə'bæʃt/ *adj* imbarazzato

abate /ə'beɪt/ *vi* calmarsi

abattoir /'æbətwɑ:(r)/ *n* mattatoio *m*

abbess /'æbes/ *n* badessa *f*

abbey /'æbɪ/ *n* abbazia *f*

abbot /'æbət/ *n* abate *m*

abbreviate /ə'bri:vɪeɪt/ *vt* abbreviare

abbreviation /əbri:vɪ'eɪʃn/ *n* abbreviazione *f*

ABC **A** *n* (alphabet) alfabeto *m*; **the ~ of** (basics) l'ABC *m inv* di
B *n abbr* (**American Broadcasting Company**) *rete* (*f*) *televisiva americana*

abdicate /'æbdɪkeɪt/ **A** *vi* abdicare
B *vt* rinunciare a

abdication /æbdɪ'keɪʃn/ *n* abdicazione *f*

abdomen /'æbdəmən/ *n* addome *m*

abdominal /əb'dɒmɪnl/ *adj* addominale

abduct /əb'dʌkt/ *vt* rapire

abduction /əb'dʌkʃn/ *n* rapimento *m*

abductor /əb'dʌktə(r)/ *n* rapitore, -trice *mf*

aberrant /ə'berənt/ *adj* ‹*behaviour, nature*› aberrante

aberration /æbə'reɪʃn/ *n* aberrazione *f*

abet /ə'bet/ *vt* (*pt/pp* **abetted**) **aid and ~** Jur *essere complice di*

abeyance /ə'beɪəns/ *n* **in ~** in sospeso; **fall into ~** cadere in disuso

abhor /əb'hɔ:(r)/ *vt* (*pt/pp* **abhorred**) aborrire

abhorrence /əb'hɒrəns/ *n* orrore *m*

abhorrent /əb'hɒrənt/ *adj* ripugnante

abide /ə'baɪd/ **A** *vt* (*pt/pp* **abided**) (tolerate) sopportare
B *vi* **abide by** rispettare

abiding /ə'baɪdɪŋ/ *adj* perpetuo

ability /ə'bɪlətɪ/ *n* capacità *f*

abject /'æbdʒekt/ *adj* ‹*poverty*› degradante; ‹*apology*› umile; ‹*coward*› abietto

ablative /'æblətɪv/ *n* ablativo *m*

ablaze /ə'bleɪz/ *adj* in fiamme; **be ~ with light** risplendere di luci

able /'eɪbl/ *adj* capace, abile; **be ~ to do something** poter fare qualcosa; **were you ~ to...?** sei riuscito a...?

able-bodied /-'bɒdɪd/ *adj* robusto; Mil abile

able seaman *n* marinaio *m* scelto

ably /'eɪblɪ/ *adv* abilmente

abnegation /æbnɪ'geɪʃn/ *n* (of rights, privileges) rinuncia *f*; (self-abnegation) abnegazione *f*

abnormal /æb'nɔ:ml/ *adj* anormale

abnormality /æbnɔ:'mælətɪ/ *n* anormalità *f*

abnormally /æb'nɔ:məlɪ/ *adv* in modo anormale

aboard /ə'bɔ:d/ *adv & prep* a bordo

abode /ə'bəʊd/ *n* dimora *f*

abolish /ə'bɒlɪʃ/ *vt* abolire

abolition /æbə'lɪʃn/ *n* abolizione *f*

abominable /ə'bɒmɪnəbl/ *adj* abominevole

abominably /ə'bɒmɪnəblɪ/ *adv* disgustosamente

abominate /ə'bɒmɪneɪt/ *vt* abominare

aboriginal /æbə'rɪdʒɪnl/ *adj & n* (native) aborigeno, -a *mf*, indigeno, -a *mf*

Aborigine /æbə'rɪdʒəni:/ *n* aborigeno, -a *mf* d'Australia

abort /ə'bɔ:t/ *vt* fare abortire; fig annullare

abortion /ə'bɔ:ʃn/ *n* aborto *m*; **have an ~** abortire

abortionist /ə'bɔ:ʃnɪst/ *n persona* (*f*) *che pratica aborti, specialmente clandestini*

abortive /ə'bɔ:tɪv/ *adj* ‹*attempt*› infruttuoso

a

abound /əˈbaʊnd/ *vi* abbondare (**in** di)

about /əˈbaʊt/ **A** *adv* (here and there) [di] qua e [di] là; (approximately) circa; **be ~** ‹*illness, tourists*› essere in giro; **be up and ~** essere alzato; **leave something lying ~** lasciare in giro qualcosa
B *prep* (concerning) su; (in the region of) intorno a; (here and there in) per; **what is the book/the film ~?** di cosa parla il libro/il film?; **he wants to see you — what ~?** ti vuole vedere — a che proposito?; **talk/know ~** parlare/sapere di; **I know nothing ~ it** non ne so niente; **~ 5 o'clock** intorno alle 5; **travel ~ the world** viaggiare per il mondo; **be ~ to do something** stare per fare qualcosa; **how ~ going to the cinema?** e se andassimo al cinema?

about-face, **about-turn** *n* dietro front *m inv*

above /əˈbʌv/ *adv & prep* sopra; **~ all** soprattutto

above-board *adj* onesto

above-ground *adv* in superficie

above-mentioned /-menʃnd/ *adj* suddetto

above-named /-neɪmd/ *adj* suddetto

abrasion /əˈbreɪʒn/ *n* (injury) abrasione *f*

abrasive /əˈbreɪsɪv/ **A** *adj* abrasivo; ‹*remark*› caustico
B *n* abrasivo *m*

abreast /əˈbrest/ *adv* fianco a fianco; **come ~ of** allinearsi con; **keep ~ of** tenersi al corrente di

abridged /əˈbrɪdʒd/ *adj* ridotto

abridgement /əˈbrɪdʒmnt/ *n* (version) edizione *f* ridotta

abroad /əˈbrɔːd/ *adv* all'estero

abrupt /əˈbrʌpt/ *adj* brusco

abruptly /əˈbrʌptlɪ/ *adv* bruscamente

ABS *n abbr* (**anti-lock braking system**) ABS *m inv*

abscess /ˈæbsɪs/ *n* ascesso *m*

abscond /əbˈskɒnd/ *vi* fuggire

abseiling /ˈæbseɪlɪŋ/ *n* BrE discesa *f* a corda doppia; **to go ~** fare discesa a corda doppia

absence /ˈæbsəns/ *n* assenza *f*; (lack) mancanza *f*

absent¹ /ˈæbsənt/ *adj* assente

absent² /æbˈsent/ *vt* **~ oneself** essere assente

absentee /æbsənˈtiː/ *n* assente *mf*

absenteeism /æbsənˈtiːɪzm/ *n* assenteismo *m*

absentee landlord *n proprietario* (*m*) *che affitta una casa in cui non abita*

absently /ˈæbsəntlɪ/ *adv* ‹*say, look*› distrattamente

absent-minded /-ˈmaɪndɪd/ *adj* distratto

absent-mindedly /-ˈmaɪndɪdlɪ/ *adv* distrattamente

absent-mindedness /-ˈmaɪndɪdnɪs/ *n* distrazione *f*

absolute /ˈæbsəluːt/ *adj* assoluto; **an ~ idiot** un perfetto idiota

absolutely /ˈæbsəluːtlɪ/ *adv* assolutamente; infml (indicating agreement) esattamente; **~ not** assolutamente no

absolution /æbsəˈluːʃn/ *n* assoluzione *f*

absolve /əbˈzɒlv/ *vt* assolvere

absorb /əbˈsɔːb/ *vt* assorbire; **~ed in** assorto in

absorbency /əbˈsɔːbənsɪ/ *n* capacità *f* d'assorbimento

absorbent /əbˈsɔːbənt/ *adj* assorbente

absorbent cotton *n* AmE cotone *m* idrofilo, ovatta *f*

absorbing /əbˈsɔːbɪŋ/ *adj* avvincente

absorption /əbˈsɔːpʃn/ *n* assorbimento *m*; (in activity) concentrazione *f*

abstain /əbˈsteɪn/ *vi* astenersi (**from** da)

abstemious /əbˈstiːmɪəs/ *adj* moderato

abstention /əbˈstenʃn/ *n* Pol astensione *f*

abstinence /ˈæbstɪnəns/ *n* astinenza *f*

abstract /ˈæbstrækt/ **A** *adj* astratto
B *n* astratto *m*; (summary) estratto *m*

abstraction /əbˈstrækʃn/ *n* **an air of ~** un'aria distratta

absurd /əbˈsɜːd/ *adj* assurdo

absurdity /əbˈsɜːdətɪ/ *n* assurdità *f*

absurdly /əbˈsɜːdlɪ/ *adv* assurdamente

abundance /əˈbʌndəns/ *n* abbondanza *f*

abundant /əˈbʌndənt/ *adj* abbondante

abundantly /əˈbʌndəntlɪ/ *adv* **~ clear** più che chiaro

abuse¹ /əˈbjuːz/ *vt* (misuse) abusare di; (insult) insultare; (ill-treat) maltrattare

abuse² /əˈbjuːs/ *n* abuso *m*; (verbal) insulti *mpl*; (ill-treatment) maltrattamento *m*; **~ of power** sopraffazione *f*

abusive /əˈbjuːsɪv/ *adj* offensivo

abut /əˈbʌt/ *vi* (*pt/pp* **abutted**) confinare (**onto** con)

abysmal /əˈbɪzml/ *adj* infml pessimo; ‹*ignorance*› abissale

abyss /əˈbɪs/ *n* abisso *m*

a/c *abbr* (**account**) c/c

academia /ækəˈdiːmɪə/ *n* mondo *m* accademico

academic /ækəˈdemɪk/ **A** *adj* teorico; ‹*qualifications, system*› scolastico; **be ~** ‹*person*› avere predisposizione allo studio
B *n* docente *mf* universitario, -a

academically /ækəˈdemɪklɪ/ *adv* ‹*gifted*› accademicamente

academician /əkædəˈmɪʃn/ *n* accademico, -a *mf*

academy /əˈkædəmɪ/ *n* accademia *f*; (of music) conservatorio *m*

ACAS /ˈeɪkæs/ *n abbr* BrE (**Advisory Conciliation and Arbitration**

parola chiave

Service) *organismo* (*m*) *pubblico di mediazione tra i lavoratori e i datori di lavoro*

accede /ək'si:d/ *vi* ~ **to** accedere a ‹*request*›; salire a ‹*throne*›

accelerate /ək'seləreɪt/ *vt & vi* accelerare

acceleration /əksela'reɪʃn/ *n* accelerazione *f*

accelerator /ək'seləreɪtə(r)/ *n* Auto, Comput acceleratore *m*

accent[1] /'æksənt/ *n* accento *m*

accent[2] /æk'sent/ *vt* accentare

accented /'æksəntɪd/ *adj* ‹*speech*› con accento marcato

accentuate /ək'sentjʊeɪt/ *vt* accentuare

accept /ək'sept/ *vt* accettare

acceptability /ækseptə'bɪlɪtɪ/ *n* ammissibilità *f*

acceptable /ək'septəbl/ *adj* accettabile

acceptance /ək'septəns/ *n* accettazione *f*

access /'ækses/ **A** *n* accesso *m*
B *vt* Comput accedere a

accessible /ək'sesəbl/ *adj* accessibile

accession /ək'seʃn/ *n* ‹*to throne*› ascesa *f* al trono

accessory /ək'sesərɪ/ *n* accessorio *m*; Jur complice *mf*

accident /'æksɪdənt/ *n* incidente *m*; (chance) caso *m*; **by** ~ per caso; (unintentionally) senza volere; **I'm sorry, it was an** ~ mi dispiace, non l'ho fatto apposta

accidental /æksɪ'dentl/ *adj* ‹*meeting*› casuale; ‹*death*› incidentale; (unintentional) involontario

accidentally /æksɪ'dentəlɪ/ *adv* per caso; (unintentionally) inavvertitamente

accident-prone /æksɪdənt'prəʊn/ *adj* soggetto a incidenti

acclaim /ə'kleɪm/ **A** *n* acclamazione *f*
B *vt* acclamare (**as** come)

acclimatization /əklaɪmətaɪ'zeɪʃn/ *n* acclimatazione *f*

acclimatize /ə'klaɪmətaɪz/ *vt* **become** ~**d** acclimatarsi

accolade /'ækəleɪd/ *n* riconoscimento *m*

accommodate /ə'kɒmədeɪt/ *vt* ospitare; (oblige) favorire

accommodating /ə'kɒmədeɪtɪŋ/ *adj* accomodante

accommodation BrE **accommodations** AmE /əkɒmə'deɪʃn(z)/ *n* (place to stay) sistemazione *f*; **look for** ~ cercare una sistemazione

accompaniment /ə'kʌmpənɪmənt/ *n* accompagnamento *m*

accompanist /ə'kʌmpənɪst/ *n* Mus accompagnatore, -trice *mf*

accompany /ə'kʌmpənɪ/ *vt* (*pt/pp* **-ied**) accompagnare

accomplice /ə'kʌmplɪs/ *n* complice *mf*

accomplish /ə'kʌmplɪʃ/ *vt* (achieve) concludere; realizzare ‹*aim*›

accomplished /ə'kʌmplɪʃt/ *adj* dotato; ‹*fact*› compiuto

accomplishment /ə'kʌmplɪʃmənt/ *n* realizzazione *f*; (achievement) risultato *m*; (talent) talento *m*

accord /ə'kɔ:d/ **A** *n* (treaty) accordo *m*; **with one** ~ tutti d'accordo; **of his own** ~ di sua spontanea volontà
B *vt* accordare

accordance /ə'kɔ:dəns/ *n* **in** ~ **with** in conformità di *o* a

according /ə'kɔ:dɪŋ/ *adv* ~ **to** secondo

accordingly /ə'kɔ:dɪŋlɪ/ *adv* di conseguenza

accordion /ə'kɔ:dɪən/ *n* fisarmonica *f*

accost /ə'kɒst/ *vt* abbordare

account /ə'kaʊnt/ *n* conto *m*; (report) descrizione *f*; (of eyewitness) resoconto *m*; ~**s** *pl* Comm conti *mpl*; **on** ~ **of** a causa di; **on no** ~ per nessun motivo; **on this** ~ per questo motivo; **on my** ~ per causa mia; **of no** ~ di nessuna importanza; **take into** ~ tener conto di
■ **account for** *vt* (explain) spiegare; ‹*person*› render conto di; (constitute) costituire; (destroy) distruggere

accountability /əkaʊntə'bɪlətɪ/ *n* responsabilità *f*

accountable /ə'kaʊntəbl/ *adj* responsabile (**for** di)

accountancy /ə'kaʊntənsɪ/ *n* ragioneria *f*, contabilità *f*

accountant /ə'kaʊntənt/ *n* (bookkeeper) contabile *mf*; ragioniere, -a *mf*; (consultant) commercialista *mf*

account book *n* libro *m* contabile

account director *n* account director *mf inv*

account holder /ə'kaʊnthəʊldə(r)/ *n* (with bank, credit company) titolare *mf* del conto

accounting /ə'kaʊntɪŋ/ *n* (field) ragioneria *f*; (auditing) contabilità *f*

accounting period *n* periodo *m* contabile

account manager *n* account manager *mf*

account number *n* numero *m* di conto

accounts department *n* [ufficio *m*] contabilità *f*

accounts payable *npl* conto *m* creditori diversi

accounts receivable *npl* conto *m* creditori diversi

accoutrements /ə'ku:trəmənts/ *npl* equipaggiamento *msg*

accredited /ə'kredɪtɪd/ *adj* accreditato

accretion /ə'kri:ʃn/ *n* accrescimento *m*

accrue /ə'kru:/ *vi* ‹*interest*› maturare

accumulate /ə'kju:mjʊleɪt/ **A** *vt* accumulare
B *vi* accumularsi

accumulation /əkju:mjʊ'leɪʃn/ *n* accumulazione *f*

accumulator /ə'kju:mjʊleɪtə(r)/ *n* Electr accumulatore *m*

a

accuracy /'ækjʊrəsɪ/ *n* precisione *f*
accurate /'ækjʊrət/ *adj* preciso
accurately /'ækjʊrətlɪ/ *adv* con precisione
accusation /ækjʊ'zeɪʃn/ *n* accusa *f*
accusative /ə'kju:zətɪv/ *adj & n* ~ **[case]** Gram accusativo *m*
accuse /ə'kju:z/ *vt* accusare; ~ **somebody of doing something** accusare qualcuno di fare qualcosa
accused /ə'kju:zd/ *n* **the** ~ l'accusato *m*, l'accusata *f*
accuser /ə'kju:zə(r)/ *n* accusatore, trice *mf*
accusing /ə'kju:zɪŋ/ *adj* accusatore
accusingly /ə'kju:zɪŋlɪ/ *adv* ‹*say, point*› in modo accusatorio
accustom /ə'kʌstəm/ *vt* abituare (**to** a)
accustomed /ə'kʌstəmd/ *adj* abituato; **grow** *or* **get** ~ **to** abituarsi a
ace /eɪs/ *n* (in cards) asso *m*; Tennis ace *m inv*
acerbic /ə'sɜ:bɪk/ *adj* acido
acetate /'æsɪteɪt/ *n* acetato *m*
ache /eɪk/ **A** *n* dolore *m*
B *vi* dolere, far male; ~ **all over** essere tutto indolenzito
achieve /ə'tʃi:v/ *vt* ottenere ‹*success*›; realizzare ‹*goal, ambition*›
achievement /ə'tʃi:vmənt/ *n* (feat) successo *m*
achiever /ə'tʃi:və(r)/ *n* persona *f* di successo
Achilles' heel /əkɪli:z'hi:l/ *n* tallone *m* di Achille
aching /'eɪkɪŋ/ *adj* ‹*body, limbs*› dolorante; **an** ~ **void** un vuoto incolmabile
acid /'æsɪd/ **A** *adj* acido
B *n* acido *m*
acid drop *n* caramella *f* agli agrumi
acidic /ə'sɪdɪk/ *adj* acido
acidity /ə'sɪdətɪ/ *n* acidità *f*
acid rain *n* pioggia *f* acida
acid stomach *n* Med acidità *f* di stomaco
acid test *n* fig prova *f* del fuoco
acknowledge /ək'nɒlɪdʒ/ *vt* riconoscere; rispondere a ‹*greeting*›; far cenno di aver notato ‹*sb's presence*›; ~ **receipt of** accusare ricevuta di; ~ **defeat** dichiararsi vinto
acknowledgement /ək'nɒlɪdʒmənt/ *n* riconoscimento *m*; **send an** ~ **of a letter** confermare il ricevimento di una lettera
acme /'ækmɪ/ *n* **the** ~ **of** l'apice *m* di
acne /'ækɪ/ *n* acne *f*
acorn /'eɪkɔ:n/ *n* ghianda *f*
acoustic /ə'ku:stɪk/ *adj* acustico
acoustically /ə'ku:stɪklɪ/ *adv* acusticamente
acoustic guitar *n* chitarra *f* acustica
acoustics /ə'ku:stɪks/ *npl* acustica *fsg*
acquaint /ə'kweɪnt/ *vt* ~ **somebody with** metter qualcuno al corrente di

parola chiave

acquaintance /ə'kweɪntəns/ *n* (person) conoscente *mf*; **make sb's** ~ fare la conoscenza di qualcuno
acquainted *adj* **be** ~ **with** conoscere ‹*person*›; essere a conoscenza di ‹*fact*›; **get** *or* **become** ~ **with somebody** fare conoscenza con qualcuno; **get** *or* **become** ~ **with something** familiarizzare con qualcosa
acquiesce /ækwɪ'es/ *vi* acconsentire (**to, in** a)
acquiescence /ækwɪ'esəns/ *n* acquiescenza *f*
acquiescent /ækwɪ'esənt/ *adj* arrendevole
acquire /ə'kwaɪə(r)/ *vt* acquisire
acquired /ə'kwaɪəd/ *adj* ‹*characteristic*› acquisito; **it's an** ~ **taste** una cosa che si impara ad apprezzare
acquisition /ækwɪ'zɪʃn/ *n* acquisizione *f*
acquisitive /ə'kwɪzətɪv/ *adj* avido
acquit /ə'kwɪt/ *vt* (*pt/pp* **acquitted**) assolvere; ~ **oneself well** cavarsela bene
acquittal /ə'kwɪtəl/ *n* assoluzione *f*
acre /'eɪkə(r)/ *n* acro *m* (= 4047 m²)
acreage /'eɪkərɪdʒ/ *n* superficie *f* in acri
acrid /'ækrɪd/ *adj* acre
acrimonious /ækrɪ'məʊnɪəs/ *adj* aspro
acrimony /'ækrɪmənɪ/ *n* asprezza *f*
acrobat /'ækrəbæt/ *n* acrobata *mf*
acrobatic /ækrə'bætɪk/ *adj* acrobatico
acrobatics /ækrə'bætɪks/ *nsg* acrobazie *fpl*
acronym /'ækrənɪm/ *n* acronimo *m*
across /ə'krɒs/ **A** *adv* dall'altra parte; (wide) in larghezza; (not lengthwise) attraverso; (in crossword) orizzontale; **come** ~ **something** imbattersi in qualcosa; **go** ~ attraversare
B *prep* (crosswise) di traverso su; (on the other side of) dall'altra parte di
across-the-board **A** *adj* generale
B *adv* in generale
acrylic /ə'krɪlɪk/ **A** *n* acrilico *m*
B *attrib* ‹*garment*› acrilico
act /ækt/ **A** *n* atto *m*; (in variety show) numero *m*; **put on an** ~ infml fare scena
B *vi* agire; (behave) comportarsi; Theat recitare; (pretend) fingere; ~ **as** fare da
C *vt* recitare ‹*role*›
■ **act for** *vi* agire per conto di
■ **act out** *vt* ‹*part*› recitare; ‹*fantasy*› mettere in atto
■ **act up** *vi* ‹*child, photocopier*› fare i capricci
acting /'æktɪŋ/ **A** *adj* ‹*deputy*› provvisorio
B *n* Theat recitazione *f*; (profession) teatro *m*; ~ **profession** professione *f* dell'attore
action /'ækʃn/ *n* azione *f*; Mil combattimento *m*; Jur azione *f* legale; **out of** ~ ‹*machine*› fuori uso; **take** ~ agire; ~**!** Cinema ciac si gira!
action group *n* gruppo *m* d'azione
action-packed *adj* ‹*film*› d'azione
action painting *n* pittura *f* d'azione
action plan *n* piano *m* d'azione
action replay *n* replay *m inv*

activate /'æktɪveɪt/ *vt* attivare; Chem, Phys rendere attivo

active /'æktɪv/ *adj* attivo

active duty, active service *n* Mil **be on ~** prestare servizio in zona di operazioni

actively /'æktɪvlɪ/ *adv* attivamente

activist /'æktɪvɪst/ *n* attivista *mf*

activity /æk'tɪvətɪ/ *n* attività *f*

activity holiday *n* BrE vacanza *f* con attività ricreative

act of God *n* causa *f* di forza maggiore

actor /'æktə(r)/ *n* attore *m*

actress /'æktrəs/ *n* attrice *f*

actual /'æktʃʊəl/ *adj* (real) reale

actually /'æktʃʊəlɪ/ *adv* in realtà

actuary /'æktʃʊərɪ/ *n* attuario, -a *mf*

acumen /'ækjʊmən/ *n* acume *m*

acupuncture /'ækjʊpʌŋktʃə(r)/ *n* agopuntura *f*

acupuncturist /ækjʊ'pʌŋktʃərɪst/ *n* agopuntore, -trice *mf*

acute /ə'kju:t/ *adj* acuto; ‹*shortage, hardship*› estremo

acute accent *n* accento *m* acuto

acute angle *n* angolo *m* acuto

acutely /ə'kju:tlɪ/ *adv* acutamente; ‹*embarrassed, aware*› estremamente

ad /æd/ *n* pubblicità *f*; (in paper) inserzione *f*, annuncio *m*

AD *abbr* (**Anno Domini**) d.C.

adage /'ædɪdʒ/ *n* detto *m*, adagio *m*

adamant /'ædəmənt/ *adj* categorico (**that** sul fatto che)

Adam's apple /'ædəmz/ *n* pomo *m* di Adamo

adapt /ə'dæpt/ **A** *vt* adattare ‹*play*›
B *vi* adattarsi

adaptability /ədæptə'bɪlətɪ/ *n* adattabilità *f*

adaptable /ə'dæptəbl/ *adj* adattabile

adaptation /ædæp'teɪʃn/ *n* Theat adattamento *m*

adapter, adaptor /ə'dæptə(r)/ *n* adattatore *m*; (two-way) presa *f* multipla

add /æd/ **A** *vt* aggiungere; Math addizionare
B *vi* addizionare
■ **add in** *vt* (include) includere
■ **add on** *vt* aggiungere
■ **add to** *vi* fig aggravare
■ **add up** **A** *vt* addizionare ‹*figures*›
B *vi* addizionare; **it doesn't ~ up** fig non quadra; **~ up to** ammontare a

added /'ædɪd/ *adj* maggiore

adder /'ædə(r)/ *n* vipera *f*

addict /'ædɪkt/ *n* tossicodipendente *mf*; fig fanatico, -a *mf*

addicted /ə'dɪktɪd/ *adj* assuefatto (**to** a); **~ to drugs** tossicodipendente; **he's ~ to television** è videodipendente

addiction /ə'dɪkʃn/ *n* dipendenza *f*; (to drugs) tossicodipendenza *f*

addictive /ə'dɪktɪv/ *adj* **be ~** dare assuefazione

addition /ə'dɪʃn/ *adj* Math addizione *f*; (thing added) aggiunta *f*; **in ~** in aggiunta

additional /ə'dɪʃnəl/ *adj* supplementare

additionally /ə'dɪʃnəlɪ/ *adv* in più

additive /'ædɪtɪv/ *n* additivo *m*

addled /'ædld/ *adj* ‹*thinking*› confuso

add-on *adj* accessorio

address /ə'dres/ **A** *n* indirizzo *m*; (speech) discorso *m*; **form of ~** formula *f* di cortesia
B *vt* indirizzare; (speak to) rivolgersi a ‹*person*›; tenere un discorso a ‹*meeting*›

address book *n* rubrica *f*

addressee /ædre'si:/ *n* destinatario, -a *mf*

adenoids /'ædənɔɪdz/ *npl* adenoidi *fpl*

adept /'ædept/ *adj* esperto, -a *mf* (**at** in)

adequate /'ædɪkwət/ *adj* adeguato

adequately /'ædɪkwətlɪ/ *adv* adeguatamente

ADHD *abbr* (**Attention Deficit and Hyperactivity Disorder**) disturbo *m* da deficit dell'attenzione con iperattività

adhere /əd'hɪə(r)/ *vi* aderire; **~ to** attenersi a ‹*principles, rules*›

adherence /əd'hɪərəns/ *n* fedeltà *f*

adherent /əd'hɪərənt/ *n* (of doctrine) adepto, -a *mf*; (of policy) sostenitore, -trice *mf*; (of cult) seguace *mf*

adhesion /əd'hi:ʒn/ *n* adesione *f*

adhesive /əd'hi:sɪv/ **A** *adj* adesivo
B *n* adesivo *m*

ad hoc /æd'hɒk/ *adj* ‹*alliance, arrangement*› ad hoc; ‹*committee, legislation*› apposito; **on an ~ basis** secondo le esigenze del momento

adieu /ə'dju:/ *n* **bid somebody ~** dire addio a qualcuno

ad infinitum /ædɪnfɪ'naɪtəm/ *adv* ‹*continue*› all'infinito

adjacent /ə'dʒeɪsənt/ *adj* adiacente

adjective /'ædʒɪktɪv/ *n* aggettivo *m*

adjoin /ə'dʒɔɪn/ *vt* essere adiacente a

adjoining /ə'dʒɔɪnɪŋ/ *adj* adiacente

adjourn /ə'dʒɜ:n/ *vt* aggiornare (**until** a)

adjournment /ə'dʒɜ:nmənt/ *n* aggiornamento *m*

adjudge /ə'dʒʌdʒ/ *vt* Jur (decree) giudicare; aggiudicare ‹*costs, damages*›

adjudicate /ə'dʒu:dɪkeɪt/ *vi* decidere; (in competition) giudicare

adjudicator /ə'dʒu:dɪkeɪtə(r)/ *n* giudice *m*, arbitro *m*

adjunct /'ædʒʌnkt/ *n* aggiunta *f*; hum (person) appendice *f*

adjust /ə'dʒʌst/ **A** *vt* modificare; regolare ‹*focus, sound etc*›
B *vi* adattarsi

adjustable /ə'dʒʌstəbl/ *adj* regolabile

adjustable spanner *n* chiave *f* [inglese] a rullino

a

adjustment /ə'dʒʌstmənt/ *n* adattamento *m*; Techn regolamento *m*

adjutant /'ædʒʊtənt/ *n* Mil aiutante *mf*

ad lib /æd'lɪb/ **A** *adj* improvvisato
B *adv* a piacere
C *vi* (**ad-lib**, *pt/pp* **ad-libbed**) infml improvvisare

adman /'ædmæn/ *n* infml pubblicitario *m*

admin /'ædmɪn/ *n* BrE infml amministrazione *f*

administer /əd'mɪnɪstə(r)/ *vt* amministrare; somministrare ‹*medicine*›

administration /ədmɪnɪ'streɪʃn/ *n* amministrazione *f*; Pol governo *m*

administration costs *n* costi *mpl* di gestione

administrative /əd'mɪnɪstrətɪv/ *adj* amministrativo

administrator /əd'mɪnɪstreɪtə(r)/ *n* amministratore, -trice *mf*

admirable /'ædmərəbl/ *adj* ammirevole

admiral /'ædmərəl/ *n* ammiraglio *m*

admiralty /'ædmɪrəltɪ/ *n Br ministero* (*m*) *della marina militare britannica*

admiration /ædmə'reɪʃn/ *n* ammirazione *f*

admire /əd'maɪə(r)/ *vt* ammirare

admirer /əd'maɪrə(r)/ *n* ammiratore, -trice *mf*

admiring /əd'maɪrɪŋ/ *adj* ‹*person*› pieno d'ammirazione; ‹*look*› ammirativo

admiringly /əd'maɪrɪŋlɪ/ *adv* ‹*look, say*› con ammirazione

admissible /əd'mɪsəbl/ *adj* ammissibile

admission /əd'mɪʃn/ *n* ammissione *f*; (to hospital) ricovero *m*; (entry) ingresso *m*

admissions office *n* Univ segreteria *f* studenti

admit /əd'mɪt/ **A** *vt* (*pt/pp* **admitted**) (let in) far entrare; (to hospital) ricoverare; (acknowledge) ammettere
B *vi* ~ **to something** ammettere qualcosa

admittance /əd'mɪtəns/ *n* ammissione *f*; **'no ~'** 'vietato l'ingresso'

admittedly /əd'mɪtɪdlɪ/ *adv* bisogna riconoscerlo

admonish /əd'mɒnɪʃ/ *vt* ammonire

admonition /ædmə'nɪʃn/ *n* ammonimento *m*

ad nauseam /æd'nɔːzɪæm/ *adv* ‹*discuss, repeat*› fino alla nausea

ado /ə'duː/ *n* **without more** ~ senza ulteriori indugi

adolescence /ædə'lesns/ *n* adolescenza *f*

adolescent /ædə'lesnt/ *adj* & *n* adolescente *mf*

adopt /ə'dɒpt/ *vt* adottare; Pol scegliere ‹*candidate*›

adopted /ə'dɒptɪd/ *adj* ‹*son, daughter*› adottivo

adoption /ə'dɒpʃn/ *n* adozione *f*

adoption agency *n* agenzia *f* di adozioni

adoptive /ə'dɒptɪv/ *adj* adottivo

adorable /ə'dɔːrəbl/ *adj* adorabile

adoration /ædə'reɪʃn/ *n* adorazione *f*

adore /ə'dɔː(r)/ *vt* adorare

adoring /ə'dɔːrɪŋ/ *adj* ‹*fan*› in adorazione; **she has an ~ husband** ha un marito che la adora

adoringly /ə'dɔːrɪŋlɪ/ *adv* con adorazione

adorn /ə'dɔːn/ *vt* adornare

adornment /ə'dɔːnmənt/ *n* ornamento *m*

adrenalin /ə'drenəlɪn/ *n* adrenalina *f*

Adriatic /eɪdrɪ'ætɪk/ *adj* & *n* **the ~ [Sea]** il mare Adriatico, l'Adriatico *m*

adrift /ə'drɪft/ *adj* alla deriva; **be ~** andare alla deriva; **come ~** staccarsi

adroit /ə'drɔɪt/ *adj* abile

adroitly /ə'drɔɪtlɪ/ *adv* abilmente

ADSL *abbr* (**Asymmetric Digital Subscriber Line**) ADSL *f*

adulation /ædjʊ'leɪʃn/ *n* adulazione *f*

adult /'ædʌlt/ *n* adulto, -a *mf*

Adult Education *n* BrE ≈ corsi *mpl* serali

adulterate /ə'dʌltəreɪt/ *vt* adulterare ‹*wine*›

adulterated /ə'dʌltəreɪtɪd/ *adj* ‹*wine*› adulterato

adulterous /ə'dʌltərəs/ *adj* ‹*relationship*› adulterino; ‹*person*› adultero

adultery /ə'dʌltərɪ/ *n* adulterio *m*

adulthood /'ædʌlthʊd/ *n* età *f* adulta

adult literacy classes *n* BrE corso *m* di alfabetizzazione per adulti

advance /əd'vɑːns/ **A** *n* avanzamento *m*; Mil avanzata *f*; (payment) anticipo *m*; **in ~** in anticipo
B *vi* avanzare; (make progress) fare progressi
C *vt* promuovere ‹*cause*›; avanzare ‹*theory*›; anticipare ‹*money*›

advance booking *n* prenotazione *f* [in anticipo]

advance booking office *n* ufficio *m* prenotazioni

advanced /əd'vɑːnst/ *adj* avanzato

Advanced Level *n* BrE Sch = **A level**

advanced search *n* Comput ricerca *f* avanzata; **~ option** opzione *f* ricerca avanzata

advancement /əd'vɑːnsmənt/ *n* promozione *f*

advance notice *n* preannuncio *m*

advance party *n* Mil avanguardia *f*

advance payment *n* Comm pagamento *m* anticipato

advance warning *n* preavviso *m*

advantage /əd'vɑːntɪdʒ/ *n* vantaggio *m*; **take ~ of** approfittare di

advantageous /ædvən'teɪdʒəs/ *adj* vantaggioso

advent /'ædvent/ *n* avvento *m*; **A~** Relig Avvento *m*

adventure /əd'ventʃə(r)/ *n* avventura *f*

parola chiave

adventure holiday *n* vacanza *f* avventura
adventure playground *n* BrE parco *m* giochi
adventurer /əd'ventʃərə(r)/ *n* avventuriero, -a *mf*
adventuress /əd'ventʃrɪs/ *n* avventuriera *f*
adventurous /əd'ventʃərəs/ *adj* avventuroso
adverb /'ædvɜ:b/ *n* avverbio *m*
adversary /'ædvəsərɪ/ *n* avversario, -a *mf*
adverse /'ædvɜ:s/ *adj* avverso
adversity /əd'vɜ:sətɪ/ *n* avversità *f*
advert /'ædvɜ:t/ *n* infml = **advertisement**
advertise /'ædvətaɪz/ **A** *vt* reclamizzare; mettere un annuncio per ‹*job, flat*›
B *vi* fare pubblicità; (for job, flat) mettere un annuncio
advertisement /əd'vɜ:tɪsmənt/ *n* pubblicità *f*; (in paper) inserzione *f*, annuncio *m*
advertiser /'ædvətaɪzə(r)/ *n* (in newspaper) inserzionista *mf*
advertising /'ædvətaɪzɪŋ/ **A** *n* pubblicità *f*
B *attrib* pubblicitario
advertising agency *n* agenzia *f* pubblicitaria
advertising campaign *n* campagna *f* pubblicitaria
advertising executive *n* dirigente *mf* pubblicitario, -a
advertising industry *n* settore *m* pubblicitario
Advertising Standards Authority *n* BrE *organo (m) di controllo sulla pubblicità*
advice /əd'vaɪs/ *n* consigli *mpl*; **piece of ~** consiglio *m*
advice centre *n* centro *m* di consulenza
advice note *n* avviso *m*
advice slip *n* avviso *m* di accreditamento
advisability /ədvaɪzə'bɪlətɪ/ *n* opportunità *f*
advisable /əd'vaɪzəbl/ *adj* consigliabile
advise /əd'vaɪz/ *vt* consigliare; (inform) avvisare; **~ somebody to do something** consigliare a qualcuno di fare qualcosa; **~ somebody against something** sconsigliare qualcosa a qualcuno
advisedly /əd'vaɪzɪdlɪ/ *adv* ‹*say*› deliberatamente
adviser /əd'vaɪzə(r)/ *n* consulente *mf*
advisory /əd'vaɪzərɪ/ *adj* consultivo
advisory committee *n* comitato *m* consultivo
advisory service *n* servizio *m* di consulenza; **pensions/immigration/pregnancy ~** servizio di consulenza in materia di pensioni/immigrazione/gravidanza
advocacy /'ædvəkəsɪ/ *n* appoggio *m*
advocate¹ /'ædvəkət/ *n* (supporter) fautore, -trice *mf*
advocate² /'ædvəkeɪt/ *vt* propugnare
Aegean /ɪ'dʒɪən/ *n* **the ~** l'Egeo *m*
aegis /'i:dʒɪs/ *n* **under the ~ of** sotto l'egida di
aeon /'i:ən/ *n* **~s ago** milioni *mpl* e milioni di anni fa
AER *n abbr* (**Annual Equivalence Rate**) TAN *m*
aerate /'eəreɪt/ *vt* aerare; addizionare anidride carbonica a ‹*water*›
aerial /'eərɪəl/ **A** *adj* aereo
B *n* antenna *f*
aerial camera *n* macchina *f* fotografica per fotografie aeree
aerial photography *n* fotografia *f* aerea
aerial warfare *n* guerra *f* aerea
aerie /'eərɪ/ *n* AmE **eyrie**
aerobatics /eərə'bætɪks/ *npl* (manoeuvres) acrobazie *fpl* aeree
aerobics /eə'rəʊbɪks/ *n* aerobica *fsg*
aerodrome /'eərədrəʊm/ *n* aerodromo *m*
aerodynamic /eərəʊdaɪ'næmɪk/ *adj* aerodinamico
aerodynamics /eərəʊdaɪ'næmɪks/ *nsg* aerodinamica *fsg*
aerogramme /'eərəʊgræm/ *n* aerogramma *m*
aeronautic /eərə'nɔ:tɪk/, **aeronautical** /eərə'nɔ:tɪkəl/ *adj* aeronautico
aeronautic engineer, **aeronautical engineer** *n* ingegnere *m* aeronautico
aeronautic engineering, **aeronautical engineering** *n* ingegneria *f* aeronautica
aeronautics /eərə'nɔ:tɪks/ *nsg* aeronautica *fsg*
aeroplane /'eərəpleɪn/ *n* aeroplano *m*
aerosol /'eərəsɒl/ *n* bomboletta *f* spray
aerospace /'eərəspeɪs/ **A** *n* (industry) industria *f* aerospaziale
B *attrib* ‹*engineer, company*› aerospaziale
aesthete /'i:sθi:t/ *n* esteta *mf*
aesthetic /i:s'θetɪk/ *adj* estetico
aesthetically /i:s'θetɪklɪ/ *adv* ‹*restore*› con gusto; ‹*satisfying*› esteticamente
aestheticism /i:s'θetɪsɪzm/ *n* (taste) estetica *f*; (doctrine, quality) estetismo *m*
aesthetics /i:s'θetɪks/ *nsg* estetica *fsg*
afar /ə'fɑ:(r)/ *adv* **from ~** da lontano
affable /'æfəbl/ *adj* affabile
affably /'æfəblɪ/ *adv* affabilmente
affair /ə'feə(r)/ *n* affare *m*; (scandal) caso *m*; (sexual) relazione *f*
affect /ə'fekt/ *vt* influire su; (emotionally) colpire; (concern) riguardare; (pretend) affettare
affectation /æfek'teɪʃn/ *n* affettazione *f*
affected /ə'fektɪd/ *adj* affettato
affectedly /ə'fektɪdlɪ/ *adv* ‹*talk*› con affettazione
affection /ə'fekʃn/ *n* affetto *m*
affectionate /ə'fekʃnət/ *adj* affettuoso
affectionately /ə'fekʃnətlɪ/ *adv* affettuosamente

a

affidavit /æfɪˈdeɪvɪt/ *n* affidavit *m inv* (*dichiarazione scritta e giurata davanti a un pubblico ufficiale*)

affiliated /əˈfɪlɪeɪtɪd/ *adj* affiliato

affiliation /əˌfɪlɪˈeɪʃn/ *n* (process, state) affiliazione *f*; (link) legame *m*

affinity /əˈfɪnətɪ/ *n* affinità *f*

affinity card *n carta* (*f*) *di credito destinata ad una causa sociale*

affirm /əˈfɜːm/ *vt* affermare; Jur dichiarare solennemente

affirmative /əˈfɜːmətɪv/ **A** *adj* affermativo **B** *n* **in the ~** affermativamente

affix /əˈfɪks/ *vt* affiggere; apporre ‹*signature*›

afflict /əˈflɪkt/ *vt* affliggere

affliction /əˈflɪkʃn/ *n* afflizione *f*

affluence /ˈæflʊəns/ *n* agiatezza *f*

affluent /ˈæflʊənt/ *adj* agiato

afford /əˈfɔːd/ *vt* (provide) fornire; **be able to ~ something** potersi permettere qualcosa

affordable /əˈfɔːdəbl/ *adj* abbordabile

affray /əˈfreɪ/ *n* rissa *f*

affront /əˈfrʌnt/ **A** *n* affronto *m* **B** *vt* fare un affronto a

Afghan /ˈæfgæn/ *n* (person) afgano, -a *mf*; (language) afgano *m*; (coat) pellicciotto *m* afgano

Afghan hound *n* levriero *m* afgano

Afghanistan /æfˈgænɪstæn/ *n* Afganistan *m*

aficionado /æfɪsjəˈnɑːdəʊ/ *n* aficionado, -a *mf*

afield /əˈfiːld/ *adv* **further ~** più lontano

aflame /əˈfleɪm/ *adj & adv* literary in fiamme, sfolgorante; **be ~** ‹*cheek*› essere in fiamme; **be ~ with desire** ardere dal desiderio

afloat /əˈfləʊt/ *adj* a galla

afoot /əˈfʊt/ *adj* **there's something ~** si sta preparando qualcosa

aforesaid /əˈfɔːsed/ *adj* Jur suddetto

afraid /əˈfreɪd/ *adj* **be ~** aver paura; **I'm ~ not** purtroppo no; **I'm ~ so** temo di sì; **I'm ~ I can't help you** mi dispiace ma non posso esserle d'aiuto

afresh /əˈfreʃ/ *adv* da capo

Africa /ˈæfrɪkə/ *n* Africa *f*

African /ˈæfrɪkən/ *adj & n* africano, -a *mf*

African-American *n* afroamericano, -a *mf*

Afrikaans /æfrɪˈkɑːns/ *n* afrikaans *m*

Afrikaner /æfrɪˈkɑːnə(r)/ *n* boero, -a *mf*

Afro-American /æfrəʊəˈmerɪkən/ *adj & n* afroamericano, -a *mf*

Afro-Caribbean /æfrəʊkærəˈbɪən/ *adj & n* afrocaraibico, -a *mf*

aft /ɑːft/ *adv* Naut a poppa; (towards the stern) verso poppa

after /ˈɑːftə(r)/ **A** *adv* dopo; **the day ~** il giorno dopo; **be ~** cercare **B** *prep* dopo; **~ all** dopotutto; **the day ~ tomorrow** dopodomani **C** *conj* dopo che

afterbirth *n* residui *mpl* di placenta

aftercare *n* Med ospedalizzazione *f* domiciliare

after-dinner speaker *n persona* (*f*) *invitata a tenere un discorso dopo una cena o un ricevimento*

after-effect *n* conseguenza *f*

afterlife *n* vita *f* nell'aldilà

aftermath /ˈɑːftəmɑːθ/ *n* conseguenze *fpl*; **the ~ of war** il dopoguerra; **in the ~ of** nel periodo successivo a

afternoon *n* pomeriggio *m*; **good ~!** buon giorno!

afternoon tea *n* merenda *f*

afterpains *npl* dolori *mpl* post-parto

after-sales service *n* servizio *m* assistenza clienti

after-school *adj* doposcuola; **~ club/activities** club/attività doposcuola

aftershave *n* dopobarba *m inv*

aftershock *n* fig effetti *mpl*

aftersun *n & adj* doposole *m inv*

aftertaste *n* retrogusto *m*

after-tax *adj* ‹*profits, earnings*› al netto

afterthought *n* **added as an ~** aggiunto in un secondo momento; **as an ~, why not...?** ripensandoci bene, perché non...?

afterwards /ˈɑːftəwədz/ *adv* in seguito

again /əˈgeɪn/ *adv* di nuovo; **[then] ~** (besides) inoltre; (on the other hand) d'altra parte; **~ and ~** continuamente

against /əˈgeɪnst/ *prep* contro

age /eɪdʒ/ **A** *n* età *f*; (era) era *f*; **~s** infml secoli; **~s ago** infml secoli fa; **what ~ are you?** quanti anni hai?; **be under ~** non avere l'età richiesta; **he's two years of ~** ha due anni **B** *vt & vi* (*pres p* **ageing**) invecchiare

age bracket, **age group** *n* fascia *f* d'età

aged[1] /eɪdʒd/ *adj* **~ two** di due anni

aged[2] /ˈeɪdʒɪd/ **A** *adj* anziano **B** *n* **the ~** *pl* gli anziani

aged debt *n* Fin somma *f* in scadenza

age discrimination *n* discriminazione *f* in base all'età

ageing /ˈeɪdʒɪŋ/ **A** *n* invecchiamento *m* **B** *adj* ‹*person, population*› che sta invecchiando

ageism /ˈeɪdʒɪzm/ *n* discriminazione *f* contro chi non è più giovane

ageless /ˈeɪdʒlɪs/ *adj* senza età

agency /ˈeɪdʒənsɪ/ *n* agenzia *f*; **have the ~ for** essere un concessionario di

agency fee *n* commissione *f*

agency nurse *n* infermiere, -a *mf* privato, -a

agenda /əˈdʒendə/ *n* ordine *m* del giorno; **on the ~** all'ordine del giorno; fig in

parola chiave

programma

agent /'eɪdʒənt/ *n* agente *mf*

age-old *adj* secolare

age range *n* fascia *f* d'età

aggravate /'ægrəveɪt/ *vt* aggravare; (annoy) esasperare

aggravating /'ægrəveɪtɪŋ/ *adj* Jur aggravante; infml (irritating) irritante

aggravation /ægrə'veɪʃn/ *n* aggravamento *m*; (annoyance) esasperazione *f*

aggregate /'ægrɪgət/ **A** *adj* totale **B** *n* totale *m*; **on ~** nel complesso

aggression /ə'greʃn/ *n* aggressione *f*

aggressive /ə'gresɪv/ *adj* aggressivo

aggressively /ə'gresɪvlɪ/ *adv* aggressivamente

aggressiveness /ə'gresɪvnɪs/ *n* aggressività *f*

aggressor /ə'gresə(r)/ *n* aggressore *m*

aggrieved /ə'gri:vd/ *adj* risentito

aggro /'ægrəʊ/ *n* infml aggressività *f*; (problems) grane *fpl*

aghast /ə'gɑ:st/ *adj* inorridito

agile /'ædʒaɪl/ *adj* agile

agility /ə'dʒɪlətɪ/ *n* agilità *f*

agitate /'ædʒɪteɪt/ **A** *vt* mettere in agitazione; (shake) agitare **B** *vi* fig **~ for** creare delle agitazioni per

agitated /'ædʒɪteɪtɪd/ *adj* agitato

agitation /ædʒɪ'teɪʃn/ *n* agitazione *f*

agitator /'ædʒɪteɪtə(r)/ *n* agitatore, -trice *mf*

AGM *n abbr* (**annual general meeting**) assemblea *f* generale annuale

agnostic /æg'nɒstɪk/ *adj* & *n* agnostico, -a *mf*

ago /ə'gəʊ/ *adv* fa; **a long time/a month ~** molto tempo/un mese fa; **how long ~ was it?** quanto tempo fa è successo?

agog /ə'gɒg/ *adj* eccitato

agonize /'ægənaɪz/ *vi* angosciarsi (**over** per)

agonized /'ægənaɪzd/ *adj* ‹*expression, cry*› angosciato

agonizing /'ægənaɪzɪŋ/ *adj* angosciante

agony /'ægənɪ/ *n* agonia *f*; (mental) angoscia *f*; **be in ~** avere dei dolori atroci

agony aunt *n persona (f) che tiene la posta del cuore in una rivista*

agoraphobia /ægərə'fəʊbɪə/ *n* agorafobia *f*

agoraphobic /ægərə'fəʊbɪk/ *adj* agorafobo, -a *mf*

agree /ə'gri:/ **A** *vt* accordarsi su; **~ to do something** accettare di fare qualcosa; **~ that** essere d'accordo [sul fatto] che **B** *vi* essere d'accordo; ‹*figures*› concordare; (reach agreement) mettersi d'accordo; (get on) andare d'accordo; (consent) acconsentire (**to** a); **it doesn't ~ with me** mi fa male; **~ with something** (approve of) approvare qualcosa

agreeable /ə'gri:əbl/ *adj* gradevole; (willing) d'accordo

agreeably /ə'gri:əblɪ/ *adv* (pleasantly) piacevolmente; (amicably) in modo amichevole

agreed /ə'gri:d/ *adj* convenuto

agreement /ə'gri:mənt/ *n* accordo *m*; **in ~** d'accordo; **reach ~** arrivare ad un accordo

agricultural /ægrɪ'kʌltʃərəl/ *adj* agricolo

agriculturalist /ægrɪ'kʌltʃərəlɪst/ *n* agronomo, -a *mf*

agricultural show *n* fiera *f* agricola

agriculture /'ægrɪkʌltʃə(r)/ *n* agricoltura *f*

agritourism /ægrɪ'tʊərɪzəm/ *n* agriturismo *m*

agronomy /ə'grɒnəmɪ/ *n* agronomia *f*

aground /ə'graʊnd/ *adv* **run ~** ‹*ship*› arenarsi

ah /ɑ:/ *int* **~ well!** (resignedly) va bene!

ahead /ə'hed/ *adv* avanti; **be ~ of** essere davanti a; fig essere avanti rispetto a; **draw ~** passare davanti (**of** a); **go on ~** cominciare ad andare; **get ~** ‹*in life*› riuscire; **go ~!** fai pure!; **look ~** pensare all'avvenire; **plan ~** fare progetti per l'avvenire

aid /eɪd/ **A** *n* aiuto *m*; **in ~ of** a favore di **B** *vt* aiutare

aid agency *n* organizzazione *f* umanitaria

aide *n* assistente *mf*

aid package *n* pacco *m* umanitario

Aids /eɪdz/ *n* AIDS *m*

Aids awareness *n* sensibilizzazione *f* all'AIDS

aid worker *n* cooperante *mf*

ailing /'eɪlɪŋ/ *adj* malato

ailment /'eɪlmənt/ *n* disturbo *m*

aim /eɪm/ **A** *n* mira *f*; fig scopo *m*; **take ~** prendere la mira **B** *vt* puntare ‹*gun*› (**at** su) **C** *vi* mirare; **~ to do something** aspirare a fare qualcosa

aimless /'eɪmlɪs/ *adj* senza scopo

aimlessly /'eɪmlɪslɪ/ *adv* senza scopo

ain't /eɪnt/ infml *am not; are not; have not; has not*

air /eə(r)/ **A** *n* aria *f*; **be on the ~** ‹*programme*› essere in onda; **put on ~s** darsi delle arie; **by ~** in aereo; (airmail) per via aerea **B** *vt* arieggiare; far conoscere ‹*views*›; derog sfoggiare ‹*knowledge*›

air ambulance *n* aereo *m* ambulanza; (helicopter) eliambulanza *f*

air attack *n* attacco *m* aereo

air bag *n* Auto air bag *m inv*

air bed *n* materassino *m* [gonfiabile]

airborne /'eəbɔ:n/ *adj* (plane) in volo; ‹*troops*› aerotrasportato

airbrush *n* aerografo *m*

air bubble *n* (in liquid, plastic, wallpaper) bolla *f* d'aria

air-conditioned *adj* con aria condizionata

air conditioner *n* condizionatore *m*

air-conditioning *n* aria *f* condizionata

a

air-cooled *adj* ‹*engine*› raffreddato ad aria
air cover *n* protezione *f* aerea
aircraft *n* aereo *m*
aircraft carrier *n* portaerei *f inv*
aircraftman, aircraftsman *n* BrE aviere *m*
air crash *n* disastro *m* aereo
aircrew *n* equipaggio *m* di volo
air cushion *n* (inflatable cushion) cuscino *m* gonfiabile; (of hovercraft) cuscino *m* d'aria
air disaster *n* disastro *m* aereo
air display *n* esibizione *f* in volo
airdrop *n* lancio *m* con paracadute
air duct *n* condotto *m* dell'aria
air exclusion zone *n* zona *f* di esclusione aerea
airfare *n* tariffa *f* aerea
airfield *n* campo *m* d'aviazione
airflow *n* spostamento *m* d'aria
air force *n* aviazione *f*
airfreight *n* (goods) merce *f* spedita via aerea; (method of transport) trasporto *m* aereo; (charge) costo *m* per trasporto aereo
air freshener *n* deodorante *m* per ambienti
air gun *n* fucile *m* ad aria compressa
airhead *n* infml svampito, -a *mf*
air hole *n* sfiatatoio *m*
air hostess *n* hostess *f inv*
airing /ˈeərɪŋ/ *n* **give a room an ~** arieggiare una stanza; **give an idea an ~** fig ventilare un'idea
airing cupboard *n* BrE *sgabuzzino (m) del boiler dove viene riposta la biancheria ad asciugare*
airless /ˈeəlɪs/ *adj* ‹*evening*› senza vento; ‹*room*› poco ventilato
air letter *n* aerogramma *m*
airlift **A** *vt* trasportare con ponte aereo **B** *n* ponte *m* aereo
airline *n* compagnia *f* aerea
airliner *n* aereo *m* di linea
airlock *n* bolla *f* d'aria
airmail *n* posta *f* aerea
air marshal *n* BrE maresciallo *m* d'aviazione
Air Miles® *npl* BrE miglia *fpl* aeree
airplane *n* AmE aereo *m*
air pocket *n* vuoto *m* d'aria
airport *n* aeroporto *m*
air power *n* potenza *f* aerea
air raid *n* incursione *f* aerea
air-raid shelter *n* rifugio *m* antiaereo
air-raid siren *n* allarme *m* aereo
air-raid warning *n* allarme *m* aereo
air rifle *n* fucile *m* ad aria compressa
air-sea rescue *n salvataggio (m) dal mare con impiego di mezzi aerei*

parola chiave

air shaft *n* (in mine) pozzo *m* di ventilazione
airship *n* dirigibile *m*
air show *n* (trade exhibition) salone *m* dell'aviazione; (flying show) manifestazione *f* aerea
airsickness *n* mal *m* d'aereo
air sock *n* manica *f* a vento
airspeed *n* velocità *f* relativa all'aria
airspeed indicator *n* indicatore *m* di velocità (*su un aereo*)
air steward *n* steward *m inv*
air stewardess *n* hostess *f inv*
airstream *n* corrente *f* d'aria
air strike *n* incursione *f* aerea
airstrip *n* pista *f* d'atterraggio
air terminal *n* (in town, terminus) [air-]terminal *m inv*
airtight *adj* ermetico
airtime *n* Radio, TV spazio *m* radiofonico/televisivo
air-to-air *adj* ‹*missile*› aria-aria; ‹*refuelling*› in volo
air traffic *n* traffico *m* aereo
air traffic controller *n* controllore *m* di volo
air travel *n* viaggi *mpl* in aereo
air valve *n* valvola *f* pneumatica
air vent *n* presa *f* d'aria
air vice-marshal *n* BrE vice-maresciallo *m* dell'aviazione
air war *n* conflitto *m* aereo
airwaves *npl* Radio, TV onde *fpl* radio
airway *n* (route) rotta *f* aerea; (airline) compagnia *f* aerea; Anat via *f* respiratoria; (ventilating passage) pozzo *m* di ventilazione
air waybill *n* polizza *f* di carico aerea
airworthiness *n* idoneità *f* di volo
airworthy *adj* idoneo al volo
airy /ˈeərɪ/ *adj* (**-ier, -iest**) arieggiato; ‹*manner*› noncurante
airy-fairy /eərɪˈfeərɪ/ *adj* BrE infml ‹*plan, person*› fuori dalla realtà
aisle /aɪl/ *n* corridoio *m*; (in supermarket) corsia *f*; (in church) navata *f*
ajar /əˈdʒɑː(r)/ *adj* socchiuso
aka *abbr* (**also known as**) alias
akin /əˈkɪn/ *adj* **~ to** simile a
AI *n abbr* (**artificial intelligence**) I.A. *f*
alabaster /ˈæləbɑːstə(r)/ *n* alabastro *m*
alacrity /əˈlækrətɪ/ *n* alacrità *f*
alarm /əˈlɑːm/ **A** *n* allarme *m*; **set the ~** (of alarm clock) mettere la sveglia; **in ~** in stato di allarme
B *vt* allarmare; **don't be ~ed!** non si allarmi!
alarm bell *n* campanello *m* d'allarme; **set the ~s ringing** *n* BrE fig far scattare il campanello d'allarme
alarm call *n* Teleph sveglia *f* automatica

alarm clock *n* sveglia *f*
alarmed /ə'lɑːmd/ *adj* allarmato
alarming /ə'lɑːmɪŋ/ *adj* allarmante, preoccupante
alarmist /ə'lɑːmɪst/ *adj & n* allarmista *mf*
alas /ə'læs/ *int* ahimè
Albania /æl'beɪnɪə/ *n* Albania *f*
Albanian /æl'beɪnɪən/ **A** *n* (person) albanese *mf*; (language) albanese *m*
B *adj* albanese
albatross /'ælbətrɒs/ *n* (also in golf) albatro *m*
albeit /ɔːl'biːɪt/ *adv & conj* benché
albino /æl'biːnəʊ/ *adj & n* albino, -a *mf*
🔑 **album** /'ælbəm/ *n* album *m inv*
albumen /'ælbjʊmɪn/ *n* Biol, Bot albume *m*
alchemist /'ælkɪmɪʃt/ *n* alchimista *m*
alchemy /'ælkɪmɪ/ *n* Chem, fig alchimia *f*
🔑 **alcohol** /'ælkəhɒl/ *n* alcol *m*
alcoholic /ælkə'hɒlɪk/ **A** *adj* alcolico
B *n* alcolizzato, -a *mf*
Alcoholics Anonymous *n* Anonima *f* Alcolisti
alcoholism /'ælkəhɒlɪzm/ *n* alcolismo *m*
alcohol-related *adj* ‹*illness, disease*› legato al consumo di alcol
alcopop /'ælkəʊpɒp/ *n* bibita *f* alcolica
alcove /'ælkəʊv/ *n* alcova *f*
alder /ɔːldə(r)/ *n* (tree, wood) ontano *m*
ale /eɪl/ *n* birra *f*
alert /ə'lɜːt/ **A** *adj* attento; (watchful) vigile
B *n* segnale *m* d'allarme; **be on the ~** stare allerta
C *vt* allertare
alertness /ə'lɜːtnɪs/ *n* (attentiveness) attenzione *f*; (liveliness) vivacità *f*
A level *n* BrE Sch **~s** ≈ esami *mpl* di maturità; **he got an ~ in history** ha portato storia alla maturità
Alexandria /ælɪg'zændrɪə/ *n* Alessandria *f* [d'Egitto]
alfalfa /æl'fælfə/ *n* erba *f* medicinale
alfresco /æl'freskəʊ/ *adj & adv* all'aperto
algae /'ældʒiː/ *npl* alghe *fpl*
algebra /'ældʒɪbrə/ *n* algebra *f*
Algeria /æl'dʒɪərɪə/ *n* Algeria *f*
Algerian /æl'dʒɪərɪən/ *adj & n* algerino, -a *mf*
Algiers /æl'dʒɪəz/ *n* Algeri *f*
algorithm /'ælgərɪðm/ *n* algoritmo *m*
alias /'eɪlɪəs/ **A** *n* pseudonimo *m*
B *adv* alias
alibi /'ælɪbaɪ/ *n* alibi *m inv*
alien /'eɪlɪən/ **A** *adj* straniero; fig estraneo
B *n* straniero, -a *mf*; (from space) alieno, -a *mf*
alienate /'eɪlɪəneɪt/ *vt* alienare
alienation /eɪlɪə'neɪʃn/ *n* alienazione *f*
alight[1] /ə'laɪt/ *vi* scendere; ‹*bird*› posarsi
alight[2] *adj* **be ~** essere in fiamme; **set ~** dar fuoco a
align /ə'laɪn/ *vt* allineare
alignment /ə'laɪnmənt/ *n* allineamento *m*; **out of ~** non allineato
alike /ə'laɪk/ **A** *adj* simile; **be ~** rassomigliarsi
B *adv* in modo simile; **look ~** rassomigliarsi; **summer and winter ~** sia d'estate che d'inverno
alimentary /ælɪ'mentərɪ/ *adj* ‹*system*› digerente; ‹*process*› digestivo
alimentary canal *n* tubo *m* digerente
alimony /'ælɪmənɪ/ *n* alimenti *mpl*
🔑 **alive** /ə'laɪv/ *adj* vivo; **~ with** brulicante di; **~ to** sensibile a; **~ and kicking** vivo e vegeto
alkali /'ælkəlaɪ/ *n* alcali *m*
alkaline /'ælkəlaɪn/ *adj* alcalino
🔑 **all** /ɔːl/ **A** *adj* tutto; **~ the children, ~ children** tutti i bambini; **~ day** tutto il giorno; **he refused ~ help** ha rifiutato qualsiasi aiuto; **for ~ that** (nevertheless) perciò; **in ~ sincerity** in tutta sincerità; **be ~ for** essere favorevole a
B *pron* tutto; **~ of you/them** tutti voi/loro; **~ of it** tutto; **~ of the town** tutta la città; **~ but one** tutti tranne uno; **in ~** in tutto; **~ in ~** tutto sommato; **most of ~** più di ogni altra cosa; **once and for ~** una volta per tutte; **~ being well** salvo complicazioni
C *adv* completamente; **~ but** quasi; **~ at once** (at the same time) tutto in una volta; **~ at once, ~ of a sudden** all'improvviso; **~ too soon** troppo presto; **~ the same** (nevertheless) ciononostante; **~ the better** meglio ancora; **she's not ~ that good an actress** non è poi così brava come attrice; **~ in** in tutto; infml esausto; **thirty/three ~** (in sport) trenta/tre pari; **~ over** (finished) tutto finito; (everywhere) dappertutto; **it's ~ right** (I don't mind) non fa niente; **I'm ~ right** (not hurt) non ho niente; **~ right!** va bene!; **be ~ that** infml esp Am essere in gamba
all-American *adj* ‹*record, champion*› americano; ‹*girl, boy, hero*› tipicamente americano
all-around *adj* AmE ‹*improvement*› generale
allay /ə'leɪ/ *vt* placare ‹*suspicions, anger*›
all-clear *n* Mil cessato *m* allarme/pericolo; (from doctor) autorizzazione *f*; **give somebody the ~** fig dare il via libera a qualcuno
all-consuming *adj* ‹*passion*› sfrenato; ‹*ambition*› smisurato
all-day *adj* ‹*event*› che dura tutto il giorno
allegation /ælɪ'geɪʃn/ *n* accusa *f*
🔑 **allege** /ə'ledʒ/ *vt* dichiarare
alleged /ə'ledʒd/ *adj* presunto
allegedly /ə'ledʒɪdlɪ/ *adv* a quanto si dice
allegiance /ə'liːdʒəns/ *n* fedeltà *f*
allegorical /ælɪ'gɒrɪkl/ *adj* allegorico
allegory /'ælɪgərɪ/ *n* allegoria *f*
all-embracing /-əm'breɪsɪŋ/ *adj* globale

a

allergic /ə'lɜːdʒɪk/ *adj* allergico
allergist /'ælədʒɪst/ *n* allergologo, -a *mf*
allergy /'ælədʒɪ/ *n* allergia *f*
allergy clinic *n* clinica *f* di allergologia
alleviate /ə'liːvɪeɪt/ *vt* alleviare
alleviation /əliːvɪ'eɪʃn/ *n* alleviamento *m*, alleggerimento *m*
alley /'æli/ *n* vicolo *m*; (for bowling) corsia *f*
alleyway /'ælɪweɪ/ *n* vicolo *m*
all found *adj* **£200 ~** 200 sterline inclusi vitto e alloggio
alliance /ə'laɪəns/ *n* alleanza *f*
allied /'ælaɪd/ *adj* alleato; fig (related) connesso (**to** a)
alligator /'ælɪgeɪtə(r)/ *n* alligatore *m*
all-important *adj* essenziale
all in *adj* BrE infml (exhausted) distrutto; ‹*fee, price*› tutto compreso
all-inclusive *adj* (fee, price) tutto compreso
all-in-one *adj* ‹*garment*› in un pezzo solo
all-in wresting *n* Sport catch *m*
all-night *adj* ‹*party, meeting*› che dura tutta la notte; ‹*radio station*› che trasmette tutta la notte; ‹*service*› notturno
allocate /'æləkeɪt/ *vt* assegnare; distribuire ‹*resources*›
allocation /ælə'keɪʃn/ *n* assegnazione *f*; (of resources) distribuzione *f*
all-or-nothing *adj* ‹*approach, policy*› senza vie di mezzo
allot /ə'lɒt/ *vt* (*pt/pp* **allotted**) distribuire
allotment /ə'lɒtmənt/ *n* distribuzione *f*; (share) parte *f*; (land) piccolo lotto *m* di terreno
all-out **A** *adj* ‹*effort*› estremo; ‹*attack*› senza esclusione di colpi
B *adv* **go all out to do something/for something** mettercela tutta per fare qualcosa/per qualcosa
all over **A** *prep* **~ China** in/per tutta la Cina; **the news is ~ the village** lo sanno tutti in paese; **be ~ somebody** (fawning over) stare appiccicato a qualcuno
B *adv* **be trembling ~** tremare tutto; **that's Mary ~!** è proprio da Mary!
C *adj* **when it's ~** (finished) quando è tutto finito
all-over *adj* ‹*tan*› integrale
🔑 **allow** /ə'laʊ/ *vt* permettere; (grant) accordare; (reckon on) contare; (agree) ammettere; **~ somebody to do something** permettere a qualcuno di fare qualcosa; **you are not ~ed to...** è vietato...; **how much are you ~ed?** qual è il limite?
■ **allow for** *vt* tener conto di
allowable /ə'laʊəbl/ *adj* permissibile; Jur lecito; ‹*tax*› deducibile
allowance /ə'laʊəns/ *n* sussidio *m*; AmE (pocket money) paghetta *f*; (for petrol etc) indennità *f*; (of luggage, duty free) limite *m*; (for tax purposes) deduzione *f*; **make ~s for** essere indulgente verso ‹*somebody*›; tener conto di ‹*something*›
alloy /'ælɔɪ/ *n* lega *f*
alloy steel *n* lega *f* d'acciaio
alloy wheel *n* cerchione *m* in lega d'acciaio
all points bulletin *n* AmE allarme *m* generale
all-powerful *adj* onnipotente
all-purpose *adj* ‹*building*› polivalente; ‹*utensil*› multiuso
all right **A** *adj* **is it ~ if...?** va bene se...?; **is that ~ with you?** ti va bene?; **sounds ~ to me** per me va bene; **that's [quite] ~** (it doesn't matter) non c'è problema; **is my hair ~?** sono a posto i miei capelli?; **it's ~ for you!** è facile per te!; **she's ~** (competent) è abbastanza brava; (attractive) non è niente male; (pleasant) è piuttosto simpatica; **will you be ~?** (able to manage) te la caverai?; **feel ~** (well) sentirsi bene
B *adv* ‹*function, see*› bene; (not brilliantly) così così; **can I? - ~** posso? - d'accordo; **she's doing ~** (in life) le cose le vanno bene; (in health) sta bene; (in activity) se la cava bene; **she knows ~!** (without doubt) lei lo sa di sicuro!; **~, ~!** va bene! va bene!
all risk *adj* ‹*policy, cover*› multirischi
all-round BrE **all-around** AmE *adj* ‹*improvement*› generale; ‹*athlete*› completo
all-rounder /-'raʊndə(r)/ *n* **be a good ~** essere versatile
allspice /'ɔːlspaɪs/ *n* pepe *m* della Giamaica
all square *adj* **be ~** ‹*people*› essere pari; ‹*accounts*› quadrare
all-time *adj* ‹*record*› assoluto, senza precedenti; **the ~ greats** (people) i grandi; **~ high** massimo *m* storico; **be at an ~ low** ‹*person, morale*› essere a terra; ‹*figures, shares*› toccare il minimo storico
all told *adv* tutto sommato
allude /ə'luːd/ *vi* alludere
allure /æ'ljʊə(r)/ *n* attrattiva *f*
alluring /ə'ljʊrɪŋ/ *adj* allettante, affascinante
allusion /ə'luːʒn/ *n* allusione *f*
ally¹ /'ælaɪ/ *n* alleato, -a *mf*
ally² /ə'laɪ/ *vt* (*pt/pp* **-ied**) alleare; **~ oneself with** allearsi con
almighty /ɔːl'maɪtɪ/ **A** *adj* infml (big) mega *inv*
B *n* **the A~** l'Onnipotente *m*
almond /'ɑːmənd/ *n* mandorla *f*; (tree) mandorlo *m*
🔑 **almost** /'ɔːlməʊst/ *adv* quasi
alms /ɑːmz/ *npl* literary elemosina *fsg*
aloft /ə'lɒft/ *adv* in alto; Naut sull'alberatura; **from ~** dall'alto
🔑 **alone** /ə'ləʊn/ **A** *adj* solo; **leave me ~!**

🔑 parola chiave

lasciami in pace!; **let ~** (not to mention) figurarsi
B *adv* da solo

along /ə'lɒŋ/ **A** *prep* lungo
B *adv* **~ with** assieme a; **all ~** tutto il tempo; **come ~!** (hurry up) vieni qui!; **I'll bring it ~** lo porto lì; **I'll be ~ in a minute** arrivo tra un attimo; **move ~** spostarsi; **move ~!** circolare!

alongside /əlɒŋ'saɪd/ **A** *adv* lungo bordo
B *prep* lungo; **work ~ somebody** lavorare fianco a fianco con qualcuno

aloof /ə'lu:f/ *adj* distante

aloud /ə'laʊd/ *adv* ad alta voce

alpaca /æl'pækə/ *n* alpaca *m inv*

alpha /'ælfə/ *n* (letter) alfa *f inv*; BrE Univ ≈ trenta *m inv* e lode

alphabet /'ælfəbet/ *n* alfabeto *m*

alphabetical /ælfə'betɪkl/ *adj* alfabetico

alphabetically /ælfə'betɪklɪ/ *adv* in ordine alfabetico

alpha male *n* maschio *m* dominante

alpine /'ælpaɪn/ *adj* alpino

Alps /ælps/ *npl* Alpi *fpl*

already /ɔ:l'redɪ/ *adv* già

alright /ɔ:l'raɪt/ = **all right**

Alsace /æl'zæs/ *n* Alsazia *f*

Alsatian /æl'seɪʃn/ *n* (dog) pastore *m* tedesco

also /'ɔ:lsəʊ/ *adv* anche; **~, I need...** inoltre, ho bisogno di...

altar /'ɔ:ltə(r)/ *n* altare *m*

altar boy *n* chierichetto *m*

altar cloth *n* tovaglia *f* da altare

altar piece *n* pala *f* d'altare

alter /'ɔ:ltə(r)/ **A** *vt* cambiare; aggiustare ‹*clothes*›
B *vi* cambiare

alteration /ɔ:ltə'reɪʃn/ *n* modifica *f*

altercation /ɔ:ltə'keɪʃn/ *n* alterco *m*

alternate¹ /'ɔ:ltəneɪt/ **A** *vi* alternarsi
B *vt* alternare

alternate² /ɔ:l'tɜ:nət/ *adj* alterno; **on ~ days** a giorni alterni

alternately /ɔ:l'tɜ:nətlɪ/ *adv* in modo alterno; AmE (alternatively) alternativamente

alternating current /'ɔ:ltəneɪtɪŋ/ *n* corrente *f* alternata

alternation /ɔ:ltə'neɪʃn/ *n* alternanza *f*

alternative /ɔ:l'tɜ:nətɪv/ **A** *adj* alternativo
B *n* alternativa *f*

alternative energy *n* energia *f* alternativa

alternatively /ɔ:l'tɜ:nətɪvlɪ/ *adv* alternativamente

alternative medicine *n* medicina *f* alternativa

alternative technology *n* tecnologia *f* alternativa

alternative vote *n* voto *m* alternativo

alternator /'ɔ:ltəneɪtə(r)/ *n* Electr alternatore *m*

although /ɔ:l'ðəʊ/ *conj* benché, sebbene

altimeter /'æltɪmi:tə(r)/ *n* altimetro *m*

altitude /'æltɪtju:d/ *n* altitudine *f*

Alt key *n* Comput tasto *m* Alt

alto /'æltəʊ/ *n* contralto *m*

altogether /ɔ:ltə'geðə(r)/ *adv* (in all) in tutto; (completely) completamente; **I'm not ~ sure** non sono del tutto sicuro

altruism /'æltroɪzm/ *n* altruismo *m*

altruistic /æltro'ɪstɪk/ *adj* altruistico

aluminium /æljʊ'mɪnɪəm/ BrE, **aluminum** AmE /ə'lu:mɪnəm/ *n* alluminio *m*

aluminium foil *n* carta *f* stagnola

alumna /ə'lʌmnə/ *n* AmE Sch, Univ ex allieva *f*

alumnus /ə'lʌmnəs/ *n* AmE Sch, Univ ex allievo *m*

always /'ɔ:lweɪz/ *adv* sempre

Alzheimer's disease /'æltshaɪməz/ *n* morbo *m* di Alzheimer

am /æm/ ▶ **be**

a.m. *abbr* (**ante meridiem**) del mattino

amalgam /ə'mælgəm/ *n* amalgama *m*

amalgamate /ə'mælgəmeɪt/ **A** *vt* fondere
B *vi* fondersi

amalgamation /əmælgə'meɪʃn/ *n* fusione *f*; (of styles) amalgama *m*

amass /ə'mæs/ *vt* accumulare

amateur /'æmətə(r)/ **A** *n* non professionista *mf*; derog dilettante *mf*
B *attrib* dilettante; **~ dramatics** filodrammatica *f*

amateurish /'æmətərɪʃ/ *adj* dilettantesco

amaze /ə'meɪz/ *vt* stupire

amazed /ə'meɪzd/ *adj* stupito

amazement /ə'meɪzmənt/ *n* stupore *m*; **to her ~** con suo grande stupore; **in ~** stupito

amazing /ə'meɪzɪŋ/ *adj* incredibile

amazingly /ə'meɪzɪŋlɪ/ *adv* incredibilmente

Amazon /'æməzən/ **A** *n* (in myths) Amazzone *f*; fig (strong woman) amazzone *f*; (river) Rio *m* delle Amazzoni
B *attrib* ‹*basin, forest, tribe*› amazzonico

ambassador /æm'bæsədə(r)/ *n* ambasciatore, -trice *mf*

ambassador-at-large *n* AmE ambasciatore, -trice *mf* a disposizione

amber /'æmbə(r)/ **A** *n* ambra *f*
B *adj* (colour) ambra *inv*

ambidextrous /æmbɪ'dekstrəs/ *adj* ambidestro

ambience /'æmbɪəns/ *n* atmosfera *f*

ambient /'æmbɪənt/ *adj* ‹*temperature*› ambiente *inv*; ‹*noise*› circostante

ambiguity /æmbɪ'gju:ətɪ/ *n* ambiguità *f*

ambiguous /æm'bɪgjʊəs/ *adj* ambiguo

ambiguously /æm'bɪgjʊəslɪ/ *adv* in modo ambiguo

a

ambition /æm'bɪʃn/ *n* ambizione *f*; (aim) aspirazione *f*
ambitious /æm'bɪʃəs/ *adj* ambizioso
ambivalence /æm'bɪvələns/ *n* ambivalenza *f*
ambivalent /æm'bɪvələnt/ *adj* ambivalente
amble /'æmb(ə)l/ *vi* camminare senza fretta
ambulance /æmbjuləns/ *n* ambulanza *f*
ambulance man *n* guidatore *m* di ambulanze
ambush /'æmbʊʃ/ **A** *n* imboscata *f* **B** *vt* tendere un'imboscata a
ameba /ə'mi:bə/ *n* AmE **amoeba**
amen /ɑ:'men/ *int* amen
amenability /əmi:nə'bɪlɪtɪ/ *n* arrendevolezza *f*
amenable /ə'mi:nəbl/ *adj* conciliante; ~ **to** sensibile a
amend /ə'mend/ **A** *vt* modificare **B** *npl* **make ~s** fare ammenda (**for** di, per)
amendment /ə'mendmənt/ *n* modifica *f*
amenities /ə'mi:nətɪz/ *npl* comodità *fpl*
America /ə'merɪkə/ *n* America *f*
American /ə'merɪkən/ *adj* & *n* americano, -a *mf*
American Civil War *n* guerra *f* di secessione [americana]
American English *n* inglese *m* americano
American Indian *n* indiano, -a *mf* d'America
Americanism /ə'merɪkənɪzm/ *n* americanismo *m*
amethyst /'æməθɪst/ *n* (gem) ametista *f*
Amex /'æmeks/ *n abbr* **1** (**American Stock Exchange**) Borsa *f* valori americana **2** (**American Express**)
amiable /'eɪmɪəbl/ *adj* amabile
amicable /'æmɪkəbl/ *adj* amichevole
amicably /'æmɪkəblɪ/ *adv* amichevolmente
amid /ə'mɪd/, **amidst** /ə'mɪd[st]/ *prep* in mezzo a
amino acid /ə'mi:nəʊ/ *n* amminoacido *m*
amiss /ə'mɪs/ **A** *adj* **there's something ~** c'è qualcosa che non va **B** *adv* **take something ~** prendersela [a male]; **it won't come ~** non sarebbe sgradito
ammo /'æməʊ/ *n abbr* (**ammunition**) munizioni *fpl*
ammonia /ə'məʊnɪə/ *n* ammoniaca *f*
ammunition /æmjʊ'nɪʃn/ *n* munizioni *fpl*
amnesia /æm'ni:zɪə/ *n* amnesia *f*
amnesty /'æmnəstɪ/ *n* amnistia *f*
amoeba /ə'mi:bə/ *n* ameba *f*
amoebic /ə'mi:bɪk/ *adj* ‹*dysentery*› amebico
amok /ə'mɒk/ *adv* **run ~** essere in preda a furore; ‹*imagination*› scatenarsi
among /ə'mʌŋ/, **amongst** /ə'mʌŋst/ *prep* tra, fra; **talk ~ yourselves** parlate tra [di] voi

amoral /eɪ'mɒrəl/ *adj* amorale
amorality /eɪmə'rælətɪ/ *n* amoralità *f*
amorous /'æmərəs/ *adj* amoroso
amorphous /ə'mɔ:fəs/ *adj* Chem amorfo; ‹*ideas, plans*› confuso; ‹*shape, collection*› informe
amount /ə'maʊnt/ **A** *n* quantità *f*; (sum of money) ammontare *m* **B** *v*
■ **amount to** *vt* ammontare a; fig equivalere a
amp /æmp/ *n* ampere *m inv*
ampere /'æmpeə(r)/ *n* ampere *m inv*
ampersand /'æmpəsænd/ *n* e *f inv* commerciale
amphetamine /æm'fetəmi:n/ *n* anfetamina *f*
amphibian /æm'fɪbɪən/ *n* anfibio *m*
amphibious /æm'fɪbɪəs/ *adj* anfibio
amphitheatre /'æmfɪθi:ətə(r)/ *n* anfiteatro *m*
ample /'æmpl/ *adj* (large) grande; ‹*proportions*› ampio; (enough) largamente sufficiente
amplifier /'æmplɪfaɪə(r)/ *n* amplificatore *m*
amplify /'æmplɪfaɪ/ *vt* (*pt/pp* **-ied**) amplificare ‹*sound*›
amply /'æmplɪ/ *adv* largamente
amputate /'æmpjʊteɪt/ *vt* amputare
amputation /æmpjʊ'teɪʃn/ *n* amputazione *f*
amputee /æmpjʊ'ti:/ *n* mutilato, -a *mf* (*in seguito ad amputazione*)
amuse /ə'mju:z/ *vt* divertire
amused /ə'mju:zd/ *adj* divertito
amusement /ə'mju:zmənt/ *n* divertimento *m*
amusement arcade *n* sala *f* giochi
amusement park *n* luna park *m inv*
amusing /ə'mju:zɪŋ/ *adj* divertente
an /ən/, *accentato*/æn/ ▶ **a¹**
anabolic steroid /ænə'bɒlɪk/ *n* anabolizzante *m*
anachronism /ə'nækrənɪzm/ *n* **be an ~** ‹*object, custom etc*› essere anacronistico
anaemia /ə'ni:mɪə/ *n* anemia *f*
anaemic /ə'ni:mɪk/ *adj* anemico
anaerobic /æneə'rəʊbɪk/ *adj* anerobico
anaesthesia /ænəs'θi:zɪə/ *n* anestesia *f*
anaesthetic /ænəs'θetɪk/ *n* anestesia *f*; **give somebody an ~** somministrare a qualcuno l'anestesia
anaesthetist /ə'ni:sθətɪst/ *n* anestesista *mf*
anaesthetize /ə'ni:sθətaɪz/ *vt* anestetizzare
anagram /'ænəgræm/ *n* anagramma *m*
analgesic /ænəl'dʒi:zɪk/ *adj* & *n* analgesico *m*
analogous /ə'næləgəs/ *adj* analogo
analogue /'ænəlɒg/ *adj* analogico
analogy /ə'nælədʒɪ/ *n* analogia *f*
analyse /'ænəlaɪz/ *vt* analizzare
analysis /ə'næləsɪs/ *n* analisi *f inv*
analyst /'ænəlɪst/ *n* analista *mf*
analytical /ænə'lɪtɪkl/ *adj* analitico

parola chiave

anaphylaxis, **anaphylactic shock** /ˌænəfɪˈlæksɪs/ *n* anafilassi *f*, shock *m* anafilattico
anarchic /əˈnɑːkɪk/, **anarchical** /əˈnɑːkɪkl/ *adj* anarchico
anarchist /ˈænəkɪst/ *n* anarchico, -a *mf*
anarchy /ˈænəkɪ/ *n* anarchia *f*
anathema /əˈnæθəmə/ *n* eresia *f*
anatomical /ænəˈtɒmɪkl/ *adj* anatomico
anatomically /ænəˈtɒmɪklɪ/ *adv* anatomicamente
anatomy /əˈnætəmɪ/ *n* anatomia *f*
ANC *n abbr* (**African National Congress**) Congresso *m* Nazionale Africano
ancestor /ˈænsestə(r)/ *n* antenato, -a *mf*
ancestral /ænˈsestrəl/ *adj* ancestrale; ‹*home*› avito
ancestry /ˈænsestrɪ/ *n* antenati *mpl*
anchor /ˈæŋkə(r)/ **A** *n* ancora *f*
B *vi* gettare l'ancora
C *vt* ancorare
anchorage /ˈæŋkərɪdʒ/ *n* ancoraggio *m*
anchorman /ˈæŋkəmæn/ *n* Radio, TV anchor man *m inv*; Sport staffettista *m* dell'ultima frazione
anchorwoman /ˈæŋkəwʊmən/ *n* Radio, TV anchor woman *f inv*
anchovy /ˈæntʃəvɪ/ *n* acciuga *f*
ancient /ˈeɪnʃənt/ *adj* antico; infml vecchio; **~ Rome** l'antica Roma *f*
ancillary /ænˈsɪlərɪ/ *adj* ausiliario
and /ənd/, *accentato*/ænd/ *conj* e; **~ so on** e così via; **two ~ two** due più due; **six hundred ~ two** seicentodue; **more ~ more** sempre più; **nice ~ warm** bello caldo; **try ~ come** cerca di venire; **go ~ get** vai a prendere
Andean /ˈændɪən/ *adj* andino
Andes /ˈændiːz/ *npl* **the ~** le Ande
Andorra /ænˈdɔːrə/ *n* Andorra *f*
anecdote /ˈænɪkdəʊt/ *n* aneddoto *m*
anemone /əˈnemənɪ/ *n* Bot anemone *m*
anew /əˈnjuː/ *adv* di nuovo
angel /ˈeɪndʒl/ *n* angelo *m*
angel cake *n* dolce *m* di pan di Spagna
angelfish /ˈeɪndʒlfɪʃ/ *n* angelo *m* di mare
angelic /ænˈdʒelɪk/ *adj* angelico
anger /ˈæŋgə(r)/ **A** *n* rabbia *f*
B *vt* far arrabbiare
angina /ænˈdʒaɪnə/, **angina pectoris** /ænˈdʒaɪnəˈpektərɪs/ *n* angina *f* pectoris
angle¹ /ˈæŋgl/ *n* angolo *m*; fig angolazione *f*; **at an ~** storto
angle² *vi* pescare con la lenza; **~ for** fig cercare di ottenere
angle bracket *n* Techn parentesi *f inv* uncinata
Anglepoise /ˈæŋglpɔɪz/, **Anglepoise lamp** *n* lampada *f* a braccio estensibile
angler /ˈæŋglə(r)/ *n* pescatore, -trice *mf*
Anglican /ˈæŋglɪkən/ *adj & n* anglicano, -a *mf*
Anglicism /ˈæŋglɪsɪzm/ *n* anglicismo *m*
anglicize /ˈæŋglɪsaɪz/ *vt* anglicizzare
angling /ˈæŋglɪŋ/ *n* pesca *f* con la lenza
Anglo+ /ˈæŋgləʊ/ *pref* anglo+
Anglo-American *adj & n* angloamericano, -a *mf*
Anglophone /ˈæŋgləfəʊn/ *adj & n* anglofono, -a *mf*
Anglo-Saxon /ˈæŋgləʊˈsæksn/ *adj & n* anglosassone *mf*
Angola /æŋˈgəʊlə/ *n* Angola *f*
angora /ænˈgɔːrə/ *n* lana *f* d'angora
angrily /ˈæŋgrɪlɪ/ *adv* rabbiosamente
angry /ˈæŋgrɪ/ *adj* (**-ier**, **-iest**) arrabbiato; **get ~** arrabbiarsi; **~ with** *or* **at somebody** arrabbiato con qualcuno; **~ at** *or* **about something** arrabbiato per qualcosa
anguish /ˈæŋgwɪʃ/ *n* angoscia *f*; **in ~** in preda all'angoscia
anguished /ˈæŋgwɪʃt/ *adj* (suffering) straziante; ‹*person*› angosciato
angular /ˈæŋgjʊlə(r)/ *adj* angolare
animal /ˈænɪm(ə)l/ *adj & n* animale *m*
animal experiment *n* esperimento *m* sugli animali
animal husbandry /ˈhʌzbəndrɪ/ *n* allevamento *m*
animal kingdom *n* regno *m* animale
animal lover *n* amante *mf* degli animali
animal product *n* prodotto *m* di origine animale
animal rights *npl* diritti *mpl* degli animali
animal rights activist *n* animalista *mf*
animal sanctuary *n* rifugio *m* per animali
animal testing *n* sperimentazione *f* sugli animali
animate¹ /ˈænɪmət/ *adj* animato
animate² /ˈænɪmeɪt/ *vt* animare
animated /ˈænɪmeɪtɪd/ *adj* animato; ‹*person*› vivace
animation /ænɪˈmeɪʃn/ *n* animazione *f*
animator /ˈænɪmeɪtə(r)/ *n* (film cartoonist) animatore, -trice *mf*; (director) regista *mf* di film d'animazione
animatronics /ænɪməˈtrɒnɪks/ *nsg* animazione *fsg* elettronica
animosity /ænɪˈmɒsətɪ/ *n* animosità *f*
aniseed /ˈænɪsiːd/ *n* anice *f*
ankle /ˈæŋk(ə)l/ *n* caviglia *f*
anklebone *n* astragalo *m*
ankle-deep *adj* **be ~ in mud** *adj* essere nel fango fino alle caviglie
ankle-length *adj* (dress) alla caviglia
ankle sock *n* calzino *m*
annals /ˈænəlz/ *npl* **go down in the ~ [of history]** passare agli annali
annex /əˈneks/ **A** *vt* annettere

a

B annexe *n* annesso *m*

annex[e] /'æneks/ *n* annesso *m*

annexation /ænek'seɪʃn/ *n* (action) annessione *f*; (land annexed) territorio *m* annesso

annihilate /ə'naɪəleɪt/ *vt* annientare

annihilation /ənaɪə'leɪʃn/ *n* annientamento *m*

anniversary /ænɪ'vɜːsərɪ/ *n* anniversario *m*

Anno Domini /ænəʊ'dɒmɪnaɪ/ *adv* dopo Cristo

annotate /'ænəteɪt/ *vt* annotare

🔑 **announce** /ə'naʊns/ *vt* annunciare

announcement /ə'naʊnsmənt/ *n* annuncio *m*

announcer /ə'naʊnsə(r)/ *n* annunciatore, -trice *mf*

annoy /ə'nɔɪ/ *vt* dare fastidio a

annoyance /ə'nɔɪəns/ *n* seccatura *f*; (anger) irritazione *f*

annoyed /ə'nɔɪd/ *adj* irritato; **get ~** irritarsi; **~ with somebody** irritato con qualcuno; **~ at/about something** irritato per qualcosa; **~ that** irritato che

annoying /ə'nɔɪɪŋ/ *adj* fastidioso

🔑 **annual** /'ænjʊəl/ **A** *adj* annuale; ‹*income*› annuo
B *n* Bot pianta *f* annua; (children's book) almanacco *m*

Annual General Meeting *n* assemblea *f* generale annuale

annually /'ænjʊəlɪ/ *adv* annualmente; **she earns £50,000~** guadagna 50.000 sterline all'anno

annual report *n* resoconto *m* annuale

annuity /ə'njuːətɪ/ *n* annualità *f*

annul /ə'nʌl/ *vt* (*pt/pp* **annulled**) annullare

Annunciation /ənʌnsɪ'eɪʃn/ *n* Annunciazione *f*

anode /'ænəʊd/ *n* anodo *m*

anodyne /'ænədaɪn/ *adj* literary (bland) anodino; (inoffensive) innocuo

anoint /ə'nɔɪnt/ *vt* ungere

anomalous /ə'nɒmələs/ *adj* anomalo

anomaly /ə'nɒməlɪ/ *n* anomalia *f*

anon /ə'nɒn/ *abbr* (**anonymous**) anonimo

anonymity /ænə'nɪmətɪ/ *n* anonimità *f*

anonymous /ə'nɒnɪməs/ *adj* anonimo; **remain ~** mantenere l'anonimato

anonymously /ə'nɒnɪməslɪ/ *adv* anonimamente

anorak /'ænəræk/ *n* giacca *f* a vento

anorexia /'ænə'reksɪə/ *n* anoressia *f*

anorexic /ænə'reksɪk/ *adj & n* anoressico, -a *mf*

🔑 **another** /ə'nʌðə(r)/ *adj & pron* **~ [one]** un altro, un'altra; **~ day** un altro giorno; **in ~ way** diversamente; **~ time** un'altra volta; **one ~** l'un l'altro

🔑 **answer** /'ɑːnsə(r)/ **A** *n* risposta *f*; (solution) soluzione *f*
B *vt* rispondere a ‹*person, question, letter*›; esaudire ‹*prayer*›; **~ the door** aprire la porta; **~ the telephone** rispondere al telefono
C *vi* rispondere

■ **answer back** *vi* ribattere

■ **answer for** *vt* rispondere di

answerable /'ɑːnsərəbl/ *adj* responsabile; **be ~ to somebody** rispondere a qualcuno

answering machine *n* Teleph segreteria *f* telefonica

answering service *n* servizio *m* di segreteria telefonica

answerphone /'ɑːnsəfəʊn/ *n* segreteria *f* telefonica

ant /ænt/ *n* formica *f*

antacid /ænt'æsɪd/ *adj & n* antiacido *m*

antagonism /æn'tægənɪzm/ *n* antagonismo *m*

antagonistic /æntægə'nɪstɪk/ *adj* antagonistico

antagonize /æn'tægənaɪz/ *vt* provocare l'ostilità di

Antarctic /æn'tɑːktɪk/ **A** *n* Antartico *m*
B *adj* antartico

Antarctica /æn'tɑːktɪkə/ *n* Antartide *f*

Antarctic Circle *n* Circolo *m* polare antartico

Antarctic Ocean *n* mare *m* antartico

anteater /'æntiːtə(r)/ *n* formichiere *m*

antecedent /æntɪ'siːdənt/ *n* (precedent) antecedente *m*; (ancestor) antenato, -a *mf*

antedate /æntɪ'deɪt/ *vt* (put earlier date on) retrodatare; (predate) precedere

antediluvian /æntɪdɪ'luːvɪən/ *adj* antidiluviano

antelope /'æntɪləʊp/ *n* antilope *m*

antenatal /æntɪ'neɪtl/ *adj* prenatale

antenatal class *n* corso *m* di preparazione al parto

antenatal clinic *n* BrE assistenza *f* medica prenatale

antenna /æn'tenə/ *n* antenna *f*

anterior /æn'tɪərɪə/ *adj* anteriore

anteroom /'æntɪ-/ *n* anticamera *f*

ant heap = **anthill**

anthem /'ænθəm/ *n* inno *m*

anthill /'ænthɪl/ *n* formicaio *m*

anthology /æn'θɒlədʒɪ/ *n* antologia *f*

anthracite /'ænθrəsaɪt/ *n* antracite *f*

anthrax /'ænθræks/ *n* (disease) carbonchio *m*; (pustule) pustola *f* di carbonchio

anthropological /ænθrəpə'lɒdʒɪkl/ *adj* antropologico

anthropologist /ænθrə'pɒlədʒɪst/ *n* antropologo, -a *mf*

anthropology /ænθrə'pɒlədʒɪ/ *n* antropologia *f*

anti /'æntɪ/ **A** *pref* anti
B *prep* **be ~** essere contro

🔑 parola chiave

anti-abortion *adj* antiabortista
anti-abortionist *n* antiabortista *mf*
anti-aircraft *adj* antiaereo
anti-apartheid *adj* antiapartheid *inv*
antibacterial /æntɪbækˈtɪərɪəl/ *adj* antibatterico
anti-ballistic missile /æntɪbəlɪstɪkˈmɪsaɪl/ *n* missile *m* antimissile
antibiotic /æntɪbaɪˈɒtɪk/ *n* antibiotico *m*
antibody /ˈæntɪbɒdɪ/ *n* anticorpo *m*
anticipate /ænˈtɪsɪpeɪt/ *vt* prevedere; (forestall) anticipare
anticipation /æntɪsɪˈpeɪʃn/ *n* anticipo *m*; (excitement) attesa *f*; **in ~ of** in previsione di
anticlimax /æntɪˈklaɪmæks/ *n* delusione *f*
anticlockwise /æntɪˈklɒkwaɪz/ *adj & adv* in senso antiorario
antics /ˈæntɪks/ *npl* gesti *mpl* buffi
anticyclone /æntɪˈsaɪkləʊn/ *n* anticiclone *m*
antidepressant /æntɪdɪˈpres(ə)nt/ *adj & n* antidepressivo *m*
antidote /ˈæntɪdəʊt/ *n* antidoto *m*
anti-establishment *adj* contestatario
antifreeze /ˈæntɪfriːz/ *n* antigelo *m*
anti-glare *adj* ‹*screen*› antiriflesso *inv*
antihistamine /æntɪˈhɪstəmiːn/ *n* antistaminico *m*
anti-inflammatory /-ɪnˈflæmətrɪ/ *adj & n* antinfiammatorio *m*
anti-inflation *adj* anti-inflazione *inv*
anti-inflationary /-ɪnˈfleɪʃnərɪ/ *adj* antinflazionistico
anti-lock *adj* antibloccaggio *inv*
antipathy /ænˈtɪpəθɪ/ *n* antipatia *f*
antiperspirant /æntɪˈpɜːspɪrənt/ *n* deodorante *m* antitraspirante
Antipodean /æntɪpəˈdiːən/ *adj & n* australiano, -a, e/o neozelandese *mf*
Antipodes /ænˈtɪpədiːz/ *npl* BrE **the ~** gli antipodi
antiquarian /æntɪˈkweərɪən/ *adj* antiquario; **~ bookshop** negozio *m* di libri antichi
antiquated /ˈæntɪkweɪtɪd/ *adj* antiquato
antique /ænˈtiːk/ **A** *adj* antico
B *n* antichità *f*
antique dealer *n* antiquario, -a *mf*
antiques fair *n* fiera *f* dell'antiquariato
antique shop *n* negozio *m* d'antiquariato
antiques trade *n* antiquariato *m*
antiquity /ænˈtɪkwətɪ/ *n* antichità *f*
anti-racism *n* antirazzismo *m*
anti-racist *adj* antirazzista
antiretroviral /æntiretrɒˌvaɪrəl/ *adj* antiretrovirale
anti-riot *adj* ‹*police*› antisommossa *inv*
anti-rust *adj* antiruggine *inv*
anti-Semitic /æntɪsɪˈmɪtɪk/ *adj* antisemita
anti-Semitism /æntɪˈsemɪtɪzm/ *n* antisemitismo *m*
antiseptic /æntɪˈseptɪk/ *adj & n* antisettico *m*
anti-skid *adj* antiscivolo *inv*
anti-smoking *adj* contro il fumo, antifumo
antisocial /æntɪˈsəʊʃəl/ *adj* ‹*behaviour*› antisociale; ‹*person*› asociale
antiterrorism /æntɪˈterərɪzm/ *n* antiterrorismo *m*
anti-terrorist *adj* antiterrorista
anti-theft *adj* ‹*lock, device*› antifurto *inv*; ‹*camera*› di sorveglianza; **~ steering lock** bloccasterzo *m*
antithesis /ænˈtɪθəsɪs/ *n* antitesi *f*
antitrust /æntɪˈtrʌst/ *adj* antitrust *inv*
antivirus program /æntɪˈvaɪrəs/ *n* Comput programma *m* antivirus
antivirus software *n* Comput programma *m* antivirus
antivivisectionist /æntɪvɪvɪˈsekʃənɪst/ **A** *n* antivivisezionista *mf*
B *adj* antivivisezionistico
anti-war *adj* antimilitarista
antlers /ˈæntlər/ *npl* corna *fpl*
antonym /ˈæntənɪm/ *n* antonimo *m*
Antwerp /ˈæntwɜːp/ *n* Anversa *f*
anus /ˈeɪnəs/ *n* ano *m*
anvil /ˈænvɪl/ *n* incudine *f*
anxiety /æŋˈzaɪətɪ/ *n* ansia *f*
anxious /ˈæŋkʃəs/ *adj* ansioso
anxiously /ˈæŋkʃəslɪ/ *adv* con ansia
any /ˈenɪ/ **A** *adj* (no matter which) qualsiasi, qualunque; **have we ~ wine/biscuits?** abbiamo del vino/dei biscotti?; **have we ~ jam/apples?** abbiamo della marmellata/delle mele?; **~ colour/number you like** qualsiasi colore/numero ti piaccia; **we don't have ~ wine/biscuits** non abbiamo vino/biscotti; **I don't have ~ reason to lie** non ho nessun motivo per mentire; **for ~ reason** per qualsiasi ragione
B *pron* (some) ne; (no matter which) uno qualsiasi; **I don't want ~ [of it]** non ne voglio [nessuno]; **there aren't ~** non ce ne sono; **have we ~?** ne abbiamo?; **have you read ~ of her books?** hai letto qualcuno dei suoi libri?
C *adv* **I can't go ~ quicker** non posso andare più in fretta; **is it ~ better?** va un po' meglio?; **would you like ~ more?** ne vuoi ancora?; **I can't eat ~ more** non posso mangiare più niente
anybody /ˈenɪbʌdɪ/ *pron* chiunque; (after negative) nessuno; **~ can do that** chiunque può farlo; **I haven't seen ~** non ho visto nessuno
anyhow /ˈenɪhaʊ/ *adv* ad ogni modo, comunque; (badly) non importa come
anyone /ˈenɪwʌn/ *pron* = **anybody**
anyplace /ˈenɪpleɪs/ *adv* AmE = **anywhere**
anything /ˈenɪθɪŋ/ *pron* qualche cosa, qualcosa; (no matter what) qualsiasi cosa;

a

(after negative) niente; **take/buy ~ you like** prendi/compra quello che vuoi; **I don't remember ~** non mi ricordo niente; **he's ~ but stupid** è tutto fuorché stupido; **I'll do ~ but that** farò qualsiasi cosa, tranne quello

anytime /'enɪtaɪm/ *adv* **if at ~ you feel lonely...** se mai ti dovessi sentire solo...; **he could arrive ~ now** potrebbe arrivare da un momento all'altro; **~ after 2 pm** a qualsiasi ora dopo le due; **at ~ of the day or night** a qualsiasi ora del giorno o della notte; **~ you like** quando vuoi

anyway /'enɪweɪ/ *adv* ad ogni modo, comunque

anywhere /'enɪweə(r)/ *adv* dovunque; (after negative) da nessuna parte; **put it ~** mettilo dove vuoi; **I can't find it ~** non lo trovo da nessuna parte; **~ else** da qualche altra parte; **I don't want to go ~ else** non voglio andare da nessun'altra parte

aorta /eɪ'ɔːtə/ *n* aorta *f*

Aosta /æ'ɒstə/ *n* Aosta *f*

apace /ə'peɪs/ *adv* literary liter rapidamente

apart /ə'pɑːt/ *adv* lontano; **live ~** vivere separati; **100 miles ~** lontani 100 miglia; **born 20 minutes ~** nati a distanza di 20 minuti; **~ from** a parte; **you can't tell them ~** non si possono distinguere; **joking ~** scherzi a parte

apartheid /ə'pɑːthaɪt/ *n* apartheid *f*

apartment /ə'pɑːtmənt/ *n* AmE (flat) appartamento *m*; **in my ~** a casa mia

apartment block *n* stabile *m*

apartment house *n* stabile *m*

apathetic /æpə'θetɪk/ *adj* (by nature) apatico; **~ about something/towards somebody** (from illness, depression) indifferente a qualcosa/nei confronti di qualcuno

apathy /'æpəθɪ/ *n* apatia *f*

ape /eɪp/ **A** *n* scimmia *f*
B *vt* scimmiottare

Apennines /'æpənaɪnz/ *npl* **the ~** gli Appennini

aperitif /ə'perətiːf/ *n* aperitivo *m*

aperture /'æpətʃə(r)/ *n* apertura *f*

apex /'eɪpeks/ *n* vertice *m*

aphid /'eɪfɪd/ *n* afide *m*

aphrodisiac /æfrə'dɪzɪæk/ *adj & n* afrodisiaco *m*

apiary /'eɪpɪərɪ/ *n* apiario *m*

apiece /ə'piːs/ *adv* ciascuno

aplenty /ə'plentɪ/ *adv* **there were goals ~** c'è stata una valanga di gol

apocalypse /ə'pɒkəlɪps/ *n* Apocalisse *f*; (disaster, destruction) apocalisse *f*

apocalyptic /əpɒkə'lɪptɪk/ *adj* apocalittico

apocryphal /ə'pɒkrɪfəl/ *adj* apocrifo

apogee /'æpədʒiː/ *n* apogeo *m*

apolitical /eɪpə'lɪtɪkl/ *adj* apolitico

Apollo /ə'pɒləʊ/ *n* also fig Apollo *m*

apologetic /əpɒlə'dʒetɪk/ *adj* ‹*air, remark*› di scusa; **be ~** essere spiacente

apologetically /əpɒlə'dʒetɪklɪ/ *adv* per scusarsi

apologist /ə'pɒlədʒɪst/ *n* apologeta *mf* (**for** di)

apologize /ə'pɒlədʒaɪz/ *vi* scusarsi (**for** per)

apology /ə'pɒlədʒɪ/ *n* scusa *f*; fig **an ~ for a dinner** una sottospecie di cena

apoplectic /æpə'plektɪk/ *adj* (furious) furibondo; ‹*fit, attack*› apoplettico

apoplexy /'æpəpleksɪ/ *n* Med apoplessia *f*; (rage) rabbia *f*

apostle /ə'pɒsl/ *n* apostolo *m*

apostrophe /ə'pɒstrəfɪ/ *n* apostrofo *m*

apotheosis /əpɒθɪ'əʊsɪs/ *n* apoteosi *f inv*

app *n abbr* (**application**) Comput infml applicazione *f*

appal /ə'pɔːl/ *vt* (*pt/pp* **appalled**) sconvolgere

Appalachians /æpə'leɪtʃɪnz/ *npl* **the ~** gli Appalachi

appalling /ə'pɔːlɪŋ/ *adj* sconvolgente; **he's an ~ teacher** fig è un disastro come professore

appallingly /ə'pɔːlɪŋlɪ/ *adv* ‹*behave, treat*› orribilmente; **unemployment figures are ~ high** il tasso di disoccupazione è spaventosamente alto; **furnished in ~ bad taste** arredato con pessimo gusto

apparatus /æpə'reɪtəs/ *n* apparato *m*

apparel /ə'pærəl/ *n* abbigliamento *m*

apparent /ə'pærənt/ *adj* evidente; (seeming) apparente

apparently /ə'pærəntlɪ/ *adv* apparentemente

apparition /æpə'rɪʃn/ *n* apparizione *f*

appeal /ə'piːl/ **A** *n* appello *m*; (attraction) attrattiva *f*
B *vi* fare appello; **~ to** (be attractive to) attrarre

appeal court, appeals court *n* corte *f* d'appello

appeal fund *n* raccolta *f* di fondi

appealing /ə'piːlɪŋ/ *adj* attraente

appealingly /ə'piːlɪŋlɪ/ *adv* (beseechingly) in modo supplichevole; (attractively) in modo attraente

appear /ə'pɪə(r)/ *vi* apparire; (seem) sembrare; ‹*publication*› uscire; Theat esibirsi; **he finally ~ed at...** infml si è fatto finalmente vedere alle...; **~ in court** comparire in giudizio

appearance /ə'pɪərəns/ *n* apparizione *f*; (look) aspetto *m*; **to all ~s** a giudicare dalle apparenze; **keep up ~s** salvare le apparenze

appease /ə'piːz/ *vt* placare

appeasement /ə'piːzmənt/ *n* **a policy of ~** una politica troppo conciliante

append /ə'pend/ *vt* apporre ‹*signature*› (**to** a)

parola chiave

appendage /ə'pendɪdʒ/ *n* appendice *f*
appendicitis /əpendɪ'saɪtɪs/ *n* appendicite *f*
appendix /ə'pendɪks/ *n* (of book) (*pl* **-ices**) /-əsi:z/ appendice *f* (*pl* **-es**) Anat appendice *f*
appertain /æpə'teɪn/ *vi* ~ **to** essere pertinente a
appetite /'æpɪtaɪt/ *n* appetito *m*
appetite suppressant *n* pillola *f* antifame
appetizer /'æpɪtaɪzə(r)/ *n* (drink) aperitivo *m*; (starter) antipasto *m*; (biscuit, olive etc) stuzzichino *m*
appetizing /'æpɪtaɪzɪŋ/ *adj* appetitoso
applaud /ə'plɔ:d/ *vt & vi* applaudire
applause /ə'plɔ:z/ *n* applauso *m*
apple /'æpl/ *n* mela *f*; **she's the ~ of his eye** è la luce dei suoi occhi
apple core *n* torsolo *m* di mela
apple orchard *n* meleto *m*
applet /'æplɪt/ *n* Comput applet *f*
apple tree *n* melo *m*
appliance /ə'plaɪəns/ *n* attrezzo *m*; **[electrical] ~** elettrodomestico *m*
applicable /'æplɪkəbl/ *adj* **be ~ to** essere valido per; **not ~** (on form) non applicabile
applicant /'æplɪkənt/ *n* candidato, -a *mf*
application /æplɪ'keɪʃn/ *n* Comput (general) applicazione *f*; (request) domanda *f*; (for job) candidatura *f*; **on ~** su richiesta
application form *n* modulo *m* di domanda
applicator /'æplɪkeɪtə(r)/ *n* applicatore *m*
applied /ə'plaɪd/ *adj* applicato
appliqué /ə'pli:keɪ/ **A** *n* applicazione *f* **B** *attrib* ‹*motif, decoration*› applicato
apply /ə'plaɪ/ **A** *vt* (*pt/pp* **-ied**) applicare; **~ oneself** applicarsi; **~ the brakes** frenare **B** *vi* applicarsi; ‹*law*› essere applicabile; **~ to** (ask) rivolgersi a; **~ for** fare domanda per ‹*job etc*›
appoint /ə'pɔɪnt/ *vt* nominare; fissare ‹*time*›; **well ~ed** ben equipaggiato
appointee /əpɔɪn'ti:/ *n* incaricato, -a *mf*
appointment /ə'pɔɪntmənt/ *n* appuntamento *m*; (to job) nomina *f*; (job) posto *m*
apportion /ə'pɔ:ʃn/ *vt* ripartire, attribuire
apposite /'æpəzɪt/ *adj* appropriato
apposition /æpə'zɪʃn/ *n* apposizione *f*
appraisal /ə'preɪzəl/ *n* valutazione *f*; **make an ~ of something** valutare qualcosa
appraise /ə'preɪz/ *vt* valutare
appreciable /ə'pri:ʃəbl/ *adj* sensibile
appreciably /ə'pri:ʃəblɪ/ *adv* sensibilmente
appreciate /ə'pri:ʃieɪt/ **A** *vt* apprezzare; (understand) comprendere **B** *vi* (increase in value) aumentare di valore
appreciation /əpri:sɪ'eɪʃn/ *n* (gratitude) riconoscenza *f*; (enjoyment) apprezzamento *m*; (understanding) comprensione *f*; (in value) aumento *m*; **in ~** come segno di riconoscenza (**of** per)
appreciative /ə'pri:ʃətɪv/ *adj* riconoscente
apprehend /æprɪ'hend/ *vt* arrestare
apprehension /æprɪ'henʃn/ *n* arresto *m*; (fear) apprensione *f*
apprehensive /æprɪ'hensɪv/ *adj* apprensivo
apprehensively /æprɪ'hensɪvlɪ/ *adv* con apprensione
apprentice /ə'prentɪs/ *n* apprendista *mf*
apprenticeship /ə'prentɪsʃɪp/ *n* apprendistato *m*
apprise /ə'praɪz/ *vt* fml informare (**of** di)
approach /ə'prəʊtʃ/ **A** *n* avvicinamento *m*; (to problem) approccio *m*; (access) accesso *m*; **make ~es to** fare degli approcci con **B** *vi* avvicinarsi **C** *vt* avvicinarsi a; (with request) rivolgersi a; affrontare ‹*problem*›
approachable /ə'prəʊtʃəbl/ *adj* accessibile
approach lights *npl* Aeron sentiero *m* luminoso di avvicinamento
approach path *n* Aeron rotta *f* di avvicinamento
approach road *n* strada *f* d'accesso
approbation /æprə'beɪʃn/ *n* approvazione *f*
appropriate¹ /ə'prəʊprɪət/ *adj* appropriato
appropriate² /ə'prəʊprɪeɪt/ *vt* appropriarsi di
appropriately /ə'prəʊprɪətlɪ/ *adv* (suitably) in modo appropriato; ‹*sited*› convenientemente; ‹*designed, chosen, behave*› adeguatamente
appropriation /əprəʊprɪ'eɪʃn/ *n* AmE Comm stanziamento *m*; Jur (removal) appropriazione *f*
approval /ə'pru:vl/ *n* approvazione *f*; **on ~** in prova
approve /ə'pru:v/ **A** *vt* approvare **B** *vi* **~ of** approvare ‹*something*›; avere una buona opinione di ‹*somebody*›
approving /ə'pru:vɪŋ/ *adj* ‹*smile, nod*› d'approvazione
approvingly /ə'pru:vɪŋlɪ/ *adv* con approvazione
approximate¹ /ə'prɒksɪmeɪt/ *vi* **~ to** avvicinarsi a
approximate² /ə'prɒksɪmət/ *adj* approssimativo
approximately /ə'prɒksɪmətlɪ/ *adv* approssimativamente
approximation /əprɒksɪ'meɪʃn/ *n* approssimazione *f*
APR *n* (**annual percentage rate**) tasso *m* percentuale annuo
apricot /'eɪprɪkɒt/ *n* albicocca *f*; **~ tree** albicocco *m*
April /'eɪprəl/ *n* aprile *m*; **make an ~ Fool of somebody** fare un pesce d'aprile a qualcuno
April Fools' Day *n* il primo d'aprile *m*
apron /'eɪprən/ *n* grembiule *m*
apropos /'æprəpəʊ/ *adv* **~ [of]** a proposito [di]

a

apse /æps/ *n* abside *f*
apt /æpt/ *adj* appropriato; ‹*pupil*› dotato; **be ~ to do something** avere tendenza a fare qualcosa
aptitude /'æptɪtju:d/ *n* disposizione *f*
aptitude test *n* test *m inv* attitudinale
aptly /æptlɪ/ *adv* appropriatamente
Apulia /ə'pju:lɪə/ *n* Puglia *f*
aqualung /'ækwəlʌŋ/ *n* autorespiratore *m*
aquamarine /ækwəmə'ri:n/ *adj & n* acquamarina *f*
aquaplane /'ækwəpleɪn/ *vi* Sport praticare l'acquaplano; BrE Auto andare in aquaplaning
aquarium /ə'kweərɪəm/ *n* acquario *m*
Aquarius /ə'kweərɪəs/ *n* Astr Acquario *m*; **be ~** essere dell' Acquario
aquarobics /ˌækwə'rɒbɪks/ *nsg* acquagym *fsg inv*
aquatic /ə'kwætɪk/ *adj* acquatico
aqueduct /'ækwədʌkt/ *n* acquedotto *m*
aquiline /'ækwɪlaɪn/ *adj* ‹*nose, features*› aquilino
Arab /'ærəb/ *adj & n* arabo, -a *mf*
Arabia /ə'reɪbɪə/ *n* Arabia *f*
Arabian /ə'reɪbɪən/ *adj* arabo
Arabic /'ærəbɪk/ **A** *adj* arabo; **~ numerals** numeri *mpl* arabi
B *n* arabo *m*
Arab-Israeli *adj* arabo-israeliano
arable /'ærəbl/ *adj* coltivabile
Arab Spring *n* primavera *f* araba
arbiter /'ɑ:bɪtə(r)/ *n* arbitro *m*
arbitrarily /ɑ:bɪ'trerɪlɪ/ *adv* arbitrariamente
arbitrary /'ɑ:bɪtrərɪ/ *adj* arbitrario
arbitrate /'ɑ:bɪtreɪt/ *vi* arbitrare
arbitration /ɑ:bɪ'treɪʃn/ *n* arbitraggio *m*
arbitrator /'ɑ:bɪtreɪtə(r)/ *n* arbitro *m*
arbour /'ɑ:bə(r)/ *n* pergolato *m*
arc /ɑ:k/ *n* arco *m*
arcade /ɑ:'keɪd/ *n* portico *m*; (shops) galleria *f*
arcane /ɑ:'keɪn/ *adj* arcano
arch /ɑ:tʃ/ **A** *n* arco *m*; (of foot) dorso *m* del piede
B *vt* **the cat ~ed its back** il gatto ha arcuato la schiena
archaeological /ɑ:kɪə'lɒdʒɪkl/ *adj* archeologico
archaeologist /ɑ:kɪ'ɒlədʒɪst/ *n* archeologo, -a *mf*
archaeology /ɑ:kɪ'ɒlədʒɪ/ *n* archeologia *f*
archaic /ɑ:'keɪɪk/ *adj* arcaico
archbishop /ɑ:tʃ'bɪʃəp/ *n* arcivescovo *m*
arched /ɑ:tʃt/ *adj* ‹*eyebrows*› arcuato
arch-enemy *n* acerrimo nemico *m*
archer /'ɑ:tʃə(r)/ *n* arciere *m*
archery /'ɑ:tʃərɪ/ *n* tiro *m* con l'arco
archetypal /ɑ:kɪ'taɪpl/ *adj* **the ~ hero** il prototipo dell'eroe
archetype /'ɑ:kɪtaɪp/ *n* archetipo *m*
archipelago /ɑ:kɪ'peləgəʊ/ *n* arcipelago *m*
architect /'ɑ:kɪtekt/ *n* architetto *m*
architectural /ɑ:kɪ'tektʃərəl/ *adj* architettonico
architecturally /ɑ:kɪ'tektʃərəlɪ/ *adv* architettonicamente
architecture /ɑ:kɪ'tektʃə(r)/ *n* architettura *f*
archive /'ɑ:kaɪv/ *vt* also Comput archiviare
archives /'ɑ:kaɪvz/ *npl* archivi *mpl*
archiving /'ɑ:kaɪvɪŋ/ *n* Comput archiviazione *f*
archway /'ɑ:tʃweɪ/ *n* arco *m*
Arctic /'ɑ:ktɪk/ **A** *adj* artico
B *n* **the ~** l'Artico
Arctic Circle *n* Circolo *m* polare artico
Arctic Ocean *n* mare *m* artico
ardent /'ɑ:dənt/ *adj* ardente
ardently /'ɑ:dəntlɪ/ *adv* ardentemente
ardour /'ɑ:də(r)/ *n* ardore *m*
arduous /'ɑ:djʊəs/ *adj* arduo
arduously /'ɑ:djʊəslɪ/ *adv* con fatica, con difficoltà
are /ɑ:(r)/ ▶ **be**
area /'eərɪə/ *n* area *f*; (region) zona *f*; fig (field) campo *m*
area code *n* prefisso *m* [telefonico]
area manager *n* direttore, -trice *mf* di zona
arena /ə'ri:nə/ *n* arena *f*
aren't /ɑ:nt/ *are not* ▶ **be**
Argentina /ɑ:dʒən'ti:nə/ *n* Argentina *f*
Argentine /'ɑ:dʒəntaɪn/ *adj* argentino
Argentinian /ɑ:dʒən'tɪnɪən/ *adj & n* argentino, -a *mf*
arguable /'ɑ:gjʊəbl/ *adj* **it's ~ that...** si può sostenere che...
arguably /'ɑ:gjʊəblɪ/ *adv* **he is ~...** è probabilmente...
argue /'ɑ:gju:/ **A** *vi* litigare (**about** su); (debate) dibattere; **don't ~!** non discutere!
B *vt* (debate) dibattere; (reason) **~ that** sostenere che
argument /'ɑ:gjʊmənt/ *n* argomento *m*; (reasoning) ragionamento *m*; **have an ~** litigare
argumentative /ɑ:gjʊ'mentətɪv/ *adj* polemico
aria /'ɑ:rɪə/ *n* aria *f*
arid /'ærɪd/ *adj* arido
aridity /ə'rɪdətɪ/ *n* also fig aridità *f*
Aries /'eəri:z/ *n* Astr Ariete *m*; **be ~** essere dell'Ariete
arise /ə'raɪz/ *vi* (*pt* **arose**, *pp* **arisen**) ‹*opportunity, need, problem*› presentarsi; (result) derivare
aristocracy /ærɪ'stɒkrəsɪ/ *n* aristocrazia *f*
aristocrat /'ærɪstəkræt/ *n* aristocratico, -a *mf*
aristocratic /ærɪstə'krætɪk/ *adj* aristocratico
arithmetic /ə'rɪθmətɪk/ *n* aritmetica *f*

parola chiave

arithmetical /ærɪθˈmetɪkl/ *adj* aritmetico

ark /ɑːk/ *n* **Noah's Ark** l'Arca *f* di Noè

arm /ɑːm/ **A** *n* braccio *m*; (of chair) bracciolo *m*; **~s** *pl* (weapons) armi *fpl*; **~ in ~** a braccetto; **up in ~s** infml furioso (**about** per); fig **with open ~s** a braccia aperte
B *vt* armare

armadillo /ɑːməˈdɪləʊ/ *n* armadillo *m*

armaments /ˈɑːməmənts/ *npl* armamenti *mpl*

armband /ˈɑːmbænd/ *n* (for swimmer) bracciolo *m* (*per nuotare*) (for mourner) fascia *f* al braccio

armchair /ˈɑːmtʃeə(r)/ *n* poltrona *f*

armchair traveller *n persona* (*f*) *che si interessa di viaggi senza viaggiare*

armed /ɑːmd/ *adj* armato

armed forces /ˈfɔːsɪz/ *npl* forze *fpl* armate

armed robbery *n* rapina *f* a mano armata

Armenia /ɑːˈmiːnɪə/ *n* Armenia *f*

Armenian /ɑːˈmiːnɪən/ *adj & n* (person) armeno, -a *mf*; (language) armeno *m*

armful /ˈɑːmfʊl/ *n* bracciata *f*

armhole /ˈɑːmhəʊl/ *n* giro *m* manica *inv*

armistice /ˈɑːmɪstɪs/ *n* armistizio *m*

Armistice Day *n* l'Anniversario *m* dell'Armistizio (*11 nov. 1918*)

armour /ˈɑːmə(r)/ *n* armatura *f*

armour-clad /-ˈklæd/ *adj* ‹*vehicle*› blindato; ‹*ship*› corazzato

armoured /ˈɑːməd/ *adj* ‹*vehicle*› blindato

armoured car *n* autoblinda[ta] *f*

armour plate, **armour plating** /ˈpleɪtɪŋ/ *n* corazzatura *f*

armour-plated /-ˈpleɪtɪd/ *adj* corazzato

armoury /ˈɑːmərɪ/ *n* (factory) fabbrica *f* d'armi; (store) arsenale *m*, armeria *f*

armpit /ˈɑːmpɪt/ *n* ascella *f*

armrest /ˈɑːmrest/ *n* bracciolo *m* (*di sedia*)

arms control *n* controllo *m* degli armamenti

arms dealer *n* trafficante *mf* d'armi

arms dump *n* deposito *m* d'armi

arms embargo *n* embargo *m* sulle armi

arms limitation *n* controllo *m* degli armamenti

arms manufacturer *n* fabbricante *mf* d'armi

arms race *n* corsa *f* agli armamenti

arms treaty *n* trattato *m* sul controllo degli armamenti

arm-twisting /ˈɑːmtwɪstɪŋ/ *n* pressioni *fpl*

arm-wrestling *n* braccio *m* di ferro

army /ˈɑːmɪ/ *n* esercito *m*; **join the ~** arruolarsi

A road *n* BrE [strada *f*] statale *f*

aroma /əˈrəʊmə/ *n* aroma *f*

aromatherapist /əˌrəʊməˈθerəpɪst/ *n* aromaterapeuta *mf*

aromatherapy /ərəʊməˈθerəpɪ/ *n* aromaterapia *f*

aromatic /ærəˈmætɪk/ *adj* aromatico

arose /əˈrəʊz/ ▶ **arise**

around /əˈraʊnd/ **A** *adv* intorno; **all ~** tutt'intorno; **I'm not from ~ here** non sono di qui; **he's not ~** non c'è
B *prep* intorno a; in giro per ‹*room, shops, world*›

arousal /əˈraʊzl/ *n* eccitazione *f*

arouse /əˈraʊz/ *vt* svegliare; (sexually) eccitare

arpeggio /ɑːˈpedʒɪəʊ/ *n* arpeggio *m*

arrange /əˈreɪndʒ/ *vt* sistemare ‹*furniture, books*›; organizzare ‹*meeting*›; fissare ‹*date, time*›; **~ to do something** combinare di fare qualcosa

arrangement /əˈreɪndʒmənt/ *n* (of furniture) sistemazione *f*; Mus arrangiamento *m*; (agreement) accordo; (of flowers) composizione *f*; **make ~s** prendere disposizioni; **I've made other ~s** ho preso altri impegni

array /əˈreɪ/ **A** *n* (clothes) abbigliamento *m*; (of troops, people) schieramento *m*; (of numbers) tabella *f*; (of weaponry) apparato *m*; (of goods, products) assortimento *m*; Comput matrice *f*
B *vt* **~ed in ceremonial robes** abbigliato da gran cerimonia

arrears /əˈrɪəz/ *npl* arretrati *mpl*; **be in ~** essere in arretrato; **paid in ~** pagato a lavoro eseguito

arrest /əˈrest/ **A** *n* arresto *m*; **under ~** in stato d'arresto
B *vt* arrestare

arresting /əˈrestɪŋ/ *adj* (striking) che colpisce

arrival /əˈraɪvl/ *n* arrivo *m*; **new ~s** *pl* nuovi arrivati *mpl*

arrival(s) lounge *n* sala *f* arrivi

arrivals board *n* tabellone *m* degli arrivi

arrival time *n* ora *f* d'arrivo

arrive /əˈraɪv/ *vi* arrivare; **~ at** fig raggiungere

arrogance /ˈærəg(ə)ns/ *n* arroganza *f*

arrogant /ˈærəg(ə)nt/ *adj* arrogante

arrogantly /ˈærəg(ə)ntlɪ/ *adv* con arroganza

arrow /ˈærəʊ/ *n* freccia *f*

arrowhead /ˈærəʊhed/ *n* punta *f* di freccia

arse /ɑːs/ *n* BrE vulg culo *m*
■ **arse about**, **arse around** *vi* vulg coglioneggiare

arsenal /ˈɑːsən(ə)l/ *n* arsenale *m*

arsenic /ˈɑːsənɪk/ *n* arsenico *m*

arson /ˈɑːsən/ *n* incendio *m* doloso

arsonist /ˈɑːsənɪst/ *n* incendiario, -a *mf*

art /ɑːt/ *n* arte *f*; **work of ~** opera *f* d'arte; **~s and crafts** *pl* artigianato *m*; **the A~s** *pl* l'arte *f*; **A~s degree** Univ laurea *f* in Lettere

art collection *n* collezione *f* d'arte

art collector *n* collezionista *mf* d'arte

art college *n* ≈ accademia *f* di belle arti

a

art dealer *n* commerciante *mf* di oggetti d'arte
art deco *n* art déco *f*
artefact /ˈɑːtɪfækt/ *n* manufatto *m*
arterial /ɑːˈtɪərɪəl/ *adj* Anat arterioso
arterial road *n* arteria *f* [stradale]
artery /ˈɑːtərɪ/ *n* arteria *f*
art exhibition *n* mostra *f* d'arte
art form *n* forma *f* d'arte
artful /ˈɑːtfl/ *adj* scaltro
artfully /ˈɑːtfolɪ/ *adv* astutamente
art gallery *n* galleria *f* d'arte
arthritic /ɑːˈθrɪtɪk/ *adj & n* artritico, -a *mf*
arthritis /ɑːˈθraɪtɪs/ *n* artrite *f*
artichoke /ˈɑːtɪtʃəʊk/ *n* carciofo *m*
article /ˈɑːtɪkl/ *n* articolo *m*; **~ of clothing** capo *m* d'abbigliamento
articulate¹ /ɑːˈtɪkjʊlət/ *adj* ‹*speech*› chiaro; **be ~** esprimersi bene
articulate² /ɑːˈtɪkjʊleɪt/ *vt* scandire ‹*words*›
articulated lorry /ɑːˈtɪkjʊleɪtɪd/ *n* autotreno *m*
articulately /ɑːˈtɪkjʊlətlɪ/ *adv* chiaramente
articulation /ɑːtɪkjʊˈleɪʃn/ *n* (pronunciation) Anat articolazione *f*; (expression) espressione *f*
artifice /ˈɑːtɪfɪs/ *n* artificio *m*
artificial /ɑːtɪˈfɪʃl/ *adj* artificiale
artificial insemination *n* inseminazione *f* artificiale
artificial intelligence *n* intelligenza *f* artificiale
artificiality /ɑːtɪfɪʃɪˈælətɪ/ *n* artificiosità *f*
artificial limb *n* arto *m* artificiale
artificially /ɑːtɪˈfɪʃəlɪ/ *adv* artificialmente; ‹*smile*› artificiosamente
artificial respiration *n* respirazione *f* artificiale
artillery /ɑːˈtɪlərɪ/ *n* artiglieria *f*
artisan /ɑːtɪˈzæn/ *n* artigiano, -a *mf*
artist /ˈɑːtɪst/ *n* artista *mf*
artiste /ɑːˈtiːst/ *n* Theat artista *mf*
artistic /ɑːˈtɪstɪk/ *adj* artistico
artistically /ɑːˈtɪstɪklɪ/ *adv* artisticamente
artistry /ˈɑːtɪstrɪ/ *n* arte *f*, talento *m*
artless /ˈɑːtlɪs/ *adj* spontaneo
artlessly /ˈɑːtlɪslɪ/ *adv* ‹*smile*› ingenuamente
art nouveau /ɑːnuːˈvəʊ/ *adj & n* liberty *m*
art school *n* ≈ accademia *f* di belle arti
arts degree *n* laurea *f* in Lettere
arts funding *n* sovvenzioni *fpl* alle arti
arts student *n* studente, -essa *mf* di Lettere
art student *n* studente, -essa *mf* di belle arti
artwork /ˈɑːtwɜːk/ *n* illustrazioni *fpl*
arty /ˈɑːtɪ/ *adj* infml ‹*person*› intellettualoide; ‹*district*› degli intellettuali

parola chiave

as /æz/ **A** *conj* come; (since) siccome; (while) mentre; **as he grew older** diventando vecchio; **as you get to know her** conoscendola meglio; **young as she is** per quanto sia giovane
B *prep* come; **as a friend** come amico; **as a child** da bambino; **as a foreigner** in quanto straniero; **disguised as** travestito da
C *adv* **as well** *also* anche; **as soon as I get home** [non] appena arrivo a casa; **as quick as you** veloce quanto te; **as quick as you can** più veloce che puoi; **as far as** (distance) fino a; **as far as I'm concerned** per quanto mi riguarda; **as long as** finché; (provided that) purché
AS *n esame (m) sostenuto al termine del primo anno del biennio di preparazione agli A-Level*
ASAP /ˈeɪsæp/ *adv abbr* (**as quickly as possible**) prima possibile
asbestos /æzˈbestɒs/ *n* amianto *m*
ASBO /ˈæzbəʊ/ *n abbr* BrE (**Antisocial Behaviour Order**) *ordinanza (f) giudiziaria emessa contro chi ha comportamenti contrari all'ordine pubblico*
ascend /əˈsend/ **A** *vi* salire
B *vi* salire a ‹*throne*›
ascendancy /əˈsend(ə)nsɪ/ *n* **gain the ~ over somebody** acquisire una posizione dominante su qualcuno
ascendant /əˈsend(ə)nt/ *n* **be in the ~** Astr essere in ascendente; fig ‹*person*› essere in auge
Ascension /əˈsenʃn/ *n* Relig Ascensione *f*
ascent /əˈsent/ *n* ascesa *f*
ascertain /æsəˈteɪn/ *vt* accertare
ascetic /əˈsetɪk/ *adj & n* ascetico, -a *mf*
asceticism /əˈsetɪsɪzm/ *n* ascesi *f*
ascribable /əˈskraɪbəbl/ *adj* attribuibile
ascribe /əˈskraɪb/ *vt* attribuire
aseptic /eɪˈseptɪk/ *adj* asettico
asexual /eɪˈseksjʊəl/ *adj* asessuale, asessuato
ash¹ /æʃ/ *n* (tree) frassino *m*
ash² *n* cenere *f*
ashamed /əˈʃeɪmd/ *adj* **be/feel ~** vergognarsi
ash blond *adj* biondo cenere
ashen /ˈæʃ(ə)n/ *adj* (complexion) cinereo
ashore /əˈʃɔː(r)/ *adv* a terra; **go ~** sbarcare
ashtray *n* portacenere *m*
ash tree *n* frassino *m*
Ash Wednesday *n* mercoledì *m* delle Ceneri
Asia /ˈeɪʒə/ *n* Asia *f*
Asia Minor *n* Asia *f* Minore
Asian /ˈeɪʒ(ə)n/ *adj & n* asiatico, -a *mf*; BrE (Indian, Pakistani) indiano, -a *mf*
Asiatic /eɪʒɪˈætɪk/ *adj* asiatico
aside /əˈsaɪd/ **A** *adv* **take somebody ~** prendere qualcuno a parte; **put something ~** mettere qualcosa da parte; **~ from you**

AmE a parte te; **~ from his injuries** AmE a parte le sue ferite
B *n* **in an ~** tra parentesi

asinine /'æsɪnaɪn/ *adj* sciocco

ask /ɑːsk/ **A** *vt* fare ‹*question*›; (invite) invitare; **~ somebody something** domandare *or* chiedere qualcosa a qualcuno; **~ somebody to do something** domandare *or* chiedere a qualcuno di fare qualcosa
B *vi* **~ about something** informarsi su qualcosa
■ **ask after** *vt* chiedere [notizie] di ‹*somebody*›
■ **ask for** *vt* chiedere ‹*something*›; chiedere di ‹*somebody*›; **~ for trouble** infml andare in cerca di guai
■ **ask in**: *vt* **~ somebody in** invitare qualcuno ad entrare
■ **ask out**: *vt* **~ somebody out** chiedere a qualcuno di uscire

askance /ə'skɑːns/ *adv* **look ~ at somebody/something** guardare qualcuno/qualcosa di traverso

askew /ə'skjuː/ *adj & adv* di traverso

asking price /'ɑːskɪŋ/ *n* prezzo *m* trattabile

asleep /ə'sliːp/ *adj* **be ~** dormire; **fall ~** addormentarsi

asparagus /ə'spærəgəs/ *n* asparagi *mpl*

aspect /'æspekt/ *n* aspetto *m*

aspen /'æspən/ *n* pioppo *m* tremulo

aspersions /ə'spɜːʃnz/ *npl* **cast ~ on** diffamare

asphalt /'æsfælt/ *n* asfalto *m*

asphyxia /əs'fɪksɪə/ *n* asfissia *f*

asphyxiate /əs'fɪksɪeɪt/ *vt* asfissiare

asphyxiation /əsfɪksɪ'eɪʃn/ *n* asfissia *f*

aspic /'æspɪk/ *n* aspic *m inv*

aspirate¹ /'æspəreɪt/ *vt* aspirare

aspirate² /'æspɪrət/ *adj* aspirato

aspirations /æspə'reɪʃnz/ *npl* aspirazioni *fpl*

aspire /ə'spaɪə(r)/ *vi* **~ to** aspirare a

aspirin /'æspərɪn/ *n* aspirina *f*

aspiring /ə'spaɪərɪŋ/ *adj* **~ authors/journalists** aspiranti scrittori/giornalisti

ass /æs/ *n* (animal) asino *m*; AmE vulg (part of body) culo *m*

assailant /ə'seɪlənt/ *n* assalitore, -trice *mf*

assassin /ə'sæsɪn/ *n* assassino, -a *mf*

assassinate /ə'sæsɪneɪt/ *vt* assassinare

assassination /əsæsɪ'neɪʃn/ *n* assassinio *m*

assault /ə'sɔːlt/ **A** *n* Mil assalto *m*; Jur aggressione *f*
B *vt* aggredire

assault and battery *n* Jur lesioni *fpl* personali

assault course *n* Mil percorso *m* di guerra

assemblage /ə'semblɪdʒ/ assemblaggio *m*

assemble /ə'sembl/ **A** *vi* radunarsi
B *vi* radunare; Techn montare

assembler /ə'semblə(r)/ *n* (in factory) montatore, -trice *mf*; Comput [programma] *m*, assemblatore *m*

assembly /ə'semblɪ/ *n* assemblea *f*; Sch assemblea *f* giornaliera di alunni e professori di una scuola; Techn montaggio *m*

assembly line *n* catena *f* di montaggio

assent /ə'sent/ **A** *n* assenso *m*
B *vi* acconsentire

assert /ə'sɜːt/ *vt* asserire; far valere ‹*one's rights*›; **~ oneself** farsi valere

assertion /ə'sɜːʃn/ *n* asserzione *f*

assertive /ə'sɜːtɪv/ *adj* **be ~** farsi valere

assertiveness /ə'sɜːtɪvnɪs/ *n* capacità *f* di farsi valere; **lack of ~** scarsa sicurezza *f* di sé

assess /ə'ses/ *vt* valutare; (for tax purposes) stabilire l'imponibile di

assessment /ə'sesmənt/ *n* valutazione *f*; (of tax) accertamento *m*

assessor /ə'sesə(r)/ *n* Jur (in insurance) perito *m*; (tax) agente *m* del fisco

asset /'æset/ *n* (advantage) vantaggio *m*; (person) elemento *m* prezioso; **~s** *pl* beni *mpl*; (on balance sheet) attivo *msg*

asset stripping /'æsetstrɪpɪŋ/ *n* *rilevamento (m) di un'azienda per rivenderne le singole attività*

assiduity /æsɪ'djuːətɪ/ *n* assiduità *f*

assiduous /ə'sɪdjʊəs/ *adj* assiduo

assign /ə'saɪn/ *vt* assegnare

assignation /æsɪg'neɪʃn/ *n* hum appuntamento *m* galante

assignment /ə'saɪnmənt/ *n* (task) incarico *m*

assimilate /ə'sɪmɪleɪt/ *vt* assimilare; integrare ‹*person*›

assimilation /əsɪmɪ'leɪʃn/ *n* assimilazione *f*

assist /ə'sɪst/ *vt & vi* assistere; **~ somebody to do something** assistere qualcuno nel fare qualcosa

assistance /ə'sɪstəns/ *n* assistenza *f*

assistant /ə'sɪstənt/ *n* assistente *mf*; (in shop) commesso, -a *mf*

assistant manager *n* vicedirettore, -trice *mf*

assistant professor *n* AmE Univ docente *mf* universitario, -a del grado più basso

assisted suicide /ə'sɪstɪd 'suːɪsaɪd/ *n* suicidio *m* assistito, eutanasia *f*

associate¹ /ə'səʊʃɪeɪt/ **A** *vt* associare (with a); **be ~d with something** (involved in) essere coinvolto in qualcosa
B *vi* **~ with** frequentare

associate² /ə'səʊʃɪət/ **A** *adj* associato
B *n* collega *mf*; (member) socio, -a *mf*

associate company *n* consociata *f*

associate director *n* Comm amministratore *m* aggiunto

associate editor *n* co-redattore, -trice *mf*

associate member *n* membro *m* associato

a

association /əsəʊsɪ'eɪʃn/ *n* associazione *f*
Association Football *n* [gioco *m* del] calcio *m*
assorted /ə'sɔ:tɪd/ *adj* assortito
assortment /ə'sɔ:tmənt/ *n* assortimento *m*
assuage /ə'sweɪdʒ/ *vt* literary alleviare
assume /ə'sju:m/ *vt* presumere; assumere ‹*control*›; ~ **office** entrare in carica; **assuming that you're right,...** ammettendo che tu abbia ragione, ...
assumption /ə'sʌmpʃn/ *n* supposizione *f*; **on the ~ that** partendo dal presupposto che; **the A~** Relig l'Assunzione *f*
assurance /ə'ʃʊərəns/ *n* assicurazione *f*; (confidence) sicurezza *f*
assure /ə'ʃʊə(r)/ *vt* assicurare; **he ~d me of his innocence** mi ha assicurato di essere innocente
assured /ə'ʃʊəd/ *adj* sicuro
Assyria /ə'sɪrɪə/ *n* Assiria *f*
asterisk /'æstərɪsk/ *n* asterisco *m*
astern /ə'stɜ:n/ *adv* a poppa
asteroid /'æstərɔɪd/ *n* asteroide *m*
asthma /'æsmə/ *n* asma *f*
asthmatic /æs'mætɪk/ *adj* asmatico
astigmatism /ə'stɪgmətɪzm/ *n* astigmatismo *m*
astonish /ə'stɒnɪʃ/ *vt* stupire
astonished /ə'stɒnɪʃt/ *adj* sorpreso
astonishing /ə'stɒnɪʃɪŋ/ *adj* stupefacente
astonishingly /ə'stɒnɪʃɪŋlɪ/ *adv* sorprendentemente
astonishment /ə'stɒnɪʃmənt/ *n* stupore *m*
astound /ə'staʊnd/ *vt* stupire
astounding /ə'staʊndɪŋ/ *adj* incredibile
astrakhan /æstrə'kæn/ *n* astrakan *m*
astray /ə'streɪ/ *adv* **go ~** smarrirsi; (morally) uscire dalla retta via; **lead ~** traviare
astride /ə'straɪd/ **A** *adv* [a] cavalcioni
B *prep* a cavalcioni di
astringent /ə'strɪndʒənt/ **A** *adj* astringente; fig austero
B *n* astringente *m*
astrologer /ə'strɒlədʒə(r)/ *n* astrologo, -a *mf*
astrological /æstrə'lɒdʒɪkl/ *adj* astrologico
astrology /ə'strɒlədʒɪ/ *n* astrologia *f*
astronaut /'æstrənɔ:t/ *n* astronauta *mf*
astronomer /ə'strɒnəmə(r)/ *n* astronomo, -a *mf*
astronomic /æstrə'nɒmɪk/ *adj* fig astronomico
astronomical /æstrə'nɒmɪkl/ *adj* also fig astronomico
astronomically /æstrə'nɒmɪklɪ/ *adv* **~ expensive** dal prezzo astronomico; **prices are ~ high** i prezzi sono astronomici
astronomy /ə'strɒnəmɪ/ *n* astronomia *f*

astrophysicist /æstrəʊ'fɪzɪsɪst/ *n* astrofisico, -a *mf*
astrophysics /æstrəʊ'fɪzɪks/ *nsg* astrofisica *fsg*
astute /ə'stju:t/ *adj* astuto
astutely /ə'stju:tlɪ/ *adv* con astuzia
astuteness /ə'stju:tnɪs/ *n* astuzia *f*
asylum /ə'saɪləm/ *n* **[political] ~** asilo *m* politico; **[lunatic] ~** manicomio *m*
asylum seeker /ə'saɪləmsi:kə(r)/ *n* persona *f* che chiede asilo politico
asymmetric /æsɪ'metrɪk/, **asymmetrical** /æsɪ'metrɪkl/ *adj* asimmetrico
at /ət/, *accentato*/æt/ *prep* **at the station/the market** alla stazione/al mercato; **at the office/the bank** in ufficio/banca; **at the beginning** all'inizio; **at John's** da John; **at the hairdresser's** dal parrucchiere; **at home** a casa; **at work** al lavoro; **at school** a scuola; **at a party/wedding** a una festa/un matrimonio; **at one o'clock** all'una; **at 50 km an hour** ai 50 all'ora; **at Christmas/Easter** a Natale/Pasqua; **at times** talvolta; **two at a time** due alla volta; **good at languages** bravo nelle lingue; **at sb's request** su richiesta di qualcuno; **are you at all worried?** sei preoccupato?
atavistic /ætə'vɪstɪk/ *adj* atavico
ate /et/ ▶ **eat**
atheism /'eɪθɪzm/ *n* ateismo *m*
atheist /'eɪθɪɪst/ *n* ateo, -a *mf*
atheistic /eɪθɪ'ɪstɪk/ *adj* ‹*principle*› ateistico; ‹*person*› ateo
Athenian /ə'θi:nɪən/ *adj* & *n* ateniese *mf*
Athens /'æθənz/ *n* Atene *f*
athlete /'æθli:t/ *n* atleta *mf*
athlete's foot *n* micosi *f*
athletic /æθ'letɪk/ *adj* atletico
athletics /æθ'letɪks/ *nsg* atletica *fsg*
Atlantic /ət'læntɪk/ *adj* & *n* **the ~ [Ocean]** l'[Oceano *m*] Atlantico *m*
atlas /'ætləs/ *n* atlante *m*
Atlas Mountains *npl* Monti *mpl* dell'Atlante
ATM *n abbr* (**automatic teller machine**) cassa *f* continua di prelevamento
atmosphere /'ætməsfɪə(r)/ *n* atmosfera *f*
atmospheric /ætməs'ferɪk/ *adj* atmosferico
atom /'ætəm/ *n* atomo *m*
atom bomb *n* bomba *f* atomica
atomic /ə'tɒmɪk/ *adj* atomico
atomic physics *nsg* fisica *fsg* atomica
atomic power station *n* centrale *f* atomica
atomic reactor *n* reattore *m* nucleare
atomic scientist *n* fisico, -a *mf* nucleare
atomize /'ætəmaɪz/ *vt* atomizzare
atomizer /'ætəmaɪzə(r)/ *n* atomizzatore *m*
atone /ə'təʊn/ *vi* **~ for** pagare per
atonement /ə'təʊnmənt/ *n* espiazione *f*

parola chiave

at risk *adj* a rischio; **the ~ register** l'elenco dei soggetti a rischio

atrocious /ə'trəʊʃəs/ *adj* atroce; infml ‹*meal, weather*› abominevole

atrociously /ə'trəʊʃəslɪ/ *adv* atrocemente; ‹*rude etc*› terribilmente

atrocity /ə'trɒsətɪ/ *n* atrocità *f*

atrophy /'ætrəfɪ/ **A** *n* Med atrofia *f*
B *vi* Med fig atrofizzarsi

at sign *n* Comput chiocciola *f*

attach /ə'tætʃ/ *vt* attaccare; attribuire ‹*importance*›; **be ~ed to** fig essere attaccato a

attaché /ə'tæʃeɪ/ *n* addetto *m*

attaché case *n* ventiquattrore *f inv*

attached /ə'tætʃt/ *adj* ‹*document*› allegato; (fond) **~ to** affezionato a

attachment /ə'tætʃmənt/ *n* (affection) attaccamento *m*; (accessory) accessorio *m*; Comput allegato *m*

attack /ə'tæk/ **A** *n* attacco *m*; (physical) aggressione *f*
B *vt* attaccare; (physically) aggredire

attacker /ə'tækə(r)/ *n* assalitore, -trice *mf*; (critic) detrattore, -trice *mf*

attain /ə'teɪn/ *vt* realizzare ‹*ambition*›; raggiungere ‹*success, age, goal*›

attainable /ə'teɪnəbl/ *adj* ‹*ambition*› realizzabile; ‹*success*› raggiungibile

attainment /ə'teɪnmənt/ *n* (of knowledge) acquisizione *f*; (of goal) realizzazione *f*, raggiungimento *m*; (success) risultato *m*

attempt /ə'tempt/ **A** *n* tentativo *m*
B *vt* tentare

attend /ə'tend/ **A** *vt* essere presente a; (go regularly to) frequentare; (accompany) accompagnare; ‹*doctor*› avere in cura
B *vi* essere presente; (pay attention) prestare attenzione
■ **attend to** *vt* occuparsi di; (in shop) servire

attendance /ə'tendəns/ *n* presenza *f*

attendance record *n* (of MP, committee member, schoolchild) tasso *m* di presenza

attendance register *n* Sch registro *m*

attendant /ə'tendənt/ *n* guardiano, -a *mf*

attendee /,æten'di:/ *n* partecipante *mf*

attention /ə'tenʃn/ *n* attenzione *f*; Mil **~!** attenti!; **pay ~** prestare attenzione; **need ~** aver bisogno di attenzioni; ‹*skin, hair, plant*› dover essere curato; ‹*car, tyres*› dover essere riparato; **for the ~ of** all'attenzione di

attention deficit disorder *n* Med disturbo *m* da deficit dell'attenzione

attention-seeking /ə'tenʃnsi:kɪŋ/ **A** *n* bisogno *m* di attirare l'attenzione
B *adj* ‹*person*› che cerca di attirare l'attenzione

attention span *n* **he has a very short ~** non è capace di mantenere a lungo la concentrazione

attentive /ə'tentɪv/ *adj* ‹*pupil, audience*› attento; ‹*son*› premuroso

attentively /ə'tentɪvlɪ/ *adv* attentamente

attentiveness /ə'tentɪvnɪs/ *n* (concentration) attenzione *f*; (solicitude) sollecitudine *f*

attenuate /ə'tenjʊeɪt/ *vt* attenuare

attest /ə'test/ *vt & vi* attestare

attic /'ætɪk/ *n* soffitta *f*

attic room *n* mansarda *f*

attic window *n* lucernario *m*

attire /ə'taɪə(r)/ **A** *n* abiti *mpl*
B *vt* vestire (in con)

attitude /'ætɪtju:d/ *n* atteggiamento *m*

attn. *abbr* (**attention**) c.a.

attorney /ə'tɜ:nɪ/ *n* AmE (lawyer) avvocato *m*; **power of ~** delega *f*

Attorney General *n* BrE ≈ Procuratore *m* Generale; AmE ≈ Ministro *m* di Grazia e Giustizia

attract /ə'trækt/ *vt* attirare

attraction /ə'trækʃn/ *n* attrazione *f*; (feature) attrattiva *f*

attractive /ə'træktɪv/ *adj* ‹*person*› attraente; ‹*proposal, price*› allettante

attractiveness /ə'træktɪvnɪs/ *n* (of person, place) fascino *m*; (of proposal) carattere *m* allettante; (of investment) convenienza *f*

attributable /ə'trɪbjʊtəbl/ *adj* (error, fall, loss etc) attribuibile; **be ~ to** ‹*change, profit, success etc*› essere dovuto a

attribute¹ /'ætrɪbju:t/ *n* attributo *m*

attribute² /ə'trɪbju:t/ *vt* attribuire

attribution /,ætrɪ'bju:ʃn/ *n* attribuzione *f*

attributive /ə'tribjʊtɪv/ *adj* attributivo

attrition /ə'trɪʃn/ *n* **war of ~** guerra *f* di logoramento

attune /ə'tju:n/ *vt* **be ~d to** (in harmony with) essere sintonizzato con; (accustomed to) essere abituato a

aubergine /'əʊbəʒi:n/ *n* melanzana *f*

auburn /'ɔ:bən/ *adj* castano ramato

auction /'ɔ:kʃn/ **A** *n* asta *f*
B *vt* vendere all'asta

auctioneer /ɔ:kʃə'nɪə(r)/ *n* banditore *m*

auction house *n* casa *f* d'aste

auction rooms *npl* sala *f* d'aste

auction sale *n* vendita *f* all'asta

audacious /ɔ:'deɪʃəs/ *adj* sfacciato; (daring) audace

audaciously /ɔ:'deɪʃəslɪ/ *adv* sfacciatamente; (daringly) con audacia

audacity /ɔ:'dæsətɪ/ *n* sfacciataggine *f*; (daring) audacia *f*

audible /'ɔ:dəbl/ *adj* udibile

audience /'ɔ:dɪəns/ *n* Theat pubblico *m*; TV telespettatori *mpl*; Radio ascoltatori *mpl*; (meeting) udienza *f*

audience participation *n* partecipazione *f* del pubblico

a

audience ratings *npl* indici *mpl* di ascolto
audience research *n* sondaggio *m* tra il pubblico
audio /ˈɔːdɪəʊ/ *pref* audio
audiobook *n* audiolibro *m*
audio cassette *n* audiocassetta *f*
audio system *n* impianto *m* stereo
audiotape *n* audiocassetta *f*
audio typing *n* trascrizione *f* da audiocassetta
audio typist *n* dattilografo, -a *mf* (*che trascrive registrazioni*)
audiovisual *adj* audiovisivo
audit /ˈɔːdɪt/ **A** *n* verifica *f* del bilancio **B** *vt* verificare
auditing /ˈɔːdɪtɪŋ/ *n* auditing *m inv*
audition /ɔːˈdɪʃn/ **A** *n* audizione *f* **B** *vi* fare un'audizione
auditor /ˈɔːdɪtə(r)/ *n* revisore *m* di conti
auditorium /ɔːdɪˈtɔːrɪəm/ *n* sala *f*
auditory /ˈɔːdɪt(ə)rɪ/ *adj* acustico, uditivo
augment /ɔːgˈment/ *vt* aumentare
augur /ˈɔːgə(r)/ *vi* ~ **well/ill** essere di buon/cattivo augurio
august /ɔːˈgʌst/ *adj* augusto
August /ˈɔːgəst/ *n* agosto *m*
Augustinian /ɔːgəˈstɪnɪən/ *adj* agostiniano
aunt /ɑːnt/ *n* zia *f*
auntie, aunty /ˈɑːntɪ/ *n* infml zietta *f*
au pair /əʊˈpeə(r)/ *n* ~ **[girl]** ragazza *f* alla pari
aura /ˈɔːrə/ *n* aura *f*
aural /ˈɔːrəl/ **A** *adj* uditivo; Sch ‹*comprehension, test*› orale; Med ‹*test*› audiometrico
B *n* Sch esercizio *m* di comprensione ed espressione orale; Mus ≈ dettato *m* musicale
aurora australis/borealis /ɔːˈrɔːrəɒˈstrɑːlɪs / bɔːrɪˈɑːlɪs/ *n* aurora *f* australe/boreale
auspices /ˈɔːspɪsɪz/ *npl* **under the ~ of** sotto l'egida di
auspicious /ɔːˈspɪʃəs/ *adj* di buon augurio
Aussie /ˈɒzɪ/ *adj & n* infml australiano, -a *mf*
austere /ɒˈstɪə(r)/ *adj* austero
austerity /ɒˈsterətɪ/ *n* austerità *f*
Australasia /ɒstrəˈleɪʒə/ *n* Australasia *f*
Australia /ɒˈstreɪlɪə/ *n* Australia *f*
Australian /ɒˈstreɪlɪən/ *adj & n* australiano, -a *mf*
Austria /ˈɒstrɪə/ *n* Austria *f*
Austrian /ˈɒstrɪən/ *adj & n* austriaco, -a *mf*
Austro-Hungarian /ɒstrəʊhʌŋˈgeərɪən/ *adj* austroungarico
autarchy /ˈɔːtɑːkɪ/ *n* autarchia *f*
authentic /ɔːˈθentɪk/ *adj* autentico
authenticate /ɔːˈθentɪkeɪt/ *vt* autenticare
authenticity /ɔːθenˈtɪsətɪ/ *n* autenticità *f*
author /ˈɔːθə(r)/ *n* autore *m*
authoritarian /ɔːθɒrɪˈteərɪən/ *adj* autoritario
authoritative /ɔːˈθɒrɪtətɪv/ *adj* autorevole; ‹*manner*› autoritario
authority /ɔːˈθɒrətɪ/ *n* autorità *f*; (permission) autorizzazione *f*; **who's in ~ here?** chi è il responsabile qui?; **be in ~ over** avere autorità su; **be an ~ on** essere un'autorità in materia di
authorization /ɔːθəraɪˈzeɪʃn/ *n* autorizzazione *f*
authorize /ˈɔːθəraɪz/ *vt* autorizzare
authorized dealer /ˈɔːθəraɪzd/ rivenditore *m* autorizzato
autism /ˈɔːtɪzm/ *n* autismo *m*
autistic /ɔːˈtɪstɪk/ *adj* autistico
autistic spectrum disorder *n* disordine *m* dello spettro autistico
auto /ˈɔːtəʊ/ **A** *n* AmE infml auto *f* **B** *attrib* ‹*industry*› automobilistico; ‹*workers*› dell'industria automobilistica
autobiographical /ɔːtəbaɪəˈgræfɪkl/ *adj* autobiografico
autobiography /ɔːtəbaɪˈɒgrəfɪ/ *n* autobiografia *f*
autocrat /ˈɔːtəkræt/ *n* autocrate *m*
autocratic /ɔːtəˈkrætɪk/ *adj* autocratico
autocue /ˈɔːtəʊkjuː/ *n* TV gobbo *m*
auto-destruct *vi* ‹*spacecraft, missile*› autodistruggersi
autograph /ˈɔːtəgrɑːf/ **A** *n* autografo *m* **B** *vt* autografare
autoimmune /ɔːtəʊɪˈmjuːn/ *adj* ‹*disease, system*› autoimmune
automate /ˈɔːtəmeɪt/ *vt* automatizzare
automatic /ɔːtəˈmætɪk/ **A** *adj* automatico **B** *n* (car) macchina *f* col cambio automatico; (washing machine) lavatrice *f* automatica
automatically /ɔːtəˈmætɪklɪ/ *adv* automaticamente
automatic pilot *n* (device) pilota *m* automatico; **be on ~** also fig viaggiare con il pilota automatico inserito
automatic teller machine /ˈtelə/ *n* cassa *f* continua di prelevamento
automation /ɔːtəˈmeɪʃn/ *n* automazione *f*
automaton /ɔːˈtɒmətən/ *n* automa *m*
automobile /ˈɔːtəməbiːl/ *n* AmE automobile *f*
automotive /ɔːtəˈməʊtɪv/ *adj* (self-propelling) autopropulso; ‹*design, industry*› automobilistico
autonomous /ɔːˈtɒnəməs/ *adj* autonomo
autonomously /ɔːˈtɒnəməslɪ/ *adv* autonomamente
autonomy /ɔːˈtɒnəmɪ/ *n* autonomia *f*
autopilot /ˈɔːtəʊpaɪlət/ *n* Aeron fig pilota *m* automatico

parola chiave

autopsy /ˈɔːtɒpsɪ/ *n* autopsia *f*

auto-suggestion /ɔːtəʊsəˈdʒestʃən/ *n* autosuggestione *f*

autumn /ˈɔːtəm/ *n* autunno *m*

autumnal /ɔːˈtʌmnl/ *adj* autunnale

auxiliary /ɔːgˈzɪlɪərɪ/ **A** *adj* ausiliario
B *n* ausiliare *m*

auxiliary nurse *n* infermiere, -a *mf* ausiliario

auxiliary verb *n* ausiliare *m*

avail /əˈveɪl/ **A** *n* **to no ~** invano
B *vi* **~ oneself of** approfittare di

availability /əveɪləˈbɪlətɪ/ *n* (option, service) disponibilità *f*; (of drugs) reperibilità *f*, disponibilità *f*; **subject to ~** fino ad esaurimento

available /əˈveɪləbl/ *adj* disponibile; ‹*book, record etc*› in vendita

avalanche /ˈævəlɑːnʃ/ *n* valanga *f*

avant-garde /ævɒˈgɑːd/ **A** *n* avanguardia *f*
B *adj* d'avanguardia

avarice /ˈævərɪs/ *n* avidità *f*

avaricious /ævəˈrɪʃəs/ *adj* avido

Ave *abbr* (**Avenue**) V.le

avenge /əˈvendʒ/ *vt* vendicare

avenger /əˈvendʒə(r)/ *n* vendicatore, -trice *mf*

avenging /əˈvendʒɪŋ/ *adj* vendicatore

avenue /ˈævənjuː/ *n* viale *m*; fig strada *f*

average /ˈævərɪdʒ/ **A** *adj* medio; (mediocre) mediocre
B *n* media *f*; **on ~** in media; **above ~** superiore al normale
C *vt* ‹*sales, attendance etc*› raggiungere una media di
■ **average out at** *vt* risultare in media

averse /əˈvɜːs/ *adj* **not be ~ to something** non essere contro qualcosa

aversion /əˈvɜːʃn/ *n* avversione *f* (**to** per)

avert /əˈvɜːt/ *vt* evitare ‹*crisis*›; distogliere ‹*eyes*›

avian flu /ˈeɪvɪən fluː/ *n* influenza *f* aviaria

aviary /ˈeɪvɪərɪ/ *n* uccelliera *f*

aviation /eɪvɪˈeɪʃn/ *n* aviazione *f*

aviation fuel *n* benzina *f* avio

aviation industry *n* industria *f* aeronautica

aviator /ˈeɪvɪeɪtə(r)/ *n* aviatore, -trice *mf*

avid /ˈævɪd/ *adj* avido (**for** di); ‹*reader*› appassionato

avidity /əˈvɪdətɪ/ *n* avidità

avidly /ˈævɪdlɪ/ *adv* ‹*read, collect*› avidamente; ‹*support*› con entusiasmo

avocado /ævəˈkɑːdəʊ/ *n* avocado *m*

avoid /əˈvɔɪd/ *vt* evitare

avoidable /əˈvɔɪdəbl/ *adj* evitabile

avoidance /əˈvɔɪdəns/ *n* **~ of one's duty** astensione *f* dal proprio dovere

avowed /əˈvaʊd/ *adj* dichiarato

avuncular /əˈvʌŋkʊlə(r)/ *adj* benevolo

await /əˈweɪt/ *vt* attendere

awake /əˈweɪk/ **A** *adj* sveglio; **wide ~** completamente sveglio
B *vi* (*pt* **awoke**, *pp* **awoken**) svegliarsi

awaken /əˈweɪkn/ **A** *vt* svegliare
B *vi* svegliarsi

awakening /əˈweɪknɪŋ/ *n* risveglio *m*

award /əˈwɔːd/ **A** *n* premio *m*; (medal) riconoscimento *m*; (of prize) assegnazione *f*
B *vt* assegnare; ‹*hand over*› consegnare

award ceremony *n* cerimonia *f* di premiazione

award winner *n* vincitore, -trice *mf* di un premio

award-winning *adj* ‹*book, film, design*› premiato

aware /əˈweə(r)/ *adj* **be ~ of** (sense) percepire; (know) essere conscio di; **become ~ of** accorgersi di; (learn) venire a sapere di; **be ~ that** rendersi conto che

awareness /əˈweənɪs/ *n* percezione *f*; (knowledge) consapevolezza *f*

awash /əˈwɒʃ/ *adj* inondato (**with** di)

away /əˈweɪ/ *adv* via; **go/stay ~** andare/stare via; **he's ~ from his desk/the office** non è alla sua scrivania/in ufficio; **far ~** lontano; **four kilometres ~** a quattro chilometri; **play ~** Sport giocare fuori casa

away game *n* partita *f* fuori casa

awe /ɔː/ *n* soggezione *f*; **stand in ~ of somebody** avere soggezione di qualcuno

awe-inspiring *adj* maestoso

awesome /ˈɔːsəm/ *adj* imponente

awful /ˈɔːf(ə)l/ **A** *adj* terribile; **that's an ~ pity** è un gran peccato
B *adv* infml estremamente

awfully /ˈɔːf(ʊ)lɪ/ *adv* terribilmente; ‹*pretty*› estremamente; **that's ~ nice of you** è veramente gentile da parte tua; **thanks ~** grazie mille

awhile /əˈwaɪl/ *adv* per un po'

awkward /ˈɔːkwəd/ *adj* ‹*movement*› goffo; ‹*moment, situation*› imbarazzante; ‹*time*› scomodo

awkwardly /ˈɔːkwədlɪ/ *adv* ‹*move*› goffamente; ‹*say*› con imbarazzo; **the meeting is ~ timed** la riunione è ad un orario scomodo

awkwardness /ˈɔːkwədnɪs/ *n* (clumsiness) goffaggine *f*; (inconvenience) scomodità *f*; (embarrassment) imbarazzo *m*; (delicacy of situation) delicatezza *f*

awl /ɔːl/ *n* (for wood etc) punteruolo *m*

awning /ˈɔːnɪŋ/ *n* tendone *m*

awoke(n) /əˈwəʊk(ən)/ ▶ **awake**

AWOL /ˈeɪwɒl/ *adj & adv abbr* (**absent without leave**) **be/go ~** Mil assentarsi senza permesso; hum volatilizzarsi

awry /əˈraɪ/ *adv* storto

axe /æks/ **A** *n* scure *f*; **have an ~ to grind** fig avere il proprio tornaconto

a

b

B *vt* (*pres p* **axing**) fare dei tagli a ‹*budget*›; sopprimere ‹*jobs*›; annullare ‹*project*›

axiom /ˈæksɪəm/ *n* assioma *m*

axiomatic /æksɪəˈmætɪk/ *adj* **it is ~ that...** è indiscutibile che...

axis /ˈæksɪs/ *n* (*pl* **axes** /-siːz/) asse *m*

axle /ˈæksl/ *n* Techn asse *m*

ay, aye /aɪ/ **A** *adv* sì

B *n* sì *m*

Azerbaijan /æzəbaɪˈdʒɑːn/ *n* Azerbaigiano *m*

Azerbaijani /æzəbaɪˈdʒɑːnɪ/ *adj & n* (person) azerbaigiano, -a *mf*; (language) azerbaigiano *m*

Azores /əˈzɔːz/ *npl* **the ~** le Azzorre

Aztec /ˈæztek/ *adj & n* (person) azteco, -a *mf*; (language) azteco *m*

azure /ˈeɪʒə(r)/ *adj & n* azzurro *m*

Bb

b[1], **B** /biː/ *n* (letter) b, B *f inv*; Mus si *m inv*

b[2] *abbr* (**born**) nato (n.)

b. & b. *abbr* (**bed and breakfast**)

B2B /biːtəˈbiː/ *abbr* (**business to business**) ‹*trade, directory*› B2B

BA *abbr* (**Bachelor of Arts**) *(diploma (m) di) dottore in discipline umanistiche*

baa /bɑː/ **A** *vi* belare
B *int* bee

BAA *n abbr* (**British Airports Authority**) *ente (m) che gestisce gli aeroporti britannici*

babble /ˈbæbl/ *vi* farfugliare; ‹*stream*› gorgogliare

babe /beɪb/ *n* literary bimbo, -a *mf*; infml (woman) ragazza *f*; infml (form of address) bella *f*; **a ~ in arms** un bimbo in fasce; fig uno sprovveduto

baboon /bəˈbuːn/ *n* babbuino *m*

baby /ˈbeɪbɪ/ *n* bambino, -a *mf*; infml (darling) tesoro *m*

baby bird *n* uccellino *m*

baby boom *n* baby boom *m inv*

baby boomer *n persona (f) nata durante il baby boom*

baby buggy *n* BrE carrozzina *f*

baby carriage *n* AmE carrozzina *f*

baby carrier *n* zaino *m* portabimbo *inv*

baby-faced *adj* ‹*person*› con la faccia da bambino

babyish /ˈbeɪbɪɪʃ/ *adj* bambinesco

baby shower *n* AmE *festa (f) in cui si portano regali a una mamma in attesa*

baby-sit *vi* fare da baby-sitter

baby-sitter *n* baby-sitter *mf*

baby-sitting *n* **do ~** fare il/la baby-sitter

baby talk *n* linguaggio *m* infantile

baby tooth *n* dente *m* di latte

baby walker *n* girello *m*

bachelor /ˈbætʃələ(r)/ *n* scapolo *m*; **B~ of Arts/Science** laureato, -a *mf* in lettere/in scienze

bachelor apartment, bachelor flat BrE *n* appartamento *m* da scapolo

bachelorhood /ˈbætʃələhʊd/ *n* celibato *m*

bacillus /bəˈsɪləs/ *n* (*pl* **-lli**) bacillo *m*

back /bæk/ **A** *n* schiena *f*; (of horse, hand) dorso *m*; (of chair) schienale *m*; (of house, cheque, page) retro *m*; (in football) difesa *f*; **at the ~** in fondo; **in the ~** Auto dietro; **stand ~ to ~** stare in piedi schiena contro schiena; **~ to front** ‹*sweater*› il davanti di dietro; **you've got it all ~ to front** fig hai capito tutto all'incontrario; **at the ~ of beyond** in un posto sperduto
B *adj* posteriore; ‹*taxes, payments*› arretrato
C *adv* indietro; (returned) di ritorno; **turn/move ~** tornare/spostarsi indietro; **put it ~ here/there** rimettilo qui/là; **~ at home** di ritorno a casa; **I'll be ~ in five minutes** torno fra cinque minuti; **I'm just ~** sono appena tornato; **when do you want the book ~?** quando rivuoi il libro?; **pay ~** ripagare ‹*somebody*›; restituire ‹*money*›; **~ in power** di nuovo al potere
D *vt* (support) sostenere; (with money) finanziare; puntare su ‹*horse*›; (cover the back of) rivestire il retro di
E *vi* Auto fare retromarcia

- **back away** *vi* tirarsi indietro
- **back down** *vi* battere in ritirata
- **back in** *vi* Auto entrare in retromarcia; ‹*person*› entrare camminando all'indietro
- **back out** *vi* Auto uscire in retromarcia; ‹*person*› uscire camminando all'indietro; fig tirarsi indietro (**of** da)
- **back up** **A** *vt* sostenere; confermare ‹*person's alibi*›; Comput fare una copia di salvataggio di; **be ~ed up** ‹*traffic*› essere congestionato
  B *vi* Auto fare retromarcia

parola chiave

backache *n* mal *m* di schiena
backbench *n* BrE Pol *scanni (mpl) del Parlamento dove siedono i parlamentari ordinari*
backbencher *n* BrE Pol parlamentare *mf* ordinario, -a
backbiting *n* maldicenza *f*
backboard *n* (in basketball) tabellone *m*
back boiler *n* caldaia *f* (*posta dietro un caminetto*)
backbone *n* spina *f* dorsale
back-breaking *adj* massacrante
back burner *n* **put something on the ~** rimandare qualcosa
backchat *n* risposta *f* impertinente
backcloth *n* Theat fondale *m*; fig sfondo *m*
back comb *vt* cotonare
back copy *n* numero *m* arretrato
back cover *n* retro *m* di copertina
backdate *vt* retrodatare ‹*cheque*›; **~d to** valido a partire da
back door *n* porta *f* di servizio
backdrop *n* Theat fondale *m*; fig sfondo *m*
back-end *n* (rear) fondo *m*
backer /ˈbækə(r)/ *n* sostenitore, -trice *mf*; (with money) finanziatore, -trice *mf*
backfire *vi* Auto avere un ritorno di fiamma; fig ‹*plan*› fallire; **the joke ~d on him** lo scherzo si è ritorto contro di lui
backgammon *n* backgammon *m*
background *n* sfondo *m*; (environment) ambiente *m*
background noise *n* rumore *m* di sottofondo
background reading *n* letture *fpl* generali
backhand *n* Tennis rovescio *m*
backhanded *adj* ‹*compliment*› implicito
backhander *n* infml (bribe) bustarella *f*
backing /ˈbækɪŋ/ *n* (support) supporto *m*; (material used) fondo *m*; Mus accompagnamento *m*; **~ singer/vocals/group** cantante/voci/gruppo d'accompagnamento
back issue *n* numero *m* arretrato
backlash /ˈbæklæʃ/ *n* fig reazione *f* opposta
backless /ˈbæklɪs/ *adj* ‹*dress*› scollato dietro
backlist *n* opere *fpl* pubblicate
backlog *n* **~ of work** lavoro *m* arretrato
back marker *n* Sport ultimo, -a *mf*
back number *n* numero *m* arretrato
backpack *n* zaino *m*
backpacker *n* saccopelista *mf*
backpacking *n* **go ~** viaggiare con zaino e sacco a pelo
back passage *n* Anat retto *m*
back pay *n* arretrato *m* di stipendio
back-pedal *vi* pedalare all'indietro; fig fare marcia indietro
back pocket *n* tasca *f* di dietro
backrest *n* schienale *m*
back room *n* stanza *f* sul retro
back room boys *npl esperti (mpl) che lavorano dietro le quinte*
back-scratcher *n* manina *f* grattaschiena *inv*
back seat *n* sedile *m* posteriore
back-seat driver *n persona (f) che dà consigli non richiesti*
backside *n* infml fondoschiena *m inv*
backslash *n* Typ backslash *nm inv*
backspace *n* Comput backspace *m*
backstage *adj & adv* dietro le quinte
backstairs *npl* scale *f* di servizio
backstitch **A** *n* impuntura *f* **B** *vi* impunturare
backstop *n* Sport ricevitore *m*
backstory *n* vicende *fpl* passate
back straight *n* Sport rettilineo *m*
backstreet **A** *n* vicolo *m* **B** *attrib* ‹*abortionist*› clandestino
backstroke *n* dorso *m*
backtalk *n* AmE *backchat*
backtrack *vi* tornare indietro; fig fare marcia indietro
back translation *n* traduzione *f* di una traduzione
backup *n* rinforzi *mpl*; Comput riserva *f*, backup *m inv*; **do a ~** realizzare un backup
backup copy *n* copia *f* di riserva
backup light *n* AmE luce *f* di retromarcia
backward /ˈbækwəd/ *adj* ‹*step*› indietro; ‹*child*› lento nell'apprendimento; ‹*country*› arretrato
backward-looking /ˈbækwədlʊkɪŋ/ *adj* retrogrado
backwards BrE, **backward** AmE /ˈbækwəd[z]/ *adv* indietro; ‹*fall, walk*› all'indietro; **~ and forwards** avanti e indietro
backwater /ˈbækwɔːtə(r)/ *n* fig luogo *m* arretrato
backyard /bækˈjɑːd/ *n* cortile *m*; **not in my ~ yard** infml non a casa mia
bacon /ˈbeɪk(ə)n/ *n* ≈ pancetta *f*
bacon-slicer /ˈbeɪkənslaɪsə(r)/ *n* affettarice *f*
bacteria /bækˈtɪərɪə/ *npl* batteri *mpl*
bacterial /bækˈtɪərɪəl/ *adj* batterico
bacteriology /bæktɪərɪˈɒlədʒɪ/ *n* batteriologia *f*
bad /bæd/ *adj* (**worse**, **worst**) cattivo; ‹*weather, habit, news, accident*› brutto; ‹*apple etc*› marcio; **the light is ~** non c'è una buona luce; **my eyesight is ~** non ho una buona vista; **use ~ language** dire delle parolacce; **she's going through a ~ patch** sta attraversando un brutto periodo; **feel ~** sentirsi male; (feel guilty) sentirsi in colpa; **have a ~ back** avere dei problemi alla schiena; **smoking is ~ for you** fumare fa male; **go ~** andare a male; **that's just too ~!**

b

pazienza!; **not ~** niente male; **things have gone from ~ to worse** le cose sono andate di male in peggio

bad blood *n* **there is ~ between them** tra loro non corre buon sangue

bad boy *n* ragazzaccio *m*

bad breath *n* alito *m* cattivo

bad cheque *n* assegno *m* a vuoto

bad debt *n* credito *m* inesigibile

baddie, baddy /'bædɪ/ *n* infml cattivo, -a *mf*

bade /bæd/ ▶ **bid**[1]

bad faith *n* malafede *f*

badge /bædʒ/ *n* distintivo *m*

badger /'bædʒə(r)/ **A** *n* tasso *m*
B *vt* tormentare

badly /'bædlɪ/ *adv* male; ‹*hurt*› gravemente; **~ off** povero; **~ behaved** maleducato; **need ~** aver estremamente bisogno di

bad-mannered /-'mænəd/ *adj* maleducato

badminton /'bædmɪntən/ *n* badminton *m*

bad-tempered /-'tempəd/ *adj* irascibile

baffle /'bæfl/ *vt* confondere

baffled /'bæfld/ *adj* sconcertato

baffling /'bæflɪŋ/ *adj* sconcertante

BAFTA, Bafta /'bæftə/ *n abbr* (**British Academy of Film and Television Arts**) *società (m) britannica delle arti cinematografiche e televisive*

bag /bæg/ **A** *n* borsa *f*; (of paper) sacchetto *m*; **old ~** sl megera *f*; **~s under the eyes** occhiaie *fpl*; **~s of** infml un sacco di; **it's in the ~** fig è fatta
B *vt* (*pt/pp* **bagged**) infml (take) accaparrarsi; **~ somebody a seat** tenere un posto a qualcuno

bagel /'beɪgəl/ *n panino (m) a forma di ciambella*

baggage /'bægɪdʒ/ *n* bagagli *mpl*

baggage allowance *n* franchigia *f* bagaglio

baggage car *n* Rail bagagliaio *m*

baggage carousel *n* nastro *m* trasportatore per ritiro bagagli

baggage check *n* controllo *m* bagagli

baggage handler *n* addetto, -a *mf* ai bagagli

baggage locker *n* armadietto *m* per deposito bagagli

baggage reclaim *n* ritiro *m* bagagli

baggy /'bægɪ/ *adj* ‹*clothes*› ampio

Baghdad /bæg'dæd/ *n* Baghdad *f*

bag lady *n* infml barbona *f*

bag person *n* infml barbone, -a *mf*

bagpipes *npl* cornamusa *fsg*

bag snatcher *n* scippatore, -trice *mf*

baguette /bæg'et/ *n* baguette *f inv*

Bahamas /bə'hɑːməz/ *npl* **the ~** le Bahamas

Bahrain, Bahrein /bɑː'reɪn/ *n* Bahrein *m*

bail /beɪl/ *n* cauzione *f*; **on ~** su cauzione
■ **bail out** **A** *vt* Naut aggottare; **~ somebody out** Jur pagare la cauzione per qualcuno; fig trarre qualcuno d'impaccio
B *vi* Aeron paracadutarsi

bail bond *n* AmE Jur cauzione *f*

bailiff /'beɪlɪf/ *n* ufficiale *m* giudiziario; (of estate) fattore *m*

bailout /'beɪlaʊt/ *n* Fin salvataggio *m* (dal fallimento)

bait /beɪt/ **A** *n* esca *f*; **rise to the ~** abboccare [all'amo]
B *vt* innescare; fig (torment) tormentare

baize /beɪz/ *n* panno *m* (*di tavolo da gioco e da biliardo*)

bake /beɪk/ **A** *vt* cuocere al forno; (make) fare
B *vi* cuocersi al forno

baked beans /beɪkt'biːnz/ *n* Culin fagioli *mpl* al pomodoro

baked potato *n patata (f) cotta al forno (con la buccia)*

baker /'beɪkə(r)/ *n* fornaio, -a *mf*, panettiere, -a *mf*

baker's BrE /'beɪkəz/, **baker's shop, bakeshop** AmE *n* panetteria

bakery /'beɪkərɪ/ *n* panificio *m*, forno *m*

baking /'beɪkɪŋ/ *n* cottura *f* al forno

baking powder *n* lievito *m* in polvere

baking soda *n* Culin bicarbonato *m* di sodio

baking tin *n* teglia *f*

balaclava /bælə'klɑːvə/ *n* passamontagna *m inv*

balance /'bæləns/ **A** *n* (equilibrium) equilibrio *m*; Comm bilancio *m*; (outstanding sum) saldo *m*; **[bank] ~** saldo *m*; **be** *or* **hang in the ~** fig essere in sospeso; **on ~** tutto sommato
B *vt* bilanciare; equilibrare ‹*budget*›; Comm fare il bilancio di ‹*books*›
C *vi* bilanciarsi; Comm essere in pareggio

balanced /'bælənst/ *adj* equilibrato

balance of payments *n* bilancia *f* dei pagamenti

balance of power *n* Pol equilibrio *m* delle forze

balance of trade *n* bilancia *f* commerciale

balance sheet *n* bilancio *m* patrimoniale

balancing act /'bælənsɪŋ/ *n* fig **do a ~** fare equilibrismo

balcony /'bælkənɪ/ *n* balcone *m*

bald /bɔːld/ *adj* ‹*person*› calvo; ‹*tyre*› liscio; ‹*statement*› nudo e crudo; **go ~** perdere i capelli

balderdash /'bɔːldədæʃ/ *n* sciocchezze *fpl*

balding /'bɔːldɪŋ/ *adj* **be ~** stare perdendo i capelli

baldly /'bɔːldlɪ/ *adv* ‹*state*› in modo nudo e crudo

baldness /'bɔːldnɪs/ *n* calvizie *f*

bale /beɪl/ *n* balla *f*

---

parola chiave

Balearic Islands /bæleɪˈærɪk/ *npl* isole *fpl* Baleari
baleful /ˈbeɪlfl/ *adj* malvagio; (sad) triste
balefully /ˈbeɪlfʊlɪ/ *adv* con malvagità
Bali /ˈbɑːlɪ/ *n* Bali *f*
balk /bɔːlk/ **A** *vt* ostacolare
B *vi* ~ **at** ‹*horse*› impennarsi davanti a; fig tirarsi indietro davanti a
Balkan /ˈbɔːlkən/ *adj* dei Balcani
Balkans /ˈbɔːlkənz/ *npl* Balcani *mpl*
ball¹ /bɔːl/ *n* palla *f*; (football) pallone *m*; (of yarn) gomitolo *m*; **on the** ~ infml sveglio
ball² *n* (dance) ballo *m*
ballad /ˈbæləd/ *n* ballata *f*
ball and chain *n* palla *f* al piede
ball-and-socket joint *n* giunto *m* sferico
ballast /ˈbæləst/ *n* zavorra *f*
ball bearing *n* cuscinetto *m* a sfera
ballboy *n* Tennis raccattapalle *m inv*
ballcock *n* Techn galleggiante *m* (*in serbatoio*)
ball control *n* controllo *m* della palla
ball dress *n* abito *m* da sera
ballerina /bæləˈriːnə/ *n* ballerina *f* [classica]
ballet /ˈbæleɪ/ *n* balletto *m*; (art form) danza *f*
ballet dancer *n* ballerino, -a *mf* [classico, -a]
ballet dress *n* tutù *m*
ballet shoes *npl* scarpe *fpl* da danza
ball game *n* gioco *m* con la palla; AmE partita *f* di baseball; **that's a whole different** ~ fig è tutto un altro paio di maniche
ballgirl *n* Tennis raccattapalle *f inv*
ball gown *n* abito *m* da sera
ballistic /bəˈlɪstɪk/ *adj* balistico
ballistics *nsg* balistica *fsg*
balloon /bəˈluːn/ *n* pallone *m*; Aeron mongolfiera *f*
balloonist /bəˈluːnɪst/ *n* aeronauta *mf*
ballot /ˈbælət/ *n* votazione *f*
ballot box *n* urna *f*
ballot paper *n* scheda *f* di votazione
ballpark *n* AmE stadio *m* di baseball
ballpark figure *n* infml cifra *f* approssimativa
ball-point, ball-point pen *n* penna *f* a sfera
ballroom *n* sala *f* da ballo
ballroom dancing *n* ballo *m* liscio
balls up vulg **A** *vi* incasinarsi
B *vt* incasinare
ballyhoo /bæliˈhuː/ *n* (publicity) battage *m inv* pubblicitario; (uproar) baccano *m*
balm /bɑːm/ *n* balsamo *m*
balmy /ˈbɑːmɪ/ *adj* (**-ier, -iest**) mite; infml (crazy) strampalato
balsam /ˈbɒlsəm/ *n* (oily) balsamo *m*
Baltic /ˈbɔːltɪk/ *adj* & *n* **the** ~ **[Sea]** il [mar] Baltico
balustrade /bæləˈstreɪd/ *n* balaustra *f*
bamboo /bæmˈbuː/ *n* bambù *m*
bamboozle /bæmˈbuːzl/ *vt* infml (mystify) confondere
ban /bæn/ **A** *n* proibizione *f*
B *vt* (*pt/pp* **banned**) proibire; ~ **from** espellere da ‹*club*›; **she was ~ned from driving** le hanno ritirato la patente
banal /bəˈnɑːl/ *adj* banale
banality /bəˈnælətɪ/ *n* banalità *f*
banana /bəˈnɑːnə/ *n* banana *f*
banana republic *n* derog repubblica *f* delle banane
banana skin *n* buccia *f* di banana
band /bænd/ *n* banda *f*; (stripe) nastro *m*; Mus (pop group) complesso *m*; Mus (brass ~) banda *f*; Mil fanfara *f*
■ **band together** *vi* riunirsi
bandage /ˈbændɪdʒ/ **A** *n* benda *f*
B *vt* fasciare
■ **bandage up** *vt* fasciare
Band-Aid *n* Med cerotto *m*
bandanna, bandana /bænˈdænə/ *n* bandana *f*
bandit /ˈbændɪt/ *n* bandito *m*
band leader *n* leader *mf* di un complesso
bandmaster *n* capobanda *m* (*di banda musicale*)
band saw *n* segatrice *f* a nastro
bandsman *n* bandista *m*
bandstand *n* palco *m* coperto [dell'orchestra].
bandwagon *n* **jump on the** ~ fig seguire la corrente
bandy¹ /ˈbændɪ/ *vt* (*pt/pp* **-ied**) scambiarsi ‹*words*›
■ **bandy about** *vt* far circolare
bandy² *adj* (**-ier, -iest**) **be** ~ avere le gambe storte
bandy-legged /-ˈlegd/ *adj* con le gambe storte
bane /beɪn/ *n* **she/it is the** ~ **of my life!** è la mia rovina!
bang /bæŋ/ **A** *n* (noise) fragore *m*; (of gun, firework) scoppio *m*; (blow) colpo *m*; **go with a** ~ infml essere una cannonata
B *adv* ~ **in the middle of** infml proprio nel mezzo di; **go** ~ ‹*gun*› sparare; ‹*balloon*› esplodere
C *int* bum!
D *vt* battere ‹*fist*›; battere su ‹*table*›; sbattere ‹*door, head*›
E *vi* scoppiare; ‹*door*› sbattere
■ **bang about, bang around** *vi* far rumore
■ **bang into** *vt* sbattere contro
banger /ˈbæŋə(r)/ *n* (firework) petardo *m*; infml (sausage) salsiccia *f*; **old** ~ infml (car) macinino *m*
Bangladesh /bæŋgləˈdeʃ/ *n* Bangladesh *m*
Bangladeshi /ˌbæŋgləˈdeʃɪ/ **A** *adj* del Bangladesh
B *n* persona *f* del Bangladesh

b

bangle /ˈbæŋgl/ *n* braccialetto *m*
banish /ˈbænɪʃ/ *vt* bandire
banishment /ˈbænɪʃmənt/ *n* bando *m*
banister /ˈbænɪstə/ *n* ringhiera *f*
banjo /ˈbændʒəʊ/ *n* banjo *m inv*
bank¹ /bæŋk/ **A** *n* (of river) sponda *f*; (slope) scarpata *f*
B *vi* Aeron inclinarsi in virata
bank² **A** *n* banca *f*
B *vt* depositare in banca
C *vi* ~ **with** avere un conto [bancario] presso
■ **bank on** *vt* contare su
bank account *n* conto *m* in banca
bank balance *n* saldo *m*
bank book *n* libretto *m* di risparmio
bank borrowings *npl* prestiti *mpl* bancari
bank card *n* carta *f* assegni
bank charges *npl* spese *fpl* bancarie, commissioni *fpl*
bank clerk *n* bancario, -a *mf*
bank details *npl* coordinate *fpl* bancarie
banker /ˈbæŋkə(r)/ *n* banchiere *m*
banker's draft *n* tratta *f* bancaria
banker's order *n* ordine *m* di pagamento
Bank Giro Credit *n* BrE accreditamento *m* tramite bancogiro
bank holiday *n* giorno *m* festivo
banking /ˈbæŋkɪŋ/ *n* bancario *m*
banking hours *npl* orario *m* di sportello (*in banca*)
bank manager *n* direttore, -trice *mf* di banca
banknote *n* banconota *f*
bank raid *n* rapina *f* in banca
bank robber *n* rapinatore, -trice *mf* di banca
bank robbery *n* rapina *f* in banca
bankroll **A** *n* finanziamento *m*
B *vt* finanziare ‹*person, party*›
bankrupt /ˈbæŋkrʌpt/ **A** *adj* fallito; **go** ~ fallire
B *n* persona *f* che ha fatto fallimento
C *vt* far fallire
bankruptcy /ˈbæŋkrʌptsɪ/ *n* bancarotta *f*
bankruptcy court *n* tribunale *m* fallimentare
bankruptcy proceedings *npl* procedura *f* fallimentare
bank statement *n* estratto *m* conto
bank transfer *n* bonifico *m* bancario
banner /ˈbænə(r)/ *n* stendardo *m*; (of demonstrators) striscione *m*
banner headline *n* titolo *m* a tutta pagina
banns /bænz/ *npl* Relig pubblicazioni *fpl* [di matrimonio]

banquet /ˈbæŋkwɪt/ *n* banchetto *m*
bantam /ˈbæntəm/ *n* gallo *m* bantam
banter /ˈbæntə(r)/ *n* battute *fpl* di spirito
baptism /ˈbæptɪzm/ *n* battesimo *m*; ~ **of fire** fig battesimo *m* del fuoco
Baptist /ˈbæptɪst/ *adj & n* battista *mf*
baptize /bæpˈtaɪz/ *vt* battezzare
bar /bɑː(r)/ **A** *n* sbarra *f*; Jur ordine *m* degli avvocati; (of chocolate) tavoletta *f*; (café) bar *m inv*; (counter) banco *m*; Mus battuta *f*; fig (obstacle) ostacolo *m*; ~ **of soap/gold** saponetta *f* /lingotto *m*; **be called to the** ~ Jur entrare a far parte dell'ordine degli avvocati; **behind** ~**s** infml dietro le sbarre
B *vt* (*pt/pp* **barred**) sbarrare ‹*way*›; sprangare ‹*door*›; escludere ‹*person*›
C *prep* tranne; ~ **none** in assoluto
barb /bɑːb/ *n* barbiglio *m*; fig (remark) frecciata *f*
Barbados /bɑːˈbeɪdɒs/ *n* Barbados *fsg*
barbarian /bɑːˈbeərɪən/ *n* barbaro, -a *mf*
barbaric /bɑːˈbærɪk/ *adj* barbarico
barbarism /ˈbɑːbərɪzm/ *n* (brutality, primitiveness) barbarie *f inv*; (error of style) barbarismo *m*
barbarity /bɑːˈbærətɪ/ *n* barbarie *f inv*
barbarous /ˈbɑːbərəs/ *adj* barbaro
barbecue /ˈbɑːbɪkjuː/ **A** *n* barbecue *m inv*; (party) grigliata *f*, barbecue *m inv*
B *vt* arrostire sul barbecue
barbed /bɑːbd/ *adj* ~ **wire** filo *m* spinato
barber /ˈbɑːbə(r)/ *n* barbiere *m*
barber's shop *n* barbiere *m*
barbiturate /bɑːˈbɪtjʊrət/ *n* barbiturico *m*
bar chart *n* istogramma *m*
bar code *n* codice *m* a barre
bar-coded *adj* con codice a barre
bar code reader *n* lettore *m* di codice a barre
bard /bɑːd/ *n* literary bardo *m*
bare /beə(r)/ **A** *adj* nudo; ‹*tree, room*› spoglio; ‹*floor*› senza moquette; **the** ~ **bones** l'essenziale *m*
B *vt* scoprire; mostrare ‹*teeth*›
bareback *adv* senza sella
barefaced *adj* sfacciato
barefoot *adv* scalzo
bare-headed *adj* a capo scoperto
barely /ˈbeəlɪ/ *adv* appena
bareness /ˈbeənɪs/ *n* nudità *f*
bargain /ˈbɑːgɪn/ **A** *n* (agreement) patto *m*; (good buy) affare *m*; **into the** ~ per di più
B *vi* contrattare; (haggle) trattare
■ **bargain for** *vt* (expect) aspettarsi
bargain basement *n* reparto *m* occasioni
bargaining /ˈbɑːgɪnɪŋ/ **A** *n* (over pay) contrattazione *f*
B *attrib* ‹*power, rights*› contrattuale; ‹*position*› di negoziato
barge /bɑːdʒ/ *n* barcone *m*

■ **barge in** *vi* infml (to room) piombare dentro; (into conversation) interrompere bruscamente; ~ **into** piombare dentro a ‹*room*›; venire addosso a ‹*person*›; venire addosso a ‹*person*›

bargepole /ˈbɑːdʒpəʊl/ *n* **I wouldn't touch him/it with a ~** non lo toccherei nemmeno con un dito

barista /bəˈrɪstə/ *n* esp Am barista *mf*

baritone /ˈbærɪtəʊn/ *n* baritono *m*

bark¹ /bɑːk/ *n* (of tree) corteccia *f*

bark² **A** *n* abbaio *m*
B *vi* abbaiare

barking /ˈbɑːkɪŋ/ **A** *n* abbaio *m*
B *adj* ‹*dog*› che abbaia; ‹*cough, laugh*› convulso
C *adv* **be ~ mad** BrE infml essere matto da legare

barley /ˈbɑːlɪ/ *n* orzo *m*

barleycorn *n* orzo *m*; (grain) chicco *m* d'orzo

barley sugar *n* caramella *f* d'orzo

barley water *n* BrE orzata *f*

barley wine *n* BrE birra *f* molto forte

barmaid /ˈbɑːmeɪd/ *n* barista *f*

barman /ˈbɑːmən/ *n* barista *m*

barmy /ˈbɑːmɪ/ *adj* infml strampalato

barn /bɑːn/ *n* granaio *m*

barnacle /ˈbɑːnəkl/ *n* cirripede *m*

barn dance *n ballo* (*m*) *tradizionale statunitense*; (social gathering) *festa* (*f*) *negli USA in cui si fanno balli tradizionali*

barn owl *n* barbagianni *m inv*

barnstorming *adj* sensazionale

barnyard *n* aia *f*

barometer /bəˈrɒmɪtə(r)/ *n* barometro *m*

baron /ˈbærən/ *n* barone *m*

baroness /ˈbærənɪs/ *n* baronessa *f*

baronial /bəˈrəʊnɪəl/ *adj* baronale

baroque /bəˈrɒk/ *adj* & *n* barocco *m*

barracking /ˈbærəkɪŋ/ *n* fischi *mpl* e insulti *mpl*

barrack room **A** *n* camerata *f*
B *attrib* derog ‹*language*› da caserma

barracks /ˈbærəks/ *npl* caserma *fsg*

barrage /ˈbærɑːʒ/ *n* (in river) [opera *f* di] sbarramento *m*; Mil sbarramento *m*; fig (of criticism, abuse) sfilza *f*

barrage balloon *n* pallone *m* di sbarramento

barrel /ˈbærəl/ *n* barile *m*, botte *f*; (of gun) canna *f*

barrel organ *n* organetto *m* [a cilindro]

barren /ˈbærən/ *adj* sterile; ‹*landscape*› brullo

barrette /bæˈret/ *n* AmE (for hair) molletta *f*

barricade /ˈbærɪˈkeɪd/ **A** *n* barricata *f*
B *vt* barricare

barrier /ˈbærɪə(r)/ *n* barriera *f*; Rail cancello *m*; fig ostacolo *m*

barrier cream *n* crema *f* protettiva

barrier method *n* Med metodo *m* anticoncezionale meccanico

barrier reef *n* barriera *f* corallina

barring /ˈbɑːrɪŋ/ *prep* **~ accidents** salvo imprevisti

barrister /ˈbærɪstə(r)/ *n* avvocato *m*

barrow /ˈbærəʊ/ *n* carretto *m*; (wheel ~) carriola *f*

bar stool *n* sgabello *m* da bar

bartender /ˈbɑːtendə(r)/ *n* barista *mf*

barter /ˈbɑːtə(r)/ *vi* barattare (**for** con)

base /beɪs/ **A** *n* base *f*
B *adj* vile
C *vt* basare; **be ~d on** basarsi su

baseball /ˈbeɪsbɔːl/ *n* baseball *m*

baseball cap *n* berretto *m* da baseball

base camp *n* campo *m* base *inv*

base form *n* (of verb) forma *f* non coniugata di un verbo

base lending rate *n* tasso *m* base *inv* di interesse

baseless /ˈbeɪslɪs/ *adj* infondato

baseline /ˈbeɪslaɪn/ *n* Tennis linea *f* di fondo; fig riferimento *m*

basement /ˈbeɪsmənt/ *n* seminterrato *m*

basement flat *n* appartamento *m* nel seminterrato

base metal *n* metallo *m* vile *inv*

base rate *n* tasso *m* base *inv*

bash /bæʃ/ **A** *n* colpo *m* violento; **have a ~!** infml provaci!
B *vt* colpire [violentemente]; (dent) ammaccare; **~ed in** ammaccato

■ **bash down** *vt* sfondare ‹*door*›

■ **bash into** *vt* imbattersi in ‹*person*›; sbattere contro ‹*wall, tree*›

bashful /ˈbæʃfl/ *adj* timido

bashfully /ˈbæʃfʊlɪ/ *adv* timidamente

bashing /ˈbæʃɪŋ/ *n* infml (beating) pestaggio *m*; (criticism) critica *f* feroce; (defeat) batosta *f*; **take a ~** prendere una batosta

basic /ˈbeɪsɪk/ *adj* di base; ‹*condition, requirement*› basilare; ‹*living conditions*› povero; **my Italian is pretty ~** il mio italiano è abbastanza rudimentale; **the ~s** (of language, science) i rudimenti; (essentials) l'essenziale *m*

basically /ˈbeɪsɪklɪ/ *adv* fondamentalmente

basic rate *n* tariffa *f* minima; (in tax) aliquota *f* minima

basil /ˈbæzɪl/ *n* basilico *m*

basilica /bəˈzɪlɪkə/ *n* basilica *f*

basin /ˈbeɪsn/ *n* bacinella *f*; (wash-hand ~) lavabo *m*; (for food) recipiente *m*; Geog bacino *m*

basinful /ˈbeɪsɪnfʊl/ *n* bacinella *f* (*contenuto*)

basis /ˈbeɪsɪs/ *n* (*pl* **-ses** /ˈbeɪsiːz/) base *f*

bask /bɑːsk/ *vi* crogiolarsi

basket /ˈbɑːskɪt/ *n* cestino *m*

b

basketball *n* pallacanestro *f*
basket chair *n* sedia *m* di vimini
basketwork *n* (objects) oggetti *mpl* in vimini; (craft) lavoro *m* artigianale di oggetti in vimini
Basle /bɑːl/ *n* Basilea *f*
Basque /bæsk/ *adj* & *n* (person) basco, -a *mf*; (language) basco *m*
bass /beɪs/ **A** *adj* basso; ~ **voice** voce *f* di basso
B *n* basso *m*
bass-baritone *n* baritono *m* basso
bass clef *n* chiave *f* di basso
bass drum *n* grancassa *f*
basset hound /ˈbæsɪt/ *n* basset hound *m inv*
bass guitar *n* (chitarra *f*) basso *m*
bassist /ˈbeɪsɪst/ *n* bassista *mf*
bassoon /bəˈsuːn/ *n* fagotto *m*
bastard /ˈbɑːstəd/ *n* (illegitimate child) bastardo, -a *mf*; sl figlio *m* di puttana
baste¹ /beɪst/ *vt* (sew) imbastire
baste² *vt* Culin ungere con grasso
bastion /ˈbæstɪən/ *n* bastione *m*
bat¹ /bæt/ **A** *n* mazza *f*; (for table tennis) racchetta *f*; **off one's own** ~ infml tutto da solo
B *vt* (*pt/pp* **batted**) battere; **she didn't** ~ **an eyelid** fig non ha battuto ciglio
bat² *n* Zool pipistrello *m*
batch /bætʃ/ *n* gruppo *m*; (of goods) partita *f*; (of bread) infornata *f*
batch file *n* Comput batch file *m inv*
batch processing /ˈprəʊsesɪŋ/ *n* Comput elaborazione *f* a gruppi
bated /ˈbeɪtɪd/ *adj* **with** ~ **breath** col fiato sospeso
bath /bɑːθ/ **A** *n* (*pl* ~**s** /bɑːðz/) bagno *m*; (tub) vasca *f* da bagno; ~**s** *pl* piscina *f*; **have a** ~ fare un bagno
B *vt* fare il bagno a
C *vi* fare il bagno
bathe /beɪð/ **A** *n* bagno *m*
B *vi* fare il bagno
C *vt* lavare ‹*wound*›
bather /ˈbeɪðə(r)/ *n* bagnante *mf*
bathing /ˈbeɪðɪŋ/ *n* bagni *mpl*
bathing cap *n* cuffia *f*
bathing costume *n* costume *m* da bagno
bathing hut *n* cabina *f* (*al mare*)
bathing suit *n* costume *m* da bagno
bathing trunks *n* calzoncini *mpl* da bagno
bath mat *n* tappetino *m* da bagno
bathrobe /ˈbæθrəʊb/ *n* accappatoio *m*
bathroom /ˈbæθruːm/ *n also* (toilet) bagno *m*
bathroom cabinet *n* armadietto *m* del bagno
bathroom fittings *npl* accessori *mpl* per il bagno
bathroom scales *npl* bilancia *f* pesapersone
bath salts *npl* sali *mpl* da bagno
bath towel *n* asciugamano *m* da bagno
bathtub *n* vasca *f* da bagno
baton /ˈbæt(ə)n/ *n* Mus bacchetta *f*
baton charge *n* BrE carica *f* con lo sfollagente
baton round *n* BrE proiettile *m* di gomma
batsman /ˈbætsmən/ *n* Sport battitore *m*
battalion /bəˈtælɪən/ *n* battaglione *m*
batten /ˈbætn/ *n* assicella *f*
batter /ˈbætə(r)/ *n* Culin pastella *f*
battered /ˈbætəd/ *adj* ‹*car*› malandato; ‹*wife, baby*› maltrattato
battering /ˈbæt(ə)rɪŋ/ *n* **take a** ~ (from bombs, storm, waves) essere colpito; (from other team) prendersi una batosta; (from other boxer) prenderle
battering ram *n* ariete *m*
battery /ˈbætərɪ/ *n* batteria *f*; (of torch, radio) pila *f*
battery charger *n* caricabatterie *m inv*
battery chicken *n* pollo *m* di allevamento in batteria
battery controlled *adj* a pile
battery farming *n* allevamento *m* in batteria
battery hen *n* gallina *f* d'allevamento in batteria
battery life *n* autonomia *f*
battery operated, **battery powered** *adj* a pile
battery pack *n* battery pack *m inv*
🔑 **battle** /ˈbæt(ə)l/ **A** *n* battaglia *f*; fig lotta *f*
B *vi* fig lottare
battleaxe *n* infml virago *f inv*
battle cry *n* also fig grido *m* di battaglia
battle dress *n* uniforme *f* da combattimento
battlefield, **battleground** *n* campo *m* di battaglia; fig terreno *m* di scontro
battle lines *npl* Mil schieramenti *mpl*
battlements /ˈbætlmənts/ *npl* bordo *m* merlato; (crenellations) merlatura *f*
battle order *n* also fig ordine *m* di battaglia
battle-scarred *adj* agguerrito; fig segnato dalla vita
battleship *n* corazzata *f*
batty /ˈbætɪ/ *adj* infml strampalato
bauble /ˈbɔːb(ə)l/ *n* (ornament) gingillo *m*; (jewellery) ninnolo *m*
bawdiness /ˈbɔːdɪnɪs/ *n* oscenità *f*
bawdy /ˈbɔːdɪ/ *adj* (**-ier**, **-iest**) piccante
bawl /bɔːl/ *vt* & *vi* urlare
■ **bawl out** *vt* infml urlare ‹*name, order*›; fare una sfuriata a ‹*somebody*›
bay¹ /beɪ/ *n* Geog baia *f*
bay² *n* **keep at** ~ tenere a bada

🔑 parola chiave

bay³ *n* Bot alloro *m*
bay⁴ *n* (horse) baio *m*
bay leaf *n* foglia *f* d'alloro
bayonet /ˈbeɪənet/ *n* baionetta *f*
bay window *n* bay window *f inv* (*grande finestra sporgente*)
bazaar /bəˈzɑː(r)/ *n* bazar *m inv*
bazooka /bəˈzuːkə/ *n* bazooka *m inv*
BBC *n abbr* (**British Broadcasting Corporation**) BBC *f*
BBQ *abbr* (**barbecue**) barbecue *m inv*
BC *abbr* (**before Christ**) a.C.
Bcc *n abbr* (**blind carbon copy**) ccn *f*
be /biː/ **A** *vi* (*pres* **am**, **are**, **is**, **are**, *pt* **was**, **were**, *pp* **been**) essere; **he is a teacher** è insegnante, fa l'insegnante; **what do you want to be?** cosa vuoi fare?; **be quiet!** sta' zitto!; **I am cold/hot** ho freddo/caldo; **it's cold/hot, isn't it?** fa freddo/caldo, vero?; **how are you?** come stai?; **I am well** sto bene; **there is** c'è; **there are** ci sono; **I have been to Venice** sono stato a Venezia; **has the postman been?** è passato il postino?; **you're coming too, aren't you?** vieni anche tu, no?; **it's yours, is it?** è tuo, vero?; **was John there? - yes, he was** c'era John? - sì; **John wasn't there - yes he was!** John non c'era - sì che c'era!; **three and three are six** tre più tre fanno sei; **he is five** ha cinque anni; **that will be £10, please** fanno 10 sterline, per favore; **how much is it?** quanto costa?; **that's £5 you owe me** mi devi 5 sterline
B *v aux* **I am coming/reading** sto venendo/leggendo; **I'm staying** (not leaving) resto; **I am being lazy** sono pigro; **I was thinking of you** stavo pensando a te; **you are not to tell him** non devi dirglielo; **you are to do that immediately** devi farlo subito
C *passive* essere; **I have been robbed** sono stato derubato
BE *abbr* (**bill of exchange**) cambiale *f*
beach /biːtʃ/ *n* spiaggia *f*
beach ball *n* pallone *m* da spiaggia
beach buggy *n* dune buggy *f inv*
beach-comber /-kəʊmə(r)/ *n persona* (*f*) *che vive rivendendo gli oggetti trovati sulla spiaggia*
beachhead *n* testa *f* di sbarco
beach hut *n* cabina *f* [da spiaggia]
beach robe *n* accappatoio *m*
beachwear *n* abbigliamento *m* da spiaggia
beacon /ˈbiːk(ə)n/ *n* faro *m*; Naut, Aeron fanale *m*
bead /biːd/ *n* perlina *f*
beady-eyed /biːdɪˈaɪd/ *adj* (sharp-eyed) a cui non sfugge niente
beagle /ˈbiːg(ə)l/ *n* beagle *m inv*, bracchetto *m*
beak /biːk/ *n* becco *m*
beaker /ˈbiːkə(r)/ *n* coppa *f*; (in laboratory) becher *m inv*
beam /biːm/ **A** *n* trave *f*; (of light) raggio *m*
B *vi* irradiare; ‹*person*› essere raggiante; **~at somebody** fare un gran sorriso a qualcuno
beaming /ˈbiːmɪŋ/ *adj* raggiante
bean /biːn/ *n* fagiolo *m*; (of coffee) chicco *m*; **spill the ~s** infml spiattellare tutto
bean bag *n* (seat) *poltrona* (*f*) *imbottita di pallini di polistirolo*
beanfeast *n* infml festa *f*
beanie /ˈbiːnɪ/ *n* zucchetto *m*
beanpole *n* fig infml (tall thin person) spilungone, -a *mf*
bean sprout *n* germoglio *m* di soia
bear¹ /beə(r)/ *n* orso *m*
bear² *v* (*pt* **bore**, *pp* **borne**) **A** *vt* (endure) sopportare; mettere al mondo ‹*child*›; (carry) portare; **~ in mind** tenere presente; **~ fruit** ‹*tree*› produrre; fig dare frutto
B *vi* **~left/right** andare a sinistra/a destra
■ **bear out** *vt* confermare ‹*story, statement*›
■ **bear with** *vt* aver pazienza con
■ **bear up** *vi* tirare avanti
bearable /ˈbeərəbl/ *adj* sopportabile
bear cub *n* cucciolo *m* di orso
beard /bɪəd/ *n* barba *f*; **have a ~** avere la barba
bearded /ˈbɪədɪd/ *adj* barbuto
bearer /ˈbeərə(r)/ *n* portatore, -trice *mf*; (of passport) titolare *mf*
bearing /ˈbeərɪŋ/ *n* portamento *m*; Techn cuscinetto *m* [a sfera]; **have a ~ on** avere attinenza con; **get one's ~s** orientarsi; **lose one's ~s** perdere l'orientamento
bear market *n* Fin mercato *m* al ribasso
bearskin *n* (pelt) pelle *f* d'orso; (hat) colbacco *m* militare
beast /biːst/ *n* bestia *f*; infml (person) animale *m*
beastly /ˈbiːstlɪ/ *adj* (**-ier**, **-iest**) infml orribile
beat /biːt/ **A** *n* battito *m*; (rhythm) battuta *f*; (of policeman) giro *m* d'ispezione
B *vt* (*pt* **beat**, *pp* **beaten**) battere; picchiare ‹*person*›; **~ a retreat** Mil battere in ritirata; **~ it!** infml dattela a gambe!; **it ~s me why...** infml non capisco proprio perché...
■ **beat back** *vt* respingere ‹*flames, crowd*›
■ **beat down** **A** *vt* buttare giù ‹*door*›
B *vi* ‹*sun*› battere a picco
■ **beat off** *vt* respingere ‹*attacker*›
■ **beat out** *vt* domare ‹*flames*›
■ **beat up** *vt* picchiare
beaten /ˈbiːtn/ *adj* **off the ~ track** fuori mano
beatify /bɪˈætɪfaɪ/ *vt* beatificare
beating /ˈbiːtɪŋ/ *n* bastonata *f*; **get a ~** (with fists) essere preso a pugni; ‹*team, player*› prendere una batosta
beating-up *n* infml pestaggio *m*
beat-up *adj* infml ‹*car*› sfasciato
beau /bəʊ/ *n* literary hum spasimante *m*
Beaufort scale /ˈbəʊfət/ *n* scala *f* Beaufort

beautician /bjuːˈtɪʃn/ *n* estetista *mf*
beautiful /ˈbjuːtɪfl/ *adj* bello; **the ~ people** il bel mondo
beautifully /ˈbjuːtɪfəlɪ/ *adv* splendidamente
beautify /ˈbjuːtɪfaɪ/ *vt* (*pt/pp* **-ied**) abbellire
beauty /ˈbjuːtɪ/ *n* bellezza *f*
beauty contest *n* concorso *m* di bellezza
beauty editor *n* redattore, -trice *mf* di articoli di bellezza
beauty parlour *n* istituto *m* di bellezza
beauty queen *n* reginetta *f* di bellezza
beauty salon *n* istituto *m* di bellezza
beauty sleep *n* hum **need one's ~** aver bisogno delle proprie ore di sonno
beauty spot *n* neo *m*; (place) luogo *m* pittoresco
beaver /ˈbiːvə(r)/ *n* castoro *m*
■ **beaver away** *vi* infml (work hard) sgobbare
becalmed /bɪˈkɑːmd/ *adj* in bonaccia
became /bɪˈkeɪm/ ▶ **become**
because /bɪˈkɒz/ **A** *conj* perché; (at start of sentence) poiché
B *adv* **~ of** a causa di
beck /bek/ *n* **be at sb's ~ and call** dover essere a completa disposizione di qualcuno
beckon /ˈbekn/ *vt & vi* **~ [to]** chiamare con un cenno
become /bɪˈkʌm/ *v* (*pt* **became**, *pp* **become**) **A** *vt* diventare
B *vi* diventare; **what has ~ of her?** che ne è di lei?
becoming /bɪˈkʌmɪŋ/ *adj* ‹*clothes*› bello
bed /bed/ *n* letto *m*; (of sea, lake) fondo *m*; (layer) strato *m*; (of flowers) aiuola *f*; **in ~** a letto; **go to ~** andare a letto
BEd *n abbr* (**Bachelor of Education**) ≈ laurea *f* in magistero
bed and board *n* vitto e alloggio *m*
bed and breakfast *n* bed and breakfast *m*
bed base *n* fondo *m* del letto
bed bath *n* **give somebody a ~** lavare qualcuno a letto
bedbug *n* cimice *f*
bedchamber *n* camera *f* da letto
bedclothes *npl* lenzuola e coperte *fpl*
bedding /ˈbedɪŋ/ *n biancheria (f) per il letto, materasso e guanciali*
bed down *vi* coricarsi
bedeck /bɪˈdek/ *vt* ornare
bedevil /bɪˈdevəl/ *vt* tormentare ‹*person*›; intralciare ‹*plans*›
bedfellow *n* **make strange ~s** fig fare una strana coppia
bedhead *n* testata *f* del letto
bed jacket *n* liseuse *f inv*
bedlam /ˈbedləm/ *n* baraonda *f*
bed linen *n* biancheria *f* per il letto
bedpan /ˈbedpæn/ *n* padella *f*

bedraggled /bɪˈdrægld/ *adj* inzaccherato
bedridden /ˈbedrɪdən/ *adj* allettato
bedrock /ˈbedrɒk/ *n* basamento *m*; fig fondamento *m*
bedroom /ˈbedruːm/ *n* camera *f* da letto
bedroom farce *n* Theat pochade *f inv*
bedroom slipper *n* pantofola *f*
bedroom suburb *n* AmE città *f* dormitorio
bedside /ˈbedsaɪd/ *n* **at his ~** al suo capezzale
bedside lamp *n* abat-jour *m inv*
bedside manner *n* modo *m* di trattare i pazienti; **have a good ~** saperci fare con i pazienti
bedside rug *n* scendiletto *m*
bedside table *n* comodino *m*
bedsit, bedsitter, bed-sitting room *n* camera *f* ammobiliata [fornita di cucina]
bedsock *n* calzino *m* da notte
bedsore *n* piaga *f* da decubito
bedspread *n* copriletto *m*
bedstead *n* fusto *m* del letto
bedtime *n* l'ora *f* di andare a letto
bed-wetting *n* il bagnare il letto
bee /biː/ *n* ape *f*
beech /biːtʃ/ *n* faggio *m*
beef /biːf/ *n* manzo *m*
beefburger *n* hamburger *m inv*
beefeater *n guardia (f) della Torre di Londra*
beefsteak *n* bistecca *f*
beefsteak tomato *n* grosso pomodoro *m*
beef stew *n* stufato *m* di manzo
beef tea *n* brodo *m* di manzo
beefy /ˈbiːfɪ/ *adj* ‹*flavour*› di manzo; infml ‹*man*› grande e grosso
beehive /ˈbiːhaɪv/ *n* alveare *m*
bee-keeper *n* apicoltore, -trice *mf*
bee-keeping *n* apicoltura *f*
bee-line *n* **make a ~ for** infml precipitarsi verso
been /biːn/ ▶ **be**
beep /biːp/ **A** *n* (of car) suono *m* di clacson; (of telephone) segnale *m* acustico; (of electronic device, radio) bip *m inv*
B *vi* ‹*car, driver*› clacsonare; ‹*device*› fare bip
C *vt* (with beeper) chiamare con il cercapersone; **~ the horn** clacsonare
beeper /ˈbiːpə(r)/ *n* cercapersone *m inv*
beer /bɪə(r)/ *n* birra *f*
beer belly *n* pancia *f* da beone
beer bottle *n* bottiglia *f* da birra
beer garden *n* giardino *m* di un pub
beer mat *n* sottobicchiere *m*
beer money *n* infml quattro soldi *mpl*
beer-swilling *adj* derog ubriacone
beer tent *n spazio (m) per incontri con mescita di birra*

parola chiave

bee sting *n* puntura *f* d'ape
beeswax /ˈbiːzwæks/ *n* cera *f* d'api
beet /biːt/ *n* AmE (beetroot) barbabietola *f*; **[sugar] ~** barbabietola *f* da zucchero
beetle /ˈbiːtl/ *n* scarafaggio *m*
■ **beetle off** *vi* infml (hurry away) scappare
beetroot /ˈbiːtruːt/ *n* barbabietola *f*
befall /bɪˈfɔːl/ *vt* literary accadere a
befit /bɪˈfɪt/ *vt* literary addirsi a
befitting /bɪˈfɪtɪŋ/ *adj* ‹*modesty, honesty*› opportuno
before /bɪˈfɔː(r)/ **A** *prep* prima di; **the day ~ yesterday** ieri l'altro; **~ long** fra poco
B *adv* prima; **never ~ have I seen...** non ho mai visto prima...; **~ that** prima; **~ going** prima di andare
C *conj* (time) prima che; **~ you go** prima che tu vada
beforehand /bɪˈfɔːhænd/ *adv* in anticipo
before tax *adj* ‹*profit, income*› lordo, al lordo di imposte
befriend /bɪˈfrend/ *vt* trattare da amico
befuddle /bɪˈfʌdl/ *vt* confondere ‹*mind*›
beg /beg/ *v* (*pt/pp* **begged**) **A** *vi* mendicare
B *vt* pregare; chiedere ‹*favour, forgiveness*›
began /bɪˈgæn/ ▶ **begin**
beggar /ˈbegə(r)/ *n* mendicante *mf*; **you lucky ~!** che fortuna sfacciata!; **poor ~!** povero cristo!; **you little ~!** monellaccio!
beggarly /ˈbegəlɪ/ *adj* ‹*existence, meal*› miserabile; ‹*wage*› da fame
begging bowl /ˈbegɪŋ/ *n* ciotola *f* del mendicante
begging letter *n lettera (f) che sollecita offerte in denaro*
begin /bɪˈgɪn/ *vt & vi* (*pt* **began**, *pp* **begun**, *pres p* **beginning**) cominciare; **well, to ~ with** dunque, per cominciare
beginner /bɪˈgɪnə(r)/ *n* principiante *mf*
beginning /bɪˈgɪnɪŋ/ *n* principio *m*
begonia /bɪˈgəʊnɪə/ *n* begonia *f*
begrudge /bɪˈgrʌdʒ/ *vt* (envy) essere invidioso di; dare malvolentieri ‹*money*›
beguile /bɪˈgaɪl/ *vt* (charm) affascinare; (cheat) ingannare
beguiling /bɪˈgaɪlɪŋ/ *adj* accattivante
begun /bɪˈgʌn/ ▶ **begin**
behalf /bɪˈhɑːf/ *n* **on ~ of** a nome di; **on my ~** a nome mio; **say hello on my ~** salutalo da parte mia
behave /bɪˈheɪv/ *vi* comportarsi; **~ [oneself]** comportarsi bene
behaviour /bɪˈheɪvjə(r)/ *n* comportamento *m*; (of prisoner, soldier) condotta *f*
behavioural /bɪˈheɪvjərəl/ *adj* comportamentale
behaviourist /bɪˈheɪvjərɪst/ *adj & n* comportamentista *mf*
behaviour pattern *n* modello *m* comportamentale
behead /bɪˈhed/ *vt* decapitare
beheld /bɪˈheld/ ▶ **behold**
behind /bɪˈhaɪnd/ **A** *prep* dietro; (with pronoun) dietro di; **be ~ something** fig stare dietro qualcosa
B *adv* dietro, indietro; (late) in ritardo; **a long way ~** molto indietro; **in the car ~** nella macchina dietro
C *n* infml didietro *m*
behindhand /bɪˈhaɪndhænd/ *adv* indietro
behold /bɪˈhəʊld/ *vt* (*pt/pp* **beheld**) literary vedere
beholden /bɪˈhəʊldn/ *adj* obbligato (**to** verso)
beholder /bɪˈhəʊldə(r)/ *n* **beauty is in the eye of the ~** è bello ciò che piace
beige /beɪʒ/ *adj & n* beige *m inv*
Beijing /beɪˈdʒɪŋ/ *n* Pechino *f*
being /ˈbiːɪŋ/ *n* essere *m*; **come into ~** nascere
Beirut /beɪˈruːt/ *n* Beirut *f*
bejewelled /bɪˈdʒuːəld/ *adj* ingioiellato
Belarus /ˌbjeləʊˈrʊs/ *n* Bielorussia *f*
belated /bɪˈleɪtɪd/ *adj* tardivo
belatedly /bɪˈleɪtɪdlɪ/ *adv* tardi
belch /beltʃ/ **A** *vi* ruttare
B *vt* **~[out]** eruttare ‹*smoke*›
beleaguered /bɪˈliːgəd/ *adj* ‹*city*› assediato; ‹*troops*› accerchiato; fig ‹*person*› tormentato; fig ‹*company*› in difficoltà
Belfast /belˈfɑːst/ *n* Belfast *f*
belfry /ˈbelfrɪ/ *n* campanile *m*
Belgian /ˈbeldʒən/ *adj & n* belga *mf*
Belgium /ˈbeldʒəm/ *n* Belgio *m*
Belgrade /belˈgreɪd/ *n* Belgrado *f*
belie /bɪˈlaɪ/ *vt* (give false impression of) dissimulare; (disprove) smentire
belief /bɪˈliːf/ *n* fede *f*; (opinion) convinzione *f*
believable /bɪˈliːvəbl/ *adj* credibile
believe /bɪˈliːv/ *vt & vi* credere
■ **believe in** *vt* avere fiducia in ‹*person*›; credere a ‹*ghosts*›
believer /bɪˈliːvə(r)/ *n* Relig credente *mf*; **be a great ~ in** credere fermamente in
belittle /bɪˈlɪtl/ *vt* sminuire ‹*person, achievements*›
belittling /bɪˈlɪtlɪŋ/ *adj* ‹*comment*› che sminuisce
Belize /beˈliːz/ *n* Belize *m*
bell /bel/ *n* campana *f*; (on door) campanello *m*; **that rings a ~** fig mi dice qualcosa
bell-bottoms *npl* pantaloni *mpl* a zampa d'elefante
bellboy /ˈbelbɔɪ/ *n* AmE fattorino *m* d'albergo
belle /bel/ *n* bella *f*
bellhop /ˈbelhɒp/ *n* AmE fattorino *m* d'albergo
belligerence /bɪˈlɪdʒərəns/ *n* bellicosità *f*; (pol) belligeranza *f*

b

b

belligerent /bɪˈlɪdʒərənt/ *adj* belligerante; (aggressive) bellicoso

bell jar *n* campana *f* di vetro

bellow /ˈbeləʊ/ *vi* gridare a squarciagola; ‹*animal*› muggire
■ **bellow out** *vt* urlare ‹*name, order*›

bellows /ˈbeləʊz/ *npl* (for fire) soffietto *m*

bell pull *n* (rope) cordone *m* di campanello

bell push *n* pulsante *m* di campanello

bell-ringer *n* campanaro *m*

bell-shaped *adj* a campana

bell tower *n* campanile *m*

belly /ˈbelɪ/ *n* pancia *f*

bellyache **A** *n* infml mal *m* di pancia
B *vi* infml lamentarsi

belly button *n* infml ombelico *m*

belly dancer *n* danzatrice *f* del ventre

belly flop *n* (in swimming) spanciata *f*

bellyful /ˈbelɪfʊl/ *n* infml **have had a ~ of something** avere le tasche piene di qualcosa

belong /bɪˈlɒŋ/ *vi* appartenere (**to** a); (be member) essere socio (**to** di)

belongings /bɪˈlɒŋɪŋz/ *npl* cose *fpl*

beloved /bɪˈlʌvɪd/ *adj* & *n* amato, -a *mf*

below /bɪˈləʊ/ **A** *prep* sotto; (with numbers) al di sotto di
B *adv* sotto, di sotto; Naut sotto coperta; **see ~** vedi qui di seguito

belt /belt/ **A** *n* cintura *f*; (area) zona *f*; Techn cinghia *f*
B *vi* infml (rush) **~ along** filare velocemente
C *vt* infml (hit) picchiare
■ **belt out** *vt* cantare a squarciagola ‹*song*›
■ **belt up** *vi* (in car) mettersi la cintura [di sicurezza]; **~ up!** sl (be quiet) stai zitto!

bemoan /bɪˈməʊn/ *vt* lamentare

bemused /bɪˈmjuːzd/ *adj* confuso

bench /bentʃ/ *n* panchina *f*; (work **~**) piano *m* da lavoro; **the B~** Jur la magistratura

benchmark /ˈbentʃmɑːk/ *n* punto *m* di riferimento; Comput paragone *m* con un campione; Fin (price) prezzo *m* di riferimento

bench-test *vt* Comput testare

bend /bend/ **A** *n* curva *f*; (of river) ansa *f*; **round the ~** infml fuori di testa
B *vt* (*pt/pp* **bent**) piegare
C *vi* piegarsi; ‹*road*› curvare; **~ [down]** chinarsi
■ **bend over** *vi* inchinarsi

beneath /bɪˈniːθ/ **A** *prep* sotto, al di sotto di; **he thinks it's ~ him** fig pensa che sia sotto al suo livello; **~ contempt** indegno
B *adv* giù

Benedictine /benɪˈdɪktiːn/ *adj* & *n* Relig benedettino *m*

benediction /benɪˈdɪkʃn/ *n* Relig benedizione *f*

benefactor /ˈbenɪfæktə(r)/ *n* benefattore, -trice *mf*

beneficial /benɪˈfɪʃl/ *adj* benefico

beneficiary /benɪˈfɪʃərɪ/ *n* beneficiario, -a *mf*

benefit /ˈbenɪfɪt/ **A** *n* vantaggio *m*; (allowance) indennità *f*
B *vt* (*pt/pp* **-fited**, *pres p* **-fiting**) giovare a
C *vi* trarre vantaggio (**from** da)

Benelux /ˈbenɪlʌks/ **A** *n* Benelux *m*
B *attrib* ‹*countries, organization*› del Benelux

benevolence /bɪˈnevələns/ *n* benevolenza *f*

benevolent /bɪˈnevələnt/ *adj* benevolo

benevolently /bɪˈnevələntlɪ/ *adv* con benevolenza

Bengal /beŋˈɡɔːl/ *n* Bengala *m*

benign /bɪˈnaɪn/ *adj* benevolo; Med benigno

benignly /bɪˈnaɪnlɪ/ *adv* con benevolenza

Benin /beˈniːn/ *n* Benin *m*

bent /bent/ **A** ▶ **bend**
B *adj* ‹*person*› ricurvo; (distorted) curvato; infml (dishonest) corrotto; **be ~ on doing something** essere ben deciso a fare qualcosa
C *n* predisposizione *f*

benzene /ˈbenziːn/ *n* benzene *m*

benzine /ˈbenziːn/ *n* benzina *f*

bequeath /bɪˈkwiːð/ *vt* lasciare in eredità

bequest /bɪˈkwest/ *n* lascito *m*

berate /bɪˈreɪt/ *vt* fml redarguire

bereaved /bɪˈriːvd/ *n* **the ~** *pl* i familiari del defunto

bereavement /bɪˈriːvmənt/ *n* lutto *m*

bereft /bɪˈreft/ *adj* **~ of** privo di

beret /ˈbereɪ/ *n* berretto *m*

Berlin /bɜːˈlɪn/ *n* Berlino *f*

Berliner /bɜːˈlɪnə(r)/ *n* berlinese *mf*

Bermuda /bəˈmjuːdə/ *n* le Bermuda

Bermuda shorts *npl* bermuda *mpl*

Berne /bɜːn/ *n* Berna *f*

berry /ˈberɪ/ *n* bacca *f*

berserk /bəˈsɜːk/ *adj* **go ~** diventare una belva

berth /bɜːθ/ **A** *n* (bed) cuccetta *f*; (anchorage) ormeggio *m*; **give a wide ~ to** infml stare alla larga da
B *vi* ormeggiare

beseech /bɪˈsiːtʃ/ *vt* (*pt/pp* **beseeched** *or* **besought**) supplicare

beseeching /bɪˈsiːtʃɪŋ/ *adj* implorante

beset /bɪˈset/ *adj* **a country ~ by strikes** un paese vessato dagli scioperi

beside /bɪˈsaɪd/ *prep* accanto a; **~ oneself** fuori di sé

besides /bɪˈsaɪdz/ **A** *prep* oltre a
B *adv* inoltre

besiege /bɪˈsiːdʒ/ *vt* assediare

besotted /bɪˈsɒtɪd/ *adj* infatuato (**with** di)

besought /bɪˈsɔːt/ ▶ **beseech**

bespatter /bɪˈspætə(r)/ *vt* schizzare

bespectacled /bɪˈspektək(ə)ld/ *adj* con gli occhiali

---

parola chiave

bespoke /bɪˈspəʊk/ *adj* ‹*suit*› su misura; ‹*tailor*› che lavora su ordinazione

best /best/ **A** *adj* migliore; **the ~ part of a year** la maggior parte dell'anno; **~ before** Comm preferibilmente prima di; **~ wishes** migliori auguri
B *n* **the ~** il meglio; (person) il/la migliore; **at ~** tutt'al più; **all the ~!** tanti auguri!; **do one's ~** fare del proprio meglio; **to the ~ of my knowledge** per quel che ne so; **make the ~ of it** cogliere il lato buono della cosa
C *adv* meglio, nel modo migliore; **as ~ I could** come meglio ho potuto; **like ~** preferire

best before date *n* data *f* di scadenza

best friend *n* migliore amico, -a *mf*

bestial /ˈbestɪəl/ *adj also* fig bestiale

bestiality /bestɪˈælətɪ/ *n* bestialità *f*

best man *n* testimone *m*

bestow /bɪˈstəʊ/ *vt* conferire (**on** a)

best-seller /-ˈselə(r)/ *n* bestseller *m inv*

best-selling /-ˈselɪŋ/ *adj* ‹*novelist*› più venduto

bet /bet/ **A** *n* scommessa *f*
B *vt & vi* (*pt/pp* **bet** *or* **betted**) scommettere

beta blocker /ˈbiːtəblɒkə(r)/ *n* betabloccante *m*

beta-test /ˈbiːtətest/ *vt* Comput testare la versione beta di

Bethlehem /ˈbeθlɪhem/ *n* Betlemme *f*

betray /bɪˈtreɪ/ *vt* tradire

betrayal /bɪˈtreɪəl/ *n* tradimento *m*

betrothal /bɪˈtrəʊðl/ *n* fidanzamento *m*

betrothed /bɪˈtrəʊðd/ *n* literary hum promesso sposo *m*; promessa sposa *f*; **be ~** essere fidanzato

better /ˈbetə(r)/ **A** *adj* migliore, meglio; **get ~** migliorare; (after illness) rimettersi; **I waited the ~ part of a week** ho aspettato buona parte della settimana
B *adv* meglio; **~ off** meglio; (wealthier) più ricco; **all the ~** tanto meglio; **the sooner the ~** prima è meglio è; **I've thought ~ of it** ci ho ripensato; **you'd ~ stay** faresti meglio a restare; **I'd ~ not** è meglio che non lo faccia
C *vt* migliorare; **~ oneself** migliorare le proprie condizioni

betting /ˈbetɪŋ/ *n* (activity) scommesse *fpl*; **what's the ~ that...?** quanto scommettiamo che...?

betting shop *n* ricevitoria *f* (*dell'allibratore*)

between /bɪˈtwiːn/ **A** *prep* fra, tra; **~ you and me** detto fra di noi; **~ us** (together) tra me e te
B *adv* **[in] ~** in mezzo; (time) frattempo

betwixt /bɪˈtwɪkst/ *adv* **be ~ and between** essere una via di mezzo

bevel /ˈbevl/ **A** *n* (edge) spigolo *m* smussato; (tool) squadra *f* falsa
B *vt* smussare ‹*mirror, edge*›

beverage /ˈbevərɪdʒ/ *n* bevanda *f*

bevy /ˈbevɪ/ *n* frotta *f*

beware /bɪˈweə(r)/ *vi* guardarsi (**of** da); **~ of the dog!** attenti al cane!

bewilder /bɪˈwɪldə(r)/ *vt* disorientare

bewildered /bɪˈwɪldəd/ *adj* ‹*look, person*› perplesso, sconcertato

bewildering /bɪˈwɪldərɪŋ/ *adj* sconcertante

bewilderment /bɪˈwɪldəmənt/ *n* perplessità *f*

bewitch /bɪˈwɪtʃ/ *vt* stregare; fig affascinare completamente

beyond /bɪˈjɒnd/ **A** *prep* oltre; **~ reach** irraggiungibile; **~ doubt** senza alcun dubbio; **~ belief** da non credere; **it's ~ me** infml non riesco proprio a capire
B *adv* più in là

B film *n* film *m inv* di serie B

Bhutan /buːˈtɑːn/ *n* Bhutan *m*

bias /ˈbaɪəs/ **A** *n* (preference) preferenza *f*; derog pregiudizio *m*
B *vt* (*pt/pp* **biased**) (influence) influenzare

bias binding, bias tape /ˈbaɪndɪŋ/ *n* (in sewing) fettuccia *f* in sbieco

biased /ˈbaɪəst/ *adj* parziale

bib /bɪb/ *n* bavaglino *m*

Bible /ˈbaɪbl/ *n* Bibbia *f*

Bible Belt *n zona* (*f*) *del sud degli USA, dove predomina il fondamentalismo protestante*

biblical /ˈbɪblɪkl/ *adj* biblico

bibliographic /bɪblɪəˈgræfɪk/, **bibliographical** /bɪblɪəˈgræfɪkl/ *adj* bibliografico

bibliography /bɪblɪˈɒgrəfɪ/ *n* bibliografia *f*

bicarbonate /baɪˈkɑːbəneɪt/ *n* **~ of soda** bicarbonato *m* di sodio

bicentenary /baɪsenˈtiːnərɪ/ **A** *n* bicentenario *m*
B *attrib* ‹*celebration, year*› del bicentenario

biceps /ˈbaɪseps/ *n* bicipite *m*

bicker /ˈbɪkə(r)/ *vi* litigare

bickering /ˈbɪkərɪŋ/ *n* bisticci *mpl*

bicycle /ˈbaɪsɪkl/ **A** *n* bicicletta *f*
B *vi* andare in bicicletta

bicycle clip *n* molletta *f* (*per pantaloni*)

bicycle lane *n* pista *f* ciclabile

bicycle rack *n* (in yard) rastrelliera *f* per biciclette; (on car) portabiciclette *m inv*

bid¹ /bɪd/ **A** *n* offerta *f*; (attempt) tentativo *m*
B *vt & vi* (*pt/pp* **bid**, *pres p* **bidding**) offrire; (in cards) dichiarare

bid² *vt* (*pt* **bade** *or* **bid**, *pp* **bidden** *or* **bid**, *pres p* **bidding**) literary (command) comandare; **~ somebody welcome** dare il benvenuto a qualcuno

bidder /ˈbɪdə(r)/ *n* offerente *mf*

bidding /ˈbɪdɪŋ/ *n* offerte *fpl* (*durante un'asta*)

bide /baɪd/ *vt* **~ one's time** aspettare il momento buono

b

bidet /ˈbiːdeɪ/ *n* bidè *m*
biennial /baɪˈenɪəl/ *adj* biennale
bier /bɪə(r)/ *n* catafalco *m*
bifocals /baɪˈfəʊklz/ *npl* occhiali *mpl* bifocali
🔑 **big** /bɪg/ **A** *adj* (**bigger**, **biggest**) grande; ‹*brother, sister*› più grande; infml (generous) generoso; **make ~ money** fare i soldi
B *adv* **talk ~** infml spararle grosse
bigamist /ˈbɪgəmɪst/ *n* bigamo, -a *mf*
bigamous /ˈbɪgəməs/ *adj* bigamo
bigamy /ˈbɪgəmɪ/ *n* bigamia *f*
big bang *n* (in astronomy) big bang *m*
big business *n* le grandi imprese; **be ~** essere un grosso affare
big cat *n* grosso felino *m*
big deal *n* infml **~!** bella forza!
big dipper *n* BrE (at fair) montagne *fpl* russe
big game hunting *n* caccia *f* grossa
big-head *n* infml montato, -a *mf*, gasato, -a *mf*
big-headed *adj* infml montato, gasato
big-hearted *adj* generoso
bigmouth *n* infml derog chiacchierone, -a *mf*; **he's such a ~!** (indiscreet) ha una lingua lunga!
big name *n* (in film, art) grosso nome *m*
big noise *n* infml pezzo *m* grosso
bigot /ˈbɪgət/ *n* fanatico, -a *mf*
bigoted /ˈbɪgətɪd/ *adj* di mentalità ristretta
bigotry /ˈbɪgətrɪ/ *n* mentalità *f* ristretta
big screen *n* grande schermo *m*
big shot *n* infml pezzo *m* grosso
Big Smoke *n* BrE hum Londra *f*
big time **A** *n* **make** *or* **hit the ~** infml raggiungere il successo
B *attrib* **big-time** ‹*crook*› di alto livello
big toe *n* alluce *m*
big top *n* ‹*tent*› tendone *m* del circo; fig (circus) circo *m*
bigwig *n* infml pezzo *m* grosso
bike /baɪk/ **A** *n* infml bici *f inv*
B *vi* andare in bici
C *vt* mandare per corriere
biker /ˈbaɪkə(r)/ *n* motociclista *mf*
biker jacket /ˈbaɪkədʒækɪt/, **biker's jacket** /ˈbaɪkəzdʒækɪt/ *n* infml giubbotto *m* di pelle
bikini /bɪˈkiːnɪ/ *n* bikini *m inv*
bilateral /baɪˈlætrəl/ *adj* bilaterale
bilberry /ˈbɪlbərɪ/ *n* mirtillo *m*
bile /baɪl/ *n* bile *f*
bilge /bɪldʒ/ *n* Naut (place) carena *f*; (substance) sentina *f*; infml (nonsense) idiozie *fpl*
bilingual /baɪˈlɪŋgwəl/ *adj* bilingue
bilingual secretary *n* segretario, -a *mf* bilingue
bilious /ˈbɪljəs/ *adj* Med **~ attack** attacco *m* di bile

🔑 **bill¹** /bɪl/ **A** *n* fattura *f*; (in restaurant etc) conto *m*; (poster) manifesto *m*; Pol progetto *m* di legge; AmE (note) biglietto *m* di banca; Theat **be top of the ~** essere in testa al cartellone
B *vt* fatturare
bill² *n* (beak) becco *m*
billboard /ˈbɪlbɔːd/ *n* cartellone *m* pubblicitario
billet /ˈbɪlɪt/ **A** *n* Mil alloggio *m*
B *vt* (*pt/pp* **billeted**) alloggiare (**on** presso)
billfold *n* AmE portafoglio *m*
billiard ball *n* palla *f* da biliardo
billiards /ˈbɪljədz/ *n* biliardo *m*
billiard table /ˈbɪljəd/ tavolo *m* da biliardo
billing /ˈbɪlɪŋ/ *n* Comm fatturazione *f*; **get top ~** Theat comparire in testa al cartellone
🔑 **billion** /ˈbɪljən/ *n* (thousand million) miliardo *m*; old-fashioned Br (million million) mille miliardi *mpl*
billionaire /bɪljəˈneə(r)/ *n* miliardario, -a *mf*
bill of exchange *n* cambiale *f*
bill of fare *n* menù *m*
bill of rights *n* dichiarazione *f* dei diritti
bill of sale *n* atto *m* di vendita
billow /ˈbɪləʊ/ **A** *n* (of smoke) nube *f*
B *vi* alzarsi in volute
■ **billow out** *vi* (skirt, sail) gonfiarsi; (smoke, cloud) levarsi in volute
billposter /ˈbɪlpəʊstə(r)/ *n* attacchino *m*
billy /ˈbɪlɪ/ *n* AmE (truncheon) sfollagente *m inv*
billycan /ˈbɪlɪkæn/ *n* gamella *f*
billy goat *n* caprone *m*
bimbo /ˈbɪmbəʊ/ *n* derog infml bambolona *f*; **his latest ~** la sua ultima amichetta
bin /bɪn/ *n* bidone *m*
binary /ˈbaɪnərɪ/ *adj* binario
bin bag *n* sacco *m* per l'immondizia
bind /baɪnd/ *vt* (*pt/pp* **bound**) legare (**to** a); (bandage) fasciare; Jur obbligare
binder /ˈbaɪndə(r)/ *n* (for papers) raccoglitore *m*; (for cement, paint) agglomerante *m*
binding /ˈbaɪndɪŋ/ **A** *adj* ‹*promise, contract*› vincolante
B *n* (of book) rilegatura *f*; (on ski) attacco *m*
binge /bɪndʒ/ **A** *n* infml **have a ~** fare baldoria; (eat a lot) abbuffarsi
B *vi* abbuffarsi (**on** di)
binge-drinking /ˌbɪndʒˈdrɪŋkɪŋ/ *n il bere smodatamente in particolari occasioni, specialmente nelle sere del week-end*
bingo /ˈbɪŋgəʊ/ *n* ≈ tombola *f*
bin liner *n* BrE sacchetto *m* per la spazzatura
binoculars /bɪˈnɒkjʊləz/ *npl* **[pair of] ~** binocolo *msg*
biochemist /baɪəʊˈkemɪst/ *n* biochimico, -a *mf*
biochemistry /baɪəʊˈkemɪstrɪ/ *n* biochimica *f*

🔑 parola chiave

biocompatible /ˌbaɪəʊkəmˈpætəbl/ *adj* biocompatibile
biodegradable /baɪəʊdɪˈgreɪdəbl/ *adj* biodegradabile
biodiesel /ˈbaɪəʊdiːzl/ *n* biodiesel *m*
biodiversity /baɪəʊdaɪˈvɜːsətɪ/ *n* biodiversità *f*
bioengineering /baɪəʊendʒɪˈnɪərɪŋ/ *n* bioingegneria *f*
biographer /baɪˈɒgrəfə(r)/ *n* biografo, -a *mf*
biographical /baɪəˈgræfɪkl/ *adj* biografico
biography /baɪˈɒgrəfɪ/ *n* biografia *f*
biological /baɪəˈlɒdʒɪkl/ *adj* biologico
biological clock *n* orologio *m* biologico
biologically /baɪəˈlɒdʒɪklɪ/ *adv* biologicamente
biological powder *n* detersivo *m* biologico
biological warfare *n* guerra *f* biologica
biologist /baɪˈɒlədʒɪst/ *n* biologo, -a *mf*
biology /baɪˈɒlədʒɪ/ *n* biologia *f*
biometric /ˌbaɪəʊˈmetrɪk/ *adj* biometrico
bionic /baɪˈɒnɪk/ *adj* bionico
biopic /ˈbaɪəʊpɪk/ *n* Cin *film* (*m*) *basato su una biografia*
biopsy /ˈbaɪɒpsɪ/ *n* biopsia *f*
biorhythm /ˈbaɪəʊrɪðəm/ *n* bioritmo *m*
biosphere /ˈbaɪəʊsfɪə(r)/ *n* biosfera *f*
biotechnology /baɪəʊtekˈnɒlədʒɪ/ *n* biotecnologia *f*
bioterrorism /baɪəʊˌterərɪzəm/ *n* bioterrorismo *m*
bipartisan /baɪpɑːtɪˈzæn/ *adj* Pol bipartitico
bipartite /baɪˈpɑːtaɪt/ *adj* bipartito
bipolar disorder /baɪˈpəʊlədɪsˌɔːdə(r)/ *n* disturbo *m* bipolare
birch /bɜːtʃ/ *n* (tree) betulla *f*
bird /bɜːd/ *n* uccello *m*; infml (girl) ragazza *f*; **kill two ~s with one stone** prendere due piccioni con una fava
birdbrain /ˈbɜːdbreɪn/ *n* infml **he's such a ~** ha un cervello da gallina
bird call *n* cinguettio *m*
bird flu *n* influenza *f* aviaria, influenza *f* dei polli
birdie /ˈbɜːdɪ/ *n* (in golf) birdie *m*
bird-like /ˈbɜːdlaɪk/ *adj* come un uccello
bird of paradise *n* uccello *m* del paradiso
bird of prey *n* [uccello *m*] rapace *m*
bird sanctuary *n* riserva *f* per uccelli
birdseed *n* becchime *m*
bird's eye view *n* veduta *f* panoramica dall'alto
bird's nest *n* nido *m* di uccello
bird's nest soup *n* zuppa *f* di nido di rondine
birdsong *n* canto *m* degli uccelli
birdwatcher *n persona* (*f*) *che pratica il bird-watching*
bird-watching *n* **go ~** fare del bird-watching
Biro® /ˈbaɪrəʊ/ *n* biro® *f inv*
birth /bɜːθ/ *n* nascita *f*; **give ~** partorire; **give ~ to** partorire
birth certificate *n* certificato *m* di nascita
birth control *n* controllo *m* delle nascite
birthday *n* compleanno *m*
birthday party *n* festa *f* di compleanno
birthing pool *n* piccola piscina *f* per il parto
birthmark *n* voglia *f*
birth mother *n* madre *f* biologica
birthplace *n* luogo *m* di nascita
birth rate *n* natalità *f*
birthright *n* diritto *m* di nascita
births column *n* annunci *mpl* delle nascite (*sul giornale*)
birth sign *n* segno *m* zodiacale
births, marriages, and deaths *npl* annunci *mpl* di nascite, di matrimonio, mortuari (*sul giornale*)
biscuit /ˈbɪskɪt/ *n* biscotto *m*
biscuit barrel, biscuit tin *n* biscottiera *f*
bisect /baɪˈsekt/ *vt* dividere in due [parti]
bisexual /baɪˈseksjʊəl/ *adj* & *n* bisessuale *mf*
bishop /ˈbɪʃəp/ *n* vescovo *m*; Chess alfiere *m*
bistro /ˈbiːstrəʊ/ *n* bistrò *m*
bit¹ /bɪt/ *n* pezzo *m*; (smaller) pezzetto *m*; (for horse) morso *m*; Comput bit *m inv*; **a ~ of** un pezzo di ‹*cheese, paper*›; un po' di ‹*time, rain, silence*›; **~ by ~** poco a poco; **do one's ~** fare la propria parte
bit² ▶ **bite**
bitch /bɪtʃ/ *n* cagna *f*; sl arpia *f*
bitchy /ˈbɪtʃɪ/ *adj* velenoso
bite /baɪt/ **A** *n* morso *m*; (insect **~**) puntura *f*; (mouthful) boccone *m*
B *vt* (*pt* **bit**, *pp* **bitten**) mordere; ‹*insect*› pungere; **~ one's nails** mangiarsi le unghie
C *vi* mordere; ‹*insect*› pungere
■ **bite off** *vt* staccare (*con un morso*)
biting /ˈbaɪtɪŋ/ *adj* ‹*wind, criticism*› pungente; ‹*remark*› mordace
bit part *n* Theat particina *f*
bitter /ˈbɪtə(r)/ **A** *adj* amaro
B *n* BrE birra *f* amara
bitter almond *n* mandorla *f* amara
bitter lemon *n* limonata *f* amara
bitterly /ˈbɪtəlɪ/ *adv* amaramente; **it's ~ cold** c'è un freddo pungente
bitterness /ˈbɪtənɪs/ *n* amarezza *f*
bittersweet /bɪtəˈswiːt/ *adj* literary agrodolce
bitty /ˈbɪtɪ/ *adj* BrE infml frammentario
bitumen /ˈbɪtjʊmɪn/ *n* bitume *m*
bivouac /ˈbɪvʊæk/ **A** *n* bivacco *m*
B *vi* bivaccare
bizarre /bɪˈzɑː(r)/ *adj* bizzarro
blab /blæb/ *vi* (*pt/pp* **blabbed**) cianciare

b

🔑 **black** /blæk/ **A** *adj* nero; **be ~ and blue** essere coperto di lividi
B *n* nero *m*
C *vt* boicottare ‹*goods*›
■ **black out** **A** *vt* cancellare
B *vi* (lose consciousness) perdere coscienza
Black Africa *n* Africa *f* nera
Black American *n* nero, -a, americano, -a *mf*
black and white *n* bianco e nero
blackball *vt* dare voto contrario a
black belt *n* cintura *f* nera
blackberry *n* mora *f*
blackberry bush *n* rovo *m*
blackbird *n* merlo *m*
blackboard *n* Sch lavagna *f*
black box *n* Aeron scatola *f* nera
black bread *n* pane *m* nero
blackcurrant *n* ribes *m inv* nero
blacken /'blækən/ *vt* annerire
black eye *n* occhio *m* nero
Black Forest gateau *n dolce* (*m*) *a base di cioccolato, panna e ciliegie*
black gold *n* infml oro *m* nero
blackguard /'blægɑd/ *n* hum brigante *m*
blackhead *n* Med punto *m* nero
black-headed gull *n* gabbiano *m* comune
black humour umorismo *m* nero
black ice *n* ghiaccio *m* (*sulla strada*)
blacking /'blækɪŋ/ BrE (boycotting) boicottaggio *m*; (polish) lucido *m* nero (*per scarpe*)
blackish /'blækɪʃ/ *adj* nerastro
blackjack *n* blackjack *m*
blackleg *n* BrE crumiro *m*
blacklist *vt* mettere sulla lista nera
blackmail **A** *n* ricatto *m*
B *vt* ricattare
blackmailer *n* ricattatore, -trice *mf*
black mark *n* fig neo *m*
black market *n* borsa *f* nera
black marketeer *n* borsanerista *mf*
black mass *n* messa *f* nera
blackness /'blæknɪs/ *n* nero *m*; (evilness) cattiveria *f*; (of moods) scontrosità *f*
black-out *n* blackout *m inv*; **have a ~** Med perdere coscienza
black pepper *n* pepe *m* nero
black pudding *n* ≈ sanguinaccio *m*
Black Sea *n* Mar *m* Nero
black sheep *n* fig pecora *f* nera
Blackshirt *n* camicia *f* nera
blacksmith *n* fabbro *m*
black spot *n* fig *luogo* (*m*) *conosciuto per gli incidenti stradali*
black swan *n* cigno *m* nero
black tie *n* (on invitation) abito *m* scuro

🔑 parola chiave

black widow, black widow spider *n* vedova *f* nera
bladder /'blædə(r)/ *n* Anat vescica *f*
blade /bleɪd/ *n* lama *f*; (of grass) filo *m*
🔑 **blame** /bleɪm/ **A** *n* colpa *f*
B *vt* dare la colpa a; **~ somebody for doing something** dare la colpa a qualcuno per aver fatto qualcosa; **no one is to ~** non è colpa di nessuno
blameless /'bleɪmlɪs/ *adj* innocente
blameworthy /'bleɪmwɜ:ðɪ/ *adj* biasimevole
blanch /blɑ:ntʃ/ **A** *vi* sbiancare
B *vt* Culin sbollentare
blancmange /blə'mɒnʒ/ *n* biancomangiare *m*
bland /blænd/ *adj* ‹*food*› insipido; ‹*person*› insulso
blandly /'blændlɪ/ *adv* ‹*say*› in modo piatto
blank /blæŋk/ **A** *adj* bianco; ‹*look*› vuoto
B *n* spazio *m* vuoto; (cartridge) cartuccia *f* a salve
C *vt* ignorare; **she completely ~ed me** mi ha completamente ignorato
■ **blank out** *vt* (memory) cancellare dalla memoria
blank cheque *n* assegno *m* in bianco
blanket /'blæŋkɪt/ *n* coperta *f*; **wet ~** infml guastafeste *mf inv*
blanket box, blanket chest *n* BrE cassapanca *f*
blanket cover *n* (in insurance) assicurazione *f* che copre tutti i rischi
blanket stitch *n* punto *m* di rinforzo
blankly /'blæŋklɪ/ *adv* (uncomprehendingly) con espressione attonita; (without expression) senza espressione
blank verse *n* versi *mpl* sciolti
blare /bleə(r)/ *vi* suonare a tutto volume
■ **blare out** *vt* strombazzare rumorosamente
blarney /'blɑ:nɪ/ *n* infml lusinga *f*
blasé /'blɑ:zeɪ/ *adj* blasé *inv*
blaspheme /blæs'fi:m/ *vi* bestemmiare
blasphemous /'blæsfəməs/ *adj* blasfemo
blasphemy /'blæsfəmɪ/ *n* bestemmia *f*
blast /blɑ:st/ **A** *n* (gust) raffica *f*; (sound) scoppio *m*
B *vt* (with explosive) far saltare
C *int* sl maledizione!
■ **blast off** *vi* (rocket) decollare
blasted /'blɑ:stɪd/ *adj* sl maledetto
blast furnace *n* altoforno *m*
blasting /'blɑ:stɪŋ/ *n* brillamento *m*
blast-off *n* (of missile) lancio *m*
blatant /'bleɪtənt/ *adj* sfacciato
blatantly /'bleɪtəntlɪ/ *adv* ‹*copy, disregard*› sfacciatamente; **it's ~ obvious** è lampante
blather /'blæðə(r)/ *vi* infml blaterare
blaze /bleɪz/ **A** *n* incendio *m*; **a ~ of colour** un'esplosione *f* di colori
B *vi* ardere
■ **blaze down** *vi* ‹*sun*› essere cocente

blazer /ˈbleɪzə(r)/ *n* blazer *m inv*

blazing /ˈbleɪzɪŋ/ *adj* ‹*row*› acceso; ‹*fire*› violento; ‹*building*› in fiamme

bleach /bliːtʃ/ **A** *n* decolorante *m*; (for cleaning) candeggina *f*, varecchina *f*
B *vt* sbiancare; ossigenare ‹*hair*›

bleak /bliːk/ *adj* desolato; fig ‹*prospects, future*› tetro

bleakly /ˈbliːklɪ/ *adv* ‹*stare, say*› in modo tetro

bleakness /ˈbliːknɪs/ *n* (of weather) tetraggine *f*; (of surroundings, future) desolazione *f*

bleary-eyed /ˈblɪərɪˈaɪd/ *adj* **be ~** avere gli occhi gonfi

bleat /bliːt/ **A** *vi* belare
B *n* belato *m*

bleed /bliːd/ *v* (*pt/pp* **bled**) **A** *vi* sanguinare
B *vt* spurgare ‹*brakes, radiator*›

bleeding /ˈbliːdɪŋ/ **A** *n* perdita di sangue *f*; (heavy) emorragia *f*; (deliberate) salasso *m*
B *adj* ‹*wound, hand*› sanguinante; sl = **bloody**

bleeding heart *n* fig derog cuore *m* troppo tenero

bleep /bliːp/ **A** *n* bip *m*
B *vi* suonare
C *vt* chiamare col cercapersone

bleeper /ˈbliːpə(r)/ *n* cercapersone *m inv*

blemish /ˈblemɪʃ/ *n* macchia *f*

blend /blend/ **A** *n* (of tea, coffee, whisky) miscela *f*; (of colours) insieme *m*
B *vt* mescolare
C *vi* ‹*colours, sounds*› fondersi (**with** con)
■ **blend in** **A** *vi* ‹*person*› passare inosservato; **~ in with** mescolarsi con
B *vt* **~ something in** mescolare qualcosa

blender /ˈblendə(r)/ *n* Culin frullatore *m*

blending /ˈblendɪŋ/ *n* (of coffees, whiskies) miscela *f*

bless /bles/ *vt* benedire

blessed /ˈblesɪd/ *adj also* sl benedetto

blessing /ˈblesɪŋ/ *n* benedizione *f*

blew /bluː/ ▶ **blow**²

blight /blaɪt/ **A** *n* Bot ruggine *f*
B *vt* far avvizzire ‹*plants*›

blighter /ˈblaɪtə(r)/ BrE infml (annoying person) idiota *mf*; **you lucky ~** hai una fortuna sfacciata!; **poor ~** povero diavolo *m*

blimey /ˈblaɪmɪ/ *int* BrE infml accidenti!

blind /blaɪnd/ **A** *adj* cieco; **~ man/woman** cieco/cieca
B *npl* **the ~** i ciechi
C *vt* accecare
D *n* **[roller] ~** avvolgibile *m*; **[Venetian] ~** veneziana *f*

blind alley *n* vicolo *m* cieco

blind date *n appuntamento* (*m*) *galante con una persona sconosciuta*

blind drunk *adj* ubriaco fradicio

blindfold **A** *adv* con gli occhi bendati
B *adj* **be ~** avere gli occhi bendati
C *n* benda *f*
D *vt* bendare gli occhi a

blinding /ˈblaɪndɪŋ/ *adj* ‹*light*› acceccante; ‹*headache*› da impazzire, tremendo

blindingly /ˈblaɪndɪŋlɪ/ *adv* ‹*shine*› in modo acceccante; **be ~ obvious** essere così lampante

blindly /ˈblaɪndlɪ/ *adv* ciecamente

blind man's buff *n* moscacieca *f*

blindness /ˈblaɪndnɪs/ *n* cecità *f*

blind spot *n* (in car, on hill) punto *m* privo di visibilità; (in eye) punto *m* cieco; fig (point of ignorance) punto *m* debole

blind trust *n* blind trust *m*

bling bling /blɪŋ ˈblɪŋ/ *n* sl *gioielli e abiti molto appariscenti, specialmente con riferimento a quelli indossati dai rapper americani*

blink /blɪŋk/ *vi* sbattere le palpebre; ‹*light*› tremolare

blinkered /ˈblɪŋkəd/ *adj* ‹*attitude, approach*› ottuso; **be ~** avere i paraocchi

blinkers /ˈblɪŋkəz/ *npl* paraocchi *mpl*

blinking /ˈblɪnkɪŋ/ *n* (of light) intermittenza *f*; (of eye) battere *m*

blip /blɪp/ *n* (on screen) segnale *m* luminoso a intermittenza; (on graph, line) piccola irregolarità *f*; (sound) ticchettio *m*; (hitch) intoppo *m*

bliss /blɪs/ *n* Rel beatitudine *f*; (happiness) felicità *f*

blissful /ˈblɪsfʊl/ *adj* beato; (happy) meraviglioso

blissfully /ˈblɪsfəlɪ/ *adv* beatamente; **~ ignorant** beatamente ignaro

blister /ˈblɪstə(r)/ **A** *n* Med vescica *f*; (in paint) bolla *f*
B *vi* ‹*paint*› formare una bolla/delle bolle

blistering /ˈblɪst(ə)rɪŋ/ **A** *n* (of skin) vescica *f*; (of paint) bolle *fpl*
B *adj* ‹*sun*› scottante; ‹*heat*› soffocante; ‹*attack, criticism*› feroce

blister pack *n* blister *m inv*

blithe /blaɪð/ *adj* (cheerful) gioioso; (nonchalant) spensierato

blithely /ˈblaɪðlɪ/ *adv* (nonchalantly) spensieratamente

blitz /blɪts/ *n* bombardamento *m* aereo; **have a ~ on something** fig darci sotto con qualcosa

blitzkrieg /ˈblɪtskriːg/ *n* guerra *f* lampo

blizzard /ˈblɪzəd/ *n* tormenta *f*

bloated /ˈbləʊtɪd/ *adj* gonfio

blob /blɒb/ *n* goccia *f*

bloc /blɒk/ *n* Pol blocco *m*

block /blɒk/ **A** *n* blocco *m*; (building) isolato *m*; (building **~**) cubo *m* (*per giochi di costruzione*); **~ of flats** palazzo *m*
B *vt* bloccare
■ **block out** *vt* coprire ‹*light, sun*›

b

■ **block up** *vt* bloccare
blockade /blɒ'keɪd/ **A** *n* blocco *m*
B *vt* bloccare
blockage /'blɒkɪdʒ/ *n* ostruzione *f*
block and tackle *n* paranco *m*
block book *vt* prenotare in blocco
block booking *n* prenotazione *f* in blocco
blockbuster *n* infml (book, film) successone *m*; Mil bomba *f* potente
block capital *n* **in ~s** in stampatello
blockhead *n* infml testone, -a *mf*
blockhouse *n* Mil fortino *m*
block letters *npl* stampatello *m*
block vote *n* voto *m* per delega
block voting *n* votazione *f* per delega
blog /blɒg/ Comput **A** *n* blog *m*
B *vi* bloggare
blogger /'blɒgə(r)/ *n* Comput blogger *m*
blogosphere /'blɒgəʊsfɪə(r)/ *n* blogosfera *f*
bloke /bləʊk/ *n* infml tizio *m*
blonde /blɒnd/ **A** *adj* biondo
B *n* bionda *f*
✓ **blood** /blʌd/ *n* sangue *m*
blood-and-thunder *adj* ‹*novel, film*› pieno di sangue
blood bank *n* banca *f* del sangue
blood bath *n* bagno *m* di sangue
blood blister *n* vescica *f* di sangue
blood brother *n* fratello *m* di sangue
blood cell, blood corpuscle *n* globulo *m*
blood count *n* esame *m* emocromocitometrico
blood-curdling *adj* raccapricciante
blood donor *n* donatore, -trice *mf* di sangue
blood group *n* gruppo *m* sanguigno
bloodhound *n* segugio *m*
bloodless /'blʌdlɪs/ *adj* (pale) esangue; (revolution, coup) senza spargimento di sangue
blood-letting *n* Med salasso *m*; (killing) spargimento *m* di sangue
blood lust *n* sete *f* di sangue
blood money *n compenso* (*m*) *versato ad un killer o delatore*
blood orange *n* arancia *f* sanguigna
blood poisoning *n* setticemia *f*
blood pressure *n* pressione *f* del sangue
blood-red *adj* rosso sangue *inv*
blood relative *n* parente *mf* consanguineo, -a
bloodshed *n* spargimento *m* di sangue
bloodshot *adj* iniettato di sangue
blood sports *npl* sport *mpl* cruenti
bloodstained *adj* macchiato di sangue
bloodstream *n* sangue *m*
bloodsucker *n* also fig sanguisuga *f*

✓ parola chiave

blood test *n* analisi *f inv* del sangue
bloodthirsty *adj* assetato di sangue
blood transfusion *n* trasfusione *f* di sangue
blood type *n* gruppo *m* sanguigno
blood vessel *n* vaso *m* sanguigno
bloody /'blʌdɪ/ **A** *adj* (**-ier**, **-iest**) insanguinato; sl maledetto
B *adv* sl **~ easy/difficult** facile/difficile da matti; **~ tired/funny** stanco/divertente da morire; **you ~ well will!** e, accidenti, lo farai!
bloody-minded /blʌdɪ'maɪndɪd/ *adj* scorbutico
bloom /bluːm/ **A** *n* fiore *m*; **in ~** (of flower) sbocciato; (of tree) in fiore
B *vi* fiorire; fig essere in forma smagliante
bloomer /'bluːmə(r)/ *n* infml papera *f*
bloomers /'bluːməz/ *npl* mutandoni *mpl* da donna
blooming /'bluːmɪŋ/ *adj* infml maledetto
blossom /'blɒsəm/ **A** *n* fiori *mpl* (*d'albero*); (single one) fiore *m*
B *vi* sbocciare
■ **blossom out** *vi* fig trasformarsi
blot /blɒt/ *n also* fig macchia *f*
■ **blot out**: *vt* **blotted** fig cancellare
blotch /blɒtʃ/ *n* macchia *f*
blotchy /'blɒtʃɪ/ *adj* chiazzato
blotter /'blɒtə(r)/ *n* tampone *m* di carta assorbente; AmE (police) registro *m* di polizia
blotting paper /'blɒtɪŋ/ *n* carta *f* assorbente
blotto /'blɒtəʊ/ *adj* infml ubriaco fradicio
blouse /blaʊz/ *n* camicetta *f*
blow¹ /bləʊ/ *n* colpo *m*
✓ **blow²** *v* (*pt* **blew**, *pp* **blown**) **A** *vi* ‹*wind*› soffiare; ‹*fuse*› saltare
B *vt* infml (squander) sperperare; **~ one's nose** soffiarsi il naso; **~ one's top** fam andare in bestia
■ **blow away** **A** *vt* far volar via ‹*papers*›
B *vi* ‹*papers*› volare via
■ **blow down** **A** *vt* abbattere
B *vi* abbattersi al suolo
■ **blow off** **A** *vt* ‹*wind*› portar via
B *vi* ‹*hat, roof*› volare via
■ **blow out** **A** *vt* (extinguish) soffiare
B *vi* ‹*candle*› spegnersi
■ **blow over** **A** *vt* ‹*wind*› buttare giù
B *vi* ‹*storm*› passare; fig ‹*fuss, trouble*› dissiparsi
■ **blow up** **A** *vt* (inflate) gonfiare; (enlarge) ingrandire ‹*photograph*›; (shatter by explosion) far esplodere
B *vi* esplodere
blow-by-blow *adj* ‹*account*› particolareggiato
blow-dry *vt* asciugare con l'asciugacapelli
blowfly *n* moscone *m* (*della carne*)
blowhole *n* (of whale) sfiatatoio *m*

blowlamp *n* fiamma *f* ossidrica
blown /bləʊn/ ▶ **blow**[2]
blowout *n* Elec corto circuito *m*; (in oil or gas well) fuga *f*; (of tyre) scoppio *m*; infml (meal) abbuffata *f*
blowpipe *n* cerbottana *f*
blowtorch *n* cannello *m* ossidrico
blow-up **A** *n* Phot ingrandimento *m*
B *adj* ‹*doll, toy, dinghy*› gonfiabile
blowy /ˈbləʊɪ/ *adj* ventoso
blowzy /ˈblaʊzɪ/ *adj* derog ‹*woman*› volgarmente appariscente
BLT *n abbr* (**bacon, lettuce, and tomato**) sandwich *m* con bacon, lattuga e pomodoro
blubber /ˈblʌbə(r)/ **A** *n* (of whale) grasso *m* di balena; infml (of person) ciccia *f*
B *vi* AmE (to cry) infml piagnucolare
bludgeon /ˈblʌdʒən/ *vt* manganellare
blue /bluː/ **A** *adj* (pale) celeste; (navy) blu; (royal) azzurro; **feel ~** essere giù di corda; **~ with cold** livido per il freddo; **once in a ~ moon** una volta ogni morte di papa
B *n* blu *m inv*; **the ~s** Music il blues; **have the ~s** essere giù di corda; **out of the ~** inaspettatamente; **a bolt from the ~** un fulmine a ciel sereno
bluebell *n* giacinto *m* di bosco
Blue Berets *npl* Mil Caschi *mpl* blu
blueberry *n* mirtillo *m*
blue blood *n* sangue *m* blu
blue-blooded *adj* di sangue blu
bluebottle *n* moscone *m*
blue cheese *n* formaggio *m* erborinato
blue chip *adj* ‹*company*› di altissimo livello; ‹*investment*› sicuro
blue-collar job *n* lavoro *m* manuale
blue-collar worker *n* operaio *m*
blue-eyed *adj* con gli occhi azzurri
blue-eyed boy *n* BrE fig infml prediletto *m*
blue film *n* film *m* a luci rosse
blue jeans *npl* blue jeans *mpl inv*
blue light *n* (on emergency vehicles) *luce (f) delle auto della polizia*
blueness /ˈbluːnɪs/ *n* azzurro *m*
blue pencil *n* **go through something with the ~** (censor) censurare qualcosa; (edit) fare una revisione di qualcosa
blueprint *n* fig progetto *m*
blue rinse *n* **she's had a ~** si è tinta i capelli color grigio argentato
blue-stocking *n* derog [donna] intellettualoide *f*
blue tit *n* cinciarella *f*
Bluetooth® *n* Bluetooth® *m*
blue whale *n* balenottera *f* azzurra
bluff /blʌf/ **A** *n* bluff *m inv*
B *vi* bluffare
bluish /ˈbluːɪʃ/ *adj* bluastro, azzurrognolo
blunder /ˈblʌndə(r)/ **A** *n* gaffe *f inv*
B *vi* fare una/delle gaffe
blundering /ˈblʌnd(ə)rɪŋ/ *adj* **~ idiot** rimbecillito *m*
blunt /blʌnt/ *adj* spuntato; ‹*person*› reciso
bluntly /ˈblʌntlɪ/ *adv* schiettamente
bluntness /ˈblʌntnɪs/ *n* (of manner) rudezza *f*; (of person) brutale schiettezza *f*
blur /blɜː(r)/ **A** *n* **It's all a ~** fig è tutto confuso
B *vt* (*pt/pp* **blurred**) rendere confuso
blurb /blɜːb/ *n* soffietto *m* editoriale
blurred /blɜːd/ *adj* ‹*vision, photo*› sfocato
blurt /blɜːt/ *v*
■ **blurt out** *vt* spifferare
blush /blʌʃ/ **A** *n* rossore *m*
B *vi* arrossire
blusher /ˈblʌʃə(r)/ *n* fard *m inv*
bluster /ˈblʌstə(r)/ *n* (showing off) sbruffonata *f*
blustering /ˈblʌst(ə)rɪŋ/ **A** *n* (rage) sfuriata *f*; (boasting) spacconata *f*
B *adj* (angry) infuriato; (boastful) sbruffone
blustery /ˈblʌst(ə)rɪ/ *adj* ‹*wind*› furioso; ‹*day, weather*› molto ventoso
Blu-tack® /ˈbluːtæk/ *n* Blu-tack® *m*
BMI *n abbr* (**body mass index**) IMC *m*
B movie *n* film *m inv* di serie B
BO *n* infml puzza *f* di sudore
boa /ˈbəʊə/ *n* boa *m inv*
boa constrictor /kənˈstrɪktə(r)/ boa *m inv*
boar /bɔː(r)/ *n* cinghiale *m*
board /bɔːd/ **A** *n* tavola *f*; (for notices) tabellone *m*; (committee) assemblea *f*; (of directors) consiglio *m*; **~ of directors** consiglio *m* di amministrazione; **full ~** BrE pensione *f* completa; **half ~** BrE mezza pensione *f*; **~ and lodging** vitto e alloggio *m*; **go by the ~** infml andare a monte
B *vt* Naut, Aeron salire a bordo di
C *vi* ‹*passengers*› salire a bordo; **~ with** stare a pensione da
■ **board up** *vt* sbarrare con delle assi
boarder /ˈbɔːdə(r)/ *n* pensionante *mf*; Sch convittore, -trice *mf*
board game *n* gioco *m* da tavolo
boarding /ˈbɔːdɪŋ/ *n* Aeron, Naut imbarco *m*; (by customs officer) ispezione *f*; Mil abbordaggio *m*
boarding card *n* carta *f* di imbarco
boarding house *n* pensione *f*
boarding party *n* squadra *f* d'ispezione
boarding school *n* collegio *m*
board meeting *n* riunione *f* del consiglio di amministrazione
boardroom *n* sala *f* consiglio, sala *f* riunioni del consiglio di amministrazione
boardwalk *n* AmE (by sea) lungomare *m*
boast /bəʊst/ **A** *vi* vantarsi (**about** di)
B *vt* vantare
boaster /ˈbəʊstə(r)/ *n* sbruffone, -a *mf*
boastful /ˈbəʊstfʊl/ *adj* vanaglorioso

b

b

boat /bəʊt/ *n* barca *f*; (ship) nave *f*
boater /ˈbəʊtə(r)/ *n* (hat) paglietta *f*
boat-hook *n* gaffa *f*
boathouse /ˈbəʊthaʊs/ *n* rimessa *f* [per imbarcazioni]
boating /ˈbəʊtɪŋ/ **A** *n* canottaggio *m*
B *adj* ‹*accident*› di navigazione
boating trip *n* traversata *f* per mare
boatload *n* carico *m*; **~s of tourists** navi *fpl* cariche di turisti
boatswain /ˈbəʊs(ə)n/ *n* nostromo *m*
boatyard *n* cantiere *m* per imbarcazioni
bob /bɒb/ **A** *n* (hairstyle) caschetto *m*
B *vi* (*pt/pp* **bobbed**); (*also* **~ up and down**) andare su e giù
bobbin /ˈbɒbɪn/ *n* bobina *f*
bobble hat /ˈbɒblhæt/ *n* berretto *m* a pompon
bobby /ˈbɒbɪ/ *n* BrE infml poliziotto *m*
bobcat /ˈbɒbkæt/ *n* lince *f*
bobsleigh /ˈbɒbsleɪ/, **bobsled** /ˈbɒbsled/ **A** *n* bob *m inv*
B *vi* andare sul bob
bode /bəʊd/ *vi* **~ well/ill** essere di buono/cattivo augurio
bodge /bɒdʒ/ BrE = **botch**
bodice /ˈbɒdɪs/ *n* corpetto *m*
bodily /ˈbɒdɪlɪ/ **A** *adj* fisico
B *adv* (forcibly) fisicamente
body /ˈbɒdɪ/ *n* corpo *m*; (organization) ente *m*; (amount: of poems etc) quantità *f*; **over my dead ~!** infml devi passare prima sul mio corpo!
body blow *n* **deal a ~ to** fig assestare un duro colpo a
bodyboarding *n* bodyboarding *m inv*
bodybuilder *n* culturista *mf*
body-building *n* culturismo *m*
bodyguard *n* guardia *f* del corpo
body heat *n* calore *m* del corpo
body language *n* linguaggio *m* del corpo
body mass index *n* indice *m* di massa corporea
body odour *n* infml puzza *f* di sudore
body piercing *n* piercing *m inv*
body politic *n* corpo *m* sociale
body shop *n* autocarrozzeria *f*
body snatching *n* furto *m* dei cadaveri
body stocking, **body suit** *n* body *m inv*
body warmer *n* gilet *m inv* imbottito
bodywork *n* Auto carrozzeria *f*
boffin /ˈbɒfɪn/ *n* BrE infml scienziato *m*
bog /bɒg/ *n* palude *f*
■ **bog down**: *vt* (*pt/pp* **bogged**) **get ~ged down** impantanarsi
bogey /ˈbəʊgɪ/ *n* (evil spirit) spirito *m* malvagio; (to frighten people) spauracchio *m*
boggle /ˈbɒg(ə)l/ *vi* **the mind ~s** non posso neanche immaginarlo

boggy /ˈbɒgɪ/ *adj* (swampy) paludoso; (muddy) fangoso
bog-standard /bɒgˌstændəd/ *adj* infml ordinario
bogus /ˈbəʊgəs/ *adj* falso
bohemian /bəʊˈhiːmɪən/ *adj* ‹*lifestyle, person*› bohémien
boil¹ /bɔɪl/ *n* Med foruncolo *m*
boil² **A** *n* **bring/come to the ~** portare/arrivare ad ebollizione
B *vt* [far] bollire
C *vi* bollire; fig (with anger) ribollire; **the water** *or* **kettle's ~ing** l'acqua bolle
■ **boil away** *vi* ‹*water*› evaporare
■ **boil down to** *vi* fig ridursi a
■ **boil over** *vi* straboccare (*bollendo*)
■ **boil up** *vt* far bollire
boiler /ˈbɔɪlə(r)/ *n* caldaia *f*
boiler house *n* caldaia *f*
boiler room *n* locale *m* per la caldaia
boiler suit *n* tuta *f*
boiling /ˈbɔɪlɪŋ/ *adj* ‹*water*› bollente; **it's ~ in here!** qui si bolle!
boiling hot *adj* infml ‹*liquid*› bollente; ‹*day*› torrido
boiling point *n* punto *m* di ebollizione
boisterous /ˈbɔɪstərəs/ *adj* chiassoso
bold /bəʊld/ **A** *adj* audace
B *n* Typ neretto *m*
boldly /ˈbəʊldlɪ/ *adv* audacemente
boldness /ˈbəʊldnɪs/ *n* audacia *f*
Bolivia /bəˈlɪvɪə/ *n* Bolivia *f*
bollard /ˈbɒlɑːd/ *n* colonnina *m* di sbarramento al traffico
Bolognese /bɒləˈneɪz/ *n* ragù *m*
boloney /bəˈləʊnɪ/ *n* infml idiozie *fpl*
bolshy /ˈbɒlʃɪ/ *adj* BrE infml (on one occasion) brontolone; **he's/she's ~** (by temperament) è un/una piantagrane; **get ~** fare [delle] storie
bolster /ˈbəʊlstə(r)/ **A** *n* cuscino *m* (*cilindrico*)
B *vt* **~ [up]** sostenere
bolt /bəʊlt/ **A** *n* (for door) catenaccio *m*; (for fixing) bullone *m*
B *vt* fissare [con bulloni] (**to** a); chiudere col chiavistello ‹*door*›; ingurgitare ‹*food*›
C *vi* svignarsela; ‹*horse*› scappar via
D *adv* **~ upright** diritto come un fuso
bolt-hole *n* BrE rifugio *m*
bomb /bɒm/ **A** *n* bomba *f*
B *vt* bombardare
■ **bomb along** *vi* infml (move quickly) sfrecciare
bombard /bɒmˈbɑːd/ *vt also* fig bombardare
bombardment /bɒmˈbɑːdmənt/ *n* bombardamento *m*
bombastic /bɒmˈbæstɪk/ *adj* ampolloso
bomb attack *n* bombardamento *m*
bomb blast *n* esplosione *f*
bomb disposal *n* disinnesco *m*
bomb disposal expert *n* artificiere *m*

parola chiave

bomb disposal squad *n* squadra *f* artificieri

bomber /ˈbɒmə(r)/ *n* Aviat bombardiere *m*; (person) dinamitardo *m*

bomber jacket *n* bomber *m inv*

bombing /ˈbɒmɪŋ/ *n* Mil bombardamento *m*; (by terrorists) attentato *m* dinamitardo

bombproof *adj* a prova di bomba

bomb scare *n stato (m) di allarme per la presunta presenza di una bomba*

bombshell *n* fig (news) bomba *f*; **blonde ~** bionda *f* esplosiva

bomb shelter *n* rifugio *m* antiaereo

bomb site *n* zona *f* bombardata; fig (mess) campo *f* di battaglia

Bomb Squad *n* squadra *f* artificieri

bona fide /bəʊnəˈfaɪdɪ/ *adj* ‹*member, refugee*› autentico; ‹*attempt*› genuino; ‹*offer*› serio

bonanza /bəˈnænzə/ *n* (windfall) momento *m* di prosperità; (in mining) filone *m* d'oro/d'argento

bond /bɒnd/ **A** *n* fig legame *m*; Comm obbligazione *f*
B *vt* ‹*glue*› attaccare

bondage /ˈbɒndɪdʒ/ *n* schiavitù *f*

bonded warehouse /ˈbɒndɪd/ *n* magazzino *m* doganale

bonding /ˈbɒndɪŋ/ *n* (between mother and baby) legame *m* madre-figlio; **male ~** solidarietà *f* maschile

bone /bəʊn/ **A** *n* osso *m*; (of fish) spina *f*
B *vt* disossare ‹*meat*›; togliere le spine da ‹*fish*›

bone china *n* porcellana *f* fine

boned /bəʊnd/ *adj* ‹*joint, leg, chicken*› disossato; ‹*fish*› senza lische; ‹*corset, bodice*› con le stecche

bone dry *adj* secco

bonehead *n* infml cretino, -a *mf*

bone idle *adj* infml fannullone

boneless /ˈbəʊnlɪs/ *adj* ‹*chicken*› disossato; ‹*chicken breast*› senz'osso; ‹*fish*› senza lische

bone marrow *n* midollo *m* osseo

bone marrow transplant *n* trapianto *m* di midollo osseo

bonemeal *n* farina *f* d'ossa

bonfire /ˈbɒnfaɪə(r)/ *n* falò *m*

Bonfire Night *n* BrE *sera (f) del 5 novembre festeggiata con falò e fuochi d'artificio*

bonk /bɒŋk/ *vt* sl scopare

bonkers /ˈbɒŋkəz/ *adj* infml suonato

bonnet /ˈbɒnɪt/ *n* cuffia *f*; (of car) cofano *m*

bonus /ˈbəʊnəs/ *n* (individual) gratifica *f*; (production) premio *m*; (life insurance) dividendo *m*; **a ~** fig qualcosa in più

bonus point *n* **five ~s** un bonus di cinque punti

bony /ˈbəʊnɪ/ *adj* (**-ier**, **-iest**) ossuto; ‹*fish*› pieno di spine

boo /buː/ **A** *interj* (to surprise or frighten) bu!
B *vt & vi* fischiare

boob /buːb/ **A** *n* infml (mistake) gaffe *f inv*; (breast) tetta *f*
B *vi* infml fare una gaffe

booboo /ˈbuːbuː/ *n* infml gaffe *f inv*

booby prize /ˈbuːbɪ/ *n premio (m) di consolazione per il peggior contendente*

booby trap **A** *n* Mil *ordigno (m) che esplode al contatto*; (joke) trabocchetto *m*
B *vt* Mil mettere un ordigno esplosivo in

boogie /ˈbuːgɪ/ *n* infml boogie *m*

booing /ˈbuːɪŋ/ *n* fischi *mpl*

book /bʊk/ **A** *n* libro *m*; (of tickets) blocchetto *m*; **keep the ~s** Comm tenere la contabilità; **be in sb's bad/good ~s** essere nel libro nero/nelle grazie di qualcuno; **do something by the ~** seguire strettamente le regole
B *vt* (reserve) prenotare; (for offence) multare
C *vi* (reserve) prenotare

bookable /ˈbʊkəbl/ *adj* ‹*event, ticket*› che si può prenotare; ‹*offence*› che può essere multato

bookbinder *n* rilegatore, -trice *mf*

bookbinding *n* rilegatura *f*

bookcase *n* libreria *f*

book club *n* club *m inv* del libro

book-ends *npl* reggilibri *mpl*

book fair *n* fiera *f* del libro

bookie /ˈbʊkɪ/ *n* infml bookmaker *m inv*, allibratore *m*

booking /ˈbʊkɪŋ/ *n* BrE (reservation) prenotazione *f*; **make a ~** fare una prenotazione; **get a ~** BrE (from referee) ricevere un'ammonizione

booking clerk *n* BrE impiegato, -a *mf* in un ufficio prenotazioni

booking form *n* BrE modulo *m* di prenotazione

booking office *n* biglietteria *f*

bookish /ˈbʊkɪʃ/ *adj* ‹*person*› secchione

book jacket *n* sopraccoperta *f*

bookkeeper *n* contabile *mf*

bookkeeping *n* contabilità *f*

booklet /ˈbʊklɪt/ *n* opuscolo *m*

book lover *n* amante *mf* della lettura

bookmaker *n* allibratore *m*

bookmark *n* segnalibro *m*

bookplate *n* ex libris *m inv*

bookrest *n* leggio *m*

bookseller *n* libraio, -a *mf*

bookshelf *n* (single) scaffale *f*; (bookcase) libreria *f*

bookshop *n* libreria *f*

bookstall *n* edicola *f*

bookstore *n* AmE libreria *f*

book token *n* BrE buono *m* acquisto per libri

bookworm *n* topo *m* di biblioteca

b

boom /buːm/ **A** *n* Comm boom *m inv*; (upturn) impennata *f*; (of thunder, gun) rimbombo *m*
B *vi* ‹*thunder, gun*› rimbombare; fig prosperare

boomerang /ˈbuːməræŋ/ **A** *n* boomerang *m inv*
B *vi* ~ **on somebody** ‹*plan*› ritorcersi contro qualcuno

boomerang effect *n* effetto *m* boomerang

booming /ˈbuːmɪŋ/ *adj* ‹*sound*› sonoro; ‹*voice*› tonante; ‹*economy*› fiorente; ‹*demand, exports, sales*› in crescita

boom microphone *n* microfono *m* a stelo

boon /buːn/ *n* benedizione *f*

boor /bʊə(r)/ *n* zoticone *m*

boorish /ˈbʊərɪʃ/ *adj* maleducato

boost /buːst/ **A** *n* spinta *f*
B *vt* stimolare ‹*sales*›; sollevare ‹*morale*›; far crescere ‹*hopes*›

booster /ˈbuːstə(r)/ *n* Med dose *f* supplementare

boot /buːt/ **A** *n* stivale *m*; (up to ankle) stivaletto *m*; (football) scarpetta *f*; (climbing) scarpone *m*; Auto portabagagli *m inv*
B *vt* Comput mettere in funzione
■ **boot out** *vt* infml cacciare
■ **boot up** Comput **A** *vi* caricarsi
B *vt* caricare

boot black *n* lustrascarpe *mf inv*

boot camp *n* **1** Mil campo *m* di addestramento reclute **2** (intensive training) *corso (m) di addestramento breve, severo e intensivo*

boot drive *n* Comput unità *f* di inizializzazione

bootee /buːˈtiː/ *n* (knitted) babbuccia *f* di lana; (leather) stivaletto *m*

booth /buːð/ *n* (for phoning, voting) cabina *f*; (at market) bancarella *f*

bootlace *n* laccio *m*, stringa *f*

bootlegger *n* AmE contrabbandiere *m* di alcolici

bootlicker *n* leccapiedi *mf inv*

bootmaker *n* calzolaio *m*

boot polish *n* lucido *m* da scarpe

boot scraper *n* puliscipiedi *m inv*

bootstrap *n* (on boot) linguetta *f* calzastivali; Comput lancio *m*; **pull oneself up by one's ~s** riuscire con le proprie forze

boot-up *n* Comput boot *m inv*

booty /ˈbuːtɪ/ *n* bottino *m*

booze /buːz/ *n* infml alcolici *mpl*

boozer /ˈbuːzə(r)/ *n* infml (person) beone, -a *mf*; BrE (pub) bar *m inv*

booze-up *n* bella bevuta *f*

boozy /ˈbuːzɪ/ *adj* infml ‹*laughter*› da ubriaco; ‹*meal*› in cui si beve molto

bop /bɒp/ infml **A** *n* (blow) colpo *m*
B *vt* dare un colpo a
C *vi* BrE (dance) ballare

border /ˈbɔːdə(r)/ **A** *n* bordo *m*; (frontier) frontiera *f*; (in garden) bordura *f*
B *vt* confinare con; fig essere ai confini di
■ **border on** *vt* ‹*country, land*› confinare con; ‹*madness, hysteria*› essere al limite di

border dispute *n* (fight) conflitto *m* al confine; (disagreement) contesa *f* sul confine

border guard *n* guardia *f* di frontiera

borderline *n* linea *f* di demarcazione; ~ **case** caso *m* dubbio

border raid *n* incursione *f*

bore¹ /bɔː(r)/ ▶ **bear²**

bore² *vt* Techn forare

bore³ **A** *n* (of gun) calibro *m*; (person) seccatore, -trice *mf*; (thing) seccatura *f*
B *vt* annoiare

bored /bɔːd/ *adj* annoiato, stufo; **be ~ to tears** *or* **to death** annoiarsi (da morire)

boredom /ˈbɔːdəm/ *n* noia *f*

boring /ˈbɔːrɪŋ/ *adj* noioso

born /bɔːn/ **A** *pp* **be ~** nascere; **I was ~ in 1963** sono nato nel 1963
B *adj* nato; **a ~ liar/actor** un bugiardo/un attore nato

born-again *adj* convertito alla chiesa evangelica

borne /bɔːn/ ▶ **bear²**

Borneo /ˈbɔːnɪəʊ/ *n* Borneo *m*

borough /ˈbʌrə/ *n* municipalità *f*

borough council *n* BrE ≈ comune *m*

borrow /ˈbɒrəʊ/ *vt* prendere in prestito (**from** da); **can I ~ your pen?** mi presti la tua penna?

borrower /ˈbɒrəʊə(r)/ *n* debitore, -trice *mf*

borrowing /ˈbɒrəʊɪŋ/ *n* prestito *m*; **increase in ~** Fin aumento *m* dell'indebitamento

borrowing costs *n* Fin costo *m* del denaro

borstal /ˈbɔːstəl/ *n* BrE riformatorio *m*

Bosnia /ˈbɒznɪə/ *n* Bosnia *f*

Bosnia-Herzegovina /-hɜːtsəgəʊˈviːnə/ *n* Bosnia-Erzegovina *f*

Bosnian /ˈbɒznɪən/ *adj* & *n* bosniaco, -a *mf*

bosom /ˈbʊzm/ *n* seno *m*

bosom buddy, **bosom friend** *n* infml amico, -a *mf* del cuore

boss /bɒs/ **A** *n* direttore, -trice *mf*
B *vt* (*also* ~ **about**) comandare a bacchetta

bossy /ˈbɒsɪ/ *adj* autoritario

bosun /ˈbəʊsən/ *n* nostromo *m*

botanical /bəˈtænɪkl/ *adj* botanico

botanist /ˈbɒtənɪst/ *n* botanico, -a *mf*

botany /ˈbɒtənɪ/ *n* botanica *f*

botch /bɒtʃ/ *vt* fare un pasticcio con

both /bəʊθ/ **A** *adj* & *pron* tutti e due, entrambi
B *adv* ~ **men and women** sia uomini

---

parola chiave

che donne; **~ [of] the children** tutti e due i bambini; **they are ~ dead** sono morti entrambi; **~ of them** tutti e due

bother /ˈbɒðə(r)/ **A** *n* preoccupazione *f*; (minor trouble) fastidio *m*; **it's no ~** non c'è problema
B *int* infml che seccatura!
C *vt* (annoy) dare fastidio a; (disturb) disturbare
D *vi* preoccuparsi (**about** di); **don't ~** lascia perdere

Botswana /bɒtˈswɑːnə/ *n* Botswana *m*

bottle /ˈbɒt(ə)l/ **A** *n* bottiglia *f*; (baby's) biberon *m inv*
B *vt* imbottigliare
■ **bottle up** *vt* fig reprimere

bottle bank *n* contenitore *m* per la raccolta del vetro

bottle-feed *vt* allattare col biberon

bottle-feeding *n* allattamento *m* col biberon

bottle green *adj & n* verde *m* bottiglia *inv*

bottleneck *n* fig ingorgo *m*

bottle opener *n* apribottiglie *m inv*

bottle top *n* tappo *m* di bottiglia

bottle washer *n* hum **chief cook and ~** tuttofare *mf inv*

bottom /ˈbɒtəm/ **A** *adj* ultimo; **the ~ shelf** l'ultimo scaffale in basso
B *n* (of container) fondo *m*; (of river) fondale *m*; (of hill) piedi *mpl*; (buttocks) sedere *m*; **at the ~** in fondo; **at the ~ of the page** in fondo alla pagina; **get to the ~ of** fig vedere cosa c'è sotto
■ **bottom out** *vi* ‹*inflation, unemployment etc*› assestarsi

bottom drawer *n* fig corredo *m*

bottom gear *n* BrE Auto prima *f*

bottomless /ˈbɒtəmlɪs/ *adj* senza fondo

bottom line *n* Fin utile *m*; **that's the ~** (decisive factor) la questione è tutta qui

botulism /ˈbɒtjʊlɪzm/ *n* botulismo *m*

bouffant /ˈbuːfɒ̃/ *adj* ‹*hair, hairstyle*› cotonato; ‹*sleeve*› a sbuffo

bough /baʊ/ *n* ramoscello *m*

bought /bɔːt/ ▶ **buy**

boulder /ˈbəʊldə(r)/ *n* masso *m*

bounce /baʊns/ **A** *vi* rimbalzare; infml ‹*cheque*› essere respinto
B *vt* far rimbalzare ‹*ball*›
■ **bounce back** *vi* fig riprendersi; ‹*email*› tornare indietro

bouncer /ˈbaʊnsə(r)/ *n* infml buttafuori *m inv*

bouncy /ˈbaʊnsɪ/ *adj* ‹*ball*› che rimbalza bene; ‹*mattress, walk*› molleggiato; fig ‹*person*› esuberante

bound¹ /baʊnd/ **A** *n* balzo *m*
B *vi* balzare

bound² **A** ▶ **bind**
B *adj* **~ for** ‹*ship*› diretto a; **be ~ to do** (likely) dovere fare per forza; (obliged) essere costretto a fare

boundary /ˈbaʊndərɪ/ *n* limite *m*

boundless /ˈbaʊndlɪs/ *adj* illimitato

bounds /baʊndz/ *npl* fig limiti *mpl*; **out of ~** fuori dai limiti

bounty /ˈbaʊntɪ/ *n* (gift) dono *m*; (generosity) munificenza *f*

bounty hunter *n* cacciatore *m* di taglie

bouquet /bʊˈkeɪ/ *n* mazzo *m* di fiori; (of wine) bouquet *m*

bourbon /ˈbʊəbən/ *n* bourbon *m inv*

bourgeois /ˈbʊəʒwɑː/ *adj* derog borghese

bourgeoisie /bʊəʒwɑːˈziː/ *n* borghesia *f*

bout /baʊt/ *n* Med attacco *m*; Sport incontro *m*

boutique /buːˈtiːk/ *n* negozio *m*; **fashion ~** negozio *m* di abbigliamento

bovine /ˈbəʊvaɪn/ *adj* bovino

bow¹ /bəʊ/ *n* (weapon) arco *m*; Mus archetto *m*; (knot) nodo *m*

bow² /baʊ/ **A** *n* inchino *m*
B *vi* inchinarsi
C *vt* piegare ‹*head*›

bow³ /baʊ/ *n* Naut prua *f*
■ **bow out** *vi* (withdraw) ritirarsi (**of** da)

bowel /ˈbaʊəl/ *n* intestino *m*; **have a ~ movement** andare di corpo; **~s** *pl* intestini *mpl*

bower /ˈbaʊə(r)/ *n* (in garden) pergolato *m*; literary (chamber) salottino *m*

bowl¹ /bəʊl/ *n* (for soup, cereal) scodella *f*; (of pipe) fornello *m*

bowl² **A** *n* (ball) boccia *f*
B *vt* lanciare
C *vi* Cricket servire; (in bowls) lanciare
■ **bowl along** *vi* (in car etc) andare spedito
■ **bowl over** *vt* buttar giù; fig (leave speechless) lasciare senza parole

bow-legged /bəʊˈlegd/ *adj* dalle gambe storte

bowler¹ /ˈbəʊlə(r)/ *n* Cricket lanciatore *m*; Bowls giocatore *m* di bocce

bowler² *n* **~ [hat]** bombetta *f*

bowling /ˈbəʊlɪŋ/ *n* gioco *m* delle bocce

bowling alley /ˈbəʊlɪŋæli/ *n* pista *f* da bowling

bowling green *n* prato *m* da bocce

bowls /bəʊlz/ *n* gioco *m* delle bocce

bowstring *n* corda *f* d'arco

bow tie *n* cravatta *f* a farfalla

bow window *n* bow window *f inv*

box¹ /bɒks/ *n* scatola *f*; Theat palco *m*

box² **A** *vi* Sport fare il pugile
B *vt* **~ sb's ears** dare uno scapaccione a qualcuno

boxer /ˈbɒksə(r)/ *n* pugile *m*

boxer shorts *npl* boxer *mpl*

boxing /ˈbɒksɪŋ/ *n* pugilato *m*

Boxing Day *n* BrE [giorno *m* di] Santo Stefano *m*

box number *n* casella *f*

box office *n* Theat botteghino *m*
box room *n* BrE sgabuzzino *m*
boxwood *n* bosso *m*
b
boy /bɔɪ/ *n* ragazzo *m*; (younger) bambino *m*
boy band *n* boy band *f inv*
boycott /'bɔɪkɒt/ **A** *n* boicottaggio *m*
B *vt* boicottare
boyfriend /'bɔɪfrend/ *n* ragazzo *m*
boyhood /'bɔɪhʊd/ *n* (childhood) infanzia *f*; (adolescence) adolescenza *f*
boyish /'bɔɪɪʃ/ *adj* da ragazzino
boy scout *n* boy scout *m inv*
bpm *abbr* (**beats per minute**) bpm *mpl*
bps *abbr* (**bits per second**) Comput bps *mpl*
BR *abbr* (**British Rail**) *ente* (*m*) *ferroviario britannico* ≈ FS
bra /brɑː/ *n* reggiseno *m*
brace /breɪs/ **A** *n* sostegno *m*; (dental) apparecchio *m*
B *vt* ~ **oneself** fig farsi forza (**for** per affrontare)
bracelet /'breɪslɪt/ *n* braccialetto *m*
braces /'breɪsɪz/ *npl* bretelle *fpl*
bracing /'breɪsɪŋ/ *adj* tonificante
bracken /'brækn/ *n* felce *f*
bracket /'brækɪt/ **A** *n* mensola *f*; (group) categoria *f*; Typ parentesi *f inv*
B *vt* mettere fra parentesi
brackish /'brækɪʃ/ *adj* salmastro
bradawl /'brædɔːl/ *n* punteruolo *m*
brag /bræg/ *vi* (*pt/pp* **bragged**) vantarsi (**about** di)
bragging /'brægɪŋ/ *n* vanterie *fpl*
Brahmin /'brɑːmɪn/ *n* Relig bramino *m*
braid /breɪd/ *n* (edging) passamano *m*
Braille /breɪl/ *n* braille *m*
brain /breɪn/ *n* cervello *m*; ~**s** *pl* fig testa *fsg*
brainbox *n* infml capoccione *m*
brainchild *n* invenzione *f* personale
brain damage *n* lesione *f* cerebrale
brain-dead *adj* Med cerebralmente morto; fig senza cervello
brain death *n* morte *f* cerebrale
brain drain *n* fuga *f* di cervelli
brainless /'breɪnlɪs/ *adj* senza cervello
brain scan *n* scansione *f* del cervello
brain scanner *n* scanner *m inv* (*per il cervello*)
brainstorm *n* Med fig eccesso *m* di pazzia; AmE (brainwave) lampo *m* di genio
brainstorming session *n* brainstorming *m inv*
brains trust *n* brain trust *m inv*, gruppo *m* di esperti
brain surgeon *n* neurochirurgo *m*
brain surgery *n* neurochirurgia *f*
brain teaser *n* infml rompicapo *m*

parola chiave

brainwash *vt* fare il lavaggio del cervello a
brainwashing *n* lavaggio *m* del cervello
brainwave *n* lampo *m* di genio
brainy /'breɪnɪ/ *adj* (**-ier**, **-iest**) intelligente
braise /breɪz/ *vt* brasare
brake /breɪk/ **A** *n* freno *m*
B *vi* frenare
brake block *n* pastiglia *f*
brake disc *n* disco *m* dei freni
brake drum *n* tamburo *m* del freno
brake fluid *n* liquido *m* dei freni
brake light *n* stop *m inv*
brake lining *n* guarnizione *f* del freno
brake pad *n* ganascia *f* del freno
brake pedal *n* pedale *m* del freno
bramble /'bræmb(ə)l/ *n* rovo *m*; (fruit) mora *f*
bran /bræn/ *n* crusca *f*
branch /brɑːntʃ/ **A** *n also* fig ramo *m*; Comm succursale *f*; filiale *f*; (of bank) agenzia *f*; **our Oxford St** ~ (of store) il negozio di Oxford St
B *vi* ‹*road*› biforcarsi
■ **branch off** *vi* biforcarsi
■ **branch out**: *vi* ~ **out into** allargare le proprie attività nel ramo di
branch line *n* linea *f* secondaria
branch manager *n* (of bank) direttore, -trice *mf* di agenzia; (of company) direttore, -trice *mf* di filiale; (of shop) direttore, -trice *mf* di succursale
branch office *n* filiale *f*; (of bank) agenzia *f*
brand /brænd/ **A** *n* marca *f*; (on animal) marchio *m*
B *vt* marcare ‹*animal*›; fig tacciare (**as** di)
branded /'brændɪd/ *adj* ‹*goods*› di marca
brand image *n* brand image *f*
brandish /'brændɪʃ/ *vt* brandire
brand leader *n* marca *f* leader *inv*
brand name *n* marca *f*
brand new *adj* nuovo fiammante
brandy /'brændɪ/ *n* brandy *m inv*
brash /bræʃ/ *adj* sfrontato
brass /brɑːs/ *n* ottone *m*; **the** ~ Mus gli ottoni *mpl*; **top** ~ infml pezzi *mpl* grossi
brass band *n* banda *f* (*di soli ottoni*)
brassiere /'bræzɪə(r)/ AmE *n* fml reggiseno *m*
brass instrument *n* Mus ottone *m*
brass neck *n* BrE infml faccia *f* tosta
brass rubbing *n ricalco* (*m*) *di iscrizione tombale o commemorativa*
brassy /'brɑːsɪ/ *adj* (**-ier**, **-iest**) infml volgare
brat /bræt/ *n* derog marmocchio, -a *mf*
bravado /brə'vɑːdəʊ/ *n* bravata *f*
brave /breɪv/ **A** *adj* coraggioso
B *vt* affrontare
bravely /'breɪvlɪ/ *adv* con coraggio
bravery /'breɪvərɪ/ *n* coraggio *m*
bravo /brɑː'vəʊ/ *int* bravo!
bravura /brə'vjʊərə/ *n* virtuosismo *m*
brawl /brɔːl/ **A** *n* rissa *f*

B *vi* azzuffarsi

brawn /brɔːn/ *n* Culin ≈ soppressata *f*

brawny /'brɔːnɪ/ *adj* muscoloso

bray /breɪ/ *vi* ‹*donkey*› ragliare

brazen /'breɪzn/ *adj* sfrontato

■ **brazen out** *vt* affrontare con piglio sicuro

brazier /'breɪzɪə(r)/ *n* braciere *m*

Brazil /brə'zɪl/ *n* Brasile *m*

Brazilian /brə'zɪlɪən/ *adj* & *n* brasiliano, -a *mf*

Brazil nut *n* noce *f* del Brasile

breach /briːtʃ/ **A** *n* (of law) violazione *f*; (gap) breccia *f*; fig (in party) frattura *f*
B *vt* recedere ‹*contract*›

breach of contract *n* Jur inadempienza *f* contrattuale

breach of promise *n* Jur inadempienza *f* a una promessa di matrimonio

breach of the peace *n* Jur violazione *f* dell'ordine pubblico

breach of trust *n* Jur abuso *m* di fiducia

bread /bred/ *n* pane *m*; **a slice of ~ and butter** una fetta di pane imburrato

bread and butter *n* fig fonte *f* di guadagno principale

breadbasket *n* cestino *m* per il pane; fig granaio *m*

bread bin *n* BrE cassetta *f* portapane *inv*

breadboard *n* tagliere *m* per il pane

breadcrumbs *npl* briciole *fpl*; Culin pangrattato *m*

breadfruit *n* frutto *m* dell'albero del pane

bread knife *n* coltello *m* per il pane

breadline *n* **be on the ~** essere povero in canna

bread roll *n* panino *m*

breadstick *n* filoncino *m*

breadth /bredθ/ *n* larghezza *f*

breadwinner /'bredwɪnə(r)/ *n* quello, -a *mf* che porta i soldi a casa

break /breɪk/ **A** *n* rottura *f*; (interval) intervallo *m*; (interruption) interruzione *f*; infml (chance) opportunità *f*
B *vt* (*pt* **broke**, *pp* **broken**) rompere; (interrupt) interrompere; **~ one's arm** rompersi un braccio
C *vi* rompersi; ‹*day*› spuntare; ‹*storm*› scoppiare; ‹*news*› diffondersi; ‹*boy's voice*› cambiare

■ **break away** *vi* scappare; fig chiudere (**from** con)

■ **break down** **A** *vi* ‹*machine, car*› guastarsi; ‹*negotiations*› interrompersi; (in tears) scoppiare in lacrime
B *vt* sfondare ‹*door*›; ripartire ‹*figures*›

■ **break in** *vi* ‹*burglar*› introdursi

■ **break into** *vt* introdursi con la forza in; forzare ‹*car*›

■ **break off** **A** *vt* rompere ‹*engagement*›
B *vi* ‹*part of whole*› rompersi; (when speaking) interrompersi

■ **break out** *vi* ‹*argument, war*› scoppiare

■ **break through** *vi* ‹*sun*› spuntare

■ **break up** **A** *vt* far cessare ‹*fight*›; disperdere ‹*crowd*›
B *vi* ‹*crowd*› disperdersi; ‹*marriage*› naufragare; ‹*couple*› separarsi; Sch iniziare le vacanze

breakable /'breɪkəbl/ *adj* fragile

breakage /'breɪkɪdʒ/ *n* rottura *f*

breakaway /'breɪkəweɪ/ **A** *n* (from person) separazione *f*, allontanamento *m*; (from organization) scissione *f*; Sport contropiede *m*
B *attrib* ‹*faction, group, state*› separatista

breakdown /'breɪkdaʊn/ *n* (of car, machine) guasto *m*; Med esaurimento *m* nervoso; (of figures) analisi *f inv*

breaker /'breɪkə(r)/ *n* (wave) frangente *m*

breaker's yard *n* Auto cimitero *m* delle macchine

break even *vi* andare in pareggio

break-even point *n* punto *m* di pareggio, punto *m* di equilibrio

breakfast /'brekfəst/ *n* [prima] colazione *f*

breakfast bar *n* tavolo *m* a penisola

breakfast bowl *n* scodella *f* per i cereali

breakfast cereals *npl* cereali *mpl* per la colazione

breakfast television, **breakfast TV** *n* programmi *mpl* televisivi del mattino

breakfast TV *n* programmi *mpl* televisivi del mattino

break free *vi* fuggire

break-in *n* irruzione *f*

breaking /'breɪkɪŋ/ *n* (of glass, seal, contract) rottura *f*; (of bone) frattura *f*; (of law, treaty) violazione *f*; (of voice) cambiamento *m*; (of promise) venuta *f* meno; (of horse) domatura *f*; (of link, sequence, tie) interruzione *f*

breaking and entering /breɪkɪŋənd 'entərɪŋ/ *n* Jur effrazione *f* con scasso

breaking point *n* Techn punto *m* di rottura; fig limite *m* di sopportazione

breakneck *adj* ‹*pace, speed*› a rotta di collo

break-out *n* (from prison) evasione *f*

breakpoint *n* Tennis breakpoint *m inv*

breakthrough *n* (discovery) scoperta *f*; (in negotiations) passo *m* avanti

break-up *n* (of family, company) disgregazione *f*; (of alliance, relationship) rottura *f*; (of marriage) dissoluzione *f*

breakwater *n* frangiflutti *m inv*

breast /brest/ *n* seno *m*

breastbone *n* sterno *m*

breastfeed *vt* allattare al seno

breast pocket *n* taschino *m*

breaststroke *n* nuoto *m* a rana

breath /breθ/ *n* respiro *m*, fiato *m*; **out of ~** senza fiato; **under one's ~** sottovoce; **a ~ of air** un filo d'aria

breathalyse /'breθəlaɪz/ *vt* sottoporre alla prova del palloncino

b

breathalyser BrE, **Breathalyzer®** /ˈbreθəlaɪzə(r)/ *n* alcoltest *m inv*

breathe /briːð/ *vt & vi* respirare; **~ a sigh of relief** tirare un sospiro di sollievo

■ **breath in** A *vi* inspirare
B *vt* respirare ‹*scent, air*›

■ **breathe out** *vt & vi* espirare

breather /ˈbriːðə(r)/ *n* pausa *f*

breathing /ˈbriːðɪŋ/ *n* respirazione *f*

breathing apparatus *n* respiratore *m*

breathing space *n* (respite) tregua *f*; **give oneself a ~** riprendere fiato

breathless /ˈbreθlɪs/ *adj* senza fiato

breathlessly /ˈbreθlɪslɪ/ *adv* senza fiato

breathtaking /ˈbreθteɪkɪŋ/ *adj* mozzafiato

breathtakingly /ˈbreθteɪkɪŋlɪ/ *adv* **~ audacious** di un'audacia stupefacente; **~ beautiful** di una bellezza mozzafiato

breath test *n* prova *f* del palloncino

bred /bred/ ▶ **breed**

breech /briːtʃ/ *n* Med natiche *fpl*; (of gun) culatta *f*

breed /briːd/ A *n* razza *f*
B *vt* (*pt/pp* **bred**) allevare; (give rise to) generare
C *vi* riprodursi

breeder /ˈbriːdə(r)/ *n* allevatore, -trice *mf*

breeding /ˈbriːdɪŋ/ *n* allevamento *m*; fig educazione *f*

breeding ground *n* zona *f* di riproduzione; fig terreno *m* fertile

breeding period, **breeding season** *n* stagione *f* di riproduzione

breeze /briːz/ *n* brezza *f*

breeze block *n* BrE *mattone* (*m*) *fatto con scorie di coke*

breezily /ˈbriːzɪlɪ/ *adv* (confidently) con sicurezza; (casually) con disinvoltura; (cheerfully) allegramente

breezy /ˈbriːzɪ/ *adj* ventoso

brevity /ˈbrevətɪ/ *n* brevità *f*

brew /bruː/ A *n* infuso *m*
B *vt* mettere in infusione ‹*tea*›; produrre ‹*beer*›
C *vi* fig ‹*trouble*› essere nell'aria

brewer /ˈbruə(r)/ *n* birraio *m*

brewery /ˈbruərɪ/ *n* fabbrica *f* di birra

brew-up *n* BrE infml tè *m*

briar /ˈbraɪə(r)/ *n* rosa *f* selvatica; (heather) erica *f*; (thorns) rovo *m*; (pipe) pipa *f* in radica

bribe /braɪb/ A *n* (money) bustarella *f*; (large sum of money) tangente *f*
B *vt* corrompere

bribery /ˈbraɪbərɪ/ *n* corruzione *f*

brick /brɪk/ *n* mattone *m*

■ **brick up** *vt* murare

brickbat *n* fig critica *f* spietata

brick-built *adj* di mattoni

bricklayer *n* muratore *m*

bricklaying *n* muratura *f*

brick red *adj* rosso mattone *inv*

bricks-and-mortar *adj* ‹*company, business*› di tipo tradizionale

brickwork *n* muratura *f* di mattoni

brickworks *n* fabbrica *f* di mattoni

bridal /ˈbraɪdl/ *adj* nuziale

bridal party *n* corteo *m* nuziale

bridal suite *n* camera *f* nuziale

bridal wear *n* confezioni *fpl* da sposa

bride /braɪd/ *n* sposa *f*

bridegroom /ˈbraɪdgruːm/ *n* sposo *m*

bridesmaid /ˈbraɪdzmeɪd/ *n* damigella *f* d'onore

bridge¹ /brɪdʒ/ A *n* ponte *m*; (of nose) setto *m* nasale; (of spectacles) ponticello *m*
B *vt* fig colmare ‹*gap*›

bridge² *n* Cards bridge *m*

bridge-building *n* costruzione *f* di ponti provvisori; fig mediazione *f*

bridging loan /ˈbrɪdʒɪŋ/ *n* BrE Fin prefinanziamento *m*, credito *m* provvisorio

bridle /ˈbraɪd(ə)l/ *n* briglia *f*

bridle path, **bridleway** /ˈbraɪd(ə)lweɪ/ *n* sentiero *m* per cavalli

brief¹ /briːf/ *adj* breve; **in ~** in breve

brief² A *n* istruzioni *fpl*; Jur (case) causa *f*
B *vt* dare istruzioni a; Jur affidare la causa a

briefcase /ˈbriːfkeɪs/ *n* cartella *f*

briefing /ˈbriːfɪŋ/ *n* briefing *m inv*

briefly /ˈbriːflɪ/ *adv* brevemente; **briefly,...** in breve,...

briefness /ˈbriːfnɪs/ *n* brevità *f*

briefs /briːfs/ *npl* slip *m inv*

brigade /brɪˈgeɪd/ *n* brigata *f*

brigadier /brɪgəˈdɪə(r)/ *n* generale *m* di brigata

bright /braɪt/ *adj* ‹*metal, idea*› brillante; ‹*day, room, future*› luminoso; (clever) intelligente; **~ red** rosso *m* acceso

brighten /ˈbraɪt(ə)n/ *v* **~ [up]** A *vt* ravvivare; rallegrare ‹*person*›
B *vi* ‹*weather*› schiarirsi; ‹*face*› illuminarsi; ‹*person*› rallegrarsi

brightly /ˈbraɪtlɪ/ *adv* ‹*shine*› intensamente; ‹*smile*› allegramente

brightness /ˈbraɪtnɪs/ *n* luminosità *f*; (intelligence) intelligenza *f*

bright spark *n* BrE infml genio *m*

bright young things *npl* BrE i giovani di belle speranze

brill /brɪl/ A *n* Zool rombo *m* liscio
B *adj* BrE infml fantastico

brilliance /ˈbrɪljəns/ *n* luminosità *f*; (of person) genialità *f*

brilliant /ˈbrɪljənt/ *adj* (very good) eccezionale; (very intelligent) brillante; ‹*sunshine*› splendente

parola chiave

brilliantly /ˈbrɪljəntlɪ/ *adv* ‹*shine*› intensamente; ‹*perform*› in modo eccezionale

Brillo pad® /ˈbrɪləʊ/ *n* paglietta *f* d'acciaio

brim /brɪm/ *n* bordo *m*; (of hat) tesa *f*
■ **brim over** *vi* (*pt/pp* **brimmed**) traboccare

brine /braɪn/ *n* salamoia *f*

bring /brɪŋ/ *vt* (*pt/pp* **brought**) portare ‹*person, object*›
■ **bring about** *vt* causare
■ **bring along** *vt* portare [con sé]
■ **bring back** *vt* restituire ‹*something borrowed*›; reintrodurre ‹*hanging*›; fare ritornare in mente ‹*memories*›
■ **bring down** *vt* portare giù; fare cadere ‹*government*›; fare abbassare ‹*price*›
■ **bring forward** *vt* anticipare ‹*meeting, date*›; **the meeting has been brought forward to this afternoon** la riunione è stata anticipata al pomeriggio
■ **bring in** *vt* introdurre ‹*legislation*›; **his job ~s in £30,000 a year** guadagna 30.000 sterline all'anno
■ **bring off**: *vt* **~ something off** riuscire a fare qualcosa
■ **bring on** *vt* (cause) provocare
■ **bring out** *vt* (emphasize) mettere in evidenza; pubblicare ‹*book*›
■ **bring round** *vt* portare; (persuade) convincere; far rinvenire ‹*unconscious person*›
■ **bring up** *vt* (vomit) rimettere; allevare ‹*children*›; tirare fuori ‹*question, subject*›

bring and buy sale *n* BrE vendita *f* di beneficenza

brink /brɪŋk/ *n* orlo *m*; **on the ~ of disaster** sull'orlo del disastro

brinkmanship /ˈbrɪŋkmənʃɪp/ *n* strategia *f* del rischio calcolato

brisk /brɪsk/ *adj* svelto; ‹*person*› sbrigativo; ‹*trade, business*› redditizio; ‹*walk*› a passo spedito

brisket /ˈbrɪskɪt/ *n* Culin punta *f* di petto

briskly /ˈbrɪsklɪ/ *adv* velocemente; ‹*say*› frettolosamente; ‹*walk*› di buon passo

bristle /ˈbrɪsl/ **A** *n* setola *f*
B *vi* **bristling with** pieno di

bristly /ˈbrɪslɪ/ *adj* ‹*chin*› ispido

Britain /ˈbrɪtn/ *n* Gran Bretagna *f*

British /ˈbrɪtɪʃ/ **A** *adj* britannico; ‹*ambassador*› della Gran Bretagna
B *npl* **the ~** il popolo britannico

British Airports Authority *n ente* (*m*) *che gestisce gli aeroporti britannici*

British Broadcasting Corporation *n ente* (*m*) *radio-televisivo nazionale britannico*

British Columbia *n* Columbia *f* Britannica

Britisher /ˈbrɪtɪʃə(r)/ *n* AmE britannico, -a *mf*

British Gas *n* BrE *società* (*f*) *del gas britannica*

British Isles *npl* Isole *fpl* Britanniche

British Rail *n ente* (*m*) *ferroviario britannico*

British Telecom *n* BrE *società* (*f*) *britannica di telecomunicazioni*

Briton /ˈbrɪtən/ *n* cittadino, -a, britannico, -a *mf*

Brittany /ˈbrɪtənɪ/ *n* Bretagna *f*

brittle /ˈbrɪtl/ *adj* fragile

brittle bone disease *n* decalcificazione *f* ossea, osteoporosi *f*

broach /brəʊtʃ/ *vt* toccare ‹*subject*›

broad /brɔːd/ *adj* ampio; ‹*hint*› chiaro; ‹*accent*› marcato; **two metres ~** largo due metri; **in ~ daylight** in pieno giorno

B road *n* BrE ≈ strada *f* provinciale

broadband /brɔːdbænd/ *n* Comput banda *f* larga; **on ~** a banda larga; **~ connection** connessione *f* a banda larga

broad-based /ˈbɪst/ *adj* ‹*coalition, education*› diversificato; ‹*approach, campaign*› su larga scala; ‹*consensus*› generale

broad bean *n* fava *f*

broadcast /ˈbrɔːdkæst/ **A** *n* trasmissione *f*
B *vt & vi* (*pt/pp* **-cast**) trasmettere

broadcaster /ˈbrɔːdkæstə(r)/ *n* giornalista *mf* radiotelevisivo, -a

broadcasting /ˈbrɔːdkæstɪŋ/ *n* diffusione *f* radiotelevisiva; **be in ~** lavorare per la televisione/radio

broad-chested *adj* con il torace robusto

broaden /ˈbrɔːdn/ **A** *vt* allargare; **~ one's horizons** allargare i propri orizzonti
B *vi* allargarsi

broadly /ˈbrɔːdlɪ/ *adv* largamente; **~ [speaking]** generalmente

broad-minded /-ˈmaɪndɪd/ *adj* di larghe vedute

broadness /ˈbrɔːdnɪs/ *n* larghezza *f*

broadsheet *n* quotidiano *m* di grande formato

broad-shouldered *adj* con le spalle larghe

broadside **A** *n* Naut (of ship) fiancata *f*; (enemy fire) bordata *f*; *n* (criticism) attacco *m*; **deliver a ~** lanciare un attacco
B *adv* di fianco

brocade /brəˈkeɪd/ *n* broccato *m*

broccoli /ˈbrɒkəlɪ/ *n inv* broccoli *mpl*

brochure /ˈbrəʊʃə(r)/ *n* opuscolo *m*; (travel) dépliant *m inv*

brogue /ˈbrəʊg/ *n* (shoe) scarpa *m* da passeggio; (accent) cadenza *f* dialettale

broil /brɔɪl/ AmE **A** *vt* Culin cuocere alla griglia ‹*meat*›
B *vi* cuocere alla griglia; fig arrostire

broiler /ˈbrɔɪlə(r)/ *n* (chicken) pollastro *m*; AmE (grill) griglia *f*

broke /brəʊk/ **A** ▶ **break**
B *adj* infml al verde

b

broken /ˈbrəʊk(ə)n/ **A** ▶ **break**
B *adj* rotto; ~ **English** inglese *m* stentato
broken-down *adj* ‹*machine*› guasto; ‹*wall*› pericolante
broken heart *n* cuore *m* infranto; **die of a ~** essere distrutto da una delusione amorosa
broken-hearted /-ˈhɑːtɪd/ *adj* affranto
broken home *n* **he comes from a ~** i suoi sono divisi
broken marriage *n* matrimonio *m* fallito
broker /ˈbrəʊkə(r)/ *n* broker *m inv*
brokerage /ˈbrəʊkərɪdʒ/ *n* (fee, business) intermediazione *f*
broking /ˈbrəʊkɪŋ/ *n* attività *f* di intermediazione
brolly /ˈbrɒlɪ/ *n* infml ombrello *m*
bromide /ˈbrəʊmaɪd/ *n* (in pharmacy printing) bromuro *m*; fig (comment) banalità *f*
bronchial /ˈbrɒŋkɪəl/ *adj* ‹*infection*› bronchiale; ‹*wheeze, cough*› di petto
bronchitis /brɒŋˈkaɪtɪs/ *n* bronchite *f*
bronze /brɒnz/ **A** *n* bronzo *m*
B *attrib* di bronzo
Bronze Age *n* età *f* del Bronzo
brooch /brəʊtʃ/ *n* spilla *f*
brood /bruːd/ **A** *n* covata *f*; hum (children) prole *f*
B *vi* covare; fig rimuginare
brooding /ˈbruːdɪŋ/ *adj* ‹*person, face*› pensieroso; ‹*landscape*› sinistro
broody /ˈbruːdɪ/ *adj* (depressed) pensieroso; **feel ~** BrE infml ‹*woman*› desiderare un figlio
broody hen *n* chioccia *f*
brook[1] /brʊk/ *n* ruscello *m*
brook[2] *vt* sopportare
broom /bruːm/ *n* scopa *f*; Bot ginestra *f*
broom cupboard *n* ripostiglio *m*
broom handle *n* BrE manico *m* di scopa
broomstick *n* manico *m* di scopa
Bros. *abbr* (**brothers**) F.lli
broth /brɒθ/ *n* brodo *m*
brothel /ˈbrɒθ(ə)l/ *n* bordello *m*
🔑 **brother** /ˈbrʌðə(r)/ *n* fratello *m*
brotherhood /ˈbrʌðəhʊd/ *n* (bond) fratellanza *f*; (of monks) confraternita *f*
brother-in-law *n* (*pl* **brothers-in-law**) cognato *m*
brotherly /ˈbrʌðəlɪ/ *adj* fraterno
brought /brɔːt/ ▶ **bring**
brow /braʊ/ *n* fronte *f*; (eyebrow) sopracciglio *m*; (of hill) cima *f*
browbeat /ˈbraʊbiːt/ *vt* (*pt* **-beat**, *pp* **-beaten**) intimidire
🔑 **brown** /braʊn/ **A** *adj* marrone; ‹*hair*› castano
B *n* marrone *m*
C *vt* rosolare ‹*meat*›
D *vi* ‹*meat*› rosolarsi
brown ale *n* BrE birra *f* scura
brown bear *n* orso *m* bruno
brown bread *n* pane *m* integrale
browned off /braʊndˈɒf/ *adj* BrE infml stufo (**with** di)
brown envelope *n* busta *f* di carta da pacchi
Brownie /ˈbraʊnɪ/ *n* coccinella *f* (*negli scout*)
brownie point *n* infml punto *m* di merito
brownish /ˈbraʊnɪʃ/ *adj* sul marrone
brown-out *n* AmE oscuramento *m* parziale
brown owl *n* allocco *m*
brown paper *n* carta *f* da pacchi
brown rice *n* riso *m* integrale
brown skinned /-ˈskɪnd/ *adj* scuro di pelle
brownstone *n* AmE (house) palazzo *m* in arenaria
brown sugar *n* Culin zucchero *m* greggio
browse /braʊz/ **A** *vi* (read) leggicchiare; (in shop) curiosare; (on Internet) navigare
B *vt* visitare ‹*Internet, web site*›
browser /ˈbraʊzə(r)/ *n* Comput (program) browser *m inv*; (in shop) persona *f* che curiosa
bruise /bruːz/ **A** *n* livido *m*; (on fruit) ammaccatura *f*
B *vt* ammaccare ‹*fruit*›; **~ one's arm** farsi un livido sul braccio
bruised /bruːzd/ *adj* (physically) contuso; ‹*eye*› pesto; ‹*fruit*› ammaccato; ‹*ego, spirit*› ferito
bruiser /ˈbruːzə(r)/ *n* infml omaccione *m*
bruising /ˈbruːzɪŋ/ **A** *n* livido *m*, contusione *f*
B *adj* ‹*game*› violento; (emotionally) ‹*remark*› pesante; ‹*campaign, encounter*› traumatizzante; ‹*defeat*› cocente
brunch /brʌntʃ/ *n* brunch *m inv*
Brunei /bruːˈnaɪ/ *n* Brunei *m*
brunette /bruːˈnet/ *n* bruna *f*
brunt /brʌnt/ *n* **bear the ~ of something** subire maggiormente qualcosa
brush /brʌʃ/ **A** *n* spazzola *f*; (with long handle) spazzolone *m*; (for paint) pennello *m*; (bushes) boscaglia *f*; fig (conflict) breve scontro *m*
B *vt* spazzolare ‹*hair*›; lavarsi ‹*teeth*›; scopare ‹*stairs, floor*›
■ **brush against** *vt* sfiorare
■ **brush aside** *vt* fig ignorare
■ **brush off** *vt* spazzolare; (with hands) togliere; ignorare ‹*criticism*›
■ **brush up**: *vt* & *vi* fig **~ up [on]** rinfrescare
brush-off *n* infml **give somebody the ~** mandare qualcuno a quel paese
brushstroke *n* pennellata *f*
brush-up *n* BrE **have a [wash and] brush-up** darsi una ripulita
brushwood /ˈbrʌʃwʊd/ *n* sterpaglie *fpl*
brushwork *n* tocco *m*
brusque /brʊsk/ *adj* brusco

🔑 parola chiave

brusquely /ˈbrʊsklɪ/ *adv* bruscamente
Brussels /ˈbrʌsəlz/ *n* Bruxelles *f*
Brussels sprouts *npl* cavolini *mpl* di Bruxelles
brutal /ˈbruːt(ə)l/ *adj* brutale
brutality /bruːˈtælətɪ/ *n* brutalità *f*
brutalize /ˈbruːtəlaɪz/ *vt* brutalizzare
brutally /ˈbruːtəlɪ/ *adv* brutalmente
brute /bruːt/ *n* bruto *m*; **~ force** forza *f* bruta
brutish /ˈbruːtɪʃ/ *adj* da bruto
BSc BrE **BS** AmE *abbr* (**Bachelor of Science**) (*diploma* (*m*) *di*) *discipline scientifiche*
BSE *n abbr* (**bovine spongiform encephalitis**) encefalite *f* bovina spongiforme
B side *n* (of record) lato *m* B
BST *abbr* (**British Summer Time**) ora *f* legale in Gran Bretagna
BTW *n abbr* (**by the way**) a proposito
bubble /ˈbʌbl/ *n* bolla *f*; (in drink) bollicina *f*
bubble bath *n* bagnoschiuma *m inv*
bubble car *n* BrE infml *auto* (*f*) *monoposto a tre ruote*
bubblegum *n* gomma *f* da masticare
bubble pack *n* BrE (for pills) blister *m inv*; (for small item) involucro *m* di plastica
bubble wrap *n* plastica *f* a bolle
bubbling /ˈbʌblɪŋ/ **A** *n* (sound) gorgoglio *m*
B *adj* che ribolle
bubbly /ˈbʌblɪ/ **A** *n* infml champagne *m inv*, spumante *m*
B *adj* ‹*liquid*› effervescente; ‹*personality*› spumeggiante
bubonic plague /bjʊbɒnɪkˈpleɪg/ *n* peste *f* bubbonica
buccaneer /bʌkəˈnɪə(r)/ *n* bucaniere *m*
Bucharest /bjuːkəˈrest/ *n* Bucarest *f*
buck¹ /bʌk/ **A** *n* maschio *m* del cervo; (rabbit) maschio *m* del coniglio
B *vi* ‹*horse*› saltare a quattro zampe
buck² *n* AmE infml dollaro *m*
buck³ *n* **pass the ~** scaricare la responsabilità
■ **buck up** **A** *vi* infml tirarsi su; (hurry) sbrigarsi
B *vt* **you'll have to ~ your ideas up** infml dovresti darti una regolata
bucket /ˈbʌkɪt/ **A** *n* secchio *m*; **kick the ~** infml (die) crepare
B *vi* **it's ~ing down** infml piove a catinelle
bucketful /ˈbʌkɪtfʊl/ *n* secchio *m*
bucket seat *n* Auto, Aeron sedile *m* anatomico
bucket shop *n* BrE infml *agenzia* (*f*) *di viaggi che vende biglietti a prezzi scontati*
bucking bronco /bʌkɪŋˈbrɒŋkəʊ/ *n* cavallo *m* da rodeo
buckle /ˈbʌkl/ **A** *n* fibbia *f*
B *vt* allacciare
C *vi* ‹*shelf*› piegarsi; ‹*wheel*› storcersi
■ **buckle down** *vi* (to work) mettersi sotto
■ **buckle in** *vt* legare
buckram *n* tela *f* rigida
buckshot *n* pallettoni *mpl*
buckskin *n* pelle *f* di daino
buck teeth *npl* denti *mpl* da coniglio
buckwheat *n* grano *m* saraceno
bucolic /bjʊˈkɒlɪk/ *adj* & *n* bucolico *m*
bud /bʌd/ *n* bocciolo *m*
Buddha /ˈbʊdə/ *n* Budda *m inv*
Buddhism /ˈbʊdɪzm/ *n* buddismo *m*
Buddhist /ˈbʊdɪst/ *adj* & *n* buddista *mf*
budding /ˈbʌdɪŋ/ *adj* Bot (into leaf) in germoglio; (into flower) in boccio; ‹*athlete, champion, artist*› in erba; ‹*talent, romance*› nascente; ‹*career*› promettente
buddy /ˈbʌdɪ/ *n* infml amico, -a *mf*
budge /bʌdʒ/ **A** *vt* spostare
B *vi* spostarsi
■ **budge over, budge up** *vi* infml farsi più in là
budgerigar /ˈbʌdʒərɪgɑː(r)/ *n* cocorita *f*
budget /ˈbʌdʒɪt/ **A** *n* bilancio *m*; (allotted to specific activity) budget *m inv*; **I'm on a ~** cerco di limitare le spese
B *vi* (*pt/pp* **budgeted**) prevedere le spese; **~ for something** includere qualcosa nelle spese previste
budgetary /ˈbʌdʒɪt(ə)rɪ/ *adj* budgetario; **~ year** esercizio *m* finanziario
budget day *n* BrE Pol *giorno* (*m*) *della presentazione del bilancio dello Stato*
budgie /ˈbʌdʒɪ/ *n* infml = **budgerigar**
buff /bʌf/ **A** *adj* (colour) [color] camoscio
B *n* [color *m*] camoscio *m*; infml fanatico, -a *mf*
C *vt* lucidare
buffalo /ˈbʌfələʊ/ *n* (*inv or pl* **-es**) bufalo *m*
buffer /ˈbʌfə(r)/ *n* Rail respingente *m*; Comput buffer *m inv*; **old ~** infml vecchio bacucco *m*
buffer state *n* stato *m* cuscinetto *inv*
buffer zone *n* zona *f* cuscinetto *inv*
buffet¹ /ˈbʊfeɪ/ *n* (meal, in station) buffet *m inv*
buffet² /ˈbʌfɪt/ *vt* (*pt/pp* **buffeted**) sferzare
buffet car *n* BrE Rail carrozza *f* ristorante
buffoon /bəˈfuːn/ *n* buffone, -a *mf*
bug /bʌg/ **A** *n* (insect) insetto *m*; Comput bug *m inv*; infml (device) cimice *f*
B *vt* (*pt/pp* **bugged**) infml installare delle microspie in ‹*room*›; mettere sotto controllo ‹*telephone*›; infml (annoy) scocciare
bugbear /ˈbʌgbeə(r)/ *n* (problem, annoyance) spauracchio *m*
bugger /ˈbʌgə(r)/ infml **A** *n* bastardo *m*
B *int* merda!
■ **bugger about, bugger around** infml
A *vi* (behave stupidly) fare il cretino
B *vt* **~ somebody about** creare problemi a qualcuno
■ **bugger off** *vi* infml (go away) andarsene; **~ off!** vai a farti friggere!

bugging device /ˈbʌgɪŋ/ *n* microfono *m* spia

buggy /ˈbʌgɪ/ *n* **[baby]** ~ passeggino *m*

b

bugle /ˈbjuːg(ə)l/ *n* tromba *f*

bugler /ˈbjuːglə(r)/ *n* trombettiere *m*

build /bɪld/ **A** *n* (of person) corporatura *f*
B *vt & vi* (*pt/pp* **built**) costruire
■ **build on** *vt* aggiungere ‹*extra storey*›; sviluppare ‹*previous work*›
■ **build up**: **A** *vt* ~ **up one's strength** rimettersi in forza
B *vi* ‹*pressure, traffic*› aumentare; ‹*excitement, tension*› crescere

builder /ˈbɪldə(r)/ *n* (company) costruttore *m*; (worker) muratore *m*

builder's labourer *n* muratore *m*

builder's merchant *n* fornitore *m* di materiale da costruzione

building /ˈbɪldɪŋ/ *n* edificio *m*

building block *n* (child's toy) pezzo *m* delle costruzioni; (basic element) componente *m*

building contractor *n* imprenditore *m* edile

building land *n* terreno *m* edificabile

building materials *npl* materiali *mpl* da costruzione

building permit *n* licenza *f* edilizia

building plot *n* terreno *m* edificabile

building site *n* cantiere *m* [di costruzione]

building society *n* istituto *m* di credito immobiliare

building trade *n* edilizia *f*

building worker *n* BrE muratore *m*

build-up *n* (increase) aumento *m*; (in tension, of gas, in weapons) accumulo *m*; (publicity) battage *m inv* pubblicitario; **give something a good** ~ (publicity) fare buona pubblicità a qualcosa

built /bɪlt/ ▶ **build**

built-in *adj* ‹*unit*› a muro; fig ‹*feature*› incorporato

built-up *adj* (region) urbanizzato; ~ **area** centro *m* abitato

bulb /bʌlb/ *n* bulbo *m*; Electr lampadina *f*

bulbous /ˈbʌlbəs/ *adj* grassoccio

Bulgaria /bʌlˈgeərɪə/ *n* Bulgaria *f*

Bulgarian /bʌlˈgeərɪən/ *adj & n* bulgaro, -a *mf*

bulge /bʌldʒ/ **A** *n* rigonfiamento *m*; **it shows all my ~s** mette in evidenza tutti i miei cuscinetti [di grasso]
B *vi* esser gonfio (**with** di); ‹*stomach, wall*› sporgere; ‹*eyes: with surprise*› uscire dalle orbite

bulging /ˈbʌldʒɪŋ/ *adj* gonfio; ‹*eyes*› sporgente

bulimia /bʊˈlɪmɪə/, **bulimia nervosa** /bʊˈlɪmɪənɜːˈvəʊsə/ *n* bulimia *f*

bulimic /bʊˈlɪmɪk/ *adj & n* bulimico, -a *mf*

bulk /bʌlk/ *n* volume *m*; (greater part) grosso *m*; **in** ~ in grande quantità; (loose) sfuso

bulk-buy *vt & vi* comprare in grandi quantità

bulk-buying *n* acquisto *m* in grande quantità

bulk carrier *n* nave *f* per il trasporto di rinfuse

bulkhead *n* Naut, Aeron paratia *f*

bulky /ˈbʌlkɪ/ *adj* voluminoso

bull /bʊl/ *n* toro *m*; **take the ~ by the horns** fig prendere il toro per le corna

bull bars *npl* Auto paraurti *mpl* tubolari rigidi

bulldog *n* bulldog *m inv*

bulldog clip *n* fermafogli *m inv*

bulldoze *vt* (knock down) demolire [con bulldozer]; (clear) spianare [con bulldozer]; fig (force) costringere

bulldozer /ˈbʊldəʊzə(r)/ *n* bulldozer *m inv*

bullet /ˈbʊlɪt/ *n* pallottola *f*

bulletin /ˈbʊlɪtɪn/ *n* bollettino *m*

bulletin board *n* Comput bacheca *f* elettronica

bulletproof /ˈbʊlɪtpruːf/ *adj* antiproiettile *inv*; ‹*vehicle*› blindato

bulletproof vest giubbotto *m* antiproiettile

bullfight /ˈbʊlfaɪt/ *n* corrida *f*

bullfighter /ˈbʊlfaɪtə(r)/ *n* torero *m*

bullfighting /ˈbʊlfaɪtɪŋ/ *n* corride *fpl*

bullion /ˈbʊlɪən/ *n* **gold** ~ oro *m* in lingotti

bullish /ˈbʊlɪʃ/ *adj* (optimistic) ottimistico; ‹*market, shares, stocks*› al rialzo

bull market *n* Fin mercato *m* al rialzo

bullock /ˈbʊlək/ *n* manzo *m*

bullring /ˈbʊlrɪŋ/ *n* arena *f*

bullseye /ˈbʊlzaɪ/ *n* centro *m* del bersaglio; **score a** ~ fare centro

bully /ˈbʊlɪ/ **A** *n* prepotente *mf*
B *vt* fare il/la prepotente con

bullying /ˈbʊlɪŋ/ *n* prepotenze *fpl*

bulrush /ˈbʊlrʌʃ/ *n* giunco *m* di palude

bulwark /ˈbʊlwək/ *n* Mil fig baluardo *m*; Naut parapetto *m*; (breakwater) frangiflutti *m inv*

bum[1] /bʌm/ *n* sl sedere *m*

bum[2] *n* AmE infml vagabondo, -a *mf*
■ **bum around** *vi* infml vagabondare

bumbag /ˈbʌmbæg/ *n* BrE infml marsupio *m*

bumble-bee /ˈbʌmblbiː/ *n* calabrone *m*

bumbling /ˈbʌmblɪŋ/ *adj* ‹*attempt*› maldestro; ‹*person*› inconcludente

bumf /bʌmf/ *n* BrE (toilet paper) carta *f* igienica; infml (documents) scartoffie *f pl*

bump /bʌmp/ **A** *n* botta *f*; (swelling) bozzo *m*, gonfiore *m*; (in road) protuberanza *f*
B *vt* sbattere
■ **bump into** *vt* sbattere contro; (meet) imbattersi in
■ **bump off** *vt* infml far fuori

---

parola chiave

■ **bump up** *vt* infml [far] aumentare ‹*prices, salaries*›

bumper /'bʌmpə(r)/ **A** *n* Auto paraurti *m inv* **B** *adj* abbondante

bumper car *n* autoscontro *m*

bumph /bʌmf/ *n* = **bumf**

bumpkin /'bʌmpkɪn/ *n* **country ~** zoticone, -a *mf*

bumptious /'bʌmpʃəs/ *adj* presuntuoso

bumpy /'bʌmpɪ/ *adj* ‹*road*› accidentato; ‹*flight*› turbolento

bun /bʌn/ *n* focaccina *f* [dolce]; (hair) chignon *m inv*

bunch /bʌntʃ/ *n* (of flowers, keys) mazzo *m*; (of bananas) casco *m*; (of people) gruppo *m*; **~ of grapes** grappolo *m* d'uva

bundle /'bʌndl/ **A** *n* fascio *m*; (of money) mazzetta *f*; **a ~ of nerves** infml un fascio di nervi
B *vt* **~ [up]** affastellare

bundled software /'bʌndld-/ *n* Comput software *m inv* in bundle

bung /bʌŋ/ *vt* infml (throw) buttare

■ **bung up** *vt* (block) ostruire

bungalow /'bʌŋgələʊ/ *n* bungalow *m inv*

bungee jump /'bʌndʒɪdʒʌmp/ *n* salto *m* con l'elastico

bungee jumping /'bʌndʒɪdʒʌmpɪŋ/ *n* *salto* (*m*) *da ponti, grattacieli, ecc. con un cavo elastico attaccato alla caviglia*

bungle /'bʌŋgl/ *vt* fare un pasticcio di

bunion /'bʌnjən/ *n* Med callo *m* all'alluce

bunk /bʌŋk/ **A** *n* cuccetta *f*; **do a ~** infml svignarsela
B *vi* **~ off/~ off school** infml marinare la scuola

bunk beds *npl* letti *mpl* a castello

bunker /'bʌŋkə(r)/ *n* (for coal) carbonaia *f*; (golf) ostacolo *m*; Mil bunker *m inv*

bunkum /'bʌŋkəm/ *n* fandonie *fpl*

bunny /'bʌnɪ/ *n* infml coniglietto *m*

Bunsen /'bʌnsən/, **Bunsen burner** /'bʌnsənbɜ:nə(r)/ *n* becco *m* Bunsen

bunting /'bʌntɪŋ/ *n* (flags on ship) gran pavese *m*; Zool zigolo *m*

buoy /bɔɪ/ *n* boa *f*

■ **buoy up** *vt* fig sostenere ‹*prices*›; tirare su ‹*person*›

buoyancy /'bɔɪənsɪ/ *n* galleggiabilità *f*

buoyancy aid *n* salvagente *m*

buoyant /'bɔɪənt/ *adj* ‹*boat*› galleggiante; ‹*water*› che aiuta a galleggiare; fig ‹*person*› allegro; ‹*prices*› in aumento

burble /'bɜ:b(ə)l/ **A** *n* (of stream) gorgoglio *m*; (of voices) borbottio *m*
B *vi* ‹*stream*› gorgogliare; **~ on about something** ‹*person*› blaterare di qualcosa

burbling /'bɜ:blɪŋ/ **A** *n* (of stream) gorgoglio *m*; (rambling talk) borbottio *m*
B *adj* ‹*stream*› gorgogliante; ‹*voice*› che borbotta

burden /'bɜ:dn/ **A** *n* carico *m*
B *vt* caricare

burdensome /'bɜ:dnsəm/ *adj* gravoso

bureau /'bjʊərəʊ/ *n* (*pl* **-x** /'bjʊərəʊz/ *or* **~s**) (desk) scrivania *f*; (office) ufficio *m*

bureaucracy /bjʊə'rɒkrəsɪ/ *n* burocrazia *f*

bureaucrat /'bjʊərəkræt/ *n* burocrate *mf*

bureaucratic /bjʊrə'krætɪk/ *adj* burocratico

burgeon /'bɜ:dʒən/ *vi* ‹*plant*› germogliare; fig (flourish) fiorire; fig (multiply) moltiplicarsi rapidamente, crescere rapidamente

burgeoning /'bɜ:dʒənɪŋ/ *adj* fiorente

burger /'bɜ:gə(r)/ *n* hamburger *m inv*

burger bar *n* fast-food *m inv*

burglar /'bɜ:glə(r)/ *n* svaligiatore, -trice *mf*

burglar alarm *n* antifurto *m inv*

burglarize /'bɜ:gləraɪz/ *vt* AmE svaligiare

burglar-proof *adj* a prova di ladro

burglary /'bɜ:glərɪ/ *n* furto *m* con scasso

burgle /'bɜ:gl/ *vt* svaligiare; **they have been ~d** sono stati svaligiati

Burgundy /'bɜ:gəndɪ/ **A** *n* Borgogna *f*; **burgundy** (wine) borgogna *m inv*
B *adj* (colour) rosso scuro

burial /'berɪəl/ *n* sepoltura *f*

burial ground *n* cimitero *m*

burka /'bɜ:kə/ *n* burka *m*

Burkina /bɜ:kinə/, **Burkina Faso** /bɜ:kinə 'fæsəʊ/ *n* Burkina Faso *m*

burlesque /bɜ:'lesk/ *n* parodia *f*

burly /'bɜ:lɪ/ *adj* (**-ier**, **-iest**) corpulento

Burma /'bɜ:mə/ *n* Birmania *f*

Burmese /bɜ:'mi:z/ *adj* & *n* birmano, -a *mf*

burn /bɜ:n/ **A** *n* bruciatura *f*
B *vt* (*pt/pp* **burnt** *or* **burned**) bruciare; **~ one's boats** *or* **bridges** fig tagliarsi i ponti alle spalle; Comput masterizzare ‹*CD, DVD*›
C *vi* bruciare

■ **burn down** *vt* & *vi* bruciare

■ **burn out** *vi* fig esaurirsi

■ **burn up** *vt* fig bruciare ‹*calories, energy*›

burned-out *adj* = **burnt-out**

burner /'bɜ:nə(r)/ *n* (on stove) bruciatore *m*

burning /'bɜ:nɪŋ/ **A** *n* (setting on fire) incendio *m*; **I can smell ~!** sento odore di bruciato!
B *adj* ‹*ember, coal*› acceso; (on fire) in fiamme; fig ‹*fever, desire*› bruciante; **a ~ sensation** una sensazione di bruciore; **a ~ question** una questione scottante

burnish /'bɜ:nɪʃ/ *vt* lucidare

burns unit *n* Med reparto *m* grandi ustionati

burnt /bɜ:nt/ ▶ **burn**

burnt-out *adj* ‹*building, car*› distrutto dalle fiamme; fig ‹*person*› sfinito

burp /bɜ:p/ **A** *n* infml rutto *m*
B *vi* infml ruttare

burr /bɜ:(r)/ *n* Bot lappa *f*; (in language) erre *f* moscia

b

burrow /ˈbʌrəʊ/ **A** *n* tana *f*
B *vt* scavare ‹*hole*›
bursar /ˈbɜːsə(r)/ *n* economo, -a *mf*
bursary /ˈbɜːsərɪ/ *n* borsa *f* di studio
burst /bɜːst/ **A** *n* (of gunfire, energy, laughter) scoppio *m*; (of speed) scatto *m*
B *vt* (*pt/pp* **burst**) far scoppiare; **~ its banks** ‹*river*› rompere gli argini
C *vi* scoppiare; **~ into tears** scoppiare in lacrime; **~ into flames** andare in fiamme; **she ~ into the room** ha fatto irruzione nella stanza; **be ~ing at the seams** ‹*room*› scoppiare
■ **burst in** *vi* (enter suddenly) fare irruzione
■ **burst out**: *vi* **~ out laughing/crying** scoppiare a ridere/piangere
Burundi /bʊˈrʊndɪ/ *n* Burundi *m*
bury /ˈberɪ/ *vt* (*pt/pp* **-ied**) seppellire; (hide) nascondere
bus /bʌs/ **A** *n* autobus *m inv*, pullman *m inv*; (long distance) pullman *m inv*, corriera *f*
B *vt* (*pt/pp* **bussed**) trasportare in autobus
busby /ˈbʌzbɪ/ *n* colbacco *m* militare
bus conductor *n* ≈ bigliettaio *m*
bus conductress *n* ≈ bigliettaia *f*
bus driver *n* conducente *mf* di autobus
bush /bʊʃ/ *n* cespuglio *m*; (land) boscaglia *f*
bushed /bʊʃt/ *adj* infml (tired) distrutto
bushel /ˈbʊʃ(ə)l/ *n* **hide one's light under a ~** essere troppo modesto; AmE infml **~s of** un sacco di
bush fighting *n* Mil guerriglia *f*
bush fire *n* incendio *m* in aperta campagna
bush telegraph *n* fig hum tamtam *m inv*
bushy /ˈbʊʃɪ/ *adj* (**-ier**, **-iest**) folto
busily /ˈbɪzɪlɪ/ *adv* con grande impegno
business /ˈbɪznɪs/ *n* affare *m*; Comm affari *mpl*; (establishment) attività *f* di commercio; **on ~** per affari; **he has no ~ to** non ha alcun diritto di; **mind one's own ~** farsi gli affari propri; **that's none of your ~** non sono affari tuoi
business activity *n* attività *f* economica; (of single company) attività *f* aziendale
business analyst *n* analista *mf* finanziario, -a
business associate *n* socio, -a *mf*
business call *n* (phone call) telefonata *f* di lavoro; (visit) appuntamento *m* di lavoro
business card *n* biglietto *m* da visita
business centre *n* centro *m* affari
business class *n* Aeron business class *f inv*
business college *n* scuola *f* di amministrazione aziendale
business contact *n* contatto *m* di lavoro
business cycle *n* ciclo *m* economico
business deal *n* operazione *f* commerciale
business expenses *npl* spese *fpl* di lavoro
business failures *npl* chiusura *f* di aziende
business hours *npl* (in office) orario *m* d'ufficio; (of shop) orario *m* d'apertura
business-like *adj* efficiente
business lunch *n* pranzo *m* di lavoro *or* d'affari
businessman /ˈbɪznɪsmən/ *n* uomo *m* d'affari
business management *n* amministrazione *f* aziendale
business park *n* centro *m* affari
business plan *n* piano *m* economico; (of single company) programma *m* aziendale
business premises *npl* sede *f* di un'azienda
business proposition *n* proposta *f* d'affari
business reply envelope *n* busta *f* affrancata
business school *n* scuola *f* di amministrazione aziendale
business software *n* software *m inv* per l'ufficio
business studies *npl* economia *f* e commercio
business suit *n* (for man) abito *m* scuro
business trip *n* viaggio *m* di lavoro
businesswoman /ˈbɪznɪswʊmən/ *n* donna *f* d'affari
busk /bʌsk/ *vi* BrE ‹*singer*› cantare per strada; ‹*musician*› suonare per strada
busker /ˈbʌskə(r)/ *n* suonatore, -trice *mf* ambulante
bus lane *n* corsia *f* autobus
busload /ˈbʌsləʊd/ *n* **a ~ of tourists** una comitiva di turisti; **by the ~** in massa
busman's holiday /bʌsmənzˈhɒlɪdeɪ/ *n* BrE *vacanze* (*fpl*) *passate a fare quello che si fa normalmente*
bus pass *n* abbonamento *m* all'autobus
bus route *n* percorso *m* dell'autobus
bus shelter *n* pensilina *f* alla fermata dell'autobus
bus station *n* stazione *f* degli autobus
bus stop *n* fermata *f* d'autobus
bust¹ /bʌst/ *n* busto *m*; (chest) petto *m*
bust² **A** *adj* infml rotto; **go ~** fallire
B *vt* (*pt/pp* **busted** *or* **bust**) infml far scoppiare
C *vi* scoppiare
bustle /ˈbʌsl/ *n* (activity) trambusto *m*
■ **bustle about** *vi* affannarsi
bustling /ˈbʌslɪŋ/ *adj* animato
bust size *n* circonferenza *f* del torace
bust-up *n* infml lite *f*
busy /ˈbɪzɪ/ **A** *adj* (**-ier**, **-iest**) occupato; ‹*day, time*› intenso; ‹*street*› affollato;

(with traffic) pieno di traffico; **be ~ doing** essere occupato a fare
B *vt* **~ oneself** darsi da fare

busybody /ˈbɪzɪbɒdɪ/ *n* ficcanaso *mf inv*

but /bʌt/ *atono* /bət/ **A** *conj* ma
B *prep* eccetto, tranne; **nobody ~ you** nessuno tranne te; **~ for** (without) se non fosse stato per; **the last ~ one** il penultimo; **the next ~ one** il secondo
C *adv* soltanto; **there were ~ two** ce n'erano soltanto due

butane /ˈbjuːteɪn/ *n* butano *m*

butch /bʊtʃ/ *adj* infml ‹*man*› macho *inv*; ‹*woman*› mascolino

butcher /ˈbʊtʃə(r)/ **A** *n* macellaio *m*
B *vt* macellare; fig massacrare

butcher's /ˈbʊtʃəz/, **butcher's shop** /ˈbʊtʃəzʃɒp/ *n* macelleria *f*

butchery /ˈbʊtʃərɪ/ *n* (trade) macelleria *f*; (slaughter) massacro *m*

butler /ˈbʌtlə(r)/ *n* maggiordomo *m*

butt /bʌt/ **A** *n* (of gun) calcio *m*; (of cigarette) mozzicone *m*; (for water) barile *m*; fig (target) bersaglio *m*
B *vt* dare una testata a; ‹*goat*› dare un'incornata a
■ **butt in** *vi* interrompere

butter /ˈbʌtə(r)/ **A** *n* burro *m*
B *vt* imburrare
■ **butter up** *vt* infml arruffianarsi

butter bean *n* fagiolo *m* bianco

buttercup *n* ranuncolo *m*

butter dish *n* portaburro *m inv*

butter-fingered *adj* con le mani di pasta frolla

butter fingers *n* infml mani *fpl* di pasta frolla

butterfly /ˈbʌtəflaɪ/ *n* farfalla *f*

butterfly net *n* retino *m* per farfalle

butterfly nut *n* dado *m* ad alette

butterfly stroke *n* nuoto *m* a farfalla

buttermilk /ˈbʌtəmɪlk/ *n* latticello *m*

butterscotch /ˈbʌtəskɒtʃ/ *n caramella* (*f*) *dura a base di burro e zucchero*

buttocks /ˈbʌtəks/ *npl* natiche *fpl*

button /ˈbʌtn/ **A** *n* bottone *m*; (on mouse, of status bar) pulsante *m*
B *vt* **~ [up]** abbottonare
C *vi* **~ [up]** abbottonarsi

button battery *n* batteria *f* a bottone

button-down *adj* ‹*collar*› button down, coi bottoni; ‹*shirt*› con il colletto coi bottoni, button down

buttonhole *n* occhiello *m*, asola *f*

buttonhook *n* asola *f*, occhiello *m*

button mushroom *n* piccolo champignon *m inv*

buttress /ˈbʌtrɪs/ **A** *n* contrafforte *m*
B *vt* fig sostenere

buxom /ˈbʌksəm/ *adj* formosa

buy /baɪ/ **A** *n* **good/bad ~** buon/cattivo acquisto *m*
B *vt* (*pt/pp* **bought**) comprare; **~ somebody a drink** pagare da bere a qualcuno; **I'll ~ this one** (drink) questo lo offro io
■ **buy into** *vt* (accept) accettare
■ **buy off** *vt* (bribe) comprare
■ **buy out** *vt* rilevare la quota di ‹*one's partner*›
■ **buy up** *vt* (buy all of) accaparrarsi

buyer /ˈbaɪə(r)/ *n* compratore, -trice *mf*

buyout /ˈbaɪaʊt/ *n* Comm rilevamento *m*

buzz /bʌz/ **A** *n* ronzio *m*; **give somebody a ~** infml (on phone) dare un colpo di telefono a qualcuno; (excite) mettere in fermento qualcuno
B *vi* ronzare
C *vt* **~ somebody** chiamare qualcuno col cicalino
■ **buzz off** *vi* infml levarsi di torno

buzzard /ˈbʌzəd/ *n* poiana *f*

buzzer /ˈbʌzə(r)/ *n* cicalino *m*

buzzing /ˈbʌzɪŋ/ **A** *n* (of buzzer) trillo *m*; (of insects) ronzio *m*
B *adj* ‹*party, atmosphere, town*› molto animato

buzzword /ˈbʌzwɜːd/ *n* infml parola *f* di moda

by /baɪ/ **A** *prep* (near, next to) vicino a; (at the latest) per; **by Mozart** di Mozart; **he was run over by a bus** è stato investito da un autobus; **by oneself** da solo; **by the sea** al mare; **by sea** via mare; **by car/bus** in macchina/autobus; **by day/night** di giorno/notte; **by the hour/metre** a ore/metri; **six metres by four** sei metri per quattro; **he won by six metres** ha vinto di sei metri; **I missed the train by a minute** ho perso il treno per un minuto; **I'll be home by six** sarò a casa per le sei; **by this time next week** a quest'ora tra una settimana; **he rushed by me** mi è passato accanto di corsa
B *adv* **she'll be here by and by** sarà qui fra poco; **by and by the police arrived** poco dopo è arrivata la polizia; **by and large** nel complesso; **put by** mettere da parte; **go/pass by** passare

bye /baɪ/ *int* infml ciao!

bye-bye /baɪˈbaɪ/ *int* infml ciao, arrivederci; **go ~s** BrE (baby talk) andare a fare la nanna

by-election *n elezione* (*f*) *straordinaria indetta per coprire una carica rimasta vacante in Parlamento*

Byelorussia /bjeləʊˈrʌʃə/ *n* Bielorussia *f*

Byelorussian /bjeləʊˈrʌʃn/ *adj & n* bielorusso

bygone *adj* passato

by-law *n* legge *f* locale

by-line *n* (in newspaper) nome *m* dell'autore; Sport linea *f* laterale

BYO, BYOB *adj abbr* (**bring your own bottle**) *di ristorante o festa, in cui ciascuno si porta le proprie bevande, specialmente alcoliche*

bypass **A** *n* circonvallazione *f*; Med by-pass *m inv*
B *vt* evitare
by-product *n* sottoprodotto *m*
by-road *n* strada *f* secondaria
bystander *n* spettatore, -trice *mf*
byte /baɪt/ *n* Comput byte *m inv*
byway *n* strada *f* secondaria
byword *n* **be a ~ for** essere sinonimo di
by your leave *n* **without so much as a ~** senza neanche chiedere il permesso
Byzantine /bɪˈzæntaɪn/ *adj* bizantino

Cc

c[1], **C** /siː/ *n* (letter) c, C *f inv*; BrE Sch (grade) *voto* (*m*) *scolastico corrispondente alla sufficienza*; Mus do *m inv*
c[2], **C** *abbr* **1** (**Celsius, centigrade**) C **2** (**cent(s)**) c **3** (**circa**) ca
C2C *abbr* (**consumer to consumer**) C2C
C4 *abbr* BrE (**channel four**) *rete* (*f*) *televisiva britannica*
CA *abbr* **1** BrE (**Chartered Accountant**) [dottore *m*] commercialista *m* **2** AmE (**California**) Cal **3** (**Central America**) America *f* centrale
CAA *n abbr* BrE (**Civil Aviation Authority**) *organismo* (*m*) *di controllo dell'aviazione civile*
cab /kæb/ *n* taxi *m inv*; (of lorry, train) cabina *f*
CAB *n abbr* BrE (**Citizens' Advice Bureau**) *ufficio* (*m*) *di consulenza legale gratuita per i cittadini*
cabana /kəˈbɑːnə/ *n* AmE (hut) cabina *f* da spiaggia
cabaret /ˈkæbəreɪ/ *n* cabaret *m inv*
cabbage /ˈkæbɪdʒ/ *n* cavolo *m*
cabby /ˈkæbɪ/ *n* infml tassista *mf*
cab driver *n* tassista *mf*
cabin /ˈkæbɪn/ *n* (of plane, ship) cabina *f*; (hut) capanna *f*
cabin boy *n* mozzo *m*
cabin crew *n* Aeron equipaggio *m*
cabin cruiser *n* cabinato *m*
cabinet /ˈkæbɪnɪt/ *n* armadietto *m*; **[display] ~** vetrina *f*; **C~** Pol consiglio *m* dei ministri
cabinet-maker *n* ebanista *mf*
cabinet meeting *n* BrE riunione *f* del governo
cabinet minister *n* BrE ministro *m*
cabinet reshuffle *n* BrE rimpasto *m* ministeriale
cable /ˈkeɪb(ə)l/ *n* cavo *m*; TV TV *f* via cavo; **this channel is only available on ~** questo canale è disponibile solo sulla TV via cavo
cable car *n* cabina *f* (*della funivia*)
cable company *n* rete *f* televisiva via cavo
cablegram *n* cablogramma *m*
cable-knit *adj* ‹*sweater*› a trecce
cable railway *n* funicolare *f*
cable-ready *adj* predisposto per la TV via cavo
cable television *n* televisione *f* via cavo
cable TV *n* TV *f inv* via cavo
cableway *n* (for people) funivia *f*
caboodle /kəˈbuːdl/ *n* infml **the whole ~** baracca e burattini
cab rank, cab stand *n* posteggio *m* dei taxi
cache /kæʃ/ *n* nascondiglio *m*; **~ of arms** deposito *m* segreto di armi
cache memory *n* Comput memoria *f* (*cache*)
cachet /ˈkæʃeɪ/ *n* prestigio *m*
cackle /ˈkækl/ *vi* ridacchiare
cacophony /kəˈkɒfənɪ/ *n* cacofonia *f*
cactus /ˈkæktəs/ *n* (*pl* **-ti** /ˈkæktaɪ/ *or* **-tuses**) cactus *m inv*
CAD /kæd/ *n abbr* (**computer-aided design**) CAD *m inv*
cadaver /kəˈdɑːvə(r)/ *n* cadavere *m*
cadaverous /kəˈdævərəs/ *adj* cadaverico
CADCAM /ˈkædkæm/ *n abbr* (**computer-aided design and computer-aided manufacture**) CADCAM *m inv*
caddie /ˈkædɪ/ *n* portabastoni *m inv*
caddy /ˈkædɪ/ *n* **[tea] ~** barattolo *m* del tè
cadence /ˈkeɪdəns/ *n* cadenza *f*
cadet /kəˈdet/ *n* cadetto *m*
cadet corps *n* Mil corpo *m* dei cadetti
cadet school *n* scuola *f* allievi ufficiali
cadge /kædʒ/ *vt & vi* infml scroccare
cadre /ˈkɑːdr(ə)/ *n* Admin, Pol quadri *mpl*
CAE *n abbr* (**computer-aided engineering**) CAE *m inv*
Caesarean, Caesarian /sɪˈzeərɪən/ *n* parto *m* cesareo

café /ˈkæfeɪ/ *n* caffè *m*
cafeteria /kæfəˈtɪərɪə/ *n* tavola *f* calda
cafetière /kæfəˌtjeə(r)/ *n* caffettiera *f* a stantuffo
caffeine /ˈkæfiːn/ *n* caffeina *f*
cage /keɪdʒ/ *n* gabbia *f*
cage bird *n* uccello *m* da gabbia
cagey /ˈkeɪdʒɪ/ *adj* infml riservato (**about** su)
cagoule /kəˈguːl/ *n* BrE K-way® *m inv*
cahoots /kəˈhuːts/ *npl* infml **be in ~** essere in combutta
cairn /keən/ *n* (of stones) tumulo *m* di pietre
Cairo /ˈkaɪrəʊ/ *n* il Cairo
cajole /kəˈdʒəʊl/ *vt* persuadere con le lusinghe
cake /keɪk/ *n* torta *f*; (small) pasticcino *m*; **~ of soap** saponetta *f*; **it was a piece of ~** infml è stato un gioco da ragazzi; **you can't have your ~ and eat it** fig non si può avere la botte piena e la moglie ubriaca; **sell like hot ~s** andare a ruba
caked /keɪkt/ *adj* incrostato (**with** di)
cake mix *n* miscela *f* per torte
cake shop *n* pasticceria *f*
cake tin *n* (for baking) tortiera *f*; (for storing) scatola *f* di latta (*per torte*)
CAL *abbr* (**computer-assisted learning**) CAL *m*
Calabria /kəˈlæbrɪə/ *n* Calabria *f*
Calabrian /kəˈlæbrɪən/ *adj* & *n* calabrese
calamine lotion /ˈkæləmaɪn/ *n* lozione *f* alla calamina
calamitous /kəˈlæmɪtəs/ *adj* disastroso
calamity /kəˈlæmətɪ/ *n* calamità *f*
calcify /ˈkælsɪfaɪ/ *vi* calcificarsi
calcium /ˈkælsɪəm/ *n* calcio *m*
calculate /ˈkælkjʊleɪt/ *vt* calcolare
calculated /ˈkælkjʊleɪtɪd/ *adj* ‹*risk, insult, decision*› calcolato; ‹*crime*› premeditato
calculating /ˈkælkjʊleɪtɪŋ/ *adj* fig calcolatore
calculating machine *n* calcolatrice *f*
calculation /kælkjʊˈleɪʃn/ *n* calcolo *m*
calculator /ˈkælkjʊleɪtə(r)/ *n* calcolatrice *f*
calculus /ˈkælkjʊləs/ *n* Math, Med calcolo *m*
calendar /ˈkælɪndə(r)/ *n* calendario *m*
calendar month *n* mese *m* civile
calendar year *n* anno *m* civile
calf¹ /kɑːf/ *n* (*pl* **calves**) vitello *m*
calf² *n* (*pl* **calves**) Anat polpaccio *m*
calfskin /ˈkɑːfskɪn/ *n* [pelle *f* di] vitello *m*
calibrate /ˈkælɪbreɪt/ *vt* calibrare ‹*instrument*›; tarare ‹*scales*›
calibre /ˈkælɪbə(r)/ *n* calibro *m*
calico /ˈkælɪkəʊ/ *n* cotone *m* grezzo
California /kælɪˈfɔːnɪə/ *n* California *f*
Californian /kælɪˈfɔːnɪən/ *adj* & *n* californiano, -a *mf*
call /kɔːl/ **A** *n* grido *m*; Teleph telefonata *f*; (visit) visita *f*; **be on ~** ‹*doctor*› essere di guardia; **good/bad ~** infml buona/pessima idea
B *vt* chiamare; indire ‹*strike*›; **be ~ed** chiamarsi
C *vi* chiamare; **~ [in or round]** passare
■ **call back** *vt* & *vi* richiamare
■ **call by** *vi* (make brief visit) passare
■ **call for** *vt* (ask for) chiedere; (require) richiedere; (fetch) passare a prendere
■ **call in** **A** *vi* (make brief visit) passare
B *vt* chiamare ‹*patient, client*›; interpellare ‹*expert*›
■ **call off** *vt* richiamare ‹*dog*›; disdire ‹*meeting*›; revocare ‹*strike*›
■ **call on** *vt* chiamare; (appeal to) fare un appello a; (visit) visitare
■ **call out** *vt* & *vi* chiamare ad alta voce
■ **call together** *vt* riunire
■ **call up** *vt* Mil chiamare alle armi; Teleph chiamare
CALL *n abbr* (**computer-assisted language learning**) CALL *m inv*
callback facility /ˈkɔːlbæk/ *n* Teleph *servizio* (*m*) *telefonico che permette di individuare il numero che ha chiamato*
call barring *n* blocco *m* chiamate
call box *n* cabina *f* telefonica
call centre BrE, **call center** AmE *n* call center *m inv*
caller /ˈkɔːlə(r)/ *n* visitatore, -trice *mf*; Teleph *persona* (*f*) *che telefona*
caller identification *n* identificativo *m* del chiamante
call girl *n* call-girl *f inv*, [ragazza *f*] squillo *f inv*
calligrapher /kəˈlɪgrəfə(r)/ *n* calligrafo, -a *mf*
calligraphy /kəˈlɪgrəfɪ/ *n* calligrafia *f*
calling /ˈkɔːlɪŋ/ *n* vocazione *f*
calliper /ˈkælɪpə(r)/ (for measuring) calibro *m*; (leg support) tutore *m*
callisthenics /kælɪsˈθenɪks/ *nsg* ginnastica *fsg*
callous /ˈkæləs/ *adj* insensibile
callousness /ˈkæləsnɪs/ *n* insensibilità *f*
call-out *n* (doctor) visita *f* a domicilio; (plumber, electrician) chiamata *f*
call-out charge *n* costo *m* della chiamata
callow /ˈkæləʊ/ *adj* immaturo
call screening *n* filtro *m* chiamate
call sign *n* Radio segnale *m* di chiamata
call-up *n* Mil chiamata *f* alle armi
call-up papers *npl* cartolina *f* precetto
call waiting *n* avviso *m* di chiamata in linea
calm /kɑːm/ **A** *adj* calmo
B *n* calma *f*
■ **calm down** **A** *vt* calmare
B *vi* calmarsi
calmly /ˈkɑːmlɪ/ *adv* con calma
calmness /kɑːmnɪs/ *n* calma *f*
Calor gas® /ˈkælə/ *n* BrE liquigas® *m inv*

calorie /'kælərɪ/ *n* caloria *f*
calorific /kælə'rɪfɪk/ *adj* calorico
calve /kɑ:v/ *vi* figliare
cam /kæm/ *n* Techn camma *f*
camaraderie /kæmə'rædərɪ/ *n* cameratismo *m*
camber /'kæmbə(r)/ *n* curvatura *f*
Cambodia /kæm'bəʊdɪə/ *n* Cambogia *f*
Cambodian /kæm'bəʊdɪən/ *adj & n* cambogiano, -a *mf*
camcorder /'kæmkɔ:də(r)/ *n* videocamera *f*
came /keɪm/ ▶ **come**
camel /'kæml/ *n* cammello *m*
camel hair *n* cammello *m*
camellia /kə'mi:lɪə/ *n* camelia *f*
cameo /'kæmɪəʊ/ *n* cammeo *m*
cameo role *n* Theat, Cinema breve apparizione *f*
camera /'kæmərə/ *n* macchina *f* fotografica; TV telecamera *f*
camera crew *n* troupe *f inv* televisiva
cameraman /'kæmərəmæn/ *n* operatore *m* [televisivo], cameraman *m inv*
camera phone *n* telefono *m* con fotocamera, telefono *m* con videocamera
Cameroon /'kæməru:n/ *n* il Camerun
camisole /'kæmɪsəʊl/ *n* canotta *f*
camomile /'kæməmaɪl/ *n* camomilla *f*
camouflage /'kæməflɑ:ʒ/ **A** *n* mimetizzazione *f*
B *vt* mimetizzare
camp¹ /kæmp/ **A** *n* campeggio *f*; Mil campo *m*
B *vi* campeggiare; Mil accamparsi
camp² *adj* (affected) affettato
campaign /kæm'peɪn/ **A** *n* campagna *f*
B *vi* fare una campagna
campaigner /kæm'peɪnə(r)/ *n* partecipante *mf* a una campagna
campaign trail *n* **be on the ~** fare la campagna elettorale
campaign worker *n* BrE Pol membro *m* dello staff di una campagna elettorale
camp bed *n* letto *m* da campo
camper /'kæmpə(r)/ *n* campeggiatore, -trice *mf*; Auto camper *m inv*
campfire /'kæmpfaɪə(r)/ *n* fuoco *m* di bivacco
camphor /'kæmfə(r)/ *n* canfora *f*
camping /'kæmpɪŋ/ *n* campeggio *m*
camping equipment *n* attrezzatura *f* da campeggio
camping gas *n* gas *m inv* da campeggio
camping holiday *n* vacanza *f* in tenda
camping site *n* campeggio *m*
camping stool *n* BrE sgabello *m* pieghevole
camping stove *n* fornello *m* da campeggio
campsite /'kæmpsaɪt/ *n* campeggio *m*
campus /'kæmpəs/ *n* (*pl* **-puses**) Univ città *f* universitaria, campus *m inv*
camshaft /'kæmʃɑ:ft/ *n* albero *m* a camme
can¹ /kæn/ **A** *n* (for petrol) latta *f*; (tin) scatola *f*; **~ of beer** lattina *f* di birra
B *vt* mettere in scatola
can² /kæn/, *atono*/kən/ *v aux* (*pres* **can**, *pt* **could**) (be able to) potere; (know how to) sapere; **I cannot** *or* **can't go** non posso andare; **he could not** *or* **couldn't go** non poteva andare; **she can't swim** non sa nuotare; **I ~ smell something burning** sento odor di bruciato
Canada /'kænədə/ *n* Canada *m*
Canadian /kə'neɪdɪən/ *adj & n* canadese *mf*
canal /kə'næl/ *n* canale *m*
canal boat, **canal barge** *n* chiatta *f*
canapé /'kænəpeɪ/ *n* canapè *m*
Canaries /kə'neərɪz/ *npl* Canarie *fpl*
canary /kə'neərɪ/ *n* canarino *m*
cancel /'kænsl/ *v* (*pt/pp* **cancelled**) **A** *vt* disdire ‹*meeting, newspaper*›; revocare ‹*contract, order*›; annullare ‹*reservation, appointment, stamp*›
B *vi* ‹*guest, host*› annullare
cancellation /kænsə'leɪʃn/ *n* (of meeting, contract) revoca *f*; (in hotel, restaurant, for flight) cancellazione *f*
cancer /'kænsə(r)/ *n* cancro *m*; **C~** Astr Cancro *m*
cancerous /'kænsərəs/ *adj* canceroso
cancer patient *n* malato, -a *mf* di cancro
cancer research *n* ricerca *f* sul cancro
candelabra /kændə'lɑ:brə/ *n* candelabro *m*
candid /'kændɪd/ *adj* franco
candidacy /'kændɪdəsɪ/ *n* Pol candidatura *f*
candidate /'kændɪdət/ *n* candidato, -a *mf*
candidly /'kændɪdlɪ/ *adv* francamente
candied /'kændɪd/ *adj* candito
candle /'kænd(ə)l/ *n* candela *f*
candlelight /'kænd(ə)llaɪt/ *n* **by ~** a lume di candela
candlelit dinner /'kænd(ə)llɪt/ *n* cena *f* a lume di candela
candlestick /'kænd(ə)lstɪk/ *n* portacandele *m inv*
candlewick bedspread /'kænd(ə)lwɪk/ *n* copriletto *m inv* di ciniglia
candour /'kændə(r)/ *n* franchezza *f*
candy /'kændɪ/ *n* AmE caramella *f*; **a [piece of] ~** una caramella
candyfloss /'kændɪflɒs/ *n* zucchero *m* filato
candy-striped /straɪpt/ *adj* (blue) a righe bianche e celesti; (pink) a righe bianche e rosa
cane /keɪn/ **A** *n* (stick) bastone *m*; Sch bacchetta *f*
B *vt* prendere a bacchettate ‹*pupil*›
cane sugar *n* zucchero *m* di canna

parola chiave

canine /ˈkeɪnaɪn/ *adj* canino
canine tooth *n* canino *m*
canister /ˈkænɪstə(r)/ *n* barattolo *m*
cannabis /ˈkænəbɪs/ *n* cannabis *f*
canned /kænd/ *adj* in scatola; **~ music** infml musica *f* registrata
cannibal /ˈkænɪbl/ *n* cannibale *mf*
cannibalism /ˈkænɪbəlɪzm/ *n* cannibalismo *m*
cannibalize /ˈkænɪbəlaɪz/ *vt* riciclare parti di
cannon /ˈkænən/ *n inv* cannone *m*
cannon ball *n* palla *f* di cannone
cannon fodder *n* carne *f* da cannone, carne *f* da macello
cannot /ˈkænɒt/ ▶ **can²**
canny /ˈkæni/ *adj* astuto
canoe /kəˈnuː/ **A** *n* canoa *f*
B *vi* andare in canoa
canoeing /kəˈnuːɪŋ/ *n* canoismo *m*
canon /ˈkænən/ *n* (rule) canone *m*; (person) canonico *m*
canonization /kænənaɪzˈzeɪʃn/ *n* canonizzazione *f*
canonize /ˈkænənaɪz/ *vt* canonizzare
canoodle /kəˈnuːdl/ *vi* infml sbaciucchiarsi
can opener *n* apriscatole *m inv*
canopy /ˈkænəpɪ/ *n* baldacchino *f*; (of parachute) calotta *f*
cant /kænt/ *n* (hypocrisy) ipocrisia *f*; (jargon) gergo *m*
can't /kɑːnt/ = **cannot**, ▶ **can²**
cantankerous /kænˈtæŋkərəs/ *adj* stizzoso
cantata /kænˈtɑːtə/ *n* Mus cantata *f*
canteen /kænˈtiːn/ *n* mensa *f*; **~ of cutlery** servizio *m* di posate
canter /ˈkæntə(r)/ **A** *n* piccolo galoppo *m*
B *vi* andare a piccolo galoppo
cantilever /ˈkæntɪliːvə(r)/ *n* cantilever *m inv*, trave *f* a sbalzo
cantonal /ˈkæntənəl/ *adj* cantonale
canvas /ˈkænvəs/ *n* tela *f*; (painting) dipinto *m* su tela
canvass /ˈkænvəs/ *vi* Pol fare propaganda elettorale
canvasser /ˈkænvəsə(r)/ *n* propagandista *mf* elettorale (porta a porta)
canvassing /ˈkænvəsɪŋ/ *n* (door to door for votes) propaganda *f* porta a porta; (door to door for sales) vendita *f* porta a porta
canyon /ˈkænjən/ *n* canyon *m inv*
canyoning /ˈkænjənɪŋ/ *n* canyoning *m inv*
cap /kæp/ **A** *n* berretto *m*; (nurse's) cuffia *f*; (top, lid) tappo *m*
B *vt* (*pt/pp* **capped**) fig (do better than) superare
capability /keɪpəˈbɪlətɪ/ *n* capacità *f*
capable /ˈkeɪpəbl/ *adj* capace; (skilful) abile; **be ~ of doing something** essere capace di fare qualcosa
capably /ˈkeɪpəblɪ/ *adv* con abilità
capacious /kəˈpeɪʃəs/ *adj* ‹*pocket, car boot*› capace
capacity /kəˈpæsətɪ/ *n* capacità *f*; (function) qualità *f*; **in my ~ as** in qualità di
cape¹ /keɪp/ *n* (cloak) cappa *f*
cape² *n* Geog capo *m*
Cape of Good Hope *n* Capo *m* di Buona Speranza
caper¹ /ˈkeɪpə(r)/ **A** *vi* saltellare
B *n* infml birichinata *f*
caper² *n* Culin cappero *m*
Cape Town *n* Città *f* del Capo
Cape Verde /vɜːd/ *n* Capo Verde *m*
capful /ˈkæpfʊl/ *n* tappo *m*
cap gun *n* pistola *f* a capsule
capillary /kəˈpɪlərɪ/ *adj & n* capillare *m*
capital /ˈkæpɪtl/ *n* (town) capitale *f*; (money) capitale *m*; (letter) lettera *f* maiuscola
capital allowances *npl* detrazioni *mpl* per ammortamento
capital city *n* capitale *f*
capital expenditure *n* spese *fpl* in conto capitale; (personal) spese *fpl* di capitale
capital gains tax *n* imposta *f* sui redditi di capitale
capital goods *npl* beni *mpl* strumentali
capital-intensive *adj* ad uso intensivo di capitale
capital investment *n* investimento *m* di capitale
capitalism /ˈkæpɪtəlɪzm/ *n* capitalismo *m*
capitalist /ˈkæpɪtəlɪst/ *adj & n* capitalista *mf*
capitalize /ˈkæpɪtəlaɪz/ *vi* **~ on** fig trarre vantaggio da
capital letter *n* lettera *f* maiuscola
capital punishment *n* pena *f* capitale
capital spending *n* spese *fpl* in conto capitale
capital transfer tax *n* imposta *f* sui trasferimenti di capitale
capitulate /kəˈpɪtjʊleɪt/ *vi* capitolare
capitulation /kəpɪtjʊˈleɪʃn/ *n* capitolazione *f*
capon /ˈkeɪpɒn/ *n* cappone *m*
caprice /kəˈpriːs/ *n* (whim) capriccio *m*
capricious /kəˈprɪʃəs/ *adj* capriccioso
Capricorn /ˈkæprɪkɔːn/ *n* Astr Capricorno *m*
caps /kæps/ *npl abbr* (**capital letters**) maius. *fpl*
capsicum /ˈkæpsɪkəm/ *n* peperone *m*
capsize /kæpˈsaɪz/ **A** *vi* capovolgersi
B *vt* capovolgere
caps lock *n* Comput bloccamaiuscole *m inv*
capstan /ˈkæpstən/ *n* argano *m*
capsule /ˈkæpsjuːl/ *n* capsula *f*
captain /ˈkæptɪn/ **A** *n* capitano *m*
B *vt* comandare ‹*team*›
caption /ˈkæpʃn/ *n* intestazione *f*; (of illustration) didascalia *f*
captious /ˈkæpʃəs/ *adj* ‹*remark*› ipercritico

captivate /ˈkæptɪveɪt/ *vt* incantare
captive /ˈkæptɪv/ **A** *adj* prigioniero; **hold/take ~** tenere/fare prigioniero
B *n* prigioniero, -a *mf*
captivity /kæpˈtɪvətɪ/ *n* prigionia *f*; (animals) cattività *f*
captor /ˈkæptə(r)/ *n* (of person) *persona (f) che tiene prigioniero qualcuno*; (of person for ransom) rapitore, -trice *mf*
capture /ˈkæptʃə(r)/ **A** *n* cattura *f*
B *vt* catturare; attirare ‹*attention*›
car /kɑː(r)/ *n* macchina *f*; **by ~** in macchina
carafe /kəˈræf/ *n* caraffa *f*
car alarm *n* antifurto *m* della macchina
caramel /ˈkærəməl/ *n* (sweet) caramella *f* al mou; Culin caramello *m*
carat /ˈkærət/ *n* carato *m*
caravan /ˈkærəvæn/ *n* roulotte *f inv*; (horse-drawn) carovana *f*
caravan site *n* area *f* per roulotte
caraway /ˈkærəweɪ/ *n* (plant) cumino *m* dei prati
carbohydrate /kɑːbəˈhaɪdreɪt/ *n* carboidrato *m*
carbolic /kɑːˈbɒlɪk/ *adj* (soap) al fenolo
car bomb *n* autobomba *f*
carbon /ˈkɑːbən/ *n* carbonio *m*; (paper) carta *f* carbone; (copy) copia *f* in carta carbone
carbon copy *n* copia *f* in carta carbone; fig (person) ritratto *m*
carbon-date *vt* datare con il carbonio 14
carbon dating *n* datazione *f* con il carbonio 14
carbon dioxide *n* anidride *f* carbonica
carbon fibre *n* fibra *f* di carbonio
carbon filter *n* filtro *m* al carbone
carbon footprint *n* impronta *f* ecologica
carbon monoxide *n* monossido *m* di carbonio
carbon neutral *adj* a emissioni zero, a zero emissioni
carbon offsetting /ˌkɑːbən ˈɒfsetɪŋ/ *n* compensazione *f* delle emissioni
carbon paper *n* carta *f* carbone
carbon trading *n* carbon trading *m inv*, mercato *m* delle emissioni
car boot sale *n* BrE *mercatino (m) di oggetti usati, esposti nei bagagliai delle macchine*
carbuncle /ˈkɑːbʌŋk(ə)l/ *n* Med foruncolo *m*
carburettor /kɑːbjʊˈretə(r)/ *n* carburatore *m*
carcass /ˈkɑːkəs/ *n* carcassa *f*
carcinogen /kɑːˈsɪnədʒən/ *n* cancerogeno *m*
carcinogenic /kɑːsɪnəˈdʒenɪk/ *adj* cancerogeno
car crash *n* scontro *m* automobilistico
card /kɑːd/ *n* (for birthday, Christmas etc) biglietto *m* di auguri; (playing ~) carta *f* [da gioco]; (membership ~) tessera *f*; (business ~) biglietto *m* da visita; (credit ~) carta *f* di credito; Comput scheda *f*
cardboard /ˈkɑːdbɔːd/ *n* cartone *m*
cardboard box *n* scatola *f* di cartone; (large) scatolone *m*
cardboard city *n* infml *zona (f) in cui vivono i senzatetto*
car deck *n* (on ferry) ponte *m* auto
card game *n* gioco *m* di carte
cardiac /ˈkɑːdɪæk/ *adj* cardiaco
cardiac arrest *n* arresto *m* cardiaco
cardigan /ˈkɑːdɪgən/ *n* cardigan *m inv*
cardinal /ˈkɑːdɪnl/ **A** *adj* cardinale; **~ number** numero *m* cardinale
B *n* Relig cardinale *m*
card index *n* schedario *m*
cardiologist /kɑːdɪˈɒlədʒɪst/ *n* cardiologo, -a *mf*
cardiology /kɑːdɪˈɒlədʒɪ/ *n* cardiologia *f*
cardiovascular /kɑːdɪəˈvæskjʊlə(r)/ *adj* cardiovascolare
card key *n* scheda *f* magnetica
cardphone *n* telefono *m* a scheda
card table *n* tappeto *m* verde
card trick *n* trucco *m* con le carte
care /keə(r)/ **A** *n* cura *f*; (caution) attenzione *f*; (worry) preoccupazione *f*; **~ of** (on letter, abbr: c/o) presso; **take ~** (be cautious) fare attenzione; **bye, take ~** ciao, stammi bene; **take ~ of** occuparsi di; **be taken into ~** essere preso in custodia da un ente assistenziale; **'[handle] with ~'** 'fragile'
B *vi* **~ about** interessarsi di; **~ for** (feel affection for) volere bene a; (look after) aver cura di; **I don't ~ for chocolate** non mi piace il cioccolato; **I don't ~** non me ne importa; **I couldn't ~ less** BrE *or* **I could care less** AmE; non potrebbe importarmene di meno; **who ~s?** chi se ne frega?; **for all I ~** per quello che me ne importa
care assistant *n* BrE Med assistente *mf* a domicilio
career /kəˈrɪə(r)/ **A** *n* carriera *f*; (profession) professione *f*; **~ woman** *n* donna in carriera
B *vi* andare a tutta velocità
career break *n* pausa *f* nella carriera
career move *n* passo *m* utile per un avanzamento di carriera
careers adviser *n* consulente *mf* di orientamento professionale
careers office *n* centro *m* di orientamento professionale
careers service *n* servizio *m* di orientamento professionale
carefree /ˈkeəfriː/ *adj* spensierato
careful /ˈkeəfʊl/ *adj* attento; ‹*driver*› prudente
carefully /ˈkeəfʊlɪ/ *adv* con attenzione
caregiver *n* AmE familiare *m* che assiste un anziano o un disabile

parola chiave

care home *n* casa *f* famiglia *inv*

careless /'keəlɪs/ *adj* irresponsabile; (in work) trascurato; ‹*work*› fatto con poca cura; ‹*driver*› distratto

carelessly /'keəlɪslɪ/ *adv* negligentemente

carelessness /'keəlɪsnɪs/ *n* trascuratezza *f*

carer /'keərə(r)/ *n* BrE (relative) *familiare* (*m*) *che assiste un anziano o un disabile*; (professional) badante *mf*, assistente *mf* a domicilio

caress /kə'res/ **A** *n* carezza *f*
B *vt* accarezzare

caretaker /'keəteɪkə(r)/ *n* custode *mf*; (in school) bidello *m*

care worker *n* assistente *mf* sociosanitario

careworn /'keəwɔ:n/ *adj* ‹*face*› segnato dalle preoccupazioni

car ferry *n* traghetto *m* (*per il trasporto di auto*)

car free *adj* ‹*environment*› senza macchine

cargo /'ka:gəʊ/ *n* (*pl* **-es**) carico *m*

cargo plane *n* aereo *m* da carico

cargo ship *n* nave *f* da carico

car hire *n* autonoleggio *m*

Caribbean /kærɪ'bi:ən/ **A** *n* **the ~** (sea) il Mar *m* dei Caraibi
B *adj* caraibico

caricature /'kærɪkətjʊə(r)/ **A** *n* caricatura *f*
B *vt* fare una caricatura di

caricaturist /'kærɪkətjʊərɪst/ *n* caricaturista *mf*

caring /'keərɪŋ/ *adj* ‹*parent*› premuroso; ‹*attitude*› altruista; **the ~ professions** le attività assistenziali

carjack /'ka:dʒæk/ *vt furto* (*m*) *d'auto con minaccia o violenza al conducente*

carjacker /'ka:dʒækə(r)/ *n chi effettua un furto d'auto con minaccia o violenza al conducente*

carjacking /'ka:dʒækɪŋ/ *n furto* (*m*) *d'auto con aggressione al conducente*

carload /'ka:ləʊd/ *n* **a ~ of people** un'automobile *f* piena di persone

carnage /'ka:nɪdʒ/ *n* carneficina *f*

carnal /'ka:n(ə)l/ *adj* carnale

carnation /ka:'neɪʃn/ *n* garofano *m*

carnival /'ka:nɪvl/ *n* carnevale *m*

carnivore /'ka:nɪvɔ:(r)/ *n* carnivoro *m*

carnivorous /ka:'nɪvərəs/ *adj* carnivoro

carob /'kærəb/ *n* (pod) carruba *f*; (tree) carrubo *m*

carol /'kærəl/ *n* **[Christmas] ~** canto *m* natalizio; **~ concert** concerto *m* natalizio; **go ~ singing** andare a cantare le canzoni natalizie per le strade

carousel /kæru'sel/ *n* (merry-go-round) giostra *f*; (for luggage) nastro *m* trasportatore; (for slides) caricatore *m* circolare

carp[1] /ka:p/ *n inv* carpa *f*

carp[2] *vi* lamentarsi; **~ at** trovare da ridire su

car park *n* parcheggio *m*

carpenter /'ka:pəntə(r)/ *n* falegname *m*

carpentry /'ka:pəntrɪ/ *n* falegnameria *f*

carpet /'ka:pɪt/ **A** *n* tappeto *m*; (wall-to-wall) moquette *f inv*; **be on the ~** fig essere ammonito
B *vt* mettere la moquette in ‹*room*›

carpet-bomb *vt* bombardare a tappeto

carpet fitter *n* artigiano *m* che mette in opera la moquette

carpet slipper *n* pantofola *f*

carpet sweeper *n* battitappeto *m inv*

carpet tile *n* riquadro *m* di moquette

car phone *n* telefono *m* in macchina

car radio *n* autoradio *f inv*

carriage /'kærɪdʒ/ *n* carrozza *f*; (of typewriter) carrello *m*; (of goods) trasporto *m*; (cost) spese *fpl* di trasporto; (bearing) portamento *m*; **~ paid** Comm franco di porto

carriage clock *n* orologio *m* da tavolo

carriageway /'kærɪdʒweɪ/ *n* strada *f* carrozzabile; **north-bound ~** carreggiata *f* nord

carrier /'kærɪə(r)/ *n* (company) impresa *f* di trasporti; Aeron compagnia *f* di trasporto aereo; (of disease) portatore *m*

carrier bag *n* borsa *f* [per la spesa]

carrier pigeon *n* piccione *m* viaggiatore

carrot /'kærət/ *n* carota *f*

carry /'kærɪ/ *v* (*pt/pp* **-ied**) **A** *vt* portare; (transport) trasportare; Math riportare; **get carried away** infml lasciarsi prendere la mano
B *vi* ‹*sound*› trasmettersi
- **carry forward** *vt* riportare ‹*balance, figure*›
- **carry off** *vt* portare via; vincere ‹*prize*›
- **carry on** **A** *vi* continuare; fam (make scene) fare delle storie; **~ on with something** continuare qualcosa; **~ on with somebody** fam intendersela con qualcuno
B *vt* mantenere ‹*business*›; **~ on doing something** continuare a fare qualcosa
- **carry out** *vt* portare fuori; eseguire ‹*instructions, task*›; mettere in atto ‹*threat*›; effettuare ‹*experiment, survey*›

carryall *n* AmE borsone *m*

carrycot /'kærɪkɒt/ *n* porte-enfant *m inv*

carry-on *n* infml (complicated procedure) impresa *f*; (bad behaviour) storie *fpl*

carry-out /'kærɪaʊt/ *n* AmE piatti *mpl* da asporto

car seat *n* (for baby or child) seggiolino *m* per auto

carsick /'ka:sɪk/ *adj* **be ~** avere il mal d'auto

cart /ka:t/ **A** *n* carretto *m*; **put the ~ before the horse** fig mettere il carro davanti ai buoi
B *vt* infml (carry) portare

cartel /ka:'tel/ *n* cartello *m*

car theft *n* furto *m* d'auto

carthorse /'ka:thɔ:s/ *n* cavallo *m* da tiro

cartilage /'ka:tɪlɪdʒ/ *n* Anat cartilagine *f*

cartographer /kɑːˈtɒɡrəfə(r)/ *n* cartografo, -a *mf*

cartography /kɑːˈtɒɡrəfɪ/ *n* cartografia *f*

carton /ˈkɑːt(ə)n/ *n* scatola *f* di cartone; (for drink) cartone *m*; (of cream, yoghurt) vasetto *m*; (of cigarettes) stecca *f*

cartoon /kɑːˈtuːn/ *n* vignetta *f*; (strip) vignette *fpl*; (film) cartone *m* animato; (in art) bozzetto *m*

cartoonist /kɑːˈtuːnɪst/ *n* vignettista *mf*; (for films) disegnatore, -trice *mf* di cartoni animati

cartridge /ˈkɑːtrɪdʒ/ *n* cartuccia *f*; (for film) bobina *f*; (of record player) testina *f*

cartwheel /ˈkɑːtwiːl/ *n* (of cart) ruota *f* di carro; (in gymnastics) ruota *f*; **do a ~** (in gymnastics) fare la ruota

carve /kɑːv/ *vt* scolpire; tagliare ‹*meat*›

■ **carve out** *vt* crearsi ‹*name, reputation, market*›

■ **carve up** *vt* spartire ‹*estate, territory, proceeds*›

carving /ˈkɑːvɪŋ/ *n* scultura *f*

carving knife *n* trinciante *m*

car wash *n* autolavaggio *m inv*

car worker *n* operaio, -a *mf* dell'industria automobilistica

Casanova /ˈkæsənəʊvə/ *n* Casanova *m inv*

cascade /kæsˈkeɪd/ **A** *vi* scendere a cascata **B** *n* cascata *f*

case¹ /keɪs/ *n* caso *m*; **in any ~** in ogni caso; **in that ~** in questo caso; **just in ~** per sicurezza; **in ~ he comes** nel caso in cui venisse; **in ~ of emergency** in caso d'emergenza

case² *n* (container) scatola *f*; (crate) cassa *f*; (for spectacles) astuccio *m*; (suitcase) valigia *f*; (for display) vetrina *f*

case history *n* Med cartella *f* clinica

casement window /ˈkeɪsmənt/ *n* finestra *f* a battenti

case notes *npl* pratica *f*

case study *n* analisi *f inv*

casework *n* **do ~** occuparsi di assistenza sociale

cash /kæʃ/ **A** *n* denaro *m* contante; infml (money) contanti *mpl*; **pay [in] ~** pagare in contanti; **~ on delivery** pagamento alla consegna

B *vt* incassare (cheque)

■ **cash in** *vt* riscuotere ‹*bond, policy*›; AmE incassare ‹*check*›

■ **cash in on** *vt* infml approfittarsi di

cash-and-carry *n* cash and carry *m inv*

cashback *n contanti (mpl) che si possono richiedere alla cassa di un negozio quando si effettua un pagamento con carta di debito*

cash box *n* cassetta *f* portavalori

cash card *n* bancomat® *m inv*

cash desk *n* cassa *f*

cash dispenser *n* sportello *m* automatico, cassa *f* automatica

cashew /kæˈʃuː/, **cashew nut** *n* anacardio *m*

cash flow *n* flusso *m* di cassa; **~ difficulties** difficoltà *fpl* di flusso di cassa; **~ management** gestione *f* del flusso di cassa

cashier /kæˈʃɪə(r)/ *n* cassiere, -a *mf*

cashless /ˈkæʃlɪs/ *adj* ‹*society, transaction*› *basato sull'uso di carte di credito, assegni ecc. anziché sul contante*

cash machine *n* (sportello) bancomat® *m inv*

cashmere /ˈkæʃmɪə(r)/ *n* cachemire *m inv*

cash on delivery *n* pagamento *m* alla consegna

cashpoint *n* (sportello) bancomat® *m inv*

cash register *n* registratore *m* di cassa

casing /ˈkeɪsɪŋ/ *n* (of machinery) rivestimento *m*; (of gearbox) scatola *f*; (of tyre) copertone *m*

casino /kəˈsiːnəʊ/ *n* casinò *m*

cask /kɑːsk/ *n* barile *m*

casket /ˈkɑːskɪt/ *n* scrigno *m*; AmE (coffin) bara *f*

casserole /ˈkæsərəʊl/ *n* casseruola *f*; (stew) stufato *m*

cassette /kəˈset/ *n* cassetta *f*

cassette deck *n* piastra *f* di registrazione

cassette player *n* mangiacassette *m inv*

cassette recorder *n* registratore *m* (*a cassette*)

cassette tape *n* cassetta *f*

cassock /ˈkæsək/ *n* tonaca *f*

cast /kɑːst/ **A** *n* (throw) lancio *m*; (mould) forma *f*; Theat cast *m inv*; **[plaster] ~** Med ingessatura *f*

B *vt* (*pt/pp* **cast**) dare ‹*vote*›; Theat assegnare le parti di ‹*play*›; fondere ‹*metal*›; (throw) gettare; (shed) sbarazzarsi di; **~ an actor as** dare ad un attore il ruolo di; **~ a glance at** lanciare uno sguardo a

■ **cast off** **A** *vi* Naut sganciare gli ormeggi **B** *vt* (in knitting) diminuire

■ **cast on** *vt* (in knitting) avviare

castanets /kæstəˈnets/ *npl* nacchere *fpl*

castaway /ˈkɑːstəweɪ/ *n* naufrago, -a *mf*

caste /kɑːst/ *n* casta *f*

caster /ˈkɑːstə(r)/ *n* (wheel) rotella *f*

caster sugar *n* zucchero *m* raffinato

casting /ˈkɑːstɪŋ, AmE ˈkæst-/ *n* casting *m inv*

casting director /ˈkɑːstɪŋ/ *n* direttore *m* del casting

casting vote *n* voto *m* decisivo

cast iron **A** *n* ghisa *f*

B *adj* **cast-iron** di ghisa; fig solido

castle /ˈkɑːsl/ *n* castello *m*; (in chess) torre *f*

cast-offs *npl* abiti *mpl* smessi

castor /ˈkɑːstə(r)/ *n* (wheel) rotella *f*

castor oil *n* olio *m* di ricino

castor sugar *n* zucchero *m* raffinato

---

parola chiave

castrate /kæˈstreɪt/ *vt* castrare
castration /kæˈstreɪʃn/ *n* castrazione *f*
castrato /kæsˈtrɑːtəʊ/ *n* castrato *m*
casual /ˈkæʒʊəl/ *adj* (chance) casuale; ‹*remark*› senza importanza; ‹*glance*› di sfuggita; ‹*attitude, approach*› disinvolto; ‹*chat*› informale; ‹*clothes*› casual *inv*; ‹*work*› saltuario; **~ wear** abbigliamento *m* casual
casualize /ˈkæʒʊəlaɪz/ *vt* impiegare con contratto a termine ‹*labour*›
casually /ˈkæʒʊəlɪ/ *adv* ‹*dress*› casual; ‹*meet*› casualmente
casualty /ˈkæʒʊəltɪ/ *n* (injured person) ferito *m*; (killed) vittima *f*
casualty department *n* pronto soccorso *m*
cat /kæt/ *n* gatto *m*; derog arpia *f*
catacombs /ˈkætəkuːmz/ *npl* catacombe *fpl*
catalogue /ˈkætəlɒg/ **A** *n* catalogo *m*
B *vt* catalogare
catalyst /ˈkætəlɪst/ *n* Chem, fig catalizzatore *m*
catalytic converter /kætəˈlɪtɪk/ *n* Auto marmitta *f* catalitica
catamaran /kætəməˈræn/ *n* catamarano *m*
catapult /ˈkætəpʌlt/ **A** *n* catapulta *f*; (child's) fionda *f*
B *vt* fig catapultare
cataract /ˈkætərækt/ *n* Med cataratta *f*
catarrh /kəˈtɑː(r)/ *n* catarro *m*
catastrophe /kəˈtæstrəfɪ/ *n* catastrofe *f*
catastrophic /kætəˈstrɒfɪk/ *adj* catastrofico
cat burglar *n* BrE scassinatore, -trice *mf* acrobata
catch /kætʃ/ **A** *n* (of fish) pesca *f*; (fastener) fermaglio *m*; (on door) fermo *m*; (on window) gancio *m*; infml (snag) tranello *m*
B *vt* (*pt/pp* **caught**) acchiappare ‹*ball*›; (grab) afferrare; prendere ‹*illness, fugitive, train*›; **~ a cold** prendersi un raffreddore; **~ sight of** scorgere; **I caught him stealing** l'ho sorpreso mentre rubava; **~ one's finger in the door** chiudersi il dito nella porta; **~ sb's eye** *or* **attention** attirare l'attenzione di qualcuno
C *vi* ‹*fire*› prendere; (get stuck) impigliarsi
■ **catch on** *vi* infml (understand) afferrare; (become popular) diventare popolare
■ **catch out** *vt* (show to be wrong) prendere in castagna
■ **catch up** **A** *vt* raggiungere
B *vi* recuperare; ‹*runner*› riguadagnare terreno; **~ up with** raggiungere ‹*somebody*›; mettersi in pari con ‹*work*›
catch-22 situation /kætʃtwentɪˈtuː/ *n* situazione *f* senza uscita
catch-all *adj* ‹*term*› polivalente; ‹*clause*› che comprende tutte le possibilità
catching /ˈkætʃɪŋ/ *adj* contagioso
catchment area /ˈkætʃmənt/ *n* bacino *m* d'utenza
catchphrase /ˈkætʃfreɪz/ *n* tormentone *m*
catchword /ˈkætʃwɜːd/ *n* slogan *m inv*
catchy /ˈkætʃɪ/ *adj* (**-ier**, **-iest**) orecchiabile
catechism /ˈkætɪkɪzm/ *n* catechismo *m*
categorical /kætɪˈgɒrɪkl/ *adj* categorico
categorically /kætəˈgɒrɪlkɪ/ *adv* categoricamente
categorize /ˈkætəgəraɪz/ *vt* categorizzare
category /ˈkætɪgərɪ/ *n* categoria *f*
cater /ˈkeɪtə(r)/ **A** *vi* **~ for** provvedere a ‹*needs*›; fig venire incontro alle esigenze di
B *vt* occuparsi del rinfresco di ‹*party*›
caterer /ˈketərə(r)/ *n* persona *f* che si occupa di ristorazione
catering /ˈkeɪtərɪŋ/ *n* (trade) ristorazione *f*; (food) rinfresco *m*
caterpillar /ˈkætəpɪlə(r)/ *n* bruco *m*
caterwaul /ˈkætəwɔːl/ *vi* miagolare
catfish *n* pesce *m* gatto
cat flap *n* gattaiola *f*
catgut *n* catgut *m inv*
cathedral /kəˈθiːdrl/ *n* cattedrale *f*
Catherine wheel /ˈkæθ(ə)rɪn/ *n* girandola *f*
catheter /ˈkæθɪtə(r)/ *n* catetere *m*
cathode ray tube /kæθəʊdˈreɪ/ *n* tubo *m* a raggi catodici
Catholic /ˈkæθəlɪk/ *adj* & *n* cattolico, -a *mf*
Catholicism /kəˈθɒlɪsɪzm/ *n* cattolicesimo *m*
catkin /ˈkætkɪn/ *n* Bot amento *m*
cat litter *n* lettiera *f* del gatto
catnap *vi* fare un pisolino
cat-o'-nine-tails *n* gatto *m* a nove code
CAT scan *n* TAC *f*
cat's eye *n* BrE catarifrangente *m* (*inserito nell'asfalto*)
catsuit *n* tuta *f*
cattery /ˈkætərɪ/ *n* pensione *f* per gatti
cattle /ˈkæt(ə)l/ *npl* bestiame *msg*
cattle grid *n recinto* (*m*) *metallico che impedisce al bestiame di accedere a una strada*
cattle market *n* mercato *m* del bestiame; fig infml ‹*for sexual encounters*› *locale* (*m*) *dove la gente va per rimorchiare*
cattle shed *n* stalla *f*
catty /ˈkætɪ/ *adj* (**-ier**, **-iest**) dispettoso
catwalk /ˈkætwɔːk/ *n* passerella *f*
Caucasian /kɔːˈkeɪʒ(ə)n/ **A** *n* Geog (inhabitant) caucasico, -a *mf*; (white person) bianco, -a *mf*
B Geog caucasico; ‹*race, man*› bianco
caught /kɔːt/ ▶ **catch**
cauldron /ˈkɔːldrən/ *n* calderone *m*
cauliflower /ˈkɒlɪflaʊə(r)/ *n* cavolfiore *m*
cauliflower cheese *n* cavolfiori *mpl* gratinati
causal /ˈkɔːzəl/ *adj* causale
cause /kɔːz/ **A** *n* causa *f*; (reason) motivo *m*; **good ~** buona causa
B *vt* causare; **~ somebody to do something** far fare qualcosa a qualcuno

causeway /ˈkɔːzweɪ/ *n* strada *f* sopraelevata
caustic /ˈkɔːstɪk/ *adj* caustico
cauterize /ˈkɔːtəraɪz/ *vt* cauterizzare
caution /ˈkɔːʃn/ **A** *n* cautela *f*; (warning) ammonizione *f*
B *vt* mettere in guardia; Jur ammonire
cautionary /ˈkɔːʃənərɪ, AmE -nerɪ/ *adj* ‹*tale*› di ammonimento
cautious /ˈkɔːʃəs/ *adj* cauto
cautiously /ˈkɔːʃəslɪ/ *adv* cautamente
cavalcade /kævəlˈkeɪd/ *n* sfilata *f*
cavalier /kævəˈlɪə(r)/ **A** *adj* noncurante
B *n* C~ sostenitore, -trice *mf* di Carlo I durante la guerra civile inglese
cavalry /ˈkævəlrɪ/ *n* cavalleria *f*
cave /keɪv/ *n* caverna *f*
■ **cave in** *vi* ‹*roof*› crollare; fig (give in) capitolare
caveat /ˈkæviæt/ *n* avvertimento *m*
cave dweller *n* cavernicolo, -a *mf*
caveman *n* cavernicolo *m*
cave painting *n* pittura *f* rupestre
caver /ˈkeɪvə(r)/ *n* speleologo, -a *mf*
cavern /ˈkævən/ *n* caverna *f*
caviare /ˈkæviɑː(r)/ *n* caviale *m*
caving /ˈkeɪvɪŋ/ *n* speleologia *f*
cavity /ˈkævətɪ/ *n* cavità *f*; (in tooth) carie *f inv*
cavity wall insulation *n* isolamento *m* per muri a intercapedine
cavort /kəˈvɔːt/ *vi* saltellare
caw /kɔː/ **A** *n* (noise) gracchio *m*
B *vi* gracchiare
cayenne pepper /ˈkaɪen/ *n* pepe *m* di Caienna
cayman /ˈkeɪmən/ *n* caimano *m*
CB **A** *n abbr* (**Citizens' Band**) CB *f inv*
B *attrib* ‹*equipment, radio, wavelength*› CB
CBI *n abbr* BrE (**Confederation of British Industry**) ≈ Confindustria *f*
cc *abbr* **1** (**cubic centimetre**) cc *m* **2** (**carbon copy**) cc
CCJ *n abbr* BrE (**County Court Judgement**) sentenza *f* del tribunale di contea
CCTV *abbr* (**closed-circuit television**) televisione *f* a circuito chiuso
CD *n abbr* **1** (**Civil Defence**) difesa *f* civile **2** (**compact disc**) CD *m inv* **3** AmE (**Congressional District**) circoscrizione *f* del Congresso **4** (**corps diplomatique**) CD *m inv*
CD burner, **CD writer** *n* masterizzatore *m* di CD
CD-I *abbr* (**compact disc interactive**) CD-I *m*
CD player *n* lettore *m* [di] compact, lettore *m* di CD
CD-R *abbr* (**compact disc recordable**) CD-R *m*
CD-ROM /siːdiːˈrɒm/ *n* CD-Rom *m inv*
CD-ROM drive *n* lettore *m* CD-Rom
CD-RW *abbr* (**compact disc rewritable**) CD-RW *m*
cease /siːs/ **A** *n* **without ~** incessantemente
B *vt & vi* cessare
ceasefire /ˈsiːsfaɪə(r)/ *n* cessate il fuoco *m inv*
ceaseless /ˈsiːslɪs/ *adj* incessante
ceaselessly /ˈsiːslɪslɪ/ *adv* incessantemente
cedar /ˈsiːdə(r)/ *n* cedro *m*
cede /siːd/ *vt* cedere
cedilla /sɪˈdɪlə/ *n* cedilla *f*
ceiling /ˈsiːlɪŋ/ *n* soffitto *m*; fig tetto *m* [massimo]
celebrate /ˈselɪbreɪt/ **A** *vt* festeggiare ‹*birthday, victory*›
B *vi* far festa
celebrated /ˈselɪbreɪtɪd/ *adj* celebre (**for** per)
celebration /selɪˈbreɪʃn/ *n* celebrazione *f*
celebrity /sɪˈlebrətɪ/ *n* celebrità *f*
celeriac /sɪˈlerɪæk/ *n* sedano *m* rapa
celery /ˈselərɪ/ *n* sedano *m*
celestial /sɪˈlestɪəl/ *adj* celestiale
celibacy /ˈselɪbəsɪ/ *n* celibato *m*
celibate /ˈselɪbət/ *adj* ‹*man*› celibe; ‹*woman*› nubile
cell /sel/ *n* cella *f*; Biol cellula *f*
cellar /ˈselə(r)/ *n* scantinato *m*; (for wine) cantina *f*
cellist /ˈtʃelɪst/ *n* violoncellista *mf*
cello /ˈtʃeləʊ/ *n* violoncello *m*
Cellophane® /ˈseləfeɪn/ *n* cellophane® *m inv*
cell phone /ˈselfəʊn/ *n* [telefono *m*] cellulare *m*
cellular phone /seljʊləˈfəʊn/ *n* [telefono *m*] cellulare *m*
cellulite /ˈseljʊlaɪt/ *n* cellulite *f*
celluloid /ˈseljʊlɔɪd/ *n* celluloide *f*
Celsius /ˈselsɪəs/ *adj* Celsius
Celt /kelt/ *n* celta *mf*
Celtic /ˈkeltɪk/ *adj* celtico
cement /sɪˈment/ **A** *n* cemento *m*; (adhesive) mastice *m*
B *vt* cementare; (stick) attaccare col mastice; fig consolidare
cement mixer *n* betoniera *f*
cemetery /ˈsemətrɪ/ *n* cimitero *m*
cenotaph /ˈsenətæf/ *n* cenotafio *m*
censor /ˈsensə(r)/ **A** *n* censore *m*
B *vt* censurare
censorship /ˈsensəʃɪp/ *n* censura *f*
censure /ˈsenʃə(r)/ **A** *n* biasimo *m*
B *vt* biasimare
census /ˈsensəs/ *n* censimento *m*
cent /sent/ *n* (coin) centesimo *m*
centenary /senˈtiːnərɪ/ AmE **centennial** /senˈtenɪəl/ *n* centenario *m*
center /ˈsentə(r)/ *n* AmE = **centre**

---

parola chiave

centigrade /'sentɪgreɪd/ *adj* centigrado
centilitre /'sentɪli:tə(r)/ *n* centilitro *m*
centimetre /'sentɪmi:tə(r)/ *n* centimetro *m*
centipede /'sentɪpi:d/ *n* centopiedi *m inv*
central /'sentrəl/ *adj* centrale
Central African Republic *n* Repubblica *f* Centrafricana
Central America *n* America *f* centrale
central heating *n* riscaldamento *m* autonomo
centralize /'sentrəlaɪz/ *vt* centralizzare
central locking *n* Auto chiusura *f* centralizzata
centrally /'sentrəlɪ/ *adv* al centro; **~ heated** con riscaldamento autonomo
central nervous system *n* sistema *m* nervoso centrale
central processing unit *n* Comput unità *f* centrale di elaborazione
central reservation *n* Auto banchina *f* spartitraffico *inv*
centre BrE, **center** AmE /'sentə(r)/ **A** *n* centro *m*
B *vt* (*pt/pp* **centred**) centrare
■ **centre on**, **centre around** *vt* ‹*activities, life*› imperniarsi su; ‹*industry, people*› incentrarsi su; ‹*thoughts*› concentrarsi su
centrefold *n* (pin-up picture) paginone *m*; (model) pin-up *f inv*
centre forward *n* centravanti *m inv*
centre ground BrE, **center ground** AmE *n* fig centro *m*
centre half *n* Sport centromediano *m*
centre of gravity *n* centro *m* di gravità
centrepiece *n* (of table) centrotavola *m*; fig (of exhibition) pezzo *m* forte
centre spread *n* paginone *m*
centre stage *n* Theat centro *m* della scena; **stand ~** tenersi al centro della scena; **take/occupy ~** fig essere/mettersi in primo piano
centrifugal /sentrɪ'fjʊgl/ *adj* **~ force** forza *f* centrifuga
century /'sentʃərɪ/ *n* secolo *m*
CEO *n abbr* (**Chief Executive Officer**) direttore, -trice *mf* generale
ceramic /sɪ'ræmɪk/ *adj* ceramico
ceramics /sɪ'ræmɪks/ *n* (art) ceramica *fsg*; (objects) ceramiche *fpl*
cereal /'sɪərɪəl/ *n* cereale *m*
cerebral /'serɪbrl/ *adj* cerebrale
cerebral palsy /'pɔ:lzɪ/ *n* paralisi *f* cerebrale
ceremonial /serɪ'məʊnɪəl/ **A** *adj* da cerimonia
B *n* cerimoniale *m*
ceremonially /serɪ'məʊnɪəlɪ/ *adv* secondo il rituale
ceremonious /serɪ'məʊnɪəs/ *adj* cerimonioso
ceremoniously /serɪ'məʊnɪəslɪ/ *adv* in modo cerimonioso
ceremony /'serɪmənɪ/ *n* cerimonia *f*; **without ~** senza cerimonie
cert /sɜ:t/ *n* BrE infml **it's a [dead] ~!** ci puoi scommettere!
certain /'sɜ:tn/ *adj* certo; **for ~** di sicuro; **make ~** accertarsi; **he is ~ to win** è certo di vincere; **it's not ~ whether he'll come** non è sicuro che venga
certainly /'sɜ:tnlɪ/ *adv* certamente; **~ not!** no di certo!
certainty /'sɜ:tntɪ/ *n* certezza *f*; **it's a ~** è una cosa certa
certifiable /'sɜ:tɪfaɪəbl/ *adj* ‹*verifiable statement, evidence*› dimostrabile; (mad) pazzo
certificate /sə'tɪfɪkət/ *n* certificato *m*
certified /'sɜ:tɪfaɪd/ *adj* autenticato
certified mail *n* AmE (lettera) raccomandata *f*
certified public accountant *n* AmE ≈ commercialista *mf*
certify /'sɜ:tɪfaɪ/ *vt* (*pt/pp* **-ied**) certificare; (declare insane) dichiarare malato di mente
certitude /'sɜ:tɪtju:d/ *n* certezza *f*
cervical /'sɜvɪkl/ *adj* cervicale
cervical cancer *n* tumore *m* del collo dell'utero
cervical smear *n* Pap test *m inv*, striscio *m*
cervix /'sɜ:vɪks/ *n* cervice *f* uterina, collo *m* dell'utero
cessation /se'seɪʃn/ *n* cessazione *f*
cesspool /'sespu:l/ *n* pozzo *m* nero
cf. *abbr* (**compare**) cf, cfr
CFC *n abbr* (**chlorofluorocarbon**) CFC *m inv*
CFC-free *adj* ‹*product, spray*› senza CFC
CFE *abbr* (**College of Further Education**) *istituto* (*m*) *di istruzione superiore*
CGI *abbr* Comput (**common graphical interface**) CGI *f*
Chad /tʃæd/ *n* Chad *m*
chafe /tʃeɪf/ *vt* irritare
chaff /tʃɑ:f/ *n* pula *f*
chaffinch /'tʃæfɪntʃ/ *n* fringuello *m*
chagrin /'ʃægrɪn/ *n* **much to his ~** con suo grande dispiacere
chain /tʃeɪn/ **A** *n* catena *f*
B *vt* incatenare ‹*prisoner*›; attaccare con la catena ‹*dog*› (**to** a)
■ **chain up** *vt* legare alla catena ‹*dog*›
chain gang *n* gruppo *m* di prigionieri incatenati
chain letter *n* lettera *f* della catena di Sant'Antonio
chain mail *n* cotta *f* di maglia
chain reaction *n* reazione *f* a catena
chain saw *n* motosega *f*
chain-smoke *vi* fumare una sigaretta dopo l'altra

chain-smoker *n* fumatore, -trice *mf* accanito, -a

chain store *n* negozio *m* appartenente ad una catena

chair /tʃeə(r)/ **A** *n* sedia *f*; Univ cattedra *f*
B *vt* presiedere

chairlift /'tʃeəlɪft/ *n* seggiovia *f*

chairman /'tʃeəmən/ *n* presidente *m*; **~ and managing director** presidente *m* direttore generale

chairperson /'tʃeəpɜːs(ə)n/ *n* presidente *m*, -essa *f*

chairwoman /'tʃeəwʊmən/ *n* presidentessa *f*

chalet /'ʃæleɪ/ *n* chalet *m inv*; (in holiday camp) bungalow *m inv*

chalice /'tʃælɪs/ *n* Relig calice *m*

chalk /tʃɔːk/ *n* gesso *m*

chalky /'tʃɔːkɪ/ *adj* gessoso

challenge /'tʃælɪndʒ/ **A** *n* sfida *f*; Mil intimazione *f*
B *vt* sfidare; Mil intimare il chi va là a; fig mettere in dubbio ‹*statement*›

challenger /'tʃælɪndʒə(r)/ *n* sfidante *mf*

challenging /'tʃælɪndʒɪŋ/ *adj* ‹*job*› impegnativo

chamber /'tʃeɪmbə(r)/ *n* camera *f*

chambermaid *n* cameriera *f* ai piani

chamber music *n* musica *f* da camera

Chamber of Commerce *n* Camera *f* di Commercio

chamber orchestra *n* orchestra *f* da camera

chamber pot *n* vaso *m* da notte

chambers /'tʃeɪmbəz/ *npl* Jur studio *m* [legale]

chameleon /kə'miːlɪən/ *n* also fig camaleonte *m*

chamois[1] /'ʃæmwɑː/ *n inv* (animal) camoscio *m*

chamois[2] /'ʃæmɪ/ *n* **~ [leather]** [pelle *f* di] camoscio *m*

champagne /ʃæm'peɪn/ *n* champagne *m inv*

champion /'tʃæmpɪən/ **A** *n* Sport campione *m*; (of cause) difensore *m*, difenditrice *f*
B *vt* (defend) difendere; (fight for) lottare per

championship /'tʃæmpɪənʃɪp/ *n* Sport campionato *m*

chance /tʃɑːns/ **A** *n* caso *m*; (possibility) possibilità *f*; (opportunity) occasione *f*; **by ~** per caso; **take a ~** provarci; **give somebody a second ~** dare un'altra possibilità a qualcuno
B *attrib* fortuito
C *vt* **if you ~ to see him** se ti capita di vederlo; **I'll ~ it** infml corro il rischio

chancel /'tʃɑːnsəl/ *n* Archit coro *m*

chancellor /'tʃɑːnsələ(r)/ *n* cancelliere *m*; Univ rettore *m*; **C~ of the Exchequer** ≈ ministro *m* del tesoro

chancy /'tʃɑːnsɪ/ *adj* rischioso

chandelier /ʃændə'lɪə(r)/ *n* lampadario *m*

chandler /'tʃɑːndlə(r)/ *n* fornitore *m* navale

change /tʃeɪndʒ/ **A** *n* cambiamento *m*; (money) resto *m*; (small coins) spiccioli *mpl*; **for a ~** tanto per cambiare; **have a ~ of heart** cambiare idea; **a ~ of clothes** un cambio di vestiti; **~ of address** cambiamento *m* d'indirizzo; **a ~ of scene** also fig un cambiamento di scena; **the ~ [of life]** la menopausa
B *vt* cambiare; (substitute) scambiare, for con; **~ one's clothes** cambiarsi [i vestiti]; **~ trains** cambiare treno
C *vi* cambiare; (**~** clothes) cambiarsi; **all ~!** stazione terminale!
■ **change down** *vi* Auto passare alla marcia inferiore
■ **change up** *vi* Auto passare alla marcia superiore

changeability /tʃeɪndʒə'bɪlɪtɪ/ *n* (of weather) instabilità *f*

changeable /'tʃeɪndʒəbl/ *adj* mutevole; ‹*weather*› variable

changeless /'tʃeɪndʒlɪs/ *adj* ‹*appearance*› inalterabile; ‹*character*› costante; ‹*law, routine*› immutabile

change machine *n* distributore *m* di monete

changeover /'tʃeɪndʒəʊvə(r)/ *n* (time period) periodo *m* di transizione; (transition) passaggio *m*; (of leaders) subentro *m*; (of employees, guards) cambio *m*; Sport (in relay) passaggio *m* del testimone; Sport (of ends) cambiamento *m*

changing /'tʃeɪndʒɪŋ/ *adj* in mutamento

changing room *n* camerino *m*; (for sports) spogliatoio *m*

channel /'tʃænl/ **A** *n* canale *m*; **the [English] C~** la Manica
B *vt* (*pt/pp* **channelled**) **~ one's energies into something** convogliare le proprie energie in qualcosa

channel ferry *n* traghetto *m* attraverso la Manica

channel-hop *vi* BrE fare lo zapping

channel-hopping *n* BrE zapping *m inv*

Channel Islands *npl* Isole *fpl* del Canale

channel-surf *vi* AmE fare lo zapping

channel-surfing *n* AmE zapping *m inv*

Channel Tunnel *n* tunnel *m inv* sotto la Manica

chant /tʃɑːnt/ **A** *n* cantilena *f*; (of demonstrators) slogan *m inv* di protesta
B *vt* cantare; ‹*demonstrators*› gridare
C *vi* ‹*demonstrators*› gridare slogan di protesta

chaos /'keɪɒs/ *n* caos *m*

chaotic /keɪ'ɒtɪk/ *adj* caotico

chap /tʃæp/ *n* infml tipo *m*

chapel /'tʃæpl/ *n* cappella *f*

chaperone, chaperon /'ʃæpərəʊn/ **A** *n* chaperon *m inv*

---

parola chiave

B *vt* fare da chaperon a ‹*person*›

chaplain /'tʃæplɪn/ *n* cappellano *m*

chapped /tʃæpt/ *adj* ‹*skin, lips*› screpolato

chapter /'tʃæptə(r)/ *n* capitolo *m*

char¹ /tʃɑ:(r)/ *n* infml donna *f* delle pulizie

char² *vt* (*pt/pp* **charred**) (burn) carbonizzare

character /'kærɪktə(r)/ *n* carattere *m*; (in novel, play) personaggio *m*; **that's out of ~** non è da te/lui; **quite a ~** infml un tipo particolare

character actor *n* caratterista *mf*

character assassination *n* denigrazione *f*

characteristic /kærəktə'rɪstɪk/ **A** *adj* caratteristico

B *n* caratteristica *f*

characteristically /kærəktə'rɪstɪklɪ/ *adv* tipicamente

characterization /kærɪktəraɪ'zeɪʃn/ *n* caratterizzazione *f*

characterize /'kærɪktəraɪz/ *vt* caratterizzare

character reference *n* referenze *fpl* (*relative al carattere*)

charade /ʃə'rɑ:d/ *n* farsa *f*; **~s** sciarada *fsg*

charcoal /'tʃɑ:kəʊl/ *n* carbonella *f*

charge /tʃɑ:dʒ/ **A** *n* (cost) prezzo *m*; Electr, Mil carica *f*; Jur accusa *f*; **free of ~** gratuito; **be in ~** essere responsabile (**of** di); **take ~** assumersi la responsibilità; **take ~ of** occuparsi di

B *vt* far pagare ‹*fee*›; far pagare a ‹*person*›; Electr, Mil caricare; Jur accusare (**with** di); **~ somebody for something** far pagare qualcosa a qualcuno; **what do you ~?** quanto prende?; **~ it to my account** lo addebiti sul mio conto

C *vi* (attack) caricare

charge account *n* (in store) apertura *m* di credito presso un negozio

charge card *n* (credit card) carta *f* di addebito; (store card) carta *f* di credito [di un negozio]

charged /tʃɑ:dʒd/ *adj* Phys carico; **emotionally ~** ‹*atmosphere*› carico di emozione

chargé d'affaires /ʃɑ:ʒeɪdæ'feə(r)/ *n* incaricato *m* d'affari

charge hand *n* caposquadra *mf*

charge nurse *n* caposala *mf*

char-grilled /-'grɪld/ *adj* alla brace

chariot /'tʃærɪət/ *n* cocchio *m*

charisma /kə'rɪzmə/ *n* carisma *m*

charismatic /kærɪz'mætɪk/ *adj* carismatico

charitable /'tʃærɪtəbl/ *adj* caritatevole; (kind) indulgente

charity /'tʃærətɪ/ *n* carità *f*; (organization) associazione *f* di beneficenza; **concert given for ~** concerto *m* di beneficenza; **live on ~** vivere di elemosina

charity box *n* (in church) cassetta *f* delle offerte

charity shop *n negozio* (*m*) *dell'usato a scopo di beneficenza*

charity work *n* lavoro *m* volontario (*per beneficenza*)

charlady /'tʃɑ:leɪdɪ/ *n* BrE donna *f* delle pulizie

charlatan /'ʃɑ:lətən/ *n* ciarlatano, -a *mf*

charm /tʃɑ:m/ **A** *n* fascino *m*; (object) ciondolo *m*

B *vt* affascinare

charmer /'tʃɑ:mə(r)/ *n* **he's a real ~** è un vero seduttore

charming /'tʃɑ:mɪŋ/ *adj* affascinante

charmingly /'tʃɑ:mɪŋlɪ/ *adv* in modo affascinante

charred /tʃɑ:d/ *adj* carbonizzato

chart /tʃɑ:t/ *n* carta *f* nautica; (table) tabella *f*

charter /'tʃɑ:tə(r)/ **A** *n* **~ [flight]** [volo *m*] charter *m inv*

B *vt* noleggiare

chartered accountant *n* commercialista *mf*

chartered flight *n* BrE volo *m* charter *inv*

chartered surveyor *n* BrE perito *m* edile

charter plane *n* BrE charter *m inv*

charwoman /'tʃɑ:wʊmən/ *n* donna *f* delle pulizie

chase /tʃeɪs/ **A** *n* inseguimento *m*; **give ~** mettersi all'inseguimento

B *vt* inseguire

■ **chase away, chase off** *vt* cacciare via

■ **chase up** *vt* infml cercare

chaser /'tʃeɪsə(r)/ *n* infml (drink) *liquore* (*m*) *bevuto dopo la birra*

chasm /'kæz(ə)m/ *n* abisso *m*

chassis /'ʃæsɪ/ (*pl* **chassis** /'ʃæsɪz/) *n* telaio *m*

chaste /tʃeɪst/ *adj* casto

chasten /'tʃeɪs(ə)n/ *vt* castigare; **they looked suitably ~ed** avevano l'aria mortificata

chastise /tʃæ'staɪz/ *vt* castigare

chastity /'tʃæstətɪ/ *n* castità *f*

chat /tʃæt/ **A** *n* chiacchierata *f*; **have a ~ with** fare quattro chiacchiere con; Comput chat *f inv*

B *vi* (*pt/pp* **chatted**) chiacchierare; Comput chattare

■ **chat up** *vt* abbordare

chatline *n* Teleph chat line *f inv*

chat room *n* Comput chat room *f inv*

chat show *n* talk show *m inv*

chat show host *n* presentatore, -trice *mf* di talk show

chattel /'tʃæt(ə)l/ *n* Jur **goods and ~s** beni *mpl* mobili

chatter /'tʃætə(r)/ **A** *n* chiacchiere *fpl*

B *vi* chiacchierare; ‹*teeth*› battere

chatterbox /'tʃætəbɒks/ *n* infml chiacchierone, -a *mf*

chatty /'tʃætɪ/ *adj* (**-ier, -iest**) chiacchierone; ‹*style*› familiare

chauffeur /'ʃəʊfə(r)/ *n* autista *mf*
chauvinism /'ʃəʊvɪnɪzm/ *n* sciovinismo *m*
chauvinist /'ʃəʊvɪnɪst/ *n* sciovinista *mf*; **male ~** infml maschilista *m*
cheap /tʃi:p/ **A** *adj* a buon mercato; ‹*rate*› economico; (vulgar) grossolano; (of poor quality) scadente
B *adv* a buon mercato
cheapen /'tʃi:p(ə)n/ *vt* **~ oneself** screditarsi
cheaply /'tʃi:pli/ *adv* a buon mercato
cheap rate *adj & adv* Teleph a tariffa ridotta
cheat /tʃi:t/ **A** *n* imbroglione, -a *mf*; (at cards) baro *m*
B *vt* imbrogliare; **~ somebody out of something** sottrarre qualcosa a qualcuno con l'inganno
C *vi* imbrogliare; (at cards) barare
■ **cheat on** *vt* infml tradire ‹*wife*›
Chechnya /ˌtʃetʃ'nja:/ *n* Cecenia *f*
check¹ /tʃek/ **A** *adj* ‹*pattern*› a quadri
B *n* disegno *m* a quadri
check² **A** *n* verifica *f*; (of tickets) controllo *m*; (in chess) scacco *m*; AmE (bill) conto *m*; AmE (cheque) assegno *m*; AmE (tick) segnetto *m*; **keep a ~ on** controllare; **keep in ~** tenere sotto controllo
B *vt* verificare; controllare ‹*tickets*›; (restrain) contenere; (stop) bloccare
C *vi* controllare; **~ on something** controllare qualcosa
■ **check in** **A** *vi* registrarsi all'arrivo (*in albergo*); Aeron fare il check-in
B *vt* registrare all'arrivo (*in albergo*)
■ **check off** *vt* spuntare ‹*item on list*›
■ **check out** **A** *vi* (of hotel) saldare il conto
B *vt* infml (investigate) controllare
■ **check up** *vi* accertarsi
■ **check up on** *vt* prendere informazioni su
checkbook *n* AmE libretto *m* d'assegni
checked /tʃekt/ *adj* a quadri
checkered /'tʃekəd/ *adj* AmE ‹*cloth, pattern*› a quadretti; ‹*career*› con alti e bassi
checkers /'tʃekəz/ *n* AmE dama *f*
check-in *n* accettazione *f*, check-in *m inv*
check-in desk *n* banco *m* dell'accettazione, banco *m* del check-in
checking account /'tʃekɪŋ/ *n* AmE conto *m* corrente
check-in time *n* check-in *m inv*
checklist *n* lista *f* di controllo
check mark *n* AmE segnetto *m*
checkmate *int* scacco matto
checkout *n* (in supermarket) cassa *f*
checkout assistant, checkout operator *n* BrE cassiere, -a *mf*
checkpoint *n* posto *m* di blocco
checkroom *n* AmE deposito *m* bagagli
check-up *n* Med visita *f* di controllo, check-up *m inv*

Cheddar /'tʃedə(r)/ *n formaggio* (*m*) *semi-stagionato*
cheek /tʃi:k/ *n* guancia *f*; (impudence) sfacciataggine *f*
cheekbone /'tʃi:kbəʊn/ *n* zigomo *m*
cheekily /'tʃi:kɪlɪ/ *adv* sfacciatamente
cheeky /'tʃi:kɪ/ *adj* sfacciato
cheep /tʃi:p/ *vi* pigolare
cheer /tʃɪə(r)/ **A** *n* evviva *m inv*; **three ~s** tre urrà; **~s!** salute!; (goodbye) arrivederci!; (thanks) grazie!
B *vt & vi* acclamare
■ **cheer up** **A** *vt* tirare su [di morale]
B *vi* tirarsi su [di morale]; **~ up!** su con la vita!
cheerful /'tʃɪəfʊl/ *adj* allegro
cheerfully /'tʃɪəfʊlɪ/ *adv* allegramente; **I could ~ strangle him!** lo strangolerei volentieri!
cheerfulness /'tʃɪəfʊlnɪs/ *n* allegria *f*
cheerily /'tʃɪərɪlɪ/ *adv* allegramente
cheering /'tʃɪərɪŋ/ *n* acclamazione *f*
cheerio /tʃɪərɪ'əʊ/ *int* infml arrivederci
cheerleader /'tʃɪəli:də(r)/ *n* leader *mf* dei tifosi
cheerless /'tʃɪəlɪs/ *adj* triste, tetro
cheery /'tʃɪərɪ/ *adj* allegro
cheese /tʃi:z/ *n* formaggio *m*
■ **cheese off**: *vt* infml **be ~d off with one's job** essere stufo del proprio lavoro; **I'm really ~d off about it** ne ho le scatole piene
cheeseboard *n* (object) vassoio *m* dei formaggi; (selection) piatto *m* di formaggi
cheeseburger *n* cheeseburger *m inv*
cheesecake *n* dolce *m* al formaggio
cheesecloth *n* mussola *f*, tela *f* indiana
cheese counter *n* banco *m* dei formaggi
cheesy /'tʃi:zɪ/ *adj* ‹*smell*› di formaggio; ‹*grin*› smagliante
cheetah /'tʃi:tə/ *n* ghepardo *m*
chef /ʃef/ **A** *n* cuoco, -a *mf*, chef *m inv*
B *vi* (*pt/pp* **cheffed**) infml fare lo chef
chemical /'kemɪkl/ **A** *adj* chimico
B *n* prodotto *m* chimico
chemically /'kemɪklɪ/ *adv* chimicamente
chemise /ʃə'mi:z/ *n* (undergarment) sottoveste *f inv*; (dress) chemisier *m inv*
chemist /'kemɪst/ *n* (pharmacist) farmacista *mf*; (scientist) chimico, -a *mf*
chemistry /'kemɪstrɪ/ *n* chimica *f*
chemist's, chemist's shop *n* farmacia *f*
chemotherapy /ki:məʊ'θerəpɪ/ *n* chemioterapia *f*
cheque /tʃek/ *n* assegno *m*
chequebook /'tʃekbʊk/ *n* libretto *m* degli assegni
cheque card *n* carta *f* assegni
chequer /'tʃekə(r)/ *n* (square) scacco *m*; (pattern) motivo *m* a scacchi; (in game) pedina *f*

---

parola chiave

chequered /ˈtʃekəd/ *adj* (patterned) a scacchi; fig ‹*career, history*› movimentato
chequers /ˈtʃekəz/ *n* dama *f*
cherish /ˈtʃerɪʃ/ *vt* curare teneramente; (love) avere caro; nutrire ‹*hope*›
cherry /ˈtʃerɪ/ *n* ciliegia *f*; (tree) ciliegio *m*
cherry brandy *n* cherry-brandy *m inv*
cherry-pick *vt* scegliere accuratamente
cherry tree *n* ciliegio *m*
cherub /ˈtʃerəb/ *n* cherubino *m*
chervil /ˈtʃɜːvɪl/ *n* cerfoglio *m*
chess /tʃes/ *n* scacchi *mpl*
chessboard *n* scacchiera *f*
chessman *n* pezzo *m* degli scacchi
chess player *n* scacchista *mf*
chess set *n* scacchi *mpl*
chest /tʃest/ *n* petto *m*; (box) cassapanca *f*; **get something off one's ~** fig levarsi un peso [dallo stomaco]
chest freezer *n* freezer *m inv* orizzontale, congelatore *m* orizzontale
chestnut /ˈtʃesnʌt/ *n* castagna *f*; (tree) castagno *m*
chest of drawers *n* cassettone *m*, comò *m*
chesty /ˈtʃestɪ/ *adj* ‹*person*› che soffre di bronchite; ‹*cough*› bronchitico
chew /tʃuː/ *vt* masticare
■ **chew over** *vt* infml (think about carefully) rimuginare su
chewing gum /ˈtʃuːɪŋ/ *n* gomma *f* da masticare
chewy /ˈtʃuːɪ/ *adj* ‹*meat*› legnoso; ‹*toffee*› gommoso
chic /ʃiːk/ *adj* chic *inv*
chick /tʃɪk/ *n* pulcino *m*; infml (girl) ragazza *f*
chicken /ˈtʃɪkɪn/ **A** *n* pollo *m*
B *attrib* ‹*soup, casserole*› di pollo
C *adj* infml fifone
■ **chicken out**: *vi* infml **he ~ed out** gli è venuta fifa
chicken breast *n* petto *m* di pollo
chicken curry *n* pollo *m* al curry
chicken feed *n* mangime *m* per i polli; infml (paltry sum) miseria *f*
chicken livers *npl* fegatini *mpl* di pollo
chicken noodle soup *n* vermicelli *mpl* in brodo di pollo
chickenpox *n* varicella *f*
chicken wire *n* rete *f* metallica (*a maglia esagonale*)
chick flick *n* infml *film* (*m inv*) *mirato ad un pubblico femminile*
chick lit *n* infml *romanzi* (*mpl*) *mirati ad un pubblico femminile*
chickpea /ˈtʃɪkpiː/ *n* cece *m*
chicory /ˈtʃɪkərɪ/ *n* cicoria *f*
chief /tʃiːf/ **A** *adj* principale
B *n* capo *m*
chief executive *n* direttore, -trice *mf* generale
chief executive officer *n* direttore, -trice *mf* generale
chief inspector *n* BrE (of police) ispettore *m* capo
chiefly /ˈtʃiːflɪ/ *adv* principalmente
chief of police *n* capo *m* della polizia
Chief of Staff *n* Mil capo *m* di stato maggiore; (of the White House) segretario *m* generale
chief superintendent *n* BrE (of police) commissario *m* capo
chiffon /ˈʃɪfɒn/ **A** *n* chiffon *m*
B *adj* ‹*dress, scarf*› di chiffon
chilblain /ˈtʃɪlbleɪn/ *n* gelone *m*
child /tʃaɪld/ *n* (*pl* **~ren**) bambino, -a *mf*; (son/daughter) figlio, -a *mf*
child abuse *n* violenza *f* sui minori; (sexual) violenza *f* sessuale sui minori
childbearing *n* gravidanza *f*; **of ~ age** in età feconda
child benefit *n* BrE assegni *mpl* familiari
childbirth *n* parto *m*
childcare *n* (bringing up children) educazione *f* dei bambini; (nurseries etc) strutture *fpl* di assistenza ai bambini
childhood /ˈtʃaɪldhʊd/ *n* infanzia *f*
childish /ˈtʃaɪldɪʃ/ *adj* infantile
childishness /ˈtʃaɪldɪʃnɪs/ *n* puerilità *f*
childless /ˈtʃaɪldlɪs/ *adj* senza figli
childlike /ˈtʃaɪldlaɪk/ *adj* ingenuo
child-minder *n* baby-sitter *mf inv*
child molester *n* molestatore, -trice *mf* di bambini
child pornography *n* pedopornografia *f*
child prodigy *n* bambino, -a *mf* prodigio *inv*
child-proof *adj* ‹*container*› a prova di bambino; **~ lock** sicura *f* a prova di bambino
children /ˈtʃɪldrən/ *npl* ▶ **child**
children's home *n* istituto *m* per l'infanzia
child seat *n* seggiolino *m* per bambini
Chile /ˈtʃɪlɪ/ *n* Cile *m*
Chilean /ˈtʃɪlɪən/ *adj* & *n* cileno, -a *mf*
chill /tʃɪl/ **A** *n* freddo *m*; (illness) infreddatura *f*
B *vt* raffreddare
■ **chill out** *vi* (relax) rilassarsi
chilli /ˈtʃɪlɪ/ *n* (*pl* **-es**) **~ [pepper]** peperoncino *m*
chilly /ˈtʃɪlɪ/ *adj* freddo
chime /tʃaɪm/ *vi* suonare
chimera /kɪˈmɪərə/ *n* (beast, idea) chimera *f*
chimney /ˈtʃɪmnɪ/ *n* camino *m*
chimney breast *n* bocca *f* del camino
chimney pot *n* comignolo *m*
chimney sweep *n* spazzacamino *m*
chimp /tʃɪmp/ *n* infml scimpanzé *m*

chimpanzee /ˈtʃɪmpænˈziː/ *n* scimpanzé *m inv*
chin /tʃɪn/ *n* mento *m*
china *n* porcellana *f*
China /ˈtʃaɪnə/ *n* Cina *f*
China Sea *n* Mar *m* Cinese
China tea *n* tè *m* cinese
Chinatown *n* quartiere *m* cinese
Chinese /tʃaɪˈniːz/ *adj & n* cinese *mf*; (language) cinese *m*; **the ~** *pl* i cinesi
Chinese lantern *n* lanterna *f* cinese
chink¹ /tʃɪŋk/ *n* (slit) fessura *f*
chink² **A** *n* (noise) tintinnio *m*
B *vi* tintinnare
chinos /ˈtʃiːnəʊz/ *npl* pantaloni *mpl* cachi di cotone
chintz /tʃɪnts/ *n* chintz *m inv*
chip /tʃɪp/ **A** *n* (fragment) scheggia *f*; (in china, paintwork) scheggiatura *f*; Comput chip *m inv*; (in gambling) fiche *f inv*; **~s** *pl* BrE Culin patatine *fpl* fritte; AmE Culin patatine *fpl*; **have a ~ on one's shoulder** avere un complesso di inferiorità
B *vt* (*pt/pp* **chipped**) (damage) scheggiare
■ **chip in** infml *vi* intromettersi; (with money) contribuire
chip and PIN *n sistema (m) di pagamento con carta di credito in cui il possessore della carta deve digitare il proprio PIN invece che apporre una firma*
chipboard /ˈtʃɪpbɔːd/ *n* truciolato *m*
chipmunk /ˈtʃɪpmʌŋk/ *n* tamia *m inv*
chip pan *n* friggitrice *f*
chipped /tʃɪpt/ *adj* (damaged) scheggiato
chippings /ˈtʃɪpɪŋz/ *npl* (on road) breccia *f*; **'loose ~'** 'attenzione: breccia'
chippy /ˈtʃɪpɪ/ *n* BrE infml (chip shop) negozio *m* di fish and chips
chip shop *n* BrE negozio *m* di fish and chips
chiropodist /kɪˈrɒpədɪst/ *n* podiatra *mf inv*
chiropody /kɪˈrɒpədɪ/ *n* podiatria *f*
chiropractor /ˈkaɪərəʊpræktə(r)/ *n* chiropratico, -a *mf*
chirp /tʃɜːp/ *vi* cinguettare; ‹*cricket*› fare cri cri
chirpy /ˈtʃɜːpɪ/ *adj* infml pimpante
chisel /ˈtʃɪzl/ **A** *n* scalpello *m*
B *vt* (*pt/pp* **chiselled**) scalpellare
chit /tʃɪt/ *n* bigliettino *m*
chit-chat /ˈtʃɪ(t)tʃæt/ *n* infml chiacchiere *fpl*; **spend one's time in idle ~** infml perdere tempo in chiacchiere
chivalrous /ˈʃɪvlrəs/ *adj* cavalleresco
chivalrously /ˈʃɪvlrəslɪ/ *adv* con cavalleria
chivalry /ˈʃɪvlrɪ/ *n* cavalleria *f*
chives /tʃaɪvz/ *npl* erba *f* cipollina
chlorine /ˈklɔːriːn/ *n* cloro *m*

chlorofluorocarbon /klɔːrəʊflʊərəʊˈkɑːb(ə)n/ *n* clorofluorocarburo *m*
chloroform /ˈklɒrəfɔːm/ *n* cloroformio *m*
chlorophyll /ˈklɒrəfɪl/ *n* clorofilla *f*
choc ice *n* BrE gelato *m* ricoperto di cioccolato
chock /tʃɒk/ *n* zeppa *f*
chock-a-block /tʃɒkəˈblɒk/, **chock-full** /tʃɒkˈfʊl/ *adj* pieno zeppo
chocolate /ˈtʃɒkələt/ *n* cioccolato *m*; (drink) cioccolata *f*; **a ~** un cioccolatino
choice /tʃɔɪs/ **A** *n* scelta *f*
B *adj* scelto
choir /ˈkwaɪə(r)/ *n* coro *m*
choirboy /ˈkwaɪəbɔɪ/ *n* corista *m*
choirgirl /ˈkwaɪəgɜːl/ *n* corista *f*
choke /tʃəʊk/ **A** *n* Auto aria *f*
B *vt & vi* soffocare; **I ~d on a fish bone** mi è rimasta in gola una lisca
■ **choke back** *vt* soffocare ‹*tears, sob*›
choker /ˈtʃəʊkə(r)/ *n* girocollo *m*
cholera /ˈkɒlərə/ *n* colera *m*
cholesterol /kəˈlestərɒl/ *n* colesterolo *m*
chomp /tʃɒmp/
■ **chomp on** *vt* infml masticare rumorosamente
choose /tʃuːz/ *vt & vi* (*pt* **chose**, *pp* **chosen**) scegliere; **~ to do something** scegliere di fare qualcosa; **as you ~** come vuoi
choosy /ˈtʃuːzɪ/ *adj* infml difficile
chop /tʃɒp/ **A** *n* (blow) colpo *m* (*d'ascia*); Culin costata *f*; **get the ~** infml ‹*employee*› essere licenziato; ‹*project*› essere bocciato
B *vt* (*pt/pp* **chopped**) tagliare
■ **chop down** *vt* abbattere ‹*tree*›
■ **chop off** *vt* spaccare
chopper /ˈtʃɒpə(r)/ *n* accetta *f*; infml elicottero *m*
chopping block *n* ceppo *m*; **put one's head on the ~** fig esporsi a rischi
chopping board *n* tagliere *m*
chopping knife *n* coltello *m*
choppy /ˈtʃɒpɪ/ *adj* increspato
chopsticks /ˈtʃɒpstɪks/ *npl* bastoncini *mpl* cinesi
choral /ˈkɔːrəl/ *adj* corale; **~ society** coro *m*
chord /kɔːd/ *n* Mus corda *f*
chore /tʃɔː(r)/ *n* corvè *f*; **[household] ~s** faccende *fpl* domestiche
choreograph /ˈkɒrɪəgrɑːf, AmE -græf/ *vt* coreografare
choreographer /kɒrɪˈɒgrəfə(r)/ *n* coreografo, -a *mf*
choreography /kɒrɪˈɒgrəfɪ/ *n* coreografia *f*
chorister /ˈkɒrɪstə(r)/ *n* corista *mf*
chortle /ˈtʃɔːtl/ *vi* ridacchiare
chorus /ˈkɔːrəs/ *n* coro *m*; (of song) ritornello *m*
chorus girl *n* ballerina *f* di varietà
chose, chosen /tʃəʊz, ˈtʃəʊzn/ ▶ **choose**
chowder /ˈtʃaʊdə(r)/ *n* zuppa *m* di pesce

---

parola chiave

chow mein /tʃaʊ'meɪn/ *n piatto (m) cinese di spaghettini fritti con gamberetti, ecc. e verdure*

Christ /kraɪst/ *n* Cristo *m*; **~ Almighty!** infml porca miseria!

christen /'krɪs(ə)n/ *vt* battezzare

christening /'krɪsnɪŋ/ *n* battesimo *m*

Christian /'krɪstʃən/ *adj & n* cristiano, -a *mf*

Christianity /krɪstɪ'ænətɪ/ *n* cristianesimo *m*

Christian name *n* nome *m* di battesimo

Christmas /'krɪsməs/ **A** *n* Natale *m*
B *attrib* di Natale

Christmas box *n* BrE mancia *f* natalizia

Christmas card *n* biglietto *m* d'auguri di Natale

Christmas carol *n* canto *m* natalizio, canto *m* di Natale

Christmas cracker *n tubo (m) di cartone colorato contente una sorpresa*

Christmas Day *n* il giorno di Natale

Christmas Eve *n* la vigilia di Natale

Christmas present *n* regalo *m* di Natale

Christmas stocking *n* calza *f (per i doni di Babbo Natale)*

Christmas tree *n* albero *m* di Natale

chrome /krəʊm/ **chromium** /'krəʊmɪəm/ *n* cromo *m*

chromium-plated /-'pleɪtɪd/ *adj* cromato

chromosome /'krəʊməsəʊm/ *n* cromosoma *m*

chronic /'krɒnɪk/ *adj* cronico

chronicle /'krɒnɪkl/ *n* cronaca *f*

chronological /krɒnə'lɒdʒɪkl/ *adj* cronologico

chronologically /krɒnə'lɒdʒɪklɪ/ *adv* ‹*ordered*› in ordine cronologico

chrysalis /'krɪsəlɪs/ *n* crisalide *f*

chrysanthemum /krɪ'sænθəməm/ *n* crisantemo *m*

chubby /'tʃʌbɪ/ *adj* (**-ier**, **-iest**) paffuto

chuck /tʃʌk/ *vt* infml buttare
■ **chuck in** *vt* infml mollare ‹*job, boyfriend*›
■ **chuck out** *vt* infml buttare via ‹*object*›; buttare fuori ‹*person*›
■ **chuck up** *vt* infml vomitare

chuckle /'tʃʌk(ə)l/ *vi* ridacchiare

chuffed /tʃʌft/ *adj* infml felice come una Pasqua

chug /tʃʌg/ *vi* **the train ~ged into/out of the station** il treno è entrato nella/uscito dalla stazione sbuffando

chum /tʃʌm/ *n* infml amico, -a *mf*

chummy /'tʃʌmɪ/ *adj* infml **be ~ with** essere amico di

chump /tʃʌmp/ *n* infml zuccone, -a *mf*; Culin braciola *f*

chunk /tʃʌnk/ *n* grosso pezzo *m*

chunky /'tʃʌŋkɪ/ *adj* ‹*sweater*› di lana grossa; ‹*jewellery*› massiccio; infml ‹*person*› tarchiato

Chunnel /'tʃʌnl/ *n* BrE infml tunnel *m inv* sotto la Manica

church /tʃɜ:tʃ/ *n* chiesa *f*

churchgoer *n* praticante *mf*

church hall *n* sala *f* parrocchiale

churchyard /'tʃɜ:tʃjɑ:d/ *n* cimitero *m*

churlish /'tʃɜ:lɪʃ/ *adj* sgarbato

churn /tʃɜ:n/ **A** *n* zangola *f*; (for milk) bidone *m*
B *vt* fare ‹*butter*›; far rivoltare ‹*stomach*›
■ **churn out** *vt* sfornare ‹*novels, products*›
■ **churn up** *vt* agitare ‹*water*›

chute /ʃu:t/ *n* scivolo *m*; (for rubbish) canale *m* di scarico

chutney /'tʃʌtnɪ/ *n salsa (f) piccante a base di frutti e spezie*

CIA *n abbr* AmE (**Central Intelligence Agency**) CIA *f*

cicada /sɪ'kɑ:də, AmE -'keɪdə/ *n* cicala *f*

CID *abbr* (**Criminal Investigation Department**) *dipartimento (m) di investigazione criminale*

cider /'saɪdə(r)/ *n* sidro *m*

cigar /sɪ'gɑ:(r)/ *n* sigaro *m*

cigarette /sɪgə'ret/ *n* sigaretta *f*

cigarette butt, **cigarette end** *n* cicca *f*, mozzicone *m* di sigaretta

cigarette lighter *n* accendino *m*

cinch /sɪntʃ/ *n* infml **it's a ~** è un gioco da ragazzi

cinder /'sɪndə(r)/ *n* (glowing) brace *f*; **burn something to a ~** carbonizzare qualcosa

Cinderella /sɪndə'relə/ *n* Cenerentola *f*

cinder track *n* pista *f* di cenere

cine camera /'sɪnɪ-/ *n* cinepresa *f*

cine film *n* filmino *m* a passo ridotto

cinema /'sɪnɪmə/ *n* cinema *m inv*

cinema complex *n* cinema *m inv* multisale

cinemagoer /'sɪnɪməgəʊə(r)/ *n* (spectator) spettatore, -trice *mf*; (regular) cinefilo, -a *mf*

cinematography /sɪnəmə'tɒgrəfɪ/ *n* cinematografia *f*

cinnamon /'sɪnəmən/ *n* cannella *f*

cipher /'saɪfə(r)/ *n* (code) cifre *fpl*; fig nullità *f*

circa /'sɜ:kə/ *prep* circa

circle /'sɜ:kl/ **A** *n* cerchio *m*; Theat galleria *f*; **in a ~** in cerchio
B *vt* girare intorno a; cerchiare ‹*mistake*›
C *vi* descrivere dei cerchi

circuit /'sɜ:kɪt/ *n* circuito *m*; (lap) giro *m*

circuit board *n* circuito *m* stampato

circuit breaker *n* salvavita *m*

circuitous /sə'kju:ɪtəs/ *adj* **~ route** percorso *m* lungo e indiretto

circular /'sɜ:kjʊlə(r)/ *adj & n* circolare *f*; **~ letter** *n* circolare *f*

circular saw *n* sega *f* circolare

circulate /'sɜ:kjʊleɪt/ **A** *vt* far circolare

B *vi* circolare

circulation /sɜːkjʊˈleɪʃn/ *n* circolazione *f*; (of newspaper) tiratura *f*

circulatory /sɜːkjʊˈleɪtərɪ/ *adj* Med circolatorio

c

circumcise /ˈsɜːkəmsaɪz/ *vt* circoncidere

circumcision /sɜːkəmˈsɪʒn/ *n* circoncisione *f*

circumference /ʃəˈkʌmfərəns/ *n* circonferenza *f*

circumflex /ˈsɜːkəmfleks/ *n* accento *m* circonflesso

circumnavigate /sɜːkəmˈnævɪgeɪt/ *vt* doppiare ‹*cape*›; circumnavigare ‹*world*›

circumnavigation /sɜːkəmnævɪˈgeɪʃn/ *n* circumnavigazione *f*

circumspect /ˈsɜːkəmspekt/ *adj* circospetto

circumspectly /ˈsɜːkəmspektlɪ/ *adv* in modo circospetto

circumstance /ˈsɜːkəmstəns/ *n* circostanza *f*; **~s** *pl* (financial) condizioni *fpl* finanziarie

circumstantial /sɜːkəmˈstænʃl/ *adj* Jur ‹*evidence*› indiziario; (detailed) circostanziato

circus /ˈsɜːkəs/ *n* circo *m*

cirrhosis /sɪˈrəʊsɪs/ *n* cirrosi *f inv*

CIS *abbr* (**Commonwealth of Independent States**) CSI *f*

cistern /ˈsɪstən/ *n* (tank) cisterna *f*; (of WC) serbatoio *m*

citadel /ˈsɪtədel/ *n* cittadella *f*

cite /saɪt/ *vt* citare

citizen /ˈsɪtɪzn/ *n* cittadino, -a *mf*; (of town) abitante *mf*

Citizens' Advice Bureau *n ufficio* (*m*) *di consulenza legale gratuita per i cittadini*

citizen's arrest *n* arresto *m* effettuato da un privato cittadino

citizens' band *n* Radio banda *f* cittadina

citizenship /ˈsɪtɪznʃɪp/ *n* cittadinanza *f*

citric acid /sɪtrɪkˈæsɪd/ acido *m* citrico

citrus /ˈsɪtrəs/ *n* **~ [fruit]** agrume *m*

city /ˈsɪtɪ/ *n* città *f*; **the C~** la City [di Londra]

city centre *n* BrE centro *m* [della città]

city slicker *n* infml cittadino *m* sofisticato

civic /ˈsɪvɪk/ **A** *adj* civico
B *npl* **~s** *npl* educazione *fsg* civica

civic centre *n* centro *m* municipale

civil /ˈʃɪvl/ *adj* civile

civil engineer *n* ingegnere *m* civile

civil engineering *n* ingegneria *f* civile

civilian /sɪˈvɪljən/ **A** *adj* civile; **in ~ clothes** in borghese
B *n* civile *mf*

civility /sɪˈvɪlətɪ/ *n* cortesia *f*

civilization /sɪvɪlaɪˈzeɪʃn/ *n* civiltà *f*

civilize /ˈsɪvɪlaɪz/ *vt* civilizzare

civilized /ˈsɪvɪlaɪzd/ *adj* ‹*country*› civilizzato; ‹*person, behaviour*› civile; **become ~** civilizzarsi

civil law *n* diritto *m* civile

civil liability *n* Jur responsabilità *f* civile

civil liberty *n* libertà *f* civile

civilly /ˈsɪvɪlɪ/ *adv* civilmente

civil partner *n* partner *mf* civile

civil rights **A** *npl* diritti *mpl* civili
B *attrib* ‹*march, activist*› per i diritti civili

civil servant *n* impiegato, -a *mf* statale

Civil Service *n* pubblica amministrazione *f*

civil war *n* guerra *f* civile

civil wedding *n* matrimonio *m* civile

civvies /ˈsɪvɪz/ *npl* infml **in ~** in borghese

CJD *n abbr* (**Creutzfeldt-Jakob disease**) morbo *m* di Creutzfeldt Jakob

cl *abbr* (**centilitre(s)**) cl

clad /klæd/ *adj* vestito (**in** di)

cladding /ˈklædɪŋ/ *n* rivestimento *m*

claim /kleɪm/ **A** *n* richiesta *f*; (right) diritto *m*; (assertion) dichiarazione *f*; **lay ~ to something** rivendicare qualcosa
B *vt* richiedere; reclamare ‹*lost property*›; rivendicare ‹*ownership*›; **~ that** sostenere che
■ **claim back** *vt* reclamare ‹*money*›

claimant /ˈkleɪmənt/ *n* richiedente *mf*; (to throne) pretendente *mf*

claim form *n* modulo *m* di richiesta

clairvoyant /kleəˈvɔɪənt/ *n* chiaroveggente *mf*

clam /klæm/ *n* Culin vongola *f*
■ **clam up** *vi* zittirsi

clamber /ˈklæmbə(r)/ *vi* arrampicarsi

clammy /ˈklæmɪ/ *adj* (**-ier**, **-iest**) appiccicaticcio

clamour /ˈklæmə(r)/ **A** *n* (noise) clamore *m*; (protest) rimostranza *f*
B *vi* **~ for** chiedere a gran voce

clamp /klæmp/ **A** *n* morsa *f*
B *vt* ammorsare; Auto mettere i ceppi bloccaruote a
■ **clamp down** *vi* infml essere duro
■ **clamp down on** *vt* reprimere

clampdown *n* fig giro *m* di vite

clan /klæn/ *n* clan *m inv*

clandestine /klænˈdestɪn/ *adj* clandestino

clang /klæŋ/ *n* suono *m* metallico

clanger /ˈklæŋə(r)/ *n* infml gaffe *f inv*

clank /klæŋk/ **A** *n* rumore *m* metallico
B *vi* fare un rumore metallico

clannish /ˈklænɪʃ/ *adj* derog ‹*family, profession*› chiuso

clap /klæp/ **A** *n* **give somebody a ~** applaudire qualcuno; **~ of thunder** tuono *m*
B *vt & vi* (*pt/pp* **clapped**) applaudire; **~ one's hands** applaudire

clapboard /ˈklæpbɔːd/ **A** *n* AmE rivestimento *m* di legno
B *attrib* AmE rivestito di legno

---

parola chiave

clapped out /klæpt/ *adj* infml (past it) sfinito; (exhausted) stanco morto; ‹*car, machine*› scassato

clapping /'klæpɪŋ/ *n* applausi *mpl*

claptrap /'klæptræp/ *n* infml sciocchezze *fpl*

claret /'klærət/ *n* claret *m inv*

clarification /klærɪfɪ'keɪʃn/ *n* chiarimento *m*

clarify /'klærɪfaɪ/ *vt & vi* (*pt/pp* **-ied**) chiarire

clarinet /klærɪ'net/ *n* clarinetto *m*

clarinettist /klærɪ'netɪst/ *n* clarinettista *mf*

clarity /'klærətɪ/ *n* chiarezza *f*

clash /klæʃ/ **A** *n* scontro *m*; (noise) fragore *m*
B *vi* scontrarsi; ‹*colours*› stonare; ‹*events*› coincidere

clasp /klɑ:sp/ **A** *n* chiusura *f*
B *vt* agganciare; (hold) stringere

class /klɑ:s/ **A** *n* classe *f*; (lesson) corso *m*
B *vt* classificare

class-conscious *adj* classista

class consciousness *n* classismo *m*

classic /'klæsɪk/ **A** *adj* classico
B *n* classico *m*; **~s** *pl* Univ lettere *fpl* classiche

classical /'klæsɪk(ə)l/ *adj* classico

classification /klæsɪfɪ'keɪʃn/ *n* classificazione *f*

classified /'klæsɪfaɪd/ *adj* (secret) riservato

classified ad /klæsɪfaɪd'æd/ *n* annuncio *m*

classified section *n* pagina *f* degli annunci

classify /'klæsɪfaɪ/ *vt* (*pt/pp* **-led**) classificare

classmate *n* compagno, -a *mf* di classe

classroom *n* aula *f*

class system *n* sistema *m* classista

classy /'klɑ:sɪ/ *adj* (**-ier**, **-iest**) infml d'alta classe

clatter /'klætə(r)/ **A** *n* fracasso *m*
B *vi* far fracasso

clause /klɔ:z/ *n* clausola *f*; Gram preposizione *f*

claustrophobia /klɒstrə'fəʊbɪə/ *n* claustrofobia *f*

claustrophobic /klɒstrə'fəʊbɪk/ *adj* claustrofobico

clavichord /klævɪkɔ:d/ *n* clavicordo *m*

clavicle /'klævɪkl/ *n* clavicola *f*

claw /klɔ:/ **A** *n* artiglio *m*; (of crab, lobster & tool) tenaglia *f*
B *vt* ‹*cat*› graffiare

clay /kleɪ/ *n* argilla *f*

clayey /'kleɪ/ *adj* ‹*soil*› argilloso

clay pigeon shooting *n* tiro *m* al piattello

clean /kli:n/ **A** *adj* pulito, lindo
B *adv* completamente
C *vt* pulire ‹*shoes, windows*›; **~ one's teeth** lavarsi i denti; **have a coat ~ed** portare un cappotto in lavanderia
■ **clean out** *vt* ripulire ‹*room*›; **be ~ed out** fig (have no money) essere senza un soldo
■ **clean up** **A** *vt* pulire
B *vi* (far) pulizia

clean-cut *adj* ‹*image, person*› rispettabile

cleaner /'kli:nə(r)/ *n* uomo *m* donna *f* delle pulizie; (substance) detersivo *m*; **[dry] ~'s** lavanderia *f*, tintoria *f*

cleaning /'kli:nɪŋ/ *n* pulizia *f*; **do the ~** fare le pulizie

cleaning lady *n* donna *f* delle pulizie

cleaning product *n* detergente *m*

cleanliness /'klenlɪnɪs/ *n* pulizia *f*

clean-living /-'lɪvɪŋ/ **A** *n* vita *f* integra
B *adj* ‹*person*› integro

cleanse /klenz/ *vt* pulire

cleanser /'klenzə(r)/ *n* detergente *m*

clean-shaven /-'ʃeɪvən/ *adj* sbarbato

clean sheet *n* **start with a ~** fig voltare pagina

cleansing cream /'klenzɪŋ/ *n* latte *m* detergente

clear /klɪə(r)/ **A** *adj* chiaro; ‹*conscience*› pulito; ‹*road*› libero; ‹*profit, advantage, majority*› netto; ‹*sky*› sereno; ‹*water*› limpido; ‹*glass*› trasparente; **make something ~** mettere qualcosa in chiaro; **have I made myself ~?** mi sono fatto capire?; **I'm not ~ about what I have to do** non mi è ben chiaro quello che devo fare; **five ~ days** cinque giorni buoni; **be in the ~** essere a posto
B *adv* **stand ~ of** allontanarsi da; **keep ~ of** tenersi alla larga da
C *vt* sgombrare ‹*room, street*›; sparecchiare ‹*table*›; (acquit) scagionare; (authorize) autorizzare; scavalcare senza toccare ‹*fence, wall*›; guadagnare ‹*sum of money*›; passare ‹*Customs*›; **~ one's throat** schiarirsi la gola
D *vi* ‹*face, sky*› rasserenarsi; ‹*fog*› dissiparsi
■ **clear away** *vt* metter via
■ **clear off** *vi* infml filar via
■ **clear out** **A** *vt* sgombrare
B *vi* infml filar via
■ **clear up** **A** *vt* (tidy) mettere a posto; chiarire ‹*mystery*›
B *vi* ‹*weather*› schiarirsi

clearance /'klɪərəns/ *n* (space) spazio *m* libero; (authorization) autorizzazione *f*; Customs sdoganamento *m*

clearance sale *n* liquidazione *f*

clear-cut *adj* ‹*plan, division*› ben definito; ‹*problem, rule*› chiaro; ‹*difference, outline*› netto; **the matter is not so ~** la faccenda non è così semplice

clear-headed /-'hedɪd/ *adj* lucido

clearing /'klɪərɪŋ/ *n* radura *f*

clearly /'klɪəlɪ/ *adv* chiaramente

clear-out /'klɪəraʊt/ *n* ripulita *f*

clear-sighted /-'saɪtɪd/ *adj* perspicace

clearway /'klɪəweɪ/ *n* Auto strada *f* con divieto di sosta

cleavage /'kli:vɪdʒ/ *n* (woman's) décolleté *m inv*
cleave /kli:v/ *vt* spaccare
cleaver /'kli:və(r)/ *n* mannaia *f*
clef /klef/ *n* Mus chiave *f*
cleft /kleft/ *n* fenditura *f*
clemency /'klemənsɪ/ *n* clemenza *f*
clement /'klemənt/ *adj* clemente
clench /klentʃ/ *vt* serrare
clergy /'klɜ:dʒɪ/ *npl* clero *m*
clergyman /'klɜ:dʒɪmən/ *n* ecclesiastico *m*
cleric /'klerɪk/ *n* ecclesiastico *m*
clerical /'klerɪkl/ *adj* impiegatizio; Relig clericale
clerical assistant *n* impiegato, -a *mf*
clerk /klɑ:k/ AmE /klɜ:k/ *n* impiegato, -a *mf*; AmE (shop assistant) commesso, -a *mf*
clever /'klevə(r)/ *adj* intelligente; (skilful) abile
cleverly /'klevəlɪ/ *adv* intelligentemente; (skilfully) abilmente
cliché /'kli:ʃeɪ/ *n* cliché *m inv*
clichéd /'kli:ʃeɪd/ *adj* ‹*idea, technique*› convenzionale; ‹*art, music*› stereotipato; ~ **expression** frase *f* fatta
click /klɪk/ **A** *vi* scattare; Comput (with mouse) cliccare
B *n* Comput (with mouse) clic *m inv*
■ **click on** *vt* Comput cliccare su
client /'klaɪənt/ *n* cliente *mf*
clientele /,kli:ɒn'tel/ *n* clientela *f*
cliff /klɪf/ *n* scogliera *f*
cliffhanger /'klɪfhæŋə(r)/ *n* **it was a real ~** ci ha lasciato in sospeso
climate /'klaɪmət/ *n* clima *m*
climate change *n* cambiamento *m* climatico
climatic /klaɪ'mætɪk/ *adj* climatico
climatologist /,klaɪmə'tɒlədʒɪst/ *n* climatologo, -a *mf*
climatology /,klaɪmə'tɒlədʒɪ/ *n* climatologia *f*
climax /'klaɪmæks/ *n* punto *m* culminante
climb /klaɪm/ **A** *n* salita *f*
B *vt* scalare ‹*mountain*›; arrampicarsi su ‹*ladder, tree*›
C *vi* arrampicarsi; (rise) salire; ‹*road*› salire
■ **climb down** *vi* scendere; (from ladder, tree) scendere; fig tornare sui propri passi
■ **climb over** *vt* scavalcare ‹*fence, wall*›
■ **climb up** *vt* salire su ‹*hill*›
climber /'klaɪmə(r)/ *n* alpinista *mf*; (plant) rampicante *m*
climbing /'klaɪmɪŋ/ *adj* rampicante
climbing boot *n* scarpone *m* da alpinismo
climbing expedition *n* scalata *f*
climbing frame *n struttura (f) su cui possono arrampicarsi i bambini*

clinch /klɪntʃ/ **A** *vt* infml concludere ‹*deal*›
B *n* (in boxing) clinch *m inv*
clincher /'klɪntʃə(r)/ *n* infml (act, remark) fattore *m* decisivo; (argument) argomento *m* decisivo
cling /klɪŋ/ *vi* (*pt/pp* **clung**) aggrapparsi; (stick) aderire
cling film *n* pellicola *f* trasparente
clingy /'klɪŋɪ/ *adj* ‹*dress*› attillato; ‹*person*› appiccicoso
clinic /'klɪnɪk/ *n* ambulatorio *m*
clinical /'klɪnɪkl/ *adj* clinico
clinically /'klɪnɪklɪ/ *adv* clinicamente
clink /klɪŋk/ **A** *n* tintinnio *m*; infml (prison) galera *f*
B *vi* tintinnare
clip¹ /klɪp/ **A** *n* fermaglio *m*; (jewellery) spilla *f*
B *vt* (*pt/pp* **clipped**) attaccare
clip² **A** *n* (extract) taglio *m*
B *vt* obliterare ‹*ticket*›
clip art *n* clip art *f inv*
clipboard *n* fermablocco *m*
clip-clop *n rumore (m) fatto dagli zoccoli dei cavalli*
clip frame *n* cornice *f* a giorno
clip-on *adj* ‹*bow tie*› con la clip
clip-on microphone *n* microfono *m* con la clip
clip-ons *npl* (earrings) orecchini *mpl* con le clip
clippers /'klɪpəz/ *npl* (for hair) rasoio *m*; (for hedge) tosasiepi *m inv*; (for nails) tronchesina *f*
clipping /'klɪpɪŋ/ *n* (from newspaper) ritaglio *m*
clique /kli:k/ *n* cricca *f*
cliquey, cliquish /'kli:kɪ, 'kli:kɪʃ/ *adj* ‹*atmosphere*› esclusivo; ‹*profession, group*› chiuso
cloak /kləʊk/ *n* mantello *m*
cloak-and-dagger *adj* ‹*film*› d'avventura; (surreptitious) clandestino
cloakroom *n* guardaroba *m inv*; (toilet) bagno *m*
cloakroom attendant *n* BrE (at toilets) addetto, -a *mf* ai bagni; (in hotel) guardarobiere, -a *mf*
cloakroom ticket *n* scontrino *m* del guardaroba
clobber /'klɒbə(r)/ **A** *n* infml armamentario *m*
B *vt* infml (hit) colpire; (defeat) stracciare
cloche /klɒʃ/ *n* (in garden) campana *f* di vetro
cloche hat *n* cloche *f inv*
clock /klɒk/ *n* orologio *m*; infml (speedometer) tachimetro *m*
■ **clock in, clock on** *vi* attaccare
■ **clock out, clock off** *vi* staccare
clock face *n* quadrante *m*
clockmaker *n* orologiaio, -a *mf*
clock radio *n* radiosveglia *f*
clock speed *n* Comput velocità *f* di clock

parola chiave

clock tower *n* torre *f* dell'orologio
clock-watch *vi* guardare continuamente l'orologio
clockwise *adj & adv* in senso orario
clockwork **A** *n* meccanismo *m*; **like ~** infml alla perfezione
B *attrib* a molla
clod /klɒd/ *n* zolla *f*
clog /klɒg/ **A** *n* zoccolo *m*
B *vt* (*pt/pp* **clogged**) **~ [up]** intasare ‹*drain*›; inceppare ‹*mechanism*›
C *vi* ‹*drain*› intasarsi
cloister /'klɔɪstə(r)/ *n* chiostro *m*
clone /kləʊn/ **A** *n* Biol, Comput, fig clone *m*
B *vt* clonare
cloning /'kləʊnɪŋ/ *n* clonazione *f*
close¹ /kləʊs/ **A** *adj* vicino; ‹*friend*› intimo; ‹*weather*› afoso; **have a ~ shave** infml scamparla bella; **be ~ to somebody** essere unito a qualcuno
B *adv* vicino; **~ by** vicino; **it's ~ on five o'clock** sono quasi le cinque
close² /kləʊz/ **A** *n* fine *f*; **draw to a ~** concludere
B *vt* chiudere
C *vi* chiudersi; ‹*shop*› chiudere
■ **close down** **A** *vt* chiudere
B *vi* ‹*TV station*› interrompere la trasmissione; ‹*factory*› chiudere
■ **close in** *vi* ‹*mist*› calare; ‹*enemy*› avvicinarsi da ogni lato
■ **close up** **A** *vi* (come closer together) stringersi; ‹*shop*› chiudere
B *vt* (bring closer together) avvicinare; chiudere ‹*shop*›
close combat *n* corpo a corpo *m inv*
close-cropped /-'krɒpt/ *adj* ‹*hair*› rasato
closed-circuit television /kləʊzdsɜ:kɪt-telɪ'vɪʒən/ *n* televisione *f* a circuito chiuso
closed shop /kləʊzd'ʃɒp/ *n* *azienda (f) che assume solo personale aderente ad un dato sindacato*
close-fitting /kləʊs'fɪtɪŋ/ *adj* ‹*garment*› attillato
close-knit /kləʊs'nɪt/ *adj* fig ‹*family, group*› affiatato
closely /'kləʊslɪ/ *adv* da vicino; ‹*watch, listen*› attentamente
close-run *adj* ‹*race, competition*› combattutissimo
close season /kləʊs/ *n* *stagione (f) di chiusura della caccia e della pesca*
closet /'klɒzɪt/ *n* AmE armadio *m*
close-up /'kləʊs-/ *n* primo piano *m*
closing /'kləʊzɪŋ/ *adj* ‹*stages, minutes, words, scene*› ultimo
closing date *n* data *f* di scadenza
closing down sale *n* liquidazione *f* totale [per cessata attività]
closing time *n* orario *m* di chiusura
closure /'kləʊʒə(r)/ *n* chiusura *f*
clot /klɒt/ **A** *n* grumo *m*; infml (idiot) tonto, -a *mf*
B *vi* (*pt/pp* **clotted**) ‹*blood*› coagularsi
cloth /klɒθ/ *n* (fabric) tessuto *m*; (duster etc) straccio *m*
clothe /kləʊð/ *vt* vestire
clothes /kləʊðz/ *npl* vestiti *mpl*, abiti *mpl*
clothes brush *n* spazzola *f* per abiti
clothes hanger *n* gruccia *f* appendiabiti
clothes horse *n* stendibiancheria *m inv*
clothes line *n* corda *f* stendibiancheria
clothes peg *n* molletta *f* per bucato
clothes shop *n* negozio *m* di abbigliamento
clothing /'kləʊðɪŋ/ *n* abbigliamento *m*
clotted cream *n* BrE panna *f* rappresa (*ottenuta scaldando il latte*)
cloud /klaʊd/ *n* nuvola *f*
■ **cloud over** *vi* rannuvolarsi
cloudburst /'klaʊdbɜ:st/ *n* acquazzone *m*
cloudy /'klaʊdɪ/ *adj* (**-ier**, **-iest**) nuvoloso; ‹*liquid*› torbido
clout /klaʊt/ **A** *n* infml colpo *m*; (influence) impatto *m* (**with** su)
B *vt* infml colpire
clove /kləʊv/ *n* chiodo *m* di garofano; **~ of garlic** spicchio *m* d'aglio
cloven foot, **cloven hoof** /'kləʊvən/ *n* (of animal) zoccolo *m* fesso; (of devil) piede *m* biforcuto
clover /'kləʊvə(r)/ *n* trifoglio *m*
clover leaf *n* raccordo *m* di due autostrade
clown /klaʊn/ **A** *n* pagliaccio *m*
B *vi* **~ [about/around]** fare il pagliaccio
club /klʌb/ **A** *n* club *m inv*; (weapon) clava *f*; Sport mazza *f*; **~s** *pl* Cards fiori *mpl*
B *vt* (*pt/pp* **clubbed**) bastonare
■ **club together** *vi* unirsi
club car *n* AmE *carrozza (f) ferroviaria con sala bar*
club class *n* business class *f inv*
club foot *n* piede *m* deformato
clubhouse *n* (for socializing) circolo *m*; AmE (for changing) spogliatoio *m*
club sandwich *n* club-sandwich *m inv*
cluck /klʌk/ *vi* chiocciare
clue /klu:/ *n* indizio *m*; (in crossword) definizione *f*; **I haven't a ~** infml non ne ho idea
clued-up /klu:d'ʌp/ *adj* BrE infml ben informato
clueless /'klu:lɪs/ *adj* BrE infml incapace
clump /klʌmp/ *n* gruppo *m*
clump about, **clump around** *vi* (walk noisily) camminare con passo pesante
clumsily /'klʌmzɪlɪ/ *adv* in modo maldestro; ‹*remark*› senza tatto
clumsiness /'klʌmzɪnɪs/ *n* goffaggine *f*
clumsy /'klʌmzɪ/ *adj* (**-ier**, **-iest**) maldestro; ‹*tool*› scomodo; ‹*remark*› senza tatto
clung /klʌŋ/ ▶ **cling**

cluster /'klʌstə(r)/ **A** *n* gruppo *m*
B *vi* raggrupparsi (**round** intorno a)
clutch /klʌtʃ/ **A** *n* stretta *f*; Auto frizione *f*; **be in sb's ~es** essere in balia di qualcuno
B *vt* stringere; (grab) afferrare
C *vi* **~ at** afferrare
clutch bag *n* pochette *f inv*
clutch cable *n* cavo *m* della frizione
clutter /'klʌtə(r)/ **A** *n* caos *m*
B *vt* **~ [up]** ingombrare
cm *abbr* (**centimetre(s)**) cm
CND *n abbr* (**Campaign for Nuclear Disarmament**) campagna *f* per il disarmo nucleare
Co. *abbr* **1** (**company**) C., C.ia; **and ~** hum e compagnia **2** (**county**) contea *f*
c/o *abbr* (**care of**) c/o, presso
coach /kəʊtʃ/ **A** *n* pullman *m inv*; Rail vagone *m*; (horse-drawn) carrozza *f*; Sport allenatore, -trice *mf*
B *vt* far esercitare; Sport allenare
coach party *n* BrE gruppo *m* di gitanti (*in pullman*)
coach station *n* BrE stazione *f* dei pullman
coach trip *n* viaggio *m* in pullman
coachwork *n* BrE carrozzeria *f*
coagulate /kəʊ'ægjʊleɪt/ *vi* coagularsi
coagulation /kəʊægjʊ'leɪʃn/ *n* coagulazione *f*
coal /kəʊl/ *n* carbone *m*
coalfield *n* bacino *m* carbonifero
coal fire *n* caminetto *m* alimentato a carbone
coalition /kəʊə'lɪʃn/ *n* coalizione *f*
coal mine *n* miniera *f* di carbone
coal miner *n* minatore *m*
coal scuttle *n* secchio *m* del carbone
coal seam *n* giacimento *m* di carbone
coarse /kɔːs/ *adj* grossolano; ‹*joke*› spinto
coarse-grained /-'greɪnd/ *adj* ‹*texture*› a grana grossa
coarsely /'kɔːslɪ/ *adv* ‹*ground*› grossolanamente; ‹*joke*› in modo spinto
coast /kəʊst/ **A** *n* costa *f*
B *vi* (freewheel) scendere a ruota libera; Auto scendere in folle
coastal /'kəʊstəl/ *adj* costiero
coaster /'kəʊstə(r)/ *n* (mat) sottobicchiere *m inv*
coastguard /'kəʊs(t)gɑːd/ *n* guardia *f* costiera
coastline /'kəʊstlaɪn/ *n* litorale *m*
coat /kəʊt/ **A** *n* cappotto *m*; (of animal) manto *m*; (of paint) mano *f*; **~ of arms** stemma *m*
B *vt* coprire; (with paint) ricoprire
coat hanger *n* gruccia *f*
coat hook *n* gancio *m* [appendiabiti]

coating /'kəʊtɪŋ/ *n* rivestimento *m*; (of paint) stato *m*
coat rack *n* attaccapanni *m* a muro
coat-tails *npl* falde *fpl*; **be always hanging on sb's ~** attaccarsi sempre alle falde di qualcuno
coax /kəʊks/ *vt* convincere con le moine
cob /kɒb/ *n* (of corn) pannocchia *f*
cobble /'kɒbl/ *vt* **~ together** raffazzonare
cobbler /'kɒblə(r)/ *n* ciabattino *m*
cobblestones /'kɒbəlstəʊnz/ *npl* acciottolato *msg*
cobra /'kəʊbrə/ *n* cobra *m inv*
cobweb /'kɒbweb/ *n* ragnatela *f*
cocaine /kə'keɪn/ *n* cocaina *f*
coccyx /'kɒksɪks/ *n* coccige *m*
cock /kɒk/ **A** *n* gallo *m*; (any male bird) maschio *m*; vulg cazzo *m*
B *vt* sollevare il grilletto di ‹*gun*›; **~ its ears** ‹*animal*› drizzare le orecchie
■ **cock up** infml **A** *vt* incasinare
B *vi* incasinarsi
cock-a-doodle-doo /kɒkədu:d(ə)l'du:/ *int* chicchirichì
cock-a-hoop *adj* infml al settimo cielo
cock and bull story *n* infml panzana *f*
cockatoo /kɒkə'tu:/ *n* cacatoa *m inv*
cockcrow /'kɒkkrəʊ/ *n* **at ~** al primo canto del gallo
cocked hat /kɒkt'hæt/ *n* infml **knock somebody/something into a ~** schiacciare qualcuno/qualcosa
cockerel /'kɒkərəl/ *n* galletto *m*
cocker spaniel /'kɒkə(r)/ *n* cocker *m inv* [spaniel]
cock-eyed /-'aɪd/ *adj* infml storto; (absurd) assurdo
cockfighting /'kɒkfaɪtɪŋ/ *n* combattimenti *mpl* di galli
cockle /'kɒkl/ *n* cardio *m*
cockney /'kɒknɪ/ *n* (dialect) dialetto *m* londinese; (person) abitante *mf* dell'est di Londra
cockpit /'kɒkpɪt/ *n* Aeron cabina *f*
cockroach /'kɒkrəʊtʃ/ *n* scarafaggio *m*
cocksure /kɒk'ʃʊə(r)/ *adj* ‹*person, manner, attitude*› presuntuoso
cocktail /'kɒkteɪl/ *n* cocktail *m inv*
cocktail bar *n* [cocktail] bar *m inv*
cocktail dress *n* abito *m* da cocktail *m inv*
cocktail party *n* cocktail-party *m inv*
cocktail shaker *n* shaker *m inv*
cocktail stick *n* stecchino *m*
cock-up *n* sl **make a ~** fare un casino (**of** con)
cocky /'kɒkɪ/ *adj* (**-ier**, **-iest**) infml presuntuoso
cocoa /'kəʊkəʊ/ *n* cacao *m*
coconut /'kəʊkənʌt/ *n* noce *f* di cocco
coconut palm *n* palma *f* da cocco

parola chiave

coconut shy *n* BrE *tiro (m) al bersaglio in cui si devono abbattere noci di cocco*
cocoon /kə'ku:n/ *n* bozzolo *m*
cod /kɒd/ *n inv* merluzzo *m*
COD *abbr* (**cash on delivery**) pagamento *m* alla consegna
coddle /'kɒd(ə)l/ *vt* coccolare
code /kəʊd/ *n* codice *m*
coded /'kəʊdɪd/ *adj* codificato
codeine /'kəʊdi:n/ *n* codeina *f*
code name *n* nome *m* in codice
code word *n* parola *f* d'ordine
coding /'kəʊdɪŋ/ *n* Comput codifica *f*
cod liver oil *n* olio *m* di fegato di merluzzo
co-educational /kəʊedjʊ'keɪʃənəl/ *adj* misto
coefficient /kəʊɪ'fɪʃənt/ *n* coefficiente *m*
coeliac BrE, **celiac** AmE /'si:lɪæk/ *adj* celiaco
coerce /kəʊ'ɜ:s/ *vt* costringere
coercion /kəʊ'ɜ:ʃn/ *n* coercizione *f*
coexist /kəʊɪg'zɪst/ *vi* coesistere
coexistence /kəʊɪg'zɪstəns/ *n* coesistenza *f*
C of E *abbr* (**Church of England**) Chiesa *f* anglicana
coffee /'kɒfɪ/ *n* caffè *m*
coffee bar *n* caffè *m*, bar *m inv*
coffee bean *n* chicco *m* di caffè
coffee break *n* pausa *f* per il caffè
coffee grinder *n* macinacaffè *m*
coffee machine *n* (in café) macchina *f* per l'espresso
coffee maker *n* (on stove) caffettiera *f*; (electric) macchina *f* per il caffè (*con il filtro*)
coffee morning *n* BrE *riunione (m) mattutina in cui viene servito il caffè*
coffee percolator *n* (on stove) caffettiera *f*; (electric) macchina *f* per il caffè (*con il filtro*)
coffee pot *n* caffettiera *f*
coffee shop *n* torrefazione *f*; (café) caffè *m*, bar *m inv*
coffee table *n* tavolino *m*
coffer /'kɒfə(r)/ *n* forziere *m*
coffin /'kɒfɪn/ *n* bara *f*
cog /kɒg/ *n* Techn dente *m*
cogent /'kəʊdʒənt/ *adj* convincente
cogitate /'kɒdʒɪteɪt/ *vi* cogitare
cognac /'kɒnjæk/ *n* Cognac *m*
cognoscenti /kɒnə'ʃentɪ/ *npl* intenditori *mpl*
cogwheel /'kɒgwi:l/ *n* ruota *f* dentata
cohabit /kəʊ'hæbɪt/ *vi* Jur convivere
coherent /kəʊ'hɪərənt/ *adj* coerente; (when speaking) logico
cohesion /kəʊ'hi:ʒən/ *n* coesione *f*
cohort /'kəʊhɔ:t/ *n* fig seguito *m*
coil /kɔɪl/ **A** *n* rotolo *m*; Electr bobina *f*; **~s** *pl* spire *fpl*
B *vt* **~ [up]** avvolgere
coin /kɔɪn/ **A** *n* moneta *f*
B *vt* coniare ‹*word*›
coinage /'kɔɪnɪdʒ/ *n* (of coins, currency) coniatura *f*; (word, phrase) neologismo *m*
coin box *n* (pay phone) telefono *m* a monete; (on pay phone, in laundromat) gettoniera *f*
coincide /kəʊɪn'saɪd/ *vi* coincidere
coincidence /kəʊ'ɪnsɪdəns/ *n* coincidenza *f*
coincidental /kəʊɪnsɪ'dentl/ *adj* casuale
coincidentally /kəʊɪnsɪ'dentlɪ/ *adv* casualmente
coin operated *adj* a gettone
coke *n* carbone *m*, coke *m*
Coke® /kəʊk/ *n* Coca® *f*
Col. *abbr* (**Colonel**) Col. *m*
colander /'kʌləndə(r)/ *n* Culin colapasta *m inv*
cold /kəʊld/ **A** *adj* freddo; **I'm ~** ho freddo; **get ~ feet** farsi prendere dalla fifa; **give somebody the ~ shoulder** trattare qualcuno freddamente
B *n* freddo *m*; Med raffreddore *m*
cold-blooded /-'blʌdɪd/ *adj* spietato
cold calling *n* Comm visita *f* senza preavviso
cold comfort *n* magra consolazione *f*
cold frame *n telaio (m) coperto di vetro per proteggere le piante dal gelo*
cold-hearted /-'hɑ:tɪd/ *adj* insensibile
coldly /'kəʊldlɪ/ *adv* fig freddamente
cold meat *n* salumi *mpl*
coldness /'kəʊldnɪs/ *n* freddezza *f*
cold snap *n* ondata *f* di freddo
cold sore *n* herpes *m inv*
cold store *n* cella *f* frigorifera
cold sweat *n* sudore *m* freddo; **bring somebody out in a ~** far sudare freddo qualcuno
cold turkey *n* (reaction) crisi *f inv* di astinenza; **be ~** avere una crisi di astinenza; **quit ~** smettere di colpo
Cold War *n* guerra *f* fredda
coleslaw /'kəʊlslɔ:/ *n insalata (f) di cavolo crudo, cipolle e carote in maionese*
colic /'kɒlɪk/ *n* colica *f*
collaborate /kə'læbəreɪt/ *vi* collaborare; **~ on something** collaborare a qualcosa
collaboration /kəlæbə'reɪʃn/ *n* collaborazione *f*; (with enemy) collaborazionismo *m*
collaborator /kə'læbəreɪtə(r)/ *n* collaboratore, -trice *mf*; (with enemy) collaborazionista *mf*
collage /kɒ'lɑ:ʒ/ *n* collage *m inv*; (film) montaggio *m*
collapse /kə'læps/ **A** *n* crollo *m*
B *vi* ‹*person*› svenire; ‹*roof, building*› crollare
collapsible /kə'læpsəbl/ *adj* pieghevole
collar /'kɒlə(r)/ *n* colletto *m*; (for animal) collare *m*
collarbone /'kɒləbəʊn/ *n* clavicola *f*

collar size *n* taglia *f* di camicia
collate /kə'leɪt/ *vt* collazionare
collateral /kə'lætərəl/ *n* garanzia *f* collaterale; **put up ~** offrire una garanzia collaterale
collateral damage *n* danni *mpl* collaterali
collateral loan *adj* Fin prestito *m* con garanzia collaterale
colleague /'kɒli:g/ *n* collega *mf*
collect /kə'lekt/ **A** *vt* andare a prendere ‹*person*›; ritirare ‹*parcel, tickets*›; riscuotere ‹*taxes*›; raccogliere ‹*rubbish*›; (as hobby) collezionare
B *vi* riunirsi
C *adv* **call ~** AmE telefonare a carico del destinatario
collected /kə'lektɪd/ *adj* controllato
collection /kə'lekʃn/ *n* collezione *f*; (in church) questua *f*; (of rubbish) raccolta *f*; (of post) levata *f*
collective /kə'lektɪv/ *adj* collettivo
collective bargaining *n* contrattazione *f* collettiva
collective farm *n* comune *f*
collective noun *n* nome *m* collettivo
collective ownership *n* comproprietà *f*
collector /kə'lektə(r)/ *n* (of stamps etc) collezionista *mf*
collector's item *n* pezzo *m* da collezionista
college /'kɒlɪdʒ/ *n* istituto *m* parauniversitario; **C~ of** ... Scuola *f* di ...
college of education *n* BrE ≈ facoltà *f* di magistero
college of further education *n* BrE istituto *m* parauniversitario
collide /kə'laɪd/ *vi* scontrarsi
collie /'kɒlɪ/ *n* pastore *m* scozzese, collie *m inv*
colliery /'kɒlɪərɪ/ *n* miniera *f* di carbone
collision /kə'lɪʒn/ *n* scontro *m*; **be on a ~ course** essere in rotta di collisione
colloquial /kə'ləʊkwɪəl/ *adj* colloquiale
colloquialism /kə'ləʊkwɪəlɪzm/ *n* espressione *f* colloquiale
colloquially /kə'ləʊkwɪəlɪ/ *adv* colloquialmente
colloquium /kə'ləʊkwɪəm/ *n* colloquio *m*
collude /kə'l(j)u:d/ *vi* complottare
collusion /kə'l(j)u:ʒn/ *n* collusione *f*; **in ~ with** in accordo con
cologne /kə'ləʊn/ *n* colonia *f*
Colombia /kə'lɒmbɪə/ *n* Colombia *f*
Colombian /kə'lɒmbɪən/ *adj & n* colombiano, -a *mf*
colon /'kəʊlən/ *n* due punti *mpl*; Anat colon *m inv*
colonel /'kɜ:nl/ *n* colonnello *m*
colonial /kə'ləʊnɪəl/ *adj* coloniale
colonialist /kə'ləʊnɪəlɪst/ *adj & n* colonialista *mf*
colonization /ˌkɒlənaɪ'zeɪʃn, AmE -nɪ'z-/ *n* colonizzazione *f*
colonize /'kɒlənaɪz/ *vt* colonizzare
colonizer /'kɒlənaɪzə(r)/ *n* colonizzatore, -trice *mf*
colonnade /kɒlə'neɪd/ *n* colonnato *m*
colony /'kɒlənɪ/ *n* colonia *f*
Colorado beetle /kɒlə'rɑ:dəʊ/ *n* dorifora *f*
colossal /kə'lɒsl/ *adj* colossale
colour /'kʌlə(r)/ **A** *n* colore *m*; (complexion) colorito *m*; **~s** *pl* (flag) bandiera *fsg*; **show one's true ~s** fig buttare giù la maschera; **in ~** a colori; **off ~** infml giù di tono
B *vt* colorare; **~ [in]** colorare
C *vi* (blush) arrossire
colour bar *n* discriminazione *f* razziale
colour-blind *adj* daltonico
colour code *vt* distinguere per mezzo di colori diversi
coloured /'kʌləd/ **A** *adj* colorato; offensive ‹*person*› di colore
B *n* offensive (person) persona *f* di colore
colour fast *adj* dai colori resistenti
colour film *n* film *m inv* a colori
colourful /'kʌləfʊl/ *adj* pieno di colore
colouring /'kʌlərɪŋ/ *n* (of plant, animal) colorazione *f*; (complexion) colorito *m*; (dye: for hair) tinta *f*; (for food) colorante *m*
colouring book *n* album *m inv* da colorare
colourless /'kʌləlɪs/ *adj* incolore
colour photograph *n* fotografia *f* a colori
colour scheme *n* [combinazione *f* di] colori *mpl*
colour sense *n* senso *m* del colore
colour supplement *n* supplemento *m* illustrato a colori
colour television *n* televisione *f* a colori
colt /kəʊlt/ *n* puledro *m*
column /'kɒləm/ *n* colonna *f*
columnist /'kɒləmnɪst/ *n giornalista* (*mf*) *che cura una rubrica*
coma /'kəʊmə/ *n* coma *m inv*
comatose /'kəʊmətəʊz/ *adj* Med in stato comatoso
comb /kəʊm/ **A** *n* pettine *m*; (for wearing) pettinino *m*
B *vt* pettinare; fig (search) setacciare; **~ one's hair** pettinarsi i capelli
■ **comb through** *vt* setacciare ‹*files, desk*›
combat /'kɒmbæt/ **A** *n* combattimento *m*
B *vt* (*pt/pp* **combated**) combattere
combat jacket *n* giubba *f* da combattimento
combination /kɒmbɪ'neɪʃn/ *n* combinazione *f*
combine, combine harvester *n* mietitrebbia *f*

combine¹ /kəmˈbaɪn/ **A** *vt* unire; **~ a job with being a mother** conciliare il lavoro con il ruolo di madre
B *vi* ‹*chemical elements*› combinarsi

combine² /ˈkɒmbaɪn/ *n* Comm associazione *f*

combined /kəmˈbaɪnd/ *adj* combinato

combustible /kəmˈbʌstəbl/ *adj* combustibile

combustion /kəmˈbʌstʃn/ *n* combustione *f*

come /kʌm/ *vi* (*pt* **came**, *pp* **come**) venire; **after coming all this way** dopo tutta questa strada; **where do you ~ from?** da dove vieni?; **~ to** (reach) arrivare a; **that ~s to £10** fanno 10 sterline; **I've ~ to appreciate her** ho finito per apprezzarla; **I don't know what the world is coming to** mi chiedo dove andremo a finire; **~ into money** ricevere dei soldi; **that's what comes of being ...** ecco cosa significa essere...; **~ true/open** verificarsi/aprirsi; **~ first** arrivare primo; fig venire prima di tutto; **~ in two sizes** esistere in due misure; **the years to ~** gli anni a venire; **how ~?** infml come mai?

- **come about** *vi* succedere
- **come across**: **A** *vi* **~ across as being** infml dare l'impressione di essere
  B *vt* (find) imbattersi in
- **come after** *vt* (follow) venire dopo; (chase, pursue) inseguire
- **come along** *vi* venire; ‹*job, opportunity*› presentarsi; (progress) andare bene
- **come apart** *vi* smontarsi; (break) rompersi
- **come at** *vt* (attack) avventarsi su
- **come away** *vi* venir via; ‹*button, fastener*› staccarsi
- **come back** *vi* ritornare
- **come before** *vt* (precede) precedere; (be more important than) venire prima di
- **come by** **A** *vi* passare
  B *vt* (obtain) avere
- **come down** *vi* scendere; **~ down to** (reach) arrivare a; **the situation ~s down to ...** la situazione si riduce a...; **don't ~ down too hard on her** vacci piano con lei; **~ down with flu** prendersi l'influenza
- **come forward** *vi* farsi avanti
- **come in** *vi* entrare; (in race) arrivare; ‹*tide*› salire; **~ in with somebody** (in an undertaking) associarsi a qualcuno
- **come in for**: *vt* **~ in for criticism** essere criticato
- **come into** *vt* (inherit) ereditare ‹*money, inheritance*›
- **come off** *vi* staccarsi; (take place) esserci; (succeed) riuscire; **~ off it!** non farmi ridere!
- **come on** *vi* (make progress) migliorare; **~ on!** (hurry) dai!; (indicating disbelief) ma va là!
- **come out** *vi* venir fuori; ‹*book, sun*› uscire; ‹*stain*› andar via; ‹*homosexual*› rivelare la propria omosessualità; **~ out [on strike]** scioperare
- **come out with** *vt* venir fuori con ‹*joke, suggestion*›
- **come over** *vi* venire; **what's ~ over you?** cosa ti prende?
- **come round**, **come around** *vi* venire; (after fainting) riaversi; (change one's mind) farsi convincere
- **come through** **A** *vi* ‹*news*› arrivare
  B *vt* attraversare ‹*operation*›
- **come to** *vi* (after fainting) riaversi
- **come under** *vi* trovarsi sotto
- **come up** *vi* salire; ‹*sun*› sorgere; ‹*plant*› crescere; ‹*name, subject*› venir fuori; ‹*job, opportunity*› presentarsi; **something came up** (I was prevented) ho avuto un imprevisto
- **come up against** *vt* incontrare
- **come up to** *vt* (reach) arrivare a; essere all'altezza di ‹*expectations*›
- **come up with** *vt* tirar fuori

come-back *n* ritorno *m*

comedian /kəˈmiːdɪən/ *n* [attore *m*], comico *m*

comedienne /kəmiːdɪˈen/ *n* attrice *f* comica

come-down *n* passo *m* indietro

comedy /ˈkɒmədɪ/ *n* commedia *f*

comer /ˈkʌmə(r)/ *n* **open to all ~s** aperto a tutti; **take on all ~s** battersi contro tutti gli sfidanti

comet /ˈkɒmɪt/ *n* cometa *f*

comeuppance /kʌmˈʌpəns/ *n* **get one's ~** infml avere quel che si merita

comfort /ˈkʌmfət/ **A** *n* benessere *m*; (consolation) conforto *m*; **all the ~s** tutti i comfort
B *vt* confortare

comfortable /ˈkʌmfətəbl/ *adj* comodo; **be ~** ‹*person*› stare comodo; fig ‹*in situation*› essere a proprio agio; (financially) star bene

comfortably /ˈkʌmfətəblɪ/ *adv* comodamente

comforting /ˈkʌmfətɪŋ/ *adj* confortante

comfort station *n* AmE bagno *m* pubblico

comfy /ˈkʌmfɪ/ *adj* infml comodo

comic /ˈkɒmɪk/ **A** *adj* comico
B *n* comico, -a *mf*; (periodical) fumetto *m*

comical /ˈkɒmɪk(ə)l/ *adj* comico

comically /ˈkɒmɪk(ə)lɪ/ *adv* comicamente

comic book *n* giornalino *m* [a fumetti]

comic relief *n* Theat **provide some ~** fare una parentesi comica; fig sdrammatizzare

comic strip *n* striscia *f* di fumetti

coming /ˈkʌmɪŋ/ **A** *adj* promettente
B *n* venuta *f*; **~s and goings** viavai *m*

comma /ˈkɒmə/ *n* virgola *f*

command /kəˈmɑːnd/ **A** *n* (gen, Comput) comando *m*; (order) ordine *m*; (mastery) padronanza *f*; **in ~** al comando
B *vt* ordinare; comandare ‹*army*›

commandant /ˈkɒmənd̩ænt/ *n* Mil comandante *m*

command centre BrE, **command center** AmE *n* centro *m* di comando

commandeer /kɒmənˈdɪə(r)/ *vt* requisire

commander /kəˈmɑːndə(r)/ *n* comandante *m*

commanding /kə'mɑːndɪŋ/ *adj* ‹*view*› imponente; ‹*lead*› dominante

commanding officer *n* comandante *m*

commandment /kə'mɑːndmənt/ *n* comandamento *m*

commando /kə'mɑːndəʊ/ *n* commando *m inv*

command performance *n* BrE Theat *serata (f) di gala (su richiesta del capo di stato)*

commemorate /kə'meməreɪt/ *vt* commemorare

commemoration /kəmemə'reɪʃn/ *n* commemorazione *f*

commemorative /kə'memərətɪv/ *adj* commemorativo

commence /kə'mens/ *vt & vi* cominciare

commencement /kə'mensmənt/ *n* inizio *m*

commend /kə'mend/ *vt* complimentarsi con (**on** per); (recommend) raccomandare (**to** a)

commendable /kə'mendəbl/ *adj* lodevole

commendation /kɒmen'deɪʃn/ *n* elogio *m*; (for bravery) riconoscimento *m*

commensurate /kə'menʃərət/ *adj* proporzionato (**with** a)

🔑 **comment** /'kɒment/ **A** *n* commento *m*; **no ~!** no comment!
B *vi* fare commenti (**on** su)

commentary /'kɒməntrɪ/ *n* commento *m*; **[running] ~** (on radio, TV) cronaca *f* diretta

commentate /'kɒmənteɪt/ *vt* **~ on** TV, Radio fare la cronaca di
■ **commentate on** *vt* fare la radiocronaca/telecronaca di ‹*sporting event*›

commentator /'kɒmənteɪtə(r)/ *n* cronista *mf*

commerce /'kɒmɜːs/ *n* commercio *m*

🔑 **commercial** /kə'mɜːʃl/ **A** *adj* commerciale
B *n* TV pubblicità *f*

commercial break *n* spot *m inv* [pubblicitario], interruzione *f* pubblicitaria

commercialism /kə'mɜːʃ(ə)lɪzm/ *n* derog affarismo *m*

commercialize /kə'mɜːʃ(ə)laɪz/ *vt* commercializzare

commercial law *n* diritto *m* commerciale

commercially /kə'mɜːʃ(ə)lɪ/ *adv* commercialmente

commercial traveller commesso *m* viaggiatore

commiserate /kə'mɪzəreɪt/ *vi* esprimere il proprio rincrescimento (**with** a)

commissar /kɒmɪ'sɑː(r)/ *n* commissario *m*

🔑 **commission** /kə'mɪʃn/ **A** *n* commissione *f*; **receive one's ~** Mil essere promosso ufficiale; **out of ~** fuori uso
B *vt* commissionare; Mil promuovere ufficiale; **~ a painting from somebody, ~ somebody to do a painting** commissionare un dipinto a qualcuno

commissionaire /kəmɪʃə'neə(r)/ *n* portiere *m*

commissioner /kə'mɪʃənə(r)/ *n* commissario *m*; **C~ for Oaths** ≈ notaio *m*

🔑 **commit** /kə'mɪt/ *vt* (*pt/pp* **committed**) commettere; (to prison, hospital) affidare (**to** a); impegnare ‹*funds*›; **~ oneself** impegnarsi; **~ something to memory** imparare qualcosa a memoria

🔑 **commitment** /kə'mɪtmənt/ *n* impegno *m*; (involvement) compromissione *f*

committed /kə'mɪtɪd/ *adj* impegnato

🔑 **committee** /kə'mɪtɪ/ *n* comitato *m*

commodity /kə'mɒdətɪ/ *n* prodotto *m*

commodore /'kɒmədɔː(r)/ *n* commodoro *m*

🔑 **common** /'kɒmən/ **A** *adj* comune; (vulgar) volgare
B *n* prato *m* pubblico; **have in ~** avere in comune; **House of C~s** Camera *f* dei Comuni

common cold *n* raffreddore *m*

commoner /'kɒmənə(r)/ *n persona (f) non nobile*

common ground *n* fig terreno *m* d'intesa

common-law *n* diritto *m* consuetudinario

common-law husband *n* convivente *m* (*more uxorio*)

common-law marriage *n* matrimonio *m* di fatto

common-law wife *n* convivente *f* (*more uxorio*)

commonly /'kɒmənlɪ/ *adv* comunemente

Common Market *n* Mercato *m* Comune

common-or-garden *adj* ordinario

commonplace *adj* banale

common-room *n* sala *f* dei professori/degli studenti

common sense *n* buon senso *m*

Commonwealth **A** *n* BrE Commonwealth *m inv*
B *attrib* ‹*country, Games*› del Commonwealth

Commonwealth of Independent States *n* Comunità *f* degli stati indipendenti

commotion /kə'məʊʃn/ *n* confusione *f*

communal /'kɒmjʊnəl/ *adj* comune

commune /'kɒmjuːn/ **A** *n* comune *f*
B /kə'mjuːn/ *vi* **~ with** essere in comunione con ‹*nature*›; comunicare con (person)

communicable /kə'mjuːnɪkəbl/ *adj* ‹*disease*› trasmissibile

communicate /kə'mjuːnɪkeɪt/ *vt & vi* comunicare

🔑 **communication** /kəmjuːnɪ'keɪʃn/ *n* comunicazione *f*; (of disease) trasmissione *f*; **be in ~ with somebody** essere in contatto con qualcuno; **~s** *pl* (technology)

🔑 parola chiave

telecomunicazioni *fpl*

communication cord *n* fermata *f* d'emergenza

communications company *n* società *f* di telecomunicazioni

communications satellite *n* satellite *m* per telecomunicazioni

communications software *n* software *m* di comunicazione

communication studies /ˈstʌdɪz/ *n* studi *mpl* di comunicazione

communicative /kəˈmjuːnɪkətɪv/ *adj* comunicativo

Communion /kəˈmjuːnɪən/ *n* **[Holy] ~** comunione *f*

communiqué /kəˈmjuːnɪkeɪ/ *n* comunicato *m* stampa

Communism /ˈkɒmjʊnɪzm/ *n* comunismo *m*

Communist /ˈkɒmjʊnɪst/ *adj* & *n* comunista *mf*

Communist Party *n* partito *m* comunista

community /kəˈmjuːnətɪ/ *n* comunità *f*

community care *n cura (f) fuori dell'ambito ospedaliero*

community centre *n* centro *m* sociale

community policing *n* polizia *f* di quartiere

community service *n* servizio *m* civile (*in sostituzione di pene per reati minori*)

community spirit *n* spirito *m* civico

commute /kəˈmjuːt/ **A** *vi* fare il pendolare **B** *vt* Jur commutare

commuter /kəˈmjuːtə(r)/ *n* pendolare *mf*

commuter belt *n* zona *f* suburbana abitata dai pendolari

commuter train *n* treno *m* dei pendolari

Comoros /ˈkɒmərəʊz/ *npl* **the ~ (Islands)** le (isole) Comore *fpl*

compact¹ /kəmˈpækt/ *adj* compatto

compact² /ˈkɒmpækt/ *n* portacipria *m inv*

compact disc *n* compact disc *m inv*

compact disc player *n* lettore *m* di compact disc

companion /kəmˈpænjən/ *n* compagno, -a *mf*

companionable /kəmˈpænjənəbl/ *adj* ‹*person*› socievole; ‹*silence*› non pesante

companionship /kəmˈpænjənʃɪp/ *n* compagnia *f*

company /ˈkʌmpənɪ/ *n* compagnia *f*; (guests) ospiti *mpl*; **I didn't know you had ~** pensavo che fossi solo

company brochure *n* opuscolo *m* dell'azienda

company car *n* macchina *f* della ditta

company director *n* dirigente *mf* d'azienda

company letterhead *n* carta *f* intestata dell'azienda

company pension scheme *n* piano *m* di pensionamento aziendale

company policy *n* politica *f* aziendale

company secretary *n* direttore, -trice *mf* amministrativo, -a

comparable /ˈkɒmpərəbl/ *adj* paragonabile

comparative /kəmˈpærətɪv/ **A** *adj* comparativo; (relative) relativo **B** *n* Gram comparativo *m*

comparatively /kəmˈpærətɪvlɪ/ *adv* relativamente

compare /kəmˈpeə(r)/ **A** *vt* paragonare (**with/to** a) **B** *vi* **it can't ~** non ha paragoni

comparison /kəmˈpærɪsn/ *n* paragone *m*

compartment /kəmˈpɑːtmənt/ *n* compartimento *m*; Rail scompartimento *m*

compass /ˈkʌmpəs/ *n* bussola *f*

compasses /ˈkʌmpəsɪz/ *npl* **pair of ~** compasso *msg*

compassion /kəmˈpæʃn/ *n* compassione *f*

compassionate /kəmˈpæʃənət/ *adj* compassionevole

compatible /kəmˈpætəbl/ *adj* compatibile; **be ~** ‹*people*› avere caratteri compatibili

compatriot /kəmˈpætrɪət/ *n* compatriota *mf*

compel /kəmˈpel/ *vt* (*pt/pp* **compelled**) costringere

compelling /kəmˈpelɪŋ/ *adj* ‹*reason, argument*› convincente; ‹*performance, film, speaker*› avvincente

compendium /kəmˈpendɪəm/ *n* (handbook) compendio *m*; BrE (box of games) scatola *f* di giochi

compensate /ˈkɒmpənseɪt/ **A** *vt* risarcire **B** *vi* **~ for** fig compensare di

compensation /kɒmpənˈseɪʃn/ *n* risarcimento *m*; fig (comfort) consolazione *f*

compère /ˈkɒmpeə(r)/ *n* presentatore, -trice *mf*

compete /kəmˈpiːt/ *vi* competere; (take part) gareggiare

competence /ˈkɒmpɪtəns/ *n* competenza *f*

competent /ˈkɒmpɪtənt/ *adj* competente

competition /kɒmpəˈtɪʃn/ *n* concorrenza *f*; (contest) gara *f*

competitive /kəmˈpetɪtɪv/ *adj* competitivo; **~ prices** prezzi *mpl* concorrenziali

competitor /kəmˈpetɪtə(r)/ *n* concorrente *mf*

compilation /kɒmpɪˈleɪʃn/ *n* compilazione *f*; (collection) raccolta *f*

compile /kəmˈpaɪl/ *vt* compilare

complacency /kəmˈpleɪsənsɪ/ *n* compiacimento *m*

complacent /kəmˈpleɪsənt/ *adj* compiaciuto

complacently /kəmˈpleɪsəntlɪ/ *adv* con compiacimento

complain /kəmˈpleɪn/ *vi* lamentarsi (**about**

di); (formally) reclamare; ~ **of** Med accusare

complaint /kəm'pleɪnt/ *n* lamentela *f*; (formal) reclamo *m*; Med disturbo *m*

complement¹ /'kɒmplɪmənt/ *n* complemento *m*; **with a full ~ of 25** con un effettivo al completo di 25

complement² /'kɒmplɪment/ *vt* complementare; ~ **each other** complementarsi a vicenda

complementary /kɒmplɪ'mentərɪ/ *adj* complementare

complementary medicine *n* medicina *f* alternativa

complete /kəm'pli:t/ **A** *adj* completo; (utter) finito
B *vt* completare; compilare ‹*form*›

completely /kəm'pli:tlɪ/ *adv* completamente

completion /kəm'pli:ʃn/ *n* fine *f*

complex /'kɒmpleks/ *adj & n* complesso *m*

complexion /kəm'plekʃn/ *n* carnagione *f*; **that puts a different ~ on the matter** questo mette la questione in una luce nuova

complexity /kəm'pleksətɪ/ *n* complessità *f*

compliance /kəm'plaɪəns/ *n* accettazione *f*; (with rules) osservanza *f*; **in ~ with** in osservanza a ‹*law*›; conformemente a ‹*request*›

compliant /kəm'plaɪənt/ *adj* accondiscendente; Comput conforme; ~ **with** conforme a

complicate /'kɒmplɪkeɪt/ *vt* complicare

complicated /'kɒmplɪkeɪtɪd/ *adj* complicato

complication /kɒmplɪ'keɪʃn/ *n* complicazione *f*

complicity /kəm'plɪsətɪ/ *n* complicità *f*

compliment /'kɒmplɪmənt/ **A** *n* complimento *m*; **~s** *pl* omaggi *mpl*
B *vt* complimentare

complimentary /kɒmplɪ'mentərɪ/ *adj* complimentoso; (given free) in omaggio

comply /kəm'plaɪ/ *vi* (*pt/pp* **-ied**) ~ **with** conformarsi a

component /kəm'pəʊnənt/ *adj & n* ~ **[part]** componente *m*

compose /kəm'pəʊz/ *vt* comporre; ~ **oneself** ricomporsi; **be ~d of** essere composto da

composed /kəm'pəʊzd/ *adj* (calm) composto

composer /kəm'pəʊzə(r)/ *n* compositore, -trice *mf*

composite /'kɒmpəzɪt/ *adj* composto; ‹*style*› composito

composition /kɒmpə'zɪʃn/ *n* composizione *f*; (essay) tema *m*

compos mentis /kɒmpɒs'mentɪs/ *adj* nel pieno possesso delle proprie facoltà

compost /'kɒmpɒst/ *n* composta *f*

composting /'kɒmpɒstɪŋ/ *n* compostaggio *m*

composure /kəm'pəʊʒə(r)/ *n* calma *f*

compound¹ /kəm'paʊnd/ *vt* (make worse) aggravare

compound² /'kɒmpaʊnd/ **A** *adj* composto
B *n* Chem composto *m*; Gram parola *f* composta; (enclosure) recinto *m*

compound fracture *n* frattura *f* esposta

compound interest *n* interesse *m* composto

comprehend /kɒmprɪ'hend/ *vt* comprendere

comprehensible /kɒmprɪ'hensəbl/ *adj* comprensibile

comprehensibly /kɒmprɪ'hensəblɪ/ *adv* comprensibilmente

comprehension /kɒmprɪ'henʃn/ *n* comprensione *f*

comprehensive /kɒmprɪ'hensɪv/ *adj & n* comprensivo; ~ **[school]** *scuola (f) media in cui gli allievi hanno capacità d'apprendimento diverse*

comprehensive insurance *n* Auto polizza *f* casco

compress¹ /'kɒmpres/ *n* compressa *f*

compress² /kəm'pres/ *vt* (also Comput) comprimere

compressed air /kəm'prest/ *n* aria *f* compressa

compression /kəm'preʃn/ *n* compressione *f*

comprise /kəm'praɪz/ *vt* comprendere; (form) costituire

compromise /'kɒmprəmaɪz/ **A** *n* compromesso
B *vt* compromettere
C *vi* fare un compromesso

compromising /'kɒmprəmaɪzɪŋ/ *adj* ‹*situation*› compromettente

compulsion /kəm'pʌlʃn/ *n* desiderio *m* irresistibile

compulsive /kəm'pʌlsɪv/ *adj* Psych patologico; ~ **eating** voglia *f* ossessiva di mangiare

compulsory /kəm'pʌlsərɪ/ *adj* obbligatorio; ~ **subject** materia *f* obbligatoria

compulsory purchase *n* BrE espropriazione *f* (*per pubblica utilità*)

compunction /kəm'pʌŋkʃn/ *n* literary scrupolo *m*

computation /kɒmpjʊ'teɪʃn/ *n* calcolo *m*

computer /kəm'pju:tə(r)/ *n* computer *m inv*

computer-aided *adj* assistito da computer

computer-aided design *n* progettazione *f* assistita da computer

computer-aided learning *n* apprendimento *m* assistito da computer

computer-assisted language learning *n* apprendimento *m* della lingua assistito da computer

computer crime *n* reati *mpl* informatici

---

parola chiave

computer dating *n possibilità (f) di incontrare l'anima gemella tramite agenzie in rete*
computer dating service *n* servizio *m* di ricerca dell'anima gemella in rete
computer engineer *n* tecnico *m* informatico
computer error *n* errore *m* informatico
computer game *n* gioco *m* su computer; **~s** intelligiochi *mpl*
computer graphics *nsg* grafica *fsg* computerizzata
computer hacker *n* pirata *m* informatico
computerization /kəmpjuːtəraɪˈzeɪʃn/ *n* computerizzazione *f*
computerize /kəmˈpjuːtəraɪz/ *vt* computerizzare
computer-literate *adj* che sa usare il computer
computer operator *n* terminalista *mf*
computer program *n* programma *m* [informatico]
computer programmer *n* programmatore, -trice *mf* di computer
computer science *n* informatica *f*
computer scientist *n* esperto, -a *mf* di informatica
computer virus *n* virus *m inv* [su computer]
computing /kəmˈpjuːtɪŋ/ *n* informatica *f*
comrade /ˈkɒmreɪd/ *n* camerata *m*; Pol compagno, -a *mf*
comradeship /ˈkɒmreɪdʃɪp/ *n* cameratismo *m*
con¹ /kɒn/ ▶ **pro**
con² **A** *n* infml fregatura *f*
B *vt* (*pt/pp* **conned**) infml fregare
concave /ˈkɒnkeɪv/ *adj* concavo
conceal /kənˈsiːl/ *vt* nascondere
concealment /kənˈsiːlmənt/ *n* dissimulazione *f*
concede /kənˈsiːd/ *vt* (admit) ammettere; (give up) rinunciare a; lasciar fare ‹*goal*›
conceit /kənˈsiːt/ *n* presunzione *f*
conceited /kənˈsiːtɪd/ *adj* presuntuoso
conceivable /kənˈsiːvəbl/ *adj* concepibile
conceive /kənˈsiːv/ **A** *vt* Biol concepire
B *vi* aver figli; **~ of** fig concepire
concentrate /ˈkɒnsəntreɪt/ **A** *vt* concentrare
B *vi* concentrarsi
C *n* concentrato *m*
concentration /kɒnsənˈtreɪʃn/ *n* concentrazione *f*
concentration camp *n* campo *m* di concentramento
concentric /kənˈsentrɪk/ *adj* concentrico
concept /ˈkɒnsept/ *n* concetto *m*
conception /kənˈsepʃn/ *n* concezione *f*; (idea) idea *f*
conceptual /kənˈseptjʊəl/ *adj* concettuale
concern /kənˈsɜːn/ **A** *n* preoccupazione *f*; Comm attività *f*
B *vt* (be about, affect) riguardare; (worry) preoccupare; **~ oneself with** preoccuparsi di; **as far as I am ~ed** per quanto mi riguarda
concerned /kənˈsɜːnd/ *adj* (worried) preoccupato; **be ~ about** essere preoccupato per; (involved) interessato; **all (those) ~** tutti gli interessati
concerning /kənˈsɜːnɪŋ/ *prep* riguardo a
concert /ˈkɒnsət/ *n* concerto *m*
concerted /kənˈsɜːtɪd/ *adj* collettivo
concert hall *n* sala *f* da concerti
concertina /kɒnsəˈtiːnə/ *n* piccola fisarmonica *f*
concert master *n* AmE primo violino *m*
concerto /kənˈtʃeətəʊ/ *n* concerto *m*
concession /kənˈseʃn/ *n* concessione *f*; (reduction) sconto *m*
concessionary /kənˈseʃənrɪ/ *adj* (reduced) scontato
conciliate /kənˈsɪlɪeɪt/ *vt* blandire
conciliation /kənsɪlɪˈeɪʃn/ *n* conciliazione *f*
conciliator /kənˈsɪlɪeɪtə(r)/ *n* mediatore, -trice *mf*
conciliatory /kənˈsɪlɪətərɪ, AmE -tɔːrɪ/ *adj* conciliatorio
concise /kənˈsaɪs/ *adj* conciso
concisely /kənˈsaɪslɪ/ *adv* in modo conciso
conciseness /kənˈsaɪsnɪs/ *n* concisione *f*
conclude /kənˈkluːd/ **A** *vt* concludere
B *vi* concludersi
concluding /kənˈkluːdɪŋ/ *adj* finale, conclusivo
conclusion /kənˈkluːʒn/ *n* conclusione *f*; **in ~** per concludere
conclusive /kənˈkluːsɪv/ *adj* definitivo
conclusively /kənˈkluːsɪvlɪ/ *adv* in modo definitivo
concoct /kənˈkɒkt/ *vt* confezionare; fig inventare
concoction /kənˈkɒkʃn/ *n* mistura *f*; (drink) intruglio *m*
concord /ˈkɒŋkɔːd/ *n* concordia *f*
concordance /kənˈkɔːdəns/ *n* accordo *m*; (index) concordanze *fpl*; **be in ~ with** essere in accordo con
concourse /ˈkɒŋkɔːs/ *n* atrio *m*
concrete /ˈkɒŋkriːt/ **A** *adj* concreto
B *n* calcestruzzo *m*
C *vt* ricoprire di calcestruzzo
concrete jungle *n* giungla *f* d'asfalto
concrete mixer *n* betoniera *f*
concur /kənˈkɜː(r)/ *vi* (*pt/pp* **concurred**) essere d'accordo
concurrently /kənˈkʌrəntlɪ/ *adv* contemporaneamente
concuss /kənˈkʌs/ *vt* **be ~ed** avere una commozione cerebrale

concussion /kən'kʌʃn/ *n* commozione *f* cerebrale

condemn /kən'dem/ *vt* condannare; dichiarare inagibile ‹*building*›

condemnation /kɒndem'neɪʃn/ *n* condanna *f*

condensation /kɒnden'seɪʃn/ *n* condensazione *f*

condense /kən'dens/ **A** *vt* condensare; Phys condensare
B *vi* condensarsi

condensed milk /kəndenst'mɪlk/ *n* latte *m* condensato

condescend /kɒndɪ'send/ *vi* degnarsi

condescending /kɒndɪ'sendɪŋ/ *adj* condiscendente

condescendingly /kɒndɪ'sendɪŋlɪ/ *adv* in modo condiscendente

condiment /'kɒndɪmənt/ *n* condimento *m*

condition /kən'dɪʃn/ **A** *n* condizione *f*; **on ~ that** a condizione che
B *vt* Psych condizionare

conditional /kən'dɪʃənəl/ **A** *adj* ‹*acceptance*› condizionato; Gram condizionale; **be ~ on** essere condizionato da
B *n* Gram condizionale

conditionally /kən'dɪʃənəlɪ/ *adv* condizionatamente

conditioner /kən'dɪʃənə(r)/ *n* balsamo *m*; (for fabrics) ammorbidente *m*

conditioning /kən'dɪʃənɪŋ/ **A** *n* (of hair) balsamo *m*; Psych condizionamento *m*
B *adj* ‹*shampoo, lotion etc*› trattante

condo /'kɒndəʊ/ *n* AmE **condominium**

condole /kən'dəʊl/ *vi* fare le condoglianze (**with** a)

condolences /kən'dəʊlənsɪz/ *npl* condoglianze *fpl*

condom /'kɒndəm/ *n* preservativo *m*

condominium /kɒndə'mɪnɪəm/ *n* AmE condominio *m*

condone /kən'dəʊn/ *vt* passare sopra a

conducive /kən'djuːsɪv/ *adj* **be ~ to** contribuire a

conduct¹ /'kɒndʌkt/ *n* condotta *f*

conduct² /kən'dʌkt/ *vt* condurre; dirigere ‹*orchestra*›

conduction /kən'dʌkʃn/ *n* conduzione *f*

conductor /kən'dʌktə(r)/ *n* direttore *m* d'orchestra; (of bus) bigliettaio *m*; Phys conduttore *m*

conductress /kən'dʌktrɪs/ *n* bigliettaia *f*

cone /kəʊn/ *n* cono *m*; Bot pigna *f*; Auto birillo *m*
■ **cone off**: *vt* **be ~d off** Auto essere chiuso da birilli

confection /kən'fekʃn/ *n* (cake, dessert) dolce *m*; **a ~ of** (combination) una combinazione di

confectioner /kən'fekʃənə(r)/ *n* pasticciere, -a *mf*

confectionery /kən'fekʃənərɪ/ *n* pasticceria *f*

confederation /kənfedə'reɪʃn/ *n* confederazione *f*

confer /kən'fɜː(r)/ *v* (*pt/pp* **conferred**)
A *vt* conferire (**on** a)
B *vi* (discuss) conferire

conference /'kɒnfərəns/ *n* conferenza *f*

conference room *n* sala *f* riunioni

confess /kən'fes/ **A** *vt* confessare
B *vi* confessare; Relig confessarsi

confession /kən'feʃn/ *n* confessione *f*

confessional /kən'feʃənəl/ *n* confessionale *m*

confessor /kən'fesə(r)/ *n* confessore *m*

confetti /kən'fetɪ/ *n* coriandoli *mpl*

confide /kən'faɪd/ *vt* confidare
■ **confide in**: *vt* **~ in somebody** fidarsi di

confidence /'kɒnfɪdəns/ *n* (trust) fiducia *f*; (self-assurance) sicurezza *f* di sé; (secret) confidenza *f*; **in ~** in confidenza

confidence trick *n* truffa *f*

confidence trickster /'kɒnfɪdənstrɪkstə(r)/ *n* imbroglione, -a *mf*

confident /'kɒnfɪdənt/ *adj* fiducioso; (self-assured) sicuro di sé

confidential /kɒnfɪ'denʃl/ *adj* confidenziale

confidentiality /kɒnfɪdenʃɪ'ælətɪ/ *n* riservatezza *f*

confidentially /kɒnfɪ'denʃəlɪ/ *adv* confidenzialmente

confidently /'kɒnfɪdəntlɪ/ *adv* con aria fiduciosa; **we ~ expect to win** siamo fiduciosi nella vittoria

confine /kən'faɪn/ *vt* rinchiudere; (limit) limitare; **be ~d to bed** essere confinato a letto

confined /kən'faɪnd/ *adj* ‹*space*› limitato

confinement /kən'faɪnmənt/ *n* detenzione *f*; Med parto *m*

confines /'kɒnfaɪnz/ *npl* confini *mpl*

confirm /kən'fɜːm/ *vt* confermare; Relig cresimare

confirmation /kɒnfə'meɪʃn/ *n* conferma *f*; Relig cresima *f*

confirmed /kən'fɜːmd/ *adj* incallito; **~ bachelor** scapolo *m* impenitente

confiscate /'kɒnfɪskeɪt/ *vt* confiscare

confiscation /'kɒnfɪs'keɪʃn/ *n* confisca *f*

conflagration /kɒnflə'greɪʃn/ *n* conflagrazione *f*

conflate /kən'fleɪt/ *vt* fondere

conflict¹ /'kɒnflɪkt/ *n* conflitto *m*

conflict² /kən'flɪkt/ *vi* essere in contraddizione

conflicting /kən'flɪktɪŋ/ *adj* contraddittorio

confluence /'kɒnfluəns/ *n* (of rivers) confluenza *f*; fig convergenza *f*

conform /kən'fɔːm/ *vi* ‹*person*› conformarsi; ‹*thing*› essere conforme (**to** a)

---

parola chiave

conformist /kən'fɔːmɪst/ *n* conformista *mf*
conformity /kən'fɔːmɪtɪ/ *n* conformità *f*; Relig ortodossia *f*; **in ~ with** in conformità a
confound /kən'faʊnd/ *vt* (perplex) confondere; (show to be wrong) confutare
confounded /kən'faʊndɪd/ *adj* infml maledetto
confront /kən'frʌnt/ *vt* affrontare; **the problems ~ing us** i problemi che dobbiamo affrontare
confrontation /kɒnfrʌn'teɪʃən/ *n* confronto *m*
confrontational /ˌkɒnfrən'teɪʃənəl/ *adj* provocatorio
confuse /kən'fjuːz/ *vt* confondere
confused /kən'fjuːzd/ *adj* ‹*presentation, idea*› ingarbugliato
confusing /kən'fjuːzɪŋ/ *adj* che confonde
confusion /kən'fjuːʒn/ *n* confusione *f*
congeal /kən'dʒiːl/ *vi* ‹*blood*› coagularsi
congenial /kən'dʒiːnɪəl/ *adj* congeniale
congenital /kən'dʒenɪtl/ *adj* congenito
congested /kən'dʒestɪd/ *adj* congestionato
congestion /kən'dʒestʃn/ *n* congestione *f*
congestion charge *n pedaggio (m) per circolare nelle strade del centro di Londra*
conglomerate /kən'glɒmərət/ *n* conglomerato *m*
Congo /'kɒŋgəʊ/ *n* Congo *m*
Congolese /kɒŋgə'liːz/ *adj & n* congolese *mf*
congratulate /kən'grætjʊleɪt/ *vt* congratularsi con (**on** per)
congratulations /kəngrætjʊ'leɪʃnz/ *npl* congratulazioni *fpl*
congregate /'kɒŋgrɪgeɪt/ *vi* radunarsi
congregation /kɒngrɪ'geɪʃn/ *n* Relig assemblea *f*
congress /'kɒŋgres/ *n* congresso *m*
congressman /'kɒŋgresmən/ *n* AmE Pol membro *m* del congresso
conical /'kɒnɪkl/ *adj* conico
conifer /'kɒnɪfə(r)/ *n* conifera *f*
conjecture /kən'dʒektʃə(r)/ **A** *n* congettura *f*
B *vt* congetturare
C *vi* fare congetture
conjugal /'kɒndʒʊgl/ *adj* coniugale
conjugate /'kɒndʒʊgeɪt/ *vt* coniugare
conjugation /kɒndʒʊ'geɪʃn/ *n* coniugazione *f*
conjunction /kən'dʒʌŋkʃn/ *n* congiunzione *f*; **in ~ with** insieme a
conjunctivitis /kəndʒʌŋktɪ'vaɪtɪs/ *n* congiuntivite *f*
conjure up /'kʌndʒə(r)/ *vt* evocare ‹*image*›; tirar fuori dal nulla ‹*meal*›
conjuring /'kʌndʒərɪŋ/ *n* giochi *mpl* di prestigio
conjuring trick /'kʌndʒərɪŋ/ *n* gioco *m* di prestigio
conjuror, conjurer /'kʌndʒərə(r)/ *n* prestigiatore, -trice *mf*
conk /kɒŋk/ *vi* **~ out** infml ‹*machine*› guastarsi; ‹*person*› crollare
conker /'kɒŋkə(r)/ *n* infml castagna *f* (*d'ippocastano*)
conman /'kɒnmæn/ *n* infml truffatore *m*
connect /kə'nekt/ **A** *vt* collegare; **be ~ed with** avere legami con; (be related to) essere imparentato con; **be well ~ed** aver conoscenze influenti
B *vi* essere collegato (**with** a); ‹*train*› fare coincidenza
connecting /kə'nektɪŋ/ *adj* ‹*room*› di comunicazione
connecting flight *n* coincidenza *f*
connection /kə'nekʃn/ *n* (between ideas) nesso *m*; (in travel) coincidenza *f*; Electr, Comput collegamento *m*; **in ~ with** con riferimento a; **~s** *p* (people) conoscenze *fpl*
connectivity /ˌkɒnek'tɪvɪtɪ/ *n* Comput connettività *f*
connector /kə'nektə(r)/ *n* Comput connettore *m*
connivance /kə'naɪvəns/ *n* connivenza *f*
connive /kə'naɪv/ *vi* **~ at** essere connivente in
connoisseur /kɒnə'sɜː(r)/ *n* intenditore, -trice *mf*
connotation /kɒnə'teɪʃn/ *n* connotazione *f*
connote /kə'nəʊt/ *vt* evocare; (in linguistics) connotare
conquer /'kɒŋkə(r)/ *vt* conquistare; fig superare ‹*fear*›
conqueror /'kɒnkərə(r)/ *n* conquistatore *m*
conquest /'kɒnkwest/ *n* conquista *f*
conscience /'kɒnʃəns/ *n* coscienza *f*
conscientious /kɒnʃɪ'enʃəs/ *adj* coscienzioso
conscientiously /kɒnsɪ'enʃəslɪ/ *adv* coscienziosamente
conscientious objector /əb'dʒektə(r)/ *n* obiettore *m* di coscienza
conscious /'kɒnʃəs/ *adj* conscio; ‹*decision*› meditato; **[fully] ~** cosciente; **be/become ~ of something** rendersi conto di qualcosa
consciously /'kɒnʃəslɪ/ *adv* consapevolmente
consciousness /'kɒnʃəsnɪs/ *n* consapevolezza *f*; Med conoscenza *f*
conscript¹ /'kɒnskrɪpt/ *n* coscritto *m*
conscript² /kən'skrɪpt/ *vt* Mil chiamare alle armi; **~ somebody to do something** fig reclutare qualcuno per fare qualcosa
conscription /kən'skrɪpʃn/ *n* coscrizione *f*, leva *f*
consecrate /'kɒnsɪkreɪt/ *vt* consacrare
consecration /kɒnsɪ'kreɪʃn/ *n* consacrazione *f*
consecutive /kən'sekjʊtɪv/ *adj* consecutivo

c

consecutively /kən'sekjʊtɪvlɪ/ *adv* consecutivamente
consensus /kən'sensəs/ *n* consenso *m*
consent /kən'sent/ **A** *n* consenso *m* **B** *vi* acconsentire
C **consequence** /'kɒnsɪkwəns/ *n* conseguenza *f*; (importance) importanza *f*
consequent /'kɒnsɪkwənt/ *adj* conseguente
consequently /'kɒnsɪkwəntlɪ/ *adv* di conseguenza
conservation /kɒnsə'veɪʃn/ *n* conservazione *f*
conservation area *n* area *f* soggetta a vincoli ambientali
conservationist /kɒnsə'veɪʃənɪst/ *n* fautore, -trice *mf* della tutela ambientale
conservatism /kən'sɜ:vətɪzm/ *n* conservatorismo *m*
conservative /kən'sɜ:vətɪv/ **A** *adj* conservativo; ‹*estimate*› ottimistico; **C~** Pol *adj* conservatore **B** *n* conservatore, -trice *mf*
Conservative Party *n* partito *m* conservatore
conservatory /kən'sɜ:vətrɪ/ *n spazio (m) chiuso da vetrate adiacente alla casa*
conserve /kən'sɜ:v/ *vt* conservare
consider /kən'sɪdə(r)/ *vt* considerare; **~ doing something** considerare la possibilità di fare qualcosa
considerable /kən'sɪdərəbl/ *adj* considerevole
considerably /kən'sɪdərəblɪ/ *adv* considerevolmente
considerate /kən'sɪdərət/ *adj* pieno di riguardo
considerately /kən'sɪdərətlɪ/ *adv* con riguardo
consideration /kənsɪdə'reɪʃn/ *n* considerazione *f*; (thoughtfulness) attenzione *f*; (respect) riguardo *m*; (payment) compenso *m*; **take into ~** prendere in considerazione
considering /kən'sɪdərɪŋ/ *prep* considerando; **~ that** considerando che
consign /kən'saɪn/ *vt* affidare
consignment /kən'saɪnmənt/ *n* consegna *f*
consist /kən'sɪst/ *vi* **~ of** consistere di
consistency /kən'sɪstənsɪ/ *n* coerenza *f*; (density) consistenza *f*
consistent /kən'sɪstənt/ *adj* coerente; ‹*loyalty*› costante; **be ~ with** far pensare a
consistently /kən'sɪstəntlɪ/ *adv* coerentemente; ‹*late, loyal*› costantemente
consolation /kɒnsə'leɪʃn/ *n* consolazione *f*
consolation prize *n* premio *m* di consolazione
console /kən'səʊl/ *vt* consolare
consolidate /kən'sɒlɪdeɪt/ *vt* consolidare
consolidation /kənsɒlɪ'deɪʃn/ *n* (of knowledge, position) consolidamento *m*
consoling /kən'səʊlɪŋ/ *adj* consolante
consonant /'kɒnsənənt/ *n* consonante *f*
consort[1] /'kɒnsɔ:t/ *n* consorte *mf*
consort[2] /kən'sɔ:t/ *vi* **~ with** frequentare
consortium /kən'sɔ:tɪəm/ *n* consorzio *m*
conspicuous /kən'spɪkjʊəs/ *adj* facilmente distinguibile; **be ~ by one's absence** brillare per la propria assenza
conspicuously /kən'spɪkjʊəslɪ/ *adv* ‹*dressed*› vistosamente; ‹*placed*› in evidenza; (silent, empty) in modo evidente
conspiracy /kən'spɪrəsɪ/ *n* cospirazione *f*
conspiracy theory *n* teoria *f* del complotto
conspirator /kən'spɪrətə(r)/ *n* cospiratore, -trice *mf*
conspire /kən'spaɪə(r)/ *vi* cospirare
constable /'kʌnstəbl/ *n* agente *m* [di polizia]
constabulary /kən'stæbjʊlərɪ/ *n* BrE polizia *f*
constancy /'kɒnstənsɪ/ *n* costanza *f*
constant /'kɒnstənt/ *adj* costante
constantly /'kɒnstəntlɪ/ *adv* costantemente
constellation /kɒnstə'leɪʃn/ *n* costellazione *f*
consternation /kɒnstə'neɪʃn/ *n* costernazione *f*
constipated /'kɒnstɪpeɪtɪd/ *adj* stitico
constipation /kɒnstɪ'peɪʃn/ *n* stitichezza *f*
constituency /kən'stɪtjʊənsɪ/ *n collegio (m) elettorale di un deputato nel Regno Unito*
constituent /kən'stɪtjʊənt/ *n* costituente *m*; Pol elettore, -trice *mf*
constitute /'kɒnstɪtju:t/ *vt* costituire
constitution /kɒnstɪ'tju:ʃn/ *n* costituzione *f*
constitutional /kɒnstɪ'tju:ʃənl/ **A** *adj* costituzionale **B** *n* passeggiata *f* salutare
constitutionally /kɒnstɪ'tju:ʃənəlɪ/ *adv* Pol costituzionalmente; (innately) di costituzione
constrain /kən'streɪn/ *vt* costringere
constraint /kən'streɪnt/ *n* costrizione *f*; (restriction) restrizione *f*; (strained manner) disagio *m*
constrict /kən'strɪkt/ *vt* ‹*tight jacket*› stringere
constriction /kən'strɪkʃn/ *n* (of chest, throat) senso *m* di oppressione; (constraint) costrizione *f*; (of blood vessel) restrizione *f*
construct /kən'strʌkt/ *vt* costruire
construction /kən'strʌkʃn/ *n* costruzione *f*; (interpretation) interpretazione *f*; **under ~** in costruzione
construction engineer *n* ingegnere *m* edile
construction paper *n* AmE cartoncino *m*
construction site *n* cantiere *m*
construction worker *n* [operaio *m*] edile *m*

constructive /kən'strʌktɪv/ *adj* costruttivo
constructively /kən'strʌktɪvlɪ/ *adv* in modo costruttivo
construe /kən'stru:/ *vt* interpretare
consul /'kɒnsl/ *n* console *m*
consular /'kɒnsjʊlə(r)/ *adj* consolare
consulate /'kɒnsjʊlət/ *n* consolato *m*
consult /kən'sʌlt/ *vt* consultare
consultancy /kən'sʌltənsɪ/ **A** *n* (advice) consulenza *f*; (firm) ufficio *m* di consulenza; BrE Med posto *m* di specialista; **do ~** fare il/la consulente
B *attrib* ‹*fees, service, work*› di consulenza
consultant /kən'sʌltənt/ *n* consulente *mf*; Med specialista *mf*
consultation /kɒnsl'teɪʃn/ *n* consultazione *f*; Med consulto *m*
consultative /kən'sʌltətɪv/ *adj* di consulenza
consulting hours /kən'sʌltɪŋ/ *npl* Med orario *m* di visita
consulting room *n* Med ambulatorio *m*
consumable /kən'sju:məbl/ *n* bene *m* di consumo
consume /kən'sju:m/ *vt* consumare
consumer /kən'sju:mə(r)/ *n* consumatore, -trice *mf*
consumer advice *n* consigli *mpl* ai consumatori
consumer confidence *n* fiducia *f* del consumatore
consumer goods *npl* beni *mpl* di consumo
consumerism /kən'sju:mərɪzm/ *n* consumismo *m*
consumer organization *n* organizzazione *f* per la tutela dei consumatori
consumer products *npl* beni *mpl* di consumo
consumer protection *n* tutela *f* dei consumatori
consumer society *n* società *f* consumista, società *f* dei consumi
consuming /kən'sju:mɪŋ/ *adj* ‹*passion*› struggente; ‹*urge*› pressante; ‹*hatred*› insaziabile
consummate /'kɒnsjʊmeɪt/ *vt* consumare
consummation /kɒnsjʊ'meɪʃn/ *n* consumazione *f*
consumption /kən'sʌmpʃn/ *n* consumo *m*
cont. /kɒnt/ *abbr* (**continued**) segue
contact /'kɒntækt/ **A** *n* contatto *m*; (person) conoscenza *f*
B *vt* mettersi in contatto con
contactable /'kɒntæktəbl/ *adj* ‹*person*› reperibile
contact lenses *npl* lenti *fpl* a contatto
contactless /'kɒntæktləs/ *adj* senza contatti
contagious /kən'teɪdʒəs/ *adj* contagioso
contain /kən'teɪn/ *vt* contenere; **~ oneself** controllarsi
container /kən'teɪnə(r)/ *n* recipiente *m*; (for transport) container *m inv*
container port *n* porto *m* container
container ship *n* [nave *f*] porta-container *f inv*
container truck *n* [autocarro *m*] portacontainer *m inv*
contaminate /kən'tæmɪneɪt/ *vt* contaminare
contamination /kəntæmɪ'neɪʃn/ *n* contaminazione *f*
contemplate /'kɒntəmpleɪt/ *vt* contemplare; (consider) considerare; **~ doing something** considerare di fare qualcosa
contemplation /kɒntəm'pleɪʃn/ *n* contemplazione *f*
contemplative /kən'templətɪv/ *adj* contemplativo
contemporaneous /kəntempə'reɪnɪəs/ *adj* contemporaneo (**with** a)
contemporaneously /kəntempə'reɪnɪəslɪ/ *adv* contemporaneamente (**with** a)
contemporary /kən'tempərərɪ/ *adj & n* contemporaneo, -a *mf*
contempt /kən'tempt/ *n* disprezzo *m*; **beneath ~** più che vergognoso; **~ of court** oltraggio *m* alla Corte
contemptible /kən'tem(p)təbl/ *adj* spregevole
contemptuous /kən'tem(p)tjʊəs/ *adj* sprezzante
contemptuously /kən'tem(p)tjʊəslɪ/ *adv* sprezzantemente
contend /kən'tend/ **A** *vi* **~ with** occuparsi di
B *vt* (assert) sostenere
contender /kən'tendə(r)/ *n* concorrente *mf*
content¹ /'kɒntent/ *n* contenuto *m*
content² /kən'tent/ **A** *adj* soddisfatto
B *n* **to one's heart's ~** finché se ne ha voglia
C *vt* **~ oneself** accontentarsi (**with** di)
contented /kən'tentɪd/ *adj* soddisfatto
contentedly /kən'tentɪdlɪ/ *adv* con aria soddisfatta
contention /kən'tenʃn/ *n* (assertion) opinione *f*
contentious /kən'tenʃəs/ *adj* ‹*subject*› controverso; ‹*view*› discutibile; ‹*person, group*› polemico
contentment /kən'tentmənt/ *n* soddisfazione *f*
contents /'kɒntents/ *npl* contenuto *m*
contest¹ /'kɒntest/ *n* gara *f*
contest² /kɒn'test/ *vt* contestare ‹*statement*›; impugnare ‹*will*›; Pol ‹*candidates*› contendersi; ‹*one candidate*› aspirare a
contestant /kən'testənt/ *n* concorrente *mf*
context /'kɒntekst/ *n* contesto *m*
continent /'kɒntɪnənt/ *n* continente *m*; **the Continent** l'Europa *f* continentale

continental /kɒntɪ'nentl/ *adj* continentale
continental breakfast *n prima colazione* (*f*) *a base di pane, burro, marmellata, croissant ecc.*
continental quilt *n* piumone *m*
contingency /kən'tɪndʒənsɪ/ *n* eventualità *f*
contingency fund *n* fondo *m* sopravvenienze passive
contingency plan *n* piano *m* d'emergenza
contingent /kən'tɪndʒənt/ **A** *adj* **be ~ on** dipendere da
B *n* Mil contingente *m*
continual /kən'tɪnjʊəl/ *adj* continuo
continually /kən'tɪnjʊəlɪ/ *adv* continuamente
continuation /kəntɪnjʊ'eɪʃn/ *n* continuazione *f*
continue /kən'tɪnju:/ **A** *vt* continuare; **~ doing** *or* **to do something** continuare a fare qualcosa; **to be ~d** continua
B *vi* continuare
continued /kən'tɪnju:d/ *adj* continuo
continuity /kɒntɪ'nju:ətɪ/ *n* continuità *f*
continuity announcer *n* annunciatore, -trice *mf*
continuity girl *n* segretaria *f* di produzione
continuous /kən'tɪnjʊəs/ *adj* continuo
continuously /kən'tɪnjʊəslɪ/ *adv* continuamente
continuum /kən'tɪnjʊəm/ *n* continuum *m inv*
contort /kən'tɔ:t/ *vt* contorcere
contortion /kən'tɔ:ʃn/ *n* contorsione *f*
contortionist /kən'tɔ:ʃənɪst/ *n* contorsionista *mf*
contour /'kɒntʊə(r)/ *n* contorno *m*; (line) curva *f* di livello
contraband /'kɒntrəbænd/ *n* contrabbando *m*
contraception /kɒntrə'sepʃn/ *n* contraccezione *f*; **use ~** ricorrere alla contraccezione
contraceptive /kɒntrə'septɪv/ *adj & n* contraccettivo *m*
contract¹ /'kɒntrækt/ *n* contratto *m*
contract² /kən'trækt/ **A** *vi* (get smaller) contrarsi
B *vt* contrarre ‹*illness*›
contraction /kən'trækʃn/ *n* contrazione *f*
contract killer *n* sicario *m*
contractor /kən'trækt(r)/ *n* imprenditore, -trice *mf*
contractual /kən'trækt(j)ʊəl/ *adj* contrattuale
contract work *n* lavoro *m* su commissione
contract worker *n* lavoratore, -trice *mf* con contratto a termine

contradict /kɒntrə'dɪkt/ *vt* contraddire
contradiction /kɒntrə'dɪkʃn/ *n* contraddizione *f*
contradictory /kɒntrə'dɪktərɪ/ *adj* contraddittorio
contraflow /'kɒntrəfləʊ/ *n utilizzazione* (*f*) *di una corsia nei due sensi di marcia durante lavori stradali*
contraindication /kɒntrəɪndɪ'keɪʃn/ *n* controindicazione *f*
contralto /kən'trælt(ə)ʊ/ *n* contralto *m*
contraption /kən'træpʃn/ *n* infml aggeggio *m*
contrariness /kən'treərɪnɪs/ *n* spirito *m* di contraddizione
contrariwise /kən'treərɪwaɪz/ *adv* (conversely) d'altra parte, d'altro canto; (in the opposite direction) in direzione opposta
contrary¹ /'kɒntrərɪ/ **A** *adj* contrario
B *adv* **~ to** contrariamente a
C *n* contrario *m*; **on the ~** al contrario
contrary² /kən'treərɪ/ *adj* disobbediente
contrast¹ /'kɒntrɑ:st/ *n* contrasto *m*
contrast² /kən'trɑ:st/ **A** *vt* confrontare
B *vi* contrastare
contrasting /kən'trɑ:stɪŋ/ *adj* contrastante
contravene /kɒntrə'vi:n/ *vt* trasgredire
contravention /kɒntrə'venʃn/ *n* trasgressione *f*
contribute /kən'trɪbju:t/ *vt & vi* contribuire
contribution /kɒntrɪ'bju:ʃn/ *n* contribuzione *f*; (what is contributed) contributo *m*
contributor /kən'trɪbjʊtə(r)/ *n* contributore, -trice *mf*
contributory /kən'trɪbjʊtərɪ/ *adj* ‹*factor*› concomitante; **be ~ to** contribuire a
con trick *n* raggiro *m*, truffa *f*
contrite /kən'traɪt/ *adj* contrito
contrive /kən'traɪv/ *vt* escogitare; **~ to do something** riuscire a fare qualcosa
contrived /kən'traɪvd/ *adj* ‹*style, effect*› artificioso; ‹*plot, ending*› forzato; ‹*incident, meeting*› non fortuito
control /kən'trəʊl/ **A** *n* controllo *m*; **~s** *pl* (of car, plane) comandi *mpl*; **get out of ~** sfuggire al controllo
B *vt* (*pt/pp* **controlled**) controllare; **~ oneself** controllarsi
control column *n* Aeron cloche *f inv*
control key *n* Comput tasto *m* control
controlled /kən'trəʊld/ *adj* ‹*explosion, performance, person*› controllato; **Labour-~** dominato dai laburisti
controller /kən'trəʊlə(r)/ *n* controllore *m*; Fin controllore *m* [della gestione]; Radio, TV direttore, -trice *mf*
control panel *n* (on machine) quadro *m* dei comandi; (for plane) quadro *m* di comando
control room *n* sala *f* di comando; Radio, TV sala *f* di regia
control tower *n* torre *f* di controllo

parola chiave

controversial /kɒntrə'vɜːʃl/ *adj* controverso
controversy /'kɒntrəvɜːsɪ/ *n* controversia *f*
conundrum /kə'nʌndrəm/ *n* enigma *m*
conurbation /kɒnɜː'beɪʃn/ *n* conturbazione *f*
convalesce /kɒnvə'les/ *vi* essere in convalescenza
convalescence /kɒnvə'lesəns/ *n* convalescenza *f*
convalescent /kɒnvə'lesənt/ *adj* convalescente
convalescent home *n* convalescenziario *m*
convection /kən'vekʃn/ *n* convezione *f*
convector /kən'vektə(r)/ *n* ~ **[heater]** convettore *m*
convene /kən'viːn/ **A** *vt* convocare
B *vi* riunirsi
convener /kən'viːnə(r)/ *n* (organizer) organizzatore, -trice *mf*; (chair) presidente *m*
convenience /kən'viːnɪəns/ *n* convenienza *f*; **[public]** ~ gabinetti *mpl* pubblici; **with all modern ~s** con tutti i comfort
convenience foods *npl* cibi *mpl* precotti
convenience store *n* negozio *m* aperto fino a tardi
convenient /kən'viːnɪənt/ *adj* comodo; **be ~ for somebody** andar bene per qualcuno; **if it is ~ [for you]** se ti va bene
conveniently /kən'viːnɪəntlɪ/ *adv* comodamente; **~ located** in una posizione comoda
convent /'kɒnvənt/ *n* convento *m*
convention /kən'venʃn/ *n* convenzione *f*; (assembly) convegno *m*
conventional /kən'venʃnəl/ *adj* convenzionale
conventionally /kən'venʃnəlɪ/ *adv* convenzionalmente
convention centre *n* palazzo *m* dei congressi
convent school *n* scuola *f* retta da religiose
converge /kən'vɜːdʒ/ *vi* convergere
conversant /kən'vɜːsənt/ *adj* ~ **with** pratico di
conversation /kɒnvə'seɪʃn/ *n* conversazione *f*
conversational /kɒnvə'seɪʃnəl/ *adj* di conversazione
conversationalist /kɒnvə'seɪʃnəlɪst/ *n* conversatore, -trice *mf*
converse¹ /kən'vɜːs/ *vi* conversare
converse² /'kɒnvɜːs/ *n* inverso *m*
conversely /'kɒnvɜːslɪ/ *adv* viceversa
conversion /kən'vɜːʃn/ *n* conversione *f*
conversion rate *n* [tasso *m* di] cambio *m*
conversion table *n* tabella *f* di conversione
convert¹ /'kɒnvɜːt/ *n* convertito, -a *mf*
convert² /kən'vɜːt/ *vt* convertire (**into** in); sconsacrare ‹*church*›
converter /kən'vɜːtə(r)/ *n* Electr convertitore *m*
convertible /kən'vɜːtəbl/ **A** *adj* convertibile
B *n* Auto macchina *f* decappottabile
convex /'kɒnveks/ *adj* convesso
convey /kən'veɪ/ *vt* portare; trasmettere ‹*idea, message*›
conveyance /kən'veɪəns/ *n* trasporto *m*; (vehicle) mezzo *m* di trasporto
conveyancing /kən'veɪənsɪŋ/ *n* Jur passaggio *m* di proprietà
conveyor /kən'veɪə(r)/ *n* (of goods, persons) trasportatore *m*
conveyor belt *n* nastro *m* trasportatore
convict¹ /'kɒnvɪkt/ *n* condannato, -a *mf*
convict² /kən'vɪkt/ *vt* giudicare colpevole
conviction /kən'vɪkʃn/ *n* condanna *f*; (belief) convinzione *f*; **previous ~** precedente *m* penale
convince /kən'vɪns/ *vt* convincere
convincing /kən'vɪnsɪŋ/ *adj* convincente
convincingly /kən'vɪnsɪŋlɪ/ *adv* in modo convincente
convivial /kən'vɪvɪəl/ *adj* conviviale
convoluted /'kɒnvəluːtɪd/ *adj* contorto
convoy /'kɒnvɔɪ/ *n* convoglio *m*
convulse /kən'vʌls/ *vt* sconvolgere; **be ~d with laughter** contorcersi dalle risa
convulsion /kən'vʌlʃn/ *n* convulsione *f*
convulsive /kən'vʌlsɪv/ *adj* convulso; Med convulsivo
convulsively /kən'vʌlsɪvlɪ/ *adv* convulsamente
coo /kuː/ *vi* tubare
cooing /'kuːɪŋ/ *n* (of bird, lovers) tubare *m inv*
cook /kʊk/ **A** *n* cuoco, -a *mf*
B *vt* cucinare; **is it ~ed?** è cotto?; **~ the books** infml truccare i libri contabili
C *vi* ‹*food*› cuocere; ‹*person*› cucinare
■ **cook up** *vt* infml inventare ‹*excuse, story etc*›
cookbook /'kʊkbʊk/ *n* libro *m* di cucina
cook-chill *adj* ‹*foods, products*› precotto e surgelato
cooked meats /kʊkt'miːts/ *npl* salumi *mpl*
cooker /'kʊkə(r)/ *n* cucina *f*; (apple) mela *f* da cuocere
cookery /'kʊkərɪ/ *n* cucina *f*
cookery book *n* libro *m* di cucina
cookie /'kʊkɪ/ *n* AmE biscotto *m*
cooking /'kʊkɪŋ/ *n* cucina *f*; **be good at ~** saper cucinare bene; **do the ~** cucinare
cooking apple *n* mela *f* da cuocere
cooking chocolate *n* cioccolato *m* da pasticceria
cooking foil *n* carta *f* stagnola
cooking salt *n* sale *m* da cucina
cooking time *n* tempo *m* di cottura

C

cool /ku:l/ **A** *adj* fresco; (calm) calmo; (unfriendly) freddo; infml (excellent or attractive) fantastico; **a ~ T-shirt** una maglietta fantastica; **'I won!' '~!'** 'ho vinto!' 'fantastico!'
B *n* fresco *m*; **keep/lose one's ~** mantenere/perdere la calma
C *vt* rinfrescare
D *vi* rinfrescarsi
■ **cool down A** *vi* ‹*soup, tea etc*› raffreddarsi; fig (become calm) calmarsi
B *vt* raffreddare ‹*soup, tea etc*›; fig calmare

cool bag *n* BrE borsa *f* frigo

cool box *n* borsa *f* termica

cool-headed *adj* equilibrato

cooling /'ku:lɪŋ/ **A** *n* raffreddamento *m*
B *adj* ‹*agent*› refrigerante; ‹*system, tower*› di raffreddamento; ‹*drink, swim*› rinfrescante

cooling-off period *n* (in industrial relations) periodo *m* di tregua [sindacale]; Comm fase *f* di riflessione

coolly /'ku:lɪlɪ/ *adv* freddamente

coolness /'ku:lnɪs/ *n* freddezza *f*

coop /ku:p/ **A** *n* stia *f*
B *vt* **~ up** rinchiudere

co-op /'kəʊpɒp/ *n abbr* (**cooperative**) cooperativa *f*

cooperate /kəʊ'ɒpəreɪt/ *vi* cooperare

cooperation /kəʊpɒ'reɪʃn/ *n* cooperazione *f*

cooperative /kəʊ'ɒpərətɪv/ *adj* & *n* cooperativa *f*

co-opt /kəʊ'ɒpt/ *vt* eleggere

coordinate /kəʊ'ɔ:dɪneɪt/ *vt* coordinare

coordinated /kəʊ'ɔ:dɪneɪtɪd/ *adj* coordinato

coordinates /kəʊ'ɔ:dɪnəts/ *npl* (clothes) coordinato *m sg*

coordination /kəʊɔ:dɪ'neɪʃn/ *n* coordinazione *f*

coordinator /kəʊ'ɔ:dɪneɪtə(r)/ *n* coordinatore, -trice *mf*

co-owner /kəʊ'əʊnə(r)/ *n* comproprietario, -a *mf*

cop /kɒp/ *n* infml poliziotto *m*

co-parent /kəʊ'peərənt/ *vt condividere la responsabilità dell'educazione dei figli*

co-parenting /'kəʊ,peərəntɪŋ/ *n condivisione (f) della responsabilità dell'educazione dei figli*

cope /kəʊp/ *vi* infml farcela; **can she ~ by herself?** ce la fa da sola?; **~ with** farcela con; **I couldn't ~ with five kids** non ce la farei con cinque bambini

Copenhagen /kəʊpən'heɪgən/ *n* Copenaghen *f*

copier /'kɒpɪə(r)/ *n* fotocopiatrice *f*

co-pilot /'kəʊpaɪlət/ *n* copilota *m*

copious /'kəʊpɪəs/ *adj* abbondante

copiously /'kəʊpɪəslɪ/ *adv* abbondantemente

cop-out *n* infml (evasive act) bidone *m*; (excuse) scappatoia *f*

copper¹ /'kɒpə(r)/ **A** *n* rame *m*; **~s** *pl* monete *fpl* da uno o due penny
B *attrib* di rame

copper² *n* infml poliziotto *m*

copper beech *n* faggio *m* rosso

copper-coloured *adj* [color] rame *inv*; ‹*hair*› ramato

copperplate *n* calligrafia *f* ornata

coppice /'kɒpɪs/, **copse** /kɒps/ *n* boschetto *m*

co-property /'kəʊprɒpətɪ/ *n* comproprietà *f*

copulate /'kɒpjʊleɪt/ *vi* accoppiarsi

copulation /kɒpjʊ'leɪʃn/ *n* copulazione *f*

copy /'kɒpɪ/ **A** *n* copia *f*
B *vt* (*pt/pp* **-ied**) copiare
■ **copy down** *vt* = **copy**
■ **copy out** *vt* = **copy**

copybook *n* **blot one's ~** rovinarsi la reputazione

copycat **A** *n* derog fam copione, -a *mf*
B *adj* ‹*crime, murder*› ispirato da un altro

copy editor *n* segretario, -a *mf* di redazione

copyright *n* diritti *mpl* d'autore

copy typist *n* dattilografo, -a *mf*

copywriter *n* copywriter *mf inv*

coquetry /'kɒkɪtrɪ/ *n* civetteria *f*

coquettish /kɒ'ketɪʃ/ *adj* civettuolo

coral /'kɒrəl/ *n* corallo *m*

coral island *n* isola *f* di corallo

coral pink *adj* & *n* rosa *m inv* corallo

coral reef *n* barriera *f* corallina

cord /kɔ:d/ *n* corda *f*; (thinner) cordoncino *m*; (fabric) velluto *m* a coste; **~s** *pl* pantaloni *mpl* di velluto a coste

cordial /'kɔ:dɪəl/ **A** *adj* cordiale
B *n* analcolico *m*

cordially /'kɔ:dɪəlɪ/ *adv* con tutto il cuore

cordless /'kɔ:dlɪs/ *adj* ‹*phone, kettle*› cordless

cordless telephone /'kɔ:dlɪs/ *adj* telefono *m* cordless

cordon /'kɔ:dn/ *n* cordone *m* (*di persone*)
■ **cordon off** *vt* bloccare

corduroy /'kɔ:dərɔɪ/ *n* velluto *m* a coste

core /kɔ:(r)/ *n* (of apple, pear) torsolo *m*; fig (of organization) cuore *m*; (of problem, theory) nocciolo *m*

core curriculum *n* materie *fpl* fondamentali (del programma scolastico)

co-respondent /kəʊrɪ'spɒndənt/ *n* Jur correo, -a *mf* in adulterio

Corfu /kɔ:'fu:/ *n* Corfù *f*

coriander /kɒrɪ'ændə(r)/ *n* coriandolo *m*

cork /kɔ:k/ *n* sughero *m*; (for bottle) turacciolo *m*

corkage /'kɔ:kɪdʒ/ *n somma (f) pagata a un ristorante per servire una bottiglia di vino portata da fuori*

---

parola chiave

corker /ˈkɔːkə(r)/ *n* BrE infml (story) storia *f* strabiliante; (stroke, shot) tiro *m* da maestro
corkscrew /ˈkɔːkskruː/ *n* cavatappi *m inv*
corkscrew curls *npl* boccoli *mpl*
corn¹ /kɔːn/ *n* grano *m*; AmE (maize) granturco *m*
corn² *n* Med callo *m*
corncob /ˈkɔːnkɒb/ *n* pannocchia *f* [di mais]
cornea /ˈkɔːnɪə/ *n* cornea *f*
corned beef /kɔːndˈbiːf/ *n* manzo *m* sotto sale
corner /ˈkɔːnə(r)/ **A** *n* angolo *m*; (football) calcio *m* d'angolo, corner *m inv* **B** *vt* fig bloccare; Comm accaparrarsi ‹*market*›
corner shop *n* negozio *m* di quartiere
cornerstone /ˈkɔːnəsteʊn/ *n* pietra *f* angolare
cornet /ˈkɔːnɪt/ *n* Mus cornetta *f*; (for ice-cream) cono *m*
cornfield /ˈkɔːnfiːld/ *n* campo *m* di grano; (sweetcorn) campo *m* di mais
cornflour /ˈkɔːnflaʊə(r)/ *n* farina *f* finissima di mais
cornflower /ˈkɔːnflaʊə(r)/ *n* fiordaliso *m*
cornice /ˈkɔːnɪs/ *n* (inside) cornice *f*; (outside) cornicione *m*
Cornish pasty /kɔːnɪʃˈpæstɪ/ *n fagottino (m) di pasta sfoglia ripieno di carne e verdura*
corn oil *n* olio *m* di mais
corn on the cob *n* pannocchia *f* cotta
corn plaster *n* [cerotto *m*] callifugo *m*
cornstarch *n* AmE fecola *f* di mais
cornucopia /kɔːnjuˈkəʊpɪə/ *n* cornucopia *f*; fig abbondanza *f*
Cornwall /ˈkɔːnwɔːl/ *n* Cornovaglia *f*
corny /ˈkɔːnɪ/ *adj* (**-ier**, **-iest**) infml ‹*joke, film*› scontato; ‹*person*› banale; (sentimental) sdolcinato
corollary /kəˈrɒlərɪ/ *n* corollario *m*
coronary /ˈkɒrənərɪ/ **A** *adj* coronario **B** *n* ~ **[thrombosis]** trombosi *f* coronarica
coronation /kɒrəˈneɪʃn/ *n* incoronazione *f*
coroner /ˈkɒrənə(r)/ *n* coroner *m inv* (*nel diritto britannico, ufficiale incaricato delle indagini su morti sospette*)
coronet /ˈkɒrənet/ *n* coroncina *f*
corporal¹ /ˈkɔːpərəl/ *n* Mil caporale *m*
corporal² *adj* corporale; ~ **punishment** punizione *f* corporale
corporate /ˈkɔːpərət/ *adj* ‹*decision, policy, image*› aziendale; ~ **life** la vita in un'azienda
corporate hospitality *n omaggi (mpl) offerti dalla ditta ai clienti importanti*
corporate identity *n* logo *m* dell'azienda
corporate image *n* immagine *f* aziendale
corporate lawyer *n* legale *mf* specializzato, -a in diritto aziendale
corporate planning *n* pianificazione *f* aziendale
corporate raider *n* finanziere *m* d'assalto
corporation /kɔːpəˈreɪʃn/ *n* ente *m*; (of town) ≈ consiglio *m* comunale
corporation tax *n* BrE imposta *f* sul reddito delle aziende
corps /kɔː(r)/ *n* (*pl* **corps** /kɔːz/) corpo *m*
corps de ballet /kɔːdəˈbæleɪ/ *n* corpo *m* di ballo
corpse /kɔːps/ *n* cadavere *m*
corpulent /ˈkɔːpjʊlənt/ *adj* corpulento
corpus /ˈkɔːpəs/ *n* (of words) corpus *m inv*
corpuscle /ˈkɔːpʌsl/ *n* globulo *m*
correct /kəˈrekt/ **A** *adj* corretto; **be** ~ ‹*person*› aver ragione; ~! esatto! **B** *vt* correggere
correcting fluid *n* bianchetto *m*
correction /kəˈrekʃn/ *n* correzione *f*
corrective /kəˈrektɪv/ *n* correttivo *m*
correctly /kəˈrektlɪ/ *adv* correttamente
correlate /ˈkɒrəleɪt/ **A** *vt* correlare **B** *vi* essere correlato
correlation /kɒrəˈleɪʃn/ *n* correlazione *f*
correspond /kɒrɪˈspɒnd/ *vi* corrispondere (to a); ‹*two things*› corrispondere; (write) scriversi
correspondence /kɒrɪˈspɒndəns/ *n* corrispondenza *f*
correspondence course *n* corso *m* per corrispondenza
correspondent /kɒrɪˈspɒndənt/ *n* corrispondente *mf*
corresponding /kɒrɪˈspɒndɪŋ/ *adj* corrispondente
correspondingly /kɒrɪˈspɒndɪŋlɪ/ *adv* in modo corrispondente
corridor /ˈkɒrɪdɔː(r)/ *n* corridoio *m*
corroborate /kəˈrɒbəreɪt/ *vt* corroborare
corrode /kəˈrəʊd/ **A** *vt* corrodere **B** *vi* corrodersi
corrosion /kəˈrəʊʒn/ *n* corrosione *f*
corrugated /ˈkɒrəgeɪtɪd/ *adj* ondulato
corrugated iron *n* lamiera *f* ondulata
corrupt /kəˈrʌpt/ **A** *adj* corrotto **B** *vt* corrompere
corruption /kəˈrʌpʃn/ *n* corruzione *f*
corset /ˈkɔːsɪt/ *n* busto *m*
Corsica /ˈkɔːsɪkə/ *n* Corsica *f*
Corsican /ˈkɔːsɪkən/ *adj & n* corso, -a *mf*
cortège /kɔːˈteɪʒ/ *n* **[funeral]** ~ corteo *m* funebre
cosh /kɒʃ/ *n* randello *m*
co-signatory /kəʊˈsɪgnətrɪ/ *n* cofirmatario, -a *mf*
cosily /ˈkəʊzɪlɪ/ *adv* ‹*sit, lie*› in modo confortevole
cosiness /ˈkəʊzɪnɪs/ *n* (of room) comodità *f*; (intimacy) intimità *f*
cos lettuce /kɒs/ *n* lattuga *f* romana

cosmetic /kɒz'metɪk/ **A** *adj* cosmetico
B *n* **~s** *pl* cosmetici *mpl*
cosmetic surgery *n* chirurgia *f* estetica
cosmic /'kɒzmɪk/ *adj* cosmico
cosmonaut /'kɒzmənɔːt/ *n* cosmonauta *mf*
cosmopolitan /kɒzmə'pɒlɪtən/ *adj* cosmopolita
cosmos /'kɒzmɒs/ *n* cosmo *m*
Cossack /'kɒsæk/ *adj & n* cosacco, -a *mf*
cosset /'kɒsɪt/ *vt* coccolare
cost /kɒst/ **A** *n* costo *m*; **~s** *pl* Jur spese *fpl* processuali; **at all ~s** a tutti i costi; **I learnt to my ~** ho imparato a mie spese
B *vt* (*pt/pp* **cost**) costare; **it ~ me £20** mi è costato 20 sterline
C *vt* (*pt/pp* **costed**) **~ [out]** stabilire il prezzo di
co-star /'kəʊstɑː/ **A** *n* Cinema, Theat co-protagonista *mf*
B *vi & vt* **film ~ring X and Y** un film con X e Y come protagonisti
Costa Rica *n* Costa Rica *m*
cost centre *n* centro *m* di costi
cost-cutting *n* tagli *mpl* sulle spese; **as a ~ exercise** [come misura] per ridurre le spese
cost-effective *adj* conveniente
cost-effectiveness *n* convenienza *f*
costing /'kɒstɪŋ/ *n* (process) determinazione *f* dei costi; (discipline) costing *m inv*
costly /'kɒstlɪ/ *adj* **-ier, -iest** costoso
cost of living *n* costo *m* della vita
cost-of-living index *n* indice *m* del costo della vita
cost price *n* prezzo *m* di costo
costume /'kɒstjuːm/ *n* costume *m*
costume drama *n* dramma *m* storico
costume jewellery *n* bigiotteria *f*
cosy /'kəʊzɪ/ **A** *adj* **-ier, -iest** ‹*pub, chat*› intimo; **it's nice and ~ in here** si sta bene qui
B *n* **tea ~** copriteiera *m inv*
cot /kɒt/ *n* lettino *m*; AmE (camp bed) branda *f*
cot death *n* BrE *morte* (*f*) *inspiegabile di un neonato nel sonno*
Côte d'Azur /kəʊtdæ'zʊə(r)/ *n* Costa *f* Azzurra
cottage /'kɒtɪdʒ/ *n* casetta *f*
cottage cheese *n* fiocchi *mpl* di latte
cottage hospital *n* BrE piccolo ospedale *m* (*in zona rurale*)
cottage industry *n attività* (*f inv*) *artigianale basata sul lavoro a domicilio*
cottage loaf *n* pagnotta *f* casereccia
cottage pie *n* BrE *pasticcio* (*m*) *di patate e carne macinata*
cotton /'kɒtn/ **A** *n* cotone *m*
B *attrib* di cotone
■ **cotton on** *vi* infml capire

cotton bud *n* cotton fioc® *m inv*
cotton mill *n* cotonificio *m*
cotton reel *n* rocchetto *m*, spagnoletta *f*
cotton wool *n* BrE cotone *m* idrofilo
couch /kaʊtʃ/ *n* divano *m*
couchette /kuː'ʃet/ *n* cuccetta *f*
couch potato *n* pantofolaio, -a *mf*
cougar /'kuːgə(r)/ *n* coguaro *m*
cough /kɒf/ **A** *n* tosse *f*
B *vi* tossire
■ **cough up** *vt & vi* sputare; infml (pay) sborsare
cough mixture *n* sciroppo *m* per la tosse
could /kʊd/, *atono*/kəd/ *v aux* (▶ *also* **can²**) **~ I have a glass of water?** potrei aver un bicchier d'acqua?; **I ~n't do it even if I wanted to** non potrei farlo nemmeno se lo volessi; **I ~n't care less** non potrebbe importarmene di meno; **he ~n't have done it without help** non avrebbe potuto farlo senza aiuto; **you ~ have phoned** avresti potuto telefonare
council /'kaʊnsl/ *n* consiglio *m*
council estate *n* BrE complesso *m* di case popolari
council house *n* casa *f* popolare
council housing *n* BrE case *fpl* popolari
councillor /'kaʊnsələ(r)/ *n* consigliere, -a *mf*
council scheme *n* ▶ **council estate**
council tax *n* imposta *f* locale sugli immobili
counsel /'kaʊnsl/ **A** *n* consigli *mpl*; Jur avvocato *m*
B *vt* (*pt/pp* **counselled**) consigliare a ‹*person*›
counselling, AmE **counseling** /'kaʊnsəlɪŋ/ **A** *n* (psychological) terapia *f* [psichiatrica]; Sch orientamento *m* scolastico; **careers ~** orientamento *m* professionale
B *attrib* ‹*group, centre, service*› di assistenza
counsellor /'kaʊnsələ(r)/ *n* consigliere, -a *mf*
count¹ /kaʊnt/ *n* (nobleman) conte *m*
count² **A** *n* conto *m*; **keep ~** tenere il conto
B *vt & vi* contare
■ **count against** *vt* ‹*inexperience, police record*› deporre a sfavore di
■ **count among**: *vt* **~ somebody among one's friends** annoverare qualcuno tra i propri amici
■ **count in** *vt* (include) includere; **~ me in!** io ci sto!
■ **count on** *vt* contare su
■ **count out** *vt* contare ‹*money*›; **~ me out!** fate senza di me!
■ **count up** **A** *vt* contare
B *vi* **~ to ten** contare fino a dieci
countable /'kaʊntəbl/ *adj* ‹*noun*› numerabile
countdown /'kaʊntdaʊn/ *n* conto *m* alla rovescia

parola chiave

countenance /ˈkaʊntənəns/ **A** *n* espressione *f*
B *vt* approvare
counter¹ /ˈkaʊntə(r)/ *n* banco *m*; (in games) gettone *m*
counter² **A** *adv* ~ **to** contro, in contrasto a; **go ~ to something** andare contro qualcosa
B *vt & vi* opporre ‹*measure, effect*›; parare ‹*blow*›
counteract /kaʊntəˈækt/ *vt* neutralizzare
counter-attack *n* contrattacco *m*
counterbalance /ˈkaʊntəbæləns/ **A** *n* contrappeso *m*
B *vt* controbilanciare
counter-claim *n* replica *f*
counter-clockwise /ˌkaʊntəˈklɒkwaɪz/ AmE
A *adj* antiorario
B *adv* in senso antioriario
counter-culture /ˈkaʊntəkʌltʃə(r)/ *n* controcultura *f*
counter-espionage *n* controspionaggio *m*
counterfeit /ˈkaʊntəfɪt/ **A** *adj* contraffatto
B *n* contraffazione *f*
C *vt* contraffare
counterfoil /ˈkaʊntəfɔɪl/ *n* matrice *f*
counter-inflationary /-ɪnˈfleɪʃənərɪ/ *adj* antinflazionistico
counter-insurgency /-ɪnˈsɜːdʒənsɪ/ *attrib* per reprimere un'insurrezione
counter-intelligence *n* controspionaggio *m*
countermeasure /ˈkaʊntəmeʒə(r)/ *n* contromisura *f*
counter-offensive *n* controffensiva *f*
counterpane /ˈkaʊntəpeɪn/ *n* copriletto *m*
counterpart /ˈkaʊntəpɑːt/ *n* equivalente *mf*
counterpoint /ˈkaʊntəpɔɪnt/ *n* contrappunto *mf*
counter-productive *adj* controproduttivo
countersign /ˈkaʊntəsaɪn/ *vt* controfirmare
countersignature *n* controfirma *f*
counter staff *n* commessi *mpl*
counter-terrorism *n* antiterrorismo *m*
countertop *n* AmE piano *m* di lavoro
countess /ˈkaʊntɪs/ *n* contessa *f*
countless /ˈkaʊntlɪs/ *adj* innumerevole
countrified /ˈkʌntrɪfaɪd/ *adj* ‹*person*› campagnolo
country /ˈkʌntrɪ/ *n* nazione *f*, paese *m*; (native land) patria *f*; (countryside) campagna *f*; **in the ~** in campagna; **go to the ~** andare in campagna; Pol indire le elezioni politiche
country and western *n* country *m inv*
country bumpkin *n* derog buzzurro, -a *mf*
country club *n club* (*m inv*) *sportivo e ricreativo in campagna*
country cousin *n* derog provinciale *mf*
country dancing *n* danza *f* folcloristica
country house *n* villa *f* di campagna
countryman *n* uomo *m* di campagna; (fellow ~man) compatriota *m*
country music *n* country *m inv*
countryside *n* campagna *f*
countrywide *adj & adv* in tutto il paese
county /ˈkaʊntɪ/ *n* contea *f* (*unità amministrativa britannica*)
county council *n* BrE Pol consiglio *m* di contea
county court *n* BrE Jur tribunale *m* di contea
coup /kuː/ *n* Pol colpo *m* di stato
couple /ˈkʌpl/ *n* coppia *f*; **a ~ of** un paio di
coupon /ˈkuːpɒn/ *n* tagliando *m*; (for discount) buono *m* sconto
courage /ˈkʌrɪdʒ/ *n* coraggio *m*
courageous /kəˈreɪdʒəs/ *adj* coraggioso
courageously /kəˈreɪdʒəslɪ/ *adv* coraggiosamente
courgette /kʊəˈʒet/ *n* BrE zucchino *m*
courier /ˈkʊrɪə(r)/ *n* corriere *m*; (for tourists) guida *f*
course /kɔːs/ *n* Sch corso *m*; Naut rotta *f*; Culin portata *f*; (for golf) campo *m*; **~ of treatment** Med serie *f inv* di cure; **of ~** naturalmente; **in the ~ of** durante; **in due ~** a tempo debito; **~ of action** linea *f* d'azione
course book *n* libro *m* di testo
coursework /kɔːswɜːk/ *n* Sch, Univ esercitazioni *fpl* scritte che contano per la media
court /kɔːt/ **A** *n* tribunale *m*; Sport campo *m*; **take somebody to ~** citare qualcuno in giudizio
B *vt* fare la corte a ‹*woman*›; sfidare ‹*danger*›; **~ing couples** coppiette *fpl*
court case *n* caso *m* giudiziario
court circular *n* bollettino *m* quotidiano di corte
courteous /ˈkɜːtɪəs/ *adj* cortese
courteously /ˈkɜːtɪəslɪ/ *adv* cortesemente
courtesy /ˈkɜːtəsɪ/ *n* cortesia *f*
courtesy bus *n* servizio *m* bus navetta
courtesy car *n* vettura *f* di cortesia
courthouse /ˈkɔːthaʊs/ *n* Jur palazzo *m* di giustizia, tribunale *m*
courtier /ˈkɔːtɪə(r)/ *n* cortigiano, -a *mf*
court martial **A** *n* (*pl* **~s martial**) corte *f* marziale
B *vt* (*pt* **~led**) portare davanti alla corte marziale
court of inquiry *n* commissione *f* d'inchiesta
court of law *n* Jur corte *f* di giustizia
court order *n* Jur ingiunzione *f*
courtroom *n* Jur aula *f* [di tribunale]
courtship /ˈkɔːtʃɪp/ *n* corteggiamento *m*
courtyard /ˈkɔːtjɑːd/ *n* cortile *m*
cousin /ˈkʌzn/ *n* cugino, -a *mf*
cove /kəʊv/ *n* insenatura *f*

covenant /ˈkʌvənənt/ *n* (agreement) accordo *m*; (payment agreement) impegno *m* scritto a pagare

cover /ˈkʌvə(r)/ **A** *n* copertura *f*; (of cushion, to protect something) fodera *f*; (of book, magazine) copertina *f*; **take ~** mettersi al riparo; **under separate ~** a parte
B *vt* coprire; foderare ‹*cushion*›; Journ fare un servizio su
■ **cover for** *vt* (replace) sostituire ‹*somebody*›
■ **cover up** *vt* coprire; fig soffocare ‹*scandal*›
■ **cover up for** *vt* fare da copertura a ‹*somebody*›

coverage /ˈkʌvərɪdʒ/ *n* Journ **it got a lot of ~** i media gli hanno dedicato molto spazio

cover charge *n* coperto *m*

covered market *n* mercato *m* coperto

covered wagon *n* carro *m* coperto

cover girl *n* ragazza *f* copertina

covering /ˈkʌv(ə)rɪŋ/ *n* copertura *f*; (for floor) rivestimento *m*; **~ of snow** strato *m* di neve

covering fire *n* fuoco *m* di copertura

covering letter *n* lettera *f* d'accompagnamento

cover note *n* (from insurance company) polizza *f* provvisoria

cover story *n* (in paper) articolo *m* di prima pagina

covert /ˈkəʊvɜːt/ *adj* ‹*threat*› velato; ‹*operation*› segreto; ‹*glance*› furtivo

covertly /ˈkəʊvɜːtlɪ/ *adv* furtivamente; ‹*operate*› in segreto

cover-up *n* messa *f* a tacere

cover version *n* Mus versione *f* non originale

covet /ˈkʌvɪt/ *vt* bramare

covetous /ˈkʌvətəs/ *adj* avido

covetously /ˈkʌvətəslɪ/ *adv* avidamente

cow /kaʊ/ *n* vacca *f*, mucca *f*

coward /ˈkaʊəd/ *n* vigliacco, -a *mf*

cowardice /ˈkaʊədɪs/ *n* vigliaccheria *f*

cowardly /ˈkaʊədlɪ/ *adj* da vigliacco

cowbell /ˈkaʊbel/ *n* campanaccio *m*

cowboy /ˈkaʊbɔɪ/ *n* cowboy *m inv*; fig infml buffone *m*

cower /ˈkaʊə(r)/ *vi* acquattarsi

cowherd /ˈkaʊhɜːd/ *n* vaccaro *m*

cowhide /ˈkaʊhaɪd/ *n* (leather) vacchetta *f*

cowl /kaʊl/ *n* cappuccio *m*

cowlick /ˈkaʊlɪk/ *n* infml ciocca *f* ribelle

cowl neck *n* collo *m* ad anello

cowpat /ˈkaʊpæt/ *n* sterco *m* di vacca

cowshed /ˈkaʊʃed/ *n* stalla *f*

cox /kɒks/, **coxswain** /ˈkɒks(ə)n/ *n* timoniere, -a *mf*

coy /kɔɪ/ *adj* falsamente timido; (flirtatiously) civettuolo; **be ~ about something** essere evasivo su qualcosa

coyly /ˈkɔɪlɪ/ *adv* con falsa modestia; ‹*flirtatiously*› con civetteria

cozy /ˈkəʊzɪ/ *adj* AmE = **cosy**

CPU *n abbr* (**central processing unit**) CPU *f inv*

crab /kræb/ *n* granchio *m*

crab apple *n* mela *f* selvatica

crack /kræk/ **A** *n* (in wall) crepa *f*; (in china, glass, bone) incrinatura *f*; (noise) scoppio *m*; infml (joke) battuta *f*; **have a ~** (try) fare un tentativo
B *adj* infml (best) di prim'ordine
C *vt* incrinare ‹*china, glass*›; schiacciare ‹*nut*›; decifrare ‹*code*›; infml risolvere ‹*problem*›; **~ a joke** infml fare una battuta
D *vt* ‹*china, glass*› incrinarsi; ‹*whip*› schioccare
■ **crack down** *vi* infml prendere seri provvedimenti
■ **crack down on** *vt* infml prendere seri provvedimenti contro
■ **crack up** *vi* crollare

crackdown /ˈkrækdaʊn/ *n* misure *fpl* (**on** contro)

cracked /krækt/ *adj* ‹*plaster*› crepato; ‹*skin*› screpolato; ‹*rib*› incrinato; infml (crazy) svitato

cracker /ˈkrækə(r)/ *n* (biscuit) cracker *m inv*; (firework) petardo *m*; **[Christmas] ~** *cilindro (m) di cartone contenente una sorpresa che produce una piccola esplosione quando viene aperto*

crackers /ˈkrækəz/ *adj* infml matto

cracking /ˈkrækɪŋ/ *adj* BrE infml eccellente; **at a ~ pace** a ritmo incalzante

crackle /ˈkrækl/ *vi* crepitare

crackling /ˈkræklɪŋ/ *n* (on radio) disturbo *m*; (of foil, cellophane) sfregamento *m*; (of fire) crepitio *m*; (crisp pork) cotenna *f* arrostita

crackpot /ˈkrækpɒt/ infml **A** *n* pazzo, -a *mf*
B *adj* da pazzi

cradle /ˈkreɪdl/ *n* culla *f*

cradle-snatcher *n* infml **he's/she's a ~** se la intende con i ragazzini/le ragazzine

craft[1] /krɑːft/ *n inv* (boat) imbarcazione *f*

craft[2] *n* mestiere *m*; (technique) arte *f*

craft fair *n* mostra *f* dell'artigianato

craftily /ˈkrɑːftɪlɪ/ *adv* con astuzia

craftsman /ˈkrɑːftsmən/ *n* artigiano *m*

craftsmanship /ˈkrɑːftsmənʃɪp/ *n* maestria *f*

crafty /ˈkrɑːftɪ/ *adj* (**-ier**, **-iest**) astuto

crag /kræg/ *n* rupe *f*

craggy /ˈkrægɪ/ *adj* scosceso; ‹*face*› dai lineamenti marcati

cram /kræm/ *v* (*pt/pp* **crammed**) **A** *vt* stipare (**into** in)
B *vi* (for exams) sgobbare

crammer /ˈkræmə(r)/ *n* BrE infml (school) ≈ istituto *m* di recupero

cramp /kræmp/ *n* crampo *m*

cramped /kræmpt/ *adj* ‹*room*› stretto; ‹*handwriting*› appiccicato; **it's a bit ~ed in**

---

parola chiave

here si sta un po' stretti qui

crampon /ˈkræmpən/ *n* rampone *m*

cranberry /ˈkrænbərɪ/ *n* Culin mirtillo *m* rosso

crane /kreɪŋ/ **A** *n* (at docks, bird) gru *f inv*
B *vt* ~ **one's neck** allungare il collo

cranium /ˈkreɪnɪəm/ *n* cranio *m*

crank¹ /kræŋk/ *n* tipo, -a *mf* strampalato

crank² *n* Techn manovella *f*

crankshaft /ˈkræŋkʃɑːft/ *n* albero *m* a gomiti

cranky /ˈkræŋkɪ/ *adj* strampalato; AmE (irritable) irritabile

cranny /ˈkræni/ *n* fessura *f*

crap /kræp/ *n* sl (faeces) merda *f*; (film, book etc) schifezza *f*; (nonsense) stronzate *fpl*; **have a** ~ cacare

crappy /ˈkræpɪ/ *adj* sl di merda

crash /kræʃ/ **A** *n* (noise) fragore *m*; Auto, Aeron incidente *m*; Comm crollo *m*; Comput crash *m inv*
B *vi* schiantarsi (**into** contro); ‹*plane*› precipitare
C *vt* schiantare ‹*car*›
■ **crash out** *vi* sl (go to sleep) crollare; (on sofa etc) dormire

crash barrier *n* guardrail *m inv*

crash course *n* corso *m* intensivo

crash diet *n* dieta *f* drastica

crash helmet *n* casco *m*

crash-land *vi* fare un atterraggio di fortuna

crash-landing *n* atterraggio *m* di fortuna

crass /kræs/ *adj* ‹*ignorance*› crasso

crate /kreɪt/ *n* (for packing) cassa *f*

crater /ˈkreɪtə(r)/ *n* cratere *m*

cravat /krəˈvæt/ *n* foulard *m inv*

crave /kreɪv/ *vt* morire dalla voglia di

craving /ˈkreɪvɪŋ/ *n* voglia *f* smodata

crawl /krɔːl/ **A** *n* (swimming) stile *m* libero; **do the** ~ nuotare a stile libero; **at a** ~ a passo di lumaca
B *vi* andare carponi; ~ **with** brulicare di

crawler lane /ˈkrɔːlə/ *n* Auto corsia *f* riservata al traffico lento

crayfish /ˈkreɪfɪʃ/ *n* gambero *m* d'acqua dolce

crayon /ˈkreɪən/ *n* pastello *m* a cera; (pencil) matita *f* colorata

craze /kreɪz/ *n* mania *f*

crazed /kreɪzd/ *adj* ‹*china, glaze*› screpolato; ‹*animal, person*› impazzito; **power-**~ ubriaco di potere

crazy /ˈkreɪzɪ/ *adj* (**-ier**, **-iest**) matto; **be** ~ **about** andar matto per

crazy golf *n* BrE minigolf *m inv*

crazy paving *n* BrE pavimentazione *f* a mosaico irregolare

creak /kriːk/ **A** *n* scricchiolio *m*
B *vi* scricchiolare

creaky /ˈkriːkɪ/ *adj* ‹*leather*› che cigola; ‹*door, hinge*› cigolante; ‹*joint, bone, floorboard*› scricchiolante; fig infml ‹*alibi, policy*› traballante

cream /kriːm/ **A** *n* crema *f*; (fresh) panna *f*
B *adj* ‹*colour*› [bianco] panna *inv*
C *vt* Culin sbattere
■ **cream off** *vt* accaparrarsi ‹*top pupils, scientists etc*›

cream cheese *n* formaggio *m* cremoso

cream cracker *n* BrE cracker *m inv*

cream puff *n* sfogliatina *f* alla panna

cream soda *n* soda *f* aromatizzata alla vaniglia

cream tea *n* BrE *tè* (*m inv*) *servito con pasticcini da mangiare con marmellata e panna*

creamy /ˈkriːmɪ/ *adj* (**-ier**, **-iest**) cremoso

crease /kriːs/ **A** *n* piega *f*
B *vt* stropicciare
C *vi* stropicciarsi

crease-resistant *adj* che non si stropiccia

create /kriːˈeɪt/ *vt* creare

creation /kriːˈeɪʃn/ *n* creazione *f*

creative /kriːˈeɪtɪv/ *adj* creativo

creative director *n* direttore, -trice *mf* creativo

creative writing *n* (school subject) composizione *f*

creativity /kriːeɪˈtɪvətɪ/ *n* creatività *f*

creator /kriːˈeɪtə(r)/ *n* creatore, -trice *mf*

creature /ˈkriːtʃə(r)/ *n* creatura *f*

creature comforts *npl* comodità *fpl*; **like one's** ~ amare le proprie comodità

crèche /kreʃ/ *n* asilo *m* nido *inv*

credence /ˈkriːdəns/ *n* credito *m*; **give** ~ **to something** (believe) dare credito a qualcosa

credentials /krɪˈdenʃlz/ *npl* credenziali *fpl*

credibility /kredəˈbɪlətɪ/ *n* credibilità *f*

credible /ˈkredəbl/ *adj* credibile

credit /ˈkredɪt/ **A** *n* credito *m*; (honour) merito *m*; **take the** ~ **for** prendersi il merito di
B *vt* accreditare; ~ **somebody with something** Comm accreditare qualcosa a qualcuno; fig attribuire qualcosa a qualcuno

creditable /ˈkredɪtəbl/ *adj* lodevole

credit balance *n* saldo *m* attivo

credit card *n* carta *f* di credito

credit control *n* controllo *m* del credito

credit crunch *n* stretta *f* creditizia, stretta *f* del credito

credit facilities *npl* facilitazioni *fpl* creditizie

credit limit *n* limite *m* di credito

credit note *n* Comm nota *f* di accredito

creditor /ˈkredɪtə(r)/ *n* creditore, -trice *mf*

credits /ˈkredɪts/ *npl* titoli *mpl* di coda

credit side *n* **on the** ~ tra i lati positivi

credit squeeze *n* stretta *f* creditizia

credit terms *npl* condizioni *fpl* di credito
credit transfer *n* bonifico *m*
creditworthiness /'kredɪ(t)wɜ:ðɪnɪs/ *n* capacità *f* di credito
creditworthy /'kredɪ(t)wɜ:ðɪ/ *adj* meritevole di credito
credulity /krɪ'dju:lətɪ/ *n* credulità *f*; **strain sb's ~** essere ai limiti della credibilità
credulous /'kredjʊləs/ *adj* credulo
creed /kri:d/ *n* credo *m inv*
creek /kri:k/ *n* insenatura *f*; AmE (stream) torrente *m*; **up the ~** infml (in trouble) nei guai
creep /kri:p/ **A** *vi* (*pt/pp* **crept**) muoversi furtivamente
B *n* infml tipo *m* viscido; **it gives me the ~s** mi fa venire i brividi
creeper /'kri:pə(r)/ *n* pianta *f* rampicante
creepy /'kri:pɪ/ *adj* che fa venire i brividi
creepy-crawly /-'krɔ:lɪ/ *n* infml insetto
cremate /krɪ'meɪt/ *vt* cremare
cremation /krɪ'meɪʃn/ *n* cremazione *f*
crematorium /kremə'tɔ:rɪəm/ *n* crematorio *m*
crepe /kreɪp/ *n* (fabric) crespo *m*
crepe bandage *n* fascia *f* elastica
crepe paper *n* carta *f* crespata
crepe soles *npl* suole *fpl* di para
crept /krept/ ▶ **creep**
crescendo /krɪ'ʃendəʊ/ *n* Mus crescendo *m*; **reach a ~** fig ‹*noise, protests*› raggiungere il picco; ‹*campaign*› raggiungere il culmine
crescent /'kresənt/ *n* mezzaluna *f*
crescent moon *n* mezzaluna *f*
cress /kres/ *n* crescione *m*
crest /krest/ *n* cresta *f*; (coat of arms) cimiero *m*; **be on the ~ of a wave** essere sulla cresta dell'onda
crestfallen /'krestfɔ:lən/ *adj* mogio
Crete /kri:t/ *n* Creta *f*
Creutzfeldt-Jakob disease /krɔɪtsfeld'jækɒb/ *n* morbo *m* di Creutzfeldt Jakob
crevasse /krɪ'væs/ *n* crepaccio *m*
crevice /'krevɪs/ *n* crepa *f*
🔑 **crew** /kru:/ *n* equipaggio *m*; (gang) équipe *f inv*
crew cut *n* capelli *mpl* a spazzola
crew neck *n* girocollo *m*
crew neck sweater *n* maglione *m* a girocollo
crib¹ /krɪb/ *n* (for baby) culla *f*
crib² *vt & vi* (*pt/pp* **cribbed**) infml copiare
cribbage /'krɪbɪdʒ/ *n gioco* (*m*) *di carte*
crick /krɪk/ *n* **~ in the neck** torcicollo *m*
cricket¹ /'krɪkɪt/ *n* (insect) grillo *m*
cricket² *n* cricket *m*
cricketer /'krɪkɪtə(r)/ *n* giocatore *m* di cricket

🔑 **crime** /kraɪm/ *n* crimine *m*; (criminality) criminalità *f*; **it's a ~** fig è un delitto
crime of passion *n* delitto *m* passionale
crime prevention *n* prevenzione *f* della criminalità
🔑 **criminal** /'krɪmɪnl/ **A** *adj* criminale; ‹*law, court*› penale
B *n* criminale *mf*
criminal charges *npl* **face ~** essere imputato
criminal investigation *n* inchiesta *f* giudiziaria
Criminal Investigation Department *n* BrE ≈ polizia *f* giudiziaria
criminal justice *n* sistema *m* penale
criminal law *n* diritto *m* penale
criminally insane /'krɪmɪnəlɪ/ *adj* pazzo criminale
criminal offence *n* reato *m*
criminal record *n* **have a/no ~** avere la fedina penale sporca/pulita
criminology /krɪmɪ'nɒlədʒɪ/ *n* criminologia *f*
crimp /krɪmp/ *vt* pieghettare ‹*fabric*›; increspare ‹*pastry*›; arricciare ‹*hair*›
crimson /'krɪmz(ə)n/ *adj* cremisi *inv*
cringe /krɪndʒ/ *vi* (cower) acquattarsi; (at bad joke etc) fare una smorfia
crinkle /'krɪŋk(ə)l/ **A** *vt* spiegazzare
B *vi* spiegazzarsi
crinkly /'krɪŋklɪ/ *adj* ‹*paper, material*› crespato; ‹*hair*› crespo
cripple /'krɪpl/ **A** *n* offensive storpio, -a *mf*
B *vt* storpiare; fig danneggiare
crippled /'krɪpld/ *adj* offensive ‹*person*› storpio; ‹*ship*› danneggiato
crippling /'krɪplɪŋ/ *adj* ‹*taxes, debts*› esorbitante; ‹*disease*› devastante; ‹*strike, effect*› paralizzante
🔑 **crisis** /'kraɪsɪs/ (*pl* **-ses** /'kraɪsi:z/) *n* crisi *f inv*
crisp /krɪsp/ *adj* croccante; ‹*air*› frizzante; ‹*style*› incisivo
crispbread /'krɪs(p)bred/ *n* crostini *mpl* di pane
crisps /krɪsps/ *npl* patatine *fpl*
crispy /'krɪspɪ/ *adj* croccante
criss-cross /'krɪs-/ *adj* a linee incrociate
criterion /kraɪ'tɪərɪən/ (*pl* **-ria** /kraɪ'tɪərɪə/) *n* criterio *m*
🔑 **critic** /'krɪtɪk/ *n* critico, -a *mf*
🔑 **critical** /'krɪtɪkl/ *adj* critico
critically /'krɪtɪklɪ/ *adv* in modo critico; **~ ill** gravemente malato
critical path analysis *n* analisi *f inv* del percorso critico
🔑 **criticism** /'krɪtɪsɪzm/ *n* critica *f*; **he doesn't like ~** non ama le critiche
criticize /'krɪtɪsaɪz/ *vt* criticare
croak /krəʊk/ *vi* gracchiare; ‹*frog*› gracidare
Croatia /krəʊ'eɪʃə/ *n* Croazia *f*

🔑 parola chiave

crochet /ˈkrəʊʃeɪ/ **A** *n* lavoro *m* all'uncinetto **B** *vt* fare all'uncinetto
crochet hook *n* uncinetto *m*
crock /krɒk/ *n* infml **old ~** (person) rudere *m*; (car) macinino *m*
crockery /ˈkrɒkərɪ/ *n* terrecotte *fpl*
crocodile /ˈkrɒkədaɪl/ *n* coccodrillo *m*
crocodile tears *npl* lacrime *fpl* di coccodrillo
crocus /ˈkrəʊkəs/ *n* (*pl* **-es**) croco *m*
croft /krɒft/ *n* piccola fattoria *f*
croissant /ˈkrwæsɑ̃/ *n* cornetto *m*, croissant *m inv*
crone /krəʊn/ *n* derog vecchiaccia *f*
crony /ˈkrəʊnɪ/ *n* compare *m*
crook /krʊk/ *n* infml (criminal) truffatore, -trice *mf*
crooked /ˈkrʊkɪd/ *adj* storto; ‹*limb*› storpiato; infml (dishonest) disonesto; **~ deal** fregatura *f*
croon /kruːn/ *vt & vi* canticchiare
crop /krɒp/ **A** *n* raccolto *m*; fig quantità *f* **B** *vt* (*pt/pp* **cropped**) coltivare
■ **crop up** *vi* infml presentarsi
crop rotation *n* rotazione *f* delle colture
crop spraying /ˈkrɒpspreɪɪŋ/ *n* irrorazione *f*
croquet /ˈkrəʊkeɪ/ *n* croquet *m*
croquette /krəʊˈket/ *n* crocchetta *f*
cross /krɒs/ **A** *adj* (annoyed) arrabbiato; **talk at ~ purposes** fraintendersi **B** *n* croce *f*; Bot, Zool incrocio *m* **C** *vt* sbarrare ‹*cheque*›; incrociare ‹*road, animals*›; **~ oneself** farsi il segno della croce; **~ one's arms** incrociare le braccia; **~ one's legs** accavallare le gambe; **keep one's fingers ~ed for somebody** tenere le dita incrociate per qualcuno; **it ~ed my mind** mi è venuto in mente **D** *vi* (go across) attraversare; ‹*lines*› incrociarsi
■ **cross off** *vt* (from list) depennare
■ **cross out** *vt* sbarrare; (from list) depennare
crossbar *n* (of goal) traversa *f*; (on bicycle) canna *f*
cross-border *adj* oltreconfine
crossbow *n* balestra *f*
cross-bred *adj* ibrido
cross-breed **A** *vt* ibridare, incrociare ‹*animals, plants*› **B** *n* (animal) incrocio *m*, ibrido *m*
cross-Channel *adj* attraverso la Manica; ‹*ferry*› che attraversa la Manica
cross-check **A** *n* controprova *f* **B** *vt* fare la controprova di
cross-contamination *n* contaminazione *f* incrociata
cross-country *n* Sport corsa *f* campestre
cross-country skiing *n* sci *m* di fondo
cross-court *adj* ‹*shot, volley*› diagonale
cross-cultural *adj* multiculturale
cross-current *n* corrente *f* trasversale
cross-dressing *n* travestitismo *m*
cross-examination *n* controinterrogatorio *m*
cross-examine *vt* sottoporre a controinterrogatorio
cross-eyed /ˈkrɒsaɪd/ *adj* strabico
crossfire *n* fuoco *m* incrociato
crossing /ˈkrɒsɪŋ/ *n* (for pedestrians) passaggio *m* pedonale; (sea journey) traversata *f*
cross-legged /krɒsˈlegd/ *adj & adv* con le gambe incrociate
crossly /ˈkrɒslɪ/ *adv* con rabbia
crossover *adj* ‹*straps*› incrociato
cross-party *adj* ‹*talks, committee*› interpartitico
cross purposes *npl* **we are at ~** non ci siamo capiti
cross-question *vt* interrogare ‹*person*›
cross-reference *n* rimando *m*
crossroads *n* incrocio *m*; **reach a ~** fig arrivare a un bivio
cross-section *n* sezione *f*; (of community) campione *m*
cross-stitch *n* punto *m* croce
crosswalk *n* AmE attraversamento *m* pedonale
crosswind *n* vento *m* di traverso
crosswise *adv* in diagonale
crossword *n* **~ [puzzle]** parole *fpl* crociate
crotch /krɒtʃ/ *n* Anat inforcatura *f*; (in trousers) cavallo *m*
crotchet /ˈkrɒtʃɪt/ *n* Mus semiminima *f*
crotchety /ˈkrɒtʃətɪ/ *adj* irritabile
crouch /kraʊtʃ/ *vi* accovacciarsi
croupier /ˈkruːpɪə(r)/ *n* croupier *m inv*
crouton /ˈkruːtɒn/ *n* crostino *m*
crow /krəʊ/ **A** *n* corvo *m*; **as the ~ flies** in linea d'aria **B** *vi* cantare
crowbar /ˈkrəʊbɑː/ *n* piede *m* di porco
crowd /kraʊd/ **A** *n* folla *f* **B** *vt* affollare **C** *vi* affollarsi
crowd control *n* controllo *m* della folla
crowded /ˈkraʊdɪd/ *adj* affollato
crowd-puller /ˈkraʊdpʊlə(r)/ *n* (event) grande attrazione *f*
crowd scene *n* Cinema, Theat scena *f* di massa
crown /kraʊn/ **A** *n* corona *f* **B** *vt* incoronare; incapsulare ‹*tooth*›
Crown court *n* BrE Jur ≈ corte *f* d'Assise
crowning glory /ˈkraʊnɪŋ/ *n* culmine *m*; **her hair is her ~** i capelli sono il suo punto forte
crown jewels *npl* gioielli *mpl* della corona
crown prince *n* principe *m* ereditario
crow's feet /krəʊzˈfiːt/ *npl* (on face) zampe *fpl* di gallina
crow's nest /krəʊzˈnest/ *n* coffa *f*

c

crucial /ˈkruːʃl/ *adj* cruciale
crucially /ˈkruːʃəlɪ/ *adv* ~ **important** di vitale importanza
crucifix /ˈkruːsɪfɪks/ *n* crocifisso *m*
crucifixion /kruːsɪˈfɪkʃn/ *n* crocifissione *f*
crucify /ˈkruːsɪfaɪ/ *vt* (*pt/pp* **-ied**) crocifiggere
crude /kruːd/ *adj* ‹*oil*› greggio; ‹*language*› crudo; ‹*person*› rozzo
crudely /ˈkruːdlɪ/ *adv* (vulgarly) in modo crudo; (simply) schematicamente; (roughly: assembled) sommariamente; ‹*painted, made*› rozzamente; ~ **speaking** in parole povere
crudity /ˈkruːdətɪ/ *n* (vulgarity) volgarità *f*
cruel /ˈkruːəl/ *adj* (**-ler**, **-lest**) crudele (**to** verso)
cruelly /ˈkruːəlɪ/ *adv* con crudeltà
cruelty /ˈkruːəltɪ/ *n* crudeltà *f*
cruelty-free *adj* ‹*cosmetics*› non testato sugli animali
cruise /kruːz/ **A** *n* crociera *f*
B *vi* fare una crociera; ‹*car*› andare a velocità di crociera
cruise liner *n* nave *f* da crociera
cruise missile *n* missile *m* cruise *inv*
cruiser /ˈkruːzə(r)/ *n* Mil incrociatore *m*; (motor boat) motoscafo *m*
cruising speed /ˈkruːzɪŋ/ *n* velocità *m* di crociera
crumb /krʌm/ *n* briciola *f*
crumble /ˈkrʌmbl/ **A** *vt* sbriciolare
B *vi* sbriciolarsi; ‹*building, society*› sgretolarsi
crumbling /ˈkrʌmblɪŋ/ *adj* fatiscente
crumbly /ˈkrʌmblɪ/ *adj* friabile
crummy /ˈkrʌmɪ/ *adj* infml (substandard) scadente; AmE (unwell) malato
crumpet /ˈkrʌmpɪt/ *n* Culin *focaccina* (*f*) *da tostare e mangiare con burro e marmellata*
crumple /ˈkrʌmpl/ **A** *vt* spiegazzare
B *vi* spiegazzarsi
crunch /krʌntʃ/ **A** *n* infml **when it comes to the** ~ quando si viene al dunque
B *vt* sgranocchiare
C *vi* ‹*snow*› scricchiolare
crunchy /ˈkrʌntʃɪ/ *adj* ‹*vegetables, biscuits*› croccante
crusade /kruːˈseɪd/ *n* crociata *f*
crusader /kruːˈseɪdə(r)/ *n* crociato *m*
crush /krʌʃ/ **A** *n* (crowd) calca *f*; **have a ~ on somebody** essersi preso una cotta per qualcuno
B *vt* schiacciare; sgualcire ‹*clothes*›
crushed ice /krʌʃtˈaɪs/ *n* ghiaccio *m* tritato
crushed velvet *n* velluto *m* stazzonato
crushing /ˈkrʌʃɪŋ/ *adj* ‹*defeat, weight, blow*› schiacciante; ‹*blow*› tremendo
crust /krʌst/ *n* crosta *f*
crustacean /krʌˈsteɪʃn/ *n* crostaceo *m*
crusty /ˈkrʌstɪ/ *adj* ‹*bread*› croccante; (irritable) scontroso
crutch /krʌtʃ/ *n* gruccia *f*; Anat inforcatura *f*
crux /krʌks/ *n* fig punto *m* cruciale; ~ **of the matter** nodo *m* della questione
cry /kraɪ/ **A** *n* grido *m*; ~ **for help** grido d'aiuto; **have a ~** farsi un pianto; **a far ~ from** fig tutta un'altra cosa rispetto a
B *vi* (*pt/pp* **cried**) (weep) piangere; (call) gridare
■ **cry off** *vi* BrE (cancel) disdire
■ **cry out** *vi* (shout) urlare
cryogenics /ˌkraɪəˈdʒenɪks/ *n* criogenia *fsg*
crypt /krɪpt/ *n* cripta *f*
cryptic /ˈkrɪptɪk/ *adj* criptico
cryptically /ˈkrɪptɪklɪ/ *adv* ‹*say, speak*› in modo enigmatico; ~ **worded** espresso in maniera sibillina
crystal /ˈkrɪstl/ *n* cristallo *m*; (glassware) cristalli *mpl*
crystal ball *n* sfera *f* di cristallo
crystal clear *adj* ‹*water, sound*› cristallino; **let me make it ~** lasciatemelo spiegare chiaramente
crystal-gazing /ˈkrɪstlˌgeɪzɪŋ/ *n* predizione *f* del futuro (*con la sfera di cristallo*)
crystallize /ˈkrɪstəlaɪz/ *vi* (become clear) concretizzarsi
CS gas *n* BrE gas *m inv* lacrimogeno
CST *abbr* AmE (**Central Standard Time**) *ora* (*f*) *solare della zona centrale dell'America settentrionale*
cub /kʌb/ *n* (animal) cucciolo *m*; **C~ [Scout]** lupetto *m*
Cuba /ˈkjuːbə/ *n* Cuba *f*
Cuban /ˈkjuːbən/ *adj & n* cubano, -a *mf*
cubby-hole /ˈkʌbɪ-/ *n* (compartment) scomparto *m*; (room) ripostiglio *m*
cube /kjuːb/ *n* cubo *m*
cubic /ˈkjuːbɪk/ *adj* cubico
cubicle /ˈkjuːbɪkl/ *n* cabina *f*
cubism /ˈkjuːbɪzm/ *n* cubismo *m*
cubist /ˈkjuːbɪst/ *adj & n* cubista *mf*
cub reporter *n* cronista *mf* alle prime armi
cuckoo /ˈkʊkuː/ *n* cuculo *m*
cuckoo clock *n* orologio *m* a cucù
cucumber /ˈkjuːkʌmbə(r)/ *n* cetriolo *m*
cud /kʌd/ *n* also fig **chew the ~** ruminare
cuddle /ˈkʌd(ə)l/ **A** *vt* coccolare
B *vi* ~ **up to** starsene accoccolato insieme a
C *n* **have a ~** ‹*child*› farsi coccolare; ‹*lovers*› abbracciarsi
cuddly /ˈkʌd(ə)lɪ/ *adj* tenerone; (wanting cuddles) coccolone
cuddly toy *n* peluche *m inv*
cudgel /ˈkʌdʒl/ *n* randello *m*
cue¹ /kjuː/ *n* segnale *m*; Theat battuta *f* d'entrata

---

parola chiave

cue² *n* (in billiards) stecca *f*
cue ball *n* pallino *m*
cuff /kʌf/ **A** *n* polsino *m*; AmE (turn-up) orlo *m*; (blow) scapaccione *m*; **off the ~** improvvisando
B *vt* dare una pacca a
cuff link *n* gemello *m*
cuisine /kwɪ'ziːn/ *n* cucina *f*; **haute ~** /əʊt/ haute cuisine *f*
cul-de-sac /'kʌldəsæk/ *n* vicolo *m* cieco
culinary /'kʌlɪnərɪ/ *adj* culinario
cull /kʌl/ *vt* (farming) selezionare ‹*livestock*›; (hunting) uccidere, massacrare ‹*seal, whale*›; abbattere ‹*fox*›
culminate /'kʌlmɪneɪt/ *vi* culminare
culmination /kʌlmɪ'neɪʃn/ *n* culmine *m*
culottes /kjuː'lɒts/ *npl* gonna *fsg* pantalone
culpable /'kʌlpəbl/ *adj* colpevole
culpable homicide *n* Jur omicidio *m* colposo
culprit /'kʌlprɪt/ *n* colpevole *mf*
cult /kʌlt/ *n* culto *m*
cultivate /'kʌltɪveɪt/ *vt* coltivare; fig coltivarsi ‹*person*›
cultivated /'kʌltɪveɪtɪd/ *adj* ‹*soil*› lavorato; ‹*person*› colto
cultural /'kʌltʃərəl/ *adj* culturale
cultural attaché *n* addetto *m* culturale
culture /'kʌltʃə(r)/ *n* cultura *f*
cultured /'kʌltʃəd/ *adj* colto
cultured pearl *n* perla *f* coltivata
culture shock *n* shock *m inv* culturale
culture vulture *n* infml fanatico, -a *mf* di cultura
culvert /'kʌlvət/ *n* condotto *m* sotterraneo
cumbersome /'kʌmbəsəm/ *adj* ingombrante
cumin /'kjuːmɪn/ *n* cumino *m* nero
cummerbund /'kʌməbʌnd/ *n* fascia *f* (*dello smoking*)
cumulative /'kjuːmjʊlətɪv/ *adj* cumulativo
cunning /'kʌnɪŋ/ **A** *adj* astuto
B *n* astuzia *f*
cup /kʌp/ *n* tazza *f*; (prize, of bra) coppa *f*
cupboard /'kʌbəd/ *n* armadio *m*
cupboard love *n* BrE hum amore *m* interessato
cupboard space *n* spazio *m* negli armadi
Cup Final *n* finale *f* di coppa
cupful /'kʌpfʊl/ *n* tazza *f* (*contenuto*)
Cupid /'kjuːpɪd/ *n* Cupido *m*
cupola /'kjuːpələ/ *n* Archit cupola *f*
cup tie *n* BrE partita *f* eliminatoria
cur /kɜː(r)/ *n* derog (dog) cagnaccio *m*
curable /'kjʊərəbl/ *adj* curabile
curate /'kjʊərət/ *n* curato *m*
curator /kjʊə'reɪtə(r)/ *n* direttore, -trice *mf* (*di museo*)
curb /kɜːb/ *vt* tenere a freno
curd cheese /kɜːd/ *n* cagliata *f*
curdle /'kɜːdl/ *vi* coagularsi
cure /kjʊə(r)/ **A** *n* cura *f*
B *vt* curare; (salt) mettere sotto sale; (smoke) affumicare
cure-all *n* toccasana *m inv*, panacea *f*
curfew /'kɜːfjuː/ *n* coprifuoco *m*
curio /'kjʊərɪəʊ/ *n* curiosità *f*
curiosity /kjʊərɪ'ɒsətɪ/ *n* curiosità *f*
curious /'kjʊərɪəs/ *adj* curioso
curiously /'kjʊərɪəslɪ/ *adv* curiosamente
curl /kɜːl/ **A** *n* ricciolo *m*
B *vt* arricciare
C *vi* arricciarsi
■ **curl up** *vi* raggomitolarsi
curler /'kɜːlə(r)/ *n* bigodino *m*
curling /'kɜːlɪŋ/ *n* Sport curling *m*
curly /'kɜːlɪ/ *adj* (**-ier**, **-iest**) riccio
curly-haired, **curly-headed** /-'heəd, -'hedɪd/ *adj* (tight curls) dai capelli crespi; (loose curls) riccio
currant /'kʌrənt/ *n* (dried) uvetta *f*
currency /'kʌrənsɪ/ *n* valuta *f*; (of word) ricorrenza *f*; **foreign ~** valuta *f* estera
current /'kʌrənt/ **A** *adj* corrente
B *n* corrente *f*
current account *n* BrE conto *m* corrente
current affairs *npl* attualità *fsg*
current assets *npl* Fin disponibilità *fpl* correnti
current liabilities *npl* Fin passività *fpl* correnti
currently /'kʌrəntlɪ/ *adv* attualmente
curriculum /kə'rɪkjʊləm/ *n* programma *m* di studi
curriculum vitae /'viːtaɪ/ *n* curriculum vitae *m inv*
curry /'kʌrɪ/ **A** *n* curry *m inv*; (meal) piatto *m* al curry
B *vt* (*pt/pp* **-ied**) **~ favour with somebody** cercare d'ingraziarsi qualcuno
curry powder *n* curry *m* in polvere
curse /kɜːs/ **A** *n* maledizione *f*; (oath) imprecazione *f*
B *vt* maledire
C *vi* imprecare
cursor /'kɜːsə(r)/ *n* cursore *m*
cursor keys *npl* tasti *mpl* cursore
cursory /'kɜːsərɪ/ *adj* sbrigativo
curt /kɜːt/ *adj* brusco
curtail /kə'teɪl/ *vt* ridurre
curtailment /kə'teɪlmənt/ *n* (of rights, freedom) limitazione *f*; (of expenditure, service) riduzione *f*; (of holiday) interruzione *f*
curtain /'kɜːtn/ *n* tenda *f*; Theat sipario *m*
■ **curtain off** *vt* separare con una tenda
curtain call *n* Theat chiamata *f* alla ribalta
curtly /'kɜːtlɪ/ *adv* bruscamente
curtsy, **curtsey** /'kɜːtsɪ/ **A** *n* inchino *m*
B *vi* (*pt/pp* **-ied**) fare l'inchino

curvaceous /kɜːˈveɪʃəs/ *adj* formoso

curve /kɜːv/ **A** *n* curva *f*
B *vi* curvare; **~ to the right/left** curvare a destra/sinistra

curved /kɜːvd/ *adj* curvo

curvy /ˈkɜːvɪ/ *adj* (**-ier**, **-iest**) ‹*woman*› formoso

cushion /ˈkʊʃn/ **A** *n* cuscino *m*
B *vt* attutire; (protect) proteggere

cushy /ˈkʊʃɪ/ *adj* (**-ier**, **-iest**) infml facile

custard /ˈkʌstəd/ *n* (liquid) crema *f* pasticcera

custard cream *n* BrE biscotto *m* farcito alla crema

custard pie *n* torta *f* alla crema (*nei film comici*)

custard tart *n* torta *f* alla crema

custodial sentence /kʌˈstəʊdɪəl/ *n* condanna *f* ad una pena detentiva

custodian /kʌˈstəʊdɪən/ *n* custode *mf*

custody /ˈkʌstədɪ/ *n* (of child) custodia *f*; (imprisonment) detenzione *f* preventiva

custom /ˈkʌstəm/ *n* usanza *f*; Jur consuetudine *f*; Comm clientela *f*

customary /ˈkʌstəmərɪ/ *adj* (habitual) abituale; **it's ~ to...** è consuetudine...

custom-built /-ˈbɪlt/ *adj* ‹*house*› ad hoc

custom car *n* vettura *f* personalizzata

customer /ˈkʌstəmə(r)/ *n* cliente *mf*

customer care *n* assistenza *f* alla clientela

customer feedback *n* feedback *m inv* dai clienti

customer relations *npl* rapporto *m* con i clienti

customer service *n* assistenza *f* ai clienti

customize /ˈkʌstəmaɪz/ *vt* personalizzare

custom-made /-ˈmeɪd/ *adj* su misura

customs /ˈkʌstəmz/ *npl* dogana *f*

Customs and Excise *n* BrE ufficio *m* Dazi e Dogana

customs clearance *n* sdoganamento *m*

customs declaration *n* dichiarazione *f* doganale

customs duties *npl* dazi *mpl* doganali

customs hall *n* dogana *f*

customs officer *n* doganiere *m*, guardia *f* di finanza

cut /kʌt/ **A** *n* (with knife etc, of clothes) taglio *m*; (reduction) riduzione *f*; (in public spending) taglio *m*
B *vt & vi* (*pt/pp* **cut**, *pres p* **cutting**) tagliare; (reduce) ridurre; **~ one's finger** tagliarsi il dito; **~ sb's hair** tagliare i capelli a qualcuno
C *vi* (with cards) alzare
- **cut away** *vt* tagliar via
- **cut back** *vt* tagliare ‹*hair*›; potare ‹*hedge*›; (reduce) ridurre
- **cut back on** *vt* (reduce) ridurre
- **cut down** *vt* abbattere ‹*tree*›; (reduce) ridurre
- **cut in** **A** *vi* Auto tagliare la strada; (into conversation) interrompere
B *vt* **~ somebody in on a deal** dare una percentuale a qualcuno
- **cut off** *vt* tagliar via; (disconnect) interrompere; fig isolare; **I was ~ off** Teleph la linea è caduta
- **cut out** *vt* ritagliare; (delete) eliminare; **be ~ out for** infml essere tagliato per; **~ it out!** infml dacci un taglio!
- **cut short** *vt* interrompere ‹*holiday, discussion*›
- **cut up** *vt* (slice) tagliare a pezzi

cut and dried *adj* ‹*answer, solution*› ovvio; **I like everything to be ~ of debate** gli scambi *mpl* animati del dibattito

cutback /ˈkʌtbæk/ *n* riduzione *f*; (in government spending) taglio *m*

cute /kjuːt/ *adj* infml (in appearance) carino; (clever) acuto

cut glass *n* vetro *m* intagliato

cuticle /ˈkjuːtɪkl/ *n* cuticola *f*

cutlery /ˈkʌtlərɪ/ *n* posate *fpl*

cutlet /ˈkʌtlɪt/ *n* cotoletta *f*

cut-off *n* (upper limit) limite *m* [massimo]

cut-off date *n* data *f* di scadenza

cut-off point *n* limite *m*; Comm data *f* di scadenza

cut-offs *npl* (jeans) jeans *mpl* tagliati

cut-out *n* (outline) ritaglio *m*

cut-price *adj* a prezzo ridotto; ‹*shop*› che fa prezzi ridotti

cutter /ˈkʌtə(r)/ *n* (ship) cutter *m inv*; (on ship) lancia *f*; (for metal, glass) taglierina *f*

cut-throat **A** *n* assassino, -a *mf*
B *adj* ‹*competition*› spietato

cut-throat razor *n* BrE rasoio *m* da barbiere

cutting /ˈkʌtɪŋ/ **A** *adj* ‹*remark*› tagliente
B *n* (from newspaper) ritaglio *m*; (of plant) talea *f*

cutting edge *n* (blade) filo *m*; **be at the ~** fig essere all'avanguardia

cuttingly /ˈkʌtɪŋlɪ/ *adv* ‹*speak*› in maniera tagliente

cutting room *n* Cinema **end up on the ~ floor** essere tagliato in fase di montaggio

CV *n abbr* (**Curriculum Vitae**) CV *m*

cwt *abbr* (**hundredweight**) BrE ≈ 50 kg; AmE ≈ 45 kg

cyanide /ˈsaɪənaɪd/ *n* cianuro *m*

cyber attack /ˈsaɪbər əˌtæk/ *n* cyber-attacco *m*

cyberbullying /ˈsaɪbəˌbʊlɪŋ/ *n* ciberbullismo *m*, cyberbullismo *m*

cybercafe /ˈsaɪbəkæfeɪ/ *n* caffè *m inv* Internet

cyberculture /ˈsaɪbəkʌltʃə(r)/ *n* cybercultura *f*

---

parola chiave

cybernetics /saɪbə'netɪks/ *nsg* cibernetica *fsg*
cyberspace /'saɪbəspeɪs/ *n* ciberspazio *m*
cyclamen /'sɪkləmən/ *n* ciclamino *m*
cycle /'saɪk(ə)l/ **A** *n* ciclo *m*; (bicycle) bicicletta *f*; infml bici *f inv*
B *vi* andare in bicicletta
cycle clip *n* fermacalzoni *m inv*
cycle lane *n* pista *f* ciclabile
cycle race *n* corsa *f* ciclistica
cycle rack *n* portabiciclette *m inv*
cycle track, **cycle path** *n* pista *f* ciclabile
cyclical /'saɪklɪkl/ *adj* ciclico
cycling /'saɪklɪŋ/ *n* ciclismo *m*
cycling holiday *n* BrE vacanza *f* in bicicletta; **go on a ~** fare una vacanza in bicicletta
cycling shorts *npl* pantaloncini *mpl* da ciclista
cyclist /'saɪklɪst/ *n* ciclista *mf*
cyclo-cross /'saɪkləʊ-/ *n* ciclocross *m inv*
cyclone /'saɪkləʊn/ *n* ciclone *m*
cygnet /'sɪgnɪt/ *n* cigno *m* giovane
cylinder /'sɪlɪndə(r)/ *n* cilindro *m*
cylindrical /sɪ'lɪndrɪkl/ *adj* cilindrico
cymbals /'sɪmblz/ *npl* Mus piatti *mpl*
cynic /'sɪnɪk/ *n* cinico, -a *mf*
cynical /'sɪnɪk(ə)l/ *adj* cinico
cynically /'sɪnɪklɪ/ *adv* cinicamente
cynicism /'sɪnɪsɪzm/ *n* cinismo *m*
cypress /'saɪprəs/ *n* cipresso *m*
Cypriot /'sɪprɪət/ *adj* & *n* cipriota *mf*
Cyprus /'saɪprəs/ *n* Cipro *m*
Cyrillic /sɪ'rɪlɪk/ *adj* cirillico
cyst /sɪst/ *n* ciste *f*
cystitis /sɪ'staɪtɪs/ *n* cistite *f*
Czar, **czar** /zɑ:(r)/ *n* zar *m inv*
Czech /tʃek/ *adj* & *n* ceco, -a *mf*
Czechoslovak /tʃekə'sləʊvæk/ *adj* cecoslovacco
Czechoslovakia /tʃekəslə'vækɪə/ *n* Cecoslovacchia *f*
Czech Republic *n* Repubblica *f* Ceca

c
d

Dd

d¹, **D** /di:/ *n* (letter) d, D *f inv*; Mus re *m inv*
d² *abbr* (**died**) morto
dab /dæb/ **A** *n* colpetto *m*; **a ~ of** un pochino di
B *vt* (*pt/pp* **dabbed**) toccare leggermente ‹*eyes*›
■ **dab on** *vt* mettere un po' di ‹*paint etc*›
dabble /'dæbl/ *vi* **~ in something** fig occuparsi di qualcosa a tempo perso
dachshund /'dækshʊnd/ *n* bassotto *m*
dad /'dæd/, **daddy** /'dædɪ/ *n* infml papà *m*, babbo *m*
daddy-long-legs *n* zanzarone *m* [dei boschi]; AmE (spider) ragno *m*
daffodil /'dæfədɪl/ *n* giunchiglia *f*
daft /dɑ:ft/ *adj* sciocco
dagger /'dægə(r)/ *n* stiletto *m*; Typ croce *f*; **be at ~s drawn** infml essere ai ferri corti
dahlia /'deɪlɪə/ *n* dalia *f*
daily /'deɪlɪ/ **A** *adj* giornaliero
B *adv* giornalmente
C *n* (newspaper) quotidiano *m*; infml (cleaner) donna *f* delle pulizie
daintily /'deɪntɪlɪ/ *adv* delicatamente
dainty /'deɪntɪ/ *adj* (**-ier**, **-iest**) grazioso; ‹*movement*› delicato
dairy /'deərɪ/ *n* caseificio *m*; (shop) latteria *f*
dairy cow *n* mucca *f* da latte
dairyman /'deərɪmən/ *n* (on farm) operaio *m* addetto all'allevamento di mucche [da latte]; AmE (farmer) allevatore *m*
dairy products *npl* latticini *mpl*
dais /'deɪɪs/ *n* pedana *f*
daisy /'deɪzɪ/ *n* margheritina *f*; (larger) margherita *f*
dale /deɪl/ *n* literary valle *f*
dally /'dælɪ/ *vi* (*pt/pp* **-ied**) stare a gingillarsi
dam /dæm/ **A** *n* diga *f*
B *vt* (*pt/pp* **dammed**) costruire una diga su
damage /'dæmɪdʒ/ **A** *n* danno *m* (**to** a); **~s** *pl* Jur risarcimento *msg*
B *vt* danneggiare; fig nuocere a
damage limitation exercise *n* manovra *f* per contenere i danni
damaging /'dæmɪdʒɪŋ/ *adj* dannoso
damask /'dæmɪsk/ *n* damasco *m*
dame /deɪm/ *n* literary dama *f*; AmE sl donna *f*
dammit /'dæmɪt/ *int* BrE infml accidenti!
damn /dæm/ **A** *adj* infml maledetto
B *adv* ‹*lucky, late*› maledettamente
C *n* **I don't care** *or* **give a ~** infml non me ne frega un accidente
D *vt* dannare

damnation /dæm'neɪʃn/ **A** *n* dannazione *f*
B *int* infml accidenti!
damnedest /'dæmdɪst/ **A** *n* **do one's ~ (to do)** infml (hardest) fare del proprio meglio (per fare)
B *adj* **it was the ~ thing** (surprising) era la cosa più straordinaria
damning /'dæmɪŋ/ *adj* schiacciante
damp /dæmp/ **A** *adj* umido
B *n* umidità *f*
C *vt* = **dampen**
dampen /'dæmpən/ *vt* inumidire; fig raffreddare ‹*enthusiasm*›
damper /'dæmpə(r)/ *n* **the news put a ~ on the evening** infml la notizia ha raggelato l'atmosfera della serata
dampness /'dæmpnɪs/ *n* umidità *f*
damson /'dæmzən/ *n* (fruit) susina *f* selvatica, prugna *f* selvatica
dance /dɑ:ns/ **A** *n* ballo *m*
B *vt & vi* ballare
■ **dance about, dance up and down** *vi* saltellare qua e là
dance hall *n* sala *f* da ballo
dance music *n* musica *f* da ballo
dancer /'dɑ:nsə(r)/ *n* ballerino, -a *mf*
dancing /'dɑ:nsɪŋ, AmE 'dænsɪŋ/ *n* ballo *m*
dandelion /'dændɪlaɪən/ *n* dente *m* di leone
dandruff /'dændrʌf/ *n* forfora *f*
Dane /deɪn/ *n* danese *mf*; **Great ~** danese *m*
danger /'deɪndʒə(r)/ *n* pericolo *m*; **in/out of ~** in/fuori pericolo
danger level *n* livello *m* di guardia
danger list *n* **on the ~** in prognosi riservata; **off the ~** fuori pericolo
danger money *n* indennità *f* di rischio
dangerous /'deɪndʒərəs/ *adj* pericoloso
dangerously /'deɪndʒərəslɪ/ *adv* pericolosamente; **~ ill** in pericolo di vita
danger signal *n also* fig segnale *m* di pericolo
dangle /'dæŋgl/ **A** *vi* penzolare; fig **leave somebody dangling** lasciare qualcuno in sospeso
B *vt* far penzolare
Danish /'deɪnɪʃ/ **A** *adj* danese
B *n* (language) danese *m*
Danish pastry *n dolce* (*m*) *di pasta sfoglia contenente pasta di mandorle, mele ecc.*
dank /dæŋk/ *adj* umido e freddo
Danube /'dænju:b/ *n* Danubio *m*
dapper /'dæpə(r)/ *adj* azzimato
dappled /'dæp(ə)ld/ *adj* ‹*grey, horse*› pomellato; ‹*sky*› screziato; ‹*shade, surface*› chiazzato
dare /deə(r)/ **A** *vt & vi* osare; (challenge) sfidare (**to** a); **~ [to] do something** osare fare qualcosa; **I ~ say!** molto probabilmente!
B *n* sfida *f*
daredevil /'deədevl/ *n* spericolato, -a *mf*
daring /'deərɪŋ/ **A** *adj* audace
B *n* audacia *f*
dark /dɑ:k/ **A** *adj* buio; **~ blue/brown** blu/marrone scuro; **It's getting ~** sta cominciando a fare buio; **~ horse** fig (in race, contest) vincitore *m* imprevisto; (not much known about) misterioso *m*; **keep something ~** fig tenere qualcosa nascosto
B *n* **after ~** col buio; **in the ~** al buio; **keep somebody in the ~** fig tenere qualcuno all'oscuro
Dark Ages *n* alto Medioevo *m*
dark chocolate *n* cioccolato *m* fondente
darken /'dɑ:kn/ **A** *vt* oscurare
B *vi* oscurarsi
dark-eyed /-'aɪd/ *adj* ‹*person*› dagli occhi scuri
dark glasses *npl* occhiali *mpl* scuri
darkly /'dɑ:klɪ/ *adv* ‹*mutter, hint*› cupamente
dark matter *n* materia *f* oscura
darkness /'dɑ:knɪs/ *n* buio *m*
darkroom /'dɑ:kru:m/ *n* camera *f* oscura
dark skinned *adj* ‹*person*› dalla pelle scura
darling /'dɑ:lɪŋ/ **A** *adj* adorabile; **my ~ Joan** carissima Joan
B *n* tesoro *m*; **be a ~ and...** sii gentile e...
darn /dɑ:n/ *vt* rammendare
darning needle /'dɑ:nɪŋ/ *n* ago *m* da rammendo
dart /dɑ:t/ **A** *n* dardo *m*; (in sewing) pince *f inv*; **~s** *sg* (game) freccette *fpl*
B *vi* lanciarsi
dartboard /'dɑ:tbɔ:d/ *n* bersaglio *m* [per freccette]
dash /dæʃ/ **A** *n* Typ trattino *m*; (in Morse) linea *f*; **a ~ of milk** un goccio di latte; **make a ~ for** lanciarsi verso
B *vi* **I must ~** devo scappare
C *vt* far svanire ‹*hopes*›; (hurl) gettare
■ **dash off** **A** *vi* scappar via
B *vt* (write quickly) buttare giù
■ **dash out** *vi* uscire di corsa
dashboard /'dæʃbɔ:d/ *n* cruscotto *m*
dashing /'dæʃɪŋ/ *adj* (bold) ardito; (in appearance) affascinante
DAT *abbr* (**digital audio tape**) DAT *f inv*
data /'deɪtə/ *npl & sg* dati *mpl*
databank *n* banca *f* di dati
database *n* banca *f* dati, database *m inv*
database management system *n* sistema *m* di gestione di data base
data capture *n* registrazione *f* di dati
data communications *npl* comunicazione *f* dati, telematica *f*
data compression *n* compressione *f* dati
data disk *n* dischetto *m* di dati
data entry *n* immissione *f* [di] dati

parola chiave

data file *n* file *m inv* dati
data handling *n* manipolazione *f* [di] dati
data input *n* input *m* dati
data link *n* collegamento *m* dati
data processing *n* elaborazione *f* [di] dati
data protection *n* protezione *f* dati
data protection act *n* Jur *legge* (*f*) *britannica per la salvaguardia delle informazioni personali*
data retrieval *n* recupero *m* dati
data security *n* sicurezza *f* dei dati
data storage *n* archiviazione *f* dati
data storage device *n* unità *f* archivio dati
data transmission *n* trasmissione *f* dati
date¹ /deɪt/ *n* (fruit) dattero *m*
date² **A** *n* data *f*; (meeting) appuntamento *m*; **to ~** fino ad oggi; **out of ~** (not fashionable) fuori moda; (expired) scaduto; ‹*information*› non aggiornato; **make a ~ with somebody** dare un appuntamento a qualcuno; **be up to ~** essere aggiornato
B *vt & vi* datare; (go out with) uscire con
■ **date back to** *vi* risalire a
dated /'deɪtɪd/ *adj* fuori moda; ‹*language*› antiquato
date line *n* linea *f* [del cambiamento] di data
date of issue *n* data *f* di emissione
date rape *n stupro* (*m*) *perpetrato da persona nota alla vittima*
date stamp *n* (mark) timbro *m* con la data
dating agency /'deɪtɪŋ/ *n* agenzia *f* matrimoniale
dative /'deɪtɪv/ *n* dativo *m*
daub /dɔːb/ *vt* imbrattare ‹*walls*›
daughter /'dɔːtə(r)/ *n* figlia *f*
daughter-in-law *n* (*pl* **~s-in-law**) nuora *f*
daunt /dɔːnt/ *vt* scoraggiare; **nothing ~ed** per niente scoraggiato
daunting /'dɔːntɪŋ/ *adj* ‹*task, prospect*› poco allettante; ‹*person*› che intimidisce; **I'm faced with a ~ amount of work** mi aspetta una quantità di lavoro preoccupante; **it can be (quite) ~** può essere (piuttosto) allarmante
dauntless /'dɔːntlɪs/ *adj* intrepido
dawdle /'dɔːdl/ *vi* bighellonare; (over work) cincischiarsi
dawn /dɔːn/ **A** *n* alba *f*; **at ~** all'alba
B *vi* albeggiare; **it ~ed on me** fig mi è apparso chiaro
dawn raid *n* (police) raid *m* della polizia all'alba; (stock market) dawn raid *m inv*
day /deɪ/ *n* giorno *m*; (whole day) giornata *f*; (period) epoca *f*; **~ by ~** giorno per giorno; **~ after ~** giorno dopo giorno; **these ~s** oggigiorno; **in those ~s** a quei tempi; **it's had its ~** infml ha fatto il suo tempo
day boy *n* BrE Sch alunno *m* esterno
daybreak *n* **at ~** allo spuntar del giorno
day-care *n* (for young children) scuola *f* materna
day centre *n* centro *m* di accoglienza
day-dream **A** *n* sogno *m* ad occhi aperti
B *vi* sognare ad occhi aperti
day girl *n* Sch alunna *f* esterna
daylight *n* luce *f* del giorno
daylight robbery *n* infml **it's ~** è un furto!
daylight saving time *n* ora *f* legale
day nursery *n* (0–3 years) asilo *m* nido; (3–6 years) scuola *f* materna
day off *n* giorno *m* di riposo
day pass *n* biglietto *m* giornaliero
day release *n giorno* (*m*) *di congedo settimanale dal lavoro da dedicare a corsi di formazione*
day return *n* (ticket) *biglietto* (*m*) *di andata e ritorno con validità giornaliera*
day school *n scuola* (*f*) *che non fornisce alloggio*
daytime *n* giorno *m*; **in the ~** di giorno
daytime TV *n programmi* (*mpl*) *televisivi trasmessi durante il giorno*
day-to-day *adj* quotidiano; **on a ~ basis** giorno per giorno
day trader *n* day trader *m inv*
day trading *n* day trading *m inv*
day trip *n* gita *f* (*di un giorno*)
day tripper *n* gitante *mf*
daze /deɪz/ *n* **in a ~** stordito; fig sbalordito
dazed /deɪzd/ *adj* stordito; fig sbalordito
dazzle /'dæzl/ *vt* abbagliare
dazzling /'dæzlɪŋ/ *adj* abbagliante
DBMS *n abbr* (**database management system**) DBMS *m*
D-Day *n* Mil D-day *m inv*; (important day) giorno *m* fatidico
deacon /'diːk(ə)n/ *n* diacono *m*
dead /ded/ **A** *adj* morto; (numb) intorpidito; **~ and buried** morto e sepolto; **~ body** morto *m*; **~ centre** pieno centro *m*
B *adv* **~ tired** stanco morto; **~ slow/easy** lentissimo/facilissimo; **you're ~ right** hai perfettamente ragione; **stop ~** fermarsi di colpo; **be ~ on time** essere in perfetto orario
C *n* **the ~** *pl* i morti; **in the ~ of night** nel cuore della notte
deaden /'ded(ə)n/ *vt* attutire ‹*sound*›; calmare ‹*pain*›
dead end **A** *n* vicolo *m* cieco
B *attrib* **dead-end** ‹*job*› senza prospettive
dead heat *n* **it was a ~** è finita a pari merito
deadline *n* scadenza *f*
deadlock *n* **reach ~** fig giungere ad un punto morto
dead loss *n* infml (person) buono, -a *mf* a nulla; (thing) oggetto *m* inutile

d

deadly /ˈdedlɪ/ *adj* (**-ier**, **-iest**) mortale; infml (dreary) barboso; ~ **sins** peccati *mpl* capitali

dead on arrival *adj* Med deceduto durante il trasporto

deadpan *adj* impassibile; ‹*humour*› all'inglese

dead ringer *n* infml **be a ~ for somebody** essere la copia spiccicata di qualcuno

Dead Sea *n* Mar *m* Morto

dead weight *n* fig (burden) peso *m* morto

dead wood *n* BrE fig zavorra *f*

deaf /def/ *adj* sordo; ~ **and dumb** sordomuto

deaf aid *n* apparecchio *m* acustico

deafen /ˈdef(ə)n/ *vt* assordare; (permanently) render sordo

deafening /ˈdefənɪŋ/ *adj* assordante

deaf mute *adj & n* offensive sordomuto, -a *mf*

deafness /ˈdefnɪs/ *n* sordità *f*

deaf without speech *adj* sordomuto, -a *mf*

deal /diːl/ **A** *n* (agreement) patto *m*; (in business) accordo *m*; **who's ~?** Cards a chi tocca dare le carte?; **a good** *or* **great ~** molto; **get a raw ~** infml ricevere un trattamento ingiusto
B *vt* (*pt/pp* **dealt** /delt/) (in cards) dare; **~ somebody a blow** dare un colpo a qualcuno
■ **deal in** *vt* trattare in
■ **deal out** *vt* ‹*hand out*› distribuire
■ **deal with** *vt* (handle) occuparsi di; trattare con ‹*company*›; (be about) trattare di; **that's been ~t with** è stato risolto

dealer /ˈdiːlə(r)/ *n* commerciante *mf*; (in drugs) spacciatore, -trice *mf*

dealership /ˈdiːləʃɪp/ *n* Comm concessione *f*

dealing /ˈdiːlɪŋ/ *n* (in drugs) traffico *m*, spaccio *m*

dealing room /ˈdiːlɪŋ/ *n* Fin borsino *m*

dealings /ˈdiːlɪŋz/ *npl* **have ~ with** avere a che fare con

dean /diːn/ *n* decano *m*; Univ preside *mf* di facoltà

dear /dɪə(r)/ **A** *adj* caro; (in letter) Caro; (formal) Gentile
B *n* caro, -a *mf*
C *int* **oh ~!** Dio mio!

dearly /ˈdɪəlɪ/ *adv* ‹*love*› profondamente; ‹*pay*› profumatamente

dearth /dɜːθ/ *n* penuria *f*

death /deθ/ *n* morte *f*

deathbed *n* letto *m* di morte

death camp *n* campo *m* di sterminio

death certificate *n* certificato *m* di morte

death duty *n* tassa *f* di successione

death knell *n* campane *fpl* a morto; fig tramonto *m*

death list *n* lista *f* dei bersagli (*di un assassino*)

deathly /ˈdeθlɪ/ **A** *adj* **~ silence** silenzio *m* di tomba
B *adv* **~ pale** di un pallore cadaverico

death mask *n* maschera *f* mortuaria

death penalty *n* pena *f* di morte

death rate *n* tasso *m* di mortalità

death ray *n* raggio *m* mortale

death row /rəʊ/ *n* AmE braccio *m* della morte

death sentence *n* also fig condanna *f* a morte

death's head *n* teschio *m*

death threat *n* minaccia *f* di morte

death throes *npl* also fig agonia *f*

death toll *n* bilancio *m* delle vittime

death trap *n* trappola *f* mortale

death warrant *n* ordine *m* di esecuzione di una condanna a morte

death wish *n* desiderio *m* di morire

debacle /deɪˈbɑːk(ə)l/ *n* sfacelo *m*

debar /dɪˈbɑː(r)/ *vt* (*pt/pp* **debarred**) escludere

debase /dɪˈbeɪs/ *vt* degradare

debatable /dɪˈbeɪtəbl/ *adj* discutibile

debate /dɪˈbeɪt/ **A** *n* dibattito *m*
B *vt* discutere; (in formal debate) dibattere
C *vi* **~ whether to...** considerare se

debauchery /dɪˈbɔːtʃərɪ/ *n* dissolutezza *f*

debenture bond /dɪˈbentʃə(r)/ *n* obbligazione *f* non garantita

debilitating /dɪˈbɪlɪteɪtɪŋ/ *adj* ‹*disease*› debilitante

debility /dɪˈbɪlətɪ/ *n* debilitazione *f*

debit /ˈdebɪt/ **A** *n* debito *m*
B *vt* (*pt/pp* **debited**) Comm addebitare ‹*sum, account*›

debit card *n* carta *f* di debito

debonair /debəˈneə(r)/ *adj* ‹*person*› elegante e cortese

debrief /diːˈbriːf/ *vt* chiamare a rapporto; **be ~ed** ‹*defector, freed hostage*› essere interrogato; ‹*diplomat, agent*› essere chiamato a rapporto

debriefing /diːˈbriːfɪŋ/ *n* (of hostage, defector) interrogatorio *m*

debris /ˈdebriː/ *n* macerie *fpl*

debt /det/ *n* debito *m*; **be in ~** avere dei debiti

debt collection *n* esazione *f* crediti

debt collection agency *n* agenzia *f* di recupero crediti

debt collector *n* esattore *m* dei crediti

debtor /ˈdetə(r)/ *n* debitore, -trice *mf*

debt relief *n* cancellazione *f* del debito

debug /diːˈbʌg/ *vt* (*pt/pp* **debugged**) Comput correggere gli errori di; togliere i microfoni spia da ‹*room*›

debunk /dɪˈbʌŋk/ *vt* ridicolizzare ‹*theory, myth*›

debut /ˈdeɪbuː/ *n* debutto *m*

---

parola chiave

decade /'dekeɪd/ *n* decennio *m*
decadence /'dekədəns/ *n* decadenza *f*
decadent /'dekədənt/ *adj* decadente
decaffeinated /di:'kæfɪneɪtɪd/ *adj* decaffeinato
decalitre /'dekəli:tə(r)/ *n* decalitro *m*
decametre /'dekəmi:tə(r)/ *n* decametro *m*
decamp /dɪ'kæmp/ *vi* sgattaiolare via; **~ with something** (steal) squagliarsela con qualcosa
decant /dɪ'kænt/ *vt* travasare
decanter /dɪ'kæntə(r)/ *n* caraffa *f* (*di cristallo*)
decapitate /dɪ'kæpɪteɪt/ *vt* decapitare
decathlon /dɪ'kæθlɒn/ *n* decathlon *m inv*
decay /dɪ'keɪ/ **A** *n* also fig decadenza *f*; (rot) decomposizione *f*; (of tooth) carie *f inv*
B *vi* imputridire; (rot) decomporsi; ‹*tooth*› cariarsi
deceased /dɪ'si:st/ **A** *adj* defunto
B *n* **the ~** il defunto; la defunta
deceit /dɪ'si:t/ *n* inganno *m*
deceitful /dɪ'si:tfʊl/ *adj* falso
deceitfully /dɪ'si:tfʊlɪ/ *adv* falsamente
deceive /dɪ'si:v/ *vt* ingannare
decelerate /di:'seləreɪt/ *vi* decelerare
deceleration /di:selə'reɪʃn/ *n* decelerazione *f*
December /dɪ'sembə(r)/ *n* Dicembre *m*
decency /'di:sənsɪ/ *n* decenza *f*
decent /'di:sənt/ *adj* decente; (respectable) rispettabile; **very ~ of you** molto gentile da parte tua
decently /'di:səntlɪ/ *adv* decentemente; (kindly) gentilmente
decentralization /di:sentrəlaɪ'zeɪʃn/ *n* decentramento *m*
decentralize /di:'sentrəlaɪz/ *vt* decentrare
deception /dɪ'sepʃn/ *n* inganno *m*
deceptive /dɪ'septɪv/ *adj* ingannevole
deceptively /dɪ'septɪvlɪ/ *adv* ingannevolmente; **it looks ~ easy** sembra facile ma non lo è
decibel /'desɪbel/ *n* decibel *m inv*
decide /dɪ'saɪd/ **A** *vt* decidere; **that's ~d then** siamo d'accordo, allora
B *vi* decidere (**on** di)
■ **decide on** *vt* scegliere ‹*date, outfit, course of action*›
decided /dɪ'saɪdɪd/ *adj* risoluto
decidedly /dɪ'saɪdɪdlɪ/ *adv* risolutamente; (without doubt) senza dubbio
decider /dɪ'saɪdə(r)/ *n* (point) punto *m* decisivo; (goal) goal *m inv* decisivo; (game) spareggio *m*
deciduous /dɪ'sɪdjʊəs/ *adj* a foglie decidue
decigram, decigramme /'desɪgræm/ *n* decigrammo *m*
decilitre /'desɪli:tə(r)/ *n* decilitro *m*
decimal /'desɪml/ **A** *adj* decimale
B *n* numero *m* decimale
decimal point *n* virgola *f*
decimal system *n* sistema *m* decimale
decimate /'desɪmeɪt/ *vt* decimare
decimetre /'desɪmi:tə(r)/ *n* decimetro *m*
decipher /dɪ'saɪfə(r)/ *vt* decifrare
decision /dɪ'sɪʒn/ *n* decisione *f*
decision-maker /dɪ'sɪʒnmeɪkə(r)/ *n persona* (*f*) *che ama o ha il potere di prendere decisioni*
decision-making /dɪ'sɪʒnmeɪkɪŋ/ *n* **be good/bad at ~** saper/non saper prendere decisioni; **~ process** *n* processo *m* decisionale
decisive /dɪ'saɪsɪv/ *adj* decisivo
decisively /dɪ'saɪsɪvlɪ/ *adv* con decisione
deck¹ /dek/ *vt* abbigliare
deck² *n* Naut ponte *m*; **on ~** in coperta; **top ~** (of bus) piano *m* di sopra; **~ of cards** mazzo *m*
deckchair /'dektʃeə(r)/ *n* [sedia *f* a] sdraio *f inv*
declaration /deklə'reɪʃn/ *n* dichiarazione *f*
declare /dɪ'kleə(r)/ *vt* dichiarare; **anything to ~?** niente da dichiarare?; **~ one's love** dichiararsi
declassify /di:'klæsɪfaɪ/ *vt* rimuovere dai vincoli di segretezza ‹*document, information*›
declension /dɪ'klenʃn/ *n* declinazione *f*
decline /dɪ'klaɪn/ **A** *n* declino *m*
B *vt* (also Gram) declinare
C *vi* (decrease) diminuire; ‹*health*› deperire; (say no) rifiutare
declutch /di:'klʌtʃ/ *vi* BrE lasciare la frizione
decode /di:'kəʊd/ *vt* decifrare; Comput decodificare
decoding /di:'kəʊdɪŋ/ *n* decodifica *f*, decodificazione *f*
décolleté /deɪ'kɒlteɪ/ *adj* décolleté *inv*, scollato
decompose /di:kəm'pəʊz/ *vi* decomporsi
decomposition /di:kɒmpə'zɪʃn/ *n* scomposizione *f*
decompress /,di:kəm'pres/ *vt* decomprimere
decompression /di:kəm'preʃn/ *n* decompressione *f*
decontaminate /di:kən'tæmɪneɪt/ *vt* decontaminare
décor /'deɪkɔ:(r)/ *n* decorazione *f*; (including furniture) arredamento *m*
decorate /'dekəreɪt/ *vt* decorare; (paint) pitturare; (wallpaper) tappezzare
decoration /dekə'reɪʃn/ *n* decorazione *f*
decorative /'dekərətɪv/ *adj* decorativo
decorator /'dekəreɪtə(r)/ *n* **painter and ~** imbianchino *m*
decorous /'dekərəs/ *adj* decoroso
decorously /'dekərəslɪ/ *adv* decorosamente

d

decorum /dɪˈkɔːrəm/ *n* decoro *m*
decoy¹ /ˈdiːkɔɪ/ *n* esca *f*
decoy² /dɪˈkɔɪ/ *vt* adescare
decrease¹ /ˈdiːkriːs/ *n* diminuzione *f*; **be on the ~** essere in diminuzione
decrease² /dɪˈkriːs/ *vt & vi* diminuire
decreasing /dɪˈkriːsɪŋ/ *adj* in diminuzione
decreasingly /dɪˈkriːsɪŋlɪ/ *adv* sempre meno
decree /dɪˈkriː/ **A** *n* decreto *m*
B *vt* decretare
decrepit /dɪˈkrepɪt/ *adj* decrepito
decriminalization /diːkrɪmɪnəlaɪˈzeɪʃn/ *n* depenalizzazione *f*
decriminalize /diːˈkrɪmɪnəlaɪz/ *vt* depenalizzare
dedicate /ˈdedɪkeɪt/ *vt* dedicare
dedicated /ˈdedɪkeɪtɪd/ *adj* ‹*person*› scrupoloso
dedication /dedɪˈkeɪʃn/ *n* dedizione *f*; (in book) dedica *f*
deduce /dɪˈdjuːs/ *vt* dedurre (**from** da)
deduct /dɪˈdʌkt/ *vt* dedurre
deduction /dɪˈdʌkʃn/ *n* deduzione *f*
deed /diːd/ *n* azione *f*; Jur atto *m* di proprietà
deed of covenant *n* Jur *accordo (m) accessorio ad un contratto immobiliare*
deed poll *n* **change one's name by ~** cambiare nome con un atto unilaterale
deem /diːm/ *vt* ritenere
deep /diːp/ *adj* profondo; **go off the ~ end** infml arrabbiarsi
deepen /ˈdiːpn/ **A** *vt* approfondire; scavare più profondamente ‹*trench*›
B *vi* approfondirsi; fig ‹*mystery*› infittirsi
deep-fat fryer *n* friggitrice *f*
deep-felt *adj* profondo
deep-freeze *n* congelatore *m*
deep-fried *adj* fritto (in molto olio)
deep-frozen *adj* surgelato
deep-fry *vt* friggere (in molto olio)
deeply *adv* profondamente
deep-rooted *adj* ‹*habit, prejudice*› radicato
deep-sea *adj* ‹*exploration, diving*› in profondità; ‹*fisherman, fishing*› d'alto mare
deep-sea diver *n* palombaro *m*
deep-seated *adj* radicato
deep-set *adj* ‹*eyes*› infossato
deep South *n* AmE il profondo Sud
deep-vein thrombosis *n* trombosi *f* venosa profonda
deer /dɪə(r)/ *n inv* cervo *m*
de-escalate /ˌdiːˈeskəleɪt/ *vt* ridurre ‹*crisis, violence*›
deface /dɪˈfeɪs/ *vt* sfigurare ‹*picture*›; deturpare ‹*monument*›
defamation /defəˈmeɪʃn/ *n* diffamazione *f*
defamatory /dɪˈfæmətərɪ/ *adj* diffamatorio

default /dɪˈfɔːlt/ **A** *n* Jur (non-payment) morosità *f*; (failure to appear) contumacia *f*; Comput default *m inv*; **win by ~** Sport vincere per abbandono dell'avversario; **in ~ of** per mancanza di
B *adj* **~ drive** Comput lettore *m* di default
C *vi* (not pay) venir meno ad un pagamento; Comput **~ to something** ritornare all'impostazione di default
defeat /dɪˈfiːt/ **A** *n* sconfitta *f*
B *vt* sconfiggere; (frustrate) vanificare ‹*attempts*›; **that ~s the object** questo fa fallire l'obiettivo
defeatist /dɪˈfiːtɪst/ *adj & n* disfattista *mf*
defecate /ˈdefəkeɪt/ *vi* defecare
defect¹ /dɪˈfekt/ *vi* Pol fare defezione
defect² /ˈdiːfekt/ *n* difetto *m*
defective /dɪˈfektɪv/ *adj* difettoso
defector /dɪˈfektə(r)/ *n* (from party) defezionista *mf*; (from country) fuor[i]uscito, -a *mf*
defence /dɪˈfens/ *n* difesa *f*
defenceless /dɪˈfenslɪs/ *adj* indifeso
Defence Minister *n* ministro *m* della difesa
defend /dɪˈfend/ *vt* difendere; (justify) giustificare
defendant /dɪˈfendənt/ *n* Jur imputato, -a *mf*
defender /dɪˈfendə(r)/ *n* difensore *m*, -ditrice *f*
defensive /dɪˈfensɪv/ **A** *adj* difensivo
B *n* difensiva *f*; **on the ~** sulla difensiva
defer /dɪˈfɜː(r)/ **A** *vt* (*pt/pp* **deferred**) (postpone) rinviare
B *vi* **~ to somebody** rimettersi a qualcuno
deference /ˈdefərəns/ *n* deferenza *f*
deferential /defəˈrenʃəl/ *adj* deferente
deferentially /defəˈrenʃəlɪ/ *adv* con deferenza
deferment, deferral /dɪˈfɜːmənt, dɪˈfɜːrəl/ *n* (postponement) rinvio *m*
defiance /dɪˈfaɪəns/ *n* sfida *f*; **in ~ of** sfidando
defiant /dɪˈfaɪənt/ *adj* ‹*person*› ribelle; ‹*gesture, attitude*› di sfida
defiantly /dɪˈfaɪəntlɪ/ *adv* con aria di sfida
deficiency /dɪˈfɪʃənsɪ/ *n* insufficienza *f*
deficient /dɪˈfɪʃənt/ *adj* insufficiente; **be ~ in** mancare di
deficit /ˈdefɪsɪt/ *n* deficit *m inv*
defile /dɪˈfaɪl/ *vt* fig contaminare
define /dɪˈfaɪn/ *vt* definire
defined *adj* ‹*role*› definito
definite /ˈdefɪnɪt/ *adj* definito; (certain) ‹*answer, yes*› definitivo; ‹*improvement, difference*› netto; **he was ~ about it** è stato chiaro in proposito
definite article *n* (grammatical) articolo *m* determinativo

definitely /ˈdefɪnɪtlɪ/ *adv* sicuramente

definition /defɪˈnɪʃn/ *n* definizione *f*

definitive /dɪˈfɪnətɪv/ *adj* definitivo

deflate /dɪˈfleɪt/ *vt* sgonfiare

deflation /dɪˈfleɪʃn/ *n* Comm deflazione *f*

deflationary /dɪˈfleɪʃənrɪ/ *adj* deflazionistico

deflect /dɪˈflekt/ *vt* deflettere

deformed /dɪˈfɔːmd/ *adj* deforme

deformity /dɪˈfɔːmətɪ/ *n* deformità *f*

DEFRA /ˈdefrə/ *abbr* BrE (**Department for Environment, Food, and Rural Affairs**) ≈ Ministero *m* per le Politiche Agricole e Forestali

defrag /ˈdiːfræg/ *vt* infml deframmentare

defragment /ˈdiːfrægˈment/ *vt* Comput deframmentare

defragmentation /ˌdiːfrægmenˈteɪʃn/ *n* Comput deframmentazione *f*

defraud /dɪˈfrɔːd/ *vt* defraudare

defray /dɪˈfreɪ/ *vt* fml sostenere

defrost /diːˈfrɒst/ *vt* sbrinare ‹*fridge*›; scongelare ‹*food*›

deft /deft/ *adj* abile

deftly /ˈdeftlɪ/ *adv* con destrezza

deftness /ˈdeftnɪs/ *n* destrezza *f*

defunct /dɪˈfʌŋkt/ *adj* morto e sepolto; ‹*law*› caduto in disuso

defuse /diːˈfjuːz/ *vt* disinnescare; calmare ‹*situation*›

defy /dɪˈfaɪ/ *vt* (*pt/pp* **-ied**) (challenge) sfidare; resistere a ‹*attempt*›; (not obey) disobbedire a

degenerate¹ /dɪˈdʒenəreɪt/ *vi* degenerare; ~ **into** fig degenerare in

degenerate² /dɪˈdʒenərət/ *adj* degenerato

degeneration /dɪdʒenəˈreɪʃn/ *n* degenerazione *f*

degenerative /dɪˈdʒenərətɪv/ *adj* degenerativo

degradation /degrəˈdeɪʃn/ *n* (debasement) degradazione *f*; (of culture) deterioramento *m*; (squalor) desolazione *f*

degrade /dɪˈgreɪd/ *vt* (humiliate) degradare ‹*person*›; (damage) deteriorare ‹*environment*›

degrading /dɪˈgreɪdɪŋ/ *adj* degradante

degree /dɪˈgriː/ *n* grado *m*; Univ laurea *f*; **20 ~s** 20 gradi; **not to the same ~** non allo stesso livello

degree ceremony *n* BrE Univ cerimonia *f* di consegna delle lauree

degree course *n* BrE Univ corso *m* di laurea

dehydrate /diːhaɪˈdreɪt/ *vt* disidratare

dehydrated /diːhaɪˈdreɪtɪd/ *adj* disidratato

dehydration /diːhaɪˈdreɪʃn/ *n* disidratazione *f*

de-ice /diːˈaɪs/ *vt* togliere il ghiaccio da

de-icer /diːˈaɪsə(r)/ *n* (mechanical) sbrinatore *m*; (chemical) liquido *m* scongelante

deign /deɪn/ *vi* ~ **to do something** degnarsi di fare qualcosa

deity /ˈdiːətɪ/ *n* divinità *f*

déjà vu /deɪʒɑːˈvuː/ *n* déjà vu *m inv*

dejected /dɪˈdʒektɪd/ *adj* demoralizzato

dejectedly /dɪˈdʒektɪdlɪ/ *adv* con aria demoralizzata

dejection /dɪˈdʒekʃn/ *n* abbacchiamento *m*

delay /dɪˈleɪ/ **A** *n* ritardo *m*; **without ~** senza indugio
B *vt* ritardare; **be ~ed** ‹*person*› essere trattenuto; ‹*train, aircraft*› essere in ritardo
C *vi* indugiare

delayed action /dɪˈleɪd/ *adj* ad azione ritardata; ‹*bomb*› a scoppio ritardato

delegate¹ /ˈdelɪgət/ *n* delegato, -a *mf*

delegate² /ˈdelɪgeɪt/ *vt* delegare

delegation /delɪˈgeɪʃn/ *n* delegazione *f*

delete /dɪˈliːt/ *vt* cancellare

delete key *n* tasto *m* di cancellazione

deletion /dɪˈliːʃn/ *n* cancellatura *f*

deli /ˈdelɪ/ *n* infml (**delicatessen**) gastronomia *f*

deliberate¹ /dɪˈlɪbərət/ *adj* deliberato; (slow) posato

deliberate² /dɪˈlɪbəreɪt/ *vi/i* deliberare

deliberately /dɪˈlɪbərətlɪ/ *adv* deliberatamente; (slowly) in modo posato

deliberation /dɪlɪbəˈreɪʃn/ *n* deliberazione *f*; **with ~** in modo posato

delicacy /ˈdelɪkəsɪ/ *n* delicatezza *f*; (food) prelibatezza *f*

delicate /ˈdelɪkət/ *adj* delicato

delicately /ˈdelɪkətlɪ/ *adv* ‹*handle, phrase*› con delicatezza; ‹*crafted, flavoured*› con raffinatezza

delicatessen /delɪkəˈtesn/ *n* negozio *m* di specialità gastronomiche

delicious /dɪˈlɪʃəs/ *adj* delizioso

delight /dɪˈlaɪt/ **A** *n* piacere *m*
B *vt* deliziare
C *vi* ~ **in** dilettarsi con

delighted /dɪˈlaɪtɪd/ *adj* lieto

delightful /dɪˈlaɪtfʊl/ *adj* delizioso

delineate /dɪˈlɪnɪeɪt/ *vt also* fig delineare

delineation /dɪlɪnɪˈeɪʃn/ *n* delineazione *f*

delinquency /dɪˈlɪŋkwənsɪ/ *n* delinquenza *f*

delinquent /dɪˈlɪŋkwənt/ **A** *adj* delinquente
B *n* delinquente *mf*

delirious /dɪˈlɪrɪəs/ *adj* **be ~** delirare; fig (very happy) essere pazzo di gioia

delirium /dɪˈlɪrɪəm/ *n* delirio *m*

deliver /dɪˈlɪvə(r)/ *vt* consegnare; recapitare ‹*post, newspaper*›; tenere ‹*speech*›; dare ‹*message*›; tirare ‹*blow*›; (set free) liberare; **~ a baby** far nascere un bambino

deliverance /dɪˈlɪv(ə)rəns/ *n* liberazione *f*

delivery /dɪˈlɪvərɪ/ *n* consegna *f*; (of post) distribuzione *f*; Med parto *m*; **cash on ~** pagamento *m* alla consegna

delivery address *n* indirizzo *m* del destinatario

delivery man *n* fattorino *m*
delivery room *n* Med sala *f* parto
delta /'deltə/ *n* delta *m inv*
delude /dɪ'lu:d/ *vt* ingannare; **~ oneself** illudersi
deluge /'delju:dʒ/ **A** *n* diluvio *m* **B** *vt* fig (with requests etc) inondare
delusion /dɪ'lu:ʒn/ *n* illusione; **~s of grandeur** mania *f* di grandezza
de luxe /də'lʌks/ *adj* di lusso
delve /delv/ *vi* **~ into** (into pocket etc) frugare in; (into notes, the past) fare ricerche in
demagnetize /di:'mægnətaɪz/ *vt* smagnetizzare
demand /dɪ'mɑ:nd/ **A** *n* richiesta *f*; Comm domanda *f*; **in ~** richiesto; **on ~** a richiesta **B** *vt* esigere (**of/from** da)
demanding /dɪ'mɑ:ndɪŋ/ *adj* esigente
de-manning /di:'mænɪŋ/ *n* BrE taglio *m* di personale
demarcation /di:mɑ:'keɪʃn/ *n* demarcazione *f*
demean /dɪ'mi:n/ *vt* **~ oneself** abbassarsi (**to** a)
demeaning /dɪ'mi:nɪŋ/ *adj* degradante
demeanour /dɪ'mi:nə(r)/ *n* comportamento *m*
demented /dɪ'mentɪd/ *adj* demente
dementia /dɪ'menʃə/ *n* demenza *f*
demerara /demə'reərə/, **demerara sugar** *n* zucchero *m* grezzo di canna
demilitarization /di:mɪlɪtərar'zeɪʃn/ *n* demilitarizzazione *f*
demilitarize /di:'mɪlɪtəraɪz/ *vt* smilitarizzare
demise /dɪ'maɪz/ *n* decesso *m*
demister /di:'mɪstə(r)/ *n* Auto sbrinatore *m*
demo /'deməʊ/ *n* (*pl* **~s**) infml manifestazione *f*
demobilize /di:'məʊbəlaɪz/ *vt* Mil smobilitare
democracy /dɪ'mɒkrəsɪ/ *n* democrazia *f*
democrat /'deməkræt/ *n* democratico, -a *mf*
democratic /demə'krætɪk/ *adj* democratico
democratically /demə'krætɪklɪ/ *adv* democraticamente
demo disk *n* Comput demo disk *m inv*
demographic /demə'græfɪk/ *adj* demografico
demolish /dɪ'mɒlɪʃ/ *vt* demolire
demolition /demə'lɪʃn/ *n* demolizione *f*
demon /'di:mən/ *n* demonio *m*
demonic /dɪ'mɒnɪk/ *adj* ‹*aspect, power*› demoniaco
demonize /'di:mənaɪz/ *vt* demonizzare
demonstrable /'demənstrəbl/ *adj* dimostrabile
demonstrably /'demənstrəblɪ/ *adv* ‹*false, untrue*› manifestamente

demonstrate /'demənstreɪt/ **A** *vt* dimostrare; dare una dimostrazione dell'uso di ‹*appliance*› **B** *vi* Pol manifestare
demonstration /demən'streɪʃn/ *n* dimostrazione *f*; Pol manifestazione *f*
demonstrative /dɪ'mɒnstrətɪv/ *adj* Gram dimostrativo; **be ~** essere espansivo
demonstrator /'demənstreɪtə(r)/ *n* Pol manifestante *mf*; (for product) dimostratore, -trice *mf*
demoralize /dɪ'mɒrəlaɪz/ *vt* demoralizzare
demoralizing /dɪ'mɒrəlaɪzɪŋ/ *adj* demoralizzante, avvilente
demote /dɪ'məʊt/ *vt* retrocedere di grado; Mil degradare
demur /dɪ'mɜ:/ **A** *vi* (*pt/pp* **demurred**) (complain) protestare; (disagree) obiettare **B** *n* **without ~** senza obiezioni
demure /dɪ'mjʊə(r)/ *adj* schivo
demurely /dɪ'mjʊəlɪ/ *adv* in modo schivo
den /den/ *n* tana *f*; (room) rifugio *m*
denationalize /di:'næʃ(ə)nəlaɪz/ *vt* denazionalizzare
denial /dɪ'naɪəl/ *n* smentita *f*
denier /'denɪə(r)/ *n* denaro *m*
denigrate /'denɪgreɪt/ *vt* denigrare
denigrating /'denɪgreɪtɪŋ/ *adj* denigratore
denim /'denɪm/ *n* [tessuto *m*] jeans *m*; **~s** *pl* [blue-]jeans *mpl*
Denmark /'denmɑ:k/ *n* Danimarca *f*
denomination /dɪnɒmɪ'neɪʃn/ *n* Relig confessione *f*; (money) valore *m*
denote /dɪ'nəʊt/ *vt* denotare
denounce /dɪ'naʊns/ *vt* denunciare
dense /dens/ *adj* denso; ‹*crowd, forest*› fitto; (stupid) ottuso
densely /'denslɪ/ *adv* ‹*populated*› densamente; **~ wooded** fittamente ricoperto di alberi
density /'densətɪ/ *n* densità *f*; (of forest) fittezza *f*
dent /dent/ **A** *n* ammaccatura *f* **B** *vt* ammaccare
dental /'dentl/ *adj* dei denti; ‹*treatment*› dentistico; ‹*hygiene*› dentale
dental appointment *n* appuntamento *m* dal dentista
dental clinic *n* (hospital) clinica *f* odontoiatrica; (part of hospital) reparto *m* odontoiatrico
dental floss *n* filo *m* interdentale
dental plate *n* dentiera *f*
dental surgeon *n* odontoiatra *mf*, medico *m* dentista
dental surgery *n* BrE (premises) studio *m* dentistico; (treatment) visita *f* dentistica
dented /'dentɪd/ *adj* ammaccato; **~ pride** orgoglio *m* ferito
dentist /'dentɪst/ *n* dentista *mf*

parola chiave

dentistry /ˈdentɪstrɪ/ *n* odontoiatria *f*
dentures /ˈdentʃəz/ *npl* dentiera *fsg*
denude /dɪˈnjuːd/ *vt* denudare
denunciation /dɪnʌnsɪˈeɪʃn/ *n* denuncia *f*
Denver boot /ˈdenvə/ *n* AmE = **wheel clamp**
deny /dɪˈnaɪ/ *vt* (*pt/pp* **-ied**) negare; (officially) smentire; **~ somebody something** negare qualcosa a qualcuno; **I can't ~ it** non posso negarlo
deodorant /diːˈəʊdərənt/ *n* deodorante *m*
deodorize /diːˈəʊdəraɪz/ *vt* deodorare
depart /dɪˈpɑːt/ *vi* ‹*plane, train*› partire; literary ‹*person*› andare via; (deviate) allontanarsi (**from** da)
departed /dɪˈpɑːtɪd/ *adj* euph (dead) scomparso
department /dɪˈpɑːtmənt/ *n* reparto *m*; Pol ministero *m*; (of company) sezione *f*; Univ dipartimento *m*
departmental /diːpɑːtˈmentl/ *adj* Pol ‹*colleague, meeting*› di sezione; (in business) di reparto
department head *n* caporeparto *mf*; Univ direttore, -trice *mf* d'istituto
department manager *n* (of business) direttore, -trice *mf* di reparto; (of store) caporeparto *mf inv*
Department of Defense *n* AmE ministero *m* della Difesa
Department of Energy *n* AmE ≈ ministero *m* dell'Industria
Department of Health *n* ministero *m* della Sanità
Department of Homeland Security *n* AmE ≈ Dipartimento *m* per la sicurezza nazionale
Department of Social Security *n* BrE ≈ Istituto *m* Nazionale della Previdenza Sociale
Department of the Environment *n* BrE ministero *m* dell'Ambiente
Department of Trade and Industry *n* BrE ministero *m* del Commercio e dell'Industria
department store *n* grande magazzino *m*
departure /dɪˈpɑːtʃə(r)/ *n* partenza *f*; (from rule) allontanamento *m*; **new ~** svolta *f*
departure gate *n* (at airport) uscita *f*
departure lounge *n* (at airport) sala *f* d'attesta
departure platform *n* Rail binario *m*
departures board *n* tabellone *m* delle partenze
depend /dɪˈpend/ *vi* dipendere (**on** da); (rely) contare (**on** su); **it all ~s** dipende; **~ing on what he says** a seconda di quello che dice
dependability /dɪpendəˈbɪlətɪ/ *n* affidabilità *f*
dependable /dɪˈpendəbl/ *adj* fidato
dependant /dɪˈpendənt/ *n* persona *f* a carico
dependence /dɪˈpendəns/ *n* dipendenza *f*
dependent /dɪˈpendənt/ *adj* dipendente (**on** da)
depict /dɪˈpɪkt/ *vt* (in writing) dipingere; (with picture) rappresentare
depiction /dɪˈpɪkʃn/ *n* rappresentazione *f*
depilatory /dɪˈpɪlətərɪ/ *n* (cream) crema *f* depilatoria
deplete /dɪˈpliːt/ *vt* ridurre; **totally ~d** completamente esaurito
depletion /dɪˈpliːʃn/ *n* (of resources, funds) impoverimento *m*
deplorable /dɪˈplɔːrəbl/ *adj* deplorevole
deplore /dɪˈplɔː(r)/ *vt* deplorare
deploy /dɪˈplɔɪ/ **A** *vt* Mil spiegare **B** *vi* schierarsi
deployment /dɪˈplɔɪmənt/ *n* schieramento *m*
depoliticize /diːpəˈlɪtɪsaɪz/ *vt* depoliticizzare
depopulate /diːˈpɒpjʊleɪt/ *vt* spopolare
depopulation /diːpɒpjʊˈleɪʃn/ *n* spopolamento *m*
deport /dɪˈpɔːt/ *vt* deportare
deportation /diːpɔːˈteɪʃn/ *n* deportazione *f*
deportee /diːpɔːˈtiː/ *n* deportato, -a *mf*
deportment /dɪˈpɔːtmənt/ *n* portamento *m*
depose /dɪˈpəʊz/ *vt* deporre
deposit /dɪˈpɒzɪt/ **A** *n* deposito *m*; (against damage) cauzione *f*; (first instalment) acconto *m* **B** *vt* depositare
deposit account *n* libretto *m* di risparmio; (without instant access) conto *m* vincolato
depositor /dɪˈpɒzɪtə(r)/ *n* Fin depositante *mf*
deposit slip *n* (in bank) distinta *f* di versamento
depot /ˈdepəʊ/ *n* deposito *m*; AmE Rail stazione *f* ferroviaria
deprave /dɪˈpreɪv/ *vt* depravare
depraved /dɪˈpreɪvd/ *adj* depravato
depravity /dɪˈprævətɪ/ *n* depravazione *f*
deprecate /ˈdeprəkeɪt/ *vt* disapprovare
deprecatory /deprɪˈkeɪtərɪ/ *adj* (disapproving) di disapprovazione; (apologetic) di scusa
depreciate /dɪˈpriːʃɪeɪt/ *vi* deprezzarsi
depreciation /dɪpriːsɪˈeɪʃn/ *n* deprezzamento *m*
depress /dɪˈpres/ *vt* deprimere; (press down) premere
depressed /dɪˈprest/ *adj* depresso; **~ area** zona *f* depressa
depressing /dɪˈpresɪŋ/ *adj* deprimente
depression /dɪˈpreʃn/ *n* depressione *f*
depressive /dɪˈpresɪv/ **A** *adj* depressivo **B** *n* depresso, -a *mf*
depressurize /diːˈpreʃəraɪz/ *vi* depressurizzare
deprivation /deprɪˈveɪʃn/ *n* privazione *f*
deprive /dɪˈpraɪv/ *vt* **~ somebody of something** privare qualcuno di qualcosa

deprived /dɪˈpraɪvd/ *adj* ‹*area, childhood*› disagiato

Dept *abbr* (**Department**) dipartimento *m* (dip.)

depth /depθ/ *n* profondità *f*; **in ~** ‹*study, analyse*› in modo approfondito; **in the ~s of winter** in pieno inverno; **in the ~s of despair** nella più profonda disperazione; **be out of one's ~** (in water) non toccare il fondo; fig sentirsi in alto mare

deputation /depjʊˈteɪʃn/ *n* deputazione *f*

deputize /ˈdepjʊtaɪz/ *vi* **~ for** fare le veci di

deputy /ˈdepjʊtɪ/ *n* vice *mf*; (temporary) sostituto, -a *mf*

deputy chairman *n* vicepresidente *m*

deputy leader *n* BrE Pol sottosegretario *m*

deputy premier, deputy prime minister *n* Pol vice primo ministro *m*

deputy president *n* vicepresidente *mf*

derail /dɪˈreɪl/ *vt* **be ~ed** ‹*train*› essere deragliato

derailleur gears /dɪˈreɪljə/ *npl* deragliatore *msg*

derailment /dɪˈreɪlmənt/ *n* deragliamento *m*

deranged /dɪˈreɪndʒd/ *adj* squilibrato

deregulate /diːˈregjʊleɪt/ *vt* deregolamentare ‹*market*›

deregulation /diːregjʊˈleɪʃn/ *n* deregolamentazione *f*

derelict /ˈderəlɪkt/ *adj* abbandonato

deride /dɪˈraɪd/ *vt* deridere

derision /dɪˈrɪʒn/ *n* derisione *f*

derisive /dɪˈraɪsɪv/ *adj* derisorio

derisory /dɪˈraɪsərɪ/ *adj* ‹*laughter*› derisorio; ‹*offer*› irrisorio

derivation /derɪˈveɪʃn/ *n* derivazione *f*

derivative /dɪˈrɪvətɪv/ **A** *adj* derivato
B *n* derivato *m*

derive /dɪˈraɪv/ **A** *vt* (obtain) derivare; **be ~d from** ‹*word*› derivare da
B *vi* **~ from** derivare da

dermatitis /dɜːməˈtaɪtɪs/ *n* dermatite *f*

dermatologist /dɜːməˈtɒlədʒɪst/ *n* dermatologo, -a *mf*

derogatory /dɪˈrɒgətrɪ/ *adj* ‹*comments*› peggiorativo

derrick /ˈderɪk/ *n* derrick *m inv*

derv /dɜːv/ *n* BrE gasolio *m*

descaler /diːˈskeɪlə(r)/ *n* BrE disincrostante *m*

descend /dɪˈsend/ **A** *vi* scendere; **be ~ed from** discendere da
B *vt* scendere da

■ **descend on** *vt* (attack) piombare su; (visit) capitare [all'improvviso]

descendant /dɪˈsendənt/ *n* discendente *mf*

descent /dɪˈsent/ *n* discesa *f*; (lineage) origine *f*

descrambler /diːˈskræmblə(r)/ *n* Teleph, TV decodificatore *m*

describe /dɪˈskraɪb/ *vt* descrivere

description /dɪˈskrɪpʃn/ *n* descrizione *f*; **they had no help of any ~** non hanno avuto proprio nessun aiuto

descriptive /dɪˈskrɪptɪv/ *adj* descrittivo; (vivid) vivido

desecrate /ˈdesɪkreɪt/ *vt* profanare

desecration /desɪˈkreɪʃn/ *n* profanazione *f*

desegregate /diːˈsegrɪgeɪt/ *vt* abolire la segregazione razziale in ‹*school*›

deselect /diːsɪˈlekt/ *vt* BrE **be ~ed** *non avere riconferma della candidatura alle elezioni da parte del proprio partito*

desensitize /diːˈsensɪtaɪz/ *vt* desensibilizzare

desert¹ /ˈdezət/ **A** *n* deserto *m*
B *adj* deserto; **~ island** isola *f* deserta

desert² /dɪˈzɜːt/ **A** *vt* abbandonare
B *vi* disertare

desert boot *n* scarponcino *m* Clark®

deserted /dɪˈzɜːtɪd/ *adj* deserto

deserter /dɪˈzɜːtə(r)/ *n* Mil disertore *m*

desertion /dɪˈzɜːʃn/ *n* Mil diserzione *f*; (of family) abbandono *m*

deserts /dɪˈzɜːts/ *npl* **get one's just ~** ottenere ciò che ci si merita

deserve /dɪˈzɜːv/ *vt* meritare

deservedly /dɪˈzɜːvədlɪ/ *adv* meritatamente

deserving /dɪˈzɜːvɪŋ/ *adj* meritevole; **~ cause** opera *f* meritoria

desiccated /ˈdesɪkeɪtɪd/ *adj* essiccato; derog (dried up) secco

design /dɪˈzaɪn/ **A** *n* progettazione *f*; (fashion ~, appearance) design *m inv*; (pattern) modello *m*; (aim) proposito *m*; **have ~s on** aver mire su
B *vt* progettare; disegnare ‹*clothes, furniture, model*›; **be ~ed for** essere fatto per

designate /ˈdezɪgneɪt/ *vt* designare

designation /dezɪgˈneɪʃn/ *n* designazione *f*

design consultant *n* progettista *mf*

designer /dɪˈzaɪnə(r)/ *n* progettista *mf*; (of clothes) stilista *mf*; Theat (of set) scenografo, -a *mf*

design fault *n* difetto *m* di concezione

design feature *n* prestazione *f*

designing /dɪˈzaɪnɪŋ/ *adj* derog calcolatore

desirable /dɪˈzaɪərəbl/ *adj* desiderabile

desire /dɪˈzaɪə(r)/ **A** *n* desiderio *m*
B *vt* desiderare

desist /dɪˈzɪst/ *vi* desistere (**from** da)

desk /desk/ *n* scrivania *f*; (in school) banco *m*; (in hotel) reception *f inv*; **cash ~** cassa *f*; **check-in ~** check-in *m inv*

desk-bound *adj* ‹*job*› sedentario

desk diary *n* agenda da tavolo

desk pad *n* (blotter) tampone *m*; (notebook) block-notes *m inv*

desktop *n* piano *m* della scrivania; (computer) [computer *m inv*] desktop *m inv*

---

parola chiave

desktop publishing *n* desktop publishing *m inv*, editoria *f* da tavolo
desolate /'desələt/ *adj* desolato
desolation /desə'leɪʃn/ *n* desolazione *f*
despair /dɪ'speə(r)/ **A** *n* disperazione *f*; **in ~** disperato; ‹*say*› per disperazione **B** *vi* **I ~ of that boy** quel ragazzo mi fa disperare
desperate /'despərət/ *adj* disperato; **be ~** ‹*criminal*› essere un disperato; **be ~ for something** morire dalla voglia di
desperately /'despərətlɪ/ *adv* disperatamente; **he said ~** ha detto, disperato
desperation /despə'reɪʃn/ *n* disperazione *f*; **in ~** per disperazione
despicable /dɪ'spɪkəbl/ *adj* disprezzevole
despise /dɪ'spaɪz/ *vt* disprezzare
despite /dɪ'spaɪt/ *prep* malgrado
despondency /dɪ'spɒndənsɪ/ *n* abbattimento *m*
despondent /dɪ'spɒndənt/ *adj* abbattuto
despot /'despɒt/ *n* despota *m*
despotism /'despətɪzm/ *n* dispotismo *m*
des res /dez'rez/ *n abbr* infml (**desirable residence**) abitazione *f* desiderabile
dessert /dɪ'zɜ:t/ *n* dolce *m*
dessert spoon *n* cucchiaio *m* da dolce
dessert wine *n* vino *m* da dessert
destabilize /di:'steɪbɪlaɪz/ *vt* destabilizzare
destination /destɪ'neɪʃn/ *n* destinazione *f*
destine /'destɪn/ *vt* destinare; **be ~d for something** essere destinato a qualcosa; **~d for each other** fatti l'uno per l'altra
destined /'destɪnd/ *adj* **~ for Paris** ‹*train, package*› con destinazione Parigi; **it was ~ to happen** era destino che succedesse
destiny /'destɪnɪ/ *n* destino *m*
destitute /'destɪtju:t/ *adj* bisognoso
destitution /destɪ'tju:ʃn/ *n* indigenza *f*
destroy /dɪ'strɔɪ/ *vt* distruggere
destroyer /dɪ'strɔɪə(r)/ *n* Naut cacciatorpediniere *m*
destruct /dɪ'strʌkt/ *vi* distruggersi
destruction /dɪ'strʌkʃn/ *n* distruzione *f*
destructive /dɪ'strʌktɪv/ *adj* distruttivo; fig ‹*criticism*› negativo
destructiveness /dɪ'strʌktɪvnɪs/ *n* distruttività *f*
desultory /'desəltrɪ/ *adj* ‹*conversation*› sconnesso; ‹*friendship*› incostante; ‹*attempt*› poco convinto
detach /dɪ'tætʃ/ *vt* staccare
detachable /dɪ'tætʃəbl/ *adj* separabile
detached /dɪ'tætʃt/ *adj* fig distaccato; **~ house** villetta *f*
detached retina *n* Med retina *f* distaccata
detachment /dɪ'tætʃmənt/ *n* distacco *m*; Mil distaccamento *m*
detail /'di:teɪl/ **A** *n* particolare *m*, dettaglio *m*; **in ~** particolareggiatamente **B** *vt* esporre con tutti i particolari; Mil assegnare
detail drawing *n* disegno *m* dettagliato
detailed /'di:teɪld/ *adj* particolareggiato, dettagliato
detain /dɪ'teɪn/ *vt* ‹*police*› trattenere; (delay) far ritardare
detainee /dɪteɪ'ni:/ *n* detenuto, -a *mf*
detect /dɪ'tekt/ *vt* individuare; (perceive) percepire
detectable /dɪ'tektəbl/ *adj* individuabile
detection /dɪ'tekʃn/ *n* scoperta *f*
detective /dɪ'tektɪv/ *n* investigatore, -trice *mf*
detective constable *n* BrE agente *mf* della polizia giudiziaria
detective inspector *n* BrE ispettore, -trice *mf* della polizia giudiziaria
detective story *n* racconto *m* poliziesco
detective work *n* indagini *fpl*
detector /dɪ'tektə(r)/ *n* (for metal) cercametalli *m inv*, metal detector *m inv*
detention /dɪ'tenʃn/ *n* detenzione *f*; Sch punizione *f*
detention centre *n* centro *m* di accoglienza
deter /dɪ'tɜ:(r)/ *vt* (*pt/pp* **deterred**) impedire; **~ somebody from doing something** impedire a qualcuno di fare qualcosa
detergent /dɪ'tɜ:dʒənt/ *n* detersivo *m*
deteriorate /dɪ'tɪərɪəreɪt/ *vi* deteriorarsi
deterioration /dɪtɪərɪə'reɪʃn/ *n* deterioramento *m*
determination /dɪtɜ:mɪ'neɪʃn/ *n* determinazione *f*
determine /dɪ'tɜ:mɪn/ *vt* (ascertain) determinare; **~ to** (resolve) decidere di
determined /dɪ'tɜ:mɪnd/ *adj* deciso
determining /dɪ'tɜ:mɪnɪŋ/ *adj* determinante
deterrent /dɪ'terənt/ *n* deterrente *m*
detest /dɪ'test/ *vt* detestare
detestable /dɪ'testəbl/ *adj* detestabile
detonate /'detəneɪt/ **A** *vt* far detonare **B** *vi* detonare
detonation /detə'neɪʃn/ *n* detonazione *f*
detonator /'detəneɪtə(r)/ *n* detonatore *m*
detour /'di:tʊə(r)/ *n* deviazione *f*
detox /,di:'tɒks/ **A** *n* disintossicazione *f* **B** *vi* disintossicarsi
detoxify /di:'tɒksɪfaɪ/ *vt* disintossicare
detract /dɪ'trækt/ *vi* **~ from** sminuire ‹*merit*›; rovinare ‹*pleasure, beauty*›
detractor /dɪ'trækt ə(r)/ *n* detrattore, -trice *mf*
detriment /'detrɪmənt/ *n* **to the ~ of** a danno di
detrimental /detrɪ'mentl/ *adj* dannoso

detritus /dɪˈtraɪtəs/ *n* detriti *mpl*
deuce /djuːs/ *n* Tennis deuce *m inv*
devaluation /diːvæljuˈeɪʃn/ *n* svalutazione *f*
devalue /diːˈvæljuː/ *vt* svalutare ‹*currency*›
devastate /ˈdevəsteɪt/ *vt* devastare
devastated /ˈdevəsteɪtɪd/ *adj* infml sconvolto
devastating /ˈdevəsteɪtɪŋ/ *adj* devastante; ‹*news*› sconvolgente
devastation /devəˈsteɪʃn/ *n* devastazione *f*
develop /dɪˈveləp/ **A** *vt* sviluppare; contrarre ‹*illness*›; (add to value of) valorizzare ‹*area*› **B** *vi* svilupparsi; **~ into** divenire
developer /dɪˈveləpə(r)/ *n* **[property] ~** imprenditore, -trice *mf* edile
developing bath *n* Phot bagno *m* di sviluppo, bagno *m* rivelatore
developing country *n* paese *m* in via di sviluppo
developing tank *n* Phot vasca *f* di sviluppo
development /dɪˈveləpmənt/ *n* sviluppo *m*; (of vaccine etc) messa *f* a punto
development company *n* (for property) impresa *f* edile
deviant /ˈdiːvɪənt/ *adj* deviato
deviate /ˈdiːvɪeɪt/ *vi* deviare
deviation /diːvɪˈeɪʃn/ *n* deviazione *f*
device /dɪˈvaɪs/ *n* dispositivo *m*; **leave somebody to his own ~s** lasciare qualcuno per conto suo
devil /ˈdevl/ *n* diavolo *m*
devilish /ˈdev(ə)lɪʃ/ *adj* diabolico
devilishly /ˈdev(ə)lɪʃlɪ/ *adv* fig infml terribilmente
devil-may-care *adj* menefreghista
devilment /ˈdev(ə)lmənt/ *n* BrE cattiveria *f*
devil's advocate *n* avvocato *m* del diavolo
devil worship *n* culto *m* satanico
devious /ˈdiːvɪəs/ *adj* ‹*person*› subdolo; ‹*route*› tortuoso
deviously /ˈdiːvɪəslɪ/ *adv* subdolamente
devise /dɪˈvaɪz/ *vt* escogitare
devoid /dɪˈvɔɪd/ *adj* **~ of** privo di
devolution /diːvəˈluːʃn/ *n* (of power) decentramento *m*
devote /dɪˈvəʊt/ *vt* dedicare
devoted /dɪˈvəʊtɪd/ *adj* ‹*daughter etc*› affezionato; **be ~ to something** consacrarsi a qualcosa
devotedly /dɪˈvəʊtɪdlɪ/ *adv* con dedizione
devotee /devəˈtiː/ *n* appassionato, -a *mf*
devotion /dɪˈvəʊʃn/ *n* dedizione *f*; **~s** *pl* Relig preghiere *fpl*
devour /dɪˈvaʊə(r)/ *vt* divorare
devout /dɪˈvaʊt/ *adj* devoto
devoutly /dɪˈvaʊtlɪ/ *adv* Relig devotamente; (sincerely) fervidamente

parola chiave

dew /djuː/ *n* rugiada *f*
dewy /ˈdjuːɪ/ *adj* rugiadoso
dewy-eyed /-ˈaɪd/ *adj* (moved) con gli occhi lucidi; (naive) ingenuo
dexterity /dekˈsterətɪ/ *n* destrezza *f*
dexterous /ˈdekstrəs/ *adj* ‹*person, movement*› agile, destro; ‹*hand*› abile; ‹*mind*› acuto
dexterously /ˈdekstrəslɪ/ *adv* ‹*move*› agilmente; ‹*manage*› abilmente
DfES *abbr* BrE (**Department for Education and Skills**) ≈ Ministero *m* dell'Istruzione
dg *abbr* (**decigram**) dg *m*
diabetes /daɪəˈbiːtiːz/ *n* diabete *m*
diabetic /daɪəˈbetɪk/ *adj* & *n* diabetico, -a *mf*
diabolical /daɪəˈbɒlɪkl/ *adj* diabolico
diabolically /daɪəˈbɒlɪklɪ/ *adv* (wickedly) diabolicamente; infml (badly) orribilmente
diacritic /daɪəˈkrɪtɪk/ *adj* (accent, mark) diacritico
diaeresis /daɪˈerɪsɪs/ *n* dieresi *f inv*
diagnose /ˈdaɪəgnəʊz/ *vt* diagnosticare
diagnosis /daɪəgˈnəʊsɪs/ *n* (*pl* **-oses** /daɪəgˈnəʊsiːz/) diagnosi *f inv*
diagnostic /daɪəgˈnɒstɪk/ *adj* diagnostico
diagnostics /daɪəgˈnɒstɪks/ *nsg* Med diagnostica *fsg*
diagonal /daɪˈægənl/ *adj* & *n* diagonale *f*
diagonally /daɪˈægənlɪ/ *adv* diagonalmente
diagram /ˈdaɪəgræm/ *n* diagramma *m*
dial /ˈdaɪəl/ **A** *n* (of clock, machine) quadrante *m*; Teleph disco *m* combinatore **B** *vi* (*pt/pp* **dialled**) Teleph fare il numero; **~ direct** chiamare in teleselezione **C** *vt* fare ‹*number*›
dialect /ˈdaɪəlekt/ *n* dialetto *m*
dialectic /daɪəˈlektɪk/ **A** *n* dialettica *f* **B** *adj* dialettico
dialectics /daɪəˈlektɪks/ *nsg* dialettica *fsg*
dialling code /ˈdaɪəlɪŋ/ *n* prefisso *m*
dialling tone *n* segnale *m* di linea libera
dialogue /ˈdaɪəlɒg/ *n* dialogo *m*
dialogue box *n* Comput finestra *f* di dialogo
dial tone *n* AmE Teleph segnale *m* di linea libera
dial-up *adj* ‹*connection, access*› dial-up
dialysis /daɪˈælɪsɪs/ *n* dialisi *f*
dialysis machine *n* rene *m* artificiale
diameter /daɪˈæmɪtə(r)/ *n* diametro *m*
diametrically /daɪəˈmetrɪklɪ/ *adv* **~ opposed** diametralmente opposto
diamond /ˈdaɪəmənd/ *n* diamante *m*, brillante *m*; (shape) losanga *f*; **~s** *pl* (in cards) quadri *mpl*
diamond jubilee *n* sessantesimo anniversario *m*
diamond-shaped *adj* romboidale
diamond wedding, diamond wedding anniversary *n* nozze *fpl* di diamante

diaper /ˈdaɪəpə(r)/ *n* AmE pannolino *m*
diaphanous /daɪˈæfənəs/ *adj* diafano
diaphragm /ˈdaɪəfræm/ *n* diaframma *m*
diarist /ˈdaɪərɪst/ *n* (author) diarista *mf*; (journalist) giornalista *mf* di piccola cronaca
diarrhoea /daɪəˈriːə/ *n* diarrea *f*
diary /ˈdaɪərɪ/ *n* (for appointments) agenda *f*; (for writing in) diario *m*
diatribe /ˈdaɪətraɪb/ *n* diatriba *f*
dice /daɪs/ **A** *n inv* dadi *mpl*
B *vt* Culin tagliare a dadini
dicey /ˈdaɪsɪ/ *adj* infml rischioso
dichotomy /daɪˈkɒtəmɪ/ *n* dicotomia *f*
dicky /ˈdɪkɪ/ **A** *n* (shirt front) pettino *m*, sparato *m*
B *adj* BrE infml ‹*heart*› malandato
dictate /dɪkˈteɪt/ *vt & vi* dettare
dictation /dɪkˈteɪʃn/ *n* dettato *m*
dictator /dɪkˈteɪtə(r)/ *n* dittatore *m*
dictatorial /dɪktəˈtɔːrɪəl/ *adj* dittatoriale
dictatorship /dɪkˈteɪtəʃɪp/ *n* dittatura *f*
diction /ˈdɪkʃn/ *n* dizione *f*
dictionary /ˈdɪkʃənrɪ/ *n* dizionario *m*
dictum /ˈdɪktəm/ *n* (maxim) massima *f*; (statement) affermazione *f*
did /dɪd/ ▸ **do**
didactic /dɪˈdæktɪk/ *adj* didattico
diddle /ˈdɪdl/ *vt* infml gabbare
die¹ /daɪ/ *n* Techn (metal mould) stampo *m*; (for cutting) matrice *f*
die² *vi* (*pres p* **dying**) morire (**of** di); **be dying to do something** infml morire dalla voglia di fare qualcosa; **be dying for a drink** infml morire dalla voglia di bere qualcosa
■ **die away** *vi* ‹*noise, applause*› smorzarsi
■ **die down** *vi* calmarsi; ‹*fire, flames*› spegnersi
■ **die off** *vi* morire uno dopo l'altro
■ **die out** *vi* estinguersi; ‹*custom*› morire
diehard /ˈdaɪhɑːd/ *n* Pol (in party) fanatico, -a *mf*; (stubborn person) ultraconservatore *mf*
diesel /ˈdiːzl/ *n* diesel *m*
diesel engine *n* motore *m* diesel
diesel train *n* treno *m* con locomotiva diesel
diet /ˈdaɪət/ **A** *n* regime *m* alimentare; (restricted) dieta *f*; **be on a ~** essere a dieta
B *vi* essere a dieta
dietary /ˈdaɪətrɪ/ *adj* ‹*habit*› alimentare
dietary fibre *n* fibre *fpl* alimentari
dietary supplement *n* integratore *m* dietetico
dietician /daɪəˈtɪʃn/ *n* dietologo, -a *mf*
differ /ˈdɪfə(r)/ *vi* differire; (disagree) non essere d'accordo
difference /ˈdɪfrəns/ *n* differenza *f*; (disagreement) divergenza *f*
different /ˈdɪfrənt/ *adj* diverso, differente; (various) diversi; **be ~ from** essere diverso da
differential /dɪfəˈrenʃl/ **A** *adj* differenziale
B *n* differenziale *m*
differentiate /dɪfəˈrenʃɪeɪt/ *vt* distinguere (**between** fra); (discriminate) discriminare (**between** fra); (make different) differenziare
differentiation /dɪfərenʃɪˈeɪʃn/ *n* differenziazione *f*
differently /ˈdɪfrəntlɪ/ *adv* in modo diverso; **~ from** diversamente da
differently abled /ˈeɪbld/ *adj* diversamente abile
difficult /ˈdɪfɪkəlt/ *adj* difficile
difficulty /ˈdɪfɪkəltɪ/ *n* difficoltà *f*; **with ~** con difficoltà
diffidence /ˈdɪfɪdəns/ *n* mancanza *f* di sicurezza
diffident /ˈdɪfɪdənt/ *adj* senza fiducia in se stesso
diffidently /ˈdɪfɪdəntlɪ/ *adv* senza fiducia in se stesso
diffuse¹ /dɪˈfjuːs/ *adj* diffuso; (wordy) prolisso
diffuse² /dɪˈfjuːz/ *vt* Phys diffondere
diffuseness /dɪˈfjuːsnɪs/ *n* (of organization) estensione *f*; (of argument) prolissità *f*
dig /dɪg/ **A** *n* (poke) spinta *f*; (remark) frecciata *f*; Archaeol scavo *m*; **~s** *pl* infml camera *fsg* ammobiliata
B *vt & vi* (*pp/pp* **dug**, *pres p* **digging**) scavare ‹*hole*›; vangare ‹*garden*›; (thrust) conficcare; **~ somebody in the ribs** dare una gomitata a qualcuno
■ **dig out** *vt* fig tirar fuori
■ **dig up** *vt* scavare ‹*garden, street, object*›; sradicare ‹*tree, plant*›; fig (find) scovare
digest¹ /ˈdaɪdʒest/ *n* compendio *m*
digest² /daɪˈdʒest/ *vt* digerire
digestible /daɪˈdʒestəbl/ *adj* digeribile
digestion /daɪˈdʒestʃn/ *n* digestione *f*
digestive /daɪˈdʒestɪv/ *adj* digestivo
digestive biscuit *n* BrE *biscotto* (*m*) *di farina integrale*
digestive system *n* apparato *m* digerente
digestive tract *n* apparato *m* digerente
digger /ˈdɪgə(r)/ *n* Techn scavatrice *f*
diggings /ˈdɪgɪŋz/ *npl* (in archaeology) scavi *mpl*
digicam /ˈdɪdʒɪkæm/ *n* infml fotocamera *f* digitale
digit /ˈdɪdʒɪt/ *n* cifra *f*; (finger) dito *m*
digital /ˈdɪdʒɪtl/ *adj* digitale
digital [television] *n* TV *f* digitale
digital audio tape *n* audiocassetta *f* digitale
digital camera *n* fotocamera *f* digitale
digital clock *n* orologio *m* digitale
digital computer *n* computer *m* digitale
digital fingerprinting *n* (identificazione *f* con) impronte *fpl* digitali
digitalize /ˈdɪdʒɪtəlaɪz/ *vt* digitalizzare
digital television *n* televisione *f* digitale

digitization /ˌdɪdʒɪtaɪˈzeɪʃn/ *n* digitalizzazione *f*
digitizer /ˈdɪdʒɪtaɪzə(r)/ *n* Comput tavoletta *f* grafica
dignified /ˈdɪgnɪfaɪd/ *adj* dignitoso
dignify /ˈdɪgnɪfaɪ/ *vt* nobilitare ‹*occasion, building*›
dignitary /ˈdɪgnɪtərɪ/ *n* dignitario *m*
dignity /ˈdɪgnətɪ/ *n* dignità *f*
digress /daɪˈgres/ *vi* divagare
digression /daɪˈgreʃn/ *n* digressione *f*
dike /daɪk/ *n* diga *f*
dilapidated /dɪˈlæpɪdeɪtɪd/ *adj* cadente
dilapidation /dɪlæpɪˈdeɪʃn/ *n* rovina *f*
dilate /daɪˈleɪt/ **A** *vt* dilatare
B *vi* dilatarsi
dilation /daɪˈleɪʃn/ *n* dilatazione *f*
dilatory /ˈdɪlətərɪ/ *adj* dilatorio
dilemma /dɪˈlemə/ *n* dilemma *m*
dilettante /dɪlɪˈtæntɪ/ *n* dilettante *mf*
diligence /ˈdɪlɪdʒəns/ *n* diligenza *f*
diligent /ˈdɪlɪdʒənt/ *adj* diligente
dill /dɪl/ *n* aneto *m*
dilly-dally /ˈdɪlɪdælɪ/ *vi* (*pt/pp* **-ied**) infml tentennare
dilute /daɪˈljuːt/ *vt* diluire
dilution /daɪˈljuːʃn/ *n also* fig diluizione *f*
dim /dɪm/ **A** *adj* (**dimmer**, **dimmest**) ‹*light*› debole; (dark) scuro; ‹*prospect, chance*› scarso; (indistinct) impreciso; infml (stupid) tonto
B *vt & vi* (*pt/pp* **dimmed**) affievolire
dime /daɪm/ *n* AmE moneta *f* da dieci centesimi
dimension /daɪˈmenʃn/ *n* dimensione *f*
dime store *n* AmE *grande magazzino* (*m*) *con prezzi molto bassi*
diminish /dɪˈmɪnɪʃ/ *vt & vi* diminuire
diminished /dɪˈmɪnɪʃt/ *adj* ridotto; Mus diminuito; **on grounds of ~ responsibility** Jur per seminfermità mentale
diminutive /dɪˈmɪnjʊtɪv/ *adj & n* diminutivo *m*
dimly /ˈdɪmlɪ/ *adv* ‹*see, remember*› indistintamente; ‹*shine*› debolmente
dimmer /ˈdɪmə(r)/ *n* interruttore *m* a reostato
dimple /ˈdɪmpl/ *n* fossetta *f*
dimwit /ˈdɪmwɪt/ *n* infml stupido *m*
dim-witted /-ˈwɪtɪd/ *adj* infml stupido
din /dɪn/ *n* baccano *m*
■ **din into**: *vt* **~ something into somebody** ficcare qualcosa in testa a qualcuno
dine /daɪn/ *vi* pranzare
diner /ˈdaɪnə(r)/ *n* AmE (restaurant) tavola *f* calda; **the last ~ in the restaurant** l'ultimo cliente nel ristorante
ding-dong /ˈdɪŋdɒŋ/ *n* dindon *m*

ding-dong battle *n* BrE battibecco *m*
dinghy /ˈdɪŋgɪ/ *n* dinghy *m*; (inflatable) canotto *m* pneumatico
dingy /ˈdɪndʒɪ/ *adj* (**-ier**, **-iest**) squallido e tetro
dining car *n* carrozza *f* ristorante
dining hall *n* refettorio *m*
dining room *n* sala *f* da pranzo
dining table *n* tavolo *m* da pranzo
dinky /ˈdɪŋkɪ/ *adj* BrE infml carino
dinner /ˈdɪnə(r)/ *n* cena *f*; (at midday) pranzo *m*
dinner dance *n* cena *f* danzante
dinner fork *n* forchetta *f*
dinner hour *n* BrE Sch pausa *f* del pranzo
dinner jacket *n* smoking *m inv*
dinner knife *n* coltello *m*
dinner money *n* BrE Sch *soldi* (*mpl*) *dati dai genitori agli scolari per il pranzo*
dinner party *n* cena *f* (*con invitati*)
dinner plate *n* piatto *m* piano
dinner service, **dinner set** *n* servizio *m* da tavola
dinner time *n* (evening) ora *f* di cena; (midday) ora *f* di pranzo
dinnerware /ˈdɪnəweə(r)/ *n* AmE servizio *m* da tavola
dinosaur /ˈdaɪnəsɔː(r)/ *n* dinosauro *m*
dint /dɪnt/ *n* **by ~ of** a forza di
diocese /ˈdaɪəsɪs/ *n* diocesi *f inv*
diode /ˈdaɪəʊd/ *n* diodo *m*
dioxide /daɪˈɒksaɪd/ *n* biossido *m*
dip /dɪp/ **A** *n* (in ground) inclinazione *f*; Culin salsina *f*; **go for a ~** andare a fare una nuotata
B *vt* (*pt/pp* **dipped**) (in liquid) immergere; abbassare ‹*head, headlights*›
C *vi* ‹*land*› formare un avvallamento
■ **dip into** *vt* scorrere ‹*book*›
diphtheria /dɪfˈθɪərɪə/ *n* difterite *f*
diphthong /ˈdɪfθɒŋ/ *n* dittongo *m*
diploma /dɪˈpləʊmə/ *n* diploma *m*
diplomacy /dɪˈpləʊməsɪ/ *n* diplomazia *f*
diplomat /ˈdɪpləmæt/ *n* diplomatico, -a *mf*
diplomatic /dɪpləˈmætɪk/ *adj* diplomatico
diplomatically /dɪpləˈmætɪklɪ/ *adv* con diplomazia
diplomatic bag *n* valigia *f* diplomatica
diplomatic immunity *n* immunità *f* diplomatica
dippy /ˈdɪpɪ/ *adj* infml (crazy, weird) pazzo
dipstick /ˈdɪpstɪk/ *n* Auto astina *f* dell'olio
dire /ˈdaɪə(r)/ *adj* ‹*situation, consequences*› terribile
direct /daɪˈrekt/ **A** *adj* diretto
B *adv* direttamente
C *vt* (aim) rivolgere ‹*attention, criticism*›; (control) dirigere; fare la regia di ‹*film, play*›; **~ somebody** (show the way) indicare la strada a qualcuno; **~ somebody to do something** ordinare a qualcuno di fare

parola chiave

qualcosa

direct access *n* Comput accesso *m* diretto

direct current *n* corrente *m* continua

direct debit *n* addebitamento *m* diretto

direct dialling *n* teleselezione *f*

direct hit *n* Mil colpo *m* diretto

direction /dɪˈrekʃn/ *n* direzione *f*; (of play, film) regia *f*; **~s** *pl* indicazioni *fpl*; **~s for use** istruzioni *fpl* per l'uso

directional /daɪˈrekʃənəl/ *adj* direzionale

directive /daɪˈrektɪv/ *n* direttiva *f*

direct line *n* linea *f* diretta

directly /daɪˈrektlɪ/ **A** *adv* direttamente; (at once) immediatamente
B *conj* [non] appena

direct mail *n* mailing *m inv*

directness /daɪˈrektnɪs/ *n* (of person, attitude) franchezza *f*; (of play, work, writing) chiarezza *f*

direct object *n* complemento *m* oggetto

director /dɪˈrektə(r)/ *n* Comm direttore, -trice *mf*; (of play, film) regista *mf*

directorate /daɪˈrektərət/ *n* (board) consiglio *m* d'amministrazione

director general *n* presidente *mf*

Director of Public Prosecutions *n* BrE ≈ Procuratore *m* della Repubblica

directorship /dɪˈrektəʃɪp/ *n* posto *m* di direttore

directory /dɪˈrektərɪ/ *n* elenco *m*; Teleph elenco *m* [telefonico]; (of streets) stradario *m*

directory assistance *n* AmE servizio *m* informazioni abbonati

directory enquiries *npl* BrE servizio *m* informazioni abbonati

direct rule *n* Pol sottomissione *f* al governo centrale

direct speech *n* discorso *m* diretto

direct transfer *n* trasferimento *m* automatico

dirt /dɜːt/ *n* sporco *m*; **~ cheap** infml a [un] prezzo stracciato

dirtiness /ˈdɜːtɪnɪs/ *n* (of person etc) sporcizia *f*

dirt track *n* (road) strada *f* sterrata; Sport pista *f* sterrata

dirty /ˈdɜːtɪ/ **A** *adj* (**-ier**, **-iest**) sporco
B *vt* sporcare

dirty bomb *n* bomba *f* sporca

dirty-minded /-ˈmaɪndɪd/ *adj* fissato sul sesso

dirty trick *n* brutto scherzo *m*

dirty tricks *npl* Pol faccende *fpl* sporche

dirty weekend *n* infml weekend *m inv* clandestino con l'amante

dirty word *n* parolaccia *f*

disability /dɪsəˈbɪlətɪ/ *n* infermità *f*

disable /dɪˈseɪbl/ *vt* (make useless) mettere fuori uso ‹*machine*›; (in accident) rendere invalido; Comput disabilitare; **be ~d by arthritis** essere menomato dall'artrite

disabled /dɪˈseɪbld/ *adj* disabile

disabled access *n* (to public building etc) accesso *m* per disabili

disabled driver *n* automobilista *mf* disabile

disabled person *n* disabile *mf*

disabuse /dɪsəˈbjuːz/ *vt* disingannare

disadvantage /dɪsədˈvɑːntɪdʒ/ *n* svantaggio *m*; **at a ~** in una posizione di svantaggio

disadvantaged /dɪsədˈvɑːntɪdʒd/ *adj* svantaggiato

disadvantageous /dɪsædvənˈteɪdʒəs/ *adj* svantaggioso

disaffected /dɪsəˈfektɪd/ *adj* disilluso

disagree /dɪsəˈgriː/ *vi* non essere d'accordo; **~ with** ‹*food*› far male a

disagreeable /dɪsəˈgriːəbl/ *adj* sgradevole

disagreement /dɪsəˈgriːmənt/ *n* disaccordo *m*; (quarrel) dissidio *m*

disallow /dɪsəˈlaʊ/ *vt* respingere; Sport annullare

disappear /dɪsəˈpɪə(r)/ *vi* scomparire

disappearance /dɪsəˈpɪərəns/ *n* scomparsa *f*

disappoint /dɪsəˈpɔɪnt/ *vt* deludere

disappointed /dɪsəˈpɔɪntɪd/ *adj* deluso; **I am ~ in you** mi hai deluso

disappointing /dɪsəˈpɔɪntɪŋ/ *adj* deludente

disappointment /dɪsəˈpɔɪntmənt/ *n* delusione *f*

disapproval /dɪsəˈpruːvəl/ *n* disapprovazione *f*

disapprove /dɪsəˈpruːv/ *vi* disapprovare; **~ of somebody/something** disapprovare qualcuno/qualcosa

disapproving /dɪsəˈpruːvɪŋ/ *adj* ‹*look, gesture*› di disapprovazione

disarm /dɪsˈɑːm/ **A** *vt* disarmare
B *vi* Mil disarmarsi

disarmament /dɪsˈɑːməmənt/ *n* disarmo *m*

disarming /dɪsˈɑːmɪŋ/ *adj* ‹*frankness etc*› disarmante

disarrange /dɪsəˈreɪndʒ/ *vt* scompigliare

disarray /dɪsəˈreɪ/ *n* **in ~** in disordine

disaster /dɪˈzɑːstə(r)/ *n* disastro *m*

disaster area *n* zona *f* disastrata; fig (person) disastro *m*

disaster fund *n* fondi *mpl* a favore dei disastrati

disaster movie *n* film *m inv* catastrofico

disaster relief *n* soccorso *m* disastri

disaster victim *n* disastrato, -a *mf*

disastrous /dɪˈzɑːstrəs/ *adj* disastroso

disastrously /dɪˈzɑːstrəslɪ/ *adv* ‹*fail*› disastrosamente; ‹*end, turn out*› in modo catastrofico; **go ~ wrong** essere un disastro

disband /dɪsˈbænd/ **A** *vt* sciogliere; smobilitare ‹*troops*›
B *vi* sciogliersi; ‹*regiment*› essere smobilitato

disbelief /dɪsbɪˈliːf/ *n* incredulità *f*; **in ~** con incredulità

disbelieve /dɪsbɪ'li:v/ *vt* non credere
disc /dɪsk/ *n* disco *m*; (CD) compact disc *m inv*
discard /dɪ'skɑ:d/ *vt* scartare; (throw away) eliminare; scaricare ‹*boyfriend*›
disc brakes *npl* Auto freni *mpl* a disco
discern /dɪ'sɜ:n/ *vt* discernere
discernible /dɪ'sɜ:nəbl/ *adj* discernibile
discerning /dɪ'sɜ:nɪŋ/ *adj* perspicace
discharge¹ /'dɪstʃɑ:dʒ/ *n* Electr scarica *f*; (dismissal) licenziamento *m*; Mil congedo *m*; Med (of blood) emissione *f*; (of cargo) scarico *m*
discharge² /dɪs'tʃɑ:dʒ/ **A** *vt* scaricare ‹*battery, cargo*›; (dismiss) licenziare; Mil congedare; Jur assolvere ‹*accused*›; dimettere ‹*patient*›; ~ **one's duty** esaurire il proprio compito
B *vi* Electr scaricarsi
disciple /dɪ'saɪpl/ *n* discepolo *m*
disciplinarian /dɪsɪplɪ'neərɪən/ *n* persona *f* autoritaria
disciplinary /'dɪsɪplɪnərɪ/ *adj* disciplinare
discipline /'dɪsɪplɪn/ **A** *n* disciplina *f*
B *vt* disciplinare; (punish) punire
disciplined /'dɪsɪplɪnd/ *adj* ‹*person, approach*› sistematico
disc jockey *n* disc jockey *m inv*
disclaim /dɪs'kleɪm/ *vt* negare
disclaimer /dɪs'kleɪmə(r)/ *n* rifiuto *m*
disclose /dɪs'kləʊz/ *vt* svelare
disclosure /dɪs'kləʊʒə(r)/ *n* rivelazione *f*
disco /'dɪskəʊ/ *n* discoteca *f*
discoloration /dɪskʌlə'reɪʃn/ *n* (process) scolorimento *m*; (spot) macchia *f* scolorita
discolour /dɪs'kʌlə(r)/ **A** *vt* scolorire
B *vi* scolorirsi
discomfort /dɪs'kʌmfət/ *n* scomodità *f*; fig disagio *m*
disconcert /dɪskən'sɜ:t/ *vt* sconcertare
disconcerting /dɪskən'sɜ:tɪŋ/ *adj* sconcertante
disconnect /dɪskə'nekt/ *vt* disconnettere
disconsolate /dɪs'kɒnsələt/ *adj* sconsolato
discontent /dɪskən'tent/ *n* scontentezza *f*
discontented /dɪskən'tentɪd/ *adj* scontento
discontinue /dɪskən'tɪnju:/ *vt* cessare, smettere; Comm sospendere la produzione di; ~**d line** fine *f* serie
discontinuity /dɪskɒntɪ'nju:ɪtɪ/ *n* discontinuità *f*
discord /'dɪskɔ:d/ *n* discordia *f*; Mus dissonanza *f*
discordant /dɪ'skɔ:dənt/ *adj* ~ **note** nota *f* discordante
discotheque /'dɪskətek/ *n* discoteca *f*
discount¹ /'dɪskaʊnt/ *n* sconto *m*
discount² /dɪs'kaʊnt/ *vt* (not believe) non credere a; (leave out of consideration) non tener conto di
discount card *n* tessera *f* di sconto
discount flight *n* volo *m* a prezzo ridotto
discount store *n* discount *m inv*
discourage /dɪs'kʌrɪdʒ/ *vt* scoraggiare; (dissuade) dissuadere
discouragement /dɪs'kʌrɪdʒmənt/ *n* (despondency) scoraggiamento *m*; (disincentive) disincentivo *m*
discourse /'dɪskɔ:s/ *n* discorso *m*
discourteous /dɪs'kɜ:tɪəs/ *adj* scortese
discourteously /dɪs'kɜ:tɪəslɪ/ *adv* scortesemente
discover /dɪ'skʌvə(r)/ *vt* scoprire
discovery /dɪs'kʌvərɪ/ *n* scoperta *f*
discredit /dɪs'kredɪt/ **A** *n* discredito *m*
B *vt* screditare
discreet /dɪ'skri:t/ *adj* discreto
discreetly /dɪ'skri:tlɪ/ *adv* discretamente
discrepancy /dɪ'skrepənsɪ/ *n* discrepanza *f*
discretion /dɪ'skreʃn/ *n* discrezione *f*
discriminate /dɪ'skrɪmɪneɪt/ *vi* discriminare (against contro); ~ **between** distinguere tra
discriminating /dɪ'skrɪmɪneɪtɪŋ/ *adj* esigente
discrimination /dɪskrɪmɪ'neɪʃn/ *n* discriminazione *f*; (quality) discernimento *m*
discriminatory /dɪs'krɪmɪnətərɪ/ *adj* discriminatorio, discriminativo
discus /'dɪskəs/ *n* disco *m*
discuss /dɪ'skʌs/ *vt* discutere; (examine critically) esaminare
discussion /dɪ'skʌʃn/ *n* discussione *f*
discussion board *n* Comput gruppo *m* di discussione, forum *m* inv di discussione
discussion document, discussion paper *n* documento *m* in abbozzo
disdain /dɪs'deɪn/ **A** *n* sdegno *f*
B *vt* sdegnare
disdainful /dɪs'deɪnfʊl/ *adj* sdegnoso
disease /dɪ'zi:z/ *n* malattia *f*
diseased /dɪ'zi:zd/ *adj* malato
disembark /dɪsem'bɑ:k/ *vi* sbarcare
disembodied /dɪsem'bɒdɪd/ *adj* ‹*voices*› evanescente; ‹*head*› senza corpo; ‹*soul*› disincarnato
disenchant /dɪsen'tʃɑ:nt/ *vt* disincantare
disenchanted /ˌdɪsɪn'tʃɑ:ntɪd, AmE -'tʃænt-/ *adj* disincantato
disenchantment /dɪsen'tʃɑ:ntmənt/ *n* disincanto *m*
disenfranchise /dɪsen'fræntʃaɪz/ *vt* privare del diritto di voto
disengage /dɪsen'geɪdʒ/ *vt* disimpegnare; disinnestare ‹*clutch*›
disentangle /dɪsen'tæŋgəl/ *vt* districare
disfavour /dɪs'feɪvə(r)/ *n* sfavore *m*; **fall into** ~ perdere il favore
disfigure /dɪs'fɪgə(r)/ *vt* deformare
disgorge /dɪs'gɔ:dʒ/ *vt* rigettare

parola chiave

disgrace /dɪzˈgreɪs/ **A** *n* vergogna *f*; **fail into ~** cadere in disgrazia; **I am in ~** sono caduto in disgrazia; **it's a ~** è una vergogna
B *vt* disonorare
disgraceful /dɪzˈgreɪsfʊl/ *adj* vergognoso
disgruntled /dɪsˈgrʌntld/ *adj* malcontento
disguise /dɪsˈgaɪz/ **A** *n* travestimento *m*; **in ~** travestito
B *vt* contraffare ‹*voice*›; dissimulare ‹*emotions*›; **~d as** travestito da
disgust /dɪsˈgʌst/ **A** *n* disgusto *m*; **in ~** con aria disgustata
B *vt* disgustare
disgusting /dɪsˈgʌstɪŋ/ *adj* disgustoso
dish /dɪʃ/ *n* piatto *m*; **do the ~es** lavare i piatti
■ **dish out** *vt* (serve) servire; (distribute) distribuire
■ **dish up** *vt* servire
dishcloth /ˈdɪʃklɒθ/ *n* strofinaccio *m*
dishearten /dɪsˈhɑːt(ə)n/ *vt* scoraggiare
disheartening /dɪsˈhɑːt(ə)nɪŋ/ *adj* scoraggiante
dishevelled /dɪˈʃevld/ *adj* scompigliato
dishonest /dɪsˈɒnɪst/ *adj* disonesto
dishonestly /dɪsˈɒnɪstlɪ/ *adv* disonestamente
dishonesty /dɪsˈɒnɪstɪ/ *n* disonestà *f*
dishonour /dɪsˈɒnə(r)/ **A** *n* disonore *m*
B *vt* disonorare ‹*family*›; non onorare ‹*cheque*›
dishonourable /dɪsˈɒnərəbl/ *adj* disonorevole
dishonourably /dɪsˈɒnərəblɪ/ *adv* in modo disonorevole
dish towel *n* strofinaccio *m* per i piatti
dishwasher /ˈdɪʃwɒʃə(r)/ *n* lavapiatti *f inv*
dishwasher-safe *adj* lavabile in lavastoviglie
dishy /ˈdɪʃɪ/ *adj* (**-ier**, **est**) BrE infml ‹*man, woman*› fico, figo
disillusion /dɪsɪˈluːʒn/ *vt* disilludere
disillusioned /dɪsɪˈluːʒnd/ *adj* deluso (with di)
disillusionment /dɪsɪˈluːʒnmənt/ *n* disillusione *f*
disincentive /dɪsɪnˈsentɪv/ *n* disincentivo *m*
disinclined /dɪsɪnˈklaɪnd/ *adj* riluttante
disinfect /dɪsɪnˈfekt/ *vt* disinfettare
disinfectant /dɪsɪnˈfektənt/ *n* disinfettante *m*
disingenuous /dɪsɪnˈdʒenjʊəs/ *adj* ‹*comment*› insincero; ‹*smile*› falso
disinherit /dɪsɪnˈherɪt/ *vt* diseredare
disintegrate /dɪsˈɪntəɡreɪt/ *vi* disintegrarsi
disintegration /dɪsɪntɪˈɡreɪʃn/ *n* disgregazione *f*
disinterested /dɪsˈɪntərestɪd/ *adj* disinteressato
disjointed /dɪsˈdʒɔɪntɪd/ *adj* sconnesso
disk /dɪsk/ *n* Comput disco *m*; (diskette) dischetto *m*
disk drive *n* lettore *m* [di disco]
disk operating system /ˈdɪskɒpəreɪtɪŋ/ *n* sistema *m* operativo su disco
dislike /dɪsˈlaɪk/ **A** *n* avversione *f*; **your likes and ~s** i tuoi gusti
B *vt* **I ~ him/it** non mi piace; **I don't ~ him/it** non mi dispiace
dislocate /ˈdɪsləkeɪt/ *vt* slogare; **~ one's shoulder** slogarsi una spalla
dislocation /dɪsləˈkeɪʃn/ *n* (of hip, knee) lussazione *f*
dislodge /dɪsˈlɒdʒ/ *vt* sloggiare
disloyal /dɪsˈlɔɪəl/ *adj* sleale
disloyally /dɪsˈlɔɪəlɪ/ *adv* slealmente
disloyalty /dɪsˈlɔɪəltɪ/ *n* slealtà *f*
dismal /ˈdɪzməl/ *adj* ‹*person*› abbacchiato; ‹*news, weather*› deprimente; ‹*performance*› mediocre
dismantle /dɪsˈmæntl/ *vt* smontare ‹*tent, machine*›; fig smantellare
dismay /dɪsˈmeɪ/ *n* sgomento *m*; **much to my ~** con mio grande sgomento
dismayed /dɪsˈmeɪd/ *adj* sgomento
dismember /dɪsˈmembə(r)/ *vt also* fig smembrare
dismiss /dɪsˈmɪs/ *vt* licenziare ‹*employee*›; (reject) scartare ‹*idea, suggestion*›
dismissal /dɪsˈmɪsəl/ *n* licenziamento *m*
dismissive /dɪsˈmɪsɪv/ *adj* ‹*person, attitude*› sprezzante; **be ~ of** essere sprezzante verso
dismount /dɪsˈmaʊnt/ *vi* smontare
disobedience /dɪsəˈbiːdɪəns/ *n* disubbidienza *f*
disobedient /dɪsəˈbiːdɪənt/ *adj* disubbidiente
disobey /dɪsəˈbeɪ/ **A** *vt* disubbidire a ‹*rule*›
B *vi* disubbidire
disorder /dɪsˈɔːdə(r)/ *n* disordine *m*; Med disturbo *m*
disordered /dɪsˈɔːdəd/ *adj* ‹*life*› disordinato; ‹*mind*› disturbato
disorderly /dɪsˈɔːdəlɪ/ *adj* disordinato; ‹*crowd*› turbolento; **~ conduct** turbamento *m* della quiete pubblica
disorganization /dɪsɔːɡənaɪˈzeɪʃn/ *n* disorganizzazione *f*
disorganized /dɪsˈɔːɡənaɪzd/ *adj* disorganizzato
disorientate /dɪsˈɔːrɪəntɪeɪt/ *vt* disorientare
disorientation /dɪsɔːrɪenˈteɪʃn/ *n* disorientamento *m*
disown /dɪsˈəʊn/ *vt* disconoscere; **I'll ~ you** infml faccio finta di non conoscerti
disparaging /dɪˈspærɪdʒɪŋ/ *adj* sprezzante
disparagingly /dɪˈspærɪdʒɪŋlɪ/ *adv* sprezzantemente
disparate /ˈdɪspərət/ *adj* (different) eterogeneo; ‹*incompatible*› disparato
disparity /dɪˈspærətɪ/ *n* disparità *f*

d

dispassionate /dɪ'spæʃənət/ *adj* spassionato
dispassionately /dɪs'pæʃənətlɪ/ *adv* spassionatamente
dispatch /dɪ'spætʃ/ **A** *n* Comm spedizione *f*; Mil (report) dispaccio *m*; **with ~** con prontezza
B *vt* spedire; (kill) spedire al creatore
dispatch box *n* valigia *f* diplomatica
Dispatch Box *n* BrE Pol *postazione (f) da cui parlano i ministri nel Parlamento britannico*
dispatch rider *n* staffetta *f*
dispel /dɪ'spel/ *vt* (*pt/pp* **dispelled**) dissipare
dispensable /dɪ'spensəbl/ *adj* dispensabile
dispensary /dɪ'spensərɪ/ *n* farmacia *f*
dispense /dɪ'spens/ *vt* distribuire; **~ with** fare a meno di
dispenser /dɪ'spensə(r)/ *n* (device) distributore *m*
dispensing chemist /dɪ'spensɪŋ/ *n* farmacista *mf*; (shop) farmacia *f*
dispensing optician *n* BrE ottico *m*
dispersal /dɪ'spɜːsl/ *n* dispersione *f*
disperse /dɪ'spɜːs/ **A** *vt* disperdere
B *vi* disperdersi
dispersion /dɪ'spɜːʃn/ *n* dispersione *f*
dispirited /dɪ'spɪrɪtɪd/ *adj* scoraggiato
displace /dɪs'pleɪs/ *vt* spostare
displaced person *n* profugo, -a *mf*
displacement /dɪs'pleɪsmənt/ *n* spostamento *m*
display /dɪ'spleɪ/ **A** *n* mostra *f*; Comm esposizione *f*; (of feelings) manifestazione *f*; derog ostentazione *f*; Comput display *m inv*
B *vt* mostrare; esporre ‹*goods*›; manifestare ‹*feelings*›; Comput visualizzare
display advertisement *n* annuncio *m* pubblicitario di grande formato
display cabinet, display case *n* vetrina *f*
display rack *n* espositore *m*
display window *n* vetrina *f*
displease /dɪs'pliːz/ *vt* non piacere a; **be ~d with** essere scontento di
displeasure /dɪs'pleʒə(r)/ *n* malcontento *m*; **incur sb's ~** scontentare qualcuno
disposable /dɪ'spəʊzəbl/ *adj* (throwaway) usa e getta; ‹*income*› disponibile
disposal /dɪ'spəʊzl/ *n* (getting rid of) eliminazione *f*; **be at sb's ~** essere a disposizione di qualcuno
dispose /dɪ'spəʊz/ *vi* **~ of** (get rid of) disfarsi di; **be well ~d** essere ben disposto (**to** verso)
disposition /dɪspə'zɪʃn/ *n* disposizione *f*; (nature) indole *f*
dispossessed /dɪspə'zest/ *adj* ‹*family*› spossessato; ‹*son*› diseredato

disproportionate /dɪsprə'pɔːʃənət/ *adj* sproporzionato
disproportionately /dɪsprə'pɔːʃənətlɪ/ *adv* in modo sproporzionato
disprove /dɪs'pruːv/ *vt* confutare
dispute /dɪ'spjuːt/ **A** *n* disputa *f*; (industrial) contestazione *f*
B *vt* contestare ‹*statement*›
disqualification /dɪskwɒlɪfɪ'keɪʃn/ *n* squalifica *f*; (from driving) ritiro *m* della patente
disqualify /dɪs'kwɒlɪfaɪ/ *vt* escludere; Sport squalificare; **~ somebody from driving** ritirare la patente a qualcuno
disquiet /dɪs'kwaɪət/ *n* inquietudine *f*
disquieting /dɪs'kwaɪətɪŋ/ *adj* allarmante
disregard /dɪsrɪ'gɑːd/ **A** *n* mancanza *f* di considerazione
B *vt* ignorare
disrepair /dɪsrɪ'peə(r)/ *n* **fall into ~** deteriorarsi; **in a state of ~** in cattivo stato
disreputable /dɪs'repjʊtəbl/ *adj* malfamato
disrepute /dɪsrɪ'pjuːt/ *n* discredito *m*; **bring somebody into ~** rovinare la reputazione a qualcuno
disrespect /dɪsrɪ'spekt/ *n* mancanza *f* di rispetto
disrespectful /dɪsrɪ'spektfʊl/ *adj* irrispettoso
disrespectfully /dɪsrɪ'spektfʊlɪ/ *adv* irrispettosamente
disrupt /dɪs'rʌpt/ *vt* creare scompiglio in; sconvolgere ‹*plans*›
disruption /dɪs'rʌpʃn/ *n* scompiglio *m*; (of plans) sconvolgimento *m*
disruptive /dɪs'rʌptɪv/ *adj* ‹*person, behaviour*› indisciplinato
dissatisfaction /dɪ(s)sætɪs'fækʃn/ *n* malcontento *m*
dissatisfied /dɪ(s)'sætɪsfaɪd/ *adj* scontento
dissect /dɪ'sekt/ *vt* sezionare
dissection /dɪ'sekʃn/ *n* dissezione *f*
disseminate /dɪ'semɪneɪt/ *vt* divulgare
dissemination /dɪsemɪ'neɪʃn/ *n* divulgazione *f*
dissension /dɪ'senʃn/ *n* (discord) dissenso *m*
dissent /dɪ'sent/ **A** *n* dissenso *m*
B *vi* dissentire
dissertation /dɪsə'teɪʃn/ *n* tesi *f inv*
disservice /dɪ(s)'sɜːvɪs/ *n* **do somebody/oneself a ~** rendere un cattivo servizio a qualcuno/se stesso
dissidence /'dɪsɪdəns/ *n* dissidenza *f*
dissident /'dɪsɪdənt/ *n* dissidente *mf*
dissimilar /dɪ(s)'sɪmɪlə(r)/ *adj* dissimile (**to** da)
dissimilarity /dɪs(s)ɪmɪ'lærətɪ/ *n* diversità *f*
dissipate /'dɪsɪpeɪt/ *vt* dissipare ‹*hope, enthusiasm*›

parola chiave

dissipated /ˈdɪsɪpeɪtɪd/ *adj* dissipato

dissipation *n* dissipatezza *f*, sregolatezza *f*

dissociate /dɪˈsəʊʃɪeɪt/ *vt* dissociare; ~ **oneself from** dissociarsi da

dissolute /ˈdɪsəluːt/ *adj* dissoluto

dissolution /dɪsəˈluːʃn/ *n* scioglimento *m*

dissolve /dɪˈzɒlv/ **A** *vt* dissolvere
B *vi* dissolversi

dissonance /ˈdɪsənəns/ *n* dissonanza *f*

dissonant /ˈdɪsənənt/ *adj* Mus dissonante

dissuade /dɪˈsweɪd/ *vt* dissuadere

distance /ˈdɪstəns/ *n* distanza *f*; **it's a short ~ from here to the station** la stazione non è lontana da qui; **in the ~** in lontananza; **from a ~** da lontano

distance learning *n* corsi *mpl* di studio a distanza

distant /ˈdɪstənt/ *adj* distante; ‹*relative*› lontano

distantly /ˈdɪstəntlɪ/ *adv* ‹*reply*› con distacco

distaste /dɪsˈteɪst/ *n* avversione *f*

distasteful /dɪsˈteɪstfʊl/ *adj* spiacevole

distemper /dɪˈstempə(r)/ *n* (paint) tempera *f*; (in horses, dogs) cimurro *m*

distend /dɪˈstend/ *vi* dilatarsi

distil /dɪˈstɪl/ *vt* (*pt/pp* **distilled**) distillare

distillation /dɪstɪˈleɪʃn/ *n* distillazione *f*

distillery /dɪˈstɪlərɪ/ *n* distilleria *f*

distinct /dɪˈstɪŋkt/ *adj* chiaro; (different) distinto

distinction /dɪˈstɪŋkʃn/ *n* distinzione *f*; Sch massimo *m* dei voti

distinctive /dɪˈstɪŋktɪv/ *adj* caratteristico

distinctly /dɪˈstɪŋktlɪ/ *adv* chiaramente

distinguish /dɪˈstɪŋgwɪʃ/ *vt & vi* distinguere; ~ **oneself** distinguersi

distinguishable /dɪˈstɪŋgwɪʃəbl/ *adj* distinguibile

distinguished /dɪˈstɪŋgwɪʃt/ *adj* rinomato; ‹*appearance*› distinto; ‹*career*› brillante

distinguishing /dɪˈstɪŋgwɪʃɪŋ/ *adj* ‹*feature*› distintivo

distort /dɪˈstɔːt/ *vt* distorcere

distortion /dɪˈstɔːʃn/ *n* distorsione *f*

distract /dɪˈstrækt/ *vt* distrarre

distracted /dɪˈstræktɪd/ *adj* assente; infml (worried) preoccupato

distracting /dɪˈstræktɪŋ/ *adj* che distrae; **I found the noise too ~** il rumore mi disturbava troppo

distraction /dɪˈstrækʃn/ *n* distrazione *f*; (despair) disperazione *f*; **drive somebody to ~** portare qualcuno alla disperazione

distraught /dɪˈstrɔːt/ *adj* sconvolto

distress /dɪˈstres/ **A** *n* angoscia *f*; (pain) sofferenza *f*; (danger) difficoltà *f*
B *vt* sconvolgere; (sadden) affliggere

distressed /dɪˈstrest/ *adj* (upset) turbato; (stronger) afflitto

distressing /dɪˈstresɪŋ/ *adj* penoso; (shocking) sconvolgente

distress signal *n* segnale *m* di richiesta di soccorso

distribute /dɪˈstrɪbjuːt/ *vt* distribuire

distribution /dɪstrɪˈbjuːʃn/ *n* distribuzione *f*

distribution network *n* rete *f* di distribuzione

distributor /dɪˈstrɪbjʊtə(r)/ *n* distributore *m*

district /ˈdɪstrɪkt/ *n* regione *f*; Admin distretto *m*

district attorney *n* AmE procuratore *m* distrettuale

district council *n* BrE consiglio *m* distrettuale

district court *n* AmE corte *f* distrettuale federale

district manager *n* direttore, -trice *mf* di zona

district nurse *n* infermiere, -a *mf* che fa visite a domicilio

distrust /dɪsˈtrʌst/ **A** *n* sfiducia *f*
B *vt* non fidarsi di

distrustful /dɪsˈtrʌstfʊl/ *adj* diffidente

disturb /dɪˈstɜːb/ *vt* disturbare; (emotionally) turbare; spostare ‹*papers*›

disturbance /dɪˈstɜːbəns/ *n* disturbo *m*; **~s** *pl* (rioting etc) disordini *mpl*

disturbed /dɪˈstɜːbd/ *adj* turbato; **[mentally] ~** malato di mente

disturbing /dɪˈstɜːbɪŋ/ *adj* inquietante

disuse /dɪsˈjuːs/ *n* **fall into ~** cadere in disuso

disused /dɪsˈjuːzd/ *adj* non utilizzato

ditch /dɪtʃ/ **A** *n* fosso *m*
B *vt* infml (abandon) abbandonare ‹*plan, car*›; piantare ‹*lover*›

ditchwater /ˈdɪtʃwɔːtə(r)/ *n* **as dull as ~** una barba

dither /ˈdɪðə(r)/ *vi* titubare

ditto /ˈdɪtəʊ/ *adv* idem; (in list) idem come sopra

ditto marks *npl* virgolette *fpl*

divan /dɪˈvæn/ *n* divano *m*

dive /daɪv/ **A** *n* tuffo *m*; Aeron picchiata *f*; infml (place) bettola *f*
B *vi* tuffarsi; (when in water) immergersi; Aeron scendere in picchiata; infml (rush) precipitarsi

dive-bomb *vt* Mil bombardare in picchiata

diver /ˈdaɪvə(r)/ *n* (from board) tuffatore, -trice *mf*; (scuba) sommozzatore, -trice *mf*; (deep sea) palombaro *m*

diverge /daɪˈvɜːdʒ/ *vi* divergere

divergent /daɪˈvɜːdʒənt/ *adj* divergente

diverse /daɪˈvɜːs/ *adj* vario

diversify /daɪˈvɜːsɪfaɪ/ *vt & vi* (*pt/pp* **-ied**) Comm diversificare

diversion /daɪˈvɜːʃn/ *n* deviazione *f*; (distraction) diversivo *m*

diversionary /daɪˈvɜːʃənərɪ/ *adj* ‹*tactic, attack*› diversivo
diversity /daɪˈvɜːsətɪ/ *n* varietà *f*
divert /daɪˈvɜːt/ *vt* deviare ‹*traffic*›; distogliere ‹*attention*›
divest /daɪˈvest/ *vt* privare (**of** di)
divide /dɪˈvaɪd/ **A** *vt* dividere (**by** per); **six ~d by two** sei diviso due
B *vi* dividersi
■ **divide out** *vt* = **divide**
■ **divide up** *vt* = **divide**
dividend /ˈdɪvɪdend/ *n* dividendo *m*; **pay ~s** fig ripagare
divider /dɪˈvaɪdə(r)/ *n* (in room) divisorio *m*; (in file) cartoncino *m* separatore
dividers /dɪˈvaɪdəz/ *npl* compasso *m* a punte fisse
dividing /dɪˈvaɪdɪŋ/ *adj* ‹*wall, fence*› divisorio
dividing line *n* linea *f* di demarcazione
divine /dɪˈvaɪn/ *adj* divino
divinely /dɪˈvaɪnlɪ/ *adv also* infml divinamente
diving /ˈdaɪvɪŋ/ *n* (from board) tuffi *mpl*; (scuba) immersione *f*
diving board *n* trampolino *m*
diving mask *n* maschera *f* [subacquea]
diving suit *n* muta *f*; (deep sea) scafandro *m*
divinity /dɪˈvɪnətɪ/ *n* divinità *f*; (subject) teologia *f*; (at school) religione *f*
divisible /dɪˈvɪzəbl/ *adj* divisibile (**by** per)
division /dɪˈvɪʒn/ *n* divisione *f*; (in sports league) serie *f*
divisional /dɪˈvɪʒənəl/ *adj* ‹*commander, officer*› di divisione
divisive /dɪˈvaɪsɪv/ *adj* ‹*policy*› che crea discordia; **be socially ~** creare delle divisioni sociali
divorce /dɪˈvɔːs/ **A** *n* divorzio *m*
B *vt* divorziare da
divorced /dɪˈvɔːst/ *adj* divorziato; **get ~** divorziare
divorcee /dɪvɔːˈsiː/ *n* divorziato, -a *mf*
divulge /daɪˈvʌldʒ/ *vt* rendere pubblico
■ **divvy up** *vt* infml = **divide up**
DIY *abbr* (**do-it-yourself**) *fai da te, bricolage*
dizziness /ˈdɪzɪnɪs/ *n* giramenti *mpl* di testa
dizzy /ˈdɪzɪ/ *adj* (**-ier, -iest**) vertiginoso; **I feel ~** mi gira la testa
DJ *n abbr* **1** (**disc jockey**) DJ *m inv* **2** BrE (**dinner jacket**) smoking *m inv*
Djibouti /dʒɪˈbuːtɪ/ *n* Gibuti *f*
DNA **A** *n abbr* (**deoxyribonucleic acid**) DNA *m inv*
B *attrib* ‹*testing*› del DNA
DNR *abbr* AmE **1** (**Department of Natural Resources**) ≈ Ministero *m* dell'Ambiente e della Tutela del Territorio **2** (**do not resuscitate**) non rianimare
do /duː/ **A** *n* (*pl* **dos** *or* **do's**) infml festa *f*
B *vt* (*3 sg pres tense* **does**, *pt* **did**, *pp* **done**) fare; infml (cheat) fregare; **do somebody out of something** (money) fregare qualcosa a qualcuno; (opportunity) defraudare qualcuno di qualcosa; **be done** Culin essere cotto; **well done** bravo; Culin ben cotto; **do the flowers** sistemare i fiori; **do the washing up** lavare i piatti; **do one's hair** farsi i capelli
C *vi* (be suitable) andare; (be enough) bastare; **this will do** questo va bene; **that will do!** basta così!; **do well/badly** cavarsela bene/male; **how is he doing?** come sta?
D *v aux* **do you speak Italian?** parli italiano?; **you don't like him, do you?** non ti piace, vero?; (expressing astonishment) non dirmi che ti piace!; **yes, I do** sì; (emphatic) invece sì; **no, I don't** no; **I don't smoke** non fumo; **don't you/doesn't he?** vero?; **so do I** anch'io; **do come in, John** entra, John; **how do you do?** piacere
■ **do away with** *vt* abolire ‹*rule*›
■ **do for** *vt* (ruin) rovinare
■ **do in** *vt* infml (kill) uccidere; farsi male a ‹*back*›; **done in** infml esausto
■ **do up** *vt* (fasten) abbottonare; (renovate) rimettere a nuovo; (wrap) avvolgere
■ **do with**: *vt* **I could do with a spanner** mi ci vorrebbe una chiave inglese
■ **do without** *vt* fare a meno di
d.o.b. *abbr* (**date of birth**) data *f* di nascita
docile /ˈdəʊsaɪl/ *adj* docile
dock¹ /dɒk/ *n* Jur banco *m* degli imputati
dock² **A** *n* Naut bacino *m*
B *vi* entrare in porto; ‹*spaceship*› congiungersi
docker /ˈdɒkə(r)/ *n* portuale *m*
docket /ˈdɒkɪt/ **A** *n* Comm (label) etichetta *f*; (customs certificate) ricevuta *f* doganale
B *vt* Comm etichettare ‹*parcel, package*›
docking /ˈdɒkɪŋ/ *n* Naut ormeggio *m*; (of space shuttle) aggancio *m*
docks /dɒks/ *npl* porto *m*
dock worker /ˈdɒkwɜːkə(r)/ *n* portuale *m*
dockyard /ˈdɒkjɑːd/ *n* cantiere *m* navale
doctor /ˈdɒktə(r)/ **A** *n* dottore *m*, dottoressa *f*
B *vt* alterare ‹*drink*›; castrare ‹*cat*›
doctorate /ˈdɒktərət/ *n* dottorato *m*
Doctor of Philosophy *n* titolare *mf* di un dottorato di ricerca
doctor's note /ˈdɒktəz/ *n* certificato *m* medico
doctrine /ˈdɒktrɪn/ *n* dottrina *f*
docudrama /ˈdɒkjʊdrɑːmə/ *n* film *m inv* verità
document /ˈdɒkjʊmənt/ *n* documento *m*
documentary /dɒkjʊˈmentərɪ/ *adj* & *n* documentario *m*
documentation /dɒkjʊmenˈteɪʃn/ *n* documentazione *f*

parola chiave

document holder *n* (for keyboarder) leggio *m*
document wallet *n* (folder) cartellina *f*
doddery /'dɒdərɪ/ *adj* infml barcollante
doddle /'dɒd(ə)l/ *n* BrE infml **it's a ~** è un gioco da ragazzi
dodge /dɒdʒ/ **A** *n* infml trucco *m*
B *vt* schivare ‹*blow*›; evitare ‹*person*›
C *vi* scansarsi; **~ out of the way** scansarsi
dodgems /'dɒdʒəmz/ *npl* autoscontro *msg*
dodgy /'dɒdʒɪ/ *adj* (**-ier**, **-iest**) infml (dubious) sospetto
doe /dəʊ/ *n* femmina *f* (*di daino, renna, lepre*); (rabbit) coniglia *f*
DOE *n abbr* **1** BrE (**Department of the Environment**) ministero *m* dell'Ambiente **2** AmE (**Department of Energy**) ≈ ministero *m* dell'Industria
does /dʌz/ ▶ **do**
dog /dɒg/ **A** *n* cane *m*
B *vt* (*pt/pp* **dogged**) ‹*illness, bad luck*› perseguitare
dog biscuit *n* biscotto *m* per cani
dog breeder *n* allevatore, -trice *mf* di cani
dog collar *n* collare *m* (*per cani*)
dog-eared /-ɪəd/ *adj* con le orecchie
dog-end *n* infml cicca *f*
dogfight *n* combattimento *m* di cani; Aeron combattimento *m* aereo
dogged /'dɒgɪd/ *adj* ostinato
doggedly /'dɒgɪdlɪ/ *adv* ostinatamente
doggy bag /'dɒgɪ/ *n sacchetto* (*m*) *per portarsi a casa gli avanzi di un pasto al ristorante*
doggy-paddle *n* infml nuoto *m* a cagnolino
dog handler *n* addestratore, -trice *mf* di cani
doghouse /'dɒghaʊs/ *n* AmE canile *m*; **in the ~** infml in disgrazia
dogma /'dɒgmə/ *n* dogma *m*
dogmatic /dɒg'mætɪk/ *adj* dogmatico
do-gooder /du:'gʊdə(r)/ *n* derog pseudo benefattore, -trice *mf*
dog-paddle *n* nuoto *m* a cagnolino
dogsbody *n* infml tirapiedi *mf inv*
dog tag *n* AmE Mil infml piastrina *f* di riconoscimento
doh /dəʊ/ *n* Mus do *m*
doily /'dɔɪlɪ/ *n* centrino *m*
doing /'du:ɪŋ/ *n* **it's none of my ~** non sono stato io; **this is her ~** questa è opera sua; **it takes some ~!** ce ne vuole!
do-it-yourself /du:ɪtjə'self/ *n* fai da te *m*, bricolage *m*
do-it-yourself shop *n* negozio *m* di bricolage
doldrums /'dɒldrəmz/ *npl* **be in the ~** essere giù di corda; ‹*business*› essere in fase di stasi
dole /dəʊl/ *n* sussidio *m* di disoccupazione; **be on the ~** essere disoccupato
■ **dole out** *vt* distribuire
doleful /'dəʊlfl/ *adj* triste
dolefully /'dəʊlfʊlɪ/ *adv* tristemente
dole queue *n* BrE *coda* (*f*) *per riscuotere il sussidio di disoccupazione*; fig (number of unemployed) numero *m* dei disoccupati
doll /dɒl/ *n* bambola *f*
■ **doll up**: *vt* infml **~ oneself up** mettersi in ghingheri
dollar /'dɒlə(r)/ *n* dollaro *m*
dollar bill *n* banconota *f* da un dollaro
dollar diplomacy *n politica* (*f*) *di investimenti all'estero*
dollar sign *n* simbolo *m* del dollaro
dollop /'dɒləp/ *n* infml cucchiaiata *f*
dolly /'dɒlɪ/ *n* infml (doll) bambola *f*; Cinema, TV dolly *m inv*
Dolomites /'dɒləmaɪts/ *npl* Dolomiti *fpl*
dolphin /'dɒlfɪn/ *n* delfino *m*
domain /də'meɪn/ *n* dominio *m*
domain name *n* Comput nome *m* di dominio
dome /dəʊm/ *n* cupola *f*
domed /dəʊmd/ *adj* ‹*skyline, city*› ricco di cupole; ‹*roof, ceiling*› a cupola; ‹*forehead, helmet*› bombato
domestic /də'mestɪk/ *adj* domestico; Pol interno; Comm nazionale
domestic animal *n* animale *m* domestico
domestic appliance *n* elettrodomestico *m*
domesticate /də'mestɪkeɪt/ *vt* addomesticare
domesticated /də'mestɪkeɪtɪd/ *adj* ‹*animal*› addomesticato
domestic flight *n* volo *m* nazionale
domestic help *n* collaboratore, -trice *mf* familiare
domesticity /dɒme'stɪsətɪ/ *n* ‹*home life*› vita *f* di famiglia; ‹*household duties*› faccende *fpl* domestiche
domestic servant *n* domestico, -a *mf*
domiciliary /dɒmɪ'sɪlɪərɪ/ *adj* ‹*visit, care*› a domicilio
dominance /'dɒmɪnəns/ *n* Biol, Zool dominanza *f*; (domination) predominio *m*; (numerical strength) preponderanza *f*
dominant /'dɒmɪnənt/ *adj* dominante
dominate /'dɒmɪneɪt/ *vt & vi* dominare
domination /dɒmɪ'neɪʃn/ *n* dominio *m*
domineering /dɒmɪ'nɪərɪŋ/ *adj* autoritario
Dominica /də'mɪnɪkə/ *n* Dominica *f*
Dominican Republic /də'mɪnɪkən/ *n* Repubblica *f* Dominicana
dominion /də'mɪnjən/ *n* BrE Pol dominio *m inv*
domino /'dɒmɪnəʊ/ *n* (*pl* **-es**) tessera *f* del domino; **~es** *sg* (game) domino *m*
don¹ /dɒn/ *vt* (*pt/pp* **donned**) literary indossare
don² *n* docente *mf* universitario, -a
donate /dəʊ'neɪt/ *vt* donare

d

donation /dəʊˈneɪʃn/ *n* donazione *f*
done /dʌn/ ▶ **do**
donkey /ˈdɒŋkɪ/ *n* asino *m*
donkey jacket *n* giacca *f* pesante
donkey's years: infml **not for ~** non da secoli
donkey work *n* sgobbata *f*
donor /ˈdəʊnə(r)/ *n* donatore, -trice *mf*
donor card *n* tessera *f* del donatore di organi
doodle /ˈduːdl/ *vi* scarabocchiare
doom /duːm/ **A** *n* fato *m*; (ruin) rovina *f*
B *vt* **be ~ed to failure** essere destinato al fallimento
doomed /duːmd/ *adj* ‹*vessel*› destinato ad affondare
doomsday /ˈduːmzdeɪ/ *n* giorno *m* del giudizio
doomwatch /ˈduːmwɒtʃ/ *n* catastrofismo *m*
door /dɔː(r)/ *n* porta *f*; (of car) portiera *f*; **out of ~s** all'aperto
door bell *n* campanello *m*
doorman *n* portiere *m*
doormat *n* zerbino *m*
door plate *n* (of doctor etc) targa *f*
doorstep *n* gradino *m* della porta
doorstop *n* fermaporta *m inv*
door-to-door **A** *adj* ‹*canvassing, selling*› porta a porta
B *adv* ‹*sell*› porta a porta
doorway *n* vano *m* della porta
dope /dəʊp/ **A** *n* infml (drug) droga *f* leggera; (information) indiscrezioni *fpl*; (idiot) idiota *mf*
B *vt* drogare; Sport dopare
dope test *n* Sport antidoping *m inv*
dopey /ˈdəʊpɪ/ *adj* infml addormentato
dormant /ˈdɔːmənt/ *adj* latente; ‹*volcano*› inattivo
dormer /ˈdɔːmə(r)/ *n* **~ [window]** abbaino *m*
dormitory /ˈdɔːmɪtərɪ/ *n* dormitorio *m*
dormitory town *n* città *f* dormitorio
dormouse /ˈdɔːmaʊs/ *n* (*pl* **dormice** /ˈdɔːmaɪs/) ghiro *m*
dosage /ˈdəʊsɪdʒ/ *n* dosaggio *m*
dose /dəʊs/ *n* dose *f*
doss /dɒs/ *vi* sl accamparsi
■ **doss down** *vi* sistemarsi [a dormire]
dosser /ˈdɒsə(r)/ *n* barbone, -a *mf*
doss-house *n* dormitorio *m* pubblico
dot /dɒt/ *n* punto *m*; **at 8 o'clock on the ~** alle 8 in punto
dotage /ˈdəʊtɪdʒ/ *n* **be in one's ~** essere un vecchio rimbambito
dot-com /dɒtˈkɒm/ **A** *adj* ‹*company*› che opera in Internet; ‹*millionaire*› arricchito grazie a Internet
B *n* azienda *f* che opera in Internet
dot-com bubble *n* bolla *f* delle dot-com
dote /dəʊt/ *vi* **~ on** stravedere per
dot matrix, dot matrix printer *n* stampante *f* a matrice di punti
dotted /ˈdɒtɪd/ *adj* **~ line** linea *f* punteggiata; **sign on the ~ line** firmare nell'apposito spazio; **be ~ with** essere punteggiato di
dotty /ˈdɒtɪ/ *adj* (**-ier, -iest**) infml tocco; ‹*idea*› folle
double /ˈdʌbl/ **A** *adj* doppio
B *adv* **cost ~** costare il doppio; **see ~** vedere doppio; **~ the amount** la quantità doppia
C *n* doppio *m*; (person) sosia *m inv*; **~s** *pl* Tennis doppio *m*; **at the ~** di corsa
D *vt* raddoppiare; (fold) piegare in due
E *vi* raddoppiare
■ **double back** *vi* (go back) fare dietro front
■ **double up** *vi* (bend over) piegarsi in due (**with** per); (share) dividere una stanza
double act *n* Theat, fig numero *m* eseguito da due attori
double-barrelled /-ˈbærəld/ *adj* ‹*gun*› a doppia canna
double-barrelled surname *n* cognome *m* doppio
double bass *n* contrabbasso *m*
double bed *n* letto *m* matrimoniale
double bend *n* Auto doppia curva *f*
double bill *n* Theat rappresentazione *f* di due spettacoli
double bluff *n atto* (*m*) *del dire la verità facendola sembrare una menzogna*
double-book **A** *vi* ‹*hotel, airline, company*› fare prenotazioni doppie
B *vt* **~ a room/seat etc** riservare la stessa camera/lo stesso posto a due persone
double-breasted *adj* a doppio petto
double-check **A** *vt & vi* ricontrollare
B *n* **double check** ulteriore controllo *m*
double chin *n* doppio mento *m*
double-click /dʌblˈklɪk/ *vi* Comput fare doppio click; **~ on** fare doppio click su
double cream *n* BrE ≈ panna *f* densa
double-cross *vt* ingannare
double cuff *n* polsino *m* con risvolto
double-dealing **A** *n* doppio gioco *m*
B *adj* doppio
double-decker *n* autobus *m inv* a due piani
double-dip *adj* double dip; **~ recession** recessione double dip, recessione a w
double door, double doors *n* porta *f* a due battenti
double Dutch *n* infml ostrogoto *m*
double-edged /-ˈedʒd/ *adj* also fig a doppio taglio
double entendre /duːblɒ̃ˈtɒ̃dr(ə)/ *n* doppio senso *m*
double entry book-keeping *n* contabilità *f* in partita doppia
double exposure *n* Phot sovrimpressione *f*

parola chiave

double fault *n* Tennis doppio fallo *m*
double feature *n* Cinema *proiezione (f) di due film con biglietto unico*
double-fronted /-ˈfrʌntɪd/ *adj* ‹*house*› con due finestre ai lati della porta principale
double glazing *n* doppio vetro *m*
double-jointed *adj* ‹*person, limb*› snodato
double knitting, double knitting wool *n* lana *f* grossa
double lock *vt* chiudere a doppia mandata
double-park *vt & vi* parcheggiare in doppia fila
double quick **A** *adv* rapidissimamente
B *adj* **in ~ time** in un baleno
double room *n* camera *f* doppia
double saucepan *n* BrE bagnomaria *m inv*
double spacing *n* Typ interlinea *f* doppia
double spread *n* Journ articolo *m*; pubblicità *f* su due pagine
double standard *n* **have ~s** usare metri diversi
double take *n* **do a ~** reagire a scoppio ritardato
double talk *n* derog discorso *m* ambiguo
double time *n* AmE Mil marcia *f* forzata; **be paid ~** ricevere doppia paga per lo straordinario
double vision *n* **have ~** vederci doppio
double whammy *n* infml (two bits of bad luck) sfortuna *f* doppia
double yellow line, double yellow lines *n[pl]* BrE Aut *due linee (fpl) gialle continue indicanti divieto di fermata e di sosta*
doubly /ˈdʌblɪ/ *adv* doppiamente
doubt /daʊt/ **A** *n* dubbio *m*
B *vt* dubitare di
doubtful /ˈdaʊtfʊl/ *adj* dubbio; (having doubts) in dubbio
doubtfully /ˈdaʊtfʊlɪ/ *adv* con aria dubbiosa
doubtless /ˈdaʊtlɪs/ *adv* indubbiamente
douche /duːʃ/ *n* Med (vaginal) irrigazione *f*
dough /dəʊ/ *n* pasta *f*; (for bread) impasto *m*; infml (money) quattrini *mpl*
doughnut /ˈdəʊnʌt/ *n* bombolone *m*, krapfen *m inv*
dour /ˈdʊə(r)/ *adj* ‹*mood, landscape*› cupo; ‹*person, expression*› arcigno; ‹*building*› austero
douse /daʊs/ *vt* spegnere
dove /dʌv/ *n* colomba *f*
dovecot, dovecote /ˈdʌvkɒt/ *n* colombaia *f*
dovetail /ˈdʌvteɪl/ *n* Techn incastro *m* a coda di rondine
dowdy /ˈdaʊdɪ/ *adj* (**-ier, -iest**) trasandato
down¹ /daʊn/ *n* (feathers) piumino *m*
down² **A** *adv* giù; **go/come ~** scendere; **~ there** laggiù; **sales are ~** le vendite sono diminuite; **£50 ~** 50 sterline d'acconto; **~ 10%** ridotto del 10%; **~ with...!** abbasso...!
B *prep* **walk ~ the road** comminare per strada; **~ the stairs** giù per le scale; **fall ~ the stairs** cadere giù dalle scale; **get that ~ you!** infml butta giù!; **be ~ the pub** infml essere al pub
C *vt* bere tutto d'un fiato ‹*drink*›; **~ tools** staccare; (in protest) interrompere il lavoro per protesta
down-and-out *n* spiantato, -a *mf*
down-beat *adj* (pessimistic) pessimistico; (laid-back) distaccato
downcast *adj* abbattuto
downfall *n* caduta *f*; (of person) rovina *f*
downgrade *vt* (in seniority) degradare
downhearted /-ˈhɑːtɪd/ *adj* scoraggiato
downhill *adv* in discesa; **go ~** fig essere in declino
downhill skiing *n* sci *m* di fondo
down-in-the-mouth *adj* infml abbattuto
download *vt* Comput scaricare
down-market *adj* ‹*newspaper, programme*› rivolto al pubblico delle fasce basse; ‹*products*› dozzinale; ‹*area*› popolare; ‹*hotel, restaurant*› economico
down payment *n* deposito *m*
downpipe *n* BrE tubo *m* di scolo
downplay *vt* minimizzare
downpour *n* acquazzone *m*
downright **A** *adj* (absolute) totale; ‹*lie*› bell'e buono; (idiot) perfetto
B *adv* (completely) completamente
downs /daʊnz/ *npl* BrE (hills) *colline (fpl) di gesso nell'Inghilterra meridionale*
downside /ˈdaʊnsaɪd/ *n* svantaggio *m*
downside up *adj & adv* AmE sottosopra
downsize /ˈdaʊnsaɪz/ **A** *vt* ‹*company*› ridurre l'organico di
B *vi* ridurre l'organico
Down's syndrome /ˈdaʊnz/ *n* sindrome *f* di Down
downstairs **A** *adv* al piano di sotto
B *adj* del piano di sotto
downstream *adv* a valle
down-to-earth *adj* (person) con i piedi per terra
downtown *adv* AmE in centro
downtrodden /ˈdaʊntrɒd(ə)n/ *adj* oppresso
downturn *n* (in economy) fase *f* discendente; (in career) svolta *f* negativa
down under *adv* infml in Australia e/o Nuova Zelanda
downward /ˈdaʊnwəd/, **downwards** /ˈdaʊnwədz/ **A** *adj* verso il basso; ‹*slope*› in discesa
B *adv* verso il basso
downwind /daʊnˈwɪnd/ *adv* sottovento
downy /ˈdaʊnɪ/ *adj* (**-ier, -iest**) coperto di peluria
dowry /ˈdaʊrɪ/ *n* dote *f*

doz. *abbr* (**dozen**) dozzina *f*

doze /dəʊz/ **A** *n* sonnellino *m*
B *vi* sonnecchiare
■ **doze off** *vi* assopirsi

dozen /'dʌzn/ *n* dozzina *f*; **~s of books** libri a dozzine

DPhil *n abbr* (**Doctor of Philosophy**) titolare *mf* di un dottorato di ricerca

d

DPP *n abbr* BrE (**Director of Public Prosecutions**) ≈ Procuratore *m* della Repubblica

Dr *abbr* **1** (**doctor**) Dott. *m*, Dott.essa *f*
2 (**drive**) ≈ via *f*

drab /dræb/ *adj* ‹*colour*› spento; ‹*building*› tetro; ‹*life*› scialbo

draft¹ /drɑːft/ **A** *n* abbozzo *m*; Comm cambiale *f*; AmE Mil leva *f*
B *vt* abbozzare; AmE Mil arruolare
■ **draft in** *vt* chiamare ‹*reinforcements, police*›

draft² *n* AmE = **draught**

draft dodger *n* renitente *mf* alla leva

draftsman /'drɑːftsmən/ *n* AmE = **draughtsman**

drag /dræg/ **A** *n* infml scocciatura *f*; **in ~** infml ‹*man*› travestito da donna
B *vt* (*pt/pp* **dragged**) trascinare; dragare ‹*river*›
■ **drag on** *vi* ‹*time, meeting*› trascinarsi
■ **drag out** *vt* tirare per le lunghe ‹*discussion*›; **~ something out of somebody** tirar fuori qualcosa a qualcuno con le pinze
■ **drag up** *vt* (mention unnecessarily) tirare in ballo

drag and drop *vt* Comput trascinare e rilasciare

dragon /'drægən/ *n* drago *m*

dragonfly /'drægənflaɪ/ *n* libellula *f*

drag show *n* spettacolo *m* di travestiti

drain /dreɪn/ **A** *n* tubo *m* di scarico; (grid) tombino *m*; **the ~s** le fognature; **be a ~ on sb's finances** prosciugare le finanze di qualcuno
B *vt* drenare ‹*land, wound*›; scolare ‹*liquid, vegetables*›; svuotare ‹*tank glass, person*›
C *vi* **~ [away]** andar via; **leave something to ~** lasciare qualcosa a scolare

drainage /'dreɪnɪdʒ/ *n* (system) drenaggio *m*; (of land) scolo *m*

draining board /'dreɪnɪŋ/ *n* scolapiatti *m inv*

drainpipe /'dreɪnpaɪp/ *n* tubo *m* di scarico

drainpipe trousers *npl* pantaloni *mpl* a tubo

drake /dreɪk/ *n* maschio *m* dell'anatra

drama /'drɑːmə/ *n* arte *f* drammatica; (play) opera *f* teatrale; (event) dramma *m*

dramatic /drə'mætɪk/ *adj* drammatico

dramatically /drə'mætɪklɪ/ *adv* in modo drammatico

dramatics /drə'mætɪks/ *npl* arte *fpl* drammatica; derog atteggiamento *msg* teatrale

dramatist /'dræmətɪst/ *n* drammaturgo, -a *mf*

dramatization /dræmətaɪ'zeɪʃn/ *n* (for cinema) adattamento *m* cinematografico; (for stage) adattamento *m* teatrale; (for TV) adattamento *m* televisivo; (exaggeration) drammatizzazione *f*

dramatize /'dræmətaɪz/ *vt* adattare per il teatro; fig drammatizzare

drank /dræŋk/ ▶ **drink**

drape /dreɪp/ **A** *n* AmE tenda *f*
B *vt* appoggiare (**over** su)

drastic /'dræstɪk/ *adj* drastico

drastically /'dræstɪklɪ/ *adv* drasticamente

draught /drɑːft/ *n* corrente *f* [d'aria]

draught beer *n* birra *f* alla spina

draught-proof **A** *adj* a tenuta d'aria
B *vt* tappare le fessure di

draughts /drɑːfts/ *n sg* (game) [gioco *m* della] dama *fsg*

draughtsman /'drɑːftsmən/ *n* disegnatore, -trice *mf*

draughty /'drɑːftɪ/ *adj* pieno di correnti d'aria; **it's ~** c'è corrente

🔑 **draw** /drɔː/ **A** *n* (attraction) attrazione *f*; Sport pareggio *m*; (in lottery) sorteggio *m*
B *vt* (*pt* **drew**, *pp* **drawn**) tirare; (attract) attirare; disegnare ‹*picture*›; tracciare ‹*line*›; ritirare ‹*money*›; attingere ‹*water*›; **~ lots** tirare a sorte
C *vi* ‹*tea*› essere in infusione; Sport pareggiare; **~ near** avvicinarsi
■ **draw away** *vi* (go ahead) distanziarsi; (move off) allontanarsi
■ **draw back** **A** *vt* tirare indietro; ritirare ‹*hand*›; tirare ‹*curtains*›
B *vi* (recoil) tirarsi indietro
■ **draw in** **A** *vt* ritrarre ‹*claws etc*›
B *vi* ‹*train*› arrivare; ‹*days*› accorciarsi
■ **draw on** *vt* attingere a ‹*savings, sb's experience*›
■ **draw out** **A** *vt* (pull out) tirar fuori; ritirare ‹*money*›
B *vi* ‹*train*› partire; ‹*days*› allungarsi
■ **draw up** **A** *vt* redigere ‹*document*›; accostare ‹*chair*›; **~ oneself up [to one's full height]** drizzarsi
B *vi* (stop) fermarsi

drawback /'drɔːbæk/ *n* inconveniente *m*

drawbridge /'drɔːbrɪdʒ/ *n* ponte *m* levatoio

drawee *n* trattario *m*

drawer /drɔː(r)/ *n* cassetto *m*; Fin traente *mf*

drawing /'drɔːɪŋ/ *n* disegno *m*

drawing board *n* tavolo *m* da disegno; fig **go back to the ~** ricominciare da capo

drawing pin *n* puntina *f*

drawing rights *npl* Fin diritti *mf* di prelievo

drawing room *n* salotto *m*

drawl /drɔːl/ *n* pronuncia *f* strascicata

🔑 parola chiave

drawn /drɔːn/ ▶ **draw**

dread /dred/ **A** *n* terrore *m*
B *vt* aver il terrore di

dreadful /'dredfʊl/ *adj* terribile

dreadfully /'dredfʊlɪ/ *adv* terribilmente

dream /driːm/ **A** *n* sogno *m*
B *attrib* di sogno
C *vt & vi* (*pt/pp* **dreamt** /dremt/ *or* **dreamed**) sognare (**about/of** di)
■ **dream up** *vt* escogitare ‹*plan, idea*›

dreamer /'driːmə(r)/ *n* (idealist) sognatore, -trice *mf*; (inattentive) persona *f* con la testa fra le nuvole

dream-world *n* **live in a ~** vivere tra le nuvole

dreamy /'driːmɪ/ *adj* infml ‹*house etc*› di sogno; ‹*person*› che è un sogno; (distracted) distratto; ‹*sound, music*› dolce

dreary /'drɪərɪ/ *adj* (**-ier**, **-iest**) tetro; (boring) monotono

dredge /dredʒ/ *vt & vi* dragare
■ **dredge up** *vt* riesumare ‹*the past*›

dredger /'dredʒə(r)/ *n* draga *f*

dregs /dregz/ *npl* feccia *fsg*

drench /drentʃ/ *vt* **get ~ed** inzupparsi

drenched /drentʃt/ *adj* zuppo

dress /dres/ **A** *n* (woman's) vestito *m*; (clothing) abbigliamento *m*
B *vt* vestire; (decorate) adornare; Culin condire; Med fasciare; **~ oneself, get ~ed** vestirsi
C *vi* vestirsi
■ **dress up** *vi* mettersi elegante; (in disguise) travestirsi (**as** da)

dress circle *n* Theat prima galleria *f*

dress designer *n* stilista *mf*

dresser /'dresə(r)/ *n* (furniture) credenza *f*; AmE (dressing table) toilette *f inv*

dressing /'dresɪŋ/ *n* Culin condimento *m*; Med fasciatura *f*

dressing down *n* infml sgridata *f*

dressing gown *n* vestaglia *f*

dressing room *n* (in gym) spogliatoio *m*; Theat camerino *m*

dressing table *n* toilette *f inv*

dressmaker *n* sarta *f*

dressmaking *n* confezioni *fpl* (per donna)

dress rehearsal *n* prova *f* generale

dress sense *n* **have ~** saper abbinare i capi d'abbigliamento

dressy /'dresɪ/ *adj* (**-ier**, **-iest**) elegante

drew /druː/ ▶ **draw**

dribble /'drɪbl/ *vi* gocciolare; ‹*baby*› sbavare; Sport dribblare

dribs and drabs /'drɪbzən'dræbz/ *npl* **in ~** alla spicciolata

dried /draɪd/ *adj* ‹*food*› essiccato

drier /'draɪə(r)/ *n* asciugabiancheria *m inv*

drift /drɪft/ **A** *n* movimento *m* lento; ‹*of snow*› cumulo *m*; (meaning) senso *m*
B *vi* (off course) andare alla deriva; ‹*snow*› accumularsi; fig ‹*person*› procedere senza meta
■ **drift apart** *vi* ‹*people*› allontanarsi l'uno dall'altro

drifter /'drɪftə(r)/ *n* persona *f* senza meta

driftwood /'drɪftwʊd/ *n* pezzi *mpl* di legno galleggianti

drill /drɪl/ **A** *n* trapano *m*; Mil esercitazione *f*
B *vt* trapanare; Mil fare esercitare
C *vi* Mil esercitarsi; **~ for oil** trivellare in cerca di petrolio

drily /'draɪlɪ/ *adv* seccamente

drink /drɪŋk/ **A** *n* bevanda *f*; (alcoholic) bicchierino *m*; **have a ~** bere qualcosa; **a ~ of water** un po' d'acqua
B *vt & vi* (*pt* **drank**, *pp* **drunk**) bere
■ **drink to** *vt* (toast) brindare a
■ **drink up** *vt* finire

drinkable /'drɪŋkəbl/ *adj* potabile

drink-driving *n* BrE guida *f* in stato di ebbrezza

drinker /'drɪnkə(r)/ *n* bevitore, -trice *mf*

drinking chocolate /'drɪnkɪŋ/ *n* BrE cioccolata *f* in polvere

drinking water *n* acqua *f* potabile

drink problem *n* BrE **he has a ~** beve

drinks cupboard *n* BrE mobile *m* bar

drinks dispenser *n* BrE distributore *m* di bevande

drinks machine *n* BrE distributore *m* di bevande

drinks party *n* BrE cocktail *m inv*

drip /drɪp/ **A** *n* gocciolamento *m*; (drop) goccia *f*; Med flebo *f inv*; infml (person) mollaccione, -a *mf*
B *vi* (*pt/pp* **dripped**) gocciolare

drip-dry *adj* che non si stira

drip-feed *n* flebo[clisi] *f inv*

dripping /'drɪpɪŋ/ **A** *n* (from meat) grasso *m* d'arrosto
B *adj* **~ [wet]** fradicio

drive /draɪv/ **A** *n* (in car) giro *m*; (entrance) viale *m*; (energy) grinta *f*; Psych pulsione *f*; (organized effort) operazione *f*; Techn motore *m*; Comput lettore *m*, unità *f*
B *vt* (*pt* **drove**, *pp* **driven**) portare ‹*person by car*›; guidare ‹*car*›; Sport (hit) mandare; Techn far funzionare; **~ somebody mad** far diventare matto qualcuno
C *vi* guidare
■ **drive at**: *vt* **what are you driving at?** dove vuoi arrivare?
■ **drive away** **A** *vt* portare via in macchina; (chase) cacciare
B *vi* andare via in macchina
■ **drive back** **A** *vt* respingere ‹*people, animals*›; (in car) riportare
B *vi* ritornare in macchina
■ **drive in** **A** *vt* piantare ‹*nail*›
B *vi* arrivare [in macchina]
■ **drive off** **A** *vt* portare via in macchina;

d

(chase) cacciare
B *vi* andare via in macchina
■ **drive on** *vi* proseguire; ~ **on!** avanti!
■ **drive up** *vi* arrivare (*in macchina*)

drive-by shooting *n* sparatoria *f* da auto in corsa

drive-in *adj* ~ **cinema** cinema *m inv* drive-in

drivel /'drɪvl/ *n* infml sciocchezze *fpl*

driven /'drɪvn/ ▶ **drive**

driver /'draɪvə(r)/ *n* guidatore, -trice *mf*; (of train) conducente *mf*

driver's license *n* AmE patente *f* di guida

drive-through *n* AmE drive-in *m inv*

driveway /'draɪvweɪ/ *n* strada *f* d'accesso

driving /'draɪvɪŋ/ **A** *adj* ‹*rain*› violento; ‹*force*› motore
B *n* guida *f*

driving force *n* spinta *f*; (person behind) forza *f* trainante

driving instructor *n* istruttore, -trice *mf* di guida

driving lesson *n* lezione *f* di guida

driving licence *n* patente *f* di guida

driving mirror *n* (rear-view) specchietto *m* retrovisore

driving school *n* scuola *f* guida

driving seat *n* **be in the** ~ essere alla guida

driving test *n* esame *m* di guida; **take one's** ~ fare l'esame di guida

drizzle /'drɪzl/ **A** *n* pioggerella *f*
B *vi* piovigginare

droll /drəʊl/ *adj* divertente

drone /drəʊn/ *n* (bee) fuco *m*; (sound) ronzio *m*
■ **drone on** *vi* (talk boringly) tirarla per le lunghe

drool /dru:l/ *vi* sbavare; ~ **over something/somebody** fig infml sbavare per qualcosa/qualcuno

droop /dru:p/ *vi* abbassarsi; ‹*flowers*› afflosciarsi

drop /drɒp/ **A** *n* (of liquid) goccia *f*; (fall) caduta *f*; (in price, temperature) calo *m*
B *vt* (*pt/pp* **dropped**) far cadere; sganciare ‹*bomb*›; (omit) omettere; (give up) abbandonare; ~ **the subject** cambiare discorso
C *vi* cadere; ‹*price, temperature, wind*› calare; ‹*ground*› essere in pendenza
■ **drop behind** *vi* rimanere indietro
■ **drop by** *vi* = **drop in**
■ **drop in** *vi* passare
■ **drop off** **A** *vt* depositare ‹*person*›
B *vi* cadere; (fall asleep) assopirsi
■ **drop out** *vi* cadere; (from race, society) ritirarsi; ~ **out of school** lasciare la scuola

drop-dead /'drɒpded/ *adv* infml ~ **gorgeous** stupendo

drop-down menu *n* Comput menu *m inv* a tendina

drop handlebars *npl* manubrio *m* ricurvo

drop-out *n* persona *f* contro il sistema sociale

droppings /'drɒpɪŋz/ *npl* sterco *m*

drop shot *n* Sport drop shot *m inv*, smorzata *f*

drop zone *n* (for supplies etc) zona *f* di lancio

drought /draʊt/ *n* siccità *f*

drove /drəʊv/ ▶ **drive**

droves /drəʊvz/ *npl* **in** ~ in massa

drown /draʊn/ **A** *vi* annegare
B *vt* annegare; coprire ‹*noise*›; **he was** ~**ed** è annegato

drowning /'draʊnɪŋ/ *n* annegamento *m*

drowse /draʊz/ *vi* sonnecchiare; (be very sleepy) essere sonnolento

drowsiness /'draʊzɪnɪs/ *n* sonnolenza *f*

drowsy /'draʊzɪ/ *adj* sonnolento

drudgery /'drʌdʒərɪ/ *n* lavoro *m* pesante e noioso

drug /drʌg/ **A** *n* droga *f*; Med farmaco *m*; **take** ~**s** drogarsi
B *vt* (*pt/pp* **drugged**) drogare

drug abuse *n* abuso *m* di stupefacenti

drug addict *n* tossicomane, -a *mf*

drug addiction *n* tossicodipendenza *f*

drug dealer *n* spacciatore, -trice *mf* [di droga]

drugged /drʌgd/ *adj* drogato

druggist /'drʌgɪst/ *n* AmE farmacista *mf*

drug habit *n* tossicodipendenza *f*

drug mule *n* corriere *m* della droga

Drug Squad *n* BrE [squadra *f*] narcotici *f*

drugs raid *n* operazione *f* antidroga

drugs ring *n* rete *f* di narcotrafficanti

drugstore /'drʌgstɔ:(r)/ *n* AmE *negozio* (*m*) *di generi vari, inclusi medicinali, che funge anche da bar*; (dispensing) farmacia *f*

drug taking *n* consumo *m* di stupefacenti; Sport doping *m inv*

drug test *n* Sport antidoping *m inv*

drug user *n* tossicomane, -a *mf*

drum /drʌm/ **A** *n* tamburo *m*; (for oil) barile *m*; ~**s** *pl* (in pop group) batteria *f*
B *vi* (*pt/pp* **drummed**) suonare il tamburo; (in pop group) suonare la batteria
C *vt* ~ **something into somebody** infml ripetere qualcosa a qualcuno cento volte; ~ **one's fingers on the table** tamburellare con le dita sul tavolo
■ **drum up** *vt* ottenere ‹*business, customers, support*›

drum kit *n* batteria *f*

drummer /'drʌmə(r)/ *n* percussionista *mf*; (in pop group) batterista *mf*

drumstick /'drʌmstɪk/ *n* bacchetta *f*; (of chicken, turkey) coscia *f*

drunk /drʌŋk/ **A** ▶ **drink**

---

parola chiave

B *adj* ubriaco; **get ~** ubriacarsi
C *n* ubriaco, -a *mf*

drunkard /ˈdrʌŋkəd/ *n* ubriacone, -a *mf*

drunken /ˈdrʌŋkən/ *adj* ubriaco

drunken driving *n* guida *f* in stato di ebbrezza

dry /draɪ/ **A** *adj* (**drier**, **driest**) asciutto; ‹*climate, country*› secco
B *vt & vi* asciugare; **~ one's eyes** asciugarsi le lacrime
■ **dry out** *vi* ‹*clothes*› asciugarsi; ‹*alcoholic*› disintossicarsi
■ **dry up** *vi* seccarsi; fig ‹*source*› prosciugarsi; infml (be quiet) stare zitto; (do dishes) asciugare i piatti

dry cell *n* cella *f* a secco

dry-clean *vt* pulire a secco

dry-cleaner's *n* (shop) tintoria *f*

dryer /ˈdraɪə/ *n* = **drier**

dry ice *n* ghiaccio *m* secco

drying up /draɪɪŋ-/ *n* BrE **do the ~** asciugare i piatti

dryness /ˈdraɪnɪs/ *n* secchezza *f*

dry rot *n* carie *f* del legno

DSS *n abbr* BrE (**Department of Social Security**) (local office) ≈ Ufficio *m* della Previdenza Sociale; (ministry) ≈ Istituto *m* Nazionale della Previdenza Sociale

DTI *n abbr* BrE (**Department of Trade and Industry**) ≈ ministero *m* del Commercio e dell'Industria

DTP *n abbr* (**desktop publishing**) DTP *m*

dual /ˈdjuːəl/ *adj* doppio

dual carriageway *n* strada *f* a due carreggiate

dual nationality *n* doppia nazionalità *f*

dual-purpose *adj* a doppio uso

dub /dʌb/ *vt* (*pt/pp* **dubbed**) doppiare ‹*film*›; (name) soprannominare

dubbing /ˈdʌbɪŋ/ *n* doppiaggio *m*

dubious /ˈdjuːbɪəs/ *adj* dubbio; **be ~ about** avere dei dubbi riguardo

dubiously /ˈdjuːbɪəslɪ/ *adv* ‹*look at*› con aria dubbiosa; (say) con esitazione

Dublin /ˈdʌblɪn/ *n* Dublino *f*

duchess /ˈdʌtʃɪs/ *n* duchessa *f*

duck /dʌk/ **A** *n* anatra *f*
B *vt* (in water) immergere; **~ one's head** abbassare la testa
C *vi* abbassarsi
■ **duck out of** *vt* sottrarsi a ‹*task*›

duckling /ˈdʌklɪŋ/ *n* anatroccolo *m*

duct /dʌkt/ *n* condotto *m*; Anat dotto *m*

dud /dʌd/ **A** *adj* Mil infml disattivato; ‹*coin*› falso; ‹*cheque*› a vuoto
B *n* infml (banknote) banconota *f* falsa; Mil (shell) granata *f* disattivata

due /djuː/ **A** *adj* dovuto; **be ~** ‹*train*› essere previsto; **the baby is ~ next week** il bambino dovrebbe nascere la settimana prossima; **~ to** (owing to) a causa di; **be ~ to** (causally) essere dovuto a; **I'm ~ to...** dovrei...; **in ~ course** a tempo debito
B *adv* **~ north** direttamente a nord

duel /ˈdjuːəl/ *n* duello *m*

dues /djuːz/ *npl* quota *f* [di iscrizione]

duet /djuːˈet/ *n* duetto *m*

duffel bag *n* sacca *f* da viaggio

duffel coat /ˈdʌf(ə)l/ *n* montgomery *m inv*

dug /dʌg/ ▶ **dig**

duke /djuːk/ *n* duca *m*

dull /dʌl/ **A** *adj* (overcast, not bright) cupo; (not shiny) opaco; ‹*sound*› soffocato; (boring) monotono; (stupid) ottuso
B *vt* intorpidire ‹*mind*›; attenuare ‹*pain*›

dullness /ˈdʌlnɪs/ *n* (of life) monotonia *f*; (of company, conversation) noia *f*; (no shine) opacità *f*

dully /ˈdʌllɪ/ *adv* ‹*say, repeat*› monotonamente

duly /ˈdjuːlɪ/ *adv* debitamente

dumb /dʌm/ *adj* muto; infml (stupid) ottuso
■ **dumb down** *vt* abbassare il livello intellettuale di ‹*course, programme*›

dumbfounded /dʌmˈfaʊndɪd/ *adj* sbigottito

dummy /ˈdʌmɪ/ *n* (tailor's) manichino *m*; (for baby) succhiotto *m*; (model) riproduzione *f*

dummy run *n* (trial) prova *f*

dump /dʌmp/ **A** *n* (for refuse) scarico *m*; infml (town) mortorio *m*; **be down in the ~s** infml essere depresso
B *vt* scaricare; infml (put down) lasciare; infml (get rid of) liberarsi di

dumping /ˈdʌmpɪŋ/ *n* Fin dumping *m inv*, esportazione *f* sottocosto; **no ~** divieto *m* di scarico

dumpling /ˈdʌmplɪŋ/ *n* gnocco *m*

dumpy /ˈdʌmpɪ/ *adj* (plump) tracagnotto

dunce /dʌns/ *n* zuccone, -a *mf*

dune /djuːn/ *n* duna *f*

dung /dʌŋ/ *n* sterco *m*

dungarees /dʌŋgəˈriːz/ *npl* tuta *fsg*

dungeon /ˈdʌndʒən/ *n* prigione *f* sotterranea

dunk /dʌŋk/ *vt* inzuppare

dunno /dəˈnəʊ/ infml (I don't know) boh

duo /ˈdjuːəʊ/ *n* duo *m inv*; Mus duetto *m*

dupe /djuːp/ **A** *n* zimbello *m*
B *vt* gabbare

duplicate¹ /ˈdjuːplɪkət/ **A** *adj* doppio
B *n* duplicato *m*; (document) copia *f*; **in ~** in duplicato

duplicate² /ˈdjuːplɪkeɪt/ *vt* fare un duplicato di; ‹*research*› essere una ripetizione di ‹*work*›

duplicator /ˈdjuːplɪkeɪtə(r)/ *n* duplicatore *m*

duplicity /djuˈplɪsətɪ/ *n* duplicità *f*, doppiezza *f*

durable /ˈdjʊərəbl/ *adj* resistente; ‹*basis, institution*› durevole

duration /djʊəˈreɪʃn/ *n* durata *f*

duress /djʊəˈres/ *n* costrizione *f*; **under ~** sotto minaccia
during /ˈdjʊərɪŋ/ *prep* durante
dusk /dʌsk/ *n* crepuscolo *m*
dusky /ˈdʌskɪ/ *adj* ‹*complexion*› scuro
dust /dʌst/ **A** *n* polvere *f*
B *vt* spolverare; (sprinkle) cospargere ‹*cake*› (**with** di)
C *vi* spolverare
dustbin *n* pattumiera *f*
dustbin man *n* BrE netturbino *m*
dust-cart *n* camion *m* della nettezza urbana
dust cover *n* (on book) sopraccoperta *f*; (on furniture) telo *m* di protezione
duster /ˈdʌstə(r)/ *n* strofinaccio *m*
dust jacket *n* sopraccoperta *f*
dustman *n* spazzino *m*
dustpan *n* paletta *f* per la spazzatura
dust sheet *n* (on furniture) telo *m* di protezione
dusty /ˈdʌstɪ/ *adj* (**-ier**, **-iest**) polveroso
Dutch /dʌtʃ/ **A** *adj* olandese; **go ~** infml fare alla romana
B *n* (language) olandese *m*; **the ~** *pl* gli olandesi
Dutch courage *n* spavalderia *f* ispirata dall'alcool
Dutchman /ˈdʌtʃmən/ *n* olandese *m*
dutiable /ˈdjuːtɪəbl/ *adj* soggetto a imposta
dutiful /ˈdjuːtɪfl/ *adj* rispettoso
dutifully /ˈdjuːtɪfʊlɪ/ *adv* a dovere
duty /ˈdjuːtɪ/ *n* dovere *m*; (task) compito *m*; (tax) dogana *f*; **be on ~** essere di servizio
duty chemist *n* farmacia *f* di turno
duty-free **A** *adj* esente da dogana
B *n* duty-free *m inv*
duty-free allowance *n limite* (*m*) *d'acquisto di merci esenti da dogana*
duty roster, **duty rota** *n* tabella *f* dei turni
duvet /ˈduːveɪ/ *n* piumone *m*
duvet cover *n* BrE copripiumone *m*
DVD *n abbr* (**digital video disc**) DVD *m*
DVD player *n* lettore *m* DVD
DVT *abbr* (**deep-vein thrombosis**) TVP *f*
dwarf /dwɔːf/ **A** *n* (*pl* **-s** *or* **dwarves**) nano, -a *mf*
B *vt* rimpicciolire
dweeb /dwiːb/ *n* esp Am infml secchione, -a *mf*
dwell /dwel/ *vi* (*pt/pp* **dwelt**) literary dimorare
■ **dwell on** *vt* fig soffermarsi su
dweller /ˈdwelə(r)/ *n* **city/town ~** cittadino, -a *mf*
dwelling /ˈdwelɪŋ/ *n* abitazione *f*
dwindle /ˈdwɪndl/ *vi* diminuire
dwindling /ˈdwɪndlɪŋ/ *adj* (strength, health) in calo; ‹*resources, audience, interest*› in diminuzione
DWP *abbr* BrE (**Department for Work and Pensions**) ≈ Ministero *m* del Lavoro e delle Politiche Sociali
dye /daɪ/ **A** *n* tintura *f*
B *vt* (*pres p* **dyeing**) tingere
dyed-in-the-wool /daɪdɪnðəˈwʊl/ *adj* inveterato
dying /ˈdaɪɪŋ/ ▶ **die²**
dyke /daɪk/ *n* (to prevent flooding) diga *f*; (beside ditch) argine *m*; BrE (ditch) canale *m* di scolo
dynamic /daɪˈnæmɪk/ *adj* dinamico
dynamics /daɪˈnæmɪks/ *nsg* dinamica *fsg*
dynamism /ˈdaɪnəˈmɪzm/ *n* dinamismo *m*
dynamite /ˈdaɪnəmaɪt/ *n* dinamite *f*
dynamo /ˈdaɪnəməʊ/ *n* dinamo *f inv*
dynasty /ˈdɪnəstɪ/ *n* dinastia *f*
dysentery /ˈdɪsəntrɪ/ *n* dissenteria *f*
dysfunctional /dɪsˈfʌŋkʃənl/ *adj* disfunzionale
dyslexia /dɪsˈleksɪə/ *n* dislessia *f*
dyslexic /dɪsˈleksɪk/ *adj* dislessico

Ee

e¹, **E** /iː/ *n* (letter) e, E *f inv*; Mus mi *m*
e² *abbr* (**euro**) EUR *m*
E *abbr* (**east**) E
each /iːtʃ/ **A** *adj* ogni
B *pron* ognuno; **£1 ~** una sterlina ciascuno; **they love/hate ~ other** si amano/odiano; **we lend ~ other money** ci prestiamo i soldi; **bet on a horse ~ way** puntare su un cavallo piazzato e vincente
eager /ˈiːgə(r)/ *adj* ansioso (**to do** di fare); ‹*pupil*› avido di sapere
eager beaver *n* infml **be an ~** essere pieno di zelo
eagerly /ˈiːgəlɪ/ *adv* ‹*wait*› ansiosamente; ‹*offer*› premurosamente
eagerness /ˈiːgənɪs/ *n* premura *f*

d
e

parola chiave

eagle /ˈiːgl/ *n* aquila *f*

eagle-eyed /ˈ-aɪd/ *adj* (sharp-eyed) che ha un occhio di falco

ear /ˈɪə(r)/ *n* orecchio *m*; (of corn) spiga *f*

earache /ˈɪəreɪk/ *n* mal *m* d'orecchi

eardrum /ˈɪədrʌm/ *n* timpano *m*

earl /ɜːl/ *n* conte *m*

ear lobe *n* lobo *m* dell'orecchio

early /ˈɜːlɪ/ **A** *adj* (**-ier**, **-iest**) (before expected time) in anticipo; ‹*spring*› prematuro; ‹*reply*› pronto; ‹*works, writings*› primo; **be here ~!** sii puntuale!; **you're ~!** sei in anticipo!; **~ morning walk** passeggiata *f* mattutina; **in the ~ morning** la mattina presto; **in the ~ spring** all'inizio della primavera
B *adv* presto; (ahead of time) in anticipo; **~ in the morning** la mattina presto

early retirement *n* prepensionamento *m*; **take ~** andare in prepensionamento

early warning *n* **come as an ~ of something** essere il segno premonitore di qualcosa

early warning system *n* Mil sistema *m* d'allarme avanzato

earmark /ˈɪəmɑːk/ *vt* riservare (**for** a)

earmuffs /ˈɪəmʌfs/ *npl* paraorecchie *m inv*

earn /ɜːn/ *vt* guadagnare; (deserve) meritare

earned income /ɜːnd/ *n* reddito *m* da lavoro

earner /ˈɜːnə(r)/ *n* (person) *persona* (*f*) *che guadagna*; **the main [revenue] ~** la principale fonte di sostentamento; **a nice little ~** infml un'ottima fonte di guadagno

earnest /ˈɜːnɪst/ **A** *adj* serio
B *n* **in ~** sul serio

earnestly /ˈɜːnɪstlɪ/ *adv* con aria seria

earning power /ˈɜːnɪŋ/ *n* (of person) capacità *f* di guadagno; (of company) redditività *f*

earnings /ˈɜːnɪŋz/ *npl* guadagni *mpl*; (salary) stipendio *m*

ear nose and throat department *n* reparto *m* otorinolaringoiatrico

earphones *npl* cuffia *fsg*

earplug *n* (for noise) tappo *m* per le orecchie

earring *n* orecchino *m*

earshot *n* **within ~** a portata d'orecchio; **he is out of ~** non può sentire

ear-splitting /ˈɪəsplɪtɪŋ/ *adj* ‹*scream, shout*› lacerante

earth /ɜːθ/ **A** *n* terra *f*; (of fox) tana *f*; **where/what on ~?** dove/che diavolo?
B *vt* Electr mettere a terra

earthenware /ˈɜːθnweə/ *n* terraglia *f*

earthly /ˈɜːθlɪ/ *adj* terrestre; **be no ~ use** infml essere perfettamente inutile

earthquake *n* terremoto *m*

earth sciences *npl* scienze *fpl* della terra

earth-shaking *adj* infml ‹*news*› sconvolgente; ‹*experience*› travolgente

earth tremor *n* scossa *f* sismica

earthwork *n* (embankment) terrapieno *m*; (excavation work) lavori *mpl* di scavo

earthworm *n* lombrico *m*

earthy /ˈɜːθɪ/ *adj* terroso; (coarse) grossolano

earwax /ˈɪəwæks/ *n* cerume *m*

earwig /ˈɪəwɪg/ *n* forbicina *f*

ease /iːz/ **A** *n* **at ~** a proprio agio; **at ~!** Mil riposo!; **ill at ~** a disagio; **with ~** con facilità
B *vt* calmare ‹*pain*›; alleviare ‹*tension, shortage*›; (slow down) rallentare; (loosen) allentare
C *vi* ‹*pain, situation, wind*› calmarsi
■ **ease off** **A** *vi* ‹*pain, pressure, tension*› attenuarsi
B *vt* (remove gently) togliere con delicatezza
■ **ease up** *vi* = **ease off**

easel /ˈiːzl/ *n* cavalletto *m*

easily /ˈiːzɪlɪ/ *adv* con facilità; **~ the best** certamente il meglio

east /iːst/ **A** *n* est *m*; **to the ~ of** a est di
B *adj* dell'est
C *adv* verso est

East Africa *n* Africa *f* orientale

East Berlin *n* Berlino *f* Est

eastbound *adj* ‹*carriageway, traffic*› diretto a est

East End *n quartiere* (*m*) *nella zona est di Londra*

Easter /ˈiːstə(r)/ *n* Pasqua *f*

Easter egg *n* uovo *m* di Pasqua

easterly /ˈiːstəlɪ/ *adj* da levante

Easter Monday *n* lunedì *m* dell'Angelo, Pasquetta *f*

eastern /ˈiːstən/ *adj* orientale

Eastern block *n* paesi *mpl* dell'est

Easter Sunday *n* [domenica *f* di] Pasqua *f*

East German *n* Pol tedesco, -a *mf* dell'est

East Germany *n* Pol Germania *f* est

East Indies *npl* Indie *fpl* orientali

East Timor *n* Timor *m* Est

eastwards BrE **eastward** AmE /ˈiːstwəd[z]/ *adv* verso est

easy /ˈiːzɪ/ *adj* (**-ier**, **-iest**) facile; **take it** *or* **things ~** prendersela con calma; **take it ~!** (don't get excited) calma!; **go ~ with** andarci piano con

easy-care *adj* facilmente lavabile

easy chair *n* poltrona *f*

easy-going *adj* conciliante; **too ~** troppo accomodante

easy money *n* facili guadagni *mpl*

easy terms *npl* facilitazioni *fpl* di pagamento

eat /iːt/ *vt & vi* (*pt* **ate**, *pp* **eaten**) mangiare
■ **eat into** *vt* intaccare
■ **eat out** *vi* mangiar fuori
■ **eat up** *vt* mangiare tutto ‹*food*›; fig inghiottire ‹*profits*›

eatable /ˈiːtəbl/ *adj* mangiabile
eater /ˈiːtə(r)/ *n* (apple) mela *f* da tavola; **be a big ~** ‹*person*› essere una buona forchetta; **he's a fast ~** mangia sempre in fretta
eatery /ˈiːtərɪ/ *n* infml tavola *f* calda
eating apple *n mela (f) non da cuocere*
eating disorder *n* disoressia *f*
eating habits *npl* abitudini *fpl* alimentari
eau de cologne /əʊdəkəˈləʊn/ *n* acqua *f* di colonia
eaves /iːvz/ *npl* cornicione *msg*
eavesdrop /ˈiːvzdrɒp/ *vi* (*pt/pp* **-dropped**) origliare; **~ on** ascoltare di nascosto
e-banking /ˈiːbæŋkɪŋ/ *n* e-banking *m*
ebb /eb/ **A** *n* (tide) riflusso *m*; **at a low ~** fig a terra
B *vi* rifluire; fig declinare
ebony /ˈebənɪ/ *n* ebano *m*
EBRD *n abbr* (**European Bank for Reconstruction and Development**) BERS *f*
ebullient /ɪˈbʌlɪənt/ *adj* esuberante
e-business /ˈiːbɪznɪs/ *n* e-business *m inv*
EC *n abbr* (**European Community**) CE *f*
e-cash /ˈiːkæʃ/ *n* denaro *m* virtuale
eccentric /ekˈsentrɪk/ *adj & n* eccentrico, -a *mf*
eccentricity /eksenˈtrɪsətɪ/ *n* eccentricità *f*
ecclesiastical /ɪkliːzɪˈæstɪkl/ *adj* ecclesiastico
ECG *n abbr* (**electrocardiogram**) ECG *m*
echo /ˈekəʊ/ **A** *n* (*pl* **-es**) eco *f or m*
B *vt* (*pt/pp* **echoed**, *pres p* **echoing**) echeggiare; ripetere ‹*words*›
C *vi* risuonare (**with** di)
eclectic /ɪˈklektɪk/ *n* eclettico
eclipse /ɪˈklɪps/ **A** *n* Astr eclissi *f inv*
B *vt* fig eclissare
eco+ /ˈiːkəʊ/ *pref* eco+
eco-friendly *adj* che rispetta l'ambiente
eco-labelling /ˈiːkəʊleɪbəlɪŋ/ *n* ecolabelling *m* inv, etichettatura *f* ecologica
ecological /iːkəˈlɒdʒɪkl/ *adj* ecologico
ecological footprint *n* impronta *f* ecologica
ecologist /ɪˈkɒlədʒɪst/ **A** *n* ecologo, -a *mf*
B *adj* ecologico
ecology /ɪˈkɒlədʒɪ/ *n* ecologia *f*
e-commerce /ˈiːkɒmɜːs/ *n* e-commerce *m inv*
🔑 **economic** /iːkəˈnɒmɪk/ *adj* economico
economical /iːkəˈnɒmɪkl/ *adj* economico
economically /iːkəˈnɒmɪklɪ/ *adv* economicamente; ‹*thriftily*› in economia; **~ priced** a prezzo economico
economic analyst *n* analista *mf* economico, -a
economic migrant *n chi emigra per motivi esclusivamente economici, in contrapposizione a chi cerca asilo politico*
economics /iːkəˈnɒmɪks/ *nsg* economia *fsg*
economist /ɪˈkɒnəmɪst/ *n* economista *mf*
economize /ɪˈkɒnəmaɪz/ *vi* economizzare (**on** su)
🔑 **economy** /ɪˈkɒnəmɪ/ *n* economia *f*
economy class *n* Aeron classe *f* turistica
economy drive *n* campagna *f* di risparmio
economy pack, **economy size** *n* confezione *f* economica *inv*
ecosphere /ˈiːkəʊsfɪə(r)/ *n* ecosfera *f*
ecosystem /ˈiːkəʊsɪstəm/ *n* ecosistema *m*
ecoterrorism *n* ecoterrorismo *m*
ecotourism /ˈiːkəʊtʊərɪzm/ *n* ecoturismo *m*
ecotourist /iːkəʊˈtʊərɪst/ *n* ecoturista *mf*
eco-warrior /ˈiːkəʊwɒrɪə(r), AmE -wɔːr-/ *n* eco-guerrigliero, -a *mf*
ecstasy /ˈekstəsɪ/ *n* estasi *f inv*; (drug) ecstasy *f*
ecstatic /ɪkˈstætɪk/ *adj* estatico
ecstatically /ɪkˈstætɪklɪ/ *adv* estaticamente
ectopic pregnancy /ekˈtɒpɪk/ *n* gravidanza *f* extrauterina
Ecuador /ˈekwədɔː(r)/ *n* Ecuador *m*
ecumenical /iːkjuˈmenɪkl/ *adj* ecumenico
eczema /ˈeksɪmə/ *n* eczema *m*
eddy /ˈedɪ/ *n* vortice *m*
Eden /ˈiːd(ə)n/ *n* eden *m*, paradiso *m* terrestre
🔑 **edge** /edʒ/ **A** *n* bordo *m*; (of knife) filo *m*; (of road) ciglio *m*; **on ~** con i nervi tesi; **have the ~ on** infml avere un vantaggio su
B *vt* bordare
■ **edge forward** *vi* avanzare lentamente
edgeways /ˈedʒweɪz/ *adv* di fianco; **I couldn't get a word in ~** non ho potuto infilare neanche mezza parola nel discorso
edging /ˈedʒɪŋ/ *n* bordo *m*
edgy /ˈedʒɪ/ *adj* (nervous) nervoso; infml (modern) all'avanguardia
edible /ˈedəbl/ *adj* commestibile; **this pizza's not ~** questa pizza è immangiabile
edict /ˈiːdɪkt/ *n* editto *m*
edifice /ˈedɪfɪs/ *n* edificio *m*
edify /ˈedɪfaɪ/ *vt* (*pt/pp* **-ied**) edificare
edifying /ˈedɪfaɪɪŋ/ *adj* edificante
Edinburgh /ˈedɪmb(ə)rə/ *n* Edimburgo *f*
edit /ˈedɪt/ *vt* (*pt/pp* **edited**) far la revisione di ‹*text*›; curare l'edizione di ‹*anthology, dictionary*›; dirigere ‹*newspaper*›; montare ‹*film*›; editare ‹*tape*›; **~ed by** ‹*book*› a cura di
■ **edit out** *vt* tagliare
edition /ɪˈdɪʃn/ *n* edizione *f*
🔑 **editor** /ˈedɪtə(r)/ *n* (of anthology, dictionary) curatore, -trice *mf*; (of newspaper) redattore, -trice *mf*; (of film) responsabile *mf* del

🔑 parola chiave

montaggio

editorial /edɪ'tɔːrɪəl/ **A** *adj* redazionale **B** *n* Journ editoriale *m*

EDP *n abbr* (**electronic data processing**) EDP *m*, EED *f*

EDT *abbr* AmE (**Eastern Daylight Time**) *ora (f) legale degli stati orientali dell'America settentrionale*

educate /'edjʊkeɪt/ *vt* istruire; educare ‹*public, mind*›; **be ~d at Eton** essere educato a Eton

educated /'edjʊkeɪtɪd/ *adj* istruito

education /edjɪ'keɪʃn/ *n* istruzione *f*; (culture) cultura *f*, educazione *f*

educational /edjʊ'keɪʃnəl/ *adj* istruttivo; ‹*visit*› educativo; ‹*publishing*› didattico

educationalist /edjʊ'keɪʃnəlɪst/ *n* studioso, -a *mf* di pedagogia

educationally /edjʊ'keɪʃnəlɪ/ *adv* ‹*disadvantaged, privileged*› dal punto di vista degli studi; ‹*useless, useful*› dal punto di vista didattico

educational psychology *n* psicopedagogia *f*, psicologia *f* dell'educazione

educational television *n* televisione *f* scolastica

education authority *n* BrE autorità *fpl* scolastiche

education committee *n* BrE consiglio *m* scolastico

education department *n* BrE ministero *m* della pubblica istruzione; (in local government) provveditorato *m* agli studi; (in university) istituto *m* di pedagogia

educative /'edjʊkətɪv/ *adj* educativo, istruttivo

educator /'edjʊkeɪtə(r)/ *n* educatore, -trice *mf*

Edwardian /ed'wɔːdɪən/ *n* del regno di Edoardo VII

EEA *abbr* (**European Economic Area**) EEA *f*

EEC **A** *n abbr* (**European Economic Community**) CEE *f*
B *attrib* ‹*policy, directive*› della CEE

eel /iːl/ *n* anguilla *f*

eerie /'ɪərɪ/ *adj* (**-ier, -iest**) inquietante

efface /ɪ'feɪs/ *vt* cancellare

effect /ɪ'fekt/ **A** *n* effetto *m*; **in ~** in effetti; **take ~** ‹*law*› entrare in vigore; ‹*medicine*› fare effetto
B *vt* effettuare

effective /ɪ'fektɪv/ *adj* efficace; (striking) che colpisce; (actual) di fatto; **~ from** in vigore a partire da

effectively /ɪ'fektɪvlɪ/ *adv* efficacemente; (actually) di fatto

effectiveness /ɪ'fektɪvnɪs/ *n* efficacia *f*

effeminate /ɪ'femɪnət/ *adj* effeminato

effervescent /efə'vesnt/ *adj* effervescente

effete /ɪ'fiːt/ *adj* ‹*person*› senza nerbo; ‹*civilization*› che ha fatto il suo tempo

efficacious /efɪ'keɪʃəs/ *adj* efficace

efficacy /'efɪkəsɪ/ *n* efficacia *f*

efficiency /ɪ'fɪʃənsɪ/ *n* efficienza *f*; (of machine) rendimento *m*

efficient /ɪ'fɪʃənt/ *adj* efficiente

efficiently /ɪ'fɪʃəntlɪ/ *adv* efficientemente

effigy /'efɪdʒɪ/ *n* effigie *f*

effluent /'efluənt/ **A** *n* (waste) refluo *m*; (river) emissario *m*
B *attrib* ‹*treatment, management*› dei reflui

effort /'efət/ *n* sforzo *m*; **make an ~** sforzarsi

effortless /'efətlɪs/ *adj* facile

effortlessly /'efətlɪslɪ/ *adv* con facilità

effrontery /ɪ'frʌntərɪ/ *n* sfrontatezza *f*

effusion /ɪ'fjuːʒn/ *n* (emotional) effusione *f*

effusive /ɪ'fjuːsɪv/ *adj* espansivo; ‹*speech*› caloroso

e-fit /'iːfɪt/ *n* identikit *m inv* elettronico

EFL **A** *n abbr* (**English as a Foreign Language**) EFL *m*
B *attrib* ‹*teacher, course*› di inglese come lingua straniera

EFT *n abbr* (**electronic funds transfer**) *trasferimento (m) fondi elettronico*

EFTA /'eftə/ *n abbr* (**European Free Trade Association**) EFTA *f*

e.g. *abbr* (**exempli gratia**) per es.

egalitarian /ɪgælɪ'teərɪən/ *adj* egalitario

egg /eg/ *n* uovo *m*
■ **egg on** *vt* infml incitare

egg box *n* cartone *m* di uova

egg cup *n* portauovo *m inv*

egg custard *n* crema *f* pasticciera

egghead *n* derog fam intellettuale *mf*

eggplant *n* AmE melanzana *f*

egg-shaped /'egʃeɪpt/ *adj* ovale

eggshell *n* guscio *m* d'uovo

egg timer *n clessidra (f) per misurare il tempo di cottura delle uova*

egg whisk *n* frusta *f*

egg white *n* albume *m*, bianco *m* d'uovo

egg yolk *n* tuorlo *m*, rosso *m*

ego /'iːgəʊ/ *n* ego *m*

egocentric /iːgəʊ'sentrɪk/ *adj* egocentrico

egoism /'egəʊɪzm/ *n* egoismo *m*

egoist /'egəʊɪst/ *n* egoista *mf*

egotism /'egəʊtɪzm/ *n* egotismo *m*

egotist /'egəʊtɪst/ *n* egotista *mf*

Egypt /'iːdʒɪpt/ *n* Egitto *m*

Egyptian /ɪ'dʒɪpʃn/ *adj & n* egiziano, -a *mf*

EHIC *n abbr* (**European Health Insurance Card**) TEAM *f*

Eid al-Adha /ˌiːdʊl'ɑːdə/ *n* Aid al-adha *f*

eiderdown /'aɪdədaʊn/ *n* (quilt) piumino *m*

eight /eɪt/ *adj & n* otto *m*

eighteen /eɪ'tiːn/ *adj & n* diciotto *m*

eighteenth /eɪˈtiːnθ/ *adj & n* diciottesimo, -a *mf*

eighth /eɪtθ/ *adj & n* ottavo, -a *mf*

eighties /ˈeɪtɪz/ *npl* (period) **the ~** gli anni Ottanta *mpl*; (age) ottant'anni *mpl*

eightieth /ˈeɪtɪɪθ/ *adj & n* ottantesimo, -a *mf*

eighty /ˈeɪtɪ/ *adj & n* ottanta *m*

Eire /ˈeərə/ *n* Repubblica *f* d'Irlanda

either /ˈaɪðə(r)/ **A** *adj & pron* **~ [of them]** l'uno o l'altro; **I don't like ~ [of them]** non mi piace né l'uno né l'altro; **on ~ side** da tutte e due le parti

B *adv* **I don't ~** nemmeno io; **I don't like John or his brother ~** non mi piace John e nemmeno suo fratello

C *conj* **~ John or his brother will be there** ci saranno o John o suo fratello; **I don't like ~ John or his brother** non mi piacciono né John né suo fratello; **~ you go to bed or [else]...** o vai a letto o [altrimenti]...

ejaculate /ɪˈdʒækjʊleɪt/ **A** *vi* eiaculare

B *vt* (exclaim) prorompere

ejaculation /ɪˈdʒækjʊleɪʃn/ *n* eiaculazione *f*; (exclamation) esclamazione *f*

eject /ɪˈdʒekt/ *vt* eiettare ‹*pilot*›; espellere ‹*tape, drunk*›

eject button *n* tasto *m* eject

ejection /ɪˈdʒekʃn/ *n* (of gases, waste, troublemaker) espulsione *f*; (of lava) emissione *f*; Aeron eiezione *f*

eke /iːk/ *vt* **~ out** far bastare; (increase) arrotondare; **~ out a living** arrangiarsi

elaborate¹ /ɪˈlæbərət/ *adj* elaborato

elaborate² /ɪˈlæbəreɪt/ *vi* entrare nei particolari (**on** di)

elaborately /ɪˈlæbərətlɪ/ *adv* in modo elaborato

elaboration /ɪlæbəˈreɪʃn/ *n* (of plan, theory) elaborazione *f*

elapse /ɪˈlæps/ *vi* trascorrere

elastic /ɪˈlæstɪk/ **A** *adj* elastico

B *n* elastico *m*

elasticated /ɪˈlæstɪkeɪtɪd/ *adj* ‹*waistband, bandage*› elastico; ‹*material*› elasticizzato

elastic band *n* elastico *m*

elasticity /ɪlæsˈtɪsətɪ/ *n* elasticità

elated /ɪˈleɪtɪd/ *adj* esultante

elation /ɪˈleɪʃn/ *n* euforia *f*

elbow /ˈelbəʊ/ *n* gomito *m*

elbow grease *n* infml olio *m* di gomito

elbow room *n* (room to move) spazio *m* vitale; **there isn't much ~ in this kitchen** si è un po' allo stretto in questa cucina

elder¹ /ˈeldə(r)/ *n* (tree) sambuco *m*

elder² **A** *adj* maggiore

B *n* **the ~** il/la maggiore

elderberry /ˈeldəbərɪ/ *n* bacca *f* di sambuco

elderly /ˈeldəlɪ/ *adj* anziano

elder statesman *n* decano *m* della politica

eldest /ˈeldɪst/ **A** *adj* maggiore

B *n* **the ~** il/la maggiore

e-learning /ˈiːlɜːnɪŋ/ *n* Comput formazione *f* in rete

elect /ɪˈlekt/ **A** *adj* **the president ~** il futuro presidente

B *vt* eleggere; **~ to do something** decidere di fare qualcosa

election /ɪˈlekʃn/ *n* elezione *f*

election campaign *n* campagna *f* elettorale

electioneering /ɪˈlekʃənɪərɪŋ/ *n* (campaigning) propaganda *f* elettorale; derog elettoralismo *m*

elective /ɪˈlektɪv/ *adj* ‹*office, official*› elettivo, eletto; (empowered to elect) elettorale; Sch, Univ facoltativo; **~ surgery** interventi *mpl* chirurgici facoltativi

elector /ɪˈlektə(r)/ *n* elettore, -trice *mf*

electoral /ɪˈlektərəl/ *adj* elettorale

electoral roll *n* liste *fpl* elettorali

electorate /ɪˈlektərət/ *n* elettorato *m*

electric /ɪˈlektrɪk/ *adj* elettrico

electrical /ɪˈlektrɪkl/ *adj* elettrico

electrical engineer *n* elettrotecnico *m*

electrical engineering *n* elettrotecnica *f*

electrically /ɪˈlektrɪk(ə)lɪ/ *adv* **~ driven** [a motore] elettrico

electric blanket *n* termocoperta *f*

electric fire *n* stufa *f* elettrica

electrician /ɪlekˈtrɪʃn/ *n* elettricista *m*

electricity /ɪlekˈtrɪsətɪ/ *n* elettricità

electricity board *n* BrE azienda *f* elettrica

electricity supply *n* alimentazione *f* elettrica

electric shock *n* **get an ~** prendere la scossa

electric storm *n* temporale *m*

electrify /ɪˈlektrɪfaɪ/ *vt* (*pt/pp* **-ied**) elettrificare; fig elettrizzare

electrifying /ɪˈlektrɪfaɪɪŋ/ *adj* fig elettrizzante

electrocute /ɪˈlektrəkjuːt/ *vt* fulminare; (execute) giustiziare sulla sedia elettrica

electrocution /ɪlektrəˈkjuːʃn/ *n* elettrocuzione *f*

electrode /ɪˈlektrəʊd/ *n* elettrodo *m*

electrolysis /ɪlekˈtrɒlɪsɪs/ *n* Chem elettrolisi *f*; (hair removal) depilazione *f* diatermica

electromagnetic /ɪlektrəʊmægˈnetɪk/ *adj* elettromagnetico

electron /ɪˈlektrɒn/ *n* elettrone *m*

electronic /ɪlekˈtrɒnɪk/ *adj* elettronico

electronic banking *n* servizi *mpl* bancari telematici

electronic engineer *n* tecnico *m* elettronico; (with diploma) perito *m* elettronico; (with degree) ingegnere *m* elettronico

---

parola chiave

electronic engineering *n* ingegneria *f* elettronica
electronic eye *n* cellula *f* fotoelettrica
electronic funds transfer *n* sistemi *mpl* telematici di trasferimento fondi
electronic mail *n* posta *f* elettronica
electronic organizer *n* Comput agenda *f* elettronica
electronic publishing *n* editoria *f* elettronica
electronics /ɪlek'trɒnɪks/ *nsg* elettronica *fsg*
electronic tagging *n* sorveglianza *f* tramite braccialetto elettronico
electro-shock therapy, electroshock treatment /ɪ'lektrəʊ-/ *n* terapia *f* elettroshock
elegance /'elɪgəns/ *n* eleganza *f*
elegant /'elɪgənt/ *adj* elegante
elegantly /'elɪgəntlɪ/ *adv* elegantemente
elegy /'elədʒɪ/ *n* elegia *f*
element /'elɪmənt/ *n* elemento *m*
elementary /elɪ'mentərɪ/ *adj* elementare
elephant /'elɪfənt/ *n* elefante *m*
elephantine /elɪ'fæntaɪn/ *adj* ‹*person*› mastodontico
elevate /'elɪveɪt/ *vt* elevare
elevated /'elɪveɪtɪd/ *adj* ‹*language, rank*› elevato; ‹*walkway, railway*› soprelevato
elevation /elɪ'veɪʃn/ *n* elevazione *f*; (height) altitudine *f*; (angle) alzo *m*
elevator /'elɪveɪtə(r)/ *n* AmE ascensore *m*
eleven /ɪ'levn/ *adj & n* undici *m*
eleven plus *n* (formerly) *esame (m) di ammissione alla scuola secondaria inglese*
elevenses /ɪ'levənzɪz/ *n* BrE infml pausa *f* per il caffè (*a metà mattina*)
eleventh /ɪ'levənθ/ *adj & n* undicesimo, -a *mf*; **at the ~ hour** infml all'ultimo momento
elf /elf/ *n* (*pl* **elves**) elfo *m*
elicit /ɪ'lɪsɪt/ *vt* ottenere
eligible /'elɪdʒəbl/ *adj* eleggibile; **~ young man** buon partito; **be ~ for** aver diritto a
eliminate /ɪ'lɪmɪneɪt/ *vt* eliminare
elimination /ɪlɪmɪ'neɪʃn/ *n* eliminazione *f*; **by a process of ~** procedendo per eliminazione
elite /eɪ'liːt/ *n* fior fiore *m*
elitist /ɪ'liːtɪst/ *adj* elitista
ellipse /ɪ'lɪps/ *n* ellisse *f*
elliptical /ɪ'lɪptɪk(ə)l/ *adj* also fig ellittico
elm /elm/ *n* olmo *m*
elocution /elə'kjuːʃn/ *n* elocuzione *f*
elongate /'iːlɒŋgeɪt/ *vt* allungare
elongated /'iːlɒŋgeɪtɪd, AmE ɪ'lɔːŋ-/ *adj* allungato
elope /ɪ'ləʊp/ *vi* fuggire [per sposarsi]
elopement /ɪ'ləʊpmənt/ *n* fuga *f* romantica
eloquence /'eləkwəns/ *n* eloquenza *f*
eloquent /'eləkwənt/ *adj* eloquente
eloquently /'eləkwəntlɪ/ *adv* con eloquenza
El Salvador /el'sælvədɔː(r)/ *n* El Salvador *m*; **in ~** nel Salvador
else /els/ *adv* altro; **who ~?** e chi altro?; **he did of course, who ~?** l'ha fatto lui e chi, se no?; **nothing ~** nient'altro; **or ~** altrimenti; **someone ~** qualcun altro; **somewhere ~** da qualche altra parte; **anyone ~** chiunque altro; (as question) nessun'altro?; **anything ~** qualunque altra cosa; (as question) altro?
elsewhere /els'weə(r)/ *adv* altrove
elucidate /ɪ'luːsɪdeɪt/ *vt* delucidare
elude /ɪ'luːd/ *vt* eludere; (avoid) evitare; **the name ~s me** il nome mi sfugge
elusive /ɪ'luːsɪv/ *adj* elusivo
emaciated /ɪ'meɪsɪeɪtɪd/ *adj* emaciato
email **A** *n* e-mail *f*, posta *f* elettronica **B** *vt* spedire per e-mail
email account *n* account *m inv* di posta elettronica
email address *n* indirizzo *m* di posta elettronica
emanate /'eməneɪt/ *vi* emanare
emancipate /ɪ'mænsɪpeɪt/ *vt* emancipare
emancipated /ɪ'mænsɪpeɪtɪd/ *adj* emancipato
emancipation /ɪmænsɪ'peɪʃn/ *n* emancipazione *f*; (of slaves) liberazione *f*
e-marketing /'iːmɑːkɪtɪŋ/ *n* e-marketing *m inv*
emasculate /ɪ'mæskjʊleɪt/ *vt* evirare; fig svigorire
embalm /ɪm'bɑːm/ *vt* imbalsamare
embankment /ɪm'bæŋkmənt/ *n* argine *m*; Rail massicciata *f*
embargo /em'bɑːgəʊ/ *n* (*pl* **-es**) embargo *m*
embark /ɪm'bɑːk/ *vi* imbarcarsi; **~ on** intraprendere
embarkation /embɑː'keɪʃn/ *n* imbarco *m*
embarrass /em'bærəs/ *vt* imbarazzare
embarrassed /em'bærəst/ *adj* imbarazzato
embarrassing /em'bærəsɪŋ/ *adj* imbarazzante
embarrassment /em'bærəsmənt/ *n* imbarazzo *m*
embassy /'embəsɪ/ *n* ambasciata *f*
embed /ɪm'bed/ *vt* Comput integrare ‹*command*›; **~ded in** ‹*gem*› incastonato in; ‹*plant*› piantato in; ‹*sharp object*› conficcato in; ‹*rock*› incluso in; **~ded** ‹*traditions, feelings*› radicato; **be ~ded in** fig radicarsi in
embellish /ɪm'belɪʃ/ *vt* abbellire
embers /'embəz/ *npl* braci *fpl*
embezzle /ɪm'bezl/ *vt* appropriarsi indebitamente di
embezzlement /ɪm'bez(ə)lmənt/ *n* appropriazione *f* indebita
embitter /ɪm'bɪtə(r)/ *vt* amareggiare
emblem /'embləm/ *n* emblema *m*

emblematic /emblə'mætɪk/ *adj* emblematico
embodiment /ɪm'bɒdɪmənt/ *n* incarnazione *f*
embody /ɪm'bɒdɪ/ *vt* (*pt/pp* **-ied**) incorporare; **~ what is best in...** rappresentare quanto c'è di meglio di...
embolism /'embəlɪzm/ *n* Med embolia *f*
emboss /ɪm'bɒs/ *vt* sbalzare ‹*metal*›; stampare in rilievo ‹*paper*›
embossed /ɪm'bɒst/ *adj* in rilievo
embrace /ɪm'breɪs/ **A** *n* abbraccio *m*
B *vt* abbracciare
C *vi* abbracciarsi
embroider /ɪm'brɔɪdə(r)/ *vt* ricamare ‹*design*›; fig abbellire
embroidery /ɪm'brɔɪdərɪ/ *n* ricamo *m*
embroil /ɪm'brɔɪl/ *vt* **become ~ed in something** rimanere invischiato in qualcosa
embryo /'embrɪəʊ/ *n* embrione *m*
embryonic /'embrɪ'ɒnɪk/ *adj* Biol, fig embrionale
emend /ɪ'mend/ *vt* emendare
emerald /'emərəld/ *n* smeraldo *m*
🔑 **emerge** /ɪ'mɜːdʒ/ *vi* emergere; (come into being: nation) nascere; ‹*sun, flowers*› spuntare fuori
emergence /ɪ'mɜːdʒəns/ *n* emergere *m*; (of new country) nascita *f*
🔑 **emergency** /ɪ'mɜːdʒənsɪ/ *n* emergenza *f*; **in an ~** in caso di emergenza
emergency ambulance service *n* pronto soccorso *m* autoambulanze
emergency case *n* Med caso *m* di emergenza
emergency centre *n* (for refugees etc) centro *m* di accoglienza; Med centro *m* di soccorso mobile
emergency exit *n* uscita *f* di sicurezza
emergency landing *n* Aeron atterraggio *m* di fortuna
emergency laws *npl* Pol leggi *fpl* straordinarie
emergency number *n* numero *m* di emergenza
emergency powers *npl* Pol poteri *mpl* straordinari
emergency rations *npl* viveri *mpl* di sopravvivenza
emergency service *n* Med servizio *m* di pronto soccorso
emergency services *npl* servizi *mpl* di pronto intervento
emergency surgery *n* **undergo ~** essere operato d'urgenza
emergency ward *n* [reparto *m* di] pronto soccorso *m*
emergency worker *n* addetto *m* a operazioni di soccorso

🔑 parola chiave

emergent /ɪ'mɜːdʒənt/ *adj* ‹*industry, nation*› emergente
emery board /'emərɪ/ *n* limetta *f* per le unghie (*di carta*)
emery paper *n* carta *f* vetrata
emigrant /'emɪgrənt/ *n* emigrante *mf*
emigrate /'emɪgreɪt/ *vi* emigrare
emigration /emɪ'greɪʃn/ *n* emigrazione *f*
eminence /'emɪnəns/ *n* (fame) eminenza *f*, gloria *f*; (honour) distinzione *f*; (hill) altura *f*
eminent /'emɪnənt/ *adj* eminente
eminently /'emɪnəntlɪ/ *adv* eminentemente
emirate /'emɪərət/ *n* emirato *m*
emissary /'emɪsərɪ/ *n* emissario *m* (**to** di)
emission /ɪ'mɪʃn/ *n* emissione *f*; (of fumes) esalazione *f*
emit /ɪ'mɪt/ *vt* (*pt/pp* **emitted**) emettere; esalare ‹*fumes*›
Emmy /'emɪ/ *n* Emmy *m* (*Oscar* (*m inv*) *televisivo americano*)
emoticon /ɪ'məʊtɪkɒn, -'mɒtɪ-/ *n* Comput emoticon *m inv*
🔑 **emotion** /ɪ'məʊʃn/ *n* emozione *f*
🔑 **emotional** /ɪ'məʊʃənəl/ *adj* denso di emozione; ‹*person, reaction*› emotivo; **become ~** avere una reazione emotiva; **don't get so ~** non lasciarti prendere dalle emozioni
emotionally /ɪ'məʊʃənəlɪ/ *adv* ‹*speak*› emotivamente; **~ disturbed** con turbe emotive
emotionless /ɪ'məʊʃənlɪs/ *adj* impassibile
emotive /ɪ'məʊtɪv/ *adj* emotivo
empathize /'empəθaɪz/ *vi* **~ with somebody** immedesimarsi nei problemi di qualcuno
empathy /'empəθɪ/ *n* comprensione *f*
emperor /'empərə(r)/ *n* imperatore *m*
emphasis /'emfəsɪs/ *n* enfasi *f*; **put the ~ on something** accentuare qualcosa
🔑 **emphasize** /'emfəsaɪz/ *vt* accentuare ‹*word, syllable*›; sottolineare ‹*need*›
emphatic /ɪm'fætɪk/ *adj* categorico
emphatically /ɪm'fætɪklɪ/ *adv* categoricamente
empire /'empaɪə(r)/ *n* impero *m*
empirical /em'pɪrɪkl/ *adj* empirico
empiricism /em'pɪrɪsɪzm/ *n* empirismo *m*
🔑 **employ** /em'plɔɪ/ *vt* impiegare; fig usare ‹*tact*›
employable /em'plɔɪəbl/ *adj* ‹*person*› che ha i requisiti per svolgere un lavoro
🔑 **employee** /emplɔɪ'iː/ *n* impiegato, -a *mf*
employee buyout *n* rilevamento *m* dipendenti
🔑 **employer** /em'plɔɪə(r)/ *n* datore *m* di lavoro
🔑 **employment** /em'plɔɪmənt/ *n* occupazione *f*; (work) lavoro *m*
employment agency *n* ufficio *m* di collocamento
employment contract *n* contratto *m* di lavoro

employment exchange *n* agenzia *f* di collocamento

employment figures *npl* dati *mpl* sull'occupazione

Employment Minister, Employment Secretary *n* ministro *m* del lavoro

emporium /em'pɔːrɪəm/ *n* hum emporio *m*

empower /ɪm'paʊə(r)/ *vt* autorizzare; (enable) mettere in grado

empowerment /ɪm'paʊəmənt/ *n* empowerment *m inv*

empress /'emprɪs/ *n* imperatrice *f*

empties /'emptɪz/ *npl* vuoti *mpl*

emptiness /'emptɪnɪs/ *n* vuoto *m*

empty /'emptɪ/ **A** *adj* vuoto; ‹*promise, threat*› vano
B *vt* (*pt/pp* **-ied**) vuotare ‹*container*›
C *vi* vuotarsi
■ **empty out** *vt & vi* = **empty**

empty-handed /-'hændɪd/ *adj* ‹*arrive, leave*› a mani vuote

empty-headed /-'hedɪd/ *adj* scriteriato

EMS *n abbr* (**European Monetary System**) SME *m*

EMU *abbr* (**European Monetary Union**) UME *f*

emulate /'emjʊleɪt/ *vt* emulare

emulsify /ɪ'mʌlsɪfaɪ/ *v* (*pt/pp* **-ied**) **A** *vt* emulsionare
B *vi* emulsionarsi

emulsion /ɪ'mʌlʃn/ *n* emulsione *f*

enable /ɪ'neɪbl/ *vt* ~ **somebody to** mettere qualcuno in grado di

enact /ɪ'nækt/ *vt* Theat rappresentare; decretare ‹*law*›

enamel /ɪ'næml/ **A** *n* smalto *m*
B *vt* (*pt/pp* **enamelled**) smaltare

enamelling /ɪ'næməlɪŋ/ *n* (process) smaltatura *f*; (art) decorazione *f* a smalto

enamoured /ɪ'næmənd/ *adj* **be ~ of** essere innamorato di

enc. *abbr* (**enclosures**) all.

encampment /ɪn'kæmpmənt/ *n* accampamento *m*

encapsulate /en'kæpsjʊleɪt/ *vt* (include) incapsulare; (summarize) sintetizzare

encase /en'keɪs/ *vt* rivestire (**in** di)

encash /en'kæʃ/ *vt* BrE incassare

encephalogram /en'kefələgræm/ *n* encefalogramma *m*

enchant /ɪn'tʃɑːnt/ *vt* incantare

enchanting /ɪn'tʃɑːntɪŋ/ *adj* incantevole

enchantment /ɪn'tʃɑːntmənt/ *n* incanto *m*

encircle /ɪn'sɜːkl/ *vt* circondare

encl. *abbr* (**enclosed, enclosure**) all.

enclave /'enkleɪv/ *n* enclave *f inv*; fig territorio *m*

enclose /ɪn'kləʊz/ *vt* circondare ‹*land*›; (in letter) allegare (**with** a)

enclosed /ɪn'kləʊzd/ *adj* ‹*space*› chiuso; (in letter) allegato

enclosure /ɪn'kləʊʒə(r)/ *n* (at zoo) recinto *m*; (in letter) allegato *m*

encode /ɪn'kəʊd/ *vt* codificare

encoder /ɪn'kəʊdə(r)/ *n* codificatore, -trice *mf*

encompass /ɪn'kʌmpəs/ *vt* (include) comprendere

encore /'ɒŋkɔː(r)/ *n & int* bis *m inv*

encounter /ɪn'kaʊntə(r)/ **A** *n* incontro *m*; (battle) scontro *m*
B *vt* incontrare

encourage /ɪn'kʌrɪdʒ/ *vt* incoraggiare; promuovere ‹*the arts, independence*›

encouragement /ɪn'kʌrɪdʒmənt/ *n* incoraggiamento *m*; (of the arts) promozione *f*

encouraging /ɪn'kʌrɪdʒɪŋ/ *adj* incoraggiante; ‹*smile*› di incoraggiamento

encroach /ɪn'krəʊtʃ/ *vt* ~ **on** invadere ‹*land, privacy*›; abusare di ‹*time*›; interferire con ‹*rights*›

encrust /en'krʌst/ *vt* **be ~ed with** ‹*ice*› essere incrostato di; ‹*jewels*› essere tempestato di

encrypt /en'krɪpt/ *vt* criptare

encumber /ɪn'kʌmbə(r)/ *vt* **be ~ed with** essere carico di ‹*children, suitcases*›; ingombro di ‹*furniture*›

encumbrance /ɪn'kʌmbrəns/ *n* peso *m*

encyclopaedia /ɪnsaɪklə'piːdɪə/ *n* enciclopedia *f*

encyclopaedic /ɪnsaɪklə'piːdɪk/ *adj* enciclopedico

end /end/ **A** *n* fine *f*; (of box, table, piece of string) estremità *f*; (of town, room) parte *f*; (purpose) fine *m*; **in the ~** alla fine; **at the ~ of May** alla fine di maggio; **at the ~ of the street/garden** in fondo alla strada/ al giardino; **on ~** (upright) in piedi; **for days on ~** per giorni e giorni; **for six days on ~** per sei giorni di fila; **put an ~ to something** mettere fine a qualcosa; **make ~s meet** infml sbarcare il lunario; **no ~ of** infml un sacco di
B *vt & vi* finire
■ **end in** *vt* ‹*word*› terminare in; finire in ‹*failure, argument*›
■ **end off** *vt* concludere ‹*meal, speech*›
■ **end up** *vi* finire; **~ up doing something** finire col fare qualcosa

endanger /ɪn'deɪndʒə(r)/ *vt* rischiare ‹*one's life*›; mettere a repentaglio ‹*somebody else, success of something*›

endangered species /ɪn'deɪndʒəd/ *n* specie *f* a rischio

endear /ɪn'dɪə(r)/ *vt* ~ **oneself to somebody** conquistarsi la simpatia di qualcuno; ~ **somebody to** conquistare a qualcuno la simpatia di

endearing /ɪn'dɪərɪŋ/ *adj* accattivante

endearingly /ɪn'dɪərɪŋlɪ/ *adv* ‹*smile*› in modo accattivante; ~ **honest** di un'onestà disarmante

e

endearment /ɪn'dɪəmənt/ *n* **term of ~** vezzeggiativo *m*

endeavour /ɪn'devə(r)/ **A** *n* tentativo *m* **B** *vi* sforzarsi (**to** di)

endemic /en'demɪk/ **A** *adj* endemico **B** *n* (situation) endemia *f*

ending /'endɪŋ/ *n* fine *f*; Gram desinenza *f*

endive /'endaɪv/ *n* indivia *f*

endless /'endlɪs/ *adj* interminabile; ‹*patience*› infinito

endlessly /'endlɪslɪ/ *adv* continuamente; ‹*patient*› infinitamente

endocrinology /endəʊkrɪ'nɒlədʒɪ/ *n* endocrinologia *f*

endorse /en'dɔːs/ *vt* girare ‹*cheque*›; ‹*sports personality*› fare pubblicità a ‹*product*›; approvare ‹*plan*›

endorsement /en'dɔːsmənt/ *n* (of cheque) girata *f*; (of plan) conferma *f*; (on driving licence) registrazione *f* su patente di un'infrazione

endow /ɪn'daʊ/ *vt* dotare

endowment insurance /ɪn'daʊmənt/ *n* *assicurazione (f) sulla vita che fornisce un reddito in caso di sopravvivenza*

endpaper *n* risguardo *m*

end product *n* prodotto *m* finito

end result *n* risultato *m* finale

endurable /ɪn'djʊərəbl/ *adj* sopportabile

endurance /ɪn'djʊrəns/ *n* resistenza *f*; **it is beyond ~** è insopportabile

endurance test *n* prova *f* di resistenza

endure /ɪn'djʊə(r)/ **A** *vt* sopportare **B** *vi* durare

enduring /ɪn'djʊərɪŋ/ *adj* duraturo

end user *n* utente *m* finale

enema /'enɪmə/ *n* Med clistere *m*

enemy /'enəmɪ/ **A** *n* nemico, -a *mf* **B** *attrib* nemico

energetic /enə'dʒetɪk/ *adj* energico

energetically /enə'dʒetɪklɪ/ *adv* ‹*speak, promote, publicize*› vigorosamente; ‹*work, exercise*› con energia; ‹*deny*› risolutamente

energize /'enədʒaɪz/ *vt* stimolare; Electr alimentare [elettricamente]

energizing /'enədʒaɪzɪŋ/ *adj* ‹*influence*› stimolante

energy /'enədʒɪ/ *n* energia *f*

energy drink *n* energy drink *m*, bevanda *f* energetica

energy efficiency *n* razionalizzazione *f* del consumo energetico

energy-efficient *adj* a consumo ottimale di energia

energy policy *n* politica *f* energetica

energy resources *npl* risorse *fpl* energetiche

energy saving *n* risparmio *m* energetico

energy-saving *adj* ‹*device*› che fa risparmiare energia; ‹*measure*› per risparmiare energia

enervate /'enəveɪt/ *vt* snervare

enfold /en'fəʊld/ *vt* avvolgere

enforce /ɪn'fɔːs/ *vt* far rispettare ‹*law*›

enforced /ɪn'fɔːst/ *adj* forzato

enforcement /ɪn'fɔːsmənt/ *n* applicazione *f*; (of discipline) imposizione *f*

ENG *abbr* (**electronic news gathering**) ENG *m*

engage /ɪn'geɪdʒ/ **A** *vt* assumere ‹*staff*›; Theat ingaggiare; Auto ingranare ‹*gear*›; **~ somebody in conversation** fare conversazione con qualcuno **B** *vi* Techn ingranare; **~ in** impegnarsi in

engaged /ɪn'geɪdʒd/ *adj* (in use, busy) occupato; ‹*person*› impegnato; (to be married) fidanzato; **get ~** fidanzarsi (**to** con)

engaged tone *n* BrE segnale *m* di occupato

engagement /ɪn'geɪdʒmənt/ *n* fidanzamento *m*; (appointment) appuntamento *m*; Mil combattimento *m*

engagement ring *n* anello *m* di fidanzamento

engagements book *n* agenda *f*

engaging /ɪn'geɪdʒɪŋ/ *adj* attraente

engender /ɪn'dʒendə(r)/ *vt* fig generare

engine /'endʒɪn/ *n* motore *m*; Rail locomotrice *f*

engine drive *n* macchinista *m*

engineer /endʒɪ'nɪə(r)/ **A** *n* ingegnere *m*; (service, installation) tecnico *m*; Naut, AmE Rail macchinista *m* **B** *vt* fig architettare

engineering /endʒɪ'nɪərɪŋ/ *n* ingegneria *f*

engine failure *n* guasto *m* [al motore]; (in jet) avaria *f*

engine oil *n* olio *m* [del] motore

engine room *n* sala *f* macchine

engine shed *n* Rail deposito *m*

England /'ɪŋglənd/ *n* Inghilterra *f*

English /'ɪŋglɪʃ/ **A** *adj* inglese; **the ~ Channel** la Manica **B** *n* (language) inglese *m*; **the ~** *pl* gli inglesi

English as a Foreign Language *n* inglese *m* come lingua straniera

English as a Second Language *n* inglese *m* come seconda lingua

English breakfast *n* colazione *f* all'inglese

Englishman *n* inglese *m*

English rose *n* *donna (f) dalla bellezza tipicamente inglese*

English speaker *n* anglofono, -a *mf*

English-speaking *adj* anglofono

Englishwoman *n* inglese *f*

engrave /ɪn'greɪv/ *vt* incidere

engraving /ɪn'greɪvɪŋ/ *n* incisione *f*

engross /ɪn'grəʊs/ *vt* **~ed in** assorto in

---

parola chiave

engrossing /ɪn'grəʊsɪŋ/ *adj* avvincente

engulf /ɪn'gʌlf/ *vt* ‹*fire, waves*› inghiottire

enhance /ɪn'hɑːns/ *vt* accrescere ‹*beauty, reputation*›; migliorare ‹*performance*›

enigma /ɪ'nɪgmə/ *n* enigma *m*

enigmatic /enɪg'mætɪk/ *adj* enigmatico

enjoy /ɪn'dʒɔɪ/ *vt* godere di ‹*good health*›; **~ oneself** divertirsi; **I ~ cooking/painting** mi piace cucinare/dipingere; **I ~ed the meal/film** mi è piaciuto il pranzo/il film; **~ your meal** buon appetito

enjoyable /ɪn'dʒɔɪəbl/ *adj* piacevole

enjoyment /ɪn'dʒɔɪmənt/ *n* piacere *m*

enlarge /ɪn'lɑːdʒ/ **A** *vt* ingrandire
B *vi* **~ upon** dilungarsi su

enlargement /ɪn'lɑːdʒmənt/ *n* ingrandimento *m*

enlarger /ɪn'lɑːdʒə(r)/ *n* Phot ingranditore *m*

enlighten /ɪn'laɪtn/ *vt* illuminare

enlightened /ɪn'laɪtənd/ *adj* progressista

enlightening /ɪn'laɪtnɪŋ/ *adj* istruttivo

enlightenment /ɪn'laɪtənmənt/ *n* **The E~** l'Illuminismo *m*

enlist /ɪn'lɪst/ **A** *vt* Mil reclutare; **~ sb's help** farsi aiutare da qualcuno
B *vi* Mil arruolarsi

enliven /ɪn'laɪvn/ *vt* animare

enmesh /en'meʃ/ *vt* **become ~ed in** fig impegolarsi in

enmity /'enmətɪ/ *n* inimicizia *f*

ennoble /en'nəʊbl/ *vt* nobilitare

enormity /ɪ'nɔːmətɪ/ *n* enormità *f*

enormous /ɪ'nɔːməs/ *adj* enorme

enormously /ɪ'nɔːməslɪ/ *adv* estremamente; ‹*grateful*› infinitamente

enough /ɪ'nʌf/ **A** *adj & n* abbastanza; **I didn't bring ~ clothes** non ho portato abbastanza vestiti; **have you had ~?** (to eat/drink) hai mangiato/bevuto abbastanza?; **I've had ~!** infml ne ho abbastanza!; **is that ~?** basta?; **that's ~!** basta così!; **£50 isn't ~** 50 sterline non sono sufficienti
B *adv* abbastanza; **you're not working fast ~** non lavori abbastanza in fretta; **funnily ~** stranamente

enquire /ɪn'kwaɪə(r)/ *vi* domandare; **~ about** chiedere informazioni su

enquiring /ɪn'kwaɪərɪŋ/ *adj* ‹*look*› indagatore; ‹*mind*› avido di sapere

enquiry /ɪn'kwaɪərɪ/ *n* domanda *f*; (investigation) inchiesta *f*

enrage /ɪn'reɪdʒ/ *vt* fare arrabbiare

enrich /ɪn'rɪtʃ/ *vt* arricchire; (improve) migliorare ‹*vocabulary*›

enrol /ɪn'rəʊl/ *vt* (*pt/pp* **-rolled**) (for exam, in club) iscriversi (**for, in** a)

enrolment /ɪn'rəʊlmənt/ *n* iscrizione *f*

ensconced /ɪn'skɒnst/ *adj* comodamente sistemato (**in** in)

ensemble /ɒn'sɒmbl/ *n* (clothing & Mus) complesso *m*

ensign /'ensaɪn/ *n* insegna *f*

enslave /ɪn'sleɪv/ *vt* render schiavo

ensue /ɪn'sjuː/ *vi* seguire; **~ from** sorgere da; **the ensuing discussion** la discussione che ne è seguita

en suite /ɒ'swiːt/ **A** *n* (bathroom) camera *f* con bagno annesso
B *adj* ‹*bathroom*› annesso; ‹*room*› con bagno

ensure /ɪn'ʃʊə(r)/ *vt* assicurare; **~ that** ‹*person*› assicurarsi che; ‹*measure*› garantire che

ENT *n abbr* (**Ear Nose and Throat**) otorino *m*

entail /ɪn'teɪl/ *vt* comportare; **what does it ~?** in che cosa consiste?

entangle /ɪn'tæŋgl/ *vt* **get ~d in** rimanere impigliato in; fig rimanere coinvolto in

entanglement /ɪn'tæŋg(ə)lmənt/ *n* (emotional) legame *m* sentimentale; (complicated situation) pasticcio *m*

enter /'entə(r)/ **A** *vt* entrare in; iscrivere ‹*horse, runner in race*›; cominciare ‹*university*›; partecipare a ‹*competition*›; Comput immettere ‹*data*›; (write down) scrivere
B *vi* entrare; Theat entrare in scena; (register as competitor) iscriversi; (take part) partecipare (**in** a)
C *n* Comput invio *m*
■ **enter into** *vt* (begin) intavolare ‹*negotiations, an argument*›

enteritis /entə'raɪtɪs/ *n* enterite *f*

enterprise /'entəpraɪz/ *n* impresa *f*; (quality) iniziativa *f*

enterprising /'entəpraɪzɪŋ/ *adj* intraprendente

entertain /entə'teɪn/ **A** *vt* intrattenere; (invite) ricevere; nutrire ‹*ideas, hopes*›; prendere in considerazione ‹*possibility*›
B *vi* intrattenersi; (have guests) ricevere

entertainer /entə'teɪnə(r)/ *n* artista *mf*

entertaining /entə'teɪnɪŋ/ *adj* ‹*person*› di gradevole compagnia; ‹*evening, film, play*› divertente

entertainment /entə'teɪnmənt/ *n* (amusement) intrattenimento *m*

entertainment industry *n* l'industria *f* dello spettacolo

enthral /ɪn'θrɔːl/ *vt* (*pt/pp* **enthralled**) **be ~led** essere affascinato (**by** da)

enthralling /ɪn'θrɔːlɪŋ/ *adj* ‹*novel, performance*› affascinante

enthuse /ɪn'θjuːz/ *vi* **~ over** entusiasmarsi per

enthusiasm /ɪn'θjuːzɪæzm/ *n* entusiasmo *m*

enthusiast /ɪn'θjuːzɪæst/ *n* entusiasta *mf*

enthusiastic /ɪnθjuːzɪ'æstɪk/ *adj* entusiastico

enthusiastically /ɪnθjuːzɪ'æstɪklɪ/ *adv* entusiasticamente

entice /ɪn'taɪs/ *vt* attirare
enticement /ɪn'taɪsmənt/ *n* (incentive) incentivo *m*
enticing /ɪn'taɪsɪŋ/ *adj* ‹*prospect, offer*› allettante; ‹*person*› seducente; ‹*food, smell*› invitante
entire /ɪn'taɪə(r)/ *adj* intero
entirely /ɪn'taɪəlɪ/ *adv* del tutto; **I'm not ~ satisfied** non sono completamente soddisfatto
entirety /ɪn'taɪərətɪ/ *n* **in its ~** nell'insieme
entitle /ɪn'taɪtl/ *vt* dare diritto a; **~ somebody to something** dare a qualcuno il diritto di qualcosa
entitled /ɪn'taɪtld/ *adj* ‹*book*› intitolato; **be ~ to something** aver diritto a qualcosa
entitlement /ɪn'taɪtlmənt/ *n* diritto *m*
entity /'entətɪ/ *n* entità *f*
entomology /entə'mɒlədʒɪ/ *n* entomologia *f*
entourage /'ɒntʊrɑ:ʒ/ *n* entourage *m inv*
entrails /'entreɪlz/ *npl* intestini *mpl*
entrance¹ /'entrəns/ *n* entrata *f*; Theat entrata *f* in scena; (right to enter) ammissione *f*; **'no ~'** 'ingresso vietato'
entrance² /ɪn'trɑ:ns/ *vt* estasiare
entrance examination *n* esame *m* di ammissione
entrance fee *n* **how much is the ~?** quanto costa il biglietto di ingresso?
entrance hall *n* (in house) ingresso *m*
entrance requirements *npl* requisiti *mpl* di ammissione
entrance ticket *n* biglietto *m* d'ingresso
entrancing /ɪn'trɑ:nsɪŋ/ *adj* incantevole
entrant /'entrənt/ *n* concorrente *mf*
entreat /ɪn'tri:t/ *vt* supplicare
entreatingly /ɪn'tri:tɪŋlɪ/ *adv* ‹*beg, ask*› in tono implorante
entreaty /ɪn'tri:tɪ/ *n* supplica *f*
entrée /'ɒ̃treɪ/ *n* BrE (starter) primo *m*; AmE (main course) secondo *m*; **her wealth gave her an ~ into high society** il denaro le ha aperto le porte dell'alta società
entrenched /ɪn'trentʃt/ *adj* ‹*ideas, views*› radicato
entrepreneur /ɒntrəprə'nɜ:(r)/ *n* imprenditore, -trice *mf*
entrepreneurial /ɒntrəprə'nɜ:rɪəl/ *adj* imprenditoriale; **have ~ skills** avere il senso degli affari
entrust /ɪn'trʌst/ *vt* **~ somebody with something, ~ something to somebody** affidare qualcosa a qualcuno
entry /'entrɪ/ *n* ingresso *m*; (way in) entrata *f*; (in directory etc) voce *f*; (in appointment diary) appuntamento *m*; **no ~** ingresso vietato; Auto accesso vietato
entry fee *n* quota *f* di iscrizione
entry form *n* modulo *m* di ammissione
entry permit *n* visto *m* di entrata
entryphone *n* citofono *m*
entry requirements *npl* requisiti *mpl* di ammissione
entry visa *n* visto *m* di ingresso
entwine /ɪn'twaɪn/ *vt* also fig intrecciare
E-number *n* BrE sigla *f* degli additivi
enumerate /ɪ'nju:məreɪt/ *vt* enumerare
enumeration /ɪnju:mə'reɪʃn/ *n* (list) enumerazione *f*; (counting) conto *m*
enunciate /ɪ'nʌnsɪeɪt/ *vt* enunciare
enunciation /ɪnʌnsɪ'eɪʃn/ *n* (of principle, facts) enunciazione *f*; (of word) articolazione *f*
envelop /ɪn'veləp/ *vt* (*pt/pp* **enveloped**) avviluppare
envelope /'envələʊp/ *n* busta *f*
enviable /'envɪəbl/ *adj* invidiabile
envious /'envɪəs/ *adj* invidioso
enviously /'envɪəslɪ/ *adv* con invidia
environment /ɪn'vaɪrənmənt/ *n* ambiente *m*
environmental /ɪnvaɪrən'mentl/ *adj* ambientale
environmental health *n* salute *f* pubblica
environmentalism /ɪn,vaɪərən'mentəlɪzəm/ *n* ambientalismo *m*
environmentalist /ɪnvaɪrən'mentəlɪst/ *n* ambientalista *mf*
environmentally /ɪnvaɪrən'mentəlɪ/ *adv* **~ friendly** che rispetta l'ambiente
environmental scientist *n* studioso, -a *mf* di ecologia applicata
Environmental Studies *npl* BrE Sch ecogeografia *f* e ecobiologia *f*
envisage /ɪn'vɪzɪdʒ/ *vt* prevedere
envoy /'envɔɪ/ *n* inviato, -a *mf*
envy /'envɪ/ **A** *n* invidia *f*
B *vt* (*pt/pp* **-ied**) **~ somebody something** invidiare qualcuno per qualcosa
enzyme /'enzaɪm/ *n* enzima *m*
EOF *abbr* Comput (**end of file**) EOF *m*
ephemeral /ɪ'femərəl/ *adj* effimero
epic /'epɪk/ **A** *adj* epico
B *n* epopea *f*
epicentre /'epɪsentə(r)/ *n* epicentro *m*
epidemic /epɪ'demɪk/ *n* epidemia *f*
epidermis /epɪ'dɜ:mɪs/ *n* epidermide *f*
epidural /epɪ'djʊərəl/ *n* Med anestesia *f* epidurale
epigram /'epɪgræm/ *n* epigramma *m*
epilepsy /'epɪlepsɪ/ *n* epilessia *f*
epileptic /epɪ'leptɪk/ *adj* & *n* epilettico, -a *mf*
epilogue /'epɪlɒg/ *n* epilogo *m*
Epiphany /ɪ'pɪfənɪ/ *n* Epifania *f*
episode /'epɪsəʊd/ *n* episodio *m*
episodic /epɪ'sɒdɪk/ *adj* episodico
epistle /ɪ'pɪsl/ *n* literary epistola *f*
epitaph /'epɪtɑ:f/ *n* epitaffio *m*
epithet /'epɪθet/ *n* epiteto *m*

parola chiave

epitome /ɪˈpɪtəmɪ/ *n* epitome *f*
epitomize /ɪˈpɪtəmaɪz/ *vt* essere il classico esempio di
epoch /ˈiːpɒk/ *n* epoca *f*
epoch-making *adj* che fa epoca
eponymous /ɪˈpɒnɪməs/ *adj* eponimo
EQ *abbr* (**graphic equalizer**) EQ *m*
equable /ˈekwəbl/ *adj* ‹*climate*› temperato; ‹*temperament*› equilibrato
equably /ˈekwəblɪ/ *adv* con serenità
equal /ˈiːkwl/ **A** *adj* ‹*parts, amounts*› uguale; **of ~ height** della stessa altezza; **be ~ to the task** essere all'altezza del compito **B** *n* pari *m inv*; **treat somebody as an ~** trattare qualcuno da pari a pari **C** *vt* (*pt/pp* **equalled**) (be same in quantity as) essere pari a; (rival) uguagliare; **5 plus 5 ~s 10** 5 più 5 [è] uguale a 10
equality /ɪˈkwɒlətɪ/ *n* uguaglianza *f*
equalize /ˈiːkwəlaɪz/ *vi* Sport pareggiare
equalizer /ˈiːkwəlaɪzə(r)/ *n* Sport pareggio *m*; **get the ~** pareggiare
equally /ˈiːkwəlɪ/ *adv* ‹*divide*› in parti uguali; **~ intelligent** della stessa intelligenza; **~,...** allo stesso tempo ...
equal opportunities *npl* uguaglianza *f* dei diritti
Equal Opportunities Commission *n* BrE *commissione* (*f*) *per l'uguaglianza dei diritti nei rapporti di lavoro*
equal opportunity *attrib* ‹*legislation*› per l'uguaglianza dei diritti nei rapporti di lavoro; ‹*employer*› che applica l'uguaglianza dei diritti
equal rights *npl* parità *f* dei diritti
equals sign *n* segno *m* uguale
equanimity /ekwəˈnɪmətɪ/ *n* equanimità *f*
equate /ɪˈkweɪt/ *vt* **~ something with something** equiparare qualcosa a qualcosa
equation /ɪˈkweɪʒn/ *n* Math equazione *f*
equator /ɪˈkweɪtə(r)/ *n* equatore *m*
equatorial /ekwəˈtɔːrɪəl/ *adj* equatoriale
Equatorial Guinea *n* Guinea *f* Equatoriale
equestrian /ɪˈkwestrɪən/ *adj* equestre
equidistant /iːkwɪˈdɪstənt/ *adj* equidistante
equilateral /iːkwɪˈlætərəl/ *adj* equilatero
equilibrium /iːkwɪˈlɪbrɪəm/ *n* equilibrio *m*
equine /ˈekwaɪn/ *adj* ‹*disease, species*› equino; ‹*features*› cavallino
equinox /ˈiːkwɪnɒks/ *n* equinozio *m*
equip /ɪˈkwɪp/ *vt* (*pt/pp* **equipped**) equipaggiare; attrezzare ‹*kitchen, office*›
equipment /ɪˈkwɪpmənt/ *n* attrezzatura *f*
equitable /ˈekwɪtəbl/ *adj* giusto
equity /ˈekwətɪ/ *n* (justness) equità *f*; Comm azioni *fpl*
equity capital *n* Fin capitale *m* azionario
equity financing *n* Fin finanziamento *m* attraverso l'emissione di azioni
equity market *n* Fin mercato *m* azionario
equivalent /ɪˈkwɪvələnt/ **A** *adj* equivalente; **be ~ to** equivalere a **B** *n* equivalente *m*
equivocal /ɪˈkwɪvəkl/ *adj* equivoco
equivocate /ɪˈkwɪvəkeɪt/ *vi* parlare in modo equivoco, giocare sull'equivoco
equivocation /ɪkwɪvəˈkeɪʃn/ *n* affermazione *f* equivoca; **too much ~** troppi equivoci
era /ˈɪərə/ *n* età *f*; (geological) era *f*
eradicate /ɪˈrædɪkeɪt/ *vt* eradicare
erase /ɪˈreɪz/ *vt* cancellare
erase head *n* Comput testina *f* di cancellazione
eraser /ɪˈreɪzə(r)/ *n* gomma *f* [da cancellare]; (for blackboard) cancellino *m*
erasure /ɪˈreɪʒə(r)/ *n* (act) cancellazione *f*; (on paper) cancellatura *f*
erect /ɪˈrekt/ **A** *adj* eretto **B** *vt* erigere
erection /ɪˈrekʃn/ *n* erezione *f*
ergonomic /ɜːgəˈnɒmɪk/ *adj* ergonomico; ‹*seat*› anatomico
ergonomics /ɜːgəˈnɒmɪks/ *nsg* ergonomia *fsg*
Erie /ˈɪərɪ/ **n Lake ~** il lago Erie
Eritrea /erɪˈtreɪə/ *n* Eritrea *f*
ERM *n abbr* (**Exchange Rate Mechanism**) *sistema* (*m*) *di cambio dello SME*
ermine /ˈɜːmɪn/ *n* ermellino *m*
erode /ɪˈrəʊd/ *vt* ‹*water*› erodere; ‹*acid*› corrodere
erogenous /ɪˈrɒdʒɪnəs/ *adj* erogeno
erosion /ɪˈrəʊʒn/ *n* erosione *f*; (by acid) corrosione *f*
erotic /ɪˈrɒtɪk/ *adj* erotico
erotica /ɪˈrɒtɪkə/ *npl* (art) arte *f* erotica; (literature) letteratura *f* erotica; Cinema film *mpl* erotici
eroticism /ɪˈrɒtɪsɪzm/ *n* erotismo *m*
err /ɜː(r)/ *vi* errare; (sin) peccare
errand /ˈerənd/ *n* commissione *f*
errant /ˈerənt/ *adj* ‹*husband, wife*› infedele
erratic /ɪˈrætɪk/ *adj* irregolare; ‹*person, moods*› imprevedibile; ‹*exchange rate*› incostante
erroneous /ɪˈrəʊnɪəs/ *adj* erroneo
erroneously /ɪˈrəʊnɪəslɪ/ *adv* erroneamente
error /ˈerə(r)/ *n* errore *m*; **in ~** per errore
error message *n* Comput messaggio *m* di errore
ersatz /ˈɜːsæts/ *n* surrogato *m*; **~ tobacco** surrogato del tabacco
erudite /ˈerʊdaɪt/ *adj* erudito
erudition /erʊˈdɪʃn/ *n* erudizione *f*
erupt /ɪˈrʌpt/ *vi* eruttare; ‹*spots*› spuntare; fig (in anger) dare in escandescenze
eruption /ɪˈrʌpʃn/ *n* eruzione *f*; fig scoppio *m*
escalate /ˈeskəleɪt/ **A** *vi* intensificarsi **B** *vt* intensificare
escalation /eskəˈleɪʃn/ *n* escalation *f inv*

e

escalator /ˈeskəleɪtə(r)/ *n* scala *f* mobile
escapade /ˈeskəpeɪd/ *n* scappatella *f*
escape /ɪˈskeɪp/ **A** *n* fuga *f*; (from prison) evasione *f*; **have a narrow ~** cavarsela per un pelo
B *vi* ‹*prisoner*› evadere (**from** da); sfuggire (**from somebody** alla sorveglianza di qualcuno); ‹*animal*› scappare; ‹*gas*› fuoriuscire
C *vt* **~ notice** passare inosservato; **the name ~s me** mi sfugge il nome
escape chute *n* Aeron scivolo *m*
escape clause *n* clausola *f* di recesso
escapee /ɪskeɪˈpiː/ *n* evaso *m*
escape hatch *n* Naut portello *m* di sicurezza
escape key *n* tasto *m* escape
escape route *n* (for fugitives) itinerario *m* di fuga; (in case of fire etc) percorso *m* di emergenza
escapism /ɪˈskeɪpɪzm/ *n* evasione *f* dalla realtà
escapologist /eskəˈpɒlədʒɪst/ *n illusionista* (*mf*) *capace di liberarsi dalle catene*
escarpment /esˈkɑːpmənt/ *n* scarpata *f*
eschew /ɪsˈtʃuː/ *vt* evitare ‹*discussion*›; rifuggire ‹*temptation*›; rifuggire da ‹*violence*›
escort¹ /ˈeskɔːt/ *n* (of person) accompagnatore, -trice *mf*; Mil etc scorta *f*
escort² /ɪˈskɔːt/ *vt* accompagnare; Mil etc scortare
Eskimo /ˈeskɪməʊ/ *n* esquimese *mf*
esophagus /ɪˈsɒfəgəs/ *n* AmE **oesophagus**
esoteric /esəˈterɪk/ *adj* esoterico
ESP *n abbr* **1** (**extrasensory perception**) ESP *f* **2** (**English for Special Purposes**)
esp. *abbr* (**especially**) specialmente
especial /ɪˈspeʃl/ *adj* speciale
especially /ɪˈspeʃəlɪ/ *adv* specialmente; ‹*kind*› particolarmente
espionage /ˈespɪənɑːʒ/ *n* spionaggio *m*
espouse /ɪˈspaʊz/ *vt* abbracciare ‹*cause*›
espresso /eˈspresəʊ/ *n* (coffee) espresso *m*
Esq. *abbr* BrE (**Esquire**) **James McBride, ~** Egr. Sig. James McBride
essay /ˈeseɪ/ *n* saggio *m*; Sch tema *f*
essence /ˈesns/ *n* essenza *f*; **in ~** in sostanza
essential /ɪˈsenʃl/ **A** *adj* essenziale
B *n* **the ~s** *pl* l'essenziale *msg*
essentially /ɪˈsenʃəlɪ/ *adv* essenzialmente
essential oil *n* olio *m* essenziale
est *abbr* (**established**) fondato nel
EST *abbr* AmE (**Eastern Standard Time**) *ora* (*f*) *solare degli stati orientali dell'America settentrionale*
establish /ɪˈstæblɪʃ/ *vt* stabilire ‹*contact, lead*›; fondare ‹*firm*›; (prove) accertare; **~ oneself as** affermarsi come
established /ɪˈstæblɪʃt/ *adj* ‹*way of doing something, view*› generalmente accettato; ‹*company*› affidabile; ‹*brand*› riconosciuto; **a well ~ fact** un dato di fatto; **the ~ church** la religione di Stato
establishment /ɪˈstæblɪʃmənt/ *n* (firm) azienda *f*; **the E~** l'establishment *m*
estate /ɪˈsteɪt/ *n* tenuta *f*; (possessions) patrimonio *m*; (housing) quartiere *m* residenziale
estate agency *n* agenzia *f* immobiliare
estate agent *n* agente *mf* immobiliare
estate car *n* giardiniera *f*
estate duty *n* BrE imposta *f* di successione
esteem /ɪˈstiːm/ **A** *n* stima *f*
B *vt* stimare; (consider) giudicare
ester /ˈestə(r)/ *n* estere *m*
estimate¹ /ˈestɪmət/ *n* valutazione *f*; Comm preventivo *m*; **at a rough ~** a occhio e croce
estimate² /ˈestɪmeɪt/ *vt* stimare
estimated time of arrival /ˈestɪmeɪtɪd/ *n* ora *f* prevista di arrivo
estimation /estɪˈmeɪʃn/ *n* (esteem) stima *f*; **in my ~** (judgement) a mio giudizio
estimator /ˈestɪmeɪtə(r)/ *n* AmE *geometra* (*mf*) *che calcola quantità e costo di materiali da costruzione*
Estonia /ɪˈstəʊnɪə/ *n* Estonia *f*
estrange /ɪˈstreɪndʒ/ *vt* estraniare; **~d from somebody** separato da qualcuno; **her ~d husband** il marito da cui è separata
estrangement /ɪˈstreɪndʒmənt/ *n* disamoramento *m*
estuary /ˈestjʊərɪ/ *n* estuario *m*
ETA *n abbr* (**estimated time of arrival**) *ora* (*f*) *prevista di arrivo*
et al. /etˈæl/ *abbr* (**et alii**) e altri
etc. /etˈsetərə/ *abbr* (**et cetera**) ecc.
et cetera, etcetera /etˈsetərə/ *adv* eccetera
etch /etʃ/ *vt* incidere all'acquaforte; **~ed on her memory** fig impresso nella sua memoria
etching /ˈetʃɪŋ/ *n* acquaforte *f*
eternal /ɪˈtɜːnl/ *adj* eterno
eternal life *n* vita *f* eterna
eternally /ɪˈtɜːnəlɪ/ *adv* eternamente
eternal triangle *n* eterno triangolo *m*
eternity /ɪˈtɜːnətɪ/ *n* eternità
ether /ˈiːθə(r)/ *n* etere *m*
ethereal /ɪˈθɪərɪəl/ *adj* etereo
ethic /ˈeθɪk/ *n* etica *f*
ethical /ˈeθɪkl/ *adj* etico
ethical bank *n* banca *f* etica
ethics /ˈeθɪks/ *nsg* etica *fsg*
Ethiopia /iːθɪˈəʊpɪə/ *n* Etiopia *f*
ethnic /ˈeθnɪk/ *adj* etnico
ethnically /ˈeθnɪklɪ/ *adv* etnicamente
ethnic cleansing *n* epurazione *f* etnica
ethnic minority *n* minoranza *f* etnica

parola chiave

ethnology /eθˈnɒlədʒɪ/ *n* etnologia *f*
ethos /ˈiːθɒs/ *n* **company ~** filosofia *f* dell'azienda
e-ticket /ˈiːtɪkɪt/ *n* Comput biglietto *m* elettronico
etiquette /ˈetɪket/ *n* etichetta *f*
etymology /etɪˈmɒlədʒɪ/ *n* etimologia *f*
EU *n abbr* (**European Union**) UE *f*
eucalyptus /juːkəˈlɪptəs/ *n* eucalipto *m*
eugenics /juːˈdʒenɪks/ *nsg* eugenetica *fsg*
eulogize /ˈjuːlədʒaɪz/ **A** *vt* fare il panegirico di
B *vi* **~ over something** tessere le lodi di qualcosa
eulogy /ˈjuːlədʒɪ/ *n* elogio *m*
eunuch /ˈjuːnək/ *n* eunuco *m*
euphemism /ˈjuːfəmɪzm/ *n* eufemismo *m*
euphemistic /juːfəˈmɪstɪk/ *adj* eufemistico
euphemistically /juːfəˈmɪstɪklɪ/ *adv* eufemisticamente
euphoria /juːˈfɔːrɪə/ *n* euforia *f*
euphoric /juːˈfɒrɪk/ *adj* euforico
Eurasian /jʊˈreɪʒ(ə)n/ *adj* ‹*people, region*› eurasiatico
Euratom /jʊrˈætəm/ *n abbr* (**European Atomic Energy Community**) Euratom *f*
eurhythmics /jʊˈrɪðmɪks/ *nsg* ginnastica *fsg* ritmica
euro /ˈjʊərəʊ/ *n* euro *m inv*
Eurobond *n* eurobbligazione *f*
Eurocheque *n* eurochèque *m*
Eurocrat /ˈjʊərəʊkræt/ *n* eurocrate *mf*
Eurocurrency *n* eurovaluta *f*
Eurodollar *n* eurodollaro *m*
Euromarket *n* euromercato *m*
Euro-MP *n* eurodeputato, -a *mf*
Europe /ˈjʊərəp/ *n* Europa *f*
European /jʊərəˈpɪən/ *adj & n* europeo, -a *mf*
European Bank for Reconstruction and Development *n* Banca *f* Europea per la Ricostruzione e lo Sviluppo
European Commission *n* Commissione *f* Europea
European Community *n* Comunità *f* Europea
European Court of Human Rights *n* Corte *f* europea per i diritti dell'uomo
European Court of Justice *n* Corte *f* europea di giustizia
European Economic Community *n* Comunità *f* Economica Europea
European Free Trade Association *n* Associazione *f* Europea di Libero Scambio
European Health Insurance Card *n* Tessera *f* Europea Assicurazione Malattia
European Monetary System *n* Sistema *m* Monetario Europeo
European Monetary Union *n* Unione *f* Monetaria Europea
European Parliament *n* Parlamento *m* Europeo
European Union *n* Unione *f* Europea
Euro-sceptic *n* BrE euroscettico, -a *mf*
euthanasia /jʊθəˈneɪzɪə/ *n* eutanasia *f*
evacuate /ɪˈvækjʊeɪt/ *vt* evacuare ‹*building, area*›
evacuation /ɪvækjʊˈeɪʃn/ *n* evacuazione *f*
evacuee /ɪvækjʊˈiː/ *n* sfollato *m*
evade /ɪˈveɪd/ *vt* evadere ‹*taxes*›; evitare ‹*the enemy, authorities*›; **~ the issue** evitare l'argomento
evaluate /ɪˈvæljʊeɪt/ *vt* valutare
evaluation /ɪvæljʊˈeɪʃn/ *n* valutazione *f*, stima *f*
evangelical /iːvænˈdʒelɪkl/ *adj* evangelico
evangelist /ɪˈvændʒəlɪst/ *n* evangelista *mf*
evaporate /ɪˈvæpəreɪt/ *vi* evaporare; fig svanire
evaporated milk *n* latte *m* condensato
evaporation /ɪvæpəˈreɪʃn/ *n* evaporazione *f*
evasion /ɪˈveɪʒn/ *n* evasione *f*
evasive /ɪˈveɪsɪv/ *adj* evasivo
evasively /ɪˈveɪsɪvlɪ/ *adv* in modo evasivo
eve /iːv/ *n* literary vigilia *f*
even /ˈiːvn/ **A** *adj* (level) piatto; (same, equal) uguale; (regular) regolare; ‹*number*› pari; **get ~ with** vendicarsi di; **now we're ~** adesso siamo pari
B *adv* anche, ancora; **~ if** anche se; **~ so** con tutto ciò; **not ~** nemmeno; **~ bigger/hotter** ancora più grande/caldo
C *vt* **~ the score** Sport pareggiare
■ **even out** *vi* livellarsi
■ **even up** *vt* livellare
even-handed /-ˈhændɪd/ *adj* imparziale
evening /ˈiːvnɪŋ/ *n* sera *f*; (whole evening) serata *f*; **this ~** stasera; **in the ~** la sera
evening class *n* corso *m* serale
evening dress *n* (man's) abito *m* scuro; (woman's) abito *m* da sera
evening performance *n* spettacolo *m* serale
evening primrose *n* enotera *f*
evening star *n* Venere *f*
evenly /ˈiːvnlɪ/ *adv* ‹*distributed*› uniformemente; ‹*breathe*› regolarmente; ‹*divided*› in uguali parti
event /ɪˈvent/ *n* avvenimento *m*; (function) manifestazione *f*; Sport gara *f*; **in the ~ of** nell'eventualità di; **in the ~** alla fine
even-tempered /-ˈtempəd/ *adj* pacato
eventful /ɪˈventfʊl/ *adj* movimentato
eventing /ɪˈventɪŋ/ *n* BrE concorso *m* ippico completo
eventual /ɪˈventjʊəl/ *adj* **the ~ winner was...** alla fine il vincitore è stato ...
eventuality /ɪventjʊˈælətɪ/ *n* eventualità
eventually /ɪˈventjʊəlɪ/ *adv* alla fine; **~!**

finalmente!

ever /'evə(r)/ *adv* mai; **I haven't ~...** non ho mai ...; **for ~** per sempre; **hardly ~** quasi mai; **~ since** da quando; (since that time) da allora; **~ so** infml veramente

evergreen /'evəgri:n/ *n* sempreverde *m*

everlasting /evə'læstɪŋ/ *adj* eterno

every /'evrɪ/ *adj* ogni; **~ one** ciascuno; **~ other day** un giorno sì un giorno no

everybody /'evrɪbɒdɪ/ *pron* tutti *pl*

e

everyday /'evrɪdeɪ/ *adj* quotidiano, di ogni giorno

everyone /'evrɪwʌn/ *pron* tutti *pl*; **~ else** tutti gli altri

everyplace /'evrɪpleɪs/ *adv* AmE infml = **everywhere**

everything /'evrɪθɪŋ/ *pron* tutto; **~ else** tutto il resto

everywhere /'evrɪweə(r)/ *adv* dappertutto; (wherever) dovunque

evict /ɪ'vɪkt/ *vt* sfrattare

eviction /ɪ'vɪkʃn/ *n* sfratto *m*

evidence /'evɪdəns/ *n* evidenza *f*; Jur testimonianza *f*; **give ~** testimoniare

evident /'evɪdənt/ *adj* evidente

evidently /'evɪdəntlɪ/ *adv* evidentemente

evil /'i:vl/ **A** *adj* cattivo
B *n* male *m*

evil-smelling /-'smelɪŋ/ *adj* puzzolente

evocative /ɪ'vɒkətɪv/ *adj* evocativo; **be ~ of** evocare

evoke /ɪ'vəʊk/ *vt* evocare

evolution /i:və'lu:ʃn/ *n* evoluzione *f*

evolutionary /i:və'lu:ʃn(ə)rɪ/ *adj* evolutivo

evolve /ɪ'vɒlv/ **A** *vt* evolvere
B *vi* evolversi

ewe /ju:/ *n* pecora *f*

ex /eks/ *n* infml (former partner) ex *mf*

ex+ *pref* ex+

exacerbate /ɪg'sæsəbeɪt/ *vt* esacerbare ‹*situation*›

exact /ɪg'zækt/ **A** *adj* esatto
B *vt* esigere

exacting /ɪg'zæktɪŋ/ *adj* esigente

exactitude /ɪg'zæktɪtju:d/ *n* esattezza *f*

exactly /ɪg'zæktlɪ/ *adv* esattamente; **not ~** non proprio

exactness /ɪg'zæktnɪs/ *n* precisione *f*

exaggerate /ɪg'zædʒəreɪt/ *vt* & *vi* esagerare

exaggerated /ɪg'zædʒəreɪtɪd/ *adj* esagerato; **he has an ~ sense of his own importance** si crede chissà chi

exaggeration /ɪgzædʒə'reɪʃn/ *n* esagerazione *f*

exalt /ɪg'zɔ:lt/ *vt* elevare; (praise) vantare

exam /ig'zæm/ *n* esame *m*

examination /ɪgzæmɪ'neɪʃn/ *n* esame *m*; (of patient) visita *f*; (of wreckage) ispezione *f*

examination paper *n* testo *m* d'esame

examine /ɪg'zæmɪn/ *vt* esaminare; visitare ‹*patient*›

examinee /ɪgzæmɪ'ni:/ *n* esaminando *m*

examiner /ɪg'zæmɪnə(r)/ *n* Sch esaminatore, -trice *mf*

example /ɪg'zɑ:mpl/ *n* esempio *m*; **for ~** per esempio; **make an ~ of somebody** punire qualcuno per dare un esempio; **be an ~ to somebody** dare il buon esempio a qualcuno

exasperate /ɪg'zæspəreɪt/ *vt* esasperare

exasperation /ɪgzæspə'reɪʃn/ *n* esasperazione *f*

excavate /'ekskəveɪt/ *vt* scavare; Archaeol fare gli scavi di

excavation /ekskə'veɪʃn/ *n* scavo *m*

excavator /'ekskəveɪtə(r)/ *n* (machine) escavatrice *f*, escavatore *m*

exceed /ɪk'si:d/ *vt* eccedere

exceedingly /ɪk'si:dɪŋlɪ/ *adv* estremamente

excel /ɪk'sel/ *v* (*pt/pp* **excelled**) **A** *vi* eccellere
B *vt* **~ oneself** superare se stessi

excellence /'eksələns/ *n* eccellenza *f*

Excellency /'eksələnsɪ/ *n* (title) Eccellenza *f*

excellent /'eksələnt/ *adj* eccellente

excellently /'eksələntlɪ/ *adv* in modo eccellente

except /ɪk'sept/ **A** *prep* eccetto, tranne; **~ for** eccetto, tranne; **~ that ...** eccetto che ...
B *vt* eccettuare

excepting /ɪk'septɪŋ/ *prep* eccetto, tranne

exception /ɪk'sepʃn/ *n* eccezione *f*; **take ~ to** fare obiezioni a

exceptional /ɪk'sepʃənəl/ *adj* eccezionale

exceptionally /ɪk'sepʃənəlɪ/ *adv* eccezionalmente

excerpt /'eksɜ:pt/ *n* estratto *m*

excess /ɪk'ses/ *n* eccesso *m*; **in ~ of** oltre

excess baggage *n* bagaglio *m* eccedente

excess fare *n* supplemento *m*

excessive /ɪk'sesɪv/ *adj* eccessivo

excessively /ɪk'sesɪvlɪ/ *adv* eccessivamente

excess postage *n* soprattassa *f* postale

excess profits *npl* sovraprofitto *m*

exchange /ɪks'tʃeɪndʒ/ **A** *n* scambio *m*; Teleph centrale *f*; Comm cambio *m*; **[stock] ~** borsa *f* valori; **in ~** in cambio (**for** di)
B *vt* scambiare (**for** con), cambiare ‹*money*›; **~ views** scambiarsi i punti di vista; **~ contracts** fare il rogito
C *vi* (on house purchase) fare il rogito

exchange control *n* controllo *m* dei cambi

exchange controls *npl* misure *fpl* di controllo dei cambi

exchange rate *n* tasso *m* di cambio

Exchange Rate Mechanism *n* meccanismo *m* di cambio dello Sme

exchequer /ɪks'tʃekə(r)/ *n* Pol tesoro *m*

---

parola chiave

excise¹ /'eksaɪz/ *n* dazio *m*
excise² /ek'saɪz/ *vt* recidere
excise duty *n* dazio *m*
excitable /ɪk'saɪtəbl/ *adj* eccitabile
excite /ɪk'saɪt/ *vt* eccitare
excited /ɪk'saɪtɪd/ *adj* eccitato; **get ~** eccitarsi
excitedly /ɪk'saɪtɪdlɪ/ *adv* tutto eccitato
excitement /ɪk'saɪtmənt/ *n* eccitazione *f*
exciting /ɪk'saɪtɪŋ/ *adj* eccitante; ‹*story, film*› appassionante; ‹*holiday*› entusiasmante
excl. *abbr* (**excluding**) escluso
exclaim /ɪk'sleɪm/ *vt & vi* esclamare
exclamation /ekskləˈmeɪʃn/ *n* esclamazione *f*
exclamation mark, AmE **exclamation point** *n* punto *m* esclamativo
exclude /ɪk'sklu:d/ *vt* escludere
excluding /ɪk'sklu:dɪŋ/ *pron* escluso
exclusion /ɪk'sklu:ʒn/ *n* esclusione *f*
exclusion zone *n* zona *f* proibita
exclusive /ɪk'sklu:sɪv/ *adj* ‹*rights, club*› esclusivo; ‹*interview*› in esclusiva; **~ of...** ...escluso
exclusively /ɪk'sklu:sɪvlɪ/ *adv* esclusivamente
excommunicate /ekskəˈmjun:nɪkeɪt/ *vt* scomunicare
excrement /'ekskrɪmənt/ *n* escremento *m*
excreta /ɪk'skri:tə/ *npl* escrementi *mpl*
excrete /ɪk'skri:t/ *vt* espellere; secernere ‹*liquid*›
excretion /ɪk'skri:ʃn/ *n* (of animal, human) escremento *m*
excruciating /ɪk'skru:ʃɪeɪtɪŋ/ *adj* ‹*pain*› atroce; infml (very bad) spaventoso
excursion /ɪk'skɜ:ʃn/ *n* escursione *f*
excusable /ɪk'skju:zəbl/ *adj* perdonabile
excuse¹ /ɪk'skju:s/ *n* scusa *f*
excuse² /ɪk'skju:z/ *vt* scusare; **~ from** esonerare da; **~ me!** (to get attention) scusi!; (to get past) permesso!, scusi!; (indignant) come ha detto?
ex-directory *adj* **be ~** non figurare sull'elenco telefonico
exec /ɪg'zek/ *n abbr* AmE infml (**executive**) executive *mf*, dirigente *mf*
execrable /'eksɪkrəbl/ *adj* esecrabile
executable file /'eksɪkju:təbl/ *n* Comput eseguibile *m*
execute /'eksɪkju:t/ *vt* eseguire; (put to death) giustiziare; attuare ‹*plan*›
execution /eksɪ'kju:ʃn/ *n* esecuzione *f*; (of plan) attuazione *f*
executioner /eksɪ'kju:ʃənə(r)/ *n* boia *m inv*
executive /ɪg'zekjʊtɪv/ **A** *adj* esecutivo
B *n* dirigente *mf*; Pol esecutivo *m*
executive committee *n* comitato *m* esecutivo
executive director *n* direttore, -trice *mf* [esecutivo, -a]
executive jet *n* jet *m inv* privato
executive producer *n* Cinema direttore, -trice *mf* di produzione
executive secretary *n* segretario, -a *mf* di direzione
executor /ɪg'zekjʊtə(r)/ *n* Jur esecutore, -trice *mf*
exemplary /ɪg'zemplərɪ/ *adj* esemplare
exemplify /ɪg'zemplɪfaɪ/ *vt* (*pt/pp* **-ied**) esemplificare
exempt /ɪg'zempt/ **A** *adj* esente
B *vt* esentare (**from** da)
exemption /ɪg'zempʃn/ *n* esenzione *f*
exercise /'eksəsaɪz/ **A** *n* esercizio *m*; Mil esercitazione *f*; **physical ~s** ginnastica *f*; **take ~** fare del moto; **you need more ~** devi muoverti di più
B *vt* esercitare ‹*muscles, horse*›; portare a spasso ‹*dog*›; usare ‹*patience*›; mettere in pratica ‹*skills*›
C *vi* esercitarsi; **~ more** fare più moto
exercise bike *n* cyclette® *f inv*
exercise book *n* quaderno *m*
exert /ɪg'zɜ:t/ *vt* esercitare; **~ oneself** sforzarsi
exertion /ɪg'zɜ:ʃn/ *n* sforzo *m*
ex gratia /eks'greɪʃə/ *adj* ‹*award, payment*› a titolo di favore
exhale /eks'heɪl/ *vt & vi* esalare
exhaust /ɪg'zɔ:st/ *n* Auto scappamento *m*; (pipe) tubo *m* di scappamento
exhausted /ɪg'zɔ:stɪd/ *adj* esausto
exhaust fumes **A** *npl* fumi *mpl* di scarico *m*
B *vt* esaurire
exhausting /ɪg'zɔ:stɪŋ/ *adj* estenuante; ‹*climate, person*› sfibrante
exhaustion /ɪg'zɔ:stʃn/ *n* esaurimento *m*
exhaustive /ɪg'zɔ:stɪv/ *adj* fig esauriente
exhibit /ɪg'zɪbɪt/ **A** *n* oggetto *m* esposto; Jur reperto *m*
B *vt* esporre; fig dimostrare
exhibition /eksɪ'bɪʃn/ *n* mostra *f*; (of strength, skill) dimostrazione *f*
exhibition centre *n* palazzo *m* delle esposizioni
exhibitionist /eksɪ'bɪʃənɪst/ *n* esibizionista *mf*
exhibitor /ɪg'zɪbɪtə(r)/ *n* espositore, -trice *mf*
exhilarated /ɪg'zɪləreɪtɪd/ *adj* rallegrato
exhilarating /ɪg'zɪləreɪtɪŋ/ *adj* stimolante; ‹*mountain air*› tonificante
exhilaration /ɪgzɪlə'reɪʃn/ *n* allegria *f*
exhort /ɪg'zɔ:t/ *vt* esortare
exhume /ɪg'zju:m/ *vt* esumare
exile /'eksaɪl/ **A** *n* esilio *m*; (person) esule *mf*
B *vt* esiliare
exist /ɪg'zɪst/ *vi* esistere
existence /ɪg'zɪstəns/ *n* esistenza *f*; **in ~**

e

esistente; **be in ~** esistere

existential /egzɪ'stenʃ(ə)l/ *adj* esistenziale

existentialism /egzɪ'stenʃəlɪzm/ *n* esistenzialismo *m*

existing /ɪg'zɪstɪŋ/ *adj* ‹*policy, management, leadership*› attuale; ‹*laws, order*› vigente

exit /'eksɪt/ **A** *n* uscita *f*; Theat uscita *f* di scena **B** *vi* Theat uscire di scena; Comput uscire (**from** da)

exit sign *n* cartello *m* di uscita

e **exodus** /'eksədəs/ *n* esodo *m*

ex officio /eksə'fɪʃɪəʊ/ *adj* ‹*member*› di diritto

exonerate /ɪg'zɒnəreɪt/ *vt* esonerare

exorbitant /ɪg'zɔ:bɪtənt/ *adj* esorbitante

exorcise /'eksɔ:saɪz/ *vt* esorcizzare

exorcism /'eksɔ:sɪzm/ *n* esorcismo *m*

exorcist /'eksɔ:sɪst/ *n* esorcista *mf*

exotic /ɪg'zɒtɪk/ *adj* esotico

exotica /ɪg'zɒtɪkə/ *npl* oggetti *mpl* esotici

expand /ɪk'spænd/ **A** *vt* espandere; sviluppare ‹*economy*›
B *vi* espandersi; Comm svilupparsi; ‹*metal*› dilatarsi
■ **expand on** *vt* (explain better) approfondire

expandable /ɪk'spændəbl/ *adj* Comput ‹*memory*› espandibile

expanding /ɪk'spændɪŋ/ *adj* ‹*file*› a soffietto *inv*; ‹*population, sector*› in espansione; ‹*bracelet*› allungabile

expanse /ɪk'spæns/ *n* estensione *f*

expansion /ɪk'spænʃn/ *n* espansione *f*; Comm sviluppo *m*; (of metal) dilatazione *f*

expansion board, expansion card *n* Comput scheda *f* di espansione

expansionist /ɪk'spænʃənɪst/ *n & adj* espansionista *mf*

expansion slot *n* Comput fessura *f* [per la scheda] di espansione, slot *m* di espansione

expansive /ɪk'spænsɪv/ *adj* espansivo

expatriate /eks'pætrɪət/ *n* espatriato, -a *mf*

expect /ɪk'spekt/ *vt* aspettare ‹*letter, baby*›; (suppose) pensare; (demand) esigere; **I ~ so** penso di sì; **we ~ to arrive on Monday** contiamo di arrivare lunedì; **I didn't ~ that** questo non me lo aspettavo; **she ~s too much from him** pretende troppo da lui; **be ~ing** essere in stato interessante

expectancy /ɪk'spektənsɪ/ *n* aspettativa *f*

expectant /ɪk'spektənt/ *adj* in attesa; **~ mother** donna *f* incinta

expectantly /ɪk'spektəntlɪ/ *adv* con impazienza

expectation /ekspek'teɪʃn/ *n* aspettativa *f*, speranza *f*

expediency /ɪk'spi:dɪənsɪ/ *n* (appropriateness) opportunità *f*; (self-interest) opportunismo *m*

expedient /ɪk'spi:dɪənt/ **A** *adj* conveniente **B** *n* espediente *m*

expedite /'ekspɪdaɪt/ *vt* fml accelerare

expedition /ekspɪ'dɪʃn/ *n* spedizione *f*

expeditionary /ekspɪ'dɪʃənərɪ/ *adj* Mil di spedizione

expeditionary force *n* corpo *m* di spedizione

expel /ɪk'spel/ *vt* (*pt/pp* **expelled**) espellere

expend /ɪk'spend/ *vt* consumare

expendable /ɪk'spendəbl/ *adj* sacrificabile

expenditure /ɪk'spendɪtʃə(r)/ *n* spesa *f*

expense /ɪk'spens/ *n* spesa *f*; **business ~s** *pl* spese *fpl*; **at my ~** a mie spese; **at the ~ of** fig a spese di

expense account *n* conto *m* spese

expensive /ɪk'spensɪv/ *adj* caro, costoso

expensively /ɪk'spensɪvlɪ/ *adv* costosamente

experience /ɪk'spɪərɪəns/ **A** *n* esperienza *f* **B** *vt* provare ‹*sensation*›; avere ‹*problem*›

experienced /ɪk'spɪərɪənst/ *adj* esperto

experiment /ɪk'sperɪmənt/ **A** *n* esperimento **B** /ɪk'sperɪment/ *vi* sperimentare

experimental /ɪksperɪ'mentl/ *adj* sperimentale

experimentation /ɪksperɪmen'teɪʃn/ *n* sperimentazione *f*; **~ with drugs** esperienza *f* della droga

expert /'ekspɜ:t/ *adj & n* esperto, -a *mf*

expertise /ekspɜ:'ti:z/ *n* competenza *f*

expertly /'ekspɜ:tlɪ/ *adv* abilmente

expiate /'ekspɪeɪt/ *vt* espiare ‹*crime, sin*›; fare ammenda per ‹*guilt*›

expiration /ekspɪ'reɪʃn/ *n* (end, exhalation) espirazione *f*

expire /ɪk'spaɪə(r)/ *vi* scadere

expiry /ɪk'spaɪərɪ/ *n* scadenza *f*

expiry date *n* data *f* di scadenza

explain /ɪk'spleɪn/ *vt* spiegare
■ **explain away** *vt* (give reasons for) trovare delle giustificazioni per

explanation /eksplə'neɪʃn/ *n* spiegazione *f*

explanatory /ɪk'splænətərɪ/ *adj* esplicativo

expletive /ɪk'spli:tɪv/ *n* imprecazione *f*

explicit /ɪk'splɪsɪt/ *adj* esplicito

explicitly /ɪk'splɪsɪtlɪ/ *adv* esplicitamente

explode /ɪk'spləʊd/ **A** *vi* esplodere **B** *vt* fare esplodere

exploit¹ /'eksplɔɪt/ *n* impresa *f*

exploit² /ɪk'splɔɪt/ *vt* sfruttare

exploitation /eksplɔɪ'teɪʃn/ *n* sfruttamento *m*

exploitative /ɪk'splɔɪtətɪv/ *adj* inteso a sfruttare gli individui; ‹*attitude, system*› a carattere di sfruttamento

exploration /eksplə'reɪʃn/ *n* esplorazione *f*

exploratory /ɪk'splɒrətərɪ/ *adj* esplorativo

explore /ɪk'splɔ:(r)/ *vt* esplorare; fig studiare ‹*implications*›

explorer /ɪk'splɔ:rə(r)/ *n* esploratore, -trice *mf*

explosion /ɪk'spləʊʒn/ *n* esplosione *f*

explosive /ɪk'spləʊsɪv/ *adj & n* esplosivo *m*
exponent /ɪk'spəʊnənt/ *n* esponente *mf*
exponential /ekspə'nenʃəl/ *adj* esponenziale
export¹ /'ekspɔːt/ *n* esportazione *f*
export² /ek'spɔːt/ *vt* esportare
export agent *n* esportatore, -trice *mf*
export control *n* controllo *m* delle esportazioni
export credit *n* credito *m* all'esportazione
export drive *n* campagna *f* di esportazione
export duty *n* tassa *f* di esportazione
export earnings *npl* ricavato *m* delle esportazioni
exporter /ek'spɔːtə(r)/ *n* esportatore, -trice *mf*
export finance *n* finanziamento *m* delle esportazioni
export-import company *n* azienda di import-export
export licence *n* licenza *f* di esportazione
export market *n* mercato *m* delle esportazioni
export trade *n* commercio *m* di esportazione
expose /ɪk'spəʊz/ *vt* esporre; ‹*reveal*› svelare; smascherare ‹*traitor etc*›
exposé /ɪk'spəʊzeɪ/ *n* (of scandal) rivelazioni *fpl*
exposition /ekspə'zɪʃn/ *n* (of facts) esposizione *f*
exposure /ɪk'spəʊʒə(r)/ *n* esposizione *f*; Med espozione *f* prolungata al freddo/caldo; (of crimes) smascheramento *m*; **24 ~s** Phot 24 pose
exposure meter *n* Phot esposimetro *m*
exposure time *n* Phot tempo *m* di esposizione
expound /ɪk'spaʊnd/ *vt* esporre
express /ɪk'spres/ **A** *adj* espresso
B *adv* ‹*send*› per espresso
C *n* (train) espresso *m*
D *vt* esprimere; **~ oneself** esprimersi
expression /ɪk'spreʃn/ *n* espressione *f*
expressionless /ɪk'spreʃənlɪs/ *adj* ‹*tone, voice*› distaccato; ‹*playing*› piatto; ‹*eyes, face*› inespressivo
expressive /ɪk'spresɪv/ *adj* espressivo
expressively /ɪk'spresɪvlɪ/ *adv* espressamente
express lane *n* corsia *f* a scorrimento veloce
expulsion /ɪk'spʌlʃn/ *n* espulsione *f*
expurgate /'ekspəgeɪt/ *vt* espurgare
exquisite /ek'skwɪzɪt/ *adj* squisito
exquisitely /ek'skwɪzɪtlɪ/ *adv* ‹*dressed, written*› in modo elegante e raffinato; **~ beautiful** di una bellezza fine
ex-serviceman /'sɜːvɪsmən/ *n* ex-combattente *m*
ex-servicewoman /'sɜːvɪswʊmən/ *n* ex-combattente *f*
extant /ɪk'stænt/ *adj* ancora esistente
extempore /ɪk'stempərɪ/ *adv* ‹*speak*› senza preparazione
extend /ɪk'stend/ **A** *vt* prolungare ‹*visit, road*›; prorogare ‹*visa, contract*›; ampliare ‹*building, knowledge*›; (stretch out) allungare; tendere ‹*hand*›
B *vi* ‹*garden, knowledge*› estendersi
extendable /ɪk'stendəbl/ *adj* (cable) allungabile; ‹*contract*› prorogabile
extension /ɪk'stenʃn/ *n* prolungamento *m*; (of visa, contract) proroga *f*; (of treaty) ampliamento *m*; (part of building) annesso *m*; (length of cable) prolunga *f*; Teleph interno *m*; **~ 226** interno 226; (hair) **~s** le extension
extension ladder *n* scala *f* allungabile
extension lead *n* Electr prolunga *f*
extensive /ɪk'stensɪv/ *adj* ampio, vasto
extensively /ɪk'stensɪvlɪ/ *adv* ampiamente
extent /ɪk'stent/ *n* (scope) portata *f*; **to a certain ~** fino a un certo punto; **to such an ~ that ...** fino al punto che ...
extenuating /ɪk'stenjʊeɪtɪŋ/ *adj* **~ circumstances** attenuanti *fpl*
exterior /ɪk'stɪərɪə(r)/ *adj & n* esterno *m*
exterminate /ɪk'stɜːmɪneɪt/ *vt* sterminare
extermination /ɪkstɜːmɪ'neɪʃn/ *n* sterminio *m*
external /ɪk'stɜːnl/ *adj* esterno; **for ~ use only** Med per uso esterno
externalize /ɪk'stɜːnəlaɪz/ *vt* esteriorizzare
externally /ɪk'stɜːnəlɪ/ *adv* esternamente
externals /ɪk'stɜːn(ə)lz/ *npl* apparenze *fpl*
extinct /ɪk'stɪŋkt/ *adj* estinto
extinction /ɪk'stɪŋkʃn/ *n* estinzione *f*
extinguish /ɪk'stɪŋgwɪʃ/ *vt* estinguere
extinguisher /ɪk'stɪŋgwɪʃə(r)/ *n* estintore *m*
extol /ɪk'stəʊl/ *vt* (*pt/pp* **extolled**) lodare
extort /ɪk'stɔːt/ *vt* estorcere
extortion /ɪk'stɔːʃn/ *n* estorsione *f*
extortionate /ɪk'stɔːʃənət/ *adj* esorbitante
extra /'ekstrə/ **A** *adj* in più; ‹*train*› straordinario; **an ~ £10** 10 sterline extra, 10 sterline in più
B *adv* in più; (especially) più; **pay ~** pagare in più, pagare extra; **~ strong/busy** fortissimo/occupatissimo
C *n* Theat comparsa *f*; **~s** *pl* extra *mpl*
extra charge *n* supplemento *m*; **at no ~** senza ulteriori spese
extract¹ /'ekstrækt/ *n* estratto *m*
extract² /ɪk'strækt/ *vt* estrarre ‹*tooth, oil*›; strappare ‹*secret*›; ricavare ‹*truth*›
extraction /ɪk'strækʃn/ *n* (process) estrazione *f*; **of French ~** di origine francese
extractor /ik'stræktə(r)/, **extractor fan** *n* aspiratore *m*
extra-curricular /-kə'rɪkjʊlə(r)/ *adj* extrascolastico
extradite /'ekstrədaɪt/ *vt* Jur estradare

e

extradition /ekstrə'dɪʃn/ *n* estradizione *f*
extra-dry *adj* ‹*sherry, wine*› extra dry *inv*
extra-fast *adj* ultrarapido
extra-large *adj* ‹*pullover, shirt*› extra large *inv*
extramarital /ekstrə'mærɪtəl/ *adj* extraconiugale
extramural /ekstrə'mjʊərəl/ *adj* BrE Univ ‹*course, lecture*› organizzato dall'università e aperto a tutti
extraneous /ɪk'streɪnɪəs/ *adj* (not essential) inessenziale; ‹*issue, detail*› superfluo
extraordinarily /ɪk'strɔːdɪnərɪlɪ/ *adv* straordinariamente
extraordinary /ɪk'strɔːdɪnərɪ/ *adj* straordinario
extrapolate /ɪk'stræpəleɪt/ *vt* arguire; Math estrapolare
extrasensory perception /ekstrə'sensərɪ/ *n* percezione *f* extrasensoriale
extra-special *adj* eccezionale
extra-strong *adj* ‹*thread*› robustissimo; ‹*coffee*› fortissimo; ‹*disinfectant, weed killer*› potentissimo; ‹*paper*› ultraresistente *inv*
extraterrestrial /ekstrətɪ'restrɪəl/ *n* & *adj* extraterrestre *mf*
extra time *n* tempo *m* supplementare; **play ~** giocare i tempi supplementari
extravagance /ɪk'strævəgəns/ *n* (with money) prodigalità *f*; (of behaviour) stravaganza *f*
extravagant /ɪk'strævəgənt/ *adj* spendaccione; (bizarre) stravagante; ‹*claim*› esagerato
extravagantly /ɪk'strævəgəntlɪ/ *adv* dispendiosamente
extravaganza /ɪkstrævə'gænzə/ *n* rappresentazione *f* spettacolare
extra virgin olive oil *n* olio *m* extravergine d'oliva
extreme /ɪk'striːm/ **A** *adj* estremo
B *n* estremo *m*; **in the ~** al massimo
extremely /ɪk'striːmlɪ/ *adv* estremamente
extreme sports *npl* sport *mpl* estremi
extremism /ɪk'striːmɪzm/ *n* estremismo *m*
extremist /ɪk'striːmɪst/ *n* estremista *mf*
extremity /ɪk'stremətɪ/ *n* (end) estremità *f*
extricate /'ekstrɪkeɪt/ *vt* districare
extrovert /'ekstrəvɜːt/ *n* estroverso, -a *mf*
exuberance /ɪg'zjuːbərəns/ *n* esuberanza *f*
exuberant /ɪg'zjuːbərənt/ *adj* esuberante
exude /ɪg'zjuːd/ *vt* also fig trasudare
exult /ɪg'zʌlt/ *vi* esultare
exultant /ɪg'zʌltənt/ *adj* esultante; ‹*cry*› di esultanza
exultantly /ɪg'zʌltəntlɪ/ *adv* con esultanza
ex-works *adj* ‹*price, value*› franco fabbrica
eye /aɪ/ **A** *n* occhio *m*; (of needle) cruna *f*; **keep an ~ on** tener d'occhio; **see ~ to ~** aver le stesse idee
B *vt* (*pt/pp* **eyed**, *pres p* **ey[e]ing**) guardare
■ **eye up** *vt* adocchiare ‹*somebody*›
eyeball *n* bulbo *m* oculare
eyebath *n* bagno *m* oculare
eyebrow *n* sopracciglio *m* (*pl* sopracciglia *f*)
eyebrow pencil *n* matita *f* per le sopracciglia
eye-catching /'aɪkætʃɪŋ/ *adj* che attira l'attenzione
eye contact *n* **avoid ~ with somebody** evitare di incrociare lo sguardo di qualcuno; **try to make ~ with somebody** tentare di incrociare lo sguardo di qualcuno
eye drops *npl* collirio *m*
eyeful /'aɪfʊl/ *n* **get an ~ (of something)** avere gli occhi pieni (di qualcosa); infml (good look) lustrarsi la vista
eyeglass *n* (monocle) monocolo *m*
eyeglasses *npl* AmE occhiali *mpl* [da vista]
eyelash *n* ciglio *m* (*pl* ciglia *f*)
eyelet /'aɪlɪt/ *n* occhiello *m*
eye-level *adj* ‹*grill, shelf*› all'altezza degli occhi
eyelid *n* palpebra *f*
eye liner *n* eye liner *m inv*
eye make-up *n* trucco *m* per gli occhi
eye-opener *n* rivelazione *f*
eyepatch *n* benda *f* per gli occhi
eye-shade *n* visiera *f*
eyeshadow *n* ombretto *m*
eyesight *n* vista *f*
eyesore *n* infml pugno *m* nell'occhio
eye strain *n* affaticamento *m* degli occhi
eye test *n* esame *m* della vista
eyewash *n* bagno *m* oculare; fig (nonsense) fumo *m* negli occhi
eyewitness testimone *mf* oculare
eyrie /'ɪərɪ/ *n* nido *m* [d'aquila]
e-zine /'iːziːn/ *n* Comput e-zine *f inv*

parola chiave

Ff

f, F /ef/ *n* (letter) f, F *f inv*; Mus fa *m inv*
F *abbr* (**Fahrenheit**) F
FA *n abbr* BrE (**Football Association**) associazione *f* calcistica britannica, ≈ FIGC *f*
fable /'feɪbl/ *n* favola *f*
fabric /'fæbrɪk/ *n* also fig tessuto *m*
fabricate /'fæbrɪkeɪt/ *vt* fabbricare; inventare ‹*story*›
fabrication /fæbrɪkeɪʃn/ *n* invenzione *f*; (manufacture) fabbricazione *f*
fabric softener /sɒfnə(r)/ *n* ammorbidente *m*
fabulous /'fæbjʊləs/ *adj* infml favoloso
façade /fə'sɑ:d/ *n* (of building, person) facciata *f*
face /feɪs/ **A** *n* faccia *f*, viso *m*; (grimace) smorfia *f*; (surface) faccia *f*; (of clock) quadrante *m*; **pull ~s** far boccacce; **in the ~ of** di fronte a; **on the ~ of it** in apparenza
B *vt* essere di fronte a; (confront) affrontare; **~ north** ‹*house*› dare a nord; **~ the fact that** arrendersi al fatto che
■ **face up to** *vt* accettare ‹*facts*›; affrontare ‹*person*›
face flannel *n* ≈ guanto *m* di spugna
faceless /'feɪslɪs/ *adj* anonimo
facelift /'feɪslɪft/ *n* plastica *f* facciale
face mask *n* (cosmetic) maschera *f* viso
face pack *n* maschera *f* di bellezza
face powder *n* cipria *f*
face saving *adj* ‹*plan, solution*› per salvare la faccia
facet /'fæsɪt/ *n* sfaccettatura *f*; fig aspetto *m*
facetious /fə'si:jəs/ *adj* spiritoso; **~ remarks** spiritosaggini *mpl*
face to face **A** *adj* ‹*meeting*› a quattr'occhi
B *adv* ‹*be seated*› faccia a faccia; **meet somebody ~ to ~** avere un incontro a quattr'occhi con qualcuno; **come ~ to ~ with** trovarsi di fronte a
face value *n* (of money) valore *m* nominale; **take someone/something at ~** fermarsi alle apparenze
facial /'feɪʃl/ **A** *adj* facciale
B *n* trattamento *m* di bellezza al viso
facile /'fæsaɪl/ *adj* semplicistico
facilitate /fə'sɪlɪteɪt/ *vt* rendere possibile; (make easier) facilitare
facilitator /fə'sɪlɪteɪtə(r)/ *n* mediatore *m*
facility /fə'sɪlətɪ/ *n* facilità *f*; **facilities** *pl* (of area, in hotel etc) attrezzature *fpl*; **credit facilities** *pl* facilitazioni *fpl* di pagamento
facing /'feɪsɪŋ/ *prep* **~ the sea** ‹*house*› che dà sul mare; **the person ~ me** la persona di fronte a me
facsimile /fæk'sɪməlɪ/ *n* facsimile *m*
fact /fækt/ *n* fatto *m*; **in ~** infatti
fact finding *adj* ‹*mission, tour, trip*› di inchiesta
faction /'fækʃn/ *n* fazione *f*
factional /'fækʃnəl/ *adj* ‹*leader, activity*› di una fazione; ‹*fighting, arguments*› tra fazioni
factor /'fæktə(r)/ *n* fattore *m*
factory /'fæktərɪ/ *n* fabbrica *f*
factory farming *n* allevamento *m* su scala industriale
factory floor *n* (place) reparto *m* produzione; (workers) operai *mpl*
factory inspector *n* verificatore, -trice *mf*
factory made *adj* prodotto in fabbrica
factory shop *n negozio (m) di vendita diretta dalla fabbrica al consumatore*
factory unit *n* unità *f* di produzione
factory worker *n* operaio, -a *mf*
fact sheet *n* (one issue) prospetto *m* illustrativo; (periodical) bollettino *m* d'informazione
factual /'fæktʃʊəl/ *adj* **be ~** attenersi ai fatti
factually /'fæktʃʊəlɪ/ *adv* ‹*inaccurate*› dal punto di vista dei fatti
faculty /'fækəltɪ/ *n* facoltà *f*
fad /fæd/ *n* capriccio *m*
faddish /'fædɪʃ/ *adj* ‹*person*› sempre in preda a una nuova mania
fade /feɪd/ *vi* sbiadire; ‹*sound, light*› affievolirsi; ‹*flower*› appassire
■ **fade away** *vi* ‹*sound*› affievolirsi; (dying person) spegnersi
■ **fade in** *vt* cominciare in dissolvenza ‹*picture*›
■ **fade out** *vt* finire in dissolvenza ‹*picture*›
faded /'feɪdɪd/ *adj* ‹*clothing, carpet, colour*› sbiadito; ‹*flower, beauty*› appassito; ‹*glory*› svanito
faeces /'fi:si:z/ *npl* feci *fpl*
fag /fæg/ *n* (chore) fatica *f*; infml (cigarette) sigaretta *f*; AmE sl (homosexual) frocio *m*
fag end *n* infml mozzicone *m* di sigaretta, cicca *f*; (of day, decade, conversation) fine *f*; (of material) scampolo *m*
fagged /fægd/ *adj* **~ out** infml stanco morto
faggot /'fægət/ *n* (meatball) polpetta *f* di carne; (firewood) fascina *f*

Fahrenheit /ˈfærənhaɪt/ *adj* Fahrenheit

fail /feɪl/ **A** *n* **without ~** senz'altro
B *vi* ‹*attempt*› fallire; ‹*eyesight, memory*› indebolirsi; ‹*engine, machine*› guastarsi; ‹*marriage*› andare a rotoli; (in exam) essere bocciato; **~ to do something** non fare qualcosa; **I tried but I ~ed** ho provato ma non ci sono riuscito; **a ~ed politician** un politico fallito
C *vt* non superare ‹*exam*›; bocciare ‹*candidate*›; (disappoint) deludere; **words ~ me** mi mancano le parole; **unless my memory ~s me** se la memoria non mi tradisce

failing /ˈfeɪlɪŋ/ **A** *n* difetto *m*
B *prep* **~ that** altrimenti

fail-safe *adj* ‹*device, system*› di sicurezza

failure /ˈfeɪljə(r)/ *n* fallimento *m*; (mechanical) guasto *m*; (person) incapace *mf*

faint /feɪnt/ **A** *adj* leggero; ‹*memory*› vago; **feel ~** sentirsi mancare
B *n* svenimento *m*
C *vi* svenire

faint-hearted /-ˈhɑːtɪd/ *adj* timido

fainting fit /ˈfeɪntɪŋ/ *n* svenimento *m*

faintly /ˈfeɪntlɪ/ *adv* (slightly) leggermente

faintness /ˈfeɪntnɪs/ *n* (physical) debolezza *f*

fair¹ /feə(r)/ *n* fiera *f*

fair² **A** *adj* ‹*hair, person*› biondo; ‹*skin*› chiaro; ‹*weather*› bello; (just) giusto; (quite good) discreto; Sch abbastanza bene; **a ~ amount** abbastanza
B *adv* **play ~** fare un gioco pulito

fair copy *n* bella copia *f*

fairground /ˈfeəgraʊnd/ *n* luna park *m inv*

fair-haired *adj* dai capelli chiari

fairly /ˈfeəlɪ/ *adv* con giustizia; (rather) discretamente, abbastanza

fair-minded /feəˈmaɪndɪd/ *adj* equo

fairness /ˈfeənɪs/ *n* giustizia *f*

fair play *n* fair play *m inv*

fair skinned /-ˈskɪnd/ *adj* di carnagione chiara

fair trade *n* commercio *m* equo e solidale, commercio *m* equosolidale

fairway *n* Naut via *f* d'acqua navigabile; (in golf) fairway *m inv*

fair weather friend *n* derog amico *m* finché tutto va bene

fairy /ˈfeərɪ/ *n* fata *f*; **good ~** fata [buona]; **wicked ~** strega *f*

fairy godmother *n* fata *f* buona

fairy lights *npl* BrE lampadine *fpl* colorate

fairy story, fairy-tale *n* fiaba *f*

faith /feɪθ/ *n* fede *f*; (trust) fiducia *f*; **in good/bad ~** in buona/mala fede

faithful /ˈfeɪθfl/ *adj* fedele

faithfully /ˈfeɪθfʊlɪ/ *adv* fedelmente; **yours ~** distinti saluti

faithfulness /ˈfeɪθfʊlnɪs/ *n* fedeltà *f*

faith healer /-hiːlə(r)/ *n* guaritore, -trice *mf*

faith healing *n* guarigione *f* per fede

faithless /ˈfeɪθlɪs/ *adj* ‹*friend, servant*› sleale; ‹*husband*› infedele

faith school *n* insegnamento *m* religioso

fake /feɪk/ **A** *adj* falso
B *n* falsificazione *f*; (person) impostore *m*
C *vt* falsificare; (pretend) fingere

falcon /ˈfɔːlkən/ *n* falcone *m*

Falklands /ˈfɔːlkləndz/ *npl* le isole Falkland, le isole Malvine

fall /fɔːl/ **A** *n* caduta *f*; (in prices) ribasso *m*; AmE (autumn) autunno *m*; **have a ~** fare una caduta
B *vi* (*pt* **fell**, *pp* **fallen**) cadere; ‹*night*› scendere; **~ in love** innamorarsi
- **fall about** *vi* (with laughter) morire dal ridere
- **fall apart** *vi* ‹*table, car, house*› cadere a pezzi; ‹*shoes*› rompersi; fig ‹*person*› crollare
- **fall back** *vi* indietreggiare; ‹*army*› ritirarsi
- **fall back on** *vt* ritornare su
- **fall behind** *vi* rimanere indietro; **~ behind with** BrE *or* **in** AmE essere indietro con ‹*work, project, payments*›
- **fall down** *vi* cadere; ‹*building*› crollare
- **fall for** *vt* infml innamorarsi di ‹*person*›; cascarci ‹*something, trick*›
- **fall in** *vi* caderci dentro; (collapse) crollare; Mil mettersi in riga; **~ in with** concordare con ‹*suggestion, plan*›
- **fall off** *vi* cadere; (diminish) diminuire
- **fall open** *vi* ‹*book*› aprirsi (cadendo); ‹*robe*› aprirsi
- **fall out** *vi* (quarrel) litigare; **his hair is ~ing out** perde i capelli
- **fall over** *vi* cadere
- **fall through** *vi* ‹*plan*› andare a monte

fallacious /fəˈleɪʃəs/ *adj* fallace

fallacy /ˈfæləsɪ/ *n* errore *m*

fallible /ˈfæləbl/ *adj* fallibile

Fallopian tube /fəˈləʊpɪən/ *n* tromba *f* di Falloppio

fallout /ˈfɔːlaʊt/ *n* pioggia *f* radioattiva

fallout shelter *n* rifugio *m* antiatomico

fallow /ˈfæləʊ/ *adj* **lie ~** essere a maggese

false /fɔːls/ *adj* falso

false alarm *n* falso allarme *m*

false bottom *n* doppio fondo *m*

falsehood /ˈfɔːlshʊd/ *n* menzogna *f*

falsely /ˈfɔːlslɪ/ *adv* falsamente

falseness /ˈfɔːlsnɪs/ *n* falsità *f*

false pretences *npl* **under ~** sotto false spoglie; Jur con la frode

false start *n* Sport falsa partenza *f*

false teeth *npl* dentiera *f*

falsetto /fɔːlˈsetəʊ/ **A** *n* (voice) falsetto *m inv*
B *adj* in falsetto

falsification /fɔːlsɪfɪˈkeɪʃn/ *n* (of document, figures) falsificazione *f*; (of truth, facts) deformazione *f*

---

parola chiave

falsify /'fɔ:lsɪfaɪ/ *vt* (*pt/pp* **-ied**) falsificare
falsity /'fɔ:lsətɪ/ *n* falsità *f*
falter /'fɔ:ltə(r)/ *vi* vacillare; (making speech) esitare
faltering /'fɔ:ltərɪŋ/ *adj* ‹*economy*› vacillante; ‹*voice*› esitante
fame /feɪm/ *n* fama *f*
famed /feɪmd/ *adj* rinomato
familiar /fə'mɪljə(r)/ *adj* familiare; **be ~ with** (know) conoscere; **become too ~** prendersi troppe confidenze
familiarity /fəmɪlɪ'ærətɪ/ *n* familiarità *f*
familiarize /fə'mɪlɪəraɪz/ *vt* familiarizzare; **~ oneself with something** familiarizzarsi con qualcosa
family /'fæmɪlɪ/ *n* famiglia *f*
family allowance *n* assegni *mpl* familiari
family circle *n* (group) cerchia *f* familiare; AmE Theat seconda galleria *f*
family doctor *n* medico *m* di famiglia
family life *n* vita *f* familiare
family name *n* cognome *m*
family planning *n* pianificazione *f* familiare
family tree *n* albero *m* genealogico
family unit *n* nucleo *m* familiare
famine /'fæmɪn/ *n* carestia *f*
famished /'fæmɪʃt/ *adj* **be ~** infml avere una fame da lupo
famous /'feɪməs/ *adj* famoso
fan¹ /fæn/ **A** *n* ventilatore *m*; (handheld) ventaglio *m*
B *vt* (*pt/pp* **fanned**) far vento a; **~ oneself** sventagliarsi; fig **~ the flames** soffiare sul fuoco
■ **fan out** *vi* spiegarsi a ventaglio
fan² *n* (admirer) ammiratore, -trice *mf*, fan *mf*; Sport tifoso, -a *mf*; (of Verdi etc) appassionato, -a *mf*
fanatic /fə'nætɪk/ *n* fanatico, -a *mf*
fanatical /fə'nætɪkl/ *adj* fanatico
fanatically /fə'nætɪklɪ/ *adv* con fanatismo
fanaticism /fə'nætɪsɪzm/ *n* fanatismo *m*
fan belt *n* cinghia *f* della ventola
fanciful /'fænsɪfl/ *adj* fantasioso
fancy /'fænsɪ/ **A** *n* fantasia *f*; **I've taken a real ~ to him** mi è molto simpatico; **as the ~ takes you** come ti pare
B *adj* fantasia *inv*
C *vt* (believe) credere; infml (want) aver voglia di; **he fancies you** infml gli piaci; **~ that!** ma guarda un po'!
fancy dress *n* costume *m*
fancy dress party *n* festa *f* mascherata
fanfare /'fænfeə(r)/ *n* fanfara *f*
fang /fæŋ/ *n* zanna *f*; (of snake) dente *m*
fan heater *n* termoventilatore *m*
fanlight *n* lunetta *f*
fan mail *n* posta *f* dei fan
fantasize /'fæntəsaɪz/ *vi* fantasticare
fantastic /fæn'tæstɪk/ *adj* fantastico
fantasy /'fæntəsɪ/ *n* fantasia *f*
fanzine /'fænzi:n/ *n* fanzine *f inv*
FAQ *abbr* (**frequently asked questions**) FAQ *fpl*
far /fɑ:(r)/ **A** *adv* lontano; (much) molto; **by ~** di gran lunga; **~ away** lontano; **as ~ as the church** fino alla chiesa; **how ~ is it from here?** quanto dista da qui?; **as ~ as I know** per quanto io sappia
B *adj* ‹*end, side*› altro; **the F~ East** l'Estremo Oriente *m*; **in the ~ distance** in lontananza
faraway /'fɑ:rəweɪ/ *adj* ‹*land*› lontano; ‹*look*› assente
farce /fɑ:s/ *n* farsa *f*
farcical /'fɑ:sɪkl/ *adj* ridicolo
fare /feə(r)/ *n* tariffa *f*; (food) vitto *m*
fare dodger /-dɒdʒə(r)/ *n* passeggero, -a *mf* senza biglietto
farewell /feə'wel/ **A** *int* literary addio!
B *n* addio *m*; **~ dinner** cena *f* d'addio
far-fetched /-'fetʃt/ *adj* improbabile
far flung /-'flʌŋ/ *adj* (remote) remoto; (widely distributed) sparpagliato; ‹*network*› esteso
farm /fɑ:m/ **A** *n* fattoria *f*, azienda *f* agricola
B *vi* fare l'agricoltore
C *vt* coltivare ‹*land*›
■ **farm out** *vt* dare in appalto ‹*work*›
farmer /'fɑ:mə(r)/ *n* agricoltore *m*
farmers' market *n vendita* (*f*) *diretta dal produttore agricolo al consumatore*
farmhand /'fɑ:mhænd/ *n* bracciante *m*
farmhouse /'fɑ:mhaʊs/ *n* casa *f* colonica
farming /'fɑ:mɪŋ/ *n* agricoltura *f*
farm produce *n* prodotto *m* agricolo
farmyard /'fɑ:mjɑ:d/ *n* aia *f*
far off *adj* lontano
far-reaching /-'ri:tʃɪŋ/ *adj* ‹*programme, plan, proposal*› di larga portata; ‹*effect, implication, change*› notevole
far-sighted /-'saɪtɪd/ *adj* ‹*policy*› lungimirante; AmE (long-sighted) presbite
fart /fɑ:t/ infml **A** *n* scoreggia *f*
B *vi* scoreggiare
farther /'fɑ:ðə(r)/ **A** *adv* più lontano
B *adj* **at the ~ end of** all'altra estremità di
farthest /'fɑ:ðɪst/ *adj & adv* = **furthest**
fascia /'feɪʃiə/ *n* BrE (dashboard) cruscotto *m*; (for mobile phone) guscio *m*
fascinate /'fæsɪneɪt/ *vt* affascinare
fascinating /'fæsɪneɪtɪŋ/ *adj* affascinante
fascination /fæsɪ'neɪʃn/ *n* fascino *m*
fascism /'fæʃɪzm/ *n* fascismo *m*
fascist /'fæʃɪst/ *adj & n* fascista *mf*
fashion /'fæʃn/ **A** *n* moda *f*; (manner) maniera *f*; **in ~** di moda; **out of ~** non più di moda
B *vt* modellare

f

fashionable /ˈfæʃ(ə)nəbl/ *adj* di moda; **be ~** essere alla moda
fashionably /ˈfæʃ(ə)nəblɪ/ *adv* alla moda
fashion designer *n* stilista *mf*
fashion house *n* casa *f* di moda
fashion model *n* indossatore, -trice *mf*, modello, -a *mf*
fashion show *n* sfilata *f* di moda
fast¹ /fɑːst/ **A** *adj* veloce; ‹*colour*› indelebile; **be ~** ‹*clock*› andare avanti
B *adv* velocemente; (firmly) saldamente; **~er!** più in fretta!; **be ~ asleep** dormire profondamente
fast² **A** *n* digiuno *m*
B *vi* digiunare
fasten /ˈfɑːsn/ **A** *vt* allacciare; chiudere ‹*window*›; (stop flapping) mettere un fermo a
B *vi* allacciarsi
fastener /ˈfɑːsnə(r)/, **fastening** /ˈfɑːsnɪŋ/ *n* chiusura *f*
fast food **A** *n* fast food *m inv*
B *attrib* ‹*chain*› di fast food; **~ restaurant** *n* fast food *m inv*
fast forward **A** *n* avanzamento *m* veloce
B *vt* far avanzare velocemente ‹*tape*›
C *attrib* ‹*key, button*› di avanzamento veloce
fast growing *adj* in rapida espansione
fastidious /fəˈstɪdɪəs/ *adj* esigente
fast lane *n* Auto corsia *f* di sorpasso; **life in the ~** fig vita *f* frenetica
fast-talking *adj* ‹*salesperson*› che raggira con la sua parlantina
fast track *n* corsia *f* preferenziale
fast-track /ˈfɑːsttræk, AmE ˈfæst-/ *vt* accelerare la carriera di ‹*somebody*›
fat /fæt/ **A** *adj* (**fatter, fattest**) ‹*person, cheque*› grasso; infml **that's a ~ lot of use** non serve a un accidente
B *n* grasso *m*
fatal /ˈfeɪtl/ *adj* mortale; ‹*error*› fatale
fatalism /ˈfeɪtəlɪzm/ *n* fatalismo *m*
fatalist /ˈfeɪtəlɪst/ *n* fatalista *mf*
fatality /fəˈtælətɪ/ *n* morte *f*
fatally /ˈfeɪtəlɪ/ *adv* mortalmente
fate /feɪt/ *n* destino *m*
fated /ˈfeɪtɪd/ *adj* destinato; **it was ~** era destino
fateful /ˈfeɪtfʊl/ *adj* fatidico
fat free *adj* magro
fat-head *n* infml zuccone, -a *mf*
father /ˈfɑːðə(r)/ **A** *n* padre *m*
B *vt* generare ‹*child*›
Father Christmas Babbo *m* Natale
father confessor *n* Relig confessore *m*
father figure *n* figura *f* paterna
fatherhood *n* paternità *f*
father-in-law *n* (*pl* **~s-in-law**) suocero *m*
fatherland *n* patria *f*
fatherly /ˈfɑːðəlɪ/ *adj* paterno
Father's Day /ˈfɑːðəz/ *n* la festa del papà
fathom /ˈfæðəm/ **A** *n* Naut braccio *m*
B *vt* **~ [out]** comprendere
fatigue /fəˈtiːg/ **A** *n* fatica *f*
B *vt* affaticare
fatness /ˈfætnɪs/ *n* grassezza *f*
fatten /ˈfætn/ *vt* ingrassare ‹*animal*›
fattening /ˈfætnɪŋ/ *adj* **cream is ~** la panna fa ingrassare
fatty /ˈfætɪ/ **A** *adj* grasso
B *n* infml ciccione, -a *mf*
fatuous /ˈfætjʊəs/ *adj* fatuo
faucet /ˈfɔːsɪt/ *n* AmE rubinetto *m*
fault /fɔːlt/ **A** *n* difetto *m*; Geol faglia *f*; Tennis fallo *m*; **be at ~** avere torto; **find ~ with** trovare da ridire su; **it's your ~** è colpa tua
B *vt* criticare
fault-finding /ˈfɔːltfaɪndɪŋ/ **A** *n* (of person) atteggiamento *m* ipercritico; Techn localizzazione *f* del guasto
B *adj* ‹*attitude*› da criticone; ‹*person*› ipercritico
faultless /ˈfɔːltlɪs/ *adj* impeccabile
faultlessly /ˈfɔːltlɪslɪ/ *adv* impeccabilmente
faulty /ˈfɔːltɪ/ *adj* difettoso
fauna /ˈfɔːnə/ *n* fauna *f*
faux pas /fəʊˈpɑː/ *n* gaffe *f inv*
favour /ˈfeɪvə(r)/ **A** *n* favore *m*; **be in ~ of something** essere a favore di qualcosa; **do somebody a ~** fare un piacere a qualcuno
B *vt* (prefer) preferire
favourable /ˈfeɪv(ə)rəbl/ *adj* favorevole
favourably /ˈfeɪv(ə)rəblɪ/ *adv* favorevolmente
favourite /ˈfeɪv(ə)rɪt/ **A** *adj* preferito
B *n* preferito, -a *mf*; Sport favorito, -a *mf*
favouritism /ˈfeɪv(ə)rɪtɪzm/ *n* favoritismo *m*
fawn /fɔːn/ **A** *adj* fulvo
B *n* (animal) cerbiatto *m*
fax /fæks/ **A** *n* (document, machine) fax *m inv*; **by ~** per fax
B *vt* faxare
fax machine *n* fax *m inv*
fax-modem *n* fax-modem *m inv*
fax number *n* numero *m* di fax
faze /feɪz/ *vt* infml scompaginare
FBI *n abbr* AmE (**Federal Bureau of Investigation**) FBI *m*
FC *abbr* (**football club**) FC
fear /fɪə(r)/ **A** *n* paura *f*; **no ~!** infml vai tranquillo!
B *vt* temere
C *vi* **~ for something** temere per qualcosa
fearful /ˈfɪəfl/ *adj* pauroso; (awful) terribile
fearless /ˈfɪəlɪs/ *adj* impavido
fearlessly /ˈfɪəlɪslɪ/ *adv* senza paura
fearsome /ˈfɪəsəm/ *adj* spaventoso

f

parola chiave

feasibility /fi:zɪˈbɪlətɪ/ *n* praticabilità *f*
feasible /ˈfi:zəbl/ *adj* fattibile; (possible) probabile
feast /fi:st/ **A** *n* festa *f*; (banquet) banchetto *m*
B *vi* banchettare
■ **feast on** *vt* godersi
feat /fi:t/ *n* impresa *f*
feather /ˈfeðə(r)/ *n* piuma *f*; **you could have knocked me down with a ~** sono rimasto di sasso
feather-brained /-breɪnd/ *adj* che non ha un briciolo di cervello
feather duster *n* piumino *m* (*per spolverare*)
featherweight *n* peso *m* piuma *inv*
feature /ˈfi:tʃə(r)/ **A** *n* (quality) caratteristica *f*; Journ articolo *m*; **~s** *pl* (of face) lineamenti *mpl*
B *vt* ‹*film*› avere come protagonista
C *vi* (on a list etc) comparire
feature film *n* lungometraggio *m*
feature length film *n* lungometraggio *m*
February /ˈfebrʊərɪ/ *n* febbraio *m*
feckless /ˈfeklɪs/ *adj* inetto
fecund /ˈfekənd/ *adj* fecondo
fed /fed/ **A** ▶ **feed**
B *adj* **be ~ up** infml essere stufo (**with** di)
federal /ˈfed(ə)rəl/ *adj* federale
federalist /ˈfed(ə)rəlɪst/ *n* & *adj* federalista *mf*
Federal Republic of Germany *n* Repubblica *f* Federale Tedesca
federate /ˈfed(ə)rət/ *adj* federato
federation /fedəˈreɪʃn/ *n* federazione *f*
fee /fi:/ *n* tariffa *f*; (lawyer's, doctor's) onorario m; (for membership, school) quota *f*
feeble /ˈfi:bl/ *adj* debole; ‹*excuse*› fiacco
feeble minded /-ˈmaɪndɪd/ *adj* deficiente
feebleness /ˈfi:blnɪs/ *n* debolezza *f*
feed /fi:d/ **A** *n* mangiare *m*; (for baby) pappa *f*; **five ~s a day** cinque pasti al giorno
B *vt* (*pt/pp* **fed**) dar da mangiare a ‹*animal*›; (support) nutrire; **~ something into something** inserire qualcosa in qualcosa; **~ paper into the printer** alimentare la stampante con fogli
C *vi* mangiare
■ **feed up** *vt* ingrassare ‹*somebody*›
feedback /ˈfi:dbæk/ *n* controreazione *f*; (of information) reazione *f*, feedback *m*
feeder /ˈfi:də(r)/ *n* (for printer, photocopier) mettifoglio *m inv*; BrE (bib) bavaglino *m*; (road) raccordo *m*
feeding bottle /ˈfi:dɪŋ/ *n* BrE biberon *m inv*
feeding time *n* (in zoo) l'ora *f* del pasto degli animali
feel /fi:l/ *v* (*pt/pp* **felt**) **A** *vt* sentire; (experience) provare; (think) pensare; (touch: searching) tastare; (touch: for texture) toccare
B *vi* **~ soft/hard** essere duro/morbido al tatto; **~ hot/hungry** aver caldo/fame; **~ ill** sentirsi male; **I don't ~ like it** non ne ho voglia; **how do you ~ about it?** (opinion) che te ne pare?; **it doesn't ~ right** non mi sembra giusto
■ **feel for** *vt* (feel sympathy for) dispiacersi per
■ **feel up to**: *vt* **~ up to doing something** sentirsi in grado di fare qualcosa; **I don't ~ up to it** non me la sento
feeler /ˈfi:lə(r)/ *n* (of animal) antenna *f*; **put out ~s** fig tastare il terreno
feel-good factor *n* sensazione *f* di benessere
feeling /ˈfi:lɪŋ/ *n* sentimento *m*; (awareness) sensazione *f*
fee paying *adj* ‹*school*› a pagamento, privato; ‹*parent, pupil*› che paga l'iscrizione (*a una scuola privata*)
feet /fi:t/ ▶ **foot**
feign /feɪn/ *vt* simulare
feint /feɪnt/ *n* finta *f*
feisty /ˈfaɪstɪ/ *adj* AmE (quarrelsome) stizzoso; infml (lively) esuberante
felicitous /fəˈlɪsɪtəs/ *adj* felice
feline /ˈfi:laɪn/ *adj* felino
fell¹ /fel/ *vt* (knock down) abbattere
fell² ▶ **fall**
fellow /ˈfeləʊ/ *n* (of society) socio *m*; infml (man) tipo *m*
fellow citizen *n* concittadino, -a *mf*
fellow countryman *n* compatriota *m*
fellow men *npl* prossimi *mpl*
fellowship /ˈfeləʊʃɪp/ *n* cameratismo *m*; (group) associazione *f*; Univ incarico *m* di ricercatore, -trice *mf*
fellow traveller *n* compagno, -a *mf* di viaggio; Pol fig compagno, -a *mf* di strada
felon /ˈfelən/ *n* Jur criminale *mf*
felony /ˈfelənɪ/ *n* delitto *m*
felt¹ /felt/ ▶ **feel**
felt² *n* feltro *m*
felt-tipped pen /-tɪptˈpen/ *n* pennarello *m*
female /ˈfi:meɪl/ **A** *adj* femminile; **the ~ antelope** l'antilope femmina
B *n* femmina *f*
feminine /ˈfemɪnɪn/ **A** *adj* femminile
B *n* Gram femminile *m*
femininity /femɪˈnɪnətɪ/ *n* femminilità *f*
feminist /ˈfemɪnɪst/ *adj* & *n* femminista *mf*
fen /fen/ *n* zona *f* paludosa
fence /fens/ **A** *n* recinto *m*; infml (person) ricettatore *m*
B *vi* Sport tirar di scherma
■ **fence in** *vt* chiudere in un recinto
fencer /ˈfensə(r)/ *n* schermidore *m*
fencing /ˈfensɪŋ/ *n* steccato *m*; Sport scherma *f*
fend /fend/ *vi* **~ for oneself** badare a se stesso
■ **fend off** *vt* parare; difendersi da ‹*criticisms*›

fender /ˈfendə(r)/ *n* parafuoco *m inv*; Naut parabordo *m*; AmE (on car) parafango *m*
fennel /ˈfenl/ *n* finocchio *m*
ferment¹ /ˈfɜːment/ *n* fermento *m*
ferment² /fəˈment/ **A** *vi* fermentare **B** *vt* far fermentare
fermentation /fɜːmenˈteɪʃn/ *n* fermentazione *f*
fern /fɜːn/ *n* felce *f*
ferocious /fəˈrəʊʃəs/ *adj* feroce
ferocity /fəˈrɒsətɪ/ *n* ferocia *f*
ferret /ˈferɪt/ *n* furetto *m*
f ▪ **ferret about** *vi* curiosare; ~ **about in** curiosare in
▪ **ferret out** *vt* scovare
ferrous /ˈferəs/ *adj* ferroso
ferry /ˈferɪ/ **A** *n* traghetto *m* **B** *vt* (*pt/pp* **-ied**) traghettare
ferryman /ˈferɪmən/ *n* traghettatore *m*
fertile /ˈfɜːtaɪl/ *adj* fertile
fertility /fɜːˈtɪlətɪ/ *n* fertilità *f*
fertility drug *n* farmaco *m* contro la sterilità
fertility treatment *n* cura *f* della fertilità
fertilize /ˈfɜːtɪlaɪz/ *vt* fertilizzare ‹*land, ovum*›
fertilizer /ˈfɜːtɪlaɪzə(r)/ *n* fertilizzante *m*
fervent /ˈfɜːvənt/ *adj* fervente
fervour /ˈfɜːvə(r)/ *n* fervore *m*
fester /ˈfestə(r)/ *vi* suppurare
🔑 **festival** /ˈfestɪvl/ *n* Mus, Theat festival *m*; Relig festa *f*
festive /ˈfestɪv/ *adj* festivo; ~ **season** periodo *m* delle feste natalizie
festivities /feˈstɪvətɪz/ *npl* festeggiamenti *mpl*
festoon /feˈstuːn/ *vt* ~ **with** ornare di
fetch /fetʃ/ *vt* andare/venire a prendere; (be sold for) raggiungere [il prezzo di]
fetching /ˈfetʃɪŋ/ *adj* attraente
fête /feɪt/ **A** *n* festa *f* **B** *vt* festeggiare
fetid /ˈfetɪd/ *adj* fetido
fetish /ˈfetɪʃ/ *n* feticcio *m*
fetter /ˈfetə(r)/ *vt* incatenare
fettle /ˈfetl/ *n* **in fine** ~ in buona forma
fetus /ˈfiːtəs/ *n* (*pl* **-tuses**) feto *m*
feud /fjuːd/ *n* faida *f*
feudal /ˈfjuːdl/ *adj* feudale
fever /ˈfiːvə(r)/ *n* febbre *f*
fevered /ˈfiːvəd/ *adj* ‹*brow*› febbricitante; ‹*imagination*› febbrile
feverish /ˈfiːvərɪʃ/ *adj* febbricitante; fig febbrile
fever pitch *n* **bring a crowd to** ~ esaltare la folla
🔑 **few** /fjuː/ **A** *adj* pochi; **every** ~ **days** ogni due o tre giorni; **a** ~ **people** alcuni; ~ **people know that** poche persone lo sanno; ~**er reservations** meno prenotazioni; **the** ~**est number** il numero più basso **B** *pron* pochi; ~ **of us** pochi di noi; **a** ~ alcuni; **quite a** ~ parecchi; ~**er than last year** meno dell'anno scorso
fez /fez/ *n* fez *m inv*
fiancé /fiˈɒnseɪ/ *n* fidanzato *m*
fiancée /fiˈɒnseɪ/ *n* fidanzata *f*
fiasco /fiˈæskəʊ/ *n* fiasco *m*
fib /fɪb/ *n* storia *f*; **tell a** ~ raccontare una storia
fibber /ˈfɪbə(r)/ *n* infml contaballe *mf inv*
fibre /ˈfaɪbə(r)/ *n* fibra *f*
fibreglass **A** *n* fibra *f* di vetro **B** *attrib* in fibra di vetro
fibre optic *adj* ‹*cable*› a fibre ottiche
fibre optics *nsg* fibra *fsg* ottica
fibroid /ˈfaɪbrɔɪd/ **A** *n* fibroma *m* **B** *adj* fibroso
fibula /ˈfɪbjʊlə/ *n* Anat perone *m*
fiche /fiːʃ/ *n* microscheda *f*
fickle /ˈfɪkl/ *adj* incostante
fiction /ˈfɪkʃn/ *n* **[works of]** ~ narrativa *f*; (fabrication) finzione *f*
fictional /ˈfɪkʃənəl/ *adj* immaginario
fictionalize /ˈfɪkʃənəlaɪz/ *vt* romanzare
fictitious /fɪkˈtɪʃəs/ *adj* fittizio
fiddle /ˈfɪdl/ **A** *n* infml violino *m*; (cheating) imbroglio *m* **B** *vi* gingillarsi (**with** con) **C** *vt* infml truccare ‹*accounts*›
fiddly /ˈfɪdlɪ/ *adj* intricato
fidelity /fɪˈdelətɪ/ *n* fedeltà *f*
fidget /ˈfɪdʒɪt/ *vi* agitarsi
fidgety /ˈfɪdʒətɪ/ *adj* agitato
🔑 **field** /fiːld/ *n* campo *m*
field day *n* **have a** ~ ‹*press, critics*› godersela; (make money) fare affari d'oro
fielder /ˈfiːldə(r)/ *n* Sport esterno *m*
field events *npl* atletica *fsg* leggera
field glasses *npl* binocolo *msg*
Field Marshal *n* feldmaresciallo *m*
field mouse *n* topo *m* campagnolo
field trip *n* gita *f* didattica
fieldwork *n* ricerche *fpl* sul terreno
fiend /fiːnd/ *n* demonio *m*
fiendish /ˈfiːndɪʃ/ *adj* diabolico
fierce /fɪəs/ *adj* feroce
fiercely /ˈfɪəslɪ/ *adv* ferocemente
fierceness /ˈfɪəsnɪs/ *n* ferocia *f*
fiery /ˈfaɪərɪ/ *adj* (**-ier**, **-iest**) focoso
fiesta /fiˈestə/ *n* sagra *f*
fife /faɪf/ *n* piffero *m*
fifteen /ˌfɪftiːn/ *adj & n* quindici *m*
fifteenth /ˌfɪfˈtiːnθ/ *adj & n* quindicesimo, -a *mf*
fifth /fɪfθ/ *adj & n* quinto, -a *mf*

🔑 parola chiave

fifties /ˈfɪftɪz/ *npl* (period) **the ~** gli anni Cinquanta *mpl*; (age) cinquant'anni *mpl*

fiftieth /ˈfɪftɪθ/ *adj & n* cinquantesimo, -a *mf*

fifty /ˈfɪftɪ/ *adj & n* cinquanta *m*

fifty-fifty **A** *adj* **have a ~ chance** avere una probabilità su due
B *adv* **go ~** fare [a] metà e metà; **split something ~** dividersi qualcosa a metà

fig /fɪg/ *n* fico *m*

fig. *abbr* (**figure**) fig.

fight /faɪt/ **A** *n* lotta *f*; (brawl) zuffa *f*; (argument) litigio *m*; (boxing) incontro *m*
B *vt* (*pt/pp* **fought**) also fig combattere
C *vi* combattere; (brawl) azzuffarsi; (argue) litigare
■ **fight back** **A** *vi* reagire
B *vt* frenare ‹*tears*›
■ **fight for** *vt* lottare per ‹*freedom, independence*›
■ **fight off** *vt* combattere ‹*cold*›

fighter /ˈfaɪtə(r)/ *n* combattente *mf*; Aeron caccia *m inv*; **he's a ~** ha uno spirito combattivo

fighter-bomber *n* cacciabombardiere *m*

fighter pilot *n* pilota *m* di cacciabombardiere

fighting /ˈfaɪtɪŋ/ *n* combattimento *m*

fighting chance *n* **have a ~** avere buone probabilità

fighting fit *adj* in piena forma

figment /ˈfɪgmənt/ *n* **it's a ~ of your imagination** questo è tutta una tua invenzione

fig tree *n* fico *m*

figurative /ˈfɪgərətɪv/ *adj* ‹*sense*› figurato; ‹*art*› figurativo

figuratively /ˈfɪgərətɪvlɪ/ *adv* ‹*use*› in senso figurato

figure /ˈfɪgə(r)/ **A** *n* (digit) cifra *f*; (carving, sculpture, illustration, form) figura *f*; (body shape) linea *f*; **~ of speech** modo *m* di dire
B *vi* (appear) figurare
C *vt* AmE (think) pensare
■ **figure out** *vt* dedurre; capire ‹*person*›

figurehead *n* figura *f* simbolica

figure of speech *n* modo *m* di dire; (literary device) figura *f* retorica

figure skating *n* pattinaggio *m* artistico

figurine /ˈfɪgəriːn/ *n* statuetta *f*

Fiji /ˌfiːˈdʒiː/ *n* Figi *fpl*

filament /ˈfɪləmənt/ *n* filamento *m*

filch /fɪltʃ/ *vt* infml rubacchiare

file¹ /faɪl/ **A** *n* scheda *f*; (set of documents) incartamento *m*; (folder) cartellina *f*; Comput file *m inv*
B *vt* archiviare ‹*documents*›

file² *n* (line) fila *f*; **in single ~** in fila

file³ **A** *n* Techn lima *f*
B *vt* limare

file cabinet *n* AmE = **filing cabinet**

file extension *n* Comput estensione *f* del file

file manager *n* Comput file manager *m inv*

filename *n* Comput nome *m* del file

file sharing *n* file sharing *m inv*

file-sharing *n* file-sharing *m inv*, condivisione *f* di file

file transfer protocol *n* Comput protocollo *m* per il trasferimento di file

filial /ˈfɪlɪəl/ *adj* filiale

filibuster /ˈfɪlɪbʌstə(r)/ *n* ostruzionismo *m* parlamentare

filigree /ˈfɪlɪgriː/ *n* filigrana *f*

filing /ˈfaɪlɪŋ/ *n* archiviazione *f*

filing cabinet *n* schedario *m*, classificatore *m*

filing card *n* scheda *f*

filing clerk *n* archivista *mf*

filings /ˈfaɪlɪŋz/ *npl* limatura *fsg*

filing system *n* sistema *m* di classificazione, sistema *m* di archivio

fill /fɪl/ **A** *n* **eat one's ~** mangiare a sazietà
B *vt* riempire; otturare ‹*tooth*›
C *vi* riempirsi
■ **fill in** *vt* compilare ‹*form*›
■ **fill in for sb** *vt* rimpiazzare qualcuno
■ **fill in on**: *vt* **~ somebody in on something** mettere qualcuno al corrente di qualcosa
■ **fill out** *vt* compilare ‹*form*›
■ **fill up** **A** *vi* ‹*room, tank*› riempirsi; Auto far il pieno
B *vt* riempire

filler /ˈfɪlə(r)/ *n* mastice *m*

fillet /ˈfɪlɪt/ **A** *n* filetto *m*
B *vt* (*pt/pp* **filleted**) disossare

fillet steak *n* bistecca *f* di filetto

fill in *n* infml (replacement) rimpiazzo *m*

filling /ˈfɪlɪŋ/ *n* Culin ripieno *m*; (of tooth) otturazione *f*

filling station *n* stazione *f* di rifornimento

filly /ˈfɪlɪ/ *n* puledra *f*

film /fɪlm/ **A** *n* Cinema film *m inv*; Phot pellicola *f*; **[cling] ~** pellicola *f* per alimenti
B *vt & vi* filmare

film buff *n* cinefilo, -a *mf*

film festival *n* festival *m inv* cinematografico

film-goer /ˈfɪlmgəʊə(r)/ *n* BrE frequentatore, -trice *mf* di cinema

film industry *n* industria *f* cinematografica

filming /ˈfɪlmɪŋ/ *n* riprese *fpl*

filmset *n* allestimento *m* scenico

film star *n* star *f inv*, divo, -a *mf*

film studio *n* studio *m* cinematografico

filmy /ˈfɪlmɪ/ *adj* (thin) ‹*fabric, screen*› trasparente; (thin) sottilissimo

filter /ˈfɪltə(r)/ **A** *n* filtro *m*
B *vt* filtrare
■ **filter through** *vi* ‹*news*› trapelare

filter cigarette *n* sigaretta *f* con filtro

filter coffee *n* (ground coffee) caffè *m* macinato per filtro; (cup of coffee) caffè *m*

fatto con il filtro
filter paper *n* carta *f* da filtro
filter tip *n* filtro *m*; (cigarette) sigaretta *f* col filtro
filth /fɪlθ/ *n* sudiciume *m*
filthy /ˈfɪlθɪ/ *adj* (**-ier**, **-iest**) sudicio; ‹*language*› sconcio
filthy rich *adj* infml ricco sfondato
fin /fɪn/ *n* pinna *f*
final /ˈfaɪnl/ **A** *adj* finale; (conclusive) decisivo
B *n* Sport finale *f*; **~s** *pl* Univ esami *mpl* finali
finale /fɪˈnɑːlɪ/ *n* finale *m*
finalist /ˈfaɪnəlɪst/ *n* finalista *mf*
finality /faɪˈnælətɪ/ *n* finalità *f*
finalize /ˈfaɪnəlaɪz/ *vt* mettere a punto ‹*text*›; definire ‹*agreement*›
finally /ˈfaɪnəlɪ/ *adv* (at last) finalmente; (at the end) alla fine; (to conclude) per finire
finance /ˈfaɪnæns/ **A** *n* finanza *f*
B *vt* finanziare
finance company, **finance house** *n* società *f* finanziaria
finance director *n* direttore, -trice *mf* finanziario, -a
finances *npl* finanze *fpl*
financial /faɪˈnænʃəl/ *adj* finanziario
financially /faɪˈnænʃəlɪ/ *adv* finanziariamente
financial year *n* BrE esercizio *m* [finanziario]
finch /fɪntʃ/ *n* fringuello *m*
find /faɪnd/ **A** *n* scoperta *f*
B *vt* (*pt/pp* **found**) trovare; (establish) scoprire; **~ somebody guilty** Jur dichiarare qualcuno colpevole
■ **find out** **A** *vt* scoprire
B *vi* (enquire) informarsi
findings /ˈfaɪndɪŋz/ *npl* conclusioni *fpl*
fine¹ /faɪn/ **A** *n* (penalty) multa *f*
B *vt* multare
fine² **A** *adj* bello; (slender) fine; **he's ~** (in health) sta bene
B *adv* bene; **that's cutting it ~** non ci lascia molto tempo
C *int* [va] bene
fine art *n* belle arti *fpl*
fine arts *npl* belle arti *fpl*
finely /ˈfaɪnlɪ/ *adv* ‹*cut*› finemente
finery /ˈfaɪnərɪ/ *n* splendore *m*
finesse /fɪˈnes/ *n* finezza *f*
fine-tooth comb /-tuːθ[t]/ *n* **go over something with a ~** passare qualcosa al setaccio
fine-tune *vt* mettere a punto
fine tuning *n* messa *f* a punto
finger /ˈfɪŋgə(r)/ **A** *n* dito *m* (*pl* dita *f*)
B *vt* tastare
finger bowl *n* lavadita *m inv*
finger hole *n* Mus foro *m*

fingermark *n* ditata *f*
fingernail *n* unghia *f*
finger-paint *vi* dipingere con le dita
fingerprint *n* impronta *f* digitale
fingertip *n* punta *f* del dito; **have something at one's ~s** sapere qualcosa a menadito; (close at hand) avere qualcosa a portata di mano
finicky /ˈfɪnɪkɪ/ *adj* (person) pignolo; ‹*task*› intricato
finish /ˈfɪnɪʃ/ **A** *n* fine *f*; (finishing line) traguardo *m*; (of product) finitura *f*; **have a good ~** ‹*runner*› avere un buon finale
B *vt* finire; **~ reading** finire di leggere
C *vi* finire
■ **finish off** *vt* finire ‹*something*›; infml (exhaust) sfinire
■ **finish with** *vt* (no longer be using) finire (*di adoperare*); (end relationship with) lasciare
■ **finish up** *vt* finire ‹*drink, meal*›
finishing line /ˈfɪnɪʃɪŋlaɪn/ *n* traguardo *m*
finishing touches /ˈtʌtʃɪz/ *npl* ritocchi *mpl*
finite /ˈfaɪnaɪt/ *adj* limitato
Finland /ˈfɪnlənd/ *n* Finlandia *f*
Finn /fɪn/ *n* finlandese *mf*
Finnish /ˈfɪnɪʃ/ **A** *adj* finlandese
B *n* (language) finnico *m*
fiord /fjɔːd/ *n* fiordo *m*
fir /fɜː(r)/ *n* abete *m*
fir cone *n* pigna *f* (*di abete*)
fire /ˈfaɪə(r)/ **A** *n* fuoco *m*; (forest, house) incendio *m*; **be on ~** bruciare; **catch ~** prendere fuoco; **set ~ to** dar fuoco a; **under ~** sotto il fuoco
B *vt* cuocere ‹*pottery*›; sparare ‹*shot*›; tirare ‹*gun*›; infml (dismiss) buttar fuori
C *vi* sparare (**at** a)
fire alarm *n* allarme *m* antincendio *inv*
firearm *n* arma *f* da fuoco
firebomb /ˈfaɪəbɒm/ **A** *n* ordigno *m* incendiario
B *vt* lanciare ordigni incendiari contro ‹*building*›
fire brigade *n* vigili *mpl* del fuoco
fire door *n* porta *f* antincendio
fire drill *n* esercitazione *f* per l'evacuazione in caso di incendio
fire engine *n* autopompa *f*
fire escape *n* uscita *f* di sicurezza
fire exit *n* uscita *f* di sicurezza
fire extinguisher *n* estintore *m*
firefighter *n* vigile *m* del fuoco
fireguard *n* parafuoco *m inv*
fireman *n* pompiere *m*, vigile *m* del fuoco
fireplace *n* caminetto *m*
fireproof /ˈfaɪəpruːf/ *adj* ‹*door*› antincendio; ‹*clothing*› ignifugo
fire-retardant /rɪˈtɑːdənt/ *adj* ‹*material*› ignifugo
fire service *n* vigili *mpl* del fuoco

f

fireside *n* **by** *or* **at the ~** accanto al fuoco
fire station *n* caserma *f* dei pompieri
firewall /ˈfaɪəwɔːl/ *n* Comput firewall *m inv*
firewood *n* legna *f* (*da ardere*)
firework *n* fuoco *m* d'artificio; **~s** *pl* (display) fuochi *mpl* d'artificio
firing line *n* **be in the ~** essere sulla linea di tiro
firing squad /ˈfaɪərɪŋ/ *n* plotone *m* d'esecuzione
firm¹ /fɜːm/ *n* ditta *f*, azienda *f*
firm² *adj* fermo; ‹*soil*› compatto; (stable, properly fixed) solido; (resolute) risoluto
firmly /ˈfɜːmlɪ/ *adv* ‹*hold*› stretto; ‹*say*› con fermezza
first /fɜːst/ **A** *adj & n* primo, -a *mf*; **at ~** all'inizio; **who's ~?** chi è il primo?; **from the ~** [fin] dall'inizio
B *adv* ‹*arrive, leave*› per primo; (beforehand) prima; (in listing) prima di tutto, innanzitutto
first aid *n* pronto soccorso *m*
first-aid kit *n* cassetta *f* di pronto soccorso
first-class **A** *adj* di prim'ordine; Rail di prima classe
B *adv* ‹*travel*› in prima classe
first cousin *n* cugino, -a *mf* di primo grado
first edition *n* prima edizione *f*
first floor *n* primo piano *m*; AmE (ground floor) pianterreno *m*
first grade *n* AmE prima *f* elementare
first-hand /ˌfɜːstˈhænd/ *adj & adv* di prima mano
firstly /ˈfɜːstlɪ/ *adv* in primo luogo
first name *n* nome *m* di battesimo
first night *n* Theat prima *f*
first-rate *adj* ottimo
first time buyer *n* acquirente *mf* della prima casa
firth /fɜːθ/ *n* foce *f*
fiscal /ˈfɪskəl/ *adj* fiscale
fiscal year *n* AmE esercizio *m* finanziario
fish /fɪʃ/ **A** *n* pesce *m*
B *vt & vi* pescare
■ **fish out** *vt* tirar fuori
fish and chips *n pesce (m) fritto e patatine*
fish and chip shop *n friggitoria (f) dove si vende pesce fritto e patatine*
fish bone *n* lisca *f*
fishbowl *n* boccia *f* dei pesci rossi
fisherman /ˈfɪʃəmən/ *n* pescatore *m*
fish farm *n* vivaio *m*
fish finger *n* BrE bastoncino *m* di pesce
fishing /ˈfɪʃɪŋ/ *n* pesca *f*
fishing boat *n* peschereccio *m*
fishing rod *n* canna *f* da pesca
fish market *n* mercato *m* del pesce
fishmonger /ˈfɪʃmʌŋgə(r)/ *n* pescivendolo *m*
fishnet /ˈfɪʃnet/ *adj* ‹*stockings*› a rete
fish slice *n* paletta *f* per fritti
fish stick *n* AmE bastoncino *m* di pesce
fish tank *n* acquario *m*
fishy /ˈfɪʃɪ/ *adj* infml (suspicious) sospetto
fission /ˈfɪʃn/ *n* Phys fissione *f*
fist /fɪst/ *n* pugno *m*
fistful /ˈfɪstfʊl/ *n* manciata *f*, pugno *m*
fit¹ /fɪt/ *n* (attack) attacco *m*; (of rage) accesso *m*; (of generosity) slancio *m*
fit² *adj* (**fitter**, **fittest**) (suitable) adatto; (healthy) in buona salute; Sport in forma; **be ~ to do something** essere in grado di fare qualcosa; **~ to eat** buono da mangiare; **keep ~** tenersi in forma; **do as you see ~** fai come ritieni meglio
fit³ **A** *n* (of clothes) taglio *m*; **it's a good ~** ‹*coat etc*› ti/le sta bene
B *vi* (*pt/pp* **fitted**) (be the right size) andare bene; **it won't ~** (no room) non ci sta
C *vt* (fix) applicare (**to** a); (install) installare; **it doesn't ~ me** ‹*coat etc*› non mi va bene; **~ with** fornire di
■ **fit in** **A** *vi* ‹*person*› adattarsi; **it won't ~ in** (no room) non ci sta
B *vt* (in schedule, vehicle) trovare un buco per
fitful /ˈfɪtfl/ *adj* irregolare
fitfully /ˈfɪtfʊlɪ/ *adv* ‹*sleep*› a sprazzi
fitment /ˈfɪtmənt/ *n* **~s** (in house) impianti *mpl* fissi
fitness /ˈfɪtnɪs/ *n* (suitability) capacità *f*; **[physical] ~** forma *f*, fitness *m inv*
fitness programme *n* programma *m* di fitness
fitness video *n* video *m* di fitness
fitted /ˈfɪtɪd/ *adj* ‹*wardrobe*› a muro; ‹*kitchen, bedroom*› componibile; ‹*jacket*› attillato
fitted carpet *n* moquette *f inv*
fitted cupboard *n* armadio *m* a muro; (smaller) armadietto *m* a muro
fitted kitchen *n* cucina *f* componibile
fitted sheet *n* lenzuolo *m* con angoli
fitter /ˈfɪtə(r)/ *n* installatore, -trice *mf*
fitting /ˈfɪtɪŋ/ **A** *adj* appropriato
B *n* (of clothes) prova *f*; Techn montaggio *m*; **~s** *pl* accessori *mpl*
fitting room *n* camerino *m*
five /faɪv/ *adj & n* cinque *m*
five-a-side *n* BrE (football) calcio *m* a cinque
fiver /ˈfaɪvə(r)/ *n* infml biglietto *m* da cinque sterline
fix /fɪks/ **A** *n* sl (drugs) pera *f*; **be in a ~** infml essere nei guai
B *vt* fissare; (repair) aggiustare; preparare ‹*meal*›
■ **fix up** *vt* fissare ‹*meeting*›
fixation /fɪkˈseɪʃn/ *n* fissazione *f*
fixative /ˈfɪksətɪv/ *n* fissativo *m*
fixed /ˈfɪkst/ *adj* fisso

f

fixed assets *npl* attività *fpl* fisse, immobilizzazioni *fpl*
fixed price *n* prezzo *m* a forfait
fixed-term contract *n* contratto *m* a tempo determinato
fixer /ˈfɪksə(r)/ *n* Phot fissatore *m*; infml (person) trafficone, -a *mf*
fixture /ˈfɪkstʃə(r)/ *n* Sport incontro *m*; **~s and fittings** impianti *mpl* fissi
fizz /fɪz/ *vi* frizzare
fizzle /ˈfɪzl/ *vi* **~ out** finire in nulla
fizzy /ˈfɪzɪ/ *adj* gassoso
fizzy drink *n* bibita *f* gassata
fjord /fjɔːd/ *n* fiordo *m*
flab /flæb/ *n* infml ciccia *f* cascante
flabbergasted /ˈflæbəgɑːstɪd/ *adj* **be ~** rimanere a bocca aperta
flabby /ˈflæbɪ/ *adj* floscio
flag¹ /flæg/ *n* bandiera *f*
flag² *vi* (*pt/pp* **flagged**) cedere
■ **flag down** *vt* (*pt/pp* **flagged**) far segno di fermarsi a ‹*taxi*›
flagellation /flædʒəˈleɪʃn/ *n* flagellazione *f*
flagon /ˈflægən/ *n* bottiglione *m*
flagpole /ˈflægpəʊl/ *n* asta *f* della bandiera
flagrant /ˈfleɪgrənt/ *adj* flagrante
flagship /ˈflægʃɪp/ *n* Naut nave *f* ammiraglia; fig fiore *m* all'occhiello
flagstone /ˈflægstəʊn/ *n* pietra *f* per lastricato
flail /fleɪl/ **A** *n* (for threshing corn etc) correggiato *m*
B *vt* battere ‹*corn*›
■ **flail about, flail around** *vi* ‹*arms, legs*› agitare
flair /fleə(r)/ *n* (skill) talento *m*; (style) stile *m*
flak /flæk/ *n* Mil artiglieria *f* antiaerea; fig infml (criticism) valanga *f* di critiche; **take a lot of ~** subire molte critiche
flake /fleɪk/ **A** *n* fiocco *m*
B *vi* **~ [off]** cadere in fiocchi
flaky /ˈfleɪkɪ/ *adj* a scaglie
flaky pastry *n* pasta *f* sfoglia
flamboyant /flæmˈbɔɪənt/ *adj* ‹*personality*› brillante; ‹*tie*› sgargiante
flame /fleɪm/ *n* fiamma *f*
flamenco /fləˈmeŋkəʊ/ *n* flamenco *m*
flamer /ˈfleɪmə(r)/ *n* Comput flamer *m* (*utente* (*mf*) *email che manda messaggi offensivi*)
flame retardant /rɪtɑːdənt/ *adj* ‹*substance, chemical*› ignifugo; ‹*furniture, fabric*› ignifugato
flame-thrower /-θrəʊə(r)/ *n* Mil lanciafiamme *m inv*
flaming /ˈfleɪmɪŋ/ **A** *adj* ‹*row*› acceso; ‹*building*› in fiamme
B *n* Comput flaming *m inv* (*invio* (*m*) *di messaggi offensivi*)

flamingo /fləˈmɪŋgəʊ/ *n* fenicottero *m*
flammable /ˈflæməbl/ *adj* infiammabile
flan /flæn/ *n* **[fruit] ~** crostata *f*
flange /flændʒ/ *n* (on pipe etc) flangia *f*
flank /flæŋk/ **A** *n* fianco *m*
B *vt* fiancheggiare
flannel /ˈflæn(ə)l/ *n* flanella *f*; (for washing) ≈ guanto *m* di spugna
flannelette /flænəˈlet/ *n* flanella *f* di cotone
flannels /ˈflæn(ə)lz/ *npl* (trousers) pantaloni *mpl* di flanella
flap /flæp/ **A** *n* (of pocket, envelope) risvolto *m*; (of table) ribalta *f*; **in a ~** infml in grande agitazione
B *vi* (*pt/pp* **flapped**) sbattere; infml agitarsi
C *vt* **~ its wings** battere le ali
flapjack /ˈflæpdʒæk/ *n* BrE *dolcetto* (*m*) *di fiocchi d'avena*; AmE frittella *f*
flare /fleə(r)/ *n* fiammata *f*; (device) razzo *m*
■ **flare up** *vi* ‹*rash*› venire fuori; ‹*fire*› fare una fiammata; ‹*person, situation*› esplodere
flared /fleəd/ *adj* ‹*garment*› svasato
flares /fleəz/ *npl* (trousers) pantaloni *mpl* a zampa d'elefante
flash /flæʃ/ **A** *n* lampo *m*; **in a ~** infml in un attimo
B *vi* lampeggiare; **~ past** passare come un bolide
C *vt* lanciare ‹*smile*›; **~ one's headlights** lampeggiare; **~ a torch at** puntare una torcia su
■ **flash by** *vi* ‹*person, years, landscape*› passare come un lampo
flashback *n* scena *f* retrospettiva
flashbulb *n* Phot flash *m inv*
flashcard *n* Sch scheda *f* didattica
flasher /ˈflæʃə(r)/ *n* Auto lampeggiatore *m*
flash flood *n* alluvione *f* improvvisa
flashgun *n* Phot flash *m inv*
flashing /ˈflæʃɪŋ/ *adj* ‹*light*› lampeggiante
flashlight *n* Phot flash *m inv*; AmE (torch) torcia *f* [elettrica]
flashpoint *n* (trouble spot) punto *m* caldo; Chem punto *m* di infiammabilità
flashy /ˈflæʃɪ/ *adj* vistoso
flask /flɑːsk/ *n* fiasco *m*; (vacuum **~**) termos *m inv*
flat /flæt/ **A** *adj* (**flatter, flattest**) piatto; ‹*refusal*› reciso; ‹*beer*› sgassato; ‹*battery*› scarico; ‹*tyre*› a terra; **A ~** Mus la bemolle
B *n* appartamento *m*; Mus bemolle *m*; (puncture) gomma *f* a terra
flat broke *adj* infml completamente al verde
flat feet *npl* piedi *mpl* piatti
flatfish *n* pesce *m* piatto
flat-footed /-ˈfʊtɪd/ *adj* **be ~** avere i piedi piatti
flat hunting *n* BrE **go ~** andare in cerca di un appartamento
flatly /ˈflætlɪ/ *adv* ‹*refuse*› categoricamente

flatmate *n* BrE *persona (f) con cui si divide un appartamento*

flat out *adv* ‹*drive, work*› a tutto gas; **it only does 120 kph ~** arriva a 120 km all'ora andando a tutta manetta; **go ~ for something** mettercela tutta per fare qualcosa

flat racing *n* corse *fpl* piane

flat rate A *n* forfait *m inv*; (unitary rate) tariffa *f* unica
B *attrib* ‹*fee, tax*› forfettario

flat spin *n* Aeron virata *f* piatta; **be in a ~** infml essere in fibrillazione

flatten /'flætn/ *vt* appiattire

flatter /'flætə(r)/ *vt* adulare

flattering /'flætərɪŋ/ *adj* ‹*comments*› lusinghiero; ‹*colour, dress*› che fa sembrare più bello

flattery /'flætərɪ/ *n* adulazione *f*

flat tyre *n* gomma *f* a terra

flatulence /'flætjʊləns/ *n* flatulenza *f*

flaunt /flɔ:nt/ *vt* ostentare

flautist /'flɔ:tɪst/ *n* flautista *mf*

flavour /'fleɪvə(r)/ A *n* sapore *m*
B *vt* condire; **chocolate ~ed** al sapore di cioccolato

flavour enhancer /-ɪnhɑ:nsə(r)/ *n* esaltatore *m* dell'aroma

flavouring /'fleɪvərɪŋ/ *n* condimento *m*

flavourless /'fleɪvəlɪs/ *adj* insipido

flaw /flɔ:/ *n* difetto *m*

flawed /'flɔ:d/ *adj* difettoso

flawless /'flɔ:lɪs/ *adj* perfetto

flax /flæks/ *n* lino *m*

flaxen /'flæksən/ *adj* ‹*hair*› biondo platino

flea /fli:/ *n* pulce *f*

flea-bitten /'fli:bɪtən/ *adj* infestato dalle pulci; fig pidocchioso

flea market *n* mercato *m* delle pulci

fleapit *n* BrE infml derog pidocchietto *m*

fleck /flek/ *n* macchiolina *f*

fled /fled/ ▶ **flee**

fledgling /'fledʒlɪŋ/ A *n* uccellino *m* (*che ha appena messo le ali*)
B *attrib* fig ‹*democracy, enterprise*› giovane; ‹*party, group*› alle prime armi

flee /fli:/ *vt & vi* (*pt/pp* **fled**) fuggire (**from** da)

fleece /fli:s/ A *n* pelliccia *f*
B *vt* infml spennare

fleecy /'fli:sɪ/ *adj* ‹*lining*› felpato

fleet /fli:t/ *n* flotta *f*; (of cars) parco *m*

fleeting /'fli:tɪŋ/ *adj* **catch a ~ glance of something** intravedere qualcosa; **for a ~ moment** per un attimo

Flemish /'flemɪʃ/ *adj* fiammingo

flesh /fleʃ/ *n* carne *f*; **in the ~** in persona; **one's own ~ and blood** il proprio sangue
■ **flesh out** *vt* dare più consistenza a ‹*essay etc*›

flesh eating /-i:tɪŋ/ *adj* carnivoro

flesh wound *n* ferita *f* superficiale

fleshy /'fleʃɪ/ *adj* carnoso

flew /flu:/ ▶ **fly²**

flex¹ /fleks/ *vt* flettere ‹*muscle*›

flex² *n* Electr filo *m*

flexibility /fleksə'bɪlətɪ/ *n* flessibilità *f*

flexible /'fleksəbl/ *adj* flessibile

flexitime BrE, **flextime** AmE /'fleks(ɪ)taɪm/ *n* orario *m* flessibile

flick /flɪk/ *vt* dare un buffetto a; **~ something off something** togliere qualcosa da qualcosa con un colpetto
■ **flick through** *vt* sfogliare

flicker /'flɪkə(r)/ *vi* tremolare

flick knife *n* BrE coltello *m* a scatto

flier /'flaɪə(r)/ *n* = **flyer**

flight¹ /flaɪt/ *n* (fleeing) fuga *f*; **take ~** darsi alla fuga

flight² *n* (flying) volo *m*; **~ of stairs** rampa *f*

flight attendant *n* assistente *mf* di volo

flight bag *n* bagaglio *m* a mano

flight deck *n* Aeron cabina *f* di pilotaggio; Naut ponte *m* di volo

flight engineer *n* motorista *mf* di bordo

flight lieutenant *n* Mil capitano *m*

flight path *n* traiettoria *f* di volo

flight recorder *n* registratore *m* di volo

flighty /'flaɪtɪ/ *adj* (**-ier**, **-iest**) frivolo

flimsy /'flɪmzɪ/ *adj* (**-ier**, **-iest**) ‹*material*› leggero; ‹*shelves*› poco robusto; ‹*excuse*› debole

flinch /flɪntʃ/ *vi* (wince) sussultare; (draw back) ritirarsi; **~ from a task** fig sottrarsi a un compito

fling /flɪŋ/ A *n* **have a ~** infml (affair) avere un'avventura
B *vt* (*pt/pp* **flung**) gettare
■ **fling away** *vt* gettar via
■ **fling open** *vt* spalancare ‹*door, window*›

flint /flɪnt/ *n* pietra *f* focaia; (for lighter) pietrina *f*

flip /flɪp/ *v* (*pt/pp* **flipped**) A *vt* dare un colpetto a; buttare in aria ‹*coin*›
B *vi* infml uscire dai gangheri; (go mad) impazzire
■ **flip through** *vt* sfogliare

flip chart *n* lavagna *f* a fogli mobili

flip-flop *n* (sandal) infradito *m inv*; Comput (device) flip-flop *m inv*, multivibratore *m* bistabile; AmE (about face) voltafaccia *m inv*

flippant /'flɪpənt/ *adj* irriverente

flipper /'flɪpə(r)/ *n* pinna *f*

flipping /'flɪpɪŋ/ BrE infml A *adj* maledetto
B *adv* ‹*stupid, painful, cold*› maledettamente

flip side *n* (of record) retro *m*; fig (other side) rovescio *m*

flirt /flɜ:t/ A *n* civetta *f*
B *vi* flirtare

f

flirtation /flɜːˈteɪʃn/ *n* flirt *m inv*
flirtatious /flɜːˈteɪʃəs/ *adj* civettuolo
flit /flɪt/ *vi* (*pt/pp* **flitted**) volteggiare
float /fləʊt/ **A** *n* galleggiante *m*; (in procession) carro *m*; (money) riserva *f* di cassa
B *vi* galleggiare; Fin fluttuare
■ **float off** *vi* ‹*boat*› andare alla deriva; ‹*balloon*› volare via
floating /ˈfləʊtɪŋ/ *adj* ‹*bridge*› galleggiante; ‹*population*› fluttuante
floating rate interest /ˈfləʊtɪŋ/ *n* Fin interesse *m* a tasso variabile
floating voter *n* Pol elettore, -trice *mf* indeciso, -a
flock /flɒk/ **A** *n* gregge *m*; (of birds) stormo *m*
B *vi* affollarsi
floe /fləʊ/ *n* banchisa *f*
flog /flɒg/ *vt* (*pt/pp* **flogged**) bastonare; infml (sell) vendere
flood /flʌd/ **A** *n* alluvione *f*; (of river) straripamento *m*; fig (of replies, letters, tears) diluvio *m*; **be in ~** ‹*river*› essere straripato
B *vt* allagare
C *vi* ‹*river*› straripare
flood control *n* prevenzione *f* delle inondazioni
flood damage *n* danno *m* provocato da un'inondazione
floodgate *n* chiusa *f*; **open the ~s** fig spalancare le porte
floodlight **A** *n* riflettore *m*
B *vt* (*pt/pp* **floodlit**) illuminare con riflettori
floodplain *n* pianura *f* alluvionale
flood tide *n* marea *f* montante
flood waters *npl* acque *fpl* alluvionali
🔑 **floor** /flɔː(r)/ **A** *n* pavimento *m*; (storey) piano *m*; (for dancing) pista *f*
B *vt* (baffle) confondere; (knock down) stendere ‹*person*›
floorboard *n* asse *f* del pavimento
floorcloth *n* straccio *m* per lavare il pavimento
floor exercises *npl* esercizi *mpl* a terra
floor manager *n* TV direttore, -trice *mf* di studio; Comm gerente *mf* di un negozio
floor polish *n* cera *f* per il pavimento
floor show *n* spettacolo *m* di varietà
floor space *n* superficie *f*; **we don't have the ~** non abbiamo lo spazio
flop /flɒp/ **A** *n* infml (failure) tonfo *m*; Theat fiasco *m*
B *vi* (*pt/pp* **flopped**) infml (fail) far fiasco
■ **flop down** *vi* accasciarsi
floppy /ˈflɒpɪ/ *adj* floscio
floppy disk *n* floppy disk *m inv*
floppy drive, floppy disk drive *n* lettore *m* di floppy
flora /ˈflɔːrə/ *n* flora *f*

🔑 parola chiave

floral /ˈflɔːrəl/ *adj* floreale
Florence /ˈflɒrəns/ *n* Firenze *f*
Florentine /ˈflɒrəntaɪn/ *adj* fiorentino
florid /ˈflɒrɪd/ *adj* ‹*complexion*› florido; ‹*style*› troppo ricercato
florist /ˈflɒrɪst/ *n* fioraio, -a *mf*
floss /flɒs, AmE flɔːs/ **A** *n* filo *m* interdentale
B *vt* **~ one's teeth** usare il filo interdentale
C *vi* usare il filo interdentale
flotsam /ˈflɒtsəm/ *n* relitti *mpl* alla deriva
flounce /flaʊns/ **A** *n* balza *f*
B *vi* **~ out** uscire con aria melodrammatica
flounder¹ /ˈflaʊndə(r)/ *vi* dibattersi; ‹*speaker*› impappinarsi
flounder² *n* (fish) passera *f* di mare
flour /ˈflaʊə(r)/ *n* farina *f*
flourish /ˈflʌrɪʃ/ **A** *n* gesto *m* drammatico; (scroll) ghirigoro *m*
B *vi* prosperare
C *vt* brandire
flourishing /ˈflʌrɪʃɪŋ/ *adj* ‹*industry, business*› fiorente; ‹*garden*› rigoglioso
floury /ˈflaʊərɪ/ *adj* farinoso
flout /flaʊt/ *vt* fregarsene di ‹*rules*›
🔑 **flow** /fləʊ/ **A** *n* flusso *m*
B *vi* scorrere; (hang loosely) ricadere
flow chart *n* diagramma *m* di flusso
🔑 **flower** /ˈflaʊə(r)/ **A** *n* fiore *m*
B *vi* fiorire
flower arrangement *n* composizione *f* floreale
flower arranging *n* composizione *f* floreale
flower bed *n* aiuola *f*
flowered /ˈflaʊəd/ *adj* a fiori
flower garden *n* giardino *m* fiorito
flowering /ˈflaʊərɪŋ/ **A** *n* Bot fioritura *f*; fig (development) espansione *f*
B *adj* ‹*shrub, tree*› in fiore; **early/late ~** a fioritura precoce/tardiva
flowerpot *n* vaso *m* [per i fiori]
flower shop *n* fiorista *m*
flower show *n* mostra *f* floreale
flowery /ˈflaʊərɪ/ *adj* fiorito
flown /fləʊn/ ▶ **fly²**
fl oz *abbr* (**fluid ounce(s)**) oncia *f* fluida
flu /fluː/ *n* influenza *f*
fluctuate /ˈflʌktjʊeɪt/ *vi* fluttuare
fluctuation /flʌktjʊˈeɪʃn/ *n* fluttuazione *f*
flue /fluː/ *n* (of chimney, stove) canna *f* fumaria
fluency /ˈfluːənsɪ/ *n* (in speaking) competenza *f*; (in writing) speditezza *f*
fluent /ˈfluːənt/ *adj* spedito; **speak ~ Italian** parlare correntemente l'italiano
fluently /ˈfluːəntlɪ/ *adv* speditamente
fluff /flʌf/ *n* peluria *f*
fluffy /ˈflʌfɪ/ *adj* (**-ier, -iest**) vaporoso; ‹*toy*› di peluche
fluid /ˈfluɪd/ **A** *adj* fluido
B *n* fluido *m*

fluid ounce *n* oncia *f* fluida
fluke /fluːk/ *n* colpo *m* di fortuna
flummox /ˈflʌməks/ *vt* infml sbalestrare
flung /flʌŋ/ ▶ **fling**
flunk /flʌŋk/ *vt* AmE infml essere bocciato in
fluorescent /fluəˈresnt/ *adj* fluorescente
fluorescent lighting *n* luce *f* fluorescente
fluoride /ˈflʊəraɪd/ *n* fluoruro *m*
flurry /ˈflʌrɪ/ *n* (snow) raffica *f*; fig agitazione *f*
flush /flʌʃ/ **A** *n* (blush) [vampata *f* di] rossore *m*
B *vi* arrossire
C *vt* lavare con un getto d'acqua; **~ the toilet** tirare l'acqua
D *adj* a livello (**with** di); infml (affluent) pieno di soldi
■ **flush out** *vt* snidare ‹*spy*›
flushed /flʌʃt/ *adj* (cheeks) rosso; **~ with** eccitato da ‹*success*›; raggiante di ‹*pride*›
fluster /ˈflʌstə(r)/ *vt* agitare
flustered /ˈflʌstəd/ *adj* in agitazione; **get ~** mettersi in agitazione
flute /fluːt/ *n* flauto *m*
flutter /ˈflʌtə(r)/ **A** *n* battito *m*
B *vi* svolazzare
flux /flʌks/ *n* **in a state of ~** in uno stato di flusso
fly¹ /flaɪ/ *n* (*pl* **flies**) mosca *f*
fly² **A** *vi* (*pt* **flew**, *pp* **flown**) volare; (go by plane) andare in aereo; ‹*flag*› sventolare; (rush) precipitarsi; **~ open** spalancarsi
B *vt* pilotare ‹*plane*›; trasportare [in aereo] ‹*troops, supplies*›; volare con ‹*Alitalia etc*›
■ **fly away** *vi* volare via
fly³ *n* **flies** *pl* (on trousers) patta *f*
flyaway /ˈflaɪəweɪ/ *adj* ‹*hair*› che non stanno a posto
fly-by-night *adj* ‹*person*› irresponsabile; ‹*company*› non affidabile
flycatcher /ˈflaɪkætʃə(r)/ *n* pigliamosche *m inv*
fly-drive *adj* con la formula aereo più auto
flyer /ˈflaɪə(r)/ *n* aviatore *m*; (leaflet) volantino *m*
fly-fishing *n* pesca *f* con la mosca
flying /ˈflaɪɪŋ/ *n* aviazione *f*
flying buttress *n* arco *m* rampante
flying colours: **with ~** a pieni voti
flying saucer *n* disco *m* volante
flying start *n* ottima partenza *f*; **get off to a flying start** partire benissimo
flying visit *n* visita *f* lampo *inv*
flyleaf *n* risguardo *m*
fly on the wall *adj* ‹*documentary*› con telecamera nascosta
flyover *n* cavalcavia *m inv*
fly-past *n* BrE Aeron parata *f* aerea
flysheet *n* (handbill) volantino *m*; (of tent) soprattenda *m inv*
fly spray *n* moschicida *m*
FM *abbr* (**Frequency Modulation**) FM
foal /fəʊl/ *n* puledro *m*
foam /fəʊm/ **A** *n* schiuma *f*; (synthetic) gommapiuma *f*
B *vi* spumare; **~ at the mouth** far la bava alla bocca
foam bath *n* bagnoschiuma *m*
foam rubber *n* gommapiuma *f*
fob /fɒb/ *vt* (*pt/pp* **fobbed**) **~ something off** affibbiare qualcosa (**on somebody** a qualcuno); **~ somebody off** liquidare qualcuno
focal /ˈfəʊkl/ *adj* focale
focal point *n* (of village, building) centro *m* di attrazione; (main concern) punto *m* centrale; (in optics) fuoco *m*; **the room lacks a ~** nella stanza manca un punto che focalizzi l'attenzione
focus /ˈfəʊkəs/ **A** *n* fuoco *m*; **in ~** a fuoco; **out of ~** sfocato
B *vt* (*pt/pp* **focused** *or* **focussed**) fig concentrare (**on** su)
C *vi* **~ on something** Phot mettere a fuoco qualcosa; fig concentrarsi su qualcosa
fodder /ˈfɒdə(r)/ *n* foraggio *m*
foe /fəʊ/ *n* nemico, -a *mf*
foetal /ˈfiːtl/ *adj* fetale
foetid /ˈfetɪd/ *adj* fetido
foetus /ˈfiːtəs/ *n* (*pl* **-tuses**) feto *m*
fog /fɒg/ *n* nebbia *f*
fog bank *n* banco *m* di nebbia
fogey /ˈfəʊgɪ/ *n* **old ~** persona *f* antiquata
foggy /ˈfɒgɪ/ *adj* (**foggier**, **foggiest**) nebbioso; **it's ~** c'è nebbia; **I haven't got the foggiest [idea]** infml hon ne ho la più pallida idea
foghorn /ˈfɒghɔːn/ *n* sirena *f* da nebbia
fog lamp, **fog light** *n* Auto [faro *m*] antinebbia *m inv*
foible /ˈfɔɪbl/ *n* punto *m* debole
foil¹ /fɔɪl/ *n* lamina *f* di metallo
foil² *vt* (thwart) frustrare
foil³ *n* (sword) fioretto *m*
foist /fɔɪst/ *vt* appioppare (**on somebody** a qualcuno)
fold¹ /fəʊld/ *n* (for sheep) ovile *m*
fold² **A** *n* piega *f*
B *vt* piegare; **~ one's arms** incrociare le braccia
C *vi* piegarsi; (fail) crollare
■ **fold back** *vt* ripiegare ‹*sheets*›; aprire ‹*shutters*›
■ **fold in** *vt* incorporare ‹*flour, eggs*›
■ **fold up** **A** *vt* ripiegare ‹*chair*›
B *vi* essere pieghevole; infml ‹*business*› collassare
foldaway /ˈfəʊldəweɪ/ *adj* ‹*bed*› pieghevole; ‹*table*› estraibile
folder /ˈfəʊldə(r)/ *n* cartella *f*
folding /ˈfəʊldɪŋ/ *adj* pieghevole

f

folding seat *n* strapuntino *m*, sedile *m* pieghevole
folding stool *n* sgabello *m* pieghevole
fold-out *n* (in magazine) pieghevole *m*
foliage /ˈfəʊlɪɪdʒ/ *n* fogliame *m*
folk /fəʊk/ *npl* gente *f*; **my ~s** (family) i miei; **hello there ~s** ciao a tutti
folk dance *n* danza *f* popolare
folklore *n* folclore *m*
folk medicine *n* rimedio *m* della nonna
folk memory *n* memoria *f* collettiva
folk music *n* musica *f* folk
folk song *n* canto *m* popolare
folk wisdom *n* saggezza *f* popolare
follow /ˈfɒləʊ/ *vt & vi* seguire; **it doesn't ~** non è necessariamente così; **~ suit** fig fare lo stesso; **as ~s** come segue
■ **follow through** *vt* portare avanti ‹*project, idea*›
■ **follow up** *vt* fare seguito a ‹*letter*›
follower /ˈfɒləʊə(r)/ *n* seguace *mf*
following /ˈfɒləʊɪŋ/ **A** *adj* seguente
B *n* seguito *m*; (supporters) seguaci *mpl*
C *prep* in seguito a
follow-on *n* seguito *m*
follow-up **A** *n* (of social work case) controllo *m*; (of patient, ex inmate) visita *f* di controllo; (film, record, single, programme) seguito *m*
B *attrib* ‹*survey, work, interview*› successivo; **~ letter** lettera *f* che fa seguito
folly /ˈfɒlɪ/ *n* follia *f*
foment /fəˈment/ *vt* fig fomentare
fond /fɒnd/ *adj* affezionato; ‹*hope*› vivo; **be ~ of** essere appassionato di ‹*music*›; **I'm ~ of...** ‹*food, person*› mi piace moltissimo...
fondle /ˈfɒndl/ *vt* coccolare
fondly /ˈfɒndlɪ/ *adv* ‹*hope*› ingenuamente
fondness /ˈfɒndnɪs/ *n* affetto *m*; (for things) amore *m*
font /fɒnt/ *n* fonte *m* battesimale; Typ carattere *m* di stampa
food /fuːd/ *n* cibo *m*; (for animals, groceries) mangiare *m*; **let's buy some ~** compriamo qualcosa da mangiare
food aid *n* aiuti *mpl* alimentari
foodie /ˈfuːdɪ/ *n* infml buongustaio, -a *mf*
food mixer *n* frullatore *m*
food poisoning *n* intossicazione *f* alimentare
food processor *n* tritatutto *m inv* elettrico
foodstuffs *npl* generi *mpl* alimentari
fool¹ /fuːl/ **A** *n* sciocco, -a *mf*; **she's no ~** non è una stupida; **make a ~ of oneself** rendersi ridicolo
B *vt* prendere in giro
C *vi* **~ around** giocare; ‹*husband, wife*› avere l'amante
fool² *n* Culin crema *f*

foolhardy /ˈfuːlhɑːdɪ/ *adj* temerario
foolish /ˈfuːlɪʃ/ *adj* stolto
foolishly /ˈfuːlɪʃlɪ/ *adv* scioccamente
foolishness /ˈfuːlɪʃnɪs/ *n* sciocchezza *f*
foolproof /ˈfuːlpruːf/ *adj* facilissimo
foolscap /ˈfuːlskæp/ *n* BrE (paper) carta *f* protocollo
foot /fʊt/ *n* (*pl* **feet**) piede *m*; (of animal) zampa *f*; (measure) piede (=30, *48 cm*); **on ~** a piedi; **on one's feet** in piedi; **put one's ~ in it** infml fare una gaffe
footage /ˈfʊtɪdʒ/ *n* (piece of film) spezzone *m*; **news ~** servizio *m* [filmato]
foot-and-mouth disease *n* afta *f* epizootica
football *n* calcio *m*; (ball) pallone *m*
footballer *n* giocatore *m* di calcio
football pools *npl* totocalcio *m*
footbrake *n* freno *m* a pedale
footbridge *n* passerella *f*
foothills *npl* colline *fpl* pedemontane
foothold *n* punto *m* d'appoggio
footing *n* **lose one's ~** perdere l'appiglio; **on an equal ~** in condizioni di parità
footlights *npl* luci *npl* della ribalta
footloose and fancy-free *adj* libero come l'aria
footman *n* valletto *m*
footnote *n* nota *f* a piè di pagina
foot passenger *n* (on boat) passeggero, -a *mf*
footpath *n* sentiero *m*
footprint *n* orma *f*; (of machine) ingombro *m*
footrest *n* poggiapiedi *m inv*
footsore *adj* **be ~** avere male ai piedi
footstep *n* passo *m*; **follow in somebody's ~s** fig seguire l'esempio di qualcuno
footstool *n* sgabellino *m*
footwear *n* calzature *fpl*
for /fə(r)/, *accentato*/fɔː(r)/ **A** *prep* per; **~ this reason** per questa ragione; **I have lived here ~ ten years** vivo qui da dieci anni; **~ supper** per cena; **~ all that** nonostante questo; **what ~?** a che scopo?; **send ~ a doctor** chiamare un dottore; **fight ~ a cause** lottare per una causa; **go ~ a walk** andare a fare una passeggiata; **there's no need ~ you to go** non c'è bisogno che tu vada; **it's not ~ me to say** non sta a me dirlo; **now you're ~ it** ora sei nei pasticci
B *conj* poiché, perché
forage /ˈfɒrɪdʒ/ **A** *n* foraggio *m*
B *vi* **~ for** cercare
foray /ˈfɒreɪ/ *n* Mil incursione *f*; **make a ~ into** ‹*politics, acting*› tentare la strada di
forbade /fəˈbæd/ ▶ **forbid**
forbearance /fɔːˈbeərəns/ *n* pazienza *f*
forbearing /fɔːˈbeərɪŋ/ *adj* tollerante
forbid /fəˈbɪd/ *vt* (*pt* **forbade**, *pp* **forbidden**) proibire

---

parola chiave

forbidden /fəˈbɪdn/ *adj* ‹*fruit, place*› proibito

forbidding /fəˈbɪdɪŋ/ *adj* ‹*prospect*› che spaventa; (stern) severo

force /fɔːs/ **A** *n* forza *f*; **in ~** in vigore; (in large numbers) in massa; **come into ~** entrare in vigore; **the [armed] ~s** *pl* le forze armate **B** *vt* forzare; **~ something on somebody** ‹*decision*› imporre qualcosa a qualcuno; ‹*drink*› costringere qualcuno a fare qualcosa

■ **force back** *vt* trattenere ‹*tears*›

■ **force down** *vt* buttar giù (*controvoglia*) ‹*food, drink*›

forced /fɔːst/ *adj* forzato

forced landing *n* atterraggio *m* forzato

force-feed *vt* (*pt/pp* **-fed**) nutrire a forza

forceful /ˈfɔːsfʊl/ *adj* energico

forcefully /ˈfɔːsfʊlɪ/ *adv* ‹*say, argue*› con forza

forceps /ˈfɔːseps/ *npl* forcipe *msg*

forcible /ˈfɔːsəbl/ *adj* forzato

forcibly /ˈfɔːsəblɪ/ *adv* forzatamente

ford /fɔːd/ **A** *n* guado *m* **B** *vt* guadare

fore /fɔː(r)/ *n* **to the ~** in vista; **come to the ~** salire alla ribalta

forearm /ˈfɔːrɑːm/ *n* avambraccio *m*

forebears /ˈfɔːbeəz/ *npl* antenati *mpl*

foreboding /fɔːˈbəʊdɪŋ/ *n* presentimento *m*

forecast /ˈfɔːkɑːst/ **A** *n* previsione *f* **B** *vt* (*pt/pp* **forecast**) prevedere

forecaster /ˈfɔːkɑːstə(r)/ *n* pronosticatore, -trice *mf*; (economic) analista *mf* della congiuntura; (of weather) meteorologo, -a *mf*

forecourt *n* (of garage) spiazzo *m* [antistante]

forefathers *npl* antenati *mpl*

forefinger *n* [dito *m*] indice *m*

forefront *n* **be in the ~** essere all'avanguardia

foregone *adj* **be a ~ conclusion** essere una cosa scontata

foreground *n* primo piano *m*

forehand *n* Tennis diritto *m*

forehead /ˈfɔːhed, ˈfɒrɪd/ *n* fronte *f*

foreign /ˈfɒrən/ *adj* straniero; ‹*trade*› estero; (not belonging) estraneo; **he is ~** è uno straniero

foreign affairs *npl* affari *mpl* esteri

foreign body *n* corpo *m* estraneo

foreign correspondent *n* corrispondente *mf* estero

foreign currency *n* valuta *f* estera

foreigner /ˈfɒrənə(r)/ *n* straniero, -a *mf*

foreign exchange *n* (currency) valuta *f* estera

foreign exchange market *n* mercato *m* dei cambi

foreign language *n* lingua *f* straniera

foreign minister *n* ministro *m* degli Esteri

Foreign Office *n* ministero *m* degli [affari] Esteri

Foreign Secretary *n* Ministro *m* degli Esteri

foreleg /ˈfɔːleg/ *n* zampa *f* anteriore

foreman /ˈfɔːmən/ *n* caporeparto *m*

foremost /ˈfɔːməʊst/ **A** *adj* principale **B** *adv* **first and ~** in primo luogo

forename /ˈfɔːneɪm/ *n* nome *m* di battesimo

forensic /fəˈrensɪk/ *adj* **~ medicine** medicina legale

forensic evidence *n* prova *f* medico-legale

forensic science *n* medicina *f* legale

forensic scientist *n* medico *m* legale

forensic tests *npl* perizia *f sg* medico-legale

forerunner /ˈfɔːrʌnə(r)/ *n* precursore *m*

foresee /fɔːˈsiː/ *vt* (*pt* **-saw**, *pp* **-seen**) prevedere

foreseeable /fɔːˈsiːəbl/ *adj* **in the ~ future** nel futuro immediato

foreshadow /fɔːˈʃædəʊ/ *vt* prevedere

foresight /ˈfɔːsaɪt/ *n* previdenza *f*

foreskin /ˈfɔːskɪn/ *n* Anat prepuzio *m*

forest /ˈfɒrɪst/ *n* foresta *f*

forestall /fɔːˈstɔːl/ *vt* prevenire

forester /ˈfɒrɪstə(r)/ *n* guardia *f* forestale

forest fire *n* incendio *m* nei boschi

forest ranger /ˈreɪndʒə(r)/ *n* AmE guardia *f* forestale

forestry /ˈfɒrɪstrɪ/ *n* silvicoltura *f*

foretaste /ˈfɔːteɪst/ *n* pregustazione *f*

foretell /fɔːˈtel/ *vt* (*pt/pp* **-told**) predire

forethought /ˈfɔːθɔːt/ *n* accortezza *f*, previdenza *f*

forever /fəˈrevə(r)/ *adv* per sempre; **he's ~ complaining** si lamenta sempre

forewarn /fɔːˈwɔːn/ *vt* avvertire

foreword /ˈfɔːwɜːd/ *n* prefazione *f*

forfeit /ˈfɔːfɪt/ **A** *n* (in game) pegno *m*; Jur penalità *f* **B** *vt* perdere

forfeiture /ˈfɔːfɪtʃə(r)/ *n* (of right) perdita *f*; (of property) confisca *f*

forgave /fəˈgeɪv/ ▶ **forgive**

forge¹ /fɔːdʒ/ *vi* **~ ahead** ‹*runner*› lasciarsi indietro gli altri; fig farsi strada

forge² **A** *n* fucina *f* **B** *vt* fucinare; (counterfeit) contraffare

forger /ˈfɔːdʒə(r)/ *n* contraffattore *m*

forgery /ˈfɔːdʒərɪ/ *n* contraffazione *f*

forget /fəˈget/ *vt & vi* (*pt* **-got**, *pp* **-gotten**) dimenticare; dimenticarsi di ‹*language, skill*›; **~ oneself** perdere la padronanza di sé

■ **forget about** *vt* dimenticarsi di

f

forgetful /fəˈgetfʊl/ *adj* smemorato
forgetfulness /fəˈgetfʊlnɪs/ *n* smemoratezza *f*
forget-me-not *n* non-ti-scordar-di-mé *m inv*
forgettable /fəˈgetəbl/ *adj* ‹*day, fact, film*› da dimenticare
forgive /fəˈgɪv/ *vt* (*pt* **-gave**, *pp* **-given**) ~ **somebody for something** perdonare qualcuno per qualcosa
forgiveness /fəˈgɪvnɪs/ *n* perdono *m*
forgiving /fəˈgɪvɪŋ/ *adj* ‹*person*› indulgente
forgo /fɔːˈgəʊ/ *vt* (*pt* **-went**, *pp* **-gone**) rinunciare a
forgot(ten) /fəˈgɒt(n)/ ▶ **forget**
fork /fɔːk/ **A** *n* forchetta *f*; (for digging) forca *f*; (in road) bivio *m*
B *vi* ‹*road*› biforcarsi; ~ **right** prendere a destra
■ **fork out** **A** *vt* infml sborsare
B *vi* sborsare soldi
forked lightning /fɔːkt/ *n* fulmine *m* ramificato
fork-lift truck *n* elevatore *m*
forlorn /fəˈlɔːn/ *adj* ‹*look*› perduto; ‹*place*› derelitto; ~ **hope** speranza *f* vana
🔑 **form** /fɔːm/ **A** *n* forma *f*; (document) modulo *m*; Sch classe *f*
B *vt* formare; formulare ‹*opinion*›
C *vi* formarsi
formal /ˈfɔːml/ *adj* formale
formal dress *n* abito *m* da cerimonia
formalin /ˈfɔːməlɪn/ *n* formalina *f*
formality /fɔːˈmælətɪ/ *n* formalità *f*
formally /ˈfɔːməlɪ/ *adv* in modo formale; (officially) ufficialmente
format /ˈfɔːmæt/ **A** *n* formato *m*
B *vt* formattare ‹*disk, page*›
🔑 **formation** /fɔːˈmeɪʃn/ *n* formazione *f*
formative /ˈfɔːmətɪv/ *adj* ~ **years** anni formativi
🔑 **former** /ˈfɔːmə(r)/ *adj* precedente; ‹*PM, colleague*› ex; **the ~, the latter** il primo, l'ultimo
formerly /ˈfɔːməlɪ/ *adv* precedentemente; (in olden times) in altri tempi
formidable /ˈfɔːmɪdəbl/ *adj* formidabile
formless /ˈfɔːmlɪs/ *adj* ‹*mass*› informe; ‹*novel*› che manca di struttura
form teacher *n* BrE Sch ≈ coordinatore, -trice *mf* del consiglio di classe
formula /ˈfɔːjʊlə/ *n* (*pl* **-ae** /ˈfɔːmjʊliː/ *or* **-s**) formula *f*
formulate /ˈfɔːmjʊleɪt/ *vt* formulare
formulation /fɔːmjʊˈleɪʃn/ *n* formulazione *f*
fornication /fɔːnɪˈkeɪʃn/ *n* fornicazione *f*
forsake /fəˈseɪk/ *vt* (*pt* **-sook** /fəˈsʊk/; *pp* **-saken**) abbandonare
forswear /fɔːˈsweə(r)/ *vt* (renounce) abiurare

🔑 parola chiave

fort /fɔːt/ *n* Mil forte *m*
forte /ˈfɔːteɪ/ *n* [pezzo *m*] forte *m*
forth /fɔːθ/ *adv* **back and ~** avanti e indietro; **and so ~** e così via
forthcoming /fɔːθˈkʌmɪŋ/ *adj* prossimo; (communicative) communicativo; **no response was ~** non arrivava nessuna risposta
forthright /ˈfɔːθraɪt/ *adj* schietto
forthwith /fɔːθˈwɪð/ *adv* immediatamente
forties /ˈfɔːtɪz/ *npl* (period) **the ~** gli anni Quaranta *mpl*; (age) quarant'anni *mpl*; **a man in his ~** un quarantenne
fortieth /ˈfɔːtɪɪθ/ *adj* & *n* quarantesimo, -a *mf*
fortification /fɔːtɪfɪˈkeɪʃn/ *n* fortificazione *f*
fortified /ˈfɔːtɪfaɪd/ *adj* fortificato; ~ **wine** vino liquoroso; ~ **with vitamins** arricchito con vitamine
fortify /ˈfɔːtɪfaɪ/ *vt* (*pt/pp* **-ied**) fortificare; fig rendere forte
fortitude /ˈfɔːtɪtjuːd/ *n* coraggio *m*
fortnight /ˈfɔːtnaɪt/ *n* BrE quindicina *f*
fortnightly /ˈfɔːtnaɪtlɪ/ **A** *adj* bimensile
B *adv* ogni due settimane
fortress /ˈfɔːtrɪs/ *n* fortezza *f*
fortuitous /fɔːˈtjuːɪtəs/ *adj* fortuito
fortunate /ˈfɔːtʃənət/ *adj* fortunato; **that's ~!** meno male!
fortunately /ˈfɔːtʃənətlɪ/ *adv* fortunatamente
fortune /ˈfɔːtʃuːn/ *n* fortuna *f*
fortune cookie *n* AmE *biscottino* (*m*) *che racchiude un foglietto con una predizione*
fortune-teller *n* indovino, -a *mf*
forty /ˈfɔːtɪ/ *adj* & *n* quaranta *m*; **have ~ winks** infml fare un pisolino
forum /ˈfɔːrəm/ *n* foro *m*
🔑 **forward** /ˈfɔːwəd/ **A** *adv* avanti; (towards the front) in avanti; **move ~** andare avanti
B *adj* in avanti; (presumptuous) sfacciato
C *n* Sport attaccante *m*
D *vt* inoltrare ‹*letter*›; spedire ‹*goods*›
forward buying *n* Fin acquisto *m* a termine
forwarding address *n indirizzo* (*m*) *a cui inoltrare la corrispondenza*
forward-looking *adj* ‹*company, person*› lungimirante
forward planning *n* pianificazione *f* a lungo termine
forwards /ˈfɔːwədz/ *adv* avanti
forward slash *n* slash *m inv*
fossil /ˈfɒs(ə)l/ *n* fossile *m*
fossil fuel *n* combustibile *m* fossile
fossilized /ˈfɒsɪlaɪzd/ *adj* fossile; ‹*ideas*› fossilizzato
foster /ˈfɒstə(r)/ *vt* allevare ‹*child*›
foster child *n* figlio, -a *mf* in affidamento
foster family *n* famiglia *f* affidataria
foster home *n* famiglia *f* affidataria
foster mother *n* madre *f* affidataria

fought /fɔːt/ ▶ **fight**

foul /faʊl/ **A** *adj* ‹*smell, taste*› cattivo; ‹*air*› viziato; ‹*language*› osceno; ‹*mood, weather*› orrendo
B *vt* inquinare ‹*water*›; Sport commettere un fallo contro; ‹*nets, rope*› impigliarsi in
■ **foul up** **A** *vt* infml (spoil) mandare in malora
B *n* infml intoppo *m*

foul-mouthed /-ˈmaʊðd/ *adj* sboccato

foul play **A** *n* Jur delitto *m*
B *n* Sport fallo *m*

foul-smelling /-ˈsmelɪŋ/ *adj* puzzolente

foul-up *n* pasticcio *m*

found¹ /faʊnd/ ▶ **find**

found² *vt* fondare

foundation /faʊnˈdeɪʃn/ *n* (basis) fondamento *m*; (charitable) fondazione *f*; **~s** *pl* (of building) fondamenta *fpl*; **lay the ~ stone** porre la prima pietra

foundation course *n* BrE Univ corso *m* propedeutico

founder¹ /ˈfaʊndə(r)/ *n* fondatore, -trice *mf*

founder² *vi* ‹*ship*› affondare

foundry /ˈfaʊndrɪ/ *n* fonderia *f*

fount /faʊnt/ *n* Typ carattere *m* [stampa]

fountain /ˈfaʊntɪn/ *n* fontana *f*

fountain pen *n* penna *f* stilografica

four /fɔː(r)/ *adj & n* quattro *m*

four-by-four /ˌfɔːbaɪˈfɔː(r)/ *n* (vehicle) quattro per quattro *f inv*

four full time *n* Mus quattro quarti

four-letter word *n* parolaccia *f*

four-poster, **four-poster bed** *n* letto *m* a baldacchino

foursome /ˈfɔːsəm/ *n* quartetto *m*

four-star /ˈfɔːstɑː(r)/ **A** *adj* ‹*hotel, restaurant*› a quattro stelle
B *n* (petrol) super *f*

four-stroke *adj* ‹*engine*› a quattro tempi

fourteen /fɔːtiːn/ *adj & n* quattordici *m*

fourteenth /fɔːˈtiːnθ/ *adj & n* quattordicesimo, -a *mf*

fourth /fɔːθ/ *adj & n* quarto, -a *mf*

fourthly /ˈfɔːθlɪ/ *adv* in quarto luogo

fourth rate *adj* ‹*job, hotel, film*› di terz'ordine

four-wheel drive, **four-wheel drive vehicle** *n* quattro per quattro *f inv*

fowl /faʊl/ *n* pollame *m*

fox /fɒks/ **A** *n* volpe *f*
B *vt* (puzzle) ingannare

fox cub *n* volpacchiotto *m*

fox fur *n* pelliccia *f* di volpe

foxglove *n* digitale *f*

foxhound *n* foxhound *m inv*

fox hunt *n* caccia *f* alla volpe

fox hunting *n* caccia *f* alla volpe

fox terrier *n* fox-terrier *m inv*

foxtrot *n* fox-trot *m inv*

foxy /ˈfɒksɪ/ *adj* (**-ier**, **-iest**) infml (sexy) sexy *inv*; (crafty) scaltro

foyer /ˈfɔɪeɪ/ *n* Theat ridotto *m*; (in hotel) salone *m* d'ingresso

fracas /ˈfrækɑː/ *n* baruffa *f*

fracking /ˈfrækɪŋ/ *n* fratturazione *f* idraulica, fracking *m*

fraction /ˈfrækʃn/ *n* frazione *f*

fractionally /ˈfrækʃənəlɪ/ *adv* (slightly) leggermente

fracture /ˈfræktʃə(r)/ **A** *n* frattura *f*
B *vt* fratturare
C *vi* fratturarsi

fragile /ˈfrædʒaɪl/ *adj* fragile

fragment /ˈfrægmənt/ *n* frammento *m*

fragmentary /ˈfrægm(ə)ntərɪ/ *adj* frammentario

fragrance /ˈfreɪgrəns/ *n* fragranza *f*

fragrant /ˈfreɪgrənt/ *adj* fragrante

frail /freɪl/ *adj* gracile

frailty /ˈfreɪltɪ/ *n* (imperfection) debolezza *f*; (of person: moral) fragilità *f*; (of person: physical) gracilità *f*; (of health, state) precarietà *f*

frame /freɪm/ **A** *n* (of picture, door, window) cornice *f*; (of spectacles) montatura *f*; Anat ossatura *f*; (structure, of bike) telaio *m*; **~ of mind** stato *m* d'animo
B *vt* incorniciare ‹*picture*›; fig formulare; sl (incriminate) montare

frame of mind *n* stato *m* d'animo

framework /ˈfreɪmwɜːk/ *n* struttura *f*; **within the ~ of the law** nell'ambito della legge

franc /fræŋk/ *n* franco *m*

France /frɑːns/ *n* Francia *f*

franchise /ˈfræntʃaɪz/ *n* Pol diritto *m* di voto; Comm franchigia *f*

Franciscan /fræn'sɪskən/ *n* francescano *m*

frank¹ /fræŋk/ *vt* affrancare ‹*letter*›

frank² *adj* franco

Frankfurt /ˈfræŋkfɜːt/ *n* Francoforte *f*

frankfurter /ˈfræŋkfɜːtə(r)/ *n* würstel *m inv*

frankincense /ˈfræŋkɪnsens/ *n* incenso *m*

franking machine /ˈfræŋkɪŋ/ *n* affrancatrice *f*

frankly /ˈfræŋklɪ/ *adv* francamente

frantic /ˈfræntɪk/ *adj* frenetico; **be ~ with worry** essere agitatissimo

frantically /ˈfræntɪklɪ/ *adv* freneticamente

fraternal /frəˈtɜːnl/ *adj* fraterno

fraternity /frəˈtɜːnətɪ/ *n* (club) associazione *f*; (spirit, brotherhood) fratellanza *f*

fraud /frɔːd/ *n* frode *f*; (person) impostore *m*

fraudulent /ˈfrɔːdjʊlənt/ *adj* fraudolento

fraught /frɔːt/ *adj* **~ with** pieno di

fray¹ /freɪ/ *n* mischia *f*

fray² *vi* sfilacciarsi

frayed /freɪd/ *adj* ‹*cuffs*› sfilacciato; ‹*nerves*› a pezzi

f

frazzle /'fræz(ə)l/ *n* **be worn to a ~** essere ridotto uno straccio; **burn something to a ~** carbonizzare qualcosa

freak /fri:k/ **A** *n* fenomeno *m*; (person) scherzo *m* di natura; infml (weird person) tipo *m* strambo
B *adj* anormale

■ **freak out** *vi* infml (lose control, go crazy) andar fuori di testa

freakish /'fri:kɪʃ/ *adj* strambo

freckle /'frekl/ *n* lentiggine *f*

freckled /'frekld/ *adj* lentigginoso

f

free /fri:/ **A** *adj* (**freer**, **freest**) libero; ‹*ticket, copy*› gratuito; (lavish) generoso; **~ of charge** gratuito; **set ~** liberare; **~ with...** Comm in omaggio con...
B *vt* (*pt/pp* **freed**) liberare

free agent *n* persona *f* libera di agire come vuole

free and easy *adj* disinvolto

freebie, **freebee** /'fri:bɪ/ *n* infml (free gift) omaggio *m*; (trip) viaggio *m* gratuito; (newspaper) giornale *m* gratuito

freedom /'fri:dəm/ *n* libertà *f*

freedom fighter *n* combattente *mf* per la libertà

free enterprise *n* liberalismo *m* economico

free fall *n* caduta *f* libera

Freefone® /'fri:fəʊn/ *n* = **Freephone**

free-for-all *n* (disorganized situation, fight) baraonda *f*

free gift *n* omaggio *m*

freehand *adv* a mano libera

freehold *n* proprietà *f* [fondiaria] assoluta

free house *n* BrE *pub* (*m inv*) *che non è legato a nessun produttore di birra*

free kick *n* calcio *m* di punizione

freelance *adj & adv* indipendente

freeloader *n* infml scroccone *m*

freely /'fri:lɪ/ *adv* liberamente; (generously) generosamente; **I ~ admit that...** devo ammettere che...

free market *n* economia *f* di libero mercato

Freemason *n* massone *m*

Freemasonry *n* massoneria *f*

Freephone, **Freefone®** /'fri:fəʊn/ *n* numero *m* verde

Freephone number *n* numero *m* verde

Freepost /'fri:pəʊst/ *n* BrE affrancatura *f* a carico del destinatario

free-range *adj* ‹*eggs*› di allevamento a terra; ‹*hens*› allevato a terra

free-range egg *n* uovo *m* di gallina ruspante

free sample *n* campione *m* gratuito

free speech *n* libertà *f* di parola

free spirit *n* persona *f* che ama la sua indipendenza

free-standing *adj* ‹*heater*› non incassato; ‹*statue*› a tutto tondo; ‹*lamp*› a stelo

freestyle *n* stile *m* libero

free-to-air *adj* BrE ‹*TV programme, channel*› non a pagamento, in chiaro

free trade *n* libero scambio *m*

free trial period *n* periodo *m* di prova gratuito

freeware /'fri:weə(r)/ *n* Comput freeware *m inv*

freeway *n* AmE autostrada *f*

freewheel *vi* ‹*car*› (in neutral) andare in folle; (with engine switched off) andare a motore spento; ‹*bicycle*› andare a ruota libera

free will *n* **of one's own ~** di spontanea volontà

freeze /fri:z/ **A** *vt* (*pt* **froze**, *pp* **frozen**) gelare; bloccare ‹*wages*›
B *vi* ‹*water*› gelare; **it's freezing** si gela; **my hands are freezing** ho le mani congelate

freeze-dried *adj* liofilizzato

freeze-frame *n* (video) fermo *m* immagine

freezer /'fri:zə(r)/ *n* freezer *m inv*, congelatore *m*

freezer compartment *n* scomparto *m* freezer

freezing /'fri:zɪŋ/ **A** *adj* gelido
B *n* **below ~** sotto zero

freezing cold *adj* gelido

freezing fog *n* nebbia *f* ghiacciata

freezing point *n* punto *m* di congelamento

freight /freɪt/ *n* carico *m*

freight charges *npl* costi *mpl* di spedizione

freighter /'freɪtə(r)/ *n* nave *f* da carico

freight forwarder *n* spedizioniere *m*

freight train *n* AmE treno *m* merci

French /frentʃ/ **A** *adj* francese
B *n* (language) francese *m*; **the ~** *pl* i francesi

French beans *npl* fagiolini *mpl* [verdi]

French bread *n* filone *m* (*di pane*)

French Canadian **A** *n* canadese *mf* francofono, -a
B *adj* del Canada francofono

French doors *npl* porta-finestra *f inv*

French dressing *n* BrE vinaigrette *f inv*

French fries *npl* patate *fpl* fritte

French horn *n* corno *m* da caccia

French kiss *n* bacio *m* profondo

French knickers *npl* culottes *fpl*

Frenchman *n* francese *m*

French polish *n* vernice *f* a olio e gommalacca

French-speaking *adj* francofono

French toast *n pane* (*m*) *immerso nell'uovo sbattuto e fritto*

French window *n* porta-finestra *f*

---

parola chiave

Frenchwoman *n* francese *f*
frenetic /frənetɪk/ *adj* ‹*activity*› frenetico
frenzied /'frenzɪd/ *adj* frenetico
frenzy /'frenzɪ/ *n* frenesia *f*
frequency /'fri:kwənsɪ/ *n* frequenza *f*
frequent¹ /'fri:kwənt/ *adj* frequente
frequent² /frɪ'kwent/ *vt* frequentare
frequent-flyer miles *npl* AmE miglia *fpl* aeree
frequently /'fri:kwəntlɪ/ *adv* frequentemente
fresco /'freskəʊ/ *n* affresco *m*
fresh /freʃ/ *adj* fresco; (new) nuovo; AmE (cheeky) sfacciato
fresh air *n* aria *f* fresca; **get some ~** prendere una boccata d'aria
freshen /'freʃn/ *vi* ‹*wind*› rinfrescare
■ **freshen up** A *vt* dare una rinfrescata a B *vi* rinfrescarsi
fresh-faced /-'feɪst/ *adj* dalla faccia giovanile
freshly /'freʃlɪ/ *adv* di recente
freshman /'freʃmən/ *n* AmE matricola *f*; fig (in congress, in firm) nuovo arrivato *m*
freshness /'freʃnɪs/ *n* freschezza *f*
freshwater /'freʃwɔ:tə(r)/ *adj* di acqua dolce
fret /fret/ *vi* (*pt/pp* **fretted**) inquietarsi
fretful /fretfʊl/ *adj* irritabile
fretsaw /'fretsɔ:/ *n* seghetto *m* da traforo
fretwork /'fretwɜ:k/ *n* [lavoro *m* di] traforo *m*
Freudian slip /'frɔɪdɪən/ *n* lapsus *m inv* freudiano
friar /'fraɪə(r)/ *n* frate *m*
friction /'frɪkʃn/ *n* frizione *f*
Friday /'fraɪdeɪ/ *n* venerdì *m*
fridge /frɪdʒ/ *n* frigo *m*
fridge-freezer /,frɪdʒ'fri:zə(r)/ *n* frigocongelatore *m*
fried /fraɪd/ A ▶ **fry¹**
B *adj* fritto; **~ egg** uovo *m* fritto
friend /frend/ *n* amico, -a *mf*
friendly /'frendlɪ/ *adj* (**-ier**, **-iest**) ‹*relations, meeting, match*› amichevole; ‹*neighbourhood, smile*› piacevole; ‹*software*› di facile uso; **be ~ with** essere amico di
friendly fire *n* fuoco *m* amico
friendship /'frendʃɪp/ *n* amicizia *f*
fries /fraɪz/ *npl* AmE infml patatine *fpl* fritte
frieze /fri:z/ *n* fregio *m*
frigate /'frɪgət/ *n* fregata *f*
fright /fraɪt/ *n* paura *f*; **take ~** spaventarsi
frighten /'fraɪt(ə)n/ *vt* spaventare
■ **frighten away** *vt* far scappare ‹*bird, intruder*›
frightened /'fraɪtənd/ *adj* spaventato; **be ~** aver paura (**of** di)
frightening /'fraɪt(ə)nɪŋ/ *adj* spaventoso
frightful /'fraɪtfl/ *adj* terribile
frightfully /'fraɪtfʊlɪ/ *adv* terribilmente
frigid /'frɪdʒɪd/ *adj* frigido
frigidity /frɪ'dʒɪdətɪ/ *n* freddezza *f*; Psych frigidità *f*
frill /frɪl/ *n* volant *m inv*
frilly /'frɪlɪ/ *adj* ‹*dress*› con tanti volant
fringe /frɪndʒ/ *n* frangia *f*; (of hair) frangetta *f*; fig (edge) margine *m*
fringe benefits *npl* benefici *mpl* supplementari
frisk /frɪsk/ *vt* (search) perquisire
frisky /'frɪskɪ/ *adj* (**-ier**, **-iest**) vispo
fritter /'frɪtə(r)/ *n* frittella *f*
■ **fritter away** *vt* sprecare
frivolity /frɪ'vɒlətɪ/ *n* frivolezza *f*
frivolous /'frɪvələs/ *adj* frivolo
frizzy /'frɪzɪ/ *adj* (**-ier**, **-iest**) crespo
fro /frəʊ/ ▶ **to**
frock /frɒk/ *n* abito *m*
frog /frɒg/ *n* rana *f*
frogman *n* uomo *m* rana *inv*
frogmarch *vt* BrE portare via a forza
frogs' legs *npl* cosce *fpl* di rana
frogspawn *n* uova *fpl* di rana
frolic /'frɒlɪk/ *vi* (*pt/pp* **frolicked**) ‹*lambs*› sgambettare; infml ‹*people*› folleggiare
from /frɒm/ *prep* da; **~ Monday** da lunedì; **~ that day** da quel giorno; **he's ~ London** è di Londra; **this is a letter ~ my brother** questa è una lettera di mio fratello; **documents ~ the 16th century** documenti del XVI secolo; **made ~** fatto con; **she felt ill ~ fatigue** si sentiva male dalla stanchezza; **~ now on** d'ora in poi
front /frʌnt/ A *n* parte *f* anteriore; fig (organization etc) facciata *f*; (of garment) davanti *m*; **sea ~** lungomare *m*; Mil, Pol, Meteorol fronte *m*; **in ~ of** davanti a; **in** *or* **at the ~** davanti; **to the ~** avanti
B *adj* davanti; ‹*page, row, wheel*› anteriore
frontage /'frʌntɪdʒ/ *n* (of house) facciata *f*; **with ocean/river ~** (access) prospiciente l'oceano/il fiume
frontal /'frʌntl/ *adj* frontale
front bench *n* BrE Pol parlamentari *mpl* di maggiore importanza
front door *n* porta *f* d'entrata
front garden *n* giardino *m* sul davanti
frontier /'frʌntɪə(r)/ *n* frontiera *f*
front line *n* Mil prima linea *f*; **be in the ~** fig essere in prima linea
front of house *n* BrE Theat foyer *m inv*
front page A *n* prima pagina *f*
B *adj* ‹*picture, spread*› in prima pagina
front runner *n* Sport concorrente *mf* in testa; (favourite) favorito, -a *mf*
front-wheel drive *n* trazione *f* anteriore
frost /frɒst/ *n* gelo *m*; **hoar ~** brina *f*
frostbite /'frɒs(t)baɪt/ *n* congelamento *m*

f

frostbitten /ˈfrɒs(t)bɪtən/ *adj* congelato
frosted /ˈfrɒstɪd/ *adj* ~ **glass** vetro *m* smerigliato
frostily /ˈfrɒstɪlɪ/ *adv* gelidamente
frosting /ˈfrɒstɪŋ/ *n* AmE Culin glassa *f*
frosty /ˈfrɒstɪ/ *adj* (**-ier**, **-iest**) also fig gelido
froth /frɒθ/ **A** *n* schiuma *f*
B *vi* far schiuma
frothy /ˈfrɒθɪ/ *adj* (**-ier**, **-iest**) schiumoso
frown /fraʊn/ **A** *n* cipiglio *m*
B *vi* aggrottare le sopracciglia
■ **frown on** *vt* disapprovare
froze /frəʊz/ ▶ **freeze**
frozen /ˈfrəʊzn/ **A** ▶ **freeze**
B *adj* ‹*corpse, hand*› congelato; ‹*wastes*› gelido; Culin surgelato; **I'm** ~ sono gelato
frozen food *n* surgelati *mpl*
frugal /ˈfruːgl/ *adj* frugale
frugally /ˈfruːgəlɪ/ *adv* frugalmente
fruit /fruːt/ *n* frutto *m*; (collectively) frutta *f*; **eat more** ~ mangia più frutta
fruit bowl *n* fruttiera *f*
fruit cake *n dolce* (*m*) *con frutta candita*
fruit cocktail *n* macedonia *f* [di frutta]
fruit drop *n* drop *m inv* alla frutta
fruiterer /ˈfruːtərə(r)/ *n* fruttivendolo, -a *mf*
fruit farmer *n* frutticoltore *m*
fruit fly *n* moscerino *m* della frutta
fruitful /ˈfruːtfʊl/ *adj* fig fruttuoso
fruit gum *n* caramella *f* alla frutta
fruition /fruːˈɪʃn/ *n* **come to** ~ dare dei frutti
fruit juice *n* succo *m* di frutta
fruitless /ˈfruːtlɪs/ *adj* infruttuoso
fruitlessly /ˈfruːtlɪslɪ/ *adv* senza risultato
fruit machine *n* macchinetta *f* mangiasoldi
fruit salad *n* macedonia *f* [di frutta]
fruity /ˈfruːtɪ/ *adj* ‹*wine*› fruttato
frump /frʌmp/ *n* donna *f* scialba
frumpy /ˈfrʌmpɪ/ *adj* scialbo
frustrate /frʌˈstreɪt/ *vt* frustrare; rovinare ‹*plans*›
frustrated /frʌˈstreɪtɪd, AmE ˈfrʌst-/ *adj* frustrato
frustrating /frʌˈstreɪtɪŋ/ *adj* frustrante
frustration /frʌˈstreɪʃn/ *n* frustrazione *f*
fry¹ /fraɪ/ *n inv* **small** ~ fig pesce *m* piccolo
fry² *vt & vi* (*pt/pp* **fried**) friggere
frying pan /ˈfraɪɪŋ/ *n* padella *f*
ft. *abbr* (**foot** *or* **feet**) piede, piedi
FTP *abbr* (**file transfer protocol**) Comput FTP *m*
fuchsia /ˈfjuːʃə/ *n* fucsia *f*
fuck /fʌk/ vulg **A** *vt & vi* scopare
B *n* **I don't give a** ~ me ne sbatto; **what the** ~ **are you doing?** che cazzo fai?
C *int* cazzo!
■ **fuck off**: *vi* vulg ~ **off!** vaffanculo!
■ **fuck up** *vt* vulg (ruin) mandare a puttane
fucking /ˈfʌkɪŋ/ *adj* vulg del cazzo
fuddled /ˈfʌd(ə)ld/ *adj* (confused) confuso; (slightly drunk) brillo
fuddy-duddy /ˈfʌdɪdʌdɪ/ *n* infml matusa *mf inv*
fudge /fʌdʒ/ *n caramella* (*f*) *a base di zucchero, burro e latte*
fuel /ˈfjuːəl/ **A** *n* carburante *m*; fig nutrimento *m*
B *vt* fig alimentare
fuel consumption *n* consumo *m* di carburante
fuel economy *n* risparmio *m* di carburante
fuel efficient *adj* economico
fuel injection *n* iniezione *f*
fuel injection engine *n* motore *m* a iniezione
fuel oil *n* nafta *f*
fuel pump *n* pompa *f* della benzina
fuel tank *n* serbatoio *m*
fuggy /ˈfʌgɪ/ *adj* BrE (smoky) fumoso
fugitive /ˈfjuːdʒɪtɪv/ *n* fuggiasco, -a *mf*
fugue /fjuːg/ *n* Mus fuga *f*
fulcrum /ˈfʊlkrəm/ *n* fulcro *m*
fulfil /fʊlˈfɪl/ *vt* (*pt/pp* **-filled**) soddisfare ‹*conditions, need*›; adempiere a ‹*promise*›; realizzare ‹*dream, desire*›; ~ **oneself** realizzarsi
fulfilling /fʊlˈfɪlɪŋ/ *adj* soddisfacente
fulfilment /fʊlˈfɪlmənt/ *n* **sense of** ~ senso *m* di appagamento
full /fʊl/ **A** *adj* pieno (**of** di); (detailed) esauriente; ‹*bus, hotel*› completo; ‹*skirt*› ampio; **at** ~ **speed** a tutta velocità; **in** ~ **swing** in pieno fervore
B *adv* in pieno; **you known** ~ **well that** sai benissimo che
C *n* **in** ~ per intero
full-back *n* difensore *m*
full beam *n* Auto [fari *mpl*] abbaglianti *mpl*
full blast *adv* infml **the TV was on** ~ c'era la TV a manetta
full-blown /-ˈbləʊn/ *adj* ‹*epidemic*› vero e proprio; ‹*disease*› conclamato
full board *n* pensione *f* completa
full-bodied /-ˈbɒdɪd/ *adj* ‹*wine*› corposo
full-cream milk *n* latte *m* intero
full-frontal *adj* ‹*photograph*› di nudo frontale
full house *n* Theat tutto esaurito *m inv*; (in poker) full *m inv*
full-length *adj* ‹*dress*› lungo; ‹*curtain*› lungo fino a terra; ‹*portrait*› intero; ~ **film** lungometraggio *m*
full moon *n* luna *f* piena
full name *n* nome *m* per esteso

full price *n* prezzo *m* intero
full-scale *adj* ‹*model*› in scala reale; ‹*alert*› di massima gravità
full stop *n* punto *m*
full-time *adj* & *adv* a tempo pieno
fully /ˈfʊlɪ/ *adv* completamente; (in detail) dettagliatamente; ~ **booked** ‹*hotel, restaurant*› tutto prenotato
fully fledged /-ˈfledʒd/ *adj* ‹*bird*› che ha messo tutte le penne; ‹*lawyer*› con tutte le qualifiche; ‹*member*› a tutti gli effetti
fulsome /ˈfʊlsəm/ *adj* esagerato
fumble /ˈfʌmbl/ *vi* ~ **in** rovistare in; ~ **with** armeggiare con; ~ **for one's keys** rovistare alla ricerca delle chiavi
■ **fumble about** *vi* (in dark) andare a tentoni; ~ **in** rovistare in ‹*bag*›
fume /fjuːm/ *vi* (be angry) essere furioso
fumes /fjuːmz/ *npl* fumi *mpl*; (from car) gas *mpl* di scarico
fumigate /ˈfjuːmɪgeɪt/ *vt* suffumicare
fun /fʌn/ *n* divertimento *m*; **for** ~ per ridere; **make** ~ **of** prendere in giro; **have** ~ divertirsi
function /ˈfʌŋkʃn/ **A** *n* funzione *f*; (event) cerimonia *f*
B *vi* funzionare; ~ **as** (serve as) funzionare da
functional /ˈfʌnkʃ(ə)nəl/ *adj* funzionale
function key *n* Comput tasto *m* [di] funzioni
function room *n* sala *f* di ricevimento
fund /fʌnd/ **A** *n* fondo *m*; fig pozzo *m*; ~**s** *pl* fondi *mpl*
B *vt* finanziare
fundamental /fʌndəˈmentl/ *adj* fondamentale
fundamentalist /fʌndəˈmentəlɪst/ *n* fondamentalista *mf*
funding /ˈfʌndɪŋ/ *n* (financial aid) finanziamento *m*; (of debt) consolidamento *m*
fund-raiser /-reɪzə(r)/ *n* (person) promotore, -trice *mf* di raccolte di fondi; (event) manifestazione *f* per la raccolta di fondi
fund-raising /-reɪzɪŋ/ *n* raccolta *f* di fondi
funeral /ˈfjuːnərəl/ *n* funerale *m*
funeral directors *n* impresa *f* di pompe funebri
funeral home, funeral parlour AmE *n* camera *f* ardente
funeral march *n* marcia *f* funebre
funeral service *n* rito *m* funebre
funereal /fjuːˈnɪərəl/ *adj* lugubre
funfair /ˈfʌnfeə(r)/ *n* luna park *m inv*
fungal /ˈfʌŋgəl/ *adj* ‹*infection*› micotico
fungus /ˈfʌŋgəs/ *n* (*pl* **-gi** /-gaɪ/) fungo *m*
funicular /fjuːˈnɪkjʊlə(r)/ *n* funicolare *f*
fun loving /ˈfʌnlʌvɪŋ/ *adj* ‹*person*› amante del divertimento
funnel /ˈfʌnl/ *n* imbuto *m*; (on ship) ciminiera *f*
funnily /ˈfʌnɪlɪ/ *adv* comicamente; (oddly) stranamente; ~ **enough** strano a dirsi
funny /ˈfʌnɪ/ *adj* (**-ier, -iest**) buffo; (odd) strano
funny bone *n* osso *m* del gomito
funny business *n* infml affare *m* losco
fur /fɜː(r)/ *n* pelo *m*; (for clothing) pelliccia *f*; (in kettle) deposito *m*
fur coat *n* pelliccia *f*
furious /ˈfjʊərɪəs/ *adj* furioso
furiously /ˈfjʊərɪəslɪ/ *adv* furiosamente
furl /fɜːl/ *vt* serrare ‹*sail*›
furnace /ˈfɜːnɪs/ *n* fornace *f*
furnish /ˈfɜnɪʃ/ *vt* ammobiliare ‹*flat*›; fornire ‹*supplies*›
furnished /ˈfɜːnɪʃt/ *adj* ~ **room** stanza *f* ammobiliata
furnishings /ˈfɜːnɪʃɪŋz/ *npl* mobili *mpl*
furniture /ˈfɜːnɪtʃə(r)/ *n* mobili *mpl*
furniture remover /rɪmuːvə(r)/ *n* BrE impresa *f* di traslochi
furniture van *n* furgone *m* per i traslochi
furore /fjʊˈrɔːrɪ/ *n* (outrage, criticism) scalpore *m*; (acclaim) entusiasmo *m*
furred /fɜːd/ *adj* ‹*tongue*› impastato
furrow /ˈfʌrəʊ/ *n* solco *m*
furry /ˈfɜːrɪ/ *adj* ‹*animal*› peloso; ‹*toy*› di peluche
further /ˈfɜːðə(r)/ **A** *adj* (additional) ulteriore; **at the** ~ **end** all'altra estremità; **until** ~ **notice** fino a nuovo avviso
B *adv* più lontano; ~,... inoltre,...; ~ **off** più lontano
C *vt* promuovere
further education *n* istruzione *f* parauniversitaria
furthermore /fɜːðəˈmɔː(r)/ *adv* per di più
furthest /ˈfɜːðɪst/ **A** *adj* più lontano
B *adv* più lontano; **the** ~ **advanced of the students** lo studente più avanti
furtive /ˈfɜːtɪv/ *adj* furtivo
furtively /ˈfɜːtɪvlɪ/ *adv* furtivamente
fury /ˈfjʊərɪ/ *n* furore *m*
fuse¹ /fjuːz/ *n* (of bomb) detonatore *m*; (cord) miccia *f*
fuse² **A** *n* Electr fusibile *m*
B *vt* fondere; Electr far saltare
C *vi* fondersi; Electr saltare; **the lights have~d** sono saltate le luci
fuse box *n* scatola *f* dei fusibili
fuselage /ˈfjuːzəlɑːʒ/ *n* Aeron fusoliera *f*
fuse wire *n* [filo *m* di] fusibile *m*
fusillade /fjuːzɪlˈɑːd/ *n* Mil scarica *f*; fig raffica *f*
fusion /ˈfjuːʒn/ *n* fusione *f*
fuss /fʌs/ **A** *n* storie *fpl*; **make a** ~ fare storie; **make a** ~ **of** colmare di attenzioni
B *vi* fare storie
fussy /ˈfʌsɪ/ *adj* (**-ier, -iest**) ‹*person*› difficile da accontentare; ‹*clothes etc*›

f

pieno di fronzoli

fusty /ˈfʌstɪ/ *adj* che odora di stantio; ‹*smell*› di stantio

futile /ˈfjuːtaɪl/ *adj* inutile

futility /fjʊˈtɪlətɪ/ *n* futilità *f*

🔑 **future** /ˈfjuːtʃə(r)/ *adj* & *n* futuro; **in ~** in futuro

future perfect *n* futuro *m* anteriore

futures *npl* Fin contratti *mpl* a termine

futuristic /fjuːtʃəˈrɪstɪk/ *adj* futuristico

fuze /fjuːz/ *n* & *v* AmE = **fuse**[1], **fuse**[2]

fuzz /fʌz/ *n* **the ~** sl (police) la pula

fuzzy /ˈfʌzɪ/ *adj* (**-ier**, **-iest**) ‹*hair*› crespo; ‹*photo*› sfuocato

FYI *abbr* (**for your information**) per vostra informazione

f

g

Gg

g[1], **G** /dʒiː/ *n* (letter) g, G *f inv*; Mus sol *m inv*

g[2] *abbr* (**gram(s)**) *g*

G8 *n abbr* (**group of 8**) G8 *mpl*

gab /gæb/ *n* infml **have the gift of the ~** avere la parlantina

gabardine /gæbəˈdiːn/ *n* gabardine *f*

gabble /ˈgæb(ə)l/ *vi* parlare troppo in fretta

gable /ˈgeɪb(ə)l/ *n* frontone *m*

Gabon /gəˈbɒn/ *n* Gabon *m*

gad /gæd/ *vi* (*pt/pp* **gadded**) **~ about** andarsene in giro

gadget /ˈgædʒɪt/ *n* aggeggio *m*

Gaelic /ˈgeɪlɪk/ *adj* & *n* gaelico *m*

gaff /gæf/ *n* BrE infml **blow the ~** spifferare un segreto; **blow the ~ on something** svelare la verità su qualcosa

gaffe /gæf/ *n* gaffe *f inv*

gaffer /ˈgæfə(r)/ *n* BrE (foreman) caposquadra *m*; BrE (boss) capo *m*; Cinema, TV tecnico *m* delle luci

gag /gæg/ **A** *n* bavaglio *m*; (joke) battuta *f*
B *vt* (*pt/pp* **gagged**) imbavagliare

gaga /ˈgɑːgɑː/ *adj* infml rimbambito

gage /geɪdʒ/ *n* & *vt* AmE = **gauge**

gaiety /ˈgeɪətɪ/ *n* allegria *f*

gaily /ˈgeɪlɪ/ *adv* allegramente

🔑 **gain** /geɪn/ **A** *n* guadagno *m*; (increase) aumento *m*
B *vt* acquisire; **~ weight** aumentare di peso; **~ access** accedere
C *vi* ‹*clock*› andare avanti
■ **gain on** *vt* guadagnare terreno su ‹*runner, car*›

gainful /ˈgeɪnfʊl/ *adj* **~ employment** lavoro *m* remunerativo

gainsay /geɪnˈseɪ/ *vt* contraddire ‹*person*›; contestare ‹*argument*›

gait /geɪt/ *n* andatura *f*

gala /ˈgɑːlə/ **A** *n* gala *f*; **swimming ~** manifestazione *f* di nuoto
B *attrib* di gala

galaxy /ˈgæləksɪ/ *n* galassia *f*

gale /geɪl/ *n* bufera *f*

gale warning *n* avviso *m* di imminente bufera

gall /gɔːl/ *n* (impudence) impudenza *f*

gallant /ˈgælənt/ *adj* coraggioso; (chivalrous) galante

gallantly /ˈgæləntlɪ/ *adv* galantemente

gallantry /ˈgæləntrɪ/ *n* coraggio *m*

gall bladder *n* cistifellea *f*

gallery /ˈgælərɪ/ *n* galleria *f*

galley /ˈgælɪ/ *n* (ship's kitchen) cambusa *f*

galley proof *n* bozza *f* in colonna

Gallic /ˈgælɪk/ *adj* francese

galling /ˈgɔːlɪŋ/ *adj* irritante

gallivant /ˈgælɪvænt/ *vi* infml andare in giro

gallon /ˈgælən/ *n* gallone *m* (BrE = *4,5 l;* AmE = *3,7 l*)

gallop /ˈgæləp/ **A** *n* galoppo *m*
B *vi* galoppare

gallows /ˈgæləʊz/ *n* forca *f*

gallstone /ˈgɔːlstəʊn/ *n* calcolo *m* biliare

galore /gəˈlɔː(r)/ *adv* a bizzeffe

galvanize /ˈgælvənaɪz/ *vt* Techn galvanizzare; fig stimolare (**into** a)

Gambia /ˈgæmbɪə/ *n* Gambia *m*

gambit /ˈgæmbɪt/ *n* prima mossa *f*

gamble /ˈgæmbl/ **A** *n* (risk) azzardo *m*
B *vi* giocare; (on Stock Exchange) speculare; **~ on** (rely) contare su

gambler /ˈgæmblə(r)/ *n* giocatore, -trice *mf* [d'azzardo]

gambling /ˈgæmblɪŋ/ *n* gioco *m* [d'azzardo]

gambol /ˈgæmb(ə)l/ *vi* saltellare

🔑 **game** /geɪm/ **A** *n* gioco *m*; (match) partita *f*; (animals, birds) selvaggina *f*; **~s** *pl* Sch ≈

🔑 parola chiave

ginnastica *f*
B *adj* (brave) coraggioso; **are you ~?** ti va?; **be ~ for** essere pronto per

game bird *n* uccello *m* da cacciagione

gamekeeper *n* guardacaccia *m inv*

game park *n game reserve*

game plan *n* tattica *f*

game point *n* Tennis game point *m inv*

game reserve *n* (for hunting) riserva *f* di caccia; (for preservation) parco *m* naturale [faunistico]

games console *n* console *f* per videogiochi

game show *n* ≈ quiz *m inv* televisivo

gamesmanship /'geɪmzmənʃɪp/ *n* stratagemmi *mpl*

games room *n* sala *f* giochi

games software *n* computer game *m inv*

game warden *n* guardacaccia *m inv*

gaming /'geɪmɪŋ/ *n* **online ~** giochi *mpl* online

gaming laws /'geɪmɪŋ/ *npl* leggi *fpl* che regolano il gioco d'azzardo

gaming machine *n* slot machine *f inv*

gaming zone *n sito* (*m*) *su cui giocare online*

gammon /'gæmən/ *n coscia* (*f*) *di maiale affumicata*

gamut /'gæmət/ *n* fig gamma *f*

gander /'gændə(r)/ *n* oca *f* maschio; **take a ~ at something** infml dare un'occhiata a qualcosa

gang /gæŋ/ *n* banda *f*; (of workmen) squadra *f*
■ **gang up** *vi* far comunella (**on** contro)

gangland /'gæŋlænd/ *n* malavita *f*

gang leader /'gæŋli:də(r)/ *n* capobanda *mf inv*

gangling /'gæŋglɪŋ/ *adj* spilungone

gangplank /'gæŋplæŋk/ *n* passerella *f*

gang rape *n* stupro *m* collettivo

gangrene /'gæŋgri:n/ *n* cancrena *f*

gangrenous /'gæŋgrɪnəs/ *adj* cancrenoso

gangster /'gæŋstə(r)/ *n* gangster *m inv*

gangway /'gæŋweɪ/ *n* passaggio *m*; Naut, Aeron passerella *f*

gaol /dʒeɪl/ **A** *n* carcere *m*
B *vt* incarcerare

gaoler /'dʒeɪlə(r)/ *n* carceriere *m*

gap /gæp/ *n* spazio *m*; (in ages) scarto *m*; (in memory) vuoto *m*; (in story) punto *m* oscuro

gape /geɪp/ *vi* stare a bocca aperta; (be wide open) spalancarsi; **~ at** guardare a bocca aperta

gaping /'geɪpɪŋ/ *adj* aperto

gap year *n anno* (*m*) *sabbatico tra la fine della scuola superiore e l'inizio dell'università*

garage /'gærɑ:ʒ/ *n* garage *m inv*; (for repairs) officina *f*; (for petrol) stazione *f* di servizio

garage mechanic *n* meccanico *m*

garage sale *n vendita* (*f*) *di articoli usati a casa propria*

garb /gɑ:b/ *n* tenuta *f*

garbage /'gɑ:bɪdʒ/ *n* immondizia *f*; (nonsense) idiozie *fpl*

garbage can *n* AmE bidone *m* dell'immondizia

garbage truck *n* AmE camion *m* della nettezza urbana

garbled /'gɑ:bld/ *adj* confuso

garden /'gɑ:dn/ **A** *n* giardino *m*; **[public] ~s** *pl* giardini *mpl* pubblici
B *vi* fare giardinaggio

garden centre *n* BrE vivaio *m* (*che vende anche articoli da giardinaggio*)

garden city *n* città *f* giardino

gardener /'gɑ:dnə(r)/ *n* giardiniere, -a *mf*

garden flat *n appartamento* (*m*) *al pianterreno o seminterrato che dà sul giardino*

gardening /'gɑ:dnɪŋ/ *n* giardinaggio *m*

garden shears *npl* cesoie *fpl*

garden spider *n* epeira *f*

garden suburb *n* periferia *f* verde

garden-variety *adj* AmE ‹*writer; book*› insignificante

gargle /'gɑ:gl/ **A** *n* gargarismo *m*
B *vi* fare gargarismi

gargoyle /'gɑ:gɔɪl/ *n* gargouille *f inv*

garish /'geərɪʃ/ *adj* sgargiante

garland /'gɑ:lənd/ *n* ghirlanda *f*

garlic /'gɑ:lɪk/ *n* aglio *m*

garlic bread *n* pane *m* condito con aglio

garlic press *n* spremiaglio *m inv*

garment /'gɑ:mənt/ *n* indumento *m*

garnet /'gɑ:nɪt/ *n* granato *m*

garnish /'gɑ:nɪʃ/ **A** *n* guarnizione *f*
B *vt* guarnire

garret /'gærɪt/ *n* soffitta *f*

garrison /'gærɪsn/ *n* guarnigione *f*

garrotte /gə'rɒt/ **A** *n* BrE garrotta *f*
B *vt* (strangle) strangolare

garrulous /'gærʊləs/ *adj* chiacchierone

garter /'gɑ:tə(r)/ *n* giarrettiera *f*; AmE (for man's socks) reggicalze *m inv* da uomo

gas /gæs/ **A** *n* gas *m inv*; AmE infml (petrol) benzina *f*
B *vt* (*pt/pp* **gassed**) asfissiare
C *vi* infml blaterare

gas burner *n* becco *m* a gas

gas chamber *n* camera *f* a gas

gas cooker *n* cucina *f* a gas

gaseous /'gæsɪəs/ *adj* gassoso

gas fire *n* stufa *f* a gas

gas-fired /-faɪəd/ *adj* ‹*boiler, water heater*› a gas

gash /gæʃ/ **A** *n* taglio *m*
B *vt* tagliare; **~ one's arm** farsi un taglio nel braccio

gasket /'gæskɪt/ *n* Techn guarnizione *f*

gas main *n* conduttura *f* del gas
gas mask *n* maschera *f* antigas
gas meter *n* contatore *m* del gas
gasoline /'gæsəli:n/ *n* AmE benzina *f*
gas oven *n* forno *m* a gas
gasp /gɑ:sp/ *vi* avere il fiato mozzato
gas pedal *n* AmE pedale *m* dell'acceleratore
gas ring *n* BrE (fixed) bruciatore *m*; (portable) fornelletto *m* [portatile]
gas station *n* AmE distributore *m* di benzina
gassy /'gæsɪ/ *adj* ‹*drink*› gassato
gastric /'gæstrɪk/ *adj* gastrico
gastric flu *n* influenza *f* gastro-intestinale
gastric ulcer *n* ulcera *f* gastrica
gastritis /gæ'straɪtɪs/ *n* gastrite *f*
gastroenteritis /gæstrəʊentə'raɪtɪs/ *n* gastroenterite *f*
gastronomy /gæ'strɒnəmɪ/ *n* gastronomia *f*
gate /geɪt/ *n* cancello *m*; (at airport) uscita *f*
gateau /'gætəʊ/ *n* torta *f*
gatecrash **A** *vt* entrare senza invito a
B *vi* entrare senza invito
gatecrasher *n* intruso, -a *mf*
gatehouse *n* (to castle) corpo *m* di guardia; (to park) casa *f* del custode
gatekeeper *n* custode *mf*
gatepost *n* palo *m* del cancello
gateway *n* ingresso *m*
gateway drug *n* droga *f* di passaggio
gather /'gæðə(r)/ **A** *vt* raccogliere; (conclude) dedurre; (in sewing) arricciare; **~ speed** acquistare velocità; **~ together** radunare ‹*people, belongings*›; (obtain gradually) acquistare
B *vi* ‹*people*› radunarsi; **a storm is ~ing** si sta preparando un acquazzone
gathering /'gæðərɪŋ/ *n* **family ~** ritrovo *m* di famiglia
GATT /gæt/ *abbr* (**General Agreement on Tariffs and Trade**) GATT *m*
gauche /gəʊʃ/ *adj* ‹*person, attitude*› impacciato; ‹*remark*› inopportuno
gaudy /'gɔ:dɪ/ *adj* (**-ier**, **-iest**) pacchiano
gauge /geɪdʒ/ **A** *n* calibro *m*; Rail scartamento *m*; (device) indicatore *m*
B *vt* misurare; fig stimare
gaunt /gɔ:nt/ *adj* (thin) smunto
gauntlet /'gɔ:ntlɪt/ *n* **throw down the ~** lanciare il guanto della sfida
gauze /gɔ:z/ *n* garza *f*
gave /geɪv/ ▶ **give**
gawky /'gɔ:kɪ/ *adj* (**-ier**, **-iest**) sgraziato
gawp /gɔ:p/ *vi* **~ (at)** infml guardare con aria da ebete
gay /geɪ/ *adj* gaio; (homosexual) omosessuale; ‹*bar, club*› gay
gay marriage *n* matrimonio *m* gay

Gaza strip /'gɑ:zə/ *n* la striscia *f* di Gaza
gaze /geɪz/ **A** *n* sguardo *m* fisso
B *vi* guardare; **~ at** fissare; **~ into space** avere lo sguardo perso nel vuoto
gazelle /gə'zel/ *n* gazzella *f*
gazette /gə'zet/ *n* (official journal) bollettino *m* ufficiale; (newspaper title) gazzetta *f*
gazetteer /gæzɪ'tɪə(r)/ *n* (book) dizionario *m* geografico; (part of book) indice *m* dei nomi geografici
gazump /gə'zʌmp/ *vt* Comm sl **we've been ~ed** il proprietario della casa ha optato per un'offerta migliore dopo avere accettato la nostra
gazunder /gə'zʌndə(r)/ *vt* BrE *cercare di indurre qualcuno a cedere un immobile a un prezzo inferiore a quello pattuito*
GB *abbr* (**Great Britain**) GB
GBH *n abbr* (**grievous bodily harm**) lesioni *fpl* personali gravi
GCSE *n abbr* BrE (**General Certificate of Secondary Education**) *esami* (*mpl*) *conclusivi della scuola dell'obbligo*
GDP *n abbr* (**gross domestic product**) PIL *m*
gear /gɪə(r)/ **A** *n* equipaggiamento *m*; Techn ingranaggio *m*; Auto marcia *f*; **in ~** con la marcia innestata; **change ~** cambiare marcia
B *vt* finalizzare (**to** a)
C *vi* **~ up for** prepararsi per ‹*election*›; **~ up to do something** prepararsi per fare qualcosa
gearbox /'gɪəbɒks/ *n* Auto scatola *f* del cambio
gear lever, **gearstick** AmE, **gear shift** *n* leva *f* del cambio
gear wheel *n* moltiplica *f*
geese /gi:s/ ▶ **goose**
geezer /'gi:zə(r)/ *n* sl tipo *m*
gel /dʒel/ *n* gel *m inv*
gelatine /'dʒelətɪn/ *n* gelatina *f*
gelatinous /dʒɪ'lætɪnəs/ *adj* gelatinoso
gelding /'geldɪŋ/ *n* (horse) castrone *m*; (castration) castrazione *f*
gelignite /'dʒelɪgnaɪt/ *n* gelatina *f* esplosiva
gem /dʒem/ *n* gemma *f*
Gemini /'dʒemɪnaɪ/ *n* Astr Gemelli *mpl*
gen /dʒen/ *n* BrE infml informazioni *fpl*; **what's the ~ on this?** cosa c'è da sapere su questo?
gender /'dʒendə(r)/ *n* Gram genere *m*
gene /dʒi:n/ *n* gene *m*
genealogy /dʒi:nɪ'ælədʒɪ/ *n* genealogia *f*
gene library *n* genoteca *f*
gene pool *n* pool *m* genetico
general /'dʒenrəl/ **A** *adj* generale
B *n* generale *m*; **in ~** in generale
general election *n* elezioni *fpl* politiche
generalization /dʒenrəlaɪ'zeɪʃn/ *n* generalizzazione *f*

g

parola chiave

generalize /'dʒenrəlaɪz/ *vi* generalizzare
general knowledge *n* cultura *f* generale
generally /'dʒenrəlɪ/ *adv* generalmente
general practitioner *n* medico *m* generico
general public *n* [grande] pubblico *m*
general-purpose *adj* multiuso *inv*
general strike *n* sciopero *m* generale
generate /'dʒenəreɪt/ *vt* generare
generation /dʒenə'reɪʃn/ *n* generazione *f*
generation gap *n* gap *m inv* generazionale
generator /'dʒenəreɪtə(r)/ *n* generatore *m*
generic /dʒɪ'nerɪk/ *adj* ~ **term** termine *m* generico
generosity /dʒenərɒsətɪ/ *n* generosità *f*
generous /'dʒenərəs/ *adj* generoso
generously /'dʒenərəslɪ/ *adv* generosamente
genesis /'dʒenəsɪs/ *n* fig genesi *f inv*
gene therapy *n* terapia *f* genica
genetic /dʒɪ'netɪk/ *adj* genetico
genetically modified /dʒɪnetɪklɪ 'mɒdɪfaɪd/ *adj* ‹*crops*› modificato geneticamente
genetic engineering *n* ingegneria *f* genetica
genetic fingerprinting /'fɪŋgəprɪntɪŋ/ *n* impronte *fpl* genetiche
geneticist /dʒɪ'netɪsɪst/ *n* genetista *mf*
genetics /dʒɪ'netɪks/ *nsg* genetica *fsg*
genetic testing *n* test *mpl* genetici
Geneva /dʒɪ'ni:və/ *n* Ginevra *f*
genial /'dʒi:nɪəl/ *adj* gioviale
genially /'dʒi:nɪəlɪ/ *adv* con giovialità
genie /'dʒi:nɪ/ *n* genio *m*
genitals /'dʒenɪtlz/ *npl* genitali *mpl*
genitive /'dʒenɪtɪv/ *adj* & *n* ~ **[case]** genitivo *m*
genius /'dʒi:nɪəs/ *n* (*pl* **-uses**) genio *m*
Genoa /'dʒenəʊə/ *n* Genova *f*
genocide /'dʒenəsaɪd/ *n* genocidio *m*
genome /'dʒi:nəʊm/ *n* genoma *m*
genre /'ʒɒrə/ *n* genere *m* [letterario]
gent /dʒent/ *n* infml signore *m*; **the ~s** *sg* il bagno per uomini
genteel /dʒen'ti:l/ *adj* raffinato
gentle /'dʒentl/ *adj* delicato; ‹*breeze, tap, slope*› leggero
gentleman /'dʒentlmən/ *n* signore *m*; (well-mannered) gentiluomo *m*
gentleness /'dʒentlnɪs/ *n* delicatezza *f*
gently /'dʒentlɪ/ *adv* delicatamente
gentry /'dʒentrɪ/ *n* alta borghesia *f*
genuine /'dʒenjʊɪn/ *adj* genuino
genuinely /'dʒenjʊɪnlɪ/ *adv* ‹*sorry*› sinceramente
genus /'dʒi:nəs/ *n* Biol genere *m*
geoengineering /,dʒiəʊ,endʒɪ'nɪərɪŋ/ *n* geoingegneria *f*
geographer /dʒɪ'ɒgrəfə(r)/ *n* geografo *m*
geographical /dʒɪə'græfɪkl/ *adj* geografico
geographically /dʒɪə'græfɪklɪ/ *adv* geograficamente
geography /dʒɪ'ɒgrəfɪ/ *n* geografia *f*
geological /dʒɪə'lɒdʒɪkl/ *adj* geologico
geologist /dʒɪ'ɒlədʒɪst/ *n* geologo, -a *mf*
geology /dʒɪ'ɒlədʒɪ/ *n* geologia *f*
geometric /dʒɪə'metrɪk/, **geometrical** /dʒɪə'metrɪk[l]/ *adj* geometrico
geometry /dʒɪ'ɒmətrɪ/ *n* geometria *f*
geophysics /dʒɪəʊ'fɪzɪks/ *nsg* geofisica *fsg*
geopolitical /dʒi:əʊpə'lɪtɪkl/ *adj* geopolitico
Georgia /'dʒɔ:dʒjə/ *n* Georgia *f*
Georgian /'dʒɔ:dʒən/ *n* & *adj* georgiano, -a *mf*; (language) georgiano *m*
geothermal /dʒi:əʊ'θɜ:ml/ *adj* geotermico
geranium /dʒə'reɪnɪəm/ *n* geranio *m*
gerbil /'dʒɜ:bəl/ *n* gerbillo *m*
geriatric /dʒerɪ'ætrɪk/ *adj* geriatrico
geriatrics /dʒerɪ'ætrɪks/ *nsg* geriatria *fsg*
geriatric ward *n* reparto *m* geriatria
germ /dʒɜ:m/ *n* germe *m*; **~s** *pl* microbi *mpl*
German /'dʒɜ:mən/ *n* & *adj* tedesco, -a *mf*; (language) tedesco *m*
germane /dʒə'meɪn/ *adj* ‹*point, remark*› pertinente
Germanic /dʒə'mænɪk/ *adj* germanico *f*
German measles *n* rosolia *f*
German shepherd *n* pastore *m* tedesco
Germany /'dʒɜ:mənɪ/ *n* Germania *f*
germinate /'dʒɜ:mɪneɪt/ *vi* germogliare
germ warfare *n* guerra *f* batteriologica
gerrymandering /'dʒerɪmænd(ə)rɪŋ/ *n manipolazione (f) dei confini di una circoscrizione elettorale*
gerund /'dʒerənd/ *n* gerundio *m*
gestate /dʒe'steɪt/ *vi* Biol essere incinta; fig maturare
gestation /dʒe'steɪʃən/ *n* gestazione *f*
gesticulate /dʒe'stɪkjʊleɪt/ *vi* gesticolare
gesture /'dʒestʃə(r)/ *n* gesto *m*
get /get/ **A** *vt* (*pt/pp* **got**, *pp Am also* **gotten**, *pres p* **getting**) (receive) ricevere; (obtain) ottenere; trovare ‹*job*›; (buy, catch, fetch) prendere; (transport, deliver to airport etc) portare; (reach on telephone) trovare; infml (understand) comprendere; preparare ‹*meal*›; **~ somebody to do something** far fare qualcosa a qualcuno
B *vi* (become) **~ tired/bored/angry** stancarsi/annoiarsi/arrabbiarsi; **I'm ~ting hungry** mi sta venendo fame; **~ real!** fatti furbo!; **~ dressed/married** vestirsi/sposarsi; **~ something ready** preparare qualcosa; **~ nowhere** non concludere nulla; **this is ~ting us nowhere** questo non ci è di nessun aiuto; **~ to** (reach) arrivare a
■ **get about** *vi* ‹*person*› muoversi; ‹*rumour*› circolare
■ **get across** *vt* far capire ‹*message,*

g

meaning›; ~ **something across to somebody** far capire qualcosa a qualcuno

- **get ahead** *vi* (progress) fare progressi
- **get along** *vi* **get on**
- **get along with** *vt* andare d'accordo con ‹*somebody*›
- **get around** *vi* **get about**
- **get at** *vi* (criticize) criticare; **I see what you're ~ting at** ho capito cosa vuoi dire; **what are you ~ting at?** dove vuoi andare a parare?
- **get away** *vi* (leave) andarsene; (escape) scappare
- **get away with** *vt* restare impunito per
- **get behind with** *vt* rimanere indietro con
- **get by** *vi* passare; (manage) cavarsela
- **get down** **A** *vi* scendere; ~ **down to work** mettersi al lavoro
  B *vt* (depress) buttare giù
- **get in** **A** *vi* entrare
  B *vt* mettere dentro ‹*washing*›; far venire ‹*plumber*›
- **get into** *vt* penetrare in ‹*building*›; mettersi in ‹*trouble*›; (squeeze into) entrare in ‹*dress*›
- **get off** **A** *vi* scendere; (from work) andarsene; Jur essere assolto; ~ **off the bus/one's bike** scendere dal pullman/dalla bici
  B *vt* (remove) togliere
- **get on** *vi* salire; (be on good terms) andare d'accordo; (make progress) andare avanti; (in life) riuscire; **on the bus/one's bike** salire sul pullman/sulla bici; **how are you ~ting on?** come va?
- **get on with** *vt* andare d'accordo con ‹*person*›; andare avanti in ‹*work*›
- **get out** **A** *vi* uscire; (of car) scendere; ~ **out!** fuori!
  B *vt* togliere ‹*cork, stain*›
- **get out of** *vt* (avoid doing) evitare
- **get over** **A** *vi* andare al di là
  B *vt* fig riprendersi da ‹*illness*›
- **get round** **A** *vt* aggirare ‹*rule*›; rigirare ‹*person*›
  B *vi* **I never ~ round to it** non mi sono mai deciso a farlo
- **get through** *vi* (on telephone) prendere la linea
- **get together** **A** *vi* (meet) incontrarsi
  B *vt* mettere insieme ‹*people, money, report*›
- **get up** **A** *vi* alzarsi; (climb) salire
  B *vt* salire su; ~ **up a hill** salire su una collina
- **get up to** *vt* combinare ‹*mischief*›

getaway *n* fuga *f*
get-together *n* incontro *m* fra amici
get-up *n* tenuta *f*
get-up-and-go *n* dinamismo *m*
geyser /'gi:zə(r)/ *n* scaldabagno *m*; Geol geyser *m inv*
g-force *n* forza *f* di gravità
Ghana /'ga:nə/ *n* Ghana *m*

ghastly /'ga:stlɪ/ *adj* (**-ier**, **-iest**) terribile; **feel ~** sentirsi da cani
gherkin /'gɜ:kɪn/ *n* cetriolino *m*
ghetto /'getəʊ/ *n* ghetto *m*
ghetto blaster /blɑ:stə(r)/ *n* infml radioregistratore *m* stereo portatile
ghost /gəʊst/ *n* fantasma *m*
ghostly /'gəʊstlɪ/ *adj* spettrale
ghost town *n* città *f* fantasma
ghost writer *n* ghost-writer *m inv*
ghoulish /'gu:lɪʃ/ *adj* macabro
giant /'dʒaɪənt/ **A** *n* gigante *m*
B *adj* gigante
gibberish /'dʒɪbərɪʃ/ *n* stupidaggini *fpl*
gibe /dʒaɪb/ **A** *n* malignità *f*
B *vi* beffarsi (**at** di)
giblets /'dʒɪblɪts/ *npl* frattaglie *fpl*
giddiness /'gɪdɪnɪs/ *n* vertigini *fpl*
giddy /'gɪdɪ/ *adj* (**-ier**, **-iest**) vertiginoso; **feel ~** avere le vertigini
giddy spell *n* giramento *m* di testa
gift /gɪft/ *n* dono *m*; (made to charity) donazione *f*
gifted /'gɪftɪd/ *adj* dotato
gift shop *n* negozio *m* di souvenir
gift token *n* BrE buono *m* acquisto
gift voucher *n* BrE buono *m* acquisto
gift-wrap *vt* impacchettare in carta da regalo
gig /gɪg/ *n* Mus infml concerto *m*
gigantic /dʒaɪ'gæntɪk/ *adj* gigantesco
giggle /'gɪg(ə)l/ **A** *n* risatina *f*
B *vi* ridacchiare
giggly /'gɪglɪ/ *adj* ‹*person*› che ha la ridarella
gild /gɪld/ *vt* dorare
gilding /'gɪldɪŋ/ *n* doratura *f*
gill /dʒɪl/ *n* (measure) quarto *m* di pinta
gills /gɪlz/ *npl* branchia *fsg*
gilt /gɪlt/ **A** *adj* dorato
B *n* doratura *f*
gilt-edged stock /-edʒd/ *n* Fin investimento *m* sicuro
gimlet /'gɪmlɪt/ *n* succhiello *m*
gimmick /'gɪmɪk/ *n* trovata *f*
gimmicky /'gɪmɪkɪ/ *adj* ‹*production*› pieno di trovate a effetto
gin /dʒɪn/ *n* gin *m inv*
ginger /'dʒɪndʒə(r)/ **A** *adj* rosso fuoco *inv*; ‹*cat*› rosso
B *n* zenzero *m*
ginger ale *n* bibita *f* gassata allo zenzero
ginger beer *n* bibita *f* allo zenzero
gingerbread *n* panpepato *m*
ginger-haired /-'heəd/ *adj* con i capelli rossi
gingerly /'dʒɪndʒəlɪ/ *adv* con precauzione
ginger nut, **ginger snap** *n* biscotto *m* allo zenzero

gingham /ˈgɪŋəm/ *n* tessuto *m* vichy
gin rummy *n variante (f) del gioco del ramino*
gipsy /ˈdʒɪpsɪ/ *n* = **gypsy**
giraffe /dʒɪˈrɑːf/ *n* giraffa *f*
girder /ˈgɜːdə(r)/ *n* Techn trave *f*
girdle /ˈgɜːdl/ *n* cintura *f*; (corset) busto *m*
girl /gɜːl/ *n* ragazza *f*; (female child) femmina *f*
girl Friday *n* segretaria *f* tuttofare *inv*
girlfriend *n* amica *f*; (of boy) ragazza *f*
girl guide *n* BrE giovane esploratrice *f*
girlish /ˈgɜːlɪʃ/ *adj* da ragazza
giro /ˈdʒaɪərəʊ/ *n* bancogiro *m*; (cheque) sussidio *m* di disoccupazione
girth /gɜːθ/ *n* circonferenza *f*
gist /dʒɪst/ *n* **the ~** la sostanza
give /gɪv/ **A** *n* elasticità *f*
B *vt* (*pt* **gave**, *pp* **given**) dare; (as present) regalare (**to** a); fare ‹*lecture, present, shriek*›; donare ‹*blood*›; **~ birth** partorire
C *vi* (to charity) fare delle donazioni; (yield) cedere
■ **give away** *vt* dar via; (betray) tradire; (distribute) assegnare; **~ away the bride** portare la sposa all'altare
■ **give back** *vt* restituire
■ **give in** **A** *vt* consegnare
B *vi* (yield) arrendersi
■ **give off** *vt* emanare
■ **give out** **A** *vi* ‹*supplies, patience*› esaurirsi; ‹*engine, heart*› fermarsi
B *vt* (distribute) distribuire; diffondere ‹*heat*›
■ **give over**: *vi* **~ over!** piantala!
■ **give up** **A** *vt* rinunciare a; **~ oneself up** arrendersi
B *vt* rinunciare
■ **give way** *vi* cedere; Auto dare la precedenza; (collapse) crollare
give and take *n* concessioni *fpl* reciproche
giveaway /ˈgɪvəweɪ/ *n* **to be a dead ~** essere un indizio ovvio
given /ˈgɪvn/ ▶ **give**
given name *n* nome *m* di battesimo
GLA *n abbr* BrE (**Greater London Authority**) *organismo (m) di governo di Londra*
glacier /ˈglæsɪə(r)/ *n* ghiacciaio *m*
glad /glæd/ *adj* contento (**of** di)
gladden /ˈglædn/ *vt* rallegrare
glade /gleɪd/ *n* radura *f*
gladiator /ˈglædɪeɪtə(r)/ *n* gladiatore *m*
gladiolus /glædɪˈəʊləs/ *n* gladiolo *m*
gladly /ˈglædlɪ/ *adv* volentieri
glamorize /ˈglæməraɪz/ *vt* rendere affascinante
glamorous /ˈglæmərəs/ *adj* affascinante
glamour /ˈglæmə(r)/ *n* fascino *m*
glance /glɑːns/ **A** *n* sguardo *m*
B *vi* **~ at** dare un'occhiata a
■ **glance off** *vt* ‹*bullet, stone*› rimbalzare contro
■ **glance up** *vi* alzare gli occhi
gland /glænd/ *n* ghiandola *f*
glandular /ˈglændjʊlə(r)/ *adj* ghiandolare
glandular fever *n* mononucleosi *f*
glare /gleə(r)/ **A** *n* bagliore *m*; (look) occhiataccia *f*
B *vi* **~ at** dare un'occhiataccia a
glaring /ˈgleərɪŋ/ *adj* sfolgorante; ‹*mistake*› madornale
glass /glɑːs/ *n* vetro *m*; (for drinking) bicchiere *m*
glass ceiling *n barriera (f) invisibile che impedisce alle donne di avanzare nella carriera*
glasses /ˈglɑːsɪz/ *npl* (spectacles) occhiali *mpl*
glasshouse /ˈglɑːshaʊs/ *n* serra *f*
glassy /ˈglɑːsɪ/ *adj* vitreo
glassy-eyed /-ˈaɪd/ *adj* (from drink, illness) che ha gli occhi vitrei
glaucoma /glɔːˈkəʊmə/ *n* glaucoma *m*
glaze /gleɪz/ **A** *n* smalto *m*
B *vt* mettere i vetri a ‹*door, window*›; smaltare ‹*pottery*›; Culin spennellare
glazed /gleɪzd/ *adj* ‹*eyes*› vitreo
glazier /ˈgleɪzɪə(r)/ *n* vetraio *m*
gleam /gliːm/ **A** *n* luccichio *m*
B *vi* luccicare
gleaming /ˈgliːmɪŋ/ *adj* (clean) splendente; **~ white teeth** denti bianchi splendenti
glean /gliːn/ *vt* racimolare ‹*information*›
glee /gliː/ *n* gioia *f*
gleeful /ˈgliːfʊl/ *adj* gioioso
gleefully /ˈgliːfʊlɪ/ *adv* gioiosamente
glen /glen/ *n* vallone *m*
glib /glɪb/ *adj* derog insincero
glibly /ˈglɪblɪ/ *adv* derog senza sincerità
glide /glaɪd/ *vi* scorrere; (through the air) planare
glider /ˈglaɪdə(r)/ *n* aliante *m*
gliding /ˈglaɪdɪŋ/ *n* volo *m* a vela
glimmer /ˈglɪmə(r)/ **A** *n* barlume *m*
B *vi* emettere un barlume
glimpse /glɪmps/ **A** *n* occhiata *f*; **catch a ~ of** intravedere
B *vt* intravedere
glint /glɪnt/ **A** *n* luccichio *m*
B *vi* luccicare
glisten /ˈglɪsn/ *vi* luccicare
glitch /glɪtʃ/ *n* Comput problema *m* tecnico
glitter /ˈglɪtə(r)/ *vi* brillare
gloat /gləʊt/ *vi* gongolare (**over** su)
global /ˈgləʊbl/ *adj* mondiale
globalization /ˌgləʊbəlaɪˈzeɪʃən/ *n* globalizzazione *f*
global warming *n* riscaldamento *m* dell'atmosfera terrestre
globe /gləʊb/ *n* globo *m*; (as a map) mappamondo *m*
globe-trotting /-trɒtɪŋ/ **A** *n* viaggi *mpl* intorno al mondo

B *adj* ‹*life*› da giramondo; ‹*person*› giramondo

globule /'glɒbju:l/ *n* globulo *m*

gloom /glu:m/ *n* oscurità *f*; (sadness) tristezza *f*

gloomily /'glu:mɪlɪ/ *adv* (sadly) con aria cupa

gloomy /'glu:mɪ/ *adj* (**-ier**, **-iest**) cupo

glorify /'glɔ:rɪfaɪ/ *vt* (*pt/pp* **-ied**) glorificare; **a glorified waitress** niente più che una cameriera

glorious /'glɔ:rɪəs/ *adj* splendido; ‹*deed, hero*› glorioso

glory /'glɔ:rɪ/ **A** *n* gloria *f*; (splendour) splendore *m*; (cause for pride) vanto *m*
B *vi* ~ **in** vantarsi di

g

glory hole *n* infml ripostiglio *m*

gloss /glɒs/ *n* lucentezza *f*

■ **gloss over** *vt* sorvolare su

glossary /'glɒsərɪ/ *n* glossario *m*

gloss paint *n* vernice *f* lucida

glossy /'glɒsɪ/ *adj* (**-ier**, **-iest**) lucido; ‹*paper*› patinato; ~ **[magazine]** rivista *f* patinata

glossy magazine *n* rivista *f* patinata

glottal stop /'glɒt(ə)l/ *n* occlusiva *f* glottale

glove /glʌv/ *n* guanto *m*

glove compartment *n* Auto cruscotto *m*

glove puppet *n* burattino *m*

glow /gləʊ/ **A** *n* splendore *m*; (in cheeks) rossore *m*; (of candle) luce *f* soffusa
B *vi* risplendere; ‹*candle*› brillare; ‹*person*› avvampare

glower /'glaʊə(r)/ *vi* ~ **(at)** guardare in cagnesco

glowing /'gləʊɪŋ/ *adj* ardente; ‹*account*› entusiastico

glow-worm *n* lucciola *f*

glucose /'glu:kəʊs/ *n* glucosio *m*

glue /glu:/ **A** *n* colla *f*
B *vt* incollare

glue sniffer *n* persona *f* che sniffa colla

glue-sniffing /-snɪfɪŋ/ *n* sniffare *m* la colla

glum /glʌm/ *adj* (**glummer**, **glummest**) tetro

glumly /'glʌmlɪ/ *adv* con aria tetra

glut /glʌt/ *n* eccesso *m*

glutinous /'glu:tɪnəs/ *adj* colloso

glutton /'glʌtən/ *n* ghiottone, -a *mf*

gluttonous /'glʌtənəs/ *adj* ghiotto

gluttony /'glʌtənɪ/ *n* ghiottoneria *f*

glycerine /'glɪsəri:n/ *n* glicerina *f*

gm *abbr* (**gram**) g

GM *abbr* (**genetically modified**) MG

GMO *abbr* (**genetically modified organism**) OGM *m inv*

GMT *abbr* (**Greenwich mean time**) GMT

gnarled /nɑ:ld/ *adj* nodoso

gnash /næʃ/ *vt* ~ **one's teeth** digrignare i denti

gnat /næt/ *n* moscerino *m*

gnaw /nɔ:/ *vt* rosicchiare

gnome /nəʊm/ *n* gnomo *m*

GNP *abbr* (**gross national product**) PNL *m*

GNVQ *n abbr* BrE (**General National Vocational Qualification**) *diploma* (*m*) *di istituto tecnico*

go /gəʊ/ **A** *n* (*pl* **goes**) energia *f*; (attempt) tentativo *m*; **on the go** in movimento; **at one go** in una sola volta; **it's your go** tocca a te; **make a go of it** riuscire
B *vi* (*pt* **went**, *pp* **gone**) andare; (leave) andar via; (vanish) sparire; (become) diventare; (be sold) vendersi; **go and see** andare a vedere; **go swimming/shopping** andare a nuotare/fare spese; **where's the time gone?** come ha fatto il tempo a volare così?; **it's all gone** è finito; **be going to do** stare per fare; **I'm not going to** non ne ho nessuna intenzione; **to go** AmE ‹*hamburgers etc*› da asporto; **a coffee to go** un caffè da portar via

■ **go about** **A** *vi* andare in giro
B *vt* affrontare ‹*task*›

■ **go after** *vt* (chase, pursue) correr dietro a

■ **go ahead** *vi* (event) aver luogo; **go ahead with** mandare avanti ‹*plans, wedding*›

■ **go along**: *vi* **make something up as you go along** inventare qualcosa mentre si va avanti

■ **go along with** *vt* concordare con ‹*person, view, plan*›

■ **go around** *vi* ‹*rumour*› girare; **go around with** (person) andare in giro con

■ **go around together** *vi* ‹*people*› andare in giro insieme

■ **go away** *vi* andarsene

■ **go back** *vi* ritornare

■ **go back on** *vt* rimangiarsi ‹*promise*›; tornare su ‹*decision*›

■ **go by** *vi* passare

■ **go down** *vi* scendere; ‹*sun*› tramontare; ‹*ship*› affondare; ‹*swelling*› diminuire

■ **go for** *vt* andare a prendere; andare a cercare ‹*doctor*›; (choose) optare per; infml (attack) aggredire; **he's not the kind I go for** non è il genere che mi attira

■ **go in** *vi* entrare

■ **go in for** *vt* partecipare a ‹*competition*›; darsi a ‹*tennis*›

■ **go into** *vt* entrare in ‹*building*›; (discuss) discutere

■ **go off** *vi* andarsene; ‹*alarm*› scattare; ‹*gun, bomb*› esplodere; ‹*food, milk*› andare a male; **go off well** riuscire

■ **go on** *vi* andare avanti; **what's going on?** cosa succede?

■ **go on at** *vt* infml scocciare

■ **go on with** *vt* (continue) andare avanti con

■ **go out** *vi* uscire; ‹*light, fire*› spegnersi

■ **go out with** *vt* uscire con (somebody)

■ **go over** **A** *vi* andare

---

parola chiave

B *vt* (check) controllare
■ **go round** *vi* andare in giro; (visit) andare; (turn) girare; **is there enough to go round?** ce n'è abbastanza per tutti?
■ **go through** **A** *vi* ‹*bill, proposal*› passare
B *vt* (suffer) subire; (check) controllare; (read) leggere
■ **go through with** *vt* portare a termine ‹*plan*›
■ **go under** *vi* passare sotto; ‹*ship, swimmer*› andare sott'acqua; (fail) fallire
■ **go up** *vi* salire; Theat ‹*curtain*› aprirsi
■ **go with** *vt* accompagnare
■ **go without** **A** *vt* fare a meno di ‹*supper; sleep*›
B *vi* fare senza

goad /gəʊd/ *vt* spingere (**into** a); (taunt) spronare

go-ahead **A** *adj* ‹*person, company*› intraprendente
B *n* okay *m*

goal /gəʊl/ *n* porta *f*; (point scored) gol *m inv*; (in life) obiettivo *m*; **score a ~** segnare

goalie /'gəʊlɪ/ infml **goalkeeper** /'gəʊlkiːpə(r)/ *n* portiere *m*

goalpost /'gəʊlpəʊst/ *n* palo *m*

goat /gəʊt/ *n* capra *f*

goatee /gəʊ'tiː/ *n* pizzetto *m*

gobble /'gɒbl/ *vi* ‹*turkey*› fare glu glu
■ **gobble up** *vt* trangugiare

gobbledygook /'gɒb(ə)ldɪguːk/ *n* ostrogoto *m*

go-between *n* intermediario, -a *mf*

goblet /'gɒblɪt/ *n* calice *m*

goblin /'gɒblɪn/ *n* folletto *m*

gobsmacked /'gɒbsmækt/ *adj* BrE infml **I was ~** sono rimasto a bocca aperta

God, god /gɒd/ *n* Dio *m*, dio *m*

godchild *n* figlioccio, -a *mf*

goddamn *adj* maledetto

god-daughter *n* figlioccia *f*

goddess /'gɒdes/ *n* dea *f*

godfather *n* padrino *m*

god-fearing /-fɪərɪŋ/ *adj* timorato di Dio

god-forsaken /-fəseɪkən/ *adj* dimenticato da Dio

godless /'gɒdlɪs/ *adj* empio

godlike /'gɒdlaɪk/ *adj* divino

godly /'gɒdlɪ/ *adj* (**-ier, -iest**) pio

godmother *n* madrina *f*

godparents *npl* padrino *m* e madrina *f*

godsend *n* manna *f*

godson *n* figlioccio *m*

goer /'gəʊə(r)/ *n* BrE **be a ~** ‹*car*› essere una bomba

go-getter /'gəʊgetə(r)/ *n* persona *f* intraprendente

go-getting /-getɪŋ/ *adj* intraprendente

goggle /'gɒgl/ *vi* infml **~ at** fissare con gli occhi sgranati

goggles *npl* occhiali *mpl*; (of swimmer) occhialini *mpl* [da piscina]; (of worker) occhiali *mpl* protettivi

going /'gəʊɪŋ/ **A** *adj* ‹*price, rate*› corrente; **~ concern** azienda *f* florida
B *n* **it's hard ~** è una faticaccia; **while the ~ is good** finché si può

going-over *n* (cleaning) pulizia *f* da cima a fondo; (examination) revisione *f*; **the doctor gave me a thorough ~** il dottore mi ha fatto una visita completa; **give somebody a ~** (beat up) dare una manica di botte a qualcuno

goings-on *npl* avvenimenti *mpl*

go-kart /-kaːt/ *n* go-kart *m inv*

go-karting /-kaːtɪŋ/ *n* kartismo *m*; **go ~** fare del kartismo

gold /gəʊld/ **A** *n* oro *m*
B *adj* d'oro

gold-digger *n* fig cacciatore, -trice *mf* di dote

gold dust *n* polvere *f* d'oro; fig cosa *f* rara

golden /'gəʊldn/ *adj* dorato

golden handshake *n* BrE buonuscita *f* (*al termine di un rapporto di lavoro*)

golden rule *n* regola *f* fondamentale

golden wedding *n* nozze *fpl* d'oro

goldfish *n inv* pesce *m* rosso

gold medal *n* medaglia *f* d'oro

gold medallist *n* (vincitore, -trice *mf* della) medaglia *f* d'oro

gold mine *n* miniera *f* d'oro

gold-plated /'pleɪtɪd/ *adj* placcato d'oro

gold rush *n* corsa *f* all'oro

goldsmith *n* orefice *m*

golf /gɒlf/ *n* golf *m*

golf club *n* circolo *m* di golf; (implement) mazza *f* da golf

golf course *n* campo *m* di golf

golfer /'gɒlfə(r)/ *n* giocatore, -trice *mf* di golf

gondola /'gɒndələ/ *n* gondola *f*

gondolier /gɒndə'lɪə(r)/ *n* gondoliere *m*

gone /gɒn/ ▶ **go**

goner /'gɒnə(r)/ *n* infml **be a ~** essere spacciato

gong /gɒŋ/ *n* gong *m inv*

gonorrhoea /gɒnə'rɪə/ *n* gonorrea *f*

good /gʊd/ **A** *adj* (**better, best**) buono; ‹*child, footballer, singer*› bravo; ‹*holiday, film*› bello; **~ at** bravo in; **a ~ deal of anger** molta rabbia; **as ~ as** (almost) quasi; **~ morning, ~ afternoon** buon giorno; **~ evening** buona sera; **~ night** buona notte; **have a ~ time** divertirsi
B *n* bene *m*; **for ~** per sempre; **do ~** far del bene; **do somebody ~** far bene a qualcuno; **it's no ~** è inutile; **be up to no ~** combinare qualcosa

goodbye /gʊd'baɪ/ *int* arrivederci

g

good-for-nothing **A** *n* buono, -a *mf* a nulla
B *adj* **her ~ son** quel buono a nulla di suo figlio
Good Friday *n* Venerdì *m* Santo
good-humoured /-ˈhjuːməd/ *adj* amichevole; ‹*remark, smile*› bonario
goodies /ˈgʊdɪz/ *npl* infml (to eat) bontà *fpl*
good-looking /-ˈlʊkɪŋ/ *adj* bello
good-natured /-ˈneɪtʃəd/ *adj* **be ~** avere un buon carattere
goodness /ˈgʊdnɪs/ *n* bontà *f*; **my ~!** santo cielo!; **thank ~!** grazie al cielo!
goods /gʊdz/ *npl* prodotti *mpl*
goods train *n* treno *m* merci
good-time girl *n* (fun-loving) ragazza *f* allegra; euph (prostitute) donnina *f* allegra
goodwill /gʊdˈwɪl/ *n* buona *f* volontà; Comm avviamento *m*
goody /ˈgʊdɪ/ *n* infml (person) buono *m*
goody bag *n omaggi* (*mpl*) *consegnati ai visitatori di una fiera dalle aziende espositrici*
goody-goody *n* santarellino, -a *mf*
gooey /ˈguːɪ/ *adj* infml appiccicaticcio; fig sdolcinato
goof /guːf/ *vi* infml cannare
goofy /ˈguːfɪ/ *adj* infml sciocco
google /guːgl/ *vi* usare Google
goon /guːn/ *n* (clown) svitato *m*; (thug) picchiatore *m*
goose /guːs/ *n* (*pl* **geese**) oca *f*
gooseberry /ˈgʊzbərɪ/ *n* uva *f* spina
gooseflesh *n*, **goose pimples** *npl* pelle *fsg* d'oca
goose-step *n* passo *m* dell'oca
gore¹ /gɔː(r)/ *n* sangue *m*
gore² *vt* incornare
gorge /gɔːdʒ/ **A** *n* Geog gola *f*
B *vt* **~ oneself** ingozzarsi
gorgeous /ˈgɔːdʒəs/ *adj* stupendo
gorilla /gəˈrɪlə/ *n* gorilla *m inv*
gormless /ˈgɔːmlɪs/ *adj* infml stupido
gorse /gɔːs/ *n* ginestrone *m*
gory /ˈgɔːrɪ/ *adj* (**-ier**, **-iest**) cruento
gosh /gɒʃ/ *int* infml caspita
gosling /ˈgɒzlɪŋ/ *n* ochetta *f*
go-slow *n forma* (*f*) *di protesta che consiste in un rallentamento del ritmo di lavoro*
gospel /ˈgɒspl/ *n* vangelo *m*
gospel music *n* musica *f* gospel
gospel truth *n* sacrosanta verità *f*
gossamer /ˈgɒsəmə(r)/ *n* (fabric) mussola *f*; (cobweb) fili *mpl* di ragnatela
gossip /ˈgɒsɪp/ **A** *n* pettegolezzi *mpl*; (person) pettegolo, -a *mf*
B *vi* pettegolare
gossip column *n* cronaca *f* mondana
gossipy /ˈgɒsɪpɪ/ *adj* pettegolo
got /gɒt/ ▶ **get**; **have ~** avere; **have ~ to do something** dover fare qualcosa
Gothic /ˈgɒθɪk/ *adj* gotico
gotten /ˈgɒtn/ AmE ▶ **get**
gouge /gaʊdʒ/ *vt* **~ out** cavare
goulash /ˈguːlæʃ/ *n* gulash *m inv*
gourd /gʊəd/ *n* (fruit) zucca *f*
gourmet /ˈgʊəmeɪ/ *n* buongustaio, -a *mf*
gout /gaʊt/ *n* gotta *f*
govern /ˈgʌv(ə)n/ *vt & vi* governare; (determine) determinare
governess /ˈgʌvənɪs/ *n* istitutrice *f*
governing /ˈgʌvənɪŋ/ *adj* ‹*party*› al potere; ‹*class*› dirigente; **the ~ body** (school governors) il consiglio d'istituto
government /ˈgʌvnmənt/ *n* governo *m*
governmental /gʌvnˈmentl/ *adj* governativo
government health warning *n* avviso *m* a cura del ministero della salute
government stocks *npl* titoli *mpl* di stato
governor /ˈgʌvənə(r)/ *n* governatore *m*; (of school) amministratore, -trice *mf*; (of prison) direttore, -trice *mf*; infml (boss) capo *m*
gown /gaʊn/ *n* vestito *m*; Univ, Jur toga *f*
GP *abbr* (**general practitioner**) medico *m* generico
GPA *n abbr* AmE (**grade point average**) media *f* scolastica
grab /græb/ *vt* (*pt/pp* **grabbed**) **~ [hold of]** afferrare
grace /greɪs/ *n* grazia *f*; (before meal) benedicite *m inv*; **with good ~** volentieri; **say ~** dire il benedicite; **three days' ~** tre giorni di proroga
Grace *n* **his/your ~** (duke) il signor duca; (archbishop) Sua Eccellenza; **her/your ~** (duchess) la signora duchessa
graceful /ˈgreɪsfʊl/ *adj* aggraziato
gracefully /ˈgreɪsfʊlɪ/ *adv* con grazia
gracious /ˈgreɪʃəs/ *adj* cortese; (elegant) lussuoso
gradation /grəˈdeɪʃn/ *n* gradazione *f*
grade /greɪd/ **A** *n* livello *m*; Comm qualità *f*; Sch voto *m*; AmE Sch (class) classe *f*; AmE = **gradient**
B *vt* Comm classificare; Sch dare il voto a
grade crossing *n* AmE passaggio *m* a livello
grade school *n* AmE scuola *f* elementare
gradient /ˈgreɪdɪənt/ *n* pendenza *f*
gradual /ˈgrædʒʊəl/ *adj* graduale
gradually /ˈgrædʒʊəlɪ/ *adv* gradualmente
graduate¹ /ˈgrædʒʊət/ *n* laureato, -a *mf*
graduate² /ˈgrædʒʊeɪt/ *vi* Univ laurearsi
graduated /ˈgrædʒʊeɪtɪd/ *adj* ‹*container*› graduato
graduate training scheme *n* formazione *f* professionale postlaurea

g

parola chiave

graduation /grædʒʊˈeɪʃn/ *n* laurea *f*; (calibration) graduazione *f*

graduation ceremony *n* cerimonia *f* di consegna dei diplomi di laurea

graffiti /grəˈfiːtɪ/ *npl* graffiti *mpl*

graffiti artist *n* pittore, -trice *mf* di graffiti

graft /grɑːft/ **A** *n* Bot, Med innesto *m*; Med (organ) trapianto *m*; infml (hard work) duro lavoro *m*; infml (corruption) corruzione *f*
B *vt* innestare; trapiantare ‹*organ*›

grain /greɪn/ *n* (of sand, salt) granello *m*; (of rice) chicco *m*; (cereals) cereali *mpl*; (in wood) venatura *f*; **it goes against the ~** fig è contro la mia/sua natura

grainy /ˈgreɪnɪ/ *adj* ‹*photograph*› sgranato; ‹*paintwork*› granulato

gram /græm/ *n* grammo *m*

grammar /ˈgræmə(r)/ *n* grammatica *f*

grammarian /grəˈmeərɪən/ *n* grammatico, -a *mf*

grammar school *n* ≈ liceo *m*

grammatical /grəˈmætɪkl/ *adj* grammaticale

grammatically /grəˈmætɪklɪ/ *adv* grammaticalmente

gran /græn/ *n* infml nonna *f*

granary /ˈgrænərɪ/ *n* granaio *m*

granary bread *n* pane *m* integrale

grand /grænd/ *adj* grandioso; infml eccellente

grandad /ˈgrændæd/ *n* infml nonno *m*

grandchild *n* nipote *mf*

granddaughter *n* nipote *f*

grandeur /ˈgrændʒə(r)/ *n* grandiosità *f*

grandfather *n* nonno *m*

grandfather clock *n* pendolo *m* (*che poggia a terra*)

grandiose /ˈgrændɪəʊs/ *adj* grandioso

grandma /ˈgrænmɑː/ *n* nonna *f*

grandmother *n* nonna *f*

grandpa /ˈgrændpɑː/ *n* nonno *m*

grandparents *npl* nonni *mpl*

grand piano *n* pianoforte *m* a coda

grand slam® *n vittoria* (*f*) *di tutte le fasi di una gara*

grandson *n* nipote *m*

grandstand *n* tribuna *f*

grand total *n* totale *m* complessivo

granite /ˈgrænɪt/ *n* granito *m*

granny /ˈgrænɪ/ *n* infml nonna *f*

granny flat *n* BrE *appartamentino* (*m*) *indipendente per genitori anziani annesso all'abitazione principale*

grant /grɑːnt/ **A** *n* (money) sussidio *m*; Univ borsa *f* di studio
B *vt* accordare; (admit) ammettere; **take something for ~ed** dare per scontato qualcosa; **take somebody for ~ed** considerare quello che qualcuno fa come dovuto

granular /ˈgrænjʊlə(r)/ *adj* granulare

granulated /ˈgrænjʊleɪtɪd/ *adj* **~ sugar** zucchero *m* semolato

granule /ˈgrænjuːl/ *n* granello *m*

grape /greɪp/ *n* acino *m*; **~s** *pl* uva *fsg*

grapefruit /ˈgreɪpfruːt/ *n inv* pompelmo *m*

grapeseed oil *n* olio *m* di vinaccioli

grapevine /ˈgreɪpvaɪn/ *n* vite *f*; **hear something on the ~** sentir dire in giro qualcosa

graph /grɑːf/ *n* grafico *m*

graphic /ˈgræfɪk/ *adj* grafico; (vivid) vivido

graphically /ˈgræfɪklɪ/ *adv* graficamente; (vividly) vividamente

graphic design *n* grafica *f*

graphic designer *n* grafico, -a *mf*

graphics /ˈgræfɪks/ *nsg* grafica *fsg*

graphics card *n* Comput scheda *f* grafica

graphics interface *n* Comput interfaccia *f* grafica

graphite /ˈgræfaɪt/ *n* grafite *f*

graphologist /grəˈfɒlədʒɪst/ *n* grafologo, -a *mf*

graph paper *n* carta *f* millimetrata

grapple /ˈgræpl/ *vi* **~ with** also fig essere alle prese con

grasp /grɑːsp/ **A** *n* stretta *f*; (understanding) comprensione *f*
B *vt* afferrare

grasping /ˈgrɑːspɪŋ/ *adj* avido

grass /grɑːs/ *n* erba *f*

grass court *n* campo *m* in erba

grasshopper *n* cavalletta *f*

grassland *n* prateria *f*

grass roots *npl* base *f*; **at the ~** alla base

grass snake *n* biscia *f*

grassy /ˈgrɑːsɪ/ *adj* erboso

grate¹ /greɪt/ *n* grata *f*

grate² **A** *vt* Culin grattugiare; **~ one's teeth** far stridere i denti
B *vi* stridere

grateful /ˈgreɪtfl/ *adj* grato

gratefully /ˈgreɪtfʊlɪ/ *adv* con gratitudine

grater /ˈgreɪtə(r)/ *n* Culin grattugia *f*

gratification /grætɪfɪˈkeɪʃn/ *n* soddisfazione *f*

gratified /ˈgrætɪfaɪd/ *adj* appagato

gratify /ˈgrætɪfaɪ/ *vt* (*pt/pp* **-ied**) appagare

gratifying /ˈgrætɪfaɪɪŋ/ *adj* appagante

grating /ˈgreɪtɪŋ/ *n* grata *f*

gratis /ˈgrɑːtɪs/ *adv* gratis

gratitude /ˈgrætɪtjuːd/ *n* gratitudine *f*

gratuitous /grəˈtjuːɪtəs/ *adj* gratuito

gratuity /grəˈtjuːətɪ/ *n* gratifica *f*

grave¹ /greɪv/ *adj* grave

grave² *n* tomba *f*

gravedigger /ˈgreɪvdɪgə(r)/ *n* becchino *m*

gravel /ˈgrævl/ *n* ghiaia *f*

gravelly /ˈgrævəlɪ/ *adj* ‹*voice*› rauco

gravely /ˈgreɪvlɪ/ *adv* gravemente

graven image /ˈgreɪvən/ *n* idolo *m*
gravestone /ˈgreɪvstəʊn/ *n* lapide *f*
graveyard /ˈgreɪvjɑːd/ *n* cimitero *m*
gravitate /ˈgrævɪteɪt/ *vi* gravitare
gravity /ˈgrævətɪ/ *n* gravità *f*
gravy /ˈgreɪvɪ/ *n* sugo *m* della carne
gravy boat *n* salsiera *f*
gray /greɪ/ *adj* AmE = **grey**
graze¹ /greɪz/ *vi* ‹*animal*› pascolare
graze² **A** *n* escoriazione *f*
B *vt* (touch lightly) sfiorare; (scrape) escoriare; sbucciarsi ‹*knee*›
grease /griːs/ **A** *n* grasso *m*
B *vt* ungere
greasepaint /ˈgriːspeɪnt/ *n* cerone *m*
greaseproof paper /griːspruːfˈpeɪpə(r)/ *n* carta *f* oleata
greaser /ˈgriːsə(r)/ *n* (motorcyclist) *componente (m) di una banda giovanile di motociclisti*
greasy /ˈgriːsɪ/ *adj* (**-ier**, **-iest**) untuoso; ‹*hair, skin*› grasso
great /greɪt/ *adj* grande; infml (marvellous) eccezionale
great-aunt *n* prozia *f*
great big *adj* enorme
Great Britain *n* Gran Bretagna *f*
Great Dane *n* danese *m*
great-grandchildren *npl* pronipoti *mpl*
great-grandfather *n* bisnonno *m*
great-grandmother *n* bisnonna *f*
great-great-grandchildren *npl* pronipoti *mpl*
greatly /ˈgreɪtlɪ/ *adv* enormemente
greatness /ˈgreɪtnɪs/ *n* grandezza *f*
great-uncle *n* prozio *m*
Grecian /ˈgriːʃ(ə)n/ *adj* greco
Greece /griːs/ *n* Grecia *f*
greed /griːd/ *n* avidità *f*; (for food) ingordigia *f*
greedily /ˈgriːdɪlɪ/ *adv* avidamente; ‹*eat*› con ingordigia
greedy /ˈgriːdɪ/ *adj* (**-ier**, **-iest**) avido; (for food) ingordo
Greek /griːk/ *adj* & *n* greco, -a *mf*; (language) greco *m*
green /griːn/ **A** *adj* verde; fig (inexperienced) immaturo
B *n* verde *m*; (grass) prato *m*; (in golf) green *m inv*; **~s** *pl* verdura *f*; **the G~s** *pl* Pol i verdi
green beans *n* fagiolini *mpl*
green belt *n zona (f) verde intorno a una città*
green card *n* carta *f* verde; AmE permesso *m* di soggiorno
greenery /ˈgriːnərɪ/ *n* verde *m*
green-eyed monster /-aɪdˈmɒnstə(r)/ *n* gelosia *f*
greenfield site /ˈgriːnfiːld/ *n terreno (m) su cui non sono mai esistiti insediamenti urbani*

greenfinch *n* verdone *m*
green fingers *npl* **have ~** avere il pollice verde
greenfly *n* afide *m*
greengage *n* susina *f* verde
greengrocer BrE, **greengrocery** AmE *n* fruttivendolo, -a *mf*
greenhorn *n* (new) novellino *m*; (gullible) pivello *m*
greenhouse *n* serra *f*
greenhouse effect *n* effetto *m* serra
greenhouse gas *n* gas *m* serra
Greenland *n* Groenlandia *f*
green light *n* infml verde *m*
green onion *n* AmE cipollotto *m*
green salad *n* insalata *f* verde
greet /griːt/ *vt* salutare; (welcome) accogliere
greeting /ˈgriːtɪŋ/ *n* saluto *m*; (welcome) accoglienza *f*
greetings card /ˈgriːtɪŋz/ *n* biglietto *m* d'auguri
gregarious /grɪˈgeərɪəs/ *adj* gregario; (person) socievole
gremlin /ˈgremlɪn/ *n* hum spirito *m* maligno
Grenada /grəˈneɪdə/ *n* Grenada *f*
grenade /grɪˈneɪd/ *n* granata *f*
grenadier /grenəˈdɪə(r)/ *n* Mil *guardia (f) reale inglese*
grew /gruː/ ▶ **grow**
grey BrE, **gray** AmE /greɪ/ **A** *adj* grigio; ‹*hair*› bianco
B *n* grigio *m*
C *vi* diventare bianco
■ **grey out** *vt* Comput visualizzare con sfondo azzurro ombreggiato
grey area *n* zona *f* oscura
grey-haired /heəd/ *adj* dai capelli grigi
greyhound *n* levriero *m*
grey matter *n* (brain) materia *f* grigia
grey squirrel *n* scoiattolo *m* grigio
grid /grɪd/ *n* griglia *f*; (on map) reticolato *m*; Electr rete *f*
griddle /ˈgrɪd(ə)l/ *n* (for meat) piastra *f*
gridiron *n* griglia *f*; AmE campo *m* di football americano
gridlock *n* fig (deadlock) situazione *f* di stallo; (in traffic) imbottigliamento *m*
grid reference *n* coordinate *fpl*
grief /griːf/ *n* dolore *m*; **come to ~** ‹*plans*› naufragare
grief-stricken /-strɪkən/ *adj* affranto dal dolore
grievance /ˈgriːvəns/ *n* lamentela *f*
grieve /griːv/ **A** *vt* addolorare
B *vi* essere addolorato
grievous /ˈgriːvəs/ *adj* doloroso
grievous bodily harm *n* lesioni *fpl* personali gravi
grievously /ˈgriːvəslɪ/ *adv* tristemente

g

parola chiave

grill /grɪl/ **A** *n* graticola *f*; (for grilling) griglia *f*; **mixed ~** grigliata *f* mista
B *vt & vi* cuocere alla griglia; (interrogate) sottoporre al terzo grado
grille /grɪl/ *n* grata *f*
grim /grɪm/ *adj* (**grimmer**, **grimmest**) arcigno; ‹*determination*› accanito
grimace /ˈgrɪməs/ **A** *n* smorfia *f*
B *vi* fare una smorfia
grime /graɪm/ *n* sudiciume *m*
grimly /ˈgrɪmlɪ/ *adv* accanitamente
Grim Reaper *n* Morte *f*
grimy /ˈgraɪmɪ/ *adj* (**-ier**, **-iest**) sudicio
grin /grɪn/ **A** *n* sorriso *m*
B *vi* (*pt/pp* **grinned**) fare un gran sorriso
grind /graɪnd/ **A** *n* infml (hard work) sfacchinata *f*
B *vt* (*pt/pp* **ground**) macinare; affilare ‹*knife*›; AmE (mince) tritare; **~ one's teeth** digrignare i denti
grindstone /ˈgraɪndstəʊn/ *n* mola *f*; **keep one's nose to the ~** lavorare indefessamente
grip /grɪp/ **A** *n* presa *f*; fig controllo *m*; (bag) borsone *m*; **be in the ~ of** essere in preda a; **get a ~ of oneself** controllarsi
B *vt* (*pt/pp* **gripped**) afferrare; ‹*tyres*› far presa su; tenere avvinto ‹*attention*›
gripe /graɪp/ *vi* infml (grumble) lagnarsi
gripping /ˈgrɪpɪŋ/ *adj* avvincente
grisly /ˈgrɪzlɪ/ *adj* (**-ier**, **-iest**) raccapricciante
gristle /ˈgrɪsl/ *n* cartilagine *f*
grit /grɪt/ **A** *n* graniglia *f*; (for roads) sabbia *f*; (courage) coraggio *m*
B *vt* (*pt/pp* **gritted**) spargere sabbia su ‹*road*›; **~ one's teeth** serrare i denti
gritter /ˈgrɪtə(r)/ *n* BrE Auto spandighiaia *m inv*
gritty /ˈgrɪtɪ/ *adj* (sandy) pieno di terra; (gravelly) ghiaioso; (hard, determined) grintoso; (novel, film) crudo
grizzle /ˈgrɪzl/ *vi* piagnucolare
grizzly /ˈgrɪzlɪ/ *n* (bear) grizzly *m inv*
groan /grəʊn/ **A** *n* gemito *m*
B *vi* gemere
grocer /ˈgrəʊsə(r)/ *n* droghiere, -a *mf*
groceries /ˈgrəʊsərɪz/ *npl* generi *mpl* alimentari
grocer's, **grocer's shop** BrE **grocery** AmE *n* drogheria *f*
groggy /ˈgrɒgɪ/ *adj* (**-ier**, **-iest**) stordito; (unsteady) barcollante
groin /grɔɪn/ *n* Anat inguine *m*
groom /gru:m/ **A** *n* sposo *m*; (for horse) stalliere *m*
B *vt* strigliare ‹*horse*›; fig preparare; **well-~ed** ben curato
groove /gru:v/ *n* scanalatura *f*
grope /grəʊp/ *vi* brancolare; **~ for** cercare a tastoni
gross /grəʊs/ **A** *adj* obeso; (coarse) volgare; (glaring) grossolano; ‹*salary, weight*› lordo
B *n inv* grossa *f*
gross domestic product *n* prodotto *m* interno lordo
gross indecency *n* Jur oltraggio *m* al pudore
grossly /ˈgrəʊslɪ/ *adv* (very) enormemente
gross national product *n* prodotto *m* nazionale lordo
grotesque /grəʊˈtesk/ *adj* grottesco
grotesquely /grəʊˈtesklɪ/ *adv* in modo grottesco
grotto /ˈgrɒtəʊ/ *n* (*pl* **-es**) grotta *f*
grotty /ˈgrɒtɪ/ *adj* (**-ier**, **-iest**) infml ‹*flat, street*› squallido
grouch /graʊtʃ/ *vi* brontolare (**about** contro)
grouchy /ˈgraʊtʃɪ/ *adj* brontolone
ground¹ /graʊnd/ ▶ **grind**
ground² **A** *n* terra *f*; Sport terreno *m*; (reason) ragione *f*; **~s** *pl* (park) giardini *mpl*; (of coffee) fondi *mpl*
B *vi* ‹*ship*› arenarsi
C *vt* bloccare a terra ‹*aircraft*›; AmE Electr mettere a terra
ground control *n* base *f* di controllo
ground crew *n* personale *m* di terra
ground floor *n* pianterreno *m*
grounding /ˈgraʊndɪŋ/ *n* base *f*
groundless /ˈgraʊndlɪs/ *adj* infondato
groundnut oil *n* olio *m* d'arachidi
ground rules *npl* principi *mpl* fondamentali
groundsheet *n* telone *m* impermeabile
ground troops *npl* truppe *fpl* di terra
groundwork *n* lavoro *m* di preparazione
group /gru:p/ **A** *n* gruppo *m*
B *vt* raggrupppare
C *vi* raggrupparsi
groupage /ˈgru:pɪdʒ/ *n* Comm raggruppamento *m*
group booking *n* prenotazione *f* di gruppo
group leader *n* capogruppo *m*
group therapy *n* terapia *f* di gruppo
group work *n* lavoro *m* di gruppo
grouse¹ /graʊs/ *n inv* gallo *m* cedrone
grouse² *vi* infml brontolare
grove /grəʊv/ *n* boschetto *m*
grovel /ˈgrɒvl/ *vi* (*pt/pp* **grovelled**) strisciare
grovelling /ˈgrɒv(ə)lɪŋ/ *adj* leccapiedi *inv*
grow /grəʊ/ **A** *vi* (*pt* **grew**, *pp* **grown**) crescere; (become) diventare; ‹*unemployment, fear*› aumentare; ‹*town*› ingrandirsi
B *vt* coltivare; **~ one's hair** farsi crescere i capelli
■ **grow apart** *vi* ‹*friends, couple*› disamorarsi
■ **grow on**: *vt* infml (become pleasing to) **it'll ~ on**

g

you finirà per piacerti
■ **grow out of**: *vt* **he's ~n out of his jumper** il golf gli è diventato troppo piccolo
■ **grow up** *vi* crescere; ‹*town*› svilupparsi
growbag /ˈgrəʊbæg/ *n sacco* (*m*) *di terriccio dentro cui si coltivano piante*
grower /ˈgrəʊə(r)/ *n* coltivatore, -trice *mf*
growing pains /ˈgrəʊɪŋ/ *npl* (of child) dolori *mpl* della crescita; fig (of firm, project) difficoltà *fpl* iniziali nello sviluppo
growl /graʊl/ **A** *n* grugnito *m*
B *vi* ringhiare
grown /grəʊn/ **A** ▶ **grow**
B *adj* adulto
grown-up *adj & n* adulto, -a *mf*
g
growth /grəʊθ/ *n* crescita *f*; (increase) aumento *m*; Med tumore *m*
growth area *n* area *f* di sviluppo
growth industry *n* industria *f* in rapida crescita
growth rate *n* tasso *m* di crescita
groyne /grɔɪn/ *n* BrE pennello *m* (*per difendere le spiagge dall'erosione*)
grub /grʌb/ *n* larva *f*; infml (food) mangiare *m*
grubby /ˈgrʌbɪ/ *adj* (**-ier**, **-iest**) sporco
grudge /grʌdʒ/ **A** *n* rancore *m*; **bear somebody a ~** portare rancore a qualcuno
B *vt* dare a malincuore
grudging /ˈgrʌdʒɪŋ/ *adj* riluttante
grudgingly /ˈgrʌdʒɪŋlɪ/ *adv* a malincuore
gruelling /ˈgruːəlɪŋ/ *adj* estenuante
gruesome /ˈgruːsəm/ *adj* macabro
gruff /grʌf/ *adj* burbero
gruffly /ˈgrʌflɪ/ *adv* in modo burbero
grumble /ˈgrʌmbl/ *vi* brontolare (**at** contro)
grumpy /ˈgrʌmpɪ/ *adj* (**-ier**, **-iest**) scorbutico
grunge /grʌndʒ/ *n* (dirt) lerciume *m*; (style) grunge *m inv*
grunt /grʌnt/ **A** *n* grugnito *m*
B *vi* fare un grugnito
G-string *n* (garment) tanga *m inv*
guarantee /gærənˈtiː/ **A** *n* garanzia *f*
B *vt* garantire
guarantor /gærənˈtɔː(r)/ *n* garante *mf*
guard /gɑːd/ **A** *n* guardia *f*; (security) guardiano *m*; (on train) capotreno *m*; AmE (in prison) guardia *f* carceraria; Techn schermo *m* protettivo; **be on ~** essere di guardia; **on one's ~** in guardia
B *vt* sorvegliare; (protect) proteggere
■ **guard against** *vt* guardarsi da
guard dog *n* cane *m* da guardia
guarded /ˈgɑːdɪd/ *adj* guardingo
guardian /ˈgɑːdɪən/ *n* (of minor) tutore, -trice *mf*
guardian angel *n also* fig angelo *m* custode
guard of honour *n* guardia *f* d'onore

parola chiave

guardroom *n* corpo *m* di guardia
guard's van *n* BrE Rail carrozza *f* bagagliaio
Guatemala /ˌgwɑːtəˈmɑːlə/ *n* Guatemala *m*
guava /ˈgwɑːvə/ *n* (fruit) guava *f*; (tree) albero *m* di guava
Guernsey /ˈgɜːnzɪ/ *n* Guernsey *f*
guerrilla /gəˈrɪlə/ *n* guerrigliero, -a *mf*
guerrilla warfare *n* guerriglia *f*
guess /ges/ **A** *n* supposizione *f*
B *vt* indovinare
C *vi* indovinare; AmE (suppose) supporre
guesstimate /ˈgestɪmət/ *n* calcolo *m* approssimativo
guesswork /ˈgeswɜːk/ *n* supposizione *f*
guest /gest/ *n* ospite *mf*; (in hotel) cliente *mf*
guest house *n* pensione *f*
guest room *n* camera *f* degli ospiti
guest worker *n* lavoratore *m* immigrato; lavoratrice *f* immigrata
guff /gʌf/ *n* (nonsense) stupidaggini *fpl*
guffaw /gʌˈfɔː/ **A** *n* sghignazzata *f*
B *vi* sghignazzare
guidance /ˈgaɪdəns/ *n* guida *f*; (advice) consigli *mpl*
guide /gaɪd/ **A** *n* guida *f*; **[Girl] G~** giovane esploratrice *f*
B *vt* guidare
guidebook /ˈgaɪdbʊk/ *n* guida *f* turistica
guided missile /ˈgaɪdɪd/ *n* missile *m* teleguidato
guide dog *n* cane *m* per ciechi
guided tour *n* giro *m* guidato
guidelines /ˈgaɪdlaɪnz/ *npl* direttive *fpl*
guiding principle /gaɪdɪŋˈprɪnsɪp(ə)l/ *n* direttrice *f*
guild /gɪld/ *n* corporazione *f*
guile /gaɪl/ *n* astuzia *f*
guileless /ˈgaɪllɪs/ *adj* senza malizia
guillotine /ˈgɪlətiːn/ *n* ghigliottina *f*; (for paper) taglierina *f*
guilt /gɪlt/ *n* colpa *f*
guiltily /ˈgɪltɪlɪ/ *adv* con aria colpevole
guilty /ˈgɪltɪ/ *adj* (**-ier**, **-iest**) colpevole; **have a ~ conscience** avere la coscienza sporca
guinea /ˈgɪnɪ/ *n* ghinea *f*
Guinea /ˈgɪnɪ/ *n* Guinea *f*
Guinea-Bissau /-bɪˈsaʊ/ *n* Guinea-Bissau *f*
guinea fowl faraona *f*
guinea pig *n* porcellino *m* d'India; (in experiments) cavia *f*
guise /gaɪz/ *n* **in the ~ of** sotto le spoglie di
guitar /gɪˈtɑː(r)/ *n* chitarra *f*
guitarist /gɪˈtɑːrɪst/ *n* chitarrista *mf*
Gulag /ˈguːlæg/ *n* gulag *m inv*
gulch /gʌltʃ/ *n* AmE burrone *m*
gulf /gʌlf/ *n* Geog golfo *m*; fig abisso *m*
Gulf States *npl* gli stati *mpl* del Golfo
Gulf War *n* la guerra *f* del Golfo
gull /gʌl/ *n* gabbiano *m*

gullet /ˈɡʌlɪt/ *n* esofago *m*; (throat) gola *f*
gullible /ˈɡʌləbl/ *adj* credulone
gully /ˈɡʌlɪ/ *n* burrone *m*; (drain) canale *m* di scolo
gulp /ɡʌlp/ **A** *n* azione *f* di deglutire; (of food) boccone *m*; (of liquid) sorso *m*
B *vi* deglutire
■ **gulp down** *vt* trangugiare ‹*food*›; scolarsi ‹*liquid*›
gum¹ /ɡʌm/ *n* Anat gengiva *f*
gum² **A** *n* gomma *f*; (chewing gum) gomma *f* da masticare, chewing-gum *m inv*
B *vt* (*pt/pp* **gummed**) ingommare (**to** a)
gumboot /ˈɡʌmbuːt/ *n* stivale *m* di gomma
gummed /ɡʌmd/ **A** ▶ **gum²**
B *adj* ‹*label*› adesivo
gumption /ˈɡʌmpʃn/ *n* infml buon senso *m*
gumshoe /ˈɡʌmʃuː/ *n* infml (private investigator) investigatore *m* privato
gum tree *n* infml **be up a ~** essere in difficoltà
gun /ɡʌn/ *n* pistola *f*; (rifle) fucile *m*; (cannon) cannone *m*; **he had a ~** era armato
■ **gun down** *vt* (*pt/pp* **gunned**) freddare
gun barrel *n* canna *f* di fucile
gunboat *n* cannoniera *f*
gun dog *n* cane *m* da caccia
gunfire *n* spari *mpl*; (of cannon) colpi *mpl* [di cannone]
gunge /ɡʌndʒ/ *n* BrE poltiglia *f* [disgustosa]
gung-ho /ɡʌŋˈhəʊ/ *adj* hum (eager for war) guerrafondaio; (overzealous) esaltato
gun laws *npl* leggi *fpl* sulle armi
gun licence *n* porto *m* d'armi
gunman /ˈɡʌnmən/ *n* uomo *m* armato
gunner /ˈɡʌnə(r)/ *n* artigliere *m*
gunpoint *n* **hold somebody up at ~** assalire qualcuno a mano armata
gunpowder *n* polvere *f* da sparo
gunshot *n* colpo *m* [di pistola]
gunshot wound *n* ferita *f* d'arma da fuoco
gunslinger *n* pistolero *m*
gurgle /ˈɡɜːɡl/ *vi* gorgogliare; ‹*baby*› fare degli urletti
guru /ˈɡʊruː/ *n* guru *m inv*
gush /ɡʌʃ/ *vi* sgorgare; (enthuse) parlare con troppo entusiasmo (**over** di)
■ **gush out** *vi* sgorgare
gushing /ˈɡʌʃɪŋ/ *adj* eccessivamente entusiastico
gusset /ˈɡʌsɪt/ *n* gherone *m*
gust /ɡʌst/ *n* (of wind) raffica *f*
gusto /ˈɡʌstəʊ/ *n* **with ~** con trasporto
gusty /ˈɡʌstɪ/ *adj* ventoso
gut /ɡʌt/ **A** *n* intestino *m*; **~s** *pl* pancia *f*; infml (courage) fegato *m*
B *vt* (*pt/pp* **gutted**) Culin svuotare delle interiora; **~ted by fire** sventrato da un incendio
gutsy /ˈɡʌtsɪ/ *adj* (brave) coraggioso; (spirited) gagliardo
gutter /ˈɡʌtə(r)/ *n* canale *m* di scolo; (on roof) grondaia *f*; fig bassifondi *mpl*
guttering /ɡʌtərɪŋ/ *n* grondaie *fpl*
gutter press *n* stampa *f* scandalistica
guttersnipe /ˈɡʌtəsnaɪp/ *n* ragazzo, -a *mf* di strada
guttural /ˈɡʌtərəl/ *adj* gutturale
guv, guvnor /ɡʌv, ˈɡʌvnə(r)/ *n* BrE infml (boss) capo *m*
guy /ɡaɪ/ *n* infml tipo *m*, tizio *m*
Guyana /ɡaɪˈænə/ *n* Guyana *f*
Guy Fawkes Day /fɔːks/ *n* BrE *anniversario* (*m*) *del fallimento della Congiura delle Polveri* (*5 novembre*)
guzzle /ˈɡʌzl/ *vt* ingozzarsi con ‹*food*›; **he's ~d the lot** si è sbafato tutto
gym /dʒɪm/ *n* infml palestra *f*; (gymnastics) ginnastica *f*
gymkhana /dʒɪmˈkɑːnə/ *n* manifestazione *f* equestre
gymnasium /dʒɪmˈneɪzɪəm/ *n* palestra *f*
gymnast /ˈdʒɪmnæst/ *n* ginnasta *mf*
gymnastics /dʒɪmˈnæstɪks/ *nsg* ginnastica *fsg*
gym shoes *npl* scarpe *fpl* da ginnastica
gymslip *n* Sch ≈ grembiule *m* (*da bambina*)
gynaecologist /ɡaɪnɪˈkɒlədʒɪst/ *n* ginecologo, -a *mf*
gynaecology /ɡaɪnɪˈkɒlədʒɪ/ *n* ginecologia *f*
gyp /dʒɪp/ *n* BrE **my back is giving me ~** ho un terribile mal di schiena
gypsum /ˈdʒɪpsəm/ *n* gesso *m*
gypsy /ˈdʒɪpsɪ/ *n* zingaro, -a *mf*
gyrate /dʒaɪˈreɪt/ *vi* roteare

Hh

h, H /eɪtʃ/ *n* h, H *f inv*
ha! ha! /hɑːˈhɑː/ *int* ah! ah!
haberdashery /hæbəˈdæʃərɪ/ *n* merceria *f*; AmE negozio *m* d'abbigliamento da uomo
habit /ˈhæbɪt/ *n* abitudine *f*; Relig (costume) tonaca *f*; **be in the ~ of doing something** avere l'abitudine di fare qualcosa
habitable /ˈhæbɪtəbl/ *adj* abitabile
habitat /ˈhæbɪtæt/ *n* habitat *m inv*
habitation /hæbɪˈteɪʃn/ *n* **unfit for human ~** inagibile
habit-forming /-fɔːmɪŋ/ *adj* **be ~** creare assuefazione
habitual /həˈbɪtjʊəl/ *adj* abituale; ‹*smoker, liar*› inveterato
habitually /həˈbɪtjʊəlɪ/ *adv* regolarmente
habitual offender *n* delinquente *mf* recidivo
hack¹ /hæk/ *n* (writer) scribacchino, -a *mf*
hack² *vt* tagliare; **~ to pieces** tagliare a pezzi
hacker /ˈhækə(r)/ *n* Comput pirata *m* informatico
hacking /ˈhækɪŋ/ *n* Comput pirateria *f* informatica
hacking cough *n* brutta tosse *f*
hackles /ˈhæk(ə)lz/ *npl* (on animal) pelo *m* del collo; (on bird) piumaggio *m* del collo; **make sb's ~ rise** fig far imbestialire qualcuno
hackney cab /ˈhæknɪ/ *n* fml taxi *m inv*
hackneyed /ˈhæknɪd/ *adj* trito [e ritrito]
hacksaw /ˈhæksɔː/ *n* seghetto *m*
had /hæd/ ▶ **have**
haddock /ˈhædək/ *n inv* eglefino *m*
haematoma /hiːməˈtəʊmə/ *n* ematoma *m*
haemoglobin /hiːməˈgləʊbɪn/ *n* emoglobina *f*
haemophilia /hiːməˈfɪlɪə/ *n* emofilia *f*
haemophiliac /hiːməˈfɪlɪæk/ *n* emofiliaco, -a *mf*
haemorrhage /ˈhemərɪdʒ/ *n* emorragia *f*
haemorrhoids /ˈhemərɔɪdz/ *npl* emorroidi *fpl*
hag /hæg/ *n* **old ~** vecchia befana *f*
haggard /ˈhægəd/ *adj* sfatto
haggis /ˈhægɪs/ *n piatto (m) scozzese a base di frattaglie di pecora e avena*
haggle /ˈhægl/ *vi* contrattare (**over** per)
Hague /heɪg/ *n* **the ~** l'Aia *f*
hail¹ /heɪl/ **A** *vt* salutare; far segno a ‹*taxi*› **B** *vi* **~ from** provenire da
hail² **A** *n* grandine *f* **B** *vi* grandinare
hailstone /ˈheɪlstəʊn/ *n* chicco *m* di grandine
hailstorm /ˈheɪlstɔːm/ *n* grandinata *f*
hair /heə(r)/ *n* capelli *mpl*; (on body, of animal) pelo *m*; **wash one's ~** lavarsi i capelli
hairband *n* (rigid) cerchietto *m*; (elastic) fascia *f* [per capelli]
hairbrush *n* spazzola *f* per capelli
hair curler *n* arricciacapelli *m inv*
haircut *n* taglio *m* di capelli; **have a ~** farsi tagliare i capelli
hairdo *n* infml pettinatura *f*
hairdresser *n* parrucchiere, -a *mf*
hairdryer, hairdrier *n* fon *m inv*; (with hood) casco *m* (asciugacapelli)
hair gel *n* gel *m inv* [per capelli]
hairgrip *n* molletta *f*
hairless /ˈheəlɪs/ *adj* ‹*animal*› senza peli; ‹*body*› (chin) glabro
hairline *n* (on head) attaccatura *f* dei capelli
hairline crack *n* incrinatura *f* sottilissima
hairline fracture *n* Med frattura *f* capillare
hairnet *n* retina *f* per capelli
hairpiece *n* toupet *m inv*
hairpin *n* forcina *f*
hairpin bend *n* tornante *m*, curva *f* a gomito
hair-raising /heəreɪzɪŋ/ *adj* terrificante
hair remover *n* crema *f* depilatoria
hairslide *n* BrE fermacapelli *m inv*
hair-splitting /ˈheəsplɪtɪŋ/ *n* pedanteria *f*
hairspray *n* lacca *f* [per capelli]
hair straighteners /ˈheə(r) ˌstreɪtnəz/ *n pl* piastra *f* stirante
hairstyle *n* acconciatura *f*
hairstylist *n* parrucchiere, -a *mf*
hair transplant *n* trapianto *m* di capelli
hairy /ˈheərɪ/ *adj* (**-ier**, **-iest**) peloso; infml (frightening) spaventoso
Haiti /ˈheɪtɪ/ *n* Haiti *f*
Haitian /ˈheɪʃ(ə)n/ *n & adj* haitiano, -a *mf*; (language) haitiano *m*
hake /heɪk/ *n inv* nasello *m*
halal /hɑːˈlɑːl/ *adj* ‹*meat, butcher*› halal
halcyon days /ˈhælsɪən/ *npl* bei tempi *mpl* andati
hale /heɪl/ *adj* **~ and hearty** in piena forma
half /hɑːf/ **A** *n* (*pl* **halves**) metà *f*; **cut in ~** tagliare a metà; **one and a ~** uno e mezzo;

h

parola chiave

~ **a dozen** mezza dozzina; ~ **an hour** mezz'ora
B *adj* mezzo; **[at] ~ price** [a] metà prezzo
C *adv* a metà; ~ **past two** le due e mezza

half-and-half **A** *adj* mezzo e mezzo
B *adv* a metà; **go ~** fare a metà

half-back *n* mediano *m*

half-baked *adj* infml che non sta in piedi

half board *n* mezza pensione *f*

half-breed *n* & *adj* offensive mezzosangue *mf inv*

half-brother *n* fratellastro *m*

half-century *n* mezzo secolo *m*

half cock *n* **go off at ~** partire col piede sbagliato

half-conscious *adj* semicosciente

half-crown, half a crown *n* BrE mezza corona *f*

half-cut *adj* infml (drunk) ciucco

half day *n* mezza giornata *f*

half-dead *adj* also fig mezzo morto

half-dozen *n* mezza dozzina *f*

half fare *n* metà tariffa *f*

half-hearted /-ˈhɑːtɪd/ *adj* esitante

half-heartedly /-ˈhɑːtɪdlɪ/ *adv* senza entusiasmo

half hour *n* mezz'ora *f*

half-hourly *adj* & *adv* ogni mezz'ora

half-length *adj* ‹*portrait*› a mezzo busto

half-light *n* penombra *f*

half mast *n* **at ~** a mezz'asta

half measures *npl* mezze misure *fpl*

half-moon **A** *n* mezzaluna *f*; (of fingernail) lunula *f*
B *attrib* ‹*spectacles*› a mezzaluna

half pay *n* metà stipendio *m*

halfpenny /ˈheɪpnɪ/ *n* BrE mezzo penny *m inv*

half-pint *n* mezza pinta *f* (*Br = 0,28 l, Am = 0,24 l*); (beer) piccola *f*; fig mezza calzetta *f*

half price **A** *adj* a metà prezzo
B *adv* [a] metà prezzo

half-sister *n* sorellastra *f*

half size **A** *n* (of shoe) mezzo numero *m*
B *adj* ‹*copy*› ridotto della metà

half smile *n* mezzo sorriso *m*

half-starved *adj* mezzo morto di fame

half-term *n* vacanza *f* di metà trimestre

half-time *n* Sport intervallo *m*

half-truth *n* mezza verità *f*

halfway **A** *adj* **the ~ mark/stage** il livello intermedio
B *adv* a metà strada; **get ~** fig arrivare a metà

halfway house *n* (compromise) via *f* di mezzo; (rehabilitation centre) centro *m* di riabilitazione per ex detenuti

halfway line *n* Sport linea *f* mediana

halfwit *n* idiota *mf*

half-year **A** *n* Fin, Comm semestre *m*
B *attrib* ‹*profit, results*› semestrale

half-yearly *adj* ‹*meeting, payment*› semestrale

halibut /ˈhælɪbət/ *n inv* ippoglosso *m*

halitosis /hælɪˈtəʊsɪs/ *n* alitosi *f inv*

hall /hɔːl/ *n* (entrance) ingresso *m*; (room) sala *f*; (mansion) residenza *f* di campagna; ~ **of residence** Univ casa *f* dello studente

hallelujah /(h)ælɪˈluːjə/ *int* alleluia!

hallmark /ˈhɔːlmɑːk/ *n* marchio *m* di garanzia; fig marchio *m*

hallo /həˈləʊ/ *int* ciao!; (on telephone) pronto!; **say ~ to** salutare

hall of residence *n* casa *f* dello studente

hallowed /ˈhæləʊd/ *adj* ‹*ground*› consacrato; ‹*tradition*› sacro

Halloween /hæləʊˈiːn/ *n vigilia* (*f*) *d'Ognissanti e notte delle streghe, celebrata soprattutto dai bambini*

hallucinate /həˈluːsɪneɪt/ *vi* avere le allucinazioni

hallucination /həluːsɪˈneɪʃn/ *n* allucinazione *f*

hallucinatory /həˈluːsɪnət(ə)rɪ/ *adj* ‹*drug*› allucinogeno

hallucinogen /həˈluːsɪnədʒən/ *n* sostanza *f* allucinante

hallucinogenic /həluːsɪnəˈdʒenɪk/ *adj* allucinogeno

hallway /ˈhɔːlweɪ/ *n* ingresso *m*

halo /ˈheɪləʊ/ *n* (*pl* **-es**) aureola *f*; Astr alone *m*

halogen /ˈhælədʒən/ *n* alogeno *m*

halt /hɔːlt/ **A** *n* alt *m inv*; **come to a ~** fermarsi; ‹*traffic*› bloccarsi
B *vi* fermarsi; **~!** alt!
C *vt* fermare

halter /ˈhɔːltə(r)/ *n* (for horse) cavezza *f*

halter-neck *n modello* (*m*) *con allacciatura dietro il collo che lascia la schiena scoperta*

halting /ˈhɔːltɪŋ/ *adj* esitante

haltingly /ˈhɔːltɪŋlɪ/ *adv* con esitazione

halve /hɑːv/ *vt* dividere a metà; (reduce) dimezzare

ham /hæm/ *n* prosciutto *m*; Theat attore, -trice *mf* da strapazzo

hamburger /ˈhæmbɜːgə(r)/ *n* hamburger *m inv*

ham-fisted /-ˈfɪstɪd/ *adj* BrE infml maldestro

hamlet /ˈhæmlɪt/ *n* paesino *m*

hammer /ˈhæmə(r)/ **A** *n* martello *m*
B *vt* martellare
C *vi* ~ **at/on** picchiare a
■ **hammer in** *vt* piantare ‹*nail*›
■ **hammer out** *vt* definire con grandi sforzi ‹*agreement, policy*›

hammer and sickle *n* falce *f* e martello *m*

hammered /ˈhæməd/ *adj* infml (drunk) sbronzo

hammock /ˈhæmək/ *n* amaca *f*

hamper[1] /ˈhæmpə(r)/ *n* cesto *m*; **[gift] ~** cestino *m*

h

hamper² *vt* ostacolare
hamster /'hæmstə(r)/ *n* criceto *m*
hamstring /'hæmstrɪŋ/ **A** *n* (of horse) tendine *m* del garretto; (of human) tendine *m* del ginocchio
B *vt* fig rendere impotente
hand /hænd/ **A** *n* mano *f*; (of clock) lancetta *f*; (writing) scrittura *f*; (worker) manovale *m*; **all ~s** Naut l'equipaggio al completo; **at ~, to ~** a portata di mano; **by ~** a mano; **on the one ~** da un lato; **on the other ~** d'altra parte; **out of ~** incontrollabile; (summarily) su due piedi; **in ~** in corso; ‹*situation*› sotto controllo; (available) disponibile; **give somebody a ~** dare una mano a qualcuno; **~ in ~** ‹*run, walk*› mano nella mano; **go ~ in ~** fig andare di pari passo (**with** con)
B *vt* porgere
■ **hand back** *vt* restituire ‹*something*›
■ **hand down** *vt* tramandare
■ **hand in** *vt* consegnare
■ **hand on** *vt* passare
■ **hand out** *vt* distribuire
■ **hand over** *vt* passare; (to police) consegnare
handbag *n* borsa *f* (*da signora*)
hand baggage *n* bagaglio *m* a mano
handball *n* pallamano *f*; (fault in football) fallo *m* di mano; **~!** mano!
handbasin *n* lavandino *m*
handbook *n* manuale *m*
handbrake *n* freno *m* a mano
handcart *n* carretto *m*
hand cream *n* crema *f* per le mani
handcuffs *npl* manette *fpl*
hand dryer, hand drier *n* asciugamani *m inv* ad aria
hand-eye coordination *n* coordinazione *f* occhio-mano
handful /'hændfʊl/ *n* manciata *f*; **be [quite] a ~** infml essere difficile da tenere a freno
hand grenade *n* bomba *f* a mano
handgun *n* pistola *f*
hand-held *adj* a mano
handicap /'hændɪkæp/ *n* handicap *m inv*
handicapped /'hændɪkæpt/ *adj* **mentally/physically ~** mentalmente/fisicamente handicappato
handicraft /'hændɪkrɑ:ft/ *n* artigianato *m*
handiwork /'hændɪwɜ:k/ *n* opera *f*
handkerchief /'hæŋkətʃɪf/ *n* (*pl* **-s** & **-chieves**) fazzoletto *m*
handle /'hændl/ **A** *n* manico *m*; (of door) maniglia *f*; **fly off the ~** infml perdere le staffe
B *vt* maneggiare; occuparsi di ‹*problem, customer*›; prendere ‹*difficult person*›; trattare ‹*subject*›; **be good at handling somebody** saperci fare con qualcuno
handlebar moustache /hændlbɑ:mə'stɑ:ʃ/ *n* baffi *mpl* a manubrio

parola chiave

handlebars /'hændlbɑ:z/ *npl* manubrio *m*
handler /'hændlə(r)/ *n* (of dog) addestratore, -trice *mf*
handling /'hændlɪŋ/ *n* (touching, holding) manipolazione *f*; (of weapon) maneggio *m*; (dealing with) gestione *f*
handling charge *n* (for goods) spese *fpl* di movimentazione; (administrative) spese *fpl* di amministrazione
hand lotion *n* lozione *f* per le mani
hand luggage *n* bagaglio *m* a mano
handmade *adj* fatto a mano
handout *n* (at lecture) foglio *m* informativo; infml (money) elemosina *f*
handover *n* (of prisoner, ransom) consegna *f*; (of property, territory) cessione *f*; **~ of power** passaggio *m* delle consegne
hand-pick *vt* scegliere ‹*produce*›; selezionare con cura ‹*staff*›
handrail *n* corrimano *m*
hand-reared /-'rɪəd/ *adj* ‹*animal*› allattato con il biberon
handset *n* Teleph ricevitore *m*
handshake *n* stretta *f* di mano
hand signal *n* Auto segnalazione *f* con la mano
hands-off *adj* ‹*policy*› di non intervento; ‹*manager*› che delega le responsabilità
handsome /'hænsəm/ *adj* bello; fig (generous) generoso; ‹*salary*› considerevole
hands-on *adj* ‹*experience*› pratico; ‹*approach*› pragmatico; ‹*control*› diretto; ‹*manager*› che segue direttamente le varie attività
handspring *n* salto *m* sulle mani
handstand *n* verticale *f*
hand-to-hand *adj & adv* ‹*fight*› corpo a corpo
hand-to-mouth *adj* ‹*existence*› precario
hand towel *n* asciugamano *m*
hand-woven /-'wəʊvən/ *adj* tessuto a mano
handwriting *n* calligrafia *f*
handwritten *adj* scritto a mano
handy /'hændɪ/ *adj* (**-ier**, **-iest**) pratico; ‹*person*› abile; **have/keep ~** avere/tenere a portata di mano
handyman /'hændɪmæn/ *n* tuttofare *m inv*
hang /hæŋ/ **A** *vt* (*pt/pp* **hung**) appendere ‹*picture*› (*pt/pp* **hanged**) impiccare ‹*criminal*›; **~ oneself** impiccarsi; **~ wallpaper** tappezzare
B *vi* (*pt/pp* **hung**) pendere; ‹*hair*› scendere
C *n* **get the ~ of it** infml afferrare
■ **hang about** *vi* gironzolare
■ **hang around** *vi* = **hang about**
■ **hang back** *vi* (hesitate) esitare
■ **hang down** *vi* ‹*hem*› pendere
■ **hang on** *vi* tenersi stretto; infml (wait) aspettare; Teleph restare in linea
■ **hang on to** *vt* tenersi stretto a; (keep) tenere

■ **hang out** A *vi* spuntare; **where does he usually ~ out?** infml dove bazzica di solito? B *vt* stendere ‹*washing*›
■ **hang up** A *vt* appendere; Teleph riattaccare B *vi* essere appeso; Teleph riattaccare
hangar /ˈhæŋə(r)/ *n* hangar *m inv*
hanger /ˈhæŋə(r)/ *n* gruccia *f*
hanger-on *n* leccapiedi *mf inv*
hang-glider *n* deltaplano *m*
hang-gliding *n* deltaplano *m*
hanging /ˈhæŋɪŋ/ *n* (of person) impiccagione *f*; (curtain) tendaggio *m*; (on wall) arazzo *m*
hangman *n* boia *m*
hangover *n* postumi *mpl* della sbornia
hang-up *n* infml complesso *m*
hank /hæŋk/ *n* (of hair) ciocca *f*; (of wool etc) matassa *f*
hanker /ˈhæŋkə(r)/ *vi* **~ after something** smaniare per qualcosa
hanky, hankie /ˈhæŋkɪ/ *n* infml fazzoletto *m*
hanky-panky /hæŋkɪˈpæŋkɪ/ *n* infml qualcosa *m* di losco
ha'penny /ˈheɪpnɪ/ *n abbr* BrE (**halfpenny**) mezzo penny *m inv*
haphazard /hæpˈhæzəd/ *adj* a casaccio; **in a ~ fashion** a casaccio
haphazardly /hæpˈhæzədlɪ/ *adv* a casaccio
hapless /ˈhæplɪs/ *adj* sventurato
✓ **happen** /ˈhæpn/ *vi* capitare, succedere; **as it ~s** per caso; **I ~ed to meet him** mi è capitato di incontrarlo; **what has ~ed to him?** cosa gli è capitato?; (become of) che fine ha fatto?
happening /ˈhæp(ə)nɪŋ/ *n* avvenimento *m*
happily /ˈhæpɪlɪ/ *adv* felicemente; (fortunately) fortunatamente
happiness /ˈhæpɪnɪs/ *n* felicità *f*
✓ **happy** /ˈhæpɪ/ *adj* (**-ier**, **-iest**) contento, felice
happy ending *n* lieto fine *m*
happy-go-lucky *adj* spensierato
happy hour *n ora (f) in cui nei pub le bevande vengono vendute a prezzi scontati*
happy medium *n* giusto mezzo *m*
harangue /həˈræŋ/ *vt* ‹*morally*› fare un sermone a; ‹*politically*› arringare
harass /ˈhærəs/ *vt* perseguitare
harassed /ˈhærəst/ *adj* stressato
harassment /ˈhærəsmənt/ *n* persecuzione *f*; **sexual ~** molestie *fpl* sessuali
harbinger /ˈhɑːbɪndʒə(r)/ *n* literary segnale *m*; (person) precursore *m*; precorritrice *f*
harbour /ˈhɑːbə(r)/ A *n* porto *m* B *vt* dare asilo a; nutrire ‹*grudge*›
✓ **hard** /hɑːd/ A *adj* duro; ‹*question, problem*› difficile; **~ of hearing** duro d'orecchi; **be ~ on somebody** ‹*person*› essere duro con qualcuno
B *adv* ‹*work*› duramente; ‹*pull, hit, rain, snow*› forte; **~ hit by unemployment** duramente colpito dalla disoccupazione; **take something ~** non accettare qualcosa; **think ~!** pensaci bene!; **try ~** mettercela tutta; **try ~er** metterci più impegno; **~ done by** infml trattato ingiustamente
hard and fast *adj* ‹*rule, distinction*› preciso
hardback *n* edizione *f* rilegata
hardboard *n* truciolato *m*
hard-boiled /-ˈbɔɪld/ *adj* ‹*egg*› sodo
hard cash *n* contante *m*
hard copy *n* copia *f* stampata
hard core A *n* (in construction) massicciata *f*; (of group, demonstrators) zoccolo *m* duro B *adj* ‹*pornography, video*› hard-core; ‹*supporter, opponent*› irriducibile
hard court *n* campo *m* in superficie dura
hard disk *n* hard disk *m inv*; disco *m* rigido
hard drive *n* Comput hard drive *m*
hard drug *n* droga *f* pesante
hard-earned /-ˈɜnd/ *adj* ‹*cash*› sudato
harden /ˈhɑːdn/ *vi* indurirsi
hardened /ˈhɑːdnd/ *adj* ‹*criminal*› inveterato; ‹*drinker*› cronico
hard-faced /-ˈfeɪst/ *adj* ‹*person*› dai tratti duri
hard-fought *adj* ‹*battle*› accanito
hard hat *n* casco *m*
hard-headed /-ˈhedɪd/ *adj* pratico; ‹*businessman*› dal sangue freddo
hard-hearted /-ˈhɑːtɪd/ *adj* dal cuore duro
hard-hitting /-ˈhɪtɪŋ/ *adj* ‹*report, speech*› incisivo
hard labour *n* BrE lavori *mpl* forzati
hard lens *n* lente *f* a contatto rigida
hard-line A *adj* ‹*policy, regime*› duro B *n* linea *f* dura; **~ lines!** che sfortuna!
hardliner *n* Pol fautore, -trice *mf* della linea dura
hard luck *n* sfortuna *f*
hard-luck story *n* **give somebody a ~** raccontare a qualcuno le proprie disgrazie
✓ **hardly** /ˈhɑːdlɪ/ *adv* appena; **~ ever** quasi mai
hardness /ˈhɑːdnɪs/ *n* durezza *f*
hard-nosed /-ˈnəʊzd/ *adj* ‹*attitude, businessman, government*› duro
hard of hearing *adj* duro d'orecchio
hard-on *n* infml erezione *f*
hard porn *n* pornografia *f* hard-core
hard-pressed /-ˈprest/ *adj* in difficoltà; (for time) a corto di tempo
hard-pushed /-ˈpʊʃt/ *adj* (having problems) in difficoltà
hard rock *n* Mus hard rock *m*
hard sell *n* tecnica *f* di vendita aggressiva
hardship /ˈhɑːdʃɪp/ *n* avversità *f*
hard shoulder *n* Auto corsia *f* d'emergenza
hard up *adj* infml a corto di soldi; **~ up for something** a corto di qualcosa

hardware *n* ferramenta *fpl*; Comput hardware *m inv*
hardware shop *n* negozio *m* di ferramenta
hard-wearing /-ˈweərɪŋ/ *adj* resistente
hardwood *n* legno *m* duro
hard-working /-ˈwɜːkɪŋ/ *adj* **be ~** essere un gran lavoratore
hardy /ˈhɑːdɪ/ *adj* (**-ier**, **-iest**) dal fisico resistente; ‹*plant*› che sopporta il gelo
hare /heə(r)/ *n* lepre *f*
hare-brained /ˈheəbreɪnd/ *adj* ‹*scheme*› da scervellati; ‹*person*› scervellato
harelip /heəˈlɪp/ *n* labbro *m* leporino
harem /ˈhɑːriːm/ *n* harem *m*
haricot /ˈhærɪkəʊ/, **haricot bean** *n* fagiolo *m* bianco
h
hark /hɑːk/ *v*
■ **hark back** *vt* fig **~ back to** ritornare su
harm /hɑːm/ **A** *n* male *m*; (damage) danni *mpl*; **out of ~'s way** in un posto sicuro; **it won't do any ~** non farà certo male
B *vt* far male a; (damage) danneggiare
harmful /ˈhɑːmfʊl/ *adj* dannoso
harmless /ˈhɑːmlɪs/ *adj* innocuo
harmonica /hɑːˈmɒnɪkə/ *n* armonica *f* [a bocca]
harmonious /hɑːˈməʊnɪəs/ *adj* armonioso
harmoniously /hɑːˈməʊnɪəslɪ/ *adv* in armonia
harmonize /ˈhɑːmənaɪz/ *vi* fig armonizzare
harmony /ˈhɑːmənɪ/ *n* armonia *f*
harness /ˈhɑːnɪs/ **A** *n* finimenti *mpl*; (of parachute) imbracatura *f*
B *vt* bardare ‹*horse*›; sfruttare ‹*resources*›
harp /hɑːp/ *n* arpa *f*
■ **harp on** *vi* infml insistere (**about** su)
harpist /ˈhɑːpɪst/ *n* arpista *mf*
harpoon /hɑːˈpuːn/ *n* arpione *m*
harpsichord /ˈhɑːpsɪkɔːd/ *n* clavicembalo *m*
harrow /ˈhærəʊ/ *n* erpice *m*
harrowing /ˈhærəʊɪŋ/ *adj* straziante
harry /ˈhærɪ/ *vt* (pursue, harass) assillare
harsh /hɑːʃ/ *adj* duro; ‹*light*› abbagliante
harshly /ˈhɑːʃlɪ/ *adv* duramente
harshness /ˈhɑːʃnɪs/ *n* durezza *f*
harvest /ˈhɑːvɪst/ **A** *n* raccolta *f*; (of grapes) vendemmia *f*; (crop) raccolto *m*
B *vt* raccogliere
harvester /ˈhɑːvɪstə(r)/ *n* (person) mietitore, -trice *mf*; (machine) mietitrice *f*
harvest festival *n* festa *f* del raccolto
has /hæz/ ▶ **have**
has-been /-biːn/ *n* infml (person) persona *f* che ha fatto il suo tempo; (thing) anticaglia *f*
hash /hæʃ/ *n* **make a ~ of** infml fare un casino con
hashish /ˈhæʃɪʃ/ *n* hashish *m*

hash sign *n* cancelletto *m*
hashtag *n* hashtag *m inv*
hassle /ˈhæsl/ **A** *n* infml rottura *f*
B *vt* rompere le scatole a
hassock /ˈhæsək/ *n* cuscino *m* di inginocchiatoio
haste /heɪst/ *n* fretta *f*; **make ~** affrettarsi
hasten /ˈheɪsn/ **A** *vi* affrettarsi
B *vt* affrettare
hastily /ˈheɪstɪlɪ/ *adv* frettolosamente
hasty /ˈheɪstɪ/ *adj* (**-ier**, **-iest**) frettoloso; ‹*decision*› affrettato
hat /hæt/ *n* cappello *m*
hatbox /ˈhætbɒks/ *n* cappelliera *f*
hatch¹ /hætʃ/ *n* (for food) sportello *m* passavivande *inv*; Naut boccaporto *m*
hatch² **A** *vi* **~ [out]** rompere il guscio; ‹*egg*› schiudersi
B *vt* covare; tramare ‹*plot*›
■ **hatch up** *vt* tramare ‹*plot*›
hatchback /ˈhætʃbæk/ *n* Auto tre/cinque porte *f inv*; (door) porta *f* del bagagliaio
hatchet /ˈhætʃɪt/ *n* ascia *f*
hate /heɪt/ **A** *n* odio *m*
B *vt* odiare
hateful /ˈheɪtfʊl/ *adj* odioso
hate mail *n* lettere *fpl* offensive o minatorie
hatpin /ˈhætpɪn/ *n* spillone *m*
hatred /ˈheɪtrɪd/ *n* odio *m*
hat-trick *n* tripletta *f*
haughtily /ˈhɔːtɪlɪ/ *adv* altezzosamente
haughty /ˈhɔːtɪ/ *adj* (**-ier**, **-iest**) altezzoso
haul /hɔːl/ **A** *n* (fish) pescata *f*; (loot) bottino *m*; (pull) tirata *f*
B *vt* tirare; trasportare ‹*goods*›
C *vi* **~ on** tirare
haulage /ˈhɔːlɪdʒ/ *n* trasporto *m*
haulier /ˈhɔːlɪə(r)/ *n* autotrasportatore *m*
haunch /hɔːntʃ/ *n* anca *f*
haunt /hɔːnt/ **A** *n* ritrovo *m*
B *vt* frequentare; (linger in the mind) perseguitare; **this house is ~ed** questa casa è abitata da fantasmi
haunted /ˈhɔːntɪd/ *adj* ‹*house*› infestato dai fantasmi; ‹*look*› tormentato
haunting /ˈhɔːntɪŋ/ *adj* ‹*memory, melody*› ossessionante
have /hæv/ **A** *vt* (*3 sg pres tense* **has**, *pt/pp* **had**) avere; fare ‹*breakfast, bath, walk etc*›; **~ a drink** bere qualcosa; **~ lunch/dinner** pranzare/cenare; **~ a rest** riposarsi; **I had my hair cut** mi sono tagliata i capelli; **we had the flat painted** abbiamo fatto tinteggiare la casa; **I had it made** l'ho fatto fare; **~ to do something** dover fare qualcosa; **~ him telephone me tomorrow** digli di telefonarmi domani; **he has** *or* **he's got two houses** ha due case; **you've got the money, ~n't you?** hai i soldi, no?
B *v aux* avere; (*with verbs of motion &*

parola chiave

some others) essere; **I ~ seen him** l'ho visto; **he has never been there** non ci è mai stato
C *npl* **the ~s and the ~-nots** i ricchi e i poveri
■ **have in** *vt* avere in casa/ufficio etc ‹*builders etc*›
■ **have off**: *vt* infml **he's having it off with his secretary** si fa la segretaria
■ **have on** *vt* (be wearing) portare; (dupe) prendere in giro; **I've got something on tonight** ho un impegno stasera; **you're having me on!** tu mi stai prendendo in giro!
■ **have out**: *vt* **~ it out with somebody** chiarire le cose con qualcuno; **~ a tooth out** farsi togliere un dente

haven /ˈheɪvn/ *n* fig rifugio *m*
haver /ˈheɪvə(r)/ *vi* (dither) titubare
haversack /ˈhævəsæk/ *n* zaino *m*
havoc /ˈhævək/ *n* strage *f*; **play ~ with** fig scombussolare
haw /hɔː/ ▶ **hum**
Hawaii /həˈwaɪi/ *n* le Hawaii
Hawaiian /həˈwaɪən/ *n & adj* hawaiano, -a *mf*; (language) hawaiano *m*
hawk¹ /hɔːk/ *n* falco *m*
hawk² *vt* vendere in giro
hawker /ˈhɔːkə(r)/ *n* venditore, -trice *mf* ambulante
hawkish /ˈhɔːkɪʃ/ *adj* Pol intransigente
hawthorn /ˈhɔːθɔːn/ *n* biancospino *m*
hay /heɪ/ *n* fieno *m*
hay fever *n* raffreddore *m* da fieno
hayloft *n* fienile *m*
haymaking *n* fienagione *f*
haystack *n* pagliaio *m*
haywire *adj* infml **go ~** dare i numeri; ‹*plans*› andare all'aria
hazard /ˈhæzəd/ **A** *n* (risk) rischio *m*
B *vt* rischiare; **~ a guess** azzardare un'ipotesi
hazard lights, **hazard warning lights** *npl* Auto luci *fpl* d'emergenza
hazardous /ˈhæzədəs/ *adj* rischioso
haze /ˈheɪz/ *n* foschia *f*
hazel /ˈheɪz(ə)l/ *n* nocciolo *m*; (colour) [color *m*] nocciola *m*
hazelnut /ˈheɪz(ə)lnʌt/ *n* nocciola *f*
hazy /ˈheɪzi/ *adj* (**-ier**, **-iest**) nebbioso; fig ‹*person*› confuso; ‹*memories*› vago
HD *abbr* (**high-definition**) HD, ad alta definizione
HDTV *abbr* (**high-definition television**) HDTV *f*
he /hiː/ *pron* lui; **he's tired** è stanco; **I'm going but he's not** io vengo, ma lui no
head /hed/ **A** *n* testa *f*; (of firm) capo *m*; (of primary school) direttore, -trice *mf*; (of secondary school) preside *mf*; (on beer) schiuma *f*; **use your ~!** usa la testa!; **be off one's ~** essere fuori di testa; **have a good ~ for business** avere il senso degli affari; **have a good ~ for heights** non soffrire di vertigini; **10 pounds a ~** 10 sterline a testa; **20 ~ of cattle** 20 capi di bestiame; **~ first** a capofitto; **~ over heels in love** innamorato pazzo; **~s or tails?** testa o croce?
B *vt* essere a capo di; essere in testa a ‹*list*›; colpire di testa ‹*ball*›
C *vi* **~ for** dirigersi verso

headache *n* mal *m* di testa
headband *n* fascia *f* per capelli
head boy *n* BrE Sch *alunno* (*m*) *che rappresenta la scuola nelle manifestazioni ufficiali e che ha responsabilità speciali*
head-butt *vt* dare una testata a
head case *n* infml **be a ~** essere matto da legare
head cold *n* raffreddore *m* di testa
headcount *n* **do a ~** contare i presenti
headdress *n* acconciatura *f*
header /ˈhedə(r)/ *n* colpo *m* di testa; (dive) tuffo *m* di testa; (on document) intestazione *f*
head first *adv* ‹*dive, fall*› di testa; ‹*rush into*› a testa bassa
headgear *n* copricapo *m*
head girl *n* BrE Sch *alunna* (*f*) *che rappresenta la scuola nelle manifestazioni ufficiali e che ha responsabilità speciali*
headhunt *vt* cercare per assumere
headhunter *n* (also Comm) cacciatore, -trice *mf* di teste
headhunting *n* Comm ricerca *f* ad hoc di personale
heading *n* (in list etc) titolo *m*
headlamp *n* Auto fanale *m*
headland *n* promontorio *m*
headlight *n* Auto fanale *m*
headline *n* titolo *m*
headlong *adj & adv* a capofitto
head louse *n* pidocchio *m*
headmaster *n* (of primary school) direttore *m*; (of secondary school) preside *m*
headmistress *n* (of primary school) direttrice *f*; (of secondary school) preside *f*
head of department *n* capo *mf* reparto
head office *n* sede *f* centrale
head-on **A** *adj* ‹*collision*› frontale
B *adv* frontalmente
headphones *npl* cuffie *fpl*
headquarters *npl* sede *fsg*; Mil quartier *msg* generale
headrest *n* poggiatesta *m inv*
headroom *n* sottotetto *m*; (of bridge) altezza *f* libera di passaggio
headscarf *n* foulard *m inv*, fazzoletto *m*
headset *n* cuffia *f* con microfono
headstand *n* **do a ~** fare la verticale
head start *n* **have a ~** partire avvantaggiato
headstone *n* (of grave) lapide *f*
headstrong *adj* testardo

head teacher *n* (of primary school) direttore, -trice *mf*; (of secondary school) preside *mf*
head-to-head **A** *n* confronto *m* diretto
B *adj* diretto
head waiter *n* capocameriere *m*
headway *n* progresso *m*
headwind *n* vento *m* di prua
heady /ˈhedɪ/ *adj* che dà alla testa
heal /hiːl/ *vt & vi* guarire
healer /ˈhiːlə(r)/ *n* guaritore, -trice *mf*; **time is a great ~** il tempo guarisce tutti i mali
healing /ˈhiːlɪŋ/ *adj* ‹*power, effect*› curativo; **the ~ process** il processo di guarigione
health /helθ/ *n* salute *f*
health care *n* assistenza *f* sanitaria
health centre *n* BrE ambulatorio *m*
health check *n* controllo *m*
health club *n* club *m* ginnico
health farm *n* centro *m* di rimessa in forma
health foods *npl* alimenti *mpl* macrobiotici
health food shop *n* negozio *m* di macrobiotica
health hazard *n* pericolo *m* per la salute
healthily /ˈhelθɪlɪ/ *adv* in modo sano
health insurance *n* assicurazione *f* contro malattie
health officer *n* ufficiale *m* sanitario
health resort *n* (in mountains, by sea) stazione *f* climatica; (spa town) stazione *f* termale
Health Service *n* BrE (for public) servizio *m* sanitario; AmE Univ infermeria *f*
health visitor *n* BrE *infermiere -a* (*mf*) *che fa visite a domicilio*
health warning *n* avviso *m* del ministero della sanità
healthy /ˈhelθɪ/ *adj* (**-ier**, **-iest**) sano
heap /hiːp/ **A** *n* mucchio *m*; **~s of** infml un sacco di
B *vt* **~ [up]** ammucchiare; **~ed teaspoon** un cucchiaino colmo
heaped /hiːpt/ *adj* **a ~ spoonful** un cucchiaio colmo
hear /hɪə(r)/ *vt & vi* (*pt/pp* **heard**) sentire; **~, ~!** bravo!
■ **hear about** *vt* (learn of) sentir parlare di
■ **hear from** *vi* aver notizie di
■ **hear of** *vi* sentir parlare di; **he would not ~ of it** non ne ha voluto sentir parlare
hearing /ˈhɪərɪŋ/ *n* udito *m*; Jur udienza *f*
hearing aid *n* apparecchio *m* acustico
hearing-impaired /-ɪmˈpeəd/ *adj* audioleso
hearsay /ˈhɪəseɪ/ *n* **from ~** per sentito dire
hearse /hɜːs/ *n* carro *m* funebre
heart /hɑːt/ *n* cuore *m*; **~s** *pl* Cards cuori *mpl*; **at ~** di natura; **by ~** a memoria
heartache *n* pena *f*
heart attack *n* infarto *m*
heartbeat *n* battito *m* cardiaco
heartbreak *n* afflizione *f*
heartbreaking *adj* straziante
heart-broken *adj* **be ~** avere il cuore spezzato
heartburn *n* bruciore *m* di stomaco
heart disease *n* malattia *f* cardiaca
hearten /ˈhɑːt(ə)n/ *vt* rincuorare
heartening /ˈhɑːtnɪŋ/ *adj* rincuorante
heart failure *n* arresto *m* cardiaco
heartfelt /ˈhɑːtfelt/ *adj* di cuore
hearth /hɑːθ/ *n* focolare *m*
hearthrug /ˈhɑːθrʌg/ *n tappeto* (*m*) *davanti al camino*
heartily /ˈhɑːtɪlɪ/ *adv* di cuore; ‹*eat*› con appetito; **be ~ sick of something** non poterne più di qualcosa
heartland /ˈhɑːtlænd/ *n* (industrial, rural) cuore *m*; Pol roccaforte *f*
heartless /ˈhɑːtlɪs/ *adj* spietato
heartlessly /ˈhɑːtlɪslɪ/ *adv* in modo spietato
heart-lung machine *n* polmone *m* artificiale
heart rate *n* battito *m* cardiaco
heart-rending /-rendɪŋ/ *adj* ‹*sigh, story*› straziante
heart-searching *n* esame *m* di coscienza
heart surgeon *n* cardiochirurgo, -a *mf*
heart-throb *n* infml rubacuori *m inv*
heart-to-heart **A** *n* conversazione *f* a cuore aperto
B *adj* a cuore aperto
heart transplant *n* trapianto *m* di cuore
heart-warming *adj* toccante
hearty /ˈhɑːtɪ/ *adj* caloroso; ‹*meal*› copioso; ‹*person*› gioviale
heat /hiːt/ **A** *n* calore *m*; Sport prova *f* eliminatoria
B *vt* scaldare
C *vi* scaldarsi
■ **heat up** *vt* scaldare ‹*food, drink*›; riscaldare ‹*room*›
heated /ˈhiːtɪd/ *adj* ‹*swimming pool*› riscaldato; ‹*discussion*› animato
heater /ˈhiːtə(r)/ *n* (for room) stufa *f*; (for water) boiler *m inv*; Auto riscaldamento *m*
heath /hiːθ/ *n* brughiera *f*
heat haze *n* foschia *f* (*dovuta all'afa*)
heathen /ˈhiːðn/ *adj & n* pagano, -a *mf*
heather /ˈheðə(r)/ *n* erica *f*
heating /ˈhiːtɪŋ/ *n* riscaldamento *m*
heat loss *n* perdita *f* di calore
heat-resistant *adj* resistente al calore
heat sink *n* dissipatore *m* termico
heatstroke *n* colpo *m* di sole
heat treatment *n* Med termoterapia *f*

heatwave *n* ondata *f* di calore

heave /hi:v/ **A** *vt* tirare; (lift) tirare su; infml (throw) gettare; emettere ‹*sigh*›
B *vi* tirare; **my stomach ~d** avevo la nausea

heaven /'hev(ə)n/ *n* paradiso *m*; **~ help you if...** Dio vi scampi se...; **raise one's eyes to ~** alzare gli occhi al cielo; **H~s!** santo cielo!

heavenly /'hev(ə)nlɪ/ *adj* celeste; infml delizioso

heaven-sent /-'sent/ *adj* ‹*opportunity*› provvidenziale

heavily /'hevɪlɪ/ *adv* pesantemente; ‹*smoke, drink etc*› molto

heaviness /'hevɪnɪs/ *n* pesantezza *f*

heavy /'hevɪ/ *adj* (**-ier**, **-iest**) pesante; ‹*traffic*› intenso; ‹*rain, cold*› forte; **be a ~ smoker/drinker** essere un gran fumatore/bevitore

heavy-duty *adj* ‹*equipment, shoes*› molto resistente

heavy goods vehicle *n* veicolo *m* per carichi pesanti

heavy-handed /-'hændɪd/ *adj* (severe) severo; (clumsy) maldestro

heavy industry *n* industria *f* pesante

heavy metal *n* Mus heavy metal *m*

heavyweight *n* peso *m* massimo

Hebrew /'hi:bru:/ *adj & n* ebreo

heck /hek/ infml **A** *int* cavolo
B *n* **a ~ of a lot of** un sacco di; **what the ~!** chi se ne frega!; **what the ~ is going on?** che cavolo succede?

heckle /'hekl/ *vt* interrompere di continuo

heckler /'heklə(r)/ *n* disturbatore, -trice *mf*

hectare /'hekteə(r)/ *n* ettaro *m*

hectic /'hektɪk/ *adj* frenetico

hectoring /'hektərɪŋ/ *adj* prepotente

hedge /hedʒ/ **A** *n* siepe *f*
B *vi* fig essere evasivo

hedge clippers *npl* cesoie *fpl*

hedge fund *n* hedge fund *m inv*

hedgehog *n* riccio *m*

hedgerow *n* siepe *f*

hedonism /'hi:dənɪzm/ *n* edonismo *m*

hedonistic /hi:də'nɪstɪk/ *adj* edonistico

heebie-jeebies /hi:bɪ'dʒi:bɪz/ *npl* infml **give somebody the ~** far venire i brividi a qualcuno

heed /hi:d/ **A** *n* **pay ~ to** prestare ascolto a
B *vt* prestare ascolto a

heedless /'hi:dlɪs/ *adj* noncurante

heel[1] /hi:l/ *n* tallone *m*; (of shoe) tacco *m*; **down at ~** fig trasandato; **take to one's ~s** infml darsela a gambe

heel[2] *vi* **~ over** Naut inclinarsi

heel bar *n* calzolaio *m*

hefty /'heftɪ/ *adj* (**-ier**, **-iest**) massiccio

heifer /'hefə(r)/ *n* giovenca *f*

height /haɪt/ *n* altezza *f*; (of plane) altitudine *f*; (of season, fame) culmine *m*

heighten /'haɪt(ə)n/ *vt* fig accrescere

heinous /'hi:nəs/ *adj* abominevole

heir /eə(r)/ *n* erede *mf*

heiress /eə'res/ *n* ereditiera *f*

heirloom /'eəlu:m/ *n* cimelio *m* di famiglia

heist /haɪst/ *adj* AmE infml furto *m*; (armed) rapina *f*

held /held/ ▶ **hold**[2]

helicopter /'helɪkɒptə(r)/ *n* elicottero *m*

heliport /'helɪpɔ:t/ *n* eliporto *m*

helium /'hi:lɪəm/ *n* elio *m*

helix /'hi:lɪks/ *n* elica *f*

hell /hel/ **A** *n* inferno *m*; **go to ~!** sl va' al diavolo!; **make sb's life ~** rendere la vita infernale a qualcuno
B *int* porca miseria!

hell-bent *adj* **~ on doing something** deciso a tutti i costi a fare qualcosa

Hellenic /hɪ'lenɪk/ *adj* ellenico

hellfire /'helfaɪə(r)/ *n* pene *fpl* dell' inferno

hell for leather *adv* infml **go ~** andare a spron battuto

hello /hə'ləʊ/ *int & n* = **hallo**

Hell's angel *n* Hell's angel *m inv*

helm /helm/ *n* timone *m*; **at the ~** fig al timone

helmet /'helmɪt/ *n* casco *m*

help /help/ **A** *n* aiuto *m*; (employee) aiuto *m* domestico; **that's no ~** non è d'aiuto
B *vt* aiutare; **~ oneself to something** servirsi di qualcosa; **~ yourself** (at table) serviti pure; **I could not ~ laughing** non ho potuto trattenermi dal ridere; **it cannot be ~ed** non c'è niente da fare; **I can't ~ it** non ci posso far niente
C *vi* aiutare
■ **help out** **A** *vt* dare una mano a
B *vi* dare una mano

help desk *n* help desk *m inv*

helper /'helpə(r)/ *n* aiutante *mf*

helpful /'helpfʊl/ *adj* ‹*person*› di aiuto; ‹*advice*› utile

helping /'helpɪŋ/ *n* porzione *f*

helping hand *n* **give somebody a ~** dare una mano a qualcuno

helpless /'helplɪs/ *adj* (unable to manage) incapace; (powerless) impotente

helplessly /'helplɪslɪ/ *adv* con impotenza; ‹*laugh*› incontrollatamente

helpline *n* assistenza *f* telefonica

help window *n* Comput finestrella *f* di aiuto

helter-skelter /heltə'skeltə(r)/ **A** *adv* in fretta e furia
B *n scivolo (m) a spirale nei luna park*

hem /hem/ **A** *n* orlo *m*
B *vt* (*pt/pp* **hemmed**) orlare
■ **hem in** *vt* intrappolare

hemisphere /'hemɪsfɪə(r)/ *n* emisfero *m*

hemline /'hemlaɪn/ *n* orlo *m*

h

hemlock /ˈhemlɒk/ *n* cicuta *f*
hemophilia *n* AmE = **haemophilia**
hemp /hemp/ *n* canapa *f*
hen /hen/ *n* gallina *f*; (any female bird) femmina *f*
hence /hens/ *adv* (for this reason) quindi; (from now on) a partire da ora; (from here) da qui
henceforth /hensˈfɔːθ/ *adv* fml (from that time on) da allora in poi; (from now on) d'ora in poi
henchman /ˈhentʃmən/ *n* derog tirapiedi *m inv*
hen coop *n* stia *f*
hen house *n* pollaio *m*
henna /ˈhenə/ *n* hennè *m*
hen night *n* infml addio *m* al nubilato
hen party *n* infml festa *f* di addio al nubilato
henpecked /ˈhenpekt/ *adj* tiranneggiato dalla moglie
hepatitis /hepəˈtaɪtɪs/ *n* epatite *f*
heptathlete /hepˈtæθliːt/ *n* eptatleta *mf*
heptathlon /hepˈtæθlən, -lɒn/ *n* eptathlon *m*
her /hɜː(r)/ **A** *poss adj* suo *m*, sua *f*, suoi *mpl*, sue *fpl*; ~ **job/house** il suo lavoro/la sua casa; ~ **mother/father** sua madre/suo padre
B *pers pron* (direct object) la; (indirect object) le; (after prep) lei; **I know** ~ la conosco; **give** ~ **the money** dalle i soldi; **give it to** ~ daglielo; **I came with** ~ sono venuto con lei; **it's** ~ è lei; **I've seen** ~ l'ho vista; **I've seen** ~, **but not him** ho visto lei, ma non lui
herald /ˈherəld/ *vt* annunciare
heraldic /heˈrældɪk/ *adj* araldico
heraldry /ˈherəldrɪ/ *n* araldica *f*
herb /hɜːb/ *n* erba *f*
herbaceous /hɜːˈbeɪʃəs/ *adj* erbaceo; ~ **border** aiuola *f*
herbal /ˈhɜːb(ə)l/ *adj* alle erbe
herbalist /ˈhɜːbəlɪst/ *n* erborista *mf*
herbal tea *n* tisana *f*
herb garden *n* aromatario *m*
herbs /hɜːbz/ *npl* (for cooking) aromi *mpl* [da cucina]; (medicinal) erbe *fpl*
herb tea *n* tisana *f*
Herculean /hɜːkjuˈliːən/ *adj* ‹*task*› erculeo
herd /hɜːd/ **A** *n* gregge *m*
B *vt* (tend) sorvegliare; (drive) far muovere; fig ammassare
■ **herd together** **A** *vi* raggrupparsi
B *vt* raggruppare
here /hɪə(r)/ *adv* (qui) qua; **in** ~ qui dentro; **come/bring** ~ vieni/porta qui; ~ **is...**, ~ **are...** ecco...; ~ **you are!** ecco qua!
hereabouts /hɪərəˈbaʊts/ BrE, **hereabout** AmE *adv* da queste parti
hereafter *adv* in futuro
here and now **A** *adv* seduta stante
B *n* **the** ~ il presente
hereby *adv* con la presente
hereditary /hɪˈredɪtərɪ/ *adj* ereditario
heredity /hɪˈredətɪ/ *n* ereditarietà *f*
heresy /ˈherəsɪ/ *n* eresia *f*
heretic /ˈherətɪk/ *n* eretico, -a *mf*
herewith /hɪəˈwɪð/ *adv* Comm con la presente
heritage /ˈherɪtɪdʒ/ *n* eredità *f*
hermetic /hɜːˈmetɪk/ *adj* ermetico
hermetically /hɜːˈmetɪklɪ/ *adv* ermeticamente
hermit /ˈhɜːmɪt/ *n* eremita *mf*
hernia /ˈhɜːnɪə/ *n* ernia *f*
hero /ˈhɪərəʊ/ *n* (*pl* **-es**) eroe *m*
heroic /hɪˈrəʊɪk/ *adj* eroico
heroically /hɪˈrəʊɪklɪ/ *adv* eroicamente
heroin /ˈherəʊɪn/ *n* eroina *f* (*droga*)
heroin addict *n* eroinomane *mf*
heroine /ˈherəʊɪn/ *n* eroina *f*
heroism /ˈherəʊɪzm/ *n* eroismo *m*
heron /ˈherən/ *n* airone *m*
hero-worship **A** *n* culto *m* degli eroi
B *vt* venerare
herpes /ˈhɜːpiːz/ *n* herpes *m*
herring /ˈherɪŋ/ *n* aringa *f*
herringbone /ˈherɪŋbəʊn/ *adj* ‹*pattern*› spigato
hers /hɜːz/ *poss pron* il suo *m*, la sua *f*, i suoi *mpl*, le sue *fpl*; **a friend of** ~ un suo amico; **friends of** ~ dei suoi amici; **that is** ~ quello è suo; (as opposed to mine) quello è il suo
herself /həˈself/ *pers pron (reflexive)* si; (emphatic) lei stessa; (after prep) sé, se stessa; **she poured** ~ **a drink** si è versata da bere; **she told me so** ~ me lo ha detto lei stessa; **she's proud of** ~ è fiera di sé; **by** ~ da sola
hesitant /ˈhezɪtənt/ *adj* esitante
hesitantly /ˈhezɪtəntlɪ/ *adv* con esitazione
hesitate /ˈhezɪteɪt/ *vi* esitare
hesitation /hezɪˈteɪʃn/ *n* esitazione *f*
hessian /ˈhesɪən/ *n* tela *f* di iuta
heterogeneous /hetərəˈdʒiːnɪəs/ *adj* eterogeneo
heterosexual /hetərəʊˈsekʃʊəl/ *adj* eterosessuale
het up /het/ *adj* infml agitato
hew /hjuː/ *vt* (*pt* **hewed**, *pp* **hewed** *or* **hewn**) spaccare
hexagon /ˈheksəgən/ *n* esagono *m*
hexagonal /hekˈsægənl/ *adj* esagonale
hey /heɪ/ *int* ehi!
heyday /ˈheɪdeɪ/ *n* tempi *mpl* d'oro
hey presto /heɪˈprestəʊ/ *int* (magic) e voilà!
HGV *abbr* (**heavy goods vehicle**) TIR *m*
hi /haɪ/ *int* ciao!
hiatus /haɪˈeɪtəs/ *n* (*pl* **-tuses**) iato *m*
hibernate /ˈhaɪbəneɪt/ *vi* andare in letargo
hibernation /haɪbəˈneɪʃn/ *n* letargo *m*

hiccup /ˈhɪkʌp/ **A** *n* singhiozzo *m*; infml (hitch) intoppo *m*; **have the ~s** avere il singhiozzo
B *vi* fare un singhiozzo
hick /hɪk/ *n* AmE infml buzzurro, -a *mf*
hick town *n* AmE infml città *f* provinciale
hid /hɪd/, **hidden** /ˈhɪdn/ ▶ **hide²**
hide¹ /haɪd/ *n* (leather) pelle *f* (*di animale*)
hide² **A** *vt* (*pt* **hid**, *pp* **hidden**) nascondere
B *vi* nascondersi
hide-and-seek *n* **play ~** giocare a nascondino
hideaway /ˈhaɪdəweɪ/ *n* (secluded place) rifugio *m*; (hiding place) nascondiglio *m*
hidebound /ˈhaɪdbaʊnd/ *adj* (conventional) limitato
hideous /ˈhɪdɪəs/ *adj* orribile
hideously /ˈhɪdɪəslɪ/ *adv* orribilmente
hideout /ˈhaɪdaʊt/ *n* nascondiglio *m*
hiding¹ /ˈhaɪdɪŋ/ *n* infml (beating) bastonata; (defeat) batosta *f*
hiding² *n* **go into ~** sparire dalla circolazione
hiding place *n* nascondiglio *m*
hierarchic /haɪəˈrɑːkɪk/, **hierarchical** /haɪəˈrɑːkɪkl/ *adj* gerarchico
hierarchy /ˈhaɪərɑːkɪ/ *n* gerarchia *f*
hieroglyphics /haɪərəˈglɪfɪks/, **hieroglyphs** *npl* geroglifici *mpl*
hi-fi /ˈhaɪfaɪ/ *n abbr* (**high fidelity**) hi-fi *m inv*; (set of equipment) impianto *m* hi-fi, stereo *m inv*
higgledy-piggledy /hɪgldɪˈpɪgldɪ/ *adv* alla rinfusa
high /haɪ/ **A** *adj* alto; ‹*meat*› che comincia ad andare a male; ‹*wind*› forte; (on drugs) fatto; **it's ~ time we did something about it** è ora di fare qualcosa in proposito
B *adv* in alto; **~ and low** in lungo e in largo
C *n* massimo *m*; (temperature) massima *f*; **from on ~** dall'alto; **be on a ~** infml essere fatto
high and dry *adj* fig **leave somebody ~** piantare in asso qualcuno
high beam *n* AmE abbagliante *m*
high-born *adj* nobile
highbrow *adj & n* intellettuale *mf*
high chair *n* seggiolone *m*
high-class *adj* ‹*hotel, shop, car*› d'alta classe; ‹*prostitute*› di alto bordo
high command *n* stato *m* maggiore
High Commission *n* alto commissariato *m*
High Commissioner *n* alto commissario *m*
High Court *n* ≈ Corte *f* Suprema
high-definition *adj* ad alta definizione
high-definition television *n* televisione *f* ad alta definizione
high diving *n* tuffo *m*
high-end *adj* ‹*product, model*› della fascia più alta
higher education /haɪəredjʊˈkeɪʃn/ *n* istruzione *f* universitaria
higher mathematics *nsg* matematica *fsg* avanzata
highfaluting /haɪfəˈluːtɪŋ/ *adj* infml ‹*ideas*› pretenzioso; ‹*language*› pomposo
high fashion *n* alta moda *f*
high-fibre *adj* ‹*diet*› ricco di fibre
high-fidelity **A** *n* alta fedeltà *f*
B *adj* ad alta fedeltà
high finance *n* alta finanza *f*
high-flier *n* (person) persona *f* che mira alto
high-flown *adj* ‹*phrases*› ampolloso
high-flying *adj* ‹*aircraft*› da alta quota; ‹*career*› ambizioso; ‹*person*› che mira alto
high-frequency *adj* alta frequenza *f*
High German *n* alto tedesco *m*
high-grade *adj* ‹*oil, mineral, product*› di prima qualità
high ground *n* collina *f*; **take the moral ~** assumere un atteggiamento moralistico
high-handed /-ˈhændɪd/ *adj* dispotico
high-handedly /-ˈhændɪdlɪ/ *adv* dispoticamente
high-heeled *adj* coi tacchi alti
high heels *npl* tacchi *mpl* alti
high jinks /dʒɪŋks/ *npl* baldoria *f*
high jump *n* salto *m* in alto
Highland games /haɪlənd/ *n* *manifestazione* (*f*) *tradizionale scozzese con gare sportive e musicali*
Highlands /ˈhaɪlən̩dz/ *npl* Highlands *fpl* (*regione della Scozia del nord*)
high-level *adj* ‹*talks*› ad alto livello; ‹*official*› di alto livello
high life *n* bella vita *f*
highlight /ˈhaɪlaɪt/ **A** *vt* (emphasize, with pen) evidenziare
B *n* (in art) luce *f*; (in hair) riflesso *m*, colpo *m* di sole; (of exhibition) parte *f* saliente; (of week, year) avvenimento *m* saliente; (of match, show) momento *m* clou
highlighter /ˈhaɪlaɪtə(r)/ *n* (marker) evidenziatore *m*
highly /ˈhaɪlɪ/ *adv* molto; **speak ~ of** lodare; **think ~ of** avere un'alta opinione di
highly-paid /-ˈpeɪd/ *adj* ben pagato
highly strung *adj* nervoso
High Mass *n* messa *f* solenne
high-minded /-ˈmaɪndɪd/ *adj* ‹*person*› di animo nobile
high-necked /-ˈnekt/ *adj* a collo alto
Highness /ˈhaɪnɪs/ *n* altezza *f*; **Your ~** Sua Altezza
high noon *n* mezzogiorno *m* in punto
high-performance *adj* ad alta prestazione
high-pitched /-ˈpɪtʃt/ *adj* ‹*voice, sound*› acuto
high point *n* momento *m* culminante

high-powered *adj* ‹*car, engine*› molto potente; ‹*job*› di alta responsabilità; ‹*person*› dinamico
high pressure **A** *n* Meteorol alta pressione *f*
B *attrib* Techn ad alta pressione; ‹*job*› stressante
high priest *n* Relig gran sacerdote *m*; fig guru *m inv*
high priestess *n* Relig fig gran sacerdotessa *f*
high-principled *adj* ‹*person*› di alti principi
high-profile *adj* ‹*politician, group*› di spicco; ‹*visit*› di grande risonanza
high-ranking *adj* di alto rango
high-rise **A** *adj* ‹*building*› molto alto
B *n* edificio *m* molto alto
high road *n* strada *f* principale
high school *n* AmE ≈ scuola *f* superiore; BrE ≈ scuola *f* media e superiore
high sea *n* **on the ~s** in alto mare
high season *n* alta stagione *f*
high society *n* alta società *f*
high-sounding /-ˈsaʊndɪŋ/ *adj* ‹*title*› altisonante
high-speed *adj* ‹*train, film*› rapido
high-spirited *adj* pieno di brio
high spirits *npl* brio *m*
high spot *n* momento *m* culminante
high street *n* strada *f* principale
high-street shop *n* negozio *m* popolare
high-street spending *n* acquisto *m* di beni di consumo
high tea *n pasto* (*m*) *pomeridiano servito insieme al tè*
high tech /ˈtek/ *n* high tech *f*
high tide *n* alta marea *f*
high treason *n* alto tradimento *m*
high voltage *n* alta tensione *f*
highway /ˈhaɪweɪ/ *n* AmE (motorway) superstrada *f*; **public ~** strada *f* pubblica
Highway Code *n* BrE Codice *m* stradale
highwayman *n* brigante *m*
highway robbery *n* brigantaggio *m*
high wire *n* filo *m* (*per acrobati*)
hijack /ˈhaɪdʒæk/ **A** *vt* dirottare
B *n* dirottamento *m*
hijacker /ˈhaɪdʒækə(r)/ *n* dirottatore, -trice *mf*
hijacking /ˈhaɪdʒækɪŋ/ *n* dirottamento *m*
hike /haɪk/ **A** *n* escursione *f* a piedi; (in price) aumento *m*
B *vi* fare un'escursione a piedi
hiker /ˈhaɪkə(r)/ *n* escursionista *mf*
hiking /ˈhaɪkɪŋ/ *n* escursionismo *m*
hiking boots *npl* pedule *fpl*
hilarious /hɪˈleərɪəs/ *adj* da morir dal ridere
hilarity /hɪˈlærətɪ/ *n* ilarità *f*
hill /hɪl/ *n* collina *f*; (mound) collinetta *f*; (slope) altura *f*
hillbilly /-bɪlɪ/ *n* AmE montanaro *m* degli Stati Uniti sudorientali
hillock /ˈhɪlək/ *n* poggio *m*
hillside /ˈhɪlsaɪd/ *n* pendio *m*
hilltop /ˈhɪltɒp/ *n* sommità *f* di una collina
hilly /ˈhɪlɪ/ *adj* collinoso
hilt /hɪlt/ *n* impugnatura *f*; **to the ~** infml ‹*support*› fino in fondo; ‹*mortgaged*› fino al collo
him /hɪm/ *pers pron* (direct object) lo; (indirect object) gli; (with prep) lui; **I know ~** lo conosco; **give ~ the money** dagli i soldi; **give it to ~** daglielo; **I spoke to ~** gli ho parlato; **it's ~** è lui; **she loves ~** lo ama; **she loves ~, not you** ama lui, non te
Himalayas /hɪməˈleɪəz/ *npl* Himalaia *msg*
himself /hɪmˈself/ *pers pron (reflexive)* si; (emphatic) lui stesso; (after prep) sé, se stesso; **he poured ~ out a drink** si è versato da bere; **he told me so ~** me lo ha detto lui stesso; **he's proud of ~** è fiero di sé; **by ~** da solo
hind /haɪnd/ *adj* posteriore
hinder /ˈhɪndə(r)/ *vt* intralciare
hind legs *npl* zampe *fpl* posteriori
hindquarters /ˈhaɪn(d)kwɔːtəz/ *npl* didietro *m*
hindrance /ˈhɪndrəns/ *n* intralcio *m*
hindsight /ˈhaɪndsaɪt/ *n* **with ~** con il senno del poi
Hindu /ˈhɪnduː/ *adj & n* indù *mf inv*
Hinduism /ˈhɪndʊɪzm/ *n* induismo *m*
hinge /hɪndʒ/ **A** *n* cardine *m*
B *vi* **~ on** fig dipendere da
hint /hɪnt/ **A** *n* (clue) accenno *m*; (advice) suggerimento *m*; (indirect suggestion) allusione *f*; (trace) tocco *m*
B *vt* **~ that ...** far capire che...
C *vi* **~ at** alludere a
hinterland /ˈhɪntəlænd/ *n* entroterra *m inv*, hinterland *m inv*
hip /hɪp/ *n* fianco *m*
hip bone *n* ileo *m*
hip flask *n* fiaschetta *f*
hippie /ˈhɪpɪ/ *n* hippy *mf inv*
hippo /ˈhɪpəʊ/ *n* infml ippopotamo *m*
hip pocket *n* tasca *f* posteriore
Hippocratic oath /hɪpəˈkrætɪk/ *adj* giuramento *m* d'Ippocrate
hippopotamus /hɪpəˈpɒtəməs/ *n* (*pl* **-muses** *or* **-mi** /hɪpəˈpɒtəmaɪ/) ippopotamo *m*
hip replacement *n* protesi *f inv* all'anca
hire /ˈhaɪə(r)/ **A** *vt* affittare; assumere ‹*person*›; **~ [out]** affittare
B *n* noleggio *m*; **'for ~'** 'affittasi'
hire car *n* macchina *f* a noleggio

parola chiave

hire purchase *n* BrE acquisto *m* rateale; **on ~** a rate

his /hɪz/ **A** *poss adj* suo *m*, sua *f*, suoi *mpl*, sue *fpl*; **~ job/house** il suo lavoro/la sua casa; **~ mother/father** sua madre/suo padre **B** *poss pron* il suo *m*, la sua *f*, i suoi *mpl*, le sue *fpl*; **a friend of ~** un suo amico; **friends of ~** dei suoi amici; **that is ~** questo è suo; (as opposed to mine) questo è il suo

Hispanic /hɪˈspænɪk/ *adj* ispanico

hiss /hɪs/ **A** *n* sibilo *m*; (of disapproval) fischio *m* **B** *vt* fischiare **C** *vi* sibilare; (in disapproval) fischiare

historian /hɪˈstɔːrɪən/ *n* storico, -a *mf*

historic /hɪˈstɒrɪk/ *adj* storico

historical /hɪˈstɒrɪkl/ *adj* storico

historically /hɪˈstɒrɪklɪ/ *adv* storicamente

history /ˈhɪstərɪ/ *n* storia *f*; **make ~** passare alla storia

histrionic /hɪstrɪˈɒnɪk/ *adj* istrionico

histrionics /hɪstrɪˈɒnɪks/ *npl* scene *fpl*

hit /hɪt/ **A** *n* (blow) colpo *m*; infml (success) successo *m*; **score a direct ~** ‹*missile*› colpire in pieno **B** *vt* (*pt/pp* **hit**, *pres p* **hitting**) colpire; **~ one's head on the table** battere la testa contro il tavolo; **the car ~ the wall** la macchina ha sbattuto contro il muro; **~ the target** colpire il bersaglio; **~ the nail on the head** fare centro; **~ the roof** infml perdere le staffe

■ **hit back** *vi* ‹*retaliate*› ribattere

■ **hit off**: *vt* **~ it off** andare d'accordo

■ **hit on** *vt* fig trovare

hit-and-miss *adj* ‹*affair, undertaking*› imprevedibile; ‹*method*› a casaccio

hit-and-run *adj* ‹*raid, attack*› lampo *inv*; ‹*accident*› causato da un pirata della strada

hit-and-run driver *n* pirata *m* della strada

hitch /hɪtʃ/ **A** *n* intoppo *m*; **technical ~** problema *m* tecnico **B** *vt* attaccare; **~ a lift** chiedere un passaggio

■ **hitch up** *vt* tirarsi su ‹*trousers*›

hitch-hike *vi* fare l'autostop

hitch-hiker *n* autostoppista *mf*

hitch-hiking *n* autostop *m*

hi-tech *adj* high tech

hither /ˈhɪðə(r)/ *adv* **~ and thither** di qua e di là

hitherto /hɪðəˈtuː/ *adv* finora

hit list *n* lista *f* degli obiettivi

hit man *n* sicario *m*

hit-or-miss *adj* **on a very ~ basis** all'improvvisata

hit parade *n* hit parade *f inv*, classifica *f*

hit single *n* singolo *m* di successo

HIV *n abbr* (**human immunodeficiency virus**) HIV; **~ positive** sieropositivo; **~ negative** sieronegativo

hive /haɪv/ *n* alveare *m*; **~ of industry** fucina *f* di lavoro

■ **hive off** *vt* Comm separare

HIV positive *adj* sieropositivo

HM *abbr* (**Her Majesty** *or* **His Majesty**) SM

HMS *abbr* (**His/Her Majesty's Ship**) *nave* (*f*) *di Sua Maestà*

hoard /hɔːd/ **A** *n* provvista *f*; (of money) gruzzolo *m* **B** *vt* accumulare

hoarding /ˈhɔːdɪŋ/ *n* palizzata *f*; (with advertisements) tabellone *m* per manifesti pubblicitari

hoar frost /ˈhɔː(r)/ *n* brina *f*

hoarse /hɔːs/ *adj* rauco

hoarsely /ˈhɔːslɪ/ *adv* con voce rauca

hoarseness /ˈhɔːsnɪs/ *n* raucedine *f*

hoary /ˈhɔːrɪ/ *adj* ‹*person*› con i capelli bianchi; **~ old joke** barzelletta *f* vecchia

hoax /həʊks/ *n* scherzo *m*; (false alarm) falso allarme *m*

hoaxer /ˈhəʊksə(r)/ *n* burlone, -a *mf*

hob /hɒb/ *n* BrE piano *m* di cottura

hobble /ˈhɒbl/ *vi* zoppicare

hobby /ˈhɒbɪ/ *n* hobby *m inv*

hobby horse *n* fig fissazione *f*

hobnailed /ˈhɒbneɪld/ *adj* **~ boots** *pl* scarponi *mpl* chiodati

hobnob /ˈhɒbnɒb/ *v*

■ **hobnob with** *vt* (*pt/pp* **hobnobbed**) frequentare

hobo /ˈhəʊbəʊ/ *n* AmE vagabondo, -a *mf*

hock /hɒk/ *n* vino *m* bianco del Reno

hockey /ˈhɒkɪ/ *n* hockey *m*

hocus-pocus /həʊkəsˈpəʊkəs/ *n* (trickery) trucco *m*

hod /hɒd/ *n* (for coal) secchio *m* del carbone; (for bricks) cassetta *f* (*per trasportare mattoni*)

hoe /həʊ/ **A** *n* zappa *f* **B** *vt* (*pres p* **hoeing**) zappare

hog /hɒg/ **A** *n* maiale *m* **B** *vt* (*pt/pp* **hogged**) infml monopolizzare

hog-tie /ˈhɒgtaɪ/ *vt* legare le quattro zampe di ‹*pig, cow*›; AmE fig ostacolare ‹*person*›

hogwash /ˈhɒgwɒʃ/ *n* infml cretinate *fpl*

hoi polloi /hɔɪpɒˈlɔɪ/ *npl* plebaglia *fsg*

hoist /hɔɪst/ **A** *n* montacarichi *m inv*; infml (push) spinta *f* in su **B** *vt* sollevare; innalzare ‹*flag*›; levare ‹*anchor*›

hoity-toity /hɔɪtɪˈtɔɪtɪ/ *adj* infml altezzoso

hokum /ˈhəʊkəm/ *n* AmE infml (sentimentality) polpettone *m* sentimentale; (nonsense) cretinate *fpl*

hold[1] /həʊld/ *n* Naut, Aeron stiva *f*

hold[2] **A** *n* presa *f*; fig (influence) ascendente *m*; **get ~ of** trovare; procurarsi ‹*information*› **B** *vt* (*pt/pp* **held**) tenere; ‹*container*›

h

contenere; essere titolare di ‹*licence, passport*›; trattenere ‹*breath, suspect*›; mantenere vivo ‹*interest*›; ‹*civil servant etc*› occupare ‹*position*›; (retain) mantenere; **~ sb' hand** tenere qualcuno per mano; **~ one's tongue** tenere la bocca chiusa; **~ somebody responsible** considerare qualcuno responsabile; **~ that** (believe) ritenere che

C *vi* tenere; ‹*weather, luck*› durare; ‹*offer*› essere valido; Teleph restare in linea; **I don't ~ with the idea that...** infml non sono d'accordo sul fatto che...

■ **hold against**: *vt* **~ something against somebody** avercela con qualcuno per qualcosa

■ **hold back** **A** *vt* rallentare

B *vi* esitare

■ **hold down** *vt* tenere a bada ‹*somebody*›

■ **hold on** *vi* (wait) attendere; Teleph restare in linea

■ **hold on to** *vt* aggrapparsi a; (keep) tenersi

■ **hold out** **A** *vt* porgere ‹*hand*›; fig offrire ‹*possibility*›

B *vi* (resist) resistere

■ **hold to**: *vt* **~ somebody to something** far mantenere qualcosa a qualcuno

■ **hold up** *vt* tenere su; (delay) rallentare; (rob) assalire; **~ one's head up** fig tenere la testa alta

h

holdall /ˈhəʊldɔːl/ *n* borsone *m*

holder /ˈhəʊldə(r)/ *n* titolare *mf*; (of record) detentore, -trice *mf*; (container) astuccio *m*

holding /ˈhəʊldɪŋ/ *n* (land) terreno *m* in affitto; Comm azioni *fpl*

holding company *n* società *f* finanziaria

hold-up *n* ritardo *m*; (attack) rapina *f* a mano armata

hole /həʊl/ *n* buco *m*

hole in the wall *n* infml sportello *m* del Bancomat®

holiday /ˈhɒlɪdeɪ/ **A** *n* vacanza *f*; (public) giorno *m* festivo; (day off) giorno *m* di ferie; **go on ~** andare in vacanza

B *vi* andare in vacanza

holiday home *n* casa *f* per le vacanze

holiday job *n* BrE (in summer) lavoretto *m* estivo

holiday-maker *n* vacanziere *mf*

holiday resort *n* luogo *m* di villeggiatura

holier-than-thou /ˌhəʊlɪəðənˈðaʊ/ *adj* ‹*attitude*› da santerellino

holiness /ˈhəʊlɪnɪs/ *n* santità *f*; **Your H~** Sua Santità

Holland /ˈhɒlənd/ *n* Olanda *f*

holler /ˈhɒlə(r)/ *vi* urlare (**at** contro)

hollow /ˈhɒləʊ/ **A** *adj* cavo; ‹*promise*› a vuoto; ‹*voice*› assente; ‹*cheeks*› infossato

B *n* cavità *f*; (in ground) affossamento *m*

■ **hollow out** *vt* scavare

holly /ˈhɒlɪ/ *n* agrifoglio *m*

hollyhock /ˈhɒlɪhɒk/ *n* malvone *m*

holocaust /ˈhɒləkɔːst/ *n* olocausto *m*

hologram /ˈhɒləgræm/ *n* ologramma *m*

holograph /ˈhɒləgrɑːf/ *n* documento *m* olografo

hols /hɒlz/ *n* BrE infml (**holidays**) vacanze *fpl*

holster /ˈhəʊlstə(r)/ *n* fondina *f*

holy /ˈhəʊlɪ/ *adj* (**-ier**, **-est**) santo; ‹*water*› benedetto

Holy Bible *n* Sacra Bibbia *f*

Holy Ghost, **Holy Spirit** *n* Spirito *m* Santo

Holy Land *n* Terra *f* Santa

Holy Scriptures sacre scritture *fpl*

Holy Week *n* settimana *f* santa

homage /ˈhɒmɪdʒ/ *n* omaggio *m*; **pay ~ to** rendere omaggio a

homburg /ˈhɒmbɜːg/ *n* cappello *m* di feltro

home /həʊm/ **A** *n* casa *f*; (for children) istituto *m*; (for old people) casa *f* di riposo; (native land) patria *f*

B *adv* **at ~** a casa; (football) in casa; **feel at ~** sentirsi a casa propria; **come/go ~** venire/andare a casa; **drive a nail ~** piantare un chiodo a fondo

C *adj* domestico; ‹*movie, video*› casalingo; ‹*team*› ospitante; Pol nazionale

home address *n* indirizzo *m* di casa

home brew *n* (beer) birra *f* fatta in casa

home cinema, **home cinema system**, **home entertainment system** *n* (sistema di) home cinema *m*

homecoming *n* (return home) ritorno *m* a casa

home computer *n* computer *m inv* da casa

home cooking *n* cucina *f* casalinga

Home Counties *npl contee* (*fpl*) *intorno a Londra*

home economics *nsg* Sch economia *fsg* domestica

home front *n* (during war) fronte *m* interno; (in politics) politica *f* interna

home game *n* partita *f* in casa

home ground *n* **play on one's ~** giocare in casa

home-grown /-ˈgrəʊn/ *adj* ‹*produce*› del proprio orto; fig nostrano

home help *n* aiuto *m* domestico (*per persone non autosufficienti*)

homeland *n* patria *f*

homeless /ˈhəʊmlɪs/ *adj* senza tetto

home loan *n* mutuo *m* per la casa

home-loving *adj* casalingo

homely /ˈhəʊmlɪ/ *adj* (**-ier**, **-iest**) *adj* semplice; ‹*atmosphere*› familiare; AmE (ugly) bruttino

home-made *adj* fatto in casa

home market *n* mercato *m* interno

---

parola chiave

Home Office *n* BrE ministero *m* degli interni
homeopathic /ˌhəʊmɪəˈpæθɪk/ *adj* omeopatico
homeopathy /ˌhəʊmɪˈɒpəθɪ/ *n* omeopatia *f*
homeowner *n* proprietario, -a *mf* immobiliare
home page *n* Comput home page *f inv*
home rule *n* autogoverno *m*
Home Secretary *n* BrE ≈ ministro *m* degli interni
home shopping *n* acquisti *mpl* attraverso la televisione
homesick *adj* **be ~** avere nostalgia (**for** di)
homesickness *n* nostalgia *f* di casa
homestead *n* fattoria *f*
home town *n* città *f* natia
home truth *n* **tell somebody a few ~s** dirne quattro a qualcuno
home video *n* filmato *m* di videoamatore
homeward /ˈhəʊmwəd/ **A** *adj* di ritorno
B *adv* **~[s]** verso casa; **~ bound** sulla strada del ritorno; **travel ~[s]** tornare a casa
homework /ˈhəʊmwɜːk/ *n* Sch compiti *mpl*
homeworker /ˈhəʊmwɜːkə(r)/ *n* lavoratore, -trice *mf* a domicilio
home working /ˈhəʊmwɜːkɪŋ/ *n* lavoro *m* a domicilio
homey /ˈhəʊmɪ/ *adj* (home-loving) casalingo; (cosy) accogliente
homicidal /ˌhɒmɪˈsaɪdl/ *adj* omicida
homicide /ˈhɒmɪsaɪd/ *n* (crime) omicidio *m*
homily /ˈhɒmɪlɪ/ *n* omelia *f*
homing /ˈhəʊmɪŋ/ *adj* ‹*missile, device*› autoguidato
homing pigeon piccione *m* viaggiatore
homoeopathic /ˌhəʊmɪəˈpæθɪk/ *adj* omeopatico
homoeopathy /ˌhəʊmɪˈɒpəθɪ/ *n* omeopatia *f*
homogeneous /ˌhɒməˈdʒiːnɪəs/ *adj* omogeneo
homogenize /həˈmɒdʒənaɪz/ *vt* omogeneizzare
homogenous /həˈmɒdʒənəs/ *adj* omogeneo
homograph /ˈhɒməɡrɑːf/ *n* omografo *m*
homonym /ˈhɒmənɪm/ *n* omonimo *m*
homophobia /ˌhəʊməˈfəʊbɪə/ *n* omofobia *f*
homosexual /ˌhəʊməˈsekʃʊəl/ *adj & n* omosessuale *mf*
homosexuality /ˌhɒməˌsekʃʊˈælətɪ/ *n* omosessualità *f*
Hon. *abbr* (**Honourable**) On.
Honduras /hɒnˈdjʊərəs/ *n* Honduras *m*
hone /həʊn/ *vt* (sharpen) affilare; (perfect) affinare
honest /ˈɒnɪst/ *adj* onesto; ‹*frank*› sincero
honestly /ˈɒnɪstlɪ/ *adv* onestamente; (frankly) sinceramente; **~!** ma insomma!
honesty /ˈɒnɪstɪ/ *n* onestà *f*; (frankness) sincerità *f*
honey /ˈhʌnɪ/ *n* miele *m*; infml (darling) tesoro *m*
honeycomb /ˈhʌnɪkəʊm/ *n* favo *m*
honeydew melon /ˈhʌnɪdjuː/ *n* melone *m* (*dalla buccia gialla*)
honeymoon /ˈhʌnɪmuːn/ *n* luna *f* di miele
honeysuckle /ˈhʌnɪsʌkl/ *n* caprifoglio *m*
honey trap *n trappola (f) tesa a qualcuno servendosi di una collaboratrice graziosa*
Hong Kong /hɒŋˈkɒŋ/ *n* Hong Kong *f*
honk /hɒŋk/ *vi* Auto clacsonare
honky-tonk /ˈhɒŋkɪtɒŋk/ *adj* ‹*piano*› honkytonky *inv*
honor /ˈɒnə(r)/ *n* AmE = **honour**
honorary /ˈɒnərərɪ/ *adj* onorario
honorific /ˌɒnəˈrɪfɪk/ *adj* onorifico
♂ **honour** /ˈɒnə(r)/ **A** *n* onore *m*
B *vt* onorare
honourable /ˈɒnərəbl/ *adj* onorevole
honourably /ˈɒnərəblɪ/ *adv* con onore
honours degree /ˈɒnəz/ *n* ≈ diploma *m* di laurea
hood /hʊd/ *n* cappuccio *m*; (of pram) tettuccio *m*; (over cooker) cappa *f*; AmE Auto cofano *m*
hoodlum /ˈhuːdləm/ *n* teppista *m*
hoodwink /ˈhʊdwɪŋk/ *vt* infml infinocchiare
hoody, hoodie /ˈhʊdɪ/ *n* infml maglia *f* con cappuccio
hoof /huːf/ *n* (*pl* **~s** *or* **hooves**) zoccolo *m*
hoo-ha /ˈhuːhɑː/ *n* infml **cause a ~** fare scalpore
hook /hʊk/ **A** *n* gancio *m*; (for crochet) uncinetto *m*; (for fishing) amo *m*; **off the ~** Teleph staccato; fig fuori pericolo; **by ~ or by crook** in un modo o nell' altro
B *vt* agganciare
C *vi* agganciarsi
hookah /ˈhʊkə/ *n* narghilè *m*
hook and eye *n* gancino *m*
hooked /hʊkt/ *adj* ‹*nose*› adunco; **~ on** infml (drugs) dedito a; **be ~ on skiing** essere un fanatico dello sci
hooker /ˈhʊkə(r)/ *n* AmE sl battona *f*
hookey /ˈhʊkɪ/ *n* **play ~** AmE infml marinare la scuola
hooligan /ˈhuːlɪɡən/ *n* teppista *mf*
hooliganism /ˈhuːlɪɡənɪzm/ *n* teppismo *m*
hoop /huːp/ *n* cerchio *m*
hoopla /ˈhuːplɑː/ *n* BrE (at fair) lancio *m* degli anelli (*nei luna park*); AmE (fuss) trambusto *m*
hooray /hʊˈreɪ/ *int & n* = **hurrah**
hoot /huːt/ **A** *n* colpo *m* di clacson; (of siren) ululato *m*; (of owl) grido *m*; **~s of laughter** risate *fpl*
B *vi* ‹*owl*› gridare; ‹*car*› clacsonare; ‹*siren*› ululare; (jeer) fischiare
hooter /ˈhuːtə(r)/ *n* (siren) sirena *f*; Auto clacson *m inv*; BrE infml (nose) nasone *m*
hoover® /ˈhuːvə(r)/ **A** *n* aspirapolvere *m inv*

h

B *vt* passare l'aspirapolvere su ‹*carpet*›; passare l'aspirapolvere in ‹*room*›
C *vi* passare l'aspirapolvere

hop¹ /hɒp/ *n* luppolo *m*

hop² **A** *n* saltello *m*; **catch somebody on the ~** infml prendere qualcuno alla sprovvista
B *vi* (*pt/pp* **hopped**) saltellare; **~ it!** infml tela!
■ **hop in** *vi* infml saltar su
■ **hop out** *vi* infml saltar giù; **~ to the shops** fare un salto ai negozi

hope /həʊp/ **A** *n* speranza *f*; **there's no ~ of that happening** non c'è nessuna speranza che succeda
B *vi* sperare (**for** in); **I ~ so/not** spero di sì/no
C *vt* **~ that** sperare che

hopeful /ˈhəʊpfʊl/ *adj* pieno di speranza; (promising) promettente; **be ~ that** avere buone speranze che

hopefully /ˈhəʊpfʊlɪ/ *adv* con speranza; (it is hoped) se tutto va bene

hopeless /ˈhəʊplɪs/ *adj* senza speranze; (useless) impossible; (incompetent) incapace

hopelessly /ˈhəʊplɪslɪ/ *adv* disperatamente; ‹*inefficient, lost*› completamente

hopelessness /ˈhəʊplɪsnɪs/ *n* disperazione *f*

hopscotch /ˈhɒpskɒtʃ/ *n* campana *f* (*gioco*)

horde /hɔːd/ *n* orda *f*

horizon /həˈraɪzn/ *n* orizzonte *m*; **on the ~** all'orizzonte

horizontal /hɒrɪˈzɒntl/ *adj* orizzontale

horizontal bar *n* sbarra *f* orizzontale

horizontally /hɒrɪˈzɒntəlɪ/ *adv* orizzontalmente

hormonal /hɔːˈməʊnəl/ *adj* ormonale; (moody) lunatico

hormone /ˈhɔːməʊn/ *n* ormone *m*

hormone replacement therapy *n* terapia *f* ormonale sostitutiva

horn /hɔːn/ *n* corno *m*; Auto clacson *m inv*

hornet /ˈhɔːnɪt/ *n* calabrone *m*

horn-rimmed /-rɪmd/ *adj* ‹*spectacles*› con la montatura di tartaruga

horny /ˈhɔːnɪ/ *adj* calloso; infml (sexually) arrapato

horoscope /ˈhɒrəskəʊp/ *n* oroscopo *m*

horrendous /həˈrendəs/ *adj* spaventoso

horrible /ˈhɒrəbl/ *adj* orribile

horribly /ˈhɒrəblɪ/ *adv* orribilmente

horrid /ˈhɒrɪd/ *adj* orrendo

horrific /həˈrɪfɪk/ *adj* raccapricciante; infml ‹*accident, prices, story*› terrificante

horrify /ˈhɒrɪfaɪ/ *vt* (*pt/pp* **-ied**) far inorridire; **I was horrified** ero inorridito

horrifying /ˈhɒrɪfaɪɪŋ/ *adj* terrificante

horror /ˈhɒrə(r)/ *n* orrore *m*

horror film *n* film *m inv* dell'orrore

horror story *n* racconto *m* dell'orrore

hors d'oeuvre /ɔːˈdɜːvr/ *n* antipasto *m*

horse /hɔːs/ *n* cavallo *m*
■ **horse around** *vi* fare il pagliaccio

horseback *n* **on ~** a cavallo

horseback riding *n* AmE equitazione *f*

horsebox *n* furgone *m* per il trasporto dei cavalli

horse chestnut *n* ippocastano *m*

horsefly *n* tafano *m*

horsehair *n* crine *m* di cavallo

horseman *n* cavaliere *m*

horse manure *n* concime *m*

horseplay *n* gioco *m* pesante

horsepower *n* cavallo *m* [vapore]

horse race *n* corsa *f* ippica

horse racing *n* corse *fpl* di cavalli

horseradish *n* rafano *m*

horseradish sauce *n* salsa *f* di rafano

horse riding *n* equitazione *f*

horseshoe *n* ferro *m* di cavallo

horse show *n* concorso *m* ippico

horsy, horsey /ˈhɔːsɪ/ *adj* ‹*person*› che adora i cavalli; ‹*face*› cavallino

horticultural /hɔːtɪˈkʌltʃərəl/ *adj* di orticoltura

horticulture /ˈhɔːtɪkʌltʃə(r)/ *n* orticoltura *f*

hose /həʊz/ *n* (pipe) manichetta *f*
■ **hose down** *vt* lavare con la manichetta

hosepipe /ˈhəʊzpaɪp/ *n* manichetta *f*

hosiery /ˈhəʊʒərɪ/ *n* maglieria *f*

hospice /ˈhɒspɪs/ *n* (for the terminally ill) ospedale *m* per i malati in fase terminale

hospitable /hɒˈspɪtəbl/ *adj* ospitale

hospitably /hɒˈspɪtəblɪ/ *adv* con ospitalità

hospital /ˈhɒspɪtl/ *n* ospedale *m*

hospitality /hɒspɪˈtælətɪ/ *n* ospitalità *f*

hospitalize /ˈhɒspɪtəlaɪz/ *vt* ricoverare [in ospedale]

host¹ /həʊst/ *n* **a ~ of** una moltitudine di

host² *n* ospite *m*

host³ *n* Relig ostia *f*

hostage /ˈhɒstɪdʒ/ *n* ostaggio *m*; **hold somebody ~** tenere qualcuno in ostaggio

host country *n* paese *m* ospitante

hostel /ˈhɒstl/ *n* ostello *m*

hostess /ˈhəʊstɪs/ *n* padrona *f* di casa; Aeron hostess *f inv*

hostile /ˈhɒstaɪl/ *adj* ostile

hostility /hɒˈstɪlətɪ/ *n* ostilità *f*; **hostilities** *pl* ostilità *fpl*

hot /hɒt/ *adj* (**hotter**, **hottest**) caldo; (spicy) piccante; **I am** *or* **feel ~** ho caldo; **it is ~** fa caldo; **in ~ water** fig nei guai

hot-air balloon *n* mongolfiera *f*

hotbed *n* fig focolaio *m*

hot-blooded /-ˈblʌdɪd/ *adj* ‹*person*› focoso; ‹*reaction*› passionale

hot cake *n* **sell like ~s** andare a ruba

hotchpotch /ˈhɒtʃpɒtʃ/ *n* miscuglio *m*

---

parola chiave

hot cross bun *n panino (m) dolce con spezie e uvette, tipicamente pasquale*
hot dog *n* hot dog *m inv*
hotdogging *n* sci *m* acrobatico
hotel /həʊˈtel/ *n* hotel *m inv*, albergo *m*
hotelier /həʊˈtelɪə(r)/ *n* albergatore, -trice *mf*
hotfoot *adv* hum ‹*go*› di gran carriera
hothead *n* persona *f* impetuosa
hot-headed /-ˈhedɪd/ *adj* impetuoso
hothouse *n* serra *f*
hotline *n* linea *f* diretta; Mil, Pol telefono *m* rosso
hotly /ˈhɒtlɪ/ *adv* fig accanitamente
hotplate *n* piastra *f* riscaldante
hot seat *n* **be in the ~** essere in una posizione difficile
hotshot *n* infml persona di successo; derog carrierista *mf*
hot spot *n* (trouble zone) zona *f* calda; (sunny place) luogo *m* assolato
hot tap *n* rubinetto *m* dell'acqua calda
hot-tempered /-ˈtempəd/ *adj* irascibile
hot-water bottle *n* borsa *f* dell'acqua calda
hound /haʊnd/ **A** *n* cane da caccia *m*
B *vt* fig perseguire
hour /ˈaʊə(r)/ *n* ora *f*
hourglass /ˈaʊəɡlɑːs/ *n* clessidra *f*
hourly /ˈaʊəlɪ/ **A** *adj* ad ogni ora; ‹*pay, rate*› a ora
B *adv* ogni ora
house¹ /haʊs/ *n* casa *f*; Pol Camera *f*; Theat sala *f*; **at my ~** a casa mia, da me
house² /haʊz/ *vt* alloggiare ‹*person*›; incastrare ‹*machine*›
houseboat *n* casa *f* galleggiante
housebound /ˈhaʊsbaʊnd/ *adj* costretto in casa
housebreaking *n* furto *m* con scasso
house call *n* visita *f* a domicilio
household *n* casa *f*, famiglia *f*
household appliance *n* elettrodomestico *m*
householder *n* capo *m* famiglia
household name *n* noto *m*
house husband *n* casalingo *m*
housekeeper *n* governante *f* di casa
housekeeping *n* governo *m* della casa; (money) soldi *mpl* per le spese di casa
House of Commons *n* Camera *f* dei Comuni
House of Lords *n* Camera *f* dei Lord
House of Representatives *n* Camera *f* dei Rappresentanti
house plant *n* pianta *f* da appartamento
house-proud *adj* orgoglioso della propria casa
Houses of Parliament *npl* Parlamento *m*
house-to-house *adj* ‹*search*› casa per casa
house-trained /-treɪnd/ *adj* che non sporca in casa
house-warming, house-warming party *n* festa *f* di inaugurazione della nuova casa
housewife *n* casalinga *f*
housework *n* lavori *mpl* domestici
housing /ˈhaʊzɪŋ/ *n* alloggio *m*; Techn alloggiamento *m*
housing estate *n* zona *f* residenziale
hovel /ˈhɒvl/ *n* tugurio *m*
hover /ˈhɒvə(r)/ *vi* librarsi; (linger) indugiare; **~ on the brink of doing something** essere sul punto di fare qualcosa
hovercraft /ˈhɒvəkrɑːft/ *n* hovercraft *m inv*
how /haʊ/ *adv* come; **~ are you?** come stai?; **~ about a coffee/going on holiday?** che ne diresti di un caffè/di andare in vacanza?; **~ do you do?** molto lieto!; **~ old are you?** quanti anni hai?; **~ long** quanto tempo; **~ many** quanti; **~ much** quanto; **~ often** ogni quanto; **and ~!** eccome!; **~ odd!** che strano!
however /haʊˈevə(r)/ *adv* (nevertheless) comunque; **~ small** per quanto piccolo
howl /haʊl/ **A** *n* ululato *m*
B *vi* ululare; (cry with laughter) singhiozzare
howler /ˈhaʊlə(r)/ *n* infml strafalcione *m*
HP *abbr* **1** (**hire purchase**) **2** (**horse power**) C. V.
HQ *n abbr* Mil (**headquarters**) Q.G.
HR *abbr* (**human resources**) RU
HRT *abbr* (**hormone replacement therapy**) TOS *f*
HTML *abbr* (**hypertext markup language**) Comput HTML *m*
HTTP *abbr* (**hypertext transfer protocol**) Comput HTTP *m*
hub /hʌb/ *n* mozzo *m*; fig centro *m*
hubbub /ˈhʌbʌb/ *n* baccano *m*
hubcap /ˈhʌbkæp/ *n* coprimozzo *m*
huckleberry /ˈhʌklbərɪ/ *n* AmE mirtillo *m* americano
huddle /ˈhʌdl/ *vi* **~ together** rannicchiarsi l'uno contro l'altro
hue¹ /hjuː/ *n* colore *m*
hue² *n* **~ and cry** clamore *m*
huff /hʌf/ *n* **be in a/go into a ~** fare il broncio
hug /hʌɡ/ **A** *n* abbraccio *m*; **give somebody a ~** abbracciare qualcuno
B *vt* (*pt/pp* **hugged**) abbracciare; (keep close to) tenersi vicino a; aggrapparsi a ‹*wall*›
huge /hjuːdʒ/ *adj* enorme
hugely /ˈhjuːdʒlɪ/ *adv* enormemente
huh /hʌ/ *int* (inquiry) eh?; (in surprise) oh!
hulk /hʌlk/ *n* (of ship, tank etc) carcassa *f*
hulking /ˈhʌlkɪŋ/ *adj* infml grosso
hull /hʌl/ *n* Naut scafo *m*
hullabaloo /hʌləbəˈluː/ *n* infml (noise) trambusto *m*; (outcry) fracasso *m*

h

hullo /hə'ləʊ/ *int* = **hallo**

hum /hʌm/ **A** *n* ronzio *m*
B *vt* (*pt/pp* **hummed**) canticchiare
C *vi* ‹*motor*› ronzare; fig fervere di attività; ~ **and haw** esitare

🔑 **human** /'hju:mən/ **A** *adj* umano
B *n* essere *m* umano

human being *n* essere *m* umano

humane /hju:'meɪn/ *adj* umano

humanely /hju:'meɪnlɪ/ *adv* umanamente

human interest story *n* storia *f* di vita vissuta

humanitarian /hju:mænɪ'teərɪən/ *adj & n* umanitario, -a *mf*

humanities /hju:'mænɪtɪz/ *pl* Univ dottrine *fpl* umanistiche

humanity /hju:'mænətɪ/ *n* umanità *f*

h

human nature *n* natura *f* umana

human resources *npl* risorse *fpl* umane

human resources manager *n* responsabile *mf* delle risorse umane

human shield *n* scudo *m* umano

humble /'hʌmbl/ **A** *adj* umile
B *vt* umiliare

humbly /'hʌmblɪ/ *adv* umilmente

humbug /'hʌmbʌg/ *n* (nonsense) sciocchezze *fpl*; (dishonesty) falsità *f*; BrE (sweet) caramella *f* alla menta

humdrum /'hʌmdrʌm/ *adj* noioso

humid /'hju:mɪd/ *adj* umido

humidifier /hju:'mɪdɪfaɪə(r)/ *n* umidificatore *m*

humidity /hju:'mɪdətɪ/ *n* umidità *f*

humiliate /hju:'mɪlɪeɪt/ *vt* umiliare

humiliating /hju:'mɪlɪeɪtɪŋ/ *adj* avvilente

humiliation /hju:mɪlɪ'eɪʃn/ *n* umiliazione *f*

humility /hju:'mɪlətɪ/ *n* umiltà *f*

hummingbird /'hʌmɪŋbɜ:d/ *n* colibrì *m*

hummock /'hʌmək/ *n* (of earth) poggio *m*

hummus /'hʊməs/ *n* hummus *m*, purè *m* di ceci

humorist /'hju:mərɪst/ *n* umorista *mf*

humorous /'hju:mərəs/ *adj* umoristico

humorously /'hju:mərəslɪ/ *adv* con spirito

humour /'hju:mə(r)/ **A** *n* umorismo *m*; (mood) umore *m*; **have a sense of** ~ avere il senso dell' umorismo
B *vt* compiacere

hump /hʌmp/ *n* protuberanza *f*; (of camel, hunchback) gobba *f*; **he's got the** ~ sl è di malumore

humpback bridge /'hʌm(p)bæk/, **humpbacked bridge** /'hʌm(p)bækt/ *n* ponte *m* a schiena d'asino

humus /'hju:məs/ *n* humus *m*

hunch /hʌntʃ/ *n* (idea) intuizione *f*

hunchback /'hʌntʃbæk/ *n* gobbo, -a *mf*

hunched /hʌntʃt/ *adj* ~ **up** incurvato

🔑 **hundred** /'hʌndrəd/ **A** *adj* **one/a** ~ cento
B *n* cento *m inv*; ~**s of** centinaia di

hundredfold /'hʌndrədfəʊld/ *adv* **increase a** ~ centuplicare

hundredth /'hʌndrədθ/ *adj & n* centesimo *m*

hundredweight /'hʌndrədweɪt/ *n* cinquanta chili *m*

hung /hʌŋ/ ▶ **hang**

Hungarian /hʌŋ'geərɪən/ *n & adj* ungherese *mf*; (language) ungherese *m*

Hungary /'hʌŋgərɪ/ *n* Ungheria *f*

hunger /'hʌŋgə(r)/ *n* fame *f*
■ **hunger for** *vt* aver fame di

hunger strike *n* sciopero *m* della fame

hung-over *adj* **be** ~ avere i postumi della sbornia

hungrily /'hʌŋgrɪlɪ/ *adv* con appetito

hungry /'hʌŋgrɪ/ *adj* (**-ier**, **-iest**) affamato; **be** ~ aver fame

hung up *adj* infml (tense) complessato; **be** ~ **on somebody/something** (obsessed) essere fissato con qualcuno/qualcosa

hunk /hʌŋk/ *n* grosso pezzo *m*; infml (man) figo *m*

hunky-dory /hʌŋkɪ'dɔ:rɪ/ *adj* infml perfetto

hunt /hʌnt/ **A** *n* caccia *f*
B *vt* andare a caccia di ‹*animal*›; dare la caccia a ‹*criminal*›
C *vi* andare a caccia; ~ **for** cercare

hunter /'hʌntə(r)/ *n* cacciatore *m*

hunting /'hʌntɪŋ/ *n* caccia *f*

hunt saboteur *n* BrE sabotatore, -trice *mf* della caccia

huntsman /'hʌntsmən/ *n* (hunter) cacciatore *m*; (fox-hunter) cacciatore *m* di volpe

hurdle /'hɜ:dl/ *n* Sport fig ostacolo *m*

hurdler /'hɜ:dlə(r)/ *n* ostacolista *mf*

hurdy-gurdy /hɜ:dɪ'gɜ:dɪ/ *n* organino *m*

hurl /hɜ:l/ *vt* scagliare

hurly-burly /hɜ:lɪ'bɜ:lɪ/ *n* chiasso *m*

hurrah /hʊ'rɑ:/, **hurray** /hʊ'reɪ/ **A** *int* urrà!
B *n* urrà *m*

hurricane /'hʌrɪkən/ *n* uragano *m*

hurried /'hʌrɪd/ *adj* affrettato; ‹*job*› fatto in fretta

hurriedly /'hʌrɪdlɪ/ *adv* in fretta

hurry /'hʌrɪ/ **A** *n* fretta *f*; **be in a** ~ aver fretta
B *vi* (*pt/pp* **-ied**) affrettarsi
■ **hurry up** **A** *vi* sbrigarsi
B *vt* mettere fretta a ‹*person*›; accelerare ‹*things*›

🔑 **hurt** /hɜ:t/ **A** *n* male *m*
B *vt* (*pt/pp* **hurt**) far male a; (offend) ferire
C *vi* far male; **my leg** ~**s** mi fa male la gamba

hurtful /'hɜ:tfʊl/ *adj* fig offensivo

hurtle /'hɜ:tl/ *vi* ~ **along** andare a tutta velocità

🔑 **husband** /'hʌzbənd/ *n* marito *m*

hush /hʌʃ/ *n* silenzio *m*

■ **hush up** *vt* mettere a tacere
hushed /hʌʃt/ *adj* ‹*voice*› sommesso
hush-hush *adj* infml segretissimo
husky /'hʌskɪ/ *adj* (**-ier**, **-iest**) ‹*voice*› rauco
hussar /hʊ'zɑ:(r)/ *n* ussaro *m*
hustings /'hʌstɪŋz/ *n* **on the ~** in campagna elettorale
hustle /'hʌsl/ **A** *vt* affrettare
B *n* attività *f* incessante; **~ and bustle** trambusto *m*
hut /hʌt/ *n* capanna *f*
hutch /hʌtʃ/ *n* conigliera *f*
hyacinth /'haɪəsɪnθ/ *n* giacinto *m*
hybrid /'haɪbrɪd/ **A** *adj* ibrido
B *n* ibrido *m*
hydrangea /haɪ'dreɪndʒə/ *n* ortensia *f*
hydrant /'haɪdrənt/ *n* **[fire] ~** idrante *m*
hydraulic /haɪ'drɔ:lɪk/ *adj* idraulico
hydrocarbon /haɪdrəʊ'kɑ:bən/ *n* idrocarburo *m*
hydrochloric /haɪdrə'klɔ:rɪk/ *adj* **~ acid** acido *m* cloridrico
hydroelectric /haɪdrəʊɪ'lektrɪk/ *adj* idroelettrico
hydroelectricity /ˌhaɪdrəʊɪlek'trɪsətɪ/ *n* energia *f* idroelettrica
hydroelectric power station *n* centrale *f* idroelettrica
hydrofoil /'haɪdrəfɔɪl/ *n* aliscafo *m*
hydrogen /'haɪdrədʒən/ *n* idrogeno *m*
hydrolysis /haɪ'drɒləsɪs/ *n* idrolisi *f*
hydrophobia /haɪdrə'fəʊbɪə/ *n* idrofobia *f*
hydroplane /'haɪdrəpleɪn/ *n* (boat) aliscafo *m*; AmE (seaplane) idrovolante *m*
hydrotherapy /haɪdrəʊ'θerəpɪ/ *n* idroterapia *f*
hyena /haɪ'i:nə/ *n* iena *f*
hygiene /'haɪdʒi:n/ *n* igiene *m*
hygienic /haɪ'dʒi:nɪk/ *adj* igienico
hygienically /haɪ'dʒi:nɪklɪ/ *adv* igienicamente
hymn /hɪm/ *n* inno *m*
hymn book *n* libro *m* dei canti
hype /haɪp/ *n* infml grande pubblicità *f*; **media ~** battage *m* pubblicitario
■ **hype up** *vt* infml fare grande pubblicità a ‹*film, star, book*›; (exaggerate) gonfiare
hyper /'haɪpə(r)/ *adj* infml eccitato
hyperactive /haɪpər'æktɪv/ *adj* iperattivo
hyperactivity /haɪpərækˈtɪvɪtɪ/ *n* iperattività *f*
hyperbole /haɪ'pɜ:bəlɪ/ *n* iperbole *f*
hypercritical /haɪpə'krɪtɪkl/ *adj* ipercritico
hyperlink /'haɪpəlɪŋk/ *n* Comput hyperlink *m inv*, collegamento *m* ipertestuale
hypermarket /'haɪpəmɑ:kɪt/ *n* ipermercato *m*
hypersensitive /haɪpə'sensɪtɪv/ *adj* derog permaloso; (physically) ipersensibile
hypertension /haɪpə'tenʃn/ *n* ipertensione *f*
hypertext /'haɪpətekst/ *n* Comput ipertesto *m*
hypertext markup language *n* Comput linguaggio *m* per la marcatura di ipertesti
hypertext transfer protocol *n* Comput protocollo *m* per il trasferimento di ipertesti
hyperventilate /haɪpə'ventɪleɪt/ *vi* iperventilare
hyphen /'haɪfn/ *n* trattino *m*
hyphenate /'haɪfəneɪt/ *vt* unire con trattino
hypnosis /hɪp'nəʊsɪs/ *n* ipnosi *f*
hypnotherapy /hɪpnəʊ'θerəpɪ/ *n* ipnoterapia *f*
hypnotic /hɪp'nɒtɪk/ *adj* ipnotico
hypnotism /'hɪpnətɪzm/ *n* ipnotismo *m*
hypnotist /'hɪpnətɪst/ *n* ipnotizzatore, -trice *mf*
hypnotize /'hɪpnətaɪz/ *vt* ipnotizzare
hypoallergenic /haɪpəʊælə'dʒenɪk/ *adj* anallergico
hypochondria /haɪpə'kɒndrɪə/ *n* ipocondria *f*
hypochondriac /haɪpə'kɒndrɪæk/ *adj* & *n* ipocondriaco, -a *mf*
hypocrisy /hɪ'pɒkrəsɪ/ *n* ipocrisia *f*
hypocrite /'hɪpəkrɪt/ *n* ipocrita *mf*
hypocritical /hɪpə'krɪtɪkl/ *adj* ipocrita
hypocritically /hɪpə'krɪtɪklɪ/ *adv* ipocriticamente
hypodermic /haɪpə'dɜ:mɪk/ *adj* & *n* **~ [syringe]** siringa *f* ipodermica
hypotenuse /haɪ'pɒtənju:z/ *n* ipotenusa *f*
hypothermia /haɪpəʊ'θɜ:mɪə/ *n* ipotermia *f*
hypothesis /haɪ'pɒθəsɪs/ *n* ipotesi *f inv*
hypothetical /haɪpə'θetɪkl/ *adj* ipotetico
hypothetically /haɪpə'θetɪklɪ/ *adv* in teoria; ‹*speak*› per ipotesi
hysterectomy /hɪstə'rektəmɪ/ *n* isterectomia *f*
hysteria /hɪ'stɪərɪə/ *n* isterismo *m*
hysterical /hɪ'sterɪkl/ *adj* isterico
hysterically /hɪ'sterɪklɪ/ *adv* istericamente; **~ funny** da morir dal ridere
hysterics /hɪ'sterɪks/ *npl* attacco *mpl* isterico

h

Ii

i, I /aɪ/ *n* (letter) i, I *f inv*

🔑 **I** /aɪ/ *pron* io; **I'm tired** sono stanco; **he's going, but I'm not** lui va, ma io no

IAP *n abbr* (**Internet access provider**) Comput IAP *m*

IBA *n abbr* (**Independent Broadcasting Authority**) *organismo (m) indipendente di vigilanza sulla radiotelevisione*

IBAN *n abbr* (**International Bank Account Number**) IBAN *m*

ibex /'aɪbeks/ *n* stambecco *m*

ICC *n abbr* (**International Criminal Court**) TPI *m*

🔑 **ice** /aɪs/ **A** *n* ghiaccio *m*
B *vt* glassare ‹*cake*›
■ **ice over, ice up** *vi* ghiacciarsi

ice age *n* era *f* glaciale

ice axe *n* piccozza *f* per il ghiaccio

iceberg *n* iceberg *m inv*

icebox *n* AmE frigorifero *m*

ice-breaker *n* Naut rompighiaccio *m inv*

ice bucket *n* secchiello *m* del ghiaccio

ice cap *n* calotta *f* glaciale

ice-cold *adj* ghiacciato

ice cream *n* gelato *m*

ice-cream parlour *n* gelateria *f*

ice-cream sundae *n* coppa *f* [di] gelato guarnita

ice cube *n* cubetto *m* di ghiaccio

ice dancer *n* ballerino, -a *mf* sul ghiaccio

ice floe *n* banco *m* di ghiaccio

ice hockey hockey *m* su ghiaccio

Iceland /'aɪslənd/ *n* Islanda *f*

Icelander /'aɪsləndə(r)/ *n* islandese *mf*

Icelandic /aɪs'lændɪk/ *adj & n* islandese *m*

ice lolly *n* ghiacciolo *m*

ice pack *n* impacco *m* di ghiaccio

ice pick *n* piccone *m* da ghiaccio

ice rink *n* pista *f* di pattinaggio

ice-skate *n* pattino *m* da ghiaccio

ice skater pattinatore, -trice *mf* sul ghiaccio

ice-skating pattinaggio *m* sul ghiaccio

ice tray *n* vaschetta *f* per il ghiaccio

icicle /'aɪsɪkl/ *n* ghiacciolo *m*

icily /'aɪsɪlɪ/ *adv* gelidamente

icing /'aɪsɪŋ/ *n* glassa *f*

icing sugar *n* zucchero *m* a velo

icon /'aɪkɒn/ *n* icona *f*

iconize /'aɪkənaɪz/ *vt* Comput iconizzare

ICT *n abbr* (**information and communication technology**) ICT *f*

icy /'aɪsɪ/ *adj* (**-ier, -iest**) ghiacciato; fig gelido

id /ɪd/ *n* **the ~** l'Es *m*

ID *n abbr* (**identification, identity**) documento *m* d'identità; **ID card** *n* carta *f* d'identità

🔑 **idea** /aɪ'dɪə/ *n* idea *f*; **I've no ~!** non ne ho idea!

ideal /aɪ'dɪəl/ **A** *adj* ideale
B *n* ideale *m*

idealism /aɪ'dɪəlɪzm/ *n* idealismo *m*

idealist /aɪ'dɪəlɪst/ *n* idealista *mf*

idealistic /aɪdɪə'lɪstɪk/ *adj* idealistico

idealize /aɪ'dɪəlaɪz/ *vt* idealizzare

ideally /aɪ'dɪəlɪ/ *adv* idealmente

identical /aɪ'dentɪkl/ *adj* identico

identical twin *n* gemello, -a *mf* monozigote

identifiable /aɪdentɪ'faɪəbl/ *adj* identificabile

identification /aɪdentɪfɪ'keɪʃn/ *n* identificazione *f*; (proof of identity) documento *m* di riconoscimento

identify /aɪ'dentɪfaɪ/ **A** *vt* (*pt/pp* **-ied**) identificare
B *vi* **~ with** identificarsi con

identikit® /aɪ'dentɪkɪt/ *n* identikit *m inv*

identikit picture® *n* identikit *m inv*

🔑 **identity** /aɪ'dentətɪ/ *n* identità *f*

identity bracelet *n* braccialetto *m* identificativo

identity card *n* carta *f* d'identità

identity parade *n* confronto *m* all'americana

identity theft *n l'utilizzare il nome e i dati personali di qualcuno allo scopo di ottenere carte di credito, prelevare denaro da conti bancari ecc.*

ideological /aɪdɪə'lɒdʒɪkl/ *adj* ideologico

ideology /aɪdɪ'ɒlədʒɪ/ *n* ideologia *f*

idiocy /'ɪdɪəsɪ/ *n* idiozia *f*

idiom /'ɪdɪəm/ *n* idioma *m*

idiomatic /ɪdɪə'mætɪk/ *adj* idiomatico

idiomatically /ɪdɪə'mætɪklɪ/ *adv* in modo idiomatico

idiosyncrasy /ɪdɪə'sɪŋkrəsɪ/ *n* idiosincrasia *f*

idiosyncratic /ˌɪdɪəsɪŋ'krætɪk/ *adj* particolare

idiot /'ɪdɪət/ *n* idiota *mf*

🔑 parola chiave

idiotic /ɪdɪˈɒtɪk/ *adj* idiota
idle /ˈaɪd(ə)l/ **A** *adj* (lazy) pigro, ozioso; (empty) vano; ‹*machine*› fermo
B *vi* oziare; ‹*engine*› girare a vuoto
■ **idle away** *vt* passare nell'ozio ‹*day, time*›
idleness /ˈaɪd(ə)lnɪs/ *n* ozio *m*
idly /ˈaɪdlɪ/ *adv* oziosamente
idol /ˈaɪd(ə)l/ *n* idolo *m*
idolize /ˈaɪdəlaɪz/ *vt* idolatrare
idyll /ˈɪdɪl/ *n* idillio *m*
idyllic /ɪˈdɪlɪk/ *adj* idillico
i.e. *abbr* (**id est**) cioè
if /ɪf/ *conj* se; **as if** come se
iffy /ˈɪfɪ/ *adj* incerto
igloo /ˈɪɡluː/ *n* igloo *m inv*
ignite /ɪɡˈnaɪt/ **A** *vt* dar fuoco a
B *vi* prender fuoco
ignition /ɪɡˈnɪʃn/ *n* Auto accensione *f*
ignition key *n* chiave *f* d'accensione
ignoramus /ɪɡnəˈreɪməs/ *n* ignorante *mf*
ignorance /ˈɪɡnərəns/ *n* ignoranza *f*
ignorant /ˈɪɡnərənt/ *adj* (lacking knowledge) ignaro; (rude) ignorante
ignore /ɪɡˈnɔː(r)/ *vt* ignorare
ill /ɪl/ **A** *adj* ammalato; **feel ~ at ease** sentirsi a disagio
B *adv* male
C *n* male *m*
ill-advised /-ədˈvaɪzd/ *adj* avventato
ill-bred /-ˈbred/ *adj* maleducato
ill-considered /-kənˈsɪdəd/ *adj* ‹*measure, remark*› avventato
ill effect *n* effetto *m* negativo
illegal /ɪˈliːɡl/ *adj* illegale
illegality /ɪlɪˈɡælətɪ/ *n* illegalità *f*
illegally /ɪˈliːɡəlɪ/ *adv* illegalmente
illegible /ɪˈledʒəbl/ *adj* illeggibile
illegibly /ɪˈledʒəblɪ/ *adv* in modo illeggibile
illegitimacy /ɪlɪˈdʒɪtɪməsɪ/ *n* illegittimità *f*
illegitimate /ɪlɪˈdʒɪtɪmət/ *adj* illegittimo
ill-equipped /-ɪˈkwɪpt/ *adj* mal equipaggiato
ill-fated /-ˈfeɪtɪd/ *adj* sfortunato
ill feeling *n* rancore *m*
ill-fitting *adj* ‹*garment, shoe*› che non va bene
ill-founded /-ˈfaʊndɪd/ *adj* ‹*argument, gossip*› infondato
ill-gotten gains /ɪlɡɒ(t)nˈɡeɪnz/ *adj* guadagni *mpl* illeciti
ill health *n* problemi *mpl* di salute
illicit /ɪˈlɪsɪt/ *adj* illecito
illicitly /ɪˈlɪsɪtlɪ/ *adv* illecitamente
ill-informed /-ɪnˈfɔːmd/ *adj* ‹*person*› male informato
illiteracy /ɪˈlɪtərəsɪ/ *n* analfabetismo *m*
illiterate /ɪˈlɪtərət/ *adj* & *n* analfabeta *mf*
ill-mannered /-ˈmænəd/ *adj* maleducato
illness /ˈɪlnɪs/ *n* malattia *f*
illogical /ɪˈlɒdʒɪkl/ *adj* illogico
illogically /ɪˈlɒdʒɪklɪ/ *adv* illogicamente
ill-prepared /-prɪˈpeəd/ *adj* impreparato
ill-timed /-ˈtaɪmd/ *adj* ‹*arrival*› inopportuno; ‹*campaign*› fatto al momento sbagliato
ill-treat *vt* maltrattare
ill-treatment *n* maltrattamento *m*
illuminate /ɪˈluːmɪneɪt/ *vt* illuminare
illuminated /ɪˈluːmɪneɪtɪd/ *adj* ‹*sign*› luminoso
illuminating /ɪˈluːmɪneɪtɪŋ/ *adj* chiarificatore
illumination /ɪluːmɪˈneɪʃn/ *n* illuminazione *f*
illuminations *npl* BrE luminarie *fpl*
illusion /ɪˈluːʒn/ *n* illusione *f*; **be under the ~ that** avere l'illusione che
illusory /ɪˈluːsərɪ/ *adj* illusorio
illustrate /ˈɪləstreɪt/ *vt* illustrare
illustration /ɪləˈstreɪʃn/ *n* illustrazione *f*
illustrative /ˈɪləstrətɪv/ *adj* illustrativo
illustrator /ˈɪləstreɪtə(r)/ *n* illustratore, -trice *mf*
illustrious /ɪˈlʌstrɪəs/ *adj* illustre
ill will *n* malanimo *m*
image /ˈɪmɪdʒ/ *n* immagine *f*; (exact likeness) ritratto *m*
image-conscious *adj* attento all'immagine
image maker *n* persona *f* che cura l'immagine
image processing *n* trattamento *m* dell'immagine
imagery /ˈɪmɪdʒərɪ/ *n* immagini *fpl*
imaginable /ɪˈmædʒɪnəbl/ *adj* immaginabile
imaginary /ɪˈmædʒɪnərɪ/ *adj* immaginario
imagination /ɪmædʒɪˈneɪʃn/ *n* immaginazione *f*, fantasia *f*; **it's your ~** è solo una tua idea
imaginative /ɪˈmædʒɪnətɪv/ *adj* fantasioso
imaginatively /ɪˈmædʒɪnətɪvlɪ/ *adv* con fantasia *or* immaginazione
imagine /ɪˈmædʒɪn/ *vt* immaginare; (wrongly) inventare
IMAP *abbr* (**Internet mail access protocol**) Comput protocollo *m* di gestione remota della posta elettronica
imbalance /ɪmˈbæləns/ *n* squilibrio *m*
imbecile /ˈɪmbəsiːl/ *n* imbecille *mf*
imbibe /ɪmˈbaɪb/ **A** *vt* ingerire; fig assorbire
B *vi* hum bere
imbue /ɪmˈbjuː/ *vt* **~d with** impregnato di
IMF *n abbr* (**International Monetary Fund**) FMI *m*
imitate /ˈɪmɪteɪt/ *vt* imitare
imitation /ɪmɪˈteɪʃn/ *n* imitazione *f*
imitative /ˈɪmɪtətɪv/ *adj* imitativo
imitator /ˈɪmɪteɪtə(r)/ *n* imitatore, -trice *mf*
immaculate /ɪˈmækjʊlət/ *adj* immacolato
immaculately /ɪˈmækjʊlətlɪ/ *adv* immacolatamente
immaterial /ɪməˈtɪərɪəl/ *adj* (unimportant) irrilevante

immature /ɪmə'tʃʊə(r)/ *adj* immaturo
immeasurable /ɪ'meʒərəbl/ *adj* incommensurabile
immediacy /ɪ'mi:dɪəsɪ/ *n* immediatezza *f*
immediate /ɪ'mi:dɪət/ *adj* immediato; ‹*relative*› stretto; **in the ~ vicinity** nelle immediate vicinanze
immediately /ɪ'mi:dɪətlɪ/ **A** *adv* immediatamente; **~ next to** subito accanto a
B *conj* [non] appena
immemorial /ɪmɪ'mɔ:rɪəl/ *adj* **from time ~** da tempo immemorabile
immense /ɪ'mens/ *adj* immenso
immensely /ɪ'menslɪ/ *adv* immensamente
immensity /ɪ'mensətɪ/ *n* immensità *f*
immerse /ɪ'mɜ:s/ *vt* immergere; **be ~d in** fig essere immerso in
immersion /ɪ'mɜ:ʃn/ *n* immersione *f*
immersion course *n* BrE corso *m* full immersion
immersion heater *n* scaldabagno *m* elettrico
immigrant /'ɪmɪgrənt/ *n* immigrante *mf*
immigrate /'ɪmɪgreɪt/ *vi* immigrare
immigration /ɪmɪ'greɪʃn/ *n* immigrazione *f*
immigration control *n* controllo *m* dell'immigrazione
imminence /'ɪmɪnəns/ *n* imminenza *f*
imminent /ɪmɪnənt/ *adj* imminente
immobile /ɪ'məʊbaɪl/ *adj* immobile
immobilize /ɪ'məʊbɪlaɪz/ *vt* immobilizzare
immobilizer /ɪ'məʊbɪlaɪzə(r)/ *n* Auto immobilizzatore *m* elettronico
immoderate /ɪ'mɒdərət/ *adj* smodato
immodest /ɪ'mɒdɪst/ *adj* immodesto
immoral /ɪ'mɒrəl/ *adj* immorale
immorality /ɪmə'rælətɪ/ *n* immoralità *f*
immortal /ɪ'mɔ:tl/ *adj* immortale
immortality /ɪmɔ:'tælətɪ/ *n* immortalità *f*
immortalize /ɪ'mɔ:təlaɪz/ *vt* immortalare
immovable /ɪ'mu:vəbl/ *adj* fig irremovibile
immune /ɪ'mju:n/ *adj* immune (**to/from** da)
immune system *n* sistema *m* immunitario
immunity /ɪ'mju:nətɪ/ *n* immunità *f*
immunization /ɪmjʊnaɪ'zeɪʃn/ *n* immunizzazione *f*
immunize /'ɪmjʊnaɪz/ *vt* immunizzare
immunodeficiency /ɪmjʊnəʊdɪ'fɪʃənsɪ/ *n* immunodeficienza *f*
immunology /ɪmjʊ'nɒlədʒɪ/ *n* immunologia *f*
immunosuppressant /ɪmjʊnəʊsə'pres(ə)nt/ **A** *adj* immunodepressivo
B *n* immunodepressivo *m*
immutable /ɪ'mju:təbl/ *adj* immutabile
imp /ɪmp/ *n* diavoletto *m*

impact /'ɪmpækt/ *n* impatto *m*
impacted /ɪm'pæktɪd/ *adj* ‹*tooth*› incluso; ‹*fracture*› composto
impair /ɪm'peə(r)/ *vt* danneggiare
impaired /ɪm'peəd/ *adj* **hearing ~** audioleso; **visually ~** videoleso
impale /ɪm'peɪl/ *vt* impalare
impalpable /ɪm'pælpəbl/ *adj* (intangible) impalpabile
impart /ɪm'pɑ:t/ *vt* impartire
impartial /ɪm'pɑ:ʃəl/ *adj* imparziale
impartiality /ɪmpɑ:ʃɪ'ælətɪ/ *n* imparzialità *f*
impassable /ɪm'pɑ:səbl/ *adj* impraticabile
impasse /æm'pɑ:s/ *n* fig impasse *f inv*
impassioned /ɪm'pæʃnd/ *adj* appassionato
impassive /ɪm'pæsɪv/ *adj* impassibile
impassively /ɪm'pæsɪvlɪ/ *adv* impassibilmente
impatience /ɪm'peɪʃns/ *n* impazienza *f*
impatient /ɪm'peɪʃnt/ *adj* impaziente
impatiently /ɪm'peɪʃntlɪ/ *adv* impazientemente
impeach /ɪm'pi:tʃ/ *vt* accusare
impeccable /ɪm'pekəbl/ *adj* impeccabile
impeccably /ɪm'pekəblɪ/ *adv* in modo impeccabile
impede /ɪm'pi:d/ *vt* impedire
impediment /ɪm'pedɪmənt/ *n* impedimento *m*; (in speech) difetto *m*
impel /ɪm'pel/ *vt* (*pt/pp* **impelled**) costringere; **feel ~led to** sentire l'obbligo di
impending /ɪm'pendɪŋ/ *adj* imminente
impenetrable /ɪm'penɪtrəbl/ *adj* impenetrabile
imperative /ɪm'perətɪv/ **A** *adj* imperativo
B *n* Gram imperativo *m*
imperceptible /ɪmpə'septəbl/ *adj* impercettibile
imperfect /ɪm'pɜ:fɪkt/ **A** *adj* imperfetto; (faulty) difettoso
B *n* Gram imperfetto *m*
imperfection /ɪmpə'fekʃn/ *n* imperfezione *f*
imperial /ɪm'pɪərɪəl/ *adj* imperiale
imperialism /ɪm'pɪərɪəlɪzm/ *n* imperialismo *m*
imperialist /ɪm'pɪərɪəlɪst/ *n* imperialista *mf*
imperil /ɪm'perəl/ *vt* (*pt/pp* **imperilled**) mettere in pericolo
imperious /ɪm'pɪərɪəs/ *adj* imperioso
imperiously /ɪm'pɪərɪəslɪ/ *adv* in modo imperioso
impermeable /ɪm'pɜ:mɪəbl/ *adj* impermeabile
impersonal /ɪm'pɜ:sənəl/ *adj* impersonale
impersonate /ɪm'pɜ:səneɪt/ *vt* impersonare
impersonation /ɪmpɜ:sə'neɪʃn/ *n* imitazione *f*
impersonator /ɪm'pɜ:səneɪtə(r)/ *n* imitatore, -trice *mf*

parola chiave

impertinence /ɪmˈpɜːtɪnəns/ *n* impertinenza *f*
impertinent /ɪmˈpɜːtɪnənt/ *adj* impertinente
imperturbable /ɪmpəˈtɜːbəbl/ *adj* imperturbabile
impervious /ɪmˈpɜːvɪəs/ *adj* ~ **to** fig indifferente a
impetuous /ɪmˈpetjʊəs/ *adj* impetuoso
impetuously /ɪmˈpetjʊəslɪ/ *adv* impetuosamente
impetus /ˈɪmpɪtəs/ *n* impeto *m*
impiety /ɪmˈpaɪətɪ/ *n* Relig empietà *f*
impinge /ɪmˈpɪndʒ/ *v*
■ **impinge on** *vt* (affect) influire su; (restrict) condizionare
impious /ˈɪmpɪəs/ *adj* Relig empio
impish /ˈɪmpɪʃ/ *adj* birichino
implacable /ɪmˈplækəbl/ *adj* implacabile
implant¹ /ɪmˈplɑːnt/ *vt* trapiantare; fig inculcare
implant² /ˈɪmplɑːnt/ *n* trapianto *m*
implausible /ɪmˈplɔːzəbl/ *adj* poco plausibile
implement¹ /ˈɪmplɪmənt/ *n* attrezzo *m*
implement² /ˈɪmplɪment/ *vt* mettere in atto
implementation /ˌɪmplɪmenˈteɪʃn/ *n* (of law, policy, idea) attuazione *f*; Comput implementazione *f*
implicate /ˈɪmplɪkeɪt/ *vt* implicare
implication /ɪmplɪˈkeɪʃn/ *n* implicazione *f*; **by** ~ implicitamente
implicit /ɪmˈplɪsɪt/ *adj* implicito; (absolute) assoluto
implicitly /ɪmˈplɪsɪtlɪ/ *adv* implicitamente; (absolutely) completamente
implied /ɪmˈplaɪd/ *adj* implicito, sottinteso
implore /ɪmˈplɔː(r)/ *vt* implorare
imploring /ɪmˈplɔːrɪŋ/ *adj* implorante
implosion /ɪmˈpləʊʒn/ *n* implosione *f*
imply /ɪmˈplaɪ/ *vt* (*pt/pp* **-ied**) implicare; **what are you ~ing?** che cosa vorresti insinuare?
impolite /ɪmpəˈlaɪt/ *adj* sgarbato
impolitely /ɪmpəˈlaɪtlɪ/ *adv* sgarbatamente
import¹ /ˈɪmpɔːt/ *n* Comm importazione *f*; (importance) importanza *f*; (meaning) rilevanza *f*
import² /ɪmˈpɔːt/ *vt* importare
importance /ɪmˈpɔːtəns/ *n* importanza *f*
important /ɪmˈpɔːtənt/ *adj* importante
importation /ɪmpɔːˈteɪʃn/ *n* Comm importazione *f*
import duty /ˈɪmpɔːt/ *n* dazio *m* d'importazione
importer /ɪmˈpɔːtə(r)/ *n* importatore, -trice *mf*
import-export /ˈɪmpɔːtˈekspɔːt/ *n* import-export *m inv*
importing country /ɪmˈpɔːtɪŋ/ *n* paese *m* di importazione
impose /ɪmˈpəʊz/ **A** *vt* imporre (**on** a) **B** *vi* imporsi; ~ **on** abusare di
imposing /ɪmˈpəʊzɪŋ/ *adj* imponente
imposition /ɪmpəˈzɪʃn/ *n* imposizione *f*
impossibility /ɪmˈpɒsɪbɪlətɪ/ *n* impossibilità *f*
impossible /ɪmˈpɒsəbl/ *adj* impossibile
impossibly /ɪmˈpɒsəblɪ/ *adv* impossibilmente
impostor /ɪmˈpɒstə(r)/ *n* impostore, -a *mf*
impotence /ˈɪmpətəns/ *n* impotenza *f*
impotent /ˈɪmpətənt/ *adj* impotente
impound /ɪmˈpaʊnd/ *vt* confiscare
impoverished /ɪmˈpɒvərɪʃt/ *adj* impoverito
impracticable /ɪmˈpræktɪkəbl/ *adj* impraticabile
impractical /ɪmˈpræktɪkl/ *adj* non pratico
imprecise /ɪmprɪˈsaɪs/ *adj* impreciso
impregnable /ɪmˈpregnəbl/ *adj* imprendibile
impregnate /ˈɪmpregneɪt/ *vt* impregnare (**with** di); Biol fecondare
impresario /ɪmprɪˈsɑːrɪəʊ/ *n* (*pl* **-os**) impresario *m* (*di spettacoli*)
impress /ɪmˈpres/ *vt* imprimere; fig colpire (*positivamente*); ~ **something [up]on somebody** fare capire qualcosa a qualcuno
impression /ɪmˈpreʃn/ *n* impressione *f*; (imitation) imitazione *f*
impressionable /ɪmˈpreʃənəbl/ *adj* ‹*child, mind*› influenzabile
Impressionism /ɪmˈpreʃənɪzm/ *n* impressionismo *m*
impressionist /ɪmˈpreʃənɪst/ *n* **1** (mimic) imitatore, -trice *mf* **2** (artist) impressionista *mf*
impressionistic /ɪmpreʃəˈnɪstɪk/ *adj* impressionista; ‹*account*› approssimativo
impressive /ɪmˈpresɪv/ *adj* imponente
imprint¹ /ˈɪmprɪnt/ *n* impressione *f*
imprint² /ɪmˈprɪnt/ *vt* imprimere; ~**ed on my mind** impresso nella mia memoria
imprison /ɪmˈprɪzən/ *vt* incarcerare
imprisonment /ɪmˈprɪzənmənt/ *n* reclusione *f*
improbable /ɪmˈprɒbəbl/ *adj* improbabile
impromptu /ɪmˈprɒmptjuː/ **A** *adj* improvvisato **B** *adv* in modo improvvisato
improper /ɪmˈprɒpə(r)/ *adj* ‹*use*› improprio; ‹*behaviour*› scorretto
improperly /ɪmˈprɒpəlɪ/ *adv* scorrettamente
impropriety /ɪmprəˈpraɪətɪ/ *n* scorrettezza *f*
improve /ɪmˈpruːv/ *vt & vi* migliorare
■ **improve [up]on** *vt* perfezionare
improvement /ɪmˈpruːvmənt/ *n* miglioramento *m*
improvident /ɪmˈprɒvɪdənt/ *adj* (heedless of the future) imprevidente
improvisation /ɪmprəvaɪˈzeɪʃn/ *n* improvvisazione *f*
improvise /ˈɪmprəvaɪz/ *vt & vi* improvvisare
imprudent /ɪmˈpruːdənt/ *adj* imprudente
impudence /ˈɪmpjʊdəns/ *n* sfrontatezza *f*

impudent /ˈɪmpjʊdənt/ *adj* sfrontato
impudently /ˈɪmpjʊdəntlɪ/ *adv* sfrontatamente
impulse /ˈɪmpʌls/ *n* impulso *m*; **on [an] ~** impulsivamente
impulse buy *n* acquisto *m* d'impulso
impulse buying *n* acquisti *mpl* fatti d'impulso
impulsive /ɪmˈpʌlsɪv/ *adj* impulsivo
impulsively /ɪmˈpʌlsɪvlɪ/ *adv* impulsivamente
impunity /ɪmˈpjuːnətɪ/ *n* **with ~** impunemente
impure /ɪmˈpjʊə(r)/ *adj* impuro
impurity /ɪmˈpjʊərətɪ/ *n* impurità *f*; **impurities** *pl* impurità *fpl*
impute /ɪmˈpjuːt/ *vt* imputare (**to** a)
in /ɪn/ **A** *prep* in; (with names of towns) a; **in the garden** in giardino; **in the street** in *or* per strada; **in bed/hospital** a letto/all'ospedale; **in the world** nel mondo; **in the rain** sotto la pioggia; **in the sun** al sole; **in this heat** con questo caldo; **in summer/winter** in estate/inverno; **in 1995** nel 1995; **in the evening** la sera; **he's arriving in two hours' time** arriva fra due ore; **deaf in one ear** sordo da un orecchio; **in the army** nell'esercito; **in English/Italian** in inglese/italiano; **in ink/pencil** a penna/matita; **in red** ‹*dressed, circled*› di rosso; **the man in the raincoat** l'uomo con l'impermeabile; **in a soft/loud voice** a voce bassa/alta; **one in ten people** una persona su dieci; **in doing this, he...** nel far questo, ...; **in itself** in sé; **in that** in quanto
B *adv* (at home) a casa; (indoors) dentro; **he's not in yet** non è ancora arrivato; **in there/here** lì/qui dentro; **ten in all** dieci in tutto; **day in, day out** giorno dopo giorno; **have it in for somebody** infml avercela con qualcuno; **send him in** fallo entrare; **come in** entrare; **bring in the washing** portare dentro i panni
C *adj* infml (in fashion) di moda
D *n* **the ins and outs** i dettagli
in. *abbr* (**inch**) pollice *m*
inability /ɪnəˈbɪlətɪ/ *n* incapacità *f*
inaccessible /ɪnækˈsesəbl/ *adj* inaccessibile
inaccuracy /ɪnˈækjʊrəsɪ/ *n* inesattezza *f*
inaccurate /ɪnˈækjʊrət/ *adj* inesatto
inaccurately /ɪnˈækjʊrətlɪ/ *adv* in modo inesatto
inaction /ɪnˈækʃn/ *n* (not being active) inazione *f*; (failure to act) inerzia *f*
inactive /ɪnˈæktɪv/ *adj* inattivo
inactivity /ɪnækˈtɪvətɪ/ *n* inattività *f*
inadequacy /ɪnˈædɪkwəsɪ/ *n* inadeguatezza *f*
inadequate /ɪnˈædɪkwət/ *adj* inadeguato
inadequately /ɪnˈædɪkwətlɪ/ *adv* inadeguatamente

parola chiave

inadmissible /ɪnædˈmɪsəbl/ *adj* inammissibile
inadvertent /ɪnədˈvɜːtənt/ *adj* involontario
inadvertently /ɪnədˈvɜːtəntlɪ/ *adv* inavvertitamente
inadvisable /ɪnædˈvaɪzəbl/ *adj* sconsigliabile
inalienable /ɪnˈeɪlɪənəbl/ *adj* inalienabile
inane /ɪˈneɪn/ *adj* futile
inanely /ɪˈneɪnlɪ/ *adv* in modo vacuo
inanimate /ɪnˈænɪmət/ *adj* esanime
inanity /ɪˈnænətɪ/ *n* stupidità *f*
inapplicable /ɪnəˈplɪkəbl/ *adj* inapplicabile
inappropriate /ɪnəˈprəʊprɪət/ *adj* inadatto
inapt /ɪnˈæpt/ *adj* (inappropriate) inappropriato
inarticulate /ɪnɑːˈtɪkjʊlət/ *adj* inarticolato
inasmuch /ɪnəzˈmʌtʃ/ *conj* **~ as** (insofar as) in quanto; (seeing that) poiché
inattention /ɪnəˈtenʃn/ *n* disattenzione *f*
inattentive /ɪnəˈtentɪv/ *adj* disattento
inaudible /ɪnˈɔːdəbl/ *adj* impercettibile
inaudibly /ɪnˈɔːdəblɪ/ *adv* in modo impercettibile
inaugural /ɪˈnɔːgjʊrəl/ *adj* inaugurale
inaugurate /ɪˈnɔːgjʊreɪt/ *vt* inaugurare
inauguration /ɪnɔːgjʊˈreɪʃn/ *n* inaugurazione *f*
inauspicious /ɪnɔːˈspɪʃəs/ *adj* infausto
in-between *adj* intermedio
inborn /ˈɪnbɔːn/ *adj* innato
inbox /ˈɪnbɒks/ *n* posta *f* in arrivo
inbred /ɪnˈbred/ *adj* congenito
inbreeding /ɪnˈbriːdɪŋ/ *n* (in animals) inbreeding *m*; (in humans) unioni *mpl* fra consanguinei
inbuilt /ɪnˈbɪlt/ *adj* ‹*feeling*› innato
Inc. *abbr* (**Incorporated**) Spa *f*
incalculable /ɪnˈkælkjʊləbl/ *adj* incalcolabile
incandescence /ɪnkænˈdesəns/ *n* literary incandescenza *f*
incandescent /ɪnkænˈdesənt/ *adj* literary incandescente
incapable /ɪnˈkeɪpəbl/ *adj* incapace
incapacitate /ɪnkəˈpæsɪteɪt/ *vt* rendere incapace
incapacity /ɪnkəˈpæsətɪ/ *n* incapacità *f*
incarcerate /ɪnˈkɑːsəreɪt/ *vt* incarcerare
incarnate /ɪnˈkɑːnət/ *adj* **the devil ~** il diavolo in carne e ossa
incarnation /ɪnkɑːˈneɪʃn/ *n* incarnazione *f*
incendiary /ɪnˈsendɪərɪ/ **A** *adj* incendiario
B *n* **~ [bomb]** bomba *f* incendiaria
incendiary device *n* ordigno *m* incendiario
incense¹ /ˈɪnsens/ *n* incenso *m*
incense² /ɪnˈsens/ *vt* esasperare
incensed /ɪnˈsenst/ *adj* furibondo
incentive /ɪnˈsentɪv/ *n* incentivo *m*
incentive scheme *n* piano *m* di incentivi
inception /ɪnˈsepʃn/ *n* inizio *m*

incessant /ɪn'sesənt/ *adj* incessante
incessantly /ɪn'sesəntlɪ/ *adv* incessantemente
incest /'ɪnsest/ *n* incesto *m*
incestuous /ɪn'sestjʊəs/ *adj* incestuoso
inch /ɪntʃ/ **A** *n* pollice *m* (= 2,54 cm)
B *vi* ~ **forward** avanzare gradatamente
incidence /'ɪnsɪdəns/ *n* incidenza *f*
incident /'ɪnsɪdənt/ *n* incidente *m*
incidental /ɪnsɪ'dentl/ *adj* incidentale; ~ **expenses** spese *fpl* accessorie
incidentally /ɪnsɪ'dent(ə)lɪ/ *adv* incidentalmente; (by the way) a proposito
incident room *n* (for criminal investigation) centrale *f* operativa
incinerate /ɪn'sɪnəreɪt/ *vt* incenerire
incinerator /ɪn'sɪnəreɪtə(r)/ *n* inceneritore *m*
incipient /ɪn'sɪpɪənt/ *adj* incipiente
incision /ɪn'sɪʒn/ *n* incisione *f*
incisive /ɪn'saɪsɪv/ *adj* incisivo
incisor /ɪn'saɪzə(r)/ *n* incisivo *m*
incite /ɪn'saɪt/ *vt* incitare
incitement /ɪn'saɪtmənt/ *n* incitamento *m*
incivility /ɪnsɪ'vɪlətɪ/ *n* scortesia *f*
incl. *abbr* **1** (**inclusive**) comprensivo **2** (**including**) incluso
inclement /ɪn'klemənt/ *adj* inclemente
inclination /ɪnklɪ'neɪʃn/ *n* inclinazione *f*
incline¹ /ɪn'klaɪn/ **A** *vt* inclinare; **be ~d to do something** essere propenso a fare qualcosa
B *vi* inclinarsi
incline² /'ɪnklaɪn/ *n* pendio *m*
include /ɪn'klu:d/ *vt* includere
including /ɪn'klu:dɪŋ/ *prep* incluso
inclusion /ɪn'klu:ʒn/ *n* inclusione *f*
inclusive /ɪn'klu:sɪv/ **A** *adj* incluso; ~ **of** comprendente; **be ~ of** comprendere
B *adv* incluso
incognito /ɪnkɒg'ni:təʊ/ *adv* in incognito
incoherent /ɪnkə'hɪərənt/ *adj* incoerente; (because drunk etc) incomprensibile
incoherently /ɪnkə'hɪərəntlɪ/ *adv* incoerentemente; (because drunk etc) incomprensibilmente
income /'ɪnkəm/ *n* reddito *m*
income bracket *n* fascia *f* di reddito
income tax *n* imposta *f* sul reddito
income tax return *n* dichiarazione *f* dei redditi
incoming /'ɪnkʌmɪŋ/ *adj* in arrivo; ~ **tide** marea *f* montante
incommunicado /ɪnkəmju:nɪ'kɑ:dəʊ/ *adj* (involuntarily) segregato; **he's ~** (in meeting) non vuole essere disturbato
incomparable /ɪn'kɒmp(ə)rəbl/ *adj* incomparabile
incompatibility /ɪnkəmpætɪ'bɪlətɪ/ *n* incompatibilità *f*
incompatible /ɪnkəm'pætəbl/ *adj* incompatibile
incompetence /ɪn'kɒmpɪtəns/ *n* incompetenza *f*
incompetent /ɪn'kɒmpɪtənt/ *adj* incompetente
incomplete /ɪnkəm'pli:t/ *adj* incompleto
incomprehensible /ɪnkɒmprɪ'hensəbl/ *adj* incomprensibile
inconceivable /ɪnkən'si:vəbl/ *adj* inconcepibile
inconclusive /ɪnkən'klu:sɪv/ *adj* inconcludente
incongruity /ɪnkɒŋ'gru:ətɪ/ *n* (of appearance) contrasto *m*; (of situation) assurdità *f*
incongruous /ɪn'kɒŋgrʊəs/ *adj* contrastante
inconsequential /ɪnkɒnsɪ'kwenʃl/ *adj* senza importanza
inconsiderate /ɪnkən'sɪdərət/ *adj* trascurabile
inconsistency /ɪnkən'sɪstənsɪ/ *n* incoerenza *f*
inconsistent /ɪnkən'sɪstənt/ *adj* incoerente; **be ~ with** non essere coerente con
inconsistently /ɪnkən'sɪstəntlɪ/ *adv* in modo incoerente
inconsolable /ɪnkən'səʊləbl/ *adj* inconsolabile
inconspicuous /ɪnkən'spɪkjʊəs/ *adj* non appariscente
inconspicuously /ɪnkən'spɪkjʊəslɪ/ *adv* modestamente
inconstancy /ɪn'kɒnstənsɪ/ *n* incostanza *f*
inconstant /ɪn'kɒnstənt/ *adj* ‹*conditions*› variabile; ‹*lover*› volubile
incontestable /ɪnkən'testəbl/ *adj* incontestabile
incontinence /ɪn'kɒntɪnəns/ *n* incontinenza *f*
incontinent /ɪn'kɒntɪnənt/ *adj* incontinente
inconvenience /ɪnkən'vi:nɪəns/ *n* scomodità *f*; (drawback) inconveniente *m*; **put somebody to ~** dare disturbo a qualcuno
inconvenient /ɪnkən'vi:nɪənt/ *adj* scomodo; ‹*time, place*› inopportuno
inconveniently /ɪnkən'vi:nɪəntlɪ/ *adv* in modo inopportuno
incorporate /ɪn'kɔ:pəreɪt/ *vt* incorporare; (contain) comprendere
incorrect /ɪnkə'rekt/ *adj* incorretto
incorrectly /ɪnkə'rektlɪ/ *adv* scorrettamente
incorrigible /ɪn'kɒrɪdʒəbl/ *adj* incorreggibile
incorruptible /ɪnkə'rʌptəbl/ *adj* incorruttibile
increase¹ /'ɪnkri:s/ *n* aumento *m*; **on the ~** in aumento
increase² /ɪn'kri:s/ *vt & vi* aumentare
increased *adj* ‹*demand, risk*› maggiore
increasing /ɪn'kri:sɪŋ/ *adj* ‹*impatience etc*› crescente; ‹*numbers*› in aumento
increasingly /ɪn'kri:sɪŋlɪ/ *adv* sempre più
incredible /ɪn'kredəbl/ *adj* incredibile

incredibly /ɪnˈkredəblɪ/ *adv* incredibilmente
incredulity /ɪnkrəˈdjuːlətɪ/ *n* incredulità *f*
incredulous /ɪnˈkredjʊləs/ *adj* incredulo
increment /ˈɪnkrɪmənt/ *n* incremento *m*
incremental /ɪnkrɪˈmentəl/ *adj* Comput, Math incrementale; ‹*effect, measures*› progressivo
incriminate /ɪnˈkrɪmɪneɪt/ *vt* Jur incriminare
incriminating /ɪnˈkrɪmɪneɪtɪŋ/ *adj* ‹*evidence*› incriminante
in-crowd *n* **be in with the ~** frequentare gente alla moda
incubate /ˈɪŋkjʊbeɪt/ *vt* incubare
incubation /ɪŋkjʊˈbeɪʃn/ *n* incubazione *f*
incubation period *n* Med periodo *m* di incubazione
incubator /ˈɪnkjʊbeɪtə(r)/ *n* (for baby) incubatrice *f*
inculcate /ˈɪnkʌlkeɪt/ *vt* inculcare
incumbent /ɪnˈkʌmbənt/ *adj* **be ~ on somebody** incombere a qualcuno
incur /ɪnˈkɜː(r)/ *vt* (*pt/pp* **incurred**) incorrere; contrarre ‹*debts*›
incurable /ɪnˈkjʊərəbl/ *adj* incurabile
incurably /ɪnˈkjʊərəblɪ/ *adv* incurabilmente
incursion /ɪnˈkɜːʃn/ *n* incursione *f*
indebted /ɪnˈdetɪd/ *adj* obbligato (**to** verso)
indecency /ɪnˈdiːsənsɪ/ *n* oscenità *f*; (offence) atti *mpl* osceni; **gross ~** atti *mpl* osceni
indecent /ɪnˈdiːsənt/ *adj* indecente
indecent assault *n* atti *mpl* di libidine violenta
indecent exposure *n* esibizionismo *m* (*dei genitali*)
indecipherable /ɪndɪˈsaɪfərəbl/ *adj* indecifrabile
indecision /ɪndɪˈsɪʒn/ *n* indecisione *f*
indecisive /ɪndɪˈsaɪsɪv/ *adj* indeciso
indecisiveness /ɪndɪˈsaɪsɪvnɪs/ *n* indecisione *f*
indeed /ɪnˈdiːd/ *adv* (in fact) difatti; **yes ~!** sì, certamente!; **~ I am/do** veramente!; **very much ~** moltissimo; **thank you very much ~** grazie infinite; **~?** davvero?
indefatigable /ɪndɪˈfætɪgəbl/ *adj* instancabile
indefensible /ɪndɪˈfensəbl/ *adj* Mil indifendibile; (morally) ingiustificabile; (logically) insostenibile
indefinable /ɪndɪˈfaɪnəbl/ *adj* indefinibile
indefinite /ɪnˈdefɪnɪt/ *adj* indefinito
indefinitely /ɪnˈdefɪnɪtlɪ/ *adv* indefinitamente; ‹*postpone*› a tempo indeterminato
indelible /ɪnˈdeləbl/ *adj* indelebile
indelibly /ɪnˈdeləblɪ/ *adv* in modo indelebile
indelicacy /ɪnˈdelɪkəsɪ/ *n* (tactlessness) mancanza *f* di tatto; (coarseness) rozzezza *f*

indelicate /ɪnˈdelɪkət/ *adj* (tactless) privo di tatto; (coarse) rozzo
indemnity /ɪnˈdemnətɪ/ *n* indennità *f*
indent¹ /ˈɪndent/ *n* Typ rientro *m* dal margine
indent² /ɪnˈdent/ *vt* Typ fare rientrare dal margine
indentation /ɪndenˈteɪʃn/ *n* (notch) intaccatura *f*
independence /ɪndɪˈpendəns/ *n* indipendenza *f*
Independence Day *n* AmE = *anniversario* (*m*) *dell'Indipendenza degli USA (4 luglio)*
independent /ɪndɪˈpendənt/ *adj* indipendente
independently /ɪndɪˈpendəntlɪ/ *adv* indipendentemente
in-depth *adj* ‹*analysis, study, knowledge*› approfondito
indescribable /ɪndɪˈskraɪbəbl/ *adj* indescrivibile
indescribably /ɪndɪˈskraɪbəblɪ/ *adv* indescrivibilmente
indestructible /ɪndɪˈstrʌktəbl/ *adj* indistruttibile
indeterminate /ɪndɪˈtɜːmɪnət/ *adj* indeterminato
index /ˈɪndeks/ *n* indice *m*
indexation /ɪndekˈseɪʃn/ *n* indicizzazione *f*
index card *n* scheda *f*
index finger *n* dito *m* indice
index-linked *adj* ‹*pension*› legato al costo della vita
India /ˈɪndɪə/ *n* India *f*
Indian /ˈɪndɪən/ **A** *adj* indiano; (American) degli indiani [d'America]
B *n* indiano, -a *mf*; (American) indiano [d'America], pellerossa *mf inv*
Indian elephant *n* elefante *m* indiano
Indian ink *n* inchiostro *m* di china
Indian Ocean *n* oceano *m* Indiano
Indian summer *n* estate *f* di San Martino
indicate /ˈɪndɪkeɪt/ **A** *vt* indicare; (register) segnare
B *vi* Auto mettere la freccia; **~ left** mettere la freccia a sinistra
indication /ɪndɪˈkeɪʃn/ *n* indicazione *f*
indicative /ɪnˈdɪkətɪv/ **A** *adj* **be ~ of** essere indicativo di
B *n* Gram indicativo *m*
indicator /ˈɪndɪkeɪtə(r)/ *n* Auto freccia *f*
indict /ɪnˈdaɪt/ *vt* accusare
indictment /ɪnˈdaɪtmənt/ *n* Jur imputazione *f*
indie /ˈɪndɪ/ **A** *adj* infml Cinema, Mus indipendente
B *n* (band) *gruppo* (*m*) *musicale legato a una casa discografica indipendente*; (film) *film* (*m*) *prodotto da una casa di produzione indipendente*
indifference /ɪnˈdɪf(ə)rəns/ *n* indifferenza *f*

parola chiave

indifferent /ɪn'dɪf(ə)rənt/ *adj* indifferente; (not good) mediocre
indifferently /ɪn'dɪf(ə)rəntlɪ/ *adv* in modo indifferente; (not well) in modo mediocre
indigenous /ɪn'dɪdʒɪnəs/ *adj* indigeno
indigestible /ɪndɪ'dʒestəbl/ *adj* indigesto
indigestion /ɪndɪ'dʒestʃn/ *n* indigestione *f*
indignant /ɪn'dɪgnənt/ *adj* indignato
indignantly /ɪn'dɪgnəntlɪ/ *adv* con indignazione
indignation /ɪndɪg'neɪʃn/ *n* indignazione *f*
indignity /ɪn'dɪgnətɪ/ *n* umiliazione *f*
indigo /'ɪndɪgəʊ/ *n* indaco *m*
indirect /ɪndaɪ'rekt/ *adj* indiretto
indirectly /ɪndaɪ'rektlɪ/ *adv* indirettamente
indirect speech *n* discorso *m* indiretto
indiscernible /ɪndɪ'sɜ:nəbl/ *adj* indistinguibile
indiscreet /ɪndɪ'skri:t/ *adj* indiscreto
indiscretion /ɪndɪ'skreʃn/ *n* indiscrezione *f*
indiscriminate /ɪndɪ'skrɪmɪnət/ *adj* indiscriminato
indiscriminately /ɪndɪ'skrɪmɪnətlɪ/ *adv* senza distinzione
indispensable /ɪndɪ'spensəbl/ *adj* indispensabile
indisposed /ɪndɪ'spəʊzd/ *adj* indisposto
indisputable /ɪndɪ'spju:təbl/ *adj* indisputabile
indisputably /ɪndɪ'spju:təblɪ/ *adv* indisputabilmente
indistinct /ɪndɪ'stɪŋkt/ *adj* indistinto
indistinctly /ɪndɪ'stɪŋktlɪ/ *adv* indistintamente
indistinguishable /ɪndɪ'stɪŋgwɪʃəbl/ *adj* indistinguibile
individual /ɪndɪ'vɪdjʊəl/ **A** *adj* individuale **B** *n* individuo *m*
individualist /ɪndɪ'vɪdjʊəlɪst/ *n* individualista *mf*
individualistic /ɪndɪvɪdjʊə'lɪstɪk/ *adj* individualistico
individuality /ɪndɪvɪdjʊ'ælətɪ/ *n* individualità *f*
individually /ɪndɪ'vɪdjʊəlɪ/ *adv* individualmente
indivisible /ɪndɪ'vɪzəbl/ *adj* indivisibile
Indo-China /ɪndəʊ'tʃaɪnə/ *n* Indocina *f*
indoctrinate /ɪn'dɒktrɪneɪt/ *vt* indottrinare
Indo-European /ɪndəʊjʊərə'pɪən/ *adj* indoeuropeo
indolence /'ɪndələns/ *n* indolenza *f*
indolent /'ɪndələnt/ *adj* indolente
indomitable /ɪn'dɒmɪtəbl/ *adj* indomito
Indonesia /ɪndə'ni:zjə/ *n* Indonesia *f*
Indonesian /ɪndə'ni:zjən/ *adj* & *n* (person) indonesiano, -a *mf*; (language) indonesiano *m*
indoor /'ɪndɔ:(r)/ *adj* interno; ‹*shoes*› per casa; ‹*plant*› da appartamento; ‹*swimming pool etc*› coperto
indoors /ɪn'dɔ:z/ *adv* dentro; **go ~** andare dentro
indubitable /ɪn'dju:bɪtəbl/ *adj* indubitabile
indubitably /ɪn'dju:bɪtəblɪ/ *adv* indubitabilmente
induce /ɪn'dju:s/ *vt* indurre (**to** a); (produce) causare
inducement /ɪn'dju:smənt/ *n* (incentive) incentivo *m*
induction /ɪn'dʌkʃn/ *n* (inauguration) introduzione *f*; (of labour) parto *m* indotto; Electr induzione *f*
induction ceremony *n* cerimonia *f* inaugurale
induction course *n* corso *m* introduttivo
induction loop *n* sistema *m* di amplificazione sonora
indulge /ɪn'dʌldʒ/ **A** *vt* soddisfare; viziare ‹*child*›
B *vi* **~ in** concedersi
indulgence /ɪn'dʌldʒəns/ *n* lusso *m*; (leniency) indulgenza *f*
indulgent /ɪn'dʌldʒənt/ *adj* indulgente
industrial /ɪn'dʌstrɪəl/ *adj* industriale
industrial accident *n* infortunio *m* sul lavoro
industrial action *n* sciopero *m*; **take ~** scioperare
industrial dispute *n* vertenza *f* sindacale
industrial espionage *n* spionaggio *m* industriale
industrial estate *n* zona *f* industriale
industrialist /ɪn'dʌstrɪəlɪst/ *n* industriale *mf*
industrialized /ɪn'dʌstrɪəlaɪzd/ *adj* industrializzato
industrial relations *npl* relazioni *fpl* industriali
industrial tribunal *n tribunale* (*m*) *competente per i conflitti di lavoro*
industrial waste *n* rifiuti *mpl* industriali
industrious /ɪn'dʌstrɪəs/ *adj* industrioso
industriously /ɪn'dʌstrɪəslɪ/ *adv* in modo industrioso
industry /'ɪndəstrɪ/ *n* industria *f*; (zeal) operosità *f*
inebriated /ɪ'ni:brɪeɪtɪd/ *adj* ebbro
inedible /ɪn'edəbl/ *adj* immangiabile
ineffective /ɪnɪ'fektɪv/ *adj* inefficace
ineffectively /ɪnɪ'fektɪvlɪ/ *adv* inutilmente, invano
ineffectual /ɪnɪ'fektʃʊəl/ *adj* inutile; ‹*person*› inconcludente
inefficiency /ɪnɪ'fɪʃənsɪ/ *n* inefficienza *f*
inefficient /ɪnɪ'fɪʃnt/ *adj* inefficiente
ineligible /ɪn'elɪdʒəbl/ *adj* inadatto
inept /ɪ'nept/ *adj* inetto
ineptitude /ɪ'neptɪtju:d/ *n* inettitudine *f*
inequality /ɪnɪ'kwɒlətɪ/ *n* ineguaglianza *f*
inert /ɪ'nɜ:t/ *adj* inerte
inertia /ɪ'nɜ:ʃə/ *n* inerzia *f*

inescapable /ɪnɪˈskeɪpəbl/ *adj* inevitabile
inestimable /ɪnˈestɪməbl/ *adj* inestimabile
inevitable /ɪnˈevɪtəbl/ *adj* inevitabile
inevitably /ɪnˈevɪtəblɪ/ *adv* inevitabilmente
inexact /ɪnɪgˈzækt/ *adj* inesatto
inexcusable /ɪnɪkˈskjuːzəbl/ *adj* imperdonabile
inexhaustible /ɪnɪgˈzɔːstəbl/ *adj* inesauribile
inexorable /ɪnˈeksərəbl/ *adj* inesorabile
inexorably /ɪnˈegzərəblɪ/ *adv* inesorabilmente
inexpensive /ɪnɪkˈspensɪv/ *adj* poco costoso
inexpensively /ɪnɪkˈspensɪvlɪ/ *adv* a buon mercato
inexperience /ɪnɪkˈspɪərɪəns/ *n* inesperienza *f*
inexperienced /ɪnɪkˈspɪərɪənst/ *adj* inesperto
inexplicable /ɪnɪkˈsplɪkəbl/ *adj* inesplicabile
inexplicably /ɪnɪkˈsplɪkəblɪ/ *adv* inesplicabilmente, inspiegabilmente
inextricable /ɪnɪkˈstrɪkəbl/ *adj* inestricabile
inextricably /ɪnɪkˈstrɪkəblɪ/ *adv* inestricabilmente
infallibility /ɪnfælɪˈbɪlətɪ/ *n* infallibilità *f*
infallible /ɪnˈfæləbl/ *adj* infallibile
infamous /ˈɪnfəməs/ *adj* infame; ‹*person*› famigerato
infamy /ˈɪnfəmɪ/ *n* infamia *f*
infancy /ˈɪnfənsɪ/ *n* infanzia *f*; **in its ~** fig agli inizi
infant /ˈɪnfənt/ *n* bambino, -a *mf* piccolo
infanticide /ɪnˈfæntɪsaɪd/ *n* infanticidio *m*
infantile /ˈɪnfəntaɪl/ *adj* infantile
infantry /ˈɪnfəntrɪ/ *n* fanteria *f*
infant school *n scuola (f) elementare per bambini dai 5 ai 7 anni*
infatuated /ɪnˈfætʃʊeɪtɪd/ *adj* infatuato (**with** di)
infatuation /ɪnfætʃʊˈeɪʃn/ *n* infatuazione *f*
infect /ɪnˈfekt/ *vt* infettare; **become ~ed** ‹*wound*› infettarsi
🔑 **infection** /ɪnˈfekʃn/ infezione *f*
infectious /ɪnˈfekʃəs/ *adj* infettivo
infer /ɪnˈfɜː(r)/ *vt* (*pt/pp* **inferred**) dedurre (**from** da); (imply) implicare
inference /ˈɪnfərəns/ *n* deduzione *f*
inferior /ɪnˈfɪərɪə(r)/ **A** *adj* inferiore; ‹*goods*› scadente; (in rank) subalterno **B** *n* inferiore *mf*; (in rank) subalterno, -a *mf*
inferiority /ɪnfɪərɪˈɒrətɪ/ *n* inferiorità *f*
inferiority complex *n* complesso *m* di inferiorità
infernal /ɪnˈfɜːnl/ *adj* infernale
inferno /ɪnˈfɜːnəʊ/ *n* inferno *m*
infertile /ɪnˈfɜːtaɪl/ *adj* sterile
infertility /ɪnfɜˈtɪlətɪ/ *n* sterilità *f*
infest /ɪnˈfest/ *vt* **be ~ed with** essere infestato di
infestation /ɪnfeˈsteɪʃn/ *n* infestazione *f*
infidelity /ɪnfɪˈdelətɪ/ *n* infedeltà *f*
infighting /ˈɪnfaɪtɪŋ/ *n* fig lotta *f* per il potere
infiltrate /ˈɪnfɪltreɪt/ *vt* infiltrare; Pol infiltrarsi in
infiltration /ɪnfɪlˈtreɪʃn/ *n* infiltrazione *f*
infinite /ˈɪnfɪnɪt/ *adj* infinito
infinitely /ˈɪnfɪnɪtlɪ/ *adv* infinitamente
infinitesimal /ɪnfɪnɪˈtesɪml/ *adj* infinitesimo
infinitive /ɪnˈfɪnətɪv/ *n* Gram infinito *m*
infinity /ɪnˈfɪnətɪ/ *n* infinità *f*
infinity pool *n* infinity pool *f inv*, piscina *f* a sfioro
infirm /ɪnˈfɜːm/ *adj* debole
infirmary /ɪnˈfɜːm(ə)rɪ/ *n* infermeria *f*
infirmity /ɪnˈfɜːmətɪ/ *n* debolezza *f*
in flagrante delicto /ɪnfləgrænˈtɪdɪˈlɪktəʊ/ *adv* in flagrante
inflame /ɪnˈfleɪm/ *vt* infiammare
inflamed /ɪnˈfleɪmd/ *adj* infiammato; **become ~** infiammarsi
inflammable /ɪnˈflæməbl/ *adj* infiammabile
inflammation /ɪnfləˈmeɪʃn/ *n* infiammazione *f*
inflammatory /ɪnˈflæmətrɪ/ *adj* incendiario
inflatable /ɪnˈfleɪtəbl/ *adj* gonfiabile
inflate /ɪnˈfleɪt/ *vt* gonfiare
inflated /ɪnˈfleɪtɪd/ *adj* ‹*price, fee, claim*› eccessivo; ‹*style*› ampolloso; ‹*tyre*› gonfio; **an ~ ego** un'alta opinione di sé
inflation /ɪnˈfleɪʃn/ *n* inflazione *f*
inflationary /ɪnˈfleɪʃənərɪ/ *adj* inflazionario
inflect /ɪnˈflekt/ *vt* flettere ‹*noun, adjective*›; modulare ‹*voice*›
inflected /ɪnˈflektɪd/ *adj* ‹*language*› flessivo; ‹*form*› flesso
inflection /ɪnˈflekʃn/ *n* (of voice) modulazione *f*
inflexible /ɪnˈfleksəbl/ *adj* inflessibile
inflexion /ɪnˈflekʃn/ *n* inflessione *f*
inflict /ɪnˈflɪkt/ *vt* infliggere (**on** a)
in-flight *adj* a bordo
🔑 **influence** /ˈɪnfluəns/ **A** *n* influenza *f*; **use one's ~** esercitare la propria influenza **B** *vt* influenzare
influential /ɪnflʊˈenʃl/ *adj* influente
influenza /ɪnflʊˈenzə/ *n* influenza *f*
influx /ˈɪnflʌks/ *n* affluenza *f*
info /ˈɪnfəʊ/ *n* infml informazione *f*
🔑 **inform** /ɪnˈfɔːm/ **A** *vt* informare; **keep somebody ~ed** tenere qualcuno al corrente **B** *vi* **~ against** denunziare
informal /ɪnˈfɔːməl/ *adj* informale; ‹*agreement*› ufficioso
informality /ɪnfɔˈmælətɪ/ *n* informalità *f*
informally /ɪnˈfɔːməlɪ/ *adv* in modo informale
informant /ɪnˈfɔːmənt/ *n* informatore, -trice *mf*

🔑 parola chiave

information /ɪnfəˈmeɪʃn/ *n* informazioni *fpl*; **a piece of ~** un'informazione
information and communication technology *n* tecnologia *f* dell'informazione e della comunicazione
information desk *n* banco *m* informazioni
information highway *n* autostrada *f* telematica
information officer *n* addetto, -a *mf* stampa
information pack *n* pacchetto *m* informativo
information processing *n* elaborazione *f* dati
information superhighway *n* Comput autostrada *f* dell'informazione
information system *n* sistema *m* informativo
information technology *n* informatica *f*
informative /ɪnˈfɔːmətɪv/ *adj* informativo; ‹*film, book*› istruttivo
informer /ɪnˈfɔːmə(r)/ *n* informatore, -trice *mf*; Pol delatore, -trice *mf*
infra-red /ɪnfrəˈred/ *adj* infrarosso
infrastructure /ˈɪnfrəstrʌktʃə(r)/ *n* infrastruttura *f*
infrequent /ɪnˈfriːkwənt/ *adj* infrequente
infrequently /ɪnˈfriːkwəntlɪ/ *adv* raramente
infringe /ɪnˈfrɪndʒ/ *vt* **~ on** usurpare
infringement /ɪnˈfrɪndʒmənt/ *n* violazione *f*
infuriate /ɪnˈfjʊərɪeɪt/ *vt* infuriare
infuriating /ɪnˈfjʊərɪeɪtɪŋ/ *adj* esasperante
infuse /ɪnˈfjuːz/ *vi* ‹*tea*› restare in infusione
infusion /ɪnˈfjuːʒn/ *n* (drink) infusione *f*; (of capital, new blood) afflusso *m*
ingenious /ɪnˈdʒiːnɪəs/ *adj* ingegnoso
ingenuity /ɪndʒɪˈnjuːətɪ/ *n* ingegnosità *f*
ingenuous /ɪnˈdʒenjʊəs/ *adj* ingenuo
ingest /ɪnˈdʒest/ *vt* ingerire ‹*food*›; assimilare ‹*fact*›
ingot /ˈɪŋgət/ *n* lingotto *m*
ingrained /ɪnˈgreɪnd/ *adj* (in person) radicato; ‹*dirt*› incrostato
ingratiate /ɪnˈgreɪʃɪeɪt/ *vt* **~ oneself with somebody** ingraziarsi qualcuno
ingratitude /ɪnˈgrætɪtjuːd/ *n* ingratitudine *f*
ingredient /ɪnˈgriːdɪənt/ *n* ingrediente *m*
ingrowing /ˈɪngrəʊɪŋ/ *adj* ‹*nail*› incarnito
inhabit /ɪnˈhæbɪt/ *vt* abitare
inhabitable /ɪnˈhæbɪtəbl/ *adj* abitabile
inhabitant /ɪnˈhæbɪtənt/ *n* abitante *mf*
inhale /ɪnˈheɪl/ **A** *vt* aspirare; Med inalare **B** *vi* inspirare; (when smoking) aspirare
inhaler /ɪnˈheɪlə(r)/ *n* (device) inalatore *m*
inherent /ɪnˈhɪərənt/ *adj* inerente
inherit /ɪnˈherɪt/ *vt* ereditare
inheritance /ɪnˈherɪtəns/ *n* eredità *f*
inhibit /ɪnˈhɪbɪt/ *vt* inibire
inhibited /ɪnˈhɪbɪtɪd/ *adj* inibito
inhibition /ɪnhɪˈbɪʃn/ *n* inibizione *f*
inhospitable /ɪnhɒˈspɪtəbl/ *adj* inospitale
in-house *adj* ‹*training*› interno all'azienda; ‹*magazine*› aziendale
inhuman /ɪnˈhjuːmən/ *adj* disumano
inhumanity /ˌɪnhjuːˈmænətɪ/ *n* disumanità *f*
inimitable /ɪˈnɪmɪtəbl/ *adj* inimitabile
iniquitous /ɪˈnɪkwɪtəs/ *adj* iniquo
initial /ɪˈnɪʃl/ **A** *adj* iniziale **B** *n* iniziale *f* **C** *vt* (*pt/pp* **initialled**) siglare
initially /ɪˈnɪʃəlɪ/ *adv* all'inizio
initiate /ɪˈnɪʃɪeɪt/ *vt* iniziare
initiation /ɪnɪʃɪˈeɪʃn/ *n* iniziazione *f*
initiative /ɪˈnɪʃətɪv/ *n* iniziativa *f*; **take the ~** prendere l'iniziativa
inject /ɪnˈdʒekt/ *vt* iniettare
injection /ɪnˈdʒekʃn/ *n* iniezione *f*
in-joke *n* **it's an ~** è una battuta tra di noi/loro
injunction /ɪnˈdʒʌŋkʃn/ *n* ingiunzione *f*
injure /ˈɪndʒə(r)/ *vt* ferire; (wrong) nuocere
injured /ˈɪndʒəd/ **A** *adj* ferito; Jur **the ~ party** la parte lesa **B** *npl* **the ~** i feriti
injury /ˈɪndʒərɪ/ *n* ferita *f*; (wrong) torto *m*
injury time *n* Sport recupero *m*
injustice /ɪnˈdʒʌstɪs/ *n* ingiustizia *f*; **do somebody an ~** giudicare qualcuno in modo sbagliato
ink /ɪŋk/ *n* inchiostro *m*
ink-jet printer *n* stampante *f* a getto d'inchiostro
inkling /ˈɪŋklɪŋ/ *n* sentore *m*
inky /ˈɪŋkɪ/ *adj* macchiato d'inchiostro
inlaid /ɪnˈleɪd/ *adj* intarsiato
inland /ˈɪnlənd/ **A** *adj* interno **B** *adv* all'interno
Inland Revenue *n* fisco *m*
in-laws /ˈɪnlɔːz/ *npl* infml parenti *mpl* acquisiti
inlay /ˈɪnleɪ/ *n* intarsio *m*
inlet /ˈɪnlet/ *n* insenatura *f*; Techn entrata *f*
inmate /ˈɪnmeɪt/ *n* (of hospital) degente *mf*; (of prison) detenuto, -a *mf*
inn /ɪn/ *n* locanda *f*
innards /ˈɪnədz/ *npl* infml frattaglie *fpl*
innate /ɪˈneɪt/ *adj* innato
inner /ˈɪnə(r)/ *adj* interno
inner city **A** *n quartieri* (*mpl*) *nel centro di una città caratterizzati da problemi sociali* **B** *attrib* ‹*problems*› dell'area urbana con problemi sociali
inner ear *n* orecchio *m* interno
innermost /ˈɪnəməʊst/ *adj* il più profondo
inner tube *n* camera *f* d'aria
innings /ˈɪnɪŋz/ *nsg* (in cricket) turno *m* di battuta; **have had a good ~** BrE fig (when leaving job etc) aver avuto una carriera lunga

i

e gratificante; (when dead) aver avuto una vita lunga e piena di soddisfazioni

innkeeper /ˈɪnkiːpə(r)/ *n* locandiere, -a *mf*

innocence /ˈɪnəsəns/ *n* innocenza *f*

innocent /ˈɪnəsənt/ *adj* innocente

innocently /ˈɪnəsəntlɪ/ *adv* innocentemente

innocuous /ɪˈnɒkjʊəs/ *adj* innocuo

innovate /ˈɪnəveɪt/ *vi* innovare

innovation /ɪnəˈveɪʃn/ *n* innovazione *f*

innovative /ˈɪnəvətɪv/ *adj* innovativo

innovator /ˈɪnəveɪtə(r)/ *n* innovatore, -trice *mf*

innuendo /ɪnjʊˈendəʊ/ *n* (*pl* **-es**) insinuazione *f*

innumerable /ɪˈnjuːmərəbl/ *adj* innumerevole

inoculate /ɪˈnɒkjʊleɪt/ *vt* vaccinare

inoculation /ɪnɒkjʊˈleɪʃn/ *n* vaccinazione *f*

inoffensive /ɪnəˈfensɪv/ *adj* inoffensivo

inoperable /ɪnˈɒpərəbl/ *adj* inoperabile

inopportune /ɪnˈɒpətjuːn/ *adj* inopportuno

inordinate /ɪˈnɔːdɪnət/ *adj* smodato

inordinately /ɪˈnɔːdɪnətlɪ/ *adv* smodatamente

inorganic /ɪnɔːˈgænɪk/ *adj* inorganico

in-patient *n* degente *mf*

input /ˈɪnpʊt/ *n* input *m inv*, ingresso *m*

inquest /ˈɪnkwest/ *n* inchiesta *f*

inquire /ɪnˈkwaɪə(r)/ **A** *vi* informarsi (**about** su); ~ **into** far indagini su
B *vt* domandare

inquiring /ɪnˈkwaɪərɪŋ/ *adj* ‹*mind*› curioso; ‹*look, voice*› interrogativo

inquiry /ɪnˈkwaɪərɪ/ *n* domanda *f*; (investigation) inchiesta *f*

inquisitive /ɪnˈkwɪzətɪv/ *adj* curioso

inquisitively /ɪnˈkwɪzɪtɪvlɪ/ *adv* con molta curiosità

inroad /ˈɪnrəʊd/ *n* **make ~s into** intaccare ‹*savings*›; cominciare a risolvere ‹*problem*›

INS *n abbr* AmE (**Immigration and Naturalization Service**) *ufficio* (*m*) *immigrazione e naturalizzazione*

insalubrious /ɪnsəˈluːbrɪəs/ *adj* (dirty) insalubre; (sleazy) sordido

insane /ɪnˈseɪn/ *adj* pazzo; fig insensato

insanitary /ɪnˈsænɪt(ə)rɪ/ *adj* malsano

insanity /ɪnˈsænətɪ/ *n* pazzia *f*

insatiable /ɪnˈseɪʃəbl/ *adj* insaziabile

inscribe /ɪnˈskraɪb/ *vt* iscrivere

inscription /ɪnˈskrɪpʃn/ *n* iscrizione *f*

inscrutable /ɪnˈskruːtəbl/ *adj* impenetrabile

insect /ˈɪnsekt/ *n* insetto *m*

insecticide /ɪnˈsektɪsaɪd/ *n* insetticida *m*

insect repellent *n* insettifugo *m*

insecure /ɪnsɪˈkjʊə(r)/ *adj* malsicuro; fig ‹*person*› insicuro

insecurity /ɪnsɪˈkjʊərətɪ/ *n* mancanza *f* di sicurezza

insemination /ɪnsemɪˈneɪʃn/ *n* inseminazione *f*

insensitive /ɪnˈsensɪtɪv/ *adj* insensibile

inseparable /ɪnˈsep(ə)rəbl/ *adj* inseparabile

insert¹ /ˈɪnsɜːt/ *n* inserto *m*

insert² /ɪnˈsɜːt/ *vt* inserire

insertion /ɪnˈsɜːʃn/ *n* inserzione *f*

inset /ˈɪnset/ **A** *n* (map, photo) dettaglio *m*
B *adj* ~ **with** ‹*necklace*› incastonato di; ‹*table*› intarsiato di

inshore /ˈɪnʃɔː(r)/ **A** *adj* ‹*current*› diretto a riva; ‹*fishing, waters, current*› costiero; ‹*wind*› dal mare
B *adv* ‹*fish*› sotto costa

inside /ɪnˈsaɪd/ **A** *n* interno *m*; **~s** *pl* infml pancia *f*
B *adv* dentro; ~ **out** a rovescio; (thoroughly) a fondo
C *prep* dentro; (of time) entro

inside lane *n* Auto corsia *f* interna

inside leg *n* interno *m* della gamba

insider /ɪnˈsaɪdə(r)/ *n* persona *f* all'interno

insider dealer, insider trader *n* Fin *persona* (*f*) *che pratica l'insider trading*

insider dealing, insider trading /ˈdiːlɪŋ/, /ˈtreɪdɪŋ/ *n* Fin insider trading *m*

insidious /ɪnˈsɪdɪəs/ *adj* insidioso

insidiously /ɪnˈsɪdɪəslɪ/ *adv* insidiosamente

insight /ˈɪnsaɪt/ *n* intuito *m* (**into** per); **an ~ into** un quadro di

insignia /ɪnˈsɪgnɪə/ *npl* insegne *fpl*

insignificant /ɪnsɪgˈnɪfɪkənt/ *adj* insignificante

insincere /ɪnsɪnˈsɪə(r)/ *adj* poco sincero

insincerity /ɪnsɪnˈserətɪ/ *n* mancanza *f* di sincerità

insinuate /ɪnˈsɪnjʊeɪt/ *vt* insinuare

insinuation /ɪnsɪnjʊˈeɪʃn/ *n* insinuazione *f*

insipid /ɪnˈsɪpɪd/ *adj* insipido

insist /ɪnˈsɪst/ **A** *vi* insistere (**on** per)
B *vt* ~ **that** insistere che

insistence /ɪnˈsɪstəns/ *n* insistenza *f*

insistent /ɪnˈsɪstənt/ *adj* insistente

insistently /ɪnˈsɪstəntlɪ/ *adv* insistentemente

insofar /ɪnsəˈfɑː(r)/ *conj* ~ **as** (to the extent that) nella misura in cui; (seeing that) in quanto; ~ **as I know** per quanto ne sappia

insole /ˈɪnsəʊl/ *n* soletta *f*

insolence /ˈɪnsələns/ *n* insolenza *f*

insolent /ˈɪnsələnt/ *adj* insolente

insolently /ˈɪnsələntlɪ/ *adv* con insolenza

insoluble /ɪnˈsɒljʊbl/ *adj* insolubile

insolvency /ɪnˈsɒlvənsɪ/ *n* insolvenza *f*

insolvent /ɪnˈsɒlvənt/ *adj* insolvente

insomnia /ɪnˈsɒmnɪə/ *n* insonnia *f*

insomniac /ɪnˈsɒmnɪæk/ *n persona* (*f*) *che soffre di insonnia*

---

parola chiave

insomuch /ɪnsəˈmʌtʃ/ *conj* ~ **as** (to the extent that) nella misura in cui; (seeing that) in quanto

inspect /ɪnˈspekt/ *vt* ispezionare; controllare ‹*ticket*›

inspection /ɪnˈspekʃn/ *n* ispezione *f*; (of ticket) controllo *m*

inspector /ɪnˈspektə(r)/ *n* ispettore, -trice *mf*; (of tickets) controllore *m*

inspiration /ɪnspəˈreɪʃn/ *n* ispirazione *f*

inspire /ɪnˈspaɪə(r)/ *vt* ispirare

inspired /ɪnˈspaɪəd/ *adj* ‹*person, performance*› ispirato; ‹*idea*› luminosa

inspiring /ɪnˈspaɪərɪŋ/ *adj* ‹*person, speech*› entusiasmante

instability /ɪnstəˈbɪlətɪ/ *n* instabilità *f*

install /ɪnˈstɔːl/ *vt* installare; insediare ‹*person*›

installation /ɪnstəˈleɪʃn/ *n* installazione *f*

instalment /ɪnˈstɔːlmənt/ *n* Comm rata *f*; (of serial) puntata *f*; (of publication) fascicolo *m*

instance /ˈɪnstəns/ *n* (case) caso *m*; (example) esempio *m*; **in the first** ~ in primo luogo; **for** ~ per esempio

instant /ˈɪnstənt/ **A** *adj* immediato; Culin espresso
B *n* istante *m*

instantaneous /ɪnstənˈteɪnɪəs/ *adj* istantaneo

instant camera *n* polaroid® *f inv*

instant coffee *n* caffè *m* solubile

instantly /ˈɪnstəntlɪ/ *adv* immediatamente

instant messaging *n* instant messaging *m*, messaggistica *f* istantanea

instant replay *n* Sport replay *m inv*

instead /ɪnˈsted/ *adv* invece; ~ **of doing** anziché fare; ~ **of me** al mio posto; ~ **of going** invece di andare

instep /ˈɪnstep/ *n* collo *m* del piede

instigate /ˈɪnstɪɡeɪt/ *vt* istigare

instigation /ɪnstɪˈɡeɪʃn/ *n* istigazione *f*; **at his** ~ dietro suo suggerimento

instigator /ˈɪnstɪɡeɪtə(r)/ *n* istigatore, -trice *mf*

instil /ɪnˈstɪl/ *vt* (*pt/pp* **instilled**) inculcare (**into** in)

instinct /ˈɪnstɪŋkt/ *n* istinto *m*

instinctive /ɪnˈstɪŋktɪv/ *adj* istintivo

instinctively /ɪnˈstɪŋktɪvlɪ/ *adv* istintivamente

institute /ˈɪnstɪtjuːt/ **A** *n* istituto *m*
B *vt* istituire ‹*scheme*›; iniziare ‹*search*›; intentare ‹*legal action*›

institution /ɪnstɪˈtjuːʃn/ *n* istituzione *f*; (home for elderly) istituto *m* per anziani; (for mentally ill) istituto *m* per malati di mente

institutionalize /ɪnstɪˈtjuːʃənəlaɪz/ *vt* istituzionalizzare

institutionalized /ɪnstɪˈtjuːʃənəlaɪzd/ *adj* ‹*racism, violence*› istituzionalizzato; **become** ~ (officially established) essere istituzionalizzato; **be** ~**d** ‹*person*› non essere autonomo a causa di un lungo soggiorno in ospedale psichiatrico

instruct /ɪnˈstrʌkt/ *vt* istruire; (order) ordinare

instruction /ɪnˈstrʌkʃn/ *n* istruzione *f*; ~**s** *pl* (orders) ordini *mpl*

instruction book *n* libretto *m* di istruzioni

instructive /ɪnˈstrʌktɪv/ *adj* istruttivo

instructor /ɪnˈstrʌktə(r)/ *n* istruttore, -trice *mf*

instrument /ˈɪnstrʊmənt/ *n* strumento *m*

instrumental /ɪnstrʊˈment(ə)l/ *adj* strumentale; **be** ~ **in** contribuire a

instrumentalist /ɪnstrʊˈmentəlɪst/ *n* strumentista *mf*

instrument panel *n* quadro *m* degli strumenti

insubordinate /ɪnsəˈbɔːdɪnət/ *adj* insubordinato

insubordination /ɪnsəbɔːdɪˈneɪʃn/ *n* insubordinazione *f*

insubstantial /ɪnsəbˈstænʃəl/ *adj* (unreal) irreale; ‹*evidence*› inconsistente; ‹*flimsy, building*› poco solido; ‹*meal*› poco sostanzioso

insufferable /ɪnˈsʌf(ə)rəbl/ *adj* insopportabile

insufficient /ɪnsəˈfɪʃənt/ *adj* insufficiente

insufficiently /ɪnsəˈfɪʃəntlɪ/ *adv* insufficientemente

insular /ˈɪnsjʊlə(r)/ *adj* fig gretto

insulate /ˈɪnsjʊleɪt/ *vt* isolare

insulating tape /ˈɪnsjʊleɪtɪŋ/ *n* nastro *m* isolante

insulation /ɪnsjʊˈleɪʃn/ *n* isolamento *m*

insulator /ˈɪnsjʊleɪtə(r)/ *n* isolante *m*

insulin /ˈɪnsjʊlɪn/ *n* insulina *f*

insult[1] /ˈɪnsʌlt/ *n* insulto *m*

insult[2] /ɪnˈsʌlt/ *vt* insultare

insuperable /ɪnˈsuːpərəbl/ *adj* insuperabile

insurable value /ɪnˈʃʊərəbl/ *n* valore *m* assicurabile

insurance /ɪnˈʃʊərəns/ *n* assicurazione *f*

insurance broker *n* broker *mf inv* d'assicurazioni

insurance claim *n* richiesta *f* di indennizzo (*ad assicurazione*)

insurance policy *n* polizza *f* d'assicurazione

insurance premium *n* premio *m* assicurativo

insure /ɪnˈʃʊə(r)/ *vt* assicurare

insurgent /ɪnˈsɜːdʒənt/ *n* rivoltoso, -a *mf*

insurmountable /ɪnsəˈmaʊntəbl/ *adj* insormontabile

insurrection /ɪnsəˈrekʃn/ *n* insurrezione *f*

intact /ɪnˈtækt/ *adj* intatto

intake /ˈɪnteɪk/ *n* immissione *f*; (of food) consumo *m*

intangible /ɪn'tændʒəbl/ *adj* intangibile
integral /'ɪntɪgrəl/ *adj* integrale
integrate /'ɪntɪgreɪt/ **A** *vt* integrare
B *vi* integrarsi
integration /ɪntɪ'greɪʃn/ *n* integrazione *f*
integrity /ɪn'tegrətɪ/ *n* integrità *f*
intellect /'ɪntəlekt/ *n* intelletto *m*
intellectual /ɪntə'lektjʊəl/ *adj* & *n* intellettuale *mf*
intelligence /ɪn'telɪdʒəns/ *n* intelligenza *f*; Mil informazioni *fpl*
intelligent /ɪn'telɪdʒənt/ *adj* intelligente
intelligently /ɪn'telɪdʒəntlɪ/ *adv* intelligentemente
intelligentsia /ɪntelɪ'dʒentsɪə/ *n* intellighenzia *f*
intelligible /ɪn'telɪdʒəbl/ *adj* intelligibile
intemperate /ɪn'temp(ə)rət/ *adj* ‹*language, person*› intemperante; ‹*weather*› rigido; ‹*attack*› violento
intend /ɪn'tend/ *vt* destinare; (have in mind) aver intenzione di; **be ~ed for** essere destinato a
intended /ɪn'tendɪd/ **A** *adj* ‹*visit, purchase*› programmato; ‹*result*› voluto, desiderato
B *n* **her ~** hum il suo fidanzato; **his ~** hum la sua fidanzata
intense /ɪn'tens/ *adj* intenso; ‹*person*› dai sentimenti intensi
intensely /ɪn'tenslɪ/ *adv* intensamente; (very) estremamente
intensification /ɪntensɪfɪ'keɪʃn/ *n* intensificazione *f*
intensify /ɪn'tensɪfaɪ/ *v* (*pt/pp* **-ied**) **A** *vt* intensificare
B *vi* intensificarsi
intensity /ɪn'tensətɪ/ *n* intensità *f*
intensive /ɪn'tensɪv/ *adj* intensivo; **~ care** terapia *f* intensiva
intensive care, intensive care unit *n* [reparto *m*] rianimazione *f*
intensively /ɪn'tensɪvlɪ/ *adv* intensivamente
intent /ɪn'tent/ **A** *adj* intento; **~ on** (absorbed in) preso da; **be ~ on doing something** essere intento a fare qualcosa
B *n* intenzione *f*; **to all ~s and purposes** a tutti gli effetti
intention /ɪn'tenʃn/ *n* intenzione *f*
intentional /ɪn'tenʃənəl/ *adj* intenzionale
intentionally /ɪn'tenʃənəlɪ/ *adv* intenzionalmente
intently /ɪn'tentlɪ/ *adv* attentamente
inter /ɪn'tɜ:(r)/ *vt* (*pt/pp* **interred**) fml interrare
interact /ˌɪntər'ækt/ *vi* ‹*two factors, people*› interagire; Comput dialogare
interaction /ɪntər'ækʃn/ *n* cooperazione *f*
interactive /ɪntər'æktɪv/ *adj* interattivo
interactive television *n* televisione *f* interattiva
interactive video *n* video *m* interattivo
interactive whiteboard /ˌɪntəræktɪv'waɪtbɔ:d/ *n* lavagna *f* interattiva
interbreed /ɪntə'bri:d/ **A** *vt* ibridare
B *vi* incrociarsi
interbreeding /ɪntə'bri:dɪŋ/ *n* ibridazione *f*
intercede /ɪntə'si:d/ *vi* intercedere (**on behalf of** a favore di)
intercept /ɪntə'sept/ *vt* intercettare
interchange /'ɪntətʃeɪndʒ/ *n* scambio *m*; Auto raccordo *m* [autostradale]
interchangeable /ɪntə'tʃeɪndʒəbl/ *adj* interscambiabile
intercity /ɪntə'sɪtɪ/ **A** *n* BrE (train) intercity *m inv*
B *adj* intercity
intercom /'ɪntəkɒm/ *n* citofono *m*
interconnecting /ɪntəkə'nektɪŋ/ *adj* ‹*rooms*› comunicante
intercontinental /ɪntəkɒntɪ'nentəl/ *adj* intercontinentale
intercourse /'ɪntəkɔ:s/ *n* (sexual) rapporti *mpl* [sessuali]
interdepartmental /ɪntədi:pɑ:t'ment(ə)l/ *adj* Univ, Comm interdipartimentale; Pol interministeriale
interdependent /ɪntədɪ'pendənt/ *adj* interdipendente
interdisciplinary /ɪntədɪsɪ'plɪnərɪ/ *adj* interdisciplinare
interest /'ɪntrəst/ **A** *n* interesse *m*; **have an ~ in** Comm essere cointeressato in; **be of ~** essere interessante
B *vt* interessare
C *adj* interessato
interest-bearing *adj* fruttifero
interested /'ɪntrəstɪd/ *adj* interessato
interest-free *adj* senza interessi
interest-free loan *n* prestito *m* senza interessi
interesting /'ɪnt(ə)rəstɪŋ/ *adj* interessante
interest rate *n* tasso *m* di interesse
interface /'ɪntəfeɪs/ **A** *n* Comput fig interfaccia *f*
B *vi* interfacciarsi
C *vt* interfacciare
interfere /ɪntə'fɪə(r)/ *vi* interferire; **~ with** interferire con
interference /ɪntə'fɪərəns/ *n* interferenza *f*
interfering /ˌɪntə'fɪərɪŋ/ *adj* ‹*person*› impiccione
interim /'ɪntərɪm/ **A** *adj* temporaneo; **~ payment** acconto *m*
B *n* **in the ~** nel frattempo
interior /ɪn'tɪərɪə(r)/ **A** *adj* interiore
B *n* interno *m*
interior decorator *n* arredatore, -trice *mf*
interior designer *n* (of colours, fabrics etc) arredatore, -trice *mf*; (of walls, space)

parola chiave

architetto *m* d'interni

interject /ɪntə'dʒekt/ *vt* intervenire

interjection /ɪntə'dʒekʃn/ *n* Gram interiezione *f*; (remark) intervento *m*

interlink /ɪntə'lɪŋk/ *vt* connettere; **be ~ed with** essere connesso con

interlock /ɪntə'lɒk/ *vi* ‹*parts*› incastrarsi

interlocking /'ɪntəlɒkɪŋ/ *adj* a incastro

interloper /'ɪntələʊpə(r)/ *n* intruso, -a *mf*

interlude /'ɪntəlu:d/ *n* intervallo *m*

intermarry /ɪntə'mærɪ/ *vi* sposarsi tra parenti; ‹*different groups*› contrarre matrimoni misti

intermediary /ɪntə'mi:dɪərɪ/ *n* intermediario, -a *mf*

intermediate /ɪntə'mi:dɪət/ *adj* intermedio

interminable /ɪn'tɜ:mɪnəbl/ *adj* interminabile

intermission /ɪntə'mɪʃn/ *n* intervallo *m*

intermittent /ɪntə'mɪtənt/ *adj* intermittente

intermittently /ɪntə'mɪtəntlɪ/ *adv* a intermittenza

intern /ɪn'tɜ:n/ *vt* internare

internal /ɪn'tɜ:nl/ *adj* interno

internal combustion engine *n* motore *m* a scoppio

internally /ɪn'tɜ:nəlɪ/ *adv* internamente; ‹*deal with*› all'interno

international /ɪntə'næʃ(ə)nəl/ **A** *adj* internazionale
B *n* (game) incontro *m* internazionale; (player) competitore, -trice *mf* in gare internazionali

internationally /ɪntə'næʃ(ə)nəlɪ/ *adv* internazionalmente; **it applies ~** ha validità internazionale

international money order *n* vaglia *m inv* postale internazionale

International Phonetic Alphabet *n* Alfabeto *m* Fonetico Internazionale

international reply coupon *n* tagliando *m* di risposta internazionale

internee /ˌɪntɜ:'ni:/ *n* internato, -a *mf*

Internet /'ɪntənet/ *n* Internet *f*

Internet access *n* Comput accesso *m* Internet

Internet access provider *n* Comput fornitore *m* di accesso ai servizi Internet

Internet café *n* caffè *m* Internet

Internet kiosk *n* Internet point *m inv*

Internet protocol *n* Comput protocollo *m* Internet

Internet service provider *n* Comput fornitore *m* di servizi Internet

Internet user *n* utente *mf* di Internet

internist /ɪn'tɜ:nɪst/ *n* AmE internista *mf*

internment /ɪn'tɜ:nmənt/ *n* internamento *m*

interplay /'ɪntəpleɪ/ *n* azione *f* reciproca

interpolate /ɪn'tɜ:pəleɪt/ *vt* interpolare

interpose /ɪntə'pəʊz/ *vt* (insert) frapporre; interrompere con ‹*comment, remark*›

interpret /ɪn'tɜ:prɪt/ **A** *vt* interpretare
B *vi* fare l'interprete

interpretation /ɪntɜ:prɪ'teɪʃn/ *n* interpretazione *f*

interpreter /ɪn'tɜ:prɪtə(r)/ *n* interprete *mf*

interpreting /ɪn'tɜ:prɪtɪŋ/ *n* interpretariato *m*

interrelated /ɪntərɪ'leɪtɪd/ *adj* ‹*facts*› in correlazione

interrogate /ɪn'terəgeɪt/ *vt* interrogare

interrogation /ɪnterə'geɪʃn/ *n* interrogazione *f*; (by police) interrogatorio *m*

interrogative /ɪntə'rɒgətɪv/ *adj & n* **~ [pronoun]** interrogativo *m*

interrupt /ɪntə'rʌpt/ *vt & vi* interrompere

interruption /ɪntə'rʌpʃn/ *n* interruzione *f*

intersect /ɪntə'sekt/ **A** *vi* intersecarsi
B *vt* intersecare

intersection /ɪntə'sekʃn/ *n* intersezione *f*; (of street) incrocio *m*

interspersed /ɪntə'spɜ:st/ *adj* **~ with** inframmezzato di

interstate /'ɪntəsteɪt/ AmE **A** *n* superstrada *f* fra stati
B *adj* ‹*commerce, links*› fra stati

intertwine /ɪntə'twaɪn/ *vi* attorcigliarsi

interval /'ɪntəvl/ *n* intervallo *m*; **bright ~s** *pl* schiarite *fpl*

intervene /ɪntə'vi:n/ *vi* intervenire

intervention /ɪntə'venʃn/ *n* intervento *m*

interview /'ɪntəvju:/ **A** *n* Journ intervista *f*; (for job) colloquio *m* [di lavoro]
B *vt* intervistare

interviewee /ɪntəvju:'i:/ *n* (on TV, radio, in survey) intervistato, -a *mf*; (for job) persona *f* sottoposta a un colloquio di lavoro

interviewer /'ɪntəvju:ə(r)/ *n* intervistatore, -trice *mf*

interwar /ˌɪntə'wɔ:(r)/ *adj* **the ~ years** gli anni tra le due guerre

interweave /ɪntə'wi:v/ *vt* intrecciare ‹*themes, threads*›; mischiare ‹*rhythms*›

intestinal /ɪnte'staɪnəl/ *adj* intestinale

intestine /ɪn'testɪn/ *n* intestino *m*

intimacy /'ɪntɪməsɪ/ *n* intimità *f*

intimate[1] /'ɪntɪmət/ *adj* intimo; **be ~ with** (sexually) avere relazioni intime con

intimate[2] /'ɪntɪmeɪt/ *vt* far capire; (imply) suggerire

intimately /'ɪntɪmətlɪ/ *adv* intimamente

intimidate /ɪn'tɪmɪdeɪt/ *vt* intimidire

intimidating /ɪn'tɪmɪdeɪtɪŋ/ *adj* ‹*behaviour, person*› intimidatorio; ‹*prospect*› impressionante

intimidation /ɪntɪmɪ'deɪʃn/ *n* intimidazione *f*

into /'ɪntə/, *di fronte a una vocale*/'ɪntʊ/ *prep* dentro, in; **go ~ the house** andare dentro [casa] *or* in casa; **be ~** infml (like) essere appassionato di; **I'm not ~ that** questo non mi piace; **7 ~ 21 goes 3** il 7 nel 21 ci sta 3 volte; **translate ~ French** tradurre in francese; **get ~ trouble** mettersi nei guai

intolerable /ɪn'tɒlərəbl/ *adj* intollerabile

intolerance /ɪn'tɒlərəns/ *n* intolleranza *f*

intolerant /ɪn'tɒlərənt/ *adj* intollerante

intonation /ɪntə'neɪʃn/ *n* intonazione *f*

intone /ɪn'təʊn/ *vt* recitare ‹*prayer*›

intoxicated /ɪn'tɒksɪkeɪtɪd/ *adj* inebriato

intoxicating /ɪn'tɒksɪkeɪtɪŋ/ *adj* ‹*drink*› alcolico; ‹*smell, sight*› inebriante

intoxication /ɪntɒksɪ'keɪʃn/ *n* ebbrezza *f*

intractable /ɪn'trɛktəbl/ *adj* intrattabile; ‹*problem*› insolubile

intramural /ɪntrə'mjʊərəl/ *adj* ‹*studies*› tenuto in sede

intranet /'ɪntrənet/ *n* Comput intranet *f*

intransigence /ɪn'trænzɪdʒəns/ *n* intransigenza *f*

intransigent /ɪn'trænzɪdʒənt/ *adj* intransigente

intransitive /ɪn'trænzɪtɪv/ *adj* intransitivo

intransitively /ɪn'trænzɪtɪvlɪ/ *adv* intransitivamente

intrauterine device /ɪntrəju:tərəɪndɪ'vaɪs/ *n* Med spirale *f*, dispositivo *m* anticoncezionale intrauterino

intravenous /ɪntrə'vi:nəs/ *adj* endovenoso

intravenous drip *n* flebo[clisi] *f inv*

intravenous drug user *n* tossicomane *mf* che si inietta in vena

intravenously /ɪntrə'vi:nəslɪ/ *adv* per via endovenosa

in-tray *n* vassoio *m* per pratiche e corrispondenza da evadere

intrepid /ɪn'trepɪd/ *adj* intrepido

intricacy /'ɪntrɪkəsɪ/ *n* complessità *f*

intricate /'ɪntrɪkət/ *adj* complesso

intrigue /ɪn'tri:g/ **A** *n* intrigo *m*
B *vt* intrigare
C *vi* tramare

intriguing /ɪn'tri:gɪŋ/ *adj* intrigante

intrinsic /ɪn'trɪnsɪk/ *adj* intrinseco

introduce /ɪntrə'dju:s/ *vt* presentare; (bring in, insert) introdurre

introduction /ɪntrə'dʌkʃn/ *n* introduzione *f*; (to person) presentazione *f*; (to book) prefazione *f*

introductory /ɪntrə'dʌktərɪ/ *adj* introduttivo

introspective /ɪntrə'spektɪv/ *adj* introspettivo

introvert /'ɪntrəvɜ:t/ *n* introverso, -a *mf*

introverted /'ɪntrəvɜ:tɪd/ *adj* introverso

intrude /ɪn'tru:d/ *vi* intromettersi

intruder /ɪn'tru:də(r)/ *n* intruso, -a *mf*

intrusion /ɪn'tru:ʒn/ *n* intrusione *f*

intrusive /ɪn'tru:sɪv/ *adj* ‹*camera, question*› indiscreto

intuition /ɪntjʊ'ɪʃn/ *n* intuito *m*

intuitive /ɪn'tju:ɪtɪv/ *adj* intuitivo

intuitively /ɪn'tju:ɪtɪvlɪ/ *adv* intuitivamente

inundate /'ɪnəndeɪt/ *vt* fig inondare (**with** di)

inure /ɪn'jʊə(r)/ *vt* **become ~d to something** assuefarsi a qualcosa

invade /ɪn'veɪd/ *vt* invadere

invader /ɪn'veɪdə(r)/ *n* invasore *m*

invalid[1] /'ɪnvəlɪd/ *n* invalido, -a *mf*

invalid[2] /ɪn'vælɪd/ *adj* non valido

invalidate /ɪn'vælɪdeɪt/ *vt* invalidare

invaluable /ɪn'væljʊ(ə)bl/ *adj* prezioso; (priceless) inestimabile

invariable /ɪn'veərɪəbl/ *adj* invariabile

invariably /ɪn'veərɪəblɪ/ *adv* invariabilmente

invasion /ɪn'veɪʒn/ *n* invasione *f*

invective /ɪn'vektɪv/ *n* invettiva *f*

invent /ɪnvent/ *vt* inventare

invention /ɪn'venʃn/ *n* invenzione *f*

inventive /ɪn'ventɪv/ *adj* inventivo

inventor /ɪn'ventə(r)/ *n* inventore, -trice *mf*

inventory /'ɪnvəntrɪ/ *n* inventario *m*

inverse /ɪn'vɜ:s/ **A** *adj* inverso
B *n* inverso *m*

inversely /ɪn'vɜ:slɪ/ *adv* inversamente

invert /ɪn'vɜ:t/ *vt* invertire; **in ~ed commas** tra virgolette

invertebrate /ɪn'vɜ:tɪbrət/ *adj* & *n* invertebrato *m*

invest /ɪn'vest/ **A** *vt* investire
B *vi* fare investimenti; **~ in** infml (buy) comprarsi

investigate /ɪn'vestɪgeɪt/ *vt* investigare

investigation /ɪnvestɪ'geɪʃn/ *n* investigazione *f*

investigative journalism /ɪn'vestɪgətɪv/ *n* dietrologia *f*

investiture /ɪn'vestɪtjə(r)/ *n* investitura *f*

investment /ɪn'vestmənt/ *n* investimento *m*

investment capital *n* capitale *m* di investimento

investment income *n* reddito *m* di investimento

investment manager *n* responsabile *mf* della gestione del portafoglio fondi di investimento

investment trust *n* fondo *m* comune di investimento

investor /ɪn'vestə(r)/ *n* investitore, -trice *mf*

inveterate /ɪn'vetərət/ *adj* inveterato

invidious /ɪn'vɪdɪəs/ *adj* ingiusto; ‹*position*› antipatico

invigilate /ɪn'vɪdʒɪleɪt/ *vi* Sch sorvegliare lo svolgimento di un esame

invigilator /ɪn'vɪdʒɪleɪtə(r)/ *n persona* (*f*) *che sorveglia lo svolgimento di un esame*

invigorate /ɪn'vɪgəreɪt/ *vt* rinvigorire

invigorating /ɪnˈvɪgəreɪtɪŋ/ *adj* tonificante
invincible /ɪnˈvɪnsəbl/ *adj* invincibile
inviolable /ɪnˈvaɪələbl/ *adj* inviolabile
invisible /ɪnˈvɪzəbl/ *adj* invisibile
invisible ink *n* inchiostro *m* simpatico
invitation /ɪnvɪˈteɪʃn/ *n* invito *m*
invitation card *n* biglietto *m* d'invito
invite /ɪnˈvaɪt/ *vt* invitare; (attract) attirare
■ **invite in** *vt* invitare a entrare
■ **invite round** *vt* invitare a casa
inviting /ɪnˈvaɪtɪŋ/ *adj* invitante
in vitro fertilization /ɪnvi:trəʊfɜ:tɪlaɪˈzeɪʃn/ *n* fecondazione *f* in vitro
invoice /ˈɪnvɔɪs/ **A** *n* fattura *f*
B *vt* ~ **somebody** emettere una fattura a qualcuno
invoke /ɪnˈvəʊk/ *vt* invocare
involuntarily /ɪnˈvɒlʌntərɪlɪ/ *adv* involontariamente
involuntary /ɪnˈvɒlʌntrɪ/ *adj* involontario
involve /ɪnˈvɒlv/ *vt* comportare; (affect, include) coinvolgere; (entail) implicare; **get ~d with somebody** legarsi a qualcuno; (romantically) legarsi sentimentalmente a qualcuno
involved /ɪnˈvɒlvd/ *adj* complesso
involvement /ɪnˈvɒlvmənt/ *n* coinvolgimento *m*
invulnerable /ɪnˈvʌlnə(ə)rəbl/ *adj* invulnerabile; ‹*position*› inattaccabile
inward /ˈɪnwəd/ **A** *adj* interno; ‹*thoughts etc*› interiore
B *adv* **inwards**
inward investment *n* Comm investimento *m* di capitali stranieri
inward-looking /ˈɪnwədlʊkɪŋ/ *adj* ‹*person*› egocentrico; ‹*society, policy*› chiuso
inwardly /ˈɪnwədlɪ/ *adv* interiormente
inwards /ˈɪnwədz/ *adv* verso l'interno
in-your-face *adj* infml aggressivo
iodine /ˈaɪədi:n/ *n* iodio *m*
Ionian Sea /aɪəʊnɪən/ *n* mar *m* Ionio
iota /aɪˈəʊtə/ *n* briciolo *m*
IOU *abbr* (**I owe you**) pagherò *m*
IPA *n abbr* (**International Phonetic Alphabet**) AFI *m*
IQ *abbr* (**intelligence quotient**) Q.I. *m*
IRA *abbr* (**Irish Republican Army**) I.R.A. *f*
Iran /ɪˈrɑ:n/ *n* Iran *m*
Iranian /ɪˈreɪnɪən/ *adj* & *n* iraniano, -a *mf*
Iraq /ɪˈrɑ:k/ *n* Iraq *m*
Iraqi /ɪˈrɑ:kɪ/ *adj* & *n* iracheno, -a *mf*
irascible /ɪˈræsəbl/ *adj* irascibile
irate /aɪˈreɪt/ *adj* adirato
Ireland /ˈaɪələnd/ *n* Irlanda *f*
iris /ˈaɪrɪs/ *n* Anat iride *f*; Bot iris *f inv*
Irish /ˈaɪrɪʃ/ **A** *adj* irlandese
B *n* **the ~** *pl* gli irlandesi
Irishman /ˈaɪrɪʃmən/ *n* irlandese *m*
Irish Republic *n* Repubblica *f* d'Irlanda
Irish sea *n* mare *m* d'Irlanda
Irishwoman /ˈaɪrɪʃwʊmən/ *n* irlandese *f*
irk /ɜ:k/ *vt* infastidire
irksome /ˈɜ:ksəm/ *adj* fastidioso
iron /ˈaɪən/ **A** *adj* di ferro
B *n* ferro *m*; (appliance) ferro *m* [da stiro]
C *vt* & *vi* stirare
■ **iron out** *vt* eliminare stirando; fig appianare
Iron Curtain *n* cortina *f* di ferro
iron fist *n* fig pugno *m* di ferro
ironic /aɪˈrɒnɪk/, **ironical** /aɪˈrɒnɪkl/ *adj* ironico
ironing /ˈaɪənɪŋ/ *n* stirare *m*; (articles) roba *f* da stirare; **do the ~** stirare
ironing board *n* asse *f* da stiro
iron lung *n* polmone *m* d'acciaio
ironmonger /ˈaɪənmʌŋgə(r)/ *n* **~'s [shop]** negozio *m* di ferramenta
irony /ˈaɪərənɪ/ *n* ironia *f*
irradiate /ɪˈreɪdɪeɪt/ *vt* irradiare
irrational /ɪˈræʃənl/ *adj* irrazionale
irreconcilable /ɪˈrekənsaɪləbl/ *adj* irreconciliabile
irrecoverable /ɪrɪˈkʌv(ə)rəbl/ *adj* ‹*debt, object*› irrecuperabile; ‹*loss*› irreparabile
irredeemable /ɪrɪˈdi:məbl/ *adj* Fin ‹*shares, loan*› irredimibile; ‹*loss*› irreparabile; Relig ‹*sinner*› che non è redimibile
irrefutable /ɪrɪˈfju:təbl/ *adj* irrefutabile
irregular /ɪˈregʊlə(r)/ *adj* irregolare
irregularity /ɪregjʊˈlærətɪ/ *n* irregolarità *f*
irregularly /ɪˈregjʊləlɪ/ *adv* in modo irregolare
irrelevant /ɪˈreləvənt/ *adj* non pertinente
irreligious /ˌɪrɪˈlɪdʒəs/ *adj* irreligioso
irreparable /ɪˈrepərəbl/ *adj* irreparabile
irreparably /ɪˈrep(ə)rəblɪ/ *adv* irreparabilmente
irreplaceable /ɪrɪˈpleɪsəbl/ *adj* insostituibile
irrepressible /ɪrɪˈpresəbl/ *adj* irrefrenabile; ‹*person*› incontenibile
irreproachable /ɪrɪˈprəʊtʃəbl/ *adj* irreprensibile
irresistible /ɪrɪˈzɪstəbl/ *adj* irresistibile
irresolute /ɪˈrezəlu:t/ *adj* irresoluto
irrespective /ɪrɪˈspektɪv/ *adj* **~ of** senza riguardo per
irresponsible /ɪrɪˈspɒnsəbl/ *adj* irresponsabile
irresponsibly /ɪrɪˈspɒnsəblɪ/ *adv* irresponsabilmente
irretrievable /ɪrɪˈtri:vəbl/ *adj* ‹*loss, harm*› irreparabile
irreverence /ɪˈrevərəns/ *n* irriverenza *f*
irreverent /ɪˈrevərənt/ *adj* irriverente
irreverently /ɪˈrevərəntlɪ/ *adv* in modo irriverente
irreversible /ɪrɪˈvɜ:səbl/ *adj* irreversibile

irreversibly /ɪrɪˈvɜːsɪblɪ/ *adv* irreversibilmente
irrevocable /ɪˈrevəkəbl/ *adj* irrevocabile
irrevocably /ɪˈrevəkəblɪ/ *adv* irrevocabilmente
irrigate /ˈɪrɪgeɪt/ *vt* irrigare
irrigation /ɪrɪˈgeɪʃn/ *n* irrigazione *f*
irritability /ɪrɪtəˈbɪlətɪ/ *n* irritabilità *f*
irritable /ˈɪrɪtəbl/ *adj* irritabile
irritable bowel syndrome *n* sindrome *f* da colon irritabile
irritant /ˈɪrɪtənt/ *n* sostanza *f* irritante; fig (person) persona *f* irritante
irritate /ˈɪrɪteɪt/ *vt* irritare
irritated /ˈɪrɪteɪtɪd/ *adj* irritato, stizzito
irritating /ˈɪrɪteɪtɪŋ/ *adj* irritante
irritation /ɪrɪˈteɪʃn/ *n* irritazione *f*
IRS *n abbr* AmE (**Internal Revenue Service**) fisco *m*
is /ɪz/ ▶ **be**
Islam /ˈɪzlɑːm/ *n* Islam *m*
Islamic /ɪzˈlæmɪk/ *adj* islamico
Islamist /ˈɪzləmɪst/ *n* (fundamentalist) estremista *mf* islamico, (-a); (scholar) islamista *mf*
island /ˈaɪlənd/ *n* isola *f*; (in road) isola *f* spartitraffico
islander /ˈaɪləndə(r)/ *n* isolano, -a *mf*
island hopping /ˈaɪləndhɒpɪŋ/ *n* **go ~** andare di isola in isola
isle /aɪl/ *n* literary isola *f*
Isle of Man *n* l'isola *f* di Man
isms /ˈɪz(ə)mz/ *npl* derog ismi *mpl*
isobar /ˈaɪsəbɑː(r)/ *n* isobara *f*
isolate /ˈaɪsəleɪt/ *vt* isolare
isolated /ˈaɪsəleɪtɪd/ *adj* isolato
isolation /aɪsəˈleɪʃn/ *n* isolamento *m*
isosceles /aɪˈsɒsəliːz/ *adj* isoscele
ISP *n abbr* (**Internet service provider**) Comput ISP *m*
Israel /ˈɪzreɪl/ *n* Israele *m*
Israeli /ɪzˈreɪlɪ/ *adj & n* israeliano, -a *mf*
issue /ˈɪʃuː/ **A** *n* (outcome) risultato *m*; (of magazine) numero *m*; (of stamps etc) emissione *f*; (offspring) figli *mpl*; (matter, question) questione *f*; **at ~** in questione; **take ~ with somebody** prendere posizione contro qualcuno
B *vt* distribuire ‹*supplies*›; rilasciare ‹*passport*›; emettere ‹*stamps, order*›; pubblicare ‹*book*›; **be ~d with something** ricevere qualcosa
C *vi* **~ from** uscire da
isthmus /ˈɪsməs/ *n* (*pl* **-muses**) istmo *m*
it /ɪt/ *pron* (direct object) lo *m*, la *f*; (indirect object) gli *m*, le *f*; **it's broken** è rotto/rotta; **will it be enough?** basterà?; **it's hot** fa caldo; **it's raining** piove; **it's me** sono io; **who is it?** chi è?; **it's two o'clock** sono le due; **I doubt it** ne dubito; **take it with you** prendilo con te; **give it a wipe** dagli una pulita
IT *n abbr* (**information technology**) informatica *f*
Italian /ɪˈtæljən/ *adj & n* italiano, -a *mf*; (language) italiano *m*
Italian-American *adj & n* italoamericano, -a *mf*
italic /ɪˈtælɪk/ *adj* in corsivo
italics /ɪˈtælɪks/ *npl* corsivo *msg*; **in ~** in corsivo
Italy /ˈɪtəlɪ/ *n* Italia *f*
itch /ɪtʃ/ **A** *n* prurito *m*
B *vi* avere prurito, prudere; **be ~ing to** infml avere una voglia matta di
itching powder /ˈɪtʃɪŋ/ *n* polverina *f* che dà prurito
itchy /ˈɪtʃɪ/ *adj* che prude; **my foot is ~** ho prurito al piede; **have ~ feet** fig avere la terra che scotta sotto i piedi
item /ˈaɪtəm/ *n* articolo *m*; (on agenda, programme) punto *m*; (on invoice) voce *f*; **~ [of news]** notizia *f*
itemize /ˈaɪtəmaɪz/ *vt* dettagliare ‹*bill*›
itinerant /aɪˈtɪnərənt/ *adj* itinerante
itinerary /aɪˈtɪnərərɪ/ *n* itinerario *m*
ITN *n abbr* BrE (**independent television**) *rete* (*f*) *televisiva britannica*
its /ɪts/ *poss pron* suo *m*, sua *f*, suoi *mpl*, sue *fpl*; **~ mother/cage** sua madre/la sua gabbia
it's = it is, it has
itself /ɪtˈself/ *pron* (reflexive) si; (emphatic) stesso, -a; **the baby looked at ~ in the mirror** il bambino si è guardato nello specchio; **by ~** da solo; **the machine in ~ is simple** la macchina di per sé è semplice
ITV *abbr* (**Independent Television**) *stazione* (*f*) *televisiva privata*
IUD *n abbr* (**intrauterine device**) spirale *f*
IVF *n abbr* (**in vitro fertilization**) FIV *f*
ivory /ˈaɪvərɪ/ **A** *n* avorio *m*
B *attrib* d'avorio
Ivory Coast *n* Costa *f* d'Avorio
ivory tower *n* fig torre *f* d'avorio
ivy /ˈaɪvɪ/ *n* edera *f*

parola chiave

Jj

j, J /dʒeɪ/ *n* (letter) j, J *f inv*
jab /dʒæb/ **A** *n* colpo *m* secco; infml (injection) puntura *f*
B *vt* (*pt/pp* **jabbed**) punzecchiare
jabber /'dʒæbə(r)/ *vi* borbottare
jack /dʒæk/ *n* Auto cric *m inv*; Teleph jack *m inv*; (in cards) fante *m*, jack *m inv*
■ **jack in** *vt* sl piantare ‹*job*›
■ **jack up** *vt* Auto sollevare [con il cric]; infml aumentare di molto ‹*salary etc*›
jackal /'dʒæk(ə)l/ *n* sciacallo *m*
jackboot /'dʒækbu:t/ *n* stivale *m* militare
jackdaw /'dʒækdɔ:/ *n* taccola *f*
jacket /'dʒækɪt/ *n* giacca *f*; (of book) sopraccopertina *f*
jacket potato *n patata* (*f*) *cotta al forno con la buccia*
jack-in-the-box *n scatola* (*f*) *a sorpresa contenente un pupazzo a molla*
jackknife /'dʒæknaɪf/ **A** *n* coltello *m* a serramanico
B *vi sbandare finendo di traverso rispetto al rimorchio*
jackpot /'dʒækpɒt/ *n* premio *m* (*di una lotteria*); **win the ~** vincere alla lotteria; **hit the ~** fig fare un colpo grosso
jackrabbit /'dʒækræbɪt/ *n* lepre *f* americana
jade /dʒeɪd/ **A** *n* giada *f*
B *attrib* di giada
jaded /'dʒeɪdɪd/ *adj* spossato
jagged /'dʒægɪd/ *adj* dentellato
jail /dʒeɪl/ = **gaol**
jailbird *n* avanzo *m* di galera
jailbreak *n* evasione *f*
jail sentence *n* condanna *f* al carcere
jalopy /dʒə'lɒpɪ/ *n* infml vecchia carretta *f*
jam¹ /dʒæm/ *n* marmellata *f*
jam² **A** *n* Auto ingorgo *m*; infml (difficulty) guaio *m*
B *vt* (*pt/pp* **jammed**) (cram) pigiare; disturbare ‹*broadcast*›; inceppare ‹*mechanism, drawer etc.*›; **be ~med** ‹*roads*› essere congestionato
C *vi* ‹*mechanism*› inceppersi; ‹*window, drawer*› incastrarsi
■ **jam on**: *vt* **~ on the brakes** inchiodare
Jamaica /dʒə'meɪkə/ *n* Giamaica *f*
Jamaican /dʒə'meɪkən/ *adj* & *n* giamaicano, -a *mf*
jam jar *n* barattolo *m* per la marmellata
jam-packed *adj* infml pieno zeppo
jam pot *n* vasetto *m* per la marmellata
jangle /'dʒæŋgl/ **A** *vt* far squillare
B *vi* squillare
janitor /'dʒænɪtə(r)/ *n* (caretaker) custode *m*; (in school) bidello, -a *mf*
January /'dʒænjʊərɪ/ *n* gennaio *m*
Japan /dʒə'pæn/ *n* Giappone *m*
Japanese /dʒæpə'ni:z/ *adj* & *n* giapponese *mf*; (language) giapponese *m*
jar¹ /dʒɑ:(r)/ *n* (glass) barattolo *m*
jar² *vi* (*pt/pp* **jarred**) ‹*sound*› stridere
jargon /'dʒɑ:gən/ *n* gergo *m*
jarring /'dʒɑ:rɪŋ/ *adj* stridente
jasmine /'dʒæsmɪn/ *n* gelsomino *m*
jaundice /'dʒɔ:ndɪs/ *n* itterizia *f*
jaundiced /'dʒɔ:ndɪst/ *adj* fig inacidito
jaunt /dʒɔ:nt/ *n* gita *f*
jaunty /'dʒɔ:ntɪ/ *adj* (**-ier**, **-iest**) sbarazzino
javelin /'dʒævlɪn/ *n* giavellotto *m*
jaw /dʒɔ:/ **A** *n* mascella *f*; (bone) mandibola *f*
B *vi* infml ciarlare
jawbone /'dʒɔ:bəʊn/ *n* Anat osso *m* mascellare
jawline *n* mento *m*
jay /dʒeɪ/ *n* ghiandaia *f*
jaywalker /'dʒeɪwɔ:kə(r)/ *n* pedone *m* indisciplinato
jazz /dʒæz/ *n* jazz *m*
■ **jazz up** *vt* ravvivare
jazz band *n* complesso *m* di jazz
jazzy /'dʒæzɪ/ *adj* vistoso
jealous /'dʒeləs/ *adj* geloso
jealously /'dʒeləslɪ/ *adv* gelosamente
jealousy /'dʒeləsɪ/ *n* gelosia *f*
jeans /dʒi:nz/ *npl* [blue] jeans *mpl*
jeep /dʒi:p/ *n* jeep *f inv*
jeer /dʒɪə(r)/ **A** *n* scherno *m*
B *vi* schernire; **~ at** prendersi gioco di
C *vt* (boo) fischiare
jeering /'dʒɪərɪŋ/ *n* fischi *mpl*
jell /dʒel/ *vi* concretarsi
jellied /'dʒelɪd/ *adj* ‹*eels*› in gelatina
jello /'dʒeləʊ/ *n* (*also* **Jell-O®**) AmE *dolce* (*m*) *di gelatina di frutta*
jelly /'dʒelɪ/ *n* gelatina *f*
jelly baby *n caramella* (*f*) *gommosa a forma di pupazzetto*
jelly bean *n caramella* (*f*) *di gelatina di frutta*
jellyfish *n* medusa *f*

jemmy /ˈdʒemɪ/ *n* piede *m* di porco
jeopardize /ˈdʒepədaɪz/ *vt* mettere in pericolo
jeopardy /ˈdʒepədɪ/ *n* **in ~** in pericolo
jerk /dʒɜːk/ **A** *n* scatto *m*, scossa *f*
B *vt* scattare
C *vi* sobbalzare; ‹*limb, muscle*› muoversi a scatti
jerkily /ˈdʒɜːkɪlɪ/ *adv* a scatti
jerkin /ˈdʒɜːkɪn/ *n* gilè *m*
jerky /ˈdʒɜːkɪ/ *adj* traballante
jerry-built /ˈdʒerɪbɪlt/ *adj* derog costruito alla bell'e meglio
jersey /ˈdʒɜːzɪ/ *n* maglia *f*; Sport maglietta *f*; (fabric) jersey *m*
Jerusalem /dʒəˈruːsələm/ *n* Gerusalemme *f*
jest /dʒest/ **A** *n* scherzo *m*; **in ~** per scherzo
B *vi* scherzare
jester /ˈdʒestə(r)/ *n* buffone *m*
Jesuit /ˈdʒezjʊɪt/ **A** *n* gesuita *m*
B *adj* gesuitico
Jesus /ˈdʒiːzəs/ *n* Gesù *m*
jet¹ /dʒet/ *n* (stone) giaietto *m*
jet² *n* (of water) getto *m*; (nozzle) becco *m*; (plane) aviogetto *m*, jet *m inv*
jet-black *adj* nero ebano
jet engine *n* motore *m* a reazione
jet fighter *n* caccia *m inv* a reazione
jetfoil *n* aliscafo *m*
jet lag *n* scombussolamento *m* da fuso orario; jet lag *m inv*
jet-lagged *adj* **be ~** soffrire di jet lag
jet-propelled *adj* a reazione
jet propulsion *n* propulsione *f* a getto
jet setter *n* **be a ~** appartenere al jet set
jet ski *n* moto *f* d'acqua
jet-skier *n* persona *m* che fa moto d'acqua
jet-skiing *n* moto *f* d'acqua
jettison /ˈdʒetɪsn/ *vt* gettare a mare; fig abbandonare
jetty /ˈdʒetɪ/ *n* molo *m*
Jew /dʒuː/ *n* ebreo *m*
jewel /ˈdʒuːəl/ *n* gioiello *m*
jewelled /ˈdʒuːəld/ *adj* ornato di pietre preziose
jeweller /ˈdʒuːələ(r)/ *n* gioielliere *m*; **~'s [shop]** gioielleria *f*
jewellery /ˈdʒuːəlrɪ/ *n* gioielli *mpl*
Jewess /ˈdʒuːɪs/ *n* ebrea *f*
Jewish /ˈdʒjuːɪʃ/ *adj* ebreo
Jew's harp *n* Mus scacciapensieri *m inv*
jib /dʒɪb/ *vi* (*pt/pp* **jibbed**) fig mostrarsi riluttante (**at** a)
jibe /dʒaɪb/ *n* ▶ **gibe**
jiffy /ˈdʒɪfɪ/ *n* infml **in a ~** in un batter d'occhio
Jiffy bag® *n* busta *f* imbottita

jig /dʒɪg/ *n* Mus giga *f* (*danza popolare*)
jiggle /ˈdʒɪg(ə)l/ *vt* scuotere
jigsaw /ˈdʒɪgsɔː/ *n* **~ [puzzle]** puzzle *m inv*
jilt /dʒɪlt/ *vt* piantare
jingle /ˈdʒɪŋgl/ **A** *n* (rhyme) canzoncina *f* pubblicitaria
B *vi* tintinnare
C *vt* far tintinnare
jingoist /ˈdʒɪŋgəʊɪst/ *n* Pol sciovinista *mf*
jingoistic /dʒɪŋgəʊˈɪstɪk/ *adj* Pol sciovinistico
jinx /dʒɪŋks/ *n* infml (person) iettatore, -trice *mf*; **it's got a ~ on it** è iellato
jinxed /dʒɪŋkst/ *adj* **be ~** essere iellato
jitters /ˈdʒɪtəz/ *npl* infml **have the ~** aver una gran fifa
jittery /ˈdʒɪtərɪ/ *adj* infml in preda alla fifa
jive /dʒaɪv/ *n* AmE infml (talk) storie *fpl*
Jnr *abbr* (**junior**) junior (jr)
job /dʒɒb/ *n* lavoro *m*; **this is going to be quite a ~** infml [questa] non sarà un'impresa facile; **it's a good ~ that ...** meno male che ...
jobcentre *n* ufficio *m* statale di collocamento
job creation scheme *n* BrE programma *m* di creazione di posti di lavoro
job description *n* mansionario *m*
job-hunting *n* ricerca *f* impiego
jobless /ˈdʒɒblɪs/ *adj* senza lavoro
job lot *n* (at auction) *insieme* (*m*) *di oggetti disparati*
job market *n* mercato *m* del lavoro
job satisfaction *n* soddisfazione *f* nel lavoro
job security *n* sicurezza *f* di impiego
job seeker *n* persona *f* che cerca lavoro
job seeker's allowance *n* BrE indennità *f* di disoccupazione
job-share **A** *n* (position) posto *m* condiviso
B *attrib* ‹*scheme*› di condivisione del posto di lavoro
job-sharing /-ˈʃeərɪŋ/ *n* job sharing *m inv*
jockey /ˈdʒɒkɪ/ *n* fantino *m*
jockey shorts *npl* boxer *mpl*
jockstrap *n* sospensorio *m*
jocular /ˈdʒɒkjʊlə(r)/ *adj* scherzoso
jocularly /ˈdʒɒkjʊləlɪ/ *adv* scherzosamente
jodhpurs /ˈdʒɒdpəz/ *npl* calzoni *mpl* alla cavallerizza
Joe Bloggs /dʒəʊˈblɒgz/ *n* l'uomo qualunque
jog /ˈdʒɒg/ **A** *n* colpetto *m*; **at a ~** in un balzo; Sport **go for a ~** andare a fare jogging
B *vt* (*pt/pp* **jogged**) (hit) urtare; **~ sb's memory** far ritornare in mente a qualcuno
C *vi* Sport fare jogging
■ **jog along** *vi* fig tirare avanti
jogger /ˈdʒɒgə(r)/ *n* persona *f* che fa jogging
jogging /ˈdʒɒgɪŋ/ *n* jogging *m*
john /dʒɒn/ *n* AmE infml (toilet) gabinetto *m*

---

parola chiave

John Bull *n* il tipico inglese
John Doe *n* AmE uomo *m* non identificato
join /dʒɔɪn/ **A** *n* giuntura *f*
B *vt* raggiungere, unire; raggiungere ‹*person*›; (become member of) iscriversi a; entrare in ‹*firm*›
C *vi* ‹*roads*› congiungersi
■ **join in** *vi* partecipare
■ **join up** **A** *vi* Mil arruolarsi
B *vt* unire
■ **join up with** *vt* (meet) raggiungere ‹*friends*›; congiungersi a ‹*road; river*›
joiner /'dʒɔɪnə(r)/ *n* falegname *m*
joint /dʒɔɪnt/ **A** *adj* comune
B *n* articolazione *f*; (in wood, brickwork) giuntura *f*; Culin arrosto *m*; infml (bar) bettola *f*; sl (drug) spinello *m*
joint account *n* conto *m* [corrente] comune
joint agreement *n* accordo *m* collettivo
jointed /'dʒɔɪntɪd/ *adj* Culin ‹*chicken*› tagliato a pezzi; ‹*doll, puppet*› snodabile; ‹*rod, pole*› smontabile
joint effort *n* collaborazione *f*
joint honours *npl* BrE Univ *laurea* (*f*) *in due discipline*
jointly /'dʒɔɪntlɪ/ *adv* unitamente
joint owner *n* comproprietario, -a *mf*
joint venture *n* joint venture *f inv*
joist /dʒɔɪst/ *n* travetto *m*
joke /dʒəʊk/ **A** *n* (trick) scherzo *m*; (funny story) barzelletta *f*
B *vi* scherzare
joker /'dʒəʊkə(r)/ *n* burlone, -a *mf*; (in cards) jolly *m inv*
joking /'dʒəʊkɪŋ/ *n* ~ **apart** scherzi a parte
jokingly /'dʒəʊkɪŋlɪ/ *adv* per scherzo
jollity /'dʒɒlətɪ/ *n* allegria *f*
jolly /'dʒɒlɪ/ **A** *adj* (**-ier**, **-iest**) allegro
B *adv* infml molto
Jolly Roger /'rɒdʒə(r)/ *n* bandiera *f* dei pirati
jolt /dʒəʊlt/ **A** *n* scossa *f*, sobbalzo *m*
B *vt* far sobbalzare
C *vi* sobbalzare
Jordan /'dʒɔ:dn/ *n* Giordania *f*; (river) Giordano *m*
Jordanian /dʒɔ:'deɪnɪən/ *adj* & *n* giordano, -a *mf*
joss stick /'dʒɒs/ *n* bastoncino *m* d'incenso
jostle /'dʒɒsl/ *vt* spingere
jot /dʒɒt/ *n* nulla *f*
■ **jot down** *vt* (*pt/pp* **jotted**) annotare
jotter /'dʒɒtə(r)/ *n* taccuino *m*; (with a spine) quaderno *m*
jottings /'dʒɒtɪŋz/ *npl* annotazioni *fpl*
journal /'dʒɜ:nl/ *n* giornale *m*; (diary) diario *m*
journalese /dʒɜ:nə'li:z/ *n* gergo *m* giornalistico
journalism /'dʒɜ:nəlɪzm/ *n* giornalismo *m*
journalist /'dʒɜ:nəlɪst/ *n* giornalista *mf*
journey /'dʒɜ:nɪ/ **A** *n* viaggio *m*
B *vi* viaggiare
jovial /'dʒəʊvɪəl/ *adj* gioviale
jowl /dʒaʊl/ *n* (jaw) mascella *f*; (fleshy fold) guancia *f*; **cheek by ~ with somebody** fianco a fianco con qualcuno
joy /dʒɔɪ/ *n* gioia *f*
joyful /'dʒɔɪfʊl/ *adj* gioioso
joyfully /'dʒɔɪfʊlɪ/ *adv* con gioia
joyless /'dʒɔɪlɪs/ *adj* ‹*occasion*› triste; ‹*marriage*› infelice
joypad *n* Comput joypad *m inv*
joyride *n* infml *giro* (*m*) *con una macchina rubata*
joyrider *n* infml *persona* (*f*) *che ruba una macchina per andare a fare un giro*
joyriding /'dʒɔɪraɪdɪŋ/ *n* giri *mpl* su una macchina rubata
joystick *n* Comput joystick *m inv*
JP *n abbr* BrE (**Justice of the Peace**) giudice *m* di pace
Jr *abbr* (**junior**)
jubilant /'dʒu:bɪlənt/ *adj* giubilante
jubilation /dʒu:bɪ'leɪʃn/ *n* giubilo *m*
jubilee /'dʒu:bɪli:/ *n* giubileo *m*
Judaism /'dʒu:deɪɪzm/ *n* giudaismo *m*
judder /'dʒʌdə(r)/ *vi* vibrare violentemente
judge /dʒʌdʒ/ **A** *n* giudice *m*
B *vt* giudicare; (estimate) valutare; (consider) ritenere
C *vi* giudicare (**by** da)
judgement, **judgment** /'dʒʌdʒmənt/ *n* giudizio *m*; Jur sentenza *f*
judicial /dʒu:'dɪʃl/ *adj* giudiziario
judiciary /dʒu:'dɪʃərɪ/ *n* magistratura *f*
judicious /dʒu:'dɪʃəs/ *adj* giudizioso
judo /'dʒu:dəʊ/ *n* judo *m*
jug /dʒʌg/ *n* brocca *f*; (small) bricco *m*
juggernaut /'dʒʌgənɔ:t/ *n* infml grosso autotreno *m*
juggle /'dʒʌgl/ *vi* fare giochi di destrezza
juggler /'dʒʌglə(r)/ *n* giocoliere, -a *mf*
jugular /'dʒʌgjʊlə(r)/ *n* giugulare *f*; **go straight for the ~** fig colpire nel punto debole
juice /dʒu:s/ *n* succo *m*; **~ extractor** *n* spremiagrumi *m inv* elettrico
juicy /'dʒu:sɪ/ *adj* (**-ier**, **-iest**) succoso; infml ‹*story*› piccante
ju-jitsu /dʒju:'dʒɪtsu:/ *n* jujitsu *m*
jukebox /'dʒu:kbɒks/ *n* juke-box *m inv*
July /dʒʊ'laɪ/ *n* luglio *m*
jumble /'dʒʌmbl/ **A** *n* accozzaglia *f*
B *vt* **~ [up]** mischiare
jumble sale *n* vendita *f* di beneficenza
jumbo /'dʒʌmbəʊ/ *n* **~ [jet]** jumbo jet *m inv*
jump /dʒʌmp/ **A** *n* salto *m*; (in prices) balzo *m*; (in horse racing) ostacolo *m*
B *vi* saltare; (with fright) sussultare; ‹*prices*›

j

salire rapidamente; ~ **to conclusions** saltare alle conclusioni
C *vt* saltare; ~ **the gun** fig precipitarsi; ~ **the queue** non rispettare la fila
■ **jump at** *vt* fig accettare con entusiasmo ‹*offer*›
■ **jump back** *vi* fare un salto indietro
■ **jump down**: *vt* ~ **down sb's throat** saltare addosso a qualcuno
■ **jump in** *vi* (to vehicle) saltar su
■ **jump on** *vt* saltare su ‹*bus, train, bike, horse*›; (attack) aggredire ‹*somebody*›
■ **jump out** *vi* saltare fuori; ~ **out of something** saltare giù da qualcosa ‹*window, train, bed*›
■ **jump up** *vi* rizzarsi in piedi

jumped-up /dʒʌmpt'ʌp/ *adj* montato

jumper /'dʒʌmpə(r)/ *n* (sweater) golf *m inv*

jump jet *n* aeroplano *m* a decollo e atterraggio verticali

jump leads *npl* cavi *mpl* per batteria

jump-start *vt far partire con i cavi da batteria*

jumpsuit *n* tuta *f*

jumpy /'dʒʌmpɪ/ *adj* nervoso

junction /'dʒʌŋkʃn/ *n* (of roads) incrocio *m*; Rail nodo *m* ferroviario

juncture /'dʒʌŋktʃə(r)/ *n* **at this** ~ a questo punto

June /dʒu:n/ *n* giugno *m*

Jungian /'jʊŋɪən/ *adj* junghiano

jungle /'dʒʌŋgl/ *n* giungla *f*

junior /'dʒu:nɪə(r)/ **A** *adj* giovane; (in rank) subalterno; Sport junior *inv*
B *n* **the ~s** *pl* Sch i più giovani

junior doctor *n* assistente *mf* ospedaliero, -a

junior high school *n* AmE scuola *f* media inferiore

junior minister *n* sottosegretario *m*

junior school *n* scuola *f* elementare

juniper /'dʒu:nɪpə(r)/ *n* ginepro *m*

junk /dʒʌŋk/ *n* cianfrusaglie *fpl*

junk food *n* infml cibo *m* poco sano, porcherie *fpl*

junkie /'dʒʌŋkɪ/ *n* sl tossico, -a *mf*

junk mail *n* posta *f* spazzatura

junk shop *n* negozio *m* di rigattiere

junkyard *n* (for scrap) rottamaio *m*; (for old cars) cimitero *m* delle macchine

junta /'dʒʌntə/ *n* giunta *f* militare

Jupiter /'dʒu:pɪtə(r)/ *n* Giove *m*

jurisdiction /dʒʊərɪs'dɪkʃn/ *n* giurisdizione *f*

jurisprudence /dʒʊrɪs'pru:dəns/ *n* giurisprudenza *f*

jurist /'dʒʊərɪst/ *n* giurista *mf*

juror /'dʒʊərə(r)/ *n* giurato, -a *mf*

jury /'dʒʊərɪ/ *n* giuria *f*

jury box *n* banco *m* dei giurati

jury duty *n* esp Am = **jury service**

jury service *n* **do ~** far parte di una giuria popolare

just /dʒʌst/ **A** *adj* giusto
B *adv* (barely) appena; (simply) solo; (exactly) esattamente; ~ **as tall** altrettanto alto; ~ **as I was leaving** proprio quando stavo andando via; **I've ~ seen her** l'ho appena vista; **it's ~ as well** meno male; ~ **at that moment** proprio in quel momento; ~ **listen!** almeno ascolta!; **I'm ~ going** sto andando proprio ora

justice /'dʒʌstɪs/ *n* giustizia *f*; **do ~ to** rendere giustizia a

Justice Department *n* AmE ministero *m* di Grazia e Giustizia

Justice of the Peace *n* giudice *m* di pace

justifiable /dʒʌstɪ'faɪəbl/ *adj* giustificabile

justifiably /dʒʌstɪ'faɪəblɪ/ *adv* in modo giustificato

justification /dʒʌstɪfɪ'keɪʃn/ *n* giustificazione *f*

justified /'dʒʌstɪfaɪd/ *adj* ‹*action*› motivato

justify /'dʒʌstɪfaɪ/ *vt* (*pt/pp* **-ied**) giustificare

justly /'dʒʌstlɪ/ *adv* giustamente

justness /'dʒʌstnɪs/ *n* (of decision) giustezza *f*; (of claim, request) legittimità *f*

jut /dʒʌt/ *vi* (*pt/pp* **jutted**) ~ **out** sporgere

jute /dʒu:t/ *n* iuta *f*

juvenile /'dʒu:vənaɪl/ **A** *adj* giovanile; (childish) infantile; (for the young) per i giovani
B *n* giovane *mf*

juvenile crime *n* delinquenza *f* minorile

juvenile delinquency *n* delinquenza *f* minorile

juvenile delinquent *n* delinquente *mf* minorile

juvenile offender *n* Jur imputato, -a *mf* minorenne

juxtapose /dʒʌkstə'pəʊz/ *vt* giustapporre

parola chiave

Kk

k¹, K /keɪ/ *n* (letter) k, K *f inv*

K² *abbr* **1** (**kilo**) k **2** (**kilobyte**) KB, Kbyte *m inv* **3** (**thousand pounds**) **he earns £50 K** guadagna 50 mila sterline

kale /keɪl/, **curly kale** *n* cavolo *m* riccio

kaleidoscope /kə'laɪdəskəʊp/ *n* caleidoscopio *m*

kangaroo /kæŋgə'ruː/ *n* canguro *m*

kaput /kə'pʊt/ *adj* infml kaputt *inv*

karaoke /kærɪ'əʊkɪ/ *n* karaoke *m inv*

karaoke machine *n* apparecchio *m* per il karaoke

karate /kə'rɑːtɪ/ *n* karatè *m*

kart /kɑːt/ *n* kart *m inv*

Kashmir /kæʃ'mɪə(r)/ *n* Kashmir *m*

Kashmiri /kæʃ'mɪərɪ/ **A** *adj* del Kashmir
B *n* nativo, -a *mf* del Kashmir

kayak /'kaɪæk/ *n* kayak *m inv*

Kazakhstan /ˌkɑːzɑːk'stɑːn, ˌkæz-/ *n* Kazakistan *m*

KB *n abbr* (**kilobyte**) KB, Kbyte *m inv*

kebab /kɪ'bæb/ *n* Culin spiedino *m* di carne

kedgeree /'kedʒəriː/ *n* BrE *piatto* (*m*) *indiano a base di pesce, riso e uova*

keel /kiːl/ *n* chiglia *f*
■ **keel over** *vi* capovolgersi

keen /kiːn/ *adj* (intense) acuto; ‹*interest*› vivo; ‹*eager*› entusiastico; ‹*competition*› feroce; ‹*wind, knife*› tagliente; **~ on** entusiasta di; **she's ~ on him** le piace molto; **be ~ to do something** avere voglia di fare qualcosa

keenly /'kiːnlɪ/ *adv* intensamente

keenness /'kiːnnɪs/ *n* entusiasmo *m*

keep /kiːp/ **A** *n* (maintenance) mantenimento *m*; (of castle) maschio *m*; **for ~s** per sempre
B *vt* (*pt/pp* **kept**) tenere; (not throw away) conservare; (detain) trattenere; mantenere ‹*family, promise*›; tenere ‹*shop*›; allevare ‹*animals*›; rispettare ‹*law, rules*›; **~ something hot** tenere qualcosa in caldo; **~ somebody waiting** far aspettare qualcuno; **~ something to oneself** tenere qualcosa per sé
C *vi* (remain) rimanere; ‹*food*› conservarsi; **~ calm** rimanere calmo; **~ left/right** tenere la sinistra/la destra; **~ [on] doing something** continuare a fare qualcosa
■ **keep at**: *vt* (persevere with) **~ at it!** non mollare!
■ **keep away** **A** *vi* non avvicinarsi, stare alla larga
B *vt* tenere lontano
■ **keep away from** *vt* non avvicinarsi a ‹*fire*›; stare alla larga da ‹*somebody*›; **~ somebody away from something** tener qualcuno lontano da qualcosa
■ **keep back** **A** *vt* trattenere ‹*person*›; **~ something back from somebody** tenere nascosto qualcosa a qualcuno
B *vi* tenersi indietro
■ **keep down** **A** *vi* star giù
B *vt* mandar giù ‹*food*›; mantenere basso ‹*prices, inflation etc*›; **~ one's voice down** non alzare la voce
■ **keep from**: *vt* **~ somebody from doing something** impedire a qualcuno di fare qualcosa; **~ somebody from** impedire a qualcuno di ‹*falling*›; **~ somebody from their work** distogliere qualcuno dal lavoro; **~ something from somebody** tenere nascosto qualcosa a qualcuno; **~ the truth from somebody** nascondere la verità a qualcuno
■ **keep in** *vt* (in school) trattenere oltre l'orario per punizione; reprimere ‹*indignation, anger etc*›
■ **keep in with** *vt* mantenersi in buoni rapporti con
■ **keep off** *vt* (avoid) astenersi da ‹*cigarettes, chocolate etc*›; evitare ‹*delicate subject*›
■ **keep on** **A** *vi* (continue one's journey) proseguire; infml assillare (**at somebody** qualcuno)
B *vt* non togliersi ‹*coat, hat*›; tenere ‹*employee*›
■ **keep out** **A** *vt* tenere fuori; **~ out!** alla larga!
B *vt* non far entrare ‹*person, animal*›
■ **keep out of** *vt* ‹*person*› non entrare in ‹*place*›; tenersi fuori da ‹*argument*›; **~ somebody out of** tenere qualcuno alla larga da ‹*place*›; **~ me out of this!** lasciamene fuori!
■ **keep to** *vt* non deviare da ‹*path, subject*›; **~ something to oneself** tenere qualcosa per sé
■ **keep up** **A** *vi* ‹*remain level*› stare al passo; ‹*rain, good weather*› mantenersi
B *vt* (continue) continuare; (prevent from going to bed) tenere alzato; mantenere alto ‹*prices*›; tener su ‹*trousers*›
■ **keep up with** *vt* (in race) stare al passo con ‹*person, fashion*›; ‹*wages*› seguire il corso di ‹*inflation*›

keeper /'kiːpə(r)/ *n* custode *mf*

keep-fit *n* ginnastica *f*

keeping /'kiːpɪŋ/ *n* custodia *f*; **be in ~ with** essere in armonia con

keepsake /'kiːpseɪk/ *n* ricordo *m*

keg /keg/ *n* barilotto *m*

kelp /kelp/ *n* laminaria *f*, fuco *m*
kennel /'kenl/ *n* canile *m*; **~s** *pl* (boarding) canile *m*; (breeding) allevamento *m* di cani
Kenya /'kenjə/ *n* Kenya *m*
Kenyan /'kenjən/ *adj & n* keniota *mf*
kept /kept/ ▶ **keep**
kerb /kɜːb/ *n* bordo *m* del marciapiede
kernel /'kɜːnl/ *n* nocciolo *m*
kerosene /'kerəsiːn/ *n* AmE cherosene *m*
kestrel /'kestrəl/ *n* gheppio *m*
ketchup /'ketʃʌp/ *n* ketchup *m*
kettle /'ket(ə)l/ *n* bollitore *m*; **put the ~ on** mettere l'acqua a bollire
kettledrum /'ket(ə)ldrʌm/ *n* timpano *m*
🔑 **key** /kiː/ **A** *n* (also Mus) chiave *f*; (of piano, typewriter) tasto *m*
B *vt* **~ [in]** digitare ‹*character*›; **could you ~ this?** puoi battere questo?
keyboard *n* Comput, Mus tastiera *f*
keyboarder *n* tastierista *mf*
keyboard player *n* tastierista *mf*
keyboards *npl* Mus tastiere *fpl*
keyed-up /kiːd'ʌp/ *adj* (excited) teso; (anxious) estremamente agitato; (ready to act) psicologicamente preparato
keyhole *n* buco *m* della serratura
keyhole surgery *n* chirurgia *f* endoscopica
key money *n* (for apartment) *somma (f) richiesta ad un affittuario quando si trasferisce nell'abitazione*
keynote *n* Mus tonica *f*; (main theme) tema *m* principale
keynote speech *n* discorso *m* programmatico
keypad *n* Comput tastierino *m* numerico
key ring *n* portachiavi *m inv*
key signature *n* Mus armatura *f* di chiave
keystroke *n* Comput keystroke *m inv*
keyword *n* parola *f* chiave
key worker *n chi lavora in settori, come l'insegnamento, la sanità, la sicurezza, ritenuti essenziali per la vita di una comunità*
kg *abbr* (**kilogram**) kg
khaki /'kɑːkɪ/ **A** *adj* cachi *inv*
B *n* cachi *m*
kibbutz /kɪ'bʊts/ *n* (*pl* **-es** *or* **-im**) kibbutz *m inv*
kibosh /'kaɪbɒʃ/ *n* infml **put the ~ on something** mandare all'aria qualcosa
🔑 **kick** /kɪk/ **A** *n* calcio *m*; infml (thrill) piacere *m*; **for ~s** infml per spasso; **get a ~ out of something** trovare un piacere incredibile in qualcosa
B *vt* dar calci a; **~ the bucket** infml crepare
C *vi* ‹*animal*› scalciare; ‹*person*› dare calci
■ **kick around** **A** *vi* infml essere in giro
B *vt* buttar giù ‹*idea*›
■ **kick in** *vt* sfondare a calci ‹*door*›
■ **kick off** *vi* Sport dare il calcio d'inizio; infml iniziare
■ **kick out** *vt* infml (of school, club etc) sbatter fuori
■ **kick up**: *vt* **~ up a row** fare una scenata
kickback /'kɪkbæk/ *n* infml tangente *f*
kick-off *n* Sport calcio *m* d'inizio; **for a ~** infml tanto per cominciare
kick-start /'kɪkstɑːt/ *vt* mettere in moto ‹*motorbike*›; rilanciare ‹*economy*›
🔑 **kid** /kɪd/ **A** *n* capretto *m*; infml (child) ragazzino, -a *mf*
B *vt* (*pt/pp* **kidded**) infml prendere in giro
C *vi* infml scherzare
kid gloves *npl* guanti *mpl* di capretto; **handle somebody with ~** trattare qualcuno con i guanti
kidnap /'kɪdnæp/ *vt* (*pt/pp* **kidnapped**) rapire, sequestrare
kidnapper /'kɪdnæpə(r)/ *n* sequestratore, -trice *mf*, rapitore, -trice *mf*
kidnapping /'kɪdnæpɪŋ/ *n* rapimento *m*, sequestro *m* [di persona]
kidney /'kɪdnɪ/ *n* rene *m*; Culin rognone *m*
kidney bean *n* fagiolo *m* comune
kidney dialysis *n* dialisi *f*
kidney failure *n* collasso *m* renale
kidney machine *n* rene *m* artificiale
kidney-shaped /'kɪdnɪʃeɪpt/ *adj* a forma di fagiolo
kidney stone *n* calcolo *m* renale
🔑 **kill** /kɪl/ *vt* uccidere; fig metter fine a; ammazzare ‹*time*›
■ **kill off** *vt* eliminare ‹*people*›; distruggere ‹*plants, insects*›
killer /'kɪlə(r)/ *n* assassino, -a *mf*; **it was a real ~** fig è stato micidiale
killer instinct *n* istinto *m* di uccidere; fig spietatezza *f*
killer whale *n* orca *f*
killing /'kɪlɪŋ/ *n* uccisione *f*; (murder) omicidio *m*
killjoy /'kɪldʒɔɪ/ *n* guastafeste *mf inv*
kiln /kɪln/ *n* fornace *f*
kilo /'kiːləʊ/ *n* chilo *m*
kilobyte *n* kilobyte *m inv*
kilogram *n* chilogrammo *m*
kilohertz *n* chilohertz *m inv*
kilometre *n* chilometro *m*
kilowatt *n* chilowatt *m inv*
kilt /kɪlt/ *n* kilt *m inv* (*gonnellino degli scozzesi*)
kimono /kɪ'məʊnəʊ/ *n* kimono *m inv*
kin /kɪn/ *n* congiunti *mpl*; **next of ~** parente *m* stretto
🔑 **kind¹** /kaɪnd/ *n* genere *m*, specie *f*; (brand, type) tipo *m*; **what ~ of car?** che tipo di macchina?; **~ of** infml alquanto; **two of a ~**

🔑 parola chiave

due della stessa specie

kind² *adj* gentile, buono; **~ to animals** amante degli animali; **~ regards** cordiali saluti

kindergarten /'kɪndəgɑ:tn/ *n* asilo *m* infantile

kind-hearted /-'hɑ:tɪd/ *adj* ‹*person*› di [buon] cuore

kindle /'kɪndl/ *vt* accendere

kindly /'kaɪndlɪ/ **A** *adj* (**-ier**, **-iest**) benevolo **B** *adv* gentilmente; (if you please) per favore

kindness /'kaɪndnɪs/ *n* gentilezza *f*

kindred /'kɪndrɪd/ *adj* **she's a ~ spirit** è la mia/sua/tua anima gemella

kinetic /kɪ'netɪk/ *adj* cinetico

kinetics /kɪ'netɪks/ *nsg* cinetica *fsg*

king /kɪŋ/ *n* re *m inv*

kingdom /'kɪŋdəm/ *n* regno *m*

kingfisher /'kɪŋfɪʃə(r)/ *n* martin *m inv* pescatore

kingly /'kɪŋlɪ/ *adj* also fig regale

king-sized /'kɪŋsaɪzd/ *adj* ‹*cigarette*› king-size *inv*, lungo; ‹*bed*› matrimoniale grande

kink /kɪŋk/ *n* attorcigliamento *m*

kinky /'kɪŋkɪ/ *adj* infml bizzarro

kinship /'kɪnʃɪp/ *n* (blood relationship) parentela *f*; (empathy) affinità *f*

kiosk /'ki:ɒsk/ *n* chiosco *m*; Teleph cabina *f* telefonica

kip /kɪp/ **A** *n* infml pisolino *m*; **have a ~** schiacciare un pisolino **B** *vi* (*pt/pp* **kipped**) infml dormire

kipper /'kɪpə(r)/ *n* aringa *f* affumicata

kirk /kɜ:k/ *n* Scottish chiesa *f*

kiss /kɪs/ **A** *n* bacio *m* **B** *vt* baciare **C** *vi* baciarsi

kiss of death *n* colpo *m* di grazia

kiss of life *n* respirazione *f* bocca a bocca; **give somebody the ~** fare la respirazione bocca a bocca a qualcuno

kissogram /'kɪsəgræm/ *n servizio* (*m*) *commerciale in cui un messaggio di auguri viene scherzosamente recapitato con un bacio da una ragazza in abiti succinti*

kit /kɪt/ **A** *n* equipaggiamento *m*, kit *m inv*; (tools) attrezzi *mpl*; (construction kit) pezzi *mpl* da montare, kit *m inv* **B** *vt* (*pt/pp* **kitted**) **~ out** equipaggiare

kitbag /'kɪtbæg/ *n* sacco *m* a spalla

kitchen /'kɪtʃɪn/ **A** *n* cucina *f* **B** *attrib* di cucina

kitchenette /kɪtʃɪ'net/ *n* cucinino *m*

kitchen foil *n* carta *f* di alluminio

kitchen garden *n* orto *m*

kitchen paper *n* carta *f* da cucina

kitchen roll *n* Scottex® *m inv*

kitchen scales *npl* bilancia *f* da cucina

kitchen sink *n* lavello *m*; **everything bar the ~** fig proprio tutto quanto

kitchen-sink drama *n* teatro *m* neorealista

kitchen towel *n* Scottex® *m inv*

kitchen unit *n* elemento *m* componibile da cucina

kitchenware *n* (crockery) stoviglie *fpl*; (implements) utensili *mpl* da cucina

kite /kaɪt/ *n* aquilone *m*

Kitemark /'kaɪtmɑ:k/ *n* BrE marchio *m* di conformità alle norme britanniche

kith /kɪθ/ *n* **~ and kin** amici e parenti *mpl*

kitsch /kɪtʃ/ *n* kitsch *m inv*

kitten /'kɪtn/ *n* gattino *m*

kitty /'kɪtɪ/ *n* (money) cassa *f* comune

kiwi /'ki:wi:/ *n* Zool kiwi *m inv*

kiwi fruit *n* kiwi *m inv*

kleptomania /kleptə'meɪnɪə/ *n* cleptomania *f*

kleptomaniac /kleptə'meɪnɪæk/ *n* cleptomane *mf*

km *abbr* (**kilometre**) km

kmh *abbr* (**kilometres per hour**) km/h

knack /næk/ *n* tecnica *f*; **have the ~ for doing something** avere la capacità di fare qualcosa

knapsack /'næpsæk/ *n* sacco *m* da montagna

knave /neɪv/ *n* (in cards) fante *m*; (rogue) furfante *m*

knead /ni:d/ *vt* impastare

knee /ni:/ *n* ginocchio *m*; **go down on one's ~s to somebody** inginocchiarsi davanti a qualcuno

kneecap /'ni:kæp/ *n* rotula *f*

knee-deep /,ni:'di:p/ *adj* **the water was ~** l'acqua arrivava alle ginocchia

kneel /ni:l/ *vi* (*pt/pp* **knelt**) **~ [down]** inginocchiarsi; **be ~ing** essere inginocchiato

knee-length *adj* ‹*boots*› alto; ‹*skirt*› al ginocchio; ‹*socks*› lungo

knee-pad *n* ginocchiera *f*

knees-up /'ni:zʌp/ *n* BrE infml festa *f*

knell /nel/ *n* campana *f* a morto; **sound the death ~ for something** segnare la fine di qualcosa

knelt /nelt/ ▶ **kneel**

knew /nju:/ ▶ **know**

knickerbocker glory /nɪkəbɒkə'glɔ:rɪ/ *n* coppa *f* [gelato] gigante

knickers /'nɪkəz/ *npl* mutandine *fpl*

knick-knacks /'nɪknæks/ *npl* ninnoli *mpl*

knife /naɪf/ **A** *n* (*pl* **knives**) coltello *m* **B** *vt* infml accoltellare

knife-edge *n* **be on a ~** ‹*person*› trovarsi sul filo del rasoio; ‹*negotiations*› essere appeso a un filo

knifepoint *n* **at ~** sotto la minaccia di un coltello

knife sharpener *n* affilacoltelli *m inv*

knight /naɪt/ **A** *n* cavaliere *m*; (in chess) cavallo *m*
B *vt* nominare cavaliere
knighthood /ˈnaɪthʊd/ *n* **receive a ~** ricevere il titolo di cavaliere
knit /nɪt/ *vt & vi* (*pt/pp* **knitted**) lavorare a maglia; **~ one, purl one** un diritto, un rovescio; **~ one's brow** aggrottare le sopracciglia
knitted /ˈnɪtɪd/ *adj* lavorato a maglia
knitting /ˈnɪtɪŋ/ *n* lavorare *m a* maglia; (product) lavoro *m* a maglia
knitting needle *n* ferro *m* da calza
knitwear /ˈnɪtweə(r)/ *n* maglieria *f*
knives /naɪvz/ *npl* ▶ **knife**
knob /nɒb/ *n* pomello *m*; (of stick) pomo *m*; (of butter) noce *f*
knobbly /ˈnɒblɪ/ *adj* nodoso; (bony) spigoloso
knock /nɒk/ **A** *n* colpo *m*; **there was a ~ at the door** hanno bussato alla porta
B *vt* bussare a ‹*door*›; infml (criticize) denigrare; **~ a hole in something** fare un buco in qualcosa; **~ one's head** battere la testa (**on** contro)
C *vi* (at door) bussare
■ **knock about** **A** *vt* malmenare
B *vi* infml girovagare
■ **knock back** *vt* infml (drink quickly) buttar giù tutto d'un fiato
■ **knock down** *vt* far cadere; (with fist) stendere con un pugno; (in car) investire; (demolish) abbattere; infml (reduce) ribassare ‹*price*›
■ **knock off** **A** *vt* infml (steal) fregare; infml (complete quickly) fare alla bell'e meglio
B *vi* infml (cease work) staccare
■ **knock out** *vt* eliminare; (make unconscious) mettere K.O.; infml (anaesthetize) addormentare
■ **knock over** *vt* rovesciare; (in car) investire
■ **knock up** *vt* infml (prepare quickly) buttare giù; sl (make pregnant) mettere incinta
knockabout *n* Sport **have a ~** palleggiare
knock-down furniture *n* mobili *mpl* scomponibili
knock-down price *n* prezzo *m* stracciato
knocker /ˈnɒkə(r)/ *n* battente *m*; (critic) denigratore, -trice *mf*
knocking /ˈnɒkɪŋ/ *n* (on door) colpi *mpl*; Auto battito *m* in testa
knocking off time /nɒkɪŋˈɒf/ *n* **~ is five o'clock** si stacca alle cinque
knock-kneed /-ˈniːd/ *adj* con gambe storte
knock-on effect *n* implicazioni *fpl*
knock-out *n* knock-out *m inv*; **be a ~** fig essere uno schianto
knoll /nəʊl/ *n* collinetta *f*
knot /nɒt/ **A** *n* nodo *m*; **to tie the ~** infml convolare a giuste nozze
B *vt* (*pt/pp* **knotted**) annodare; BrE infml **get ~ted!** vai a farti friggere!
knotty /ˈnɒtɪ/ *adj* (**-ier**, **-iest**) infml spinoso
know /nəʊ/ **A** *vt* (*pt* **knew**, *pp* **known**) sapere; conoscere ‹*person, place*›; (recognize) riconoscere; **get to ~ somebody** conoscere qualcuno; **~ how to swim** sapere nuotare; **~ right from wrong** saper distinguere il bene dal male
B *vi* sapere; **did you ~ about this?** lo sapevi?
C *n* **in the ~** infml al corrente
■ **know of** *vt* conoscere; **not that I ~ of** non che io sappia
know-all *n* infml sapientone, -a *mf*
know-how *n* know-how *m inv*
knowing /ˈnəʊɪŋ/ *adj* d'intesa
knowingly /ˈnəʊɪŋlɪ/ *adv* (intentionally) consapevolmente; ‹*smile etc*› con aria d'intesa
knowledge /ˈnɒlɪdʒ/ *n* conoscenza *f*
knowledgeable, **knowledgable** /ˈnɒlɪdʒəbl/ *adj* ben informato
known /nəʊn/ **A** ▶ **know**
B *adj* noto
knuckle /ˈnʌkl/ *n* nocca *f*
■ **knuckle down** *vi* darci sotto (**to** con)
■ **knuckle under** *vi* sottomettersi
knuckle-duster *n* tirapugni *m inv*
koala, **koala bear** /kəʊˈɑːlə/ *n* koala *m inv*
Koran /kəˈrɑːn/ *n* Corano *m*
Korea /kəˈrɪə/ *n* Corea *f*
Korean /kəˈrɪən/ *adj & n* coreano, -a *mf*; (language) coreano *m*
kosher /ˈkəʊʃə(r)/ *adj* kasher *inv*
Kosovan /ˈkɒsəvn/ **A** *adj* kosovaro
B *n* kosovaro, -a *mf*
Kosovo /ˈkɒsəvəʊ/ *n* Kosovo *m*
kowtow /kaʊˈtaʊ/ *vi* piegarsi
kph *abbr* (**kilometres per hour**) km/h
kudos /ˈkjuːdɒs/ *n* infml gloria *f*
Kurd /ˈkɜːd/ **A** *n* curdo, -a *mf*
B *adj* curdo
Kurdish /ˈkɜːdɪʃ/ *adj & n* (language) curdo *m*
Kurdistan /kɜːdɪˈstɑːn/ *n* Kurdistan *m*
Kuwait /kʊˈweɪt/ *n* Kuwait *m*
Kuwaiti /kʊˈweɪtɪ/ *adj & n* kuwaitiano, -a *mf*
kW *abbr* (**kilowatt**) kW
kWh *abbr* (**kilowatt-hour**) kWh
Kyrgyzstan /ˌkɪəgɪˈstɑːn, kɜːgɪ-, -ˈstæn/ *n* Kirghizistan *m*

k

parola chiave

Ll

l, L /el/ *n* (letter) l, L *f inv*
L *abbr* **1** (**lake**) L **2** (**large**) L **3** (**learner**) P **4** (**left**) sinistra *f* **5** (**line**) v **6** (**litre(s)**) l
lab /læb/ *n* infml laboratorio *m*
lab assistant *n* assistente *mf* di laboratorio
lab coat *n* camice *m*
label /ˈleɪbl/ **A** *n* etichetta *f*
B *vt* (*pt/pp* **labelled**) mettere un'etichetta a; fig etichettare ‹*person*›
labelling /ˈleɪbəlɪŋ/ *n* (act) etichettatura *f*
labor /ˈleɪbə(r)/ *n* & *v* AmE = **labour**
laboratory /ləˈbɒrətrɪ/ *n* laboratorio *m*
laborer /ˈleɪbərə(r)/ *n* AmE = **labourer**
laborious /ləˈbɔːrɪəs/ *adj* laborioso
laboriously /ləˈbɔːrɪəslɪ/ *adv* in modo laborioso
labour /ˈleɪbə(r)/ **A** *n* lavoro *m*; (workers) manodopera *f*; Med doglie *fpl*; **be in ~** avere le doglie; **L~** Pol partito *m* laburista
B *attrib* Pol laburista
C *vi* lavorare
D *vt* **~ the point** fig ribadire il concetto
labour camp *n* campo *m* di lavoro
laboured /ˈleɪbəd/ *adj* ‹*breathing*› affannato
labourer /ˈleɪbərə(r)/ *n* manovale *m*
labour exchange *n* (old) ufficio *m* di collocamento
labour force *n* manodopera *f*
labouring /ˈleɪbərɪŋ/ *n* lavoro *m* manuale
labour-intensive *adj* ad uso intensivo di lavoro; **be ~** richiedere molta manodopera
labour market *n* mercato *m* del lavoro
Labour Party *n* Partito *m* laburista
labour relations *npl* relazioni *fpl* industriali
labour-saving /ˈleɪbəseɪvɪŋ/ *adj* che fa risparmiare lavoro e fatica
labour union /ˈleɪbə/ *n* AmE sindacato *m*
labour ward *n* reparto *m* maternità
Labrador /ˈlæbrədɔː(r)/ *n* (dog) labrador *m inv*
lab technician *n* tecnico, -a *mf* di laboratorio
laburnum /ləˈbɜːnəm/ *n* maggiociondolo *m*
labyrinth /ˈlæbərɪnθ/ *n* labirinto *m*
lace /leɪs/ **A** *n* pizzo *m*; (of shoe) laccio *m*
B *attrib* di pizzo
C *vt* allacciare ‹*shoes*›; correggere ‹*drink*›
lacerate /ˈlæsəreɪt/ *vt* lacerare
laceration /ˈlæsəˈreɪʃn/ *n* lacerazione *f*
lace-up, lace-up shoe *n* scarpa *f* stringata
lack /læk/ **A** *n* mancanza *f*; **~ of interest** disinteressamento *m*; **~ of evidence** insufficienza *f* di prove
B *vt* **the programme ~s originality** il programma manca di originalità; **I ~ the time** mi manca il tempo
C *vi* **be ~ing** mancare; **be ~ing in something** mancare di qualcosa
lackadaisical /lækəˈdeɪzɪkl/ *adj* senza entusiasmo
lackey /ˈlækɪ/ *n* lacchè *m*
lackluster /ˈlæklʌstə(r)/ *adj* AmE = **lacklustre**
lacklustre /ˈlæklʌstə(r)/ *adj* scialbo
laconic /ləˈkɒnɪk/ *adj* laconico
laconically /ləˈkɒnɪklɪ/ *adv* laconicamente
lacquer /ˈlækə(r)/ *n* lacca *f*
lactate /lækˈteɪt/ *vi* produrre latte
lactation /lækˈteɪʃn/ *n* lattazione *f*
lacy /ˈleɪsɪ/ *adj* di pizzo
lad /læd/ *n* ragazzo *m*
ladder /ˈlædə(r)/ **A** *n* scala *f*; (in tights) smagliatura *f*
B *vi* smagliarsi
ladder-proof /ˈlædəpruːf/ *adj* ‹*stockings*› indemagliabile
laddish /ˈlædɪʃ/ *adj* infml da ragazzacci
laden /ˈleɪdn/ *adj* carico (**with** di)
la-di-da /lɑːdɪˈdɑː/ *adj* affettato
ladle /ˈleɪdl/ **A** *n* mestolo *m*
B *vt* **~ [out]** versare (*col mestolo*)
lady /ˈleɪdɪ/ *n* signora *f*; (title) Lady *f*; **ladies [room]** *n* bagno *m* per donne
ladybird, AmE **ladybug** *n* coccinella *f*
lady-in-waiting /-weɪtɪŋ/ *n* dama *f* di corte
ladykiller *n* infml dongiovanni *m inv*
ladylike /ˈleɪdɪlaɪk/ *adj* signorile
lady mayoress *n* moglie *f* del Lord Mayor
Ladyship *n* **her/your ~** (to aristocrat) ≈ Signora Contessa
lady's maid *n* cameriera *f* personale
lag¹ /læg/ *vi* (*pt/pp* **lagged**) **~ behind** restare indietro
lag² *vt* (*pt/pp* **lagged**) isolare ‹*pipes*›
lager /ˈlɑːgə(r)/ *n* birra *f* chiara
lager lout *n* BrE derog giovinastro *m* ubriaco
lagging /ˈlægɪŋ/ *n* (for pipes) materiale *m* isolante
lagoon /ləˈguːn/ *n* laguna *f*
laid /leɪd/ ▶ **lay³**
laid-back *adj* infml rilassato
laid up *adj* **be ~** essere allettato
lain /leɪn/ ▶ **lie²**

lair /leə(r)/ *n* tana *f*
laird /leəd/ *n* (in Scotland) proprietario *m* terriero
laity /'leɪətɪ/ *n* laicato *m*
lake /leɪk/ *n* lago *m*; L~ **Garda** lago di Garda
lakeside /'leɪksaɪd/ **A** *n* riva *f* del lago
B *attrib* ‹*café, scenery*› della/sulla riva del lago
lama /'læmə/ *n* lama *m inv*
lamb /læm/ *n* agnello *m*
lambast, lambaste /læm'beɪst/ *vt* biasimare ‹*person, organization*›
lamb chop *n* cotoletta *f* d'agnello
lambskin *n* pelle *f* d'agnello
lambswool *n* lana *f* d'agnello, lambswool *m inv*
lame /leɪm/ *adj* zoppo; fig ‹*argument*› zoppicante; ‹*excuse*› traballante
lamé /'lɑːmeɪ/ *n* lamé *m*
lame duck *n* (person) inetto, -a *mf*; (firm) azienda *f* in cattive acque
lament /lə'ment/ **A** *n* lamento *m*
B *vt* lamentare
C *vi* lamentarsi
lamentable /'læməntəbl/ *adj* deplorevole
laminated /'læmɪneɪtɪd/ *adj* laminato
lamp /læmp/ *n* lampada *f*; (in street) lampione *m*
lampoon /læm'puːn/ **A** *n* satira *f*
B *vt* fare oggetto di satira
lamp post *n* lampione *m*
lampshade /'læmpʃeɪd/ *n* paralume *m*
lance /lɑːns/ **A** *n* lancia *f*
B *vt* Med incidere
lance corporal *n* appuntato *m*
lancet /'lɑːnsɪt/ *n* Med bisturi *m inv*
land /lænd/ **A** *n* terreno *m*; (country) paese *m*; (as opposed to sea) terra *f*; **plot of ~** pezzo *m* di terreno
B *vt* Naut sbarcare; infml ‹*obtain*› assicurarsi; **be ~ed with something** infml ritrovarsi fra capo e collo qualcosa
C *vi* Aeron atterrare; (fall) cadere; **~ on one's feet** fig cadere in piedi
■ **land up** *vi* infml finire
land agent *n* (on estate) fattore *m*
land army *n gruppo* (*m*) *di lavoratrici agricole durante la seconda guerra mondiale*
landfall *n* Naut approdo *m*; **make ~** (reach) approdare; (sight) avvistare terra
landfill site *n discarica* (*f*) *in cui i rifiuti vengono interrati*
landing /'lændɪŋ/ *n* Naut sbarco *m*; Aeron atterraggio *m*; (top of stairs) pianerottolo *m*
landing card *n* Aeron, Naut carta *f* di sbarco
landing craft *n* mezzo *m* da sbarco
landing gear *n* Aeron carrello *m* d'atterraggio
landing lights *npl* luci *fpl* d'atterraggio
landing party *n* Mil reparto *m* da sbarco
landing stage *n* pontile *m* da sbarco
landing strip *n* pista *f* d'atterraggio
landlady *n* proprietaria *f*; (of flat) padrona *f* di casa
landlocked *adj* privo di sbocco sul mare
landlord *n* proprietario *m*; (of flat) padrone *m* di casa
landlubber *n* marinaio *m* d'acqua dolce
landmark *n* punto *m* di riferimento; fig pietra *f* miliare
land mass *n* continente *m*
landmine *n* Mil mina *f* terrestre
landowner *n* proprietario, -a *mf* terriero, -a
landscape *n* paesaggio *m*
landscape architect *n* paesaggista *mf*
landscape gardener *n* paesaggista *mf*
landslide *n* frana *f*; Pol valanga *f* di voti
landslip *n* smottamento *m*
lane /leɪn/ *n* sentiero *m*; Auto, Sport corsia *f*
lane closure *n* (on motorway) chiusura *f* di corsia
lane markings *n* (on road) [strisce *fpl* di] mezzeria *f*
langoustine /'lɒŋgʊstiːn/ *n* scampo *m*
language /'læŋgwɪdʒ/ *n* lingua *f*; (speech, style) Comput linguaggio *m*
language barrier *n* barriera *f* linguistica
language laboratory *n* laboratorio *m* linguistico
languid /'læŋgwɪd/ *adj* languido
languidly /'læŋgwɪdlɪ/ *adv* languidamente
languish /'læŋgwɪʃ/ *vi* languire
languor /'læŋgə(r)/ *n* languore *m*
lank /læŋk/ *adj* ‹*hair*› liscio
lanky /'læŋkɪ/ *adj* (**-ier**, **-iest**) allampanato
lanolin /'lænəlɪn/ *n* lanolina *f*
lantern /'læntən/ *n* lanterna *f*
lanyard /'lænjəd/ *n* Naut (rope) cima *f*
Laos /'lɑːɒs, laʊs/ *n* Laos *m*
lap¹ /læp/ *n* grembo *m*
lap² **A** *n* Sport (of journey) tappa *f*; **~ of honour** giro *m* d'onore
B *vi* (*pt/pp* **lapped**) ‹*water*› **~ against** lambire
C *vt* Sport doppiare
lap³ *vt* (*pt/pp* **lapped**) **~ up** bere avidamente; bersi completamente ‹*lies*›; credere ciecamente a ‹*praise*›
lap and shoulder belt *n* Auto, Aeron cintura *f* di sicurezza
laparoscope /'læpərəskəʊp/ *n* laparoscopio *m*
laparoscopy /læpə'rɒskəpɪ/ *n* laparoscopia *f*
lap belt *n* Auto, Aeron cintura *f* di sicurezza addominale
lapdog /'læpdɒg/ *n* cane *m* da salotto; **he's her ~** è il suo cagnolino
lapel /lə'pel/ *n* bavero *m*

parola chiave

Lapland /ˈlæplænd/ *n* Lapponia *f*

lapse /læps/ **A** *n* sbaglio *m*; (moral) sbandamento *m* [morale]; (of time) intervallo *m*
B *vi* (expire) scadere; (morally) scivolare; **~ into** cadere in

laptop /ˈlæptɒp/ *n* **~ [computer]** computer *m inv* portatile, laptop *m inv*

larceny /ˈlɑːsənɪ/ *n* furto *m*

larch /lɑːtʃ/ *n* larice *m*

lard /lɑːd/ *n* strutto *m*

larder /ˈlɑːdə(r)/ *n* dispensa *f*

large /lɑːdʒ/ *adj & adv* grande; ‹*number, amount*› grande, grosso; **by and ~** in complesso; **at ~** in libertà; (in general) ampiamente

large intestine *n* intestino *m* crasso

largely /ˈlɑːdʒlɪ/ *adv* **~ because of** in gran parte a causa di

largeness /ˈlɑːdʒnɪs/ *n* grandezza *f*

large-scale *adj* ‹*map*› a grande scala; ‹*operation*› su larga scala

largesse /lɑːˈʒes/ *n* generosità *f*

lark¹ /lɑːk/ *n* (bird) allodola *f*

lark² *n* (joke) burla *f*
■ **lark about** *vi* giocherellare

larva /ˈlɑːvə/ *n* (*pl* **-vae** /ˈlɑːviː/) larva *f*

laryngitis /lærɪnˈdʒaɪtɪs/ *n* laringite *f*

larynx /ˈlærɪŋks/ *n* laringe *f*

lasagne /ləˈzænjə/ *n* lasagne *fpl*

lascivious /ləˈsɪvɪəs/ *adj* lascivo

laser /ˈleɪzə(r)/ *n* laser *m inv*

laser disc *n* disco *m* laser

laser printer *n* stampante *f* laser

laser treatment *n* laserterapia *f*

lash /læʃ/ **A** *n* frustata *f*; (eyelash) ciglio *m*
B *vt* (whip) frustare; (tie) legare fermamente
■ **lash out** *vi* attaccare; (spend) sperperare (**on** in)

lashings /ˈlæʃɪŋz/ *npl* **~ of** infml una marea di

lass /læs/ *n* ragazzina *f*

lasso /ləˈsuː/ *n* lazo *m inv*

last /lɑːst/ **A** *adj* (final) ultimo; (recent) scorso; **~ year** l'anno scorso; **~ night** ieri sera; **at ~** alla fine; **at ~!** finalmente!; **that's the ~ straw** infml questa è l'ultima goccia
B *n* ultimo, -a *mf*; **the ~ but one** il penultimo
C *adv* per ultimo; (last time) l'ultima volta; **~ but not least** per ultimo ma non il meno importante
D *vi* durare

last-ditch *adj* ‹*attempt*› disperato

lasting /ˈlɑːstɪŋ/ *adj* durevole

lastly /ˈlɑːstlɪ/ *adv* infine

last-minute *adj* all'ultimo minuto

last name *n* (surname) cognome *m*

last rites *npl* Relig estrema unzione *f*

Last Supper *n* Ultima Cena *f*

latch /lætʃ/ *n* chiavistello *m*; (on gate) saliscendi *m inv*; **leave the door on the ~** chiudere la porta senza far scattare la serratura
■ **latch on to** *vt* fissarsi con ‹*person, idea*›

latchkey /ˈlætʃkiː/ *n* chiave *f* di casa

latchkey child *n bambino* (*m*) *che ha le chiavi di casa in quanto i genitori lavorano*

late /leɪt/ **A** *adj* (delayed) in ritardo; (at a late hour) tardo; (deceased) defunto; **it's ~** (at night) è tardi; **in ~ November** alla fine di novembre; **of ~** recentemente; **be a ~ developer** ‹*child*› essere lento nell'apprendimento
B *adv* tardi; **stay up ~** stare alzati fino a tardi

latecomer /ˈleɪtkʌmə(r)/ *n* ritardatario, -a *mf*; (to political party etc) nuovo, -a arrivato, -a *mf*

late developer *n* (child) **be a ~** essere tardivo

lately /ˈleɪtlɪ/ *adv* recentemente

lateness /ˈleɪtnɪs/ *n* ora *f* tarda; (delay) ritardo *m*

late-night *adj* ‹*film*› ultimo; **it's ~ shopping on Thursdays** i negozi rimangono aperti fino a tardi il giovedì

latent /ˈleɪtnt/ *adj* latente

later /ˈleɪtə(r)/ **A** *adj* ‹*train*› che parte più tardi; ‹*edition*› più recente
B *adv* più tardi; **~ on** più tardi, dopo

lateral /ˈlætərəl/ *adj* laterale

late riser /ˈraɪzə(r)/ *n* dormiglione, -a *mf*

latest /ˈleɪtɪst/ **A** *adj* ultimo; (most recent) più recente; **the ~ [news]** le ultime notizie
B *n* **six o'clock at the ~** alle sei al più tardi

latex /ˈleɪteks/ *n* la[t]tice *m*

lath /læθ/ *n* assicella *f*

lathe /leɪð/ *n* tornio *m*

lather /ˈlɑːðə(r)/ **A** *n* schiuma *f*
B *vt* insaponare
C *vi* far schiuma

Latin /ˈlætɪn/ **A** *adj* latino
B *n* latino *m*

Latin America *n* America *f* Latina

Latin American *adj & n* latino-americano, -a *mf*

Latino /ləˈtiːnəʊ/ *n* AmE latino-americano, -a *mf*

latitude /ˈlætɪtjuːd/ *n* Geog latitudine *f*; fig libertà *f* d'azione

latrine /ləˈtriːn/ *n* latrina *f*

latter /ˈlætə(r)/ **A** *adj* ultimo
B *n* **the ~** quest'ultimo

latter-day *adj* moderno

latterly /ˈlætəlɪ/ *adv* ultimamente

lattice /ˈlætɪs/ *n* traliccio *m*

lattice window *n* finestra *f* con vetri a losanghe

lattice-work *n* intelaiatura *f* a traliccio

Latvia /ˈlætvɪə/ *n* Lettonia *f*

Latvian /ˈlætvɪən/ *adj* & *n* lettone *mf*; (language) lettone *m*
laudable /ˈlɔːdəbl/ *adj* lodevole
laudatory /ˈlɔːdətrɪ/ *adj* elogiativo
laugh /lɑːf/ **A** *n* risata *f*
B *vi* ridere (**at/about** di); **~ at somebody** (mock) prendere in giro qualcuno
■ **laugh off** *vt* ridere di ‹*criticism*›
laughable /ˈlɑːfəbl/ *adj* ridicolo
laughing gas /ˈlɑːfɪŋ/ *n* gas *m inv* esilarante
laughing stock *n* zimbello *m*
laughter /ˈlɑːftə(r)/ *n* risata *f*
launch¹ /lɔːntʃ/ *n* (boat) lancia *f*
launch² **A** *n* lancio *m*; (of ship) varo *m*
B *vt* lanciare ‹*rocket, product*›; varare ‹*ship*›; sferrare ‹*attack*›
■ **launch into** *vt* intraprendere ‹*career*›; imbarcarsi in ‹*speech*›
launcher /ˈlɔːntʃə(r)/ *n* lanciamissili *m inv*
launch pad /ˈlɔːntʃ/, **launching pad** /ˈlɔːntʃɪŋ/ *n* piattaforma *f* di lancio; fig trampolino *m* di lancio
launder /ˈlɔːndə(r)/ *vt* lavare e stirare; **~ money** fig riciclare denaro sporco
launderette /lɔːndəˈret/ *n* lavanderia *f* automatica
laundry /ˈlɔːndrɪ/ *n* lavanderia *f*; (clothes) bucato *m*
laureate /ˈlɒrɪət/ *adj* **poet ~** poeta *m* di corte; **Nobel ~** vincitore, -trice *mf* del Nobel
laurel /ˈlɒrəl/ *n* alloro *m*; **rest on one's ~s** fig dormire sugli allori
lav /læv/ *n* BrE infml gabinetto *m*
lava /ˈlɑːvə/ *n* lava *f*
lavatorial /lævəˈtɔːrɪəl/ *adj* ‹*humour*› scatologico
lavatory /ˈlævətrɪ/ *n* gabinetto *m*
lavender /ˈlævəndə(r)/ *n* lavanda *f*
lavender blue *adj* color lavanda
lavish /ˈlævɪʃ/ **A** *adj* copioso; (wasteful) prodigo; **on a ~ scale** su vasta scala
B *vt* **~ something on somebody** ricoprire qualcuno di qualcosa
lavishly /ˈlævɪʃlɪ/ *adv* copiosamente
law /lɔː/ *n* legge *f*; **study ~** studiare giurisprudenza, studiare legge; **~ and order** ordine *m* pubblico; **take the ~ into one's own hands** farsi giustizia da sé; **~ of the jungle** legge della giungla
law-abiding /ˈlɔːəbaɪdɪŋ/ *adj* che rispetta la legge
law and order *n* ordine *m* pubblico
lawbreaker /ˈlɔːbreɪkə(r)/ *n* persona *f* che infrange la legge
law court *n* tribunale *m*
lawful /ˈlɔːfʊl/ *adj* legittimo
lawfully /ˈlɔːfʊlɪ/ *adv* legittimamente
lawfulness /ˈlɔːfʊlnɪs/ *n* legalità *f*
lawless /ˈlɔːlɪs/ *adj* senza legge
lawmaker /ˈlɔːmeɪkə(r)/ *n* legislatore *m*
lawn /lɔːn/ *n* prato *m* [all'inglese]
lawnmower /ˈlɔːnməʊə(r)/ *n* tosaerba *m inv*
law school *n* facoltà *f* di giurisprudenza
lawsuit /ˈlɔːsuːt/ *n* causa *f*
lawyer /ˈlɔːjə(r)/ *n* avvocato *m*
lax /læks/ *adj* negligente; ‹*morals etc*› lassista
laxative /ˈlæksətɪv/ *n* lassativo *m*
laxity /ˈlæksətɪ/ *n* lassismo *m*
lay¹ /leɪ/ *adj* laico
lay² ▶ **lie²**
lay³ **A** *vt* (*pt/pp* **laid**) porre, mettere; apparecchiare ‹*table*›
B *vi* ‹*hen*› fare le uova
■ **lay aside** *vt* mettere da parte
■ **lay down** *vt* posare; stabilire ‹*rules, conditions*›
■ **lay in** *vt* farsi una scorta di ‹*coal, supplies etc*›
■ **lay into** *vt* sl picchiare
■ **lay off** **A** *vt* licenziare ‹*workers*›
B *vi* infml (stop) **~ off!** smettila!
■ **lay on** *vt* (organize) organizzare
■ **lay out** *vt* (display, set forth) esporre; (plan) pianificare ‹*garden*›; (spend) sborsare; Typ impaginare
■ **lay up**: *vt* **I was laid up in bed for a week** sono stato costretto a letto per una settimana
layabout /ˈleɪəbaʊt/ *n* fannullone, -a *mf*
lay-by *n* piazzola *f* di sosta
layer /ˈleɪə(r)/ *n* strato *m*
layette /leɪˈet/ *n* corredino *m*
layman /ˈleɪmən/ *n* profano *m*
lay-off /ˈleɪɒf/ *n* (permanent) licenziamento *m*; (temporary) sospensione *f*
layout /ˈleɪaʊt/ *n* disposizione *f*; Typ impaginazione *f*, layout *m inv*
lay preacher *n* predicatore *m* laico
laze /leɪz/ *vi* **~ [about]** oziare
lazily /ˈleɪzɪlɪ/ *adv* ‹*move, wander etc*› pigramente
laziness /ˈleɪzɪnɪs/ *n* pigrizia *f*
lazy /ˈleɪzɪ/ *adj* (**-ier**, **-iest**) pigro
lazybones /ˈleɪzɪbəʊnz/ *n* poltrone, -a *mf*
lazy eye *n* ambliopia *f*
lb *abbr* (**pound**) libbra
LCD *n abbr* (**liquid crystal display**) LCD *m*
lead¹ /led/ *n* piombo *m*; (of pencil) mina *f*
lead² /liːd/ **A** *n* guida *f*; (leash) guinzaglio *m*; (flex) filo *m*; (clue) indizio *m*; Theat parte *f* principale; (distance ahead) distanza *f* (**over** su); **in the ~** in testa; **follow sb's ~** seguire l'esempio di qualcuno
B *vt* (*pt/pp* **led**) condurre; dirigere ‹*expedition, party etc*›; (induce) indurre; **~ the way** mettersi in testa; **~ into temptation** indurre in tentazione
C *vi* (be in front) condurre; (in race, competition) essere in testa

parola chiave

■ **lead astray** *vt* sviare
■ **lead away** *vt* portar via
■ **lead on** *vt* ingannare
■ **lead off** **A** *vi* (begin) cominciare
B *vt* (take away) portare via
■ **lead to** *vt* portare a
■ **lead up to** *vt* preludere; **the period ~ing up to the election** il periodo precedente le elezioni; **what's this ~ing up to?** dove porta questo?

leaded /'ledɪd/ *adj* con piombo

leaded petrol BrE, **leaded gasoline** AmE *n* benzina *f* con piombo

leaden /'ledən/ *adj* di piombo

leader /'li:də(r)/ *n* capo *m*; (of orchestra) primo violino *m*; (in newspaper) articolo *m* di fondo

leadership /'li:dəʃɪp/ *n* direzione *f*, leadership *f inv*; **show ~** mostrare capacità di comando

leadership contest *n* elezione *f* alla direzione del partito

lead-free /'ledfri:/ *adj* senza piombo

lead-in /'li:dɪn/ *n* presentazione *f*

leading[1] /'li:dɪŋ/ *adj* principale

leading[2] /'ledɪŋ/ *n* Typ interlinea *f*

leading article *n* articolo *m* di fondo

leading edge *n* Aeron bordo *m* d'attacco; **at the ~ of** (technology) all'avanguardia in

leading lady attrice *f* principale

leading light *n* personaggio *m* di spicco

leading man attore *m* principale

leading question *n* domanda *f* che influenza la risposta

lead poisoning *n* saturnismo *m*

lead story *n* articolo *f* principale

leaf /li:f/ *n* (*pl* **leaves**) foglia *f*; (of table) asse *f*; fig **take a ~ out of sb's book** imparare la lezione di qualcuno; **turn over a new ~** voltare pagina
■ **leaf through** *vt* sfogliare

leaflet /'li:flɪt/ *n* dépliant *m inv*; (advertising) dépliant *m inv* pubblicitario; (political) manifestino *m*

leafy /'li:fɪ/ *adj* ‹*tree*› ricco di foglie; ‹*wood*› molto verde; ‹*suburb, area*› ricco di verde

league /li:g/ *n* lega *f*; Sport campionato *m*; **be in ~ with** essere in combutta con

league table *n* classifica *f* del campionato

leak /li:k/ **A** *n* (hole) fessura *f*; Naut falla *f*; (of gas & fig) fuga *f*
B *vi* colare; ‹*ship*› fare acqua; ‹*liquid, gas*› fuoriuscire
C *vt* **~ something to somebody** fig far trapelare qualcosa a qualcuno

leakage /'li:kɪdʒ/ *n* perdita *f*; (of gas & fig) fuga *f*

leaky /'li:kɪ/ *adj* che perde; Naut che fa acqua

lean[1] /li:n/ *adj* magro

lean[2] **A** *vt* (*pt/pp* **leaned** *or* **leant** /lent/) appoggiare (**against/on** contro/su); **~ one's elbows on the table** appoggiare i gomiti sul tavolo
B *vi* appoggiarsi (**against/on** contro/su); (not be straight) pendere; **be ~ing against** essere appoggiato contro; **~ on somebody** (depend on) appoggiarsi a qualcuno; infml (exert pressure on) stare alle calcagna di qualcuno
■ **lean back** *vi* sporgersi indietro
■ **lean forward** *vi* piegarsi in avanti
■ **lean out** *vi* sporgersi
■ **lean over** *vi* piegarsi
■ **lean towards** *vt* (favour) propendere per

leaning /'li:nɪŋ/ **A** *adj* pendente; **the L~ Tower of Pisa** la torre di Pisa, la torre pendente
B *n* tendenza *f*

leanness /'li:nnɪs/ *n* magrezza *f*

lean-to *n garage* (*m inv*) *adiacente alla casa*

leap /li:p/ **A** *n* salto *m*
B *vi* (*pt/pp* **leapt** /lept/ *or* **leaped**) saltare; **he leapt at it** infml l'ha preso al volo

leapfrog /'li:pfrɒg/ *n* cavallina *f*

leap year *n* anno *m* bisestile

learn /lɜ:n/ **A** *vt* (*pt/pp* **learnt** BrE *or* **learned**) imparare; **~ to swim** imparare a nuotare; **I have ~ed that...** (heard) sono venuto a sapere che...; fig **he's ~t his lesson** ha imparato la lezione
B *vi* imparare; **as I've ~t to my cost** come ho imparato a mie spese

learned /'lɜ:nɪd/ *adj* colto

learner /'lɜ:nə(r)/ *n* also Auto principiante *mf*

learning /'lɜ:nɪŋ/ *n* cultura *f*

learning curve *n* curva *f* di apprendimento

learning difficulties *npl* (of schoolchildren) difficoltà *fpl* d'apprendimento

learning disability *n* difficoltà *fpl* d'apprendimento

lease /li:s/ **A** *n* contratto *m* d'affitto; (rental) affitto *m*; **the job has given him a new ~ of life** grazie al lavoro ha ripreso gusto alla vita
B *vt* affittare

leasehold /'li:shəʊld/ *n* proprietà *f* in affitto

leaseholder /'li:shəʊldə(r)/ *n titolare* (*mf*) *di un contratto d'affitto*

leash /li:ʃ/ *n* guinzaglio *m*

leasing /'li:sɪŋ/ *n* (by company) leasing *m*; **~ scheme** piano di leasing

least /li:st/ **A** *adj* più piccolo; (smallest amount) meno; **you've got ~ luggage** hai meno bagagli di tutti
B *n* **the ~** il meno; **that's the ~ of my worries** questa è la cosa che mi preoccupa di meno; **at ~** almeno; **not in the ~** niente affatto
C *adv* meno; **the ~ expensive wine** il vino meno caro

leather /'leðə(r)/ **A** *n* pelle *f*; (of soles) cuoio *m*
B *attrib* di pelle/cuoio; **~ jacket** giubbotto

m di pelle

leathery /ˈleðərɪ/ *adj* (meat, skin) duro

leave /liːv/ **A** *n* (holiday) congedo *m*; Mil licenza *f*; **on ~** in congedo/licenza; **take one's ~** accomiatarsi; **~ of absence** aspettativa *f*

B *vt* (*pt/pp* **left**) lasciare; uscire da ‹*house, office*›; (forget) dimenticare; **there is nothing left** non è rimasto niente; **~ somebody in peace** lasciare in pace qualcuno

C *vi* andare via; ‹*train, bus*› partire

■ **leave aside** *vt* (disregard) lasciare da parte

■ **leave behind** *vt* lasciare; (forget) dimenticare

■ **leave out** *vt* omettere; (not put away) lasciare fuori

leaves /liːvz/ ▶ **leaf**

leaving /ˈliːvɪŋ/ *adj* ‹*party, present*› d'addio

Lebanese /lebəˈniːz/ *adj* & *n* libanese *mf*

Lebanon /ˈlebənən/ *n* Libano *m*

lecher /ˈletʃə(r)/ *n* libertino *m*

lecherous /ˈletʃərəs/ *adj* lascivo

lechery /ˈletʃərɪ/ *n* lascivia *f*

lectern /ˈlektɜːn/ *n* leggio *m*, scannello *m*

lecture /ˈlektʃə(r)/ **A** *n* conferenza *f*; Univ lezione *f*; (reproof) ramanzina *f*

B *vi* fare una conferenza (**on** su); Univ insegnare (**on something** qualcosa)

C *vt* **~ somebody** rimproverare qualcuno

lecturer /ˈlektʃərə(r)/ *n* conferenziere, -a *mf*; Univ docente *mf* universitario, -a

lecture room *n* BrE Univ aula *f* magna

lectureship /ˈlektʃəʃɪp/ *n* BrE Univ docenza *f* universitaria

lecture theatre *n* BrE Univ aula *f* magna

led /led/ ▶ **lead²**

LED *abbr* (**light-emitting diode**) LED *m inv*

ledge /ledʒ/ *n* cornice *f*; (of window) davanzale *m*

ledger /ˈledʒə(r)/ *n* libro *m* mastro

leech /liːtʃ/ *n* sanguisuga *f*

leek /liːk/ *n* porro *m*

leer /lɪə(r)/ **A** *n* sguardo *m* libidinoso

B *vi* **~ (at)** guardare in modo libidinoso

lees /liːz/ *npl* (wine sediment) fondi *mpl*

leeway /ˈliːweɪ/ *n* fig libertà *f* di azione

left¹ /left/ ▶ **leave**

left² **A** *adj* sinistro

B *adv* a sinistra

C *n* (also Pol) sinistra *f*; **on the ~** a sinistra

left-hand /ˌleftˈhænd/ *adj* di sinistra; **on the ~ side** sulla sinistra

left-hand drive *adj* ‹*car*› con la guida a sinistra

left-handed /-ˈhændɪd/ *adj* mancino; ‹*scissors etc*› per mancini

leftie /ˈleftɪ/ *n* sinistrorso, -a *mf*

leftist /ˈleftɪst/ *adj* & *n* sinistrorso, -a *mf*

left luggage, left luggage office *n* deposito *m* bagagli

left-luggage lockers *npl* deposito *m* bagagli automatico

leftovers *npl* rimasugli *mpl*

left wing *n* Pol sinistra *f*; Sport ala *f* sinistra

left-wing *adj* Pol di sinistra

left-winger *n* Pol persona *f* di sinistra; Sport ala *f* sinistra

leg /leg/ **A** *n* gamba *f*; ((of animal)) zampa *f*; (of journey) tappa *f*; Culin (of chicken) coscia *f*; (of lamb) cosciotto *m*; **be on one's last ~s** ‹*machine*› funzionare per miracolo; **not have a ~ to stand on** non avere una ragione che regga

B *vi* **~ it** infml darsela a gambe

legacy /ˈlegəsɪ/ *n* lascito *m*

legal /ˈliːgl/ *adj* legale; **take ~ action** intentare un'azione legale

legal adviser *n* consulente *mf* legale

legal aid *n* patrocinio *m* gratuito

legal eagle *n* hum principe *m* del foro

legal holiday *n* AmE festa *f* nazionale

legality /lɪˈgælətɪ/ *n* legalità *f*

legalization /liːgəlaɪˈzeɪʃn/ *n* legalizzazione *f*

legalize /ˈliːgəlaɪz/ *vt* legalizzare

legally /ˈliːgəlɪ/ *adv* legalmente

legal proceedings *npl* procedimento *m sg* giudiziario

legal tender *n* valuta *f* a corso legale

legend /ˈledʒənd/ *n* leggenda *f*

legendary /ˈledʒəndərɪ/ *adj* leggendario

leggings /ˈlegɪŋz/ *npl* (for baby) ghette *fpl*; (for woman) pantacollant *mpl*; (for man) gambali *mpl*

leggy /ˈlegɪ/ *adj* ‹*person*› con le gambe lunghe

Leghorn /ˈleghɔːn/ *n* Livorno *f*

legibility /ledʒəˈbɪlətɪ/ *n* leggibilità *f*

legible /ˈledʒəbl/ *adj* leggibile

legibly /ˈledʒəblɪ/ *adv* in modo leggibile

legion /ˈliːdʒn/ *n* legione *f*

legionnaire /liːdʒəˈneə(r)/ *n* Mil legionario *m*

legionnaire's disease *n* legionellosi *f*

legislate /ˈledʒɪsleɪt/ *vi* legiferare

legislation /ledʒɪsˈleɪʃn/ *n* legislazione *f*

legislative /ˈledʒɪslətɪv/ *adj* legislativo

legislator /ˈledʒɪsleɪtə(r)/ *n* legislatore *m*

legislature /ˈledʒɪsleɪtʃə(r)/ *n* legislatura *f*

legitimacy /lɪˈdʒɪtɪməsɪ/ *n* (lawfulness) legittimità *f*; (of argument) validità *f*

legitimate /lɪˈdʒɪtɪmət/ *adj* legittimo; ‹*excuse*› valido

legitimately /lɪˈdʒɪtɪmətlɪ/ *adv* legittimamente

legitimize /lɪdʒɪtɪˈmaɪz/ *vt* rendere legittimo

legless /ˈleglɪs/ *adj* senza gambe; BrE (drunk) ubriaco fradicio

---

parola chiave

leg-pulling *n* presa *f* in giro
legroom *n* spazio *m* per le gambe
leg warmer *n* scaldamuscoli *m inv*
legwork *n* fatica *f*; **do the ~** fare da galoppino
leisure /'leʒə(r)/ *n* tempo *m* libero; **at your ~** con comodo
leisure centre *n* centro *m* sportivo e ricreativo
leisurely /'leʒəlɪ/ *adj* senza fretta
leisure time *n* tempo *m* libero
leisurewear /'leʒəweə(r)/ *n* abbigliamento *m* per il tempo libero
lemming /'lemɪŋ/ *n* lemming *m inv*
lemon /'lemən/ *n* limone *m*
lemonade /lemə'neɪd/ *n* limonata *f*
lemon curd *n* crema *f* al limone
lemon juice *n* (drink) succo *m* di limone
lemon sole *n* sogliola *f* limanda
lemon squash *n* sciroppo *m* di limone
lemon tea *n* tè *m* al limone
lemon tree *n* limone *m*
lemon yellow **A** *n* giallo *m* limone
B *adj* giallo limone
lend /lend/ *vt* (*pt/pp* **lent**) prestare; **~ a hand** fig dare una mano; **~ an ear** prestare ascolto; **~ itself to** prestarsi a
lender /'lendə(r)/ *n* prestatore, -trice *mf*
lending library /'lendɪŋ/ *n* biblioteca *f* per il prestito
length /leŋθ/ *n* lunghezza *f*; (piece) pezzo *m*; (of wallpaper) parte *f*; (of visit) durata *f*; **at ~** a lungo; (at last) alla fine
lengthen /'leŋθən/ **A** *vt* allungare
B *vi* allungarsi
lengthways /'leŋθweɪz/ *adv* per lungo
lengthwise /'leŋθwaɪz/ *adv* longitudinale
lengthy /'leŋθɪ/ *adj* (**-ier**, **-iest**) lungo
lenience /'li:nɪəns/ *n* indulgenza *f*
lenient /'li:nɪənt/ *adj* indulgente
leniently /'li:nɪəntlɪ/ *adv* con indulgenza
lens /lenz/ *n* lente *f*; Phot obiettivo *m*; (of eye) cristallino *m*
lens cap *n* copriobiettivo *m*
lent ▸ **lend**
Lent /lent/ *n* Quaresima *f*
lentil /'lentl/ *n* Bot lenticchia *f*
Leo /'li:əʊ/ *n* Astr Leone *m*
leopard /'lepəd/ *n* leopardo *m*
leopard-skin /'lepədskɪn/ **A** *n* pelle *f* di leopardo
B *attrib* di [pelle di] leopardo
leotard /'li:ətɑ:d/ *n* body *m inv*
leper /'lepə(r)/ *n* lebbroso, -a *mf*; fig appestato, -a *mf*
leprosy /'leprəsɪ/ *n* lebbra *f*
lesbian /'lezbɪən/ **A** *adj* lesbico
B *n* lesbica *f*
lesbianism /'lezbɪənɪzm/ *n* lesbismo *m*
lesion /'li:ʒn/ *n* lesione *f*
Lesotho /lɪ'su:tʊ, lə'səʊtʊ/ *n* Lesotho *m*
less /les/ **A** *adj* meno di; **~ and ~** sempre meno
B *adv & prep* meno
C *n* meno *m*
lessee /le'si:/ *n* Jur affittuario, -a *mf*
lessen /'lesn/ *vt & vi* diminuire
lesser /'lesə(r)/ *adj* minore; **the ~ of two evils** il minore fra i due mali
lesson /'lesn/ *n* lezione *f*; **teach somebody a ~** fig dare una lezione a qualcuno
lessor /le'sɔ:/ *n* Jur locatore, -trice *mf*
lest /lest/ *conj* literary per timore che
let /let/ **A** *vt* (*pt/pp* **let**, *pres p* **letting**) lasciare, permettere; (rent) affittare; **~ alone** (not to mention) tanto meno; **'to ~'** 'affittasi'; **~ us go** andiamo; **~ somebody do something** lasciare fare qualcosa a qualcuno, permettere a qualcuno di fare qualcosa; **~ me know** fammi sapere; **just ~ him try!** che ci provi solamente!; **~ oneself in for something** infml impelagarsi in qualcosa
B *n* Tennis colpo *m* nullo; BrE (lease) contratto *m* d'affitto
C *vi* **~ fly at somebody** aggredire qualcuno
■ **let down** *vt* sciogliersi ‹*hair*›; abbassare ‹*blinds*›; (lengthen) allungare; (disappoint) deludere; **don't ~ me down** conto su di te
■ **let go** **A** *vi* mollare; **~ go of** lasciare andare
B *vt* mollare ‹*rope, person*›; **~ somebody go** rilasciare ‹*prisoner*›; licenziare ‹*employee*›; **~ oneself go** lasciarsi andare
■ **let in** *vt* far entrare
■ **let off** *vt* far partire; (not punish) perdonare; **~ somebody off doing something** abbonare qualcosa a qualcuno; **~ off steam** fig scaricarsi
■ **let on**: *vi sl* **don't ~ on** non sfifferare niente
■ **let out** *vt* far uscire; (make larger) allargare; emettere ‹*scream, groan*›
■ **let through** *vt* far passare
■ **let up** *vi* infml diminuire
let-down *n* delusione *f*
lethal /'li:θl/ *adj* letale; **~ dose** *n* dose *f* letale
lethargic /lɪ'θɑ:dʒɪk/ *adj* apatico
lethargy /'leθədʒɪ/ *n* apatia *f*
let-out *n* infml via *f* d'uscita
letter /'letə(r)/ *n* lettera *f*
letter bomb *n* lettera *f* esplosiva
letter box *n* buca *f* per le lettere
letterhead *n* (heading) intestazione *f*; (paper) carta *f* intestata
lettering /'letərɪŋ/ *n* caratteri *mpl*
letter of apology *n* lettera *f* di scuse
letter of credit *n* Comm lettera *f* di credito
letter of introduction *n* lettera *f* di presentazione

lettuce /'letɪs/ *n* lettuga *f*
let-up *n* infml pausa *f*
leukaemia /lu:'ki:mɪə/ *n* leucemia *f*
🔑 **level** /'levl/ **A** *adj* piano; (in height, competition) allo stesso livello; ‹*spoonful*› raso; **draw ~ with somebody** affiancare qualcuno; **do one's ~ best** fare del proprio meglio
B *n* livello *m*; **on the ~** infml giusto
C *vt* (*pt/pp* **levelled**) livellare; (aim) puntare (**at** su)
■ **level off** *vi* ‹*inflation, unemployment*› stabilizzarsi
■ **level out** *vi* ‹*surface*› diventare pianeggiante; ‹*aircraft*› mettersi in orizzontale
■ **level with** *vt* infml (be honest with) essere franco con
level crossing *n* passaggio *m* a livello
level-headed /-'hedɪd/ *adj* posato
level pegging *n* **it's ~ so far** finora sono alla pari
lever /'li:və(r)/ *n* leva *f*
■ **lever off, lever up** *vt* sollevare (*con una leva*)
leverage /'li:vərɪdʒ/ *n* azione *f* di una leva; fig influenza *f*
leveret /'levərət/ *n* leprotto *m*
levitate /'levɪteɪt/ *vi* levitare
levity /'levətɪ/ *n* leggerezza *f*
levy /'levɪ/ *vt* (*pt/pp* **levied**) imporre ‹*tax*›
lewd /lju:d/ *adj* osceno
lexical /'leksɪkəl/ *adj* lessicale
lexicographer /leksɪ'kɒgrəfə(r)/ *n* lessicografo, -a *mf*
lexicographic /leksɪkə'græfɪk/ *adj* lessicografico
lexicography /leksɪ'kɒgrəfɪ/ *n* lessicografia *f*
lexicon /'leksɪkən/ *n* lessico *m*
liability /laɪə'bɪlətɪ/ *n* responsabilità *f*; infml (burden) peso *m*; **liabilities** *pl* passività *fpl*
liable /'laɪəbl/ *adj* responsabile (**for** di); **be ~ to** ‹*rain, break etc*› rischiare di; (tend to) tendere a
liaise /lɪ'eɪz/ *vi* infml essere in contatto
liaison /lɪ'eɪzɒn/ *n* contatti *mpl*; Mil collegamento *m*; (affair) relazione *f*
liar /'laɪə(r)/ *n* bugiardo, -a *mf*
Lib Dem /lɪb'dem/ *abbr* BrE Pol (**Liberal Democrat**) liberaldemocratico
libel /'laɪbl/ **A** *n* diffamazione *f*
B *vt* (*pt/pp* **libelled**) diffamare
libellous BrE, **libelous** AmE *adj* diffamatorio
liberal /'lɪb(ə)rəl/ **A** *adj* (tolerant) di larghe vedute; (generous) generoso; **L~** *adj* Pol liberale
B *n* liberale *mf*
Liberal Democrat *n* BrE Pol liberal-democratico, -a *mf*
liberalism /'lɪbərəlɪzəm/ *n* liberalismo *m*

🔑 parola chiave

liberalization /lɪbərəlaɪ'zeɪʃn/ *n* (of trade) liberalizzazione *f*
liberalize /'lɪbərəlaɪz/ *vt* liberalizzare
liberally /'lɪbrəlɪ/ *adv* liberalmente
liberate /'lɪbəreɪt/ *vt* liberare
liberated /'lɪbəreɪtɪd/ *adj* ‹*woman*› emancipato
liberating /'lɪbəreɪtɪŋ/ *adj* liberatorio
liberation /lɪbə'reɪʃn/ *n* liberazione *f*; (of women) emancipazione *f*
liberator /'lɪbəreɪtə(r)/ *n* liberatore, -trice *mf*
Liberia /laɪ'bɪərɪə/ *n* Liberia *f*
libertarian /lɪbə'teərɪən/ *adj & n* liberale *mf*
libertarianism /lɪbə'teərɪənɪzm/ *n* liberalismo *m*
liberty /'lɪbətɪ/ *n* libertà *f*; **take the ~ of doing something** prendersi la libertà di fare qualcosa; **take liberties** prendersi delle libertà; **be at ~ to do something** essere libero di fare qualcosa
libido /lɪ'bi:dəʊ/ *n* libido *f inv*
Libra /'li:brə/ *n* Astr Bilancia *f*
librarian /laɪ'breərɪən/ *n* bibliotecario, -a *mf*
🔑 **library** /'laɪbrərɪ/ *n* biblioteca *f*
libretto /lɪ'bretəʊ/ *n* (*pl* **-tti** *or* **-ttos**) libretto *m* di opera
Libya /'lɪbɪə/ *n* Libia *f*
Libyan /'lɪbɪən/ *adj & n* libico, -a *mf*
lice /laɪs/ ▶ **louse**
🔑 **licence** /'laɪsns/ *n* licenza *f*; (for TV) canone *m* televisivo; (for driving) patente *f*; (freedom) sregolatezza *f*
licence number *n* numero *m* di targa
licence plate *n* targa *f*
license /'laɪsns/ *vt* autorizzare; **be ~d** ‹*car*› avere il bollo; ‹*restaurant*› essere autorizzato alla vendita di alcolici
licensee /laɪsən'si:/ *n* titolare *mf* di licenza (*per la vendita di alcolici*)
licensing hours /'laɪsənsɪŋ/ *npl* BrE *orario* (*m*) *in cui è permessa la vendita di alcolici*
licensing laws *npl* BrE normativa *f sg* sulla vendita di alcolici
licentious /laɪ'senʃəs/ *adj* licenzioso
licentiousness /laɪ'senʃəsnɪs/ *n* licenziosità *f*
lichen /'laɪkən/ *n* Bot lichene *m*
lick /lɪk/ **A** *n* leccata *f*; **a ~ of paint** una passata leggera di pittura
B *vt* leccare; infml (defeat) battere; leccarsi ‹*lips*›; infml **~ somebody into shape** rendere qualcuno efficiente
licorice /'lɪkərɪs/ *n* AmE = **liquorice**
lid /lɪd/ *n* coperchio *m*; (of eye) palpebra *f*; **keep the ~ on something** infml non lasciare trapelare qualcosa
lido /'li:dəʊ/ *n* (beach) lido *m*; BrE ‹*pool*› piscina *f* scoperta
lie¹ /laɪ/ **A** *n* bugia *f*; **tell a ~** mentire
B *vi* (*pt/pp* **lied**, *pres p* **lying**) mentire

lie² *vi* (*pt* **lay**, *pp* **lain**, *pres p* **lying**) ‹*person*› sdraiarsi; ‹*object*› stare; (remain) rimanere; **leave something lying about** *or* **around** lasciare qualcosa in giro; **here ~s...** qui giace...; **~ low** tenersi nascosto
■ **lie around** **A** *vi* ‹*person*› girellare
B *vt* girellare in ‹*house*›
■ **lie back** *vi* (relax) rilassarsi
■ **lie down** *vi* sdraiarsi
■ **lie in** *vi* (stay in bed) rimanere a letto

Liechtenstein /ˈlɪktənstaɪn/ *n* Liechtenstein *m*

lie detector *n* macchina *f* della verità

lie-down *n* **have a ~** fare un riposino

lie-in *n* infml **have a ~** restare a letto fino a tardi

lieu /ljuː/ *n* **in ~ of** in luogo di

lieutenant /leftenənt/ *n* tenente *m*

life /laɪf/ *n* (*pl* **lives**) vita *f*; **give one's ~ for somebody/one's country** dare la vita per qualcuno/la patria; **give one's ~ to** (devote oneself to) dedicare la propria vita a; **lose one's ~** perdere la vita; **for dear ~** per salvare la pelle; **not on your ~!** infml neanche morto!

life-and-death *adj* ‹*struggle*› disperato

lifebelt *n* salvagente *m*

lifeblood *n* fig linfa *f* vitale

lifeboat *n* lancia *f* di salvataggio; (on ship) scialuppa *f* di salvataggio

lifebuoy *n* salvagente *m*

life coach *n* life coach *mf inv*

life drawing *n* disegno *m* dal vero

life expectancy *n* vita *f* media

life form *n* forma *f* di vita

lifeguard *n* (on beach etc) bagnino, -a *mf*

life imprisonment *n* ergastolo *m*

life insurance *n* assicurazione *f* sulla vita

life jacket *n* giubbotto *m* di salvataggio

lifeless /ˈlaɪflɪs/ *adj* inanimato

lifelike *adj* realistico

lifeline *n* sagola *f* di salvataggio

lifelong *adj* di tutta la vita

lifer /ˈlaɪfə(r)/ *n* infml ergastolano, -a *mf*

life saving /ˈlaɪfseɪvɪŋ/ *n* salvataggio *m*

life sentence *n* condanna *f* all'ergastolo

life-size /ˈlaɪfsaɪz/, **life-sized** /ˈlaɪfsaɪzd/ *adj* a grandezza naturale

lifespan *n* durata *f* della vita

life story *n* biografia *f*

lifestyle *n* stile *m* di vita

lifestyle drug *n medicinale* (*m*) *che migliora la qualità della vita*

life support *n* Med respirazione *f* assistita; **on ~** attaccato al respiratore artificiale; **~ machine** respiratore artificiale

lifetime *n* vita *f*; **the chance of a ~** un'occasione unica; **~ guarantee** garanzia *f* a vita

lift /lɪft/ **A** *n* ascensore *m*; Auto passaggio *m*; **give somebody a ~** dare un passaggio a qualcuno; **I got a ~** mi hanno dato un passaggio
B *vt* sollevare; revocare ‹*restrictions*›; infml (steal) rubare
C *vi* ‹*fog*› alzarsi
■ **lift off** *vi* ‹*rocket*› partire
■ **lift up** *vt* sollevare

lift boy *n* BrE lift *m inv*

lift-off *n* decollo *m* (*di razzo*)

ligament /ˈlɪgəmənt/ *n* Anat legamento *m*

light¹ /laɪt/ **A** *adj* (not dark) luminoso; **~ green** verde chiaro
B *n* luce *f*; (lamp) lampada *f*; **in the ~ of** fig alla luce di; **have you got a ~?** ha da accendere?; **come to ~** essere rivelato
C *vt* (*pt/pp* **lit** *or* **lighted**) accendere; (illuminate) illuminare
■ **light up** **A** *vt* accendere ‹*pipe, cigarette*›; illuminare ‹*face*›; rischiarare ‹*sky*›
B *vi* ‹*face*› illuminarsi

light² **A** *adj* (not heavy) leggero; **make ~ of** non dare peso a
B *adv* **travel ~** viaggiare con poco bagaglio

light bulb *n* lampadina *f*

lighten¹ /ˈlaɪtn/ *vt* illuminare

lighten² *vt* alleggerire ‹*load*›

light entertainment *n* varietà *m*

lighter /ˈlaɪtə(r)/ *n* accendino *m*

lighter fuel *n* (liquid) gas *m inv* da accendino

light-fingered /-ˈfɪŋgəd/ *adj* svelto di mano

light-headed /-ˈhedɪd/ *adj* sventato

light-hearted /-ˈhɑtɪd/ *adj* spensierato

lighthouse *n* faro *m*

light industry *n* industria *f* leggera

lighting /ˈlaɪtɪŋ/ *n* illuminazione *f*

lightly /ˈlaɪtlɪ/ *adv* leggermente; ‹*accuse*› con leggerezza; ‹*take something*› alla leggera; (without concern) senza dare importanza alla cosa; **get off ~** cavarsela a buon mercato

lightness /ˈlaɪtnɪs/ *n* leggerezza *f*

lightning /ˈlaɪtnɪŋ/ *n* lampo *m*, fulmine *m*

lightning conductor *n* parafulmine *m*

lightning strike *n* sciopero *m* a sorpresa

light pen *n* (for computer screen) penna *f* ottica

light pollution *n* inquinamento *m* luminoso

lightweight **A** *adj* leggero
B *n* (in boxing) peso *m* leggero

light year *n* anno *m* luce; **it was ~s ago** è stato secoli fa

like¹ /laɪk/ **A** *adj* simile
B *prep* come; **~ this/that** così; **what's he ~?** com'è?
C *conj* infml (as) come; AmE (as if) come se

like² **A** *vt* piacere, gradire; **I should** *or* **would ~** vorrei, gradirei; **I ~ him** mi piace; **I ~ this**

car mi piace questa macchina; **I ~ dancing** mi piace ballare; **I ~ that!** infml questa mi è piaciuta!; **~ it or lump it!** abbozzala!
B *n* **~s and dislikes** *pl* gusti *mpl*

likeable /ˈlaɪkəbl/ *adj* simpatico

likelihood /ˈlaɪklɪhʊd/ *n* probabilità *f*

likely /ˈlaɪklɪ/ **A** *adj* (**-ier**, **-iest**) probabile
B *adv* probabilmente; **not ~!** infml neanche per sogno!

like-minded /laɪkˈmaɪndɪd/ *adj* con gusti affini

liken /ˈlaɪkən/ *vt* paragonare (**to** a)

likeness /ˈlaɪknɪs/ *n* somiglianza *f*

likewise /ˈlaɪkwaɪz/ *adv* lo stesso

liking /ˈlaɪkɪŋ/ *n* gusto *m*; **is it to your ~?** è di suo gusto?; **take a ~ to somebody** prendere qualcuno in simpatia

lilac /ˈlaɪlək/ **A** *n* lillà *m*
B *adj* lilla

Lilo® /ˈlaɪləʊ/ *n* materassino *m* gonfiabile

lilting /ˈlɪltɪn/ *adj* cadenzato

lily /ˈlɪlɪ/ *n* giglio *m*

lily of the valley *n* mughetto *m*

lily pond *n* stagno *m* con ninfee

limb /lɪm/ *n* arto *m*

limber /ˈlɪmbə(r)/ *vi* **~ up** sciogliersi i muscoli

limbo /ˈlɪmbəʊ/ *n* Relig fig (dance) limbo *m*; **be in ~** ‹*person*› essere nel limbo del dubbio; ‹*future of something*› essere in sospeso

lime¹ /laɪm/ *n* (fruit) limetta *f*; (tree) tiglio *m*

lime² *n* calce *f*

lime-green *adj* & *n* verde *m* limone

limelight /ˈlaɪmlaɪt/ *n* **be in the ~** essere molto in vista

limestone /ˈlaɪmstəʊn/ *n* calcare *m*

limit /ˈlɪmɪt/ **A** *n* limite *m*; **be the ~** essere il colmo; **that's the ~!** infml questo è troppo!
B *vt* limitare (**to** a)

limitation /lɪmɪˈteɪʃn/ *n* limite *m*

limited /ˈlɪmɪtɪd/ *adj* ristretto

limited company *n* società *f* a responsabilità limitata

limited edition *n* (book, lithograph) edizione *f* limitata

limited liability *n* responsabilità *f* limitata

limitless /ˈlɪmɪtlɪs/ *adj* infinito

limousine /ˈlɪməziːn/ *n* limousine *f inv*

limp¹ /lɪmp/ **A** *n* andatura *f* zoppicante; **have a ~** zoppicare
B *vi* zoppicare

limp² *adj* floscio

limpet /ˈlɪmpɪt/ *n* **be like a ~** fig essere attaccaticcio

limpid /ˈlɪmpɪd/ *adj* limpido

limp-wristed /-ˈrɪstɪd/ *adj* derog effeminato

linchpin /ˈlɪntʃpɪn/ *n* fig (essential element) perno *m*

---

parola chiave

line¹ /laɪn/ **A** *n* linea *f*; (length of rope, cord) filo *m*; (of writing) riga *f*; (of poem) verso *m*; (row) fila *f*; (wrinkle) ruga *f*; (of business) settore *m*; AmE (queue) coda *f*; **in ~ with** in conformità con; **bring into ~** mettere al passo ‹*structure, law*›; **in the ~ of duty** (of policeman) nell'esercizio delle proprie funzioni; **~ of fire** linea *f* di tiro; **stand in ~** AmE (queue) fare la coda; **in ~ for** ‹*promotion etc*› in lista per; **on the ~** ‹*job, career*› in serio pericolo; **read between the ~s** fig leggere tra le righe
B *vt* segnare; fiancheggiare ‹*street*›; foderare ‹*garment*›
■ **line up** **A** *vi* allinearsi
B *vt* allineare

lineage /ˈlɪnɪɪdʒ/ *n* lignaggio *m*

linear /ˈlɪnɪə(r)/ *adj* lineare

lined¹ /laɪnd/ *adj* ‹*face*› rugoso; ‹*paper*› a righe

lined² *adj* ‹*garment*› foderato

line manager *n* line manager *m inv*

linen /ˈlɪnɪn/ **A** *n* lino *m*; (articles) biancheria *f*
B *attrib* di lino

linen basket *n* cesto *m* della biancheria

liner /ˈlaɪnə(r)/ *n* nave *f* di linea

linesman /ˈlaɪnzmən/ *n* Sport guardalinee *m inv*

line-up *n* (personnel) Sport formazione *f*; (identification) confronto *m* all'americana

linger /ˈlɪŋgə(r)/ *vi* indugiare

lingerie /ˈlɒʒərɪ/ *n* biancheria *f* intima (*da donna*)

lingering /ˈlɪŋgərɪŋ/ *adj* ‹*illness*› lento; ‹*look*› prolungato; ‹*doubt*› persistente

linguist /ˈlɪŋgwɪst/ *n* linguista *mf*

linguistic /lɪŋˈgwɪstɪk/ *adj* linguistico

linguistically /lɪŋˈgwɪstɪklɪ/ *adv* linguisticamente

linguistics /lɪŋˈgwɪstɪks/ *nsg* linguistica *fsg*

lining /ˈlaɪnɪŋ/ *n* (of garment) fodera *f*; (of brakes) guarnizione *f*

link /lɪŋk/ **A** *n* (of chain) anello *m*; fig legame *m*
B *vt* collegare; **~ arms** prendersi sottobraccio; Comput ‹*web pages*› linkare
■ **link up** TV *vi* unirsi (**with** a); TV collegarsi

linkage /ˈlɪŋkɪdʒ/ *n* (connection) connessione *f*; (in genetics) associazione *f*

link road *n* bretella *f*

links /lɪŋks/ *n or npl* campo *msg* da golf

link-up *n* collegamento *m*

lino /ˈlaɪnəʊ/, **linoleum** /lɪˈnəʊlɪəm/ *n* linoleum *m*

linseed oil /ˈlɪnsiːdɔɪl/ *n* olio *m* [di semi] di lino

lint /lɪnt/ *n* garza *f*

lintel /ˈlɪntəl/ *n* architrave *m*

lion /ˈlaɪən/ *n* leone *m*; **get the ~'s share** fig prendersi la fetta più grossa

lion cub *n* leoncino *m*

lioness /ˈlaɪənɪs/ *n* leonessa *f*

lip /lɪp/ *n* labbro *m* (*pl* labbra *f*); (edge) bordo *m*
lip gloss *n* lucidalabbra *m inv*
liposuction /ˈlaɪpəʊsʌkʃn/ *n* liposuzione *f*
lip-read *vi* leggere le labbra
lip-reading *n* lettura *f* delle labbra
lipsalve *n* burro *m* [di] cacao
lip service *n* **pay ~ to** approvare soltanto a parole
lipstick *n* rossetto *m*
liquefy /ˈlɪkwɪfaɪ/ *v* (*pt/pp* **-ied**) **A** *vt* liquefare
B *vi* liquefarsi
liqueur /lɪˈkjʊə(r)/ *n* liquore *m*
liquid /ˈlɪkwɪd/ **A** *n* liquido *m*
B *adj* liquido
liquidate /ˈlɪkwɪdeɪt/ *vt* liquidare
liquidation /lɪkwɪˈdeɪʃn/ *n* liquidazione *f*; **go into ~** Comm andare in liquidazione
liquidator /lɪkwɪdeɪtə(r)/ *n* liquidatore, -trice *mf*
liquid crystal display *n* visualizzatore *m* a cristalli liquidi
liquidize /ˈlɪkwɪdaɪz/ *vt* rendere liquido
liquidizer /ˈlɪkwɪdaɪzə(r)/ *n* Culin frullatore *m*
liquor /ˈlɪkə(r)/ *n* bevanda *f* alcolica
liquorice /ˈlɪkərɪs/ *n* liquirizia *f*
liquor store *n* AmE negozio *m* di alcolici
lira /ˈlɪərə/ *n* (old) lira *f*; **50,000 lire** 50.000 lire
lisp /lɪsp/ **A** *n* pronuncia *f* con la lisca; **have a ~** parlare con la lisca
B *vi* parlare con la lisca
list¹ /lɪst/ **A** *n* lista *f*
B *vt* elencare
list² *vi* ‹*ship*› inclinarsi
listen /ˈlɪsn/ *vi* ascoltare; **~ to** ascoltare
■ **listen in** *vi* (secretly) origliare; **~ in on** ascoltare di nascosto ‹*conversation*›
listener /ˈlɪs(ə)nə(r)/ *n* ascoltatore, -trice *mf*
listeria /lɪˈstɪərɪə/ *n* (illness) listeriosi *f*; (bacteria) listeria *f*
listings /ˈlɪstɪŋz/ *npl* rubrica *f* degli spettacoli
listless /ˈlɪstlɪs/ *adj* svogliato
listlessly /ˈlɪstlɪslɪ/ *adv* in modo svogliato
list price *n* prezzo *m* di listino
lit /lɪt/ ▶ **light¹**
litany /ˈlɪtənɪ/ *n* litania *f*
literacy /ˈlɪtərəsɪ/ *n* alfabetizzazione *f*
literal /ˈlɪtərəl/ *adj* letterale
literally /ˈlɪt(ə)rəlɪ/ *adv* letteralmente
literary /ˈlɪtərərɪ/ *adj* letterario
literary critic *n* critico, -a *mf* letterario
literary criticism *n* critica *f* letteraria
literate /ˈlɪtərət/ *adj* **be ~** saper leggere e scrivere
literati /ˈlɪtəˈrɑːtiː/ *npl* letterati *mpl*
literature /ˈlɪtrətʃə(r)/ *n* letteratura *f*
lithe /laɪð/ *adj* flessuoso
lithographer /lɪˈθɒgrəfə(r)/ *n* litografo, -a *mf*
lithography /lɪˈθɒgrəfɪ/ *n* litografia *f*
Lithuania /lɪθjʊˈeɪnɪə/ *n* Lituania *f*
Lithuanian /lɪθjʊˈeɪnɪən/ *adj* & *n* lituano, -a *mf*; (language) lituano *m*
litigation /lɪtɪˈgeɪʃn/ *n* causa *f* [giudiziaria]
litmus paper /ˈlɪtməs/ *n* cartina *f* di tornasole
litmus test *n* Chem test *m inv* con cartina di tornasole; fig prova *f* del nove
litre /ˈliːtə(r)/ *n* litro *m*
litter /ˈlɪtə(r)/ **A** *n* immondizie *fpl*; Zool figliata *f*
B *vt* **be ~ed with something** essere ingombrato di qualcosa
litter bin *n* bidone *m* della spazzatura
litterbug /ˈlɪtəbʌg/ *n persona* (*f*) *che butta per terra cartacce e rifiuti*
little /ˈlɪtl/ **A** *adj* piccolo; (not much) poco
B *adv* & *n* poco *m*; **a ~** un po'; **a ~ water** un po' d'acqua; **a ~ better** un po' meglio; **~ by ~** a poco a poco
little finger *n* mignolo *m* (*della mano*)
little-known *adj* poco noto
liturgical /lɪˈtɜːdʒɪkl/ *adj* liturgico
liturgy /ˈlɪtədʒɪ/ *n* liturgia *f*
live¹ /laɪv/ **A** *adj* vivo; ‹*ammunition*› carico; **~ broadcast** trasmissione *f* in diretta; **be ~** Electr essere sotto tensione; **~ wire** *n* fig persona *f* dinamica
B *adv* ‹*broadcast*› in diretta
live² /lɪv/ *vi* vivere; (reside) abitare; **~ with** convivere con
■ **live down** *vt* far dimenticare
■ **live for** *vt* vivere solo per ‹*one's work, family*›
■ **live in** *vi* ‹*nanny, au pair*› abitare sul posto di lavoro
■ **live off** *vt* vivere alle spalle di
■ **live on** **A** *vt* vivere di
B *vi* sopravvivere
■ **live through** *vt* vivere
■ **live together** *vi* ‹*friends*› vivere insieme; ‹*lovers*› convivere
■ **live up**: *vt* **~ it up** far la bella vita
■ **live up to** *vt* essere all'altezza di
■ **live with** *vt* convivere con ‹*lover, situation*›; vivere con ‹*mother etc*›
lived-in /ˈlɪvdɪn/ *adj* **have that ~ look** ‹*room, flat*› avere un'aria vissuta
live-in *adj* ‹*maid, nanny*› che vive in casa
livelihood /ˈlaɪvlɪhʊd/ *n* mezzi *mpl* di sostentamento
liveliness /ˈlaɪvlɪnɪs/ *n* vivacità *f*
lively /ˈlaɪvlɪ/ *adj* (**-ier**, **-iest**) vivace
■ **liven up** **A** *vt* vivacizzare
B *vi* vivacizzarsi
liver /ˈlɪvə(r)/ *n* fegato *m*
liver pâté *n* pâté *m inv* di fegato
Liverpudlian /lɪvəˈpʌdlɪən/ *n* ‹*born there*› originario, -a *mf* di Liverpool; ‹*living there*›

abitante *mf* di Liverpool

livery /ˈlɪvərɪ/ *n* (uniform) livrea *f*

lives /laɪvz/ ▶ **life**

livestock /ˈlaɪvstɒk/ *n* bestiame *m*

live wire *n* fig **be a ~** essere superdinamico

livid /ˈlɪvɪd/ *adj* infml livido

✓ **living** /ˈlɪvɪŋ/ **A** *adj* vivo
B *n* **earn one's ~** guadagnarsi da vivere; **the ~** *pl* i vivi

living room *n* soggiorno *m*

living will *n* testamento *m* biologico

lizard /ˈlɪzəd/ *n* lucertola *f*

llama /ˈlɑːmə/ *n* lama *m inv*

LLB *abbr* (**Bachelor of Laws**) laureato, -a *mf* in legge

load /ləʊd/ **A** *n* carico *m*; **~s of** infml un sacco di; **that's a ~ off my mind** mi sono tolto un peso [dallo stomaco]
B *vt* **~ [up]** caricare

loaded /ˈləʊdɪd/ *adj* carico; infml (rich) ricchissimo; **~ question** domanda *f* esplosiva

loading bay /ˈləʊdɪŋ/ *n* piazzola *f* di carico e scarico

loaf¹ /ləʊf/ *n* (*pl* **loaves**) pane *m*; (round) pagnotta *f*; **use one's ~** infml pensare con il proprio cervello

loaf², **~ about** *or* **around** *vi* oziare

loafer /ˈləʊfə(r)/ *n* (idler) scansafatiche *mf inv*; (shoe) mocassino *m*

✓ **loan** /ləʊn/ **A** *n* prestito *m*; **on ~** in prestito
B *vt* prestare

loan shark *n* infml strozzino, -a *mf*

loath /ləʊθ/ *adj* **be ~ to do something** essere restio a fare qualcosa

loathe /ləʊð/ *vt* detestare

loathing /ˈləʊðɪŋ/ *n* disgusto *m*

loathsome /ˈləʊðsəm/ *adj* disgustoso

loaves /ləʊvz/ ▶ **loaf¹**

lob /lɒb/ **A** *vt* (*pres p etc* **-bb-**) lanciare in alto; Sport respingere a pallonetto
B *n* Sport pallonetto *m*

lobby /ˈlɒbɪ/ *n* atrio *m*; Pol gruppo *m* di pressione, lobby *f inv*

lobbying /ˈlɒbɪɪŋ/ *n* lobbismo *m*; **~ for something** fare pressioni per qualcosa

lobbyist /ˈlɒbɪɪst/ *n* lobbista *mf*

lobe /ləʊb/ *n* (of ear) lobo *m*

lobelia /ləˈbiːlɪə/ *n* lobelia *f*

lobster /ˈlɒbstə(r)/ *n* aragosta *f*

lobster pot *n* nassa *f* per aragoste

✓ **local** /ˈləʊkl/ **A** *adj* locale; **under ~ anaesthetic** sotto anestesia locale; **I'm not ~** non sono del posto
B *n* abitante *mf* del luogo; infml (public house) pub *m inv* locale

local authority *n* autorità *f* locale

local bus *n* bus *m* locale

local call *n* Teleph telefonata *f* urbana

local election *n* elezioni *fpl* amministrative

local government *n* autorità *f* locale

locality /ləʊˈkælətɪ/ *n* zona *f*

localized /ˈləʊkəlaɪzd/ *adj* localizzato

locally /ˈləʊkəlɪ/ *adv* localmente; ‹*live, work*› nei paraggi

local network *n* Comput rete *f* locale

✓ **locate** /ləʊˈkeɪt/ *vt* situare; trovare ‹*person*›; **be ~d** essere situato

✓ **location** /ləʊˈkeɪʃn/ *n* posizione *f*; **filmed on ~** girato in esterni

loch /lɒx/ *n* lago *m*

lock¹ /lɒk/ *n* (of hair) ciocca *f*

✓ **lock²** **A** *n* (on door) serratura *f*; (on canal) chiusa *f*
B *vt* chiudere a chiave; bloccare ‹*wheels*›
C *vi* chiudersi
- **lock in** *vt* chiudere dentro
- **lock out** *vt* chiudere fuori
- **lock together** *vi* ‹*pieces*› incastrarsi
- **lock up** **A** *vt* (in prison) mettere dentro
  B *vi* chiudere

locker /ˈlɒkə(r)/ *n* armadietto *m*

locker room *n* spogliatoio *m*

locket /ˈlɒkɪt/ *n* medaglione *m*

lockout *n* serrata *f*

locksmith *n* fabbro *m*

lock-up *n* (prison) guardina *f*

loco /ˈləʊkəʊ/ *adj* BrE (crazy) toccato

locomotion /ləʊkəˈməʊʃn/ *n* locomozione *f*

locomotive /ləʊkəˈməʊtɪv/ *n* locomotiva *f*

locum /ˈləʊkəm/ *n* sostituto, -a *mf*

locust /ˈləʊkəst/ *n* locusta *f*

lodge /lɒdʒ/ **A** *n* (porter's) portineria *f*; (Masonic) loggia *f*
B *vt* presentare ‹*claim, complaint*›; (with bank, solicitor) depositare; **be ~d** essersi conficcato
C *vi* essere a pensione (**with** da); (become fixed) conficcarsi

lodger /ˈlɒdʒə(r)/ *n* inquilino, -a *mf*

lodgings /ˈlɒdʒɪŋ/ *npl* camere *fpl* in affitto

loft /lɒft/ *n* soffitta *f*

loft conversion *n* soppalco *f* abitabile

lofty /ˈlɒftɪ/ *adj* (**-ier**, **-iest**) alto; (haughty) altezzoso

log /lɒg/ **A** *n* ceppo *m*; Auto libretto *m* di circolazione; Naut giornale *m* di bordo; **sleep like a ~** infml dormire come un ghiro
B *vt* (*pt/pp* **logged**) registrare
- **log in** *vi* aprire una sessione
- **log off** *vi* disconnettersi
- **log on** *vi* connettersi (**to** a)
- **log out** *vi* chiudere una sessione

logarithm /ˈlɒgərɪðəm/ *n* logaritmo *m*

logbook /ˈlɒgbʊk/ *n* Naut giornale *m* di bordo; Auto libretto *m* di circolazione

log cabin *n* capanna *f* di tronchi

logger /ˈlɒgə(r)/ *n* bosacaiolo *m*

✓ parola chiave

loggerheads /ˈlɒgəhedz/ *npl* **be at ~** infml essere in totale disaccordo
logic /ˈlɒdʒɪk/ *n* logica *f*
logical /ˈlɒdʒɪkl/ *adj* logico
logically /ˈlɒdʒɪklɪ/ *adv* logicamente
logistics /ləˈdʒɪstɪks/ *npl* logistica *fsg*
logo /ˈləʊgəʊ/ *n* logo *m inv*
loin /lɔɪn/ *n* Culin lombata *f*
loin chop *n* lombatina *f*
loincloth /ˈlɔɪnklɒθ/ *n* perizoma *m*
loiter /ˈlɔɪtə(r)/ *vi* gironzolare
loll /lɒl/ *vi* **~ about** (posture) stravaccarsi; (do nothing) starsene in panciolle
lollipop /ˈlɒlɪpɒp/ *n* lecca-lecca *m inv*
lollop /ˈlɒləp/ *vi* ‹*rabbit, person*› avanzare a balzi
lolly /ˈlɒlɪ/ *n* lecca-lecca *m inv*; infml (money) quattrini *mpl*
Lombardy /ˈlɒmbədɪ/ *n* Lombardia *f*
London /ˈlʌndən/ **A** *n* Londra *f*
B *attrib* londinese, di Londra
Londoner /ˈlʌndənə(r)/ *n* londinese *mf*
lone /ləʊn/ *adj* solitario
loneliness /ˈləʊnlɪnɪs/ *n* solitudine *f*
lonely /ˈləʊnlɪ/ *adj* (**-ier**, **-iest**) solitario; ‹*person*› solo
lonely hearts' column *n* rubrica *f* dei cuori solitari
loner /ˈləʊnə(r)/ *n* persona *f* solitaria
lonesome /ˈləʊnsəm/ *adj* solo
long¹ /lɒŋ/ **A** *adj* (**-er** /ˈlɒŋgə(r)/ **-est** /ˈlɒŋgɪst/) lungo; **a ~ time** molto tempo; **a ~ way** distante; **in the ~ run** a lungo andare; (in the end) alla fin fine
B *adv* a lungo, lungamente; **how ~ is it** quanto è lungo?; ‹*in time*› quanto dura?; **all day ~** tutto il giorno; **not ~ ago** non molto tempo fa; **before ~** fra breve; **he's no ~er here** non è più qui; **as *or* so ~ as** finché; (provided that) purché; **so ~** infml ciao!; **will you be ~?** ti ci vuole molto?
long² *vi* **~ for** desiderare ardentemente
long-awaited *adj* tanto atteso
long-distance *adj* a grande distanza; Sport di fondo; ‹*call*› interurbano
long division *n* divisione *f*
longevity /lɒnˈdʒevətɪ/ *n* longevità *f*
long face *n* muso *m* lungo
longhand /ˈlɒŋhænd/ *n* **in ~** in scrittura ordinaria
long-haul *attrib* su lunga distanza; ‹*plane*› per lunghi tragitti
longing /ˈlɒŋɪŋ/ **A** *adj* desideroso
B *n* brama *f*
longingly /ˈlɒŋɪŋlɪ/ *adv* con desiderio
longitude /ˈlɒŋgɪtjuːd/ *n* Geog longitudine *f*
long jump *n* salto *m* in lungo
long-life milk *n* latte *m* a lunga conservazione
long-lived /-ˈlɪvd/ *adj* longevo
long-playing record *n* 33 giri *m inv*
long-range *adj* Mil, Aeron a lunga portata; ‹*forecast*› a lungo termine
long-sighted /-ˈsaɪtɪd/ *adj* presbite
long-sleeved /-ˈsliːvd/ *adj* a maniche lunghe
long-standing *adj* di vecchia data
long-suffering *adj* infinitamente paziente
long-term *adj* a lunga scadenza
long-time *adj* ‹*partner*› di lunga data
long wave *n* onde *fpl* lunghe
long-winded /-ˈwɪndɪd/ *adj* prolisso
loo /luː/ *n* infml gabinetto *m*
look /lʊk/ **A** *n* occhiata*f*; (appearance) aspetto *m*; **[good] ~s** *pl* bellezza*f*; **have a ~ at** dare un'occhiata a
B *vi* guardare; **~ here!** mi ascolti bene!; **~ at** guardare; **~ for** cercare; **~ somebody in the eye** guardare negli occhi qualcuno; **~ somebody up and down** guardare qualcuno dall'alto in basso; **~ a fool** fare la figura del cretino; **~ young/old for one's age** portarsi bene/male gli anni; **~ like** (resemble) assomigliare a; **it ~s as if it's going to rain** sembra che stia per piovere; **~ sharp** infml (hurry up) darsi una mossa
■ **look after** *vt* badare a
■ **look ahead** *vi* (think of the future) guardare al futuro
■ **look back** *vi* girarsi; (think of the past) guardare indietro
■ **look down** *vi* guardare in basso; **~ down on somebody** fig guardare dall'alto in basso qualcuno
■ **look forward to** *vt* essere impaziente di
■ **look in on** *vt* passare da
■ **look into** *vt* (examine) esaminare
■ **look on** **A** *vi* (watch) guardare
B *vt* **~ somebody/something as** (consider to be) considerare qualcuno/qualcosa come
■ **look on to** *vt* ‹*room*› dare su
■ **look out** **A** *vi* guardare fuori; (take care) fare attenzione; **~ out!** attento!
B *vt* cercare ‹*something for somebody*›
■ **look out for** *vt* cercare
■ **look over** *vt* riguardare ‹*notes*›; ispezionare ‹*house*›
■ **look round** *vi* girarsi; (in shop, town etc) dare un'occhiata
■ **look through** *vt* dare un'occhiata a ‹*script, notes*›
■ **look to** *vt* (rely on) contare su
■ **look up** **A** *vi* guardare in alto
B *vt* cercare [nel dizionario] ‹*word*›; (visit) andare a trovare
■ **look up to** *vt* fig rispettare
look-alike *n* sosia *mf inv*
looker-on /lʊkərˈɒn/ *n* (*pl* **lookers-on**) spettatore, -trice *mf*
look-in *n* BrE infml **give somebody a ~** dare una chance a qualcuno; **get a ~** avere una chance
lookout /ˈlʊkaʊt/ *n* guardia *f*; (prospect) prospettiva *f*; **be on the ~ for** tenere gli

occhi aperti per

loom¹ /luːm/ *n* telaio *m*

loom² *vi* apparire; fig profilarsi

loony /ˈluːnɪ/ *adj & n* infml matto, -a *mf*; **~ bin** manicomio *m*

loop /luːp/ *n* cappio *m*; (on garment) passante *m*; **be in/out of the ~** essere/non essere tra quelli che contano *o* nella stanza dei bottoni

loophole /ˈluːphəʊl/ *n* (in the law) scappatoia *f*

loopy /ˈluːpɪ/ *adj* infml matto

loose /luːs/ *adj* libero; ‹*knot*› allentato; ‹*page*› staccato; ‹*clothes*› largo; ‹*morals*› dissoluto; (inexact) vago; **be at a ~ end** non sapere cosa fare; **come ~** ‹*knot*› sciogliersi; **set ~** liberare

loose change *n* spiccioli *mpl*

loose chippings *npl* ghiaino *m*

loose-leaf notebook *n* raccoglitore *m* di fogli

loosely /ˈluːslɪ/ *adv* scorrevolmente; ‹*defined*› vagamente

loosely knit *adj* ‹*group*› poco unito

loosen /ˈluːsn/ *vt* sciogliere

■ **loosen up** **A** *vt* sciogliere ‹*muscles*›
B *vi* infml (relax) rilassarsi

loot /luːt/ **A** *n* bottino *m*
B *vt & vi* depredare

looter /luːtə(r)/ *n* saccheggiatore, -trice *mf*

looting /ˈluːtɪŋ/ *n* saccheggio *m*

lop *vt* (*pt/pp* **lopped**) **~ off** potare

lope *vi* **~ off** andarsene a passi lunghi

lop-eared /lɒpɪəd/ *adj* con le orecchie [a] penzoloni

lopsided /lɒpˈsaɪdɪd/ *adj* sbilenco

loquacious /ləˈkweɪʃəs/ *adj* loquace

lord /lɔːd/ *n* signore *m*; (title) Lord *m*; **House of L~s** Camera *f* dei Lord; **the L~'s Prayer** il Padrenostro; **good L~!** Dio Mio!

Lord Mayor *n sindaco* (*m*) *della City di Londra*

Lordship /ˈlɔːdʃɪp/ *n* **your/his ~** (of noble) Sua Signoria; **your ~** (to judge) Signor Giudice

lore /lɔː(r)/ *n* tradizioni *fpl*

lorry /ˈlɒrɪ/ *n* camion *m inv*

lorry driver *n* camionista *mf*

lose /luːz/ **A** *vt* (*pt/pp* **lost**) perdere; **~ heart** perdersi d'animo; **~ one's inhibitions** disinibirsi; **~ one's nerve** farsi prendere dalla paura; **~ sight of** perdere di vista, perdere d' occhio; **~ touch with** perdere di vista; **~ track of time** perdere la nozione del tempo; **~ weight** calare di peso
B *vi* perdere; ‹*clock*› essere indietro

■ **lose out** *vi* rimetterci

loser /ˈluːzə(r)/ *n* perdente *mf*

losing battle /ˈluːzɪŋ/ *n* battaglia *f* persa

loss /lɒs/ *n* perdita *f*; **~es** *pl* Comm perdite *fpl*; **be at a ~** essere perplesso; **be at a ~ for words** non trovare le parole; **make a ~** Comm subire una perdita

loss adjuster /ˈlɒsədʒʌstə(r)/ *n* Comm perito *m* di assicurazione

loss-leader *n* articolo *m* civetta

loss-making /ˈlɒsmeɪkɪŋ/ *adj* ‹*company*› in passivo; ‹*product*› che non vende

lost /lɒst/ **A** ▶ **lose**
B *adj* perduto; **get ~** perdersi; **get ~!** infml va' a quel paese!

lost and found *n* AmE oggetti *mpl* smarriti

lost property *n* BrE oggetti *mpl* smarriti

lost property office *n* ufficio *m* oggetti smarriti

lot¹ /lɒt/ (at auction) lotto *m*; (piece of land) lotto *m*; **draw ~s** tirare a sorte

lot² *n* **the ~** il tutto; **a ~ of, ~s of** molti; **the ~ of you** tutti voi; **it has changed a ~** è cambiato molto

lotion *n* lozione *f*

lottery /ˈlɒtərɪ/ *n* lotteria *f*

lottery ticket *n* biglietto *m* della lotteria

loud /laʊd/ **A** *adj* sonoro, alto; ‹*colours*› sgargiante
B *adv* forte; **out ~** ad alta voce

loud hailer /ˈheɪlə(r)/ *n* megafono *m*

loudly /ˈlaʊdlɪ/ *adv* forte

loudspeaker /laʊdˈspiːkə(r)/ *n* altoparlante *m*

lounge /laʊndʒ/ **A** *n* salotto *m*; (in hotel) salone *m*
B *vi* poltrire

■ **lounge about** *vi* stare in panciolle

lounge suit *n* vestito *m* da uomo (*formale*)

louse /laʊs/ *n* (*pl* **lice**) pidocchio *m*

■ **louse up** *vt* infml (ruin) guastare

lousy /ˈlaʊzɪ/ *adj* (**-ier**, **-iest**) infml schifoso

lout /laʊt/ *n* zoticone *m*

loutish /laʊtɪʃ/ *adj* rozzo

louvred /ˈluːvəd/ *adj* ‹*door, blinds*› con le gelosie

lovable /ˈlʌvəbl/ *adj* adorabile

love /lʌv/ **A** *n* amore *m*; Tennis zero *m*; **in ~** innamorato (**with** di)
B *vt* amare ‹*person, country*›

love affair *n* relazione *f* [sentimentale]

love bite *n* succhiotto *m*

love letter *n* lettera *f* d'amore

love life *n* vita *f* sentimentale

lovely /ˈlʌvlɪ/ *adj* (**-ier**, **-iest**) bello; (in looks) bello, attraente; (in character) piacevole; ‹*meal*› delizioso; **have a ~ time** divertirsi molto

lovemaking *n* il fare l'amore

lover /ˈlʌvə(r)/ *n* amante *mf*

love song *n* canzone *f* d'amore

love story *n* storia *f* d'amore

lovey-dovey /lʌvɪˈdʌvɪ/ *adj* BrE infml **get all ~** fare i piccioncini

---

parola chiave

loving /ˈlʌvɪŋ/ *adj* affettuoso

lovingly /ˈlʌvɪŋlɪ/ *adv* affettuosamente

low /ləʊ/ **A** *adj* basso; (depressed) giù *inv*
B *adv* basso; **feel ~** sentirsi giù
C *n* minimo *m*; Meteorol depressione *f*; **at an all-time ~** ‹*prices etc*› al livello minimo

low-alcohol *adj* ‹*beer*› a bassa gradazione alcolica

lowbrow /ˈləʊbraʊ/ *adj* di scarsa cultura

low-budget *adj* ‹*flight, airline*› low-cost *inv*

low-calorie *adj* ipocalorico

low-carb /ləʊˈkɑːb/ *adj* a basso contenuto di carboidrati; **a ~ diet** dieta a basso contenuto di carboidrati

low-cost *adj* low-cost *inv*

low-cut *adj* ‹*dress*› scollato

low-down /ˈləʊdaʊn/ **A** *adj* infml ‹*trick*› mancino
B *n* (details) informazioni *fpl*

lower /ˈləʊə(r)/ **A** *adj & adv* ▶ **low**
B *vt* abbassare; **~ oneself** abbassarsi

lower class **A** *adj* del ceto basso
B *n* ceto *m* basso

lowest common denominator /ˈləʊɪst, dɪˈnɒmɪneɪtə(r)/ *n* minimo denominatore *m* comune

low-fat *adj* ‹*diet*› a basso contenuto di grassi; ‹*cheese, milk*› magro

low gear *n* Auto marcia *f* bassa

low-grade *adj* di qualità inferiore

low-income *adj* ‹*families*› a basso reddito

low-key *adj* fig moderato

lowlands *npl* pianure *fpl*

low-level *adj* ‹*talks*› informale; ‹*radiation*› debole; ‹*bombing*› a bassa quota

lowly /ˈləʊlɪ/ *adj* (**-ier**, **-iest**) umile

low-lying *adj* ‹*land*› a bassa quota

low-maintenance *adj* **a ~ garden** un giardino che richiede poca manutenzione

low-paid *adj* ‹*job, worker*› mal pagato

low-priced *adj* a basso prezzo

low profile *n* **keep a ~** mantenere un profilo basso

low-profile *adj* ‹*campaign*› di basso profilo

low-quality *adj* scadente

low-risk *adj* a basso rischio

low season *n* bassa stagione *f*

low-tech *adj* a bassa tecnologia

low tide *n* bassa marea *f*

loyal /ˈlɔɪəl/ *adj* leale

loyally /ˈlɔɪəlɪ/ *adv* lealmente

loyalty /ˈlɔɪəltɪ/ *n* lealtà *f*

loyalty card *n* carta *f* fedeltà

lozenge /ˈlɒzɪndʒ/ *n* losanga *f*; (tablet) pastiglia *f*

LP *n abbr* (**long-playing record**) LP *m inv*

L-plate *n* BrE Auto *cartello (m) che indica che il conducente non ha ancora preso la patente*

LSD *n* LSD *m*

LST *abbr* (**local standard time**) ora *f* locale

Ltd *abbr* (**Limited**) s.r.l.

lubricant /ˈluːbrɪkənt/ *n* lubrificante *m*

lubricate /ˈluːbrɪkeɪt/ *vt* lubrificare

lubrication /luːbrɪˈkeɪʃn/ *n* lubrificazione *f*

lucid /ˈluːsɪd/ *adj* ‹*explanation*› chiaro; (sane) lucido

lucidity /luːˈsɪdətɪ/ *n* lucidità *f*; (of explanation) chiarezza *f*

luck /lʌk/ *n* fortuna *f*; **bad ~** sfortuna *f*; **good ~** buona fortuna!

luckily /ˈlʌkɪlɪ/ *adv* fortunatamente

lucky /ˈlʌkɪ/ *adj* (**-ier**, **-iest**) fortunato; **be ~** essere fortunato; ‹*thing*› portare fortuna

lucky charm *n* portafortuna *m inv*

lucky dip *n* pesca *f* di beneficenza

lucrative /ˈluːkrətɪv/ *adj* lucrativo

lucre /ˈluːkə(r)/ *n* infml (money) soldi *mpl*

ludicrous /ˈluːdɪkrəs/ *adj* ridicolo

ludicrously /ˈluːdɪkrəslɪ/ *adv* ‹*expensive, complex*› eccessivamente

ludo /ˈluːdəʊ/ *n* BrE *gioco (m) da tavolo*

lug /lʌg/ *vt* (*pt/pp* **lugged**) infml trascinare

luggage /ˈlʌgɪdʒ/ *n* bagaglio

luggage rack *n* portabagagli *m inv*

luggage trolley *n* carrello *m* portabagagli

luggage van *n* bagagliaio *m*

lughole /ˈlʌghəʊl/ *n* BrE infml (ear) orecchio *m*

lugubrious /lʊˈguːbrɪəs/ *adj* lugubre

lukewarm /ˈluːkwɔːm/ *adj* tiepido; fig poco entusiasta

lull /lʌl/ **A** *n* pausa *f*
B *vt* **~ to sleep** cullare

lullaby /ˈlʌləbaɪ/ *n* ninnananna *f*

lumbago /lʌmˈbeɪgəʊ/ *n* lombaggine *f*

lumbar /ˈlʌmbə(r)/ *adj* lombare

lumber /ˈlʌmbə(r)/ **A** *n* cianfrusaglie *fpl*; AmE (timber) legname *m*
B *vt* infml **~ somebody with something** affibbiare qualcosa a qualcuno

lumberjack /ˈlʌmbədʒæk/ *n* tagliaboschi *m inv*

luminary /ˈluːmɪnərɪ/ *n* fig (person) luminare *mf*

luminous /ˈluːmɪnəs/ *adj* luminoso

lump¹ /lʌmp/ **A** *n* (of sugar) zolletta *f*; (swelling) gonfiore *m*; (in breast) nodulo *m*; (in sauce) grumo *m*; **a ~ in one's throat** un groppo alla gola
B *vt* **~ together** ammucchiare

lump² *vt* **~ it** infml **you'll just have to ~ it** che ti piaccia o no è così

lump sugar *n* zucchero *m* in zollette

lump sum *n* somma *f* globale

lumpy /ˈlʌmpɪ/ *adj* (**-ier**, **-iest**) grumoso

lunacy /ˈluːnəsɪ/ *n* follia *f*

lunar /ˈluːnə(r)/ *adj* lunare

lunatic /ˈluːnətɪk/ *n* pazzo, -a *mf*

lunch /lʌntʃ/ **A** *n* pranzo *m*; **she's gone to ~** è andata a pranzo; **let's have ~ together sometime** pranziamo qualche volta insieme **B** *vi* pranzare
lunch box *n* cestino *m* del pranzo
lunch break *n* pausa *f* pranzo
luncheon /ˈlʌntʃn/ *n* (formal) pranzo *m*
luncheon meat *n carne* (*f*) *in scatola*
luncheon voucher *n* buono *m* pasto
lunch hour *n* pausa *f* pranzo
lunchtime /ˈlʌntʃtaɪm/ *n* ora *f* di pranzo
lung /lʌŋ/ *n* polmone *m*
lung cancer *n* cancro *m* al polmone
lunge /lʌndʒ/ *vi* lanciarsi (**at** su)
lurch¹ /lɜːtʃ/ *n* **leave in the ~** infml lasciare nei guai
lurch² *vi* barcollare
lure /lʊə(r)/ **A** *n* esca *f*; fig lusinga *f* **B** *vt* adescare
lurid /ˈlʊərɪd/ *adj* (gaudy) sgargiante; (sensational) sensazionalistico
lurk /lɜːk/ *vi* appostarsi
luscious /ˈlʌʃəs/ *adj* saporito; fig sexy *inv*
lush /lʌʃ/ *adj* lussureggiante
lust /lʌst/ **A** *n* lussuria *f* **B** *vi* **~ after** desiderare [fortemente]
lustful /ˈlʌstfʊl/ *adj* lussurioso
lustre /ˈlʌstə(r)/ *n* lustro *m*
lusty /ˈlʌstɪ/ *adj* (**-ier**, **-iest**) vigoroso
lute /luːt/ *n* liuto *m*
luvvy, **luvvie** /ˈlʌvɪ/ *n* infml attore, -trice *mf* pretenzioso
Luxembourg /ˈlʌksəmbɜːg/ *n* (city) Lussemburgo *f*; (state) Lussemburgo *m*
luxuriant /lʌgˈʒʊərɪənt/ *adj* lussureggiante, rigoglioso
luxuriantly /lʌgˈʒʊərɪəntlɪ/ *adv* rigogliosamente
luxurious /lʌgˈʒʊərɪəs/ *adj* lussuoso
luxuriously /lʌgˈʒʊərɪəslɪ/ *adv* lussuosamente
luxury /ˈlʌkʃərɪ/ **A** *n* lusso *m*; **live in ~** vivere nel lusso **B** *attrib* di lusso
LV *abbr* (**luncheon voucher**) buono *m* mensa, buono *m* pasto
LW *abbr* (**long wave**) OL
lychee /ˈlaɪtʃiː/ *n* litchi *m inv*
lychgate /ˈlɪtʃ-/ *n entrata* (*f*) *coperta di un cimitero*
Lycra® /ˈlaɪkrə/ *n* lycra® *f*
lying /ˈlaɪɪŋ/ **A** ▶ **lie¹**, ▶ **lie²** **B** *n* mentire *m*
lymph gland /ˈlɪmf/ *n* linfoghiandola *f*
lymph node *n* linfonodo *m*
lynch /lɪntʃ/ *vt* linciare
lynch mob *n* linciatori *mpl*
lynchpin /ˈlɪntʃpɪn/ *n* fig pilastro *m*
lynx /lɪŋks/ *n* lince *f*
lyric /ˈlɪrɪk/ *adj* lirico
lyrical /ˈlɪrɪkl/ *adj* lirico; infml (enthusiastic) entusiasta; **~ poetry** *n* poesia *f* lirica
lyricism /ˈlɪrɪsɪzm/ *n* lirismo *m*
lyricist /ˈlɪrɪsɪst/ *n* paroliere, -a *mf*
lyrics /ˈlɪrɪks/ *npl* parole *fpl*

Mm

m¹, **M** /em/ *n* (letter) m, M *f inv*
m² *abbr* **1** (**metre(s)**) m **2** (**million**) milione *m* **3** (**mile(s)**) miglio
MA *n abbr* **1** (**Master of Arts**) (diploma) laurea *f* in lettere; (person) laureato, -a *mf* in lettere **2** AmE (**Massachusetts**)
ma'am /mɑːm/ *int* signora; (to queen) Sua Altezza
mac /mæk/ *n* infml impermeabile *m*
macabre /məˈkɑːbr/ *adj* macabro
macaroni /mækəˈrəʊnɪ/ *n* maccheroni *mpl*
macaroni cheese *n* maccheroni *mpl* gratinati al formaggio
macaroon /mækəˈruːn/ *n* ≈ amaretto *m*
mace¹ /meɪs/ *n* (staff) mazza *f*
mace² *n* (spice) macis *mf*
Macedonia /mæsəˈdəʊnɪə/ *n* Macedonia *f*
machete /məˈʃetɪ/ *n* machete *m inv*
Machiavellian /mækɪəˈvelɪən/ *adj* machiavellico
machinations /mækɪˈneɪʃnz/ macchinazioni *fpl*
machine /məˈʃiːn/ **A** *n* macchina *f* **B** *vt* (sew) cucire a macchina; Techn lavorare a macchina
machine-gun *n* mitragliatrice *f*
machine operator *n* addetto, -a *mf* alle macchine
machine-readable *adj* ‹*data, text*› leggibile dalla macchina

parola chiave

machinery /mə'ʃi:nərɪ/ *n* macchinario *m*; fig meccanismo *m*
machine-stitch *vt* cucire a macchina
machine tool *n* macchina *f* utensile
machine translation *n* traduzione *f* elettronica
machinist /mə'ʃi:nɪst/ *n* macchinista *mf*; (on sewing machine) lavorante *mf* addetto, -a alla macchina da cucire
machismo /mæ'kɪzməʊ/ *n* machismo *m*
macho /'mætʃəʊ/ *adj* macho *inv*
mackerel /'mækr(ə)l/ *n inv* sgombro *m*
mackintosh /'mækɪntɒʃ/ *n* impermeabile *m*
macro /'mækrəʊ/ *n* Comput macro *f inv*
macrocosm /'mækrəʊkɒzm/ *n* macrocosmo *m*
mad /mæd/ *adj* (**madder**, **maddest**) pazzo, matto; infml (angry) furioso (**at** con); **like ~** infml come un pazzo; **be ~ about somebody/something** infml (keen on) andare matto per qualcuno/qualcosa
Madagascar /mædə'gæskə(r)/ *n* Madagascar *m*
madam /mædəm/ *n* signora *f*
mad cow disease *n* infml = **BSE**
madden /mædən/ *vt* (make angry) far diventare matto
maddening /mæd(ə)nɪŋ/ *adj* ‹*delay, person*› esasperante
made /meɪd/ ▶ **make**
Madeira cake /mə'dɪərə/ *n* pan *m* di spagna
made to measure *adj* [fatto] su misura
made-up *adj* (wearing make-up) truccato; ‹*road*› asfaltata; ‹*story*› inventato
madhouse /'mædhaʊs/ *n* infml manicomio *m*; **it's like a ~ in here!** sembra di essere in un manicomio
madly /'mædlɪ/ *adv* infml follemente; **~ in love** innamorato follemente
madman /'mædmən/ *n* pazzo *m*
madness /'mædnɪs/ *n* pazzia *f*
madonna /mə'dɒnə/ *n* madonna *f*
madwoman /'mædwʊmən/ *n* pazza *f*
mafia /'mæfɪə/ *n* also fig mafia *f*
mag /mæg/ *n abbr* (**magazine**) rivista *f*
magazine /mægə'zi:n/ *n* rivista *f*; Mil, Phot caricatore *m*
maggot /'mægət/ *n* verme *m*
maggoty /'mægətɪ/ *adj* coi vermi
Magi /'meɪdʒaɪ/ *npl* **the ~** i Re Magi
magic /'mædʒɪk/ **A** *n* magia *f*; (tricks) giochi *mpl* di prestigio
B *adj* magico; ‹*trick*› di prestigio
magical /'mædʒɪkl/ *adj* magico
magic carpet *n* tappeto *m* volante
magician /mə'dʒɪʃn/ *n* mago, -a *mf*; (entertainer) prestigiatore, -trice *mf*
magistrate /'mædʒɪstreɪt/ *n* magistrato *m*
magistrate's court *n* ≈ pretura *f*
magnanimity /mægnə'nɪmətɪ/ *n* magnanimità *f*
magnanimous /mæg'nænɪməs/ *adj* magnanimo
magnate /'mægneɪt/ *n* magnate *m*
magnesia /mæg'ni:ʃə/ *n* magnesia *f*
magnesium /mæg'ni:zɪəm/ *n* magnesio *m*
magnet /'mægnɪt/ *n* magnete *m*, calamita *f*
magnetic /mæg'netɪk/ *adj* magnetico
magnetic resonance imaging *n* Med risonanza *f* magnetica
magnetic tape *n* nastro *m* magnetico
magnetism /'mægnətɪzm/ *n* magnetismo *m*
magnetize /'mægnətaɪz/ *vt* magnetizzare
magnification /mægnɪfɪ'keɪʃn/ *n* ingrandimento *m*
magnificence /mæg'nɪfɪsəns/ *n* magnificenza *f*
magnificent /mæg'nɪfɪsənt/ *adj* magnifico
magnificently /mæg'nɪfɪsəntlɪ/ *adv* magnificamente
magnify /'mægnɪfaɪ/ *vt* (*pt/pp* **-ied**) ingrandire; (exaggerate) ingigantire
magnifying glass /'mægnɪfaɪɪŋ/ *n* lente *f* d'ingrandimento
magnitude /'mægnɪtju:d/ *n* grandezza *f*; (importance) importanza *f*; **a project of this ~** un progetto di tale portata
magnolia /mæg'nəʊlɪə/ *n* (tree) magnolia *f*; (colour) crema *m*
magnum opus /mægnəm'ɒpəs/ *n* opera *f* principale
magpie /'mægpaɪ/ *n* gazza *f*
mahogany /mə'hɒgənɪ/ **A** *n* mogano *m*
B *attrib* di mogano
maid /meɪd/ *n* cameriera *f*; **old ~** derog zitella *f*
maiden /'meɪdn/ **A** *n* literary fanciulla *f*
B *adj* ‹*speech, voyage*› inaugurale
maiden aunt *n* zia *f* zitella
maiden name *n* nome *m* da ragazza
mail /meɪl/ **A** *n* posta *f*
B *vt* impostare
mailbag *n* sacco *m* postale
mail bomb *n* pacco *m* esplosivo (*arrivato per posta*)
mailbox *n* AmE cassetta *f* delle lettere; (email) casella *f* postale
mail coach *n* Rail vagone *m* postale
mail delivery *n* consegna *f* della posta
mailing /'meɪlɪŋ/ *n* (action) mailing *m inv*; (document) pubblicità *f*
mailing address /'meɪlɪŋ/ *n* recapito *m* postale
mailing list *n elenco* (*m*) *d'indirizzi per un mailing*
mailman /'meɪlmən/ *n* AmE postino *m*
mail order **A** *n* vendita *f* per corrispondenza
B *attrib* ‹*business*› di vendita per corrispondenza; ‹*goods*› comprati per corrispondenza

m

mail-order catalogue catalogo *m* di vendita per corrispondenza
mail-order firm *n* ditta *f* di vendita per corrispondenza
mail room *n* reparto *m* spedizioni
mail server *n* Comput server *m inv* di posta
mailshot *n* mailing *m inv*
mail train *n* treno *m* postale
mail van *n* (delivery vehicle) furgone *m* postale; (in train) vagone *m* postale
maim /meɪm/ *vt* menomare
main¹ /meɪm/ *n* (water; gas, electricity) conduttura *f* principale
main² **A** *adj* principale; **the ~ thing is to ...** la cosa essenziale è di...
B *n* **in the ~** in complesso
main course *n* secondo *m*
main deck *n* ponte *m* di coperta
mainframe *n* Comput mainframe *m inv*
mainland *n* continente *m*
main line **A** *n* Rail linea *f* principale
B *attrib* ‹*station, terminus, train*› della linea principale
mainly /'meɪnlɪ/ *adv* principalmente
main memory *n* Comput memoria *f* principale
main office *n* (of company) sede *f* centrale
main road *n* strada *f* principale
mainsail *n* randa *f*, vela *f* di taglio
mainstay *n* fig pilastro *m*
mainstream /'meɪnstri:m/ **A** *adj* (conventional) tradizionale
B *n* corrente *f* principale
main street *n* via *f* principale
maintain /meɪn'teɪn/ *vt* mantenere; (keep in repair) curare la manutenzione di; ‹*claim*› sostenere
maintenance /'meɪntənəns/ *n* mantenimento *m*; (care) manutenzione *f*; (allowance) alimenti *mpl*
maintenance grant *n* (for student) presalario *m*
maintenance order *n* BrE obbligo *m* degli alimenti
maisonette /meɪzə'net/ *n* appartamento *m* a due piani
maize /meɪz/ *n* granoturco *m*
Maj *abbr* (**Major**) Mag
majestic /mə'dʒestɪk/ *adj* maestoso
majestically /mə'dʒəestɪklɪ/ *adv* maestosamente
majesty /'mædʒəstɪ/ *n* maestà *f*; **His/Her M~** Sua Maestà
major /'meɪdʒə(r)/ **A** *adj* maggiore; **~ road** strada *f* con diritto di precedenza
B *n* Mil, Mus maggiore *m*
C *vi* AmE **~ in** specializzarsi in
Majorca /mə'jɔ:kə/ *n* Maiorca *f*

major general *n* generale *m* di divisione
majority /mə'dʒɒrətɪ/ *n* maggioranza *f*; **be in the ~** avere la maggioranza
make /meɪk/ **A** *n* (brand) marca *f*
B *vt* (*pt/pp* **made**) fare; (earn) guadagnare; rendere ‹*happy, clear*›; prendere ‹*decision*›; **~ somebody laugh** far ridere qualcuno; **~ somebody do something** far fare qualcosa a qualcuno; **~ it** (to party, top of hill etc) farcela; **what time do you ~ it?** che ore fai?
C *vi* **~ as if to** fare per
■ **make after** *vt* (chase) inseguire
■ **make do** *vi* arrangiarsi
■ **make for** *vt* dirigersi verso
■ **make good** **A** *vi* riuscire
B *vt* compensare ‹*loss*›; risarcire ‹*damage*›
■ **make off** *vi* fuggire
■ **make off with** *vt* (steal) sgraffignare
■ **make out** *vt* (distinguish) distinguere; (write out) rilasciare ‹*cheque*›; compilare ‹*list*›; (claim) far credere
■ **make over** *vt* cedere
■ **make up** **A** *vt* (constitute) comporre; (complete) completare; (invent) inventare; (apply cosmetics to) truccare; fare ‹*parcel*›; **~ up one's mind** decidersi; **~ it up** (after quarrel) riconciliarsi
B *vi* (after quarrel) fare la pace
■ **make up for** *vt* compensare; **~ up for lost time** recuperare il tempo perso
■ **make up to** *vt* arruffianarsi
make-believe **A** *adj* finto
B *n* finzione *f*
make do and mend *vi* arrangiarsi col poco che si ha
make-over *n* trasformazione *f*
maker /'meɪkə(r)/ *n* fabbricante *mf*; **M~** Relig Creatore *m*; **send somebody to meet his/her ~** spedire qualcuno all'altro mondo
makeshift **A** *adj* di fortuna
B *n* espediente *m*
make-up *n* trucco *m*; (character) natura *f*
make-up artist *n* truccatore, -trice *mf*
make-up bag *n* astuccio *m* per il trucco
make-up remover *n* struccante *m*
making /'meɪkɪŋ/ *n* (manufacture) fabbricazione *f*; **be the ~ of** essere la causa del successo di; **have the ~s of** aver la stoffa di; **in the ~** in formazione
maladjusted /mælə'dʒʌstɪd/ *adj* disadattato
maladjustment /mælə'dʒʌstmənt/ *n* disadattamento *m*
Malagasy /mælə'gæzɪ/ *n* (native of Madagascar) malgascio, -a *mf*; (language) malgascio *m*
malaise /mə'leɪz/ *n* fig malessere *m*
malaria /mə'leərɪə/ *n* malaria *f*
Malawi /mə'la:wɪ/ *n* Malawi *m*
Malaysia /mə'leɪʒə/ *n* Malesia *f*
Malaysian /mə'leɪʒən/ *n* & *adj* malese *mf*
Maldives /'mɔ:ldɪvz/ *npl* **the ~** le Maldive
male /meɪl/ **A** *adj* maschile
B *n* maschio *m*

m

parola chiave

male chauvinism *n* maschilismo *m*
male chauvinist, male chauvinist pig *n* [sporco *m*] maschilista *m*
male menopause *n* andropausa *f*
male model *n* indossatore *m*
male nurse *n* infermiere *m*
male voice choir *n* coro *m* maschile
malevolence /mə'levələns/ *n* malevolenza *f*
malevolent /mə'levələnt/ *adj* malevolo
malformation /mælfɔːmeɪʃn/ *n* malformazione *f*
malformed /mæl'fɔːmd/ *adj* malformato
malfunction /mæl'fʌŋkʃn/ **A** *n* funzionamento *m* imperfetto
B *vi* funzionare male
Mali /'mɑːlɪ/ *n* Mali *m*
malice /'mælɪs/ *n* malignità; **bear somebody ~** voler del male a qualcuno
malicious /mə'lɪʃəs/ *adj* maligno
maliciously /mə'lɪʃəslɪ/ *adv* con malignità
malign /mə'laɪn/ *vt* malignare su
malignancy /mə'lɪgnənsɪ/ *n* malignità *f*
malignant /mə'lɪgnənt/ *adj* maligno
malinger /mə'lɪŋgə(r)/ *vi* fingersi malato
malingerer /mə'lɪŋgərə(r)/ *n* scansafatiche *mf inv*
mall /mæl/ *n* (shopping arcade, in suburb) centro *m* commerciale; AmE (street) strada *f* pedonale
mallard /'mælɑːd/ *n* germano *m* reale
malleable /'mælɪəbl/ *adj* malleabile
mallet /'mælɪt/ *n* martello *m* di legno
malnourished /mæl'nʌrɪʃt/ *adj* malnutrito
malnutrition /mælnjuˈtrɪʃn/ *n* malnutrizione *f*
malpractice /mæl'præktɪs/ *n* negligenza *f*
malt /mɔːlt/ *n* malto *m*
Malta /'mɔːltə/ *n* Malta *f*
Maltese /mɔːl'tiːz/ *adj & n* maltese *mf*
maltreat /mæl'triːt/ *vt* maltrattare
maltreatment /mæl'triːtmənt/ *n* maltrattamento *m*
malt whisky *n* whisky *m inv* di malto
mammal /'mæml/ *n* mammifero *m*
mammary /'mæmərɪ/ *adj* mammario
mammogram /'mæməgræm/ *n* mammografia *f*
mammoth /'mæməθ/ **A** *adj* mastodontico
B *n* mammut *m inv*
man /mæn/ **A** *n* (*pl* **men**) uomo *m*; (chess, draughts) pedina *f*; **the ~ in the street** l'uomo della strada; **~ to ~** da uomo a uomo
B *vt* (*pt/pp* **manned**) equipaggiare; far funzionare ‹*pump*›; essere di servizio a ‹*counter, telephones*›
manacle /'mænəkl/ *vt* ammanettare
manage /'mænɪdʒ/ **A** *vt* dirigere; gestire ‹*shop, affairs*›; (cope with) farcela; **~ to do something** riuscire a fare qualcosa
B *vi* riuscire; (cope) farcela (**on** con)
manageable /'mænɪdʒəbl/ *adj* ‹*hair*› docile; ‹*size*› maneggevole
management /'mænɪdʒmənt/ *n* gestione *f*; **the ~** la direzione
management accounting *n* contabilità *f* di gestione
management buyout *n* buyout *m inv* da parte dei manager, rilevamento *m* dirigenti
management consultancy *n* (firm) consulente *m* aziendale; (activity) consulenza *f* aziendale
management consultant *n* consulente *mf* aziendale
manager /'mænɪdʒə(r)/ *n* direttore *m*; (of shop, bar) gestore *m*; Sport manager *m inv*
manageress /mænɪdʒə'res/ *n* direttrice *f*
managerial /mænɪ'dʒɪərɪəl/ *adj* **~ staff** personale *m* direttivo
managing director *n* direttore, -trice *mf* generale
mandarin /'mændərɪn/ *n* **~ [orange]** mandarino *m*
mandate /'mændeɪt/ *n* mandato *m*
mandatory /'mændətrɪ/ *adj* obbligatorio
mandolin /'mændəlɪn/ *n* mandolino *m*
mandrake /'mændreɪk/ *n* mandragola *f*
mane /meɪn/ *n* criniera *f*
manful /'mænfl/ *adj* coraggioso
manfully /'mænfʊlɪ/ *adv* coraggiosamente
manger /'meɪndʒə(r)/ *n* mangiatoia *f*
mangle /'mæŋgl/ *vt* (damage) maciullare
mango /'mæŋgəʊ/ *n* (*pl* **-es**) mango *m*
mangrove /'mæŋgrəʊv/ *n* mangrovia *f*
mangy /'meɪndʒɪ/ *adj* ‹*dog*› rognoso
manhandle /'mænhændl/ *vt* malmenare
manhole /'mænhəʊl/ *n* botola *f*
manhole cover *n* tombino *m*
manhood /'mænhʊd/ *n* età *f* adulta; (quality) virilità *f*
man-hour *n* ora *f* lavorativa
manhunt /'mænhʌnt/ *n* caccia *f* all'uomo
mania /'meɪnɪə/ *n* mania *f*
maniac /'meɪnɪæk/ *n* maniaco, -a *mf*
manic /'mænɪk/ *adj* (obsessive) maniacale; (frenetic) frenetico
manic depression *n* psicosi *f inv* maniaco-depressiva
manic-depressive *adj* maniaco-depressivo
manicure /'mænɪkjʊə(r)/ **A** *n* manicure *f inv*
B *vt* fare la manicure a
manicurist /'mænɪkjʊərɪst/ *n* manicure *f inv*
manifest /'mænɪfest/ **A** *adj* manifesto
B *n* Comm manifesto *m*
C *vt* manifestare; **~ itself** manifestarsi
manifestation /mænɪfe'steɪʃn/ *n* manifestazione *f*
manifestly /'mænɪfestlɪ/ *adv* palesemente
manifesto /mænɪ'festəʊ/ *n* manifesto *m*

m

manifold /ˈmænɪfəʊld/ *adj* molteplice
manipulate /məˈnɪpjʊleɪt/ *vt* manipolare
manipulation /mənɪpjʊˈleɪʃn/ *n* manipolazione *f*
manipulative /məˈnɪpjʊlətɪv/ *adj* manipolatore
mankind /mænˈkaɪnd/ *n* genere *m* umano
manly /ˈmænlɪ/ *adj* virile
man-made *adj* artificiale; **~ fibre** *n* fibra *f* sintetica
manna /ˈmænə/ *n* manna *f*; **~ from heaven** fig manna *f* dal cielo
mannequin /ˈmænɪkɪn/ *n* manichino *m*
manner /ˈmænə(r)/ *n* maniera *f*; **in this ~** in questo modo; **have no ~s** avere dei pessimi modi; **good/bad ~s** buone/cattive maniere
mannered /ˈmænəd/ *adj* derog manierato
mannerism /ˈmænərɪzm/ *n* affettazione *f*
mannish /ˈmænɪʃ/ *adj* mascolino
manoeuvrable /məˈnuːvrəbl/ *adj* manovrabile
manoeuvre /məˈnuːvə(r)/ **A** *n* manovra *f* **B** *vt* fare manovra con ‹*vehicle*›; manovrare ‹*person*›
manor /ˈmænə(r)/ *n* maniero *m*
manpower /ˈmænpaʊə(r)/ *n* manodopera *f*
manse /mæns/ *n* canonica *f*
mansion /ˈmænʃn/ *n* palazzo *m*
manslaughter /ˈmænslɔːtə(r)/ *n* omicidio *m* colposo
mantelpiece /ˈmæntlpiːs/ *n* mensola *f* di caminetto
mantis /ˈmæntɪs/ *n* mantide *f*
Mantua /ˈmæntjʊə/ *n* Mantova *f*
manual /ˈmænjʊəl/ **A** *adj* manuale **B** *n* manuale *m*
manufacture /mænjʊˈfæktʃə(r)/ **A** *vt* fabbricare **B** *n* manifattura *f*
manufacturer /mænjʊˈfæktʃərə(r)/ *n* fabbricante *m*
manure /məˈnjʊə(r)/ *n* concime *m*
manuscript /ˈmænjʊskrɪpt/ *n* manoscritto *m*
Manx /mæŋks/ *n* (language) lingua *f* parlata nell'isola di Man; **the ~** *pl* (people) gli abitanti dell'isola di Man
many /ˈmenɪ/ *adj & pron* molti; **there are as ~ boys as girls** ci sono tanti ragazzi quante ragazze; **as ~ as 500** ben 500; **as ~ as that** così tanti; **as ~** altrettanti; **very ~, a good/great ~** moltissimi; **~ a time** molte volte
many-sided /-ˈsaɪdɪd/ *adj* ‹*personality, phenomenon*› sfaccettato
map /mæp/ *n* carta *f* geografica; (of town) mappa *f*
■ **map out** *vt* (*pt/pp* **mapped**) fig programmare
maple /ˈmeɪpl/ *n* acero *m*
mar /mɑː(r)/ *vt* (*pt/pp* **marred**) rovinare
marathon /ˈmærəθən/ *n* maratona *f*
marauder /məˈrɔːdə(r)/ *n* predone *m*
marble /ˈmɑːbl/ **A** *n* marmo *m*; (for game) bilia *f* **B** *attrib* di marmo
march **A** *n* marcia *f*; (protest) dimostrazione *f* **B** *vi* marciare **C** *vt* far marciare; **~ somebody off** scortare qualcuno fuori
March /mɑːtʃ/ *n* marzo *m*
marcher /ˈmɑːtʃə(r)/ *n* (in procession, band) *persona* (*f*) *che marcia in una processione, in un corteo ecc.*; (in demonstration) dimostrante *mf*
marchioness /mɑːʃəˈnes/ *n* marchesa *f*
march past *n* sfilata *f*
mare /ˈmeə(r)/ *n* giumenta *f*
margarine /mɑdʒəˈriːn/ *n* margarina *f*
marge /mɑdʒ/ *n* BrE infml (margarine) margarina *f*
margin /ˈmɑdʒɪn/ *n* margine *m*
marginal /ˈmɑdʒɪnəl/ *adj* marginale
marginalize /ˈmɑːdʒɪnəlaɪz/ *vt* marginalizzare
marginally /ˈmɑdʒɪnəlɪ/ *adv* marginalmente
marigold /ˈmærɪgəʊld/ *n* calendula *f*
marijuana /mærʊˈwɑːnə/ *n* marijuana *f*
marina /məˈriːnə/ *n* porticciolo *m*
marinade /mærɪˈneɪd/ **A** *n* marinata *f* **B** *vt* marinare
marine /məˈriːn/ **A** *adj* marino **B** *n* (sailor) soldato *m* di fanteria marina
Marine Corps *n* i Marine
marine engineer *n* ingegnere *m* navale; (works in engine room) macchinista *m*
marionette /mærɪəˈnet/ *n* marionetta *f*
marital /ˈmærɪtl/ *adj* coniugale; **~ status** stato *m* civile
maritime /ˈmærɪtaɪm/ *adj* marittimo
marjoram /ˈmɑːdʒərəm/ *n* maggiorana *f*
mark¹ /mɑːk/ *n* (currency) marco *m*
mark² **A** *n* (stain) macchia *f*; (sign, indication) segno *m*; Sch voto *m*; **be the ~ of** designare **B** *vt* segnare; (stain) macchiare; Sch correggere; Sport marcare; **~ time** Mil segnare il passo; fig non far progressi; **~ my words** ricordati quello che dico
■ **mark down** *vt* (reduce the price of) ribassare
■ **mark out** *vt* delimitare; fig designare
■ **mark up** *vt* (increase the price of) aumentare
marked /mɑːkt/ *adj* marcato
markedly /ˈmɑːkɪdlɪ/ *adv* notevolmente
marker /ˈmɑːkə(r)/ *n* (for highlighting) evidenziatore *m*; Sport marcatore *m*; (of exam) esaminatore, -trice *mf*
marker pen *n* evidenziatore *m*
market /ˈmɑːkɪt/ **A** *n* mercato *m* **B** *vt* vendere al mercato; (launch) commercializzare; **on the ~** sul mercato

m

parola chiave

market analyst *n* analista *mf* di mercato
market day *n* giorno *m* di mercato
market economy *n* economia *f* di mercato
market forces *npl* forze *fpl* di mercato
market garden *n* orto *m*
market gardener *n* ortofrutticoltore, -trice *mf*
market gardening *n* ortofrutticoltura *f*
marketing /ˈmɑːkɪtɪŋ/ *n* marketing *m*
marketing campaign *n* campagna *f* promozionale *or* pubblicitaria
marketing department *n* ufficio *m* marketing
marketing man *n* addetto, -a *mf* al marketing
marketing mix *n* mix *m inv* del marketing
marketing strategy *n* strategia *f* di marketing
market leader *n* (company, product) leader *m inv* del mercato
market place *n* (square, Fin) mercato *m*
market price *n* prezzo *m* di mercato
market research *n* ricerca *f* di mercato
market square *n* piazza *f* del mercato
market stall *n* banco *m* del mercato
market survey *n* indagine *f* di mercato
market town *n cittadina (f) dove si tiene il mercato*
market trader *n* venditore, -trice *mf* al mercato
market value *n* valore *m* di mercato
markings /ˈmɑːkɪŋz/ *npl* (on animal) colori *mpl*
marksman /ˈmɑːksmən/ *n* tiratore *m* scelto
marksmanship /ˈmɑːksmənʃɪp/ *n* abilità *f* nel tiro
mark-up *n* (margin) margine *m* di vendita; (price increase) aumento *m*
marmalade /ˈmɑːməleɪd/ *n* marmellata *f* d'arance
maroon /məˈruːn/ *adj* marrone rossastro
marooned /məˈruːnd/ *adj* abbandonato
marquee /mɑːˈkiː/ *n* tendone *m*; AmE (awning) pensilina *f* con pubblicità
marquess /ˈmɑːkwɪs/ *n* marchese *m*
marquetry /ˈmɑːkɪtrɪ/ *n* intarsio *m*
marquis /ˈmɑːkwɪs/ *n* marchese *m*
marriage /ˈmærɪdʒ/ *n* matrimonio *m*
marriage ceremony *n* cerimonia *f* nuziale
marriage certificate *n* certificato *m* di matrimonio
marriage guidance counsellor *n* consulente *mf* matrimoniale
marriage of convenience *n* matrimonio *m* di convenienza
married /ˈmærɪd/ *adj* sposato; ‹*life*› coniugale
marrow /ˈmærəʊ/ *n* Anat midollo *m*; (vegetable) zucca *f*
marrowbone /ˈmærəʊbəʊn/ *n* midollo *m* osseo
marry /ˈmærɪ/ (*pt/pp* **-led**) **A** *vt* (*pt/pp* **-led**) sposare; **get married** sposarsi
B *vi* sposarsi
Mars /mɑːz/ *n* Marte *m*
marsh /mɑːʃ/ *n* palude *f*
marshal /ˈmɑːʃl/ **A** *n* (steward) cerimoniere *m*
B *vt* (*pt/pp* **marshalled**) fig organizzare ‹*arguments*›
Marshall Islands *npl* **the ~** le isole Marshall
marshmallow /mɑːʃˈmæləʊ/ *n* caramella *f* gommosa e pastosa
marshy /ˈmɑːʃɪ/ *adj* paludoso
marsupial /mɑːˈsuːpɪəl/ *n* marsupiale *m*
marten /ˈmɑːtɪn/ *n* martora *f*
martial /ˈmɑːʃl/ *adj* marziale
Martian /ˈmɑːʃn/ *adj* & *n* marziano, -a *mf*
martinet /mɑːtɪˈnet/ *n* fanatico, -a *mf* della disciplina
martyr /ˈmɑːtə(r)/ **A** *n* martire *mf*
B *vt* martirizzare
martyrdom /ˈmɑːtədəm/ *n* martirio *m*
martyred /ˈmɑːtəd/ *adj* infml da martire
marvel /ˈmɑːvl/ **A** *n* meraviglia *f*
B *vi* (*pt/pp* **marvelled**) meravigliarsi (**at** di)
marvellous /ˈmɑːvələs/ *adj* meraviglioso
marvellously /ˈmɑːvələslɪ/ *adv* meravigliosamente
Marxism /ˈmɑːksɪzm/ *n* marxismo *m*
Marxist /ˈmɑːksɪst/ *adj* & *n* marxista *mf*
marzipan /ˈmɑːzɪpæn/ *n* marzapane *m*
mascara /mæˈskɑrə/ *n* mascara *m inv*
mascot /ˈmæskət/ *n* mascotte *f inv*
masculine /ˈmæskjʊlɪn/ **A** *adj* maschile
B *n* Gram maschile *m*
masculinity /mæskjʊˈlɪnətɪ/ *n* mascolinità *f*
mash /mæʃ/ **A** *n* Culin infml purè *m*
B *vt* impastare
mashed potatoes /mæʃt/ *npl* purè *m* di patate
mask /mɑːsk/ **A** *n* maschera *f*
B *vt* mascherare
masked ball /mɑːsktˈbɔl/ *n* ballo *m* in maschera
masking tape /ˈmɑːskɪŋ/ *n* nastro *m* di carta adesiva
masochism /ˈmæsəkɪzm/ *n* masochismo *m*
masochist /ˈmæsəkɪst/ *n* masochista *mf*
mason *n* muratore *m*
Mason /ˈmeɪsn/ *n* massone *m*
Masonic /məˈsɒnɪk/ *adj* massonico
masonry /ˈmeɪsnrɪ/ *n* muratura *f*; **two tons of ~** due tonnellate di pietre
masquerade /mæskəˈreɪd/ **A** *n* fig mascherata *f*
B *vi* **~ as** (pose) farsi passare per
mass¹ /mæs/ *n* Relig messa *f*

mass² A *n* massa *f*; **~es of** infml un sacco di
B *vi* ammassarsi
massacre /ˈmæsəkə(r)/ A *n* massacro *m*
B *vt* massacrare
massage /ˈmæsɑːʒ/ A *n* massaggio *m*
B *vt* massaggiare; fig manipolare ‹*statistics*›
masseur /mæˈsɜː(r)/ *n* massaggiatore *m*
masseuse /mæˈsɜːz/ *n* massaggiatrice *f*
mass grave *n* fossa *f* comune
mass hysteria *n* isterismo *m* di massa
massive /ˈmæsɪv/ *adj* enorme
massively /ˈmæsɪvlɪ/ *adv* estremamente
mass market A *n* mercato *m* di massa
B *attrib* del mercato di massa
mass-marketing /ˌmæsˈmɑːkɪtɪŋ/ *n* commercializzazione *f* di massa
mass media *npl* mezzi *mpl* di comunicazione di massa, mass media *mpl*
mass murder *n* omicidio *m* di massa
mass murderer *n* omicida *mf* di massa
mass-produce *vt* produrre in serie
mass production *n* produzione *f* in serie
mass screening *n* Med controllo *m* su larga scala
mast /mɑːst/ *n* Naut albero *m*; (for radio) antenna *f*
master /ˈmɑːstə(r)/ A *n* maestro *m*, padrone *m*; ((teacher)) professore *m*; (of ship) capitano *m*; **M~** (boy) signorino *m*
B *vt* imparare perfettamente; avere padronanza di ‹*language*›
master bedroom *n* camera *f* da letto principale
master builder *n* capomastro *m*
master copy *n* originale *m*
master disk *n* Comput disco *m* master
master key *n* passe-partout *m inv*
masterly /ˈmæstəlɪ/ *adj* magistrale
mastermind A *n* cervello *m*
B *vt* ideare e dirigere
Master of Arts *n* (diploma) laurea *f* in lettere; (person) laureato, -a *mf* in lettere
master of ceremonies *n* (presenting entertainment) presentatore *m*; (of formal occasion) maestro *m* di cerimonie
Master of Science *n* (diploma) laurea *f* in discipline scientifiche; (person) laureato, -a *mf* in discipline scientifiche
masterpiece *n* capolavoro *m*
master plan *n* piano *m* generale
master race *n* razza *f* superiore
master stroke *n* colpo *m* da maestro
master tape *n* nastro *m* matrice
mastery /ˈmæstərɪ/ *n* (of subject) padronanza *f*
masticate /ˈmæstɪkeɪt/ *vi* masticare
masturbate /ˈmæstəˈbeɪt/ *vi* masturbarsi
masturbation /mæstəˈbeɪʃn/ *n* masturbazione *f*

m

parola chiave

mat /mæt/ *n* stuoia *f*; (on table) sottopiatto *m*
match¹ /mætʃ/ A *n* Sport partita *f*; (equal) uguale *mf*; (marriage) matrimonio *m*; (person to marry) partito *m*; **be a good ~** ‹*colours*› intonarsi bene; **be no ~ for** non essere dello stesso livello di
B *vt* (equal) uguagliare; (be like) andare bene con
C *vi* intonarsi
match² *n* fiammifero *m*
matchbox /ˈmætʃbɒks/ *n* scatola *f* di fiammiferi
matching /ˈmætʃɪŋ/ *adj* intonato
matchmaker *n* **he's a successful ~** (for couples) è stato l'artefice di molti matrimoni
match point *n* Tennis match point *m inv*
matchstick *n* fiammifero *m*
mate¹ /meɪt/ A *n* compagno, -a *mf*; (assistant) aiuto *m*; Naut secondo *m*; infml (friend) amico, -a *mf*
B *vi* accoppiarsi
C *vt* accoppiare
mate² *n* (in chess) scacco *m* matto
material /məˈtɪərɪəl/ A *n* materiale *m*; (fabric) stoffa *f*; **raw ~s** *pl* materie *fpl* prime
B *adj* materiale
materialism /məˈtɪərɪəlɪzm/ *n* materialismo *m*
materialistic /mətɪərɪəˈlɪstɪk/ *adj* materialistico
materialize /məˈtɪərɪəlaɪz/ *vi* materializzarsi
maternal /məˈtɜːnl/ *adj* materno
maternity /məˈtɜːnətɪ/ *n* maternità *f*
maternity clothes *npl* abiti *mpl* pre-maman
maternity department *n* (in store) reparto *m* pre-maman
maternity hospital *n* maternità *f*
maternity leave *n* congedo *m* per maternità
maternity unit *n* reparto *m* maternità
maternity ward *n* maternità *f*
matey /ˈmeɪtɪ/ *adj* infml amichevole
math /mæθ/ *n* AmE matematica *f*
mathematical /mæθəˈmætɪkl/ *adj* matematico
mathematically /mæθəˈmætɪklɪ/ *adv* matematicamente
mathematician /mæθəməˈtɪʃn/ *n* matematico, -a *mf*
mathematics /mæθˈmætɪks/ *nsg* matematica *fsg*
maths /mæθs/ *n* infml matematica *fsg*
matinee /ˈmætɪneɪ/ *n* Theat matinée *f inv*
mating /ˈmeɪtɪŋ/ *n* accoppiamento *m*
mating call *n* richiamo *m* [per l'accoppiamento]
mating season *n* stagione *f* degli amori
matriarchal /meɪtrɪˈɑːkl/ *adj* matriarcale

matriarchy /ˈmeɪtrɪɑːkɪ/ *n* matriarchia *f*

matrices /ˈmeɪtrɪsiːz/ ▶ **matrix**

matriculate /məˈtrɪkjʊleɪt/ *vi* immatricolarsi

matriculation /mətrɪkjʊˈleɪʃn/ *n* immatricolazione *f*

matrimonial /mætrɪˈməʊnɪəl/ *adj* matrimoniale

matrimony /ˈmætrɪmənɪ/ *n* matrimonio *m*

matrix /ˈmeɪtrɪks/ *n* (*pl* **matrices** /ˈmeɪtrɪsiːz/) matrice *f*

matron /ˈmeɪtrən/ *n* (of hospital) capoinfermiera *f*; (of school) governante *f*

matronly /ˈmeɪtrənlɪ/ *adj* matronale

matron of honour *n* BrE damigella *f* d'onore (*sposata*)

matt /mæt/ *adj* opaco

matted /ˈmætɪd/ *adj* ~ **hair** capelli *mpl* tutti appiccicati tra loro

matter /ˈmætə(r)/ **A** *n* (affair) faccenda *f*; (question) questione *f*; (pus) pus *m*; Phys (substance) materia *f*; **money ~s** questioni *fpl* di soldi; **as a ~ of fact** a dire la verità; **what is the ~?** che cosa c'è?
B *vi* importare; **~ to somebody** essere importante per qualcuno; **it doesn't ~** non importa

matter-of-fact *adj* pratico

matting /ˈmætɪŋ/ *n* materiale *m* per stuoie

mattress /ˈmætrɪs/ *n* materasso *m*

maturation /mætʃʊˈreɪʃn/ *n* (of tree, body) sviluppo *m*; (of whisky, wine) invecchiamento *m*; (of cheese) stagionatura *f*

mature /məˈtʃʊə(r)/ **A** *adj* maturo; Comm in scadenza
B *vi* maturare
C *vt* far maturare

mature student *n* BrE *persona* (*f*) *che riprende gli studi universitari dopo i 25 anni*

maturity /məˈtʃʊərətɪ/ *n* maturità *f*; Comm maturazione *f*

maudlin /ˈmɔːdlɪn/ *adj* ‹*song*› sdolcinato; ‹*person*› piagnucoloso

maul /mɔːl/ *vt* malmenare

Maundy /ˈmɔːndɪ/ *n* ~ **Thursday** giovedì *m* santo

Mauritania /ˌmɒrɪˈteɪnɪə/ *n* Mauritania *f*

Mauritius /məˈrɪʃəs/ *n* [isola *f* di] Maurizio *f*

mausoleum /mɔːsəˈlɪəm/ *n* mausoleo *m*

mauve /məʊv/ *adj* malva

maverick /ˈmævərɪk/ *n, adj* anticonformista *mf*

mawkish /ˈmɔːkɪʃ/ *adj* sdolcinato

max. *abbr* (**maximum**) max. *m*

maxi /ˈmæksɪ/ *n* (dress) vestito *m* alla caviglia; (skirt) gonna *f* alla caviglia

maxim /ˈmæksɪm/ *n* massima *f*

maximization /mæksɪmaɪˈzeɪʃn/ *n* massimizzazione *f*

maximize /ˈmæksɪmaɪz/ *vt* massimizzare ‹*profits, sales*›; Comput ingrandire ‹*window*›

maximum /ˈmæksɪməm/ **A** *adj* massimo; **ten minutes ~** dieci minuti al massimo
B *n* (*pl* **-ima**) massimo *m*

maximum security prison *n* carcere *m* di massima sicurezza

may *v aux* (only in present) potere; **~ I come in?** posso entrare?; **if I ~ say so** se mi posso permettere; **~ you both be very happy** siate felici; **I ~ as well stay** potrei anche rimanere; **it ~ be true** potrebbe esser vero; **she ~ be old, but...** sarà anche vecchia, ma...

May /meɪ/ *n* maggio *m*

maybe /ˈmeɪbiː/ *adv* forse, può darsi

May bug *n* maggiolino *m*

Mayday *n* Radio mayday *m inv*

May Day *n* il primo maggio

mayhem /ˈmeɪhem/ *n* **create ~** creare scompiglio

mayonnaise /meɪəˈneɪz/ *n* maionese *f*

mayor /ˈmeə(r)/ *n* sindaco *m*

mayoress /meəˈres/ *n* sindaco *m*; (wife of mayor) moglie *f* del sindaco

maypole /ˈmeɪpəʊl/ *n* palo *m* (*intorno al quale si balla durante la celebrazione del primo maggio*)

May queen *n* reginetta *f* di calendimaggio

maze /meɪz/ *n* labirinto *m*

Mb *abbr* (**megabyte**) MB *m inv*

MBA *n abbr* (**Master of Business Administration**) laurea *f inv* in economia e commercio

MBE *n abbr* BrE (**Member of the Order of the British Empire**) *onorificenza* (*f*) *britannica*

MBO *n abbr* (**management buyout**) *acquisto* (*m*) *di tutte le azioni di una società da parte dei suoi dirigenti*

MC *n abbr* **1** (**Master of Ceremonies**) (in cabaret) presentatore *m*; (at banquet) maestro *m* delle cerimonie **2** AmE (**Member of Congress**) membro *m* del Congresso

McCoy /məˈkɔɪ/ *n* **this whisky is the real ~** questo è un vero whisky

MD *abbr* **1** (**Managing Director**) direttore, -trice *mf* generale **2** (**Doctor of Medicine**) dottore *m* in medicina **3** AmE (**Maryland**)

me /miː/ *pers pron* (object) mi; (with preposition) me; **he knows me** mi conosce; **she called me, not you** ha chiamato me, non te; **give me the money** dammi i soldi; **give it to me** dammelo; **he explained it to me** me lo ha spiegato; **it's me** sono io

ME *n abbr* **1** (**myalgic encephalomyelitis**) encefalomelite *f* mialgica **2** AmE (**Maine**)

mead /miːd/ *n* idromele *m*

meadow /ˈmedəʊ/ *n* prato *m*

meagre /ˈmiːgə(r)/ *adj* scarso

meal¹ /miːl/ *n* pasto *m*; **did you enjoy your**

~? ha mangiato bene?

meal² *n* (grain) farina *f*

meal ticket *n* fig (quality, qualification) fonte *f* di guadagno; **he's only a ~ to her** le interessano solo i suoi soldi

mealy-mouthed /mi:lɪ'maʊðd/ *adj* ambiguo

mean¹ /mi:n/ *adj* avaro; (unkind) meschino; (low in rank) basso; (accommodation) misero

mean² **A** *adj* medio
B *n* (average) media *f*; **Greenwich ~ time** ora *f* media di Greenwich

mean³ *vt* (*pt/pp* **meant**) voler dire; (signify) significare; (intend) intendere; **I ~ it** lo dico seriamente; **~ well** avere buone intenzioni; **be ~t for** ‹*present*› essere destinato a; ‹*remark*› essere riferito a

meander /mɪ'ændə(r)/ *vi* vagare

meaning /'mi:nɪŋ/ *n* significato *m*

meaningful /'mi:nɪŋfʊl/ *adj* significativo

meaningless /'mi:nɪŋlɪs/ *adj* senza senso

meanness /'mi:nnɪs/ *n* (with money) avarizia *f*; (unkindness) meschinità *f*

means /mi:nz/ **A** *n* mezzo *m*; **~ of transport** mezzo *m* di trasporto; **by ~ of** per mezzo di; **by all ~!** certamente!; **by no ~** niente affatto
B *npl* (resources) mezzi *mpl*; **~ test** *n* accertamento *m* patrimoniale

meant /ment/ ▶ **mean³**

meantime /'mi:ntaɪm/ **A** *n* **in the ~** nel frattempo
B *adv* intanto

meanwhile /'mi:nwaɪl/ *adv* intanto

measles /'mi:zlz/ *nsg* morbillo *m*

measly /'mi:zlɪ/ *adj* infml misero

measurable /'meʒərəbl/ *adj* misurabile

measure /'meʒə(r)/ **A** *n* misura *f*
B *vt & vi* misurare
■ **measure out** *vt* dosare ‹*amount*›
■ **measure up** *vi* fig avere i requisiti richiesti
■ **measure up to** *vt* fig essere all'altezza di

measured /'meʒed/ *adj* misurato

measurement /'meʒəmənt/ *n* misura *f*

measuring jug /'meʒərɪŋ/ *n* dosatore *m*

measuring spoon *n* misurino *m*

meat /mi:t/ *n* carne *f*

meatball *n* Culin polpetta *f* di carne

meat eater *n* (animal) carnivoro *m*; **I'm not a ~** non mangio carne

meat hook *n* gancio *m* da macellaio

meat loaf *n* polpettone *m*

meat pie *n* tortino *m* di carne

meaty /'mi:tɪ/ (**-ier**, **-iest**) *adj* (**-ier**, **-iest**) di carne; fig sostanzioso

Mecca /'mekə/ *n* La Mecca

mechanic /mɪ'kænɪk/ *n* meccanico *m*

mechanical /mɪ'kænɪkl/ *adj* meccanico

mechanical engineering *n* ingegneria *f* meccanica

mechanically /mɪ'kænɪklɪ/ *adv* meccanicamente

mechanics /mɪ'kænɪks/ **A** *n* meccanica *f*
B *npl* meccanismo *msg*

mechanism /'mekənɪzm/ *n* meccanismo *m*

mechanization /,mekənaɪ'zeɪʃn, AmE -nɪ'z-/ *n* meccanizzazione *f*

mechanize /'mekənaɪz/ *vt* meccanizzare

medal /'medl/ *n* medaglia *f*

medallion /mɪ'dælɪən/ *n* medaglione *m*

medallist /'medəlɪst/ *n* vincitore, -trice *mf* di una medaglia

meddle /'medl/ *vi* immischiarsi (**in** in); (tinker) armeggiare (**with** con)

media /'mi:dɪə/ **A** *n* ▶ **medium**
B *npl* **the ~** i mass media

median /'mi:dɪən/ *adj* **~ strip** AmE banchina *f* spartitraffico

media studies *npl* scienze *fpl* delle comunicazioni

mediate /'mi:dɪeɪt/ *vi* fare da mediatore

mediation /mi:dɪ'eɪʃn/ *n* mediazione *f*

mediator /'mi:dɪeɪtə(r)/ *n* mediatore, -trice *mf*

medic /'medɪk/ *n* infml (doctor) medico *m*; infml (student) studente, -essa *mf* di medicina; Mil infml infermiere, -a *mf* militare

medical /'medɪkl/ **A** *adj* medico
B *n* visita *f* medica

medical care *n* assistenza *f* medica

medical check-up *n* controllo *m* medico

medical examiner *n* AmE = **pathologist**

medical history *n* anamnesi *f inv*

medical insurance *n* assicurazione *f* sanitaria

medically /'medɪklɪ/ *adv* **~ qualified** con qualifiche di medico; **~ fit** in buona salute

medical officer *n* Mil ufficiale *m* medico

medical profession *n* (occupation) professione *f* del medico; (doctors collectively) categoria *f* medica

medical student *n* studente, -essa *mf* di medicina

medicated /'medɪkeɪtɪd/ *adj* medicato

medication /medɪ'keɪʃn/ *n* (drugs) medicinali *mpl*; **are you on any ~?** sta prendendo delle medicine?

medicinal /mɪ'dɪsɪnl/ *adj* medicinale

medicine /'medsən/ *n* medicina *f*

medicine ball *n* palla *f* medica

medicine bottle *n* flacone *m*

medicine cabinet *n* armadietto *m* dei medicinali

medicine man *n* stregone *m*

medieval /medɪ'i:vl/ *adj* medievale

mediocre /mi:dɪ'əʊkə(r)/ *adj* mediocre

mediocrity /mi:dɪ:'ɒkrətɪ/ *n* mediocrità *f*

meditate /'medɪteɪt/ *vi* meditare (**on** su)

m

parola chiave

meditative /'medɪtətɪv/ *adj* ‹*music, person*› meditativo; ‹*mood, expression*› meditabondo

Mediterranean /medɪtə'reɪnɪən/ **A** *n* **the ~ [Sea]** il [mare] Mediterraneo
B *adj* mediterraneo

medium /'mi:dɪəm/ **A** *adj* medio; Culin di media cottura
B *n* mezzo *m* (*pl* **-s**) (person) medium *mf inv*

medium dry *adj* ‹*drink*› semisecco

medium-length *adj* ‹*book, film, hair*› di media lunghezza

medium-range *adj* ‹*missile*› di media portata

medium-rare *adj* ‹*meat*› appena al sangue

medium-sized /'mi:dɪəmsaɪzd/ *adj* di taglia media

medium wave *n* onde *fpl* medie

medley /'medlɪ/ *n* miscuglio *m*; Mus medley *m inv*

meek /mi:k/ *adj* mite, mansueto

meekly /'mi:klɪ/ *adv* docilmente

meerkat /'mɪəkæt/ *n* suricato *m*

meet /mi:t/ **A** *vt* (*pt/pp* **met**) incontrare; (at station, airport) andare incontro a; (for first time) far la conoscenza di; pagare ‹*bill*›; soddisfare ‹*requirements*›
B *vi* incontrarsi; ‹*committee*› riunirsi; **~ with** incontrare ‹*problem*›; incontrarsi con ‹*person*›
C *n* raduno *m* (sportivo)
■ **meet up** *vi* ‹*people*› incontrarsi; **~ up with somebody** incontrare qualcuno

meeting /'mi:tɪŋ/ *n* riunione *f*, meeting *m inv*; (large) assemblea *f*; (by chance) incontro *m*; **be in a ~** essere in riunione

meeting place *n* luogo *m* d'incontro

meeting point *n* punto *m* d'incontro

mega+ /'megə/ *pref* mega+

megabyte /'megəbaɪt/ *n* Comput megabyte *m inv*

megalith /'megəlɪθ/ *n* megalite *m*

megalomania /megələ'meɪnɪə/ *n* megalomania *f*

megalomaniac /ˌmegələ'meɪnɪæk/ *adj* & *n* megalomane *mf*

megaphone /'megəfəʊn/ *n* megafono *m*

megapixel /'megəpɪksəl/ *n* megapixel *m inv*

melancholy /'melənkəlɪ/ **A** *adj* malinconico
B *n* malinconia *f*

mellow /'meləʊ/ **A** *adj* ‹*wine*› generoso; ‹*sound, colour*› caldo; ‹*person*› dolce
B *vi* ‹*person*› addolcirsi

melodic /mɪ'lɒdɪk/ *adj* melodico

melodious /mɪ'ləʊdɪəs/ *adj* melodioso

melodrama /'melədrɑ:mə/ *n* melodramma *m*

melodramatic /melədrə'mætɪk/ *adj* melodrammatico

melodramatically /melədrə'mætɪklɪ/ *adv* in modo melodrammatico

melody /'melədɪ/ *n* melodia *f*

melon /'melən/ *n* melone *m*

melt /melt/ **A** *vt* sciogliere
B *vi* sciogliersi
■ **melt away** *vi* ‹*snow*› sciogliersi; ‹*crowd*› disperdersi; ‹*support*› venir meno
■ **melt down** *vt* fondere

meltdown /'meltdaʊn/ *n* (in nuclear reactor) fusione *f* del nocciolo

melting point /'meltɪŋ/ *n* punto *m* di fusione

melting pot *n* fig crogiuolo *m*

member /'membə(r)/ *n* membro *m*; **be a ~ of the family** far parte della famiglia

member countries paesi *mpl* membri

Member of Congress *n* AmE membro *m* del Congresso

Member of Parliament deputato, -a *mf*

Member of the European Parliament *n* eurodeputato, -a *mf*

membership /'membəʃɪp/ *n* iscrizione *f*; (members) soci *mpl*

membrane /'membreɪn/ *n* membrana *f*

memento /mɪ'mentəʊ/ *n* ricordo *m*

memo /'meməʊ/ *n* promemoria *m inv*

memoirs /'memwɑ:z/ *npl* ricordi *mpl*

memo pad *n* blocchetto *m*

memorabilia /memərə'bɪlɪə/ *npl* cimeli *mpl*

memorable /'memərəbl/ *adj* memorabile

memorandum /'memə'rændəm/ *n* promemoria *m inv*

memorial /mɪ'mɔ:rɪəl/ *n* monumento *m*

memorial service *n* funzione *f* commemorativa

memorize /'meməraɪz/ *vt* memorizzare

memory /'memərɪ/ *n* (also Comput) memoria *f*; (thing remembered) ricordo *m*; **from ~** a memoria; **in ~ of** in ricordo di

men /men/ ▶ **man**

menace /'menəs/ **A** *n* minaccia *f*; (nuisance) piaga *f*
B *vt* minacciare

menacing /'menəsɪŋ/ *adj* minaccioso

menacingly /'menəsɪŋlɪ/ *adv* minacciosamente

mend /mend/ **A** *vt* riparare; (darn) rammendare
B *n* **on the ~** in via di guarigione

menfolk /'menfəʊk/ *n* uomini *mpl*

menial /'mi:nɪəl/ *adj* umile

meningitis /menɪn'dʒaɪtɪs/ *n* meningite *f*

menopause /'menəpɔ:z/ *n* menopausa *f*

Menorca /mɪ'nɔ:kə/ *n* Minorca *f*

men's room *n* toilette *f inv* degli uomini

menstruate /'menstrʊeɪt/ *vi* mestruare

menstruation /menstrʊ'eɪʃn/ *n* mestruazione *f*

menswear /'menzweə(r)/ *n* abbigliamento *m* per uomo

mental /'mentl/ *adj* mentale; infml (mad) pazzo

mental arithmetic *n* calcolo *m* mentale

mental block *n* blocco *m* psicologico
mental health *n* (of person) salute *f* mentale
mental health care *n* assistenza *f* psichiatrica
mental home *n* clinica *f* psichiatrica
mental illness *n* malattia *f* mentale
mentality /men'tælətɪ/ *n* mentalità *f*
mentally /'mentəlɪ/ *adv* mentalmente; **~ ill** malato di mente
mentholated /'menθəleɪtɪd/ *adj* al mentolo
mention /'menʃn/ **A** *n* menzione *f*
B *vt* menzionare; **don't ~ it** non c'è di che
mentor /'mentɔ:(r)/ *n* mentore *m*
menu /'menju:/ *n* menu *m inv*
menu bar *n* Comput barra *f* dei menu
MEP *n abbr* (**Member of the European parliament**) eurodeputato, -a *mf*
mercantile /'mɜ:kəntaɪl/ *adj* mercantile
mercenary /'mɜ:sɪnərɪ/ **A** *adj* mercenario
B *n* mercenario *m*
merchandise /'mɜ:tʃəndaɪz/ *n* merce *f*
merchant /'mɜ:tʃənt/ *n* commerciante *mf*
merchant bank *n* BrE banca *f* d'affari
merchant banker *n* (owner) proprietario, -a *mf* di una banca d'affari; (executive) dirigente *mf* di banca d'affari
merchant navy *n* marina *f* mercantile
merciful /'mɜ:sɪfl/ *adj* misericordioso
mercifully /'mɜ:sɪfʊlɪ/ *adv* infml grazie a Dio
merciless /'mɜ:sɪlɪs/ *adj* spietato
mercilessly /'mɜ:sɪlɪslɪ/ *adv* senza pietà
mercurial /mɜ:'kjʊərɪəl/ *adj* fig volubile
mercury /'mɜ:'kjʊrɪ/ *n* mercurio *m*
mercy /'mɜ:sɪ/ *n* misericordia *f*; **be at sb's ~** essere alla mercé *or* in balia di qualcuno
mercy killing *n* eutanasia *f*
mere /mɪə(r)/ *adj* solo
merely /'mɪəlɪ/ *adv* solamente
merest /'mɪərɪst/ *adj* minimo
merge /mɜ:dʒ/ **A** *vi* fondersi
B *vt* Comm fondere
merger /'mɜ:dʒə(r)/ *n* fusione *f*
meridian /mə'rɪdɪən/ *n* meridiano *m*
meringue /mə'ræŋ/ *n* meringa *f*
merit /'merɪt/ **A** *n* merito *m*; (advantage) qualità *f*
B *vt* meritare
mermaid /'mɜ:meɪd/ *n* sirena *f*
merrily /'merɪlɪ/ *adv* allegramente
merriment /'merɪmənt/ *n* baldoria *f*
merry /'merɪ/ (**-ier**, **-iest**) *adj* (**-ier**, **-iest**) allegro; **M~ Christmas!** Buon Natale!; **make ~** far festa
merry-go-round *n* giostra *f*
merry-making /'merɪmeɪkɪŋ/ *n* festa *f*
mesh /meʃ/ *n* maglia *f*

mesmerize /'mezməraɪz/ *vt* ipnotizzare
mesmerized /'mezməraɪzd/ *adj* fig ipnotizzato
mess /mes/ *n* disordine *m*, casino *m* infml; (trouble) guaio *m*; (something spilt) sporco *m*; Mil mensa *f*; **make a ~ of** (botch) fare un pasticcio di
■ **mess about** **A** *vi* perder tempo; **~ about with** armeggiare con
B *vt* prendere in giro ‹*person*›
■ **mess up** *vt* mettere in disordine, incasinare infml; (botch) mandare all'aria
■ **mess with** *vt* infml (interface with) trafficare con ‹*computer, radio etc*›; contrariare ‹*person*›
message /'mesɪdʒ/ *n* messaggio *m*
message window *n* Comput finestra *f* di messaggio
messaging /'mesɪdʒɪŋ/ *n* messaggeria *f* elettronica
mess dress *n* Mil uniforme *f* di gala
messenger /'mesɪndʒə(r)/ *n* messaggero *m*
messenger boy *n* fattorino *m*
Messiah /mɪ'saɪə/ *n* Messia *m*
Messrs /'mesəz/ *npl* (on letter) **~ Smith** Spett. ditta Smith
messy /'mesɪ/ *adj* (**-ier**, **-iest**) disordinato; (in dress) sciatto
met /met/ ▶ **meet**
metabolism /mɪ'tæbəlɪzm/ *n* metabolismo *m*
metal /'metl/ **A** *n* metallo *m*
B *adj* di metallo
metal detector *n* metal detector *m inv*
metal fatigue *n* fatica *f* del metallo
metallic /mɪ'tælɪk/ *adj* metallico
metallurgy /mɪ'tælədʒɪ/ *n* metallurgia *f*
metal polish *n* lucido *m* per metalli
metalwork /'metlwɜ:k/ *n* lavorazione *f* del metallo
metamorphose /metə'mɔ:fəʊz/ **A** *vt* trasformare
B *vi* trasformarsi (**into** in)
metamorphosis /metə'mɔ:fəsɪs/ *n* (*pl* **-phoses** /metə'mɔ:fəsi:z/) metamorfosi *f inv*
metaphor /'metəfə(r)/ *n* metafora *f*
metaphorical /metə'fɒrɪkl/ *adj* metaforico
metaphorically /metə'fɒrɪklɪ/ *adv* metaforicamente
metaphysical /metə'fɪzɪkl/ *adj* metafisico; (abstract) astruso
mete /mi:t/ *v*
■ **mete out** *vt* dispensare ‹*punishment, justice*›
meteor /'mi:tɪə(r)/ *n* meteora *f*
meteoric /mi:tɪ'ɒrɪk/ *adj* fig fulmineo
meteorite /'mi:tɪəraɪt/ *n* meteorite *m*
meteorological /mi:tɪərə'lɒdʒɪkl/ *adj* meteorologico
Meteorological Office *n* Ufficio *m* meteorologico

m

---

parola chiave

meteorologist /mi:tɪə'rɒlədʒɪst/ *n* meteorologo, -a *mf*
meteorology /mi:tɪə'rɒlədʒɪ/ *n* meteorologia *f*
meter¹ /'mi:tə(r)/ *n* contatore *m*
meter² *n* AmE = **metre**
meter reader *n persona (f) incaricata di leggere il contatore (di gas, elettricità)*
methane /'mi:θeɪn/ *n* metano *m*
method /'meθəd/ *n* metodo *m*
method acting *n* metodo *m* dell'Actors' Studio
method actor *n attore (m) che segue il metodo dell'Actors' Studio*
methodical /mɪ'θɒdɪkl/ *adj* metodico
methodically /mɪ'θɒdɪklɪ/ *adv* metodicamente
Methodist /'meθədɪst/ *n* metodista *mf*
methodology /meθə'dɒlədʒɪ/ *n* metodologia *f*
meths /meθs/ *n* infml alcol *m* denaturato
methyl /'mi:θaɪl/ *n* metile *m*
methylated /'meθɪleɪtɪd/ *adj* ~ **spirit(s)** alcol *m* denaturato
meticulous /mɪ'tɪkjʊləs/ *adj* meticoloso
meticulously /mɪ'tɪkjʊləslɪ/ *adv* meticolosamente
metre /'mi:tə(r)/ *n* metro *m*
metric /'metrɪk/ *adj* metrico
metrication /metrɪ'keɪʃn/ *n* conversione *f* al sistema metrico
metronome /'metrənəʊm/ *n* metronomo *m*
metropolis /mɪ'trɒpəlɪs/ *n* metropoli *f inv*
metropolitan /metrə'pɒlɪtən/ *adj* metropolitano
metropolitan district *n* BrE circoscrizione *f* amministrativa urbana
Metropolitan police *n* BrE polizia *f* di Londra
mettle /'metl/ *n* coraggio *m*; **show one's** ~ mostrare di che stoffa si è fatti
mew /mju:/ **A** *n* miao *m*
B *vi* miagolare
mews /mju:z/ *n* BrE (stables) scuderie *fpl*; (street) stradina *f*; (yard) cortile *m*
mews flat *n* BrE *piccolo appartamento (m) ricavato da vecchie scuderie*
Mexican /'meksɪkən/ *adj* & *n* messicano, -a *mf*
Mexican wave *n* ola *f inv*
Mexico /'meksɪkəʊ/ *n* Messico *m*
mezzanine /'metsəni:n/ *n* mezzanino *m*
miaow /mɪ'aʊ/ **A** *n* miao *m*
B *vi* miagolare
mice /maɪs/ ▶ **mouse**
Michaelmas /'mɪkəlməs/ *n* festa *f* di San Michele (*29 settembre*)
Michaelmas daisy *n* BrE margherita *f* settembrina
Michaelmas Term *n* BrE Univ primo trimestre *m*
mickey /'mɪkɪ/ *n* **take the** ~ **out of** prendere in giro
Mickey Mouse *n* Topolino *m*
microbe /'maɪkrəʊb/ *n* microbo *m*
microchip /'maɪkrəʊtʃɪp/ *n* microchip *m inv*
microcomputer /'maɪkrəʊkəmpju:tə(r)/ *n* microcomputer *m inv*
microcosm /'maɪkrəkɒzm/ *n* microcosmo *m*
microfilm *n* microfilm *m inv*
microfinance /'maɪkrəʊfaɪnæns/ *n* microfinanza *f*
microlight /'maɪkrəʊlaɪt/ *n* ultraleggero *m*
micro-lighting /'maɪkrəlaɪtɪŋ/ *n* volo *m* con l'ultraleggero
micromanage /'maɪkrəʊ,mænɪdʒ/ *vt gestire, controllare in modo capillare un'impresa o un'attività*
micromesh tights *npl* collant *mpl* velati
microphone *n* microfono *m*
microphysics *nsg* microfisica *fsg*
microprocessor *n* microprocessore *m*
microscope *n* microscopio *m*
microscopic *adj* microscopico
microsite /'maɪkrəʊsaɪt/ *n* microsito *m*
microsurgery *n* microchirurgia *f*
microwave *n* microonda *f*; (oven) forno *m* a microonde
mid /mɪd/ *adj* ~ **May** metà maggio; **in** ~ **air** a mezz'aria
midday /mɪd'deɪ/ *n* mezzogiorno *m*
middle /'mɪdl/ **A** *adj* di centro; **the M**~ **Ages** il medioevo; **the** ~ **class(es)** la classe media; **the M**~ **East** il Medio Oriente
B *n* mezzo *m*; **in the** ~ **of** ‹*room, floor etc*› in mezzo a; **in the** ~ **of the night** nel pieno della notte, a notte piena
middle-aged /-'eɪdʒd/ *adj* di mezza età
middle-age spread *n* pancetta *f* di mezza età
Middle America *n* (social group) *ceto (m) medio americano a tendenza conservatrice*
middlebrow *adj* ‹*book*› per il lettore medio; ‹*person*› con interessi culturali convenzionali
middle-class *adj* borghese
middle distance *n* Phot, Cinema secondo piano *m*; **gaze into the** ~ avere lo sguardo perso nel vuoto
Middle Eastern *adj* mediorientale
Middle English *n* medio inglese *m*
middle finger *n* dito *m* medio
middle ground *n* Pol centro *m*; **occupy the** ~ adottare una posizione intermedia
middle-income *adj* ‹*person, family, country*› dal reddito medio
middleman /'mɪdlmæn/ *n* Comm intermediario *m*
middle manager *n* quadro *m* intermedio

m

middle-of-the-road *adj* (ordinary) ordinario; ‹*policy*› moderato
middle-size /-saɪz/, **middle-sized** /-saɪz[d]/ *adj* di misura media
middleweight *n* peso *m* medio
middling /ˈmɪdlɪŋ/ *adj* discreto
midfield /ˈmɪdˈfiːld/ *n* centrocampo *m*
midfield player *n* centrocampista *m*
midge /mɪdʒ/ *n* moscerino *m*
midget /ˈmɪdʒɪt/ *n* nano, -a *mf*
Midlands /ˈmɪdləndz/ *npl* **the M~** l'Inghilterra *fsg* centrale
mid-life *n* mezza età *f*
mid-life crisis *n* crisi *f inv* di mezza età
midnight /ˈmɪdnaɪt/ *n* mezzanotte *f*
mid-range *attrib* ‹*car*› (in price) di prezzo medio; (in power) di media cilindrata; ‹*hotel*› intermedio; **be in the ~** ‹*product, hotel*› essere nella media
midriff /ˈmɪdrɪf/ *n* diaframma *m*
mid-season *adj* di metà stagione
midshipman /ˈmɪdʃɪpmən/ *n* BrE cadetto *m* di marina; AmE allievo *m* dell'Accademia Navale
midst /mɪdst/ *n* **in the ~ of** in mezzo a; **in our ~** fra di noi, in mezzo a noi
midstream /mɪdˈstriːm/ *adv* **in ~** (in river) nel mezzo della corrente; fig (in speech) nel mezzo del discorso
midsummer /ˈmɪdsʌmə(r)/ *n* mezza estate *f*
Midsummer's Day *n* festa *f* di San Giovanni (*24 giugno*)
mid-term *attrib* Sch di metà trimestre; (pol) a metà del mandato del governo
midtown /ˈmɪdtaʊn/ *n* AmE centro *m* (cittadino); **a ~ apartment** un appartamento in centro
midway /ˈmɪdweɪ/ *adv* a metà strada
midweek /mɪdˈwiːk/ **A** *adj* di metà settimana
B *adv* a metà settimana
midwife /ˈmɪdwaɪf/ *n* ostetrica *f*
midwifery /ˈmɪdwɪfrɪ/ *n* ostetricia *f*
midwinter /mɪdˈwɪntə(r)/ *n* pieno inverno *m*
miffed /mɪft/ *adj* infml seccato
might¹ /maɪt/ *v aux* **I ~** potrei; **will you come?—I ~** vieni?—può darsi; **it ~ be true** potrebbe essere vero; **I ~ as well stay** potrei anche restare; **he asked if he ~ go** ha chiesto se poteva andare; **you ~ have drowned** avresti potuto affogare; **you ~ have said so!** avresti potuto dirlo!
might² *n* potere *m*
mighty /ˈmaɪtɪ/ **A** *adj* (**-ier**, **-iest**) potente
B *adv* infml molto
migraine /ˈmiːgreɪn/ *n* emicrania *f*
migrant /ˈmaɪgrənt/ **A** *adj* migratore
B *n* (bird) migratore, -trice *mf*; (person: for work) emigrante *mf*
migrate /maɪˈgreɪt/ *vi* migrare
migration /maɪˈgreɪʃn/ *n* migrazione *f*
migratory /maɪˈgreɪtərɪ/ *adj* ‹*animal*› migratore
mike /maɪk/ *n* infml microfono *f*
Milan /mɪˈlæn/ *n* Milano *f*
Milanese /mɪləˈniːz/ *adj* milanese
mild /maɪld/ *adj* ‹*weather*› mite; ‹*person*› dolce; ‹*flavour*› delicato; ‹*illness*› leggero
mildew /ˈmɪldjuː/ *n* muffa *f*
mildly /ˈmaɪldlɪ/ *adv* moderatamente; ‹*say*› dolcemente; **to put it ~** a dir poco, senza esagerazione
mildness /ˈmaɪldnɪs/ *n* (of person, words) dolcezza *f*; (of weather) mitezza *f*
mile /maɪl/ *n* miglio *m* (= *1,6 km*); **~s nicer** infml molto più bello; **~s too big** infml eccessivamente grande
mileage /ˈmaɪlɪdʒ/ *n* chilometraggio *m*
mileage allowance *n* indennità *f* di trasferta per chilometro
milestone /ˈmaɪlstəʊn/ *n* pietra *f* miliare
milieu /mɪˈjɜː/ *n* ambiente *m*
militant /ˈmɪlɪtənt/ *adj & n* militante *mf*
militarism /ˈmɪlɪtərɪzm/ *n* militarismo *m*
militarize /ˈmɪlɪtəraɪz/ *vt* militarizzare
military /ˈmɪlɪtrɪ/ *adj* militare
military academy *n* accademia *f* militare
military policeman *n* agente *m* di polizia militare
military service *n* servizio *m* militare
militate /ˈmɪlɪteɪt/ *vi* **~ against** opporsi a
militia /mɪˈlɪʃə/ *n* milizia *f*
milk /mɪlk/ **A** *n* latte *m*
B *vt* mungere
milk chocolate *n* cioccolato *m* al latte
milk float *n* BrE furgone *m* del lattaio
milk jug *n* bricco *m* del latte
milkman *n* lattaio *m*
milk pudding *n budino* (*m*) *a base di latte*
milk shake *n* frappé *m inv*
milk train *n* primo treno *m* del mattino
milky /ˈmɪlkɪ/ *adj* (**-ier**, **-iest**) latteo; ‹*tea etc*› con molto latte
mill /mɪl/ **A** *n* mulino *m*; (factory) fabbrica *f*; (for coffee etc) macinino *m*
B *vt* macinare ‹*grain*›
■ **mill about**, **mill around** *vi* brulicare
millennium /mɪˈlenɪəm/ *n* millennio *m*
miller /ˈmɪlə(r)/ *n* mugnaio *m*
millet /ˈmɪlɪt/ *n* miglio *m*
milligram /ˈmɪlɪgræm/ *n* milligrammo *m*
millimetre /ˈmɪlɪmiːtə(r)/ *n* millimetro *m*
million /ˈmɪljən/ *adj & n* milione *m*; **a ~ pounds** un milione di sterline
millionaire /mɪljəˈneə(r)/ *n* miliardario, -a *mf*
millipede /ˈmɪlɪpiːd/ *n* millepiedi *m inv*
millpond *n* **like a ~** piatto come una tavola

m

parola chiave

millstone *n* a ~ **round one's neck** fig un peso
mill wheel *n* ruota *f* di mulino
milometer /maɪˈlɒmɪtə(r)/ *n* BrE ≈ contachilometri *m inv*
mime /maɪm/ **A** *n* mimo *m*
B *vt* mimare
mime artist *n* mimo, a *mf*
mimic /ˈmɪmɪk/ **A** *n* imitatore, -trice *mf*
B *vt* (*pt/pp* **mimicked**) imitare
mimicry /ˈmɪmɪkrɪ/ *n* mimetismo *m*
mimosa /mɪˈməʊzə/ *n* mimosa *f*
min. *abbr* (**minute**) min.
minaret /mɪnəˈret/ *n* minareto *m*
mince /mɪns/ **A** *n* carne *f* tritata
B *vt* Culin tritare; **not ~ words** parlare senza mezzi termini
mincemeat /ˈmɪnsmiːt/ *n* miscuglio *m* di frutta secca; **make ~ of** fig demolire
mince pie *n pasticcino* (*m*) *a base di frutta secca*
mincer /ˈmɪnsə(r)/ *n* tritacarne *m inv*
mind /maɪnd/ **A** *n* mente *f*; (sanity) ragione *f*; **to my ~** a mio parere; **give somebody a piece of one's ~** dire chiaro e tondo a qualcuno quello che si pensa; **make up one's ~** decidersi; **have something in ~** avere qualcosa in mente; **bear something in ~** tenere presente qualcosa; **have something on one's ~** essere preoccupato; **have a good ~ to** avere una grande voglia di; **I have changed my ~** ho cambiato idea; **be out of one's ~** essere fuori di sé
B *vt* (look after) occuparsi di; **I don't ~ the noise** il rumore non mi dà fastidio; **I don't ~ what we do** non mi importa quello che facciamo; **~ the step!** attenzione al gradino!
C *vi* **I don't ~** non mi importa; **never ~!** non importa!; **do you ~ if...?** ti dispiace se...?
■ **mind out**: *vi* **~ out!** [fai] attenzione!
mind-bending /-bendɪŋ/ *adj* ‹*problem*› complicatissimo; **~ drugs** psicofarmaci *mpl*
mind-blowing /-bləʊɪŋ/ *adj* infml sconvolgente
mind-boggling /-bɒglɪŋ/ *adj* infml incredibile
minded /ˈmaɪndɪd/ *adj* **if you're so ~** se vuole
minder /ˈmaɪndə(r)/ *n* BrE (bodyguard) gorilla *m inv*; (for child) baby-sitter *mf inv*
mindful /ˈmaɪndfʊl/ *adj* **~ of** attento a
mindless /ˈmaɪndlɪs/ *adj* noncurante
mind-reader *n* persona *f* che legge nel pensiero; **I'm not a ~** non leggo nel pensiero
mine¹ /maɪn/ *poss pron* il mio *m*, la mia *f*, i miei *mpl*, le mie *fpl*; **a friend of ~** un mio amico; **friends of ~** dei miei amici; **that is ~** questo è mio; (as opposed to yours) questo è il mio
mine² **A** *n* miniera *f*; (explosive) mina *f*
B *vt* estrarre; Mil minare
mine-detector *n* rivelatore *m* di mine
minefield /ˈmaɪnfiːld/ *n* also fig campo *m* minato
miner /ˈmaɪnə(r)/ *n* minatore *m*
mineral /ˈmɪnərəl/ **A** *n* minerale *m*
B *adj* minerale
mineral oil *n* AmE (paraffin) olio *m* minerale
mineral rights *npl* concessioni *fpl* minerarie
mineral water *n* acqua *f* minerale
minesweeper /ˈmaɪnswiːpə(r)/ *n* dragamine *m inv*
mingle /ˈmɪŋgl/ *vi* **~ with** mescolarsi a
mini /ˈmɪnɪ/ *n* ▶ **miniskirt**
mini+ *pref* mini+
miniature /ˈmɪnɪtʃə(r)/ **A** *adj* in miniatura
B *n* miniatura *f*
miniature golf *n* minigolf *m inv*
miniature railway *n* trenino *m*
mini-budget *n* BrE Pol budget *m inv* provvisorio
minibus *n* minibus *m inv*, pulmino *m*
minicab *n* taxi *m inv*
minidisc /ˈmɪnɪdɪsk/ *n* minidisc *m inv*
minidisc player *n* lettore *m* di minidisc
minim /ˈmɪnɪm/ *n* Mus minima *f*
minimal /ˈmɪnɪməl/ *adj* minimo
minimalist /ˈmɪnɪməlɪst/ *adj* minimalista
minimally /ˈmɪnɪməlɪ/ *adv* (very slightly) minimamente
minimarket /ˈmɪnɪmɑːkɪt/ *n* minimarket *m inv*
minimize /ˈmɪnɪmaɪz/ *vt* minimizzare
minimum /ˈmɪnɪməm/ **A** *n* (*pl* **-ima**) minimo *m*
B *adj* minimo; **ten minutes ~** minimo dieci minuti
mining /ˈmaɪnɪŋ/ **A** *n* estrazione *f*
B *attrib* estrattivo
mining engineer *n* ingegnere *m* minerario
miniskirt /ˈmɪnɪskɜːt/ *n* minigonna *f*
minister /ˈmɪnɪstə(r)/ *n* ministro *m*; Relig pastore *m*
ministerial /mɪnɪˈstɪərɪəl/ *adj* ministeriale
minister of state *n* BrE Pol *titolo* (*m*) *di un parlamentare con competenze specifiche in seno a un ministero*
ministry /ˈmɪnɪstrɪ/ *n* Pol ministero *m*; **the ~** Relig il ministero sacerdotale
mink /mɪŋk/ *n* visone *m*
minnow /ˈmɪnəʊ/ *n* (fish) pesciolino *m* d'acqua dolce
minor /ˈmaɪnə(r)/ **A** *adj* minore
B *n* minorenne *mf*
Minorca /mɪˈnɔːkə/ *n* Minorca *f*
minority /maɪˈnɒrətɪ/ *n* minoranza *f*; (age) minore età *f*
minority leader *n* AmE Pol leader *mf inv* dell'opposizione

minority rule *n* governo *m* di minoranza
minor offence *n* BrE reato *m* minore
minor road *n* strada *f* secondaria
minster /'mɪnstə(r)/ *n* (cathedral) cattedrale *f*
minstrel /'mɪnstrəl/ *n* menestrello *m*
mint¹ /mɪnt/ **A** *n* zecca *f*; infml patrimonio *m* **B** *adj* **in ~ condition** in condizione perfetta **C** *vt* coniare
mint² *n* (herb) menta *f*
mint-flavoured /-fleɪvəd/ *adj* al gusto di menta
minuet /mɪnjʊ'et/ *n* minuetto *m*
minus /'maɪnəs/ **A** *prep* meno; infml (without) senza **B** *n* **~ [sign]** meno *m*
minuscule /'mɪnəskju:l/ *adj* minuscolo
🔑 **minute¹** /'mɪnɪt/ *n* minuto *m*; **in a ~** (shortly) tra un minuto; **~s** *pl* (of meeting) verbale *msg*
minute² /maɪ'nju:t/ *adj* minuto; (precise) minuzioso
minute hand /'mɪnɪt/ *n* lancetta *f* dei minuti
minutely /maɪ'nju:tlɪ/ *adv* ‹*vary, differ*› di poco; ‹*describe, examine*› minuziosamente
minutiae /maɪ'nju:ʃɪaɪ/ *npl* minuzie *fpl*
miracle /'mɪrəkl/ *n* miracolo *m*
miraculous /mɪ'rækjʊləs/ *adj* miracoloso
mirage /'mɪrɑ:ʒ/ *n* miraggio *m*
mire /'maɪə(r)/ *n* pantano *m*
mirror /'mɪrə(r)/ **A** *n* specchio *m* **B** *vt* rispecchiare
mirror image *n* (exact replica) copia *f* esatta; (inverse) immagine *f* speculare
mirth /mɜ:θ/ *n* ilarità *f*
misadventure /mɪsəd'ventʃə(r)/ *n* disavventura *f*
misanthropist /mɪ'zænθrəpɪst/ *n* misantropo, -a *mf*
misapprehension /mɪsæprɪ'henʃn/ *n* malinteso *m*; **be under a ~** avere frainteso
misappropriate /mɪsə'prəʊprɪeɪt/ *vt* appropriarsi indebitamente di ‹*funds*›
misbehave /mɪsbɪ'heɪv/ *vi* comportarsi male
misbehaviour /mɪsbɪ'heɪvjə(r)/ *n* comportamento *m* scorretto
miscalculate /mɪs'kælkjʊleɪt/ *vt & vi* calcolare male
miscalculation /mɪskælkjʊ'leɪʃn/ *n* calcolo *m* sbagliato
miscarriage /'mɪskærɪdʒ/ *n* aborto *m* spontaneo; **~ of justice** errore *m* giudiziario
miscarry /mɪs'kærɪ/ *vi* abortire
miscellaneous /mɪsə'leɪnɪəs/ *adj* assortito
miscellany /mɪ'selənɪ/ *n* (of people, things) misto *m*; (anthology) miscellanea *f*
mischief /'mɪstʃɪf/ *n* malefatta *f*; (harm) danno *m*
mischievous /'mɪstʃɪvəs/ *adj* (naughty) birichino; (malicious) dannoso
mischievously /'mɪstʃɪvəslɪ/ *adv* in modo birichino
misconceived /mɪskən'si:vd/ *adj* ‹*argument, project*› sbagliato
misconception /mɪskən'sepʃn/ *n* concetto *m* erroneo
misconduct /mɪs'kɒndʌkt/ *n* cattiva condotta *f*
misconstrue /mɪskən'stru:/ *vt* fraintendere
miscount /mɪs'kaʊnt/ *vt & vi* contare male
misdeed /mɪs'di:d/ *n* misfatto *m*
misdemeanour /mɪsdɪ'mi:nə(r)/ *n* reato *m*
misdirect /mɪsdaɪ'rekt/ *vt* mettere l'indirizzo sbagliato su ‹*letter, parcel*›; dare istruzioni sbagliate a ‹*jury*›; **the letter was ~ed to our old address** la lettera ci è stata erroneamente spedita al vecchio indirizzo
miser /'maɪzə(r)/ *n* avaro *m*
miserable /'mɪzrəbl/ *adj* (unhappy) infelice; (wretched) miserabile; fig ‹*weather*› deprimente
miserably /'mɪzrəblɪ/ *adv* ‹*live, fail*› miseramente; ‹*say*› tristemente
miserly /'maɪzəlɪ/ *adj* avaro; ‹*amount*› ridicolo
misery /'mɪzərɪ/ *n* miseria *f*; infml (person) piagnone, -a *mf*
misfire /mɪs'faɪə(r)/ *vi* ‹*gun*› far cilecca; ‹*plan etc*› non riuscire
misfit /'mɪsfɪt/ *n* disadattato, -a *mf*
misfortune /mɪs'fɔ:tʃu:n/ *n* sfortuna *f*
misgivings /mɪs'gɪvɪŋz/ *npl* dubbi *mpl*
misguided /mɪs'gaɪdɪd/ *adj* fuorviato
mishandle /mɪs'hændl/ *vt* gestire male ‹*operation, meeting*›; non prendere per il verso giusto ‹*person*›; (roughly) maneggiare senza precauzioni ‹*object*›; maltrattare ‹*person, animal*›
mishap /'mɪshæp/ *n* disavventura *f*
mishear /mɪs'hɪə(r)/ *vt* sentire male
mishmash /'mɪʃmæʃ/ *n* infml guazzabuglio *m*
misinform /mɪsɪn'fɔ:m/ *vt* informar male
misinformation /mɪsɪnfə'meɪʃn/ *n* informazioni *fpl* sbagliate
misinterpret /mɪsɪn'tɜ:prɪt/ *vt* fraintendere
misinterpretation /mɪsɪntɜ:prɪ'teɪʃn/ *n* interpretazione *f* sbagliata
misjudge /mɪs'dʒʌdʒ/ *vt* giudicar male; (estimate wrongly) valutare male
mislay /mɪs'leɪ/ *vt* (*pt/pp* **-laid**) smarrire
mislead /mɪs'li:d/ *vt* (*pt/pp* **-led**) fuorviare
misleading /mɪs'li:dɪŋ/ *adj* fuorviante
mismanage /mɪs'mænɪdʒ/ *vt* amministrare male
mismanagement /mɪs'mænɪdʒmənt/ *n* cattiva amministrazione *f*
mismatch /'mɪsmætʃ/ *n* discordanza *f*

m

🔑 parola chiave

misname /mɪs'neɪm/ *vt* dare il nome sbagliato a

misnomer /mɪs'nəʊmə(r)/ *n* termine *m* improprio

misogynist /mɪs'ɒdʒənɪst/ *n* misogino *m*

misplace /mɪs'pleɪs/ *vt* mettere in un posto sbagliato; **~ one's trust** riporre male la propria fiducia

misprint /'mɪsprɪnt/ *n* errore *m* di stampa

mispronounce /mɪsprə'naʊns/ *vt* pronunciare male

mispronunciation /mɪsprənʌnsɪeɪʃn/ *n* (act) pronuncia *f* sbagliata; (instance) errore *m* di pronuncia

misquote /mɪs'kwəʊt/ *vt* citare erroneamente

misread /mɪs'ri:d/ *vt* leggere male ‹*sentence, meter*›; (misinterpret) fraintendere ‹*actions*›

misrepresent /mɪsrepri'zent/ *vt* rappresentare male

misrepresentation /mɪsreprɪzen'teɪʃn/ *n* (of facts, opinions) travisamento *m*

miss **A** *n* colpo *m* mancato
B *vt* (fail to hit or find) mancare; perdere ‹*train, bus, class*›; (feel the loss of) sentire la mancanza di; **I ~ed that part** (failed to notice) mi è sfuggita quella parte; **~ the point** non afferrare il punto
C *vi* **but he ~ed** (failed to hit) ma l'ha mancato
■ **miss out** *vt* saltare, omettere

Miss /mɪs/ *n* (*pl* **-es**) signorina *f*

misshapen /mɪs'ʃeɪpən/ *adj* malformato

missile /'mɪsaɪl/ *n* missile *m*

missing /'mɪsɪŋ/ *adj* mancante; ‹*person*› scomparso; Mil disperso; **be ~** essere introvabile; **~ in action** Mil disperso

mission /'mɪʃn/ *n* missione *f*

missionary /'mɪʃənrɪ/ *n* missionario, -a *mf*

missive /'mɪsɪv/ *n* missiva *f*

misspell /mɪs'spel/ *vt* (*pt/pp* **-spelt, -spelled**) sbagliare l'ortografia di

misspent /mɪs'spent/ *adj* **a ~ youth** una gioventù sprecata

mist /mɪst/ *n* (fog) foschia *f*; **because of the ~ on the windows** a causa dei vetri appannati
■ **mist over** *vi* ‹*eyes*› velarsi
■ **mist up** *vi* appannarsi, annebbiarsi

mistake /mɪ'steɪk/ **A** *n* sbaglio *m*; **by ~** per sbaglio
B *vt* (*pt* **mistook**, *pp* **mistaken**) sbagliare ‹*road, house*›; fraintendere ‹*meaning, words*›; **~ for** prendere per

mistaken /mɪ'steɪkən/ *adj* sbagliato; **be ~** sbagliarsi; **~ identity** errore *m* di persona

mistakenly /mɪ'steɪkənlɪ/ *adv* erroneamente

mister /'mɪstə(r)/ *n* signore *m*

mistletoe /'mɪsltəʊ/ *n* vischio *m*

mistranslate /mɪstrænz'leɪt/ *vt* tradurre in modo sbagliato

mistranslation /mɪstrænz'leɪʃn/ *n* traduzione *f* sbagliata

mistreat /mɪs'tri:t/ maltrattare

mistreatment /mɪs'tri:tmənt/ *n* maltrattamento *m*

mistress /'mɪstrɪs/ *n* padrona *f*; (teacher) maestra *f*; (lover) amante *f*

mistrust /mɪs'trʌst/ **A** *n* sfiducia *f*
B *vt* non aver fiducia in

misty /'mɪstɪ/ *adj* (**-ier**, **-iest**) nebbioso; fig indistinto

misty-eyed /-'aɪd/ *adj* ‹*look*› commosso; **he goes all ~ about it** a parlarne si commuove

misunderstand /mɪsʌndə'stænd/ *vt* (*pt/pp* **-stood**) fraintendere

misunderstanding /mɪsʌndə'stændɪŋ/ *n* malinteso *m*

misuse[1] /mɪs'ju:z/ *vt* usare male

misuse[2] /mɪs'ju:s/ *n* cattivo uso *m*

mite /maɪt/ *n* Zool acaro *m*; (child) piccino, -a *mf*

mitigate /'mɪtɪgeɪt/ *vt* attenuare

mitigating /'mɪtɪgeɪtɪŋ/ *adj* attenuante

mitre BrE, **miter** AmE /'maɪtə(r)/ *n* mitra *f*

mitt /mɪt/ *n* (no separate fingers) muffola *f*; (cut-off fingers) mezzo guanto *m*; (in baseball) guantone *m*; infml (hand) mano *f*

mitten /'mɪtn/ *n* manopola *f*, muffola *f*

mix /mɪks/ **A** *n* (combination) mescolanza *f*; Culin miscuglio *m*; (ready-made) preparato *m*
B *vt* mischiare
C *vi* mischiarsi; ‹*person*› inserirsi; **~ with** (associate with) frequentare
■ **mix in** *vt* incorporare ‹*eggs, flour etc*›
■ **mix up** *vt* mescolare ‹*papers*›; (confuse, mistake for) confondere

mixed /mɪkst/ *adj* misto; **~ up** (person) confuso

mixed ability *adj* ‹*class, teaching*› per alunni di capacità diverse

mixed bag *n* fig **it was a very ~** c'era un po' di tutto

mixed blessing *n* **be a ~** avere vantaggi e svantaggi

mixed doubles *npl* Tennis doppio *m* misto

mixed economy *n* economia *f* mista

mixed grill *n* grigliata *f* di carne mista

mixed marriage *n* matrimonio *m* misto

mixed-media *adj* multimediale

mixed metaphor *n abbinamento* (*m*) *di parte di due o più metafore diverse con effetto comico*

mixed race **A** *adj* ‹*children*› con genitori di razze diverse
B *n* **she's of ~** i suoi genitori sono di razze diverse

mixed-up *adj* ‹*person, emotions*› confuso

mixed vegetables *npl* verdure *fpl* miste

mixer /'mɪksə(r)/ *n* Culin frullatore *m*, mixer *m inv*; **he's a good ~** è un tipo socievole

mixing /ˈmɪksɪŋ/ *n* (of people, objects, ingredients) mescolamento *m*; Mus mixaggio *m*

mixture /ˈmɪkstʃə(r)/ *n* mescolanza *f*; (medicine) sciroppo *m*; Culin miscela *f*

mix-up *n* (confusion) confusione *f*; (mistake) pasticcio *m*

mm *abbr* (**millimetre(s)**) mm

MMS *abbr* (**multimedia messaging service**) MMS *m*

MO *abbr* **1** (**medical officer**) ufficiale *m* medico **2** (**money order**) vaglia *m inv* postale **3** AmE (**Missouri**)

moan /məʊn/ **A** *n* lamento *m*
B *vi* lamentarsi; (complain) lagnarsi

moat /məʊt/ *n* fossato *m*

mob /mɒb/ **A** *n* folla *f*; (rabble) gentaglia *f*; infml (gang) banda *f*
B *vt* (*pt/pp* **mobbed**) assalire

🔑 **mobile** /ˈməʊbaɪl/ **A** *adj* mobile
B *n* composizione *f* mobile; (phone) telefonino *m*, cellulare *m*

mobile home *n* casa *f* roulotte

mobile library *n* BrE biblioteca *f* itinerante

mobile phone *n* cellulare *m*, telefonino *m*

mobile shop *n* furgone *m* attrezzato per la vendita

mobility /məˈbɪlətɪ/ *n* mobilità *f*

mobility allowance *n* BrE indennità *f* di accompagnamento

mobilization /məʊbɪlaɪˈzeɪʃn/ *n* mobilitazione *f*

mobilize /ˈməʊbɪlaɪz/ *vt* mobilitare

mocha /ˈmɒkə/ *n* moca *m inv*

mock /mɒk/ **A** *adj* finto
B *vt* canzonare

mockery /ˈmɒkərɪ/ *n* derisione *f*; **a ~ of** una parodia di

mock-up *n* modello *m* in scala

MoD *n abbr* (**Ministry of Defence**) BrE Ministero *m* della Difesa

modal /ˈməʊdl/ *adj* **~ auxiliary** verbo *m* modale

mod con /mɒdˈkɒn/ *abbr* BrE (**modern convenience**) **all ~s** tutti i comfort

mode /məʊd/ *n* modo *m*; Comput modalità *f*

🔑 **model** /ˈmɒdl/ **A** *n* modello *m*; **[fashion] ~** indossatore, -trice *mf*, modello, -a *mf*
B *adj* ‹*yacht, plane*› in miniatura; ‹*pupil, husband*› esemplare, modello
C *vt* (*pt/pp* **modelled**) indossare ‹*clothes*›
D *vi* fare l'indossatore, -trice *mf*; (for artist) posare

modelling /ˈmɒd(ə)lɪŋ/ *n* (with clay etc) modellare *m* con la creta; (of clothes) professione *f* di indossatore; **do some ~** (for artist) fare il modello

modelling clay *n* creta *f* per modellare

modem /ˈməʊdem/ **A** *n* modem *m inv*
B *vt* mandare per modem

moderate¹ /ˈmɒdərɪt/ **A** *vt* moderare
B *vi* moderarsi

moderate² /ˈmɒdərət/ **A** *adj* moderato
B *n* Pol moderato, -a *mf*

moderately /ˈmɒdərətlɪ/ *adv* ‹*drink, speak etc*› moderatamente; ‹*good, bad etc*› relativamente

moderation /mɒdəˈreɪʃn/ *n* moderazione *f*; **in ~** con moderazione

🔑 **modern** /ˈmɒdn/ *adj* moderno

modern-day *adj* attuale

modernism /ˈmɒdənɪzm/ *n* modernismo *m*

modernity /məˈdɜːnətɪ/ *n* modernità *f*

modernization /mɒdənaɪˈzeɪʃn/ *n* modernizzazione *f*

modernize /ˈmɒdənaɪz/ *vt* modernizzare

modern languages *npl* lingue *fpl* moderne

modest /ˈmɒdɪst/ *adj* modesto

modesty /ˈmɒdɪstɪ/ *n* modestia *f*

modicum /ˈmɒdɪkəm/ *n* **a ~ of** un po' di

modification /mɒdɪfɪˈkeɪʃn/ *n* modificazione *f*

modifier /ˈmɒdɪfaɪə(r)/ *n* (in linguistics) modificatore *m*

modify /ˈmɒdɪfaɪ/ *vt* (*pt/pp* **-fied**) modificare

modular /ˈmɒdjʊlə(r)/ *adj* ‹*course*› a moduli; ‹*construction, furniture*› modulare

modulate /ˈmɒdjʊleɪt/ *vt & vi* modulare

module /ˈmɒdjuːl/ *n* modulo *m*

modus operandi /məʊdəsɒpəˈrændiː/ *n* modus operandi *m inv*

mogul /ˈməʊgl/ *n* magnate *m*

Mohammed /məʊˈhæmed/ *n* Maometto *m*

Mohican /məʊˈhiːkən/ *n* (hairstyle) taglio *m* [di capelli] alla moicana

moist /mɔɪstɪ/ *adj* umido

moisten /ˈmɔɪsn/ *vt* inumidire

moisture /ˈmɔɪstʃə(r)/ *n* umidità *f*

moisturizer /ˈmɔɪstʃəraɪzə(r)/ *n* [crema *f*] idratante *m*

molar /ˈməʊlə(r)/ *n* molare *m*

molasses /məˈlæsɪz/ *n* AmE melassa *f*

mold /məʊld/ AmE = **mould¹**, **mould²**

Moldavia /mɒlˈdeɪvɪə/ *n* Moldavia *f*

mole¹ /məʊl/ *n* (on face etc) neo *m*

mole² *n* Zool talpa *f*

mole³ *n* (breakwater) molo *m*

molecular /məˈlekjʊlə(r)/ *adj* molecolare

molecule /ˈmɒlɪkjuːl/ *n* molecola *f*

molehill /ˈməʊlhɪl/ *n* monticello *m*

moleskin /ˈməʊlskɪn/ *n* (fur) pelliccia *f* di talpa

molest /məˈlest/ *vt* molestare

mollify /ˈmɒlɪfaɪ/ *vt* (*pt/pp* **-ied**) placare

mollusc /ˈmɒləsk/ *n* mollusco *m*

mollycoddle /ˈmɒlɪkɒdl/ *vt* tenere nella bambagia

m

🔑 parola chiave

molt /məʊlt/ AmE = **moult**

molten /ˈməʊltən/ *adj* fuso

mom /mɒm/ *n* AmE infml mamma *f*

moment /ˈməʊmənt/ *n* momento *m*; **at the ~** in questo momento

momentarily /ˌməʊmənˈterɪlɪ/ *adv* (for an instant) per un momento; AmE (at any moment) da un momento all'altro; AmE (very soon) tra un momento

momentary /ˈməʊməntrɪ/ *adj* momentaneo

momentous /məˈmentəs/ *adj* molto importante

momentum /məˈmentəm/ *n* impeto *m*

Monaco /ˈmɒnəkəʊ/ *n* Principato *m* di Monaco

monarch /ˈmɒnək/ *n* monarca *m*

monarchist /ˈmɒnəkɪst/ *n* monarchico, -a *mf*

monarchy /ˈmɒnəkɪ/ *n* monarchia *f*

monastery /ˈmɒnəstrɪ/ *n* monastero *m*

monastic /məˈnæstɪk/ *adj* monastico

Monday /ˈmʌndeɪ/ *n* lunedì *m*

monetary /ˈmʌnətrɪ/ *adj* monetario

money /ˈmʌnɪ/ *n* denaro *m*

money box *n* salvadanaio *m*

moneylender *n* usuraio *m*

moneymaker *n* (business) attività *f* redditizia; (product) prodotto *m* che rende bene

money order *n* vaglia *m inv* postale

Mongolia /mɒŋˈgəʊlɪə/ *n* Mongolia *f*

mongrel /ˈmʌŋgrəl/ *n* bastardino *m*

monitor /ˈmɒnɪtə(r)/ **A** *n* Techn monitor *m inv*
B *vt* controllare

monk /mʌŋk/ *n* monaco *m*

monkey /ˈmʌŋkɪ/ *n* scimmia *f*
■ **monkey about with** *vt* infml (interfere with) armeggiare con

monkey business *n* infml (fooling) scherzi *mpl*; (cheating) imbrogli *mpl*

monkey-nut *n* nocciolina *f* americana

monkey wrench *n* chiave *f* inglese a rullino

monkfish /ˈmʌŋkfɪʃ/ *n* pescatrice *f*

mono /ˈmɒnəʊ/ *n* mono *m*

monochrome /ˈmɒnəkrəʊm/ *adj* monocromatico; Cinema, TV in bianco e nero

monocle /ˈmɒnəkl/ *n* monocolo *m*

monogamous /məˈnɒgəməs/ *adj* monogamo

monogamy /məˈnɒgəmɪ/ *n* monogamia *f*

monogram /ˈmɒnəgræm/ *n* monogramma *m*

monograph /ˈmɒnəgrɑːf/ *n* monografia *f*

monolith /ˈmɒnəlɪθ/ *n* monolito *m*

monologue /ˈmɒnəlɒg/ *n* monologo *m*

monomania /mɒnəˈmeɪnɪə/ *n* monomania *f*

monoplane /ˈmɒnəpleɪn/ *n* monoplano *m*

monopolize /məˈnɒpəlaɪz/ *vt* monopolizzare

monopoly /məˈnɒpəlɪ/ *n* monopolio *m*

monoski /ˈmɒnəʊskiː/ **A** *n* monoscì *m*
B *vi* praticare il monoscì

monosodium glutamate /mɒnəsəʊdɪəmˈgluːtəmeɪt/ *n* glutammato *m* di sodio

monosyllabic /mɒnəsɪˈlæbɪk/ *adj* monosillabico

monosyllable /ˈmɒnəsɪləbl/ *n* monosillabo *m*

monotone /ˈmɒnətəʊn/ *n* **speak in a ~** parlare con tono monotono

monotonous /məˈnɒtənəs/ *adj* monotono

monotonously /məˈnɒtənəslɪ/ *adv* in modo monotono

monotony /məˈnɒtənɪ/ *n* monotonia *f*

monsoon /mɒnˈsuːn/ *n* monsone *m*

monster /ˈmɒnstə(r)/ *n* mostro *m*

monstrosity /mɒnˈstrɒsətɪ/ *n* mostruosità *f*

monstrous /ˈmɒnstrəs/ *adj* mostruoso

montage /mɒnˈtɑːʒ/ *n* montaggio *m*

Mont Blanc /mɒnˈblɒ̃/ *n* Monte *m* Bianco

Montenegro /ˌmɒntɪˈniːgrəʊ/ *n* Montenegro *m*

month /mʌnθ/ *n* mese *m*

monthly /ˈmʌnθlɪ/ **A** *adj* mensile
B *adv* mensilmente
C *n* (periodical) mensile *m*

monument /ˈmɒnjʊmənt/ *n* monumento *m*

monumental /mɒnjʊˈmentl/ *adj* fig monumentale

monumentally /mɒnjʊˈmentəlɪ/ *adv* ‹*boring, ignorant*› enormemente

moo /muː/ **A** *n* muggito *m*
B *vi* (*pt/pp* **mooed**) muggire

mooch /muːtʃ/ *vi* **~ about** infml gironzolare; **~ about the house** gironzolare per casa

mood /muːd/ *n* umore *m*; **be in a good/bad ~** essere di buon/cattivo umore; **be in the ~ for** essere in vena di

moody /ˈmuːdɪ/ *adj* (**-ier**, **-iest**) (variable) lunatico; (bad-tempered) di malumore

moon /muːn/ *n* luna *f*; **over the ~** infml al settimo cielo
■ **moon about**, **moon around** *vi* infml (wander aimlessly) gironzolare
■ **moon over** *vt* infml sospirare d'amore per ‹*somebody*›

moonbeam *n* raggio *m* di luna

moon buggy *n* veicolo *m* lunare

moonlight **A** *n* chiaro *m* di luna
B *vi* infml lavorare in nero

moonlighting *n* infml lavoro *m* nero

moonlit *adj* illuminato dalla luna

moonshine *n* (nonsense) fantasie *fpl*; AmE (liquor) liquore *m* di contrabbando

moor[1] /mʊə(r)/ *n* brughiera *f*

moor[2] *vt* Naut ormeggiare

moorhen /ˈmʊəhen/ *n* gallinella *f* d'acqua

mooring /ˈmʊərɪŋ/ *n* (place) ormeggio *m*; **~s** *pl* (chains) ormeggi *mpl*

Moorish /ˈmʊərɪʃ/ *adj* moresco
moorland /ˈmʊələnd/ *n* brughiera *f*
moose /muːs/ *n* (*pl* **moose**) alce *m*
moot /muːt/ *adj* **it's a ~ point** è un punto controverso
mop /mɒp/ **A** *n* mocio® *m inv*; **~ of hair** zazzera *f*
B *vt* (*pt/pp* **mopped**) lavare con il mocio®
■ **mop up** *vt* (dry) asciugare con il mocio®; (clean) pulire con il mocio®
mope /məʊp/ *vi* essere depresso
■ **mope about, mope around** *vi* trascinarsi
moped /ˈməʊped/ *n* ciclomotore *m*
🔑 **moral** /ˈmɒrəl/ **A** *adj* morale
B *n* morale *f*
morale /məˈrɑːl/ *n* morale *m*; **be a ~ booster** tirare su di morale
moral fibre *n* forza *f* morale
moralistic /mɒrəˈlɪstɪk/ *adj* moralistico
morality /məˈrælətɪ/ *n* moralità *f*
moralize /ˈmɒrəlaɪz/ *vi* moraleggiare
morally /ˈmɒrəlɪ/ *adv* moralmente
morals /ˈmɒrəlz/ *npl* moralità *f*
moratorium /mɒrəˈtɔːrɪəm/ *n* moratoria *f*
morbid /ˈmɔːbɪd/ *adj* morboso
🔑 **more** /mɔː(r)/ **A** *adj* più; **a few ~ books** un po' più di libri; **some ~ tea?** ancora un po' di tè?; **there's no ~ bread** non c'è più pane; **there are no ~ apples** non ci sono più mele; **one ~ word and...** ancora una parola e...
B *pron* di più; **would you like some ~?** ne vuoi ancora?; **no ~, thank you** non ne voglio più, grazie
C *adv* più; **~ interesting** più interessante; **~ (and ~) quickly** (sempre) più veloce; **~ than** più di; **I don't love him any ~** non lo amo più; **once ~** ancora una volta; **~ or less** più o meno; **the ~ I see him, the ~ I like him** più lo vedo, più mi piace
moreish /ˈmɔːrɪʃ/ *adj* infml **be ~** essere irresistibile
moreover /mɔːrˈəʊvə(r)/ *adv* inoltre
morgue /mɔːg/ *n* obitorio *m*
MORI /ˈmɔːrɪ/ *n abbr* (**Market Opinion Research Institute**) *istituto (m) di sondaggio e ricerche di mercato*
moribund /ˈmɒrɪbʌnd/ *adj* moribondo
🔑 **morning** /ˈmɔːnɪŋ/ *n* mattino *m*, mattina *f*; **spend the ~ doing something** passare la mattinata facendo qualcosa; **in the ~** del mattino; (tomorrow) domani mattina
morning-after pill *n* pillola *f* del giorno dopo
morning coffee *n* caffè *m* del mattino
morning dress *n* tight *m inv*
morning sickness *n* nausea *f* mattutina
Moroccan /məˈrɒk(ə)n/ *adj* & *n* marocchino, -a *mf*

Morocco /məˈrɒkəʊ/ *n* Marocco *m*
morocco leather *n* marocchino *m*
moron /ˈmɔːrɒn/ *n* infml deficiente *mf*
morose /məˈrəʊs/ *adj* scontroso
morosely /məˈrəʊslɪ/ *adv* in modo scontroso
morphine /ˈmɔːfiːn/ *n* morfina *f*
morris dance /ˈmɒrɪs/ *n danza (f) tradizionale inglese*
Morse /mɔːs/ *n* **~ [code]** [codice *m*] Morse *m*
morsel /ˈmɔːsl/ *n* (food) boccone *m*
mortal /ˈmɔːtl/ *adj* & *n* mortale *mf*
mortal combat *n* duello *m* mortale
mortality /mɔːˈtælətɪ/ *n* mortalità *f*
mortally /ˈmɔːtəlɪ/ *adv* ‹*wounded, offended*› a morte; ‹*afraid*› da morire
mortar /ˈmɔːtə(r)/ *n* mortaio *m*
mortgage /ˈmɔːgɪdʒ/ **A** *n* mutuo *m*; (*money raised on collateral of property*) ipoteca *f*
B *vt* ipotecare
mortgage rate *n* tasso *m* d'interesse sui mutui
mortgage relief *n* sgravio *m* fiscale sul mutuo
mortgage repayment *n* rata *f* del mutuo
mortician /mɔːˈtɪʃn/ *n* AmE impresario, -a *mf* di pompe funebri
mortification /mɔːtɪfɪˈkeɪʃn/ *n* (of the flesh, embarrassment) mortificazione *f*
mortify /ˈmɔːtɪfaɪ/ *vt* (*pt/pp* **-ied**) mortificare
mortuary /ˈmɔːtjʊərɪ/ *n* camera *f* mortuaria
mosaic /məʊˈzeɪɪk/ *n* mosaico *m*
Moscow /ˈmɒskəʊ/ *n* Mosca *f*
Moselle /məʊˈzel/ *n* (wine) vino *m* della Mosella
Moses /ˈməʊzɪz/ *n* Mosè *m*
Moslem /ˈmɒzlɪm/ *adj* & *n* musulmano, -a *mf*
mosque /mɒsk/ *n* moschea *f*
mosquito /mɒsˈkiːtəʊ/ *n* (*pl* **-es**) zanzara *f*
mosquito bite *n* puntura *m* di zanzara
mosquito net *n* zanzariera *f*
mosquito repellent *n* antizanzare *m inv*
moss /mɒs/ *n* muschio *m*
mossy /ˈmɒsɪ/ *adj* muschioso
🔑 **most** /məʊst/ **A** *adj* (majority) la maggior parte di; **for the ~ part** per lo più
B *adv* più, maggiormente; (very) estremamente, molto; **the ~ interesting day** la giornata più interessante; **a ~ interesting day** una giornata estremamente interessante; **the ~ beautiful woman in the world** la donna più bella del mondo; **~ unlikely** veramente improbabile
C *pron* **~ of them** la maggior parte di loro; **at [the] ~** al massimo; **make the ~ of** sfruttare al massimo; **~ of the time** la maggior parte del tempo

🔑 parola chiave

mostly /ˈməʊs(t)lɪ/ *adv* per lo più
MOT *n* BrE revisione *f* obbligatoria di autoveicoli
motel /məʊˈtel/ *n* motel *m inv*
moth /mɒθ/ *n* falena *f*; **[clothes-]** ~ tarma *f*
mothball /ˈmɒθbɔːl/ *n* pallina *f* di naftalina
moth-eaten /-iːtən/ *adj* tarmato
mother /ˈmʌðə(r)/ **A** *n* madre *f*; **Mother's Day** la festa della mamma
B *vt* fare da madre a
motherboard /ˈmʌðəbɔːd/ *n* scheda *f* madre
motherhood /ˈmʌðəhʊd/ *n* maternità *f*
Mothering Sunday /mʌðərɪŋˈsʌndeɪ/ *n* la festa della mamma
mother-in-law *n* (*pl* **mothers-in-law**) suocera *f*
motherland /ˈmʌðəlænd/ *n* patria *f*
motherless /ˈmʌðəlɪs/ *adj* orfano, -a *mf* di madre
motherly /ˈmʌðəlɪ/ *adj* materno
mother-of-pearl *n* madreperla *f*
mother's boy *n* mammone *m*
Mother's Day *n* la festa della mamma
mother's help *n* BrE aiuto *m* domestico
mother-to-be *n* futura mamma *f*
mother tongue *n* madrelingua *f*
mothproof /ˈmɒθpruːf/ *adj* antitarmico
motif /məʊˈtiːf/ *n* motivo *m*
motion /ˈməʊʃn/ **A** *n* moto *m*; (proposal) mozione *f*; (gesture) gesto *m*
B *vt & vi* ~ **[to] somebody to come in** fare segno a qualcuno di entrare
motionless /ˈməʊʃ(ə)nlɪs/ *adj* immobile
motionlessly /ˈməʊʃənlɪslɪ/ *adv* senza alcun movimento
motion picture **A** *n* film *m inv* [per il cinema]
B *attrib* ‹*industry*› cinematografico
motivate /ˈməʊtɪveɪt/ *vt* motivare
motivated /ˈməʊtɪveɪtɪd/ *adj* ‹*person, student*› motivato; **politically/racially** ~ ‹*act*› a sfondo politico/razziale
motivation /məʊtɪˈveɪʃn/ *n* motivazione *f*
motive /ˈməʊtɪv/ *n* motivo *m*
motley /ˈmɒtlɪ/ *adj* disparato
motor /ˈməʊtə(r)/ **A** *n* motore *m*; (car) macchina *f*
B *adj* a motore; Anat motore
C *vi* andare in macchina
Motorail /ˈməʊtəreɪl/ *n* treno *m* per trasporto auto
motorbike /ˈməʊtəbaɪk/ *n* infml moto *f inv*
motor boat *n* motoscafo *m*
motorcade /ˈməʊtəkeɪd/ *n* AmE corteo *m* di auto
motor car *n* automobile *f*
motorcycle *n* motocicletta *f*
motorcycle escort *n* scorta *f* di motociclette
motorcycle messenger *n* corriere *m* in moto
motorcyclist *n* motociclista *mf*
motorhome *n* camper *m inv*; (towed) roulotte *f inv*
motoring /ˈməʊtərɪŋ/ *n* automobilismo *m*
motorist /ˈməʊtərɪst/ *n* automobilista *mf*
motor launch *n* motolancia *f*
motor mechanic *n* meccanico *m*
motormouth *n* infml chiacchierone, -a *mf*
motor oil *n* olio *m* lubrificante
motor racing *n* corse *fpl* automobilistiche
motor scooter *n* motorino *m*
motor vehicle *n* autoveicolo *m*
motorway *n* autostrada *f*
mottled /ˈmɒtld/ *adj* chiazzato
motto /ˈmɒtəʊ/ *n* (*pl* **-es**) motto *m*
mould[1] /ˈməʊld/ *n* (fungus) muffa *f*
mould[2] **A** *n* stampo *m*
B *vt* foggiare; fig formare
moulder /ˈməʊldə(r)/ *vi* ‹*corpse, refuse*› andare in decomposizione
moulding /ˈməʊldɪŋ/ *n* Archit cornice *f*
mouldy /ˈməʊldɪ/ *adj* ammuffito; infml (worthless) ridicolo
moult /məʊlt/ *vi* ‹*bird*› fare la muta; ‹*animal*› perdere il pelo
mound /maʊnd/ *n* mucchio *m*; (hill) collinetta *f*
mount /maʊnt/ **A** *n* (horse) cavalcatura *f*; (of jewel, photo, picture) montatura *f*
B *vt* montare a ‹*horse*›; salire su ‹*bicycle*›; incastonare ‹*jewel*›; incorniciare ‹*photo, picture*›
C *vi* aumentare
■ **mount up** *vi* aumentare
mountain /ˈmaʊntɪn/ *n* montagna *f*; **make a** ~ **out of a molehill** fare di una mosca un elefante
mountain bike *n* mountain bike *f inv*
mountain climbing *n* alpinismo *m*
mountaineer /maʊntɪˈnɪə(r)/ *n* alpinista *mf*
mountaineering /maʊntɪˈnɪərɪŋ/ *n* alpinismo *m*
mountainous /ˈmaʊntɪnəs/ *adj* montagnoso
mountain range *n* catena *f* montuosa
mountain top *n* cima *f* di montagna
mounted police /maʊntɪdpəˈliːs/ *n* polizia *f* a cavallo
mourn /mɔːn/ **A** *vt* lamentare
B *vi* ~ **for** piangere la morte di
mourner /ˈmɔːnə(r)/ *n* persona *f* che partecipa a un funerale
mournful /ˈmɔːnfʊl/ *adj* triste
mournfully /ˈmɔːnfʊlɪ/ *adv* tristemente
mourning /ˈmɔːnɪŋ/ *n* **in** ~ in lutto
mouse /maʊs/ *n* (*pl* **mice**) topo *m*; Comput mouse *m inv*
■ **mouse over** *vt* puntare con il mouse su
mouse hole *n* tana *f* di topi/di un topo

m

mouse mat *n* Comput tappetino *m*

mouseover /ˈmaʊsəʊvə(r)/ *n* mouseover *m inv*, passaggio *m* del mouse; **~ ad** pubblicità attivata dal passaggio del mouse

mousetrap *n* trappola *f* [per topi]

mousse /muːs/ *n* Culin mousse *f inv*

moustache /məˈstɑːʃ/ *n* baffi *mpl*

mousy /ˈmaʊsɪ/ *adj* ‹*colour*› grigio topo

mouth¹ /maʊð/ *vt* **~ something** dire qualcosa silenziosamente muovendo solamente le labbra

mouth² /maʊθ/ *n* bocca *f*; (of river) foce *f*

mouthful /ˈmaʊθfʊl/ *n* boccone *m*

mouth organ *n* armonica *f* [a bocca]

mouthpiece *n* imboccatura *f*; fig (person) portavoce *m inv*

mouth-to-mouth resuscitation *n* respirazione *f* bocca a bocca

mouthwash *n* colluttorio *m*

mouth-watering /-wɔːtərɪŋ/ *adj* che fa venire l'acquolina in bocca

movable /ˈmuːvəbl/ *adj* movibile

move /muːv/ **A** *n* mossa *f*; (moving house) trasloco *m*; **on the ~** in movimento; **get a ~ on** infml darsi una mossa
B *vt* muovere; (emotionally) commuovere; spostare ‹*car, furniture*›; (transfer) trasferire; (propose) proporre; **~ house** traslocare
C *vi* muoversi; (move house) traslocare; **don't ~!** non muoverti!
- **move about, move around** *vi* (in house) muoversi; (in country) spostarsi
- **move along** **A** *vi* andare avanti
B *vt* muovere in avanti
- **move away** **A** *vi* allontanarsi; (move house) trasferirsi
B *vt* allontanare
- **move forward** **A** *vi* avanzare
B *vt* spostare avanti
- **move in** *vi* (to a house) trasferirsi
- **move off** *vi* ‹*vehicle*› muoversi
- **move on** **A** *vi* (move to another place) muoversi
B *vt* ‹*police*› far circolare
- **move on to** *vt* passare a ‹*new topic, next question*›
- **move out** *vi* (of house) andare via
- **move over** **A** *vi* spostarsi
B *vt* spostare
- **move up** *vi* muoversi; (advance, increase) avanzare

movement /ˈmuːvmənt/ *n* movimento *m*; (of clock) meccanismo *m*

movie /ˈmuːvɪ/ *n* AmE film *m inv*; **go to the ~s** andare al cinema

movie camera *n* AmE cinepresa *f*

movie director *n* AmE regista *mf* cinematografico, -a

movie-goer /ˈmuːvɪgəʊə(r)/ *n* AmE frequentatore, -trice *mf* di cinema

movie star *n* AmE stella *f* del cinema, star *f inv* del cinema

movie theater *n* AmE cinema *m*

moving /ˈmuːvɪŋ/ *adj* mobile; (touching) commovente

mow /məʊ/ *vt* (*pt* **mowed**, *pp* **mown** *or* **mowed**) tagliare ‹*lawn*›
- **mow down** *vt* (destroy) sterminare

mower /ˈməʊə(r)/ *n* tosaerba *m inv*

Mozambique /ˌməʊzæmˈbiːk/ *n* Mozambico *m*

MP *abbr* (**Member of Parliament**) deputato, -a *mf*

MP3 player *n* lettore *m* di MP3

mpg *abbr* (**miles per gallon**) miglia al gallone

mph *abbr* (**miles per hour**) miglia all'ora

MPV *n abbr* (**multi-purpose vehicle**) MPV *m*

Mr /ˈmɪstə(r)/ *n* (*pl* **Messrs**) Signor *m*

MRI *n abbr* (**magnetic resonance imaging**) RM *f*

Mrs /ˈmɪsɪz/ *n* Signora *f*

MRSA *n abbr* (**methicillin-resistant Staphylococcus aureus**) MRSA *m*

Ms /mɪz/ *n* Signora *f* (*modo* (*m*) *formale di rivolgersi ad una donna quando non si vuole indicarla come sposata o nubile*)

MS *n abbr* **1** (**multiple sclerosis**) sclerosi *f* a placche *or* multipla **2** (**manuscript**) ms **3** AmE (**Mississippi**)

MSc *n abbr* (**Master of Science**) (diploma) laurea *f* in discipline scientifiche; (person) laureato, -a *mf* in discipline scientifiche

MST *abbr* AmE (**Mountain Standard Time**) *tempo* (*f*) *medio della zona delle Montagne Rocciose*

Mt. *abbr* (**mount**) (in place names) M.

much /mʌtʃ/ *adj, adv & pron* molto; **~ as** per quanto; **I love you just as ~ as before/him** ti amo quanto prima/lui; **as ~ as £5 million** ben cinque milioni di sterline; **as ~ as that** così tanto; **very ~** tantissimo, moltissimo; **~ the same** quasi uguale

muck /mʌk/ *n* (dirt) sporcizia *f*; (farming) letame *m*; infml (filth) porcheria *f*
- **muck about** *vi* infml perder tempo; **~ about with** trafficare con
- **muck in** *vi* infml dare una mano
- **muck up** *vt* infml rovinare; (make dirty) sporcare

muckraking /ˈmʌkreɪkɪŋ/ *n* scandalismo *m*

mucky /ˈmʌkɪ/ *adj* (**-ier, -iest**) sudicio

mucus /ˈmjuːkəs/ *n* muco *m*

mud /mʌd/ *n* fango *m*

muddle /ˈmʌdl/ **A** *n* disordine *m*; (mix-up) confusione *f*
B *vt* **~ [up]** confondere ‹*dates*›
- **muddle through** *vi* farcela alla bell'e meglio

muddle-headed /-ˈhedɪd/ *adj* ‹*plan*› confuso; ‹*person*› confusionario

m

parola chiave

muddy /ˈmʌdɪ/ *adj* (**-ier**, **-iest**) ‹*path*› fangoso; ‹*shoes*› infangato
mudflat *n* distesa *f* di fango
mudguard *n* parafango *m*
mud hut *n* capanna *f* di fango
mud pack *n* (for beauty treatment) maschera *f* di fango
mud pie *n* formina *f* di fango
mudslide *n* colata *f* di fango
mud-slinging /-slɪŋɪŋ/ *n* diffamazione *f*
muesli /ˈmjuːzlɪ/ *n* muesli *m inv*
muffle /ˈmʌfl/ *vt* smorzare ‹*sound*›
■ **muffle up** *vi* (for warmth) imbacuccarsi
muffler /ˈmʌflə(r)/ *n* sciarpa *f*; AmE Auto marmitta *f*
mug¹ /mʌg/ *n* tazza *f*; (for beer) boccale *m*; infml (face) muso *m*; infml (simpleton) pollo *m*
mug² *vt* (*pt/pp* **mugged**) aggredire e derubare
■ **mug up** *vt* infml (learn) imparare alla bell'e meglio
mugger /ˈmʌgə(r)/ *n* assalitore, -trice *mf*
mugging /ˈmʌgɪŋ/ *n* aggressione *f* per furto
muggy /ˈmʌgɪ/ *adj* (**-ier**, **-iest**) afoso
Muhammad /məˈhæmɪd/ *n* Maometto *m*
mulatto /mjuːˈlætəʊ/ *adj* & *n* AmE mulatto, -a *mf*
mulberry /ˈmʌlb(ə)rɪ/ *n* AmE (fruit) mora *f* di gelso; (tree) gelso *m*
mule¹ /mjuːl/ *n* mulo *m*
mule² *n* (slipper) ciabatta *f*
mulish /ˈmjuːlɪʃ/ *adj* testardo
mull /mʌl/ *vt* ~ **over** rimuginare su
mulled /mʌld/ *adj* ~ **wine** vin brûlé *m inv*
multi+ /ˈmʌltɪ/ *pref* multi+
multi-access *n* Comput accesso *m* multiplo
multichannel /mʌltɪˈtʃænəl/ *adj* ‹*television*› con molti canali
multicoloured /ˈmʌltɪkʌləd/ *adj* variopinto
multicultural /mʌltɪˈkʌltʃərəl/ *adj* multiculturale
multidisciplinary /mʌltɪdɪsɪˈplɪnərɪ/ *adj* Sch, Univ pluridisciplinare
multi-ethnic /ˌmʌltɪˈeθnɪk/ *adj* multietnico
multifaceted /mʌltɪˈfæsɪtɪd/ *adj* ‹*gemstone*› sfaccettato; ‹*career*› variegato; ‹*personality*› sfaccettato
multifunction /mʌltɪˈfʌŋkʃn/ *adj* multifunzionale
multigym /ˈmʌltɪdʒɪm/ *n* attrezzo *m* multiuso
multilateral /mʌltɪˈlæt(ə)rəl/ *adj* Pol multilaterale
multilevel /ˈmʌltɪlevəl/ *adj* ‹*parking, access*› a più piani; ‹*analysis*› a più livelli
multilingual /mʌltɪˈlɪŋgwəl/ *adj* multilingue *inv*
multimedia /mʌltɪˈmiːdɪə/ **A** *n* multimedia *mpl*
B *adj* multimediale
multinational /mʌltɪˈnæʃnəl/ **A** *adj* multinazionale
B *n* multinazionale *f*
multipack *n* confezione *f* multipla
multi-party /ˈmʌltɪpɑːtɪ/ *adj* ‹*government, system*› pluripartitico
multiplayer *adj* Comput ‹*game*› in multiplayer
multiple /ˈmʌltɪpl/ *adj* & *n* multiplo *m*
multiple choice *adj* scelta *f* multipla
multiple choice question *n* Sch test *m inv* a scelta multipla
multiple ownership *n* comproprietà *f*
multiple pile-up *n* tamponamento *m* a catena
multiple sclerosis *n* sclerosi *f* a placche *or* multipla
multiple store *n* BrE negozio *m* appartenente a una catena
multiplex /ˈmʌltɪpleks/ **A** *n* Teleph multiplex *m inv*; Cinema cinema *m inv* multisale
B *adj* Teleph in multiplex
multiplication /mʌltɪplɪˈkeɪʃn/ *n* moltiplicazione *f*
multiply /ˈmʌltɪplaɪ/ **A** *vt* (*pt/pp* **-ied**) moltiplicare (**by** per)
B *vi* moltiplicarsi
multi-purpose *adj* ‹*tool, gadget*› multiuso *inv*; ‹*organization*› con più scopi
multi-purpose vehicle *n* monovolume *f*
multi-racial *adj* multirazziale
multi-storey *adj* ~ **car park** parcheggio *m* a più piani
multitask *vi* ‹*person*› eseguire varie mansioni; ‹*computer*› eseguire il multitasking
multi-track *adj* ‹*sound system*› a più piste
multitude /ˈmʌltɪtjuːd/ *n* moltitudine *f*; **hide a ~ of sins** ‹*rug etc*› nascondere un sacco di magagne
multi-user *adj* ‹*system, installation*› multiutente
mum¹ /mʌm/ *adj* **keep ~** infml non aprire bocca
mum² *n* infml mamma *f*
mumble /ˈmʌmbl/ *vt* & *vi* borbottare
mumbo-jumbo /mʌmbəʊˈdʒʌmbəʊ/ *n* infml (speech, writing) paroloni *mpl*
mummy¹ /ˈmʌmɪ/ *n* infml mamma *f*
mummy² *n* Archaeol mummia *f*
mummy's boy *n* BrE derog mammone *m*
mumps /mʌmps/ *n* orecchioni *mpl*
munch /mʌntʃ/ *vt* & *vi* sgranocchiare
mundane /mʌnˈdeɪn/ *adj* (everyday) banale
municipal /mjuˈnɪsɪpl/ *adj* municipale
munitions /mjuˈnɪʃnz/ *npl* munizioni *fpl*
mural /ˈmjʊərəl/ *n* dipinto *m* murale
murder /ˈmɜːdə(r)/ **A** *n* assassinio *m*
B *vt* assassinare; infml (ruin) massacrare

murder case *n* caso *m* di omicidio
murder charge *n* imputazione *f* di omicidio
murderer /ˈmɜːdərə(r)/ *n* assassino, -a *mf*
murderess /ˈmɜːdərɪs/ *n* assassina *f*
murderous /ˈmɜːdərəs/ *adj* omicida
murky /ˈmɜːkɪ/ *adj* (**-ier**, **-iest**) oscuro
murmur /ˈmɜːmə(r)/ **A** *n* mormorio *m*
B *vt & vi* mormorare
murmuring /ˈmɜːmərɪŋ/ *n* mormorio *m*; **~s** *pl* (of discontent) segnali *mpl* di malcontento
muscle /ˈmʌsl/ *n* muscolo *m*
■ **muscle in** *vi* sl intromettersi (**to** in)
muscle strain *n* strappo *m* muscolare
muscular /ˈmʌskjʊlə(r)/ *adj* muscolare; (strong) muscoloso
muscular dystrophy /ˈdɪstrəfɪ/ *n* distrofia *f* muscolare
muse /mjuːz/ *vi* meditare (**on** su)
museum /mjuːˈzɪəm/ *n* museo *m*
mushroom /ˈmʌʃrʊm/ **A** *n* fungo *m*
B *vi* fig spuntare come funghi
mushroom cloud *n* fungo *m* atomico
mushy /ˈmʌʃɪ/ *adj* fig sdolcinato
music /ˈmjuːzɪk/ *n* musica *f*; (written) spartito *m*; **set to ~** musicare
musical /ˈmjuːzɪkl/ **A** *adj* musicale; ‹*person*› dotato di senso musicale
B *n* commedia *f* musicale
musical box *n* carillon *m inv*
musical instrument *n* strumento *m* musicale
music box *n* carillon *m inv*
music centre *n* impianto *m* stereo
music hall *n* teatro *m* di varietà
musician /mjuːˈzɪʃn/ *n* musicista *mf*
music lover *n* amante *mf* della musica
musicology /mjuːzɪˈkɒlədʒɪ/ *n* musicologia *f*
music stand *n* leggio *m*
music stool *n* sgabello *m* per pianoforte
music video *n* video clip *m inv*
musings /ˈmjuːzɪŋz/ *npl* riflessioni *fpl*
musk /mʌsk/ *n* muschio *m*
musket /ˈmʌskɪt/ *n* moschetto *m*
musketeer /mʌskəˈtɪə(r)/ *n* moschettiere *m*
musky /ˈmʌskɪ/ *adj* muschiato
Muslim /ˈmʌzlɪm/ *adj & n* musulmano, -a *mf*
mussel /ˈmʌsl/ *n* cozza *f*
must /mʌst/ **A** *v aux* (only in present) dovere; **you ~ not be late** non devi essere in ritardo; **she ~ have finished by now** (probability) deve aver finito ormai
B *n* **a ~** infml una cosa da non perdere
mustache /məˈstɑːʃ/ *n* AmE = **moustache**
mustard /ˈmʌstəd/ *n* senape *f*
muster /ˈmʌstə(r)/ *vt* radunare ‹*troops*›; fare appello a ‹*strength*›

musty /ˈmʌstɪ/ *adj* (**-ier**, **-iest**) stantio
mutant /ˈmjuːtənt/ *n & adj* mutante *mf*
mutate /mjuːˈteɪt/ **A** *vi* ‹*cell, organism*› subire una mutazione; **~ into** ‹*alien, monster*› trasformarsi in
B *vt* far subire una mutazione
mutation /mjuːˈteɪʃn/ *n* Biol mutazione *f*
mute /mjuːt/ *adj* offensive muto
muted /ˈmjuːtɪd/ *adj* smorzato
mutilate /ˈmjuːtɪleɪt/ *vt* mutilare
mutilation /mjuːtɪˈleɪʃn/ *n* mutilazione *f*
mutinous /ˈmjuːtɪnəs/ *adj* ammutinato
mutiny /ˈmjuːtɪnɪ/ **A** *n* ammutinamento *m*
B *vi* (*pt/pp* **-ied**) ammutinarsi
mutter /ˈmʌtə(r)/ **A** *n* borbottio *m*
B *vt & vi* borbottare
mutton /ˈmʌtn/ *n* carne *f* di montone
mutual /ˈmjuːtjʊəl/ *adj* reciproco; infml (common) comune
mutually /ˈmjuːtjʊəlɪ/ *adv* reciprocamente
Muzak® /ˈmjuːzæk/ *n* musica *f* di sottofondo
muzzle /ˈmʌzl/ **A** *n* (of animal) muso *m*; (of firearm) bocca *f*; (for dog) museruola *f*
B *vt* fig mettere il bavaglio a
MW *abbr* (**medium wave**) OM
my /maɪ/ *poss adj* mio *m*, mia *f*, miei *mpl*, mie *fpl*; **my job/house** il mio lavoro/la mia casa; **my mother/father** mia madre/mio padre
myalgic encephalomyelitis /maɪælˈdʒɪkensefələʊmaɪˈlaɪtɪs/ *n* encefalomielite *f* mialgica
Myanmar /mjænˈmɑː(r)/ *n* Myanmar *f*
myopic /maɪˈɒpɪk/ *adj* miope
myself /maɪˈself/ *pers pron* (reflexive) mi; (emphatic) me stesso; (after prep) me; **I've seen it ~** l'ho visto io stesso; **by ~** da solo; **I thought to ~** ho pensato tra me e me; **I'm proud of ~** sono fiero di me
mysterious /mɪˈstɪərɪəs/ *adj* misterioso
mysteriously /mɪˈstɪərɪəslɪ/ *adv* misteriosamente
mystery /ˈmɪstərɪ/ *n* mistero *m*; **~ [story]** racconto *m* del mistero
mystery play *n* mistero *m* (*teatrale*)
mystery tour *n* viaggio *m* con destinazione a sorpresa
mystic /ˈmɪstɪk/, **mystical** /ˈmɪstɪkl/ *adj* mistico
mysticism /ˈmɪstɪsɪzm/ *n* misticismo *m*
mystification /mɪstɪfɪˈkeɪʃn/ *n* disorientamento *m*
mystified /ˈmɪstɪfaɪd/ *adj* disorientato
mystify /ˈmɪstɪfaɪ/ *vt* disorientare
mystique /mɪˈstiːk/ *n* aria *f* di mistero
myth /mɪθ/ *n* mito *m*
mythical /ˈmɪθɪkl/ *adj* mitico
mythological /mɪθəˈlɒdʒɪkl/ *adj* mitologico
mythology /mɪˈθɒlədʒɪ/ *n* mitologia *f*

m

parola chiave

Nn

n, N /en/ *n* (letter) n, N *f inv*
N *abbr* (**north**) N
n/a, N/A *abbr* (**not applicable**) non pertinente
nab /næb/ *vt* (*pt/pp* **nabbed**) infml beccare
nadir /ˈneɪdə(r)/ *n* nadir *m*; fig punto *m* più basso, fondo *m*
naff /næf/ *adj* BrE infml banale
nag¹ /næg/ *n* (horse) ronzino *m*
nag² A *vt* (*pt/pp* **nagged**) assillare
B *vi* essere insistente
C *n* (person) brontolone, -a *mf*
nagging /ˈnægɪŋ/ *adj* ‹*pain*› persistente
nail /neɪl/ *n* chiodo *m*; (of finger, toe) unghia *f*; **on the ~** infml sull'unghia
■ **nail down** *vt* inchiodare; **~ somebody down to a time/price** far fissare a qualcuno un'ora/un prezzo
nail-biting /-baɪtɪŋ/ A *n* abitudine *f* di mangiarsi le unghie
B *adj* ‹*match, finish*› mozzafiato *inv*; ‹*wait*› esasperante
nail brush *n* spazzolino *m* da unghie
nail clippers *npl* tronchesina *f*
nail file *n* limetta *f* da unghie
nail polish *n* smalto *m* [per unghie]
nail polish remover *n* acetone *m*
nail scissors *npl* forbicine *fpl* da unghie
nail varnish *n* smalto *m* [per unghie]
nail varnish remover *n* solvente *m* per smalto
naïve /naɪˈiːv/ *adj* ingenuo
naïvely /naɪˈiːvlɪ/ *adv* ingenuamente
naïvety /naɪˈiːvtɪ/ *n* ingenuità *f*
naked /ˈneɪkɪd/ *adj* nudo; **with the ~ eye** a occhio nudo
nakedness /ˈneɪkɪdnɪs/ *n* nudità *f*
name /neɪm/ A *n* nome *m*; **what's your ~?** come ti chiami?; **my ~ is Matthew** mi chiamo Matthew; **I know her by ~** la conosco di nome; **by the ~ of Bates** di nome Bates; **make a ~ for oneself** farsi un nome; **call somebody ~s** infml insultare qualcuno
B *vt* (to position) nominare; chiamare ‹*baby*›; (identify) citare; **be ~d after** essere chiamato col nome di
name day *n* Relig onomastico *m*
name-drop *vi* **he's always ~ping** si vanta sempre di conoscere persone famose
nameless /ˈneɪmlɪs/ *adj* senza nome
namely /ˈneɪmlɪ/ *adv* cioè
nameplate *n* targhetta *f*
namesake *n* omonimo, -a *mf*
name tag *n targhetta (f) attaccata ad un oggetto con il nome del proprietario*
name tape *n fettuccia (f) attaccata ad un oggetto con il nome del proprietario*
Namibia /nəˈmɪbɪə/ *n* Namibia *f*
nanny /ˈnænɪ/ *n* bambinaia *f*
nanny goat *n* capra *f*
nanoparticle /ˈnanəʊpɑːtɪkl/ *n* nanoparticella *f*
nanosecond /ˈnænəʊsekənd/ *n* infml nanosecondo *m*
nanotechnology /ˌnænəʊtekˈnɒlədʒɪ/ *n* nanotecnologia *f*
nap /næp/ A *n* pisolino *m*; **have a ~** fare un pisolino
B *vi* **catch somebody ~ping** cogliere qualcuno alla sprovvista
napalm /ˈneɪpɑːm/ *n* napalm *m*
nape /neɪp/ *n* **~ [of the neck]** nuca *f*
napkin /ˈnæpkɪn/ *n* tovagliolo *m*
Naples /ˈneɪp(ə)lz/ *n* Napoli *f*
nappy /ˈnæpɪ/ *n* pannolino *m*
nappy liner *n* filtrante *m*
nappy rash *n* BrE eritema *m* da pannolini
narcotic /nɑːˈkɒtɪk/ *adj & n* narcotico *m*
narcotics agent *n* AmE agente *mf* della squadra antidroga
narked /nɑːkt/ *adj* infml scocciato
narrate /nəˈreɪt/ *vt* narrare
narration /nəˈreɪʃn/ *n* narrazione *f*
narrative /ˈnærətɪv/ A *adj* narrativo
B *n* narrazione *f*
narrator /nəˈreɪtə(r)/ *n* narratore, -trice *mf*
narrow /ˈnærəʊ/ A *adj* stretto; fig ‹*views*› ristretto; ‹*margin, majority*› scarso; **have a ~ escape** scamparla per un pelo
B *vi* restringersi
■ **narrow down** *vt* (reduce) restringere
narrowly /ˈnærəʊlɪ/ *adv* **~ escape death** evitare la morte per un pelo
narrow-minded /-ˈmaɪndɪd/ *adj* di idee ristrette
nasal /ˈneɪzl/ *adj* nasale
nasal spray *n* spray *m inv* nasale
nastily /ˈnɑːstɪlɪ/ *adv* (spitefully) con cattiveria
nasty /ˈnɑːstɪ/ *adj* (**-ier, -iest**) ‹*smell, person, remark*› cattivo; ‹*injury, situation, weather*› brutto; **turn ~** ‹*person*› diventare cattivo; ‹*situation*› mettersi male; ‹*weather*› volgere al brutto

nation /ˈneɪʃn/ *n* nazione *f*

national /ˈnæʃən(ə)l/ **A** *adj* nazionale
B *n* cittadino, -a *mf*

national anthem *n* inno (*m*) nazionale

National Curriculum *n* BrE *programma (m) scolastico ministeriale per il Galles e l'Inghilterra*

national debt *n* debito *m* pubblico

National Front *n* BrE *partito (m) britannico di estrema destra*

national grid *n* Electr rete *f* elettrica nazionale

National Health *n* BrE *servizio (m) nazionale di assistenza sanitaria*

National Health Service *n servizio (m) sanitario britannico*

National Insurance *n* ≈ Previdenza *f* sociale

National Insurance number *n* numero *m* di Previdenza sociale

Nationalism /ˈnæʃənəlɪzm/ *n* nazionalismo *m*

nationality /ˌnæʃəˈnælətɪ/ *n* nazionalità *f*

nationalization /ˌnæʃənəlaɪˈzeɪʃn/ *n* nazionalizzazione *f*

nationalize /ˈnæʃənəlaɪz/ *vt* nazionalizzare

National Lottery *n* Lotteria *f* di Stato

nationally /ˈnæʃənəlɪ/ *adv* a livello nazionale

national monument *n* monumento *m* nazionale

National Savings Bank *n* BrE Cassa *f* di risparmio

national service *n* BrE servizio *m* militare

National Trust *n* BrE *associazione (f) per la tutela del patrimonio culturale e ambientale in Gran Bretagna*

nation state *n* stato-nazione *m*

nationwide /ˈneɪʃnwaɪd/ *adj* su scala nazionale

native /ˈneɪtɪv/ **A** *adj* nativo; (innate) innato
B *n* nativo, -a *mf*; (local inhabitant) abitante *mf* del posto; (outside Europe) indigeno, -a *mf*

Native American *adj & n* amerindio, -a *mf*

native land *n* paese *m* nativo

native language *n* lingua *f* madre

native speaker *n* persona *f* di madrelingua; **Italian ~s** italiani madrelingua

Nativity /nəˈtɪvətɪ/ *n* **the ~** la Natività

Nativity play *n* rappresentazione *f* sulla nascita di Gesù

Nato, NATO /ˈneɪtəʊ/ *n abbr* (**North Atlantic Treaty Organization**) NATO *f*

natter /ˈnætə(r)/ **A** *n* **have a ~** infml fare quattro chiacchiere
B *vi* infml chiacchierare

natty /ˈnætɪ/ *adj* infml (smart) chic *inv*; (clever) geniale

natural /ˈnætʃ(ə)rəl/ *adj* naturale

natural childbirth *n* parto *m* indolore

natural gas *n* metano *m*

natural history *n* storia *f* naturale

naturalist /ˈnætʃ(ə)rəlɪst/ *n* naturalista *mf*

naturalization /ˌnætʃ(ə)rəlaɪˈzeɪʃn/ *n* naturalizzazione *f*

naturalize /ˈnætʃ(ə)rəlaɪz/ *vt* naturalizzare

naturally /ˈnætʃ(ə)rəlɪ/ *adv* (of course) naturalmente; (by nature) per natura

nature /ˈneɪtʃə(r)/ *n* natura *f*; **by ~** per natura

nature conservancy *n* protezione *f* della natura

nature reserve *n* riserva *f* naturale

nature trail *n* percorso *m* ecologico

naturism /ˈneɪtʃərɪzm/ *n* nudismo *m*

naturist /ˈneɪʃərɪst/ **A** *n* naturista *mf*
B *adj* naturistico

naught /nɔːt/ *n* = **nought**

naughtily /ˈnɔːtɪlɪ/ *adv* male

naughtiness /ˈnɔːtɪnɪs/ *n* (of child, pet) birbanteria *f*; (of joke, suggestion) maliziosità *f*

naughty /ˈnɔːtɪ/ *adj* (**-ier, -iest**) monello; (slightly indecent) spinto

nausea /ˈnɔːzɪə/ *n* nausea *f*

nauseate /ˈnɔːzɪeɪt/ *vt* nauseare

nauseating /ˈnɔːzɪeɪtɪŋ/ *adj* nauseante

nauseatingly /ˈnɔːzɪeɪtɪŋlɪ/ *adv* ‹*rich, sweet*› disgustosamente

nauseous /ˈnɔːzɪəs/ *adj* **I feel ~** ho la nausea

nautical /ˈnɔːtɪkl/ *adj* nautico

nautical mile *n* miglio *m* marino

naval /ˈneɪvl/ *adj* navale

naval base *n* base *f* navale

naval dockyard *n* cantiere *m* navale militare

naval officer *n* ufficiale *m* di marina

naval station *n* base *f* navale

naval stores *npl* (depot) magazzini *mpl* della marina militare

nave /neɪv/ *n* navata *f* centrale

navel /ˈneɪvl/ *n* ombelico *m*

navel ring *n* piercing *m inv* all'ombelico

navigable /ˈnævɪgəbl/ *adj* navigabile

navigate /ˈnævɪgeɪt/ **A** *vi* navigare; Auto fare da navigatore
B *vt* navigare su ‹*river*›

navigation /ˌnævɪˈgeɪʃn/ *n* navigazione *f*

navigational /ˌnævɪˈgeɪʃənəl/ *adj* ‹*instruments*› di navigazione; ‹*science*› della navigazione

navigator /ˈnævɪgeɪtə(r)/ *n* navigatore *m*

navvy /ˈnævɪ/ *n* manovale *m*

navy /ˈneɪvɪ/ **A** *n* marina *f*
B *adj* **~ [blue]** *adj* blu scuro *inv*
C *n* blu *m inv* scuro

nay /neɪ/ **A** *adv* anzi

---

parola chiave

B *n* (negative vote) no *m*

Nazi /'nɑ:tsɪ/ *n & adj* nazista *mf*

NB *abbr* (**nota bene = please note**) n.b. *m*

NBC *n abbr* (**National Broadcasting Company**) NBC *f* (*rete nazionale televisiva statunitense*)

NC *abbr* AmE (**North Carolina**)

NCO *n abbr* (**non-commissioned officer**) sottufficiale *m*

ND *abbr* AmE (**North Dakota**)

Ne *abbr* AmE (**Nebraska**)

NE *abbr* (**north-east**) NE

Neapolitan /nɪə'pɒlɪtən/ *adj & n* napoletano, -a *mf*

near /nɪə(r)/ **A** *adj* vicino; ‹*future*› prossimo; **the ~est bank** la banca più vicina
B *adv* vicino; **draw ~** avvicinarsi; **~ at hand** a portata di mano
C *prep* vicino a; **he was ~ to tears** aveva le lacrime agli occhi
D *vt* avvicinarsi a

nearby /nɪə'baɪ/ *adj & adv* vicino

near-death experience *n* esperienza *f* ultraterrena

Near East *n* Medio Oriente *m*

nearly /'nɪəlɪ/ *adv* quasi; **it's not ~ enough** non è per niente sufficiente

near miss *n* **have a ~** ‹*planes, cars*› evitare per poco uno scontro

nearness /'nɪənɪs/ *n* vicinanza *f*

nearside *n* Auto (in Britain) lato *m* sinistro; (in America, rest of Europe) lato *m* destro

near-sighted /-'saɪtɪd/ *adj* AmE miope

near-sightedness *n* miopia *f*

neat /ni:t/ *adj* (tidy) ordinato; (clever) efficace; (undiluted) liscio

neaten /'ni:tən/ *vt* riordinare ‹*pile of papers*›; dare un'aggiustatina a ‹*tie, skirt*›

neatly /'ni:tlɪ/ *adv* ordinatamente; (cleverly) efficacemente

neatness /'ni:tnɪs/ *n* (tidiness) ordine *m*

necessarily /nesə'serɪlɪ/ *adv* necessariamente

necessary /'nesəsərɪ/ *adj* necessario

necessitate /nɪ'sesɪteɪt/ *vt* rendere necessario

necessity /nɪ'sesətɪ/ *n* necessità *f*

neck /nek/ *n* collo *m*; (of dress) colletto *m*; **~ and ~** testa a testa

necking /'nekɪŋ/ *n* infml pomiciata *f*

necklace /'neklɪs/ *n* collana *f*

neckline *n* scollatura *f*

necktie *n* cravatta *f*

nectar /'nektə(r)/ *n* nettare *m*

nectarine /'nektərɪn/ *n* nettarina *f*

née /neɪ/ *adj* **~ Brett** nata Brett

need /ni:d/ **A** *n* bisogno *m*; **be in ~** essere bisognoso; **be in ~ of** avere bisogno di; **if ~ be** se ce ne fosse bisogno; **there is a ~ for** c'è bisogno di; **there is no ~ for that** non ce n'è bisogno; **there is no ~ for you to go** non c'è bisogno che tu vada
B *vt* aver bisogno di; **I ~ to know** devo saperlo; **it ~s to be done** bisogna farlo
C *v aux* **you ~ not go** non c'è bisogno che tu vada; **~ I come?** devo venire?

needful /'ni:dfʊl/ **A** *adj* necessario
B *n* **do the ~** fare il necessario

needle /'ni:dl/ **A** *n* ago *m*; (for knitting) uncinetto *m*; (of record player) puntina *f*
B *vt* infml (annoy) punzecchiare

needless /'ni:dlɪs/ *adj* inutile

needlessly /'ni:dlɪslɪ/ *adv* inutilmente

needlework /'ni:dlwɜ:k/ *n* cucito *m*

needs /ni:dz/ *adv* **~ must** il dovere chiama

need-to-know *adj* **we have a ~ policy** la nostra politica consiste nel tenere informati solo i diretti interessati

needy /'ni:dɪ/ *adj* (**-ier, -iest**) bisognoso

negate /nɪ'geɪt/ *vt* (cancel out) annullare; mettere in forma negativa ‹*sentence*›; (contradict) contraddire; (deny) negare

negation /nɪ'geɪʃn/ *n* negazione *f*

negative /'negətɪv/ **A** *adj* negativo
B *n* negazione *f*; Phot negativo *m*; **in the ~** Gram alla forma negativa

neglect /nɪ'glekt/ **A** *n* trascuratezza *f*; **state of ~** stato di abbandono
B *vt* trascurare; **he ~ed to write** non si è curato di scrivere

neglected /nɪ'glektɪd/ *adj* trascurato

neglectful /nɪ'glektfʊl/ *adj* negligente; **be ~ of** trascurare

negligee /'neglɪʒeɪ/ *n* négligé *m inv*

negligence /'neglɪdʒəns/ *n* negligenza *f*

negligent /'neglɪdʒənt/ *adj* negligente

negligently /'neglɪdʒəntlɪ/ *adv* con negligenza

negligible /'neglɪdʒbl/ *adj* trascurabile

negotiable /nɪ'gəʊʃəbl/ *adj* ‹*road*› transitabile; Comm negoziabile; **not ~** ‹*cheque*› non trasferibile

negotiate /nɪ'gəʊʃɪeɪt/ **A** *vt* negoziare; Auto prendere ‹*bend*›
B *vi* negoziare

negotiating /nɪ'gəʊʃɪeɪtɪŋ/ *adj* ‹*rights*› al negoziato; ‹*team, committee*› che conduce le trattative; ‹*ploy, position*› di negoziato; **the ~ table** il tavolo delle trattative

negotiation /nɪgəʊʃɪ'eɪʃn/ *n* negoziato *m*

negotiator /nɪ'gəʊʃɪeɪtə(r)/ *n* negoziatore, -a *mf*

Negro /'ni:grəʊ/ *adj & n* offensive (*pl* **-es**) negro, -a *mf* offensive

neigh /neɪ/ *vi* nitrire

neighbour /'neɪbə(r)/ *n* vicino, -a *mf*

neighbourhood /'neɪbəhʊd/ *n* vicinato *m*; **in the ~ of** nei dintorni di; fig circa

neighbourhood watch scheme *n* vigilanza *f* da parte della gente del quartiere

neighbouring /'neɪbərɪŋ/ *adj* vicino

neighbourly /ˈneɪbəlɪ/ *adj* amichevole

neither /ˈnaɪðə(r)/ **A** *adj & pron* nessuno dei due, né l'uno né l'altro
B *adv* **~... nor** né... né
C *conj* nemmeno, neanche; **~ do/did I** nemmeno io

neo+ /ˈniːəʊ/ *pref* neo+

neologism /nɪˈɒlədʒɪzm/ *n* neologismo *m*

neon /ˈniːɒn/ *n* neon *m*

neon light *n* luce *f* al neon

Nepal /nɪˈpɔːl/ *n* Nepal *m*

nephew /ˈnevjuː/ *n* nipote *m*

nephritis /nɪˈfraɪtəs/ *n* nefrite *f*

nepotism /ˈnepətɪzm/ *n* nepotismo *m*

Neptune /ˈneptjuːn/ *n* Nettuno *m*

nerve /nɜːv/ *n* nervo *m*; infml (courage) coraggio *m*; infml (impudence) faccia *f* tosta; **lose one's ~** perdersi d'animo; **you've got a ~** hai una bella faccia tosta!; **live on one's ~s** vivere con i nervi a fior di pelle; **be a bag of ~s** avere i nervi a fior di pelle

nerve-racking /ˈnɜːvrækɪŋ/ *adj* logorante

nerviness /ˈnɜːvɪnɪs/ *n* BrE nervosismo *m*; AmE grinta *f*

nervous /ˈnɜːvəs/ *adj* nervoso; **he makes me ~** mi mette in agitazione

nervous breakdown *n* esaurimento *m* nervoso

nervous energy *n* energia *f* in eccesso

nervously /ˈnɜːvəslɪ/ *adv* nervosamente

nervousness /ˈnɜːvəsnɪs/ *n* nervosismo *m*; (before important event) tensione *f*

nervous system *n* sistema *m* nervoso

nervous wreck *n* fascio *m* di nervi

nervy /ˈnɜːvɪ/ *adj* (**-ier**, **-iest**) nervoso; AmE (impudent) sfacciato

nest /nest/ **A** *n* nido *m*
B *vi* fare il nido

nested /ˈnestɪd/ *adj* Comput nidificato

nest egg *n* gruzzolo *m*

nesting /ˈnestɪŋ/ **A** *n* Zool nidificazione *f*; Comput nesting *m inv*, nidificazione *f*
B *attrib* ‹*habit*› di nidificare; ‹*place*› per nidificare; ‹*season*› della nidificazione

nestle /ˈnesl/ *vi* accoccolarsi
■ **nestle up to** *vt* accoccolarsi accanto a ‹*somebody*›

nestling /ˈnesɪŋ/ *n* nidiace *m*

net¹ /net/ **A** *n* rete *f*
B *vt* (*pt/pp* **netted**) (catch) prendere (*con la rete*)

net² **A** *adj* netto; **~ of VAT** al netto dell'IVA
B *vt* (*pt/pp* **netted**) incassare un utile netto di

netball /ˈnetbɔːl/ *n sport* (*m inv*) *femminile simile alla pallacanestro*

net cord *n* corda *f* di rete; Tennis (shot) net *m inv*

Netherlands /ˈneðələndz/ *npl* **the ~** i Paesi Bassi

netiquette /ˈnetɪket/ *n* Comput netiquette *f inv*

netspeak /ˈnetspiːk/ *n* Comput linguaggio *m* del net

netting /ˈnetɪŋ/ *n* **[wire] ~** reticolato *m*

nettle /ˈnetl/ *n* ortica *f*

net ton *n* AmE tonnellata *f* corta americana

network /ˈnetwɜːk/ *n* rete *f*

network card *n* Comput scheda *f* di rete

networked /ˈnetwɜːkt/ *adj* Comput collegato in rete

networking /ˈnetwɜːkɪŋ/ *n* (establishing contacts) stabilmento *m* di una rete di contatti; Comput collegamento *m* in rete

network television *n* AmE network *m inv* televisivo

neuralgia /njʊəˈrældʒə/ *n* nevralgia *f*

neuritis /njʊəˈraɪtɪs/ *n* nevrite *f*

neurologist /njʊəˈrɒlədʒɪst/ *n* neurologo, -a *mf*

neurology /njʊəˈrɒlədʒɪ/ *n* neurologia *f*

neurosis /njʊəˈrəʊsɪs/ *n* (*pl* **-oses** /njʊəˈrəʊsiːz/) nevrosi *f inv*

neurosurgeon /ˈnjʊərəsɜːdʒən/ *n* neurochirurgo *m*

neurotic /njʊəˈrɒtɪk/ *adj* nevrotico

neurotically /njʊəˈrɒtɪklɪ/ *adv* in modo ossessivo

neuter /ˈnjuːtə(r)/ **A** *adj* Gram neutro
B *n* Gram neutro *m*
C *vt* sterilizzare

neutral /ˈnjuːtrəl/ **A** *adj* neutro; (country, person) neutrale
B *n* **in ~** Auto in folle

neutrality /njuːˈtrælətɪ/ *n* neutralità *f*

neutralize /ˈnjuːtrəlaɪz/ *vt* neutralizzare

never /ˈnevə(r)/ *adv* [non...] mai; infml (expressing disbelief) ma va'; **~ again** mai più; **well I ~!** chi l'avrebbe detto!

never-ending *adj* interminabile

nevermore /nevəˈmɔː(r)/ *adv* mai più

never-never *n* infml **buy something on the ~** comprare qualcosa a rate

never-never land *n* mondo *m* dei sogni

nevertheless /nevəðəˈles/ *adv* tuttavia

new /njuː/ *adj* nuovo

New Age **A** *n* New Age *f inv*
B *attrib* ‹*music, ideas, sect*› New Age *inv*

new blood *n* nuove leve *fpl*

newborn *adj* neonato

new build *n* nuova costruzione *f*

New Caledonia *n* Nuova Caledonia *f*

newcomer *n* nuovo, -a, arrivato, -a *mf*

newfangled *adj* derog modernizzante

new-found *adj* nuovo

Newfoundland /ˈnjuːfən(d)lənd/ *n* Terranova *f*

New Guinea *n* Nuova Guinea *f*

n

---

parola chiave

newish /ˈnjuːɪʃ/ *adj* abbastanza nuovo
new-laid /ˈnjuːleɪd/ *adj* fresco
new look **A** *adj* ‹*car, team*› nuovo; ‹*edition, show*› rinnovato; ‹*product*› dall'aspetto nuovo
B *n* **they have given the shop a completely ~** hanno completamente rinnovato il negozio
newly /ˈnjuːlɪ/ *adv* (recently) di recente
newly-built *adj* costruito di recente
newly-weds /ˈnjuːlɪwedz/ *npl* sposini *mpl*
new moon *n* luna *f* nuova
newness /ˈnjuːnɪs/ *n* novità *f*
news /njuːz/ *n* notizie *fpl*; TV telegiornale *m*; Radio giornale *m* radio; **piece of ~** notizia *f*
news agency *n* agenzia *f* di stampa
newsagent's *n* BrE giornalaio *m* (*che vende anche tabacchi, caramelle ecc.*)
news bulletin *n* notiziario *m*
newscast *n* AmE notiziario *m*
newscaster *n* giornalista *mf* televisivo, -a/radiofonico, -a
news conference *n* conferenza *f* stampa *inv*
news dealer *n* AmE giornalaio, -a *mf*
news desk *n* (at newspaper) redazione *f*
news editor *n* caporedattore, -trice *mf* di servizi di cronaca
newsflash *n* notizia *f* flash
newsgroup *n* newsgroup *m inv*
news headlines *npl* TV titoli *mpl* delle principali notizie
news item *n* notizia *f* di attualità
newsletter *n* bollettino *m* d'informazione
newspaper /ˈnjuːzpeɪpə(r)/ *n* giornale *m*; (material) carta *f* di giornale
newspaperman *n* giornalista *m*
newspaper office *n* ufficio *m* della redazione
newspaperwoman *n* giornalista *f*
newspeak /ˈnjuːspiːk/ *n* AmE giornalese *m*
newsprint *n* (paper) carta *f* da giornale; (ink) inchiostro *m* di stampa
newsreader *n* giornalista *mf* televisivo, -a/radiofonico, -a
newsreel *n* cinegiornale *m*
newsroom *n* redazione *f*
news sheet *n* bollettino *m*
news stand *n* edicola *f*
news value *n* interesse *m* mediatico
newsworthy *adj* che merita di essere pubblicato
newsy /ˈnjuːzi/ *adj* ‹*letter*› pieno di notizie
newt /njuːt/ *n* tritone *m*
new technology *n* nuova tecnologia *f*
New Testament *n* Nuovo Testamento *m*
new wave *n* & *adj* new wave *f inv*
New Year *n* (January 1st) Capodanno *m*; (next year) l'anno *m* nuovo; **Happy ~!** buon anno!; **closed for ~** chiuso per le feste di Capodanno; **see in the ~** festeggiare il Capodanno
New Year Honours list *n* BrE *lista* (*f*) *delle persone che ricevono decorazioni il 1 gennaio*
New Year's Day *n* Capodanno *m*
New Year's Eve *n* vigilia *f* di Capodanno
New Year's resolution *n* proposito *m* per l'anno nuovo
New Zealand *n* Nuova Zelanda *f*
New Zealander *n* neozelandese *mf*
next /nekst/ **A** *adj* prossimo; (adjoining) vicino; **who's ~?** a chi tocca?; **the ~ best thing would be to** alternativamente la cosa migliore sarebbe di; **~ door** accanto; **~ to nothing** quasi niente; **the ~ day** il giorno dopo; **~ week** la settimana prossima; **the week after ~** fra due settimane; **the ~ thing I knew** la sola cosa che ho saputo dopo
B *adv* dopo; **when will you see him ~?** quando lo rivedi la prossima volta?; **~ to** accanto a
C *n* seguente *mf*; **~ of kin** parente *m* prossimo
next door **A** *adj* ‹*dog, bell*› dei vicini; ‹*office*› accanto *inv*; **the girl ~** also fig la ragazza della porta accanto
B *adv* ‹*live, move in*› nella casa accanto
next-door neighbour *n* vicino *m* di casa
nexus /ˈneksəs/ *n* (network) rete *f*
NF *n abbr* BrE Pol (**National Front**) *partito nazionalista*
NH *abbr* AmE (**New Hampshire**)
NHS *n abbr* (**National Health Service**) servizio *m* sanitario nazionale
NI *n abbr* **1** BrE (**National Insurance**) previdenza *f* sociale **2** (**Northern Ireland**) Irlanda *f* del Nord
nib /nɪb/ *n* pennino *m*
nibble /ˈnɪbl/ *vt* & *vi* mordicchiare
■ **nibble at, nibble on** *vt* = **nibble**
Nicaragua /nɪkəˈrægjʊə/ *n* Nicaragua *m*
nice /naɪs/ *adj* ‹*day, weather, holiday*› bello; ‹*person*› gentile, simpatico; ‹*food*› buono; **it was ~ meeting you** è stato un piacere conoscerla
nice-looking *adj* carino
nicely /ˈnaɪslɪ/ *adv* gentilmente; (well) bene
niceties /ˈnaɪsətɪz/ *npl* finezze *fpl*
niche /niːʃ/ *n* nicchia *f*
niche market *n* mercato *m* specializzato
nick /nɪk/ **A** *n* tacca *f*; (on chin etc) taglietto *m*; infml (prison) galera *f*; infml (police station) centrale *f* [di polizia]; **in the ~ of the time** infml appena in tempo; **in good ~** infml in buono stato
B *vt* intaccare; infml (steal) fregare; infml (arrest) beccare; **~ one's chin** farsi un taglietto nel mento

nickel /ˈnɪkl/ *n* nichel *m*; AmE moneta *f* da cinque centesimi
nickel-and-dime *adj* AmE infml da quattro soldi
nickelodeon /nɪkəlˈəʊdɪən/ *n* AmE (juke box) juke box *m inv*
nickname /ˈnɪkneɪm/ **A** *n* soprannome *m*
B *vt* soprannominare
nicotine /ˈnɪkətiːn/ *n* nicotina *f*
nicotine patch *n* cerotto *m* (transdermico) alla nicotina
niece /niːs/ *n* nipote *f*
nifty /ˈnɪftɪ/ *adj* infml (skilful) geniale; (attractive) sfizioso
Niger /ˈnaɪdʒə(r)/ *n* Niger *m*
Nigeria /naɪˈdʒɪərɪə/ *n* Nigeria *f*
Nigerian /naɪˈdʒɪərɪən/ *adj* & *n* nigeriano, -a *mf*
niggardly /ˈnɪgədlɪ/ *adj* ‹*person*› tirchio; ‹*salary*› misero
niggle /ˈnɪgl/ infml **A** *n* (complaint) cosetta *f* da ridire
B *vi* (complain) lamentarsi in continuazione
C *vt* (irritate) dar fastidio a
niggling /ˈnɪglɪŋ/ *adj* ‹*detail*› insignificante; ‹*pain*› fastidioso; ‹*doubt*› persistente
night /naɪt/ **A** *n* notte *f*; (evening) sera *f*; **at ~** la notte, di notte; (in the evening) la sera, di sera; **Monday ~** lunedì notte/sera; **work ~s** lavorare la notte
B *adj* di notte
nightcap *n* papalina *f*; (drink) bicchierino *m* bevuto prima di andare a letto
nightclub *n* locale *m* notturno, night[-club] *m inv*
nightclubbing *n* **go ~** andare nei night [club]
nightdress *n* camicia *f* da notte
nightfall *n* crepuscolo *m*
nightgown, infml **nightie** *n* camicia *f* da notte
nightie *n* camicia *f* da notte
nightingale /ˈnaɪtɪŋgeɪl, AmE -tɪŋ-/ *n* usignolo *m*
nightlife *n* vita *f* notturna
night light *n* lampada *f* da notte
nightly /ˈnaɪtlɪ/ **A** *adj* di notte, di sera
B *adv* ogni notte, ogni sera
nightmare /ˈnaɪtmeə(r)/ *n* also fig incubo *m*
nightmarish /ˈnaɪtmeərɪʃ/ *adj* da incubo
night owl nottambulo, -a *mf*
night porter *n* portiere *m* di notte
night school scuola *f* serale
nightshade *n* Bot **deadly ~** belladonna *f*
night shelter *n* dormitorio *m* pubblico
night shift *n* (workers) turno *m* di notte; **be on the ~** fare il turno di notte
nightshirt *n* camicia *f* da notte (*da uomo*)

nightspot *n* night club *m inv*
nightstand *n* AmE comodino *m*
nightstick *n* AmE (truncheon) manganello *m*
night-time *n* **at ~** di notte, la notte
night vision *n* visione *f* notturna
nightwatchman *n* guardiano *m* notturno
nightwear *n* indumenti *mpl* da notte
nil /nɪl/ *n* nulla *m*; Sport zero *m*
Nile /naɪl/ *n* Nilo *m*
nimble /ˈnɪmbl/ *adj* agile
nimbly /ˈnɪmblɪ/ *adv* agilmente
nincompoop /ˈnɪŋkəmpuːp/ *n* infml scemo *m*
nine /naɪn/ *adj* & *n* nove *m*
nine pin /ˈnaɪnpɪn/ *n* birillo *m*; **be falling like ~s** ‹*troops, guards, candidates*› cadere come le mosche
nineteen /naɪnˈtiːn/ *adj* & *n* diciannove *m*
nineteenth /naɪnˈtiːnθ/ *adj* & *n* diciannovesimo, -a *mf*
nineties /ˈnaɪntɪz/ *npl* (period) **the ~** gli anni Novanta *mpl*; (age) novant'anni *mpl*
ninetieth /ˈnaɪntɪɪθ/ *adj* & *n* novantesimo, -a *mf*
nine-to-five **A** *adj* ‹*job*› in un ufficio; ‹*routine*› dell'ufficio
B *adv* ‹*work*› dalle nove alle cinque
ninety /ˈnaɪntɪ/ *adj* & *n* novanta *m*
ninth /naɪnθ/ *adj* & *n* nono, -a *mf*
nip /nɪp/ **A** *n* pizzicotto *m*; (bite) morso *m*
B *vt* pizzicare; (bite) mordere; **~ in the bud** fig stroncare sul nascere
C *vi* infml (run) fare un salto
nipper /ˈnɪpə(r)/ *n* infml ragazzino, -a *mf*
nipple /ˈnɪpl/ *n* capezzolo *m*; AmE (on bottle) tettarella *f*
nippy /ˈnɪpɪ/ *adj* (**-ier**, **-iest**) infml (cold) pungente; (quick) svelto
nit /nɪt/ *n* (egg) lendine *m*; (larva) larva *f* di pidocchio
nit-pick *vi* cercare il pelo nell'uovo
nitrate /ˈnaɪtreɪt/ *n* nitrato *m*
nitric /ˈnaɪtrɪk/ *adj* nitrico
nitrogen /ˈnaɪtrədʒn/ *n* azoto *m*
nitty-gritty /nɪtɪˈgrɪtɪ/ *n* infml **the ~** il nocciolo [della questione]; **get down to the ~** arrivare al dunque
nitwit /ˈnɪtwɪt/ *n* infml imbecille *mf*
NJ *abbr* AmE (**New Jersey**)
NM *abbr* AmE (**New Mexico**)
no /nəʊ/ **A** *adv* no
B *n* (*pl* **noes**) no *m inv*
C *adj* nessuno; **I have no time** non ho tempo; **in no time** in un baleno; **'no parking'** 'sosta vietata'; **'no smoking'** 'vietato fumare'; **it's no go** è inutile
no., **No.** *abbr* (**number**) No.
Noah /ˈnəʊə/ *n* Noè *m*; **~'s Ark** l'arca *f* di Noè
nobility /nəʊˈbɪlətɪ/ *n* nobiltà *f*
noble /ˈnəʊbl/ *adj* nobile
nobleman /ˈnəʊblmən/ *n* nobile *m*

n

parola chiave

noble-minded /-ˈmaɪndɪd/ *adj* di animo nobile

noble savage *n* buon selvaggio *m*

nobly /ˈnəʊblɪ/ *adv* (selflessly) generosamente; **~ born** di nobili natali

nobody /ˈnəʊbədɪ/ **A** *pron* nessuno; **he knows ~** non conosce nessuno; **he's ~ important** non è nessuno d'importante **B** *n* **he's a ~** non è nessuno

no claims bonus *n* abbuono *m* in assenza di sinistri

nocturnal /nɒkˈtɜːnl/ *adj* notturno

nod /nɒd/ **A** *n* cenno *m* del capo; **give a ~** fare un cenno col capo **B** *vt* (*pt/pp* **nodded**) fare un cenno col capo; (in agreement) fare di sì col capo **C** *vi* **~ one's head** fare di sì col capo

■ **nod off** *vi* assopirsi

node /nəʊd/ *n* nodo *m*

nodule /ˈnɒdjuːl/ *n* nodulo *m*

no-go *adj* infml **it's ~** non è possibile

no-go area *n zona* (*f*) *calda a cui la polizia può accedere solo con la forza*

no-hoper /nəʊˈhəʊpə(r)/ *n* persona *f* senza prospettive

noise /nɔɪz/ *n* rumore *m*; (loud) chiasso *m*

noiseless /ˈnɔɪzlɪs/ *adj* silenzioso

noiselessly /ˈnɔɪzlɪslɪ/ *adv* silenziosamente

noise level *n* intensità *f* del rumore

noise pollution *n* inquinamento *m* acustico

noisily /ˈnɔɪzɪlɪ/ *adv* rumorosamente

noisy /ˈnɔɪzɪ/ *adj* (**-ier**, **-iest**) rumoroso

nomad /ˈnəʊmæd/ *n* nomade *mf*

nomadic /nəʊˈmædɪk/ *adj* nomade

nominal /ˈnɒmɪnl/ *adj* nominale

nominally /ˈnɒmɪnəlɪ/ *adv* nominalmente

nominate /ˈnɒmɪneɪt/ *vt* proporre come candidato; (appoint) designare

nomination /nɒmɪˈneɪʃn/ *n* nomina *f*; (person nominated) candidato, -a *mf*

nominative /ˈnɒmɪnətɪv/ *adj* & *n* Gram **~ [case]** nominativo *m*

nominee /nɒmɪˈniː/ *n* persona *f* nominata

non+ /nɒn/ *pref* non+, in+

non-academic *adj* ‹*course*› pratico; ‹*staff*› non insegnante

non-addictive *adj* che non dà assuefazione

non-alcoholic *adj* analcolico

non-attendance *n* mancata presenza *f*

non-believer *n* non credente *mf*

nonchalant /ˈnɒnʃələnt/ *adj* disinvolto

nonchalantly /ˈnɒnʃələntlɪ/ *adv* in modo disinvolto

non-classified *adj* ‹*information*› non confidenziale

non-combustible *adj* incombustibile

non-commercial *adj* ‹*event, activity*› senza fini di lucro

non-commissioned /-kəˈmɪʃnd/ *adj* **~ officer** sottufficiale *m*

non-committal /-kəˈmɪtəl/ *adj* che non si sbilancia

non-compliance *n* (with standards) non conformità *f* (**with** a); (with orders) inadempienza *f* (**with** a)

nonconformist /nɒnkənˈfɔːmɪst/ *adj* & *n* anticonformista *mf*

non-cooperation *n* non cooperazione *f*

non-denominational /-dɪnɒmɪˈneɪʃənəl/ *adj* ‹*church*› ecumenico; ‹*school*› laico

nondescript /ˈnɒndɪskrɪpt/ *adj* qualunque

none /nʌn/ **A** *pron* (person) nessuno; (thing) niente; **~ of us** nessuno di noi; **~ of this** niente di questo; **there's ~ left** non ce n'è più **B** *adv* **she's ~ too pleased** non è per niente soddisfatta; **I'm ~ the wiser** non ne so più di prima

non-EC *adj* ‹*national*› extracomunitario; ‹*country*› che non appartiene alla Comunità Europea

nonentity /nɒˈnentətɪ/ *n* nullità *f*

non-essentials /-ɪˈsenʃlz/ *npl* (details) dettagli *mpl*; (objects) cose *fpl* accessorie

nonetheless /nʌnðəˈles/ *adv* = **nevertheless**

non-event *n* delusione *f*

non-existent *adj* inesistente

non-family *adj* al di fuori della famiglia

non-fat *adj* magro; ‹*diet*› senza grassi

non-fiction *n* saggistica *f*

non-flammable *adj* non infiammabile

non-fulfilment *n* (of contract, obligation) inadempienza *f* (**of** a); (of desire) inappagamento *m*

non-infectious *adj* non infettivo

non-iron *adj* che non si stira

non-judgmental *adj* imparziale

non-league *adj* Sport fuori campionato

no-no *n* infml cosa *f* proibita; **that's a ~** è un argomento tabù

no-nonsense *adj* ‹*manner, attitude*› diretto; ‹*tone*› spiccio; ‹*look, policy*› pratico; ‹*person*› franco

non-partisan *adj* imparziale

non-party *adj* ‹*issue, decision*› apartitico; ‹*person*› indipendente

non-person *n* (insignificant person) nullità *f*; **officially, he is a ~** Pol ufficialmente non è mai esistito

nonplussed /nɒnˈplʌst/ *adj* perplesso

non-professional *adj* dilettante

non-profit-making /-ˈprɒfɪtmeɪkɪŋ/ *adj* ‹*organization*› senza fini di lucro

non-redeemable *adj* Fin vincolato

non-refillable *adj* ‹*lighter, pen*› non ricaricabile; ‹*can, bottle*› non riutilizzabile

non-religious *adj* laico

non-resident **A** *adj* ‹*job, course*› non residenziale; Comput che non risiede in

permanenza nella memoria centrale
B *n* non residente *mf*

non-residential *adj* ‹*guest*› di passaggio; ‹*student, visitor*› non residente; ‹*caretaker*› che non alloggia sul posto; ‹*area*› non residenziale

non-returnable *adj* ‹*bottle*› a perdere

non-segregated *adj* ‹*area*› non segregato; ‹*society*› non segregazionista

nonsense /ˈnɒnsəns/ *n* sciocchezze *fpl*

nonsensical /nɒnˈsensɪkl/ *adj* assurdo

non sequitur /nɒnˈsekwɪtə(r)/ *n* *affermazione (f) senza legame con quanto detto prima*

non-skid *adj* antiscivolo *inv*

non-smoker *n* non fumatore, -trice *mf*; (compartment) scompartimento *m* non fumatori

non-smoking *adj* non fumatori *inv*

non-specialized *adj* non specializzato

non-starter *n* **be a ~** ‹*person*› non avere nessuna probabilità di riuscita; ‹*plan, idea*› essere destinato al fallimento

non-stick *adj* antiaderente

non-stop **A** *adj* ‹*talk, work, pressure, noise*› continuo; ‹*train*› diretto; ‹*journey*› senza fermate; ‹*flight*› senza scalo
B *adv* ‹*work, talk*› senza sosta; ‹*travel, fly*› senza scalo

non-swimmer *n* persona *f* che non sa nuotare

non-taxable *adj* non imponibile

non-union *adj* ‹*person*› non iscritto ad un sindacato; ‹*company*› non sindacalizzato

non-violent *adj* non violento

non-white, non-White *n* persona *f* di colore

noodles /ˈnuːdlz/ *npl* taglierini *mpl*

nook /nʊk/ *n* cantuccio *m*

noon /nuːn/ *n* mezzogiorno *m*; **at ~** a mezzogiorno

no one *pron* nessuno

noose /nuːs/ *n* nodo *m* scorsoio

nor /nɔː(r)/ *adv & conj* né; **~ do I** neppure io

Nordic /ˈnɔːdɪk/ *adj* nordico

norm /nɔːm/ *n* norma *f*

normal /ˈnɔːml/ *adj* normale

normality /nɔːˈmælətɪ/ *n* normalità *f*

normally /ˈnɔːməlɪ/ *adv* (usually) normalmente

Norman /ˈnɔːmən/ **A** *adj* normanno; ‹*landscape, village*› della Normandia
B *n* normanno *m*

Norse /nɔːs/ *adj* ‹*mythology, saga*› norreno

north /nɔːθ/ **A** *n* nord *m*; **to the ~ of** a nord di
B *adj* del nord, settentrionale
C *adv* a nord

North Africa *n* Africa *f* del Nord

North African *adj & n* nordafricano, -a *mf*

North America *n* America *f* del Nord

North American *adj & n* nordamericano, -a *mf*

Northants /nɔːˈθænts/ *abbr* BrE (**Northamptonshire**)

northbound /ˈnɔːθbaʊnd/ *adj* ‹*traffic, carriageway*› in direzione nord

north-east **A** *adj* di nord-est, nordorientale
B *n* nord-est *m*
C *adv* a nord-est; ‹*travel*› verso nord-est

north-easterly **A** *adj* ‹*point*› a nord-est; ‹*wind*› di nord-est
B *n* vento *m* di nord-est

north-eastern /nɔːθˈiːstən/ *adj* nordorientale

northerly /ˈnɔːðəlɪ/ *adj* ‹*direction*› nord; ‹*wind*› del nord

northern /ˈnɔːðən/ *adj* del nord, settentrionale

Northern Ireland *n* Irlanda *f* del Nord

Northern Lights *npl* aurora *f* boreale

North Korea *n* Corea *f* del Nord

North Pole *n* polo *m* nord

North Sea *n* Mare *m* del Nord

North Star *n* stella *f* polare

northward /ˈnɔːθwəd/, **northwards** /ˈnɔːθwədz/ *adv* verso nord

north-west **A** *adj* di nord-ovest, nordoccidentale
B *n* nord-ovest *m*
C *adv* a nord-ovest; ‹*travel*› verso nord-ovest

north-westerly **A** *adj* ‹*point*› a nord-ovest; ‹*wind*› di nord-ovest
B *n* vento *m* di nord-ovest

north-western *adj* nordoccidentale

Norway /ˈnɔːweɪ/ *n* Norvegia *f*

Norwegian /nɔːˈwiːdʒn/ *adj & n* norvegese *mf*

nose /nəʊz/ *n* naso *m*
■ **nose about** *vi* curiosare

nosebleed /ˈnəʊzbliːd/ *n* emorragia *f* nasale

nosedive /ˈnəʊzdaɪv/ *n* Aeron picchiata *f*; **take a ~** fig ‹*prices*› scendere vertiginosamente

nosey /ˈnəʊzɪ/ *adj* = **nosy**

no-show *n persona (f) che non si è presentata*

nosily /ˈnəʊzɪlɪ/ *adv* in modo indiscreto

nostalgia /nɒˈstældʒɪə/ *n* nostalgia *f*

nostalgic /nɒˈstældʒɪk/ *adj* nostalgico

nostril /ˈnɒstrəl/ *n* narice *f*

nosy /ˈnəʊzɪ/ *adj* (**-ier, -iest**) infml ficcanaso *inv*

not /nɒt/ *adv* non; **he is ~ Italian** non è italiano; **I hope ~** spero di no; **~ all of us have been invited** non siamo stati tutti invitati; **if ~** se no; **~ at all** niente affatto; **~ a bit** per niente; **~ even** neanche; **~ yet** non ancora; **in the ~ too distant future** in un futuro non troppo lontano; **~ only... but**

n

parola chiave

also... non solo... ma anche...

notable /'nəʊtəbl/ *adj* (remarkable) notevole

notably /'nəʊtəblɪ/ *adv* (in particular) in particolare

notary /'nəʊtərɪ/ *n* notaio *m*; **~ public** notaio *m*

notation /nəʊ'teɪʃn/ *n* notazione *f*

notch /nɒtʃ/ *n* tacca *f*
■ **notch up** *vt* (score) segnare

note /nəʊt/ **A** *n* nota *f*; (short letter, banknote) biglietto *m*; (memo, written comment etc) appunto *m*; **of ~** ‹*person*› di spicco; ‹*comments, event*› degno di nota; **make a ~ of** prendere nota di; **take ~ of** (notice) prendere nota di
B *vt* (notice) notare; (write) annotare
■ **note down** *vt* annotare

notebook /'nəʊtbʊk/ *n* **1** taccuino *m* **2 notebook PC**

notebook PC *n* notebook *m inv*

noted /'nəʊtɪd/ *adj* noto, celebre (**for** per)

notepad *n* blocco *m* per appunti

notepaper *n* carta *f* da lettere

noteworthy *adj* degno di nota

nothing /'nʌθɪŋ/ **A** *pron* niente, nulla
B *adv* niente affatto; **for ~** (free, in vain) per niente; (with no reason) senza motivo; **~ but** nient'altro che; **~ much** poco o nulla; **~ interesting** niente di interessante; **it's ~ to do with you** non ti riguarda

notice /'nəʊtɪs/ **A** *n* (on board) avviso *m*; (review) recensione *f*; (termination of employment) licenziamento *m*; **[advance] ~** preavviso *m*; **two months' ~** due mesi di preavviso; **at short ~** con breve preavviso; **until further ~** fino nuovo avviso; **give [in one's] ~** ‹*employee*› dare le dimissioni; **give an employee ~** dare il preavviso ad un impiegato; **take no ~ of** non fare caso a; **take no ~!** non farci caso!
B *vt* notare

noticeable /'nəʊtɪsəbl/ *adj* evidente

noticeably /'nəʊtɪsəblɪ/ *adv* sensibilmente

noticeboard /'nəʊtɪsbɔːd/ *n* bacheca *f*

notification /nəʊtɪfɪ'keɪʃn/ *n* notifica *f*

notify /'nəʊtɪfaɪ/ *vt* (*pt/pp* **-ied**) notificare

notion /'nəʊʃn/ *n* idea *f*, nozione *f*; **he hasn't the slightest ~ of time** gli manca completamente la nozione del tempo; **~s** *pl* AmE (haberdashery) merceria *f*

notoriety /nəʊtə'raɪətɪ/ *n* notorietà *f*

notorious /nəʊ'tɔːrɪəs/ *adj* famigerato; **be ~ for** essere tristemente famoso per

notoriously /nəʊ'tɔːrɪəslɪ/ *adv* **they're ~ unreliable** tutti sanno che su di loro non si può mai fare affidamento

Notts. /nɒts/ *abbr* BrE (**Nottinghamshire**)

notwithstanding /nɒtwɪð'stændɪŋ/
A *prep* malgrado
B *adv* ciononostante

nougat /'nʌgət/ *n* torrone *m*

nought /nɔːt/ *n* zero *m*

noughts and crosses *n* tris *m*

noun /naʊn/ *n* nome *m*, sostantivo *m*

nourish /'nʌrɪʃ/ *vt* nutrire

nourishing /'nʌrɪʃɪŋ/ *adj* nutriente

nourishment /'nʌrɪʃmənt/ *n* nutrimento *m*

novel /'nɒvl/ **A** *adj* insolito
B *n* romanzo *m*

novelette /nɒvə'let/ *n* (overly sentimental) romanzetto *m* rosa

novelist /'nɒvəlɪst/ *n* romanziere, -a *mf*

novelty /'nɒvəltɪ/ *n* novità *f*; **novelties** *pl* (objects) oggettini *mpl*

November /nəʊ'vembə(r)/ *n* novembre *m*

novice /'nɒvɪs/ *n* novizio, -a *mf*

now /naʊ/ **A** *adv* ora, adesso; **by ~** ormai; **just ~** proprio ora; **right ~** subito; **~ and again, ~ and then** ogni tanto; **~, ~!** su!
B *conj* **~ [that]** ora che, adesso che

nowadays /'naʊədeɪz/ *adv* oggigiorno

nowhere /'nəʊweə(r)/ *adv* in nessun posto, da nessuna parte

noxious /'nɒkʃəs/ *adj* nocivo

nozzle /'nɒzl/ *n* bocchetta *f*

nr *abbr* (**near**) vicino

NSPCC *n abbr* BrE (**National Society for the Prevention of Cruelty to Children**) Società *f* nazionale per la protezione dell'infanzia

NT *abbr* (**New Testament**) Nuovo Testamento (NT)

nth /enθ/ *adj* Math fig **to the ~ power/degree** all'ennesima potenza; **for the ~ time** per l'ennesima volta

nuance /'njuːɒs/ *n* sfumatura *f*

nub /nʌb/ *n* **the ~ of the matter** il nocciolo della questione

nubile /'njuːbaɪl/ *adj* ‹*attractive*› desiderabile

nuclear /'njuːklɪə(r)/ *adj* nucleare

nuclear bomb *n* bomba *f* atomica

nuclear deterrent *n* deterrente *m* nucleare

nuclear energy *n* energia *f* nucleare

nuclear-free zone *n* BrE zona *f* denuclearizzata

nuclear physics *nsg* fisica *fsg* nucleare

nuclear power *n* (energy) energia *f* nucleare; (country) potenza *f* nucleare

nuclear power station *n* centrale *f* nucleare

nuclear shelter *n* rifugio *m* antiatomico

nuclear waste *n* scorie *fpl* nucleari

nucleus /'njuːklɪəs/ *n* (*pl* **-lei** /'njuːklɪaɪ/) nucleo *m*

nude /njuːd/ **A** *adj* nudo
B *n* nudo *m*; **in the ~** nudo

nudge /nʌdʒ/ **A** *n* colpetto *m* di gomito
B *vt* dare un colpetto col gomito a

nudism /'njuːdɪzm/ *n* nudismo *m*

nudist /'njuːdɪst/ *n* nudista *mf*

nudity /ˈnjuːdətɪ/ *n* nudità *f*
nugget /ˈnʌgɪt/ *n* pepita *f*
nuisance /ˈnjuːsəns/ *n* seccatura *f*; (person) piaga *f*; **what a ~!** che seccatura!
nuisance call *n* Teleph telefonata *f* anonima
null /nʌl/ *adj* **~ and void** nullo
nullify /ˈnʌlɪfaɪ/ *vt* (*pt/pp* **-ied**) annullare
numb /nʌm/ **A** *adj* intorpidito; **~ with cold** intirizzito dal freddo
B *vt* intorpidire
number /ˈnʌmbə(r)/ **A** *n* numero *m*; **a ~ of people** un certo numero di persone
B *vt* numerare; (include) annoverare
numbering /ˈnʌmbərɪŋ/ *n* numerazione *f*
number one *n* (most important) numero uno *m*; **look after ~** (oneself) pensare prima di tutto a se stessi
number plate *n* targa *f*
numeracy /ˈnjuːmərəsɪ/ *n* **improve standards of ~** migliorare il livello nel calcolo
numeral /ˈnjuːmərəl/ *n* numero *m*, cifra *f*
numerate /ˈnjuːmərət/ *adj* **be ~** sapere far di calcolo
numerical /njuːˈmerɪkl/ *adj* numerico; **in ~ order** in ordine numerico
numerically /njuːˈmerɪklɪ/ *adv* numericamente
numeric keypad /njuːˈmerɪk/ *n* Comput tastierino *m* numerico
numerous /ˈnjuːmərəs/ *adj* numeroso
nun /nʌn/ *n* suora *f*
nuptial /ˈnʌpʃl/ **A** *adj* nuziale
B ~s *npl* nozze *fpl*
nurse /nɜːs/ **A** *n* infermiere, -a *mf*; **children's ~** bambinaia *f*
B *vt* curare
nursemaid *n* bambinaia *f*
nursery /ˈnɜːsərɪ/ *n* stanza *f* dei bambini; (for plants) vivaio *m*; **[day] ~** asilo *m*
nursery rhyme *n* filastrocca *f*
nursery school *n* scuola *f* materna
nursery slope *n* BrE pista *f* per principianti
nurse's aid *n* AmE aiuto infermiere, -a *mf*
nursing /ˈnɜːsɪŋ/ *n* professione *f* d'infermiere
nursing auxiliary *n* BrE aiuto infermiere, -a *mf*
nursing home *n* casa *f* di cura per anziani
nurture /ˈnɜːtə(r)/ *vt* allevare; fig coltivare
nut /nʌt/ *n* noce *f*; Techn dado *m*; infml (head) zucca *f*
nutcrackers /ˈnʌtkrækəz/ *npl* schiaccianoci *m inv*
nutmeg /ˈnʌtmeg/ *n* noce *f* moscata
nutrient /ˈnjuːtrɪənt/ *n* sostanza *f* nutritiva
nutrition /njuːˈtrɪʃn/ *n* nutrizione *f*
nutritional /njuːˈtrɪʃənl, AmE nuː-/ *adj* nutritivo
nutritionist /njuːˈtrɪʃənɪst/ *n* nutrizionista *mf*
nutritious /njuːˈtrɪʃəs/ *adj* nutriente
nuts /nʌts/ *npl* frutta *f* a guscio; **be ~** infml essere svitato
nutshell /ˈnʌtʃel/ *n* guscio *m* di noce; **in a ~** fig in parole povere
nuzzle /ˈnʌzl/ *vt* ‹*horse, dog*› strofinare il muso contro
■ **nuzzle up**: *vi* **~ up against** *or* **to somebody** rannicchiarsi contro qualcuno
NV *abbr* AmE (**Nevada**)
NVQ *n abbr* BrE (**national vocational qualification**) *diploma* (*m*) *conseguito presso un istituto tecnico o professionale*
NW *abbr* (**north-west**) NO
NY *abbr* AmE (**New York**)
NYC *abbr* AmE (**New York City**)
nylon /ˈnaɪlɒn/ **A** *n* nailon *m*; **~s** *pl* calze *fpl* di nailon
B *attrib* di nailon
nymph /nɪmf/ *n* ninfa *f*
nymphomaniac /nɪmfəˈmeɪnɪæk/ **A** *n* ninfomane *f*
B *adj* da ninfomane
NZ *abbr* (**New Zealand**)

n

o

Oo

o, O /əʊ/ *n* (letter) o, O *f inv*
O /əʊ/ *n* Teleph zero *m*
oaf /əʊf/ *n* (*pl* **oafs**) zoticone, -a *mf*
oak /əʊk/ **A** *n* quercia *f*
B *attrib* di quercia
OAP *abbr* (**old-age pensioner**) pensionato, -a *mf*
oar /ɔː(r)/ *n* remo *m*
oarsman /ˈɔːzmən/ *n* vogatore *m*
oasis /əʊˈeɪsɪs/ *n* (*pl* **oases** /əʊˈeɪsiːz/) oasi *f inv*
oatcake /ˈəʊtkeɪk/ *n* galletta *f* di avena

parola chiave

oath /əʊθ/ *n* giuramento *m*; (swear word) bestemmia *f*
oatmeal /ˈəʊtmiːl/ *n* farina *f* d'avena
oats /əʊts/ *npl* avena *fsg*; Culin **[rolled]** ~ fiocchi *mpl* d'avena
obdurate /ˈɒbdjʊrət/ *adj* (stubborn) irremovibile; (hard-hearted) insensibile
OBE *n abbr* BrE (**Officer of the (Order of the) British Empire**) *onorificenza* (*f*) *britannica*
obedience /əˈbiːdɪəns/ *n* ubbidienza *f*
obedient /əˈbiːdɪənt/ *adj* ubbidiente
obediently /əˈbiːdɪəntlɪ/ *adv* ubbidientemente
obelisk /ˈɒbəlɪsk/ *n* obelisco *m*
obese /əˈbiːs/ *adj* obeso
obesity /əˈbiːsətɪ/ *n* obesità *f*
obey /əˈbeɪ/ **A** *vt* ubbidire a; osservare ‹*instructions, rules*› **B** *vi* ubbidire
obituary /əˈbɪtjʊərɪ/ *n* necrologio *m*
object¹ /ˈɒbdʒɪkt/ *n* oggetto *m*; Gram complemento *m* oggetto; **money is no ~** i soldi non sono un problema
object² /əbˈdʒekt/ *vi* (be against) opporsi (**to** a); **~ that...** obiettare che...
objection /əbˈdʒekʃn/ *n* obiezione *f*; **have no ~** non avere niente in contrario
objectionable /əbˈdʒekʃ(ə)nəbl/ *adj* discutibile; ‹*person*› sgradevole
objective /əbˈdʒektɪv/ **A** *adj* oggettivo **B** *n* obiettivo *m*
objectively /əbˈdʒektɪvlɪ/ *adv* obiettivamente
objectivity /ɒbdʒekˈtəvətɪ/ *n* oggettività *f*
objector /əbˈdʒektə(r)/ *n* oppositore, -trice *mf*
obligation /ɒblɪˈgeɪʃn/ *n* obbligo *m*; **be under an ~** avere un obbligo; **without ~** senza impegno
obligatory /əˈblɪgətrɪ/ *adj* obbligatorio
oblige /əˈblaɪdʒ/ *vt* (compel) obbligare; (do a small service for) fare una cortesia a; **much ~d** grazie mille
obliging /əˈblaɪdʒɪŋ/ *adj* disponibile
oblique /əˈbliːk/ *adj* obliquo; fig indiretto; **~ [stroke]** *n* barra *f*
obliterate /əˈblɪtəreɪt/ *vt* obliterare
obliteration /əblɪtəˈreɪʃn/ *n* (of mark, memory) rimozione *f*; (of city) annientamento *m*
oblivion /əˈblɪvɪən/ *n* oblio *m*
oblivious /əˈblɪvɪəs/ *adj* **be ~** essere dimentico (**of, to** di)
oblong /ˈɒblɒŋ/ **A** *adj* oblungo **B** *n* rettangolo *m*
obnoxious /əbˈnɒkʃəs/ *adj* detestabile
oboe /ˈəʊbəʊ/ *n* oboe *m inv*
obscene /əbˈsiːn/ *adj* osceno; ‹*profits, wealth*› vergognoso
obscenity /əbˈsenətɪ/ *n* oscenità *f*
obscure /əbˈskjʊə(r)/ **A** *adj* oscuro **B** *vt* oscurare; (confuse) mettere in ombra
obscurity /əbˈskjʊərətɪ/ *n* oscurità *f*
obsequious /əbˈsiːkwɪəs/ *adj* ossequioso
observable /əbˈzɜːvəbl/ *adj* (discernible) percettibile
observance /əbˈzɜːvəns/ *n* (of custom) osservanza *f*
observant /əbˈzɜːvənt/ *adj* attento
observation /ɒbzəˈveɪʃn/ *n* osservazione *f*
observation car *n* carrozza *f* belvedere
observation tower *n* torre *f* di osservazione
observatory /əbˈzɜːvətrɪ/ *n* osservatorio *m*
observe /əbˈzɜːv/ *vt* osservare; (notice) notare; (keep, celebrate) celebrare
observer /əbˈzɜːvə(r)/ *n* osservatore, -trice *mf*
obsess /əbˈses/ *vt* **be ~ed by** essere fissato con
obsession /əbˈseʃn/ *n* fissazione *f*
obsessive /əbˈsesɪv/ *adj* ossessivo
obsessively /əbˈsesɪvlɪ/ *adv* ossessivamente
obsolescence /ɒbsəˈlesəns/ *n* obsolescenza *f*; **built-in ~** obsolescenza *f* programmata
obsolete /ˈɒbsəliːt/ *adj* obsoleto; ‹*word*› desueto; ‹*idea*› sorpassato
obstacle /ˈɒbstəkl/ *n* ostacolo *m*
obstacle course *n* Mil fig percorso *m* ad ostacoli
obstacle race *n* corsa *f* ad ostacoli
obstetrician /ɒbstəˈtrɪʃn/ *n* ostetrico, -a *mf*
obstetrics /ɒbˈstetrɪks/ *nsg* ostetricia *fsg*
obstinacy /ˈɒbstɪnɪsɪ/ *n* ostinazione *f*
obstinate /ˈɒbstɪnət/ *adj* ostinato
obstinately /ˈɒbstɪnɪtlɪ/ *adv* ostinatamente
obstreperous /əbˈstrepərəs/ *adj* turbolento
obstruct /əbˈstrʌkt/ *vt* ostruire; (hinder) ostacolare
obstruction /əbˈstrʌkʃn/ *n* ostruzione *f*; (obstacle) ostacolo *m*
obstructive /əbˈstrʌktɪv/ *adj* **be ~** ‹*person*› creare dei problemi
obtain /əbˈteɪn/ **A** *vt* ottenere **B** *vi* prevalere
obtainable /əbˈteɪnəbl/ *adj* ottenibile
obtrusive /əbˈtruːsɪv/ *adj* ‹*object*› stonato
obtuse /əbˈtjuːs/ *adj* ottuso
obverse /ˈɒbvɜːs/ *adj* **the ~ side/face** (of coin) l'altra faccia *f*
obviate /ˈɒbvɪeɪt/ *vt* fml ovviare a
obvious /ˈɒbvɪəs/ *adj* ovvio
obviously /ˈɒbvɪəslɪ/ *adv* ovviamente
occasion /əˈkeɪʒn/ **A** *n* occasione *f*; (event) evento *m*; **on ~** talvolta; **on the ~ of** in occasione di **B** *vt* cagionare
occasional /əˈkeɪʒənl/ *adj* saltuario; **he has the ~ glass of wine** ogni tanto beve un bicchiere di vino

occasionally /əˈkeɪʒənəlɪ/ *adv* ogni tanto
occult /ɒˈkʌlt/ *adj* occulto
occupancy /ˈɒkjʊpənsɪ/ *n* **available for immediate ~** libero immediatamente; **change of ~** cambio *m* di inquilino
occupant /ˈɒkjʊpənt/ *n* occupante *mf*; (of vehicle) persona *f* a bordo
occupation /ɒkjʊˈpeɪʃn/ *n* occupazione *f*; (job) professione *f*
occupational /ɒkjʊˈpeɪʃənəl/ *adj* professionale
occupational hazard *n* rischio *m* professionale
occupational health *n* medicina *f* del lavoro
occupational pension *n* BrE pensione *f* di lavoro
occupational psychologist *n* psicologo, -a *mf* del lavoro
occupational therapist *n* ergoterapista *mf*
occupational therapy *n* ergoterapia *f*
occupier /ˈɒkjʊpaɪə(r)/ *n* residente *mf*
occupy /ˈɒkjʊpaɪ/ *vt* (*pt/pp* **occupied**) occupare; (keep busy) tenere occupato
occur /əˈkɜː(r)/ *vi* (*pt/pp* **occurred**) accadere; (exist) trovarsi; **it ~ red to me that** mi è venuto in mente che
occurrence /əˈkʌrəns/ *n* (event) fatto *m*
ocean /ˈəʊʃn/ *n* oceano *m*
ocean-going /ˈəʊʃəngəʊɪŋ/ *adj* ‹*ship*› d'alto mare
ochre /ˈəʊkə(r)/ *n & adj* (colour) ocra *f*
o'clock /əˈklɒk/ *adv* **it's 7 ~** sono le sette; **at 7 ~** alle sette
octagon /ˈɒktəgən/ *n* ottagono *m*
octagonal /ɒkˈtægənl/ *adj* ottagonale
octave /ˈɒktɪv/ *n* Mus ottava *f*
octet /ɒkˈtet/ *n* Mus ottetto *m*
October /ɒkˈtəʊbə(r)/ *n* ottobre *m*
octogenarian /ɒktədʒɪˈneərɪən/ *n & adj* ottantenne *mf*
octopus /ˈɒktəpəs/ *n* (*pl* **-puses**) polpo *m*
oculist /ˈɒkjʊlɪst/ oculista *mf*
OD *n abbr* (**overdose**) overdose *f inv*
odd /ɒd/ *adj* ‹*number*› dispari; (not of set) scompagnato; (strange) strano; **forty ~** quaranta e rotti; **~ jobs** lavoretti *mpl*; **the ~ one out** l'eccezione *f*; **at ~ moments** a tempo perso; **have the ~ glass of wine** bere un bicchiere di vino ogni tanto
oddball /ˈɒdbɔːl/ *n* infml eccentrico, -a *mf*
odd bod /ˈɒdbɒd/ *n* BrE infml tipo, -a *mf* strano, -a
oddity /ˈɒdətɪ/ *n* stranezza *f*
odd-job man *n* tuttofare *m inv*
odd jobs *npl* lavoretti *mpl*
oddly /ˈɒdlɪ/ *adv* stranamente; **~ enough** stranamente
oddment /ˈɒdmənt/ *n* (of fabric) scampolo *m*
odds /ɒdz/ *npl* (chances) probabilità *fpl*; **at ~** in disaccordo; **~ and ends** cianfrusaglie *fpl*; **it makes no ~** non fa alcuna differenza
odds-on *adj* **be the ~ favourite** (in betting) essere il gran favorito; **she has an ~ chance of...** ha molte probabilità di...; **it is ~ that** è molto probabile che
ode /əʊd/ *n* ode *f*
odious /ˈəʊdɪəs/ *adj* odioso
odium /ˈəʊdɪəm/ *n* odio *m*
odometer /əʊˈdɒmɪtə(r)/ *n* AmE contachilometri *m inv*, odometro *m*
odour /ˈəʊdə(r)/ *n* odore *m*
odourless /ˈəʊdəlɪs/ *adj* inodore
odyssey /ˈɒdɪsɪ/ *n* odissea *f*
OECD *n abbr* (**Organization for Economic Cooperation and Development**) OCSE *f*
oedema /ɪˈdiːmə/ *n* edema *m*
oesophagus /ɪˈsɒfəgəs/ *n* esofago *m*
oestrogen /ˈiːstrədʒən/ *n* estrogeno *m*
of /ɒv/ *prep* di; **a cup of tea/coffee** una tazza di tè/caffè; **the hem of my skirt** l'orlo della mia gonna; **the summer of 1989** l'estate del 1989; **the two of us** noi due; **made of** di; **that's very kind of you** è molto gentile da parte tua; **a friend of mine** un mio amico; **a child of three** un bambino di tre anni; **the fourth of January** il quattro gennaio; **within a year of their divorce** a circa un anno dal loro divorzio; **half of it** la metà; **the whole of the room** tutta la stanza
off /ɒf/ **A** *prep* da; (distant from) lontano da; **take £10 ~ the price** ridurre il prezzo di 10 sterline; **~ the coast** presso la costa; **a street ~ the main road** una traversa della via principale; (near) una strada vicina alla via principale; **get ~ the ladder** scendere dalla scala; **get ~ the bus** scendere dall'autobus; **leave the lid ~ the saucepan** lasciare la pentola senza il coperchio
B *adv* ‹*button, handle*› staccato; ‹*light, machine*› spento; ‹*brake*› disinserito; ‹*tap*› chiuso; **'off'** (on appliance) 'off'; **2 kilometres ~** a due chilometri di distanza; **a long way ~** molto distante; (time) lontano; **~ and on** di tanto in tanto; **with his hat/coat ~** senza il cappello/cappotto; **with the light ~** a luce spenta; **20% ~** 20% di sconto; **be ~** (leave) andar via; Sport essere partito; ‹*food*› essere andato a male; (all gone) essere finito; ‹*wedding, engagement*› essere cancellato; **I'm ~ drugs/alcohol** ho smesso di drogarmi/bere; **be ~ one's food** non avere appetito; **she's ~ today** (on holiday) è in ferie oggi; (ill) è malata oggi; **I'm ~ home** vado a casa; **you'd be better ~ doing...** faresti meglio a fare...; **have a day ~** avere un giorno di vacanza; **drive/sail ~** andare via
offal /ˈɒfl/ *n* Culin frattaglie *fpl*

O

parola chiave

offbeat /ˈɒfbiːt/ *adj* insolito
off-centre *adj* BrE fuori centro
off chance *n* **there's an ~ that** c'è una remota possibilità che; **just on the ~ that** nella remota possibilità che
off colour *adj* (not well) giù di forma; ‹*joke, story*› sporco
offence /əˈfens/ *n* (illegal act) reato *m*; **give ~** offendere; **take ~** offendersi (**at** per)
offend /əˈfend/ *vt* offendere
offender /əˈfendə(r)/ *n* Jur colpevole *mf*
offensive /əˈfensɪv/ **A** *adj* offensivo
B *n* offensiva *f*; **go on the ~** passare all'offensiva
offer /ˈɒfə(r)/ **A** *n* offerta *f*; **on special ~** in offerta speciale
B *vt* offrire; opporre ‹*resistance*›; **~ somebody something** offrire qualcosa a qualcuno; **~ to do something** offrirsi di fare qualcosa
offering /ˈɒfərɪŋ/ *n* offerta *f*
offer price *n* Comm prezzo *m* d'offerta
offertory /ˈɒfətrɪ/ *n* Relig offertorio *m*
offhand /ɒfˈhænd/ **A** *adj* (casual) spiccio
B *adv* su due piedi
office /ˈɒfɪs/ *n* ufficio *m*; (post, job) carica *f*
office automation *n* burotica *f*
office block *n* BrE complesso *m* di uffici
office building *n* BrE complesso *m* di uffici
office hours *npl* orario *m* di ufficio
office junior *n* fattorino, -a *mf*
office politics *nsg* intrighi *mpl* di ufficio
officer /ˈɒfɪsə(r)/ *n* ufficiale *m*; (police) agente *mf* [di polizia]
office worker *n* impiegato, -a *mf*
official /əˈfɪʃl/ **A** *adj* ufficiale
B *n* funzionario, -a *mf*; Sport dirigente *m*
officialdom /əˈfɪʃəldəm/ *n* burocrazia *f*
officially /əˈfɪʃəlɪ/ *adv* ufficialmente
officiate /əˈfɪʃɪeɪt/ *vi* officiare
officious /əˈfɪʃəs/ *adj* autoritario
officiously /əˈfɪʃəslɪ/ *adv* in modo autoritario
offing /ˈɒfɪŋ/ *n* **in the ~** in vista
off-key *adj* Mus stonato
off-licence *n* negozio *m* per la vendita di alcolici
off limits *adj* off-limits *inv*
off-line *adj* Comput fuori linea *inv*, off-line *inv*
offload /ɒfˈləʊd/ *vt* scaricare
off-message *adj* Pol **be ~** non essere in linea con la politica del governo
off-peak *adj* ‹*travel*› fuori dagli orari di punta; ‹*electricity*› a tariffa notturna ridotta; **~ call** Teleph telefonata *f* a tariffa ridotta
offprint /ˈɒfprɪnt/ *n* estratto *m*
off-putting /-pʊtɪŋ/ *adj* infml scoraggiante
off-road *vi* viaggiare in fuoristrada
off-roader /ˈɒfrəʊdə(r)/, **off-road vehicle** *n* fuoristrada *m*
off-screen **A** *adj* ‹*voice, action*› fuoricampo *inv*; ‹*relationship*› nella vita privata
B *adv* nella vita privata
off-season *adj* ‹*losses*› di bassa stagione; ‹*cruise*› in bassa stagione
offset /ˈɒfset/ *vt* (*pt/pp* **-set**, *pres p* **-setting**) controbilanciare
offset printing *n* offset *m inv*
offshoot /ˈɒfʃuːt/ *n* ramo *m*; fig diramazione *f*
offshore /ˈɒfʃɔː(r)/ *adj* ‹*wind*› di terra; ‹*company, investment*› offshore *inv*
offside /ɒfˈsaɪd/ *adj* Sport [in] fuori gioco; ‹*wheel etc*› (left) sinistro; (right) destro
offspring /ˈɒfsprɪŋ/ *n* prole *f*
off-stage *adv* dietro le quinte
off-the-cuff *adj* ‹*remark*› spontaneo; ‹*speech*› improvvisato
off-the-peg *adj* ‹*garment*› prêt-à-porter, confezionato
off the record *adj* ‹*comment, statement*› ufficioso
off-the-shelf *adj* Comm standard *inv*
off-the-shoulder *adj* ‹*dress*› senza bretelle
off-the-wall *adj* infml ‹*sense of humour*› strano
off-white *adj* bianco sporco
often /ˈɒfn/ *adv* spesso; **how ~** ogni quanto; **every so ~** una volta ogni tanto
ogle /ˈəʊgl/ *vt* mangiarsi con gli occhi
ogre /ˈəʊgə(r)/ *n* orco *m*
oh /əʊ/ *int* oh!; **oh dear** oh Dio!
OHMS *abbr* BrE (**On Her/His Majesty's Service**) *abbreviazione* (*f*) *apposta su corrispondenza ufficiale del governo britannico*
OHP *n abbr* (**overhead projector**) lavagna *f* luminosa
oil /ɔɪl/ **A** *n* olio *m*; (petroleum) petrolio *m*; (for heating) nafta *f*
B *vt* oliare
oil-burning *adj* ‹*stove, boiler*› a nafta
oil can *n* (applicator) oliatore *m*
oil change *n* cambio *m* dell'olio
oilcloth *n* tela *f* cerata
oilfield *n* giacimento *m* di petrolio
oil filter *n* filtro *m* dell'olio
oil-fired /-faɪəd/ *adj* ‹*furnace, heating*› a nafta
oil gauge *n* indicatore *m* [del livello] dell'olio
oil heater *n* stufa *f* a nafta
oil lamp *n* lampada *f* a olio
oil paint *n* colore *m* a olio
oil painting *n* pittura *f* a olio
oil pipeline *n* oleodotto *m*
oil pressure *n* pressione *f* dell'olio

oil producing /-prədjuːsɪŋ/ *adj* ‹*country*› produttore di petrolio
oil refinery *n* raffineria *f* di petrolio
oil rig *n* piattaforma *f* petrolifera, offshore *m inv*
oilseed rape *n* colza *f*
oilskins *npl* indumenti *mpl* di tela cerata
oil slick *n* chiazza *f* di petrolio
oil spill *n* fuoriuscita *f* di petrolio
oil stove *n* stufa *f* a nafta
oil tank *n* (domestic) serbatoio *m* della nafta; (industrial) cisterna *f* della nafta
oil tanker *n* petroliera *f*
oil well *n* pozzo *m* petrolifero
oily /ˈɔɪlɪ/ *adj* (**-ier**, **-iest**) unto; fig untuoso
ointment /ˈɔɪntmənt/ *n* pomata *f*
🔑 **OK, okay** /əʊˈkeɪ/ **A** *int* va bene, o.k.
B *adj* **if that's OK with you** se ti va bene; **she's OK** (well) sta bene; **is the milk still OK?** il latte è ancora buono?
C *adv* (well) bene
D *vt* (*pt/pp* **OK'd**, **okayed**) dare l'o.k. a
🔑 **old** /əʊld/ *adj* vecchio; ‹*girlfriend*› ex; **how ~ is she?** quanti anni ha?; **she is ten years ~** ha dieci anni
old age *n* vecchiaia *f*
old-age pension *n* BrE pensione *f* di anzianità
old-age pensioner *n* pensionato, -a *mf*
old boy *n* Sch ex-allievo *m*
old country *n* paese *m* d'origine
olden /ˈəʊldən/ *adj* **the ~ days** i tempi andati
old-established /-ɪˈstæblɪʃt/ *adj* di lunga data
olde worlde /əʊldɪˈwɜːldɪ/ *adj* hum dall'aria falsamente antica
old-fashioned /-ˈfæʃ(ə)nd/ *adj* antiquato
old favourite *n* (book, play) classico *m*; (song, film) vecchio successo *m*
old flame *n* infml vecchia fiamma *f*
old girl *n* ex-allieva *f*
Old Glory *n* bandiera *f* statunitense
old hand *n* **be an ~ at something/at doing something** saperci fare con qualcosa/a fare qualcosa
old hat *adj* infml **be ~** essere roba vecchia
oldie /ˈəʊldɪ/ *n* (person) vecchio, -a *mf*; (film, song) vecchio successo *m*
old lady *n* (elderly woman) signora *f* anziana; **my ~** (mother) la mia vecchia; (wife) la mia signora
old maid *n* zitella *f*
old man *n* (elderly man) uomo *m* anziano; (old: dear chap) vecchio *m* mio; **my ~** (father) il mio vecchio; (husband) mio marito *m*; **the ~** (boss) il capo
old master *n* (work) dipinto *m* antico (*specialmente di un pittore europeo del XIII-XVII secolo*)
old people's home *n* casa *f* di riposo
old soldier *n* (former soldier) veterano *m*
Old Testament *n* Antico Testamento *m*
old-time *adj* di un tempo; **~ dancing** ballo *m* liscio
old-timer *n* veterano, -a *mf*
old wives' tale *n* superstizione *f*
old woman *n* (elderly lady) donna *f* anziana; **my ~** (mother) mia madre *f*; (wife) la mia signora; **be an ~** derog (man) essere una donnicciola
olive /ˈɒlɪv/ **A** *n* (fruit, colour) oliva *f*; (tree) olivo *m*
B *adj* d'oliva; (colour) olivastro
olive branch *n* fig ramoscello *m* d'olivo
olive green *adj & n* verde *m* oliva *inv*
olive grove *n* oliveto *m*
olive oil *n* olio *m* di oliva
olive-skinned /-ˈskɪnd/ *adj* olivastro
Olympic /əˈlɪmpɪk/ *adj* olimpico
Olympic Games, Olympics *npl* Olimpiadi *fpl*
Oman /əʊˈmɑːn/ *n* Oman *m*
ombudsman /ˈɒmbʊdzmən/ *n* difensore *m* civico
omelette /ˈɒmlɪt/ *n* omelette *f inv*
omen /ˈəʊmən/ *n* presagio *m*
ominous /ˈɒmɪnəs/ *adj* sinistro
omission /əˈmɪʃn/ *n* omissione *f*
omit /əˈmɪt/ *vt* (*pt/pp* **omitted**) omettere; **~ to do something** tralasciare di fare qualcosa
omnibus /ˈɒmnɪbəs/ *n* (bus) omnibus *m inv*
omnibus edition *n* BrE TV replica *f* delle puntate precedenti
omnipotent /ɒmˈnɪpətənt/ *adj* onnipotente
omnipresent /ˌɒmnɪˈpreznt/ *adj* onnipresente
🔑 **on** /ɒn/ **A** *prep* su; (on horizontal surface) su, sopra; **on Monday** lunedì; **on Mondays** di lunedì; **on the first of May** il primo maggio; **on arriving** all'arrivo; **on one's finger** nel dito; **on foot** a piedi; **on the right/left** a destra/sinistra; **on the Rhine/Thames** sul Reno/Tamigi; **on the radio/television** alla radio/televisione; **on the bus/train** in autobus/treno; **go on the bus/train** andare in autobus/treno; **get on the bus/train** salire sull'autobus/sul treno; **on me** (with me) con me; **it's on me** infml tocca a me
B *adv* (further on) dopo; (switched on) acceso; ‹*brake*› inserito; (in operation) in funzione; **'on'** (on machine) 'on'; **he had his hat/coat on** portava il cappello/cappotto; **without his hat/coat on** senza cappello/capotto; **with/without the lid on** con/senza coperchio; **be on** ‹*film, programme, event*› esserci; **it's not on** infml non è giusto; **be on at** infml tormentare (**to** per); **on and on** senza sosta; **on and off** a intervalli; **and so on** e così via;

🔑 parola chiave

go on continuare; **stick on** attaccare; **sew on** cucire

on-board /ˈɒnbɔːd/ *adj* di bordo

once /wʌns/ **A** *adv* una volta; (formerly) un tempo; **~ upon a time there was** c'era una volta; **at ~** subito; (at the same time) contemporaneamente; **~ and for all** una volta per tutte
B *conj* [non] appena

once-over *n* infml **give somebody/something the ~** (look, check) dare un'occhiata veloce a qualcuno/qualcosa

oncoming /ˈɒnkʌmɪŋ/ *adj* che si avvicina dalla direzione opposta

one /wʌn/ **A** *adj* uno, una; **not ~ person** nemmeno una persona
B *n* uno *m*
C *pron* uno; (impersonal) si; **~ another** l'un l'altro; **~ by ~** [a] uno a uno; **~ never knows** non si sa mai

one-armed bandit /wʌnɑːmdˈbændɪt/ *n* slot-machine *f inv*

one-dimensional /-daɪˈmenʃənəl/ *adj* unidimensionale; **be ~** fig ‹*character*› mancare di spessore

one-eyed /-ˈaɪd/ *adj* con un occhio solo

one-for-one *adj* = **one-to-one**

one-handed /-ˈhændɪd/ *adv* ‹*catch, hold*› con una sola mano

one-horse town *n* infml cittadina *f* di provincia

one-legged /-ˈlegɪd/ *adj* con una sola gamba

one-liner *n* battuta *f* d'effetto

one-man *adj* ‹*bobsled*› monoposto *inv*; ‹*for one person*› per una sola persona; **she's a ~ woman** è una donna fedele; **it's a ~ outfit/operation** manda avanti tutto da solo

one-man band *n musicista (m) che suona più strumenti contemporaneamente*; **be a ~** fig mandare avanti tutto da solo

one-off *adj* BrE ‹*experiment, order, deal*› unico e irripetibile; ‹*event, decision, offer, payment*› eccezionale; ‹*example, design*› unico; ‹*issue magazine*› speciale

one-parent family *n* famiglia *f* con un solo genitore

one-piece /ˈwʌnpiːs/ *adj* **~ swimsuit** costume intero

one-room flat, one-room apartment *n* monolocale *m*

one's /wʌnz/ *poss adj* **one has to look after ~ health** ci si deve preoccupare della propria salute

oneself /wʌnˈself/ *pron* (reflexive) si; (emphatic) sé, se stesso; **by ~** da solo; **be proud of ~** essere fieri di sé

one-shot *adj* AmE = **one-off**

one-sided /-ˈsaɪdɪd/ *adj* unilaterale

one-time *adj* ex *inv*

one-to-one *adj* ‹*personal relationship*› fra due persone; ‹*private lesson*› individuale; ‹*correspondence*› di uno a uno

one-upmanship /-ˈʌpmənʃɪp/ *n* arte *f* di primeggiare

one-way *adj* ‹*street*› a senso unico; ‹*ticket*› di sola andata

one-woman *adj* **it's a ~ outfit** manda avanti tutto da sola; **he's a ~ man** è un uomo fedele

ongoing /ˈɒngəʊɪn/ *adj* ‹*process*› continuo; ‹*battle, saga*› in corso

onion /ˈʌnjən/ *n* cipolla *f*

online *adj* Comput in linea, on-line *inv*; **go ~ to...** connettersi a...; **~ time** durata *f* del collegamento

onlooker /ˈɒnlʊkə(r)/ *n* spettatore, -trice *mf*

only /ˈəʊnlɪ/ **A** *adj* solo; **~ child** figlio, -a *mf* unico
B *adv & conj* solo, solamente; **~ just** appena

on-message /ɒnˈmesɪdʒ/ *adj* Pol **be ~** essere in linea con la politica del governo

o.n.o. *abbr* BrE (**or nearest offer**) trattabile

on-off *adj* ‹*button, control*› di accensione

onrush /ˈɒnrʌʃ/ *n* (of people, water) ondata *f*

on-screen *adj* sullo schermo

onset /ˈɒnset/ *n* (beginning) inizio *m*

onshore /ˈɒnʃɔː(r)/ *adj* ‹*wind*› di mare; ‹*work*› a terra

onside /ɒnˈsaɪd/ *adj & adv* Sport non in fuorigioco

on-site *adj* sul posto

onslaught /ˈɒnslɔːt/ *n* attacco *m*

on-stage *adj & adv* in scena

on-target earnings *npl guadagni (mpl) previsti incluse commissioni*

on the job *adj* ‹*training*› in sede

on the spot *adj* ‹*advice, quotation*› immediato

onto, *also* **on to** /ˈɒntuː/ *prep* su

onus /ˈəʊnəs/ *n* **the ~ is on me** spetta a me la responsabilità (**to** di)

onwards BrE, **onward** AmE /ˈɒnwəd[z]/ *adv* in avanti; **from then ~** da allora [in poi]

oodles /ˈuːdlz/ *n* infml un sacco

ooh /uː/ *int* oh!

oomph /uːmf/ *n* infml verve *f inv*

oops /uːps/ *int* ops!

ooze /uːz/ *vi* fluire

op /ɒp/ *n* = **operation**

opal /ˈəʊpl/ *n* opale *f*

opaque /əʊˈpeɪk/ *adj* opaco

OPEC /ˈəʊpek/ *n abbr* (**Organization of Petroleum Exporting Countries**) OPEC *f*

open /ˈəʊpən/ **A** *adj* aperto; (free to all) pubblico; ‹*job*› vacante; **in the ~ air** all'aperto
B *n* **in the ~** all'aperto; fig alla luce del sole
C *vt* aprire

D *vi* aprirsi; ‹*shop*› aprire; ‹*flower*› sbocciare

■ **open onto** *vt* ‹*door, window;*› dare su

■ **open out** **A** *vi* ‹*road*› allargarsi; ‹*flower*› aprirsi

B *vt* aprire ‹*map, newspaper*›

■ **open up** **A** *vt* aprire

B *vi* aprirsi

■ **open with** *vi* (start with) iniziare con

open-air *adj* ‹*pool, market, stage*› all'aperto

opencast mining *n* BrE miniera *f* a cielo aperto

open competition *n* concorso *m*

open day *n* giorno *m* di apertura al pubblico

open-ended /-ˈendɪd/ *adj* ‹*relationship, question, contract*› aperto; ‹*stay*› a tempo indeterminato; ‹*period*› indeterminato; ‹*strategy*› flessibile

opener /ˈəʊpənə(r)/ *n* (for tins) apriscatole *m inv*; (for bottles) apribottiglie *m inv*

open government *n* politica *f* di trasparenza

open-handed /-ˈhændɪd/ *adj* generoso

open-heart surgery *n* intervento *m* a cuore aperto

open house *n* AmE (open day) giornata *f* di apertura al pubblico; **it's always ~ at the Batemans'** i Bateman sono sempre molto ospitali

opening /ˈəʊpənɪŋ/ *n* apertura *f*; (beginning) inizio *m*; (job) posto *m* libero

opening balance *n* Fin saldo *m* iniziale

opening ceremony *n* cerimonia *f* inaugurale

opening hours *npl* orario *m* d'apertura

open learning *n* open learning *m inv*

openly /ˈəʊpənlɪ/ *adv* apertamente

open market *n* Econ mercato *m* aperto

open-minded /-ˈmaɪndɪd/ *adj* aperto; (broad-minded) di vedute larghe

open-mouthed /-ˈmaʊðd/ *adj* bocca aperta

open-necked /-ˈnekt/ *adj* ‹*shirt*› col colletto sbottonato

openness /ˈəʊpənnɪs/ *n* (of government, atmosphere) trasparenza *f*; (candour) franchezza *f*; (receptiveness) apertura *f* mentale

open-plan *adj* a pianta aperta

open sandwich *n* tartina *f*

open scholarship *n* Univ borsa *f* di studio assegnata per concorso

open season *n* (in hunting) stagione *f* della caccia

open secret *n* segreto *m* di Pulcinella

open ticket *n* biglietto *m* aperto

Open University *n* BrE Univ corsi *mpl* universitari per corrispondenza

open verdict *n* Jur *verdetto* (*m*) *che dichiara non accertabili le cause della morte*

---

parola chiave

opera /ˈɒpərə/ *n* opera *f*

operable /ˈɒpərəbl/ *adj* operabile

opera glasses *npl* binocolo *msg* da teatro

opera house *n* teatro *m* lirico

opera singer *n* cantante *mf* lirico, -a

operate /ˈɒpəreɪt/ **A** *vt* far funzionare ‹*machine, lift*›; azionare ‹*lever, brake*›; mandare avanti ‹*business*›

B *vi* Techn funzionare; (be in action) essere in funzione; Mil fig operare

■ **operate on** *vt* Med operare

operatic /ɒpəˈrætɪk/ *adj* lirico, operistico

operating costs *npl* spese *fpl* di esercizio

operating instructions *npl* istruzioni *fpl* per l'uso

operating room *n* AmE sala *f* operatoria

operating system *n* Comput sistema *m* operativo

operating table *n* Med tavolo *m* operatorio

operating theatre *n* BrE sala *f* operatoria

operation /ɒpəˈreɪʃn/ *n* operazione *f*; Tech funzionamento *m*; **in ~** Techn in funzione; **come into ~** fig entrare in funzione; ‹*law*› entrare in vigore; **have an ~** Med subire un'operazione

operational /ɒpəˈreɪʃənəl/ *adj* operativo; ‹*law etc*› in vigore

operations room *n* Mil centro *m* operativo; (police) centrale *f* operativa

operative /ˈɒpərətɪv/ *adj* operativo

operator /ˈɒpəreɪtə(r)/ *n* (user) operatore, -trice *mf*; Teleph centralinista *mf*

operetta /ɒpəˈretə/ *n* operetta *f*

ophthalmic /ɒfˈθælmɪk/ *adj* oftalmico

opinion /əˈpɪnjən/ *n* opinione *f*; **in my ~** secondo me

opinionated /əˈpɪnɪəneɪtɪd/ *adj* dogmatico

opinion poll *n* sondaggio *m* di opinione

opium /ˈəʊpɪəm/ *n* oppio *m*

opponent /əˈpəʊnənt/ *n* avversario, -a *mf*

opportune /ˈɒpətjuːn/ *adj* opportuno

opportunist /ɒpəˈtjuːnɪst/ *n* opportunista *mf*

opportunistic /ɒpətjuˈnɪstɪk/ *adj* opportunistico

opportunity /ɒpəˈtjuːnətɪ/ *n* opportunità *f*

oppose /əˈpəʊz/ *vt* opporsi a; **be ~d to something** essere contrario a qualcosa; **as ~d to** al contrario di

opposing /əˈpəʊzɪŋ/ *adj* avversario; (opposite) opposto

opposite /ˈɒpəzɪt/ **A** *adj* opposto; ‹*house*› di fronte; **~ number** fig controparte *f*; **the ~ sex** l'altro sesso

B *n* contrario *m*

C *adv* di fronte

D *prep* di fronte a

opposition /ɒpəˈzɪʃn/ *n* opposizione *f*

oppress /əˈpres/ *vt* opprimere

oppression /ə'preʃn/ *n* oppressione *f*
oppressive /ə'presɪv/ *adj* oppressivo; ‹*heat*› opprimente
oppressor /ə'presə(r)/ *n* oppressore *m*
opt /ɒpt/ *v*
■ **opt for** *vt* optare per
■ **opt out** *vi* dissociarsi (**of** da)
optic /'ɒptɪk/ *adj* ‹*nerve, disc, fibre*› ottico
optical /'ɒptɪkl/ *adj* ottico; **~ illusion** illusione *f* ottica
optician /ɒp'tɪʃn/ *n* ottico, -a *mf*
optics /'ɒptɪks/ *nsg* ottica *fsg*
optimism /'ɒptɪmɪzm/ *n* ottimismo *m*
optimist /'ɒptɪmɪst/ *n* ottimista *mf*
optimistic /ɒptɪ'mɪstɪk/ *adj* ottimistico
optimistically /ɒptɪ'mɪstɪklɪ/ *adv* ottimisticamente
optimize /'ɒptɪmaɪz/ *vt* ottimizzare
optimum /'ɒptɪməm/ **A** *adj* ottimale
B *n* (*pl* **-ima**) optimum *m*
option /'ɒpʃn/ *n* scelta *f*; Comm opzione *f*
optional /'ɒpʃənəl/ *adj* facoltativo; **~ extras** optional *m inv*
opulence /'ɒpjʊləns/ *n* opulenza *f*
opulent /'ɒpjʊlənt/ *adj* opulento
opus /'əʊpəs/ *n* (*pl* **opuses** *or* **opera**) opera *f*
or /ɔ:(r)/ *conj* o, oppure; (after negative) né; **or [else]** se no; **in a year or two** fra un anno o due
oracle /'ɒrəkl/ *n* oracolo *m*
oral /'ɔ:rəl/ **A** *adj* orale
B *n* infml esame *m* orale
orally /'ɔ:rəlɪ/ *adv* oralmente
orange /'ɒrɪndʒ/ **A** *n* arancia *f*; (colour) arancione *m*
B *adj* arancione
orangeade /ɒrɪndʒ'eɪd/ *n* aranciata *f*
orange blossom *n* fiori *mpl* d'arancio
orange juice *n* succo *m* d'arancia
orange peel *n* scorza *f* d'arancia
orange squash *n* BrE succo *m* d'arancia (*diluito in acqua*)
orange tree *n* arancio *m*
oration /ə'reɪʃn/ *n* orazione *f*
orator /'ɒrətə(r)/ *n* oratore, -trice *mf*
oratorio /ɒrə'tɔ:rɪəʊ/ *n* oratorio *m*
oratory /'ɒrətrɪ/ *n* oratorio *m*
orbit /'ɔ:bɪt/ **A** *n* orbita *f*
B *vt* orbitare
orbital /'ɔ:bɪtl/ *adj* **~ road** circonvallazione *f*
orchard /'ɔ:tʃəd/ *n* frutteto *m*
orchestra /'ɔ:kɪstrə/ *n* orchestra *f*
orchestral /ɔ:'kestrəl/ *adj* orchestrale
orchestra pit *n* [fossa *f* dell']orchestra *f*
orchestrate /'ɔ:kɪstreɪt/ *vt* orchestrare
orchid /'ɔ:kɪd/ *n* orchidea *f*
ordain /ɔ:'deɪn/ *vt* decretare; Relig ordinare
ordeal /ɔ:'di:l/ *n* fig terribile esperienza *f*
order /'ɔ:də(r)/ **A** *n* ordine *m*; Comm ordinazione *f*; **out of ~** ‹*machine*› fuori servizio; **in ~ that** affinché; **in ~ to** per; **take holy ~s** prendere i voti
B *vt* ordinare
■ **order about, order around** *vt* (give orders to) impartire ordini a
order book *n* registro *m* degli ordini
order form *n* modulo *m* di ordinazione
orderly /'ɔ:dəlɪ/ **A** *adj* ordinato
B *n* Mil attendente *m*; Med inserviente *m*
orderly officer *n* Mil attendente *m*
order number *n* numero *m* d'ordine
ordinal /'ɔ:dɪnəl/ *n* & *adj* ordinale *m*
ordinarily /ɔ:dɪ'nerɪlɪ/ *adv* (normally) normalmente
ordinary /'ɔ:dɪnərɪ/ *adj* ordinario
ordination /ɔ:dɪ'neɪʃn/ *n* Relig ordinazione *f*
ordnance /'ɔ:dnəns/ *n* Mil materiale *m* militare
Ordnance Survey *n* BrE *istituto* (*m*) *cartografico*; **Ordnance Survey Map** carta *f* topografica dell'istituto cartografico
ore /ɔ:(r)/ *n* minerale *m* grezzo
oregano /ɒrɪ'gɑ:nəʊ/ *n* origano *m*
organ /'ɔ:gən/ *n* Anat, Mus organo *m*
organ donor *n* Med donatore, -trice *mf* di organi
organic /ɔ:'gænɪk/ *adj* organico; (without chemicals) biologico
organically /ɔ:'gænɪklɪ/ *adv* organicamente; **~ grown** coltivato biologicamente
organic chemistry *n* chimica *f* organica
organic farm *n* azienda *f* agricola specializzata in prodotti biologici
organic farming *n* agricoltura *f* biologica
organism /'ɔ:gənɪzm/ *n* organismo *m*
organist /'ɔ:gənɪst/ *n* organista *mf*
organization /ɔ:gənaɪ'zeɪʃn/ *n* organizzazione *f*
organizational /ɔ:gənaɪ'zeɪʃənəl/ *adj* ‹*ability, role*› organizzativo
organize /'ɔ:gənaɪz/ *vt* organizzare
organized crime /ɔ:gənaɪzd'kraɪm/ *n* criminalità *f* organizzata
organized labour *n* manodopera *f* organizzata
organizer /'ɔ:gənaɪzə(r)/ *n* organizzatore, -trice *mf*
organ transplant *n* Med trapianto *m* di organi
orgasm /'ɔ:gæzm/ *n* orgasmo *m*
orgy /'ɔ:dʒɪ/ *n* orgia *f*
Orient /'ɔ:rɪənt/ *n* Oriente *m*
oriental /ɔ:rɪ'entl/ **A** *adj* orientale; **~ carpet** tappeto *m* persiano
B *n* offensive orientale *mf*
orientate /'ɔ:rɪəntеɪt/ *vt* **~ oneself** orientarsi
orientation /ɔ:rɪən'teɪʃn/ *n* orientamento *m*

orienteering /ɔːrɪenˈtɪərɪŋ/ *n* orientamento *m*

orifice /ˈɒrɪfɪs/ *n* orifizio *m*

🔑 **origin** /ˈɒrɪdʒɪn/ *n* origine *f*

🔑 **original** /əˈrɪdʒɪnl/ **A** *adj* originario; (not copied, new) originale
B *n* originale *m*; **in the ~** in versione originale

originality /əˌrɪdʒɪˈnælətɪ/ *n* originalità *f*

🔑 **originally** /əˈrɪdʒɪnəlɪ/ *adv* originariamente

originate /əˈrɪdɪneɪt/ *vi* **~ in** avere origine in

originator /əˈrɪdʒɪneɪtə(r)/ *n* ideatore, -trice *mf*

Orkney /ˈɔːknɪ/ *n* Orcadi *fpl*

ornament /ˈɔːnəmənt/ *n* ornamento *m*; (on mantelpiece etc) soprammobile *m*

ornamental /ɔːnəˈmentl/ *adj* ornamentale

ornamentation /ɔːnəmenˈteɪʃn/ *n* decorazione *f*

ornate /ɔːˈneɪt/ *adj* ornato

ornithologist /ɔːnɪˈθɒlədʒɪst/ *n* ornitologo, -a *mf*

ornithology /ɔːnɪˈθɒlədʒɪ/ *n* ornitologia *f*

orphan /ˈɔːfn/ **A** *n* orfano, -a *mf*
B *vt* rendere orfano; **be ~ed** rimanere orfano; **be ~ed by...** essere reso orfano da...

orphanage /ˈɔːfənɪdʒ/ *n* orfanotrofio *m*

orphaned /ˈɔːfənd/ *adj* rimasto orfano

orthodox /ˈɔːθədɒks/ *adj* ortodosso

orthopaedic /ɔːθəˈpiːdɪk/ *adj* ortopedico

orthopaedics /ɔːθəˈpiːdɪks/ *nsg* ortopedia *fsg*

OS *abbr* (**outsize**) per taglie forti

oscillate /ˈɒsɪleɪt/ *vi* oscillare

osmosis /ɒzˈməʊsɪs/ *n* osmosi *f inv*; **by ~** per osmosi

ostensible /ɒˈstensəbl/ *adj* apparente

ostensibly /ɒˈstensəblɪ/ *adv* apparentemente

ostentation /ɒstenˈteɪʃn/ *n* ostentazione *f*

ostentatious /ɒstenˈteɪʃəs/ *adj* ostentato

ostentatiously /ɒstenˈteɪʃəslɪ/ *adv* ostentatamente

osteopath /ˈɒstɪəpæθ/ *n* osteopata *mf*

osteoporosis /ɒstɪəɪpəˈrəʊsɪs/ *n* osteoporosi *f*

ostracism /ˈɒstrəsɪzm/ *n* ostracismo *m*

ostracize /ˈɒstrəsaɪz/ *vt* ostracizzare

ostrich /ˈɒstrɪtʃ/ *n* struzzo *m*

OTE *abbr* (**on-target earnings**) *guadagni* (*mpl*) *previsti incluse commissioni*

🔑 **other** /ˈʌðə(r)/ **A** *adj, pron* & *n* altro, -a *mf*; **the ~ [one]** l'altro, -a *mf*; **the ~ two** gli altri due; **two ~s** altri due; **~ people** gli altri; **any ~ questions?** altre domande?; **every ~ day** (alternate days) a giorni alterni; **the ~ day** l'altro giorno; **the ~ evening** l'altra sera; **someone/something or ~** qualcuno/qualcosa
B *adv* **~ than him** tranne lui; **somehow or ~** in qualche modo; **somewhere or ~** da qualche parte

🔑 **otherwise** /ˈʌðəwaɪz/ *adv* altrimenti; (differently) diversamente

other-worldly /ʌðəˈwɜːldlɪ/ *adj* disinteressato alle cose materiali

OTT *abbr* infml (**over-the-top**) esagerato

otter /ˈɒtə(r)/ *n* lontra *f*

OU *n abbr* BrE (**Open University**) corsi *mpl* universitari per corrispondenza

ouch /aʊtʃ/ *int* ahi!

ought /ɔːt/ *v aux* **I/we ~ to stay** dovrei/dovremmo rimanere; **he ~ not to have done it** non avrebbe dovuto farlo; **that ~ to be enough** questo dovrebbe bastare

ounce /aʊns/ *n* oncia *f* (= 28,35 g)

🔑 **our** /ˈaʊə(r)/ *poss adj* il nostro *m*, la nostra *f*, i nostri *mpl*, le nostre *fpl*; **~ mother/father** nostra madre/nostro padre

ours /ˈaʊəz/ *poss pron* il nostro *m*, la nostra *f*, i nostri *mpl*, le nostre *fpl*; **a friend of ~** un nostro amico; **friends of ~** dei nostri amici; **that is ~** quello è nostro; (as opposed to yours) quello è il nostro

🔑 **ourselves** /aʊəˈselvz/ *pers pron* (reflexive) ci; (emphatic) noi, noi stessi; **we poured ~ a drink** ci siamo versati da bere; **we heard it ~** l'abbiamo sentito noi stessi; **we are proud of ~** siamo fieri di noi; **by ~** da soli

oust /aʊst/ *vt* rimuovere

🔑 **out** /aʊt/ **A** *adv* fuori; (not alight) spento; **be ~** ‹*flower*› essere sbocciato; ‹*workers*› essere in sciopero; ‹*calculation*› essere sbagliato; Sport essere fuori; (unconscious) aver perso i sensi; fig (not feasible) fuori questione; **the sun is ~** è uscito il sole; **~ and about** in piedi; **get ~!** infml fuori!; **you should get ~ more** dovresti uscire più spesso; **~ with it!** infml sputa il rospo!; **be ~ to** avere l'intenzione di
B *prep* **~ of** fuori da; **~ of date** non aggiornato; ‹*passport*› scaduto; **~ of order** guasto; **~ of print/stock** esaurito; **~ of sorts** indisposto; **~ of tune** (singer) stonato; (instrument) scordato; **be ~ of bed/ the room** fuori dal letto/dalla stanza; **~ of breath** senza fiato; **~ of danger** fuori pericolo; **~ of work** disoccupato; **nine ~ of ten** nove su dieci; **be ~ of sugar/bread** rimanere senza zucchero/pane; **go ~ of the room** uscire dalla stanza

out-and-out *adj* ‹*success, failure*› totale; ‹*villain, liar*› vero e proprio

outback /ˈaʊtbæk/ *n* entroterra *m inv* australiano

outbid /aʊtˈbɪd/ *vt* (*pt/pp* **-bid**, *pres p* **-bidding**) **~ somebody** rilanciare l'offerta di qualcuno

outboard /ˈaʊtbɔːd/ *adj* **~ motor** motore fuoribordo *m*

outbreak /ˈaʊtbreɪk/ *n* ((of war)) scoppio *m*; (of disease) insorgenza *f*

🔑 parola chiave

outbuilding /ˈaʊtbɪldɪŋ/ *n* costruzione *f* annessa

outburst /ˈaʊtbɜːst/ *n* esplosione *f*

outcast /ˈaʊtkɑːst/ *n* esule *mf*; (social) emarginato, -a *mf*

outclass /aʊtˈklɑːs/ *vt* surclassare

outcome /ˈaʊtkʌm/ *n* risultato *m*

outcrop /ˈaʊtkrɒp/ *n* affioramento *m*

outcry /ˈaʊtkraɪ/ *n* protesta *f*

outdated /aʊtˈdeɪtɪd/ *adj* sorpassato

outdo /aʊtˈduː/ *vt* (*pt* **-did**, *pp* **-done**) superare

outdoor /ˈaʊtdɔː(r)/ *adj* ‹*life, sports*› all'aperto; **~ swimming pool** piscina *f* scoperta

outdoors /aʊtˈdɔːz/ *adv* all'aria aperta; **go ~** uscire all'aria aperta

outer /ˈaʊtə(r)/ *adj* esterno

outer space *n* spazio *m* cosmico

outfit /ˈaʊtfɪt/ *n* equipaggiamento *m*; (clothes) completo *m*; infml (organization) organizzazione *f*

outfitter /ˈaʊtfɪtə(r)/ *n* **men's ~ 's** negozio *m* di abbigliamento maschile

outflow /ˈaʊtfləʊ/ *n* (of money) uscite *fpl*

outgoing /ˈaʊtgəʊɪŋ/ **A** *adj* (president) uscente; ‹*mail*› in partenza; (sociable) estroverso
B *npl* **~s** uscite *fpl*

outgrow /aʊtˈgrəʊ/ *vi* (*pt* **-grew**, *pp* **-grown**) diventare troppo grande per

outhouse /ˈaʊthaʊs/ *n* costruzione *f* annessa

outing /ˈaʊtɪŋ/ *n* gita *f*

outlandish /aʊtˈlændɪʃ/ *adj* stravagante

outlast /aʊtˈlɑːst/ *vt* durare più a lungo di

outlaw /ˈaʊtlɔː/ **A** *n* fuorilegge *mf inv*
B *vt* dichiarare illegale

outlay /ˈaʊtleɪ/ *n* spesa *f*

outlet /ˈaʊtlet/ *n* sbocco *m*; fig sfogo *m*; Comm punto *m* [di] vendita

outline /ˈaʊtlaɪn/ **A** *n* contorno *m*; (summary) sommario *m*
B *vt* tracciare il contorno di; (describe) descrivere

outline agreement *n* abbozzo *m* di accordo

outlive /aʊtˈlɪv/ *vt* sopravvivere a

outlook /ˈaʊtlʊk/ *n* vista *f*; (future prospect) prospettiva *f*; (attitude) visione *f*

outlying /ˈaʊtlaɪɪŋ/ *adj* **~ areas** zone *fpl* periferiche

outmanoeuvre /aʊtməˈnuːvə(r)/ *vt* **~ somebody** passare in vantaggio su qualcuno con un'abile manovra

outmoded /aʊtˈməʊdɪd/ *adj* fuori moda

outnumber /aʊtˈnʌmbə(r)/ *vt* superare in numero

out-of-body experience *n* esperienza *f* extracorporea

out of bounds *adj & adv* ‹*area*› vietato, proibito

out-of-date *adj* ‹*theory, concept*› sorpassato; ‹*ticket, passport*› scaduto

out-of-pocket *adj* **be out of pocket** essere in perdita; **~ expenses** spese *fpl* extra

out-of-the-way *adj* ‹*places*› fuori mano

outpatient /ˈaʊtpeɪʃnt/ *n* paziente *mf* esterno, -a; **~s's department** ambulatorio *m*

outpost /ˈaʊtpəʊst/ *n* avamposto *m*

output /ˈaʊtpʊt/ *n* produzione *f*

outrage /ˈaʊtreɪdʒ/ **A** *n* oltraggio *m*
B *vt* oltraggiare

outrageous /aʊtˈreɪdʒəs/ *adj* oltraggioso; ‹*price*› scandaloso

outrider /ˈaʊtraɪdə(r)/ *n* battistrada *m inv*

outright¹ /ˈaʊtraɪt/ *adj* completo; ‹*refusal*› netto

outright² /aʊtˈraɪt/ *adv* completamente; (at once) immediatamente; (frankly) francamente

outrun /aʊtˈrʌn/ *vt* superare

outsell /aʊtˈsel/ *vt* vendere meglio di ‹*product*›

outset /ˈaʊtset/ *n* inizio *m*; **from the ~** fin dall'inizio

outside¹ /ˈaʊtsaɪd/ **A** *adj* esterno
B *n* esterno *m*; **from the ~** dall'esterno; **at the ~** al massimo

outside² /aʊtˈsaɪd/ **A** *adv* all'esterno, fuori; (out of doors) fuori; **go ~** andare fuori
B *prep* fuori da; (in front of) davanti a

outsider /aʊtˈsaɪdə(r)/ *n* estraneo, -a *mf*

outsize /ˈaʊtsaɪz/ *adj* smisurato; ‹*clothes*› per taglie forti

outskirts /ˈaʊtskɜːts/ *npl* sobborghi *mpl*

outsmart /aʊtˈsmɑːt/ *vt* essere più furbo di

outsource /aʊtˈsɔːs/ *vt* appaltare a imprese esterne

outsourcing /ˈaʊtsɔːsɪŋ/ *n* appalto *m* a imprese esterne

outspoken /aʊtˈspəʊkn/ *adj* schietto

outspread /ˈaʊtspred/ *adj* ‹*wings*› spiegato; ‹*arms, fingers*› disteso

outstanding /aʊtˈstændɪŋ/ *adj* eccezionale; ‹*landmark*› prominente; (not settled) in sospeso

outstandingly /aʊtˈstændɪŋlɪ/ *adv* eccezionalmente; **~ good** eccezionale

outstay /aʊtˈsteɪ/ *vt* **~ one's s welcome** abusare dell'ospitalità di qualcuno

outstretched /ˈaʊtstretʃt/ *adj* allungato

outstrip /aʊtˈstrɪp/ (*pt/pp* **-stripped**) *vt* (*pt/pp* **-stripped**) superare

out tray *n* vassoio *m* per corrispondenza e pratiche evase

outvote /aʊtˈvəʊt/ *vt* mettere in minoranza

outward /ˈaʊtwəd/ **A** *adj* esterno; (journey) di andata
B *adv* verso l'esterno

outwardly /ˈaʊtwədlɪ/ *adv* esternamente
outwards BrE, **outward** AmE /ˈaʊtwəd(z)/ *adv* verso l'esterno
outweigh /aʊtˈweɪ/ *vt* aver maggior peso di
outwit /aʊtˈwɪt/ (*pt/pp* **-witted**) *vt* (*pt/pp* **-witted**) battere in astuzia
outworker /ˈaʊtwɜːkə(r)/ *n* BrE lavoratore, -trice *mf* a domicilio
outworn /aʊtˈwɔːn/ *adj* ‹*outmoded*› sorpassato
oval /ˈəʊvl/ **A** *adj* ovale
B *n* ovale *m*
ovary /ˈəʊvərɪ/ *n* Anat ovaia *f*
ovation /əʊˈveɪʃn/ *n* ovazione *f*
oven /ˈʌvn/ *n* forno *m*
oven cleaner *n* detergente *m* per il forno
oven glove *n* guanto *m* da forno
ovenproof *adj* da forno
oven-ready *adj* pronto da mettere in forno
over /ˈəʊvə(r)/ **A** *prep* sopra; (across) al di là di; (during) durante; (more than) più di; **~ the phone** al telefono; **~ the page** alla pagina seguente; **all ~ Italy** in tutta [l']Italia; ‹*travel*› per l'Italia
B *adv* Math col resto di; (ended) finito; **~ again** un'altra volta; **~ and ~** più volte; **~ and above** oltre a; **~ here/there** qui/là; **all ~** (everywhere) dappertutto; **it's all ~** è tutto finito; **I ache all ~** ho male dappertutto; **come/bring ~** venire/portare; **turn ~** girare
over+ *pref* (too) troppo
overact /əʊvərˈækt/ *vi* strafare
overactive /əʊvərˈæktɪv/ *adj* ‹*imagination*› sbrigliato
overall¹ /ˈəʊvərɔːl/ *n* grembiule *m*
overall² /əʊvərˈɔːl/ **A** *adj* complessivo; (general) generale
B *adv* complessivamente
overalls /ˈəʊvərɔːlz/ *npl* tuta *fsg*
overarm /ˈəʊɪvərɑːm/ *adj & adv* ‹*throw*› col braccio al di sopra della spalla
overawe /əʊvərˈɔː/ *vt* fig intimidire
overbalance /əʊvəˈbæləns/ *vi* perdere l'equilibrio
overbearing /əʊvəˈbeərɪŋ/ *adj* prepotente
overblown /əʊvəˈbləʊn/ *adj* ‹*style*› ampolloso
overboard /ˈəʊvəbɔːd/ *adv* Naut in mare
overbook /əʊvəˈbʊk/ *vt accettare un numero di prenotazioni superiore ai posti disponibili*
overburden /əʊvəˈbɜːdən/ *vt* sovraccaricare (with di)
overcapacity /əʊvəkəˈpæsətɪ/ *n* eccesso *m* di capacità produttiva
overcast /ˈəʊvəkɑːst/ *adj* coperto
overcharge /əʊvəˈtʃɑːdʒ/ **A** *vt* **~ somebody** far pagare più del dovuto a
B *vi* far pagare più del dovuto

parola chiave

overcoat /ˈəʊvəkəʊt/ *n* cappotto *m*
overcome /əʊvəˈkʌm/ *vt* (*pt* **-came**, *pp* **-come**) vincere; **be ~ by** essere sopraffatto da
overcompensate /əʊvəˈkɒmpənseɪt/ *vi* compensare eccessivamente
overconfident /əʊvəˈkɒnfɪdənt/ *adj* troppo sicuro di sé
overcook /əʊvəˈkʊk/ *vt* cuocere troppo
overcrowded /əʊvəˈkraʊdɪd/ *adj* sovraffollato
overcrowding /əʊvəˈkraʊdɪŋ/ *n* (in transport) calca *f*; (in city, institution) sovraffollamento *m*
overdo /əʊvəˈduː/ *vt* (*pt* **-did**, *pp* **-done**) esagerare; (cook too long) stracuocere; **~ it** infml (do too much) strafare
overdose /ˈəʊvədəʊs/ *n* overdose *f inv*
overdraft /ˈəʊvədrɑːft/ *n* scoperto *m*; **have an ~** avere il conto scoperto
overdraw /əʊvəˈdrɔː/ *vt* (*pt* **-drew**, *pp* **-drawn**) **~ one's account** andare allo scoperto; **be ~n by...** ‹*account*› essere scoperto di...
overdressed /əʊvəˈdrest/ *adj* troppo elegante
overdrive /ˈəʊvədraɪv/ *n* Auto overdrive *m inv*
overdue /əʊvəˈdjuː/ *adj* in ritardo
overeat /əʊvərˈiːt/ *vi* mangiare troppo
overemphasize /əʊvərˈemfəsaɪz/ *vt* esagerare ‹*importance*›; dare troppo rilievo a ‹*aspect, fact*›
overenthusiastic /əʊvərɪnθjuːzɪˈæstɪk/ *adj* troppo entusiasta
overestimate /əʊvərˈestɪmeɪt/ *vt* sopravvalutare
overexcited /əʊvərɪkˈsaɪtɪd/ *adj* sovreccitato; **get ~** sovreccitarsi
overexert /əʊvərɪgˈzɜːt/ *vt* **~ oneself** sovraffaticarsi
overexposure /əʊvərekˈspəʊʒə(r)/ *n* Phot sovresposizione *f*; (in the media) attenzione *f* eccessiva da parte dei media
overfeed /əʊvəˈfiːd/ *vt* sovralimentare ‹*child, pet*›; concimare troppo ‹*plant*›
overflow¹ /ˈəʊvəfləʊ/ *n* (water) acqua *f* che deborda; (people) pubblico *m* in eccesso; (outlet) scarico *m*
overflow² /əʊvəˈfləʊ/ *vi* debordare
overgenerous /əʊvəˈdʒenərəs/ *adj* ‹*amount*› troppo generoso
overgrown /əʊvəˈgrəʊn/ *adj* ‹*garden*› coperto di erbacce
overhang¹ /ˈəʊvəhæŋ/ *n* sporgenza *f*
overhang² /əʊvəˈhæŋ/ **A** *vi* (*pt/pp* **-hung**) sporgere
B *vt* sovrastare
overhanging /əʊvəˈhæŋɪŋ/ *adj* ‹*ledge, cliff*› sporgente
overhaul¹ /ˈəʊvəhɔːl/ *n* revisione *f*
overhaul² /əʊvəˈhɔːl/ *vt* Techn revisionare
overhead¹ /əʊvəˈhed/ *adv* in alto

overhead² /ˈəʊvəhed/ **A** *adj* aereo; ‹*railway*› sopraelevato; ‹*lights*› da soffitto **B** *n* AmE, (Br **~s** *npl*) spese *fpl* generali

overhead light *n* lampada *f* da soffitto

overhead locker *n* Aeron scomparto *m* [per il bagaglio a mano]

overhead projector *n* lavagna *f* luminosa

overhear /əʊvəˈhɪə(r)/ *vt* (*pt/pp* **-heard**) sentire per caso ‹*conversation*›; **I ~d him saying it** l'ho sentito per caso mentre lo diceva

overheat /əʊvəˈhiːt/ **A** *vi* Auto surriscaldarsi **B** *vt* surriscaldare

over-indulge **A** *vi* eccedere **B** *vt* viziare ‹*child*›

over-indulgence *n* (excess) eccesso *m*; (laxity towards) indulgenza *f* eccessiva

overjoyed /əʊvəˈdʒɔɪd/ *adj* felicissimo

overkill /ˈəʊvəkɪl/ *n* (exaggerated treatment) esagerazione *f*

overland /ˈəʊvəlænd/ *adj & adv* via terra; **~ route** via *f* terrestre

overlap /əʊvəˈlæp/ **A** *vi* (*pt/pp* **-lapped**) sovrapporsi **B** *vt* sovrapporre

overlay /əʊvəˈleɪ/ *vt* ricoprire

overleaf /əʊvəˈliːf/ *adv* sul retro

overload¹ /əʊvəˈləʊd/ *vt* sovraccaricare

overload² /ˈəʊvələʊd/ *n* Electr sovratensioni *fpl*

overlook /əʊvəˈlʊk/ *vt* dominare; (fail to see, ignore) lasciarsi sfuggire

overly /ˈəʊvəlɪ/ *adv* eccessivamente

overmanned /əʊvəˈmænd/ *adj* con un'eccedenza di personale

overmanning /əʊvəˈmænɪŋ/ *n* eccesso *m* di personale

overmuch /əʊvəˈmʌtʃ/ *adv* troppo

overnight¹ /ˈəʊvənaɪt/ *adj* notturno

overnight² /əʊvəˈnaɪt/ *vt inviare tramite sistemi di spedizione notturna con consegna il mattino seguente* ‹*goods*›

overnight bag *n* piccola borsa *f* da viaggio

overnight stay *n* sosta *f* per la notte

overpass /ˈəʊvəpɑːs/ *n* AmE cavalcavia *m inv*

overpay /əʊvəˈpeɪ/ *vt* (*pt/pp* **-paid**) strapagare

overplay /əɪvəˈpleɪ/ *vt* (exaggerate) esagerare

overpopulated /əʊvəˈpɒpjʊleɪtɪd/ *adj* sovrappopolato

overpower /əʊvəˈpaʊə(r)/ *vt* sopraffare

overpowering /əʊvəˈpaʊərɪŋ/ *adj* insostenibile

overpriced /əʊvəˈpraɪst/ *adj* troppo caro

overproduce /əʊvəprəˈdjuːs/ *vt* produrre in eccesso

overqualified /əʊvəˈkwɒlɪfaɪd/ *adj* troppo qualificato

overrate /əʊvəˈreɪt/ *vt* sopravvalutare

overrated /əʊvəˈreɪtɪd/ *adj* sopravvalutato

overreach /əʊvəˈriːtʃ/ *vt* **~ oneself** puntare troppo in alto

overreact /əʊvərɪˈækt/ *vi* avere una reazione eccessiva

overreaction /əʊvərɪˈækʃn/ *n* reazione *f* eccessiva

override /əʊvəˈraɪd/ *vt* (*pt* **-rode**, *pp* **-ridden**) passare sopra a

overriding /əʊvəˈraɪdɪŋ/ *adj* prevalente

overrule /əʊvəˈruːl/ *vt* annullare ‹*decision*›; **we were ~d by the chairman** il direttore ha prevalso su di noi

overrun /əʊvəˈrʌn/ *vt* (*pt* **-ran**, *pp* **-run**, *pres p* **-running**) invadere; oltrepassare ‹*time*›; **be ~ with** essere invaso da

overseas¹ /əʊvəˈsiːz/ *adv* oltremare

overseas² /ˈəʊvəsiːz/ *adj* d'oltremare

oversee /əʊvəˈsiː/ *vt* (*pt* **-saw**, *pp* **-seen**) sorvegliare

oversell /əʊvəˈsel/ *vt* lodare esageratamente ‹*idea, plan*›

oversensitive /əʊvəˈsensɪtɪv/ *adj* ‹*person*› ipersensibile

oversexed /əʊvəˈsekst/ *adj* infml **be ~** essere un maniaco/una maniaca del sesso

overshadow /əʊvəˈʃædəʊ/ *vt* adombrare

overshoot /əʊvəˈʃuːt/ *vt* (*pt/pp* **-shot**) oltrepassare

oversight /ˈəʊvəsaɪt/ *n* disattenzione *f*; **an ~** una svista

oversimplification /əʊvəsɪmplɪfɪˈkeɪʃn/ *n* semplificazione *f* eccessiva

oversimplified /əʊvəˈsɪmplɪfaɪd/ *adj* semplicistico

oversimplify /əʊvəˈsɪmplɪfaɪ/ *vt* semplificare eccessivamente

oversize /əʊvəˈsaɪz/, **oversized** /əʊvəˈsaɪzd/ *adj* più grande del normale

oversleep /əʊvəˈsliːp/ *vi* (*pt/pp* **-slept**) svegliarsi troppo tardi

overspend /əʊvəˈspend/ *vi* spendere troppo

overspending /əʊvəˈspendɪŋ/ *n* spese *fpl* eccessive; Fin spese *fpl* superiori al bilancio di previsione

overspill /ˈəʊvəspɪl/ **A** *n* (excess amount) eccedenza *f* **B** *attrib* **~ housing development** città *f* satellite; **~ population** popolazione *f* in eccesso

overstaffed /əʊvəˈstɑːft/ *adj* **be ~** avere personale in eccedenza

overstaffing /əʊvəˈstɑːfɪŋ/ *n* eccedenza *f* di personale

overstate /əʊvəˈsteɪt/ *vt* esagerare; **its importance cannot be ~d** la sua importanza non sarà mai sottolineata a sufficienza; **~ the case** esagerare le cose

overstatement /əʊvəˈsteɪtmənt/ *n* esagerazione *f*

overstay /əʊvəˈsteɪ/ *vt* **~ one's time** trattenersi troppo a lungo; **~ one's visa**

trattenersi oltre la scadenza del visto

overstep /əʊvəˈstep/ *vt* (*pt/pp* **-stepped**) **~ the mark** oltrepassare ogni limite

overstretched /əʊvəˈstretʃt/ *adj* ‹*person*› sovraccarico [di lavoro]; ‹*budget, resources*› sfruttato fino al limite

oversubscribed /əʊvəsəbˈskraɪbd/ *adj* ‹*share issue*› sottoscritto in eccesso; ‹*offer, tickets*› richiesto oltre la disponibilità

overt /əʊˈvɜːt/ *adj* palese

overtake /əʊvəˈteɪk/ *vt & vi* (*pt* **-took**, *pp* **-taken**) sorpassare

overtaking /əʊvəˈteɪkɪŋ/ *n* sorpasso *m*; **no ~** divieto di sorpasso

overtax /əʊvəˈtæks/ *vt* fig abusare di

over-the-counter *adj* ‹*medicines*› da banco

over-the-top *adj* infml esagerato; **go over the top** esagerare

overthrow¹ /ˈəʊvəθrəʊ/ *n* Pol rovesciamento *m*

overthrow² /əʊvəˈθrəʊ/ *vt* (*pt* **-threw**, *pp* **-thrown**) Pol rovesciare

overtime /ˈəʊvətaɪm/ **A** *n* lavoro straordinario *m*
B *adv* **work ~** fare lo straordinario

overtired /əʊvəˈtaɪəd/ *adj* sovraffaticato

overtly /əʊˈvɜːtlɪ/ *adv* apertamente

overtone /ˈəʊvətəʊn/ *n* fig sfumatura *f*

overture /ˈəʊvətjʊə(r)/ *n* Mus preludio *m*; **~s** *pl* fig approccio *msg*; **make ~s to** mostrare un atteggiamento di apertura verso

overturn /əʊvəˈtɜːn/ **A** *vt* ribaltare
B *vi* ribaltarsi

overuse¹ /əʊvəˈjuːs/ *n* **1** (of word, product) abuso *m* **2** (of facility) uso *m* eccessivo; **to be worn through ~** essere consumato dall'uso eccessivo

overuse² /əʊvəˈjuːz/ *vt* fare un uso eccessivo di ‹*machine*›; abusare di ‹*chemical, service, word*›

overvalue /əʊvəˈvæljuː/ *vt* sopravvalutare ‹*currency, property*›

overview /ˈəʊvəvjuː/ *n* visione *f* d'insieme

overweight /əʊvəˈweɪt/ *adj* sovrappeso

overwhelm /əʊvəˈwelm/ *vt* sommergere (**with** di); (with emotion) confondere

overwhelming /əʊvəˈwelmɪŋ/ *adj* travolgente; ‹*victory, majority*› schiacciante

overwhelmingly /əʊvəˈwelmɪŋlɪ/ *adv* ‹*vote, accept, reject*› con una maggioranza schiacciante; ‹*generous*› straordinariamente

overwork /əʊvəˈwɜːk/ **A** *n* lavoro *m* eccessivo
B *vt* far lavorare eccessivamente
C *vi* lavorare eccessivamente

overworked /,əʊvəˈwɜːkt/ *adj* affaticato dal troppo lavoro

overwrite /əʊvəˈraɪt/ *vt* Comput registrare sopra a

overwrought /əʊvəˈrɔːt/ *adj* in stato di agitazione

ovulation /ɒvjʊˈleɪʃn/ *n* ovulazione *f*

ow /aʊ/ *int* ahi!

owe /əʊ/ *vt* also fig dovere (**[to] somebody** a qualcuno); **~ somebody something** dovere qualcosa a qualcuno

owing /ˈəʊɪŋ/ **A** *adj* **be ~** ‹*money*› essere da pagare
B *prep* **~ to** a causa di

owl /aʊl/ *n* gufo *m*

own¹ /əʊn/ **A** *adj* proprio
B *pron* **a car of my ~** una macchina per conto mio; **on one's ~** da solo; **hold one's ~ with** tener testa a; **get one's ~ back** infml prendersi una rivincita

own² *vt* possedere; (confess) ammettere; **I don't ~ it** non mi appartiene
■ **own up** *vi* confessare (**to something** qualcosa)

owner /ˈəʊnə(r)/ *n* proprietario, -a *mf*

owner-driver *n persona* (*f*) *che guida un'auto di sua proprietà*

owner-occupied /-ˈɒkjʊpaɪd/ *adj* abitato dal proprietario

owner-occupier *n persona* (*f*) *che abita in una casa di sua proprietà*

ownership /ˈəʊnəʃɪp/ *n* proprietà *f*

ox /ɒks/ *n* (*pl* **oxen**) bue *m* (*pl* **buoi**)

Oxbridge /ˈɒksbrɪdʒ/ *n le università di Oxford e Cambridge*

oxide /ˈɒksaɪd/ *n* ossido *m*

oxidize /ˈɒksɪdaɪz/ **A** *vt* ossidare
B *vi* ossidarsi

oxygen /ˈɒksɪdʒən/ *n* ossigeno *m*

oxygen mask *n* maschera *f* ad ossigeno

oyster /ˈɔɪstə(r)/ *n* ostrica *f*

oz *abbr* (**ounce(s)**) oncia *f*

ozone /ˈəʊzəʊn/ *n* ozono *m*

ozone depletion *n* distruzione *f* dell'ozonosfera

ozone-friendly *adj* che non danneggia l'ozono

ozone layer *n* fascia *f* d'ozono

O

parola chiave

Pp

p, P /piː/ **A** *n* (letter) p, P *f inv*
B *abbr* BrE (**penny, pence**) penny *m*
p & p *n abbr* (**postage and packing**) spese *fpl* di spedizione
P45 *n* BrE (form) ≈ modello CUD *m*
PA *abbr* **1** (**personal assistant**) segretario, -a *mf* personale **2** AmE (**Pennsylvania**) Pennsylvania *f*
p.a. *abbr* (**per annum**) all'anno
pace /peɪs/ **A** *n* passo *m*; (speed) ritmo *m*; **keep ~ with** camminare di pari passo con
B *vi* **~ up and down** camminare avanti e indietro
pacemaker /ˈpeɪsmeɪkə(r)/ *n* Med pacemaker *m inv*; (runner) battistrada *m inv*
pace-setter *n* (athlete) battistrada *m inv*
Pacific /pəˈsɪfɪk/ *adj & n* **the ~ [Ocean]** l'oceano *m* Pacifico, il Pacifico
pacifier /ˈpæsɪfaɪə(r)/ *n* AmE ciuccio *m*, succhiotto *m*
pacifism /ˈpæsɪfɪzm/ *n* pacifismo *m*
pacifist /ˈpæsɪfɪst/ *n* pacifista *mf*
pacify /ˈpæsɪfaɪ/ *vt* (*pt/pp* **-led**) placare ‹*person*›; pacificare ‹*country*›
pack /pæk/ **A** *n* (of cards) mazzo *m*; (of hounds) muta *f*; (of wolves, thieves) branco *m*; (of cigarettes etc) pacchetto *m*; **a ~ of lies** un mucchio di bugie
B *vt* impacchettare ‹*article*›; fare ‹*suitcase*›; mettere in valigia ‹*swimsuit etc*›; (press down) comprimere; **~ed** (crowded) strapieno, pieno zeppo
C *vi* fare i bagagli; **send somebody ~ing** infml mandare qualcuno a quel paese
■ **pack in** *vt* infml mollare ‹*job*›; **~ it in!** (stop it) piantala!
■ **pack off** *vt* (send) spedire
■ **pack out**: *vt* **be ~ed out** ‹*cinema, shops*› essere strapieno, essere pieno zeppo
■ **pack up** **A** *vt* impacchettare
B *vi* infml ‹*machine*› guastarsi
package /ˈpækɪdʒ/ **A** *n* pacco *m*
B *vt* impacchettare
package deal *n* offerta *f* tutto compreso
package holiday *n* vacanza *f* organizzata
package tour *n* viaggio *m* organizzato
packaging /ˈpækɪdʒɪŋ/ *n* (materials) confezione *f*; (promotion: of product) presentazione *f* pubblicitaria
packed /pækt/ *adj* pieno zeppo; **~ with** pieno zeppo di
packed lunch /pækt/ *n* pranzo *m* al sacco
packer /ˈpækə(r)/ *n* (in factory) imballatore, -trice *mf*
packet /ˈpækɪt/ *n* pacchetto *m*; **cost a ~** infml costare un sacco
pack ice *n* banchisa *f*
packing /ˈpækɪŋ/ *n* imballaggio *m*
pact /pækt/ *n* patto *m*
pad¹ /pæd/ **A** *n* imbottitura *f*; (for writing) bloc-notes *m inv*, taccuino *m*; infml (home) casa *f*
B *vt* (*pt/pp* **padded**) imbottire
pad² *vi* (*pt/pp* **padded**) camminare con passo felpato
■ **pad out** *vt* gonfiare
padded bra *n* reggiseno *m* imbottito
padded cell *n* cella *f* con le pareti imbottite
padded envelope *n* busta *f* imbottita
padded shoulders *npl* spalline *fpl* imbottite
padding /ˈpædɪŋ/ *n* imbottitura *f*; (in written work) fronzoli *mpl*
paddle /ˈpædl/ **A** *n* pagaia *f*; **go for a ~** sguazzare
B *vt* (row) spingere remando
C *vi* (wade) sguazzare
paddling pool *n* (public) piscina *f* per bambini; (inflatable) piscina *f* gonfiabile
paddock /ˈpædək/ *n* recinto *m*
padlock /ˈpædlɒk/ **A** *n* lucchetto *m*
B *vt* chiudere con lucchetto
padre /ˈpɑːdreɪ/ *n* padre *m*
Padua /ˈpædjuə/ *n* Padova *f*
paediatric /piːdɪˈætrɪk/ *adj* pediatrico
paediatrician /piːdɪəˈtrɪʃn/ *n* pediatra *mf*
paediatrics /piːdɪˈætrɪks/ *nsg* pediatria *fsg*
paedophile /ˈpiːdəʊfaɪl/ *n* pedofilo, -a *mf*
paedophilia /piːdəʊˈfɪlɪə/ *n* pedofilia *f*
pagan /ˈpeɪgən/ *adj & n* pagano, -a *mf*
paganism /ˈpeɪgənɪzm/ *n* paganesimo *m*
page¹ /peɪdʒ/ *n* pagina *f*
page² **A** *n* (boy) paggetto *m*; (in hotel) fattorino *m*
B *vt* far chiamare ‹*person*›
pageant /ˈpædʒənt/ *n* parata *f*
pageantry /ˈpædʒəntrɪ/ *n* cerimoniale *m*
pageboy /ˈpeɪdʒbɔɪ/ *n* (at wedding) paggio *m*
page proof *n* bozza *f* definitiva
pager /ˈpeɪdʒə(r)/ *n* cercapersone *m inv*
page three *n* BrE *terza pagina (f) di quotidiano scandalistico inglese con una pin-up*

page three girl *n* BrE pin-up *f inv*

paid /peɪd/ **A** ▶ **pay**
B *adj* ~ **employment** lavoro *m* remunerato; **put ~ to** mettere fine a

paid-up *adj* BrE ‹*member*› che ha pagato la sua quota; ‹*instalment*› versato

pail /peɪl/ *n* secchio *m*

pain /peɪn/ **A** *n* dolore *m*; **be in ~** soffrire; **take ~s to do something** fare il possible per fare qualcosa; **~ in the neck** infml rottura *f* di scatole; ‹*person*› rompiscatole *mf inv*
B *vt* fig addolorare

pained /peɪnd/ *adj* addolorato

painful /'peɪnfʊl/ *adj* doloroso; (laborious) penoso

painfully /'peɪnfʊlɪ/ *adv* **~ shy** incredibilmente timido

painkiller /'peɪnkɪlə(r)/ *n* calmante *m*

painkilling /'peɪnkɪlɪŋ/ *adj* antinevralgico

painless /'peɪnlɪs/ *adj* indolore

painlessly /'peɪnlɪslɪ/ *adv* in modo indolore

painstaking /'peɪnzteɪkɪŋ/ *adj* minuzioso

paint /peɪnt/ **A** *n* pittura *f*; **~s** *pl* colori *mpl*
B *vt & vi* pitturare; ‹*artist*› dipingere; **~ the town red** folleggiare
■ **paint over** *vt* (cover with paint) coprire di vernice

paintbox /'peɪntbɒks/ *n* scatola *f* di colori

paintbrush /'peɪntbrʌʃ/ *n* pennello *m*

painter /'peɪntə(r)/ *n* pittore, -trice mf; (decorator) imbianchino *m*

pain threshold *n* soglia *f* del dolore

painting /'peɪntɪŋ/ *n* pittura *f*; (picture) dipinto *m*

paint pot *n* latta *f* di pittura

paint remover *n* sverniciante *m*

paint roller *n* rullo *m*

paint spray *n* pistola *f* a spruzzo

paint stripper *n* (tool) macchina *f* sverniciante; (chemical) sverniciante *m*

paintwork *n* pittura *f*

pair /peə(r)/ *n* paio *m*; (of people) coppia *f*; **a ~ of trousers/scissors** un paio di pantaloni/forbici
■ **pair off** *vi* mettersi in coppia
■ **pair up** *vi* ‹*dancers*› fare coppia; (for game) formare una coppia

paisley /'peɪzlɪ/ *n* motivo *m* cachemire *inv*

pajamas /pə'dʒɑːməz/ *npl* AmE = **pyjamas**

Pakistan /pɑːkɪ'stɑːn/ *n* Pakistan *m*

Pakistani /pɑːkɪ'stɑːnɪ/ *adj & n* pakistano, -a *mf*

pal /pæl/ *n* infml amico, -a *mf*
■ **pal up** *vi* infml (become friends) fare amicizia (with con)

palace /'pælɪs/ *n* palazzo *m*

palaeontologist /pælɪən'tɒlədʒɪst/ *n* paleontologo, -a *mf*

palaeontology /pælɪən'tɒlədʒɪ/ *n* paleontologia *f*

palatable /'pælətəbl/ *adj* gradevole al gusto

palate /'pælət/ *n* palato *m*

palatial /pə'leɪʃl/ *adj* sontuoso

palaver /pə'lɑːvə(r)/ *n* infml (fuss) storie *fpl*

pale¹ /peɪl/ *n* (stake) palo *m*; **beyond the ~** fig inaccettabile

pale² **A** *adj* pallido
B *vi* impallidire; **~ into insignificance** diventare insignificante

paleness /'peɪlnɪs/ *n* pallore *m*

Palestine /'pælɪstaɪn/ *n* Palestina *f*

Palestinian /pælə'stɪnɪən/ *adj & n* palestinese *mf*

palette /'pælɪt/ *n* tavolozza *f*

palette knife *n* spatola *f*

paling /'peɪlɪŋ/ *n* (stake) palo *m*; (fence) palizzata *f*

palisade /pælɪ'seɪd/ *n* (fence) palizzata *f*

pall /pɔːl/ **A** *n* drappo *m* funebre; fig velo *m* di tristezza; (of smoke) cappa *f*
B *vi* stufare

pallet /'pælɪt/ *n* pallet *m inv*

palliative /'pælɪətɪv/ *n* palliativo *m*

pallid /'pælɪd/ *adj* pallido

pallor /'pælə(r)/ *n* pallore *m*

palm /pɑːm/ *n* palmo *m*; (tree) palma *f*
■ **palm off**: *vt* **~ something off on somebody** rifilare qualcosa a qualcuno

palmist /'pɑːmɪst/ *n* chiromante *mf*

palmistry /'pɑːmɪstrɪ/ *n* chiromanzia *f*

Palm Sunday *n* Domenica *f* delle Palme

palmtop, palmtop computer *n* Comput palmtop *m inv*

palpable /'pælpəbl/ *adj* palpabile; (perceptible) tangibile

palpate /pæl'peɪt/ *vi* palpare

palpitate /'pælpɪteɪt/ *vi* palpitare

palpitations /pælpɪ'teɪʃnz/ *npl* palpitazioni *fpl*

paltry /'pɔːltrɪ/ *adj* (**-ier**, **-iest**) insignificante

pampas /'pæmpəs/ *n* pampas *fpl*

pamper /'pæmpə(r)/ *vt* viziare

pamphlet /'pæmflɪt/ *n* opuscolo *m*

pan /pæn/ **A** *n* tegame *m*, pentola *f*; (for frying) padella *f*; (of scales) piatto *m*
B *vt* (*pt/pp* **panned**) infml (criticize) stroncare
■ **pan out** *vi* infml (develop) svilupparsi

panacea /pænə'siːə/ *n* panacea *f*

panache /pə'næʃ/ *n* stile *m*

Panama /'pænəmɑː/ *n* Panama *m*; **the ~ Canal** il canale di Panama

pancake /'pænkeɪk/ *n* crêpe *f inv*, frittella *f*

Pancake Day *n* martedì *m* grasso

pancreas /'pæŋkrɪəs/ *n* pancreas *m inv*

panda /'pændə/ *n* panda *m inv*

panda car *n* macchina *f* della polizia

---

parola chiave

pandemonium /pændɪˈməʊnɪəm/ *n* pandemonio *m*

pander /ˈpændə(r)/ *vi* ~ **to somebody** compiacere qualcuno

pane /peɪn/ *n* ~ **[of glass]** vetro *m*

panel /ˈpænl/ *n* pannello *m*; (group of people) giuria *f*; ~ **of experts** gruppo *m* di esperti; ~ **of judges** giuria *f*

panelling /ˈpænəlɪŋ/ *n* pannelli *mpl*

panellist /ˈpænəlɪst/ *n* Radio, TV partecipante *mf*

pan-fry *vt* friggere

pang /pæŋ/ *n* ~**s of hunger** morsi *mpl* della fame; ~**s of conscience** rimorsi *mpl* di coscienza

panhandler /ˈpænhændlə(r)/ *n* AmE infml mendicante *mf*

panic /ˈpænɪk/ **A** *n* panico *m*
B *vi* (*pt/pp* **panicked**) lasciarsi prendere dal panico

panic button *n* infml **hit the** ~ farsi prendere dal panico

panic buying *n* accaparramento *m*

panicky /ˈpænɪkɪ/ *adj* che si lascia prendere dal panico facilmente

panic-stricken /ˈpænɪkstrɪkən/ *adj* in preda al panico

pannier /ˈpænɪə(r)/ *n* (on bike) borsa *f*; (on mule) bisaccia *f*

panorama /pænəˈrɑːmə/ *n* panorama *m*

panoramic /pænəˈræmɪk/ *adj* panoramico

pan scourer *n* paglietta *f*

pansy /ˈpænzɪ/ *n* viola *f* del pensiero; infml (effeminate man) finocchio *m*

pant /pænt/ *vi* ansimare

pantechnicon /pænˈteknɪkən/ *n* furgone *m* per traslochi

panther /ˈpænθə(r)/ *n* pantera *f*

panties /ˈpæntɪz/ *npl* AmE mutandine *fpl*

panting /ˈpæntɪŋ/ *adj* ansante

pantomime /ˈpæntəmaɪm/ *n* pantomima *f*

pantry /ˈpæntrɪ/ *n* dispensa *f*

pants /pænts/ *npl* (underwear) mutande *fpl*; (woman's) mutandine *fpl*; AmE (trousers) pantaloni *mpl*

panty girdle /ˈpæntɪ/ *n* guaina *f*

pantyhose *n* AmE collant *m inv*

panty liner *n* salvaslip *m inv*

papal /ˈpeɪpl/ *adj* papale

paparazzi /pæpəˈrætzɪ/ *npl* paparazzi *mpl*

paper /ˈpeɪpə(r)/ **A** *n* carta *f*; (wallpaper) carta *f* da parati; (newspaper) giornale *m*; (exam) esame *m* scritto; (treatise) saggio *m*; ~**s** *pl* (documents) documenti *mpl*; (for identification) documento *msg* [d'identità]; **on** ~ in teoria; **put down on** ~ mettere per iscritto
B *attrib* di carta; (version) su carta
C *vt* tappezzare
■ **paper over**: *vt* ~ **over the cracks** dissimulare le divergenze

paperback *n* edizione *f* economica

paper bank *n* contenitore *m* per la raccolta della carta

paper boy *n* ragazzo *m* che recapita i giornali a domicilio

paper chain *n* festone *m* di carta

paper chase *n corsa (f) campestre in cui i partecipanti seguono una scia di pezzetti di carta*

paper clip *n* graffetta *f*

paper currency *n* banconote *fpl*

paper feed tray *n* Comput vassoio *m* della carta

paperknife *n* tagliacarte *m inv*

paper mill *n* cartiera *f*

paper money *n* cartamoneta *f*

paper napkin *n* tovagliolo *m* di carta

paper round *n* **he does a** ~ recapita i giornali a domicilio

paper shop *n* edicola *f*

paper shredder *n* distruttore *m* di documenti

paper-thin *adj* sottilissimo

paper towel *n* (toilet) asciugamano *m* di carta; (kitchen) carta *f* asciugatutto

paper-weight *n* fermacarte *m inv*

paperwork *n* lavoro *m* d'ufficio

papery /ˈpeɪpərɪ/ *adj* ‹*texture, leaves*› cartaceo

paprika /pəˈpriːkə/ *n* paprica *f*

Papua New Guinea *n* Papua Nuova Guinea *f*

par /pɑː(r)/ *n* (in golf) par *m inv*; **on a** ~ **with** alla pari con; **feel below** ~ essere un po' giù di tono

para¹ /ˈpærə/ *n* (paragraph) paragrafo *m*

para² *n* BrE Mil para *m inv*

parable /ˈpærəbl/ *n* parabola *f*

parachute /ˈpærəʃuːt/ **A** *n* paracadute *m inv*
B *vi* lanciarsi col paracadute

parachute drop *n* (of supplies) lancio *m* col paracadute

parachute jump *n* lancio *m* col paracadute

parachuting /ˈpærəʃuːtɪŋ/ *n* paracadutismo *m*

parachutist /ˈpærəʃuːtɪst/ *n* paracadutista *mf*

parade /pəˈreɪd/ **A** *n* (military) parata *f* militare; (display) sfoggio *m*
B *vi* sfilare
C *vt* (show off) far sfoggio di

parade ground *n* piazza *f* d'armi

paradigm /ˈpærədaɪm/ *n* paradigma *m*

paradise /ˈpærədaɪs/ *n* paradiso *m*

paradox /ˈpærədɒks/ *n* paradosso *m*

paradoxical /pærəˈdɒksɪkl/ *adj* paradossale

paradoxically /pærəˈdɒksɪklɪ/ *adv* paradossalmente

paraffin /ˈpærəfɪn/ *n* paraffina *f*; (oil) cherosene *m*

paragliding /ˈpærəglaɪdɪŋ/ *n* parapendio *m*

paragon /'pærəgən/ *n* ~ **of virtue** modello *m* di virtù

paragraph /'pærəgrɑ:f/ *n* paragrafo *m*

Paraguay /'pærəgwaɪ/ *n* Paraguay *m*

parallel /'pærəlel/ **A** *adj & adv* parallelo **B** *n* Geog fig parallelo *m*; (line) parallela *f* **C** *vt* essere paragonabile a

parallel bars *npl* parallele *fpl*

parallelogram /pærə'leləʊgræm/ *n* Math parallelogramma *m*

parallel port *n* Comput porta *f* parallela

Paralympics /pærə'lɪmpɪks/ *npl* Paraolimpiadi *fpl*

paralyse /'pærəlaɪz/ *vt* paralizzare

paralysis /pə'ræləsɪs/ *n* (*pl* **-ses** /pə'ræləsi:z/) paralisi *f inv*

paralytic /pærə'lɪtɪk/ *adj* ‹*person*› paralitico; ‹*arm, leg*› paralizzato; BrE infml (drunk) ubriaco fradicio

paramedic /pærə'medɪk/ *n* paramedico *m*

parameter /pə'ræmɪtə(r)/ *n* parametro *m*

paramilitary /pærə'mɪlɪtrɪ/ **A** *n* appartenente *mf* ad un gruppo paramilitare **B** *adj* paramilitare

paramount /'pærəmaʊnt/ *adj* supremo; **be** ~ essere essenziale

paranoia /pærə'nɔɪə/ *n* paranoia *f*

paranoid /'pærənɔɪd/ *adj* paranoico

paranormal /pærə'nɔ:məl/ *adj & n* paranormale *m*

parapet /'pærəpɪt/ *n* parapetto *m*

paraphernalia /pærəfə'neɪlɪə/ *n* armamentario *m*

paraphrase /'pærəfreɪz/ **A** *n* parafrasi *f inv* **B** *vt* parafrasare

paraplegic /pærə'pli:dʒɪk/ *adj & n* paraplegico, -a *mf*

parascending /'pærəsendɪŋ/ *n* BrE paracadutismo *m* ascensionale

parasite /'pærəsaɪt/ *n* parassita *m*

parasitic /pærə'sɪtɪk/ *adj* parassitario

parasol /'pærəsɒl/ *n* parasole *m*

paratrooper /'pærətru:pə(r)/ *n* paracadutista *mf*

parboil /'pɑ:bɔɪl/ *vt* scottare

parcel /'pɑ:sl/ *n* pacco *m*

■ **parcel up** *vt* impacchettare ‹*clothes etc*›

parcel bomb *n* pacco *m* bomba *inv*

parch /pɑ:tʃ/ *vt* disseccare; **be ~ed** ‹*person*› morire dalla sete

parched /pɑ:tʃt/ *adj* ‹*land*› riarso; (thirsty) **I'm** ~ sto morendo di sete

parchment /'pɑ:tʃmənt/ *n* pergamena *f*

pardon /'pɑ:dn/ **A** *n* perdono *m*; Jur grazia *f*; ~**?** prego?; **I beg your** ~**?** fml chiedo scusa?; **I do beg your** ~ (sorry) chiedo scusa! **B** *vt* perdonare; Jur graziare

pare /peə(r)/ *vt* (peel) pelare

parent /'peərənt/ *n* genitore *m*

parentage /'peərəntɪdʒ/ *n* natali *mpl*

parental /pə'rentl/ *adj* dei genitori

parent company *n* casa *f* madre

parenthesis /pə'renθəsɪs/ *n* (*pl* **-ses** /pə'renθəsi:z/) parentesi *f inv*

parenthood /'peərənthʊd/ *n* (fatherhood) paternità *f*; (motherhood) maternità *f*

parenting /'peərəntɪŋ/ *n* educazione *f* dei figli; ~ **classes** *corsi di sostegno pratico e psicologico per nuovi genitori*

parents' evening *n* riunione *f* dei genitori degli alunni

parer /'peərə(r)/ *n* pelapatate *m*

pariah /pə'raɪə/ *n* paria *mf*

parings /'peərɪŋz/ *npl* (of fruit) bucce *fpl*; (of nails) ritagli *mpl* di unghie

Paris /'pærɪs/ *n* Parigi *f*

parish /'pærɪʃ/ *n* parrocchia *f*

parishioner /pə'rɪʃənə(r)/ *n* parrocchiano, -a *mf*

parish priest *n* (Catholic) parroco *m*; (Protestant) pastore *m*

Parisian /pə'rɪzɪən/ *adj & n* parigino, -a *mf*

parity /'pærətɪ/ *n* parità *f*

park /pɑ:k/ **A** *n* parco *m* **B** *vt* Auto posteggiare, parcheggiare; ~ **oneself** infml installarsi **C** *vi* posteggiare, parcheggiare

parka /'pɑ:kə/ *n* parka *m inv*

park-and-ride *n parcheggio* (*m*) *collegato al centro di una città da mezzi pubblici*

parking /'pɑ:kɪŋ/ *n* parcheggio *m*, posteggio *m*; **'no ~'** 'divieto di sosta'

parking attendant *n* parcheggiatore, -trice *mf*, posteggiatore, -trice *mf*

parking lot *n* AmE posteggio *m*, parcheggio *m*

parking meter *n* parchimetro *m*

parking space *n* posteggio *m*, parcheggio *m*

parkland *n* parco *m*

park ranger, park warden *n* guardaparco *m inv*

parliament /'pɑ:ləmənt/ *n* parlamento *m*

parliamentary /pɑ:lə'mentərɪ/ *adj* parlamentare

parlour /'pɑ:lə(r)/ *n* salotto *m*

parochial /pə'rəʊkɪəl/ *adj* parrocchiale; fig ristretto

parochialism /pə'rəʊkɪəlɪzm/ *n* campanilismo *m*

parody /'pærədɪ/ **A** *n* parodia *f* **B** *vt* (*pt/pp* **-ied**) parodiare

parole /pə'rəʊl/ **A** *n* **on** ~ sulla parola; **eligible for** ~ suscettibile di essere liberato sulla parola **B** *vt* mettere in libertà sulla parola

paroxysm /'pærəksɪzm/ *n* accesso *m*

parquet floor /'pɑ:keɪ/ *n* parquet *m inv*

parquet flooring /ˈflɔːrɪŋ/ *n* parquet *m inv*
parrot /ˈpærət/ *n* pappagallo *m*
parry /ˈpærɪ/ *vt* (*pt/pp* **-ied**) parare ‹*blow*›; (in fencing) eludere
parse /pɑːz/ *vt* fare l'analisi grammaticale di ‹*sentence*›; Comput analizzare la sintassi di
parsimonious /pɑːsɪˈməʊnɪəs/ *adj* parsimonioso
parsing /ˈpɑːzɪŋ/ *n* analisi *f* grammaticale; Comput analisi *f* sintattica
parsley /ˈpɑːslɪ/ *n* prezzemolo *m*
parsnip /ˈpɑːsnɪp/ *n* pastinaca *f*
parson /ˈpɑːsn/ *n* pastore *m*
part /pɑːt/ **A** *n* parte *f*; (of machine) pezzo *m*; **for my ~** per quanto mi riguarda; **on the ~ of** da parte di; **take sb's ~** prendere le parti di qualcuno; **take ~ in** prendere parte a
B *adv* in parte
C *vt* **~ one's hair** farsi la riga
D *vi* ‹*people*› separarsi; **~ with** separarsi da
part exchange *n* **take in ~** prendere indietro come pagamento parziale
partial /ˈpɑːʃl/ *adj* parziale; **be ~ to** aver un debole per
partiality /pɑːʃɪˈælətɪ/ *n* (liking) predilezione *f*
partially /ˈpɑːʃəlɪ/ *adv* parzialmente; **~ sighted** ipovedente
participant /pɑːˈtɪsɪpənt/ *n* partecipante *mf*
participate /pɑːˈtɪsɪpeɪt/ *vi* partecipare (in a)
participation /pɑːtɪsɪˈpeɪʃn/ *n* partecipazione *f*
participatory /pɑːtɪsɪˈpeɪtərɪ/ *adj* partecipativo
participle /pɑːˈtɪsɪpl/ *n* participio *m*; **present/past ~** participio presente/passato
particle /ˈpɑːtɪkl/ *n* Phys, Gram particella *f*
particular /pəˈtɪkjʊlə(r)/ *adj* particolare; (precise) meticoloso; derog difficile; **in ~** in particolare
particularly /pəˈtɪkjʊləlɪ/ *adv* particolarmente
particulars /pəˈtɪkjʊləz/ *npl* particolari *mpl*
parting /ˈpɑːtɪŋ/ **A** *n* separazione *f*; (in hair) scriminatura *f*
B *attrib* di commiato
partisan /pɑːtɪˈzæn/ *n* partigiano, -a *mf*
partition /pɑːˈtɪʃn/ **A** *n* (wall) parete *f* divisoria; Pol divisione *f*
B *vt* dividere
■ **partition off** *vt* separare
partly /ˈpɑːtlɪ/ *adv* in parte
partner /ˈpɑːtnə(r)/ *n* Comm socio, -a *mf*; (sport, in relationship) compagno, -a *mf*
partnership /ˈpɑːtnəʃɪp/ *n* Comm società *f*
part of speech *n* categoria *f* grammaticale
part owner *n* comproprietario, -a *mf*
part payment *n* acconto *m*
partridge /ˈpɑːtrɪdz/ *n* pernice *f*
part-time *adj & adv* part time; **be** *or* **work ~** lavorare part time
part-way *adv* **~ through the evening** a metà serata
party /ˈpɑːtɪ/ *n* ricevimento *m*, festa *f*; (group) gruppo *m*; Pol partito *m*; Jur parte *f*; **be ~ to** essere parte attiva in
party animal *n* festaiolo, -a *mf*
party dress *n* abito *m* da sera
party-goer *n* festaiolo, -a *mf*
party hat *n* cappellino *m* di carta
party leader *n* dirigente *m* di partito
party line *n* Teleph duplex *m inv*; Pol linea *f* del partito
party piece *n* pezzo *m* forte; **do one's ~** esibirsi nel proprio pezzo forte
party political broadcast *n comunicato* (*m*) *di partito* (*trasmesso per radio o per televisione*)
party politics *npl* politica *fpl* di partito
party wall *n* muro *m* divisorio
pass /pɑːs/ **A** *n* lasciapassare *m inv*; (in mountains) passo *m*; Sport passaggio *m*; Sch (mark) voto *m*, sufficiente *m*; **get a ~** Sch ottenere la sufficienza; **make a ~ at** infml fare delle avances a
B *vt* passare; (overtake) sorpassare; (approve) far passare; (exceed) oltrepassare; fare ‹*remark*›; esprimere ‹*judgement*›; Jur pronunciare ‹*sentence*›; **~ water** orinare; **~ the time** passare il tempo
C *vi* passare; (in exam) essere promosso; **let something ~** fig lasciar correre qualcosa; **~!** (in game) passo!
■ **pass as** *vt* = **pass for**
■ **pass away** *vi* mancare
■ **pass by** *vi* (go past) passare
■ **pass down** *vt* passare; fig trasmettere
■ **pass for** *vt* (be accepted as) passare per
■ **pass off** **A** *vi* (disappear) passare; (take place) svolgersi
B *vt* **~ somebody/something off as** far passare qualcuno/qualcosa per
■ **pass on** *vt* passare ‹*message, information*›
■ **pass on to** *vt* passare a ‹*new subject, next question*›
■ **pass out** *vi* infml svenire
■ **pass over** **A** *vt* (not mention) passare sopra a; **~ somebody over for promotion** non prendere in considerazione qualcuno per una promozione
B *vi* (die) spirare
■ **pass round** *vt* far passare
■ **pass through** *vt* attraversare
■ **pass up** *vt* passare; infml (miss) lasciarsi scappare
passable /ˈpɑːsəbl/ *adj* ‹*road*› praticabile; (satisfactory) passabile
passage /ˈpæsɪdʒ/ *n* passaggio *m*; (corridor) corridoio *m*; (voyage) traversata *f*
pass book *n* Fin libretto *m* di risparmio
passé /pæˈseɪ/ *adj* derog sorpassato

passenger /ˈpæsɪndʒə(r)/ *n* passeggero, -a *mf*
passenger compartment *n* BrE Auto abitacolo *m*
passenger ferry *n* traghetto *m*
passenger plane *n* aereo *m* passeggeri
passenger seat *n* posto *m* accanto al guidatore
passenger train *n* treno *m* passeggeri
passepartout /pæspɑːˈtuː/ *n* (key, frame) passe-partout *m inv*
passer-by /pɑːsəˈbaɪ/ *n* (*pl* **-s-by**) passante *mf*
passing /ˈpɑːsɪŋ, AmE ˈpæs-/ *adj* ‹*motorist*› di passaggio; ‹*thought*› di sfuggita; ‹*reference*› en passant; ‹*resemblance*› vago
passing place /ˈpɑːsɪŋ/ *n piazzola* (*f*) *di sosta per consentire il transito dei veicoli nei due sensi*
passing shot *n* Tennis passante *m*
passion /ˈpæʃn/ *n* passione *f*
passionate /ˈpæʃənət/ *adj* appassionato
passionately /ˈpæʃənətlɪ/ *adv* appassionatamente
passion fruit *n* frutto *m* della passione
passive /ˈpæsɪv/ *adj & n* passivo *m*
passively /ˈpæsɪvlɪ/ *adv* passivamente
passiveness /ˈpæsɪvnɪs/ *n* passività *f*
passive resistance *n* resistenza *f* passiva
passive smoking *n* fumo *m* passivo
pass key *n* (master key) passe-partout *m inv*; (for access) chiave *f*
pass mark *n* Sch [voto *m*] sufficiente *m*
Passover *n* Pasqua *f* ebraica
passport *n* passaporto *m*
password *n* parola *f* d'ordine; password *f inv*
password-protected *adj* Comput ‹*file, site*› protetto da password
past /pɑːst/ **A** *adj* passato; (former) ex; **that's all ~** tutto questo è passato; **in the ~ few days** nei giorni scorsi; **the ~ week** la settimana scorsa
B *n* passato *m*
C *prep* oltre; **at ten ~two** alle due e dieci
D *adv* oltre; **go/come ~** passare
pasta /ˈpæstə/ *n* pasta [asciutta] *f*
paste /peɪst/ **A** *n* pasta *f*; (dough) impasto *m*; (adhesive) colla *f*
B *vt* incollare
■ **paste down** *vt* incollare
■ **paste in** *vt* incollare
■ **paste up** *vt* affiggere ‹*notice, poster*›
paste jewellery *n* bigiotteria *f*
pastel /ˈpæstl/ **A** *n* pastello *m*
B *attrib* pastello *inv*
pasteurization /pɑːstʃəraɪˈzeɪʃn/ *n* pastorizzazione *f*
pasteurize /ˈpɑːstʃəraɪz/ *vt* pastorizzare
pasteurized /ˈpɑːstʃəraɪzd/ *adj* pastorizzato
pastille /ˈpæstɪl/ *n* pastiglia *f*
pastime /ˈpɑːstaɪm/ *n* passatempo *m*
pasting /ˈpeɪstɪŋ/ *n* infml (defeat, criticism) batosta *f*
past master *n* esperto, -a *mf*
pastor /ˈpɑːstə(r)/ *n* pastore *m*
pastoral /ˈpɑːstərəl/ *adj* pastorale
past participle *n* participio *m* passato
pastrami /pæˈstrɑːmɪ/ *n carne* (*f*) *di manzo affumicata*
pastry /ˈpeɪstrɪ/ *n* pasta *f*; **pastries** *pl* pasticcini *mpl*
past tense *n* passato *m*
pasture /ˈpɑːstʃə/ *n* pascolo *m*
pasty¹ /ˈpæstɪ/ *n* ≈ pasticcio *m*
pasty² /ˈpeɪstɪ/ *adj* smorto
pat /pæt/ **A** *n* buffetto *m*; (of butter) pezzetto *m*
B *adv* **have something off ~** conoscere qualcosa a menadito
C *vt* (*pt/pp* **patted**) dare un buffetto a; **~ somebody on the back** fig congratularsi con qualcuno
patch /pætʃ/ **A** *n* toppa *f*; (spot) chiazza *f*; (period) periodo *m*; **not a ~ on** infml molto inferiore a
B *vt* mettere una toppa su
■ **patch up** *vt* riparare alla bell'e meglio; appianare ‹*quarrel*›
patchwork /ˈpætʃwɜːk/ *n* patchwork *m inv*; fig mosaico *m*
patchy /ˈpætʃɪ/ *adj* incostante
pâté /ˈpæteɪ/ *n* pâté *m inv*
patent /ˈpeɪtnt/ **A** *adj* palese
B *n* brevetto *m*
C *vt* brevettare
patent leather *n* vernice *f*
patently /ˈpeɪtəntlɪ/ *adv* in modo palese
paternal /pəˈtɜːnl/ *adj* paterno
paternalism /pəˈtɜːnəlɪzm/ *n* paternalismo *m*
paternalistic /pətɜːnəˈlɪstɪk/ *adj* paternalistico
paternity /pəˈtɜːnətɪ/ *n* paternità *f*
paternity leave *n* congedo *m* di paternità
paternity suit *n* causa *f* per il riconoscimento di paternità
path /pɑːθ/ *n* (*pl* **~s** /pɑːðz/) sentiero *m*; (orbit) traiettoria *f*; fig strada *f*
pathetic /pəˈθetɪk/ *adj* patetico; infml (very bad) penoso
pathological /pæθəˈlɒdʒɪkl/ *adj* patologico
pathologist /pəˈθɒlədʒɪst/ *n* patologo, -a *mf*
pathology /pəˈθɒlədʒɪ/ *n* patologia *f*
pathos /ˈpeɪθɒs/ *n* pathos *m*
patience /ˈpeɪʃns/ *n* pazienza *f*; (game) solitario *m*
patient /ˈpeɪʃnt/ *adj & n* paziente *mf*
patiently /ˈpeɪʃntlɪ/ *adv* pazientemente
patio /ˈpætɪəʊ/ *n* terrazza *f*
patio doors *npl* portafinestra *f*

p

patio garden *n* cortile *m*
patriarch /ˈpeɪtrɪɑːk/ *n* patriarca *m*
patriarchal /ˈpeɪtrɪˈɑːkəl/ *adj* patriarcale
patriarchy /ˈpeɪtrɪɑːkɪ/ *n* patriarcato *m*
patriot /ˈpætrɪət/ *n* patriota *mf*
patriotic /pætrɪˈɒtɪk/ *adj* patriottico
patriotism /ˈpætrɪətɪzm/ *n* patriottismo *m*
patrol /pəˈtrəʊl/ **A** *n* pattuglia *f*
B *vt & vi* pattugliare
patrol boat *n* motovedetta *f*
patrol car *n* autopattuglia *f*
patron /ˈpeɪtrən/ *n* patrono *m*; (of charity) benefattore, -trice *mf*; (of the arts) mecenate *mf*; (customer) cliente *mf*
patronage /ˈpætrənɪdʒ/ *n* patrocinio *m*; (of shop etc) frequentazione *f*
patronize /ˈpætrənaɪz/ *vt* frequentare abitualmente; fig trattare con condiscendenza
patronizing /ˈpætrənaɪzɪŋ/ *adj* condiscendente
patronizingly /ˈpætrənaɪzɪŋlɪ/ *adv* con condiscendenza
patron saint *n* [santo, -a *mf*] patrono, -a *mf*
patter¹ /ˈpætə(r)/ **A** *n* picchiettio *m*
B *vi* picchiettare
patter² *n* (of salesman) chiacchiere *fpl*
pattern /ˈpætn/ *n* motivo *m*; (for knitting, sewing, in behaviour) modello *m*
patterned /ˈpætənd/ *adj* ‹*material*› fantasia
paunch /pɔːntʃ/ *n* pancia *f*
pauper /ˈpɔːpə(r)/ *n* povero, -a *mf*
pause /pɔːz/ **A** *n* pausa *f*
B *vi* fare una pausa
pave /peɪv/ *vt* pavimentare; **~ the way** preparare la strada (**for** a)
pavement /ˈpeɪvmənt/ *n* marciapiede *m*
pavement café *n* caffè *m* con tavolini all'aperto
pavilion /pəˈvɪljən/ *n* padiglione *m*; Cricket *costruzione (f) annessa al campo da gioco con gli spogliatoi*
paving /ˈpeɪvɪŋ/ *n* lastricato *m*
paving slab, paving stone *n* lastra *f* di pietra
paw /pɔː/ **A** *n* zampa *f*
B *vt* infml mettere le zampe addosso a
pawn¹ /pɔːn/ *n* (in chess) pedone *m*; fig pedina *f*
pawn² **A** *vt* impegnare
B *n* **in ~** in pegno
pawnbroker /ˈpɔːnbrəʊkə(r)/ *n* prestatore, -trice *mf* su pegno
pawnshop /ˈpɔːnʃɒp/ *n* monte *m* di pietà
pawpaw /ˈpɔːpɔː/ *n* papaia *f*
pay /peɪ/ **A** *n* paga *f*; **in the ~ of** al soldo di
B *vt* (*pt/pp* **paid**) pagare; prestare ‹*attention*›; fare ‹*compliment; visit*›; **~ cash** pagare in contanti
C *vi* pagare; (be profitable) rendere; **it doesn't ~ to ...** fig è fatica sprecata ...; **~ in instalments** pagare a rate; **~ through the nose** infml pagare profumatamente
■ **pay back** *vt* ripagare
■ **pay for** *vt* pagare per
■ **pay in** *vt* versare
■ **pay off** **A** *vt* saldare ‹*debt*›
B *vi* fig dare dei frutti
■ **pay out** *vt* (spend) pagare
■ **pay up** *vi* pagare
payable /ˈpeɪəbl/ *adj* pagabile; **make ~ to** intestare a
pay-as-you-go *adj* ‹*tariff*› a consumo
pay cheque BrE, **pay check** AmE *n* assegno *m* della paga
pay day *n* giorno *m* di paga
PAYE BrE *abbr* (**pay-as-you-earn**) *trattenute (fpl) fiscali alla fonte*
payee /peɪˈiː/ *n* beneficiario *m*
payer /ˈpeɪə(r)/ *n* pagante *mf*
paying in slip /peɪɪŋˈɪn/ *n* distinta *f* di versamento
payload /ˈpeɪləʊd/ *n* (of bomb) carica *f* esplosiva; (of aircraft, ship) carico *m* utile
payment /ˈpeɪmənt/ *n* pagamento *m*; **~ by instalments** pagamento *m* rateale
pay packet *n* busta *f* paga *inv*
pay-per-view *n* pay per view *f*; **~ programme/film** un film/programma pay per view
payphone *n* telefono *m* pubblico
payroll *n* (list) libro *m* paga; (sum of money) paga *f* del personale; (employees collectively) personale *m*
payslip *n* busta *f* paga *inv*
pay television *n* pay tv *f*
paywall /ˈpeɪwɔːl/ *n* paywall *m inv*, consultazione *f* online a pagamento
pc *abbr* **1** (**per cent**) per cento **2** (**politically correct**) politicamente corretto **3** (**postcard**) cartolina *f* postale
PC *abbr* **1** (**personal computer**) PC *m inv* **2** (**police constable**) agente *m* di polizia
pd *abbr* AmE (**police department**) dipartimento *m* di polizia
PDF *abbr* (**portable document format**) Comput PDF *m*; **a ~ file** un file PDF
PE *n abbr* (**physical education**) educazione *f* fisica
pea /piː/ *n* pisello *m*
peace /piːs/ *n* pace *f*; **~ of mind** tranquillità *f*
peaceable /ˈpiːsəbl/ *adj* pacifico
peace envoy *n* mediatore, -trice *mf*
peaceful /ˈpiːsfʊl/ *adj* calmo, sereno
peacefully /ˈpiːsfʊlɪ/ *adv* in pace
peacekeeping **A** *n* Mil, Pol mantenimento *m* della pace
B *attrib* ‹*force, troops*› di mantenimento della pace
peacemaker *n* mediatore, -trice *mf*
peace process *n* processo *m* di pace

peacetime **A** *n* tempo *m* di pace
B *attrib* ‹*planning, government*› del tempo di pace; ‹*army, alliance, training*› in tempo di pace
peace treaty *n* trattato *m* di pace
peach /pi:tʃ/ *n* pesca *f*; (tree) pesco *m*
peacock /'pi:kɒk/ *n* pavone *m*
pea green *adj* verde pisello *inv*
peak /pi:k/ *n* picco *m*; fig culmine *m*
peaked /pi:kt/ *adj* AmE malaticcio
peaked cap /pi:kt/ *n* berretto *m* a punta
peak hours *npl* ore *fpl* di punta
peak period *n* ora *f* di punta
peak rate *n* tariffa *f* ore di punta; **~ calls** Teleph chiamate a tariffa ore di punta
peak season *n* alta stagione *f*
peak time *n* = **prime time**
peaky /'pi:kɪ/ *adj* BrE malaticcio
peal /pi:l/ *n* (of bells) scampanio *m*; **~s of laughter** fragore *msg* di risate
peanut /'pi:nʌt/ *n* arachide *f*, nocciolina *f* [americana]; **~s** *pl* infml miseria *fsg*
peanut butter *n* burro *m* di arachidi
pear /peə(r)/ *n* pera *f*; (tree) pero *m*
pearl /pɜ:l/ *n* perla *f*
pearl barley *n* orzo *m* perlato
pearl diver *n* pescatore, -trice *mf* di perle
pearl grey **A** *n* grigio *m* perla *inv*
B *adj* grigio perla *inv*
Pearly Gates /pɜ:lɪ/ *npl* hum porte *fpl* del paradiso
peasant /'pezənt/ *n* contadino, -a *mf*
peat /pi:t/ *n* torba *f*
pebble /'pebl/ *n* ciottolo *m*
pebble-dash *n* intonaco *m* a pinocchino
pecan /'pi:kən/ *n* (tree) pecan *m inv*; (nut) noce *f* pecan *inv*
peck /pek/ **A** *n* beccata *f*; (kiss) bacetto *m*
B *vt* beccare; (kiss) dare un bacetto a
■ **peck at** *vi* beccare
pecking order /'pekɪŋ/ *n* gerarchia *f*
peckish /'pekɪʃ/ *adj* **be ~** infml avere un languorino allo stomaco
pecs /peks/ infml **pectorals** /'pektərəlz/ *npl* pettorali *mpl*
pectoral /'pektərəl/ *adj* & *n* pettorale *m*
peculiar /pɪ'kju:lɪə(r)/ *adj* strano; (special) particolare; **~ to** tipico di
peculiarity /pɪkju:lɪ'ærətɪ/ *n* stranezza *f*; (feature) particolarità *f*
peculiarly /pɪ'kju:lɪəlɪ/ *adv* singolarmente
pecuniary /pə'kju:nɪərɪ/ *adj* pecuniario
pedagogical /pedə'gɒdʒɪkl/ *adj* pedagogico
pedagogy /'pedəgɒdʒɪ/ *n* pedagogia *f*
pedal /'pedl/ **A** *n* pedale *m*
B *vi* pedalare
pedal bin *n* pattumiera *f* a pedale

pedant /'pedənt/ *n* pedante *m*
pedantic /pɪ'dæntɪk/ *adj* pedante
pedantically /pɪ'dæntɪklɪ/ *adv* in modo pedante
pedantry /'pedəntrɪ/ *n* pedanteria *f*
peddle /'pedl/ *vt* vendere porta a porta
pedestal /'pedɪstl/ *n* piedistallo *m*
pedestrian /pɪ'destrɪən/ **A** *n* pedone *m*
B *adj* fig scadente
pedestrian crossing *n* passaggio *m* pedonale
pedestrian precinct *n* zona *f* pedonale
pediatrician /,pi:dɪə'trɪʃn/ *n* AmE = **paediatrician**
pedicure /'pedɪkjʊə(r)/ *n* pedicure *f inv*
pedigree /'pedɪgri:/ **A** *n* pedigree *m inv*; (of person) lignaggio *m*
B *attrib* ‹*animal*› di razza, con pedigree
pedlar, peddler /'pedlə(r)/ *n* (old) venditore, -trice *mf* ambulante; **drug ~** spacciatore, -trice *mf* di droga
pedophile /'pedəfaɪl/ *n* AmE = **paedophile**
pee /pi:/ infml **A** *vi* (*pt/pp* **peed**) fare la pipì
B *n* **go for a ~** andare a fare la pipì
peek /pi:k/ infml **A** *vi* sbirciare
B *n* **take a ~ at something** dare una sbirciata a qualcosa
peekaboo /pi:kə'bu:/ *int* cucù
peel /pi:l/ **A** *n* buccia *f*
B *vt* sbucciare
C *vi* ‹*nose etc*› spellarsi; ‹*paint*› staccarsi
■ **peel off** **A** *vt* togliersi ‹*item of clothing*›
B *vi* ‹*wallpaper*› staccarsi; ‹*skin*› squamarsi
peeler /'pi:lə(r)/ *n* sbucciatore *m*
peelings /'pi:lɪŋz/ *npl* bucce *fpl*
peep /pi:p/ **A** *n* sbirciata *f*
B *vi* sbirciare
peephole /'pi:phəʊl/ *n* spioncino *m*
Peeping Tom /'pi:pɪŋ/ *n* infml guardone *m*
peer[1] /pɪə(r)/ *vi* **~ at** scrutare
peer[2] *n* nobile *m*; **his ~s** *pl* (in rank) i suoi pari; (in age) i suoi coetanei
peerage /'pɪərɪdʒ/ *n* BrE Pol nobiltà *f*; (book) almanacco *m* nobiliare; **be given a ~** essere elevato al rango di pari
peer group *n* (of same status) pari *mpl*; (of same age) coetanei *mpl*; **~ pressure** *pressione* (*f*) *esercitata dal gruppo cui si appartiene*
peerless /'pɪəlɪs/ *adj* impareggiabile
peeved /pi:vd/ *adj* infml irritato
peevish /'pi:vɪʃ/ *adj* infml irritabile
peg /peg/ **A** *n* (hook) piolo *m*; (for tent) picchetto *m*; (for clothes) molletta *f*; **off the ~** infml prêt-a-porter
B *vt* (*pt/pp* **pegged**) fissare ‹*prices*›; stendere con le mollette ‹*washing*›
pegboard /'pegbɔ:d/ *n* segnapunti *m inv*
pejorative /pɪ'dʒɒrətɪv/ *adj* peggiorativo
pejoratively /pɪ'dʒɒrətɪvlɪ/ *adv* in modo peggiorativo

p

peke /pi:k/ *n* infml (dog) pechinese *mf*
Pekinese /pi:kˈni:z/ *n* pechinese *mf*
Peking /pi:kɪŋ/ *n* Pechino *f*
pelican /pelɪkən/ *n* pellicano *m*
pelican crossing *n* passaggio *m* pedonale con semaforo
pellet /ˈpelɪt/ *n* pallottola *f*
pell-mell /pelˈmel/ *adv* alla rinfusa
pelmet /ˈpelmɪt/ *n* mantovana *f*
pelt¹ /pelt/ *n* (skin) pelliccia *f*
pelt² **A** *vt* bombardare
B *vi* infml (run fast) catapultarsi; (rain heavily) venir giù a fiotti
■ **pelt along** *vi* (move quickly) precipitarsi lungo
■ **pelt down** *vi* ‹*rain*› venir giù a fiotti
pelvis /ˈpelvɪs/ *n* Anat bacino *m*
pen¹ /pen/ *n* (for animals) recinto *m*
pen² *n* penna *f*; (ball-point) penna *f* a sfera
penal /ˈpi:nl/ *adj* penale
penal code *n* codice *m* penale
penalize /ˈpi:nəlaɪz/ *vt* penalizzare
penalty /ˈpenltɪ/ *n* sanzione *f*; (fine) multa *f*; (in football) [calcio *m* di] rigore *m*
penalty area, **penalty box** *n* area *f* di rigore
penalty clause *n* Comm, Jur clausola *f* penale
penalty kick *n* [calcio *m* di] rigore *m*
penalty shoot-out *n* rigori *mpl*
penance /ˈpenəns/ *n* penitenza *f*
pence /pens/ ▶ **penny**
penchant /ˈpɒ̃ʃɒ̃/ *n* debole *m*
pencil /ˈpensl/ **A** *n* matita *f*
B *vt* (*pt/pp* **pencilled**) scrivere a matita
■ **pencil in** *vt* annotare provvisoriamente ‹*date*›
pencil case *n* [astuccio *m*] portamatite *m inv*
pencil sharpener *n* temperamatite *m inv*
pendant /ˈpendənt/ *n* ciondolo *m*
pending /ˈpendɪŋ/ **A** *adj* in sospeso
B *prep* in attesa di
pendulum /ˈpendjʊləm/ *n* pendolo *m*
penetrate /ˈpenɪtreɪt/ *vt & vi* penetrare
penetrating /ˈpenɪtreɪtɪŋ/ *adj* ‹*sound, stare*› penetrante; ‹*remark*› acuto
penetration /penɪˈtreɪʃn/ *n* penetrazione *f*
penfriend /ˈpenfrend/ *n* amico, -a *mf* di penna
penguin /ˈpeŋgwɪn/ *n* pinguino *m*
penicillin /penɪˈsɪlɪn/ *n* penicillina *f*
peninsula /pɪˈnɪnsjʊlə/ *n* penisola *f*
penis /ˈpi:nɪs/ *n* pene *m*
penitence /ˈpenɪtəns/ *n* penitenza *f*
penitent /penɪtənt/ *adj & n* penitente *mf*
penitentiary /penɪˈtenʃərɪ/ *n* AmE penitenziario *m*
penknife /ˈpennaɪf/ *n* temperino *m*
pen-name *n* pseudonimo *m*
pennant /ˈpenənt/ *n* bandiera *f*
penniless /ˈpenɪlɪs/ *adj* senza un soldo
penny /ˈpenɪ/ *n* (*pl* **pence**; *single coins* **pennies**) penny *m*; AmE centesimo *m*; **spend a ~** infml andare in bagno; **the ~'s dropped!** infml ci è arrivato!
penny-farthing *n* velocipede *m*
penny-pinching /ˈpenɪpɪntʃɪŋ/ **A** *adj* taccagno
B *n* taccagneria *f*
penny whistle *n* zufolo *m*
pen-pusher *n* infml scribacchino, -a *mf*
pension /ˈpenʃn/ *n* pensione *f*
■ **pension off** *vt* (force to retire) mandare in pensione
pensioner /ˈpenʃənə(r)/ *n* pensionato, -a *mf*
pension fund *n* fondo *m* pensioni; (of an individual) fondo *m* pensione
pension scheme *n* piano *m* di pensionamento
pensive /ˈpensəv/ *adj* pensoso
pentagon /ˈpentəgən/ *n* pentagono *m*; AmE Pol **the P~** il Pentagono
pentagonal /penˈtægənəl/ *adj* pentagonale
pentathlete /penˈtæθli:t/ *n* pentatleta *mf*
pentathlon /penˈtæθlɒn/ *n* pentathlon *m inv*
Pentecost /ˈpentɪkɒst/ *n* Pentecoste *f*
penthouse /ˈpenthaʊs/ *n* attico *m*
pent-up /ˈpentʌp/ *adj* represso
penultimate /pɪˈnʌltɪmət/ *adj* penultimo
penury /ˈpenjʊrɪ/ *n* miseria *f*
peony /ˈpiənɪ/ *n* peonia *f*
people /ˈpi:pl/ **A** *npl* persone *fpl*, gente *fsg*; (citizens) popolo *msg*; **a lot of ~** una marea di gente; **the ~** la gente; **English ~** gli inglesi; **~ say** si dice; **for four ~** per quattro
B *vt* popolare
people carrier *n* monovolume *f*
pep /pep/
■ **pep up** *vt* vivacizzare ‹*party, conversation*›; tirare su ‹*person*›
PEP /pep/ *abbr* BrE (**personal equity plan**) piano *m* di investimento azionario personale
pepper /ˈpepə(r)/ **A** *n* pepe *m*; (vegetable) peperone *m*
B *vt* (season) pepare
peppercorn *n* grano *m* di pepe
peppercorn rent affitto *m* nominale
pepper mill *n* macinapepe *m inv*
peppermint *n* menta *f* piperita; (sweet) caramella *f* alla menta
pepper pot *n* pepiera *f*
pep pill /ˈpeppɪl/ *n* infml stimolante *m*
pep talk *n* discorso *m* d'incoraggiamento
peptic /ˈpeptɪk/ *adj* peptico
peptic ulcer *n* ulcera *f* peptica
per /pɜ:(r)/ *prep* per
per annum /pərˈænəm/ *adv* all'anno
per capita /pəˈkæpɪtə/ *adj & adv* pro capite

perceive /pə'siːv/ *vt* percepire; (interpret) interpretare
per cent *adv* per cento
percentage /pə'sentɪdʒ/ *n* percentuale *f*
perceptible /pə'septəbl/ *adj* percettibile; fig sensibile
perceptibly /pə'septɪblɪ/ *adv* percettibilmente; fig sensibilmente
perception /pə'sepʃn/ *n* percezione *f*
perceptive /pə'septɪv/ *adj* perspicace
perch¹ /pɜːtʃ/ **A** *n* pertica *f*
B *vi* ‹*bird*› appollaiarsi
perch² *n inv* (fish) pesce *m* persico
percolate /'pɜːkəleɪt/ *vi* infiltrarsi; ‹*coffee*› passare
percolator /'pɜːkəleɪtə(r)/ *n* caffettiera *f* a filtro
percussion /pə'kʌʃn/ *n* percussione *f*
percussion instrument *n* strumento *m* a percussione
percussionist /pə'kʌʃ(ə)nɪst/ *n* percussionista *mf*
peremptory /pə'remptərɪ/ *adj* perentorio
perennial /pə'renɪəl/ **A** *adj* perenne
B *n* pianta *f* perenne
perfect¹ /'pɜːfɪkt/ **A** *adj* perfetto
B *n* Gram passato *m* prossimo
perfect² /pə'fekt/ *vt* perfezionare
perfection /pə'fekʃn/ *n* perfezione *f*; **to ~** alla perfezione
perfectionism /pə'fekʃənɪzm/ *n* perfezionismo *m*
perfectionist /pə'fekʃ(ə)nɪst/ *adj & n* perfezionista *mf*
perfectly /'pɜːfɪktlɪ/ *adv* perfettamente
perfidious /pə'fɪdɪəs/ *adj* perfido
perforate /'pɜːfəreɪt/ *vt* perforare
perforated /'pɜːfəreɪtɪd/ *adj* perforato; ‹*ulcer*› perforante
perforation /pɜːfə'reɪʃn/ *n* perforazione *f*
perform /pə'fɔːm/ **A** *vt* compiere, fare; eseguire ‹*operation, sonata*›; recitare ‹*role*›; mettere in scena ‹*play*›
B *vi* Theat recitare; Techn funzionare
performance /pə'fɔːməns/ *n* esecuzione *f*; (at theatre, cinema) rappresentazione *f*; Techn rendimento *m*
performance artist *n* performance artist *mf inv*
performance bonus *n* premio *m* di produttività
performance indicators *npl* indicatori *mpl* di performance
performance-related *adj* commensurato alla produttività
performer /pə'fɔːmə(r)/ *n* artista *mf*
performing arts /pə'fɔːmɪŋ/ *npl* arti *fpl* dello spettacolo

perfume /'pɜːfjuːm/ *n* profumo *m*
perfumed /'pɜːfjuːmd/ *adj* profumato
perfunctory /pə'fʌŋktərɪ/ *adj* superficiale
perhaps /pə'hæps/ *adv* forse
peril /'perɪl/ *n* pericolo *m*
perilous /'perɪləs/ *adj* pericoloso
perilously /'perɪləslɪ/ *adv* pericolosamente
perimeter /pə'rɪmɪtə(r)/ *n* perimetro *m*
period /'pɪərɪəd/ **A** *n* periodo *m*; (menstruation) mestruazioni *fpl*; Sch ora *f* di lezione; AmE (full stop) punto *m* fermo
B *attrib* (costume) d'epoca; ‹*furniture*› in stile
periodic /pɪərɪ'ɒdɪk/ *adj* periodico
periodical /pɪərɪ'ɒdɪkl/ *n* periodico *m*, rivista *f*
periodically /pɪərɪ'ɒdɪklɪ/ *adv* periodicamente
period of notice *n* periodo *m* di preavviso
peripheral /pə'rɪfərəl/ **A** *adj* periferico
B *n* Comput periferica *f*
periphery /pə'rɪfərɪ/ *n* periferia *f*
periscope /'perɪskəʊp/ *n* periscopio *m*
perish /'perɪʃ/ *vi* (rot) deteriorarsi; (die) perire
perishable /'perɪʃəbl/ **A** *adj* deteriorabile
B *npl* **~s** *npl* merce *f* deperibile
perished /'perɪʃt/ *adj* infml (freezing cold) **be ~** essere intirizzito
perishing /'perɪʃɪŋ/ *adj* infml **it's ~** fa freddo da morire
peritonitis /perɪtə'naɪtɪs/ *n* peritonite *f*
perjure /'pɜːdʒə(r)/ *vt* **~ oneself** spergiurare
perjury /'pɜːdʒərɪ/ *n* spergiuro *m*
perk¹ /pɜːk/ *n* infml vantaggio *m*
perk² *vi* AmE ‹*coffee*› passare
■ **perk up** **A** *vt* tirare su
B *vi* tirarsi su
perky /'pɜːkɪ/ *adj* allegro
perm /pɜːm/ **A** *n* permanente *f*
B *vt* **~ sb's hair** fare la permanente a qualcuno
permanent /'pɜːmənənt/ **A** *adj* permanente; ‹*job, address*› stabile
B *n* AmE = **perm A**
permanently /'pɜːmənəntlɪ/ *adv* stabilmente
permeable /'pɜːmɪəbl/ *adj* permeabile
permeate /'pɜːmɪeɪt/ *vt* impregnare
permissible /pə'mɪsəbl/ *adj* ammissibile
permission /pə'mɪʃn/ *n* permesso *m*
permissive /pə'mɪsɪv/ *adj* permissivo
permit¹ /pə'mɪt/ *vt* (*pt/pp* **-mitted**) permettere; **~ somebody to do something** permettere a qualcuno di fare qualcosa
permit² /'pɜːmɪt/ *n* autorizzazione *f*
pernicious /pə'nɪʃəs/ *adj* pernicioso
pernickety BrE /pə'nɪkətɪ/, **persnickety** AmE /pərs-/ infml *adj* puntiglioso, pignolo; (about food) difficile
peroxide blonde /pə'rɒksaɪd/ *n* bionda *f* ossigenata

p

parola chiave

perpendicular /pɜːpənˈdɪkjʊlə(r)/ *adj & n* perpendicolare *f*
perpetrate /ˈpɜːpɪtreɪt/ *vt* perpetrare
perpetrator /ˈpɜːpɪtreɪtə(r)/ *n* autore, -trice *mf*
perpetual /pəˈpetjʊəl/ *adj* perenne
perpetually /pəˈpetjʊəlɪ/ *adv* perennemente
perpetuate /pəˈpetjʊeɪt/ *vt* perpetuare
perplex /pəˈpleks/ *vt* lasciare perplesso
perplexed /pəˈplekst/ *adj* perplesso
perplexity /pəˈpleksɪtɪ/ *n* perplessità *f*
perquisite /ˈpɜːsɪkjuːt/ *n* fringe benefit *m inv*, beneficio *m* accessorio
per se /pɜːˈseɪ/ *adv* in sé
persecute /ˈpɜːsɪkjuːt/ *vt* perseguitare
persecution /pɜːsɪˈkjuːʃn/ *n* persecuzione *f*
persecutor /ˈpɜːsɪkjuːtə(r)/ *n* persecutore, -trice *mf*
perseverance /pɜːsɪˈvɪərəns/ *n* perseveranza *f*
persevere /pɜːsɪˈvɪə(r)/ *vi* perseverare
persevering /pɜːsɪˈvɪərɪŋ/ *adj* assiduo
Persian /ˈpɜːʃn/ *adj* persiano
persist /pəˈsɪst/ *vi* persistere; **~ in doing something** persistere nel fare qualcosa
persistence /pəˈsɪstəns/ *n* persistenza *f*
persistent /pəˈsɪsənt/ *adj* persistente
persistently /pəˈsɪstəntlɪ/ *adv* persistentemente
persistent offender *n* recidivo, -a *mf*
person /ˈpɜːsn/ *n* persona *f*; **in ~** di persona
persona /pəˈsəʊnə/ *n* Psych individuo *m*; Theat personaggio *m*
personable /ˈpɜːsənəbl/ *adj* di bella presenza
personage /ˈpɜːsənɪdʒ/ *n* personaggio *m*
personal /pɜːsənl/ *adj* personale
personal ad *n* annuncio *m* personale
personal allowance *n* (in taxation) quota *f* non imponibile
personal assistant *n* segretario, -a *mf* personale
personal belongings *npl* effetti *mpl* personali
personal column *n* rubrica *f* degli annunci personali
personal computer *n* personal computer *m inv*
personal hygiene *n* igiene *f* personale
personality /pɜːsəˈnælətɪ/ *n* personalità *f*; (on TV) personaggio *m*
personalize /ˈpɜːsənəlaɪz/ *vt* personalizzare ‹*stationery, clothing*›; mettere sul piano personale ‹*issue, dispute*›
personal loan *n* prestito *m* a privato
personally /ˈpɜːsənəlɪ/ *adv* personalmente
personal organizer *n* Comput agenda *f* elettronica
personal shopper *n* personal shopper *mf* (*persona che dietro compenso si occupa di fare acquisti per conto altrui o accompagna e consiglia qualcuno nello shopping*)
personal stereo *n* walkman® *m inv*
personification /pəsɒnɪfɪˈkeɪʃn/ *n* **the ~ of** la personificazione di
personify /pəˈsɒnɪfaɪ/ *vt* (*pt/pp* **-ied**) personificare
personnel /pɜːsəˈnel/ *n* personale *m*
personnel director *n* direttore, -trice *mf* del personale
personnel management *n* gestione *f* del personale
perspective /pəˈspektɪv/ *n* prospettiva *f*
perspex® /ˈpɜːspeks/ *n* plexiglas® *m*
perspicacious /pɜːspɪˈkeɪʃəs/ *adj* perspicace
perspiration /pɜːspɪˈreɪʃn/ *n* sudore *m*
perspire /pəˈspaɪə(r)/ *vi* sudare
persuade /pəˈsweɪd/ *vt* persuadere
persuasion /pəˈsweɪʒn/ *n* persuasione *f*; (belief) convinzione *f*
persuasive /pəˈsweɪsɪv/ *adj* persuasivo
persuasively /pəˈsweɪsɪvlɪ/ *adv* in modo persuasivo
pert /pɜːt/ *adj* (lively) esuberante
pertinent /ˈpɜːtɪnənt/ *adj* pertinente (**to** a)
perturb /pəˈtɜːb/ *vt* perturbare
perturbing /pəˈtɜːbɪŋ/ *adj* conturbante
Peru /pəˈruː/ *n* Perù *m*
peruse /pəˈruːz/ *vt* leggere
Peruvian /pəˈruːvɪən/ *adj & n* peruviano, -a *mf*
pervade /pəˈveɪd/ *vt* pervadere
pervasive /pəˈveɪsɪv/ *adj* pervasivo
perverse /pəˈvɜːs/ *adj* perverso; (illogical) irragionevole
perversely /pəˈvɜːslɪ/ *adv* in modo perverso
perversion /pəˈvɜːʃn/ *n* perversione *f*
perversity /pəˈvɜːsɪtɪ/ *n* perversità *f*
pervert[1] /pəˈvɜːt/ *vt* deviare ‹*course of justice*›
pervert[2] /ˈpɜːvɜːt/ *n* pervertito, -a *mf*
perverted /pəˈvɜːtɪd/ *adj* perverso
pessary /ˈpesərɪ/ *n* candeletta *f*
pessimism /ˈpesɪmɪzm/ *n* pessimismo *m*
pessimist /ˈpesɪmɪst/ *n* pessimista *mf*
pessimistic /pesɪˈmɪstɪk/ *adj* pessimistico
pessimistically /pesɪˈmɪstɪklɪ/ *adv* in modo pessimistico
pest /pest/ *n* piaga *f*; infml (person) peste *f*
pester /ˈpestə(r)/ *vt* molestare
pesticide /ˈpestɪsaɪd/ *n* pesticida *m*
pestilential /pestɪˈlenʃəl/ *adj* hum (annoying) fastidiosissimo
pestle /ˈpesl/ *n* pestello *m*
pet /pet/ **A** *n* animale *m* domestico; (favourite) cocco, -a *mf*
B *adj* (favourite) prediletto
C *vt* (*pt/pp* **petted**) coccolare
D *vi* ‹*couple*› praticare il petting

p

petal /'petl/ *n* petalo *m*
peter /'pi:tə(r)/ *vi* ~ **out** finire
pet food *n* cibo *m* per animali
pet hate *n* BrE bestia *f* nera
petite /pə'ti:t/ *adj* minuto
petition /pə'tɪʃn/ *n* petizione *f*
pet name *n* vezzeggiativo *m*
petrified /'petrɪfaɪd/ *adj* (frightened) pietrificato
petrify /'petrɪfaɪ/ *vt* (*pt/pp* **-ied**) pietrificare
petrochemical /petrəʊ'kemɪkl/ *n* prodotto *m* petrolchimico
petrodollar /'petrəʊdɒlə(r)/ *n* petroldollaro *m*
petrol /'petrəl/ *n* BrE benzina *f*
petrol bomb *n* BrE [bomba *f*] molotov *f inv*
petrol can *n* tanica *f* di benzina
petroleum /pɪ'trəʊlɪəm/ *n* petrolio *m*
petroleum jelly *n* vaselina *f*
petrol pump *n* BrE pompa *f* di benzina
petrol station n BrE stazione *f* di servizio
petrol tank *n* BrE serbatoio *m* della benzina
pet shop *n* negozio *m* di animali
petticoat /'petɪkəʊt/ *n* sottoveste *f*
pettifogging /'petɪfɒgɪŋ/ *adj* derog cavilloso
petty /'petɪ/ *adj* (**-ier**, **-iest**) insignificante; (mean) meschino
petty cash *n* cassa *f* per piccole spese
petty crime *n* piccola criminalità *f*
petty minded /-'maɪndɪd/ *adj* meschino
petty officer *n* sottufficiale *m*
petty theft *n* furto *m* di minore entità
petulance /'petjʊləns/ *n* petulanza *f*
petulant /'petjʊlənt/ *adj* petulante
pew /pju:/ *n* banco *m* (*di chiesa*)
pewter /'pju:tə(r)/ *n* peltro *m*
PGCE *n abbr* BrE (**postgraduate certificate in education**) diploma *m* di specializzazione nell'insegnamento
phallic /'fælɪk/ *adj* fallico
phallic symbol *n* simbolo *m* fallico
phallus /'fæləs/ *n* fallo *m*
phantom /'fæntəm/ *n* fantasma *m*
pharaoh /'feərəʊ/ *n* faraone *m*
pharmaceutical /fɑ:mə'sju:tɪkl/ *adj* farmaceutico
pharmacist /'fɑ:məsɪst/ *n* farmacista *mf*
pharmacy /'fɑ:məsɪ/ *n* farmacia *f*
phase /feɪz/ **A** *n* fase *f*
B *vt* **phase in/out** introdurre/eliminare gradualmente
PhD *abbr* (**Doctor of Philosophy**) ≈ dottorato *m* di ricerca
pheasant /'fezənt/ *n* fagiano *m*
phenomenal /fɪ'nɒmɪnl/ *adj* fenomenale; (incredible) incredibile
phenomenally /fɪ'nɒmɪnəlɪ/ *adv* incredibilmente

phenomenon /fɪ'nɒmɪnən/ *n* (*pl* **-na**) fenomeno *m*
phew /fju:/ *int* (when too hot, in relief) uff!; (in surprise) oh!
philanderer /fɪ'lændərə(r)/ *n* donnaiolo *m*
philanthropic /fɪlən'θrɒpɪk/ *adj* filantropico
philanthropist /fɪ'lænθrəpɪst/ *adj* filantropo, -a *mf*
philatelist /fɪ'lætəlɪst/ *n* filatelico, -a *mf*
philately /fɪ'lætəlɪ/ *n* filatelia *f*
philharmonic /fɪhɑ:'mɒnɪk/ **A** *n* (orchestra) orchestra *f* filarmonica
B *adj* filarmonico
Philippines /'fɪlɪpi:nz/ *npl* Filippine *fpl*
philistine /'fɪlɪstaɪn/ *adj* & *n* filisteo, -a *mf*
philology /fɪ'lɒlədʒɪ/ *n* filologia *f*
philosopher /fɪ'lɒsəfə(r)/ *n* filosofo, -a *mf*
philosophical /fɪlə'sɒfɪkl/ *adj* filosofico
philosophically /fɪlə'sɒfɪklɪ/ *adv* con filosofia
philosophy /fɪ'lɒsəfɪ/ *n* filosofia *f*
phishing /'fɪʃɪŋ/ *n* phishing *m inv*
phlebitis /flɪ'baɪtɪs/ *n* flebite *f*
phlegm /flem/ *n* Med flemma *f*
phlegmatic /fleg'mætɪk/ *adj* flemmatico
phobia /'fəʊbɪə/ *n* fobia *f*
phobic /'fəʊbɪk/ *adj* fobico
phoenix /'fi:nɪks/ *n* fenice *f*
phone /fəʊn/ **A** *n* telefono *m*; **be on the** ~ avere il telefono; (be phoning) essere al telefono
B *vt* telefonare a
■ **phone back** *vt* richiamare
■ **phone in** *vi* telefonare al lavoro; **he ~d in sick** ha telefonato [al lavoro] per dire che è ammalato
■ **phone up** **A** *vi* telefonare
B *vt* dare un colpo di telefono a
phone book *n* guida *f* del telefono
phone booth *n* cabina *f* telefonica
phone box *n* cabina *f* telefonica
phone call *n* telefonata *f*
phonecard *n* scheda *f* telefonica
phone hacking /'fəʊn hækɪŋ/ *n* phone hacking *m inv*, intercettazioni *f pl* telefoniche
phone-in *n* trasmissione *f* con chiamate in diretta
phone link *n* phone link *m inv*
phoneme /'fəʊni:m/ *n* fonema *m*
phone number *n* numero *m* telefonico
phonetic /fə'netɪk/ *adj* fonetico
phonetics /fə'netɪks/ *nsg* fonetica *fsg*
phoney /'fəʊnɪ/ **A** *adj* (**-ler**, **-iest**) fasullo
B *n* ciarlatano, -a *mf*
phonology /fə'nɒlədʒɪ/ *n* fonologia *f*
phosphate /'fɒsfeɪt/ *n* fosfato *m*

p

parola chiave

phosphorus /ˈfɒsfərəs/ *n* fosforo *m*

photo /ˈfəʊtəʊ/ *n* foto *f*

photo album *n* album *m inv* di fotografie

photo booth *n* macchina *f* fototessere *inv*

photocall *n* photo opportunity *f inv*

photocell *n* fotocellula *f*

photocopier *n* fotocopiatrice *f*

photocopy **A** *n* fotocopia *f*
B *vt* fotocopiare

photo-engraving *n* fotoincisione *f*

photo finish *n* fotofinish *m*

photofit® *n* BrE fotofit *m inv*

photogenic /fəʊtəʊˈdʒenɪk/ *adj* fotogenico

photograph /ˈfəʊtəgrɑːf/ **A** *n* fotografia *f*
B *vt* fotografare

photographer /fəˈtɒgrəfə(r)/ *n* fotografo, -a *mf*

photographic /fəʊtəˈgræfɪk/ *adj* fotografico

photography /fəˈtɒgrəfɪ/ *n* fotografia *f*

photojournalism *n* fotoreportage *m*

photojournalist *n* fotoreporter *mf inv*

photomontage /fəʊtəʊmɒnˈtɑːʒ/ *n* fotomontaggio *m*

photo opportunity *n* photo opportunity *f inv*

photosynthesis *n* fotosintesi *f*

phrase /freɪz/ **A** *n* espressione *f*
B *vt* esprimere

phrase book *n* libro *m* di fraseologia

phut /fʌt/ *adv* infml **go ~** ‹*car, washing machine etc*› scassarsi; ‹*plan*› andare in fumo

physical /ˈfɪkl/ *adj* fisico

physical education *n* educazione *f* fisica

physical fitness *n* forma *f* fisica

physically /ˈfɪzɪklɪ/ *adv* fisicamente

physically handicapped *adj* handicappato fisicamente

physician /fɪˈzɪʃn/ *n* medico *m*

physicist /ˈfɪzɪsɪst/ *n* fisico, -a *mf*

physics /ˈfɪzɪks/ *nsg* fisica *fsg*

physio /ˈfɪzɪəʊ/ *n* BrE infml (physiotherapist) fisioterapista *mf*; (physiotherapy) fisioterapia *f*

physiology /fɪzɪˈɒlədʒɪ/ *n* fisiologia *f*

physiotherapist /fɪzɪəʊˈθerəpɪst/ *n* fisioterapista *mf*

physiotherapy /fɪzɪəʊˈθerəpɪ/ *n* fisioterapia *f*

physique /fɪˈziːk/ *n* fisico *m*

pianist /ˈpɪənɪst/ *n* pianista *mf*

piano /pɪˈænəʊ/ *n* piano *m*

pianola® /pɪəˈnəʊlə/ *n* pianola® *f*

piazza /pɪˈætsə/ *n* (public square) piazza *f*; AmE (veranda) veranda *f*

pick[1] /pɪk/ *n* (tool) piccone *m*

pick[2] **A** *n* scelta *f*; **take your ~** prendi quello che vuoi
B *vt* (select) scegliere; cogliere ‹*flowers*›; scassinare ‹*lock*›; borseggiare ‹*pockets*›; **~ one's nose** mettersi le dita nel naso; **~ a quarrel** attaccar briga; **~ holes in something** infml (criticize) criticare qualcosa
C *vi* **~ and choose** fare il difficile
■ **pick at** *vt* piluccare ‹*food*›; stuzzicare ‹*scab*›
■ **pick off** *vt* (remove) togliere
■ **pick on** *vt* infml (nag) assillare; **he always ~s on me** ce l'ha con me
■ **pick out** *vt* (identify) individuare
■ **pick up** **A** *vt* sollevare; raccogliere ‹*fallen object, information*›; prendere in braccio ‹*baby*›; prendere ‹*passengers, habit*›; ‹*police*› arrestare ‹*criminal*›; infml rimorchiare ‹*girl*›; prendersi ‹*illness*›; captare ‹*signal*›; (buy) comprare; (learn) imparare; (collect) andare/venire a prendere; **~ oneself up** riprendersi
B *vi* (improve) recuperare; ‹*weather*› rimettersi

pickaxe /ˈpɪkæks/ *n* piccone *m*

picker /ˈpɪkə(r)/ *n* raccoglitore, -trice *mf*

picket /ˈpɪkɪt/ **A** *n* picchettista *mf*
B *vt* picchettare

picket line *n* picchetto *m*

pickings /ˈpɪkɪŋz/ *npl* **rich ~** grossi guadagni

pickle /ˈpɪkl/ **A** *n* **~s** *pl* sottaceti *mpl*; **in a ~** fig nei pasticci
B *vt* mettere sottaceto

pick-me-up *n* (alcohol) cicchetto *m*; (medicine) tonico *m*

pickpocket /ˈpɪkpɒkɪt/ *n* borsaiolo *m*

pick-up *n* (truck) furgone *m*; (on record player) pickup *m inv*

picky /ˈpɪkɪ/ *adj* infml (choosy, fussy) difficile

picnic /ˈpɪknɪk/ **A** *n* picnic *m*
B *vi* (*pt/pp* **-nicked**) fare un picnic

pictogram /ˈpɪktəgræm/ *n* (symbol) pittogramma *m*; (chart) tabella *f*

pictorial /pɪkˈtɔːrɪəl/ *adj* illustrato

picture /ˈpɪktʃə(r)/ **A** *n* (painting) quadro *m*; (photo) fotografia *f*; (drawing) disegno *m*; (film) film *m inv*; **as pretty as a ~** ‹*girl*› bella come una madonna; **put somebody in the ~** fig mettere qualcuno al corrente; **the ~s** BrE infml il cinema
B *vt* (imagine) immaginare

picture card *n* (in pack of cards) figura *f*

picture messaging *n* Teleph messaggeria *f* di immagini

picturesque /pɪktʃəˈresk/ *adj* pittoresco

piddle /ˈpɪdl/ *vi* infml fare pipì

pie /paɪ/ *n* torta *f*

piece /piːs/ *n* pezzo m; (in game) pedina *f*; **a ~ of bread/paper** un pezzo di pane/carta; **a ~ of news/advice/junk** una notizia/un consiglio/una patacca; **take to ~s** smontare
■ **piece together** *vt* montare; fig ricostruire

piecemeal /ˈpiːsmiːl/ *adv* un po' alla volta

piecework /ˈpiːswɜːk/ *n* lavoro *m* a cottimo

pie chart *n* grafico *f* a torta

Piedmont /ˈpiːdmɒnt/ *n* Piemonte *m*

pier /pɪə(r)/ molo *m*; (pillar) pilastro *m*

pierce /pɪəs/ *vt* perforare; **~ a hole in something** fare un buco in qualcosa

piercing /'pɪəsɪŋ/ **A** *adj* penetrante
B *n* (in body) piercing *m inv*

pig /pɪg/ *n* maiale *m*

■ **pig out** *vi* infml abbuffarsi; **~ out on** abbuffarsi di

pigeon /'pɪdʒɪn/ *n* piccione *m*

pigeon-hole **A** *n* casella *f*
B *vt* incasellare

pigeon-toed /-təʊd/ *adj* **be ~** camminare con i piedi in dentro

piggery /'pɪgərɪ/ *n* (pigsty) porcile *m*; infml (overeating) ingordigia *f*

piggyback /'pɪgɪbæk/ *n* **give somebody a ~** portare qualcuno sulle spalle

piggy bank /'pɪgɪ/ *n* salvadanaio *m*

pig-headed /-'hedɪd/ *adj* infml cocciuto

piglet /'pɪglət/ *n* maialino *m*, porcellino *m*

pigment /'pɪgmənt/ *n* pigmento *m*

pigmentation /pɪgmən'teɪʃn/ *n* pigmentazione *f*

pigpen *n* AmE = **pigsty**

pigskin /'pɪgskɪn/ *n* pelle *f* di cinghiale

pigsty *n* BrE porcile *m*

pigtail /'pɪgteɪl/ *n* (plait) treccina *f*

pike /paɪk/ *n inv* (fish) luccio *m*

pilchard /'pɪtʃəd/ *n* sardina *f*

pile /paɪl/ **A** *n* (heap) pila *f*
B *vt* **~ something on to the something** impilare qualcosa su qualcosa

■ **pile in** *vi* (enter, get on) entrare disordinatamente

■ **pile up** **A** *vt* accatastare
B *vi* ammucchiarsi

piles /paɪlz/ *npl* emorroidi *fpl*

pile-up *n* tamponamento *m* a catena

pilfer /'pɪlfə(r)/ *vi & vt* rubacchiare

pilfering /'pɪlfərɪŋ/ *n* piccoli furti *mpl*

pilgrim /'pɪlgrɪm/ *n* pellegrino, -a *mf*

pilgrimage /'pɪlgrɪmɪdʒ/ *n* pellegrinaggio *m*

pill /pɪl/ *n* pillola *f*

pillage /'pɪlɪdʒ/ *vt* saccheggiare

pillar /'pɪlə(r)/ *n* pilastro *m*

pillar box *n* buca *f* delle lettere

pillion /'pɪljən/ *n* sellino *m* posteriore; **ride ~** viaggiare dietro

pillory /'pɪlərɪ/ *vt* (*pt/pp* **-ied**) fig mettere alla berlina

pillow /'pɪləʊ/ *n* guanciale *m*

pillowcase /'pɪləʊkeɪs/ *n* federa *f*

pilot /'paɪlət/ **A** *n* pilota *mf*
B *vt* pilotare

pilot light *n* fiamma *f* di sicurezza

pilot scheme *n* progetto *m* pilota *inv*

pimp /pɪmp/ *n* protettore *m*

pimple /'pɪmpl/ *n* foruncolo *m*

pimply /'pɪmplɪ/ *adj* brufoloso

pin /pɪn/ **A** *n* spillo *m*; Electr spinotto *m*; Med chiodo *m*; **I have ~s and needles in my leg** infml mi formicola una gamba
B *vt* (*pt/pp* **pinned**) appuntare (**to/on** su); (sewing) fissare con gli spilli; (hold down) immobilizzare; **~ something on somebody** infml addossare a qualcuno la colpa di qualcosa

■ **pin down** *vt* (physically) immobilizzare; (to date) far fissare una data a ‹*somebody*›; (identify) definire ‹*feeling, cause*›

■ **pin up** *vt* appuntare; (on wall) affiggere

PIN /pɪn/ *n abbr* (**personal identification number**) [numero *m* di] codice *m* segreto, PIN *m*

pinafore /'pɪnəfɔ:(r)/ *n* grembiule *m*

pinafore dress *n* scamiciato *m*

pinball /'pɪnbɔ:l/ *n* flipper *m inv*

pinball machine *n* flipper *m inv*

pincers /'pɪnsəz/ *npl* tenaglie *fpl*

pinch /pɪntʃ/ **A** *n* pizzicotto *m*; (of salt) presa *f*; **at a ~** infml al limite
B *vt* pizzicare; infml (steal) fregare
C *vi* ‹*shoe*› stringere

pincushion /'pɪnkʊʃən/ *n* puntaspilli *m inv*

pine[1] /paɪn/ *n* (tree) pino *m*

pine[2] *vi* **she is pining for you** le manchi molto

■ **pine away** *vi* deperire

pineapple *n* ananas *m inv*

pine cone *n* pigna *f*

pine needle *n* ago *m* di pino

pine nut *n* pinolo *m*

ping /pɪŋ/ *n* rumore *m* metallico

ping-pong *n* ping-pong *m*

pinhead /'pɪnhed/ *n* capocchia *f* di spillo; infml derog testa *f* di rapa

pink /pɪŋk/ *adj* rosa *inv*

pinking shears, pinking scissors /'pɪŋkɪŋ/ *npl* forbici *fpl* a zigzag

pinnacle /'pɪnəkl/ *n* guglia *f*

PIN number *n* codice *m* segreto, PIN *m*

pinpoint /'pɪnpɔɪnt/ *vt* definire con precisione

pinprick /'pɪnprɪk/ *n* puntura *f* di spillo; fig (of jealousy, remorse) punta *f*

pinstripe /'pɪnstraɪp/ *adj* gessato

pint /paɪnt/ *n* pinta *f Br = 0,57 l, Am = 0,47 l*; **a ~** infml una birra media

pin-up *n* ragazza *f* copertina, pin-up *f inv*

pioneer /paɪə'nɪə(r)/ **A** *n* pioniere, -a *mf*
B *vt* essere un pioniere di

pious /'paɪəs/ *adj* pio

pip[1] /pɪp/ *n* (seed) seme *m*

pip[2] *n* **the ~s** il segnale orario; (telephone) il segnale telefonico

pip[3] *vt* (*pt/pp* **pipped**) **be ~ped at the post** essere battuto all'ultimo minuto

pipe /paɪp/ **A** *n* tubo *m*; (for smoking) pipa *f*; **the ~s** *pl* Mus la cornamusa
B *vt* far arrivare con tubature ‹*water: gas etc*›; Culin decorare

p

parola chiave

■ **pipe down** *vi* infml abbassare la voce; (shut up) stare zitto
■ **pipe up**: *vi* ~ **with a suggestion** venir fuori con una proposta

pipe cleaner *n* scovolino *m*

piped music /paɪpt/ *n* musichetta *f* di sottofondo

pipe dream *n* illusione *f*

pipeline /'paɪplaɪn/ *n* conduttura *f*; **in the ~** infml in cantiere

piper /'paɪpə(r)/ *n* suonatore *m* di cornamusa

piping /'paɪpɪŋ/ *adj* ~ **hot** bollente

pique /pi:k/ *n* **in a fit of ~** risentito

piracy /'paɪrəsɪ/ *n* pirateria *f*

piranha /pɪ'rɑ:nə/ *n* piranha *m inv*

pirate /'paɪrət/ **A** *n* pirata *m*
B *vt* pirateggiare

pirate copy *n* copia *f* pirata

pirated /'paɪrətɪd/ *adj* piratato

pirate radio *n* radio *f* pirata *inv*

pirouette /pɪru:'et/ **A** *n* piroetta *f*
B *vi* piroettare

Pisces /'paɪsi:z/ *n* Astr Pesci *mpl*

piss /pɪs/ sl **A** *n* piscia *f*
B *vi* pisciare

■ **piss about, piss around** **A** *vi* (waste time, play the fool) cazzeggiare
B *vt* ~ **somebody about** rompere le palle a qualcuno

■ **piss down**: *vi sl* **it's ~ing down** (raining heavily) piove a dirotto

■ **piss off** **A** *sl vt* fare incacchiare; **that type of behaviour ~es me off** questi comportamenti mi stanno sulle palle
B *vi* (leave) filarsela; **~ off!** levati dalle palle!, va' a cagare!

pissed /pɪst/ *adj* sl sbronzo; **~ as a newt** sbronzo come una cocuzza

pissed off *adj* sl scoglionato

pistachio, pistachio nut /pɪ'stæʃɪəʊ/ *n* pistacchio *m*

pistol /'pɪstl/ *n* pistola *f*

piston /'pɪstn/ *n* Techn pistone *m*

pit /pɪt/ **A** *n* fossa *f*; (mine) miniera *f*; (for orchestra) orchestra *f*; (of stomach) bocca *f*
B *vt* (*pt/pp* **pitted**) fig opporre (**against** a)

pit-a-pat /'pɪtəpæt/ *n* **go ~** ‹*heart*› palpitare

pit bull, pit bull terrier *n* pitbull *m inv*

pitch[1] /pɪtʃ/ **A** *n* (tone) tono *m*; (level) altezza *f*; (in sport) campo *m*; fig (degree) grado *m*
B *vt* montare ‹*tent*›

pitch[2] *n* (substance) pece *f*

■ **pitch in** *vi* infml mettersi sotto

pitch-black *adj* nero come la pece; ‹*night*› buio pesto

pitch-dark *adj* buio pesto

pitcher /'pɪtʃə(r)/ *n* brocca *f*

pitchfork /'pɪtʃfɔ:k/ *n* forca *f*, forcone *m*

piteous /'pɪtɪəs/ *adj* pietoso

pitfall /'pɪtfɔ:l/ *n* fig trabocchetto *m*

pith /pɪθ/ *n* (of lemon, orange) interno *m* della buccia; fig essenza *f*

pithy /'pɪθɪ/ *adj* (**-ier, -iest**) fig conciso

pitiable /'pɪtɪəbl/ *adj* pietoso

pitiful /'pɪtɪfl/ *adj* pietoso

pitifully /'pɪtɪfolɪ/ *adv* da far pietà

pitiless /'pɪtɪlɪs/ *adj* spietato

pitilessly /'pɪtɪlɪslɪ/ *adv* senza pietà

pittance /'pɪtns/ *n* miseria *f*

pitted /'pɪtɪd/ *adj* ‹*surface*› bucherellato; ‹*face, skin*› butterato; ‹*olive*› snocciolato

pituitary /pɪ'tju:ɪt(ə)rɪ/ *adj* pituitario

pituitary gland *n* ghiandola *f* pituitaria, ipofisi *f*

pity /'pɪtɪ/ **A** *n* pietà *f*; **[what a] ~!** che peccato!; **take ~ on** avere compassione di
B *vt* aver pietà di

pivot /'pɪvət/ **A** *n* perno *m*; fig fulcro *m*
B *vi* imperniarsi (**on** su)

pivotal /'pɪvətl/ *adj* ‹*role*› centrale; ‹*decision*› cruciale

pixel /'pɪksəl/ *n* pixel *m inv*

pixie /'pɪksɪ/ *n* folletto *m*

pizza /'pi:tsə/ *n* pizza *f*

placard /'plækɑ:d/ *n* cartellone *m*

placate /plə'keɪt/ *vt* placare

place /pleɪs/ **A** *n* posto *m*; infml (house) casa *f*; (in book) segno *m*; **feel out of ~** sentirsi fuori posto; **take ~** aver luogo; **all over the ~** dappertutto
B *vt* collocare; (remember) identificare; **~ an order** fare un'ordinazione; **be ~d** (in race) piazzarsi

placebo /plə'si:bəʊ/ *n* Med placebo *m inv*; fig contentino *m*

place mat *n* sottopiatto *m*

placement /'pleɪsmənt/ *n* (act: in accommodation) collocamento *m*; BrE (job) stage *m inv*

place name *n* toponimo *m*

placenta /plə'sentə/ *n* placenta *f*

placid /'plæsɪd/ *adj* placido

plagiarism /'pleɪdʒərɪzm/ *n* plagio *m*

plagiarist /'pleɪdʒərɪst/ *n* plagiario, -a *mf*

plagiarize /'pleɪdʒəraɪz/ *vt* plagiare

plague /pleɪg/ *n* peste *f*

plaice /pleɪs/ *n inv* platessa *f*

plaid /plæd/ **A** *n* (fabric) plaid *m inv*; (pattern) motivo *m* scozzese
B *attrib* ‹*scarf, shirt*› scozzese

plain /pleɪn/ **A** *adj* chiaro; (simple) semplice; (not pretty) scialbo; (not patterned) in tinta unita; ‹*chocolate*› fondente; **in ~ clothes** in borghese
B *adv* (simply) semplicemente
C *n* pianura *f*

plain-clothes *adj* ‹*policeman etc*› in borghese

plainly /'pleɪnlɪ/ *adv* francamente; (simply) semplicemente; (obviously) chiaramente

plain paper fax *n* fax *m inv* a carta comune

plain-spoken *adj* franco
plaintiff /'pleɪntɪf/ *n* Jur parte *f* lesa
plaintive /'pleɪntɪv/ *adj* lamentoso
plaintively /'pleɪntɪvlɪ/ *adv* con aria lamentosa
plait /plæt/ **A** *n* treccia *f*
B *vt* intrecciare
plan /plæn/ **A** *n* progetto *m*, piano *m*
B *vt* (*pt/pp* **planned**) progettare; (intend) prevedere
■ **plan ahead** *vi* pianificare
plane¹ /pleɪn/ *n* (tree) platano *m*
plane² *n* aeroplano *m*; (in geometry) piano *m*
plane³ **A** *n* (tool) pialla *f*
B *vt* piallare
plane crash *n* incidente *m* aereo
planet /'plænɪt/ *n* pianeta *m*
plank /plæŋk/ *n* asse *f*
■ **plank down** *vt* infml (put down) mollare
plankton /'plæŋktən/ *n* plancton *m*
planner /'plænə(r)/ *n* progettista *mf*; (in town planning) urbanista *mf*
planning /'plænɪŋ/ *n* pianificazione *f*
planning permission *n* licenza *f* edilizia
plant /plɑːnt/ **A** *n* pianta *f*; (machinery) impianto *m*; (factory) stabilimento *m*
B *vt* piantare; **~ oneself in front of somebody** piantarsi davanti a qualcuno
plantation /plæn'teɪʃn/ *n* piantagione *f*
planter /'plɑːntə(r)/ *n* (person) piantatore, -trice *mf*; (machine) piantatrice *f*
plant life *n* flora *f*
plaque /plɑːk/ *n* placca *f*
plasma /'plæzmə/ *n* plasma *m*
plasma screen *n* schermo *m* al plasma
plasma TV *n* TV *f* al plasma
plaster /'plɑːstə(r)/ **A** *n* intonaco *m*; Med gesso *m*; (sticking ~) cerotto *m*; **in ~** ingessato
B *vt* intonacare ‹*wall*›; (cover) ricoprire
plaster cast *n* ingessatura *f*
plastered /'plɑːstəd/ *adj* sl (drunk) sbronzo
plasterer /'plɑstərə(r)/ *n* intonacatore *m*
plaster of Paris *n* gesso *m*
plastic /'plæstɪk/ **A** *n* plastica *f*
B *adj* plastico
Plasticine® /'plæstɪsiːn/ *n* Plastilina® *f*
plastic surgeon *n* chirurgo *m* plastico
plastic surgery *n* chirurgia *f* plastica
plate /pleɪt/ **A** *n* piatto *m*; (flat sheet) placca *f*; (gold and silverware) argenteria *f*; (in book) tavola *f* fuori testo
B *vt* (cover with metal) placcare
plateau /'plætəʊ/ **A** *n* (*pl* **~x** /'plætəʊz/) altopiano *m*
B *vi* fig livellarsi
plate glass *n* lastra *f* di vetro

platform /'plætfɔːm/ *n* (stage) palco *m*; Rail marciapiede *m*; Pol piattaforma *f*; **~ 5** binario 5
platform shoes *npl* scarpe *fpl* con la zeppa
platinum /'plætɪnəm/ **A** *n* platino *m*
B *attrib* di platino
platinum blonde *n* bionda *f* platinata
platitude /'plætɪtjuːd/ *n* luogo *m* comune
platonic /plə'tɒnɪk/ *adj* platonico
platoon /plə'tuːn/ *n* Mil plotone *m*
platter /'plætə(r)/ *n* piatto *m* da portata
platypus /'plætɪpəs/ *n* ornitorinco *m*
plausibility /plɔːzɪ'bɪlɪtɪ/ *n* plausibilità *f*
plausible /'plɔːzəbl/ *adj* plausibile
play /pleɪ/ **A** *n* gioco *m*; Theat, TV dramma *m*, opera *f* teatrale; (performance) rappresentazione *f*; Radio sceneggiato *m* radiofonico; **~ on words** gioco *m* di parole
B *vt* giocare a; (act) recitare; suonare ‹*instrument*›; giocare ‹*card*›
C *vi* giocare; Mus suonare; **~ by the rules** stare alle regole; **~ with fire** scherzare col fuoco; **~ dumb** fare lo gnorri; **~ safe** non prendere rischi
■ **play along**: *vi* **~ along with somebody** infml (cooperate) fare il gioco di qualcuno
■ **play around with** *vt* (meddle with) cincischiarsi con
■ **play back** *vt* riascoltare ‹*recording*›
■ **play down** *vt* minimizzare
■ **play on** **A** *vi* (continue to play) continuare a giocare
B *vt* (exploit) giocare su
■ **play out** *vt* vivere ‹*drama, fantasy*›
■ **play up** *vi* infml fare i capricci
play-acting *n* commedia *f*
playboy /'pleɪbɔɪ/ *n* playboy *m inv*
player /'pleɪə(r)/ *n* giocatore, -trice *mf*
playful /'pleɪfʊl/ *adj* scherzoso
playfully /'pleɪfʊlɪ/ *adv* in modo scherzoso
playground /'pleɪgraʊnd/ *n* Sch cortile *m* (*per la ricreazione*)
playgroup /'pleɪgruːp/ *n* asilo *m*
playhouse *n* casetta *f* per i giochi
playing card /'pleɪɪŋ/ *n* carta *f* da gioco
playing field *n* campo *m* da gioco
playlist *n* playlist *f inv*
playmate *n* compagno, -a *mf* di gioco
play-off /'pleɪɒf/ *n* play off *m inv*
playpen *n* box *m inv*
playroom /'pleɪruːm/ *n* ludoteca *f*
plaything *n* giocattolo *m*
playtime *n* ricreazione *f*
playwright /'pleɪraɪt/ *n* drammaturgo, -a *mf*
plaza /'plɑːzə/ *n* (public square) piazza *f*; AmE (services point) area *f* di servizio; AmE (toll point) casello *m*; **shopping ~** centro *m* commerciale
plc *abbr* (**public limited company**) s.r.l.

---

parola chiave

plea /pliː/ *n* appello *m*; **enter a ~ of not guilty** Jur dichiararsi non colpevole; **make a ~ for** fare un appello a

plead /pliːd/ **A** *vi* fare appello (**for** a); **~ guilty** dichiararsi colpevole; **~ with somebody** implorare qualcuno
B *vt* Jur perorare ‹*case*›

pleasant /ˈpleznt/ *adj* piacevole

pleasantly /ˈplezntlɪ/ *adv* piacevolmente; ‹*say, smile*› cordialmente

pleasantry /ˈplezntrɪ/ *n* (joke) battuta *f*; **pleasantries** *pl* (polite remarks) convenevoli *mpl*

please /pliːz/ **A** *adv* per favore; **~ do** prego
B *vt* far contento; **~ oneself** fare il proprio comodo; **~ yourself!** come vuoi!; derog fai come ti pare!

pleased /pliːzd/ *adj* lieto; **~ with/about** contento di

pleasing /ˈpliːzɪŋ/ *adj* gradevole

pleasurable /ˈpleʒərəbl/ *adj* gradevole

pleasure /ˈpleʒə(r)/ *n* piacere *m*; **with ~** con piacere, volentieri

pleat /pliːt/ **A** *n* piega *f*
B *vt* pieghettare

pleated /ˈpliːtɪd/ *adj* a pieghe

pleb /pleb/ *n* infml plebeo, -a *mf*

plebby /ˈplebɪ/ *adj* infml plebeo

plebeian /plɪˈbiːən/ derog **A** *n* plebeo, -a *mf*
B *adj* plebeo

plebiscite /ˈplebɪsaɪt/ *n* plebiscito *m*

pledge /pledʒ/ **A** *n* pegno *m*; (promise) promessa *f*
B *vt* (pawn) impegnare; **~ to do something** impegnarsi a fare qualcosa

plenary /ˈpliːnərɪ/ *adj* ‹*session*› plenario; ‹*powers*› pieno; ‹*authority*› assoluto

plentiful /ˈplentɪfl/ *adj* abbondante

plenty /ˈplentɪ/ *n* abbondanza *f*; **~ of money** molti soldi; **~ of people** molta gente; **I've got ~** ne ho in abbondanza

pleurisy /ˈplʊərəsɪ/ *n* pleurite *f*

pliability /plaɪəˈbɪlɪtɪ/ *n* flessibilità *f*

pliable /ˈplaɪəbl/ *adj* flessibile

pliers /ˈplaɪəz/ *npl* pinze *fpl*

plight /plaɪt/ *n* triste condizione *f*

plimsolls /ˈplɪmsɒlz/ *npl* scarpe *fpl* da ginnastica

plinth /plɪnθ/ *n* plinto *m*

plod /plɒd/ *vi* (*pt/pp* **plodded**) trascinarsi; (work hard) sgobbare
■ **plod away** *vi* (work hard) sgobbare; **~ away at** sgobbare su

plodder /ˈplɒdə(r)/ *n* sgobbone, -a *mf*

plonk¹ /plɒŋk/ *n* infml vino *m*; (poor wine) vinaccio *m*

plonk² *vt* infml (put) sbattere

plop /plɒp/ **A** *n* plop *m inv*
B *vi* (*pt/pp* **plopped**) fare plop

plot /plɒt/ **A** *n* complotto *m*; (of novel) trama *f*; **~ of land** appezzamento *m* [di terreno]
B *vt & vi* (*pt/pp* **plotted**) complottare

plotter /ˈplɒtə(r)/ *n* (schemer) cospiratore, -trice *mf*; Comput plotter *m inv*, tracciatore *m*

plough /plaʊ/ **A** *n* aratro *m*
B *vt & vi* arare
■ **plough back** *vt* Comm reinvestire
■ **plough into** *vt* (crash into) schiantarsi contro
■ **plough through** *vt* procedere a fatica in

ploughman /ˈplaʊmən/ *n* aratore *m*

ploughman's lunch *n* BrE *piatto* (*m*) *freddo a base di pane, formaggio e sottaceti*

plow /plaʊ/ AmE **A** *n* aratro *m*
B *vt & vi* arare

ploy /plɔɪ/ *n* infml manovra *f*

pluck /plʌk/ **A** *n* fegato *m*, coraggio *m*
B *vt* strappare; depilare ‹*eyebrows*›; spennare ‹*bird*›; cogliere ‹*flower*›
■ **pluck up**: *vt* **~ up courage** farsi coraggio

plucky /ˈplʌkɪ/ *adj* (**-ier**, **-iest**) coraggioso

plug /plʌg/ **A** *n* tappo *m*; Electr spina *f*; Auto candela *f*; infml (advertisement) pubblicità *f*
B *vt* (*pt/pp* **plugged**) tappare; infml (advertise) pubblicizzare
■ **plug away** *vi* (work hard) lavorare sodo
■ **plug in** *vt* Electr inserire la spina di

plug and play *n* Comput plug and play *m inv*

plughole /ˈplʌghəʊl/ *n* BrE scarico *m*

plug-in *adj* con la spina

plum /plʌm/ *n* susina *f*; (tree) susino *m*

plumage /ˈpluːmɪdʒ/ *n* piumaggio *m*

plumb /plʌm/ **A** *adj* verticale
B *adv* esattamente
■ **plumb in** *vt* collegare

plumber /ˈplʌmə(r)/ *n* idraulico *m*

plumbing /ˈplʌmɪŋ/ *n* impianto *m* idraulico

plumb line *n* filo *m* a piombo

plume /pluːm/ *n* piuma *f*

plummet /ˈplʌmɪt/ *vi* precipitare; ‹*prices*› crollare

plump /plʌmp/ *adj* grassoccio
■ **plump down** *vt* (put down) lasciare cadere
■ **plump for** *vt* scegliere

plumpness /ˈplʌmpnɪs/ *n* rotondità *f*

plunder /ˈplʌndə(r)/ **A** *n* (booty) bottino *m*
B *vt* saccheggiare

plunge /plʌndʒ/ **A** *n* tuffo *m*; **take the ~** infml buttarsi
B *vt* tuffare; fig sprofondare; **~ somebody into despair** piombare qualcuno nella disperazione
C *vi* tuffarsi

plunger /ˈplʌndʒə(r)/ *n* (tool) sturalavandini *m inv*; (handle) stantuffo *m*

plunging /ˈplʌndʒɪŋ/ *adj* **~ neckline** scollatura *f* profonda

pluperfect /pluːˈpɜːfɪkt/ *n* trapassato *m* prossimo

plural /ˈplʊərəl/ *adj & n* plurale *m*

p

plus /plʌs/ **A** *prep* più
B *adj* in più; **500 ~** più di 500
C *n* più *m*; (advantage) extra *m inv*

plush /plʌʃ/ *adj* ‹*hotel etc*› lussuoso

plus sign *n* (segno *m*) più *m*

Pluto /'pluːtəʊ/ *n* Plutone *m*

plutonium /pluː'təʊnɪəm/ *n* plutonio *m*

ply /plaɪ/ *vt* (*pt/pp* **plied**) esercitare ‹*trade*›; **~ somebody with drink** continuare ad offrire da bere a qualcuno

plywood /'plaɪwʊd/ *n* compensato *m*

PM *abbr* (**Prime Minister**) primo ministro

p.m. *abbr* (**post meridiem**) del pomeriggio

PMS *n abbr* (**premenstrual syndrome**) sindrome *f* premestruale

PMT *n abbr* (**premenstrual tension**) tensione *f* premestruale

pneumatic /njuː'mætɪk/ *adj* pneumatico

pneumatic drill *n* martello *m* pneumatico

pneumonia /njuː'məʊnɪə/ *n* polmonite *f*

PO *abbr* **1** (**Post Office**) ≈ P.T. **2** (**postal order**) vaglia *m inv* postale

poach /pəʊtʃ/ *vt* Culin bollire; cacciare di frodo ‹*deer*›; pescare di frodo ‹*salmon*›; **~ed egg** uovo *m* in camicia

poacher /'pəʊtʃə(r)/ *n* bracconiere *m*

PO Box *n abbr* (**Post Office Box**) C.P. *f*

pocket /'pɒkɪt/ **A** *n* tasca *f*; **~ of resistance** sacca *f* di resistenza; **be out of ~** rimetterci
B *vt* intascare

pocket-book *n* taccuino *m*; (wallet) portafoglio *m*

pocket money *n* denaro *m* per le piccole spese

pock-marked /'pɒkmɑːkt/ *adj* butterato

pod /pɒd/ *n* baccello *m*

podcast /'pɒdkɑːst/ *n* podcast *m inv*

podcaster /'pɒdkɑːstə(r)/ *n* podcaster *m inv*

podgy /'pɒdʒɪ/ *adj* (**-ier**, **-iest**) grassoccio

podiatrist /pə'daɪətrɪst/ *n* AmE pedicure *mf inv*

podium /'pəʊdɪəm/ *n* podio *m*

poem /'pəʊɪm/ *n* poesia *f*

poet /'pəʊɪt/ *n* poeta *m*, poetessa *f*

poetic /pəʊ'etɪk/ *adj* poetico

poetic licence *n* licenza *f* poetica

Poet Laureate /'lɔːrɪət/ *n* poeta *m* di corte

poetry /'pəʊɪtrɪ/ *n* poesia *f*

po-faced /pəʊ'feɪst/ *adj* BrE infml **look/be ~** avere un'aria di disapprovazione

poignancy /'pɔɪnjənsɪ/ *n* pregnanza *f*

poignant /'pɔɪnjənt/ *adj* pregnante

point /pɔɪnt/ **A** *n* punto *m*; (sharp end) punta *f*; (meaning, purpose) senso *m*; Electr presa *f*; **what is the ~?** a che scopo?; **the ~ is** il fatto è; **I don't see the ~** non vedo il senso; **up to a ~** fino ad un certo punto; **be on the ~ of doing something** essere sul punto di fare qualcosa; **~s** *pl* Rail scambio *m*; **good/bad ~s** aspetti *mpl* positivi/negativi
B *vt* puntare (**at** verso)
C *vi* (with finger) puntare il dito; **~ at/to** ‹*person*› mostrare col dito; ‹*indicator*› indicare; **~ and click** Comput punta e clicca
■ **point out** *vt* far notare ‹*fact*›; **~ something out to somebody** far notare qualcosa a qualcuno

point-blank *adj* a bruciapelo

pointed /'pɔɪntɪd/ *adj* appuntito; ‹*question*› diretto

pointer /'pɔɪntə(r)/ *n* (piece of advice) consiglio *m*

pointillism /'pwæntɪlɪzm/ *n* divisionismo *m*

pointillist /'pwæntɪlɪst/ *n* divisionista *mf*

pointing /'pɔɪntɪŋ/ *n* Constr rifinitura *f* con la malta

pointing device *n* Comput dispositivo *m* di puntamento

pointless /'pɔɪntlɪs/ *adj* inutile

point of order *n* mozione *f* d'ordine

point of sale *n* (place) punto *m* vendita; (promotional material) materiale *m* pubblicitario

point-of-sale promotion *n* promozione *f* punto vendita

point of view *n* punto *m* di vista

poise /pəʊz/ *n* padronanza *f*

poised /pɔɪzd/ *adj* in equilibrio; (composed) padrone di sé; **~ to** sul punto di

poison /'pɔɪzn/ **A** *n* veleno *m*
B *vt* avvelenare

poisoned /'pɔɪz(ə)nd/ *adj* avvelenato

poisoner /'pɔɪzənə(r)/ *n* avvelenatore, -trice *mf*

poisonous /'pɔɪzənəs/ *adj* velenoso

poison pen letter *n* lettera *f* anonima diffamatoria

poke /pəʊk/ **A** *n* spintarella *f*
B *vt* spingere; ‹*fire*› attizzare; (put) ficcare; **~ fun at** prendere in giro
■ **poke about**, **poke around** *vi* frugare
■ **poke out** *vi* (protrude) spuntare

poker¹ /'pəʊkə(r)/ *n* attizzatoio *m*

poker² *n* Cards poker *m*

poker-faced /-'feɪst/ *adj* ‹*person*› impassibile

poky /'pəʊkɪ/ *adj* (**-ier**, **-iest**) angusto

Poland /'pəʊlənd/ *n* Polonia *f*

polar /'pəʊlə(r)/ *adj* polare

polar bear *n* orso *m* bianco

polarity /pə'lærətɪ/ *n* Electr, Phys fig polarità *f*

polarize /'pəʊləraɪz/ *vt* polarizzare

polarized *adj* polarizzato

pole¹ *n* palo *m*

---

parola chiave

pole² *n* Geog, Electr polo *m*
Pole /pəʊl/ *n* polacco, -a *mf*
pole dancing /'pəʊl ˌdɑːnsɪŋ/ *n* pole dance *f*
polemic /pə'lemɪk/ *n* polemica
polemical /pə'lemɪkl/ *adj* polemico
pole star *n* stella *f* polare
pole vault *n* salto *m* con l'asta
police /pə'liːs/ **A** *npl* polizia *f*
B *vt* pattugliare ‹*area*›; sorvegliare ‹*behaviour*›
police car *n* gazzella *f*
police constable *n* agente *mf* di polizia
Police Department *n* AmE dipartimento *m* di polizia
police force *n* polizia *f*
policeman *n* poliziotto *m*
police officer *n* agente *mf* di polizia
police state *n* stato *m* militarista
police station *n* commissariato *m*
policewoman *n* donna *f* poliziotto *inv*
policing /pə'liːsɪŋ/ *n* (maintaining law and order) mantenimento *m* dell'ordine pubblico; (of demonstration, match) organizzazione *f* del servizio d'ordine
policy¹ /'pɒlɪsɪ/ *n* politica *f*
policy² *n* (insurance) polizza *f*
policyholder *n* titolare *mf* della polizza
policy unit *n* Pol comitato *m* responsabile della linea politica
polio /'pəʊlɪəʊ/ *n* polio *f*
polish /'pɒlɪʃ/ **A** *n* (shine) lucentezza *f*; (substance) lucido *m*; (for nails) smalto *m*; fig raffinatezza *f*
B *vt* lucidare; fig smussare
■ **polish off** *vt* infml finire; far fuori ‹*food*›
■ **polish up** *vt* perfezionare ‹*Italian*›
Polish /'pəʊlɪʃ/ *adj* & *n* polacco *m*
polished /'pɒlɪʃt/ *adj* ‹*manner*› raffinato; ‹*performance*› senza sbavature
polisher /'pɒləʃə(r)/ *n* (machine) lucidatrice *f*
polite /pə'laɪt/ *adj* cortese
politely /pə'laɪtlɪ/ *adv* cortesemente
politeness /pə'laɪtnɪs/ *n* cortesia *f*
politic /'pɒlɪtɪk/ *adj* prudente
political /pə'lɪtɪkl/ *adj* politico
politically /pə'lɪtɪklɪ/ *adv* dal punto di vista politico; ~ **correct** politicamente corretto
political prisoner *n* prigioniero, -a *mf* politico
politician /pɒlɪ'tɪʃn/ *n* politico *m*
politicize /pə'lɪtɪsaɪz/ *vt* politicizzare
politics /'pɒlɪtɪks/ *nsg* politica *fsg*
polka /'pɒlkə/ *n* polka *f*
polka dot **A** *n* pois *m inv*, pallino *m*
B *attrib* a pois
poll /pəʊl/ **A** *n* votazione *f*; (election) elezioni *fpl*; **[opinion]** ~ sondaggio *m* d'opinione; **go to the ~s** andare alle urne
B *vt* ottenere ‹*votes*›
pollen /'pɒlən/ *n* polline *m*
polling booth /'pəʊlɪŋ/ *n* cabina *f* elettorale
polling day *n* giorno *m* delle elezioni
polling station *n* seggio *m* elettorale
pollster /'pəʊlstə(r)/ *n* (person) persona *f* che esegue un sondaggio d'opinione
poll tax *n* *imposta (f) locale sulle persone fisiche*
pollutant /pə'luːtənt/ *n* sostanza *f* inquinante
pollute /pə'luːt/ *vt* inquinare
polluted /pə'luːtɪd/ *adj* inquinato
polluter /pə'luːtə(r)/ *n* inquinatore, -trice *mf*
pollution /pə'luːʃn/ *n* inquinamento *m*
polo /'pəʊləʊ/ *n* polo *m*
polo neck *n* collo *m* alto, dolcevita *m*
polo shirt *n* polo *f*
poltergeist /'pɒltəgaɪst/ *n* poltergeist *m inv*
poly /'pɒlɪ/ *n* BrE infml (polytechnic) politecnico *m*
poly bag *n* sacchetto *m* di plastica
polyester /pɒlɪ'estə(r)/ *n* poliestere *m*
polygamous /pə'lɪgəməs/ *adj* poligamico
polygamy /pə'lɪgəmɪ/ *n* poligamia *f*
polymath /'pɒlɪmæθ/ *n* erudito, -a *mf*
polymer /'pɒlɪmə(r)/ *n* polimero *m*
polystyrene® /pɒlɪ'staɪriːn/ *n* polistirolo *m*
polytechnic /pɒlɪ'teknɪk/ *n* politecnico *m*
polythene /'pɒlɪθiːn/ *n* politene *m*
polythene bag *n* sacchetto *m* di plastica
polyunsaturates /pɒlɪʌn'sætjʊreɪts/ *npl* grassi *mpl* polinsaturi
pomade /pə'meɪd/ *n* pomata *f*
pomegranate /'pɒmɪgrænɪt/ *n* melagrana *f*
pomp /pɒmp/ *n* pompa *f*
pompom /'pɒmpɒm/, **pompon** *n* pompon *m*
pomposity /pɒm'pɒsətɪ/ *n* pomposità *f*
pompous /'pɒmpəs/ *adj* pomposo
pompously /'pɒmpəslɪ/ *adv* pomposamente
poncy /'pɒnsɪ/ *adj* infml da finocchio; ‹*person*› finocchio
pond /pɒnd/ *n* stagno *m*
ponder /'pɒndə(r)/ *vt* & *vi* ponderare
ponderous /'pɒndərəs/ *adj* ponderoso; fig pesante
pong /pɒŋ/ **A** *n* infml puzza *f*
B *vi* puzzare
pontiff /'pɒntɪf/ *n* pontefice *m*
pontificate /pɒn'tɪfɪkeɪt/ *vi* pontificare
pontoon /pɒn'tuːn/ *n* (float) galleggiante *m*; (pier) pontile *m*; BrE (game) ventuno *m*
pony /'pəʊnɪ/ *n* pony *m inv*
ponytail /'pəʊnɪteɪl/ *n* coda *f* di cavallo
pony-trekking /'pəʊnɪtrekɪŋ/ *n* escursioni *fpl* col pony
pooch /puːtʃ/ *n* infml (dog) cagnetto *m*
poodle /'puːdl/ *n* barboncino *m*

poof /pʊf/, **poofter** /ˈpʊftə(r)/ *n* BrE infml (homosexual) finocchio *m*

pooh /puː/ **A** *int* (scorn, disgust) puah! **B** *n* BrE (baby talk) popò *f*

pooh-pooh /puːˈpuː/ *vt* infml ridere di ‹*suggestion*›

pool¹ /puːl/ *n* (of water, blood) pozza *f*; **[swimming]** ~ piscina *f*

pool² **A** *n* (common fund) cassa *f* comune; (in cards) piatto *m*; (game) biliardo *m* a buca; **~s** *pl* ≈ totocalcio *msg* **B** *vt* mettere insieme

pool table *n* tavolo *m* da biliardo

pooped /puːpt/ *adj* infml **be ~ [out]** essere stanco morto

poor /pʊə(r)/ **A** *adj* povero; (not good) scadente; **in ~ health** in cattiva salute **B** *npl* **the ~** i poveri

poorly /ˈpʊəlɪ/ **A** *adj* **be ~** non stare bene **B** *adv* male

pop¹ /pɒp/ **A** *n* botto *m*; (drink) bibita *f* gasata; (turn) **the tickets were £5 a ~** i biglietti costavano £5 l'uno **B** *vt* (*pt/pp* **popped**) infml (put) mettere; (burst) far scoppiare **C** *vi* (burst) scoppiare

- **pop in** *vi* infml fare un salto
- **pop out** *vi* infml uscire; **~ out to the shop** fare un salto al negozio
- **pop round** *vi* infml passare; **~ round to Ann's** passare da Ann
- **pop up** *vi* infml (appear unexpectedly) saltare fuori

pop² **A** *n* infml musica *f* pop **B** *attrib* pop *inv*

popcorn /ˈpɒpkɔːn/ *n* popcorn *m inv*

pope /pəʊp/ *n* papa *m*

poplar /ˈpɒplə(r)/ *n* pioppo *m*

poppy /ˈpɒpɪ/ *n* papavero *m*

pop sock *n* gambaletto *m*

populace /ˈpɒpjʊləs/ *n* popolo *m*

popular /ˈpɒpjʊlə(r)/ *adj* popolare; ‹*belief*› diffuso

popularity /pɒpjʊˈlærətɪ/ *n* popolarità *f*

popularize /ˈpɒpjʊləraɪz/ *vt* divulgare

populate /ˈpɒpjʊleɪt/ *vt* popolare

population /pɒpjʊˈleɪʃn/ *n* popolazione *f*

populist /ˈpɒpjʊlɪst/ *adj* & *n* populista *mf*

populous /ˈpɒpjʊləs/ *adj* popoloso

pop-up **A** *adj* **1** Comput a comparsa, pop-up; **~ menu** menu a comparsa, menu pop-up; **~ window** finestra a comparsa, finestra pop-up **2** (of shop, venue) a tempo, temporaneo; **~ store** negozio a tempo, negozio temporaneo **B** *n* Comput finestra *f* a comparsa, finestra *f* pop-up

pop-up book *n* libro *m* con immagini tridimensionali

pop-up menu *n* Comput menu *m* pop-up

pop-up toaster *n* tostapane *m inv* a espulsione automatica

porcelain /ˈpɔːsəlɪn/ *n* porcellana *f*

porch /pɔːtʃ/ *n* portico *m*; AmE veranda *f*

porcupine /ˈpɔːkjʊpaɪn/ *n* porcospino *m*

pore¹ /pɔː(r)/ *n* poro *m*

pore² *vi* **~ over** immergersi in

pork /pɔːk/ *n* carne *f* di maiale

porn /pɔːn/ *n* infml porno *m*

porno /ˈpɔːnəʊ/ *adj* infml porno *inv*

pornographic /pɔːnəˈgræfɪk/ *adj* pornografico

pornography /pɔːˈnɒgrəfɪ/ *n* pornografia *f*

porous /ˈpɔːrəs/ *adj* poroso

porpoise /ˈpɔːpəs/ *n* focena *f*

porridge /ˈpɒrɪdʒ/ *n* farinata *f* di fiocchi d'avena

port¹ /pɔːt/ *n* porto *m*

port² *n* Naut (side) babordo *m*

port³ *n* (wine) porto *m*

portable /ˈpɔːtəbl/ *adj* & *n* portatile *m*

Portakabin® /ˈpɔːtəkæbɪn/ *n* casotto *m* prefabbricato

portcullis /pɔːtˈkʌlɪs/ *n* saracinesca *f*

portentous /pɔːˈtentəs/ *adj* (significant) solenne; (ominous) infausto

porter /ˈpɔːtə(r)/ *n* portiere *m*; (for luggage) facchino *m*

portfolio /pɔːtˈfəʊlɪəʊ/ *n* cartella *f*; Comm portafoglio *m*

porthole /ˈpɔːthəʊl/ *n* oblò *m*

portion /ˈpɔːʃn/ *n* parte *f*; (of food) porzione *f*

portly /ˈpɔːtlɪ/ *adj* (**-ier**, **-iest**) corpulento

portrait /ˈpɔːtrɪt/ *n* ritratto *m*

portrait painter *n* ritrattista *mf*

portray /pɔːˈtreɪ/ *vt* ritrarre; (represent) descrivere; ‹*actor*› impersonare

portrayal /pɔːˈtreɪəl/ *n* ritratto *m*; (by actor) caratterizzazione *f*

Portugal /ˈpɔːtjʊgl/ *n* Portogallo *m*

Portuguese /pɔːtjʊˈgiːz/ *adj* & *n* portoghese *mf*; (language) portoghese *m*

pose /pəʊz/ **A** *n* posa *f* **B** *vt* porre ‹*problem, question*› **C** *vi* (for painter) posare; **~ as** atteggiarsi a

poser /ˈpəʊzə(r)/ *n* infml (puzzle) rompicapo *m inv*; (person) montato, -a *mf*

posh /pɒʃ/ *adj* infml lussuoso; ‹*people*› danaroso

position /pəˈzɪʃn/ **A** *n* posizione *f*; (job) posto *m*; (status) ceto *m* [sociale] **B** *vt* posizionare

positive /ˈpɒzɪtɪv/ **A** *adj* positivo; (certain) sicuro; (progress) concreto **B** *n* positivo *m*

positive discrimination *n* misure *fpl* antidiscriminatorie

positively /ˈpɒzɪtɪvlɪ/ *adv* positivamente; (decidedly) decisamente

posse /ˈpɒsɪ/ *n* gruppo *m* di volontari armati

p

---

parola chiave

possess /pə'zes/ *vt* possedere
possession /pə'zeʃn/ *n* possesso *m*; **~s** *pl* beni *mpl*
possessive /pə'zesɪv/ *adj* possessivo
possessiveness /pə'zesɪvnɪs/ *n* carattere *m* possessivo
possessor /pə'zesə(r)/ *n* possessore, -ditrice *mf*
possibility /pɒsə'bɪlətɪ/ *n* possibilità *f*
possible /'pɒsəbl/ *adj* possibile
possibly /'pɒsəblɪ/ *adv* possibilmente; **I couldn't ~ accept** non mi è possibile accettare; **he can't ~ be right** non è possibile che abbia ragione; **could you ~...?** potrebbe per favore...?
possum /'pɒsəm/ *n* infml opossum *m inv*; **play ~** far finta di dormire; (pretend to be dead) fare il morto
post¹ /pəʊst/ **A** *n* (pole) palo *m* **B** *vt* affiggere ‹*notice*›
post² **A** *n* (place of duty) posto *m* **B** *vt* appostare; (transfer) assegnare
post³ **A** *n* (mail) posta *f*; **by ~** per posta **B** *vt* spedire; (put in letter box) imbucare; (as opposed to fax) mandare per posta; **keep somebody ~ed** tenere qualcuno al corrente
post+ *pref* post+
postage /'pəʊstɪdʒ/ *n* affrancatura *f*; **~ and packaging** spese *fpl* di posta
postage stamp *n* francobollo *m*
postal /'pəʊstl/ *adj* postale
postal order *n* vaglia *m inv* postale
postbox *n* cassetta *f* delle lettere
postcard *n* cartolina *f*
postcode *n* codice *m* postale
post-date *vt* postdatare
poster /'pəʊstə(r)/ *n* poster *m inv*; (advertising, election) cartellone *m*
posterior /pɒ'stɪərɪə(r)/ *n* infml posteriore *m*
posterity /pɒ'sterətɪ/ *n* posterità *f*
poster paint *n* pittura *f* a guazzo
postgraduate /pəʊs(t)'grædjʊət/ **A** *n* laureato, -a *mf* che continua gli studi **B** *adj* successivo alla laurea
posthumous /'pɒstjʊməs/ *adj* postumo
posthumously /'pɒstjʊməslɪ/ *adv* dopo la morte
posting /'pəʊstɪŋ/ *n* (job) incarico *m*; BrE (in mail) spedizione *f*; Comput posting *m inv*
postman /'pəʊstmən/ *n* postino *m*
postmark /'pəʊstmɑːk/ *n* timbro *m* postale
postmodern /ˌpəʊst'mɒdn/ *adj* postmoderno
post-mortem /-'mɔːtəm/ *n* autopsia *f*
post-natal /-'neɪtl/ *adj* postnatale
post office *n* ufficio *m* postale
post office box *n* casella *f* postale
postpone /pəʊs(t)'pəʊn/ *vt* rimandare
postponement /pəʊs(t)'pəʊnmənt/ *n* rinvio *m*
postscript /'pəʊs(t)skrɪpt/ *n* post scriptum *m inv*
posture /'pɒstʃə(r)/ *n* posizione *f*
post-war *adj* del dopoguerra
pot /pɒt/ *n* vaso *m*; (for tea) teiera *f*; (for coffee) caffettiera *f*; (for cooking) pentola *f*; sl (marijuana) erba *f*; **~s of money** infml un sacco di soldi; **go to ~** infml andare in malora
potash /'pɒtæʃ/ *n* potassa *f*
potassium /pə'tæsɪəm/ *n* potassio *m*
potato /pə'teɪtəʊ/ *n* (*pl* **-es**) patata *f*
potato chips AmE, **potato crisps** BrE *npl* patatine *fpl*
potato peeler /-'piːlə(r)/ *n* pelapatate *m inv*
pot-bellied /'pɒtbelɪd/ *adj* panciuto
pot belly /'pɒtbelɪ/ *n* infml pancione *m*
potent /'pəʊtənt/ *adj* potente
potentate /'pəʊtəntɪt/ *n* potentato *m*
potential /pə'tenʃl/ **A** *adj* potenziale **B** *n* potenziale *m*
potentially /pə'tenʃəlɪ/ *adv* potenzialmente
pothole *n* cavità *f*; (in road) buca *f*
potholer *n* speleologo, -a *mf*
potholing /'pɒthəʊlɪŋ/ *n* speleologia *f*
pot luck *n* **take ~** affidarsi alla sorte
pot plant *n* pianta *f* da appartamento
pot-shot *n* **take a ~ at** sparare a casaccio a
potted /'pɒtɪd/ *adj* conservato; (shortened) condensato
potted plant *n* pianta *f* da appartamento
potter¹ /'pɒtə(r)/ *vi* **~ [about]** gingillarsi
potter² *n* vasaio, -a *mf*
pottery /'pɒtərɪ/ *n* lavorazione *f* della ceramica; (articles) ceramiche *fpl*; (workshop) laboratorio *m* di ceramiche
potting compost /'pɒtɪŋ/ *n* terriccio *m*
potty /'pɒtɪ/ **A** *adj* (**-ier**, **-iest**) infml matto **B** *n* vasino *m*
pouch /paʊtʃ/ *n* marsupio *m*
pouffe /puːf/ *n* pouf *m inv*
poultry /'pəʊltrɪ/ *n* pollame *m*
pounce /paʊns/ *vi* balzare; **~ on** saltare su
pound¹ /paʊnd/ *n* libbra *f* (= 0,454 kg); (money) sterlina *f*
pound² **A** *vt* battere **B** *vi* ‹*heart*› battere forte; (run heavily) correre pesantemente
pound³ *n* (for cars) deposito *m* auto rimosse
pounding /'paʊndɪŋ/ **A** *n* martellio *m* **B** *adj* martellante
pour /pɔː(r)/ **A** *vt* versare **B** *vi* riversarsi; (with rain) piovere a dirotto
■ **pour away** *vi* svuotare
■ **pour in** *vi* ‹*people*› arrivare in massa; ‹*letters, money*› arrivare a valanghe; ‹*water*› entrare a fiotti
■ **pour out** **A** *vi* riversarsi fuori **B** *vt* versare ‹*drink*›; sfogare ‹*troubles*›
pout /paʊt/ **A** *vi* fare il broncio **B** *n* broncio *m*

p

poverty /'pɒvətɪ/ *n* povertà *f*
poverty line *n* soglia *f* di povertà
poverty-stricken *adj* indigente
POW *n abbr* (**prisoner of war**) prigioniero, -a *mf* di guerra
powder /'paʊdə(r)/ **A** *n* polvere *f*; (cosmetic) cipria *f*
B *vt* polverizzare; (face) incipriare
powdered /'paʊdəd/ *adj* ‹*milk*› in polvere
powder room *n* euph toilette *f inv* per signore
powdery /'paʊdərɪ/ *adj* polveroso
power /'paʊə(r)/ *n* potere *m*; Electr corrente *f* [elettrica]; Math potenza *f*
powerboat *n* fuoribordo *m*
power cut *n* interruzione *f* di corrente
powered /'paʊəd/ *adj* ~ **by electricity** alimentato da corrente elettrica
powerful /'paʊəfʊl/ *adj* potente
powerhouse /'paʊəhaʊs/ *n* fig (person) persona *f* dinamica ed energica; **a ~ of ideas** un vulcano di idee
powerless /'paʊəlɪs/ *adj* impotente
power line *n* linea *f* elettrica
power of attorney *n* procura *f*
power on light *n* spia *f* di accensione
power plant *n* centrale *f* elettrica
power sharing *n* condivisione *f* del potere
power station *n* centrale *f* elettrica
power steering *n* Auto servosterzo *m*
power switch *n* pulsante *m* di alimentazione
power unit *n* (of computer etc) alimentatore *m*
power-walk **A** *n* camminata *f* a passo sostenuto
B *vi* camminare a passo sostenuto
power-walker *n* persona *f* che fa camminate a passo sostenuto
power-walking *n* camminate *fpl* a passo sostenuto (come esercizio fisico)
pow-wow /'paʊwaʊ/ *n* (of American Indians) raduno *m* tribale; infml (discussion) discussione *f*
pp *abbr* **1** (**pages**) pp. **2** (**per procurationem**) pp.
PPP *abbr* (**public-private partnership**) *partnership* (*f*) *tra un ente pubblico e un'impresa privata*
PR *n abbr* **1** (**proportional representation**) proporzionale *f* **2** (**public relations**) pubbliche relazioni *fpl*
practicable /'præktɪkəbl/ *adj* praticabile
practical /'præktɪkl/ *adj* pratico
practicality /præktɪ'kælɪtɪ/ *n* praticità *f*
practical joke *n* scherzo *m* pratico
practically /'præktɪklɪ/ *adv* praticamente
practice /'præktɪs/ *n* pratica *f*; (custom) usanza *f*; (habit) abitudine *f*; (exercise) esercizio *m*; Sport allenamento *m*; **in ~** (in reality) in pratica; **out of ~** fuori esercizio; **put into ~** mettere in pratica
practicing /'præktɪsɪŋ/ *adj* AmE = **practising**
practise /'præktɪs/ **A** *vt* fare pratica in; (carry out) mettere in pratica; esercitare ‹*profession*›
B *vi* esercitarsi; ‹*doctor*› praticare
practised /'præktɪst/ *adj* esperto
practising /'præktɪsɪŋ/ *adj* BrE praticante; **a ~ lawyer** un avvocato che esercita
pragmatic /præg'mætɪk/ *adj* pragmatico
pragmatism /'prægmətɪzm/ *n* pragmatismo *m*
pragmatist /'prægmətɪst/ *n* pragmatico, -a *mf*
prairie /'preərɪ/ *n* prateria *f*
praise /preɪz/ **A** *n* lode *f*
B *vt* lodare
praiseworthy /'preɪzwɜ:ðɪ/ *adj* lodevole
pram /præm/ *n* carrozzella *f*
prance /prɑ:ns/ *vi* saltellare
prank /præŋk/ *n* tiro *m*
prattle /'prætl/ *vi* parlottare
prawn /prɔ:n/ *n* gambero *m*
prawn cocktail *n* cocktail *m inv* di gamberetti
pray /preɪ/ *vi* pregare
prayer /preə(r)/ *n* preghiera *f*
preach /pri:tʃ/ *vt & vi* predicare
preacher /'pri:tʃə(r)/ *n* predicatore, -trice *mf*
preamble /pri:'æmbl/ *n* preambolo *m*
pre-arrange /pri:-/ *vt* predisporre
precarious /prɪ'keərɪəs/ *adj* precario
precariously /prɪ'keərɪəslɪ/ *adv* in modo precario
precast /'pri:kɑ:st/ *adj* ‹*concrete*› prefabbricato
precaution /prɪ'kɔ:ʃn/ *n* precauzione *f*; **as a ~** per precauzione
precautionary /prɪ'kɔ:ʃnərɪ/ *adj* preventivo
precede /prɪ'si:d/ *vt* precedere
precedence /'presɪdəns/ *n* precedenza *f*
precedent /'presɪdənt/ *n* precedente *m*
preceding /prɪ'si:dɪŋ/ *adj* precedente
preceptor /prɪ'septə(r)/ *n* AmE Univ precettore *m*
precinct /'pri:sɪŋkt/ *n* (traffic-free) zona *f* pedonale; AmE (district) circoscrizione *f*
precious /'preʃəs/ **A** *adj* prezioso; ‹*style*› ricercato
B *adv* infml **~ little** ben poco
precipice /'presɪpɪs/ *n* precipizio *m*
precipitate[1] /prɪ'sɪpɪtət/ *adj* precipitoso
precipitate[2] /prɪ'sɪpɪteɪt/ *vt* precipitare
precipitation /prɪsɪpɪ'teɪʃn/ *n* precipitazione *f*
precis /'preɪsɪ/ *n* (*pl* **precis** /'preɪsɪ:z/) sunto *m*
precise /prɪ'saɪs/ *adj* preciso

p

parola chiave

precisely /prɪˈsaɪslɪ/ *adv* precisamente
precision /prɪˈsɪʒn/ *n* precisione *f*
preclude /prɪˈkluːd/ *vt* precludere
precocious /prɪˈkəʊʃəs/ *adj* precoce
precociousness /prɪˈkəʊʃsnɪs/ *n* precocità *f*
preconceived /priːkənˈsiːvd/ *adj* preconcetto
preconception /priːkənˈsepʃn/ *n* preconcetto *m*
precondition /priːkənˈdɪʃn/ **A** *n* presupposto *m*
B *vt* Psych condizionare
pre-cook /priːˈkʊk/ *vt* cuocere in anticipo
precursor /priːˈkɜːsə(r)/ *n* precursore *m*
predate /ˌpriːˈdeɪt/ *vt* retrodatare ‹*cheque*›; ‹*building, painting*› essere antecedente a
predator /ˈpredətə(r)/ *n* predatore, -trice *mf*
predatory /ˈpredət(ə)rɪ/ *adj* rapace
predecessor /ˈpriːdɪsesə(r)/ *n* predecessore, -a *mf*
predetermine /priːdɪˈtɜːmɪn/ *vt* predeterminare
predicament /prɪˈdɪkəmənt/ *n* situazione *f* difficile
predicate /ˈpredɪkət/ *n* Gram predicato *m*
predicative /prɪˈdɪkətɪv/ *adj* predicativo
predict /prɪˈdɪkt/ *vt* predire
predictable /prɪˈdɪktəbl/ *adj* prevedibile
prediction /prɪˈdɪkʃn/ *n* previsione *f*
predigested /priːdaɪˈdʒestɪd/ *adj* predigerito
predispose /ˌpriːdɪˈspəʊz/ *vt* predisporre
predisposition /priːdɪspəˈzɪʃn/ *n* predisposizione *f*
predominant /prɪˈdɒmɪnənt/ *adj* predominante
predominantly /prɪˈdɒmɪnəntlɪ/ *adv* prevalentemente
predominate /prɪˈdɒmɪneɪt/ *vi* predominare
pre-eminent /priːˈemɪnənt/ *adj* preminente
pre-empt /priːˈempt/ *vt* (prevent) prevenire
pre-emptive /priːˈemptɪv/ *adj* preventivo
preen /priːn/ *vt* lisciarsi; **~ oneself** fig farsi bello
prefab /ˈpriːfæb/ *n* infml casa *f* prefabbricata
prefabricated /priːˈfæbrɪkeɪtɪd/ *adj* prefabbricato
preface /ˈprefɪs/ *n* prefazione *f*
prefatory /ˈprefət(ə)rɪ/ *adj* ‹*comments*› preliminare; ‹*pages, notes*› introduttivo
prefect /ˈpriːfekt/ *n* Schol *studente, -tessa* (*mf*) *della scuola superiore con responsabilità disciplinare ecc.*
prefer /prɪˈfɜː(r)/ *vt* (*pt/pp* **preferred**) preferire; **I ~ to walk** preferisco camminare
preferable /ˈprefərəbl/ *adj* preferibile (**to** a)
preferably /ˈprefərəblɪ/ *adv* preferibilmente
preference /ˈprefərəns/ *n* preferenza *f*
preferential /prefəˈrenʃl/ *adj* preferenziale
prefigure /ˌpriːˈfɪgə(r), AmE -gjər/ *vt* preannunciare
prefix /ˈpriːfɪks/ *n* prefisso *m*
pregnancy /ˈpregnənsɪ/ *n* gravidanza *f*
pregnant /ˈpregnənt/ *adj* incinta
preheat /priːˈhiːt/ *vt* preriscaldare ‹*oven*›
prehensile /priːˈhensaɪl/ *adj* prensile
prehistoric /priːhɪsˈtɒrɪk/ *adj* preistorico
pre-ignition /priːɪgˈnɪʃn/ *n* preaccensione *f*
pre-installed /priːɪnˈstɔːld/ *adj* preinstallato
prejudge /priːˈdʒʌdʒ/ *vt* giudicare prematuramente ‹*issue*›
prejudice /ˈpredʒʊdɪs/ **A** *n* pregiudizio *m*
B *vt* influenzare (**against** contro); (harm) danneggiare
prejudiced /ˈpredʒʊdɪst/ *adj* prevenuto
preliminary /prɪˈlɪmɪnərɪ/ *adj* preliminare
preloaded /priːˈləʊdɪd/ *adj* precaricato
prelude /ˈpreljuːd/ *n* preludio *m*
premarital /priːˈmærɪtl/ *adj* prematrimoniale
premarital sex *n* rapporti *mpl* prematrimoniali
premature /ˈpremətjʊə(r)/ *adj* prematuro
premature birth *n* parto *m* prematuro
prematurely /ˈpremətjʊəlɪ/ *adv* prematuramente
premeditated /priːˈmedɪteɪtɪd/ *adj* premeditato
premeditation /ˌpriːmedɪˈteɪʃn/ *n* premeditazione *f*
premenstrual syndrome /priːˈmenstrʊəl/ *n* sindrome *f* premestruale
premenstrual tension *n* tensione *f* premestruale
premier /ˈpremɪə(r)/ **A** *adj* primario
B *n* Pol primo ministro *m*, premier *m inv*
premiere /ˈpremɪeə(r)/ *n* prima *f*
premiership /ˈpremɪəʃɪp/ *n* Pol carica *f* di primo ministro nel Regno Unito; ≈ presidenza *f* del consiglio
premises /ˈpremɪsɪz/ *npl* locali *mpl*; **on the ~** sul posto
premium /ˈpriːmɪəm/ *n* premio *m*; **be at a ~** essere una cosa rara
premium bond *n* obbligazione *f* a premio
premonition /preməˈnɪʃn/ *n* presentimento *m*
prenatal /priːˈneɪtl/ *adj* esp Am prenatale
prenuptial agreement /priːnʌpʃl əˈgriːmənt/ *n* accordo *m* prematrimoniale
preoccupation /ˌpriːɒkjʊˈpeɪʃn/ *n* preoccupazione *f*
preoccupied /priːˈɒkjʊpaɪd/ *adj* preoccupato
preoperative /priːˈɒp(ə)rətɪv/ *adj* preoperatorio
preordained /priːɔːˈdeɪnd/ *adj* prestabilito; ‹*outcome*› predestinato
pre-owned /priːˈəʊnd/ *adj* ‹*video, game*› di seconda mano
prep /prep/ *n* Sch compiti *mpl*
pre-packed /priːˈpækt/ *adj* preconfezionato

prepaid /priːˈpeɪd/ *adj* pagato in anticipo; ‹*envelope*› già affrancato

preparation /prepəˈreɪʃn/ *n* preparazione *f*; **~s** *pl* preparativi *mpl*

preparatory /prɪˈpærətrɪ/ *adj* preparatorio; **~ to** come preparazione per

preparatory school *n* BrE = **prep school**

prepare /prɪˈpeə(r)/ **A** *vt* preparare
B *vi* prepararsi (**for** per); **~d to** disposto a

prepay /priːˈpeɪ/ *vt* (*pt/pp* **-paid**) pagare in anticipo

preponderance /prɪˈpɒndərəns/ *n* preponderanza *f*

preponderantly /prɪˈpɒndərəntlɪ/ *adv* in modo preponderante

preponderate /prɪˈpɒndəreɪt/ *vi* predominare

preposition /prepəˈzɪʃn/ *n* preposizione *f*

prepossessing /priːpəˈzesɪŋ/ *adj* attraente

preposterous /prɪˈpɒstərəs/ *adj* assurdo

pre-programmed /priːˈprəʊgræmd/ *adj* programmato; Comput preprogrammato

prep school *n* scuola *f* elementare privata

pre-recorded /-rɪˈkɔːdɪd/ *adj* in differita

prerequisite /priːˈrekwɪzɪt/ *n* condizione *f* sine qua non

prerogative /prɪˈrɒgətɪv/ *n* prerogativa *f*

Pres. *abbr* (**President**) Pres.

Presbyterian /prezbɪˈtɪərɪən/ *adj* & *n* presbiteriano, -a *mf*

pre-school /ˈpriːskuːl/ **A** *n* AmE scuola *f* materna, asilo *m*
B *adj* ‹*child*› in età prescolastica; ‹*years*› prescolastico

prescribe /prɪˈskraɪb/ *vt* prescrivere

prescription /prɪˈskrɪpʃn/ *n* Med ricetta *f*

prescription charges *npl* BrE ≈ ticket *m inv* sui medicinali

prescriptive /prɪˈskrɪptɪv/ *adj* normativo

presence /ˈprezns/ *n* presenza *f*; **~ of mind** presenza *f* di spirito

presence of mind *n* presenza *f* di spirito

present¹ /ˈpreznt/ **A** *adj* presente
B *n* presente *m*; **at ~** attualmente

present² *n* (gift) regalo *m*; **give somebody something as a ~** regalare qualcosa a qualcuno

present³ /prɪˈzent/ *vt* presentare; **~ somebody with an award** consegnare un premio a qualcuno

presentable /prɪˈzentəbl/ *adj* **be ~** essere presentabile

presentation /prezn̩ˈteɪʃn/ *n* presentazione *f*

present-day *adj* attuale

presenter /prɪˈzentə(r)/ *n* TV, Radio presentatore, -trice *mf*

presently /ˈprezntlɪ/ *adv* fra poco; AmE (now) attualmente

present perfect *n* passato *m* prossimo

preservation /prezəˈveɪʃn/ *n* conservazione *f*

preservative /prɪˈzɜːvətɪv/ *n* conservante *m*

preserve /prɪˈzɜːv/ **A** *vt* preservare; Culin conservare
B *n* (in hunting & fig) riserva *f*; (jam) marmellata *f*

pre-set /priːˈset/ *vt* programmare

pre-shrunk /priːˈʃrʌŋk/ *adj* ‹*fabric*› irrestringibile

preside /prɪˈzaɪd/ *vi* presiedere (**over** a)

presidency /ˈprezɪdənsɪ/ *n* presidenza *f*

president /ˈprezɪdənt/ *n* presidente *m*

presidential /prezɪˈdenʃl/ *adj* presidenziale

pre-soak /priːˈsəʊk/ *vt* mettere in ammollo

press /pres/ **A** *n* (machine) pressa *f*; (newspapers) stampa *f*
B *vt* premere; pressare ‹*flower*›; (iron) stirare; (squeeze) stringere
C *vi* (urge) incalzare
■ **press ahead** *vi* (continue) proseguire
■ **press for** *vi* fare pressione per; **be ~ed for** (short of) essere a corto di
■ **press on** *vi* andare avanti

press agency *n* agenzia *f* di stampa

press conference *n* conferenza *f* stampa

press cutting *n* ritaglio *m* di giornale

press-gang *vt* forzare

pressing /ˈpresɪŋ/ *adj* urgente

press release *n* comunicato *m* stampa

press stud *n* [bottone *m*] automatico *m*

press-up *n* flessione *f*

pressure /ˈpreʃə(r)/ **A** *n* pressione *f*
B *vt* = **pressurize**

pressure cooker *n* pentola *f* a pressione

pressure group *n* gruppo *m* di pressione

pressurize /ˈpreʃə(r)/ *vt* far pressione su

pressurized /ˈpreʃəraɪzd/ *adj* ‹*cabin*› pressurizzato

prestige /preˈstiːʒ/ *n* prestigio *m*

prestigious /preˈstɪdʒəs/ *adj* prestigioso

presumably /prɪˈzjuːməblɪ/ *adv* presumibilmente

presume /prɪˈzjuːm/ **A** *vt* presumere; **~ to do something** permettersi di fare qualcosa
B *vi* **~ on** approfittare di

presumption /prɪˈzʌmpʃn/ *n* presunzione *f*; (boldness) impertinenza *f*

presumptuous /prɪˈzʌmptjʊəs/ *adj* impertinente

presuppose /priːsəˈpəʊz/ *vt* presupporre

presupposition /priːsʌpəˈzɪʃn/ *n* presupposizione *f*

pre-tax /ˈpriːtæks/ *adj* al lordo d'imposta

pretence /prɪˈtens/ *n* finzione *f*; (pretext) pretesto *m*; **it's all ~** è tutta una scena

pretend /prɪˈtend/ **A** *vt* fingere; (claim) pretendere
B *vi* fare finta

pretender /prɪˈtendə(r)/ *n* pretendente *mf*

p

---

parola chiave

pretension /prɪ'tenʃn/ *n* pretesa *f*
pretentious /prɪ'tenʃəs/ *adj* pretenzioso
preterite /'pretərɪt/ *n* preterito *m*
pretext /'pri:tekst/ *n* pretesto *m*
pretty /'prɪtɪ/ **A** *adj* (**-ier**, **-iest**) carino
B *adv* infml (fairly) abbastanza
prevail /prɪ'veɪl/ *vi* prevalere; **~ upon somebody to do something** convincere qualcuno a fare qualcosa
prevailing /prɪ'veɪlɪŋ/ *adj* prevalente
prevalence /'prevələns/ *n* diffusione *f*
prevalent /'prevələnt/ *adj* diffuso
prevaricate /prɪ'værɪkeɪt/ *vi* tergiversare
prevent /prɪ'vent/ *vt* impedire; **~ somebody [from] doing something** impedire a qualcuno di fare qualcosa
preventable /prɪ'venʃn/ *adj* evitabile
prevention /prɪ'venʃn/ *n* prevenzione *f*
preventive /prɪ'ventɪv/ *adj* preventivo
preview /'pri:vju/ *n* anteprima *f*
previous /'pri:vɪəs/ *adj* precedente
previously /'pri:vɪəslɪ/ *adv* precedentemente
pre-war /pri:'wɔ:(r)/ *adj* anteguerra
pre-wash /'pri:wɒʃ/ *n* prelavaggio *m*
prey /preɪ/ **A** *n* preda *f*; **bird of ~** uccello *m* rapace
B *vi* **~ on** far preda di; **~ on sb's mind** attanagliare qualcuno
price /praɪs/ **A** *n* prezzo *m*
B *vt* Comm fissare il prezzo di
price conscious *adj* consapevole dell'andamento dei prezzi
price cut *n* riduzione *f* di prezzo
price cutting *n* taglio *m* dei prezzi
price freeze *n* congelamento *m* dei prezzi
price increase *n* aumento *m* di prezzo
priceless /'praɪslɪs/ *adj* inestimabile; infml (amusing) spassosissimo
price list *n* listino *m* prezzi
price/performance ratio *n* rapporto *m* prezzo/prestazioni
price range *n* gamma *f* di prezzi
price rise *n* rialzo *m* dei prezzi
price tag *n* talloncino *m* del prezzo
price war *n* guerra *f* dei prezzi
pricey /'praɪsɪ/ *adj* infml caro
pricing policy /'praɪsɪŋ/ *n* politica *f* di determinazione dei prezzi
prick /prɪk/ **A** *n* puntura *f*; vulg (penis) cazzo *m*; (person) stronzo *m*
B *vt* pungere
■ **prick up**: *vt* **~ up one's ears** rizzare le orecchie
prickle /'prɪkl/ *n* spina *f*; (sensation) formicolio *m*
prickly /'prɪklɪ/ *adj* pungente; ‹*person*› irritabile
pride /praɪd/ **A** *n* orgoglio *m*; (of lions) branco *m*; **~ of place** posizione *f* d'onore
B *vt* **~ oneself on** vantarsi di
priest /pri:st/ *n* prete *m*
priesthood /'pri:sthʊd/ *n* (clergy) clero *m*; (calling) sacerdozio *m*; **enter the ~** farsi prete
prig /prɪg/ *n* presuntuoso *m*
priggish /'prɪgɪʃ/ *adj* presuntuoso
prim /prɪm/ *adj* (**primmer**, **primmest**) perbenino
primacy /'praɪməsɪ/ *n* primato *m*; (of party, power) supremazia *f*; Relig carica *f* di primate
prima facie /praɪmə'feɪʃi/ **A** *adv* (at first) a prima vista
B *adj* a prima vista legittimo
primal /'praɪməl/ *adj* ‹*quality, myth, feeling*› primitivo
primarily /'praɪmerɪlɪ/ *adv* in primo luogo
primary /'praɪmərɪ/ *adj* primario; (chief) principale
primary colour *n* colore *m* primario
primary school *n* scuola *f* elementare
primate /'praɪmeɪt/ *n* Zool, Relig primate *m*
prime¹ /praɪm/ **A** *adj* principale, primo; (first-rate) eccellente
B *n* **be in one's ~** essere nel fiore degli anni
prime² *vt* preparare ‹*surface, person*›
Prime Minister *n* Primo Ministro *m*
prime mover *n* promotore, -trice *mf*
primer /'praɪmə(r)/ *n* (paint) base *f*; (for detonating) innesco *m*
prime time **A** *n* prime time *m inv*, fascia *f* di massimo ascolto
B *attrib* ‹*advertising, programme*› nella fascia di massimo ascolto
primeval /praɪ'mi:vl/ *adj* primitivo
primitive /'prɪmɪtɪv/ *adj* primitivo
primordial /praɪ'mɔ:dɪəl/ *adj* primordiale
primrose /'prɪmrəʊz/ *n* primula *f*
prince /prɪns/ *n* principe *m*
princely /'prɪnslɪ/ *adj* ‹*life, role*› da principe; ‹*amount, style*› principesco
princess /prɪn'ses/ *n* principessa *f*
principal /'prɪnsɪpl/ **A** *adj* principale
B *n* Sch preside *m*
principality /prɪnsɪ'pælətɪ/ *n* principato *m*
principally /'prɪnsəplɪ/ *adv* principalmente
principle /'prɪnsəpl/ *n* principio *m*; **in ~** in teoria; **on ~** per principio; **~s** *pl* (fundamentals) fondamenti *mpl*
print /prɪnt/ **A** *n* (mark, trace) impronta *f*; Phot copia *f*; (letters) stampatello *m*; (picture) stampa *f*; **in ~** (printed out) stampato; ‹*book*› in commercio; **out of ~** esaurito
B *vt & vi* stampare; (write in capitals) scrivere in stampatello
■ **print off** *vt* stampare ‹*copies*›
■ **print out** *vt & vi* Comput stampare
printed matter /'prɪntɪd/ *n* stampe *fpl*
printer /'prɪntə(r)/ *n* stampante *f*; (person) tipografo, -a *mf*

printer port *n* porta *f* per la stampante
printing /'prɪntɪŋ/ *n* tipografia *f*
printout /'prɪntaʊt/ *n* Comput stampa *f*
print preview /prɪnt'pri:vju:/ *vt* Comput fare l'anteprima di stampa di
print speed *n* velocità *f* di stampa
prior /'praɪə(r)/ **A** *adj* precedente
B *prep* ~ **to** prima di
priority /praɪ'ɒrətɪ/ *n* precedenza *f*; (matter) priorità *f*
priory /'praɪərɪ/ *n* monastero *m*
prise /praɪz/ *vt* ~ **open/up** forzare
■ **prise off** *vt* togliere facendo leva ‹*lid*›
prism /'prɪzm/ *n* prisma *m*
prison /'prɪzn/ *n* prigione *f*, carcere *m*
prison camp *n* campo *m* di prigionia
prisoner /'prɪz(ə)nə(r)/ *n* prigioniero, -a *mf*
prison officer *n* guardia *f* carceraria
prison sentence *n* pena *f* detentiva
prissy /'prɪsɪ/ *adj* ‹*person*› perbenista
pristine /'prɪsti:n/ *adj* originario; (unspoilt) intatto
privacy /'prɪvəsɪ/ *n* privacy *f*
private /'praɪvət/ **A** *adj* privato; ‹*car, secretary, letter*› personale
B *n* Mil soldato *m* semplice; **in** ~ in privato
private enterprise *n* iniziativa *f* privata
private eye *n* infml investigatore, -trice *mf* privato
privately /'praɪvətlɪ/ *adv* ‹*funded, educated etc*› privatamente; (in secret) in segreto; (confidentially) in privato; (inwardly) interiormente
private property *n* proprietà *f* privata
privation /praɪ'veɪʃn/ *n* privazione *f*; ~**s** *pl* stenti *mpl*
privatization /praɪvətaɪ'zeɪʃn/ *n* privatizzazione *f*
privatize /'praɪvətaɪz/ *vt* privatizzare
privilege /'prɪvəlɪdʒ/ *n* privilegio *m*
privileged /'prɪvəlɪdʒd/ *adj* privilegiato
privy /'prɪvɪ/ *adj* **be** ~ **to** essere al corrente di
prize /praɪz/ **A** *n* premio *m*
B *adj* (idiot etc) perfetto
C *vt* apprezzare
prize draw *n* estrazione *f* a premi
prize-giving /'praɪzgɪvɪŋ/ *n* premiazione *f*
prize money *n* montepremi *m*
prizewinner *n* vincitore, -trice *mf*
prize-winning *adj* vincente
pro /prəʊ/ *n* infml (professional) professionista *mf*; **the** ~**s and cons** il pro e il contro
proactive /prəʊ'æktɪv/ *adj* ‹*approach*› proattivo
probability /prɒbə'bɪlətɪ/ *n* probabilità *f*
probable /'prɒbəbl/ *adj* probabile
probably /'prɒbəblɪ/ *adv* probabilmente
probate /'prəʊbeɪt/ *n* Jur omologazione *f*

probation /prə'beɪʃn/ *n* prova *f*; Jur libertà *f* vigilata
probationary /prə'beɪʃnərɪ/ *adj* in prova; ~ **period** periodo *m* di prova
probationer /prə'beɪʃnə(r)/ *n* (employee on trial) impiegato, -a *mf* in prova; (trainee) apprendista *mf*
probation officer *n agente (m) addetto alla sorveglianza di chi si trova in regime di libertà vigilata*
probe /prəʊb/ **A** *n* sonda *f*; fig (investigation) indagine *f*
B *vt* sondare; (investigate) esaminare a fondo
probing /'prəʊbɪŋ/ *adj* ‹*question*› penetrante
problem /'prɒbləm/ **A** *n* problema *m*
B *attrib* difficile
problematic /prɒblə'mætɪk/ *adj* problematico
problem page *n* posta *f* del cuore
procedural /prə'si:dʒərəl/ *adj* ‹*detail, error*› procedurale
procedure /prə'si:dʒe(r)/ *n* procedimento *m*
proceed /prə'si:d/ **A** *vi* procedere
B *vt* ~ **to do something** proseguire facendo qualcosa
proceedings /prə'si:dɪŋz/ *npl* (report) atti *mpl*; Jur azione *fsg* legale
proceeds /'prəʊsi:dz/ *npl* ricavato *msg*
process /'prəʊses/ **A** *n* processo *m*; (procedure) procedimento *m*; **in the** ~ nel far ciò
B *vt* trattare; Admin occuparsi di; Phot sviluppare
processing /'prəʊsesɪŋ, AmE 'prɑ-/ *n* trattamento *m*; **food** ~ l'industria alimentare
procession /prə'seʃn/ *n* processione *f*
processor /'prəʊsesə(r)/ *n* Comput processore *m*; (for food) tritatutto *m inv*
pro-choice /prəʊ'tʃɔɪs/ *adj* abortista
proclaim /prə'kleɪm/ *vt* proclamare
proclamation /prɒklə'meɪʃn/ *n* proclamazione *f*
proclivity /prə'klɪvətɪ/ *n* tendenza *f*
procrastinate /prə'kræstɪneɪt/ *vi* procrastinare
procrastination /prəkræstɪ'neɪʃn/ *n* procrastinazione *f*
procreate /'prəʊkrɪeɪt/ *vi* procreare
procreation /prəʊkrɪ'eɪʃn/ *n* procreazione *f*
procure /prə'kjʊə(r)/ *vt* ottenere
prod /prɒd/ **A** *n* colpetto *m*
B *vt* (*pt/pp* **prodded**) punzecchiare; fig incitare
prodigal /'prɒdɪgl/ *adj* prodigo
prodigal son *n* figliol *m* prodigo
prodigious /prə'dɪdʒəs/ *adj* prodigioso
prodigy /'prɒdɪdʒɪ/ *n* **[infant]** ~ bambino *m* prodigio
produce[1] /'prɒdju:s/ *n* prodotti *mpl*; ~ **of Italy** prodotto in Italia

p

parola chiave

produce² /prəˈdjuːs/ *vt* produrre; (bring out) tirar fuori; (cause) causare; infml (give birth to) fare

producer /prəˈdjuːsə(r)/ *n* produttore *m*

product /ˈprɒdʌkt/ *n* prodotto *m*

production /prəˈdʌkʃn/ *n* produzione *f*; Theat spettacolo *m*

production control *n* controllo *m* della produzione

production director *n* direttore, -trice *mf* della produzione

production line *n* catena *f* di montaggio

production management *n* gestione *f* della produzione

production manager *n* direttore, -trice *mf* della produzione

productive /prəˈdʌktɪv/ *adj* produttivo

productivity /prɒdʌkˈtɪvətɪ/ *n* produttività *f*

product range *n* gamma *f* di prodotti

Prof. *abbr* (**Professor**) Prof.

profane /prəˈfeɪn/ *adj* profano; (blasphemous) blasfemo

profanity /prəˈfænətɪ/ *n* (oath) bestemmia *f*

profess /prəˈfes/ *vt* (claim) dichiarare

professed /prəˈfest/ *adj* (claiming to be) sedicente

profession /prəˈfeʃn/ *n* professione *f*

professional /prəˈfeʃnəl/ **A** *adj* professionale; (not amateur) professionista; (piece of work) da professionista; ‹*man*› di professione
B *n* professionista *mf*

professionalism /prəˈfeʃnəlɪzm/ *n* (of person, organization, work) professionalità *f*; Sport professionismo *m*

professionally /prəˈfeʃnəlɪ/ *adv* professionalmente

professor /prəˈfesə(r)/ *n* professore *m* [universitario]

professorial /prɒfəˈsɔːrɪəl/ *adj* ‹*duties, post, salary*› professorale

proffer /ˈprɒfə(r)/ *vt* (hold out) porgere; fig (offer) offrire

proficiency /prəˈfɪʃnsɪ/ *n* competenza *f*

proficient /prəˈfɪʃnt/ *adj* competente (**in** in)

profile /ˈprəʊfaɪl/ *n* profilo *m*

profiling /ˈprəʊfaɪlɪŋ/ *n* profilo *m*; **genetic ~** profilo genetico

profit /ˈprɒfɪt/ **A** *n* profitto *m*
B *vi* **~ from** trarre profitto da

profitable /ˈprɒfɪtəbl/ *adj* proficuo

profitably /ˈprɒfɪtəblɪ/ *adv* in modo proficuo

profit and loss account *n* conto *m* profitti e perdite

profiteer /prɒfɪˈtɪə(r)/ *n* profittatore, -trice *mf*

profiterole /prəˈfɪtərəʊl/ *n* profiterole *m inv*

profit margin *n* margine *m* di profitto

profit-sharing *n* partecipazione *f* agli utili

profligate /ˈprɒflɪgət/ *adj* (extravagant) spendaccione; (dissolute) dissoluto; ‹*spending*› eccessivo

pro forma invoice /ˈfɔːmə/ *n* fattura *f* proforma

profound /prəˈfaʊnd/ *adj* profondo

profoundly /prəˈfaʊndlɪ/ *adv* profondamente

profuse /prəˈfjuːs/ *adj* **~ apologies** una profusione di scuse

profusely /prəˈfjuːslɪ/ *adv* profusamente

profusion /prəˈfjuːʒn/ *n* profusione *f*; **in ~** in abbondanza

progeny /ˈprɒdʒənɪ/ *n* progenie *f inv*

prognosis /prɒgˈnəʊsɪs/ *n* (*pl* **-oses**) (prediction) previsione *f*; Med prognosi *f inv*

prognosticate /prɒgˈnɒstɪkeɪt/ *vt* pronosticare

program /ˈprəʊgræm/ **A** *n* Comput programma *m*
B *vt* (*pt/pp* **programmed**) programmare

programme /ˈprəʊgræm/ *n* BrE programma *m*

programmer /ˈprəʊgræmə(r)/ *n* Comput programmatore, -trice *mf*

programming /ˈprəʊgræmɪŋ/ *n* programmazione *f*

progress¹ /ˈprəʊgres/ *n* progresso *m*; **in ~** in corso; **make ~** fig fare progressi

progress² /prəˈgres/ *vi* progredire; fig fare progressi

progression /prəˈgreʃn/ *n* (development) progresso *m*; (improvement) evoluzione *f*; (series) serie *f*

progressive /prəˈgresɪv/ *adj* progressivo; (reforming) progressista

progressively /prəˈgresɪvlɪ/ *adv* progressivamente

progress report *n* (on project) resconto sull'andamento del progetto; (on patient) cartella *f* clinica

prohibit /prəˈhɪbɪt/ *vt* proibire

prohibition /prəʊhɪˈbɪʃn/ *n* proibizione; **P~** AmE proibizionismo *m*

prohibitive /prəˈhɪbɪtɪv/ *adj* proibitivo

prohibitively /prəˈhɪbɪtɪvlɪ/ *adv* ‹*expensive*› in modo proibitivo

project¹ /ˈprɒdʒekt/ *n* progetto *m*; Sch ricerca *f*

project² /prəˈdʒekt/ **A** *vt* proiettare ‹*film, image*›
B *vi* (jut out) sporgere

projectile /prəˈdʒektaɪl/ *n* proiettile *m*

projection /prəˈdʒekʃn/ *n* (of figures) proiezione *f*

project manager *n* project manager *mf inv*

projector /prəˈdʒektə(r)/ *n* proiettore *m*

proletarian /prəʊləˈteərɪən/ *adj & n* proletario, -a *mf*

proletariat /prəʊlɪˈteərɪət/ *n* proletariato *m*

pro-life /prəʊˈlaɪf/ *adj* antiabortista

proliferate /prəˈlɪfəreɪt/ *vi* proliferare

proliferation /prəlɪfə'reɪʃn/ *n* proliferazione *f*

prolific /prə'lɪfɪk/ *adj* prolifico

prologue /'prəʊlɒg/ *n* prologo *m*

prolong /prə'lɒŋ/ *vt* prolungare

prom /prɒm/ *n* BrE infml (at seaside) lungomare *m inv*; AmE infml (at high school) ballo *m* studentesco

promenade /prɒmə'nɑːd/ *n* lungomare *m inv*

prominence /'prɒmɪnəns/ *n* (of person, issue) importanza *f*; (of object) sporgenza *f*; (hill) rilievo *m*

prominent /'prɒmɪnənt/ *adj* prominente; (conspicuous) di rilievo

promiscuity /prɒmɪ'skjuːətɪ/ *n* promiscuità *f*

promiscuous /prə'mɪskjʊəs/ *adj* promiscuo

promise /'prɒmɪs/ **A** *n* promessa *f*
B *vt* promettere; **~ somebody that** promettere a qualcuno che; **I ~d to** l'ho promesso

Promised Land /prɒmɪst'lænd/ *n* Terra *f* Promessa

promising /'prɒmɪsɪŋ/ *adj* promettente

promo /'prəʊməʊ/ *n* infml (of product) campagna *f* promozionale; (video) video *m inv* promozionale

promontory /'prɒmənt(ə)rɪ/ *n* promontorio *m*

promote /prə'məʊt/ *vt* promuovere; **be ~d** essere promosso

promoter /prə'məʊtə(r)/ *n* promotore, -trice *mf*

promotion /prə'məʊʃn/ *n* promozione *f*

promotional /prə'məʊʃnəl/ *adj* Comm promozionale

promotional video *n* video *m* promozionale

prompt /prɒmpt/ **A** *adj* immediato; (punctual) puntuale
B *adv* in punto
C *vt* incitare (**to** a); Theat suggerire a
D *vi* suggerire
E *n* Comput prompt *m inv*

prompter /'prɒmptə(r)/ *n* suggeritore, -trice *mf*

promptly /'prɒmptlɪ/ *adv* puntualmente

Proms /prɒmz/ *npl rassegna (f) di concerti estivi di musica classica presso l'Albert Hall a Londra*

prone /prəʊn/ *adj* prono; **be ~ to do something** essere incline a fare qualcosa

prong /prɒŋ/ *n* dente *m*

pronoun /'prəʊnaʊn/ *n* pronome *m*

pronounce /prə'naʊns/ *vt* pronunciare; (declare) dichiarare
■ **pronounce on** *vt* pronunciarsi su ‹*case, subject*›

pronounced /prə'naʊnst/ *adj* (noticeable) pronunciato

pronouncement /prə'naʊnsmənt/ *n* dichiarazione *f*

pronunciation /prənʌnsɪ'eɪʃn/ *n* pronuncia *f*

proof /pruːf/ **A** *n* prova *f*; Typ bozza *f*; (of alcohol) gradazione *f* alcolica; **12% ~** 12°
B *adj* **~ against** a prova di

proof of purchase *n* ricevuta *f* d'acquisto

proof-read *vt* correggere le bozze di

proof-reader *n* correttore, -trice *mf* di bozze

proof-reading *n* revisione *f* di bozze

prop¹ /prɒp/ **A** *n* puntello *m*
B *vt* (*pt/pp* **propped**) **~ open** tenere aperto; **~ against** (lean) appoggiare a
■ **prop up** *vt* sostenere

prop² *n* Theat infml accessorio *m* di scena

propaganda /prɒpə'gændə/ *n* propaganda *f*

propagate /'prɒpəgeɪt/ *vt* propagare

propagator /'prɒpəgeɪtə(r)/ *n* propagatore *m*

propane /'prəʊpeɪn/ *n* propano *m*

propel /prə'pel/ *vt* (*pt/pp* **propelled**) spingere

propellant /prə'pelənt/ *n* (in aerosol) gas *m inv* propellente; (in rocket) propellente *m*

propeller /prə'pelə(r)/ *n* elica *f*

propelling pencil /prə'pelɪŋ/ *n* portamina *m inv*

propensity /prə'pensətɪ/ *n* tendenza *f*

proper /'prɒpə(r)/ *adj* corretto; (suitable) adatto; infml (real) vero [e proprio]

properly /'prɒpəlɪ/ *adv* correttamente

proper name, proper noun *n* nome *m* proprio

property /'prɒpətɪ/ *n* proprietà *f*

property developer *n* impresa *f* edile; (person) impresario *m* edile

property market *n* mercato *m* immobiliare

prophecy /'prɒfəsɪ/ *n* profezia *f*

prophesy /'prɒfɪsaɪ/ *vt* (*pt/pp* **-ied**) profetizzare

prophet /'prɒfɪt/ *n* profeta *m*

prophetic /prə'fetɪk/ *adj* profetico

prophylactic /prɒfɪ'læktɪk/ **A** *n* (condom) profilattico *m*, preservativo *m*; Med (treatment) misura *f* profilattica
B *adj* profilattico

proponent /prə'pəʊnənt/ *n* fautore, -trice *mf*

proportion /prə'pɔːʃn/ *n* proporzione *f*; (share) parte *f*; **be in ~** essere proporzionato (**to** a); **be out of ~** essere sproporzionato; **~s** *pl* (dimensions) proporzioni *fpl*

proportional /prə'pɔːʃnəl/ *adj* proporzionale

proportionally /prə'pɔːʃnəlɪ/ *adv* in proporzione

proportional representation *n* rappresentanza *f* proporzionale

proposal /prə'pəʊzl/ *n* proposta *f*; (of marriage) proposta *f* di matrimonio

propose /prə'pəʊz/ **A** *vt* proporre; (intend)

---

parola chiave

proporsi
B *vi* fare una proposta di matrimonio
proposition /prɒpə'zɪʃn/ *n* proposta *f*; infml (task) impresa *f*
proprietor /prə'praɪətə(r)/ *n* proprietario, -a *mf*
propriety /prə'praɪətɪ/ *n* correttezza *f*; **the proprieties** *pl* l'etichetta *f*
propulsion /prə'pʌlʃn/ *n* propulsione *f*
pro rata /'rɑ:tə/ *adj* **on a ~ basis** in proporzione
prosaic /prə'zeɪɪk/ *adj* prosaico
proscribe *vt* (exile) esiliare; (ban) bandire
prose /prəʊz/ *n* prosa *f*
prosecute /'prɒsɪkju:t/ *vt* intentare azione contro
prosecution /prɒsɪ'kju:ʃn/ *n* azione *f* giudiziaria; **the ~** l'accusa *f*
prosecutor /'prɒsɪkju:tə(r)/ *n* **[Public] P~** Pubblico Ministero *m*
prospect¹ /'prɒspekt/ *n* (expectation) prospettiva *f*; (view) vista *f*
prospect² /prə'spekt/ *vi* **~ for** cercare
prospective /prə'spektɪv/ *adj* (future) futuro; (possible) potenziale
prospector /prə'spektə(r)/ *n* cercatore *m*
prospectus /prə'spektəs/ *n* prospetto *m*
prosper /'prɒspə(r)/ *vi* prosperare; ‹*person*› stare bene finanziariamente
prosperity /prɒ'sperətɪ/ *n* prosperità *f*
prosperous /'prɒspərəs/ *adj* prospero
prostate /'prɒsteɪt/ *n* prostata *f*
prosthesis /prɒs'θi:sɪs/ *n* protesi *f*
prostitute /'prɒstɪtju:t/ **A** *n* prostituta *f*
B *vt* fig prostituire
prostitution /prɒstɪ'tjuʃn/ *n* prostituzione *f*
prostrate /'prɒstreɪt/ *adj* prostrato; **~ with grief** fig prostrato dal dolore
protagonist /prə'tægənɪst/ *n* protagonista *mf*
protect /prə'tekt/ *vt* proteggere (**from** da)
protection /prə'tekʃn/ *n* protezione *f*
protection factor *n* (of suntan lotion) fattore *m* di protezione
protection racket *n* racket *m inv* di protezione
protective /prə'tektɪv/ *adj* protettivo
protector /prə'tektə(r)/ *n* protettore, -trice *mf*
protégé /'prɒtɪʒeɪ/ *n* protetto *m*
protein /'prəʊti:n/ *n* proteina *f*
protest¹ /'prəʊtest/ *n* protesta *f*
protest² /prə'test/ *vt & vi* protestare
Protestant /'prɒtɪstənt/ *adj & n* protestante *mf*
Protestantism /'prɒtɪstəntɪzm/ *n* protestantesimo *m*
protestation /prɒtɪ'steɪʃn/ *n* protesta *f*
protester /prə'testə(r)/ *n* contestatore, -trice *mf*; (at demonstration) dimostrante *mf*
protocol /'prəʊtəkɒl/ *n* protocollo *m*
prototype /'prəʊtətaɪp/ *n* prototipo *m*
protract /prə'trækt/ *vt* protrarre
protracted /prə'trækɪtɪd/ *adj* prolungato
protractor /prə'trækt̬ə(r)/ *n* goniometro *m*
protrude /prə'tru:d/ *vi* sporgere
protruding /prə'tru:dɪŋ, AmE prəʊ-/ *adj* ‹*teeth, chin, ledge*› sporgente
protuberance /prə'tu:bərəns/ *n* protuberanza *f*
proud /praʊd/ *adj* fiero (**of** di)
proudly /'praʊdlɪ/ *adv* fieramente
prove /pru:v/ **A** *vt* provare
B *vi* **~ to be a lie** rivelarsi una bugia
proven /'pru:vən/ *adj* dimostrato
proverb /'prɒvɜ:b/ *n* proverbio *m*
proverbial /prə'vɜ:bɪəl/ *adj* proverbiale
provide /prə'vaɪd/ **A** *vt* fornire; **~ somebody with something** fornire qualcosa a qualcuno
B *vi* **~ for** (allow for) tenere conto di; ‹*law*› prevedere
provided /prə'vaɪdɪd/ *conj* **~ [that]** purché
providence /'prɒvɪdəns/ *n* provvidenza *f*
provident /'prɒvɪdənt/ *adj* previdenziale
providential /prɒvɪ'denʃl/ *adj* provvidenziale
provider /prə'vaɪdə(r)/ *n* (in family) persona *f* che mantiene la famiglia
providing /prə'vaɪdɪŋ/ *conj* = **provided**
province /'prɒvɪns/ *n* provincia *f*; fig campo *m*
provincial /prə'vɪnʃl/ *adj* provinciale
provincialism /prə'vɪnʃəlɪzm/ *n* provincialismo *m*
provision /prə'vɪʒn/ *n* (of food, water) approvvigionamento *m* (**of** di); (of law) disposizione *f*; **make ~ for** ‹*law*› prevedere; **~s** *pl* provviste *fpl*
provisional /prə'vɪʒ(ə)nəl/ *adj* provvisorio
provisionally /prə'vɪʒ(ə)nəlɪ/ *adv* provvisoriamente
proviso /prə'vaɪzəʊ/ *n* condizione *f*
provocation /prɒvə'keɪʃn/ *n* provocazione *f*
provocative /prə'vɒkətɪv/ *adj* provocatorio; (sexually) provocante
provocatively /prə'vɒkətɪvlɪ/ *adv* in modo provocatorio; ‹*smile, be dressed*› in modo provocante
provoke /prə'vəʊk/ *vt* provocare
provost /'prɒvəst/ *n* AmE Univ decano *m*; BrE Univ, Sch rettore *m*; (in Scotland) sindaco *m*
prow /praʊ/ *n* prua *f*
prowess /'praʊɪs/ *n* abilità *f*
prowl /praʊl/ **A** *vi* aggirarsi
B *n* **on the ~** in cerca di preda
prowler /'praʊlə(r)/ *n* tipo *m* sospetto
proximity /prɒk'sɪmətɪ/ *n* prossimità *f*
proxy /'prɒksɪ/ *n* delega *f*; (person) persona *f* che agisce per delega
prude /pru:d/ *n* **be a ~** essere eccessivamente pudico

prudence /ˈpruːdəns/ *n* prudenza *f*
prudent /ˈpruːdənt/ *adj* prudente; (wise) oculato
prudently /ˈpruːdəntlɪ/ *adv* con prudenza
prudish /ˈpruːdɪʃ/ *adj* eccessivamente pudico
prudishness /ˈpruːdɪʃnɪs/ *n* eccessivo pudore *m*
prune¹ /pruːn/ *n* prugna *f* secca
prune² *vt* potare
pry /praɪ/ *vi* (*pt/pp* **pried**) ficcare il naso
prying /ˈpraɪɪŋ/ *adj* curioso
PS *n abbr* (**postscriptum**) PS *m inv*
psalm /sɑːm/ *n* salmo *m*
pseud /sjuːd/ *n* infml intellettualoide *mf*
pseudonym /ˈsjuːdənɪm/ *n* pseudonimo *m*
PSHE *n abbr* BrE (**personal social and health education**) (school subject) *studio* (*m*) *degli aspetti personali, sociali e sanitari dell'individuo in relazione alla collettività*
PST *abbr* AmE (**Pacific Standard Time**) *tempo* (*m*) *medio della zona del Pacifico*
psych /saɪk/
■ **psych out** *vt* infml (unnerve) snervare
■ **psych up** *vt* infml (prepare mentally) preparare psicologicamente
psychedelic /saɪkəˈdelɪk/ *adj* psichedelico
psychiatric /saɪkɪˈætrɪk/ *adj* psichiatrico
psychiatrist /saɪˈkaɪətrɪst/ *n* psichiatra *mf*
psychiatry /saɪˈkaɪətrɪ, AmE sɪ-/ *n* psichiatria *f*
psychic /ˈsaɪkɪk/ **A** *n* sensitivo, -a *mf*
B *adj* psichico; **I'm not ~** non sono un indovino
psychoanalyse /saɪkəʊˈænəlaɪz/ *vt* psicanalizzare
psychoanalysis /saɪkəʊəˈnælɪsɪs/ *n* psicanalisi *f*
psychoanalyst /saɪkəʊˈænəlɪst/ *n* psicanalista *mf*
psychological /saɪkəˈlɒdʒɪkl/ *adj* psicologico
psychologically /saɪkəˈlɒdʒɪklɪ/ *adv* psicologicamente
psychologist /saɪˈkɒlədʒɪst/ *n* psicologo, -a *mf*
psychology /saɪˈkɒlədʒɪ/ *n* psicologia *f*
psychopath /ˈsaɪkəpæθ/ *n* psicopatico, -a *mf*
psychopathic /saɪkəˈpæθɪk/ *adj* psicopatico
psychosis /saɪˈkəʊsɪs/ *n* psicosi *f inv*
psychosomatic /saɪkəʊsəˈmætɪk/ *adj* psicosomatico
psychotherapist *n* psicoterapista *mf*, psicoterapeuta *mf*
psychotic /saɪˈkɒtɪk/ *adj* & *n* psicotico, -a *mf*
PT *n abbr* (**physical training**) educazione *f* fisica
PTA *n abbr* (**Parent-Teacher Association**) ≈ consiglio *m* d'istituto
PTO *abbr* (**please turn over**) vedi retro

pub /pʌb/ *n* infml pub *m inv*
puberty /ˈpjuːbətɪ/ *n* pubertà *f*
pubic hair /ˈpjuːbɪk/ *n* peli *mpl* del pube
public /ˈpʌblɪk/ **A** *adj* pubblico; **make ~** rendere pubblico
B *n* **the ~** il pubblico; **in ~** in pubblico
public address system *n* impianto *m* di amplificazione
publican /ˈpʌblɪkən/ *n* proprietario, -a *mf* di un pub
public assistance *n* AmE assistenza *f* pubblica
publication /pʌblɪˈkeɪʃn/ *n* pubblicazione *f*
public company *n* società *f* per azioni
public convenience *n* gabinetti *mpl* pubblici
public holiday *n* festa *f* nazionale
public house *n* pub *m inv*
publicist /ˈpʌblɪsɪst/ *n* (press agent) press agent *mf inv*, addetto, -a *mf* stampa
publicity /pʌbˈlɪsətɪ/ *n* pubblicità *f*
publicity campaign *n* campagna *f* pubblicitaria
publicity department *n* settore *m* pubblicità
publicity director *n* direttore, -trice *mf* della pubblicità
publicity stunt *n* trovata *f* pubblicitaria
publicize /ˈpʌblɪsaɪz/ *vt* pubblicizzare
public library *n* biblioteca *f* pubblica
public limited company /ˈlɪmɪtɪd/ *n* società *f* per azioni
publicly /ˈpʌblɪklɪ/ *adv* pubblicamente
public opinion *n* opinione *f* pubblica
public prosecutor *n* Pubblico Ministero *m*
public relations *npl* pubbliche relazioni *fpl*
public relations department *n* ufficio *m* pubbliche relazioni
public relations officer *n* addetto, -a *mf* alle pubbliche relazioni
public school *n* scuola *f* privata; AmE scuola *f* pubblica
public sector *n* settore *m* pubblico
public-spirited *adj* **be ~** essere dotato di senso civico
public transport *n* mezzi *mpl* pubblici
publish /ˈpʌblɪʃ/ *vt* pubblicare
publisher /ˈpʌblɪʃə(r)/ *n* editore *m*; (firm) editore *m*, casa *f* editrice
publishing /ˈpʌblɪʃɪŋ/ *n* editoria *f*
puce /pjuːs/ *adj* color bruno rossastro
puck /pʌk/ *n* (in ice-hockey) disco *m*; (sprite) folletto *m*
pucker /ˈpʌkə(r)/ *vi* ‹*material*› arricciarsi
pudding /ˈpʊdɪŋ/ *n* dolce *m* cotto al vapore; (course) dolce *m*
puddle /ˈpʌdl/ *n* pozzanghera *f*
pudgy /ˈpʌdʒɪ/ *adj* (**-ier, -iest**) grassoccio

p

parola chiave

puerile /ˈpjʊəraɪl/ *adj* puerile

puff /pʌf/ **A** *n* (of wind) soffio *m*; (of smoke) tirata *f*; (for powder) piumino *m*
B *vt* sbuffare
■ **puff at** *vt* tirare boccate da ‹*pipe*›
■ **puff out** *vt* lasciare senza fiato ‹*person*›; spegnere ‹*candle*›
■ **puff up** **A** *vi* ‹*feathers*› arruffarsi; ‹*eye, rice*› gonfiarsi
B *vt* arruffare ‹*feathers, fur*›; **puffed up with pride** gonfio d'orgoglio

puffed /pʌft/ *adj* (out of breath) senza fiato

puff pastry *n* pasta *f* sfoglia

puff sleeve *n* manica *f* a palloncino

puffy /ˈpʌfɪ/ *adj* gonfio

pug /pʌg/ *n* (dog) carlino *m*

pugnacious /pʌgˈneɪʃəs/ *adj* aggressivo

pull /pʊl/ **A** *n* trazione *f*; fig (attraction) attrazione *f*; infml (influence) influenza *f*
B *vt* tirare; estrarre ‹*tooth*›; stirarsi ‹*muscle*›; **~ a fast one** infml giocare un brutto tiro; **~ faces** far boccacce; **~ oneself together** ricomporsi; **~ one's weight** mettercela tutta; **~ sb's leg** infml prendere in giro qualcuno
■ **pull ahead** *vi* (move in front) passare davanti
■ **pull apart** *vt* (dismantle) smontare; (destroy) fare a pezzi
■ **pull away** *vi* (increase one's lead) distanziarsi
■ **pull back** **A** *vi* ‹*soldiers*› ritirarsi; (not act) tirarsi indietro
B *vt* far ritirare ‹*soldiers*›
■ **pull down** *vt* (demolish) demolire
■ **pull in** *vi* Auto accostare
■ **pull off** *vt* togliere; infml azzeccare
■ **pull out** **A** *vt* tirar fuori
B *vi* Auto spostarsi; (of competition) ritirarsi
■ **pull over** *vi* Aut accostare
■ **pull through** *vi* (recover) farcela
■ **pull together** *vi* (co-operate) sommare le forze
■ **pull up** **A** *vt* sradicare ‹*plant*›; (reprimand) rimproverare
B *vi* Auto fermarsi

pull-down menu *n* Comput menu *m inv* a tendina

pulley /ˈpʊlɪ/ *n* Techn puleggia *f*

pull-in *n* BrE (lay-by) piazzuola *f* di sosta; (cafe) bar *m inv* sul bordo della strada

pullover /ˈpʊləʊvə(r)/ *n* pullover *m inv*

pulmonary /ˈpʌlmənərɪ/ *adj* polmonare

pulp /pʌlp/ *n* poltiglia *f*; (of fruit) polpa *f*; (for paper) pasta *f*

pulp fiction *n* letteratura *f* pulp

pulpit /pʌlpɪt/ *n* pulpito *m*

pulsar /ˈpʌlsɑ:(r)/ *n* pulsar *m inv*

pulsate /pʌlˈseɪt/ *vi* pulsare

pulse /pʌls/ *n* polso *m*

pulse rate *n* polso *m*

pulses /ˈpʌlsɪz/ *npl* legumi *mpl* secchi

pulverize /ˈpʌlvəraɪz/ *vt* polverizzare

puma /ˈpju:mə/ *n* puma *m inv*

pumice /ˈpʌmɪs/ *n* pomice *f*

pummel /ˈpʌml/ *vt* (*pt/pp* **pummelled**) prendere a pugni

pump /pʌmp/ **A** *n* pompa *f*
B *vt* pompare; infml cercare di estorcere informazioni da
■ **pump up** *vt* (inflate) gonfiare

pumpkin /ˈpʌmpkɪn/ *n* zucca *f*

pun /pʌn/ *n* gioco *m* di parole

punch¹ /pʌntʃ/ **A** *n* pugno *m*; (device) pinza *f* per forare
B *vt* dare un pugno a; forare ‹*ticket*›; perforare ‹*hole*›

punch² *n* (drink) punch *m inv*

Punch and Judy show *n* spettacolo *m* di burattini

punchbag *n* punching bag *f inv*

punch-drunk *adj* (in boxing) groggy *inv*; fig stordito

punchline *n* battuta *f* finale

punch-up *n* rissa *f*

punctual /ˈpʌŋktjʊəl/ *adj* puntuale

punctuality /pʌŋktjʊˈælətɪ/ *n* puntualità *f*

punctually /ˈpʌŋktjʊəlɪ/ *adv* puntualmente

punctuate /ˈpʌŋktjʊeɪt/ *vt* punteggiare

punctuation /pʌŋktjʊˈeɪʃn/ *n* punteggiatura *f*

punctuation mark *n* segno *m* di interpunzione

puncture /ˈpʌŋktʃə(r)/ **A** *n* foro *m*; (tyre) foratura *f*
B *vt* forare

pundit /ˈpʌndɪt/ *n* esperto *m*

pungency /ˈpʌndʒənsɪ/ *n* asprezza *f*

pungent /ˈpʌndʒənt/ *adj* acre

punish /ˈpʌnɪʃ/ *vt* punire

punishable /ˈpʌnɪʃəbl/ *adj* punibile

punishment /ˈpʌnɪʃmənt/ *n* punizione *f*

punitive /ˈpju:nɪtɪv/ *adj* punitivo

punk /pʌŋk/ *n* punk *m inv*

punk rock *n* punk rock *m inv*

punk rocker /ˈrɒkə(r)/ *n* punk *mf inv*

punnet /ˈpʌnɪt/ *n* cestello *m*

punt /pʌnt/ *n* (boat) barchino *m*

punter /ˈpʌntə(r)/ *n* (gambler) scommettitore, -trice *mf*; infml (client) consumatore, -trice *mf*

puny /ˈpju:nɪ/ *adj* (**-ier**, **-iest**) striminzito

pup /pʌp/ *n* = **puppy**

pupil /ˈpju:pl/ *n* alunno, -a *mf*; (of eye) pupilla *f*

puppet /ˈpʌpɪt/ *n* marionetta *f*; (glove) fig burattino *m*

puppy /ˈpʌpɪ/ *n* cucciolo *m*

purchase /ˈpɜ:tʃəs/ **A** *n* acquisto *m*; (leverage) presa *f*
B *vt* acquistare

purchase invoice *n* fattura *f* di acquisto

purchase ledger *n* libro *m* mastro degli acquisti

p

purchase order *n* ordine *m* di acquisto
purchase price *n* prezzo *m* di acquisto
purchaser /ˈpɜːtʃəsə(r)/ *n* acquirente *mf*
purchasing, purchasing department *n* ufficio *m* acquisti
purchasing power *n* potere *m* d'acquisto
purdah /ˈpɜːdə/ *n reclusione (f) delle donne in alcune società musulmane e indù*
pure /pjʊə(r)/ *adj* puro
pure-bred /-bred/ **A** *n* (horse) purosangue *m inv*
B *adj* purosangue *inv*
purée /pjʊəreɪ/ **A** *n* purè *m*
B *vt* passare
purely /ˈpjʊəlɪ/ *adv* puramente
purgatory /ˈpɜːgətrɪ/ *n* purgatorio *m*
purge /pɜːdʒ/ Pol **A** *n* epurazione *f*
B *vt* epurare
purification /pjʊərɪfɪˈkeɪʃn/ *n* purificazione *f*
purify /ˈpjʊərɪfaɪ/ *vt* (*pt/pp* **-ied**) purificare
purist /ˈpjʊərɪst/ *adj & n* purista *mf*
puritan /ˈpjʊərɪtən/ **A** *n* puritano, -a *mf*
B *adj* fig puritano
puritanical /pjʊərɪˈtænɪkl/ *adj* puritano
purity /ˈpjʊərɪtɪ/ *n* purità *f*
purl /pɜːl/ **A** *n* Knitting maglia *f* rovescia
B *vt & vi* lavorare a rovescio
purple /ˈpɜːpl/ *adj* viola *inv*
purport /pəˈpɔːt/ *vt* **~ to be** farsi passare per
🔑 **purpose** /ˈpɜːpəs/ *n* scopo *m*; (determination) fermezza *f*; **on ~** apposta
purpose-built /-ˈbɪlt/ *adj* costruito ad hoc
purposeful /ˈpɜːpəsfʊl/ *adj* deciso
purposefully /ˈpɜːpəsfʊlɪ/ *adv* con decisione
purposely /ˈpɜːpəslɪ/ *adv* apposta
purpose-made *adj* BrE fatto appositamente
purr /pɜː(r)/ *vi* ‹*cat*› fare le fusa
purse /pɜːs/ **A** *n* borsellino *m*; AmE (handbag) borsa *f*
B *vt* increspare ‹*lips*›
purser /ˈpɜːsə(r)/ *n* commissario *m* di bordo
🔑 **pursue** /pəˈsjuː/ *vt* inseguire; fig proseguire
pursuer /pəˈsjuːə(r)/ *n* inseguitore, -trice *mf*
pursuit /pəˈsjuːt/ *n* inseguimento *m*; fig (of happiness) ricerca *f*; (pastime) attività *f*; **in ~** all'inseguimento
pus /pʌs/ *n* pus *m*
🔑 **push** /pʊʃ/ **A** *n* spinta *f*; fig (effort) sforzo *m*; (drive) iniziativa *f*; **at a ~** in caso di bisogno; **get the ~** infml essere licenziato
B *vt* spingere; premere ‹*button*›; (pressurize) far pressione su; **be ~ed for time** infml non avere tempo
C *vi* spingere
■ **push around** *vt* (bully) fare il prepotente con
■ **push aside** *vt* scostare
■ **push back** *vt* respingere
■ **push for** *vt* fare pressione per ottenere ‹*reform*›
■ **push in** **A** *vi* (in queue) farsi largo spingendo
B *vt* spingere ‹*button*›
■ **push off** **A** *vt* togliere
B *vi* infml (leave) levarsi dai piedi
■ **push on** *vi* (continue) continuare
■ **push over** *vt* (cause to fall) far cadere
■ **push through** *vt* (have accepted quickly) fare accettare
■ **push up** *vt* alzare ‹*price*›
push-button *n* pulsante *m*
pushchair /ˈpʊʃtʃeə(r)/ *n* passeggino *m*
pusher /ˈpʊʃə(r)/ *n* infml (of drugs) spacciatore, -trice *mf* [di droga]
pushover *n* infml bazzecola *f*
push start **A** *vt* spingere (*per far partire*) ‹*vehicle*›
B *n* **give something a ~** dare una spinta a qualcosa
push-up *n* flessione *f*
pushy /ˈpʊʃɪ/ *adj* infml troppo intraprendente
puss /pʊs/, **pussy** /ˈpʊsɪ/ *n* micio *m*
pussyfoot around /ˈpʊsɪfʊt/ *vi* infml tergiversare
pussyfooting /ˈpʊsɪfʊtɪŋ/ **A** *n* infml tentennamento *m*
B *adj* infml ‹*attitude, behaviour*› tergiversante
🔑 **put** /pʊt/ **A** *vt* (*pt/pp* **put**, *pres p* **putting**) mettere; **~ the cost of something at £50** valutare il costo di qualcosa 50 sterline; **~ an end to** porre fine *o* termine a; **~ in writing** mettere per iscritto; **~ into effect** mettere in opera
B *vi* **~ to sea** salpare
C *adj* **stay ~!** rimani lì!
■ **put about** *vt* mettere in giro ‹*rumour*›
■ **put across** *vt* raccontare ‹*joke*›; esprimere ‹*message*›
■ **put aside** *vt* mettere da parte
■ **put away** *vt* mettere via
■ **put back** *vt* rimettere; mettere indietro ‹*clock*›
■ **put by** *vt* mettere da parte
■ **put down** *vt* mettere giù; (suppress) reprimere; (kill) sopprimere; (write) annotare; (criticize unfairly) sminuire; **~ one's foot down** infml essere fermo; Auto dare un'accelerata; **~ down to** (attribute) attribuire
■ **put forward** *vt* avanzare; mettere avanti ‹*clock*›
■ **put in** **A** *vt* (insert) introdurre; (submit) presentare
B *vi* **~ in for** far domanda di
■ **put off** *vt* spegnere ‹*light*›; (postpone) rimandare; **~ somebody off** tenere a bada qualcuno; (deter) smontare qualcuno; (disconcert) distrarre qualcuno; **~ somebody off something** (disgust) disgustare qualcuno di qualcosa
■ **put on** *vt* mettersi ‹*clothes*›; mettere ‹*brake*›; Culin mettere su; accendere ‹*light*›;

p

🔑 parola chiave

mettere in scena ‹*play*›; prendere ‹*accent*›; ~ **on weight** mettere su qualche chilo; **he's just ~ ting it on** è solo una messa in scena
■ **put on to** *vt* (help find) indicare ‹*doctor, restaurant etc*›
■ **put out** *vt* spegnere ‹*fire, light*›; tendere ‹*hand*›; (inconvenience) creare degli inconvenienti a
■ **put through** *vt* far passare; Teleph **I'll ~ you through to him** glielo passo
■ **put to**: *vt* ~ **somebody to trouble** scomodare qualcuno; **I ~ it to you that ...** ritengo che ...
■ **put together** *vt* montare ‹*machine*›; fare ‹*model, jigsaw*›
■ **put up** **A** *vt* alzare; erigere ‹*building*›; montare ‹*tent*›; aprire ‹*umbrella*›; affiggere ‹*notice*›; aumentare ‹*price*›; ospitare ‹*guest*›; ~ **somebody up to something** mettere qualcosa in testa a qualcuno
B *vi* (at hotel) stare; ~ **up with** sopportare

put-down /ˈpʊtdaʊn/ *n* commento *m* umiliante

putrefaction /pjuːtrɪˈfækʃn/ *n* putrefazione *f*

putrefy /ˈpjuːtrɪfaɪ/ *vi* (*pt/pp* **-ied**) putrefarsi

putrid /ˈpjuːtrɪd/ *adj* putrido

putt /pʌt/ **A** *n* putt *m inv*
B *vi* colpire leggermente

putty /ˈpʌtɪ/ *n* mastice *m*

put-up job *n* infml truffa *f*

puzzle /ˈpʌzl/ **A** *n* enigma *m*; (jigsaw) puzzle *m inv*
B *vt* lasciare perplesso
C *vi* ~ **over** scervellarsi su
■ **puzzle out** *vt* trovare ‹*solution*›

puzzled /ˈpʌzld/ *adj* perplesso

puzzling /ˈpʌzlɪŋ/ *adj* inspiegabile

PVC **A** *n* PVC *m*
B *attrib* di PVC

pygmy /ˈpɪgmɪ/ *n* pigmeo, -a *mf*

pyjamas /pəˈdʒɑːməz/ *npl* pigiama *msg*

pylon /ˈpaɪlən/ *n* pilone *m*

pyramid /ˈpɪrəmɪd/ *n* piramide *f*

pyre /paɪə(r)/ *n* pira *f*

Pyrex® /ˈpaɪreks/ *n* Pyrex® *m*

pyromaniac /paɪrəˈmeɪnɪæk/ *n* piromane *mf*

pyrotechnics /paɪrəˈteknɪks/ *npl* (display) fuochi *mpl* pirotecnici

python /ˈpaɪθn/ *n* pitone *m*

Qq

q, Q /kjuː/ *n* (letter) q, Q *f inv*

Qatar /kæˈtɑː/ *n* Qatar *m*

QC *n* BrE Jur avvocato *m* di rango superiore

QE *n* (**quantitative easing**) quantitative easing

QED *abbr* (**quod erat demonstrandum**) *C.V.D.*

quack¹ /kwæk/ **A** *n* qua qua *m inv*
B *vi* fare qua qua

quack² *n* (doctor) ciarlatano *m*

quad /kwɒd/ *n* infml (court) = **quadrangle**; ~**s** *pl* infml = **quadruplets**

quadrangle /ˈkwɒdræŋgl/ *n* quadrangolo *m*; (court) cortile *m* quadrangolare

quadratic equation /kwɒˈdrætɪk/ *n* equazione *f* di secondo grado

quadriplegic /kwɒdrɪˈpliːdʒɪk/ *adj* quadriplegico

quadruped /ˈkwɒdrʊped/ *n* quadrupede *m*

quadruple /ˈkwɒdrʊpl/ **A** *adj* quadruplo
B *vt* quadruplicare
C *vi* quadruplicarsi

quadruplets /kwɒdˈruːplɪts/ *npl* quattro gemelli *mpl*

quadruplicate /kwɒdˈruːplɪkət/ *n* **in ~** in quattro copie

quagmire /ˈkwɒgmaɪə(r)/ *n* pantano *m*

quail /kweɪl/ *vi* farsi prendere dalla paura

quaint /kweɪnt/ *adj* pittoresco; (odd) bizzarro

quake /kweɪk/ **A** *n* infml terremoto *m*
B *vi* tremare

Quaker /ˈkweɪkə(r)/ *n* quacchero, -a *mf*

qualification /kwɒlɪfɪˈkeɪʃn/ *n* qualifica *f*; (reservation) riserva *f*

qualified /ˈkwɒlɪfaɪd/ *adj* qualificato; (limited) con riserva

qualifier /ˈkwɒlɪfaɪə(r)/ *n* Sport concorrente *mf* qualificato, -a

qualify /ˈkwɒlɪfaɪ/ **A** *vt* (*pt/pp* **-ied**) ‹*course*› dare la qualifica a (**as** di); ‹*entitle*› dare diritto a; ‹*limit*› precisare
B *vi* ottenere la qualifica; Sport qualificarsi

qualitative /ˈkwɒlɪtətɪv/ *adj* qualitativo

quality /ˈkwɒlətɪ/ *n* qualità *f*

quality assurance *n* verifica *f* qualità

quality control *n* controllo *m* [di] qualità

quality controller *n* addetto, -a *mf* al controllo di qualità

qualm /kwɑːm/ *n* scrupolo *m*

quandary /ˈkwɒndərɪ/ *n* dilemma *m*

quango /ˈkwæŋgəʊ/ *n* BrE *organismo (m) autonomo ma finanziato dal governo*

quantifiable /ˈkwɒntɪfaɪəbl/ *adj* quantificabile

quantify /ˈkwɒntɪfaɪ/ *vt* quantificare

quantitative /ˈkwɒntɪtətɪv/ *adj* quantitativo

quantitative easing /kwɒntɪtətɪv ˈiːzɪŋ/ *n processo (m) di creazione di moneta da parte delle banche centrali per acquistare, ad esempio, titoli di stato in mano ai privati*

quantity /ˈkwɒntətɪ/ *n* quantità *f*; **in ~** in grande quantità

quantity surveyor *n geometra (mf) che calcola quantità e costo di materiali da costruzione*

quantum leap /kwɒntəmˈliːp/ *n* fig balzo *m* in avanti

quantum mechanics *npl* meccanica *fpl* quantistica

quarantine /ˈkwɒrəntiːn/ *n* quarantena *f*

quarrel /ˈkwɒrəl/ **A** *n* lite *f*
B *vi* (*pt/pp* **quarrelled**) litigare

quarrelsome /ˈkwɒrəlsəm/ *adj* litigioso

quarry¹ /ˈkwɒrɪ/ *n* (prey) preda *f*

quarry² *n* cava *f*

quarry tile *n* mattonella *f* grezza

quart /kwɔːt/ *n* = 1,14 litri

quarter /ˈkwɔːtə(r)/ **A** *n* quarto *m*; (of year) trimestre *m*; AmE 25 centesimi *mpl*; **~s** *pl* Mil quartiere *msg*; **at [a] ~ to six** alle sei meno un quarto; **from all ~s** da tutti i lati
B *vt* dividere in quattro

quarterdeck /ˈkwɔːtədek/ *n* Naut cassero *m*

quarter-final *n* quarto *m* di finale

quarterly /ˈkwɔːtəlɪ/ **A** *adj* trimestrale
B *adv* trimestralmente

quartermaster /ˈkwɔːtəmɑːstə(r)/ *n* ‹*in navy*› timoniere *m*; ‹*in army*› furiere *m*

quartet /kwɔːˈtet/ *n* quartetto *m*

quartz /kwɔːts/ *n* quarzo *m*; **~ watch** orologio *m* al quarzo

quash /kwɒʃ/ *vt* annullare; soffocare ‹*rebellion*›

quasi+ /ˈkweɪzaɪ/ *pref* semi+

quaver /ˈkweɪvə(r)/ **A** *n* Mus croma *f*
B *vi* tremolare

quay /kiː/ *n* banchina *f*

quayside /ˈkiːsaɪd/ *n* banchina *f*

queasiness /ˈkwiːzɪnɪs/ *n* nausea *f*

queasy /ˈkwiːzɪ/ *adj* **I feel ~ ho** la nausea

Quebec /kwɪˈbek/ *n* (province) Quebec *m*; (town) Quebec *f*

queen /kwiːn/ *n* regina *f*

queen bee *n* ape *f* regina; **she thinks she's the ~** fig si crede chissà chi

queenly /ˈkwiːnlɪ/ *adj* da regina

queen mother *n* regina *f* madre

Queen's Counsel *n* BrE Jur *avvocato (m) di rango superiore*

Queen's English *n* BrE **speak the ~** parlare un inglese corretto e senza accento

Queen's evidence *n* BrE Jur **turn ~** deporre contro i propri complici

Queen's Regulations *npl* BrE Mil codice *m* militare

queer /kwɪə(r)/ **A** *adj* strano; (dubious) sospetto; infml (homosexual) finocchio
B *n* infml finocchio *m*

quell /kwel/ *vt* reprimere

quench /kwentʃ/ *vt* **~ one's thirst** dissetarsi

querulous /ˈkwerʊləs/ *adj* lamentoso

query /ˈkwɪərɪ/ **A** *n* domanda *f*; (question mark) punto *m* interrogativo
B *vt* (*pt/pp* **-ied**) interrogare; (doubt) mettere in dubbio

quest /kwest/ *n* ricerca *f* (**for** di)

question /ˈkwestʃən/ **A** *n* domanda *f*; (for discussion) questione *f*; **out of the ~** fuori discussione; **without ~** senza dubbio; **in ~** in questione
B *vt* interrogare; (doubt) mettere in dubbio

questionable /ˈkwestʃ(ə)nəbl/ *adj* discutibile

questioner /ˈkwestʃ(ə)nə(r)/ *n* interrogatore, -trice *mf*

questioning /ˈkwestʃ(ə)nɪŋ/ **A** *n* (of person) interrogatorio *m*; (of criteria) messa *f* in discussione
B *adj* ‹*look, tone*› inquisitorio

question mark *n* punto *m* interrogativo

question master *n* presentatore, -trice *mf* di quiz

questionnaire /kwestʃəˈneə(r)/ *n* questionario *m*

question tag *n* domanda *f* di conferma

queue /kjuː/ **A** *n* coda *f*, fila *f*
B *vi* **~ [up]** mettersi in coda (**for** per)

queue-jump *vi* BrE passare davanti alle altre persone in coda

quibble /ˈkwɪbl/ *vi* cavillare

quick /kwɪk/ **A** *adj* veloce; **be ~** sbrigati!; **have a ~ meal** fare uno spuntino
B *adv* in fretta
C *n* **be cut to the ~** fig essere punto sul vivo

quick-assembly *adj* facile da montare

quicken /ˈkwɪkən/ **A** *vt* accelerare ‹*pace*›
B *vi* ‹*pace*› accelerarsi; ‹*interest*› intensificarsi

quick-fire *adj* ‹*questions*› a mitraglia

quick-freeze *vt* surgelare

quickie /ˈkwɪkɪ/ *n* infml (question) domanda *f* rapida; (drink) bicchierino *m* rapido; (film) cortometraggio *m*

quicklime /ˈkwɪklaɪm/ *n* calce *f* viva

quickly /ˈkwɪklɪ/ *adv* in fretta

quick march *n* Mil passo *m* di marcia veloce

q

parola chiave

quicksand *n* sabbie *fpl* mobili
quick-setting /-ˈsetɪŋ/ *adj* a presa rapida
quicksilver *n* Chem argento *m* vivo, mercurio *m*
quick-tempered /-ˈtempəd/ *adj* collerico
quick time *n* AmE marcia *f* veloce
quick-witted /-ˈwɪtɪd/ *adj* ‹*reaction*› pronto; ‹*person*› sveglio
quid /kwɪd/ *n inv* infml sterlina *f*
quid pro quo /kwɪdprəʊˈkwəʊ/ *n* contraccambio *m*
quiet /ˈkwaɪət/ **A** *adj* (calm) tranquillo; (silent) silenzioso; (voice, music) basso; **keep ~ about** infml non raccontare a nessuno
B *n* quiete *f*; **on the ~** di nascosto
■ **quiet down** AmE *vt & vi* ▶ **quieten down**
quieten /ˈkwaɪətn/ *vt* calmare
■ **quieten down** BrE **A** *vt* calmare
B *vi* calmarsi
quietly /ˈkwaɪətlɪ/ *adv* (peacefully) tranquillamente; ‹*say*› a bassa voce
quietness /ˈkwaɪətnɪs/ *n* quiete *f*
quiff /kwɪf/ *n* BrE (hair) ciuffo *m*
quill /kwɪl/ *n* penna *f* d'uccello; (spine) spina *f*
quilt /kwɪlt/ *n* piumino *m*
quilted /ˈkwɪltɪd/ *adj* trapuntato
quilting /ˈkwɪltɪŋ/ *n* (fabric) matelassé *m inv*
quince /kwɪns/ *n* cotogna *f*; (tree) melo *m* cotogno
quinine /ˈkwɪniːn/ *n* chinino *m*
quins /kwɪnz/ *npl* infml = **quintuplets**
quintessential /kwɪntɪˈsenʃl/ *adj* ‹*quality*› fondamentale
quintet /kwɪnˈtet/ *n* quintetto *m*
quintuple /ˈkwɪntjʊpl/ **A** *vt* quintuplicare
B *adj* quintuplo
quintuplets /ˈkwɪntjʊplɪts/ *npl* cinque gemelli *mpl*
quip /kwɪp/ **A** *n* battuta *f*
B *vt* (*pt/pp* **quipped**) dire scherzando
quirk /kwɜːk/ *n* stranezza *f*
quisling /ˈkwɪzlɪŋ/ *n* derog collaborazionista *mf*
quit /kwɪt/ **A** *vt* (*pt/pp* **-tted** *or* **quit**) lasciare; (give up) smettere (**doing** di fare); Comput uscire da
B *vi* infml (resign) andarsene; Comput uscire; **give somebody notice to ~** dare a qualcuno preavviso di sfratto
quite /kwaɪt/ *adv* (fairly) abbastanza; (completely) completamente; (really) veramente; **~ [so]!** proprio così!; **~ a few** parecchi
quits /kwɪts/ *adj* pari
quiver /ˈkwɪvə(r)/ *vi* tremare
quiz /kwɪz/ **A** *n* (game) quiz *m inv*
B *vt* (*pt/pp* **quizzed**) interrogare
quiz game, **quiz show** *n* quiz *m inv*
quizzical /ˈkwɪzɪkl/ *adj* sardonico
quoit /kwɔɪt/ *n* anello *m* (*del gioco*)
quoits *n* (game) gioco *m* degli anelli
quorum /ˈkwɔːrəm/ *n* quorum *m inv*; **have a ~** avere il quorum
quota /ˈkwəʊtə/ *n* quota *f*
quotation /kwəʊˈteɪʃn/ *n* citazione *f*; (price) preventivo *m*; (of shares) quota *f*
quotation marks *npl* virgolette *fpl*
quote /kwəʊt/ **A** *n* infml = **quotation**; **in ~s** tra virgolette
B *vt* citare; quotare ‹*price*›; **~d on the Stock Exchange** quotato in Borsa

Rr

r, **R** /ɑː(r)/ *n* (letter) r, R *f inv*; **the three Rs** leggere, scrivere e contare
R² *abbr* BrE (**Regina**) regina *f*
R & B *n* rhythm and blues *m*
R & D *n* ricerca *f* e sviluppo *m*
rabbi /ˈræbaɪ/ *n* rabbino *m*
rabbit /ˈræbɪt/ *n* coniglio *m*
■ **rabbit on**: *vi* infml **what's he ~ting on about now?** cosa sta blaterando?
rabbit hutch *n* conigliera *f*
rabble /ˈræbl/ *n* **the ~** la plebaglia
rabble rouser /ˈraʊzə(r)/ *n* agitatore, -trice *mf*
rabble rousing *n* incitazione *f* alla violenza
rabid /ˈræbɪd/ *adj* fig rabbioso
rabies /ˈreɪbiːz/ *n* rabbia *f*
RAC *n abbr* BrE (**Royal Automobile Club**) ≈ ACI *f*
raccoon /rəˈkuːn/ *n* procione *m*, orsetto *m* lavatore
race¹ /reɪs/ *n* (people) razza *f*
race² **A** *n* corsa *f*
B *vi* correre
C *vt* gareggiare con; fare correre ‹*horse*›
racecourse /ˈreɪskɔːs/ *n* ippodromo *m*
racehorse /ˈreɪshɔːs/ *n* cavallo *m* da corsa

racer /ˈreɪsə(r)/ *n* (bike) bicicletta *f* da corsa; (motorbike) motocicletta *f* da corsa; (car) automobile *f* da corsa; (runner, cyclist etc) corridore, -trice *mf*

race relations *npl* rapporti *mpl* tra le razze

race riots *npl* scontri *mpl* razziali

racetrack /ˈreɪstræk/ *n* pista *f*

racial /ˈreɪʃl/ *adj* razziale

racialism /ˈreɪʃəlɪzm/ *n* razzismo *m*

racially /ˈreɪʃ(ə)lɪ/ *adv* dal punto di vista razziale

racing /ˈreɪsɪŋ/ *n* corse *fpl*; (horse ~) corse *fpl* dei cavalli

racing car *n* macchina *f* da corsa

racing driver *n* pilota *mf* automobilistico

racism /ˈreɪsɪzm/ *n* razzismo *m*

racist /ˈreɪsɪst/ *adj & n* razzista *mf*

rack¹ /ræk/ **A** *n* (for bikes) rastrelliera *f*; (for luggage) portabagagli *m inv*; (for plates) scolapiatti *m inv*
B *vt* ~ **one's brains** scervellarsi

rack² *n* **go to ~ and ruin** andare in rovina

racket¹ /ˈrækɪt/ *n* Sport racchetta *f*

racket² *n* (din) chiasso *m*; (swindle) truffa *f*; (crime) racket *m inv*, giro *m*

racketeer /rækɪˈtɪə(r)/ *n* trafficante *m*

racketeering /rækɪˈtɪərɪŋ/ *n* traffici *mpl* illeciti

racking /ˈrækɪŋ/ *adj* ‹*pain*› atroce

raconteur /ˈrækɒntɜː(r)/ *n* bravo narratore *m*, brava narratrice *f*

racquetball /ˈrækɪtbɔːl/ *n* AmE = **squash**

racy /ˈreɪsɪ/ *adj* (**-ier**, **-iest**) vivace; (risqué) osé *inv*, spinto

radar /ˈreɪdɑː(r)/ *n* radar *m*

radar trap *n* Auto *tratto (m) di strada sul quale la polizia controlla la velocità dei veicoli*

radial /ˈreɪdɪəl/ **A** *n* (tyre) pneumatico *m* radiale
B *adj* ‹*lines, roads*› radiale

radiance /ˈreɪdɪəns/ *n* radiosità *f*

radiant /ˈreɪdɪənt/ *adj* raggiante

radiate /ˈreɪdɪeɪt/ **A** *vt* irradiare
B *vi* irradiarsi

radiation /reɪdɪˈeɪʃn/ *n* radiazione *f*

radiation exposure *n* esposizione *f* a radiazioni

radiation sickness *n* patologia *f* da radiazioni

radiator /ˈreɪdɪeɪtə(r)/ *n* radiatore *m*

radical /ˈrædɪkl/ *adj & n* radicale *mf*

radicalism /ˈrædɪkəlɪzm/ *n* radicalismo *m*

radically /ˈrædɪklɪ/ *adv* radicalmente

🔑 **radio** /ˈreɪdɪəʊ/ **A** *n* radio *f inv*
B *vt* mandare via radio ‹*message*›

radioactive /reɪdɪəʊˈæktɪv/ *adj* radioattivo

radioactive waste *n* scorie *fpl* radioattive

radioactivity /reɪdɪəʊækˈtɪvətɪ/ *n* radioattività *f*

radio alarm *n* radiosveglia *f*

radio cassette player *n* radioregistratore *m*

radio-controlled *adj* radiocomandato

radiographer /reɪdɪˈɒgrəfə(r)/ *n* radiologo, -a *mf*

radiography /reɪdɪˈɒgrəfɪ/ *n* radiografia *f*

radio ham *n* radioamatore, -trice *mf*

radiologist /reɪdɪˈɒlədʒɪst/ *n* radiologo, -a *mf*

radiology /ˌreɪdɪˈɒlədʒɪ/ *n* radiologia *f*

radio station *n* stazione *f* radiofonica

radiotherapy /reɪdɪəʊˈθerəpɪ/ *n* radioterapia *f*

radish /ˈrædɪʃ/ *n* ravanello *m*

radius /ˈreɪdɪəs/ *n* (*pl* **-dii** /ˈreɪdɪaɪ/) raggio *m*

RAF *n abbr* BrE (**Royal Air Force**) *aviazione (f) militare inglese*

raffle /ˈræfl/ **A** *n* lotteria *f*
B *vt* mettere in palio

raft /rɑːft/ *n* zattera *f*

rafter /ˈrɑːftə(r)/ *n* trave *f*

rag¹ /ræg/ *n* straccio *m*; derog (newspaper) giornalaccio *m*; **in ~s** stracciato

rag² **A** *vt* (*pt/pp* **ragged**) infml fare scherzi a
B *n* Univ *festa (f) di beneficenza organizzata da studenti universitari*

ragamuffin /ˈrægəmʌfɪn/ *n* monellaccio *m*

rag-and-bone man *n* BrE rigattiere *m*, straccivendolo *m*

ragbag /ˈrægbæg/ *n* fig accozzaglia *f*

rage /reɪdʒ/ **A** *n* rabbia *f*; **all the ~** infml all'ultima moda
B *vi* infuriarsi; ‹*storm*› infuriare; ‹*epidemic*› imperversare

ragged /ˈrægɪd/ *adj* logoro; ‹*edge*› frastagliato

raging /ˈreɪdʒɪŋ/ *adj* ‹*blizzard, sea*› furioso; ‹*thirst, pain*› atroce; ‹*passion, argument*› acceso

raglan /ˈræglən/ **A** *adj* raglan *inv*
B *n* manica *f* raglan

rag trade *n* infml settore *m* dell'abbigliamento

rag week *n* BrE Univ *settimana (f) di manifestazioni a scopo benefico organizzata dagli studenti*

raid /reɪd/ **A** *n* (by thieves) rapina *f*; Mil incursione *f*, raid *m inv*; (by police) irruzione *f*
B *vt* Mil fare un'incursione in; ‹*police, thieves*› fare irruzione in

raider /ˈreɪdə(r)/ *n* (of bank) rapinatore, -trice *mf*

rail¹ /reɪl/ *n* ringhiera *f*; Rail rotaia *f*; Naut parapetto *m*; **by ~** per ferrovia

rail² *vi* ~ **against** *or* **at** inveire contro

railcard /ˈreɪlkɑːd/ *n* tessera *f* di riduzione ferroviaria

🔑 parola chiave

railings /ˈreɪlɪŋz/ *npl* ringhiera *f*

railroad /ˈreɪlrəʊd/ **A** *n* AmE = **railway**
B *vt* **~ somebody into doing something** spingere qualcuno a fare qualcosa

railroad car *n* AmE vagone *m* ferroviario

railroad schedule *n* AmE orario *m* ferroviario

rail traffic *n* traffico *m* ferroviario

railway /ˈreɪlweɪ/ *n* ferrovia *f*

railway carriage *n* BrE vagone *m* ferroviario

railwayman /ˈreɪlweɪmən/ *n* ferroviere *m*

railway station *n* stazione *f* ferroviaria

rain /reɪn/ **A** *n* pioggia *f*
B *vi* piovere; **~ down on somebody** fig piovere addosso a qualcuno
C *vt* **~ blows on somebody** tempestare qualcuno di colpi
■ **rain off**: *vt* **be ~ed off** essere annullato a causa della pioggia

rainbow *n* arcobaleno *m*

rain check *n* AmE **can I take a ~?** facciamo un'altra volta

raincoat *n* impermeabile *m*

raindrop *n* goccia *f* di pioggia

rainfall *n* precipitazione *f* [atmosferica]

rainforest *n* foresta *f* pluviale, foresta *f* equatoriale

rainstorm *n* temporale *m*

rain water *n* acqua *f* piovana

rainy /ˈreɪnɪ/ *adj* (**-ier**, **-iest**) piovoso

rainy day *n* **save something for a ~** fig mettere qualcosa in serbo per i tempi di magra

rainy season *n* stagione *f* delle piogge

raise /reɪz/ **A** *n* AmE aumento *m*
B *vt* alzare; levarsi ‹*hat*›; allevare ‹*children, animals*›; sollevare ‹*question*›; ottenere ‹*money*›; **~ hell** indiavolarsi; **~ a laugh** ‹*joke, remark*› far ridere; **~ the stakes** rilanciare; **~ one's voice** alzare la voce

raised /reɪzd/ *adj* ‹*flower bed, platform*› soprelevato; **~ voices** urla

raisin /ˈreɪzn/ *n* uvetta *f*; **~s** *pl* uvetta *f*, uva *f* passa

Raj /rɑːʒ/ *n* governo *m* britannico in India

rake /reɪk/ **A** *n* rastrello *m*
B *vt* rastrellare
■ **rake in** *vt* infml farsi ‹*profits, money*›; **he's raking it in** sta facendo un sacco di soldi
■ **rake together** *vt* fig racimolare ‹*money*›
■ **rake up** *vt* raccogliere col rastrello; infml rivangare

rake-off *n* infml parte *f*

rakish /ˈreɪkɪʃ/ *adj* (dissolute) dissoluto; (jaunty) disinvolto

rally /ˈrælɪ/ **A** *n* raduno *m*; Auto rally *m inv*; Tennis scambio *m*; (recovery) ripresa *f*
B *vt* (*pt/pp* **-ied**) radunare
C *vi* radunarsi; (recover strength) riprendersi

rallying cry, **rallying call** *n* slogan *m inv*

ram /ræm/ **A** *n* montone *m*; Astr Ariete *m*
B *vt* (*pt/pp* **rammed**) cozzare contro

RAM /ræm/ *n* memoria *f* RAM

ramble /ˈræmbl/ **A** *n* escursione *f*
B *vi* gironzolare; (in speech) divagare
■ **ramble on** *vi* infml parlare/scrivere a ruota libera

rambler /ˈræmblə(r)/ *n* escursionista *mf*; (rose) rosa *f* rampicante

rambling /ˈræmblɪŋ/ *adj* (in speech) sconnesso; ‹*club*› escursionistico

ramification /ræmɪfɪˈkeɪʃən/ *n* ramificazione *f*

ramify /ˈræmɪfaɪ/ *vi* (*pt/pp* **-ied**) ramificarsi

ramp /ræmp/ *n* rampa *f*; Auto dosso *m*

rampage /ˈræmpeɪdʒ/ **A** *n* **be/go on the ~** scatenarsi
B *vi* **~ through the streets** scatenarsi per le strade

rampant /ˈræmpənt/ *adj* dilagante; (in heraldry) rampante

rampart /ˈræmpɑːt/ *n* bastione *f*

ram raid *n rapina* (*f*) *in un negozio con scasso della vetrina effettuato con un'auto*

ram raider *n rapinatore* (*m*) *che scassa la vetrina di un negozio con un'auto*

ramshackle /ˈræmʃækl/ *adj* sgangherato

ran /ræn/ ▶ **run**

ranch /rɑːntʃ/ *n* ranch *m inv*

rancher /ˈrɑːntʃə(r)/ *n* (worker) cow-boy *m inv*; (owner) proprietario *m* di ranch

rancid /ˈrænsɪd/ *adj* rancido

rancour /ˈræŋkə(r)/ *n* rancore *m*

random /ˈrændəm/ **A** *adj* casuale; **~ sample** campione *m* a caso
B *n* **at ~** a casaccio

random-access *adj* ad accesso casuale

random-access memory *n* memoria *f* viva

randy /ˈrændɪ/ *adj* (**-ier**, **-iest**) infml eccitato

rang /ræŋ/ ▶ **ring²**

range /reɪndʒ/ **A** *n* serie *f*; Comm, Mus gamma *f*; (of mountains) catena *f*; (distance) raggio *m*; (for shooting) portata *f*; (stove) cucina *f* economica; **at a ~ of** ad una distanza di
B *vi* estendersi; **~ from...to...** andare da...a...

ranger /ˈreɪndʒə(r)/ *n* guardia *f* forestale

rank¹ /ræŋk/ **A** *n* (row) riga *f*; Mil grado *m*; (social position) rango *m*; **the ~ and file** la base; **the ~s** *pl* Mil i soldati *mpl* semplici
B *vt* (place) annoverare (**among** tra)
C *vi* (be placed) collocarsi

rank² *adj* ‹*smell*› puzzolente; ‹*plants*› rigoglioso; fig vero e proprio

ranking /ˈræŋkɪŋ/ *n* classificazione *f*

rankle /ˈræŋkl/ *vi* fig bruciare; **it still ~s with him** gli brucia ancora

ransack /ˈrænsæk/ *vt* rovistare; (pillage) saccheggiare

r

ransom /ˈrænsəm/ *n* riscatto *m*; **hold somebody to ~** tenere qualcuno in ostaggio per il riscatto

rant /ræntˈ/ *vi* **~ [and rave]** inveire; **what's he ~ing on about?** cosa sta blaterando?

rap /ræp/ **A** *n* colpo *m* secco; Mus rap *m*
B *vt* (*pt/pp* **rapped**) dare colpetti a; **~ somebody over the knuckles** fig dare una tirata d'orecchie a qualcuno
C *vi* **~ at** bussare a

rape¹ /reɪp/ *n* Bot colza *f*

rape² **A** *n* (sexual) stupro *m*
B *vt* violentare, stuprare

rape oil /ˈreɪp/, **rapeseed oil** /ˈreɪpsiːd/ *n* olio *m* [di semi] di colza

rapid /ˈræpɪd/ *adj* rapido

rapidity /rəˈpɪdətɪ/ *n* rapidità *f*

rapidly /ˈræpɪdlɪ/ *adv* rapidamente

rapids /ˈræpɪdz/ *npl* rapide *fpl*

rapist /ˈreɪpɪst/ *n* violentatore *m*

rapper /ˈræpə(r)/ *n* BrE (door knocker) battiporta *m inv*; Mus rapper *mf inv*

rapport /ræˈpɔː(r)/ *n* rapporto *m* di intesa

rapt /ræpt/ *adj* ‹*look*› rapito; **~ in** assorto in

rapture /ˈræptʃə(r)/ *n* estasi *f*

rapturous /ˈræptʃərəs/ *adj* entusiastico

rapturously /ˈræptʃərəslɪ/ *adv* entusiasticamente

rare¹ /reə(r)/ *adj* raro

rare² *adj* Culin al sangue

rarefied /ˈreərɪfaɪd/ *adj* rarefatto

rarely /ˈreəlɪ/ *adv* raramente

raring /ˈreərɪŋ/ *adj* infml **be ~ to** non vedere l'ora di

rarity /ˈreərətɪ/ *n* rarità *f*

rascal /ˈrɑːskl/ *n* mascalzone *m*

rash¹ /ræʃ/ *n* Med eruzione *f*

rash² *adj* avventato

rasher /ˈræʃə(r)/ *n* fetta *f* di pancetta

rashly /ˈræʃlɪ/ *adv* avventatamente

rashness /ˈræʃnɪs/ *n* avventatezza *f*

rasp /rɑːsp/ *n* (noise) stridio *m*

raspberry /ˈrɑːzbərɪ/ *n* lampone *m*

rasping /ˈrɑːspɪŋ/ *adj* stridente

rat /ræt/ **A** *n* topo *m*; infml (person) carogna *f*; **smell a ~** infml sentire puzzo di bruciato
B *vi* (*pt/pp* **ratted**) infml **~ on** far la spia a

rat-catcher *n* addetto, -a *mf* alla derattizzazione

ratchet /ˈrætʃɪt/ *n* (toothed rack) cremagliera *f*

rate /reɪtˈ/ **A** *n* (speed) velocità *f*; (of payment) tariffa *f*; (of exchange) tasso *m*; **~s** *pl* (taxes) imposte *fpl* comunali sui beni immobili; **at any ~** in ogni caso; **at this ~** di questo passo
B *vt* stimare; **~ among** annoverare tra
C *vt* **~ as** essere considerato

ratepayer /ˈreɪtpeɪə(r)/ *n* contribuente *mf*

rather /ˈrɑːðə(r)/ *adv* piuttosto; **~!** eccome!; **~ too...** un po' troppo...

ratification /rætɪfɪˈkeɪʃn/ *n* ratifica *f*

ratify /ˈrætɪfaɪ/ *vt* (*pt/pp* **-ied**) ratificare

rating /ˈreɪtɪŋ/ *n* valutazione *f*; (class) livello *m*; (sailor) marinaio *m* semplice; **~s** *pl* Radio, TV indice *m* d'ascolto, audience *f inv*

ratio /ˈreɪʃɪəʊ/ *n* rapporto *m*; **In a ~ of two to one** in [un] rapporto di due a uno

ration /ˈræʃn/ **A** *n* razione *f*
B *vt* razionare

rational /ˈræʃənl/ *adj* razionale

rationale /ræʃəˈnɑːl/ *n* (logic) base *f* logica; (reasons) ragioni *fpl*

rationalize /ˈræʃ(ə)nəlaɪz/ *vt & vi* razionalizzare

rationally /ˈræʃ(ə)nəlɪ/ *adv* razionalmente

rationing /ˈræʃ(ə)nɪŋ/ *n* razionamento *m*

rat race *n* infml corsa *f* al successo

rat run *n scorciatoia* (*f*) *usata dagli automobilisti in zone residenziali*

rattan /rəˈtæn/ *n* (tree, material) malacca *f*

rat-tat, rat-a-tat *n* toc toc *m inv*

rattle /ˈrætl/ **A** *n* tintinnio *m*; (toy) sonaglio *m*
B *vi* tintinnare
C *vt* (shake) scuotere; infml innervosire
■ **rattle off** *vt* infml sciorinare
■ **rattle on** *vi* (talk at length) parlare ininterrottamente
■ **rattle through** *vt* (say quickly) dire velocemente; (do quickly) fare velocemente

rattlesnake /ˈrætlsneɪk/ *n* serpente *m* a sonagli

ratty /ˈrætɪ/ *adj* BrE infml (grumpy) irascibile; AmE ‹*hair*› sudicio

raucous /ˈrɔːkəs/ *adj* rauco

raunchy /ˈrɔːntʃɪ/ *adj* infml ‹*performer, voice, song*› sexy *inv*; (bawdy) spinto

ravage /ˈrævɪdʒ/ *vt* devastare

ravages /ˈrævɪdʒɪz/ *npl* danni *mpl*

rave /reɪv/ *vi* vaneggiare; **~ about** andare in estasi per

raven /ˈreɪvn/ *n* corvo *m* imperiale

ravenous /ˈrævənəs/ *adj* ‹*person*› affamato

rave-up *n* BrE infml festa *f* animata

ravine /rəˈviːn/ *n* gola *f*

raving /ˈreɪvɪŋ/ *adj* **~ mad** infml matto da legare

ravings /ˈreɪvɪŋz/ *npl* vaneggiamenti *mpl*

ravioli /ræviˈəʊlɪ/ *n* ravioli *mpl*

ravishing /ˈrævɪʃɪŋ/ *adj* incantevole

raw /rɔː/ *adj* crudo; (not processed) grezzo; ‹*weather*› gelido; (inexperienced) inesperto

raw deal *n* **get a ~** infml farsi fregare

rawhide *n* (leather) cuoio *m* grezzo

Rawlplug® /ˈrɔːlplʌg/ *n* tassello *m*

raw materials *npl* materie *fpl* prime

ray /reɪ/ *n* raggio *m*; **~ of hope** barlume *m* di speranza

rayon® /ˈreɪɒn/ *n* raion® *m*

r

---

parola chiave

raze /reɪz/ *vt* ~ **to the ground** radere al suolo
razor /'reɪzə(r)/ *n* rasoio *m*
razor blade *n* lametta *f* da barba
razor-sharp *adj* affilatissimo
razzle /'ræzl/ *n* BrE infml **go on the ~** andare a fare baldoria
razzle-dazzle *n* infml baldoria *f*
razzmatazz /ræzmə'tæz/ *n* infml clamore *m*
RC **A** *n abbr* (**Roman Catholic**) cattolico, -a *mf*
B *adj* cattolico
Rd. *abbr* (**Road**) Via
re /ri:/ *prep* con riferimento a
reach /ri:tʃ/ **A** *n* portata *f*; (of river) tratto *m*; **within ~** a portata di mano; **out of ~ of** fuori dalla portata di; **within easy ~** facilmente raggiungibile
B *vt* arrivare a ‹*place, decision*›; (contact) contattare; (pass) passare; **I can't ~ it** non ci arrivo
C *vi* arrivare (**to** a); **I can't ~** non ci arrivo; **~ for** allungare la mano per prendere
reaches /'ri:tʃɪz/ *npl* (of river) **the upper/lower ~** la parte superiore/inferiore
react /rɪ'ækt/ *vi* reagire
reaction /rɪ'ækʃn/ *n* reazione *f*
reactionary /rɪ'ækʃ(ə)nərɪ/ *adj & n* reazionario, -a *mf*
reactor /rɪ'æktə(r)/ *n* reattore *m*
read /ri:d/ **A** *vt* (*pt/pp* **read** /red/) leggere; Univ studiare
B *vi* leggere; ‹*instrument*› indicare
■ **read back** *vt* (say aloud) rileggere
■ **read on** *vi* (continue reading) continuare a leggere
■ **read out** *vt* leggere ad alta voce
■ **read up on** *vt* studiare a fondo
readable /'ri:dəbl/ *adj* piacevole a leggersi; (legible) leggibile
reader /'ri:də(r)/ *n* lettore, -trice *mf*; (book) antologia *f*
readership /'ri:dəʃɪp/ *n* numero *m* di lettori
read head *n* Comput testina *f* di lettura
readily /'redɪlɪ/ *adv* volentieri; (easily) facilmente
readiness /'redɪnɪs/ *n* disponibilità *f*; **in ~** pronto
reading /'ri:dɪŋ/ *n* lettura *f*
readjust /ri:ə'dʒʌst/ **A** *vt* regolare di nuovo
B *vi* riabituarsi (**to** a)
readjustment /ri:ə'dʒʌstmənt/ *n* riadattamento *m*
read-only memory *n* Comput memoria *f* di sola lettura
re-advertise /ri:'ædvətaɪz/ *vt* far ripubblicare un'inserzione per ‹*position, item*›
ready /'redɪ/ *adj* (**-ier**, **-iest**) pronto; (quick) veloce; **get ~** prepararsi
ready-made *adj* confezionato
ready-mixed *adj* già miscelato
ready money *n* contanti *mpl*
ready-to-wear *adj* prêt-à-porter
reaffirm /ri:ə'fɜ:m/ *vt* riaffermare
reafforestation /ri:əfɒrɪ'steɪʃn/ *n* rimboschimento *m*
real /ri:l/ **A** *adj* vero; ‹*increase*› reale
B *adv* AmE infml veramente
real estate *n* beni *mpl* immobili
realign /ri:ə'laɪn/ **A** *vt* riallineare
B *vi* fig formare nuove alleanze
realignment /ri:ə'laɪnmənt/ *n* Pol formazione *f* di nuove alleanze; Fin riallineamento *m*
realism /'rɪəlɪzm/ *n* realismo *m*
realist /'rɪəlɪst/ *n* realista *mf*
realistic /rɪə'lɪstɪk/ *adj* realistico
realistically /rɪə'lɪstɪklɪ/ *adv* realisticamente
reality /rɪ'ælətɪ/ *n* realtà *f*
reality TV *n* reality TV *f*, reality *m*, reality show *mpl*
realization /rɪəlaɪ'zeɪʃn/ *n* realizzazione *f*
realize /'rɪəlaɪz/ *vt* realizzare
real life *n* realtà *f*; **in ~ life** nella realtà
real-life *attrib* autentico
reallocate /ri:'æləkeɪt/ *vt* riassegnare
reallocation /ri:æla'keɪʃn/ *n* riassegnazione *f*
really /'rɪəlɪ/ *adv* davvero
realm /relm/ *n* regno *m*
real time **A** *n* tempo *m* reale; **in ~** in tempo reale
B *adj* in tempo reale
realtor /'rɪəltə(r)/ *n* AmE agente *mf* immobiliare
realty /'rɪəltɪ/ *n* AmE beni *mpl* immobili
reanimate /ri:'ænɪmeɪt/ *vt* rianimare
reap /ri:p/ *vt* mietere
reappear /ri:ə'pɪə(r)/ *vi* riapparire
reappearance /ri:ə'pɪərəns/ *n* ricomparsa *f*
reapply /ri:ə'plaɪ/ *vi* (*pt/pp* **-ied**) ripresentare domanda
reappoint /ri:ə'pɔɪnt/ *vt* riconfermare
reappraisal /ri:ə'preɪzl/ *n* riconsiderazione *f*
reappraise /ri:ə'preɪz/ *vt* riesaminare ‹*question, policy*›; rivalutare ‹*writer, work*›
rear¹ /rɪə(r)/ *adj* posteriore; Auto di dietro
rear² **A** *vt* allevare
B *vi* ~ **[up]** ‹*horse*› impennarsi
C *n* **the ~** (of building) il retro; (of bus, plane) la parte posteriore; **from the ~** da dietro
rear end *n* infml di dietro *m*
rearguard /'rɪəgɑ:d/ *n* Mil fig retroguardia *f*
rear light *n* luce *f* posteriore
rearm /ri:'ɑ:m/ **A** *vt* riarmare
B *vi* riarmarsi
rearmament /ri:'ɑ:məmənt/ *n* riarmo *m*
rearmost /'rɪəməʊst/ *adj* ultimo; ‹*carriage*› di coda
rearrange /ri:ə'reɪndʒ/ *vt* cambiare la disposizione di

r

rear-view mirror *n* Auto specchietto *m* retrovisore

reason /'ri:zn/ **A** *n* ragione *f*; **within ~** nei limiti del ragionevole; **listen to ~** ascoltare la ragione
B *vi* ragionare; **~ with** cercare di far ragionare

reasonable /'ri:znəbl/ *adj* ragionevole

reasonably /'ri:znəblɪ/ *adv* (in reasonable way, fairly) ragionevolmente

reasoning /'ri:znɪŋ/ *n* ragionamento *m*

reassemble /ri:ə'semb(ə)l/ *vt* riassemblare

reassembly /ri:ə'semblɪ/ *n* riassemblaggio *m*

reassert /,ri:ə'sɜ:t/ *vt* riaffermare ‹*authority*›

reassess /ri:ə'ses/ *vt* riesaminare ‹*problem, situation*›; riaccertare ‹*tax liability*›

reassessment /ri:ə'sesmənt/ *n* (of situation) riesame *m*; (of tax) nuovo accertamento *m*

reassurance /ri:ə'ʃʊərəns/ *n* rassicurazione *f*

reassure /ri:ə'ʃʊə(r)/ *vt* rassicurare; **~ somebody of something** rassicurare qualcuno su qualcosa

reassuring /ri:ə'ʃʊərɪŋ/ *adj* rassicurante

reawaken /ri:ə'weɪkn/ *vt* fig risvegliare ‹*interest*›

rebate /'ri:beɪt/ *n* rimborso *m*; (discount) deduzione *f*

rebel[1] /'rebl/ *n* ribelle *mf*

rebel[2] /rɪ'bel/ *vi* (*pt/pp* **rebelled**) ribellarsi

rebellion /rɪ'beljən/ *n* ribellione *f*

rebellious /rɪ'beljəs/ *adj* ribelle

rebelliousness /rɪ'beliəsnɪs/ *n* spirito *m* di ribellione

rebirth /ri:bɜ:θ/ *n* rinascita *f*

reboot /ri:'bu:t/ *vt* Comput reinizializzare

reborn /ri:'bɔ:n/ *adj* Relig **be ~** rinascere; **be ~ as something** rinascere come qualcosa

rebound[1] /rɪ'baʊnd/ *vi* rimbalzare; fig ricadere

rebound[2] /'ri:baʊnd/ *n* rimbalzo *m*

rebuff /rɪ'bʌf/ **A** *n* rifiuto *m*
B *vt* respingere

rebuild /ri:'bɪld/ *vt* (*pt/pp* **-built**) ricostruire

rebuke /rɪ'bju:k/ **A** *n* rimprovero *m*
B *vt* rimproverare

rebut /rɪ'bʌt/ *vt* confutare

rebuttal /rɪ'bʌtl/ *n* rifiuto *m*

recalcitrant /rɪ'kælsɪtrənt/ *adj* fml ricalcitrante

recalculate /ri:'kælkjʊleɪt/ *vt* ricalcolare

recall /rɪ'kɔ:l/ **A** *n* richiamo *m*; **beyond ~** irrevocabile
B *vt* richiamare; riconvocare ‹*diplomat, parliament*›; (remember) rievocare

recant /rɪ'kænt/ *vi* abiurare

recap /'ri:kæp/ **A** *vt & vi* infml = **recapitulate**
B *n* ricapitolazione *f*

recapitulate /ri:kə'pɪtjʊleɪt/ *vt & vi* ricapitolare

recapture /ri:'kæptʃə(r)/ *vt* riconquistare; ricatturare ‹*person, animal*›

recast /ri:'kɑ:st/ *vt* rimaneggiare ‹*text, plan*›; riformulare ‹*sentence*›

recede /rɪ'si:d/ *vt* allontanarsi

receding /rɪ'si:dɪŋ/ *adj* ‹*forehead, chin*› sfuggente; **have ~ hair** essere stempiato

receipt /rɪ'si:t/ *n* ricevuta *f*; (receiving) ricezione *f*; **~s** *pl* Comm entrate *fpl*

receive /rɪ'si:v/ *vt* ricevere

receiver /rɪ'si:və(r)/ *n* Teleph ricevitore *m*; Radio, TV apparecchio *m* ricevente; (of stolen goods) ricettatore, -trice *mf*

receivership /rɪ'si:vəʃɪp/ *n* BrE **go into ~** essere sottomesso all'amministrazione controllata

receiving /rɪ'si:vɪŋ/ *n* (stolen goods) ricettazione *f*

receiving end /rɪ'si:vɪŋ/ *n* **be on the ~** essere dall'altro lato della barricata

recent /'ri:snt/ *adj* recente

recently /'ri:səntlɪ/ *adv* recentemente

receptacle /rɪ'septəkl/ *n* recipiente *m*

reception /rɪ'sepʃn/ *n* ricevimento *m*; (welcome) accoglienza *f*; Radio ricezione *f*; **~ [desk]** (in hotel) reception *f inv*

receptionist /rɪ'sepʃənɪst/ *n* persona *f* alla reception

receptive /rɪ'septɪv/ *adj* ricettivo

recess /rɪ'ses/ *n* rientranza *f*; (holiday) vacanza *f*; AmE Sch intervallo *m*

recession /rɪ'seʃn/ *n* recessione *f*

recharge /ri:'tʃɑ:dʒ/ *vt* ricaricare

rechargeable /,ri:'tʃɑ:dʒəbl/ *adj* ‹*battery*› ricaricabile; ‹*costs*› addebitabile

recidivism /rɪ'sɪdɪvɪzm/ *n* recidività *f*

recidivist /rɪ'sɪdɪvɪst/ *n* recidivo, -a *mf*

recipe /'resəpɪ/ *n* ricetta *f*

recipe book *n* libro *m* di ricette

recipient /rɪ'sɪpɪənt/ *n* (of letter, parcel) destinatario, -a *mf*; (of money) beneficiario, -a *mf*

reciprocal /rɪ'sɪprəkl/ *adj* reciproco

reciprocate /rɪ'sɪprəkeɪt/ *vt* ricambiare

recital /rɪ'saɪtl/ *n* recital *m inv*

recitation /resɪ'teɪʃn/ *n* recitazione *f*

recite /rɪ'saɪt/ *vt* recitare; (list) elencare

reckless /'reklɪs/ *adj* ‹*action, decision*› sconsiderato; **be a ~ driver** guidare in modo spericolato

recklessly /'reklɪslɪ/ *adv* in modo sconsiderato

recklessness /'reklɪsnɪs/ *n* sconsideratezza *f*

reckon /'rekən/ *vt* calcolare; (consider) pensare; **be ~ed** essere considerato
■ **reckon on, reckon with** *vt* fare i conti con
■ **reckon without** *vt* fare i conti senza

---

parola chiave

reckoning /ˈrekənɪŋ/ *n* stima *f*, calcoli *mpl*; **by my/your etc.** ~ secondo i miei/tuoi ecc. calcoli

reclaim /rɪˈkleɪm/ *vt* reclamare; bonificare ‹*land*›

reclaimable /rɪˈkleɪməbl/ *adj* ‹*expenses*› rimborsabile

recline /rɪˈklaɪn/ *vi* sdraiarsi

reclining /rɪˈklaɪnɪŋ/ *adj* ‹*seat*› reclinabile

recluse /rɪˈkluːs/ *n* recluso, -a *mf*

reclusive /rɪˈkluːsɪv/ *adj* solitario

recognition /rekəgˈnɪʃn/ *n* riconoscimento *m*; **in** ~ come riconoscimento (**of** per); **beyond** ~ irriconoscibile

recognizable /ˌrekəgˈnaɪzəbl, ˈrekəgnaɪzəbl/ *adj* riconoscibile

recognize /ˈrekəgnaɪz/ *vt* riconoscere

recoil¹ /ˈriːkɔɪl/ *n* (of gun) rinculo *m*

recoil² /rɪˈkɔɪl/ *vi* (in fear) indietreggiare

recollect /rekəˈlekt/ *vt* ricordare

recollection /rekəˈlekʃn/ *n* ricordo *m*

recommence /riːkəˈmens/ *vt & vi* ricominciare

recommend /rekəˈmend/ *vt* raccomandare

recommendation /rekəmenˈdeɪʃn/ *n* raccomandazione *f*

recommended retail price /rekəˈmendɪd/ *n* Comm prezzo *m* di vendita consigliato

recompense /ˈrekəmpens/ **A** *n* ricompensa *f* **B** *vt* ricompensare

reconcile /ˈrekənsaɪl/ *vt* riconciliare; conciliare ‹*facts*›; far quadrare ‹*bank statement*›; ~ **oneself to** rassegnarsi a

reconciliation /rekənsɪlɪˈeɪʃn/ *n* riconciliazione *f*

recondition /riːkənˈdɪʃn/ *vt* ripristinare; ~**ed engine** motore *m* che ha subito riparazioni

reconnaissance /rɪˈkɒnɪsns/ *n* Mil ricognizione *f*; **on** ~ in ricognizione

reconnoitre /rekəˈnɔɪtə(r)/ **A** *vi* (*pres p* **-tring**) fare una ricognizione **B** *vt* fare una ricognizione di

reconsider /riːkənˈsɪdə(r)/ *vt* riconsiderare

reconstruct /riːkənˈstrʌkt/ *vt* ricostruire

reconstruction /riːkənˈstrʌkʃn/ *n* ricostruzione *f*

reconvene /riːkənˈviːn/ *vi* riunirsi nuovamente

record¹ /rɪˈkɔːd/ *vt* registrare; (make a note of) annotare

record² /ˈrekɔd/ *n* (file) documentazione *f*; Mus disco *m*; Sport record *m inv*; ~**s** *pl* (files) schedario *msg*; **keep a** ~ **of** tener nota di; **off the** ~ in via ufficiosa; **have a [criminal]** ~ avere la fedina penale sporca

record book *n* libro *m* dei record

record-breaker /ˈrekɔːdbreɪkə(r)/ *n* **be a** ~ battere un record

recorded /rɪˈkɔːdɪd/ *adj* (on tape) ‹*message*› registrato; (in document) ‹*sighting, case*› documentato

recorded delivery /rɪˈkɔːdɪd/ *n* raccomandata *f*

recorder /rɪˈkɔːdə(r)/ *n* Mus flauto *m* dolce

record holder /ˈrekɔːdhəʊldə(r), AmE ˈrekərd-/ *n* primatista *mf*

recording /rɪˈkɔːdɪŋ/ *n* registrazione *f*

recording studio *n* sala *f* di registrazione

record player *n* giradischi *m inv*

recount /rɪˈkaʊnt/ *vt* raccontare

re-count¹ /riːˈkaʊnt/ *vt* ricontare

re-count² /ˈriːkaʊnt/ *n* Pol nuovo conteggio *m*

recoup /rɪˈkuːp/ *vt* rifarsi di ‹*losses*›

recourse /rɪˈkɔːs/ *n* **have** ~ **to** ricorrere a

recover /rɪˈkʌvə(r)/ *vt & vi* recuperare

re-cover /riːˈkʌvə(r)/ *vt* rifoderare

recovery /rɪˈkʌvəri/ *n* recupero *m*; (of health) guarigione *f*

recovery vehicle *n* autogrù *f*

recreate /ˈrekrɪeɪt, ˌriːkrɪˈeɪt/ *vt* ricreare

recreation /rekrɪˈeɪʃn/ *n* ricreazione *f*

recreational /rekrɪˈeɪʃənəl/ *adj* ricreativo

recreational drug *n sostanza* (*f*) *stupefacente che si assume occasionalmente*

recrimination /rɪkrɪmɪˈneɪʃn/ *n* recriminazione *f*

recruit /rɪˈkruːt/ **A** *n* Mil recluta *f*; **new** ~ (member) nuovo, -a, adepto, -a *mf*; (worker) neoassunto, -a *mf* **B** *vt* assumere ‹*staff*›

recruitment /rɪˈkruːtmənt/ *n* assunzione *f*

rectangle /ˈrektæŋgl/ *n* rettangolo *m*

rectangular /rekˈtæŋgjʊlə(r)/ *adj* rettangolare

rectify /ˈrektɪfaɪ/ *vt* (*pt/pp* **-ied**) rettificare

rector /ˈrektə(r)/ *n* Univ rettore *m*

rectory /ˈrektərɪ/ *n* presbiterio *m*

rectum /ˈrektəm/ *n* retto *m*

recuperate /rɪˈkjuːpəreɪt/ *vi* ristabilirsi

recur /rɪˈkɜː(r)/ *vi* (*pt/pp* **recurred**) ricorrere; ‹*illness*› ripresentarsi

recurrence /rɪˈkʌrəns/ *n* ricorrenza *f*; (of illness) ricomparsa *f*

recurrent /rɪˈkʌrənt/ *adj* ricorrente

recyclable /riːˈsaɪkləbl/ *adj* riciclabile

recycle /riːˈsaɪkl/ *vt* riciclare; ~**d paper** carta *f* riciclata

recycling /riːˈsaɪklɪŋ/ *n* riciclaggio *m*

red /red/ **A** *adj* (**redder**, **reddest**) rosso **B** *n* rosso *m*; **be in the** ~ ‹*account*› essere scoperto; ‹*person*› avere il conto scoperto

red alert *n* allarme *m* rosso; **be on** ~ essere in stato di massima allerta

red-brick *adj* Univ di recente fondazione

Red Cross *n* Croce *f* Rossa

redcurrant *n* ribes *m* rosso

redden /ˈredn/ **A** *vt* arrossare

B *vi* arrossire

reddish /'redɪʃ/ *adj* rossastro

redecorate /riː'dekəreɪt/ *vt* (paint) ridipingere; (wallpaper) ritappezzare

redeem /rɪ'diːm/ *vt* Relig (from pawnshop) riscattare; **~ing quality** unico aspetto *m* positivo

redefine /riːdɪ'faɪn/ *vt* ridefinire

redemption /rɪ'dempʃn/ *n* riscatto *m*

redeploy /riːdɪ'plɔɪ/ *vt* ridistribuire

redevelop /ˌriːdɪ'veləp/ *vt* risanare ‹*area, site*›

red-faced *adj* also fig paonazzo

red-haired /-'heəd/ *adj* con i capelli rossi

red-handed /-'hændɪd/ *adj* **catch somebody ~** cogliere qualcuno con le mani nel sacco

redhead *n* rosso, -a *mf* (di capelli)

red herring *n* diversione *f*

red-hot *adj* rovente

redial /riː'daɪəl/ Teleph **A** *vt* ricomporre **B** *vi* ricomporre il numero

redial facility *n* Teleph funzione *f* di ricomposizione automatica dell'ultimo numero

redirect /riːdaɪ'rekt/ *vt* mandare al nuovo indirizzo ‹*letter*›

rediscover /riːdɪ'skʌvə(r)/ *vt* riscoprire

redistribute /riːdɪ'strɪbjuːt/ *vt* ridistribuire

redistribution /riːdɪstrɪ'bjuːʃn/ *n* ridistribuzione *f*

red-letter day *n* giorno *m* memorabile

red light *n* Auto semaforo *m* rosso; **go through a ~** passare col rosso

red light area *n* quartiere *m* a luci rosse

red light district *n* quartiere *m* a luci rosse

red meat *n* carne *f* rossa

redness /'rednɪs/ *n* rossore *m*

redo /riː'duː/ *vt* (*pt* **-did**, *pp* **-done**) rifare

redolent /'redələnt/ *adj* profumato (**of** di)

redouble /riː'dʌbl/ *vt* raddoppiare

red pepper *n* peperone *m* rosso

redraft /riː'drɑːft/ *vt* stendere nuovamente

redress /rɪ'dres/ **A** *n* riparazione *f* **B** *vt* ristabilire ‹*balance*›

red tape *n* infml burocrazia *f*

reduce /rɪ'djuːs/ *vt* ridurre; Culin far consumare

reductio ad absurdum /rɪ'dʌktɪəʊædæb'sɜːdəm/ *n* ragionamento *m* per assurdo

reduction /rɪ'dʌkʃn/ *n* riduzione *f*

redundancy /rɪ'dʌndənsɪ/ *n* licenziamento *m*; (payment) liquidazione *f*

redundant /rɪ'dʌndənt/ *adj* superfluo; **make ~** licenziare; **be made ~** essere licenziato

reed /riːd/ *n* Bot canna *f*

reedy /'riːdɪ/ *adj* ‹*voice, tone*› acuto

reef /riːf/ *n* scogliera *f*

reefer /'riːfə(r)/ *n* (jacket) giubbotto *m* a doppio petto; infml (dope) spinello *m*

reef knot *n* nodo *m* piano

reek /riːk/ *vi* puzzare (**of** di)

reel /riːl/ **A** *n* bobina *f* **B** *vi* (stagger) vacillare

re-elect *vt* rieleggere

re-election *n* rielezione *f*

reel off *vt* fig snocciolare

re-emerge *vi* riemergere

re-emergence *n* ricomparsa *f*

re-enact /riːɪ'nækt/ *vt* ricostruire ‹*crime*›; Jur rimettere in vigore; recitare nuovamente ‹*role*›

re-enter /riː'entə(r)/ *vt* rientrare in

re-entry *n* (of spacecraft) rientro *m*

re-establish *vt* ristabilire, ripristinare

re-establishment *n* ripristino *m*

re-examination *n* riesame *m*

re-examine *vt* riesaminare

ref /ref/ *n abbr* BrE infml (**referee**) arbitro *m*

refectory /rɪ'fektərɪ/ *n* refettorio *m*; Univ mensa *f* universitaria

refer /rɪ'fɜː(r)/ **A** *vt* (*pt/pp* **referred**) rinviare ‹*matter*›; indirizzare ‹*person*› **B** *vi* **~ to** fare allusione a; (consult) rivolgersi a ‹*book*›; **are you ~ring to me?** alludi a me?

referee /refə'riː/ **A** *n* arbitro *m*; (for job) garante *mf* **B** *vt & vi* (*pt/pp* **refereed**) arbitrare

reference /'ref(ə)rəns/ *n* riferimento *m*; (in book) nota *f* bibliografica; (for job) referenza *f*; Comm **'your ~'** 'riferimento'; **with ~ to** con riferimento a; **make [a] ~ to** fare riferimento a

reference book *n* libro *m* di consultazione

reference library *n* biblioteca *f* per la consultazione

reference number *n* numero *m* di riferimento

referendum /refə'rendəm/ *n* referendum *m inv*

referral /rɪ'fɜːrəl/ *n* (of matter, problem) deferimento *m*; Med (act) *invio* (*m*) *di un paziente a un altro medico*; (person) *paziente* (*mf*) *mandato da un medico a un altro*

refill¹ /riː'fɪl/ *vt* riempire di nuovo; ricaricare ‹*pen, lighter*›

refill² /'riːfɪl/ *n* (for pen) ricambio *m*

refine /rɪ'faɪn/ *vt* raffinare

refined /rɪ'faɪnd/ *adj* raffinato

refinement /rɪ'faɪnmənt/ *n* raffinatezza *f*

refinery /rɪ'faɪnərɪ/ *n* raffineria *f*

refining /rɪ'faɪnɪŋ/ *n* Techn raffinazione *f*

refit¹ /'riːfɪt/ *n* Naut raddobbo *m*; (of shop, factory etc) rinnovo *m*

refit² /riː'fɪt/ *vt* raddobbare ‹*ship*›; rinnovare ‹*shop, factory etc*›

parola chiave

reflate /riːˈfleɪt/ *vt* reflazionare ‹*economy*›

reflect /rɪˈflekt/ **A** *vt* riflettere; **be ~ed in** essere riflesso in
B *vt* (think) riflettere (**on** su); **~ badly on somebody** fig mettere in cattiva luce qualcuno

reflection /rɪˈflekʃn/ *n* riflessione *f*; (image) riflesso *m*; **on ~** dopo riflessione

reflective /rɪˈflektɪv/ *adj* riflessivo

reflectively /rɪˈflektɪvlɪ/ *adv* in modo riflessivo

reflector /rɪˈflektə(r)/ *n* riflettore *m*

reflex /ˈriːfleks/ **A** *n* riflesso *m*
B *attrib* di riflesso

reflexive /rɪˈfleksɪv/ *adj* riflessivo

reflexive verb *n* verbo *m* riflessivo

refloat /riːˈfləʊt/ *vt* Naut, Comm rimettere a galla

reforestation /riːforɪˈsteɪʃn/ *n* rimboschimento *m*

reform /rɪˈfɔːm/ **A** *n* riforma *f*
B *vt* riformare
C *vi* correggersi

reformat /riːˈfɔːmæt/ *vt* riformattare

Reformation /refəˈmeɪʃn/ *n* Relig Riforma *f*

reformer /rɪˈfɔːmə(r)/ *n* riformatore, -trice *mf*

refrain¹ /rɪˈfreɪn/ *n* ritornello *m*

refrain² *vi* astenersi (**from** da)

refresh /rɪˈfreʃ/ *vt* rinfrescare; Comput aggiornare

refresher course /rɪˈfreʃə(r)/ *n* corso *m* d'aggiornamento

refreshing /rɪˈfreʃɪŋ/ *adj* rinfrescante

refreshments /rɪˈfreʃmənts/ *npl* rinfreschi *mpl*

refrigerate /rɪˈfrɪdʒəreɪt/ *vt* conservare in frigo; Ind refrigerare

refrigerated lorry /rɪˈfrɪdʒəreɪtɪd/ *n* camion *m inv* frigorifero

refrigeration /rɪfrɪdʒəˈreɪʃn/ *n* Ind refrigerazione *f*

refrigerator /rɪˈfrɪdʒəreɪtə(r)/ *n* frigorifero *m*

refuel /riːˈfjʊəl/ **A** *vt* (*pt/pp* **-fuelled**) rifornire di carburante
B *vi* fare rifornimento

refuge /ˈrefjuːdʒ/ *n* rifugio *m*; **take ~** rifugiarsi

refugee /refjʊˈdʒiː/ *n* rifugiato, -a *mf*

refugee camp *n* campo *m* profughi

refund¹ /ˈriːfʌnd/ *n* rimborso *m*

refund² /rɪˈfʌnd/ *vt* rimborsare

refurbish /riːˈfɜːbɪʃ/ *vt* rimettere a nuovo

refurbishment /riːˈfɜːbɪʃmənt/ *n* rinnovo *m*

refusal /rɪˈfjuːzl/ *n* rifiuto *m*

refuse¹ /rɪˈfjuːz/ *vt & vi* rifiutare; **~ to do something** rifiutare di fare qualcosa

refuse² /ˈrefjuːs/ *n* rifiuti *mpl*

refuse collection *n* raccolta *f* dei rifiuti

refuse collector *n* BrE spazzino, -a *mf*

refute /rɪˈfjuːt/ *vt* confutare

regain /rɪˈgeɪn/ *vt* riconquistare

regal /ˈriːgl/ *adj* regale

regale /rɪˈgeɪl/ *vt* **~ somebody with something** deliziare qualcuno con qualcosa

regalia /rɪˈgeɪlɪə/ *npl* insegne *fpl* reali

regard /rɪˈgɑːd/ **A** *n* (heed) riguardo *m*; (respect) considerazione *f*; **~s** *pl* saluti *mpl*; **send/give my ~s to your brother** salutami tuo fratello; **with ~ to** riguardo a
B *vt* (consider) considerare (**as** come); **as ~s** riguardo a

regarding /rɪˈgɑːdɪŋ/ *prep* riguardo a

regardless /rɪˈgɑːdlɪs/ *adv* lo stesso; **~ of** senza badare a

regatta /rɪˈgætə/ *n* regata *f*

regency /ˈriːdʒənsɪ/ *n* reggenza *f*

regenerate /rɪˈdʒenəreɪt/ **A** *vt* rigenerare
B *vi* rigenerarsi

regent /ˈriːdʒənt/ *n* reggente *mf*

reggae /ˈregeɪ/ *n* reggae *m*

regime /reɪˈʒiːm/ *n* regime *m*

regiment¹ /ˈredʒɪmənt/ *n* reggimento *m*

regiment² /ˈredʒɪment/ *vt* irreggimentare

regimental /redʒɪˈmentl/ *adj* reggimentale

regimentation /redʒɪmənˈteɪʃn/ *n* irreggimentazione *f*

regimented /ˈredʒɪmentɪd/ *adj* irreggimentato

region /ˈriːdʒən/ *n* regione *f*; **in the ~ of** fig approssimativamente

regional /ˈriːdʒənl/ *adj* regionale

register /ˈredʒɪstə(r)/ **A** *n* registro *m*
B *vt* registrare; mandare tramite assicurata ‹*letter, package*›; assicurare ‹*luggage*›; immatricolare ‹*motor vehicle*›; mostrare ‹*feeling*›
C *vi* ‹*instrument*› funzionare; ‹*student*› iscriversi (**for** a); **it didn't ~ with me** fig non ci ho fatto attenzione; **~ with** iscriversi nella lista di ‹*doctor*›

registered /ˈredʒɪstəd/ *adj* ‹*voter, student*› iscritto; ‹*vehicle*› immatricolato

registered letter /ˈredʒɪstəd/ *n* lettera *f* assicurata

registered trademark *n* marchio *m* depositato

registrar /redʒɪˈstrɑː(r)/ *n* ufficiale *m* di stato civile

registration /redʒɪˈstreɪʃn/ *n* (of vehicle) immatricolazione *f*; (of letter, luggage) assicurazione *f*; (for course) iscrizione *f*

registration fee *n* tassa *f* d'iscrizione

registration number *n* Auto [numero *m* di] targa *f*

registry office /ˈredʒɪstrɪ/ *n* anagrafe *f*

regress /rɪˈgres/ *vi* Biol, Psych fig regredire

regression /rɪˈgreʃən/ *n* regressione *f*

regressive /rɪˈgresɪv/ *adj* Biol, Psych regressivo

regret /rɪ'gret/ **A** *n* rammarico *m*
B *vt* (*pt/pp* **regretted**) rimpiangere; **I ~ that** mi rincresce che
regretfully /rɪ'gretfʊlɪ/ *adv* con rammarico
regrettable /rɪ'gretəbl/ *adj* spiacevole
regrettably /rɪ'gretəblɪ/ *adv* spiacevolmente; (before adjective) deplorevolmente
regroup /ri:'gru:p/ *vi* riorganizzarsi
regular /'regjʊlə(r)/ **A** *adj* regolare; (usual) abituale
B *n* cliente *mf* abituale
regularity /regjʊ'lærətɪ/ *n* regolarità *f*
regularly /'regjʊləlɪ/ *adv* regolarmente
regulate /'regʊleɪt/ *vt* regolare
regulation /regjʊ'leɪʃn/ *n* (rule) regolamento *m*
regulator /'regjʊleɪtə(r)/ *n* (person) regolatore, -trice *mf*; (device) regolatore *m*
regurgitate /rɪ'gɜ:dʒɪteɪt/ *vt* rigurgitare; fig derog ripetere meccanicamente
rehabilitate /ri:hə'bɪlɪteɪt/ *vt* riabilitare
rehabilitation /ri:həbɪlɪ'teɪʃn/ *n* riabilitazione *f*
rehabilitation centre BrE, **rehabilitation center** AmE *n* (after drug addiction, illness, prison) comunità *f* terapeutica
rehash[1] /ri:'hæʃ/ *vt* rimaneggiare
rehash[2] /'ri:hæʃ/ *n* rimaneggiamento *m*
rehearsal /rɪ'hɜ:sl/ *n* Theat prova *f*
rehearse /rɪ'hɜ:s/ *vt & vi* provare
reheat /ri:'hi:t/ *vt* scaldare di nuovo
rehouse /ri:'haʊz/ *vt* rialloggiare
reign /reɪn/ **A** *n* regno *m*
B *vi* regnare
reimburse /ri:ɪm'bɜ:s/ *vt* **~ somebody for something** rimborsare qualcosa a qualcuno
reimbursement /ri:ɪm'bɜ:smənt/ *n* rimborso *m*
rein /reɪn/ *n* redine *f*
reincarnate /ri:ɪn'kɑ:neɪt/ *vt* **be ~d** reincarnarsi
reincarnation /ri:ɪnkɑ:'neɪʃn/ *n* reincarnazione *f*
reindeer /'reɪndɪə(r)/ *n inv* renna *f*
reinforce /ri:ɪn'fɔ:s/ *vt* rinforzare
reinforced concrete *n* cemento *m* armato
reinforcement /ri:ɪn'fɔ:smənt/ *n* rinforzo *m*; **~s** *pl* Mil rinforzi *mpl*
reinstall /'ri:ɪnstɔ:l/ *vt* Comput reinstallare ‹*software, program*›
reinstate /ri:ɪn'steɪt/ *vt* reintegrare
reinstatement /ri:ɪn'steɪtmənt/ *n* reintegrazione *f*
reinterpret /ri:ɪnt'tɜ:prɪt/ *vt* reinterpretare
reinterpretation /ri:ɪntɜ:prɪ'teɪʃn/ *n* reinterpretazione *f*
reintroduce /ri:ɪntrə'dju:s/ *vt* reintrodurre
reintroduction /ri:ɪntrə'dʌkʃn/ *n* reintroduzione *f*
reiterate /ri:'ɪtəreɪt/ *vt* reiterare
reiteration /ri:ɪtə'reɪʃn/ *n* reiterazione *f*
reject /rɪ'dʒekt/ *vt* rifiutare
rejection /rɪ'dʒekʃn/ *n* rifiuto *m*; Med rigetto *m*
rejects /'ri:dʒekts/ *npl* Comm scarti *mpl*
rejig /ri:'dʒɪg/ *vt* (*pt/pp* **rejigged**) BrE riorganizzare
rejoice /rɪ'dʒɔɪs/ *vi* literary rallegrarsi
rejoicing /rɪ'dʒɔɪsɪŋ/ *n* gioia *f*
rejoin /rɪ'dʒɔɪn/ *vt* riassociarsi a ‹*club, party*›; Mil reintegrarsi in ‹*regiment*›; (answer) replicare
rejuvenate /rɪ'dʒu:vəneɪt/ *vt* rinnovare; ringiovanire ‹*person*›
rejuvenation /rɪ'dʒu:vəneɪʃn/ *n* rinnovamento *m*; (of person) ringiovanimento *m*
rekindle /ri:'kɪndl/ *vt* riattizzare
relapse /rɪ'læps/ **A** *n* ricaduta *f*
B *vi* ricadere
relate /rɪ'leɪt/ *vt* (tell) riportare; (connect) collegare
■ **relate to** *vt* riferirsi a; identificarsi con ‹*person*›
related /rɪ'leɪtɪd/ *adj* imparentato (**to** a); ‹*ideas etc*› affine
relation /rɪ'leɪʃn/ *n* rapporto *m*; (person) parente *mf*
relationship /rɪ'leɪʃnʃɪp/ *n* rapporto *m*; (blood tie) parentela *f*; (affair) relazione *f*
relative /'relətɪv/ **A** *n* parente *mf*
B *adj* relativo
relatively /'relətɪvlɪ/ *adv* relativamente
relativity /relə'tɪvətɪ/ *n* relatività *f*
relativity theory *n* Phys teoria *f* della relatività
relaunch[1] /'ri:lɔ:ntʃ/ *n* rilancio *m*
relaunch[2] /ri:'lɔ:ntʃ/ *vt* rilanciare
relax /rɪ'læks/ **A** *vt* rilassare; allentare ‹*pace grip*›
B *vi* rilassarsi
relaxation /ri:læk'seɪʃn/ *n* rilassamento *m*, relax *m*; (recreation) svago *m*
relaxed /rɪ'lækst/ *adj* rilassato
relaxing /rɪ'læksɪŋ/ *adj* rilassante
relay, relay race /'ri:leɪ/ *n* [corsa *f* a] staffetta *f*
relay[1] /ri:'leɪ/ *vt* (*pt/pp* **-layed**) trasmettere
relay[2] /'ri:leɪ/ *n* Electr relais *m inv*; **work in ~s** fare i turni
release /rɪ'li:s/ **A** *n* rilascio *m*; (of film) distribuzione *f*
B *vt* liberare; lasciare ‹*hand*›; togliere ‹*brake*›; distribuire ‹*film*›; rilasciare ‹*information etc*›
relegate /'relɪgeɪt/ *vt* relegare; **be ~d** BrE Sport essere retrocesso

r

parola chiave

relegation /relɪˈgeɪʃn/ *n* relegazione *f*; BrE Sport retrocessione *f*
relent /rɪˈlent/ *vi* cedere
relentless /rɪˈlentlɪs/ *adj* inflessibile; (unceasing) incessante
relentlessly /rɪˈlentlɪslɪ/ *adv* incessantemente
relevance /ˈreləvəns/ *n* pertinenza *f*
relevant /ˈreləvənt/ *adj* pertinente (**to** a)
reliability /rɪlaɪəˈbɪlətɪ/ *n* affidabilità *f*
reliable /rɪˈlaɪəbl/ *adj* affidabile
reliably /rɪˈlaɪəblɪ/ *adv* in modo affidabile; **be ~ informed** sapere da fonte certa
reliance /rɪˈlaɪəns/ *n* fiducia *f* (**on** in)
reliant /rɪˈlaɪənt/ *adj* fiducioso (**on** in)
relic /ˈrelɪk/ *n* Relig reliquia *f*; **~s** *pl* resti *mpl*
relief /rɪˈliːf/ *n* sollievo *m*; (assistance) soccorso *m*; (distraction) diversivo *m*; (replacement) cambio *m*; (in art) rilievo *m*; **in ~** in rilievo
relief agency *n* organizzazione *f* umanitaria
relief map *n* carta *f* in rilievo
relief supplies *npl* soccorsi *mpl*, aiuti *mpl* umanitari
relief train *n* treno *m* supplementare
relief work *n lavoro m presso un'organizzazione umanitaria*
relief worker *n persona f che lavora per un'organizzazione umanitaria*
relieve /rɪˈliːv/ *vt* alleviare; (take over from) dare il cambio a; **~ of** liberare da ‹*burden*›
religion /rɪˈlɪdʒən/ *n* religione *f*
religious /rɪˈlɪdʒəs/ *adj* religioso
religiously /rɪˈlɪdʒəslɪ/ *adv* (conscientiously) scrupolosamente
relinquish /rɪˈlɪŋkwɪʃ/ *vt* abbandonare; **~ something to somebody** rinunciare a qualcosa in favore di qualcuno
relish /ˈrelɪʃ/ **A** *n* gusto *m*; Culin salsa *f*
B *vt* fig apprezzare
relive /riːˈlɪv/ *vt* rivivere
reload /riːˈləʊd/ *vt* ricaricare
relocate /riːləˈkeɪt/ **A** *vt* trasferire
B *vi* trasferirsi
relocation /riːləˈkeɪʃn/ *n* (of employee, company) trasferimento *m*
relocation allowance *n* indennità *f* di trasferimento
reluctance /rɪˈlʌktəns/ *n* riluttanza *f*
reluctant /rɪˈlʌktənt/ *adj* riluttante
reluctantly /rɪˈlʌktəntlɪ/ *adv* con riluttanza, a malincuore
rely /rɪˈlaɪ/ *vi* (*pt/pp* **-ied**) **~ on** dipendere da; (trust) contare su
remain /rɪˈmeɪn/ *vi* restare
remainder /rɪˈmeɪndə(r)/ **A** *n* resto *m*; Comm rimanenza *f*
B *vt* Comm svendere
remaining /rɪˈmeɪnɪŋ/ *adj* restante
remains /rɪˈmeɪnz/ *npl* resti *mpl*; (dead body) spoglie *fpl*
remake /ˈriːmeɪk/ *n* (of film, recording) remake *m inv*
remand /rɪˈmɑːnd/ **A** *n* **on ~** in custodia cautelare
B *vt* **~ in custody** rinviare con detenzione provvisoria
remand centre *n* BrE istituto *m* di carcerazione preventiva
remark /rɪˈmɑːk/ **A** *n* osservazione *f*
B *vt* osservare
remarkable /rɪˈmɑːkəbl/ *adj* notevole
remarkably /rɪˈmɑːkəblɪ/ *adv* notevolmente
remarry /riːˈmærɪ/ *vi* (*pt/pp* **-ied**) risposarsi
remaster /riːˈmɑːstə(r)/ *vt* incidere di nuovo ‹*recording*›
rematch /ˈriːmætʃ/ *n* Sport partita *f* di ritorno; (in boxing) secondo incontro *m*
remedial /rɪˈmiːdɪəl/ *adj* correttivo; Med curativo
remedy /ˈremədɪ/ **A** *n* rimedio *m* (**for** contro)
B *vt* (*pt/pp* **-ied**) rimediare a
remember /rɪˈmembə(r)/ **A** *vt* ricordare, ricordarsi; **~ to do something** ricordarsi di fare qualcosa; **~ me to him** salutamelo
B *vi* ricordarsi
Remembrance Day /rɪˈmembrəns/ *n* commemorazione *f* dei caduti (*11 novembre*)
remind /rɪˈmaɪnd/ *vt* **~ somebody of something** ricordare qualcosa a qualcuno
reminder /rɪˈmaɪndə(r)/ *n* ricordo *m*; (memo) promemoria *m inv*; (letter) lettera *f* di sollecito; (to pay) sollecitazione *f* di pagamento
reminisce /remɪˈnɪs/ *vi* rievocare il passato
reminiscences /remɪˈnɪsənsɪz/ *npl* reminiscenze *fpl*
reminiscent /remɪˈnɪsənt/ *adj* **be ~ of** richiamare alla memoria
remiss /rɪˈmɪs/ *adj* negligente
remission /rɪˈmɪʃn/ *n* remissione *f*; (of sentence) condono *m*
remit /rɪˈmɪt/ *vt* (*pt/pp* **remitted**) rimettere ‹*money*›
remittance /rɪˈmɪtəns/ *n* rimessa *f*
remix¹ /riːˈmɪks/ *vt* Mus rimixare
remix² /ˈriːmɪks/ *n* Mus rimixaggio *m*
remnant /ˈremnənt/ *n* resto *m*; (of material) scampolo *m*; (trace) traccia *f*
remonstrate /ˈremənstreɪt/ *vi* fare rimostranze (**with somebody** a qualcuno)
remorse /rɪˈmɔːs/ *n* rimorso *m*
remorseful /rɪˈmɔːsfʊl/ *adj* pieno di rimorso
remorsefully /rɪˈmɔːsfʊlɪ/ *adv* con rimorso
remorseless /rɪˈmɔːslɪs/ *adj* spietato
remorselessly /rɪˈmɔːslɪslɪ/ *adv* senza pietà
remote /rɪˈməʊt/ *adj* remoto; (slight) minimo
remote access *n* Comput accesso *m* remoto

r

remote control *n* telecomando *m*
remote-controlled *adj* telecomandato
remotely /rɪˈməʊtlɪ/ *adv* lontanamente; **be not ~...** non essere lontanamente...
remoteness /rɪˈməʊtnɪs/ *n* lontananza *f*
remould /ˈriːməʊld/ *n* pneumatico *m* ricostruito
remount /riːˈmaʊnt/ *vt* rimontare in sella a ‹*bike, horse*›
removable /rɪˈmuːvəbl/ *adj* rimovibile
removal /rɪˈmuːvl/ *n* rimozione *f*; (from house) trasloco *m*
removal man *n* addetto *m* ai traslochi
removal van *n* camion *m inv* da trasloco
remove /rɪˈmuːv/ *vt* togliere; togliersi ‹*clothes*›; eliminare ‹*stain, doubts*›
removers /rɪˈmuːvəz/ *npl* infml traslocatori *mpl*
remuneration /rɪmjuːnəˈreɪʃn/ *n* rimunerazione *f*
remunerative /rɪˈmjuːnərətɪv/ *adj* rimunerativo
renaissance /rɪˈneɪsɒ̃ns/ *n* rinascita *f*; **R~** Rinascimento *m*
renal /ˈriːnəl/ *adj* renale
render /ˈrendə(r)/ *vt* rendere ‹*service*›
rendering /ˈrend(ə)rɪŋ/ *n* Mus interpretazione *f*
rendezvous /ˈrɒndeɪvuː/ *vi esp* Mil incontrarsi
rendition /renˈdɪʃn/ *n* interpretazione *f*
renegade /ˈrenɪgeɪd/ *n* rinnegato, -a *mf*
renege /rɪˈneɪg/ *vi* venire meno (**on** a)
renegotiate /riːnɪˈgəʊʃɪeɪt/ *vt* rinegoziare
renegotiation /riːnɪgəʊʃɪˈeɪʃn/ *n* rinegoziato *m*
renew /rɪˈnjuː/ *vt* rinnovare ‹*contract*›
renewable /rɪˈnjuːəbl/ *adj* rinnovabile
renewal /rɪˈnjuːəl/ *n* rinnovo *m*
renewed *adj* ‹*strength, interest*› rinnovato; ‹*attack*› nuovo
renounce /rɪˈnaʊns/ *vt* rinunciare a
renovate /ˈrenəveɪt/ *vt* rinnovare
renovation /renəˈveɪʃn/ *n* rinnovo *m*
renown /rɪˈnaʊn/ *n* fama *f*
renowned /rɪˈnaʊnd/ *adj* rinomato
rent /rent/ **A** *n* affitto *m*
B *vt* affittare; **~ [out]** dare in affitto
rental /ˈrentl/ *n* affitto *m*
rent boy *n* ragazzo *m* di vita
rent-free **A** *adj* ‹*accommodation*› gratuito
B *adv* ‹*live, use*› senza pagare l'affitto
renunciation /rɪnʌnsɪˈeɪʃn/ *n* rinuncia *f*
reoffend /riːəˈfend/ *vi* recidivare
reopen /riːˈəʊpən/ *vt & vi* riaprire
reorganization /riːɔːgənaɪˈzeɪʃn/ *n* riorganizzazione *f*

parola chiave

reorganize /riːˈɔːgənaɪz/ *vt* riorganizzare
rep /rep/ *n* Comm infml rappresentante *mf*; Theat ≈ teatro *m* stabile
repackage /riːˈpækɪdʒ/ *vt* Comm cambiare la confezione di; fig (change public image of) cambiare l'immagine pubblica di; cambiare i termini di ‹*proposal*›
repaint /riːˈpeɪnt/ *vt* ridipingere
repair /rɪˈpeə(r)/ **A** *n* riparazione *f*; **in good/bad ~** in buone/cattive condizioni
B *vt* riparare
repairman *n* tecnico *m* (delle riparazioni)
reparation /repəˈreɪʃn/ *n* **make ~s for something** risarcire qualcosa
repartee /repɑːˈtiː/ *n* botta e risposta *m inv*; **piece of ~** risposta *f* pronta
repatriate /riːˈpætrɪeɪt/ *vt* rimpatriare
repatriation /riːpætrɪˈeɪʃn/ *n* rimpatrio *m*
repay /riːˈpeɪ/ *vt* (*pt/pp* **-paid**) ripagare
repayment /riːˈpeɪmənt/ *n* rimborso *m*
repeal /rɪˈpiːl/ **A** *n* abrogazione *f*
B *vt* abrogare
repeat /rɪˈpiːt/ **A** *n* TV replica *f*
B *vt & vi* ripetere; **~ oneself** ripetersi
repeated /rɪˈpiːtɪd/ *adj* ripetuto
repeatedly /rɪˈpiːtɪdlɪ/ *adv* ripetutamente
repel /rɪˈpel/ *vt* (*pt/pp* **repelled**) respingere; fig ripugnare
repellent /rɪˈpelənt/ *adj* ripulsivo
repent /rɪˈpent/ *vi* pentirsi
repentance /rɪˈpentəns/ *n* pentimento *m*
repentant /rɪˈpentənt/ *adj* pentito
repercussions /riːpəˈkʌʃnz/ *npl* ripercussioni *fbl*
repertoire /ˈrepətwɑː(r)/ *n* repertorio *m*
repertory /ˈrepətrɪ/ *n* ≈ teatro *m* stabile
repertory company *n* compagnia *f* di teatro stabile
repetition /repɪˈtɪʃn/ *n* ripetizione *f*
repetitious /repɪˈtɪʃəs/, **repetitive** /rɪˈpetɪtɪv/ *adj* ripetitivo
repetitive strain injury *n* patologia *f* da sforzo ripetuto
replace /rɪˈpleɪs/ *vt* (put back) rimettere a posto; (take the place of) sostituire; **~ something with something** sostituire qualcosa con qualcosa
replacement /rɪˈpleɪsmənt/ *n* sostituzione *f*; (person) sostituto, -a mf
replacement part *n* pezzo *m* di ricambio
replant /riːˈplɑːnt/ *vt* ripiantare
replay /ˈriːpleɪ/ *n* Sport partita *f* ripetuta; **[action] ~** replay *m inv*
replenish /rɪˈplenɪʃ/ *vt* rifornire ‹*stocks*›; (refill) riempire di nuovo
replete /rɪˈpliːt/ *adj* **~ with** riempito di
replica /ˈreplɪkə/ *n* copia *f*
replicate /ˈreplɪkeɪt/ *vt* ripetere ‹*experiment*›
reply /rɪˈplaɪ/ **A** *n* risposta *f* (**to** a)
B *vt* (*pt/pp* **replied**) rispondere

reply-paid envelope *n* busta *f* affrancata per rispondere

report /rɪˈpɔːt/ **A** *n* rapporto *m*; TV, Radio servizio *m*; Journ cronaca *f*; Sch pagella *f*; (rumour) diceria *f*
B *vt* riportare; **~ somebody to the police** denunciare qualcuno alla polizia
C *vi* riportare; (present oneself) presentarsi (**to** a)

report card *n* AmE scheda *f* di valutazione scolastica

reportedly /rɪˈpɔːtɪdlɪ/ *adv* secondo quanto si dice

reporter /rɪˈpɔːtə(r)/ *n* cronista *mf*, reporter *mf inv*

repose /rɪˈpəʊz/ *n* riposo *m*

repository /rɪˈpɒzɪt(ə)rɪ/ *n* (place) deposito; (of secret, authority) depositario, -a *mf*

repossess /riːpəˈzes/ *vt* riprendere possesso di

repossession /riːpəˈzeʃn/ *n* esproprio *m*

repot /riːˈpɒt/ *vt* rinvasare ‹*plant*›

reprehensible /reprɪˈhensəbl/ *adj* riprovevole

represent /reprɪˈzent/ *vt* rappresentare

representation /reprɪzenˈteɪʃn/ *n* rappresentazione *f*; **make ~s to** fare delle rimostranze a

representative /reprɪˈzentətɪv/ **A** *adj* rappresentativo
B *n* rappresentante *mf*

repress /rɪˈpres/ *vt* reprimere

repression /rɪˈpreʃn/ *n* repressione *f*

repressive /rɪˈpresɪv/ *adj* repressivo

reprieve /rɪˈpriːv/ **A** *n* commutazione *f* della pena capitale; (postponement) sospensione *f* della pena capitale; fig tregua *f*
B *vt* sospendere la sentenza a; fig risparmiare

reprimand /ˈreprɪmɑːnd/ **A** *n* rimprovero *m*
B *vt* rimproverare

reprint[1] /ˈriːprɪnt/ *n* ristampa *f*

reprint[2] /riːˈprɪnt/ *vt* ristampare

reprisal /rɪˈpraɪzl/ *n* rappresaglia *f*; **in ~ for** per rappresaglia contro

reproach /rɪˈprəʊtʃ/ **A** *n* rimprovero *m*
B *vt* rimproverare a (**for doing something** di fare qualcosa)

reproachful /rɪˈprəʊtʃfʊl/ *adj* riprovevole

reproachfully /rɪˈprəʊtʃfʊlɪ/ *adv* con aria di rimprovero

reprocess /riːˈprəʊses/ *vt* trattare di nuovo

reprocessing plant *n* impianto *m* di rilavorazione (di scorie nucleari)

reproduce /riːprəˈdjuːs/ **A** *vt* riprodurre
B *vi* riprodursi

reproduction /riːprəˈdʌkʃn/ *n* riproduzione *f*

reproduction furniture *n* riproduzioni *fpl* di mobili antichi

reproductive /riːprəˈdʌktɪv/ *adj* riproduttivo

reproof /rɪˈpruːf/ *n* rimprovero *m*

reprove /rɪˈpruːv/ *vt* rimproverare

reptile /ˈreptaɪl/ *n* rettile *m*

republic /rɪˈpʌblɪk/ *n* repubblica *f*

republican /rɪˈpʌblɪkn/ *adj* & *n* repubblicano, -a *mf*

republish /riːˈpʌblɪʃ/ *vt* ripubblicare

repudiate /rɪˈpjuːdɪeɪt/ *vt* ripudiare; respingere ‹*view, suggestion*›

repugnance /rɪˈpʌgnəns/ *n* ripugnanza *f*

repugnant /rɪˈpʌgnənt/ *adj* ripugnante

repulse /rɪˈpʌls/ fml *vt* respingere ‹*attack*›; rifiutare ‹*assistance*›

repulsion /rɪˈpʌɪʃn/ *n* repulsione *f*

repulsive /rɪˈpʌlsɪv/ *adj* ripugnante

reputable /ˈrepjʊtəbl/ *adj* affidabile

reputation /repjʊˈteɪʃn/ *n* reputazione *f*

repute /rɪˈpjuːt/ *n* reputazione *f*

reputed /rɪˈpjuːtɪd/ *adj* presunto; **he is ~ to be** si presume che sia

reputedly /rɪˈpjuːtɪdlɪ/ *adv* presumibilmente

request /rɪˈkwest/ **A** *n* richiesta *f*
B *vt* richiedere

request stop *n*, *f* fermata *f* a richiesta

requiem /ˈrekwɪəm/ *n* requiem *m inv*

require /rɪˈkwaɪə(r)/ *vt* (need) necessitare di; (demand) esigere

required /rɪˈkwaɪəd/ *adj* richiesto

requirement /rɪˈkwaɪəmənt/ *n* esigenza *f*; (condition) requisito *m*

requisite /ˈrekwɪzɪt/ **A** *adj* necessario
B *n* **toilet/travel ~s** *pl* articoli *mpl* da toilette/viaggio

requisition /rekwɪˈzɪʃn/ **A** *n* **~ [order]** [domanda *f* di] requisizione *f*
B *vt* requisire

reread /riːˈriːd/ *vt* rileggere

re-release /riːrɪˈliːs/ **A** *n* (of film) nuova distribuzione *f*
B *vt* ridistribuire ‹*film*›

re-roof /riːˈruːf/ *vt* rifare il tetto di ‹*building*›

re-route /riːˈruːt/ *vt* dirottare ‹*flight, traffic*›

rerun /ˈriːrʌn/ *n* (of film, play) replica *f*; fig (repeat) ripetizione *f*

resale /riːˈseɪl/ *n* rivendita *f*

reschedule /riːˈʃedjuːl/ *vt* (change date of) cambiare la data di; (change time of) cambiare l'orario di; rinegoziare ‹*debt*›

rescind /rɪˈsɪnd/ *vt* rescindere

rescue /ˈreskjuː/ **A** *n* salvataggio *m*
B *vt* salvare

rescuer /ˈreskjʊə(r)/ *n* salvatore, -trice *mf*

rescue worker *n* soccorritore, -trice *mf*

research /rɪˈsɜːtʃ/ **A** *n* ricerca *f*
B *vt* fare ricerche su; Journ fare un'inchiesta su
C *vi* **~ into** fare ricerche su

research and development *n* ricerca *f* e sviluppo *m*

r

researcher /rɪ'sɜ:tʃə(r)/ *n* ricercatore, -trice *mf*
research fellow *n* BrE Univ ricercatore, -trice *mf*
resell /ri:'sel/ *vt* (*pt/pp* **resold**) rivendere
resemblance /rɪ'zembləns/ *n* rassomiglianza *f*
resemble /rɪ'zembl/ *vt* rassomigliare a
resent /rɪ'zent/ *vt* risentirsi per
resentful /rɪ'zentfʊl/ *adj* pieno di risentimento
resentfully /rɪ'zentfʊlɪ/ *adv* con risentimento
resentment /rɪ'zentmənt/ *n* risentimento *m*
reservation /rezə'veɪʃn/ *n* (booking) prenotazione *f*; (doubt, enclosure) riserva *f*
reserve /rɪ'zɜ:v/ **A** *n* riserva *f*; (shyness) riserbo *m*
B *vt* riservare; riservarsi ‹*right*›
reserved /rɪ'zɜ:vd/ *adj* riservato
reservoir /'rezəvwɑ:(r)/ *n* bacino *m* idrico
reset /ri:'set/ *vt* riprogrammare ‹*clock*›; (zero) azzerare
reshape /ri:'ʃeɪp/ *vt* ristrutturare
reshuffle /ri:'ʃʌfl/ **A** *n* Pol rimpasto *m*
B *vt* rimpastare
reside /rɪ'zaɪd/ *vi* risiedere
residence /'rezɪdəns/ *n* residenza *f*; (stay) soggiorno *m*
residence permit *n* permesso *m* di soggiorno
resident /'rezɪdənt/ *adj* & *n* residente *mf*
residential /rezɪ'denʃl/ *adj* residenziale
residential area *n* quartiere *m* residenziale
residual /rɪ'zɪdjʊəl/ *adj* residuo
residue /'rezɪdju:/ *n* residuo *m*
resign /rɪ'zaɪn/ **A** *vt* dimettersi da; ~ **oneself to** rassegnarsi a
B *vt* dare le dimissioni
resignation /rezɪg'neɪʃn/ *n* rassegnazione *f*; (from job) dimissioni *fpl*
resigned /rɪ'zaɪnd/ *adj* rassegnato
resignedly /rɪ'zaɪnɪdlɪ/ *adv* con rassegnazione
resilient /rɪ'zɪlɪənt/ *adj* elastico; fig con buone capacità di ripresa
resin /'rezɪn/ *n* resina *f*
resist /rɪ'zɪst/ **A** *vt* resistere a
B *vi* resistere
resistance /rɪ'zɪstəns/ *n* resistenza *f*
resistance fighter *n* combattente *mf* delle forze di resistenza
resistant /rɪ'zɪstənt/ *adj* resistente
resit /ri:'sɪt/ BrE **A** *vt* (*pt/pp* **resat**) ridare ‹*exam*›
B *n* esame *m* di recupero
resize /ri:'saɪz/ *vt* ridimensionare
reskill /ri:'skɪl/ *vt* riqualificare ‹*workers*›

resolute /'rezəlu:t/ *adj* risoluto
resolutely /'rezəlu:tlɪ/ *adv* con risolutezza
resolution /rezə'lu:ʃn/ *n* risolutezza *f*
resolve /rɪ'zɒlv/ **A** *n* risolutezza *f*; (decision) risoluzione *f*
B *vt* (solve) risolvere; ~ **to do** decidere di fare
resolved /rɪ'zɒlvd/ *adj* risoluto
resonance /'rezənəns/ *n* risonanza *f*
resonant /'rezɪnənt/ *adj* risonante
resonate /'rezəneɪt/ *vi* risuonare
resort /rɪ'zɔ:t/ **A** *n* (place) luogo *m* di villeggiatura; **as a last** ~ come ultima risorsa
B *vi* ~ **to** ricorrere a
resound /rɪ'zaʊnd/ *vi* risonare (**with** di)
resounding /rɪ'zaʊndɪŋ/ *adj* ‹*success*› risonante
resoundingly /rɪ'zaʊndɪŋlɪ/ *adv* in modo risonante
resource /rɪ'sɔ:s/ *n* ~**s** *pl* risorse *fpl*
resourceful /rɪ'sɔ:sfʊl/ *adj* pieno di risorse; ‹*solution*› ingegnoso
resourcefulness /rɪ'sɔ:sfʊlnɪs/ *n* ingegnosità *f*
respect /rɪ'spekt/ **A** *n* rispetto *m*; (aspect) aspetto *m*; **with** ~ **to** per quanto riguarda
B *vt* rispettare
respectability /rɪspektə'bɪlətɪ/ *n* rispettabilità *f*
respectable /rɪ'spektəbl/ rispettabile
respectably /rɪ'spektəblɪ/ *adv* rispettabilmente
respectful /rɪ'spektfʊl/ *adj* rispettoso
respectfully /rɪ'spektfʊlɪ/ *adv* rispettosamente
respective /rɪ'spektɪv/ *adj* rispettivo
respectively /rɪ'spektɪvlɪ/ *adv* rispettivamente
respiration /respɪ'reɪʃn/ *n* respirazione *f*
respirator /'respɪreɪtə(r)/ *n* (apparatus) respiratore *m*
respiratory /rɪ'spɪrətrɪ, AmE -tɔ:rɪ/ *adj* respiratorio
respite /'respaɪt/ *n* respiro *m*
resplendent /rɪ'splendənt/ *adj* risplendente
respond /rɪ'spɒnd/ *vi* rispondere; (react) reagire (**to** a); ‹*patient*› rispondere (**to** a)
respondent /rɪ'spɒndənt/ *n* Jur convenuto, -a *mf*; (to questionnaire) interrogato, -a *mf*
response /rɪ'spɒns/ *n* risposta *f*; (reaction) reazione *f*
responsibility /rɪspɒnsɪ'bɪlətɪ/ *n* responsabilità *f*
responsible /rɪ'spɒnsəbl/ *adj* responsabile; (trustworthy) responsabile; (job) impegnativo
responsibly /rɪ'spɒnsəblɪ/ *adv* in modo responsabile
responsive /rɪ'spɒnsɪv/ *adj* **be** ~ ‹*audience etc*› reagire; ‹*brakes*› essere sensibile;

r

parola chiave

she wasn't very ~ non era molto cooperativa

respray¹ /riːˈspreɪ/ *vt* riverniciare ‹*vehicle*›

respray² /ˈriːspreɪ/ *n* riverniciatura *f*; **it's had a ~** è stato riverniciato

rest¹ /rest/ **A** *n* riposo *m*; Mus pausa *f*; **have a ~** riposarsi
B *vt* riposare; (lean, place) appoggiare (**on** su)
C *vi* riposarsi; ‹*elbows*› appoggiarsi; ‹*hopes*› riposare; **it ~s with you** sta a te
■ **rest up** *vi* riposarsi

rest² *n* **the ~** il resto; (people) gli altri

restart /riːˈstɑːt/ *vt* rimettere in moto ‹*engine*›; riprendere ‹*talks*›; Comput riavviare

restate /riːˈstert/ *vt* (say differently) riformulare; (say again) ribadire

restaurant /ˈrestərɒnt/ *n* ristorante *m*

restaurant car *n* vagone *m* ristorante

restful /ˈrestfl/ *adj* riposante

rest home *n* casa *f* di riposo

restitution /restɪˈtjuːʃn/ *n* restituzione *f*

restive /ˈrestɪv/ *adj* irrequieto

restless /ˈrestlɪs/ *adj* nervoso

restlessly /ˈrestlɪslɪ/ *adv* nervosamente

restlessness /ˈrestlɪsnɪs/ agitazione *f*

restock /riːˈstɒk/ **A** *vt* rifornire ‹*shelf, shop*›
B *vi* rifornirsi

restoration /restəˈreɪʃn/ *n* ristabilimento *m*; (of building) restauro *m*; (of stolen property etc) restituzione *f*

restore /rɪˈstɔː(r)/ *vt* ristabilire; restaurare ‹*building*›; (give back) restituire

restorer /rɪˈstɔːrə(r)/ *n* (person) restauratore, -trice *mf*

restrain /rɪˈstreɪn/ *vt* trattenere; **~ oneself** controllarsi

restrained /rɪˈstreɪnd/ *adj* controllato

restraint /rɪˈstreɪnt/ *n* restrizione *f*; (moderation) ritegno *m*

restrict /rɪˈstrɪkt/ *vt* limitare (**to** a)

restricted /rɪˈstrɪktɪd/ *adj* ‹*access, parking*› riservato; ‹*growth, movement*› limitato; ‹*document, information*› confidenziale

restriction /rɪˈstrɪkʃn/ *n* limite *m*; (restraint) restrizione *f*

restrictive /rɪˈstrɪktɪv/ *adj* limitativo

restring /riːˈstrɪŋ/ *vt* rinfilare ‹*necklace, beads*›; sostituire le corde di ‹*instrument, racket*›

restroom /ˈrestruːm/ *n* AmE toilette *f inv*

restructure /riːˈstrʌktʃə(r)/ *vt* ristrutturare

restructuring /riːˈstrʌktʃərɪŋ/ *n* ristrutturazione *f*

restyle /riːˈstaɪl/ *vt* cambiare il taglio di ‹*hair*›; cambiare la linea di ‹*car*›; rimodernare ‹*shop*›

resubmit /riːsəbˈmɪt/ *vt* ripresentare

result /rɪˈzʌlt/ **A** *n* risultato *m*; **as a ~** di conseguenza; **as a ~ of** a causa di
B *vi* **~ from** risultare da; **~ in** portare a

resume /rɪˈzjuːm/ *vt & vi* riprendere

résumé /ˈrezjʊmeɪ/ *n* riassunto *m*; AmE curriculum *m inv* vitae

resumption /rɪˈzʌmpʃn/ *n* ripresa *f*

resurface /riːˈsɜːfɪs/ **A** *vi* ‹*sub, person, rumour*› riemergere
B *vt* rifare la copertura di ‹*road*›

resurgence /rɪˈsɜːdʒəns/ *n* rinascita *f*

resurrect /rezəˈrekt/ *vt* fig risuscitare

resurrection /rezəˈrekʃn/ *n* **the R~** Relig la Risurrezione

resuscitate /rɪˈsʌsɪteɪt/ *vt* rianimare

resuscitation /rɪsʌsɪˈteɪʃn/ *n* rianimazione *f*

retail /ˈriːteɪl/ **A** *n* vendita *f* al minuto *o* al dettaglio
B *adj & adv* al minuto
C *vt* vendere al minuto
D *vi* **~ at** essere venduto al pubblico al prezzo di

retailer /ˈriːteɪlə(r)/ *n* dettagliante *mf*

retail price *n* prezzo *m* al minuto

retail sales *npl* vendite *fpl* al dettaglio

retail trade *n* commercio *m* al dettaglio

retain /rɪˈteɪn/ *vt* conservare; (hold back) trattenere

retainer /rɪˈteɪnə(r)/ *n* (fee) anticipo *m*; (old: servant) servitore, -trice *mf*

retake¹ /riːˈteɪk/ *vt* Cinema girare di nuovo; Sch, Univ ridare; Mil riconquistare

retake² /ˈriːteɪk/ *n* Cinema ulteriore ripresa *f*

retaliate /rɪˈtælɪeɪt/ *vi* vendicarsi

retaliation /rɪtælɪˈeɪʃn/ *n* rappresaglia *f*; **in ~ for** per rappresaglia contro

retarded /rɪˈtɑːdɪd/ *adj* offensive ritardato

retch /retʃ/ *vi* avere conati di vomito

retention /rɪˈtenʃn/ *n* conservazione *f*; (of information) memorizzazione *f*; (of fluid) ritenzione *f*

retentive /rɪˈtentɪv/ *adj* ‹*memory*› buono

retentiveness /rɪˈtentɪvnɪs/ *n* capacità *f* di memorizzazione

rethink /riːˈθɪŋk/ **A** *vt* (*pt/pp* **rethought**) riconsiderare
B *n* **have a ~** riconsiderare la cosa

reticence /ˈretɪsəns/ *n* reticenza *f*

reticent /ˈretɪsənt/ *adj* reticente

retina /ˈretɪnə/ *n* retina *f*

retinue /ˈretɪnjuː/ *n* seguito *m*

retire /rɪˈtaɪə(r)/ **A** *vi* andare in pensione; (withdraw) ritirarsi
B *vt* mandare in pensione ‹*employee*›

retired /rɪˈtaɪəd/ *adj* in pensione

retirement /rɪˈtaɪəmənt/ *n* pensione *f*; **since my ~** da quando sono andato in pensione

retirement age *n* età *f* della pensione

retirement home *n* casa *f* di riposo

retiring /rɪˈtaɪərɪŋ/ *adj* riservato

retort /rɪˈtɔːt/ **A** *n* replica *f*; Chem storta *f*
B *vt* ribattere

retouch /riːˈtʌtʃ/ *vt* Phot ritoccare

r

retouching /riːˈtʌtʃɪŋ/ *n* Phot ritocco *m*
retrace /rɪˈtreɪs/ *vt* ripercorrere; **~ one's steps** ritornare sui propri passi
retract /rɪˈtrækt/ **A** *vt* ritirare; ritrattare ‹*statement, accusation*›
B *vi* ritrarsi
retractable /rɪˈtræktəbl/ *adj* ‹*landing gear*› retrattile; ‹*pen*› con la punta retrattile
retraction /rɪˈtrækʃn/ *n* ritiro *m*; (of statement, accusation) ritrattazione *f*
retrain /riːˈtreɪn/ **A** *vt* riqualificare
B *vi* riqualificarsi
retraining /riːˈtreɪnɪŋ/ *n* riqualificazione *f*
retread /ˈriːtred/ *n* pneumatico *m* ricostruito
retreat /rɪˈtriːt/ **A** *n* ritirata *f*; (place) ritiro *m*
B *vi* ritirarsi; Mil battere in ritirata
retrench /rɪˈtrentʃ/ *vi* ridurre le spese
retrenchment /rɪˈtrentʃmənt/ *n* riduzione *f* delle spese
retrial /riːˈtraɪəl/ *n* nuovo processo *m*
retribution /retrɪˈbjuːʃn/ *n* castigo *m*
retrievable /rɪˈtriːvəbl/ *adj* recuperabile
retrieval /rɪˈtriːvəl/ *n* recupero *m*
retrieve /rɪˈtriːv/ *vt* recuperare
retroactive /retrəʊˈæktɪv/ *adj* retroattivo
retroactively /retrəʊˈæktɪvlɪ/ *adv* retroattivamente
retrograde /ˈretrəgreɪd/ *adj* retrogrado
retrospect /ˈretrəspekt/ *n* **in ~** guardando indietro
retrospective /retrəˈspektɪv/ **A** *adj* ‹*exhibit*› retrospettivo; ‹*legislation*› retroattivo
B *n* retrospettiva *f*
retrospectively /retrəˈspektɪvlɪ/ *adv* retrospettivamente
retrovirus /ˈretrəʊvaɪərəs/ *n* retrovirus *m inv*
retry /riːˈtraɪ/ *vt* Jur riprocessare; Comput riprovare
return /rɪˈtɜːn/ **A** *n* ritorno *m*; (giving back) restituzione *f*; Comm profitto *m*; (ticket) biglietto *m* di andata e ritorno; **by ~ [of post]** a stretto giro di posta; **in ~** in cambio (**for** di); **many happy ~s!** cento di questi giorni!; **~ on investment** utile *m* sul capitale investito
B *vi* ritornare
C *vt* (give back) restituire; ricambiare ‹*affection, invitation*›; (put back) rimettere; (send back) mandare indietro; (elect) eleggere
returnable /rɪˈtɜːnəbl/ *adj* restituibile
return flight *n* volo *m* di andata e ritorno
return match *n* rivincita *f*
return ticket *n* biglietto *m* di andata e ritorno
reunification /riːjuːnɪfɪˈkeɪʃn/ *n* riunificazione *f*
reunify /riːˈjuːnɪfaɪ/ *vt* riunificare
reunion /riːˈjuːnjən/ *n* riunione *f*

reunite /riːjʊˈnaɪt/ *vt* riunire
reusable /riːˈjuːzəbl/ *adj* riutilizzabile
reuse /riːˈjuːz/ *vt* riutilizzare
rev /rev/ **A** *n* Auto giro; **~s per minute** regime *m* di giri
B *vt* **~ [up]** far andare su di giri
C *vi* andare su di giri
Rev, Revd *abbr* (**Reverend**) Reverendo
revaluation /riːˈvæljʊˈeɪʃn/ *n* rivalutazione *f*
revalue /riːˈvæljuː/ *vt* Comm rivalutare
revamp /riːˈvæmp/ *vt* riorganizzare ‹*company*›; rimodernare ‹*building, clothing*›
rev counter *n* contagiri *m inv*
reveal /rɪˈviːl/ *vt* rivelare; ‹*dress*› scoprire
revealing /rɪˈviːlɪŋ/ *adj* rivelatore; ‹*dress*› osé *inv*
revel /ˈrevl/ *vi* (*pt/pp* **revelled**) **~ in something** godere di qualcosa
revelation /revəˈleɪʃn/ *n* rivelazione *f*
reveller /ˈrev(ə)lə(r)/ *n* festaiolo, -a *mf*
revelry /ˈrev(ə)lrɪ/ *n* baldoria *f*
revenge /rɪˈvendʒ/ **A** *n* vendetta *f*; Sport rivincita *f*; **take ~** vendicarsi (**on somebody for something** di qualcuno per qualcosa)
B *vt* vendicare
revenue /ˈrevənjuː/ *n* reddito *m*
reverberate /rɪˈvɜːbəreɪt/ *vi* riverberare
reverberations /rɪvɜːbəˈreɪʃnz/ *npl* fig ripercussioni *fpl*
revere /rɪˈvɪə(r)/ *vt* riverire
reverence /ˈrevərəns/ *n* riverenza *f*
Reverend /ˈrevərənd/ *adj* Reverendo
reverent /ˈrevərənt/ *adj* riverente
reverential /revəˈrenʃ(ə)l/ *adj* riverente
reverently /ˈrevərəntlɪ/ *adv* rispettosamente
reverie /ˈrevərɪ/ *n* sogno *m* ad occhi aperti
reversal /rɪˈvɜːsl/ *n* inversione *f*
reverse /rɪˈvɜːs/ **A** *adj* opposto; **in ~ order** in ordine inverso
B *n* contrario *m*; (back) rovescio *m*; Auto marcia *m* indietro
C *vt* invertire; **~ the car into the garage** entrare in garage a marcia indietro; **~ the charges** Teleph fare una telefonata a carico del destinatario
D *vi* Auto fare marcia indietro
reverse charge call *n* telefonata *f* a carico del destinatario
reversible /rɪˈvɜːsəbl/ *adj* ‹*jacket*› double-face; ‹*procedure*› reversibile
reversing lights /rɪˈvɜːsɪŋ/ *npl* luci *fpl* di retromarcia
revert /rɪˈvɜːt/ *vi* **~ to** tornare a
review /rɪˈvjuː/ **A** *n* (survey) rassegna *f*; (re-examination) riconsiderazione *f*; Mil rivista *f*; (of book, play) recensione *f*
B *vt* riesaminare ‹*situation*›; Mil passare in rivista; recensire ‹*book, play*›
reviewer /rɪˈvjuːə(r)/ *n* critico, -a *mf*
revile /rɪˈvaɪl/ *vt* ingiuriare

r

parola chiave

revise /rɪˈvaɪz/ *vt* rivedere; (for exam) ripassare
revision /rɪˈvɪʒn/ *n* revisione *f*; (for exam) ripasso *m*
revisionism /rɪˈvɪʒənɪzm/ *n* revisionismo *m*
revisionist /rɪˈvɪʒənɪst/ *adj & n* revisionista *mf*
revisit /riːˈvɪzɪt/ *vt* rivisitare ‹*person, museum etc*›
revitalization /riːvaɪtəlaɪˈzeɪʃn/ *n* rivitalizzazione *f*
revitalize /riːˈvaɪtəlaɪz/ *vt* rivitalizzare
revival /rɪˈvaɪvl/ *n* ritorno *m*; (of patient) recupero *m*; (from coma) risveglio *m*
revivalist /rɪˈvaɪvəlɪst/ *adj* Relig revivalista
revive /rɪˈvaɪv/ **A** *vt* resuscitare; rianimare ‹*person*›
B *vi* riprendersi; ‹*person*› rianimarsi
revocation /revəˈkeɪʃn/ *n* (of decision, order) revoca *f*; (of law) abrogazione *f*; (of will) annullamento *m*
revoke /rɪˈvəʊk/ *vt* revocare ‹*decision, order*›; abrogare ‹*law*›; annullare ‹*will*›
revolt /rɪˈvəʊlt/ **A** *n* rivolta *f*
B *vi* ribellarsi
C *vt* rivoltare
revolting /rɪˈvəʊltɪŋ/ *adj* rivoltante
revolution /revəˈluːʃn/ *n* rivoluzione *f*; **~s per minute** Auto giri *mpl* al minuto
revolutionary /revəˈluːʃənərɪ/ *adj & n* rivoluzionario, -a *mf*
revolutionize /revəˈluːʃənaɪz/ *vt* rivoluzionare
revolve /rɪˈvɒlv/ *vi* ruotare; **~ around** girare intorno a
revolver /rɪˈvɒlvə(r)/ *n* rivoltella *f*, revolver *m inv*
revolving /rɪˈvɒlvɪŋ/ *adj* ruotante
revolving doors *npl* porta *f* girevole
revue /rɪˈvjuː/ *n* rivista *f*
revulsion /rɪˈvʌlʃn/ *n* ripulsione *f*
reward /rɪˈwɔːd/ **A** *n* ricompensa *f*
B *vt* ricompensare
reward card *n* = **loyalty card**
rewarding /rɪˈwɔːdɪŋ/ *adj* gratificante
rewind /riːˈwaɪnd/ *vt* riavvolgere ‹*tape, film*›
rewind button /ˈriːwaɪnd/ *n* tasto *m* di riavvolgimento
rewire /riːˈwaɪə(r)/ *vt* rifare l'impianto elettrico di
reword /riːˈwɜːd/ *vt* esprimere con parole diverse
rework /riːˈwɜːk/ *vt* modificare
rewritable /ˌriːˈraɪtəbl/ *adj* Comput ‹*CD-ROM*› riscrivibile
rewrite /riːˈraɪt/ *vt* (*pt* **rewrote**, *pp* **rewritten**) riscrivere
rhapsody /ˈræpsədɪ/ *n* rapsodia *f*
rhesus /ˈriːsəs/ *n* reso *m*
rhesus negative *adj* Rh-negativo
rhesus positive *adj* Rh-positivo
rhetoric /ˈretərɪk/ *n* retorica *f*
rhetorical /rɪˈtɒrɪkl/ *adj* retorico
rhetorically /rɪˈtɒrɪklɪ/ *adv* retoricamente
rhetorical question *n* domanda *f* retorica
rheumatic /rʊˈmætɪk/ *adj* reumatico
rheumatism /ˈruːmətɪzm/ *n* reumatismo *m*
rheumatoid arthritis /ˈruːmətɔɪd/ *n* periartrite *f*
Rhine /raɪn/ *n* Reno *m*
rhino /ˈraɪnəʊ/ *n* infml rinoceronte *m*
rhinoceros /raɪˈnɒsərəs/ *n* rinoceronte *m*
rhombus /ˈrɒmbəs/ *n* rombo *m*
rhubarb /ˈruːbɑːb/ *n* rabarbaro *m*
rhyme /raɪm/ **A** *n* rima *f*; (poem) filastrocca *f*
B *vi* rimare; **~ with something** far rima con qualcosa
rhythm /ˈrɪðm/ *n* ritmo *m*
rhythmic /ˈrɪðmɪk/, **rythmical** /ˈrɪðmɪkl/ *adj* ritmico
rhythmically /ˈrɪðmɪklɪ/ *adv* con ritmo
rhythm method *n* (of contraception) metodo *m* Ogino-Knauss
rib /rɪb/ **A** *n* costola *f*; **~s** *pl* Culin costata *f*
B *vt* (*pt/pp* **ribbed**) infml punzecchiare
ribald /ˈrɪbld/ *adj* spinto
ribbon /ˈrɪbən/ *n* nastro *m*; **in ~s** a brandelli
ribcage /ˈrɪbkeɪdʒ/ *n* gabbia *f* toracica, cassa *f* toracica
rice /raɪs/ *n* riso *m*
rice field /ˈraɪsfiːld/ *n* risaia *f*
rice paper *n* Culin carta *f* di riso
rich /rɪtʃ/ **A** *adj* ricco; ‹*food*› pesante
B *n* **the ~** *pl* i ricchi; **~es** *pl* ricchezze *fpl*
richly /ˈrɪtʃlɪ/ *adv* riccamente; ‹*deserve*› largamente
richness /ˈrɪtʃnɪs/ *n* (of food) pesantezza *f*; (of furnishings) sfarzosità *f*; (of person, company) ricchezza *f*
Richter scale /ˈrɪktə(r)/ *n* scala *f* Richter
rick /rɪk/ *vt* BrE **~ one's ankle** prendere una storta alla caviglia
rickets /ˈrɪkɪts/ *n* rachitismo *m*
rickety /ˈrɪkətɪ/ *adj* malfermo
rickshaw /ˈrɪkʃɔː/ *n* risciò *m*
ricochet /ˈrɪkəʃeɪ/ **A** *vi* rimbalzare
B *n* rimbalzo *m*
rid /rɪd/ *vt* (*pt/pp* **rid**, *pres p* **ridding**) sbarazzare (**of** di); **get ~ of** sbarazzarsi di
riddance /ˈrɪdns/ *n* **good ~!** che liberazione!
ridden /ˈrɪdn/ ▶ **ride**
riddle /ˈrɪdl/ *n* enigma *m*
riddled /ˈrɪdld/ *adj* **~ with** crivellato di
ride /raɪd/ **A** *n* (on horse) cavalcata *f*; (in vehicle) giro *m*; (journey) viaggio *m*; **take somebody for a ~** infml prendere qualcuno in giro
B *vt* (*pt* **rode**, *pp* **ridden**) montare ‹*horse*›; andare su ‹*bicycle*›
C *vi* andare a cavallo; ‹*jockey, showjumper*› cavalcare; ‹*cyclist*› andare in bicicletta;

r

(in vehicle) viaggiare
■ **ride out** *vt* superare ‹*storm, crisis*›
■ **ride up** *vi* ‹*rider*› arrivare; ‹*skirt*› salire

rider /ˈraɪdə(r)/ *n* cavallerizzo, -a *mf*; (in race) fantino *m*; (on bicycle) ciclista *mf*; (in document) postilla *f*

ridge /rɪdʒ/ *n* spigolo *m*; (on roof) punta *f*; (of mountain) cresta *f*; (of high pressure) zona *f* ad alta pressione [atmosferica]

ridicule /ˈrɪdɪkjuːl/ **A** *n* ridicolo *m*
B *vt* mettere in ridicolo

ridiculous /rɪˈdɪkjʊləs/ *adj* ridicolo

ridiculously /rɪˈdɪkjʊləslɪ/ *adv* in modo ridicolo; ~ **expensive/easy** carissimo/ facilissimo

riding /ˈraɪdɪŋ/ **A** *n* equitazione *f*
B *attrib* d'equitazione

rife /raɪf/ *adj* **be** ~ essere diffuso; ~ **with** pieno di

riff-raff /ˈrɪfræf/ *n* marmaglia *f*

rifle /ˈraɪfl/ **A** *n* fucile *m*
B *vt* ~ **[through]** mettere a soqquadro

rifle range *n* tiro *m* al bersaglio

rift /rɪft/ *n* fessura *f*; fig frattura *f*

rig¹ /rɪg/ *n* equipaggiamento *m*; (at sea) piattaforma *f* per trivellazioni subacquee

rig² *vt* (*pt/pp* **rigged**) manovrare ‹*election*›
■ **rig out** *vt* equipaggiare; (with clothes) parare
■ **rig up** *vt* allestire

rigging /ˈrɪgɪŋ/ *n* Naut sartiame *m*; (of election, competition) broglio *m*

right /raɪt/ **A** *adj* giusto; (not left) destro; **be** ~ ‹*person*› aver ragione; ‹*clock*› essere giusto; **put** ~ mettere all'ora ‹*clock*›; correggere ‹*person*›; rimediare a ‹*situation*›; **that's** ~! proprio così!; **do you have the** ~ **time?** ha l'ora esatta?
B *adv* (correctly) bene; (not left) a destra; (directly) proprio; (completely) completamente; ~ **away** immediatamente; **too** ~! altroché!
C *n* giusto *m*; (not left) destra *f*; (what is due) diritto *m*; **the R**~ Pol la destra; **on/to the** ~ a destra; **be in the** ~ essere nel giusto; **by** ~**s** secondo giustizia; **be within one's** ~**s** avere tutti i diritti (**in doing something** di fare qualcosa)
D *vt* raddrizzare; ~ **a wrong** fig riparare ad un torto

right angle *n* angolo *m* retto

right away *adv* subito

righteous /ˈraɪtʃəs/ *adj* virtuoso; (cause) giusto

rightful /ˈraɪtfl/ *adj* legittimo

rightfully /ˈraɪtfolɪ/ *adv* legittimamente

right-hand /ˈraɪthænd/ *adj* di destra; **on the** ~ **side** sulla destra

right-hand drive *n* ‹*vehicle*› guida *f* a destra

right-handed /-ˈhændɪd/ *adj* che usa la mano destra

right-hand man *n* fig braccio *m* destro

rightly /ˈraɪtlɪ/ *adv* giustamente

right-minded /-ˈmaɪndɪd/ *adj* sensato

right of centre *adj* Pol di centrodestra

right of way *n* diritto *m* di transito; (path) passaggio *m*; Auto precedenza *f*

right-on **A** *int* infml bene!
B *adj* infml **they're very** ~ sono molto impegnati

rights issue *n* emissione *f* riservata agli azionisti

right-thinking *adj* sensato

right turn *n* svolta *f* a destra

right wing *n* Pol destra; Sport ala *f* destra

right-wing *adj* Pol di destra

right-winger *n* Pol persona *f* di destra; Sport ala *f* destra

rigid /ˈrɪdʒɪd/ *adj* rigido

rigidity /rɪˈdʒɪdətɪ/ *n* rigidità *f*

rigidly /ˈrɪdʒɪdlɪ/ *adv* ‹*apply*› rigorosamente; ‹*oppose*› fermamente

rigmarole /ˈrɪgmərəʊl/ *n* trafila *f*; (story) tiritera *f*

rigor mortis /rɪgəˈmɔːtɪs/ *n* rigidità *f* cadaverica

rigorous /ˈrɪgərəs/ *adj* rigoroso

rigorously /ˈrɪgərəslɪ/ *adv* rigorosamente

rigour /ˈrɪgə(r)/ *n* rigore *m*

rig-out *n* infml (clothes) tenuta *f*

rile /raɪl/ *vt* infml irritare

rim /rɪm/ *n* bordo *m*; (of wheel) cerchione *m*

rind /raɪnd/ *n* (on cheese) crosta *f*; (on bacon) cotenna *f*

ring¹ /rɪŋ/ **A** *n* (circle) cerchio *m*; (on finger) anello *m*; (boxing) ring *m inv*; (for circus) pista *f*; **stand in a** ~ essere in cerchio
B *vt* accerchiare; ~ **in red** fare un cerchio rosso intorno a

ring² **A** *n* suono *m*; **give somebody a** ~ Teleph dare un colpo di telefono a qualcuno
B *vt* (*pt* **rang**, *pp* **rung**) suonare; Teleph telefonare a; **it** ~**s a bell** fig mi dice qualcosa; ~ **the changes** fig cambiare
C *vi* suonare; Teleph telefonare; ~ **true** aver l'aria di essere vero
■ **ring back** *vt & vi* Teleph richiamare
■ **ring off** *vi* Teleph riattaccare
■ **ring out** *vi* ‹*voice, shot etc*› risuonare chiaramente
■ **ring round** *vi* Teleph fare un giro di telefonate
■ **ring up** Teleph **A** *vt* telefonare a
B *vi* telefonare

ring binder /ˈrɪŋbaɪndə(r)/ *n* raccoglitore *m* ad anelli

ring finger *n* anulare *m*

ringing /ˈrɪŋɪŋ/ *n* (noise of bell, alarm) suono *m*; (in ears) fischio *m*

ringleader /ˈrɪŋliːdə(r)/ *n* capobanda *m*

r

parola chiave

ringlet /ˈrɪŋlɪt/ *n* boccolo *m*
ringmaster *n* direttore *m* di circo
ring pull *n* linguetta *f*
ring road *n* circonvallazione *f*
ringside *n* **at the ~** in prima fila; **have a ~ seat** fig essere in prima fila
ringtone *n* suoneria *f*
rink /rɪŋk/ *n* pista *f* di pattinaggio
rinse /rɪns/ **A** *n* risciacquo *m*; (hair colour) cachet *m inv*
B *vt* sciacquare
■ **rinse off** *vt* sciacquare via
■ **rinse out** *vt* sciacquare ‹*cup, glass*›; sciacquare via ‹*shampoo, soap*›
riot /ˈraɪət/ **A** *n* rissa *f*; (of colour) accozzaglia *f*; **~s** *pl* disordini *mpl*; **run ~** impazzare
B *vi* creare disordini
riot act *n* **read the ~ to somebody** fig dare una lavata di capo a qualcuno
rioter /ˈraɪətə(r)/ *n* dimostrante *mf*
riot gear *n* tenuta *f* antisommossa
riotous /ˈraɪətəs/ *adj* sfrenato
riotously /ˈraɪətəslɪ/ *adv* **~ funny** divertente da morire
riot police *n* DIGOS *f*, Divisione *f* Investigazioni Generali e Operazioni Speciali
rip /rɪp/ **A** *n* strappo *m*
B *vt* (*pt/pp* **ripped**) strappare; **~ open** aprire con uno strappo
C *vi* strapparsi; **let ~** scatenarsi
■ **rip off** *vt* (remove) togliere; infml (cheat) fregare
■ **rip through** *vt* (blast) squarciare ‹*building*›
■ **rip up** *vt* stracciare ‹*letter*›
RIP *abbr* (**rest in peace**) R.I.P.
ripcord /ˈrɪpkɔːd/ *n* cavo *m* di spiegamento
ripe /raɪp/ *adj* maturo; ‹*cheese*› stagionato
ripen /ˈraɪpn/ **A** *vi* maturare; ‹*cheese*› stagionarsi
B *vt* far maturare; stagionare ‹*cheese*›
ripeness /ˈraɪpnɪs/ *n* maturazione *f*
rip-off *n* infml frode *f*; **these prices are a ~!** questi prezzi sono un furto!
riposte /rɪˈpɒst/ *n* replica *f*
ripple /ˈrɪpl/ **A** *n* increspatura *f*; ‹*sound*› mormorio *m*
B *vt* increspare
C *vi* incresparsi
rip-roaring /ˈrɪprɔːrɪŋ/ *adj* infml (success) travolgente
rise /raɪz/ **A** *n* (of sun) levata *f*; fig (to fame, power) ascesa *f*; (increase) aumento *m*; **give ~ to** dare adito a
B *vi* (*pt* **rose**, *pp* **risen**) alzarsi; ‹*sun*› sorgere; ‹*dough*› lievitare; ‹*prices, water level*› aumentare; (to power, position) arrivare (**to** a); (rebel) sollevarsi; ‹*Parliament, court*› aggiornare la seduta; (for holidays) sospendere i lavori
■ **rise above** *vt* superare ‹*difficulty*›
riser /ˈraɪzə(r)/ *n* **early ~** persona *f* mattiniera
rising /ˈraɪzɪŋ/ **A** *adj* ‹*sun*› levante; **~ generation** nuova generazione *f*
B *n* (revolt) sollevazione *f*
risk /rɪsk/ **A** *n* rischio *m*; **run the ~ of** correre il rischio di; **at ~** in pericolo; **at one's own ~** a proprio rischio e pericolo; **at the ~ of doing something** a costo di fare qualcosa
B *vt* rischiare
risky /ˈrɪskɪ/ *adj* (**-ier**, **-iest**) rischioso
risotto /rɪˈzɒtəʊ/ *n* risotto *m*
risqué /ˈrɪskeɪ/ *adj* spinto
rissole /ˈrɪsəʊl/ *n* crocchetta *f*
rite /raɪt/ *n* rito *m*; **last ~s** *pl* estrema unzione *fsg*
ritual /ˈrɪtjʊəl/ *adj* & *n* rituale *m*
ritzy /ˈrɪtsɪ/ *adj* infml (hotel, style, decoration) lussuoso
rival /ˈraɪvl/ **A** *adj* rivale
B *n* rivale *mf*; **~s** *pl* Comm concorrenti *mpl*
C *vt* (*pt/pp* **rivalled**) rivaleggiare con
rivalry /ˈraɪv(ə)lrɪ/ *n* rivalità *f*; Comm concorrenza *f*
river /ˈrɪvə(r)/ *n* fiume *m*
riverbank *n* riva *f* di fiume
river-bed *n* letto *m* del fiume
riverside **A** *n* lungofiume *m*
B *attrib* sul fiume
rivet /ˈrɪvɪt/ **A** *n* rivetto *m*
B *vt* rivettare; **be ~ed by** fig essere avvinto da
riveting /ˈrɪvɪtɪŋ/ *adj* fig avvincente
Riviera /rɪvɪˈeərə/ *n* **the French ~** la Costa Azzurra; **the Italian ~** la riviera ligure
roach /rəʊtʃ/ *n* (fish) lasca *f*; AmE infml (insect) scarafaggio *m*
road /rəʊd/ *n* strada *f*, via *f*; **be on the ~** viaggiare
roadblock *n* blocco *m* stradale
road haulage *n* trasporto *m* su strada
road hog *n* infml pirata *m* della strada
road hump *n* dosso *m* di rallentamento
roadie /ˈrəʊdɪ/ *n* roadie *m inv*
road map *n* fig **a ~ to peace** la roadmap per la pace
road safety *n* sicurezza *f* sulle strade
road sense *n* prudenza *f* (*per strada*)
roadshow *n* (play, show) spettacolo *m* di tournée; (publicity tour) giro *m* promozionale
roadside *n* bordo *m* della strada
road sign *n* cartello *m* stradale
road surface *n* fondo *m* stradale
road sweeper *n* (person) spazzino, -a *nmf*; (machine) autospazzatrice *f*
road tax *n* tassa *f* di circolazione
roadway *n* carreggiata *f*, corsia *f*
roadworks *npl* lavori *mpl* stradali
roadworthy *adj* sicuro
roam /rəʊm/ *vt* & *vi* girovagare

■ **roam around** *vi* girovagare

roar /rɔː(r)/ **A** *n* ruggito *m*; **~s of laughter** scroscio *msg* di risa
B *vi* ruggire; ‹*lorry, thunder*› rombare; **~ with laughter** ridere fragorosamente

■ **roar out** *vt* gridare

■ **roar past** *vi* ‹*move noisily*› passare rombando

roaring /ˈrɔːrɪŋ/ **A** *adj* **do a ~ trade** infml fare affari d'oro
B *adv* **~ drunk** infml ubriaco fradicio

roast /rəʊst/ **A** *adj* arrosto; **~ pork** arrosto *m* di maiale
B *n* arrosto *m*
C *vt* arrostire ‹*meat*›
D *vi* arrostirsi

roasting, roasting hot /ˈrəʊstɪŋ/ *adj* infml caldissimo

roasting pan *n* teglia *f* per arrosti

rob /rɒb/ *vt* (*pt/pp* **robbed**) derubare (**of** di); svaligiare ‹*bank*›

robber /ˈrɒbə(r)/ *n* rapinatore, -trice *mf*

robbery /ˈrɒbərɪ/ *n* rapina *f*

robe /rəʊb/ *n* tunica *f*; AmE (bathrobe) accappatoio *m*

robin /ˈrɒbɪn/ *n* pettirosso *m*

robot /ˈrəʊbɒt/ *n* robot *m inv*

robotic /rəʊˈbɒtɪk/ *adj* ‹*movement, voice*› robotico; ‹*tool, device, machine*› robotizzato

robotics *nsg* robotica *fsg*

robust /rəʊˈbʌst/ *adj* robusto

rock¹ /rɒk/ *n* roccia *f*; (in sea) scoglio *m*; (sweet) zucchero *m* candito; **on the ~s** ‹*ship*› incagliato; ‹*marriage*› finito; ‹*drink*› con ghiaccio

rock² **A** *vt* cullare ‹*baby*›; (shake) far traballare; (shock) scuotere
B *vi* dondolarsi

🔑 **rock³** *n* Mus rock *m*

rock and roll *n* rock and roll *m*

r

rock-bottom **A** *adj* bassissimo
B *n* livello *m* più basso; **hit ~** toccare il fondo

rock climber *n* scalatore, -trice *mf*

rock climbing *n* roccia *f*

rockery /ˈrɒkərɪ/ *n* giardino *m* roccioso

rocket /ˈrɒkɪt/ **A** *n* razzo *m*; **give somebody a ~** infml fare un cicchetto a qualcuno
B *vi* salire alle stelle

rocket launcher /ˈlɔːntʃə(r)/ *n* lanciarazzi *m inv*

rocket science *n* infml **it's not ~** non ci vuole la laurea!

rock face *n* parete *f* rocciosa

rockfall /ˈrɒkfɔːl/ *n* caduta *f* di massi

rocking chair /ˈrɒkɪŋ/ *n* sedia *f* a dondolo

rocking horse *n* cavallo *m* a dondolo

rock star *n* rock star *mf inv*

rocky /ˈrɒkɪ/ *adj* (**-ier, -iest**) roccioso; fig traballante

Rocky Mountains *npl* le Montagne *fpl* Rocciose

rod /rɒd/ *n* bacchetta *f*; (for fishing) canna *f*

rode /rəʊd/ ▶ **ride**

rodent /ˈrəʊdnt/ *n* roditore *m*

roe¹ /rəʊ/ *n* uova *fpl* di pesce; (soft) latte *m* di pesce

roe² *n* (*pl* **roe** *or* **roes**) **~ [deer]** capriolo *m*

roebuck /ˈrəʊbʌk/ *n* capriolo *m* maschio

roger /ˈrɒdʒə(r)/ *int* Teleph ricevuto

rogue /rəʊg/ *n* farabutto *m*

rogue state *n* stato *m* canaglia

🔑 **role** /rəʊl/ *n* ruolo *m*

role model *n* Psych modello *m* comportamentale

role-play, role-playing /ˈrəʊlpleɪɪŋ/ *n* Psych role playing *m inv*

🔑 **roll** /rəʊl/ **A** *n* rotolo *m*; ‹*bread*› panino *m*; (list) lista *f*; ‹*of ship, drum*› rullio *m*
B *vi* rotolare; **be ~ing in money** infml nuotare nell'oro
C *vt* spianare ‹*lawn, pastry*›; **~ed into one** allo stesso tempo

■ **roll around, roll about** *vi* ‹*person, puppy*› rotolarsi; ‹*ball, marbles*› rotolare

■ **roll back** *vt* ridurre ‹*prices*›

■ **roll by** *vi* ‹*time*› passare

■ **roll down** *vt* srotolare ‹*blind, sleeves*›

■ **roll in** *vi* infml (arrive in large quantities) arrivare a valanghe; (arrive) arrivare

■ **roll on**: *vi* **~ on Friday!** non vedo l'ora che sia venerdì!

■ **roll over** *vi* rigirarsi; infml (capitulate) arrendersi

■ **roll up** **A** *vt* arrotolare; rimboccarsi ‹*sleeves*›
B *vi* infml arrivare

roll-call *n* appello *m*

roller /ˈrəʊlə(r)/ *n* rullo *m*; (for hair) bigodino *m*

rollerblade **A** *n* pattino *m* a rotelle in linea
B *vi* pattinare (con pattini in linea)

roller blind *n* tapparella *f*

roller coaster *n* montagne *fpl* russe

roller skate *n* pattino *m* a rotelle

roller-skating /ˈrəʊləskeɪtɪŋ/ *n* pattinaggio *m* a rotelle

rollicking /ˈrɒlɪkɪŋ/ *adj* **have a ~ time** divertirsi da pazzi

rolling pin *n* mattarello *m*

rolling stock *n* materiale *m* rotabile

rolling stone *n* fig vagabondo, -a *mf*

roll-neck *n* collo *m* alto; (whole sweater) dolcevita *m inv*

roll-on *n* (deodorant) deodorante *m* a sfera

roll-on roll-off ferry *n* traghetto *m* roll-on roll-off

ROM /rɒm/ *n* Comput Rom *f inv*

Roma /ˈrəʊmə/ *npl* i rom *mpl*

🔑 parola chiave

Roman /ˈrəʊmən/ **A** *adj* (also print) romano **B** *n* romano, -a *mf*
Roman Catholic *adj & n* cattolico, -a *mf*
romance /rəʊˈmæns/ *n* (love affair) storia *f* d'amore; (book) romanzo *m* rosa
Romania /rəʊˈmeɪnɪə/ *n* Romania *f*
Romanian /rəʊˈmeɪnɪən/ *adj & n* rumeno, -a *mf*; (language) rumeno *m*
roman numeral *n* numero *m* romano
romantic /rəʊˈmæntɪk/ *adj* romantico
romantically /rəʊˈmæntɪklɪ/ *adv* romanticamente
romanticism /rəʊˈmæntɪsɪzm/ *n* romanticismo *m*
romanticize /rəʊˈmæntɪsaɪz/ *vt* romantizzare
romanticized /rəʊˈmæntɪsaɪzd/ *adj* romanzato
Romany /ˈrɒmənɪ/ *n* rom *mf inv*
Rome /rəʊm/ *n* Roma *f*
Romeo /ˈrəʊmɪəʊ/ *n* infml (ladykiller) dongiovanni *m inv*
romp /rɒmp/ **A** *n* gioco *m* rumoroso **B** *vi* giocare rumorosamente
■ **romp home** *vi* (win easily) vincere senza difficoltà
rompers /ˈrɒmpəz/ *npl* pagliaccetto *msg*
romp through **A** *vt* passare senza difficoltà ‹*exam*› **B** *vi* riuscire senza difficoltà
roof /ruːf/ **A** *n* tetto *m*; (of mouth) palato *m*; **live under one ~** vivere sotto lo stesso tetto; **go through the ~** infml (increase) andare alle stelle; (be very angry) andare su tutte le furie **B** *vt* mettere un tetto su
roof rack *n* portabagagli *m inv*
rooftop /ˈruːftɒp/ *n* tetto *m*; **shout it from the ~s** fig gridarlo ai quattro venti
rook /rʊk/ **A** *n* corvo *m*; (in chess) torre *f* **B** *vt* infml (swindle) fregare
rookie /ˈrʊkɪ/ *n* AmE infml novellino, -a *mf*
room /ˈruːm/ *n* stanza *f*; (bedroom) camera *f*; (for functions) sala *f*; (space) spazio *m*
room-mate *n* AmE (flatmate) compagno, -a *mf* di appartamento; (in same room) compagno, -a *mf* di stanza
room service *n* servizio *m* in camera
room temperature *n* temperatura *f* ambiente
roomy /ˈruːmɪ/ *adj* spazioso; ‹*clothes*› ampio
roost /ruːst/ **A** *n* posatoio *m* **B** *vi* appollaiarsi
rooster /ˈruːstə(r)/ *n* gallo *m*
root¹ /ruːt/ **A** *n* radice *f*; **take ~** metter radici; **put down ~s** fig metter radici **B** *vi* metter radici
root² *vi* **~ for somebody** infml fare il tifo per qualcuno
■ **root about, root around** *vi* grufolare; **~ about for something** rovistare alla ricerca di qualcosa
■ **root out** *vt* fig scovare
rope /rəʊp/ *n* corda *f*; **know the ~s** infml conoscere i trucchi del mestiere
■ **rope in** *vt* infml coinvolgere
rope ladder *n* scala *f* di corda
ropey /ˈrəʊpɪ/ *adj* BrE infml scadente; **feel ~** sentirsi poco bene
rosary /ˈrəʊzərɪ/ *n* rosario *m*
rose¹ /rəʊz/ *n* rosa *f*; (of watering can) bocchetta *f*
rose² ▶ **rise**
rosé /ˈrəʊzeɪ/ *n* [vino *m*] rosé *m inv*
rosebud /ˈrəʊzbʌd/ *n* bocciolo *m* di rosa
rose hip /ˈrəʊzhɪp/ *n* frutto *m* della rosa canina
rosemary /ˈrəʊzmərɪ/ *n* rosmarino *m*
rose-tinted spectacles /ˈrəʊztɪntɪd/ *npl* **wear ~** vedere tutto rosa
rosette /rəʊˈzet/ *n* coccarda *f*
roster /ˈrɒstə(r)/ *n* tabella *f* dei turni
rostrum /ˈrɒstrəm/ *n* podio *m*
rosy /ˈrəʊzɪ/ *adj* (**-ier**, **-iest**) roseo
rot /rɒt/ **A** *n* marciume *m*; infml (nonsense) sciocchezze *fpl* **B** *vi* (*pt/pp* **rotted**) marcire
rota /ˈrəʊtə/ *n* tabella *f* dei turni
rotary /ˈrəʊtərɪ/ *adj* rotante
rotate /rəʊˈteɪt/ **A** *vt* far ruotare; avvicendare ‹*crops*› **B** *vi* ruotare
rotation /rəʊˈteɪʃn/ *n* rotazione *f*; **in ~** a turno
rote /rəʊt/ *n* **by ~** meccanicamente
rotten /ˈrɒn/ *adj* marcio; infml schifoso; ‹*person*› penoso
rotund /rəʊˈtʌnd/ *adj* paffuto
rotunda /rəʊˈtʌndə/ *n* rotonda *f*
rouble /ˈruːbl/ *n* rublo *m*
rough /rʌf/ **A** *adj* (not smooth) ruvido; ‹*ground*› accidentato; ‹*behaviour*› rozzo; ‹*sport*› violento; ‹*area*› malfamato; ‹*crossing, time*› brutto; ‹*estimate*› approssimativo **B** *adv* ‹*play*› grossolanamente; **sleep ~** dormire sotto i ponti **C** *n* **do something in ~** far qualcosa alla bell'e meglio **D** *vi* **~ it** vivere senza comfort
■ **rough out** *vt* abbozzare
■ **rough up** *vt* infml malmenare ‹*person*›
roughage /ˈrʌfɪdʒ/ *n* fibre *fpl*
rough-and-ready *adj* ‹*person, manner*› sbrigativo; ‹*conditions, method*› rudimentale
rough-and-tumble *n* (rough play) zuffa *f*
rough copy *n* brutta copia *f*
rough draft *n* abbozzo *m*
roughen /ˈrʌfən/ *vt* rendere ruvido ‹*surface*›
roughly /ˈrʌflɪ/ *adv* rozzamente; (more or less) pressappoco

roughness /ˈrʌfnɪs/ *n* ruvidità *f*; (of behaviour) rozzezza *f*

rough paper *n* carta *f* da brutta

roughshod /ˈrʌfʃɒd/ *adv* **ride ~ over** infischiarsi di ‹*person, objection*›; calpestare ‹*feelings*›

roulette /ruːˈlet/ *n* roulette *f*

🔑 **round** /raʊnd/ **A** *adj* rotondo
B *n* tondo *m*; (slice) fetta *f*; (of visits, drinks) giro *m*; (of competition) partita *f*; (boxing) ripresa *f*, round *m inv*; **do one's ~s** ‹*doctor*› fare il giro delle visite
C *prep* intorno a; **open ~ the clock** aperto ventiquattr'ore
D *adv* **all ~** tutt'intorno; **ask somebody ~** invitare qualcuno; **go/come ~ to** (a friend etc) andare da; **turn/look ~** girarsi; **~ about** (approximately) intorno a
E *vt* arrotondare; girare ‹*corner*›
■ **round down** *vt* arrotondare (*per difetto*)
■ **round off** *vt* (end) terminare
■ **round on** *vt* aggredire
■ **round up** *vt* radunare; arrotondare ‹*prices*›

roundabout /ˈraʊndəbaʊt/ **A** *adj* indiretto
B *n* giostra *f*; (for traffic) rotonda *f*

round bracket *n* parentesi *f* tonda

rounders /ˈraʊndər/ *n* BrE Sport *gioco* (*m*) *simile al baseball*

round figure *n* cifra *f* tonda

round robin *n* petizione *f*

round-shouldered /-ˈʃəʊldəd/ *adj* con le spalle curve

round table *n* tavola *f* rotonda

round the clock *adv* 24 ore su 24

round-the-clock *adj* BrE ‹*care, surveillance*› ventiquattr'ore su ventiquattro

round the world *adj* ‹*trip*› intorno al mondo

round trip *n* viaggio *m* di andata e ritorno

round-up *n* (of suspects) retata *f*; (of cattle) raduno *m*; (summary) riepilogo *m*

rouse /raʊz/ *vt* svegliare; risvegliare ‹*suspicion, interest*›

rousing /ˈraʊzɪŋ/ *adj* ‹*speech*› che solleva il morale; ‹*music*› trionfale

rout /raʊt/ **A** *vt* Mil fig sbaragliare
B *n* disfatta *f*

🔑 **route** /ruːt/ *n* itinerario *m*; Naut, Aeron rotta *f*; (of bus) percorso *m*

routine /ruːˈtiːn/ **A** *adj* di routine
B *n* routine *f inv*; Theat numero *m*

routinely /ruːˈtiːnlɪ/ *adv* d'ufficio

routing number /ˈraʊtɪŋnʌmbər/ *n* AmE numero *m* di instradamento, numero *m* di identificazione (bancaria)

rove /rəʊv/ *vi* girovagare

roving /ˈrəʊvɪŋ/ *adj* ‹*reporter, ambassador*› itinerante

roving eye *n* **have a ~** essere sempre in cerca di avventure amorose

🔑 **row¹** /rəʊ/ *n* (line) fila *f*; **three years in a ~** tre anni di fila

row² **A** *vi* (in boat) remare
B *vt* **~ a boat** remare

row³ /raʊ/ **A** *n* infml (quarrel) litigata *f*; (noise) baccano *m*; **we've had a ~** abbiamo litigato
B *vi* infml litigare

rowboat /ˈrəʊbəʊt/ *n* AmE barca *f* a remi

rowdy /ˈraʊdɪ/ **A** *adj* (**-ier**, **-iest**) chiassoso
B *n* attaccabrighe *m inv*

rower /ˈrəʊə(r)/ *n* rematore, -trice *mf*

rowing /ˈrəʊɪŋ/ *n* (sport) canottaggio *m*

rowing boat /ˈrəʊɪŋ/ *n* barca *f* a remi

rowing machine *n* vogatore *m*

rowlock /ˈrɒlək/ *n* BrE scalmo *m*

🔑 **royal** /ˈrɔɪəl/ **A** *adj* reale
B *n* membro *m* della famiglia reale

royal blue *n & adj* blu *m* scuro

Royal Highness *n* **His/Her ~** Sua Altezza reale; **Your ~** Vostra Altezza

royally /ˈrɔɪəlɪ/ *adv* regalmente

royalties /ˈrɔɪəltɪz/ *npl* (payments) diritti *mpl* d'autore

royalty /ˈrɔɪəltɪ/ *n* appartenenza *f* alla famiglia reale; (persons) membri *mpl* della famiglia reale

rpm *abbr* (**revolutions per minute**) giri *mpl* al minuto

RSI *abbr* (**repetitive strain injury**) patologia *f* da sforzo ripetuto

RSVP *abbr* (**répondez s'il vous plaît = please reply**) SPR, si prega rispondere

rub /rʌb/ **A** *n* sfregata *f*
B *vt* (*pt/pp* **rubbed**) sfregare; **~ one's hands** fregarsi le mani
■ **rub along** *vi* sopportarsi [a vicenda]
■ **rub down** *vt* frizionare ‹*person, body*›; levigare ‹*wood*›
■ **rub in** *vt* far assorbire (*massaggiando*) ‹*cream*›; **don't ~ it in** infml non rigirare il coltello nella piaga
■ **rub off** **A** *vt* mandar via sfregando ‹*stain*›; (from blackboard) cancellare
B *vi* andar via; **~ off on** essere trasmesso a
■ **rub out** *vt* cancellare
■ **rub up**: *vt* **~ somebody up the wrong way** prendere qualcuno per il verso sbagliato

rubber /ˈrʌbə(r)/ *n* gomma *f*; (eraser) gomma *f* [da cancellare]

rubber band *n* elastico *m*

rubber bullet *n* proiettile *m* di gomma

rubberneck *n* infml (onlooker) curioso, -a *mf*; (tourist) turista *mf*

rubber plant *n* ficus *m inv*

rubber-stamp *vt* fig approvare senza discutere

rubber tree *n* albero *m* della gomma

rubbery /ˈrʌbərɪ/ *adj* gommoso

r

🔑 parola chiave

rubbish /ˈrʌbɪʃ/ **A** *n* immondizie *fpl*; infml (nonsense) idiozie *fpl*; infml (junk) robaccia *f*
B *vt* infml fare a pezzi
rubbish bin *n* pattumiera *f*
rubbish dump *n* discarica *f*; (official) discarica *f* comunale
rubbishy /ˈrʌbɪʃɪ/ *adj* infml schifoso
rubble /ˈrʌbl/ *n* macerie *fpl*
rub-down *n* strofinata *f*
rubella /rʊˈbelə/ *n* rosolia *f*
rubric /ˈruːbrɪk/ *n* rubrica *f*
ruby /ˈruːbɪ/ **A** *n* rubino *m*
B *attrib* di rubini; ‹*lips*› scarlatto
rucksack /ˈrʌksæk/ *n* zaino *m*
ructions /ˈrʌkʃ(ə)nz/ *npl* infml finimondo *msg*; **there'll be ~ if he finds out** se lo scopre succede il finimondo
rudder /ˈrʌdə(r)/ *n* timone *m*
ruddy /ˈrʌdɪ/ *adj* (**-ier**, **-iest**) rubicondo; infml maledetto
rude /ruːd/ *adj* scortese; (improper) spinto
rudely /ˈruːdlɪ/ *adv* scortesemente
rudeness /ˈruːdnɪs/ *n* scortesia *f*
rudimentary /ruːdɪˈmentərɪ/ *adj* rudimentale
rudiments /ˈruːdɪmənts/ *npl* rudimenti *mpl*
rue¹ /ruː/ *vt* pentirsi di ‹*decision*›; **~ the day** maledire il giorno
rue² *n* Bot ruta *f*
rueful /ˈruːfl/ *adj* rassegnato
ruefully /ˈruːfʊlɪ/ *adv* con rassegnazione
ruff /rʌf/ *n* (of lace) colletto *m*; (of fur, feathers) collare *m*
ruffian /ˈrʌfɪən/ *n* farabutto *m*
ruffle /ˈrʌfl/ **A** *n* gala *f*
B *vt* scompigliare ‹*hair*›
rug /rʌg/ *n* tappeto *m*; (blanket) coperta *f*
rugby /ˈrʌgbɪ/ *n* **~ [football]** rugby *m*
rugby league *n* rugby *m* a tredici
rugby shirt *n* maglia *f* da rugby
rugby union *n* rugby *m* a quindici
rugged /ˈrʌgɪd/ *adj* ‹*coastline*› roccioso; ‹*face, personality*› duro
ruin /ˈruːɪn/ **A** *n* rovina *f*; **in ~s** in rovina
B *vt* rovinare
ruined /ˈruːɪnd/ *adj* ‹*building, clothes*› rovinato
ruinous /ˈruːɪnəs/ *adj* estremamente costoso
rule /ruːl/ **A** *n* regola *f*; (control) ordinamento *m*; (for measuring) metro *m*; **~s** *pl* regolamento *msg*; **as a ~** generalmente; **make it a ~ to do something** fare qualcosa sistematicamente
B *vt* governare; dominare ‹*colony, behaviour*›; **~ that** stabilire che
C *vi* governare
■ **rule out** *vt* escludere
ruled /ruːld/ *adj* ‹*paper*› a righe
rule of thumb *n* principio *m* empirico
ruler /ˈruːlə(r)/ *n* capo *m* di Stato; (sovereign) sovrano, -a *mf*; (measure) righello *m*, regolo *m*
ruling /ˈruːlɪŋ/ **A** *adj* ‹*class*› dirigente; ‹*party*› di governo
B *n* decisione *f*
rum¹ /rʌm/ *n* rum *m inv*
rum² *adj* infml (peculiar) curioso
rumble /ˈrʌmbl/ **A** *n* rombo *m*; (of stomach) brontolio *m*
B *vi* rombare; ‹*stomach*› brontolare
rumble strip *n* banda *f* rumorosa
rumbustious /rʌmˈbʌstʃəs/ *adj* (noisy, very lively) chiassoso
ruminant /ˈruːmɪnənt/ *n* ruminante *m*
ruminate /ˈruːmɪneɪt/ *vi* ‹*animals*› ruminare; (think) rimuginare
rummage /ˈrʌmɪdʒ/ *vi* rovistare (**in/through** in)
rummy /ˈrʌmɪ/ *n* ramino *m*
rumour /ˈruːmə(r)/ **A** *n* diceria *f*
B *vt* **it is ~ed that** si dice che
rumour-monger /ˈruːməmʌŋgə(r)/ *n* persona *f* che sparge pettegolezzi
rump /rʌmp/ *n* natiche *fpl*
rumple /ˈrʌmpl/ *vt* sgualcire ‹*clothes, sheets, papers*›; scompigliare ‹*hair*›
rump steak *n* bistecca *f* di girello
rumpus /ˈrʌmpəs/ *n* infml baccano *m*
run /rʌn/ **A** *n* (on foot) corsa *f*; (distance to be covered) tragitto *m*; (outing) giro *m*; Theat rappresentazioni *fpl*; (in skiing) pista *f*; AmE (ladder) smagliatura *f* (*in calze*); **at a ~** di corsa; **~ of bad luck** periodo *m* sfortunato; **on the ~** in fuga; **have the ~ of** avere a disposizione; **in the long ~** a lungo termine
B *vi* (*pt* **ran**, *pp* **run**, *pres p* **running**) correre; ‹*river*› scorrere; ‹*nose, make-up*› colare; ‹*bus*› fare servizio; ‹*play*› essere in cartellone; ‹*colours*› sbiadire; (in election) presentarsi [come candidato]; ‹*software*› girare; **~ aground** insabbiarsi; **~ low on, ~ short of** essere a corto di
C *vt* (manage) dirigere; tenere ‹*house*›; (drive) dare un passaggio a; correre ‹*risk*›; Comput lanciare; Journ pubblicare ‹*article*›; (pass) far scorrere ‹*eyes, hand*›; **~ a temperature** avere la febbre; **~ a bath** far scorrere l'acqua per il bagno
■ **run about** *vi* ‹*children*› correre di qua e di là; (be busy) correre
■ **run across** *vt* imbattersi in
■ **run after** *vt* (chase) rincorrere; (romantically) andare dietro a
■ **run along** *vi* (go away) andare via
■ **run away** *vi* scappare [via], andare via di corsa; (from home) scappare di casa
■ **run away with** *vt* scappare con ‹*lover, money*›; **she let her enthusiasm ~ away with her** si è lasciata trasportare dall'entusiasmo
■ **run back** **A** *vi* correre indietro
B *vt* (transport by car) riaccompagnare
■ **run back over** *vt* (review) rivedere
■ **run down** **A** *vi* ‹*clock*› scaricarsi; ‹*stocks*› esaurirsi
B *vt* Auto investire; (reduce) esaurire; infml

r

(criticize) denigrare
■ **run in** *vi* entrare di corsa
■ **run into** *vi* (meet) imbattersi in; (knock against) urtare
■ **run off** **A** *vi* scappare [via], andare via di corsa; (from home) scappare di casa
B *vt* stampare ‹*copies*›
■ **run off with** *vt* = **run away with**
■ **run on** *vi* ‹*meeting*› protrarsi; ‹*person*› chiacchierare senza sosta
■ **run out** *vi* uscire di corsa; ‹*supplies, money*› esaurirsi; **~ out of** rimanere senza
■ **run over** **A** *vi* correre; (overflow) traboccare
B *vt* (review) dare una scorsa a; Auto investire
■ **run through** *vt* (use up) fare fuori; (be present in) pervadere; (review) dare una scorsa a
■ **run to** *vt* (be enough for) essere sufficiente per; (have enough money for) potersi permettere
■ **run up** **A** *vi* salire di corsa; (towards) arrivare di corsa
B *vt* accumulare ‹*debts, bill*›; (sew) cucire
■ **run up against** *vt* incontrare ‹*difficulties*›
runabout *n* (vehicle) utilitaria *f*
run-around *n* **he's giving me/her the ~** mi/la sta menando per il naso
runaway **A** *n* fuggitivo, -a *mf*, fuggiasco, -a *mf*; (child) ragazzo, -a *mf* scappato, -a di casa
B *adj* ‹*person*› in fuga; ‹*child*› scappato di casa; ‹*inflation*› galoppante; ‹*success*› eclatante
run-down **A** *adj* ‹*area*› in abbandono; ‹*person*› esaurito
B *n* analisi *f inv*
rung¹ /rʌŋ/ *n* (of ladder) piolo *m*
rung² ▶ **ring²**
run-in *n* infml (argument) lite *f*
runner /ˈrʌnə(r)/ *n* podista *mf*; (in race) velocista *mf*; (on sledge) pattino *m*; (carpet) guida *f*
runner bean *n* fagiolino *m*
runner-up *n* secondo, -a, classificato, -a *mf*
running /ˈrʌnɪŋ/ **A** *adj* in corsa; ‹*water*› corrente; **four times ~** quattro volte di seguito
B *n* corsa *f*; (management) direzione *f*; **be in the ~** essere in lizza
running battle *n* lotta *f* continua
running commentary *n* cronaca *f*
running total *n* totale *m* aggiornato
runny /ˈrʌnɪ/ *adj* semiliquido; **~ nose** naso *m* che cola
run-of-the-mill *adj* ordinario
runs /rʌnz/ *npl* **the ~** infml (diarrhoea) la sciolta
runt /rʌnt/ *n* (of litter) *cucciolo (m) più piccolo e debole di una figliata*; derog (weakling) mezza cartuccia *f*
run-through *n* prova *f* generale
run-up *n* Sport rincorsa *f*; **the ~ to** il periodo precedente
runway /ˈrʌnweɪ/ *n* pista *f*
rupee /ruːˈpiː/ *n* rupia *f*
rupture /ˈrʌptʃə(r)/ **A** *n* rottura *f*; Med ernia *f*
B *vt* rompere; **~ oneself** farsi venire l'ernia
C *vi* rompersi
rural /ˈrʊərəl/ *adj* rurale
ruse /ruːz/ *n* astuzia *f*
rush¹ /rʌʃ/ *n* Bot giunco *m*
rush² **A** *n* fretta *f*; **in a ~** di fretta
B *vi* precipitarsi
C *vt* far premura a; **~ somebody to hospital** trasportare qualcuno di corsa all'ospedale
■ **rush away, rush off** *vi* andar via in fretta
■ **rush into**: *vt* **~ into marriage** sposarsi senza riflettere; **~ into doing something** lanciarsi a fare qualcosa senza riflettere; **~ somebody into doing something** spingere qualcuno a fare qualcosa
■ **rush out** *vi* uscire di corsa
■ **rush through** *vt* svolgere in fretta ‹*task*›; **~ something through** fare approvare qualcosa in fretta ‹*legislation, order*›
rush hour **A** *n* ora *f* di punta
B *attrib* delle ore di punta
rusk /rʌsk/ *n* biscotto *m*
russet /ˈrʌsɪt/ *adj* rossastro
Russia /ˈrʌʃə/ *n* Russia *f*
Russian /ˈrʌʃən/ *adj & n* russo, -a *mf*; (language) russo *m*
Russian roulette *n* roulette *f* russa
rust /rʌst/ **A** *n* ruggine *f*
B *vi* arrugginirsi
C *vt* arrugginire
rustic /ˈrʌstɪk/ *adj* rustico
rustle /ˈrʌsl/ **A** *vi* frusciare
B *vt* far frusciare; AmE rubare ‹*cattle*›
■ **rustle up** *vt* infml fare ‹*meal, cup of coffee*›
rustler /ˈrʌslə(r)/ *n* ladro *m* di bestiame
rustproof /ˈrʌstpruːf/ *adj* a prova di ruggine
rusty /ˈrʌstɪ/ *adj* (**-ier, -iest**) arrugginito
rut /rʌt/ *n* solco *m*; **in a ~** infml nella routine
rutabaga /ˌruːtəˈbeɪgə/ *n* AmE rutabaga *f*; navone *m*
ruthless /ˈruːθlɪs/ *adj* spietato
ruthlessly /ˈruːθlɪslɪ/ *adv* spietatamente
ruthlessness /ˈruːθlɪsnɪs/ *n* spietatezza *f*
rutting /ˈrʌtɪŋ/ *n* accoppiamento *m*
rutting season *n* stagione *f* degli amori
RV *n abbr* AmE (**recreational vehicle**) camper *m*
Rwanda /rʊˈændə/ *n* Rwanda *m*
rye /raɪ/ *n* segale *f*
rye bread *n* pane *m* di segale

r

parola chiave

Ss

s, S /es/ *n* (letter) s, S *f inv*
S² *abbr* **1** (**small**) **2** (**south**) S
sabbath /'sæbəθ/ *n* domenica *f*; Jewish sabato *m*
sabbatical /sə'bætɪkl/ *n* Univ anno *m* sabbatico
sable /'seɪbl/ *n* (animal, fur) zibellino *m*
sabotage /'sæbətɑːʒ/ **A** *n* sabotaggio *m*
B *vt* sabotare
saboteur /sæbə'tɜː(r)/ *n* sabotatore, -trice *mf*
sabre /'seɪbə(r)/ *n* sciabola *f*
sac /sæk/ *n* Anat, Zool sacco *m*; Bot sacca *f*; **honey ~** cestella *f*
saccharin /'sækərɪn/ *n* saccarina *f*
sachet /'sæʃeɪ/ *n* bustina *f*; (scented) sacchetto *m* profumato
sack¹ /sæk/ *vt* (plunder) saccheggiare
sack² **A** *n* sacco *m*; **get the ~** infml essere licenziato; **give somebody the ~** licenziare qualcuno
B *vt* infml licenziare
sackcloth /'sækklɒθ/ *n* tela *f* di sacco; **wear ~ and ashes** cospargersi il capo di cenere
sackful /'sækfʊl/ *n* sacco *m* (*contenuto*)
sacking /'sækɪŋ/ *n* tela *f* per sacchi; infml (dismissal) licenziamento *m*
sackload /'sækləʊd/ *n* sacco *m* (*contenuto*)
sacrament /'sækrəmənt/ *n* sacramento *m*
sacred /'seɪkrɪd/ *adj* sacro
sacred cow /kaʊ/ *n* (institution) istituzione *f* intoccabile; (principle) principio *m* inderogabile; (person) mostro *m* sacro
sacrifice /'sækrɪfaɪs/ **A** *n* sacrificio *m*
B *vt* sacrificare; **~ oneself** immolarsi
sacrificial /sækrɪ'fɪʃəl/ *adj* ‹*victim*› sacrificale
sacrilege /'sækrɪlɪdʒ/ *n* sacrilegio *m*
sacrilegious /sækrɪ'lɪdʒəs/ *adj* sacrilego
sacristy /'sækrɪstɪ/ *n* sagrestia *f*
sacrosanct /'sækrəʊsæŋkt/ *adj* sacrosanto
sacrum /'sækrʌm/ *n* Anat osso *m* sacro
sad /sæd/ *adj* (**sadder**, **saddest**) triste
SAD /sæd/ *n abbr* (**seasonal affective disorder**) Med disturbi *mpl* affettivi stagionali
sadden /'sædn/ *vt* rattristare
saddle /'sædl/ **A** *n* sella *f*; **be in the ~** fig tenere le redini
B *vt* sellare; **I've been ~d with...** fig mi hanno affibbiato...
sadism /'seɪdɪzm/ *n* sadismo *m*
sadist /'seɪdɪst/ *n* sadico, -a *mf*
sadistic /sə'dɪstɪk/ *adj* sadico
sadistically /sə'dɪstɪklɪ/ *adv* sadicamente
sadly /'sædlɪ/ *adv* tristemente; (unfortunately) sfortunatamente
sadness /'sædnɪs/ *n* tristezza *f*
sadomasochism /seɪdəʊ'mæsəkɪzm/ *n* sadomasochismo *m*
sadomasochist /seɪdəʊ'mæsəkɪst/ *n* sadomasochista *mf*
sadomasochistic /seɪdəʊ'mæsəkɪstɪk/ *adj* sadomasochistico
sae *abbr* (**stamped addressed envelope**) busta *f* preaffrancata e preindirizzata
safari /sə'fɑːrɪ/ *n* safari *m inv*
safari park *n* zoosafari *m inv*
safe /seɪf/ **A** *adj* sicuro; (out of danger) salvo; ‹*object*› al sicuro; **~ and sound** sano e salvo
B *n* cassaforte *f*
safe bet *n* **it's a ~ that he will come** è certo che verrà
safe-breaker *n* scassinatore, -trice *mf*
safe conduct /,seɪf'kɒndʌkt/ *n* salvacondotto *m*
safe-deposit box, **safety-deposit box** *n* cassetta *f* di sicurezza
safeguard **A** *n* protezione *f*
B *vt* proteggere
safe house *n* rifugio *m*
safe keeping *n* custodia *f*; **for ~** in custodia
safely /'seɪflɪ/ *adv* in modo sicuro; ‹*arrive*› senza incidenti; ‹*assume*› con certezza
safe sex *n* sesso *m* sicuro
safety /'seɪftɪ/ *n* sicurezza *f*
safety belt *n* cintura *f* di sicurezza
safety catch *n* sicura *f*
safety curtain *n* tagliafuoco *m*
safety-deposit box *n* = **safe-deposit box**
safety glass *n* vetro *m* di sicurezza
safety net *n* (for acrobat) rete *f* di protezione; fig protezione
safety pin *n* spilla *f* di sicurezza *o* da balia
safety razor *n* rasoio *m* di sicurezza
safety valve *n* valvola *f* di sicurezza; fig valvola *f* di sfogo
saffron /'sæfrən/ *n* zafferano *m*
sag /sæg/ *vi* (*pt/pp* **sagged**) abbassarsi
saga /'sɑːgə/ *n* saga *f*
sagacity /sə'gæsətɪ/ *n* sagacia *f*
sage¹ /seɪdʒ/ *n* (herb) salvia *f*
sage² *adj & n* saggio, -a *mf*

sagely /ˈseɪdʒlɪ/ *adv* ‹*reply, nod*› saggiamente
Sagittarius /sædʒɪˈteərɪəs/ *n* Sagittario *m*
sago /ˈseɪgəʊ/ *n* sagù *m*
Sahara /səˈhɑːrə/ *n* Sahara *m*
said /sed/ ▶ **say**
sail /seɪl/ **A** *n* vela *f*; (trip) giro *m* in barca a vela
B *vi* navigare; Sport praticare la vela; (leave) salpare
C *vt* pilotare
■ **sail through** *vt* superare senza problemi ‹*exam*›
sailboard /ˈseɪlbɔːd/ *n* tavola *f* da windsurf
sailboarder /ˈseɪlbɔːdə(r)/ *n* windsurfista *mf*
sailboarding /ˈseɪlbɔːdɪŋ/ *n* windsurf *m inv*
sailboat /ˈseɪlbəʊt/ *n* AmE barca *f* a vela
sailing /ˈseɪlɪŋ/ *n* vela *f*
sailing boat *n* barca *f* a vela
sailing ship *n* veliero *m*
sailor /ˈseɪlə(r)/ *n* marinaio *m*
saint /seɪnt/ *n* santo, -a *mf*
sainthood /ˈseɪnthʊd/ *n* santità *f*
saintly /ˈseɪntlɪ/ *adj* da santo
sake /seɪk/ *n* **for the ~ of** ‹*person*› per il bene di; ‹*peace*› per amor di; **for the ~ of it** per il gusto di farlo
salacious /səˈleɪʃəs/ *adj* ‹*joke*› salace; ‹*book*› licenzioso; ‹*look*› lascivo
salad /ˈsæləd/ *n* insalata *f*
salad bar *n* tavola *f* fredda
salad bowl *n* insalatiera *f*
salad cream *n salsa (f) per condire l'insalata*
salad days *npl* anni *mpl* verdi
salad dressing *n* condimento *m* per insalata
salami /səˈlɑːmɪ/ *n* salame *m*
salaried /ˈsælərɪd/ *adj* stipendiato
salary /ˈsælərɪ/ *n* stipendio *m*
salary review *n* revisione *f* dello stipendio
salary scale *n* tabella *f* retributiva
sale /seɪl/ *n* vendita *f*; (at reduced prices) svendita *f*; **for/on ~** in vendita; **'for ~'** 'vendesi'
sale price *n* prezzo *m* scontato
sales and marketing *n* vendite *fpl* e marketing
sales and marketing department *n* ufficio *m* vendite e marketing
sales assistant *n* commesso, -a *mf*
sales director *n* capo *mf* dell'ufficio vendite
sales engineer *n* tecnico *m* commerciale
sales executive *n* direttore, -trice *mf* commerciale
sales figures *npl* volume *m* d'affari
sales force *n* rappresentanti *mpl*
sales invoice *n* fattura *f* di vendita
sales ledger *n* partitario *m* vendite
salesman *n* venditore *m*; (traveller) rappresentante *m*
sales pitch *n* discorso *m* imbonitore
sales rep, sales representative *n* rappresentante *mf* di commercio
salesroom *n* (for auctions) sala *f* d'aste
sales team *n* team *m inv* vendite
saleswoman *n* venditrice *f*
salient /ˈseɪlɪənt/ *adj* saliente
saline /ˈseɪlaɪn/ *adj* salino
saliva /səˈlaɪvə/ *n* saliva *f*
salivary glands /səˈlaɪvərɪ/ *npl* ghiandole *fpl* salivari
salivate /ˈsælɪveɪt/ *vi* salivare; **the smell of chicken roasting makes me ~** l'odore di pollo arrosto mi fa venire l'acquolina in bocca
sallow /ˈsæləʊ/ *adj* giallastro
sally /ˈsælɪ/ **A** *n* (witty remark) battuta *f*; Mil sortita *f*
B *vi* saltar fuori
salmon /ˈsæmən/ *n* salmone *m*
salmonella /ˌsælmaˈnelə/ *n* salmonella *f*
salmon-pink *adj* rosa salmone *inv*
salmon trout *n* trota *f* salmonata
salon /ˈsælɒn/ *n* salone *m*
saloon /səˈluːn/ *n* Auto berlina *f*; AmE (bar) bar *m*
salsa /ˈsælsə/ *n* salsa *f*
salt /sɔːlt/ **A** *n* sale *m*
B *adj* salato; ‹*fish, meat*› sotto sale
C *vt* salare; ‹*cure*› mettere sotto sale
salt cellar *n* saliera *f*
saltiness /ˈsɔːltɪnɪs/ *n* salinità *f*
salt water *n* acqua *f* di mare
salt-water fish *n* pesce *m* d'acqua salata
salty /ˈsɔːltɪ/ *adj* salato
salubrious /səˈluːbrɪəs/ *adj* ‹*neighbourhood*› raccomandabile; **it's not a very ~ area** è una zona poco raccomandabile
salutary /ˈsæljʊtərɪ/ *adj* salutare
salute /səˈluːt/ Mil **A** *n* saluto *m*
B *vt* salutare
C *vi* fare il saluto
salvage /ˈsælvɪdʒ/ **A** *n* Naut recupero *m*
B *vt* recuperare
salvation /sælˈveɪʃn/ *n* salvezza *f*
Salvation Army *n* Esercito *m* della Salvezza
salve /sælv/ *vt* **~ one's conscience** mettersi la coscienza a posto
salver /ˈsælvə(r)/ *n* vassoio *m* (*di metallo*)
salvo /ˈsælvəʊ/ *n* salva *f*
Samaritan /səˈmærɪtən/ *n* **a good ~** un buon samaritano; **the ~s** ≈ telefono *m* amico
samba /ˈsæmbə/ *n* samba *f*
same /seɪm/ **A** *adj* stesso (**as** di)
B *pron* **the ~** lo stesso; **be all the ~** essere

S

---

parola chiave

tutti uguali
C *adv* **the ~** nello stesso modo; **all the ~** (however) lo stesso; **the ~ to you** altrettanto

same day *adj* ‹*service*› in giornata

same-day delivery *n* consegna *f* in giornata

same sex /seɪmseks/ *adj* ‹*couple, marriage*› omosessuale

sample /'sɑːmpl/ **A** *n* campione *m*
B *vt* testare

sanatorium /sænə'tɔːrɪəm/ *n* casa *f* di cura

sanctify /'sæŋktɪfaɪ/ *vt* (*pt/pp* **-fied**) santificare

sanctimonious /sæŋktɪ'məʊnɪəs/ *adj* moraleggiante

sanction /'sæŋkʃn/ **A** *n* (approval) autorizzazione *f*; (penalty) sanzione *f*
B *vt* autorizzare

sanctity /'sæŋktətɪ/ *n* santità *f*

sanctuary /'sæŋktjʊərɪ/ *n* Relig santuario *m*; (refuge) asilo *m*; (for wildlife) riserva *f*

sanctum /'sæŋktəm/ *n* (holy place) santuario *m*; (private place) rifugio *m*; **the inner ~** Relig il Sancta Sanctorum

sand /sænd/ **A** *n* sabbia *f*
B *vt* **~ [down]** carteggiare

sandal /'sændl/ *n* sandalo *m*

sandbag *n* sacchetto *m* di sabbia

sandbank *n* banco *m* di sabbia

sandblast *vt* sabbiare

sandblasting *n* sabbiatura *f*

sandcastle *n* castello *m* di sabbia

sand dune *n* duna *f*

sander /'sændə(r)/ *n* (machine) levigatrice *f*

Sandinista /sændɪ'niːstə/ *adj* & *n* sandinista *mf*

sandpaper **A** *n* carta *f* vetrata
B *vt* cartavetrare

sandpit *n recinto* (*m*) *contenente sabbia dove giocano i bambini*

sandstone *n* arenaria *f*

sandstorm *n* tempesta *f* di sabbia

sandwich /'sænwɪdʒ/ **A** *n* tramezzino *m*
B *vt* **~ed between** schiacciato tra

sandwich bar *n locale* (*m*) *in cui si comprano sandwich e panini pronti o su ordinazione*

sandwich course *n corso* (*m*) *che comprende dei periodi di tirocinio*

sandwich man *n* uomo *m* sandwich

sandy /'sændɪ/ *adj* (**-ier**, **-iest**) ‹*beach, soil*› sabbioso; ‹*hair*› biondiccio

sane /seɪn/ *adj* (not mad) sano di mente; (sensible) sensato

sang /sæŋ/ ▶ **sing**

sangria /sæŋ'grɪə/ *n* sangria *f*

sanguine /'sæŋgwɪn/ *adj* ottimistico

sanitary /'sænɪtərɪ/ *adj* igienico; ‹*system*› sanitario

sanitary napkin, **sanitary towel** *n* AmE assorbente *m* igienico

sanitation /sænɪ'teɪʃn/ *n* impianti *mpl* igienici

sanity /'sænətɪ/ *n* sanità *f* di mente; (sensibleness) buon senso *m*

sank /sæŋk/ ▶ **sink**

Santa /'sæntə/, **Santa Claus** /'sæntəklɔːz/ *n* Babbo *m* Natale

sap /sæp/ **A** *n* Bot linfa *f*
B *vt* (*pt/pp* **sapped**) indebolire

sapling /'sæplɪŋ/ *n* alberello *m*

sapper /'sæpə(r)/ *n* BrE Mil geniere *m*

sapphire /'sæfaɪə(r)/ **A** *n* zaffiro *m*
B *attrib* blu zaffiro *inv*

sarcasm /'sɑːkæzm/ *n* sarcasmo *m*

sarcastic /sɑː'kæstɪk/ *adj* sarcastico

sarcastically /sɑː'kæstɪklɪ/ *adv* sarcasticamente

sarcophagus /sɑː'kɒfəgəs/ *n* sarcofago *m*

sardine /sɑː'diːn/ *n* sardina *f*

Sardinia /sɑː'dɪnɪə/ *n* Sardegna *f*

Sardinian /sɑː'dɪnɪən/ *adj* & *n* sardo, -a *mf*

sardonic /sɑː'dɒnɪk/ *adj* sardonico

sardonically /sɑː'dɒnɪklɪ/ *adv* sardonicamente

sari /'sɑːrɪ/ *n* sari *m inv*

sarong /sə'rɒŋ/ *n* pareo *m*

SARS /sɑːz/ *n abbr* (**severe acute respiratory syndrome**) SARS *f*

SAS *n abbr* BrE (**Special Air Service**) *commando* (*m*) *britannico per operazioni speciali*

sash /sæʃ/ *n* fascia *f*; (for dress) fusciacca *f*

sashay /'sæʃeɪ/ *vi* infml (casually) camminare in modo disinvolto; (seductively) camminare in modo provocante

sassy /'sæsɪ/ *adj* AmE infml (cheeky) sfacciato; (smart) chic *inv*

sat /sæt/ ▶ **sit**

Satan /'seɪtən/ *n* Satana *m*

satanic /sə'tænɪk/ *adj* satanico

satchel /'sætʃl/ *n* cartella *f*

sated /'seɪtɪd/ *adj* ‹*person*› sazio; ‹*desire*› appagato; ‹*appetite*› soddisfatto

satellite /'sætəlaɪt/ *n* satellite *m*

satellite channel *n* rete *f* televisiva satellitare

satellite dish *n* antenna *f* parabolica

satellite television *n* televisione *f* satellitare

satiate /'seɪʃɪeɪt/ *vt* saziare ‹*person*›; appagare ‹*desire*›; soddisfare ‹*appetite*›

satin /'sætɪn/ **A** *n* raso *m*
B *attrib* di raso

satire /'sætaɪə(r)/ *n* satira *f*

satirical /sə'tɪrɪkl/ *adj* satirico

satirically /sə'tɪrɪklɪ/ *adv* satiricamente

satirist /'sætərɪst/ *n* scrittore, -trice *mf* satirico; (comedian) comico, -a *mf* satirico

satirize /'sætɪraɪz/ *vt* satireggiare

satisfaction /sætɪs'fækʃn/ *n* soddisfazione *f*; **be to sb's ~** soddisfare qualcuno

satisfactorily /sætɪs'fækt(ə)rɪlɪ/ *adv* in modo soddisfacente

satisfactory /sætɪs'fæktərɪ/ *adj* soddisfacente

satisfied /'sætɪsfaɪd/ *adj* (pleased) soddisfatto; **~ with** soddisfatto di; (convinced) convinto; **~ that** convinto che

satisfy /'sætɪsfaɪ/ *vt* (*pt/pp* **-ied**) soddisfare; (convince) convincere; **be satisfied** essere soddisfatto

satisfying /'sætɪsfaɪɪŋ/ *adj* soddisfacente

satnav /'sætnæv/ *n* satnav *m inv*

SATs *npl abbr* BrE (**standard assessment tests**) *esami (mpl) sostenuti per tranche d'età allo scopo di testare la preparazione degli alunni*

saturate /'sætʃəreɪt/ *vt* inzuppare (**with** di); Chem fig saturare (**with** di)

saturated /'sætʃəreɪtɪd/ *adj* saturo

saturation /sætʃə'reɪʃn/ *n* **reach ~ point** raggiungere il punto di saturazione

Saturday /'sætədeɪ/ *n* sabato *m*

Saturn /'sætən/ *n* Saturno *m*

sauce /sɔːs/ *n* salsa *f*; (cheek) impertinenza *f*

saucepan /'sɔːspən/ *n* pentola *f*

saucer /'sɔːsə(r)/ *n* piattino *m*

saucy /'sɔːsɪ/ *adj* (**-ier**, **-iest**) impertinente

Saudi /'saʊdɪ/ **A** *adj* saudita
B *n* (person) saudita *mf*; (country) Arabia *f* Saudita

Saudi Arabia /ə'reɪbɪə/ *n* Arabia *f* Saudita

Saudi Arabian *adj & n* saudita *mf*

sauerkraut /'saʊəkraʊt/ *n* crauti *mpl*

sauna /'sɔːnə/ *n* sauna *f*

saunter /'sɔːntə(r)/ *vi* andare a spasso

sausage /'sɒsɪdʒ/ *n* salsiccia *f*; (dried) salame *m*

sausage dog /'sɒsɪdʒdɒg/ *n* infml bassotto *m*

sausage roll *n involtino (m) di pasta sfoglia con salsiccia*

sauté /'səʊteɪ/ **A** *vt* rosolare
B *adj* rosolato

savage /'sævɪdʒ/ **A** *adj* feroce; ‹*tribe, custom*› selvaggio
B *n* selvaggio, -a *mf*
C *vt* fare a pezzi

savagely /'sævɪdʒlɪ/ *adv* ‹*attack*› selvaggiamente; ‹*criticize*› ferocemente

savagery /'sævɪdʒrɪ/ *n* ferocia *f*

save /seɪv/ **A** *n* Sport parata *f*
B *vt* salvare (**from** da); (keep, collect) tenere; risparmiare ‹*time, money*›; (avoid) evitare; Sport parare ‹*goal*›; Comput salvare, memorizzare; **~ face** salvar la faccia
C *vi* **~ [up]** risparmiare
D (prep) salvo

saver /'seɪvə(r)/ *n* risparmiatore, -trice *mf*

saving grace /seɪvɪŋ'greɪs/ *n* **that's his one ~** si salva grazie a questo

savings /'seɪvɪŋz/ *npl* (money) risparmi *mpl*

savings account *n* libretto *m* di risparmio

savings and loan association *n* AmE associazione *f* mutua di risparmi e prestiti

savings bank *n* cassa *f* di risparmio

saviour /'seɪvjə(r)/ *n* salvatore, -trice *mf*

savoir faire /sævwɑː'feə(r)/ *n* (social) savoir-faire *m*

savory /'seɪvərɪ/ *n* Bot santoreggia *f*

savour /'seɪvə(r)/ **A** *n* sapore *m*
B *vt* assaporare

savoury /'seɪvərɪ/ *adj* salato; fig rispettabile

saw¹ /sɔː/ ▶ **see¹**

saw² **A** *n* sega *f*
B *vt* (*pt* **sawed**, *pp* **sawn** *or* **sawed**) segare

sawdust /'sɔːdʌst/ *n* segatura *f*

sawmill /'sɔːmɪl/ *n* segheria *f*

sawn-off shotgun *n* fucile *m* a canne mozze

Saxon /'sæksən/ *adj & n* sassone *mf*; (language) sassone *m*

saxophone /'sæksəfəʊn/ *n* sassofono *m*

saxophonist /sæk'sɒfənɪst/ *n* sassofonista *mf*

say /seɪ/ **A** *n* **have one's ~** dire la propria; **have a ~** avere voce in capitolo
B *vt & vi* (*pt/pp* **said**) dire; **that is to ~** cioè; **that goes without ~ing** questo è ovvio; **when all is said and done** alla fine dei conti; **~ yes/no** dire di sì/no; **just ~ the word and I'll come** tu chiama e io vengo; **what more can I ~?** che altro dire?; **some time next week ~?** la prossima settimana, diciamo?; **the clock ~s ten to six** la sveglia fa le sei meno dieci; **you can ~ that again!** puoi dirlo forte!; **the tree is said to be very old** a quanto pare l'albero è vecchissimo; **he said you were to bring the car** ha detto che dovevi portare la macchina; **it ~s a lot for him that ...** il fatto che... la dice lunga sul suo conto; **what have you got to ~ for yourself?** che scusa hai?; **to ~ nothing of ...** per non parlare di...; **what would you ~ to a new car?** cosa ne diresti di una macchina nuova?

saying /'seɪŋ/ *n* proverbio *m*

scab /skæb/ *n* crosta *f*; derog crumiro *m*

scabby /'skæbɪ/ *adj* ‹*plant*› coperto di galle; ‹*skin*› coperto di croste; ‹*animal*› rognoso; infml (nasty) schifoso

scaffold /'skæfəld/ *n* patibolo *m*

scaffolding /'skæfəldɪŋ/ *n* impalcatura *f*

scalar /'skeɪlə(r)/ *adj* scalare

scald /skɔːld/ **A** *vt* scottare; ‹*milk*› scaldare
B *n* scottatura *f*

scalding /'skɔːldɪŋ/ *adj* bollente

scale¹ /skeɪl/ *n* (of fish) scaglia *f*

scale² **A** *n* scala *f*; **on a grand ~** su vasta

S

parola chiave

scala; **to ~** in scala; **~ of values** scala *f* di valori
B *vt* (climb) scalare
■ **scale down** *vt* diminuire
scale drawing *n* disegno *m* in scala
scale model *n* modello *m* in scala
scales /skeɪlz/ *npl* (for weighing) bilancia *fsg*
scallop /'skɒləp/ **A** *n* (in sewing) smerlo *m*, festone *m*; Zool pettine *m*; Culin cappasanta *f*
B *vt* (in sewing) smerlare; **~ed potatoes** patate *fpl* gratinate
scalp /skælp/ **A** *n* cuoio *m* capelluto
B *vt* scalpare
scalpel /'skælpl/ *n* bisturi *m inv*
scalper /'skælpə(r)/ *n* AmE bagarino *m*
scaly /'skeɪlɪ/ *adj* ‹*wing, fish*› squamoso; ‹*plaster, wall*› scrostato
scam /skæm/ *n* infml fregatura *f*
scamper /'skæmpə(r)/ *vi* **~ away** sgattaiolare via
scampi /'skæmpɪ/ *npl* scampi *mpl*
scan /skæn/ **A** *n* Med scanning *m inv*, scansioscintigrafia *f*
B *vt* (*pt/pp* **scanned**) scrutare; (quickly) dare una scorsa a; Med fare uno scanning di; Comput scannerizzare
C *vi* ‹*poetry*› scandire
scandal /'skændl/ *n* scandalo *m*; (gossip) pettegolezzi *mpl*
scandalize /'skændəlaɪz/ *vt* scandalizzare
scandalmonger /'skænd(ə)lmʌŋgə(r)/ *n* malalingua *f*
scandalous /'skændələs/ *adj* scandaloso
Scandinavia /skændɪ'neɪvɪə/ *n* Scandinavia *f*
Scandinavian /skændɪ'neɪvɪən/ *adj* & *n* scandinavo, -a *mf*
scanner /'skænə(r)/ *n* Med, Comput scanner *m inv*; (radar) antenna *f* radar; (for bar codes) lettore *m* di codice a barre
scanning /'skænɪŋ/ *n* Comput scannerizzazione *f*
scant /skænt/ *adj* scarso
scantily /'skæntɪlɪ/ *adv* scarsamente; ‹*clothed*› succintamente
scanty /'skæntɪ/ *adj* (**-ier**, **-iest**) scarso; ‹*clothing*› succinto
scapegoat /'skeɪpgəʊt/ *n* capro *m* espiatorio
scar /skɑː(r)/ **A** *n* cicatrice *f*
B *vt* (*pt/pp* **scarred**) lasciare una cicatrice a
scarce /skeəs/ *adj* scarso; fig raro; **make oneself ~** infml svignarsela
scarcely /'skeəslɪ/ *adv* appena; **~ anything** quasi niente
scarcity /'skeəsətɪ/ *n* scarsezza *f*
scare /skeə(r)/ **A** *n* spavento *m*; (panic) panico *m*
B *vt* spaventare; **be ~d** aver paura (**of** di)
■ **scare away** *vt* far scappare
scarecrow /'skeəkrəʊ/ *n* spaventapasseri *m inv*
scaremonger /'skeəmʌŋgə(r)/ *n* allarmista *mf*
scaremongering /'skeəmʌŋgərɪŋ/ *n* allarmismo *m*
scarf /skɑːf/ *n* (*pl* **scarves**) sciarpa *f*; (square) foulard *m inv*
scarlet /'skɑːlət/ *adj* scarlatto
scarlet fever *n* scarlattina *f*
scarper /'skɑːpə(r)/ *vi* BrE infml squagliarsela
Scart connector *n* presa *f* scart *inv*
scar tissue *n* tessuto *m* di cicatrizzazione
scary /'skeərɪ/ *adj* **be ~** far paura
scathing /'skeɪðɪŋ/ *adj* mordace
scatter /'skætə(r)/ **A** *vt* spargere; (disperse) disperdere
B *vi* disperdersi
scatterbrained /'skætəbreɪnd/ *adj* infml scervellato
scattered /'skætəd/ *adj* sparso
scatty /'skætɪ/ *adj* (**-ier**, **-iest**) infml svitato
scavenge /'skævɪndʒ/ *vi* frugare nella spazzatura
scavenger /'skævɪndʒə(r)/ *n* *persona* (*f*) *che fruga nella spazzatura*
scenario /sɪ'nɑːrɪəʊ/ *n* scenario *m*
scene /siːn/ *n* scena *f*; (quarrel) scenata *f*; **behind the ~s** dietro le quinte
scene-of-crime *adj* ‹*officer, team, investigation*› della polizia scientifica
scenery /'siːnərɪ/ *n* scenario *m*
scenic /'siːnɪk/ *adj* panoramico
scent /sent/ *n* odore *m*; (trail) scia *f*; (perfume) profumo *m*
scented /'sentɪd/ *adj* profumato (**with** di)
sceptic /'skeptɪk/ *n* scettico, -a *mf*
sceptical /'skeptɪkl/ *adj* scettico
sceptically /'skeptɪklɪ/ *adv* in modo scettico
scepticism /'skeptɪsɪzm/ *n* scetticismo *m*
schedule /'ʃedjuːl/ **A** *n* piano *m*, programma *m*; (of work) programma *m*; AmE (timetable) orario *m*; **behind ~** indietro; **on ~** nei tempi previsti; **according to ~** secondo i tempi previsti
B *vt* prevedere
scheduled flight /ʃedjuːld'flaɪt/ *n* volo *m* di linea
schematic /skɪ'mætɪk/ *adj* schematico
scheme /skiːm/ **A** *n* (plan) piano *m*; (plot) macchinazione *f*
B *vi* derog macchinare
scheming /'skiːmɪŋ/ **A** *n* derog macchinazioni *fpl*, intrighi *mpl*
B *adj* ‹*person*› intrigante
schism /'skɪzm/ *n* scisma *m*
schizophrenia /skɪtsə'friːnɪə/ *n* schizofrenia *f*
schizophrenic /ˌskɪtsəʊ'frenɪk/ *adj* schizofrenico
schmaltzy /'ʃmɒltsɪ/ *adj* sdolcinato
scholar /'skɒlə(r)/ *n* studioso, -a *mf*

S

scholarly /ˈskɒləlɪ/ *adj* erudito
scholarship /ˈskɒləʃɪp/ *n* erudizione *f*; (grant) borsa *f* di studio
scholastic /skəˈlæstɪk/ *adj* scolastico
🔑 **school** /skuːl/ **A** *n* scuola *f*; (in university) facoltà *f*; (of fish) banco *m*
B *vt* addestrare ‹*animal*›
school age *n* **of ~** in età scolare
school bag *n* cartella *f* di scuola
schoolboy *n* scolaro *m*
schoolchild *n* scolaro, -a *mf*
schooldays *npl* tempi *mpl* della scuola
school fees *npl* tasse *fpl* scolastiche
school friend *n* compagno, -a *mf* di scuola
schoolgirl *n* scolara *f*
schooling /ˈskuːlɪŋ/ *n* istruzione *f*
school leaver *n* ≈ neo diplomato, -a *mf*
school-leaving age *n* età *f* della scuola dell'obbligo
school lunch *n* pranzo *m* della mensa scolastica
schoolmaster *n* maestro *m*; (secondary) insegnante *m*
schoolmistress *n* maestra *f*; (secondary) insegnante *f*
school report *n* scheda *f* di valutazione scolastica
schoolteacher *n* insegnante *mf*
schoolwork /ˈskuːlwɜːk/ *n* lavoro *m* scolastico
schooner /ˈskuːnə(r)/ *n* AmE (glass) boccale *m* da birra; BrE (glass) grande bicchiere *m* da sherry; (boat) goletta *f*
sciatica /saɪˈætɪkə/ *n* sciatica *f*
🔑 **science** /ˈsaɪəns/ *n* scienza *f*
science fiction *n* fantascienza *f*
🔑 **scientific** /saɪənˈtɪfɪk/ *adj* scientifico
scientifically /saɪənˈtɪfɪklɪ/ *adv* scientificamente
🔑 **scientist** /ˈsaɪəntɪst/ *n* scienziato, -a *mf*
sci-fi /ˈsaɪfaɪ/ *n* infml fantascienza *f*
scintillate /ˈsɪntɪleɪt/ *vi* fig brillare
scintillating /ˈsɪntɪleɪtɪŋ/ *adj* brillante
scissors /ˈsɪzəz/ *npl* forbici *fpl*
scoff¹ /skɒf/ *vi* **~ at** schernire
scoff² *vt* infml divorare
scold /skəʊld/ *vt* sgridare
scolding /ˈskəʊldɪŋ/ *n* sgridata *f*
scollop /ˈskɒləp/ = **scallop**
scone /skɒn/ *n pasticcino (m) da tè*
scoop /skuːp/ *n* paletta *f*; Journ scoop *m inv*
■ **scoop out** *vt* svuotare
■ **scoop up** *vt* tirar su
scoot /skuːt/ *vi* infml filare
scooter /ˈskuːtə(r)/ *n* motoretta *f*
scope /skəʊp/ *n* portata *f*; (opportunity) opportunità *f*

scorch /skɔːtʃ/ *vt* bruciare
scorcher /ˈskɔːtʃə(r)/ *n* infml giornata *f* torrida
scorching /ˈskɔːtʃɪŋ/ *adj* caldissimo
🔑 **score** /skɔː(r)/ **A** *n* punteggio *m*; Mus partitura *f*; (for film, play) musica *f*; **a ~ [of]** (twenty) una ventina [di]; **keep [the] ~** tenere il punteggio; **on that ~** a questo proposito
B *vt* segnare ‹*goal*›; (cut) incidere
C *vi* far punti; (in football etc) segnare; (keep score) tenere il punteggio
■ **score out** *vt* cancellare
scoreboard /ˈskɔːbɔːd/ *n* tabellone *m* segnapunti
scorer /ˈskɔːrə(r)/ *n* segnapunti *m inv*; (of goals) giocatore, -trice *mf* che segna; **top ~** cannoniere *m*
scorn /skɔːn/ **A** *n* disprezzo *m*
B *vt* disprezzare
scornful /ˈskɔːnfʊl/ *adj* sprezzante
scornfully /ˈskɔːnfʊlɪ/ *adv* sdegnosamente
Scorpio /ˈskɔːpɪəʊ/ *n* Astr Scorpione *m*
scorpion /ˈskɔːpɪən/ *n* scorpione *m*
Scot /skɒt/ *n* scozzese *mf*
scotch /skɒtʃ/ *vt* far cessare
Scotch **A** *adj* scozzese
B *n* (whisky) whisky *m* [scozzese]
Scotch egg *n* BrE *polpetta (f) di salsiccia che racchiude un uovo sodo*
Scotch tape *n* AmE scotch® *m inv*
scot-free *adj* **get off ~** cavarsela impunemente
Scotland /ˈskɒtlənd/ *n* Scozia *f*
Scots, Scottish /skɒts, ˈskɒtɪʃ/ *adj* scozzese
scoundrel /ˈskaʊndrəl/ *n* mascalzone *m*
scour¹ /ˈskaʊə(r)/ *vt* (search) perlustrare
scour² *vt* (clean) strofinare
scourer /ˈskaʊərə(r)/ *n* (pad) paglietta *f*
scourge /skɜːdʒ/ *n* flagello *m*
scouring pad /ˈskaʊərɪŋ/ *n* paglietta *f* in lana d'acciaio
scout /skaʊt/ **A** *n* Mil esploratore *m*
B *vi* **~ (around) for** andare in cerca di
Scout *n* **[Boy] ~** [boy]scout *m inv*
scowl /skaʊl/ **A** *n* sguardo *m* torvo
B *vi* guardare storto
Scrabble® /ˈskræbl/ *n* Scarabeo® *m*
■ **scrabble around** *vi* (search) cercare a tastoni
scraggy /ˈskrægɪ/ *adj* (**-ier**, **-iest**) derog scarno
scram /skræm/ *vi* infml levarsi dai piedi
scramble /ˈskræmbl/ **A** *n* (climb) arrampicata *f*
B *vi* (clamber) arrampicarsi; **~ for** azzuffarsi per
C *vt* Teleph creare delle interferenze in; ‹*eggs*› strapazzare
scrambled eggs /ˈskræmbəld/ *npl* uova *fpl* strapazzate

🔑 parola chiave

scrambler /ˈskræmblə(r)/ *n* BrE (motorcyclist) [moto]crossista *mf*

scrambling /ˈskræmblɪŋ/ *n* (sport) motocross *m*

scrap¹ /skræp/ *n* infml (fight) litigio *m*

scrap² **A** *n* pezzetto *m*; (metal) ferraglia *f*; **~s** *pl* (of food) avanzi *mpl*
B *vt* (*pt/pp* **scrapped**) buttare via

scrapbook /ˈskræpbʊk/ *n* album *m inv*

scrape /skreɪp/ *vt* raschiare; (damage) graffiare
■ **scrape by** *vi* (financially) sbarcare il lunario
■ **scrape in** *vi* (to university, school) entrare per il rotto della cuffia
■ **scrape out** *vt* (empty) svuotare ‹*bowl*›; (clean) scrostare ‹*pan*›
■ **scrape through** *vi* passare per un pelo
■ **scrape together** *vt* racimolare

scraper /ˈskreɪpə(r)/ *n* raschietto *m*

scrap heap *n* **be on the ~** fig essere inutile

scrap iron *n* ferraglia *f*

scrap merchant *n* ferrovecchio *m*

scrap paper *n* carta *f* qualsiasi

scrappy /ˈskræpɪ/ *adj* frammentario

scrapyard /ˈskræpjɑːd/ *n* deposito *m* di ferraglia; (for cars) cimitero *m* delle macchine

scratch /skrætʃ/ **A** *n* graffio *m*; (to relieve itch) grattata *f*; **start from ~** partire da zero; **up to ~** ‹*work*› all'altezza
B *vt* graffiare; (to relieve itch) grattare
C *vi* grattarsi

scratch card *n* gratta e vinci *m inv*

scratchy /ˈskrætʃɪ/ *adj* ‹*recording*› pieno di fruscii

scrawl /skrɔːl/ **A** *n* scarabocchio *m*
B *vt & vi* scarabocchiare

scrawny /ˈskrɔːnɪ/ *adj* (**-ier**, **-iest**) derog magro

scream /skriːm/ **A** *n* strillo *m*; **be a ~** infml ‹*situation, film, person*› essere uno spasso
B *vt & vi* strillare

scree /skriː/ *n* ghiaione *m*

screech /skriːtʃ/ **A** *n* stridore *m*; **~ of tyres** sgommata *f*
B *vi* stridere
C *vt* strillare

screen /skriːn/ **A** *n* paravento *m*; Cinema, TV, Comput schermo *m*
B *vt* proteggere; (conceal) riparare; proiettare ‹*film*›; ‹*candidates*› passare al setaccio; Med sottoporre a visita medica

screening /ˈskriːnɪŋ/ *n* Med visita *f* medica; (of film) proiezione *f*

screenplay *n* sceneggiatura *f*

screen saver *n* Comput salvaschermo *m*

screen test *n* Cinema provino *m*

screen writer *n* Cinema sceneggiatore, -trice *mf*

screw /skruː/ **A** *n* vite *f*
B *vt* avvitare; vulg trombare; **~ something to something** avvitare qualcosa a qualcosa
■ **screw up** *vt* (crumple) accartocciare; strizzare ‹*eyes*›; storcere ‹*face*›; sl (bungle) mandare all'aria; **~ up one's courage** prendere il coraggio a due mani

screwdriver /ˈskruːdraɪvə(r)/ *n* cacciavite *m inv*

screwed up /skruːd/ *adj* infml incasinato

screw top *n* tappo *m* a vite

screwy /ˈskruːɪ/ *adj* (**-ier**, **-iest**) infml svitato

scribble /ˈskrɪbl/ **A** *n* scarabocchio *m*
B *vt & vi* scarabocchiare

scrimmage /ˈskrɪmɪdʒ/ *n* (struggle) zuffa *f*; AmE (in football) mischia *f*

scrimp /skrɪmp/ *vi* risparmiare; **~ and save** risparmiare fino all'osso; **~ on something** risparmiare su qualcosa

script /skrɪpt/ *n* scrittura *f*; (of film etc) sceneggiatura *f*

Scriptures /ˈskrɪptʃəz/ *npl* Sacre Scritture *fpl*

scriptwriter /ˈskrɪptraɪtə(r)/ *n* sceneggiatore, -trice *mf*

scroll /skrəʊl/ **A** *n* rotolo *m* (*di pergamena*); (decoration) voluta *f*
B *vi* Comput far scorrere
■ **scroll down** Comput *vi* scorrere in giù
■ **scroll up** Comput *vi* scorrere in su

scroll bar *n* Comput barra *f* di scorrimento

Scrooge /skruːdʒ/ *n* infml tirchio, -a *mf*

scrotum /ˈskrəʊtəm/ *n* scroto *m*

scrounge /skraʊndʒ/ *vt & vi* scroccare

scrounger /ˈskraʊndʒə(r)/ *n* scroccone, -a *mf*

scrub¹ /skrʌb/ *n* (land) boscaglia *f*

scrub² *vt & vi* (*pt/pp* **scrubbed**) strofinare; infml (cancel) cancellare ‹*plan*›
■ **scrub up** *vi* ‹*doctor*› lavarsi; infml **~ up well** fare un figurone

scrubbing brush /ˈskrʌbɪŋ/ *n* spazzolone *m*

scruff /skrʌf/ *n* **by the ~ of the neck** per la collottola

scruffy /ˈskrʌfɪ/ *adj* (**-ier**, **-iest**) trasandato

scrum /skrʌm/ *n* (in rugby) mischia *f*

scrum half *n* mediano *m* di mischia

scrunch /skrʌntʃ/ **A** *vi* ‹*footsteps in snow, tyres*› scricchiolare
B *n* scricchiolio *m*
■ **scrunch up** *vt* accartocciare

scrunchie /ˈskrʌntʃɪ/ *n* fermacoda *m inv* di stoffa

scruple /ˈskruːpl/ *n* scrupolo *m*; **have no ~s** essere senza scrupoli

scrupulous /ˈskruːpjʊləs/ *adj* scrupoloso

scrupulously /ˈskruːpjʊləslɪ/ *adv* scrupolosamente

scrutinize /ˈskruːtɪnaɪz/ *vt* scrutinare

scrutiny /ˈskruːtɪnɪ/ *n* (look) esame *m* minuzioso

scuba diver /ˈskuːbə/ *n* sommozzatore, -trice *mf*

scuba diving *n* immersione *f* subacquea

scud /skʌd/ *vi* (*pt/pp* **scudded**) ‹*clouds*› muoversi velocemente
scuff /skʌf/ *vt* strascicare ‹*one's feet*›
scuffle /'skʌfl/ *n* tafferuglio *m*
scull /skʌl/ **A** *vi* (with two oars) vogare di coppia; (with one oar) vogare a bratto
B *n* (boat) imbarcazione *f* da regata con un vogatore
scullery /'skʌlərɪ/ *n* retrocucina *m inv*
sculpt /skʌlpt/ *vt & vi* scolpire
sculptor /'skʌlptə(r)/ *n* scultore *m*
sculpture /'skʌlptʃə(r)/ *n* scultura *f*
scum /skʌm/ *n* schiuma *f*; (people) feccia *f*
scurrilous /'skʌrɪləs/ *adj* scurrile
scurry /'skʌrɪ/ *vi* (*pt/pp* **-ied**) affrettare il passo
scuttle¹ /'skʌtl/ *n* secchio *m* per il carbone
scuttle² *vt* affondare ‹*ship*›
scuttle³ *vi* (hurry) ~ **away** correre via
scythe /saɪð/ *n* falce *f*
SE *abbr* (**south-east**) SE
sea /si:/ *n* mare *m*; **at** ~ in mare; fig confuso; **by** ~ via mare; **by the** ~ sul mare
seabed *n* fondale *m* marino
seabird *n* uccello *m* marino
seaboard *n* costiera *f*
seafaring *adj* ‹*nation*› marinaro
seafood *n* frutti *mpl* di mare
seafront /'si:frʌnt/ *n* lungomare *m*
seagull *n* gabbiano *m*
sea horse *n* cavalluccio *m* marino
seal¹ /si:l/ *n* Zool foca *f*
seal² **A** *n* sigillo *m*; Techn chiusura *f* ermetica
B *vt* sigillare; Techn chiudere ermeticamente
■ **seal off** *vt* bloccare ‹*area*›
SEAL *n abbr* AmE (**sea, air, land**) reparti *mpl* speciali delle forze armate
sea level *n* livello *m* del mare; **above** ~ sopra il livello del mare
sealing wax /'si:lɪŋ/ *n* ceralacca *f*
sea lion *n* leone *m* marino
seam /si:m/ *n* cucitura *f*; (of coal) strato *m*
seaman /'si:mən/ *n* marinaio *m*
seamless /'si:mlɪs/ *adj* senza cucitura
seamy /'si:mɪ/ *adj* ‹*scandal*› sordido; ‹*area*› malfamato
seance /'seɪɑ:ns/ *n* seduta *f* spiritica
seaplane /'si:pleɪn/ *n* idrovolante *m*
seaport /'si:pɔ:t/ *n* porto *m* di mare
sear /sɪə(r)/ *vt* cauterizzare ‹*wound*›; rosolare [a fuoco vivo] ‹*meat*›; (scorch) bruciacchiare
search /sɜ:tʃ/ **A** *n* ricerca *f*; (official) perquisizione *f*; **in** ~ **of** alla ricerca di
B *vt* frugare (**for** alla ricerca di); perlustrare ‹*area*›; (officially) perquisire
C *vi* ~ **for** cercare

search and replace *n* Comput ricerca *f* e sostituzione
search engine *n* Comput motore *m* di ricerca
searching /'sɜ:tʃɪŋ/ *adj* penetrante
searchlight *n* riflettore *m*
search party *n* squadra *f* di ricerca
search warrant *n* mandato *m* di perquisizione
searing /'sɪərɪŋ/ *adj* bruciante; ‹*pace*› travolgente; ‹*pain*› lancinante
sea salt *n* sale *m* marino
seascape *n* paesaggio *m* marino
seashell *n* conchiglia *f*
seashore /'si:ʃɔ:(r)/ *n* spiaggia *f*
seasick *adj* **be/get** ~ avere il mal di mare
seaside *n* **at/to the** ~ al mare
seaside resort *n* stazione *f* balneare
seaside town *n* città *f* di mare
season /'si:zn/ **A** *n* stagione *f*
B *vt* (flavour) condire; **in** ~ ‹*fruit*› di stagione; ‹*animal*› in calore
seasonal /'si:zənəl/ *adj* stagionale
seasoned /'si:znd/ *adj* Culin ‹*dish*› condito; ‹*timber*› stagionato; ‹*actor, politician*› consumato; ‹*leader*› di provata capacità; ~ **traveller** persona *f* che ha viaggiato molto; ~ **soldier** veterano *m*
seasoning /'si:z(ə)nɪŋ/ *n* condimento *m*
season ticket *n* abbonamento *m*
seat /si:t/ **A** *n* (chair) sedia *f*; (in car) sedile *m*; (place to sit) posto *m* [a sedere]; (bottom) didietro *m*; (of government) sede *f*; **take a** ~ sedersi
B *vt* mettere a sedere; (have seats for) aver posti [a sedere] per; **remain** ~**ed** mantenere il proprio posto
seat belt *n* cintura *f* di sicurezza; **fasten one's** ~ allacciare la cintura di sicurezza
seating /'si:tɪŋ/ *n* (places) posti *mpl* a sedere; (arrangement) disposizione *f* dei posti a sedere
seating capacity *n* numero *m* dei posti a sedere
sea urchin *n* riccio *m* di mare
sea view *n* vista *f* sul mare
seaweed *n* alga *f* marina
seaworthy *adj* in stato di navigare
sec /sek/ **A** *n* infml (short instant) attimo *m*, secondo *m*
B *abbr* (**second**) s
secateurs /sekə'tɜ:z/ *npl* cesoie *fpl*
secede /sɪ'si:d/ *vi* staccarsi
secession /sɪ'seʃn/ *n* secessione *f*
secluded /sɪ'klu:dɪd/ *adj* appartato
seclusion /sɪ'klu:ʒn/ *n* isolamento *m*
second¹ /sɪ'kɒnd/ *vt* (transfer) distaccare
second² /'sekənd/ **A** *adj* secondo; **in** ~ **gear** Auto in seconda; **on** ~ **thoughts** ripensandoci meglio; **be having** ~

S

---

parola chiave

thoughts ripensarci
B *n* secondo *m*; **~s** *pl* (goods) merce *fsg* di seconda scelta; **have ~s** (at meal) fare il bis; **John the S~** Giovanni Secondo
C *adv* (in race) al secondo posto
D *vt* assistere; appoggiare ‹*proposal*›

secondary /ˈsekəndrɪ/ *adj* secondario

secondary school *n* ≈ scuola *f* media (*inferiore e superiore*)

second-best *adj* secondo dopo il migliore; **be ~** derog essere un ripiego

second class *adv* ‹*travel, send*› in seconda classe

second-class *adj* di seconda classe

seconder /ˈsekəndə(r)/ *n* (of motion) persona *f* che appoggia una mozione

second-guess *vt* anticipare

second hand *n* (on watch, clock) lancetta *f* dei secondi

second-hand **A** *adj* ‹*car, goods, news, information*› di seconda mano; ‹*clothes*› usato; ‹*market*› dell'usato; ‹*opinion*› preso a prestito
B *adv* ‹*sell*› di seconda mano

second in command *n* vice *mf inv*; Mil vicecomandante *m*

secondly /ˈsekəndlɪ/ *adv* in secondo luogo

secondment /sɪˈkɒndmənt/ *n* **on ~** in trasferta

second name *n* (surname) cognome *m*; (middle name) secondo nome *m*

second-rate *adj* di second'ordine

secrecy /ˈsiːkrəsɪ/ *n* segretezza *f*; **in ~** in segreto

secret /ˈsiːkrɪt/ **A** *adj* segreto
B *n* segreto *m*; **make no ~ of something** non fare mistero di qualcosa

secret agent *n* agente *m* segreto

secretarial /sekrəˈteərɪəl/ *adj* ‹*work, staff*› di segreteria

secretariat /sekrəˈteərɪət/ *n* segretariato *m*

secretary /ˈsekrətərɪ/ *n* segretario, -a *mf*

Secretary of State *n* Segretario *m* di Stato; AmE Pol ministro *m* degli Esteri

secret ballot *n* scrutinio *m* segreto, votazione *f* a scrutinio segreto

secrete /sɪˈkriːt/ *vt* secernere ‹*poison*›

secretion /sɪˈkriːʃn/ *n* secrezione *f*

secretive /ˈsiːkrətɪv/ *adj* riservato

secretly /ˈsiːkrɪtlɪ/ *adv* segretamente

secret police *n* polizia *f* segreta

secret service *n* servizi *mpl* segreti

secret society *n* società *f* segreta

secret weapon *n* arma *f* segreta

sect /sekt/ *n* setta *f*

sectarian /sekˈteərɪən/ *n & adj* settario, -a *mf*

section /ˈsekʃn/ *n* sezione *f*

sector /ˈsektə(r)/ *n* settore *m*

secular /ˈsekjʊlə(r)/ *adj* secolare; ‹*education*› laico

secure /sɪˈkjʊə(r)/ **A** *adj* sicuro
B *vt* proteggere; chiudere bene ‹*door*›; rendere stabile ‹*ladder*›; (obtain) assicurarsi

securely /sɪˈkjʊəlɪ/ *adv* saldamente

secure unit *n* (in psychiatric hospital, prison) reparto *m* di massima sicurezza

security /sɪˈkjʊərətɪ/ *n* sicurezza *f*; (for loan) garanzia *f*; **securities** *pl* titoli *mpl*

security code /sɪˈkjʊərɪtɪ kəʊd/ *n* codice *m* di sicurezza

Security Council *n* (of the UN) Consiglio *m* di Sicurezza

security guard *n* guardia *f* giurata

security leak *n* fuga *f* di notizie

security risk *n* **be a ~** costituire un pericolo per la sicurezza

sedan /sɪˈdæn/ *n* AmE berlina *f*

sedate¹ /sɪˈdeɪt/ *adj* posato

sedate² *vt* somministrare sedativi a

sedately /sɪˈdeɪtlɪ/ *adv* in modo posato

sedation /sɪˈdeɪʃn/ *n* somministrazione *f* di sedativi; **be under ~** essere sotto l'effetto di sedativi

sedative /ˈsedətɪv/ **A** *adj* sedativo
B *n* sedativo *m*

sedentary /ˈsedəntərɪ/ *adj* sedentario

sediment /ˈsedɪmənt/ *n* sedimento *m*

seduce /sɪˈdjuːs/ *vt* sedurre

seduction /sɪˈdʌkʃn/ *n* seduzione *f*

seductive /sɪˈdʌktɪv/ *adj* seducente

seductively /sɪˈdʌktɪvlɪ/ *adv* con aria seducente

see¹ /siː/ **A** *vt* (*pt* **saw**, *pp* **seen**) vedere; (understand) capire; (escort) accompagnare; **go and ~** andare a vedere; (visit) andare a trovare; **~ you!** ci vediamo!; **~ you later!** a più tardi!; **~ing that** visto che; **~ somebody to the door** accompagnare qualcuno alla porta; **I can't ~ myself doing this forever** non mi ci vedo a farlo per sempre; **I can't think what she ~s in him** non capisco cosa trovi in lui; **~ reason** ragionare; **you're ~ing things** hai le traveggole
B *vi* vedere; (understand) capire; **~ that** (make sure) assicurarsi che; **let me ~** (think) fammi pensare; **I ~** (understand) ho capito
■ **see about** *vt* occuparsi di
■ **see off** *vt* salutare alla partenza; (chase away) mandar via
■ **see out**: *vt* **~ somebody out** accompagnare qualcuno alla porta
■ **see through** **A** *vi* vedere attraverso; fig non farsi ingannare da
B *vt* portare a buon fine
■ **see to** *vi* occuparsi di

see² *n* Relig diocesi *f inv*

seed /siːd/ *n* seme *m*; Tennis testa *f* di serie; **go to ~** fare seme; fig lasciarsi andare

seeded player /ˈsiːdɪd/ *n* Tennis testa *f* di serie

seedless /ˈsiːdlɪs/ *adj* senza semi

seedling /'si:dlɪŋ/ *n* pianticella *f*
seedy /'si:dɪ/ *adj* (**-ier, -iest**) squallido; **feel ~** infml sentirsi poco bene
seek /si:k/ *vt* (*pt/pp* **sought**) cercare
■ **seek out** *vt* scovare
seeker /'si:kə(r)/ *n* **~ after** *or* **for something** persona *f* che è alla ricerca di qualcosa; **gold ~** cercatore, -trice *mf* d'oro
seem /si:m/ *vi* sembrare
seeming /'si:mɪŋ/ *adj* apparente
seemingly /'si:mɪŋlɪ/ *adv* apparentemente
seemly /'si:mlɪ/ *adj* decoroso
seen /si:n/ ▶ **see**[1]
seep /si:p/ *vi* filtrare
seepage /'si:pɪdʒ/ *n* (leak: from container) perdita *f*; Geol trasudamento *m* superficiale; (trickle) lenta fuoriuscita *f*; (into structure, soil) infiltrazione *f*
see-saw /'si:sɔ:/ *n* altalena *f*
seethe /si:ð/ *vi* **~ with anger** ribollire di rabbia
see-through *adj* trasparente
segment /'segmənt/ *n* segmento *m*; (of orange) spicchio *m*
segregate /'segrɪgeɪt/ *vt* segregare
segregated /'segrəgeɪtɪd/ *adj* segregazionistico
segregation /segrɪ'geɪʃn/ *n* segregazione *f*
seismic /'saɪzmɪk/ *adj* sismico
seismograph /'saɪzməgrɑ:f/ *n* sismografo *m*
seismology /saɪz'mɒlədʒɪ/ *n* sismologia *f*
seize /si:z/ *vt* afferrare; Jur confiscare; **~ the opportunity** prendere la palla al balzo
■ **seize up** *vi* Techn bloccarsi
seizure /'si:ʒə(r)/ *n* Jur confisca *f*; Med colpo *m* [apoplettico]
seldom /'seldəm/ *adv* raramente
select /sɪ'lekt/ **A** *adj* scelto; (exclusive) esclusivo
B *vt* scegliere; selezionare ‹*team*›
selection /sɪ'lekʃn/ *n* selezione *f*
selective /sɪ'lektɪv/ *adj* selettivo
selectively /sɪ'lektɪvlɪ/ *adv* con criterio
selector /sɪ'lektə(r)/ *n* Sport selezionatore, -trice *mf*
self /self/ *n* io *m*
self-addressed *adj* con il proprio indirizzo
self-addressed envelope *n* busta *f* affrancata con il proprio indirizzo
self-adhesive *adj* autoadesivo
self-analysis *n* autoanalisi *f*
self-assembly *adj* da montare
self-assurance *n* sicurezza *f* di sé
self-assured *adj* sicuro di sé
self-catering *adj* in appartamento attrezzato di cucina
self-centred *adj* egocentrico
self-cleaning *adj* ‹*oven*› autopulente

self-confessed *adj* dichiarato
self-confidence *n* fiducia *f* in se stesso
self-confident *adj* sicuro di sé
self-conscious *adj* impacciato
self-contained *adj* ‹*flat*› con ingresso indipendente
self-control *n* autocontrollo *m*
self-defence *n* autodifesa *f*; Jur legittima difesa *f*
self-denial *n* abnegazione *f*
self-destruct *vi* ‹*missile, spacecraft*› autodistruggersi
self-destruction *n* autodistruzione *f*; fig autolesionismo *m*
self-destructive *adj* autodistruttivo
self-determination *n* autodeterminazione *f*
self-discipline *n* autodisciplina *f*
self-disciplined *adj* disciplinato
self-effacing /-ɪ'feɪsɪŋ/ *adj* modesto, schivo
self-employed *adj* che lavora in proprio; **the ~** i lavoratori autonomi
self-esteem *n* stima *f* di sé
self-evident *adj* ovvio
self-explanatory *adj* **be ~** parlare da sé
self-expression /,selfɪk'spreʃn/ *n* espressione *f* della propria personalità
self-financing /-faɪ'nænsɪŋ/ *n* autofinanziamento *m*
self-governing /-'gʌvənɪŋ/ *adj* autonomo
self-government *n* autogoverno *m*
self-harm *n* autolesionismo *m*
self-help *n* iniziativa *f* personale
self-image *n* immagine *f* di sé
self-important *adj* borioso
self-imposed /-ɪm'pəʊzd/ *adj* autoimposto
self-improvement *n* crescita *f* personale
self-induced /-ɪn'dju:st/ *adj* autoindotto
self-indulgent *adj* indulgente con se stesso
self-inflicted *adj* **Anna's problems are ~** sono problemi che Anna si è creata da sé; **~ wound** autolesione *f*
self-interest *n* interesse *m* personale
self-interested *adj* interessato
selfish /'selfɪʃ/ *adj* egoista
selfishly /'selfɪʃlɪ/ *adv* egoisticamente
selfishness /'selfɪʃnɪs/ *n* egoismo *m*
selfless /'selflɪs/ *adj* disinteressato
selflessly /'selflɪslɪ/ *adv* disinteressatamente
selflessness /'selflɪsnɪs/ *n* disinteresse *m*
self-locking /-'lɒkɪŋ/ *adj* ‹*door*› a chiusura automatica
self-made *adj* che si è fatto da sé
self-pity *n* autocommiserazione *f*
self-portrait *n* autoritratto *m*
self-possessed /-pə'zest/ *adj* padrone di sé
self-preservation *n* istinto *m* di conservazione

S

parola chiave

self-raising flour BrE, **self-rising flour** AmE /ˈreɪzɪŋ, ˈraɪzɪŋ/ *n* farina *f* autolievitante
self-reliant *adj* autosufficiente
self-respect *n* amor *m* proprio
self-respecting *adj* di rispetto
self-righteous *adj* presuntuoso
self-rule *n* autogoverno *m*
self-sacrifice *n* abnegazione *f*
selfsame *adj* stesso
self-satisfied *adj* compiaciuto di sé
self-service **A** *n* self-service *m inv* **B** *attrib* self-service
self-styled *adj* sedicente
self-sufficiency *n* autosufficienza *f*
self-sufficient *adj* autosufficiente
self-supporting *adj* ‹*person*› indipendente (*economicamente*)
self-tan *n* autoabbronzante *m*
self-tanning /-ˈtænɪŋ/ *adj* autoabbronzante
self-taught /-ˈtɔːt/ *adj* ‹*person*› autodidatta
self-willed /-ˈwɪld/ *adj* ostinato
sell /sel/ **A** *vt* (*pt/pp* **sold**) vendere; **be sold out** essere esaurito; **~ somebody on the idea of ...** infml convincere qualcuno di... **B** *vi* vendersi
■ **sell off** *vt* liquidare
■ **sell out** *vi* (of tickets, goods) andare esaurito; **'sold out'** 'tutto esaurito'; **~ out of something** esaurire qualcosa; (on one's principles) vendersi
■ **sell up** *vi* liquidare i propri beni
sell-by date *n* data *f* di scadenza per la vendita
seller /selə(r)/ *n* venditore, -trice *mf*
sellers' market /ˈseləzmɑːkɪt/ *n* mercato *m* al rialzo
selling /ˈselɪŋ/ **A** *adj* ‹*price*› di vendita **B** *n* vendita *f*
selling price /ˈselɪŋ/ *n* prezzo *m* di vendita
Sellotape® /ˈseləʊteɪp/ *n* nastro *m* adesivo, scotch® *m*
sell-out *n* infml (betrayal) tradimento *m*; **be a ~** ‹*concert*› fare il tutto esaurito
selvage, selvedge /ˈselvɪdʒ/ *n* cimosa *f*
selves /selvz/ *pl of* **self**
semantic /sɪˈmæntɪk/ *adj* semantico
semantics /sɪˈmæntɪks/ *nsg* (subject) semantica *fsg*; **that's just ~** sono solo sfumature di significato
semblance /ˈsembləns/ *n* parvenza *f*
semen /ˈsiːmən/ *n* Anat liquido *m* seminale
semester /sɪˈmestə(r)/ *n* AmE semestre *m*
semi /ˈsemɪ/ *n* BrE (house) villetta *f* bifamiliare; AmE Auto autoarticolato *m*
semi+ *pref* semi+
semi-automatic *adj* semiautomatico
semibreve *n* Mus semibreve *f*
semicircle *n* semicerchio *m*
semicircular *adj* semicircolare
semicolon *n* punto e virgola *m*
semi-conscious *adj* semiincosciente
semi-darkness *n* semioscurità *f*
semi-detached **A** *adj* gemella **B** *n* casa *f* gemella
semi-final *n* semifinale *f*
semi-finalist *n* semifinalista *mf*
seminal /ˈsemɪnəl/ *adj* (major) determinante
seminar /ˈsemɪnɑː(r)/ *n* seminario *m*
seminary /ˈsemɪnərɪ/ *n* seminario *m*
semi-precious *adj* semiprezioso; **~ stone** pietra *f* dura
semi-skilled /-ˈskɪld/ *adj* qualificato
semi-skimmed /-ˈskɪmd/ *adj* parzialmente scremato
semitone *n* Mus semitono *m*
semolina /seməˈliːnə/ *n* semolino *m*
senate /ˈsenət/ *n* senato *m*
senator /ˈsenətə(r)/ *n* senatore, -trice *mf*
send /send/ *vt* & *vi* (*pt/pp* **sent**) mandare; (by mail) spedire
■ **send away for** *vt* farsi spedire ‹*information etc*›
■ **send down** *vt* (send to prison) mandare in galera
■ **send for** *vt* mandare a chiamare ‹*person*›; far venire ‹*thing*›
■ **send in** *vt* presentare ‹*application*›; far entrare ‹*person*›
■ **send off** *vt* spedire ‹*letter, parcel*›; espellere ‹*footballer*›
■ **send on** *vt* spedire ‹*luggage, letter, parcel*›
■ **send out** *vt* emettere ‹*light, heat*›; mandare fuori della porta ‹*pupil*›
■ **send up** *vt* infml parodiare
sender /ˈsendə(r)/ *n* mittente *mf*; **return to ~** (on letter) rispedire al mittente
send-off *n* commiato *m*
send-up *n* BrE infml parodia *f*
Senegal /ˌsenɪˈgɔːl/ *n* Senegal *m*
senile /ˈsiːnaɪl/ *adj* arteriosclerotico
senile dementia /dɪˈmenʃə/ *n* demenza *f* senile
senility /sɪˈnɪlətɪ/ *n* senilismo *m*
senior /ˈsiːnɪə(r)/ **A** *adj* più vecchio; (in rank) superiore **B** *n* (in rank) superiore *mf*; (in sport) senior *mf*; **she's two years my ~** è più vecchia di me di due anni
senior citizen *n* anziano, -a *mf*
senior high school *n* AmE *scuola* (*f*) *superiore*
seniority /siːnɪˈɒrətɪ/ *n* anzianità *f* di servizio
senior management *n* alta dirigenza *f*
sensation /senˈseɪʃn/ *n* sensazione *f*; **cause a ~** fare scalpore
sensational /senˈseɪʃənəl/ *adj* sensazionale
sensationalist /senˈseɪʃənəlɪst/ *adj* ‹*headline, report*› sensazionalistico

S

sensationalize /sen'seɪʃənəlaɪz/ *vt* derog dare un tono scandalistico a
sensationally /sen'seɪʃənəlɪ/ *adv* in modo sensazionale
sense /sens/ **A** *n* senso *m*; (common) ~ buon senso *m*; **in a ~** in un certo senso; **make ~** aver senso
B *vt* sentire
senseless /'senslɪs/ *adj* insensato; (unconscious) privo di sensi
senselessly /'senslɪslɪ/ *adv* insensatamente
sensible /'sensəbl/ *adj* sensato; (suitable) appropriato
sensibly /'sensəblɪ/ *adv* in modo appropriato
sensitive /'sensətɪv/ *adj* sensibile; (touchy) suscettibile
sensitively /'sensətɪvlɪ/ *adv* con sensibilità
sensitivity /sensə'tɪvətɪ/ *n* sensibilità *f*
sensitize /'sensɪtaɪz/ *vt* **become ~d to** (allergic to) diventare ipersensibile a
sensor /'sensə(r)/ *n* sensore *m*
sensory /'sensərɪ/ *adj* sensoriale
sensual /'sensjʊəl/ *adj* sensuale
sensuality /sensjʊ'ælətɪ/ *n* sensualità *f*
sensuous /'sensjʊəs/ *adj* voluttuoso
sent /sent/ ▶ **send**
sentence /'sentəns/ **A** *n* frase *f*; Jur sentenza *f*; (punishment) condanna *f*
B *vt* **~ to** condannare a
sentiment /'sentɪmənt/ *n* sentimento *m*; (opinion) opinione *f*; (sentimentality) sentimentalismo *m*
sentimental /sentɪ'mentl/ *adj* sentimentale; derog sentimentalista
sentimentality /sentɪmen'tælətɪ/ *n* sentimentalità *f*
sentinel /'sentɪnəl/ *n* sentinella *f*
sentry /'sentrɪ/ *n* sentinella *f*
separable /'sepərəbl/ *adj* separabile
separate¹ /'sepərət/ *adj* separato
separate² /'sepəreɪt/ **A** *vt* separare
B *vi* separarsi
separately /'sepərətlɪ/ *adv* separatamente
separates /'sepərəts/ *npl* [indumenti *mpl*] coordinati *mpl*
separation /sepə'reɪʃn/ *n* separazione *f*
separatist /'sepərətɪst/ *n & adj* separatista *mf*
sepia /'si:pɪə/ *n* (colour) seppia *m*
September /sep'tembə(r)/ *n* settembre *m*
septic /'septɪk/ *adj* settico; **go ~** infettarsi
septicaemia /septɪ'si:mɪə/ *n* setticemia *f*
septic tank *n* fossa *f* biologica
sequel /'si:kwəl/ *n* seguito *m*
sequence /'si:kwəns/ *n* sequenza *f*; **in ~** nell'ordine giusto
sequential /sɪ'kwenʃəl/ *adj* sequenziale
sequin /'si:kwɪn/ *n* lustrino *m*, paillette *f inv*
Serb /sɜ:b/ *adj & n* serbo, -a *mf*

Serbia /'sɜ:bɪə/ *n* Serbia *f*
Serbian /'sɜ:bɪən/ **A** *n* serbo, -a *mf*; (language) serbo *m*
B *adj* serbo
Serbo-Croat /sɜ:bəʊ'krəʊæt/, **Serbo-Croatian** /sɜ:bəʊkrəʊ'eɪʃən/ **A** *n* (language) serbo-croato *m*
B *adj* serbo-croato
serenade /serə'neɪd/ **A** *n* serenata *f*
B *vt* fare una serenata a
serene /sɪ'ri:n/ *adj* sereno
serenely /sɪ'ri:nlɪ/ *adv* serenamente
serenity /sɪ'renətɪ/ *n* serenità *inv*
sergeant /'sɑ:dʒənt/ *n* sergente *m*
sergeant major *n* sergente *m* maggiore
serial /'sɪərɪəl/ **A** *n* racconto *m* a puntate; TV sceneggiato *m* a puntate; Radio commedia *f* radiofonica a puntate
B *adj* Comput seriale
serialize /'sɪərɪəlaɪz/ *vt* pubblicare a puntate; Radio, TV trasmettere a puntate
serial killer *n* serial killer *mf inv*
serial number *n* numero *m* di serie
serial port *n* Comput porta *f* seriale
series /'sɪəri:z/ *n* serie *f inv*
serious /'sɪərɪəs/ *adj* serio; ‹*illness, error*› grave
seriously /'sɪərɪəslɪ/ *adv* seriamente; ‹*ill*› gravemente; **take ~** prendere sul serio
seriousness /'sɪərɪəsnɪs/ *n* serietà *f*; (of situation) gravità *f*
sermon /'sɜ:mən/ *n* predica *f*
seropositive /sɪərəʊ'pɒzɪtɪv/ *adj* sieropositivo
serotonin /serə'təʊnɪn/ *n* serotonina *f*
serpent /'sɜ:pənt/ *n* serpente *m*
serrated /se'reɪtɪd/ *adj* dentellato
serum /'sɪərəm/ *n* siero *m*
servant /'sɜ:vənt/ *n* domestico, -a *mf*
serve /sɜ:v/ **A** *n* Tennis servizio *m*
B *vt* servire; Jur notificare ‹*writ*› (**on somebody** a qualcuno); scontare ‹*sentence*›; **~ its purpose** servire al proprio scopo; **it ~s you right!** ben ti sta!; **~s two** per due persone
C *vi* prestare servizio; Tennis servire; **~ as** servire da
server /'sɜ:və(r)/ *n* (piece of cutlery) posata *f* da portata; (plate) piatto *m* da portata; (tray) vassoio *m* da portata; Sport giocatore, -trice *mf* che effettua il servizio; Comput server *m inv*
service /'sɜ:vɪs/ **A** *n* servizio *m*; Relig funzione *f*; (maintenance) revisione *f*; **~s** *pl* forze *fpl* armate; (on motorway) area *f* di servizio; **in the ~s** sotto le armi; **of ~ to** utile a; **out of ~** ‹*machine*› guasto
B *vt* Techn revisionare
serviceable /'sɜ:vɪsəbl/ *adj* utilizzabile; (hard-wearing) resistente; (practical) pratico
service area *n* area *f* di servizio

S

parola chiave

service centre BrE, **service center** AmE *n* (garage) officina *f*; (in shop) centro *m* di assistenza tecnica

service charge *n* servizio *m*

service company *n* compagnia *f* del settore terziario

service industry *n* industria *f* terziaria

serviceman *n* militare *m*

service provider *n* fornitore *m* di servizi Internet

service road *n* strada *f* d'accesso

service station *n* stazione *f* di servizio

servicewoman *n* soldatessa *f*

serviette /sɜːviˈet/ *n* tovagliolo *m*

servile /ˈsɜːvaɪl/ *adj* servile

servility /səˈvɪlɪtɪ/ *n* servilismo *m*

serving /ˈsɜːvɪŋ/ **A** *adj* ‹*officer*› di carriera **B** *n* (helping) porzione *f*

serving dish *n* piatto *m* da portata

serving spoon *n* cucchiaio *m* da servizio

session /ˈseʃn/ *n* seduta *f*; Jur sessione *f*; Univ anno *m* accademico

set /set/ **A** *n* serie *f inv*, set *m inv*; (of crockery, cutlery) servizio *m*; TV, Radio apparecchio *m*; Math insieme *m*; Theat scenario *m*; Cinema, Tennis set *m inv*; (of people) circolo *m*; (of hair) messa *f* in piega
B *adj* (ready) pronto; (rigid) fisso; ‹*book*› in programma; **be ~ on doing something** essere risoluto a fare qualcosa; **be ~ in one's ways** essere abitudinario
C *vt* (*pt/pp* **set**, *pres p* **setting**) mettere, porre; mettere ‹*alarm clock*›; assegnare ‹*task, homework*›; fissare ‹*date, limit*›; chiedere ‹*questions*›; montare ‹*gem*›; assestare ‹*bone*›; apparecchiare ‹*table*›; Typ comporre; **~ fire to** dare fuoco a; **~ free** liberare; **~ a good example** dare il buon esempio; **~ sail for** far vela per; **~ in motion** dare inizio a; **~ to music** musicare; **the film is ~ in Rome/the 18th century** il film è ambientato a Roma/nel XVIII secolo; **~ to music** musicare; **~ about doing something** mettersi a fare qualcosa
D *vi* ‹*sun*› tramontare; ‹*jelly, concrete*› solidificarsi; **~ to work (on something)** mettersi al lavoro (su qualcosa)
■ **set apart** *vt* (distinguish) distinguere; **~ somebody** *or* **something apart from** distinguere qualcuno *o* qualcosa da
■ **set aside** *vt* mettere da parte ‹*money, time*›; riservare ‹*room, area*›
■ **set back** *vt* mettere indietro; (hold up) ritardare; infml (cost) costare a
■ **set down** *vt* (establish) stabilire ‹*rules, conditions*›; (write down) scrivere ‹*facts*›
■ **set in** *vi* ‹*rain, infection, recession*› prendere piede
■ **set off** **A** *vi* partire
B *vt* avviare; mettere ‹*alarm*›; fare esplodere ‹*bomb*›
■ **set on**: *vt* **~ on somebody** (attack) aggredire qualcuno; **~ the dogs on somebody** aizzare i cani contro qualcuno
■ **set out** **A** *vi* partire; **~ out to do something** proporsi di fare qualcosa
B *vt* disporre; (state) esporre
■ **set to** *vi* mettersi all'opera
■ **set up** *vt* fondare ‹*company*›; istituire ‹*committee*›

setback /ˈsetbæk/ *n* (hitch) contrattempo *m*; Mil sconfitta *f*, scacco *m*; Fin tracollo *m*; (in health) ricaduta *f*

set design *n* scenografia *f*

set designer *n* scenografo, -a *mf*

set meal *n* menù *m* fisso

settee /seˈtiː/ *n* divano *m*

setter /ˈsetə(r)/ *n* (dog) setter *m inv*

setting /ˈsetɪŋ/ *n* scenario *m*; (position) posizione *f*; (of sun) tramonto *m*; (of jewel) montatura *f*

setting-up /ˌsetɪŋˈʌp/ *n* (of project, business) creazione *f*

settle /ˈsetl/ **A** *vt* (decide) definire; risolvere ‹*argument*›; fissare ‹*date*›; calmare ‹*nerves*›; saldare ‹*bill*›; **that's ~d then** allora è deciso
B *vi* (live) stabilirsi; ‹*snow, dust, bird*› posarsi; (subside) assestarsi; ‹*sediment*› depositarsi
■ **settle down** *vi* sistemarsi; (stop making noise) calmarsi
■ **settle for** *vt* accontentarsi di
■ **settle in** *vi* (in new house, job) ambientarsi
■ **settle up** *vi* regolare i conti

settlement /ˈsetlmənt/ *n* (agreement) accordo *m*; (of bill) saldo *m*; Comm liquidazione *f*; (colony) insediamento *m*

settler /ˈsetlə(r)/ *n* colonizzatore, -trice *mf*

set-to *n* infml zuffa *f*; (verbal) battibecco *m*

set-top box *n* decoder *m inv*

set-up *n* situazione *f*

seven /ˈsevn/ *adj & n* sette *m*

seventeen /sevənˈtiːn/ *adj & n* diciassette *m*

seventeenth /sevənˈtiːn/ *adj & n* diciassettesimo, -a *mf*

seventh /ˈsevnθ/ *adj & n* settimo, -a *mf*

seventies /ˈsevntɪz/ *npl* (period) **the ~** gli anni Settanta *mpl*; (age) settant'anni *mpl*

seventieth /ˈsevntɪɪθ/ *adj & n* settantesimo, -a *mf*

seventy /ˈsevntɪ/ *adj & n* settanta *m*

seven-year itch *n* infml crisi *f inv* del settimo anno

sever /ˈsevə(r)/ *vt* troncare ‹*relations*›

several /ˈsevrəl/ *adj & pron* parecchi

severance /ˈsev(ə)rəns/ *n* **~ pay** trattamento *m* di fine rapporto

severe /sɪˈvɪə(r)/ *adj* severo; ‹*pain*› violento; ‹*illness*› grave; ‹*winter*› rigido

severe acute respiratory syndrome *n* Med sindrome *f* respiratoria acuta severa

severely /sɪˈvɪəlɪ/ *adv* severamente; ‹*ill*› gravemente

severity /sɪ'verətɪ/ *n* severità *f*; (of pain) violenza *f*; (of illness) gravità *f*; (of winter) rigore *m*

sew /səʊ/ *vt & vi* (*pt* **sewed**, *pp* **sewn** *or* **sewed**) cucire

■ **sew up** *vt* ricucire

sewage /'su:ɪdʒ/ *n* acque *fpl* di scolo

sewer /'su:ə(r)/ *n* fogna *f*

sewing /'səʊɪŋ/ *n* cucito *m*; (work) lavoro *m* di cucito

sewing machine *n* macchina *f* da cucire

sewn /səʊn/ ▶ **sew**

sex /seks/ *n* sesso *m*; **have ~** avere rapporti sessuali, fare l'amore

sex appeal *n* sex appeal *m*

sex change *n* **have a ~** cambiare sesso

sex change operation *n* intervento *m* per il cambiamento di sesso

sex discrimination *n* discriminazione *f* sessuale

sex education *n* educazione *f* sessuale

sexism /'seksɪzm/ *n* sessismo *m*

sexist /'seksɪst/ *adj* sessista *mf*

sex life *n* vita *f* sessuale

sex maniac *n* maniaco *m* sessuale

sex object *n* oggetto *m* sessuale

sex offender *n* colpevole *mf* di delitti a sfondo sessuale

sextet /seks'tet/ *n* sestetto *m*

sex tourism *n* turismo *m* a scopo sessuale

sexual /'seksjʊəl/ *adj* sessuale

sexual abuse *n* abusi *mpl* sessuali

sexual assault *n* atti *mpl* di libidine violenta

sexual equality *n* parità *f* dei sessi

sexual harassment *n* molestie *fpl* sessuali

sexual intercourse *n* rapporti *mpl* sessuali

sexuality /seksjʊ'ælətɪ/ *n* sessualità *f*

sexually /'seksjʊəlɪ/ *adv* sessualmente; **be ~ assaulted** subire atti di libidine violenta

sexually transmitted disease /trænz'mɪtɪd/ *n* malattia *f* trasmissibile per via sessuale

sexy /'seksɪ/ *adj* (**-ier**, **-iest**) sexy *inv*

Seychelles /seɪ'ʃelz/ *npl* **the ~** le Seychelles

sh /ʃ/ *int* silenzio!, sst!

shabbily /'ʃæbɪlɪ/ *adv* in modo scialbo; ‹*treat*› in modo meschino

shabbiness /'ʃæbɪnɪs/ *n* trasandatezza *f*; (of treatment) meschinità *f*

shabby /'ʃæbɪ/ *adj* (**-ier**, **-iest**) scialbo; ‹*treatment*› meschino

shack /ʃæk/ *n* catapecchia *f*

shackles /'ʃæklz/ *npl* catene *fpl*

shade /ʃeɪd/ **A** *n* ombra *f*; (of colour) sfumatura *f*; (for lamp) paralume *m*; AmE (for window) tapparella *f*; **a ~ better** un tantino meglio

B *vt* riparare dalla luce; (draw lines on) ombreggiare

shades /ʃeɪdz/ *npl* infml occhiali *mpl* da sole

shading /'ʃeɪdɪŋ/ *n* (slight variation in colour) tonalità *f*; (to give effect of darkness) ombreggiature *fpl*

shadow /'ʃædəʊ/ **A** *n* ombra *f*

B *vt* (follow) pedinare

shadow boxing *n* allenamento *m* di boxe con l'ombra

Shadow Cabinet *n* governo *m* ombra

shadowy /'ʃædəʊɪ/ *adj* (indistinct) confuso

shady /'ʃeɪdɪ/ *adj* (**-ier**, **-iest**) ombroso; infml (disreputable) losco

shaft /ʃɑ:ft/ *n* Techn albero *m*; (of light) raggio *m*; (of lift, mine) pozzo *m*; **~s** *pl* (of cart) stanghe *fpl*

shaggy /'ʃægɪ/ *adj* (**-ier**, **-iest**) irsuto; ‹*animal*› dal pelo arruffato

shaggy dog story *n* infml *barzelletta* (*f*) *interminabile dal finale deludente*

shake /ʃeɪk/ **A** *n* scrollata *f*

B *vt* (*pt* **shook**, *pp* **shaken**) scuotere; agitare ‹*bottle*›; far tremare ‹*building*›; **~ hands with** stringere la mano a; **~ one's head** scuotere la testa

C *vi* tremare

■ **shake off** *vt* scrollarsi di dosso

■ **shake up** *vt* agitare ‹*bottle*›; ‹*news, experience*› scuotere ‹*person*›

shaken, shaken up /'ʃeɪkən/ *adj* (after accident etc) scosso

shaker /'ʃeɪkə(r)/ *n* (for salad) centrifuga *f* [asciugaverdure]; (for dice) bicchiere *m*; (for cocktails) shaker *m inv*; (for pepper) pepaiola *f*; (for salt) saliera *f*

shake-up *n* Pol rimpasto *m*; Comm ristrutturazione *f*

shakily /'ʃeɪkɪlɪ/ *adv* ‹*say something*› con voce tremante; ‹*walk*› con passo esitante

shaky /'ʃeɪkɪ/ *adj* (**-ier**, **-iest**) tremante; ‹*table etc*› traballante; (unreliable) vacillante

shall /ʃæl/ *v aux* **I ~ go** andrò; **we ~ see** vedremo; **what ~ I do?** cosa faccio?; **I'll come too, ~ I?** vengo anch'io, no?; **thou shalt not kill** literary non uccidere; **passengers ~ remain seated** i passeggeri devono rimanere seduti

shallot /ʃə'lɒt/ *n* scalogno *m*

shallow /'ʃæləʊ/ *adj* basso, poco profondo; ‹*dish*› poco profondo; fig superficiale

shallows /'ʃæləʊz/ *npl* secche *fpl*

sham /ʃæm/ **A** *adj* falso

B *n* finzione *f*; (person) spaccone, -a *mf*

C *vt* (*pt/pp* **shammed**) simulare

shambles /'ʃæmblz/ *n* caos *msg*

shame /ʃeɪm/ *n* vergogna *f*; **it's a ~ that** è un peccato che; **what a ~!** che peccato!; **~ on you!** vergognati!; **put somebody/something to ~** far sfigurare qualcuno/qualcosa

S

parola chiave

shamefaced /ʃeɪmˈfeɪst/ *adj* vergognoso
shameful /ˈʃeɪmfl/ *adj* vergognoso
shamefully /ˈʃeɪmfʊlɪ/ *adv* vergognosamente
shameless /ˈʃeɪmlɪs/ *adj* spudorato
shamelessly /ˈʃeɪmlɪslɪ/ *adv* spudoratamente
shampoo /ʃæmˈpuː/ **A** *n* shampoo *m inv*; **~ and set** shampoo *m inv* e messa in piega
B *vt* fare uno shampoo a ‹*carpet, person's hair etc*›
shamrock /ˈʃæmrɒk/ *n* trifoglio *m* (*simbolo dell'Irlanda*)
shandy /ˈʃændɪ/ *n bevanda* (*f*) *a base di birra e gassosa*
shank /ʃæŋk/ *n* garretto *m*; (of knife) manico *m*; (of golf club) impugnatura *f*; (of screw) gambo *m*; (of anchor) fuso *m*; (of person) gamba *f* (*dal ginocchio in giù*)
shan't /ʃɑːnt/ = *shall not*
shanty /ˈʃænɪ/ *n* (hut) baracca *f*; (song) canto *m* marinaro
shanty town /ˈʃæntɪtaʊn/ *n* bidonville *f inv*, baraccopoli *f inv*
shape /ʃeɪp/ **A** *n* forma *f*; (figure) ombra *f*; **take ~** prendere forma; **get back in ~** ritornare in forma; **be out of ~** non essere in forma
B *vt* dare forma a (**into** di)
C *vi* **~ [up]** mettere la testa a posto; **~ up nicely** mettersi bene
shapeless /ˈʃeɪplɪs/ *adj* informe
shapely /ˈʃeɪplɪ/ *adj* (**-ier**, **-iest**) ben fatto
shard /ʃɑːd/ *n* frammento *m*; (of clay) coccio *m*
share /ʃeə(r)/ **A** *n* porzione *f*; Comm azione *f*
B *vt* dividere; condividere ‹*views*›
C *vi* dividere; **~ in** partecipare a
■ **share out** *vt* spartire; (including oneself) spartirsi
share capital *n* capitale *m* azionario
shared /ʃeəd/ *adj* ‹*house*› condiviso; ‹*bathroom*› in comune
share dealing *n* contrattazione *f* di azioni
shareholder *n* azionista *mf*
shareholding *n* titoli *mpl* azionari
share index *n* indice *m* azionario
share option scheme *n partecipazione* (*f*) *agli utili dell'azienda tramite acquisto di azioni*
shareware /ˈʃeəweə(r)/ *n* Comput shareware *m inv*
shark /ʃɑːk/ *n* squalo *m*, pescecane *m*; fig truffatore, -trice *mf*
sharp /ʃɑːp/ **A** *adj* ‹*knife etc*› tagliente; ‹*pencil*› appuntito; ‹*drop*› a picco; ‹*reprimand*› severo; ‹*outline*› marcato; (alert) acuto; (unscrupulous) senza scrupoli; **~ pain** fitta *f*
B *adv* **at three o'clock ~** alle tre in punto; **look ~!** sbrigati!
C *n* Mus diesis *m inv*
sharpen /ˈʃɑːpn/ *vt* affilare ‹*knife*›; appuntire ‹*pencil*›
sharpener /ˈʃɑːpnə(r)/ *n* (for pencils) temperamatite *m inv*; (for knife) affilacoltelli *m inv*
sharply /ˈʃɑːplɪ/ *adv* ‹*turn, rise, fall*› bruscamente; ‹*speak*› in tono brusco
shatter /ˈʃætə(r)/ *vt* frantumare; fig mandare in frantumi
shattered /ˈʃætəd/ **A** *adj* infml (exhausted) a pezzi
B *vi* frantumarsi
shave /ʃeɪv/ **A** *n* rasatura *f*; **have a ~** farsi la barba
B *vt* radere
C *vi* radersi
shaver /ˈʃeɪvə(r)/ *n* rasoio *m* elettrico
shaving brush *n* pennello *m* da barba
shaving foam *n* schiuma *f* da barba
shavings /ˈʃeɪvɪŋz/ *npl* (of wood, metal) trucioli *mpl*
shaving soap *n* sapone *m* da barba
shawl /ʃɔːl/ *n* scialle *m*
she /ʃiː/ *pers pron* lei; **~ is tired** è stanca; **I'm going, but ~ is not** io vado, ma lei no
sheaf /ʃiːf/ *n* (*pl* **sheaves**) fascio *m*
shear /ʃɪə(r)/ *vt* (*pt* **sheared**, *pp* **shorn** *or* **sheared**) tosare
shears /ʃɪəz/ *npl* (for hedge) cesoie *fpl*
sheath /ʃiːθ/ *n* (*pl* **~s** /ʃiːðz/) guaina *f*
sheathe /ʃiːð/ *vt* rifoderare; rivestire ‹*cable*›
sheaves /ʃiːvz/ ▶ **sheaf**
shed[1] /ʃed/ *n* baracca *f*; (for cattle) stalla *f*
shed[2] *vt* (*pt/pp* **shed**, *pres p* **shedding**) perdere; versare ‹*blood, tears*›; **~ light on** far luce su
shedload *n* BrE infml **~s of money** un sacco di soldi
sheen /ʃiːn/ *n* lucentezza *f*
sheep /ʃiːp/ *n inv* pecora *f*
sheepdog /ˈʃiːpdɒg/ *n* cane *m* da pastore
sheepish /ˈʃiːpɪʃ/ *adj* imbarazzato
sheepishly /ˈʃiːpɪʃlɪ/ *adv* con aria imbarazzata
sheepskin /ˈʃiːpskɪn/ *n* [pelle *f* di] montone *m*
sheer /ʃɪə(r)/ **A** *adj* puro; (steep) a picco; (transparent) trasparente
B *adv* a picco
sheet /ʃiːt/ *n* lenzuolo *m*; (of paper) foglio *m*; (of glass, metal) lastra *f*
sheet lightning *n* bagliore *m* diffuso dei lampi; (without a storm) lampi *mpl* di calore
sheet metal *n* lamiera *f*
sheet music *n* spartiti *mpl*
sheikh /ʃeɪk/, **sheik** *n* sceicco *m*
shelf /ʃelf/ *n* (*pl* **shelves**) ripiano *m*; (set of shelves) scaffale *m*
shelf life *n* (of product) durata *f* di conservazione; fig (of technology, pop music) durata *f* di vita; fig (of politician, star) periodo *m* di gloria
shell /ʃel/ **A** *n* conchiglia *f*; (of egg, snail, tortoise) guscio *m*; (of crab) corazza *f*;

(of unfinished building) ossatura *f*; Mil granata *f*
B *vt* sgusciare ‹*peas*›; Mil bombardare
■ **shell out** *vi* infml sborsare

shellfish *n inv* mollusco *m*; Culin frutti *mpl* di mare

shell-shocked /ˈʃelʃɒkt/ *adj* ‹*soldier*› traumatizzato da un bombardamento; fig in stato di shock

shell suit *n* tuta *f* di acetato

shelter /ˈʃeltə(r)/ **A** *n* rifugio *m*; (air raid) ~ rifugio *m* antiaereo; **take** ~ rifugiarsi
B *vt* riparare (**from** da); fig mettere al riparo; (give lodging to) dare asilo a
C *vi* rifugiarsi

sheltered /ˈʃeltəd/ *adj* ‹*spot*› riparato; ‹*life*› ritirato

sheltered accommodation *n* residenza *f* protetta

shelve /ʃelv/ **A** *vt* accantonare ‹*project*›
B *vi* ‹*slope*› scendere

shelves /ʃelvz/ ▶ **shelf**

shelving /ˈʃelvɪŋ/ *n* (shelves) ripiani *mpl*

shepherd /ˈʃepəd/ **A** *n* pastore *m*
B *vt* guidare

shepherdess /ˈʃepədes/ *n* pastora *f*

shepherd's pie /ʃepədzˈpaɪ/ *n pasticcio* (*m*) *di carne tritata e patate*

sherbet /ˈʃɜːbət/ *n* BrE (powder) polverina *f* effervescente al gusto di frutta; AmE (sorbet) sorbetto *m*

sheriff /ˈʃerɪf/ *n* sceriffo *m*

Sherpa /ˈʃɜːpə/ *n* scerpa *m*

sherry /ˈʃerɪ/ *n* sherry *m inv*

shield /ʃiːld/ **A** *n* scudo *m*; (for eyes) maschera *f*; Techn schermo *m*
B *vt* proteggere (**from** da)

🔑 **shift** /ʃɪft/ **A** *n* cambiamento *m*; (in position) spostamento *m*; (at work) turno *m*
B *vt* spostare; (take away) togliere; riversare ‹*blame*›
C *vi* spostarsi; ‹*wind*› cambiare; infml (move quickly) darsi una mossa

shift key *n* tasto *m* delle maiuscole

shiftless /ˈʃɪftlɪs/ *adj* privo di risorse

shift work *n* turni *mpl*

shift worker *n* turnista *mf*

shifty /ˈʃɪftɪ/ *adj* (**-ier**, **-iest**) derog losco; ‹*eyes*› sfuggente

Shiite /ˈʃiːaɪt/ *adj* & *n* sciita *mf*

shilling /ˈʃɪlɪŋ/ *n* scellino *m*

shilly-shally /ˈʃɪlɪʃælɪ/ *vi* titubare

shimmer /ˈʃɪmə(r)/ **A** *n* luccichio *m*
B *vi* luccicare

shin /ʃɪn/ **A** *n* stinco *m*
B *vi* ~ **up/down something** (climb) arrampicarsi su/scendere giù da qualcosa

shindig /ˈʃɪndɪg/ *n* infml (party) baldoria *f*; (disturbance) pandemonio *m*

🔑 parola chiave

shindy /ˈʃɪndɪ/ *n* infml (disturbance) pandemonio *m*; (party) baldoria *f*

shine /ʃaɪn/ **A** *n* lucentezza *f*; **give something a** ~ dare una lucidata a qualcosa
B *vi* (*pt/pp* **shone**) splendere; (reflect light) brillare; ‹*hair, shoes*› essere lucido
C *vt* ~ **a light on** puntare una luce su
■ **shine through** *vi* ‹*talent, ability*› trasparire

shingle /ˈʃɪŋgl/ *n* (pebbles) ghiaia *f*

shingles /ˈʃɪŋglz/ *n* Med fuoco *m* di Sant'Antonio

shin guard *n* parastinchi *m inv*

shining /ˈʃaɪnɪŋ/ *adj* ‹*eyes, jewel*› splendente; ‹*hair*› lucente; **a** ~ **example** un fulgido esempio

shiny /ˈʃaɪnɪ/ *adj* (**-ier**, **-iest**) lucido

🔑 **ship** /ʃɪp/ **A** *n* nave *f*
B *vt* (*pt, pp* **-pped**) spedire; (by sea) spedire via mare

shipbuilder /ˈʃɪpbɪldə(r)/ *n* costruttore *m* navale

shipbuilding /ˈʃɪpbɪldɪŋ/ *n* costruzione *f* di navi

shipment /ˈʃɪpmənt/ *n* spedizione *f*; (consignment) carico *m*

shipowner /ˈʃɪpəʊnə(r)/ *n* armatore *m*

shipper /ˈʃɪpə(r)/ *n* spedizioniere *m*

shipping /ˈʃɪpɪŋ/ *n* trasporto *m*; (traffic) imbarcazioni *fpl*

shipping agent *n* spedizioniere *m*

shipping company *n* compagnia *f* di spedizione

shipshape *adj* & *adv* in perfetto ordine

shipwreck *n* naufragio *m*

shipwrecked *adj* naufragato

shipyard *n* cantiere *m* navale

shire /ʃaɪə(r)/ *n* BrE contea *f*

shire horse *n* cavallo *m* da tiro

shirk /ʃɜːk/ *vt* scansare

shirker /ˈʃɜːkə(r)/ *n* scansafatiche *mf inv*

🔑 **shirt** /ʃɜːt/ *n* camicia *f*; **in** ~ **sleeves** in maniche di camicia

shirty /ˈʃɜːtɪ/ *adj* BrE infml incavolato; **get** ~ **with somebody** incavolarsi con qualcuno

shish kebab /ʃɪʃkɪˈbæb/ *n spiedino* (*m*) *di carne e verdure*

shit /ʃɪt/ vulg **A** *n* & *int* merda *f*
B *vi* (*pt/pp* **shit**) cacare

shit-scared *adj* vulg **be** ~ farsela sotto

shiver /ˈʃɪvə(r)/ **A** *n* brivido *m*
B *vi* rabbrividire

shoal /ʃəʊl/ *n* (of fish) banco *m*

🔑 **shock** /ʃɒk/ **A** *n* (impact) urto *m*; Electr scossa *f* [elettrica]; fig colpo *m*, shock *m inv*; Med shock *m inv*; **get a** ~ Electr prendere la scossa; **in** ~ Med in stato di shock
B *vt* scioccare

shock absorber *n* Auto ammortizzatore *m*

shocking /ˈʃɒkɪŋ/ *adj* scioccante; infml ‹*weather, handwriting etc*› tremendo

shockingly /ˈʃɒkɪŋlɪ/ *adv* ‹*behave*› in modo pessimo; ‹*expensive*› eccessivamente
shocking pink *n* rosa *m* shocking
shockproof *adj* antiurto
shock treatment *n* terapia *f* d'urto
shock wave *n* onda *f* d'urto
shod /ʃɒd/ ▶ **shoe**
shoddily /ˈʃɒdɪlɪ/ *adv* in modo scadente
shoddy /ˈʃɒdɪ/ *adj* (**-ier**, **-iest**) scadente
shoe /ʃuː/ **A** *n* scarpa *f*; (of horse) ferro *m*
B *vt* (*pt/pp* **shod**, *pres p* **shoeing**) ferrare ‹*horse*›
shoehorn *n* calzante *m*
shoelace *n* laccio *m* da scarpa
shoemaker *n* calzolaio *m*
shoe rack *n* scarpiera *f*
shoe shop *n* calzoleria *f*
shoestring *n* **on a ~** infml con una miseria
shoe tree *n* forma *f* da scarpa
shone /ʃɒn/ ▶ **shine**
shoo /ʃuː/ **A** *vt* **~ away** cacciar via
B *int* sciò!
shook /ʃʊk/ ▶ **shake**
shoot /ʃuːt/ **A** *n* Bot germoglio *m*; (hunt) battuta *f* di caccia
B *vt* (*pt/pp* **shot**) sparare, girare ‹*film*›; **~ oneself in the foot** fig darsi la zappa sui piedi
C *vi* (hunt) andare a caccia
■ **shoot down** *vt* abbattere
■ **shoot out** *vi* (rush) precipitarsi fuori
■ **shoot up** *vi* (grow) crescere in fretta; ‹*prices*› salire di colpo
shooting /ˈʃuːtɪŋ/ **A** *n* (pastime) caccia *f*; (killing) uccisione *f*
B *adj* ‹*pain*› lancinante
shooting range *n* poligono *m* di tiro
shooting star *n* stella *f* cadente
shoot-out *n* infml sparatoria *f*
shop /ʃɒp/ **A** *n* negozio *m*; (workshop) officina *f*; **talk ~** infml parlare di lavoro
B *vi* (*pt/pp* **shopped**, *pres p* **shopping**) far compere; **go ~ping** andare a fare compere
■ **shop around** *vi* confrontare i prezzi
shopaholic /ʃɒpəˈhɒlɪk/ *n* fanatico, -a *mf* dello shopping
shop assistant *n* commesso, -a *mf*
shop floor *n* **problems on the ~** problemi tra gli operai
shopkeeper *n* negoziante *mf*
shoplifter *n* taccheggiatore, -trice *mf*
shoplifting *n* taccheggio *m*
shopper /ˈʃɒpə(r)/ *n* compratore, -trice *mf*
shopping /ˈʃɒpɪŋ/ *n* compere *fpl*; (articles) acquisti *mpl*; **do the ~** fare la spesa
shopping bag *n* borsa *f* per la spesa
shopping basket *n* Comput (on web site) carrello *m* della spesa
shopping cart *n* carrello *m* della spesa
shopping centre *n* centro *m* commerciale
shopping list *n* lista *f* della spesa
shopping mall *n* centro *m* commerciale
shopping trolley *n* carrello *m*
shop-soiled *adj* BrE ‹*garment*› sporco (per lunga permanenza in negozio)
shop steward *n* rappresentante *mf* sindacale
shop window *n* vetrina *f*
shopworn *adj* AmE ‹*garment*› sporco (per lunga permanenza in negozio)
shore /ʃɔː(r)/ *n* riva *f*
■ **shore up** *vt* puntellare ‹*building, wall*›
shorn /ʃɔːn/ ▶ **shear**
short /ʃɔːt/ **A** *adj* corto; (not lasting) breve; ‹*person*› basso; (curt) brusco; **a ~ time ago** poco tempo fa; **be ~ of** essere a corto di; **be in ~ supply** essere scarso; fig essere raro; **Mick is ~ for Michael** Mick è il diminutivo di Michael; **cut ~** interrompere ‹*holiday*›; **to cut a long story ~...** per farla breve...; **in the ~ term** nell'immediato futuro, a breve termine
B *adv* bruscamente; **in ~** in breve; **~ of doing** a meno di fare; **go ~** essere privato (**of** di); **stop ~ of doing something** non arrivare fino a fare qualcosa; **you're 10p ~** mancano 10 pence
C *n* Cinema cortometraggio *m*
shortage /ˈʃɔːtɪdʒ/ *n* scarsità *f*
shortbread *n* frollino *m*
short-change *vt* dare meno resto del dovuto a; (deliberately) imbrogliare sul resto; fig imbrogliare
short circuit **A** *n* corto *m* circuito
B *vt* mandare in cortocircuito
C *vi* causare un cortocircuito
shortcoming *n* difetto *m*
shortcrust pastry *n* pasta *f* frolla
short cut *n* scorciatoia *f*
shorten /ˈʃɔːtn/ *vt* abbreviare; accorciare ‹*garment*›
shortfall *n* (in budget, accounts) deficit *m inv*
shorthand *n* stenografia *f*
short-handed /-ˈhændɪd/ *adj* a corto di personale
shorthand typist *n* stenodattilografo, -a *mf*
short list *n lista (f) dei candidati selezionati per un lavoro*
short-lived /-ˈlɪvd/ *adj* di breve durata
shortly /ˈʃɔːtlɪ/ *adv* presto; **~ before/after** poco prima/dopo
shortness /ˈʃɔːtnɪs/ *n* brevità *f*; (of person) bassa statura *f*
short notice *n* **at ~** con poco preavviso
short-range *adj* di breve portata
shorts /ʃɔːts/ *npl* calzoncini *mpl* corti
short-sighted /-ˈsaɪtɪd/ *adj* miope
short-sleeved /-ˈsliːvd/ *adj* a maniche corte

short-staffed /-ˈstɑːft/ *adj* a corto di personale
short story *n* racconto *m*, novella *f*
short-tempered /-ˈtempəd/ *adj* irascibile
short-term *adj* a breve termine
short time *n* **be on ~** ‹*worker*› fare orario ridotto
short wave *n* onde *fpl* corte
short wave radio *n* radio *f inv* a onde corte
shot /ʃɒt/ **A** ▸ **shoot**
B *n* colpo *m*; (pellets) piombini *mpl*; (person) tiratore *m*; Phot foto *f inv*; (injection) puntura *f*; infml (attempt) prova *f*; **like a ~** infml come un razzo
shotgun *n* fucile *m* da caccia
shot put *n* (event) getto *m* del peso
shot-putter *n* pesista *mf*
shot-putting *n* Sport getto *m* del peso
should /ʃʊd/ *v aux* **I ~ go** dovrei andare; **I ~ have seen him** avrei dovuto vederlo; **you ~ have seen him!** avresti dovuto vederlo!; **you ~n't have said that** non avresti dovuto dire questo; **what ~ I say?** cosa devo dire?; **this ~ be enough** questo dovrebbe bastare; **I ~ like** mi piacerebbe; **if he ~ come** se dovesse venire, se venisse
shoulder /ˈʃəʊldə(r)/ **A** *n* spalla *f*; **~ to ~** gomito a gomito
B *vt* mettersi in spalla; fig accollarsi
shoulder bag *n* borsa *f* a tracolla
shoulder blade *n* scapola *f*
shoulder-length *adj* ‹*hair*› lungo fino alle spalle
shoulder pad *n* spallina *f* imbottita
shoulder strap *n* spallina *f*; (of bag) tracolla *f*
shout /ʃaʊt/ **A** *n* grido *m*
B *vt & vi* gridare
■ **shout at** *vi* alzar la voce con
■ **shout down** *vt* azzittire gridando
shouting /ˈʃaʊtɪŋ/ *n* grida *fpl*
shove /ʃʌv/ **A** *n* spintone *m*
B *vt* spingere; infml (put) ficcare
C *vi* spingere
■ **shove off** *vi* infml togliersi di torno
■ **shove up** *vi* infml (make room) farsi più in là
shovel /ˈʃʌvl/ **A** *n* pala *f*
B *vt* (*pt/pp* **shovelled**) spalare
show /ʃəʊ/ **A** *n* (display) manifestazione *f*; (exhibition) mostra *f*; (ostentation) ostentazione *f*; Theat, TV spettacolo *m*; (programme) programma *m*; **on ~** esposto
B *vt* (*pt* **showed**, *pp* **shown**) mostrare; (put on display) esporre; proiettare ‹*film*›; **~ somebody to the door** accompagnare qualcuno alla porta; **~ somebody the door** mettere alla porta qualcuno
C *vi* ‹*film*› essere proiettato; **your slip is ~ing** ti si vede la sottoveste

S

■ **show in** *vt* fare accomodare
■ **show off** **A** *vi* infml mettersi in mostra
B *vt* mettere in mostra
■ **show out**: *vt* **~ somebody out** fare uscire qualcuno
■ **show round**: *vt* **~ somebody round** far visitare a qualcuno ‹*house, town*›
■ **show up** **A** *vi* risaltare; infml (arrive) farsi vedere
B *vt* infml (embarrass) far fare una brutta figura a
showbiz /ˈʃəʊbɪz/ *n* infml mondo *m* dello spettacolo
show business *n* mondo *m* dello spettacolo
showcase **A** *n* also fig vetrina *f*
B *attrib* ‹*village, prison*› modello
show down *n* regolamento *m* dei conti
shower /ˈʃaʊə(r)/ **A** *n* doccia *f*; (of rain) acquazzone *m*; **have a ~** fare la doccia
B *vt* **~ with** coprire di
C *vi* fare la doccia
shower cap *n* cuffia *f* da doccia
shower curtain *n* tenda *f* della doccia
shower head *n* bocchetta *f*
showerproof *adj* impermeabile
showery /ˈʃaʊərɪ/ *adj* **it was ~** ci sono stati diversi acquazzoni
show house *n casa (f) di nuova costruzione arredata per essere mostrata ad eventuali acquirenti*
showjumper /ˈʃəʊdʒʌmpə(r)/ *n* cavaliere *m*, amazzone *f*
showjumping /ˈʃəʊdʒʌmpɪŋ/ *n* salto *m* ostacoli
shown /ʃəʊn/ ▸ **show**
show-off *n* esibizionista *mf*
show of hands *n* voto *m* per alzata di mano
showpiece *n* pezzo *m* forte
showplace *n* attrazione *f*
showroom *n* salone *m* [per] esposizioni
showy /ˈʃəʊɪ/ *adj* appariscente
shrank /ʃræŋk/ ▸ **shrink**
shrapnel /ˈʃræpnl/ *n* schegge *fpl* di granata, shrapnel *m inv*
shred /ʃred/ **A** *n* brandello *m*; fig briciolo *m*
B *vt* (*pt/pp* **shredded**) fare a brandelli; Culin tagliuzzare
shredder /ˈʃredə(r)/ *n* distruttore *m* di documenti
shrew /ʃruː/ *n* Zool toporagno *m*; derog (woman) bisbetica *f*
shrewd /ʃruːd/ *adj* accorto
shrewdly /ˈʃruːdlɪ/ *adv* con accortezza
shrewdness /ˈʃruːdnɪs/ *n* accortezza *f*
shriek /ʃriːk/ **A** *n* strillo *m*
B *vt & vi* strillare
shrift /ʃrɪft/ *n* **give somebody short ~** liquidare qualcuno rapidamente
shrill /ʃrɪl/ *adj* penetrante

---

parola chiave

shrillness /'ʃrɪlnɪs/ *n* acutezza *f*
shrilly /'ʃrɪlɪ/ *adv* in modo penetrante
shrimp /ʃrɪmp/ *n* AmE gamberetto *m*
shrine /ʃraɪn/ *n* (place) santuario *m*
shrink /ʃrɪŋk/ **A** *vi* (*pt* **shrank**, *pp* **shrunk**) restringersi; (draw back) ritrarsi (**from** da)
B *n* infml strizzacervelli *mf inv*
shrinkage /'ʃrɪŋkɪdʒ/ *n* (of fabric) restringimento *m*; (of area, company) rimpicciolimento *m*; (in a shop) perdite *fpl*; (of resources) diminuzione *f*
shrinking violet /ʃrɪŋkɪŋ'vaɪələt/ *n* hum mammoletta *f*
shrink-proof *adj* irrestringibile
shrink-resistant *adj* irrestringibile
shrink-wrap **A** *vt* avvolgere nella pellicola trasparente
B *n* pellicola *f* trasparente
shrivel /'ʃrɪvl/ *vi* (*pt/pp* **shrivelled**) raggrinzare
shroud /ʃraʊd/ *n* sudario *m*; fig manto *m*; **~ed in** fig avvolto in
Shrove /ʃrəʊv/ *n* **~ Tuesday** martedì *m* grasso
shrub /ʃrʌb/ *n* arbusto *m*
shrubbery /'ʃrʌbərɪ/ *n* (in garden) zona *f* piantata ad arbusti
shrug /ʃrʌg/ **A** *n* scrollata *f* di spalle
B *vt & vi* (*pt/pp* **shrugged**) **~ [one's shoulders]** scrollare le spalle
■ **shrug off** *vt* ignorare
shrunk /ʃrʌŋk/ ▶ **shrink**
shudder /'ʃʌdə(r)/ **A** *n* fremito *m*
B *vi* fremere
shuffle /'ʃʌfl/ **A** *vi* strascicare i piedi
B *vt* mescolare ‹*cards*›
C *n* strascicamento *m*; (at cards) mescolata *f*
shufti /'ʃʊftɪ/ *n* BrE infml **have a ~ at something** dare un'occhiata a qualcosa
shun /ʃʌn/ *vt* (*pt/pp* **shunned**) rifuggire
shunt /ʃʌnt/ *vt* smistare
shush /ʃʊʃ/ *int* zitto!
shut /ʃʌt/ **A** *vt* (*pt/pp* **shut**, *pres p* **shutting**) chiudere
B *vi* chiudersi; ‹*shop*› chiudere
■ **shut down** *vt & vi* chiudere
■ **shut in** *vt* rinchiudere ‹*person, animal*›
■ **shut off** *vt* chiudere ‹*water, gas*›
■ **shut out** *vt* bloccare ‹*light*›; impedire ‹*view*›; scacciare ‹*memory*›
■ **shut up** **A** *vt* chiudere; infml far tacere
B *vi* infml stare zitto; **~ up!** stai zitto!
shutdown /'ʃʌtdaʊn/ *n* chiusura *f*
shut-eye *n* infml (short sleep) **get some ~** fare un pisolino
shutter /'ʃʌtə(r)/ *n* serranda *f*; Phot otturatore *m*
shuttle /'ʃʌtl/ **A** *n* navetta *f*
B *vi* far la spola
shuttlecock /'ʃʌtlkɒk/ *n* volano *m*
shuttle service *n* servizio *m* navetta
shy /ʃaɪ/ **A** *adj* (timid) timido
B *vi* (*pt/pp* **shied**) ‹*horse*› fare uno scarto
■ **shy away from** *vt* rifuggire da
shyly /'ʃaɪlɪ/ *adv* timidamente
shyness /'ʃaɪnɪs/ *n* timidezza *f*
Siamese /saɪə'mi:z/ *adj* siamese
Siamese twins *npl* fratelli *mpl*/sorelle *fpl* siamesi
Siberia /saɪ'bɪərɪə/ *n* Siberia *f*
sibling /'sɪblɪŋ/ *n* (brother) fratello *m*; (sister) sorella *f*; **~s** *pl* fratelli *mpl*
sibling rivalry *n* rivalità *f* tra fratelli
sibylline /'sɪbɪlaɪn/ *adj* sibillino
Sicilian /sɪ'sɪlɪən/ *adj & n* siciliano, -a *mf*
Sicily /'sɪsɪlɪ/ *n* Sicilia *f*
sick /sɪk/ *adj* ammalato; ‹*humour*› macabro; **be ~** (vomit) vomitare; **be ~ of something** infml essere stufo di qualcosa; **feel ~** aver la nausea
sick bay *n* (in school) infermeria *f*
sick building syndrome *n* sindrome *f* da edifici malsani
sicken /'sɪkn/ **A** *vt* disgustare
B *vi* **be ~ing for something** covare qualche malanno
sickening /'sɪkənɪŋ/ *adj* disgustoso
sickie /'sɪkɪ/ *n* BrE infml **throw a ~** darsi malato
sick leave *n* congedo *m* per malattia
sickly /'sɪklɪ/ *adj* (**-ier**, **-iest**) malaticcio
sickness /'sɪknɪs/ *n* malattia *f*; (vomiting) nausea *f*
sickness benefit *n* sussidio *m* di malattia
sick note *n* (from doctor) certificato *m* medico
sick pay *n* indennità *f* di malattia
sickroom /'sɪkru:m/ *n* camera *f* dell'ammalato
side /saɪd/ **A** *n* lato *m*; (of person, mountain) fianco *m*; (of road) bordo *m*; **on the ~** (as sideline) come attività secondaria; **~ by ~** fianco a fianco; **take ~s** immischiarsi; **take sb's ~** prendere le parti di qualcuno; **be on the safe ~** andare sul sicuro
B *attrib* laterale
C *vi* **~ with** parteggiare per
sideboard *n* credenza *f*
sideboards /'saɪdbɔ:dz/ *npl* BrE = **sideburns**
sideburns *npl* basette *fpl*
side effect *n* effetto *m* collaterale
side impact bars *npl* Auto barre *fpl* laterali antintrusione
sidekick *n* infml (companion) compare *m*; (assistant) braccio *m* destro
sidelights *npl* luci *fpl* di posizione
sideline *n* attività *f* complementare
sidelong *adj* **~ glance** di sguincio
side plate *n* piattino *m*
side road *n* strada *f* secondaria
side-saddle *adv* all'amazzone
sideshow *n* attrazione *f*
sidestep *vt* schivare

side street *n* strada *f* laterale
sidetrack *vt* sviare
sidewalk *n* AmE marciapiede *m*
sideways *adv* obliquamente
siding /'saɪdɪŋ/ *n* binario *m* di raccordo
sidle /'saɪdl/ *vi* camminare furtivamente (**up to** verso)
siege /siːdʒ/ *n* assedio *m*
Sierra Leone /sɪeərəlɪ'əʊn/ *n* Sierra Leone *f*
siesta /sɪ'estə/ *n* siesta *f*; **take a ~** fare una siesta
sieve /sɪv/ **A** *n* setaccio *m*
B *vt* setacciare
sift /sɪft/ *vt* setacciare; **~ [through]** fig passare al setaccio
🔑 **sigh** /saɪ/ **A** *n* sospiro *m*; **give a ~** sospirare
B *vi* sospirare
🔑 **sight** /saɪt/ **A** *n* vista *f*; (on gun) mirino *m*; **the ~s** *pl* le cose da vedere; **at first ~** a prima vista; **be within/out of ~** essere/non essere in vista; **within ~ of** vicino a; **lose ~ of** perdere di vista; **know by ~** conoscere di vista; **have bad ~** vederci male
B *vt* avvistare
sightseeing /'saɪtsiːɪŋ/ *n* **go ~** andare a visitare posti
sightseer /'saɪtsiːə(r)/ *n* turista *mf*
🔑 **sign** /saɪn/ **A** *n* segno *m*; (notice) insegna *f*
B *vt & vi* firmare
■ **sign for** *vt* firmare la ricevuta di ‹*letter, parcel*›; firmare un contratto con ‹*football club*›
■ **sign in** *vi* ‹*hotel guest*› firmare il registro
■ **sign on** *vi* (as unemployed) presentarsi all'ufficio di collocamento; Mil arruolarsi
■ **sign up** *vi* Mil arruolarsi; **~ up for a course** iscriversi a un corso
🔑 **signal** /'sɪgnl/ **A** *n* segnale *m*
B *vt* (*pt/pp* **signalled**) segnalare
C *vi* fare segnali; **~ to somebody** far segno a qualcuno (**to** di)
signal box *n* cabina *f* di segnalazione
signalman /'sɪgnəlmən/ *n* casellante *m*
signatory /'sɪgnət(ə)rɪ/ *n* firmatario, -a *mf*
signature /'sɪgnətʃə(r)/ *n* firma *f*
signature tune *n* sigla *f* [musicale]
signet ring /'sɪgnɪt/ *n* anello *m* con sigillo
significance /sɪg'nɪfɪkəns/ *n* significato *m*
🔑 **significant** /sɪg'nɪfɪkənt/ *adj* significativo
significantly /sɪg'nɪfɪkəntlɪ/ *adv* in modo significativo
signify /'sɪgnɪfaɪ/ *vt* (*pt/pp* **-ied**) indicare
signing /'saɪnɪŋ/ *n* (of treaty) firma *f*; (of footballer) ingaggio *m*; (footballer) nuovo acquisto *m*; (sign language) linguaggio *m* dei segni
sign language *n* linguaggio *m* dei segni
signpost /'saɪnpəʊst/ *n* segnalazione *f* stradale

🔑 parola chiave

Sikh /siːk/ **A** *n* sikh *mf inv*
B *adj* sikh *inv*
silage /'saɪlɪdʒ/ *n* foraggio *m* conservato in silo
🔑 **silence** /'saɪləns/ **A** *n* silenzio *m*; **in ~** in silenzio
B *vt* far tacere
silencer /'saɪlənsə(r)/ *n* (on gun) silenziatore *m*; Auto marmitta *f*
silent /'saɪlənt/ *adj* silenzioso; ‹*film*› muto; **remain ~** rimanere in silenzio; **the ~ majority** la maggioranza silenziosa
silently /'saɪləntlɪ/ *adv* silenziosamente
silhouette /sɪlu'et/ **A** *n* sagoma *f*, silhouette *f inv*
B *vt* **be ~d** profilarsi
silica gel /'sɪlɪkə/ *n* gel *m inv* di silice
silicon /'sɪlɪkən/ *n* silicio *m*
silicon chip *n* Comput chip *m inv* di silicio, piastrina *f* di silicio
silicone /'sɪlɪkəʊn/ *n* Chem silicone *m*
silicone varnish *n* vernice *f* siliconica
silk /sɪlk/ **A** *n* seta *f*
B *attrib* di seta
silkworm /'sɪlkwɜːm/ *n* baco *m* da seta
silky /'sɪlkɪ/ *adj* (**-ier**, **-iest**) come la seta
sill /sɪl/ *n* davanzale *m*
silly /'sɪlɪ/ *adj* (**-ier**, **-iest**) sciocco
silo /'saɪləʊ/ *n* silo *m*
silt /sɪlt/ *n* melma *f*
silver /'sɪlvə(r)/ **A** *adj* d'argento; ‹*paper*› argentato
B *n* argento *m*; (silverware) argenteria *f*
silver birch *n* betulla *f* bianca
silver foil *n* carta *f* stagnola, foglio *m* d'alluminio
silver-plated *adj* placcato d'argento
silver service *n servizio* (*m*) *a tavola in cui il cameriere fa il giro dei commensali*
silversmith *n* argentiere *m*
silverware *n* argenteria *f*
silver wedding *n* nozze *fpl* d'argento
silvery /'sɪlvərɪ/ *adj* argentino
SIM card /sɪm/ *n* carta *f* SIM
🔑 **similar** /'sɪmɪlə(r)/ *adj* simile
similarity /sɪmɪ'lærətɪ/ *n* somiglianza *f*
similarly /'sɪmɪləlɪ/ *adv* in modo simile
simile /'sɪmɪlɪ/ *n* similitudine *f*
simmer /'sɪmə(r)/ **A** *vi* bollire lentamente
B *vt* far bollire lentamente
■ **simmer down** *vi* calmarsi
simper /'sɪmpə(r)/ *vi* ostentare un sorriso
simpering /'sɪmp(ə)rɪŋ/ *adj* ‹*smile*› affettato; ‹*person*› smanceroso
🔑 **simple** /'sɪmpl/ *adj* semplice offensive ‹*person*› sempliciotto
simple-minded /-'maɪndɪd/ *adj* offensive sempliciotto
simpleton /'sɪmpltən/ *n* sempliciotto, -a *mf*
simplicity /sɪm'plɪsətɪ/ *n* semplicità *f*

simplification /sɪmplɪfɪ'keɪʃn/ *n* semplificazione *f*
simplify /'sɪmplɪfaɪ/ *vt* (*pt/pp* **-ied**) semplificare
simplistic /sɪm'plɪstɪk/ *adj* semplicistico
simply /'sɪmplɪ/ *adv* semplicemente
simulate /'sɪmjʊleɪt/ *vt* simulare
simulation /sɪmjʊ'leɪʃn/ *n* simulazione *f*
simulator /'sɪmjʊleɪtə(r)/ *n* simulatore *m*
simulcast /'sɪməlkɑːst/ *vt* teleradiotrasmettere
simultaneous /sɪml'teɪnɪəs/ *adj* simultaneo
simultaneously /sɪməl'teɪnɪəslɪ/ *adv* simultaneamente
sin /sɪn/ **A** *n* peccato *m*
B *vi* (*pt/pp* **sinned**) peccare
since /sɪns/ (prep) **A** da; ~ **when?** da quando in qua?
B *adv* da allora
C *conj* da quando; (because) siccome
sincere /sɪn'sɪə(r)/ *adj* sincero
sincerely /sɪn'sɪəlɪ/ *adv* sinceramente; **Yours** ~ Distinti saluti
sincerity /sɪn'serətɪ/ *n* sincerità *f*
sine /saɪn/ *n* Math seno *m*
sinew /'sɪnjuː/ *n* tendine *m*
sinful /'sɪnfl/ *adj* peccaminoso
sing /sɪŋ/ *vt & vi* (*pt* **sang**, *pp* **sung**) cantare
singalong /'sɪŋəlɒŋ/ *n* **have a** ~ cantare [tutti] insieme
Singapore /ˌsɪŋə'pɔː(r)/ *n* Singapore *f*
singe /sɪndʒ/ *vt* (*pres p* **-geing**) bruciacchiare
singer /'sɪŋə(r)/ *n* cantante *mf*
singer-songwriter /-'sɒŋraɪtə(r)/ *n* cantautore, -trice *mf*
singing /'sɪŋɪŋ/ *n* canto *m*
single /'sɪŋgl/ **A** *adj* solo; (not double) semplice; (unmarried) celibe; ‹*woman*› nubile; ‹*room*› singolo; ‹*bed*› a una piazza; **I haven't spoken to a** ~ **person** non ho parlato con nessuno
B *n* (ticket) biglietto *m* di sola andata; (record) singolo *m*
■ **single out** *vt* scegliere; (distinguish) distinguere
single-breasted /-'brestɪd/ *adj* ad un petto
single cream *n* panna *f* da cucina liquida
single currency *n* (in Europe) moneta *f* unica
single-decker /-'dekə(r)/ *n* autobus *m inv* (a un piano solo)
single file *adv* in fila indiana
single-handed /-'hændɪd/ *adj & adv* da solo
single-handedly /-'hændɪdlɪ/ *adv* da solo
single market *n* mercato *m* unico
single-minded /-'maɪndɪd/ *adj* risoluto
single mother *n* madre *f* single *inv*
single-parent *adj* ‹*family*› monoparentale
singles /'sɪŋglz/ *npl* Tennis singolo *m*; (people) single *mpl*; **the women's** ~ il singolo femminile
singles bar *n* bar ritrovo *m inv* per single
singles charts *npl* classifica *f inv* dei singoli
single sex *adj* (for boys) maschile; (for girls) femminile
single storey *adj* ‹*house*› ad un piano
singlet /'sɪŋglɪt/ *n* BrE canottiera *f*
singly /'sɪŋglɪ/ *adv* singolarmente
sing-song BrE **A** *adj* ‹*voice, dialect*› che ha una sua particolare cadenza
B *n* **have a** ~ cantare [tutti] insieme
singular /'sɪŋgjʊlə(r)/ **A** *adj* Gram singolare; (uncommon) eccezionale
B *n* singolare *m*
singularly /'sɪŋgjʊləlɪ/ *adv* singolarmente
sinister /'sɪnɪstə(r)/ *adj* sinistro
sink /sɪŋk/ **A** *n* lavandino *m*
B *vi* (*pt* **sank**, *pp* **sunk**) affondare
C *vt* affondare ‹*ship*›; scavare ‹*shaft*›; investire ‹*money*›
■ **sink in** *vi* penetrare; **it took a while to** ~ **in** infml (be understood) c'è voluto un po' a capirlo
sinker /'sɪŋkə(r)/ *n* (in fishing) piombo *m*; AmE Culin ≈ bombolone *m*
sinking /'sɪŋkɪŋ/ *n* affondamento *m*
sink unit *n mobile* (*m*) *di cucina comprendente il lavandino*
sinner /'sɪnə(r)/ *n* peccatore, -trice *mf*
sinuous /'sɪnjʊəs/ *adj* sinuoso
sinus /'saɪnəs/ *n* seno *m* paranasale
sinusitis /saɪnə'saɪtɪs/ *n* sinusite *f*
sip /sɪp/ **A** *n* sorso *m*
B *vt* (*pt/pp* **sipped**) sorseggiare
siphon /'saɪfn/ *n* (bottle) sifone *m*
■ **siphon off** *vt* travasare (con sifone)
sir /sɜː(r)/ *n* signore *m*; **S~** (title) Sir *m*; **Dear S~** Egregio Signore; **Dear S~s** Spettabile Ditta
sire /saɪə(r)/ *vt* generare
siren /'saɪrən/ *n* sirena *f*
sirloin /'sɜːlɔɪn/ *n* (of beef) controfiletto *m*
sirloin steak *n* bistecca *f* di controfiletto
sissy /'sɪsɪ/ *n* femminuccia *f*
sister /'sɪstə(r)/ *n* sorella *f*; (nurse) [infermiera *f*] caposala *f*
sisterhood /'sɪstəhʊd/ *n* Relig congregazione *f* religiosa femminile; (in feminism) solidarietà *f* femminile
sister-in-law *n* (*pl* **~s-in-law**) cognata *f*
sisterly /'sɪstəlɪ/ *adj* da sorella
Sistine Chapel /'sɪstiːn/ *n* Cappella *f* Sistina
sit /sɪt/ **A** *vi* (*pt/pp* **sat**, *pres p* **sitting**) essere seduto; (sit down) sedersi; ‹*committee*› riunirsi
B *vt* sostenere ‹*exam*›
■ **sit about**, **sit around** *vi* stare senza far niente
■ **sit back** *vi* fig starsene con le mani in mano
■ **sit by** *vi* starsene a guardare

■ **sit down** *vi* mettersi a sedere; **please ~ down** si accomodi; **~ down!** siediti!
■ **sit for** *vi* posare per ‹*portrait*›
■ **sit in** *vi* (observe) assistere; **~ in on a class** assistere (da osservatore) a una lezione
■ **sit on** *vt* far parte di ‹*committee*›
■ **sit up** *vi* mettersi seduto; (not slouch) star seduto diritto; (stay up) stare alzato

sitcom /ˈsɪtkɒm/ *n* infml situation comedy *f inv*

sit-down *n* BrE **have a ~** sedersi un momento

site /saɪt/ **A** *n* posto *m*; Archaeol sito *m*; (building) **~** cantiere *m*; (website) sito *m* **B** *vt* collocare

sit-in /ˈsɪtɪn/ *n* occupazione *f* (*di fabbrica ecc.*) sit-in *m inv*

sitter /ˈsɪtə(r)/ *n* (babysitter) baby-sitter *mf inv*; (for artist) modello, -a *mf*

sitting /ˈsɪtɪŋ/ *n* seduta *f*; (for meals) turno *m*

sitting duck *n* infml facile bersaglio *m*

sitting room *n* salotto *m*

sitting target *n* facile bersaglio *m*

sitting tenant *n* locatario *m* residente

situate /ˈsɪtjʊeɪt/ *vt* situare

situated /ˈsɪtjʊeɪtɪd/ *adj* situato

situation /sɪtjʊˈeɪʃn/ *n* situazione *f*; (location) posizione *f*; (job) posto *m*; **'~s vacant'** 'offerte di lavoro'

situation report *n* quadro *m* della situazione

sit-ups *npl* addominali *mpl*

six /sɪks/ *adj & n* sei *m*

six-pack *n* confezione *f* da sei (*di bottiglie o lattine*)

sixteen /sɪksˈtiːn/ *adj & n* sedici *m*

sixteenth /sɪksˈtiːnθ/ *adj & n* sedicesimo, -a *mf*

sixteenth-century *adj* cinquecentesco

sixth /sɪksθ/ *adj & n* sesto, -a *mf*

sixth form *n* Sch *ultimo biennio* (*m*) *facoltativo della scuola superiore*

sixth form college *n* BrE *istituto* (*m*) *che prepara studenti dai 16 ai 18 anni agli esami di maturità*

sixth sense *n* sesto senso *m*

sixties /ˈsɪkstɪz/ *npl* (period) **the ~** gli anni Sessanta *mpl*; (age) sessant'anni *mpl*

sixtieth /ˈsɪkstɪɪθ/ *adj & n* sessantesimo, -a *mf*

sixty /ˈsɪkstɪ/ *adj & n* sessanta *m*

size /saɪz/ *n* dimensioni *fpl*; (of clothes) taglia *f*, misura *f*; (of shoes) numero *m*; **what ~ is the room?** che dimensioni ha la stanza?
■ **size up** *vt* infml valutare

sizeable /ˈsaɪzəbl/ *adj* piuttosto grande

sizzle /ˈsɪzl/ *vi* sfrigolare

skate¹ /skeɪt/ *n inv* (fish) razza *f*

skate² **A** *n* pattino *m*
B *vi* pattinare
■ **skate over** *vt* fig glissare su

skateboard /ˈskeɪtbɔːd/ *n* skateboard *m inv*

skateboarder /ˈskeɪtbɔːdə(r)/ *n* persona *f* che fa skateboard

skateboarding /ˈskeɪtbɔːdɪŋ/ *n* skateboard *m*

skater /skeɪt/ *n* pattinatore, -trice *mf*

skating /ˈskeɪtɪŋ/ *n* pattinaggio *m*

skating rink *n* pista *f* di pattinaggio

skeletal /ˈskelɪtl/ *adj* also fig scheletrico; ‹*disease*› dello scheletro

skeleton /ˈskelɪtn/ *n* scheletro *m*

skeleton key *n* passe-partout *m inv*

skeleton staff *n* personale *m* ridotto

skeptic /ˈskeptɪk/ *n* AmE = **sceptic**

skeptical /ˈskeptɪkl/ *adj* AmE = **sceptical**

skepticism /ˈskeptɪsɪzm/ *n* AmE = **scepticism**

sketch /sketʃ/ **A** *n* schizzo *m*; Theat sketch *m inv*
B *vt* fare uno schizzo di
■ **sketch out** *vt* delineare

sketchbook /ˈsketʃbʊk/ *n* (for sketching) album *m inv* per schizzi; (book of sketches) album *m inv* di schizzi

sketchily /ˈsketʃɪlɪ/ *adv* in modo abbozzato

sketch pad /ˈsketʃpæd/ *n* blocco *m* per schizzi

sketchy /ˈsketʃɪ/ *adj* (**-ier**, **-iest**) abbozzato

skew /skjuː/ *vt* alterare ‹*figures*›

skewer /ˈskjuə(r)/ *n* spiedo *m*

ski /skiː/ **A** *n* sci *m inv*
B *vi* (*pt/pp* **skied**, *pres p* **skiing**) sciare; **go ~ing** andare a sciare

ski boot *n* scarpone *m* da sci

skid /skɪd/ **A** *n* slittata *f*; **go into a ~** slittare
B *vi* (*pt/pp* **skidded**) slittare

skid mark *n* segno *m* di frenata

skier /ˈskiːə(r)/ *n* sciatore, -trice *mf*

skiing /ˈskiːɪŋ/ *n* sci *m*

ski instructor *n* maestro, -a *mf* di sci

ski jump *n* (competition) salto *m* con gli sci; (slope) trampolino *m*

ski jumping *n* salto *m* dal trampolino

skilful /ˈskɪlfl/ *adj* abile

skilfully /ˈskɪlfʊlɪ/ *adv* abilmente

ski lift *n* impianto *m* di risalita

skill /skɪl/ *n* abilità *f*

skilled /skɪld/ *adj* dotato; ‹*worker*› specializzato

skillet /ˈskɪlət/ *n* AmE padella *f*

skim /skɪm/ *vt* (*pt/pp* **skimmed**) schiumare; scremare ‹*milk*›
■ **skim off** *vt* togliere
■ **skim over** *vt* sfiorare ‹*surface, subject*›
■ **skim through** *vt* scorrere

skimmed milk /skɪmd/ *n* latte *m* scremato

skimp /skɪmp/ *vi* **~ on** lesinare su

skimpy /ˈskɪmpɪ/ *adj* (**-ier**, **-iest**) succinto

skin /skɪn/ **A** *n* pelle *f*; (on fruit) buccia *f*;

S

---

parola chiave

soaked to the ~ fradicio fino all'osso
B *vt* (*pt/pp* **skinned**) spellare
skin cancer *n* cancro *m* alla pelle
skincare *n* cura *f* della pelle
skin cream *n* crema *f* per la pelle
skin-deep *adj* superficiale
skin diver *n* sub *mf inv*
skin diving *n* nuoto *m* subacqueo
skinflint /'skɪnflɪnt/ *n* miserabile *mf*
skin graft *n* innesto *m* epidermico
skinhead /'skɪnhed/ *n* skinhead *mf inv*
skinny /'skɪnɪ/ *adj* (**-ier**, **-iest**) molto magro
skint /skɪnt/ *adj* infml al verde
skintight /skɪn'taɪt/ *adj* aderente
skip¹ /skɪp/ *n* (container) benna *f*
skip² **A** *n* salto *m*
B *vi* (*pt/pp* **skipped**) saltellare; (with rope) saltare la corda
C *vt* omettere
ski pants *npl* pantaloni *mpl* da sci
ski pass *n* ski-pass *m inv*
ski pole *n* bastone *m* da sci
skipper /'skɪpə(r)/ *n* skipper *m inv*
skipping /'skɪpɪŋ/ *n* salto *m* della corda
skipping rope *n* corda *f* per saltare
ski rack *n* portasci *m inv*
ski resort *n* stazione *f* sciistica
skirmish /'skɜ:mɪʃ/ *n* scaramuccia *f*
skirt /skɜ:t/ **A** *n* gonna *f*
B *vt* costeggiare
skirting board /'skɜ:tɪŋ/ *n* battiscopa *m inv*, zoccolo *m*
ski run *n* pista *f* da sci
ski slope *n* pista *f* da sci
ski stick *n* bastone *m* da sci
ski suit *n* tuta *f* da sci
skit /skɪt/ *n* bozzetto *m* comico
skittish /'skɪtɪʃ/ *adj* (difficult to handle) ombroso; (playful) giocherellone
skittle /'skɪtl/ *n* birillo *m*
skive /skaɪv/ *vi* infml fare lo scansafatiche
skivvy /'skɪvɪ/ *n* BrE infml sguattera *f*
ski wax *n* sciolina *f*
skulduggery /skʌl'dʌgərɪ/ *n* infml imbrogli *mpl*
skulk /skʌlk/ *vi* aggirarsi furtivamente
skull /skʌl/ *n* cranio *m*
skunk /skʌŋk/ *n* moffetta *f*; (person) farabutto *m*
sky /skaɪ/ *n* cielo *m*
skydiving *n* paracadutismo *m* in caduta libera
sky-high **A** *adj* ‹*prices*› alle stelle; ‹*rates*› esorbitante
B *adv* **rise ~** salire alle stelle
skyjacker /'skaɪdʒækə(r)/ *n* dirottatore, -trice *mf*
skylight *n* lucernario *m*
skyline *n* (of city) profilo *m*
skyrocket *vi* ‹*prices*› andare alle stelle
skyscraper *n* grattacielo *m*
slab /slæb/ *n* lastra *f*; (slice) fetta *f*; (of chocolate) tavoletta *f*
slack /slæk/ **A** *adj* lento; ‹*person*› fiacco
B *vi* fare lo scansafatiche
■ **slack off** *vi* rilassarsi
slacken /'slækn/ **A** *vi* allentare; **~ [off]** ‹*trade*› rallentare; ‹*speed, rain*› diminuire
B *vt* allentare; diminuire ‹*speed*›
slacker /'slækə(r)/ *n* scansafatiche *mf inv*
slacks /slæks/ *npl* pantaloni *mpl* sportivi
slag /slæg/ *n* scorie *fpl*
■ **slag off** *vt* (*pt/pp* **slagged**) BrE infml sparlare di
slain /sleɪn/ ▶ **slay**
slalom /'slɑ:ləm/ *n* slalom *m inv*
slam /slæm/ **A** *vt* (*pt/pp* **slammed**) sbattere; infml (criticize) stroncare
B *vi* sbattere
slammer /'slæmə(r)/ *n* infml (prison) galera *f*
slander /'slɑ:ndə(r)/ **A** *n* diffamazione *f*
B *vt* diffamare
slanderer /'slɑ:ndərə(r)/ *n* diffamatore, -trice *mf*
slanderous /'slɑ:nd(ə)rəs/ *adj* diffamatorio
slang /slæŋ/ *n* gergo *m*
slangy /'slæŋɪ/ *adj* gergale
slant /slɑ:nt/ **A** *n* pendenza *f*; (point of view) angolazione *f*; **on the ~** in pendenza
B *vt* pendere; fig distorcere ‹*report*›
C *vi* pendere
slanted /'slɑ:ntɪd/ *adj* fig ‹*report*› tendenzioso
slap /slæp/ **A** *n* schiaffo *m*
B *vt* (*pt/pp* **slapped**) schiaffeggiare; (put) schiaffare
C *adv* in pieno
slap bang *adv* infml **he went ~ into the wall** è andato a sbattere in pieno contro il muro
slapdash *adj* infml frettoloso
slapstick *n* farsa *f* da torte in faccia
slap-up *adj* infml di prim'ordine
slash /slæʃ/ **A** *n* taglio *m*; Typ barra *f*; Comput slash *m inv*
B *vt* tagliare; ridurre drasticamente ‹*prices*›; **~ one's wrists** svenarsi
slat /slæt/ *n* stecca *f*
slate /sleɪt/ **A** *n* ardesia *f*
B *vt* infml fare a pezzi
slater /'sleɪtə(r)/ *n* (roofer) *addetto* (*m*) *alla ricopertura dei tetti con tegole di ardesia*; Zool onisco *m*
slatted /'slætɪd/ *adj* ‹*shutter*› a stecche
slaughter /'slɔ:tə(r)/ **A** *n* macello *m*; (of people) massacro *m*
B *vt* macellare; massacrare ‹*people*›
slaughterhouse /'slɔ:təhaʊs/ *n* macello *m*
Slav /slɑ:v/ **A** *adj* slavo
B *n* slavo, -a *mf*
slave /sleɪv/ **A** *n* schiavo, -a *mf*
B *vi* **~ [away]** lavorare come un schiavo

S

slave-driver *n* schiavista *mf*
slavery /'sleɪvərɪ/ *n* schiavitù *f*
Slavic /'slɑːvɪk/ *adj* slavo
slavish /'sleɪvɪʃ/ *adj* servile
slavishly /'sleɪvɪʃlɪ/ *adv* in modo servile
Slavonic /slə'vɒnɪk/ *adj* slavo
slaw /slɔː/ *n* AmE = **coleslaw**
slay /sleɪ/ *vt* (*pt* **slew**, *pp* **slain**) ammazzare
sleaze /sliːz/ *n* infml (pornography) pornografia *f*; (corruption) corruzione *f*
sleazy /'sliːzɪ/ *adj* (**-ier**, **-iest**) sordido
sled /sled/ **A** *n* slitta *f*
B *vi* andare in slitta
sledge /sledʒ/ *n* slitta *f*
sledgehammer /'sledʒhæmə(r)/ *n* martello *m*
sleek /sliːk/ *adj* liscio, lucente; (well-fed) pasciuto
✓ **sleep** /sliːp/ **A** *n* sonno *m*; **go to ~** addormentarsi; **put to ~** far addormentare; **in my ~** nel sonno; **a good night's ~** una bella dormita
B *vi* (*pt/pp* **slept**) dormire; **~ like a log** dormire come un ghiro; **~ on it** dormirci sopra; **~ with somebody** andare a letto con qualcuno
C *vt* **~s six** ha sei posti letto
■ **sleep around** *vi* andare a letto con tutti
■ **sleep in** *vi* dormire più a lungo
sleeper /'sliːpə(r)/ *n* Rail treno *m* con vagoni letto; (compartment) vagone *m* letto; (on track) traversina *f*; **be a light/heavy ~** avere il sonno leggero/pesante
sleepily /'sliːpɪlɪ/ *adv* con aria assonnata
sleeping bag *n* sacco *m* a pelo
sleeping car *n* vagone *m* letto
sleeping partner *n* BrE Comm socio *m* accomandante
sleeping pill *n* sonnifero *m*
sleeping policeman *n* dosso *m* di rallentamento
sleepless /'sliːplɪs/ *adj* insonne; **have a ~ night** passare una notte insonne
sleeplessness /'sliːplɪsnɪs/ *n* insonnia *f*
sleepover /'sliːpəʊvə(r)/ *n* **the kids are having a ~** i bambini hanno invitato degli amichetti a dormire a casa
sleepsuit *n* tutina *f*
sleepwalk *vi* essere sonnambulo
sleepwalker *n* sonnambulo, -a *mf*
sleepwalking *n* sonnambulismo *m*
sleepy /'sliːpɪ/ *adj* (**-ier**, **-iest**) assonnato; **be ~** aver sonno
sleet /sliːt/ **A** *n* nevischio *m*
B *vi* **it is ~ing** nevischia
sleeve /sliːv/ *n* manica *f*; (for record) copertina *f*
sleeveless /'sliːvlɪs/ *adj* senza maniche

✓ parola chiave

sleigh /sleɪ/ *n* slitta *f*
sleight /slaɪt/ *n* **~ of hand** gioco *m* di prestigio
slender /'slendə(r)/ *adj* snello; ‹*fingers, stem*› affusolato; fig scarso; ‹*chance*› magro
slept /slept/ ▶ **sleep**
sleuth /sluːθ/ *n* investigatore *m*, detective *m inv*
slew¹ /sluː/ *vi* girare
slew² ▶ **slay**
slice /slaɪs/ **A** *n* fetta *f*
B *vt* affettare; **~d bread** pane *m* a cassetta
slick /slɪk/ **A** *adj* liscio; (cunning) astuto
B *n* (of oil) chiazza *f* di petrolio
slide /slaɪd/ **A** *n* scivolata *f*; (in playground) scivolo *m*; (for hair) fermaglio *m* [per capelli]; Phot diapositiva *f*
B *vi* (*pt/pp* **slid**) scivolare
C *vt* far scivolare
slide projector *n* proiettore *m* per diapositive
slide rule *n* regolo *m* calcolatore
slide show *n* proiezione *f* di diapositive
sliding /'slaɪdɪŋ/ *adj* ‹*door, seat*› scorrevole
sliding scale *n* scala *f* mobile
slight /slaɪt/ **A** *adj* leggero; ‹*importance*› poco; (slender) esile; **~est** minimo; **not in the ~est** niente affatto
B *vt* offendere
C *n* offesa *f*
✓ **slightly** /'slaɪtlɪ/ *adv* leggermente
slim /slɪm/ **A** *adj* (**slimmer**, **slimmest**) snello; fig scarso; ‹*chance*› magro
B *vi* dimagrire
slime /slaɪm/ *n* melma *f*
slimy /'slaɪmɪ/ *adj* melmoso; fig viscido
sling /slɪŋ/ **A** *n* Med benda *f* al collo
B *vt* (*pt/pp* **slung**) infml lanciare
sling-back *n* sandalo *m* (*chiuso davanti*)
slingshot /'slɪŋʃɒt/ *n* fionda *f*
slink /slɪŋk/ *vi* (*pt/pp* **slunk**) entrare furtivamente
slinky /'slɪŋkɪ/ *adj* infml ‹*dress*› sexy *inv*, attillato
✓ **slip** /slɪp/ **A** *n* scivolata *f*; (mistake) lieve errore *m*; (petticoat) sottoveste *f*; (for pillow) federa *f*; (paper) scontrino *m*; **give somebody the ~** infml seminare qualcuno; **~ of the tongue** lapsus *m inv*
B *vi* (*pt/pp* **slipped**) scivolare; (go quickly) sgattaiolare; (decline) retrocedere; **let something ~** (reveal) lasciarsi sfuggire qualcosa
C *vt* **he ~ped it into his pocket** se l'è infilato in tasca; **~ sb's mind** sfuggire di mente a qualcuno
■ **slip away** *vi* sgusciar via; ‹*time*› sfuggire
■ **slip into** *vi* infilarsi ‹*clothes*›
■ **slip on** *vt* infilarsi ‹*jacket etc*›
■ **slip up** *vi* infml sbagliare
slip knot *n* nodo *m* scorsoio

S

slip-on, slip-on shoe *n* mocassino *m*
slipped disc /slɪpt'dɪsk/ *n* Med ernia *f* del disco
slipper /'slɪpə(r)/ *n* pantofola *f*
slippery /'slɪpərɪ/ *adj* scivoloso
slip road *n* bretella *f*
slipshod /'slɪpʃɒd/ *adj* trascurato
slip-up *n* infml sbaglio *m*
slit /slɪt/ **A** *n* spacco *m*; (tear) strappo *m*; (hole) fessura *f*
B *vt* (*pt/pp* **slit**) tagliare
slither /'slɪðə(r)/ *vi* scivolare
sliver /'slɪvə(r)/ *n* scheggia *f*
slob /slɒb/ *n* infml (messy) maiale *m*; (lazy) pelandrone *m*
slobber /'slɒbə(r)/ *vi* sbavare
sloe /sləʊ/ *n* (fruit) prugnola *f*; (bush) prugnolo *m*
slog /slɒg/ **A** *n* **[hard]** ~ sgobbata *f*
B *vi* (*pt/pp* **slogged**) (work) sgobbare
slogan /'sləʊgən/ *n* slogan *m inv*
slop /slɒp/ *vt* (*pt/pp* **slopped**) versare
■ **slop over** *vi* versarsi
slope /sləʊp/ **A** *n* pendenza *f*; (ski) ~ pista *f*
B *vi* essere inclinato, inclinarsi
■ **slope off** *vi* scantonare
sloping /'sləʊpɪŋ/ *adj* in pendenza
sloppiness /'slɒpɪnɪs/ *n* (of work) trascuratezza *f*
sloppy /'slɒpɪ/ *adj* (**-ier**, **-iest**) ‹*work*› trascurato; ‹*worker*› negligente; (in dress) sciatto; (sentimental) sdolcinato
slosh /slɒʃ/ **A** *vi* infml ‹*person, feet*› sguazzare; ‹*water*› scrosciare
B *vt* infml (hit) colpire
sloshed /slɒʃt/ *adj* infml sbronzo
slot /slɒt/ **A** *n* fessura *f*; (time-~) spazio *m*
B *vt* (*pt/pp* **slotted**) infilare
■ **slot in** *vi* incastrarsi
■ **slot together** *vi* ‹*pieces*› incastrarsi
sloth /sləʊθ/ *n* accidia *f*
slot machine *n* distributore *m* automatico; (for gambling) slot-machine *f inv*
slouch /slaʊtʃ/ *vi* (in chair) stare scomposto
Slovak /'sləʊvæk/ *adj & n* slovacco, -a *mf*
Slovakia /sləʊ'vækɪə/ *n* Slovacchia *f*
Slovene /'sləʊvi:n/ *adj & n* sloveno, -a *mf*
Slovenia /sləʊ'vi:nɪə/ *n* Slovenia *f*
slovenliness /'slʌvənlɪnɪs/ *n* sciatteria *f*
slovenly /'slʌvnlɪ/ *adj* sciatto
slow /sləʊ/ **A** *adj* lento; **be ~** ‹*clock*› essere indietro; **in ~ motion** al rallentatore
B *adv* lentamente
■ **slow down** *vt & vi* rallentare
■ **slow up** *vt & vi* rallentare
slowcoach /'sləʊkəʊtʃ/ *n* infml tartaruga *f*
slowly /'sləʊlɪ/ *adv* lentamente
slow-moving *adj* ‹*film, river*› lento
slowness /'sləʊnɪs/ *n* lentezza *f*
slow puncture *n* foratura *f*
sludge /slʌdʒ/ *n* fanghiglia *f*
slug /slʌg/ *n* lumacone *m*; (bullet) pallottola *f*
sluggish /'slʌgɪʃ/ *adj* lento
sluggishly /'slʌgɪʃnɪs/ *adv* lentamente
sluice /slu:s/ *n* chiusa *f*
sluice gate *n* saracinesca *f* (*di chiusa*)
slum /slʌm/ *n* (house) tugurio *m*; **~s** *pl* bassifondi *mpl*
slumber /'slʌmbə(r)/ **A** *n* sonno *m*
B *vi* dormire
slump /slʌmp/ **A** *n* crollo *m*; (economic) depressione *f*
B *vi* crollare
slung /slʌŋ/ ▶ **sling**
slunk /slʌŋk/ ▶ **slink**
slur /slɜ:(r)/ **A** *n* (discredit) calunnia *f*
B *vt* (*pt/pp* **slurred**) biascicare
slurp /slɜ:p/ *vt & vi* bere rumorosamente
slurry /'slʌrɪ/ *n* (waste from animals) liquame *m*; (waste from factory) fanghiglia *f* semiliquida; (of cement) impasto *m* semiliquido
slush /slʌʃ/ *n* pantano *m* nevoso; fig sdolcinatezza *f*
slush fund *n* fondi *mpl* neri
slushy /'slʌʃɪ/ *adj* fangoso; (sentimental) sdolcinato
slut /slʌt/ *n* sgualdrina *f*
sly /slaɪ/ **A** *adj* (**-ier**, **-iest**) scaltro
B *n* **on the ~** di nascosto
slyly /'slaɪlɪ/ *adv* scaltramente
SM *n abbr* (**sadomasochism**) sadomasochismo *m*
smack¹ /smæk/ **A** *n* (on face) schiaffo *m*; (on bottom) sculaccione *m*
B *vt* (on face) schiaffeggiare; (on bottom) sculacciare; **~ one's lips** far schioccare le labbra
C *adv* infml in pieno
smack² *vi* **~ of** fig sapere di
smacker /'smækə(r)/ **A** infml (kiss) bacio *m*; **500 ~s** (£500) 500 sterline
small /smɔ:l/ **A** *adj* piccolo; **be out/work until the ~ hours** fare le ore piccole
B *adv* **chop up ~** fare a pezzettini
C **n the ~ of the back** le reni
small ads *npl* annunci *mpl* [commerciali]
small business *n* piccola impresa *f*
small change *n* spiccioli *mpl*
small-holding *n* piccola tenuta *f*
small hours *npl* ore *fpl* piccole
small letter *n* lettera *f* minuscola
small-minded /-'maɪndɪd/ *adj* meschino
smallpox *n* vaiolo *m*
small print *n* caratteri *mpl* piccoli; **read the ~** fig leggere tutto fin nei minimi particolari
small talk *n* chiacchiere *fpl*; **make ~** fare conversazione
smarmy /'smɑ:mɪ/ *adj* (**-ier**, **-iest**) infml untuoso

S

smart /smɑːt/ **A** *adj* elegante; (clever) intelligente; (brisk) svelto; **be ~** infml (cheeky) fare il furbo
B *vi* (hurt) bruciare

smart alec, smart aleck /ˈsmɑːtælɪk/ *n* infml sapientone *m*

smart bomb *n* bomba *f* intelligente

smart card *n* carta *f* intelligente

smarten /ˈsmɑːt(ə)n/ *vt* **~ oneself up** farsi bello

smartly /ˈsmɑːtlɪ/ *adv* elegantemente; (cleverly) intelligentemente; (briskly) velocemente; (cheekily) sfacciatamente

smart money *n* infml **the ~ was on Desert Orchid** gli esperti hanno puntato su Desert Orchid

smartphone /smɑːtfəʊn/ *n* smartphone *m inv*

smash /smæʃ/ **A** *n* **1** fragore *m*; (collision) scontro *m*; Tennis schiacciata *f* **2 smash hit**
B *vt* spaccare; Tennis schiacciare
C *vi* spaccarsi; (crash) schiantarsi (**into** contro)
■ **smash up** *vt* distruggere ‹*car, bar*›

smash-and-grab *n* BrE rapina *f* ad un negozio (*con sfascio di vetrina*)

smashed /smæʃt/ *adj* ‹*window*› in frantumi; ‹*vehicle*› sfasciato; ‹*limb*› fracassato; infml (on drugs) fatto; infml (on alcohol) ubriaco fradicio

smash hit *n* successo *m*

smashing /ˈsmæʃɪŋ/ *adj* infml fantastico

smattering /ˈsmætərɪŋ/ *n* infarinatura *f*

smear /smɪə(r)/ **A** *n* macchia *f*; Med striscio *m*
B *vt* imbrattare; (coat) spalmare (**with** di); fig calunniare
C *vi* sbavare

smear campaign *n* campagna *f* diffamatoria

smear test *n* Med striscio *m*, Pap test *m inv*

smell /smel/ **A** *n* odore *m*; (sense) odorato *m*
B *vt* (*pt/pp* **smelt** *or* **smelled**) odorare (**of** di); **that ~s good** ha un buon odore

smelling salts /ˈsmelɪŋ/ *npl* Med sali *mpl*

smelly /ˈsmelɪ/ *adj* (**-ier, -iest**) puzzolente

smelt¹ /smelt/ ▶ **smell**

smelt² *vt* fondere

smidgeon /ˈsmɪdʒɪn/ *n* (of something to eat) pizzico *m*; (of something to drink) goccio *m*

smile /smaɪl/ **A** *n* sorriso *m*
B *vi* sorridere; **~ at** sorridere a ‹*somebody*›; sorridere di ‹*something*›
■ **smile on** *vt* ‹*weather, fortune*› sorridere a ‹*person*›

smiley /ˈsmaɪlɪ/ *n* infml smiley *m inv*, faccina *f* sorridente

smirk /smɜːk/ **A** *n* sorriso *m* compiaciuto
B *vi* sorridere con aria compiaciuta

smithereens /smɪðəˈriːnz/ *npl* **to/in ~** in mille pezzi

smithy /ˈsmɪðɪ/ *n* fucina *f*

smitten /ˈsmɪtn/ *adj* **~ with** tutto preso da

smock /smɒk/ *n* grembiule *m*

smog /smɒg/ *n* smog *m inv*

smoke /sməʊk/ **A** *n* fumo *m*
B *vt & vi* fumare

smoke alarm *n* allarme *m* antifumo *inv*

smoked /sməʊkt/ *adj* affumicato

smoke-free zone *n* zona *f* non-fumatori; '~' 'vietato fumare'

smokeless /ˈsməʊklɪs/ *adj* senza fumo; ‹*fuel*› che non fa fumo

smoker /ˈsməʊkə(r)/ *n* fumatore, -trice *mf*; Rail vagone *m* fumatori

smokescreen /ˈsməʊkskriːn/ *n* also fig cortina *f* di fumo

smoking /ˈsməʊkɪŋ/ *n* fumo *m*; **'no ~'** 'vietato fumare'; **'~ or non-~?'** 'fumatori o non fumatori?'

smoking-related *adj* ‹*illness*› legato al fumo

smoky /ˈsməʊkɪ/ *adj* (**-ier, -iest**) fumoso; ‹*taste*› di fumo

smooch /smuːtʃ/ *vi* infml pomiciare

smooth /smuːð/ **A** *adj* liscio; ‹*movement*› scorrevole; ‹*sea*› calmo; ‹*manners*› mellifluo
B *vt* lisciare; **~ things over** sistemare le cose
■ **smooth out** *vt* lisciare

smoothly /ˈsmuːðlɪ/ *adv* in modo scorrevole; **go ~** andare liscio

smooth-running *adj* ‹*event, service*› ben organizzato

smooth-tongued /-ˈtʌŋd/ *adj* derog mellifluo

smother /ˈsmʌðə(r)/ *vt* soffocare

smoulder /ˈsməʊldə(r)/ *vi* fumare; (with rage) consumarsi

SMS *n abbr* (**short message service**) SMS *m*

SMS message *n* sms *m inv*

smudge /smʌdʒ/ **A** *n* macchia *f*
B *vt & vi* imbrattare

smug /smʌg/ *adj* (**smugger, smuggest**) compiaciuto

smuggle /ˈsmʌgl/ *vt* contrabbandare

smuggler /ˈsmʌglə(r)/ *n* contrabbandiere, -a *mf*

smuggling /ˈsmʌglɪŋ/ *n* contrabbando *m*

smugly /ˈsmʌglɪ/ *adv* con aria compiaciuta

smugness /ˈsmʌgnɪs/ *n* compiacimento *m*

smut /smʌt/ *n* macchia *f* di fuliggine; fig sconcezza *f*

smutty /ˈsmʌtɪ/ *adj* (**-ier, -iest**) fuligginoso; fig sconcio

snack /snæk/ *n* spuntino *m*

snack bar *n* snack bar *m inv*

snag¹ /snæg/ *n* (problem) intoppo *m*

S

---

parola chiave

snag² *vt* smagliarsi ‹*tights*› (**on** con)
snail /sneɪl/ *n* lumaca *f*; **at a ~'s pace** a passo di lumaca
snail mail *n* infml *posta (f) tradizionale, così chiamata dagli utenti di email*
snake /sneɪk/ *n* serpente *m*
snakebite *n* morso *m* di serpente
snake charmer *n* incantatore, -trice *mf* di serpenti
snakes and ladders *n* BrE gioco *m* dell'oca
snap /snæp/ **A** *n* colpo *m* secco; (photo) istantanea *f*
B *attrib* ‹*decision*› istantaneo
C *vi* (*pt/pp* **snapped**) (break) spezzarsi
D *vt* (break) spezzare; (say) dire seccamente; Phot fare un'istantanea di; schioccare ‹*fingers*›
■ **snap at** ‹*dog*› cercare di azzannare; ‹*person*› parlare seccamente a
■ **snap off**: *vt* **~ sb's head off** infml aggredire qualcuno
■ **snap out**: *vi* **~ out of it** venirne fuori
■ **snap up** *vt* afferrare
snappy /'snæpɪ/ *adj* (**-ier**, **-iest**) scorbutico; (smart) elegante; **make it ~!** sbrigati!
snapshot /'snæpʃɒt/ *n* istantanea *f*
snare /sneə(r)/ *n* trappola *f*
snarl /snɑ:l/ **A** *n* ringhio *m*
B *vi* ringhiare
snarled-up /snɑ:ld'ʌp/ *adj* ‹*traffic*› bloccato
snarl-up *n* (in traffic, network) ingorgo *m*
snatch /snætʃ/ **A** *n* strappo *m*; (fragment) brano *m*; (theft) scippo *m*; **make a ~ at something** cercare di afferrare qualcosa
B *vt* strappare [di mano] (**from** a); (steal) scippare; rapire ‹*child*›
snazzy /'snæzɪ/ *adj* infml sciccoso
sneak /sni:k/ **A** *n* infml (devious person) tipo, -a *mf* subdolo; BrE infml (telltale) spia *f*
B *vt* infml (steal) fregare; rubare ‹*kiss*›; **~ a glance at** dare una sbirciatina a
C *vi* BrE infml (tell tales) fare la spia
D *attrib* ‹*visit*› furtivo; **have a ~ preview of something** vedere qualcosa in anteprima
■ **sneak away** *vi* sgattaiolare via
■ **sneak in** *vi* sgattaiolare dentro
■ **sneak out** *vi* sgattaiolare fuori
sneakers /'sni:kəz/ *npl* AmE scarpe *fpl* da ginnastica
sneaking /'sni:kɪŋ/ *adj* furtivo; ‹*suspicion*› vago
sneaky /'sni:kɪ/ *adj* sornione
sneer /snɪə(r)/ **A** *n* ghigno *m*
B *vi* sogghignare; **~ at** (mock) ridere di
sneeze /sni:z/ **A** *n* starnuto *m*
B *vi* starnutire; **it's not to be ~d at** non ci sputerei sopra
snide /snaɪd/ *adj* infml insinuante
sniff /snɪf/ **A** *n* (of dog) annusata *f*; **give a ~** ‹*person*› tirare su col naso
B *vi* tirare su col naso
C *vt* odorare ‹*flower*›; sniffare ‹*glue*›; ‹*dog*› annusare
sniffer dog /'snɪfə/ *n* cane *m* poliziotto (*antidroga, antiterrorismo*)
sniffle /'snɪfl/ **A** *n* **have a ~** *or* **the ~s** (slight cold) avere un po' di raffreddore; **give a ~** tirar su col naso
B *vi* tirar su col naso
sniffy /'snɪfɪ/ *adj* infml (haughty) con la puzza sotto il naso
snigger /'snɪgə(r)/ **A** *n* risatina *f* soffocata
B *vi* ridacchiare
snip /snɪp/ **A** *n* taglio *m*; infml (bargain) affare *m*
B *vt/vi* **~ [at]** tagliare
■ **snip off** *vt* tagliare via ‹*corner, end*›
snipe /snaɪp/ *vi* **~ at** tirare su; fig sparare a zero su
sniper /'snaɪpə(r)/ *n* cecchino *m*
snippet /'snɪpɪt/ *n* **a ~ of information/news** una breve notizia/informazione
snivel /'snɪvl/ *vi* (*pt/pp* **snivelled**) piagnucolare
snivelling /'snɪv(ə)lɪŋ/ *adj* piagnucoloso
snob /snɒb/ *n* snob *mf inv*
snobbery /'snɒbərɪ/ *n* snobismo *m*
snobbish /'snɒbɪʃ/ *adj* da snob; **be ~** ‹*person*› essere uno/una snob; ‹*club etc*› essere molto snob
snobbishness /'snɒbɪʃnɪs/ *n* snobismo *m*
snog /snɒg/ *vi* BrE sl pomiciare
snooker /'snu:kə(r)/ **A** *n* (game) snooker *m*; (shot) impallatura *f*
B *vt* Sport impallare; fig mettere in difficoltà
snoop /snu:p/ **A** *n* spia *f*
B *vi* infml curiosare
snooper /'snu:pə(r)/ *n* ficcanaso *mf*
snooty /'snu:tɪ/ *adj* infml sdegnoso
snooze /snu:z/ **A** *n* sonnellino *m*
B *vi* fare un sonnellino
snore /snɔ:(r)/ *vi* russare
snoring /'snɔ:rɪŋ/ *n* il russare
snorkel /'snɔ:kl/ *n* respiratore *m*
snorkelling BrE, **snorkeling** AmE /'snɔ:klɪŋ/ *n* snorkelling *m inv*
snort /snɔ:t/ **A** *n* sbuffo *m*
B *vi* sbuffare
C *vt* fiutare ‹*cocaine*›
snot /snɒt/ *n* infml (mucus) moccolo *m*
snotty /'snɒtɪ/ *adj* infml ‹*nose*› moccioso; (disagreeable) sgradevole
snotty-nosed kid /-nəʊzd/ *n* moccioso, -a *mf*
snout /snaʊt/ *n* grugno *m*
snow /snəʊ/ **A** *n* neve *f*
B *vi* nevicare; **~ed under with** fig sommerso di
snowball **A** *n* palla *f* di neve
B *vi* fig ingigantirsi
snowboard /'snəʊbɔ:d/ **A** *n* snowboard *m inv*

B *vi* fare snowboard

snowboarding /ˈsnəʊbɔːdɪŋ/ *n* snowboard *m inv*

snowdrift *n* cumulo *m* di neve

snowdrop *n* bucaneve *m inv*

snowfall *n* nevicata *f*

snowflake *n* fiocco *m* di neve

snowman *n* pupazzo *m* di neve

snowmobile /ˈsnəʊməbiːl/ *n* gatto *m* delle nevi

snowplough *n* spazzaneve *m inv*

snowshoe *n* racchetta *f* da neve

snowstorm *n* tormenta *f*

snow tyres *npl* pneumatici *mpl* chiodati

snowy /ˈsnəʊɪ/ *adj* nevoso

Snr *abbr* (**Senior**) senior

snub /snʌb/ **A** *n* sgarbo *m*
B *vt* (*pt/pp* **snubbed**) snobbare

snub-nosed /ˈsnʌbnəʊzd/ *adj* dal naso all'insù

snuff¹ /snʌf/ *n* tabacco *m* da fiuto

snuff² *vt* ~ **[out]** spegnere ‹*candle*›; ~ **it** infml tirare le cuoia

snug /snʌg/ *adj* (**snugger**, **snuggest**) comodo; (tight) aderente

snuggle /ˈsnʌgl/ *vi* rannicchiarsi (**up to** accanto a)

so /səʊ/ **A** *adv* così; **so far** finora; **so am I** anch'io; **so I see** così pare; **you've left the door open - so I have!** hai lasciato la porta aperta - è vero!; **that is so** è così; **so much** così tanto; **so much the better** tanto meglio; **so it is** proprio così; **if so** se è così; **so as to** in modo da; **so long!** infml a presto!
B *pron* **I hope/think/am afraid so** spero/penso/temo di sì; **I told you so** te l'ho detto; **because I say so** perché lo dico io; **I did so!** l'ho fatto!; **so saying/doing,...** così dicendo/facendo,...; **or so** circa; **very much so** sì, molto; **and so forth** *or* **on** e così via
C *conj* (therefore) perciò; (in order that) così; **so that** affinché; **so there!** ecco!; **so what?** e allora?; **so where have you been?** allora, dove sei stato?

soak /səʊk/ **A** *vt* mettere a bagno
B *vi* stare a bagno
■ **soak in** *vi* penetrare
■ **soak into** *vt* ‹*liquid*› penetrare
■ **soak up** *vt* assorbire

soaked /səʊkt/ *adj* fradicio; ~ **in something** impregnato di qualcosa

soaking /ˈsəʊkɪŋ/ **A** *n* ammollo *m*
B *adj* & *adv* ~ **[wet]** infml inzuppato

so-and-so *n* tal dei tali *mf*; (euphemism) specie *f* di imbecille

soap /səʊp/ *n* sapone *m*

soap opera *n* telenovela *f*, soap opera *f inv*

soap powder *n* detersivo *m* in polvere

soapy /ˈsəʊpɪ/ *adj* (**-ier**, **-iest**) insaponato

soar /sɔː(r)/ *vi* elevarsi; ‹*prices*› salire alle stelle

soaring /ˈsɔːrɪŋ/ *adj* ‹*costs, temperatures, inflation*› in forte aumento

sob /sɒb/ **A** *n* singhiozzo *m*
B *vi* (*pt/pp* **sobbed**) singhiozzare

S.O.B. *n abbr* derog AmE (**son of a bitch**) figlio *m* di puttana

sobbing /ˈsɒbɪŋ/ *n* singhiozzi *mpl*

sober /ˈsəʊbə(r)/ *adj* sobrio; (serious) serio
■ **sober up** *vi* ritornare sobrio

soberly /ˈsəʊbəlɪ/ *adv* sobriamente; (seriously) con aria seria

sobriety /səˈbraɪətɪ/ *n* (not drinking) sobrietà *f*; (seriousness) serietà *f*

sob story *n* storia *f* lacrimevole

so-called /ˈsəʊkɔːld/ *adj* cosiddetto

soccer /ˈsɒkə(r)/ *n* calcio *m*

soccer pitch *n* campo *m* di calcio

soccer player *n* calciatore *m*

sociable /ˈsəʊʃəbl/ *adj* socievole

social /ˈsəʊʃl/ *adj* sociale; (sociable) socievole

social climber *n* arrampicatore, -trice *mf* sociale

social climbing *n* arrivismo *m* sociale

social club *n* circolo *m* sociale

socialism /ˈsəʊʃəlɪzm/ *n* socialismo *m*

socialist /ˈsəʊʃəlɪst/ **A** *adj* socialista
B *n* socialista *mf*

socialite /ˈsəʊʃəlaɪt/ *n* persona *f* che fa vita mondana

socialize /ˈsəʊʃəlaɪz/ *vi* socializzare

socially /ˈsəʊʃəlɪ/ *adv* socialmente; **know somebody** ~ frequentare qualcuno

social media *n* social media *mpl*

social mobility *n* mobilità *f* sociale

social network *n* (on the Internet) social network *m inv*

social networking site *n* sito *m* di social network

social science *n* scienze *fpl* sociali

social security *n* previdenza *f* sociale

social services *npl* servizi *mpl* sociali

social work *n* assistenza *f* sociale

social worker *n* assistente *mf* sociale

society /səˈsaɪətɪ/ *n* società *f*

socio-economic /səʊsɪəʊiːkəˈnɒmɪk/ *adj* socioeconomico

sociological /səʊsɪəˈlɒdʒɪkl/ *adj* sociologico

sociologist /səʊsɪˈɒlədʒɪst/ *n* sociologo, -a *mf*

sociology /səʊsɪˈɒlədʒɪ/ *n* sociologia *f*

sock¹ /sɒk/ *n* calzino *m*; (knee-length) calzettone *m*

sock² infml **A** *n* pugno *m*
B *vt* dare un pugno a

socket /ˈsɒkɪt/ *n* (of eye) orbita *f*; (wall plug) presa *f* [di corrente]; (for bulb) portalampada *m inv*

---

parola chiave

sod /sɒd/ *n* infml stronzo *m*; **you lucky ~!** che fortuna sfacciata!
■ **sod off** *vi* infml togliersi dai piedi
soda /ˈsəʊdə/ *n* soda *f*; AmE gazzosa *f*
soda water *n* seltz *m inv*
sodden /ˈsɒdn/ *adj* inzuppato
sodium /ˈsəʊdɪəm/ *n* sodio *m*
sodium bicarbonate *n* bicarbonato *m* di sodio
Sod's Law /sɒdz/ *n* fam hum *regola (f) per cui, se qualcosa può andare storto, va storto*
sofa /ˈsəʊfə/ *n* divano *m*
sofa bed *n* divano *m* letto
soft /sɒft/ *adj* morbido, soffice; ‹*voice*› sommesso; ‹*light, colour*› tenue; (not strict) indulgente; infml (silly) stupido
soft-boiled /-ˈbɔɪld/ *adj* ‹*egg*› bazzotto
soft contact lenses *npl* lenti *fpl* a contatto morbide
soft drink *n* bibita *f* analcolica
soft drug *n* droga *f* leggera
soften /ˈsɒfn/ **A** *vt* ammorbidire; fig attenuare
B *vi* ammorbidirsi
■ **soften up** **A** *vi* ammorbidirsi
B *vt* **~ somebody up** ammorbidire qualcuno ‹*opponent, enemy, customer*›
softener /ˈsɒf(ə)nə(r)/ *n* (for water) dolcificatore *m*; (substance) anti-calcare *m inv*; (for fabrics) ammorbidente *m*
soft furnishings *npl* tappeti *mpl* e tessuti *mpl* da arredamento
soft-hearted *adj* dal cuore tenero
soft ice-cream *n* mantecato *m*
softie /ˈsɒftɪ/ *n* infml = **softy**
softly /ˈsɒftlɪ/ *adv* (say) sottovoce; ‹*treat*› con indulgenza; ‹*play music*› in sottofondo
soft option *n* **take the ~** scegliere la soluzione più semplice
soft-pedal *vt* fig minimizzare
soft porn *n* infml pornografia *f* soft[-core]
soft sell *n metodo (m) di vendita basato sulla persuasione*
soft skills *npl capacità (fpl) relazionali quali la capacità di comunicare, di persuadere, di identificarsi con gli altri, ecc.*
soft soap *n* fig lusinghe *fpl*
soft-soap *vt* fig lusingare
soft-spoken *adj* dalla voce dolce
soft spot *n* **have a ~ for somebody** infml avere un debole per qualcuno
soft-top *n* Auto decappottabile *f*
soft touch *n* **be a ~** lasciarsi spremere
soft toy *n* pupazzo *m* di peluche
software /ˈsɒftweə(r)/ *n* software *m*
software engineer *n* softwarista *mf*
software house *n* azienda *f* informatica
software package *n* pacchetto *m* software
software piracy *n* pirateria *f* informatica
software writer *n* programmatore, -trice *mf* di software
softy /ˈsɒftɪ/ *n* infml (weak person) pappamolle *mf inv*; (indulgent person) bonaccione, -a *mf*
soggy /ˈsɒgɪ/ *adj* (**-ier**, **-iest**) zuppo
soil¹ /sɔɪl/ *n* suolo *m*
soil² *vt* sporcare
soiled /sɔɪld/ *adj* sporco
solace /ˈsɒləs/ *n* sollievo *m*
solar /ˈsəʊlə(r)/ *adj* solare
solar eclipse *n* eclissi *f inv* di sole
solar energy *n* energia *f* solare
solar farm *n* parco *m* solare, solar farm *f inv*
solar panel *n* pannello *m* solare
solar power *n* energia *f* solare
solar system *n* sistema *m* solare
sold /səʊld/ ▶ **sell**
solder /ˈsəʊldə(r)/ **A** *n* lega *f* da saldatura
B *vt* saldare
soldier /ˈsəʊldʒə(r)/ *n* soldato *m*
■ **soldier on** *vi* perseverare
sole¹ /səʊl/ *n* (of foot) pianta *f*; (of shoe) suola *f*
sole² *n* (fish) sogliola *f*
sole³ *adj* unico, solo
sole agency *n* rappresentanza *f* esclusiva
solecism /ˈsɒlɪsɪzm/ *n* (social) scorrettezza *f*; (linguistic) solecismo *m*
solely /ˈsəʊllɪ/ *adv* unicamente
solemn /ˈsɒləm/ *adj* solenne
solemnity /səˈlemnətɪ/ *n* solennità *f*
solemnly /ˈsɒləmlɪ/ *adv* solennemente
sol-fa /ˈsɒlfɑː/ *n* solfeggio *m*
solicit /səˈlɪsɪt/ **A** *vt* sollecitare
B *vi* ‹*prostitute*› adescare
soliciting /səˈlɪsɪtɪŋ/ *n* Jur adescamento *m*
solicitor /səˈlɪsɪtə(r)/ *n* avvocato *m*
solicitous /səˈlɪsɪtəs/ *adj* premuroso
solicitously /səˈlɪsɪtəslɪ/ *adv* premurosamente
solid /ˈsɒlɪd/ **A** *adj* solido; ‹*oak, gold*› massiccio; **it took a ~ hour** ci è voluta ben un'ora
B *n* (figure) solido *m*; **~s** *pl* (food) cibi *mpl* solidi
solidarity /sɒlɪˈdærətɪ/ *n* solidarietà *f*
solidify /səˈlɪdɪfaɪ/ *vi* (*pt/pp* **-ied**) solidificarsi
soliloquy /səˈlɪləkwɪ/ *n* soliloquio *m*
solitaire /sɒlɪˈteə(r)/ *n* solitario *m*
solitary /ˈsɒlɪtərɪ/ *adj* solitario; (sole) solo
solitary confinement *n* cella *f* di isolamento
solitude /ˈsɒlɪtjuːd/ *n* solitudine *f*
solo /ˈsəʊləʊ/ **A** *n* Mus assolo *m*
B *adj* ‹*flight*› in solitario
C *adv* in solitario
soloist /ˈsəʊləʊɪst/ *n* solista *mf*
solstice /ˈsɒlstɪs/ *n* solstizio *m*
soluble /ˈsɒljʊbl/ *adj* solubile

solution /sə'lu:ʃn/ *n* soluzione *f*
solvable /'sɒlvəbl/ *adj* risolvibile
solve /sɒlv/ *vt* risolvere
solvency /'sɒlvənsɪ/ *n* Fin solvibilità *f*
solvent /'sɒlvənt/ *adj & n* solvente *m*
solvent abuse *n uso (m) di solventi come stupefacenti*
Somali /səʊ'mɑ:lɪ/ *adj & n* somalo, -a *mf*
Somalia /səʊ'mɑ:lɪə/ *n* Somalia *f*
sombre /'sɒmbə(r)/ *adj* tetro; ‹*clothes*› scuro
some /sʌm/ **A** *adj* (a certain amount of) del; (a certain number of) alcuni, dei; **~ bread/water** del pane/dell'acqua; **~ books/oranges** dei libri/delle arance; **I need ~ money/books** ho bisogno di soldi/libri; **do ~ shopping** fare qualche acquisto; **~ day** un giorno o l'altro
B *pron* (a certain amount) un po'; (a certain number) alcuni; **I want ~** ne voglio; **would you like ~?** ne vuoi?; **~ of the butter** una parte del burro; **~ of the apples/women** alcune delle mele/donne
somebody /'sʌmbədɪ/ **A** *pron* qualcuno *m*; **~ else will bring it** la porterà un altro
B *n* **he thinks he's ~** si crede chissà chi
somehow /'sʌmhaʊ/ *adv* in qualche modo; **~ or other** in un modo o nell'altro
someone /'sʌmwʌn/ *pron & n* = **somebody**
somersault /'sʌməsɔ:lt/ **A** *n* capriola *f*; **turn a ~** fare una capriola
B *vi* fare una capriola
something /'sʌmθɪŋ/ *pron* qualche cosa, qualcosa; **~ different** qualcosa di diverso; **~ like** un po' come; (approximately) qualcosa come; **see ~ of somebody** vedere qualcuno ogni tanto; **she is ~ of an expert** è un'esperta
sometime /'sʌmtaɪm/ **A** *adv* un giorno o l'altro; **~ last summer** durante l'estate scorsa
B *adj* ex
sometimes /'sʌmtaɪmz/ *adv* qualche volta
somewhat /'sʌmwɒt/ *adv* piuttosto
somewhere /'sʌmweə(r)/ **A** *adv* da qualche parte
B *pron* **~ to eat** un posto in cui mangiare
son /sʌn/ *n* figlio *m*
sonar /'səʊnɑ:(r)/ *n* sonar *m*
sonata /sə'nɑ:tə/ *n* sonata *f*
song /sɒŋ/ *n* canzone *f*
song and dance *n* **make a ~ about something** (fuss) far tante storie per qualcosa
songbird *n* uccello *m* canoro
songwriter *n* compositore, -trice *mf* di canzoni
sonic /'sɒnɪk/ *adj* sonico
sonic boom *n* bang *m inv* sonico

son-in-law *n* (*pl* **~s-in-law**) genero *m*
sonnet /'sɒnɪt/ *n* sonetto *m*
son of a bitch *n* infml figlio *m* di un cane
sonorous /'sɒnərəs/ *adj* sonoro; ‹*name*› altisonante
soon /su:n/ *adv* presto; (in a short time) tra poco; **as ~ as** [non] appena; **as ~ as possible** il più presto possibile; **~er or later** prima o poi; **the ~er the better** prima è meglio è; **no ~er had I arrived than...** ero appena arrivato quando...; **I would ~er go** preferirei andare; **~ after** subito dopo
soot /sʊt/ *n* fuliggine *f*
soothe /su:ð/ *vt* calmare
soothing /'su:ðɪŋ/ *adj* calmante
sooty /'sʊtɪ/ *adj* fuligginoso
sop /sɒp/ *n* **throw a ~ to** dare un contentino a
sophisticated /sə'fɪstɪkeɪtɪd/ *adj* sofisticato; (complex) complesso
sophistication /səfɪstɪ'keɪʃn/ *n* (elegance) sofisticatezza *f*, raffinatezza *f*; (complexity) complessità *f*
soporific /sɒpə'rɪfɪk/ *adj* soporifero
soppiness /'sɒpɪnɪs/ *n* infml svenevolezza *f*
sopping /'sɒpɪŋ/ *adj & adv* **be ~ [wet]** essere bagnato fradicio
soppy /'sɒpɪ/ *adj* (**-ier**, **-iest**) infml svenevole
soprano /sə'prɑ:nəʊ/ *n* soprano *m*
sorcerer /'sɔ:sərə(r)/ *n* stregone *m*
sorceress /'sɔ:sərɪs/ *n* strega *f*, maga *f*
sorcery /'sɔ:sərɪ/ *n* (witchcraft) stregoneria *f*
sordid /'sɔ:dɪd/ *adj* sordido
sordidness /'sɔ:dɪdnɪs/ *n* sordidezza *f*
sore /sɔ:(r)/ **A** *adj* dolorante; AmE (vexed) arrabbiato; **it's ~** fa male; **have a ~ throat** avere mal di gola; **it's a ~ point with her** è un punto delicato per lei
B *n* piaga *f*
sorely /'sɔ:lɪ/ *adv* ‹*tempted*› seriamente
soreness /'sɔ:nɪs/ *n* dolore *m*
sorrel /'sɒrəl/ *n* Bot acetosa *f*
sorrow /'sɒrəʊ/ *n* tristezza *f*
sorrowful /'sɒrəʊfʊl/ *adj* triste
sorrowfully /'sɒrəʊfʊlɪ/ *adv* tristemente
sorry /'sɒrɪ/ *adj* (**-ier**, **-iest**) (sad) spiacente; (wretched) pietoso; **you'll be ~!** te ne pentirai!; **I am ~** mi dispiace; **be *or* feel ~ for** provare compassione per; **~!** scusa!; (more polite) scusi!
sort /'sɔ:t/ **A** *n* tipo *m*; **it's a ~ of fish** è un tipo di pesce; **be out of ~s** infml (unwell) stare poco bene
B *vt* classificare; infml sistemare ‹*problem, person*›
■ **sort out** *vt* selezionare ‹*papers*›; fig risolvere ‹*problem*›; occuparsi di ‹*person*›
sort code *n* Fin codice *m* bancario
sorter /'sɔ:tə(r)/ *n* (on photocopier) fascicolatrice *f*, fascicolatore *m*
SOS *n* SOS *m*; fig segnale *m* di soccorso

S

parola chiave

so-so *adj & adv* così così
sotto voce /sɒtəʊˈvəʊtʃeɪ/ *adv* ‹*say, add*› sottovoce
soufflé /ˈsuːfleɪ/ *n* soufflé *m*
sought /sɔːt/ ▶ **seek**
sought-after *adj* ‹*job, brand, person*› richiesto
soul /ˈsəʊl/ *n* anima *f*; **poor ~** poveretto; **there was not a ~ in sight** non c'era anima viva
soul-destroying /-dɪstrɔɪɪŋ/ *adj* ‹*job*› che abbruttisce
soulful /ˈsəʊlfʊl/ *adj* sentimentale
soulmate *n* anima *f* gemella
soul-searching /-sɜːtʃɪŋ/ *n* esame *m* di coscienza
soul-stirring /-stɜːrɪŋ/ *adj* molto commovente
sound¹ /saʊnd/ **A** *adj* sano; (sensible) saggio; (secure) solido; ‹*thrashing*› clamoroso
B *adv* **~ asleep** profondamente addormentato
sound² **A** *n* suono *m*; (noise) rumore *m*; **I don't like the ~ of it** infml non mi suona bene
B *vi* suonare; (seem) aver l'aria; **it ~s to me as if...** mi sa che...
C *vt* (pronounce) pronunciare; Med auscultare ‹*chest*›
■ **sound off** *vi* fare grandi discorsi
■ **sound out** *vt* fig sondare
sound barrier *n* muro *m* del suono
sound bite *n breve frase (f) dal forte impatto mediatico*
sound card *n* Comput scheda *f* audio
sound effect *n* effetto *m* sonoro
sound engineer *n* tecnico *m* del suono
soundless /ˈsaʊndlɪs/ *adj* silenzioso
soundlessly /ˈsaʊndlɪslɪ/ *adv* silenziosamente
soundly /ˈsaʊndlɪ/ *adv* ‹*sleep*› profondamente; ‹*defeat*› clamorosamente
soundproof **A** *adj* impenetrabile al suono
B *vt* insonorizzare
sound system *n* (hi-fi) stereo *m*; (for disco etc) impianto *m* audio
soundtrack *n* colonna *f* sonora
soup /suːp/ *n* minestra *f*; **in the ~** infml nei pasticci
soup kitchen *n* mensa *f* dei poveri
soup plate *n* piatto *m* fondo
soup spoon *n* cucchiaio *m* da minestra
sour /ˈsaʊə(r)/ *adj* agro; (not fresh & fig) acido
source /sɔːs/ *n* fonte *f*; **at ~** ‹*deducted*› alla fonte
source language *n* lingua *f* di partenza
sour cream *n* panna *f* acida
sourdough *n* lievito *m* madre
sour-faced /saʊəˈfeɪst/ *adj* ‹*person*› dall'espressione dura
sour grapes *npl* infml **it's just ~ [on his part]** fa come la volpe con l'uva
south /saʊθ/ **A** *n* sud *m*; **to the ~ of** a sud di
B *adj* del sud, meridionale
C *adv* a sud
South Africa *n* Sudafrica *m*
South African *adj & n* sudafricano, -a *mf*
South America *n* America *f* del Sud
South American *adj & n* sudamericano, -a *mf*
southbound *adj* ‹*traffic*› diretto a sud; ‹*carriageway*› sud
south-east /saʊθˈiːst/ *n* sud-est *m*
southerly /ˈsʌðəlɪ/ *adj* del sud
southern /ˈsʌðən/ *adj* del sud, meridionale; **~ Italy** il Mezzogiorno
southerner /ˈsʌðənə(r)/ *n* meridionale *mf*
South Korea *n* Corea *f* del Sud
southpaw /ˈsaʊθpɔː/ *n* (in boxing) pugile *m* mancino
South Pole *n* polo *m* sud
southward /ˈsaʊθwəd/, **southwards** /ˈsaʊθwədz/ *adv* verso sud
south-west /saʊθˈwest/ *n* sud-ovest *m*
south-western /saʊθˈwestən/ *adj* sudoccidentale
souvenir /suːvəˈnɪə(r)/ *n* ricordo *m*, souvenir *m inv*
sovereign /ˈsɒvrɪn/ *adj & n* sovrano, -a *mf*
sovereignty /ˈsɒvrɪntɪ/ *n* sovranità *f*
sovereign wealth funds *npl* fondi *mpl* sovrani
Soviet /ˈsəʊvɪət/ *adj* sovietico
Soviet Union *n* Unione *f* Sovietica
sow¹ /saʊ/ *n* scrofa *f*
sow² /səʊ/ *vt* (*pt* **sowed**, *pp* **sown** *or* **sowed**) seminare
soya BrE /ˈsɔɪə/, **soy** AmE /sɔɪ/ *n* soya *f*
soya bean BrE /ˈsɔɪəbiːn/, **soybean** AmE /ˈsɔɪbiːn/ *n* fagiolo *m* di soia
soy sauce /sɔɪ/, **soya sauce** *n* salsa *f* di soia
sozzled /ˈsɒzld/ *adj* infml sbronzo
spa /spɑː/ *n* stazione *f* termale
space /speɪs/ **A** *n* spazio *m*
B *adj* ‹*research etc*› spaziale
C *vt* **~ [out]** distanziare
space age **A** *n* era *f* spaziale
B *attrib* dell'era spaziale
space bar *n* barra *f* spaziatrice
space cadet *n* fig infml allucinato, -a *mf*
space capsule *n* capsula *f* spaziale
spacecraft *n* navetta *f* spaziale
spaced out /speɪstˈaʊt/ *adj* infml **he's completely ~** è completamente fuori di testa
space-saving *adj* poco ingombrante
spaceship *n* astronave *f*
space shuttle *n* shuttle *m inv*
space station *n* stazione *f* spaziale
spacesuit *n* tuta *f* spaziale

space travel *n* viaggi *mpl* nello spazio
space walk *n* passeggiata *f* nello spazio
spacing /'speɪsɪŋ/ *n* distanziamento *m*; **single/double ~** interlinea *m* semplice/doppia
spacious /'speɪʃəs/ *adj* spazioso
spade /speɪd/ *n* vanga *f*; (for child) paletta *f*; **~s** *pl* Cards picche *fpl*; **call a ~ a ~** dire pane al pane e vino al vino
spadework /'speɪdwɜ:k/ *n* fig lavoro *m* preparatorio
spaghetti /spə'getɪ/ *n* spaghetti *mpl*
spaghetti bolognese /bɒlə'neɪz/ *n* spaghetti *mpl* al ragù
spaghetti junction *n* infml intricato raccordo *m* autostradale
Spain /speɪn/ *n* Spagna *f*
spam /spæm/ *n* Comput spam *m inv*
spamming /'spæmɪŋ/ *n* Comput invio *m* di spam
span¹ /spæn/ **A** *n* spanna *f*; (of arch) luce *f*; (of time) arco *m*; (of wings) apertura *f*
B *vt* (*pt/pp* **spanned**) estendersi su
span² ▶ **spick**
Spaniard /'spænjəd/ *n* spagnolo, -a *mf*
spaniel /'spænjəl/ *n* spaniel *m inv*
Spanish /'spænɪʃ/ **A** *adj* spagnolo
B *n* (language) spagnolo *m*; **the ~** *pl* gli spagnoli
spank /spæŋk/ *vt* sculacciare
spanking /'spæŋkɪŋ/ **A** *n* sculacciata *f*
B *adj* infml **at a ~ pace** con passo spedito
C *adv* infml **a ~ new car** una macchina nuova di zecca
spanner /'spænə(r)/ *n* chiave *f* inglese
spar /spɑ:(r)/ *vi* (*pt/pp* **sparred**) (boxing) allenarsi; (argue) litigare
spare /speə(r)/ **A** *adj* (surplus) in più; (additional) di riserva; **go ~** infml (be very angry) andare su tutte le furie
B *n* (part) ricambio *m*
C *vt* risparmiare; (do without) fare a meno di; **can you ~ five minutes?** avresti cinque minuti?; **no expense was ~d** non si è badato a spese; **to ~** (surplus) in eccedenza
spare part *n* pezzo *m* di ricambio
spare ribs *npl* costine *fpl*
spare room *n* stanza *f* degli ospiti
spare time *n* tempo *m* libero
spare tyre BrE, **spare tire** AmE *n* Auto gomma *f* di scorta; infml (fat) trippa *f*
spare wheel *n* ruota *f* di scorta
sparing /'speərɪŋ/ *adj* parco (**with** di)
sparingly /'speərɪŋlɪ/ *adv* con parsimonia
spark /spɑ:k/ *n* scintilla *f*
■ **spark off** *vt* BrE far scoppiare
sparkle /'spɑ:kl/ **A** *n* scintillio *m*
B *vi* scintillare
sparkler /'spɑ:klə(r)/ *n* candela *f* magica

sparkling /'spɑ:klɪŋ/ *adj* frizzante; ‹*wine*› spumante
spark plug *n* Auto candela *f*
sparrow /'spærəʊ/ *n* passero *m*
sparse /spɑ:s/ *adj* rado
sparsely /'spɑ:slɪ/ *adv* scarsamente; **~ populated** ‹*area*› a bassa densità di popolazione
sparseness /'spɑ:snɪs/ *n* (of vegetation) radezza *f*
spartan /'spɑ:tn/ *adj* spartano
spasm /'spæzm/ *n* spasmo *m*
spasmodic /spæz'mɒdɪk/ *adj* spasmodico
spasmodically /spæz'mɒdɪklɪ/ *adv* spasmodicamente
spastic /'spæstɪk offensive **A** *adj* spastico
B *n* spastico, -a *mf*
spat /spæt/ ▶ **spit¹**
spate /speɪt/ *n* (series) successione *f*; **be in full ~** essere in piena
spatial /'speɪʃl/ *adj* spaziale
spatio-temporal /speɪʃɪə'tempərəl/ *adj* spazio-temporale
spatter /'spætə(r)/ *vt & vi* schizzare
spatula /'spætjʊlə/ *n* spatola *f*
spawn /spɔ:n/ **A** *n* uova *fpl* (*di pesci, rane ecc.*)
B *vi* deporre le uova
C *vt* fig generare
spay /speɪ/ *vt* sterilizzare
🔑 **speak** /spi:k/ **A** *vi* (*pt* **spoke**, *pp* **spoken**) parlare (**to** a); **~ing!** Teleph sono io!
B *vt* dire; **~ one's mind** dire quello che si pensa
■ **speak for** *vt* parlare a nome di; **~ for yourself!** parla per te!
■ **speak of**: *vt* **~ well/ill of somebody** parlare bene/male di qualcuno; **nothing to ~ of** niente di speciale; (quantity) non un granché; **~ing of holidays...** a proposito di vacanze...
■ **speak out** *vi* (protest) parlare
■ **speak up** *vi* parlare più forte; **~ up for oneself** farsi valere
speaker /'spi:kə(r)/ *n* parlante *mf*; (in public) oratore, -trice *mf*; (of stereo) cassa *f*
speaking terms /'spi:kɪŋ/ *npl* **we are not on ~** non ci parliamo
spear /'spɪə(r)/ **A** *n* lancia *f*
B *vt* trafiggere
spearhead /'spɪəhed/ *vt* fig essere l'iniziatore di
spearmint /'spɪəmɪnt/ *n* menta *f* verde
spec /spek/ *n* **on ~** infml ‹*take, use*› in prova; ‹*go somewhere*› per ispezione
🔑 **special** /'speʃl/ *adj* speciale
special correspondent *n* inviato, -a *mf* speciale
special delivery *n* espresso *m*
special effect **A** *n* Cinema, TV effetto *m* speciale
B *attrib* **~s** ‹*specialist, team*› degli effetti speciali

S

🔑 parola chiave

special envoy *n* inviato, -a *mf* speciale
specialist /'speʃəlɪst/ *n* specialista *mf*
speciality /speʃɪ'ælətɪ/ *n* specialità *f*
specialize /'speʃəlaɪz/ *vi* specializzarsi
specially /'speʃəlɪ/ *adv* specialmente; (particularly) particolarmente
special measures *n* BrE *provvedimenti (mpl) migliorativi di natura didattica, organizzativa, finanziaria o strutturale che una scuola deve adottare qualora non raggiunga gli standard educativi stabiliti dall'Ofsted*
special needs *npl* difficoltà *f inv* d'apprendimento; **children with ~** bambini con difficoltà d'apprendimento
special offer *n* vendita *f* promozionale
special school *n* scuola *f* per bambini con difficoltà d'apprendimento
special treatment *n* trattamento *m* di riguardo
species /'spi:ʃi:z/ *n* specie *f inv*
specific /spə'sɪfɪk/ *adj* specifico
specifically /spə'sɪfɪklɪ/ *adv* in modo specifico
specifications /spesɪfɪ'keɪʃnz/ *npl* descrizione *f*
specify /'spesɪfaɪ/ *vt* (*pt/pp* **-ied**) specificare
specimen /'spesɪmən/ *n* campione *m*
specious /'spi:ʃəs/ *adj* ‹*argument, reasoning*› specioso
speck /spek/ *n* macchiolina *f*; (particle) granello *m*
speckled /'spekld/ *adj* picchiettato
specs /speks/ *npl* infml occhiali *mpl*
spectacle /'spektəkl/ *n* (show) spettacolo *m*
spectacles /'spektəklz/ *npl* occhiali *mpl*
spectacular /spek'tækjʊlə(r)/ *adj* spettacolare
spectacularly /spek'tækjʊləlɪ/ *adv* in modo spettacolare
spectator /spek'teɪtə(r)/ *n* spettatore, -trice *mf*
spectator sport *n* sport *m inv* di intrattenimento
spectre /'spektə(r)/ *n* spettro *m*
spectrum /'spektrəm/ *n* (*pl* **-tra**) spettro *m*; fig gamma *f*
speculate /'spekjʊleɪt/ *vi* speculare
speculation /spekjʊ'leɪʃn/ *n* speculazione *f*
speculative /'spekjʊlətɪv/ *adj* speculativo
speculator /'spekjʊleɪtə(r)/ *n* speculatore, -trice *mf*
sped /sped/ ▶ **speed**
speech /spi:tʃ/ *n* linguaggio *m*; (address) discorso *m*; **make a ~, give a ~** fare un discorso
speech day *n* Sch giorno *m* della premiazione
speech impediment *n* difetto *m* di pronuncia
speechless /'spi:tʃlɪs/ *adj* senza parole
speech therapist *n* logoterapista *mf*
speech therapy *n* logoterapia *f*
speech-writer *n persona (f) che scrive i discorsi di personaggi pubblici*
speed /spi:d/ **A** *n* velocità *f*; (gear) marcia *f*; **at ~** a tutta velocità
B *vi* (*pt/pp* **sped**) andare veloce
C *vi* (*pt/pp* **speeded**) (go too fast) andare a velocità eccessiva
■ **speed up** *vt & vi* (*pt/pp* **speeded up**) accelerare
speedboat *n* motoscafo *m*
speed bump *n* rallentatore *m*
speed camera *n* autovelox® *m inv*
speed dial *n* composizione *f* veloce
speed hump *n* dosso *m* di rallentamento
speedily /'spi:dɪlɪ/ *adv* rapidamente
speeding /'spi:dɪŋ/ *n* eccesso *m* di velocità
speeding fine *n* multa *f* per eccesso di velocità
speed limit *n* limite *m* di velocità
speed merchant *n* infml fanatico, -a *mf* della velocità
speedometer /spi:'dɒmɪtə(r)/ *n* tachimetro *m*
speed skating *n* pattinaggio *m* di velocità
speed trap *n* Auto *tratto (m) di strada sul quale la polizia controlla la velocità dei veicoli*
speedy /'spi:dɪ/ *adj* (**-ier, -iest**) rapido
speleologist /spi:lɪ'ɒlədʒɪst/ *n* speleologo, -a *mf*
speleology /spi:lɪ'ɒlədʒɪ/ *n* speleologia *f*
spell¹ /spel/ *n* (turn) turno *m*; (of weather) periodo *m*
spell² **A** *vt* (*pt/pp* **spelled** *or* **spelt**) **how do you ~...?** come si scrive...?; **could you ~ that for me?** me lo può compitare?; **~ disaster** fig essere disastroso
B *vi* **he can't ~** fa molti errori d'ortografia
spell³ *n* (magic) incantesimo *m*
■ **spell out** *vt* compitare; fig spiegare
spellbound /'spelbaʊnd/ *adj* affascinato
spellcheck *vt* Comput fare il controllo ortografico di ‹*document*›
spellchecker /'speltʃekə(r)/ *n* Comput correttore *m* ortografico
spelling /'spelɪŋ/ *n* ortografia *f*
spelt /spelt/ ▶ **spell²**
spend /spend/ *vt & vi* (*pt/pp* **spent**) spendere; passare ‹*time*›
spending cut *n* taglio *m* alla spesa
spending money /'spendɪŋ/ *n* soldi *mpl* per le piccole spese
spending power *n* potere *m* d'acquisto
spending spree *n* spese *fpl* folli
spendthrift /'spendθrɪft/ **A** *adj* spendaccione; ‹*habit, policy*› dispendioso
B *n* spendaccione, -a *mf*

S

spent /spent/ ▶ **spend**

sperm /spɜːm/ *n* spermatozoo *m*; (semen) sperma *m*

sperm bank *n* banca *f* del seme

sperm count *n* conteggio *m* di spermatozoi

sperm donor *n* donatore *m* del seme

spermicidal /spɜːmɪˈsaɪdl/ *adj* spermicida *inv*

spermicide /ˈspɜːmɪsaɪd/ *n* spermicida *m*

spew /spjuː/ *vt & vi* vomitare

sphere /sfɪə(r)/ *n* sfera *f*

sphere of influence *n* sfera *f* di influenza

spherical /ˈsferɪkl/ *adj* sferico

spice /spaɪs/ *n* spezia *f*; fig pepe *m*

spick /spɪk/ *adj* ~ **and span** lindo

spicy /ˈspaɪsɪ/ *adj* piccante

spider /ˈspaɪdə(r)/ *n* ragno *m*

spiderweb *n* AmE = **web**

spiel /ʃpɪəl/ *n* infml (sales pitch) imbonimento *m*; (long repetitive speech) tiritera *f*; **he gave me some ~ about...** mi ha raccontato un sacco di storie su...

spike /spaɪk/ *n* punta *f*; Bot, Zool spina *f*; (on shoe) chiodo *m*

spikes *npl* (shoes) scarpe *fpl* chiodate

spiky /ˈspaɪkɪ/ *adj* ‹*plant*› spinoso

spill /spɪl/ **A** *vt* (*pt/pp* **spilt** *or* **spilled**) versare ‹*blood*›; **~ the beans** infml vuotare il sacco

B *vi* rovesciarsi

■ **spill over** *vi* ‹*water*› traboccare; **~ over into** degenerare in ‹*violence, rioting*›

spillage /ˈspɪlɪdʒ/ *n* (of oil, chemical) perdita *f*

spin /spɪn/ **A** *vt* (*pt/pp* **spun**, *pres p* **spinning**) far girare; filare ‹*wool*›; centrifugare ‹*washing*›

B *vi* girare; ‹*washing machine*› centrifugare

C *n* rotazione *f*; (short drive) giretto *m*

■ **spin out** *vt* far durare

■ **spin round** **A** *vi* (turn quickly) girare vorticosamente; ‹*dancer, skater*› volteggiare; ‹*car*› fare un testa coda

B *vt* **~ somebody** *or* **something round** far girare qualcuno *o* qualcosa

spinach /ˈspɪnɪdʒ/ *n* spinaci *mpl*

spinal /ˈspaɪnl/ *adj* spinale

spinal column *n* colonna *f* vertebrale

spinal cord *n* midollo *m* spinale

spindle /ˈspɪndl/ *n* fuso *m*

spindly /ˈspɪndlɪ/ *adj* affusolato

spin doctor *n persona* (*f*) *incaricata di presentare le scelte di un partito politico sotto una luce favorevole*

spin drier *n* centrifuga *f*

spine /spaɪn/ *n* spina *f* dorsale; (of book) dorso *m*; Bot, Zool spina *f*

spineless /ˈspaɪnlɪs/ *adj* fig smidollato

spinning /ˈspɪnɪŋ/ *n* filatura *f*

spinning wheel *n* filatoio *m*

spin-off *n* ricaduta *f*

spinster /ˈspɪnstə(r)/ *n* donna *f* nubile; (old maid, fam) zitella *f*

spiny /ˈspaɪnɪ/ *adj* ‹*plant, animal*› spinoso

spiral /ˈspaɪrəl/ **A** *adj* a spirale

B *n* spirale *f*

C *vi* (*pt/pp* **spiralled**) formare una spirale

spiral staircase *n* scala *f* a chiocciola

spire /ˈspaɪə(r)/ *n* guglia *f*

🔑 **spirit** /ˈspɪrɪt/ *n* spirito *m*; (courage) ardore *m*; **~s** *pl* (alcohol) liquori *mpl*; **in good ~s** di buon umore; **in low ~s** abbattuto

■ **spirit away** *vt* far sparire

spirited /ˈspɪrɪtɪd/ *adj* vivace; (courageous) pieno d'ardore

spirit level *n* livella *f* a bolla d'aria

spirit stove *n* fornellino *m* [da campeggio]

spiritual /ˈspɪrɪtjʊəl/ **A** *adj* spirituale

B *n* spiritual *m*

spiritualism /ˈspɪrɪtjʊəlɪzm/ *n* spiritismo *m*

spiritualist /ˈspɪrɪtjʊəlɪst/ *n* spiritista *mf*

spit¹ /spɪt/ *n* (for roasting) spiedo *m*

spit² **A** *n* sputo *m*

B *vt & vi* (*pt/pp* **spat**, *pres p* **spitting**) sputare; ‹*cat*› soffiare; ‹*fat*› sfrigolare; **it's ~ting [with rain]** pioviggina; **the ~ting image of** il ritratto spiccicato di

spite /spaɪt/ **A** *n* dispetto *m*; **in ~ of** malgrado

B *vt* far dispetto a

spiteful /ˈspaɪtfʊl/ *adj* indispettito

spitefully /ˈspaɪtfʊlɪ/ *adv* con aria indispettita

spit out *vt* sputare ‹*food*›; **~ it out!** infml sputa l'osso!

spittle /ˈspɪtl/ *n* saliva *f*

splash /splæʃ/ **A** *n* schizzo *m*; (of colour) macchia *f*; infml (drop) goccio *m*

B *vt* schizzare; **~ somebody with something** schizzare qualcuno di qualcosa

C *vi* schizzare

■ **splash about** *vi* schizzarsi

■ **splash down** *vi* ‹*spacecraft*› ammarare

■ **splash out** *vi* (spend freely) darsi alle spese folli

splashdown /ˈsplæʃdaʊn/ *n* ammaraggio *m*

splatter /ˈsplætə(r)/ **A** *vt* schizzare; **~ somebody/something with something** schizzare qualcuno/qualcosa di qualcosa

B *vi* **~ onto/over something** ‹*ink, paint*› schizzare su qualcosa

splay /spleɪ/ *vt* divaricare ‹*legs, feet, fingers*›; svasare ‹*end of pipe etc*›; strombare ‹*side of window, door*›; **~ed** ‹*feet, fingers, legs*› divaricato

spleen /spliːn/ *n* Anat milza *f*

splendid /ˈsplendɪd/ *adj* splendido

splendidly /ˈsplendɪdlɪ/ *adv* splendidamente

splendour /ˈsplendə(r)/ *n* splendore *m*

S

🔑 parola chiave

splice /splaɪs/ *vt* aggiuntare ‹*tape, film*›
splint /splɪnt/ *n* Med stecca *f*
splinter /'splɪntə(r)/ **A** *n* scheggia *f*
B *vi* scheggiarsi
splinter group *n* gruppo *m* scissionista
split /splɪt/ **A** *n* fessura *f*; (quarrel) rottura *f*; (division) scissione *f*; (tear) strappo *m*
B *vt* (*pt/pp* **split**, *pres p* **splitting**) spaccare; (share, divide) dividere; (tear) strappare; **~ hairs** spaccare il capello in quattro; **~ one's sides** sbellicarsi dalle risa
C *vi* spaccarsi; (tear) strapparsi; (divide) dividersi; **~ on somebody** infml denunciare qualcuno
D *adj* **a ~ second** una frazione di secondo
■ **split up** **A** *vt* dividersi
B *vi* ‹*couple*› separarsi
split ends *npl* (in hair) doppie punte *fpl*
split personality *n* sdoppiamento *m* della personalità
split screen *n* schermo *m* diviso
splitting /'splɪtɪŋ/ *adj* **have a ~ headache** avere un tremendo mal di testa
splutter /'splʌtə(r)/ *vi* farfugliare
spoil /spɔɪl/ **A** *n* **~s** *pl* bottino *msg*
B *vt* (*pt/pp* **spoilt** BrE *or* **spoiled**) rovinare; viziare ‹*person*›
C *vi* andare a male
spoiler /'spɔɪlə(r)/ *n* Auto, Aeron spoiler *m inv*
spoilsport /'spɔɪlspɔːt/ *n* guastafeste *mf inv*
spoilt /spɔɪlt/ *adj* BrE ‹*child*› viziato; **be ~ for choice** non avere che l'imbarazzo della scelta
spoke¹ /spəʊk/ *n* raggio *m*
spoke² ▶ **speak**
spoken /'spəʊkən/ **A** ▶ **speak**
B *adj* ‹*language*› parlato; **be ~ for** essere messo da parte per qualcuno
spokesman /'spəʊksmən/ *n* portavoce *m inv*
spokesperson /'spəʊkspɜːsn/ *n* portavoce *mf*
spokeswoman /'spəʊkswʊmən/ *n* portavoce *f*
sponge /spʌndʒ/ **A** *n* spugna *f*
B *vt* pulire con la spugna
C *vi* **~ on** infml scroccare da
sponge bag *n* nécessaire *m inv*
sponge cake *n* pan *m* di Spagna
sponger /'spʌndnʒə(r)/ *n* scroccone, -a *mf*
spongy /'spʌndʒɪ/ *adj* spugnoso
sponsor /'spɒnsə(r)/ **A** *n* garante *mf*; Radio, TV sponsor *m inv*; (godparent) padrino *m*, madrina *f*; (for membership) socio, -a *mf* garante
B *vt* sponsorizzare
sponsorship /'spɒnsəʃɪp/ *n* sponsorizzazione *f*
sponsorship deal *n* accordo *m* con uno sponsor
spontaneity /spɒntə'neɪətɪ/ *n* spontaneità *f*
spontaneous /spɒn'teɪnɪəs/ *adj* spontaneo
spontaneously /spɒn'teɪnɪəslɪ/ *adv* spontaneamente
spoof /spuːf/ *n* infml parodia *f*
spook /spuːk/ infml **A** *vt* (haunt) perseguitare; (frighten) spaventare
B *n* (ghost) fantasma *m*; AmE (spy) spia *f*
spooky /'spuːkɪ/ *adj* (**-ier**, **-iest**) infml sinistro
spool /spuːl/ *n* bobina *f*
spooling /'spuːlɪŋ/ *n* Comput spooling *m*
spoon /spuːn/ **A** *n* cucchiaio *m*
B *vt* mettere col cucchiaio
spoonerism /'spuːnərɪzm/ *n scambio* (*m*) *delle iniziali di due parole con effetto umoristico*
spoon-feed *vt* (*pt/pp* **-fed**) fig imboccare
spoonful /'spuːnfʊl/ *n* cucchiaiata *f*
sporadic /spə'rædɪk/ *adj* sporadico
sporadically /spə'rædɪklɪ/ *adv* sporadicamente
spore /spɔː(r)/ *n* spora *f*
sporran /'spɒrə/ *n borsa* (*f*) *di cuoio o pelo portata alla cintura dagli scozzesi insieme al kilt*
sport /spɔːt/ **A** *n* sport *m inv*; **be a [good] ~!** sii sportivo!
B *vt* sfoggiare
sporting /'spɔːtɪŋ/ *adj* sportivo
sporting calendar *n* calendario *m* sportivo
sporting chance *n* possibilità *f*
sports car *n* automobile *f* sportiva
sports centre BrE, **sports center** AmE *n* centro *m* polisportivo
sports club *n* club *m* sportivo
sports coat *n*, **sports jacket** *n* giacca *f* sportiva
sports ground *n* (large) stadio *m*; (in school) campo *m* sportivo
sports jacket *n* giacca *f* sportiva
sportsman *n* sportivo *m*
sports star *n* star *f inv* dello sport
sportswear *n* abbigliamento *m* sportivo
sportswoman *n* sportiva *f*
sports writer *n* giornalista *mf* sportivo, -a
sporty /'spɔːtɪ/ *adj* (**-ier**, **-iest**) sportivo
spot /spɒt/ **A** *n* macchia *f*; (pimple) brufolo *m*; (place) posto *m*; (in pattern) pois *m inv*; (of rain) goccia *f*; (of water) goccio *m*; **~s** *pl* (rash) sfogo *msg*; **a ~ of** infml un po' di; **a ~ of bother** qualche problema; **on the ~** sul luogo; (immediately) immediatamente; **in a [tight] ~** infml in difficoltà
B *vt* (*pt/pp* **spotted**) macchiare; infml (notice) individuare
spot check *n* (without warning) controllo *m* a sorpresa; **do a ~ on something** dare una controllata a qualcosa
spotless /'spɒtlɪs/ *adj* immacolato
spotlight *n* riflettore *m*; fig riflettori *mpl*

spot on *adj* BrE esatto
spot rate *n* Fin tasso *m* di cambio a vista
spotted /'spɒtɪd/ *adj* ‹*material*› a pois
spotty /'spɒtɪ/ *adj* (**-ier**, **-iest**) (pimply) brufoloso
spot-weld *vt* saldare a punti
spouse /spaʊz/ *n* consorte *mf*
spout /spaʊt/ **A** *n* becco *m*; **up the ~** infml (ruined) all'aria
B *vi* zampillare (**from** da)
sprain /spreɪn/ **A** *n* slogatura *f*
B *vt* slogare; **~ one's ankle** slogarsi la caviglia
sprang /spræŋ/ ▶ **spring²**
sprat /spræt/ *n* spratto *m*
sprawl /sprɔːl/ *vi* (in chair) stravaccarsi; ‹*city etc*› estendersi; **go ~ing** (fall) cadere disteso
sprawling /'sprɔːlɪŋ/ *adj* ‹*suburb, city*› che si propaga disordinatamente; ‹*handwriting*› che occupa tutta la pagina
spray¹ /spreɪ/ *n* (of flowers) rametto *m*; (bouquet) mazzolino *m*
spray² **A** *n* spruzzo *m*; (from sea) spruzzi *mpl*; (preparation) spray *m inv*; (container) spruzzatore *m*
B *vt* spruzzare
spray can *n* bomboletta *f* spray *inv*
spray gun *n* pistola *f* a spruzzo
spray on *adj* ‹*conditioner, glitter*› spray *inv*
✂ **spread** /spred/ **A** *n* estensione *f*; (of disease) diffusione *f*; (paste) crema *f*; infml (feast) banchetto *m*
B *vt* (*pt/pp* **spread**) spargere; spalmare ‹*butter, jam*›; stendere ‹*cloth, arms*›; diffondere ‹*news, disease*›; dilazionare ‹*payments*›; **~ something with** spalmare qualcosa di
C *vi* spargersi; ‹*butter*› spalmarsi; ‹*disease*› diffondersi
■ **spread out** **A** *vt* sparpagliare
B *vi* sparpagliarsi
spread betting *n* spread betting *m inv*, scommesse *fpl* con spread
spread-eagled /-ˈiːgld/ *adj* a gambe e braccia aperte
spreadsheet /'spredʃiːt/ *n* Comput foglio *m* elettronico
spree /spriː/ *n* infml **go on a ~** far baldoria; **go on a shopping ~** fare spese folli
sprig /sprɪg/ *n* rametto *m*
sprightly /'spraɪtlɪ/ *adj* (**-ier**, **-iest**) vivace
✂ **spring¹** /sprɪŋ/ **A** *n* primavera *f*; **in ~, in the ~** in primavera
B *attrib* primaverile
spring² **A** *n* (jump) balzo *m*; (water) sorgente *f*; (device) molla *f*; (elasticity) elasticità *f*
B *vi* (*pt* **sprang**, *pp* **sprung**) balzare; (arise) provenire (**from** da); **~ to mind** saltare in mente
C *vt* **he just sprang it on me** me l'ha detto a cose fatte
■ **spring up** *vi* balzare; fig spuntare
springboard *n* trampolino *m*
spring chicken *n* Culin pollastrello *m*, pollastrella *f*; **she's no ~** infml non è una giovincella
spring-clean *vt* pulire a fondo
spring-cleaning *n* pulizie *fpl* di Pasqua
spring onion *n* cipollotto *m*
springtime *n* primavera *f*
springy /'sprɪŋɪ/ *adj* ‹*mattress, sofa*› molleggiato
sprinkle /'sprɪŋkl/ *vt* (scatter) spruzzare ‹*liquid*›; spargere ‹*flour, cocoa*›; **~ something with** spruzzare qualcosa di ‹*liquid*›; cospargere qualcosa di ‹*flour, cocoa*›
sprinkler /'sprɪŋklə(r)/ *n* sprinkler *m inv*; (for garden) irrigatore *m*
sprinkling /'sprɪŋklɪŋ/ *n* (of liquid) spruzzatina *f*; (of pepper, salt) pizzico *m*; (of flour, sugar) spolveratina *f*; (of knowledge) infarinatura *f*; (of people) pugno *m*
sprint /sprɪnt/ **A** *n* sprint *m inv*
B *vi* fare uno sprint; Sport sprintare
sprinter /'sprɪntə(r)/ *n* sprinter *mf inv*
sprite /spraɪt/ *n* folletto *m*
spritzer /'sprɪtsə(r)/ *n* spritz *m inv*, spritzer *m inv*
sprout /spraʊt/ **A** *n* germoglio *m*; **[Brussels] ~s** *pl* cavolini *mpl* di Bruxelles
B *vi* germogliare
spruce /spruːs/ **A** *adj* elegante
B *n* abete *m*
■ **spruce up** *vt* dare una ripulita a
sprung /sprʌŋ/ **A** ▶ **spring²**
B *adj* molleggiato
spry /spraɪ/ *adj* (**-er**, **-est**) arzillo
spud /spʌd/ *n* infml patata *f*
spun /spʌn/ ▶ **spin**
spur /spɜː(r)/ **A** *n* sperone *m*; (stimulus) stimolo *m*; (road) svincolo *m*; **on the ~ of the moment** su due piedi
B *vt* (*pt/pp* **spurred**) **~ [on]** fig spronare
spurious /'spjʊərɪəs/ *adj* falso
spuriously /'spjʊərɪəslɪ/ *adv* falsamente
spurn /spɜːn/ *vt* sdegnare
spurt /spɜːt/ **A** *n* getto *m*; Sport scatto *m*; **put on a ~** fare uno scatto
B *vi* sprizzare; (increase speed) scattare
sputter /'spʌtə(r)/ **A** *vi* ‹*engine*› scoppiettare
B *n* colpi *mpl* irregolari del motore
spy /spaɪ/ **A** *n* spia *f*
B *vi* spiare
C *vt* infml (see) spiare
■ **spy on** *vt* spiare
■ **spy out** *vt* esplorare
spying /'spaɪɪŋ/ *n* spionaggio *m*
squabble /'skwɒbl/ **A** *n* bisticcio *m*
B *vi* bisticciare

✂ parola chiave

squabbling /ˈskwɒblɪŋ/ *n* bisticci *mpl*
squad /skwɒd/ *n* squadra *f*
squad car *n* macchina *f* della volante
squaddie /ˈskwɒdɪ/ *n* BrE infml soldato *m* semplice
squadron /ˈskwɒdrən/ *n* Mil squadrone *m*; Aeron, Naut squadriglia *f*
squalid /ˈskwɒlɪd/ *adj* squallido
squalidly /ˈskwɒlɪdlɪ/ *adv* squallidamente
squall /skwɔːl/ **A** *n* (howl) strillo *m*; (storm) bufera *f*
B *vi* strillare
squally /ˈskwɔːlɪ/ *adj* burrascoso
squalor /ˈskwɒlə(r)/ *n* squallore *m*
squander /ˈskwɒndə(r)/ *vt* sprecare
square /skweə(r)/ **A** *adj* quadrato; ‹*meal*› sostanzioso; infml (old-fashioned) vecchio stampo; **all ~** infml pari
B *n* quadrato *m*; (in city) piazza *f*; (on chessboard) riquadro *m*; **be back to ~ one** riessere al punto di partenza
C *vt* (settle) far quadrare; Math elevare al quadrato
D *vi* (agree) armonizzare
■ **square up** *vi* (settle accounts) saldare
■ **square up to** *vt* affrontare
square bracket *n* parentesi *f inv* quadra; **in ~s** tra parentesi quadre
square dance *n* quadriglia *f*
squarely /ˈskweəlɪ/ *adv* direttamente
square root *n* radice *f* quadrata
squash /skwɒʃ/ **A** *n* calca *f*; (drink) spremuta *f*; (sport) squash *m*; (vegetable) zucca *f*
B *vt* schiacciare; soffocare ‹*rebellion*›
■ **squash up** *vi* (move closer together) stringersi
squashy /ˈskwɒʃɪ/ *adj* floscio
squat /ˈskwɒt/ **A** *adj* tarchiato
B *n* infml edificio *m* occupato abusivamente
C *vi* (*pt/pp* **squatted**) accovacciarsi; **~ in** occupare abusivamente
squatter /ˈskwɒtə(r)/ *n* occupante *mf* abusivo, -a
squaw /skwɔː/ *n* offensive squaw *f inv*
squawk /skwɔːk/ **A** *n* gracchio *m*
B *vi* gracchiare
squeak /skwiːk/ **A** *n* squittio *m*; (of hinge, brakes) cigolio *m*
B *vi* squittire; ‹*hinge, brakes*› cigolare
squeaking /ˈskwiːkɪŋ/ *n* (of door, hinge) cigolio *m*
squeaky /ˈskwiːkɪ/ *adj* ‹*door, hinge*› cigolante
squeaky-clean *adj* infml ‹*glass, hair*› lucente; ‹*floor*› tirato a specchio; fig ‹*person*› senza vizi; ‹*company*› al di sopra di ogni sospetto
squeal /skwiːl/ **A** *n* strillo *m*; (of brakes) cigolio *m*
B *vi* strillare; sl spifferare
squeamish /ˈskwiːmɪʃ/ *adj* dallo stomaco delicato; (scrupulous) troppo scrupoloso
squeegee /ˈskwiːdʒiː/ *n* Phot rullo *m* asciugatore; (for glasses) lavavetri *m inv*
squeeze /skwiːz/ **A** *n* stretta *f*; (crush) pigia pigia *m inv*; **give sb's hand a ~** dare a qualcuno una stretta di mano
B *vt* premere; (to get juice) spremere; stringere ‹*hand*›; (force) stringere a forza; infml (extort) estorcere (**out of** da)
■ **squeeze in/out** *vi* sgusciare dentro/fuori
■ **squeeze past** *vi* ‹*person, car*› passare
■ **squeeze up** *vi* stringersi
squelch /skweltʃ/ *vi* sguazzare
squib /skwɪb/ *n* petardo *m*
squid /skwɪd/ *n* calamaro *m*
squidgy /ˈskwɪdʒɪ/ *adj* BrE infml (squashy) molliccio
squiggle /ˈskwɪgl/ *n* scarabocchio *m*
squint /skwɪnt/ **A** *n* strabismo *m*
B *vi* essere strabico
squire /ˈskwaɪə(r)/ *n* signorotto *m* di campagna
squirm /skwɜːm/ *vi* contorcersi; (feel embarrassed) sentirsi imbarazzato
squirrel /ˈskwɪrəl/ *n* scoiattolo *m*
squirt /skwɜːt/ **A** *n* spruzzo *m*; infml (person) presuntuoso *m*
B *vt & vi* spruzzare
Sri Lanka *n* Sri Lanka *m*
St *abbr* **1** (**Saint**) S **2** (**Street**)
stab /stæb/ **A** *n* pugnalata *f*, coltellata *f*; (sensation) fitta *f*; infml (attempt) tentativo *m*
B *vt* (*pt/pp* **stabbed**) pugnalare, accoltellare
stability /stəˈbɪlətɪ/ *n* stabilità *f*
stabilization /steɪbɪlaɪˈzeɪʃn/ *n* stabilizzazione *f*
stabilize /ˈsteɪbɪlaɪz/ **A** *vt* stabilizzare
B *vi* stabilizzarsi
stabilizer /ˈsteɪbɪlaɪzə(r)/ *n* stabilizzatore *m*; (on bike) rotella *f*; (in food) stabilizzante *m*
stable¹ /ˈsteɪbl/ *adj* stabile
stable² *n* stalla *f*; (establishment) scuderia *f*
staccato /stəˈkɑːtəʊ/ **A** *adj* Mus staccato; ‹*gasps, shots*› intermittente
B *adv* ‹*play*› staccatamente
stack /stæk/ **A** *n* catasta *f*; (of chimney) comignolo *m*; (chimney) ciminiera *f*; infml (large quantity) montagna *f*; **~s of** ‹*money, time, work*› un sacco di
B *vt* accatastare
stadium /ˈsteɪdɪəm/ *n* stadio *m*
staff /stɑːf/ **A** *n* (stick) bastone *m*; (employees) personale *m*; (teachers) corpo *m* insegnante; Mil Stato *m* Maggiore
B *vt* fornire di personale
staff meeting *n* riunione *f* del corpo insegnante
staffroom /ˈstɑːfruːm/ *n* Sch sala *f* insegnanti
stag /stæg/ *n* cervo *m*
stage /steɪdʒ/ **A** *n* palcoscenico *m*; (profession) teatro *m*; (in journey) tappa *f*; (in process) stadio

S

m; **go on the ~** darsi al teatro; **by** *or* **in ~s** a tappe
B *vt* mettere in scena; (arrange) organizzare

stagecoach *n* diligenza *f*

stage door *n* ingresso *m* degli artisti

stage fright *n* panico *m* da palcoscenico

stage-manage *vt* fig orchestrare

stage manager *n* direttore, -trice *mf* di scena

stage-struck /-strʌk/ *adj* appassionatissimo di teatro

stagger /'stægə(r)/ **A** *vi* barcollare
B *vt* sbalordire; scaglionare ‹*holidays, payments etc*›; **I was ~ed** sono rimasto sbalordito
C *n* vacillamento *m*

staggering /'stægərɪŋ/ *adj* sbalorditivo

stagnant /'stægnənt/ *adj* stagnante

stagnate /stæg'neɪt/ *vi* fig [ri]stagnare

stagnation /stæg'neɪʃn/ *n* fig inattività *f*

stag night, stag party *n* addio *m* al celibato

staid /steɪd/ *adj* posato

stain /steɪn/ **A** *n* macchia *f*; (for wood) mordente *m*
B *vt* macchiare; ‹*wood*› dare il mordente a

stained glass /steɪnd'glɑːs/ *n* vetro *m* colorato

stained-glass window *n* vetrata *f* colorata

stainless /'steɪnlɪs/ *adj* senza macchia

stainless steel *n* acciaio *m* inossidabile

stain remover *n* smacchiatore *m*

stair /steə(r)/ *n* gradino *m*; **~s** *pl* scale *fpl*

staircase /'steəkeɪs/ *n* scale *fpl*

stairlift *n* montascale *m inv*

stake /steɪk/ **A** *n* palo *m*; (wager) posta *f*; Comm partecipazione *f*; **at ~** in gioco
B *vt* puntellare; (wager) scommettere; **~ a claim to something** rivendicare qualcosa
■ **stake out** *vt* mettere sotto sorveglianza ‹*building*›

stake-out *n* infml sorveglianza *f*

stalactite /'stæləktaɪt/ *n* stalattite *f*

stalagmite /'stæləgmaɪt/ *n* stalagmite *f*

stale /steɪl/ *adj* stantio; ‹*air*› viziato; (uninteresting) trito [e ritrito]

stalemate /'steɪlmeɪt/ *n* (in chess) stallo *m*; (deadlock) situazione *f* di stallo

stalk¹ /stɔːk/ *n* gambo *m*

stalk² **A** *vt* inseguire
B *vi* camminare impettito

stalker /'stɔːkə(r)/ *n* (of person) *stalker mf inv*

stalking /'stɔːkɪŋ/ *n* (of person) *stalking*

stall /stɔːl/ **A** *n* box *m inv*; (in market) bancarella *f*; **~s** *pl* Theat platea *f*
B *vi* ‹*engine*› spegnersi; fig temporeggiare
C *vt* far spegnere ‹*engine*›; tenere a bada ‹*person*›

stallholder /'stɔːlhəʊldə(r)/ *n* bancarellista *mf*

stallion /'stæljən/ *n* stallone *m*

stalwart /'stɔːlwət/ **A** *adj* fedele
B *n* sostenitore *m* fedele

stamina /'stæmɪnə/ *n* [capacità *f* di] resistenza *f*

stammer /'stæmə(r)/ **A** *n* balbettio *m*
B *vt & vi* balbettare

stamp /stæmp/ **A** *n* (postage) ~ francobollo *m*; (instrument) timbro *m*; fig impronta *f*
B *vt* affrancare ‹*letter*›; timbrare ‹*bill*›; battere ‹*feet*›
■ **stamp out** *vt* spegnere; fig soffocare

stamp collecting *n* filatelia *f*

stamp collector *n* collezionista *mf* di francobolli

stamped addressed envelope busta *f* affrancata per la risposta

stampede /stæm'piːd/ **A** *n* fuga *f* precipitosa; infml fuggifuggi *m inv*
B *vi* fuggire precipitosamente

stance /stɑːns/ *n* posizione *f*

stand /stænd/ **A** *n* (for bikes) rastrelliera *f*; (at exhibition) stand *m inv*; (in market) bancarella *f*; (in stadium) gradinata *f*; fig posizione *f*
B *vi* (*pt/pp* **stood**) stare in piedi; (rise) alzarsi [in piedi]; (be) trovarsi; (be candidate) essere candidato (**for** a); (stay valid) rimanere valido; **I don't know where I ~** non so qual è la mia posizione; **~ still** non muoversi; **~ firm** fig tener duro; **~ on ceremony** formalizzarsi; **~ together** essere solidali; **~ to lose/gain** rischiare di perdere/vincere; **~ to reason** essere logico
C *vt* (withstand) resistere a; (endure) sopportare; (place) mettere; **~ a chance** avere una possibilità; **~ one's ground** tener duro; **~ the test of time** superare la prova del tempo; **~ somebody a beer** offrire una birra a qualcuno
■ **stand back** *vi* (withdraw) farsi da parte
■ **stand by** **A** *vi* stare a guardare; (be ready) essere pronto
B *vt* (support) appoggiare
■ **stand down** *vi* (retire) ritirarsi
■ **stand for** *vt* (mean) significare; (tolerate) tollerare
■ **stand in for** *vt* sostituire
■ **stand out** *vi* spiccare
■ **stand up** *vi* alzarsi [in piedi]
■ **stand up for** *vt* prendere le difese di; **~ up for oneself** farsi valere
■ **stand up to** *vt* affrontare

stand-alone *adj* Comput stand-alone

standard /'stændəd/ **A** *adj* standard; **be ~ practice** essere pratica corrente
B *n* standard *m inv*; Techn norma *f*; (level)

S

---

parola chiave

livello *m*; (quality) qualità *f*; (flag) stendardo *m*; **~s** *pl* (morals) valori *mpl*

Standard Assessment Tasks *n* BrE *esami (mpl) sostenuti per tranche d'età allo scopo di testare la preparazione degli alunni*

standardization /stændədaˈzeɪʃn/ *n* standardizzazione *f*

standardize /ˈstændədaɪz/ *vt* standardizzare

standard lamp *n* lampada *f* a stelo

standard of living *n* tenore *m* di vita

standby /ˈstændbaɪ/ **A** *n* (person) riserva *f*
B *attrib* ‹*circuit, battery*› di emergenza; ‹*passenger*› in lista di attesa; ‹*ticket*› stand-by *inv*
C *adv* ‹*fly*› con biglietto stand-by

stand-in *n* controfigura *f*

standing /ˈstændɪŋ/ **A** *adj* (erect) in piedi; (permanent) permanente
B *n* posizione *f*; (duration) durata *f*

standing charge *n* canone *m*

standing order *n* ordine *m* permanente

standing ovation *n* **give somebody a ~** alzarsi per applaudire qualcuno

standing room *n* posti *mpl* in piedi

stand-off /ˈstændɒf/ *n* punto *m* morto

stand-offish /stændˈɒfɪʃ/ *adj* scostante

standpoint *n* punto *m* di vista

standstill *n* **come to a ~** fermarsi; **at a ~** in un periodo di stasi

stand-up **A** *adj* ‹*buffet*› in piedi; ‹*argument*› accanito
B *n* (comedy) recital *m inv* di un comico

stand-up comedian *comico (m) che intrattiene il pubblico con barzellette*

stank /stæŋk/ ▶ **stink**

Stanley knife® *n* cutter *m inv*

stanza /ˈstænzə/ *n* strofa *f*

staple¹ /ˈsteɪpl/ *n* (product) prodotto *m* principale

staple² **A** *n* graffa *f*
B *vt* pinzare

staple diet *n* **a ~ of** una dieta basata principalmente su

staple gun *n* pistola *f* sparachiodi

stapler /ˈsteɪplə(r)/ *n* pinzatrice *f*, cucitrice *f*

staple remover *n* levapunti *m inv*

star /stɑ:(r)/ **A** *n* stella *f*; (asterisk) asterisco *m*; Theat, Cinema, Sport divo, -a *mf*, stella *f*
B *vi* (*pt/pp* **starred**) essere l'interprete principale (**in** di)

starboard /ˈstɑ:bəd/ *n* tribordo *m*

starch /stɑ:tʃ/ **A** *n* amido *m*
B *vt* inamidare

starchy /ˈstɑ:tʃɪ/ *adj* ricco di amido; fig compito

stardom /ˈstɑ:dəm/ *n* celebrità *f*

stare /steə(r)/ **A** *n* sguardo *m* fisso
B *vi* **it's rude to ~** è da maleducati fissare la gente; **~ at** fissare; **~ into space** guardare nel vuoto

starfish /ˈstɑ:fɪʃ/ *n* stella *f* di mare

stark /stɑ:k/ **A** *adj* austero; ‹*contrast*› forte
B *adv* completamente; **~ naked** completamente nudo

starlet /ˈstɑ:lɪt/ *n* stellina *f*

starling /ˈstɑ:lɪŋ/ *n* storno *m*

starlit /ˈstɑ:lɪt/ *adj* stellato

starry /ˈstɑ:rɪ/ *adj* stellato

starry-eyed /-ˈaɪd/ *adj* infml ingenuo

star sign *n* segno *m* zodiacale

star-struck /-strʌk/ *adj* ossessionato dalle celebrità

star-studded /-stʌdɪd/ *adj* ‹*cast, line-up*› con molti interpreti famosi; ‹*sky*› stellato

start /stɑ:t/ **A** *n* inizio *m*; (departure) partenza *f*; (jump) sobbalzo *m*; **from the ~** [fin] dall'inizio; **for a ~** tanto per cominciare; **give somebody a ~** Sport dare un vantaggio a qualcuno
B *vi* [in]cominciare; (set out) avviarsi; ‹*engine, car*› partire; (jump) trasalire; **to ~ with,...** tanto per cominciare
C *vt* [in]cominciare; (cause) dare inizio a; (found) mettere su; mettere in moto ‹*car*›; mettere in giro ‹*rumour*›
■ **start off** *vi* (begin) cominciare
■ **start on** *vt* infml (attack) criticare; (nag) punzecchiare
■ **start out** *vi* (on journey) partire
■ **start over** AmE *vi* (with task) ricominciare
■ **start up** *vt* mettere in funzione ‹*engine*›; avviare ‹*business*›

starter /ˈstɑ:tə(r)/ *n* Culin primo *m* [piatto *m*]; (in race: giving signal) starter *m inv*; (participant) concorrente *mf*; Auto motorino *m* d'avviamento

starting point /ˈstɑ:tɪŋ/ *n* punto *m* di partenza

starting salary *n* stipendio *m* iniziale

startle /ˈstɑ:tl/ *vt* far trasalire; ‹*news*› sconvolgere

startling /ˈstɑ:tlɪŋ/ *adj* sconvolgente

start-up capital *n* capitale *m* di avviamento

starvation /stɑ:ˈveɪʃn/ *n* fame *f*

starve /stɑ:v/ **A** *vi* morire di fame
B *vt* far morire di fame

starving /ˈstɑ:vɪŋ/ *adj* **be ~** (dying of hunger) soffrire la fame; infml (very hungry) morire di fame

stash /stæʃ/ *vt* infml **~ [away]** nascondere

state /steɪt/ **A** *n* stato *m*; Pol Stato *m*; (grand style) pompa *f*; **be in a ~** ‹*person*› essere agitato; **lie in ~** essere esposto
B *attrib* di Stato; Sch pubblico; (with ceremony) di gala
C *vt* dichiarare; (specify) precisare

state-aided /-ˈeɪdɪd/ *adj* sovvenzionato dallo Stato

State Department *n* AmE Pol ministero *m* degli [affari] esteri

S

state-funded *adj* sovvenzionato dallo Stato

stateless /ˈsteɪtlɪs/ *adj* apolide

stately /ˈsteɪtlɪ/ *adj* (**-ier**, **-iest**) maestoso

stately home *n* dimora *f* signorile

statement /ˈsteɪtmənt/ *n* dichiarazione *f*; Jur deposizione *f*; (from bank) estratto *m* conto; (account) rapporto *m*

state of emergency *n* stato *m* di emergenza

state of play punteggio *m*

state of the art *adj* ‹*technology*› il più avanzato

stateside /ˈsteɪtsaɪd/ **A** *adj* degli Stati Uniti **B** *adv* negli Stati Uniti

statesman /ˈsteɪtsmən/ *n* statista *m*

static /ˈstætɪk/ *adj* statico

static electricity *n* elettricità *f* statica

station /ˈsteɪʃn/ **A** *n* stazione *f*; (police) commissariato *m*
B *vt* appostare ‹*guard*›; **be ~ed in Germany** essere di stanza in Germania

stationary /ˈsteɪʃənərɪ/ *adj* immobile

stationer /ˈsteɪəʃnə(r)/ *n* **~'s [shop]** cartoleria *f*

stationery /ˈsteɪʃənərɪ/ *n* cancelleria *f*

station wagon *n* AmE station-wagon *f inv*

statistical /stəˈtɪstɪkl/ *adj* statistico

statistically /stəˈtɪstɪklɪ/ *adv* statisticamente

statistician /stætɪsˈtɪʃn/ *n* esperto *m* di statistica

statistics /stəˈtɪstɪks/ *nsg* (subject) statistica *fsg*; *npl* (figures) statistiche *fpl*

statue /ˈstætjuː/ *n* statua *f*

statuesque /stætjʊˈesk/ *adj* statuario

stature /ˈstætʃə(r)/ *n* statura *f*

status /ˈsteɪtəs/ *n* condizione *f*; (high rank) alto rango *m*

status bar *n* Comput barra *f* di stato

status quo *n* statu quo *m inv*

status symbol *n* status symbol *m inv*

statute /ˈstætjuːt/ *n* statuto *m*

statutory /ˈstætjʊtərɪ/ *adj* statutario

staunch /stɔːntʃ/ *adj* fedele

staunchly /ˈstɔːntʃlɪ/ *adv* fedelmente

stave /steɪv/ *vt* **~ off** tenere lontano

stay /steɪ/ **A** *n* soggiorno *m*
B *vi* restare, rimanere; (reside) alloggiare; **~ the night** passare la notte; **~ put** non muoversi
C *vt* **~ the course** resistere fino alla fine
■ **stay away** *vi* stare lontano
■ **stay behind** *vi* non andare con gli altri
■ **stay in** *vi* (at home) stare in casa; Sch *restare a scuola dopo le lezioni*
■ **stay on** *vi* (remain) rimanere; **~ on at school** continuare gli studi
■ **stay up** *vi* stare su; ‹*person*› stare alzato

staying power /ˈsteɪɪŋ/ *n* capacità *f* di resistenza

STD *abbr* (**sexually transmitted disease**) malattia *f* sessualmente trasmissibile, MST

STD code, **STD area code** *n* BrE prefisso *m* [di teleselezione]

stead /sted/ *n* **in his ~** in sua vece; **stand somebody in good ~** tornare utile a qualcuno

steadfast /ˈstedfɑːst/ *adj* fedele; ‹*refusal*› fermo

steadily /ˈstedɪlɪ/ *adv* (continually) continuamente

steady /ˈstedɪ/ **A** *adj* (**-ier**, **-iest**) saldo, fermo; ‹*breathing*› regolare; ‹*job, boyfriend*› fisso; (dependable) serio
B *adv* **be going ~** ‹*couple*› fare coppia fissa

steak /steɪk/ *n* (for stew) spezzatino *m*; (for grilling, frying) bistecca *f*

steal /stiːl/ *vt* (*pt* **stole**, *pp* **stolen**) rubare (**from** da); **~ the show** essere al centro dell'attenzione
■ **steal in/out** *vi* entrare/uscire furtivamente

stealth /stelθ/ *n* **by ~** di nascosto

stealthily /ˈstelθɪlɪ/ *adv* furtivamente

stealthy /ˈstelθɪ/ *adj* furtivo

steam /stiːm/ **A** *n* vapore *m*; **under one's own ~** infml da solo; **let off ~** fig sfogarsi
B *vt* Culin cucinare a vapore
C *vi* fumare
■ **steam up** *vi* ‹*window*› appannarsi

steamed up /stiːmdˈʌp/ *adj* **get ~ up** (angry) andare su tutte le furie

steam engine *n* locomotiva *f*

steamer /ˈstiːmə(r)/ *n* piroscafo *m*; (saucepan) pentola *f* a vapore

steam iron *n* ferro *m* [da stiro] a vapore

steamroller /ˈstiːmrəʊlə(r)/ *n* rullo *m* compressore

steamy /ˈstiːmɪ/ *adj* appannato; fig ‹*scene*› spinto

steel /stiːl/ **A** *n* acciaio *m*
B *vt* **~ oneself** temprarsi

steel wool *n* lana *f* d'acciaio

steelworks *n* acciaieria *f*

steely /ˈstiːlɪ/ *adj* d'acciaio

steep[1] /stiːp/ *vt* (soak) lasciare a bagno; **~ed in** fig immerso in

steep[2] *adj* ripido; infml ‹*price*› esorbitante

steeple /ˈstiːpl/ *n* campanile *m*

steeplechase /ˈstiːpltʃeɪs/ *n* corsa *f* ippica a ostacoli

steeplejack /ˈstiːpldʒæk/ *n persona* (*f*) *che ripara campanili e ciminiere*

steeply /ˈstiːplɪ/ *adv* ripidamente

steer /stɪə(r)/ *vt & vi* guidare; **~ clear of** stare alla larga da

steering /ˈstɪərɪŋ/ *n* Auto sterzo *m*

steering column *n* Auto piantone *m* dello sterzo

S

---

parola chiave

steering committee *n* comitato *m* direttivo
steering lock *n* Auto bloccasterzo *m*; (turning circle) angolo *m* di massima sterzata
steering wheel *n* volante *m*
stem¹ /stem/ **A** *n* stelo *m*; (of glass) gambo *m*; (of word) radice *f*
B *vi* (*pt/pp* **stemmed**) **~ from** derivare da
stem² *vt* (*pt/pp* **stemmed**) contenere
stem cell *n* cellula *f* staminale
stem ginger *n* zenzero *m* sciroppato
stench /stentʃ/ *n* fetore *m*
stencil /'stensl/ **A** *n* stampino *m*; (decoration) stampo *m*
B *vt* (*pt/pp* **stencilled**) stampinare
stenographer /stɪ'nɒgrəfə(r)/ *n* stenografo, -a *mf*
stenography /stɪ'nɒgrəfɪ/ *n* stenografia *f*
step /step/ **A** *n* passo *m*; (stair) gradino *m*; **~s** *pl* (ladder) scaleo *m*; **in ~** al passo; **be out of ~** non stare al passo; **~ by ~** un passo alla volta
B *vi* (*pt/pp* **stepped**) **~ into** entrare in; **~ into sb's shoes** succedere a qualcuno; **~ out of** uscire da; **~ out of line** sgarrare
■ **step back** *vi* fare un passo indietro; **~ back from something** fig prendere le distanze da qualcosa
■ **step down** *vi* fig dimettersi
■ **step forward** *vi* farsi avanti
■ **step in** *vi* fig intervenire
■ **step up** *vt* (increase) aumentare
step aerobics *nsg* step *m inv*
stepbrother *n* fratellastro *m*
stepchild *n* figliastro, -a *mf*
stepdaughter *n* figliastra *f*
stepfather *n* patrigno *m*
stepladder *n* scaleo *m*
stepmother *n* matrigna *f*
stepping stone /'stepɪŋ/ *n* pietra *f* per guadare; fig trampolino *m*
stepsister /'stepsɪstə(r)/ *n* sorellastra *f*
stepson /'stepsʌn/ *n* figliastro *m*
stereo /'sterɪəʊ/ *n* stereo *m*; **in ~** in stereofonia
stereophonic /sterɪəʊ'fɒnɪk/ *adj* stereofonico
stereoscopic /sterɪəʊ'skɒpɪk/ *adj* stereoscopico
stereotype /'sterɪətaɪp/ *n* stereotipo *m*
stereotyped /'sterɪətaɪpt/ *adj* stereotipato
sterile /'steraɪl/ *adj* sterile
sterility /stə'rɪlətɪ/ *n* sterilità *f*
sterilization /sterəlaɪ'zeɪʃn/ *n* sterilizzazione *f*
sterilize /'sterɪlaɪz/ *vt* sterilizzare
sterling /'stɜ:lɪŋ/ **A** *adj* fig apprezzabile
B *n* sterlina *f*
sterling silver *n* argento *m* pregiato
stern¹ /stɜ:n/ *adj* severo
stern² *n* (of boat) poppa *f*
sternly /'stɜ:nlɪ/ *adv* severamente
steroid /'sterɔɪd/ *n* steroide *m*
stet /stet/ (in proof-reading) vive
stethoscope /'steθəskəʊp/ *n* stetoscopio *m*
Stetson® /'stetsən/ *n* cappello *m* da cowboy
stew /stju:/ **A** *n* stufato *m*; **in a ~** infml agitato
B *vt & vi* cuocere in umido; **~ed fruit** frutta *f* cotta
steward /'stju:əd/ *n* (at meeting) organizzatore, -trice *mf*; (on ship, aircraft) steward *m inv*
stewardess /stju:ə'des/ *n* hostess *f inv*
stick¹ /stɪk/ *n* bastone *m*; (of celery, rhubarb) gambo *m*; Sport mazza *f*
stick² **A** *vt* (*pt/pp* **stuck**) (stab) conficcare; (glue) attaccare; infml (put) mettere; infml (endure) sopportare; **be stuck** ‹*vehicle, person*› essere bloccato; ‹*drawer*› essere incastrato; **stuck in a traffic jam** bloccato nel traffico; **be stuck for an answer** non saper cosa rispondere; **stuck on** infml attratto da; **be stuck with something** infml farsi incastrare con qualcosa
B *vi* (adhere) attaccarsi (**to** a); (jam) bloccarsi
■ **stick around** *vi* infml (stay) rimanere
■ **stick at**: *vt* **~ at it** infml tener duro; **~ at nothing** infml non fermarsi di fronte a niente
■ **stick by** *vt* (be faithful to) rimanere al fianco di ‹*somebody*›
■ **stick down** *vt* incollare ‹*flap*›; infml (write down, put down) mettere
■ **stick out** **A** *vi* (project) sporgere; infml (catch the eye) risaltare
B *vt* infml tirar fuori ‹*tongue*›; **~ it out** (endure) tener duro; **~ one's neck out** sbilanciarsi
■ **stick to** *vt* (keep to) attenersi a ‹*rules, facts*›; mantenere ‹*story*›; perseverare in ‹*task*›; **I'll ~ to beer** continuo con la birra
■ **stick together** *vi* ‹*pages*› incollarsi; (be loyal) aiutarsi a vicenda; (not split up) rimanere uniti
■ **stick up** *vi* (project) sporgere
■ **stick up for** *vt* infml difendere
■ **stick with** *vt* (remain with) rimanere con ‹*somebody*›
sticker /'stɪkə(r)/ *n* autoadesivo *m*
sticking plaster /'stɪkɪʃ/ *n* cerotto *m*
stick insect *n* insetto *m* stecco *inv*
stick-in-the-mud *n* retrogrado, -a *mf*
stickler /'stɪklə(r)/ *n* **be a ~ for** tenere molto a
stick-up *n* infml rapina *f* a mano armata
sticky /'stɪkɪ/ **A** *adj* (**-ier**, **-iest**) appiccicoso; (adhesive) adesivo; fig (difficult) difficile
B *n* infml post-it® *m inv*
sticky tape *n* infml nastro *m* adesivo
stiff /stɪf/ *adj* rigido; ‹*brush, task*› duro; ‹*person*› controllato; ‹*drink*› forte; ‹*penalty*› severo; ‹*price*› alto; **bored ~**

infml annoiato a morte; ~ **neck** torcicollo *m*

stiffen /'stɪfn/ **A** *vt* irrigidire
B *vi* irrigidirsi

stiffly /'stɪlɪ/ *adv* rigidamente; <*smile, answer*> in modo controllato

stiffness /'stɪfnɪs/ *n* rigidità *f*

stifle /'staɪfl/ *vt* soffocare

stifling /'staɪflɪŋ/ *adj* soffocante

stigma /'stɪgmə/ *n* marchio *m*

stigmatize /'stɪgmətaɪz/ *vt* bollare

stile /staɪl/ *n* scaletta *f*

stiletto /stɪ'letəʊ/ *n* stiletto *m*; ~ **heels** tacchi *mpl* a spillo; ~**s** *pl* (shoes) scarpe *fpl* coi tacchi a spillo

still[1] /stɪl/ *n* distilleria *f*

still[2] **A** *adj* fermo; <*drink*> non gasato; **keep/stand** ~ stare fermo
B *n* quiete *f*; (photo) posa *f*
C *adv* ancora; (nevertheless) nondimeno, comunque; **I'm** ~ **not sure** non sono ancora sicuro

stillborn /'stɪlbɔːn/ *adj* nato morto

still life *n* natura *f* morta

stilted /'stɪltɪd/ *adj* artificioso

stilts /stɪlts/ *npl* trampoli *mpl*

stimulant /'stɪmjʊlənt/ *n* eccitante *m*

stimulate /'stɪmjʊleɪt/ *vt* stimolare

stimulating /'stɪmjʊleɪtɪŋ/ *adj* stimolante

stimulation /stɪmjʊ'leɪʃn/ *n* stimolo *m*

stimulus /'stɪmjʊləs/ *n* (*pl* **-li** /'stɪmjʊlaɪ/) stimolo *m*

sting /stɪŋ/ **A** *n* puntura *f*; (organ) pungiglione *m*
B *vt* (*pt/pp* **stung**) pungere; <*jellyfish*> pizzicare
C *vi* <*insect*> pungere

stinging nettle /'stɪŋɪŋ/ *n* ortica *f*

stingy /'stɪndʒɪ/ *adj* (**-ier**, **-iest**) tirchio

stink /stɪŋk/ **A** *n* puzza *f*
B *vi* (*pt* **stank**, *pp* **stunk**) puzzare

stink bomb *n* fialetta *f* puzzolente

stinker /'stɪŋkə(r)/ *n* infml (difficult problem etc) rompicapo *m*

stinking /'stɪŋkɪŋ/ *adv* **be** ~ **rich** infml essere ricco sfondato

stint /stɪnt/ **A** *n* lavoro *m*; **do one's** ~ fare la propria parte
B *vt* ~ **on** lesinare su

stipend /'staɪpend/ *n* congrua *f*

stipulate /'stɪpjʊleɪt/ *vt* porre come condizione

stipulation /stɪpjʊ'leɪʃn/ *n* condizione *f*

stir /stɜː(r)/ **A** *n* mescolata *f*; (commotion) trambusto *m*
B *vt* (*pt/pp* **stirred**) muovere; (mix) mescolare
C *vi* muoversi
■ **stir up** *vt* fomentare <*hatred*>

stir-fry **A** *vt* saltare in padella
B *n* pietanza *f* saltata in padella

stirring /'stɜːrɪŋ/ *adj* <*speech, music*> commovente

stirrup /'stɪrəp/ *n* staffa *f*

stitch /stɪtʃ/ **A** *n* punto *m*; (knitting) maglia *f*; (pain) fitta *f*; **have somebody in** ~**es** infml far ridere qualcuno a crepapelle
B *vt* cucire
■ **stitch up** *vt* ricucire <*wound*>; **the deal's** ~**ed up** l'affare è concluso

stoat /stəʊt/ *n* ermellino *m*

stock /stɒk/ **A** *n* (for use or selling) scorta *f*, stock *m inv*; (livestock) bestiame *m*; (lineage) stirpe *f*; Fin titoli *mpl*; Culin brodo *m*; **in** ~ disponibile; **out of** ~ esaurito; **take** ~ fig fare il punto
B *adj* solito
C *vt* <*shop*> vendere; approvvigionare <*shelves*>
■ **stock up** *vi* far scorta (**with** di)

stockbroker *n* agente *m* di cambio

stock car *n* (for racing) stock-car *f inv*

stock-car racing *n* corsa *f* di stock-car

stock cube *n* dado *m* [da brodo]

Stock Exchange *n* Borsa *f* Valori

Stockholm /'ʃtɒkhəʊm/ *n* Stoccolma *f*

stocking /'stɒkɪŋ/ *n* calza *f*

stockist /'stɒkɪst/ *n* rivenditore *m*

stock market *n* mercato *m* azionario

stockpile **A** *vt* fare scorta di
B *n* riserva *f*

stockroom *n* magazzino *m*

stock-still *adj* immobile

stocktaking *n* Comm inventario *m*

stocky /'stɒkɪ/ *adj* (**-ier**, **-iest**) tarchiato

stodge /stɒdʒ/ *n* BrE infml (food) ammazzafame *m inv*

stodgy /'stɒdʒɪ/ *adj* indigesto

stoic /'stəʊɪk/ *n* stoico, -a *mf*

stoical /'stəʊɪkl/ *adj* stoico

stoically /'stəʊɪklɪ/ *adv* stoicamente

stoicism /'stəʊɪsɪzm/ *n* stoicismo *m*

stoke /stəʊk/ *vt* alimentare

stole[1] /stəʊl/ *n* stola *f*

stole[2], **stolen** /'stəʊlən/ ▶ **steal**

stolid /'stɒlɪd/ *adj* apatico

stolidly /'stɒlɪdlɪ/ *adv* apaticamente

stomach /'stʌmək/ **A** *n* pancia *f*; Anat stomaco *m*
B *vt* infml reggere

stomach ache *n* mal *m* di pancia

stomp /stɒmp/ *vi* (walk heavily) camminare con passo pesante

stone /stəʊn/ **A** *n* pietra *f*; (in fruit) nocciolo *m*; Med calcolo *m*; (weight) *6,348 kg*; **within a** ~**'s throw of** a un tiro di schioppo da
B *adj* di pietra
C *vt* snocciolare <*fruit*>

Stone Age *n* età *f* della pietra

stone circle *n* cromlech *m inv*

S

---

parola chiave

stone-cold *adj* gelido
stone-cold sober *adj* perfettamente sobrio
stoned /stəʊnd/ *adj* infml (on drugs, drink) fatto
stone-deaf *adj* infml sordo come una campana
stonemason *n* scalpellino *m*
stonewall /ˌstəʊn'wɔːl/ *vi* fare muro di gomma
stone-washed *adj* ‹*jeans, denim*› scolorito, stone-washed
stonework *n* lavoro *m* in muratura
stony /'stəʊnɪ/ *adj* pietroso; ‹*glare*› glaciale
stony-broke *adj* BrE infml al verde
stood /stʊd/ ▶ **stand**
stooge /stuːdʒ/ *n* Theat spalla *f*; (underling) tirapiedi *mf inv*
stool /stuːl/ *n* sgabello *m*
stool pigeon *n* infml informatore, -trice *mf*
stoop /stuːp/ **A** *n* curvatura *f*; **walk with a ~** camminare con la schiena curva
B *vi* stare curvo; (bend down) chinarsi; fig abbassarsi
stop /stɒp/ **A** *n* (break) sosta *f*; (for bus, train) fermata *f*; Gram punto *m*; **come to a ~** fermarsi; **put a ~ to something** mettere fine a qualcosa
B *vt* (*pt/pp* **stopped**) fermare; arrestare ‹*machine*›; (prevent) impedire; **~ somebody doing something** impedire a qualcuno di fare qualcosa; **~ doing something** smettere di fare qualcosa; **~ that!** smettila!; **~ a cheque** bloccare un assegno
C *vi* fermarsi; ‹*rain*› smettere
D *int* fermo!
■ **stop by** *vi* (make a brief visit) passare
■ **stop off** *vi* fare una sosta
■ **stop up** *vt* otturare ‹*sink*›; tappare ‹*hole*›
■ **stop with** *vi* infml (stay with) fermarsi da
stopcock *n* rubinetto *m* di arresto
stopgap *n* palliativo *m*; (person) tappabuchi *mf inv*
stop lights *npl* luci *fpl* di arresto
stop-off *n* sosta *f*
stopover *n* sosta *f*; Aeron scalo *m*
stoppage /'stɒpɪdʒ/ *n* ostruzione *f*; (strike) interruzione *f*; (deduction) trattenute *fpl*
stopper /'stɒpə(r)/ *n* tappo *m*
stop press *n* ultimissime *fpl*
stop sign *n* (segnale *m* di) stop *m inv*
stopwatch /'stɒpwɒtʃ/ *n* cronometro *m*
storage /'stɔːrɪdʒ/ *n* deposito *m*; (in warehouse) immagazzinaggio *m*; Comput memoria *f*
storage heater *n* caldaia *f* ad accumulo
store /stɔː(r)/ **A** *n* (stock) riserva *f*; (shop) grande magazzino *m*; (depot) deposito *m*; **in ~** in deposito; **there's trouble in ~ for him** ci sono guai in vista per lui; **what the future has in ~ for me** cosa mi riserva il futuro; **set great ~ by** tenere in gran conto
B *vt* tenere; (in warehouse) Comput immagazzinare
■ **store up** *vt* (accumulate) far scorte di
store card *n carta (f) di credito di grandi magazzini*
storekeeper *n* AmE = **shopkeeper**
storeroom /'stɔːruːm/ *n* magazzino *m*
storey /'stɔːrɪ/ *n* piano *m*
stork /stɔːk/ *n* cicogna *f*
storm /stɔːm/ **A** *n* temporale *m*; (with thunder) tempesta *f*
B *vt* prendere d'assalto
stormy /'stɔːmɪ/ *adj* tempestoso
story /'stɔːrɪ/ *n* storia *f*; (in newspaper) articolo *m*
storybook /'stɔːrɪbʊk/ *n* libro *m* di racconti
storyteller /'stɔːrɪtelə(r)/ *n* (writer) narratore, -trice *mf*; (liar) contaballe *mf inv*
stout /staʊt/ **A** *adj* ‹*shoes*› resistente; (fat) robusto; ‹*defence*› strenuo
B *n* birra *f* scura
stoutly /'staʊtlɪ/ *adv* strenuamente
stove /stəʊv/ *n* cucina *f* [economica]; (for heating) stufa *f*
stove top *n* AmE piano *m* di cottura
stow /stəʊ/ *vt* metter via
■ **stow away** *vi* Naut imbarcarsi clandestinamente
stowaway /'stəʊəweɪ/ *n* passeggero, -a *mf* clandestino
straddle /'strædl/ *vt* stare a cavalcioni su; (standing) essere a cavallo su
strafe /streɪf/ *vt* mitragliare da bassa quota
straggle /'strægl/ *vi* crescere disordinatamente; (dawdle) rimanere indietro
straggler /'stræglə(r)/ *n* persona *f* che rimane indietro
straggly /'stræglɪ/ *adj* **have ~ hair** avere pochi capelli sottili
straight /streɪt/ **A** *adj* diritto, dritto; ‹*answer, question, person*› diretto; (tidy) in ordine; ‹*drink, hair*› liscio; **three ~ wins** tre vittorie di seguito
B *adv* diritto, dritto; (directly) direttamente; **~ away** immediatamente; **~ on** *or* **ahead** diritto; **~ out** fig apertamente; **go ~** infml rigare diritto; **put something ~** mettere qualcosa in ordine; **sit/stand up ~** stare diritto; **let's get something ~** mettiamo una cosa in chiaro
straighten /'streɪtn/ **A** *vt* raddrizzare
B *vi* raddrizzarsi; **~ [up]** ‹*person*› mettersi diritto
■ **straighten out** *vt* fig chiarire ‹*situation*›
straight face *n* **keep a ~** restare serio
straight-faced /-'feɪst/ *adj* con l'aria seria
straightforward *adj* franco; (simple) semplice
straight man *n* Theat spalla *f*

strain¹ /'streɪn/ *n* (streak) vena *f*; Bot varietà *f*; (of virus) forma *f*

strain² **A** *n* tensione *f*; (injury) stiramento *m*; **~s** *pl* (of music) note *fpl*; **put a ~ on** fig introdurre delle tensioni in; **under a lot of ~** estremamente sotto pressione
B *vt* tirare; sforzare ‹*eyes, voice*›; stirarsi ‹*muscle*›; Culin scolare
C *vi* sforzarsi

strained /streɪnd/ *adj* ‹*relations*› teso

strainer /'streɪnə(r)/ *n* colino *m*

strait /streɪt/ *n* stretto *m*; **in dire ~s** in serie difficoltà

straitjacket /'streɪtdʒækɪt/ *n* camicia *f* di forza

strait-laced /-'leɪst/ *adj* puritano

strand¹ /strænd/ *n* (of thread) gugliata *f*; (of beads) filo *m*; (of hair) capello *m*

strand² *vt* **be ~ed** rimanere bloccato

strange /streɪndʒ/ *adj* strano; (not known) sconosciuto; (unaccustomed) estraneo

strangely /'streɪndʒlɪ/ *adv* stranamente; **~ enough** curiosamente

strangeness /'streɪndʒnəs/ *n* stranezza *f*

stranger /'streɪndʒə(r)/ *n* estraneo, -a *mf*

strangle /'stræŋgl/ *vt* strangolare; fig reprimere

stranglehold /'stræŋglhəʊld/ *n* (physical grip) presa *f* alla gola; fig (powerful control) stretta *f* mortale; **have a ~ on something** fig avere in pugno qualcosa

strangulation /strængjʊ'leɪʃn/ *n* strangolamento *m*

strap /stræp/ **A** *n* cinghia *f*; (to grasp in vehicle) maniglia *f*; (of watch) cinturino *m*; (shoulder) ~ bretella *f*, spallina *f*
B *vt* (*pt/pp* **strapped**) legare; **~ in/down** assicurare

strapless /'stræplɪs/ *adj* ‹*bra, dress*› senza spalline

strapped /stræpt/ *adj* infml **be ~ for** essere a corto di

strapping /'stræpɪŋ/ *adj* robusto

strata /'strɑ:tə/ ▶ **stratum**

stratagem /'strætədʒəm/ *n* stratagemma *m*

strategic /strə'ti:dʒɪk/ *adj* strategico

strategically /strə'ti:dʒɪklɪ/ *adv* strategicamente

strategist /'strætədʒɪst/ *n* stratega *mf*

strategy /'strætədʒɪ/ *n* strategia *f*

stratosphere /'strætəsfɪə(r)/ *n* stratosfera *f*

stratum /'strɑ:təm/ *n* (*pl* **strata**) strato *m*

straw /strɔ:/ *n* paglia *f*; (single piece) fuscello *m*; (for drinking) cannuccia *f*; **the last ~** l'ultima goccia

strawberry /'strɔ:bərɪ/ *n* fragola *f*

straw poll *n* Pol sondaggio *m* d'opinione non ufficiale

stray /streɪ/ **A** *adj* (animal) randagio
B *n* randagio *m*
C *vi* andarsene per conto proprio; (deviate) deviare (**from** da)

streak /stri:k/ **A** *n* striatura *f*; fig (trait) vena *f*; **~s** *pl* (in hair) mèche *fpl*
B *vi* (move fast) sfrecciare

streaky /'stri:kɪ/ *adj* striato; ‹*bacon*› grasso

stream /stri:m/ **A** *n* ruscello *m*; (current) corrente *f*; (of blood, people) flusso *m*; Sch classe *f*; **come on ~** (start operating) entrare in attività; ‹*oil*› cominciare a scorrere
B *vi* scorrere
■ **stream in** *vi* entrare a fiotti
■ **stream out** *vi* uscire a fiotti

streamer /'stri:mə(r)/ *n* (paper) stella *f* filante; (flag) pennone *m*

streaming /'stri:mɪŋ/ **A** *adj* **1** (of a cold) **a ~ cold** raffreddore con naso che cola **2** Comput streaming, in streaming; **~ video** video streaming
B *n* (in school) *divisione* (*f*) *degli studenti in base alle loro capacità*

streamline /'stri:mlaɪn/ *vt* rendere aerodinamico; (simplify) snellire

streamlined /'stri:mlaɪnd/ *adj* aerodinamico; (simplified) snellito

street /stri:t/ *n* strada *f*

streetcar *n* AmE tram *m inv*

street cred *n* infml immagine *f* pubblica

street lamp *n* lampione *m*

street market *n* mercato *m* all'aperto

street plan *n* stradario *m*

street value *n* (of drugs) valore *m* di mercato

streetwalker *n* passeggiatrice *f*

streetwise *adj* infml ‹*person*› *che conosce tutti i trucchi per sopravvivere in una metropoli*

strength /streŋθ/ *n* forza *f*; (of wall, bridge etc) solidità *f*; **~s** *pl* punti *mpl* forti; **on the ~ of** grazie a

strengthen /'streŋθən/ *vt* rinforzare

strenuous /'strenjʊəs/ *adj* faticoso; ‹*attempt, denial*› energico

strenuously /'strenjʊəslɪ/ *adv* energicamente

stress /stres/ **A** *n* (emphasis) insistenza *f*; Gram accento *m* tonico; (mental) stress *m inv*; Mech spinta *f*
B *vt* (emphasize) insistere su; Gram mettere l'accento (tonico) su
■ **stress out**: *vt* **~ somebody out** stressare qualcuno

stressed /strest/ *adj* (mentally) **~ [out]** stressato

stressful /'stresfʊl/ *adj* stressante

stretch /stretʃ/ **A** *n* stiramento *m*; (period) periodo *m* di tempo; (of road) tratto *m*; (elasticity) elasticità *f*; **at a ~** di fila; **have a ~** stirarsi
B *vt* tirare; allargare ‹*shoes, sweater, etc*›; **~ one's legs** stendere le gambe; **~ a point** fare uno strappo alla regola

S

parola chiave

C *vi* (become wider) allargarsi; (extend) estendersi; ‹*person*› stirarsi

■ **stretch out** **A** *vt* allungare ‹*one's hand, legs*›; allargare ‹*arms*›
B *vi* ‹*person*› sdraiarsi; ‹*land*› estendersi

stretcher /'stretʃə(r)/ *n* barella *f*

stretchy /'stretʃɪ/ *adj* elastico

strew /stru:/ *vt* (*pt/pp* **strewn** *or* **strewed**) sparpagliare; **~n with** coperto di

stricken /'strɪkn/ *adj* prostrato; **~ with** affetto da ‹*illness*›

strict /strɪkt/ *adj* severo; (precise) preciso

strictly /'strɪktlɪ/ *adv* severamente; **~ speaking** in senso stretto

strictness /'strɪktnɪs/ *n* severità *f*

stricture /'strɪktʃə(r)/ *n* critica *f*; (constriction) restringimento *m*

stride /straɪd/ **A** *n* [lungo] passo *m*; **make great ~s** fig fare passi da gigante; **take something in one's ~** accettare qualcosa con facilità
B *vi* (*pt* **strode**, *pp* **stridden**) andare a gran passi

strident /'straɪdənt/ *adj* stridente; ‹*colour*› vistoso

stridently /'straɪdəntlɪ/ *adv* con voce stridente

strife /straɪf/ *n* conflitto *m*

strike /straɪk/ **A** *n* sciopero *m*; Mil attacco *m*; **on ~** in sciopero
B *vt* (*pt/pp* **struck**) colpire; accendere ‹*match*›; trovare ‹*oil, gold*›; (delete) depennare; (occur to) venire in mente a; Mil attaccare; **~ somebody a blow** colpire qualcuno
C *vi* ‹*lightning*› cadere; ‹*clock*› suonare; Mil attaccare; ‹*workers*› scioperare; **~ lucky** azzeccarla

■ **strike back** *vi* fare rappresaglia; (at critics) reagire

■ **strike off** *vt* eliminare; **be struck off [the register]** ‹*doctor*› essere radiato [dall'albo]

■ **strike out** *vt* eliminare

■ **strike up** *vt* fare ‹*friendship*›; attaccare ‹*conversation*›

strike-breaker *n persona* (*f*) *che non aderisce a uno sciopero*

strike-breaking *n* crumiraggio *m*

strike force *n* forze *fpl* d'intervento

striker /'straɪkə(r)/ *n* scioperante *mf*

striking /'straɪkɪŋ/ *adj* impressionante; (attractive) affascinante

string /strɪŋ/ **A** *n* spago *m*; (of musical instrument, racket) corda *f*; (of pearls) filo *m*; (of lies) serie *f*; **the ~s** *pl* Mus gli archi; **pull ~s** infml usare le proprie conoscenze
B *vt* (*pt/pp* **strung**) (thread) infilare ‹*beads*›

■ **string along** **A** *vt* infml (deceive) prendere in giro
B *vi* **I'll ~ along** (come too) vengo anch'io; **~ along with somebody** andare/venire con qualcuno

■ **string out** **A** *vi* (spread out) allinearsi
B *vt* disporre in fila; **be strung out** sl (on drugs) essere fatto

■ **string together** *vt* mettere insieme ‹*words, remarks*›

string bean *n* fagiolino *m*

stringed /strɪŋd/ *adj* ‹*instrument*› a corda

stringent /'strɪndʒnt/ *adj* rigido

stringy /'strɪŋɪ/ *adj* ‹*person, build*› asciutto; ‹*hair*› come spaghetti; Culin filaccioso

strip /strɪp/ **A** *n* striscia *f*
B *vt* (*pt/pp* **stripped**) spogliare; togliere le lenzuola da ‹*bed*›; scrostare ‹*wood, furniture*›; smontare ‹*machine*›; (deprive) privare (**of** di)
C *vi* (undress) spogliarsi

■ **strip down** *vt* smontare ‹*engine*›

strip cartoon *n* striscia *f*

strip club *n* locale *m* di strip-tease

stripe /straɪp/ *n* striscia *f*; Mil gallone *m*

striped /straɪpt/ *adj* a strisce

stripey /'straɪpɪ/ *adj* a strisce, a righe

strip light *n* tubo *m* al neon

strip lighting *n* illuminazione *f* al neon

stripper /'strɪpə(r)/ *n* spogliarellista *mf*; (solvent) sverniciatore *m*

strip-search **A** *n* perquisizione *f* (*facendo spogliare qualcuno*)
B *vt* perquisire (*facendo spogliare*)

striptease /'strɪpti:z/ *n* spogliarello *m*, strip-tease *m inv*

strive /straɪv/ *vi* (*pt* **strove**, *pp* **striven**) sforzarsi (**to** di); **~ for** sforzarsi di ottenere

strobe /strəʊb/ *n* luce *f* stroboscopica

strode /strəʊd/ ▶ **stride**

stroke¹ /strəʊk/ *n* colpo *m*; (of pen) tratto *m*; (in swimming) bracciata *f*; Med ictus *m inv*; **~ of luck** colpo *m* di fortuna; **put somebody off his ~** far perdere il filo a qualcuno

stroke² **A** *vt* accarezzare
B *n* carezza *f*

stroll /strəʊl/ **A** *n* passeggiata *f*; **go for a ~** andare a far due passi
B *vi* passeggiare

stroller /'strəʊlə(r)/ *n* AmE (pushchair) passeggino *m*

strong /strɒŋ/ *adj* (**-er** /'strɒŋgə(r)/ **-est** /'strɒŋgɪst/) forte; ‹*argument*› valido

strongbox /'strɒŋbɒks/ *n* cassaforte *f*

stronghold /'strɒŋhəʊld/ *n* roccaforte *f*

strong language *n* (forceful terms) linguaggio *m* incisivo; (swearing) linguaggio *m* offensivo

strongly /'strɒŋlɪ/ *adv* fortemente; **feel ~ about something** avere molto a cuore qualcosa

strong-minded /-'maɪndɪd/ *adj* risoluto

strong point *n* punto *m* di forza

strongroom *n* camera *f* blindata

strong stomach *n* stomaco *m* di ferro

strong-willed /-wɪld/ *adj* tenace
stroppiness /'strɒpɪnɪs/ *n* scontrosità *f*
stroppy /'strɒpɪ/ *adj* infml scorbutico, scontroso
strove /strəʊv/ ▶ **strive**
struck /strʌk/ **A** *adj* ▶ **strike**
B ~ **on** *adj* infml entusiasta di
structural /'strʌktʃərəl/ *adj* strutturale
structural damage *n* danni *mpl* alla struttura portante
structurally /'strʌktʃərəlɪ/ *adv* strutturalmente
🔑 **structure** /'strʌktʃə(r)/ **A** *n* struttura *f*
B *vt* strutturare
🔑 **struggle** /'strʌgl/ **A** *n* lotta *f*; **with a** ~ con difficoltà
B *vi* lottare; ~ **for breath** respirare con fatica; ~ **to do something** fare fatica a fare qualcosa; ~ **to one's feet** alzarsi con fatica
struggling /'strʌglɪŋ/ *adj* **a** ~ **artist/writer** un artista/uno scrittore che fatica ad affermarsi
strum /strʌm/ *vt & vi* (*pt/pp* **strummed**) strimpellare
strung /strʌŋ/ ▶ **string**
strung out *adj* **be** ~ (from drugs) essere fatto; **be** ~ **on** essere dipendente da ‹*drugs*›
strut¹ /strʌt/ *n* (component) puntello *m*
strut² *vi* (*pt/pp* **strutted**) camminare impettito
stub /stʌb/ **A** *n* mozzicone *m*; (counterfoil) matrice *f*
B *vt* (*pt/pp* **stubbed**) ~ **one's toe** sbattere il dito del piede (**on** contro)
■ **stub out** *vt* spegnere ‹*cigarette*›
stubble /'stʌbl/ *n* (on face) barba *f* ispida
stubbly /'stʌblɪ/ *adj* ispido
stubborn /'stʌbən/ *adj* testardo; ‹*refusal*› ostinato
stubbornly /'stʌbənlɪ/ *adv* testardamente; ‹*refuse*› ostinatamente
stubbornness /'stʌbənnɪs/ *n* (of person) testardaggine *f*
stubby /'stʌbɪ/ *adj* (**-ier**, **-iest**) tozzo
stucco /'stʌkəʊ/ *n* stucco *m*
stuck /stʌk/ ▶ **stick²**
stuck-up *adj* infml snob *inv*
stud¹ /stʌd/ *n* (on boot) tacchetto *m*; (on jacket) borchia *f*; (for ear) orecchino *m* [a bottone]
stud² *n* (of horses) scuderia *f*
studded with /'stʌdɪd/ *adj* fig tempestato di
🔑 **student** /'stju:dənt/ *n* (at university) studente *m*, studentessa *f*; AmE (at (high) school) scolaro, -a *mf*
student grant *n* borsa *f* di studio
student nurse *n* studente, -tessa *mf* infermiere, -a
student teacher *n* insegnante *mf* tirocinante
student union *n* (organization) organizzazione *f* studentesca; (building) casa *f* dello studente
stud horse *n* stallone *m* [da monta]
studied /'stʌdɪd/ *adj* intenzionale; ‹*politeness*› studiato
studio /'stju:dɪəʊ/ *n* studio *m*
studio apartment *n* AmE monolocale *m*
studio flat *n* monolocale *m*
studious /'stju:dɪəs/ *adj* studioso; ‹*attention*› studiato
studiously /'stju:dɪəslɪ/ *adv* studiosamente; (carefully) attentamente
stud mare *n* giumenta *f* fattrice
🔑 **study** /'stʌdɪ/ **A** *n* studio *m*
B *vt & vi* (*pt/pp* **-ied**) studiare; ~ **for an exam** preparare un esame
study aid *n* sussidio *m* didattico
🔑 **stuff** /stʌf/ **A** *n* materiale *m*; infml (things) roba *f*
B *vt* riempire; (with padding) imbottire; Culin farcire; ~ **something into a drawer/one's pocket** ficcare qualcosa alla rinfusa in un cassetto/in tasca; ~ **oneself** ingozzarsi (**with** di); **get** ~**ed!** infml va' a quel paese!
stuffing /'stʌfɪŋ/ *n* (padding) imbottitura *f*; Culin ripieno *m*
stuffy /'stʌfɪ/ *adj* (**-ier**, **-iest**) che sa di chiuso; (old-fashioned) antiquato
stultifying /'stʌltɪfaɪɪŋ/ *adj* che abbruttisce
stumble /'stʌmbl/ *vi* inciampare; ~ **across** *or* **on** imbattersi in
stumbling block /'stʌmblɪŋ/ *n* ostacolo *m*
stump /stʌmp/ *n* ceppo *m*; (of limb) moncone *m*
■ **stump up** *vt & vi* infml sganciare
stumped /stʌmpt/ *adj* infml perplesso
stumpy /'stʌmpɪ/ *adj* (**-ier**, **-iest**) ‹*person, legs*› tozzo
stun /stʌn/ *vt* (*pt/pp* **stunned**) stordire; (astonish) sbalordire
stung /stʌŋ/ ▶ **sting**
stunk /stʌŋk/ ▶ **stink**
stunned /stʌnd/ *adj* ‹*expression*› sbalordito
stunning /'stʌnɪŋ/ *adj* infml favoloso; ‹*blow, victory*› sbalorditivo
stunt¹ /stɪnt/ *n* infml trovata *f* pubblicitaria
stunt² *vt* arrestare lo sviluppo di
stunted /'stʌntɪd/ *adj* stentato
stuntman /'stʌntmən/ *n* stuntman *m inv*, cascatore *m*
stuntwoman /'stʌntwʊmən/ *n* stuntwoman *f inv*
stupefaction /stju:pɪ'fækʃn/ *n* stupore *m*
stupefy /'stju:pɪfaɪ/ *vt* (*pt/pp* **-ied**) (astonish) stupire
stupefying /'stju:pɪfaɪɪŋ/ *adj* stupefacente
stupendous /stju:'pendəs/ *adj* stupendo
stupendously /stju:'pendəslɪ/ *adv* stupendamente

S

🔑 parola chiave

stupid /ˈstjuːpɪd/ *adj* stupido
stupidity /stjuːˈpɪdətɪ/ *n* stupidità *f*
stupidly /ˈstjuːpɪdlɪ/ *adv* stupidamente
stupor /ˈstjuːpə(r)/ *n* torpore *m*
sturdy /ˈstɜːdɪ/ *adj* (**-ier**, **-iest**) robusto; ‹*furniture*› solido
stutter /ˈstʌtə(r)/ **A** *n* balbuzie *f*; **have a ~** balbettare
B *vt & vi* balbettare
St Valentine's Day *n* san Valentino *m*
sty¹ /staɪ/ *n* (*pl* **sties**) porcile *m*
sty², **stye** *n* (*pl* **styes**) Med orzaiolo *m*
style /staɪl/ *n* stile *m*; (fashion) moda *f*; (sort) tipo *m*; (hair) ~ pettinatura *f*; **in ~** in grande stile
styling /ˈstaɪlɪŋ/ **A** *adj* ‹*gel, mousse*› modellante
B *n* (design) styling *m*; (in hairdressing) acconciatura *f*
stylish /ˈstaɪlɪʃ/ *adj* elegante
stylishly /ˈstaɪlɪʃlɪ/ *adv* con eleganza
stylist /ˈstaɪlɪst/ *n* stilista *mf*; **hair ~** parrucchiere, -a *mf*
stylistic /staɪˈlɪstɪk/ *adj* stilistico
stylistically /staɪˈlɪstɪklɪ/ *adv* stilisticamente
stylized /ˈstaɪlaɪzd/ *adj* stilizzato
stylus /ˈstaɪləs/ *n* (on record player) puntina *f*
styptic pencil /ˈstɪptɪk/ *n* matita *f* emostatica
suave /swɑːv/ *adj* dai modi garbati
sub-aqua /sʌbˈækwə/ *adj* ‹*club*› di sport subacquei
subcommittee /ˈsʌbkəmɪtɪ/ *n* sottocommissione *f*
subconscious /sʌbˈkɒnʃəs/ **A** *adj* subcosciente
B *n* subcosciente *m*
subconsciously /sʌbˈkɒnʃəslɪ/ *adv* in modo inconscio
subcontinent /sʌbˈkɒntɪnənt/ *n* subcontinente *m*
subcontract /sʌbkənˈtrækt/ *vt* subappaltare (**to** a)
subcontractor /ˈsʌbkəntræktə(r)/ *n* subappaltatore, -trice *mf*
subdirectory /ˈsʌbdaɪrektərɪ/ *n* Comput sottodirectory *f inv*
subdivide /sʌbdɪˈvaɪd/ *vt* suddividere
subdivision /ˈsʌbdɪvɪʒn/ *n* suddivisione *f*
subdue /səbˈdjuː/ *vt* sottomettere; (make quieter) attenuare
subdued /səbˈdjuːd/ *adj* ‹*light*› attenuato; ‹*person, voice*› pacato
subheading /ˈsʌbhedɪŋ/ *n* sottotitolo *m*
subhuman /sʌbˈhjuːmən/ *adj* (cruel, not fit for humans) disumano; infml ‹*appearance*› da paleolitico
subject¹ /ˈsʌbdʒekt/ **A** *adj* **~ to** soggetto a; (depending on) subordinato a; **~ to availability** nei limiti della disponibilità
B *n* soggetto *m*; (of ruler) suddito, -a *mf*; Sch materia *f*; **change the ~** parlare di qualcos'altro
subject² /səbˈdʒekt/ *vt* (to attack, abuse) sottoporre; assoggettare ‹*country*›
subjective /səbˈdʒektɪv/ *adj* soggettivo
subjectively /səbˈdʒektɪvlɪ/ *adv* soggettivamente
subjectiveness /səbˈdʒektɪvnɪs/ *n* soggettività *f*
subjugate /ˈsʌbdʒʊgeɪt/ *vt* soggiogare, sottomettere
subjugation /sʌbdʒəˈgeɪʃn/ *n* sottomissione *f*
subjunctive /səbˈdʒʌŋktɪv/ *adj & n* congiuntivo *m*
sub-let /sʌbˈlet/ *vt* (*pt/pp* **-let**, *pres p* **-letting**) subaffittare
sublime /səˈblaɪm/ *adj* sublime
sublimely /səˈblaɪmlɪ/ *adv* sublimamente
subliminal /səˈblɪmɪnl/ *adj* subliminale
sub-machine gun *n* mitraglietta *f*
submarine /ˈsəbməriːn/ *n* sommergibile *m*
submerge /səbˈmɜːdʒ/ **A** *vt* immergere; **be ~d** essere sommerso
B *vi* immergersi
submission /səbˈmɪʃn/ *n* sottomissione *f*
submissive /səbˈmɪsɪv/ *adj* sottomesso
submissively /səbˈmɪsɪvlɪ/ *adv* remissivamente
submissiveness /səbˈmɪsɪvnɪs/ *n* remissività *f*
submit /səbˈmɪt/ **A** *vt* (*pt/pp* **-mitted**, *pres p* **-mitting**) sottoporre
B *vi* sottomettersi
subnormal /sʌbˈnɔːml/ *adj* ‹*temperature*› al di sotto della norma; ‹*person*› subnormale
subordinate¹ /səˈbɔːdɪnɪt/ *adj & n* subordinato, -a *mf*
subordinate² /səˈbɔːdɪneɪt/ *vt* subordinare (**to** a)
subpoena /səbˈpiːnə/ **A** *n* mandato *m* di comparizione
B *vt* citare
sub-prime /ˈsʌbpraɪm/ *n* subprime *m inv*
subroutine /ˈsʌbruːtiːn/ *n* Comput subroutine *f inv*
subscribe /səbˈskraɪb/ *vi* contribuire; **~ to** abbonarsi a ‹*newspaper*›; sottoscrivere ‹*fund*›; fig aderire a ‹*theory*›
subscriber /səbˈskraɪbə(r)/ *n* abbonato, -a *mf*
subscription /səbˈskrɪpʃn/ *n* (to club) sottoscrizione *f*; (to newspaper) abbonamento *m*
subsequent /ˈsʌbsɪkwənt/ *adj* susseguente
subsequently /ˈsʌbsɪkwəntlɪ/ *adv* in seguito
subservience /səbˈsɜːvɪəns/ *n* asservimento *m*

subservient /səb'sɜ:vɪənt/ *adj* subordinato; (servile) servile
subserviently /səb'sɜ:vɪəntlɪ/ *adv* servilmente
subset /'sʌbset/ *n* Math sottoinsieme *m*
subside /səb'saɪd/ *vi* sprofondare; ‹*ground*› avvallarsi; ‹*storm*› placarsi
subsidence /'sʌbsɪdəns/ *n* (of land) cedimento *m*
subsidiary /səb'sɪdɪərɪ/ **A** *adj* secondario **B** *n* ~ **[company]** filiale *f*
subsidize /'sʌbsɪdaɪz/ *vt* sovvenzionare
subsidy /'sʌbsɪdɪ/ *n* sovvenzione *f*
subsist /səb'sɪst/ *vi* vivere (**on** di)
subsistence /səb'sɪstəns/ *n* sussistenza *f*
subsistence level *n* livello *m* di sussistenza
substance /'sʌbstəns/ *n* sostanza *f*
sub-standard /sʌb'stændəd/ *adj* di qualità inferiore
substantial /səb'stænʃl/ *adj* sostanziale; ‹*meal*› sostanzioso; (strong) solido
substantially /səb'stænʃəlɪ/ *adv* sostanzialmente; ‹*built*› solidamente
substantiate /səb'stænʃɪeɪt/ *vt* comprovare
substitute /'sʌbstɪtju:t/ **A** *n* sostituto *m* **B** *vt* ~ **A for B** sostituire B con A **C** *vi* ~ **for somebody** sostituire qualcuno
substitution /sʌbstɪ'tju:ʃn/ *n* sostituzione *f*
subterfuge /'sʌbtəfju:dʒ/ *n* sotterfugio *m*
subterranean /sʌbtə'reɪnɪən/ *adj* sotterraneo
subtext /'sʌbtekst/ *n* storia *f* secondaria; fig messaggio *m* implicito
subtitle /'sʌbtaɪtl/ **A** *n* sottotitolo *m* **B** *vt* sottotitolare
subtitled /'sʌbtaɪtld/ *adj* sottotitolato
subtle /'sʌtl/ *adj* sottile; ‹*taste, perfume*› delicato
subtlety /'sʌtltɪ/ *n* sottigliezza *f*
subtly /'sʌtlɪ/ *adv* sottilmente
subtotal /'sʌbtəʊtl/ *n* totale *m* parziale
subtract /səb'trækt/ *vt* sottrarre
subtraction /səb'trækʃn/ *n* sottrazione *f*
suburb /'sʌbɜ:b/ *n* sobborgo *m*; **in the ~s** in periferia
suburban /sə'bɜ:bən/ *adj* suburbano
suburbia /sə'bɜ:bɪə/ *n* sobborghi *mpl*
subversive /səb'vɜ:sɪv/ *adj* sovversivo
subway /'sʌbweɪ/ *n* sottopassaggio *m*; AmE (railway) metropolitana *f*, metrò *m*
sub-zero /sʌb'zɪərəʊ/ *adj* sottozero *inv*
succeed /sək'si:d/ **A** *vi* riuscire (**in doing something** a fare qualcosa); (follow) succedere (**to** a) **B** *vt* succedere a ‹*king*›
succeeding /sək'si:dɪŋ/ *adj* successivo
success /sək'ses/ *n* successo *m*; **be a ~** (in life) aver successo
successful /sək'sesfʊl/ *adj* riuscito; ‹*businessman, artist etc*› di successo
successfully /sək'sesfʊlɪ/ *adv* con successo
succession /sək'seʃn/ *n* successione *f*; **in ~** di seguito
successive /sək'sesɪv/ *adj* successivo
successively /sə'sesɪvlɪ/ *adv* successivamente
successor /sək'sesə(r)/ *n* successore *m*
success rate *n* percentuale *f* di promozioni
success story *n* successo *m*
succinct /sək'sɪŋkt/ *adj* succinto
succinctly /sək'sɪŋktlɪ/ *adv* succintamente
succour /'sʌkə(r)/ **A** *vt* soccorrere **B** *n* soccorso *m*
succulence /'sʌkjʊləns/ *n* succulenza *f*
succulent /'ʃʌkjʊlənt/ *adj* succulento
succumb /sə'kʌm/ *vi* soccombere (**to** a)
such /sʌtʃ/ **A** *adj* tale; ~ **a book** un libro così; ~ **a thing** una cosa del genere; ~ **a long time ago** talmente tanto tempo fa; **there is no ~ thing/person** non c'è una cosa/persona così **B** *pron* **as ~** in quanto tale; **~ as** come; **and ~** e simili; **~ as it is** per quel che vale; **if ~ is the case** se questo è il caso
such and such *adj* tale; **for ~ an amount** per un tot; **go on ~ a day at ~ a time** vai il tal giorno alla tal ora
suchlike /'sʌtʃlaɪk/ *pron* infml di tal genere
suck /ʃʌk/ *vt* succhiare
■ **suck up** *vt* assorbire
■ **suck up to** *vt* infml fare il lecchino con
sucker /'ʃʌkə(r)/ (n Bot) pollone *m*; infml (person) credulone, -a *mf*
suckle /'ʃʌkl/ *vt* allattare
suction /'sʌkʃn/ *n* aspirazione *f*
suction pad *n* ventosa *f*
Sudan /sʊ'dæn/ *n* Sudan *m*
Sudanese /sʊdən'i:z/ *adj* & *n* sudanese *mf*
sudden /'sʌdn/ **A** *adj* improvviso **B** *n* **all of a ~** all'improvviso
sudden death *n* (football) sudden death *f*
suddenly /'sʌdənlɪ/ *adv* improvvisamente
sudoku /su:'dəʊku:/ *n* sudoku *m inv*
suds /sʌdz/ *npl* (foam) schiuma *f*; (soapy water) acqua *f* saponata
sue /su:/ **A** *vt* (*pres p* **suing**) fare causa a (**for** per) **B** *vi* fare causa
suede /sweɪd/ *n* pelle *f* scamosciata
suet /'su:ɪt/ *n* grasso *m* di rognone
suffer /'sʌfə(r)/ **A** *vi* soffrire (**from** per) **B** *vt* soffrire di ‹*pain*›; subire ‹*loss etc*›
sufferance /'sʌf(ə)rəns/ *n* **you're here on ~** qui tu sei appena tollerato
sufferer /'sʌfərə(r)/ *n* malato, -a *mf*; **Aids ~s** malati di Aids
suffering /'sʌf(ə)rɪŋ/ *n* sofferenza *f*
suffice /sə'faɪs/ *vi* bastare

S

parola chiave

sufficient /sə'fʃənt/ *adj* sufficiente
sufficiently /sə'fɪʃəntlɪ/ *adv* sufficientemente
suffix /'sʌfɪks/ *n* suffisso *m*
suffocate /'sʌfəkeɪt/ *vt & vi* soffocare
suffocating /'sʌfəkeɪtɪŋ/ *adj* ‹*heat*› soffocante
suffocation /sʌfə'keʃɪn/ *n* soffocamento *m*
suffrage /'sʌfrɪdʒ/ *n* (right) diritto *m* di voto; (system) suffragio *m*
suffragette /sʌfrə'dʒet/ *n* suffragetta *f*
sugar /'ʃʊgə(r)/ **A** *n* zucchero *m*
B *vt* zuccherare; **~ the pill** fig addolcire la pillola
sugar basin, sugar bowl *n* zuccheriera *f*
sugar beet *n* barbabietola *f* da zucchero
sugar cane *n* canna *f* da zucchero
sugar-coated /-'kəʊtɪd/ *adj* ricoperto di zucchero
sugar cube *n* zolletta *f*
sugar daddy *n* infml vecchio amante *m* danaroso
sugar-free *adj* senza zucchero
sugar lump *n* zolletta *f*
sugary /'ʃʊgərɪ/ *adj* zuccheroso; fig sdolcinato
suggest /sə'dʒest/ *vt* suggerire; (indicate, insinuate) fare pensare a
suggestible /sə'dʒestəbl/ *adj* suggestionabile
suggestion /sə'dʒestʃən/ *n* suggerimento *m*; (trace) traccia *f*
suggestive /sə'dʒestɪv/ *adj* allusivo; **be ~ of** fare pensare a
suggestively /sə'dʒestɪvlɪ/ *adv* in modo allusivo
suicidal /su:ɪ'saɪdl/ *adj* suicida
suicide /'su:ɪsaɪd/ *n* suicidio *m*; (person) suicida *mf*; **commit ~** suicidarsi
suicide attack *n* attacco *m* suicida
suicide attempt *n* tentato suicidio *m*
suicide pact *n* patto *m* suicida
suit /su:t/ **A** *n* vestito *m*; (woman's) tailleur *m inv*; Cards seme *m*; Jur causa *f*; **follow ~** fig fare lo stesso
B *vt* andar bene a; (adapt) adattare (**to** a); (be convenient for) andare bene per; **be ~ed to** *or* **for** essere adatto a; **~ yourself!** fa' come vuoi!
suitability /su:tə'bɪlɪtɪ/ *n* adeguatezza *f*
suitable /'su:təbl/ *adj* adatto
suitably /'su:təblɪ/ *adv* convenientemente
suitcase /'su:tkeɪs/ *n* valigia *f*
suite /swi:t/ *n* suite *f inv*; (of furniture) divano *m* e poltrone *fpl* assortiti
sulk /sʌlk/ *vi* fare il broncio
sulkily /'sʌlkɪlɪ/ *adv* con aria imbronciata
sulky /'sʌlkɪ/ *adj* imbronciato
sullen /'sʌlən/ *adj* svogliato
sullenly /'sʌlənlɪ/ *adv* svogliatamente
sulphur /'sʌlfə(r)/ *n* zolfo *m*
sulphur dioxide /daɪ'ɒksaɪd/ *n* anidride *f* solforosa
sulphuric acid /sʌl'fjʊərɪk/ *n* acido *m* solforico
sultana /sʌl'tɑ:nə/ *n* uva *f* sultanina
sultry /'sʌltrɪ/ *adj* (**-ier, -iest**) ‹*weather*› afoso; fig sensuale
sum /sʌm/ *n* somma *f*; Sch addizione *f*
■ **sum up** **A** *vi* (*pt/pp* **summed**) riassumere
B *vt* valutare
summarily /sʌ'merɪlɪ/ *adv* sommariamente; ‹*dismissed*› sbrigativamente
summarize /'sʌməraɪz/ *vt* riassumere
summary /'sʌmərɪ/ **A** *n* sommario *m*
B *adj* sommario; ‹*dismissal*› sbrigativo
summer /'sʌmə(r)/ *n* estate *f*; **in ~, in the ~** in estate
summer camp *n* ≈ colonia *f*
summer holiday *n* vacanze *fpl* estive
summer house *n* padiglione *m*
summer school *n* corso *m* estivo
summertime *n* (season) estate *f*
summer time *n* (clock change) ora *f* legale
summery /'sʌmərɪ/ *adj* estivo
summing-up /sʌmɪŋ'ʌp/ *n* riepilogo *m*; Jur ricapitolazione *f* del processo
summit /'sʌmɪt/ *n* cima *f*
summit conference *n* vertice *m*
summon /'sʌmən/ *vt* convocare; Jur citare
■ **summon up** *vt* raccogliere ‹*strength*›; rievocare ‹*memory*›
summons /'sʌmənz/ **A** *n* Jur citazione *f*
B *vt* citare in giudizio
sump /sʌmp/ *n* Auto coppa *f* dell'olio
sumptuous /'sʌmptjʊəs/ *adj* sontuoso
sumptuously /'sʌmptjʊəslɪ/ *adv* sontuosamente
sum total *n* totale *m*
sun /sʌn/ **A** *n* sole *m*
B *vt* (*pt/pp* **sunned**) **~ oneself** prendere il sole
sunbathe *vi* prendere il sole
sunbed *n* lettino *m* solare
sunblock *n* prodotto *m* solare a protezione totale
sunburn *n* scottatura *f* (*solare*)
sunburnt *adj* scottato (*dal sole*)
sun cream *n* crema *f* solare
sundae /'sʌndeɪ/ *n* gelato *m* guarnito
Sunday /'sʌndeɪ/ *n* domenica *f*
Sunday best *n* **in one's ~** con l'abito della festa
Sunday trading *n* apertura *f* domenicale (dei negozi)
sundial /'sʌndaɪəl/ *n* meridiana *f*
sundress *n* prendisole *m inv*
sun-dried tomatoes /'sʌndraɪd/ *npl* pomodori *mpl* secchi
sundries /'sʌndrɪz/ *npl* articoli *mpl* vari

S

sundry /ˈsʌndrɪ/ *adj* svariati; **all and ~** tutti quanti

sunflower /ˈsʌnflaʊə(r)/ *n* girasole *m*

sung /sʌŋ/ ▶ **sing**

sunglasses /ˈsʌnglɑːsɪz/ *npl* occhiali *mpl* da sole

sun hat *n* cappello *m* da sole

sunk /sʌŋk/ ▶ **sink**

sunken /ˈsʌŋkn/ *adj* incavato

sunlamp /ˈsʌnlæmp/ *n* lampada *f* abbronzante

sunlight /ˈsʌnlaɪt/ *n* [luce *f* del] sole *m*

sunny /ˈsʌnɪ/ *adj* (**-ier**, **-iest**) assolato

sunrise *n* alba *f*

sunroof *n* Auto tettuccio *m* apribile

sunscreen *n* (to prevent sunburn) crema *f* solare protettiva

sunset *n* tramonto *m*

sunshade *n* parasole *m*

sunshine *n* [luce *f* del] sole *m*

sunshine roof *n* tettuccio *m* apribile

sunstroke *n* insolazione *f*

suntan *n* abbronzatura *f*

suntan lotion *n* lozione *f* solare

sun-tanned *adj* abbronzato

suntan oil *n* olio *m* solare

super /ˈsuːpə(r)/ *adj* infml fantastico

superannuated /suːpərˈænjʊeɪtɪd/ *adj* fig che ha fatto il suo tempo

superannuation /suːpərænjʊˈeɪʃn/ *n* (contributions) contributi *mpl* pensionistici; (pension) pensione *f*

superannuation fund *n* fondo *m* pensione

superb /sʊˈpɜːb/ *adj* splendido

superbly /sʊˈpɜːblɪ/ *adv* splendidamente

supercilious /suːpəˈsɪlɪəs/ *adj* altezzoso

superciliously /suːpəˈsɪlɪəslɪ/ *adv* in modo altezzoso

superficial /suːpəˈfɪʃl/ *adj* superficiale

superficiality /suːpəfɪʃɪˈælɪtɪ/ *n* superficialità *f*

superficially /suːpəˈfɪʃəlɪ/ *adv* superficialmente

superfluous /sʊˈpɜːflʊəs/ *adj* superfluo

superhighway /ˈsuːpəhaɪweɪ/ *n* **[information] ~** Comput autostrada *f* telematica

superhuman /suːpəˈhjuːmən/ *adj* sovrumano

superimpose /suːpərɪmˈpəʊz/ *vt* sovrapporre ‹*picture, soundtrack*› (on a); **~d title** titolo *m* in sovrimpressione

superintendent /suːpərɪnˈtendənt/ *n* (of police) commissario *m* di polizia

superior /suːˈpɪərɪə(r)/ *adj* & *n* superiore *mf*

superiority /suːpɪərɪˈɒrətɪ/ *n* superiorità *f*

superlative /suːˈpɜːlətɪv/ **A** *adj* eccellente
B *n* superlativo *m*

superlatively /suːˈpɜːlətɪvlɪ/ *adv* ‹*perform*› in modo eccezionale; ‹*good*› estremamente

superman /ˈsuːpəmæn/ *n* superuomo *m*

supermarket /ˈsuːpəmɑːkɪt/ *n* supermercato *m*

supermodel /ˈsuːpəmɒdl/ *n* top model *f inv*

supernatural /suːpəˈnætʃrəl/ *adj* soprannaturale

superpower /ˈsuːpəpaʊə(r)/ *n* superpotenza *f*

superscript /ˈsuːpəskrɪpt/ *adj* ‹*number, letter*› all'esponente

supersede /suːpəˈsiːd/ *vt* rimpiazzare

supersonic /suːpəˈsɒnɪk/ *adj* supersonico

superstar /ˈsuːpəstɑː(r), ˈsjuː-/ *n* superstar *mf*

superstition /suːpəˈstɪʃn/ *n* superstizione *f*

superstitious /suːpəˈstɪʃəs/ *adj* superstizioso

superstitiously /suːpəˈstɪʃəslɪ/ *adv* in modo superstizioso

superstore /ˈsuːpəstɔː(r)/ *n* ipermercato *m*

superstructure /ˈsuːpəstrʌktʃə(r)/ *n* sovrastruttura *f*

supertax /ˈsuːpətæks/ *n* Fin soprattassa *f*

supervise /ˈsuːpəvaɪz/ *vt* supervisionare

supervision /suːpəˈvɪʒn/ *n* supervisione *f*

supervisor /ˈsuːpəvaɪzə(r)/ *n* supervisore *m*

supervisory /suːpəˈvaɪzərɪ/ *adj* di supervisione

superwoman /ˈsuːpəwʊmən/ *n* superdonna *f*

supper /ˈsʌpə(r)/ *n* cena *f*; **have ~** cenare

supple /ˈsʌpl/ *adj* slogato

supplement /ˈsʌplɪmənt/ **A** *n* supplemento *m*
B *vt* integrare

supplementary /sʌplɪˈmentərɪ/ *adj* supplementare

supplier /səˈplaɪə(r)/ *n* fornitore, -trice *mf*

supply /səˈplaɪ/ **A** *n* fornitura *f*; Econ offerta *f*; **be in short ~** scarseggiare; **~ and demand** domanda *f* e offerta *f*; **supplies** *pl* Mil approvvigionamenti *mpl*
B *vt* (*pt/pp* **-ied**) fornire; **~ somebody with something** fornire qualcosa a qualcuno

supply teacher *n* supplente *mf*

support /səˈpɔːt/ **A** *n* sostegno *m*; (base) supporto *m*; (keep) sostentamento *m*
B *vt* sostenere; mantenere ‹*family*›; (give money to) mantenere finanziariamente; Sport fare il tifo per; Comput supportare

supporter /səˈpɔːtə(r)/ *n* sostenitore, -trice *mf*; Sport tifoso, -a *mf*

support group *n* gruppo *m* di sostegno

supporting /səˈpɔːtɪŋ/ *adj* ‹*actor*› non protagonista

supporting actor /səˈpɔːtɪŋ/ *n* attore *m* non protagonista

supporting actress *n* attrice *f* non protagonista

S

parola chiave

supportive /sə'pɔːtɪv/ *adj* incoraggiante; **be ~ of somebody** dare tutto il proprio appoggio a qualcuno

support stockings *npl* calze *fpl* elastiche

suppose /sə'pəʊz/ *vt* (presume) supporre; (imagine) pensare; **be ~d to do** dover fare; **not be ~d to** non avere il permesso di; **I ~ so** suppongo di sì

supposedly /sə'pəʊzɪdlɪ/ *adv* presumibilmente

supposing /sə'pəʊzɪŋ/ *conj* **~ (that) he agrees** supponiamo che accetti

supposition /sʌpə'zɪʃn/ *n* supposizione *f*

suppository /sʌ'pɒzɪtrɪ/ *n* supposta *f*

suppress /sə'pres/ *vt* sopprimere

suppressant /sə'presənt/ *n* Med inibitore *m*

suppression /sə'preʃn/ *n* soppressione *f*

suppurate /'sʌpjʊreɪt/ *vi* suppurare

supremacy /suː'preməsɪ/ *n* supremazia *f*

supreme /suː'priːm/ *adj* supremo

supremo /suː'priːməʊ/ *n* massima autorità *f*

Supt. *abbr* (**Superintendent**) commissario *m* di polizia

surcharge /'sɜːtʃɑːdʒ/ *n* supplemento *m*

sure /ʃʊə(r)/ **A** *adj* sicuro, certo; **make ~** accertarsi; **be ~ to do it** accertati di farlo
B *adv* AmE infml certamente; **~ enough** infatti

sure-fire *adj* infml garantito

sure-footed /-'fʊtɪd/ *adj* agile

surely /'ʃʊəlɪ/ *adv* certamente; AmE (gladly) volentieri

surety /'ʃʊərətɪ/ *n* garanzia *f*; **stand ~ for somebody/something** fare da garante a qualcuno/per qualcosa

surf /sɜːf/ **A** *n* schiuma *f*
B *vt* **~ the Net** navigare in Internet

surface /'sɜːfɪs/ **A** *n* superficie *f*; **on the ~** fig in apparenza
B *vi* (emerge) emergere

surface mail *n* **by ~** per posta ordinaria

surface-to-air missile *n* missile *m* terra-aria

surfboard /'sɜːfbɔːd/ *n* tavola *f* da surf

surfeit /'sɜːfɪt/ *n* eccesso *m*

surfer /'sɜːfə(r)/ *n* surfista *mf*

surfing /'sɜːfɪŋ/ *n* surf *m*

surge /sɜːdʒ/ **A** *n* (of sea) ondata *f*; (of interest) aumento *m*; (in demand) impennata *f*; (of anger, pity) impeto *m*
B *vi* riversarsi; **~ forward** buttarsi in avanti

surgeon /'sɜːdʒən/ *n* chirurgo *m*

surgery /'sɜːdʒərɪ/ *n* chirurgia *f*; (place, consulting room) ambulatorio *m*; (hours) ore *fpl* di visita; **have ~** subire un intervento [chirurgico]

surgical /'sɜːdʒɪkl/ *adj* chirurgico

surgically /'sɜːdʒɪklɪ/ *adv* chirurgicamente

surgical spirit *n* alcol *m* denaturato

Surinam /ˌsʊərɪ'næm/ *n* Suriname *m*

surliness /'sɜːlɪnɪs/ *n* scontrosità *f*

surly /'sɜːlɪ/ *adj* (**-ier, -iest**) scontroso

surmise /sə'maɪz/ *vt* supporre

surmount /sə'maʊnt/ *vt* sormontare

surname /'sɜːneɪm/ *n* cognome *m*

surpass /sə'pɑːs/ *vt* superare

surplus /'sɜːpləs/ **A** *adj* d'avanzo; **be ~ to requirements** essere in eccedenza rispetto alle necessità
B *n* sovrappiù *m*

surprise /sə'praɪz/ **A** *n* sorpresa *f*
B *vt* sorprendere; **be ~d** essere sorpreso (**at** da)

surprising /sə'praɪzɪŋ/ *adj* sorprendente

surprisingly /sə'praɪzɪŋlɪ/ *adv* sorprendentemente; **~ enough** stranamente

surreal /sə'rɪəl/ *adj* surreale

surrealism /sə'rɪəlɪzm/ *n* surrealismo *m*

surrealist /sə'rɪəlɪst/ **A** *n* surrealista *mf*
B *adj* surrealistico

surrender /sə'rendə(r)/ **A** *n* resa *f*
B *vi* arrendersi
C *vt* cedere

surreptitious /sʌrəp'tɪʃəs/ *adj* furtivo

surreptitiously /sʌrəp'tɪʃəslɪ/ *adv* furtivamente

surrogate /'sʌrəgət/ *n* surrogato *m*

surrogate mother *n* madre *f* surrogata

surround /sə'raʊnd/ *vt* circondare; **~ed by** circondato da

surrounding /sə'raʊndɪŋ/ *adj* circostante

surroundings /sə'raʊndɪŋz/ *npl* dintorni *mpl*

surtax /'sɜːtæks/ *n* soprattassa *f*; (on income) imposta *f* supplementare

surveillance /sə'veɪləns/ *n* sorveglianza *f*; **under ~** sotto sorveglianza

survey¹ /'sɜːveɪ/ *n* sguardo *m*; (poll) sondaggio *m*; (investigation) indagine *f*; (of land) rilevamento *m*; (of house) perizia *f*

survey² /sə'veɪ/ *vt* esaminare; fare un rilevamento di ‹*land*›; fare una perizia di ‹*building*›

surveyor /sə'veɪə(r)/ *n* perito *m*; (of land) topografo, -a *mf*

survival /sə'vaɪvl/ *n* sopravvivenza *f*; (relic) resto *m*

survive /sə'vaɪv/ **A** *vt* sopravvivere a
B *vi* sopravvivere

surviving /sə'vaɪvɪŋ/ *adj* ‹*relative*› sopravvissuto

survivor /sə'vaɪvə(r)/ *n* superstite *mf*; **be a ~** infml riuscire sempre a cavarsela

susceptible /sə'septəbl/ *adj* influenzabile; **~ to** sensibile a

suspect¹ /sə'spekt/ *vt* sospettare; (assume) supporre

suspect² /'sʌspekt/ *adj* & *n* sospetto, -a *mf*

suspend /sə'spend/ *vt* appendere; (stop, from duty) sospendere

suspended sentence *n* (sospensione *f*) condizionale *f* (della pena)

suspender belt /sə'spendə/ *n* reggicalze *m inv*

suspenders /sə'spendəz/ *npl* giarrettiere *fpl*; AmE (braces) bretelle *fpl*

suspense /sə'spens/ *n* tensione *f*; (in book etc) suspense *f*

suspension /sə'spenʃn/ *n* Auto sospensione *f*

suspension bridge *n* ponte *m* sospeso

suspicion /sə'spɪʃn/ *n* sospetto *m*; (trace) pizzico *m*; **under ~** sospettato

suspicious /sə'spɪʃəs/ *adj* sospettoso; (arousing suspicion) sospetto

suspiciously /sə'spʃəslɪ/ *adv* sospettosamente; (arousing suspicion) in modo sospetto

suss *vt* **~ out** BrE infml intuire ‹*person*›; capire ‹*software, technique*›; **I've got you ~ed [out]** ho scoperto il tuo piano

sustain /sə'steɪn/ *vt* sostenere; mantenere ‹*life*›; subire ‹*injury*›

sustainable /səs'teɪnəbl/ *adj* ‹*development, growth*› sostenibile; ‹*resource, forest*› rinnovabile

sustained /sə'steɪnd/ *adj* ‹*effort*› prolungato

sustenance /'sʌstɪnəns/ *n* nutrimento *m*

suture /'su:tʃə(r)/ *n* sutura *f*

SUV *n abbr* AmE (**sports utility vehicle**) SUV *m inv*

SW *abbr* (**south-west**) SO

swab /swɒb/ *n* Med tampone *m*

swagger /'swægə(r)/ *vi* pavoneggiarsi

swallow¹ /'swɒləʊ/ *vt & vi* inghiottire

■ **swallow up** *vt* divorare; ‹*earth, crowd*› inghiottire

swallow² *n* (bird) rondine *f*

swam /swæm/ ▶ **swim**

swamp /swɒmp/ **A** *n* palude *f*
B *vt* fig sommergere

swampy /'swɒmpɪ/ *adj* paludoso

swan /swɒn/ *n* cigno *m*

swank /swæŋk/ *vi* infml darsi delle arie

swanky /'swæŋkɪ/ *adj* infml (posh) snob *inv*

swap /swɒp/ **A** *n* infml scambio *m*
B *vt* (*pt/pp* **swapped**) infml scambiare (**for** con)
C *vi* fare cambio

swarm /swɔ:m/ **A** *n* sciame *m*
B *vi* sciamare; **be ~ing with** fig brulicare di

swarthy /'swɔ:ðɪ/ *adj* (**-ier**, **-iest**) di carnagione scura

swashbuckling /'swɒʃbʌklɪŋ/ *adj* ‹*hero, appearance*› spericolato; ‹*adventure, tale*› di cappa e spada

swastika /'swɒstɪkə/ *n* svastica *f*

swat /swɒt/ *vt* (*pt/pp* **swatted**) schiacciare

swathe BrE **swath** AmE /sweɪð/ **A** *n* (of grass, corn) falciata *f*; (land) larga striscia *f*
B *vt* (in bandages, silk) avvolgere

sway /sweɪ/ **A** *n* fig influenza *f*
B *vi* oscillare; ‹*person*› ondeggiare
C *vt* (influence) influenzare

Swaziland /'swɑ:zɪlænd/ *n* Swaziland *m*

swear /sweə(r)/ **A** *vt* (*pt* **swore**, *pp* **sworn**) giurare; **I could have sworn that ...** avrei giurato che ...
B *vi* giurare; (curse) dire parolacce; **I'd ~ to it!** ci potrei giurare!; **~ at somebody** imprecare contro qualcuno; **~ by** (believe in) credere ciecamente in

■ **swear in** *vt* prestare giuramento ‹*president*›

■ **swear off** *vt* infml (give up) smettere di

swear word *n* parolaccia *f*

sweat /swet/ **A** *n* sudore *m*
B *vi* sudare
C *vt* **~ blood** sudare sangue

■ **sweat out**: *vt* **~ it out** (endure to the end) tener duro fino alla fine

sweatband /'swetbænd/ *n* fascia *f* per il sudore; (for wrist) polsino *m*

sweater /'swetə(r)/ *n* golf *m inv*

sweat pants *npl* AmE pantaloni *mpl* della tuta

sweatshirt /'swetʃɜ:t/ *n* felpa *f*

sweatshop *n* BrE *manifattura (f) in cui il personale viene sfruttato*

sweaty /'swetɪ/ *adj* sudato

swede *n* rapa *f* svedese

Swede /swi:d/ *n* svedese *mf*

Sweden /'swi:dn/ *n* Svezia *f*

Swedish /'swi:dɪʃ/ *adj & n* svedese *m*

sweep /swi:p/ **A** *n* scopata *f*, spazzata *f*; (curve) curva *f*; (movement) movimento *m* ampio; **make a clean ~** fig fare piazza pulita
B *vt* (*pt/pp* **swept**) scopare, spazzare; ‹*wind*› spazzare; **~ the board** fare piazza pulita
C *vi* (go swiftly) andare rapidamente; ‹*wind*› soffiare

■ **sweep aside** *vt* ignorare ‹*objection*›

■ **sweep away** *vt* fig spazzare via

■ **sweep up** *vt* spazzare

sweeper /'swi:pə(r)/ *n* (machine) spazzatrice *f*; (person) spazzino *m*; (in football) libero *m*

sweeping /'swi:pɪʃ/ *adj* ‹*gesture*› ampio; ‹*statement*› generico; ‹*changes*› radicale

sweet /swi:t/ **A** *adj* dolce; **have a ~ tooth** essere goloso
B *n* caramella *f*; (dessert) dolce *m*

sweet and sour *adj* agrodolce

sweetbread *n* (veal) animella *f* di vitello; (lamb) animella *f* di agnello

sweetcorn *n* mais *m*, granturco *m*

sweeten /'swi:tn/ *vt* addolcire

■ **sweeten up** *vt* raddolcire ‹*person*›

sweetener /'swi:tnə(r)/ *n* dolcificante *m*; infml (incentive) incentivo *m*; infml (bribe) bustarella *f*

S

parola chiave

sweetheart /ˈswiːthɑːt/ *n* innamorato, -a *mf*; **hi, ~** ciao, tesoro
sweetly /ˈswiːtlɪ/ *adv* dolcemente
sweetness /ˈswiːtnɪs/ *n* dolcezza *f*
sweet pea *n* pisello *m* odoroso
sweet potato *n* patata *f* americana
sweet shop *n* negozio *m* di dolciumi
sweet-talk *vt* **~ somebody into doing something** convincere qualcuno a fare qualcosa con tante belle parole
swell /swel/ **A** *n* (of sea) mare *m* lungo
B *vi* (*pt* **swelled**, *pp* **swollen** *or* **swelled**) gonfiarsi; (increase) aumentare
C *vt* gonfiare; (increase) far salire
D *adj* infml eccellente
swelling /ˈsweliŋ/ *n* gonfiore *m*
swelter /ˈsweltə(r)/ *vi* soffocare [dal caldo]
sweltering, sweltering hot /ˈsweltəriŋ/ *adj* torrido, afoso
swept /swept/ ▶ **sweep**
swerve /swɜːv/ *vi* deviare bruscamente
swift /swift/ *adj* rapido
swiftly /ˈswiftlɪ/ *adv* rapidamente
swiftness /ˈswiftnɪs/ *n* rapidità *f*
swig /swɪg/ infml **A** *n* sorso *m*
B *vt* (*pt/pp* **swigged**) scolarsi
swill /swɪl/ **A** *n* (for pigs) brodaglia *f*
B *vt* **~ [out]** risciacquare
swim /swɪm/ **A** *n* **have a ~** fare una nuotata
B *vi* (*pt* **swam**, *pp* **swum**) nuotare; ‹*room*› girare; **go ~ming** andare a nuotare; **my head is ~ming** mi gira la testa
C *vt* percorrere a nuoto ‹*distance*›
swimmer /ˈswɪmə(r)/ *n* nuotatore, -trice *mf*
swimming /ˈswɪmɪŋ/ *n* nuoto *m*
swimming baths *npl* piscina *fsg*
swimming costume *n* costume *m* da bagno
swimmingly /ˈswɪmɪŋlɪ/ *adv* **go ~** andar liscio
swimming pool *n* piscina *f*
swimming trunks *npl* calzoncini *mpl* da bagno
swimsuit /ˈswɪmsuːt/ *n* costume *m* da bagno
swindle /ˈswɪndl/ **A** *n* truffa *f*
B *vt* truffare
swindler /ˈswɪndlə(r)/ *n* truffatore, -trice *mf*
swine /swaɪn/ *n* infml porco *m*
swine flu /ˈswaɪn fluː/ *n* influenza *f* A
swing /swɪŋ/ **A** *n* oscillazione *f*; (shift) cambiamento *m*; (seat) altalena *f*; Mus swing *m*; **in full ~** in piena attività
B *vi* (*pt/pp* **swung**) oscillare; (on swing, sway) dondolare; (dangle) penzolare; (turn) girare
C *vt* oscillare; far deviare ‹*vote*›
swing door *n* porta *f* a vento
swingeing /ˈswɪndʒɪŋ/ *adj* ‹*increase*› drastico
swingometer /swɪŋˈɒmɪtə(r)/ *n strumento (m) che permette di seguire l'andamento delle votazioni*
swipe /swaɪp/ **A** *n* infml botta *f*
B *vt* infml colpire; infml (steal) rubare; far passare nella macchinetta ‹*credit card*›
swipe card *n* tessera *f* magnetica
swirl /swɜːl/ **A** *n* (of smoke, dust) turbine *m*
B *vt* far girare
C *vi* ‹*water*› fare mulinello
swish¹ /swɪʃ/ *adj* infml chic
swish² *vi* schioccare
Swiss /swɪs/ *adj & n* svizzero, -a *mf*; **the ~** *pl* gli svizzeri
Swiss roll *n rotolo (m) di pan di Spagna ripieno di marmellata*
switch /swɪtʃ/ **A** *n* interruttore *m*; (change) mutamento *m*
B *vt* cambiare; (exchange) scambiare
C *vi* cambiare; **~ to** passare a
■ **switch off** *vt* spegnere
■ **switch on** *vt* accendere
■ **switch over** *vi* TV cambiare [canale]; **~ over to** passare a
■ **switch round** *vt* (change one for the other) scambiare
switchback *n* montagne *fpl* russe
switchblade *n* AmE coltello *m* a scatto
switchboard *n* centralino *m*
switchboard operator *n* centralinista *mf*
switched line /swɪtʃt/ *n* Teleph linea *f* commutata
swither /ˈswɪðə(r)/ *vi* infml (hesitate) tentennare
Switzerland /ˈswɪtsələnd/ *n* Svizzera *f*
swivel /ˈswɪvl/ **A** *vt* (*pt/pp* **swivelled**) girare
B *vi* girarsi
swivel chair *n* sedia *f* girevole
swizz /swɪz/ *n* infml (swindle) fregatura *f*
swollen /ˈswəʊlən/ **A** ▶ **swell**
B *adj* gonfio
swollen-headed /-ˈhedɪd/ *adj* presuntuoso
swoon /swuːn/ *vi* svenire
swoop /swuːp/ **A** *n* (by police) incursione *f*
B *vi* **~ [down]** ‹*bird*› piombare; fig fare un'incursione
sword /sɔːd/ *n* spada *f*
swordfish /ˈsɔːdfɪʃ/ *n* pesce *m* spada *inv*
swore /swɔː(r)/ ▶ **swear**
sworn /swɔːn/ ▶ **swear**
sworn enemy *n* nemico *m* giurato
swot /swɒt/ **A** *n* infml sgobbone, -a *mf*
B *vt* (*pt/pp* **swotted**) infml sgobbare (**for an exam** per un esame)
swum /swʌm/ ▶ **swim**
swung /swʌŋ/ ▶ **swing**
sycamore /ˈsɪkəmɔː(r)/ *n* sicomoro *m*
sycophant /ˈsɪkəfænt/ *n* adulatore, -trice *mf*
sycophantic /sɪkəˈfæntɪk/ *adj* adulatorio
syllable /ˈsɪləbl/ *n* sillaba *f*

S

syllabus /ˈsɪləbəs/ *n* programma *m* [dei corsi]
syllogism /ˈsɪlədʒɪzm/ *n* sillogismo *m*
sylph /sɪlf/ *n* silfide *f*
symbiosis /sɪmbaɪˈəʊsɪs/ *n* simbiosi *f inv*
symbiotic /sɪmbaɪˈɒtɪk/ *adj* simbiotico
symbol /ˈsɪmbl/ *n* simbolo *m* (**of** di)
symbolic /sɪmˈbɒlɪk/ *adj* simbolico
symbolically /sɪmˈbɒlɪklɪ/ *adv* simbolicamente
symbolism /ˈsɪmbəlɪzm/ *n* simbolismo *m*
symbolist /ˈsɪmbəlɪst/ *n* simbolista *mf*
symbolize /ˈsɪmbəlaɪz/ *vt* simboleggiare
symmetrical /sɪˈmetrɪkl/ *adj* simmetrico
symmetrically /sɪˈmetrɪklɪ/ *adv* simmetricamente
symmetry /ˈsɪmətrɪ/ *n* simmetria *f*
sympathetic /sɪmpəˈθetɪk/ *adj* (understanding) comprensivo; (showing pity) compassionevole
sympathetically /sɪmpəˈθetɪklɪ/ *adv* con comprensione/compassione
sympathize /ˈsɪmpəθaɪz/ *vi* capire; (in grief) solidarizzare; **~ with somebody** capire qualcuno/solidarizzare con qualcuno
sympathizer /ˈsɪmpəθaɪzə(r)/ *n* Pol simpatizzante *mf*
sympathy /ˈsɪmpəθɪ/ *n* comprensione *f*; (pity) compassione *f*; (condolences) condoglianze *fpl*; **in ~ with** ‹*strike*› per solidarietà con
symphonic /sɪmˈfɒnɪk/ *adj* sinfonico
symphony /ˈsɪmfənɪ/ *n* sinfonia *f*
symphony orchestra *n* orchestra *f* sinfonica
symptom /ˈsɪmptəm/ *n* sintomo *m*
symptomatic /sɪmptəˈmætɪk/ *adj* sintomatico (**of** di)
synagogue /ˈsɪnəgɒg/ *n* sinagoga *f*
sync, synch /sɪŋk/ *n* sincronia *f*; **be out of ~** essere sfasato; **be in ~** essere in sincronia; **be in ~ with/out of ~ with** essere sincronizzato/sfasato rispetto a
synchronize /ˈsɪŋkrənaɪz/ *vt* sincronizzare
synchronous /ˈsɪŋkrənəs/ *adj* sincrono
syndicate /ˈsɪndɪkət/ *n* gruppo *m*
syndrome /ˈsɪndrəʊm/ *n* sindrome *f*
synonym /ˈsɪnənɪm/ *n* sinonimo *m*
synonymous /sɪˈnɒnɪməs/ *adj* sinonimo
synopsis /sɪˈnɒpsɪs/ *n* (*pl* **-opses** /sɪˈnɒpsiːz/) (of opera, ballet) trama *f*; (of book) riassunto *m*
syntactic /sɪnˈtæktɪk/, **syntactical** /sɪnˈtæktɪkl/ *adj* sintattico
syntax /ˈsɪntæks/ *n* sintassi *f inv*
synthesis /ˈsɪnθəsɪs/ *n* (*pl* **-theses** /ˈsɪnθəsiːz/) sintesi *f inv*
synthesize /ˈsɪnθəsaɪz/ *vt* sintetizzare
synthesizer /ˈsɪnθəsaɪzə(r)/ *n* Mus sintetizzatore *m*
synthetic /sɪnˈθetɪk/ **A** *adj* sintetico **B** *n* fibra *f* sintetica
syphilis /ˈsɪfɪlɪs/ *n* sifilide *f*
Syria /ˈsɪrɪə/ *n* Siria *f*
Syrian /ˈsɪrɪən/ *adj & n* siriano, -a *mf*
syringe /sɪˈrɪndʒ/ **A** *n* siringa *f* **B** *vt* siringare
syrup /ˈsɪrəp/ *n* sciroppo *m*; BrE tipo *m* di melassa
syrupy /ˈsɪrəpɪ/ *adj* sciropposo
system /ˈsɪstəm/ *n* sistema *m*
systematic /sɪstəˈmætɪk/ *adj* sistematico
systematically /sɪstəˈmætɪklɪ/ *adv* sistematicamente
systems analysis *n* analisi *f* dei sistemi
systems analyst *n* analista *mf* programmatore, -trice *mf*
systems design *n* progettazione *f* di sistemi
systems engineer *n* sistemista *mf*
Szechuan /seˈtʃwɑːn, ˈseʒ-/ *adj* del Sichuan

s
t

Tt

t, T /tiː/ *n* (letter) t, T *f inv*
tab /tæb/ *n* linguetta *f*; (with name) etichetta *f*; **keep ~s on** infml sorvegliare; **pick up the ~** infml pagare il conto
tabby /ˈtæbɪ/ *n* gatto *m* tigrato
tab key *n* tasto *m* tabulatore
table /ˈteɪbl/ **A** *n* tavolo *m*; (list) tavola *f*; **at [the] ~** a tavola **B** *vt* proporre
table-cloth *n* tovaglia *f*
table lamp *n* lampada *f* da tavolo
table mat *n* sottopiatto *m*
table of contents sommario *m*
table salt *n* sale *m* fine
tablespoon *n* cucchiaio *m* da tavola

parola chiave

tablespoonful *n* cucchiaiata *f*

tablet /ˈtæblɪt/ *n* pastiglia *f*; (slab) lastra *f*; **~ of soap** saponetta *f*

table tennis *n* tennis *m* da tavolo; (everyday level) ping pong *m*

tabloid /ˈtæblɔɪd/ *n* tabloid *m inv*; derog giornale *m* scandalistico

taboo /təˈbuː/ **A** *adj* tabù *inv*
B *n* tabù *m*

tabulate /ˈtæbjʊleɪt/ *vt* tabulare

tabulation /tæbjʊˈleɪʃn/ *n* (of data, results) tabulazione *f*

tabulator /ˈtæbjʊleɪtə(r)/ *n* tabulatore *m*

tachograph /ˈtækəɡrɑːf/ *n* tachigrafo *m*

tachometer /tæˈkɒmɪtə(r)/ *n* tachimetro *m*

tacit /ˈtæsɪt/ *adj* tacito

tacitly /ˈtæsɪtlɪ/ *adv* tacitamente

taciturn /ˈtæsɪtɜːn/ *adj* taciturno

tack /tæk/ **A** *n* (nail) chiodino *m*; (stitch) imbastitura *f*; Naut virata *f*; fig linea *f* di condotta
B *vt* inchiodare; (sew) imbastire
C *vi* Naut virare
■ **tack on** *vt* (add later) aggiungere ‹*ending, paragraph*›

tackle /ˈtækl/ **A** *n* (equipment) attrezzatura *f*; (football etc) contrasto *m*, tackle *m inv*
B *vt* affrontare

tacky /ˈtækɪ/ *adj* ‹*paint*› non ancora asciutto; ‹*glue*› appiccicoso; fig pacchiano

tact /tækt/ *n* tatto *m*

tactful /ˈtæktfʊl/ *adj* pieno di tatto; ‹*remark*› delicato

tactfully /ˈtæktfʊlɪ/ *adv* con tatto

tactical /ˈtæktɪkl/ *adj* tattico

tactically /ˈtæktɪklɪ/ *adv* tatticamente

tactician /tækˈtɪʃn/ *n* stratega *mf*

tactics /ˈtæktɪks/ *npl* tattica *fsg*

tactile /ˈtæktaɪl/ *adj* tattile

tactless /ˈtæktlɪs/ *adj* privo di tatto

tactlessly /ˈtæktlɪslɪ/ *adv* senza tatto

tactlessness /ˈtæktlɪsnɪs/ *n* mancanza *f* di tatto; (of remark) indelicatezza *f*

tadpole /ˈtædpəʊl/ *n* girino *m*

tae kwon do *n* tae-kwon-do *m*

taffeta /ˈtæfɪtə/ *n* taffetà *m*

tag¹ /tæɡ/ **A** *n* (label) etichetta *f*
B *vt* (*pt/pp* **tagged**) attaccare l'etichetta a

tag² *n* (game) acchiapparello *m*

■ **tag along** *vi* seguire passo passo

■ **tag on** *vt* (attach) aggiungere

tail /teɪl/ **A** *n* coda *f*; **~s** *pl* (tailcoat) frac *m inv*
B *vt* infml (follow) pedinare

■ **tail off** *vi* diminuire

tailback *n* coda *f*

tail-end *n* parte *f* finale; (of train) coda *f*

tailgate /ˈteɪlɡeɪt/ *n* sponda *f* posteriore ribaltabile

tail light *n* fanalino *m* di coda

tail-off *n* diminuzione *f*

tailor /ˈteɪlə(r)/ **A** *n* sarto *m*
B *vt* **~ something to someone's needs** adattare qualcosa alle esigenze di qualcuno

tailor-made *adj* fatto su misura

tailspin /ˈteɪlspɪn/ *n* Aeron vite *f* di coda

tailwind /ˈteɪlwɪnd/ *n* vento *m* di coda

taint /teɪnt/ *vt* contaminare

Taiwan /taɪˈwɑːn/ *n* Taiwan *f*

Tajikistan /tɑːˌdʒɪkɪˈstɑːn/ *n* Tajikistan *m*

take /teɪk/ **A** *n* Cinema ripresa *f*; AmE (takings) incassi *mpl*
B *vt* (*pt* **took**, *pp* **taken**) prendere; (to a place) portare ‹*person, object*›; (contain) contenere ‹*passengers etc*›; (endure) sopportare; (require) occorrere; (teach) insegnare; (study) studiare ‹*subject*›; fare ‹*exam, holiday, photograph, walk, bath*›; sentire ‹*pulse*›; misurare ‹*sb's temperature*›; **~ something to the cleaner's** portare qualcosa in lavanderia; **~ somebody home** (by car) portare qualcuno a casa; **~ somebody prisoner** fare prigioniero qualcuno; **be ~n ill** ammalarsi; **~ something calmly** prendere con calma qualcosa; **~ the dog for a walk** portare a spasso il cane; **~ one's time doing something** fare qualcosa con calma; **this will only ~ a minute** ci vuole solo un minuto; **I ~ it that...** (assume) presumo che...; **~ it from me!** (believe me) dai retta a me!; **~ hold** ‹*idea, disease*› prendere piede; **~ part** prendere parte; **~ part in** prendere parte a; **~ place** svolgersi
C *vi* ‹*plant*› attecchire
■ **take aback** *vt* (surprise) cogliere di sorpresa
■ **take after** *vt* assomigliare a
■ **take against** *vt* (turn against) prendere in antipatia
■ **take apart** *vt* (dismantle) smontare
■ **take away** *vt* (with one) portare via; (remove) togliere; (subtract) sottrarre; **'to ~ away'** 'da asporto'
■ **take back** *vt* riprendere; ritirare ‹*statement*›; (return) riportare [indietro]; **she took him back** (as husband, boyfriend) lo ha perdonato
■ **take down** *vt* portare giù; (remove) tirare giù; (write down) prendere nota di
■ **take in** *vt* (bring indoors) portare dentro; (to one's home) ospitare; (understand) capire; (deceive) ingannare; riprendere ‹*garment*›; (include) includere; vedere ‹*film etc*›
■ **take off** **A** *vt* togliersi ‹*clothes*›; (deduct) togliere; (mimic) imitare; **~ time off** prendere delle vacanze; **~ oneself off** andarsene
B *vi* Aeron decollare; infml (leave) andarsene; (become successful) decollare
■ **take on** *vt* farsi carico di; assumere ‹*employee*›; (as opponent) prendersela con; **~ it on oneself to do something** arrogarsi il diritto di fare qualcosa
■ **take out** *vt* portare fuori; togliere ‹*word, stain*›; (withdraw) ritirare ‹*money, books*›; **~ out a subscription to something** abbonarsi a qualcosa; **she took a pen out of her pocket** ha

t

preso una penna dalla tasca; **I'm taking my wife out tonight** esco con mia moglie stasera; **~ somebody out to dinner** portare a cena fuori qualcuno; **it'll ~ you out of yourself** (take your mind off things) servirà a distrarti; **~ it out on somebody** infml prendersela con qualcuno

■ **take over** A *vt* assumere il controllo di ‹*firm*›
B *vi* **~ over from somebody** sostituire qualcuno; (permanently) succedere a qualcuno

■ **take to** *vt* (as a habit) darsi a; **I took to her** (liked) mi è piaciuta

■ **take up** A *vt* portare su; accettare ‹*offer*›; intraprendere ‹*profession*›; dedicarsi a ‹*hobby*›; prendere ‹*time*›; occupare ‹*space*›; tirare su ‹*floorboards*›; accorciare ‹*dress*›; **~ something up with somebody** discutere qualcosa con qualcuno; **~ somebody up on something** (question further) chiedere ulteriori chiarimenti a qualcuno su qualcosa; **I'll ~ you up on your offer** (accept) accetto la tua offerta
B *vi* **~ up with somebody** legarsi a qualcuno

takeaway /ˈteɪkəweɪ/ *n* (meal) piatto *m* da asporto; (restaurant) *ristorante* (*m*) *che prepara piatti da asporto*

take-home pay *n* stipendio *m* netto

taken /ˈteɪkən/ *adj* ‹*room etc*› occupato; **be very ~ with somebody/something** essere conquistato da qualcuno/qualcosa

take-off *n* Aeron decollo *m*

take-out /ˈteɪkaʊt/ *n* AmE = **takeaway**

takeover *n* rilevamento *m*

takeover bid *n* offerta *f* pubblica di acquisto

takings /ˈteɪkɪŋz/ *npl* incassi *mpl*

talc /tælk/ *n* (boro)talco *m*

talcum /ˈtælkəm/ *n* **~ [powder]** talco *m*

tale /teɪl/ *n* storia *f*; derog fandonia *f*; **tell ~s** fare la spia

talent /ˈtælənt/ *n* talento *m*

talent contest *n* concorso *m* per giovani talenti

talented /ˈtæləntɪd/ *adj* [ricco] di talento

talent scout *n* talent scout *mf inv*

Taliban /ˈtælɪbæn/ *n* talebani *mpl*

talisman /ˈtælɪzmən/ *n* talismano *m*

talk /tɔːk/ A *n* conversazione *f*; (lecture) conferenza *f*; (gossip) chiacchiere *fpl*; **make small ~** parlare del più e del meno
B *vi* parlare
C *vt* parlare di ‹*politics etc*›; **~ somebody into something** convincere qualcuno di qualcosa

■ **talk about** *vt* parlare di; **~ about bad luck!** quando si dice la sfortuna!

■ **talk back** *vi* (reply defiantly) rispondere

■ **talk down to** *vt* (patronize) parlare con condiscendenza a

■ **talk of** *vt* parlare di; **~ing of food...** a proposito di mangiare...

■ **talk over** *vt* discutere

■ **talk to** *vt* parlare con; (reprimand) fare un discorsetto a; **~ to oneself** parlare da solo

talkative /ˈtɔːkətɪv/ *adj* loquace

talking /ˈtɔːkɪŋ/ *adj* ‹*doll, parrot*› parlante

talking book *n* audiolibro *m*

talking head /ˈtɔːkɪŋ/ *n* mezzobusto *m*

talking-to *n* sgridata *f*

talk show *n* talk show *m inv*

tall /tɔːl/ *adj* alto; **how ~ are you?** quanto sei alto?

tallboy *n* cassettone *m*

tall order *n* impresa *f* difficile

tall story *n* frottola *f*

tally /ˈtælɪ/ A *n* conteggio *m*; **keep a ~ of** tenere il conto di
B *vi* coincidere

talon /ˈtælən/ *n* artiglio *m*

tambourine /tæmbəˈriːn/ *n* tamburello *m*

tame /teɪm/ A *adj* ‹*animal*› domestico; (dull) insulso
B *vt* domare

tamely /ˈteɪmlɪ/ *adv* docilmente

tamer /ˈteɪmə(r)/ *n* domatore, -trice *mf*

tamper /ˈtæmpə(r)/ *vi* **~ with** manomettere

tampon /ˈtæmpɒn/ *n* tampone *m*

tan /tæn/ A *adj* marrone rossiccio *inv*
B *n* marrone *m* rossiccio; (from sun) abbronzatura *f*
C *vt* (*pt/pp* **tanned**) conciare ‹*hide*›
D *vi* abbronzarsi

tandem /ˈtændəm/ *n* tandem *m inv*; **in ~** in tandem

tang /tæŋ/ *n* sapore *m* forte; (smell) odore *m* penetrante

tanga /ˈtæŋgə/ *n* tanga *m inv*

tangent /ˈtændʒənt/ *n* tangente *f*; **go off at a ~** infml partire per la tangente

tangerine /tændʒəˈriːn/ A *n* (fruit) tipo *m* di mandarino; (colour) arancione *m*
B *adj* arancione

tangible /ˈtændʒɪbl/ *adj* tangibile

tangibly /ˈtændʒɪblɪ/ *adv* tangibilmente

tangle /ˈtæŋgl/ A *n* groviglio *m*; (in hair) nodo *m*
B *vt* **~ [up]** aggrovigliare
C *vi* aggrovigliarsi

tango /ˈtæŋgəʊ/ *n* tango *m*

tangy /ˈtæŋɪ/ *adj* forte; ‹*smell*› penetrante

tank /tæŋk/ *n* contenitore *m*; (for petrol) serbatoio *m*; (fish ~) acquario *m*; Mil carro *m* armato

tankard /ˈtæŋkəd/ *n* boccale *m*

tanker /ˈtæŋkə(r)/ *n* nave *f* cisterna; (lorry) autobotte *f*

tank top *n* canottiera *f*

tanned /tænd/ *adj* abbronzato

t

parola chiave

tannin /'tænɪn/ *n* tannino *m*
Tannoy® /'tænɔɪ/ *n* BrE sistema *m* di altoparlanti
tantalize /'tæntəlaɪz/ *vt* tormentare
tantalizing /'tæntəlaɪzɪŋ/ *adj* allettante; ‹*smell*› stuzzicante
tantamount /'tæntəmaʊnt/ *adj* ~ **to** equivalente a
tantrum /'tæntrəm/ *n* scoppio *m* d'ira; **throw a ~** fare i capricci
Tanzania /ˌtænzə'nɪə/ *n* Tanzania *f*
tap /tæp/ **A** *n* rubinetto *m*; (knock) colpo *m*; **on ~** a disposizione
B *vt* (*pt/pp* **tapped**) dare un colpetto a; sfruttare ‹*resources*›; mettere sotto controllo ‹*telephone*›
C *vi* picchiettare
tap-dance **A** *n* tip tap
B *vi* ballare il tip tap
tap dancer *n* ballerino, -a *mf* di tip tap
tape /teɪp/ **A** *n* nastro *m*; (recording) cassetta *f*
B *vt* legare con nastro; (record) registrare
tape backup drive *n* Comput unità *f* di backup a nastro
tape deck *n* piastra *f*
tape measure *n* metro *m* [a nastro]
taper /'teɪpə(r)/ **A** *n* candela *f* sottile
B *vi* assottigliarsi
■ **taper off** *vi* assottigliarsi
tape-record *vt* registrare su nastro
tape recorder *n* registratore *m*
tape recording *n* registrazione *f*
tapered /'teɪpəd/ *adj* ‹*trousers*› affusolato
tape streamer *n* Comput unità *f* a nastro magnetico
tapestry /'tæpɪstrɪ/ *n* arazzo *m*
tapeworm /'teɪpwɜ:m/ *n* verme *m* solitario, tenia *f*
tapping /'tæpɪŋ/ *n* (noise) picchiettio *m*
tap water *n* acqua *f* del rubinetto
tar /tɑ:(r)/ **A** *n* catrame *m*
B *vt* (*pt/pp* **tarred**) incatramare
tardy /'tɑ:dɪ/ *adj* (**-ier**, **-iest**) tardivo
target /'tɑ:gɪt/ **A** *n* bersaglio *m*; fig obiettivo *m*
B *vt* stabilire come obiettivo ‹*market*›
target language *n* lingua *f* d'arrivo
target market *n* mercato *m* obiettivo
target practice *n* tiro *m* al bersaglio
tariff /'tærɪf/ **A** *n* (price) tariffa *f*; (duty) dazio *m*
B *adj* tariffario
tarmac **A** *n* asfalto *m*; BrE (of airfield) pista *f*
B *attrib* ‹*road, footpath*› asfaltato
C *vt* asfaltare
Tarmac® /'tɑ:mæk/ *n* macadam *m* al catrame
tarnish /'tɑ:nɪʃ/ **A** *vi* ossidarsi
B *vt* ossidare; fig macchiare
tarpaulin /tɑ:'pɔ:lɪn/ *n* telone *m* impermeabile
tarragon /'tærəgən/ *n* dragoncello *m*
tart¹ /tɑ:t/ *adj* aspro; fig acido
tart² *n* crostata *f*; (individual) crostatina *f*; sl (prostitute) donnaccia *f*
■ **tart up**: *vt* infml ~ **oneself up** agghindarsi
tartan /'tɑ:tn/ **A** *n* tessuto *m* scozzese, tartan *m inv*
B *attrib* di tessuto scozzese
tartar /'tɑ:tə(r)/ *n* (on teeth) tartaro *m*
tartar sauce *n* salsa *f* tartara
task /tɑ:sk/ *n* compito *m*; **take somebody to ~** riprendere qualcuno
task bar *n* Comput barra *f* delle applicazioni
task force *n* Pol commissione *f*; Mil taskforce *f inv*
taskmaster /'tɑ:skmɑ:stə(r), AmE 'tæsk-/ *n* tiranno *m*; **be a hard ~** essere molto esigente
tassel /'tæsl/ *n* nappa *f*
taste /teɪst/ **A** *n* gusto *m*; (sample) assaggio *m*; **get a ~ of something** fig assaporare il gusto di qualcosa; **in good/bad ~** di buongusto/di cattivo gusto
B *vt* sentire il sapore di; (sample) assaggiare
C *vi* sapere (**of** di); **it ~s lovely** è ottimo; **~ like something** sapere di qualcosa
taste buds *npl* papille *fpl* gustative
tasteful /'teɪs(t)fʊl/ *adj* di [buon] gusto
tastefully /'teɪs(t)fʊlɪ/ *adv* con gusto
tasteless /'teɪs(t)lɪs/ *adj* senza gusto
tastelessly /'teɪs(t)lɪslɪ/ *adv* con cattivo gusto
taster /'teɪstə(r)/ *n* (foretaste) assaggio *m*; (person) assaggiatore, -trice *mf*
tasty /'teɪstɪ/ *adj* (**-ier**, **-iest**) saporito
tat /tæt/ ▶ **tit²**
tattered /'tætəd/ *adj* cencioso; ‹*pages*› stracciato
tatters /'tætəz/ *npl* **in ~** a brandelli
tattle /'tætl/ **A** *vi* spettegolare
B *n* pettegolezzo *m*
tattoo¹ /tæ'tu:/ **A** *n* tatuaggio *m*
B *vt* tatuare
tattoo² *n* Mil parata *f* militare
tatty /'tætɪ/ *adj* (**-ier**, **-iest**) ‹*clothes, person*› trasandato; ‹*book*› malandato
taught /tɔ:t/ ▶ **teach**
taunt /tɔ:nt/ **A** *n* scherno *m*
B *vt* schernire
Taurus /'tɔ:rəs/ *n* Astr Toro *m*
taut /tɔ:t/ *adj* teso
tauten /'tɔ:tən/ **A** *vt* tendere
B *vi* tendersi
tautology /tɔ:'tɒlədʒɪ/ *n* tautologia *f*
tavern /'tævən/ *n* literary taverna *f*
tawdry /'tɔ:drɪ/ *adj* (**-ier**, **-iest**) pacchiano
tawny /'tɔ:nɪ/ *adj* fulvo
tax /tæks/ **A** *n* tassa *f*; (on income) imposte *fpl*; **before ~** ‹*price*› tasse escluse; ‹*salary*› lordo
B *vt* tassare; fig mettere alla prova; **~ with**

t

accusare di

taxable /ˈtæksəbl/ *adj* tassabile; ~ **income** reddito *m* imponibile

tax allowance *n* detrazione *f* di imposta

taxation /tækˈseɪʃn/ *n* tasse *fpl*; ~ **at source** ritenuta *f* alla fonte

tax avoidance *n* elusione *f* fiscale

tax bracket *n* scaglione *m* d'imposta

tax break *n* agevolazione *f* fiscale

tax burden *n* aggravio *m* fiscale

tax code *n* codice *m* fiscale

tax consultant *n* fiscalista *m*

tax-deductible *adj* detraibile

tax disc *n* Auto bollo *m*

tax evader *n* evasore *m* fiscale

tax evasion *n* evasione *f* fiscale

tax exile *n* (person) espatriato, -a *mf* per motivi fiscali

tax-free *adj* esentasse

tax haven *n* paradiso *m* fiscale

taxi /ˈtæksɪ/ **A** *n* taxi *m inv*
B *vi* (*pt/pp* **taxied**, *pres p* **taxiing**) ‹*aircraft*› rullare

taxi driver *n* tassista *mf*

tax incentive *n* incentivo *m* fiscale

taxing /ˈtæksɪŋ/ *adj* (exhausting) sfiancante

tax inspector *n* ispettore *m* delle tasse

taxi rank *n* posteggio *m* per taxi

taxman /ˈtæksmæn/ *n* **the** ~ il fisco

tax office *n* ufficio *m* delle imposte

taxpayer *n* contribuente *mf*

tax rebate *n* rimborso *m* d'imposta

tax return *n* dichiarazione *f* dei redditi

tax shelter *n* paradiso *m* fiscale

tax system *n* regime *m* fiscale

TB *n abbr* (**tuberculosis**) TBC *f*

tbsp *abbr* (**tablespoon**) cucchiaio *m*

tea /tiː/ *n* tè

tea bag *n* bustina *f* di tè

tea break *n* intervallo *m* per il tè

teach /tiːtʃ/ *vt & vi* (*pt/pp* **taught**) insegnare; ~ **somebody something** insegnare qualcosa a qualcuno; ~ **somebody a lesson** fig dare una lezione a qualcuno

teacher /ˈtiːtʃə(r)/ *n* insegnante *mf*; (primary) maestro, -a *mf*

teacher training *n* formazione *f* professionale per insegnanti

teaching /ˈtiːtʃɪŋ/ *n* insegnamento *m*

teaching hospital *n* ≈ ospedale *m* universitario

tea cloth *n* (for drying) asciugapiatti *m inv*

tea cosy *n* copriteiera *f*

teacup *n* tazza *f* da tè

teak /tiːk/ *n* tek *m*

tea leaves *npl* tè *m* sfuso; (when infused) fondi *mpl* di tè

team /tiːm/ *n* squadra *f*; fig équipe *f inv*
■ **team up** *vi* unirsi

team captain *n* caposquadra *mf*

team manager *n* direttore *m* sportivo

team-mate *n* compagno *m* di squadra

team player *n persona* (*f*) *che dimostra spirito di squadra*

team spirit *n* spirito *m* di squadra

teamwork *n* lavoro *m* di squadra; fig lavoro *m* d'équipe

teapot /ˈtiːpɒt/ *n* teiera *f*

tear¹ /teə(r)/ **A** *n* strappo *m*
B *vt* (*pt* **tore**, *pp* **torn**) strappare; ~ **to pieces** *or* **shreds** fare a pezzi; stroncare ‹*book, film*›
C *vi* strappare; ‹*material*› strapparsi; (run) precipitarsi
■ **tear apart** *vt* fig (criticize) fare a pezzi; (separate) dividere
■ **tear away**: *vt* ~ **oneself away from** staccarsi da ‹*television*›; abbandonare a malincuore ‹*party*›
■ **tear into** *vt* infml (reprimand) attaccare duramente; (make a vigorous start on) dare dentro a
■ **tear off** *vt* (carefully) staccare; (violently) strappare
■ **tear open** *vt* aprire strappando
■ **tear out** *vt* staccare; ~ **one's hair out** mettersi le mani nei capelli
■ **tear up** *vt* strappare; rompere ‹*agreement*›

tear² /tɪə(r)/ *n* lacrima *f*

tearaway /ˈteərəweɪ/ *n* giovane teppista *mf*

tearful /ˈtɪəfʊl/ *adj* ‹*person*› in lacrime; ‹*farewell*› lacrimevole

tearfully /ˈtɪəfʊlɪ/ *adv* in lacrime

tear gas /ˈtɪə/ *n* gas *m* lacrimogeno

tearing /ˈteərɪŋ/ *adj* **be in a** ~ **hurry** avere una gran fretta

tear-jerker /ˈtɪədʒɜːkə(r)/ *n* infml **this film is a real** ~ è davvero un film strappalacrime

tease /tiːz/ *vt* prendere in giro ‹*person*›; tormentare ‹*animal*›

teasel /ˈtiːzl/ *n* Bot cardo *m*

tea set /ˈtiːset/ *n* servizio *m* da tè

tea shop *n* sala *f* da tè

teasing /ˈtiːzɪŋ/ *adj* canzonatorio

teaspoon *n* cucchiaino *m* [da tè]

teaspoonful *n* cucchiaino *m*

tea-strainer *n* colino *m* per il tè

teat /tiːt/ *n* capezzolo *m*; (on bottle) tettarella *f*

teatime *n* ora *f* del tè

tea towel *n* strofinaccio *m* [per i piatti]

technical /ˈteknɪkl/ *adj* tecnico

technical college *n* istituto *m* tecnico professionale

technical drawing *n* (skill or process, plan) disegno *m* tecnico

technical hitch *n* contrattempo *m* tecnico

technicality /teknɪˈkælətɪ/ *n* tecnicismo *m*; Jur cavillo *m* giuridico

t

parola chiave

technically /'teknɪklɪ/ *adv* tecnicamente; (strictly) strettamente
technician /tek'nɪʃn/ *n* tecnico, -a *mf*
technique /tek'ni:k/ *n* tecnica *f*
techno /'teknəʊ/ *n* techno *f*
technocrat /'teknəkræt/ *n* tecnocrate *mf*
technological /teknə'lɒdʒɪkl/ *adj* tecnologico
technologically /teknə'lɒdʒɪklɪ/ *adv* tecnologicamente
technology /tek'nɒlədʒɪ/ *n* tecnologia *f*
technology park *n* parco *m* tecnologico
technology transfer *n* trasferimento *m* di tecnologia
technophobe /'teknəʊfəʊb/ *n* tecnofobo, -a *mf*
teddy /'tedɪ/ *n* ~ **[bear]** orsacchiotto *m*
tedious /'ti:dɪəs/ *adj* noioso
tedium /'ti:dɪəm/ *n* tedio *m*
tee /ti:/ *n* Golf tee *m inv*
teem /ti:m/ *vi* (rain) piovere a dirotto; **be ~ing with** (full of) pullulare di
teen /ti:n/ *adj* ‹*fashion, idol*› degli adolescenti
teenage /'ti:neɪdʒ/ *adj* per ragazzi; **~ boy/girl** adolescente *mf*
teenager /'ti:neɪdʒə(r)/ *n* adolescente *mf*
teens /ti:nz/ *npl* **the ~** l'adolescenza *fsg*; **be in one's ~** essere adolescente
teeny /'ti:nɪ/ *adj* infml (**-ier**, **-iest**) piccolissimo
teeny-weeny /ti:nɪ'wi:nɪ/ *adj* infml minuscolo
tee shirt *n* T-shirt, maglietta *f* [a maniche corte]
teeter /'ti:tə(r)/ *vi* barcollare
teeth /ti:θ/ ▶ **tooth**
teethe /ti:ð/ *vi* mettere i primi denti
teething troubles /'ti:ðɪŋ/ *npl* fig difficoltà *fpl* iniziali
teetotal /ti:'təʊtl/ *adj* astemio
teetotaller /ti'təʊt(ə)lə(r)/ *n* astemio, -a *mf*
TEFL /'tefl/ *n insegnamento* (*m*) *dell'inglese come lingua straniera*
tel. *abbr* (**telephone**) tel.
telebanking /'telɪbæŋkɪŋ/ *n* servizi *mpl* bancari telematici
telecast /'telɪkɑ:st/ **A** *n* trasmissione *f* televisiva
B *vt* far vedere in televisione
telecomms /'telɪkɒmz/ *npl* telecomunicazioni *fpl*
telecommunications /telɪkəmju:nɪ'keɪʃnz/ *npl* telecomunicazioni *fpl*
telecommuter /telɪkə'mju:tə(r)/ *n persona* (*f*) *che lavora da casa su computer*
telecommuting /telɪkə'mju:tɪŋ/ *n lavoro* (*m*) *su computer da casa*
teleconference /'telɪkɒnf(ə)r(ə)ns/ *n* videoconferenza *f*
telegenic /teli'dʒenɪk/ *adj* telegenico
telegram /'telɪgræm/ *n* telegramma *m*
telegraph /'telɪgrɑ:f/ *n* telegrafo *m*
telegraphic /teli'græfɪk/ *adj* telegrafico
telegraph pole *n* palo *m* del telegrafo
telemarketing /'telɪmɑ:kɪtɪŋ/ *n* telemarketing *m*
telematics /teli'mætɪks/ *nsg* telematica *fsg*
telemessage /'telɪmesɪdʒ/ *n* BrE telegramma *m*
telepathic /teli'pæθɪk/ *adj* telepatico
telepathy /tɪ'lepəθɪ/ *n* telepatia *f*; **by ~** per telepatia
telephone /'telɪfəʊn/ **A** *n* telefono *m*; **be on the ~** avere il telefono; (be telephoning) essere al telefono
B *vt* telefonare a
C *vi* telefonare
telephone answering service *n* segreteria *f* telefonica
telephone banking *n* servizi *mpl* bancari via telefono
telephone book *n* elenco *m* telefonico
telephone booking *n* prenotazione *f* telefonica
telephone booth, **telephone box** *n* cabina *f* telefonica
telephone call *n* telefonata *f*
telephone conversation *n* conversazione *f* telefonica
telephone directory *n* elenco *m* telefonico
telephone helpline *n* assistenza *f* telefonica
telephone message *n* messaggio *m* telefonico
telephone number *n* numero *m* di telefono
telephone operator *n* centralinista *mf*
telephone tapping *n* intercettazione *f* telefonica
telephonist /tɪ'lefənɪst/ *n* telefonista *mf*
telephoto /teli'fəʊtəʊ/ *adj* **~ lens** teleobiettivo *m*
teleprinter /'telɪprɪntə(r)/ *n* telescrivente *f*
telerecording /'telɪkrɪkɔ:dɪŋ/ *n* programma *m* [televisivo] registrato
telesales /'telɪseɪlz/ *n* vendita *f* per telefono
telescope /'telɪskəʊp/ *n* telescopio *m*
telescopic /teli'skɒpɪk/ *adj* telescopico
teleshopping /'telɪʃɒpɪŋ/ *n* acquisti *mpl* per telefono
teletext /'telɪtekst/ *n* televideo *m*
telethon /'telɪθɒn/ *n* telethon *m inv*
televise /'telɪvaɪz/ *vt* trasmettere per televisione
television /'telɪvɪʒn/ *n* televisione *f*; **watch ~** guardare la televisione; **on ~** alla televisione
television channel *n* rete *f* televisiva
television licence *n* abbonamento *m* alla televisione

t

television licence fee *n* costo *m* dell'abbonamento alla televisione
television programme *n* programma *m* televisivo
television screen *n* teleschermo *m*
television serial *n* sceneggiato *m*
television set *n* televisore *m*
televisual /telɪˈvɪʒʊəl/ *adj* televisivo
teleworking /ˈtelɪwɜːkɪŋ/ *n* telelavoro *m*
telex /ˈteleks/ **A** *n* telex *m inv*
B *vt* mandare via telex ‹*message*›; mandare un telex a ‹*person*›
tell /tel/ **A** *vt* (*pt/pp* **told**) dire; raccontare ‹*story*›; (distinguish) distinguere (**from** da); **~ somebody something** dire qualcosa a qualcuno; **~ somebody to do something** dire a qualcuno di fare qualcosa; **~ the time** dire l'ora; **I couldn't ~ why...** non sapevo perché...; **you're ~ing me!** a chi lo dici!
B *vi* (produce an effect) avere effetto; **time will ~** il tempo ce lo dirà; **his age is beginning to ~** l'età comincia a farsi sentire [per lui]; **don't ~ me** non dirmelo; **you mustn't ~** non devi dire niente
■ **tell apart** *vt* distinguere
■ **tell off** *vt* sgridare
■ **tell on** *vt* Sch (inform against) fare la spia a
teller /ˈtelə(r)/ *n* (in bank) cassiere, -a *mf*
telling /ˈtelɪŋ/ *adj* significativo; (argument) efficace
telling-off *n* cicchetto *m*
tell-tale **A** *n* spione, -a *mf*
B *adj* rivelatore
telly /ˈtelɪ/ *n* infml tv *f inv*, tele *f inv*
temerity /tɪˈmerətɪ/ *n* audacia *f*
temp /temp/ infml **A** *n* impiegato, -a *mf* temporaneo, -a
B *vi* lavorare come impiegato, -a temporaneo, -a
temper /ˈtempə(r)/ **A** *n* (disposition) carattere *m*; (mood) umore *m*; (anger) collera *f*; **lose one's ~** arrabbiarsi; **be in a ~** essere arrabbiato; **keep one's ~** mantenere la calma
B *vt* fig temperare
temperament /ˈtemprəmənt/ *n* temperamento *m*
temperamental /temprəˈmentl/ *adj* (moody) capriccioso
temperamentally /temprəˈmentəlɪ/ *adv* **they are ~ unsuited** tra loro c'è incompatibilità di carattere
temperance /ˈtempərəns/ *n* (abstinence) astinenza *f* dal bere
temperate /ˈtempərət/ *adj* ‹*climate*› temperato
temperature /ˈtemprətʃə(r)/ *n* temperatura *f*; **have** *or* **run a ~** avere la febbre
tempest /ˈtempɪst/ *n* tempesta *f*
tempestuous /temˈpestjʊəs/ *adj* tempestoso
template /ˈtemplɪt/ *n* sagoma *f*
temple¹ /ˈtempl/ *n* tempio *m*
temple² *n* Anat tempia *f*
tempo /ˈtempəʊ/ *n* ritmo *m*; Mus tempo *m*
temporal /ˈtempər(ə)l/ *adj* temporale
temporarily /tempəˈrerɪlɪ/ *adv* temporaneamente; ‹*introduced, erected*› provvisoriamente
temporary /ˈtempərərɪ/ *adj* temporaneo; ‹*measure, building*› provvisorio
tempt /tempt/ *vt* tentare; sfidare ‹*fate*›; **~ somebody to** indurre qualcuno a; **be ~ed** essere tentato (**to** di); **I am ~ed by the offer** l'offerta mi tenta
temptation /temptˈteɪʃn/ *n* tentazione *f*
tempting /ˈtemptɪŋ/ *adj* allettante; ‹*food, drink*› invitante
temptress /ˈtemptrɪs/ *n* seduttrice *f*
ten /ten/ *adj & n* dieci *m*; **the T~ Commandments** i Dieci Comandamenti
tenable /ˈtenəbl/ *adj* fig sostenibile
tenacious /tɪˈneɪʃəs/ *adj* tenace
tenacity /tɪˈnæsətɪ/ *n* tenacia *f*
tenancy /ˈtenənsɪ/ *n* locazione *f*
tenant /ˈtenənt/ *n* inquilino, -a *mf*; Comm locatario, -a *mf*
tend¹ /tend/ *vt* (look after) prendersi cura di
tend² *vi* **~ to do something** tendere a far qualcosa
tendency /ˈtendənsɪ/ *n* tendenza *f*
tendentious /tenˈdenʃəs/ *adj* tendenzioso
tender¹ /ˈtendə(r)/ **A** *n* Comm offerta *f*; **put out to ~** dare in appalto; **be legal ~** avere corso legale
B *vt* offrire; presentare ‹*resignation*›
tender² *adj* tenero; (painful) dolorante
tender-hearted /-hɑːtɪd/ *adj* dal cuore tenero
tenderize /ˈtendəraɪz/ *vt* rendere tenero ‹*meat*›
tenderly /ˈtendəlɪ/ *adv* teneramente
tenderness /ˈtendənɪs/ *n* tenerezza *f*; (painfulness) dolore *m*
tendon /ˈtendən/ *n* tendine *m*
tendril /ˈtendrɪl/ *n* (of plant) viticcio *m*
tenement /ˈtenəmənt/ *n* casamento *m*
tenet /ˈtenɪt/ *n* principio *m*
tenner /ˈtenə(r)/ *n* infml biglietto *m* da dieci sterline
tennis /ˈtenɪs/ *n* tennis *m*
tennis ball *n* palla *f* da tennis
tennis court *n* campo *m* da tennis
tennis match *n* partita *f* di tennis
tennis player *n* tennista *mf*
tennis racket *n* racchetta *f* da tennis
tennis shoes *npl* scarpe *fpl* da tennis
tenor /ˈtenə(r)/ *n* tenore *m*

t

parola chiave

tenpin bowling BrE, **tenpins** AmE *n* bowling *m*

tense¹ /tens/ *n* Gram tempo *m*

tense² **A** *adj* teso
B *vt* tendere ‹*muscle*›
■ **tense up** *vi* tendersi

tension /'tenʃn/ *n* tensione *f*

tent /tent/ *n* tenda *f*

tentacle /'tentəkl/ *n* tentacolo *m*

tentative /'tentətɪv/ *adj* provvisorio; ‹*smile, gesture*› esitante

tentatively /'tentətɪvlɪ/ *adv* timidamente; ‹*accept*› provvisoriamente

tent city *n* tendopoli *f inv*

tenterhooks /'tentəhʊks/ *npl* **be on ~** essere sulle spine

tenth /tenθ/ *adj & n* decimo, -a *mf*

tenuous /'tenjʊəs/ *adj* fig debole

tenure /'tenjə(r)/ *n* (period of office) permanenza *f* in carica; Univ (job security) ruolo *m*; (of land, property) possesso *m*; **security of ~** (of land, property) diritto *m* di possesso

tepid /'tepɪd/ *adj* tiepido

tercentenary /tɜːsen'tiːnərɪ/ *n* terzo centenario *m*

term /tɜːm/ *n* periodo *m*; Sch, Univ trimestre *m*; (in Italy) Sch quadrimestre *m*; Univ semestre *m*; (expression) termine *m*; **~s** *pl* (conditions) condizioni *fpl*; **~ of office** carica *f*; **in the short/long ~** a breve/lungo termine; **be on good/bad ~s** essere in buoni/ cattivi rapporti; **come to ~s with** accettare ‹*past, fact*›; **easy ~s** facilitazioni *fpl* di pagamento; **~s of reference** *pl* (of committee) competenze *fpl*

terminal /'tɜːmɪnl/ **A** *adj* finale; Med terminale
B *n* Aeron terminal *m inv*; Rail stazione *f* di testa; (of bus) capolinea *m*; (on battery) morsetto *m*; Comput terminale *m*

terminally /'tɜːmɪnəlɪ/ *adv* **be ~ ill** essere in fase terminale

terminate /'tɜːmɪneɪt/ **A** *vt* terminare; rescindere ‹*contract*›; interrompere ‹*pregnancy*›
B *vi* terminare; **~ in** finire in

termination /tɜːmɪ'neɪʃn/ *n* termine *m*; Med interruzione *f* di gravidanza

terminologist /tɜːmɪ'nɒlədʒɪst/ *n* linguista *mf* specializzato, -a in terminologia

terminology /tɜːmɪ'nɒlədʒɪ/ *n* terminologia *f*

terminus /'tɜːmɪnəs/ *n* (*pl* **-ni**) /'tɜːmɪnaɪ/ (for bus) capolinea *m*; (for train) stazione *f* di testa

term-time *n* **during ~** durante il trimestre

terrace /'terəs/ *n* terrazza *f*; (houses) fila *f* di case a schiera; **the ~s** *gr* Sport le gradinate

terraced house /'terəsd/ *n* casa *f* a schiera

terracotta /terə'kɒtə/ *n* (earthenware) terracotta *f*; (colour) color *m* terracotta

terrain /te'reɪn/ *n* terreno *m*

terrestrial /tɪ'restrɪəl/ **A** *n* terrestre *mf*
B *adj* terrestre; **~ television** televisione *f* terrestre

terrible /'terəbl/ *adj* terribile

terribly /'terəblɪ/ *adv* terribilmente; **I'm ~ sorry** sono infinitamente spiacente

terrier /'terɪə(r)/ *n* terrier *m inv*

terrific /tə'rɪfɪk/ *adj* infml (excellent) fantastico; (huge) enorme

terrifically /tə'rɪfɪklɪ/ *adv* infml terribilmente

terrify /'terɪfaɪ/ *vt* (*pt/pp* **-ied**) atterrire; **be terrified** essere terrorizzato

terrifying /'terɪfaɪɪŋ/ *adj* terrificante

territorial /terɪ'tɔːrɪəl/ *adj* territoriale

territorial waters /wɔːtəz/ *npl* acque *fpl* territoriali

territory /'terɪtərɪ/ *n* territorio *m*

terror /'terə(r)/ *n* terrore *m*

terrorism /'terərɪzm/ *n* terrorismo *m*

terrorist /'terərɪst/ *n* terrorista *mf*

terrorize /'terəraɪz/ *vt* terrorizzare

terror-stricken *adj* terrorizzato

terry towelling /terɪ'taʊəlɪŋ/ BrE, **terry cloth** AmE *n* tessuto *m* di spugna

terse /tɜːs/ *adj* conciso

tersely /'tɜːslɪ/ *adv* concisamente

tertiary /'tɜːʃ(ə)rɪ/ *adj* ‹*era, industry, sector*› terziario; ‹*education, college*› superiore

Terylene® /'terɪliːn/ *n* terilene® *m*

test /test/ **A** *n* esame *m*; (in laboratory) esperimento *m*; (of friendship, machine) prova *f*; (of intelligence, aptitude) test *m inv*; **put to the ~** mettere alla prova; **pass one's ~** Auto passare l'esame di guida
B *vt* esaminare; provare ‹*machine*›

testament /'testəmənt/ *n* testamento *m*; **Old/New T~** Antico/Nuovo Testamento *m*

test ban *n* divieto *m* di test nucleari

test case *n caso (m) giudiziario che fa giurisprudenza*

test-drive **A** *vt* ‹*manufacturer*› collaudare; ‹*buyer*› provare
B *n* collaudo *m*; prova *f*

tester /'testə(r)/ *n* (person) collaudatore, -trice *mf*; (device) tester *m inv*; (sample: of make-up, perfume) campione *m*

testicle /'testɪkl/ *n* testicolo *m*

testify /'testɪfaɪ/ *vt & vi* (*pt/pp* **-ied**) testimoniare

testily /'testɪlɪ/ *adv* ‹*say, reply*› in modo scontroso

testimonial /testɪ'məʊnɪəl/ *n* lettera *f* di referenze

testimony /'testɪmənɪ/ *n* testimonianza *f*

testing /'testɪŋ/ *n* (of drug) test *mpl*; (of blood, water) analisi *fpl*; (of children) esami *mpl*

test market *n* mercato *m* di prova

test match *n* partita *f* internazionale

testosterone /tes'tɒstərəʊn/ *n* testosterone *m*

test pilot *n* pilota *mf* collaudatore, -trice
test tube *n* provetta *f*
test tube baby *n* infml bambino, -a *mf* in provetta
testy /'testɪ/ *adj* irascibile
tetanus /'tetənəs/ *n* tetano *m*
tetanus injection *n* antitetanica *f*
tetchy /'tetʃɪ/ *adj* facilmente irritabile
tether /'teðə(r)/ **A** *n* **be at the end of one's ~** non poterne più
B *vt* legare
Teutonic /tju:'tɒnɪk/ *adj* teutonico
text /tekst/ **A** *n* testo *m*; (on mobile phone) sms *m inv*
B *vi* (on mobile phone) mandare sms
C *vt* mandare sms a ‹*somebody*›
textbook /'tekstbʊk/ *n* manuale *m*
textile /'tekstaɪl/ **A** *adj* tessile
B *n* stoffa *f*
texting /'tekstɪŋ/ *n* infml scambio *m* di sms
text message *n* sms *m inv*, messaggio *m* di testo
text messaging *n* scambio *m* di sms
textual /'tekstjʊəl/ *adj* testuale
texture /'tekstʃə(r)/ *n* (of skin) grana *f*; (of food) consistenza *f*; **of a smooth ~** (to the touch) soffice al tatto
Thai /taɪ/ *adj & n* tailandese *mf*; (language) tailandese *m*
Thailand /'taɪlænd/ *n* Tailandia *f*
Thames /temz/ *n* Tamigi *m*
than /ðən/, *accentato* /ðæn/ *conj* che; (with numbers, names) di; **older ~ me** più vecchio di me
thank /θæŋk/ *vt* ringraziare; **~ you [very much]** grazie [mille]
thankful /'θæŋkfʊl/ *adj* grato
thankfully /'θæŋkfʊlɪ/ *adv* con gratitudine; (happily) fortunatamente
thankless /'θæŋklɪs/ *adj* ingrato
thanks /θæŋks/ *npl* ringraziamenti *mpl*; **~!** infml grazie!; **~ to** grazie a; **no ~ to you!** non certo grazie a te!
thank-you letter *n* lettera *f* di ringraziamento
that /ðæt/ **A** *adj & pron* (*pl* **those**) quel, quei *pl*; (before s + consonant, gn, ps, z) quello, quegli *pl*; (before vowel) quell' *mf*, quegli *mpl*, quelle *fpl*; **~ shop** quel negozio; **those shops** quei negozi; **~ mirror** quello specchio; **~ man/woman** quell'uomo/quella donna; **those men/women** quegli uomini/quelle donne; **~ one** quello; **I don't like those** quelli non mi piacciono; **~ is** cioè; **is ~ you?** sei tu?; **who is ~?** chi è?; **what did you do after ~?** cosa hai fatto dopo?; **like ~** in questo modo, così; **a man like ~** un uomo così; **~ is why** ecco perché; **~ is the reason she gave me** questa è la ragione che mi ha dato; **~ is the easiest thing to do** è la cosa più facile da fare; **~'s it!** (you've understood) ecco!; (I've finished) ecco fatto!; (I've had enough) basta così!; (there's nothing more) tutto qui!; **~'s ~!** (with job) ecco fatto!; (with relationship) è tutto finito!; **and ~'s ~!** punto e basta!
B *adv* così; **it wasn't ~ good** non era poi così buono
C *rel pron* che; **the man ~ I spoke to** l'uomo con cui ho parlato; **the day ~ I saw him** il giorno in cui l'ho visto; **all ~ I know** tutto quello che so
D *conj* che; **I think ~...** penso che...
thatch /θætʃ/ *n* tetto *m* di paglia
thatched /θætʃt/ *adj* coperto di paglia
thaw /θɔ:/ **A** *n* disgelo *m*
B *vt* fare scongelare ‹*food*›
C *vi* ‹*food*› scongelarsi; **it's ~ing** sta sgelando
the /ðə/ **A** (before a vowel) /ðɪ/ (def art) il *m*, la *f*; i *mpl*, le *fpl*; (before s + consonant, gn, ps, z) lo *m*, gli *mpl*; (before vowel) l' *mf*, gli *mpl*, le *fpl*; **at ~ cinema/station** al cinema/alla stazione; **from ~ cinema/station** dal cinema/dalla stazione
B *adv* **~ more ~ better** più ce n'è meglio è; (with reference to pl) più ce ne sono meglio è; **all ~ better** tanto meglio
theatre /'θɪətə(r)/ *n* teatro *m*; Med sala *f* operatoria
theatregoer /'θi:ətəgəʊə(r)/ *n* persona *f* che va a teatro
theatre-going /'θi:ətəgəʊɪŋ/ *n* l'andare *m* a teatro
theatrical /θɪ'ætrɪkl/ *adj* teatrale; (showy) melodrammatico
theft /θeft/ *n* furto *m*
theft-proof *adj* antiscippo
their /ðeə(r)/ *poss adj* il loro *m*, la loro *f*, i loro *mpl*, le loro *fpl*; **~ mother/father** la loro madre/il loro padre
theirs /ðeəz/ *poss pron* il loro *m*, la loro *f*, i loro *mpl*, le loro *fpl*; **a friend of ~** un loro amico; **friends of ~** dei loro amici; **those are ~** quelli sono loro; (as opposed to ours) quelli sono i loro
them /ðem/ *pers pron* (direct object) li *m*, le *f*; (indirect object) gli, loro fml; (after prep: with people) loro; (after preposition: with things) essi; **we haven't seen ~** non li/le abbiamo visti/viste; **give ~ the money** dai loro *or* dagli i soldi; **give it to ~** daglielo; **I've spoken to ~** ho parlato con loro; **it's ~** sono loro
theme /θi:m/ *n* tema *m*
theme park *n* parco *m* a tema
theme song *n* motivo *m* conduttore
themselves /ðem'selvz/ *pron* (reflexive) si; (emphatic) se stessi; **they poured ~ a drink** si sono versati da bere; **they said so ~** lo hanno detto loro stessi; **they kept it to ~** se lo sono tenuti per sé; **by ~** da soli
then /ðen/ **A** *adv* allora; (next) poi; **by ~**

t

parola chiave

(in the past) ormai; (in the future) per allora; **since ~** sin da allora; **before ~** prima di allora; **from ~ on** da allora in poi; **now and ~** ogni tanto; **there and ~** all'istante
B *adj* di allora

thence /ðens/ *adv* (from there) di là; (therefore) perciò

theologian /θɪə'ləʊdʒɪən/ *n* teologo, -a *mf*

theological /θɪə'lɒdʒɪkl/ *adj* teologico

theology /θɪ'ɒlədʒɪ/ *n* teologia *f*

theorem /'θɪərəm/ *n* teorema *m*

theoretical /θɪə'retɪkl/ *adj* teorico

theoretically /θɪə'retɪklɪ/ *adv* teoricamente

theorist /'θɪərɪst/ *n* teorico *m*

theorize /'θɪəraɪz/ *vi* teorizzare

theory /'θɪərɪ/ *n* teoria *f*; **in ~** in teoria

therapeutic /θerə'pjuːtɪk/ *adj* terapeutico

therapist /'θerəpɪst/ *n* terapista *mf*

therapy /'θerəpɪ/ *n* terapia *f*

there /ðeə(r)/ **A** *adv* là, lì; **down/up ~** laggiù/lassù; **~ is/are** c'è/ci sono; **~ he/she is** eccolo/eccola
B *int* **~, ~!** dai, su!

thereabouts /ðeərə'baʊts/ *adv* (roughly) all'incirca

thereafter *adv* dopo di che

thereby *adv* in tal modo

therefore /'ðeəfɔː(r)/ *adv* perciò

therein *adv* **~ lies...** in ciò risiede...; **contained ~** Jur (in contract) contenuto nello stesso

thermal /'θɜːml/ *adj* termico; ‹*treatment*› termale

thermal imaging *n* termografia *f*

thermal paper *n* carta *f* termica

thermal printer *n* stampante *f* termica

thermal underwear *n biancheria (f) che mantiene la temperatura corporea*

thermometer /θə'mɒmɪtə(r)/ *n* termometro *m*

Thermos® /'θɜːməs/ *n* **~ [flask]** termos *m inv*

thermostat /'θɜːməstæt/ *n* termostato *m*

thesaurus /θɪ'sɔːrəs/ *n* (of particular field) dizionario *m* specialistico; (of synonyms) dizionario *m* dei sinonimi

these /ðiːz/ ▶ **this**

thesis /'θiːsɪs/ *n* (*pl* **-ses** /-siːz/) tesi *f inv*

they /ðeɪ/ *pers pron* loro; **~ are tired** sono stanchi; **we're going, but ~ are not** noi andiamo, ma loro no; **~ say** (generalizing) si dice; **~ are building a new road** stanno costruendo una nuova strada

thick /θɪk/ **A** *adj* spesso; ‹*forest*› fitto; ‹*liquid*› denso; ‹*hair*› folto; infml (stupid) ottuso; infml (close) molto unito; **be 5 mm ~** essere 5 mm di spessore; **give somebody a ~ ear** infml dare uno schiaffone a qualcuno
B *adv* densamente
C *n* **in the ~ of** nel mezzo di

thicken /'θɪkn/ **A** *vt* ispessire ‹*sauce*›
B *vi* ispessirsi; ‹*fog*› infittirsi

thicket /'θɪkɪt/ *n* boscaglia *f*

thickhead /'θɪkhed/ *n* infml zuccone *mf*

thickie /'θɪkɪ/ *n* infml zucca *f* vuota

thickly /'θɪklɪ/ *adv* densamente; ‹*cut*› a fette spesse

thickness /'θɪknɪs/ *n* spessore *m*

thicko /'θɪkəʊ/ *n* infml zucca *f* vuota

thickset /'θɪkset/ *adj* tozzo

thick-skinned /-'skɪnd/ *adj* infml insensibile

thief /θiːf/ *n* (*pl* **thieves**) ladro, -a *mf*

thieving /'θiːvɪŋ/ **A** *adj* ladro
B *n* furti *mpl*

thigh /θaɪ/ *n* coscia *f*

thimble /'θɪmbl/ *n* ditale *m*

thimbleful /'θɪmbəlfʊl/ *n* (of wine etc) goccino *m*

thin /θɪn/ **A** *adj* (**thinner**, **thinnest**) sottile; ‹*shoes, sweater*› leggero; ‹*liquid*› liquido; ‹*person*› magro; fig ‹*excuse, plot*› inconsistente; **be [going] ~ on top** (be going bald) perdere i capelli; **vanish into ~ air** volatilizzarsi
B *adv* = **thinly**
C *vt* (*pt/pp* **thinned**) diluire ‹*liquid*›
D *vi* diradarsi
■ **thin down** **A** *vt* diluire ‹*paint etc*›
B *vi* (become slimmer) dimagrire
■ **thin out** *vi* diradarsi

thing /θɪŋ/ *n* cosa *f*; **~s** *pl* (belongings) roba *fsg*; **for one ~** in primo luogo; **the right ~** la cosa giusta; **just the ~!** proprio quel che ci vuole!; **how are ~s?** come vanno le cose?; **the latest ~** infml l'ultima cosa; **the best ~ would be** la cosa migliore sarebbe; **poor ~!** poveretto!; **have a ~ about** (be frightened of) aver la fobia di; (be attracted to) avere un debole per

thingumabob /'θɪŋəməbɒb/ *n* infml coso *m*

thingumajig /'θɪŋəmədʒɪg/ *n* infml coso *m*

think /θɪŋk/ *vt & vi* (*pt/pp* **thought**) pensare; (believe) credere; **I ~ so** credo di sì; **what do you ~?** (what is your opinion?) cosa ne pensi?; **~ of/about** pensare a; **what do you ~ of it?** cosa ne pensi di questo?; **~ of doing something** pensare di fare qualcosa; **~ better of it** ripensarci; **~ for oneself** pensare con la propria testa
■ **think again** *vi* pensarci su; **you can ~ again!** sei matto!
■ **think ahead** *vi* pensare al futuro; **~ ahead to something** pensare in anticipo a qualcosa
■ **think back**: *vi* **~ back to something** ripensare a qualcosa
■ **think out** *vt* mettere a punto ‹*strategy*›
■ **think over** *vt* riflettere su
■ **think through** *vt* riflettere bene su ‹*problem*›
■ **think up** *vt* escogitare; trovare ‹*name*›

thinker /'θɪŋkə(r)/ *n* pensatore, -trice *mf*

thinking /'θɪŋkɪŋ/ *n* (opinion) opinione *f*

think tank *n* gruppo *m* d'esperti

t

thinly /ˈθɪnlɪ/ *adv* ‹*populated*› scarsamente; ‹*disguised*› leggermente; ‹*cut*› a fette sottili
thinner /ˈθɪnə(r)/ *n* diluente *m*
thinness /ˈθɪnnɪs/ *n* (of person) magrezza *f*; (of material) finezza *f*
thin-skinned /-ˈskɪnd/ *adj* (sensitive) permaloso
third /θɜːd/ *adj & n* terzo, -a *mf*
third age *n* terza età *f*
third degree *n* **give somebody the ~** fare il terzo grado a qualcuno
third-degree burns *npl* ustioni *fpl* di terzo grado
thirdly /ˈθɜːdlɪ/ *adv* terzo
third party *n* (in insurance, law) terzi *mpl*
third-party insurance *n* assicurazione *f* contro terzi
third person *n* terzo *m*
third-rate *adj* scadente
third sector *n* terzo settore *m*
Third World *n* Terzo Mondo *m*
thirst /θɜːst/ *n* sete *f*
thirstily /ˈθɜːstɪlɪ/ *adv* con sete
thirsty /ˈθɜːstɪ/ *adj* assetato; **be ~** aver sete
thirteen /θɜːˈtiːn/ *adj & n* tredici *m*
thirteenth /θɜːˈtiːnθ/ *adj & n* tredicesimo, -a *mf*
thirties /ˈθɜːtɪz/ *npl* (period) **the ~** gli anni Trenta *mpl*; (age) trent'anni *mpl*; ▶ *also* **forties**
thirtieth /ˈθɜːtɪɪθ/ *adj & n* trentesimo, -a *mf*
thirty /ˈθɜːtɪ/ *adj & n* trenta *m*
thirty-something *n* trentenne *mf*
this /ðɪs/ **A** *adj* (*pl* **these**) questo; **~ man/woman** quest'uomo/questa donna; **these men/women** questi uomini/queste donne; **~ one** questo; **~ evening/morning** stamattina/stasera
B *pron* (*pl* **these**) questo; **we talked about ~ and that** abbiamo parlato del più e del meno; **like ~** così; **~ is Peter** questo è Peter; Teleph sono Peter; **who is ~?** chi è?; Teleph chi parla?; **~ is the happiest day of my life** è il giorno più felice della mia vita
C *adv* così; **~ big** così grande
thistle /ˈθɪsl/ *n* cardo *m*
thong /θɒŋ/ *n* (on whip) cinghia *f*; (on shoe, garment) laccetto *m*; (underwear) cache-sexe *m inv*; **~s** *pl* (sandals) infradito *mpl or fpl*
thorn /θɔːn/ *n* spina *f*
thorny /ˈθɔːnɪ/ *adj* spinoso
thorough /ˈθʌrə/ *adj* completo; ‹*knowledge*› profondo; ‹*clean, search, training*› a fondo; ‹*person*› scrupoloso
thoroughbred *n* purosangue *m inv*
thoroughfare *n* via *f* principale; **'no ~'** 'strada non transitabile'
thoroughly /ˈθʌrəlɪ/ *adv* ‹*clean, search, know something*› a fondo; (extremely) estremamente
thoroughness /ˈθʌrənɪs/ *n* completezza *f*
those /ðəʊz/ ▶ **that**
though /ðəʊ/ **A** *conj* sebbene; **as ~** come se
B *adv* infml tuttavia
thought /θɔːt/ **A** ▶ **think**
B *n* pensiero *m*; (idea) idea *f*; **I've given this some ~** ci ho pensato su
thoughtful /ˈθɔːtfʊl/ *adj* pensieroso; (considerate) premuroso
thoughtfully /ˈθɔːtfʊlɪ/ *adv* pensierosamente; (considerately) premurosamente
thoughtfulness /ˈθɔːtfʊlnɪs/ *n* (kindness) considerazione *f*
thoughtless /ˈθɔːtlɪs/ *adj* (inconsiderate) sconsiderato
thoughtlessly /ˈθɔːtlɪslɪ/ *adv* con noncuranza
thoughtlessness /ˈθɔːtlɪsnɪs/ *n* sconsideratezza *f*
thought out /ˌθɔːtˈaʊt/ *adj* **well/badly ~** ben/male progettato
thought-provoking *adj* ‹*book, film etc*› che fa riflettere
thousand /ˈθaʊznd/ **A** *adj* **one/a ~** mille *m inv*
B *n* mille *m inv*; **~s of** migliaia *fpl* di
thousandth /ˈθaʊzndθ/ *adj & n* millesimo
thrash /θræʃ/ *vt* picchiare; (defeat) sconfiggere
■ **thrash about** *vi* dibattersi
■ **thrash out** *vt* mettere a punto
thrashing /ˈθræʃɪŋ/ *n* (defeat) sconfitta *f*; **give somebody a ~** (beating) picchiare qualcuno
thread /θred/ **A** *n* filo *m*; (of screw) filetto *m*
B *vt* infilare ‹*beads*›; **~ one's way through** farsi strada fra
threadbare /ˈθredbeə(r)/ *adj* logoro
threat /θret/ *n* minaccia *f*
threaten /ˈθretn/ **A** *vt* minacciare (**to do** di fare)
B *vi* fig incalzare
threatening /ˈθretnɪŋ/ *adj* minaccioso; ‹*sky, atmosphere*› sinistro
threateningly /ˈθretnɪŋlɪ/ *adv* minacciosamente
three /θriː/ *adj & n* tre *m*
three-dimensional /-daɪˈmenʃ(ə)nəl/ *adj* tridimensionale
threefold /ˈθriːfəʊld/ *adj & adv* triplo
3G *adj abbr* (**third generation**) ‹*technology, phone*› di terza generazione
three-legged /-ˈlegɪd/ *adj* con tre gambe
three-piece suit *n* vestito *m* da uomo con panciotto
three-piece suite *n insieme* (*m*) *di divano e due poltrone coordinati*
three-quarter length *adj* ‹*portrait*› di tre quarti; ‹*sleeve*› a tre quarti

t

parola chiave

three-quarters *adv* ‹*empty, full, done*› per tre quarti

threesome /ˈθriːsəm/ *n* trio *m*

three-wheeler /-ˈwiːlə(r)/ *n* (car) auto *f inv* a tre ruote

thresh /θreʃ/ *vt* trebbiare

threshold /ˈθreʃəʊld/ *n* soglia *f*

threw /θruː/ ▶ **throw**

thrift /θrɪft/ *n* economia *f*

thrifty /ˈθrɪftɪ/ *adj* parsimonioso

thrill /θrɪl/ **A** *n* emozione *f*; (of fear) brivido *m*
B *vt* entusiasmare; **be ~ed with** essere entusiasta di

thriller /ˈθrɪlə(r)/ *n* (book) [romanzo *m*] giallo *m*; (film) [film *m inv*] giallo *m*

thrilling /ˈθrɪlɪŋ/ *adj* eccitante

thrive /θraɪv/ *vi* (*pt* **thrived**, **or throve**, *pp* **thrived**) ‹*business*› prosperare; ‹*child, plant*› crescere bene; **I ~ on pressure** mi piace essere sotto tensione

thriving /ˈθraɪvɪŋ/ *adj* fiorente

throat /θrəʊt/ *n* gola *f*; **sore ~** mal *m* di gola

throaty /ˈθrəʊtɪ/ *adj* (husky) roco; infml (with sore throat) rauco

throb /θrɒb/ **A** *n* pulsazione *f*; (of heart) battito *m*
B *vi* (*pt/pp* **throbbed**) (vibrate) pulsare; ‹*heart*› battere

throbbing /ˈθrɒbɪŋ/ *adj* ‹*pain*› lancinante; ‹*music*› martellante

throes /θrəʊz/ *npl* **in the ~ of** fig alle prese con

thrombosis /θrɒmˈbəʊsɪs/ *n* trombosi *f*

throne /θrəʊn/ *n* trono *m*

throng /θrɒŋ/ *n* calca *f*

throttle /ˈθrɒtl/ **A** *n* (on motorbike) manopola *f* di accelerazione
B *vt* strozzare

through /θruː/ **A** *prep* attraverso; (during) durante; (by means of) tramite; (thanks to) grazie a; **Saturday ~ Tuesday** AmE da sabato a martedì incluso
B *adv* attraverso; **~ and ~** fino in fondo; **wet ~** completamente bagnato; **read something ~** dare una lettura a qualcosa; **let ~** lasciar passare ‹*somebody*›
C *adj* ‹*train*› diretto; **be ~** (finished) aver finito; Teleph avere la comunicazione

throughout /θruːˈaʊt/ **A** *prep* per tutto
B *adv* completamente; (time) per tutto il tempo

throughway *n* AmE superstrada *f*

throve /θrəʊv/ ▶ **thrive**

throw /θrəʊ/ **A** *n* tiro *m*
B *vt* (*pt* **threw**, *pp* **thrown**) lanciare; (throw away) gettare; azionare ‹*switch*›; disarcionare ‹*rider*›; infml (disconcert) disorientare; infml dare ‹*party*›
■ **throw about** *vt* spargere; **~ one's money about** sbandierare i propri soldi
■ **throw away** *vt* gettare via
■ **throw back** *vt* ributtare in acqua ‹*fish*›; rilanciare ‹*ball*›
■ **throw in** *vt* (include at no extra cost) aggiungere [gratuitamente]; (in football) rimettere in gioco; **~ the towel** *or* **the sponge** fig abbandonare il campo
■ **throw off** *vt* seminare ‹*pursuers*›; liberarsi di ‹*cold, infection etc*›
■ **throw together** *vt* (assemble hastily) mettere insieme; improvvisare ‹*meal*›; (bring into contact) fare incontrare
■ **throw out** *vt* gettare via; rigettare ‹*plan*›; buttare fuori ‹*person*›
■ **throw up** **A** *vt* alzare
B *vi* (vomit) vomitare

throwaway *adj* ‹*remark*› buttato lì; ‹*paper cup*› usa e getta *inv*

throwback *n* Biol atavismo *m*; fig regressione *f*

throw-in *n* Sport rimessa *f* laterale

thrush /θrʌʃ/ *n* tordo *m*; Med mughetto *m*; (in woman) candida *f*

thrust /θrʌst/ **A** *n* spinta *f*
B *vt* (*pt/pp* **thrust**) (push) spingere; (insert) conficcare; **~ [up] on** imporre a

thud /θʌd/ *n* tonfo *m*

thug /θʌg/ *n* delinquente *m*

thuggish /ˈθʌgɪʃ/ *adj* violento

thumb /θʌm/ **A** *n* pollice *m*; **as a rule of ~** come regola generale; **under sb's ~** succube di qualcuno
B *vt* **~ a lift** fare l'autostop
■ **thumb through** *vt* sfogliare

thumb index *n* indice *m* a rubrica

thumbnail sketch *n* breve descrizione *f*

thumbs down *n* infml **get the ~** non ottenere l'ok; **give somebody/something the ~** non dare l'ok a qualcuno/qualcosa

thumbs up *n* infml **get the ~** ricevere l'ok; **give somebody/something the ~** dare l'ok a qualcuno/qualcosa

thumbtack *n* AmE puntina *f* da disegno

thump /θʌmp/ **A** *n* colpo *m*; (noise) tonfo *m*
B *vt* battere su ‹*table, door*›; battere ‹*fist*›; colpire ‹*person*›
C *vi* battere (**on** su); ‹*heart*› battere forte
■ **thump about** *vi* camminare pesantemente

thumping /ˈθʌmpɪŋ/ *adj* infml (very large) enorme; **a ~ headache** un mal di testa martellante

thunder /ˈθʌndə(r)/ **A** *n* tuono *m*; (loud noise) rimbombo *m*
B *vi* tuonare; (make loud noise) rimbombare

thunderbolt /ˈθʌndəbəʊlt/ *n* folgore *f*

thunderclap /ˈθʌndəklæp/ *n* rombo *m* di tuono

thundering /ˈθʌndərɪŋ/ *adj* infml (very big or great) tremendo

thunderous /ˈθʌndərəs/ *adj* ‹*applause*› scrosciante

thunderstorm /ˈθʌndəstɔːm/ *n* temporale *m*

t

thunderstruck /ˈθʌndəstrʌk/ *adj* sbigottito
thundery /ˈθʌndərɪ/ *adj* temporalesco
Thursday /ˈθɜːzdeɪ/ *n* giovedì *m*
thus /ðʌs/ *adv* così
thwack /θwæk/ **A** *vt* colpire
B *n* colpo *m*
thwart /θwɔːt/ *vt* ostacolare
thyme /taɪm/ *n* timo *m*
thyroid /ˈθaɪrəɪd/ *n* tiroide *f*
tiara /tɪˈɑːrə/ *n* diadema *m*
Tiber /ˈtaɪbə(r)/ *n* Tevere *m*
Tibet /tɪˈbet/ *n* Tibet *m*
tick¹ /tɪk/ *n* **on ~** infml a credito
tick² **A** *n* (sound) ticchettio *m*; (mark) segno *m*; infml (instant) attimo *m*
B *vi* ticchettare
■ **tick off** *vt* spuntare; infml sgridare
■ **tick over** *vi* ‹*engine*› andare al minimo
ticket /ˈtɪkɪt/ *n* biglietto *m*; (for item deposited, library) tagliando *m*; (label) cartellino *m*; (fine) multa *f*
ticket barrier *n* cancelletto *m* di entrata e uscita
ticket collector *n* controllore *m*
ticket holder *n* persona *f* munita di biglietto
ticket office *n* biglietteria *f*
ticket tout *n* BrE bagarino *m*
ticket window *n* sportello *m* della biglietteria
tickle /ˈtɪkl/ **A** *n* solletico *m*
B *vt* fare il solletico a; (amuse) divertire
C *vi* fare prurito
ticklish /ˈtɪklɪʃ/ *adj* che soffre il solletico; ‹*problem*› delicato
tic-tac-toe /tɪktæktəʊ/ *n* AmE tris *m*
tidal /ˈtaɪdl/ *adj* ‹*river, harbour*› di marea
tidal wave *n* onda *f* di marea
tiddly /ˈtɪdlɪ/ *adj* BrE infml (drunk) brillo
tiddlywinks /ˈtɪdlɪwɪŋks/ *n* gioco *m* delle pulci
tide /taɪd/ *n* marea *f*; (of events) corso *m*; **the ~ is in/out** c'è alta/bassa marea
■ **tide over**: *vt* **~ somebody over** aiutare qualcuno ad andare avanti
tidemark /ˈtaɪdmɑːk/ *n* linea *f* di marea; BrE fig (line of dirt) tracce *fpl* di sporco (*nella vasca da bagno*)
tidily /ˈtaɪdɪlɪ/ *adv* in modo ordinato
tidiness /ˈtaɪdɪnɪs/ *n* ordine *m*
tidy /ˈtaɪdɪ/ **A** *adj* (**-ier**, **-iest**) ordinato; infml ‹*amount*› bello
B *vt* ordinare
■ **tidy away** *vt* mettere a posto ‹*toys, books*›
■ **tidy out** *vt* mettere in ordine ‹*drawer, cupboard*›
■ **tidy up** *vt* ordinare; **~ oneself up** mettersi in ordine
tie /taɪ/ **A** *n* cravatta *f*; (cord) legaccio *m*; fig (bond) legame *m*; (restriction) impedimento *m*; Sport pareggio *m*
B *vt* (*pres p* **tying**) legare; fare ‹*knot*›; **be ~d** (in competition) essere in parità
C *vi* pareggiare
■ **tie back** *vt* legare [dietro la nuca] ‹*hair*›
■ **tie down** *vt* also fig legare
■ **tie in with** *vi* corrispondere a
■ **tie on** *vt* attaccare
■ **tie up** *vt* legare; vincolare ‹*capital*›; **be ~d up** (busy) essere occupato
tie-break, tie-breaker *n* Tennis tie-break *m inv*; (in quiz) pareggio *m*
tie-dye *vt* tingere annodando
tie-on *adj* ‹*label*› volante
tiepin *n* fermacravatta *m*
tier /tɪə(r)/ *n* fila *f*; (of cake) piano *m*; (in stadium) gradinata *f*
tiff /tɪf/ *n* battibecco *m*
tiger /ˈtaɪgə(r)/ *n* tigre *f*
tiger's eye /ˈtaɪgəz/ *n* occhio *m* di tigre
tight /taɪt/ **A** *adj* stretto; (taut) teso; infml (drunk) sbronzo; infml (mean) spilorcio; **~ corner** infml brutta situazione *f*
B *adv* strettamente; ‹*hold*› forte; ‹*closed*› bene
tighten /ˈtaɪtn/ **A** *vt* stringere; avvitare ‹*screw*›; intensificare ‹*control*›; **~ one's belt** fig tirare la cinghia
B *vi* stringersi
■ **tighten up** **A** *vt* stringere ‹*screw*›; rendere più severo ‹*security*›
B *vi* (become stricter) diventare più severo
tight-fisted /-ˈfɪstɪd/ *adj* tirchio
tight-fitting /-ˈfɪtɪŋ/ *adj* attillato
tight-knit *adj* fig ‹*community, group*› unito
tight-lipped /-ˈlɪpt/ *adj* **they are remaining ~ about events** mantengono il riserbo sull'accaduto
tightly /ˈtaɪtlɪ/ *adv* strettamente; ‹*hold*› forte; ‹*closed*› bene
tightrope /ˈtaɪtrəʊp/ *n* fune *f* (*da funamboli*)
tightrope walker *n* equilibrista *mf*
tights /taɪts/ *npl* collant *m inv*
tigress /ˈtaɪgrɪs/ *n* tigre *f* femmina
tile /taɪl/ **A** *n* mattonella *f*; (on roof) tegola *f*
B *vt* rivestire di mattonelle ‹*wall*›; coprire con tegole ‹*roof*›; Comput affiancare
till¹ /tɪl/ *prep & conj* ▶ **until**
till² *n* cassa *f*
tiller /ˈtɪlə(r)/ *n* barra *f* del timone
tilt /tɪlt/ **A** *n* inclinazione *f*; **at full ~** a tutta velocità
B *vt* inclinare
C *vi* inclinarsi
timber /ˈtɪmbə(r)/ *n* legname *m*
time /taɪm/ **A** *n* tempo *m*; (occasion) volta *f*; (by clock) ora *f*; **two ~s four** due volte quattro; **at any ~** in qualsiasi momento; **this ~** questa volta; **at ~s, from ~ to ~** ogni tanto; **~ and again** cento volte; **two**

t

---

parola chiave

at a ~ due alla volta; **on ~** in orario; **in ~** in tempo; (eventually) col tempo; **in no ~ at all** velocemente; **in a year's ~** fra un anno; **behind ~** in ritardo; **behind the ~s** antiquato; **for the ~ being** per il momento; **what is the ~?** che ora è?; **by the ~ we arrive** quando arriviamo; **do you have the ~?** (what ~ is it?) hai l'ora?; **did you have a nice ~?** ti sei divertito?; **have a good ~!** divertiti!

B *vt* scegliere il momento per; cronometrare ‹*race*›; **be well ~d** essere ben calcolato

time bomb *n* bomba *f* a orologeria

time-consuming *adj* che porta via molto tempo

time difference *n* differenza *f* di fuso orario

time frame *n* arco *m* temporale

time-honored /-dnəd/ *adj* venerando

timekeeper *n* Sport cronometrista *mf*; **be a good ~** (be punctual) essere sempre puntuale

time lag *n* intervallo *m* [di tempo]

timeless /'taɪmlɪs/ *adj* eterno

time limit *n* limite *m* di tempo

timely /'taɪmlɪ/ *adj* opportuno

time management *n* gestione *f* del proprio tempo

time off *n* (leave) permesso *m*; **take some ~** prendere delle ferie

time out *n* (break) pausa *f*; Sport time out *m inv*

timer /'taɪmə(r)/ *n* timer *m inv*

timescale *n* periodo *m*

timeshare *n* (apartment) appartamento *m* in multiproprietà; (house) casa *f* in multiproprietà

time sheet *n* foglio *m* di presenza

time signal *n* segnale *m* orario

time span *n* arco *m* di tempo

time switch *n* interruttore *m* a tempo

timetable *n* orario *m*

time zone *n* fuso *m* orario

timid /'tɪmɪd/ *adj* (shy) timido; (fearful) timoroso

timidly /'tɪmɪdlɪ/ *adv* timidamente

timidness /'tɪmɪdnɪs/ *n* (shyness) timidezza *f*; (fear) paura *f*

timing /'taɪmɪŋ/ *n* Sport, Techn cronometraggio *m*; **the ~ of the election** il momento scelto per le elezioni; **have no sense of ~** non saper scegliere il momento opportuno

timorous /'tɪm(ə)rəs/ *adj* timoroso

timpani /'tɪmpənɪ/ *npl* timpani *mpl*

tin /tɪn/ **A** *n* stagno *m*; (container) barattolo *m*

B *vt* (*pt/pp* **tinned**) inscatolare

tin can *n* lattina *f*, scatoletta *f*

tin foil *n* [carta *f*] stagnola *f*

tinge /tɪndʒ/ **A** *n* sfumatura *f*

B *vt* **~d with** fig misto a

tingle /'tɪŋgl/ *vi* pizzicare

tinker /'tɪŋkə(r)/ *vi* armeggiare

tinkle /'tɪŋkl/ **A** *n* tintinnio *m*; infml (phone call) colpo *m* di telefono

B *vi* tintinnare

tinned /tɪnd/ *adj* in scatola

tinnitus /'tɪnɪtəs/ *n* Med ronzio *m* auricolare

tinny /'tɪnɪ/ *adj* ‹*sound, music*› metallico; (badly made) che sembra fatto di latta

tin-opener /-əʊpnə(r)/ *n* apriscatole *m inv*

tinpot /'tɪnpɒt/ *adj* derog ‹*firm*› da due soldi

tinsel /'tɪnsl/ *n* filo *m* d'argento

tint /tɪnt/ **A** *n* tinta *f*

B *vt* tingersi ‹*hair*›; **~ed glasses** occhiali *mpl* colorati

tiny /'taɪnɪ/ *adj* (**-ier**, **-iest**) minuscolo

tip¹ /tɪp/ *n* (point, top) punta *f*

tip² **A** *n* (money) mancia *f*; (advice) consiglio *m*; (for rubbish) discarica *f*

B *vt* (*pt/pp* **tipped**) (tilt) inclinare; (overturn) capovolgere; (pour) versare; (reward) dare una mancia a

C *vi* inclinarsi; (overturn) capovolgersi

■ **tip off**: *vt* **~ somebody off** (inform) fare una soffiata a qualcuno

■ **tip out** *vt* rovesciare

■ **tip over** **A** *vt* capovolgere

B *vi* capovolgersi

■ **tip up** *vt* sollevare ‹*seat*›; (overturn) rovesciare

tip-off *n* soffiata *f*

tipped /tɪpt/ *adj* ‹*cigarette*› col filtro

tipple /'tɪpl/ **A** *vi* bere [alcolici]

B *n* **have a ~** prendere un bicchierino; **my favourite ~** il mio liquore preferito

tipster /'tɪpstə(r)/ *n esperto (m) che dà suggerimenti su cavalli da corsa, azioni ecc.*

tipsy /'tɪpsɪ/ *adj* infml brillo

tiptoe /'tɪptəʊ/ *n* **on ~** in punta di piedi

tip-top *adj* infml in condizioni perfette

tirade /taɪ'reɪd/ *n* filippica *f*

tire /'taɪə(r)/ **A** *vt* stancare

B *vi* stancarsi

■ **tire out** *vt* (exhaust) sfinire

tired /'taɪəd/ *adj* stanco; **~ of** stanco di; **~ out** stanco morto

tiredness /'taɪədnɪs/ *n* stanchezza *f*

tireless /'taɪəlɪs/ *adj* instancabile

tirelessly /'taɪəlɪslɪ/ *adv* instancabilmente

tiresome /'taɪəsəm/ *adj* fastidioso

tiring /'taɪərɪŋ/ *adj* stancante

tissue /'tɪʃu:/ *n* tessuto *m*; (handkerchief) fazzolettino *m* di carta

tissue paper *n* carta *f* velina

tit¹ /tɪt/ *n* (bird) cincia *f*

tit² *n* **~ for tat** pan per focaccia

tit³ *n* infml (breast) tetta *f*; (fool) stupido *m*

titbit /'tɪtbɪt/ *n* ghiottoneria *f*; fig (of news) notizia *f* appetitosa

titillate /'tɪtɪleɪt/ *vt* titillare

titivate /ˈtɪtɪveɪt/ *vt* agghindare; ~ **oneself** agghindarsi
title /ˈtaɪtl/ *n* titolo *m*
title bar *n* Comput barra *f* del titolo
title deed *n* atto *m* di proprietà
title-holder *n* detentore, -trice *mf* del titolo
title page *n* frontespizio *m*
title role *n* ruolo *m* principale
titter /ˈtɪtə(r)/ **A** *vi* ridere nervosamente
B *n* risatina *f* nervosa
tittle-tattle /ˈtɪtltætl/ *n* pettegolezzi *mpl*
titular /ˈtɪtjulə(r)/ *adj* nominale
tizzy /ˈtɪzɪ/ *n* infml **in a** ~ in grande agitazione
TLC *n abbr* infml (**tender loving care**) cura e gentilezza *f*
TM *abbr* (**trademark**) marchio *m* di fabbrica
to /tuː/, *atono*/tə/ **A** *prep* a; (to countries) in; (towards) verso; (up to, until) fino a; **I'm going to John's/the butcher's** vado da John/dal macellaio; **come/go to somebody** venire/andare da qualcuno; **to Italy/Switzerland** in Italia/Svizzera; **I've never been to Rome** non sono mai stato a Roma; **go to the market** andare al mercato; **to the toilet/my room** in bagno/camera mia; **to an exhibition** ad una mostra; **to university** all'università; **twenty/quarter to eight** le otto meno venti/un quarto; **5 to 6 kilos** da 5 a 6 chili; **to the end** alla fine; **to this day** fino a oggi; **to the best of my recollection** per quanto mi possa ricordare; **give/say something to somebody** dare/dire qualcosa a qualcuno; **give it to me** dammelo; **there's nothing to it** è una cosa da niente
B (verbal constructions) **to go** andare; **learn to swim** imparare a nuotare; **I want to/have to go** voglio/devo andare; **it's easy to forget** è facile da dimenticare; **too ill/tired to go** troppo malato/stanco per andare; **you have to** devi; **I don't want to** non voglio; **he wants to be a teacher** vuole diventare un insegnante; **live to be 90** vivere fino a 90 anni; **he was the last to arrive** è stato l'ultimo ad arrivare; **to be honest,...** per essere sincero, ...
C *adv* **pull to** chiudere; **to and fro** avanti e indietro
toad /təʊd/ *n* rospo *m*
toadstool /ˈtəʊdstuːl/ *n* fungo *m* velenoso
toady /ˈtəʊdɪ/ *v*
■ **toady to** *vi* fare da leccapiedi a
toast /təʊst/ **A** *n* pane *m* tostato; (drink) brindisi *m inv*; **be** ~ infml essere fritto; **if he finds out, we're** ~ se lo scopre siamo fritti
B *vt* tostare ‹*bread*›; (drink a ~ to) brindare a
toaster /ˈtəʊstə(r)/ *n* tostapane *m inv*
toast rack /ˈtəʊstræk/ *n* portatoast *m inv*
tobacco /təˈbækəʊ/ *n* tabacco *m*
tobacconist's /təˈbækənɪsts/, **tobacconist's shop** /təˈbækənɪsts ʃɒp/ *n* tabaccheria *f*
toboggan /təˈbɒgən/ **A** *n* toboga *m inv*
B *vi* andare in toboga
today /təˈdeɪ/ *n* & *adv* oggi *m*; **a week** ~ una settimana ad oggi; ~**'s paper** il giornale di oggi
toddle /ˈtɒdl/ *vi* ‹*child*› cominciare a camminare; ~ **into town** infml fare una passeggiata in centro; **I must be toddling** infml devo scappare
toddler /ˈtɒdlə(r)/ *n* bambino, -a *mf* piccolo
toddy /ˈtɒdɪ/ *n* grog *m inv*
to-do /təˈduː/ *n* infml baccano *m*
toe /təʊ/ **A** *n* dito *m* del piede; (of footwear) punta *f*; **on one's** ~**s** fig pronto ad agire; **big** ~ alluce *m*; **little** ~ mignolo *m* [del piede]
B *vt* ~ **the line** rigar diritto
toe-curling *adj* imbarazzante
toe-hold *n* punto *m* d'appoggio
toenail *n* unghia *f* del piede
toff /tɒf/ *n* infml aristocratico, -a *mf*
toffee /ˈtɒfɪ/ *n* caramella *f* al mou
toffee apple *n* mela *f* caramellata
toffee-nosed *adj* BrE infml con la puzza sotto il naso
together /təˈgeðə(r)/ *adv* insieme; (at the same time) allo stesso tempo; ~ **with** insieme a
togetherness /təˈgeðənɪs/ *n* intimità *f*
toggle /ˈtɒgl/ *n* (fastening) olivetta *f*
Togo /ˈtəʊgəʊ/ *n* Togo *m*
toil /tɔɪl/ **A** *n* duro lavoro *m*
B *vi* lavorare duramente
toilet /ˈtɔɪlɪt/ *n* (lavatory) gabinetto *m*
toilet bag *n* nécessaire *m inv*
toilet paper *n* carta *f* igienica
toiletries /ˈtɔɪlɪtrɪz/ *npl* articoli *mpl* da toilette
toilet roll *n* rotolo *m* di carta igienica
toilet soap *n* sapone *m*
toilet tissue *n* carta *f* igienica
toilet-train *vt* ~ **a child** insegnare ad un bambino ad usare il vasino
toilet water *n* acqua *f* di colonia
token /ˈtəʊkən/ **A** *n* segno *m*; (counter) gettone *m*; (voucher) buono *m*
B *attrib* simbolico
told /təʊld/ **A** ▶ **tell**
B *adj* **all** ~ in tutto
tolerable /ˈtɒl(ə)rəbl/ *adj* tollerabile; (not bad) discreto
tolerably /ˈtɒl(ə)rəblɪ/ *adv* discretamente
tolerance /ˈtɒl(ə)r(ə)ns/ *n* tolleranza *f*
tolerant /ˈtɒl(ə)r(ə)nt/ *adj* tollerante
tolerantly /ˈtɒl(ə)r(ə)ntlɪ/ *adv* con tolleranza
tolerate /ˈtɒləreɪt/ *vt* tollerare
toll[1] /təʊl/ *n* pedaggio *m*; **death** ~ numero *m* di morti; **take a heavy** ~ costare gravi perdite
toll[2] *vi* suonare a morto

t

parola chiave

tollbooth *n* casello *m*
toll call *n* AmE chiamata *f* in teleselezione
toll-free number *n* AmE Teleph numero *m* verde
toll motorway *n* autostrada *f* con pedaggio
tom /tɒm/ *n* (cat) gatto *m* maschio
tomato /tə'mɑːtəʊ/ *n* (*pl* **-es**) pomodoro *m*
tomato ketchup *n* ketchup *m*
tomato purée *n* concentrato *m* di pomodoro
tomato sauce *n* salsa *f* di pomodoro
tomb /tuːm/ *n* tomba *f*
tomboy /'tɒmbɔɪ/ *n* maschiaccio *m*
tombstone /'tuːmstəʊn/ *n* pietra *f* tombale
tom-cat *n* gatto *m* maschio
tome /təʊm/ *n* tomo *m*
tomfoolery /tɒm'fuːlərɪ/ *n* stupidaggini *fpl*
tomorrow /tə'mɒrəʊ/ *n & adv* domani *m*; **~ morning** domani mattina; **the day after ~** dopodomani; **see you ~!** a domani!
tom-tom *n* tamtam *m inv*
ton /tʌn/ *n* tonnellata *f* (1.016 kg); **~s of** infml un sacco di
tonal /'təʊnl/ *adj* tonale
tonality /təʊ'nælətɪ/ *n* tonalità *f*
tone /təʊn/ *n* tono *m*; (colour) tonalità *f*
■ **tone down** *vt* attenuare
■ **tone in** *vi* intonarsi
■ **tone up** *vt* tonificare ‹*muscles*›
tone-deaf *adj* **be ~** non avere orecchio
toneless /'təʊnlɪs/ *adj* (unmusical) piatto
toner /'təʊnə(r)/ *n* toner *m*
Tonga /'tɒŋgə/ *n* Tonga *m*
tongs /tɒŋz/ *npl* pinze *fpl*
tongue /tʌŋ/ *n* lingua *f*; **~ in cheek** infml ‹*say*› ironicamente
tongue-lashing *n* (severe reprimand) strigliata *f*
tongue stud *n* piercing *m inv* nella lingua
tongue-tied *adj* senza parole
tongue-twister *n* scioglilingua *m inv*
tonic /'tɒnɪk/ *n* tonico *m*; (for hair) lozione *f* per i capelli; fig toccasana *m inv*; **~ [water]** acqua *f* tonica
tonight /tə'naɪt/ **A** *adv* stanotte; (evening) stasera
B *n* questa notte *f*; (evening) questa sera *f*
tonnage /'tʌnɪdʒ/ *n* stazza *f*
tonne /tʌn/ *n* tonnellata *f* metrica
tonsil /'tɒnsl/ *n* Anat tonsilla *f*; **have one's ~s out** operarsi di tonsille
tonsillitis /tɒnsə'laɪtɪs/ *n* tonsillite *f*; **have ~** avere la tonsillite
too /tuː/ *adv* troppo; *also* anche; **~ many** troppi; **~ much** troppo; **~ little** troppo poco
took /tʊk/ ▶ **take**
tool /tuːl/ *n* attrezzo *m*
tool bag *n* borsa *f* degli attrezzi
toolbar *n* Comput barra *f* degli strumenti
toolbox *n* cassetta *f* degli attrezzi
tool kit *n* astuccio *m* di attrezzi
toot /tuːt/ **A** *n* suono *m* di clacson
B *vi* Auto clacsonare
tooth /tuːθ/ *n* (*pl* **teeth**) dente *m*
tooth ache /'tuːθeɪk/ *n* mal *m* di denti; **have ~** avere mal di denti
toothbrush /'tuːθbrʌʃ/ *n* spazzolino *m* da denti
toothless /'tuːθlɪs/ *adj* sdentato
toothpaste /'tuːθpeɪst/ *n* dentifricio *m*
toothpick /'tuːθpɪk/ *n* stuzzicadenti *m inv*
toothy /'tuːθɪ/ *adj* **give a ~ grin** fare un sorriso a trentadue denti
top¹ /tɒp/ *n* (toy) trottola *f*
top² **A** *n* cima *f*; Sch primo, -a *mf*; (upper part or half) parte *f* superiore; (of page, list, street) inizio *m*; (upper surface) superficie *f*; (lid) coperchio *m*; (of bottle) tappo *m*; (garment) maglia *f*; (blouse) camicia *f*; Auto marcia *f* più alta; **at the ~** fig al vertice; **at the ~ of one's voice** a squarciagola; **on ~/on ~ of** sopra; **on ~ of that** (besides) per di più; **from ~ to bottom** da cima a fondo; **blow one's ~** infml perdere le staffe; **over the ~** infml (exaggerated, too much) eccessivo
B *adj* in alto; ‹*official, floor of building*› superiore; ‹*pupil, musician etc*› migliore; ‹*speed*› massimo
C *vt* (*pt/pp* **topped**) essere in testa a ‹*list*›; (exceed) sorpassare; **~ped with ice-cream** ricoperto di gelato; **~ oneself** sl suicidarsi
■ **top up** *vt* riempire
topaz /'təʊpæz/ *n* topazio *m*
top brass *n* infml pezzi *mpl* grossi
topcoat *n* (of paint) strato *m* finale
top-end *adj* ‹*computer, model*› della fascia più alta
top floor *n* ultimo piano *m*
top gear *n* Auto marcia *f* più alta
top hat *n* cilindro *m*
top-heavy *adj* con la parte superiore sovraccarica
topic /'tɒpɪk/ *n* soggetto *m*; (of conversation) argomento *m*
topical /'tɒpɪkl/ *adj* d'attualità; **very ~** di grande attualità
topless /'tɒplɪs/ *adj & adv* topless
top-level *adj* ad alto livello
top management *n* dirigenza *f*
topmost /'tɒpməʊst/ *adj* più alto
top-notch *adj* infml eccellente
top-of-the-range *adj* ‹*model*› della fascia più alta
topping /'tɒpɪŋ/ *n* **with a chocolate ~** ricoperto di cioccolato; **pizza with a ham and mushroom ~** pizza al prosciutto e funghi
topple /'tɒpl/ **A** *vt* rovesciare

t

B *vi* rovesciarsi
■ **topple off** *vi* cadere
top-ranking *adj* ‹*official*› di massimo grado
top secret *adj* segretissimo, top secret *inv*
top security *adj* di massima sicurezza
top-shelf *adj* ‹*magazine*› pornografico
topsoil *n* strato *m* superficiale del terreno
topspin *n* topspin *m inv*
topsy-turvy /tɒpsɪˈtɜːvɪ/ *adj & adv* sottosopra
top ten *npl* primi dieci *mpl* in classifica
top-up **A** *n* **would you like a ~?** ti riempio il bicchiere/la tazza?
B *vt* ‹*phone*› ricaricare
top-up card *n* ricarica *f*
torch /tɔːtʃ/ *n* torcia *f* [elettrica]; (flaming) fiaccola *f*
torchlight procession /ˈtɔːtʃlaɪt/ *n* fiaccolata *f*
tore /tɔː(r)/ ▶ **tear¹**
torment¹ /ˈtɔːment/ *n* tormento *m*
torment² /tɔːˈment/ *vt* tormentare
tormentor /tɔːˈmentə(r)/ *n* tormentatore, -trice *mf*
torn /tɔːn/ **A** ▶ **tear¹**
B *adj* bucato
tornado /tɔːˈneɪdəʊ/ *n* (*pl* **-es**) tornado *m inv*
torpedo /tɔːˈpiːdəʊ/ **A** *n* (*pl* **-es**) siluro *m*
B *vt* silurare
torpid /ˈtɔːpɪd/ *adj* intorpidito
torrent /ˈtɒrənt/ *n* torrente *m*
torrential /təˈrenʃl/ *adj* ‹*rain*› torrenziale
torrid /ˈtɒrɪd/ *adj* torrido
torso /ˈtɔːsəʊ/ *n* torso *m*; (in art) busto *m*
tortoise /ˈtɔːtəs/ *n* tartaruga *f*
tortoiseshell /ˈtɔːtəsʃel/ *n* tartaruga *f*
tortuous /ˈtɔːtʃʊəs/ *adj* tortuoso
tortuously /ˈtɔːtʃjʊəslɪ/ *adv* tortuosamente
torture /ˈtɔːtʃə(r)/ **A** *n* tortura *f*
B *vt* torturare
Tory /ˈtɔːrɪ/ BrE **A** *n* conservatore, -trice *mf* (*appartenente al partito britannico conservatore*)
B *adj* del partito conservatore
toss /tɒs/ **A** *vt* gettare; (into the air) lanciare in aria; (shake) scrollare; ‹*horse*› disarcionare; mescolare ‹*salad*›; rivoltare facendo saltare in aria ‹*pancake*›; **~ a coin** fare testa o croce
B *vi* **~ and turn** (in bed) rigirarsi; **let's ~ for it** facciamo testa o croce
■ **toss out** *vt* buttare via ‹*newspaper, rubbish*›; **~ somebody out** buttare fuori qualcuno
toss-up *n* infml **let's have a ~ to decide** facciamo testa o croce
tot¹ /tɒt/ *n* bimbetto, -a *mf*; infml (of liquor) goccio *m*

tot² *vt* (*pt/pp* **totted**) **~ up** infml fare la somma di
total /ˈtəʊtl/ **A** *adj* totale
B *n* totale *m*
C *vt* (*pt/pp* **totalled**) ammontare a; (add up) sommare
totalitarian /təʊtælɪˈteərɪən/ *adj* totalitario
totally /ˈtəʊtəlɪ/ *adv* totalmente
tote bag /təʊt/ *n* sporta *f*
totem /ˈtəʊtəm/ *n* totem *m inv*
totem pole /ˈtəʊtəm/ *n* totem *m inv*
totter /ˈtɒtə(r)/ *vi* barcollare; ‹*government*› vacillare
touch /tʌtʃ/ **A** *n* tocco *m*; (sense) tatto *m*; (contact) contatto *m*; (trace) traccia *f*; (of irony, humour) tocco *m*; **get/be in ~** mettersi/essere in contatto
B *vt* toccare; (lightly) sfiorare; (equal) eguagliare; fig (move) commuovere
C *vi* toccarsi
■ **touch down** *vi* Aeron atterrare
■ **touch off** *vi* fig scatenare
■ **touch on** *vt* fig accennare a
■ **touch up** *vt* ritoccare ‹*painting*›; **~ somebody up** (sexually) allungare le mani su qualcuno
touch-and-go *adj* incerto
touchdown /ˈtʌtʃdaʊn/ *n* Aeron atterraggio *m*; Sport meta *f*
touché /tuːˈʃeɪ/ *int* fig touché!
touched /tʌtʃt/ *adj* (crazy) toccato
touching /ˈtʌtʃɪŋ/ *adj* commovente
touchingly /ˈtʌtʃɪŋlɪ/ *adv* in modo commovente
touchline *n* (in football) linea *f* laterale; (in rugby) touche *f inv*
touchpad *n* Comput touchpad *m inv*
touch screen *n* Comput touch screen *m inv*, schermo *m* a sfioramento
touch-tone *adj* ‹*telephone*› a tastiera
touch-type *vi* dattilografare a tastiera cieca
touch-typing *n* dattilografia *f* a tastiera cieca
touch-up *n* (of paintwork) ritocco *m*
touchy /ˈtʌtʃɪ/ *adj* permaloso; ‹*subject*› delicato
tough /tʌf/ *adj* duro; (severe, harsh) severo; (durable) resistente; (resilient) forte; **~!** infml (too bad) peggio per te/lui!
toughen /ˈtʌfn/ *vt* rinforzare
■ **toughen up** *vt* rendere più forte ‹*person*›
toupee /ˈtuːpeɪ/ *n* toupet *m inv*
tour /tʊə(r)/ **A** *n* giro *m*; (of building, town) visita *f*; Theat, Sport tournée *f inv*; (of duty) servizio *m*
B *vt* visitare
C *vi* fare un giro turistico; Theat essere in tournée
tour guide *n* guida *f* turistica
tourism /ˈtʊərɪzm/ *n* turismo *m*

t

parola chiave

tourist /ˈtʊərɪst/ **A** *n* turista *mf* **B** *attrib* turistico
tourist class *n* classe *f* turistica
tourist office *n* ufficio *m* turistico
tourist resort *n* località *f* turistica
tourist route *n* itinerario *m* turistico
tourist trap *n locale (m) o località (f) per turisti dove i prezzi sono molto alti*
touristy /ˈtʊərɪstɪ/ *adj* infml derog da turisti; **it's too ~ here** è troppo turistico qui
tournament /ˈtʊənəmənt/ *n* torneo *m*
tourniquet /ˈtʊənɪkeɪ/ *n* laccio *m* emostatico
tour operator *n* tour operator *mf inv*, operatore, -trice *mf* turistico, -a
tousle /ˈtaʊzl/ *vt* spettinare
tousled /ˈtaʊzld/ *adj* ‹*hair*› arruffato; (appearance) scarmigliato
tout /taʊt/ **A** *n* (ticket ~) bagarino *m*; (horse racing) informatore *m* **B** *vi* **~ for** sollecitare
tow /təʊ/ **A** *n* rimorchio *m*; **'on ~'** 'a rimorchio'; **in ~** infml al seguito **B** *vt* rimorchiare
■ **tow away** *vt* portare via col carro attrezzi
towards BrE, **toward** AmE /təˈwɔːd(z)/ *prep* verso; (with respect to) nei riguardi di
tow bar *n* barra *f* di rimorchio
towel /ˈtaʊəl/ *n* asciugamano *m*
■ **towel down** *vt* asciugare
towelling /ˈtaʊəlɪŋ/ *n* spugna *f*
towelling robe *n* accappatoio *m*
towel rail *n* portasciugamano *m*
tower /ˈtaʊə(r)/ **A** *n* torre *f*; **be a ~ of strength to somebody** essere di grande conforto per qualcuno **B** *vi* **~ above** dominare
tower block *n* palazzone *m*
towering /ˈtaʊərɪŋ/ *adj* torreggiante; ‹*rage*› violento
tow line *n* cavo *m* da rimorchio
town /taʊn/ *n* città *f*; **in ~** nel centro
town and country planning *n* pianificazione *f* territoriale
town centre *n* centro *m* della città
town council *n* municipalità *f*
town hall *n* municipio *m*
town house *n casa (f) a schiera a tre o più piani*
town planner *n* urbanista *mf*
town planning *n* urbanistica *f*
township /ˈtaʊnʃɪp/ *n* comune *m*; (in South Africa) township *f inv*
towpath /ˈtəʊpɑːθ/ *n* strada *f* alzaia
tow rope *n* cavo *m* da rimorchio
tow truck *n* carro *m* attrezzi *inv*
toxic /ˈtɒksɪk/ *adj* tossico
toxic assets /ˌtɒksɪk ˈæsets/ *npl* titoli *mpl* tossici
toxicity /tɒkˈsɪsɪtɪ/ *n* tossicità *f*
toxicologist /tɒksɪˈkɒlədʒɪst/ *n* tossicologo, -a *mf*
toxicology /tɒksɪˈkɒlədʒɪ/ *n* tossicologia *f*
toxic waste *n* rifiuti *mpl* tossici
toxin /ˈtɒksɪn/ *n* tossina *f*
toy /tɔɪ/ *n* giocattolo *m*
■ **toy with** *vt* giocherellare con
toy boy /ˈtɔɪbɔɪ/ *n* BrE infml uomo-oggetto *m*
toyshop /ˈtɔɪʃɒp/ *n* negozio *m* di giocattoli
trace /treɪs/ **A** *n* traccia *f* **B** *vt* seguire le tracce di; (find) rintracciare; (draw) tracciare; (with tracing paper) ricalcare
■ **trace back** *vt* trovare tracce di ‹*family*›
■ **trace out** *vt* tracciare
tracer /ˈtreɪsə(r)/ *n* Mil proiettile *m* tracciante
tracing /ˈtreɪsɪŋ/ *n* ricalco *m*
tracing paper *n* carta *f* da ricalco
track /træk/ **A** *n* traccia *f*; (path) Sport pista *f*; Rail binario *m*; **keep ~ of** tenere d'occhio **B** *vt* rintracciare le origini di
■ **track down** *vt* scovare
trackball, **tracker ball** *n* Comput trackball *f inv*
tracker /ˈtrækə(r)/ *n* (dog) segugio *m*
track record *n* fig background *m inv*
tracksuit /ˈtræksuːt/ *n* tuta *f* da ginnastica
tract /trækt/ *n* (pamphlet) opuscolo *m*
tractable /ˈtræktəbl/ *adj* trattabile; (docile) maneggevole
traction /ˈtrækʃn/ *n* (of wheel) trazione *f*
traction engine *n* trattore *m*
tractor /ˈtræktə(r)/ *n* trattore *m*
trade /treɪd/ **A** *n* commercio *m*; (line of business) settore *m*; (craft) mestiere *m*; **by ~** di mestiere **B** *vt* commerciare; **~ something for something** scambiare qualcosa per qualcosa **C** *vi* commerciare
■ **trade in** *vt* (give in part exchange) dare in pagamento parziale
■ **trade off** *vt* scambiare
■ **trade on** *vt* approfittarsi di
trade deficit *n* bilancio *m* commerciale in deficit
trade discount *n* sconto *m* commerciale
trade fair *n* fiera *f* commerciale
trade-in *n* permuta *f* come pagamento parziale
trade mark *n* marchio *m* di fabbrica
trade name *n* nome *m* despositato
trade-off *n* compromesso *m*
trade price *n* prezzo *m* all'ingrosso
trader /ˈtreɪdə(r)/ *n* commerciante *mf*
trade secret *n* segreto *m* commerciale
tradesman /ˈtreɪdzmən/ *n* (joiner etc) operaio *m*
tradesman's entrance *n* entrata *f* di servizio
Trades Union Congress *n confederazione (f) dei sindacati britannici*

trade union *n* sindacato *m*
trade unionist *n* sindacalista *mf*
trade union representative *n* rappresentante *mf* sindacale
trading /'treɪdɪŋ/ *n* commercio *m*
trading estate *n* zona *f* industriale
trading floor *n* Fin sala *f* delle contrattazioni
trading stamp *n* bollino *m* premio
🔑 **tradition** /trə'dɪʃn/ *n* tradizione *f*
🔑 **traditional** /trə'dɪʃnl/ *adj* tradizionale
traditionalist /trə'dɪʃn(ə)lɪst/ *n* tradizionalista *mf*
traditionally /trə'dɪʃn(ə)lɪ/ *adv* tradizionalmente
🔑 **traffic** /'træfɪk/ **A** *n* traffico *m*
B *vi* trafficare
traffic calming *n* misure *fpl* per rallentare la circolazione
traffic calming measures *npl* misure *fpl* per rallentare il traffico in città
traffic circle *n* AmE isola *f* rotatoria
traffic cone *n* birillo *m*
traffic island *n* isola *f* spartitraffico
traffic jam *n* ingorgo *m*
trafficker /'træfɪkə(r)/ *n* trafficante *mf*
traffic lights *npl* semaforo *msg*
traffic offence *n* infrazione *f* al codice della strada
traffic warden *n* vigile *m* [urbano]; (woman) vigilessa *f*
tragedy /'trædʒədɪ/ *n* tragedia *f*
tragic /'trædʒɪk/ *adj* tragico
tragically /'trædʒɪklɪ/ *adv* tragicamente
trail /treɪl/ **A** *n* traccia *f*; (path) sentiero *m*
B *vi* strisciare; ‹*plant*› arrampicarsi; ~ **[behind]** rimanere indietro; (in competition) essere in svantaggio
C *vt* trascinare
trail bike *n* moto *f* fuoristrada
trailblazer /'treɪlbleɪzə(r)/ *n* pioniere, -a *mf*
trailblazing /'treɪlbleɪzɪŋ/ *adj* innovatore
trailer /'treɪlə(r)/ *n* Auto rimorchio *m*; AmE (caravan) roulotte *f inv*; (film) presentazione *f* (*di un film*)
trailer park *n* AmE area *f* di sosta per roulotte
🔑 **train** /treɪn/ **A** *n* treno *m*; (of dress) strascico *m*; **by** ~ in treno; ~ **of thought** filo *m* dei pensieri
B *vt* formare professionalmente; Sport allenare; (aim) puntare; educare ‹*child*›; addestrare ‹*animal, soldier*›; far crescere ‹*plant*›
C *vi* fare il tirocinio; Sport allenarsi
trained /treɪnd/ *adj* ‹*animal*› addestrato (**to do** a fare)
trainee /treɪ'ni:/ *n* apprendista *mf*
trainer /'treɪnə(r)/ *n* Sport allenatore, -trice *mf*; (in circus) domatore, -trice *mf*; (of dog, race horse) addestratore, -trice *mf*; ~**s** *pl* (shoes) scarpe *fpl* da ginnastica
🔑 **training** /'treɪnɪŋ/ *n* tirocinio *m*; Sport allenamento *m*; (of animal, soldier) addestramento *m*
training college *n* istituto *m* professionale
training course *n* corso *m* di formazione
train set *n* trenino *m*
train spotter *n* appassionato, -a *mf* di treni
traipse /treɪps/ *vi* ~ **around** infml andare in giro
trait /treɪt/ *n* caratteristica *f*
traitor /'treɪtə(r)/ *n* traditore, -trice *mf*
trajectory /trə'dʒekt(ə)rɪ/ *n* traiettoria *f*
tram /træm/ *n* tram *m inv*
tram lines *npl* rotaie *fpl* del tram
tramp /træmp/ **A** *n* (hike) camminata *f*; (vagrant) barbone, -a *mf*; (of feet) calpestio *m*
B *vi* camminare con passo pesante; (hike) percorrere a piedi
trample /'træmpl/ *v*
■ **trample on** *vt* calpestare
trampoline /'træmpəli:n/ *n* trampolino *m*
trance /trɑ:ns/ *n* trance *f inv*
tranquil /'træŋkwɪl/ *adj* tranquillo
tranquillity /træŋ'kwɪlətɪ/ *n* tranquillità *f*
tranquillizer /'træŋkwɪlaɪzə(r)/ *n* tranquillante *m*
transact /trən'zækt/ *vt* trattare
transaction /trən'zækʃn/ *n* transazione *f*
transatlantic /trænzət'læntɪk/ *adj* ‹*crossing, flight*› transatlantico; ‹*attitude, accent*› americano
transceiver /trən'si:və(r)/ *n* ricetrasmittente *f*
transcend /trən'send/ *vt* trascendere
transcontinental /trænzkɒntɪ'nent(ə)l/ *adj* transcontinentale
transcribe /trən'skraɪb/ *vt* trascrivere
transcript /'trænskrɪpt/ *n* trascrizione *f*
transcription /trən'skrɪpʃn/ *n* trascrizione *f*
transept /'trænsept/ *n* transetto *m*
🔑 **transfer¹** /'trænsfɜ:(r)/ *n* trasferimento *m*; Sport cessione *f*; (design) decalcomania *f*
transfer² /trəns'fɜ:(r)/ **A** *vt* (*pt/pp* **transferred**) trasferire; Sport cedere; Comput trasferire
B *vi* trasferirsi; (when travelling) cambiare
transferable /trəns'fɜ:rəbl/ *adj* trasferibile
transfer fee *n* (for footballer) prezzo *m* d'acquisto
transfer list *n* (in football) lista *f* di giocatori da cedere
transferred charge call *n* chiamata *f* a carico del destinatario
transfigure /trəns'fɪgə(r)/ *vt* trasfigurare
transfix /trəns'fɪks/ *vt* trafiggere; fig immobilizzare

t

🔑 parola chiave

transfixed /træns'fɪkst/ *adj* (with fascination) folgorato; (with horror) paralizzato

transform /træns'fɔːm/ *vt* trasformare

transformation /trænsfə'meɪʃn/ *n* trasformazione *f*

transformer /træns'fɔːmə(r)/ *n* trasformatore *m*

transfusion /træns'fjuːʒn/ *n* trasfusione *f*

transgender /trænz'dʒendə(r)/ *adj* trans, dei trans

transgression /træns'greʃn/ *n* Jur trasgressione *f*; Relig peccato *m*

transient /'trænzɪənt/ *adj* passeggero

transistor /træn'zɪstə(r)/ *n* transistor *m inv*; (radio) radiolina *f* a transistor

transit /'trænzɪt/ *n* transito *m*; **in ~** (goods) in transito

transition /træn'zɪʃn/ *n* transizione *f*

transitional /træn'zɪʃənl/ *adj* di transizione

transitive /'trænzɪtɪv/ *adj* transitivo

transitively /'trænzɪtɪvlɪ/ *adv* transitivamente

transit lounge *n* sala *f* d'attesa transiti

transitory /'trænzɪtərɪ/ *adj* transitorio

transit passenger *n* passeggero, -a *mf* in transito

translate /trænz'leɪt/ *vt* tradurre

translation /trænz'leɪʃn/ *n* traduzione *f*

translation agency *n* agenzia *f* di traduzioni

translator /trænz'leɪtə(r)/ *n* traduttore, -trice *mf*

translucent /trænz'luːsnt/ *adj* literary traslucido

transmissible /trænz'mɪsəbl/ *adj* trasmissibile

transmission /trænz'mɪʃn/ *n* trasmissione *f*

transmit /trænz'mɪt/ *vt* (*pt/pp* **transmitted**) trasmettere

transmitter /trænz'mɪtə(r)/ *n* trasmettitore *m*

transparency /træn'spærənsɪ/ *n* Phot diapositiva *f*

transparent /træn'spærənt/ *adj* trasparente

transpire /træn'spaɪə(r)/ *vi* emergere; infml (happen) accadere

transplant¹ /'trænsplɑːnt/ *n* trapianto *m*

transplant² /trænsˈplɑːnt/ *vt* trapiantare

transport¹ /'trænspɔːt/ *n* trasporto *m*; **do you have ~?** hai un mezzo di trasporto?

transport² /træn'spɔːt/ *vt* trasportare

transportation /trænspɔː'teɪʃn/ *n* trasporto *m*

transpose /trænsˈpəʊz/ *vt* trasporre

transsexual /trænz'seksʃʊəl/ **A** *n* transessuale *mf*
B *adj* transessuale

trans-shipment /trænz'ʃɪpmənt/ *n* trasbordo *m*

transverse /trænz'vɜːs/ *adj* trasversale

transvestite /trænz'vestaɪt/ *n* travestito, -a *mf*

trap /træp/ **A** *n* trappola *f*; infml (mouth) boccaccia *f*; (carriage) calesse *m*
B *vt* (*pt/pp* **trapped**) intrappolare; schiacciare ‹*finger in door*›; **be ~ped** essere intrappolato

trapdoor /'træpdɔː(r)/ *n* botola *f*

trapeze /trə'piːz/ *n* trapezio *m*

trappings /'træpɪŋz/ *npl* (dress) ornamenti *mpl*; **the ~ of wealth/success** i segni esteriori della ricchezza/del successo

trash /træʃ/ *n* robaccia *f*; (rubbish) spazzatura *f*; (nonsense) schiocchezze *fpl*

trash can *n* AmE pattumiera *f*, secchio *m* della spazzatura

trashy /'træʃɪ/ *adj* scadente

trauma /'trɔːmə/ *n* trauma *m*

traumatic /trɔː'mætɪk/ *adj* traumatico

traumatize /'trɔːmətaɪz/ *vt* traumatizzare

travel /'trævl/ **A** *n* viaggi *mpl*
B *vi* (*pt/pp* **travelled**) viaggiare; ‹*to work*› andare
C *vt* percorrere ‹*distance*›

travel agency *n* agenzia *f* di viaggi

travel agent *n* agente *mf* di viaggio

travel card *n* tessera *f* dei trasporti pubblici

travel expenses *npl* spese *fpl* di viaggio

traveller /'trævələ(r)/ *n* viaggiatore, -trice *mf*; Comm commesso *m* viaggiatore; **~s** *pl* (gypsies) zingari *mpl*

traveller's cheque *n* traveller's cheque *m inv*

travelling BrE, **traveling** AmE /'trævlɪŋ/ *adj* ‹*circus, theatre company*› itinerante; ‹*companion, conditions, expenses, allowance*› di viaggio

travelling salesman /'trævəlɪŋ/ *n* commesso *m* viaggiatore

travel news *n* informazioni *fpl* sulla viabilità

travelogue /'trævəlɒg/ *n* (film) documentario *m* di viaggio; (talk) conferenza *f* su un viaggio

travel-sick *adj* **be/get ~** (on plane) soffrire il mal d'aria; (in car) soffrire il mal d'auto; (on boat) soffrire il mal di mare

travel-sickness **A** *n* (on plane) mal *m* d'aria; (in car) mal *m* d'auto; (on boat) mal *m* di mare
B *attrib* ‹*pills*› per il mal d'aria/d'auto/di mare

traverse /trə'vɜːs/ *vt* traversare

travesty /'trævɪstɪ/ *n* fig (farce) farsa *f*; **a ~ of justice** una presa in giro della giustizia

trawler /'trɔːlə(r)/ *n* peschereccio *m*

tray /treɪ/ *n* vassoio *m*; (for baking) teglia *f*; (for documents) vaschetta *f*; (of printer, photocopier) vassoio *m*, cassetto *m*

treacherous /'tretʃərəs/ *adj* traditore; ‹*weather, currents*› pericoloso

treachery /'tretʃ(ə)rɪ/ *n* tradimento *m*
treacle /'tri:kl/ *n* melassa *f*
tread /tred/ **A** *n* andatura *f*; (step) gradino *m*; (of tyre) battistrada *m inv*
B *vi* (*pt* **trod**, *pp* **trodden**) (walk) camminare
■ **tread on** *vt* calpestare ‹*grass*›; pestare ‹*foot*›
treadmill /'tredmɪl/ *n* fig solito tran tran *m*
treason /'tri:zn/ *n* tradimento *m*
treasonable /'tri:z(ə)nəbl/ *adj* proditorio
treasure /'treʒə(r)/ **A** *n* tesoro *m*
B *vt* tenere in gran conto
treasurer /'treʒərə(r)/ *n* tesoriere, -a *mf*
treasury /'treʒərɪ/ *n* **the T~** il Ministero del Tesoro
treat /tri:t/ **A** *n* piacere *m*; (present) regalo *m*; **give somebody a ~** fare una sorpresa a qualcuno
B *vt* trattare; Med curare; **~ somebody to something** offrire qualcosa a qualcuno; **~ somebody for something** Med sottoporre qualcuno ad una cura per qualcosa
treatise /'tri:tɪz/ *n* trattato *m*
treatment /'tri:tmənt/ *n* trattamento *m*; Med cura *f*
treaty /'tri:tɪ/ *n* trattato *m*
treble /'trebl/ **A** *adj* triplo; **~ the amount** il triplo
B *n* Mus (voice) voce *f* bianca
C *vt* triplicare
D *vi* triplicarsi
treble clef *n* chiave *f* di violino
tree /tri:/ *n* albero *m*
tree house *n* capanna *f* su un albero
tree stump ceppo *m*
treetop *n* cima *f* di un albero
tree trunk *n* tronco *m* d'albero
trek /trek/ **A** *n* scarpinata *f*; (as holiday) trekking *m inv*
B *vi* (*pt/pp* **trekked**) farsi una scarpinata; (on holiday) fare trekking
trekking /'trekɪŋ/ *n* trekking *m*
trellis /'trelɪs/ *n* graticcio *m*
tremble /'trembl/ *vi* tremare (**with** di)
trembling /'tremblɪŋ/ *adj* tremante
tremendous /trɪ'mendəs/ *adj* (huge) enorme; infml (excellent) formidabile
tremendously /trɪ'mendəslɪ/ *adv* (very) straordinariamente; (a lot) enormemente
tremor /'tremə(r)/ *n* tremito *m*; **[earth] ~** scossa *f* [sismica]
tremulous /'tremjʊləs/ *adj* tremulo
trench /trentʃ/ *n* fosso *m*; Mil trincea *f*
trenchant /'trentʃənt/ *adj* ‹*comment, criticism*› mordace
trench coat *n* trench *m inv*
trend /trend/ *n* tendenza *f*; (fashion) moda *f*
trend-setter *n* persona *f* che detta la moda
trend-setting *adj* che detta la moda
trendy /'trendɪ/ *adj* (**-ier**, **-iest**) infml di *or* alla moda
trepidation /trepɪ'deɪʃn/ *n* trepidazione *f*
trespass /'trespəs/ *vi* **~ on** introdursi abusivamente in; fig abusare di
trespasser /'trespəsə(r)/ *n* intruso, -a *mf*
trestle /'tresl/ *n* cavalletto *m*
trestle table *n* tavolo *m* a cavalletto
trial /'traɪəl/ *n* Jur processo *m*; (test, ordeal) prova *f*; **on ~** in prova; Jur in giudizio; **by ~ and error** per tentativi
trial period *n* periodo *m* di prova
trial run *n* (preliminary test) prova *f*
triangle /'traɪæŋgl/ *n* triangolo *m*
triangular /traɪ'æŋgjʊlə(r)/ *adj* triangolare
tribal /'traɪbl/ *adj* tribale
tribe /traɪb/ *n* tribù *f*
tribulation /trɪbjʊ'leɪʃn/ *n* tribolazione *f*
tribunal /traɪ'bju:nl/ *n* tribunale *m*
tributary /'trɪbjʊtərɪ/ *n* affluente *m*
tribute /'trɪbju:t/ *n* tributo *m*; **pay ~** rendere omaggio
trice /traɪs/ *n* **in a ~** in un attimo
tricentenary /traɪsen'ti:nərɪ/ **A** *n* terzo centenario *m*
B *adj* del terzo centenario
trick /trɪk/ **A** *n* trucco *m*; (joke) scherzo *m*; Cards presa *f*; **do the ~** infml funzionare; **play a ~ on** fare uno scherzo a
B *vt* imbrogliare; **~ of the trade** trucco *m* del mestiere
■ **trick into**: *vt* **~ somebody into doing something** convincere qualcuno a fare qualcosa con l'inganno
■ **trick out**: *vt* **~ somebody out of something** fregare a qualcuno qualcosa
trick cyclist *n* sl (psychiatrist) psichiatra *mf*
trickle /'trɪkl/ *vi* colare
■ **trickle away** *vi* ‹*water*› uscire lentamente; ‹*people*› allontanarsi lentamente
■ **trickle in** *vi* fig entrare poco per volta
■ **trickle out** *vi* fig uscire poco per volta
trick question *n* domanda *f* trabocchetto *inv*
trickster /'trɪkstə(r)/ *n* imbroglione, -a *mf*
tricky /'trɪkɪ/ *adj* (**-ier**, **-iest**) *adj* ‹*operation*› complesso; ‹*situation*› delicato
tricolour /'trɪkələ(r)/ *n* tricolore *m*
tricycle /'traɪsɪkl/ *n* triciclo *m*
tried /traɪd/ ▶ **try**
tried and tested *adj* ‹*method*› sperimentato
trifle /'traɪfl/ *n* inezia *f*; Culin zuppa *f* inglese
trifling /'traɪflɪŋ/ *adj* insignificante
trig /trɪg/ *n* infml (trigonometry) trigonometria *f*
trigger /'trɪgə(r)/ **A** *n* grilletto *m*; fig causa *f*
B *vt* **~ [off]** scatenare
trigger-happy *adj* infml dalla pistola facile; fig impulsivo

t

parola chiave

trigonometry /trɪgəˈnɒmɪtrɪ/ *n* trigonometria *f*
trilateral /traɪˈlætərəl/ *adj* trilaterale
trilby /ˈtrɪlbɪ/ *n* cappello *m* di feltro
trill /trɪl/ *n* Mus trillo *m*
trilogy /ˈtrɪlədʒɪ/ *n* trilogia *f*
trim /trɪm/ **A** *adj* (**trimmer**, **trimmest**) curato; ‹*figure*› snello
B *n* (of hair, hedge) spuntata *f*; (decoration) rifinitura *f*; **in good ~** in buono stato; ‹*person*› in forma
C *vt* (*pt/pp* **trimmed**) spuntare ‹*hair etc*›; (decorate) ornare; Naut orientare
■ **trim off** *vt* tagliare via
trimming /ˈtrɪmɪŋ/ *n* bordo *m*; **~s** *pl* (of pastry) ritagli *mpl*; (decorations) guarnizioni *fpl*; **with all the ~s** Culin guarnito
Trinidad and Tobago *n* Trinidad e Tobago *m*
Trinity /ˈtrɪnɪtɪ/ *n* **the [Holy] ~** la [Santissima] Trinità
trinket /ˈtrɪŋkɪt/ *n* ninnolo *m*
trio /ˈtriːəʊ/ *n* trio *m*
trip /trɪp/ **A** *n* (excursion) gita *f*; (journey) viaggio *m*; (stumble) passo *m* falso
B *vt* (*pt/pp* **tripped**) far inciampare
C *vi* inciampare (**on/over** in)
■ **trip up** *vt* far inciampare
tripartite /traɪˈpɑːtaɪt/ *adj* tripartito
tripe /traɪp/ *n* trippa *f*; sl (nonsense) fesserie *fpl*
triple /ˈtrɪpl/ **A** *adj* triplo
B *vt* triplicare
C *vi* triplicarsi
triplets /ˈtrɪplɪts/ *npl* tre gemelli *mpl*
triplicate /ˈtrɪplɪkət/ *n* **in ~** in triplice copia
tripod /ˈtraɪpɒd/ *n* treppiede *m inv*
tripper /ˈtrɪpə(r)/ *n* gitante *mf*
trite /traɪt/ *adj* banale
triteness /ˈtraɪtnɪs/ *n* banalità *f*
triumph /ˈtraɪʌmf/ **A** *n* trionfo *m*
B *vi* trionfare (**over** su)
triumphant /traɪˈʌmf(ə)nt/ *adj* trionfante
triumphantly /traɪˈʌmf(ə)ntlɪ/ *adv* ‹*exclaim*› in tono trionfante
triumvirate /traɪˈʌmvɪrət/ *n* triumvirato *m*
trivia /ˈtrɪvɪə/ *npl* cose *fpl* secondarie
trivial /ˈtrɪvɪəl/ *adj* insignificante
triviality /trɪvɪˈælətɪ/ *n* banalità *f*
trivialize /ˈtrɪvɪəlaɪz/ *vt* sminuire
trod, **trodden** /trɒd, ˈtrɒdn/ ▶ **tread**
trolley /ˈtrɒlɪ/ *n* carrello *m*; AmE (tram) tram *m inv*
trolley bus *n* filobus *m inv*
trombone /trɒmˈbəʊn/ *n* trombone *m*
trombonist /trɒmˈbəʊnɪst/ *n* trombonista *mf*
troop /truːp/ **A** *n* gruppo *m*; **~s** *pl* truppe *fpl*
B *vi* **~ in/out** entrare/uscire in gruppo
trooper /ˈtruːpə(r)/ *n* Mil soldato *m* di cavalleria; AmE (policeman) poliziotto *m*
trophy /ˈtrəʊfɪ/ *n* trofeo *m*
tropic /ˈtrɒpɪk/ *n* tropico *m*; **~s** *pl* tropici *mpl*
tropical /ˈtrɒpɪkl/ *adj* tropicale
tropical fruit *n* frutta *f inv* esotica
trot /trɒt/ **A** *n* trotto *m*
B *vi* (*pt/pp* **trotted**) trottare
■ **trot out** *vt* infml (produce) tirar fuori
trotter /ˈtrɒtə(r)/ *n* Culin piedino *m* di maiale
trouble /ˈtrʌbl/ **A** *n* guaio *m*; (difficulties) problemi *mpl*; (inconvenience) Med disturbo *m*; (conflict) conflitto *m*; **be in ~** essere nei guai; ‹*swimmer, climber*› essere in difficoltà; **get into ~** finire nei guai; **get somebody into ~** mettere qualcuno nei guai; **take the ~ to do something** darsi la pena di far qualcosa; **it's no ~** nessun disturbo; **the ~ with you is...** il tuo problema è...
B *vt* (worry) preoccupare; (inconvenience) disturbare; ‹*conscience, old wound*› tormentare
C *vi* **don't ~!** non ti disturbare!
troubled /ˈtrʌbld/ *adj* ‹*mind*› inquieto; ‹*person, expression*› preoccupato; ‹*times, area*› difficile; ‹*waters, sleep*› agitato
trouble-free /ˌtrʌblˈfriː/ *adj* senza problemi
troublemaker /ˈtrʌblmeɪkə(r)/ *n* **be a ~** seminare zizzania
troubleshooter /ˈtrʌblʃuːtə(r)/ *n* rilevatore e risolutore *m* di problemi
troublesome /ˈtrʌblsəm/ *adj* fastidioso
trouble spot *n* zona *f* calda
trough /trɒf/ *n* trogolo *m*; (atmospheric) depressione *f*
trounce /traʊns/ *vt* (in competition) schiacciare
troupe /truːp/ *n* troupe *f inv*
trouser press *n* stiracalzoni *m inv*
trousers /ˈtraʊzəz/ *npl* pantaloni *mpl*
trouser suit *n* tailleur *m inv* pantalone
trousseau /ˈtruːsəʊ/ *n* corredo *m*
trout /traʊt/ *n inv* trota *f*
trowel /ˈtraʊəl/ *n* (for gardening) paletta *f*; (for builder) cazzuola *f*
truancy /ˈtruːənsɪ/ *n* assenze *fpl* ingiustificate
truant /ˈtruːənt/ *n* **play ~** marinare la scuola
truce /truːs/ *n* tregua *f*
truck /trʌk/ *n* (lorry) camion *m inv*
truck driver *n* camionista *mf*
trucker /ˈtrʌkə(r)/ *n* infml (lorry driver) camionista *mf*
truck farmer *n* AmE ortofrutticoltore *m*, ortolano *m*
truculent /ˈtrʌkjʊlənt/ *adj* aggressivo
truculently /ˈtrʌkjʊləntlɪ/ *adv* aggressivamente
trudge /trʌdʒ/ **A** *n* camminata *f* faticosa
B *vi* arrancare
true /truː/ *adj* vero; **come ~** avverarsi
true life *adj* ‹*adventure, story*› vero
truffle /ˈtrʌfl/ *n* tartufo *m*
truism /ˈtruːɪzm/ *n* truismo *m*

t

truly /ˈtruːlɪ/ *adv* veramente; **Yours ~** Distinti saluti

trump /trʌmp/ **A** *n* Cards atout *m inv* **B** *vt* prendere con l'atout

■ **trump up** *vt* infml inventare

trump card *n* fig asso *m* nella manica

trumped-up /ˌtrʌmptˈʌp/ *adj* ‹*charges*› inventato

trumpet /ˈtrʌmpɪt/ *n* tromba *f*

trumpeter /ˈtrʌmpɪtə(r)/ *n* trombettista *mf*

truncate /ˈtrʌŋkeɪt/ *vt* tagliare ‹*text*›; interrompere ‹*process, journey, event*›

truncheon /ˈtrʌntʃn/ *n* manganello *m*

trundle /ˈtrʌndl/ **A** *vt* far rotolare **B** *vi* rotolare

trunk /trʌŋk/ *n* (of tree, body) tronco *m*; (of elephant) proboscide *f*; (for travelling, storage) baule *m*; AmE (of car) bagagliaio *m*, portabagagli *m inv*

trunk road *n* statale *f*

trunks /trʌŋks/ *npl* calzoncini *mpl* da bagno

truss /trʌs/ *n* Med cinto *m* erniario

■ **truss up** *vt* legare

trust /trʌst/ **A** *n* fiducia *f*; (group of companies) trust *m inv*; (organization) associazione *f*; **on ~** sulla parola **B** *vt* fidarsi di; (hope) augurarsi **C** *vi* **~ in** credere in; **~ to** affidarsi a

trust company *n* società *f* fiduciaria

trusted /ˈtrʌstɪd/ *adj* fidato

trustee /trʌsˈtiː/ *n* amministratore, -trice *mf* fiduciario, -a

trustful /ˈtrʌstfʊl/ *adj* fiducioso

trustfully /ˈtrʌstfʊlɪ/ *adv* fiduciosamente

trust fund *n* fondo *m* fiduciario

trusting /ˈtrʌstɪŋ/ *adj* fiducioso

trustworthiness /ˈtrʌstwɜːðɪnɪs/ *n* (of person) affidabilità *f*; (of source) attendibilità *f*

trustworthy /ˈtrʌstwɜːðɪ/ *adj* fidato

trusty /ˈtrʌstɪ/ *adj* infml fidato

truth /truːθ/ *n* (*pl* **-s** /truːðz/) verità *f*

truthful /ˈtruːθfʊl/ *adj* ‹*person*› sincero; ‹*statement*› veritiero

truthfully /ˈtruːθfʊlɪ/ *adv* sinceramente

truthfulness /ˈtruːθfʊlnɪs/ *n* (of person) sincerità *f*; (of account) veridicità *f*

try /traɪ/ **A** *n* tentativo *m*, prova *f*; (in rugby) meta *f*; **I'll give it a ~** faccio un tentativo **B** *vt* (*pt/pp* **tried**) provare; (be a strain on) mettere a dura prova; Jur processare ‹*person*›; discutere ‹*case*›; **~ to do something** provare a fare qualcosa **C** *vi* provare

■ **try for** *vi* cercare di ottenere

■ **try on** *vt* provarsi ‹*garment*›

■ **try out** *vt* provare

trying /ˈtraɪɪŋ/ *adj* duro; ‹*person*› irritante

try-out *n* **give somebody a ~** mettere alla prova qualcuno

tsar /zɑː(r)/ *n* zar *m inv*

tsarina /tsɑːˈriːnə/ *n* zarina *f*

tsarist /ˈtsɑːrɪst/ *adj* zarista

T-shirt *n* maglietta *f*

tsp *abbr* (**teaspoonful**) cucchiaino

tsunami /tsuːˈnɑːmɪ/ *n* tsunami *m inv*

tub /tʌb/ *n* tinozza *f*; (carton) vaschetta *f*; (bath) vasca *f* da bagno

tuba /ˈtjuːbə/ *n* Mus tuba *f*

tubby /ˈtʌbɪ/ *adj* (**-ier**, **-iest**) tozzo

tube /tjuːb/ *n* tubo *m*; (of toothpaste) tubetto *m*; BrE Rail metro *f*

tuber /ˈtjuːbə(r)/ *n* tubero *m*

tuberculosis /tjuːbɜːkjʊˈləʊsɪs/ *n* tubercolosi *f*

tubing /ˈtjuːbɪŋ/ *n* tubi *mpl*

tubular /ˈtjuːbjʊlə(r)/ *adj* tubolare

TUC *n abbr* BrE (**Trades Union Congress**) *confederazione* (*f*) *dei sindacati britannici*

tuck /tʌk/ **A** *n* piega *f* **B** *vt* (put) infilare

■ **tuck away** *vt* (put in a safe place) mettere al sicuro; (eat) spolverare

■ **tuck in** **A** *vt* rimboccare; **~ somebody in** rimboccare le coperte a qualcuno **B** *vi* infml (eat) mangiare con appetito

■ **tuck into** *vt* mangiare di gusto ‹*meal*›; **~ something into one's pocket** infilarsi in tasca qualcosa; **~ somebody into bed** rimboccare le coperte a qualcuno

■ **tuck up** *vt* rimboccarsi ‹*sleeves*›; (in bed) rimboccare le coperte a

Tuesday /ˈtjuːzdeɪ/ *n* martedì *m*

tuft /tʌft/ *n* ciuffo *m*

tug /tʌg/ **A** *n* strattone *m*; Naut rimorchiatore *m* **B** *vt* (*pt/pp* **tugged**) tirare **C** *vi* dare uno strattone

tug-of-love /ˌtʌgəvˈlʌv/ *n* *disputa* (*f*) *tra i genitori per l'affidamento dei figli*

tug of war *n* tiro *m* alla fune

tuition /tjuːˈɪʃn/ *n* lezioni *fpl*

tuition fees *npl* tasse *fpl* universitarie

tulip /ˈtjuːlɪp/ *n* tulipano *m*

tumble /ˈtʌmbl/ **A** *n* ruzzolone *m* **B** *vi* ruzzolare; **~ to something** infml (realize) afferrare qualcosa

■ **tumble down** *vi* ‹*wall, building*› crollare

tumbledown /ˈtʌmbəldaʊn/ *adj* cadente

tumble-dry /ˌtʌmblˈdraɪ/ *vt* asciugare nell'asciugabiancheria

tumble dryer, **tumble drier** *n* asciugabiancheria *m inv*

tumbler /ˈtʌmblə(r)/ *n* bicchiere *m* (*senza stelo*)

tummy /ˈtʌmɪ/ *n* infml pancia *f*

tummy button *n* infml ombelico *m*

tumour /ˈtjuːmə(r)/ *n* tumore *m*

tumult /ˈtjuːmʌlt/ *n* tumulto *m*

tumultuous /tjuːˈmʌltjʊəs/ *adj* tumultuoso

t

parola chiave

tuna /ˈtjuːnə/ *n* tonno *m*

tune /tjuːn/ **A** *n* motivo *m*; **out of/in ~** ‹*instrument*› scordato/accordato; ‹*person*› stonato/intonato; **to the ~ of** infml per la modesta somma di
B *vt* accordare ‹*instrument*›; sintonizzare ‹*radio, TV*›; mettere a punto ‹*engine*›

■ **tune in** **A** *vt* sintonizzare
B *vi* sintonizzarsi (**to** su)

■ **tune up** *vi* ‹*orchestra*› accordare gli strumenti

tuneful /ˈtjuːnfl/ *adj* melodioso

tuner /ˈtjuːnə(r)/ *n* accordatore, -trice *mf*; Radio, TV sintonizzatore *m*

tune-up *n* (of engine) messa *f* a punto

tungsten /ˈtʌŋstən/ *n* tungsteno *m*

tunic /ˈtjuːnɪk/ *n* tunica *f*; Mil giacca *f*; Sch ≈ grembiule *m*

tuning fork /ˈtjuːnɪŋ/ *n* diapason *m inv*

Tunisia /tjuːˈnɪzɪə/ *n* Tunisia *f*

Tunisian /tjuːˈnɪzɪən/ *adj & n* tunisino, -a *mf*

tunnel /ˈtʌnl/ **A** *n* tunnel *m inv*
B *vi* (*pt/pp* **tunnelled**) scavare un tunnel

tunnel vision *n* Med restringimento *m* del campo visivo; fig paraocchi *m inv*

tuppence /ˈtʌpəns/ *n* due penny

turban /ˈtɜːbən/ *n* turbante *m*

turbine /ˈtɜːbaɪn/ *n* turbina *f*

turbo /ˈtɜːbəʊ/ *n* turbo *m inv*

turbocharged /ˈtɜːbəʊtʃɑːdʒd/ *adj* con motore turbo

turbocharger /ˈtɜːbəʊtʃɑːdʒə(r)/ *n* turbocompressore *m*

turbot /ˈtɜːbət/ *n* rombo *m* gigante

turbulence /ˈtɜːbjʊləns/ *n* turbolenza *f*

turbulent /ˈtɜːbjʊlənt/ *adj* turbolento

turd /tɜːd/ *n* sl (excrement) stronzo *m*; derog (person) stronzo, -a *mf*

tureen /tjʊˈriːn/ *n* zuppiera *f*

turf /tɜːf/ *n* erba *f*; (segment) zolla *f* erbosa

■ **turf out** *vt* infml buttar fuori

turf accountant *n* allibratore *m*

turgid /ˈtɜːdʒɪd/ *adj* ‹*style*› turgido

Turin /tjʊˈrɪn/ *n* Torino *f*

Turk /tɜːk/ *n* turco, -a *mf*

turkey *n* tacchino *m*

Turkey /ˈtɜːkɪ/ *n* Turchia *f*

Turkish /ˈtɜːkɪʃ/ *adj* turco

Turkish bath *n* bagno *m* turco

Turkish delight *n* cubetti *mpl* di gelatina ricoperti di zucchero a velo

Turkmenistan /ˌtɜːkmenɪˈstɑːn/ *n* Turkmenistan *m*

turmeric /ˈtɜːmərɪk/ *n* (spice) curcumina *f*; (plant) curcuma *f*

turmoil /ˈtɜːmɔɪl/ *n* tumulto *m*

turn /tɜːn/ **A** *n* (rotation, short walk) giro *m*; (in road) svolta *f*, curva *f*; (development) svolta *f*; Theat numero *m*; infml (attack) crisi *f inv*; **a ~ for the better/worse** un miglioramento/peggioramento; **do somebody a good ~** rendere un servizio a qualcuno; **take ~s** fare a turno; **in ~** a turno; **out of ~** ‹*speak*› a sproposito; **it's your ~** tocca a te
B *vt* girare; voltare ‹*back, eyes*›; dirigere ‹*gun, attention*›
C *vi* girare; ‹*person*› girarsi; ‹*leaves*› ingiallire; (become) diventare; **~ right/left** girare a destra/sinistra; **~ sour** inacidirsi; **~ to somebody** girarsi verso qualcuno; fig rivolgersi a qualcuno

■ **turn against** **A** *vi* diventare ostile a
B *vt* mettere contro

■ **turn around** **A** *vi* ‹*person*› girarsi; ‹*car*› girare
B *vt* girare ‹*object*›; risollevare ‹*company*›

■ **turn away** **A** *vt* mandare via ‹*people*›; girare dall'altra parte ‹*head*›
B *vi* girarsi dall'altra parte

■ **turn back** **A** *vi* tornare indietro
B *vt* mandare indietro ‹*people*›; ripiegare ‹*covers, sheet etc*›

■ **turn down** *vt* piegare ‹*collar*›; abbassare ‹*heat, gas, sound*›; respingere ‹*person, proposal*›

■ **turn in** **A** *vt* ripiegare in dentro ‹*edges*›; consegnare ‹*lost object*›
B *vi* infml (go to bed) andare a letto; **~ in to the drive** entrare nel viale

■ **turn into** *vt* (become) diventare

■ **turn off** **A** *vt* spegnere; chiudere ‹*tap, water*›; **~ somebody off** infml (disgust) fare schifo a qualcuno
B *vi* ‹*car*› girare

■ **turn on** **A** *vt* accendere; aprire ‹*tap, water*›; infml (attract) eccitare
B *vi* (attack) attaccare

■ **turn out** **A** *vt* (expel) mandar via; spegnere ‹*light, gas*›; (produce) produrre; (empty) svuotare ‹*room, cupboard*›
B *vi* (transpire) risultare; (to see, do something) venire; **~ out well/badly** ‹*cake, dress*› riuscire bene/male; ‹*situation*› andare bene/male

■ **turn over** **A** *vt* girare; **~ somebody over to the police** consegnare qualcuno alla polizia; **he ~ed the business over to her** le ha ceduto l'azienda
B *vi* girarsi; **please ~ over** vedi retro

■ **turn round** *vi* girarsi; ‹*car*› girare

■ **turn up** **A** *vt* tirare su ‹*collar*›; alzare ‹*heat, gas, sound, radio*›
B *vi* farsi vedere

turn-about *n* fig (change of direction) cambiamento *m*

turnaround *n* (in attitude) dietrofront *m inv*; (of fortune) capovolgimento *m*; (for the better) ripresa *f*

turncoat *n* voltagabbana *mf inv*

turning /ˈtɜːnɪŋ/ *n* svolta *f*

turning point *n* svolta *f* decisiva

turnip /ˈtɜːnɪp/ *n* rapa *f*

turn-off *n* strada *f* laterale; **it's a real ~** infml ti fa davvero passar la voglia

t

turn of mind *n* indole *f*

turn of phrase *n* espressione *f*

turn-on *n* infml **be a real ~** essere veramente eccitante

turnout *n* (of people) affluenza *f*

turnover *n* Comm giro *m* d'affari, fatturato *m*; (of staff) ricambio *m*

turnpike *n* AmE autostrada *f*

turnround *n* (in policy etc) cambiamento *m*

turnstile *n* cancelletto *m* girevole

turntable *n* piattaforma *f* girevole; (on record player) piatto *m*

turn-up *n* (of trousers) risvolto *m*

turpentine /ˈtɜːpəntaɪn/ *n* trementina *f*

turquoise /ˈtɜːkwɔɪz/ **A** *adj* (colour) turchese **B** *n* turchese *m*

turret /ˈtʌrɪt/ *n* torretta *f*

turtle /ˈtɜːtl/ *n* tartaruga *f* acquatica

turtle dove *n* tortora *f*

turtleneck /ˈtɜːtlnek/ *n* collo *m* a lupetto; (sweater) maglia *f* a lupetto

Tuscan /ˈtʌskən/ *adj* toscano

Tuscany /ˈtʌskəni/ *n* Toscana *f*

tusk /tʌsk/ *n* zanna *f*

tussle /ˈtʌsl/ **A** *n* zuffa *f* **B** *vi* azzuffarsi

tussock /ˈtʌsək/ *n* ciuffo *m* d'erba

tut /tʌt/ **A** *vi* fare un'esclamazione di disapprovazione **B** *int* ts!

tutor /ˈtjuːtə(r)/ *n* insegnante *mf* privato, -a; Univ *insegnante (mf) universitario, -a che segue individualmente un ristretto numero di studenti*

tutorial /tjuːˈtɔːriəl/ *n* lezione *f* privata

tutorial package *n* Comput software *m inv* di autoapprendimento

tuxedo /tʌkˈsiːdəʊ/ *n* AmE smoking *m inv*

TV *abbr* (**television**) tv *f inv*, tivù *f*

TV dinner *n* pasto *m* pronto

twaddle /ˈtwɒdl/ *n* scemenze *fpl*

twain /tweɪn/ *npl* **the ~** i due; **and never the ~ shall meet** e mai i due si incontreranno

twang /twæŋ/ **A** *n* (in voice) suono *m* nasale **B** *vt* far vibrare

tweak /twiːk/ **A** *vt* tirare ‹*ear, nose*›; (adjust) apportare delle modifiche a **B** *n* (adjustment) modifica *f*; **give sb's ears a ~** dare una tirata d'orecchie a qualcuno

twee /twiː/ *adj* BrE infml ‹*manner*› affettato

tweed /twiːd/ *n* tweed *m inv*

tweet /twiːt/ **A** *n* **1** (of bird) cinguettio *m* **2** (on social networking site) tweet *m inv*, cinguettio *m* **B** *v* **1** (of bird) cinguettare **2** (on social networking site) twittare, postare su Twitter; **she ~ed a picture of them smiling at the camera** ha postato su Twitter una loro foto in cui sorridevano

tweezers /ˈtwiːzəz/ *npl* pinzette *f*

twelfth /twelfθ/ *adj & n* dodicesimo, -a *mf*

twelve /twelv/ *adj & n* dodici *m*

twenties /ˈtwentɪz/ *npl* (period) **the ~** gli anni Venti *mpl*; (age) vent'anni *mpl*; ▶ *also* **forties**

twentieth /ˈtwentɪɪθ/ *adj & n* ventesimo, -a *mf*

twenty /ˈtwentɪ/ *adj & n* venti *m*

twerp /twɜːp/ *n* infml stupido, -a *mf*

twice /twaɪs/ *adv* due volte; **she's done ~ as much as you** ha fatto il doppio di quanto hai fatto tu

twiddle /ˈtwɪdl/ *vt* giocherellare con; **~ one's thumbs** fig girarsi i pollici

twig¹ /twɪg/ *n* ramoscello *m*

twig² *vt & vi* (*pt/pp* **twigged**) infml intuire

twilight /ˈtwaɪlaɪt/ *n* crepuscolo *m*

twilight zone *n* (mysterious place or situation) zona *f* d'ombra

twill /twɪl/ *n* spigato *m*

twin /twɪn/ **A** *n* gemello, -a *mf* **B** *attrib* gemello

twin beds *npl* letti *mpl* gemelli

twine /twaɪn/ **A** *n* spago *m* **B** *vi* intrecciarsi; ‹*plant*› attorcigliarsi **C** *vt* intrecciare

twinge /twɪndʒ/ *n* fitta *f*; **~ of conscience** rimorso *m* di coscienza

twinkle /ˈtwɪŋkl/ **A** *n* scintillio *m* **B** *vi* scintillare

twinning /ˈtwɪnɪŋ/ *n* (of companies) gemellaggio *m*

twin town *n* città *f* gemellata

twirl /twɜːl/ **A** *vt* far roteare **B** *vi* volteggiare **C** *n* piroetta *f*

twist /twɪst/ **A** *n* torsione *f*; (curve) curva *f*; (in rope) attorcigliata *f*; (in book, plot) colpo *m* di scena; **round the ~** infml (crazy) ammattito **B** *vt* attorcigliare ‹*rope*›; torcere ‹*metal*›; girare ‹*knob, cap*›; (distort) distorcere; **~ one's ankle** storcersi la caviglia **C** *vi* attorcigliarsi; ‹*road*› essere pieno di curve

twisted /ˈtwɪstɪd/ *adj* ‹*wire, rope*› ritorto; ‹*ankle, wrist*› slogato; ‹*sense of humour, mind*› perverso

twister /ˈtwɪstə(r)/ *n* infml imbroglione, -a *mf*; (tornado) tornado *m inv*

twit /twɪt/ *n* infml cretino, -a *mf*

twitch /twɪtʃ/ **A** *n* tic *m inv*; (jerk) strattone *m* **B** *vi* contrarsi

twitchy /ˈtwɪtʃɪ/ *adj* infml (nervous) nervosetto

twitter /ˈtwɪtə(r)/ **A** *n* cinguettio *m*; **in a ~** infml agitato **B** *vi* cinguettare; ‹*person*› cianciare

■ **twitter on about** *vt* parlare incessantemente di

two /tuː/ *adj & n* due *m*; **put ~ and ~ together**

t

---

parola chiave

fare due più due

two-faced /-ˈfeɪst/ *adj* falso

twofold /ˈtuːfəʊld/ **A** *adj* **a ~ increase** un raddoppio
B *adv* **to increase ~** raddoppiare

two-piece *adj* (swimsuit) due pezzi *m inv*; (suit) completo *m*

two-seater /-ˈsiːtə(r)/ *n* biposto *m inv*

twosome /ˈtuːsəm/ *n* coppia *f*

two-tier *adj* ‹*system, health service*› a due velocità

two-time *vt* infml fare le corna a

two-tone *adj* (in colour) bicolore; (in sound) bitonale

two-way *adj* ‹*traffic*› a doppio senso di marcia

two-way mirror *n* specchio *m* unidirezionale

two-way radio *n* (radio *f inv*) ricetrasmittente *f inv*

tycoon /taɪˈkuːn/ *n* magnate *m*

tying /ˈtaɪɪŋ/ ▶ **tie**

type /taɪp/ **A** *n* tipo *m*; (printing) carattere *m* [tipografico]
B *vt & vi* scrivere a macchina

typecast **A** *vt* Theat fig far fare sempre la stessa parte a ‹*person*›
B *adj* a ruolo fisso

typeface *n* carattere *m* tipografico

typeset *vt* comporre

typesetter *n* compositore *m*

typewriter *n* macchina *f* da scrivere

typewritten *adj* dattiloscritto

typhoid /ˈtaɪfɔɪd/ *n* febbre *f* tifoidea

typhoon /taɪˈfuːn/ *n* tifone *m*

typical /ˈtɪpɪkl/ *adj* tipico

typically /ˈtɪpɪklɪ/ *adv* tipicamente; (as usual) come al solito

typify /ˈtɪpɪfaɪ/ *vt* (*pt/pp* **-ied**) essere tipico di

typing /ˈtaɪpɪŋ/ *n* dattilografia *f*

typist /ˈtaɪpɪst/ *n* dattilografo, -a *mf*

typo /ˈtaɪpəʊ/ *n* errore *m* di stampa; (keying error) errore *m* di battitura

typography /taɪˈpɒgrəfɪ/ *n* tipografia *f*

tyrannical /tɪˈrænɪkl/ *adj* tirannico

tyrannize /ˈtɪrənaɪz/ *vt* tiranneggiare

tyranny /ˈtɪrənɪ/ *n* tirannia *f*

tyrant /ˈtaɪrənt/ *n* tiranno, -a *mf*

tyre /ˈtaɪə(r)/ *n* gomma *f*, pneumatico *m*

tyre pressure *n* pressione *f* delle gomme

Tyrrhenian Sea /tɪˈriːnɪən/ *n* mar *m* Tirreno

tzar /zɑː(r)/ *n* zar *m*

tzarina /tsɑːˈriːnə/ *n* zarina *f*

Uu

u¹, U /juː/ *n* (letter) u, U *f inv*

u² *abbr* (**universal**) Cinema per tutti

U-bend *n* (in pipe) gomito *m*; (in road) curva *f* a gomito

ubiquitous /juːˈbɪkwɪtəs/ *adj* onnipresente

UCAS /juːkæs/ *abbr* BrE (**Universities and Colleges Admissions Service**) *organismo* (*m*) *di valutazione delle ammissioni all'università*

udder /ˈʌdə(r)/ *n* mammella *f* (*di vacca, capra ecc.*)

UEFA /juːˈiːfə/ *n abbr* (**Union of European Football Associations**) UEFA *f*

UFO *abbr* (**unidentified flying object**) ufo *m inv*

Uganda /juːˈgændə/ Uganda *f*

Ugandan /juːˈgændən/ *adj & n* ugandese *mf*

ugliness /ˈʌglɪnɪs/ *n* bruttezza *f*

ugly /ˈʌglɪ/ *adj* (**-ier, -iest**) brutto

UHF *abbr* (**ultra-high frequency**) UHF

UHT *abbr* (**ultra-heat treated**) ‹*milk*› UHT

UK *abbr* (**United Kingdom**) Regno Unito

Ukraine /juːˈkreɪn/ *n* Ucraina *f*

Ukrainian /juːˈkreɪnɪən/ *adj & n* ucraino, -a *mf*; (language) ucraino *m*

ulcer /ˈʌlsə(r)/ *n* ulcera *f*

ulterior /ʌlˈtɪərɪə(r)/ *adj* **~ motive** secondo fine *m*

ultimate /ˈʌltɪmət/ *adj* definitivo; (final) finale; (fundamental) fondamentale

ultimately /ˈʌltɪmətlɪ/ *adv* alla fine

ultimatum /ʌltɪˈmeɪtəm/ *n* ultimatum *m inv*

ultramarine /ʌltrəməˈriːn/ **A** *adj* oltremarino
B *n* azzurro *m* oltremarino

ultrasound /ˈʌltrəsaʊnd/ *n* Med ecografia *f*

ultrasound scan *n* ecografia *m*

ultrasound scanner *n* scanner *m inv* per ecografia

ultraviolet /ʌltrəˈvaɪələt/ *adj* ultravioletto

umbilical /ʌmˈbɪlɪkl/ *adj* **~ cord** cordone *m* ombelicale

umbrage /ˈʌmbrɪdʒ/ *n* **take ~** offendersi

umbrella /ʌmˈbrelə/ *n* ombrello *m*

umbrella stand *n* portaombrelli *m inv*

umpire /ˈʌmpaɪə(r)/ **A** *n* arbitro *m*
B *vt & vi* arbitrare

umpteen /ʌmpˈtiːn/ *adj* infml innumerevole

umpteenth /ʌmpˈtiːnθ/ *adj* infml ennesimo; **for the ~ time** per l'ennesima volta

UN *abbr* (**United Nations**) ONU *f*

unabashed /ʌnəˈbæʃt/ *adj* spudorato

unabated /ʌnəˈbeɪtɪd/ *adj* ‹*enthusiasm*› inalterato; **continue ~** ‹*gales*› continuare con la stessa intensità

🔑 **unable** /ʌnˈeɪbl/ *adj* **be ~ to do something** non potere fare qualcosa; (not know how) non sapere fare qualcosa

unabridged /ʌnəˈbrɪdʒd/ *adj* integrale

unacceptable /ʌnəkˈseptəbl/ *adj* ‹*proposal, suggestion*› inaccettabile

unaccompanied /ʌnəˈkʌmpnɪd/ *adj* non accompagnato; ‹*luggage*› incustodito

unaccountable /ʌnəˈkaʊntəbl/ *adj* inspiegabile

unaccountably /ʌnəˈkaʊntəblɪ/ *adv* inspiegabilmente

unaccounted /ʌnəˈkaʊntɪd/ *adj* **be ~ for** (not explained) non avere spiegazione; (not found) mancare

unaccustomed /ʌnəˈkʌstəmd/ *adj* insolito; **be ~ to** non essere abituato a

unadorned /ʌnəˈdɔːnd/ *adj* ‹*walls*› disadorno

unadulterated /ʌnəˈdʌltəreɪtɪd/ *adj* ‹*water*› puro; ‹*wine*› non sofisticato; fig assoluto

unadventurous /ʌnədˈventʃ(ə)rəs/ *adj* ‹*person, production*› poco avventuroso; ‹*meal*› poco fantasioso

unaffected /ʌnəˈfektɪd/ *adj* (natural) semplice; **be ~ by** non essere interessato da

unafraid /ʌnəˈfreɪd/ *adj* senza paura

unaided /ʌnˈeɪdɪd/ *adj* senza aiuto

unalloyed /ʌnəˈlɔɪd/ *adj* fig puro

unambiguous /ʌnæmˈbɪgjʊəs/ *adj* inequivocabile

unanimity /juːnəˈnɪmətɪ/ *n* unanimità *f*

unanimous /juːˈnænɪməs/ *adj* unanime

unanimously /juːˈnænɪməslɪ/ *adv* all'unanimità

unannounced /ʌnəˈnaʊnst/ *adj* inaspettato

unanswerable /ʌnˈɑːns(ə)rəbl/ *adj* ‹*remark, case*› irrefutabile; ‹*question*› senza risposta

unanswered /ʌnˈɑːnsəd, AmE ʌnˈæn-/ *adj* ‹*question, letter*› senza risposta

unappealing /ʌnəˈpiːlɪŋ/ *adj* poco attraente

unappetizing /ʌnˈæpetaɪzɪŋ/ *adj* poco appetitoso

unappreciated /ʌnəˈpriːʃieɪtɪd/ *adj* ‹*work of art*› incompreso

unappreciative /ʌnəˈpriːʃ(ɪ)ətɪv/ *adj* ‹*audience*› indifferente; ‹*person*› ingrato

unapproachable /ʌnəˈprəʊtʃəbl/ *adj* ‹*person*› inavvicinabile

unarmed /ʌnˈɑːmd/ *adj* disarmato

unarmed combat *n* lotta *f* senza armi

unashamedly /ʌnəˈʃeɪmd/ *adv* sfacciatamente

unasked /ʌnˈɑːskt/ *adv* **he came ~** è venuto senza che nessuno glielo chiedesse

unassuming /ʌnəˈsjuːmɪŋ/ *adj* senza pretese

unattached /ʌnəˈtætʃd/ *adj* staccato; ‹*person*› senza legami

unattainable /ʌnəˈteɪnəbl/ *adj* irraggiungibile

unattended /ʌnəˈtendɪd/ *adj* incustodito

unattractive /ʌnəˈtræktɪv/ *adj* ‹*person*› poco attraente; ‹*proposition*› poco allettante; ‹*characteristic*› sgradevole; ‹*building, furniture*› brutto

unauthorized /ʌnˈɔːθəraɪzd/ *adj* non autorizzato

unavailable /ʌnəˈveɪləbl/ *adj* non disponibile

unavoidable /ʌnəˈvɔɪdəbl/ *adj* inevitabile

unavoidably /ʌnəˈvɔɪdəblɪ/ *adv* inevitabilmente; **I was ~ detained** sono stato trattenuto da cause di forza maggiore

unaware /ʌnəˈweə(r)/ *adj* **be ~ of something** non rendersi conto di qualcosa

unawares /ʌnəˈweəz/ *adv* **catch somebody ~** prendere qualcuno alla sprovvista

unbalanced /ʌnˈbælənst/ *adj* non equilibrato; (mentally) squilibrato

unbearable /ʌnˈbeərəbl/ *adj* insopportabile

unbearably /ʌnˈbeərəblɪ/ *adv* insopportabilmente

unbeatable /ʌnˈbiːtəbl/ *adj* imbattibile

unbeaten /ʌnˈbiːtən/ *adj* imbattuto

unbecoming /ʌnbɪˈkʌmɪŋ/ *adj* ‹*garment*› che non dona

unbeknown /ʌnbɪˈnəʊn/ *adj* infml **~ to me** a mia insaputa

unbelievable /ʌnbɪˈliːvəbl/ *adj* incredibile

unbend /ʌnˈbend/ *vi* (*pt/pp* **-bent**) (relax) distendersi

unbending /ʌnˈbendɪŋ/ *adj* (insistent) inflessibile

unbiased /ʌnˈbaɪəst/ *adj* obiettivo

unblock /ʌnˈblɒk/ *vt* sbloccare

unbolt /ʌnˈbəʊlt/ *vt* togliere il chiavistello di

unborn /ʌnˈbɔːn/ *adj* non ancora nato

unbreakable /ʌnˈbreɪkəbl/ *adj* infrangibile

unbridled /ʌnˈbraɪdld/ *adj* sfrenato

unbroken /ʌnˈbrəʊkən/ *adj* ‹*sequence, sleep, silence*› ininterrotto

unbuckle /ʌnˈbʌkl/ *vt* slacciare ‹*belt*›

unburden /ʌnˈbɜːdən/ *vt* **~ oneself** fig sfogarsi (**to** con)

🔑 parola chiave

u

unbutton /ʌn'bʌtən/ *vt* sbottonare
uncalled-for /ʌn'kɔːldfɔː(r)/ *adj* fuori luogo
uncannily /ʌn'kænɪlɪ/ *adv* incredibilmente
uncanny /ʌn'kænɪ/ *adj* sorprendente; ‹*silence, feeling*› inquietante
uncared-for /ʌn'keədfɔː(r)/ *adj* ‹*house, pet*› trascurato
uncaring /ʌn'keərɪŋ/ *adj* ‹*world*› indifferente
unceasing /ʌn'siːsɪŋ/ *adj* incessante
uncensored /ʌn'sensəd/ *adj* ‹*film, book*› non censurato
unceremonious /ʌnserɪ'məʊnɪəs/ *adj* (abrupt) brusco
unceremoniously /ʌnserɪ'məʊnɪəslɪ/ *adv* senza tante cerimonie
uncertain /ʌn'sɜːtən/ *adj* incerto; ‹*weather*› instabile; **in no ~ terms** senza mezzi termini
uncertainty /ʌn'sɜːtəntɪ/ *n* incertezza *f*
unchallenged /ʌn'tʃælənd͡ʒd/ *adj* ‹*statement, decision*› incontestato; **I can't let that go ~** non posso non contestarlo
unchanged /ʌn'tʃeʌnd͡ʒd/ *adj* invariato
uncharacteristic /ʌnkærəktə'rɪstɪk/ *adj* ‹*generosity*› insolito
uncharitable /ʌn'tʃærɪtəbl/ *adj* duro
unchecked /ʌn'tʃekt/ *adv* incontrollato; **go ~** dilagare
uncivilized /ʌn'sɪvɪlaɪzd/ *adj* ‹*people, nation*› non civilizzato; ‹*treatment, conditions*› incivile
unclassified /ʌn'klæsɪfaɪd/ *adj* ‹*document, information*› non riservato; ‹*road*› non classificato
uncle /'ʌŋkl/ *n* zio *m*
unclear /ʌn'kliːr/ *adj* ‹*instructions, reason, voice, writing*› non chiaro; ‹*future*› incerto; **be ~ about something** ‹*person*› non aver ben chiaro qualcosa
unclog /ʌn'klɒg/ *vt* sturare ‹*pipe*›
uncoil /ʌn'kɔɪl/ *vt* srotolare
uncomfortable /ʌn'kʌmftəbl/ *adj* scomodo; ‹*silence, situation*› imbarazzante; **feel ~** fig sentirsi a disagio
uncomfortably /ʌn'kʌmftəblɪ/ *adv* ‹*sit*› scomodamente; (causing alarm etc) spaventosamente
uncommon /ʌn'kɒmʌn/ *adj* insolito
uncommunicative /ʌnkə'mjuːnɪkətɪv/ *adj* poco comunicativo
uncomplimentary /ˌʌnkɒmplɪ'mentrɪ, AmE -terɪ/ *adj* poco complimentoso
uncompromising /ʌn'kɒmprəmaɪzɪŋ/ *adj* intransigente
unconcerned /ˌʌnkən'sɜːnd/ *adj* indifferente
unconditional /ʌnkən'dɪʃ(ə)nl/ *adj* incondizionato
unconditionally /ʌnkʌn'dɪʃnəlɪ/ *adv* incondizionatamente
unconfirmed /ˌʌnkən'fɜːmd/ *adj* ‹*report, sighting*› non confermato
unconnected /ˌʌnkə'nektɪd/ *adj* ‹*incidents, facts*› senza alcun legame tra loro
unconscious /ʌn'kɒnʃəs/ *adj* privo di sensi; (unaware) inconsapevole; **be ~ of something** non rendersi conto di qualcosa
unconsciously /ʌn'kɒnʃəslɪ/ *adv* inconsapevolmente
unconstitutional /ˌʌnkɒnstɪ'tjuːʃənl/ *adj* incostituzionale
uncontested /ʌnkʌn'testɪd/ *adj* Pol ‹*seat*› non disputato
uncontrollable /ʌnkən'trəʊləbl/ *adj* incontrollabile; ‹*sobbing*› irrefrenabile
uncontrollably /ʌnkən'trəʊləblɪ/ *adv* ‹*increase*› incontrollatamente; ‹*laugh, sob*› senza potersi controllare
unconventional /ʌnkən'venʃnəl/ *adj* poco convenzionale
unconvincing /ʌnkən'vɪnsɪŋ/ *adj* poco convincente
uncooked /ʌn'kʊkt/ *adj* crudo
uncooperative /ʌnkəʊ'ɒpr(ə)tɪv/ *adj* poco cooperativo
uncoordinated /ˌʌnkəʊ'ɔːdɪneɪtɪd/ *adj* ‹*action, efforts*› non coordinato; **be ~** (person) essere scoordinato
uncork /ʌn'kɔːk/ *vt* sturare
uncorroborated /ʌnkə'rɒbəreɪtɪd/ *adj* non convalidato
uncouth /ʌn'kuːθ/ *adj* zotico
uncover /ʌn'kʌvə(r)/ *vt* scoprire; portare alla luce ‹*buried object*›
uncritical /ʌn'krɪtɪkl/ *adj* poco critico
uncross /ʌn'krɒs/ *vt* disincrociare ‹*legs, arms*›
unctuous /'ʌŋktjʊəs/ *adj* untuoso
uncultivated /ʌn'kʌltɪveɪtɪd/ *adj* incolto
uncut /ʌn'kʌt/ *adj* ‹*film*› in versione integrale; ‹*diamond*› non tagliato
undamaged /ʌn'dæmɪd͡ʒd/ *adj* intatto
undaunted /ʌn'dɔːntɪd/ *adj* imperterrito; **~ by something** per nulla intimidito da qualcosa
undecided /ʌndɪ'saɪdɪd/ *adj* indeciso; (not settled) incerto
undefined /ʌndɪ'faɪnd/ *adj* ‹*objective, nature*› indeterminato
undelivered /ʌndɪ'lɪvəd/ *adj* ‹*mail*› non recapitato
undemanding /ˌʌndɪ'mɑːndɪŋ, AmE -'mænd-/ *adj* ‹*job, course*› poco impegnativo
undemocratic /ˌʌndemə'krætɪk/ *adj* antidemocratico
undemonstrative /ˌʌndɪ'mɒnstrətɪv/ *adj* poco espansivo
undeniable /ʌndɪ'naɪəbl/ *adj* innegabile
undeniably /ʌndɪ'naɪəblɪ/ *adv* innegabilmente
under /'ʌndə(r)/ **A** *prep* sotto; (less than)

al di sotto di; ~ **there** lì sotto; ~ **repair/construction** in riparazione/costruzione; ~ **way** fig in corso

B *adv* ~ (water) sott'acqua; (unconscious) sotto anestesia

underachieve /ʌndərə'tʃi:v/ *vi* Sch restare al di sotto delle proprie possibilità

underachiever /ˌʌndərə'tʃi:və(r)/ *n* **be an** ~ non dare il meglio

underage /ˌʌndər'eɪdʒ/ *adj* ~ **drinking** consumo di alcolici da parte dei minorenni; **be** ~ essere minorenne

underarm /'ʌndərɑ:m/ *adj* ‹*deodorant*› per le ascelle; ‹*hair*› sotto le ascelle; ‹*service, throw*› dal basso verso l'alto

undercarriage /'ʌndəkærɪdʒ/ *n* Aeron carrello *m*

undercharge /ʌndə'tʃɑ:dʒ/ *vt* far pagare meno del dovuto a

underclass /'ʌndəklɑ:s/ *n* sottoproletariato *m*

underclothes /'ʌndəkləʊðz/ *npl* biancheria *fsg* intima

undercoat /'ʌndəkəʊt/ *n* prima mano *f*

undercook /ʌndə'kʊk/ *vt* non cuocere abbastanza

undercover /ʌndə'kʌvə(r)/ *adj* clandestino

undercurrent /'ʌndəkʌrənt/ *n* corrente *f* sottomarina; fig sottofondo *m*

undercut /ʌndə'kʌt/ *vt* (*pt/pp* **-cut**) Comm vendere a minor prezzo di

underdeveloped /ʌndədɪ'veləpt/ *adj* ‹*country*› sottosviluppato; Phot non completamente sviluppato

underdog /'ʌndədɒg/ *n* perdente *m*

underdone /ʌndə'dʌn/ *adj* ‹*meat*› al sangue

underemployed /ʌndərɪm'plɔɪd/ *adj* ‹*person*› sottoccupato; ‹*resources, equipment etc*› non sfruttato completamente

underequipped /ʌndərɪ'kwɪpt/ *adj* ‹*army, person*› insufficientemente equipaggiato; ‹*schools, gym*› insufficientemente attrezzato

underestimate /ʌndər'estɪmeɪt/ *vt* sottovalutare

underexpose /ʌndərɪks'pəʊz/ *vt* Phot sottoesporre

underfed /ʌndə'fed/ *adj* denutrito

underfloor /'ʌndəflɔ:(r)/ *adj* ‹*pipes, wiring*› sotto il pavimento

underfoot /ʌndə'fʊt/ *adv* sotto i piedi; **trample** ~ calpestare

underfunded /ʌndə'fʌndɪd/ *adj* insufficientemente finanziato

underfunding /ʌndə'fʌndɪŋ/ *n* finanziamento *m* insufficiente

undergo /ʌndə'gəʊ/ *vt* (*pt* **-went**, *pp* **-gone**) subire ‹*operation, treatment*›; ~ **repair** essere in riparazione

undergraduate /ʌndə'grædʒʊət/ *n* studente, -tessa *mf* universitario, -a

underground¹ /ʌndə'graʊnd/ *adv* sottoterra

underground² /'ʌndəgraʊnd/ **A** *adj* sotterraneo; (secret) clandestino

B *n* (railway) metropolitana *f*

underground car park *n* parcheggio *m* sotterraneo

undergrowth /'ʌndəgrəʊθ/ *n* sottobosco *m*

underhand /'ʌndəhænd/ *adj* subdolo

underlay /'ʌndəleɪ/ *n strato* (*m*) *di gomma o feltro posto sotto la moquette*

underlie /ʌndə'laɪ/ *vt* (*pt* **-lay**, *pp* **-lain**, *pres p* **-lying**) fig essere alla base di

underline /ʌndə'laɪn/ *vt* sottolineare

underling /'ʌndəlɪŋ/ *n* derog subalterno, -a *mf*

underlying /ʌndə'laɪɪŋ/ *adj* fig fondamentale

undermanned /ʌndə'mænd/ *adj* ‹*factory*› a corto di mano d'opera

undermentioned /ʌndə'menʃnd/ *adj* sottoindicato

undermine /ʌndə'maɪn/ *vt* fig minare

underneath /ʌndə'ni:θ/ **A** *prep* sotto; ~ **it** sotto

B *adv* sotto

undernourished /ʌndə'nʌrɪʃt/ *adj* denutrito

underpaid /ʌndə'peɪd/ *adj* mal pagato

underpants /'ʌndəpænts/ *npl* mutande *fpl*

underpass /'ʌndəpɑ:s/ *n* sottopassaggio *m*

underpay /ʌndə'peɪ/ *vt* sottopagare ‹*employee*›

underpin /ʌndə'pɪn/ *vt* puntellare ‹*wall*›; rafforzare ‹*currency, power, theory*›; essere alla base di ‹*religion, society*›

underpopulated /ʌndə'pɒpjʊleɪtɪd/ *adj* sottopopolato

underprivileged /ʌndə'prɪvɪlɪdʒd/ *adj* non abbiente

underrate /ʌndə'reɪt/ *vt* sottovalutare

underscore /ʌndə'skɔ:(r)/ **A** *n* segno *m* di sottolineatura

B *vt* sottolineare

underseal /'ʌndəsi:l/ *n* Auto antiruggine *m inv*

under-secretary /ʌndə'sekrət(ə)rɪ/ *n* BrE Pol sottosegretario *m*

undersell /ʌndə'sel/ *vt* vendere a prezzo inferiore rispetto a ‹*competitor*›; pubblicizzare poco ‹*product*›

undersexed /ʌndə'sekst/ *adj* con scarsa libido

undershirt /'ʌndəʃɜ:t/ *n* AmE maglia *f* della salute

undersigned /ʌndə'saɪnd/ *adj* sottoscritto

undersized /ʌndə'saɪzd/ *adj* ‹*portion*› scarso; ‹*animal*› troppo piccolo; ‹*person*› di statura inferiore alla media

understaffed /ʌndə'stɑ:ft/ *adj* a corto di personale

understand /ʌndə'stænd/ **A** *vt* (*pt/pp* **-stood**) capire; **I ~ that...** (have heard) mi risulta che...
B *vi* capire

understandable /ʌndə'stændəbl/ *adj* comprensibile

understandably /ʌndə'stændəblɪ/ *adv* comprensibilmente

understanding /ʌndə'stændɪŋ/ **A** *adj* comprensivo
B *n* comprensione *f*; (agreement) accordo *m*; **reach an ~** trovare un accordo; **on the ~ that** a condizione che

understatement /'ʌndəsteɪtmʌnt/ *n* **that's an ~** non è dire abbastanza

understudy /'ʌndəstʌdɪ/ *n* Theat sostituto, a *mf*

undertake /ʌndə'teɪk/ *vt* (*pt* **-took**, *pp* **-taken**) intraprendere; **~ to do something** impegnarsi a fare qualcosa

undertaker /'ʌndəteɪkə(r)/ *n* impresario *m* di pompe funebri; **[firm of] ~s** *n* impresa *f* di pompe funebri

undertaking /ʌndə'teɪkɪŋ/ *n* impresa *f*; (promise) promessa *f*

under-the-counter *adj* ‹*goods, supply, trade*› comprato/venduto sottobanco

undertone /'ʌndətəʊn/ *n* fig sottofondo *m*; **in an ~** sottovoce

undervalue /ʌndə'vælju:/ *vt* sottovalutare; **the shares are ~d** le azioni si sono svalutate

underwater¹ /'ʌndəwɔ:tə(r)/ *adj* subacqueo

underwater² /ʌndə'wɔ:tə(r)/ *adv* sott'acqua

under way *adj* **be ~** ‹*vehicle*› essere in corsa; ‹*filming, talks*› essere in corso; **get ~** ‹*vehicle*› mettersi in viaggio; ‹*preparations, season*› avere inizio

underwear /'ʌndəweə(r)/ *n* biancheria *f* intima

underweight /ʌndə'weɪt/ *adj* sotto peso

underworld /'ʌndəwɜ:ld/ *n* (criminals) malavita *f*

underwriter /'ʌndəraɪtə(r)/ *n* assicuratore *m*

undeserved /ʌndɪ'zɜ:vd/ *adj* ‹*praise, reward, win*› immeritato; ‹*blame, punish*› ingiusto

undeservedly /ʌndɪ'zɜ:vɪdlɪ/ *adv* ‹*praise, reward, win*› immeritatamente; ‹*blame, punish*› ingiustamente

undesirable /ʌndɪ'zaɪərəbl/ *adj* indesiderato; ‹*person*› poco raccomandabile

undetected /ʌndɪ'tektɪd/ **A** *adj* ‹*crime, cancer*› non scoperto; ‹*flaw, movement, intruder*› non visto; **go ~** ‹*cancer, crime*› non essere scoperto; ‹*person*› passare inosservato
B *adv* ‹*break in, listen*› senza essere scoperto

undeterred /ˌʌndɪ'tɜ:d/ *adj* imperterrito

undeveloped /ʌndɪ'veləpt/ *adj* non sviluppato; ‹*land*› non sfruttato

undies /'ʌndɪz/ *npl* infml biancheria *f* intima (*da donna*)

undignified /ʌn'dɪgnɪfaɪd/ *adj* poco dignitoso

undisciplined /ʌn'dɪsɪplɪnd/ *adj* indisciplinato

undiscovered /ʌndɪs'kʌvəd/ *adj* ‹*secret*› non svelato; ‹*crime, document*› non scoperto; ‹*land*› inesplorato; ‹*species*› sconosciuto; ‹*talent*› non ancora scoperto

undiscriminating /ʌndɪs'krɪmɪneɪtɪŋ/ *adj* che non sa fare distinzioni

undisguised /ʌndɪs'gaɪzd/ *adj* evidente

undisputed /ʌndɪ'spju:tɪd/ *adj* indiscusso

undisturbed /ʌndɪ'stɜ:bd/ *adj* ‹*sleep, night*› indisturbato

undivided /ʌndɪ'vaɪdɪd/ *adj* ‹*loyalty, attention*› assoluto

undo /ʌn'du:/ *vt* (*pt* **-did**, *pp* **-done**) disfare; slacciare ‹*dress, shoes*›; sbottonare ‹*shirt*›; fig Comput annullare

undone /ʌn'dʌn/ *adj* ‹*shirt, button*› sbottonato; ‹*shoes, dress*› slacciato; (not accomplished) non fatto; **leave ~** ‹*job*› tralasciare

undoubted /ʌn'daʊtɪd/ *adj* indubbio

undoubtedly /ʌn'daʊtɪdlɪ/ *adv* senza dubbio

undress /ʌn'dres/ **A** *vt* spogliare; **get ~ed** spogliarsi
B *vi* spogliarsi

undrinkable /ʌn'drɪŋkəbl/ *adj* (unpleasant) imbevibile; (dangerous) non potabile

undue /ʌn'dju:/ *adj* eccessivo

undulating /'ʌndjʊleɪtɪŋ/ *adj* ondulato; ‹*country*› collinoso

unduly /ʌn'dju:lɪ/ *adv* eccessivamente

undying /ʌn'daɪɪŋ/ *adj* eterno

unearned /ʌn'ɜ:nd/ *adj* immeritato; **~ income** rendita *f*

unearth /ʌn'ɜ:θ/ *vt* dissotterrare; fig scovare; scoprire ‹*secret*›

unearthly /ʌn'ɜ:θlɪ/ *adj* soprannaturale; **at an ~ hour** infml ad un'ora impossibile

unease /ʌn'i:z/ *n* disagio *m*

uneasily /ʌn'i:zɪlɪ/ *adv* a disagio

uneasiness /ʌn'i:zɪnɪs/ *n* disagio *m*

uneasy /ʌn'i:zɪ/ *adj* a disagio; ‹*person*› inquieto; ‹*feeling*› inquietante; (truce) precario

uneatable /ʌn'i:təbl/ *adj* immangiabile

uneconomic /ʌni:kə'nɒmɪk/ *adj* poco remunerativo

uneconomical /ʌni:kə'nɒmɪkl/ *adj* poco economico

uneducated /ʌn'edjʊkeɪtɪd/ *adj* ‹*person*› non istruito; ‹*tastes*› non raffinato; ‹*accent, speech*› da persona non istruita

unemotional /ˌʌnɪ'məʊʃənl/ *adj* distaccato

u

unemployed /ʌnem'plɔɪd/ **A** *adj* disoccupato
B *npl* **the ~** i disoccupati

unemployment /ʌnem'plɔɪmʌnt/ *n* disoccupazione *f*

unemployment benefit *n* sussidio *m* di disoccupazione

unemployment rate *n* tasso *m* di disoccupazione

unending /ʌn'endɪŋ/ *adj* senza fine

unenthusiastic /ʌnɪnθju:zɪ'æstɪk/ *adj* poco entusiasta

unenviable /ʌn'envɪəbl/ *adj* ‹*position*› poco invidiabile

unequal /ʌn'i:kwəl/ *adj* disuguale; ‹*struggle*› impari; **be ~ to a task** non essere all'altezza di un compito

unequalled /ʌn'i:kwəld/ *adj* ‹*achievement, quality, record*› ineguagliato

unequally /ʌn'i:kwəlɪ/ *adv* in modo disuguale

unequivocal /ʌnə'kwɪvəkl/ *adj* inequivocabile; ‹*person*› esplicito

unequivocally /ʌnə'kwɪvəklɪ/ *adv* inequivocabilmente

unerring /ʌn'ɜ:rɪŋ/ *adj* infallibile

unethical /ʌn'eθɪkl/ *adj* immorale

uneven /ʌn'i:vən/ *adj* irregolare; ‹*distribution*› ineguale; ‹*number*› dispari

unevenly /ʌn'i:vənlɪ/ *adv* irregolarmente; ‹*distributed*› inegualmente

uneventful /ʌnɪ'ventfʊl/ *adj* senza avvenimenti di rilievo

unexciting /ʌnɪk'saɪtɪŋ/ *adj* poco entusiasmante

unexpected /ʌnɪk'spektɪd/ *adj* inaspettato

unexpectedly /ʌnɪk'spektɪdlɪ/ *adv* inaspettatamente

unexplored /ʌnɪk'splɔ:d/ *adj* inesplorato

unfailing /ʌn'feɪlɪŋ/ *adj* infallibile

unfair /ʌn'feə(r)/ *adj* ingiusto

unfair dismissal *n* licenziamento *m* ingiustificato

unfairly /ʌn'feəlɪ/ *adv* ingiustamente

unfairness /ʌn'feənəs/ *n* ingiustizia *f*

unfaithful /ʌn'feɪθfʊl/ *adj* infedele

unfamiliar /ʌnfə'mɪljə(r)/ *adj* sconosciuto; **be ~ with** non conoscere

unfashionable /ʌn'fæənəbl/ *adj* fuori moda

unfasten /ʌn'fɑ:sn/ *vt* slacciare; (detach) staccare

unfathomable /ʌn'fæð(ə)məbl/ *adj* imperscrutabile

unfavourable /ʌn'feɪv(ə)rəbl/ *adj* sfavorevole; ‹*impression*› negativo

unfeeling /ʌn'fi:lɪŋ/ *adj* insensibile

unfinished /ʌn'fɪnɪʃt/ *adj* da finire; ‹*business*› in sospeso

unfit /ʌn'fɪt/ *adj* inadatto; (morally) indegno; Sport fuori forma; **~ for work** non in grado di lavorare; **~ for human consumption** non commestibile

unflappable /ʌn'flæpəbl/ *adj* infml calmo

unflattering /ʌn'flæt(ə)rɪŋ/ *adj* ‹*clothes, hairstyle*› che non dona; ‹*portrait, description*› poco lusinghiero

unflinching /ʌn'flɪntʃɪŋ/ *adj* risoluto

unfold /ʌn'fəʊld/ **A** *vt* spiegare; (spread out) aprire; fig rivelare
B *vi* ‹*view*› rivelarsi

unforeseeable /ʌnfɔ:'si:əbl/ *adj* imprevedibile

unforeseen /ʌnfɔ:'si:n/ *adj* imprevisto

unforgettable /ʌnfə'getəbl/ *adj* indimenticabile

unforgivable /ʌnfə'gɪvəbl/ *adj* imperdonabile

unforgiving /ʌnfə'gɪvɪŋ/ *adj* che non perdona

unfortunate /ʌn'fɔ:tʃənət/ *adj* sfortunato; (regrettable) spiacevole; ‹*remark, choice*› infelice

unfortunately /ʌn'fɔ:tʃənətlɪ/ *adv* purtroppo

unfounded /ʌn'faʊndɪd/ *adj* infondato

unfriendly /ʌn'frendlɪ/ *adj* ‹*person, remark*› scortese, poco amichevole; ‹*place, climate, reception*› ostile; ‹*software*› difficile da usare

unfulfilled /ʌnfʊl'fɪld/ *adj* ‹*prophecy*› non avverato; ‹*promise*› non mantenuto; ‹*ambition*› non realizzato; ‹*desire, need*› non soddisfatto; ‹*condition*› non rispettato; **feel ~** essere insoddisfatto

unfurl /ʌn'fɜ:l/ **A** *vt* spiegare
B *vi* spiegarsi

unfurnished /ʌn'fɜ:nɪʃt/ *adj* non ammobiliato

ungainly /ʌn'geɪnlɪ/ *adj* sgraziato

ungentlemanly /ʌn'dʒentlmənlɪ/ *adj* non da gentiluomo

ungodly /ʌn'gɒdlɪ/ *adj* empio; **~ hour** infml ora *f* impossibile

ungracious /ʌn'greɪʃəs/ *adj* sgarbato

ungrammatical /ʌngrə'mætɪkl/ *adj* sgrammaticato

ungrateful /ʌn'greɪtfʊl/ *adj* ingrato

ungratefully /ʌn'greɪtfʊlɪ/ *adv* senza riconoscenza

unhappily /ʌn'hæpɪlɪ/ *adv* infelicemente; (unfortunately) purtroppo

unhappiness /ʌn'hæpɪnəs/ *n* infelicità *f*

unhappy /ʌn'hæpɪ/ *adj* infelice; (not content) insoddisfatto (**with** di)

unharmed /ʌn'hɑ:md/ *adj* incolume

unhealthy /ʌn'helθɪ/ *adj* poco sano; (insanitary) malsano

unheard of /ʌn'hɜ:dəv/ *adj* ‹*actor, brand*› mai sentito; ‹*levels, price*› incredibile

unheated /ʌn'hi:tɪd/ *adj* senza riscaldamento

u

parola chiave

unheeded /ʌn'hi:dɪd/ *adj* ignorato; **go ~** ‹*warning, plea*› venir ignorato

unhelpful /ʌn'helpfʊl/ *adj* ‹*person, attitude*› poco disponibile; ‹*witness*› che non collabora; ‹*remark*› di poco aiuto

unhindered /ʌn'hɪndəd/ *adj* senza intralci; **~ by** senza essere ostacolato da ‹*rules, obstacles*›

unholy /ʌn'həʊlɪ/ *adj* ‹*alliance, pact*› paradossale; infml ‹*mess, hour*› indecente

unhook /ʌn'hʊk/ *vt* sganciare; staccare ‹*picture*›

unhurried /ʌn'hʌrɪd/ *adj* tranquillo

unhurt /ʌn'hɜ:t/ *adj* illeso

unhygienic /ʌnhaɪ'dʒi:nɪk/ *adj* non igienico

unicorn /'ju:nɪkɔ:n/ *n* unicorno *m*

unidentified /ʌnaɪ'dentɪfaɪd/ *adj* non identificato

unification /ju:nɪfɪ'keɪʃn/ *n* unificazione *f*

uniform /'ju:nɪfɔ:m/ **A** *adj* uniforme **B** *n* uniforme *f*

uniformly /'ju:nɪfɔ:mlɪ/ *adv* uniformemente

unify /'ju:nɪfaɪ/ *vt* (*pt/pp* **-ied**) unificare

unilateral /ju:nɪ'læt(ə)rəl/ *adj* unilaterale

unilaterally /ju:nɪ'læt(ə)rəlɪ/ *adv* unilateralmente

unimaginable /ʌnɪ'mædʒɪnəbl/ *adj* inimmaginabile

unimaginative /ʌnɪ'mædʒɪnətɪv/ *adj* privo di fantasia

unimpeded /ˌʌnɪm'pi:dɪd/ *adj* ‹*access*› libero

unimportant /ʌnɪm'pɔ:tənt/ *adj* irrilevante

unimpressed /ˌʌnɪm'prest/ *adj* non impressionato

uninformed /ʌnɪn'fɔ:md/ *adj* ‹*person*› disinformato

uninhabitable /ˌʌnɪn'hæbɪtəbl/ *adj* inabitabile

uninhabited /ʌnɪn'hæbɪtɪd/ *adj* disabitato

uninhibited /ʌnɪn'hɪbɪtɪd/ *adj* ‹*person, attitude*› disinibito; ‹*performance, remarks*› disinvolto; **be ~ about doing something** non avere problemi a fare qualcosa

uninitiated /ʌnɪ'nɪʃɪeɪtɪd/ **A** *adj* ‹*person*› non iniziato **B** *npl* **the ~** i profani

uninjured /ʌn'ɪndʒəd/ *adj* illeso

uninspired /ʌnɪn'spaɪəd/ *adj* privo di immaginazione; ‹*performance*› piatto; ‹*times*› banale

unintelligible /ˌʌnɪn'telɪdʒəbl/ *adj* incomprensibile

unintended /ˌʌnɪn'tendɪd/ *adj* ‹*irony, consequence*› non voluto

unintentional /ʌnɪn'tenʃənl/ *adj* involontario

unintentionally /ʌnɪn'tenʃənəlɪ/ *adv* involontariamente

uninterested /ʌn'ɪntrəstɪd/ *adj* disinteressato

uninteresting /ʌn'ɪntrəstɪŋ/ *adj* poco interessante

uninvited /ʌnɪn'vaɪtɪd/ *adj* ‹*attentions*› non richiesto; **~ guest** ospite *mf* senza invito

uninviting /ˌʌnɪn'vaɪtɪŋ/ *adj* ‹*room, food*› poco invitante

union /'ju:nɪən/ *n* unione *f*; (trade) **~** sindacato *m*

Unionist /'ju:nɪənɪst/ *n* unionista *mf*

Union Jack *n* bandiera *f* del Regno Unito

unique /ju:'ni:k/ *adj* unico

uniquely /ju:'ni:klɪ/ *adv* unicamente

unisex /'ju:nɪseks/ *adj* unisex *inv*

unison /'ju:nɪsn/ *n* **in ~** all'unisono

unit /'ju:nɪt/ *n* unità *f*; (department) reparto *m*; (of furniture) elemento *m*

unit cost *n* costo *m* unitario

unite /ju:'naɪt/ **A** *vt* unire **B** *vi* unirsi

united /ju:'naɪtɪd/ *adj* unito

United Arab Emirates *npl* **the ~** gli Emirati Arabi Uniti

United Kingdom *n* Regno *m* Unito

United Nations *n* [Organizzazione *f* delle] Nazioni Unite *fpl*

United States, United States of America *n* Stati *mpl* Uniti [d'America]

unit trust *n* Fin fondo *m* comune di investimento aperto

unity /'ju:nɪtɪ/ *n* unità *f*; (agreement) accordo *m*

universal /ju:nɪ'vɜ:sl/ *adj* universale

universally /ju:nɪ'vɜ:səlɪ/ *adv* universalmente

universe /'ju:nɪvɜ:s/ *n* universo *m*

university /ju:nɪ'vɜ:sətɪ/ **A** *n* università *f* **B** *attrib* universitario

unjust /ʌn'dʒʌst/ *adj* ingiusto

unjustifiable /ʌn'dʒʌstɪfaɪəbl/ *adj* ingiustificabile

unjustifiably /ʌn'dʒʌstɪfaɪəblɪ/ *adv* ‹*act*› senza giustificazione

unjustified /ʌn'dʒʌstɪfaɪd/ *adj* ‹*suspicion*› ingiustificato

unjustly /ʌn'dʒʌstlɪ/ *adv* ingiustamente

unkempt /ʌn'kempt/ *adj* trasandato; ‹*hair*› arruffato

unkind /ʌn'kaɪnd/ *adj* scortese

unkindly /ʌn'kaɪndlɪ/ *adv* in modo scortese

unkindness /ʌn'kaɪndnɪs/ *n* mancanza *f* di gentilezza

unknown /ʌn'nəʊn/ *adj* sconosciuto

unlace /ʌn'leɪs/ *vt* slacciare ‹*shoes*›

unlawful /ʌn'lɔ:fʊl/ *adj* illecito, illegale

unlawfully /ʌn'lɔ:fʊlɪ/ *adv* illegalmente

unleaded /ʌn'ledɪd/ *adj* senza piombo

unleaded petrol *n* benzina *f* senza piombo *o* verde

unleash /ʌn'li:ʃ/ *vt* fig scatenare

unleavened /ʌn'levnd/ *adj* ‹*bread*› non lievitato

unless /ʌn'les/ *conj* a meno che; **~ I am mistaken** se non mi sbaglio

unlicensed /ʌn'laɪsnst/ *adj* ‹*transmitter, activity*› abusivo; ‹*vehicle*› senza bollo; ‹*restaurant*› non autorizzato a vendere alcolici

unlike /ʌn'laɪk/ **A** *adj* (not the same) diversi **B** *prep* diverso da; **that's ~ him** non è da lui; **~ me, he...** diversamente da me, lui...

unlikely /ʌn'laɪklɪ/ *adj* improbabile

unlimited /ʌn'lɪmɪtɪd/ *adj* illimitato

unlined /ʌn'laɪnd/ *adj* ‹*face*› senza rughe; ‹*paper*› senza righe; ‹*garment, curtain*› senza fodera

unlit /ʌn'lɪt/ *adj* ‹*cigarette, fire*› spento; ‹*room, street*› non illuminato

unload /ʌn'ləʊd/ *vt* scaricare

unlock /ʌn'lɒk/ *vt* aprire (*con chiave*); sbloccare ‹*mobile phone*›

unloved /ʌn'lʌvd/ *adj* **feel ~** ‹*person*› non sentirsi amato

unluckily /ʌn'lʌkɪlɪ/ *adv* sfortunatamente

unlucky /ʌn'lʌkɪ/ *adj* sfortunato; **it's ~ to...** porta sfortuna...

unmade /ʌn'meɪd/ *adj* ‹*bed*› sfatto

unmade-up *adj* ‹*road*› non asfaltato

unmanageable /ʌn'mænɪdʒəbl/ *adj* ‹*number, company*› difficile da gestire; ‹*hair, child, animal*› ribelle; ‹*size*› ingombrante

unmanly /ʌn'mænlɪ/ *adj* poco virile

unmanned /ʌn'mænd/ *adj* senza equipaggio

unmarked /ʌn'mɑ:kt/ *adj* Sport smarcato; ‹*skin*› senza segni; ‹*container*› non contrassegnato; **~ police car** auto *f inv*, civetta *inv*

unmarried /ʌn'mærɪd/ *adj* non sposato

unmarried mother *n* ragazza *f* madre

unmask /ʌn'mɑ:sk/ *vt* fig smascherare

unmentionable /ʌn'menʃnəbl/ *adj* innominabile

unmistakable /ʌnmɪ'steɪkəbl/ *adj* inconfondibile

unmistakably /ʌnmɪ'steɪkəblɪ/ *adv* chiaramente

unmitigated /ʌn'mɪtɪgeɪtɪd/ *adj* assoluto

unmotivated /ʌn'məʊtɪveɪtɪd/ *adj* immotivato

unmoved /ʌn'mu:vd/ *adj* fig impassibile

unnamed /ʌn'neɪmd/ *adj* (not having a name) senza nome; (name not divulged) di cui non si conosce il nome; **the as yet ~ winner...** il vincitore di cui ancora non si conosce il nome...

unnatural /ʌn'nætʃər(ə)l/ *adj* innaturale; derog anormale

unnaturally /ʌn'nætʃər(ə)lɪ/ *adv* in modo innaturale; derog in modo anormale

unnecessarily /ʌn'nesəs(ə)rɪlɪ/ *adv* inutilmente

unnecessary /ʌn'nesəs(ə)rɪ/ *adj* inutile

unnerve /ʌn'nɜ:v/ *vt* inquietare

unnerving /ʌn'nɜ:vɪŋ/ *adj* inquietante

unnoticed /ʌn'nəʊtɪst/ *adj* inosservato

unobservant /ʌnəb'zɜ:vənt/ *adj* senza spirito d'osservazione

unobserved /ʌnəb'zɜ:vd/ *adj* inosservato; **go ~** passare inosservato

unobstructed /ʌnəb'strʌktɪd/ *adj* ‹*view, path*› libero

unobtainable /ʌnəb'teɪnəbl/ *adj* ‹*product*› introvabile; ‹*phone number*› non ottenibile

unobtrusive /ʌnəb'tru:sɪf/ *adj* discreto

unobtrusively /ʌnəb'tru:sɪvlɪ/ *adv* in modo discreto

unoccupied /ʌn'ɒkju:paɪd/ *adj* ‹*house, block, shop*› vuoto; ‹*table, seat*› libero

unofficial /ʌnə'fɪʃl/ *adj* non ufficiale

unofficially /ʌnə'fɪʃ(ə)lɪ/ *adv* ufficiosamente

unopened /ʌn'əʊpənd/ *adj* ‹*bottle, packet*› chiuso; ‹*package*› ancora incartato

unorthodox /ʌn'ɔ:θədɒks/ *adj* poco ortodosso

unpack /ʌn'pæk/ **A** *vi* disfare le valigie **B** *vt* svuotare ‹*parcel*›; spacchettare ‹*books*›; **~ one's case** disfare la valigia

unpaid /ʌn'peɪd/ *adj* da pagare; (work) non retribuito

unpalatable /ʌn'pælətəbl/ *adj* sgradevole

unparalleled /ʌn'pærəleld/ *adj* senza pari

unpasteurized /ʌn'pɑ:stʃəraɪzd/ *adj* non pastorizzato

unperturbed /ʌnpə'tɜ:bd/ *adj* imperturbato

unpick /ʌn'pɪk/ *vt* disfare

unplanned /ʌn'plænd/ *adj* ‹*stoppage, increase*› imprevisto

unpleasant /ʌn'plezənt/ *adj* sgradevole; ‹*person*› maleducato

unpleasantly /ʌn'plezəntlɪ/ *adv* sgradevolmente; ‹*behave*› maleducatamente

unpleasantness /ʌn'plezəntnɪs/ *n* (bad feeling) tensioni *fpl*

unplug /ʌn'plʌg/ *vt* (*pt/pp* **-plugged**) staccare

unpolluted /ʌnpə'lu:tɪd/ *adj* ‹*water*› non inquinato; ‹*mind*› incontaminato

unpopular /ʌn'pɒpjʊlə(r)/ *adj* impopolare

unprecedented /ʌn'presɪdentɪd/ *adj* senza precedenti

unpredictable /ʌnprɪ'dɪktəbl/ *adj* imprevedibile

unprejudiced /ʌn'predʒʊdɪst/ *adj* ‹*person*› senza pregiudizi; ‹*opinion, judgement*› imparziale

u

parola chiave

unpremeditated /ʌnpriːˈmedɪteɪtɪd/ *adj* involontario
unprepared /ʌnprɪˈpeəd/ *adj* impreparato
unprepossessing /ʌnpriːpəˈzesɪŋ/ *adj* poco attraente
unpretentious /ʌnprɪˈtenʃəs/ *adj* senza pretese
unprincipled /ʌnˈprɪnsɪpəld/ *adj* senza principi; ‹*behaviour*› scorretto
unproductive /ˌʌnprəˈdʌktɪv/ *adj* ‹*discussion, meeting*› poco produttivo
unprofessional /ʌnprəˈfeʃnl/ *adj* non professionale; **it's ~** è una mancanza di professionalità
unprofitable /ʌnˈprɒfɪtəbl/ *adj* non redditizio
unprompted /ʌnˈprɒm(p)tɪd/ *adj* ‹*offer*› spontaneo; ‹*answer*› non suggerito
unpronounceable /ʌnprəˈnaʊnsəbl/ *adj* impronunciabile
unprotected /ˌʌnprəˈtektɪd/ *adj* ‹*sex*› non protetto; ‹*person*› indifeso
unprovoked /ʌnprəˈvəʊkt/ *adj* ‹*attack, aggression*› non provocato; **the attack was ~** l'attacco è avvenuto senza provocazione
unqualified /ʌnˈkwɒlɪfaɪd/ *adj* non qualificato; fig (absolute) assoluto
unquestionable /ʌnˈkwestʃənəbl/ *adj* incontestabile
unquote /ʌnˈkwəʊt/ *vi* chiudere le virgolette
unravel /ʌnˈrævl/ *vt* (*pt/pp* **-lled**) districare; (in knitting) disfare
unreal /ʌnˈrɪəl/ *adj* irreale; infml incredibile
unrealistic /ʌnrɪəˈlɪstɪk/ *adj* ‹*character, presentation*› poco realistico; ‹*expectation, aim*› irrealistico; ‹*person*› poco realista
unreasonable /ʌnˈriːz(ə)nəbl/ *adj* irragionevole
unrecognizable /ʌnˈrekəgnaɪzəbl/ *adj* irriconoscibile
unrecorded /ʌnrɪˈkɔːdɪd/ *adj* non documentato; **go ~** non essere documentato
unrefined /ʌnrɪˈfaɪnd/ *adj* ‹*person, manners, style*› rozzo; ‹*oil*› greggio; ‹*flour, sugar*› non raffinato
unrehearsed /ʌnrɪˈhɜːst/ *adj* ‹*response, action*› imprevisto; ‹*speech*› improvvisato
unrelated /ʌnrɪˈleɪtɪd/ *adj* ‹*facts*› senza rapporto (**to** con); ‹*person*› non imparentato (**to** con)
unrelenting /ʌnrɪˈlentɪŋ/ *adj* ‹*person*› ostinato; ‹*stare*› insistente; ‹*pursuit*› continuo; ‹*heat, zeal*› costante
unreliable /ʌnrɪˈlaɪəbl/ *adj* inattendibile; ‹*person*› inaffidabile, che non dà affidamento
unremitting /ʌnrɪˈmɪtɪŋ/ *adj* costante; ‹*struggle*› continuo
unrepeatable /ʌnrɪˈpiːtəbl/ *adj* ‹*offer, bargain*› unico; **his comment was ~** il commento che ha fatto è irripetibile
unrepentant /ʌnrɪˈpentənt/ *adj* irriducibile; ‹*sinner*› impenitente
unrequited /ʌnrɪˈkwaɪtɪd/ *adj* non corrisposto
unreservedly /ʌnrɪˈzɜːvɪdlɪ/ *adv* senza riserve; (frankly) francamente
unresolved /ʌnrɪˈzɒlvd/ *adj* irrisolto
unrest /ʌnˈrest/ *n* fermenti *mpl*
unrestricted /ˌʌnrɪˈstrɪktɪd/ *adj* ‹*access, view*› libero
unrewarding /ˌʌnrɪˈwɔːdɪŋ/ *adj* ‹*job*› poco gratificante
unripe /ʌnˈraɪp/ *adj* ‹*fruit*› acerbo; ‹*wheat*› non maturo
unrivalled /ʌnˈraɪvəld/ *adj* ineguagliato
unroll /ʌnˈrəʊl/ **A** *vt* srotolare
B *vi* srotolarsi
unruffled /ʌnˈrʌfld/ *adj* ‹*person*› imperturbato; ‹*hair*› a posto; ‹*water*› non mosso; **be ~** ‹*person*› rimanere imperturbato; ‹*person, hair*› essere a posto
unruly /ʌnˈruːlɪ/ *adj* indisciplinato
unsafe /ʌnˈseɪf/ *adj* pericoloso
unsaid /ʌnˈsed/ *adj* inespresso
unsalaried /ʌnˈsælərɪd/ *adj* ‹*post*› non stipendiato
unsalted /ʌnˈsɔːltɪd/ *adj* non salato
unsatisfactory /ʌnsætɪsˈfækt(ə)rɪ/ *adj* poco soddisfacente
unsatisfied /ʌnˈsætɪsfaɪd/ *adj* ‹*person, need*› insoddisfatto
unsatisfying /ʌnˈsætɪsfaɪɪŋ/ *adj* poco soddisfacente
unsavoury /ʌnˈseɪvərɪ/ *adj* equivoco
unscathed /ʌnˈskeɪðd/ *adj* illeso
unscheduled /ʌnˈʃedjuːld/ *adj* ‹*flight*› supplementare; ‹*appearance, speech*› fuori programma; ‹*stop*› non programmato
unscramble /ʌnˈskræmbl/ *vt* decifrare ‹*code, words*›; sbrogliare ‹*ideas, thoughts*›
unscrew /ʌnˈskruː/ *vt* svitare
unscrupulous /ʌnˈskruːpjʊləs/ *adj* senza scrupoli
unseasoned /ʌnˈsiːznd/ *adj* ‹*wood*› non stagionato; ‹*food*› scondito
unseat /ʌnˈsiːt/ *vt* disarcionare ‹*rider*›
unseemly /ʌnˈsiːmlɪ/ *adj* indecoroso
unseen /ʌnˈsiːn/ *adv* ‹*escape, slip away*› senza essere visto
unselfconscious /ˌʌnselfˈkɒnʃəs/ *adj* naturale
unselfish /ʌnˈselfɪʃ/ *adj* disinteressato
unsentimental /ˌʌnsentɪˈmentl/ *adj* poco sentimentale
unsettled /ʌnˈsetld/ *adj* in agitazione; ‹*weather*› variabile; ‹*bill*› non saldato
unsettling /ʌnˈsetlɪŋ/ *adj* ‹*experience, novel*› inquietante
unshakeable /ʌnˈʃeɪkəbl/ *adj* categorico

unshaken /ʌn'ʃeɪkən/ *adj* ‹*belief*› saldo
unshaven /ʌn'ʃeɪvn/ *adj* non rasato
unsightly /ʌn'saɪtlɪ/ *adj* brutto
unsinkable /ʌn'sɪŋkəbl/ *adj* ‹*ship, object*› inaffondabile; hum ‹*personality*› che non si deprime
unskilled /ʌn'skɪld/ *adj* non specializzato
unskilled worker *n* manovale *m*
unsmiling /ʌn'smaɪlɪŋ/ *adj* ‹*person*› serio
unsociable /ʌn'səʊʃəbl/ *adj* scontroso
unsocial hours *npl* **to work ~** lavorare al di fuori degli orari standard
unsolicited /ʌnsə'lɪsɪtɪd/ *adj* ‹*help, advice*› non richiesto; ‹*job application*› spontaneo
unsophisticated /ʌnsə'fɪstɪkeɪtɪd/ *adj* semplice
unsound /ʌn'saʊnd/ *adj* ‹*building, reasoning*› poco solido; ‹*advice*› poco sensato; **of ~ mind** malato di mente
unspeakable /ʌn'spi:kəbl/ *adj* indicibile
unspoiled /ʌn'spɔɪld/ *adj* ‹*town*› non deturpato; ‹*landscape*› intatto; **she was ~ by fame** la fama non l'ha cambiata
unspoken /ʌn'spəʊkən/ *adj* (implicit) tacito
unstable /ʌn'steɪbl/ *adj* instabile; (mentally) squilibrato
unsteadily /ʌn'stedɪlɪ/ *adv* ‹*walk, speak*› in modo malsicuro
unsteady /ʌn'stedɪ/ *adj* malsicuro
unstoppable /ʌn'stɒpəbl/ *adj* ‹*force, momentum*› inarrestabile
unstressed /ʌn'strest/ *adj* ‹*vowel, word*› atono
unstuck /ʌn'stʌk/ *adj* **come ~** staccarsi; infml (project) andare a monte
unsubscribe /ˌʌnsəb'skraɪb/ *vi* cancellare l'iscrizione (**from** a)
unsubstantiated /ˌʌnsəb'stænʃɪeɪtɪd/ *adj* ‹*report*› non corroborato
unsuccessful /ʌnsək'sesfʊl/ *adj* fallimentare; **be ~** (in attempt) non aver successo
unsuccessfully /ʌnsək'sesfʊlɪ/ *adv* senza successo
unsuitable /ʌn'su:təbl/ *adj* (inappropriate) inadatto; (inconvenient) inopportuno
unsupervised /ʌn'su:pəvaɪzd/ *adj* ‹*activity*› non controllato
unsure /ʌn'ʃɔ:(r), AmE -'ʃʊər/ *adj* incerto; **be ~ about** non essere sicuro di; **~ of oneself** essere insicuro
unsuspecting /ʌnsə'spektɪŋ/ *adj* fiducioso
unsweetened /ʌn'swi:tənd/ *adj* senza zucchero
unsympathetic /ʌnsɪmpə'θetɪk/ *adj* ‹*person, attitude, manner, tone*› poco comprensivo; ‹*person, character*› antipatico; **she is ~ to the cause** non appoggia la causa

untamed /ʌn'teɪmd/ *adj* ‹*lion*› non addomesticato; ‹*passion, person*› indomito
untangle /ʌn'tæŋgl/ *vt* sbrogliare ‹*threads*›; risolvere ‹*difficulties, mystery*›
untaxed /ʌn'tækst/ *adj* ‹*goods*› non tassato; ‹*income*› esente da imposte
untenable /ʌn'tenəbl/ *adj* ‹*position, argument*› insostenibile
unthinkable /ʌn'θɪŋkəbl/ *adj* impensabile
unthought of /ʌn'θɔ:təv/ *adj* impensato; **hitherto ~** finora impensato
untidily /ʌn'taɪdɪlɪ/ *adv* disordinatamente
untidiness /ʌn'taɪdɪnɪs/ *n* disordine *m*
untidy /ʌn'taɪdɪ/ *adj* disordinato
untie /ʌn'taɪ/ *vt* slegare
until /ʌn'tɪl/ **A** *prep* fino a; **not ~** non prima di; **~ the evening** fino alla sera; **~ his arrival** fino al suo arrivo
B *conj* finché, fino a quando; **not ~ you've seen it** non prima che tu l'abbia visto
untimely /ʌn'taɪmlɪ/ *adj* inopportuno; (premature) prematuro
untiring /ʌn'taɪərɪŋ/ *adj* instancabile
untold /ʌn'təʊld/ *adj* ‹*wealth*› incalcolabile; ‹*suffering*› indescrivibile; ‹*story*› inedito
untouched /ʌn'tʌtʃt/ *adj* (unchanged, undisturbed) intatto; (unscathed) incolume; (unaffected) non toccato; **leave one's dinner/a meal ~** non toccare cibo
untoward /ʌntə'wɔ:d/ *adj* **if nothing ~ happens** se non capita un imprevisto
untrained /ʌn'treɪnd/ *adj* ‹*voice*› non impostato; ‹*eye, artist, actor*› inesperto; **be ~** ‹*worker*› non avere una formazione professionale
untranslatable /ʌntrænz'leɪtəbl/ *adj* intraducibile
untreated /ʌn'tri:tɪd/ *adj* ‹*sewage, water*› non depurato; ‹*illness*› non curato
untroubled /ʌn'trʌbld/ *adj* ‹*sleep*› tranquillo
untrue /ʌn'tru:/ *adj* falso; **that's ~** non è vero
untrustworthy /ʌn'trʌstwɜ:ðɪ/ *adj* ‹*person*› inaffidabile
unused[1] /ʌn'ju:zd/ *adj* non usato
unused[2] /ʌn'ju:st/ *adj* **be ~ to** non essere abituato a
unusual /ʌn'ju:ʒʊəl/ *adj* insolito
unusually /ʌn'ju:ʒʊəlɪ/ *adv* insolitamente
unveil /ʌn'veɪl/ *vt* scoprire
unversed /ʌn'vɜ:st/ *adj* inesperto (**in** di)
unwanted /ʌn'wɒntɪd/ *adj* ‹*child, pet, visitor*› indesiderato; ‹*goods, produce*› che non serve; **feel ~** sentirsi respinto
unwarranted /ʌn'wɒrəntɪd/ *adj* ingiustificato
unwelcome /ʌn'welkəm/ *adj* sgradito
unwell /ʌn'wel/ *adj* indisposto
unwieldy /ʌn'wi:ldɪ/ *adj* ingombrante
unwilling /ʌn'wɪlɪŋ/ *adj* riluttante

u

parola chiave

unwillingly /ʌnˈwɪlɪŋlɪ/ *adv* malvolentieri
unwillingness /ʌnˈwɪlɪŋnɪs/ *n* riluttanza *f*
unwind /ʌnˈwaʊnd/ **A** *vt* (*pt/pp* **unwound**) svolgere, srotolare
B *vi* svolgersi, srotolarsi; infml (relax) rilassarsi
unwise /ʌnˈwaɪz/ *adj* imprudente
unwisely /ʌnˈwaɪzlɪ/ *adv* imprudentemente
unwitting /ʌnˈwɪtɪŋ/ *adj* involontario; ‹*victim*› inconsapevole
unwittingly /ʌnˈwɪtɪŋlɪ/ *adv* involontariamente
unworldly /ʌnˈwɜːldlɪ/ *adj* (not materialistic) poco materialista; (naive) ingenuo; (spiritual) non materialista
unworthy /ʌnˈwɜːðɪ/ *adj* non degno
unwrap /ʌnˈræp/ *vt* (*pt/pp* **-wrapped**) scartare ‹*present, parcel*›
unwritten /ʌnˈrɪtn/ *adj* tacito
unyielding /ʌnˈjiːldɪŋ/ *adj* rigido
unzip /ʌnˈzɪp/ *vt* aprire [la cerniera di] ‹*garment, bag*›
up /ʌp/ **A** *adv* su; (not in bed) alzato; ‹*road*› smantellato; ‹*theatre curtain, blinds*› alzato; ‹*shelves, tent*› montato; ‹*notice*› affisso; ‹*building*› costruito; **prices are up** i prezzi sono aumentati; **be up for sale** essere in vendita; **up here/there** quassù/lassù; **time's up** tempo scaduto; **what's up?** infml cosa è successo?; **up to** (as far as) fino a; **be up to** essere all'altezza di ‹*task*›; **what's he up to?** infml cosa sta facendo?; (plotting) cosa sta combinando?; **I'm up to page 100** sono arrivato a pagina 100; **feel up to it** sentirsela; **be one up on somebody** infml essere in vantaggio su qualcuno; **go up** salire; **lift up** alzare; **up against** fig alle prese con
B *prep* su; **the cat ran/is up the tree** il gatto è salito di corsa/è sull'albero; **further up this road** più avanti su questa strada; **row up the river** risalire il fiume; **go up the stairs** salire su per le scale; **be up the pub** infml essere al pub; **be up on** *or* **in something** essere bene informato su qualcosa
C *npl* **ups and downs** alti *mpl* e bassi
up-and-coming *adj* promettente
upbeat /ˈʌpbiːt/ *adj* ottimistico
upbringing /ˈʌpbrɪŋɪŋ/ *n* educazione *f*
update /ʌpˈdeɪt/ *vt* aggiornare
upfront /ʌpˈfrʌnt/ **A** *adj* infml (frank) aperto; ‹*money*› anticipato
B *adv* ‹*pay*› in anticipo
upgrade /ʌpˈgreɪd/ **A** *vt* promuovere ‹*person*›; modernizzare ‹*equipment*›
B *n* aggiornamento *m*
upheaval /ʌpˈhiːvl/ *n* scompiglio *m*
uphill /ʌpˈhɪl/ **A** *adj* in salita; fig arduo
B *adv* in salita
uphold /ʌpˈhəʊld/ *vt* (*pt/pp* **upheld**) sostenere ‹*principle*›; confermare ‹*verdict*›
upholster /ʌpˈhəʊlstə(r)/ *vt* tappezzare
upholsterer /ʌpˈhəʊlstərə(r)/ *n* tappezziere, -a *mf*
upholstery /ʌpˈhəʊlstərɪ/ *n* tappezzeria *f*
upkeep /ˈʌpkiːp/ *n* mantenimento *m*
uplifting /ʌpˈlɪftɪŋ/ *adj* (morally) edificante
upload /ˈʌpləʊd/ *vt* Comput fare l'upload di
up-market *adj* di qualità
upon /əˈpɒn/ *prep* su; **~ arriving home** una volta arrivato a casa
upper /ˈʌpə(r)/ **A** *adj* superiore
B *n* (of shoe) tomaia *f*
upper-case *adj* maiuscolo
upper circle *n* seconda galleria *f*
upper class *n* alta borghesia *f*
upper crust *adj* hum aristocratico
upper hand *n* **have the ~** avere il sopravvento
upper middle class *n* ceto *m* medio-alto
uppermost /ˈʌpəməʊst/ *adj* più alto; **that's ~ in my mind** è la mia preoccupazione principale
upright /ˈʌpraɪt/ **A** *adj* dritto; ‹*piano*› verticale; (honest) retto
B *n* montante *m*
upright freezer *n* freezer *m inv* verticale
uprising /ˈʌpraɪzɪŋ/ *n* rivolta *f*
upriver /ʌpˈrɪvə(r)/ *adv* ‹*lie*› a monte; ‹*sail*› controcorrente
uproar /ˈʌprɔː(r)/ *n* tumulto *m*; **be in an ~** essere in trambusto
uproot /ʌpˈruːt/ *vt* sradicare
upset¹ /ʌpˈset/ *vt* (*pt/pp* **upset**, *pres p* **upsetting**) rovesciare; sconvolgere ‹*plan*›; (distress) turbare; **get ~ about something** prendersela per qualcosa; **be very ~** essere sconvolto; **have an ~ stomach** avere l'intestino disturbato
upset² /ˈʌpset/ *n* scombussolamento *m*
upsetting /ʌpˈsetɪŋ/ *adj* (distressing) sconvolgente; (annoying) fastidioso
upshot /ˈʌpʃɒt/ *n* risultato *m*
upside down *adv* sottosopra; **turn ~** capovolgere
upstage /ʌpˈsteɪdʒ/ **A** *vt* Theat fig distogliere l'attenzione del pubblico da
B *adv* Theat ‹*stand*› al fondo del palcoscenico; ‹*move*› verso il fondo del palcoscenico
upstairs¹ /ʌpˈsteəz/ *adv* [al piano] di sopra
upstairs² /ˈʌpsteəz/ *adj* del piano superiore
upstart /ˈʌpstɑːt/ *n* arrivato, -a *mf*
upstream /ʌpˈstriːm/ *adv* controcorrente
upsurge /ˈʌpsɜːdʒ/ *n* (in sales) aumento *m* improvviso; (of enthusiasm, crime) ondata *f*
uptake /ˈʌpteɪk/ *n* **be slow on the ~** essere lento nel capire; **be quick on the ~** capire le cose al volo
uptight /ʌpˈtaɪt/ *adj* teso
up-to-date *adj* moderno; ‹*news*› ultimo; ‹*person, information, records*› aggiornato

up-to-the-minute *adj* ‹*information*› dell'ultimo minuto
uptown /ˈʌptaʊn/ *adj* AmE (smart) dei quartieri alti
upturn /ˈʌptɜːn/ *n* ripresa *f*
upward /ˈʌpwəd/ **A** *adj* verso l'alto, in su; ~ **slope** salita *f*
B *adv* ~**[s]** verso l'alto; ~**s of** oltre
upwardly mobile /ʌpwədliˈməʊbaɪl/ *adj* che sale nella scala sociale
uranium /jʊˈreɪnɪəm/ *n* uranio *m*
Uranus /ˈjʊərənəs, jʊˈreɪnəs/ *n* Urano *m*
urban /ˈɜːbən/ *adj* urbano
urban blight, **urban decay** *n* degrado *m* urbano
urbane /ɜːˈbeɪn/ *adj* cortese
urban myth leggenda *f* metropolitana
urban planning *n* urbanistica *f*
urchin /ˈɜːtʃɪn/ *n* riccio *m* di mare
Urdu /ˈʊəduː/ *n* urdu *m*
urge /ɜːdʒ/ **A** *n* forte desiderio *m*
B *vt* esortare (**to** a)
■ **urge on** *vt* spronare
urgency /ˈɜːdʒənsɪ/ *n* urgenza *f*
urgent /ˈɜːdʒənt/ *adj* urgente
urgently /ˈɜːdʒəntlɪ/ *adv* urgentemente
urinal /jʊˈraɪnl/ *n* (fixture) orinale *m*; (place) vespasiano *m*
urinate /ˈjʊərɪneɪt/ *vi* urinare
urine /ˈjʊərɪn/ *n* urina *f*
URL *abbr* (**Unified Resource Locator**) URL *m*
urn /ɜːn/ *n* urna *f*; (for tea) *contenitore* (*m*) *munito di rubinetto che si trova nei self-service, mense ecc.*
Uruguay /ˈjʊərəgwaɪ/ *n* Uruguay *m*
us /ʌs/ *pers pron* ci; (after prep) noi; **they know us** ci conoscono; **give us the money** dateci i soldi; **give it to us** datecelo; **they showed it to us** ce l'hanno fatto vedere; **they meant us, not you** intendevano noi, non voi; **it's us** siamo noi; **she hates us** ci odia
US *n abbr* (**United States**) U.S.A. *mpl*
USA *n abbr* (**United States of America**) U.S.A. *mpl*
usable /ˈjuːzəbl/ *adj* usabile
usage /ˈjuːsɪdʒ/ *n* uso *m*
USB key /juːesˈbiːkiː/ *n* chiavetta *f* USB
use¹ /juːs/ *n* uso *m*; **be of** ~ essere utile; **be of no** ~ essere inutile; **make** ~ **of** usare; (exploit) sfruttare; **it is no** ~ è inutile; **what's the** ~**?** a che scopo?
use² /juːz/ *vt* usare
■ **use up** *vt* consumare
used¹ /juːzd/ *adj* usato
used² /juːst/ *pt* **be** ~ **to something** essere abituato a qualcosa; **get** ~ **to** abituarsi a; **he** ~ **to say** diceva; **he** ~ **to live here** viveva qui
useful /ˈjuːsfl/ *adj* utile
usefulness /ˈjuːsflnɪs/ *n* utilità *f*
useless /ˈjuːslɪs/ *adj* inutile; infml ‹*person*› incapace; **you're** ~**!** sei un idiota!
user /ˈjuːzə(r)/ *n* utente *mf*
user-friendliness *n* facilità *f* d'uso
user-friendly *adj* facile da usare
user group *n* Comput gruppo *m* di utenti
user manual *n* manuale *m* d'uso
username *n* nome *m* utente
usher /ˈʌʃə(r)/ *n* Theat maschera *f*; Jur usciere *m*; (at wedding) *persona* (*f*) *che accompagna gli invitati ad un matrimonio ai loro posti in chiesa*
■ **usher in** *vt* fare entrare ‹*person*›; inaugurare ‹*new age*›
usherette /ʌʃəˈret/ *n* maschera *f*
USS *abbr* AmE (**United States Ship**) nave *f* da guerra americana
USSR *n* URSS *f*
usual /ˈjuːʒʊəl/ *adj* usuale; **as** ~ come al solito
usually /ˈjuːʒʊəlɪ/ *adv* di solito
usurp /jʊˈzɜːp/ *vt* usurpare
usurper /jʊˈzɜːpə(r)/ *n* usurpatore, -trice *mf*
utensil /jʊˈtensl/ *n* utensile *m*
uterus /ˈjuːtərəs/ *n* utero *m*
utilitarian /jʊtɪlɪˈteərɪən/ *adj* funzionale
utility /jʊˈtɪlətɪ/ *n* utilità *f*; (public) servizio *m*
utility bill *n* bolletta *f*
utility company *n* servizio *m* pubblico
utility program *n* Comput [programma *m* di] utility *f*
utility room *n stanza* (*f*) *in casa privata per il lavaggio, la stiratura dei panni ecc.*
utilize /ˈjuːtɪlaɪz/ *vt* utilizzare
utmost /ˈʌtməʊst/ **A** *adj* estremo
B *n* **one's** ~ tutto il possibile
Utopia /juːˈtəʊpɪə/ *n* utopia *f*
Utopian /juːˈtəʊpɪən/ **A** *n* utopista *mf*
B *adj* utopistico
utter¹ /ˈʌtə(r)/ *adj* totale
utter² *vt* emettere ‹*sigh, sound*›; proferire ‹*word*›
utterance /ˈʌtərəns/ *n* dichiarazione *f*
utterly /ˈʌtəlɪ/ *adv* completamente
U-turn *n* Auto inversione *f* a U; fig marcia *f* indietro
UV *abbr* (**ultraviolet**) UVA *mpl*
Uzbekistan /ʌzbekɪˈstɑːn/ *n* Uzbekistan *m*

u

parola chiave

Vv

v¹, V /viː/ *n* (letter) v, V *f inv*
v² *abbr* **1** (**versus**) contro **2** (**volt**) V *m*
vac /væk/ *n abbr* BrE (**vacation**) vacanze *fpl*
vacancy /ˈveɪk(ə)nsɪ/ *n* (job) posto *m* vacante; (room) stanza *f* disponibile
vacant /ˈveɪknt/ *adj* libero; ‹*position*› vacante; ‹*look*› assente
vacant possession *n* BrE Jur bene *m* immobile libero
vacate /vəˈkeɪt/ *vt* lasciare libero
vacation /vəˈkeɪʃn/ *n* Univ & Am vacanza *f*
vacationer /vəˈkeɪʃənə(r), AmE veɪ-/ *n* AmE vacanziere, -a *mf*
vaccinate /ˈvæksɪneɪt/ *vt* vaccinare
vaccination /ˈvæksɪˈneɪʃn/ *n* vaccinazione *f*
vaccine /ˈvæksiːn/ *n* vaccino *m*
vacillate /ˈvæsɪleɪt/ *vi* tentennare
vacuous /ˈvækjʊəs/ *adj* ‹*person, look, expression*› vacuo; ‹*person*› superficiale
vacuum /ˈvækjʊəm/ **A** *n* vuoto
B *vt* passare l'aspirapolvere in/su
vacuum cleaner *n* aspirapolvere *m inv*
vacuum flask *n* thermos *m inv*
vacuum-pack *vt* confezionare sotto vuoto ‹*food*›
vacuum-packed *adj* confezionato sottovuoto
vagabond /ˈvægəbɒnd/ *n* vagabondo, -a *mf*
vagaries /ˈveɪgərɪz/ *npl* capricci *mpl*
vagina /vəˈdʒaɪnə/ *n* Anat vagina *f*
vagrancy /ˈveɪgrənsɪ/ *n* Jur vagabondaggio *m*
vagrant /ˈveɪgrənt/ *n* vagabondo, -a *mf*
vague /veɪg/ *adj* vago; ‹*outline*› impreciso; (absent-minded) distratto; **I'm still ~ about it** non ho ancora le idee chiare in proposito
vaguely /ˈveɪglɪ/ *adv* vagamente
vagueness /ˈveɪgnɪs/ *n* (imprecision) vaghezza *f*; (of wording, proposals) indeterminatezza *f*; (of image) nebulosità *f*; (of thinking) imprecisione *f*
vain /veɪn/ *adj* vanitoso; ‹*hope, attempt*› vano; **in ~** invano
vainly /ˈveɪnlɪ/ *adv* vanamente
valance /ˈvæləns/ *n* (above curtains) mantovana *f*; (on bed base) balza *f*
vale /veɪl/ *n* literary valle *f*
valentine /ˈvæləntaɪn/ *n* (card) biglietto *m* di San Valentino
Valentine's Day *n* giorno *m* di San Valentino
valet /ˈvæleɪ/ *n* servitore *m* personale
valet parking *n servizio* (*m*) *di parcheggio per clienti di alberghi e ristoranti*
valiant /ˈvælɪənt/ *adj* valoroso
valiantly /ˈvælɪəntlɪ/ *adv* coraggiosamente
valid /ˈvælɪd/ *adj* valido
validate /ˈvælɪdeɪt/ *vt* (confirm) convalidare
validity /vəˈlɪdətɪ/ *n* validità *f*
valley /ˈvælɪ/ *n* valle *f*
valour /ˈvælə(r)/ *n* valore *m*
valuable /ˈvæljʊəbl/ *adj* di valore; fig prezioso
valuables /ˈvæljʊəblz/ *npl* oggetti *mpl* di valore
valuation /væljʊˈeɪʃn/ *n* valutazione *f*
value /ˈvæljuː/ **A** *n* valore *m*; (usefulness) utilità *f*
B *vt* valutare; (cherish) apprezzare
value added tax /ˈædɪd/ *n* imposta *f* sul valore aggiunto
valued /ˈvæljuːd/ *adj* (appreciated) apprezzato
valuer /ˈvæljʊə(r)/ *n* stimatore, -trice *mf*
valve /vælv/ *n* valvola *f*
vamp /væmp/ *n* vamp *f inv*
vampire /ˈvæmpaɪə(r)/ *n* vampiro *m*
van /væn/ *n* furgone *m*
vandal /ˈvændl/ *n* vandalo, -a *mf*
vandalism /ˈvænd(ə)lɪzm/ *n* vandalismo *m*
vandalize /ˈvænd(ə)laɪz/ *vt* vandalizzare
vane /veɪn/ *n* banduerola *f*
vanguard /ˈvæŋɡɑːd/ *n* avanguardia *f*; **in the ~** all'avanguardia
vanilla /vəˈnɪlə/ *n* vaniglia *f*
vanish /ˈvænɪʃ/ *vi* svanire
vanishing cream *n* crema *f* base per il trucco
vanishing point *n* punto *m* di fuga
vanishing trick *n trucco* (*m*) *da illusionista per far sparire un oggetto*; **he's done his ~ again** infml è sparito come al solito
vanity /ˈvænɪtɪ/ *n* vanità *f*
vanity bag, vanity case *n* beauty-case *m inv*
vanity mirror *n* Auto specchietto *m* di cortesia
vanquish /ˈvæŋkwɪʃ/ *vt* sconfiggere ‹*enemy*›
vantage point /ˈvɑːntɪdʒ/ *n* punto *m* d'osservazione; fig punto *m* di vista
vaporize /ˈveɪpəraɪz/ *vt* vaporizzare ‹*liquid*›
vaporizer /ˈveɪpəraɪzə(r)/ *n* apparecchio *m* per aerosol
vapour /ˈveɪpə(r)/ *n* vapore *m*

vapour trail *n* scia *f*

variable /'veərɪəbl/ *adj* variabile; (adjustable) regolabile

variance /'veərɪəns/ *n* **be at ~** essere in disaccordo

variant /'veərɪənt/ *n* variante *f*

🔑 **variation** /veərɪ'eɪʃn/ *n* variazione *f*

varicose /'værɪkəʊs/ *adj* **~ veins** vene *fpl* varicose

varied /'veərɪd/ *adj* vario; ‹*diet*› diversificato; ‹*life*› movimentato

variegated /'veərɪəgeɪtɪd/ *adj* variegato

🔑 **variety** /və'raɪətɪ/ *n* varietà *f*

variety show *n* spettacolo *m* di varietà

varifocal /,veərɪ'fəʊkl/ *adj* ‹*lens*› multifocale

varifocals /veərɪ'fəʊklz/ *npl* (glasses) occhiali *mpl* multifocali

🔑 **various** /'veərɪəs/ *adj* vario

variously /'veərɪəslɪ/ *adv* variamente

varnish /'vɑ:nɪʃ/ **A** *n* vernice *f*; (for nails) smalto *m*
B *vt* verniciare; **~ one's nails** mettersi lo smalto

🔑 **vary** /'veərɪ/ *vt & vi* (*pt/pp* **-ied**) variare

varying /'veərɪɪŋ/ *adj* variabile; (different) diverso

vascular /'væskjʊlə(r)/ *adj* Anat, Bot vascolare

vase /vɑ:z/ *n* vaso *m*

vasectomy /və'sektəmɪ/ *n* vasectomia *f*

🔑 **vast** /vɑ:st/ *adj* vasto; ‹*difference, amusement*› enorme

vastly /'vɑ:stlɪ/ *adv* ‹*superior*› di gran lunga; ‹*different, amused*› enormemente

vat /væt/ *n* tino *m*

VAT /vi:eɪ'ti:, væt/ *abbr* (**value added tax**) I.V.A. *f*

Vatican /'vætɪkən/ *n* **the ~** il Vaticano; **~ City** la città del Vaticano

vaudeville /'vɔ:dəvɪl/ *n* Theat varietà *m*

vault¹ /vɔ:lt/ *n* (roof) volta *f*; (in bank) caveau *m inv*; (tomb) cripta *f*

vault² **A** *n* salto *m*
B *vt & vi* **~ [over]** saltare

VCR *abbr* (**video cassette recorder**) VCR *m*

VD *abbr* (**venereal disease**) malattia *f* venerea

VDU *abbr* (**visual display unit**) VDU *m*

veal /vi:l/ **A** *n* carne *f* di vitello
B *attrib* di vitello

vector /'vektə(r)/ *n* Biol, Math vettore *m*; Aeron rotta *f*

veer /vɪə(r)/ *vi* cambiare direzione; Naut, Auto virare

vegan /'vi:gn/ **A** *n* vegetaliano, -a *mf*
B *adj* vegetaliano

veganism /'vi:gənɪzəm/ *n* vegetalismo *m*

Vegeburger® /'vedʒɪbɜ:gə(r)/ *n* = **veggie burger**

vegetable /'vedʒtəbl/ **A** *n* (food) verdura *f*; (when growing) ortaggio *m*
B *attrib* ‹*oil, fat*› vegetale

vegetarian /vedʒɪ'teərɪən/ *adj & n* vegetariano, -a *mf*

vegetarianism /,vedʒɪ'teərɪənɪzəm/ *n* vegetarianismo *m*

vegetate /'vedʒɪteɪt/ *vi* vegetare

vegetation /vedʒɪ'teɪʃn/ *n* vegetazione *f*

veggie burger *n* hamburger *m inv* vegetariano

vehemence /'vi:əməns/ *n* veemenza *f*

vehement /'vi:əmənt/ *adj* veemente

vehemently /'vi:əməntlɪ/ *adv* con veemenza

🔑 **vehicle** /'vi:ɪkl/ *n* veicolo *m*; fig (medium) mezzo *m*

vehicular /vɪ'hɪkjʊlə(r)/ *adj* **no ~ access, no ~ traffic** circolazione vietata

veil /veɪl/ **A** *n* velo *m*
B *vt* velare

veiled /veɪld/ *adj* ‹*woman*› velato, col velo; ‹*threat*› velato

vein /veɪn/ *n* vena *f*; (mood) umore *m*; (manner) tenore *m*

veined /veɪnd/ *adj* venato

Velcro® /'velkrəʊ/ *n* **~ fastening** chiusura *f* con velcro®

vellum /'veləm/ *n* pergamena *f*

velocity /vɪ'lɒsətɪ/ *n* velocità *f*

velvet /'velvɪt/ *n* velluto *m*

velvety /'velvətɪ/ *adj* vellutato

venal /'vi:nl/ *adj* venale

vendetta /ven'detə/ *n* vendetta *f*

vending machine /'vendɪŋ/ *n* distributore *m* automatico

vendor /'vendə(r)/ *n* venditore, -trice *mf*

veneer /və'nɪə(r)/ *n* impiallacciatura *f*; fig vernice *f*

veneered /və'nɪərd/ *adj* impiallacciato

venerable /'venərəbl/ *adj* venerabile

veneration /venə'reɪʃn/ *n* venerazione *f*

venereal /vɪ'nɪərɪəl/ *adj* **~ disease** malattia *f* venerea

Venetian /və'ni:ʃn/ *adj & n* veneziano, -a *mf*

Venetian blind *n* persiana *f* alla veneziana

Venezuela /venɪz'weɪlə/ *n* Venezuela *m*

Venezuelan /venɪz'weɪlən/ (a & n) venezuelano, -a *mf*

vengeance /'vendʒəns/ *n* vendetta *f*; **with a ~** infml a più non posso

Venice /'venɪs/ *n* Venezia *f*

venison /'venɪsn/ *n* Culin carne *f* di cervo

venom /'venəm/ *n* veleno *m*

venomous /'venəməs/ *adj* velenoso

vent¹ /vent/ **A** *n* presa *f* d'aria; **give ~ to** fig dar libero sfogo a
B *vt* fig sfogare ‹*anger*›

V

🔑 parola chiave

vent² *n* (in jacket) spacco *m*
ventilate /ˈventɪleɪt/ *vt* ventilare
ventilation /ventɪˈleɪʃn/ *n* ventilazione *f*; (installation) sistema *m* di ventilazione
ventilator /ˈventɪleɪtə(r)/ *n* ventilatore *m*
ventriloquist /venˈtrɪləkwɪst/ *n* ventriloquo, -a *mf*
venture /ˈventʃə(r)/ **A** *n* impresa *f*
B *vt* azzardare
C *vi* avventurarsi
venture capital *n* capitale *m* a rischio
venue /ˈvenjuː/ *n* luogo *m* (*di convegno, concerto ecc.*)
Venus /ˈviːnəs/ *n* Venere *f*
veracity /vəˈræsətɪ/ *n* veridicità *f*
veranda /vəˈrændə/ *n* veranda *f*
verb /vɜːb/ *n* verbo *m*
verbal /ˈvɜːbl/ *adj* verbale
verbally /ˈvɜːb(ə)lɪ/ *adv* verbalmente
verbatim /vɜːˈbeɪtɪm/ **A** *adj* letterale
B *adv* parola per parola
verbose /vɜːˈbəʊs/ *adj* prolisso
verdict /ˈvɜːdɪkt/ *n* verdetto *m*; (opinion) parere *m*
verdigris /ˈvɜːdɪgriː/ *n* verderame *m*
verge /vɜːdʒ/ *n* orlo *m*; **be on the ~ of doing something** essere sul punto di fare qualcosa
verge on *vt* fig rasentare
verger /ˈvɜːdʒə(r)/ *n* sagrestano *m*
verification /verɪfɪˈkeɪʃn/ *n* verifica *f*
verify /ˈverɪfaɪ/ *vt* (*pt/pp* **-ied**) verificare; (confirm) confermare
veritable /ˈverɪtəbl/ *adj* vero
vermicelli /vɜːmɪˈtʃelɪ/ *n* (pasta) capelli *mpl* d'angelo; (chocolate) pezzettini *mpl* di cioccolato per decorazione
vermilion /vəˈmæljɪn/ **A** *n* rosso *m* vermiglio
B *adj* vermiglio
vermin /ˈvɜːmɪn/ *n* animali *mpl* nocivi
vermouth /ˈvɜːməθ/ *n* vermut *m inv*
vernacular /vɜːˈnækjʊlə(r)/ *n* vernacolo *m*
verruca /vəˈruːkə/ *n* verruca *f*
versatile /ˈvɜːsətaɪl/ *adj* versatile
versatility /vɜːsəˈtɪlətə/ *n* versatilità *f*
verse /vɜːs/ *n* verso *m*; (of Bible) versetto *m*; (poetry) versi *mpl*
versed /vɜːst/ *adj* **~ in** versato in
versifier /ˈvɜːsɪfaɪə(r)/ *n* derog versificatore, -trice *mf*
version /ˈvɜːʃn/ *n* versione *f*; (translation) traduzione *f*
versus /ˈvɜːsəs/ *prep* contro
vertebra /ˈvɜːtɪbrə/ *n* (*pl* **-brae** /-briː/) Anat vertebra *f*
vertebrate /ˈvɜːtɪbrət/ **A** *n* vertebrato *m*
B *adj* vertebrato
vertex /ˈvɜːteks/ *n* Anat sommità *f* del capo; Math vertice *m*
vertical /ˈvɜːtɪkl/ *adj* & *n* verticale *m*
vertically /ˈvɜːtɪklɪ/ *adv* verticalmente
vertigo /ˈvɜːtɪgəʊ/ *n* Med vertigine *f*
verve /vɜːv/ *n* verve *f*
very /ˈverɪ/ **A** *adv* molto; **~ much** molto; **~ little** pochissimo; **~ many** moltissimi; **~ few** pochissimi; **~ probably** molto probabilmente; **~ well** benissimo; **at the ~ most** tutt'al più; **at the ~ latest** al più tardi
B *adj* **the ~ first** il primissimo; **the ~ thing** proprio ciò che ci vuole; **at the ~ end/beginning** proprio alla fine/all'inizio; **that ~ day** proprio quel giorno; **the ~ thought** la sola idea; **only a ~ little** solo un pochino
vespers /ˈvespəz/ *npl* vespri *mpl*
vessel /ˈvesl/ *n* nave *f*; (receptacle) recipiente *m*; Anat vaso *m*
vest /vest/ **A** *n* maglia *f*; AmE (waistcoat) gilè *m*
B *vt* **~ something in somebody** investire qualcuno di qualcosa
vested interest /vestɪd ˈɪntrəst/ *n* interesse *m* personale
vestige /ˈvestɪdʒ/ *n* (of past) vestigio *m*
vestment /ˈvestmənt/ *n* Relig paramento *m*
vestry /ˈvestrɪ/ *n* sagrestia *f*
vet /vet/ **A** *n* veterinario, -a *mf*
B *vt* (*pt/pp* **vetted**) controllare minuziosamente
veteran /ˈvetərən/ *n* veterano, -a *mf*
veteran car *n* auto *f inv* d'epoca (*costruita prima del 1916*)
veterinarian /ˌvetərɪˈneərɪən/ *n* AmE = **vet A**
veterinary /ˈvetərɪnərɪ/ *adj* veterinario
veterinary surgeon *n* medico *m* veterinario
veto /ˈviːtəʊ/ **A** *n* (*pl* **-es**) veto *m*
B *vt* proibire
vetting /ˈvetɪŋ/ *n* verifica *f* del passato di un individuo
vex /veks/ *vt* irritare
vexation /vekˈseɪʃn/ *n* irritazione *f*
vexatious /vekˈseɪʃəs/ *adj* ‹*person*› fastidioso; ‹*situation*› spiacevole
vexed /vekst/ *adj* irritato; **~ question** questione *f* controversa
vexing /ˈveksɪŋ/ *adj* irritante
VHF *abbr* (**very high frequency**) VHF
via /ˈvaɪə/ *prep* via; (by means of) attraverso
viability /vaɪəˈbɪlətɪ/ *n* probabilità *f* di sopravvivenza; (of proposition) attuabilità *f*
viable /ˈvaɪəbl/ *adj* ‹*life form, relationship, company*› in grado di sopravvivere; ‹*proposition*› attuabile
viaduct /ˈvaɪədʌkt/ *n* viadotto *m*
vibes /vaɪbz/ *npl* infml **I'm getting good/bad ~** provo una sensazione gradevole/sgradevole
vibrant /ˈvaɪbrənt/ *adj* fig che sprizza vitalità
vibrate /vaɪˈbreɪt/ *vi* vibrare
vibration /vaɪˈbreɪʃn/ *n* vibrazione *f*

vicar /ˈvɪkə(r)/ *n* parroco *m* (*protestante*)
vicarage /ˈvɪkərɪdʒ/ *n* casa *f* parrocchiale
vicarious /vɪˈkeərɪəs/ *adj* indiretto
vice¹ /vaɪs/ *n* vizio *m*
vice² *n* Techn morsa *f*
vice-captain *n* Sport vicecapitano *m*
vice-chairman *n* vicepresidente *mf*
vice-chancellor *n* BrE Univ vicerettore *m*; AmE Jur vicecancelliere *m*
vice-president *n* vicepresidente *mf*
vice-principal *n* (of senior school) vicepreside *mf*; (of junior school, college) vicedirettore, -trice *mf*
vice squad *n* buoncostume *f*
vice versa /vaɪsəˈvɜːsə/ *adv* viceversa
vicinity /vɪˈsɪnətɪ/ *n* vicinanza *f*; **in the ~ of** nelle vicinanze di
vicious /ˈvɪʃəs/ *adj* cattivo; ‹*attack*› brutale; ‹*animal*› pericoloso
vicious circle *n* circolo *m* vizioso
viciously /ˈvɪʃəslɪ/ *adv* ‹*attack*› brutalmente
victim /ˈvɪktɪm/ *n* vittima *f*
victimization /vɪktɪmaɪˈzeʃɪn/ *n* vittimizzazione *f*
victimize /ˈvɪktɪmaɪz/ *vt* vittimizzare
victor /ˈvɪktə(r)/ *n* vincitore *m*
Victorian /vɪkˈtɔːrɪən/ **A** *n* persona *f* vissuta in epoca vittoriana
B *adj* ‹*writer, poverty, age*› vittoriano
victorious /vɪkˈtɔːrɪəs/ *adj* vittorioso
victory /ˈvɪktərɪ/ *n* vittoria *f*
video /ˈvɪdɪəʊ/ **A** *n* video *m inv*; (cassette) videocassetta *f*; (recorder) videoregistratore *m*
B *attrib* video
C *vt* registrare
video camera *n* videocamera *f*, telecamera *f*
video card *n* scheda *f* video
video cassette *n* videocassetta *f*
video clip *n* videoclip *m inv*
videoconference *n* videoconferenza *f*
videoconferencing /-ˈkɒnfərənsɪŋ/ *n* videoconferenza *f*
videodisc *n* videodisco *m*
video game *n* videogioco *m*
video library *n* videoteca *f*
video nasty *n film* (*m inv*) *con scene violente o pornografiche*
video-on-demand *n* video *m* a pagamento
videophone *n* videocitofono *m*
video recorder *n* videoregistratore *m*
video shop *n negozio* (*m*) *che affitta o vende videocassette*
video surveillance *n* videosorveglianza *f*
videotape *n* videocassetta *f*
vie /vaɪ/ *vi* (*pres p* **vying**) rivaleggiare
Vienna /vɪˈenə/ *n* Vienna *f*

Viennese /vɪəˈniːz/ *adj* viennese
Vietnam /vɪetˈnæm/ *n* Vietnam *m*
Vietnamese /vɪetnæˈmiːz/ *adj & n* vietnamita *mf*; (language) vietnamita *m*
view /vjuː/ **A** *n* vista *f*; (photographed, painted) veduta *f*; (opinion) visione *f*; **look at the ~** guardare il panorama; **in my ~** secondo me; **in ~ of** in considerazione di; **on ~** esposto; **with a ~ to** con l'intenzione di
B *vt* visitare ‹*house*›; (consider) considerare
C *vi* TV guardare
viewer /ˈvjuːə(r)/ *n* TV telespettatore, -trice *mf*; Phot visore *m*
viewfinder /ˈvjuːfaɪndə(r)/ *n* Phot mirino *m*
viewing /ˈvjuːɪŋ/ **A** *n* TV programmi *mpl* della televisione; (of film) proiezione *f*; (of new range) presentazione *f*; (of exhibition, house) visita *f*; **it makes good ~** TV vale la pena di vederlo; **what's tonight's ~?** cosa danno alla tv stasera?
B *attrib* ‹*habits, preferences*› dei telespettatori; **the ~ public** i telespettatori
view phone *n* videotelefono *m*
viewpoint /ˈvjuːpɔɪnt/ *n* punto *m* di vista
vigil /ˈvɪdʒɪl/ *n* veglia *f*
vigilance /ˈvɪdʒɪləns/ *n* vigilanza *f*
vigilant /ˈvɪdʒɪlənt/ *adj* vigile
vigilante /vɪdʒɪˈlæntɪ/ *n membro* (*m*) *di un'organizzazione privata per la prevenzione della criminalità*
vigorous /ˈvɪg(ə)rəs/ *adj* vigoroso
vigorously /ˈvɪg(ə)rəslɪ/ *adv* vigorosamente
vigour /ˈvɪgə(r)/ *n* vigore *m*
vile /vaɪl/ *adj* disgustoso; ‹*weather*› orribile; ‹*temper, mood*› pessimo
vilification /vɪlɪfɪˈkeɪʃn/ *n* denigrazione *f*
villa /ˈvɪlɪ/ *n* (for holidays) casa *f* di villeggiatura
village /ˈvɪlɪdʒ/ *n* paese *m*
village green *n giardino* (*m*) *pubblico nel centro di un paese*
village hall *n sala* (*f*) *utilizzata per feste e altre attività*
villager /ˈvɪlɪdʒə(r)/ *n* paesano, -a *mf*
villain /ˈvɪlɪn/ *n* furfante *m*; (in story) cattivo *m*
villainous /ˈvɪlənəs/ *adj* infame
vim /vɪm/ *n* infml energia *f*
vindicate /ˈvɪndɪkeɪt/ *vt* (from guilt) discolpare; **you are ~d** ti sei dimostrato nel giusto
vindictive /vɪnˈdɪktɪv/ *adj* vendicativo
vine /vaɪn/ *n* vite *f*
vinegar /ˈvɪnɪgə(r)/ *n* aceto *m*
vinegary /ˈvɪnɪg(ə)rɪ/ *adj* agro
vineyard /ˈvɪnjɑːd/ *n* vigneto *m*
vintage /ˈvɪntɪdʒ/ **A** *adj* ‹*wine*› d'annata; ‹*clothes*› vintage
B *n* (year) annata *f*
vintage car *n* auto *f inv* d'epoca (*costruita tra il 1917 e il 1930*)
vintage year *n also* fig anno *m* memorabile
vinyl /ˈvaɪnɪl/ **A** *n* vinile *m*

V

parola chiave

B *attrib* ‹*paint*› vinilico

viola /vɪˈəʊlə/ *n* Mus viola *f*

violate /ˈvaɪəleɪt/ *vt* violare

violation /vaɪəˈleɪʃn/ *n* violazione *f*

violence /ˈvaɪələns/ *n* violenza *f*

violent /ˈvaɪələnt/ *adj* violento

violently /ˈvaɪələntlɪ/ *adv* violentemente

violet /ˈvaɪələt/ **A** *adj* violetto
B *n* (flower) violetta *f*; (colour) violetto *m*

violin /vaɪəˈlɪn/ *n* violino *m*

violinist /vaɪəˈlɪnɪst/ *n* violinista *mf*

VIP *n abbr* (**very important person**) vip *mf*

viper /ˈvaɪpə(r)/ *n* vipera *f*

virgin /ˈvɜːdʒɪn/ **A** *adj* vergine
B *n* vergine *f*

virginal /ˈvɜːdʒɪn(ə)l/ *adj* verginale

virginals /ˈvɜːdʒɪn(ə)lz/ *npl* Mus spinetta *f*

Virginia creeper /vədʒɪnɪəˈkriːpə(r)/ *n* vite *f* del Canada

virginity /vəˈdʒɪnətɪ/ *n* verginità *f*

Virgo /ˈvɜːgəʊ/ *n* Astr Vergine *f*

virile /ˈvɪraɪl/ *adj* virile

virility /vɪˈrɪlətɪ/ *n* virilità *f*

virologist /vaɪˈrɒlədʒɪst/ *n* virologo *m*

virtual /ˈvɜːtjʊəl/ *adj* effettivo

virtually /ˈvɜːtjʊəlɪ/ *adv* praticamente

virtual reality *n* realtà *f* virtuale

virtue /ˈvɜːtjuː/ *n* virtù *f*; (advantage) vantaggio *m*; **by** *or* **in ~ of** a causa di

virtuoso /vɜːtuˈəʊzəʊ/ *n* (*pl* **-si** /-zi:/) virtuoso *m*

virtuous /ˈvɜːtjʊəs/ *adj* virtuoso

virulent /ˈvɪrʊlənt/ *adj* virulento

virus /ˈvaɪərəs/ *n* virus *m inv*

virus checker *n* Comput (programma *m*) antivirus *m inv*

virus protection *n* Comput protezione *f* antivirus

visa /ˈviːzə/ *n* visto *m*

vis-à-vis /viːzɑːˈviː/ *prep* rispetto a

visceral /ˈvɪs(ə)rəl/ *adj* ‹*power, performance*› viscerale

viscount /ˈvaɪkaʊnt/ *n* visconte *m*

viscous /ˈvɪskəs/ *adj* vischioso

visibility /vɪzəˈbɪlətɪ/ *n* visibilità *f*

visible /ˈvɪzəbl/ *adj* visibile

visibly /ˈvɪzəblɪ/ *adv* visibilmente

vision /ˈvɪʒn/ *n* visione *f*; (sight) vista *f*

visionary /ˈvɪʒn(ə)rɪ/ *adj* & *n* visionario, -a *mf*

vision mixer *n* (person) tecnico *m* del mixaggio video; (equipment) mixaggio *m* video

visit /ˈvɪzɪt/ **A** *n* visita *f*
B *vt* andare a trovare ‹*person*›; andare da ‹*doctor etc*›; visitare ‹*town, building*›

visiting card *n* biglietto *m* da visita

visiting hours *npl* orario *m* delle visite

visiting lecturer *n* conferenziere, -a *mf*

visiting team *n* squadra *f* ospite

visiting time *n* orario *m* delle visite

visitor /ˈvɪzɪtə(r)/ *n* ospite *mf*; (of town, museum) visitatore, -trice *mf*; (in hotel) cliente *mf*

visitor centre *n centro* (*m*) *di accoglienza e di informazione per i visitatori*

visitors' book *n* (in exhibition) albo *m* dei visitatori; (in hotel) registro *m* dei clienti

visor /ˈvaɪzə(r)/ *n* visiera *f*; Auto parasole *m*

vista /ˈvɪstə/ *n* (view) panorama *m*

visual /ˈvɪzjʊəl/ *adj* visivo

visual aids *npl* supporto *m* visivo

visual arts *npl* arti *fpl* visive

visual display unit *n* visualizzatore *m*

visualize /ˈvɪzjʊəlaɪz/ *vt* visualizzare

visually /ˈvɪzjʊəlɪ/ *adv* visualmente; **~ impaired** non vedente

vital /ˈvaɪtl/ *adj* vitale

vitality /vaɪˈtælətɪ/ *n* vitalità *f*

vitally /ˈvaɪtəlɪ/ *adv* estremamente

vital statistics *npl* infml misure *fpl*

vitamin /ˈvɪtəmɪn/ *n* vitamina *f*

vitreous /ˈvɪtrɪəs/ *adj* vetroso; ‹*enamel*› vetrificato

vitriolic /vɪtrɪˈɒlɪk/ *adj* Chem di vetriolo; fig al vetriolo

vituperative /vɪˈtjuːp(ə)rətɪv/ *adj* ingiurioso

viva /ˈvaɪvə/ *n* BrE Univ [esame *m*] orale *m*

vivacious /vɪˈveɪʃəs/ *adj* vivace

vivaciously /vɪˈveɪʃəslɪ/ *adv* vivacemente

vivacity /vɪˈvæsətɪ/ *n* vivacità *f*

vivid /ˈvɪvɪd/ *adj* vivido

vividly /ˈvɪvɪdlɪ/ *adv* in modo vivido

vivisect /ˈvɪvɪsekt/ *vt* vivisezionare

vivisection /vɪvɪˈsekʃn/ *n* vivisezione *f*

vixen /ˈvɪksn/ *n* volpe *f* femmina

viz. /vɪz/ *adv* cioè

V-neck *n* (neckline) scollo *m* a V; (sweater) maglione *m* con scollo a V

vocabulary /vəˈkæbjʊlərɪ/ *n* vocabolario *m*; (list) glossario *m*

vocal /ˈvəʊkl/ *adj* vocale; (vociferous) eloquente

vocal cords *npl* corde *fpl* vocali

vocalist /ˈvəʊkəlɪst/ *n* vocalista *mf*

vocalize /ˈvəʊkəlaɪz/ *vt* fig (express) esprimere a parole; articolare ‹*sound*›

vocals /ˈvəʊklz/ *npl* **do the ~** cantare

vocation /vəˈkeɪʃn/ *n* vocazione *f*

vocational /vəˈkeɪʃ(ə)nl/ *adj* professionale

vocational course *n* corso *m* di formazione professionale

vociferous /vəˈsɪfərəs/ *adj* veemente

vodka /ˈvɒdkə/ *n* vodka *f inv*

vogue /vəʊg/ *n* moda *f*; **in ~** in voga

voice /vɔɪs/ **A** *n* voce *f*
B *vt* esprimere

voice box *n* Anat laringe *f*
voiceless /ˈvɔɪslɪs/ *adj* ‹*minority*› silenzioso; ‹*group*› privo del diritto di parola
voicemail /ˈvɔɪsmeɪl/ *n* segreteria *f* telefonica (sul cellulare)
voice-over *n* voce *f* fuori campo
voice recognition *n* Comput riconoscimento *m* vocale
void /vɔɪd/ **A** *adj* (not valid) nullo; **~ of** privo di
B *n* vuoto *m*
vol. /vɒl/ *abbr* (**volume**) vol
volatile /ˈvɒlətaɪl/ *adj* volatile; ‹*person*› volubile
volcanic /vɒlˈkænɪk/ *adj* vulcanico
volcano /vɒlˈkeɪnəʊ/ *n* vulcano *m*
volition /vəˈlɪʃn/ *n* **of his own ~** di sua spontanea volontà
volley /ˈvɒlɪ/ *n* (of gunfire) raffica *f*; Tennis volée *f inv*
volleyball /ˈvɒlɪbɔːl/ *n* pallavolo *f*
volt /vəʊlt/ *n* volt *m inv*
voltage /ˈvəʊltɪdə/ *n* Electr voltaggio *m*
voluble /ˈvɒljʊbl/ *adj* loquace
volume /ˈvɒljuːm/ *n* volume *m*; (of work, traffic) quantità *f*
volume control *n* volume *m*
voluntarily /ˈvɒləntərɪlɪ/ *adv* volontariamente
voluntary /ˈvɒləntərɪ/ *adj* volontario
voluntary redundancy *n* BrE dimissioni *fpl* volontarie
voluntary work *n* volontariato *m*
volunteer /vɒlənˈtɪə(r)/ **A** *n* volontario, -a *mf*
B *vt* offrire volontariamente ‹*information*›
C *vi* offrirsi volontario; Mil arruolarsi come volontario
voluptuous /vəˈlʌptjʊəs/ *adj* voluttuoso
vomit /ˈvɒmɪt/ **A** *n* vomito *m*
B *vt & vi* vomitare
voodoo /ˈvuːduː/ *n* vudu *m inv*
voracious /vəˈreɪʃəs/ *adj* vorace
vortex /ˈvɔːteks/ *n* vortice *m*; fig turbine *m*
vote /vəʊt/ **A** *n* voto *m*; (ballot) votazione *f*; (right) diritto *m* di voto; **take a ~ on** votare su
B *vi* votare
C *vt* **~ somebody president** eleggere qualcuno presidente
vote down *vt* (reject by vote) bocciare ai voti
vote in *vt* (elect) eleggere
vote of confidence *n* Pol fig voto *m* di fiducia
vote of thanks *n* discorso *m* di ringraziamento
voter /ˈvəʊtə(r)/ *n* elettore, -trice *mf*
voting /ˈvəʊtɪŋ/ *n* votazione *f*
voting age *n* età *f* per votare
voting booth *n* cabina *f* elettorale
vouch /vaʊtʃ/ *vi* **~ for** garantire per
voucher /ˈvaʊtʃə(r)/ *n* buono *m*
vow /vaʊ/ **A** *n* voto *m*
B *vt* giurare
vowel /ˈvaʊəl/ *n* vocale *f*
vox pop /vɒksˈpɒp/ *n* TV, Radio opinione *f* pubblica
voyage /ˈvɔɪɪdʒ/ *n* viaggio *m* [marittimo]; (in space) viaggio *m* [nello spazio]
vs *abbr* (**versus**) contro
V-sign *n* (offensive gesture) gestaccio *m*; (victory sign) segno *m* di vittoria
VSO *abbr* (**Voluntary Service Overseas**) *servizio* (*m*) *civile volontario nei paesi in via di sviluppo*
vulgar /ˈvʌlgə(r)/ *adj* volgare
vulgar fraction *n* Math frazione *f* ordinaria
vulgarity /vʌlˈgærətɪ/ *n* volgarità *f*
vulnerable /ˈvʌlnərəbl/ *adj* vulnerabile
vulture /ˈvʌltʃə(r)/ *n* avvoltoio *m*
vying /ˈvaɪɪŋ/ ▶ **vie**

Ww

w, W /ˈdʌbljuː/ *n* (letter) w, W *f inv*
W² *abbr* **1** (**West**) O **2** Electr (**watt**) w
wad /wɒd/ *n* batuffolo *m*; (bundle) rotolo *m*
wadding /ˈwɒdɪŋ/ *n* ovatta *f*
waddle /ˈwɒdl/ *vi* camminare ondeggiando
wade /weɪd/ *vi* guadare
■ **wade in** *vi* infml (start working) mettersi al lavoro; (take part) prendere parte
■ **wade into** *vt* (attack) scagliarsi contro
■ **wade through** *vt* infml procedere faticosamente in ‹*book*›
wader /ˈweɪdə(r)/ *n* Zool trampoliere *m*; **~s** *pl* (boots) stivaloni *mpl* di gomma
wafer /ˈweɪfə(r)/ *n* cialda *f*, wafer *m inv*; Relig ostia *f*

wafer-thin *adj* sottilissimo
waffle¹ /ˈwɒfl/ *vi* infml blaterare
waffle² *n* Culin cialda *f*
waft /wɒft/ **A** *vt* trasportare
B *vi* diffondersi
wag /wæg/ **A** *vt* (*pt/pp* **wagged**) agitare
B *vi* agitarsi
wage¹ /weɪdʒ/ *vt* dichiarare ‹*war*›; lanciare ‹*campaign*›
wage² *n* **~s** *pl* salario *msg*
wage earner *n* salariato, -a *mf*
wage packet *n* busta *f* paga
wager /ˈweɪdʒə(r)/ *n* scommessa *f*
wage slip *n* cedolino *m* dello stipendio
waggle /ˈwægl/ **A** *vt* dimenare
B *vi* dimenarsi
wagon /ˈwægən/ *n* carro *m*; Rail vagone *m* merci; **be on the ~** infml astenersi dall'alcol
waif /weɪf/ *n* trovatello, -a *mf*
wail /weɪl/ **A** *n* piagnucolio *m*; (of wind) lamento *m*; (of baby) vagito *m*
B *vi* piagnucolare; ‹*wind*› lamentarsi; ‹*baby*› vagire
Wailing Wall /ˈweɪlɪŋ/ *n* Muro *m* del pianto
waist /weɪst/ *n* vita *f*
waistband *n* cintura *f*
waistcoat *n* gilè *m*; (of man's suit) panciotto *m*
waistline *n* vita *f*
waist measurement *n* giro *m* vita
wait /weɪt/ **A** *n* attesa *f*; **lie in ~ for** appostarsi per sorprendere
B *vi* aspettare; **~ at table** servire ai tavoli; **~ for** aspettare
C *vt* **~ one's turn** aspettare il proprio turno
■ **wait about**, **wait around** *vi* aspettare
■ **wait behind** *vi* trattenersi
■ **wait in** *vi* rimanere a casa ad aspettare
■ **wait on** *vt* servire
■ **wait up** *vi* rimanere alzato ad aspettare; **don't ~ up for me** non mi aspettare alzato
waiter /ˈweɪtə(r)/ *n* cameriere *m*
waiter service *n* servizio *m* al tavolo
waiting game *n* **play a ~** *n* temporeggiare
waiting list *n* lista *f* d'attesa
waiting room *n* sala *f* d'aspetto
waitress /ˈweɪtrɪs/ *n* cameriera *f*
waive /weɪv/ *vt* rinunciare a ‹*claim*›; non tener conto di ‹*rule*›
waiver /ˈweɪvə(r)/ *n* Jur rinuncia *f*
wake¹ /weɪk/ **A** *n* veglia *f* funebre
B *vt* (*pt* **woke**, *pp* **woken**) **~ [up]** svegliare
C *vi* svegliarsi
■ **wake up to**: *vt* **~ up to the fact that...** (realize) aprire gli occhi di fronte al fatto che...
wake² *n* Naut scia *f*; **in the ~ of** fig sulla scia di
wakeful /ˈweɪkfʊl/ *adj* ‹*night*› insonne
waken /ˈweɪkn/ **A** *vt* svegliare
B *vi* svegliarsi
wake-up call *n* lit sveglia *f* telefonica; fig campanello *m* d'allarme
Wales /weɪlz/ *n* Galles *m*
walk /wɔːk/ **A** *n* passeggiata *f*; (gait) andatura *f*; (path) sentiero *m*; **go for a ~** andare a fare una passeggiata; **~ of life** livello *m* sociale
B *vi* camminare; (as opposed to drive etc) andare a piedi; (ramble) passeggiare; **'~'** AmE (at crossing) 'avanti'
C *vt* portare a spasso ‹*dog*›; percorrere ‹*streets*›
■ **walk away** *vi* (leave) allontanarsi; **~ away from** abbandonare ‹*place, person*›; disinteressarsi di ‹*problem*›; (survive unscathed) uscire illeso da ‹*accident*›
■ **walk away with** *vt* (win easily) vincere senza difficoltà ‹*game, election, prize*›
■ **walk back** *vi* ritornare a piedi
■ **walk in** *vi* entrare all'improvviso
■ **walk into** *vt* entrare in ‹*room*›; andare a sbattere contro ‹*door, lamp post*›; cadere in ‹*trap*›; trovare facilmente ‹*job*›
■ **walk off** *vi* (leave) andarsene
■ **walk off with** *vt* (win easily) riportare senza difficoltà; (take, steal) portarsi via
■ **walk out** *vi* ‹*husband, employee*› andarsene; ‹*workers*› scioperare
■ **walk out of** *vt* uscire da ‹*room*›; abbandonare ‹*meeting*›
■ **walk out on** *vt* lasciare
■ **walk over**: *vt* **~ all over somebody** (defeat) stracciare qualcuno; (treat badly) trattare qualcuno come una pezza da piedi
■ **walk through** *vt* superare senza difficoltà ‹*exam, interview*›
■ **walk up** *vi* (as opposed to taking the lift) salire a piedi; (approach) avvicinarsi
walkabout /ˈwɔːkəbaʊt/ *n* *escursione (f) periodica degli aborigeni australiani nell'entroterra*; (by royalty) incontro *m* con la folla; **go ~** ‹*queen, politician*› camminare tra la folla
walker /ˈwɔːkə(r)/ *n* **1** (pedestrian) camminatore, -trice *mf*; (rambler) escursionista *mf* **2** AmE (frame) deambulatore *m*
walkie-talkie /wɔːkɪˈtɔːkɪ/ *n* walkie-talkie *m inv*
walk-in *adj* **~ closet** stanzino *m*
walking /ˈwɔːkɪŋ/ *n* camminare *m*; (rambling) fare *m* delle escursioni
walking boots *npl* scarponi *mpl* [da trekking]
walking distance *n* **it's within ~** ci si arriva a piedi
walking frame *n* Med deambulatore *m*
walking pace *n* passo *m*
walking shoes *npl* scarpe *fpl* da passeggio
walking-stick *n* bastone *m* da passeggio

walking wounded *npl* feriti *mpl* in grado di camminare
Walkman® *n* Walkman® *m inv*
walk-on **A** *n* Theat comparsa *f*
B *adj* ‹*role*› piccolo
walkout *n* sciopero *m*
walkover *n* fig vittoria *f* facile
walkway *n* passaggio *m* pedonale
wall /wɔːl/ *n* muro *m*; **go to the ~** infml andare a rotoli; **drive somebody up the ~** infml far diventare matto qualcuno
■ **wall up** *vt* murare
wallchart /ˈwɔːltʃɑːt/ *n* tabellone *m*
walled /wɔːld/ *adj* ‹*city*› fortificato
wallet /ˈwɒlɪt/ *n* portafoglio *m*
wallflower /ˈwɔːlflaʊə(r)/ *n* violaciocca *f*
wall hanging *n* decorazione *f* murale
wallop /ˈwɒləp/ **A** *n* infml colpo *m*
B *vt* (*pt/pp* **walloped**) infml colpire
walloping /ˈwɒləpɪŋ/ infml **A** *adj* enorme
B *adv* **~ great** (very big) enorme
C *n* **give somebody a ~** suonarle a qualcuno
wallow /ˈwɒləʊ/ *vi* sguazzare; (in self-pity, grief) crogiolarsi
wallpaper /ˈwɔːlpeɪpə(r)/ **A** *n* tappezzeria *f*
B *vt* tappezzare
wall-to-wall *adj* che copre tutto il pavimento
walnut /ˈwɔːlnʌt/ *n* noce *f*
walrus /ˈwɔːlrəs/ *n* tricheco *m*
waltz /wɔːlts/ **A** *n* valzer *m inv*
B *vi* ballare il valzer; **he came ~ing up and said** infml è arrivato e ha detto con nonchalance
■ **waltz off with** *vt* infml (take, win) portarsi via
■ **waltz through** *vt* superare facilmente ‹*exam*›
wan /wɒn/ *adj* esangue
wand /wɒnd/ *n* (magic ~) bacchetta *f* [magica]
wander /ˈwɒndə(r)/ *vi* girovagare; fig (digress) divagare
■ **wander about** *vi* andare a spasso
■ **wander away** *vi* allontanarsi
■ **wander off** *vi* allontanarsi; **I'd better be ~ing off** infml è meglio che vada
wanderer /ˈwɒndərə(r)/ *n* vagabondo, -a *mf*
wanderlust /ˈwɒndəlʌst/ *n* smania *f* dei viaggi
wane /weɪn/ **A** *n* **be on the ~** essere in fase calante
B *vi* calare
wangle /ˈwæŋgl/ *vt* infml rimediare ‹*invitation, holiday*›
waning /ˈweɪnɪŋ/ **A** *n* (of moon) calare *m*; (weakening) declino *m*
B *adj* ‹*moon*› calante; ‹*popularity*› in declino

wannabe /ˈwɒnəbiː/ *n* infml *persona* (*f*) *che sogna di diventare famosa*
want /wɒnt/ **A** *n* (hardship) bisogno *m*; (lack) mancanza *f*
B *vt* volere; (need) aver bisogno di; **~ [to have] something** volere qualcosa; **~ to do something** voler fare qualcosa; **we ~ to stay** vogliamo rimanere; **I ~ you to go** voglio che tu vada; **it ~s painting** ha bisogno d'essere dipinto; **you ~ to learn to swim** bisogna che impari a nuotare
C *vi* **~ for** mancare di
wanted /ˈwɒntɪd/ *adj* ricercato
wanted list *n* lista *f* dei ricercati
wanting /ˈwɒntɪŋ/ *adj* **be ~** mancare; **be ~ in** mancare di
wanton /ˈwɒntən/ *adj* ‹*cruelty, neglect*› gratuito; (morally) debosciato
WAP /wæp/ *abbr* (**wireless application protocol**) WAP *m*; **~ phone** telefonino WAP
WAP-enabled /-ˈneɪbld/ *adj* ‹*device, system*› abilitato al WAP
war /wɔː(r)/ *n* guerra *f*; fig lotta *f* (**on** contro); **at ~** in guerra
warble /ˈwɔːbl/ *vt & vi* trillare; ‹*singer*› gorgheggiare
war cabinet *n* consiglio *m* di guerra
war cry *n* grido *m* di guerra
ward /wɔːd/ *n* (in hospital) reparto *m*; (child) minore *m* sotto tutela
■ **ward off** *vt* evitare; parare ‹*blow*›
warden /ˈwɔːdn/ *n* guardiano, -a *mf*
warder /ˈwɔːdə(r)/ *n* guardia *f* carceraria
wardrobe /ˈwɔːdrəʊb/ *n* guardaroba *m inv*
wardrobe assistant *n* costumista *mf*
ward round *n* Med giro *m* delle corsie
ward sister *n* BrE Med caposala *f inv*
warehouse /ˈweəhaʊs/ *n* magazzino *m*
wares /weəz/ *npl* merci *mpl*
warfare /ˈwɔːfeə(r)/ *n* guerra *f*
war game *n* Mil simulazione *f* di scontro militare
warhead *n* testata *f*
warhorse *n* cavallo *m* da battaglia; fig (campaigner) veterano *m*
warily /ˈweərɪlɪ/ *adv* cautamente
warlike /ˈwɔːlaɪk/ *adj* bellicoso
warm /wɔːm/ **A** *adj* caldo; ‹*welcome*› caloroso; **be ~** ‹*person*› aver caldo; **it is ~** ‹*weather*› fa caldo
B *vt* scaldare
■ **warm to** *vt* prendere in simpatia ‹*person*›
■ **warm up** **A** *vt* scaldare
B *vi* scaldarsi; fig animarsi
warm-blooded /-ˈblʌdɪd/ *adj* Zool a sangue caldo
war memorial *n* monumento *m* ai caduti
warm-hearted /-ˈhɑːtɪd/ *adj* espansivo
warmly /ˈwɔːmlɪ/ *adv* ‹*greet*› calorosamente; ‹*dress*› in modo pesante

W

warmongering /ˈwɔːmʌŋgərɪŋ/ **A** *n* bellicismo *m*
B *adj* ‹*article*› bellicista; ‹*person*› guerrafondaio
warmth /wɔːmθ/ *n* calore *m*
warm-up *n* Sport riscaldamento *m*; (of musicians) prove *fpl*
warn /wɔːn/ *vt* avvertire
■ **warn off** *vt* dare un avvertimento a
warning /ˈwɔːnɪŋ/ *n* avvertimento *m*; (advance notice) preavviso *m*
warning light *n* spia *f* luminosa
warning shot *n* sparo *m* d'avvertimento
warning sign *n* (road sign) segnale *m* di pericolo; (of illness)) segnale *m* d'allarme
warning triangle *n* triangolo *m* di segnalazione
warp /wɔːp/ **A** *vt* deformare; fig distorcere
B *vi* deformarsi
warpaint /ˈwɔːpeɪnt/ *n* Mil pitture *fpl* di guerra
warpath /ˈwɔːpɑːθ/ *n* **on the ~** sul sentiero di guerra
warped /wɔːpt/ *adj* deformato; ‹*personality*› contorto; ‹*sexuality*› deviato; ‹*view*› distorto
warplane /ˈwɔːpleɪn/ *n* aereo *m* da guerra
warrant /ˈwɒrənt/ **A** *n* (for arrest, search) mandato *m*
B *vt* (justify) giustificare; (guarantee) garantire
warranty /ˈwɒrəntɪ/ *n* garanzia *f*
warren /ˈwɒr(ə)n/ *n* (of rabbits) area *f* piena di tane di conigli; (building, maze of streets) labirinto *m*
warring /ˈwɔːrɪŋ/ *adj* in guerra
warrior /ˈwɒrɪə(r)/ *n* guerriero, -a *mf*
Warsaw /ˈwɔːsɔː/ *n* Varsavia *f*
warship /ˈwɔːʃɪp/ *n* nave *f* da guerra
wart /wɔːt/ *n* porro *m*
wartime /ˈwɔːtaɪm/ *n* tempo *m* di guerra
war-torn /ˈwɔːtɔːn/ *adj* straziato dalla guerra
wary /ˈweərɪ/ *adj* (**-ier**, **-iest**) (careful) cauto; (suspicious) diffidente
was /wɒz/ ▶ **be**
wash /wɒʃ/ **A** *n* lavata *f*; (clothes) bucato *m*; (in washing machine) lavaggio *m*; **have a ~** darsi una lavata
B *vt* lavare; ‹*sea*› bagnare; **~ one's hands** lavarsi le mani
C *vi* lavarsi
■ **wash away** *vt* ‹*rain*› portare via; ‹*sea, floodwaters*› spazzare via
■ **wash off** **A** *vt* lavar via ‹*stain, mud*›
B *vi* andar via
■ **wash out** *vt* sciacquare ‹*soap*›; sciacquarsi ‹*mouth*›
■ **wash up** **A** *vt* lavare
B *vi* lavare i piatti; AmE lavarsi
washable /ˈwɒʃəbl/ *adj* lavabile
wash-and-wear *adj* che non si stira
wash bag *n* BrE = **toilet bag**
washbasin *n* lavandino *m*
washbowl *n* AmE = **washbasin**
wash cloth *n* AmE ≈ guanto *m* da bagno
washed out /wɒʃtˈaʊt/ *adj* (faded) scolorito; (tired) spossato
washed up *adj* infml (finished) finito; (tired) distrutto
washer /ˈwɒʃə(r)/ *n* Techn guarnizione *f*; (machine) lavatrice *f*
washer-dryer /-ˈdraɪə(r)/ *n* asciugabiancheria *m inv*
washing /ˈwɒʃɪŋ/ *n* bucato *m*
washing line *n* corda *f* per il bucato
washing machine *n* lavatrice *f*
washing powder *n* detersivo *m*
washing soda *n* soda *f* da bucato
washing-up *n* **do the ~** lavare i piatti
washing-up bowl *n* bacinella *f* (*per i piatti*)
washing-up liquid *n* detersivo *m* per i piatti
washing-up water *n* rigovernatura *f*
wash load *n* carico *m* di lavatrice
wash-out *n* disastro *m*
washroom *n* bagno *m*
wash-stand *n* AmE = **washbasin**
wasp /wɒsp/ *n* vespa *f*
WASP, **Wasp** /wɒsp/ *n abbr* AmE (**White Anglo-Saxon Protestant**) WASP *mf inv*
waspish /ˈwɒspɪʃ/ *adj* pungente
wastage /ˈweɪstɪdʒ/ *n* perdita *f*
waste /weɪst/ **A** *n* spreco *m*; (rubbish) rifiuto *m*; **~s** *pl* distesa *fsg* desolata; **~ of time** perdita *f* di tempo
B *adj* ‹*product*› di scarto; ‹*land*› desolato; **lay ~** devastare
C *vt* sprecare
■ **waste away** *vi* deperire
wastebasket *n* cestino *m* della carta straccia
waste bin *n* (for paper) cestino *m* della carta straccia; (for rubbish) secchio *m* della spazzatura
wasted /ˈweɪstɪd/ *adj* ‹*energy, effort, life*› sprecato; ‹*limb*› atrofizzato; ‹*body*› scarnito
waste disposal *n* smaltimento *m* dei rifiuti
waste-disposal unit *n* eliminatore *m* di rifiuti
wasteful /ˈweɪstfʊl/ *adj* dispendioso
wasteland *n* area *f* desolata
waste paper *n* carta *f* straccia
waste-paper basket *n* cestino *m* per la carta [straccia]
waste pipe *n* tubo *m* di scarico
watch /wɒtʃ/ **A** *n* guardia *f*; (period of duty) turno *m* di guardia; (timepiece) orologio *m*; **be on the ~** stare all'erta
B *vt* guardare ‹*film, match, television*›;

(be careful of, look after) stare attento a
C *vi* guardare
■ **watch out** *vi* (be careful) stare attento (**for** a)
■ **watch out for** *vt* (look for) fare attenzione all'arrivo di ‹*person*›
■ **watch over** *vt* proteggere ‹*person*›

watch band *n* AmE = **watch strap**

watchdog /'wɒtʃdɒg/ *n* cane *m* da guardia

watchful /'wɒtʃfʊl/ *adj* attento

watchfully /'wɒtʃfʊlɪ/ *adv* attentamente

watchmaker *n* orologiaio, -a *mf*

watchman *n* guardiano *m*

watch strap *n* cinturino *m* dell'orologio

watchtower *n* torre *f* di guardia

watchword *n* motto *m*

water /'wɔːtə(r)/ **A** *n* acqua *f*; **~s** *pl* acque *fpl*
B *vt* annaffiare ‹*garden, plant*›; (dilute) annacquare; dare da bere a ‹*horse etc*›
C *vi* ‹*eyes*› lacrimare; **my mouth was ~ing** avevo l'acquolina in bocca
■ **water down** **A** *vt* diluire
B fig attenuare

water authority *n* ente *m* dell'acqua

water bed *n* materasso *m* ad acqua

waterbird *n* uccello *m* acquatico

water birth *n* parto *m* in acqua

water bottle *n* borraccia *f*

water cannon *n* idrante *m*

watercolour *n* acquerello *m*

water company *n* società *f* dell'acqua

watercress *n* crescione *m*

water divining *n* rabdomanzia *f*

waterfall *n* cascata *f*

water filter *n* brocca *f* con filtro per l'acqua

waterfront *n* (by lakeside, riverside) riva *f*; (on harbour) zona *f* portuale

water heater *n* scaldacqua *m inv*

waterhole *n* pozza *f* d'acqua

watering can /'wɔːtərɪŋ/ *n* annaffiatoio *m*

water jump *n* riviera *f*

water lily *n* ninfea *f*

waterline *n* linea *f* di galleggiamento

waterlogged *adj* inzuppato

water main *n* conduttura *f* dell'acqua

watermark *n* filigrana *f*

water meadow *n* marcita *f*

watermelon *n* cocomero *m*, anguria *f*

watermill *n* mulino *m* ad acqua

water polo *n* pallanuoto *f*

water power *n* energia *f* idraulica

waterproof **A** *adj* ‹*coat*› impermeabile; ‹*make-up*› waterproof *inv*
B *n* impermeabile *m*

waterproofs *npl* sovrapantaloni *mpl* e giacca impermeabili

water rates *mpl* BrE tariffe *fpl* dell'acqua

water-resistant *adj* ‹*sun cream*› resistente all'acqua; ‹*garment, watch*› impermeabile

watershed *n* spartiacque *m inv*; fig svolta *f*

waterside **A** *n* riva *f*
B *attrib* ‹*cafe, hotel*› sulla riva

water-ski /'wɔːtəskiː/ *vi* fare sci nautico

waterskiing *n* sci *m* nautico

water slide *n* acquascivolo *m*

water softener *n* (equipment) addolcitore *m*; (substance) anticalcare *m inv*

water-soluble *adj* idrosolubile

water sport *n* sport *m inv* acquatico

water table *n* Geog superficie *f* freatica

watertight *adj* stagno; fig irrefutabile

water tower *n* serbatoio *m* idrico a torre

waterway *n* canale *m* navigabile

water-wheel *n* ruota *f* idraulica

water wings *npl* braccioli *mpl*

waterworks *n* impianto *m* idrico; **turn on the ~** infml mettersi a piangere come una fontana

watery /'wɔːtərɪ/ *adj* acquoso; ‹*eyes*› lacrimoso

watt /wɒt/ *n* watt *m inv*

wattage /'wɒtɪdʒ/ *n* wattaggio *m*

wave /weɪv/ **A** *n* onda *f*; (gesture) cenno *m*; fig ondata *f*
B *vt* agitare; **~ one's hand** agitare la mano
C *vi* far segno; ‹*flag*› sventolare
■ **wave aside** *vt* respingere ‹*criticism*›
■ **wave down** *vt* far segno di fermarsi a ‹*vehicle*›

waveband /'weɪvbænd/ *n* gamma *f* d'onda

wave farm *n* centrale *f* per energia da moto ondoso

wavelength /'weɪvleŋθ/ *n* lunghezza *f* d'onda; **be on the same ~** fig essere sulla stessa lunghezza d'onda

waver /'weɪvə(r)/ *vi* vacillare; (hesitate) esitare

wavy /'weɪvɪ/ *adj* ondulato

wax /wæks/ *vi* ‹*moon*› crescere; fig (become) diventare

wax² **A** *n* cera *f*; (in ear) cerume *m*
B *vt* dare la cera a

waxed jacket *n* cerata *f*

waxwork /'wækswɜːk/ *n* statua *f* di cera

waxworks /'wækswɜːks/ *n* museo *m* delle cere

waxy /'wæksɪ/ *adj* ‹*skin, texture*› cereo

way /weɪ/ **A** *n* percorso *m*; (direction) direzione *f*; (manner, method) modo *m*; **~s** *pl* (customs) abitudini *fpl*; **be in the ~** essere in mezzo; **on the ~ to Rome** andando a Roma; **I'll do it on the ~** lo faccio mentre vado; **it's on my ~** è sul mio percorso; **a long ~ off** lontano; **this ~** da questa parte; (like this) così; **by the ~** a proposito; **by ~ of** come; (via) via; **either ~** (whatever we do) in un modo o nell'altro; **in some ~s** sotto certi aspetti; **in a ~** in un certo senso; **in a bad**

W

---

parola chiave

~ ‹*person*› molto grave; **out of the ~** fuori mano; **under ~** in corso; **lead the ~** far strada; fig aprire la strada; **make ~** far posto (**for** a); **give ~** Auto dare la precedenza; **go out of one's ~** fig scomodarsi (**to** per); **get one's [own] ~** averla vinta

B *adv* **~ behind** molto indietro

way in *n* entrata *f*

waylay /weɪˈleɪ/ *vt* (*pt/pp* **-laid**) aspettare al varco ‹*person*›; intercettare ‹*letter*›

way out *n* uscita *f*; fig via *f* d'uscita

way-out *adj* infml eccentrico

wayside /ˈweɪsaɪd/ *n* bordo *m*; **fall by the ~** (morally) smarrire la retta via; (fail) fallire

wayward /ˈweɪwəd/ *adj* capriccioso

WC *abbr* WC; **the WC** il gabinetto

we /wiː/ *pers pron* noi; **we're the last** siamo gli ultimi; **they're going, but we're not** loro vanno, ma noi no

weak /wiːk/ *adj* debole; ‹*liquid*› leggero; **go ~ at the knees** infml sentirsi piegare le ginocchia

weaken /ˈwiːkn/ **A** *vt* indebolire

B *vi* indebolirsi

weakling /ˈwiːklɪŋ/ *n* smidollato, -a *mf*

weakly /ˈwiːklɪ/ *adv* debolmente

weak-minded /-ˈmaɪndɪd/ *adj* (indecisive) debole; (simple) poco intelligente

weakness /ˈwiːknɪs/ *n* debolezza *f*; (liking) debole *m*

weak-willed /-ˈwɪld/ *adj* debole

weal /wiːl/ *n* piaga *f*

wealth /welθ/ *n* ricchezza *f*; fig gran quantità *f*

wealthy /ˈwelθɪ/ *adj* (**-ier**, **-iest**) ricco

wean /wiːn/ *vt* svezzare

weapon /ˈwepən/ *n* arma *f*

weapon of mass destruction *n* arma *f* di distruzione di massa

weaponry /ˈwepənrɪ/ *n* armamento *m*

wear /weə(r)/ **A** *n* (clothing) abbigliamento *m*; **for everyday ~** da portare tutti i giorni; **~ [and tear]** usura *f*

B *vt* (*pt* **wore**, *pp* **worn**) portare; (damage) consumare; **~ a hole in something** logorare qualcosa fino a fare un buco; **what shall I ~?** cosa mi metto?

C *vi* consumarsi; (last) durare

- **wear away** **A** *vt* consumare

  B *vi* consumarsi
- **wear down** *vt* estenuare ‹*opposition etc*›
- **wear off** *vi* scomparire; ‹*effect*› finire
- **wear out** **A** *vt* consumare [fino in fondo]; (exhaust) estenuare

  B *vi* estenuarsi
- **wear through** *vi* ‹*elbow, knee, shoe*› bucarsi

wearable /ˈweərəbl/ *adj* portabile

wearily /ˈwɪərɪlɪ/ *adv* stancamente

weariness /ˈwɪərɪnɪs/ *n* stanchezza *f*

wearing /ˈweərɪŋ/ *adj* (tiring) faticoso; (irritating) fastidioso

weary /ˈwɪərɪ/ **A** *adj* (**-ier**, **-iest**) sfinito

B *vt* (*pt/pp* **wearied**) sfinire

C *vi* **~ of** stancarsi di

weasel /ˈwiːzl/ *n* donnola *f*

weather /ˈweðə(r)/ **A** *n* tempo *m*; **in this ~** con questo tempo; **under the ~** infml giù di corda

B *vt* sopravvivere a ‹*storm*›

weather balloon *n* pallone *m* sonda

weather-beaten /-biːtn/ *adj* ‹*face*› segnato dalle intemperie

weathercock *n* gallo *m* segnavento

weather forecast *n* previsioni *fpl* del tempo

weatherman *n* TV meteorologo *m*

weatherproof *adj* ‹*garment, shoe*› impermeabile; ‹*shelter, door*› resistente alle intemperie

weather-vane *n* banderuola *f*

weave¹ /wiːv/ *vi* (*pt/pp* **weaved**) (move) zigzagare

weave² **A** *n* Tex tessuto *m*

B *vt* (*pt* **wove**, *pp* **woven**) tessere; intrecciare ‹*flowers etc*›; intrecciare le fila di ‹*story etc*›

weaver /ˈwiːvə(r)/ *n* tessitore, -trice *mf*

weaving /ˈwiːvɪŋ/ *n* tessitura *f*

web /web/ *n* rete *f*; Comput web *m*, rete *f*; (of spider) ragnatela *f*

web-based /-beɪst/ *adj* ‹*learning, software*› basato sul web

webbed feet /webdˈfiːt/ *npl* piedi *mpl* palmati

webbing /ˈwebɪŋ/ *n* (material) cinghie *fpl*

web cam *n* Comput web cam *f inv*

web crawler /ˈweb ˌkrɔːlə(r)/ *n software che analizza i contenuti di una rete in modo metodico e automatizzato*

web developer *n* Comput sviluppatore *m* web

webinar /ˈwebɪnɑː(r)/ *n* seminario *m* via Internet

weblog /ˈweblɒg/ *n* Comput = **blog**

weblogger /ˈweblɒgə(r)/ *n* Comput = **blogger**

webmaster *n* Comput webmaster *mf inv*

web page *n* Comput pagina *f* web

web presence *n* Comput presenza *f* in Internet

web server *n* Comput server *m* web

website *n* Comput sito *m* web

web space *n* Comput spazio *m* web

wed /wed/ **A** *vt* (*pt/pp* **wedded**) sposare

B *vi* sposarsi

wedding /ˈwedɪŋ/ *n* matrimonio *m*

wedding anniversary *n* anniversario *m* di nozze

wedding bells *npl* fig marcia *f* nuziale

wedding breakfast *n* rinfresco *m* di nozze

wedding cake *n* torta *f* nuziale
wedding day *n* giorno *m* del matrimonio
wedding dress *n* vestito *m* da sposa
wedding march *n* marcia *f* nuziale
wedding night *n* prima notte *f* di nozze
wedding reception *n* ricevimento *m* di nozze
wedding ring *n* fede *f*
wedding vows *npl* voti *mpl* nuziali
wedge /wedʒ/ **A** *n* zeppa *f*; (for splitting wood) cuneo *m*; (of cheese) fetta *f*
B *vt* (fix) fissare
wedlock /'wedlɒk/ *n* **born out of ~** nato fuori dal matrimonio
Wednesday /'wenzdeɪ/ *n* mercoledì *m*
wee¹ /wi:/ *adj* infml piccolo
wee² **A** *n* infml **do a ~** fare la pipì
B *vi* infml fare la pipì
weed /wi:d/ **A** *n* erbaccia *f*; infml (person) mollusco *m*
B *vt* estirpare le erbacce da
C *vi* estirpare le erbacce
■ **weed out** *vt* fig eliminare
weedkiller /'wi:dkɪlə(r)/ *n* erbicida *m*
weedy /'wi:dɪ/ *adj* infml mingherlino
week /wi:k/ *n* settimana *f*
weekday /'wi:kdeɪ/ *n* giorno *m* feriale
weekend /'wi:kend/ *n* fine *m* settimana *inv*
weekend bag *n* piccola borsa *f* da viaggio
weekly /'wi:klɪ/ **A** *adj* settimanale
B *n* settimanale *m*
C *adv* settimanalmente
weep /wi:p/ *vi* (*pt/pp* **wept**) piangere
weeping willow /wi:pɪŋ'wɪləʊ/ *n* salice *m* piangente
weepy /'wi:pɪ/ *adj* ‹*film*› strappalacrime *inv*
weigh /weɪ/ *vt* & *vi* pesare; **~ anchor** levare l'ancora
■ **weigh down** *vt* fig piegare
■ **weigh in** *vi* infml (join in discussion) intromettersi
■ **weigh out** *vt* pesare ‹*amount of flour etc*›
■ **weigh up** *vt* fig soppesare; valutare ‹*person*›
weighing machine /'weɪɪŋ/ *n* bilancia *f*
weight /weɪt/ *n* peso *m*; **put on/lose ~** ingrassare/dimagrire
weighting /'weɪtɪŋ/ *n* (allowance) indennità *f*
weightlessness /'weɪtlɪsnɪs/ *n* assenza *f* di gravità
weightlifter *n* sollevatore *m* di pesi
weightlifting *n* sollevamento *m* pesi
weight problem *n* problemi *mpl* di peso
weight training *n* **do ~** allenarsi con i pesi
weight-watcher *n* (in group) *persona* (*f*) *che segue una dieta dimagrante*
weighty /'weɪtɪ/ *adj* (**-ier**, **-iest**) pesante; (important) di un certo peso

weir /wɪə(r)/ *n* chiusa *f*
weird /wɪəd/ *adj* misterioso; (bizarre) bizzarro
welcome /'welkəm/ **A** *adj* benvenuto; **you're ~!** prego!; **you're ~ to have it/to come** prendilo/vieni pure
B *n* accoglienza *f*
C *vt* accogliere; (appreciate) gradire
welcoming /'welkəmɪŋ/ *adj* ‹*ceremony*› di benvenuto; ‹*committee, smile*› di accoglienza; ‹*house*› accogliente
weld /weld/ *vt* saldare
welder /'weldə(r)/ *n* saldatore *m*
welfare /'welfeə(r)/ *n* benessere *m*; (aid) assistenza *f*; AmE previdenza *f* sociale
welfare services *n* servizi *mpl* sociali
Welfare State *n* Stato *m* assistenziale
welfare work *n* assistenza *m* sociale
well¹ /wel/ *n* pozzo *m*; (oil ~) pozzo *m*; (of staircase) tromba *f*
well² **A** *adv* (**better**, **best**) bene; **as ~** anche; **as ~ as** (in addition) oltre a; **~ done!** bravo!; **very ~** benissimo
B *adj* **he is not ~** non sta bene; **get ~ soon!** guarisci presto!
C *int* beh!; **~ I never!** ma va'!
well-attended /-ə'tendɪd/ *adj* ben frequentato
well-balanced /-'bælənst/ *adj* ‹*person, diet, meal*› equilibrato
well-behaved /-bɪ'heɪvd/ *adj* educato
well-being /'welbi:ɪŋ/ *n* benessere *m*
well-bred /wel'bred/ *adj* beneducato
well-defined /-dɪ'faɪnd/ *adj* ‹*role, boundary*› ben definito; ‹*outline, image*› netto
well-disposed /-dɪ'spəʊzd/ *adj* benevolo; **be ~ towards** essere bendisposto verso ‹*person*›; essere favorevole a ‹*idea*›
well done /dʌn/ *adj* ‹*task*› ben fatto; Culin ben cotto
well-educated *adj* istruito; (cultured) colto
well-founded /-'faʊndɪd/ *adj* fondato
well-heeled /-'hi:ld/ *adj* infml danaroso
well-informed /-ɪn'fɔ:md/ *adj* beninformato
wellingtons /'welɪŋtənz/ *npl* stivali *mpl* di gomma
well-judged /-'dʒʌdʒd/ *adj* ‹*performance*› molto intelligente; ‹*shot*› ben assestato; ‹*statement, phrase*› ben ponderato
well-kept /-'kept/ *adj* ‹*garden*› curato; ‹*secret*› ben custodito
well-known /'-nəʊn/ *adj* famoso
well-liked /-'laɪkt/ *adj* popolare
well-made /-'meɪd/ *adj* benfatto
well-mannered /-'mænəd/ *adj* educato
well-meaning *adj* con buone intenzioni
well-meant /-'ment/ *adj* con le migliori intenzioni
well-nigh /'welnaɪ/ *adv* quasi

W

parola chiave

well-off *adj* benestante
well read /-ˈred/ *adj* colto
well respected /ˌwelrɪˈspektɪd/ *adj* molto rispettato
well-rounded /ˌwelˈraʊndɪd/ *adj* ‹*education, individual*› completo
well-spoken /-ˈspəʊkən/ *adj* ‹*person*› che parla bene
well thought of *adj* stimato
well-timed /ˌwelˈtaɪmd/ *adj* tempestivo
well-to-do *adj* ricco
well-trodden /-ˈtrɒdn/ *adj* also fig battuto
well-wisher /ˈwelwɪʃə(r)/ *n* simpatizzante *mf*
well-worn /-ˈwɔːn/ *adj* ‹*steps, floorboards*› consunto; ‹*carpet, garment*› logoro; fig ‹*argument*› trito e ritrito
Welsh /welʃ/ *adj & n* gallese *mf*; (language) gallese *m*; **the ~** *pl* i gallesi
Welshman /ˈwelʃmən/ *n* gallese *m*
Welsh rabbit *n* toast *m inv* al formaggio
welt /welt/ *n* (on shoe) rinforzo *m*; (on skin) segno *m* di frustata
welterweight /ˈweltəweɪt/ *n* pesi *mpl* welter
went /went/ ▶ **go**
wept /wept/ ▶ **weep**
were /wɜː(r)/ ▶ **be**
west /west/ **A** *n* ovest *m*; **to the ~ of** a ovest di; **the W~** l'Occidente *m*
B *adj* occidentale
C *adv* verso occidente; **go ~** infml andare in malora
West Bank *n* Cisgiordania *f*
West Country *n* sud-ovest *m* dell'Inghilterra
West End *n zona (f) di Londra con un'alta concentrazione di teatri e negozi di lusso*
westerly /ˈwestəlɪ/ *adj* verso ovest; ‹*wind*› occidentale
western /ˈwestən/ **A** *adj* occidentale
B *n* western *m inv*
Westerner /ˈwestənə(r)/ *n* occidentale *mf*
westernize /ˈwestənaɪz/ *vt* occidentalizzare; **become ~d** occidentalizzarsi
Western Samoa *n* Samoa *fpl* Occidentali
West Germany *n* Germania *f* occidentale
West Indian *adj & n* antillese *mf*
West Indies /ˈɪndɪz/ *npl* Antille *fpl*
westwards BrE, **westward** AmE /ˈwestwəd[z]/ *adv* verso ovest
wet /wet/ **A** *adj* (**-tter, -test**) bagnato; ‹*paint*› fresco; (rainy) piovoso; infml ‹*person*› smidollato; **get ~** bagnarsi
B *vt* (*pt/pp* **wet, wetted**) bagnare
wet blanket *n* guastafeste *mf inv*
wet fish *n* BrE pesce *m* fresco
wet-look *adj* ‹*plastic, leather*› lucido
wet-nurse *n* balia *f*
wetsuit *n* muta *f*
whack /wæk/ **A** *n* infml colpo *m*
B *vt* infml dare un colpo a
whacked /wæk/ *adj* infml stanco morto
whacking /ˈwækɪŋ/ **A** *adj* BrE infml (enormous) enorme
B *n* infml sculacciata *f*
whacky /ˈwækɪ/ *adj* infml ‹*joke, person etc*› demenziale
whale /weɪl/ *n* balena *f*; **have a ~ of a time** infml divertirsi un sacco
whaling /ˈweɪlɪŋ, AmE ˈhweɪlɪŋ/ *n* caccia *f* alla balena
wham /wæm/ *int* bum!
wharf /wɔːf/ *n* banchina *f*
what /wɒt/ **A** *pron* che, [che] cosa; **~ for?** perché?; **~ is that for?** a che cosa serve?; **~ is it?** (what do you want) cosa c'è?; **~ is it like?** com'è?; **~ is your name?** come ti chiami?; **~ is the weather like?** com'è il tempo?; **~ is the film about?** di cosa parla il film?; **~ is he talking about?** di cosa sta parlando?; **he asked me ~ she had said** mi ha chiesto cosa ha detto; **~ about going to the cinema?** e se andassimo al cinema?; **~ about the children?** (what will they do) e i bambini?; **~ if it rains?** e se piove?
B *adj* quale, che; **take ~ books you want** prendi tutti i libri che vuoi; **~ kind of a** che tipo di; **at ~ time?** a che ora?
C *adv* che; **~ a lovely day!** che bella giornata!
D *int* **~ !** [che] cosa!; **~ ?** [che] cosa?
whatever /wɒtˈevə(r)/ **A** *adj* qualunque
B *pron* qualsiasi cosa; **~ is it?** cos'è?; **~ he does** qualsiasi cosa faccia; **~ happens** qualunque cosa succeda; **nothing ~** proprio niente
whatnot /ˈwɒtnɒt/ *n* coso *m*; (stand) scaffaletto *m*; **and ~** (and so on) e così via
whatsit /ˈwɒtsɪt/ *n* infml aggeggio *m*, coso *m*
what's-its-name *n* infml coso, -a *mf*
whatsoever /wɒtsəʊˈevə(r)/ *adj & pron* = **whatever**
wheat /wiːt/ *n* grano *m*, frumento *m*
wheatgerm /ˈwiːtdʒɜːm/ *n* germoglio *m* di grano
wheatmeal /ˈwiːtmiːl/ *n* farina *f* di frumento
wheedle /ˈwiːdl/ *vt* **~ something out of somebody** ottenere qualcosa da qualcuno con le lusinghe
wheel /wiːl/ **A** *n* ruota *f*; (steering ~) volante *m*; **at the ~** al volante
B *vt* (push) spingere
C *vi* (circle) ruotare; **~ round** ruotare
wheelbarrow *n* carriola *f*
wheelchair *n* sedia *f* a rotelle
wheelchair access *n* accesso *m* disabili
wheelchair-accessible *adj* accessibile alle carrozzelle, accessibile alle sedie a rotelle
wheel clamp *n* ceppo *m* bloccaruote

wheeler-dealer /wi:lə'di:lə(r)/ *n* trafficone, -a *mf*

wheelie bin *n* cassonetto *m*

wheeze /wi:z/ *vi* ansimare

wheezy /'wi:zɪ/ *adj* ‹*voice, cough*› dal respiro affannato

when /wen/ *adv & conj* quando; **the day ~** il giorno in cui; **~ swimming/reading** nuotando/leggendo

whence /wens/ *adv* literary donde

whenever /wen'evə(r)/ *adv & conj* in qualsiasi momento; (every time that) ogni volta che; **~ did it happen?** quando è successo?

where /weə(r)/ *adv & conj* dove; **the street ~ I live** la via in cui abito; **~ do you come from?** da dove vieni?

whereabouts /weərə'baʊts/ *adv* dove

whereabouts² /'weərəbaʊts/ *n* **nobody knows his ~** nessuno sa dove si trovi

whereas /weər'æz/ *conj* dal momento che; (in contrast) mentre

whereby /weə'baɪ/ *adv* attraverso il quale

whereupon /weərə'pɒn/ *adv* dopo di che

wherever /weər'evə(r)/ *adv & conj* dovunque; **~ is he?** dov'è mai?; **~ possible** dovunque sia possibile

wherewithal /'weəwɪðɔ:l/ *n* mezzi *mpl*

whet /wet/ *vt* (*pt/pp* **whetted**) stuzzicare ‹*appetite*›

whether /'weðə(r)/ *conj* se; **~ you like it or not** che ti piaccia o no

whew /fju:/ *int* (in relief) fiuu; (when hot) uff; (in surprise) wow

which /wɪtʃ/ **A** *adj & pron* quale; **~ one?** quale?; **~ one of you?** chi di voi?; **~ way?** (direction) in che direzione?
B *rel pron* (object) che; **~ he does frequently** cosa che fa spesso; **after ~** dopo di che; **on/in ~** su/in cui

whichever /wɪtʃ'evə(r)/ *adj & pron* qualunque; **~ it is** qualunque sia; **~ one of you** chiunque tra voi

whiff /wɪf/ *n* zaffata *f*; **have a ~ of something** odorare qualcosa

while /waɪl/ **A** *n* **a long ~** un bel po'; **a little ~** un po'
B *conj* mentre; (as long as) finché; (although) sebbene; **he met her ~ in exile** l'ha incontrata mentre era in esilio
■ **while away** *vt* passare ‹*time*›

whilst /waɪlst/ *conj* = **while**

whim /wɪm/ *n* capriccio *m*

whimper /'wɪmpə(r)/ *vi* piagnucolare; ‹*dog*› mugolare

whimsical /'wɪmzɪkl/ *adj* capriccioso; ‹*story*› fantasioso

whine /waɪn/ **A** *n* lamento *m*; (of dog) guaito *m*
B *vi* lamentarsi; ‹*dog*› guaire

whinge /wɪndʒ/ *vi* infml lagnarsi

whining /'waɪnɪŋ, AmE 'hwaɪn-/ **A** *adj* ‹*voice, child*› lagnoso
B *n* (complaints) lagne *fpl*; (of dog) guaiti *mpl*

whinny /'wɪnɪ/ **A** *n* nitrito *m*
B *vi* ‹*horse*› nitrire

whip /wɪp/ **A** *n* frusta *f*; Pol (person) *parlamentare (mf) incaricato, -a di assicurarsi della presenza dei membri del suo partito alle votazioni*
B *vt* (*pt/pp* **whipped**) frustare; Culin sbattere; (snatch) afferrare; infml (steal) fregare
■ **whip up** *vt* (incite) stimolare; infml improvvisare ‹*meal*›

whiplash injury /'wɪplæŋ/ *n* Med colpo *m* di frusta

whipped cream /wɪpt'kri:m/ *n* panna *f* montata

whipping boy /'wɪpɪŋ/ *n* capro *m* espiatorio

whip-round *n* infml colletta *f*; **have a ~** fare una colletta

whirl /wɜ:l/ **A** *n* (movement) rotazione *f*; **my mind's in a ~** ho le idee confuse
B *vi* girare rapidamente
C *vt* far girare rapidamente

whirlpool /'wɜ:lpu:l/ *n* vortice *m*

whirlpool bath *n* vasca *f* con idromassaggio

whirlwind /'wɜ:lwɪnd/ *n* turbine *m*

whirr /wɜ:(r)/ *vi* ronzare

whisk /wɪsk/ **A** *n* Culin frullino *m*
B *vt* Culin frullare
■ **whisk away** *vt* portare via

whisker /'wɪskə(r)/ *n* **~s** *pl* (of cat) baffi *mpl*; (on man's cheek) basette *fpl*; **by a ~** per un pelo

whisky /'wɪskɪ/ *n* whisky *m inv*

whisper /'wɪspə(r)/ **A** *n* sussurro *m*; (rumour) diceria *f*
B *vt & vi* sussurrare

whispering gallery /'wɪspərɪŋ/ *n* galleria *f* acustica

whistle /'wɪsl/ **A** *n* fischio *m*; (instrument) fischietto *m*
B *vt* fischiettare
C *vi* fischiettare; ‹*referee*› fischiare

whistle-stop tour *n* Pol giro *m* elettorale

white /waɪt/ **A** *adj* bianco; **go ~** (pale) sbiancare
B *n* bianco *m*; (of egg) albume *m*; (person) bianco, -a *mf*

whitebait *n* bianchetti *npl*

white board *n* lavagna *f* bianca

white coffee *n* caffè *m* macchiato

white-collar worker *n* colletto *m* bianco

white elephant *n* (public project) progetto *m* dispendioso e di scarsa efficacia; (building) cattedrale *f* nel deserto; (item, knick-knack)

W

parola chiave

oggetto *m* inutile

white goods *n* (linen) biancheria *f* per la casa; (appliances) elettrodomestici *mpl*

Whitehall *n strada (f) di Londra sede degli uffici del governo britannico*; fig amministrazione *f* britannica

white horses *npl* cavalloni *mpl*

white-hot *adj* ‹*metal*› arroventato

White House *n* **the ~** la Casa Bianca

white knight *n* Fin cavaliere bianco *m inv*

white-knuckle ride *n* corsa *f* al cardiopalmo

white lie *n* bugia *f* pietosa

whiten /ˈwaɪtn/ **A** *vt* imbiancare
B *vi* sbiancare

whitener /ˈwaɪt(ə)nə(r)/ *n* (for shoes) bianchetto *m*; (for clothes) sbiancante *m*; (for coffee, tea) surrogato *m* del latte

whiteness /ˈwaɪtnɪs/ *n* bianchezza *f*

white spirit *n* acquaragia *f*

white tie *n* (tie) cravattino *m* bianco; (formal dress) frac *m inv*

whitewash **A** *n* intonaco *m*; fig copertura *f*
B *vt* dare una mano d'intonaco a; fig coprire

white water *n* rapide *fpl*

white-water rafting *n* discesa *f* sulle rapide

white wedding *n* matrimonio *m* in bianco

whither /ˈwɪðə(r)/ *adv* literary dove

whiting /ˈwaɪtɪŋ/ *n* (fish) merlano *m*

Whitsun /ˈwɪtsn/ *n* Pentecoste *f*

Whit Sunday *n* Pentecoste *f*

whittle /ˈwɪtl/ *v*
■ **whittle away** *vt* intaccare ‹*savings*›; ridurre ‹*lead in race*›
■ **whittle down** *vt* ridurre

whizz /wɪz/ *vi* (*pt/pp* **whizzed**) sibilare

whizz-kid *n* infml giovane *m* prodigio

who /huː/ **A** *inter pron* chi
B *rel* che; **the children, ~ were all tired, ...** i bambini che erano tutti stanchi,...

WHO *n abbr* (**World Health Organization**) OMS *f*

whodunnit /huːˈdʌnɪt/ *n* infml [romanzo *m*] giallo *m*

whoever /huːˈevə(r)/ *pron* chiunque; **~ he is** chiunque sia; **~ can that be?** chi può mai essere?

whole /həʊl/ **A** *adj* tutto; (not broken) intatto; **the ~ truth** tutta la verità; **the ~ world** il mondo intero; **the ~ lot** (everything) tutto; **the ~ lot of you** tutti voi
B *n* tutto *m*; **as a ~** nell'insieme; **on the ~** tutto considerato; **the ~ of Italy** tutta l'Italia

wholefood *n* cibo *m* macrobiotico

wholehearted /ˈhəʊlhɑːtɪd/ *adj* di tutto cuore

wholeheartedly /həʊlˈhɑːtɪdlɪ/ *adv* ‹*agree, support*› senza riserve

wholemeal *adj* integrale

whole milk *n* latte *m* intero

whole number *n* numero *m* intero

wholesale /ˈhəʊlseɪl/ *adj & adv* all'ingrosso; fig in massa

wholesaler /ˈhəʊlseɪlə(r)/ *n* grossista *mf*

wholesome /ˈhəʊlsəm/ *adj* sano

wholewheat *adj* = **wholemeal**

wholly /ˈhəʊlɪ/ *adv* completamente

wholly-owned subsidiary *n* consociata *f* interamente controllata

whom /huːm/ **A** *rel pron* che; **the man ~ I saw** l'uomo che ho visto; **to/with ~** a/con cui
B *inter pron* chi; **to ~ did you speak?** con chi hai parlato?

whoop /wuːp/ **A** *n* (shout) grido *m*
B *vi* gridare

whoopee /ˈwʊpɪ/ **A** *int* evviva!
B *n* hum **make ~** (have fun) fare baldoria; (make love) fare l'amore

whooping cough /ˈhuːpɪŋ/ *n* pertosse *f*

whoosh /wʊʃ/ *int* vuum!

whopper /ˈwɒpə(r)/ *n* infml (lie) balla *f*; **what a ~!** è veramente gigantesco!

whopping /ˈwɒpɪŋ/ *adj* infml enorme

whore /hɔː(r)/ *n* puttana *f* vulg

whorl /wɔːl/ *n* (of cream, chocolate etc) ghirigoro *m*; (of fingerprint) spirale *f*

whose /huːz/ **A** *rel pron* il cui; **people ~ name begins with D** le persone i cui nomi cominciano con la D
B *inter pron* di chi; **~ is that?** di chi è quello?
C *adj* **~ car did you use?** di chi è la macchina che hai usato?

Who's Who *n pubblicazione (f) annuale con l'elenco delle personalità di spicco*

why /waɪ/ **A** *adv* (inter) perché; **the reason ~** la ragione per cui; **that's ~** per questo
B *int* diamine!

WI *abbr* **1** (**Women's Institute**) associazione *f* che organizza attività culturali e sociali **2** AmE (**Wisconsin**)

wick /wɪk/ *n* stoppino *m*

wicked /ˈwɪkɪd/ *adj* cattivo; (mischievous) malizioso

wicker /ˈwɪkə(r)/ **A** *n* vimini *mpl*
B *attrib* di vimini

wicket /ˈwɪkɪt/ *n* (field gate) cancelletto *m*; Sport porta *f*; AmE (of ticket office etc) sportello *m*; **be on a sticky ~** infml essere in una situazione difficile

wide /waɪd/ **A** *adj* largo; ‹*experience, knowledge*› vasto; ‹*difference*› profondo; (far from target) lontano; **10 cm ~** largo 10 cm; **how ~ is it?** quanto è largo?
B *adv* (off target) lontano dal bersaglio; **~ awake** del tutto sveglio; **~ open** spalancato; **open ~!** apri bene!; **far and ~** in lungo e in largo

wide-angle lens *n* grandangolo *m*

wide-eyed /-ˈaɪd/ *adj* ‹*person, innocence*› ingenuo; (with fear, surprise) con gli occhi sbarrati

🔑 **widely** /ˈwaɪdlɪ/ *adv* largamente; ‹*known, accepted*› generalmente; ‹*different*› profondamente

widely read *adj* ‹*student*› colto; ‹*writer*› molto letto

widen /ˈwaɪdn/ **A** *vt* allargare; **~ the gap** fig accentuare il divario
B *vi* allargarsi

widening /ˈwaɪdnɪŋ/ *adj* ‹*gap, division*› sempre più grande

wide open *adj* ‹*door, window, eyes*› spalancato

wide-ranging /ˌwaɪdˈreɪndʒɪŋ/ *adj* ‹*interests, reforms, discussion*› di ampio respiro

wide screen *n* Cinema schermo *m* panoramico

wide-screen TV *n* televisore *m* con schermo panoramico

widespread /ˈwaɪdspred/ *adj* diffuso

widow /ˈwɪdəʊ/ *n* vedova *f*

widowed /ˈwɪdəʊd/ *adj* vedovo

widower /ˈwɪdəʊə(r)/ *n* vedovo *m*

width /wɪdθ/ *n* larghezza *f*; (of material) altezza *f*

widthways BrE /ˈwɪdθweɪz/, **widthwise** AmE /ˈwɪdθwaɪz/ *adv* trasversalmente

wield /wiːld/ *vt* maneggiare; esercitare ‹*power*›

🔑 **wife** /waɪf/ *n* (*pl* **wives**) moglie *f*

wife battering /ˈwaɪfbæt(ə)rɪŋ/ *n* maltrattamento *m* della coniuge

Wi-Fi® /ˈwaɪfaɪ/ *n abbr* (**wireless fidelity**) Wi-Fi *m*

wig /wɪg/ *n* parrucca *f*

wiggle /ˈwɪgl/ **A** *vi* dimenarsi
B *vt* dimenare

wiki /ˈwɪkɪ/ *n sito* (*m*) *web aggiornato dai suoi utilizzatori*

🔑 **wild** /waɪld/ **A** *adj* selvaggio; ‹*animal, flower*› selvatico; (furious) furibondo; ‹*applause*› fragoroso; ‹*idea*› folle; (with joy) pazzo; ‹*guess*› azzardato; **be ~ about** (keen on) andare pazzo per
B *adv* **run ~** crescere senza controllo
C *n* **in the ~** allo stato naturale; **the ~s** *pl* le zone sperdute

wild boar *n* cinghiale *m*

wild card *n* jolly *m inv*; Comput carattere *m* jolly

wildcat strike *n* sciopero *m* selvaggio

wild dog *n* cane *m* randagio

wilderness /ˈwɪldənɪs/ *n* deserto *m*; fig (garden) giungla *f*

wild-eyed /-ˈaɪd/ *adj* (distressed) dall'aria angosciata; (angry) dallo sguardo minaccioso

wildfire *n* **spread like ~** allargarsi a macchia d'olio

wild flower *n* fiore *m* di campo

wildfowl *n* (bird) uccello *m* selvatico; (birds collectively) uccelli *mpl* selvatici; (game) selvaggina *f* di penna

wild goose chase *n* ricerca *f* inutile

wildlife *n* animali *mpl* selvatici

wildlife park *n* parco *m* naturale

wildlife reserve *n* riserva *f* naturale

wildlife sanctuary *n* riserva *f* naturale

wildly /ˈwaɪldlɪ/ *adv* fig ‹*exaggerated*› estremamente; ‹*speak*› senza riflettere; ‹*applaud*› fragorosamente; ‹*hit out*› all'impazzata

Wild West *n* il Far West *m*

wiles /waɪlz/ *npl* astuzie *fpl*

wilful /ˈwɪlfʊl/ *adj* intenzionale; ‹*person, refusal*› ostinato

wilfully /ˈwɪlfʊlɪ/ *adv* intenzionalmente; ‹*refuse*› ostinatamente

🔑 **will¹** /wɪl/ *v aux* **he ~ arrive tomorrow** arriverà domani; **I won't tell him** non glielo dirò; **you ~ be back soon, won't you?** tornerai presto, no?; **he ~ be there, won't he?** sarà là, no?; **she ~ be there by now** sarà là ormai; **~ you go?** (do you intend to go) pensi di andare?; **~ you go to the baker's and buy...?** puoi andare dal fornaio a comprare...?; **~ you be quiet!** vuoi stare zitto!; **~ you have some wine?** vuoi del vino?; **the engine won't start** la macchina non parte

🔑 **will²** *n* volontà *f*; (document) testamento *m*

🔑 **willing** /ˈwɪlɪŋ/ *adj* disposto; (eager) volonteroso

willingly /ˈwɪlɪŋlɪ/ *adv* volentieri

willingness /ˈwɪlɪŋnɪs/ *n* buona volontà *f*

willow /ˈwɪləʊ/ *n* salice *m*

willowy /ˈwɪləʊɪ/ *adj* ‹*person, figure*› slanciato

willpower /ˈwɪlpaʊə(r)/ *n* forza *f* di volontà

willy-nilly /ˈwɪlɪˈnɪlɪ/ *adv* (at random) a casaccio; (wanting to or not) volente o nolente

wilt /wɪlt/ *vi* appassire

wily /ˈwaɪlɪ/ *adj* (**-ier**, **-iest**) astuto

wimp /wɪmp/ *n* rammollito, -a *mf*

wimpish /ˈwɪmpɪʃ/ *adj* infml ‹*behaviour*› da rammollito

wimpy /ˈwɪmpɪ/ *adj* infml ‹*person*› rammollito

🔑 **win** /wɪn/ **A** *n* vittoria *f*; **have a ~** riportare una vittoria
B *vt* (*pt/pp* **won**, *pres p* **winning**) vincere; conquistare ‹*fame*›
C *vi* vincere
■ **win back** *vt* recuperare
■ **win over** *vt* convincere
■ **win through** *vi* infml (be successful) uscire vittorioso

wince /wɪns/ *vi* contrarre il viso

W

🔑 parola chiave

winch /wɪntʃ/ *n* argano *m*
■ **winch up** *vt* tirare con l'argano
wind¹ /wɪnd/ **A** *n* vento *m*; (breath) fiato *m*; infml (flatulence) aria *f*; **get/have the ~ up** infml aver fifa; **get ~ of** aver sentore di; **in the ~** nell'aria
B *vt* **~ somebody** lasciare qualcuno senza fiato; **~ a baby** far fare il ruttino ad un neonato
wind² /waɪnd/ **A** *vt* (*pt/pp* **wound**) (wrap) avvolgere; (move by turning) far girare; ‹*clock*› caricare
B *vi* ‹*road*› serpeggiare
■ **wind down** **A** *vi* (relax) rilassarsi; (gradually come to an end) diminuire
B *vt* (gradually bring to an end) metter fine in modo graduale a
■ **wind up** **A** *vt* caricare ‹*clock*›; concludere ‹*proceedings*›; infml sfottere ‹*somebody*›
B *vi* (end up) **~ up doing something** finire per fare qualcosa
windbreak *n* frangivento *m*
windcheater *n* BrE giacca *f* a vento
wind chill factor *n* fattore *m* di raffreddamento da vento
wind chimes *npl* campane *fpl* eoliche
wind energy *n* forza *f* del vento
winder /ˈwaɪndə(r)/ *n* (for car window) manovella *f* alzacristalli; (for watch) bottone *m* di carica
windfall *n* fig fortuna *f* inaspettata; **~s** *pl* (fruit) frutta *f* abbattuta dal vento
wind farm *n* centrale *f* eolica
winding /ˈwaɪndɪŋ/ *adj* tortuoso
wind instrument /ˈwɪnd/ *n* strumento *m* a fiato
windmill /ˈwɪn(d)mɪl/ *n* mulino *m* a vento
window /ˈwɪndəʊ/ *n* finestra *f*; (of car) finestrino *m*; (of shop) vetrina *f*
window box *n* cassetta *f* per i fiori
window cleaner *n* (person) lavavetri *mf inv*
window display *n* Comm esposizione *f* in vetrina
window dresser *n* vetrinista *mf*
window dressing *n* vetrinistica *f*; fig fumo *m* negli occhi
window envelope *n* busta *f* a finestra
window frame *n* telaio *m* di finestra
window ledge *n* davanzale *m*
window pane *n* vetro *m*
window seat *n* (in room) panca *f* sotto la finestra; (in plane, train) posto *m* accanto al finestrino
window-shopping *n* **go ~** andare in giro a vedere le vetrine
window sill *n* davanzale *m*
windpipe *n* trachea *f*
wind power *n* energia *f* eolica
windscreen *n* parabrezza *m inv*
windscreen washer *n* getto *m* d'acqua
windscreen wiper *n* tergicristallo *m*
windshield *n* AmE parabrezza *m inv*
wind sleeve *n* manica *f* a vento
wind sock *n* manica *f* a vento
windsurf *vi* fare windsurf
windsurfer *n* (person) windsurfista *mf*; (board) windsurf *m inv*
windsurfing *n* windsurf *m inv*
windswept *adj* esposto al vento; ‹*person*› scompigliato
windy /ˈwɪndɪ/ *adj* (**-ier**, **-iest**) ventoso
wine /waɪn/ *n* vino *m*
wine bar *n* ≈ enoteca *f*
wine box *n* contenitore *m* di vino con rubinetto
wine cellar *n* cantina *f*
wine cooler *n* (ice bucket) secchiello *m* del ghiaccio; AmE (drink) *bibita* (*f*) *leggermente alcolica*
wine glass *n* bicchiere *m* da vino
wine grower *n* viticultore, -trice *mf*
wine growing *n* viticultura *f*
wine list *n* carta *f* dei vini
wine merchant *n* commerciante *mf* di vini
wine producer *n* produttore, -trice *mf* di vini
wine rack *n* portabottiglie *m inv*
winery /ˈwaɪnərɪ/ *n* AmE vigneto *m*
wine tasting /ˈwaɪnteɪstɪŋ/ *n* degustazione *f* di vini
wine vinegar *n* aceto *m* di vino
wine waiter *n* sommelier *m inv*
wing /wɪŋ/ *n* ala *f*; Auto parafango *m*; **~s** *pl* Theat quinte *fpl*; **under sb's ~** sotto l'ala [protettiva] di qualcuno
wing chair *n* poltrona *f* con ampio schienale
wing collar *n* colletto *m* rigido
wing commander *n* tenente *m* colonnello delle forze aeree
winger /ˈwɪŋə(r)/ *n* Sport ala *f*
wing half *n* (in soccer) mediano *m*
wing mirror *n* BrE specchietto *m* laterale
wing nut *n* dado *m* ad alette
wingspan *n* apertura *f* alare
wink /wɪŋk/ **A** *n* strizzata *f* d'occhio; **not sleep a ~** non chiudere occhio
B *vi* strizzare l'occhio; ‹*light*› lampeggiare
winner /ˈwɪnə(r)/ *n* vincitore, -trice *mf*
winning /ˈwɪnɪŋ/ *adj* vincente; ‹*smile*› accattivante
winning post *n* linea *f* d'arrivo
winnings /ˈwɪnɪŋz/ *npl* vincite *fpl*
winning streak *n* periodo *m* fortunato; **be on a ~** essere in un periodo fortunato
winsome /ˈwɪnsəm/ *adj* accattivante
winter /ˈwɪntə(r)/ *n* inverno *m*
winter sports *npl* sport *mpl* invernali
wintertime /ˈwɪntətaɪm/ *n* inverno *m*
wintry /ˈwɪntrɪ/ *adj* invernale

wipe /waɪp/ **A** *n* passata *f*; (to dry) asciugata *f*
B *vt* strofinare; (dry) asciugare
■ **wipe away** *vt* asciugare ‹*tears, sweat*›; pulire ‹*dirt, mark*›
■ **wipe off** *vt* asciugare; (erase) cancellare
■ **wipe out** *vt* annientare; eliminare ‹*village*›; estinguere ‹*debt*›
■ **wipe up** *vt* asciugare ‹*dishes*›
wipe-clean *adj* ‹*surface, cover*› facile da pulire
wiper blade /'waɪpə/ *n* Auto bordo *m* gommato del tergicristallo
wire /'waɪə(r)/ *n* fil *m* di ferro; (electrical) filo *m* elettrico
wire brush *n* spazzola *f* metallica
wire cutters *npl* tronchese *msg*
wire-haired /-'heəd/ *adj* dal pelo ispido
wireless /'waɪəlɪs/ **A** *n* BrE Hist radio *f inv*
B *adj* Techn wireless
wire mesh *n* rete *f* metallica
wire netting *n* rete *f* metallica
wire wool *n* lana *f* d'acciaio
wiring /'waɪərɪŋ/ *n* impianto *m* elettrico
wiry /'waɪərɪ/ *adj* (**-ier**, **-iest**) ‹*person*› dal fisico asciutto; ‹*hair*› ispido
wisdom /'wɪzdəm/ *n* saggezza *f*; (of action) sensatezza *f*
wisdom tooth *n* dente *m* del giudizio
wise /waɪz/ *adj* saggio; (prudent) sensato
■ **wise up** infml **A** *vi* (become more aware) aprire gli occhi
B *vt* aprire gli occhi a (**to** su)
wisecrack /'waɪzkræk/ infml **A** *n* battuta *f* salace
B *vi* far battute salaci
wise guy *n* infml sapientone *m*
wisely /'waɪzlɪ/ *adv* saggiamente; ‹*act*› sensatamente
Wise Men *npl* Re Magi *mpl*
🔑 **wish** /wɪʃ/ **A** *n* desiderio *m*; **make a ~** esprimere un desiderio; **with best ~es** con i migliori auguri
B *vt* desiderare; **~ somebody well** fare tanti auguri a qualcuno; **I ~ you every success** ti auguro buona fortuna; **I ~ you could stay** vorrei che tu potessi rimanere; **~ something on somebody** infml sbolognare qualcosa a qualcuno
C *vi* **~ for something** desiderare qualcosa
wishbone /'wɪʃbəʊn/ *n* forcella *f* (*di pollo o tacchino*)
wishful /'wɪʃfʊl/ *adj* **~ thinking** illusione *f*
wishy-washy /'wɪʃɪwɒʃɪ/ *adj* ‹*colour*› spento; ‹*personality*› insignificante
wisp /wɪsp/ *n* (of hair) ciocca *f*; (of smoke) filo *m*; (of grass) ciuffo *m*
wispy /'wɪspɪ/ *adj* ‹*hair, beard*› a ciocche; ‹*clouds*› vaporoso
wisteria /wɪs'tɪərɪə/ *n* glicine *m*
wistful /'wɪstfʊl/ *adj* malinconico
wistfully /'wɪstfʊlɪ/ *adv* malinconicamente
wit /wɪt/ *n* spirito *m*; (person) persona *f* di spirito; **be at one's ~s' end** non saper che pesci pigliare; **scared out of one's ~s** spaventato a morte
witch /wɪtʃ/ *n* strega *f*
witchcraft *n* magia *f*
witch doctor *n* stregone *m*
witch-hunt *n* caccia *f* alle streghe
🔑 **with** /wɪð/ *prep* con; (fear, cold, jealousy etc) di; **I'm not ~ you** infml non ti seguo; **can I leave it ~ you?** (task) puoi occupartene tu?; **~ no regrets/money** senza rimpianti/soldi; **be ~ it** infml essere al passo coi tempi; (alert) essere concentrato
withdraw /wɪð'drɔː/ **A** *vt* (*pt* **-drew**, *pp* **-drawn**) ritirare; prelevare ‹*money*›
B *vi* ritirarsi
withdrawal /wɪð'drɔː(ə)l/ *n* ritiro *m*; (of money) prelevamento *m*; (from drugs) crisi *f inv* di astinenza; Psych chiusura *f* in se stessi
withdrawal symptoms *npl* sintomi *mpl* da crisi di astinenza
withdrawn /wɪð'drɔːn/ **A** ▶ **withdraw**
B *adj* ‹*person*› chiuso in se stesso
wither /'wɪðə(r)/ *vi* ‹*flower*› appassire
withering /'wɪðərɪŋ/ *adj* ‹*look*› fulminante
withhold /wɪð'həʊld/ *vt* (*pt/pp* **-held**) rifiutare ‹*consent*› (**from** a); nascondere ‹*information*› (**from** a); trattenere ‹*smile*›
🔑 **within** /wɪð'ɪn/ **A** *prep* in; (before the end of) entro; **~ the law** legale
B *adv* all'interno
🔑 **without** /wɪð'aʊt/ *prep* senza; **~ stopping** senza fermarsi; **how could it have happened ~ you noticing it?** come è potuto succedere senza che tu lo notassi?
withstand /wɪð'stænd/ *vt* (*pt/pp* **-stood**) resistere a
🔑 **witness** /'wɪtnɪs/ **A** *n* testimone *mf*; **bear ~** portare testimonianza
B *vt* ≈ autenticare ‹*signature*›; essere testimone di ‹*accident*›
witness box, AmE **witness stand** *n* banco *m* dei testimoni
witticism /'wɪtɪsɪzm/ *n* spiritosaggine *f*
wittingly /'wɪtɪŋlɪ/ *adv* consapevolmente
witty /'wɪtɪ/ *adj* (**-ier**, **-iest**) spiritoso
wives /waɪvz/ ▶ **wife**
wizard /'wɪzəd/ *n* mago *m*
wizardry /'wɪzədrɪ/ *n* stregoneria *f*
wizened /'wɪznd/ *adj* raggrinzito
wk *abbr* (**week**) settimana *f*
WMD *n abbr* (**weapon of mass destruction**) ADM *fpl*
wobble /'wɒbl/ *vi* traballare
wobbly /'wɒblɪ/ *adj* traballante
wodge /wɒdʒ/ *n* infml mucchio *m*
woe /wəʊ/ *n* afflizione *f*; **~ is me!** me meschino!

W

🔑 parola chiave

woeful /ˈwəʊfʊl/ *adj* ‹*story, sight*› triste; ‹*lack*› vergognoso

woke, woken /wəʊk, ˈwəʊkn/ ▶ **wake**[1]

wolf /wʊlf/ **A** *n* (*pl* **wolves** /wʊlvz/) lupo *m*; infml (womanizer) donnaiolo *m*
B *vt* ~ **[down]** divorare

wolf cub *n* cucciolo *m* di lupo

wolfhound *n* BrE cane *m* lupo

wolf whistle **A** *n* fischio *m*
B *vi* ~**-whistle at somebody** fischiare dietro a qualcuno

woman /ˈwʊmən/ *n* (*pl* **women**) donna *f*

womanizer /ˈwʊmənaɪzə(r)/ *n* donnaiolo *m*

womanly /ˈwʊmənlɪ/ *adj* femminile

womb /wuːm/ *n* utero *m*

women /ˈwɪmɪn/ ▶ **woman**

Women's Institute *n associazione* (*f*) *che si occupa dei problemi delle donne*

Women's Libber /wɪmɪnzˈlɪbə(r)/ *n* femminista *f*

Women's Liberation *n* movimento *m* femminista

women's movement *n* movimento *m* per l'emancipazione della donna

women's refuge *n* casa *f* rifugio *inv*

women's studies *npl storia* (*fsg*) *dell'emancipazione femminile*

won /wʌn/ ▶ **win**

wonder /ˈwʌndə(r)/ **A** *n* meraviglia *f*; (surprise) stupore *m*; **no ~!** non c'è da stupirsi!; **it's a ~ that...** è incredibile che...
B *vi* restare in ammirazione; (be surprised) essere sorpreso; **I ~** è quello che mi chiedo; **I ~ whether she is ill** mi chiedo se è malata

wonderful /ˈwʌndəfʊl/ *adj* meraviglioso

wonderfully /ˈwʌndəfʊlɪ/ *adv* meravigliosamente

wonderland /ˈwʌndəlænd/ *n* paese *m* delle meraviglie

wonky /ˈwɒŋkɪ/ *adj* BrE infml (faulty) difettoso; ‹*furniture*› traballante; (crooked) storto

wont /wəʊnt/ **A** *n* **as was his ~** come suo solito
B *adj* **he was ~ to fall asleep** era solito addormentarsi

won't /wəʊnt/ *will not*

woo /wuː/ *vt* corteggiare; fig cercare di accattivarsi ‹*voters*›; cercare di ottenere ‹*fame, fortune*›

wood /wʊd/ *n* legno *m*; (for burning) legna *f*; (forest) bosco *m*; **out of the ~** fig fuori pericolo; **touch ~!** tocca ferro!

woodcarving /ˈwʊdkɑːvɪŋ/ *n* scultura *f* di legno

wooded /ˈwʊdɪd/ *adj* boscoso

wooden /ˈwʊdn/ *adj* di legno; fig legnoso

wooden horse *n* cavallo *m* di Troia

wooden spoon *n* mestolo *m* di legno; fig premio *m* di consolazione

woodland /ˈwʊdlənd/ *n* terreno *m* boschivo

woodlouse *n* onisco *m*

woodpecker *n* picchio *m*

wood pigeon *n* colombaccio *m*

wood shavings *npl* trucioli *mpl*

woodshed *n* legnaia *f*

wood stove *n* stufa *f* a legna

woodwind *n* strumenti *mpl* a fiato

woodwork *n* (wooden parts) parti *fpl* in legno; (craft) falegnameria *f*

woodworm *n* tarlo *m*

woody /ˈwʊdɪ/ *adj* legnoso; ‹*hill*› boscoso

wool /wʊl/ **A** *n* lana *f*; **pull the ~ over sb's eyes** gettar fumo negli occhi a qualcuno
B *attrib* di lana

woollen /ˈwʊlən/ *adj* di lana

woollens /ˈwʊlənz/ *npl* capi *mpl* di lana

woolly /ˈwʊlɪ/ *adj* (**-ier, -iest**) ‹*sweater*› di lana; fig confuso

woozy /ˈwuːzɪ/ *adj* intontito

word /wɜːd/ *n* parola *f*; (news) notizia *f*; **by ~ of mouth** a viva voce; **have a ~ with** dire due parole a; **have ~s** bisticciare; **in other ~s** in altre parole; **go back on one's ~** rimangiarsi la parola

word-for-word **A** *adj* ‹*translation*› letterale
B *adv* parola per parola

wording /ˈwɜːdɪŋ/ *n* parole *fpl*

word-perfect *adj* che sa a memoria

word processing *n* Comput word processing *m*, elaborazione *f* testi

word processor *n* sistema *m* di videoscrittura, word processor *m inv*

wordy /ˈwɜːdɪ/ *adj* prolisso

wore /wɔː(r)/ ▶ **wear**

work /wɜːk/ **A** *n* lavoro *m*; (of art) opera *f*; **~s** *pl* (factory) fabbrica *fsg*; **at ~** al lavoro; **out of ~** disoccupato
B *vi* lavorare; ‹*machine, ruse*› funzionare; (study) studiare
C *vt* far funzionare ‹*machine*›; far lavorare ‹*employee*›; far studiare ‹*student*›; **~ one's way through something** (read) leggere attentamente

■ **work in** *vt* inserire ‹*comment, fact*›; Culin incorporare ‹*butter*›

■ **work off** *vt* sfogare ‹*anger*›; lavorare per estinguere ‹*debt*›; fare sport per smaltire ‹*weight*›

■ **work on** **A** *vt* lavorare a ‹*book, report*›; occuparsi di ‹*problem, case*›; cercare ‹*solution*›
B *vi* (continue) continuare a lavorare

■ **work out** **A** *vt* elaborare ‹*plan*›; risolvere ‹*problem*›; calcolare ‹*bill*›; **I ~ed out how he did it** ho capito come l'ha fatto
B *vi* evolvere

■ **work up**: *vt* **I've ~ed up an appetite** mi è venuto appetito; **don't get ~ed up** (anxious) non farti prendere dal panico; (angry) non arrabbiarti

workable /ˈwɜːkəbl/ *adj* (feasible) fattibile

workaday /ˈwɜːkədeɪ/ *adj* ‹*clothes, life*› ordinario

workaholic /wɜːkəˈhɒlɪk/ *n* stacanovista *mf*

workbench *n* banco *m* da lavoro

workbook *n* (blank) quaderno *m*; (with exercises) libro *m* di esercizi

workday *n* giorno *m* lavorativo

🔑 **worker** /ˈwɜːkə(r)/ *n* lavoratore, -trice *mf*; (manual) operaio, -a *mf*

work experience *n* esperienza *f* professionale; (part of training programme) stage *m inv*

workforce *n* forza *f* lavoro

workhorse *n* fig lavoratore, -trice *mf* indefesso, -a

🔑 **working** /ˈwɜːkɪŋ/ *adj* ‹*clothes etc*› da lavoro; ‹*day*› feriale; **in ~ order** funzionante

working capital *n* capitale *m* netto di esercizio

working-class *adj* operaio; **be ~** appartenere alla classe operaia

workings /ˈwɜːkɪŋz/ *npl* meccanismi *mpl*

working week *n* settimana *f* lavorativa

workload *n* carico *m* di lavoro

workman *n* operaio *m*

workmanlike *adj* fatto con competenza

workmanship *n* lavorazione *f*

workmate *n* collega *mf*

work of art *n* opera *f* d'arte

workout *n* allenamento *m*

work permit *n* permesso *m* di lavoro

workplace *n* posto *m* di lavoro

work-sharing *n divisione* (*f*) *di un posto di lavoro tra più persone*

worksheet *n* foglio *m* degli esercizi

workshop *n* officina *f*; (discussion) dibattito *m*

work-shy *adj* pigro

workstation *n* stazione *f* di lavoro

work surface *n* piano *m* di lavoro

worktop *n* BrE piano *m* di lavoro

work to rule *n* sciopero *m* bianco

🔑 **world** /wɜːld/ *n* mondo *m*; **a ~ of difference** una differenza abissale; **out of this ~** favoloso; **think the ~ of somebody** andare matto per qualcuno

world-class *adj* di livello internazionale

World Cup *n* (in football) Mondiali *mpl*

world-famous *adj* di fama mondiale

world leader *n* (politician, company) leader *m* mondiale; (athlete) campione, -essa *mf* mondiale

worldly /ˈwɜːldlɪ/ *adj* materiale; ‹*person*› materialista

worldly-wise *adj* vissuto

world music *n* world music *f*

world power *n* potenza *f* mondiale

world view *n* visione *f* del mondo

world war *n* guerra *f* mondiale

worldwide /ˈwɜːldwaɪd/ **A** *adj* mondiale
B *adv* mondialmente

World Wide Web *n* Comput World Wide Web *m*

worm /wɜːm/ **A** *n* verme *m*
B *vt* **~ one's way into sb's confidence** conquistarsi la fiducia di qualcuno in modo subdolo
■ **worm out**: *vt* **~ something out of somebody** carpire qualcosa a qualcuno

worm-eaten /ˈwɜːmiːtən/ *adj* ‹*wood*› tarlato; ‹*fruit*› bacato

wormhole /ˈwɜːmhəʊl/ *n* (in wood) buco *m* di tarlo; (in fruit, plant) buco *m* del verme

worn /wɔːn/ **A** ▶ **wear**
B *adj* sciupato

worn-out *adj* consumato; ‹*person*› sfinito

🔑 **worried** /ˈwʌrɪd/ *adj* preoccupato

worrier /ˈwʌrɪə(r)/ *n* ansioso, -a *mf*; **he's a terrible ~** è ansioso da morire

🔑 **worry** /ˈwʌrɪ/ **A** *n* preoccupazione *f*
B *vt* (*pt/pp* **worried**) preoccupare; (bother) disturbare
C *vi* preoccuparsi
■ **worry at** *vt* ‹*dog*› rosicchiare ‹*bone, toy*›; ‹*person*› sviscerare ‹*problem*›

worry beads *npl rosario* (*msg*) *per scaricare la tensione*

worrying /ˈwʌrɪɪŋ/ *adj* preoccupante

worse /wɜːs/ **A** *adj* peggiore
B *adv* peggio
C *n* peggio *m*

worsen /ˈwɜːsn/ *vt & vi* peggiorare

worsening /ˈwɜːsnɪŋ/ **A** *adj* ‹*situation, problem*› sempre più grave
B *n* peggioramento *m*

worse off *adj* **be ~ than** stare peggio di; **be £100 ~** avere 100 sterline in meno

worship /ˈwɜːʃɪp/ **A** *n* culto *m*; (service) funzione *f*; **Your/His W~** (to judge) signor giudice/il giudice
B *vt* (*pt/pp* **-shipped**) venerare
C *vi* andare a messa

worshipper /ˈwɜːʃɪpə(r)/ *n* fedele *mf*

worst /wɜːst/ **A** *adj* peggiore
B *adv* peggio
C *n* **the ~** il peggio; **get the ~ of it** avere la peggio; **if the ~ comes to the ~** nella peggiore delle ipotesi

worsted /ˈwʊstɪd/ *n* lana *f* pettinata

🔑 **worth** /wɜːθ/ **A** *n* valore *m*; **£10 ~ of petrol** 10 sterline di benzina
B *adj* **be ~** valere; **be ~ it** fig valerne la pena; **it is ~ trying** vale la pena provare; **it's ~ my while** mi conviene; **I'll make it ~ your while** te ne ricompenserò

worthless /ˈwɜːθlɪs/ *adj* senza valore

worthwhile /wɜːθˈwaɪl/ *adj* che vale la pena; ‹*cause*› lodevole

worthy /ˈwɜːðɪ/ *adj* degno; ‹*cause, motive*› lodevole

W

🔑 parola chiave

would /wʊd/ *v aux* **I ~ do it** lo farei; **~ you go?** andresti?; **~ you mind if I opened the window?** ti dispiace se apro la finestra?; **he ~ come if he could** verrebbe se potesse; **he said he ~n't** ha detto di no; **he said he ~n't have** ha detto che non lo avrebbe fatto; **~ you like a drink?** vuoi qualcosa da bere?; **what ~ you like to drink?** cosa prendi da bere?; **you ~n't, ~ you?** non lo faresti, vero?

would-be *adj* derog ‹*actor, singer*› sedicente; ‹*investor, buyer*› aspirante

wound¹ /wuːnd/ **A** *n* ferita *f*
B *vt* ferire

wound² /waʊnd/ ▶ **wind²**

wove, woven /wəʊv, ˈwəʊvn/ ▶ **weave²**

wow /waʊ/ **A** *n* infml (success) successone *m*; (in sound system) wow *m*
B *vt* infml entusiasmare ‹*person*›
C *int* caspita!

WP *abbr* (**word processing**) elaborazione *f* testi

wpm *abbr* (**words per minute**) parole *fpl* al minuto

wrangle /ˈræŋgl/ **A** *n* litigio *m*
B *vi* litigare

wrap /ræp/ **A** *n* (shawl) scialle *m*
B *vt* (*pt/pp* **wrapped**) **~ [up]** avvolgere; ‹*present*› incartare; **be ~ped up in** fig essere completamente preso da
C *vi* **~ up warmly** coprirsi bene

wraparound /ˈræpəraʊnd/ *adj* ‹*skirt*› a pareo; ‹*window, windscreen*› panoramico

wraparound sunglasses *npl* occhiali *mpl* da sole avvolgenti

wrap-over *adj* ‹*skirt, dress*› a portafoglio

wrapper /ˈræpə(r)/ *n* (for sweet) carta *f* [di caramella]

wrapping /ˈræpɪŋ/ *n* materiale *m* da imballaggio

wrapping paper *n* carta *f* da pacchi; (for gift) carta *f* da regalo

wrath /rɒθ/ *n* ira *f*

wreak /riːk/ *vt* **~ havoc with something** scombussolare qualcosa

wreath /riːθ/ *n* (*pl* **~s** /riːðz/) corona *f*

wreathed /riːðd/ *adj* **~ in** avvolto in ‹*mists*›

wreck /rek/ **A** *n* (of ship) relitto *m*; (of car) carcassa *f*; (person) rottame *m*
B *vt* far naufragare; demolire ‹*car*›

wreckage /ˈrekɪdʒ/ *n* rottami *mpl*; fig brandelli *mpl*

wrecked /rekt/ *adj* ‹*ship, car*› distrutto; ‹*building*› demolito; fig (exhausted) distrutto

wren /ren/ *n* scricciolo *m*

wrench /rentʃ/ **A** *n* (injury) slogatura *f*; (tool) chiave *f* inglese; (pull) strattone *m*; **it was a ~ leaving home** fig è stato un passo difficile andarsene da casa
B *vt* (pull) strappare; slogarsi ‹*wrist, ankle etc*›

wrest /rest/ *vt* strappare (**from** a)

wrestle /ˈresl/ *vi* lottare corpo a corpo; fig lottare

wrestler /ˈreslə(r)/ *n* lottatore, -trice *mf*

wrestling /ˈreslɪŋ/ *n* lotta *f* libera; (all-in) catch *m*

wretch /retʃ/ *n* disgraziato, -a *mf*

wretched /ˈretʃɪd/ *adj* odioso; ‹*weather*› orribile; **feel ~** (unhappy) essere triste; (ill) sentirsi malissimo

wriggle /ˈrɪgl/ **A** *n* contorsione *f*
B *vi* contorcersi; (move forward) strisciare; **~ out of something** infml sottrarsi a qualcosa

wriggly /ˈrɪglɪ/ *adj* ‹*person*› che si dimena; ‹*snake, worm*› che si contorce

wring /rɪŋ/ *vt* (*pt/pp* **wrung**) torcere ‹*sb's neck*›; strizzare ‹*clothes*›; **~ something out of somebody** fig estorcere qualcosa a qualcuno; **~ing wet** inzuppato

wrinkle /ˈrɪŋkl/ **A** *n* grinza *f*; (on skin) ruga *f*
B *vt & vi* raggrinzire

wrinkled /ˈrɪŋkld/ *adj* ‹*skin, face*› rugoso; ‹*clothes*› raggrinzito

wrist /rɪst/ *n* polso *m*

wristband /ˈrɪs(t)bænd/ *n* polsino *m*; (on watch) cinturino *m*

wristwatch /ˈrɪstwɒtʃ/ *n* orologio *m* da polso

writ /rɪt/ *n* Jur mandato *m*

write /raɪt/ *vt & vi* (*pt* **wrote**, *pp* **written**, *pres p* **writing**) scrivere
- **write away for** *vt* richiedere per posta ‹*information*›
- **write back** *vi* rispondere
- **write down** *vt* annotare
- **write in** *vi* scrivere
- **write off** *vt* cancellare ‹*debt*›; distruggere ‹*car*›
- **write out** *vt* fare ‹*cheque, prescription*›; (copy) ricopiare
- **write up** *vt* redigere; aggiornare ‹*diary*›; elaborare ‹*notes*›

write-off *n* (car) rottame *m*

write-protect *vt* Comput proteggere da sovrascrittura

writer /ˈraɪtə(r)/ *n* autore, -trice *mf*; **she's a ~** è una scrittrice

writer's block *n* blocco *m* dello scrittore

write-up *n* (review) recensione *f*

writhe /raɪð/ *vi* contorcersi; **~ with embarrassment** vergognarsi a morte

writing /ˈraɪtɪŋ/ *n* (occupation) scrivere *m*; (words) scritte *fpl*; (handwriting) scrittura *f*; **~s** *pl* scritti *mpl*; **in ~** per iscritto

writing desk *n* scrivania *f*

writing pad *n* (for notes) bloc-notes *m inv*; (for letters) blocco *m* di carta da lettere

writing paper *n* carta *f* da lettere

written /ˈrɪtn/ ▶ **write**

wrong /rɒŋ/ **A** *adj* sbagliato; **be ~** ‹*person*› sbagliare; **what's ~?** cosa c'è che non va?
B *adv* ‹*spelt*› in modo sbagliato; **go ~**

‹*person*› sbagliare; ‹*machine*› funzionare male; ‹*plan*› andar male; **don't get me ~** non fraintendermi

C *n* ingiustizia *f*; **in the ~** dalla parte del torto; **know right from ~** distinguere il bene dal male

D *vt* fare torto a

wrongdoer /ˈrɒŋduːə(r)/ *n* malfattore *m*

wrong-foot *vt* Sport fig prendere in contropiede

wrongful /ˈrɒŋfʊl/ *adj* ingiusto

wrongfully /ˈrɒŋfʊlɪ/ *adv* ‹*accuse*› ingiustamente

wrongly /ˈrɒŋlɪ/ *adv* in modo sbagliato; ‹*accuse, imagine*› a torto; ‹*informed*› male

wrote /rəʊt/ ▶ **write**

wrought iron /rɔːtˈaɪən/ **A** *n* ferro *m* battuto

B *attrib* di ferro battuto

wrung /rʌŋ/ ▶ **wring**

wry /raɪ/ *adj* (**-er**, **-est**) ‹*humour, smile*› beffardo

WW1 *or* **WWI** *abbr* (**World War One**) prima guerra *f* mondiale

WW2 *or* **WWII** *abbr* (**World War Two**) seconda guerra *f* mondiale

WWW *abbr* (**World Wide Web**) WWW *m*

WYSIWYG /ˈwɪzɪwɪg/ *abbr* Comput (**what you see is what you get**) ciò che vedi è ciò che ottieni

Xx

x[1], **X** /eks/ *n* (letter) x, X *f inv*; (anonymous person, place etc) X

x[2] *n* Math *xf inv*

X certificate *adj* BrE vietato ai minori di 18 anni

xenophobia /zenəˈfəʊbɪə/ *n* xenofobia *f*

xerox® /ˈzɪərɒks/ **A** *vt* xerocopiare

B *n* (machine) xerocopiatrice *f*; (document) xerocopia *f*

Xmas /ˈkrɪsməs/ *n* infml Natale *m*

XML *abbr* (**extensible markup language**) Comput XML *m*

X-rated *adj* ‹*film*› vietato ai minori

X-ray **A** *n* (picture) radiografia *f*; **have an ~** farsi fare una radiografia

B *vt* passare ai raggi X

X-ray machine *n* apparecchio *m* radiografico

X-ray unit *n* reparto *m* di radiologia

xxx *n* (at end of letter) baci *mpl*

Yy

y, **Y** /waɪ/ *n* (letter) y, Y *f inv*

yacht /jɒt/ *n* yacht *m inv*; (for racing) barca *f* a vela

yachting /ˈjɒtɪŋ/ *n* vela *f*

yachtsman /ˈjɒtsmən/ *n* diportista *m*

yak /jæk/ *n* Zool yak

Yale® /jeɪl/ *n* (lock) serratura *f* di sicurezza

yam /jæm/ *n* (tropical) igname *m*; AmE (sweet potato) patata *f* dolce

yank *vt* infml tirare

Yank /jæŋk/ *n* infml americano, -a *mf*

Yankee /ˈjæŋkɪ/ *n* derog (American) yankee *m inv*; (soldier) nordista *m*; AmE (of Northern USA) abitante *mf* degli USA settentrionali; AmE (inhabitant of New England) abitante *mf* della Nuova Inghilterra

yap /jæp/ *vi* (*pt/pp* **yapped**) ‹*dog*› guaire

yapping /ˈjæpɪŋ/ *n* (of dogs) guaiti *mpl*; infml (of people) ciance *fpl*

yard[1] /jɑːd/ *n* BrE (of house) cortile *m*; AmE (garden) giardino *m*; (for storage) deposito *m*; **the Y~** infml Scotland Yard *f* (*polizia*

parola chiave

londinese)

yard² *n* iarda *f* (= 91,44 cm)

yardstick /ˈjɑːdstɪk/ *n* fig pietra *f* di paragone

yarn /jɑːn/ *n* filo *m*; infml (tale) storia *f*

yashmak /ˈjæʃmæk/ *n* velo *m* (*delle donne musulmane*)

yawn /jɔːn/ **A** *n* sbadiglio *m*
B *vi* sbadigliare

yawning /ˈjɔːnɪŋ/ *adj* ~ **gap** divario *m*

yd *abbr* (**yard**) iarda *f*

yeah /je/ *adv* infml sì; **oh ~?** ma davvero?

year /jɪə(r)/ *n* anno *m*; (of wine) annata *f*; **for ~s** infml da secoli

yearbook /ˈjɪəbʊk/ *n* annuario *m*

year-long *adj* ‹*stay*› di un anno

yearly /ˈjɪəlɪ/ **A** *adj* annuale
B *adv* annualmente

yearn /jɜːn/ *vi* struggersi

yearning /ˈjɜːnɪŋ/ *n* desiderio *m* struggente

year out *n* = **gap year**

year-round *adj* ‹*supply, source*› permanente

yeast /jiːst/ *n* lievito *m*

yell /jel/ **A** *n* urlo *m*
B *vi* urlare

yelling /ˈjelɪŋ/ *n* urla *fpl*

yellow /ˈjeləʊ/ *adj & n* giallo *m*

yellow-belly *n* infml fifone *m*

yellow card *n* Sport cartellino *m* giallo

yellowish /ˈjeləʊɪʃ/ *adj* giallastro

yellow pages *npl* pagine *fpl* gialle

yellowy /ˈjeləʊɪ/ *adj* giallastro

yelp /jelp/ **A** *n* (of dog) guaito *m*
B *vi* ‹*dog*› guaire

Yemen /ˈjemən/ *n* Yemen *m*

Yemeni /ˈjemənɪ/ *adj & n* yemenita *mf*

yen /jen/ *n* forte desiderio *m* (**for** di)

yeoman /ˈjəʊmən/ *n* BrE piccolo proprietario *m* terriero; **Y~ of the Guard** guardiano *m* della Torre di Londra

yep /jep/ *adv* infml sì

yes /jes/ **A** *adv* sì
B *n* sì *m*

yes-man *n* infml tirapiedi *m inv*

yesterday /ˈjestədeɪ/ *n & adv* ieri *m inv*; **~'s paper** il giornale di ieri; **the day before ~** l'altroieri; **~ afternoon** ieri pomeriggio; **~ morning** ieri mattina

yesteryear /ˈjestəjɪə(r)/ *n* lit passato *m*; **the music of ~** la musica del passato

yet /jet/ **A** *adv* ancora; **as ~** fino ad ora; **not ~** non ancora; **the best ~** il migliore finora
B *conj* eppure

yew /juː/ *n* tasso *m* (*albero*)

Y-fronts *npl* BrE slip *m inv* da uomo con apertura

YHA *abbr* BrE (**Youth Hostels Association**) associazione *f* degli ostelli della gioventù

Yiddish /ˈjɪdɪʃ/ *n* yiddish *m*

yield /jiːld/ **A** *n* produzione *f*; ‹*profit*› reddito *m*
B *vt* produrre; fruttare ‹*profit*›
C *vi* cedere; AmE Auto dare la precedenza

yielding /ˈjiːldɪŋ/ *adj* (submissive) arrendevole; ‹*ground*› cedevole; ‹*person*› flessibile

YMCA *abbr* (**Young Men's Christian Association**) Associazione *f* Cristiana dei Giovani

yob /ˈjɒb/, **yobbo** /ˈjɒbəʊ/ *n* BrE infml teppista *mf*

yodel /ˈjəʊdl/ *vi* (*pt/pp* **yodelled**) cantare jodel

yoga /ˈjəʊgə/ *n* yoga *m*

yoghurt /ˈjɒgət/ *n* yogurt *m inv*

yoke /jəʊk/ *n* giogo *m*; (of garment) carré *m inv*

yokel /ˈjəʊkl/ *n* zotico, -a *mf*

yolk /jəʊk/ *n* tuorlo *m*

yonder /ˈjɒndə(r)/ *adv* literary laggiù

yonks /jɒŋks/ *npl* infml **I haven't seen him for ~** è un secolo che non lo vedo

yore /jɔː(r)/ *n* **in days of ~** un tempo

you /juː/ *pers pron* (subject) tu, voi *pl*; (formal) lei, voi *pl*; (direct/indirect object) ti, vi *pl*; (formal: direct object) la; (formal: indirect object) le; (after prep) te, voi *pl*; (formal: after prep) lei; **~ are very kind** *sg* sei molto gentile; (formal) lei è molto gentile; (pl & formal pl) siete molto gentili; **~ can stay, but he has to go** *sg* tu puoi rimanere, ma lui deve andarsene; **all of ~** tutti voi; **I'll give ~ the money** *sg* ti darò i soldi; **I'll give it to ~** *sg* te lo darò; **it does ~ good** *sg* ti fa bene; **it was ~!** *sg* eri tu!; **~ have to be careful these days** si deve fare attenzione di questi tempi; **~ can't tell the difference** non si vede la differenza

you'd /juːd/ *abbr* (**you would**, **you had**)

you-know-what *pron* infml sai cosa

you-know-who *pron* infml sai chi

you'll /juːl/ *abbr* (**you will**)

young /jʌŋ/ **A** *adj* giovane; **~ lady** signorina *f*; **~ man** giovanotto *m*; **her ~ man** (boyfriend) il suo ragazzo
B *npl* (animals) piccoli *mpl*; **the ~** (people) i giovani

young blood *n* nuove leve *fpl*

youngish /ˈjʌŋɪʃ/ *adj* abbastanza giovane

young-looking *adj* dall'aria giovanile

young offender *n* delinquente *mf* minorenne

youngster /ˈjʌŋstə(r)/ *n* ragazzo, -a *mf*; (child) bambino, -a *mf*

your /jɔː(r)/ *poss adj* tuo *m*, tua *f*, tuoi *mpl*, tue *fpl*; (formal) suo *m*, sua *f*, suoi *mpl*, sue *fpl*; (pl & formal pl) vostro *m*, vostra *f*, vostri *mpl*, vostre *fpl*; **~ task/house** *sg* il tuo compito/la tua casa; (formal) il suo compito/la sua casa; (pl & formal pl) il vostro compito/la vostra casa; **~ mother/father** *sg* tua madre/tuo padre; (formal) sua madre/suo padre; (pl & formal pl) vostra madre/

vostro padre

you're /jʊə(r)/ *abbr* (**you are**)

yours /jɔːz/ *poss pron* il tuo *m*, la tua *f*, i tuoi *mpl*, le tue *fpl*; (formal) il suo *m*, la sua *f*, i suoi *mpl*, le sue *fpl*; (pl & formal pl) il vostro *m*, la vostra *f*, i vostri *mpl*, le vostre *fpl*; **a friend of ~** un tuo/suo/vostro amico; **friends of ~** dei tuoi/vostri/suoi amici; **that is ~** quello è tuo/vostro/suo; (as opposed to mine) quello è il tuo/il vostro/il suo

yourself /jɔːˈself/ *pers pron* (reflexive) ti; (formal) si; (emphatic) te stesso; (formal) sé, se stesso; **do pour ~ a drink** versati da bere; (formal) si versi da bere; **you said so ~** lo hai detto tu stesso; (formal) lo ha detto lei stesso; **you can be proud of ~** puoi essere fiero di te; (formal) può essere fiero di sé; **by ~** da solo

yourselves /jɔːˈselvz/ *pers pron* (reflexive) vi; (emphatic) voi stessi; **do pour ~ a drink** versatevi da bere; **you said so ~** lo avete detto voi stessi; **you can be proud of ~** potete essere fieri di voi; **by ~** da soli

youth /juːθ/ *n* (*pl* **youths** /juːðz/) gioventù *f*; (boy) giovanetto *m*; **the ~** (young people) i giovani

youth club *n* club *m* per i giovani

youthful /ˈjuːθfʊl/ *adj* giovanile

youth hostel *n* ostello *m* [della gioventù]

youth hostelling *n viaggiare* (*m*) *pernottando in ostelli della gioventù*

youth work *n* lavoro *m* di educatore

youth worker *n* educatore, -trice *mf*

you've /juːv/ *abbr* (**you have**)

yowl /jaʊl/ *vi* ‹*dog*› ululare; ‹*cat*› miagolare; ‹*baby*› frignare

yo-yo® /ˈjəʊjəʊ/ **A** *n* yo-yo *m inv*
B *vi* (prices, inflation) andare su e giù

yr *abbr* (**year**) anno *m*

yuck /jʌk/ *int* BrE infml bleah

yucky /ˈjʌkɪ/ *adj* BrE infml schifoso

Yugoslav /ˈjuːgəslɑːv/ *adj* & *n* jugoslavo, -a *mf*

Yugoslavia /juːgəˈslɑːvɪə/ *n* Jugoslavia *f*

Yule log /juːl/ *n* tronchetto *m* natalizio

yummy /ˈjʌmɪ/ infml **A** *adj* squisito
B *int* gnam gnam

yup /jʌp/ *adv* infml sì

yuppie /ˈjʌpɪ/ *n* yuppie *mf inv*

yuppie flu *n* sindrome *f* da affaticamento cronico

YWCA *abbr* (**Young Women's Christian Association**) Associazione *f* Cristiana delle Giovani

Zz

z, Z /zed/ *n* (letter) z, Z *f inv*

Zaire /zɑːˈɪə/ *n* Zaire *m*

Zambia /ˈzæmbɪə/ *n* Zambia *m*

zany /ˈzeɪnɪ/ *adj* (**-ier**, **-iest**) demenziale

zap /zæp/ **A** *n* infml (energy) energia *f*
B *vt* (*pt/pp* **zapped**) infml (destroy) distruggere ‹*town*›; far fuori ‹*person, animal*›; (fire at) fulminare; Comput (delete) cancellare

zapper /ˈzæpə(r)/ *n* infml (for TV) telecomando *m*

zeal /ziːl/ *n* zelo *m*

zealot /ˈzelət/ *n* fig fanatico, -a *mf*

zealous /ˈzeləs/ *adj* zelante

zealously /ˈzeləslɪ/ *adv* con zelo

zebra /ˈzebrə/ *n* zebra *f*

zebra crossing *n* passaggio *m* pedonale, zebre *fpl*

zenith /ˈzenɪθ/ *n* zenit *m inv*; fig apogeo *m*

zero /ˈzɪərəʊ/ *n* zero *m*

■ **zero in on** *vt* concentrarsi su ‹*problem, person*›; localizzare ‹*place*›; Mil mirare ‹*target*›

zero-carbon *adj* a emissioni zero; **~ vehicle** veicolo *m* a emissione zero

zero-emission *adj* a zero emissioni

zero gravity *n* assenza *f* di gravità

zero hour *n* Mil fig ora *f* zero

zero-rated /-ˈreɪtɪd/ *adj* BrE esente [da] IVA

zest /zest/ *n* gusto *m*; (peel) scorza *f* (*di agrumi*)

zigzag /ˈzɪgzæg/ **A** *n* zigzag *m inv*
B *vi* (*pt/pp* **-zagged**) zigzagare

zilch /zɪltʃ/ *n* infml un tubo; **I understood ~** non ho capito un tubo

Zimbabwe /zɪmˈbæbweɪ/ *n* Zimbabwe *m*

Zimmer® /ˈzɪmə(r)/ *n* BrE deambulatore *m*

zinc /zɪŋk/ *n* zinco *m*

zinc oxide *n* ossido *m* di zinco

zing /zɪŋ/ **A** *n* infml (energy) brio *m*; (sound) sibilo *m*
B *vt* AmE (criticize) stroncare

Zionism /ˈzaɪənɪzm/ *n* sionismo *m*

zip /zɪp/ **A** *n* ~ **[fastener]** cerniera *f* [lampo]
B *vt* (**pt/pp, zipped**) ~ **[up]** chiudere con la cerniera [lampo]

■ **zip along** *vi* (move quickly) procedere velocemente

■ **zip through** *vt* (do quickly) svolgere velocemente ‹*work*›; (read quickly) leggere velocemente ‹*book*›

■ **zip up** **A** *vt* chiudere la cerniera di ‹*jacket, bag*›
B *vi* chiudersi con la cerniera

zip code *n* AmE codice *m* [di avviamento] postale, C.A.P. *m inv*

zipper /ˈzɪpə(r)/ *n* AmE cerniera *f* [lampo]

zippy /ˈzɪpɪ/ *adj* infml (vehicle) scattante

zither /ˈzɪðə(r)/ *n* cetra *f*

zodiac /ˈzəʊdɪæk/ *n* zodiaco *m*

zombie /ˈzɒmbɪ/ *n* infml zombi *mf inv*

zone /zəʊn/ *n* zona *f*

zoning /ˈzəʊnɪŋ/ *n* zonazione *f*

zonked /zɒŋkt/ *adj* infml (on drugs, drunk, tired) fatto

zoo /zuː/ *n* zoo *m inv*

zoo keeper *n* guardiano, -a *mf* dello zoo

zoological /zəʊəˈlɒdʒɪkl/ *adj* zoologico

zoologist /zəʊˈɒlədʒɪst/ *n* zoologo, -a *mf*

zoology /zəʊˈɒlədʒɪ/ *n* zoologia *f*

zoom /zuːm/ *vi* sfrecciare

zoom lens *n* zoom *m inv*

zucchini /zʊˈkiːnɪ/ *n* AmE zucchino *m*, zucchina *f*

Summary of Italian grammar

Nouns

Gender

All Italian nouns are either masculine or feminine. As a general rule, nouns ending in **-o** are usually masculine.

il ragazzo boy — **l'amico** friend
lo sbaglio mistake — **un albero** tree
un treno train — **uno specchio** mirror

Nouns ending in **-a** are usually feminine.

la ragazza girl — **la scuola** school
l'arancia orange — **un'amica** friend
una sorella sister — **una zia** aunt

Nouns ending in **-e** can be either masculine or feminine.

il nome name — **la stazione** station
una ragione reason — **un giornale** newspaper

Plural forms

Masculine nouns ending in **-o** change to **-i** in the plural:

i ragazzi boys — **gli amici** friends
gli sbagli mistakes

Feminine nouns ending in **-a** change to **-e**:

le ragazze girls — **le scuole** schools
le amiche friends

All nouns ending in **-e** change to **-i**:

i genitori parents — **le stazioni** stations

Nouns ending in accented vowels do not change in the plural.

il caffè coffee — **i caffè** coffees
la città city — **le città** cities
la virtù virtue — **le virtù** virtues

Nouns ending in a consonant (imported from other languages) do not change in the plural.

il computer — **i computer**
lo sport — **gli sport**
l'autobus — **gli autobus**

The definite article

Masculine forms before:

	singular	*plural*	
most consonants	**il**	**i**	**il treno, i treni**
a, e, i, o, u	**l'**	**gli**	**l'albero, gli alberi**
gn, ps, z, s+ consonant	**lo**	**gli**	**lo studente, gli studenti**

Feminine forms before:

	singular	*plural*	
any consonant	**la**	**le**	**la camera, le camere**
a, e, i, o, u	**l'**	**le**	**l'arancia, le arance**

The indefinite article

Masculine forms before:

	singular	
vowel or most consonants	**un**	**un ombrello, un caffè**
gn, ps, z, s+consonant	**uno**	**uno zoo**

Feminine forms before:

	singular	
any consonant	**una**	**una stanza**
a, e, i, o, u	**un'**	**un'aspirina**

Adjectives

Adjectives agree in number and gender with the noun to which they refer. Italian adjectives end in either **-o** or **-e**.

	singular	*plural*	
masculine	**pigro**	**pigri**	lazy
	felice	**felici**	happy
	singular	*plural*	
feminine	**pigra**	**pigre**	lazy
	felice	**felici**	happy

When you have a mixture of masculine and feminine nouns, the adjective ending is masculine.

Max e Anna sono **pigri/gentili**.
Max and Anna are lazy/kind.

Position

Adjectives are usually placed after the noun they describe.

Ho letto **un libro interessante**.
I've read an interesting book.

There are, however, a few common adjectives, such as **bello, brutto, buono, cattivo, piccolo, grande, giovane, vecchio, nuovo**, which can be placed before the noun.

Ho visto **un bel film**.
I have seen a lovely film.

Possessive adjectives

In Italian, the possessive adjective agrees in gender and number with what is possessed and not with the possessor. The possessive adjective is generally preceded by the definite article: **il mio ufficio**.

singular

	masculine	*feminine*
my	**il mio**	**la mia**
your [*informal*]	**il tuo**	**la tua**
his/her; your [*formal*]	**il suo**	**la sua**
our	**il nostro**	**la nostra**
your [*plural*]	**il vostro**	**la vostra**
their	**il loro**	**la loro**

plural

	masculine	*feminine*
my	**i miei**	**le mie**
your [*informal*]	**i tuoi**	**le tue**
his/her; your [*formal*]	**i suoi**	**le sue**
our	**i nostri**	**le nostre**
your [*plural*]	**i vostri**	**le vostre**
their	**i loro**	**le loro**

Except with **loro**, the definite article is dropped when the noun refers to single immediate family members – **mia sorella, tuo fratello**, but **le mie sorelle, i tuoi fratelli; la loro sorella, i loro fratelli**.

Questo and *quello*

Questo and **quello** can be used both as adjectives ('this'/'that') and pronouns ('this one'/'that one'). **Questo** takes the usual adjective endings (**-o/-a/-i/-e**) whether it is used as an adjective or a pronoun. **Quello** also takes these endings when used as a pronoun; however, when it comes before a noun, it takes the same endings as the definite article.

singular	**quel, quello, quell', quella**	**quella casa quell'amico**
plural	**quei, quegli, quelle**	**quegli amici quelle case**

Subject pronouns

In Italian, subject pronouns are generally omitted (unless you want to place emphasis on them): the subject is shown in the verb ending.

io	I	**noi**	we
tu	you [*informal*]	**voi**	you [*plural*]
lui	he	**loro**	they
lei	she		
lei	you [*formal*]		

The **tu** form is used when speaking to a child or someone you know well;
the **lei** form when speaking to an adult you don't know well.

Object pronouns

Direct object pronouns

mi	me	**ci**	us
ti	you	**vi**	you
lo	him/it [*m*]	**li**	them [*m*]
la	her/it [*f*]	**le**	them [*f*]
la	you [*formal*]		

Indirect object pronouns

mi	to (etc.) me	**ci**	to us
ti	to you	**vi**	to you
gli	to him/to it [*m*]	**gli**	to them [*m/f*]
le	to her/to it [*f*]		
le	to you [*formal*]		

Indirect object pronouns are used with verbs which are normally followed by a preposition, such as **telefonare a** ('to telephone') and **dare a** ('to give to').

Anna telefona a Maria. Anna **le** telefona.
Anna telefona a Mario. Anna **gli** telefona.

The position of direct and indirect object pronouns

Both direct and indirect object pronouns come before the verb (or before **avere/essere** in the perfect tense). When both appear in a sentence, the indirect comes before the direct pronoun: the indirect pronoun may also change form (see below).

Ti offro un caffè.
I'll buy you a coffee.

Le scrivo domani.
I'll write to her tomorrow.

Mi piacciono quegli stivali. **Li** compro!
I like those boots. I'll buy them!

Me lo avete comprato.
You bought it for me.

When there are two verbs, and the second is an infinitive, the pronoun comes either before the first verb or combines with the infinitive.

Ti vorrei incontrare.
I'd like to meet you.

Vorrei incontrar**ti**.
I'd like to meet you.

Before a direct object pronoun, the indirect object pronouns **mi**, **ti**, **ci**, and **vi** change respectively to **me**, **te**, **ce**, and **ve**.

Ti abbiamo già dato il libro.
We have already given the book to you.

Te lo abbiamo già dato.
We have already given it to you.

Vi mando la lettera domani.
I'll send the letter to you tomorrow.

Ve la mando domani.
I'll send it to you tomorrow.

The third person indirect pronouns – **le** and **gli** – change to **glie-** and combine with **lo**, **la**, **li**, and **le** to form one word.

Mando un biglietto d'auguri ai nonni. **Glielo** mando.
I'll send a card to our grandparents.
I'll send it to them.

These forms come before the verb or can be joined to an infinitive.

Glielo dovrei dare.
I should give it to him/her/them.

Dovrei dar**glielo**.
I should give it to him/her/them.

Disjunctive pronouns

me	me	**noi**	us
te	you [*informal*]	**voi**	you [*plural*]
lui	him	**loro**	them
lei	her		
lei	you [*formal*]		

Disjunctive pronouns are used for emphasis and after prepositions, such as **di**, **a**, **da**, **con**, etc.:

Conosco **lui**.
I know him.

Mario gioca con **noi**.
Mario plays with us.

Lo fa per **me**.
He does it for me.

Viene con **te**?
Is he coming with you?

Possessive pronouns

These have the same form as the possessive adjectives.

Questa è la mia bicicletta.
That's my bike.

E quella è **la mia**.
And that's mine.

The definite article is used with family members in the singular.

Mia nonna abita a Roma.
My grandmother lives in Rome.

La mia abita a Napoli.
Mine lives in Naples.

ci

ci is used to refer to location. It is used to mean 'here' or 'there', although in some instances its meaning in English is understood rather than translated. It usually comes before the verb.

Siete mai stati a Parigi? Sì, **ci** siamo andati molte volte.
Have you ever been to Paris? Yes, we've been there many times.

Quando andate a Roma? **Ci** andiamo venerdì.
When are you going to Rome? We're going (there) on Friday.

ne

ne can mean 'of it/him/her', 'about it/him/her', etc., or 'of them', 'about them', etc. In some instances it isn't translated, but it must be included.

Vorrei delle banane.
I would like some bananas.

Quante **ne** vuole?
How many (of them) do you want?

Maria parlerà delle sue vacanze.
Maria will talk about her holidays.

Maria **ne** parlerà.
Maria will talk about them.

Prepositions

In addition to the general meanings of the prepositions the following uses are particularly worth noting.

a with cities

Abito **a** Parma.
I live in Parma.

Vado **a** Parigi.
I am going to Paris.

in with countries and regions

Vivono **in** Italia – **in** Toscana.
They live in Italy – in Tuscany.

di to express possession

la mamma **di** Federica.
Federica's mum

da + name of a person means 'to or at their house, shop, etc.'

Vai **da** Paola?
Are you going to Paola's?

Andate **dal** giornalaio?
Are you going to the newsagent's?

Sei già stato **dal** dentista?
Have you already been to the dentist's?

da + present tense to describe an action which began in the past and which continues in the present ('for', 'since')

È malato **da** due giorni.
He has been ill for two days.

Lavorano qui **dal** 1975.
They have worked here since 1975.

Prepositions and articles

When the prepositions **a** ('to'), **da** ('from'), **di** ('of'), **in** ('in'), and **su** ('on') are followed by the definite article, the words combine as follows.

	singular				*plural*		
	il	*lo*	*l'*	*la*	*i*	*gli*	*le*
a	**al**	**allo**	**all'**	**alla**	**ai**	**agli**	**alle**
da	**dal**	**dallo**	**dall'**	**dalla**	**dai**	**dagli**	**dalle**
di	**del**	**dello**	**dell'**	**della**	**dei**	**degli**	**delle**
in	**nel**	**nello**	**nell'**	**nella**	**nei**	**negli**	**nelle**
su	**sul**	**sullo**	**sull'**	**sulla**	**sui**	**sugli**	**sulle**

La sveglia è **sul** comodino.
The alarm clock is on the bedside cabinet.

I pantaloni sono **nell'**armadio.
The trousers are in the wardrobe.

Adverbs

Regular adverbs

Most adverbs are formed by adding **-mente** to the feminine form of the adjective.

lento slow	**lenta*mente*** slowly
vero true	**vera*mente*** truly

Adjectives ending in **–e** in the singular simply add **-mente**.

triste sad	**triste*mente*** sadly
semplice simple	**semplice*mente*** simply

However, if the adjective ends in **-re** or **-le**, the **-e** is dropped:

normale normal	**normalmente** normally
regolare regular	**regolarmente** regularly

The comparative and superlative

Comparative

più ... di	Lui è **più** giovane **di** lei. He is younger than she is.
meno ... di	Lui è **meno** vivace **di** lei. He is less lively than she is.
(tanto) ... quanto/come	Lui è alto **quanto** lei. He's as tall as she is.

Superlative

To say 'the most ...' in Italian is **il / la / i / le più**; 'the least ...' is **il / la / i / le meno**.

Mara è **la più** giovane.
Mara is the youngest.

Franco è **il più** alto.
Franco is the tallest.

After a superlative 'in' is translated by **di**.

È **la ragazza più** intelligente **della** classe.
She is the cleverest girl in her class.

È **l'albergo più** costoso **di** Venezia.
It is the most expensive hotel in Venice.

Irregular forms

Some adjectives have two different forms of the comparative and superlative. The distinctions in meaning are slight and best learnt in context.

	singular	*plural*
buono (good)	**più buono / migliore**	**il/la più buono/a** **il/la migliore**
cattivo (bad)	**più cattivo / peggiore**	**il/la più cattivo/a** **il/la peggiore**

Expressing quantities

di + *article*

Ordino **del** vino?
Shall I order some wine?

Preferisco **dell'**acqua.
I'd prefer some water.

Compra **dei** pomodori.
Buy some tomatoes.

Hai **delle** aspirine?
Do you have any aspirins®?

qualche

qualche is always followed by a singular noun.

Ho **qualche amico** a Roma.
I have some friends in Rome.

Asking questions

There are two ways of asking questions:
(a) you keep the same wording as the sentence, but use a rising intonation;
(b) you use a question word – then the verb and the subject change places.

È inglese?
Are you English?

Dove lavora Roberta?
Where does Roberta work?

Negatives

To make a sentence negative, you simply put **non** in front of the verb.

Sono americano.
I'm American.

Non sono americano.
I'm not American.

Numbers

1	**uno**	16	**sedici**
2	**due**	17	**diciassette**
3	**tre**	18	**diciotto**
4	**quattro**	19	**diciannove**
5	**cinque**	20	**venti**
6	**sei**	21	**ventuno**
7	**sette**	22	**ventidue**
8	**otto**	23	**ventitré**
9	**nove**	30	**trenta**
10	**dieci**	40	**quaranta**
11	**undici**	50	**cinquanta**
12	**dodici**	60	**sessanta**
13	**tredici**	70	**settanta**
14	**quattordici**	71	**settantuno**
15	**quindici**	72	**settantadue**
73	**settantatré**	101	**centouno**
74	**settantaquattro**, etc.	102	**centodue**
80	**ottanta**	200	**duecento**
81	**ottantuno**	202	**duecentodue**
82	**ottantadue**, etc.	999	**novecentonovantanove**
90	**novanta**	1000	**mille**
91	**novantuno**	2000	**duemila**
92	**novantadue**, etc.	2001	**duemilauno**
100	**cento**		

Verbs

The infinitive

Dictionaries and glossaries usually list verbs in the infinitive form, which in Italian has three different endings: **-are, -ere**, or **-ire** (apart from a few irregular forms in **-rre**). Regular verbs within each group take the same endings.

Reflexive verbs

Reflexive verbs can easily be identified by the additional **si** which appears at the end of the infinitive (**chiamars*i***): they end in **-arsi**, **-ersi**, or **–irsi**, taking the endings for **-are**, **-ere**, and **-ire** verbs respectively. They just add the reflexive pronouns **mi**, **ti**, **si**, **ci**, **vi**, and **si** in front of the verb.

	alzars*i* – to get up	**divertirs*i*** – to enjoy oneself
(io)	***mi* alzo**	***mi* diverto**
(tu)	***ti* alzi**	***ti* diverti**
(lui/lei)	***si* alza**	***si* diverte**
(noi)	***ci* alziamo**	***ci* divertiamo**
(voi)	***vi* alzate**	***vi* divertite**
(loro)	***si* alzano**	***si* divertono**

Non **si alzano** mai prima delle otto.
They never get up before eight.

Si divertirà senz'altro.
He will definitely enjoy himself.

The imperative

The imperative is used to give orders, instructions, and advice. Irregular imperative forms are covered in the verb tables on pages 954–962.

The ***tu** form* of the imperative is used to address children or people you know well. The ***voi** form* is used to address a group of people. Except for the ***tu** form* of the **-are** verbs, the other forms are the same as the ***tu** form* of the present tense.

	parlare	credere	sentire	finire
(tu)	**parla**	**credi**	**senti**	**finisci**
(voi)	**parlate**	**credete**	**sentite**	**finite**

The imperative also has a ***noi*** *form*, translated 'let's ...'. This is the same as the ***noi*** *form* of the present tense.

	parlare	credere	sentire	finire
(noi)	**parliamo**	**crediamo**	**sentiamo**	**finiamo**

The ***lei*** *form* of the imperative is used with adults you don't know.

	parlare	credere	sentire	finire
(lei)	**parli**	**creda**	**senta**	**finisca**

The imperative and object pronouns

Direct and indirect object pronouns come *before the* ***lei*** *imperative*.

La guardi meglio. È tutta sporca!
Look at it more closely. It's all dirty!

Non **lo ascolti**! Scherza.
Don't listen to him. He's joking.

However, they are added to the *end of the* ***tu***, ***voi***, *and* ***noi*** *imperatives*.

Telefonate**gli** al più presto.
Ring him very soon.

Alziamoci alle sette.
Let's get up at seven o'clock.

Non parliamo**ne** più.
Let's not speak about it any more.

When you add a pronoun to the ***tu*** imperative forms of **andare**, **fare**, **dare**, **dire**, and **stare**, the first letter of the pronoun is doubled. The only exception to this is **gli**.

Dimmi la verità!
Tell me the truth!

Da**lle** questo.
Give her this.

Digli che arrivo domani.
Tell him I'll be arriving tomorrow.

The negative imperative

tu form	**non** + infinitive	**Non fumare**, per favore. Please don't smoke.
other forms	**non** + imperative	**Non fumate**, per favore. Please don't smoke.

In the negative, object pronouns come *before the* ***lei*** *imperative*.

Non **lo** dica!
Don't say it!

They can either come before the ***tu***, ***voi***, and ***noi*** imperatives or be added on to the end of it.

In the negative **tu** form, the final **-e** of the infinitive is dropped when an object pronoun is added on.

Non **dirlo**!/Non **lo dire**!
Don't say it!

The present tense

The single present tense in Italian has a wider use than its English equivalent: **io lavoro** can be translated as either 'I work' or 'I am working', according to context. Besides expressing actions which relate to the immediate present, it can also be used to express:

– actions which are done regularly

Ogni mattina **faccio** una passeggiata.
Every morning I go for a walk.

– actions which relate to a future intention.

Fra un mese **andiamo** in Spagna.
In a month we're going to Spain.

For the forms of the present tense, see the verb tables on pages 954–962.

The progressive forms

The progressive forms are used to say what is or was happening at the moment of speaking. These forms are less common in Italian than in English, because it is perfectly normal to use the simple present tense to convey the same idea.

The progressives are formed by combining the verb **stare** with the gerund, the form of the verb which ends with **-ando** or **-endo**. The present tense and the imperfect tense of **stare** are used respectively to talk about the present and the past.

parlare	prendere	dormire
sto/ stavo parlando	**sto/ stavo prendendo**	**sto/ stavo dormendo**
stai/ stavi parlando	**stai/ stavi prendendo**	**stai/ stavi dormendo**
sta/ stava parlando	**sta/ stava prendendo**	**sta/ stava dormendo**
stiamo/ stavamo parlando	**stiamo/ stavamo prendendo**	**stiamo/ stavamo dormendo**
state/ stavate parlando	**state/ stavate prendendo**	**state/ stavate dormendo**

parlare	prendere	dormire
stanno/ stavano parlando	stanno/ stavano prendendo	stanno/ stavano dormendo

Sta piovendo.
It is raining.

Che **stavi facendo**?
What were you doing?

The perfect tense

The perfect tense is used to describe a single completed event or action which took place in the past. It can be translated in one of two ways, depending on the context: for example, **ho parlato** can mean either 'I spoke' or 'I have spoken'. It is formed with the present tense of **avere** or **essere** + the past participle of the verb required. For regular verbs this is formed as follows: **-are** verbs → **-ato**, **-ere** verbs → **-uto**, and **-ire** verbs → **-ito**.

parl*ato* **cred*uto*** **sent*ito***

With ***avere***

Most transitive verbs form the perfect tense with **avere**.

Ho mangiato troppo.
I've eaten too much.

Non **ha avuto** molta fortuna.
She didn't have much luck.

When **avere** is used, the past participle must agree with any direct object which comes before the verb. Note that **lo** and **la** shorten to **l'**; **li** and **le** don't.

Ho comprato una macchina. **L'**ho comprata ieri.
I bought a car. I bought it yesterday.

Hai visto Maria e Carla? Sì, **le** ho viste ieri.
Did you see Maria and Carla? Yes, I saw them yesterday.

With ***essere***

Most intransitive verbs, all reflexive verbs, and a few others (such as **essere**, **piacere**, **sembrare**, etc.) form the perfect tense with **essere**. When this happens, the past participle acts like an adjective: it agrees with the subject in gender and number.

Maria **è andata** a Roma molte volte.
Maria has been to Rome many times.

Ci siamo annoiat*i* molto.
We got really bored.

La serata **è stat*a*** veramente piacevole.
The evening was very pleasant.

Irregular past participles

* indicates a verb forming the perfect with **essere**

infinitive	*past participle*
aprire (to open)	**aperto**
bere (to drink)	**bevuto**
chiedere (to ask)	**chiesto**
chiudere (to close)	**chiuso**
crescere* (to grow)	**cresciuto**
decidere (to decide)	**deciso**
dire (to say)	**detto**
essere* (to be)	**stato**
fare (to do)	**fatto**
leggere (to read)	**letto**
mettere (to put)	**messo**
morire* (to die)	**morto**
nascere* (to be born)	**nato**
perdere (to lose)	**perso**
piacere* (to please)	**piaciuto**
prendere (to take)	**preso**
rimanere* (to stay)	**rimasto**
scegliere (to choose)	**scelto**
scrivere (to write)	**scritto**
stare* (to stay, to be situated)	**stato**
succedere* (to happen)	**successo**
trascorrere (to spend)	**trascorso**
vedere (to see)	**visto**
venire* (to come)	**venuto**
vincere (to win)	**vinto**
vivere* (to live)	**vissuto**

The imperfect tense

The imperfect tense is used:

1 to describe something which used to happen frequently or regularly in the past.

Andavamo a scuola a piedi.
We walked/We used to walk to school.

2 to describe what was happening or what the situation was when something else happened.

Dormivo quando Sergio **è arrivato**.
I was sleeping when Sergio arrived.

Aveva sei anni quando **è nata** Carla.
He was six when Carla was born.

3 to express an emotional or physical state in the past and to refer to time, age, or the weather.

Ieri sera Beatrice **era** stanca.
Beatrice was tired.

Aveva i capelli biondi.
She had blonde hair.

Erano le sette.
It was seven o'clock.

Quando **eravamo** piccoli, ci piaceva andare al mare.
When we were little, we used to like going to the seaside.

Era una bella giornata.
It was a lovely day.

The imperfect tense is formed by adding the following endings to the stem.

	parlare	**credere**	**sentire**
(io)	**parlavo**	**credevo**	**sentivo**
(tu)	**parlavi**	**credevi**	**sentivi**
(lui/lei; lei)	**parlava**	**credeva**	**sentiva**
(noi)	**parlavamo**	**credevamo**	**sentivamo**
(voi)	**parlavate**	**credevate**	**sentivate**
(loro)	**parlavano**	**credevano**	**sentivano**

See the verb tables for details of verbs which are irregular in the imperfect.

Use of the perfect and the imperfect

The perfect is used to describe a completed or single action in the past; the imperfect describes a continuing, repeated, or habitual action. When they are used together, the imperfect is the tense that sets the scene, while the perfect is used to move the action forward.

Ho visto Marco giovedì.
I saw Marco on Thursday.

Andavo in piscina il giovedì.
I used to go swimming on Thursdays.

Poiché **faceva** caldo, **siamo andati** tutti al mare.
Because it was hot, we all went to the seaside.

The past historic tense

The past historic is a tense that refers to something that happened in the past, generally in the relatively distant past. It is formed by adding a set of endings to the verb. Before adding the endings, the infinitive ending (**-are**, **-ere**, or **-ire**) is dropped. For some **-ere** verbs there is a choice of endings for some forms; both sets of endings are commonly used. A large number of verbs form their past historic in irregular ways.

	parlare	**vendere**	**dormire**
(io)	**parlai**	**vendei** or **vendetti**	**dormii**
(tu)	**parlasti**	**vendesti**	**dormisti**
(lui/lei; lei)	**parlò**	**vendé** or **vendette**	**dormì**
(noi)	**parlammo**	**vendemmo**	**dormimmo**
(voi)	**parlaste**	**vendeste**	**dormiste**
(loro)	**parlarono**	**venderono** or **vendettero**	**dormirono**

Pagò il conto e se ne andò.
He paid the bill and left.

La città **fu fondata** nel 500 a.C.
The city was founded in 500 BC.

The pluperfect tense

The pluperfect tense is used to talk about events that happened *before* the event that is the main focus of attention. Like the perfect tense, it uses a form of **avere** or **essere** with the past participle: the past tense of **avere** (or **essere** if the verb forms its compound tenses with **essere**) is followed by the past participle. If the verb uses **essere** as an auxiliary, the past participle agrees with the subject (see the section on the perfect tense).

Li **avevo visti** l'estate prima.
I had seen them the summer before.

Ci **eravamo** già **conosciuti**.
We had already met.

The future tense

In Italian, the future can be expressed in different ways.

1 You can use the present tense with an appropriate time expression when talking about plans (as in English):

Non **sono** libero domani.
I'm not/I won't be available tomorrow.

Partiamo per le vacanze lunedì prossimo.
We're going on holiday next Monday.

2 You can use the future tense – especially when making predictions (as in weather forecasts or horoscopes) or stating a fact about the future.

Avrete molto successo.
You will have great success.

Balleranno tutta la notte.
They'll dance all night.

Domani **nevicherà**.
Tomorrow it will snow.

The future tense is formed by dropping the final **-e** of the infinitive and adding the future endings. In **-are** verbs, the **a** in the infinitive changes to **e**.

	parlare	prendere	dormire
(io)	**parler*ò***	**prender*ò***	**dormir*ò***
(tu)	**parler*ai***	**prender*ai***	**dormir*ai***
(lui)	**parler*à***	**prender*à***	**dormir*à***
(noi)	**parler*emo***	**prender*emo***	**dormir*emo***
(voi)	**parler*ete***	**prender*ete***	**dormir*ete***
(loro)	**parler*anno***	**prender*anno***	**dormir*anno***

Stasera Elio **parlerà** con il padre.
Tonight Elio will talk to his father.

Non lo **lascerà** mai.
She'll never leave him.

Verbs ending in **-care** and **-gare** add an **h** before the endings to keep the hard sound of the stem.

Gli spie**gheremo** tutto noi.
We will explain everything to him.

Cer**cherete** subito lavoro?
Will you be looking for work straight away?

For irregular future forms, see the verb tables on pages 954–962.

The conditional

In Italian the conditional is used for polite requests and suggestions, and to express a wish or a probable action. The endings are the same for all conjugations and, like the future tense, are added to the infinitive minus the final **-e** (or, if irregular, to the same stem used for the future tense). As with the future, the **a** in **-are** verbs changes to **e**. The rules affecting the spelling of **cercare**, **spiegare**, etc. also apply: see above.

	parlare	prendere	dormire
(io)	**parler*ei***	**prender*ei***	**dormir*ei***
(tu)	**parler*esti***	**prender*esti***	**dormir*esti***
(lui/lei; lei)	**parler*ebbe***	**prender*ebbe***	**dormir*ebbe***
(noi)	**parler*emmo***	**prender*emmo***	**dormir*emmo***
(voi)	**parler*este***	**prender*este***	**dormir*este***
(loro)	**parler*ebbero***	**prender*ebbero***	**dormir*ebbero***

Potremmo venire con te.
We could come with you.

Dovresti andare a letto presto.
You should go to bed early.

Vorrebbe fare una partita a tennis?
Would you like to have a game of tennis?

Non **vivrebbero** mai all'estero.
They'd never live abroad.

Saresti il primo a saperlo.
You'd be the first to know.

The subjunctive

The subjunctive is a special form of the verb that expresses doubt, unlikelihood, or desire. The subjunctive is not very common in modern English, and often forms with *let*, *should*, etc. do the same job. In Italian the subjunctive is very common, and is obligatory in certain circumstances. The subjunctive is commonly used to show that what is being said is not a concrete fact, for example to indicate doubt or necessity, or after verbs of ordering, requiring, or persuasion. It contrasts with the *indicative*, the normal form of the verb, which always implies a greater degree of certainty. The subjunctive is sometimes translated by an infinitive in English.

The present subjunctive is generally used when the main verb in the sentence is in the present; the past subjunctive is used when the main verb is in the past, or in order to talk about hypothetical situations.

For the forms of the subjunctive, see the verb tables on pages 954–962.

Credo che tu abbia ragione.
I think you're right.

Spero che questo problema si risolva.
I hope this problem is solved.

Bisogna che tu legga tutto.
It's necessary for you to read it all.

Voglio che tu mi aiuti.
I want you to help me.

Volevo che mi aiutassi.
I wanted you to help me.

Regular verbs -are

parlare – to speak (past participle **parlato**)

	present	*future*	*conditional*	*perfect*	*imperfect*
io	parlo	parlerò	parlerei	ho parlato	parlavo
tu	parli	parlerai	parleresti	hai parlato	parlavi
lui/lei; lei	parla	parlerà	parlerebbe	ha parlato	parlava
noi	parliamo	parleremo	parleremmo	abbiamo parlato	parlavamo
voi	parlate	parlerete	parlereste	avete parlato	parlavate
loro	parlano	parleranno	parlerebbero	hanno parlato	parlavano

	pluperfect	*past historic*	*present subjunctive*	*past subjunctive*	*imperative*
io	avevo parlato	parlai	parli	parlassi	
tu	avevi parlato	parlasti	parli	parlassi	parla
lui/lei; lei	aveva parlato	parlò	parli	parlasse	parli
noi	avevamo parlato	parlammo	parliamo	parlassimo	parliamo
voi	avevate parlato	parlaste	parliate	parlaste	parlate
loro	avevano parlato	parlarono	parlino	parlassero	

Verbs ending in **-care** and **-gare**, such as **cercare**, ('to look for') or **spiegare** ('to explain'), add an **h** before **i** or **e**.

Cherchiamo un posto tranquillo. We're looking for a quiet place.

Ti spieghiamo tutto domani. We'll explain everything tomorrow.

Regular verbs -ere

credere – to believe (past participle **creduto**)

	present	*future*	*conditional*	*perfect*	*imperfect*
io	credo	crederò	crederei	ho creduto	credevo
tu	credi	crederai	crederesti	hai creduto	credevi
lui/lei; lei	crede	crederà	crederebbe	ha creduto	credeva
noi	crediamo	crederemo	crederemmo	abbiamo creduto	credevamo
voi	credete	crederete	credereste	avete creduto	credevate
loro	credono	crederanno	crederebbero	hanno creduto	credevano

	pluperfect	*past historic*	*present subjunctive*	*past subjunctive*	*imperative*
io	avevo creduto	credei *or* credetti	creda	credessi	
tu	avevi creduto	credesti	creda	credessi	credi
lui/lei; lei	aveva creduto	credé *or* credette	creda	credesse	creda
noi	avevamo creduto	credemmo	crediamo	credessimo	crediamo
voi	avevate creduto	credeste	crediate	credeste	credete
loro	avevano creduto	crederono *or* credettero	credano	credessero	

Regular verbs -ire (1)

sentire – to hear (past participle **sentito**)

	present	*future*	*conditional*	*perfect*	*imperfect*
io	sento	sentirò	sentirei	ho sentito	sentivo
tu	senti	sentirai	sentiresti	hai sentito	sentivi
lui/lei; lei	sente	sentirà	sentirebbe	ha sentito	sentiva
noi	sentiamo	sentiremo	sentiremmo	abbiamo sentito	sentivamo
voi	sentite	sentirete	sentireste	avete sentito	sentivate
loro	sentono	sentiranno	sentirebbero	hanno sentito	sentivano

	pluperfect	*past historic*	*present subjunctive*	*past subjunctive*	*imperative*
io	avevo sentito	sentii	senta	sentissi	
tu	avevi sentito	sentisti	senta	sentissi	senti
lui/lei; lei	aveva sentito	sentì	senta	sentisse	senta
noi	avevamo sentito	sentimmo	sentiamo	sentissimo	sentiamo
voi	avevate sentito	sentiste	sentiate	sentiste	sentite
loro	avevano sentito	sentirono	sentano	sentissero	

Regular verbs -ire (2)

Some verbs ending in **-ire** insert **-isc-** between the stem and the ending in the three singular forms and in the 3rd person plural form of the present tense.

finire – to finish (past participle **finito**)

	present	*future*	*conditional*	*perfect*	*imperfect*
io	finisco	finirò	finirei	ho finito	finivo
tu	finisci	finirai	finiresti	hai finito	finivi
lui/lei; lei	finisce	finirà	finirebbe	ha finito	finiva
noi	finiamo	finiremo	finiremmo	abbiamo finito	finivamo
voi	finite	finirete	finireste	avete finito	finivate
loro	finiscono	finiranno	finirebbero	hanno finito	finivano

	pluperfect	*past historic*	*present subjunctive*	*past subjunctive*	*imperative*
io	avevo finito	finii	finisca	finissi	
tu	avevi finito	finisti	finisca	finissi	finisci
lui/lei; lei	aveva finito	finì	finisca	finisse	finisca
noi	avevamo finito	finimmo	finiamo	finissimo	finiamo
voi	avevate finito	finiste	finiate	finiste	finite
loro	avevano finito	finirono	finiscano	finissero	

Irregular verbs

avere – to have (past participle **avuto**)

	present	*future*	*conditional*	*perfect*	*imperfect*
io	ho	avrò	avrei	ho avuto	avevo
tu	hai	avrai	avresti	hai avuto	avevi
lui/lei; lei	ha	avrà	avrebbe	ha avuto	aveva
noi	abbiamo	avremo	avremmo	abbiamo avuto	avevamo
voi	avete	avrete	avreste	avete avuto	avevate
loro	hanno	avranno	avrebbero	hanno avuto	avevano

	pluperfect	*past historic*	*present subjunctive*	*past subjunctive*	*imperative*
io	avevo avuto	ebbi	abbia	avessi	
tu	avevi avuto	avesti	abbia	avessi	abbi
lui/lei; lei	aveva avuto	ebbe	abbia	avesse	abbia
noi	avevamo avuto	avemmo	abbiamo	avessimo	abbiamo
voi	avevate avuto	aveste	abbiate	aveste	abbiate
loro	avevano avuto	ebbero	abbiano	avessero	

essere* – to be (past participle **stato**)

	present	*future*	*conditional*	*perfect*	*imperfect*
io	sono	sarò	sarei	sono stato/stata	ero
tu	sei	sarai	saresti	sei stato/stata	eri
lui/lei; lei	è	sarà	sarebbe	è stato/stata	era
noi	siamo	saremo	saremmo	siamo stati/state	eravamo
voi	siete	sarete	sareste	siete stati/state	eravate
loro	sono	saranno	sarebbero	sono stati/state	erano

	pluperfect	*past historic*	*present subjunctive*	*past subjunctive*	*imperative*
io	ero stato/stata	fui	sia	fossi	
tu	eri stato/stata	fosti	sia	fossi	sii
lui/lei; lei	era stato/stata	fu	sia	fosse	sia
noi	eravamo stati/state	fummo	siamo	fossimo	siamo
voi	eravate stati/state	foste	siate	foste	siate
loro	erano stati/state	furono	siano	fossero	

Irregular verbs cont.

andare* – to go (past participle **andato**)

	present	*future*	*conditional*	*perfect*	*imperfect*
io	vado	andrò	andrei	sono andato/andata	andavo
tu	vai	andrai	andresti	sei andato/andata	andavi
lui/lei; lei	va	andrà	andrebbe	è andato/andata	andava
noi	andiamo	andremo	andremmo	siamo andati/andate	andavamo
voi	andate	andrete	andreste	siete andati/andate	andavate
loro	vanno	andranno	andrebbero	sono andati/andate	andavano

	pluperfect	*past historic*	*present subjunctive*	*past subjunctive*	*imperative*
io	ero andato/andata	andai	vada	andassi	
tu	eri andato/andata	andasti	vada	andassi	va'
lui/lei; lei	era andato/andata	andò	vada	andasse	vada
noi	eravamo andati/andate	andammo	andiamo	andassimo	andiamo
voi	eravate andati/andate	andaste	andiate	andaste	andate
loro	erano andati/andate	andarono	vadano	andassero	

bere – to drink (past participle **bevuto**)

	present	*future*	*conditional*	*perfect*	*imperfect*
io	bevo	berrò	berrei	ho bevuto	bevevo
tu	bevi	berrai	berresti	hai bevuto	bevevi
lui/lei; lei	beve	berrà	berrebbe	ha bevuto	beveva
noi	beviamo	berremo	berremmo	abbiamo bevuto	bevevamo
voi	bevete	berrete	berreste	avete bevuto	bevevate
loro	bevono	berranno	berrebbero	hanno bevuto	bevevano

	pluperfect	*past historic*	*present subjunctive*	*past subjunctive*	*imperative*
io	avevo bevuto	bevvi *or* bevetti	beva	bevessi	
tu	avevi bevuto	bevesti	beva	bevessi	bevi
lui/lei; lei	aveva bevuto	bevve *or* bevette	beva	bevesse	beva
noi	avevamo bevuto	bevemmo	beviamo	bevessimo	beviamo
voi	avevate bevuto	beveste	beviate	beveste	bevete
loro	avevano bevuto	bevvero *or* bevettero	bevano	bevessero	

Irregular verbs cont.

dare – to give (past participle **dato**)

	present	*future*	*conditional*	*perfect*	*imperfect*
io	do	darò	darei	ho dato	davo
tu	dai	darai	daresti	hai dato	davi
lui/lei; lei	dà	darà	darebbe	ha dato	dava
noi	diamo	daremo	daremmo	abbiamo dato	davamo
voi	date	darete	dareste	avete dato	davate
loro	danno	daranno	darebbero	hanno dato	davano

	pluperfect	*past historic*	*present subjunctive*	*past subjunctive*	*imperative*
io	avevo dato	diedi *or* detti	dia	dessi	
tu	avevi dato	desti	dia	dessi	da'
lui/lei; lei	aveva dato	diede *or* dette	dia	desse	dia
noi	avevamo dato	demmo	diamo	dessimo	diamo
voi	avevate dato	deste	diate	deste	date
loro	avevano dato	diedero *or* dettero	diano	dessero	

dire – to say (past participle **detto**)

	present	*future*	*conditional*	*perfect*	*imperfect*
io	dico	dirò	direi	ho detto	dicevo
tu	dici	dirai	diresti	hai detto	dicevi
lui/lei; lei	dice	dirà	direbbe	ha detto	diceva
noi	diciamo	diremo	diremmo	abbiamo detto	dicevamo
voi	dite	direte	direste	avete detto	dicevate
loro	dicono	diranno	direbbero	hanno detto	dicevano

	pluperfect	*past historic*	*present subjunctive*	*past subjunctive*	*imperative*
io	avevo detto	dissi	dica	dicessi	
tu	avevi detto	dicesti	dica	dicessi	di'
lui/lei; lei	aveva detto	disse	dica	dicesse	dica
noi	avevamo detto	dicemmo	diciamo	dicessimo	diciamo
voi	avevate detto	diceste	diciate	diceste	dite
loro	avevano detto	dissero	dicano	dicessero	

Irregular verbs cont.

dovere – to have to (past participle **dovuto**)

	present	*future*	*conditional*	*perfect*	*imperfect*
io	devo	dovrò	dovrei	ho dovuto	dovevo
tu	devi	dovrai	dovresti	hai dovuto	dovevi
lui/lei; lei	deve	dovrà	dovrebbe	ha dovuto	doveva
noi	dobbiamo	dovremo	dovremmo	abbiamo dovuto	dovevamo
voi	dovete	dovrete	dovreste	avete dovuto	dovevate
loro	devono	dovranno	dovrebbero	hanno dovuto	dovevano

	pluperfect	*past historic*	*present subjunctive*	*past subjunctive*
io	avevo dovuto	dovetti	deva	dovessi
tu	avevi dovuto	dovesti	deva	dovessi
lui/lei; lei	aveva dovuto	dovette	deva	dovesse
noi	avevamo dovuto	dovemmo	dobbiamo	dovessimo
voi	avevate dovuto	doveste	dobbiate	doveste
loro	avevano dovuto	dovettero	devano	dovessero

fare – to do, to make (past participle **fatto**)

	present	*future*	*conditional*	*perfect*	*imperfect*
io	faccio	farò	farei	ho fatto	facevo
tu	fai	farai	faresti	hai fatto	facevi
lui/lei; lei	fa	farà	farebbe	ha fatto	faceva
noi	facciamo	faremo	faremmo	abbiamo fatto	facevamo
voi	fate	farete	fareste	avete fatto	facevate
loro	fanno	faranno	farebbero	hanno fatto	facevano

	pluperfect	*past historic*	*present subjunctive*	*past subjunctive*	*imperative*
io	avevo fatto	feci	faccia	facessi	
tu	avevi fatto	facesti	faccia	facessi	fa'
lui/lei; lei	aveva fatto	fece	faccia	facesse	faccia
noi	avevamo fatto	facemmo	facciamo	facessimo	facciamo
voi	avevate fatto	faceste	facciate	faceste	fate
loro	avevano fatto	fecero	facciano	facessero	

Irregular verbs cont.

potere – to be able to (past participle **potuto**)

	present	*future*	*conditional*	*perfect*	*imperfect*
io	posso	potrò	potrei	ho potuto	potevo
tu	puoi	potrai	potresti	hai potuto	potevi
lui/lei; lei	può	potrà	potrebbe	ha potuto	poteva
noi	possiamo	potremo	potremmo	abbiamo potuto	potevamo
voi	potete	potrete	potreste	avete potuto	potevate
loro	possono	potranno	potrebbero	hanno potuto	potevano

	pluperfect	*past historic*	*present subjunctive*	*past subjunctive*
io	avevo potuto	potei	possa	potessi
tu	avevi potuto	potesti	possa	potessi
lui/lei; lei	aveva potuto	poté	possa	potesse
noi	avevamo potuto	potemmo	possiamo	potessimo
voi	avevate potuto	poteste	possiate	poteste
loro	avevano potuto	poterono	possano	potessero

sapere – to know (a fact, how to do something) (past participle **saputo**)

	present	*future*	*conditional*	*perfect*	*imperfect*
io	so	saprò	saprei	ho saputo	sapevo
tu	sai	saprai	sapresti	hai saputo	sapevi
lui/lei; lei	sa	saprà	saprebbe	ha saputo	sapeva
noi	sappiamo	sapremo	sapremmo	abbiamo saputo	sapevamo
voi	sapete	saprete	sapreste	avete saputo	sapevate
loro	sanno	sapranno	saprebbero	hanno saputo	sapevano

	pluperfect	*past historic*	*present subjunctive*	*past subjunctive*	*imperative*
io	avevo saputo	seppi	sappia	sapessi	
tu	avevi saputo	sapesti	sappia	sapessi	sappi
lui/lei; lei	aveva saputo	seppe	sappia	sapesse	sappia
noi	avevamo saputo	sapemmo	sappiamo	sapessimo	sappiamo
voi	avevate saputo	sapeste	sappiate	sapeste	sappiate
loro	avevano saputo	seppero	sappiano	sapessero	

Irregular verbs cont.

stare* – to stay (past participle **stato**)

	present	*future*	*conditional*	*perfect*	*imperfect*
io	sto	starò	starei	sono stato/stata	stavo
tu	stai	starai	staresti	sei stato/stata	stavi
lui/lei; lei	sta	starà	starebbe	è stato/stata	stava
noi	stiamo	staremo	staremmo	siamo stati/state	stavamo
voi	state	starete	stareste	siete stati/state	stavate
loro	stanno	staranno	starebbero	sono stati/state	stavano

	pluperfect	*past historic*	*present subjunctive*	*past subjunctive*	*imperative*
io	ero stato/stata	stetti	stia	stessi	
tu	eri stato/stata	stesti	stia	stessi	sta'
lui/lei; lei	era stato/stata	stette	stia	stesse	stia
noi	eravamo stati/state	stemmo	stiamo	stessimo	stiamo
voi	eravate stati/state	steste	stiate	steste	state
loro	erano stati/state	stettero	stiano	stessero	

uscire* – to go out (past participle **uscito**)

	present	*future*	*conditional*	*perfect*	*imperfect*
io	esco	uscirò	uscirei	sono uscito/uscita	uscivo
tu	esci	uscirai	usciresti	sei uscito/uscita	uscivi
lui/lei; lei	esce	uscirà	uscirebbe	è uscito/uscita	usciva
noi	usciamo	usciremo	usciremmo	siamo usciti/uscite	uscivamo
voi	uscite	uscirete	uscireste	siete usciti/uscite	uscivate
loro	escono	usciranno	uscirebbero	sono usciti/uscite	uscivano

	pluperfect	*past historic*	*present subjunctive*	*past subjunctive*	*imperative*
io	ero uscito/uscita	uscii	esca	uscissi	
tu	eri uscito/uscita	uscisti	esca	uscissi	esci
lui/lei; lei	era uscito/uscita	uscì	esca	uscisse	esca
noi	eravamo usciti/uscite	uscimmo	usciamo	uscissimo	usciamo
voi	eravate usciti/uscite	usciste	usciate	usciste	uscite
loro	erano usciti/uscite	uscirono	escano	uscissero	

Irregular verbs cont.

venire* – to come (past participle **venuto**)

	present	*future*	*conditional*	*perfect*	*imperfect*
io	vengo	verrò	verrei	sono venuto/venuta	venivo
tu	vieni	verrai	verresti	sei venuto/venuta	venivi
lui/lei; lei	viene	verrà	verrebbe	è venuto/venuta	veniva
noi	veniamo	verremo	verremmo	siamo venuti/venute	venivamo
voi	venite	verrete	verreste	siete venuti/venute	venivate
loro	vengono	verranno	verrebbero	sono venuti/venute	venivano

	pluperfect	*past historic*	*present subjunctive*	*past subjunctive*	*imperative*
io	ero venuto/venuta	venni	venga	venissi	
tu	eri venuto/venuta	venisti	venga	venissi	vieni
lui/lei; lei	era venuto/venuta	venne	venga	venisse	venga
noi	eravamo venuti/venute	venimmo	veniamo	venissimo	veniamo
voi	eravate venuti/venute	veniste	veniate	veniste	venite
loro	erano venuti/venute	vennero	vengano	venissero	

volere – to want (past participle **voluto**)

	present	*future*	*conditional*	*perfect*	*imperfect*
io	voglio	vorrò	vorrei	ho voluto	volevo
tu	vuoi	vorrai	vorresti	hai voluto	volevi
lui/lei; lei	vuole	vorrà	vorrebbe	ha voluto	voleva
noi	vogliamo	vorremo	vorremmo	abbiamo voluto	volevamo
voi	volete	vorrete	vorreste	avete voluto	volevate
loro	vogliono	vorranno	vorrebbero	hanno voluto	volevano

	pluperfect	*past historic*	*present subjunctive*	*past subjunctive*
io	avevo voluto	volli	voglia	volessi
tu	avevi voluto	volesti	voglia	volessi
lui/lei; lei	aveva voluto	volle	voglia	volesse
noi	avevamo voluto	volemmo	vogliamo	volessimo
voi	avevate voluto	voleste	vogliate	voleste
loro	avevano voluto	vollero	vogliano	volessero

Note sulla grammatica inglese

Gli articoli

l'articolo indeterminativo

L'articolo indeterminativo è **a** davanti a una parola che comincia con consonante o con il suono 'i + vocal' (/j/):

a ball	**a girl**	**a union**
una palla	una ragazza	un'unione

È **an** davanti a vocale o h muta:

an apple	**an hour**
una mela	un'ora

L'uso dell'articolo indeterminativo è generalmente limitato ai nomi numerabili. Da notare i seguenti usi:

- con professione

  She is a doctor. È medico. **He is an engineer.** È ingegnere.

- dopo una preposizione

  She works as a tour guide.
  Fa la guida turistica.

  Anna has gone out without an umbrella.
  Anna è uscita senza ombrello.

- con senso generico

  A whale is larger than a frog.
  La balena è più grande della rana.

l'articolo determinativo

L'articolo determinativo è **the**, sia per i nomi singolari che per i plurali:

the cat	**the owls**
il gatto	le civette

L'articolo determinativo *non* viene generalmente usato con le parole che designano:

- istituzioni

  I don't go to church.
  Non vado in chiesa.

  He's starting school next week.
  Comincia la scuola la settimana prossima.

Quando ci si riferisce all'edificio, il nome viene invece accompagnato dall'articolo: **Turn right at the school** (Alla scuola, gira a destra).

- pasti

  Breakfast is at 8.30.
  La colazione è alle 8.30.

  Dinner is ready!
  La cena è pronta!

- periodi del giorno, dopo una preposizione (eccetto **in** o **during**)

  I'm never out at night.
  Non esco mai di sera.

  They left in the morning.
  Sono partiti di mattina.

- cose astratte

  Hatred is a destructive force.
  L'odio è una forza distruttrice.

  The book is on English grammar.
  Il libro è sulla grammatica inglese.

- malattie

  She's got tonsillitis.
  Ha la tonsillite.

- stagioni

  Spring is here!
  È arrivata la primavera!

  It's like winter today.
  Oggi, sembra inverno.

- nazioni

  France la Francia
  England l'Inghilterra

- vie, parchi, ecc.

  a concert in Central Park
  un concerto a Central Park

  I work on Bath Street.
  Lavoro in Bath Street.

L'articolo è tuttavia utilizzato nei seguenti tipi di frasi:

The breakfast he served was awful.
La colazione che ha servito era orribile.

Le seguenti categorie di nomi prendono generalmente l'articolo determinativo:

- nomi geografici plurali

  the Netherlands i Paesi Bassi
  the United States gli Stati Uniti
  the Alps le Alpi

- nomi di fiumi e oceani

  the Thames il Tamigi
  the Pacific il Pacifico

- nomi di hotel, pub, teatri, musei, ecc.

  the Hilton
  the Fox and Hounds
  the Odeon

Il plurale

Il plurale di un nome è di solito formato aggiungendo **-s** in fine di parola:

dog, dogs cane, cani
tape, tapes cassetta, cassette

-es viene aggiunto a parole che terminano in **-s, -ss, -sh, -ch, -x** o **-zz**:

dress, dresses vestito, vestiti
box, boxes scatola, scatole

Nomi che terminano in consonante + y:

baby, babies bambino, bambini

Nomi che terminano in vocale + y:

valley, valleys valle, valli

I nomi che terminano in **-o** talvolta prendono **-s**, talvolta **-es**:

potato, potatoes patata, patate
tomato, tomatoes pomodoro, pomodori
solo, solos assolo, assoli
zero, zeros zero, zeri

I plurali dei nomi terminanti in **-f(e)** sono di tre tipi:

life, lives vita, vite
dwarf, dwarfs/dwarves nano, nani
roof, roofs tetto, tetti

I plurali irregolari più frequenti includono:

child, children bambino, bambini
foot, feet piede, piedi
man, men uomo, uomini
mouse, mice topo, topi
tooth, teeth dente, denti
woman, women donna, donne

I nomi composti

I nomi composti possono avere diverse forme.

nome + nome:

summer dress abito estivo
tennis shoes scarpe da tennis
record collection collezione di dischi

nome + gerundio:

disco dancing ballo da discoteca
dressmaking cucito

gerundio + nome:

parking meter parchimetro
writing course corso di scrittura
boarding card carta di imbarco

Da notare la forma di composti quali **record collection**: **a record collection** (senza la **s** del plurale in **record**), ma **a collection of records** [una collezione di dischi]; **a photo album**, ma **an album of photos** [un album di fotografie].

Nel caso di nomi numerabili, la **s** del plurale va aggiunta al secondo elemento del composto: **summer dresses** [abiti estivi], **boarding cards** [carte di imbarco].

Il femminile

L'inglese ha un numero relativamente basso di forme femminili di parole. Pertanto, **cousin** = cugino o cugina; **friend** = amico o amica; **doctor** = dottore o dottoressa.

Dovendo specificare il sesso della persona alla quale ci si riferisce, si dirà, ad esempio, **a male student** (uno studente), **a woman doctor** (una dottoressa).

Il genitivo

Le regole sull'uso del genitivo – **s preceduto dall'apostrofo** (**'s**) o **s seguito dall'apostrofo** (**s'**) – sono le seguenti:

-'s viene aggiunto a nomi singolari:

the boy's book (il libro del ragazzo)

il solo apostrofo (') viene aggiunto a nomi plurali terminanti in **-s**:

the boys' room (la camera dei ragazzi)
the boys' books (i libri dei ragazzi)

Se un nome plurale non termina in **-s** il genitivo si forma aggiungendo **-'s**:

the children's toys (i giocattoli dei bambini)

Con nomi propri terminanti in **-s** si possono trovare entrambe le forme **'s** e **s'**, benché **s'** sia più frequente: **Keats's poetry** o **Keats' poetry** [le poesie di Keats]. I nomi greci e romani terminanti in **s**, tuttavia, prendono in genere solo l'apostrofo: **Socrates' death** [la morte di Socrate], **Catullus' poetry** [le poesie di Catullo].

Il genitivo viene usato soprattutto con persone, animali (in particolare domestici) e paesi: **Andrew's house** [la casa di Andrew], **the lion's den** [la tana del leone], **America's foreign policy** [la politica estera dell'America].

Da notare i seguenti usi del genitivo:

We're going to Anne's.
Andiamo a casa di Anne.

We're going to Peter and Anne's.
Andiamo a casa di Peter e Anne. (Non, per lo più, **Peter's and Anne's** se Peter e Anne sono una coppia.)

Jane Austen's and George Orwell's novels
i romanzi di Jane Austen e quelli di George Orwell (Jane Austen e George Orwell sono ben distinti l'una dall'altro.)

I got it at the baker's/the chemist's.
L'ho preso dal panettiere/in farmacia. (Letteralmente, nel negozio del panettiere/del farmacista.)

Nell'inglese colloquiale il 'doppio genitivo' è frequente:

He's a friend of my brother's.
È un amico di mio fratello.

It was an idea of Anne's.
È stata un'idea di Anne.

Gli aggettivi

Gli aggettivi in inglese hanno un'unica forma, non concordano, cioè, né nel genere, né nel numero:

an old man
un uomo vecchio

three old women
tre donne vecchie

posizione dell'aggettivo

L'aggettivo può precedere il nome: **a long story** [una storia lunga] o seguire il verbo: **this story is long** [questa storia è lunga].

Alcuni aggettivi non possono essere usati davanti al nome: **The girl is upset.** [La ragazza è sconvolta.]; non si può dire **the upset girl**.

gradi comparativi

Ci sono tre gradi comparativi: la forma assoluta, il comparativo e il superlativo.

Gli aggettivi composti da una sola sillaba formano il comparativo e il superlativo con l'aggiunta di **-(e)r** e **-(e)st**:

dull noioso
duller più noioso
dullest il più noioso

big grande
bigger
biggest

(Da notare che una consonante semplice in fine di parola viene raddoppiata.)

nice bello
nicer
nicest

Gli aggettivi di tre sillabe, per lo più, formano il comparativo e il superlativo con **more** e **most**:

generous generoso
more generous
most generous

Lo stesso vale per alcuni aggettivi di due sillabe, ad esempio **useful** [utile].

Non esistono tuttavia regole assolute per gli aggettivi bisillabici, benché **-er/-est** siano particolarmente frequenti con aggettivi terminanti in **-y, -le, -ow, -er**. Esempi:

pretty carino (da notare che **-y** diventa **-ie**)
prettier
prettiest

narrow stretto
narrower
narrowest

curious curioso
more curious
most curious

Per i participi presenti e passati si usa la forma con **more/most**:

boring noioso
more boring
most boring

bored annoiato
more bored
most bored

Most può essere inoltre usato come sinonimo di 'estremamente' o 'molto': **That was a most interesting story** (Quella era una storia molto interessante).

alcuni aggettivi irregolari frequenti

bad cattivo
worse peggiore

worst il peggiore
good buono
better migliore
best il migliore

little poco
less meno
least il meno

many/much molti/molto
more più
most il più

far lontano
further
furthest (con riferimento a spazio, tempo, quantità, numero)

far lontano
farther
farthest (solo per distanza nello spazio)

old (1) vecchio
elder
eldest (usato solo per persone)

(1) Le forme regolari (**old, older, oldest** vecchio, più vecchio, il più vecchio) sono usate sia per persone che per cose.

Le comparazioni negative possono essere espresse dall'uso di **less/least**:

far lontano
less far meno lontano
least far il meno lontano

Gli aggettivi possono svolgere la funzione di nomi, in particolare quando si riferiscono a gruppi di persone: **the young** i giovani; **the old** i vecchi; **the unemployed** i disoccupati.

Gli aggettvi possessivi

Gli aggettivi possessivi sono:

my mio, mia, miei, mie
our nostro, nostra, nostri, nostre

your tuo, tua, tuoi, tue; suo,
your vostro, vostra, vostri, sua, suoi, sue vostre

his, her, its suo, sua, suoi, sue

their loro

Concordano con il possessore e non con la cosa posseduta:

his mother sua madre (la madre del ragazzo, ad esempio)

her mother sua madre (la madre della ragazza, ad esempio)

their mother la loro madre (la madre delle ragazze, o dei ragazzi, o dei ragazzi e delle ragazze)

Mantengono la stessa forma con nomi singolari e plurali:

my cat il mio gatto
my boots i miei stivali

Gli avverbi

Gli avverbi possono qualificare aggettivi:

The job was extremely dangerous.
Il lavoro era estremamente pericoloso.

verbi:

He finished quickly.
Ha finito in fretta.

altri avverbi:

very quickly
molto in fretta

Extremely, quickly e **very** sono avverbi.

Molti avverbi sono formati con il suffisso **-ly** aggiunto all'aggettivo: **sad, sadly** triste, tristemente; **brave, bravely** coraggioso, coraggiosamente; **beautiful, beautifully** bello, molto bene.

Possono tuttavia intervenire dei cambiamenti nell'ortografia: **true, truly** vero, veramente; **due, duly** dovuto, debitamente; **whole, wholly** intero, interamente.

Altri mutamenti fonetici regolari riguardano:

y in fine di parola: **ready, readily** pronto, prontamente

consonante in fine di parola + **le**: **gentle, gently** dolce, dolcemente.

Alcuni avverbi hanno forma identica all'aggettivo corrispondente; tra questi **back** dietro, **early** presto, **far** lontano, **fast** velocemente, **left** a sinistra, **little** poco, **long** a lungo, **more** più, **much** molto, **only** solo, **right** a destra, giustamente, **still** tranquillamente, **straight** dritto, **well** bene, **wrong** in modo sbagliato. Esempi:

a wrong answer (aggettivo)
una risposta sbagliata

He did it wrong. (avverbio)
L'ha fatto in modo sbagliato.

an early summer
un'estate precoce

Summer arrived early.
L'estate è arrivata in anticipo.

a straight road
una strada dritta

He came straight to the point.
È andato dritto al punto.

I pronomi

pronomi personali

soggetto	*complemento*
I io	**me** me, mi
you tu; lei	**you** te, ti; la, le
he egli, lui	**him** lo, gli
she essa, lei	**her** la, le
it esso, essa	**it** lo, la, gli, le
we noi	**us** ci
you voi	**you** vi
they essi, loro	**them** li, loro

Il soggetto di un verbo in inglese non è espresso dalla forma del verbo stesso; pertanto, la traduzione dell'italiano **vado**, ad esempio, è **I go** e non **go**.

I pronomi complemento sono usati come **complemento** oggetto:

Mary loves him.
Mary lo ama.

come complemento di termine:

John gave me a lift.
John mi ha dato un passaggio.

e dopo una preposizione:

The book is from her.
Il libro è da parte sua.

altri usi dei pronomi personali

he e she

Questi pronomi sono talvolta usati per indicare degli animali, specialmente domestici:

Poor Whiskers, we had to take him to the vet's.
Povero Whiskers, abbiamo dovuto portarlo dal veterinario.

it

- è usato in costruzioni impersonali:

It's sunny.
C'è il sole.

It's hard to know what to do.
È difficile sapere cosa fare.

It looks as though they were right.
Parrebbe che avessero ragione.

- in espressioni temporali e spaziali:

It's five o'clock.
Sono le cinque.

It's January the sixth.
È il sei gennaio.

How far is it to Edinburgh?
Quanto dista Edimburgo?

Va notato che **it's** è la forma contratta di **it is**, da non confondersi con il pronome possessivo **its**.

you

Rivolgendosi ad una persona, l'inglese non distingue l'uso del pronome **tu** dal pronome **lei** che vengono entrambi tradotti con **you**.

You è spesso usato in senso generico, per indicare la gente in generale:

You never know; it might be sunny this afternoon.
Non si sa mai; potrebbe esserci il sole oggi pomeriggio.

You can't buy cars like that any more.
Non si possono più comprare macchine così.

they

- è impiegato per riferirsi a un gruppo di persone sconosciute, specialmente se dotate di un qualche potere, autorità o abilità:

They don't make cars like that any more.
Non ne fanno più di macchine così.

They will have to find the murderer first.
Dovranno prima trovare l'assassino.

You'll have to get them to repair it.
Dovrai farglielo riparare.

- al posto di **he or she** (lui o lei)

The person appointed will be answerable to the director. They will be responsible for ...
La persona prescelta dovrà rispondere al direttore. Sarà responsabile di ...

A personal secretary will assist them. (= him/her)
Una segretaria personale lo/la assisterà.

- per rimandare ai pronomi indefiniti **somebody, someone** qualcuno; **anybody, anyone** chiunque; **everybody, everyone** tutti; **nobody, no one** nessuno:

If anyone has seen my pen, will they please tell me.
Se qualcuno ha visto la mia penna, per favore, me lo dica.

one

One è equivalente al pronome generico **you**, ma è più formale:

One needs to get a clearer picture of what one wants.
Bisogna avere un'idea più chiara di quello che si vuole.

L'uso ripetuto di **one** viene di solito evitato.

pronomi riflessivi

myself mi
yourself ti; si
himself, herself, itself, oneself si
ourselves ci
yourselves vi
themselves si

Esempi dell'uso:

He burned himself badly. (complemento oggetto)
Si è bruciato seriamente.

I always buy myself a Christmas present. (complemento di termine)
Mi compro sempre un regalo di Natale.

She talks to herself. (dopo preposizione)
Parla da sola.

Do it yourself. (enfatico)
Fallo da te.

pronomi possessivi

mine il mio, la mia, i miei, le mie
yours il tuo, la tua, i tuoi, le tue
his, hers il suo, la sua, i suoi, le sue
ours il nostro, la nostra, i nostri, le nostre
yours il vostro, la vostra, i vostri, le vostre
theirs il loro, la loro, i loro, le loro

I pronomi possessivi concordano con il possessore e non con la cosa posseduta:

Whose book is this? – It's hers.
Di chi è questo libro? – È suo.

Whose shoes are these? – They're hers.
Di chi sono queste scarpe? – Sono le sue.

Whose car is that? – It's theirs.
Di chi è questa macchina? – È la loro.

Gli aggettivi e i pronomi interrogativi

who chi
whom chi
whose di chi
which quale, quali
what quale, quali, che

Who è usato per persona con funzione di soggetto:

Who is it? Chi è?

Whom è usato per persona con funzione di complemento:

To whom did you send the letter?
A chi hai spedito la lettera?

Whom did you see?
Chi hai visto?

Whom è considerato piuttosto formale e tende ad essere sostituito da **who**:

Who did you send the letter to?
A chi hai spedito la lettera?
Who did you see?
Chi hai visto?

Whose è la forma genitiva di **who**:

Whose are these?
Di chi sono questi?

Whose socks are these?
Di chi sono queste calze?

Which può designare sia persone che cose. È usato con funzione di soggetto:

Which of you are going?
Chi di voi va?

Which is bigger?
Qual è più grande?

Which box is bigger?
Quale scatola è più grande?

e di complemento:

Which of the singers/pictures do you prefer?
Quale cantante/quadro preferisci?

Which dress should I wear?
Che vestito mi metto?

What è usato esclusivamente per cose. Può avere funzione di soggetto:

What is this?
Cos'è questo?

What type of bird is that?
Che tipo di uccello è quello?

e di complemento:

What are you going to do?
Cosa farai?

What sort of books do you like?
Che tipo di libri ti piacciono?

What implica una gamma di possibilità più estesa o meno definita rispetto a **which**.

I pronomi relativi

who, whom che	**which** che
that chi, che	**whose** il cui

I pronomi relativi rimandano normalmente ad un antecedente (cioè qualcosa che è già stato menzionato). In **She phoned the man who had contacted her** (Ha telefonato all'uomo che l'aveva contattata), il pronome relativo **who** (che) si riferisce a **the man** (l'uomo).

antecedente	*soggetto*	*complemento*
persone	**who/that**	**whom/who/that**
cose	**which/that**	**which/that**

persone: soggetto

Who è il pronome relativo generalmente usato in questo caso; anche **that** viene però usato:

There is a prize for the student who/that gets the highest mark.
C'è un premio per lo studente che ottiene il voto più alto.

persone: complemento

The man whom/who/that she met that night was a spy.
L'uomo che ha incontrato quella notte era una spia.

Whom viene considerato piuttosto formale ed è generalmente sostituito da **who** o **that**.

Il pronome relativo può anche essere omesso:

The man she met last night was a spy.
L'uomo che ha incontrato la notte scorsa era una spia.

cose: soggetto

The book, which is on the table, was a present.
Il libro che è sul tavolo è un regalo.

John gave me the book which/that is on the table.
John mi ha dato il libro che è sul tavolo.

cose: complemento

His latest film, which we went to see last week, was excellent.
Il suo ultimo film, che siamo andati a vedere la settimana scorsa, era ottimo.

The film which/that we went to see last week was excellent.
Il film che siamo andati a vedere la settimana scorsa era ottimo.

Nell'ultimo esempio, il pronome relativo può anche essere omesso:

The film we went to see last week was excellent.
Il film che siamo andati a vedere la settimana scorsa era ottimo.

Whose è la forma genitiva:

This is the boy whose dog has been killed.
Questo è il ragazzo il cui cane è stato ucciso.

La forma **of which** (il cui) è usata nel linguaggio più formale o tecnico per riferirsi a cose:

Water, the boiling point of which is 100°C, is a colourless liquid.
L'acqua, il cui punto di ebollizione è a 100°C, è un liquido incolore.

Si noti che **who's** è la forma contratta di **who is** (chi è), da non confondersi con il pronome relativo **whose** (il cui).

Gli aggettivi e i pronomi indefiniti

some/any

Come aggettivi, vengono usati con nomi plurali o non numerabili:

Take some biscuits.
Prendi dei biscotti.

Take some jam.
Prendi della marmellata.

Have you got any biscuits?
Hai dei biscotti?

Have you any jam?
Hai della marmellata?

Come pronomi, sostituiscono nomi plurali o non numerabili:

We haven't got any.
Non ne abbiamo.

Some (aggettivo e pronome) si usa in:

- frasi affermative

  He bought some.
  Ne ha comprato.

  He bought some jam.
  Ha comprato della marmellata.

  He bought some biscuits.
  Ha comprato dei biscotti.

- domande alle quali ci si aspetta una risposta affermativa

Can you lend me some money?
Mi puoi prestare dei soldi?

- offerte e richieste

Would you like some?
Ne vuoi?

Could you buy some onions for me?
Mi puoi comprare delle cipolle?

Any (aggettivo e pronome) si usa in:

- frasi negative

I haven't got any brothers or sisters.
Non ho né fratelli, né sorelle.

- domande

Have you got any bananas?
Hai delle banane?

I composti di **some** e **any** vengono usati in modo simile. Esempi:

I saw something really strange today.
Ho visto qualcosa di veramente strano oggi.

Did you meet anyone you knew?
Hai incontrato qualcuno che conoscevi?

We didn't see anything interesting.
Non abbiamo visto niente di interessante.

I verbi

L'infinito costituisce la radice o forma di base. La forma intera dell'infinito comprende **to: to live** vivere, **to die** morire, ecc.

Per una lista di verbi irregolari vedi p.980.

I verbi regolari vengono coniugati come segue:

infinito			
want	**love**(1)	**stop**(2)	**prefer**(3)
participio presente/gerundio			
wanting	**loving**	**stopping**	**preferring**
passato semplice/participio passato			
wanted	**loved**	**stopped**	**preferred**

(1) infinito terminante in **-e**

(2) infinito monosillabico terminante in vocale + consonante semplice

(3) infinito terminante in vocale accentata + consonante semplice

Il gerundio è usato con funzione nominale:

I don't like swimming.
Non mi piace nuotare.

Dancing is fun.
Ballare è divertente.

I tempi

presente

to be essere	**to have** avere
I am sono	**I have** ho
you are sei	**you have** hai
he/she/it is è	**he/she/it has** ha
we are siamo	**we have** abbiamo
you are siete	**you have** avete
they are sono	**they have** hanno

Per gli altri verbi, la forma è la stessa della radice, con l'eccezione della terza persona singolare, che prende la desinenza **-s**:

to want (volere): **I want, you want, he/she/it wants, we want, you want, they want**

to love (amare): **I love, you love, he/she/it loves, we love, you love, they love**

La terza persona singolare dei verbi terminanti in **-s, -ss, -sh, -ch, -x** o **-zz** è formata con la desinenza **-es**:

to watch guardare: **he/she/it watches**
to kiss baciare: **he/she/it kisses**

Il presente esprime:

- azioni abituali, verità generalmente accettate ed enunciazioni di fatti:

He takes the 8 o'clock train to work.
Prende il treno delle 8 per andare al lavoro.

I work in publishing.
Lavoro nell'editoria.

- gusti e opinioni

I hate Monday mornings.
Odio i lunedì mattina.

He doesn't believe in God.
Non crede in Dio.

- percezioni sensoriali

It tastes delicious.
È squisito.

passato semplice

La forma è la stessa per tutte le persone, sia singolari che plurali:

I/you/he/she/it/we/you/they wanted

È impiegato per descrivere azioni compiute o avvenimenti del passato:

He flew to America last week.
Ha preso l'aereo per l'America la settimana scorsa.

passato composto

È composto dal presente di **have** (avere) e il participio passato:

I/you have loved, he/she/it has loved, we/you/they have loved

Descrive azioni passate o avvenimenti che hanno una qualche rilevanza per il presente.

Si può osservare la differenza tra il passato composto e il passato semplice confrontando le seguenti frasi:

Have you seen Peter this morning?
Hai visto Peter stamattina? (è sempre mattina)

Did you see Peter this morning?
Hai visto Peter stamattina? (è ora pomeriggio o sera)

Va notato il seguente uso del present perfect:

I have lived in Glasgow for three years.
Vivo a Glasgow da tre anni.

trapassato

È composto dal tempo passato di **have** (avere) e il participio passato:

I/you/he/she/it/we/you/they had wanted

Descrive azioni o avvenimenti passati precedenti rispetto ad altre azioni o avvenimenti anch'essi passati:

She had already left home when I arrived.
Era già uscita di casa quando sono arrivato.

Le forme perifrastiche

Le forme perifrastiche sono formate dal verbo **be** (essere), nel tempo e persona richiesti, e dal participio presente.

presente progressivo

I am singing sto cantando, **you are singing**, ecc.

Descrive eventi, di solito temporanei, ancora in corso:

What are you doing? – I'm trying to fix the television.
Cosa stai facendo? – Sto cercando di riparare la televisione.

He always interrupts when I'm reading to the children.
Mi interrompe sempre mentre sto leggendo per i bambini.

passato progressivo

I was singing stavo cantando, **you were singing**, ecc.

Descrive avvenimenti passati ancora in corso nel momento in cui un altro avvenimento passato ha luogo:

He rushed into my office while I was talking to the director.
Si è precipitato nel mio ufficio mentre stavo parlando al direttore.

Anche gli altri tempi verbali hanno una forma progressiva: **I have been living; I had been living; I will be living.**

Da notare il seguente uso del passato composto nella forma progressiva:

I have been living in Glasgow for three years.
Vivo a Glasgow da tre anni.

Il futuro

In inglese ci sono diversi modi per parlare del futuro.

- will/shall

Will può essere usato con tutte le persone; **shall** è usato esclusivamente con la prima persona singolare e plurale.

I will/shall go andrò
we will/shall go andremo

you will go andrai
you will go andrete

he/she/it will go andrà
they will go andranno

Will e le forme negative **will not** e **shall not** possono essere contratte:

You'll be angry.
Ti arrabbierai.

We won't/shan't stay long.
Non staremo a lungo.

- going to

Questa forma viene spesso usata per esprimere un'intenzione o per predire qualcosa che accadrà:

I'm going to go to London tomorrow.
Vado a Londra domani.

The boss is going to be furious when he hears.
Il capo si infurierà quando lo verrà a sapere.

Going to è spesso intercambiabile con **will**:

The boss will be furious when he hears.
Il capo si infurierà quando lo verrà a sapere.

I wonder whether the car is going to/will start.
Mi chiedo se la macchina partirà.

- il presente

Può essere usato per esprimere qualcosa che accadrà in un momento determinato, specialmente con riferimento ad un orario:

When does term finish?
Quando finisce il trimestre?

There is a train for London at 10 o'clock.
C'è un treno per Londra alle 10.

- il presente progressivo

Viene usato in modo simile a **going to** per esprimere un'intenzione:

I'm spending Christmas in Paris.
Passerò il Natale a Parigi.

Where are you going for your holidays?
Dove vai in vacanza?

L'imperativo

La radice del verbo è usata per impartire ordini:

Be quiet!
Fai silenzio!

Shut the door!
Chiudi la porta!

L'imperativo negativo viene formato con **don't**:

Don't forget to phone Alan!
Non dimenticarti di telefonare ad Alan!

Let's viene usato per la prima persona plurale per fare delle proposte:

Let's go.
Andiamo.

Don't let's go.
Non andiamo.

Let's not go.
Non andiamo.

La forma interrogativa

La forma interrogativa di frasi contenenti il presente e il passato semplice prevede l'uso del verbo **do**, accordato con il soggetto della frase:

Do you live here?
Vivi qui?

Did you live here?
Vivevi qui?

Se la frase contiene un verbo ausiliare (**have, be**) o modale, la forma interrogativa è realizzata invertendo il verbo e il soggetto:

Are they going to get married?
Si sposano?

Have they seen us?
Ci hanno visti?

Can John come at eight?
Può venire alle otto John?

Con i pronomi interrogativi, i modelli sono i seguenti:

Who came?
Chi è venuto?

Who fed the cat?
Chi ha dato da mangiare al gatto?

What have they done to you?
Che cosa ti hanno fatto?

What shall we write about?
Di cosa scriviamo?

In frasi negative **not** segue il soggetto, a meno che sia utilizzata la forma contratta:

Did they not say they would come?/
Didn't they say they would come?
Non avevano detto che sarebbero venuti?

Will the director not be there?/
Won't the director be there?
Non ci sarà il direttore?

Nell'inglese parlato, l'ordine delle parole nelle domande è spesso lo stesso che nelle affermazioni, ma l'intonazione è crescente:

He told you to leave?
Ti ha detto di andartene?

He left without saying a word?
Se ne è andato senza dire una parola?

Le domande di conferma

Si tratta di domande brevi, aggiunte alla fine di una frase, per chiedere una conferma di quanto si è detto.

Una frase affermativa è di solito seguita da una domanda negativa:

You smoke, don't you?
Fumi, no?

Da notare l'ausiliare **don't** che sostituisce nella domanda il verbo **smoke**.

Una frase negativa è invece generalmente seguita da una domanda in forma affermativa:

You don't smoke, do you?
Non fumi, vero?

Se la frase contiene un verbo ausiliare o modale, questo è ripetuto nella domanda:

You aren't going, are you?
Non ci vai, vero?

You will come, won't you?
Vieni, no?

You shouldn't say that, should you?
Non dovresti dire questo, vero?

Va notata la forma della domanda quando il verbo nell'affermazione è **am**:

I am lucky, aren't I?
Sono fortunato, no?

Il tempo verbale nella domanda è lo stesso che nella frase da cui dipende:

You wanted to go home, didn't you?
Volevi andare a casa, no?

Le risposte brevi

Nelle risposte non è necessario ripetere la forma intera del verbo; si può infatti semplicemente ripetere il verbo ausiliare (**be**, **have**, **do**) o modale contenuto nella domanda.

Is it raining? – Yes, it is./No, it isn't.
Piove? – Sì./No.

Do you like fish? – Yes, I do./No, I don't.
Ti piace il pesce? – Sì./No.

Can you drive? – Yes, I can./No, I can't.
Guidi? – Sì./No.

Le frasi negative

Le proposizioni negative sono formate con l'ausiliare **do** concordato con il soggetto + **not**. Le forme contratte sono **don't** e **doesn't** per il presente e **didn't** per il passato.

They do not/don't understand English.
Non capiscono l'inglese.

We did not/didn't go anywhere yesterday.
Non siamo andati da nessuna parte ieri.

Quando il verbo è impiegato con tono enfatico, viene utilizzata la forma non contratta:

I do not approve!
Non approvo!

I verbi modali

can, could; may, might; shall, should; will, would; must; ought

I verbi modali sono invariabili: **I can, you can, he can**, ecc.

La forma interrogativa si ottiene con l'inversione del soggetto e del verbo: **Can I go now?** (Posso andare ora?)

È facile trovare i modali nella forma contratta. **Will** e **shall** si contraggono in **'ll: I'll be going** (Andrò).

Would si contrae in **'d: I'd like a cup of tea** (Vorrei una tazza di tè).

La forma negativa dei verbi modali prevede l'uso di **not** (**would not, might not**, ecc.) È particolare la forma negativa di **can: cannot** (cioè un'unica parola nell'inglese britannico).

Le forme negative contratte sono: **can't, couldn't, mightn't, shan't, shouldn't, won't, wouldn't, mustn't, oughtn't**. (**Mayn't** non è frequente.)

can

- autorizzazione

Can I leave the table, please?
Posso alzarmi da tavola, per favore?

I can have another sweet, daddy said so.
Posso avere un'altra caramella, lo ha detto papà.

- capacità

He can count to a hundred.
Sa contare fino a cento.

Can he drive?
Sa guidare?

- possibilità

Accidents can happen.
Gli incidenti possono capitare.

- richieste

Can you open the door for me, please?
Mi puoi aprire la porta, per favore?

could

Could è la forma passata di **can**. I suoi significati comprendono:

- autorizzazione, capacità, possibilità, richiesta, espresse nel passato

  Daddy said I could have another sweet.
  Papà ha detto che potevo avere un'altra caramella.

  By the time he was three, he could count to a hundred.
  A tre anni sapeva contare fino a cento.

  She asked if he could open the door for her.
  Gli ha chiesto se poteva aprirle la porta.

- richiesta formale

  Could I leave a message, please?
  Potrei lasciare un messaggio, per favore?

- possibilità

  I don't know where John is; I suppose he could be at Anne's.
  Non so dov'è John; forse potrebbe essere da Anne.

- indignazione

  You could have warned me!
  Avresti potuto avvertirmi!

may

- autorizzazione e richiesta formale

  May I use your phone, please?
  Potrei usare il suo telefono, per favore?

  You may not leave the examination hall until I give the sign.
  Non potete allontanarvi dalla sala d'esame prima che io abbia dato il segnale.

- possibilità

  We may get an extra day's holiday.
  Potremmo avere un giorno di vacanza in più.

  They may have left.
  Potrebbero essere andati via.

might

- possibilità

Might si differenzia da **may** in quanto spesso suggerisce che si tratta di una possibilità poco probabile:

  We might get a pay rise.
  Magari avremo un aumento di stipendio. (= è improbabile)

  Viene usato anche nel passato:

  He was afraid he might have missed the train.
  Aveva paura di aver perso il treno.

- autorizzazione e richiesta formale

  Do you think I might have another whisky?
  Pensa che potrei avere un altro whisky?

- indignazione

  You might have phoned!
  Avresti potuto telefonare!

shall

Per l'uso di **shall** per esprimere il futuro vedi p. 971. **Shall** può essere inoltre usato per indicare:

- richieste di ordini o consigli

  Where shall we put the shopping?
  Dove mettiamo la spesa?

  What time shall I set the alarm for?
  Per che ora devo mettere la sveglia?

- offerte o suggerimenti

  Shall I make you a cup of tea?
  Ti preparo una tazza di tè?

  Shall we meet outside the station?
  Ci vediamo fuori dalla stazione?

should

Should è la forma passata di **shall** e viene inoltre impiegato per esprimere:

- convenienza o obbligo

  You shouldn't tell lies.
  Non dovresti dire le bugie.

  What do you think we should do?
  Cosa pensi che dovremmo fare?

- probabilità

  Once this job is finished, we should have more spare time.
  Una volta finito questo lavoro, dovremmo avere più tempo libero.

  They should be here by now.
  Dovrebbero essere qui ormai.

  The keys should be in that drawer. That's where I left them.
  Le chiavi dovrebbero essere in quel cassetto. È lì che le ho lasciate.

will

Per l'uso di **will** per esprimere il futuro, vedi p. 971. Per **will** in proposizioni condizionali, vedi p. 975.

Will può essere anche impiegato per esprimere:

- un comportamento tipico o una caratteristica innata

  The stadium will seat 4,000 people.
  Lo stadio ha 4 000 posti a sedere.

  Hot air will rise.
  L'aria calda sale verso l'alto.

- la volontà, un desiderio, il consenso

  Will you see to the post for me?
  Puoi occuparti della posta per me?

  I'll do what I can to help him.
  Farò quello che posso per aiutarlo.

- un'offerta

  Will you have another slice of cake?
  Prendi un'altra fetta di dolce?

- una forte probabilità o una deduzione

  There's someone at the door. That will be Kenneth.
  C'è qualcuno alla porta, sarà Kenneth.

- un ordine

  You will go and wash your hands immediately.
  Vai subito a lavarti le mani.

would

Per l'uso di **would** in frasi condizionali, vedi Sotto. **Would** è la forma passata di **will**. Può esprimere anche:

- il 'futuro nel passato', o un'intenzione passata

  He told me he would do it immediately.
  Mi ha detto che l'avrebbe fatto immediatamente.

  They said they wouldn't wait for me.
  Hanno detto che non mi avrebbero aspettato.

- abitudini nel passato

  He would always get up at 6 a.m.
  Si alzava sempre alle 6.

must

- obbligo

  You must make sure you lock up.
  Devi assicurarti di chiudere a chiave.

  I must check whether my neighbour is all right.
  Devo controllare se il mio vicino sta bene.

Da notare che **mustn't** significa che non si è autorizzati a fare qualcosa:

  You mustn't park there.
  Non puoi parcheggiare qui. (= è vietato)

Se si vuole dire che non è necessario fare qualcosa, si può usare **don't have to** o **needn't** o **don't need to**.

  You don't have to eat that./You needn't eat that./You don't need to eat that.
  Non sei obbligato a mangiarlo.

- probabilità

  They must be there by now.
  Devono essere là ormai.

  You must have been annoyed by the decision.
  La decisione deve averti seccato.

ought

- obbligo

  You ought to be leaving.
  Dovresti andare via.

  They ought to send him away.
  Lo dovrebbero mandare via.

- probabilità/attesa

  They ought to be there by now.
  Dovrebbero essere là ormai.

  Two kilos of potatoes. That ought to be enough.
  Due chili di patate. Dovrebbero bastare.

Le frasi ipotetiche con *if* (se)

I modelli di base sono:

if + presente, proposizione principale con **will**:

  If we hurry, we'll catch the train./We'll catch the train if we hurry.
  Se ci sbrighiamo, prenderemo il treno.

if + passato semplice, proposizione principale con **would**:

  If I won the lottery, I would buy a new house./I would buy a new house if I won the lottery.
  Se vincessi la lotteria, mi comprerei una casa nuova.

if + trapassato, proposizione principale con **would have**:

  If Paolo hadn't lost the tickets, we would have arrived on time./We would have arrived on time if Paolo hadn't lost the tickets.
  Se Paolo non avesse perso i biglietti, saremmo arrivati in orario.

I verbi frasali

Numerosi verbi possono combinarsi con una preposizione per formare i cosiddetti verbi frasali. La preposizione può cambiare il significato del verbo:

to take (prendere):

John took a book.
John ha preso un libro.

to take off:

He took off his boots./He took his boots off.
Si è tolto gli stivali.

The plane took off.
L'aereo ha decollato.

to take after:

He takes after his mother.
Assomiglia a sua madre.

Da notare che il complemento oggetto, nel primo esempio di **take off**, può trovarsi in due posizioni diverse: dopo la preposizione o tra il verbo e la preposizione.

Quando il complemento oggetto è un pronome, però, la sola posizione possibile è tra il verbo e la preposizione:

He looked it up in the dictionary.
Lo ha cercato nel dizionario.

They have put it off.
Lo hanno rimandato.

Italian verb tables

Regular verbs:

1. in **-are** (*eg* **compr|are**)

Present ~o, ~i, ~a, ~iamo, ~ate, ~ano
Imperfect ~avo, ~avi, ~ava, ~avamo, ~avate, ~avano
Past historic ~ai, ~asti, ~ò, ~ammo, ~aste, ~arono
Future ~erò, ~erai, ~erà, ~eremo, ~erete, ~eranno
Present subjunctive ~i, ~i, ~i, ~iamo, ~iate, ~ino
Past subjunctive ~assi, ~assi, ~asse, ~assimo, ~aste, ~assero
Present participle ~ando
Past participle ~ato
Imperative ~a (*fml* ~i), ~iamo, ~ate
Conditional ~erei, ~eresti, ~erebbe, ~eremmo, ~ereste, ~erebbero

2. in **-ere** (*eg* **vend|ere**)

Pres ~o, ~i, ~e, ~iamo, ~ete, ~ono
Impf ~evo, ~evi, ~eva, ~evamo, ~evate, ~evano
Past hist ~ei *or* ~etti, ~esti, ~è *or* ~ette, ~emmo, ~este, ~erono *or* ~ettero
Fut ~erò, ~erai, ~erà, ~eremo, ~erete, ~eranno
Pres sub ~a, ~a, ~a, ~iamo, ~iate, ~ano
Past sub ~essi, ~essi, ~esse, ~essimo, ~este, ~essero
Pres part ~endo
Past part ~uto
Imp ~i (*fml* ~a), ~iamo, ~ete
Cond ~erei, ~eresti, ~erebbe, ~eremmo, ~ereste, ~erebbero

3. in **-ire** (*eg* **dorm|ire**)

Pres ~o, ~i, ~e, ~iamo, ~ite, ~ono
Impf ~ivo, ~ivi, ~iva, ~ivamo, ~ivate, ~ivano
Past hist ~ii, ~isti, ~ì, ~immo, ~iste, ~irono
Fut ~irò, ~irai, ~irà, ~iremo, ~irete, ~iranno
Pres sub ~a, ~a, ~a, ~iamo, ~iate, ~ano
Past sub ~issi, ~issi, ~isse, ~issimo, ~iste, ~issero
Pres part ~endo
Past part ~ito
Imp ~i (*fml* ~a), ~iamo, ~ite
Cond ~irei, ~iresti, ~irebbe, ~iremmo, ~ireste, ~irebbero

Notes

- Many verbs in the third conjugation take *isc* between the stem and the ending in the first, second, and third person singular and in the third person plural of the present, the present subjunctive, and the imperative: fin|ire **Pres** ~isco, ~isci, ~isce, ~iscono. **Pres sub** ~isca, ~iscano **Imp** ~isci.
- The three forms of the imperative are the same as the corresponding forms of the present for the second and third conjugation. In the first conjugation the forms are also the same except for the second person singular: present *compri*, imperative *compra*. The negative form of the second person singular is formed by putting *non* before the infinitive for all conjugations: *non comprare*. In polite forms the third person of the present subjunctive is used instead for all conjugations: *compri*.

Irregular verbs:

Certain forms of all irregular verbs are regular (except for *essere*). These are: the second person plural of the present, the past subjunctive, and the present participle. Forms not listed below can be derived from the parts given. Only those irregular verbs considered to be the most useful are shown in the tables.

accadere *as* **cadere**

accendere • **Past hist** accesi, accendesti • **Past part** acceso

affliggere • **Past hist** afflissi, affliggesti • **Past part** afflitto

ammettere *as* **mettere**

andare • **Pres** vado, vai, va, andiamo, andate, vanno • **Fut** andrò *etc* • **Pres sub** vada, vadano • **Imp** va', vada, vadano

apparire • **Pres** appaio *or* apparisco, appari *or* apparisci, appare *or* apparisce, appaiono *or* appariscono • **Past hist** apparvi *or* apparsi, apparisti, apparve *or* apparì *or* apparse, apparvero *or* apparirono *or* apparsero • **Pres sub** appaia *or* apparisca

aprire • **Pres** apro • **Past hist** aprii, apristi • **Pres sub** apra • **Past part** aperto

avere • **Pres** ho, hai, ha, abbiamo, hanno • **Past hist** ebbi, avesti, ebbe, avemmo, aveste, ebbero • **Fut** avrò *etc* • **Pres sub** abbia *etc* • **Imp** abbi, abbia, abbiate, abbiano

bere • **Pres** bevo *etc* • **Impf** bevevo *etc* • **Past hist** bevvi *or* bevetti, bevesti • **Fut** berrò *etc* • **Pres sub** beva *etc* • **Past sub** bevessi *etc* • **Pres part** bevendo • **Cond** berrei *etc*

cadere • **Past hist** caddi, cadesti • **Fut** cadrò *etc*

chiedere • **Past hist** chiesi, chiedesti • **Pres sub** chieda *etc* • **Past part** chiesto *etc*

chiudere • **Past hist** chiusi, chiudesti • **Past part** chiuso

cogliere • **Pres** colgo, colgono • **Past hist** colsi, cogliesti • **Pres sub** colga • **Past part** colto

correre • **Past hist** corsi, corresti • **Past part** corso

crescere • **Past hist** crebbi • **Past part** cresciuto

cuocere • **Pres** cuocio, cuociamo, cuociono • **Past hist** cossi, cocesti • **Past part** cotto

dare • **Pres** do, dai, da, diamo, danno • **Past hist** diedi *or* detti, desti • **Fut** darò *etc* • **Pres sub** dia *etc* • **Past sub** dessi *etc* • **Imp** da' (*fml* dia)

dire • **Pres** dico, dici, dice, diciamo, dicono • **Impf** dicevo *etc* • **Past hist** dissi, dicesti • **Fut** dirò *etc* • **Pres sub** dica, diciamo, diciate, dicano • **Past sub** dicessi *etc* • *Pres part* dicendo • **Past part** detto • **Imp** di' (*fml* dica)

dovere • **Pres** devo *or* debbo, devi, deve, dobbiamo, devono *or* debbono • **Fut** dovrò *etc* • **Pres sub** deva *or* debba, dobbiamo, dobbiate, devano *or* debbano • **Cond** dovrei *etc*

essere • **Pres** sono, sei, è, siamo, siete, sono • **Impf** ero, eri, era, eravamo, eravate, erano • **Past hist** fui, fosti, fu, fummo, foste, furono • **Fut** sarò *etc* • **Pres sub** sia *etc* • **Past sub** fossi, fossi, fosse, fossimo, foste, fossero • **Past part** stato • **Imp** sii (*fml* sia), siate • **Cond** sarei *etc*

fare • **Pres** faccio, fai, fa, facciamo, fanno • **Impf** facevo *etc* • **Past hist** feci, facesti • **Fut** farò *etc* • **Pres sub** faccia *etc* • **Past sub** facessi *etc* • **Pres part** facendo • **Past part** fatto • **Imp** fa' (*fml* faccia) • **Cond** farei *etc*

fingere • **Past hist** finsi, fingesti, finsero • **Past part** finto

giungere • **Past hist** giunsi, giungesti, giunsero • **Past part** giunto

leggere • **Past hist** lessi, leggesti • **Past part** letto

mettere • **Past hist** misi, mettesti • **Past part** messo

morire • **Pres** muoio, muori, muore, muoiono • **Fut** morirò *or* morrò *etc* • **Pres sub** muoia • **Past part** morto

muovere • **Past hist** mossi, movesti • **Past part** mosso

nascere • **Past hist** nacqui, nascesti • **Past part** nato

offrire • **Past hist** offersi *or* offrii, offristi • **Pres sub** offra • **Past part** offerto

parere • **Pres** paio, pari, pare, pariamo, paiono • **Past hist** parvi *or* parsi, paresti • **Fut** parrò *etc* • **Pres sub** paia, paiamo *or* pariamo, pariate, paiano • **Past part** parso

piacere • **Pres** piaccio, piaci, piace, piacciamo, piacciono • **Past hist** piacqui, piacesti, piacque, piacemmo, piaceste, piacquero • **Pres sub** piaccia *etc* • **Past part** piaciuto

porre • **Pres** pongo, poni, pone, poniamo, ponete, pongono • **Impf** ponevo *etc* • **Past hist** posi, ponesti • **Fut** porrò *etc* • **Pres sub** ponga, poniamo, poniate, pongano • **Past sub** ponessi *etc*

potere • **Pres** posso, puoi, può, possiamo, possono • **Fut** potrò *etc* • **Pres sub** possa, possiamo, possiate, possano • **Cond** potrei *etc*

prendere • **Past hist** presi, prendesti • **Past part** preso

ridere • **Past hist** risi, ridesti • **Past part** riso

rimanere • **Pres** rimango, rimani, rimane, rimaniamo, rimangono • **Past hist** rimasi, rimanesti • **Fut** rimarrò *etc* • **Pres sub** rimanga • **Past part** rimasto • **Cond** rimarrei

salire • **Pres** salgo, sali, sale, saliamo, salgono • **Pres sub** salga, saliate, salgano

sapere • **Pres** so, sai, sa, sappiamo, sanno • **Past hist** seppi, sapesti • **Fut** saprò *etc* • **Pres sub** sappia *etc* • **Imp** sappi (*fml* sappia), sappiate • **Cond** saprei *etc*

scegliere • **Pres** scelgo, scegli, sceglie, scegliamo, scelgono • **Past hist** scelsi, scegliesti *etc* • **Past part** scelto

scrivere • **Past hist** scrissi, scrivesti *etc* • **Past part** scritto

sedere • **Pres** siedo *or* seggo, siedi, siede, siedono • **Pres sub** sieda *or* segga

spegnere • **Pres** spengo, spengono • **Past hist** spensi, spegnesti • **Past part** spento

stare • **Pres** sto, stai, sta, stiamo, stanno • **Past hist** stetti, stesti • **Fut** starò *etc* • **Pres sub** stia *etc* • **Past sub** stessi *etc* • **Past part** stato • **Imp** sta' (*fml* stia)

tacere • **Pres** taccio, tacciono • **Past hist** tacqui, tacque, tacquero • **Pres sub** taccia

tendere • **Past hist** tesi • **Past part** teso

tenere • **Pres** tengo, tieni, tiene, tengono • **Past hist** tenni, tenesti • **Fut** terrò *etc* • **Pres sub** tenga

togliere • **Pres** tolgo, tolgono • **Past hist** tolsi, tolse, tolsero • **Pres sub** tolga, tolgano • **Past part** tolto • *Imp fml* tolga

trarre • **Pres** traggo, trai, trae, traiamo, traete, traggono • **Past hist** trassi, traesti • **Fut** trarrò *etc* • **Pres sub** tragga • **Past sub** traessi *etc* • **Past part** tratto

uscire • **Pres** esco, esci, esce, escono • **Pres sub** esca • **Imp** esci (*fml* esca)

valere • **Pres** valgo, valgono • **Past hist** valsi, valesti • **Fut** varrò *etc* • **Pres sub** valga, valgano • **Past part** valso • **Cond** varrei *etc*

vedere • **Past hist** vidi, vedesti • **Fut** vedrò *etc* • **Past part** visto *or* veduto • **Cond** vedrei *etc*

venire • **Pres** vengo, vieni, viene, vengono • **Past hist** venni, venisti • **Fut** verrò *etc*

vivere • **Past hist** vissi, vivesti • **Fut** vivrò *etc* • **Past part** vissuto • **Cond** vivrei *etc*

volere • **Pres** voglio, vuoi, vuole, vogliamo, volete, vogliono • **Past hist** volli, volesti • **Fut** vorrò *etc* • **Pres sub** voglia *etc* • **Imp** vogliate • **Cond** vorrei *etc*

Verbi inglesi

Infinitive *Infinito*	Past Tense *Passato*	Past Participle *Participio passato*
arise	arose	arisen
awake	awoke	awoken
be	was	been
bear	bore	borne
beat	beat	beaten
become	became	become
begin	began	begun
behold	beheld	beheld
bend	bent	bent
beseech	beseeched besought	beseeched besought
bet	bet, betted	bet, betted
bid	bade, bid	bidden, bid
bind	bound	bound
bite	bit	bitten
bleed	bled	bled
blow	blew	blown
break	broke	broken
breed	bred	bred
bring	brought	brought
build	built	built
burn	burnt, burned	burnt, burned
burst	burst	burst
bust	busted, bust	busted, bust
buy	bought	bought
cast	cast	cast
catch	caught	caught
choose	chose	chosen
cling	clung	clung
come	came	come
cost	cost, costed (*vt*)	cost, costed
creep	crept	crept
cut	cut	cut
deal	dealt	dealt
dig	dug	dug
do	did	done
draw	drew	drawn
dream	dreamt, dreamed	dreamt, dreamed
drink	drank	drunk
drive	drove	driven
dwell	dwelt	dwelt
eat	ate	eaten

Infinitive *Infinito*	Past Tense *Passato*	Past Participle *Participio passato*
fall	fell	fallen
feed	fed	fed
feel	felt	felt
fight	fought	fought
find	found	found
flee	fled	fled
fling	flung	flung
fly	flew	flown
forbid	forbade	forbidden
forget	forgot	forgotten
forgive	forgave	forgiven
forsake	forsook	forsaken
freeze	froze	frozen
get	got	got, gotten *Am*
give	gave	given
go	went	gone
grind	ground	ground
grow	grew	grown
hang	hung, hanged (*vt*)	hung, hanged
have	had	had
hear	heard	heard
hew	hewed	hewed, hewn
hide	hid	hidden
hit	hit	hit
hold	held	held
hurt	hurt	hurt
keep	kept	kept
kneel	knelt	knelt
know	knew	known
lay	laid	laid
lead	led	led
lean	leaned, leant	leaned, leant
leap	leapt, leaped	leapt, leaped
learn	learnt, learned	learnt, learned
leave	left	left
lend	lent	lent
let	let	let
lie	lay	lain
light	lit, lighted	lit, lighted
lose	lost	lost
make	made	made

Infinitive *Infinito*	Past Tense *Passato*	Past Participle *Participio passato*
mean	meant	meant
meet	met	met
mow	mowed	mown, mowed
overhang	overhung	overhung
pay	paid	paid
put	put	put
quit	quitted, quit	quitted, quit
read	read /red/	read /red/
rid	rid	rid
ride	rode	ridden
ring	rang	rung
rise	rose	risen
run	ran	run
saw	sawed	sawn, sawed
say	said	said
see	saw	seen
seek	sought	sought
sell	sold	sold
send	sent	sent
set	set	set
sew	sewed	sewn, sewed
shake	shook	shaken
shear	sheared	shorn, sheared
shed	shed	shed
shine	shone	shone
shit	shit	shit
shoe	shod	shod
shoot	shot	shot
show	showed	shown
shrink	shrank	shrunk
shut	shut	shut
sing	sang	sung
sink	sank	sunk
sit	sat	sat
slay	slew	slain
sleep	slept	slept
slide	slid	slid
sling	slung	slung
slit	slit	slit
smell	smelt, smelled	smelt, smelled
sow	sowed	sown, sowed
speak	spoke	spoken
speed	sped, speeded	sped, speeded
spell	spelled, spelt	spelled, spelt
spend	spent	spent
spill	spilt, spilled	spilt, spilled
spin	spun	spun
spit	spat	spat
split	split	split
spoil	spoilt, spoiled	spoilt, spoiled
spread	spread	spread
spring	sprang	sprung
stand	stood	stood
steal	stole	stolen
stick	stuck	stuck
sting	stung	stung
stink	stank	stunk
strew	strewed	strewn, strewed
stride	strode	stridden
strike	struck	struck
string	strung	strung
strive	strove	striven
swear	swore	sworn
sweep	swept	swept
swell	swelled	swollen, swelled
swim	swam	swum
swing	swung	swung
take	took	taken
teach	taught	taught
tear	tore	torn
tell	told	told
think	thought	thought
thrive	thrived, throve	thrived, thriven
throw	threw	thrown
thrust	thrust	thrust
tread	trod	trodden
understand	understood	understood
undo	undid	undone
wake	woke	woken
wear	wore	worn
weave	wove	woven
weep	wept	wept
wet	wet, wetted	wet, wetted
win	won	won
wind	wound	wound
wring	wrung	wrung
write	wrote	written

453
.21
Com

Compact Oxford Italian
dictionary.
Aurora P.L. FEB14
33164005128959